邢晏春苏州话语音词典

邢晏春　著

苏州大学出版社

图书在版编目(CIP)数据

邢晏春苏州话语音词典/邢晏春著. —苏州:苏州大学出版社,2014.5
ISBN 978-7-5672-0766-0

Ⅰ. ①邢… Ⅱ. ①邢… Ⅲ. ①吴语—语音—方言词典—苏州市 Ⅳ. ①H173-61

中国版本图书馆 CIP 数据核字(2014)第 072514 号

邢晏春苏州话语音词典
邢晏春 著
责任编辑 金振华

苏州大学出版社出版发行
(地址:苏州市十梓街 1 号 邮编:215006)
南京爱德印刷有限公司印装
(地址:南京市江宁区东善桥秣周中路 99 号 邮编:211153)

开本 787 mm×1 092 mm 1/32 印张 55.625 插页 2 字数 1 291 千
2014 年 5 月第 1 版 2014 年 5 月第 1 次印刷
ISBN 978-7-5672-0766-0 定价:180.00 元

苏州大学版图书若有印装错误,本社负责调换
苏州大学出版社营销部 电话:0512-65225020
苏州大学出版社网址 http://www.sudapress.com

目　录

序

一方水土养一方人。河网交叉的江南，以水城苏州市区语言为中心的吴侬软语，传承、流变了数千年，恰似静静流淌的河水，滋养出被喻为世上最美声音的苏州评弹、诸戏之祖的苏昆，并分别被评为国家级和世界级非物质文化遗产。软糯、温婉的苏州话语音，备受世人称赏，惊艳世界。随着苏州经济的发展，人口大量频繁流动，苏州话已越来越成为占苏州市人口将近一半的新苏州人、打工者生活、工作中不可或缺的需求。学习苏州评弹、苏昆等传统艺术的学员们，即使是生在苏州、长在苏州，也因种种原因，讲的苏州话不那么纯正、道地，亟待纠正；带有浓郁苏州地区特色的语言、词汇，被遗忘了许多，也亟待记录、传承。

我出身、成长于苏州市区一个苏州评弹名家家庭，本地就读。后与胞妹晏芝一起随父瑞庭公、姐雯芝学习苏州评弹艺术。学成后，两人合作，以苏州评弹为业二十余年，一九八五年后双双转入苏州评弹学校执教专业直至退休。从学艺伊始，直至退休之后，我还一直从事苏州评弹的写作。从总体来看，我一生都没有离开过苏州语言艺术的演唱、传承、写作和研究。我一直希望把自己所知的苏州语言做个记录，保留下来，但始终困于注音的方法。曾试图用传统的反切法，即用两个字来注另一个字的音——被切字的声母跟反切上字相同，被切字的韵母、声调跟反切下字相同。但用这种反切注音方法来为苏州话注音，必须以能用苏州话很标准地读出反切字为前提，否则被切的字的读音不可能是苏州语音。如："州"字，知欧切，用上海话来切(上海紧邻苏州),上海话的“欧”近似于苏州话中的“安”,切出来的“州”字音近似于苏州话中的“钻”。因此,这种方法用于外地人学苏州话是行不通的。我还曾试图借用汉语拼音方案的声母、韵母、声调符号为苏州话注音,但由于普通话的声母、韵母、声调与苏州话不尽相同(还以“州”字为例,知欧切,苏州话“欧”字的韵母,汉语拼音方案中没有),因此这种方法也不可取。十多年前,我在苏州评弹学校担任教务科长时,看到李荣先生主编的《苏州话方言词典》是以国际音标为苏州话注音的。通过自学,我觉得这是一种很好的注音方法,于是用这种方法编撰校本教材《吴语正音声母视读》、《吴语正音韵母视读》,以教授学生,取得了良好的效果。因此萌生了给学生编撰一部学习苏州话语音的工具书。鉴于苏州话和其他地方语言一样,具有流变性,本词典记录的是本人所处年代的苏州话语音,同时附有苏州评弹艺术表演用的中州韵念法,供学员和相关习作者参考。本词典所收录的字和条目,按汉语拼音方案音序排列,以便外地人学苏州话时检索。

苏州是个非常古老的优秀的城市,曾经是长三角地区政治、经济、文化的中心,其所孕育和传承下来的吴方言位列全国七大方言(北方方言、吴方言、闽语、粤语、赣语、湘语、客家话)中的第二,文化积淀深厚,内容丰富而生动。囿于水平和见识,虽然我用十余年大部分业余时间进行搜罗、筛选、编辑,至今付梓出版,但心中依旧忐忑,恐其有许多不尽人意之处,切望有识之士批评指正。

本词典从编写到出版,我感恩苏州评弹学校的大力扶持和资助,尤其是时任学校主要领导的周沛然、邢晏芝等同志的支持和协助,并由我的学生张刘潇老师担任出版联络工作。感谢苏州大学出版社金振华教授赤诚配合,感谢苏州评弹学校张梅芳老师、上海评弹团江肇岷先生无私提供相关资料,挚友邬志毅先生关于汉语拼音方面的指导,并对于苏州日报、姑苏晚报等媒体的热诚关注,书迷朋友和同仁们的关心深表谢忱。

十余年来,妻杨建文为使我赢得更多的时间,专注于这项工作,免受干扰,承担了包括三次搬家在内的所有家庭事务,还负责文稿的保管工作,真是受累了。

我已年入古稀,希望余生能有精力,为苏州话的传承再做些贡献。

邢晏春

二〇一三年十月

凡　例

一、条目安排

1. 本词典收录分单字和条目。单字用比较大的字体。条目按第一个字分列于领头的单字之下。

2. 单字和条目

(1) 为便于外地人检索苏州话,本词典单字按汉语拼音音序排列。

(2) 单字形同而音、义不同,或形、义相同而音不相同,各有适用范围的,参照普通话词典分立;形同、音同而在意义上需要分别处理的,作为条目分立,标注中文数字加括号列开。如:[朗]lɑ̃˧˩。(一)出外露面。(二)亮出(声音)。本词典的单字只注苏州话的含义。

(3) 关于条目。形同、音同,但在意义上需要分别处理的,标注中文数字加括号分立。如:[路路通]ləu˧ləu˦t'oŋ˥˩(一)一种中药材,果实的圆球形壳上面布满蜂窠状小孔。(二)喻门路极多。形同而音、义不同的,则分别在音标前标注阿拉伯数字加括号分列。如:[孝子](1)hæ˥tsɿ˥˩父母死后居丧的儿子。(2)ɕiæ˦tsɿ˥˩孝顺父母的人。形同、义同而音有多种的,则在一种读音后面再注另外的读音,如:[陆搭]lo˦taʔ˥哪里?或读成no˦taʔ˥。再如:[来煞勿及]lE˦saʔ˥fəʔ˥dʑi˩或lE˦saʔ˥fəʔ˥dʑəʔ˧。

本词典之条目,单字条目在前,多字条目在后,字数越多越后。

本词典附生僻字,附入汉语拼音音节索引。

二、注音

1. 单字和条目都用国际音标注音。

2. 单字注音分苏州白音、文字读音(书面语音)、苏化中州韵。白音不加说明,文字读音加注“文读”两字,苏化中州韵加注“中州韵”三字。白音、文读、中州韵音同,则只注白音。如:晓[ɕiæ˦˨]。白音、文读音同,中州韵音不同,则加注中州韵音。如:招[tsæ˥]中州韵[tʂæ˥]。文读、中州韵音同,白音不相同,则只注白音、文读。如:话[ɦo˨˧]文读[ɦuɑ˨˧]。白音、文读、中州韵读音各异,则分别注音。如:人[ȵən˨˦]文读[zən˨˦]中州韵[ʐən˨˦]。

中州韵仅用于戏曲语言。

苏州语条目的文字写法,不强求语音对应。

3. 合音字注音按实际读法注音,不另作说明。

4. 条目注音若有连读音变的情况,按连读音变注音,不另作说明。

5. 注音符号分声母、韵母、声调。

6. 声调中阴平、阴上、阴去、阴入称为阴声字;阳平、阳去、阳入称为阳声字。

(1) 声母

声母是苏州语中每个音节起首的辅音,共二十七个,另有四个中州韵声母。

① 双唇音:上唇和下唇阻塞气流而形成的音。苏州话声母有p、p‘、b、m四个双唇音。

[p]塞音,清音,不送气,相当于普通话中的辅音[b],但限作阴声字的声母。

[p‘]塞音,清音,送气,相当于普通话中的辅音[p],但限作阴声字的声母。

[b]塞音,浊音,相当于普通话中的辅音[b],但限作阳声字的声母。

[m]鼻音，浊音，既可作阴声字，又可作阳声字的声母，相当于普通话中的辅音[m]。

② 唇齿音：上齿和下唇接近，阻碍气流而形成的音。苏州话声母有f、v两个唇齿音。

[f]擦音，清音，相当于普通话中的辅音[f]，但限作阴声字的声母。

[v]擦音、浊音，相当于普通话中的辅音[f]，但限作阳声字的声母。

③ 舌尖音：舌尖抵住或接近上齿背，或抵住上齿龈，阻碍气流而形成的音。苏州话中声母有t、t'、d、n、ts、ts'、s、z、l九个舌尖音。

[t]塞音，清音，不送气，相当于普通话的辅音[d]，但限作阴声字的声母。

[t']塞音，清音，送气，相当于普通话中的辅音[t]，但限作阴声字的声母。

[d]塞音，浊音，相当于普通话中的辅音[d]，但限作阳声字的声母。

[n]鼻音，浊音，既可作阴声字，也可作阳声字的声母，相当于普通话中的辅音[n]。

[ts]塞擦音，清音，不送气，相当于普通话中的辅音[z]，但限作阴声字的声母。

[ts']塞擦音，清音，送气，相当于普通话的辅音[c]，但限作阴声字的声母。

[s]擦音，清音，相当于普通话中的辅音[s]，但限作阴声的声母。

[z]擦音，浊音，相当于普通话中的辅音[s]，但限作阳声字的声母。

[l]边音，浊音，既可作阴声字，也可作阳声字的声母，相当于普通话中的辅音[l]。

④ 舌面音：舌面前部抵住或接近硬腭前部，阻碍气流而形成的音。苏州话声母有ȶɕ、ȶɕʻ、ɕ、ȡʑ、ȵ五个舌面音。

[ȶɕ]塞擦音，清音，不送气，相当于普通话中的辅音[j]，但限作阴声字的声母。

[ȶɕʻ]塞擦音，清音，送气，相当于普通话的辅音[q]，但限作阴声字的声母。

[ɕ]擦音，清音，相当于普通话中的辅音[x]，但限作阴声字的声母。

[ȡʑ]塞擦音，浊音，相当于普通话中的辅音[j]，但限作阳声字的声母。

[ȵ]鼻音，浊音，既可作阴声字，也可作阳声字的声母。发音时，舌面前部抵住硬腭前部，发音部位完全闭塞，软腭下降，打开鼻腔通路，气流振动声带，从鼻腔通过发出鼻音。

⑤ 舌根音：舌根抵住或接近软腭，阻碍气流而形成的音。苏州话声母有k、kʻ、g、ŋ四个舌根音。

[k]塞音、清音，不送气，相当于普通话中的辅音[g]，但限作阴声字的声母。

[kʻ]塞音，清音，送气，相当于普通话中的辅音[k]，但限作阴声字的声母。

[g]塞音，浊音，相当于普通话中的辅音[g]，但限作阳声字的声母。

[ŋ]鼻音，浊音，既可作阴声字，也可作阳声字的声母。发音时，舌根抵住软腭，发音部位完全闭塞，软腭下降，打开鼻腔通路，气流振动声带，从鼻腔通过发出鼻音。相当于普通话中的舌根鼻音[ng]。

⑥ 喉音：口腔打开，软腭上升，气流从喉部挤出，摩擦成声。苏州话声母有h、ɦ两个喉音。

[h]擦音，清音，相当于普通话中的辅音[h]，但限作阴声字的声母。

[ɦ]擦音，浊音，相当于普通话中的辅音[h]，但限作阳声字的声母。

⑦ 零声母：没有辅音作声母。苏州话有Ø一个零声母。

[Ø]无辅音。相当于普通话语音中的零声母，但限用作阴声字的声母。阳声字没有零声母。

声母的发音有"本音"和"呼读音"两种。完全按照辅音的发音原理发出的声母叫本音。由于声母中多数是清辅音，发音不响亮，不便于称说，所以在教学、练习中常常在声母的后边加上一个元音，组成一个实际上的音节。这就是呼读音。

双唇音：p、p'、b、m，后面加上元音ə(喉塞音)，读成pə˥(拨)，p'ə˥(泼)，bə˧(勃)，mə˧(墨)。

唇齿音：f、v，后面加上元音ə(喉塞音)，读成fə˥(弗)，və˧(佛)。

舌尖音：t、t'、d、n、ʦ、ʦ'、s、z、l，后面加上元音ə(喉塞音)，读成tə˥(得)，t'ə˥(脱)，də˧(夺)，nə˧(纳)，ʦə˥(则)，ʦ'(赤)，sə˥(塞)，zə˧(择)，lə˧(勒)。

舌面音：ʨ、ʨ'、ɕ、ʥ、ȵ，后面加上元音ə(喉塞音)，读成ʨə˥(吉)，ʨ'ə˥(乞)，ɕə˥(歇)，ʥə˧(杰)，ȵə˧(聂)。

舌根音：k、k'、g、ŋ，后面加上元音ə(喉塞音)，读成kə˥(葛)，k'ə˥(克)，gə˧(搿)，ŋə˧(核)。

喉音：h、ɦ，后面加上元音ə(喉塞音)，读成hə˥(赫)，ɦə˧(合)。

零声母：Ø，后面加上元音ə(喉塞音)读成Øə˥(遏)。

另附四个供苏化中州韵拼音用作辅音的舌尖音。

[ʈʂ]舌尖后音，塞擦音，清音，不送气，唇撅圆，相当于普通话中的辅音[zh]，但限用作阴声字的声母。

[ʈʂ']舌尖后音，塞擦音，清音，送气，唇撅圆，相当于普通话中的

辅音[Ch]，但限作阴声字的声母。

[ʂ]舌尖后音，擦音，清音，唇撅圆，相当于普通话中的辅音[Sh]，但限作阴声字的声母。

[ʐ]舌尖前音，擦音，浊音，圆唇，相当于普通话中的辅音[Sh]，但限作阳声字的声母。

(2)韵母

韵母是音节中声母后面的部分，包括自成音节的三个鼻韵母，苏州话有四十九个韵母。韵母按结构可分单韵母、复韵母、鼻韵母。

① 单韵母。由单独一个元音构成，共十六个。

[ɿ]相当于普通话"资"[cī]的韵母。

[ʮ]唇撅圆发ɿ音。

[i]相当于普通话中的韵母[i]。

[u]相当于普通话中的韵母[u]。

[y]相当于普通话中的韵母[ü]。

[ɑ]相当于普通话中的韵母[ɑ]。

[æ]即英语国际音标中的[æ]。发音时口腔打开，舌半低位，舌头后缩，唇形不圆。

[E]相当于普通话中的韵母[ê]。

[o]相当于普通话中的韵母[o]。

[ø]发音时口腔打开，舌半高位，舌尖抬起，舌根下压，双唇自然放松。

[ɪ]发音时口半开，双唇自然展开，舌半高位，相当于普通话口语"一"[yē]的韵母。

[Y]发音时口半开，唇撅圆，舌半高位。

[aʔ]喉塞音。发音时口大开，双唇后缩，舌低位，舌根抬起与软腭相抵，堵塞鼻腔的通路，气流冲破阻碍，迸裂而出，爆发成短音。

[ɑʔ]喉塞音。发音时口大开，双唇放松，舌低位，舌根抬起接近软腭，堵塞鼻腔的通路，气流冲破阻碍，迸裂而出，爆发成短促音。似

发普通话中韵母[ɑ]的塞音。

[ə?]喉塞音。发音时口半开，舌半高位，舌头后缩，舌根抬起抵住软腭，堵塞鼻腔的通路，双唇自然展开，气流冲破阻碍，迸裂而出，爆发成短促音。似发普通话中韵母[e]的塞音。

[o?]喉塞音。发音时，口半闭，舌半高位，舌根抵住软腭，堵塞鼻腔的通路，唇拢圆，气流冲破阻碍，迸裂而出，爆发成短促音。似发普通话中韵母[o]的塞音。

② 复韵母。由复元音构成。苏州话有十八个复韵母。

[iɑ]相当于普通话中的韵母[iɑ]。

[uɑ]相当于普通话中的韵母[uɑ]。

[iæ]从i的发音状况快速向æ的发音状况过渡。

[uE]从u的发音状况快速向E的发音状况过渡。

[io]从i的发音状况快速向o的发音状况过渡。

[iø]从i的发音状况快速向ø的发音状况过渡。

[uø]从u的发音状况快速向ø的发音状况过渡。

[iY]从i的发音状况快速向Y的发音状况过渡。

[əu]从ə的发音状况快速向u的发音状况过渡（ə相当于普通话中的韵母[e]）。

[əl]从ə的发音状况快速向l的发音状况过渡（ə相当于普通话中的韵母[e]），相当于普通话中的韵母[er]。

[ia?]从i的发音状况快速向a?的发音状况过渡。

[ua?]从u的发音状况快速向a?的发音状况过渡。

[ya?]从y的发音状况快速向a?的发音状况过渡。

[iɑ?]从i的发音状况快速向ɑ?的发音状况过渡。

[iə?]从i的发音状况快速向ə?的发音状况过渡。

[uə?]从u的发音状况快速向ə?的发音状况过渡。

[yə?]从y的发音状况快速向ə?的发音状况过渡。

[io?]从i的发音状况快速向o?的发音状况过渡。

③ 鼻韵母。由元音和鼻辅音韵尾构成。苏州话有十五个鼻韵母。

[ã]发音时口大开，舌低位，舌根放下的发音状况，向舌根鼻音ŋ的发音状况过渡。

[iã]从i的发音状况快速向ã的发音状况过渡。

[uã]从u的发音状况快速向ã的发音状况过渡。

[ɑ̃]相当于普通话中的韵母[ang]。

[iɑ̃]相当于普通话中的韵母[iang]。

[uɑ̃]相当于普通话中的韵母[uang]。

[ən]相当于普通话中的韵母[en]。

[in]相当于普通话中的韵母[in]。

[uən]相当于普通话中的韵母[uen]。

[yən]相当于普通话中的韵母[ün]。

[oŋ]相当于普通话中的韵母[ong]。

[ioŋ]相当于普通话中的韵母[iong]。

自成音节的三个鼻韵母。

[m̩]相当于普通话中的辅音[m]。

[n̩]相当于普通话中的辅音[n]。

[ŋ̍]相当于普通话中的舌根鼻音[ng]。

(3) 声调

声调是音节中具有区别意义作用的音高变化。按照传统习惯，苏州话的全部字音分属七种基本调值，即阴平声、阳平声、阴上声、阴去声、阳去声、阴入声、阳入声。阴平声、阴上声、阴去声、阴入声的字称为阴声字，阳平声、阳去声、阳入声的字称为阳声字。

音高分为五度：一度为低音，二度为半低音，三度为中音，四度为半高音，五度为高音。

[阴平声]声调高而平，一般认为由五度到五度，表示声音比较高，而且基本上没有升降的变化，调值55，类似于普通话的阴平。声

调符号:[˥]。

[阳平声]声调由中音长到高音,一般认为由三度升五度,是个高升调子,调值35,类似于普通话的阳平。声调符号:[˧˥]。

[阴上声]声调由高音降到低音,一般认为由五度降到一度,是个全降的调子,调值51,类似于普通话的去声。声调符号:[˥˩]。

[阴去声]声调由高音先降到低音,再升到中音,一般认为由五度降到一度,再升到三度,是先降后升的调子,调值为513,类似于普通话的上声。声调符号:[˥˩˧]。

[阳去声]声调由中音降到低音,一般认为由三度降到一度,是个中降调子,调值31。声调符号:[˧˩]。

[阴入声]声调为短促无升降的高音,一般认为音高五度,调值为5。声调符号:[ʔ˥]。

[阳入声]声调为短促无升降的中音,一般认为音高三度,调值为3。声调符号:[ʔ˧]。

(4)连读音变

每个音节都有一个相对固定的发音,但由于人们说话时常常连续发出许多音素或音节,形成语流,故在此过程中,音素之间、音节之间就会互相影响,产生语音的变化。苏州话中的连读音变较为复杂,往往是约定俗成的。本词典的条目注音,一律依据口语声调记录,如有音变,不另作说明。

三、释义

(1) 分析意义为苏州姑苏区语言的含义。

(2) 单字与书面语、条目与书面语同形同义的,请参看汉语词典,一般不作解释。

四、附表

(1) 音标表

	发音方法 \ 发音部位			唇音 双唇	唇音 唇齿	舌尖音 舌尖前	舌尖音 舌尖中	舌尖音 舌尖后	舌面音 舌面前	舌面音 舌面后（舌根）	喉音
辅音	塞音	清	不送气	p			t			k	ʔ
			送气	pʻ			tʻ			kʻ	
		浊	不送气	b			d			g	
	塞擦	清	不送气			ʦ		tʂ	ʨ		
			送气			ʦʻ		tʂʻ	ʨʻ		
		浊	不送气						ʥ		
	鼻	浊		m			n		ȵ	ŋ	
	边	浊					l				
	擦	清			f	s		ʂ	ɕ		h
		浊			v	z			ʑ		ɦ

		圆唇元音	舌尖元音 前	舌面元音 前	舌面元音 央	舌面元音 后	喉塞音 前	喉塞音 央	喉塞音 后
元音	高	(ɥyu)	ɿʮ	iy		u			
				Y		ii			
	半高	(øo)		ø		o			oʔ
	央			E	ə			əʔ	
	半低			æ					
	低			a		ɑ	aʔ		ɑʔ

(2) 声母表(呼读音)

[p]拨、[pʻ]泼、[b]勃、[m]墨、[f]弗、[v]佛、[t]得、[tʻ]脱、[d]夺、[n]纳、[ts]则、[tsʻ]赤、[s]塞、[z]择、[l]勒、[tɕ]吉、[tɕʻ]乞、[ɕ]歇、[dʑ]杰、[ȵ]聂、[k]葛、[kʻ]克、[g]搿、[ŋ]核、[h]赫、[ɦ]合、[∅](无声)。附:[tʂ]、[tʂʻ]、[ʂ]、[ʐ]分别圆唇呼读[ts]、[tsʻ]、[s]、[ʑ]。

(3) 韵母表

[ɿ](资的韵母)、[ʮ](痴的韵母)、[i]衣、[u](符的韵母)、[y]迂、[ɑ]啊、[æ]凹、[E]哀、[o]桠,[ø]安、[iɪ]也、[Y]欧、[aʔ]鸭、[ɑʔ]压、[əʔ]褐、[oʔ]恶、[iɑ]鸦、[uɑ]哇、[iæ]妖、[uE]威、[io]亚、[iø]冤、[uø]碗、[iY]优、[əu]乌、[əl]尔、[iaʔ]侠、[uaʔ]挖、[yaʔ]曰、[iɑʔ]约、[iəʔ]益、[uəʔ]活、[yəʔ]越、[ioʔ]郁、[ã]樱、[iã]央、[uã]横、[ɑ̃]骯、[iɑ̃](腔的韵母)、[uɑ̃]汪、[ən]恩、[in]英、[uən]温、[yən]氲、[oŋ]翁、[ioŋ]雍、[m̩]呣、[n̩]呒、[ŋ̍]五。

(4) 声调表

单字调:阴平[˥]55、阳平[˧˥]35、阴上[˥˩]51、阴去[˥˩˧]513、阳去[˧˩]31、阴入[ʔ˥]5、阳入[ʔ˧]3。

汉语拼音音节索引

音节右边的数字指本词典的正文页码。

音节下面的文字是这个音节的同音字。

文字下面的数字指同音字的领头页码。

A

ā

阿【Øaˀ˥】、【Øɑ˥】 前缀。（一）用在排行、小名等的前面。（二）用在某些亲属名称的前面。（三）疑问助词。

【阿二】Øaˀ˥ȵi˩˧ 排行第二。

【阿大】Øaˀ˥dəu˩˧ 排行第一。

【阿飞】Øaˀ˥fi˥ 指身着奇装异服，举止轻狂的青少年流氓。

【阿土】Øaˀ˥t'əu˧˦ 指没有见过世面的人（含讥讽意）。

【阿乡】Øaˀ˥ɕiã˥ 对来自乡村的人的谑称。

【阿公】Øaˀ˥koŋ˥ 丈夫的父亲。

【阿对】Øaˀ˥tE˧˦ 对不对？

【阿好】Øaˀ˥hæ˧˦ （一）好不好？（二）后缀词。表示肯定，含反驳的意思。

【阿妈】Øaˀ˥mɑ˥ 女佣。

【阿末】Øaˀ˥məˀ˧ 最后；倒数第一。

【阿囡】Øaˀ˥nø˧ 对小孩的昵称。

【阿局】Øaˀ˥ʥioˀ˧ 行不行？

【阿足】Øaˀ˥ʦoˀ˥ 反诘词。（人品）够不够格。

【阿侄】Øaˀ˥zəˀ˧ 弟兄的儿子。

【阿姐】Øaˀ˥tsiɑ˧˦ 姐姐。

【阿叔】Øaˀ˥soˀ˥ （一）父亲的弟弟。（二）丈夫的弟弟。

【阿姨】（1）Øaˀ˥ɦi˩˧ 妻子的姐妹。（2）Øɑ˥ɦi˩˧（一）母亲的姐妹。（二）对普通职业妇女的称呼。

【阿是】Øaˀ˥zɿ˩˧或Øaˀ˥zæ˧ 是不是？

【阿要】Øaˀ˥Øiæ˧˦ （一）要不要？（二）多么。

【阿爹】Øaˀ˥tiɑ˥ 祖父。

A

【阿婆】(1) 0aʔ˥bu˧ 丈夫的母亲。(2) 0ɑ˥bu˩ 祖母。

【阿婶】0aʔ˥sən˧˩ (一) 叔叔的妻子。(二) 丈夫弟弟的妻子。

【阿舅】0aʔ˥ʥiʏ˩ 妻子的弟兄。

【阿嫂】0aʔ˥sæ˧˩ 哥哥的妻子。

【阿曾】0ã˥ 有没有?

【阿碍】0aʔ˥ŋᴇ˩ (一) 碍不碍事。(二) 要不要紧? 行吗?

【阿嚏】0aʔ˥tʻi˧˩ 象声词。形容打喷嚏的声音。

【阿戆】0aʔ˥gã˩ (一) 智商不高的人。(二) 傻不傻?

【阿二头】0aʔ˥ȵi˧dʏ˩ (一) 排行第二。(二) 后缀词。表示程度很高。应用时,前面用"穷"字,表示程度到极点,中间动词,后面加"阿二头"。

【阿土生】0aʔ˥təu˦sən˥ 指土气十足的人。

【阿木林】0aʔ˥moʔ˧lin˩ (一) 不懂行的人。(二) 容易上当受骗的人。

【阿可以】0aʔ˥kʻəu˦0i˥ 可不可以?

【阿可能】0aʔ˥kʻəu˥nən˧ 有没有这种可能性?

【阿犯着】0aʔ˥vᴇ˧zaʔ˧ 值不值得?

【阿艮艮】0aʔ˥gən˩gən˩ 指人脾气固执,说话生硬。

【阿买账】0ɑʔ˥mɑ˧ʦã˧˩ 服不服或给不给面子?

【阿有格】0aʔ˥ɦiʏ˩kəʔ˥ (一) 有没有? (二) 反诘。怎么会有这样的?

【阿曲死】0aʔ˥ʨʻoʔ˥si˧˩ 义同【阿木林】。

【阿有啥】0aʔ˥ɦiʏ˩sɑ˧˩ (一) 有没有什么东西或问题? (二) 前缀词。怎么能?

【阿来事】0ɑʔ˥lᴇ˧zɿ˩ 行不行?

【阿作兴】0ɑʔ˥tsoʔ˥ɕən˥ (一) 可能不可能? (二) 该不该?

【阿局式】0aʔ˥ʥioʔ˧səʔ˥ 行不行? 简称【阿局】0aʔ˥ʥioʔ˧。

【阿壳张】0aʔ˥kʻoʔ˥tsã˥ 谁

料到；没料到。

【阿应该】ʔaʔ˥ʔin˥kE˩ 应不应该？也说作【阿该应】ʔaʔ˥kE˥ʔin˩。

【阿胡子】ʔaʔ˥ɦəu˧tsɿ˩ 指脸上胡子多的男人。

【阿是介】ʔaʔ˥zɿ˩tɕiɑ˥ 是不是这样？

【阿高兴】ʔaʔ˥kæ˥ɕən˩ （一）高不高兴？（二）有没有兴趣？

【阿起劲】ʔaʔ˥tɕʻi˩tɕən˩ 有没有兴趣？

【阿值得】ʔaʔ˥zəʔ˧təʔ˥ 值不值得？

【阿婆俭】ʔaʔ˥bu˧dʑi˩ （一）指不懂行。（二）帮倒忙；瞎起劲。（三）指这两种情况的人。

【阿勒嗨】ʔaʔ˥ləʔ˥hE˩ 在不在？

【阿勒辖】ʔaʔ˥ləʔ˥haʔ˥ 在不在？

【阿超到】ʔaʔ˥tsʻæ˥tæ˩ 至不至于？

【阿超得】ʔaʔ˥tsʻæ˥təʔ˥ 义同【阿超到】。

【阿末老老】ʔaʔ˥məʔ˧læ˧læ˩ 指最后一个人。

【阿有介事】ʔaʔ˥ɦiɤ˩kɑ˩zɿ˩ 有这么回事？

【阿有耳朵】ʔaʔ˥ɦiɤ˩ȵi˧təu˥ （一）有没有耳朵？（二）听见没有（带申斥意）？

【阿花猡猡】ʔaʔ˥ho˥loʔ˧loʔ˧ 狗的昵称。

【阿要死快】ʔaʔ˥ʔiæ˧si˩kʻuɑ˩ 真是该死。

【阿浦阿浦】ʔaʔ˥pʻu˥ʔaʔ˥pʻu˩ 形容气极的样子。

【阿猫阿狗】ʔaʔ˥mæ˧ʔaʔ˥kɤ˩ 指普通人（含轻蔑意）。

【阿超至于】ʔaʔ˥tsʻæ˥tsɥ˩ɦy˩ 至不至于。

【阿花猡猡草】ʔaʔ˥ho˥loʔ˧loʔ˧tsʻæ˩ 狗尾巴草。

【阿嫚里齑齑】ʔaʔ˥mE˧li˩tsi˩tsi˩ 可怜巴巴的。

【阿元戴帽子——完】ʔaʔ˥ȵiø˧tɑ˧mæ˧tsɿ˩——ɦuø˧ 歇后语。表示彻底失败。

【阿艮艮，艕牵筋】ʔaʔ˥gən˩gən˩，pʻɑ̃˧tɕʻi˥tɕən˩ 俗语。义同【阿艮艮】。

【阿溜原是阿溜】ʔaʔ˥liɤ˧ȵiø˧zɿ˩ʔaʔ˥liɤ˧ 还像原来那

般不争气的样子。

【阿胡子打喷嚏】0aʔ˥ɦəu˧ʦɿ˥˩tã˥˩pʻən˥tʻi˥˩ 形容濛濛细雨。

【阿婆俭，讨惹嫌】0aʔ˥bu˧ʥi˨˩，tʻæ˦zɑ˧ɦi˨˩ 俗语。指不懂行，帮倒忙，令人厌恶。

【阿婆嫁男人——另有一功（公）】0aʔ˥bu˧kɑ˥nø˧ȵən˨˩——li˧ɦiʏ˨˩0iəʔ˥koŋ˥(koŋ˥) 歇后语。指与众不同的样子。

【阿姐勿出嫁，耽搁妹子】0aʔ˥ʦiɑ˥˩fəʔ˥ʦʻəʔ˥kɑ˦，tE˥koʔ˥mE˧ʦɿ˥˩ 喻前面的问题不解决，耽误后面的进程。

【阿大新，阿二旧，阿三破，阿四筋】0aʔ˥dəu˨˩sin˥，0ɑʔ˥ȵi˨˩ʥiʏ˨˩，0aʔ˥sE˥pʻu˦，0aʔ˥sɿ˦ʨən˥ 指旧时家庭生养孩子多，普通家庭孩子的穿着状况。

【阿巧笃爷，碰着阿巧笃娘，巧碰巧】0aʔ˥ʨʻiæ˥˩toʔ˥ɦiɑ˧，bã˧zɑʔ˧0aʔ˥ʨʻiæ˥˩toʔ˥ȵiã˧，ʨʻiæ˦bã˧ʨʻiæ˥˩ 俗语。形容再没有比这更巧的了。

啊【0ɑ˥】 叹词，表示惊异或赞叹。

【啊呜】0ɑ˥0u˥˩ 童语。老虎。

【啊呀】0ɑ˥0iɑʔ˥或0ɑʔ˥0iɑʔ˥ 叹词。表示惊讶；不满；为难。

【啊哇】0ɑ˥0uɑ˥或0aʔ˥ɦuɑ˧或0ɑʔ˥˥0uɑʔ˥ 呼痛声。

【啊一哇】0aʔ˥0iəʔ˥0uaʔ˥或0aʔ˥0iəʔ˥0uɑ˥ 呼痛声。

【啊哇哇】0aʔ˥0uaʔ˥0uaʔ˥ 呼痛声。

āi

哎【0E˥】 叹词。（一）表示提醒。（二）应答声。

【哎哎】（1）0E˦0E˥˩ 童语。大便。（2）ɦE˨˩ɦE˨˩ 表示提醒。

哀【0E˥】

【哀乐】0E˥ɦioʔ˧

【哀当】ØE˥tã˥˩　苦怜相(多指有意装出来的)。

【哀悼】ØE˥dæ˨˩

挨【Øɑ˥】文读【ØE˥】另见 ái。（一）顺着(次序)。(二) 靠近。(三) 这。

【挨个】ØE˥kəʔ˥　这一个。

【挨记】ØE˥tɕi˦　这一下。

【挨连】ØE˥li˨˩　似皮肤受感染那种不舒服的感觉。

【挨场】ØE˥zã˨˩　(一) 这样。(二) 这一场。

【挨抢】ØE˥tsʻiã˥˩　近一段时间里。

【挨拨】Øɑ˥pəʔ˥　强求(别人接受)。

【挨面】ØE˥mi˨˩　(一) 这一边。(二) 这一面(面为量词)。

【挨种】ØE˥tsoŋ˥˩　这一种。

【挨段】ØE˥dø˨˩　这一段。

【挨档】ØE˥tã˥˩　这一种;这一个;这个批次或组合。

【挨浪】ØE˥lã˨˩　这里或这地方。

【挨桩】ØE˥tsã˥˩　这一桩。

【挨着】Øɑ˥zɑʔ˧　轮到。

【挨搭】ØE˥taʔ˥　这里;这地方。

【挨歇】ØE˥ɕəʔ˥　现在。

【挨上门】Øɑ˥zã˨˩mən˧　不请自来(贬意)。

【挨上来】Øɑ˥zã˨˩lE˨˩　(一) 主动送上来(贬意)。(二) 轮着上来。

【挨长短】Øɑ˥zã˧tø˥˩　按长短。

【挨勿着】Øɑ˥fəʔ˥zɑʔ˧　轮不到。

【挨什梗】ØE˥zəʔ˧gã˨˩或ØE˥gã˨˩　这样。

【挨世里】ØE˥sʮ˥˩li˨˩　这一辈子里。

【挨连痛】ØE˥li˨˩tʻoŋ˥˩　似皮肤被擦伤的那种痛楚。

【挨首里】ØE˥sY˥˩li˨˩　这一边。

【挨胡琴】Øɑ˥ɦəu˧dʑən˨˩　拉胡琴。

【挨模样】Øɑ˦mo˧ɦiã˨˩　差不多的时候。

【挨要腔】Øɑ˥ɦiæ˧tɕʻiã˥˩　下流的样子。

【挨一挨二】Øɑ˥Øiəʔ˥Øɑ˥ŋ˨˩i˨˩

（一）顺着顺序。（二）数一数二。

【挨一排二】Øɑ˥Øiəʔ˥bɑ˩ȵi˩ 顺着顺序。

【挨年岁边】Øɑ˥ȵiɪ˦sE˥˩piɪ˥˩ 指岁末那段时间。

【挨年煞边】Øɑ˥ȵiɪ˦saʔ˥piɪ˥˩ 义同【挨年岁边】。

【挨抢势里】ØE˥tsʻiã˥sʮ˥˩li˩ 这一阵子。

【挨着勿是轮着】Øɑ˥zɑʔ˧fəʔ˥zɿ˩lən˦zɑʔ˧ 轮到轮不到各凭运气。

【挨上门，自掇凳；炒冷饭，自家盛】Øɑ˥zɑʔ˩mən˩，zɿ˦təʔ˥tən˥˩；tsʻæ˦lã˦vE˩，zɿ˦kɑ˥zən˦ 俗语。喻不速之客厚颜无耻的样子。

唉【ØE˥】 答应的声音。

ái

挨（捱）【ŋɑ˦】另见 āi。

【挨日脚】ŋɑ˦ȵəʔ˧tɕiɑʔ˥拖延日子。

【挨辰光】ŋɑ˦zən˦kuã˥ 拖延时间。

【挨脱两日】ŋɑ˦tʻəʔ˧liã˩ȵəʔ˧ 拖延两天。

癌【ȵE˦】

ǎi

毐【ØE˦】

欸【ØE˦】

【欸乃】ØE˦nE˦或Øæ˦ØE˥˩ 象声词。形容摇橹的声音。

嗳(1)【ØE˦】 叹词。表示不同意或否定。(2)【ØE˥˩】 招呼人的声音。

矮【Øɑ˥˩】文读【ØE˦】

【矮人】Øɑ˦ȵən˦ （一）个子矮小的人。（二）指低人一等的人。

【矮子】Øɑ˦tsɿ˥ 个子矮小的人。

【矮小】Øɑ˦siæ˥ 又矮又小。

【矮凳】Øɑ˦tən˥ 没有靠背

或扶手，供一人坐的凳子的通称。

【矮头颈】ʔɑ˧˦dY˦tɕən˥˧ 颈脖矮小。

【矮冬瓜】ʔɑ˧˦toŋ˥ko˥˧ 形容身材矮而胖的人。

【矮一路】ʔɑ˥˧ʔiəʔ˥ləu˩˧ （一）相比之下要矮一些。（二）相形见绌，低人一等。

【矮东洋】ʔɑ˧˦toŋ˥ɦiã˩˧ 对日本侵略者的贬称。

【矮胖子】ʔɑ˧˦p‘ã˥tsɿ˥˧ 称身材矮而胖的人。

【矮闼门】ʔɑ˧˦daʔ˧mən˩˧ 比门框短二三尺的矮门。

【矮掇鬅】ʔɑ˧˦təʔ˥bã˩˧ 称身材矮而胖的人（含贬义）。

【矮短短】ʔɑ˧˦tø˥tø˥˧ 形容身材矮小。

【矮掇鬅，滚勒滚】ʔɑ˧˦təʔ˥bã˩˧，kuən˥˧ləʔ˧kuən˥˧ 形容矮胖子走路的样子（含贬义）。

【矮子里向拔长子】ʔɑ˧˦tsɿ˥˧li˩˧ɕiã˥˧baʔ˥zã˦tsɿ˥˧ 在身材矮的人中间挑高个子。转指在较次的中间选出好一点的。

【矮子肚里疙瘩多】ʔɑ˧˦tsɿ˥˧dəu˦li˩˧kəʔ˥taʔ˥təu˥ 指身材矮小的人，往往比平常人精明。

【矮子爬胡梯——步步高升】ʔɑ˧˦tsɿ˥˧bo˦ɦəu˦t‘i˥——bu˦bu˩˧kæ˥sən˥˧ 歇后语。指不断上升、提高。

蔼【ʔE˧˦】

霭【ʔE˧˦】

ɑì

艾【ŋE˩˧】

【艾绒】ŋE˦ȵoŋ˩˧

唉【hE˥˧】【ɦE˩˧】 叹词，表示伤感或惋惜。

爱【ʔE˧˦】

【爱人】ʔE˧˦ȵən˩˧

【爱心】ʔE˧˦sin˥

【爱司】ʔE˥sɿ˥˧ 扑克牌中的A。

【爱好】ʔE˧˦hæ˧˦

【爱河】Øᴇ˦˩˧ɦəu˦
【爱称】Øᴇ˦˩˧ʦʻən˥
【爱惜】Øᴇ˦˩˧siəʔ˥
【爱情】Øᴇ˦˩˧zin˦
【爱戴】Øᴇ˦˩˧tᴇ˥˧
【爱到死脱】Øᴇ˦˩˧tæ˥si˦˩˧tʻəʔ˥　形容爱得很深。
【爱即是害】Øᴇ˦˩˧ʦiəʔ˥zɿ˨˧ɦᴇ˨˧　指溺爱就是害人。

隘【Øᴇ˦˩˧】

碍【ŋᴇ˨˧】

【碍事】ŋᴇ˨˧zɿ˨˧
【碍着】ŋᴇ˦zɑʔ˧　妨碍到。
【碍勿得】ŋᴇ˦fəʔ˥təʔ˥　也读作ŋᴇ˥fəʔ˥təʔ˥　嫉妒。
【碍面子】ŋᴇ˨˧mii˧ʦɿ˥˧
【碍介碍事】ŋᴇ˦kɑ˥ŋᴇ˨˧zɿ˨˧　妨碍做事;造成不方便。
【碍手扳脚】ŋᴇ˦sʏ˥pᴇ˥ʨiɑʔ˥　妨碍。
【碍着点啥】ŋᴇ˦zɑʔ˧tii˥˧sɑ˦˩˧　妨碍到什么啦?

嗳【Øᴇ˦˩˧】　叹词。表示悔恨、懊恼。

嫒【Øᴇ˦˩˧】

暧【Øᴇ˦˩˧】

【暧昧】Øᴇ˦˩˧mᴇ˨˧

ān

厂【Øø˥】另见 chǎng。

安【Øø˥】中州韵【Øᴇ˥】

【安分】Øø˥vən˨˧
【安心】Øø˥sin˥˧
【安宁】Øø˥ȵən˨˧
【安全】Øø˥zii˨˧
【安抚】Øø˥vu˨˧
【安定】Øø˥din˨˧
【安易】Øø˥Øi˥˧　（一）平静;安宁。（二）守本分。
【安胎】Øø˥tʻᴇ˥˧　用药物保住胎儿。
【安息】Øø˥siəʔ˥
【安顿】Øø˥tən˥˧
【安耽】Øø˥tᴇ˥˧　守本分。
【安家】Øø˥kɑ˥˧
【安神】Øø˥zən˨˧
【安排】Øø˥bɑ˨˧

【安葬】Øø˥ʦã˥˩

【安插】Øø˥ʦʻaˀ˥

【安逸】Øø˥Øiəˀ˥　（一）安闲舒适。（二）守本分。

【安装】Øø˥ʦã˥˩

【安歇】Øø˥ɕəˀ˥

【安置】Øø˥ʦɿ˥˩　（一）使人或事物有着落；安放。（二）睡觉。

【安静】Øø˥zin˨˩

【安稳】Øø˥Øuən˥˩

【安慰】Øø˥ɦuE˨˩

【安神药】Øø˥zən˨˩ɦiɑˀ˧　安眠药。

【安息香】Øø˥siəˀ˥ʨã˥˩　用安息树脂加工制成的黑色棒香。有防腐、消毒、驱除异味等作用。

【安逸饭】Øø˥Øiəˀ˥vE˨˩　不担风险的工作或生活。

【安老本顿】Øø˥læ˨˩pən˥˩tən˥˩　安分守己。

【安神药片】Øø˥zən˨˩ɦiɑˀ˧pʻi˥˩　安眠药片。

【安逸茶饭】Øø˥Øiəˀ˥zo˧vE˨˩　不担风险的工作或生活。

唵【Øø˥】　叹词；表示提醒、商量（语气较委婉）。

桉【Øø˥】

氨【Øø˥】

庵【Øø˥】中州韵【ØE˥】

【庵堂】Øø˥dã˨˩　尼姑庵。

谙【Øø˥】中州韵【ØE˥】、【ØE˦】

鹌【Øø˥】中州韵【ØE˥】

鞍【Øø˥】中州韵【ØE˥】

【鞍子】Øø˥ʦɿ˥˩

【鞍马】Øø˥mo˨˩

【鞍前马后】Øø˥zi˨˩mo˨˩ɦY˨˩

ǎn

俺【ØE˥】中州韵【Øɑn˥】

【俺这里】ØE˥ʦəˀ˥li˨˩　趣语。我这里（带自大意味）。

A

àn

岸【ŋø˧˩】中州韵【ŋE˧˩】

【岸日】ŋø˨˦ȵəʔ˧ 计算月数的月。如:一个季度三个岸日。

【岸浪】ŋø˨˦lɔŋ˨˦ 岸上。

【岸滩】ŋø˨˦tʻE˥ 水边斜坡。

【岸滩边】ŋø˨˦tʻE˥piɪ˥˩ 义同【岸滩】。

【岸滩头】ŋø˨˦tʻE˥dY˧˩ 水边斜坡的地方。

按【Øø˥˨˧】中州韵【ØE˥˨˧】

【按没】Øø˥˨˧məʔ˧ 按住,使完全隔绝。

【按时】Øø˥zɥ˧˩

【按钮】Øø˥ȵiY˧˩

【按理】Øø˥˨˧li˧˩

【按摩】Øø˥mo˧˩

【按照】Øø˥ʦæ˥˩

【按部就班】Øø˥bu˧˩ZY˧˩pE˥

【按没耳朵摇响铃铃——只当勿听见】Øø˥˨˧məʔ˧ȵi˨˦təu˥˩ɦiæ˨˦ɕiã˥˨˧lin˨˦lin˧˩——ʦəʔ˥tã˥fəʔ˥tʻin˥tɕiɪ˥˩ 歇后语。装聋作哑。

案【Øø˥˨˧】中州韵【ØE˥˨˧】

【案子】Øø˥ʦɿ˥˩

【案犯】Øø˥˨˧VE˧˩

【案底】Øø˥˨˧ti˥˩

【案例】Øø˥˨˧li˧˩

【案情】Øø˥zin˧˩

【案头工作】Øø˥dY˧˩koŋ˥ʦoʔ˥

暗【Øø˥˨˧】中读【ØE˥˨˧】

【暗记】Øø˥tɕi˥˨˧

【暗号】Øø˥ɦæ˧˩

【暗示】Øø˥zɥ˧˩

【暗场】Øø˥zã˧˩

【暗杀】Øø˥saʔ˥

【暗行】Øø˥ɦɑ̃˧˩ (一)商品或技术不容易估价的行业。(二)易于欺诈顾客的行业。

【暗花】Øø˥ho˥˩ 隐约的花纹,如瓷器上利用凹凸构成的花纹或纺织品上利用明暗构成的花纹。

【暗语】Øø˥˨˧ȵy˧˩

【暗探】Øø˥tʻø˥˩

A

【暗淡】0ø˧dE˩
【暗娼】0ø˥tsʻã˥˩
【暗黄】0ø˥ɦuɑ̃˩ 内容隐含不健康、黄色的成分。
【暗锁】0ø˥səu˥˩
【暗算】0ø˥sø˥˩
【暗箭】0ø˥tsiɪ˥˩
【暗器】0ø˥tɕʻi˥˩
【暗藏】0ø˧zɑ̃˩
【暗毛病】0ø˥mæ˥bin˩ （一）不好意思告诉别人的疾病。（二）不容易被人察觉的坏习惯。（三）隐情（含贬义）。
【暗头里】0ø˥dʏ˧li˩ （一）黑暗之中。（二）喻背地里；私下里；不公开的。
【暗好笑】0ø˥hæ˥siæ˧ 暗暗窃喜。
【暗赤赤】0ø˥tsʻəˀ˥tsʻəˀ˥ （一）形容光线暗淡。（二）喻背地里；私下里；不公开的。
【暗底下】0ø˥ti˥ɦo˩ 喻背地里；私下里；不公开的。
【暗底里】0ø˥ti˥li˩ 义同【暗底下】。
【暗星夜】0ø˥sin˥0ia˥˩ 没有月亮的晴朗夜空。
【暗煞个】0ø˧saˀ˥kəˀ˥ （一）光线暗淡。（二）指人心计多而行事诡秘（含贬义）。
【暗嗾嗾】0ø˥tsʻoˀ˥tsʻoˀ˥ 喻背地里；私下里；不公开的。
【暗毒老虎】0ø˥doˀ˧læ˩həu˥˩ 指阴险奸诈、心狠手辣的人。

黯【0ø˧】中州韵【0E˧】

āng

肮【0ɑ̃】中州韵【0ɑ̃˥】

【肮三】0ɑ̃˥sE˥˩ 下流的；极差的。
【肮三货】0ɑ̃˥sE˥həu˥˩ 品质极低劣的人或东西。

áng

昂【ŋɑ̃˧】中州韵【ŋɑ̃˧】

【昂扬】ŋɑ̃˩ɦiɑ̃˩
【昂首】ŋɑ̃˩sʏ˥˩
【昂贵】ŋɑ̃˩kuE˧

【昂然】ŋɑ̃˨˧zø˨˧
【昂藏】ŋɑ̃˨˧zɑ̃˨˧
【昂昂然】ŋɑ̃˨˧ŋɑ̃˨˧zø˨˧ 昂首挺胸、无所畏惧的样子。
【昂刺鱼】0ɑ̃˥tsʻ˥˥ŋ̍˨˧ 黄颡鱼。头扁口大,有须无鳞,有黄褐色斑纹,腹部有刺。

àng

盎【0ɑ̃˥˩】、【0ɑ̃˦˩˨】文读【0ã˥˩】、【0ã˦˩˨】

【盎然】0ɑ̃˥˩zø˨˧
【盎里锅里】0ɑ̃˥li˨˧kəu˥˩li˨˧ 形容不满时的嘀咕。

āo

凹【0æ˥】

【凹凼】0æ˥dɑ̃˨˧ 中间向下凹陷的形状。
【凹味】0æ˥mi˨˧ 异味。
【凹凹里】0æ˥0æ˥li˨˧ 凹陷进去的地方。
【凹进去】0æ˥tsin˥tɕʻi˥˩ 向内凹陷进去。
【凹眉冲额角】0æ˥mi˨˧tsʻoŋ˥ŋɑʔ˧koʔ˥ 眼窝凹陷,额角凸出的面相。

爊【0æ˥】

【爊鸟】0æ˥tiæ˥˩ 卤菜。用多种香料加工的鸟类。
【爊鸡】0æ˥tɕi˥˩ 卤菜。用多种香料加工的鸡。
【爊油鸡】0æ˥ɦiY˩˧tɕi˥˩ 即爊鸡。

áo

敖【ŋæ˩˧】

【敖包】ŋæ˩˧pæ˥

遨【ŋæ˩˧】

【遨游】ŋæ˩˧ɦiY˩˧

嗷【ŋæ˩˧】

【嗷嗷】ŋæ˩˧ŋæ˩˧

獒【ŋæ˩˧】

熬【ŋæ˩˧】

【熬好】ŋæ˩˧hæ˥˨ 忍受艰难困苦,力求处处做好。

【熬吃】ŋæ˩˧ʦʻəʔ˥ 非常希望吃到。

【熬油】ŋæ˩˧ɦiY˩˧ (一)用加温的方法,提取油脂。(二)加食品熬制的油脂。

【熬食】ŋæ˩˧zəʔ˨˧ 非常希望吃到(的情绪)。

【熬药】ŋæ˩˧ɦiɑʔ˨˧ 药放入水中加温,获取汤汁或膏汁。

【熬夜】ŋæ˩˧ɵiɑ˥˨

【熬着】(1)ŋæ˩˧zɑʔ˨˧ 得到希望得到的东西。(2)ŋæ˩˧ʦɑʔ˥ 非常希望穿到的(衣裤)。

【熬粥】ŋæ˩˧ʦoʔ˥ 把大米等粮食放在水中煮成糊状。

【熬熬】ŋæ˩˧ŋæ˧˩ (一)东西放在水中久煮。(二)忍受(疼痛或艰苦的生活等)。

【熬干净】ŋæ˩˧kø˥zin˧˩ 爱干净。

【熬勿得】ŋæ˩˧fəʔ˥təʔ˥ 嫉妒。

【熬出头】ŋæ˩˧ʦʻəʔ˥dY˩˧ 忍受艰难困苦后,终于能获得成功,或终于获得美好的生活。

【熬好戏】ŋæ˩˧hæ˥ɕi˥˨ 喜欢做的事(往往用作反语)。

【熬天熬地】ŋæ˩˧tʻiɪ˥ŋæ˩˧di˧˩ 巴望了很久很久。

【熬吃三官巴十六,月半夜里好买肉】ŋæ˩˧ʨʻəʔ˥sE˥kuø˥˨po˥zəʔ˨˧loʔ˨˧,ŋəʔ˨˧pø˥˨ɵia˥li˧˩hæ˥˨mɑ˧˩ȵ̊oʔ˨˧ 俗语。喻虚伪。

螯【ŋæ˩˧】

翱【ŋæ˩˧】

【翱翔】ŋæ˩˧ziã˧˩

鳌【ŋæ˩˧】

【鳌山】ŋæ˩˧sE˥

【鳌头】ŋæ˩˧dY˧˩

【鳌鱼观音】ŋæ˩˧ŋ˩˧kuø˥ɵin˥˨ 佛教中指脚踩鳌鱼的观音菩萨法相。

A

鏖【0æ˥】

【鏖战】ŋæ˦tsø˥˧

ǎo

拗【0æ˥】另见 ào。使弯曲；使断；折。

【拗脱】0æ˥t'ə˥˥ （一）折断。（二）喻关系终止。

【拗断】0æ˥dø˩ 义同【拗脱】。

【拗嫩头】0æ˥nən˩dʏ˩ （一）掐断幼苗或嫩芽。（二）喻人初露头角时遭受严重打击。（三）喻成年妇女与少男有不正当关系。

袄【0æ˦】

ào

坳【0æ˥˧】

拗【0æ˦】另见 ǎo。

【拗口】0æ˦k'ʏ˥˧

【拗手】0æ˦sʏ˥˧ 带柄的木盆。

【拗执】0æ˦tsə˥˥

【拗味】0æ˥mi˩ 不正的味道。

【拗种】0æ˥tsoŋ˥˧ 异于正常习性的人(贬义)。

【拗药】0æ˦ɦiɑ˩ 喂药。

【拗磨】0æ˦mo˧ 磨子转动时，用手将要磨的东西放进磨膛。

【拗手劲】0æ˥sʏ˥tɕən˥˧ （一）扳手腕比力。（二）喻双方较量。

【拗春冷】0æ˥ts'ən˥lã˩ 立春后特别寒冷的天气。

【拗勒拗】0æ˥˧lə˧0æ˥˧ 走路时腰肢女性化摆动的样子。

【拗壁虎】0æ˥piə˥həu˥˧ 脾气倔强，有意跟人唱反调；或指有这种个性的人。

【拗七拗八】0æ˥ts'iə˥0æ˥po˥ （一）形容不规则的弯曲。（二）形容声腔不顺口，声音不顺耳。

【拗头捩颈】0æ˦dʏ˦liə˧tɕən˥˧ 体态矫揉造作的样子。

【拗里哔叶】Øæ˥li˨˩piəʔ˥poʔ˥ 义同【拗七拗八】。也作【拗里咧叶】Øæ˥li˨˩biəʔ˧boʔ˧。

【拗念作呒】Øæ˦ȵi˨˦tsoʔ˥m̩˨˩ 撒娇撒痴般的无理取闹。

【拗腔八调】Øæ˥tɕʰiã˥poʔ˥diæ˨˩ （一）形容十分难听的腔调。（二）形容人的脾气或物的形态不好，不合常理。

傲【ŋæ˨˩】

【傲气】ŋæ˨˩tɕʰi˥˩

【傲骨】ŋæ˨˦kuəʔ˥

【傲慢】ŋæ˨˩mE˨˩

奥【Øæ˦】

【奥妙】Øæ˦miæ˨˦

澳【Øæ˦】

【澳毛】Øæ˦mæ˥˩ 澳洲出产的羊毛。

懊【Øæ˥】

【懊劳】Øæ˥læ˨˩ 后悔。

【懊悔】Øæ˥huE˥˩

【懊疰】Øæ˥tsɥ˥˩ 心情不顺；烦闷。

【懊糟】Øæ˥tsæ˥˩

【懊闷痛】Øæ˦mən˨˦tʰoŋ˥˩ 懊悔生出的痛苦。

【懊劳头男人】Øæ˥læ˨˩dY˨˩nø˨˦ȵən˨˩ 缺乏豪爽，容易斤斤计较的男人。

【懊劳黄石桥】Øæ˥læ˨˩ɦuã˨˦zaʔ˧dʑiæ˥˩ 俗语。指追悔莫及。

B

B

bā

八【poʔ˥】文读【pɑʔ˥】

【八节】poʔ˥tsiəʔ˥

【八仙】poʔ˥sii˥

【八字】poʔ˥zɿ˨˧

【八股】poʔ˥kəu˥

【八卦】poʔ˥ko˥˧

【八哥】poʔ˥kəu˥

【八月半】poʔ˥ŋəʔ˧pø˥˧ 中秋节，农历八月十五日。

【八月菊】poʔ˥ŋəʔ˧tɕoʔ˥或poʔ˥ŋəʔ˧tɕyəʔ˥ 一种在农历八月开花的菊，花朵较小。

【八仙板】poʔ˥sii˥pᴇ˥˩ 由八块木板制成的高档棺材。

【八仙桌】poʔ˥sii˥tsoʔ˥

【八字步】poʔ˥zɿ˨˧bu˨˩ 走路时两脚不平行，向外成“八”字形。多见于戏剧中的官员走路。

【八字脚】poʔ˥zɿ˨˧tɕiɑʔ˥ 走路时两脚不平行，向外或向内成“八”字形。

【八角帽】poʔ˥koʔ˥mæ˨˩ 一种上有八个褶，形成八个角的帽子。

【八宝饭】poʔ˥pæ˥˧vᴇ˨˩

【八珍糕】poʔ˥tsən˥kæ˥˩ 加上八味中药制成的甜糕，能促进食欲，防病保健。

【八字胡子】poʔ˥zɿ˨˧ɦəu˨˧tsɿ˥˩ 鼻下如“八”字的胡子。

【八角茴香】poʔ˥koʔ˥ɦuᴇ˨˧ɕiã˥ 一种烹调用的调味香料。

【八抬八掭】poʔ˥dᴇ˨˧poʔ˥t‘ɑʔ˥ 八人抬大桥，八人在旁帮扶。

【八宝莲心粥】poʔ˥pæ˥˩lii˧sin˥tsoʔ˥ 一种加莲子、红枣、糖、薏仁、桂圆、赤豆等物煮成的糯米粥。

【八仙过海，各显神通】poʔ˥sii˥kəu˥˩ɦᴇ˥˩，koʔ˥ɕi˥˧zən˨˩t‘

oŋ˥˩ 比喻各自有一套办法,或各自显示本领,互相竞赛。

【八月十五云遮月,来岁元宵雨打灯】po?˥ŋə?˧zə?˧ɦŋ̍˨˩ɦy ən˦tso˥ɦyə?˧,lE˦sE˦ŋ̍iø˦ siæ˥ɦy˦tã˥˩tən˥ 中秋无月,预示来年元宵有雨。

【八月初八竹醉日,种下竹子容易活】po?˥ŋə?˧ts'əu˥po? ˥tso?˥tsE˦ŋ̍ə?˧,tsoŋ˥˩ɕio˥˩ tso?˥tsɿ˥˩ɦioŋ˦ɦi˨˩ɦuə?˧ 谚语。指农历八月初八最宜种竹。

【八斗九年三十石,再过三年变一百】po?˥tY˥˩tɕiY˥˩ŋ̍ii˧ sE˥sə?˥zɑ?˧,tsE˥kəu˦sE˥ ŋ̍ii˧pii˦iə?˥pɑ?˥ 指高利贷盘剥十分厉害。

巴【po˥】文读【pɑ˥】

【巴结】po?˥tɕə?˥

【巴望】po˥mɑ̃˨˩

【巴着】po?˥zɑ?˧ 希望实现,盼到了。

【巴勿得】po?˥fə?˥tə?˥ 强烈希望。

【巴巴之望】po˥po˥tsɥ˥˩mɑ̃˨˩ 殷切期盼。

【巴天巴地】po˥t'ii˥po˥di˨˩ 强烈的期盼。

【巴巴结结】po˥po˥tɕə?˥tɕə?˥ 勤奋;努力。

扒【po˥】文读【pɑ˥】另见pá。

【扒牢】po˥læ˨˩ 抓住可依附的东西。也作【把牢】。

叭【pɑ˥】

【叭儿狗】pɑ˥ɦəl˨˩kY˥˩

芭【po˥】文读【pɑ˥】

【芭蕉】po˥tsiæ˥˩

【芭蕉扇】po˥tsiæ˥sø˥˩

【芭蕾舞】po˥lE˦vu˨˩

吧【po˥】文读【pɑ˥】另见bɑ。

【吧女】pɑ˥ŋ̍y˨˩

【吧嗒】pɑ?˥tɑ?˥ (一)象声

B

词，折断东西的声音。（二）象声词，形容嘴唇、眼皮开合。

【吧嘀嗒】paʔ˥tiəʔ˥ taʔ˥ 象声词，折断东西的声音。

【吧嗒吧嗒】paʔ˥taʔ˥paʔ˥taʔ˥ 形容语速快、流畅。也指眼皮开合快。

疤【po˥】文读【pɑ˥】

【疤斑】po˥pᴇ˥˩ 疤痕。

【疤疤斑斑】po˥po˥pᴇ˥˩pᴇ˥˩ 形容疤痕很多。

捌【poʔ˥】文读【paʔ˥】

笆【po˥】文读【pɑ˥】

【笆斗】po˥tʏ˥˩

耙【bo˨˧】文读【pɑ˥˨】另见 bà。

鲃【pɑ˥】

【鲃鱼】pɑ˥ŋ̍˨

【鲃肺汤】pɑ˥fi˥t'ɑ̃˥˩ 以鲃鱼的肝脏为主料烹制的鱼，为苏州传统名菜。

bá

拔【baʔ˧】

【拔风】baʔ˧foŋ˥ 加强空气流通。

【拔节】baʔ˧tsiəʔ˥

【拔回】baʔ˧ɦuᴇ˨ 苏州评弹长篇演出一场结束后，应听众要求，连演一场。

【拔会】baʔ˧ɦuᴇ˨ 会，一种民间金钱调剂方式，多人每隔一段约定的时间，拿出设定的钱数，按约定的办法逐个取得。若有急用者，经商议提前得会叫拔会。参看【合会】。

【拔尖】baʔ˧tsiɪ˥

【拔河】baʔ˧ɦəu˨

【拔毒】baʔ˧do˧ 用药物吸出或消去脓毒。

【拔高】baʔ˧kæ˥

【拔债】baʔ˧tsɑ˥˨ 偿还债务。

【拔清】baʔ˧ts'in˥ 还清债务；除干净（疮疽中的脓毒）。

【拔脚】baʔ˧tɕiɑʔ˥ （一）迈步。（二）抽身；脱身。

【拔一拔】baʔ˧Øiəʔ˥baʔ˧ （一）拔一下。（二）指原计划在后的事情，提出来先去完成。

【拔一埭】baʔ˧Øiəʔ˥dɑ˨˩ 去一趟。

【拔火罐】baʔ˧həu˦kuø˥

【拔木头】baʔ˧moʔ˧dY˨˩ 讥讽吸烟者独自抽吸烟卷不让烟。

【拔苗头】baʔ˧miæ˧˦dY˨˩ 暗中判断情况。

【拔咸头】baʔ˧ɦE˧˦dY˨˩ 过咸的菜肴，放入和头，使其变淡。

【拔短梯】baʔ˧tø˦ti˥ 指言而无信，中途变卦。

【拔鲜头】baʔ˧sii˥dY˨˩ 喻把最精华的东西先自提走。

【拔鞋皮】baʔ˧ɦɑ˧˦bi˨˩ 穿鞋时，把后帮拉起来，使脚跟穿进鞋里。

【拔刀相助】baʔ˧tæ˥siã˥zəu˨˩

【拔苗助长】baʔ˧miæ˨˩zəu˨˩tsã˥˧

【拔出拳头勿认人】baʔ˧tsʻəʔ˥dʑiø˧˦dY˨˩fəʔ˥ȵən˨˩ȵən˧˦ 形容暴躁，一动手就不认情面。

跋【baʔ˧】

【跋涉】baʔ˧zəʔ˧

【跋扈】baʔ˧ɦəu˨˩

魃【baʔ˧】

bǎ

把【po˥˧】文读【pɑ˥˧】

另见 bà。

【把门】po˥˧mən˧˦

【把手】po˥sY˥˧

【把头】po˥dY˨˩

【把守】po˦sY˥˧

【把场】po˥˧zã˧˦ 演出时，坐镇剧场照料。

【把关】po˦kuE˥

【把牢】（1）po˦læ˨˩ （一）把持。（二）看守住。（2）po˥læ˨˩ 抓住可依附的东西。

【把戏】po˥˧ɕi˥˧

【把尿】po˦˨sɥ˥　帮助婴儿小便。

【把细】po˥˨si˥˨

【把柄】po˥˨pin˥˨

【把屎】po˥˨sɿ˥˨　帮助婴儿大便。

【把脉】po˥˨maʔ˧　（一）号脉。（二）喻测试对方能力。

【把家】po˦˨ka˥

【把舵】po˦˨dəu˩

【把握】po˦˨Øoʔ˥或po˦˨Øo˥

【把滑】po˥˨ɦuaʔ˧　防滑。

【把稳】po˦˨Øuən˥˨

【把作师傅】po˦˨ʦoʔ˥sɿ˥vu˩　技术上领头的师傅。

靶【po˦˨】文读【pɑ˦˨】

【靶子】po˦˨ʦɿ˥　练习射击或射箭的目标。喻攻击的目标。

【靶心】po˦˨sin˥

bà

坝【po˦˨】文读【pɑ˦˨】

爸【pɑ˥】

耙【bo˨˧】文读【pɑ˦˨】

另见bā。

罢【bo˩】文读【bɑ˩】

【罢工】bɑ˨˧koŋ˥或bo˨˧koŋ˥

【罢手】bɑ˩sʏ˥˨

【罢论】bɑ˩lən˩

【罢市】bɑ˩zɿ˩或bo˨˧zɿ˩

【罢休】bɑ˨˧ɕiʏ˥

【罢官】bɑ˨˧kuø˥

【罢免】bɑ˨˧mi˩

【罢哉】bɑ˨˧ʦE˥˨或bɑ˩ʦE˥˨　罢了。

【罢课】bɑ˨˧kʻəu˥˨或bo˩kʻəu˦˨

【罢职】bɑ˨˧ʦəʔ˥

【罢演】bɑ˨˧Øiɪ˥˨

【罢黜】bɑ˨˧ʦʻəʔ˥

【罢勿成】bɑ˨˧fəʔ˥zən˩　绝不能缺少。

【罢勿来】bɑ˨˧fəʔ˥lE˩　义同【罢勿成】。

【罢勿得】bɑ˨˧fəʔ˥təʔ˩　义同【罢勿成】。

蚆【bo˦】文读【bɑ˦】

【蚆牙】bo˦ŋɑ˩　突出嘴唇外的牙齿。也称生这种牙齿的人。

霸【po˦˨˧】文读【pɑ˦˨˧】

【霸气】po˦˨˧tɕ'i˥
【霸王】po˥ɦuɑ̃˩
【霸头】po˥dʏ˩　把持行业，残酷剥削和压迫行业中人的人。
【霸业】po˦˨˧ȵə˦
【霸牢】po˦˨˧læ˩　用强力把持。
【霸占】po˦˨˧tsø˥
【霸主】po˦˨˧tsʮ˥˩
【霸权】po˦˨˧dʑiø˩
【霸持】po˦˨˧zʮ˦
【霸道】po˥dæ˩

ba

吧【bɑ˩】另见 bā。

baī

掰【pɑʔ˥】

【掰开】pɑʔ˥k'ɛ˥　用手把东西分开。
【掰掰】pɑʔ˥pɑʔ˥（一）掰。（二）指嘴巴张张，说说话（贬义）。
【掰勿开】pɑʔ˥fəʔ˥kɛ˥（一）用手分东西分不开。（二）指嘴巴张不开，有话不说。（三）睁不开。
【掰开来】pɑʔ˥k'ɛ˥˥lɛ˩（一）用手把东西分开来。（二）指睁开或（嘴）张开。
【掰掰开】pɑʔ˥pɑʔ˥k'ɛ˥　用手把东西分分开。
【掰掰嘴】pɑʔ˥pɑʔ˥tsʮ˥˩　说说话（不必动手）。也指只是开合嘴唇，并不说话。
【掰蟹脚】pɑʔ˥hɑ˦˨˧tɕiɑ˥　比喻剪除帮凶。
【掰开眼睛】pɑ˦˨˧k'ɛ˥ŋɛ˦tsin˥˩　指刚睡醒过来。
【掰开嘴巴】pɑʔ˥kɛ˥tsʮ˦˨˧po˥　张嘴。
【掰唠掰唠】pɑʔ˥˥læ˩pɑʔ˥˥læ˩

形容能说会道。

bái

白【baʔ˧】中州韵【bəʔ˧】

【白人】baʔ˧ɲən˧˩

【白市】baʔ˧zɿ˧˩ 以官价交易的市场。

【白汤】baʔ˧tɑ̃˥˩

【白字】baʔ˧zɿ˧˩

【白饭】baʔ˧vᴇ˧˩

【白条】baʔ˧diæ˧˩

【白纸】baʔ˧tsɿ˥˩ （一）白颜色的纸张。（二）祭奠亡灵用的纸钱。

【白板】baʔ˧pᴇ˥˩ （一）麻将牌中一种没有任何符号的牌。（二）指没有任何作用的东西。

【白果】baʔ˧kəu˥˩ （一）银杏的果核。（二）喻白眼。

【白话】baʔ˧ɦo˧˩

【白卷】baʔ˧tɕiø˥˩

【白净】baʔ˧zin˧˩

【白虱】baʔ˧səʔ˥ 虱子。

【白虾】baʔ˧ho˥˩ 白壳虾，太湖特产，又名【白泥虾】baʔ˧ɲi˧˩ho˥˩。

【白相】bəʔ˧siɑ̃˥˩ 玩；玩耍；玩弄。

【白骨】baʔ˧kuəʔ˥

【白食】baʔ˧zəʔ˧

【白案】baʔ˧θø˧˦

【白埭】baʔ˧dɑ˧˩ 白去一趟。又说作【白蚀埭】baʔ˧zəʔ˧dɑ˧˩。

【白粉】baʔ˧fən˥˩

【白酒】baʔ˧tsʏ˥˩

【白铁】baʔ˧tʻiəʔ˥

【白铜】baʔ˧doŋ˧˩

【白脱】baʔ˧taʔ˥ 奶油；黄油。

【白眼】baʔ˧ŋᴇ˧˩

【白皙】baʔ˧siəʔ˥

【白粥】baʔ˧tsoʔ˥ （一）米粥。（二）指不就菜，单单喝米粥。

【白痴】baʔ˧tsʻʮ˥˩

【白旗】baʔ˧dʑi˧˩

【白糖】baʔ˧dɑ̃˧˩

【白露】baʔ˧ləu˧˩

【白乌龟】baʔ˧θəu˧tɕy˥˩ 鹅。

【白开水】baʔ˧kᴇ˥sʮ˥˩

【白切肉】baʔ˧tsʻiəʔ˥ɲioʔ˧

清水煮熟的猪肉。

【白日撞】bɑʔ˧ȵəʔ˧zɑ̃˩

【白水粽】bɑʔ˧sʮ˥˩tsoŋ˥˩ 单用糯米,没有馅的粽子。

【白无常】bɑʔ˧vu˩zɑ̃˩ 迷信指阴间阎王手下穿白衣服的鬼卒。

【白白叫】bɑʔ˧bɑʔ˧tɕiæ˥˩ (一)没有效果;徒然。(二)形容速度极快。

【白白里】bɑʔ˧bɑʔ˧li˩ 没有效果;徒然。

【白兰花】bɑʔ˧lᴇ˩ho˥˩ 常绿亚乔木,木兰科,夏季开花,花白而小,香若幽兰。供观赏、窨制花茶和提取香精。

【白头翁】bɑʔ˧dɤ˩koŋ˥˩

【白轧轧】bɑʔ˧gɑʔ˧gɑʔ˧ (一)形容白色而无生气。(二)形容淡而无味。

【白达达】bɑʔ˧daʔ˧daʔ˧ 形容色白。

【白夹夹】bɑʔ˧kɑʔ˥kɑʔ˥ (一)形容白色而无生气。(二)形容淡而无味。

【白报纸】bɑʔ˧pæ˥tsɿ˥˩

【白沉脱】bɑʔ˧zəu˩tʻəʔ˥ 喻白白浪费掉。

【白束带】bɑʔ˧tsʻoʔ˥tɑ˥˩ 束在腰际的白布孝带。或写成【白簇带】。

【白纸头】bɑʔ˧tsɿ˥˩dɤ˩ (一)白颜色的纸。(二)泛指没有写过字的纸。

【白虎星】bɑʔ˧həu˥˩sin˥˩ 原指二十八星宿中的西方七宿,凶神。喻晦气、不吉利的人。

【白话文】bɑʔ˧ho˩vən˩

【白泥虾】bɑʔ˧ȵi˩ho˥˩ 义同【白虾】。

【白拓拓】bɑʔ˧taʔ˥taʔ˥ 形容色白。

【白斩鸡】bɑʔ˧tsᴇ˥˩tɕi˥˩

【白蚂蚁】bɑʔ˧mo˩mi˩ 白蚁。

【白相人】bəʔ˧siɑ̃˥ȵəu˩ (一)游客。(二)游手好闲,为非作歹的人;流氓。

【白相相】bəʔ˧siɑ̃˥siɑ̃˥˩ 玩;玩耍,玩弄。

【白蚀埭】bɑʔ˧zəʔ˧dɑ˩ 义同【白埭】。

【白种人】bɑʔ˧tsoŋ˥˩ȵən˩ 欧罗巴人种。

【白麸麸】bɑʔ˧fu˥fu˥˩ 色白

B

而无光泽。

【白铁匠】baʔ˧tʻiəʔ˥ziã˩

【白眼狼】baʔ˧ŋɛ˩lã˩ 喻忘恩负义的人。

【白眼睛】baʔ˧ŋɛ˧tsin˥ 露出眼白,以示轻蔑或厌恶。

【白焐蛋】baʔ˧ɦəu˩dɛ˩ 清水煮熟的蛋。

【白葫芦】baʔ˧ɦəu˧ləu˩或baʔ˧ɦuəʔ˧ləu˩ 指尚未成熟的西瓜。

【白煠煠】baʔ˧zaʔ˧zaʔ˧ 指食品用清水煮。

【白碌碌】baʔ˧loʔ˧loʔ˧ 徒劳,没有结果。

【白蒲枣】baʔ˧bu˩tsæ˥˩ (一)鲜枣。(二)调侃语,白白来早了。

【白煞煞】baʔ˧saʔ˥saʔ˥ 形容苍白色。

【白鼻头】baʔ˧bəʔ˧dʏ˩ 戏曲中丑角鼻梁上多抹有白色,借以指狡诈的人,也指汉奸或叛徒。

【白鞋子】baʔ˧ɦa˩tsɿ˥˩ 孝鞋。

【白癜风】baʔ˧tiɪ˥˦foŋ˥˩

【白嚼咀】baʔ˧ziaʔ˧tsʻi˥˩ (一)说毫无根据的话。(二)为消磨时间说说闲文、趣闻。

【白潦潦】baʔ˧liæ˩liæ˩ 形容面色苍白无华。

【白头白扎】baʔ˧dʏ˩baʔ˧tsaʔ˥ 浑身重孝。

【白仔白夹】baʔ˧tsɿ˥baʔ˧kaʔ˥ 形容淡而无味。

【白花郎中】baʔ˧ho˥lã˩tsoŋ˥˩ 庸医。

【白花霉头】baʔ˧ho˥mɛ˩dʏ˩ 发霉的白色霉点。

【白纸黑字】baʔ˧tsɿ˥˩həʔ˥zɿ˩ 指证据确凿的文字。

【白板对煞】baʔ˧pɛ˥˩tɛ˦saʔ˥ 形容互不相让。

【白相心思】bə˧siã˥sin˥sɿ˥˩ 贪玩的念头。

【白相家事】bə˧siã˥ka˥zɿ˩ 玩具。

【白费心机】baʔ˧fi˥˩sin˥tɕi˥˩ 白白地耗费心思。

【白面书生】baʔ˧miɪ˩sʮ˥sən˥˩

【白掭白掭】baʔ˧tʻiɪ˥˩baʔ˧tʻiɪ˥˩ 指不知所措,眼睛频频眨动、翻白。

【白嚼大头蛆】bɑʔ˧ziɑʔ˧dəu˧dʏ˦tsʻi˥˩ （一）说毫无根据的话。（二）为消磨时间说说闲文、趣闻。

【白米饭沃死狗】bɑʔ˧mi˩˧vᴇ˩˧ ∅oʔ˥si˥kʏ˥˩ 喻厚待不该厚待的人。

【白相人笃嫂嫂】bəʔ˧siã˥ȵ̊ən˦toʔ˥sæ˦sæ˥ 指游手好闲、带有流氓习气的妇女。

【白费心机一场空】bɑʔ˧fi˥˩sin˥tɕi˥˩∅iəʔ˥zã˦kʻoŋ˥˩ 白白地耗费心思，结果一无所得。

【白马涧死人——勿接殃】bɑʔ˧mo˩˧kᴇ˥˩si˥˩ȵ̊ən˦——fəʔ˥tsiəʔ˥sã˥ 歇后语。不学好；坏得很。

【白布下仔玄色染缸】bɑʔ˧pu˥˩ɦo˩˧tsɿ˥˩ɦiø˦səʔ˥ȵ̊iɪ˦kã˥ 俗语。喻人堕落。

【白露看花，秋分看谷】bɑʔ˧ləu˩˧kʻø˦ho˥，tsʻʏ˥fən˥kʻø˦koʔ˥ 谚语。白露时水稻扬花，秋分时水稻抽穗。

【白露里格赤佬——色（湿）鬼】bɑʔ˧ləu˩˧li˩˧kəʔ˥tsʻəʔ˥læ˩˧——səʔ˥（səʔ˥）tɕy˥˩ 歇后语。指好色之徒。

【白趁航船嫌比杉木气】bɑʔ˧tsʻən˦ɦɑ̃˦zø˩˧ɦiɪ˦pi˥˩sᴇ˥moʔ˧tɕʻi˥˩ 比喻白占了便宜还挑剔。

【白癜风喊啊一哇——装腔】bɑʔ˧tiɪ˥˩foŋ˥˩hᴇ˦∅aʔ˥∅iəʔ˥∅uaʔ˥——tsɑ̃˥tɕʻiã˥ 歇后语。白癜风病并无痛的症状，如其呼痛，必是假装。指装腔作势。

【白纸头包杨梅——显出颜色】bɑʔ˧tsɿ˥˦dʏ˩˧pæ˥ɦiã˦mᴇ˩˧——ɕiɪ˦tsʻəʔ˥ŋᴇ˦səʔ˥ 歇后语。原形毕露。

【白脚花狸猫，吃仔往外跑】bɑʔ˧tɕiɑʔ˥ho˥li˩˧mæ˩˧，tɕʻəʔ˥tsɿ˥˩mɑ̃˩˧ŋɑ˩˧bæ˦ 俗语。喻家里待不住的人，喜欢到外面活动。

【白露身不露，赤膊变猪猡】bɑʔ˧ləu˩˧sən˥pəʔ˥ləu˩˧，tsʻɑʔ˥poʔ˥piɪ˦tsɥ˥ləu˩˧ 趣语。指白露时节，天气转凉，再不宜裸露身体。

【白露里格雨——到一堂，坏一堂】bɑʔ˧ləu˩˧li˩˧kəʔ˥ɦy˩˧，tæ˦∅iəʔ˥dɑ̃˩˧，ɦuɑ˩˧∅iəʔ˥dɑ̃

˩ 歇后语。喻指到一处地方,就毁坏或为害一处地方的人。

bǎi

百【pɑʔ˥】文读【pəʔ˥】

【百子】pɑʔ˥tsɿ˥˩ 鞭炮。

【百出】pɑʔ˥tsʻəʔ˥

【百合】pɑʔ˥ɦəʔ˧

【百页】pɑʔ˥ɦiəʔ˧

【百把】pɑʔ˥po˦˧ 一百左右。

【百灵】pɑʔ˥lin˨˦

【百货】pɑʔ˥həu˦˧

【百果】pɑʔ˥kəu˥˩ 含有多种蜜饯的甜馅。

【百姓】pɑʔ˥sin˦˧

【百响】pɑʔ˥ɕiã˥˩

【百家】pɑʔ˥kɑʔ˥ (一)指众多家庭。(二)旧时逢喜庆婚丧帮助处理杂物的人。

【百搭】pɑʔ˥taʔ˥ (一)玩牌时,某张可和其他牌任意搭配的牌。(二)喻能很快与各种人搭上关系的人。(三)形容作风很不正派的女人。

【百柴】pɑʔ˥za˨˦ 形容样样事情都硬来参与;也指这样的人(含贬义)。

【百脚】pɑʔ˥tɕiɑʔ˥ 蜈蚣。

【百子图】pɑʔ˥tsɿ˥˩dəu˨˦ 上有众多儿童嬉戏的图画,旧时用来求子讨吉利的。

【百日咳】pɑʔ˥ȵəʔ˧kʻəʔ˥

【百日黄】pɑʔ˥ȵəʔ˧ɦuɑ̃˨˦ 旧时苏州评弹的艺徒,学习一百天左右即能登台表演,叫百日黄。

【百页包】pɑʔ˥ɦiə˥pæ˥ 用百叶包裹肉馅做的菜肴。

【百页结】pɑʔ˥ɦiəʔ˥tɕəʔ˥ 用百页打成结做的菜肴。

【百有份】pɑʔ˥ɦiʏ˨˦vən˩ 形容样样事情都来参与的人。

【百灵台】pɑʔ˥lin˨˦dE˩ 台面能转动的小圆桌子。

【百家衣】pɑʔ˥ka˥ɦi˥ 指僧人的衣服。

【百家饭】pɑʔ˥ka˥vE˩ 指服务、演艺等行业。

【百屑失】pɑʔ˥siəʔ˥səʔ˥ 粉粉碎。

【百脚旗】pɑʔ˥tɕiɑʔ˥dʑi˨˦ (一)周边饰有状如犬齿、火焰花边的旗。(二)形容衣物破烂不堪。

【百裥裙】pɑʔ˥kᴇ˥ʥyən˩ 有许多折褶的裙子。

【百门四碎】pɑʔ˥mən˧sɿ˥sᴇ˨˦ 形容破碎得很严重；粉粉碎。亦作【百门四烂】pɑʔ˥mən˧sɿ˥lᴇ˩。

【百子流星】pɑʔ˥tsɿ˥˩lY˧sin˥ 鞭炮。

【百勿趁心】pɑʔ˥fəʔ˥tsʻən˥sin˥ 形容情绪坏，事事不顺心。

【百发百中】pɑʔ˥faʔ˥pɑʔ˥tsoŋ˥˩

【百节百骱】pɑʔ˥tsiəʔ˥pɑʔ˥gɑ˩ 指人身所有骨关节。

【百把淘成】pɑʔ˥po˥˩dæ˧zən˩ 一百左右。

【百花生日】pɑʔ˥ho˥sã˥ȵəʔ˧ 农历二月初十，民俗称百花的生日。

【百依百顺】pɑʔ˥øi˥pɑʔ˥zən˩ 因宠爱，样样要求都无原则迁就、满足。

【百袷烂皱】pɑʔ˥kəʔ˥lᴇ˩tsY˥˩ 形容皱纹很多（多指脸、纸、布等）。

【百姓百条心】pɑʔ˥sin˦pɑʔ˥diæ˧sin˥ 形容人多心思不同，往往各行其是。

【百步呒轻担】pɑʔ˥bu˩m̩˧tɕʻən˥tᴇ˥˩ 担子再轻，挑着走较长的路，也会觉得沉重。喻看似很轻松的工作，要坚持做下去不容易。

【百年难遇岁朝春】pɑʔ˥ȵiɪ˧nᴇ˧ȵy˩sᴇ˦tsæ˥tsʻən˥ 很难碰上年初一正好立春。

【百足之虫，死而不僵】pɑʔ˥tsoʔ˥tsɥ˥˩zoŋ˧，sɿ˥ɦəl˦pɑʔ˥tɕiã˥ 喻强大的力量受挫折，不会马上完全垮掉。

【百做百穷，讨饭祖宗】pɑʔ˥tsəu˦pɑʔ˥ʥioŋ˧，tʻæ˥˩vᴇ˩tsəu˦tsoŋ˥ 形容命运不好。

【百亩田，床上躺；三亩田，烂双髈】pɑʔ˥m̩˩diɪ˧，zã˧lã˩tʻã˥˩；sᴇ˥m̩˩diɪ˧，lᴇ˩sã˥pʻã˥˩ 喻剥削者不劳而获，生活舒适；被剥削者劳而不获、生活凄苦。

佰【pɑʔ˥】中州韵【pəʔ˥】

柏【pɑʔ˥】中州韵【pəʔ˥】

【柏油】pɑʔ˥ɦiʏ˧

捭【pE˥˩】

摆【pɑ˥˩】文读【pE˥˩】

【摆开】pɑ˦k‘E˥（一）放开在一边。（二）展开。

【摆布】pɑ˥˩pu˥˩

【摆平】pɑ˦bin˩（一）放平，喻公平处理或使各方面平衡。（二）惩治；收拾。（三）指睡觉。

【摆动】pɑ˦doŋ˩

【摆好】pɑ˦hæ˥（一）安放好；藏好。（二）pɑ˥˩hæ˥˩数说优点、长处。

【摆件】pɑ˦ʥiɪ˩

【摆设】pɑ˦səʔ˥

【摆明】pɑ˦min˩　明放着；不隐瞒。

【摆姆】pɑ˦m̩˧　妯娌。也作【伯姆】pɑʔ˥m̩˧。

【摆点】pɑ˦tiɪ˥˩　放进一些。

【摆炮】pɑ˥˩p‘æ˦　指虚占其位而无实用，如同摆设。

【摆脱】pɑ˦t‘əʔ˥（一）脱离（牵制、束缚、困难、不良的情况等）。（二）指把东西安放掉。

【摆渡】pɑ˥˩dəu˩

【摆阔】pɑ˥˩k‘uəʔ˥

【摆大王】pɑ˥˩dɑ˧ɦuɑ̃˩　形容在某个范围内最厉害的。

【摆肩架】pɑ˦ʨiɪ˥kɑ˥˩　形容担责任。强调语气时说成pɑ˥˩ʨiɪ˥kɑ˥˩。

【摆架子】pɑ˦kɑ˥ʦɿ˥˩

【摆酒水】pɑ˥˩ʦʏ˦sʮ˥　摆酒席；宴请。

【摆堆老】pɑ˦tE˥læ˩（一）耍花招。（二）指排泄大便。

【摆摊头】pɑ˦t‘E˥dʏ˩　在路旁或市场中陈列货物出售。也说【摆摊】pɑ˥˩t‘E˥。

【摆魁劲】pɑ˦k‘uE˥ʨən˥˩　显示并夸耀财富或能耐等。亦作【摆魁】pɑ˥˩k‘uE˥。

【摆擂台】pɑ˥˩lE˧dE˩

【摆噱头】pɑ˥˩ɕyəʔ˥dʏ˧　玩花招。或说成pɑ˦ɕyəʔ˥dʏ˩。

【摆华容道】pɑ˥˨ɦo˧ɦioŋ˧dæ˩ 义同【摆噱头】。

【摆拆字摊】pɑ˥˨ʦʻɑʔ˥zɿ˥tʻE˥˨ 拆字，一种把字拆开或合并起来占卜吉凶的迷信活动。设摊拆字叫摆拆字摊。（一）调侃语，指做功课或案头工作，只是摆开簿册文具做做样子。（二）指去舞厅只是坐着看别人跳舞。

【摆迷魂阵】bɑ˥˨mi˧ɦuən˧zən˩ 以或真或假、或虚或实等捉摸不定的手法来迷惑人。

【摆勒心上】pɑ˥˨ləʔ˧sin˥lɑ̃˩ 放在心上。

【摆勿上台面】pɑ˦fəʔ˥zɑ̃˩dE˧mil˩ 不上品的；不上规格的。

【摆渡摆到江边】pɑ˥˨dəu˩pɑ˥˨tæ˥˨kɑ̃˥piɪ˥˨ 喻帮忙帮到底，好事做到底。常与“送佛送到西天”连用。

【摆点魂灵头勒嗨】pɑ˥˨tiɪ˥˨ɦuən˧lin˧dʏ˩ləʔ˧hE˥˨ 指用一点心思上去；谨慎一些；警惕一些。

bài

败【bɑ˩】文读【bE˩】

【败子】bɑ˧ʦɿ˥˨

【败仗】bɑ˧ʦɑ̃˥˨

【败兆】bɑ˧zæ˩ 下流；不堪入目。

【败兴】bɑ˩ɕən˦

【败兵】bɑ˧pin˥

【败胃】bɑ˩ɦuE˩

【败类】bɑ˩lE˩

【败笔】bɑ˧piəʔ˥

【败露】bɑ˩ləu˩

【败过郎】bɑ˧kəu˥lɑ̃˩ 斗败过的蟋蟀。喻竞技中的失败者。

【败兆腔】bɑ˧zæ˧ʨʻiɑ̃˥˨ 下流、不雅的样子。

【败家子】bɑ˧kɑ˥ʦɿ˥˨

【败家精】bɑ˧kɑ˥ʦin˥˨ 不务正业、挥霍家产的家庭人员。现常用来比喻挥霍浪费集体或国家财产的人。

【败娘兆】bɑ˧ȵiɑ̃˧zæ˩ 义同【败兆】。

【败风现世】bɑ˧foŋ˥ɦiɪ˩sɥ˦ 伤风败俗。

B

【败落头乡绅】bɑ˦lo˥ʔ˧dʏ˨˧˩ɕiã˥sən˥˩ 没落的乡间绅士人家或其成员。

【败子回头金不换】bɑ˦tsɿ˥˩ɦuᴇ˦dʏ˦tɕən˥pəʔ˥ɦuø˨˧˩ 败子改恶从善比什么都好。

拜【pɑ˥˨˧】文读【pᴇ˥˨˧】

【拜见】pɑ˥˨˧tɕiɪ˥˩

【拜忏】pɑ˥tsʻᴇ˥˩

【拜会】pɑ˥˨˧ɦuᴇ˨˧˩

【拜师】pɑ˥sɿ˥˩或pɑ˥˨˧sɿ˥

【拜托】pɑ˥tʻoʔ˥

【拜访】pɑ˥fã˥˩

【拜年】pɑ˥ŋ̊iɪ˨˧˩或pɑ˥˨˧ŋ̊iɪ˧

【拜匣】pɑ˥ɦaʔ˧ 旧时拜客时,放柬贴、封套等的小长方形扁木匣。

【拜寿】pɑ˥zʏ˨˧˩或pɑ˥˨˧zʏ˨˧˩

【拜金】pɑ˥tɕən˥˩ 拜师时给师父的礼金。

【拜客】pɑ˥kʻɑʔ˥

【拜毯】pɑ˥tᴇ˥˩ 跪拜时用的垫子。

【拜读】pɑ˥˨˧doʔ˧

【拜堂】pɑ˥˨˧dã˦或pɑ˥dã˨˧˩

【拜望】pɑ˥mã˨˧˩

【拜谢】pɑ˥ziɑ˨˧˩

【拜天地】pɑ˥˨˧tʻiɪ˥di˨˧˩ 亦作【拜天拜地】pɑ˥tʻiɪ˥pɑ˥˩di˨˧˩。

【拜先生】pɑ˥siɪ˥sã˥˩ 正式拜认业师。

【拜菩萨】pɑ˥˨˧bu˦sãʔ˥ 礼佛。

【拜喜神】pɑ˥˨˧ɕi˥˨˧zən˦ 旧时春节在家中悬挂已经死去的长辈的画像、图形。长幼依次拜神祈福,悼念亡灵。

【拜拜娘子】pɑ˥˨˧pɑ˥ŋ̊iã˦tsɿ˥˩ 一种长腿蚱蜢,抓住其两条后腿,虫体挣扎时好像在不停地求拜叩头。

【拜老头子】pɑ˥˨˧læ˦dʏ˦tsɿ˥˩ 旧时投靠地痞流氓的头子,认作师父或干亲长辈。

【拜年拜到正月半,开仔厨门自家看】pɑ˥ŋ̊iɪ˧pɑ˥˨˧tæ˥˩tsən˥ŋ̊əʔ˧pø˥˨˧,kᴇ˥tsɿ˥˩zʮ˦mən˨˧˩zɿ˦kɑ˥kʻø˥˨˧ 苏州传统,拜年活动到正月十五结束。到正月十五,年菜早已吃完,没有好菜待客。

稗【bɑ˦】文读【bE˦】

【稗草子】bɑ˦tsʻæ˥tsɿ˨˧ 稗子。

bān

扳【pE˥】

【扳手】pE˥sY˨˧

【扳头】pE˥dY˩ 扳手。

【扳机】pE˥tɕi˨˧

【扳网】pE˥mɑ̃˩ 扳罾捕鱼。

【扳位】pE˥ɦuE˩ 交换位置。亦作【扳扳位】pE˥pE˥ɦuE˨˧。

【扳驳】pE˥poʔ˥ 找岔子。

【扳牢】pE˥læ˩ （一）捉住（岔子）。（二）用手指或工具抓住。

【扳牢】pE˦læ˩ 抓住；拉住。

【扳鱼】pE˥ŋ̍˦ 扳网；扳罾捕鱼。

【扳倒】pE˥tæ˨˧ （一）用力拉倒（物体）。（二）形容把地位高的人拉下来。

【扳脱】pE˥tʻəʔ˥ （一）用力拉掉（物体）。（二）形容把地位高的人拉下来。（三）形容把难于对付的敌人消灭掉。

【扳艄】pE˥sæ˥ （一）行船调换方向。（二）喻挽回局面。

【扳一扳】pE˨˧ʔiəʔ˥pE˨˧ 用力拉一下。

【扳天亮】pE˥tʻiɪ˥liɑ̃˩ 天才蒙蒙亮的时候。

【扳节头】pE˥tsiəʔ˥dY˦ （一）数着指头（计算）。（二）指排得上号的人；数一数二的。

【扳字眼】pE˥zɿ˦ŋE˩ 找出遣词造句的错误。

【扳老酒】pE˥læ˦tsY˨˧ 形容安闲地饮酒。

【扳转来】pE˥tsø˥lE˩ （一）用力改变人或物体的方向。（二）形容挽回过来。

【扳俏价】pE˥tsʻiæ˥kɑ˨˧ 依仗有利条件摆架子，或索要好价钱或交换条件。

【扳错头】pE˥tsʻo˥dY˩ 找岔子；挑刺。

【扳骹丝】pE˥tsʻiɑʔ˥sɿ˨˧ 找岔子。

【扳错头过日脚】pE˥tsʻo˥dY˩kəu˦ȵəʔ˧ɕiɑʔ˥ 指特别爱

找岔子;挑刺。

【扳仔石头压自家格脚】pᴇ˥tsɿ˥˩zɑʔ˧dʏ˩˧ʔɑʔ˥zɿ˦kɑ˥kəʔ˥tɕiɑʔ˥ 喻自讨苦吃。

【扳扳俚长格,搓搓俚圆格,揿揿俚扁格】pᴇ˥pᴇ˥li˥zaʔ˦kəʔ˥,tsʻəu˥tsʻəu˥li˥ɦiø˦kəʔ˥,tɕʻən˧tɕʻən˧li˥pii˥˩kəʔ˥ 指油滑难缠,拿他没有办法。

班【pᴇ˥】

【班子】pᴇ˥tsɿ˥˩

【班车】pᴇ˥tsʻo˥˩

【班头】pᴇ˥dʏ˩˧ （一）班次。（二）女子中出类拔萃者。

【班次】pᴇ˥tsʻɿ˥˩

【班机】pᴇ˥tɕi˥˩

【班师】pᴇ˥sɿ˥˩

【班级】pᴇ˥tɕəʔ˥

【班底】pᴇ˥ti˥˩

【班房】pᴇ˥vɑ̃˩˧

【班主任】pᴇ˥tsɥ˥˩zən˩˧

【班门弄斧】pᴇ˥mən˩˧loŋ˩˧fu˥˩

般【pᴇ˥】、【pø˥】

【般若】pəʔ˥zɑʔ˧ 佛教语。智慧的意思。

【般般】pø˥pø˥ 每一桩;每一件。

颁【pᴇ˥】

【颁布】pᴇ˥pu˥˩

【颁发】pᴇ˥faʔ˥

【颁奖】pᴇ˥tsiã˥˩

斑【pᴇ˥】

【斑白】pᴇ˥bɑʔ˧

【斑竹】pᴇ˥tsoʔ˥

【斑秃】pᴇ˥tʻoʔ˥

【斑纹】pᴇ˥vən˩˧

【斑点】pᴇ˥tiɪ˥˩

【斑斑】pᴇ˥pᴇ˥˩

【斑斑驳驳】pᴇ˥pᴇ˥poʔ˥poʔ˥ 斑驳。

搬【pø˥】

【搬运】pø˥ɦyən˩˧

【搬场】pø˥zã˦ （一）搬家。（二）泛指迁移地点或挪动位置。

【搬弄】pø˥loŋ˩˧

【搬闲话】pø˥ɦɛ˧ɦo˩ 搬嘴弄舌。

【搬嘴舌】pø˥tsɥ˥˨zəʔ˧ 搬嘴弄舌。

【搬弄是非】pø˥loŋ˩zɿ˧fi˥

【搬砖头压脚背】pø˥tsø˥dʏ˩Øa˥tɕiaʔ˥pɛ˥˩ 喻自作自受，自食恶果。

【搬场忘记脱家堂】pø˥zɑ̃˧mɑ̃˧tɕi˥˩t'əʔ˥ka˥dɑ̃˩ 喻忘本。

癍【pɛ˥】

bǎn

板【pɛ˥˩】 吴语中有“一定会”的意思。如：【板去】pɛ˥˩tɕ'i˥˨ 一定会去。【板吃】pɛ˥˨tɕ'əʔ˥ 一定会吃。【板来】pɛ˥˨lɛ˧ 一定会来。【板定】pɛ˥˩din˩ 一定会。【板要】pɛ˥˩Øiæ˥˨ 一定会要。

【板子】pɛ˥˨tsɿ˥

【板门】pɛ˥˨mən˧ （一）木板门。（二）指放死尸的灵床。

【板车】pɛ˥˨ts'o˥ 用人力或畜力拉的运输车。

【板式】pɛ˥˨səʔ˥

【板足】pɛ˥˨tsoʔ˥ （脸）板得很厉害。

【板床】pɛ˥˨zɑ̃˧ 木板床。

【板刷】pɛ˥˨səʔ˥

【板油】pɛ˥˨ɦiʏ˩

【板斧】pɛ˥˩fu˥˩

【板是】pɛ˥˩zɿ˩ 一定是。

【板鸭】pɛ˥˨Øaʔ˥

【板烟】pɛ˥˨Øiɪ˥

【板眼】pɛ˥˨ŋɛ˧

【板凳】pɛ˥˨tən˥ 制作简单的木板凳子。

【板箱】pɛ˥˨siɑ̃˥ 木板箱。

【板壁】pɛ˥˨piəʔ˥

【板扎扎】pɛ˥˨tsaʔ˥tsaʔ˥ 形容死板，不知变通。

【板刷头】pɛ˥˨səʔ˥dʏ˩ 头发较短的男式发型。

【板面孔】pɛ˥˨miɪ˧k'oŋ˥˩ 板起脸。

【板煞数】pɛ˥˨saʔ˥səu˥˩ 一定；肯定。

【板面落孔】pɛ˥˨miɪ˧loʔ˧k'oŋ˥˩ 板起脸。

B

版【pE˥˩】

【版本】pE˥˧pən˥
【版权】pE˥˧ʥiø˧
【版图】pE˥˧dəu˨
【版画】pE˥˩ɦo˨
【版面】pE˥˩miɪ˨
【版税】pE˥˩sE˥˩
【版版六十四】pE˥˧pE˥lo˥ʔ˧zəʔ˧sɿ˧ 旧时铸钱的铜模,每版铸六十四枚铜钱。喻(一)不知变通,不能通融,行事刻板。(二)板着脸,一副不可侵犯的样子。

舨【pE˥˩】

bàn

办【bE˨】

【办公】bE˧koŋ˥
【办学】bE˨ɦoʔ˧
【办法】bE˧faʔ˥
【办案】bE˨ø˧
【办理】bE˧liɪ˨
【办公室】bE˧koŋ˥səʔ˥
【办勿到】bE˧fəʔ˥tæ˥˩ 办不到。
【办丧事】bE˧sɑ̃˥zɿ˨ 处理丧事。
【办事体】bE˨zɿ˧tʻi˥ 办事。
【办酒水】bE˨ʦY˧sɥ˥˩ 办酒席。
【办喜事】bE˨ɕi˥˩zɿ˨

半【pø˥˧】

【半子】pø˥˧ʦɿ˥˩ 指女婿。
【半日】pø˥˧ȵəʔ˧ (一)半天。(二)形容相对比较长的一段时间。
【半边】(1)pø˥piɪ˥˩ 旁边。(2)pø˥˧piɪ˥ 一半的范围。
【半价】pø˥kɑ˥˩
【半百】pø˥˧pɑʔ˥ 五十。
【半死】pø˥si˥˩
【半世】pø˥˧sɥ˥˩
【半把】pø˥po˥˩ 大约一半。
【半点】pø˥˧tiɪ˥˩
【半桌】pø˥ʦoʔ˥ 相当于半张八仙桌样子的长方形小桌子。
【半票】pø˥pʻiæ˥˩
【半趟】pø˥˧tɑ̃˥ 半次。
【半斤把】pø˥ʨən˥po˥˩ 半

斤左右。

【半开门】pø˥k'E˥mən˩ 暗娼。

【半日天】pø˩˧ȵ̍ə˧˦t'ii˥ （一）半天。（二）指相对较长的时间。

【半边风】pø˥pii˥foŋ˥˩ 中风引起的局部瘫痪。

【半边天】pø˩˧pii˥t'ii˥ 指男女平等；妇女的地位和作用与男子一样。

【半爿天】pø˩˧bE˦t'ii˥ （一）天空中的一大部分。（二）形容势力巨大。

【半爿俏】pø˥bE˦ts'iæ˩˧ 形容结局一半是好的。

【半吊子】pø˥tiæ˥tsɿ˥˩ 做事不认真、有始无终的人。

【半当中】pø˥tã˥tso˥ŋ˥˩ 一半的地方。

【半成品】pø˥zən˩pin˥˩ 没有最后完成的产品。

【半死人】pø˥si˥ȵ̍ən˩ 形容反应迟缓的人。

【半夜把】pø˥ɦia˥po˥˩ （一）夜里十二点钟前后。（二）指晚上较长的一段时间。

【半胡梯】pø˥ɦəu˦ti˥˩ 楼梯一半的地方。

【半哑子】pø˥ɦo˥tsɿ˥˩ 稍能说话的哑巴。

【半圆形】pø˥ɦiø˥ɦin˩ 圆形一半的形状。

【半路浪】pø˥ləu˦lã˩ 中途。

【半新旧】pø˥sin˥ʥiY˩ 半旧不新。

【半二勿三】pø˥ȵ̍i˩fə˥sE˥˩ 全部中的一半左右。形容到进退两难的境地。

【半山腰里】pø˥sE˥ɦiæ˥˩li˩ 山的一半的地方。

【半斤八两】pø˩˧ʨən˥po˥li a˥˩ 旧制一斤等于十六两，半斤等于八两。喻彼此差不多。

【半半十日】pø˩˧pø˥sə˥ȵ̍ə˧ 指相当长的一段时间。

【半生勿熟】pø˥sã˥fə˥zo˧ （一）没有完全成熟，或没有完全煮熟，带些生。（二）指不太熟悉，还有些陌生。

【半身不遂】pø˥sən˥pə˥zE˩

【半把淘成】pø˥po˥dæ˩zə

n˧˩　约一半的样子。

【半空当中】pø˥k'oŋ˥tɑ̃˥tso ŋ˥˩　半空中。

【半送半卖】pø˥soŋ˥˩pø˥m ɑ˧˩　喻价格便宜。

【半夜三更】pø˥ɵia˥sE˥kaʔ ˥˩

【半途而废】pø˥dəu˧˩ɦəl˨fi˥˨˧

【半推半就】pø˥t'E˥pø˥zY˧˩

【半路出家】pø˥ləu˧ts'əʔ˥kɑ ˥˩

【半二勿来三】pø˥ȵi˧˩fəʔ˥lE˧ sE˥˩　全部中的一半左右，形容进退两难的境地。

【半当中横里】pø˥tɑ̃˥tsoŋ˥ɦ uɑ̃˧˩li˧˩　（一）一半的地方或时候。（二）喻事情正处于进行过程中。

【半夜里呼猫——咪得势】pø ˥ɵia˥li˧˩həu˥mæ˧——mi˧˩t əʔ˥sɥ˥˨˧　歇后语。指还相差很远。

【半夜里捉盲盲——瞎摸】pø ˥ɵia˥li˧˩tsoʔ˥mɑ̃˧mɑ̃˧˩—— haʔ˥moʔ˧　歇后语。盲目行事。

【半路上杀出来格程咬金】pø ˥ləu˨lɑ̃˧˩saʔ˥ts'əʔ˥lE˧kəʔ˥z

əŋ˧ɦiæ˧tɕəŋ˥˩　俗语。指突如其来的阻力或反对者。也指碰到意想不到的困难。

扮【pE˥˨˧】

【扮相】pE˥siɑ̃˥˩

【扮演】pE˥˨˧ɵiI˥˩

【扮鬼脸】pE˥˩tɕy˥˩liI˧˩

【扮跌相】pE˥tiəʔ˥siɑ̃˥˩　装出穷酸潦倒的样子。

【扮鬼笃脸】pE˥tɕy˥˩toʔ˥liI˧˩　扮鬼脸。

伴【bø˧˩】

【伴】bø˧˩　吴语中有躲藏的意思。

【伴伴】bø˧bø˧˩　（一）相伴。（二）躲藏。

【伴房】bø˧vɑ̃˧˩　旧时结婚时，在新房中陪伴新娘的女子。

【伴拢】bø˦loŋ˧　躲藏起来。

【伴侣】bø˦li˧˩

【伴奏】bø˧tsY˥˩

【伴脱】bø˧˩t'əʔ˥　躲藏起来。

【伴舞】bø˧vu˧˩

【伴伴拢】bø˨˩bø˨˩loŋ˨˩ 躲藏起来；躲藏得深些。

【伴盲盲】bø˨˧mã˨˧mã˨˧ 躲藏起来，令同伴寻找的游戏。

【伴房小姐】bø˨˧vɑ̃˨˧siæ˦tsiɑ˥˩ 形容常在闺房、极少外出的姑娘。

【伴房新娘娘】bø˨˧vɑ̃˨˧sin˥ȵiã˨˧ȵiã˨˩ 躲在新房里的新娘。常用来比喻极少会客的人。

【伴生不如伴熟】bø˨˧sã˥fəʔ˥zɥ˨˧bø˨˩zoʔ˧ 换到陌生的环境中去，不如留在已经熟悉的地方。

拌【bø˨˩】

【拌头】bø˨˧dʏ˨˧ 指与人相处或对话的兴趣。

【拌面】bø˨˩miɪ˩ 只用佐料搅拌，没有汤水的熟面。

【拌勿得】bø˨˧fəʔ˥təʔ˥ 不能纠缠或相处。

【拌豆腐】bø˨˧dʏ˨˧vu˨˩ 用佐料搅拌嫩豆腐制成的菜肴。

【拌闲话】bø˨˩ɦɛ˨˧ɦo˨˧ 搬弄是非。

【拌嘴舌】bø˨˧ʦɥ˥zəʔ˧ 拌嘴。简称【拌】bø˨˩。

【拌嘴搭舌】bø˨˧ʦɥ˥taʔ˥zəʔ˧ 义同【伴嘴舌】。

绊【pɛ˦】文读【bø˨˩】

【绊脚石】bø˨˧ʨiɑ˥zɑʔ˧

【绊着】pɛ˦zɑʔ˧ 行走时脚被挡住。

【绊一绊】pɛ˦∅iəʔ˥pɛ˦ 行走时脚被挡了一挡。

【绊一跤】pɛ˦∅iəʔ˥kæ˥˩ 行走时脚被挡住而跌跤。

【绊马索】pɛ˥mo˨˧soʔ˥

【绊跟头】pɛ˦kən˥təu˥˩ 被绊摔跤。

瓣【pɛ˥˩】

【瓣头】pɛ˦dʏ˨˩ 量词。用于花瓣、叶片或种子、果实、球茎可以分开的小块儿。

bāng

邦【pɑ̃˥】中州韵【pã˥】

【邦交】pɑ̃˥ʨiæ˥˩

B

帮【pã˥】中州韵【pã˥】

【帮工】pã˥koŋ˥˩
【帮手】pã˥sʏ˥˩
【帮凶】pã˥ɕioŋ˥˩
【帮主】pã˥tsʮ˥˩
【帮会】pã˥ɦuɛ˨˩
【帮忙】pã˥mã˨˦
【帮助】pã˥zəu˨˩
【帮派】pã˥pʻɑ˥˩
【帮衬】pʻã˥tsʻən˥˩
【帮浦】pã˥˩pu˥˩
【帮腔】pã˥tɕʻiã˥˩
【帮煞】pã˥saʔ˥ （一）一心一意地帮助。（二）不论是非，忠心不二地帮扶。
【帮帮忙】pã˥pã˥mã˨˦ （一）帮忙。（二）反语。别添乱。
【帮倒忙】pã˥tæ˥mã˨˩
【帮兴勿帮败】pã˥ɕən˦fəʔ˥pã˥bɑ˨˩ 只帮强者，不帮弱者。

哪【pã˥】【bã˨˩】文读【pã˥】

【哪定嘡】bã˨˩din˨˩dã˨˩ 形容撞击声音响亮。
【哪哪响】pã˥pã˥ɕiã˥˩ （一）形容敲击声音大。（二）形容名声响亮。
【哪嘡哪嘡】bã˨˩dã˨˩bã˨˩dã˨˩ （一）形容敲击声音大且持续不断。（二）形容动作猛烈。

梆【pã˥】【pã˨˩】中州韵【pã˥】

浜【pã˥】

【浜斗】pã˥tʏ˥˩ 小溪河，小河湾。
【浜瓜】pã˥ko˥˩ 西瓜的一种。形小，椭圆，瓤黄，皮薄，汁甜。

bǎng

绑【pã˥˩】中州韵【pã˥˩】

【绑肚】pã˥˩dəu˨˩ 压缩腹部，使形体苗条的布制品，有较强的弹性。
【绑架】pã˥˩kɑ˥˩

【绑匪】pɑ̃˥˩fi˥˩

【绑票】pɑ̃˥˩pʻiæ˥˩

【绑腿】pɑ̃˦˨tʻE˥

【绑腿布】pɑ̃˦˨tʻE˥pu˥˩　作绑腿用的布带。

【绑勒板凳上杀】pɑ̃˥˩ləʔ˧pE˦˨tən˥lɑ̃˧˩saʔ˥　本指宰猪，喻别人掌握生杀大权，自己处在被宰割的地位。

榜【pɑ̃˥˩】中州韵【pɑ̃˥˩】

【榜文】pɑ̃˦˨vən˧˩

【榜首】pɑ̃˦˨sʏ˥

【榜样】pɑ̃˥˩ɦiɑ̃˧˩

【榜眼】pɑ̃˦˨ŋE˨˧

膀【pɑ̃˥˩】中州韵【pɑ̃˥˩】另见 pāng；páng。

【膀子】pɑ̃˦˨ʦɿ˥

【膀臂】pɑ̃˦˨pE˥˩　多用于苏州评话表演中。

bàng

蚌【bɑ̃˧˩】

【蚌肉】bɑ̃˨˧ȵoʔ˧　蚌的肉。

【蚌壳】bɑ̃˨˧kʻoʔ˥　蚌的外壳。

【蚌珠】bɑ̃˨˧ʦɥ˥　淡水珍珠。

【蚌壳爿】bɑ̃˨˧kʻoʔ˥bE˧˩　蚌的外壳。

【蚌壳精】bɑ̃˨˧kʻoʔ˥ʦin˥　（一）神话中修炼成精的蚌。（二）吴语中“蚌壳”和“碰哭”谐音，“蚌壳精”作“碰哭精”解，指极易哭泣的人。多指小孩。

【蚌壳纽头】bɑ̃˨˧kʻoʔ˥ŋʏ˨˧dʏ˧˩　以蚌的外壳为材料制成的纽扣。

【蚌壳爿棉鞋】bɑ̃˨˧kʻoʔ˥bE˧˩miɪ˨˧ɦɑ˧˩　鞋面似蚌壳的棉鞋。

棒【bɑ̃˧˩】中州韵【bɑ̃˧˩】

【棒头】bɑ̃˨˧dʏ˧˩　棒。

【棒冰】bɑ̃˨˧pin˥

【棒柱】bɑ̃˨˧zɥ˧˩　棒槌。

【棒针】bɑ̃˨˧ʦən˥

【棒香】bɑ̃˨˧ɕiã˥

【棒疮】bɑ̃˨˧ʦʻɑ̃˥

【棒头糖】bɑ̃˨˧dʏ˨˧dɑ̃˧˩　棒糖。

【棒梗梗】bɑ̃˨˧kã˥kã˥˩　细木

棍。
【棒打鸳鸯】bɑ̃˦tɑ̃˥˩ɵiø˥˩ɵiɑ̃˥˩ 喻强行拆散恋人或夫妻。
【棒梗头糖】bɑ̃˦kɑ̃˥˩dʏ˩dɑ̃˩ 义同【棒头糖】。
【棒打落水狗】bɑ̃˦tɑ̃˥˩loʔ˦sʮ˥˩kʏ˥˩ 喻追击失势的坏人。
【棒头上出孝子,筷呒头上出忤逆】bɑ̃˦dʏ˦lɑ̃˩tsʻəʔ˥˩ɕiæ˦tsʅ˥˩,kʻue˥˩ŋ̍˦dʏ˩lɑ̃˩tsʻəʔ˥˩ŋ̍˦n̠əʔ˦ 严厉管教的小辈会尽礼尽孝,一味溺爱的小辈反而忤逆不孝。

傍【bɑ̃˩】中州韵【bɑ̃˩】

【傍傍】bɑ̃˦bɑ̃˩ 比较一下。
【傍晚】bɑ̃˦ɵue˥˩
【傍热吃】bɑ̃˦n̠əʔ˦tɕʻəʔ˥˩ 趁热吃。
【傍七傍八】bɑ̃˦tsʻiəʔ˥˩bɑ̃˦poʔ˥˩ 比较下来相差无几。

谤【pɑ̃˥˩】中州韵【pɑ̃˥˩】

磅【pɑ̃˥˩】中州韵【pɑ̃˥˩】

【磅秤】pɑ̃˥˩tsʻən˥˩

镑【pɑ̃˥˩】中州韵【pɑ̃˥˩】

bāo

包【pæ˥˩】

【包工】pæ˥˩koŋ˥˩
【包办】pæ˥˩bE˩
【包扎】pæ˥˩tsaʔ˥˩
【包公】pæ˥˩koŋ˥˩
【包车】pæ˥˩tsʻo˥˩
【包皮】pæ˥˩bi˩
【包场】pæ˥˩zɑ̃˩
【包庇】pæ˥˩pʻi˥˩
【包抄】pæ˥˩tsʻæ˥˩
【包围】pæ˥˩ɦuE˩
【包饭】pæ˥˩vE˩ 包伙。
【包金】pæ˥˩tɕən˥˩
【包拍】pæ˥˩pʻɑʔ˥˩ 保证质量的承诺。
【包荒】pæ˥˩huɑ̃˥˩ 包容,原谅。
【包容】pæ˥˩ɦioŋ˩
【包浆】pæ˥˩tsiɑ̃˥˩ 玉器经长期摩挲,表面形成薄浆的颜色。
【包菜】pæ˥˩tsʻE˥˩ 结球甘

蓝。

【包梢】pæ˥sæ˥ 全部承担。包圆儿。

【包票】pæ˥pʻiæ˥˧

【包涵】pæ˥ɦø˩˧

【包脱】pæ˥təʔ˥ （一）把整个的任务承担下来。（二）把东西包裹完毕。

【包装】pæ˥tsã˥˧

【包销】pæ˥siæ˥˧

【包揽】pæ˥lᴇ˩˧

【包厢】pæ˥siã˥˧

【包袱】pæ˥voʔ˧

【包裹】pæ˥kəu˥˧

【包车夫】pæ˥tsʻo˥fu˥˧ 拉包车的车夫。

【包龙图】pæ˥loŋ˩˧dəu˩˧ （一）包拯，宋龙图阁直学士，故称包龙图。（二）吴语“包龙图”与“包弄大”谐音，指唯恐天下不乱的好事者。

【包头巾】pæ˥dʏ˦tɕən˥˧ 包裹头发的布。

【包头布】pæ˥dʏ˦pu˥˧ 义同【包头巾】。

【包打听】pæ˥tã˥tʻin˥˧

【包出空】pæ˥tsʻəʔ˥kʻoŋ˥˧ 为私人卖衣物且保守秘密的中介人。

【包饭作】pæ˥vᴇ˦tsoʔ˥ 论月包伙、按时送饭菜的经营处。

【包袱布】pæ˥voʔ˧pu˥˧ 包裹衣物用的布。

【包袱底】pæ˥voʔ˧ti˥˧ 幽默的爆发点。

【包脚布】pæ˥tɕɑʔ˥pu˥˧ 旧时妇女缠脚用的布条。

【包打天下】pæ˥tã˥tʻiɪ˥ɦo˩˧ 形容包办代替到完成。

【包拍西瓜】pæ˥pã˥si˥ko˥˧ 保证质量的西瓜。

【包拍胸脯】pæ˥pɑʔ˥ɕioŋ˥bu˩˧ 形容绝对保证做到。

【包退还洋】pæ˥tʻᴇ˥˧ɦuᴇ˦ɦiã˩˧ 货物如果有质量问题，可以退货还钱的承诺。

【包脚布面孔】pæ˥tɕiɑʔ˥pu˥˧miɪ˦koŋ˥˧ 生得很俗气的脸。

【包做媒人，包养儿子】pæ˥tsəu˥˧mᴇ˦ȵən˩˧，pæ˥ɦiã˩˧ȵi˦tsɿ˥˧ 形容过分的承诺。

B

B

苞【pæ˥】

孢【pæ˥】

胞【pæ˥】

【胞衣】pæ˥θi˥˩

【胞兄】pæ˦˨ɕioŋ˥ 同父母所生的哥哥。

【胞弟】pæ˦˨di˨˩ 同父母所生的弟弟。

【胞妹】pæ˥˩mɛ˨˩ 同父母所生的妹妹。

【胞姐】pæ˦˨tsiɑ˥˩ 同父母所生的姐姐。

【胞浆水】pæ˥tsiã˥sɥ˥˩ 羊水。

剥【po˥˥˧˨ʔ˥】另见 bō。

【剥皮】poʔ˥bi˧ 去掉外面的皮。

【剥光】poʔ˥kuã˥ 外面的皮或壳完全去掉。也指衣裤完全脱去。

【剥壳】poʔ˥k'oʔ˥ 去外壳。

【剥脱】poʔ˥t'əʔ˥ 剥去或脱去。

【剥衣裳】poʔ˥θi˥zã˨˩ （一）强行脱去别人的衣衫。（二）指拦路劫人衣物的行为，也指这种人。（三）无奈脱下衣服（如无奈脱下衣服质押典卖）。

【剥面子】poʔ˥mii˧tsɿ˥˩ 下面子。

【剥面皮】poʔ˥mii˧bi˨˩ 义同【剥面子】。

【剥猪猡】poʔ˥tsɥ˥ləu˨˩ 指拦路劫人衣物的行为，也指这种人。

【剥皮抽筋】poʔ˥bi˧ts'Y˥tɕən˥ （一）剥去皮，抽去筋。（二）喻所得除去庞杂的开支。

【剥皮猢狲】poʔ˥bi˧ɦuəʔ˧sən˥˩ 形容人瘦小。

【剥光鸡蛋】poʔ˥kuã˥tɕi˥dɛ˨˩ （一）去掉外壳的煮鸡蛋。（二）形容脸蛋白嫩细腻。

【剥剥皮，抽抽筋】poʔ˥poʔ˥bi˧，ts'Y˥ts'Y˥tɕən˥ 义同【剥皮抽筋】。

煲【pæ˥】

褒【pæ˥】

【褒义】pæ˥ŋ̊i˩˧
【褒贬】pæ˥pi˥˧

báo

雹【bæ˨˧】

薄【bo?˧】

【薄壳】bo?˧k'o?˥ 较薄的外壳。
【薄饼】bo?˧pin˥˧
【薄屎】bo?˧sɿ˥˧ 稀薄不成形的粪便。
【薄粥】bo?˧tso?˥ 很稀的稀饭。
【薄皮皮】bo?˧bi˩˧bi˩˧ 形容片状物极薄。
【薄枵枵】bo?˧ɕiæ˥ɕiæ˥˧ 义同【薄薄交】。
【薄浪汤】bo?˧lɑ̃˩˧t'ɑ̃˥˧ 义同【薄粥】。
【薄脚背】bo?˧tɕiɑ̃˥pE˥˧ 很薄的脚掌。
【薄薄交】bo?˧bo?˧tɕiæ˥˧ 形容很薄。
【薄皮棺材】bo?˧bi˩˧kuø˥zE˩˧ 用较薄的普通木板制作的廉价棺材。
【薄切刀,卷口快】bo?˧ts'iə?˥tæ˥,tɕiø˧˦kɤ˥˧kua˧˦ 喻过于刻薄,容易自毁。
【薄皮棺材膛子大】bo?˧bi˩˧kuø˥zE˩˧dɑ̃˨˧tsɿ˥˧dəu˩˧ 喻人食量大。

bǎo

饱【pæ˥˧】

【饱饭】pæ˥˧vE˩˧ (一)指温饱生活。(二)指每餐都能吃饱。
【饱学】pæ˧˦ɦio?˧
【饱和】pæ˧˦ɦəu˩˧
【饱满】pæ˧˦mø˩˧
【饱滋滋】pæ˧˦tsɿ˥tsɿ˥˧ (一)形容饱。(二)形容饱满的。
【饱一顿,饿一顿】pæ˥˧ʔiə?˥tən˥˧,ŋəu˩˧ʔiə?˥tən˥˧ 形容景况很差,过着半饥半饱的生活。
【饱勿煞,饿勿煞】pæ˧˦fə?˥sa?˥,ŋəu˨˧fə?˥sa?˥ 形容景

B

况不好不坏。

【饱汉不知饿汉饥】pæ˥˧hø˥˧ fəʔ˧tsʮ˥˧nəu˦hø˥˧tɕi˥ 喻景况好的人不知道景况不好的人生活的艰辛。

宝【pæ˥˧】

【宝刀】pæ˦˨tæ˥

【宝贝】pæ˥˧pɛ˥˧

【宝石】pæ˦˨zɑʔ˧

【宝地】pæ˥˧di˨˩

【宝库】pæ˦˨kəu˥

【宝货】pæ˥˧həu˥˧

【宝宝】pæ˦˨pæ˥

【宝剑】pæ˥˧tɕii˥˧

【宝座】pæ˥˧zəu˨˩

【宝塔】pæ˦˨tʻaʔ˥

【宝藏】pæ˦˨zɑ̃˨˩

【宝带桥】pæ˦˨tɑ˥dʑiæ˨˩ 苏州最长的一座桥，有五十三个桥洞，相传由唐朝苏州刺史王仲舒捐出祖传的宝带建造起来的。

【宝盖头】pæ˦˨kɛ˥dY˨˩ 汉字部首，如“宝”字的上面部分。

【宝塔云】pæ˦˨tʻaʔ˥ɦYən˨˩ 底平、顶部隆起的云。

【宝塔菜】pæ˦˨tʻaʔ˥tsʻɛ˥˧ 甘露子的宝塔形肉质块茎，经腌渍成酱菜。

【宝塔糖】pæ˦˨tʻaʔ˥dɑ̃˨˩ 适用于儿童的驱蛔虫药，其形如塔。

【宝塔结顶】pæ˦˨tʻaʔ˥tɕəʔ˥tin˥˧ 完成一件事的最后部分。

【宝宝子，肉肉子】pæ˦˨pæ˦˨tsɿ˥˧，ȵoʔ˧ȵoʔ˧tsɿ˥˧ 形容特别钟爱的小孩子。

【宝贝肉心肝，夜夜窝尿潭】pæ˥˧pɛ˥˧ȵoʔ˧sin˥kø˥˧，ɦiɑ˥ɦiɑ˥˧ɦəu˥sʮ˥dø˨˩ 趣语。嘲小孩子尿床。

【宝带桥浪一对石狮子——遥遥相对】pæ˦˨tɑ˥dʑiæ˦˨lɑ̃˨˩ɦiəʔ˥tɛ˦˨zɑʔ˧sɿ˥tsɿ˥˧——ɦiæ˨˩ɦiæ˨˩siɑ̃˥tɛ˦˨ 歇后语。形容距离、差别很大。

保【pæ˥˧】

【保人】pæ˦˨ȵən˨˩

【保卫】pæ˥˧ɦuɛ˨˩

【保长】pæ˦˨tsɑ̃˥ 旧时户籍编制，以若干户为一甲，若干甲为一保,保长为一保之长。
【保本】pæ˥˩pən˥˩
【保甲】pæ˦˩tɕiaʔ˥
【保存】pæ˦˩zən˩
【保价】pæ˦˩ka˥
【保全】pæ˦˩ziɪ˧
【保佑】pæ˥˩ɦiY˩
【保证】pæ˥˩tsən˥˩
【保护】pæ˥˩ɦəu˩
【保驾】pæ˥˩tɕia˥˩
【保命】pæ˥˩min˩
【保底】pæ˥˩ti˥˩
【保姆】pæ˦˩mo˧
【保持】pæ˥˩zɥ˩
【保险】pæ˦˩ɕiɪ˥
【保举】pæ˦˩tɕy˥
【保重】pæ˦˩zoŋ˩
【保修】pæ˦˩sY˥
【保留】pæ˦˩lY˩
【保值】pæ˦˩zəʔ˧
【保密】pæ˦˩miəʔ˧
【保障】pæ˦˩tsã˥
【保管】pæ˦˩kuø˥
【保鲜】pæ˦˩siɪ˥
【保镖】pæ˦˩piæ˥
【保护神】pæ˦˩ɦəu˧zən˩ 喻有能力且愿意庇护他人的人。

【保身价】pæ˦˩sən˥ka˥˩ 爱惜自己的身体。
【保险马甲】pæ˦˩ɕiɪ˥mo˧k'a˥ 指乌龟壳。

鸨【pæ˥˩】

【鸨儿】pæ˦˩ɵəl˥ 开设妓院的女人。

葆【pæ˥˩】

【葆芽】pæ˦˩ŋa˧ 发芽。
【葆青】pæ˦˩ts'in˥ 指植物越冬后,重新长出叶芽。
【葆出来】pæ˦˩ts'əʔ˥lE˩ (一)(芽)发出来。(二)喻意外出现的。
【堡垒】pæ˦˩lE˧

褓【pæ˥˩】

bào

报【pæ˦˩】

【报人】pæ˥ȵən˩
【报子】pæ˥tsɿ˥˩
【报仇】pæ˥˩zY˧

B

【报刊】pæ˥k'ø˥˩
【报失】pæ˦sə˥
【报考】pæ˥k'æ˥˩
【报名】pæ˦min˦或pæ˥min˩
【报告】pæ˥˩kæ˥˩
【报纸】pæ˥tsɿ˥˩
【报应】pæ˥ʔin˥˩
【报单】pæ˥tE˥˩
【报废】pæ˥fi˥˩
【报账】pæ˦tsã˦
【报丧】pæ˦sã˥或pæ˥sã˥˩
【报复】pæ˦foʔ˥
【报信】pæ˦sin˦
【报恩】pæ˦ʔən˥
【报请】pæ˥ts'in˥˩
【报效】pæ˦ɦiæ˦
【报晓】pæ˥ɕiæ˥˩
【报馆】pæ˥kuø˥˩
【报道】pæ˦dæ˩
【报答】pæ˦taʔ˥
【报喜】pæ˥ɕi˥˩
【报销】pæ˥siæ˥˩
【报酬】pæ˦zY˩
【报数】pæ˦səu˦
【报幕】pæ˥˩mo˩
【报警】pæ˥tɕən˥˩
【报死讯】pæ˦si˥˩sin˥˩ 通知有人去世的消息。

【报家门】pæ˦tɕiɑ˥mən˩ 介绍个人的家世、经历、家庭成员及经济状况等。
【报晓鸡】pæ˥ɕiæ˥tɕi˥˩ 每天拂晓时就会啼叫的公鸡。
【报丧条子】pæ˥sã˥diæ˦tsɿ˥˩ 报告死讯的纸条。
【报喜勿报忧】pæ˥ɕi˥˩fəʔ˥pæ˦ʔiY˥ 只报告好消息，不报告坏消息。喻只谈优点成绩，不谈缺点错误。

刨【bæ˩】

【刨子】bæ˦tsɿ˥˩ （一）刨平木料用的手工工具。（二）用来刨去植物外皮的工具。
【刨冰】bæ˦pin˥
【刨花】bæ˦ho˥
【刨脱】bæ˩t'əʔ˥ （一）去掉；刨掉。（二）买卖中去除重量或价钱的零头。
【刨花水】bæ˦ho˥sʮ˥˩ 用桐木刨花浸泡的水，有黏性，用作润滑头发或固定发型。
【刨进勿刨出】bæ˩tsin˦fəʔ˥bæ˩ts'əʔ˥ 指买卖中计算货款时，进款的零头进位计算，付款的零头去除计算。多指人过于精明。

抱【bæ˨】

【抱负】bæ˨vu˨

【抱告】bæ˨kæ˧˩ 辅助原告告状的人。

【抱牢】bæ˧læ˨ 抱住。

【抱恨】bæ˨ɦən˨

【抱屈】bæ˨tɕʻyəʔ˥

【抱怨】bæ˨θiø˧

【抱拳】bæ˨ʥiø˧

【抱病】bæ˨bin˨

【抱冤】bæ˨θiø˥

【抱裙】bæ˧ʥyən˧ 包裹婴儿用的方型小被。

【抱歉】bæ˨tɕʻii˧˩

【抱腰】bæ˨θiæ˥

【抱大腿】bæ˨dəu˧tʻE˥ 喻攀附有权势的人。

【抱上轿】bæ˧zɑ̃˧ʥiæ˨ 旧俗女子出嫁由舅父抱上花轿。

【抱勿平】bæ˧fəʔ˥bin˨ 抱不平。

【抱成见】bæ˨zən˧tɕii˧˩ 对人对事抱有固定不变的看法。

【抱佛脚】bæ˧vəʔ˧tɕiɑʔ˥

【抱柱对】bæ˨zʮ˨tE˧

【抱勿哭囡】bæ˨fəʔ˥kʻoʔ˥nø˨ 喻不必操劳稳能获利的交易。

【抱粗脚髈】bæ˨tsʻəu˥tɕiɑʔ˥pʻɑ̃˧˩ 喻攀附有权势的人。也说成【抱大脚髈】bæ˨dəu˧tɕiɑʔ˥pʻɑ̃˧˩

【抱脚馒头】bæ˨tɕiɑʔ˥mø˧dY˨ 形容无事可做，闲坐消磨时间。

【抱勿上柱格刘阿斗】bæ˧fəʔ˥zɑ̃˨zʮ˨kəʔ˥lY˧θaʔ˥tY˧˩ 喻无用、不求上进的人。刘阿斗，三国时蜀国第二代君主刘禅。

【抱仔元宝跳井——舍命勿舍财】bæ˨tsɿ˥ɦiø˧pæ˧˩tʻiæ˧tsin˧˩ ——so˧˩min˨fəʔ˥so˧˩zE˧ 歇后语。形容重财轻命；也指吝啬。

豹【pæ˧˩】

【豹尾】pæ˧˩vi˨ 形容文章的结尾精悍有力。

鲍【bæ˨˧】

【鲍鱼】bæ˨˧ŋ̍˨˩

暴【boʔ˨˩】文读【bæ˨˩】

【暴力】bæ˨˧liəʔ˧
【暴尸】bæ˨˧sʮ˥
【暴风】bæ˨˧foŋ˥
【暴光】bæ˨˧kuɑ̃˥
【暴动】bæ˨˩doŋ˨˩
【暴君】bæ˨˧tɕyən˥
【暴乱】bæ˨˩lø˨˩
【暴利】bæ˨˩li˨˩
【暴雨】bæ˨˧ɦy˨˩
【暴政】bæ˨˩tsən˥˩
【暴虐】bæ˨˧ȵiaʔ˧
【暴病】bæ˨˩bin˨˩
【暴涨】bæ˨˩tsɑ̃˥˩
【暴腌】bæ˨˧ɦiɪ˨˧ 食品腌制的时间不长。
【暴露】bæ˨˩ləu˨˩ 旧时读作boʔ˧ləu˨˩。
【暴上台】bæ˨˧zɑ̃˨˧dᴇ˨˩ 初次登台演出或初上台做官。
【暴上来】bæ˨˧zɑ̃˨˧lᴇ˨˩ 刚开始。
【暴风雨】bæ˨˧foŋ˥ɦy˨˩
【暴风雪】bæ˨˧foŋ˥siəʔ˥
【暴开始】bæ˨˧kʻᴇ˥sʮ˥˩ 刚开始。
【暴出道】bæ˨˧tsəʔ˥dæ˨˩ 学徒学艺期满，刚开始从事某项工作或事业。
【暴发户】bæ˨˧faʔ˥ɦəu˨˩ 突然发财或得势的人家（多含贬义）。
【暴起头】bæ˨˧tɕʻi˥dʏ˨˩ 刚开始。
【暴落难】bæ˨˧loʔ˧nᴇ˨˩ 突然遭遇灾难，陷入困境。
【暴腌头】bæ˨˧ɦiɪ˨˧dʏ˨˩ 食品腌制时间不长。
【暴风骤雨】bæ˨˧foŋ˥zʏ˨˩ɦy˨˩
【暴跳如雷】Pæ˥˩tʻiæ˥˩zʮ˨˧lᴇ˨˧
【暴富欺贫，暴生欺人】bæ˨˧fu˥˩tɕʻi˥bin˨˧,bæ˨˧sɑ̃˥tɕʻi˥ȵən˨˧ 突然富起来的人看不起穷人；突然到一个陌生地方，容易被人欺侮。
【暴学剃头就碰着个阿胡子】bæ˨˧ɦoʔ˧tʻi˥dʏ˨˩zʏ˨˩bɑ̃˨˧zɑʔ˧kəʔ˥0aʔ˥ɦəu˨˧tsɿ˥˩ 指

一开始就碰到难题。

【暴学三年，天下去得；再学三年，寸步难行】bæ˦ɦoʔ˧sE˥ɳ̩.ii˨,t'ii˥ɦo˩tɕ'i˧tə˥;tsE˥ɦoʔ˧sE˥ɳ̩.ii˩,ts'ən˧buɹnE˧ɦin˧ 初学入门，容易犯不知天高地厚的毛病；进一步深入学习，便知自己的知识还十分浅陋。

曝【boʔ˧】文读【bæ˩】

【曝光】bæ˦kuɑ̃˥

爆(1)【bæ˩】

【爆发】bæ˦faʔ˥
【爆炸】bæ˩tso˥
【爆破】bæ˩p'u˥
【爆发力】bæ˦faʔ˥liəʔ˧

(2)【pæ˦】

【爆头】pæ˥dʏ˩ 突然发作的声音。

【爆脱】pæ˦t'əʔ˥ (一)爆裂而损坏。(二)形容突然失败。

【爆鱼】pæ˥ŋ̍˩ 鱼块油炸后浸入卤汁制成的菜肴。

【爆满】pæ˥mø˩

【爆爆】pæ˦pæ˥ 指食品放入油锅炸。

【爆鳝】pæ˥zø˩ 鳝肉丝油炸后浸入卤汁制成的菜肴。

【爆出来】pæ˦ts'ə˥lE˩ (一)指意外发生的；突然出现的。(二)指(眼球或牙齿)凸出来。

【爆冷门】pæ˦lɑ̃˦mən˩

【爆炒米】pæ˥ts'æ˥mi˩ 爆米花。

bēi

杯【pE˥】

【杯子】pE˥tsɿ˥
【杯托】pE˥t'oʔ˥ 茶杯的垫子。
【杯筷】pE˥k'uE˥ 酒杯和筷子。
【杯中物】pE˥tsoŋ˥vəʔ˧
【杯盘狼藉】pE˥bø˩lɑ̃˦ziəʔ˧

卑【pE˥】

【卑人】pE˥zən˩ 传统戏曲

中丈夫对妻子的谦称。
【卑劣】pE˥liəʔ˧
【卑贱】pE˥ziɪ˩
【卑职】pE˥tsəʔ˥
【卑鄙】pE˥pi˥˩
【卑躬屈膝】pE˥koŋ˥tɕyəʔ˥si əʔ˥

背【pE˥】另见 bèi。

【背包】pE˥pæ˥˩ 背于后背的小包。
【背纤】pE˥tɕʻiɪ˥˧ （一）拉纤。（二）喻意见相悖的双方，互相拖后腿。
【背债】pE˥tsɑ˥˧
【背带】pE˥tɑ˥˩
【背娘舅】pE˥ȵiã˥dʑiY˥˩ 旧时歹徒为抢劫财物，用绳子勒毙行人。因勒毙的方法是绳子紧扣对方的脖子，将其背对背背起行走，直至对方窒息，故名背娘舅。
【背包蜒蚰】pE˥pæ˥ɦiɪ˧ɦiY˩ 蜗牛。
【背包场东】pE˥pæ˥zã˩toŋ ˥˩ 指书场负责人。
【背包囊，走官塘】pæ˧pæ˥n ɑ̃˩，tsY˥˩kuø˥dɑ̃˩ 形容旧时谋生艰辛的码头生活。

悲【pE˥】

【悲切】pE˥tsʻiəʔ˥ 形容伤心。
【悲旦】pE˥tE˥˩ 扮演悲剧女子的花旦。
【悲壮】pE˥tsɑ̃˥˩
【悲观】pE˥kuø˥˩
【悲伤】pE˥sɑ̃˥˩
【悲声】pE˥sən˥˩ 恸哭声。
【悲哀】pE˥ØE˥˩
【悲剧】pE˥dʑəʔ˧
【悲惨】pE˥tsʻø˥˩
【悲痛】pE˥tʻoŋ˥˩
【悲愤】pE˥fən˥˩
【悲切切】pE˥tsʻiəʔ˥tsʻiəʔ˥ 义同【悲切】。
【悲悲切切】pE˥pE˥tsʻiəʔ˥tsʻi əʔ˥ 形容伤心。

碑【pE˥】

【碑文】pE˥vən˩
【碑记】pE˥tɕi˥˧
【碑刻】pE˥kʻəʔ˥

【碑帖】pᴇ˥tʻiə˥

bĕi

北【poʔ˥】

【北方】poʔ˥fɑ̃˥
【北边】poʔ˥pii˥
【北瓜】poʔ˥ko˥　一种朱红色圆瓜,供观赏。
【北曲】poʔ˥tɕʻioʔ˥
【北货】poʔ˥həuᴺ
【北极】poʔ˥ʥəʔ˧
【北佬】poʔ˥læ˨　北方人。
【北直】poʔ˥zəʔ˧　北京、直隶的缩称。
【北腿】poʔ˥tʻᴇ˨　苏北如皋生产的火腿。
【北方人】poʔ˥fɑ̃˥ȵən˩　北部地区的人。
【北风头】poʔ˥foŋ˥dʏ˩　北风。
【北边人】poʔ˥pii˥ȵən˩　北方人。
【北寺塔浪个苹果树——看得见,吃勿着】poʔ˥zɿ˧tʻaʔ˥lɑ̃˩kəʔ˥bin˧kəu˥zʮ˩——kʻø˥təʔ˥tɕii˨,tɕʻəʔ˥fəʔ˥zɑʔ˧　歇后语。可望而不可即。亦有警示不要痴心妄想的意思。

bèi

贝【pᴇ˦】

【贝子】pᴇ˦tsɿ˨
【贝壳】pᴇ˥kʻoʔ˥
【贝勒】pᴇ˦ləʔ˧
【贝雕】pᴇ˦tiæ˥

狈【pᴇ˦】

备【bᴇ˩】

【备用】bᴇ˧ɦioŋ˩
【备考】bᴇ˩kʻæ˨
【备弄】bᴇ˧loŋ˩　旧时大宅旁边的小弄,供下人行走。
【备注】bᴇ˩tsʮ˨
【备货】bᴇ˩həuᴺ
【备备】bᴇ˩bᴇ˩　备用。
【备取】bᴇ˧tsʻi˥
【备案】bᴇ˩øᴺ
【备而不用】bᴇ˧ɦəl˨pəʔ˥ɦioŋ˩　备用。

B

背【pE˦˨】另见 bēi。

【背风】pE˦˨foŋ˥
【背心】pE˥sin˥˨˧ （一）后背。（二）马甲。
【背书】（1）pE˦˨sʮ˥ 票据（多指支票）背面的签字或盖章。（2）bE˨˧sʮ˥ 背诵念过的书。
【背光】pE˦˨kuɑ̃˥
【背后】pE˥ɦY˨˩
【背阴】pE˦˨0in˥
【背诵】bE˩zoŋ˨˩
【背叛】bE˩bø˨˩
【背景】pE˥tɕən˥˨˧
【背暗】bE˨˧0ø˥˨˧ 光线被阻挡。
【背影】pE˥0in˥˨˧
【背生书】bE˩sɑ̃˥sʮ˥˨˧ 背没有演出过的新书目。
【背台词】bE˩dE˨˧zɿ˨˩ 演员背诵台词。
【背对背】pE˥tE˥pE˥˨˧ （一）后背靠着后背。（二）指正相反。
【背后头】pE˥ɦY˨˧dY˨˩ （一）身后；背后面。（二）背地里；私下里。
【背后底】pE˥ɦY˨˧ti˥˨˧ 义同【背后头】。
【背靠背】pE˥k'æ˥pE˥˨˧
【背梁脊骨】pE˥liɑ̃˨˧tsiəʔ˥kuəʔ˥ 脊梁骨。
【背心浪向硬梆梆】pE˥sin˥lɑ̃˨˧ɕiɑ̃˥˨˧ŋɑ̃˨˧pɑ̃˥pɑ̃˥˨˧ 影射乌龟，喻妻子与人私通。
【背心浪向拉胡琴——挨勿着】pE˥sin˥lɑ̃˨˩ɕiɑ̃˨˩la˥ɦəu˨˧dʑən˨˩ ——0a˥fəʔ˥zaʔ˧ 歇后语。指资格不够；轮不上（吴语中，拉胡琴也说成挨胡琴）。

钡【pE˦˨】

倍【bE˨˩】

【倍数】bE˨˧səu˥˨˧
【倍增】bE˨˧tsən˥

悖【bəʔ˧】文读【bE˨˩】

【悖逆】bəʔ˧ȵəʔ˧

被【bi˩】文读【bɛ˩】

【被头】bi˧dʏ˩
【被动】bɛ˧doŋ˩
【被告】bɛ˩kæ˥
【被单】bi˧tɛ˥
【被面】bi˩mi˩
【被套】bi˩t'æ˥
【被罩】bi˩tsæ˥
【被头筒】bi˧dʏ˧doŋ˩ 被窝。
【被夹里】bi˧ka?˥li˩ 被子贴身的一面。
【被封筒】bi˧foŋ˥doŋ˩ 被窝。
【被档头】bi˧tã˥dʏ˩ 在被子盖在靠头部那头,另外缝上布片、毛巾等物,以便拆洗。
【被头面子】bi˧dʏ˧mi˩tsɿ˥ 被子不贴身的一面。
【被头褥子】bi˧dʏ˧ɳio?˧tsɿ˥ 被褥。
【被褥衾枕】bi˧ɳio?˧tɕ'ən˥tsən˥ 放在棺材里装裹死尸的被褥枕头等物。
【被头洞里拆屁——独吞】bi˧dʏ˧doŋ˩li˩tɕ'a?˥p'i˧ ——do?˧t'ən˥ 歇后语。指独自侵占。
【被头里掐个虱,外头亦会晓得】bi˧dʏ˩li˩ka?˥kə?˥sə?˥,ŋa˧dʏ˩ɦia?˧ɦuɛ˥ɕiæ˧tə?˥ 喻再隐秘的事,外面也会知道,无密可保。也指行动再隐蔽,也会暴露。

辈【pɛ˧】

【辈分】pɛ˥vən˩

焙【bɛ˩】

蓓【bɛ˩】

褙【pɛ˧】

鐾【bi˩】

【鐾刀布】bi˧tæ˥pu˥ 摩擦刀具使之锋利的专用布条。
【鐾勒鐾】bi˩lə?˧bi˩ 形容走路无力或不稳的样子。
【鐾铅笔】bi˩k'ɛ˥piə?˥ 用刀刮尖铅笔芯。

【鐾自来火】bi˨˧zɿ˥lE˦həu˥˩ 划火柴。

【鐾来鐾去】bi˦lE˦bi˨˧tɕʻi˥˨ 形容走路无力或不稳的样子。

【鐾洋熳头】bi˨˧ɦiã˦miəʔ˧dY˨˧ 旧时指划火柴。

bēn

奔【pən˥】

【奔走】pən˥tsY˥˩

【奔放】pən˥fã˥˩

【奔波】pən˥pu˥˩

【奔丧】pən˥sã˥˩

【奔跑】pən˥bæ˨˧

【奔腾】pən˥dən˨˧

【奔上来】pən˥zã˥˩lE˨˧ （一）跑上来。（二）指一开始。

【奔转去】pən˥tsø˥tɕʻi˥˩ 跑回去。

【奔转来】pən˥tsø˥lE˨˧ 跑回来。

【奔赛跑】pən˥sE˥bæ˨˧ 赛跑。

【奔出打进】pən˥tsʻə˥tã˥˩tsin˥˩形容来回奔忙。

【奔来奔去】pən˥lE˦pən˥tɕʻi˥˩ 跑来跑去。

贲【pʻən˥】

【贲门】pʻən˥mən˨˧

běn

本【pən˥˩】

【本人】pən˥˨ŋ̊ən˦

【本力】pən˥liəʔ˧ 生命力。

【本子】pən˥˨tsɿ˥˩

【本分】pən˥˩vən˨˧

【本白】pən˥˨bɑʔ˧ 未经漂白、染色的白色。

【本生】pən˥˨sã˥ 本来。

【本当】pən˥˨tã˥ 本来应当。

【本地】pən˥˨di˨˧

【本行】pən˥˨ɦã˦

【本戏】pən˥˩ɕi˥˩

【本名】pən˥˨min˦

【本则】pən˥˨tsəʔ˥ 本来。

【本色】pən˥˨səʔ˥

【本身】pən˥˨sən˥

【本来】pən˥˨lE˦

【本底】pən˥˨ti˥ 本来；本来的样子。

【本事】pən˥˩zɿ˨˧ 本领。

【本金】pən˥˨tɕən˥

【本质】Pən˧tsəʔ˥
【本性】Pən˥˩sin˥˩
【本相】Pən˥˩siã˥˩
【本家】Pən˧ka˥
【本能】Pən˧nən˦
【本钿】Pən˧diɪ˦ 本钱。
【本浪】Pən˧lã˦ 本来的状况、样子。
【本职】Pən˧tsəʔ˥
【本埠】Pən˥˩bu˩
【本等】Pən˧tən˥ （一）本来。（二）原来就擅长的。
【本意】Pən˥˩Øi˥˩
【本滩】Pən˧tɛ˥ 沪剧的前身。
【本作里】Pən˧tsoʔ˥li˩ 自己开的作坊里。喻相当熟悉在行的。
【本底子】Pən˧ti˥tsɿ˥˩ 本来；本来的样子。
【本命年】Pən˧min˦n̥i˩
【本命星君】Pən˧min˦sin˥tɕyən˥˩ 喻于己最为重要的东西。
【本作里货色】Pən˧tsoʔ˥li˩həu˥səʔ˥ 自己开的作坊里生产的商品。喻：（一）相当在行的技能。（二）自己做的、不费什么工钱的东西。
【本地胡椒辣勿煞人】Pən˧di˩həu˦tsiæ˥laʔ˥fəʔ˥saʔ˥n̥ən˦ 喻本地的人才再出色，也总是不能让人推崇。

畚【fən˥】、【Pən˥】

【畚箕】fən˥tɕi˥˩
【畚垃圾】Pən˥la˦si˥ 用畚箕收拾垃圾。

bèn

坌【bən˩】

【坌地】bən˩di˩
【坌坌】bən˩bən˩ （一）坌。（二）形容打饭（打得多）。（三）形容食量大的人吃（饭）。
【坌坌叫】bən˩bən˩tɕiæ˥˩ 后缀词，与寒热、热度等连用，表示高烧发得很厉害。
【坌坌松】bən˩bən˩soŋ˥ 打打松。
【坌得进】bən˩təʔ˥tsin˧ 形容能吃。
【坌得落】bən˩təʔ˥loʔ˧ 义

B

同【坌得进】。

【坌腾坌腾】bən˩dən˩bən˩dən˩　形容激烈;快速。

笨【bən˩】

【笨货】bən˧həu˥˩　笨蛋。

【笨坯】bən˧pʻᴇ˥　义同【笨货】。

【笨重】bən˧zoŋ˩

【笨贼】bən˧zəʔ˧　义同【笨货】。

【笨蛋】bən˩dᴇ˩

【笨办法】bən˧bᴇ˧faʔ˥　笨拙的方法。

【笨死虫】bən˧sɿ˥zoŋ˩　义同【笨货】。

【笨肚肠】bən˧dəu˧zã˩　指人内里很笨。

【笨手笨脚】bən˧sʏ˥bən˩tɕiɑʔ˥

【笨鸟先飞】bən˧ȵiæ˥˩siɪ˥fi˥˩　喻能力差的人做事,要比别人多出力气,先走一步。

【笨头笨脑】bən˧dʏ˧bən˩næ˩

【笨得转弯】bən˩təʔ˥tsø˦Øuᴇ˥　形容极其愚笨。

【笨嘴笨舌】bən˩tsɥ˥˩bən˩zəʔ˧　形容不善于辞令。

【笨勒艮勒钝】bən˩ləʔ˧gən˩ləʔ˧dən˩　愚笨;固执;脾气大。后续尚有【死脱人,钉脱门,外加勿肯问】sɿ˦tʻəʔ˥ȵən˧,tin˦tʻəʔ˥mən˧,ŋa˧kɑ˥fəʔ˥kʻən˥˩mən˩　意思是处事不灵活,又不肯请教别人。

【笨嘴笃舌头】bən˧tsɥ˥˩toʔ˥zəʔ˧dʏ˩　义同【笨嘴笨舌】。

bēng

崩【pən˥】文读【poŋ˥】

【崩溃】pən˥guᴇ˩

绷【pã˥】文读【poŋ˥】

【绷大】pã˥dəu˩　有弹性的东西长时间张开,逐渐撑大。

【绷子】pã˥tsɿ˥˩

【绷开】pã˥kʻᴇ˥˩　张开。

【绷带】poŋ˥˩ta˥˩

【绷架】pã˥kɑ˥˩　绷子。

【绷紧】pã˥tɕən˥˩　张紧。

【绷破】pã˥pu˦　因张力过大

而致被绷的东西破裂。

【绷绷】pã˥pã˥˩ （一）绷。（二）将就。

【绷梯】pã˥t'i˥˩ 用同样长度的两架梯子，顶部连接，可以打开成“人”字型直立。

【绷筛】pã˥sɑ˥˩ 筛粉的用具。

【绷硬】pã˥ŋã˩˧ 坚硬。

【绷凳】pã˥tən˥˩ 绣花时坐的专用凳子。

【绷豁】pã˥huaʔ˥ 义同【绷破】。

【绷勿进】pã˥fəʔ˥tsin˥˩ 尽力撑持也不能进入（多指穿衣裤、鞋袜等）。

【绷场面】pã˥zã˧mi˩˧

【绷进去】pã˥tsin˥ɕi˥˩ 经撑持勉强进入（多指穿衣裤、鞋袜等）。

【绷绷硬】pã˥pã˥ŋã˩˧ 形容非常坚硬。

【绷硬笔挺】pã˥ŋã˩˧piəʔ˥t'in˥˩ 形容硬且直（多形容动物或人的尸体和被冰冻后变硬的东西）。

嘣【boŋ˩˧】、【poŋ˥】象声词。

【嘣咚嘣咚】boŋ˩˧toŋ˥˩boŋ˩˧toŋ˥˩ 或poŋ˥toŋ˥˩poŋ˥toŋ˥˩ 象声词。形容跳动或弹拨乐的声音。

bèng

泵【pɑ̃˥˩】中州韵【pã˥˩】

迸【pã˧˦】（一）说出去，泄露出去（含贬义）。（二）开裂。

【迸开】pã˧˦k'ɛ˥ 突然开裂。

【迸坼】pã˥ts'ɑʔ˥ 龟裂。

【迸开来】pã˧˦k'ɛ˥lɛ˩˧ 突然开裂。

【迸出去】pã˧˦ts'əʔ˥tɕ'i˥˩ （一）说出去；泄露出去（含贬义）。（二）突然从开裂处跳出去。

B

蚌【bã˧˩】另见 bàng。

【蚌埠】bã˦bu˧˩

甏【bã˥˩】

【甏头】bã˦dʏ˧˩　整甏（计算）。

【甏头泥】bã˦dʏ˦ȵi˧˩　以黄泥、糠等为材料制成的封酒甏的盖子。

【甏头酒】bã˦dʏ˦tsʏ˥˩　封装的整坛子的酒。

【甏头咸菜】bã˦dʏ˦ɦE˦tsʻE˥˩　封装的整坛子的咸菜。

【甏甏角索索】bã˦bã˦koʔ˥soʔ˥soʔ˥　形容物体空而大，占地方，碍人行动。

蹦【poŋ˥˨˧】（一）双脚一起跳跃。（二）形容争吵激烈。（三）突然发作（脾气）。

【蹦脱】poŋ˥˨˧tʻəʔ˥　（一）形容激烈碰撞后分离。（二）形容闹翻。

【蹦方砖】poŋ˥fã˥tsø˥˩　在方砖地上蹦跳的一种儿童游戏。

【蹦起来】poŋ˥˨˧tɕʻi˥lE˧˩　形容争吵起来。

【蹦蹦跳跳】poŋ˥˨˧poŋ˥˨˧tʻiæ˥˨˧tʻiæ˥˨˧　欢快地跳跃。

bī

屄【pi˥】

逼【piəʔ˥】

【逼问】piəʔ˥mən˧˩

【逼近】piəʔ˥dʑən˧˩

【逼牢】piəʔ˥læ˦　紧紧逼住。

【逼供】piəʔ˥koŋ˥˨˧

【逼宫】piəʔ˥koŋ˥

【逼急】piəʔ˥tɕəʔ˥　催逼得很急迫。

【逼紧】piəʔ˥tɕən˥˨˧　（一）催逼得很紧迫。（二）形容迫在眉睫；近在咫尺。

【逼煞】piəʔ˥saʔ˥　（一）逼死。（二）形容催逼太紧，无回旋余地。

【逼婚】piəʔ˥huən˥

【逼逼】piəʔ˥piəʔ˥　催逼。

【逼上梁山】piəʔ˥zɑ̃˩˧liã˦sE˥ 喻迫不得已做某件事。

【逼死逼活】piəʔ˥si˧˦piəʔ˥ɦuəʔ˧ 死死地催逼。

【逼到墙角】piəʔ˥tæ˧˦ziã˦koʔ˥ 喻逼到了无法回旋的境地。

【逼煞人,勿偿命】piəʔ˥saʔ˥ȵən˦,fəʔ˥zɑ̃˩˧min˩˧ 形容穷凶极恶的催逼。

bí

荸【bəʔ˧】

【荸荠】bəʔ˧zi˩˧

鼻【bəʔ˧】文读【biəʔ˧】

【鼻头】bəʔ˧dɤ˩˧ 鼻子。

【鼻尖】biəʔ˧tsiɪ˥

【鼻囱】biəʔ˧ts'oŋ˧˦ 作为食品的猪的鼻子。

【鼻音】biəʔ˧Øin˥

【鼻息】biəʔ˧siəʔ˥

【鼻祖】biəʔ˧tsəu˧˦

【鼻涕】bəʔ˧t'i˧˦

【鼻脊】biəʔ˧tsiəʔ˥ 鼻子隆起的部分。

【鼻梁】biəʔ˧liã˩˧或bəʔ˧liã˩˧

【鼻烟】biəʔ˧Øiɪ˧˦

【鼻腔】biəʔ˧tɕ'iã˥

【鼻翼】biəʔ˧ɦiəʔ˧

【鼻头尖】bəʔ˧dɤ˩˧tsiɪ˥ （一）鼻尖。（二）形容嗅觉灵敏。

【鼻头洞】bəʔ˧dɤ˩˧doŋ˩˧ 鼻孔。

【鼻头管】bəʔ˧dɤ˩˧kuø˧˦ 义同【鼻头洞】。

【鼻涕干】bəʔ˧t'i˧˦kø˧˦ 鼻腔里干结的鼻涕。

【鼻头牵牢】bəʔ˧dɤ˩˧tɕ'iɪ˥læ˩˧ 喻被人控制。

【鼻青嘴肿】biəʔ˧ts'in˥sɥ˧˦tsoŋ˧˦ 鼻子青了,嘴也肿了。（一）形容面部被碰伤或打伤的样子。（二）形容遭到严重打击,受挫,很狼狈的样子。

【鼻头尖捻头】bəʔ˧dɤ˩˧tsiɪ˥ȵiɪ˧˦dɤ˩˧ 鼻尖。

【鼻头管里酸溜溜】bəʔ˧dɤ˩˧kuø˧˦li˩˧sø˥lɤ˩˧lɤ˩˧ 鼻子发酸。（一）喻悲伤心酸。（二）形容产生嫉妒情绪（多指在男女关系上）。

【鼻头浪油瓶挂得牢】bəʔ˧dɤ

˨˧lã˨˩ɦiʏ˦bin˨˩ko˦˨tə˥ʔlæ˨˩ 形容生气的样子。

【鼻头浪挂鲞鱼——休想(嗅鲞)】bəʔ˧dʏ˨˧lã˨˩ko˦˨siã˦˨ŋ̍˨˩——ɕiʏ˥siã˥˩(ɕiʏ˥siã˥˩) 歇后语。吴语中“嗅鲞”和“休想”谐音,意思是不用想,不可能的。

bǐ

匕【pʻi˥˩】

【匕首】pʻi˥sʏ˥˩

比【pi˥˩】

【比方】pi˦˨fɑ̃˥

【比分】pi˦˨fən˥

【比头】pi˦˨dʏ˨˩ 进行比较或比赛的理由、趋向、势头等。

【比价】pi˥˩kɑ˥˩

【比拟】pi˦˨ȵi˨˩

【比武】pi˥˩vu˨˩

【比美】pi˥˩mᴇ˥˩

【比重】pi˦˨zoŋ˦

【比较】pi˦˨tɕiæ˥

【比喻】pi˦˨ɦʏ˦

【比赛】pi˥˩sᴇ˥˩

【比勿得】pi˦˨fəʔ˥təʔ˥ 比不上;不能比。

【比目鱼】pi˦˨moʔ˧ŋ̍˨˩

【比翼鸟】pi˦˨ɦiəʔ˧ȵiæ˥˩

【比鬼亦灵】pi˥˩tɕy˥˩ɦaʔ˧lin˦ 喻人机灵(含调侃意)。

【比上不足,比下有余】pi˥˩zɑ̃˨˩pəʔ˥tsoʔ˥,pi˥˩ɕiɑ˥˩ɦiʏ˨˩ɦʏ˦ 与好的相比还不如,与差的相比还可以,处于中间状态。

妣【pi˥˩】

彼【pᴇ˥˩】

【彼此】pᴇ˥tsʻ˥˩

【彼岸】pᴇ˥ŋø˨˩

【彼此彼此】pᴇ˦˨tsʻ˥˩pᴇ˦˨tsʻ˥˩ 相互比较;相差无几。

秕【pi˦˨】

【秕谷】pi˦˨koʔ˥

笔【piəʔ˥】

【笔心】piəʔ˥sin˥

【笔头】piəʔ˥dɤ˦
【笔记】piəʔ˥tɕi˧˦
【笔尖】piəʔ˥tsiɪ˥
【笔名】piəʔ˥min˩
【笔录】piəʔ˥loʔ˧
【笔势】piəʔ˥sʮ˧˦
【笔画】piəʔ˥ɦuaʔ˧
【笔法】piəʔ˥faʔ˥
【笔直】piəʔ˥zəʔ˧
【笔挂】piəʔ˥ko˧˦ 挂放毛笔的架子。
【笔迹】piəʔ˥tsiəʔ˥
【笔套】piəʔ˥t'æ˧˦ 笔帽。
【笔挺】piəʔ˥t'in˥˧
【笔误】piəʔ˥ŋəu˩
【笔洗】piəʔ˥si˥˧
【笔架】piəʔ˥kɑ˧˦
【笔梗】piəʔ˥kã˥˧ 笔杆。
【笔脚】piəʔ˥tɕiɑʔ˥ 笔迹的走势。
【笔据】piəʔ˥tɕy˧˦ 字据。
【笔筒】piəʔ˥doŋ˩
【笔头子】piəʔ˥dɤ˧tsɿ˥˧ 指写文章的能力。
【笔立直】piəʔ˥liəʔ˧zəʔ˧ 形容很直。
【笔底下】piəʔ˥ti˧˦ɦo˩
【笔笃直】piəʔ˥toʔ˥zəʔ˧ 形容很直。
【笔套管】piəʔ˥t'æ˥kuø˥˧ 笔帽(多指毛笔的笔帽)。
【笔笃四直】piəʔ˥toʔ˥sɿ˥˧zəʔ˧ 形容很直。也作【笔立四直】piəʔ˥liəʔ˧sɿ˥˧zəʔ˧。
【笔头浪绕绕】piəʔ˥dɤ˧lɑ̃˩ȵiæ˧ȵiæ˧ 指写作。
【笔头浪撒仔屎赖勿脱】piəʔ˥dɤ˧lɑ̃˩tsʻɑʔ˥tsɿ˥˧sɿ˥˧lɑ˧fəʔ˥t'əʔ˥ 指亲笔写下字据或文字,没办法抵赖(含贬义)。

俾【pᴇ˥˧】

鄙【bi˩】文读【pi˥˧】

【鄙人】bi˧zən˧
【鄙视】bi˧zʮ˩
【鄙姓】bi˧sin˧˦ 谦辞,称自己的姓。

bì

币【bi˩】

必【piəʔ˥】

【必过】piəʔ˥kəu˥ 不过。

B

【必吃】piəʔ˥tɕʻiəʔ˥ 必须吃掉（多见于下棋）。
【必定】piəʔ˥din˩
【必须】piəʔ˥si˥
【必要】piəʔ˥0iæ˦
【必修】piəʔ˥sʏ˥
【必得】piəʔ˥təʔ˥
【必然】piəʔ˥zø˧
【必需】piəʔ˥sʏ˥或piəʔ˥si˥

毕【piəʔ˥】

【毕生】piəʔ˥sən˥
【毕业】piəʔ˥ȵiəʔ˧
【毕板】piəʔ˥pᴇ˥˩ 形容面部表情严肃。
【毕竟】piəʔ˥tɕən˥
【毕静】piəʔ˥zin˩ 非常安静。程度再高些作【毕毕静】piəʔ˥piəʔ˥zin˩。
【毕毕活】piəʔ˥piəʔ˥ɦuəʔ˧ 指动物是活的，很健壮。
【毕活鲜跳】piəʔ˥ɦuəʔ˧si˥tʻiæ˦ （一）指动物是活的，很健壮。（二）调侃语，指人很健康。
【毕恭毕正】piəʔ˥koŋ˥piəʔ˥tsən˥˩ 形容写字非常认真，字迹十分端正。
【毕恭毕敬】piəʔ˥koŋ˥piəʔ˥tɕən˥˩

闭【pi˦】

【闭市】pi˦zɿ˩
【闭汗】pi˦ɦø˩ 不能正常出汗。
【闭没】pi˥məʔ˧ 闭上；合上（多指眼睛、嘴）。
【闭拢】pi˥loŋ˩ 义同【闭没】。
【闭经】pi˦tɕən˥
【闭塞】pi˦səʔ˥
【闭嘴】pi˦tsʮ˥˩ 合上嘴，不讲话（含贬义）。
【闭门羹】pi˦mən˧kã˥˩
【闭口功】pi˥kʻʏ˥koŋ˥˩ 形容能忍住不讲话的涵养功夫。
【闭门推出窗前月】pi˦mən˧tʻᴇ˥tsʻəʔ˥tsʻã˥zi˩ɦʏəʔ˧成语。喻事情推出手不管。也喻任凭事情自然发展变化，不过问。
【闭拢仔眼睛说瞎话】pi˥loŋ˩tsɿ˥˩ŋᴇ˧tsin˥˩səʔ˥haʔ˥ɦo˩俗语。胡说八道。

庇【pi˧˦】

毖【pi˧˦】

哔【piəʔ˥】

【哔叽】piəʔ˥tɕi˥

陛【bi˩˧】

【陛下】bi˩˧ɕia˥˧

毙【bi˩˧】

【毙脱】bi˩˧tʻəʔ˧　（一）枪毙掉。（二）喻被否定掉。

敝【bi˩˧】

【敝人】bi˩˧zən˩˧
【敝姓】bi˩˧sin˧˦　谦辞；称自己的姓。

婢【bi˩˧】

【婢女】bi˧ȵy˩˧

赑【bi˩˧】

【赑屃】bi˩˧ɕi˥˧

筚【piəʔ˥】

【筚路蓝缕】piə˥ləu˩˧lE˩˧ly˩˧或piəʔ˥ləu˩˧lE˩˧ly˩˧

愎【biəʔ˧】

弼【piəʔ˥】

蓖【pE˥】

【蓖麻】pE˥mo˩˧

跸【piəʔ˥】

痹【bi˩˧】

【痹症】bi˩˧tsən˥˧

煏【piəʔ˥】

【煏干】piəʔ˥kø˥　用火烘干。

B

滗【piəʔ˥】

【滗干】piəʔ˥kø˥ （一）挡住渣滓或泡着的东西，把液体全部倒干净。（二）喻将对方的钱物索要干净。

【滗油】piəʔ˥ɦiʏ˧˦ 挡住油渣，把熬出的油取出来。

【滗点】piəʔ˥tiɪ˥ 挡住渣滓或泡着的东西，把液体倒一点出来。

【滗茶头】piəʔ˥zo˧dʏ˩˧ 挡住茶叶，把泡出的茶汤倒出来。

【滗勿出啥猪油筋】piəʔ˥fəʔ˥ tsʻəʔ˥sɑ˧˦tsɥ˥ɦiʏ˧tɕən˥˩˥ 形容再逼迫也不会有什么收获。

禆【pE˥】

【禆益】pE˥Øiəʔ˥

辟【pʻiəʔ】

【辟邪】pʻiəʔ˥ziɑ˧

【辟谷】pʻiəʔ˥koʔ˥

碧【piəʔ】

【碧玉】piəʔ˥ȵioʔ˧ 青绿色的玉石。

【碧血】piəʔ˥ɕyəʔ˥

【碧绿】piəʔ˥loʔ˧或piəʔ˥loʔ˥

【碧落】piəʔ˥loʔ˧

【碧碧绿】piəʔ˥piəʔ˥loʔ˧ 翠绿色。

【碧螺春】piəʔ˥ləu˧tsʻən˥

【碧波生清】piəʔ˥pu˥sã˥ tsʻin˥ 形容液体十分纯净、透明。

蔽【pi˧˩˧】

弊【bi˩˧】

【弊政】bi˩˧tsən˥˩˥

【弊病】bi˩˧bin˩˧

【弊端】bi˧tø˥

薜【bi˩˧】

【薜荔】bi˩˧li˩˧或bi˥˩˥liəʔ˧

篦【piɪ˥˧】

【篦箕】piɪ˥˧tɕi˥˩ 竹子制成的梳头用具,中间有梁儿,两侧有密齿。

壁【piəʔ˥】

【壁纸】piəʔ˥tsɿ˥˩

【壁板】piəʔ˥pæ˥˩

【壁画】piəʔ˥ho˩˧

【壁虎】piəʔ˥həu˥˩

【壁炉】piəʔ˥ləu˧

【壁虱】piəʔ˥səʔ˥ 臭虫。

【壁脚】piəʔ˥tɕiɑʔ˥ 背地里挑唆的话。与“戳”连用。如【戳壁脚】ts'oʔ˥piəʔ˥tɕiɑʔ˥或【壁脚戳戳】piəʔ˥tɕiɑʔ˥ts'oʔ˥ts'oʔ˥。

【壁角落】piəʔ˥koʔ˥loʔ˧ 墙角里。也作【壁角落头】piəʔ˥koʔ˥loʔ˧dɤ˩˧、【壁角落里】piəʔ˥koʔ˥loʔ˧li˩˧;piəʔ˥koʔ˥loʔ˥li˩˧。

【壁虎子】piəʔ˥həu˧˥tsɿ˥ 壁虎。

【壁蟢子】piəʔ˥ɕi˧˥tsɿ˥ 蛛的一种,身体扁平。吴地视其为吉祥物。亦作【壁蟢】piəʔ˥ɕi˥˩。

【壁虎子尾巴——节节活】piəʔ˥həu˧˥tsɿ˥˩ȵi˧po˥ ——tsiəʔ˥tsiəʔ˥ɦuəʔ˧ 歇后语。形容人心思活,也形容人活泼,善于机变。

避【bi˩˧】

【避风】bi˧foŋ˥

【避开】bi˧k'ɛ˥ (一)躲开。(二)叉开。

【避孕】bi˧ɦyən˩˧

【避讳】bi˩˧huɛ˧˥

【避邪】bi˩˧ziɑ˧

【避免】bi˧miɪ˥

【避难】bi˩˧nɛ˧

【避债】bi˩˧tsɑ˧˥ 躲债。

【避脱】bi˩˧t'əʔ˥ 躲掉;逃掉。

【避嫌】bi˩˧ɦiɪ˧˥

【避风头】bi˧foŋ˥dɤ˩˧ 躲开对己不利的势头。

【避风港】bi˧foŋ˥kɑ̃˥˩

【避勒避】bi˩˧ləʔ˧bi˩˧ 躲躲闪闪。

【避嫌疑】bi˩˧ɦiɪ˧ȵi˩˧ 避开嫌

B

疑。

【避重就轻】bi˦zoŋ˦zʏ˩tsʻən˥

臂【pi˦˨】中州韵【pᴇ˦˨】

【臂力】pi˥liə˧
【臂章】pi˥tsã˨
【臂膊】pi˥po˨ （一）胳膊。（二）比喻助手。
【臂膊弯】pi˥po˥ʔuᴇ˨ 胳膊弯。也作【臂膊弯弯】pi˥po˥ʔuᴇ˥ʔuᴇ˨。
【臂膊撑子】pi˥po˥tsʻã˨tsɿ˨ 胳膊肘。
【臂膊上跑马】pi˥po˥lã˩bæ˦mo˩ 喻人特别有能耐，撑持得起。
【臂膊望里弯】pi˥po˥mã˦li˦ʔuᴇ˥ 喻自己人总是帮自己人。
【臂膊望外弯】pi˥po˥mã˦ŋɑ˩ʔuᴇ˥ 指吃里扒外。
【臂膊拍脱仔骱望外弯】pi˥po˥pʻɑʔ˥tʻəʔ˥tsɿ˨gɑ˩mã˦ŋɑ˩ʔuᴇ˥ 极言吃里扒外。

璧【piəʔ˥】

【璧还】piəʔ˥ɦuᴇ˦

bīan

边【pii˥】

【边门】pii˥mən˩
【边区】pii˥tɕʻy˨
【边皮】pii˥bi˩ （一）边缘部分。（二）形容同类物品中价值不大的（东西）。
【边关】pii˥kuᴇ˨
【边防】pii˥bã˩
【边远】pii˥ɦiø˩
【边际】pii˥tsi˨
【边花】pii˥ho˨ 边缘上的装饰。喻附带部分，不重要的位置。
【边界】pii˥kɑ˨ 边上。
【边厢】pii˥siã˨ 戏院两边较偏的座位区。
【边浪】pii˥lã˩ 边上。
【边框】pii˥kuã˨
【边幅】pii˥foʔ˥
【边锋】pii˥foŋ˨
【边款】pii˥kʻuø˨

【边境】piɿʨənV
【边榜】piɿpãV 偏旁。
【边疆】piɿʨiãV
【边边浪】piɿpiɿlãɅ 最边的地方。
【边角料】piɿkoʔlliæɅ
【边皮角色】piɿbiɅʨiaʔɿsəʔɿ（一）演戏中不起眼的角色。（二）喻某团体内无足轻重的人。
【边线沿浪】piɿsiɿɦiɅlãɅ（一）极边的边上。（二）喻最后的关头。

砭【piɿ】

笾【piɿ】

编【piɿ】

【编号】piɿɦæɅ
【编写】piɿsiaV
【编导】piɿdæɅ
【编织】piɿʦəʔɿ
【编者】piɿʦEV
【编码】piɿmoɅ
【编钟】piɿʦoŋV
【编结】piɿʨəʔɿ
【编造】piɿzæɅ 简称【编】piɿ。
【编排】piɿbaɅ
【编辑】piɿʦʻiəʔɿ
【编演】piɿØiV
【编磬】piɿʨʻənV

煸【piɿ】

蝙【piɿ】

【蝙蝠】piɿfoʔɿ
【蝙蝠子】piɿfoʔɿʦɿV 蝙蝠。
【蝙蝠子侧来侧去】piɿfoʔɿʦɿVʦəʔlEɿʦəʔɿʨiV 形容人没有主见，随风倒。

鳊【piɿ】

【鳊鱼】piɿŋ̍Ʌ

鞭【piɿ】

【鞭子】piɿʦɿV
【鞭打】piɿtãV
【鞭挞】piɿdaʔɿ
【鞭炮】piɿpʻæV

【鞭梢】piɪ˥sæ˥˨ 鞭子的末端。

【鞭策】piɪ˥ts'aʔ˥

【鞭长莫及】piɪ˥zã˦moʔ˧ʥəʔ˧

biǎn

贬【piɪ˥˨】

【贬义】piɪ˥˦øi˥˨

【贬低】piɪ˥˦ti˥˨

【贬官】piɪ˥˨kuø˥

【贬值】piɪ˥˨zəʔ˧

【贬职】piɪ˥˨tsəʔ˥

【贬谪】piɪ˥˨tsɑʔ˥

扁【piɪ˥˨】另见 piān。

【扁头】piɪ˥˦dʏ˦ 后脑扁平的头型。

【扁尖】piɪ˥˦tsiɪ˥ 细竹笋的腌制品。

【扁豆】piɪ˥˨dʏ˧˩

【扁担】piɪ˥˨tɛ˥˨

【扁蒲】piɪ˥˦bu˦ 一种瓜类蔬菜，即瓠子。

【扁铃】piɪ˥˦lin˦ 苏州评弹行业隐语。琵琶。

【扁马桶】piɪ˥˦mo˦doŋ˧˩ 病人用的扁平搪瓷便器。

【扁豆糕】piɪ˥˦dʏ˦kæ˥˨ （一）用扁豆粉和糯米粉制成的甜糕。（二）调侃语，指后脑扁平者。

【扁婆子】piɪ˥˦bu˦tsɿ˥˨ 指菱、玉米等植物没有长结实的种子。

【扁塌塌】piɪ˥˦t'aʔ˥t'aʔ˥ 形容扁平。

【扁毛畜生】piɪ˥˦mæ˦tsʰoʔ˥sã˥˨ 禽类。

【扁匍邋遢】piɪ˥˦bu˦laʔ˧t'aʔ˥ 形容扁平难看。

【扁担挑缸甏——两头滑】piɪ˥˨tɛ˥˨t'iæ˥kã˥bã˧˩——liã˦dʏ˦ɦuaʔ˧ 歇后语。指两边要滑头。

匾【piɪ˥˨】

【匾额】piɪ˥˦ŋaʔ˧

biàn

卞【biɪ˧˩】

弁【biɪ˧˩】

变【pi˥˩˧】

【变心】pi˥˩˧sin˥
【变化】pi˥˩˧ho˥
【变幻】pi˥˩˧øuɛ˥˩˧
【变天】pi˥˩˧t'i˥
【变节】pi˥˩˧tsiəʔ˥
【变动】pi˥˩˧doŋ˧
【变迁】pi˥˩˧ts'i˥
【变色】pi˥˩˧səʔ˥
【变死】pi˥si˥˩˧　指人向坏的方向变化。
【变兆】pi˥zæ˨˩　义同【变死】。
【变形】pi˥˩˧ɦin˨˩
【变声】(1) pi˥sən˥˩˧　男女在青春期嗓音变粗变低。通常男子比女子显著。(2) pi˥˩˧sən˥　指有意改变嗓音。
【变态】pi˥t'ɛ˥˩˧
【变质】pi˥˩˧tsəʔ˥
【变故】pi˥˩˧kəu˥
【变种】pi˥˩˧tsoŋ˥˩˧或pi˥tsoŋ˥˩˧
【变相】pi˥siã˥˩˧　（一）内容不变，形式和原来不同（多指坏事）。（二）指人的行为举止发生变化（多含贬义）。
【变调】pi˥˩˧diæ˨˩
【变换】pi˥˩˧ɦuø˧
【变样】pi˥˩˧ɦiã˨˩
【变通】pi˥˩˧t'oŋ˥
【变脱】pi˥˩˧t'əʔ˥
【变戏法】pi˥˩˧ɕi˥faʔ˥或pi˥ɕi˥faʔ˥

便【bi˥˩˧】另见 pián。

【便人】bi˨˧ȵən˨˩
【便门】bi˨˧mən˨˩
【便于】bi˨˧ɦy˧
【便中】bi˨˧tsoŋ˥
【便衣】bi˨˧øi˥
【便当】bi˨˧tã˥
【便条】bi˨˧diæ˨˩
【便饭】bi˨˧vɛ˨˩
【便服】bi˨˧voʔ˧
【便便】bi˨˩bi˨˩　准备着，以防不时之需。
【便面】bi˨˧mi˥˩˧　扇的别称。
【便信】bi˨˧sin˥˩˧
【便宴】bi˨˧øi˥˩˧
【便秘】bi˨˩pi˥˩˧
【便签】bi˨˧ts'i˥

【便捷】bi˨˧ziəʔ˧
【便装】bi˨˧tsɑ̃˥
【便介勒】bi˨˧kɑ˥˥ləʔ˧　怪不得。

遍【pi˥˩】

【遍体鳞伤】pi˥˩tʻi˥˩lin˨˧sãɑ̃

辨【bi˨˧˩】

【辨认】bi˨˧˩ȵən˩
【辨别】bi˨˧biə˧
【辨明】bi˨˧˩min˩
【辨味道】bi˨˧˩mi˨˧dæ˩　辨别滋味或气味。喻辨别分析别人说话的含义。也作【辨辨味道】bi˨˧˩bi˨˧˩mi˨˧dæ˩。

辩【bi˨˧˩】

【辩白】bi˨˧bɑʔ˧
【辩论】bi˨˧˩lən˩
【辩护】bi˨˧˩ɦəu˩
【辩驳】bi˨˧po˥
【辩证】bi˨˧˩tsən˥˩
【辩解】bi˨˧tɕiɑ˥˩

辫【bi˨˧˩】

【辫子】bi˨˧tsɿ˥˩
【辫线】bi˨˧˩tsi˥˩　结扎辫子的线绳。
【辫梢】bi˨˧sæ˥　辫子的最下端部分。
【辫联】bi˨˧li˩　辫子上接的假辫。

biāo

标【piæ˥】

【标记】piæ˥tɕi˥˩
【标本】piæ˥pən˥˩
【标价】piæ˥kɑ˥˩
【标会】piæ˥ɦuE˩　旧时的一种经济互济形式。由若干人组成的会分成若干期,每期每位参与者交付设定的钱数,由其中一人收得叫做得会。每位参与者收得一次,直至期满结束。得会的先后次序,由还未得会者在纸上标明愿意支付红利的多寡决定。最后得会者不必支付红利。

【标纸】piæ˥tsɿ˧˦　标会参与者写上愿意支付红利数字的纸。
【标志】piæ˥tsʮ˧˦
【标兵】piæ˥pin˧˦
【标枪】piæ˥tsiã˧˦
【标劲】piæ˥tɕən˧˦　盛气凌人的气势。简称piæ˥。
【标语】piæ˥ȵy˩
【标点】piæ˥tiɪ˧˦
【标致】piæ˥sʮ˧˦
【标准】piæ˥tsən˧˦
【标签】piæ˥tsʻiɪ˧˦
【标榜】piæ˥pɑ̃˧˦
【标题】piæ˥di˩
【标标准准】piæ˥piæ˥tsən˧˦tsən˧˦　十分标准。

彪【piæ˥】

【彪炳千秋】piæ˥pin˧˦tsʻiɪ˥tsʻʏ˧˦　形容伟大的业绩流传千秋万代。

摽【piæ˥】另见 biào。

骠【piæ˥】

膘【piæ˥】

【膘水】piæ˥sʮ˧˦　牲畜的肥壮情况。

飙【piæ˥】

镖【piæ˥】

【镖局】piæ˥dʑioʔ˧
【镖客】piæ˥kɑʔ˥

镳【piæ˥】

biǎo

表【piæ˧˦】表面的表。【piæ˥】钟表的表。

【表书】piæ˦sʮ˥　苏州评弹用语。说书人的说明，述说部分。也称【表白】piæ˦bɑʔ˧。
【表皮】piæ˦bi˩
【表白】piæ˦bɑʔ˧
【表示】piæ˦zʮ˩
【表决】piæ˦tɕyəʔ˥
【表扬】piæ˦ɦiã˧

B

【表汗】Piæ˥˩ɦø˩　俗称用药物使人出汗,把感受的风寒发散出来。

【表表】Piæ˥˩Piæ˥˩　表示。

【表明】Piæ˦˩min˧

【表现】Piæ˥˩ɦi˧˩

【表态】Piæ˥˩t‘ɛ˥˩

【表带】Piæ˥tɑ˥˩　使手表固定在手腕上的带子。

【表面】Piæ˥˩mi˧˩

【表亲】Piæ˦˩ts‘in˥　跟祖父、父亲的姐妹所生子女的亲戚关系,或祖母、母亲的兄弟姐妹所生子女的亲戚关系。如【表叔】Piæ˦˩soʔ˥,【表弟】Piæ˥˩di˧˩,【表嫂】Piæ˦˩sæ˥˩,【表姐】Piæ˦˩tsiɑ˥,【表妹】Piæ˥˩mɛ˩,【表哥】Piæ˦˩kəu˥,【表兄】Piæ˦˩ɕioŋ˥,【表兄弟】Piæ˦˩ɕioŋ˥di˩,【表阿哥】Piæ˦˩Øã˥kəu˥˩,【表阿姐】Piæ˦˩Øaʔ˥tsiɑ˥˩,【表姐妹】Piæ˦˩tsi˥mɛ˩。

【表情】Piæ˦˩zin˩

【表链】Piæ˥li˧˩

【表彰】Piæ˦˩tsã˥

【表演】Piæ˥˩Øi˧˩

【表露】Piæ˥˩ləu˩

【表面文章】Piæ˦˩mi˧˩˧vən˩tsã˥˩　为应付场合而装出的表面样子。

婊【Piæ˥˩】

【婊子】Piæ˦˩tsɿ˥˩　妓女。

【婊芯子】Piæ˦˩sin˥tsɿ˥˩　妓女(多用作骂人的话)。

【婊子无义】Piæ˦˩tsɿ˥˩vu˩ɦi˧　指妓女重金钱,不讲义气。

【婊子送客——虚情假意】Piæ˦˩tsɿ˥˩soŋ˦˩k‘ɑʔ˥——ɕy˥zin˩kɑ˥˩Øi˥˩　歇后语。指虚伪。

裱【Piæ˥˩】

【裱画】Piæ˥˩ɦo˩　用纸或丝制品作衬托,把图画装潢起来。

【裱心纸】Piæ˦˩sin˥tsɿ˥˩　裱画用的衬纸。

【裱画匠】Piæ˦˩ɦo˧ziã˩　裱画工人。

【裱画作】Piæ˦˩ɦo˧tsoʔ˥　从事裱画业务的店铺。

biào

摽【piæ\】另见 biāo。

【摽梅】piæ\mɛ⊣ 旧时指姑娘已到出嫁的年龄。

鳔【p'iæ\】、【biæ⊣】

biē

瘪【piəʔ˥】另见 biě。

【瘪三】piəʔ˥sɛ˥ 乞丐。也指极无品位的人(詈语)。

【瘪三腔】piəʔ˥sɛ˥tɕ'iã˥ 形容极无品位的样子。

【瘪三模子】piəʔ˥sɛ˥mo⊣tsɿ\ 义同【瘪三】。

憋【piəʔ】、【biəʔ⊣】

【憋气】piəʔ˥tɕ'i⊣或 biəʔ⊣tɕ'i⊣ 赌气。

【憋牢】biəʔ⊣læ⅃ (一)拗执;不肯退让。(二)难住了;一时不能解决。

【憋口气】biəʔ⊣k'ɣ\tɕ'i⊣ 赌口气;争口气。

鳖【piəʔ˥】

【鳖甲】piəʔ˥kaʔ˥ 甲鱼的背甲。

【鳖甲膏】piəʔ˥kaʔ˥kæ˥ 以鳖甲为主料的滋补膏剂。

bié

别【bəʔ⊣】文读【biəʔ⊣】另见 biè。

【别人】bəʔ⊣ȵən⅃ 其他人。

【别十】biəʔ⊣zəʔ⊣ 牌九中最差的一种组合。

【别个】bəʔ⊣kəʔ˥ 别的。

【别名】biəʔ⊣min⅃

【别住】biəʔ⊣zɥ⅃ (一)受阻。(二)僵持。

【别牢】biəʔ⊣læ⅃ 用别针等把另一样东西附着或固定在纸、布等物体上。(二)插住;用东西卡住。(三)受阻。(四)僵持。

【别论】biəʔ⊣lən⅃

【别针】biəʔ⊣tsən\

【别味】biəʔ⊣vi⅃ 异味。

【别样】bəʔ⊣ɦiã⅃ 别的样式。

B

【别致】biəʔ˧tsʮ˥˩
【别离】biəʔ˧li˨˩
【别断】biəʔ˧dø˨˩ 细长的物件因折、卡而断裂。
【别情】biəʔ˧zin˨˩ 其他原因;其他情况。
【别脱】biəʔ˧təʔ˥ (一)细长的物件因折、卡而断裂。(二)(被对手)比下去了。
【别着】biəʔ˧zɑʔ˧ 经过努力后得到。
【别搭】biəʔ˧taʔ˥ 别处。
【别墅】biəʔ˧zɿ˨˩
【别勿着】biəʔ˧fəʔ˥zɑʔ˧ 经过努力仍没有得到。
【别场化】bəʔ˧zã˨˩ho˥˩ 别的地方。
【别过去】bəʔ˧kəu˥˩tɕi˥˩ 转动过去(多指头、身体)。
【别过来】bəʔ˧kəu˥˩lE˨˩ (一)转动过来(多指头、身体)。(二)改正过来。
【别别跳】biəʔ˧biəʔ˧tʻiæ˥˩ 形容(心)跳得厉害。
【别苗头】biəʔ˧miæ˧dʏ˨˩ 较量优劣。
【别转去】bəʔ˧tsø˥˩tɕi˥˩ 转动过去(多指头、身体)。
【别转头】bəʔ˧tsø˥˩dʏ˧ 头背转过去;头背转过来。
【别转来】bəʔ˧tsø˥˩lE˨˩ (一)转动过来(多指头、身体)。(二)改正过来。
【别搭点】biəʔ˧taʔ˥tii˥˩ 别处。
【别人家笃】bəʔ˧n̩ən˨˩kɑ˥˩toʔ˥ (一)其他人或其他人家。(二)用在与人谈话时,往往也指自己。
【别来别去】bəʔ˧lE˧bəʔ˧tɕʻi˥˩ 转过来又转过去。
【别转身体】bəʔ˧tsø˥˩sən˥tʻi˥˩ 身体背转过去。
【别哩啪啦】biəʔ˧liəʔ˧baʔ˧laʔ˧ (一)象声词,东西连续往下掉的声音。(二)象声词,急匆匆的脚步声。(三)形容(东西)大批(涌来)。
【别粒火星】biəʔ˧liəʔ˧həu˥˩sin˥˩ 形容刻不容缓;快速;紧急。

蹩【biəʔ˧】

【蹩直】biəʔ˧zəʔ˧ 扭伤(关节)。
【蹩脚】biəʔ˧tɕiɑʔ˥

【蹩筋】biəʔ˧tɕən˥ 扭伤筋脉。
【蹩脚货】biəʔ˧tɕiɑʔ˥hu˩ (一)质量不好的东西。(二)喻能力很差的人。(三)形容素质不高的人。
【蹩里蹩脚】biəʔ˧li˩biəʔ˧tɕiɑʔ˥ 极为蹩脚。
【蹩蹩脚脚】biəʔ˧biəʔ˧tɕiɑʔ˥tɕiɑʔ˥ 蹩脚。
【蹩脚完蹩脚】biəʔ˧tɕiɑʔ˥ɦuø˩biəʔ˧tɕiɑʔ˥ 蹩脚中的蹩脚,极言蹩脚。

biě

瘪【piəʔ˥】另见 biē。

【瘪凼】piəʔ˥dɑ̃˧ 物体表面被撞击后留下的凹痕。
【瘪迸】piəʔ˥pɑ̃˧ 吹弹中药药粉入耳、入喉的器具。多为圆盒连接金属管,圆盒两面为金属簧片。
【瘪脱】piəʔ˥t'əʔ˥ (一)物体表面凹下去了;不饱满了。(二)气馁;无力对抗。
【瘪潭】piəʔ˥dø˧ 物体表面被撞击后留下的凹痕。
【瘪嘴】piəʔ˥tsʮ˩ (一)凹陷的嘴型。(二)嘴型凹陷的人。
【瘪子团】piəʔ˥tsɿ˧dø˧ 食品。糯米粉搓制的,无馅,中间凹陷的小团子。
【瘪夹夹】piəʔ˥kaʔ˥kaʔ˥ (一)形容不饱满。(二)形容钱包里没有钱。
【瘪搭搭】piəʔ˥t'aʔ˥t'aʔ˥ 形容不饱满。
【瘪腡痧】piəʔ˥ləu˧so˩ 急性肠炎或霍乱病。
【瘪塌塌】piəʔ˥t'aʔ˥t'aʔ˥ 形容不饱满。
【瘪缩缩】piəʔ˥soʔ˥soʔ˥ (一)形容寒酸的样子。(二)拘谨的样子。
【瘪的生斯】piəʔ˥tiəʔ˥sən˥sɿ˩ 外语音译。意思是囊中无钱。又【瘪的生】piəʔ˥tiəʔ˥sən˥ 穷汉。
【瘪嘴瘪脸】piəʔ˥tsʮ˩ piəʔ˥li˩ 形容嘴型凹陷,脸型不饱满。

biè

别【biəʔ˧】另见 bié。

B

bīn

宾【pin˥】

【宾主】pin˥tsɥ˨

【宾馆】pin˥kuø˨

彬【pin˥】

【彬彬有礼】pin˥pin˥ɦiʏ˩li˩ 形容文雅有礼貌。

傧【pin˥】

【傧相】pin˥siã˨ 举行婚礼时陪伴新郎新娘的人。

斌【pin˥】同“彬”。

滨【pin˥】

缤【pin˥】

【缤纷】pin˥fən˨ 繁多而凌乱。

镔【pin˥】

【镔铁】pin˥tʻiəʔ˥ 精炼的铁。

濒【bin˧】

【濒临】bin˧lin˩

bìn

殡【pin˦】

【殡仪馆】pin˥ɦi˩kuø˨

膑【pin˨】

鬓【pin˦】

【鬓发】pin˥faʔ˥

【鬓角】pin˥tɕioʔ˥

bīng

冰【pin˥】

【冰冻】pin˥toŋ˨

【冰牢】pin˥læ˨ 冰住；冻住。

【冰点】pin˥tiɪ˨

【冰砖】pin˥tsø˥˩

【冰瓶】pin˥bin˨˧ 保温的器皿。

【冰脱】pin˥tʻəʔ˥ 冻掉。

【冰雹】pin˥bæ˨˧

【冰碎】pin˥sᴇ˥˧ 器皿因内贮液体结冰而碎裂。

【冰瀴】pin˥∅in˥˧ 形容像冰那样寒冷。亦作【冰冰瀴】pin˥pin˥∅in˥˧。

【冰箱】pin˥siã˥˩

【冰糖】pin˥dã˨˧

【冰冷溏】pin˥lin˨˧dã˨˧ 冰锥。

【冰淇淋】pin˥ʥi˨˧lin˨˧

【冰天雪地】pin˥tʻiɪ˥siəʔ˥di˨˧

【冰夹冰冻】pin˥kaʔ˥pin˥toŋ˥˩ 形容天气特别寒冷。

【冰坍雪烊】pin˥tʻᴇ˥siəʔ˥ɦiã˧ 喻彻底消失或崩溃。也作【冰坍消烊】pin˥tʻᴇ˥siæ˥ɦiã˧。

【冰清冷水】pin˥tsʻin˥lã˨˧sɥ˥˩ 形容冷冷清清。

【冰生赤刮辣】pin˥sã˥tʻɑʔ˥kuaʔ˥laʔ˧ 形容极冷。

【冰生激骨头】pin˥sã˥tɕəʔ˥kuəʔ˥dɤ˨˧ 形容极冷。

【冰冻三尺,非一日之寒】pin˥toŋ˥˩sᴇ˥tsʻɑʔ˥,fi˥∅iəʔ˥zəʔ˧sɥ˥˩ɦø˧

兵【pin˥】

【兵丁】pin˥tin˥˩

【兵力】pin˥liəʔ˧

【兵书】pin˥sɥ˥˩

【兵权】pin˥ʥiø˨˧

【兵役】pin˥ɦyəʔ˧

【兵灾】pin˥tsᴇ˥˩

【兵法】pin˥faʔ˥

【兵家】pin˥tɕia˥˩

【兵谏】pin˥tɕiɪ˥˩

【兵营】pin˥ɦin˨˧

【兵痞】pin˥pʻi˥˩

【兵器】pin˥tɕʻi˥˩

【兵老勇】pin˥læ˧ɦioŋ˥˩ 旧指兵士。

【兵油子】pin˥ɦiɤ˧tsɿ˥˩

【兵临城下】pin˥lin˨˧zən˧ɕia˥˩

【兵贵神速】pin˥kuᴇ˥˩zən˧soʔ˥

【兵荒马乱】pin˥huã˥mo˨˧lø˨˧

【兵强马壮】pin˥ʥiã˨˧mo˨˧ts

B

ã˦˧
【兵来将挡,水来土掩】pin˥˥lE˩˧tsiã˦˧tã˦˧,sue˥˩lE˨˧t'əu˥˩ɵiI˥˩

槟【pin˥】

【槟榔】pin˥˥lã˩˧

bǐng

丙【pin˥˩】

【丙丁】pin˦˧tin˥

秉【pin˥˩】

【秉公】pin˦˧koŋ˥
【秉性】pin˥˩sin˥˩
【秉烛】pin˦˧tsoʔ˥

柄【pin˦˧】

饼【pin˥˩】

【饼干】pin˦˧kø˥
【饼头饼脑】pin˦˧dʏ˨˧pin˥˩næ˩˧ 饼类食品。

炳【pin˦˧】、【pin˥˩】

屏【pin˦˧】另见 pǐng。

【屏气】pin˦˧tɕ'i˦˧
【屏过】pin˦˧kəu˥ 坚持到完;熬过。
【屏伤】pin˥sã˥˩ 硬是撑持引发的内伤。
【屏死】pin˥si˥˩ 僵持;死乞白赖地赖着不走。
【屏阵】pin˥zəu˩˧ 分娩前的屏息感。
【屏牢】pin˥˥læ˩˧ 挺住。
【屏劲】pin˥tɕən˥˩ 相持的能力。
【屏屏】pin˦˧pin˥ (一)坚持。(二)无所事事地打发(时间)。
【屏紧】pin˥tɕən˥˩ 用力抑制住呼吸。
【屏着】pin˦˧zɑʔ˨˧ 经过耐心的坚持后获得的。
【屏僵】pin˥tɕiã˥˩ (一)僵持;互不相让。(二)相持陷入尴尬的境地。
【屏勿过】pin˥fəʔ˥kəu˥˩ 坚

持不下去。

【屏勿住】pin˥fəʔ˥zɥ˩ （一）坚持不下去。（二）熬不住。

【屏勒浪】pin˧lə˧lã˩ （一）相持着。（二）维持着；坚持着。

【屏死屏活】pin˥si˥pin˥ɦuəʔ˧ 毫不放松地相持或等候。

【屏勿出啥个猪油筋】pin˧fəʔ˥ tsʻəʔ˥sɑ˧kəʔ˥tsɿ˥ɦiɤ˧tɕən˩ 即便长时间相持，也不会有任何结果。

禀【pin˥】

【禀报】pin˥pæ˥

【禀告】pin˥kæ˥

【禀性】pin˥sin˥

【禀单】pin˧tɛ˥ 旧时百姓向官府有所报告或请求用的文书。

bìn

并(1)【pin˥】

【并用】pin˥ɦioŋ˩

【并并】pin˥pin˥ 合并。

【并吞】pin˧tʻən˥

【并拢】pin˧loŋ˧

【并家】pin˧kɑ˥ 两家或两人合在一起过日子。

【并堆】pin˧tɛ˥ 合并在一起。

【并淘】pin˥dæ˧ 合并在一起。

【并铺】pin˥pu˥ （一）把床铺合在一起。（二）指一起生活（指男女关系）。

【并发症】pin˧fɑʔ˥tsən˥

【并百汁】pin˧pɑʔ˥tsəʔ˥ 残肴混放在一起。

【并家过】pin˧kɑ˥kəu˥ 两家或两人合在一起生活。

并(2)【bin˧】

【并且】bin˧tsʻi˥

【并立】bin˧liəʔ˧

【并列】bin˧liəʔ˧

【并行】bin˧ɦin˧

【并肩】bin˧tɕi˥

【并举】bin˧tɕy˥

【并重】bin˧zoŋ˩

【并排并】bin˧bɑ˧bin˩ 平排着。

【并蒂莲】bin˧ti˥li˩

B

病【binɹ】

【病人】binɻɳənɹ
【病夫】binɻfu˥
【病历】binɻliəʔɻ
【病友】binɻɦiʏV
【病句】binɻtɕyV
【病史】binɻsɿV
【病因】binɻ0in˥
【病危】binɻɦuEɹ
【病员】binɻɦiøɹ
【病体】binɻt'iV
【病床】binɻzɑ̃ɹ
【病势】binɻsɥV
【病变】binɻpiɪV
【病房】binɻvɑ̃ɹ
【病故】binɻkəuV
【病毒】binɻdoʔɻ
【病根】binɻkən˥
【病症】binɻtsənV
【病菌】binɻtɕyən˥
【病假】binɻkɑV
【病情】binɻzinɹ
【病魔】binɻmoɹ
【病汪汪】binɻ0uɑ̃˥0uɑ̃V 形容体弱有病的样子。
【病态美】binɻt'E˥mEV 古时崇尚的一种弱不胜衣的女性美。
【病入膏肓】binɻzəʔɻkæ˥huɑ̃V
【病犯七情】binɹvEɹts'iəʔ˥zinɻ 指犯相思病。
【病从根脚起】binɹzoŋɹkən˥tɕiaʔ˥tɕ'iV 俗语。指脚部受冻易致病。
【病急乱投医】binɻtɕəʔ˥løɻdʏɹ0i˥ 喻事情紧急,不经慎重考虑而到处寻求解决办法。
【病从口入,祸从口出】binɹzoŋɹk'ʏVzəʔɻ,ɦəuɹzoŋɹk'ʏVts'əʔ˥ 俗语。指饮食不慎易生病,说话不慎易惹祸。
【病来如箭,病去如线】binɹlEɹzɥɻtsiɪV,binɹtɕ'iVzɥɻsiɪV 喻得病容易康复难。
【病来如山倒,病去似抽丝】binɹlEɹzɥɹsE˥tæV,binɹtɕ'iVzɿ˥ts'ʏ˥sɿ˥ 义同【病来如箭,病去如线】。

bō

拨【pəʔ˥】文读【poʔ˥】

【拨号】poʔ˥ɦæɹ或pəʔ˥ɦæɹ

【拨足】pəʔ˥ʦoʔ˥ 给予足够的(数量)。

【拨脱】pəʔ˥tʻəʔ˥ 给掉;送掉。

【拨勒】pəʔ˥ləʔ˧ 或pəʔ˥laʔ˥ (一)给;送给。(二)被;介词,引进主动的人物并使动词含有受动的意义。

【拨款】pəʔ˥kʻuø˥˧或poʔ˥kʻuø˥˧

【拨个信】pəʔ˥kəʔ˥sin˧˦ (一)通个消息。(二)警告一下。

【拨勿出】(1) pəʔ˥fəʔ˥ʦʻəʔ˥ (一)(区区之数)拿不出手。(二)(不够了)拿不出来。(2) poʔ˥fəʔ˥ʦʻəʔ˥ 调拨不出。

【拨鬼迷】pəʔ˥ʨy˧˦mi˧˦ 被鬼迷心窍。

【拨得出】(1) pəʔ˥təʔ˥ʦʻəʔ˥ (一)拿得出手。(二)拿得出来。(2) po˥təʔ˥ʦʻəʔ˥ 调拨得出。

【拨登拨登】pəʔ˥tən˥pəʔ˥tən˥˧ 形容干眨眼。

【拨仔三分颜色,要开大红染坊】pəʔ˥ʦɿ˥˧sE˥fən˥ŋE˧˦s əʔ˥,Øiæ˥kʻE˥dɑ˧˦ɦoŋ˨˧ȵi˧˦fɑ̃˥ 喻给点面子就觉得非常了不起,可以胡来。

波【pu˥】中州韵【pəu˥】

【波长】pu˥zɑ̃˨˧

【波及】pu˥ʥəʔ˧

【波动】pu˥doŋ˨˧

【波折】pu˥ʦəʔ˥

【波浪】pu˥lɑ̃˨˧

【波涛】pu˥dæ˨˧

【波澜】pu˥lE˨˧

玻【pu˥】中州韵【pəu˥】

【玻璃】pu˥li˨˧

【玻璃纸】pu˥li˥ʦɿ˥˧ 透明纸。

【玻璃杯】pu˥li˥pE˥˧ (一)用玻璃制成的茶杯。(二)旧时对酒店、咖啡店的女招待的贬称。

【玻璃皮包】pu˥li˥bi˨˧pæ˥˧ 旧时称用赛璐璐制作的闪光皮包。

【玻璃丝袜】pu˥li˥sɿ˥maʔ˧ 透明丝袜。

钵【pəʔ˥】

【钵头】pəʔ˥dɤ˨˦ 陶制的器具。形状像盆而较小，略呈圆锥形。
【钵孟】pəʔ˥ɦy˥

饽【bəʔ˧】

剥【poʔ˥】另见 bāo。

【剥夺】poʔ˥dəʔ˧
【剥削】poʔ˥siɑʔ˥
【剥离】poʔ˥li˨˦
【剥落】poʔ˥loʔ˧
【剥皮跌】poʔ˥bi˨˦tiəʔ˥ 指业务连续小幅下跌。
【剥皮猪】poʔ˥bi˨˦tsɥ˥˩ 作为食品的剥去猪皮的猪。
【剥皮猢狲】poʔ˥bi˨˦ɦuəʔ˧sən˥˩ 形容瘦小的人。

菠【pu˥】中州韵【pəu˥】

【菠菜】pu˥ts'E˥˩
【菠萝】pu˥ləu˧˩

播【pu˥】中州韵【pəu˥】

【播送】pu˥soŋ˥˩
【播音】pu˥∅in˥˩
【播种】pu˥tsoŋ˥˩

bó

孛【bəʔ˧】

【孛篮】bəʔ˧lE˧˩ 柳条等编成的一种篮子，底为半球形，较笆斗小。
【孛流吼】bəʔ˧lY˧˩hY˥˩ 后缀词。用于“软、松、矮”等形容词后面，表示状态。亦作【孛流兜】bəʔ˧lY˧˩tY˥˩、【孛流丘】bəʔ˧lY˧˩tɕ'iY˥˩。
【孛篮花】bəʔ˧lE˧˩ho˥˩ 形容极短暂的时间，用于“一个”、“三个”后面。
【孛篮大格水花，扇子大格尾巴，撩起来一只糠虾】bəʔ˧lE˧˩dəu˧˩kəʔ˥sɥ˥˩ho˥，sø˥tsɿ˥˩dəu˧˩kəʔ˥ȵi˨˦po˥，liæ˥tɕ'i˥˩lE˧˩∅iəʔ˥tsɑʔ˥k'ɑ̃˥ho˥˩ 形容起初声势很大，结果收

效甚微。有小题大作或虎头蛇尾的意思。

伯【pɑʔ˥】中州韵【pəʔ˥】另见 bào。

【伯乐】pɑʔ˥læ˦ 现往往读作pɑʔ˥lɔʔ˧。
【伯母】pɑʔ˥mo˩
【伯伯】pɑʔ˥pɑʔ˥ （一）父亲的哥哥。（二）指丈夫的哥哥。（三）对与父亲年龄相仿男子的尊称。
【伯姆】pɑʔ˥m̩˩ 妯娌。
【伯姆淘里】pɑʔ˥m̩˦dæ˩li˩ 妯娌之间。

驳【pɔʔ˥】

【驳斥】pɔʔ˥tsʻəʔ˥
【驳回】pɔʔ˥ɦuᴇ˦
【驳运】pɔʔ˥Øyən˩
【驳岸】pɔʔ˥ŋø˩
【驳倒】pɔʔ˥tæ˥˩
【驳船】pɔʔ˥zø˦
【驳壳枪】bɔʔ˧kɔʔ˥tsʻiã˥˩

帛【bɑʔ˧】文读【bəʔ˧】

【帛书】bɑʔ˧sɥ˥

泊【pʻɑʔ˥】文读【pʻəʔ˥】

柏【pɑʔ˥】文读【pəʔ˥】另见 bò。

勃【bəʔ˧】

【勃发】bəʔ˧faʔ˥
【勃勃】bəʔ˧bəʔ˧ （一）精神旺盛或欲望强烈的样子。（二）经常、反复叮嘱。
【勃然】bəʔ˧zø˩
【勃煞】bəʔ˧saʔ˥ 争吵不已；唠叨不休。
【勃跤】bəʔ˧kæ˥ 摔跤。
【勃一跤】bəʔ˧Øiəʔ˥kæ˥˩ 被摔跌一跤。
【勃勿倒】bəʔ˧fəʔ˥tæ˥˩ （一）一种玩偶，又名不倒翁。（二）喻人有靠山或有地位，奈何不得。
【勃勿转】bəʔ˧fəʔ˥tsø˥˩ （一）转不过身来。（二）形容不开窍。

【勃明白】bəʔ˧min˩bɑʔ˧ 经过再三解释，事情终于弄明白了。

【勃勒突】bəʔ˧ləʔ˧dəʔ˧ 象声词。（一）重物钝器坠地声。（二）形容猛然一惊时，心里“咯噔”一下。

【勃跟斗】bəʔ˧kən˥təu˥˩ 两人相抱运用力气和技巧，摔倒对方。

【勃嘴舌】bəʔ˧tsɥ˦˨zəʔ˧（一）斗嘴。（二）反复叮咛；反复解释。

【勃勿明白】bəʔ˧fəʔ˥min˩bɑʔ˧ 任凭解释，依旧不能明白过来。

【勃四勿清】bəʔ˧sɿ˥˩fəʔ˥tsʻin˥ 再而三解释，依旧不能理解。

【勃出勃进】bəʔ˧tsʻəʔ˥bəʔ˧tsin˥˩ 指东西一会儿拿出来，一会儿收进去；东西频繁移动。

【勃来勃去】bəʔ˧lE˨˧bəʔ˧tɕʻi˥˩（一）说来说去。（二）指身体、头或东西转过来、转过去。

【勃哧勃哧】bəʔ˧tsʻəʔ˥bəʔ˧tsʻəʔ˥ 象声词，形容低声说话时的声音。

【勃勿倒冬瓜，拿茄子出气】bəʔ˧fəʔ˥tæ˥˩toŋ˥ko˥˩，no˨˧gɑ˨˧tsɿ˥˩tsʻəʔ˥tɕʻi˦˨ 形容欺软怕硬，迁怒于人。

钹【bəʔ˧】

铂【pɑʔ˥】

舶【pʻɑʔ˥】文读【pʻəʔ˥】

【舶来品】pʻɑʔ˥lE˨˧pʻin˥˩

脖【bəʔ˧】

博【poʔ˥】

【博大】poʔ˥dɑ˨˧

【博士】poʔ˥zɿ˨˧

【博物】poʔ˥vəʔ˧

【博学】poʔ˥hioʔ˧

【博览】poʔ˥lE˩

【博爱】poʔ˥ØE˦˨

【博得】poʔ˥təʔ˥

【博古通今】poʔ˥kəu˥˩tʻoŋ˥tɕən˥

鹁【bəʔ˨˧】

【鹁鸽】bəʔ˨kəʔ˥
【鹁鸽棚】bəʔ˨kəʔ˥bã˧˩　家鸽的窝。形容人居室狭小简陋。

渤【bəʔ˨˧】

搏【poʔ˥】

【搏斗】poʔ˥tʏ˥˨
【搏击】poʔ˥tɕəʔ˥
【搏杀】poʔ˥saʔ˥
【搏一记】poʔ˥ʔiəʔ˥tɕi˦˩˨　拼搏一下。

箔【boʔ˨˧】

膊【poʔ˥】

薄【boʔ˨˧】另见 báo；bò。

【薄田】boʔ˨di˧˩
【薄产】boʔ˨ts'ɛ˦˩˨
【薄礼】boʔ˨li˧˩
【薄地】boʔ˨di˧˩
【薄利】boʔ˨li˧˩
【薄弱】boʔ˨zɑʔ˨˧
【薄命】boʔ˨min˧˩
【薄面】boʔ˨mi˧˩
【薄酒】boʔ˨tsʏ˦˩˨
【薄情】boʔ˨zin˧˩
【薄葬】boʔ˨tsɑ̃˥˨
【薄命女】boʔ˨min˧˩ŋ̊y˧˩　命运不好的女子。
【薄情女】boʔ˨zin˧˩ŋ̊y˧˩　背弃情义的女子（多用于男女爱情）。
【薄情郎】boʔ˨zin˧˩lɑ̃˧˩　背弃情义的男子（多用于男女爱情）。

礴【bo˨˧】

bǒ

跛【p'u˦˩˨】文读【p'əu˦˩˨】

簸【pu˦˩˨】文读【pəu˦˩˨】

【簸动】pu˥doŋ˧˩
【簸枪】pu˥˨ts'iã˥　舞动长枪。

bò

柏【pɑʔ˥】中州韵【pəʔ˥】另见 bó。

薄【bu˨˦】中州韵【bəu˨˦】另见 bǎi;bò。

【薄荷】bu˨˦həu˥˨
【薄荷糕】bu˨˦həu˥kæ˥˨ 加入薄荷提炼物制成的甜糕。
【薄荷糖】bu˨˦həu˥dɑ̃˨˩ 加入薄荷提炼物制成的糖果。

擘【pɑʔ˥】中州韵【pəʔ˥】

bo

卜【boʔ˧】另见 bǔ。

bǔ

卜【poʔ˥】另见 bo。

【卜笃】poʔ˥toʔ˥或boʔ˧doʔ˧或boʔ˧toʔ˥ 象声词。（一）形容轻微的跌落声。（二）形容黏稠液体慢慢地涌动。
【卜居】poʔ˥tɕy˥
【卜辞】poʔ˥zɿ˨˦
【卜的笃】（1）poʔ˥tiəʔ˧toʔ˥ 象声词。（一）形容轻微的跳跃声。（二）形容较小物体的跌落声。（三）形容长型小东西竖起来的声音。（2）boʔ˧diəʔ˧doʔ˧ 象声词。义同上（二）（三）。
【卜落笃】（1）poʔ˥loʔ˧toʔ˥ 义同【卜的笃】。（2）boʔ˧loʔ˧doʔ˧ （一）形容较小物体的跌落声。（二）形容下跪或跌倒的声音。
【卜笃卜笃】（1）poʔ˥toʔ˥poʔ˥toʔ˥ 象声词。形容黏稠液体连续涌动声。（2）boʔ˧doʔ˧boʔ˧doʔ˧义同（1）。
【卜落卜落】（1）poʔ˥loʔ˧poʔ˥loʔ˧ 象声词。（一）形容轻微的撞击声。（二）形容吸水烟的声音。（2）boʔ˧loʔ˧boʔ˧loʔ˧ 象声词。（一）形容许多人走动的声音。（二）形容吸水烟的声音。（三）形容水沸腾的声音。
【卜落落落】bo˧loʔ˧loʔ˧loʔ˧

象声词。（一）形容小物体滚动的声音。（二）形容抽水烟的声音。（三）形容多人下跪的声音。

补【pu˥˧】中州韵【pəu˥˧】

【补丁】pu˦˥tin˥

【补习】pu˦˥ziəʔ˧

【补子】pu˦˥tsɿ˥ 明、清官员缀在官服胸、背上的方形图案。文官绣禽鸟图案，武将绣兽类图案。

【补气】pu˥˧tɕʻi˦˥ 以药物或食品补充元气。

【补书】pu˦˥sɥ˥ 评弹演员添补学习新的长篇书目。

【补水】pu˥˧sɥ˥˧

【补血】pu˦˥ɕyəʔ˥

【补充】pu˦˥tsʻoŋ˥

【补过】pu˥˧kəu˦˥

【补考】pu˦˥kʻæ˥

【补助】pu˦˥zəu˧

【补足】pu˦˥tsoʔ˥

【补报】pu˥˧pæ˥˧

【补没】pu˦˥məʔ˧ 添上材料，修理好破洞。

【补房】pu˦˥vã˧ 续弦；续娶的妻子。

【补品】pu˦˥pin˥˧

【补缺】pu˥˧tɕyəʔ˥

【补漏洞】pu˦˥ly˧doŋ˨˩ （一）修补物体上的漏洞。（二）弥补工作中的疏漏。（三）弥补语言中的疏漏。

【补镬子】pu˦˥ɦoʔ˧tsɿ˥˧ 补锅。

【补没屎孔】pu˦˥məʔ˧sɿ˦˥kʻoŋ˥ 形容滋补过头。

捕【bu˨˩】中州韵【bəu˥˧】

【捕快】bu˨˩kʻua˥˧ 旧时捉盗贼的公差。

【捕获】bu˧ɦuəʔ˧

【捕捞】bu˧læ˨˩

【捕面】bu˧mi˨˩ 洗脸。

【捕捉】bu˧tsoʔ˥

哺【bu˨˩】中州韵【bəu˨˩】

【哺乳】bu˧zɥ˨˩

B

bù

不　文读【pəʔ˥】中州韵【poʔ˥】吴语中多用“勿”替代。见【勿】wù。

【不才】pəʔ˥zE˨˦
【不已】pəʔ˥0i˥
【不凡】pəʔ˥vE˨˦
【不无】pəʔ˥vu˧˩
【不日】pəʔ˥zəʔ˧
【不计】pəʔ˥ʨi˦˩˨
【不支】pəʔ˥ʦʮ˥
【不仁】pəʔ˥zən˨˦
【不乏】pəʔ˥vaʔ˧
【不外】pəʔ˥ŋɑ˧˩
【不由】pəʔ˥ɦiY˨˦
【不安】pəʔ˥0ø˥
【不甘】pəʔ˥kø˥
【不当】pəʔ˥tɑ̃˥
【不轨】pəʔ˥kuE˥
【不过】pəʔ˥kəu˥
【不合】pəʔ˥ɦəʔ˧
【不详】pəʔ˥ziɑ̃˨˦
【不朽】pəʔ˥ɕiY˦˩˨
【不休】pəʔ˥ɕiY˥
【不扬】pəʔ˥ɦiɑ̃˧˩
【不足】pəʔ˥ʦoʔ˥
【不妨】pəʔ˥fɑ̃˥
【不良】pəʔ˥liɑ̃˨˦
【不时】pəʔ˥zʮ˨˦
【不肖】pəʔ˥siæ˥
【不周】pəʔ˥ʦY˥
【不发】pəʔ˥faʔ˥
【不齿】pəʔ˥ʦ‘ʮ˦˩˨
【不和】pəʔ˥ɦəu˨˦
【不忍】pəʔ˥zən˨˦
【不屈】pəʔ˥ʨ‘yəʔ˥
【不免】pəʔ˥mii˧˩
【不测】pəʔ˥ʦ‘əʔ˥
【不胜】pəʔ˥sən˥
【不振】pəʔ˥ʦən˦˩˨
【不祥】pəʔ˥ziɑ̃˨˦
【不常】pəʔ˥zɑ̃˨˦　经常。
【不惜】pəʔ˥siəʔ˥
【不啬】pəʔ˥ʦ‘ʮ˦˩˨
【不惑】pəʔ˥ɦuəʔ˧
【不堪】pəʔ˥k‘ø˥
【不辞】pəʔ˥zɿ˨˦
【不愧】pəʔ˥guE˧˩
【不韪】pəʔ˥ɦuE˨˦
【不端】pəʔ˥tø˥
【不二价】pəʔ˥ɦə˨˧˩ʨia˦˩˨
【不下于】pəʔ˥ɕia˥˩ɦy˧˩

【不失为】pəʔ˥səʔ˥huᴇ˧˩

【不亚于】pəʔ˥∅ia˥ɦy˧˩ 不下于。

【不经意】pəʔ˥tɕən˥∅i˥˩

【不倒翁】pəʔ˥tæ˧˦∅oŋ˥

【不常时】pəʔ˥zã˦zɿ˧˩ 义同【不常】。

【不锈钢】pəʔ˥sɤ˥kã˥˩

【不一而足】pəʔ˥∅iəʔ˥ɦəl˧˩ʦoʔ˥

【不二法门】pəʔ˥ɦəl˧˩faʔ˥mən˦

【不了了之】pəʔ˥liæ˧˩liæ˦ʦɿ˥˩

【不义之财】pəʔ˥ɦi˦ʦɿ˥˩zᴇ˦

【不介为奇】pəʔ˥tɕia˧˦ɦuᴇ˧˩ʥi˧˩ 不觉得奇怪。

【不毛之地】pəʔ˥mæ˦ʦɿ˥˩di˧˩

【不亢不卑】pəʔ˥k'ã˥pəʔ˥pᴇ˥

【不以为然】pəʔ˥∅i˥˩ɦuᴇ˧˩zø˧˩

【不可一世】pəʔ˥k'əu˥˩∅iəʔ˥sɿ˧˦

【不由自主】pəʔ˥ɦiɤ˦zɿ˦ʦɿ˥˩

【不可告人】pəʔ˥k'əu˥˩kæ˧˦zən˦

【不可思议】pəʔ˥k'əu˥˩sɿ˥ȵi˧˩

【不可理喻】pəʔ˥k'əu˥˩li˧˩ɦy˧˩

【不同凡响】pəʔ˥doŋ˧˩vᴇ˦ɕiã˥˩

【不伦不类】pəʔ˥lən˦pəʔ˥lᴇ˧˩

【不约而同】pəʔ˥∅iaʔ˥ɦəl˧˩doŋ˦

【不亦乐乎】pəʔ˥∅iəʔ˥loʔ˧ɦəu˧˩

【不动声色】pəʔ˥doŋ˧˩sən˥səʔ˥

【不过什梗】pəʔ˥kəu˥zəʔ˧kã˧˩ 很一般。

【不过尔尔】pəʔ˥kəu˥∅əl˥∅əl˥˩ 不过如此。

【不在话下】pə˧˩zᴇ˧˩ɦua˧˩ɕia˥˩

【不共戴天】pəʔ˥goŋ˧˩tᴇ˥˩t'i˥

【不劳而获】pəʔ˥læ˦ɦəl˧˩ɦuəʔ˧

【不治之症】pəʔ˥zɿ˦ʦɿ˥˩ʦən˧˦

【不择手段】pəʔ˥zəʔ˧sɤ˥˩dø˧˩

【不学无术】pəʔ˥ɦioʔ˧vu˧˩zəʔ˧

【不知所措】pəʔ˥ʦɿ˥səu˥˩ʦəu˧˦

B

【不相上下】pəʔ˥siã˥zã˩ ɕia˧˩

【不闻不问】pəʔ˥vən˦pəʔ˥ vən˩

【不耻下问】pəʔ˥tsʻɿ˦ɕia˧˩ vən˩

【不速之客】pəʔ˥soʔ˥tsɿ˧˩kɑʔ ˥

【不情之请】pəʔ˥zin˦tsɿ˧˩ tsʻin˧˩

【不偏不倚】pəʔ˥pʻi˥pəʔ˥0i˧

【不谋而合】pəʔ˥mʏ˦ɦəl˩ ɦəʔ˧

【不假思索】pəʔ˥tɕia˧˩sɿ˥ soʔ˥

【不遗余力】pəʔ˥ɦi˦ɦy˩liəʔ˧

【不碜不光】pəʔ˥tsʻən˥pəʔ˥ kuã˧˩ 喻不偏不倚；差不多。

【不解之缘】pəʔ˥tɕia˧tsɿ˧˩ɦiø˦

【不翼而飞】pəʔ˥ɦiəʔ˧ɦəl˩fi˥

【不期然而然】pəʔ˥ʥi˩zø˦ ɦəl˩zø˩

【不可同日而语】pəʔ˥kəu˧˩ doŋ˦zəʔ˧ɦəl˩ȵy˩

【不费吹灰之力】pəʔ˥fi˧tsʻuᴇ˥ huᴇ˥tsɿ˧˩liəʔ˧ 不费什么力气。

【不斩萧何律不行】pəʔ˥tsᴇ˧˩ siæ˥ɦəu˩liəʔ˧pəʔ˥ɦin˦ 指只有铲除障碍，法令才能得到贯彻执行。

【不蒸馒头争（蒸）口气】pəʔ˥ tsən˥mø˦dʏ˩tsən˥ （tsən˥）kʻʏ˧˩ɕi˧ “蒸”、“争”谐音。指人要发愤图强，不是图利，而是不甘落后或示弱。

【不入虎穴，焉得虎子】pəʔ˥ zəʔ˧həu˧˩ɦyəʔ˧，0i˥təʔ˥hə u˧˩tsɿ˧˩

【不见高山，哪显平地】pəʔ˥ tɕi˧kæ˥sᴇ˧˩，nɑ˥ɕi˧bin˦d i˩ 指没有比较，显不出高低好坏。

【不求同生，但求同死】pəʔ˥ ʥiʏ˦doŋ˦sən˥，dᴇ˦ʥiʏ˩ doŋ˦sɿ˧˩ 指彼此情义深厚，愿结成生死之交（多见于盟誓）。

【不经一事，不长一智】pəʔ˥tɕ ən˥0iəʔ˥zɿ˩，pəʔ˥tsã˧˩0iəʔ ˥tsɿ˥

B

布【puꜜ】中州韵【pəuꜜ】

【布匹】pu˥pʻiəʔ˥
【布头】pu˥dʏ˩
【布告】pu˦kæ˥˩
【布局】pu˦ʥoʔ˧
【布衫】pu˥sᴇ˥˩
【布施】pu˥sɥ˥˩
【布控】pu˥˩kʻoŋ˥˩
【布菜】pu˥˩tsʻᴇ˦
【布道】pu˥˩dæ˩
【布景】(1) pu˥˩tɕən˦ 国画用语,指按照画幅大小安排画中景物。(2) pu˥˩tɕən˥˩ 舞台或摄影场上所布置的景物。
【布毛丝】pu˥mæ˥sɿ˥˩ 缩脚韵。臭;指丑陋、耍赖。
【布头筋】pu˥dʏ˦tɕən˥˩ 布条子。
【布纹纸】pu˥vən˦tsɿ˥˩
【布角角】pu˥koʔ˥koʔ˥ 碎布片。
【布毛丝臭】pu˥mæ˥sɿ˥˩tsʻʏ˦ 布、毛、丝等织物燃烧时的特殊的臭味。
【布头角角】pu˥dʏ˦koʔ˥koʔ˥ 碎布片。
【布头粒屑】pu˥dʏ˦liəʔ˧siəʔ˥ 义同【布头角角】。
【布头筋筋】pu˥dʏ˦tɕən˥˩tɕən˥˩ 布条子或碎布片。
【布丝眼眼】pu˥sɿ˥ŋᴇ˩ŋᴇ˩ 布的经纬线中的空隙。
【布草衣裳】pu˥tsʻæ˥θi˥zɑ̃˩ 普通的布衣服。
【布景片子】pu˦tɕən˥˩pʻi˥tsɿ˥˩ 木框子钉上白布,绘制景物,用作舞台或摄影场上布景的道具。

步【bu˩】中州韵【bəu˩】

【步子】bu˦tsɿ˥˩
【步伐】bu˦vaʔ˧
【步兵】bu˥pin˥
【步步】bu˦bu˩ 每一步。
【步枪】bu˦tsiɑ̃˥
【步调】bu˦diæ˩
【步骤】bu˦zʏ˩

怖【pu˥˩】文读【pəu˥˩】

部【bu˨˩】文读【bəu˨˩】

【部下】bu˨˩ɦo˨˩

【部门】bu˨˩mən˨˩

【部队】bu˨˩dE˨˩

【部分】bu˨˩vən˨˩

【部头】bu˨˩dY˨˩ 整套的（多指书籍）。

【部位】bu˨˩ɦuE˨˩

【部首】bu˨˩sY˥˩

【部落】bu˨˩loʔ˧

埠【bu˨˩】中州韵【bəu˨˩】

【埠头】bu˨˩dY˨˩

蔀【bu˨˩】中州韵【bəu˨˩】

簿【bu˨˩】中州韵【bəu˨˩】

【簿子】bu˨˩tsɿ˥˩

附：

䌟【pɑʔ˥】《集韵》博厄切。

【䌟辫子】pɑʔ˥bii˨˩tsɿ˥˩ 打辫子。

𧾷【biəʔ˧】《集韵》弼力切。

【𧾷脱】biəʔ˧tʰəʔ˥ 被人比下去。

【𧾷着】biəʔ˧zaʔ˧ 经过努力后得到。

【𧾷上去】biəʔ˧zɑ̃˨˩tɕʰi˥˩ （一）经过努力而上升。（二）追赶上去。

【𧾷苗头】biəʔ˧miæ˨˩dY˨˩ 较量优劣。

C

cā

拆【tsʻɑʔ˥】文读【tsʻəʔ˥】中州韵【tʂəʔ˥】另见chāi。

【拆污】tsʻɑʔ˥ɵəu˧˨˧　大便。

【拆疖】tsʻɑʔ˥tsiəʔ˥　痢疾，腹泻。

【拆屁】tsʻɑʔ˥pʻi˧˨˧　放屁。

【拆尿】tɕʻɑʔ˥sɿ˥　小便。

【拆相】tsʻɑʔ˥siã˧˨˧　指人的外形、面容、气质等。

【拆屎】tsʻɑʔ˥sʮ˥˩　大便。

【拆勿出】tsʻɑʔ˥fəʔ˥tsʻəʔ˥　大便或小便出不来。

【拆鸟屎】tsʻɑ˥tiæ˦sɿ˥　(一)鸟排泄。(二)詈语。用唾沫吐人。

【拆屁嘴】tsʻɑʔ˥pʻi˥tsʮ˥˩　詈语。胡说八道的嘴。

【拆尿出】tsʻɑʔ˥sʮ˥tsʻəʔ˥　尿床。

【拆极屁】tsʻɑʔ˥ʥəʔ˧pʻi˥˩　因受惊而放的屁。

【拆烂污】tsʻɑʔ˥lɛ˦ɵəu˥˩　喻不负责任，把事情弄得难以收拾。

【拆得出】tsʻɑʔ˥tɕəʔ˥tsʻəʔ˥　大便或小便出得来。

【拆洋烂污】tsʻɑʔ˥ɦiã˦lɛ˦ɵəu˥˩　义同【拆烂污】。

【拆屁小伙子】tsʻɑʔ˥pʻi˧˨˧siæ˧˨˧həu˥tsɿ˥˩　指弱不禁风的小伙子。

【拆屁吹着火】tsʻɑʔ˥pʻi˧˨˧tsʻʮ˥zɑʔ˧həu˥˩　喻碰巧。

【拆屁脱裤子】tsʻɑʔ˥pʻi˧˨˧tʻəʔ˥kʻəu˥tsɿ˥˩　喻多此一举。

【拆屎勿图天亮】tsʻɑʔ˥sɿ˥˩fəʔ˥dəu˩tʻi˥liã˩　喻做事不顾后果。

【拆泡尿自家照照】tsʻɑʔ˥pʻæ˥˩səʔ˥zɿ˧kɑ˥tsiæ˦tsi

æ˩ 指没有自知之明,该自己检点一下。

【拆屎勿出嫌坑臭】tsʻɑʔ˥sɥ˩ fəʔ˥tsʻəʔ˥ɦiɪ˧kʻã˥tsʻʏ˧ 喻办不成事,埋怨客观条件差。

C

擦【tsʻaʔ˥】中州韵【tsʻaʔ˥】

【擦边】tsʻaʔ˥piɪ˥ 擦过边缘。

【擦皮】tsʻɑʔ˥bi˧ 指相互欠账抵消。

【擦背】tsʻaʔ˥pᴇ˧ (一)用湿毛巾擦洗身体。(二)浴室里从事助浴工作的人员。

【擦音】tsʻaʔ˥ɵin˥

【擦破】tsʻaʔ˥pʻu˧ 因摩擦而破损。

【擦肩过】tsʻaʔ˥tɕiɪ˥kəu˩ 两人面对面交会而过。

嚓【tsʻaʔ˥】中州韵【tsʻaʔ˥】

另见 chā。

【嚓嗒】tsʻaʔ˥taʔ˥或tsʻaʔ˥tʻaʔ˥或tsɑʔ˥taʔ˥ 象声词。形容速度极快。

【嚓帖嗒】tsʻaʔ˥tʻiəʔ˥tʻaʔ或tsaʔ˥tiəʔ˥taʔ˥ 象声词。形容速度极快。

【嚓啪嗒】tsʻaʔ˥pʻaʔ˥tʻaʔ˥或tsaʔ˥paʔ˥taʔ˥ 象声词。形容速度极快。

【嚓嗒嚓嗒】tsʻaʔ˥tʻaʔ˥tsʻaʔ˥tʻaʔ˥或tsaʔ˥taʔ˥tsaʔ˥taʔ˥ 象声词。形容速度极快。

礤【tsʻaʔ˥】中州韵【tsʻaʔ˥】

cāi

猜【tsʻᴇ˥】

【猜忌】tsʻᴇ˥dʑi˩

【猜测】tsʻᴇ˥tsʻəʔ˥

【猜想】tsʻᴇ˥siã˩

【猜疑】tsʻᴇ˥ŋ̍i˩

【猜枚行令】tsʻᴇ˥mᴇ˩ɦã˧lin˩ 两种游戏。粒状物握在手心里,让别人猜单双、个数或颜色,猜中算胜,为猜枚。行令,即行酒令。

【猜拳行令】tsʻᴇ˥dʑiø˧ɦã˧lin˩ 猜拳,饮酒时两人同时伸出几根手指并各说一个数,谁说的数目跟双方所伸手指的总数相符算胜。行令,行酒令。

【猜枚枚子】tsʻE˥mE˧mE˧ tsɿ˥˩ 猜谜。

cái

才【ZE˩˧】

【才子】ZE˩˧tsɿ˥˩
【才干】ZE˧kø˥˩
【才女】ZE˩˧ȵ̊y˨˩ 指有才华的女子。
【才气】ZE˩˧tɕʻi˥˩
【才华】ZE˨˩ɦo˨˩
【才刚】ZE˩˧tɕiã˥ 刚才。
【才学】ZE˨˩ɦioʔ˧或ZE˨˩ɦoʔ˧
【才能】ZE˧nən˨˩
【才调】ZE˧diæ˨˩ 才华和格调。
【才疏学浅】ZE˨˩səu˥ɦioʔ˧ tsʻi˥˩

材【ZE˩˧】

【材质】ZE˩˧tsəʔ˥
【材料】ZE˧liæ˨˩
【材罩】ZE˩˧tsæ˥˩ 套在棺材上的软罩。

财【ZE˩˧】

【财力】ZE˧liəʔ˧
【财气】ZE˩˧tɕʻi˥˩ 获得钱财的运气。
【财东】ZE˩˧toŋ˥
【财务】ZE˧vu˨˩
【财主】ZE˩˧tsɥ˥˩
【财产】ZE˩˧tsʻE˥˩
【财会】ZE˧kuE˥˩
【财礼】ZE˧li˨˩
【财团】ZE˧dø˨˩
【财运】ZE˧ɦyən˨˩
【财物】ZE˧vəʔ˧
【财帛】ZE˧bɑʔ˧
【财宝】ZE˧pæ˥˩
【财政】ZE˩˧tsən˥˩
【财香】ZE˧ɕiã˥ 大量的钱财。
【财迷】ZE˧mi˨˩
【财经】ZE˩˧tɕən˥
【财路】ZE˧ləu˨˩ 财源。
【财源】ZE˧ȵ̊iø˨˩
【财神菩萨】ZE˧zən˨˩bu˨˩ saʔ˥ 财神。

裁【ZE˨˦】

【裁处】ZE˨˦tsʻɥ˥˩
【裁夺】ZE˨˦dəʔ˧
【裁决】ZE˨˦tɕyəʔ˥
【裁军】ZE˨˦tɕyən˥
【裁判】ZE˨˦pʻø˥˩
【裁员】ZE˨˦ɦiø˧
【裁兵】ZE˨˦pin˥
【裁剪】ZE˨˦tsiɪ˥˩
【裁减】ZE˨˦kE˥˩
【裁脱】ZE˨˦tʻəʔ˥ 裁去。
【裁裁】ZE˨˦ZE˩ 裁。
【裁缝】ZE˨˦voŋ˩ 以制衣为职业的人。
【裁缝店】ZE˨˦voŋ˧tiɪ˥˩ 成衣铺。
【裁缝师傅】ZE˨˦voŋ˧sɿ˥vu˩ 制衣手艺人。
【裁缝剪刀】ZE˨˦voŋ˧tsiɪ˥˩tæ˥ 裁衣的专用剪刀，较大而头圆。
【裁裁弄弄】ZE˨˦ZE˦loŋ˩loŋ˩ 裁剪(事)。
【裁缝勿落布，死脱家主婆】ZE˨˦voŋ˩fəʔ˥loʔ˧pu˦，si˦tʻəʔ˥ka˥tsɥ˥˩bu˩ 趣语。落，侵吞。指裁缝替顾客制衣，总要侵吞多余的布料。哪怕无法大块侵吞，裁下的边角料也不会还给顾客。并不一定是贬义。
【裁缝出门像先生，木匠出门像搬场】ZE˨˦voŋ˩tsʻəʔ˥mən˧ziã˩siɪ˥sã˥˩，moʔ˧ziã˩tsʻəʔ˥mən˧ziã˩pø˥zã˩ 指裁缝工具轻便，木匠工具笨重。

cǎi

采【tsʻE˥˩】

【采子】tsʻE˦tsɿ˥˩ 用绸缎扎成的节日仪仗。
【采办】tsʻE˥˩bE˩
【采风】tsʻE˦foŋ˥
【采用】tsʻE˥˩ɦioŋ˩
【采伐】tsʻE˦vaʔ˧
【采访】tsʻE˦fã˥
【采光】tsʻE˦kuã˥
【采血】tsʻE˥˩ɕyəʔ˥
【采纳】tsʻE˦naʔ˧
【采花】tsʻE˦ho˥ （一）采摘花朵。（二）喻追逐和玩弄女性。

【采补】ʦʻE˥˩pu˥˩ 神话中狐狸精等妖怪，媚人以采取精华。
【采取】ʦʻE˥˧ʦʻi˥
【采采】ʦʻE˥˩ʦʻE˥˩ 采。
【采样】ʦʻE˥˩ɦiã˨˩
【采脱】ʦʻE˥˧tʻəʔ˥ 采掉。
【采东彩】ʦʻE˥˧toŋ˥ʦʻE˥˩ 俩人同时各出代表剪子、石头、布中的一种手势，以博胜负。
【采花大盗】ʦʻE˥˧ho˥dɑ˧dæ˨˩ 喜欢强暴、玩弄女性的坏人或强盗。

彩【ʦʻE˥˩】

【彩山】ʦʻE˥˧SE˥ 以彩色丝绸相结搭成的巨大山形，用于悬挂花灯，供人观玩。
【彩云】ʦʻEu˥˧ɦYən˧
【彩头】ʦʻE˥˧dY˧ （一）博采的奖品。（二）赏赐用的财物。（三）喝采声。（四）人或物的光彩。
【彩旦】ʦʻE˥˩tE˥˩
【彩电】ʦʻE˥˧di˨˩
【彩礼】ʦʻE˥˧li˨˩
【彩票】ʦʻE˥˩pʻiæ˥˩
【彩排】ʦʻE˥˧bɑ˧
【彩球】ʦʻE˥˧ʥiY˧ 以锦绣、绸缎制成的圆球。
【彩色片】ʦʻE˥˧səʔ˥pʻi˥˩
【彩牌楼】ʦʻE˥˧bɑ˧lY˨˩

睬【ʦʻE˥˩】

【睬睬】ʦʻE˥˩ʦʻE˥˩ 理会，答理。如：睬睬他反而搭架子。
【睬亦勿睬】ʦʻE˥˩ɦaʔ˧fəʔ˥ʦʻE˥˩ 不予理会。
【睬俚瞎子】ʦʻE˥˩li˨˩haʔ˥ʦɿ˥˩ 不理睬他。

踩【ʦʻE˥˩】

【踩点】ʦʻE˥˩ti˥˩

cài

菜【ʦʻE˥˧】

【菜刀】ʦʻE˥tæ˥˩
【菜子】ʦʻE˥ʦɿ˥˩
【菜心】ʦʻE˥sin˥˩ 青菜中间的嫩叶部分。
【菜瓜】ʦʻE˥ko˥˩
【菜场】ʦʻE˥zã˨˩

【菜花】ʦʻE˥ho˥˩

【菜园】ʦʻE˥ɦiø˧˩

【菜系】ʦʻE˥ɦi˧˩

【菜饭】ʦʻE˥vE˧˩ 用切碎的青菜、油、米做的饭。

【菜金】ʦʻE˥ʨən˥˩

【菜油】ʦʻE˥ɦiY˧˩

【菜饼】ʦʻE˥pin˥˩ 用榨去油的油菜籽渣压成的圆饼,可作肥料或饲料。

【菜馆】ʦʻE˥kuø˥˩

【菜粥】ʦʻE˥ʦoʔ˥ 菜饭加水做成的粥。

【菜肆】ʦʻE˥sɿ˥˩ 较为上等精美的菜肴。

【菜筒】ʦʻE˥ʨiɪ˥˩ 油菜的花茎。

【菜谱】ʦʻE˥pu˥˩

【菜下面】ʦʻE˥ɦo˧˩miɪ˧˩ 加青菜煮的较烂的汤面。

【菜叶爿】ʦʻE˥ɦiəʔ˧bE˧˩ 菜叶。

【菜肆馆】ʦʻE˥sɿ˥kuø˥˩ 菜馆。

【菜蒲头】ʦʻE˥bu˧˩dY˧˩ 大叶菜接近底部的茎。

【菜花小姐】ʦʻE˥ho˥siæ˥˧˥ ʦia˥˩ 弱不禁风的姑娘。

【菜花心里】ʦʻE˥ho˥sin˥˩li˧˩ 菜花开放的季节。

【菜花甲鱼】ʦʻE˥ho˥ʨiɑʔ˥ŋ̍˧˩ 菜花开放时候的甲鱼。其时的甲鱼最为壮实肥美。

【菜绿豆脑】ʦʻE˥˥loʔ˧dY˧˩næ˧˩ 泛指蔬菜豆类植物。

【菜落瘪子团】ʦʻE˥˥loʔ˧piəʔ˥ ʦɿ˥˩dø˧ 汤煮青菜、瘪子团,一种普通食品。另见【瘪子团】。

【菜落糊涂面】ʦʻE˥˥loʔ˧ɦəu˧ dəu˧˩miɪ˧˩ 加青菜煮的较烂的汤面。

蔡【ʦʻɑ˥˧˥】文读【ʦʻE˥˧˥】

【蔡】ʦʻɑ˥˧˥ 姓。加上名字,一起念时读作ʦʻɑ˥。

cān

参【ʦʻø˥】文读【ʦʻE˥】

另见 cēn;shēn。

【参与】ʦʻø˥ɦy˧˩

【参订】ʦʻø˥tin˥˩

【参见】ʦʻø˥ʨiɪ˥˩

【参天】ʦʻø˥tʻiɪ˥˩

【参半】ts'ø˥pø˦˨

【参加】ts'ø˥ka˥˩

【参议】ts'ø˥ȵi˨˩

【参观】ts'ø˥kuø˥˩

【参军】ts'ø˥tɕyən˥˩

【参考】ts'ø˥k'æ˥˩

【参详】ts'ø˥ziã˨˩

【参拜】ts'ø˥pa˥˩

【参看】ts'ø˥k'ø˦˨

【参战】ts'ø˥tsø˥˩

【参政】ts'ø˥tsən˥˩

【参阅】ts'ø˥ɦyəˀ˧

【参透】ts'ø˥t'Y˥˩

【参展】ts'ø˥tsø˦˨

【参谋】ts'ø˥mY˨˩

【参禅】ts'ø˥zø˨˧

【参谒】ts'ø˥ɸiə˥

【参照】ts'ø˥tsæ˦˨

【参赛】ts'ø˥sE˥˩

【参赞】ts'ø˥tsE˥˩

【参勒里向】ts'ø˥lə˧li˨˩ɕiã˥ 参加在里面(贬义)。

鲞【ts'ø˥】

【鲞鲦头】ts'ø˥diæ˨˧dY˨˩ 鲞鲦。

【鲞鲦鱼】ts'ø˥diæ˨˩ŋ̍˨˩ 鲞鲦。

【鲞鲦钓白鱼】ts'ø˥diæ˨˩tiæ˦˨baʔ˧ŋ̍˨˩ （一）喻吃小亏占大便宜。（二）指打秋风。

餐【ts'ø˥】

【餐巾】ts'ø˥tɕən˥˩

【餐厅】ts'ø˥t'in˥˩

【餐车】ts'ø˥ts'o˥˩

【餐桌】ts'ø˥tsoʔ˥

【餐巾纸】ts'ø˥tɕən˥tsɿ˥˩

【餐风宿露】ts'ø˥foŋ˥soʔ˥ləu˨˩

cán

残【ZE˨˧】

【残本】ZE˨˧pən˥˩

【残生】ZE˨˧sən˥

【残杀】ZE˨˩saʔ˥

【残局】ZE˨˧dʑioʔ˧

【残忍】ZE˨˩zən˨˩

【残余】ZE˨˩ɦy˨˩

【残废】ZE˨˩fi˥˩

【残留】ZE˨˩lY˨˩

【残部】ZE˨˩bu˨˩

【残敌】ZE˨˩diəʔ˧

【残疾】ZE˧˩ziəʔ˧
【残缺】ZE˧˩tɕʻyəʔ˥
【残雪】ZE˧˩siəʔ˥
【残酷】ZE˧˩kʻoʔ˥
【残暴】ZE˧˩bæ˧˩
【残羹剩饭】ZE˧˩kɑ̃˥zən˧˩vE˧˩

蚕【zø˨˦】

【蚕子】zø˨˦tsɿ˥˩
【蚕山】zø˨˦sE˥
【蚕丝】zø˨˦sɿ˥
【蚕沙】zø˨˦so˥
【蚕豆】zø˨˦dY˧˩
【蚕纸】zø˨˦tsɿ˥˩
【蚕蚁】zø˨˦ȵi˧˩
【蚕食】zø˨˦zəʔ˧
【蚕眠】zø˨˦mi˧˩
【蚕匾】zø˨˦piɪ˥˩ 用竹篾编成的浅边平底的圆形器具，用于养蚕。
【蚕宝宝】zø˨˦pæ˥pæ˥˩ 蚕。
【蚕蛾蛾】zø˨˦ŋəu˨˦ŋəu˧˩ 蚕蛾。
【蚕宝宝呒不牙齿，吃脱三间房子】zø˨˦pæ˥pæ˥˩m̩˨˦pəʔ˥ŋɑ˨˦tsɿ˥˩，tɕʻəʔ˥tʻəʔ˥sE˥kE˥vɑ̃˨˦tsɿ˥˩ 形容养蚕成本高。

惭【ZE˨˦】

【惭愧】ZE˧˩guE˧˩

cǎn

惨【tsʻø˥˩】中州韵【tsʻE˧˩】

【惨白】tsʻø˥˨bɑʔ˧
【惨状】tsʻø˥˩zɑ̃˧˩
【惨极】tsʻø˥˨dʑəʔ˧
【惨败】tsʻø˥˩bɑ˧˩
【惨变】tsʻø˥˩pi˧˩
【惨哉】tsʻø˥˩tsE˥˩ （一）惨了。（二）情况大大不妙。
【惨重】tsʻø˥˩zoŋ˧˩
【惨案】tsʻø˥˩øø˥˩
【惨透】tsʻø˥˩tʻY˥˩ （一）极其悲惨。（二）狼狈不堪。
【惨剧】tsʻø˥˨dʑiəʔ˧
【惨淡】tsʻø˥˩dE˧˩
【惨祸】tsʻø˥˩ɦəu˧˩
【惨景】tsʻø˥˩tɕən˥˩
【惨无人道】tsʻø˥˩vu˧˩zən˨˦dæ˧˩
【惨不忍睹】tsʻ˥˩pəʔ˥zən˧˩təu˥˩

càn

灿【ʦʻE˥˩˧】

【灿烂】ʦʻE˥˨lE˧

粲【ʦʻE˥˩˧】

璨【ʦʻE˥˩˧】

cāng

仓【ʦʻã˥】中州韵【ʦʻã˥】

【仓库】ʦʻã˥kʻəu˥˩
【仓促】ʦʻã˥ʦʻoʔ˥
【仓皇】ʦʻã˥ɦuã˨˧

苍【ʦʻã˥】中州韵【ʦʻã˥】

【苍天】ʦʻã˥tʻiɪ˥˩
【苍白】ʦʻã˥baʔ˧
【苍龙】ʦʻã˥loŋ˨˧
【苍生】ʦʻã˥sən˥˩
【苍头】ʦʻã˥dʏ˨˧　戏曲中称老年男性奴仆。
【苍老】ʦʻã˥læ˨˧
【苍劲】ʦʻã˥ʨən˥˩
【苍苍】ʦʻã˥ʦʻã˥˩
【苍茫】ʦʻã˥mã˨˧
【苍凉】ʦʻã˥liã˨˧
【苍蝇】ʦʻã˥∅in˥˩
【苍蝇屎】ʦʻã˥∅in˥sɿ˥˩　苍蝇的粪便。
【苍蝇掐脱头】ʦʻã˥∅in˥kʻaʔ˥tʻəʔ˥dʏ˧　形容心烦意乱、走投无路的样子。也作【掐脱头格苍蝇】kʻaʔ˥təʔ˥dʏ˧kəʔ˥ʦʻã˥∅in˥˩。

沧【ʦʻã˥】中州韵【ʦʻã˥】

【沧浪】ʦʻã˥lã˨˧
【沧海】ʦʻã˥hE˥˩
【沧浪亭】ʦʻã˥lã˨˧din˨˧　江南现存历史最久的古园林之一,在苏州市南。

舱【ʦʻã˥】中州韵【ʦʻã˥】

【舱里】ʦʻã˥˨li˨˧　船舱里。
【舱板门】ʦʻã˥˨pE˥mən˨˧　船舱的门。

C

cáng

藏【zã˨˦】中州韵【zã˨˦】另见 zàng。

【藏书】zã˨˦sʮ˥
【藏身】zã˨˦sən˥
【藏拙】zã˨˦tsəʔ˥
【藏品】zã˨˦p'in˥˩
【藏头露尾】zã˨˦dY˧˩ləu˧˩vi˧˩
【藏龙卧虎】zã˨˦loŋ˧˩ŋəu˨˦həu˥˩

cāo

操【ts'æ˥】

【操办】ts'æ˥bE˧˩
【操心】ts'æ˥sin˥˩
【操场】ts'æ˥zã˧˩
【操行】ts'æ˥ɦin˧˩
【操守】ts'æ˥sY˥˩
【操劳】ts'æ˥læ˧˩
【操纵】ts'æ˥tsoŋ˥˩
【操作】ts'æ˥tsoʔ˥
【操练】ts'æ˥li˧˩
【操琴】ts'æ˥ʥən˨˦
【操耳光】ts'æ˥ȵi˨˦kuã˥　打耳光。
【操之过急】ts'æ˥tsʮ˥˩kəu˥˩tɕəʔ˥
【操脱两记】ts'æ˥təʔ˥liã˧˩tɕi˥˩　责打几下。

糙【ts'æ˦˧】

【糙】ts'æ˦˧　（脾气）坏；粗鲁。
【糙米】ts'æ˥mi˧˩
【糙兮兮】ts'æ˥ɕi˥ɕi˥˩　形容粗糙。
【糙哈哈】ts'æ˥ha˥ha˥˩　形容粗糙。
【糙兮哈赖】ts'æ˥ɕi˥ha˥la˧˩　形容粗糙。

cáo

曹【zæ˨˦】

【曹操又活了】zæ˧˩ts'æ˥˩ØiY˥ɦuəʔ˧liæ˧˩　原本颓丧，一下子又活跃起来了。

嘈【zæ˨˦】

【嘈杂】zæ˨˦zaʔ˧或zæ˨˦zəʔ˧

漕【zæ˩】

【漕运】zæ˨ɦyən˩˥

槽【zæ˨】

【槽坊】zæ˨fɑ̃˥
【槽槽】zæ˨zæ˩ 两边高起、中间凹下的物体,凹下的部分叫“槽槽”。

cǎo

草【tsʻæ˥˩】

【草书】tsʻæ˦sɥ˥
【草头】tsʻæ˦dʏ˨ 金花菜,苜蓿。
【草本】tsʻæ˦pən˥
【草包】tsʻæ˦pæ˥
【草写】tsʻæ˦siɑ˥
【草地】tsʻæ˦di˨
【草鸡】tsʻæ˦tɕi˥ 别于洋种鸡的本地鸡。
【草创】tsʻæ˦tsʻɑ̃˥˩
【草把】tsʻæ˦po˥˩ 柴草缩成结。
【草体】tsʻæ˦tʻi˥˩
【草纸】tsʻæ˦tsɿ˥ 手纸。
【草花】tsʻæ˦ho˥ 扑克牌中一种似苜蓿叶子的花样。
【草狗】tsʻæ˦kʏ˥ 土种狗。
【草鱼】tsʻæ˦ŋ̍˨
【草坪】tsʻæ˦bin˨
【草案】tsʻæ˥˩øø˥˩
【草料】tsʻæ˦liæ˩
【草席】tsʻæ˦ziəʔ˨ 用席草纺织的席子。
【草原】tsʻæ˦ȵiø˨
【草莓】tsʻæ˦mɛ˨
【草堆】tsʻæ˦tɛ˥ (一)草垛。(二)形容杂草丛生的地方。
【草绳】tsʻæ˦zən˩ 稻草绳。
【草帽】tsʻæ˥˩mæ˩
【草楷】tsʻæ˦kʻɑ˥
【草绿】tsʻæ˦loʔ˨
【草鞋】tsʻæ˦ɦɑ˨或tsʻæ˦ɦɑ˩
【草稿】tsʻæ˦kæ˥
【草头王】tsʻæ˦dʏ˨ɦuɑ̃˨
【草头黄】tsʻæ˦dʏ˨ɦuɑ̃˨ 吴语中“王”、“黄”读音相同,说明别于“王”的“黄”字。
【草字头】tsʻæ˦zɿ˨dʏ˩ 汉字偏旁名称,如“草”字的上面部分。

C

【草台班】tsʻæ˦dE˦pE˨ 草台班子。

【草头药】tsʻæ˦dY˦ɦiɑʔ˧ 以草本植物为主,较为廉价的中药。

【草垫子】tsʻæ˦di˦tsɿ˨ 用稻草编织的垫子。

【草帘子】tsʻæ˦li˦tsɿ˨ 用稻草编织的帘子。

【草稿纸】tsʻæ˦kæ˥tsɿ˨ (一)打草稿用的纸。(二)草稿。

【草棚棚】tsʻæ˦bã˦bã˩ 用稻草盖的房子。

【草木皆兵】tsʻæ˦moʔ˧tɕiɑ˥pin˥

【草草了事】tsʻæ˦tsʻæ˥liæ˦zɿ˩ 马马虎虎地把事做完。

【草草不恭】tsʻæ˦tsʻæ˥pəʔ˥koŋ˦ 客套话。草率了事,勉强完成,有些对不起。

【草棚猢狲】tsʻæ˦bã˦ɦuəʔ˧sən˨ 喻性子浮躁易怒、胸无城府的人。

【草鞋头浪一笃泥,甩到东来甩到西】tsʻæ˦ɦɑ˩dY˦lã˩ȵiəʔ˥toʔ˥ȵi˦,huE˦tæ˨toŋ˥lE˩huE˦tæ˨si˥ 俗语。喻任人摆布或随遇而安。

cē

册【tsʻɑʔ˥】中州韵【tsʻəʔ˥】

【册子】tsʻɑʔ˥tsɿ˨

【册头】tsʻɑʔ˥dY˦ 苏州评弹行话。指评弹剧本的长短。

【册页】tsʻɑʔ˥ɦiəʔ˧

【册封】tsʻɑʔ˥foŋ˥

厕【tsʻɿ˨】

【厕所】tsʻɿ˦səu˥

侧【tsəʔ˥】

【侧刀】tsəʔ˥tæ˥ 汉字偏旁名称,立刀旁。

【侧门】tsəʔ˥mən˦

【侧水】tsəʔ˥sɥ˨ 把水从盆中倾倒出去。

【侧耳】tsəʔ˥ȵəl˥

【侧转】tsəʔ˥tsø˦ 向旁边歪斜。

【侧面】tsəʔ˥mi˦

【侧室】tsəʔ˥səʔ˥

【侧重】ʦəʔ˥zoŋ˩
【侧影】ʦəʔ˥∅in˨ 侧面的形象、影像。
【侧翻】ʦəʔ˥fɛ˥ 器皿倾侧。
【侧水桶】ʦəʔ˥sɥ˥˩doŋ˩ 有弯木提手的水桶。又名“拗手”。
【侧过去】ʦəʔ˥kəu˥ʨʻi˥˩ 向旁边歪转过去。
【侧过来】ʦəʔ˥kəu˥lɛ˧ 向旁边歪转过来。
【侧朵里】ʦəʔ˥təu˥li˩ 侧面。
【侧转点】ʦəʔ˥ʦø˥˩tii˥˩ 向旁边歪转一点。
【侧勒浪】ʦəʔ˥ləʔ˧lɑ̃˩ （形态）歪斜。
【侧侧转】ʦəʔ˥ ʦəʔ˥ʦø˥˩ 向旁边背转过去。

测【ʦʻəʔ˥】

【测字】ʦʻəʔ˥zɿ˩
【测定】ʦʻəʔ˥din˩
【测验】ʦʻəʔ˥ȵi˩
【测量】ʦʻəʔ˥liã˧
【测算】ʦʻəʔ˥sø˨

恻【ʦʻəʔ】

【恻隐之心，人皆有之】ʦʻəʔ˥∅in˥˩ʦɥ˥˩sin˥，zən˧ʨia˥∅iɤ˥ʦɥ˥˩ 对别人的不幸表示同情怜悯的心情，人人都有。

策【ʦʻɑʔ˥】文读【ʦʻəʔ˥】中州韵【ʦʻəʔ˥】

【策反】ʦʻɑʔ˥fɛ˥˩
【策动】ʦʻɑʔ˥doŋ˩
【策划】ʦʻɑʔ˥ɦuaʔ˧
【策略】ʦʻɑʔ˥liɑʔ˧

cēn

参【ʦʻən˥】另见 cān；shēn。

【参差】ʦʻən˥ʦʻɿ˨

cén

岑【zən˧】

涔【zən˧】

C

cēng

噌【tsʻən˥】

【噌锡嚓嗒】tsʻən˥tʻã˥tsʻaʔ˥tʻaʔ˥ 形容狂吃狂喝发出的声音。

céng

层【zən˧】

【层次】zən˧tsʻɿ˥˩
【层面】zən˧mii˩
【层出不穷】zən˧tsʻəʔ˥pəʔ˥dʑioŋ˧
【层层节节】zən˧zən˧tsiəʔ˥tsiəʔ˥ 每一个层面的每一个关节。
【层层叠叠】zən˧zən˧diəʔ˧diəʔ˧ 重重叠叠。

曾【zən˧】另见 zēng。

【曾经】zən˩tɕən˥˩
【曾记得】zən˧tɕi˥˩təʔ˥ 记得，想起。
【曾经沧海难为水，除却巫山不是云】zən˧tɕən˥˩tsʻã˥hE˥˩nE˧ɦuE˩sʮ˥˩，zʮ˧tɕʻiaʔ˥vu˧sE˥pəʔ˥zɿ˩ɦyən˧ 曾经过大海的人，就瞧不上一般的江河了；除了巫山的云彩，任何云彩都不算什么。喻曾经经历过最好的，对比较平常的，放不进眼里。

chā

叉【tsʻo】文读【tsʻɑ˥】中州韵【tsʻɑ】另见 chá；chǎ。

【叉叉】tsʻo˥˩tsʻo˥˩ 打“×”号。
【叉烧】tsʻaʔ˥sæ˥
【叉腰】tsʻo˥˩ʔiæ˥
【叉鱼头】tsʻo˥ŋ˥dʏ˩ 喻（受）严厉的批评、惩罚。
【叉赖三】tsʻo˥la˧sE˥ 嫖低级娼妓。
【叉麻将】tsʻo˥mo˧tsiã˥或tsʻo˥mo˥tsiã˥˩ 打麻将牌。
【叉铁箍】tsʻo˥tʻiəʔ˥kəu˥˩ 一种儿童游戏。用铁丝勾子叉住铁圈滚动行走。

差【ʦʻo˥】文读【ʦʻɑ˥】中州韵【ʦɑ˥】另见 chà;chāi;chài;cī。

【差价】ʦʻɑ˦kɑ˨˩˧或ʦʻo˦kɑ˨˩˧
【差异】ʦʻɑ˥Øi˧˩或ʦʻo˥Øi˧˩
【差别】ʦʻo˦biəʔ˧
【差距】ʦʻo˥ʥy˧˩
【差错】ʦʻɑ˥ʦʻo˨˩˧
【差额】ʦʻo˥ŋɑʔ˧或ʦʻɑ˥ŋɑʔ˧
【差之毫厘,失之千里】ʦʻɑ˥ ʦɥ˨˩˧ɦæ˦li˧˩,səʔ˥ʦɥ˨˩˧ʦʻiɪ˦li˧˩

插【ʦʻaʔ˥】中州韵【ʦʻaʔ˥】

【插队】ʦʻaʔ˥dE˧˩
【插手】ʦʻaʔ˥sʏ˨˩˧
【插扑】ʦʻaʔ˥pʻoʔ˥ 电器插头。
【插曲】ʦʻaʔ˥tɕʻoʔ˥
【插足】ʦʻaʔ˥ʦoʔ˥
【插图】ʦʻaʔ˥dəu˦
【插班】ʦʻaʔ˥pE˥
【插档】ʦʻaʔ˥tɑ̃˥ 不按程序,从中间插入。
【插袋】ʦʻaʔ˥dE˧˩
【插销】ʦʻaʔ˥siæ˥
【插嘴】ʦʻaʔ˥ʦɥ˨˩˧
【插戴】ʦʻaʔ˥tɑ˦
【插一脚】ʦʻaʔ˥Øiəʔ˥tɕiɑʔ˥ (一)帮着做事。(二)喻介入进去。
【插边花】ʦʻaʔ˥piɪ˦ho˨˩˧ 辅助,起陪衬烘托作用。
【插咚咚】ʦʻaʔ˥toŋ˥toŋ˥ 闲逛,无所事事。
【插肩过】ʦʻaʔ˥tɕiɪ˦kəu˨˩˧ 两人面对面交会而过。同【擦肩过】。
【插腊烛】ʦʻaʔ˥laʔ˧ʦoʔ˥ (一)因没法坐而站着;干站着。(二)因故障而停止运行(多指机车、机船)。

喳【ʦɑ˥】另见 zhā。

嚓【ʦʻaʔ˥】中州韵【ʦʻaʔ】另见 cā。

【嚓嗒】(1)ʦʻaʔ˥tʻaʔ˥ 象声词。(一)形容吃东西的声音。(二)形容掌击人体的声音。(三)形容手动作敏捷。(2)ʦaʔ˥taʔ˥ 形容手动作敏捷。

【嚓帖嗒】tsʻaˀ˥tiəˀ˥tʻaˀ˥ 或 tsaˀ˥tiəˀ˥taˀ˥ 象声词。

【嚓浦嚓浦】tsʻaˀ˥pu˥tsʻaˀ˥pu˥ 象声词。描述生气。

【嚓嗒嚓嗒】tsʻaˀ˥tsʻaˀ˥tsʻaˀ˥tʻaˀ˥或tsaˀ˥tsaˀ˥tsaˀ˥taˀ˥ 象声词。形容吃东西时发出的不雅的声音。

C

chá

叉【tsʻo˦˦】文读【tsʻɑ˦˦】中州韵【ʥE˦˦】另见 chā；chǎ。

【叉牢】tsʻo˦˦læ˧˩ 卡住。

【叉煞】tsʻo˦˦saˀ˥ （一）扼颈而死。（二）形容卡得死死的。

【叉头颈】tsʻo˦˦dY˨˧tɕən˥ 卡住颈部。喻卡住关键（含要胁的意思）。

茶【zo˨˦】文读【zɑ˨˦】

【茶儿】zo˨˦ɕi˥

【茶水】zo˨˦sʮ˥˨

【茶厅】zo˨˦tʻin˥ 饮茶、待客的偏厅，又名花厅。

【茶头】zo˨˦dY˧˩ 浓的茶汤。

【茶叶】zo˨˦ɦiəˀ˧

【茶色】zo˨˦səˀ˥

【茶场】zo˨˦zã˧˩

【茶会】zo˨˦ɦuE˨˧

【茶托】zo˨˦tʻoˀ˥ 旧时茶碗由盖、碗、托三件构成。茶托是安放茶碗、类似碟子的构件。

【茶花】zo˨˦ho˥

【茶饭】zo˨˦vE˧˩

【茶房】zo˨˦vɑ̃˧˩

【茶缸】zo˨˦kɑ̃˥ 放凉茶的小瓷缸。

【茶点】zo˨˦tiɪ˥˨

【茶食】zo˨˦zəˀ˧

【茶硍】zo˨˦kʻən˥˨ 器皿上的茶汁污垢。

【茶垢】zo˨˦kY˥ 器皿上的茶汁污垢。

【茶钿】zo˨˦diɪ˧˩ 茶资。

【茶盅】zo˨˦tsoŋ˥ 老式茶具，形似酒盅，大小介于饭碗和酒盅之间的盛茶汤的器皿。

【茶壶】zo˨˦ɦəu˧˩ 泡茶用的壶。

【茶盘】zo˨˦bø˧˩

【茶馆】zo˦kuø˥˩
【茶梗】zo˦kã˥˩ 连着茶树叶子的细茎。
【茶渍】zo˦tsiəʔ˥ 茶汁留下的污渍。
【茶碗】zo˦θuø˥˩ 形似饭碗但略小的沏茶瓷器器皿，上有盖，下有托。
【茶脚】zo˦tɕiaʔ˥ 残留的茶。
【茶醉】zo˦tsE˥˩ 因饮茶而产生头晕、恶心的现象。
【茶叶店】zo˦ɦiəʔ˧tiɪ˥˩ 经营茶叶的商店。
【茶叶茶】zo˦ɦiəʔ˧zo˨˩ 用茶叶冲泡的茶水。
【茶叶瓶】zo˦ɦiəʔ˧bin˨˩ 存放茶叶的瓶子，传统称锡瓶。
【茶叶蛋】zo˦ɦiəʔ˧dE˨˩ 用茶叶、香料、酱油等加水煮熟的鸡蛋。
【茶话会】zo˦ɦo˦ɦuE˨˩
【茶食店】zo˦zəʔ˧tiɪ˥˩ 经营干点心的商店。
【茶馆店】zo˦kuø˥tiɪ˥˩ 茶馆。
【茶博士】zo˦pɒʔ˥zɿ˨˩ 茶馆伙计。
【茶淘饭】zo˦dæ˦vE˨˩ 用茶汤冲泡的泡饭。
【茶壶里烧馄饨——肚里有，嘴里拿勿出】zo˦ɦəu˦li˨˩sæ˥ɦuən˦dən˨˩——dəu˦li˨˩ɦiY˨˩，tsʮ˦li˨˩no˦fəʔ˥ts‘əʔ˥ 形容心里明明白白，口中却说不出来。

查【zo˦】文读【zɑ˦】另见 zhā。

【查办】zo˦bE˨˩
【查处】zo˦ts‘ʮ˥˩
【查对】zo˦tE˥˩
【查考】zo˦k‘æ˥˩
【查访】zo˦fã˥˩
【查问】zo˦vən˨˩或zo˦mən˨˩
【查找】zo˦tsæ˥˩
【查抄】zo˦ts‘æ˥
【查岗】zo˦kã˥
【查收】zo˦sY˥
【查夜】zo˦θia˥˩
【查实】zo˦zəʔ˧
【查账】zo˦tsã˥˩
【查查】zo˦zo˦ 查。
【查点】zo˦tiɪ˥˩
【查获】zo˦ɦuəʔ˧

【查阅】zo˦ɦʏəʔ˧
【查三问四】zo˦sᴇ˥mən˩sɿ˦
令人心烦的查问。
【查无实据】zo˦vu˩zəʔ˧tɕy˦
经查没有发现证据。

搽【zo˦】文读【zɑ˦】

槎【zo˦】中州韵【zɑ˦】

察【tsʻaʔ˥】中州韵【tsʻaʔ˥】

【察访】tsʻaʔ˥fɑ̃˦
【察觉】tsʻaʔ˥tɕioʔ˥
【察看】tsʻa˥kʻø˦
【察院】tsʻaʔ˥ɦiø˦　旧时查究案件的衙门。
【察言观色】tsʻaʔ˥ɦiɪ˩kuø˦səʔ˥

chǎ

叉【tsʻo˦】文读【tsʻɑ˦】中州韵【tsʻɑ˦】另见chā；chá。

【叉开】tsʻo˦kʻᴇ˥　分开成叉。
【叉袋】tsʻo˥dᴇ˩　大型麻袋。
【叉袋奶奶】tsʻo˥dᴇ˩na˦na˦
形容妇女乳房大。

衩【tsʻo˦】文读【tsʻᴇ˦】中州韵【tɕʻɑ˦】另见chà。

【衩裤】tsʻᴇ˦kəu˦　旧时习武人穿的一种裤子。

镲【tsʻaʔ˦】

chà

杈【tsʻo˦】文读【tsʻɑ˦】中州韵【tsʻɑ˦】

岔【tsʻo˦】文读【tsʻɑ˦】中州韵【tsʻɑ˦】

【岔口】tsʻo˥kʻʏ˦
【岔开】tsʻo˥kʻᴇ˦　（一）错开（时间或路线，避免冲突）。（二）转移（话题）。
【岔路】tsʻo˥ləu˩
【岔嘴】tsʻo˦tsʮ˦　插嘴。

【岔开去】tsʻo˥kʻᴇ˥tɕʻi˨ 转移（话题）。

【岔开来】tsʻo˦kʻᴇ˥lᴇ˩ （一）转移（话题）。（二）错开（时间或路线，避免冲突）。

【岔开点】tsʻo˦kʻᴇ˥tiɪ˨ 错开一点时间或路线，避免冲突。

【岔出去】tsʻo˦tsʻəʔ˥tɕʻi˨ 转移（话题）。

【岔七岔八】tsʻo˦tsʻiəʔ˥tsʻo˨poʔ˥ 转移话题，一会儿说这个，一会儿说那个。

刹【saʔ˥】中州韵【ʂaʔ˥】另见chā。

衩【tsʻo˦】文读【tsʻᴇ˦】中州韵【tʂʻɑ˦】另见chǎ。

诧【tsʻo˦】文读【tsʻɑ˦】中州韵【tʂʻᴇ˦】

【诧异】tsʻo˥θi˩

差【tsʻo˥】文读【tsʻɑ˥】中州韵【tʂʻɑ˥】另见chā；chái；chài；cī。

【差生】tsʻɑ˥sən˨

【差背】tsʻo˥pᴇ˨ 相差。

【差勿多】tsʻo˥fəʔ˥təu˨ 差不多。

【差一点】tsʻo˥θiəʔ˥tiɪ˨ 差点儿。

【差背点】tsʻo˥pᴇ˥tiɪ˨ 差点儿。

【差仿勿多】tsʻo˥fɑ̃˥fəʔ˥təu˨ 相差无几，大体一样。

【差背一点点】tsʻo˥pᴇ˥θiəʔ˥tiɪ˥tiɪ˨ 相差一点点。

姹【tsʻɑ˨】、【tsʻɑ˦】

【姹紫嫣红】tsʻɑ˨tsɿ˨θiɪ˥hoŋ˧

chāi

拆【tsʻɑʔ】文读【tsʻəʔ˥】中州韵【tʂʻəʔ】另见cā。

【拆开】tsʻɑʔ˥kʻᴇ˥ 拆散，分

开。

【拆头】tsʻɑʔ˥dʏ˨˦ 分成。

【拆台】tsʻɑʔ˥dᴇ˨˦ （一）用破坏手段使人或集体倒台或使事情不能顺利进行。（二）拆除舞台装置。

【拆失】tsʻɑʔ˥səʔ˥ 拆散。

【拆字】tsʻɑʔ˥zɿ˧˩ 见【测字】。

【拆迁】tsʻɑʔ˥tsʻiɪ˥

【拆汏】tsʻɑʔ˥dɑ˧˩ （棉衣、棉被等）拆开下面子、里子，洗干净后又缝上。

【拆光】tsʻɑ˥kuɑ̃˥ 全部拆除。

【拆卖】tsʻɑʔ˥mɑ˧˩

【拆账】tsʻɑʔ˥tsɑ̃˦˩˨

【拆除】tsʻɑʔ˥zʮ˨˦

【拆穿】tsʻɑʔ˥tsʻø˥

【拆卸】tsʻɑʔ˥siɑ˦˩˨

【拆蚀】tsʻɑʔ˥zəʔ˧ 吃亏；亏损。

【拆息】tsʻɑʔ˥siəʔ˥

【拆借】tsʻɑʔ˥tsiɑ˦˩˨

【拆档】tsʻɑʔ˥tɑ̃˦˩˨ 原本拼档合作的演员（多指苏州评弹演员）解除合作关系。

【拆烧】tsʻɑʔ˥sæ˥ 叉烧。

【拆梢】tsʻaʔ˥sæ˥ 利息分成。

【拆落】tsʻɑʔ˥loʔ˧ 抵消。

【拆散】tsʻɑʔ˥sᴇ˦˩˨

【拆签】tsʻɑʔ˥tsʻiɪ˥ 评弹行话。分成。

【拆撢】tsʻɑʔ˥tʻø˦˩˨ 拆开，调换位置。

【拆人家】tsʻɑʔ˥ȵən˨˦kɑ˥˨ 拆散家庭。

【拆开来】tsʻɑʔ˥kʻᴇ˥lᴇ˧˩ （一）拆散，分开。（二）拆除外包装。

【拆心思】tsʻɑʔ˥sin˥sɿ˥˨ 伤脑筋。

【拆白党】tsʻɑʔ˥bɑʔ˧tɑ̃˥˨

【拆外快】tsʻɑʔ˥ŋɑ˨˦kʻuɑ˥˨ 赚取正常收入以外的收入。

【拆台脚】tsʻɑʔ˥dᴇ˨˦tɕiɑʔ˥ 用破坏手段使人或集体倒台或使事件不能顺利进行。

【拆成头】tsʻɑʔ˥zən˨˦dʏ˧˩ 分成。

【拆份头】tsʻɑʔ˥vən˨˦dʏ˧˩ 分肥。

【拆字摊】tsʻɑʔ˥zɿ˨˦tʻᴇ˥˨ 专营拆字的小摊点。

【拆身体】tsʻaʔ˥sən˥tʻi˥˨ 指不顾劳累，伤及身体。

【拆姘头】tsʻɑʔ˥pʻin˥dʏ˩˧　解除私情关系。

【拆家败】tsʻɑʔ˥kɑʔ˥bɑ˩˧　（一）败家。（二）败家子。

【拆墙脚】tsʻɑʔ˥ziã˨˧tɕiɑʔ˥

【拆豁豁】tsʻɑ˥huaʔ˥huaʔ˥　指缺少遮挡，或形容地方过于空阔。

【拆皮拆骨】tsʻɑʔ˥bi˨˧tsʻɑʔ˥kuəʔ˥　喻彻彻底底、淋漓尽致（多指批评、谩骂）。

【拆光人家】tsʻɑʔ˥kuã˥ȵən˨˧kɑ˥˧　拆散家庭。

【拆家败散】tsʻɑʔ˥kɑ˥bɑ˩˧sᴇ˧˦　败家。

【拆屋斧头】tsʻɑʔ˥0oʔ˥fu˧˦dʏ˩˧　喻败坏财物者。

【拆散道场】tsʻɑʔ˥sᴇ˧˦dæ˨˧zã˩˧　指散伙。

【拆供老寿星】tsʻɑʔ˥koŋ˧˦læ˨˧zʏ˩˧sin˥˧　形容事情十分糟糕。

【拆穿西洋镜】tsʻɑʔ˥tsʻø˥si˥ɦiã˨˧tɕən˥˧　揭穿骗局，揭露真相。

【拆散头发团】tsʻɑʔ˥sᴇ˧˦dʏ˨˧faʔ˥dø˩˧　喻不顾一切。

【拆东墙，补西墙】tsʻɑʔ˥toŋ˥ziã˩˧，pu˥˧si˥ziã˩˧　喻勉强应付，没有从根本上解决问题；移东补西。

【拆脱房子造鸡棚】tsʻɑʔ˥təʔ˥vã˨˧tsɿ˥˧zæ˩˧tɕi˥bã˩˧　喻为小失大。

钗【tsɔʻ˥】中州韵【tsʻᴇ˥】

【钗环】tsɔʻ˥ɡuᴇ˩˧　（一）旧时妇女别在发髻和戴在耳垂上的装饰品。（二）旧时指年轻女子。

【钗头凤】tsɔʻ˥dʏ˨˧voŋ˩˧　（一）旧时妇女别在发髻上的凤形首饰。（二）词牌名。

差【tsʻɑ˥】中州韵【tsʻᴇ˥】

另见 chā；chà；chài；cī。

【差人】tsʻɑ˥ȵən˩˧　（一）差役。（二）派遣人。

【差役】tsʻɑ˥ɦyəʔ˧

【差使】tsʻɑ˥sɿ˥˧

【差遣】tsʻɑ˥tɕʻi˥˧

【差旅费】tsʻɑ˥li˩˧fi˥˧

【差……差……】tsʻɑ˥……

tsʻɑ˥…… 表示任意差遣，或频繁差遣。如下：

【差出差进】tsʻɑ˥tsʻə˥tsʻɑ˥tsin˦

【差来差去】tsʻɑ˥lE˦tsʻɑ˥tɕʻi˦

【差东差西】tsʻɑ˥toŋ˥tsʻɑ˥si˦

C

chái

侪【zE˧】

【侪】zE˧ 吴语有“都、全都”等意思。

【侪是】zE˧zɿ˩ （一）都是。（二）全部是。

【侪吃】zE˧tɕʻiə˥ （一）每人都吃。（二）统统吃进。

【侪有】zE˧ɦiY˩ 每人都有，样样全有。

【侪家】zE˧kɑ˥ 大家，大伙儿。

【侪要】zE˧∅iæ˦ （一）每人都要。（二）全部都要。

【侪勿关】zE˧fə˥kuE˦ （一）毫无关系。（二）都不管。（三）（门、窗等）都不关闭。

【侪勿懂】zE˧fə˥toŋ˦ 什么都不懂。

【侪勒海】zE˧lə˧hE˦ （一）都在这里。（二）一共。

【侪勒浪】zE˧lə˧lɑ̃˩ （一）都在这里。（二）一共。

【侪勒海哉】zE˧lə˧hE˦tsE˦ （一）都在这里了。（二）一共。（三）表示程度很深。如：笑得侪勒海哉。

【侪勒浪哉】zE˧lə˧lɑ̃˩tsE˦ 义同［侪勒海哉］。

【侪懂侪晓得】zE˧toŋ˦zE˧ɕiæ˥tə˥ 什么都懂，什么都知道。

柴【zɑ˧】文读【zE˧】

【柴门】zɑ˧mən˩

【柴火】zɑ˧həu˦

【柴爿】zɑ˧bE˩ 生炉子用的小木片。

【柴米】zɑ˧mi˩

【柴房】zɑ˧vɑ̃˩ 旧时家庭中堆放柴草的房间。又名【柴房间】zɑ˧vɑ̃˧kE˦。

【柴草】zɑ˧tsʻæ˦

【柴柴】zɑ˧zɑ˧ 将就。

【柴堆】zɑ˧tE˥ 柴垛。

【柴眼】zɑ˧ŋE˩ 斗鸡眼。

【柴出来】zɑ˧tsʻə˥lE˩ 为与

已无关的事硬出头。

【柴勒海】zɑ˨˧ləʔ˧hE˥˧　介入里面(贬义)。

【柴头柴脑】zɑ˨˧dɤ˩zɑ˨˧næ˩　(一)不明事理、傻乎乎的样子。(二)莽撞的样子。

【柴勒里向】zɑ˨˧ləʔ˧li˩ɕiã˥　介入里面(贬义)。

【柴湿锣鼓】zɑ˨˧səʔ˥ləu˩kəu˥˧　(一)喻有意唱反调。(二)帮倒忙。

【柴勒前八尺】zɑ˨˧ləʔ˧zii˨˧poʔ˥ts'ɑʔ˥　指不该出头露面却出头露面得十分起劲。

【柴米油盐酱醋茶】zɑ˨˧mi˩ɦiɤ˨˧ɦii˧tsiã˥ts'əu˥˧zo˨˧　泛指人们的日常生活必需品。

【柴米夫妻,酒肉朋友】zɑ˨˧mi˩fu˥ts'i˥˧,tsɤ˧˦ŋ̊oʔ˧bã˨˧θiɤ˥˧　指夫妻居家过日子,朋友往往只是应酬交往。

豺【zE˨˧】

【豺狼】zE˨˧lɑ̃˩

【豺狼当道】zE˨˧lɑ̃˩tɑ̃˥dæ˩

【豺狼虎豹】zE˨˧lɑ̃˩həu˥˧pæ˥˧　泛指吃人的猛兽。

chān

搀【ts'E˥】

【搀水】ts'E˥sɥ˥˧　把水混合到另一种东西里去。

【搀手】ts'E˥sɤ˥˧　握手。

【搀扶】ts'E˥vu˩

【搀返】ts'E˥fE˥˧　残肴。

【搀牢】ts'E˥læ˩　用手轻轻握住对方的手或用手轻轻架住对方。

【搀砂】ts'E˥so˥　把砂子混合到另一种东西里去。

chán

单【zø˨˧】另见 dān; shàn。

【单于】zø˨˧θy˩

谗【zE˨˧】

【谗言】zE˩ɦi˥˧

婵【zø˨˧】

【婵娟】zø˨˧tɕiø˥

馋【zE˩˧】

【馋虫】zE˩˧zoŋ˧˩ （一）指嘴馋贪吃的人。（二）指旺盛的食欲。

【馋唾】zE˩˧t'əu˥˨ 唾沫。

【馋痨】zE˩˧læ˧˩ （一）指嘴馋贪吃。（二）指旺盛的食欲。

【馋唾水】zE˩˧t'əu˥sɥ˥˨ 唾沫，口水。

【馋痨虫】zE˩˧læ˩˧zoŋ˧˩ （一）指嘴馋贪吃的人。（二）指旺盛的食欲。

【馋痨坯】zE˩˧læ˩˧p'E˥˨ 指嘴馋贪吃的人。

【馋痨痨】zE˩˧læ˩˧læ˧˩ 贪吃的欲念。

【馋唾勿是药，处处用得着】zE˩˧t'əu˥˨fəʔ˥zɿ˧˩ɦiɑʔ˧，ʦ'ɥ˥˨ʦ'ɥ˥˨ɦioŋ˧˩təʔ˥zɑʔ˧ 趣语。形容唾沫有广泛的用途。

【馋唾水也能沰煞人】zE˩˧t'əu˥˨sɥ˥˨ɦaʔ˧nən˧˩toʔ˥saʔ˥ȵən˩˧ 喻人言可畏。

禅【zø˩˧】

【禅门】zø˩˧mən˧˩

【禅杖】zø˩˧zã˧˩

【禅房】zø˩˧vɑ̃˧˩

【禅宗】zø˩˧ʦoŋ˥

缠【zø˩˧】

【缠头】zø˩˧dY˧˩ 理会，理会的意愿（多作后缀）。

【缠扰】zø˩˧zæ˧˩

【缠夹】zø˩˧kaʔ˥ 误会。

【缠身】zø˩˧sən˥

【缠绵】zø˩˧miɪ˧˩

【缠缠】zø˧˩zø˧˩ （一）应付，周旋。（二）纠缠。

【缠错】zø˩˧ʦ'o˥ （一）误会。（二）弄错。

【缠煞】zø˧˩saʔ˥ 纠缠，误会得很厉害。

【缠勿落】zø˩˧fəʔ˥loʔ˧ 应付不下。

【缠勿清】zø˩˧fəʔ˥ʦ'in˥ 搞不清楚；纠缠不休。

【缠头势】zø˩˧dY˩˧sɥ˥˨ 纠缠的势头。

【缠头经】zø˩˧dɤ˦ʨən˥˧ 理会的必要。如：说末说得好听，呒不缠头经的。

【缠夹账】zø˩˧kɑʔ˥ʦã˧˦ 喻误会的事情。

【缠勒绊】zø˨˧ləʔ˧bø˨˧ 纠缠不休。

【缠缠账】zø˨˧zø˨˧sã˧˦ 应付，或指属于应付的事。

【缠七缠八】zø˩˧ʦiəʔ˥zø˩˧poʔ˥ （一）多次误会。（二）多次纠缠。

【缠勿清爽】zø˩˧fəʔ˥ʦʻin˥sã˥˧ （一）搞不清楚。（二）纠缠不休。

【缠弯里曲】zø˨˧Øue˥li˨˧ʨʻioʔ˥ 周折。

【缠绕不清】zø˩˧zæ˨˧fəʔ˥ʦʻin˥ 纠缠不休。

【缠夹二先生】zø˩˧kɑʔ˥ȵi˨˧siɪ˥sã˥˧ 指经常与人发生误会或经常弄错事情的人。

【缠枝花牡丹】zø˩˧ʦɿ˥ho˥mæ˨˧tE˥˧ 形容事情因误会或纠缠不清而复杂化。

【缠到啰搭是啰搭】zø˨˧tæ˥˧lo˨˧taʔ˥zɿ˨˧lo˨˧taʔ˥ （一）随遇而安。（二）行事计划性不强，到哪里算哪里。也作【缠到啰里是啰里】zø˨˧tæ˥˧lo˨˧li˨˧zɿ˨˧lo˨˧li˨˧。

蝉【zø˩˧】

【蝉联】zø˩˧li˨˧

潺【zE˩˧】

【潺潺】zE˩˧zE˨˧

蟾【zø˩˧】

【蟾宫】zø˩˧koŋ˥

【蟾酥】zø˩˧səu˥

【蟾宫客】zø˩˧koŋ˥kʻɑʔ˥ 科举时代考中进士的人。

【蟾宫折桂】zø˩˧koŋ˥ʦəʔ˥kuE˧˦

巉【zE˩˧】

chǎn

产【ʦʻE˥˧】

【产子】ʦʻE˥˧ʦɿ˥˧ 生养儿子。

【产生】ʦʻE˧˦sən˥

【产业】ʦ'E˥˧ȵiəʔ˧
【产地】ʦ'E˥˩di˩
【产权】ʦ'E˥˧ʥiø˨˦
【产房】ʦ'E˥˧vã˨˦
【产物】ʦ'E˥˧vəʔ˧
【产科】ʦ'E˥˧k'əu˥
【产品】ʦ'E˥˧p'in˥
【产值】ʦ'E˥˧zəʔ˧
【产量】ʦ'E˥˩liã˩
【产销】ʦ'E˥˧siæ˥
【产妇娘】ʦ'E˥˧vu˨˦ȵiã˩　产妇。

谄【ʦ'E˥˩】

【谄笑】ʦ'E˥˩siæ˥˩

铲【ʦ'E˥˩】

【铲刀】ʦ'E˥˧tæ˥　炒菜用的小铲子。
【铲子】ʦ'E˥˧ʦɿ˥
【铲光】ʦ'E˥˧kuã˥　铲完。
【铲脱】ʦ'E˥˧t'ə˥　铲除。
【铲刀头】ʦ'E˥˧tæ˥dY˩（一）铲刀用以铲菜的那部分。（二）指后脑勺平直的头型。
【铲地皮】ʦ'E˥˩di˨˦bi˩　喻全部除掉。
【铲饭茹】ʦ'E˥˩vE˨˦zʮ˩（一）用铲刀铲起锅底的锅巴。（二）喻全部消灭。

阐【zø˨˦】

【阐述】zø˨˦zəʔ˧

chàn

忏【ʦ'E˥˧】

【忏悔】ʦ'E˥˩huE˥˩

颤【ʦø˥˧】另见 zhàn。

【颤兢兢】ʦø˥˧ʨən˥ʨən˥˩　抖动摇晃（多用来形容病人或受到惊吓，或悲伤过度的人的某些动作）。
【颤巍巍】ʦø˥˧ɦuE˨˦ɦuE˩

chāng

伥【ʦ'ã˥】中州韵【tʂ'ã˥】

昌【ʦ'ã˥】中州韵【tʂ'ã˥】

【昌盛】ʦ'ã˥zən˩

倡【ts'ã˥】中州韵【tɕ'ã˥】

【倡优隶卒】ts'ã˥∅iʏ˥di˩tsəʔ˥ 旧时称娼妓、戏曲演员、公差、兵士四类人。

菖【ts'ã˥】中州韵【tʂ'ã˥】

【菖蒲】ts'ã˥bu˩

猖【ts'ɑ̃˥】中州韵【tʂ'ã˥】

【猖狂】ts'ɑ̃˥guɑ̃˩
【猖獗】ts'ɑ̃˥tɕyəʔ˥

阊【ts'ɑ̃˥】中州韵【tʂ'ã˥】

【阊门】ts'ɑ̃˥mən˩ 苏州古城六门之一。在苏州城西。
【阊关】ts'ɑ̃˥kuᴇ˦˩˨ 苏州阊门。

娼【ts'ã˥】中州韵【tʂ'ã˥】

【娼妓】ts'ã˥ʥi˩
【娼根】ts'ã˥kən˦˩˨ 詈语。娼妓。

鲳【ts'ɑ̃˥】中州韵【tʂ'ã˥】

【鲳鳊鱼】tsɑ̃˥pin˥ŋ˩ 鲳鱼。

chάng

长【zã˧】中州韵【ʐã˧】另见 zhǎng。

【长大】zã˧dəu˩ 指身材又长又大。
【长工】zã˧koŋ˥
【长于】zã˧ɦy˩
【长久】zã˧tɕiʏ˦˩˨
【长子】zã˧tsɿ˦˩˨ 高个子。
【长心】zã˧sin˥ 耐久性，常性。
【长台】zã˧dᴇ˩ 长六尺左右、宽一尺余的桌子。又名【天然几】t'iɪ˥zø˩tɕi˦˩˨。
【长处】zã˧ts'ʮ˦˩˨
【长生】zã˧sən˥
【长寿】zã˧zʏ˩
【长足】zã˧tsoʔ˥
【长线】zã˧siɪ˦˩˨
【长远】zã˧ɦiø˩ （一）好久以前。（二）很长时间。
【长衫】zã˧sᴇ˥

【长枪】zɑ̃˨˦tsʻiɑ̃˥

【长夜】zɑ̃˨˦θiɑ˥˩

【长空】zɑ̃˨˦kʻoŋ˥

【长征】zɑ̃˨˦tsən˥

【长性】zɑ̃˨˦sin˥˩

【长度】zɑ̃˨˦dəu˧˩

【长城】zɑ̃˨˦zən˧˩

【长桥】zɑ̃˨˦dʑiæ˧˩ 苏州吴中区的著名古桥——宝带桥。

【长途】zɑ̃˨˦dəu˧˩

【长假】zɑ̃˨˦kɑ˥˩

【长脚】zɑ̃˨˦tɕiɑʔ˥ 称腿脚细长的人。

【长勒】zɑ̃˨˦ləʔ˧ （一）（以后时间）长着呢。（二）长度还要长的意思。

【长短】zɑ̃˨˦tø˥˩

【长期】zɑ̃˨˦dʑi˧˩

【长锭】zɑ̃˨˦din˧˩ 用锡箔折成的元宝串。

【长窗】zɑ̃˨˦tsʻɑ̃˥ 似门一样长的窗。

【长策】zɑ̃˨˦tsʻɑʔ˥

【长凳】zɑ̃˨˦tən˥˩ 可以两人同坐的板凳。

【长马面】zɑ̃˨˦mo˨˦mii˧˩ 较长的脸型。

【长闪闪】zɑ̃˨˦sø˥sø˥˩ （个子）长长的。

【长生果】zɑ̃˨˦sən˥kəu˥˩ 花生。

【长出手】zɑ̃˨˦tsʻəʔ˥sʏ˥˩ 指长袖衣服。

【长出来】zɑ̃˨˦tsʻəʔ˥lE˧˩ （一）比原来长了一些。（二）长高了一些。

【长舌妇】zɑ̃˨˦zəʔ˧vu˧˩ 喜欢挑拨离间、说三道四的女人。

【长条子】zɑ̃˨˦diæ˨˦tsɿ˥˩ 高个儿。

【长络络】zɑ̃˨˦loʔ˧loʔ˧ 形容长型的。

【长明灯】zɑ̃˨˦min˨˦tən˥˩

【长牵牵】zɑ̃˨˦tɕʻii˥tɕʻii˥ 长长的，长型的。

【长波浪】zɑ̃˨˦pu˥lɑ̃˧˩ 电烫的长发发式。

【长统袜】zɑ̃˨˦tʻoŋ˥mɑʔ˧ 袜统较长，能包住小腿以上的袜子。

【长圆形】zɑ̃˨˦ɦiø˨˦ɦin˧˩

【长豇豆】zɑ̃˨˦kɑ̃˥dʏ˧˩ 豇豆。喻高个子。

【长脚雨】zɑ̃˨˦tɕiɑʔ˥ɦy˧˩ 长时间不断下的雨。

【长摇摇】zɑ̃˨˦ɦiæ˨˦ɦiæ˧˩ 长

长的。

【长三堂子】zã˦sɛ˥dɑ̃˨tsɿ˩ 旧时上海叫局局资和住夜嫖资都是三块大洋的上等妓院。

【长生不老】zã˦sən˩pə˥ læ˨ 永不衰老和死亡。

【长生果肉】zã˦sən˥kəu˩ ȵoʔ˧ 花生米。

【长此以往】zã˦tsɿ˩ ɦi˩ ɦuɑ̃˩

【长舌头根】zã˦zəʔ˧dʏ˨ kən˩ 形容无休无止地说话或哭泣。

【长年到头】zã˦ȵii˦tæ˩dʏ˨ 很长时间以来。

【长条直蓬】zã˦diæ˨zəʔ˧boŋ˨ 形容长形的东西。

【长远夫妻】zã˦ɦiø˦fu˥tsʻi˩ 永远做夫妻，与露水夫妻相对。

【长话短说】zã˦ɦo˨tø˩səʔ˥ 作简略说明。

【长络面孔】zã˦loʔ˧mii˨kʻoŋ˩ 长长的面形。

【长脚笑话】zã˦tɕiɑʔ˥siæ˥ ɦo˨ 以嘔噱笑谑为主的长篇苏州评弹书目。

【长脚鹭鸶】zã˦tɕiɑʔ˥ləu˦ sɿ˩ 指高个子。

【长篇大论】zã˦pʻii˩dɑ˨lən˨ 道理缕析分明的长文章或长篇谈话。

【长线放远鹞】zã˦sii˩fɑ̃˩ ɦiø˦ɦiæ˨ 俗语。喻从长计议，以便收到更大的成效。鹞，风筝。

【长脚钉螺蛳】zã˦tɕiaʔ˥tin˥ ləu˦sɿ˩ 指高个子。

【长一脉，大一脉】zã˦ɦiəʔ˥ mɑʔ˧,dəu˨ɦiəʔ˥mɑʔ˧ 形容人长得高大。

【长末长，短末短】zã˦məʔ˧ zã˦,tø˩məʔ˧tø˩ 指实事求是。

【长末截，短末接】zã˦məʔ˧ ziəʔ˧,tø˩məʔ˧tsiəʔ˥ 指应变总会有办法。

【长痛勿如短痛】zã˦tʻoŋ˩ fəʔ˥zʮ˦tø˩tʻoŋ˩ 与其长期承受痛苦，不如承受一时剧痛，使痛苦彻底消除。

【长洲勿让吴县】zã˦tsʏ˥fəʔ˥ ȵiã˨ŋ̍˦ɦiø˨ 谚语。指互不相让。

【长子看戏，矮子吃屁】zã˦

C

tsɿ˥˩k'ø˥˩ɕi˧˦,Øɑ˦˥sɿ˥˩tɕ'əʔ˥
p'i˧˦ 趣语。喻有优势的沾光,没有优势的倒霉。

【长仔人中,短仔鼻头】zã˨˦ tsɿ˥˩ȵən˨˦tsoŋ˥,tø˥˩tsɿ˥˩bəʔ˨˧dY˨˩ 喻力量不足,应付了这一方面,那一方面又有了问题。

【长如金刚,胖如罗汉】zã˨˦ zʮ˨˩,tɕən˥˩kã˥˩p'ã˦˥zʮ˨˩ləu˨˦hø˥˩ 形容人身材高大、壮实。

【长生果香,呒不铜钿僵】zã˨˦ sən˥˩kəu˥˩ɕiã˥,m̩˨˦pəʔ˥do ŋ˨˦di˨˩tɕiã˥ 俗语。喻缺乏基本条件,办不成事。

【长丝瓜当扁担——勿晓得软硬】zã˨˦sɿ˥˩ko˥˩tã˥˩pii˥˩ tɛ˥˩——fəʔ˥ɕiæ˦˥təʔ˨˧ȵø˨˩ŋ ã˥˩ 歇后语。(一)指不懂事。(二)指不知道底细。

场【zã˨˦】中州韵【ʑã˨˦】另见 chǎng。

【场地】zã˨˦di˨˩ 可供活动的平坦的地方。

【场屋】zã˨˦Øoʔ˥

肠【zã˨˦】中州韵【ʑã˨˦】

【肠衣】zã˨˦Øi˥

【肠炎】zã˨˦ɦi˨˩

【肠胃】zã˨˦ɦuɛ˨˩

【肠断】zã˨˦dø˨˩

【肠肺汤】zã˨˦fi˥˩t'ã˥˩ 以猪的肠、肺为主料的羹汤。

尝【zɑ̃˨˦】中州韵【ʑã˨˦】

【尝试】zɑ̃˨˦sʮ˥˩

【尝尝】zɑ̃˨˦zɑ̃˨˦ 吃一点试试,辨别滋味。

【尝鲜】zɑ̃˨˦si˥

【尝尝味道】zɑ̃˨˦zɑ̃˨˦mi˨˦dæ˨˩ (一)吃一点试试,辨别滋味。(二)喻经历体验一下。

【尝着味道】zɑ̃˨˦zɑʔ˨˧mi˨˦dæ˨˩ (一)尝过了,知道滋味了。(二)喻经历或体验过了。

常【zã˨˦】中州韵【ʑã˨˦】

【常务】zã˨˦vu˨˩

【常吃】zã˨˦tɕ'əʔ˥ 长期服用

或经常吃。

【常庄】zã˩˧tsɑ̃˥　经常。

【常任】zã˩˧zən˩

【常年】zã˩˧ȵi˩

【常言】zã˩˧ɦi˩

【常识】zã˩˧səʔ˥

【常规】zã˩˧kuE˥

【常备】zã˩˧bE˩

【常态】zã˩˧tʻE˥˩

【常怕】zã˩˧pʻo˥˩　生怕。

【常客】zã˩˧kʻɑʔ˥

【常情】zã˩˧zin˩

【常常】zã˩˧zã˩

【常时节】zã˩˧ɦɥ˩˧tsiəʔ˥　经常。

【常来常往】zã˩˧lE˩˧zã˩ɦuɑ̃˩　经常来往。

偿【zɑ̃˩˧】中州韵【ʐã˩˧】

【偿还】zɑ̃˩˧ɦuE˩

【偿命】zɑ̃˩min˩

裳【zɑ̃˩˧】中州韵【ʐã˩˧】

嫦【zɑ̃˩˧】中州韵【ʐã˩˧】

【嫦娥】zã˩˧ŋəu˩

chǎng

厂【tsʻã˥˩】中州韵【tsʻã˥˩】

【厂房】tsʻã˦vɑ̃˩˧

【厂矿】tsʻã˦kuɑ̃˥˩

【厂家】tsʻã˦kɑ˥

【厂商】tsʻã˦sã˥

【厂丫头】tsʻã˦Øo˥dɤ˩　旧时指女工。

【厂礼拜】tsʻã˦li˩˧pɑ˥˩

场【zã˩˧】中州韵【ʐã˩˧】

另见 cháng。

【场子】zã˩˧tsɿ˥˩　演艺表演的场地，剧院。

【场方】zã˩˧fã˥　（一）剧场一方（与演员一方相对）。（二）剧场负责人。

【场化】zã˩˧ho˥˩　（一）某一区域，空间的一部分。（二）部位。

【场东】zã˩toŋ˥˩　剧场主。

【场场】zã˩˧zã˩　每一场。

【场合】zã˩˧ɦəʔ˧

【场面】zã˩˧mi˩

【场面上】zã˩˧mi˩lã˩

【场面上人】zã˦mi˩lã˩ɳ̊ən˩ 场面人。

【场面头上】zã˦mi˩dʏ˩lã˩ 场面上。

【场面上闲话】zã˦mi˩lã˩ɦɛ˦ ɦo˩ 场面话。与私房话相对。

昶【tsʻã˥˩】中州韵【tʂʻã˥˩】

敞【tsʻã˥˩】中州韵【tʂʻã˥˩】

【敞开】tsʻã˦kʻɛ˥

【敞阳】tsʻã˦ɦiã˩ 宽敞，阳光充足。

【敞亮】tsʻã˥˩liã˩

【敞胸】tsʻã˦ɕioŋ˥ 敞开上衣。

【敞篷车】tsʻã˦boŋ˧tsʻo˥˩

【敞开怀抱】tsʻã˦kʻɛ˥ɦuɛ˩bæ˩ 丢开烦恼，没有任何顾忌。

氅【tsʻã˥˩】中州韵【tʂʻã˥˩】

chàng

怅【tsã˦】中州韵【tʂʻã˥˩】

畅【tsʻã˦】中州韵【tʂʻã˦】

【畅快】tsʻã˥˩kʻuɑ˥˩

【畅饮】tsʻã˥˩ɵin˥˩

【畅哉】tsʻã˦tsɛ˥ 够了，尽兴了。

【畅谈】tsʻã˦dɛ˦

【畅通】tsʻã˦tʻoŋ˥

【畅游】tsʻã˦ɦiʏ˦

【畅销】tsʻã˦siæ˥

倡【tsʻã˦】中州韵【tʂʻã˦】

【倡议】tsʻã˥˩ɦi˩或tsʻã˥˩ɳ̊i˩

【倡导】tsʻã˦dæ˦

唱【tsʻɑ̃˦】中州韵【tʂã˦】

【唱工】tsʻɑ̃˥koŋ˥˩

【唱片】tsʻɑ̃˥pʻi˥˩

【唱本】tsʻɑ̃˥pən˥˩

【唱功】tsʻɑ̃˥koŋ˥˩

【唱戏】tsʻɑ̃˥ɕi˥˩ （一）演戏。（二）喻掩盖真相的虚假行为。

【唱机】tsʻɑ̃˥tɕi˥˩

【唱词】tsʻɑ̃˥zɿ˩

【唱段】tsʻɑ̃˥dø˩
【唱票】tsʻɑ̃˧pʻiæ˧
【唱喏】tsʻɑ̃˥zo˩
【唱腔】tsʻɑ̃˥tɕiã˥
【唱山歌】tsʻɑ̃˥sE˥kəu˥ （一）多在野外劳动时编唱、流行的民间歌曲。（二）喻到处传播或信口反复说出（贬义）。
【唱反调】tsʻɑ̃˧hE˥diæ˩
【唱双簧】tsʻɑ̃˧sɑ̃˥huɑ̃˩ （一）表演双簧。（二）喻一方出面、一方背后操纵的活动。
【唱高调】tsʻɑ̃˧kæ˥diæ˩
【唱对台戏】tsʻɑ̃˧tE˥dE˩ɕi˥
【唱空城计】tsʻɑ̃˧kʻoŋ˥zən˧tɕi˧
【唱独脚戏】tsʻɑ̃˧doʔ˧tɕiɑʔ˥ɕi˥

chāo

抄【tsʻæ˥】中州韵【tsʻæ˥】

【抄本】tsʻæ˥pən˥ 手抄本。
【抄身】tsʻæ˥sən˥
【抄没】tsʻæ˥məʔ˧
【抄录】tsʻæ˥loʔ˧
【抄家】tsʻæ˥kɑ˥
【抄脱】tsʻæ˥tʻəʔ˥ （一）抄写掉。（二）搜掉。
【抄袭】tsʻæ˥ziəʔ˧
【抄霸】tsʻæ˥po˧ 强行搜身掠夺财物。
【抄小路】tsʻæ˥siæ˧ləu˩ （一）走近便的小路。（二）喻走小家子气的路子。
【抄出来】tsʻæ˥tsʻə˥lE˩ 查抄出来。
【抄后路】tsʻæ˥hY˧ləu˩
【抄灰板】tsæ˥huE˥pE˥ 本是铲灰用的工具，用来形容脚掌大（贬义）。
【抄近路】tsʻæ˥dʑən˩ləu˩ （一）走近便的路。（二）喻采用便捷的方法。
【抄得来】tsʻæ˥təʔ˥lE˩ （一）抄写得到的。（二）查抄得来的。
【抄得去】tsʻæ˥təʔ˥tɕʻi˧ （一）被人照自己所写、画的东西抄写去了。（二）被查抄走。
【抄袋袋】tsʻæ˥dE˧dE˧ 强行搜查口袋。

【抄靶子】tsʻæ˥po˥tsɿ˨

钞【tsʻæ˦】中州韵【tʂʻæ˦】

【钞票】tsʻæ˨pʻiæ˨

超【tsʻæ˥】中州韵【tʂʻæ˥】

【超】tsʻæ˥ （一）汤匙，调羹。（二）用调羹舀。（三）用铁铲等铲起。
【超人】tsʻæ˥ȵən˩
【超车】tsʻæ˥tsʻo˨
【超支】tsʻæ˥tsɿ˨
【超生】tsʻæ˥sən˨
【超出】tsʻæ˥tsʻəʔ˥
【超过】tsʻæ˥kəu˨
【超产】tsʻæ˥tsʻE˨
【超级】tsʻæ˥tɕəʔ˥
【超度】tsʻæ˥dəu˩
【超前】tsʻæ˥ziI˩
【超坯】tsʻæ˥pʻE˨ 指死人（贬义）。
【超重】tsʻæ˥zoŋ˩
【超速】tsʻæ˥soʔ˥
【超载】tsʻæ˥tsE˨
【超常】tsʻæ˥zɑ̃˩
【超脱】tsʻæ˥tʻəʔ˥ （一）不拘泥成规、传统、形式等。（二）超出，脱离；解脱，开脱。（三）铲掉。（四）隐语。死。
【超然】tsʻæ˥zø˩
【超越】tsʻæ˥ɦyəʔ˧
【超龄】tsʻæ˥lin˩
【超群】tsʻæ˥dʑyən˩
【超额】tsʻæ˥ŋɑʔ˧
【超下巴】tsʻæ˥ɦo˩bo˩ 向前撅出的下巴。
【超个来】tsʻæ˥kəʔ˥lE˩ 詈语。死去。
【超至于】tsʻæ˥tsɥ˨ɦy˩ 甚至于。
【超超等】tsʻæ˥tsʻæ˥tən˨ 特别的，异乎寻常的，等第特别高的。
【超超等，特特等】tsʻæ˥tsʻæ˥tən˨，dəʔ˧dəʔ˧tən˨ 义同［超超等］。

焯【tsʻɑʔ˥】

【焯菜】tsʻɑʔ˥tsʻE˦ 把蔬菜放在开水里略微一煮就拿出

来。

【焯一滚】tsʻaʔ˥0iəʔ˥kuən˧˩ 把生的食物放在开水里，待水重新烧开就拿出来。

chάo

晁【zæ˨˧】

巢【zæ˨˧】

【巢穴】zæ˨˧ɦyəʔ˨

朝【zæ˨˧】中州韵【ʑæ˨˧】另见 zhāo。

【朝见】zæ˨˧tɕiɪ˧˩

【朝代】zæ˨˧dE˨˩

【朝天】zæ˨˧tʻiɪ˥ （一）正面向上。（二）指见皇帝。

【朝对】zæ˨˧tE˧˩ 对着。如：小周朝对我笑笑。

【朝圣】zæ˨˧sən˧˩

【朝廷】zæ˨˧din˨˩

【朝纲】zæ˨˧kɑ̃˥

【朝奉】zæ˨˧voŋ˨˩

【朝服】zæ˨˧voʔ˨

【朝板】zæ˨˧pE˧˩ 旧时大臣见皇帝时手里拿的笏。

【朝南】zæ˨˧nø˨˩ 对着南方。喻地位高，无所顾忌。如：他反正朝南，说朝南话。

【朝拜】zæ˨˧pɑ˧˩

【朝政】zæ˨˧tsən˧˩

【朝珠】zæ˨˧tsʮ˥

【朝野】zæ˨˧ɦiɑ˨˩

【朝仔南】zæ˨˧tsɿ˧˩nø˨˧ 依仗优势的地位。

【朝天困】zæ˨˧tʻiɪ˥kən˧˩ 仰睡。

【朝南坐】zæ˨˧nø˨˧zəu˨˩ 指处于优势的地位。

【朝天跟斗】zæ˨˧tʻiɪ˥kən˥təu˧˩ 仰面摔跌。

【朝天辣火】zæ˨˧tʻiɪ˥laʔ˨həu˧˩ 种小、头尖、味特辣，生长时尖头向上的辣椒。

【朝天鼻头】zæ˨˧tʻiɪ˥bəʔ˨dʏ˨˩ 鼻孔外露的鼻子。

【朝板面孔】zæ˨˧pE˥miɪ˨˧kʻoŋ˧˩ 绷着的脸(贬义)。

【朝南闲话】zæ˨˧nø˨˧ɦE˨˧ɦo˨˩ 打官腔。

【朝南面孔】zæ˨˧nø˨˧miɪ˨˩kʻoŋ˧˩ 倚势板着的脸。

【朝南起仔】zæ˨˧nø˨˧tɕʻi˧˩tsɿ˧˩ 倚仗优势地位。

【朝奉关大门——停当】zæ˧ voŋ˩kuE˥dəu˧mən˩——din˧tã˨ 歇后语。指搞定了;结束了。

【朝南衙门八字开,有理无钱莫进来】zæ˧nø˩ŋɑ˧mən˩poʔ˥zɿ˩k'E˥,ɦiY˦li˨vu˩zi˧moʔ˧tsin˥lE˩ 形容官场腐败。

嘲【zæ˧】中州韵【ʑæ˧】

【嘲笑】zæ˩siæ˦

潮【zæ˧】中州韵【ʑæ˧】

【潮气】zæ˧tɕ'i˨

【潮水】zæ˧sɥ˨

【潮头】zæ˧dY˩ 潮汐水位的高度。

【潮红】zæ˧hoŋ˩

【潮汐】zæ˧ziəʔ˧

【潮流】zæ˩lY˩

【潮湿】zæ˧səʔ˥

【潮纽纽】zæ˧ȵiY˧ȵiY˩ 微湿的状态。

【潮搭搭】zæ˧taʔ˥taʔ˥ 义同[潮纽纽]。

chǎo

吵【ts'æ˨】

【吵头】ts'æ˦dY˧ 吵架的由头。如:有理好好讲,有啥吵头呢?

【吵闹】ts'æ˨næ˩

【吵觉】ts'æ˨kæ˨ 吵醒。

【吵僵】ts'æ˦tɕiã˥ 争吵双方互不相让,持僵持态度。

【吵翻】ts'æ˦fE˥ 因争吵而闹翻。

【吵开头】ts'æ˦k'E˥dY˧ 吵架起始。

【吵相骂】ts'æ˦siã˥mo˩ 吵架。

【吵翻天】ts'æ˦fE˥t'i˥ 形容吵闹得十分厉害。

【吵天吵地】ts'æ˦t'i˥ts'æ˦di˩ (一)形容吵闹得很厉害。(二)形容几次三番地强求。如:孙子吵天吵地要买玩具。

【吵天落地】ts'æ˦t'i˥loʔ˧di˩ 义同[吵天吵地]。

【吵得翻转来】ts'æ˨təʔ˥fE˥tsø˥lE˩ 形容吵闹得很厉害。

【吵勿出啥猪油筋】tsʻæ˦fəʔ˥ tsʻəʔ˥sɑ˥˩tsɥ˩θiɣ˥tɕən˥˩ 吵不出什么结果的。如:勿要吵哉,又吵不出啥猪油筋格(的)。

炒【tsʻæ˥˩】中州韵【tsʻæ˩】

【炒头】tsʻæ˦dɣ˩ 炒菜的总称。

【炒米】tsʻæ˦mi˩ 爆米花。

【炒货】tsʻæ˥˩həu˥˩

【炒面】tsʻæ˥˩mi˩ 煮熟后再加油和作料炒过的面条。

【炒熟】tsʻæ˦zoʔ˧ 烹调方法。把食物放在锅里加热,并随时翻动使熟。

【炒三鲜】tsʻæ˦sE˥si˥˩ 菜肴名。以鸡丝、虾仁、蹄筋等为主料的炒菜。

【炒米粉】tsʻæ˦mi˧fən˥˩ 用炒熟的糯米、芝麻等磨成粉的一种食品。

【炒米球】tsʻæ˦mi˧dʑiɣ˩ 爆米花加糖制成的球形食品。

【炒米糕】tsʻæ˦mi˧kæ˥˩ 爆米花加糖制成的方形食品。

【炒冷饭】tsʻæ˦lã˧vE˩

【炒鱿鱼】tsʻæ˦ɦiɣ˧ŋ˩或tsʻæ˥˩ɦiɣ˧ŋ˧

【炒虾等勿及红】tsʻæ˦ho˥tən˦fəʔ˥dʑi˩ɦoŋ˧ 形容性子特别急。

【炒熟黄豆——勿做种】tsʻæ˦zoʔ˧ɦuã˧dɣ˩——fəʔ˥tsəu˥˩tsoŋ˥˩ 歇后语。指没有骨气、懦弱。

【炒炒爆爆,笃笃烧烧】tsʻæ˥˩tsʻæ˥˩pæ˥˩pæ˥˩,toʔ˥toʔ˥sæ˥sæ˥˩ 指烹调的各种方法。

chē

车【tsʻo˥】中州韵【tsʻE˥】、【tsɑ˥】、【tɕy˥】另见 jū。

【车】tsʻo˥ 作动词。(车辆)运输(除活人外)。

【车工】tsʻo˥koŋ˥˩

【车子】tsʻo˥tsʻɿ˥˩

【车门】tsʻo˥mən˩

【车夫】tsʻo˥fu˥˩

【车队】tsʻo˥dE˩

C

【车水】ʦʻo˥sʮ˥˩ 用水泵或水车汲水。
【车头】ʦʻo˥dʏ˩
【车次】ʦʻo˥ʦʻɿ˥˩
【车皮】ʦʻo˥bi˩
【车行】ʦʻo˥ɦɑ̃˩
【车床】ʦʻo˥zɑ̃˩
【车间】ʦʻo˥kᴇ˥˩
【车位】ʦʻo˥ɦuᴇ˩
【车技】ʦʻo˥ʥi˩
【车速】ʦʻo˥soʔ˥
【车站】ʦʻo˥zᴇ˩
【车祸】ʦʻo˥ɦəu˩
【车脱】ʦʻo˥tʻəʔ˥ 用车运走。
【车厢】ʦʻo˥siɑ̃˥˩
【车辆】ʦʻo˥liɑ̃˩
【车棚】ʦʻo˥bɑ̃˩
【车篓】ʦʻo˥lʏ˩ 装在自行车车把前面或后架侧面,用来盛放物品的筐子。
【车篷】ʦʻo˥boŋ˩
【车干脱】ʦʻo˥kø˥tʻəʔ˥ (一)把水抽干。(二)喻钱财或体力逐渐消耗殆尽。
【车马费】ʦʻo˥mo˩fi˥˩
【车木店】ʦʻo˥moʔ˧tiɪ˥˩ 用机器镟木料制作器具的店铺。
【车龙头】ʦʻo˥loŋ˩dʏ˩ 车把。
【车末事】ʦʻo˥məʔ˧zɿ˩ 用车辆搬运东西。
【车轮战】ʦʻo˥lən˩ʦø˧
【车垃圾】ʦʻo˥lɑ˧si˥ 用车辆搬运垃圾。
【车水倒转】ʦʻo˥sʮ˥˩tæ˥˩ʦø˥˩ 喻颠倒程序行事。
【车载斗量】ʦʻo˥ʦᴇ˥˩tʏ˥˩liɑ̃˧
【车干仔水捉鱼吃】ʦʻo˥kø˥ʦɿ˥˩sʮ˥˩ʦoʔ˥ŋ˩ʨʻəʔ˥ 排干了池水捕鱼。比喻取之不留余地,无长远打算。
【车到山前必有路】ʦʻo˥tæ˧sᴇ˥ziɪ˧piəʔ˥ɦiʏ˩ləu˩ 喻事到临头总有办法解决。

砗【ʨʻo˥】中州韵【ʦʻᴇ˥】

chě

尺【ʦʻɑʔ˥】中州韵【ʦʻə˥】

另见 chǐ。

扯【ʦʻɑ˥˩】中州韵【ʦʻᴇ˥˩】

【扯手】ʦʻɑ˥sʏ˥˩ 苏州评弹

行话。胡琴。

【扯平】ʦʻɑ˦˧bin˨˩　（一）打成平局。（二）旧账相互抵消。

【扯扯】ʦʻɑ˦˧ʦʻɑ˥˩　（一）闲谈，攀谈。（二）多和少平均一下。

【扯晓】ʦʻɑ˦˧ɕiæ˥　（一）扯开话题。如：说到敏感的地方，连忙扯晓开来。（二）譬解。如：小张心里有疙瘩，我去扯晓扯晓，他心情好不少。亦作【扯晓开来】ʦʻɑ˦˧ɕiæ˥kʻE˥˥E˩。

【扯铃】ʦʻɑ˥˥lin˩　玩具。在圆柱的一端或两端，装上周围有孔的圆盒，用绳子抖动圆柱，使圆盒迅速旋转，发出嗡嗡的声音取乐。即空竹。

【扯脱】（1）ʦʻɑ˥tʻəʔ˥　撕掉。（2）ʦʻɑ˦˧tʻəʔ˥　扯开。

【扯旗】ʦʻɑ˥ʥi˧　打出旗帜，举旗。

【扯篷】ʦʻɑ˥boŋ˧　张起篷帆。

【扯白旗】ʦʻɑ˥bɑʔ˧ʥi˨˩　打出白旗表示投降。

【扯拽直】ʦʻɑ˦˧ɦiəʔ˧zəʔ˧　扯平。

【扯篷船】ʦʻɑ˥boŋ˧zø˩　帆船。

【扯格平手】ʦʻɑ˥˩kəʔ˥bin˧sY˥˩　扯平。

【扯格拽直】ʦʻɑ˥˩kəʔ˥ɦiə˧zəʔ˧　扯平。

【扯顺风篷】ʦʻɑ˥zən˧foŋ˥boŋ˨˩　喻情势有利，不依不饶。亦作【扯足顺风篷】ʦʻɑ˥ʦoʔ˥zən˧foŋ˥boŋ˨˩。

chè

彻【ʦʻəʔ˥】中州韵【tʂʻəʔ˥】

【彻底】ʦʻəʔ˥ti˥˩

【彻头彻尾】ʦʻəʔ˥dY˧ʦʻə˥vi˨˩

【彻皮彻骨】ʦʻəʔ˥bi˧ʦʻəʔ˥kuəʔ˥　彻彻底底，完完全全，毫无保留。如：拨（被）我彻皮彻骨骂了一顿。

坼【ʦʻɑʔ˥】中州韵【tʂʻəʔ˥】

【坼开】ʦʻɑʔ˥kʻE˥　裂开。

掣【ʦʻəʔ˥】中州韵【tʂʻəʔ˥】

C

撤【tsʻəʔ˥】中州韵【tsʻəʔ˥】

【撤回】tsʻəʔ˥huɛ˦

【撤军】tsʻəʔ˥tɕyən˥

【撤诉】tsʻəʔ˥səu˥˩

【撤退】tsʻəʔ˥tʻɛ˥˩

【撤销】tsʻəʔ˥siæ˥

【撤职】tsʻəʔ˥tsəʔ˥

【撤脱】tsʻəʔ˥tʻəʔ˥　除去，取消。

澈【tsʻəʔ˥】中州韵【tsʻəʔ˥】

chēn

郴【tsʻən˥】中州韵【tsʻən˥】

琛【tsʻən˥】中州韵【tsʻən˥】

嗔【tsʻən˥】中州韵【tsʻən˥】

chén

臣【zən˦】中州韵【ʑən˦】

【臣子】zən˦tsɿ˥˩

【臣服】zən˦voʔ˧

尘【zən˦】中州韵【ʑən˦】

【尘土】zən˦tʻəu˥˩

【尘世】zən˦sʮ˥˩

【尘封】zən˦foŋ˥

【尘埃】zən˦Øɛ˥

辰【zən˦】中州韵【ʑən˦】

【辰光】zən˦kuã˥　或zoŋ˦kuã˥　时候、时间。

沉【zən˦】、【zən˨】中州韵【ʑən˦】、【ʑən˨】

【沉沉】zən˨zən˨

【沉吟】zən˨ŋ̍ən˨

【沉没】zən˦məʔ˧

【沉思】zən˦sɿ˥

【沉香】zən˦ɕiã˥

【沉重】zən˦zoŋ˨

【沉倒】zən˦tæ˥˩　低倒。

【沉浸】zən˦tsin˥˩

【沉浮】zən˦vʏ˦

【沉淀】zən˦diɪ˨

【沉煞】zən˨saʔ˥　溺水死。

【沉脱】zən˨tʻəʔ˥　（一）淹

没在水中。（二）喻浪费掉。如:不懂股票偏要炒,结果铜钿沉脱。

【沉冤】zən˨˧Øiø˥

【沉着】zən˨˩zɑʔ˧

【沉痛】zən˨˩toŋ˥˩˧

【沉醉】zən˨˩ʦE˦˨˧

【沉默】zən˨˩məʔ˧

【沉煞脱】zən˨˩saʔ˥t‘əʔ˥　溺死。

【沉鱼落雁】zən˨˧ɦy˨˧loʔ˧Øi˦˨˧

【沉头汉,不好弄】zən˨˧dY˨˧hø˥˩˧,fəʔ˥hæ˥˩˧loŋ˨˩　指常低着头若有所思的男子不容易对付。

忱【zən˨˧】中州韵【ʑən˨˧】

陈【zən˨˧】中州韵【ʑən˨˧】

【陈皮】zən˨˧bi˨˩　（一）桔皮醃制的蜜饯。（二）陈年桔皮。

【陈旧】zən˨˧ʥiY˨˩

【陈设】zən˨˧səʔ˥

【陈列】zən˨˧liəʔ˧

【陈年】zən˨˧ȵi˨˩

【陈米】zən˨˧mi˨˩　已陈放一年以上的米。

【陈兵】zən˨˧pin˥

【陈规】zən˨˧kuE˥

【陈账】zən˨˧ʦã˥˩˧

【陈货】zən˨˧həu˥˩˧

【陈调】zən˨˧diæ˨˩　苏州评弹流派唱腔,陈遇乾所创。

【陈酒】zən˨˧ʦY˥˩˧

【陈酿】zən˨˧ȵiã˥˩˧

【陈醋】zən˨˧ʦ‘əu˥˩˧

【陈皮梅】zən˨˧bi˨˧mE˨˩　用梅子和陈皮作主料制作的蜜饯。

【陈绍兴】zən˨˧zæ˨˧ɕən˥˩˧　存放多年的绍兴酒。

【陈年旧账】zən˨˧ȵi˨˧ʥiY˨˩ʦã˦˨˧　积存多年的老账。喻早已过去的旧事。

【陈词滥调】zən˨˧zɿ˨˧lE˨˩diæ˨˩

【陈年挖臭屁】zən˨˧ȵi˨˩Øuaʔ˥ʦ‘Y˥pi˥˩˧　喻重提过去多时的旧事(贬义)。

【陈年宿古董】zən˨˧ȵi˨˩soʔ˥kəu˦˨˧toŋ˥　喻早已过去的事或过时的东西。

宸【zən˨˧】中州韵【ʑən˨˧】

晨【zən˨˦】中州韵【ʐən˨˦】

【晨练】zən˨˦li˨˩

【晨昏】zən˨˦huən˥

【晨星】zən˨˦sin˥

chěn

碜【ʦʻən˥˩】

chèn

衬【ʦʻən˥˩˧】中州韵【ʦʻən˥˩˧】

【衬白】ʦʻən˥bɑʔ˧　苏州评弹说表手段之一。说书人对内容解释、补充、强调。

【衬头】ʦʻən˥dY˨˩　制作西服上衣的辅料。

【衬字】ʦʻən˥˩˧zɿ˨˩

【衬托】ʦʻən˥˩˧tʻoʔ˥

【衬衫】ʦʻən˥sE˥˩

【衬衬】ʦʻən˥˩˧ʦʻən˥　衬、垫。

【衬裙】ʦʻən˥ʥyən˨˩　衬在旗袍或裙子里的薄裙。

【衬裤】ʦʻən˥kəu˥˩

【衬绒】ʦʻən˥ȵioŋ˨˩　衣服的面子和里子间夹一层绒布。

【衬一句】ʦʻən˥˩˧Øiəʔ˥ʨy˥˩　插一句附和的话。

【衬里短衫】ʦʻən˥li˨˩tø˥˩sE˥　中式衬衣。

【衬里短裤】ʦʻən˥li˨˩tø˥˩kəu˥˩　中式衬裤。

【衬托不到，洋盘直跳】ʦʻən˥tʻoʔ˥fəʔ˥tæ˥˩˧，ɦiã˨˦bø˨˩zəʔ˧tʻiæ˥˩˧　苏州评弹行话。如果说表不够细致，不是经常听书的听众会大有意见。

称【ʦʻən˥˩˧】、【ʦʻən˥】中州韵【ʦʻən˥˩˧】、【ʦʻən˥】另见 chēng；chèng。

【称】ʦʻən˥˩˧ 适合，相当。如：新郎、新娘面孔倒蛮称格（的）。

【称手】ʦʻən˥sY˥˩　使用时很顺手、方便（指工具）。

【称心】ʦʻən˥sin˥˩

【称职】ʦʻən˥˩tsəʔ˥

【称脚】ʦʻən˥ʨiɑʔ˥　穿在脚上很舒服（指鞋）。

【称勿起】ʦʻən˥fəʔ˥ʨʻi˥˩

(一) 喻没有分量。(二) 喻不能抬举的(人)。

【称心象意】ʦ'ən˥sin˥ziã˩ 0iɥ 称心如意。

趁【ʦ'ənɥ】中州韵【ʦ'ənɥ】

【趁早】ʦ'ənɥʦæV (一) 趁时间还早。(二) 抓紧时间,抢先。

【趁机】ʦ'ənɥʨi˥

【趁势】ʦ'ənɥsɥɥ

【趁便】ʦ'ənɥbiɥ

【趁淘】ʦ'ənɥdæ˧ 随着别人。

【趁淘笑】ʦ'ən˥dæ˧siæɥ 附和别人笑。

【趁嘴挥】ʦ'ən˥ʦɥ˥huEɥ 信口开河。

【趁人之危】ʦ'ənɥzən˧ʦɥV ɦuEɥ 利用人家危急的关头。

【趁风人情】ʦ'ən˥foŋ˥ŋənɥ zinɥ 趁势、顺便施惠于人。

【趁火打劫】ʦ'ən˥həu˥tãV ʨəʔ˥

【趁汤下面】ʦ'ən˥t'ã˥ɦoɥ miɥ 喻利用机会,顺便行事。

【趁此机会】ʦ'ənɥʦ'˥˥ʨi˥ ɦuEɥ 趁机。

【趁抢势里】ʦ'ənɥʦ'iã˥sɥVliɥ 趁机。

【趁热打铁】ʦ'ənɥŋəʔ˧tãV t'iəʔ˥

【趁势踏沉船】ʦ'ən˥sɥVdaʔ˧ zənɥzøɥ 喻趁人危急的时候加以陷害。

榇【ʦ'ənɥ】中州韵【ʦ'ənɥ】

谶【ʦ'ənɥ】中州韵【ʦ'ənɥ】

chēng

柽【ʦ'ən˥】中州韵【ʦ'ən˥】

琤【ʦ'ən˥】中州韵【ʦ'ən˥】

【琤纵】ʦ'ən˥ʦ'oŋ˥

【琤琤】ʦ'ən˥ʦ'ən˥

C

称【ʦʻən˥】中州韵【ʦʻən˥】另见 chèn；chèng。

【称号】ʦʻən˥hæ˩
【称呼】ʦʻən˥həu˨
【称道】ʦʻən˥dæ˩
【称雄】ʦʻən˥ɦioŋ˩
【称赞】ʦʻən˥ʦɛ˨
【称王称霸】ʦʻən˥ɦuɑ̃˧ʦʻən˥pο˧ 依仗权势，欺压别人。
【称兄道弟】ʦʻən˥ɕioŋ˥dæ˩di˩
【称称分量】ʦʻən˥ʦʻən˥vən˧liɑ̃˩ 测定重量。喻掂量掂量(贬义)。

蛏【ʦʻən˥】中州韵【ʦʻən˥】

【蛏子】ʦʻən˥ʦɿ˨

撑【ʦʻɑ̃˥】文读【ʦʻən˥】

【撑】ʦʻɑ̃˧ 抵住。
【撑士】ʦʻɑ̃˥zɿ˩ 象棋用语。支士。
【撑头】ʦʻɑ̃˥dʏ˩ 借以支撑的东西。
【撑伞】ʦʻɑ̃˥sɛ˧，或ʦʻiɑ̃˥sɛ˧ 打伞。
【撑牢】ʦʻɑ̃˥læ˩ 撑住。
【撑足】ʦʻɑ̃˥ʦoʔ˥ 至多，满打满算。
【撑船】ʦʻɑ̃˥zø˧ 用竹篙行船。
【撑绷】ʦʻɑ̃˥pɑ̃˨ （一）撑场面。（二）关系亲密。也称【撑】ʦʻɑ̃˥、【撑脱】ʦʻɑ̃˥tʻəʔ˥。
【撑腰】ʦʻɑ̃˥Øiæ˥
【撑一把】(1) ʦʻɑ̃˥Øiəʔ˥pο˨ 喻用力地支持一下。(2) ʦʻɑ̃˧Øiəʔ˥pο˨ 手用力撑持一下。
【撑门面】ʦʻɑ̃˥mən˧mi˩
【撑勿起】ʦʻɑ̃˥fəʔ˥ʨʻi˨ （一）支撑不起来。（二）指身体虚弱，起不了身。
【撑市面】ʦʻɑ̃˥zɿ˩mi˩ 撑场面。
【撑过去】ʦʻɑ̃˥kəu˥ʨʻi˧ （一）撑船往那边去。（二）隐语。(人)往那边过去。
【撑过来】ʦʻɑ̃˥kəu˥lɛ˩ （一）撑船往这边来。（二）

隐语。(人)往这边过来。
【撑场面】ʦʻã˥zã˧mi˩
【撑高跳】ʦʻã˥kæ˥tʻiæ˧ 撑竿跳高。
【撑起来】(1) ʦʻã˥ʨi˥lɛ˩ 支撑起来。(2) ʦʻã˧ʨʻi˥lɛ˩ 指虚弱的身体勉强起身。
【撑骆驼】ʦʻã˥loʔ˧dəu˩ (一)一种体育运动。跳小山羊。(二)一种游戏。一人弯腰拱背,另一人两手撑其背跳跃过去。

噌【ʦʻən˥】

【噌锪嚓嗒】ʦʻən˥tʻã˥ʦʻɑʔ˥tʻaʔ˥ 象声词。形容狂吃狂喝发出的不雅声音。

瞠【ʦʻən˥】中州韵【ʦʻən˥】

chéng

成【zən˧】中州韵【ʑən˧】

【成人】(1) zən˩ȵən˧ 人发育成熟,喻懂得世事(含讽刺)。(2) zən˧ȵən˩ 成年的人。
【成丁】zən˧tin˥
【成才】zən˧zɛ˧
【成心】zən˧sin˥
【成文】zən˩vən˧
【成长】zən˩ʦã˥
【成见】zən˧ʨi˥
【成仁】zən˧zən˧
【成风】zən˧foŋ˥
【成立】ʑən˩liəʔ˧
【成功】zən˧koŋ˥
【成本】zən˧pən˥
【成头】zən˧dɤ˩ 分成的成数。
【成交】zən˧ʨiæ˥
【成全】zən˧zi˩
【成色】zən˧səʔ˥
【成材】zən˧zɛ˧
【成员】zən˧ɦiø˩
【成账】zən˧ʦã˧ 后缀词。用在一到十的数字后面表示成数。如:事情有六成账把握。即有百分之六十的把握。
【成规】zən˧kuɛ˥
【成果】zən˧kəu˥

【成命】zən˩˧min˧˩
【成亲】zən˩˧tsʻin˥
【成语】zən˩˧ȵy˧˩
【成品】zən˩˧pʻin˥˨
【成药】zən˩˧ɦiɑʔ˧
【成家】(1) zən˩˧kɑ˥ (男子)结婚。(2) zən˩˧tɕiɑ˥ 成为专家。
【成效】zən˩˧ɦiæ˧˩
【成就】zən˧˩zʏ˧˩
【成熟】zən˩˧zoʔ˧
【成器】zən˩˧tɕi˦˩˨
【成人之美】zən˩˧zən˧˩tsʮ˥˨ mE˥˨
【成日成夜】zən˩˧ȵəʔ˧zən˩˧ Øiɑ˦˩˨ 整天整晚。
【成败在此一决】zən˧˩bɑ˧˩ zE˧˩tsʻɿ˥˨Øiəʔ˥tɕyəʔ˥ 成功或者失败就看这一次。
【成也萧何，败也萧何】zən˩˧ Øiɪ˥siæ˥ɦəu˧˩，bɑ˧˩Øiɪ˥ siæ˥ɦəu˧˩
【成者为王，败者为寇】zən˩˧ tsʏ˥(tsE˥˨)ɦuE˧˩ɦuɑ̃˩˧，bɑ˧˩ tsʏ˥˨(tsE˥˨)ɦuE˧˩kʻʏ˥˨ 喻成功者什么都对，失败者什么都错。
【成事不足，败事有余】zən˩˧ zɿ˧˩pəʔ˥tsoʔ˥，bɑ˧˩zɿ˧˩ɦiʏ˧˩ ɦy˩˧

丞【zən˩˧】中州韵【ʐən˩˧】

【丞相】zən˧˩siɑ̃˥˨

呈【zən˩˧】中州韵【ʐən˩˧】

【呈上】zən˧˩zɑ̃˧˩ 恭敬地送上去。
【呈报】zən˧˩pæ˥˨
【呈现】zən˧˩ɦiɪ˧˩

诚【zən˩˧】中州韵【ʐən˩˧】

【诚心】zən˩˧sin˥
【诚朴】zən˩˧pʻoʔ˥
【诚实】zən˧˩zəʔ˧
【诚信】zən˩˧sin˦˩˨
【诚恳】zən˩˧kʻən˥˨
【诚意】zən˩˧Øi˥˨
【诚惶诚恐】zən˩˧ɦuɑ̃˧˩zən˩˧ kʻoŋ˥˨
【诚心诚意】zən˩˧sin˥zən˧˩

ØiY 诚恳的心意。

承【zən˦】中州韵【ʑən˦】

【承办】zən˨bɛ˨
【承认】zən˨ȵən˨
【承包】zən˦pæ˥
【承平】zən˨bin˨
【承欢】zən˦huø˥
【承当】zən˦tã˥
【承担】zən˦tɛ˥
【承受】zən˨zʏ˨
【承重】zən˦zoŋ˨
【承诺】zən˦noʔ˦
【承蒙】zən˨moŋ˨
【承上启下】zən˨zã˨tɕʻi˥ɦo˨
【承前启后】zən˦zii˦tɕʻi˥ɦʏ˨ 继承前代的并启发后辈（多用于学问、事业等）。

城【zən˦】中州韵【ʑən˦】

【城区】zən˦tɕʻy˥
【城市】zən˦zʅ˨
【城头】zən˦dʏ˨ 城墙。
【城池】zən˦zʅ˨
【城河】zən˦ɦəu˨ 护城河。
【城关】zən˦kuɛ˥
【城府】zən˦fu˥
【城砖】zən˦tsø˥ 砌造城墙的大砖。
【城隍】zən˦ɦuã˨ 又称【城隍老爷】zən˦ɦuã˦læ˨ɦia˨。
【城脚】zən˦tɕiã˥ 城墙下面。
【城厢】zən˦siã˥
【城楼】zən˦lʏ˨ 城门上面的建筑。
【城镇】zən˦tsən˥
【城墙】zən˦ziã˨
【城门官】zən˦mən˨kuø˥ 看守城门的官员。
【城门洞】zən˦mən˦doŋ˨ 城门。
【城外头】zən˦ŋaʔ˦dʏ˨ 城外。
【城里人】zən˦li˨ȵən˨ 市民。
【城里向】zən˦li˨ɕiã˥ 城内。
【城隍老】zən˦ɦuã˦læ˨ 缩脚韵——爷。
【城隍庙】zən˦ɦuã˦miæ˨

供奉城隍的庙宇。

【城头浪栽花——高中(种)】zən˩˧dʏ˧˩lɑ̃˧˩tsᴇ˥ho˥——kæ˥tsoŋ˥˩(tsoŋ˥˩)　歇后语。考中了。

【城头浪跑马——兜圈子】zən˩˧dʏ˩˧lɑ̃˧˩bæ˩˧mo˧˩——tʏ˥tɕʰiø˥tsɿ˥˩　歇后语。喻说话、行事绕弯子。

【城隍老爷戴孝——白跑(袍)】zən˩˧ɦuɑ̃˩˧læ˧˩ɦiɑ˧˩tɑ˥hæ˦˩˧——bɑʔ˧bæ˧˩(bæ˧˩)　歇后语。指白走了一趟。

【城头浪出棺材——远兜远转】zən˩˧dʏ˩˧lɑ̃˧˩tsʰəʔ˥kuø˥zᴇ˧˩——ɦiø˩˧tʏ˥ɦiø˧˩tsø˥˩　喻说话、行事绕弯子。

【城隍庙里格铁算盘——算勿清】zən˩˧ɦuɑ̃˩˧miæ˧˩li˧˩kəʔ˥tʰiəʔ˥sø˥bø˧˩——sø˥fəʔ˥tsʰin˥˩　弄不清楚。

【城砖厾上来当拜年贴子】zən˩˧tsø˥toʔ˥zɑ̃˧˩lᴇ˧˩tɑ̃˦˩˧pɑ˥nii˥tʰiəʔ˥tsɿ˥˩　形容涵养功夫好,打击再大,不为所动。

乘【zən˩˧】、【tsʰən˦˩˧】中州韵【ʑən˩˧】、【tsʰən˦˩˧】

【乘兴】tsʰən˦˩˧ɕən˦˩˧

【乘坐】tsʰən˦˩˧zəu˧˩

【乘法】zən˩˧fɑʔ˥

【乘便】tsʰən˦˩˧bi˧˩或zən˩˧bi˧˩

【乘客】tsʰən˥kʰɑʔ˥

【乘风凉】zən˩˧foŋ˥liɑ̃˧˩　纳凉。

【乘便船】tsʰən˦˩˧bi˩˧zø˧˩　搭乘便船。喻趁便。

【乘人之危】tsən˦˩˧zən˧˩tsɥ˥˩ɦuᴇ˧˩

【乘风破浪】tsʰən˦˩˧foŋ˥pʰu˦˩˧lɑ̃˧˩

【乘虚而入】tsʰən˦˩˧ɕy˥ɦəl˧˩zəʔ˧

盛【zən˩˧】、【zɑ̃˩˧】中州韵【ʑən˩˧】

【盛】zɑ̃˩˧　姓或地名。

【盛饭】zən˩˧vᴇ˧˩　把饭放进碗等器皿里。

【盛菜】zən˩˧tsʰᴇ˦˩˧　把菜肴放进碗等器皿里。

【盛起来】zən˦tɕʻi˥lE˩ 把东西从锅等器皿里用铲刀等工具拿起来。

【盛饭碗】zən˦vE˦ʘuø˥˩ 装饭用的碗。

【盛饭超】zən˦vE˦tsʻæ˥ 装饭用的工具勺。

程【zən˦】中州韵【ʑən˦】

【程仪】zən˦ɦi˨ 赠送的路费。

【程式】zən˦səʔ˥

【程序】zən˦zi˩

【程度】zən˦dəu˩

【程咬金三斧头】zən˦ɦiæ˦tɕən˥˩sE˥fu˥˩dY˩ 俗语。指做事虎头蛇尾;或竞技时,开始时非常凶猛,之后也不过如此。

惩【zən˦】中州韵【ʑən˦】

【惩罚】zən˦zaʔ˧

【惩前毖后】zən˦zi˧bi˩ɦY˩

塍【zã˦】文读【zən˦】中州韵【ʑən˦】

澄【zən˦】中州韵【ʑən˦】

【澄清】zən˦tsʻin˥

橙【zã˦】文读【zən˦】中州韵【ʑən˦】

【橙子】(1) zã˦tsɿ˥˩ 酸橙的果实,味酸,果皮绿色,香气强烈。(2) zən˦tsɿ˥˩ 甜橙的果实,味甜,果皮红黄色。

【橙汁】zən˦tsəʔ˥ 甜橙的果汁。

【橙瓤】zã˦lã˩ 酸橙的果肉。

chěng

逞【tsʻən˥˩】中州韵【tsʻən˥˩】

【逞仔心上】tsʻən˥tsɿ˥˩sin˥lã˩ 依着性子。

【逞态倚态】tsʻən˥tʻE˥˩ʘi˥˩tʻE˥˩

任着性子胡来。

骋【tsʻən˧˩】中州韵【tʂʻən】

C

chèng

秤【tsʻən˦˨】中州韵【tʂʻən˦˨】

【秤头】tsʻən˥dʏ˩　秤称东西的计量。

【秤纽】tsʻən˥ȵiʏ˩　秤毫。杆秤上手提的部分，条状物，多用绳子或皮条制成。

【秤星】tsʻən˥sin˧˩

【秤砣】tsʻən˥dəu˩

【秤梢】tsʻən˥sæ˧˩　杆秤秤杆的后部。

【秤梗】tsʻən˥kã˧˩　秤杆。

【秤盘】tsʻən˥bø˩　盘秤一端系的金属盘子，用来盛所称的物品。又名【戥盘】tən˦˨bø˦。

【秤扎钩】tsʻən˥tsɑʔ˥kʏ˧˩　秤钩。

【秤纽绳】tsʻən˥ȵiʏ˩zən˩　秤纽。

【秤沟洞】tsʻən˥kʏ˥doŋ˩　生于耳廓上部连接面颊的地方的先天性瘘管。

【秤砣虽小压千斤】tsʻən˥dəu˩sᴇ˥siæ˧˩Øɑʔ˥tsʻii˥tɕən˧˩　喻似弱而强。

【秤不离砣，公不离婆】tsʻən˦˨pəʔ˥li˩dəu˩，koŋ˥pəʔ˥li˦bu˦　喻形影相随、难以分离的老夫妻。

chī

吃【tɕʻəʔ˥】中州韵【tʂʻəʔ˥】

【吃刀】tɕʻəʔ˥tæ˥　指被刀斩。多指杀头。

【吃力】tɕʻəʔ˥liəʔ˦

【吃口】tɕʻəʔ˥kʻʏ˧˩　（一）需要负担的家庭人员。（二）吃到嘴里的感觉。

【吃亏】tɕʻəʔ˥kʻuᴇ˥

【吃开】tɕʻəʔ˥kʻᴇ˥　吃完，吃过。

【吃水】tɕʻəʔ˥sʮ˧˩　（一）喝水。（二）船身入水的深度。

【吃斗】tɕʻəʔ˥tʏ˦˨　指人有骨气，有忍受力强。

【吃风】tɕʻəʔ˥foŋ˥　（一）吃

喝的风气。(二) 正对着风。

【吃心】ʨʻəʔ˥sin˥ 指贪欲。

【吃计】ʨʻəʔ˥ʨi˧˦ 中计。

【吃闪】ʨʻəʔ˥sø˥˧ (一) 棘手。(二) 惧怕。

【吃灭】ʨʻəʔ˥miəʔ˧ 侵吞。

【吃头】ʨʻəʔ˥dY˨˧ 对食欲的诱惑力。

【吃吃】ʨʻəʔ˥ʨʻəʔ˥ (一) 吃。(二) 喻欺侮。

【吃夹】ʨʻəʔ˥kaʔ˥ 吃东西之后胃部不舒服。喻判断错误。

【吃血】ʨʻəʔ˥ɕyəʔ˥ 很费钱。

【吃光】ʨʻəʔ˥kuã˥ 吃得一点不剩。喻都被对方赢去。

【吃动】ʨʻəʔ˥doŋ˩˧ (食品) 已被吃过。

【吃饭】ʨʻəʔ˥vE˩˧

【吃进】ʨʻəʔ˥tsin˧˦ (一) 接收进去。(二) 喻上当。

【吃价】ʨʻəʔ˥kɑ˥˧ (一) 品位高,上档次。(二) 指人有忍受力。

【吃住】ʨʻəʔ˥zɥ˩˧ (一) 吃饭加住宿。(二) 死死盯住不放。(三) 扣押住。(四) 固定住。

【吃牢】ʨʻəʔ˥læ˨˧ (一) 死死盯住。(二) 扣押住。(三) 控制住。

【吃坏】ʨʻəʔ˥ɦuɑ˧˦ 因吃致病。

【吃穷】ʨʻəʔ˥dʑioŋ˨˧ 因好吃而致贫。

【吃没】ʨʻəʔ˥məʔ˥ 义同【吃灭】。

【吃局】ʨʻəʔ˥dʑioʔ˧ 多指小吃类东西。

【吃屁】ʨʻəʔ˥pʻi˧˦ 喻劳而无功、一无所获。

【吃饱】ʨʻəʔ˥pæ˥˧

【吃苦】ʨʻəʔ˥kʻəu˥˧

【吃昏】ʨʻəʔ˥huən˥ (一) 喻犯低级错误。(二) 利令智昏。

【吃油】ʨʻəʔ˥ɦiY˨˧ 耗油。

【吃客】ʨʻəʔ˥kʻɑʔ˥ (一) 饮食店里的顾客。(二) 喜欢美食的人,精于吃的人。

【吃账】ʨʻəʔ˥tsã˧˦ 日常饮食消费;饮食消费。

【吃重】ʨʻəʔ˥zoŋ˩˧

【吃斋】ʨʻəʔ˥tsɑ˧˦

【吃紧】tɕʻəʔ˥tɕən˥˩˥

【吃食】tɕʻəʔ˥zəʔ˧ 吃的东西。

【吃屎】tɕʻəʔ˥sɿ˥˩˥ 詈语。指丧失人性。

【吃挺】(1) tɕʻəʔ˥tʻin˥˩˥ 吃得很饱或吃得很过瘾。(2) tɕʻəʔ˥tʻin˦ 吃过之后剩下的(食品)。

【吃相】tɕʻəʔ˥siã˦ （一）吃东西的姿态神情。（二）人的形态、举止、吐谈等方面的素质。（三）象棋用语。吃掉“相”的那枚棋子。

【吃响】tɕʻəʔ˥ɕiã˥˩˥ 受欢迎，受重视。

【吃香】tɕʻəʔ˥ɕiã˥

【吃品】tɕʻəʔ˥pʻin˥˩˥ 吃东西的姿态神情。

【吃茶】tɕʻəʔ˥zo˧ 喝茶。

【吃残】tɕʻəʔ˥zE˧ 指吃过之后剩下的食品。

【吃穿】tɕʻəʔ˥tsʻø˥ 喻在从事的行当中获得成功。

【吃药】tɕʻəʔ˥ɦiɑʔ˧ 服药。喻上当受骗。

【吃倒】tɕʻəʔ˥tæ˥˩˥ 以势压倒人。

【吃烟】tɕʻəʔ˥θiɪ˥ 抽烟。

【吃屑】tɕʻəʔ˥siəʔ˥ 消闲食品。

【吃透】tɕʻəʔ˥tʻʏ˦

【吃素】tɕʻəʔ˥səu˦ （一）吃斋。（二）喻没有能耐。（多用于反语）

【吃准】tɕʻəʔ˥tsən˥˩˥

【吃教】tɕʻəʔ˥tɕiæ˦

【吃顿】tɕʻəʔ˥tən˦ 说话中出现不自然停顿。

【吃料】tɕʻəʔ˥liæ˩ 费料。

【吃硬】tɕʻəʔ˥ŋã˩ 有骨气，有忍耐力。

【吃煞】tɕʻəʔ˥saʔ˥ （一）吃准。（二）吃得太多太多。

【吃掭】tɕʻəʔ˥tʻiɪ˦ （一）算计有误。（二）上当。

【吃脱】tɕʻəʔ˥tʻəʔ˥ 吃掉。喻被消灭、并吞。

【吃着】(1) tɕʻəʔ˥zɑʔ˧ （一）吃到。（二）哪知，偏偏。如：我到苏州去寻他，吃着他到乡下去了。(2) tɕʻəʔ˥tsɑʔ˥ 吃饭和穿衣，指日常生活必需品。

【吃精】tɕʻəʔ˥tsin˥ 精明（贬义）。

【吃熟】tɕʻəʔ˥zoʔ˧ 记熟，读

熟。

【吃瘪】ʨʻəʔ˥piəʔ˥

【吃剩】ʨʻəʔ˥zã˩˧　吃过之后剩余的(食品)。

【吃道】ʨʻəʔ˥dæ˩˧　在同行面前怯场。

【吃罪】ʨʻəʔ˥zE˩˧

【吃醋】ʨʻəʔ˥tsʻəu˧˦

【吃颛】ʨʻəʔ˥tsø˥　突然变得愚昧、糊涂,不近人情。

【吃膯】ʨʻəʔ˥tən˧˦　因饮食过量而引起肚腹胀满、神情呆滞的样子。

【吃工夫】ʨʻəʔ˥koŋ˥fu˥˧　耗费工时多。

【吃下叶】ʨʻəʔ˥ɦo˨˧ɦiəʔ˧　处于被动地位。

【吃开饭】ʨʻəʔ˥kʻE˥vE˩˧　饭后。

【吃勿开】ʨʻəʔ˥fəʔ˥kʻE˥　行不通,不受欢迎。

【吃勿光】ʨʻəʔ˥fəʔ˥kuɑ̃˥　(一)不能吃完。(二)喻对付不了。

【吃勿出】ʨʻəʔ˥fəʔ˥tsʻəʔ˥　吃东西时,辨别不出食品中的异味或其中的成分、味道、品牌等。

【吃勿来】ʨʻəʔ˥fəʔ˥lE˨˧　吃不来。

【吃勿牢】ʨʻəʔ˥fəʔ˥læ˩˧　控制不住(对方)。

【吃勿住】ʨʻəʔ˥fəʔ˥zɥ˩˧　(一)吃不住。(二)受不了。

【吃勿准】ʨʻəʔ˥fəʔ˥tsən˥˧　吃不准。

【吃勿透】ʨʻəʔ˥fəʔ˥tʻɤ˧˦　不能透彻理解。

【吃勿消】ʨʻəʔ˥fəʔ˥siæ˥　吃不消。

【吃勿着】ʨʻəʔ˥fəʔ˥zɑʔ˧　吃不到。

【吃勿啮】ʨʻəʔ˥fəʔ˥ŋ̊əʔ˧　咬不动。

【吃勿落】ʨʻəʔ˥fəʔ˥loʔ˧　(一)吃不下。(二)喻对付不了。

【吃勿煞】ʨʻəʔ˥fəʔ˥saʔ˥　(一)吃不准。(二)形容食量大。

【吃长素】ʨʻəʔ˥zɑ̃˨˧səu˥˧　信佛的人长年吃素。

【吃中饭】ʨʻəʔ˥tsoŋ˥vE˩˧　吃午饭。

【吃仔口】tɕʻəʔ˥ʦɿ˥˨kʻʏ˥˨ 吃了一口,吃了一点儿。

【吃生书】tɕʻəʔ˥sã˥sʮ˥˨ 评弹演员排练新剧本。亦作【吃书】tɕʻəʔ˥sʮ˥。

【吃功夫】tɕʻəʔ˥koŋ˥fu˥˨

【吃生活】tɕʻəʔ˥sã˥ɦuəʔ˧ 挨打。

【吃奶奶】tɕʻəʔ˥nɑ˦nɑ˨˩ （婴儿）吃奶。

【吃白果】tɕʻəʔ˥bɑʔ˧kəu˥˨ 指遭人白眼。

【吃白食】tɕʻəʔ˥bɑʔ˧zəʔ˧

【吃白饭】tɕʻəʔ˥bɑʔ˧vᴇ˨˩ 光吃饭,没有菜。

【吃轧头】tɕʻəʔ˥gaʔ˧dʏ˨˩ 挨批评、处分。

【吃头势】tɕʻəʔ˥dʏ˦sʮ˥˨ 吃的势头。

【吃会胖】tɕʻəʔ˥ɦuᴇ˦pʻɑ̃˥˨ 得“会”者请参“会”者吃酒席。参见“摇会”、“标会”。

【吃交情】tɕʻəʔ˥tɕiæ˥zin˨˩ （一）看在交情份上。（二）讲情义。

【吃夹账】tɕʻəʔ˥kaʔ˥ʦã˦ 喻被人误会。

【吃夹档】tɕʻəʔ˥kaʔ˥tɑ̃˦ 指被矛盾双方误会,夹在中间两头不讨好。

【吃名气】tɕʻəʔ˥min˦tɕi˥˨ 慕名。

【吃老本】tɕʻəʔ˥læ˦pən˥˨

【吃衣裳】tɕʻəʔ˥θi˥zɑ̃˨˩ 指体胖的人穿衣服要很宽大。

【吃老蟹】tɕʻəʔ˥læ˦hɑ˥˨ 指男子为博取财物,与比自己年龄大得多的女子发生暧昧关系。

【吃讲茶】tɕʻəʔ˥kɑ̃˦zo˨˩

【吃耳光】tɕʻəʔ˥n̥i˧kuɑ̃˥ 被打耳光。

【吃老泡】tɕʻəʔ˥læ˦pʻæ˥˨ 趣语。吃泡饭（含指生活平常的意思）。

【吃老酒】tɕʻəʔ˥læ˦ʦʏ˥ 喝酒。

【吃回扣】tɕʻəʔ˥ɦuᴇ˦kʻʏ˥˨

【吃过饭】tɕʻəʔ˥kəu˥vᴇ˨˩ 饭后。

【吃过歇】tɕʻəʔ˥kəu˥ɕəʔ˥ 曾经吃过。

【吃汤团】tɕʻəʔ˥tʻɑ̃˥dø˨˩ 吃汤圆。喻一无所获。也作

【吃零汤团】tɕʻəʔ˥lin˧tʻã˥dø˩˧。

【吃花酒】tɕʻəʔ˥ho˥tsY˥˧ 吃酒时有妓女陪酒。

【吃豆腐】tɕʻəʔ˥dY˧vu˩˧

【吃屁股】tɕʻəʔ˥pʻi˥kəu˥˧ 被打屁股。

【吃私食】tɕʻəʔ˥sɿ˥zəʔ˧ 瞒着别人私下吃东西。

【吃辰光】tɕʻəʔ˥zən˧kuã˥˧ 或 tɕʻəʔ˥zoŋ˧kuã˥˧ 费时。

【吃闲饭】tɕʻəʔ˥ɦE˧vE˩˧

【吃作料】tɕʻəʔ˥tsoʔ˥liæ˩˧ （一）烹调时费调味品较多。（二）指食品完全靠调味品调味。

【吃饱哉】tɕʻəʔ˥pæ˥˧tsE˥˧ 吃饱了。常用作讥讽语，有吃饱了没事干的意思。

【吃现成】tɕʻəʔ˥ɦiɪ˧zən˩˧ （一）指坐享其成。（二）指不下厨而享受饭食。

【吃空额】tɕʻəʔ˥kʻoŋ˥ŋɑʔ˧

【吃采头】tɕʻəʔ˥tsʻE˧˦dY˩˧ 得到观众的喝采。

【吃拆困】tɕʻəʔ˥tsʻɑʔ˥kʻuən˧˦ 指吃饭、大小便、睡觉，最基本的日常生活要素。

【吃昏头】tɕʻəʔ˥huən˥dY˦ 形容变糊涂了。

【吃苦头】tɕʻəʔ˥kʻəu˧˦dY˦

【吃官司】tɕʻəʔ˥kuø˥sɿ˥˧

【吃软饭】tɕʻəʔ˥ŋø˩˧vE˩˧ 男人依靠女人生活。

【吃物事】tɕʻəʔ˥məʔ˧zɿ˩˧ 吃东西。

【吃夜饭】tɕʻəʔ˥ɦia˥vE˩˧ 吃晚饭。

【吃活儿】tɕʻəʔ˥ɦuəʔ˥ɦəl˥˧ 上当，中计。

【吃赔账】tɕʻəʔ˥bE˧tsã˥˧ 因经手财物时出了差错而赔偿损失。

【吃倒账】tɕʻəʔ˥tæ˥˧tsã˥˧ 因经手财物出了差错而赔偿损失或被追究责任。

【吃洋盘】tɕʻəʔ˥ɦiã˧bø˩˧ 欺人不懂行。

【吃面子】tɕʻəʔ˥miɪ˧tsɿ˥˧ 照顾情面。

【吃签子】tɕʻəʔ˥tsʻiɪ˥tsɿ˥˧ 评弹行话。场方少报营业额进行贪污。

【吃钝头】tɕʻəʔ˥dən˧dY˩˧ 受

到讥讽。

【吃独食】ʨʻəʔ˥doʔ˧zəʔ˧ 私下里一个人吃东西。喻利益独占。

【吃独桌】ʨʻəʔ˥doʔ˧ʦoʔ˥ 旧时死囚上断头台之前吃的最后一餐。今多用作调侃一人吃饭。

【吃香烟】ʨʻəʔ˥ɕiã˥ʔiɪ˥˨ 抽烟。

【吃鸭蛋】ʨʻəʔ˥ʔaʔ˥dE˨˩ 吃鸭子生的蛋。喻一无所获，得分为零。

【吃酒菜】ʨʻəʔ˥ʦY˥˨ʦʻE˥˨ 喝酒用的菜。

【吃屑店】ʨʻəʔ˥siəʔ˥tiɪ˦˩˧ 茶食、零食商店。

【吃娘鸟】ʨʻəʔ˥ȵiã˦tiæ˥˨ 喻忤逆父母、欺师灭祖的忘恩负义者。

【吃怦头】ʨʻəʔ˥pʻoŋ˥dY˨˩ 被严厉训斥。

【吃秤头】ʨʻəʔ˥ʦʻən˥dY˨˩ 称物时以少报多的欺诈行为。

【吃家生】ʨʻəʔ˥kɑ˥sã˥˨ 被人持物击中。喻被严厉处置。

【吃料作】ʨʻəʔ˥liæ˦ʦoʔ˥ 制衣费较多的衣料。

【吃倷格】ʨʻəʔ˥nE˦kaʔ˥ 吃你的饭吗？要你来管束我？

【吃铳货】ʨʻəʔ˥ʦʻoŋ˥həu˥˨ 买进假货。喻引进无用或不好的人。

【吃堆老】ʨʻəʔ˥tE˥læ˨˩ 上当受骗。

【吃得开】ʨʻəʔ˥təʔ˥kʻE˥

【吃得光】ʨʻəʔ˥təʔ˥kuɑ̃˥ （一）能吃完。（二）喻能对付。

【吃得出】ʨʻəʔ˥təʔ˥ʦʻəʔ˥ 吃东西时，能分辨出食品中的异味或其中的成分、味道、品牌等。

【吃得住】ʨʻəʔ˥təʔ˥zɥ˨˩ （一）能够承受。（二）能够控制得住。

【吃得透】ʨʻəʔ˥təʔ˥tʻY˦˩ 能理解透彻。加深程度作【吃得透里透】ʨʻəʔ˥təʔ˥tʻY˦˩li˦tʻY˦˩。

【吃得消】ʨʻəʔ˥təʔ˥siæ˥

【吃得啮】ʨʻəʔ˥təʔ˥ȵəʔ˧ 指吃的东西牙齿能对付。

【吃得落】tɕʻəʔ˥təʔ˥loʔ˧ （一）能吃下去。喻有能力承受。（二）能吃。

【吃得煞】tɕʻəʔ˥təʔ˥saʔ˥ 能认定，确认。加深程度作【吃得煞里煞】tɕʻəʔ˥təʔ˥saʔ˥li˦saʔ˥。

【吃得准】tɕʻəʔ˥təʔ˥tsən˥˩ 能认定，确认。加深程度作【吃得准里准】tɕʻəʔ˥təʔ˥tsən˦˩˨li˦tsən˥˩。

【吃排头】tɕʻəʔ˥bɑ˦dY˨˧ 受到训斥。

【吃冤家】tɕʻəʔ˥Øiø˥kɑ˥˩ 形容滥吃。

【吃惊吓】tɕʻəʔ˥tɕən˥hɑʔ˥ 受到惊吓。

【吃救济】tɕʻəʔ˥tɕiY˥tsi˥˩ 依靠救济金过日子。

【吃野食】tɕʻəʔ˥ɦiɑ˦zəʔ˧ 原指动物在野外吃食。多喻有外遇。

【吃粥饭】tɕʻəʔ˥tsoʔ˥vE˨˧ 喻有人性。

【吃硌头】tɕʻəʔ˥goʔ˧dY˨˧ 受到训斥。

【吃傢生】tɕʻəʔ˥kɑ˥sã˥˩ （一）被兵器击中。（二）喻受到训斥或处分。

【吃喜酒】tɕʻəʔ˥ɕi˦˩˨tsY˥˩ 喝喜酒。

【吃错药】tɕʻəʔ˥tsʻo˥ɦiɑʔ˧ （一）服了不对症的药。（二）形容思维怪异、行为出格。

【吃苍蝇】tɕʻəʔ˥tsʻɑ̃˥Øin˥˩ 扑克游戏中指受迷惑出错牌。

【吃零食】tɕʻəʔ˥lin˦zəʔ˧ 吃休闲食品。

【吃煞快】tɕʻəʔ˥saʔ˥kuɑ˦˩˨ 吃了好多。

【吃煞脱】tɕʻəʔ˥saʔ˥tʻəʔ˥ 吃死掉。形容吃太多。

【吃隑饭】tɕʻəʔ˥gE˦vE˨˧ 寄人篱下生活。

【吃鹞肉】tɕʻəʔ˥ɦiæ˦ȵ̊oʔ˧ 放风筝时风筝被树枝等戳破或挂住。

【吃墨水】tɕʻəʔ˥məʔ˧sɥ˥˩ 形容受过文化教育。

【吃螺蛳】tɕʻəʔ˥ləu˦sɿ˥ （一）食用螺蛳。（二）喻说话中偶然的不流畅现象。

【吃鼱脱】tɕʻəʔ˥tsø˥təʔ˥ 义

同【吃颡】。

【吃薄屎】tɕʻəʔ˥boʔ˧sɿ˥˩ 趣语。指人出生之前。是【杭州吃薄屎】ɦɑ̃˩˧tsʏ˥tɕʻəʔ˥boʔ˧sɿ˥˩的略语。

【吃薄粥】tɕʻəʔ˥boʔ˧tsoʔ˥ （一）吃很稀的稀饭。（二）指生活极其困苦。

【吃嚎头】tɕʻəʔ˥ɕyəʔ˥dʏ˧˩ 上当受骗。

【吃吓头】tɕʻəʔ˥hɑʔ˥dʏ˧˩ 受到惊吓。

【吃人民饭】tɕʻəʔ˥zən˩˧min˩˧vE˧˩ 指吃官司。

【吃大锅饭】tɕʻəʔ˥dɑ˩˧kəu˥vE˧˩

【吃开口饭】tɕʻəʔ˥kʻE˥kʏ˥˩vE˧˩

【吃毛栗子】tɕʻəʔ˥mæ˩˧liəʔ˧tsɿ˥˩ 手指弯曲起来打人头顶。

【吃生米饭】tɕʻəʔ˥sã˥mi˧˩vE˧˩ 形容态度生硬。

【吃出汗来】tɕʻəʔ˥tsʻəʔ˥hø˧˩lE˧˩ 形容拼命吃。

【吃用开销】tɕʻəʔ˥ɦioŋ˧˩kʻE˥siæ˥˩ 指日常开支。

【吃西北风】tɕʻəʔ˥si˥poʔ˥foŋ˥˩ 指没有东西吃，挨饿。

【吃肉生意】tɕʻəʔ˥ȵoʔ˧sã˥øi˥˩ 指利润或收入高的行当或业务。

【吃肉和尚】tɕʻəʔ˥ȵioʔ˧ɦəu˩˧zɑ̃˧˩ （一）不守戒律吃荤腥的和尚。（二）指喜欢吃肉的人。

【吃吃力力】tɕʻəʔ˥tɕʻəʔ˥liəʔ˧liəʔ˧ 十分辛苦。

【吃豆腐饭】tɕʻəʔ˥dʏ˩˧vu˩˧vE˧˩ 丧事后的会餐。

【吃饭台子】tɕʻəʔ˥vE˩˧dE˧˩tsɿ˥˩ 吃饭用的桌子。

【吃饭傢生】tɕʻəʔ˥vE˩˧kɑ˥sã˥˩ （一）餐具。（二）指谋生的工具。（三）隐语。头颅。

【吃社会饭】tɕʻəʔ˥zo˩˧ɦuE˩˧vE˧˩ 依靠敲诈勒索等流氓行为混日子。

【吃足输赢】tɕʻəʔ˥tsoʔ˥sɥ˥ɦin˧˩ （一）吃了很多。喻进足货。（二）后缀词。用在“苦头”后，表示程度很深。

【吃花生米】tɕʻəʔ˥ho˥sən˥

mi˩　指中枪弹，枪毙。

【吃里扒外】tɕʻəʔ˥li˧bo˧ŋɑ˩　帮外人干有损于自己人的事。

【吃辛吃苦】tɕʻəʔ˥sin˥tɕʻəʔ˥kʻəu˥˩　经受辛苦。

【吃软口汤】tɕʻəʔ˥ŋø˧kʻɤ˥tã˩　碍于情面，答应本不该答应的事。

【吃苦不起】tɕʻəʔ˥kʻəu˥˩fəʔ˥tɕʻi˩　吃不起苦。

【吃油腻饭】tɕʻəʔ˥ɦiɤ˧ȵi˩vᴇ˩　从事餐饮工作。

【吃屎忠臣】tɕʻəʔ˥sɿ˧soŋ˥zən˩　忠心耿耿的人。

【吃顿头浪】tɕʻəʔ˥tən˥dɤ˩lɑ̃˩　吃饭的时候。

【吃格笑药】tɕʻəʔ˥kəʔ˥siæ˥ɦiɑʔ˧　申斥嬉笑不严肃。

【吃弹皮弓】tɕʻəʔ˥dᴇ˧bi˧koŋ˥˩　被弹弓打中。用来喻要求被拒绝，甚至遭到申斥。

【吃着份量】tɕʻəʔ˥zɑʔ˧vən˧liã˩（一）承载起重量。（二）感受到责任。

【吃得死脱】tɕʻəʔ˥təʔ˥si˧tʻəʔ˥　喜欢或佩服得要命。

【吃着嫖赌】tɕʻəʔ˥tsɑʔ˥biæ˧təu˥˩　滥吃美食、贪求时髦的穿着、嫖娼、赌博这人生四大恶行。

【吃粉笔灰】tɕʻəʔ˥fən˧piəʔ˥huᴇ˥˩　指教师职业（贬义）。

【吃罪不起】tɕʻəʔ˥zᴇ˩fəʔ˥tɕʻi˥˩　担当不起。

【吃辣火酱】tɕʻəʔ˥laʔ˧həu˥˩tsiã˥˩　喻吃苦头。

【吃剩并剩】tɕʻəʔ˥zã˧pin˥˩zã˩　残肴。喻剩余下来的，较差的。

【吃错点啥】tɕʻəʔ˥tsʻo˥tii˥˩sɑ˥˩　形容思维怪异，行为出格。

【吃精模子】tɕʻəʔ˥tsin˥mo˩tsɿ˥˩　精明过分的人。

【吃横门闩】tɕʻəʔ˥ɦuã˧mən˧sø˥˩　喻不可理喻，不讲道理。

【吃鞋皮饭】tɕʻəʔ˥ɦɑ˧bi˧vᴇ˩　男子依附女人生活。

【吃糠喉咙】tɕʻəʔ˥kʻɑ̃˥ɦoʔ˧loŋ˩　沙哑的嗓子。

【吃力勿讨好】tɕʻəʔ˥liəʔ˧fəʔ˥tʻæ˥˩hæ˥˩　劳而无功，反遭

责难。

【吃太平茶饭】tɕʻəʔ˥tʻɑ˥bin˩ zo˩vE˩ （一）过安稳的生活。（二）做不担风险的工作。

【吃奶像三分】tɕʻəʔ˥nɑ˩ziã˩sE˥fən˥˩˧ 喻徒弟的技艺与师傅总有几分相像。

【吃生人脑子】tɕʻəʔ˥sã˥ȵən˩ næ˩tsɿ˥˩˧ 形容态度生硬。

【吃奶奶气力】tɕʻəʔ˥nɑ˦nɑ˦ tɕʻi˥liəʔ˧ 指最细微的力气。

【吃安逸茶饭】tɕʻəʔ˥Øø˥Øiəʔ˥ zo˩vE˩ （一）过安稳的生活。（二）指做不担风险的工作。

【吃老卜干饭】tɕʻəʔ˥læ˦boʔ˧ kø˥vE˩ 学徒时期生活。

【吃饭拿工钿】tɕʻəʔ˥vE˩no˦ koŋ˥diI˩ 指赚取工钱生活，含不管闲事的意思。

【吃饱三尾子】tɕʻəʔ˥pæ˥˩˧sE˥ mi˩tsɿ˥˩˧ 指不劳而获，现成享受。

【吃饱着暖热】tɕʻəʔ˥pæ˥˩˧tsɑʔ˥ nø˦ȵəʔ˧ 形容温饱无忧的生活。

【吃苦勿记苦】tɕʻəʔ˥kʻəu˥˩˧fəʔ˥ tɕi˥˩˧kʻəu˥˩˧ 吃了苦头记不住。

【吃软勿吃硬】tɕʻəʔ˥ŋø˩fəʔ˥tɕʻəʔ˥ŋã˩ 可以接受温和的方式，绝不接受强硬的做法。

【吃炒米怕香】tɕʻəʔ˥tsʻæ˥˩˧mi˩ pʻo˥˩˧ɕiã˥ 形容胆小怕事。

【吃空心汤团】tɕʻəʔ˥kʻoŋ˥sin˥ tʻã˥dø˩ 喻空欢喜一场。

【吃现成茶饭】tɕʻəʔ˥ɦi˦zən˩ zo˩vE˩ 喻不劳而获，坐享其成。

【吃食懒黄病】tɕʻəʔ˥zəʔ˧lE˩ ɦuã˩bin˩ 血丝虫病。喻好吃懒做。如：他一点不勤俭，等于生的吃食懒黄病。

【吃穿老弟兄】tɕʻəʔ˥tsʻø˥læ˩ di˩ɕioŋ˥ （一）十分精通业务的人。（二）资格老而有影响力的人。

【吃黄瓜蒂砣】tɕʻəʔ˥ɦuã˦ko˥ ti˥˩˧dəu˩ 黄瓜的瓜蒂味苦，喻吃苦头。

【吃着苍蝇屎】tɕʻəʔ˥zɑʔ˧tsʻã˥ Øin˥sɥ˥˩˧ 喻暗中吃亏。

【吃着枣儿汤】tɕʻəʔ˥zɑʔ˧tsæ˥

∅əʔ˥tʻã˥˩ 喻得到了好处，含还想再重复得好处的意思。

【吃硬勿吃软】tɕʻəʔ˥ŋã˩fəʔ˥ tɕʻəʔ˥ȵø˩ 用强硬的手段可以使其屈服，用温和的方法反不奏效。

【吃粮勿管事】tɕʻəʔ˥liã˦fəʔ˥ kuø˥˩zɿ˩ 指除吃饭外，不做事情。形容不管闲事或不负责任。

【吃错一二三】tɕʻəʔ˥tsʻo˥ ∅iæ˥ȵi˩sᴇ˥ 詈语。错吃了屎，形容行为失常。

【吃煞太监弄】tɕʻəʔ˥saʔ˥tʻɑ˥ kᴇ˥˥loŋ˩ 指苏州太监弄经营饭店酒馆特别多。

【吃一堑，长一智】tɕʻəʔ˥∅iəʔ˥ tɕʻiɪ˦,tsã˥˩∅iəʔ˥tsɥ˥

【吃一搛二看三】tɕʻəʔ˥∅iəʔ˥tɕiɪ˥ȵi˩kʻø˦sᴇ˥ 以吃菜为喻，指嘴里吃，筷子上夹，眼睛盯着菜看，指贪得无厌。

【吃一荚，剥一荚】tɕʻəʔ˥∅iəʔ˥ tɕəʔ˥,poʔ˥∅iəʔ˥tɕəʔ˥ 以剥豆荚吃豆子为喻，指行事做一段，计划一段，无整体规划。

【吃格仙人脑子】tɕʻəʔ˥kəʔ˥siɪ˥ ȵən˩næ˦tsɿ˥˩ 讥讽人精神十足，不知疲劳（贬义）。

【吃亏就是便宜】tɕʻəʔ˥kʻuᴇ˥ zʏ˦zɿ˩biɪ˦ȵəʔ˧ 劝谕语。吃亏不必认真计较，坏事在一定条件下可以变为好事。

【吃白烟，看白赌】tɕʻəʔ˥bɑʔ˧ ∅iɪ˥,kʻø˥bɑʔ˧təu˥˩ 看人赌博，混吃别人的烟。喻凑热闹趁机占小便宜。

【吃白粥，长白肉】tɕʻəʔ˥bɑʔ˧ tsoʔ˥,tsã˥˩bɑʔ˧ȵoʔ˧ 趣语。为吃粥无菜解嘲。

【吃仔老山人参】tɕʻəʔ˥tsɿ˥˩ læ˦sᴇ˥ȵən˩sən˥ 讥讽语。与某人周旋，为某事缠绕，不胜其烦，需要服食老山人参这样的大补剂，长长精神。

【吃豆腐，着白布】tɕʻəʔ˥dʏ˦ vu˩,tsɑʔ˥bɑʔ˧pu˦ 吃豆腐饭，戴孝。

【吃勿脱，挺勒浪】tɕʻəʔ˥fəʔ˥ tʻəʔ˥,tin˦ləʔ˧lɑ̃˩ 吃不掉剩下的。形容很难对付的人。

【吃炒蚕豆怕响】tɕʰiəʔ˥tsʰæ˦˩˨zø˦dY˨˧˩pʰo˥˩ɕiã˥˩ 形容胆小怕事。

【吃转亏，学转乖】tɕʰiəʔ˥tsø˥˩kuE˥，ɦoʔ˧tsø˥˩kuɑ˥ 受一次挫折，长一次见识。

【吃家饭，屙家屎】tɕʰiəʔ˥kɑ˥vE˨˧˩，0əu˥kɑ˥sɿ˥˩ 形容人恋家，肥水不外流。

【吃家饭，蹲野坑】tɕʰiəʔ˥kɑ˥vE˨˧˩，tən˥ɦiɑ˦kʰã˥ 形容吃里扒外。

【吃素碰着月大】tɕʰiəʔ˥səu˦˩˨bã˦zɑʔ˧ŋəʔ˧dəu˨˧˩ 喻不凑巧。

【吃着夹铜洋钿】tɕʰiəʔ˥zɑʔ˧kaʔ˥doŋ˦ɦiã˦diI˨˧˩ 喻买进假货，或将平庸的人看作有才能的人。

【吃得光，勿生疮】tɕʰiəʔ˥təʔ˥kuɑ̃˥，fəʔ˥sã˥tsʰɑ̃˥ 趣语。把东西全吃光，免得生事。

【吃得落，困得着】tɕʰiəʔ˥təʔ˥loʔ˧，kuən˦˩˨təʔ˥zɑʔ˧ 吃得下饭，睡得好觉。

【吃啥饭，当啥心】tɕʰiəʔ˥sɑ˦˩˨vE˨˧˩，tɑ̃˥sɑ˦˩˨sin˥ 指做事要专心致志。

【吃三年萝卜干饭】tɕʰiəʔ˥sE˥ȵiI˨˧˩læ˦boʔ˧kø˥˩vE˨˧˩ 指学徒生活。

【吃仔上顿无下顿】tɕʰiəʔ˥tsɿ˥˩zɑ̃˨˧˩tən˥˩m̩˦ɦo˨˧˩tən˥˩ 形容生活困苦。

【吃仔对过谢隔壁】tɕʰiəʔ˥tsɿ˥˩tE˥kəu˥˩ziɑ˦kaʔ˥piəʔ˥ 喻人糊涂，弄错对象。

【吃仔秤砣铁仔心】tɕʰiəʔ˥tsɿ˥˩tsʰən˥dəu˨˧˩tʰiəʔ˥tsɿ˥˩sin˥ 形容死心塌地。

【吃仔河豚百无味】tɕʰiəʔ˥tsɿ˥˩ɦəu˦dən˨˧˩pɑʔ˥vu˨˧˩vi˨˧˩ 尝过鲜美无比的河豚鱼，吃其他东西都觉得不可口了。喻拥有过美好无比的事物，对比较平常的东西不放在眼里。

【吃仔砒礵药老虎】tɕʰiəʔ˥tsɿ˥˩pʰi˥sɑ̃˥˩ɦiɑ˧læ˦həu˥˩ 喻铤而走险得不偿失。

【吃死人勿吐骨头】tɕʰiəʔ˥si˦˩˨ȵən˨˧˩fəʔ˥tʰəu˥˩kuəʔ˥dY˨˧˩ 形容凶残无比的盘剥。

【吃别人吃出汗来】tɕʰiəʔ˥bəʔ˧

ȵən˧˩tɕʻəʔ˥tsʻəʔ˥ɦø˦˩ɛ˧˩ 形容喜欢拼命占人便宜。

【吃饱荡空筲箕饭】tɕʻəʔ˥pæ˥˨dᴀ̃˦kʻoŋ˥sæ˥tɕi˥vɛ˧˩ 吃饱了，无所事事。

【吃施粥打翻钵头】tɕʻəʔ˥sʮ˥tsoʔ˥tᴀ̃˦˩˨fɛ˥pəʔ˥dʏ˦ 喻好不容易获得的东西又失去了。

【吃人一碗，听人使唤】tɕʻəʔ˥ȵən˦∅iəʔ˥∅uø˥˨，tʻin˥ȵən˦sɿ˥˨huø˥˨ 指靠谁谋生就听谁的吩咐。

【吃人嘴软，拿人手短】tɕʻəʔ˥ȵən˦zʮ˥˨ȵø˧˩，no˦ȵən˧˩sʏ˥˨tø˥˨ 指私下里接受个别人的好处，处理公事就不会公正。

【吃格是米，讲格是理】tɕʻəʔ˥kəʔ˥zɿ˧˩mi˧˩，kᴀ̃˥˨kəʔ˥zɿ˧˩li˧˩ 人总得讲道理。

【吃仔湿格，袋仔干格】tɕʻəʔ˥tsɿ˥˨səʔ˥kəʔ˥，dɛ˧˩tsɿ˥˨kø˥kəʔ˥ 又吃又拿东西。

【吃仔锅里，望仔镬里】tɕʻəʔ˥tsɿ˥˨kəu˥li˧˩，mᴀ̃˧˩tsɿ˥˨ɦoʔ˧li˧˩ 喻贪得无厌。也说【吃仔碗里，望仔镬里】tɕʻəʔ˥tsɿ˥˨∅uø˥˨li˧˩，mᴀ̃˧˩tsɿ˥˨ɦoʔ˧li˧˩。

【吃相夫饭，做洋盘事】tɕʻəʔ˥siᴀ̃˥fu˥˨vɛ˧˩，tsəu˦˩˨ɦiᴀ̃˦bø˧˩zɿ˧˩ 指内行做出外行的事。

【吃食赖食，狗亦勿值】tɕʻəʔ˥zəʔ˧lɑ˧˩zəʔ˧，kʏ˥˨ɦɑʔ˧fəʔ˥zəʔ˧ 形容说话不算数的行为，为人不齿。

【吃勒肚里，着勒身浪】tɕʻəʔ˥ləʔ˧dəu˦li˧˩，tsɑʔ˥ləʔ˧sən˥lᴀ̃˧˩ 能充饥的，已吃到肚里去了；能穿的，都穿在身上了。喻极其穷困。

【吃得落三堆干狗屎】tɕʻəʔ˥təʔ˥loʔ˧sɛ˥tɛ˥kø˥˨kʏ˥˨sɿ˥˨ 形容涵养好。

【吃得邋遢，做得菩萨】tɕʻəʔ˥təʔ˥lɑʔ˧tʻɑʔ˥，tsəu˦˩˨təʔ˥bu˦sɑʔ˥ 趣语。为吃东西不注意卫生解嘲。

【吃啥格饭，当啥格心】tɕʻəʔ˥sɑ˦˩˨kəʔ˥vɛ˧˩，tᴀ̃˥sɑ˦˩˨kəʔ˥sin˥ 指做什么工作，就该关心什么工作。

【吃饭射箭，做生活揩绛】tɕʻəʔ˥

vE˧˩zoʔ˧tsiɲ˦˩˨，tsəu˥sã˥ɦuəʔ˧pE˥tɕʻiɲ˦˩˨　讥讽好吃懒做。

【吃仔桑叶，吐勿出丝来】tɕʻəʔ˥tsɿ˥˨sã˥ɦiəʔ˧，tʻəu˦˩˨fəʔ˥tsʻəʔ˥sɿ˥lE˧˩　喻受人恩惠，不知报效。

【吃格盐比倷吃格饭多】tɕʻəʔ˥kəʔ˥ɦii˩˧pi˥˨nE˧˩tɕʻəʔ˥kəʔ˥vE˧˩təu˥　形容资格、年龄、阅历等都比别人高出许多。

【吃力勿赚钿，赚钿勿吃力】tɕʻəʔ˥liəʔ˧fəʔ˥zE˧˩dii˧，zE˩˧dii˧˩fəʔ˥tɕʻəʔ˥liəʔ˧　运用智力比运用体力赚的钱省力多。

【吃仔端午粽，还要冻三冻】tɕʻəʔ˥tsɿ˥˨tø˥ŋ̍˧˩tsoŋ˥˨，ɦuE˩˧ɦiæ˥˨toŋ˦˩˨sE˥toŋ˥˨　谚语。端午节之后，还可能出现寒冷的天气。

【吃饱差勿动，坐定打瞌睆】tɕʻəʔ˥pæ˥˨tsʻɑ˥fəʔ˥doŋ˧˩，zəu˧˩din˧˩tã˦˩˨kʻəʔ˥tsʻoŋ˥˨　讥讽好吃懒做。

【吃格新鲜饭，拆格隔夜屁】tɕʻəʔ˥kəʔ˥sin˥sii˥vE˧˩，tsʻɑʔ˥kəʔ˥kɑʔ˥Øiɑ˦˩˨pi˥˨　讥讽提旧事说事，翻老账。

【吃食看来方，着衣看门当】tɕʻəʔ˥zəʔ˧kʻø˦˩˨lE˩˧fã˥，tsɑʔ˥Øi˥kʻø˦˩˨mən˩˧tã˥　指生活、行事要实事求是，量力而行。

【吃得做勿得，黄婆气掜掜】tɕʻəʔ˥təʔ˥tsəu˥fəʔ˥təʔ˥，ɦuã˩˧bu˧˩tɕʻi˥təʔ˥təʔ˥　指能吃不能做。

【吃得苦中苦，方为人上人】tɕʻəʔ˥təʔ˥kʻəu˦˩˨tsoŋ˥kʻəu˥˨，fã˥ɦuE˧˩zən˩˧zã˧˩zən˩˧　激励子弟的话。肯比别人吃更多的苦，将来方能出类拔萃。

【吃勿穷，着勿穷，勿会算计一世穷】tɕʻəʔ˥fəʔ˥dʑioŋ˧˩，tsɑʔ˥fəʔ˥dʑioŋ˧˩，fəʔ˥ØuE˦˩˨sø˥tɕi˥˨Øiəʔ˥sɿ˦˩˨dʑioŋ˩˧　指日常生活要精打细算。

【吃受用，着威风，赌一半，嫖全空】tɕʻəʔ˥zY˩˧ɦioŋ˧˩，tsɑʔ˥ØuE˥foŋ˥˨，təu˥˨Øiəʔ˥pø˦˩˨，biæ˩˧zii˩˧kʻoŋ˥　吃着嫖赌四字中，嫖、赌危害最大。

【吃尽天边盐好，走尽天边娘好】tɕʻəʔ˥zin˧˩tʻii˥pii˥ɦii˩˧

hæ˥˩,tsY˦˨zin˩˧tʻiɪ˥pɪɪ˥ȵiã˦h
æ˥˩　指天下母爱最伟大。

【吃要好，着要俏，一世讨饭
料】tɕʻəʔ˥Øiæ˦˨hæ˥˩,tsɑʔ˥
Øiæ˦˨tsʻiæ˦˨,Øiəʔ˥sʮ˦˨tʻæ˦˨
vE˦liæ˩˧　指贪图享乐，不
成大器。

【吃馒头勿记，吃拳头就记】
tɕʻəʔ˥mø˦dY˩˧fəʔ˥tɕi˦˨,tɕʻəʔ˥
dʑiø˦dY˩˧zʮ˦tɕi˦˨　喻不记
恩德只记仇。

【吃仔饱饭，忘记脱三年前讨
饭】tɕʻəʔ˥tsɿ˥˩pæ˥˩vE˩˧,
mɑ̃˦tɕi˥tʻəʔ˥sE˥ȵiɪ˦ziɪ˦tʻæ
˥˩vE˩˧　形容忘本。

【吃勿落，吃勿落，吃仔三碗一
笃笃】tɕʻəʔ˥fəʔ˥loʔ˧,tɕʻəʔ˥fəʔ
˥loʔ˧,tɕʻəʔ˥tsɿ˥˩sE˥Øuø˥˩Øi
əʔ˥toʔ˥toʔ˥　嘴上说吃不
下，却吃了三碗多。形容假
客气。

【吃饭天神天将，做生活冤枉
孽障】tɕʻəʔ˥vE˩˧tʻiɪ˥zən˩˧
tʻiɪ˥tsiã˥˩,tsəu˦˨sã˥ɦuəʔ˧Øi
ø˥Øuɑ̃˥˩ȵəʔ˧tsã˦˨　讥讽好
吃懒做。

【吃菩萨，着菩萨，灶里呒柴烧
菩萨】tɕʻəʔ˥bu˦saʔ˥,tsɑʔ˥
bu˦saʔ˥,tsæ˥li˩˧m̩˦zɑ˦
sæ˥bu˦saʔ˥　形容全部依
赖。亦作【吃老公，着老公，
灶里呒柴烧老公】tɕʻəʔ˥læ˦
koŋ˥˩,tsɑʔ˥læ˦koŋ˥˩,tsæ˥
li˩˧,m̩˦zɑ˦sæ˥læ˦koŋ˥˩。

【吃别人吃出汗来，吃自家急
出汗来】tɕʻəʔ˥bəʔ˧ȵən˩˧
tɕʻəʔ˥tsʻəʔ˥ɦø˩˧lE˩˧,tɕʻəʔ˥zɿ˦
kɑ˥tɕəʔ˥tsʻəʔ˥ɦø˩˧lE˩˧　形
容占人便宜，多多益善；施惠
于人，便露出小家子气。

【吃别人狼吞虎咽，吃自家乌
龟揹绛】tɕʻəʔ˥bəʔ˧ȵən˩˧lɑ̃˩˧
tən˥˩həu˥˩Øiɪ˥˩,tɕʻəʔ˥zɿ˦
kɑ˥Øəu˥tɕy˥˩pE˥˩tɕʻiɪ˦˨　义
同【吃别人吃出汗来，吃自
家急出汗来】。

【吃饭勿晓得饥饱，困觉勿晓
得颠倒】tɕʻəʔ˥vE˩˧fəʔ˥ɕiæ˦˨
təʔ˥tɕi˥pæ˥˩,kuən˥kæ˥˩f
əʔ˥ɕiæ˦˨təʔ˥tiɪ˥tæ˥˩　形容
小孩子不懂得料理生活。

【吃饭只宜三分饱，困觉要困
十足觉】tɕʻəʔ˥vE˩˧tsəʔ˥ȵi˩˧
sE˥fən˥pæ˥˩,kuən˥kæ˥˩

ʔiæ˥kuən˥˩zəʔ˧tsɑʔ˥kæ˥˩ 指饮食要有节制，而睡眠必须充足。

【吃格灯草灰，拆出来格屁呒不料目】tɕʻəʔ˥kəʔ˥tən˥tsʻæ˥huɛ˥˩，tsɑʔ˥tsʻəʔ˥lɛ˩˧kəʔ˥pʻi˨˧m̩˨˧pəʔ˥liæ˨˧moʔ˧ 指说话不知轻重。亦作【吃仔灯草灰，拆格轻巧屁】tɕʻəʔ˥tsɿ˥˩tən˥tsʻæ˥huɛ˥˩，tsɑʔ˥kəʔ˥tɕʻən˥tɕʻiæ˥˩pʻi˥˩。

【吃得肚皮青筋起，勿管爷娘死勿死】tɕʻəʔ˥təʔ˥dəu˨˧bi˩˧ tsʻin˥tɕən˥tɕi˥˩，fəʔ˥kuø˥˩ ɦiɑ˨˧ŋ̍iã˩˧si˧˦fəʔ˥si˥˩ 俗语。指小孩子懵懂无知，不会体恤长辈的苦处。

【吃得过，臭豆腐；着得过，老粗布；困得过，稻柴铺】tɕʻəʔ˥təʔ˥kəu˥˩，tsʻʏ˥dʏ˩˧vu˩˧；tsɑʔ˥təʔ˥kəu˥˩，læ˨˧tsʻəu˥pu˥˩；kuən˧˦təʔ˥kəu˥˩，dæ˨˧zɑ˨˧pʻu˥˩ 指过日子宜俭朴，讲究实惠。

【吃点，着点，死仔棺材板薄点；勿吃，勿着，盐荷包一只】tɕʻəʔ˥tiɪ˥，tsɑʔ˥tiɪ˥，si˥˩tsɿ˥˩kuø˥zɛ˩˧pɛ˥˩boʔ˧tiɪ˥˩；fəʔ˥tɕʻəʔ˥，fəʔ˥tsɑʔ˥，ɦiɪ˨˧ɦəu˨˧pæ˥˩ʔiəʔ˥tsɑʔ˥ 劝人及时行乐，不用自苦。

蚩【tsʻɥ˥】中州韵【tsʻi˥】

鸱【tsʻɥ˥】中州韵【tsʻi˥】

眵【tsʻɿ˥】中州韵【tsʻi˥】

笞【tsʻɥ˥】中州韵【tsʻi˥】

嗤【tsʻɥ˥】中州韵【tsʻi˥】

【嗤笑】tsʻɥ˥˩siæ˥˩

痴【tsʻɥ˥】中州韵【tsʻi˥】

【痴子】tsʻɥ˥tsɿ˥˩ 疯子。
【痴心】tsʻɥ˥sin˥˩
【痴长】tsʻɥ˥tsã˥˩
【痴呆】tsʻɥ˥ŋɛ˩˧
【痴货】tsʻɥ˥həu˥˩ 詈语。疯傻轻佻的女人。
【痴胖】tsʻɥ˥pʻɑ̃˥˩ 特别肥胖。
【痴迷】tsʻɥ˥mi˩˧
【痴笑】tsʻɥ˥siæ˧˦

【痴情】tsʻɥ˥zin˩

【痴脱】tsʻɥ˥tʻəʔ˥ 精神失常了。

【痴诶诶】tsʻɥ˥hE˥hE˥ 傻乎乎。

【痴烘烘】tsʻɥ˥hoŋ˥hoŋ˥ 义同【痴诶诶】。

【痴婆子】tsʻɥ˥bu˩tsɿ˥˩ 詈语。疯婆子。

【痴心梦想】tsʻɥ˥sin˥moŋ˩siã˥˩ 指一心想着不可能实现的事。

【痴头怪脑】tsʻɥ˥dʏ˧kuɑ˥˩næ˩ 形容人言语行动轻狂或超出常态。

【痴诶懵懂】tsʻɥ˥hE˥moŋ˩toŋ˥˩ 傻乎乎、糊里糊涂的样子。

【痴人说梦话】tsʻɥ˥ȵən˩səʔ˥moŋ˧ɦo˩ 指说话脱离实际。

【痴人顶重发】tsʻɥ˥ȵən˩tin˥˩zoŋ˧fã˥ 趣语。不聪明者头发密。

【痴子望天坍】tsʻɥ˥tsɿ˥˩mã˧tʻi˥tʻE˥ 喻不切实际的想法。

【痴汉等老婆】tsʻɥ˥hø˧tən˥˩læ˧bu˩ 俗语。语出苏州灵岩山景点。古时候，妻子一去不归，丈夫坐在山上苦苦等待，年深月久化为石像。借喻徒劳的等待。

【痴勿痴，怪勿怪】tsʻɥ˥fəʔ˥tsʻɥ˥，kuɑ˧fəʔ˥kuɑ˥˩ 形容人言语、行动轻狂或超出常态。

【痴勿痴，癫勿癫】tsʻɥ˥fəʔ˥tsʻɥ˥，tiɪ˥fəʔ˥tiɪ˥ 义同【痴勿痴，怪勿怪】。

媸【tsʻɥ˥】中州韵【tsʻi˥】

螭【tsʻɥ˥】中州韵【tsʻi˥】

魑【tsʻɥ˥】中州韵【tsʻi˥】

【魑魅魍魉】tsʻɥ˥mE˧mã˧liã˧

chí

池【zɥ˧】中州韵【ʑi˧】

【池塘】zɥ˧dã˩

【池潭】zɥ˧dø˩ 池塘。

弛【zɥ˧】

驰【zɥ˨˦】中州韵【ʑi˨˦】

【驰名】zɥ˨˦min˩
【驰骋】zɥ˨˦tsʻən˥˩˧
【驰誉】zɥ˨˦ɦY˩

迟【zɥ˨˦】中州韵【ʑi˨˦】

【迟早】zɥ˨˦tsæ˥˩˧
【迟到】zɥ˨˦tæ˥˩˧
【迟钝】zɥ˩dən˩
【迟暮】zɥ˨˦mo˩
【迟迟疑疑】zɥ˨˦zɥ˨˦ȵi˨˦ȵi˩ 拿不定主意，犹豫。
【迟点早点】zɥ˨˦tiɪ˥tsæ˥˩˧tiɪ˥˩˧ 或早或晚，早晚。

持【zɥ˨˦】中州韵【ʑi˨˦】

【持久】zɥ˨˦tɕY˥˩˧
【持平】zɥ˨˦bin˨˧
【持重】zɥ˩zoŋ˩
【持家】zɥ˨˦tɕia˥
【持续】zɥ˨˦zoʔ˧
【持之以恒】zɥ˨˦tsɥ˥˩˧ØI˥˩˧ɦən˨˧

匙【zɿ˨˦】中州韵【ʑɥ˨˦】

墀【zɥ˨˦】中州韵【ʑi˨˦】

踟【zɥ˨˦】中州韵【ʑi˨˦】

篪【zɥ˨˦】中州韵【ʑi˨˦】

chǐ

尺【tsʻɑʔ˥】中州韵【tsʻəʔ˥】

【尺寸】tsʻɑʔ˥tsʻən˥˧ （一）长度（多指一件东西的长度）。（二）喻分寸。（三）程度。如：他的本事有多少尺寸？（四）约数（多指金钱）。如：要多少资金，拿个尺寸出来。
【尺页】tsʻɑʔ˥ɦiəʔ˧
【尺度】tsʻɑʔ˥dəu˩
【尺码】tsʻɑʔ˥mo˩
【尺有所短，寸有所长】tsʻɑʔ˥ɦiY˩səu˥˩˧tø˥˩˧，tsʻən˥˧ɦiY˩səu˥˩˧zã˨˦ 喻各有各的长处和短处。

齿【tsʻɿ˥˩】中州韵【tʂʻʮ˥˩】

【齿轮】tsʻɿ˥˧lən˧˩

侈【tsʻʮ˥˩】

耻【tsʻʮ˥˩】

【耻辱】tsʻʮ˥˧zoʔ˧
【耻笑】tsʻʮ˥˩siæ˥˩
【耻骨】tsʻʮ˥˧kuəʔ˥

豉【zʮ˧˩】

褫【tsʻʮ˥˩】中州韵【tʂʻi˥˩】

【褫夺】tsʻʮ˥˩dəʔ˧
【褫革】tsʻʮ˥˧kəʔ˥

chì

叱【tsʻəʔ˥】中州韵【tʂʻəʔ˥】

【叱责】tsʻəʔ˥tsəʔ˥
【叱咤风云】tsʻəʔ˥tsʻɑ˥˧foŋ˥
ɦyən˧˩

斥【tsʻəʔ˥】中州韵【tʂʻəʔ˥】

【斥责】tsʻəʔ˥tsəʔ˥
【斥革】tsʻəʔ˥kəʔ˥
【斥资】tsʻəʔ˥tsɿ˥

赤【tsʻɑʔ˥】文读【tsʻəʔ˥】中州韵【tʂʻəʔ˥】

【赤子】tsʻəʔ˥tsɿ˥˩
【赤心】tsʻəʔ˥sin˥
【赤字】tsʻəʔ˥zɿ˧˩
【赤地】tsʻəʔ˥di˧˩
【赤忱】tsʻəʔ˥zən˦
【赤诚】tsʻəʔ˥zən˦
【赤金】tsʻəʔ˥tɕən˥
【赤贫】tsʻəʔ˥bin˦
【赤豆】tsʻɑʔ˥dʏ˦　小红豆。
【赤佬】tsʻəʔ˥læ˧˩　鬼。
【赤软】tsʻəʔ˥ŋø˧˩　很柔软。
【赤黑】tsʻəʔ˥həʔ˥　黑色;黑暗无光。
【赤脚】tsʻɑʔ˥tɕɑʔ˥　（一）光着脚。（二）喻什么都没有了。
【赤膊】tsʻɑʔ˥poʔ˥
【赤条条】tsʻəʔ˥diæ˦diæ˧˩

裸着身体。

【赤沙豆】tsʻɑʔ˥so˥dʏ˩ 放在沙子里炒熟的蚕豆。

【赤骨肋】tsʻɑʔ˥kuəʔ˥ləʔ˧ 裸着上身。

【赤括辣】tsʻɑʔ˥kuaʔ˥laʔ˧ 形容全新的。

【赤赤软】tsʻəʔ˥tsʻəʔ˥ŋø˩ 非常柔软。

【赤赤紫】tsʻəʔ˥tsʻəʔ˥tsɿ˥˩ 深紫色。

【赤屁股】tsʻəʔ˥pʻi˥kəu˥˩ 裸着下身。

【赤砂糖】tsʻɑʔ˥so˥dɑ̃˩ 红糖。

【赤裸裸】tsʻəʔ˥ləu˧ləu˩

【赤鼻头】tsʻɑʔ˥bəʔ˧dʏ˩ 酒糟鼻。

【赤膊络】tsʻɑʔ˥poʔ˥loʔ˧ 裸着上身。

【赤膊船】tsʻɑʔ˥poʔ˥zø˩ 没有船棚的小船。

【赤手空拳】tsʻəʔ˥sʏ˥˩kʻoŋ˥ʥø˩

【赤乌澄亮】tsʻəʔ˥θəu˥zɑ̃˩liɑ̃˩ 又黑又光亮。

【赤心忠良】tsʻəʔ˥sin˥tsoŋ˥liɑ̃˩ 忠心耿耿。

【赤光全新】tsʻɑʔ˥kuɑ̃˥ziɪ˩sin˥ 完全是新的。

【赤身裸体】tsʻəʔ˥sən˥ləu˥˩tʻi˥˩ 全身一丝不挂。

【赤佬模子】tsʻəʔ˥læ˩mo˧tsɿ˥˩ 詈语。鬼。

【赤胆忠心】tsʻəʔ˥tɛ˥˩tsoŋ˥sin˥˩

【赤笃落软】tsʻəʔ˥toʔ˥loʔ˧ŋø˩ 特别柔软。

【赤括辣新】tsʻɑʔ˥kuaʔ˥laʔ˧sin˥ 形容全新的。

【赤骨肋船】tsʻɑʔ˥kuəʔ˥ləʔ˧zø˧ 没有船棚的小船。

【赤腊焦黄】tsʻɑʔ˥laʔ˧tsiæ˥ɦuɑ̃˧ 特别黄。

【赤膊上阵】tsʻɑʔ˥poʔ˥zɑ̃˩zən˩

【赤黑陌跌搭】tsʻəʔ˥həʔ˥maʔ˧tiəʔ˥taʔ˥ 特别黑暗，毫无光线。

【赤脚地皮光】tsʻɑʔ˥tɕɑʔ˥di˧bi˧kuɑ̃˥ 穷得什么也没有。

【赤仔脚亦追勿上】tsʻɑʔ˥tsɿ˥˩tɕiɑʔ˥ɦaʔ˧tsɛ˥fəʔ˥zɑ̃˩ 形容差距太大，难以追上。

【赤条条来，赤条条去】tsʻəʔ˥

diæ˩diæ˩˩lɛ˦,tsʻəʔ˥diæ˩ diæ˩tɕʻi˧ 财富不是与生俱来的，死后也不能带走。指不必贪恋财物。

饬【tsʻəʔ˥】中州韵【tʂʻəʔ˥】

炽【tsɥ˧】

翅【tsʻɥ˧】

敕【tsʻəʔ˥】中州韵【tʂʻəʔ˥】

啻【tsʻɥ˧】

chōng

冲【tsʻoŋ˥】另见 chòng。

【冲天】tsʻoŋ˥tʻi˥

【冲击】tsʻoŋ˥tɕəʔ˥

【冲冲】tsʻoŋ˥tsʻoŋ˧ （一）后缀词。感情激动的样子。（二）冲洗。（三）冲。

【冲动】tsʻoŋ˥doŋ˩

【冲杀】tsʻoŋ˥saʔ˥

【冲刺】tsʻoŋ˥tsʻɿ˧

【冲服】tsʻoŋ˥voʔ˧

【冲刷】tsʻoŋ˥səʔ˥

【冲剂】tsʻoŋ˥tsi˧

【冲洗】tsʻoŋ˥si˧

【冲突】tsʻoŋ˥dəʔ˧

【冲茶】tsʻoŋ˥zo˦ 沏茶。

【冲破】tsʻoŋ˥pʻu˧

【冲浪】tsʻoŋ˥lã˩

【冲脱】tsʻoŋ˥tʻəʔ˥ （一）冲掉。（二）叙述速度过快而失去（效果、节奏控制等）。

【冲淡】tsʻoŋ˥dɛ˩

【冲锋】tsʻoŋ˥foŋ˧

【冲喜】tsʻoŋ˥ɕi˧

【冲撞】tsʻoŋ˥zã˩

充【tsʻoŋ˥】

【充气】tsʻoŋ˥tɕʻi˧ 充装气体。

【充电】tsʻoŋ˥di˩

【充水】tsʻoŋ˥sɥ˧ 充灌开水。

【充公】tsʻoŋ˥koŋ˧

【充分】tsʻoŋ˥vən˩

【充饥】tsʻoŋ˥tɕi˥

【充军】tsʻoŋ˥tɕyən˧

【充血】tsʻoŋ˥ɕyəʔ˥

【充当】tsʻoŋ˥tã˧

【充足】tsʻoŋ˥tsoʔ˥

【充沛】tsʻoŋ˥pɛ˧

C

【充实】tsʻoŋ˥zəʔ˧
【充裕】tsʻoŋ˥ɦy˩
【充数】tsʻoŋ˥səu˥˩
【充满】tsʻoŋ˥mø˩
【充开水】tsʻoŋ˥kʻᴇ˥sɥ˥˩ (一)灌开水。(二)茶馆等服务工作或做这种工作的人员。
【充内行】tsʻoŋ˥nᴇ˧ɦɑ̃˩ 冒充内行。
【充好汉】tsʻoŋ˥hæ˥˩hø˥˩ 硬充好汉。
【充其量】tsʻoŋ˥dʑi˩liã˩
【充耳不闻】tsʻoŋ˥ɵəl˥pəʔ˥vən˩
【充热水瓶】tsʻoŋ˥ȵəʔ˧sɥ˥˩bin˩ 向热水瓶内灌开水。

忡【tsʻoŋ˥】

【忡忡】tsʻoŋ˥tsʻoŋ˥

舂【soŋ˥】

【舂米】soŋ˥mi˩ 把谷或糙米放在石臼里捣去皮壳。
【舂杵头】soŋ˥tsʻɿ˥˩dY˩ 与石臼配套用来舂物的棒槌。
【舂冷拳】soŋ˥lã˧dʑiø˩ 用拳头偷袭。
【舂拳头】soŋ˥dʑiø˧dY˩ 用拳头打人。

憧【tsʻoŋ˥】

【憧憧】tsʻoŋ˥tsʻoŋ˥˩
【憧憬】tsʻoŋ˥tɕən˥˩

艟【tsʻoŋ˥】、【doŋ˧】

chóng

虫【zoŋ˧】

【虫灾】zoŋ˧tsᴇ˥
【虫豸】zoŋ˧zɥ˩
【虫草】zoŋ˧tsʻæ˥˩ (一)冬虫夏草。(二)国画中指画昆虫、花草。
【虫脱】zoŋ˧tʻə˥ 指畏惧而退缩。
【虫腔】zoŋ˧tɕʻiã˥ 指怯懦无能的样子。

重【zoŋ˧】另见 zhòng。

【重九】zoŋ˧tɕiY˥˩

【重生】zoŋ˩˧sən˦
【重申】zoŋ˩˧sən˦
【重名】zoŋ˩˧min˩˧
【重阳】zoŋ˩˧ɦiã˨˩
【重孙】zoŋ˩˧sən˦
【重围】zoŋ˩˧ɦuE˨˩
【重版】zoŋ˩˧pE˦˩˨
【重洋】zoŋ˩˧ɦiã˨˩
【重复】zoŋ˩˧foʔ˦
【重重】zoŋ˩˧zoŋ˨˩或zoŋ˨˩zoŋ˨˩
【重逢】zoŋ˩˧voŋ˨˩
【重圆】zoŋ˩˧ɦiø˩˧
【重婚】zoŋ˩˧huən˦
【重新】zoŋ˩˧sin˦
【重叠】zoŋ˩˧dəʔ˧
【重霄】zoŋ˩˧siæ˦
【重叠重】zoŋ˩˧dəʔ˧zoŋ˨˩ 重叠。
【重生父母】zoŋ˩˧sən˦vu˩˧mo˦
【重温旧梦】zoŋ˩˧Øuən˦ʥiY˨˩moŋ˨˩
【重整旗鼓】zoŋ˩˧ʦən˦˩˨ʥi˩˧kəu˦˩˨
【重打锣鼓重开场】zoŋ˩˧tã˦˩˨ləu˩˧kəu˦˩˨zoŋ˩˧kʻE˦zã˩˧ 喻重新开始，重新安排。
【重生父母，再造爹娘】zoŋ˩˧sən˦vu˩˧mo˨˩，ʦE˦zæ˨˩tiɪ˦ȵiã˨˩ 喻恩同再造。
【重阳无雨望十三，十三无雨一冬晴】zoŋ˩˧ɦiã˨˩vu˨˩ɦy˨˩mã˨˩zəʔ˧sE˦，zəʔ˧sE˦vu˨˩ɦy˨˩Øiəʔ˦toŋ˦zin˩˧ 谚语。农历九月初九不下雨，就要看农历九月十三日是否下雨；如果还是不下雨，那么这个冬天天气基本晴好。

崇【zoŋ˩˧】

【崇尚】zoŋ˩˧zã˨˩
【崇拜】zoŋ˨˩pɑ˦˩˨
【崇洋】zoŋ˩˧ɦiã˨˩
【崇高】zoŋ˨˩kæ˦˩˨

chǒng

宠【ʦʻoŋ˦˩˨】

【宠儿】ʦʻoŋ˥˨Øəl˦
【宠物】ʦʻoŋ˥˨vəʔ˧
【宠信】ʦʻoŋ˦˩˨sin˦˩˨
【宠爱】ʦʻoŋ˦˩˨ØE˦˩˨

chòng

冲【tsʻoŋ】另见 chōng。

【冲人】tsʻoŋ˦ȵən˧ 斥责，讥讽别人。

【冲头】tsʻoŋ˥dY˩ 莽撞的人。

【冲着】tsʻoŋ˦zɑʔ˧ 无意间撞见。

【冲下去】（一）tsʻoŋ˦ɦo˧tɕʻi˨ 形容走路不稳往下跌。（二）莽莽撞撞地下去。

【冲上来】tsʻoŋ˦zɑ̃˧lE˩ 莽莽撞撞地上来。

【冲口出】tsʻoŋ˥kY˨tsʻəʔ˥ 不经意间把本不想说的话说出来了。

【冲出来】tsʻoŋ˦tsʻəʔ˥lE˩ 义同【冲口出】。（二）越线突出。

【冲进去】tsʻoŋ˦tsin˥tɕʻi˨ 冒冒失失地闯入。

【冲鼻头】tsʻoŋ˦bəʔ˧dY˩ 刺鼻。

【冲额角】tsʻoŋ˥ŋaʔ˧koʔ˥ 指向前突出的脑门。

【冲头模子】tsʻoŋ˥dY˩mo˧tsɿ˨ 莽撞的人。

【冲着一冲】tsʻoŋ˦zɑ̃ʔ˧iəʔ˥tsʻoŋ˦ 一个踉跄。

【冲着一跤】tsʻoŋ˦zɑʔ˧iəʔ˥kæ˥ 因一个踉跄而跌倒。

眬【tsʻoŋ˦】

【眬着】tsʻoŋ˦zɑʔ˧ 打瞌睡睡着了。

【眬一眬】tsʻoŋ˦iəʔ˥tsʻoŋ˦ 由于困倦而进入一小会睡眠状态。

【眬着一觉】tsʻoŋ˦zɑʔ˧iəʔ˥kæ˨ 打瞌睡睡了一小觉。

【眬着一眬】tsʻoŋ˦zɑʔ˧iəʔ˥tsʻoŋ˦ 义同【眬一眬】。

【眬着一歇】tsʻoŋ˦zɑʔ˧iəʔ˥ɕəʔ˥ 打瞌睡睡了一会。

【眬着一瘖】tsʻoŋ˦zɑʔ˧iəʔ˥huəʔ˥ 义同【眬着一觉】。

铳【tsʻoŋ˦】

【铳货】tsʻoŋ˥həu˨ 伪劣商品。

chōu

抽【ʦʻʏ˥】

【抽风】ʦʻʏ˥foŋ˥˩　手脚痉挛、口眼歪斜的症状。

【抽丰】ʦʻʏ˥foŋ˥˩　指假借某种名义向人索取财物。

【抽打】ʦʻʏ˥ʏ˥dã˥˩

【抽水】ʦʻʏ˥sʮ˥˩

【抽斗】ʦʻʏ˥tʏ˥˩　即抽屉。

【抽头】ʦʻʏ˥dʏ˧

【抽象】ʦʻʏ˥ziã˩

【抽空】ʦʻʏ˥kʻoŋ˧˦

【抽查】ʦʻʏ˥zo˩

【抽奖】ʦʻʏ˥ʦiã˥˩

【抽屉】ʦʻʏ˥tʻi˥˩

【抽调】ʦʻʏ˥diæ˩

【抽样】ʦʻʏ˥ɦiã˩

【抽脱】ʦʻʏ˥tʻəʔ˥　把夹在中间的东西取掉。

【抽着】ʦʻʏ˥zɑʔ˧　抽到。

【抽税】ʦʻʏ˥sE˧˦

【抽筋】ʦʻʏ˥ʨən˥

【抽签】ʦʻʏ˥ʦʻi˥˩

【抽出来】ʦʻʏ˥ʦʻəʔ˥lE˩　(一)把夹在中间的东西抽取出来。(二)抽调出来。

【抽壮丁】ʦʻʏ˥ʦɑ̃˧˦tin˥

【抽水马桶】ʦʻʏ˥sʮ˥˩mo˩doŋ˩

【抽筋剥皮】ʦʻʏ˥ʨən˥poʔ˥bi˩　抽出筋，剥去皮。借喻从毛利中去除所有的开支。

细【zʏ˧】

【细鹞】zʏ˧ɦiæ˩　抽引风筝线把放飞的风筝收回来。

【细出来】zʏ˧ʦʻəʔ˥lE˩　(一)抽引出来。(二)指把遗忘的事逐渐回忆出来。

【细藤瓜】zʏ˧dən˩ko˥˩　清理瓜田，摘取的最后一批西瓜。

瘳【ʦʻʏ˥】、【liæ˧】

chóu

仇【zʏ˧】

【仇人】zʏ˧ȵən˩

【仇杀】zʏ˧saʔ˥

【仇视】zʏ˧zʮ˩

【仇恨】zʏ˧ɦən˩

【仇敌】zʏ˧diəʔ˧

【仇家】ZY˦kɑ˥˩
【仇寇】ZY˦k'Y˥˩ 仇恨。
【仇人相见，分外眼红】ZY˦ ȵən˦siã˥tɕi˥˩，fən˥ŋɑ˩ŋE˩ ɦoŋ˩ 与有仇恨的人见面，特别愤怒。

惆【ZY˦】

【惆怅】ZY˦tsʻã˥˩

绸【ZY˦】

【绸缎】ZY˦dø˩
【绸缪】ZY˦mY˩
【绸汤汤】ZY˦tã˥tã˥˩ 形容绸子飘动的样子。
【绸披披】ZY˦pi˥pi˥˩ 义同【绸汤汤】。

畴【ZY˦】

酬【ZY˦】

【酬劳】ZY˦læ˩
【酬金】ZY˦tɕən˥
【酬谢】ZY˦ziɑ˩

稠【ZY˦】

【稠密】ZY˦miəʔ˧

愁【ZY˦】

【愁闷】ZY˦mən˥
【愁肠】ZY˦zã˩
【愁眉苦脸】ZY˦mE˩k'əu˥˩li˩
【愁眉哭蹙】ZY˦mi˦k'oʔ˥tsoʔ˥ 形容忧愁欲哭的样子。
【愁容满面】ZY˦ɦioŋ˦mø˩ mi˩

筹【ZY˦】

【筹】ZY˩ 积聚。
【筹划】ZY˦ɦuaʔ˧
【筹码】ZY˦mo˩
【筹备】ZY˦bE˩
【筹集】ZY˦ziəʔ˧
【筹铜钿】ZY˩doŋ˦di˩ 积聚金钱。

踌【ZY˦】

【踌躇】ZY˩zʮ˩

【踌躇满志】zY˩zɥ˩mø˧ʦɥ˥˧

chǒu

丑【ʦʻY˥˧】

【丑化】ʦY˥˧ho˥˧　把本来不丑的事物弄成丑的或形容成丑的。简称【丑】ʦʻY˧˥。

【丑史】ʦʻY˥˧sɿ˥˧

【丑角】ʦʻY˧˥koʔ˥

【丑态】ʦʻY˥˧tʻE˥˧

【丑陋】ʦʻY˧˥lY˩

【丑剧】ʦʻY˧˥ʥəʔ˧

【丑八怪】ʦʻY˧˥paʔ˥kuɑ˥˧

【丑表功】ʦʻY˧˥piæ˥koŋ˥˧

【丑人多作怪】ʦʻY˧˥ȵən˩təu˥ʦoʔ˥kɑ˧˥　指相貌丑陋的人或有特别缺点的人，往往表现怪异。

【丑丑夫人相】ʦʻY˧˥ʦʻY˧˥fu˥ȵən˩siã˧　相貌丑陋的女子，反倒能嫁个好老公。

【丑得哼冷哼冷】ʦʻY˧˥təʔ˥hã˥lã˩hã˥lã˩　形容丑化得极为厉害。

【丑媳妇难免见公婆】ʦʻY˧˥siəʔ˥vu˩nE˧mi˩ʨi˧˥koŋ˥bu˩　喻犯错误或有某种缺陷的人，难免要见不得不见的人、去面对不得不面对的事。

【丑话讲勒前头，少吃二记拳头】ʦʻY˧˥ɦo˩kã˥˧ləʔ˧ziɪ˧dY˩，sæ˧˥ʨʻəʔ˥liã˩ʨi˥˧ʥiø˧dY˩　喻有言在先，可以减少纠纷。

瞅【ʦʻY˥˧】

【瞅睬】ʦʻY˥ʦʻE˥˧　搭理。

chòu

臭【ʦʻY˧˥】

【臭名】ʦʻY˥min˩

【臭虫】ʦʻY˥zoŋ˩

【臭骂】ʦʻY˥mo˩

【臭卤】ʦʻY˥ləu˩　咸菜卤加盐、苋菜的茎、香菇蒂等发酵成有特殊臭味的卤水。

【臭盘】ʦʻY˥bø˩　声名狼藉者。

【臭脱】ʦʻY˧˥tʻəʔ˥　（一）变质发臭。（二）喻（名声）大坏。

【臭棋】ʦʻY˥ʥi˩

C

【臭嘴】ʦʻʏ˥ʦɥ˥˩ 形容喜欢丑化别人的人。

【臭皮囊】ʦʻʏ˥˩bi˧nɑ̃˩

【臭血血】ʦʻʏ˥ɕyəʔ˥ɕyəʔ˥ 形容很臭。

【臭名气】ʦʻʏ˥min˩ʨʻi˥˩ 坏名声。

【臭麦烧】ʦʻʏ˥mɑʔ˧sæ˥˩ 品质很次的白酒。

【臭乳腐】ʦʻʏ˥zɥ˩vu˩ 发酵后或在臭卤里浸过后,有特殊气味的豆腐乳。

【臭狗屎】ʦʻʏ˥kʏ˥˩sɿ˥˩ 喻令人深恶痛绝的人。

【臭药水】ʦʻʏ˥ɦiɑʔ˧sɥ˥˩ 带有臭味的消毒水。

【臭烘烘】ʦʻʏ˥hoŋ˥hoŋ˥˩ (一)形容很臭。(二)形容很坏的名声。

【臭架子】ʦʻʏ˥kɑ˥ʦɿ˥˩ 惹人厌恶的架势。

【臭卤甏】ʦʻʏ˥ləu˩bɑ̃˩ 存放臭卤用来制作臭豆腐等食品的小口缸。

【臭气澎天】ʦʻʏ˥ʨʻi˥bɑ̃˩tʻiɪ˥˩ 形容臭气四溢。

【臭豆腐干】ʦʻʏ˥dʏ˧vu˩kø˥˩ 发酵后或在臭卤里浸过后,有特殊气味的小豆腐块,可作菜。

【臭味相投】ʦʻʏ˦vi˧siɑ̃˥dʏ˩

【臭不可闻】ʦʻʏ˦pəʔ˥kʻəu˥˩vən˧ (一)形容很臭。(二)形容声名狼藉。

【臭鸭蛋,自称赞】ʦʻʏ˥Øaʔ˥dᴇ˩,zɿ˧ʦʻən˥ʦᴇ˥˩ 讥讽自我吹嘘。

【臭猪头自有齆鼻头】ʦʻʏ˥ʦɥ˥dʏ˩zɿ˧ɦiʏ˧Øoŋ˥bəʔ˧dʏ˩ 趣语。喻即使有严重缺陷或缺点的人,也自有人赏识。

【臭乳腐浪浇麻油——外香骨里臭】ʦʻʏ˥zɥ˩vu˩lɑ̃˩ʨiæ˥mo˧ɦiʏ˩——ŋɑ˧ɕiɑ̃˥kuəʔ˥li˩ʦʻʏ˦ 歇后语。外面名声好,内部却一塌糊涂。多指由内斗所致。

chū

出【ʦʻəʔ˥】、【ʦʻəʔ˥】

【出力】ʦʻəʔ˥liəʔ˧

【出人】ʦʻəʔ˥ȵən˧ 培养出人才。

【出入】ʦʻəʔ˥zəʔ˧

【出厂】tsʻəʔ˥tsʻã˩

【出门】tsʻəʔ˥mən˧ 离家出行。

【出山】tsʻəʔ˥sE˥ （一）喻出来做官,也泛指出来担任某种职务。（二）喻有出息,出人头地。（三）喻苦尽甘来。（四）学成。

【出口】tsʻəʔ˥kʻY˩

【出土】tsʻəʔ˥tʻəu˩

【出工】tsʻəʔ˥koŋ˥

【出马】tsʻəʔ˥mo˩

【出火】tsʻəʔ˥həu˩ 点火。

【出水】tsʻəʔ˥sɥ˩ 钻出水面。

【出书】tsʻəʔ˥sɥ˥ （一）出版书籍。（二）编写出书稿。

【出月】tsʻəʔ˥ŋəʔ˧

【出手】tsʻəʔ˥sY˩

【出气】tsʻəʔ˥tɕʻi˧ （一）呼气。（二）把心里的怨愤发泄出来。

【出头】tsʻəʔ˥dY˧

【出仕】tsʻəʔ˥zɿ˩

【出生】tsʻəʔ˥sən˥

【出示】tsʻəʔ˥zɥ˩

【出礼】tsʻəʔ˥li˩ 送礼（多用金钱作礼）。

【出世】tsʻəʔ˥sɥ˧

【出本】tsʻəʔ˥pən˩ 赚回本钱。

【出发】tsʻəʔ˥faʔ˥

【出冲】tsʻəʔ˥tsʻoŋ˧ 打麻将牌,出的牌被别人和去了。

【出色】tsʻəʔ˥səʔ˥ （一）特别好,超出一般的。（二）常用作反语。

【出访】tsʻəʔ˥fã˩

【出灯】tsʻəʔ˥tən˥ 花灯上街游走。

【出场】tsʻəʔ˥zã˧ （一）演员登台（表演）。（二）运动员进入场地（参加表演或竞赛）。（三）出面。

【出产】tsʻəʔ˥tsʻE˩

【出会】tsʻəʔ˥huE˩ 指旧时迎神赛会或庆祝活动。

【出血】tsʻəʔ˥ɕyəʔ˥

【出动】tsʻəʔ˥doŋ˩

【出行】（1）tsʻəʔ˥ɦin˧ 外出,到外地去。（2）tsʻəʔ˥ɦã˧ 向内行求教。

【出产】tsʻəʔ˥tsʻE˩

【出没】tsʻəʔ˥məʔ˧

【出兵】tsʻəʔ˥pin˥

【出身】tsʻəʔ˥sən˥

【出纳】tsʻəʔ˥nəʔ˧

【出局】tsʻəʔ˥ʥioʔ˧

【出尿】tsʻəʔ˥sʮ˥ 尿床。

【出足】tsʻəʔ˥tsoʔ˥ 付出到最大程度。

【出现】tsʻəʔ˥ɦiɪ˨

【出账】tsʻəʔ˥tsã˦

【出芽】tsʻəʔ˥ŋɑ˧

【出诊】tsʻəʔ˥tsən˦

【出角】tsʻəʔ˥koʔ˥ 形容不受制度、规章等约束，肆意妄为。

【出版】tsʻəʔ˥pᴇ˥˩

【出空】tsʻəʔ˥koŋ˥ 腾出空间。

【出征】tsʻəʔ˥tsən˦

【出典】tsʻəʔ˥tiɪ˥˩

【出国】tsʻəʔ˥kuəʔ˥

【出线】tsʻəʔ˥siɪ˦ 形容较一般人有出息、有成就。

【出爬】tsʻəʔ˥bo˧ 可能，大约。

【出丧】tsʻəʔ˥sɑ̃˥

【出炉】tsʻəʔ˥ləu˧

【出奇】tsʻəʔ˥ʥi˧

【出栏】tsʻəʔ˥lᴇ˧

【出面】tsʻəʔ˥miɪ˨

【出差】tsʻəʔ˥tsʻɑ˥

【出科】tsʻəʔ˥kʻəu˥

【出庭】tsʻəʔ˥din˧

【出神】tsʻəʔ˥zən˧

【出阁】tsʻəʔ˥koʔ˥

【出挑】tsʻəʔ˥tʻiæ˦

【出逃】tsʻəʔ˥dæ˧

【出送】tsʻəʔ˥soŋ˥ 东西转移或人走掉。

【出客】tsʻəʔ˥kʻɑʔ˥ （一）待客或做客用的（衣物）。（二）喻较为体面的（东西）。

【出相】tsʻəʔ˥siã˦ 人的外貌和素质。

【出洋】tsʻəʔ˥ɦiã˧ 出国。

【出家】tsʻəʔ˥kɑ˥

【出样】tsʻəʔ˥ɦiã˨ 展出样品。

【出息】tsʻəʔ˥siəʔ˥

【出席】tsʻəʔ˥ziəʔ˧

【出骨】tsʻəʔ˥kuəʔ˥ 剔除骨头。

【出租】tsʻəʔ˥tsəu˥

【出借】tsʻəʔ˥tsiɑ˦

【出资】tsʻəʔ˥tsɿ˥

【出恭】tsʻəʔ˥koŋ˦

【出格】tsʻəʔ˥kɑʔ˥

【出鬼】tsʻəʔ˥tɕy˥˩ 作怪生事。

【出窍】tsʻəʔ˥tɕʻiæ˦ 指灵魂

离开了肉体，昏迷。
【出清】tsʻəʔ˥tsʻin˥ 全部清除。
【出笼】tsʻəʔ˥loŋ˦
【出梅】tsʻəʔ˥mE˦
【出售】tsʻəʔ˥zY˦
【出脱】tsʻəʔ˥tʻəʔ˥
【出裆】tsʻəʔ˥tɑ̃˥ （一）转移，（人）走掉。（二）（东西）卖掉。
【出锋】tsʻəʔ˥foŋ˥ 裘皮枪毛外露。
【出脚】tsʻəʔ˥tɕiɑʔ˥ 指出门的交通状况。
【出道】tsʻəʔ˥dæ˩
【出勤】tsʻəʔ˥ʥən˦
【出蛟】tsʻəʔ˥tɕiæ˥ 旧时指山洪暴发。
【出粪】tsʻəʔ˥fən˥˩ 从粪缸、粪窖中取出粪便。
【出渣】tsʻəʔ˥tso˥ 去除或吐出渣滓。
【出嫁】tsʻəʔ˥kɑ˥˩
【出路】tsʻəʔ˥ləu˩
【出榜】tsʻəʔ˥pɑ̃˥˩
【出殡】tsʻəʔ˥pin˥
【出摊】tsʻəʔ˥tʻE˥
【出境】tsʻəʔ˥tɕən˥˩
【出操】tsʻəʔ˥tsʻæ˥
【出豁】tsʻəʔ˥huɑʔ˥ 清理，整理。
【出趟】tsʻəʔ˥tʻɑ̃˩ 大方。
【出镬】tsʻəʔ˥huoʔ˧ 出锅。
【出人情】tsʻəʔ˥ȵən˦zin˩ 义同【出礼】。
【出门人】tsʻəʔ˥mən˦ȵən˩ 旅客。
【出毛病】tsʻəʔ˥mæ˦bin˩
【出气筒】tsʻəʔ˥tɕʻi˥doŋ˩ 喻发泄的对象。
【出风头】tsʻəʔ˥foŋ˥dY˩
【出仔月】tsʻəʔ˥tsɿ˥˩ŋəʔ˧ 到下个月。
【出头戏】tsʻəʔ˥dY˦ɕi˥˩ 只表演全本中可以独立演出的一段情节的戏曲。
【出出来】tsʻəʔ˥tsʻəʔ˥lE˦ （一）长出来。（二）露头角。
【出出变】tsʻəʔ˥tsʻəʔ˥piI˥˩ 一会儿一个主意，捉摸不定。
【出出嘴】tsʻəʔ˥tsʻəʔ˥tsɥ˥˩ 口头指挥。
【出生活】tsʻəʔ˥sɑ̃˥huəʔ˧ 完成活计率高。
【出老千】tsʻəʔ˥læ˦tsʻiI˥ 赌博作弊。

【出份子】tsʻə˥vən˧tsɿ˥˩

【出坑缸】tsʻə˥kʻã˥kã˥˩ 清出粪缸里的粪便。

【出纰漏】tsʻə˥pʻi˥lʏ˩ 出问题、事故等。

【出闲话】tsʻə˥ɦɛ˧ɦo˩ 发话。

【出花样】tsʻə˥ho˥ɦiã˩ 玩弄鬼花样。

【出苦相】tsʻə˥kʻəu˥˩siã˥˩ 露出狼狈相。

【出环头】tsʻə˥ɡuɛ˧dʏ˩ 义同【出风头】。

【出垃圾】tsʻə˥lɑ˧si˥ 清出垃圾。

【出码头】tsʻə˥mo˧dʏ˩ 到别的城镇去(多指演员)。

【出尿出】tsʻə˥sʮ˥tsʻə˥ 尿床。

【出事体】tsʻə˥zɿ˧ti˥˩ 出事。

【出面爆】tsʻə˥mii˧pæ˥˩ 给人的初次印象。

【出虾仁】tsʻə˥ho˥ȵən˩ 虾仁从虾体中剥离出来。

【出洋相】tsʻə˥ɦiã˧siã˥˩ 出丑。

【出科书】tsʻə˥kʻəu˥sʮ˥˩ 评弹行话。演员学艺时学的第一部书目。

【出眼泪】tsʻə˥ŋɛ˧li˩ 流眼泪。

【出勒塞】tsʻə˥lə˧sə˥ 义同[出垃圾]。

【出痧子】tsʻə˥so˥tsɿ˥˩ 发水痘。

【出棺材】tsʻə˥kuø˥zɛ˩ 出殡。

【出谣头】tsʻə˥ɦiæ˧dʏ˩ 出现谣传。

【出家生】tsʻə˥kɑ˥sã˥˩ (一)评弹术语,指开始弹奏乐器。(二)指把盛物的器具中的东西撤出。

【出辔头】tsʻə˥pʻi˥dʏ˩ 形容跑的速度极快。

【出噱头】tsʻə˥ɕyə˥dʏ˩ 编谎话骗人。

【出蟹粉】tsʻə˥hɑ˧fən˥ 把蟹肉、蟹黄从螃蟹壳中剥离出来。

【出胡苏】tsʻə˥ɦəu˧səu˥或tsʻə˥tsəu˥sən˥˩ 长出胡子。

【出篷火】tsʻə˥boŋ˩həu˥˩ (一)放把火。(二)点个火。

【出人头地】tsʻə˥zən˧dʏ˩

di˨˩

【出门出路】ʦʻəʔ˥mən˦ʦʻəʔ˥ ləu˨˩ 外出(多指离乡)。

【出生入死】ʦʻəʔ˥sən˥zəʔ˧ sɿ˥˩

【出生出世】ʦʻəʔ˥sã˥ʦʻə˥ sʮ˥˩ 自出生以来。

【出尔反尔】ʦʻəʔ˥Øəl˥fE˥˩ Øəl˥˩

【出头椽子】ʦʻəʔ˥dY˦zø˨˩ ʦɿ˥˩ 指出头为首的人(贬义)。

【出言吐语】ʦʻəʔ˥ɦii˦təu˥˩ ȵy˨˩ 言谈的遣词用语。

【出花出样】ʦʻəʔ˥ho˥ʦʻə˥ ɦiã˨˩ 玩弄鬼花样。

【出其不意】ʦʻəʔ˥ʥi˨˩pəʔ˥Øi˧˦

【出奇制胜】ʦʻəʔ˥ʥi˦ʦʮ˥˩ sən˧˦

【出空本身】ʦʻəʔ˥koŋ˥pən˥˩ sən˥˩ 排除一切杂务,腾出手来。

【出空身体】ʦʻəʔ˥kʻoŋ˥sən˥ tʻi˥˩ 义同【出空本身】。

【出枚枚子】ʦʻəʔ˥mE˦mE˦ ʦɿ˥˩ 出谜语。

【出类拔萃】ʦʻəʔ˥lE˦bɑʔ˧zE˨˩

【出神入化】ʦʻəʔ˥zən˦zəʔ˧ ho˧˦

【出科弟兄】ʦʻəʔ˥kʻəu˥di˨˩ ɕoŋ˥ (一)一起学艺的人。(二)自小一起长大,关系亲密的人。

【出娘肚皮】ʦʻəʔ˥ȵiã˦dəu˦ bi˨˩ 出生以来。

【出钿施主】ʦʻəʔ˥dii˧sʮ˥ʦʮ˥˩ 出钱赞助者。

【出粗倒念】ʦʻəʔ˥ʦʻəu˥tæ˥˩ ȵi˨˩ 粗话连篇。

【出鼻红血】ʦʻəʔ˥bəʔ˧ɦoŋ˨˩ ɕyəʔ˥ 出鼻血。

【出门勿认货】ʦʻəʔ˥mən˦fəʔ˥ ȵən˨˩həu˧˦ 喻说话办事没有诚信。

【出门碰着鬼】ʦʻəʔ˥mən˦ bã˦zɑʔ˧ʨy˥˩ 指一出门就碰上倒霉的事。

【出葫芦反葫芦】ʦʻəʔ˥ɦəu˦ ləu˨˩fE˧˦ɦəu˦ləu˨˩ 亦读作 ʦʻəʔ˥ɦuəʔ˧ləu˨˩fE˧˦ɦuəʔ˧ləu˨˩ 出尔反尔。

【出人出书走正路】ʦʻəʔ˥ ȵən˦ʦʻəʔ˥sʮ˥ʦY˥˩ʦən˥lə u˨˩ 陈云同志对评弹工作的重要指示。

【出门常带三九衣】ʦʻəʔ˥

mən˦zã˦tɑ˅sᴇ˥tɕiʏ˅Øi˥ 出门在外,要多带御寒衣物,以防天气突然变化。

【出门常带小鸡铀】tsʻəʔ˥ mən˦zã˦tɑ˅siæ˧tɕi˥di˩ 为防意外,出门在外要带些钱。

【出仔灯油铀,坐勒暗头里】tsʻəʔ˥tsɿ˅tən˥ɦiʏ˦di˩,zəu˧ləʔ˧Øø˥dʏ˦li˩ 喻付出代价,却得不到应有的利益。

【出头椽子先要烂】tsʻəʔ˥dʏ˦zø˦tsɿ˅si˥Øiæ˅lᴇ˩ 指闹事中为首为头的,首先会倒霉。

初【tsʻəu˥】

【初小】tsʻəu˥siæ˅
【初中】tsʻəu˥tsoŋ˅
【初头】tsʻəu˥dʏ˩ (一年或一月)开始的几天。
【初交】tsʻəu˥tɕiæ˅
【初年】tsʻəu˥ȵi˩
【初创】tsʻəu˥tsʻã˅
【初步】tsʻəu˥bu˩
【初诊】tsʻəu˥tsən˅
【初版】tsʻəu˥pᴇ˅
【初学】tsʻəu˥ɦoʔ˧
【初试】tsʻəu˥sɥ˅
【初审】tsʻəu˥sən˅
【初衷】tsʻəu˥tsoŋ˅
【初恋】tsʻəu˥li˩
【初等】tsʻəu˥tən˅
【初赛】tsʻəu˥sᴇ˅
【初期】tsʻəu˥dʑi˩
【初稿】tsʻəu˥kæ˅
【初头浪】tsʻəu˥dʏ˦lã˩ (一年或一月)开始的几天。
【初起头】tsʻəu˥tɕʻi˅dʏ˩ 最初开始的时候。
【初出茅庐】tsʻəu˥tsʻəʔ˥mæ˩ləu˩
【初望之间】tsʻəu˥mã˩tsɿ˅tɕi˅ 最初第一眼看到的(含不仔细的)。
【初三廿七勿拣日】tsʻəu˥sᴇ˥ȵi˩tsʻiəʔ˥fəʔ˥kᴇ˅ȵəʔ˧ 吴地民俗。凡农历的初三或廿七都是吉利的日子,可以办喜庆的事情。
【初生之犊不怕虎】tsʻəu˥sən˥tsɥ˅doʔ˧pəʔ˥pʻɑ˅həu˅ 喻青年人勇敢大胆,敢作敢为。
【初生猫儿强如虎】tsʻəu˥

sən˥mæ˧lə˩ʥiã˧zɥ˩həu˩ 义同【初生之犊不怕虎】。

【初一一句,月半一句】ʦʻəu˥ ɵiəʔ˥ɵiəʔ˥ʨy˩,ŋəʔ˧pø˧ ɵiəʔ˥ʨy˩ 形容说话滞缓,节奏过慢。

【初三格月亮——有搭呒不一样】ʦʻəu˥sE˥kəʔ˥ŋəʔ˧liã˩——ɦiY˩tɑʔ˥m̩˧pəʔ˥ɵiəʔ˥ɦiã˩ 歇后语。指等于没有。

【初学三年,天下去得;再学三年,寸步难行】ʦʻəu˥ɦoʔ˧sE˥ȵi˩,tʻi˥ɦo˩ʨi˧təʔ˥;ʦE˥ɦoʔ˧sE˥ȵi˩,ʦʻən˧bu˩nE˧ɦin˧ 指刚开始学或学习不久,往往不知天高地厚;随着学习程度加深,方始知道还远远不够。

chú

刍【zəu˧】

除【zɥ˧】

【除夕】zɥ˧ziəʔ˧

【除开】zɥ˧kʻE˥

【除出】zɥ˧ʦʻəʔ˥ 除开;除非。

【除外】zɥ˩ŋɑ˩

【除名】zɥ˩min˧

【除法】zɥ˧faʔ˥

【除非】zɥ˧fi˥

【除根】zɥ˧kən˥

【除脱】zɥ˧təʔ˥ 除掉。

【除开算账】zɥ˧kʻE˥sø˥ʦã˧ 排除在外,不计算在内。

【除此之外】zɥ˧ʦʻɿ˥ʦɥ˩ŋɑ˩ 除了这些之外。

厨【zɥ˧】

【厨房间】zɥ˧vã˧kE˩ 厨房。

【厨子师傅】zɥ˧ʦɿ˥sɿ˥vu˩ 厨师。

锄【zəu˧】

【锄头】zəu˧dY˩

【锄奸】zəu˧ʨi˥

雏【zəu˧】

【雏妓】zəu˧ʥi˩

【雏形】zəu˨˦ɦin˩

橱【zɥ˨˦】

【橱门】zɥ˨˦mən˩　衣橱的门。

【橱窗】zɥ˨˦tsʻã˥

【橱脚】zɥ˨˦tɕiɑʔ˥　衣橱的支撑部分。

【橱头顶】zɥ˨˦dʏ˨˦tin˥˩˧　衣橱的顶部。

躇【zɥ˨˦】

chǔ

处【tsʻɥ˥˩】中州韵【tsʻy˥˩˧】

另见 chù。

【处士】tsʻɥ˥˩zɿ˩

【处女】tsʻɥ˥˩ȵy˩

【处于】tsʻɥ˥˩ɦy˨˦

【处方】tsʻɥ˥˩fã˥

【处分】tsʻɥ˥˩˧vən˩

【处世】tsʻɥ˥˩˧sɥ˥˩

【处决】tsʻɥ˥˩tɕyəʔ˥

【处死】tsʻɥ˥˩˧sɿ˥˩˧

【处事】tsʻɥ˥˩˧zɿ˩

【处罚】tsʻɥ˥˩zaʔ˧

【处理】tsʻɥ˥˩li˨˦

【处暑】tsʻɥ˥˩sɥ˥

【处置】tsʻɥ˥˩tsɥ˥˩˧

【处境】tsʻɥ˥˩˧tɕən˥˩˧

【处馆】tsʻɥ˥˩˧kuø˥˩　旧时做家庭教师。

【处女作】tsʻɥ˥˩ȵy˨˦tsoʔ˥

【处心积虑】tsʻɥ˥˩sin˥tsiəʔ˥ly˩

【处暑十八盆】tsʻɥ˥˩sɥ˥zəʔ˧pоʔ˥bən˩　指处暑节气之后,暑气未消,天气炎热,还需连续洗十八次澡。

【处暑,处暑,处处要水】tsʻɥ˥˩sɥ˥˩˧,tsʻɥ˥˩sɥ˥˩˧,tsʻɥ˥˩tsʻɥ˥∅iæ˥˩˧sɥ˥˩˧　谚语。处暑节气,稻田须充分灌溉。

【处暑处暑,热煞老鼠】tsʻɥ˥˩sɥ˥˩˧,tsʻɥ˥˩sɥ˥˩˧,ȵəʔ˧saʔ˥læ˨˦tsʻɥ˥˩˧　谚语。指处暑节气时,天气还处于炎热阶段。

【处暑不放本,白露枉费心】tsʻɥ˥˩sɥ˥˩˧pəʔ˥fã˥˩pən˥˩˧,bɑʔ˧ləu˩ɦuã˥fi˥˩˧sin˥　谚语。处暑该施肥,否则秋后稻作将没有收成。

杵【tsʻɥ˥˩˧】中州韵【tsʻy˥˩˧】

础【tsʻəu⋁】

【础石】tsʻəu⋁zɑʔ˧

储【zʮ˧˩】

【储户】zʮ˧˩ɦəu˩
【储存】zʮ˧˩zən˩
【储备】zʮ˧˩bɛ˩
【储蓄】zʮ˧˩ɕioʔ˥
【储藏】zʮ˧˩zɑ̃˩

楚【tsʻəu⋁】

【楚囚】tsʻəu˦zY˧
【楚霸王】tsʻəu˦po˥ɦuɑ̃˩
【楚楚动人】tsʻəu˦tsʻəu˦doŋ˩zən˧

褚【tsʻʮ⋁】

chù

处【tsʻʮ˦】中州韵【tsʻy˦】另见 chǔ。

【处处】tsʻʮ˦tsʻʮ⋁
【处所】tsʻʮ˦səu⋁

绌【tsʻəʔ˥】中州韵【tsʻəʔ˥】

【绌】tsʻəʔ˥ 老化败坏。
【绌脱】tsʻəʔ˥tʻəʔ˥ 老化败坏掉。

畜【tsʻoʔ˥】另见 xù。

【畜牲】tsʻoʔ˥sɑ̃˥、tsʻoʔ˥sən˥、tsoŋ˥sɑ̃⋁
【畜牲脾气】tsoŋ˥sɑ̃˥bi˩tɕʻi⋁ 形容特别暴烈的坏脾气。

搐【tsʻoʔ˥】

触【tsʻoʔ˥】

【触火】tsʻoʔ˥həu⋁ 惹人生气。
【触目】tsʻoʔ˥moʔ˧
【触气】tsʻoʔ˥tɕʻi˦ 惹人生气。
【触电】tsʻoʔ˥di˩ （一）人或动物接触较强的电流。（二）喻引发愤怒。如：头发弄得不男不女，看见就触电。
【触犯】tsʻoʔ˥vɛ˩
【触动】tsʻoʔ˥doŋ˩

【触机】tsʰoʔ˥tɕi˥ 碰运气。

【触爬】tsʰoʔ˥bo˧ 可能，或许。

【触洋】tsʰoʔ˥hiã˧ 粗粗一看觉得很洋气。

【触怒】tsʰoʔ˥nəu˩

【触裆】tsʰoʔ˥tã˥ 以次充好。

【触眼】tsʰoʔ˥ŋE˩ （一）显眼。（二）引人注目。（三）看了让人不舒服。

【触腔】tsʰoʔ˥tɕʰiã˥ 惹人生气的形象。

【触礁】tsʰoʔ˥tsiæ˥

【触僵】tsʰoʔ˥tɕiã˥ （关系）搞僵。

【触山头】tsʰoʔ˥sE˥dY˩ 碰到不愉快的事。

【触气相】tsʰoʔ˥tɕʰi˥siã˥˩ 惹人讨厌的样子。

【触心境】tsʰoʔ˥sin˥tɕən˥˩ 触动心事，引发伤感。

【触耳朵】tsʰoʔ˥ȵi˧təu˥ 刺耳。

【触角棒】tsʰoʔ˥koʔ˥bã˩ 哭丧棒。

【触脑门】tsʰoʔ˥næ˧mən˩ 令人生气、心烦，也作【戳脑门】。

【触浮尸】tsʰoʔ˥vY˧sɥ˥˩ （一）把麻烦事推给别人。（二）把人草草打发掉。也作【戳浮尸】。

【触裆戏】tsʰoʔ˥tã˥ɕi˥˩ 指糊弄人的事。

【触裆货】tsʰoʔ˥tã˥həu˥˩ 指以次充好的东西，有时也指瞒掉缺点或缺陷的人。

【触眼睛】tsʰoʔ˥ŋE˧tsin˥ 看了不舒服。

【触鼻头】tsʰoʔ˥bəʔ˧dY˩ 刺鼻。

【触霉头】tsʰoʔ˥mE˧dY˩

【触壁脚】tsʰoʔ˥piəʔ˥tɕiaʔ˥ 背后说人坏话。也作【戳壁脚】。

【触目惊心】tsʰoʔ˥moʔ˧tɕən˥ sin˥

【触落触落】tsʰoʔ˥loʔ˧tsʰoʔ˥loʔ˧ 形容小声谈话的声音。

【触类旁通】tsʰoʔ˥lE˩bã˧ tʰoŋ˥

【触景生情】tsʰoʔ˥tɕin˦sən˥ zin˧

【触霉头哩喇】tsʰo˥mE˧dY˩li˩la˩ 要倒霉的。

【触起霉头来】tsʰo˥tɕʰi˥˩mE˧d

Y˦˥E˩ 倒起霉来。

【触起霉头来有瘾格】tsʻoʔ˥tɕʻi˩˥mE˧dY˩˥E˩ɦiY˩ɦin˩kəʔ˥ 倒起霉来，会接二连三来的。

黜【tsʻəʔ˥】中州韵【tʂʻəʔ˥】

矗【tsʻoʔ˥】

【矗出】tsʻoʔ˥tsʻəʔ˥ 挑出；较醒目。

chuǎi

揣【tsʻE˥】

【揣度】tsʻE˥dəu˩

【揣摩】tsʻE˥mo˩

chuài

膗【pʻoʔ˥】(䐶)

【膗肉】pʻoʔ˥ȵoʔ˧ 猪胸腹部的肥而松的肉。

【膗尸】pʻoʔ˥sɥ˥ （一）詈语。指胖子。（二）浸胖浮尸。

【膗落头】pʻoʔ˥loʔ˧dY˩ 小块膗肉。

【膗落肉】pʻoʔ˥loʔ˧ȵoʔ˧ 膗肉。

【膗笃肉】pʻoʔ˥toʔ˥ȵoʔ˧ 义同【膗肉】。

chuān

川【tsʻø˥】

【川】tsʻø˥ 吴语中有进货的意思。

【川资】tsʻø˥tsɿ˩˥

【川剧】tsʻø˥dʑəʔ˧

【川菜】tsʻø˥tsʻE˩˥

【川货色】tsʻø˥həu˥səʔ˥ 商店进货。

【川酱店】tsʻø˥tsiã˥tii˩˥ 专门经营而不生产酱制品的商店。

【川流不息】tsʻø˥lY˩pəʔ˥siəʔ˥

穿【tsʻø˥】

【穿孔】tsʻø˥kʻoŋ˩˥

【穿心】tsʻø˥sin˩˥ 穿过中心。

【穿越】tsʻø˥ɦyəʔ˧

【穿脱】tsʻø˥tʻəʔ˥ （一）破

了,洞穿。(二)透彻。简称“穿”。

【穿线】ʦʻø˥siɪ˦˧

【穿哉】ʦʻø˥ʦE˥˩ (一)暴露,败露。(二)看透了。

【穿绷】ʦʻø˥pã˥˩ 暴露,败露。

【穿着】ʦʻø˥ʦɑʔ˥ 衣着。

【穿梭】ʦʻø˥səu˥˩

【穿插】ʦʻø˥ʦʻaʔ˥

【穿戴】ʦʻø˥tɑ˦˧

【穿山甲】ʦʻø˥sE˥kaʔ˥

【穿心烂】ʦʻø˥sin˥lE˨˩ 里面溃烂。

【穿引线】ʦʻø˥ɦin˧siɪ˥˩ 将线穿入针孔。

【穿延线】ʦʻø˥ɦiɪ˨˩siɪ˥˩ 义同【穿引线】。

【穿扇面】ʦʻø˥sø˥miɪ˨˩ 喻从中协调。

【穿堂风】ʦʻø˥dã˧foŋ˥˩

【穿棕棚】ʦʻø˥ʦoŋ˥pã˥˩ 用棕线穿制棕垫。

【穿珠花】ʦʻø˥ʦʮ˥ho˥˩ 用珍珠穿制首饰。

【穿红着绿】ʦʻø˥ɦoŋ˧ʦɑʔ˥loʔ˧ 指衣着妖娆。

【穿骨流注】ʦʻø˥kuəʔ˥lY˨˩ʦɿ˥˩ 骨癌。

【穿靴戴顶】ʦʻø˥ɕio˥tɑ˦˧tin˥˩ 清朝指有地位的人。

【穿钉鞋,撑拐杖——稳浪加稳】ʦʻø˥tin˥ɦɑ˨˩,ʦʻã˥kuɑ˦˧zã˨˩——Øuən˦˧lã˧ka˥Øuən˥˩ 歇后语。十分稳当。

chuán

传【zø˧】另见 zhuàn。

【传人】zø˧ɲən˨˩

【传习】zø˧ziəʔ˧

【传布】zø˧pu˥˩

【传讯】zø˧sin˥˩

【传世】zø˧sʮ˥˩

【传动】zø˧doŋ˨˩

【传达】zø˧daʔ˧

【传扬】zø˧ɦiã˨˩

【传讹】zø˨˩ŋəu˨˩ 误会。

【传承】zø˧zən˨˩

【传单】zø˧tE˥

【传奇】zø˧dʑi˨˩

【传呼】zø˧həu˥

【传染】zø˧zø˨˩

【传闻】zø˧vən˨˩

【传说】zø˧səʔ˥

【传神】zø˦zən˦
【传统】zø˦t'oŋ˥˩
【传递】zø˦di˨˩
【传颂】zø˦zoŋ˨˩
【传教】zø˦tɕ'iæ˥˩
【传真】zø˦tsən˥
【传票】zø˦p'iæ˥˩
【传授】zø˦zY˨˩
【传媒】zø˦mE˨˩
【传谣】zø˦ɦiæ˨˩ 传播谣言。
【传播】zø˦pu˥
【传子孙】zø˦tsɿ˥˩sən˥或zø˨˩tsɿ˦sən˥ 传给子孙后代。
【传声筒】zø˦sən˥doŋ˨˩
【传闲话】zø˦ɦE˦ɦo˨˩ （一）把一方的话转给另一方。（二）有意把一方说的不利于另一方的话私下传递过去（含挑拨的意思）。
【传香烟】zø˦ɕiã˥θii˥˩ 子孙一代接一代地延续下去。
【传家宝】zø˦tɕia˥pæ˥˩
【传宗接代】zø˦tsoŋ˥tsiəʔ˥dE˨˩
【传子勿传婿】zø˦tsɿ˥˩fəʔ˥zø˦si˥ （特有的东西）只传给儿子，不传给外姓。

船【zø˦】

【船夫】zø˦fu˥
【船只】zø˦tsɑʔ˥
【船民】zø˦min˨˩
【船头】zø˦dY˨˩ 船的最前面的部分。
【船坞】zø˦θəu˥˩
【船坊】zø˦fã˥ 旧时供私人停船的有顶建筑。
【船费】zø˦fi˥˩ 船线。
【船娘】zø˦ȵiã˨˩ 旧时指在木船上工作的女性。
【船舱】zø˦ts'ã˥
【船钿】zø˦dii˨˩ 雇船或搭船的人所付的费用。
【船家】zø˦tɕia˥
【船舷】zø˦ɦii˨˩
【船菜】zø˦ts'E˥˩
【船艄】zø˦sæ˥
【船老大】zø˦læ˦da˨˩
【船码头】zø˦mo˦dY˨˩ 可供停靠船只的码头。
【船浪人】zø˦lã˨˩ȵən˨˩ （一）船民。（二）靠行船谋生者。

【船到江心补漏迟】zø˧tæ˥˩ kã˥sin˥˩pu˥˩lʏ˨˧zɥ˧ 俗语。喻某件事要补救，为时已晚。

【船底呒水难行路】zø˧ti˥˩m̩˧sɥ˥˩nɛ˧ɦã˨˧ləu˨˧ 俗语。喻没有钱难以办事。

【船到桥头自会直】zø˧tæ˥˩ dʑiæ˧dʏ˨˧zɿ˨˧ɦuɛ˨˧zəʔ˧ 俗语。喻事情到关键或最后，总会得到解决。

【船到桥洞直淼淼】zø˧tæ˥˩ dʑiæ˧doŋ˨˧zəʔ˧miæ˨˧ miæ˨˧ 俗语。喻事情到关键或最后，总会得到解决。

【船头浪跑马——走投无路】zø˧dʏ˨˧lã˨˧bæ˧mo˨˧—— tsʏ˥˩dʏ˧vu˨˧ləu˨˧ 歇后语。指无路可走。形容处境极端困难，找不到出路。

【船头浪相骂，船艄浪搭话】zø˧dʏ˨˧lã˨˧siã˥mo˨˧,zø˧ sæ˥lã˨˧taʔ˥ɦo˨˧ 本指船民夫妻，才在船头上吵嘴，到船艄上就和好了。喻夫妻之间闹矛盾，一会儿就会和好。

椽【zø˧】

【椽子】zø˧tsɿ˥˩

chuǎn

舛【tsʻø˥˩】

喘【tsʻø˥˩】

【喘气】tsʻø˥˩tɕʻi˦

【喘息】tsʻø˥˩siəʔ˥

【喘吁吁】tsʻø˥˩ɕy˥ɕy˥˩

chuàn

串【tsʻø˦】

【串戏】tsʻø˦ɕi˦ （一）特指非专业演员参加专业剧团演戏。（二）喻迷惑人的圈套。

【串供】tsʻø˥koŋ˥˩

【串通】tsʻø˥toŋ˥˩

【串联】tsʻø˥li˨˧

【串头绳】tsʻø˥dʏ˧zən˨˧ 旧时串铜钱的绳子。

【串味道】tsʻø˦mi˨˧dæ˨˧ 食品、饮料等同其他有特殊气味的物品放在一起，染上特殊气味。

【串起来】ts'ø˥tɕi˥˩lE˩ （一）一个一个地串联。（二）联合起来。

【串头绳浪勒下来】ts'ø˥dY˩ zən˩˧lã˩˧lə˧ho˩˧lE˩ 形容说话语速快，而且流畅。

【串头绳顶倒拎格户头】ts'ø˥dY˩zən˩tin˥tæ˥˩lin˥kə˥ɦəu˧dY˩ 串头绳为串铜钱所用；顶倒拎，指一有钱就挥霍（的人）。

钏【ts'ø˦】

chuāng

创【ts'ã˥】中州韵【ts'uã˥】另见 chuàng。

【创口】ts'ã˥k'Y˥˩

【创伤】ts'ã˥sã˥˩

【创脱】ts'ã˥t'ə˥ 浪费，白费。

【创痛】ts'ã˥t'oŋ˥˩

【创创枯枯】ts'ã˥ts'ã˥k'əu˥˩k'əu˥˩ 彻彻底底，毫无保留（多指说话）。

疮【ts'ã˥】中州韵【ts'uã˥】

【疮口】ts'ã˥k'Y˥˩

【疮疖】ts'ã˥tɕiə˥

【疮疤】ts'ã˥po˥˩

窗【ts'ã˥】中州韵【ts'uã˥】

【窗口】ts'ã˥k'Y˥˩

【窗闩】ts'ã˥sø˥˩ 中式窗户上用于闩窗的小闩。

【窗户】ts'ã˥ɦəu˩

【窗台】ts'ã˥dE˩

【窗花】ts'ã˥ho˥˩

【窗纱】ts'ã˥so˥˩

【窗帘】ts'ã˥li˩

【窗洞】ts'ã˥doŋ˩

【窗盘】ts'ã˥bø˩ 窗户。

【窗框】ts'ã˥k'uã˥˩ 安装窗户的外框。

【窗棂】ts'ã˥lin˩

【窗槛】ts'ã˥k'E˥˩ 中式窗子下端的横木。

【窗口头】ts'ã˥kY˥˩dY˩ 窗户跟前。

C

【窗扎钩】tsʻã˥tsɑʔ˥kY˥˩ 用以固定窗子的小钩子。
【窗格子】tsʻã˥kɑʔ˥tsɿ˥˩ 亦称【窗格】tsʻã˥kɑʔ˥。
【窗盘洞】tsʻã˥bø˨do˩˧ 窗洞。
【窗盘洞洞】tsʻã˥bø˨do˩˧do˩˧ 义同【窗盘洞】。

chuáng

床【zã˨】中州韵【zuã˨】

【床位】zã˨ɦuE˨
【床帐】zã˨tsã˥˩
【床帏】zã˨ɦuE˨
【床沿】zã˨ɦi˨
【床板】zã˨pE˥˩
【床浪】zã˨lã˩ 床上。
【床脚】zã˨tɕiɑʔ˥
【床罩】zã˨tsæ˥˩
【床门前】zã˨mən˨zi˩ 床前。
【床底下】zã˨ti˧ɦo˩ 床的底下。
【床角落】zã˨koʔ˥loʔ˧ （一）旧式床架的四只角的地方。（二）床脚附近的角落。
【床顶浪】zã˨tin˥lã˩ 旧式床架的上方。
【床顶板】zã˨tin˥pE˥˩ 旧式床架上方安装的木板。
【床背后】zã˨pE˥ɦY˩ 床后。
【床架子】zã˨ka˥tsɿ˥˩ 床架。
【床栏杆】zã˨lE˨kø˥˩ 旧式床架四面的围栏。
【床浪向】zã˨lã˨ɕiã˥˩ 床上。
【床横头】zã˨ɦuã˨dY˩ 床的两头。
【床浪闲话】zã˨lã˨ɦE˨ɦo˩ 夫妻间床上交谈的话。
【床浪事体】zã˨lã˨zɿ˩tʻi˥˩ 夫妻间的事。
【床浪夫妻，床下君子】zã˨lã˨fu˥tsʻi˥˩，zã˨ɦo˩tɕyən˦tsɿ˥ 指夫妻间床上的亲密行为和日常生活的行为要有分别。
【床底下喂鹤——抬头勿起】zã˨ti˥˩ɦo˩ø˩y˦ŋoʔ˧——dE˨dY˨fəʔ˥tɕʻi˥˩ 歇后语。形容处于压抑或自惭状态，抬不起头来。
【床底下放鹞子——大高而不

妙】zã˦ti˥ɦo˩fã˥˧ɦiæ˦ ʦ˥˧——da˦kæ˥ɦə˩˧pʔə˥ miæ˦ 歇后语。高明不到哪里去。

嚱【zã˩】

【嚱煞】zã˩saʔ˥ 吃得太多,撑死了。

【嚱一饱】zã˩Øiəʔ˥pæ˧ 拼命吃,吃得很饱。

【嚱下去】zã˩ɦo˩tɕʻi˧ 饱了还拼命吃下去。

【嚱进嚱出】zã˩ʦin˧zã˩ ʦʻəʔ˥ 无节制地狂吃狂喝。

幢【zã˦】中州韵【zuã˦】另见 zhuàng。

chuǎng

闯【ʦʻã˥˧】中州韵【ʦʻuã˥˧】

【闯关】ʦʻã˥˧kuE˥

【闯劲】ʦʻã˧tɕən˧

【闯将】ʦʻã˧ʦiã˧

【闯荡】ʦʻã˥˧dã˦

【闯祸】ʦʻã˥˧ɦəu˩

【闯乡邻】ʦʻã˥ɕiã˥lin˩ 到邻居家串门。

【闯红灯】ʦʻã˥˧ɦoŋ˦tən˥

【闯江湖】ʦʻã˥˧kã˥ɦəu˩

【闯穷祸】ʦʻã˥˧ʥioŋ˦ɦəu˩ 闯大祸。

【闯祸坯】ʦʻã˥˧ɦəu˦pʻE˧ 经常闯祸的人。

【闯街头】ʦʻã˥ka˥dY˩ 上街闲游。

chuàng

创【ʦʻã˥˧】文读【ʦʻã˥˧】中州韵【ʦʻuã˥˧】另见 chuāng。

【创办】ʦʻã˥˧bE˩

【创刊】ʦʻã˥˧kʻø˥

【创立】ʦʻã˥˧liəʔ˦

【创业】ʦʻã˥˧ȵəʔ˦

【创议】ʦʻã˧ȵi˧

【创收】ʦʻã˥˧sY˥

【创作】ʦʻã˥˧ʦoʔ˥

【创始】ʦʻã˥˧sɥ˥

【创建】ʦʻã˧tɕii˧

【创举】ʦʻã˥˧tɕy˥

【创造】ʦʻã˥˧zæ˩

【创新】ʦʻã˥˧sin˥

【创家当】tsʻã˦ka˥tã˨ 挣下家业。

【创起来】tsʻã˦tɕʻi˥lE˩ 置办起来,挣下的。

怆【tsʻɑ̃˥】、【tsʻiã˥】文读【tsʻɑ̃˦】、【tsʻiã˦】

chuī

吹【tsʻɥ˥】文读【tsʻuE˥】

【吹牛】tsʻɥ˥ȵiY˦ (一)说大话,夸口。(二)闲聊。

【吹风】tsʻɥ˥foŋ˥

【吹打】tsʻɥ˥tã˨

【吹画】tsʻɥ˥ɦo˩ 用口吹墨水或颜料作画。

【吹捧】tsʻɥ˥pʻoŋ˨

【吹脱】tsʻɥ˥tʻəʔ˥ (一)吹掉。(二)喻失败、失去。

【吹隐】tsʻɥ˥θin˦ 吹灭。

【吹嘘】tsʻɥ˥ɕY˨

【吹口哨】tsʻɥ˥kʻY˦sæ˥

【吹牛讪】tsʻɥ˥ȵiY˦SE˥ (一)吹牛。(二)闲聊。

【吹风凉】tsʻɥ˥foŋ˥liã˩ 乘凉。

【吹叫叫】tsʻɥ˥tɕiæ˥tɕiæ˨ 吹哨子。

【吹叫鞭】tsʻɥ˥tɕiæ˥piI˨ 吹哨子。

【吹头发】tsʻɥ˥dY˦faʔ˥ 洗发后,用吹风机把热空气吹到头发上,使干而伏贴。

【吹吹风】tsʻɥ˥tsʻɥ˥foŋ˥ (一)吹风。(二)用吹风机吹风。(三)喻打招呼,事先提示、提醒。

【吹泡泡】tsʻɥ˥pʻæ˥pʻæ˨ 把气体吹进液体或胶状物中,使其鼓起来,形成球体或半球状体。

【吹喇叭】tsʻɥ˥la˦pa˥ (一)喻为人吹嘘捧场。(二)喻大声哭。

【吹鼓手】tsʻɥ˥kəu˥sY˨

【吹豁边】tsʻɥ˥huaʔ˥piI˥ 吹牛露出破绽。

【吹牛大王】tsʻɥ˥ȵiY˦dɑ˦ɦuɑ̃˩ 形容很能吹牛的人。

【吹毛过刀】tsʻɥ˥mæ˦kəu˦tæ˥ 形容刀刃锋利。

【吹毛求疵】tsʻuE˥mæ˦dʑiY˩tsʻɿ˨

【吹灰之力】tsʻuE˥huE˥tsɥ˨liəʔ˧

【吹吹打打】tsʰɿ˥˧tsʰɿ˥˧tã˧˦tã˧˦

【吹吹拍拍】tsʰɿ˥˧tsʰɿ˥˧pʰɑʔ˥pʰɑʔ˥ 吹捧奉承。

【吹牛勿解税】tsʰɿ˥˧ȵiɤ˩˧fəʔ˥kɑ˦˦SE˦˦ 讥讽吹牛不必付出代价。

【吹牛勿打草稿】tsʰɿ˥˧ȵiɤ˩˧fəʔ˥tã˧˦tsʰæ˦˦kæ˥˧ 吹牛不假思索。形容惯于吹牛。

炊【tsʰE˥˧】文读【tsʰuE˥˧】

【炊子】tsʰE˥˧tsɿ˧˦ 烧水壶。

【炊事】tsʰE˥˧zɿ˨˩

【炊烟】tsʰE˥˧ɸiɪ˧˦

chuí

垂【ZE˩˧】中州韵【ʑuE˩˧】

【垂死】ZE˩˧sɿ˧˦

【垂危】ZE˩˧ɦuE˩˧

【垂帘】ZE˨˨liɪ˨˩

【垂青】ZE˩˧tsʰin˥˧

【垂直】ZE˩˧zəʔ˧

【垂范】ZE˩˧VE˩˧

【垂柳】ZE˨˨lY˥˧

【垂夜快】ZE˩˧ɸia˥˧kʰuɑ˦˦ 傍晚。

【垂头丧气】ZE˩˧dY˩˧sɑ̃˧˦tɕʰi˧˦

【垂死挣扎】ZE˩˧sɿ˧˦tsən˥˧tsaʔ˥ 临近死亡时还拼命支撑（贬义）。

陲【ZE˩˧】中州韵【ʑuE˩˧】

捶【ZE˩˧】中州韵【ʑuE˩˧】

【捶胸顿足】ZE˩˧ɕioŋ˥˧tən˥˧tsoʔ˥

槌【ZE˩˧】中州韵【ʑuE˩˧】

锤【ZE˩˧】中州韵【ʑuE˩˧】

【锤炼】ZE˨˨liɪ˨˩

chūn

春【tsʰən˥˧】中州韵【tʂʰən˥˧】

【春分】tsʰən˥˧fən˧˦

【春节】tsʰən˥˧tsiəʔ˥

【春兰】tsʰən˥˧lE˨˩

【春申】tsʰən˥˧sən˧˦ 上海的别称。

【春光】tsʰən˥˧kuɑ̃˧˦

C

【春色】tsʻən˥sə˥
【春忙】tsʻən˥mɑ̃˩ 指春天繁忙的农事。
【春里】tsʻən˥li˩ 春天里，春季。
【春冷】tsʻən˥lɑ̃˩ 初春较冷的气候。
【春困】tsʻən˥kʻuən˧
【春花】tsʻən˥ho˧ （一）春天里开的花。（二）油菜、小麦等夏收作物的总称。
【春运】tsʻən˥ɦyən˩
【春闱】tsʻən˥ɦuE˩
【春官】tsʻən˥kuø˧ 旧时吏部尚书的别称。
【春卷】tsʻən˥tɕiø˧
【春季】tsʻən˥tɕi˧
【春宫】tsʻən˥koŋ˧
【春秋】tsʻən˥tsʻY˧
【春药】tsʻən˥ɦiɑʔ˧
【春晖】tsʻən˥huE˧
【春耕】tsʻən˥kən˧
【春蚕】tsʻən˥zø˩
【春笋】tsʻən˥sən˧
【春梦】tsʻən˥moŋ˩
【春雪】tsʻən˥siəʔ˥
【春寒】tsʻən˥ɦø˩
【春联】tsʻən˥li˩
【春游】tsʻən˥ɦiY˩
【春装】tsʻən˥tsɑ̃˧
【春雷】tsʻən˥lE˩
【春凳】tsʻən˥tən˧
【春不老】tsʻən˥pəʔ˥læ˩ 一种青颜色皮的腌萝卜条。
【春二三月】tsʻən˥ȵi˩sE˥ŋəʔ˧ 农历二三月份。
【春三秋九】tsʻən˥sE˥tsʻY˥tɕiY˧ 农历三月和九月。指适宜旅游的月份。
【春风满面】tsʻən˥foŋ˥mø˩mi˩
【春花秋月】tsʻən˥ho˥tsʻY˥ɦyəʔ˧ 指令人遐思和伤感的自然景象。
【春暖花开】tsʻən˥nø˩ho˥kʻE˧ 指春天天气暖和，百花盛开。
【春暖洋洋】tsʻən˥nø˩ɦiɑ̃˩ɦiɑ̃˩ 形容温暖的春天。
【春意盎然】tsʻən˥Øi˧Øɑ̃˧zø˩
【春打六九头】tsʻən˥tɑ̃˧loʔ˧tɕiY˧dY˧ 指立春往往在冬季六九的第一天。
【春天不是读书天】tsʻən˥tʻi˥pəʔ˥zɿ˩doʔ˧sʮ˥tʻi˥ 春色

如画，无心读书。

【春分有雨家家忙】ʦʻən˥fən˥ɦiʏ˨˩ɦʏ˨˩ʨʻia˥ʨʻia˥mã˩˧ 春分下雨，农家备耕，农事繁忙起来。

【春寒冻煞老黄牛】ʦʻən˥ɦø˨˩toŋ˦˨˦saˀ˥læ˩˧ɦuã˩˧ȵ̥iʏ˨˩ 形容初春天气特别寒冷。

【春分秋分，昼夜平分】ʦʻən˥fən˥ʦʻʏ˥fən˥˩，ʦʏ˥Øia˦˨˦bin˩˧fən˥ 指春分和秋分这两天，白天和黑夜的时间长度一样。

【春冷落雨，秋暖连阴】ʦʻən˥lã˨˩loˀ˧ɦʏ˨˩，ʦʻʏ˥nø˨˩li˧˥Øin˥ 谚语。春天气温低，会下雨；深秋天气暖和，会连续阴天。

【春天孩儿脸，一日变三变】ʦʻən˥tʻiı˥ɦɛ˩˧ɦə˧˥liı˨˩，Øiəˀ˥ȵ̥əˀ˧piı˦˨˦sɛ˥piı˦˨˦ 指春天天气阴晴不定。

chún

纯【zən˩˧】中州韵【ʑuən˩˧】

【纯正】zən˩˧ʦən˥˩

【纯光】zən˩˧kuã˥ 完全；简直。

【纯朴】zən˨˩pʻoˀ˥

【纯纯】zən˩˧zən˨˩ 单单，只是。

【纯净】zən˩˧zin˨˩

【纯洁】zən˩˧ʨəˀ˥

【纯真】zən˩˧ʦən˥

【纯情】zən˩˧zin˨˩

【纯粹】zən˩˧zɛ˨˩

【纯勿懂】zən˩˧fəˀ˥toŋ˥˩ 一点也不懂事。

莼【zən˩˧】中州韵【ʑuən˩˧】

【莼菜】zən˩˧ʦʻɛ˥˩ 多年生水草，叶子椭圆形，浮在水面，茎和叶的背面有黏液，花暗红色，嫩叶可以吃。

唇【zən˩˧】中州韵【ʑuən˩˧】

【唇舌】zən˩˧zəˀ˧

【唇音】zən˩˧Øin˥

【唇膏】zən˩˧kæ˥

【唇齿音】zən˩˧ʦʻɥ˥˩Øin˥

【唇亡齿寒】zən˩˧vã˩˧ʦʻɥ˥˩

ɦøɿ
【唇红齿白】zənɿɦoŋɿtsʻɥ˧bɑʔɿ
【唇齿相依】zənɿtsʻɥ˧siãɿθiɿ

C

淳【zənɿ】中州韵【ʑuənɿ】

【淳朴】zənɿpʻoʔɿ
【淳厚】zənɿɦʏɿ

鹑【zənɿ】中州韵【ʑuənɿ】

【鹑衣】zənɿθiɿ

醇【zənɿ】中州韵【ʑuənɿ】

【醇正】zənɿtsən˧
【醇厚】zənɿɦʏɿ
【醇香酒】zənɿɕiãɿtsʏ˧ 苏州生产的一种甜酒。

chǔn

蠢【tsʻən˧】中州韵【tsʻən˧】

【蠢才】tsʻən˧zEɿ
【蠢蠢欲动】tsʻən˧tsʻən˧ɦioʔɿdoŋɿ

chūo

戳【tsʻoʔɿ】

【戳开】tsʻoʔɿkʻEɿ 打开(局面)。
【戳毛】tsʻoʔɿmæɿ 招惹得发脾气。
【戳手】tsʻoʔɿsʏ˧ (有刺的东西)刺手。
【戳出】tsʻoʔɿtsʻəʔɿ 斜向挑出。
【戳记】tsʻoʔɿtɕiɿ
【戳码】tsʻoʔɿmoɿ 行事鲁莽;粗心。
【戳破】tsʻoʔɿpʻuɿ 捅破,刺破。
【戳穿】tsʻoʔɿtsʻøɿ
【戳脱】tsʻoʔɿtʻəʔɿ 背地里支法儿断送。
【戳睬】tsʻoʔɿtsʻE˧ 气冲冲地批评(人)、讥讽(人)。
【戳嘴】tsʻoʔɿtsɥ˧ (有刺的食品)刺嘴。
【戳翻】tsʻoʔɿfEɿ 闹僵。
【戳屁股】tsʻoʔɿpʻiɿkəu˧ 背

后指责(贬义)。

【戳屁眼】ʦʻoʔ˥pʻi˥ŋɛ˩ 义同【戳屁股】。

【戳空枪】ʦʻoʔ˥kʻoŋ˥ʦʻiã˥ 喻投机。

【戳浮尸】ʦʻoʔ˥vʏ˧sʮ˥ 义同【触浮尸】。

【戳背心】ʦʻoʔ˥pɛ˥sin˥ 指在背后指责的不礼貌动作。

【戳脑门】ʦʻoʔ˥næ˧mən˩ 义同【触脑门】。

【戳鲜鲜】ʦʻoʔ˥sii˥sii˥ 最近(发生)。

【戳壁脚】ʦʻoʔ˥piəʔ˥ʨiɑʔ˥ 背后说人坏话。

【戳一茅枪】ʦʻoʔ˥0iəʔ˥mæ˧ʦʻiã˥ 带投机性质地搞一下。

【戳心戳肺】ʦʻoʔ˥sin˥ʦʻoʔ˥fi˥ 刺痛人心灵的。

【戳牢背心】ʦʻoʔ˥læ˧pɛ˥sin˥ 指在背后指责的动作。

【戳牢鼻头】ʦʻoʔ˥læ˧bəʔ˧dʏ˩ 指当面指责时，指人鼻子的动作(不礼貌的)。

【戳穿猪尿泡】ʦʻoʔ˥ʦʻø˥ʦʮ˥sʮ˥pʻæ˥ 喻揭穿谎言。

【戳翻胡蜂窝】ʦʻoʔ˥fɛ˥həu˧foŋ˥kʻəu˥ 比喻惹祸或惹上不好惹的人。

【戳勒枪头子浪】ʦʻoʔ˥ləʔ˧ʦʻiã˥dʏ˩ʦɿ˥lɑ̃˩ 比喻推到矛盾的焦点上。

chuò

啜【ʦʻoʔ˥】中州韵【ʦʻəʔ˥】

【啜祭】ʦʻoʔ˥ʦi˥ 詈语。吃。

绰【ʦʻaʔ˥】中州韵【ʦʻəʔ˥】

【绰号】ʦʻaʔ˥hæ˩

【绰约】ʦʻaʔ˥0iaʔ˥

【绰绰有余】ʦʻaʔ˥ʦʻã˥hiʏ˩hʏ˧

辍【ʦʻəʔ˥】中州韵【ʦʻəʔ˥】

【辍学】ʦʻəʔ˥hioʔ˧

龊【ʦʻoʔ˥】

cī

差【ʦʻ˥˥】另见 chā；chà；chāi；chài。

疵【tsʻ˥˥】中州韵【z˩˧】

【疵点】tsʻ˥˥tiɪ˥˨

粢【tsʻɥ˥】中州韵【tsʻ˥˥】

【粢饭】tsɥ˥veɛ˨˩ 一种食品，将糯米掺合粳米，用冷水浸泡，沥干后蒸熟成饭。

【粢饭团】tsɥ˥veɛ˨˩dø˨˩ 粢饭中间裹油条，加调味品捏成的饭团。

【粢饭糕】tsɥ˥veɛ˨˩kæ˥˨ 一种食品，用粢饭制成长方型糕状，经油炸而成。

跐【ts˥˨】

cí

词【ts˩˧】

【词汇】ts˩˧ɦuɛ˨˩

【词句】ts˩˧tɕy˥˨

【词令】ts˩˧lin˨˩

【词典】ts˩˧tiɪ˥˨

【词组】ts˩˧tsəu˥˨

【词牌】ts˩˧bɑ˨˩

【词不达意】ts˩˧pəʔ˥daʔ˧ʔi˧

茨【z˩˧】

【茨菰】z˩˧kəu˥˨ （一）水生植物，生在水田里，叶子像箭头，开白花，地下有球茎，瓷白色和青白色，可以吃。(2)这种植物的地下茎。

【茨菰片】z˩˧kəu˥pʻiɪ˥˨ 一种食品。将茨菰切片油炸而成。

祠【z˩˧】

【祠堂】z˩˧dɑ̃˨˩

瓷【z˩˧】

【瓷砖】z˩˧tsø˥

【瓷窑】z˩˧ɦiæ˨˩

【瓷器】z˩˧tɕʻi˥˨

辞【z˩˧】

【辞书】z˩˧sɥ˥

【辞令】z˩˧lin˨˩

【辞行】zɿ˧ɦã˧
【辞岁】zɿ˧sE˦
【辞别】zɿ˧biəʔ˧
【辞典】zɿ˧tiɪ˥
【辞退】zɿ˧t'E˥
【辞职】zɿ˧tsəʔ˥
【辞赋】zɿ˧fu˥
【辞藻】zɿ˧ts'æ˥

慈【zɿ˧】

【慈目】zɿ˧moʔ˧　近视眼。
【慈祥】zɿ˧ziã˩
【慈爱】zɿ˧ØE˥
【慈善】zɿ˧zø˩
【慈悲】zɿ˧PE˥
【慈洋洋】zɿ˧ɦiã˧ɦiã˩　（眼睛）无力、困倦欲睡的样子。

磁【zɿ˧】

【磁头】zɿ˧dY˩
【磁铁】zɿ˧t'iəʔ˥
【磁带】zɿ˧tɑ˥

雌【ts'ɿ˥】

【雌】ts'ɿ˥　凡一切能产生卵细胞的生物（跟"雄"相对），吴语多用"雌"来修饰，如：【雌鸡】ts'ɿ˥tɕi˥【雌蟹】ts'ɿ˥hɑ˥【雌牛】ts'ɿ˥ȵiY˩【雌老虎】ts'ɿ˥læ˧həu˥。
【雌爿】ts'ɿ˥bE˩　沿动物脊椎将躯体分解成两片，不带脊椎的一片叫雌爿。
【雌威】ts'ɿ˥ØuE˥　女人发怒。
【雌黄】ts'ɿ˥ɦuɑ̃˩
【雌猫】ts'ɿ˥mæ˥　雌性的猫。比喻招惹不得、易发脾气的人。
【雌雄】ts'ɿ˥ɦioŋ˩
【雌老虎】ts'ɿ˥læ˧həu˩　雌性的老虎。比喻凶悍的女性。
【雌鸡声】ts'ɿ˥tɕi˥sən˥　形容尖细难听的说话声音。
【雌鸡啼】ts'ɿ˥tɕi˥di˩　旧时指女子掌权做主，强过丈夫。
【雌洞洞】ts'ɿ˥doŋ˩doŋ˩　形容人腼腆，不爱说话。
【雌赶雄】ts'ɿ˥kø˥ɦioŋ˩　旧时指女性追求男性。
【雌婆雄】ts'ɿ˥bu˩ɦioŋ˩　男子似女的两性人。

【雌鸡喉咙】tsʻ˥˥tɕi˥ɦoʔ˦lo˩ŋ˩ 尖细难听的嗓音（多指男性）。

【雌狗雄狗】tsʻ˥˥kʏ˥˩ɦioŋ˩kʏ˩ 形容胡琴演奏技艺低劣的声音。

【雌狗雄猫骚大姐】tsʻ˥˥kʏ˩ɦioŋ˩mæ˩sæ˥dəu˩tsiɑ˩ 旧时指这三样是居家不得安宁的因素。

罳【sɿ˥˥】

cǐ

此【tsʻɿ˥˩】

【此外】tsʻɿ˥˥ŋɑ˩

【此后】tsʻɿ˥˥ɦʏ˩

【此地】tsʻɿ˥˥di˩

【此前】tsʻɿ˥˥zii˩

【此刻】tsʻɿ˥˥kʻəʔ˥

【此时此刻】tsʻɿ˥˥zɥ˩tsʻɿ˥˥kʻəʔ˥

【此起彼落】tsʻɿ˥˥tɕʻi˩pᴇ˥˥loʔ˦ 此起彼伏。

【此一时，彼一时】tsʻɿ˥˥ʔiəʔ˥zɥ˩，pᴇ˥ʔiəʔ˥zɥ˩

【此地无银三百两】tsʻɿ˥˥di˩vu˩ŋ̍ən˩sᴇ˥pɑʔ˥liã˩

【此地不留人，自有留人处】tsʻɿ˥˥di˩pəʔ˥lʏ˩zən˩，zɿ˩ɦiʏ˩lʏ˩zən˩tsʻɥ˩ 指此地待不下去，但总能找到待得下去的地方的。

cì

次【tsʻɿ˥˩】

【次序】tsʻɿ˥zi˩

【次货】tsʻɿ˥˥həu˩ 质量差的商品。

【次品】tsʻɿ˥˥pʻin˩

【次要】tsʻɿ˥ʔiæ˥

【次数】tsʻɿ˥səu˥

【次一肩】tsʻɿ˥ʔiəʔ˥tɕii˥ 相差一个等次。

伺【zɿ˩˦】

【伺候】zɿ˩ɦʏ˩ 在人身边供人使唤，照料饮食起居等。

刺【tsʻɿ˥˩】

【刺刀】tsʻɿ˥˥tæ˩

【刺史】tsʻɿ˥sɿ˩ 官名，封建时代州一级的长官。

【刺目】tsʻɿ˥mo˧˥
【刺杀】tsʻɿ˥saʔ˥
【刺字】tsʻɿ˥zɿ˩
【刺花】tsʻɿ˥ho˥ 纹身,刺青。
【刺客】tsʻɿ˥kʻɑʔ˥
【刺骨】tsʻɿ˥kuəʔ˥
【刺配】tsʻɿ˥pʻE˥
【刺绣】tsʻɿ˥sY˥
【刺脱】tsʻɿ˥tʻəʔ˥ 刺杀。
【刺激】tsʻɿ˥tɕəʔ˥
【刺毛虫】tsʻɿ˥mæ˧zoŋ˩ 较蚕大的一种食树叶害虫,遍体彩色绒毛,有毒。比喻惹不得、易发脾气的人。
【刺毛团】tsʻɿ˥mæ˧dø˩ 外皮滚有糯米的团子。
【刺耳朵】tsʻɿ˥ȵi˧təu˥ 刺耳。
【刺眼睛】tsʻɿ˥ŋE˧tsin˥ 光线过强,使眼睛不舒服。
【刺鼻头】tsʻɿ˥bəʔ˧dY˩ 刺鼻。
【刺毛肉圆】tsʻɿ˥mæ˧ȵoʔ˧ɦiø˩ 菜肴。沾满糯米的肉丸子。
【刺毛绢头】tsʻɿ˥mæ˧tɕiø˥dY˩ 毛巾布手帕。

赐【sɿ˥】

【赐教】sɿ˥tɕiæ˥

cōng

匆【tsʻoŋ˥】

【匆匆】tsʻoŋ˥tsʻoŋ˥
【匆忙】tsʻoŋ˥mɑ̃˩
【匆促】tsʻoŋ˥tsʻoʔ˥

苁【zoŋ˧】文读【tsʻoŋ˥】

【苁蓉】zoŋ˧ɦioŋ˩

囱【tsʻoŋ˥】

葱【tsʻoŋ˥】

【葱头】tsʻoŋ˥dY˩ (一)葱的圆柱形鳞茎。(二)洋葱。(三)比喻容易受骗上当的人。
【葱末】tsʻoŋ˥məʔ˧ 切碎的葱。用以调味。
【葱花】tsʻoŋ˥ho˥
【葱油】tsʻoŋ˥ɦiY˩ 加葱熬过

的油。

【葱结】ʦʻoŋ˥ʨəʔ˥ 葱绾成的结。用以调味。

【葱绿】ʦʻoŋ˥loʔ˧

【葱开面】ʦʻoŋ˥kʻE˥mɪ˨˩ 用开洋（去皮咸虾干）和小葱熬油做浇头的面条。

【葱油饼】ʦʻoŋ˥ɦiʏ˩pin˥˩ 含葱末的油煎饼。

【葱猪油】ʦʻoŋ˥ʦɥ˥ɦiʏ˩ 以葱末和猪油为主料的馅。

【葱管糖】ʦʻoŋ˥kuø˥dɑ̃˩ 用饴糖做皮，外滚芝麻，内包芝麻泥、白糖、猪油馅，一二寸长的圆柱形苏式糖食。

【葱髈面】ʦʻoŋ˥pʻɑ̃˥mɪ˨˩ 以葱油、猪髈肘作浇头的面条。

【葱烤鲫鱼】ʦʻoŋ˥kʻæ˥ʦi˦ŋ̍˩ 用较多小葱煸香后烹制的红烧鲫鱼。

【葱怕露水韭怕晒】ʦʻoŋ˥pʻo˦ləu˧sɥ˥˩ʨiʏ˥˩po˦so˦ 谚语。葱着了露水易烂，韭菜经曝晒易枯。

骢【ʦʻoŋ˥】

聪【ʦʻoŋ˥】

【聪明】ʦʻoŋ˥min˩

【聪颖】ʦʻoŋ˥Øin˥˩

【聪敏人】ʦʻoŋ˥min˥ȵən˩ 智力发达、理解能力强的人。

【聪敏洞】ʦʻoŋ˥min˥doŋ˩ 生在耳边的先天性瘘管，又名【秤勾洞】ʦʻən˥kʏ˥doŋ˩。

【聪敏反被聪敏误】ʦʻoŋ˥min˥fE˥˩bE˩ʦʻoŋ˥min˥ŋəu˩ 聪敏过头，甚至利用聪敏做坏事，最终反而吃了大亏。

【聪敏面孔笨肚肠】ʦʻoŋ˥min˥mɪ˧kʻoŋ˥˩bən˩dəu˧zɑ̃˩ 外貌机敏，资质愚鲁。

【聪敏一世，糊涂一时】ʦʻoŋ˥min˥Øiə˥sɥ˦，ɦəu˧dəu˧Øiəʔ˥zɥ˧ 聪敏人也会有一时糊涂而犯错误。

【聪敏一世，懵懂一时】ʦʻoŋ˥min˥Øiəʔ˥sɥ˦，moŋ˧toŋ˥Øiə˥zɥ˧ 义同【聪敏一世，糊涂一时】。

cóng

从【zoŋ˧】

【从小】zoŋ˧siæ˥
【从中】zoŋ˧tsoŋ˥
【从犯】zoŋ˧vE˩
【从艺】zoŋ˩ȵi˧
【从业】zoŋ˧ȵəʔ˧
【从头】zoŋ˧dY˧或zoŋ˩dY˧
【从此】zoŋ˧tsʻɿ˥
【从权】zoŋ˩ʥiø˧
【从优】zoŋ˩ØiY˥
【从戎】zoŋ˩zoŋ˧
【从而】zoŋ˧ɦəl˩
【从师】zoŋ˧sɥ˥
【从良】zoŋ˩liã˧
【从实】zoŋ˩zəʔ˧
【从命】zoŋ˩min˩
【从事】zoŋ˩zɿ˩
【从前】zoŋ˩zii˩
【从政】zoŋ˩tsən˧
【从容】tsʻoŋ˥ɦioŋ˩
【从速】zoŋ˧soʔ˥
【从教】zoŋ˩tɕiæ˧
【从新】zoŋ˧sin˥
【从简】zoŋ˩tɕii˥
【从一而终】zoŋ˧Øiəʔ˥ɦəl˩
tsoŋ˥
【从今往后】zoŋ˧tɕən˥ɦuã˥ɦY˩
【从头来过】zoŋ˧dY˧lE˧kəu˥ 从新开始。
【从善如流】zoŋ˩zø˩zɥ˩lY˧
【从小看看,到老一半】zoŋ˧siæ˥kʻø˧kʻø˥,tæ˥læ˩Øiəʔ˥pø˧ 从小孩子的表现,可以推测到他将来的趋向。

丛【zoŋ˧】

【丛书】zoŋ˧sɥ˥
【丛林】zoŋ˧lin˩

淙【zoŋ˧】中州韵【ʑoŋ˧】

【淙淙】zoŋ˧zoŋ˧

琮【zoŋ˧】、【tsoŋ˥】

【琮琤】tsoŋ˥tsʻən˥

còu

凑【tsʻY˧】

【凑手】tsʻY˧sY˥

【凑巧】tsʻY˦tɕʻiæ˥˨
【凑近】tsʻY˦˧dʑən˨˦
【凑奉】tsʻY˦voŋ˨˦　迎合，讨好。
【凑凑】tsʻY˦˧tsʻY˦　（一）拼凑，聚集。（二）迁就，迎合。
【凑数】tsʻY˦˧səu˦˧
【凑拢来】tsʻY˦˧loŋ˨˩lE˨˦　（一）朝一个地方靠近。（二）拼凑在一起。
【凑现成】tsʻY˦ɦiɪ˧zən˨˦　利用别人现成的东西或机会，不劳而获。
【凑铜钿】tsʻY˦˧doŋ˨˦diɪ˨˦　凑钱。

cū

粗【tsʻəu˦】

【粗口】tsʻəu˦kʻY˥˨　粗话。
【粗心】tsʻəu˦sin˥˨
【粗气】tsʻəu˦tɕʻi˥˨　粗俗。
【粗布】tsʻəu˦pu˥˨
【粗旷】tsʻəu˦kʻuɑ̃˥˨
【粗浅】tsʻəu˦tsʻiɪ˥˨
【粗细】tsʻəu˦si˥˨
【粗话】tsʻəu˦ɦo˨˦　下流话。
【粗俗】tsʻəu˦zoʔ˧
【粗坯】tsʻəu˦pʻE˥˨　（一）粗鲁、不细心的人。（二）没有文化的人。
【粗略】tsʻəu˦liɑʔ˧
【粗野】tsʻəu˦ɦiɑ˨˦
【粗通】tsʻəu˦tʻoŋ˥˨
【粗鲁】tsʻəu˦ləu˥˨
【粗粮】tsʻəu˦liɑ̃˨˦
【粗暴】tsʻəu˦bæ˨˦
【粗糙】tsʻəu˦tsʻæ˥˨
【粗勿过】tsʻəu˦fəʔ˦kəu˥˨　（一）很粗。（二）太过粗野。
【粗头颈】tsʻəu˦dY˨˦tɕən˥˨　患甲状腺肿大症的人的头颈。
【粗生活】tsʻəu˦sɑ̃˦ɦuəʔ˧　（一）笨重的工作。（二）没有技术要求的活儿。
【粗光汤】tsʻəu˦kuɑ̃˦tʻɑ̃˥˨　指一般的、普通的。
【粗匡匡】tsʻəu˦kʻɑ̃˦kʻɑ̃˥˨　粗略估计。
【粗线条】tsʻəu˦siɪ˦diæ˨˦
【粗草纸】tsʻəu˦tsʻæ˦tsɿ˥˨　含粗纤维的手纸。
【粗点心】tsʻəu˦tiɪ˦sin˥˨　大众化的点心。
【粗看看】tsʻəu˦kʻø˦kʻø˥˨

约略看一下。

【粗梗子】tsʻəu˥kã˥tsɿ˥˩ 粗的植物茎。

【粗算算】tsʻəu˥sø˥sø˥˩ 粗略估计,约略估算。

【粗手大脚】tsʻəu˥sʏ˥˩dəu˩tɕɑʔ˥ 形容手脚粗笨。

【粗中有细】tsʻəu˥tsoŋ˥ɦiʏ˩si˧ 表面看行事粗犷,实则在关键处十分细致。

【粗言俗语】tsʻəu˥ɦii˩zoʔ˧ ŋ̊y˩ 粗俗的语言。

【粗声粗气】tsʻəu˥sən˥tsʻəu˥tɕʻi˥˩ 形容语言生硬粗俗。

【粗鱼大肉】tsʻəu˥ŋ̍˩dəu˩ŋ̊oʔ˧ 大鱼大肉。指菜肴不精致。

【粗枝大叶】tsʻəu˥tsɥ˥dɑ˩ɦiəʔ˧

【粗枝大略】tsʻəu˥tsɥ˥dɑ˩liɑʔ˩ (一)喻做事不细致、不认真。(二)约略。

【粗制滥造】tsʻəu˥tsɥ˥˩lE˩zæ˩

【粗茶淡饭】tsʻəu˥zo˧dE˩vE˩ (一)指家常饮食。(二)指较为清淡的饮食。

【粗使丫头】tsʻəu˥sɿ˥˩ø o˥dʏ˩ 做粗杂活的丫环。

【粗做丫头】tsʻəu˥tsəu˥˩ø o˥dʏ˩ 做粗杂活的丫环。

【粗髈大脚】tsʻəu˥pʻã˥˩dəu˩tɕiɑʔ˥ 粗壮难看的人样。常用来形容字写得粗大难看。

【粗针大袜线】tsʻəu˥tsən˥dɑ˧mɑʔ˧si˧ 针脚粗,用线又粗,比喻做事马虎、草率。

cù

促【tsʻoʔ˥】

【促成】tsʻoʔ˥zən˩

【促进】tsʻoʔ˥tsin˧

【促寿】tsʻoʔ˥zʏ˩ 减短寿命。

【促使】tsʻoʔ˥sɿ˥

【促命】tsʻoʔ˥min˩ 减短寿命。

【促狭】tsʻoʔ˥kʻaʔ˥ (一)刁钻,爱捉弄人。(二)棘手。

【促销】tsʻoʔ˥siæ˥

【促狭鬼】tsʻoʔ˥kaʔ˥tɕy˥˩ 爱捉弄人的人。

【促仔促狭】tsʻoʔ˥tsɿ˥tsʻoʔ˥kʻaʔ˥ 十分刁钻。

【促里促狭】tsʻoʔ˥li˦tsʻoʔ˥kʻaʔ˥ 十分刁钻。

猝【tsʻəʔ˥】、【tsəʔ˥】

【猝死】tsʻəʔ˥si˨或tsəʔ˥si˨

醋【tsʻəu˦】

【醋意】tsʻəu˦θi˨
【醋钵头】tsʻəu˥pəʔ˥dY˩ 比喻在男女关系上嫉妒心很强的人,也说【醋罐头】tsʻəu˥kuø˥dY˩。

簇【tsʻoʔ˥】

【簇拥】tsʻoʔ˥θioŋ˨
【簇皮带】tsʻoʔ˥bi˦tɑ˥ 束上皮带。
【簇裤子】tsʻoʔ˥kʻəu˥tsɿ˨ 束裤子。
【簇裤带】tsʻoʔ˥kʻəu˥tɑ˨ 束上裤带。
【簇簇新】tsʻoʔ˥tsʻoʔ˥sin˥ 崭新。
【簇崭全新】tsʻoʔ˥tsE˨zi˦sin˥ 崭新。

蹙【tsʻoʔ】

cuān

汆【tsʻø˥】

【汆汤】tsʻø˥tʻɑ̃˥ 把食物放到沸水里稍微煮一煮做的汤。
【汆筒】tsʻø˥doŋ˩ 温酒用的薄金属筒,细长形,可以插入锅中沸水里。
【汆一汆】tsʻø˥θiə˥tsʻø˨ 食物放到沸水里稍微煮一煮。
【汆糟鱼】tsʻø˥tsæ˥ŋ˩ 糟鱼片或糟鱼块汆煮的汤。

撺【tsʻø˥】、【tsʻø˦】

【撺掇】tsʻø˥təʔ˥
【撺拨弄火】tsʻø˥pəʔ˥loŋ˩həu˨ 挑拨是非。
【撺掇老爷煨沙锅】tsʻø˥təʔ˥læ˩ɦiɑ˨θuE˥so˥kəu˨ 指从旁鼓动、唆使人发火做不该做的事。

蹿【tsʻø˥】

【蹿上去】tsʻø˥zɑ̃˩tɕʻi˥˩ （一）向上或向前跳跃。（二）形容地位获得较大的提升。

【蹿起来】tsʻø˥tɕʻi˥˩lE˩ （一）跳起来。（二）形容怒气突然发作起来。

【蹿上蹿下】tsʻø˥zɑ̃˩tsʻø˥ɦo˩ （一）形容忙碌的样子。（二）形容身体里恶心欲吐的感觉。（三）形容心里极度气愤。

【蹿跳蹦纵】tsʻø˥tʻiæ˦pon˥˩tson˥˩ 指跳跃动作极连贯快捷。

cuán

攒【zø˧】、【zø˩】中州韵【tsE˥˩】

cuàn

窜【tsʻø˦】

【窜头】tsʻø˥dY˩ 机遇；好运。

【窜犯】tsʻø˦vE˩

【窜……窜……】tsʻø˥……tsʻø˥˩…… 频繁跑动（贬义）。如：【窜来窜去】tsʻø˥lE˩tsʻø˥˩tɕʻi˥˩、【窜出窜进】tsʻø˥tsʻə˥tsʻø˥˩tsin˥˩、【窜进窜出】tsʻø˥tsin˥tsʻø˥˩tsʻə˥。

篡【tsʻø˦】中州韵【tsʻuE˦】

【篡夺】tsʻø˦də˧

【篡改】tsʻø˥˩kE˥˩

【篡权】tsʻø˥˩dʑiø˧

【篡位】tsʻø˥˩ɦuE˩

【篡脱】tsʻø˦tʻə˥ 夺取掉；消灭、毁坏、丢失掉。

爨【tsʻø˦】

cuī

崔【tsʻE˥】

【崔巍】tsʻE˥ɦuE˩

催【tsʻE˥】

【催生】tsʻE˥sɑ̃˥˩ 用药物或

其他方法使孕妇的子宫收缩,促使胎儿产出。

【催讨】tsʻE˥tʻæ˨˩

【催奶】tsʻE˥nɑ˩

【催命】tsʻE˥min˩

【催促】tsʻE˥tsʻoʔ˥

【催眠】tsʻE˥mi˩

【催逼】tsʻE˥piəʔ˥

【催熟】tsʻE˥zoʔ˧ 用人工或其他方法促使果品成熟。

【催生婆】tsʻE˥sã˥bu˩ 旧时帮助产妇分娩的女子。

【催命鬼】tsʻE˥min˩tɕy˨˩ (一)迷信称催人死亡的鬼卒。(二)喻不断来催促的人。(三)喻使人死亡的人。

【催催滚】tsʻE˥tsʻE˥kuən˨˩ 加温,使水早些沸腾。

【催煞脱】tsʻE˥saʔ˥tʻəʔ˥ 形容不断地催促。

【催人嗤笑】tsʻE˥ȵən˧tsʻɥ˨˩ siæ˦ 被外人讥笑。

缞【tsʻE˥】

摧【tsʻE˥】

【摧残】tsʻE˥zE˩

【摧毁】tsʻE˥huE˨˩

【摧脱】tsʻE˥tʻəʔ˥ 倒掉。

【摧交椅】tsʻE˥kæ˥tɕi˨˩ 评弹行话。演员在演出程期中,场方擅自解约,甚至另聘演员来场演出,使原来演出的演员被迫终止演出。

【摧垃圾】tsʻE˥lɑ˧si˥ 倒掉垃圾。

【摧勒塞】tsʻE˥lə˧səʔ˥ 倒掉垃圾。

cuǐ

璀【tsʻE˨˩】

cuì

脆【tsʻE˦】中州韵【tsʻuE˦】

【脆骨】tsʻE˥kuəʔ˥

【脆弱】tsʻE˦zɑʔ˧

【脆脆】tsʻE˦tsʻE˨˩ 衣物再经太阳照射,使更干爽。

【脆梅】tsʻE˥mE˩ 腌制过的青梅,又叫甘草梅子。

【脆鳝】tsʻE˥zø˩ 油炸后的鳝鱼丝加糖等烹制成的菜肴。

【脆松条】tsʻE˦soŋ˥diæ˩

以白糖、松子仁为原料的条形苏式糖果。

【脆麻花】tsʻE˦˧ma˧hua˥˩ 以面粉为主料的辫状油炸食品。

萃【ZE˨˧】中州韵【ZUE˨˧】

啐【tsʻE˥˩】中州韵【tsʻUE˥˩】

【啐啐】tsʻE˦˧tsʻE˥˩ 受惊后的叹词。

淬【tsE˦˧】中州韵【tsʻUE˦˧】

【淬火】tsE˦˧həu˥˩

悴【ZE˨˧】中州韵【ZUE˨˧】

瘁【ZE˨˧】中州韵【ZUE˨˧】

粹【ZE˨˧】中州韵【ZUE˨˧】

翠【tsʻE˦˧】中州韵【tsʻUE˦˧】

【翠戒】tsʻE˦˧ka˥ 翡翠戒指。

【翠绿】tsʻE˦˧loʔ˧

cūn

村【tsʻən˥】中州韵【tsʻuən】

【村庄】tsʻən˥tsɑ̃˥˩

【村落】tsʻən˥loʔ˧

【村窠】tsʻən˥kʻəu˥˩ 村庄。

【村里人】tsʻən˥li˨˧ȵən˨˧ 同村居民，也指村里居民。

【村里向】tsʻən˥li˨˧ɕiɑ̃˥˩ 村子里。

【村浪人】tsʻən˥lɑ̃˨˧ȵən˨˧ 乡村居民。

【村镇桥浜】tsʻən˥tsən˥˩ʥiæ˧pɑ̃˥ 村庄和小市镇。

【村里出仔好嫂嫂，满村姑娘侪学好；村里出仔柳树精，搞得黄河水勿清】tʻən˥li˨˧tsʻəʔ˥tsɿ˥˩hæ˦˧sæ˥sæ˥˩，mø˧tsʻən˥kəu˥ȵiɑ̃˨˧ZE˧˦oʔ˧hæ˥˩；tsʻən˥li˨˧tsʻəʔ˥tsɿ˥˩Y˥zʮ˨˧tsin˥，gæ˨˧təʔ˥huɑ̃˧˦əu˨˧sʮ˥˩fəʔ˥tsʻin˥ 俗语。形容榜样的力量是无穷的。

皴【tsʻən˥】中州韵【tɕʻuən˥】

C

cún

存【zən˧˦】中州韵【zuən˧˦】

【存亡】zən˧˦vɑ̃˧˦
【存心】zən˧˦sin˥
【存在】zən˨˩zE˨˩
【存折】zən˧˦tsəʔ˥
【存底】zən˧˦ti˥˨
【存货】zən˧˦həu˥˨
【存放】zən˧˦fɑ̃˥˨
【存活】zən˧˦ɦuəʔ˧
【存根】zən˧˦kən˥
【存档】zən˧˦tɑ̃˦˧
【存款】zən˧˦k'uø˥
【存照】zən˧˦tsæ˦˧

cǔn

忖【ts'ən˥˨】中州韵【ts'uən˥˨】

cùn

寸【ts'ən˦˧】中州韵【ts'uən˦˧】

【寸土】ts'ən˦˧təu˥˨
【寸心】ts'ən˦˧sin˥
【寸阴】ts'ən˦˧Øin˥
【寸进】ts'ən˦˧tsin˦˧
【寸步】ts'ən˦˧bu˨˩
【寸断】ts'ən˦˧dø˨˩
【寸关尺】ts'ən˥kuE˥ts'ɑʔ˥ 中医切脉的三个部位。
【寸金地】ts'ən˥tɕən˥di˨˩ 形容地皮昂贵。
【寸金糖】ts'ən˥tɕən˥dɑ̃˨˩ 用饴糖作皮，里裹白糖，外沾芝麻，长约半寸，圆柱形的苏式糖果。
【寸步不让】ts'ən˦˧bu˧˦pəʔ˥ȵiã˨˩ 形容一点也不相让。
【寸步不离】ts'ən˦˧bu˧˦pəʔ˥li˧˦ 形容彼此紧紧相挨，或彼此关系密切。
【寸步难行】ts'ən˦˧bu˧˦nE˧˦ɦin˧˦
【寸骨寸伤】ts'ən˦˧kuəʔ˥ts'ən˦˧sɑ̃˥ 遍体鳞伤。

cuō

搓【ts'əu˥】

【搓搓】ts'əu˥ts'əu˥˨ 搓。
【搓手心】ts'əu˥sY˦˧sin˥ 两

个手掌反复摩擦。

【搓团子】tsʻəu˥dø˧tsɿ˩ 用手搓做团子。

【搓衣裳】tsʻəu˥øi˥zɑ̃˩ 洗衣服。

【搓圆子】tsʻəu˥ɦiø˧tsɿ˥ 把湿的糯米粉放在两个手掌中间搓成丸子。

【搓脱一把】tsʻəu˥tʻəʔ˥ʘiəʔ˥ po˩ （将衣物）搓洗一下。

磋【tsʻəu˥】

【磋商】tsʻəu˥sɑ̃˩

撮【tsʻə˥】

【撮合】tsʻəʔ˥ɦəʔ˧

【撮药】tsʻəʔ˥ɦiɑʔ˧ 按中药处方配药。

【撮口呼】tsʻəʔ˥kʏ˩ɦəu˥

【撮把戏】tsʻəʔ˥po˩ɕi˩ 杂耍，耍把式。

蹉【tsʻəu˥】

【蹉跎】tsʻəu˥dəu˩

cuó

嵯【tsʻəu˥】

矬【zəu˧】

【矬】zəu˧ （一）形容肉食煮到了酥烂的程度。（二）形容受惊后软瘫。（三）形容困倦欲睡、浑身乏力的样子。

【矬脱】zəu˧tʻəʔ˥ （一）形容肉食煮到了酥烂的程度。（二）形容受惊后软瘫。（三）形容困倦欲睡，浑身乏力的样子。

【矬糯】zəu˧nəu˩ 指肉食煮到酥烂的程度。

痤【zəu˧】

【痤疮】zəu˧tsʻɑ̃˥

【痤板疮】zəu˧pᴇ˥tsʻɑ̃˩ 痈。

cuò

厝【tsʻəu˧】

挫【tsʰəu˦˩˨】

【挫伤】tsʰəu˦˩˨sɑ̃˥
【挫折】tsʰəu˦˩˨tsəʔ˥

措【tsʰəu˦˩˨】

【措施】tsʰəu˦˩˨sʮ˥或tsʰəu˥sʮ˨˩˧
【措辞】tsʰəu˦˩˨zʮ˧或tsʰəu˥zʮ˩˧
【措手不及】tsʰəu˦˩˨sʏ˥pəʔ˥dʑiəʔ˧或tsʰʏ˥sʏ˥pəʔ˥dʑiəʔ˧

锉【tsʰəu˦˩˨】

【锉刀】tsʰəu˥tæ˨˩˧
【锉脱】tsʰəu˦˩˨tʰəʔ˥　锉掉。

错【tsʰo˥】文读【tsʰəu˦˩˨】

【错】tsʰo˥　不正确，与客观实际不符合。
【错开】tsʰo˦˩˨kʰE˥
【错头】tsʰo˥dʏ˩˧　错误的地方，把柄。
【错出】tsʰəu˦˩˨tsʰəʔ˥　因计算错误而多付出。
【错处】tsʰo˥tsʰʮ˨˩˧
【错过】tsʰəu˦˩˨kəu˥
【错字】tsʰo˥zʮ˩˧
【错位】tsʰo˦˩˨ɦuE˩˧
【错进】tsʰəu˦˩˨tsin˥　因计算错误而多收进。
【错误】tsʰo˥ŋəu˩˧
【错觉】tsʰo˦˩˨tɕioʔ˥
【错案】tsʰo˥θø˦˩˨
【错脱】(1) tsʰo˥tʰəʔ˥　错掉，错了。(2) tsʰəu˦˩˨tʰəʔ˥　因计算错误而多支付。
【错着】tsʰəu˦˩˨zɑʔ˧　因计算错误而多收进。
【错勒嗨】tsʰo˥lə˧hE˨˩˧　错掉了。
【错尽错绝】tsʰo˥zin˩˧tsʰo˥ziəʔ˧　完全错了。
【错透错透】tsʰo˥tʰʏ˨˩˧tsʰo˥tʰʏ˦˩˨　完全错了。
【错综复杂】tsʰo˦˩˨tsoŋ˥foʔ˥zaʔ˧

附：

笡【tsʰɑ˨˩˧】《广韵》迁谢切。

【笪眼】tsʻɑ˦ŋɛ˩ 斜视的眼睛。

【笪角对过】tsʻɑ˦koʔ˥tɛ˥ kəu˦ 斜对面。

【笪转身体】tsʻɑ˦tsø˦sən˥ tʻi˦ 斜倚着身体。

膪【zæ˦】《广韵》咋劳切。

【膪头肉】zæ˦dɣ˦ɲoʔ˦ 后脖子上的肉。

【膪头血痒】zæ˦dɣ˦ɕyəʔ˥ɦiɑ̃˩ 喻不识利害,将自取其辱。

D

D

dā

耷【taʔ˥】

【耷闭】taʔ˥pi˦ 眼皮耷拉。

【耷下来】taʔ˥ɦo˩lE˩ 下垂的样子。

哒【daʔ˧】

搭【taʔ˥】

【搭】taʔ˥ 吴语中有连词“和”介词“与”、“给”的意思。

【搭子】taʔ˥tsɿ˥˩ （一）伙伴。（二）与，和。

【搭手】taʔ˥sY˥˩

【搭仔】taʔ˥tsɿ˥˩ 连词。和、与。

【搭头】taʔ˥dY˨˦ （一）搭配的、非主要的东西。（二）指零头。如：相比搭头都呒不。（三）指一共。

【搭讪】taʔ˥sE˥

【搭伙】taʔ˥həu˥˩

【搭色】taʔ˥səʔ˥ 增加些色彩。

【搭牢】taʔ˥læ˨˦ （一）抓住；连接上。（二）相识并联系（含贬义）。

【搭我】taʔ˥ŋəu˨˦ 和我；为我。

【搭识】taʔ˥səʔ˥ 搭讪相识（含贬义）。

【搭倷】taʔ˥nE˩ 和你；为你。

【搭足】taʔ˥tsoʔ˥ 做足；做到十分。

【搭纽】taʔ˥ȵY˩ 用于关锁门窗的装置。长形有孔的叫“搭纽”，短而有孔用以挂锁的叫“鸡骨”。

【搭话】taʔ˥ɦo˩ 搭茬儿；交谈。

【搭俚】taʔ˥li˥ 和他；为他。

【搭界】taʔ˥kɑ˦ 相关。

【搭烂】taʔ˥lᴇ˨˩ 与腐烂的东西靠在一起，也腐烂起来。多喻受影响变坏。

【搭点】taʔ˥tiɪ˥ 搭配一点。

【搭档】taʔ˥tɑ̃˥˧

【搭班】taʔ˥pᴇ˥ （一）旧时艺人临时加入某个戏班。（二）喻相互关系好。

【搭配】taʔ˥pʻᴇ˥˧

【搭救】taʔ˥tɕiʏ˥˧

【搭着】taʔ˥zaʔ˧ （一）搭识上。（二）获取。

【搭煞】taʔ˥saʔ˥ 搭配在一起，不能分拆。多喻某人与某人的关系。

【搭脉】taʔ˥maʔ˧ （一）医生切脉。（二）喻暗中测试对方。

【搭桥】taʔ˥dʑiæ˩˧

【搭脱】taʔ˥tʻə˥ 拿走（贬义，多指偷掉）。

【搭淘】taʔ˥dæ˩˧ 与人为伍。

【搭腔】taʔ˥tɕʻiã˥

【搭脚】taʔ˥tɕiɑʔ˥ （一）微跛或微跛的人。（二）与某事相关，但不主要。

【搭浆】taʔ˥tsiã˥ 质量很差。

【搭搁】taʔ˥koʔ˥ 耽误。

【搭错】taʔ˥tsʻo˥ （一）神经搭错的略称，指人行为不正常。（二）搭配错误。

【搭跻】taʔ˥dʑiæ˩˧ 指有人为障碍。

【搭鋬】taʔ˥pᴇ˥˧ 小型拉手（多安装于抽屉、箱子上）。

【搭襻】taʔ˥pᴇ˥˧ 用于衣物、鞋子上的东西，有扣住和固定的作用。

【搭上来】taʔ˥zɑ̃˨lᴇ˨˩ （一）（手）往上搭。（二）搭讪上来。

【搭勿上】taʔ˥fə˥zɑ̃˨˩ 连不起来，不相干。也说【搭勿着】taʔ˥fə˥zɑ̃˧。

【搭讪头】taʔ˥sᴇ˥dʏ˨˩ 搭讪。

【搭得上】taʔ˥tə˥zɑ̃˨˩ 连得起来；相关连的。也说【搭得着】taʔ˥tə˥zaʔ˧。

【搭得来】taʔ˥tə˥lᴇ˨˩ 非正常手段获取。

【搭架子】taʔ˥kɑ˥tsɿ˥˩ 摆架子。

【搭傣讲】taʔ˥nᴇ˨˧ᴇɑ̃˥˩ （一）跟你讲。（二）（语气加强时表示早就跟你讲过。

【搭积木】taʔ˥tsiəʔ˥moʔ˧ 本指儿童智力游戏,用小块形态各异的木块搭建各种花样,借指阴谋构陷。

【搭搭手】taʔ˥taʔ˥sʏ˥˩ 做帮手。

【搭搭脚】taʔ˥taʔ˥tɕiɑʔ˥ 指临时停留或休憩。

【搭来搭去】taʔ˥lE˧taʔ˥tɕʻi˥˩ (一)结织许多(人)。(二)(颜色)沾来沾去。(三)牵涉这,牵涉那。

【搭法搭法】taʔ˥faʔ˥taʔ˥faʔ˥ 指搭讪;不正常的亲近。

【搭脚娘姨】taʔ˥tɕiɑʔ˥ȵiã˩ɦi˩ 与男主人关系暧昧的女佣。

【搭头亦呒不】taʔ˥dʏɦaʔ˧m̩˧pəʔ˥ 形容远远及不上。

【搭倷讲仔声】taʔ˥nE˩kɑ̃˥tsɿ˥sã˥˩ 与你讲一声(多含郑重的意思)。

【搭勒篮里就是菜】taʔ˥ləʔ˧lE˧li˥˩zʏ˧zɿ˩tsʻE˧ (一)形容做事粗疏马虎。(二)指强辩,把几乎不相干的事物或理由牵强附会进来。

嗒【taʔ˥】

【嗒点】taʔ˥tiɪ˥ 吃一点。

【嗒酒】taʔ˥tsʏ˥˩ 喝酒。

【嗒嗒】taʔ˥taʔ˥ 吃;喝。

【嗒粥】taʔ˥tsoʔ˥ 吃粥。

【嗒泡饭】taʔ˥pʻæ˥vE˩ 吃稀饭。

【嗒酒菜】taʔ˥tsʏ˥˩tsʻE˥˩ 下酒菜。

【嗒嗒渧】taʔ˥taʔ˥ti˧ (一)形容液体连续下滴。(二)用做穷或苦的后缀词,形容程度达到极点。

【嗒粥菜】taʔ˥tsoʔ˥tsʻE˧ 吃粥或稀饭的菜。

【嗒记耳光】taʔ˥tɕi˥˩ȵi˧kuɑ̃˥ 打一记耳光。

【嗒嗒渧,盐霜起】taʔ˥taʔ˥ti˧,ɦiɪ˧sɑ̃˥tɕʻi˧ 俗语。(一)指水渍淋漓,不干净。(二)喻做事不干脆,不干净。

【嗒嗒嗒一埭,嗒嗒嗒一埭】taʔ˥taʔ˥taʔ˥θiaʔ˥dɑ˩,taʔ˥taʔ˥taʔ˥θiəʔ˥dɑ˩ 形容频繁来回走动。

答【taʔ˥】文读【təʔ˥】另见 dá。

【答应】taʔ˥θin˦

【答话】taʔ˥ɦo˩ 对话；应答。

腤【taʔ˥】

锴【taʔ˥】

褡【taʔ˥】

【褡裢】taʔ˥li˩

【褡膊】taʔ˥pəʔ˥ 褡裢。

【褡膊顶倒簇】taʔ˥pəʔ˥tin˥tæ˥tsʻəʔ˥ 顶倒簇；颠倒结缚。(一)喻违背常理行事。(二)形容有钱就乱花。

dá

打【tã˦】文读【tɑ˦】另见 dǎ。

达【taʔ˧】

【达月】daʔ˧ŋəʔ˧ 妇女怀孕到达预产期。

【达旦】daʔ˧tɛ˥

【达成】daʔ˧zən˩

【达到】daʔ˧tæ˦

【达观】daʔ˧kuø˦

【达意】daʔ˧θi˦

妲【taʔ˥】

【妲己】taʔ˥tɕi˥ 商纣王的妃子。喻以色媚人、行为不端的女子。

答【taʔ˥】文读【təʔ˥】另见 dā。

【答拜】taʔ˥pɑ˦

【答复】taʔ˥fəʔ˥

【答案】taʔ˥θø˦

【答谢】taʔ˥ziɑ˧

【答辩】taʔ˥bi˩

【答非所问】taʔ˥fi˥səu˦vən˩

【答应得呒呒应，忘记得干干净】taʔ˥θin˦tə˥θæ˥θæ˥θin˦，mã˧tɕi˦tə˥kø˥kø˥zin˩ 俗语。答应时很爽快，过后就忘记。

瘩【taʔ˥】

【瘩背】taʔ˥pᴇ˦

鞑【taʔ˥】

【鞑子】taʔ˥tsɿ˥˩ 旧时贬称北方各游牧民族。

【鞑虏】taʔ˥ləu˥˩ 旧时贬称北方各游牧民族。

dǎ

打【tã˥˩】中州韵【tɑ˥˩】另见 dá。

【打干】tã˦kø˥˩ 努力行事。

【打工】tã˦koŋ˥

【打上】tã˦zɑ̃˨˩ （一）指行动开始。（二）放在比喻事物的后面，指那种状态、样子。例如：说书像背书那样打上，不会好听的。

【打千】tã˦ts'iɪ˥

【打书】tã˦sʮ˥ 编写评弹剧本。

【打手】tã˦sʏ˥

【打气】tã˥˩tɕ'i˦

【打水】tã˥˩sʮ˥˩ 用机械或电力抽水。

【打击】tã˦tɕəʔ˥

【打平】tã˦bin˨˩ 比赛结果不分高下。

【打发】tã˦faʔ˥

【打夯】tã˦hɑ̃˥

【打包】tã˦pæ˥ （一）用纸、布、麻袋、稻草等包装较大的物品。（二）顾客在饭店用餐后，用纸盒等包装须带走的残肴。

【打合】tã˦kəʔ˥ 建议；邀约。

【打劫】tã˦tɕəʔ˥

【打针】tã˦tsən˥

【打扮】tã˥˩pᴇ˥˩

【打岔】tã˥˩ts'ɑ˦

【打扰】tã˦zæ˧

【打更】tã˦kã˥

【打听】tã˥˩t'in˥˩ 调查；了解。

【打坐】tã˥˩zəu˨˩

【打怕】tã˦p'o˥˩ 经常挨打而产生的恐怖感。

【打招】tã˦tsæ˥ 游船在水上兜圈儿。

【打转】tã˥˩tsø˦ （一）旋转。（二）闲走，兜圈子。

【打底】tã˥˩ti˥˩ （一）垫底。

（二）奠定基础。（三）底数。

【打的】tã˥˩tiəʔ˥

【打配】tã˧˦pʻᴇ˥　最坏的打算。

【打昏】tã˧˦huən˥　打呼噜。

【打胎】tã˧˦tʻᴇ˥

【打盹】tã˧˦tən˧˦　（一）打瞌睡。（二）暂时歇宿。

【打响】tã˧˦ɕiã˥˩　前面加上数字，表示有多个嗜好或多件事同时发生。如烟酒茶三打响。

【打倒】tã˧˦tæ˥

【打桩】tã˧˦tsã˥

【打烊】tã˥˩ɦiã˩

【打躬】tã˧˦koŋ˥

【打扇】tã˥˩sø˧˦

【打拳】tã˥˩dʑiø˧

【打胲】tã˥˩gᴇ˩　打嗝。

【打消】tã˧˦siæ˥

【打样】tã˥˩ɦiã˩　（一）看样品。（二）画出设计图样。（三）观察模样。

【打眼】tã˥˩ŋᴇ˩　钻孔。

【打惯】tã˥˩kuᴇ˥˩　经常打闹，已习以为常。

【打牌】tã˥˩bɑ˧　玩牌。

【打煞】tã˧˦saʔ˥　（一）打死。（二）打得很厉害。

【打棚】tã˧˦bã˧　开玩笑。

【打浆】tã˧˦tsiã˧˦　制作糊状物或较稠的悬浊液。

【打裥】tã˥˩kᴇ˥˩　打褶子（制衣）。

【打雄】tã˥˩ɦioŋ˧　动物交配。

【打雷】tã˥˩lᴇ˧

【打滚】tã˥˩kuən˥˩

【打算】tã˥˩sø˥˩

【打通】tã˧˦tʻoŋ˥

【打磨】tã˧˦mo˧

【打醮】tã˧˦tsiæ˧˦

【打开头】tã˧˦kʻᴇ˥dʏ˧　打得头破血流；形容争斗激烈。

【打天下】tã˧˦tʻiɪ˥ɦo˩　（一）争夺国家的统治权。（二）喻创业。

【打勿煞】tã˧˦fəʔ˥saʔ˥　打不死。

【打中觉】tã˧˦tsoŋ˥kæ˥˩　午睡。

【打手铳】tã˥˩sʏ˥˩tsʻoŋ˥˩　男性手淫。

【打包票】tã˧˦pæ˥pʻiæ˥˩　向人保证有绝对的把握。

【打边鼓】tã˧˦piɪ˥kəu˥˩　喻从

旁帮腔;从旁助势。

【打五关】tã˦ŋ̍˧kuE˥˩ 一种民间玩骨牌游戏。

【打牙祭】tã˥˩ŋɑ˧tsi˥˩

【打过门】tã˦kəu˥mən˩ 耍骗人手法。

【打头伴】tã˦dʏ˧bø˩ 有意躲开。

【打头阵】tã˥˩dʏ˧zən˩ 带头冲锋陷阵。喻冲在前面带头干。

【打地铺】tã˥˩di˧p'u˥˩ 把被褥铺在地上睡觉。

【打回票】tã˦ɦuE˧p'iæ˥˩ (一)喻被否定、拒绝。(二)喻无功而返。

【打交道】tã˦tɕiæ˥dæ˩

【打杀脱】tã˦saʔ˥t'əʔ˥ 打死掉。

【打死结】tã˥˩si˦tɕəʔ˥ 打死扣儿。

【打花会】tã˦ho˥ɦuE˩ 流行于旧上海的一种赌博。

【打闷包】tã˦mən˥pæ˥˩ 隐瞒。

【打闷棍】tã˦mən˥kuən˥˩ (一)指拦路抢劫的强盗,趁人不备,将人打闷,抢走财物。(二)喻隐瞒。

【打折头】tã˥˩tsəʔ˥dʏ˩ (一)打折扣。(二)喻功能减退。

【打折扣】tã˥˩tsəʔ˥k'ʏ˦

【打肥皂】tã˥˩bi˧zæ˧ 指洗涤时用肥皂。

【打油诗】tã˦ɦiʏ˧sɥ˥˩

【打昏度】tã˦huən˥dəu˩ 打鼾。

【打狗棒】tã˦kʏ˥bɑ̃˩ 乞丐手中的短棒。

【打官司】tã˦kuø˥sɿ˥˩

【打官话】tã˦kuø˥ɦo˩ (一)指用一些原则、规章等冠冕堂皇的话进行应付、推托、责备。(二)南方人说北方话。

【打官腔】tã˥˩kuø˥tɕ'iã˥˩ 义同【打官话】。

【打招呼】tã˥˩tsæ˥həu˥˩

【打呃得】tã˥˩∅əʔ˥təʔ˥ 打嗝。

【打底子】tã˥˩ti˦tsɿ˥

【打底数】tã˦ti˥səu˥˩ 最起码的数量,底数。

【打秋风】tã˦ts'ʏ˥foŋ˥˩

【打响粟】tã˥˩ɕiã˦liəʔ˧ 把拇

指贴紧中指面，再使劲闪开，使中指打在掌上发声。

【打背躬】tã˅pɛ˥koŋ˅

【打肩猫】tã˅tɕiɪ˥mæ˩ 肩上坐人。

【打板子】tã˅pɛ˧tsɿ˥ 旧时的一种刑罚，用板子打犯人的屁股。

【打金针】tã˅tɕən˥tsən˅ 针灸。

【打茶围】tã˅zo˧ɦuɛ˩ 旧时到妓院喝茶调笑。

【打哈欠】tã˅ho˥ɕiɪ˅

【打前站】tã˅ziɪ˧zɛ˩

【打相打】tã˅siã˥tã˅ 打架。

【打药水】tã˅ɦiɑʔ˧sʮ˅ 喷洒药水(灭菌、除虫)。

【打莲湘】tã˅liɪ˧siã˅ 民间舞蹈。表演时一面舞动两端安有铜片的彩色短棍，一面歌唱。

【打拳头】tã˅ʥiø˧dɤ˩ 打拳。

【打拳虫】tã˧ʥiø˧zoŋ˩ 蚊的幼虫，即孑孓。

【打炮戏】tã˧pʻæ˥ɕi˅ 剧团新到一地登台，头几天演出的拿手好戏。

【打恶心】tã˅Øoʔ˥sin˥ 恶心；有呕吐的感觉。

【打圆场】tã˧ɦiø˧zã˩

【打圈子】tã˧tɕʻiø˥tsɿ˅

【打统账】tã˅toŋ˅tsã˅ 不分类目，统一计算。

【打弹子】tã˧dɛ˧tsɿ˅ (一)弹击小玻璃球的儿童游戏。(二)打台球。(三)古代一种武艺，用弓弦、机弩或手发射金属小球。

【打摆子】tã˅pɛ˧tsɿ˥

【打野鸡】tã˅ɦiɑ˧tɕi˥ 赚外快。

【打掌子】tã˅tsã˧tsɿ˥ 指在鞋底易磨损的地方加钉皮或橡胶皮。

【打喷嚏】tã˧pən˥tʻi˅

【打牌子】tã˅bɑ˧tsɿ˅ (一)创名牌。(二)喻创业。

【打滑遢】tã˅ɦuaʔ˧taʔ˥ 打滑。

【打群架】tã˅ʥyən˧tɕiɑ˅

【打照面】tã˅tsæ˥miɪ˩

【打横炮】tã˅ɦuã˧pʻæ˅ 喻在问题之外故意弄出新的问题来搅局。

D

【打葛棱】tã˥˩kəʔ˥˥lən˨˩ 说话时不正常的停顿。

【打葛顿】tã˥˩kəʔ˥tən˦˧ 义同【打葛棱】。

【打瞌眈】tã˥˩k'əʔ˥ts'oŋ˦˧ 打瞌睡。

【打篇子】tã˥˩p'iɪ˥ts˥˩ 编写唱词。

【打擂台】tã˥˩lɛ˧de˨˩

【打穷结】tã˥˩dʑoŋ˧tɕəʔ˥ 两手交叉在胸前。

【打入冷宫】tã˦zəʔ˧lã˧koŋ˥ 喻废弃不用或搁置一旁，不予理会。

【打小九九】tã˥˩siæ˦˧tɕiʏ˥tɕiʏ˥˩ 喻合计；盘算个人得失，不顾全局。

【打小算盘】tã˥˩siæ˦˧sø˥bø˨˩ 义同【打小九九】。

【打天落地】tã˦t'iɪ˥loʔ˧di˨˩ 架打得很厉害（多指家庭中）。

【打气癞团】tã˦tɕ'i˥la˨˩dø˨˩ 形容体形或穿着臃肿。

【打出牌子】tã˦ts'əʔ˥ba˨˩ts˥˩ 喻一贯如此，已为公众认可。

【打回复阵】tã˥˩ɦuɛ˧foʔ˥zən˨˩ （一）去而复返，再起争斗。（二）喻去而复返，重新参予某件事。

【打抱不平】tã˥˩bæ˧fəʔ˥bin˨˩

【打官司草】ta˥˩kuø˥s˥˩ts'æ˥˩ 车前子草。

【打草惊蛇】tã˥˩ts'æ˥˩tɕən˥zo˧

【打退堂鼓】tã˥˩t'ɛ˥dã˧kəu˥˩

【打情骂俏】tã˦zin˧mo˨˩ts'iæ˦˧

【打落水狗】tã˥˩loʔ˧sʮ˥˩kʏ˥˩

【打嘟噜子】tã˥˩təu˥ləu˥ts˥˩ 打嘟噜。

【打西洋偏袖】tã˥˩si˥ɦiã˨˩p'iɪ˥zʏ˨˩ 旧时女子双手放在一侧的坐姿。

【打自家耳光】tã˥˩z˥ka˥ŋi˧kuã˥ （一）喻说话办事前后矛盾，不能自圆其说。（二）自己责罚自己。

【打耳光勿放】tã˥˩ŋ̍i˧kuã˥fəʔ˥fã˦˧ 喻无论如何都不放弃。

【打煞夹墙里】tã˦saʔ˥kaʔ˥ziã˧li˨˩ 喻两边不讨好，受两边攻击。

【打勿开骂勿开】tã˥˩fəʔ˥k'ɛ˥mo˧fəʔ˥k'ɛ˥ 感情很深，

哪怕吵起来、打起来也不会分手。

【打哈欠,割舌头】tã˥˩ho˥ɕiɪ˥˩ kəʔ˥zəʔ˧dY˩˧ 喻害人手段十分隐蔽、迅速、凶残、巧妙。

【打入十八层地狱】tã˦zəʔ˧ zəʔ˧poʔ˥zən˩˧di˦ȵoʔ˧ 喻以最严厉的惩罚,使其永世不得翻身。

【打开天窗说亮话】tã˦k'ɛ˥t'iɪ˥ tsɑ̃˥˩səʔ˥liɑ̃˦ɦo˩˧

【打水鲴鱼犟掰嘴】tã˦sʮ˥˩ ɦuɛ˦ŋ˦dʑiɑ̃˧pɑʔ˥tsʮ˥˩ 喻强词夺理。

【打肿面孔充胖子】tã˦tsoŋ˥˩ ȵi˦kuɑ̃˥ts'oŋ˥pɑ̃˥tsɿ˥˩ 喻讲排场,要面子,硬充好汉。

【打狗要看主人面】tã˦kY˥˩ Øiæ˥k'ø˦tsʮ˦ȵən˦miɪ˩˧ 俗语。喻惩罚某人,要顾及他的主子或关系人的脸面。

【打断骨头连牢筋】tã˦dø˩˧ kuəʔ˥dY˦liɪ˦læ˩˧tɕən˥ 俗语。喻原来的关系亲密,虽然出现了一些冲突,但总割不断情义。

【打是欢喜骂是爱】tã˥˩zɿ˩˧ huø˥ɕi˥˩mo˩˧zɿ˩˧Øɛ˦ 俗语。长辈的批评责备是对晚辈的关怀和爱护。也作调侃夫妻吵架。

【打蛇勿死必有害】tã˥˩zo˦ fəʔ˥si˥˩piəʔ˥ɦiY˩˧ɦɛ˩˧ 俗语。喻除恶不尽,必受其害。

【打蛇要打七寸里】tã˥˩zo˦ Øiæ˥tã˥˩ts'iəʔ˥tsən˦li˩˧ 俗语。喻制敌要攻其要害,或办事要抓住关键。

【打碎水缸洇过来】tã˦sɛ˥ sʮ˦kɑ̃˥Øin˦kəu˥lɛ˩˧ 喻说些暗示的话,让对方自己体会出来。也说成【打碎水缸洇隔壁】tã˦sɛ˥sʮ˦kɑ̃˥Øin˦kaʔ˥piəʔ˥。

【打仔江山拨别人坐】tã˥˩tsɿ˥˩ kɑ̃˥sɛ˥pəʔ˥bəʔ˧ȵən˩˧ zəu˩˧ 喻自己辛苦得来的成果,被别人坐享。

【打虎亲兄弟,上阵父子兵】tã˥˩həu˥˩ts'in˥ɕioŋ˥di˩˧,zɑ̃˩˧zən˩˧vu˦tsɿ˥˩pin˥ 喻在关键时刻,还是关系最亲近的人才能同心协力、患难与共。

【打仔半年斋饭,一顿腊八粥】tã˥˩tsɿ˥˩pø˦ȵiɪ˩˧tsɑ˥vɛ˩˧,Øiəʔ˥təu˦laʔ˧boʔ˧tsoʔ˥ 喻

得不偿失。

【打俚勿动手，骂俚勿开口】tã˥˩li˩fəʔ˥do ŋ˩sʏ˥˩，mo˦li˩fəʔ˥k'ᴇ˥k'ʏ˥˩ 形容图赖亏欠装死的样子。

【打碎砂锅璺到底，问只砂锅纳哼死】tã˥˩sᴇ˥˩so˥kəu˥˩vən˩tæ˥˩ti˥˩，mən˩tsɑʔ˥so˥kəu˥˩naʔ˦hã˥˩si˥˩ 俗语。喻对事情的原委追问到底。吴语中"问"、"璺"是同音字。

dà

大【dəu˩】文读【dɑ˩】另见 dài。

【大力】dɑ˦liəʔ˦

【大凡】dɑ˦vᴇ˦

【大土】dəu˦t'əu˥˩ 鸦片。

【大小】dəu˦siæ˥˩

【大书】dəu˦sʮ˥ 评话。

【大方】dɑ˦fã˥

【大户】dəu˩ɦəu˩或dɑ˦ɦəu˩

【大计】dɑ˩tɕi˥˩

【大内】dɑ˦nᴇ˩

【大气】（1）dəu˦tɕ'i˥˩ 气量大或慷慨。（2）dɑ˩tɕ'i˥˩（一）包围地球的气体。（二）气派很大。

【大比】dɑ˦pi˥˩

【大白】dɑ˦bɑʔ˦ （一）整个事件经过完全暴露。（二）指酒。

【大头】dəu˦dʏ˩ （一）占的份额多的一份。（二）指大脑袋。

【大仙】dɑ˦sii˥ 传说中的狐仙。

【大写】dəu˦siɑ˥˩

【大红】dɑ˦ɦoŋ˩ 很艳丽的红色。

【大米】dɑ˦mi˩ 稻米。

【大考】dɑ˦k'æ˥ 期末考试。

【大师】dɑ˦sɿ˥

【大戏】dəu˦ɕi˥˩ 整本的大型戏曲。

【大年】dəu˦ȵii˩ 果树一年结果多，一年结果少，结果多的一年叫大年。

【大伏】dɑ˦voʔ˦

【大观】dɑ˦kuø˥

【大兴】dɑ˦ɕən˥˩ 假冒伪劣的。

【大亨】da˨˧hã˥
【大床】dəu˨˧zɑ̃˩ 双人床。
【大员】da˨˧ɦiø˩
【大体】da˨˧t‘i˥˨
【大肠】da˨˧zɑ̃˩
【大豆】da˨˧dʏ˩ 黄豆。
【大局】da˨˧ʥoʔ˧
【大陆】da˨˧loʔ˧
【大纲】da˨˧kɑ̃˥
【大学】da˨˧ɦoʔ˧
【大宗】da˨˧ʦoŋ˥
【大雨】dəu˨˧ɦy˩
【大佬】da˨˧læ˩ 有权势的人。
【大抵】da˨˧ti˥˨
【大典】da˨˧tiɪ˥˨
【大使】da˨˧sɿ˥˨
【大姓】dəu˨˩sin˥˨ 名门望族的姓氏。
【大细】dəu˨˧si˥ 子女。
【大姐】dəu˨˧ʦiɑ˦ 年轻女仆。
【大限】da˨˧ɦᴇ˩
【大饼】da˨˧pin˥˨ 一种在炉子里烤熟的面饼。
【大举】da˨˧ʨy˥
【大度】da˨˧dəu˩
【大要】da˨˩øiæ˥˨
【大面】dəu˨˩miɪ˩ 戏剧中的净角。
【大派】dəu˨˩p‘ɑ˥˨ 大气；大方。
【大选】da˨˧siɪ˥˨
【大班】da˨˧pᴇ˥
【大样】dəu˨˩ɦiã˩
【大致】da˨˧ʦʮ˥˨
【大脑】da˨˧næ˩
【大菜】da˨˧ʦ‘ᴇ˥ 西式菜肴。
【大殓】da˨˧liɪ˩
【大雪】da˨˧siəʔ˥
【大赦】da˨˧so˥˨
【大略】da˨˧liɑʔ˧
【大淘】dəu˨˧dæ˩ （一）拿大。（二）在同类中属于个体较大的。（三）有本领的有代表性的个人或群体。与这类人交往叫【轧大淘】gaʔ˧dəu˨˧dæ˩。
【大寒】da˨˧ɦø˩
【大暑】da˨˧sʮ˥
【大鼓】da˨˧kəu˥˨
【大肆】da˨˧sɿ˥˨
【大膀】dəu˨˧p‘ɑ̃˥˨ 人的大腿。
【大潮】da˨˧zæ˩
【大篆】da˨˧zø˩

D

【大一半】dəu˩θiəʔ˥pø˦ 过半数;大部分。

【大人家】dəu˦ȵən˦kɑ˥˩ 大户人家。

【大大叫】dəu˦dəu˦tɕiæ˥˩ 指范围、规模大大的;非常大的。

【大小姐】dəu˦siæ˥tsiɑ˥˩ (一)处女。(二)尊称他人的大女儿。(三)大姑娘。

【大不了】dɑ˦pəʔ˥liæ˩

【大马马】dəu˦mɑ˥mɑ˥˩ 不拘小节。

【大开门】dəu˦kʻE˥mən˩ (一)指爆粗口。(二)指演员动作幅度大的表演风格。

【大手笔】dəu˦sʏ˥piəʔ˥ 很大的投资。

【大无畏】dɑ˦vu˦θuE˥˩

【大太阳】dəu˦tʻɑ˥ɦiã˩ 炽烈的阳光。

【大少爷】dəu˦sæ˥ɦiɑ˩ (一)尊称他人的大儿子。(二)有钱人的子弟。(三)调侃动手能力低的男子。

【大天亮】dəu˦tʻiɪ˥liã˩

【大头针】dəu˦dʏ˦tsən˥

【大本营】dɑ˦pən˥ɦin˩

【大生意】dəu˦sã˥θi˥˩ (一)规模很大的生意。(二)赚钱特别多的生意。

【大半日】dəu˩pø˥˩ȵəʔ˧ 大半天。

【大团结】dɑ˦dø˦tɕəʔ˥ 指面值为十元的纸币。

【大团圆】dɑ˦dø˦ɦiø˩

【大兴货】dɑ˦ɕən˥həu˥˩ 假冒伪劣的货物。

【大自然】dɑ˦zʅ˦zø˩

【大出血】dəu˦tsʻəʔ˥ɕyəʔ˥ (一)由动脉破裂或内脏损伤等引起的大量出血的现象。(二)喻花去大量的钱。

【大出账】dəu˦tsʻəʔ˥tsã˦ 花去大量的钱。

【大场面】dəu˦zã˦miɪ˩ (一)指大场合下的情景。(二)高层次的社交场合。

【大头梦】dəu˦dʏ˦moŋ˩ 喻妄念。

【大杂烩】dɑ˦zɑʔ˧huE˥˩

【大年夜】dəu˦ȵiɪ˦θiɑ˥˩ 除夕。

【大块头】dəu˦kʻuE˥dʏ˩ (一)大胖子。(二)面积或体积较大。

【大冷天】dəu˨˧lã˨˧tʻiɪ˥˧ 隆冬。

【大学士】dɑ˨˧ɦioʔ˧zɿ˧˨˩

【大老母】dəu˨˧læ˨˧mo˨˩ 大老婆。

【大老官】dəu˨˧læ˨˧kuø˥˧ (一)老大;行一。(二)对年轻男子的尊称。

【大好佬】dəu˨˧hæ˥˥læ˨˩ 大人物。

【大先生】dəu˨˧siɪ˥sã˥˧ 旧时称掌柜。

【大后日】dəu˨˧ɦɤ˨˧ȵəʔ˧ 后天的下一天。

【大舌头】dəu˨˧zəʔ˧dɤ˨˩ 舌胖;舌尖音发不清晰。

【大众牲】dəu˨˧ʦoŋ˥sã˥˧ 大牲畜;大野兽。

【大来头】dəu˨˧lE˨˧dɤ˨˩ (一)指有很大的背景。(二)指有很大的声望地位。

【大来来】dəu˨˧lE˨˧lE˨˧ (一)形容铺张。(二)形容大规模地进行。

【大来煞】dəu˨˧lE˨˧saʔ˥ 义同【大来来】。

【大转弯】dəu˨˧ʦø˥θuE˥˧ 右边前行转向左边的转弯。

【大事记】dɑ˨˧zɿ˩˨˧ʨi˥˧

【大事体】dəu˨˧zɿ˩˨˧tʻi˥˧ 大事情。

【大花头】dəu˨˧ho˥dɤ˨˩ (一)指大的好处。(二)较大的图案花。

【大肚皮】dəu˨˧dəu˨˧bi˨˩ (一)大肚子。(二)孕妇。

【大客人】dəu˨˧kʻaʔ˥ȵən˨˩ 贵客。

【大种鸡】dəu˨˧ʦoŋ˥ʨi˥˧ (一)指个体硕大的鸡的品种。(二)喻壮硕高大的人体体型。

【大前日】dəu˨˧ziɪ˨˧ȵəʔ˧ 前天的上一天。

【大前年】dəu˨˧ziɪ˨˧ȵiɪ˨˩ 前年的上一年。

【大前提】dɑ˨˧ziɪ˧di˨˩

【大竞拱】dəu˨˧ʥən˨˧goŋ˨˩ 大动静;大动作(多指不必要的)。

【大家庭】dɑ˨˧ʨia˥din˨˩

【大热天】dəu˨˧ȵəʔ˧tʻiɪ˥˧ 盛夏。

【大脚髈】dəu˨˧ʨiɑʔ˥pʻã˥˧ 喻很大的靠山。

【大黄鱼】dəu˨˧ɦuã˨˧ŋ˨˩

(一)个头较大的一种黄鱼。(二)旧时指大金条。

【大锅饭】dɑ˧kəu˥vɛ˩ 集体伙食。

【大湖南】dəu˧ɦəu˧nø˩ 吴语中“湖”、“河”为同音字,为使在口语中有区别,称湖南为大湖南,河南为小河南。

【大理石】dɑ˧li˧zɑʔ˧

【大理寺】dɑ˧li˧zɥ˩

【大眼睛】dəu˧ŋɛ˧tsin˥ (一)大大的眼睛。(二)反语,指视而不见。

【大讲张】dəu˧kɑ̃˥tsɑ̃˥ 长时间聊天。

【大落落】dəu˧loʔ˧loʔ˧ (一)形容衣着宽大。(二)形容态度大方。(三)形容建筑宽敞。

【大煠蟹】dəu˧zaʔ˧ha˥ 大螃蟹。也指或蒸或煮熟供食用的整只大螃蟹。

【大路货】dɑ˧ləu˩həu˥

【大算盘】dəu˧sø˥bø˩ 喻从大处着眼。

【大颟户】dəu˧pʻoʔ˥sɥ˥ 形容胖大愚笨的人。

【大人大马】dəu˧ȵən˧dəu˧mo˩ (一)指成年人(与小孩相对)。(二)指有声望有地位的人。

【大人大物】dɑ˧zən˧dɑ˧vəʔ˧ 指有地位和名望的人。

【大刀阔斧】dɑ˧tæ˥kʻuəʔ˥fu˥

【大大煞煞】dəu˧dəu˧saʔ˥saʔ˥ 形容程度非常高,数量非常多。

【大小年夜】dəu˧siæ˥ȵi˩ɦia˩ 指岁末那段时间。

【大义灭亲】dɑ˧ɦi˩miəʔ˧tsʻin˥

【大义凛然】dɑ˧ɦi˩lin˩zø˩

【大千世界】dɑ˧tsʻi˥sɥ˥ka˥

【大不了事】dɑ˧pəʔ˥liæ˩zɿ˩ (一)至多。(二)了不起的事(多用于“有什么”之后)。

【大白天亮】dəu˧bɑʔ˧tʻi˥liɑ̃˩ 天大亮;大白天。

【大队人马】dɑ˧dɛ˧ȵən˩mo˩ 形容人数众多。

【大手大脚】dəu˧sʏ˥dəu˩tɕɑʔ˥

【大头大脑】dəu˧dʏ˧dəu˩næ˩ 虎头虎脑(多指小孩子)。

【大头汗出】dəu˩˧dɤ˩˧ɦø˩ tsʻəʔ˥ 出一头大汗。

【大头项注】dəu˩˧dɤ˩˧ɦã˩ tsʮ˥˩ 众多项目中较大的项目。

【大年小夜】dəu˩˧ȵiɪ˩˧siæ˧˩ ∅ia˥˩ 指临近年底的那几天时间。

【大约模账】dɑ˩˧∅iaʔ˥moʔ˧ tsã˥˩ 大致，大体。

【大汤大水】dəu˩˧tʻã˥dəu˩ sʮ˥˩ 容器大，汤或水很多。

【大拇节头】dəu˩˧miəʔ˧tsiəʔ˥ dɤ˩ 大拇指。

【大风大浪】dɑ˩˧foŋ˥dɑ˩˧lã˩

【大发雷霆】dɑ˩˧faʔ˥lᴇ˩din˩

【大伤元气】dəu˩˧sã˥ȵiø˩˧ tɕʻi˥˩ 喻动摇根本的损伤。

【大年初一】dəu˩˧ȵiɪ˩˧tsʻəu˥ ∅iəʔ˥ 年初一。

【大有可为】dɑ˩˧ɦiɤ˩kʻəu˥˩ ɦuᴇ˩

【大言不惭】dɑ˩˧ɦiɪ˩pəʔ˥zᴇ˩

【大胖倪子】dəu˩˧pʻã˥ȵi˩ tsɿ˥˩ 大胖儿子。

【大清老早】dəu˩˧tsʻin˥læ˩tsæ˥˩ 一大早。

【大眼眯妻】dəu˩˧ŋᴇ˧mi˥tsʻi˥˩ （一）调侃语。指对近在眼前的东西视而不见。（二）近视眼。

【大快人心】dɑ˩˧kʻua˥˩zən˩˧sin˥˩

【大起蛮劲】dəu˩˧tɕʻi˥mᴇ˥ tɕən˥˩ 特别起劲。

【大声疾呼】dɑ˩˧sən˥ziəʔ˧ həu˥˩

【大起忙头】dəu˩˧tɕʻi˥mã˩˧ dɤ˩ 特别忙碌。

【大吹大擂】dɑ˩˧tsʻʮ˥dɑ˩˧lᴇ˩

【大张旗鼓】dɑ˩˧tsã˥dʑi˩ kəu˥˩

【大鱼大肉】dəu˩˧ŋ˩dəu˩ ȵoʔ˧ 泛指平民日常生活中特别好的菜肴。

【大显身手】dɑ˩˧ɕiɪ˥˩sən˥ sɤ˥˩

【大庭广众】dɑ˩˧din˩˧kuã˥˩ tsoŋ˥˩

【大逆不道】dɑ˩˧ȵəʔ˧pəʔ˥ dæ˩

【大是大非】dɑ˩˧zɿ˥˩dɑ˩˧fi˥

【大海捞针】dɑ˩˧hᴇ˥˩læ˥ tsən˥

【大推大扳】dəu˩˧tʻᴇ˥dəu˩ pᴇ˥˩ 相差很大。

【大推远绷】dəu˦tʻᴇ˥ɦiø˦pã˥　相去甚远。

【大雄宝殿】dɑ˦ɦioŋ˩pæ˥˩di˩　佛教正殿。

【大清老早】dəu˦tsʻin˥læ˩tsæ˥˩　大清早。

【大脚娘姨】dəu˦tɕiɑʔ˥ȵiã˦ɦi˩　调侃做家务的男子。

【大智若愚】dɑ˦tsɥ˥zaʔ˦ȵy˦

【大慈大悲】dɑ˦zɿ˦dɑ˩pᴇ˥˩

【大蒜鼻头】dɑ˦sø˥bəʔ˦dʏ˩　形容鼻头鼻翼特别宽大的鼻子。

【大器晚成】dɑ˦tɕʻi˥˩øuᴇ˥˩zən˦

【大镬子饭】dəu˦ɦuoʔ˦tsɿ˥˩vᴇ˩　用大铁锅煮的饭。

【大翻棉袜】dəu˦fᴇ˥mi˩maʔ˦　喻说话、行事繁琐。

【大人有大量】dəu˦ȵən˦ɦiʏ˩dəu˩liã˩　也读作dɑ˦zən˩ɦiʏ˩dɑ˩liã˩　俗语。讨好的话，意思说大人物心胸宽阔，器量一定很大的。

【大不可小算】dɑ˦pəʔ˥kʻəu˥˩siæ˦sø˥˩　不要看轻少或小的东西，积累起来就很可观。

【大少爷脾气】dəu˦sæ˥ɦiɑ˩bi˦tɕʻi˥　指出手阔绰，使钱散漫的习性。

【大包子馒头】dɑ˦pæ˥tsɿ˥˩mø˦dʏ˩　无馅的馒头。

【大头叫化子】dəu˦dʏ˩kæ˥ho˥tsɿ˥˩　多喻很久没有理发，头发长而乱的男子。

【大好八成账】dɑ˦hæ˥˩poʔ˥zən˦tsã˥˩　俗语。指好不到哪里去。

【大好见模量】dɑ˦hæ˥˩tɕii˥mo˦liã˩　俗语。义同【大好八成账】。

【大汗出小汗】dəu˦ɦø˩tsʻəʔ˥siæ˦ɦø˩　形容出了许许多多的汗。

【大高而不妙】dɑ˦kæ˥ɦəl˩pəʔ˥miæ˦　指好不到哪里去。

【大推一角扳】dəu˦tʻᴇ˥øiəʔ˥koʔ˥pᴇ˥　指相差很远。

【大眼望小眼】dəu˦ŋᴇ˩mɑ̃˩siæ˦ŋᴇ˩　面面相觑。

【大意失荆州】dɑ˦øi˥˩səʔ˥tɕən˥tsʏ˥˩　喻粗心大意导致失败。

【大瓣头麻子】dəu˦pᴇ˥dʏ˩

moˀ˦tsɿ˥˩ 指人出天花后留下的较大的疤痕。

【大天勿对五六】dəu˦tʻii˥fəˀ˥tE˧˦ŋ̍˦loˀ˧ 喻对不上号。

【大勿算,小牵转】dəu˦fəˀ˥sø˥˩,siæ˧˦tɕʻii˥tsø˥˩ 俗语。指大的方面不抓住,却在小的方面斤斤计较。

【大年夜出月亮】dəu˦ȵii˦ɦia˥˩tsʻəˀ˥ŋəˀ˧liã˨˧ 俗语。指不可能的事。

【大菜盆子——洋盘】da˦tsʻE˥bən˨˧tsɿ˥˩——ɦiã˦bø˨˧ 歇后语。指外行。

【大欺小,现世报】dəu˦tɕʻi˥siæ˥˩,ɦii˦sɥ˥pæ˥˩ 俗语。年龄大的欺负年龄小的,真丢人现眼。

【大人不记小人过】da˦zən˨˧pəˀ˥tɕi˧˦siæ˧˦zən˦kəu˧˦ 俗语。讨好的话。指有地位、德行高的人不会计较、记住比自己地位低、修养差的人的过错。

【大树底下好乘凉】da˦zɥ˨˧ti˧˦ɦo˨˧hæ˥˩zən˨˧liã˦ 俗语。喻在有权有势的人或长辈的庇护下,生活安逸,办事顺当。

【大家容易大家难】da˦ka˥ɦioŋ˦ɦi˨˧da˦ka˥nE˦ 指规则公平执行。

【大千世界,无奇不有】da˦tsʻii˥sɥ˥ka˥˩,vu˨˧dʑi˨˧pəˀ˥ɦiɤ˨˧ 俗语。指广阔无边的世界,什么奇怪的事都会发生。

【大庙勿收,小庙勿留】dəu˦miæ˨˧fəˀ˥sɤ˥,siæ˧˦miæ˨˧fəˀ˥lɤ˦ 喻走投无路。

【大难不死,必有后福】da˦nE˦pəˀ˥sɿ˥˩,piəˀ˥ɦiɤ˨˧ɦɤ˦foˀ˥ 俗语。迷信观点认为遭遇了大的灾祸而没有死去的人,日后一定会有好的运气。

【大路朝天,各走半边】da˦ləu˨˧zæ˦tʻii˥,koˀ˥tsɤ˥˩pø˧˦pii˥ 俗语。喻各走各的路,各干各的事,互不干扰。

【大荤死人,小荤苍蝇】dəu˦huən˥si˧˦ȵən˨˧,siæ˧˦huən˥tsʻã˥ɵin˥˩ 趣语。指大小两种无法食用的东西。

【大舞台对过——天晓得】da˦vu˦dE˨˧tE˥kəu˥˩——tʻii˥ɕiæ˧˦təˀ˥ 歇后语。上海大

舞台戏院对面，有家招牌为“天晓得”的梨膏糖店。天晓得即天知道，言下之意为不知道。

【大姑娘出嫁——第一回】dəu˨˧kəu˥ȵiã˧˩tsʻəʔ˥kɑ˦˩˨——di˨˧Øiəʔ˥huE˧˩ 歇后语。指第一次。

【大老爷坐堂——呼幺喝六】dəu˨˧læ˨˧hiɑ˧˩zəu˧˩dã˨˧——həu˥Øiæ˥həʔ˥loʔ˧ 形容盛气凌人的样子。

【大门角落里格灶家老爷】dəu˨˧mən˨˧koʔ˥loʔ˧li˧˩kəʔ˥tsæ˥kɑ˥læ˧˩hiɑ˧˩ 喻在家厉害，出外胆小怕事的人。

【大书只怕流，小书只怕油】dəu˨˧sɥ˥tsəʔ˥pʻo˦˩˨lY˨˧,siæ˦˩˨sɥ˥tsəʔ˥pʻoʔ˥hiY˨˧ 警戒语。大书说得流里流气，小书说得油腔滑调是最不好的。

【大鱼吃小鱼，小鱼吃虾米】dəu˨˧ŋ˧˩tɕʻəʔ˥siæ˦˩˨ŋ˧˩,siæ˦˩˨ŋ˧˩tɕʻəʔ˥ho˥mi˧˩ 指水生动物强者吃掉弱者，喻强者欺凌、吞并弱者。

【大厅浪挂秧荐——勿成其局（轴）】dəu˨˧tʻin˥lã˧˩ko˦˩˨Øiã˥tsiɪ˦˩˨——fəʔ˥zən˨˧dʑi˨˧dʑioʔ˧(dʑioʔ˧) 歇后语。不成体统。

【大年夜看历本——呒不好日】dəu˨˧ȵiɪ˨˧Øiɑ˥˩kʻø˦˩˨liəʔ˧pən˥˩——m̩˨˧pəʔ˥hæ˦˩˨ȵəʔ˧ 歇后语。没有好日子过了。

【大荤三六九，小荤天天有】dəu˨˧huən˥sE˥loʔ˧tɕiY˥˩,siæ˦˩˨huən˥tʻiɪ˥tʻiɪ˥hiY˧˩ 俗语。指较为富裕的生活。

【大懒差小懒，小懒差门槛】dəu˨˧lE˧˩tsʻɑ˥siæ˦˩˨lE˧˩,siæ˦˩˨lE˧˩tsʻɑ˥mən˨˧kʻE˥˩ 俗语。指懒惰的人，做事互相推诿。

【大丈夫一人做事一人当】dɑ˨˧zã˨˧fu˥˩Øiəʔ˥ȵən˧˩tsəu˦˩˨zɿ˧˩Øiəʔ˥ȵən˨˧tã˥ 俗语。有作为的人做事敢于承担责任，不牵累别人。

【大镬子勿满，小镬子煏干】dəu˨˧hoʔ˧tsɿ˥˩fəʔ˥mø˧˩,siæ˦˩˨hoʔ˧tsɿ˥˩piəʔ˥kø˥ 喻大局不好，局部也不会好。

【大丈夫一言既出，驷马难追】dɑ˨˧zã˨˧fu˥˩Øiəʔ˥hiɪ˨˧tɕi˥tsʻəʔ˥,sɿ˥mɑ˧˩nE˨˧tsE˥ 喻

说话算数，绝不改悔。

【大风吹倒梧桐树，自有旁人论短长】da˦fo˧ŋ˥ts'ɥ˥tæ˨ ŋəu˦do˩ŋ˩zɥ˩,z˥˦ɦiʏ˩bã˦zən˩lən˩tø˨zã˦ 喻发生了一件令人瞩目的事情，定会有人议论。

【大哥莫说二哥哥，两个哥哥差不多】da˦kəu˥mo˥ʔ˧sə˥ʔ˥ɦəl˦kəu˥kəu˨,liã˥kəu˨kəu˥kəu˨ts'a˥pə˥ʔ˥təu˥ 俗语。指两人或两方面上下相差不多，都有缺点，不要相互指责了。

【大水冲坍龙王庙——自家人勿认得自家人】da˦sɥ˨ts'o˧ŋ˥t'ɛ˥lo˩ŋ˦ɦuã˦miæ˩——z˥˦ka˥ŋ̊ən˩fə˥ʔ˥ŋ̊ən˩tə˥ʔ˥z˥˦ka˥ŋ̊ən˩ 歇后语。指自己人不识自己人，指自己人之间发生误会。

汏【da˩】

【汏头】da˦dʏ˩ 洗头。

【汏汏】da˦da˩ 洗。

【汏浴】da˦ɦio˥ʔ˧ 洗澡。

【汏脚】da˦tɕia˥ʔ 洗脚。

【汏菜】da˩ts'ɛ˦ 洗菜。

【汏干净】da˦kø˥zin˩ 洗干净。

【汏衣裳】da˦θi˥zã˩ 洗衣服。

【汏浴水】da˦ɦio˥ʔ˧sɥ˨ 洗澡水。

【汏脑筋】da˦næ˦tɕən˨ 接受思想教育（多含贬义）。

【汏脚水】da˦tɕia˥ʔ˥sɥ˨ 洗脚水。

【汏脚布】da˦tɕia˥ʔ˥pu˨ 洗脚毛巾。

【汏汏弄弄】da˩da˩lo˩ŋ˩lo˩ŋ˩ 洗洗涮涮。

【汏衣裳作】da˦θi˥zã˩tso˥ʔ˥ 洗衣店。

【汏衣裳机器】da˦θi˥zã˩tɕi˥tɕ'i˨ 洗衣机。

【汏衣裳擦板】da˦θi˥zã˩ts'a˥ʔ˥pɛ˨ 搓板。

【汏脚布揩面——不分上下】da˦tɕia˥ʔ˥pu˨k'a˥mi˩——pə˥ʔ˥fən˥zã˦ɦo˩ （一）势均力敌的意思。（二）形容语言、行为粗鄙。

D

dāi

呆【ŋE˧】中州韵【tE˥】

【呆子】ŋE˧tsɿ˥˩
【呆扒】ŋE˧bo˧ 呆子。
【呆板】ŋE˧pE˥˩ （一）死板；不灵活。（二）肯定。
【呆徒】ŋE˧dəu˩ 呆子。
【呆格】ŋE˧kəʔ˥ 形容不灵活；迟钝的样子。
【呆脱】ŋE˧tʻəʔ˥ （一）呆住了。（二）发楞。
【呆木木】ŋE˧moʔ˧moʔ˧ 形容不灵活或发楞的样子。
【呆头鹅】ŋE˧dY˧ŋəu˩ 喻头脑迟钝的人。
【呆呆调】ŋE˧ŋE˧diæ˩ 偏偏是。
【呆板数】ŋE˧pE˥səu˥˩ 一定是这样的。
【呆顿顿】ŋE˧tən˥tən˥˩ 迟钝；不活灵，发楞的样子。
【呆勒浪】ŋE˧ləʔ˧lã˩ 呆住；楞在那里。
【呆嚄嚄】ŋE˧doʔ˧doʔ˧ 迟钝；不活灵，发楞的样子。
【呆头木息】ŋE˧dY˧moʔ˧siəʔ˥ 形容不灵活、迟钝的样子。
【呆头呆脑】ŋE˧dY˧ŋE˧næ˩
【呆板煞数】ŋE˧pE˥saʔ˥səu˥˩ 义同【呆板数】。
【呆徒拐子】ŋE˧dəu˧kuɑ˥tsɿ˥˩ 伪装成傻子的骗子。
【呆徒看堆作】ŋE˧dəu˧kʻø˧tE˥tsoʔ˥ 傻子只看东西的大小来估摸价值。
【呆呆调碰着呆呆调】ŋE˧ŋE˧diæ˩bã˧zɑʔ˧ŋE˧ŋE˧diæ˩ 特殊的情况却偏偏碰到更特殊的情况。
【呆人自有呆福，烂泥菩萨住瓦屋】ŋE˧n̩ən˩zɿ˧ɦiY˩ŋE˧foʔ˥，lE˧n̩i˧bu˧saʔ˥zɥ˩ŋo˧ʊoʔ˥ 俗语。指各人有各人的机遇和运气，才能低下的人未必境况不好。

呔【tE˥】、【dE˧】

待【dE˧】另见 dài。

【待到】dE˧tæ˥˩ 等到。
【待等】dE˧tən˥˩ 等待。

dǎi

歹【tE˥˩】

【歹徒】tE˥dəu˩
【歹毒】tE˥doʔ˧

逮【dE˩】另见 dài。

傣【dE˩】

【傣族】dE˧zoʔ˧

dài

大【dE˩】另见 dà。

【大夫】dE˧fu˥
【大王】dE˧ɦuɑ̃˧

代【dE˩】

【代办】dE˧bE˩
【代书】dE˧sɥ˥ 临时替代演出苏州评弹。
【代号】dE˧ɦæ˩
【代价】dE˩kɑ˥˩
【代步】dE˩bu˩
【代沟】dE˧kY˥
【代劳】dE˧læ˧
【代词】dE˧zɿ˩
【代表】dE˧piæ˥
【代庖】dE˧pæ˥
【代笔】dE˧piəʔ˥
【代称】dE˧tsʻən˥
【代课】dE˩kʻəu˥˩
【代理】dE˧li˧
【代替】dE˩tʻi˥˩
【代谢】dE˩ziɑ˩
【代数】dE˩səu˩
【代代花】dE˧dE˧ho˥˩
【代用品】dE˧ɦioŋ˧pʻin˥˩ 用性能相近或相同的东西代替原来的东西。
【代名词】dE˧min˧zɿ˩
【代表作】dE˧piæ˥tsoʔ˥
【代拆代行】dE˧tsʻɑʔ˥dE˩ɦɑ̃˧ 旧指机关负责人不在的时候，由指定的人代为拆看公文并予以处理。

岱【dE˩】

玳【dE˩】

【玳瑁】dE˧mE˧
【玳瑁边】dE˧mE˧pii˥ 以玳

瑁甲壳为材料的眼镜边框及眼镜脚。

带【tɑ˧˦】文读【tᴇ˧˦】

【带子】tɑ˥tsɿ˥˩

【带个】(1)tɑ˥kəʔ˥ 好几个。(2)tɑ˧˦kəʔ˥ 带一个。

【带大】tɑ˥dəu˩ 抚养或照料长大。

【带上】tɑ˧˦zɑ̃˩ 随手关上(门)。

【带本】(1)tɑ˥pən˥˩ 好几本(书等)。(2)tɑ˧˦pən˥ 带一本(书等)。

【带皮】tɑ˥bi˩ 没有去除外皮的(食品)。

【带头】tɑ˥dʏ˩ (一)领头。(二)好几头。

【带电】tɑ˧˦di˩

【带仔】tɑ˧˦tsɿ˥ 带了。

【带只】tɑ˥tsɑʔ˥ (1)好几只。(2)tɑ˧˦tsɑʔ˥ 带上一只。

【带好】tɑ˥hæ˥˩ (一)带了。(二)照料好。

【带动】tɑ˥doŋ˩

【带过】tɑ˧˦kəu˥ (一)简要交代掉。(二)曾经捎带过。

【带劲】(1)tɑ˥tɕən˥˩ 努力。(2)tɑ˧˦tɕən˧˦ 有趣,有劲。

【带鱼】tɑ˥ŋ˩

【带刺】tɑ˧˦tsʻɿ˧˦

【带带】tɑ˧˦tɑ˥ 捎带。

【带歪】tɑ˥hɑ˥˩ (一)受牵连。(二)被(人)引导走上邪路。

【带胎】tɑ˧˦tʻᴇ˥ 已有身孕。

【带档】tɑ˥tɑ̃˥˩ (一)旧时场方付给评弹演员的定金。(二)好几档(评弹演员)。

【带钿】tɑ˥di˩ 好多钱。

【带紧】tɑ˥tɕən˥˩ 抓紧。

【带菌】tɑ˧˦tɕyən˥

【带领】tɑ˥lin˩

【带淘】tɑ˥dæ˩ 顺便。

【带累】tɑ˥lᴇ˩ 连累。

【带脱】tɑ˧˦tʻəʔ˥ (一)捎带掉。(二)受牵连而倒霉。

【带着】tɑ˧˦zɑʔ˧ (一)不经意间碰到。(二)带到;传递到。

【带暖】tɑ˥nø˩ 穿暖和些。

【带齣】tɑ˥tsʻəʔ˥ 好几齣(戏)。

【带路】tɑ˧˦ləu˩

【带趟】tɑ˥tʻã˥˩　好几次；好几趟。

【带小干】tɑ˧˦siæ˧˦kø˥　照料或抚养小孩。

【带勿出】tɑ˥fəʔ˥tsʻəʔ˥　指有某种缺点的人或过于微贱的东西，是上不了场面的。

【带得出】tɑ˧˦təʔ˥tsʻəʔ˥　指上得了场面的。

【带脚戏】tɑ˥tɕiaʔ˥ɕi˥˩　次要的、依附的、搭配的、捎带的事物或人。

【带个一钿】tɑ˥kəʔ˥Øiəʔ˥diɪ˦　好几个钱。

【带只眼睛】(1)tɑ˥tsɑʔ˥ŋɛ˦tsin˥　指有好几个人。(2)tɑ˧˦tsɑʔ˥ŋɛ˦tsin˥　喻留意；关照。

【带发修行】tɑ˥faʔ˥sɤ˥ɦã˦　皈依佛门修行，但不剃度。

【带转生意】tɑ˥tsø˥sã˥Øi˥˩　顺便捎带的业务。

【带泥萝卜，揩一段，吃一段】tɑ˥ȵi˦læ˩˧boʔ˧，kʻɑ˥Øiəʔ˥dø˩˧，tɕʻəʔ˥Øiəʔ˥dø˩˧　喻无法预先计划，随情势发展行事。后两句亦作“吃一段，揩一段”。

【带锯子走路，走一段，绝（截）一段】tɑ˧˦kᴇ˥tsɿ˥˩tsɤ˥˩ləu˩˧，tsɤ˥˩Øiəʔ˥dø˩˧，ziəʔ˧(ziəʔ˧)Øiəʔ˥dø˩˧　喻不懂得知恩报德，甚至以怨报德的人，他的人生道路会越走越狭。

殆【dɛ˩˧】

贷【dɛ˩˧】

【贷款】dɛ˦kʻuø˥˩

待【dɛ˩˧】另见 dāi。

【待业】dɛ˩˧ȵəʔ˧

【待字】dɛ˩˧zɿ˩

【待命】dɛ˩˧min˩

【待待】dɛ˩dɛ˩　款待、对待（多见于评论）。

【待情】dɛ˦zin˩　对待人的情形、态度、方式

【待遇】dɛ˩˧ȵy˩

【待人接物】dɛ˦ȵən˦tsiəʔ˥vəʔ˧

【待价而沽】dɛ˦kɑ˧˦ɦə˥˩kəu˧˦

怠【dE˨˩】

【怠工】dE˨˦koŋ˥
【怠慢】dE˨˩mE˨˩

埭【dɑ˨˩】文读【dE˨˩】

【埭头】dɑ˨˦dY˨˩ 量词。（一）用作次数。（二）用作文字的行数。
【埭埭】dɑ˨˦dɑ˨˩ 一趟趟。

袋【dE˨˩】

【袋好】dE˨˦hæ˥ 放入口袋里。
【袋袋】dE˨˦dE˨˩ 口袋。
【袋袋布】dE˨˦dE˨˦Pu˥˩ 做口袋的布。
【袋袋碰着布】dE˨˦dE˨˩bã˨˦zɑʔ˧Pu˦ 指身边没有钱。
【袋袋嬒焐热】dE˨˦dE˨˩fən˥θəu˥ȵəʔ˧ 得到的钱马上又支付出去。
【袋袋里向瘪夹夹】dE˨˦dE˨˩li˨˩ɕiã˥˩Piəʔ˥kaʔ˥kaʔ˥ 指身边没有钱。

逮【dE˨˩】

【逮捕】dE˨˩bu˨˩

戴【tɑ˦】文读【tE˦】

【戴孝】tɑ˦hæ˦
【戴帽子】tɑ˦mæ˨˦tsɿ˥˩ （一）戴帽。（二）指文件上上级作的批示。
【戴高帽子】tɑ˦kæ˥mæ˨˦tsɿ˥˩
【戴绿帽子】tɑ˦loʔ˧mæ˨˦tsɿ˥˩ 指妻子有外遇。
【戴穿帽子——出头】tɑ˥tsʻø˥mæ˨˦tsɿ˥˩——tsʻəʔ˥dY˨˦ 歇后语。（一）熬出头，从困苦的环境中解脱出来。（二）出面；带头。
【戴仔箬帽亲嘴——碰勿上头】tɑ˦tsɿ˥˩ȵiɑʔ˧mæ˨˩tsʻin˥tsɿ˥˩——bã˨˦fəʔ˥zã˨˩dY˨˦ 歇后语。指差距大。

黛【dE˨˩】

【黛灰】dE˨˦huE˥
【黛绿】dE˨˦loʔ˧

【黛青色】dE˧tsʻin˥sə˥ 青黑色。

dān

丹【tE˥】

【丹心】tE˥sin˦
【丹方】tE˥fã˦
【丹田】tE˥diɪ˨
【丹青】tE˥tsʻin˦
【丹毒】tE˥doʔ˧
【丹墀】tE˥zɥ˨ 古代宫殿前用红色涂饰的石阶。
【丹凤眼】tE˥voŋ˨ŋE˨
【丹顶鹤】tE˥tin˦ŋoʔ˧
【丹书铁券】tE˥sɥ˦tʻiəʔ˥tɕʻiø˧ 皇帝赐给功臣的可以免罪的凭证。形似瓦片,铁制。

担【tE˥】另见 dàn。

【担】tE˥ 送过去的“送”。
【担心】tE˥sin˦
【担当】tE˥tã˦
【担负】tE˥vu˨
【担任】tE˥zən˨
【担忧】tE˥øiY˦
【担架】tE˥ka˦
【担保】tE˥pæ˦
【担待】tE˥dE˨
【担桶】tE˥doŋ˨ 担水的大木桶。
【担盘】tE˥bø˧ 旧时配亲下聘礼。
【担上来】tE˥zã˨lE˨ (一)拿上来。(二)主动送上来。
【担风险】tE˥foŋ˥ɕiɪ˦
【担心思】tE˥sin˥sɿ˦ 思想有负担。
【担身机】tE˥sən˥tɕi˦ 怀孕。
【担肩胛】tE˥tɕiɪ˥ka˦ 承担责任。
【担空名头】tE˥kʻoŋ˥min˨dY˨ 只有空名,而无实际。
【担舍姆羹】tE˥so˦ɥ˧m̩˧kã˦ 送营养品给生育后的产妇。

单【tE˥】

【单丁】tE˥tin˥ 独子。
【单子】tE˥tsɿ˦ 分项记载事物的纸片。
【单方】tE˥fã˦
【单日】tE˥ŋ̍əʔ˧ 单数的日期。

【单元】tE˥ȵiø˩
【单手】tE˥sY˥˩ （只用）一只手。
【单甩】tE˥huE˥˩ 单独行动。
【单句】tE˥tɕy˥˩
【单名】tE˥min˩
【单字】tE˥zɿ˩
【单价】tE˥kɑ˥˩
【单吊】tE˥tiæ˥˩ （一）一对一。（二）孤单单剩下一人。
【单杠】tE˥kɑ̃˥˩
【单传】tE˥zø˩
【单条】tE˥diæ˩ 壁上挂的字画。
【单身】tE˥sən˥˩ （一）单独一人。（二）指没有配偶。
【单位】tE˥ɦuE˩
【单单】tE˥tE˥˩ 仅仅。
【单怕】tE˥p'o˥˩ 只怕。
【单亲】tE˥ts'in˥˩
【单帮】tE˥pɑ̃˥˩
【单照】tE˥tsæ˥˩ 有柄的圆形放大镜。
【单独】tE˥doʔ˧
【单调】tE˥diæ˩
【单档】tE˥tɑ̃˥˩ 一个人表演的苏州评弹。
【单被】tE˥bi˩ 床单。
【单据】tE˥tɕy˥˩
【单票】tE˥p'iæ˥˩ 小票面零钱。
【单裤】tE˥k'əu˥˩ 仅一层面料的长裤。
【单触】tE˥ts'oʔ˥ 只用食指弹奏三弦的弹法。
【单鞋】tE˥ɦɑ˩ 只有面料和里子作鞋面的布鞋。
【单薄】tE˥boʔ˧
【单人旁】tE˥ȵən˩pɑ̃˥˩ 汉字偏旁，如"仁"字的左边。
【单长衫】tE˥zɑ̃˧sE˥˩ 仅一层面料的长衫。
【单打一】tE˥tɑ̃˥˩Øiəʔ˥
【单身汉】tE˥sən˥hø˥˩
【单相思】tE˥siɑ̃˥sɿ˥˩
【单竖人】tE˥zʮ˩ȵən˩ 义同【单人旁】。
【单脱手】tE˥t'əʔ˥sY˥˩ 只用一只手控制。
【单眼皮】tE˥ŋE˩bi˩
【单眼灶】tE˥ŋE˩tsæ˥˩ 放一口锅的小灶。
【单短衫】tE˥tø˥sE˥˩ 上半身贴身穿的衫衣一类衣服。
【单跡人】tE˥ɡE˩ȵən˩ 义同【单人旁】。

【单丁独苗】tɛ˥tin˥dɔʔ˧miæ˩

【单刀直入】tɛ˥tæ˥zəʔ˧zəʔ˧

【单门独户】tɛ˥mən˩dɔʔ˧ɦəu˩ 一幢房子只住一户人家。

【单放轮船】tɛ˥fɑ̃˥lən˩zø˩ 没有拖船的小客轮。喻一个人行动,或为某事专门行动。

【单枪匹马】tɛ˥tsʻiɑ̃˥pʻiəʔ˥mo˩

【单丝不成线】tɛ˥sɿ˥pəʔ˥zən˧˦si˧˥˧ 喻一个人或一方面的力量有限,办不成事。

眈【tɛ˥】

耽【tɛ˥】

【耽误】tɛ˥ŋəu˩

【耽搁】tɛ˥kɔʔ˥

【耽耽搁搁】tɛ˥tɛ˥kɔʔ˥kɔʔ˥ 反复耽搁。

【耽耽搁,搁搁耽】tɛ˥tɛ˥kɔʔ˥,kɔʔ˥kɔʔ˥tɛ˥ 反复耽搁。

郸【tɛ˥】

dǎn

胆【tɛ˥˩】

【胆子】tɛ˧˦tsɿ˥

【胆大】tɛ˥˩dəu˩ 胆量大。

【胆气】tɛ˥˩tɕʻi˥˩

【胆识】tɛ˧˦səʔ˥

【胆怯】tɛ˧˦tɕʻiɑʔ˥

【胆敢】tɛ˥˩kø˥˩

【胆小鬼】tɛ˧˦siæ˥tɕy˥˩

【胆子拆脱】tɛ˧˦tsɿ˥tsʻɑʔ˥tʻəʔ˥ 形容胆量极大。

【胆大包天】tɛ˥˩dɑ˩pæ˥tʻiɪ˥

【胆大有官做】tɛ˥˩dəu˩ɦiY˧kuø˥tsəu˧˥˧ 喻冒着风险博一博,或许能成功。

疸【tɛ˥˩】

掸【tɛ˥˩】

【掸灰】tɛ˧˦hɛ˥ 轻轻地拂去灰尘,讽刺责打过于无力。

【掸帚】tɛ˧˦tsY˥ 掸子,用鸡毛或布条等做成的有柄的除尘工具。

【掸檐尘】tɛ˧˦ɦiɪ˧zən˩

dàn

石【tE˦˨】另见 shí。

【石】tE˦˨ 容量单位。

旦【tE˦˨】

【旦夕】tE˦˨ziəʔ˧

【旦角】tE˦˨koʔ˥

但【dE˨˩】

【但是】dE˩˧zɿ˩˧

【但愿】dE˩˧ȵiø˨˩ 希望能够。

【但不过】dE˩˧pəʔ˥kəu˥˩ 转折语。但是，不过。

担【tE˦˨】另见 dān。

【担子】tE˥tsɿ˥˩

【担头】tE˥dY˨˩ 指小贩装货物的担子。

诞【tE˦˨】

【诞生】tE˥sən˥˩

【诞辰】tE˥zən˨˩

萏【dE˨˩】

啖【dE˨˩】、【tE˥˩】

【啖点】tE˥˩tiI˥˩ 吃一点。

【啖得落】tE˥˩təʔ˥loʔ˧ （一）能吃得下。（二）能吃。

淡【dE˨˩】

【淡化】dE˨˩ho˥˩

【淡水】dE˩˧sʮ˥

【淡妆】dE˩˧tsɑ̃˥

【淡忘】dE˨˩vɑ̃˨˩

【淡季】dE˩˧tɕi˥

【淡青】dE˩˧tsʻin˥

【淡薄】dE˩˧boʔ˧

【淡水气】dE˩˧sʮ˥tɕʻi˥˩ 形容味淡如水。

【淡刮刮】dE˩˧kuaʔ˥kuaʔ˥ 形容淡而无味。

【淡而无味】dE˨˩ɦəl˥˩vu˨˩vi˨˩ 没有什么味道。

【淡滋刮搭】dE˩˧tsɿ˥kuaʔ˥taʔ˥ 义同【淡刮刮】。

惮【dE˨˩】

弹【dE˨˩】另见 tán。

【弹子】dE˦tsɿ˥˩ （一）用弹弓弹射的弹丸。（二）台球运动用的实心球。（三）禽类或黾鳖等腹中还未成熟的卵。

【弹片】dE˦p‘i˥˩

【弹药】dE˦ɦiɑʔ˧

【弹子锁】dE˦tsɿ˥˩səu˥˩

【弹皮弓】dE˦bi˦koŋ˥ 弹弓。

蛋【dE˨˩】

【蛋白】dE˦bɑʔ˧

【蛋皮】dE˦bi˨˩ 用蛋汁烘摊成的薄片。

【蛋汤】dE˦t‘ɑ̃˥ 以蛋汁为主料做的汤。

【蛋壳】dE˦k‘oʔ˥ 蛋的外壳。

【蛋卷】dE˦tɕiø˥˩ 用鸡蛋、面粉、白糖做的卷状食品。

【蛋饺】dE˦tɕiæ˥ 用蛋皮包上馅做成的饺子状菜肴。

【蛋黄】dE˦huɑ̃˥

【蛋清】dE˦ts‘in˥

【蛋糕】dE˦kæ˥ （一）鸡蛋和面粉加糖和油制成的松软的糕。（二）用蛋汁蒸制而成的蛋块。

【蛋白质】dE˦bɑʔ˧tsəʔ˥

【蛋花汤】dE˦ho˥t‘ɑ̃˥˩ 蛋汤。

【蛋青色】dE˦ts‘in˥səʔ˥ 像青鸭蛋壳的颜色。

氮【dE˨˩】

【氮气】dE˨˩tɕ‘i˥˩

【氮肥】dE˦vi˨˩

澹【dE˨˩】

【澹泊】dE˦boʔ˧

dāng

当【tɑ̃˥】中州韵【tɑ̃˥】另见 dàng。

【当口】tɑ̃˥k‘ɤ˥˩ （一）事情发生或进行的时候。（二）时机；机会。

【当今】tɑ̃˥tɕən˥˩

【当日】tɑ̃˥ȵəʔ˧

【当天】tɑ̃˥t‘i˥˩

【当中】tɑ̃˥tsoŋ˥˩

【当心】tɑ̃˥sin˥˩

D

【当代】tɑ̃˥dᴇ˨˩
【当头】tɑ̃˥dʏ˨˩
【当令】tɑ̃˥lin˨˩
【当权】tɑ̃˥ʥiø˨˩
【当场】tɑ̃˥zɑ̃˨˩
【当红】tɑ̃˥ɦoŋ˨˦ 正当走红。
【当众】tɑ̃˥tsoŋ˥˩
【当地】tɑ̃˥di˨˩
【当年】tɑ̃˥ȵi˨˩
【当局】tɑ̃˥ʥioʔ˧
【当初】tɑ̃˥tsʻəu˥˩
【当时】tɑ̃˥zʮ˨˩
【当官】tɑ̃˥kuø˥˩ （一）做官。（二）公开（做某事）。
【当空】tɑ̃˥kʻoŋ˥˩
【当政】tɑ̃˥tsən˥˩
【当面】tɑ̃˥mi˨˩ （一）在面前；面对面。（二）旧时官员命囚犯抬头叫当面。
【当前】tɑ̃˥zi˨˩
【当差】（1）tɑ̃˥tsʻɑ˥ 旧时指做小官吏。（2）tɑ̃˥tsʻɑ˥˩ 指差役。（3）tɑ̃˦tsʻɑ˥ 担当差使。
【当家】tɑ̃˥kɑ˥˩ （一）主持家务。（二）主持寺院的僧尼、道士。
【当舵】tɑ̃˥dəu˨˩ （一）掌舵。（二）喻掌握方向。
【当道】tɑ̃˥dæ˨˩
【当街】tɑ̃˥kɑ˥˩
【当然】tɑ̃˥zø˨˩
【当门前】tɑ̃˥mən˨zi˨˩ 目下；现在。
【当事人】tɑ̃˥zɿ˨ȵən˨˩
【当家人】tɑ̃˥kɑ˥ȵən˨˩ 主持家务的人。
【当方土地】tɑ̃˥fɑ̃˥təu˥˩di˨˩ 本处主人，与外来客人相对。
【当仁不让】tɑ̃˥zən˨pəʔ˥ȵiɑ̃˨˩
【当中节头】tɑ̃˥tsoŋ˥tsiəʔ˥dʏ˨˩ 中指。
【当中横里】tɑ̃˥tsoŋ˥ɦuɑ̃˨li˨˩ 中间；中途。
【当务之急】tɑ̃˥vu˨tsʮ˥˩tɕiəʔ˥
【当机立断】tɑ̃˥tɕi˥liəʔ˧tø˥˩
【当场出彩】tɑ̃˥zɑ̃˨tsʻəʔ˥tsʻᴇ˥˩
【当官当样】tɑ̃˥kuø˥tɑ̃˥ɦiɑ̃˨˩ 公开（做某事）。
【当着勿着】tɑ̃˥zɑ̃˧fəʔ˥zɑ̃˧ 应当这样做的时候，却反而不这么做。
【当面说鬼话】tɑ̃˥mi˨səʔ˥tɕy˥˩ɦo˨˩ 在当事人面前或事实面前说鬼话。

【当面锣,对面鼓】tã˥mi˨˧ləu˧˦,tE˥mi˨˧kəu˥˩

【当局者迷,旁观者清】tã˥dʑio?˧ʦE˥˩mi˧˦,bã˧˦kuø˥˩ʦE˥˩ʦ'in˥ 指局外人比当事人观察事物客观,头脑清醒。

【当面一套,背后一套】tã˥mi˨˧Øiə?˥t'æ˦˨,pE˥ɦY˨˧Øiə?˥t'æ˦˨ 要两面派。

【当面是人,背后是鬼】tã˥mi˨˧zɿ˨˧ȵən˧˦,pE˥ɦY˨˧zɿ˨˧ʨy˥˩ 义同【当面一套,背后一套】。

珰【tã˥】中州韵【tã˥】

铛【tã˥】中州韵【tã˥】

裆【tã˥】中州韵【tã˥】

【裆门】tã˥mən˨˧ 裤裆。

【裆里】tã˥li˨˧ 裤裆里。

dǎng

挡【t'ã˥】、【tã˥˩】文读【tã˥˩】中州韵【tã˥˩】

【挡风】t'ã˥foŋ˥ 遮蔽风吹。

【挡没】t'ã˥mə?˧ 遮蔽。

【挡牢】(1)tã˥læ˨˧ 抵住。(2)t'ã˥læ˨˧ 遮蔽住;抵挡住。

【挡驾】tã˥˩ʨiɑ˦˨

【挡笔】tã˦˨piə?˥ 执笔。

【挡路】tã˥ləu˨˧ 挡住去路。

【挡碗】tã˥˩Øuø˥˩ 拿住碗。

【挡沓】t'ã˥t'a?˥ 遮挡。

【挡筷】tã˥˩k'uE˥ 拿住筷子。

【挡一挡】(1)t'ã˥Øiə?˥t'ã˥ 遮挡一下。(2)tã˥Øiə?˥tã˥ 遮挡 一下。

【挡风水】t'ã˥foŋ˥sɥ˥˩ 喻抵挡困难。

【挡勿住】t'ã˥fə?˥zɥ˨˧ 抵挡不住。喻吃不消。也作【挡勿牢】 t'ã˥fə?˥læ˨˧。

【挡箭牌】t'ã˥ʦi˦˨bɑ˨˧

党【tã˥˩】中州韵【tã˥˩】

【党风】tã˦˨foŋ˥

【党纪】tã˦˨ʨi˥

【党羽】tã˦˨Øy˥

【党报】tã˦˨pæ˥

【党纲】tã˦˨kã˥

【党员】tã˦˨ɦiø˧˦

【党性】tɑ̃˦sin˥
【党费】tɑ̃˦fi˥
【党派】tɑ̃˦pʻɑ˥
【党徒】tɑ̃˦dəu˩
【党校】tɑ̃˦ɦiæ˩
【党章】tɑ̃˦tsɑ̃˥
【党龄】tɑ̃˦lin˩
【党旗】tɑ̃˦ʥi˩
【党籍】tɑ̃˦ziəʔ˧

dàng

当【tɑ̃˦】中州韵【tɑ̃˦】另见 dāng。

【当日】tɑ̃˥ȵəʔ˧
【当月】tɑ̃˥ŋəʔ˧
【当仔】tɑ̃˦tsɿ˩ 误认为；当作。
【当头】tɑ̃˥dY˩
【当当】tɑ̃˦tɑ̃˦
【当饭】tɑ̃˦vE˩ 当作正餐。喻当作正经事。
【当饱】tɑ̃˦pæ˩ 作为充饥。
【当夜】tɑ̃˥0iɑ˦
【当顿】tɑ̃˦tən˦ 当作正餐。
【当真】tɑ̃˦tsən˥
【当票】tɑ̃˥pʻiæ˦
【当当头】tɑ̃˦tɑ̃˥dY˩ 典当东西。
【当敝阳景】tɑ̃˦tsʻɑ̃˥ɦiɑ̃˩tɕən˩ （一）真认为有那么回事似的（含贬义）。（二）一本正经；特别郑重。
【当脱包脚布，亦要……】tɑ̃˦təʔ˥pæ˥tɕiɑ˥pu˩，ɦɑʔ˧0iæ˩…… 俗语。极言倾其所有，也要（购买或支付）。
【当仔衣裳买酒吃——顾嘴勿顾身】tɑ̃˦tsɿ˩0i˥zɑ̃˩mɑ˩tsY˩tɕʻəʔ˥——kəu˥tsʮ˩fəʔ˥kəu˥sən˥ 歇后语。指只顾吃，不顾其他。

凼【dɑ̃˩】中州韵【dɑ̃˩】

砀【dɑ̃˩】中州韵【dɑ̃˩】

【砀山】dɑ̃˧sE˥

宕【dɑ̃˩】中州韵【dɑ̃˩】

【宕账】dɑ̃˩tsɑ̃˦ 延期付款的账面记录。
【宕头肉】dɑ̃˧dY˧ȵoʔ˧ 耳垂。

荡【dã˩】中州韵【dã˩】

【荡头】dã˧dY˩ 悬挂的小型装饰品。
【荡田】dã˧di˩ 水田。
【荡空】dã˧k'oŋ˥ 悬空。喻脱节而留下空白。
【荡荡】dã˩dã˩ （一）逛逛。（二）在器皿中加水晃动，以洁净器皿。
【荡马路】dã˧mo˧ləu˩ 在马路上散步或闲逛。
【荡失脱】dã˧sə˥t'ə˥ 因经常游荡，无所事事，而逐渐变得游手好闲。
【荡荷船】dã˧həu˧zø˩ 即跑旱船。一种男女对舞的民间舞蹈。表演时女的双脚跨在彩绸扎的道具船中，男的手执木桨，做行船动作，协同作舞。
【荡娘娘】dã˧ɳiã˧ɳiã˩ 指好吃懒做，喜欢闲逛的女子。
【荡勒荡】dã˨lə˧dã˩ （一）形容走路慢吞吞地。（二）挂在空中的东西微微颤动摇晃。
【荡勒浪】dã˨lə˧lã˩ （一）（小件东西）悬挂着。（二）喻事情没有落实，挂起来。
【荡勒嗨】dã˨lə˧hE˨ 义同【荡勒浪】。
【荡韆韆】dã˧ts'i˥ts'i˨ 打秋千。
【荡吃公司】dã˧tɕ'ə˥koŋ˥s˥˨ 指不务正业，游手好闲。
【荡得溜溜】dã˧tə˥lY˥lY˨ 形容物体悬空晃动。喻无所事事闲着。
【荡空饭筲箕】dã˧k'oŋ˥vE˧sæ˥tɕi˨ 喻吃饱饭不干事的人。

dāo

刀【tæ˥】

【刀口】tæ˥k'Y˨
【刀山】tæ˥sE˨ 喻非常艰险困难的地方。
【刀风】tæ˥foŋ˨ 刀舞动时产生的风。
【刀片】tæ˥p'i˦
【刀功】tæ˥koŋ˨ 运用厨刀的功夫。

【刀豆】tæ˥dʏ˩ 一种豆类植物,豆荚用来腌制酱菜。
【刀枪】tæ˥ʦʻiã˧
【刀鱼】tæ˥ŋ̍˩ 产于长江口的一种小鱼,身体形状像细长的小刀,肉质肥嫩鲜美。也写作【鮆鱼】。
【刀柄】tæ˥pin˧ 刀把。
【刀背】tæ˥pᴇ˧ 刀口的背面,喻不能发挥作用的地方。
【刀笔】tæ˥piəʔ˥
【刀锋】tæ˥foŋ˧
【刀马旦】tæ˥mo˩tᴇ˧
【刀下留人】tæ˥ɕia˧lʏ˧zən˧ 对行将处决的死囚停止行刑。
【刀钝怪肉老】tæ˥dən˩kua˧ȵ̍oʔ˧læ˩ 喻能力不强却推托客观。
【刀架勒头颈里】tæ˥ka˧ləʔ˧dʏ˧ʨən˥li˩ 喻有极度的危险。
【刀头子浪舔血吃】tæ˥dʏ˩ʦ˧lɑ̃˩tʻi˧ɕyəʔ˥ʨʻəʔ˥ 喻铤而走险。

叨【tæ˥】另见 tāo。

氘【tæ˥】

dáo

捯【təʔ˥】

【捯气】təʔ˥ʨʻi˧ 指临死前急促、断断续续地呼吸。

dǎo

导【dæ˩】

【导电】dæ˩di˧
【导师】dæ˧sɿ˥
【导致】dæ˧ʦʮ˧
【导游】dæ˧hiʏ˧
【导演】dæ˩ɪi˧
【导火线】dæ˧həu˧si˧

岛【tæ˧】

【岛国】tæ˧kuəʔ˥

捣【tæ˧】

【捣乱】tæ˧lø˩
【捣蛋】tæ˧dᴇ˩
【捣蛋鬼】tæ˧dᴇ˧ʨy˧或tæ˧

tɛ˥tɕy˩ 爱捣乱的人。

倒【tæ˩】另见 dào。

【倒闭】tæ˩pi˩

【倒灶】tæ˩tsæ˩ 倒霉。

【倒运】tæ˩ɦyən˨ 不顺利；受挫折。

【倒账】tæ˩tsã˩

【倒嗓】tæ˥sã˩

【倒塌】tæ˧t'aʔ˥

【倒霉】tæ˧mɛ˧

【倒下去】tæ˧ɦo˧tɕ'i˩ 倒下。喻死去。

【倒下来】tæ˧ɦo˧lɛ˨ 倒下。喻死去。

【倒胃口】tæ˧ɦuɛ˧k'y˩

【倒牌子】tæ˩ba˧tsɿ˩

【倒西太阳】tæ˧si˥ta˥ɦiã˨ 夕阳。

祷【tæ˩】

【祷告】tæ˩kæ˩

蹈【dæ˨】

【蹈海】dæ˨hɛ˩

dào

到【tæ˧】

【到门】tæ˧mən˧ 达到相当高的水平或标准。

【到手】tæ˥sy˩

【到处】tæ˥ts'ʮ˩或tæ˧ts'ʮ˥

【到场】tæ˧zã˧

【到把】tæ˥po˩ 差不多了；到火候了。

【到底】(1)tæ˥ti˩ （一）用在问句里，表示深究。（二）毕竟。(2)tæ˩ti˩ 到尽头；到终点。

【到家】tæ˥ka˩ （一）达到相当高的水平或标准。（二）周到。

【到头光】tæ˧dy˧kuã˩ 指花钱没有计划，不知节制，一到手就花光。也指有这种情况的人。

【到死脱】tæ˩si˧t'əʔ˥ （一）至死。（二）程度词。用作形容词的后缀词，表示到极点。简称【到死】tæ˩si˩。

【到快哉】tæ˧k'ua˥tsɛ˥ 快到了。

【到啥山，捉啥柴】tæ˥˨sɑ˥˨sE˥，tso?˥sɑ˥˨zɑ˧ 喻随着变化，迁就应付。

【到啰里是啰里】tæ˥˨lo˨˧li˨˧zɿ˥loli˨˧ 后缀词，用在动词后面。（一）表示很自由自在的。（二）表示随波逐流的意思。

【到东吃羊头，到西吃猪头】tæ˥˨toŋ˥tɕʻə?˥ɦiã˧dY˨˧，tæ˥˨si˥tɕʻə?˥tsч˥dY˨˧ 形容到处附和别人，到处取利。

【到仔香花桥，喊懊恼来勿及】tæ˥˨tsɿ˥˩ɕiã˥ho˥ʥiæ˨˧，hE˥˨Øæ˥læ˨˧lE˧fə?˥ʥi˨˧ 喻事到临头，后悔莫及。

倒【tæ˥˨】另见 dǎo。

【倒大】tæ˥dəu˨˧ 指习惯应该小的反而大了。多指夫妻间年龄，女的比男的大。

【倒欠】tæ˥tɕʻiɪ˥˨ 该收的一方，经核算反而亏欠该付的一方。

【倒反】tæ˥fE˥˩ 反倒是。

【倒包】tæ˥˨ɒæ˥ 把知道的一切，反过来告诉对方（含贬义）。

【倒是】tæ˥zɿ˨˧

【倒退】tæ˥tʻE˥˩

【倒贴】tæ˥tʻiə?˥

【倒说】tæ˥sə?˥ （一）反而说。（二）出乎意料的意思。

【倒叙】tæ˥zi˨˧

【倒流】tæ˥lY˨˧

【倒彩】tæ˥tsʻE˥˩

【倒喊】tæ˥hE˥˩ （一）副词。表示转折。（二）却；却是。

【倒数】tæ˥səu˥˩

【倒算】tæ˥sø˥˩ （一）反倒也算是；反倒认为是。（二）倒过头来清算，喻报复。

【倒影】tæ˥Øin˥˩

【倒马桶】tæ˥˨mo˧doŋ˨˧ 倒掉马桶里的粪便。

【倒扳账】tæ˥ɒE˥tsã˥˩ 发觉上当吃亏，与人理论，以求更正。

【倒垃圾】tæ˥˨lɑ˧si˥˩ 倒掉垃圾。

【倒拔蛇】tæ˥ba?˥zo˨˧ 喻事倍功半。

【倒面汤】tæ˥˩miɪ˧tʻã˥ （一）预备洗脸水。（二）旧时评弹会书，听众对演员不满意,喊“倒面汤”促使其结束。

【倒夜壶】tæɥ∅iaꞁɦəuɹ 倒掉夜壶里的尿液。喻把知道的一切都说出来(含贬义)。

【倒猫饭】tæɥmæɥvᴇɹ 把早已过去的、早已解决了的旧怨重新提出来。

【倒黄梅】tæꞁɦuɑ̃ɥmᴇɹ 指黄梅期已过,黄梅天气持续。

【倒脱靴】tæꞁt'əʔꞁɕioɹ (一)围棋术语。(二)指精明的人失手。(三)一种局骗。

【倒转头来】tæɥtsøɹdʏɥlᴇɹ 还过头来(多用于叙述某件事)。

【倒缸倒甏】tæɥkɑ̃ꞁtæɥbɑ̃ɹ 指把知道的一切毫无保留地都说出来。

【倒打一钉耙】tæꞁtɑ̃ɹ∅iəʔꞁ tinꞁboɹ 倒打一耙。

焘【dæɹ】

盗【dæɹ】

【盗用】dæɥɦoŋɹ

【盗汗】dæɹɦøɹ

【盗版】dæɥpᴇꞁ

【盗窃】dæɥts'iəʔꞁ

【盗贼】dæɥzəʔɥ

【盗墓】dæɹmoɹ

道【dæɹ】

【道义】dæɥŋ̍iɹ

【道士】dæɥzɿɹ

【道白】dæɥbɑʔɥ

【道台】dæɥdᴇɥ 清朝官名,隶属布政、按察两使。或以若干府、县为辖区,管理区内一般政务;或以指定的职务为限,管辖范围及于全省。

【道观】dæɥkuøɹ

【道场】dæɥzɑ̃ɹ

【道行】dæɥ∅ənꞁ

【道众】dæɥtsoŋꞁ 指文艺界同行业艺人。

【道地】dæɹdiɹ

【道学】dæɥɦioʔɥ

【道具】dæɥʥyɹ

【道姑】dæɥkəuꞁ

【道家】dæɥʨiaꞁ

【道袍】dæɥbæɹ 道士穿的长袍。常用来比喻衣服过于宽大。
【道破】dæ˩pʻu˦
【道情】dæ˧zin˩
【道理】dæ˨li˦
【道谢】dæ˩zia˩
【道喜】dæ˧ɕi˦或dæ˩ɕi˦
【道路】dæ˨ləu˩
【道歉】dæ˧tɕʻi˥或dæ˩tɕʻi˦
【道林纸】dæ˨lin˧tsɿ˦
【道不伤道】dæ˧pəʔ˥sã˥dæ˩ （一）喻同行不能互相伤害。（二）不同行业，各守规则，不能互相伤害。
【道听途说】dæ˧tʻin˥dəu˩səʔ˥
【道貌岸然】dæ˧mæ˧ŋø˩zø˩
【道高一尺，魔高一丈】dæ˧kæ˥ʔiəʔ˥tsʻɑʔ˥，mo˧kæ˥ʔiəʔ˥zã˩

稻【dæ˩】

【稻柴】dæ˧zɑ˩ 稻草。
【稻草人】dæ˧tsʻæ˥ȵən˩
【稻熟皇帝麦熟官】dæ˧zoʔ˧ɦuã˧ti˦mɑʔ˨zoʔ˧kuø˥ 讥讽语。指收麦收稻之后，有了钱就散漫使用。
【稻莳头】dæ˧zʮ˧dʏ˩ 稻穗。
【稻柴灰】dæ˧zɑ˧huᴇ˦ 稻草灰。
【稻草人救火——自身难保】dæ˧tsʻæ˥ȵən˩tɕiʏ˦həu˦——zɿ˧sən˥nᴇ˧pæ˦ 歇后语。稻草人本身容易着火，不能去救火。指自己保不住自己。
【稻柴好缚硬柴，硬柴勿好缚稻柴】dæ˧zɑ˩hæ˦voʔ˧ŋã˧zɑ˩，ŋã˧zɑ˩fəʔ˥hæ˦voʔ˧dæ˧zɑ˩ 喻柔能克刚，刚不制柔。

dē

嘚【təʔ˥】

【嘚嘚……】təʔ˥təʔ˥…… 象声词，苏州评弹中用来形容古代小脚女人走路的声音。

dé

得【təʔ˥】

【得了】təʔ˥liæ˩ 表示情况很

严重。“不得了”的简称。
【得力】təʔ˥liəʔ˧
【得手】təʔ˥sY˥˧
【得失】təʔ˥səʔ˥
【得头】təʔ˥dY˧˩ 点头。
【得发】təʔ˥faʔ˥ 走运。
【得唻】təʔ˥lE˧˩ （一）放在某些形容词或动词后，表示程度深。如：牡丹花漂亮得唻。出去旅游开心得唻。（二）放在某些动词、形容词及补语之间，相当于普通话里的结构助词“得”。如：拿我表扬得唻忒好哉。（三）放在某些动宾词组后面，以加强肯定的语气。如：读书勿认真，要好好叫讲讲俚得唻。
【得足】təʔ˥tsoʔ˥ 业务、获利情况好到极点。
【得极】təʔ˥ʥəʔ˧ 放在形容词后面，表示程度深。如：写写算算容易得极。相当于普通话里的“到极点”。
【得体】təʔ˥tʻi˥˧
【得宠】təʔ˥tsʻoŋ˥˧
【得法】təʔ˥faʔ˥
【得劲】təʔ˥tɕən˨˧
【得势】təʔ˥sʮ˨˧ （一）得到权柄或势力。（二）放在某些形容词后面，表示程度深，如普通话中的“得很”。如：剧场大得势。
【得知】təʔ˥tsʮ˥ 知道。
【得逞】təʔ˥tsʻən˨˧
【得神】təʔ˥zən˧˩ 得意。
【得勒】təʔ˥ləʔ˧ 义同【得唻】。
【得救】təʔ˥tɕiY˨˧
【得意】təʔ˥Øi˨˧
【得手戏】təʔ˥sY˥˧ɕi˥˧ 难以放手的麻烦事。
【得得眈】təʔ˥təʔ˥tsʻoŋ˥˧ 打瞌睡的样子。
【得溜溜】təʔ˥lY˧lY˩ 后缀词。形容苦的程度极深。
【得滋滋】təʔ˥tsɿ˥tsɿ˥˧ 微黏；沾手的感觉。
【得寸进尺】təʔ˥tsʻən˨˧tsin˨˧tsʻaʔ˥
【得不偿失】təʔ˥pəʔ˥zã˧səʔ˥
【得头朋友】təʔ˥dY˧bã˩ɦiY˩ 形容交情不深的朋友。
【得过且过】təʔ˥kəu˥tsʻi˥˧kəu˥˧
【得昏过去】təʔ˥huən˥kəu˥tɕʻi˥˧ 后缀词。用于某些动词或形容词后面,表示程度极深。

【得得瑟瑟】tə˥tə˥sə˥sə˥ 形容年老体衰,抖抖擞擞的样子。

【得滋固黏】tə˥tsɿ˥kəu˥˩ȵi˩ 形容黏乎乎;沾手的感觉。

【得福勿修】tə˥fo˥fə˥sʏ˥ 处在好的境遇中不知道珍惜。

【得意忘形】tə˥Øi˧vɑ̃˩ɦin˩

【得理勿饶人】tə˥li˩fə˥ȵiæ˧ȵən˧ 对理亏的一方没有半点宽容的态度,继续穷追猛打。

【得饶人处且饶人】tə˥ȵiæ˧ȵən˧tsʻʮ˥˩tsʻi˥˩ȵiæ˧ȵən˧ 对人应尽可能宽容些。

【得缩头时且缩头】tə˥so˥dʏ˧zʮ˩tsʻi˥˩so˥dʏ˧ 喻顺应形势,必要时应回避退让。

德【tə˥】

【德育】tə˥ɦio˧

【德政】tə˥tsən˧

【德高望重】tə˥kæ˥vɑ̃˩zoŋ˩

dēng

灯【tən˥】

【灯火】tən˥həu˥˩

【灯心】tən˥sin˥˩

【灯头】tən˥dʏ˩

【灯光】tən˥kuɑ̃˥˩

【灯会】tən˥ɦuE˩

【灯丝】tən˥sɿ˥˩

【灯花】tən˥ho˥˩

【灯油】tən˥ɦiʏ˩

【灯泡】tən˥pʻæ˥˩

【灯草】tən˥tsʻæ˥˩

【灯球】tən˥dʑʏ˩ 圆球形的灯笼。

【灯烛】tən˥tso˥ 旧时的照明工具。

【灯谜】tən˥mE˩

【灯彩】tən˥tsʻE˥˩

【灯笼】tən˥loŋ˩

【灯罩】tən˥tsæ˥˩

【灯蛾】tən˥ŋəu˩ 慕光性的蛾类昆虫,即飞蛾。

【灯塔】tən˥tʻaʔ˥

【灯心绒】tən˥sin˥ȵoŋ˩

【灯笼草】tən˥loŋ˩tsʻæ˥˩ 果

实似灯笼的草本植物。

【灯笼裤】tən˥loŋ˩k‘əu˥˩

【灯笼壳子】tən˥loŋ˦k‘oʔ˥ tsɿ˥˩ 灯笼的外壳。喻外强中干。

【灯笼辣火】tən˥loŋ˦laʔ˧ həu˥˩ 菜椒。

【灯草缆船——勿牢靠】tən˥ ts‘æ˥˩lE˦zø˦——fəʔ˥læ˦ k‘æ˥˩ 歇后语。靠不住。

【灯草弗好当拄拐】tən˥ts‘æ˥˩fəʔ˥hæ˥˩tã˥tsɥ˥˧kuɑ˥ 喻地位低下的人,遇事不能擅作主张。

登【tən˥】

【登山】tən˥sE˥˩

【登门】tən˥mən˩

【登记】tən˥tɕi˥˩

【登台】tən˥dE˦

【登场】tən˥zã˦

【登报】tən˥pæ˥˧

【登陆】tən˥loʔ˧

【登时】tən˥zɥ˩

【登科】tən˥k‘əu˥

【登品】tən˥p‘in˥˩ 上档次;有品位。

【登登】tən˥tən˥˩ 临时居住、停留。

【登高】tən˥kæ˥

【登样】tən˥ɦiã˩ (一)漂亮。(二)像样。

【登基】tən˥tɕi˥

【登勒】tən˥ləʔ˧ 停留在或临时居住在。

【登第】tən˥di˩

【登勒浪】tən˥ləʔ˧lã˩或tã˥ lã˩ (一)停留在那里。(二)义同【登勒】。

噔【tən˥】、【dən˩】

蹬【tən˥˩】

děng

等【tən˥˩】

【等于】tən˥˧ɦy˦

【等外】tən˥˧ŋɑ˦

【等同】tən˥˧doŋ˦

【等价】tən˥˧kɑ˥

【等死】tən˥˧si˥ (一)等待死亡的到来。(二)喻无所事事,虚度岁月。

【等闲】tən˥˧ɦE˦

【等到】tən˥˩tæ˥˩

【等穿】tən˥˧tsʻø˥ 等人等到见面为止。

【等般】tən˥˩pᴇ˥˩ 表示列举未尽，相当于普通话中的“等等”。

【等第】tən˥˩di˩

【等煞】tən˥˧saʔ˥ 等候了好久。

【等歇】tən˥˩ɕəʔ˥ 等一会儿。

【等僵】tən˥˧tɕiã˥ 等候处于尴尬状态。等也不好，不等也不好。

【等于零】tən˥˧ɦʏ˧lin˧

【等急急】tən˥˧tɕəʔ˥tɕəʔ˥ 迫切期待。

【等俚歇】tən˥˩li˩ɕəʔ˥ 等他一会儿。

【等尴尬】tən˥˧kᴇ˥kɑ˥˩ 等候处于等也不好，不等也不好的尴尬状态。

【等歇俚】tən˥˩ɕəʔ˥li˥˩ 等他一会儿。

【等歇点】tən˥˩ɕəʔ˥tiɪ˥˩ 过一会儿。

【等歇歇】tən˥˩ɕəʔ˥ɕəʔ˥ 等一会儿。

【等人心焦】tən˥˧ɳ̍ən˧sin˥tsiæ˥˩ 等候时间长了引起的焦躁情绪。

【等三等四】tən˥˧sᴇ˥tən˥˩sɿ˥˩ 指等这个又等那个。

【等米下锅】tən˥˩mi˩ɦo˩kəu˥ 形容贫穷。喻等待不可或缺的东西。

【等到头发白】tən˥˩tæ˥˩dʏ˧faʔ˥baʔ˧ 等了很久很久。

戥【tən˥˩】

【戥子】tən˥˧tsɿ˥

【戥盘】tən˥˧bø˧ 戥子或戥盘秤的称盘。

【戥盘秤】tən˥˧bø˧tsʻən˥˩ 有称盘的杆秤。

【戥戥份量】tən˥˧tən˥˧vən˧liã˩ 掂量。

dèng

邓【tən˩】

【邓】tən˩ 作为姓，与名字连续时变调为tən˧。

凳【təɲ˥˧】

【凳子】təɲ˥ʦɿ˥˧
【凳面】təɲ˥miɪ˨˩ 凳子坐人的部位。
【凳脚】təɲ˥tɕiɑʔ˥ 凳子的腿。
【凳腔】təɲ˥tɕʻiɑ̃˥˧ 凳子侧面的空档。

澄【dəɲ˨˦】另见 chéng。

【澄清】dəɲ˨˦tsʻiɲ˥

瞪【təɲ˥】、【təɲ˥˧】中州韵【ʔdəɲ˨˦】、【ʔdəɲ˨˩】

镫【təɲ˦˥】

蹬【dəɲ˨˩】另见 dēng。

dī

低【ti˥】

【低头】ti˥dʏ˨˩
【低级】ti˥tɕəʔ˥
【低沉】ti˥zəɲ˨˩
【低贱】ti˥ziɪ˨˩
【低能】ti˥nəɲ˨˩
【低档】ti˥tɑ̃˥˧
【低倒】ti˥tæ˥˧ 低着；俯下；弯倒。
【低热】ti˥ɳəʔ˧
【低微】ti˥vi˨˩
【低潮】ti˥zæ˨˩
【低人一等】ti˥ɳəɲ˨˩ʔiəʔ˥təɲ˥˧
【低三下四】ti˥sᴇ˥ɦo˨˩sɿ˥˧
【低头服小】ti˥dʏ˨˩voʔ˧siæ˦˥ 屈服顺从。
【低声下气】ti˥səɲ˥ɦo˨˩tɕʻi˦˥
【低头勿见抬头见】ti˥dʏ˨˩fəʔ˥tɕi˦˥dᴇ˨˦dʏ˨˦tɕi˦˥ 指有经常见面的时候（多指双方处于矛盾的状况）。

堤【di˨˦】

【堤坝】di˨˦po˥˧
【堤岸】di˨˦ŋø˨˩ 河岸。

提【di˨˦】另见 tí。

【提防】di˨˦bɑ̃˨˩

D

嘀【tiəʔ˥】另见 dí。

【嘀嗒】tiəʔ˥taʔ˥ (一)滴答。(二)后缀词。表示那种状况、样子。

滴【tiəʔ˥】

【滴子】tiəʔ˥tsɿ˥˩ 帽顶或器皿盖上的凸出物,以便摘取。

【滴答】tiəʔ˥taʔ˥

【滴笃】tiəʔ˥toʔ˥ 象声词。形容水珠滴下的声音。

【滴沥沥】tiəʔ˥liəʔ˧liəʔ˧ (一)形容苦的程度深。如:苦得滴沥沥。(二)象声词,小件硬物落地或滚动的声音。

【滴答咣】tiəʔ˥taʔ˥guã˩ 形容落拓不羁、十分寒酸的样子。

【滴溜溜】tiəʔ˥lY˧lY˩ (一)形容苦的程度深。如:苦得滴溜溜。(二)形容受骗程度深。如:骗得滴溜溜。

【滴滴涕】di˩di˩t'i˥˩ 一种杀虫剂,英文缩写为D.D.T.,因其谐音为"弟弟替",也作"叔接嫂"的调侃语。

【滴水不漏】tiəʔ˥sʮ˥˩pəʔ˥lY˩

【滴水成冰】tiəʔ˥sʮ˥˩zən˧pin˥

【滴沥嗒辣】tiəʔ˥liəʔ˧taʔ˥laʔ˧ (一)象声词。形容水珠或小东西连续下落的声音。(二)形容(琐事)不断。

【滴沥滴沥】tiəʔ˥liəʔ˧tiəʔ˥liəʔ˧ (一)象声词,形容滴水声。(二)形容琐碎;不爽快。

【滴沥笃落】tiəʔ˥liəʔ˧toʔ˥loʔ˧ 义同【滴沥嗒辣】。

【滴灵滚圆】tiəʔ˥lin˧kuən˥˩ɦiø˧ 义同【滴溜滚圆】。

【滴溜滚圆】tiəʔ˥lY˧kuən˥˩ɦiø˧ (一)形容极圆。(二)形容说话、办事十分老到,圆滑。

【滴滴沥沥】tiəʔ˥tiəʔ˥liəʔ˧liəʔ˧ 形容(琐事)不断。

【滴滴嗒嗒】tiəʔ˥tiəʔ˥taʔ˥taʔ˥ (一)象声词。形容连续的滴水声。(二)形容(琐事)不断。

【滴水之恩,涌泉相报】tiəʔ˥sʮ˥˩tsʮ˥˩øən˥,øioŋ˥˩zii˧siã˥pæ˥˩ 喻感恩,加倍回报。

渧【tiɣ】

【渧】tiɣ 液体下淌或下滴。
【渧水】tiɣsɥV （一）水不断下滴。（二）淌水；渗水。
【渧下去】tiɣɦo˧tɕʻiV （液体）滴下或淌、渗下。
【渧下来】tiɣɦo˧lE˩ （上面液体）滴或渗、淌下来。

镝【tiəʔ˥】另见 dí。

dí

狄【diəʔ˧】

迪【diəʔ˧】

【迪为】diəʔ˧ɦuE˩ 特地；故意。

的【tiəʔ˥】另见 dì。

【的士】tʻiəʔ˥zɿ˩ 出租车。
【的死】tiəʔ˥siV （行事）死板。
【的背】tiəʔ˥pEɣ 捶背。也写作“擿背”。
【的刮】tiəʔ˥kuaʔ˥ 的确。
【的准】tiəʔ˥tsənV 十分准确。
【的滑】tiəʔ˥ɦuaʔ˧ 非常滑。
【的确】tiəʔ˥tɕʻoʔ˥
【的稳】tiəʔ˥θuənV （一）十分有把握。（二）十分稳当。
【的髈】tiəʔ˥pʻãV 捶腿。也写作“擿髈”。
【的糯】tiəʔ˥nəu˩ 十分柔和，极细腻具可塑性。
【的的死】tiəʔ˥tiəʔ˥siV （一）十分死板。（二）已无余地周旋。
【的的准】tiəʔ˥tiəʔ˥tsənV 非常准确。
【的的稳】tiəʔ˥tiəʔ˥θuənV （一）十分有把握。（二）非常稳当。
【的角翘】tiəʔ˥koʔ˥tɕiæ˩ （一）形容脾气拗执，行为古怪，不易相处。（二）存心挑刺捣蛋。
【的笃班】tiəʔ˥toʔ˥pEV 旧称越剧。
【的角四方】tiəʔ˥koʔ˥sɿVfã˥ （一）形容非常方。（二）喻行为端方正直。

【的的刮刮】tiəʔ˥tiəʔ˥kuaʔ˥kuaʔ˥ 义同【的刮】。
【的死老虫头】tiəʔ˥si˥˩læ˦zoŋ˩dY˩ 形容行为过于刻板。

籴【diəʔ˧】

【籴米】diəʔ˧mi˩ 买米。

荻【diəʔ˧】

敌【diəʔ˧】

【敌人】diəʔ˧ȵən˩
【敌手】diəʔ˧sY˥˩
【敌台】diəʔ˧dE˩
【敌对】diəʔ˧tE˨
【敌伪】diəʔ˧ɦuE˩
【敌后】diəʔ˧ɦY˩
【敌视】diəʔ˧zɥ˩
【敌国】diəʔ˧kuəʔ˥
【敌情】diəʔ˧zin˩
【敌意】diəʔ˧θi˨

涤【diəʔ˧】

笛【diəʔ˧】

【笛子】diəʔ˧tsɿ˥˩
【笛膜】diəʔ˧moʔ˧

觌【diəʔ˧】

【觌面】diəʔ˧mi˩

嘀【ti˥】另见 dī。

【嘀哆嘀哆】ti˥to˥ti˥to˥˩ （一）小声说话（贬义）。（二）倾诉（贬义）。也作【嘀嘀哆哆】ti˥ti˥to˥˩to˥˩、【嘀嘀嘀，哆哆哆】ti˥ti˥ti˥，to˥to˥to˥。

嫡【tiəʔ˥】

【嫡出】tiəʔ˥tsʻəʔ˥
【嫡血】tiəʔ˥ɕyəʔ˥ 血统最接近的亲属。
【嫡传】tiəʔ˥zø˦
【嫡系】tiəʔ˥θi˨
【嫡亲】tiəʔ˥tsʻin˥ 血统最接近的亲属。程度加深时作

【嫡嫡亲亲】tiəʔ˥tiəʔ˥tsʻin˥ tsʻin˩。

翟【diəʔ˧】姓另见 zhái。

镝【tiəʔ˥】另见 dī。

dǐ

邸【ti˩】

诋【ti˩】

【诋毁】ti˩huᴇ˩

抵【ti˩】

【抵抗】ti˩kʻɑ̃˩
【抵壳】ti˦kʻoʔ˥ （一）预备；准备。（二）预计；至多。
【抵杠】ti˦kɑ̃˥ 义同【抵壳】。
【抵命】ti˩min˩
【抵制】ti˩tsɥ˩
【抵押】ti˦ɑʔ˥
【抵到】ti˩tæ˩ 抵上。
【抵桩】ti˦tsɑ̃˥ （一）预备；准备。（二）预计；至多。
【抵挡】ti˦tɑ̃˥
【抵配】ti˦pᴇ˩ （一）预备；准备。（二）预计；至多。
【抵消】ti˦siæ˥
【抵债】ti˩zɑ˦
【抵偿】ti˦zɑ̃˧
【抵脱】ti˦tʻəʔ˥ 相抵。
【抵御】ti˦ɦy˩
【抵罪】ti˩zᴇ˩
【抵赖】ti˩lɑ˩
【抵触】ti˦tsʻoʔ˥
【抵得到】ti˩təʔ˥tæ˩ 抵得上。

底【ti˩】

【底下】ti˦ɦo˩或ti˦lo˩
【底子】ti˦tsɿ˩
【底气】ti˩tɕʻi˩
【底片】ti˩pʻi˩
【底价】ti˩kɑ˩
【底细】ti˩si˩
【底层】ti˦zən˩
【底版】ti˦pᴇ˥ （一）底片。（二）底的部分。（三）喻班底；后台。
【底浪】ti˦lɑ̃˩ 底上；最下最末的部分。
【底础】ti˦dəu˩ （一）底。（二）底的部分。

【底盘】ti˦˨bø˨˩ 器物的底座。喻事物的范围。
【底脚】ti˦˨tɕiaʔ˥ 基础。
【底牌】ti˦˨bɑ˨˩ 喻内里的情况。
【底楼】ti˦˨lY˦ 楼房着地的一层。
【底稿】ti˦˨kæ˥
【底下人】ti˦˨ɦo˦ȵən˨˩ 仆人;手下人。
【底下头】ti˦˨ɦo˦dY˨˩ 下面的;手下。
【底下头人】ti˦˨ɦo˦dY˨˩ȵən˨˩ 仆人;手下人。
【底下头人家】ti˦˨ɦo˦dY˦ȵən˦kɑ˥˨ 住在自己楼层下面的住户。

柢【ti˥˨】

牴【ti˥˨】

【牴触】ti˦˨tsʻoʔ˥

砥【ti˥˨】

【砥柱中流】ti˦˨zʮ˦tsoŋ˥lY˨˩

dì

地【di˨˩】

【地下】di˦ɦo˨˩或di˦lo˨˩
【地支】di˦tsʮ˥
【地区】di˦tɕʻy˥
【地方】di˦fɑ̃˥ （一）各级行政区划的统称。（二）本地;当地。（三）某一区域;空间的一部分;部位。（四）部分。（五）地保。
【地气】di˦tɕʻi˥˨ （一）土地的情况。（二）地上气脉。
【地风】di˦foŋ˥ 贴着地面的风。
【地主】di˦tsʮ˥˨
【地皮】di˦bi˥˨ 土地。
【地头】di˦dY˨˩
【地龙】di˦loŋ˨˩ 蚯蚓的中药名。
【地利】di˦li˥˨
【地产】di˦tsʻE˥˨
【地位】di˦ɦuE˨˩
【地状】di˦zɑ̃˨˩ 把状纸或申明文告铺或写在地上。
【地牢】di˦læ˨˩
【地形】di˦ɦin˨˩

【地板】di˨˧pᴇ˥˨
【地角】di˨˧koʔ˥
【地势】di˨˧sɥ˥˨
【地保】di˨˧pæ˥˨
【地契】di˨˧tɕ'i˥˨
【地面】di˨˧mi˧˩
【地界】di˨˧kɑ˥˨　(一)地的界线。(二)区域。(三)地步。
【地府】di˨˧fu˥˨
【地狱】di˨˧ȵ̊oʔ˧
【地洞】di˨˧doŋ˧˩　地面向下的空洞。
【地香】di˨˧ɕiã˥　焚插于地的香烛。
【地浪】di˨˧lã˧˩或di˨˧lo˧˩　地上。
【地盘】di˨˧bø˧˩
【地痞】di˨˧p'i˥
【地毯】di˨˧tᴇ˥˨
【地脚】di˨˧tɕiaʔ˥　地基。
【地道】(1)di˨˧dæ˧˩　在地面下的通道。(2)di˧˩dæ˧˩　(一)真正是由名产地出产的。(二)真正的；纯粹。(三)(工作或材料的质量)实在；够标准。
【地煞】di˨˧saʔ˥
【地雷】di˨˧lᴇ˧˩
【地摊】di˨˧t'ᴇ˥
【地震】di˨˧tsən˥˨
【地铺】di˨˧p'u˥˨　安置在地上的睡具。
【地漏】di˨˧lʏ˧˩
【地头蛇】di˨˧dʏ˨˧zo˧˩
【地底下】di˨˧ti˥ɦo˧˩　(一)地表的下面。(二)迷信人指阴间。
【地底洞】di˨˧ti˥doŋ˧˩　义同【地洞】。
【地货行】di˨˧həu˥ɦɑ̃˧˩　旧时经营土产的商行。
【地脚印】di˨˧tɕiɑʔ˥øin˥˨　盗贼踩点的地形。
【地脚泥】di˨˧tɕ'iɑʔ˥ȵ̊i˧˩　屋子里粘在砖地上的泥土。
【地搁板】di˨˧koʔ˥pᴇ˥˨　地板。
【地鳖虫】di˨˧piəʔ˥zoŋ˧˩　昆虫，身体扁，棕黑色，雄的有翅，常在住宅墙根的土内活动。入中药，俗名土鳖。
【地落撑】di˨˧loʔ˨˧ts'ã˥˨　丁字形木撑，撑住大门使坚牢，用以防盗贼。
【地藏王】di˨˧zɑ̃˨˧ɦuɑ̃˧˩　菩萨名。传说现身于天上、人间、地狱之中，救苦救难。道场在安徽九华山。

【地皮底下】di˦bi˦ti˥˨ɦo˩ 地下。

【地头脚角】di˦dʏ˦tɕiɑʔ˥kɔʔ˥ 地址。

【地脉生疏】di˦mɑʔ˦sã˥səu˥˨ 陌生的地方。

弟【di˨˩】

【弟子】di˦tsɿ˥˨

【弟兄】di˦ɕioŋ˥

【弟弟】di˦di˩

【弟新妇】di˦sin˥vu˩ 弟弟的妻子。

【弟弟替】di˩di˩tʻi˥˨ 调侃语。D. D. T. 的谐音，指叔接嫂的婚姻。

的【tiəʔ˥】另见 dí。

帝【di˥˨】

【帝王】ti˥˦ɦuɑ̃˦

【帝君】ti˥˦tɕyən˥

【帝国】ti˥˦kuəʔ˥

递【di˨˩】

【递交】di˦tɕiæ˥

【递补】di˦pu˥˨

【递解】di˦tɕiɑ˥˨

娣【di˨˩】

第【di˨˩】

【第几】di˦tɕi˥˨ 问次序。

【第一手】di˦iəʔ˥sʏ˥˨

【第三者】di˦sE˥tsE˥˨

【第一把手】di˦iəʔ˥po˥˨sʏ˥˨

【第二三个】di˦ŋ̍i˦sE˥kəʔ˥ 除了这个人之外的其他人。

谛【ti˥˦】

蒂【ti˥˦】

【蒂砣】ti˥˦dəu˩ 瓜蒂及周围部分。

棣【di˨˩】

缔【ti˧˦】【di˨˧】

【缔交】ti˧˦tɕiæ˥

【缔结】ti˧˦tɕəʔ˥或di˨˧tɕəʔ˥

【缔造】ti˧˦zæ˨˧

diǎ

嗲【tia˥˧】

【嗲牢】tia˧˦læ˨˧　以撒娇和亲热的手段笼络住对方。

【嗲腔】tia˧˦tɕʻiã˥　撒娇的样子。

【嗲哩哩】tia˧˦li˧li˨˧　形容撒娇的声音或姿态。

【嗲声嗲气】tia˧˦sən˥tia˧˦tɕʻi˧˦　形容撒娇的声音或态度。

diān

掂【tiɪ˥】

【掂掂】tiɪ˥tiɪ˥˧　用手托着东西估量轻重。

【掂斤两】tiɪ˥tɕən˥liã˥˧　用手托着东西估量轻重。喻掂量实力。

【掂掂斤两】tiɪ˥tiɪ˥tɕən˥liã˥˧　义同【掂斤两】。

【掂掂分量】tiɪ˥tiɪ˥vən˧liã˨˧　(一)用手托住东西估量轻重。(二)喻评估轻重得失。

滇【diɪ˧˦】

【滇红】diɪ˧˦ɦoŋ˨˧

颠【tiɪ˥】

【颠倒】tiɪ˥tæ˥˧

【颠峰】tiɪ˥foŋ˥　山的最高处。喻最高，最旺盛时期。

【颠覆】tiɪ˥foʔ˥

【颠倒颠】tiɪ˥tæ˥˧tiɪ˥

【颠勒颠】tiɪ˥ləʔ˧tiɪ˥　有节奏地轻微颠动。

【颠三倒四】tiɪ˥sᴇ˥tæ˥˧sɿ˥˧

【颠来倒去】tiɪ˥lᴇ˨˧tæ˥˧tɕʻi˥˧

【颠头得脑】tiɪ˥dɤ˨˧təʔ˥næ˨˧　表示赞同、满意而点头的样子。

巅【tiɪ˥】

癫【tiɪ˥】

【癫痫】tiɪ˥tɕiɪ˥˧

diǎn

典【tiɪ˥˨】

【典礼】tiɪ˥˧liɪ˦
【典当】tiɪ˥˨tɑ̃˥˨　当铺。
【典刑】tiɪ˥˧ɦin˨˩　刑法规定。
【典型】tiɪ˥˧ɦin˨˩
【典雅】tiɪ˥˧Øia˥˨

D

点【tiɪ˥˨】

【点工】tiɪ˥˧koŋ˥　按照工时计算酬劳的工作。
【点子】tiɪ˥˧tsɿ˥˨　(一)液体的小滴。(二)小的痕迹。(三)指打击乐器演奏时的节拍。(四)量词,表示少量。(五)关键的地方。(六)注意;办法。(七)隐语。指精神不正常;十三点。
【点火】tiɪ˥˨həu˥˨
【点化】tiɪ˥˨ho˥˨
【点心】tiɪ˥˧sin˥　(一)暂作充饥的小食品。(二)早餐。
【点头】tiɪ˥dʏ˦
【点饥】tiɪ˥˧tɕi˥
【点戏】tiɪ˥˨ɕi˥˨　(一)点要看的戏目。(二)喻点选。指定某人做某件事,要某物。
【点名】tiɪ˥˧min˨˩或tiɪ˥˨min˦
【点朱】tiɪ˥˧tsʮ˥　旧时写亡者神主时,"主"字有意少写一点,请有地位者用朱笔点上。
【点明】tiɪ˥˧min˨˩
【点拨】tiɪ˥˧pəʔ˥　指出来使人知道;点明。
【点穿】tiɪ˥˧tsʻø˥
【点哚】tiɪ˥toʔ˥　后缀词。放在形容词后面,表示略微的意思。
【点缀】tiɪ˥˧tsE˥
【点脚】tiɪ˥˨tɕiɑʔ˥　(一)指临时在某地稍作停顿。(二)指苏州评弹与长篇演出相对,做短暂的演出。
【点睛】tiɪ˥˧tsin˥
【点滴】tiɪ˥˧tiəʔ˥
【点眼药】tiɪ˥˨ŋE˦ɦiɑʔ˦　喻指出问题的关键,使人知道。
【点胭脂】tiɪ˥˨Øiɪ˥tsʮ˥˨　抹胭脂。
【点头朋友】tiɪ˥dʏ˨˩bɑ̃˨˩Øiʏ˥˨　交情不深的朋友。
【点头哈腰】tiɪ˥dʏ˨˩ha˥Øiæ˥
【点兵点将】tiɪ˥˧pin˥tiɪ˥˨tsiɑ̃˥˧

喻拣选要这样，要那样（贬义）。

【点到为止】tiɪ˥˧tæ˥˧ɦuᴇ˩˧tsɥ˥˧ 作为启发，稍作指点。

【点点戳戳】tiɪ˦tiɪ˥ts'oʔ˥ts'oʔ˥ 指着人背后议论。

【点铁成金】tiɪ˦t'iəʔ˥zən˧tɕən˥

碘【tiɪ˥˧】

【碘酒】tiɪ˦tsY˥ 碘酊。

踮【tiɪ˦】

【踮脚】tiɪ˥tɕiɑʔ˥ 抬起脚后跟，脚尖着地支撑。

【踮起脚】tiɪ˥tɕ'i˥˧tɕiɑʔ˥ 义同【踮脚】。

【踮脚尖】tiɪ˥tɕiɑʔ˥tsiɪ˥˧ 义同【踮脚】。

【踮脚背】tiɪ˥tɕiɑʔ˥pᴇ˥˧ 义同【踮脚】。

diàn

电【diɪ˥˧】

【电木】diɪ˧moʔ˧

【电火】diɪ˧həu˥˧ 电灯。

【电台】diɪ˧dᴇ˩

【电石】diɪ˧zɑʔ˧

【电池】diɪ˧zɥ˩ 干电池。

【电灯】diɪ˧tən˥

【电话】diɪ˧ɦo˩

【电线】diɪ˧siɪ˥˧

【电视】diɪ˧zɥ˩

【电炉】diɪ˧ləu˩

【电钮】diɪ˧ȵiY˩

【电脑】diɪ˧næ˩

【电珠】diɪ˧tsɥ˥

【电筒】diɪ˧doŋ˩

【电源】diɪ˧ȵiø˩

【电影】diɪ˧0in˥˧

【电风扇】diɪ˧foŋ˥sø˥˧ 电扇。

【电灯厂】diɪ˧tən˥ts'ã˥˧ 电厂。

【电灯火】diɪ˧tən˥həu˥˧ 电灯。

【电灯匠】diɪ˧tən˥ziã˩ 电工。

【电灯泡】diɪ˧tən˥p'æ˥˧ （一）电灯的发光器。（二）指男女约会时，旁边陪从的第三人。

【电线木】diɪ˧siɪ˥moʔ˧ 电线

杆。

【电闸刀】diɪ˨˧zɑʔ˧tæ˥˩ 电闸。

【电车路】diɪ˨˧tsʻo˥ləu˨˧˩ (一)电车轨道。(二)喻额上的皱纹。

【电气傢生】diɪ˨˧tɕʻi˥kɑ˥sã˥˩ 家电。

【电灯师傅】diɪ˨˧tən˥sɿ˥vu˨˧˩ 电工。

【电线木头】diɪ˨˧siɪ˥moʔ˧dY˨˧˩ 义同【电线木】。

【电线木杆】diɪ˨˧siɪ˥moʔ˧kø˥˩ 义同【电线木】。

佃【diɪ˨˧】

【佃农】diɪ˨˧noŋ˨˧˩

甸【diɪ˨˧˩】

店【tiɪ˥˩˧】

【店号】tiɪ˥ɦæ˨˧˩ 商店的名称。

【店里】tiɪ˥li˨˧˩ 商店里面。

【店员】tiɪ˥ɦiø˨˧˩

【店面】tiɪ˥miɪ˨˧˩ 商店的门面。

【店家】tiɪ˥kɑ˥˩ 商店。

【店堂】tiɪ˥dɑ̃˨˧˩

【店小二】tiɪ˥siæ˥ȵi˨˧˩

【店里向】tiɪ˥li˥ɕiã˥˩ 商店里面。

【店堂间里】tiɪ˥dɑ̃˨˧kE˥li˨˧˩ 商店、饭馆等进行营业的屋子里。

【店大欺客，客大欺店】tiɪ˥˩˧dəu˨˧˩tɕʻi˥kʻɑʔ˥，kʻɑʔ˥dəu˨˧˩tɕʻi˥tiɪ˥˩˧ 指弱者被强者欺侮。

玷【tiɪ˥˩】、【tiɪ˥˩˧】

【玷污】tiɪ˥˩˧Øəu˥˩

垫【diɪ˨˧˩】

【垫子】diɪ˨˧tsɿ˥˩

【垫补】diɪ˨˧pu˥˩ 用新的来源来补充自己的需求。

【垫底】diɪ˨˧˩ti˥˩

【垫肩】diɪ˨˧tɕiɪ˥

【垫背】diɪ˨˧˩pE˥˩˧

【垫被】diɪ˨˧bi˨˧˩ 褥子。

【垫脚】diɪ˨˧tɕiɑʔ˥ (一)垫在脚下使人借以升高的东西。

(二)喻被人借以向上爬的人或事物。

【垫一垫】diɪ˩ ∅iəʔ˥diɪ˩ (一)垫一下。(二)暂时替人垫付。

【垫脚石】diɪ˨tɕaʔ˥zaʔ˧

【垫仔廿四只枕头困觉】diɪ˩ tsɿ˥ȵiɪ˧sɿ˥tsaʔ˥tsən˦dɣ˩ kʻuən˥kæ˥ 喻高枕无忧。

钿【diɪ˨】另见 tián。

淀【diɪ˨】

【淀粉】diɪ˨fən˥

惦【tiɪ˦】

奠【diɪ˨】

【奠定】diɪ˨din˩

【奠基】diɪ˨tɕi˥

殿【diɪ˨】

【殿下】diɪ˨ɕia˥

【殿试】diɪ˨sɥ˥

癜【tiɪ˦】

diāo

刁【tiæ˥】

【刁难】tiæ˥nɛ˩

【刁滑】tiæ˥huaʔ˧

【刁骚】tiæ˥sæ˥ 年老头发稀疏。

【刁嘴】tiæ˥tsɥ˥ 说话舌音不清。

【刁嚣】tiæ˥ɕiaʔ˥ 形容狡猾奸诈,不易捉摸。

【刁钻古怪】tiæ˥tsø˥kəu˥ kua˥ 形容狡猾奸诈。不易捉摸。

【刁钻促掐】tiæ˥tsø˥tsʻoʔ˥ kʻaʔ˥ 形容狡猾奸诈,爱捉弄人。

【刁嘴笃舌头】tiæ˥tsɥ˥toʔ˥z əʔ˧dɣ˩ 义同【刁嘴】。

叼【tiæ˥】

凋【tiæ˥】

【凋敝】tiæ˥bi˩

【凋谢】tiæ˥ziɑ˩˧
【凋零】tiæ˥lin˩˧

貂【tiæ˥】

【貂皮】tiæ˥bi˩˧　貂的毛皮，以紫貂皮为珍贵。

碉【tiæ˥】

【碉堡】tiæ˥pæ˥˩

雕【tiæ˥】

【雕花】tiæ˥ho˥˩　多指木雕。
【雕刻】tiæ˥k'əʔ˥
【雕琢】tiæ˥zoʔ˧
【雕塑】tiæ˥səu˥˩或tiæ˥soʔ˥
【雕花匠】tiæ˥ho˥ziã˩˧　从事雕花工艺的工匠。
【雕花作】tiæ˥ho˥tsoʔ˥　从事雕花工作的作坊。
【雕脱点】tiæ˥t'əʔ˥tiɪ˥˩　用刀挖去一些。
【雕虫小技】tiæ˥zoŋ˩˧siæ˥˩˧ʥi˩˧

diào

吊【tiæ˥˩˧】

【吊】tiæ˥˩˧　起调高，演唱时有够不上的感觉。
【吊水】tiæ˥sɥ˥˩　木桶或铁皮桶用长绳牵引，从井里或低处取水。
【吊兰】tiæ˥lE˩˧　一种多年生草本植物，根叶像兰草，花梗横生倒偃。
【吊灯】tiæ˥tən˥˩
【吊孝】tiæ˥hæ˥˩　到丧家去祭奠死者。
【吊桶】tiæ˥doŋ˩˧
【吊人中】tiæ˥ɲən˧tsoŋ˥˩　形容事态危急，令人焦虑。
【吊心火】tiæ˥sin˥həu˥˩　指故意惹人生气。
【吊心境】tiæ˥sin˥tɕən˥˩　形容触动心事；牵动心病。
【吊肝火】tiæ˥kø˥həu˥˩　指故意惹人生气。
【吊杀鬼】tiæ˥saʔ˥tɕy˥˩　（一）称上吊而死的人。（二）迷信称吊死者的鬼魂。
【吊眼皮】tiæ˥ŋE˧bi˩˧　（一）

眼皮上有疤痕、疙瘩。(二)指眼皮上有疤痕、疙瘩的人。

【吊线风】tiæ˥siɪ˥foŋ˥˩ 局部面部神经瘫痪的病。

【吊金龟】tiæ˥tɕən˥kuE˥˩ 本是戏曲中某部戏的剧名。(一)指陷入尴尬的境地。(二)指起调过高,演唱时有够不上的感觉。

【吊胃口】tiæ˥ɦuE˦k'Y˥˩

【吊袜带】tiæ˥maʔ˧ta˥˩ 把袜子向腿的上部牵引的带子。

【吊带衫】tiæ˥ta˥sE˥˩ 肩部裸露,用带子吊住的女式衣衫。

【吊桶绳】tiæ˥doŋ˩zən˩ 牵引吊桶打水的长绳。

【吊喉咙】tiæ˥ɦoʔ˧loŋ˩ 吊嗓子。

【吊煞鬼】tiæ˥saʔ˥tɕy˥˩ 迷信说法指吊死的人变成的鬼。

【吊膀子】tiæ˥pɑ̃˥tsɿ˥˩ 调情。

【吊鲜头】tiæ˩siɪ˥dY˩ 加佐料使菜肴鲜美。喻施小惠或讨俏的手段。

【吊鳑鲏】tiæ˥bɑ̃˦bi˩ 义同【吊眼皮】。

【吊露水】tiæ˩ləu˦sɥ˥˩ 使沾上露水。

【吊儿郎当】tiæ˩ɦəl˦lɑ̃˩tɑ̃˥˩

【吊不郎当】tiæ˩pəʔ˥lɑ̃˩tɑ̃˥˩ 形容仪容不整、作风散漫、态度不严肃等。

【吊头吊脑】tiæ˩dY˦tiæ˥˩næ˩ 形容狡猾刁钻。

【吊里吊气】tiæ˩li˦tiæ˥˩tɕ'i˥˩ 形容说话阴阳怪气。

【吊煞一棵树浪】tiæ˩saʔ˥ øiəʔ˥k'əu˥zɥ˧lɑ̃˩ 喻死守一处,缺乏灵活性。

【吊煞勒马棚里】tiæ˩saʔ˥ləʔ˧mo˦bɑ̃˧li˩ 喻陷入尴尬境地或绝境。

【吊桶落勒井里】tiæ˥doŋ˩loʔ˧ləʔ˧tsin˩li˩ 喻把柄、证据落在人家手里。

【吊煞鬼拍粉——死要面子】tiæ˥saʔ˥tɕy˥˩pɑʔ˥fən˥˩——si˩øiæ˥mi˩tsɿ˥˩ 歇后语。过于注重面子而不顾后果。

D

钓【tiæ˦˧】

【钓鱼】tiæ˥˦ŋ̍˨˩ （一）用钓竿捉鱼。（二）喻用诱惑手段猎取财物。

【钓鱼线】tiæ˥˦ŋ̍˧˧siɪ˧˩ 系在钓竿上的渔线。

【钓鱼食】tiæ˥˦ŋ̍˧˧zəʔ˧ 鱼饵。

【钓鱼竿】tiæ˥˦ŋ̍˧˧kø˧˩ 钓竿。

【钓鱼钩子】tiæ˥˦ŋ̍˧˧kʏ˧˩tsɿ˧˩ 鱼钩。

调【diæ˨˩】另见 tiáo。

【调子】diæ˧˧tsɿ˧˩

【调门】diæ˧˧mən˨˩

【调令】diæ˧˧lin˨˩

【调头】（1）diæ˨˩dʏ˧ 转成相反方向。（2）diæ˧˧dʏ˨˩（一）调子。（二）语气。（三）论调。

【调包】diæ˧˧pæ˥ 暗中用假的换真的，或用坏的换好的。

【调任】diæ˨˩zən˨˩

【调动】diæ˧˧doŋ˨˩

【调向】diæ˨˩ɕiã˦˧ 改变方向。

【调转】diæ˧˧tsø˧˩

【调查】diæ˧˧zo˨˩

【调研】diæ˧˧ɲiɪ˥

【调档】diæ˧˧tã˥ （一）调包。（二）交换位置。

【调排】diæ˧˧bɑ˨˩ 安排。

【调演】diæ˧˧ɦiɪ˧˩

【调一头】diæ˨˩ɦiəʔ˥dʏ˨˩ 换一个方向或位置。

【调一调】diæ˨˩ɦiəʔ˥diæ˨˩ 对调；交换。

【调个头】diæ˨˩kəʔ˥dʏ˧ 换个方向或位置。

【调头勃头】diæ˧˧dʏ˨˩bəʔ˧dʏ˨˩ 喻腾挪安排。

【调来调去】diæ˧˧lE˧˧diæ˧˧tɕʰi˧˩ 换来换去。

【调虎离山】diæ˧˧həu˧˩li˧˧sE˥

掉【diæ˨˩】

【掉头】diæ˨˩dʏ˧

【掉换】diæ˨˩ɦuø˨˩

【掉脚】diæ˧˧tɕiɑʔ˥ 跺脚。

【掉弗落】diæ˧˧fəʔ˥lɔʔ˧ 放不下。

【掉龙灯】diæ˧˧loŋ˧˧tən˧˩ 舞

龙灯。喻胡乱指挥，使人手忙脚乱。

【掉枪花】diæ˦ʦʻiã˥ho˅

【掉狮子】diæ˦s˥˥ʦ˥˅ 舞狮。

【掉以轻心】diæ˩Øi˅ʨʻən˥sin˅

【掉脚踏地】diæ˦ʨiɑʔ˥daʔ˧di˩ 跺脚。

【掉三寸不烂之舌】diæ˩sE˥ʦʻən˦pəʔ˥E˩ʦɥ˅zəʔ˧ 形容能言善辩。

铫【tiæ˥】中州韵【tʻiæ˥】

【铫子】tiæ˥ʦ˥˅

diē

爹【tiɑ˥】文读【tiɪ˥】中州韵【ti˥】

【爹爹】tiɑ˥tiɑ˅ 父亲。

跌【tiəʔ˥】

【跌扑】tiəʔ˥pʻoʔ˥ 声调或行文有顿挫波折。

【跌伤】tiəʔ˥sã˥ 摔倒致伤。

【跌价】tiəʔ˥kɑ˦

【跌闷】tiəʔ˥mən˥ （一）因跌跤致使透不过气的感觉。（二）因跌跤而致昏迷。

【跌宕】tiəʔ˥dã˧

【跌肿】tiəʔ˥ʦoŋ˅ 中风。

【跌倒】tiəʔ˥tæ˅ 摔倒。

【跌脱】tiəʔ˥tʻəʔ˥ （一）跌掉。（二）喻地位、声誉下降。

【跌破】tiəʔ˥pʻu˦ （一）因跌而破损。（二）股票、价格等下降突破某一标准或纪录。

【跌跤】tiəʔ˥kæ˥

【跌碎】tiəʔ˥sE˦ 因跌落而破碎。

【跌豁】tiəʔ˥huaʔ˥ 因跌而破裂或缺损。

【跌翻】tiəʔ˥fE˥ （一）翻倒。（二）喻失败。

【跌一跤】tiəʔ˥Øiəʔ˥kæ˥ 摔倒了一跤。

【跌生意】tiəʔ˥sã˥Øi˅ 形容业务下降。

【跌价钿】tiəʔ˥kɑ˥di˩ （一）降价。（二）喻地位名誉等下降。

【跌进去】tiəʔ˥ʦin˥ʨʻi˦ 隐喻吃官司。

【跌身价】tiəʔ˥sən˥kɑ˥˩　喻地位、名誉等下降。

【跌煞快】tiəʔ˥saʔ˥k'uɑ˥˩　(一)形容跌的次数多或跌得厉害。(二)形容贬值贬得厉害。

【跌煞脱】tiəʔ˥saʔ˥t'əʔ˥　因跌致死。

【跌跟斗】tiəʔ˥kən˥təu˥˩　摔倒。

【跌失铺盖】tiəʔ˥səʔ˥p'u˥kɛ˥˩　形容人肥胖或衣服臃肿。

【跌来横去】tiəʔ˥lɛ˧ɦuã˨˧tɕ'i˥˩　(一)形容身体东倒西歪的样子。(二)形容无论何种客观情况。有(左右逢源的)好运意思。

【跌煞扳倒】tiəʔ˥saʔ˥pɛ˥˩tæ˥˩　形容走路跌跌冲冲、磕磕撞撞的样子。

【跌搭颠冲】tiəʔ˥taʔ˥tsɥ˥˩ts'oŋ˥˩　踉踉跄跄。

【跌脱一路】tiəʔ˥t'əʔ˥Øiəʔ˥ləu˨˧　喻地位、名誉等下降一截。也指与人相比差一截。

【跌倒握把泥】t'iəʔ˥tæ˥˩Øo˥po˥˩ȵi˧　喻处境窘迫，什么事都肯干。

【跌一跤，坐一坐】t'iəʔ˥Øiəʔ˥kæ˥，zəu˨˧Øiəʔ˥zəu˨˧　喻随遇而安。

【跌得快，爬得快】tiəʔ˥təʔ˥k'uɑ˥˩，bɛ˧təʔ˥kuɑ˥˩　跌倒马上爬起来。喻能及时改正错误，振作起来。

【跌跌长长，越跌越扎硬】t'iəʔ˥t'iəʔ˥tsã˥˩tsã˥˩，ɦyəʔ˧t'iəʔ˥ɦyəʔ˧tsaʔ˥ŋã˨˧　俗语。指小孩子学走路，摔摔跌跌是常事，并不是坏事。

【跌倒扶起，勿如自家爬起】t'iəʔ˥tæ˥˩vu˧tɕ'i˥˩，fəʔ˥zɥ˧zɿ˧ka˥bo˧tɕ'i˥˩　俗语。遇到挫折，依靠别人，不如依靠自身努力来渡过难关。

dié

迭【diəʔ˧】

【迭出】diəʔ˧ts'əʔ˥

【迭起】diəʔ˧tɕ'i˥˩

瓞【diəʔ˧】

谍【diəʔ˧】

【谍报】diəʔ˧pæ˨

堞【diəʔ˧】

耋【diəʔ˧】

喋【diəʔ˧】

【喋血】diəʔ˧ɕyəʔ˥

牒【diəʔ˧】

叠【dəʔ˧】文读【diəʔ˧】

【叠印】diəʔ˧ɵin˦

【叠罗汉】dəʔ˧ləu˩hø˨

【叠砣砣】dəʔ˧dəu˩dəu˩ 重叠在一起。

【叠叠铺】dəʔ˧dəʔ˧pʻu˦ 指有上下层的床。

碟【dəʔ˧】

【碟子】dəʔ˧tsɿ˨

【碟片】dəʔ˧pʻi˦ CD、VCD、DVD等类记录音像的圆片。

蝶【diəʔ˧】

【蝶泳】diəʔ˧ɵioŋ˨

【蝶变】diəʔ˧pi˦ 由低级向高级蜕变。

dīng

丁【tin˥】

【丁丁】tin˥tin˨ 象声词。形容金属、玉石撞击的声音。

【丁冬】tin˥toŋ˨

【丁当】tin˥tã˨或tin˥tɑ̃˨

【丁忧】tin˥ɵiY˥

【丁倒】tin˥tæ˨ （一）方向相反。（二）颠倒。（三）反而。

【丁字步】tin˥zɿ˩bu˩ 两脚掌站成一竖一横，成“丁”字形状。

【丁倒丁】tin˥tæ˨tin˨ 义同【丁倒】。

【丁零当啷】tin˥lin˩tã˥lɑ̃˩或tin˥lin˩tã˥lã˩

【丁丁冬冬】tin˥tin˥toŋ˨toŋ˨ 象声词。（一）形容玉石、金属等撞击的声音。(二)形容弹拨乐器的声音。(三)形容水滴下来或水流的声音。

【丁零冬隆】tin˥lin˩toŋ˥loŋ˩ 义同【丁丁冬冬】。

叮【tin˥】

【叮嘱】tin˥tsoʔ˥

【叮得响,磨得亮】tin˥təʔ˥ɕiã˧, mo˧təʔ˥liã˩ (一)形容磊落。(二)形容上乘的。

盯【tin˥】

【盯人】tin˥ȵən˧ 盯住别人。

【盯牢】tin˥læ˩ (一)盯住。(二)跟住。(三)密切关注。

【盯梢】tin˥sæ˧

【盯煞】tin˥saʔ˥ 死死盯住。

【盯出盯进】tin˥ts'əʔ˥tin˥tsin˧ 指进进出出盯住。

【盯牢交子】tin˥læ˩kæ˧tsɿ˧ 毫不放松地盯住。

【盯死盯活】tin˥si˧tin˥huəʔ˧ 死活不放地盯住。

【盯死冤家】tin˥si˧øiø˥kɑ˧ 死冤家。

【盯牢黄包车】tin˥læ˩huɑ̃˧pæ˥ts'o˧ 喻盯住,不放松。亦作【盯紧黄包车】tin˥tɕən˧huɑ̃˧pæ˥ts'o˧。

钉【tin˥】另见 dìng。

【钉口】tin˥k'ʏ˧ 旧时指公文袋用纸钉封口。

【钉头】tin˥dʏ˩ 钉子尖儿。

【钉肘】tin˥tsʏ˧ 指手臂弯曲时,形成角状的肘关节。

【钉耙】tin˥bo˩

【钉鞋】tin˥ɦɑ˩

【钉螺蛳】tin˥ləu˩sɿ˧ 钉螺。

【钉头碰铁头】tin˥dʏ˩bã˩ t'iəʔ˥dʏ˩ 喻两者互不相让。

【钉鞋踏烂泥】tin˥ɦɑ˩daʔ˧lᴇ˧ȵi˧ 指麻子。

疔【tin˥】

【疔疮】tin˥ts'ɑ̃˧ 疔。

dǐng

顶【tinV】

【顶大】tinꜜdəuɅ 最大。

【顶子】tinꜜtsɿV 清朝官吏装在帽顶正中的饰物。下有金属小座,座上面按一个核桃大小的圆珠。珠的质料和颜色表示一定的品级。

【顶马】tinVmoɅ 古代官员出行,走在仪仗最前面的马。

【顶风】tinꜜfoŋ˥ 冒着逆风。(一)比喻逆潮流。(二)比喻与雷厉风行的规定顶着干。

【顶尖】tinꜜtsiɪ˥

【顶多】tinꜜtəu˥ 最多,至多。

【顶坏】(1)tinVɦuɑɅ或tinVθuɑꜜ 最坏。(2)tinVθuɑV 被撞击受伤或受损。

【顶灵】tinVlinꜛ (一)最为灵验。(二)最好的。

【顶顶】tinꜜtinV 最最。

【顶缸】tinꜜkɑ̃˥ 顶替受过。

【顶费】(1)tinVfiV 出资买下租凭权或商品经营权。(2)tinVfiꜜ 耗费最大。

【顶怵】tinVtɕ'iY˥ 最坏;最不好的。

【顶真】tinꜜtsən˥ 认真,一丝不苟。

【顶峰】tinꜜfoŋ˥

【顶格】tinꜜkaʔ˥

【顶配】(1)tinꜜᴘᴇ˥ 充其量至多;准备。(2)tinVᴘᴇꜜ 最为相配。

【顶帽】tinVmæɅ 清朝的官帽,上有顶子。

【顶棚】tinVbɑ̃Ʌ或tinꜜbɑ̃ꜛ

【顶替】tinVt'iV

【顶楼】tinꜜlYꜛ

【顶罪】tinVzᴇɅ

【顶撞】tinVzɑ̃Ʌ

【顶嘴】tinVtsɥV

【顶戴】tinVtɑV 清代官员表示品级的帽饰。

【顶山头】tinꜜsᴇ˥dYɅ 喻顶撞(指弱小对强势)。

【顶头风】tinꜜdYꜛfoŋV 逆风。

【顶针箍】tinꜜtsən˥kəuV 顶针,缝纫用具。

【顶板货】tinꜜᴘᴇ˥həuV 质量靠得住的货物。

【顶房子】tin˥˧vɑ̃˧˦tsɿ˥˧ 买下房屋的租赁权。

【顶括括】tin˦˥kuaʔ˥kuaʔ˥ 形容极好、极优秀。

【顶头上司】tin˥dʏ˨˩zɑ̃˧˦sɿ˥˥ 直接上司。

【顶缸顶髲】tin˦˥kɑ̃˥tin˥˧bɑ̃˨˩ 头顶陶器的杂耍。泛指杂耍。

【顶盔贯甲】tin˥k'uᴇ˥kuø˥˧tɕiɑʔ˥ 古代军士的打扮。

【顶仔石臼做戏——吃力勿讨好】tin˥˧tsɿ˥˧zɑʔ˧dʑiʏ˨˩tsəu˦˥ɕi˦˥——tɕ'əʔ˥liəʔ˧fəʔ˥t'æ˥˧hæ˥˧ 歇后语。喻付出辛劳，却招人批评、怨恨。

鼎【tin˥˧】

【鼎力】tin˦˥liəʔ˧

【鼎沸】tin˥˧fi˥˧

【鼎盛】tin˥˧zən˨˩

【鼎鼎】tin˥tin˥˧

dìng

订【tin˦˥】

【订立】tin˦˥liəʔ˧

【订正】tin˦˥tsən˥

【订婚】tin˦˥huən˥

钉【tin˦˥】另见 dīng。

【钉板】tin˦˥pᴇ˥ 形容实打实的。

【钉钉】tin˦˥tin˥ 钉钉子。

【钉脱】tin˦˥t'əʔ˥ （一）用钉子钉死。（二）最好的；顶级的。

【钉纽头】tin˦˥ŋʏ˧˦dʏ˨˩ 钉纽扣。

【钉板货】tin˦˥pᴇ˥həu˥˧ 保证质量的货色。

【钉棺材】tin˦˥kuø˥zᴇ˨˩ （一）尸体入殓盖棺后，把棺材盖钉住。（二）喻烦人的敲击声。

定【din˨˩】

【定义】din˧˦ɦi˨˩

【定心】din˧˦sin˥ 心绪安定。

【定见】din˧˦tɕiɪ˥˧ 确定的见解或主意。

【定礼】din˧˦li˨˩

【定当】din˨˩tɑ̃˥

【定好】din˦hæ˥ 订定。
【定论】din˦lən˩
【定价】din˩kɑ˥˩
【定夺】din˩dəˀ˧
【定坚】din˦tɕiɪ˥ 副词。表示不论客观要求或客观情况如何,主观意志已定;一定。
【定位】din˩huɛ˩
【定局】din˦dʑoˀ˧
【定货】din˩həu˨
【定金】din˦tɕən˥
【定亲】din˦tsʻin˥ 确定婚姻关系。
【定居】din˦tɕy˥
【定规】din˦kuɛ˥ 义同【定坚】。
【定弦】din˩ɦiɪ˧ 调整乐器上弦的松紧以确定音调。
【定型】din˩ɦin˩
【定律】din˦liəˀ˧
【定音】din˦Øin˥ 确定音调。
【定洋】din˦ɦiã˩ 定金。
【定案】din˩Øø˨
【定做】din˦tsəu˥ (一)定制。(二)一定(专指主观意志)。
【定调】din˩diæ˩ 确定音高。喻确定行事方针。
【定铜】din˦diɪ˩ 定金。
【定着】din˩zɑˀ˧ 订到。
【定量】din˦liã˧
【定期】din˦dʑi˧
【定心丸】din˦sin˥ɦuø˩ 喻使人放心的承诺。
【定头货】din˦dʏ˧həu˥˩ 喻劲敌。
【定做货】din˦tsəu˥həu˥˩ 定制的东西。
【定洋洋】din˩ɦiã˩ɦiã˩ 指眼珠子发直、发呆的样子。
【定被头】din˩bi˧dʏ˧ 把被面、里子、棉胎缝成被子。
【定盘星】din˦bø˧sin˥
【定榫糕】din˦sən˥kæ˥˩ 两头大、中间细的一种甜糕,亦作“定胜糕”,用于喜庆。
【定定心心】din˦din˦sin˥sin˥˩ (一)放心。(二)心绪安定,不紧不慢的样子。

碇【tin˥˩】

【碇心】tin˨sin˥ 耿耿于怀。
【碇脚】tin˨tɕiɑˀ˥ 液体中的杂质沉降聚集在器皿的底部。

【碇清】tin˦ʦʻin˥　使液体中的杂质下沉，致液体澄清。

锭【din˩】

【锭子】din˦ʦɿ˥˩

diū

丢【tʏ˥】

【丢三落四】tʏ˥sɛ˥la˩sɿ˥˩　形容马虎或记忆力不好而忘事或丢失东西。

dōng

东【toŋ˥】

【东人】toŋ˥zən˩　旧指主人。

【东床】toŋ˥zɑ̃˩

【东君】toŋ˥tɕyən˥˩　（一）旧指主人。（二）司春之神。

【东洋】toŋ˥ɦiɑ̃˩

【东面】toŋ˥mi˩　东边。

【东宫】toŋ˥koŋ˥˩

【东家】toŋ˥kɑ˥˩

【东道】toŋ˥dæ˩

【东洋人】toŋ˥ɦiɑ̃˦ɳ.ən˩　旧指日本人。

【东洋车】toŋ˥liɑ̃˦ʦʻo˥˩　旧指人力车。

【东首里】toŋ˥sʏ˥li˩　东边。

【东道主】toŋ˥dæ˩ʦɥ˥˩

【东横头】toŋ˥huɑ̃˦dʏ˩　东边。

【东拉西扯】toŋ˥la˥si˥ʦʻɑ˥˩　形容说话没有中心。

【东张西望】toŋ˥ʦɑ̃˥si˥mɑ̃˩　形容到处张望或窥探的样子。

【东讲西讲】toŋ˥kɑ̃˥si˥kɑ̃˥˩　形容到处乱讲。

【东看西看】toŋ˥kʻø˥si˥kʻø˥˩　义同【东张西望】。

【东北风，雨太公】toŋ˥poʔ˥foŋ˥，ɦy˦tʻɑ˥koŋ˥˩　谚语。秋冬季节如吹东北风，将下大雨。

【东惹惹，西惹惹】toŋ˥zɑ˩zɑ˩，si˥zɑ˩zɑ˩　形容到处挑衅的样子。

【东摸摸，西摸摸】toŋ˥moʔ˧moʔ˧，si˥moʔ˧moʔ˧　这边做些琐事，那边做些琐事。

【东嗾嗾，西嗾嗾】toŋ˥ʦʻoʔ˥ʦʻoʔ˥，si˥ʦʻoʔ˥ʦʻoʔ˥　形容

到处挑拨是非的样子。

【东虹日头西虹雨】toŋ˥ɦoŋ˩ ȵəʔ˧dɣ˩si˥ɦoŋ˩ɦɣ˩ 谚语。天空中东边有虹，预示天晴；西边有虹，预示有雨。

【东说洋河西说海】toŋ˥səʔ˥ hiã˦ɦəu˩si˥səʔ˥hE˩ 没有主题的闲聊。

【东南转北，吹翻草屋】toŋ˥ nø˩tsø˩poʔ˥，tsʻɥ˥fE˥tsʻæ˩θoʔ˥ 如果东南风转北风，风力会很大。

【东搭萝卜西搭菜】toŋ˥taʔ˥ læ˦boʔ˧si˥taʔ˥tsʻE˩ 指到处搭讪。

【东头走到西头，一石剩七斗】doŋ˥dɣ˩tsɣ˩tæ˩si˥dɣ˩，θiəʔ˥zɑʔ˧zã˩tsʻiəʔ˥tɣ˩ 形容物价飞涨。

【东门失落扁担，西门倒喊造反】toŋ˥mən˩səʔ˥loʔ˧pii˩ tE˩，si˥mən˩tæ˥hE˩zæ˦ fE˩ 指传闻失实，越传越离谱。

【东山老虎吃人，西山老虎亦吃人】toŋ˥sE˥læ˦həu˩ tɕʻəʔ˥ȵən˦，si˥sE˥læ˦həu˩ ɦaʔ˧tɕʻəʔ˥ȵən˦ 喻到处坏人都一样要欺侮人。

冬【toŋ˥】

【冬至】toŋ˥tsɥ˩

【冬里】toŋ˥li˩ 冬季。

【冬笋】toŋ˥sən˩

【冬菇】toŋ˥kəu˩

【冬眠】toŋ˥mi˩

【冬至夜】toŋ˥tsɥ˥θiɑ˨ 冬至前一天晚上。

【冬至朝】toŋ˥tsɥ˥tsæ˥ 冬至当天早上。

【冬青树】toŋ˥tsʻin˥zɥ˩ 女贞树。简称“冬青”。

【冬档里】toŋ˥tã˥li˩ 冬天。

【冬酿酒】toŋ˥ȵiã˥tsɣ˩ 糯米酿制的一种甜酒。冬至夜传统用酒。

【冬至夜饭】toŋ˥tsɥ˩θiɑ˥ vE˩ 冬至夜的晚饭。苏州人很重视，家家办家宴。

【冬虫夏草】toŋ˥zoŋ˦ho˦ tsʻæ˩

【冬暖夏凉】toŋ˥nø˩ɦo˦liã˩ 冬季暖和，夏季凉爽。

【冬至大如年】toŋ˥tsɥ˩dɑ˩ zɥ˩ȵi˦ 俗语。极言吴地过冬至节的隆重程度，不亚于过大年。

【冬长根，春长身】toŋ˥tsã˥˩kən˥，ts'ən˥tsã˥˩sən˥ 谚语。指麦子的生长。

【冬瓜缠到茄门里】toŋ˥ko˥zø˩tæ˥˩ɡɑ˧mən˧li˩ 喻把毫无关系的两者拉扯在一起。

【冬牛勿瘦，春耕勿愁】toŋ˥ȵiʏ˩fəʔ˥sʏ˧，tsən˥kən˥fəʔ˥zʏ˧ 谚语。指冬季养护好耕牛的重要性。

咚【toŋ˥】

【咚咚】toŋ˥toŋ˥ 象声词。形容敲门或敲鼓的声音。

dǒng

董【toŋ˥˩】

【董事】toŋ˧zɿ˩ 企业、团体等设立的执行机关人员。

懂【toŋ˥˩】

【懂事体】toŋ˥˩zɿ˧t'i˥˩ 懂事。

【懂清头】toŋ˧ts'in˥dʏ˩ 懂事。

dòng

动【doŋ˩】

【动人】doŋ˩ȵən˧

【动土】doŋ˩təu˥˩ （一）土建开工。（二）侵犯（多与"太岁头上"连用）。

【动心】doŋ˧sin˥

【动手】doŋ˧sʏ˥或doŋ˩sʏ˥˩

【动气】doŋ˩ɕi˧

【动头】doŋ˩dʏ˧ 开始。

【动过】doŋ˩kəu˥˩ （一）碰过。（二）指食品被吃过。

【动听】doŋ˧t'in˥

【动乱】doŋ˩lø˩

【动身】doŋ˧sən˥

【动作】doŋ˧tsoʔ˥

【动态】doŋ˩t'E˥˩

【动物】doŋ˧vəʔ˧

【动荡】doŋ˩dã˩

【动脉】doŋ˧mɑʔ˧

【动容】doŋ˩ɦioŋ˩

【动笔】doŋ˧piəʔ˥ 开始书写。

【动粗】doŋ˧˩ʦʻəu˥ 动武。

【动脚】doŋ˧ʨiɑʔ˥ 动身。

【动摇】doŋ˧ɦiæ˧˩

【动静】doŋ˧zin˧˩

【动动】doŋ˧doŋ˧˩ 动一下。

【动嘴】doŋ˧˩ʦɥ˥˩ （一）吃东西。（二）只是口头指挥。

【动勿动】（1）doŋ˧fəʔ˥doŋ˧˩ （一）无法动摇、移动。（二）指身体衰弱，无法劳作。（2）doŋ˧˩fəʔ˥doŋ˧˩ 前缀词。表示很容易产生某种行动。

【动动嘴】doŋ˧˩doŋ˧˩ʦɥ˥˩ 动一下口。指只需口头指挥。

【动天君】doŋ˧˩tʻiɪ˥ʨən˥˩ 动脑筋。

【动肝火】doŋ˧˩kø˥həu˥˩

【动脑子】doŋ˧˩næ˧ʦɿ˥˩ 思考。

【动脑筋】doŋ˧˩næ˧ʨən˥或doŋ˧næ˧ʨən˥˩

【动洋心】doŋ˧ɦiã˧sin˥˩ 苏州评弹行话。引动非内行听众的不满情绪。

【动得动】doŋ˧˩təʔ˥doŋ˧˩ （一）能移动。（二）指还能劳作。

【动手动脚】doŋ˧sʏ˥doŋ˧ʨiɑʔ˥ （一）侵犯异性。（二）动武。

【动嘴勿得】doŋ˧ʦɥ˥fəʔ˥təʔ˥ 不能贸然吃东西，怕引起在场人食欲而被分肥。

【动一发而牵全身】doŋ˧˩Øiəʔ˥faʔ˥ɦəl˧˩ʨʻiɪ˥ziɪ˧sən˥ 喻惊动局部，往往牵动全局。

冻【toŋ˦˩˨】

【冻水】toŋ˥sɥ˥˩ 凝结了的汤汁。

【冻石】toŋ˦˩˨zɑʔ˧ 一种刻印章的石材，形态如凝结了的汤汁。

【冻牢】toŋ˦˩˨læ˧˩ 冻住。

【冻结】toŋ˦˩˨ʨəʔ˥

【冻疮】toŋ˥ʦʻã˥˩

【冻脱】toŋ˦˩˨tʻəʔ˥ 冻住。

【冻煞】toŋ˦˩˨saʔ˥ （一）冻死。（二）受冻程度很深。

【冻瘃】toŋ˥ʦoʔ˥ 冻疮。又叫【紫血】ʦɿ˥˦˩˨ɕyəʔ˥。

【冻僵】toŋ˥ʨiã˥˩ 因寒冷而致手足或身体僵硬。

D

【冻煞鬼】toŋ˦sa?˥tɕy˨˧　形容特别怕冷的人。

【冻瘃疤】toŋ˥tso?˥po?˨˧　冻疮的疮口长好后留下的疤痕。

【冻疮疤】toŋ˥ts'ã˥po?˨˧　义同【冻瘃疤】。

栋【toŋ˨˧】

【栋梁】toŋ˨˧liã˦

洞【doŋ˨˩】

【洞天】doŋ˦t'ii˥

【洞房】doŋ˦vã˨˩

【洞洞】doŋ˦doŋ˨˩　洞。

【洞眼】doŋ˦ŋɛ˦或doŋ˦ŋɛ˨˩　较小的洞。

【洞洞眼】doŋ˦doŋ˨˩ŋɛ˨˩　较小的洞。

【洞天福地】doŋ˦t'ii˥fo?˥di˨˧

【洞咙洞咙】doŋ˨˩loŋ˨˩doŋ˨˩loŋ˨˩　象声词。(一)较小的水柱冲下的声音。(二)形容行走。

胴【doŋ˨˩】

dōu

都【təu˥】另见 dū。

哣【to˥】

兜【tʏ˥】

【兜风】tʏ˥foŋ˥

【兜头】tʏ˥dʏ˨˩　(一)逛圈儿的兴趣。(二)正对着头部。(三)用织品把头兜起来。

【兜里】tʏ˥li˨˩　口袋里。

【兜没】tʏ˥mə?˦　遮盖住。

【兜底】tʏ˥ti˨˧　从底部。

【兜搭】tʏ˥ta?˥　(一)在外面胡乱结识(朋友)。(二)揽(事)(贬义)。

【兜胸】tʏ˥ɕioŋ˨˧　正对着胸口。

【兜兜】tʏ˥tʏ˨˧　逛逛。

【兜个火】tʏ˦kə˥həu˨˧　(一)向别人借火。(二)形容逗留的时间短。

【兜过来】tʏ˥kəu˥lɛ˨˩　绕着弯道过来。

【兜过去】tʏ˥kəu˥tɕ'i˨˧　绕着弯道过去。

【兜出去】tY˥ts'ə˥tɕ'i˥˩ 绕着弯道出去。

【兜出来】tY˥ts'ə˥lE˩ 绕着弯道出来。

【兜远路】tY˥ɦiø˧lu˩ 绕远道走。

【兜圈子】tY˥tɕ'ø˥ts˥˩ (一)绕圈子。(二)散步。

【兜进去】tY˥tsin˥tɕ'i˥˩ 绕着弯道进去。

【兜进来】tY˥tsin˥lE˩ 绕着弯道进来。

【兜得转】tY˥tə˥tsø˥˩ 道路相通。喻人际关系好,门路多,办事成功率高。

【兜底翻】tY˥ti˥fE˥˩ (一)把底细全部揭露出来(多指隐讳的事)。(二)从底部检查起。

dǒu

斗【tY˥˩】另见 dòu。

【斗斗】tY˧tY˥ 核对。

【斗方】tY˧fã˥

【斗室】tY˧sə˥

【斗胆】tY˥˩tE˥˩

【斗笔】tY˧piə˥

【斗糕】tY˧kæ˥ 一种有馅的斗形甜糕,松软可口。

【斗篷】tY˧boŋ˩ 氅。

【斗大馒头——呒处下口】tY˥˩ da˩mø˧dY˩——m̩˧ts'ɥ˥˩ɦo˩k'Y˩ 歇后语。指不知从何入手。

【斗斗龙门】tY˧tY˥loŋ˧mən˩ 核对情况。

【斗米养仇人,升米养恩人】tY˧mi˥˩ɦiã˩zY˧ɳ.ən˩,sən˥mi˥˩ɦiã˩θən˥ɳ.ən˩ 俗语。喻恩怨不分。

抖【tY˧】、【t'Y˧】

【抖鬼】tY˧tɕy˥˩ (一)吝啬鬼。(二)胆小鬼。

【抖擞】tY˥˩sY˥˩

【抖勒抖】tY˥˩lə˧tY˥˩ (一)抖动。(二)形容吝啬。

【抖抖擞擞】tY˧tY˥sY˥˩sY˥˩ 抖动;颤抖。

陡【tY˥˩】

【陡立】tY˥˩liə˧

【陡峭】tY˥˩ts'iæ˥˩

蚪【tʏ˥˧】

dòu

斗【tʏ˦˧】另见 dǒu。

【斗斗】tʏ˦˧tʏ˥ （一）核对。（二）凑钱。（三）指斗鸡、蟋蟀等撕打。

【斗气】tʏ˥tɕʻi˥˧ 赌气。

【斗争】tʏ˦˧tsən˥

【斗账】tʏ˦˧tsã˦˧ 对账。

【斗志】tʏ˦˧tsʮ˥

【斗败】tʏ˥bɑ˨˩ 打败。

【斗智】tʏ˦˧tsʮ˥

【斗牌】tʏ˦˧bɑ˧ 打麻将牌术语。把牌打出去。

【斗鸡】tʏ˦˧tɕi˥ （一）用鸡相斗博彩的活动。（二）用于斗鸡活动的鸡种。（三）一条腿站立，另一条腿弯曲并用双手捧住，冲撞对方的体育游戏。

【斗鸡眼】tʏ˥tɕi˥ŋE˨˩ 两颗眼珠子都靠中间的眼睛。

【斗瑞唧】tʏ˥zE˧tsiəʔ˥ 斗蟋蟀。

【斗斗龙门】tʏ˦˧tʏ˥loŋ˧mən˨˩ 聚在一起说说各自了解的情况。

豆【dʏ˨˩】

【豆沙】dʏ˧so˥

【豆油】dʏ˧hʏ˨˩

【豆苗】dʏ˧miæ˧ 豌豆的嫩枝叶。

【豆壳】dʏ˧kʻoʔ˥ 空豆荚或豆的外皮。

【豆饼】dʏ˧pin˥˧

【豆渣】dʏ˧tso˥

【豆瓣】dʏ˧pE˥˧ 干蚕豆的肉。

【豆沙色】dʏ˧so˥səʔ˥ 类似豆沙的棕色。

【豆沙酿】dʏ˧so˥ȵiã˨˩ 食品。豆沙、糖制成的馅。

【豆芽菜】dʏ˧ŋɑ˧tsʻE˦˧ 人工发芽的黄豆、绿豆，又名黄豆芽、绿豆芽。

【豆腐干】dʏ˧vu˧kø˥˧

【豆腐衣】dʏ˧vu˧0i˥˧ 煮熟的豆浆表面上结的皮揭下晾干而成的半透明的食材。

【豆腐皮】dʏ˧vu˧bi˨˩ 黄豆制品。类似豆腐衣但较豆腐衣厚,不透明。

【豆腐花】dʏ˦vu˦ho˥˩ 煮熟的嫩豆腐,加上酱油、味精、榨菜末、虾皮等作料做成的小吃。

【豆腐饭】dʏ˦vu˦vᴇ˨˧

【豆腐店】dʏ˦vu˦tiɪ˥˩ 制作和销售豆制品的商店。

【豆腐浆】dʏ˦vu˦tsiã˥˩ 食品。浸泡的黄豆磨成的浆。

【豆瓣汤】dʏ˦bᴇ˥tʻã˥˩ 食品。(一)主料为豆瓣烧煮的汤。(二)以塘鳢鱼面颊上的肉为主料烧煮的汤。苏州名菜之一。

【豆腐里吃出骨头来】dʏ˦vu˨˧li˨˧tɕʻəʔ˥tsʻəʔ˥kuəʔ˥dʏ˦lᴇ˨˧ 指无中生有,找岔子。

【豆腐水做,阎王鬼做】dʏ˦vu˨˧sɥ˥˩tsəu˥˩,ɲiɪ˦ɦuã˦tɕy˥˩tsəu˥˩ 指原本出身也很平凡。

【豆芽菜爬藤——握拉勿出】dʏ˦ŋa˦tsʻᴇ˥˩bᴇ˦dən˦——Øo˥la˥fəʔ˥tsʻəʔ˥ 歇后语。指哭笑不得;郁闷。

逗【dʏ˨˧】

【逗】dʏ˨˧ (一)挣扎。(二)乱了套的忙碌。(三)神气活现。(四)求援。

【逗兄】dʏ˦ɕioŋ˥ (一)常常忙得乱套的人。(二)爱炫耀的人。

【逗一逗】dʏ˨˧Øiəʔ˥dʏ˨˧ (一)挣扎一下。(二)努力一把。(三)神气一下。

【逗五逗六】dʏ˦ŋ̍˦dʏ˨˧loʔ˧ (一)形容忙得不可开交。(二)喜欢自我夸耀;神气活现。

【逗七逗八】dʏ˦tsʻiəʔ˥dʏ˨˧poʔ˥ (一)到处求援。(二)形容忙得不可开交。

【逗勿转南天门】dʏ˦fəʔ˥tsø˥˩nø˦tʻiɪ˥mən˨˧ 再努力,也越不出这范围。

痘【dʏ˨˧】

窦【dʏ˨˧】

D

dū

厾【toʔ˥】(砮)

【厾人】toʔ˥ȵən˦ 用物向人投掷。

【厾开】toʔ˥k'ɛ˥ (一)指(把事情)放在一边。(二)被投掷的东西砸破。

【厾伤】toʔ˥sã˥ 砸伤。

【厾没】toʔ˥məʔ˥ 用物封住。

【厾坏】toʔ˥ɦuɑ˦ (一)(东西)摔坏。(二)砸坏。

【厾脱】toʔ˥təʔ˥ 丢掉。

【厾巧】toʔ˥tɕiæ˦ 旧时风俗。在农历七月初七,备一碗阴阳水(半碗河水半碗井水),轻放绣花针,使浮在水面上,观察阳光照射针的影子形状,以祈求福祉,又名乞巧。也写成"砮巧"。

【厾底】toʔ˥ti˧ 到底;底部。

【厾球】toʔ˥dʑiʏ˦ 打球。

【厾珓】toʔ˥tsæ˦ 迷信占卜,用竹或木削成蚌壳形状,根据抛掷落地形状来判断祸福。也写成"厾卧"。

【厾落】toʔ˥loʔ˦ 丢弃。

【厾煞】toʔ˥saʔ˥ 用厉害的言词,死死堵住别人的口。

【厾一厾】toʔ˥ɦiəʔ˥toʔ˥ (一)暂且放一放。(二)掷一下。

【厾一笔】toʔ˥ɦiəʔ˥piəʔ˥ 顺便写上一笔。

【厾个珓】toʔ˥kəʔ˥tsæ˦ 郑重其事地警告一下。

【厾上去】toʔ˥zã˦tɕ'i˧ 向前或向上投掷。

【厾下来】toʔ˥ho˧lɛ˨ (一)向下投掷。(二)(上司公文)传递下来。

【厾上来】toʔ˥zã˧lɛ˨ 投掷上来。

【厾下去】toʔ˥ho˧tɕ'i˧ (一)投掷下去。(二)(上司)向下传递公文。

【厾定洋】toʔ˥din˦ɦiã˦ 预付定金。

【厾标抢】toʔ˥piæ˥ts'iã˧ 体育项目。掷标枪。

【厾铅球】toʔ˥k'ɛ˥dʑiʏ˨ 体育项目。铅球掷远。

【厾脱货】toʔ˥t'əʔ˥həu˧ 废弃物品。喻令人失望的人,或道德低下、被看不起的人。

【厾铜钿】to?˥doŋ˧diɪ˩ 投资;投入钱财。

【厾瘪脱】to?˥pʲiə?˥t'ə?˥ (一)被撞凹陷。(二)抢白得人无话可说。

【厾算盘】to?˥sø˥bø˩ 打算盘。

【厾篮球】to?˥lɛ˧ʥY˩ 打篮球。

【厾藤圈】to?˥dən˧tɕ'ø˥ 游戏,以藤圈子套物。

【厾毛栗子】to?˥mæ˦liə?˧tsɿ˥˩ 手指弯曲形成角状,点击脑袋。

【厾开算账】to?˥k'ɛ˥sø˦tsã˥ 放在一边,不去计较。亦作【厾开账】to?˥k'ɛ˥tsã˥。

【厾来厾去】to?˥lɛ˧to?˥tɕ'i˥ 形容东西任意丢放,不当一回事。

【厾厾木鱼】to?˥to?˥mo?˧ɦY˩ 喻经常提醒。亦作【厾木鱼】to?˥mo?˧ɦY˩。

【厾点灵性勒晦】to?˥tiɪ˥lin˧siŋ˥lə?˧hɛ˥ 用上些心思,提高些注意力。

【厾勒肚肠角落里】to?˥lə?˧dəu˧zã˩ko?˥lo?˧li˩ (一)指食量大或饥饿时,而吃到的东西实在太少。(二)指遗忘得干干净净。

都【təu˥】另见 dōu

【都市】təu˥zɿ˩

【都城】təu˥zən˩

【都督】təu˥to?˥

【都御史】təu˥ɦY˧sɿ˥˩ 旧时官名,都察院的最高长官。

【都察院】təu˥ts'a?˥ɦiø˩ 旧时中央的最高检察衙门。

督【to?˥】

【督工】to?˥koŋ˥ 监督别人工作。

【督学】to?˥ɦYo?˧

【督战】to?˥tsø˥

【督促】to?˥ts'o?˥

【督督】to?˥to?˥ 监督。

【督功课】to?˥koŋ˥k'əu˥˩ 监督指导别人做作业。

嘟【təu˥】

【嘟噜子】təu˥ləu˥tsɿ˥˩ 连

续颤动舌或小舌发音。

dú

毒【doʔ˧】

【毒】doʔ˧　吴语。含恨极的意思。

【毒计】doʔ˧tɕi˧˦

【毒气】doʔ˧tɕʻi˧˦

【毒手】doʔ˧sʏ˥˩　喻置人于死地的手段。

【毒化】doʔ˧ho˥˩

【毒发】doʔ˧faʔ˥　毒素在体内发作。

【毒打】doʔ˧tã˥˩

【毒刑】doʔ˧ɦin˩

【毒品】doʔ˧pʻin˥˩

【毒药】doʔ˧ɦiɑʔ˧　有毒的药品。

【毒害】doʔ˧ɦE˩

【毒素】doʔ˧səu˥˩

【毒透】doʔ˧tʻʏ˧˦　恨极。

【毒辣】doʔ˧lãʔ˧

【毒箭】doʔ˧tsiɪ˧˦　涂有毒药的箭。

【毒赖】doʔ˧lɑ˩　隐语。大的意思。“毒赖”两字反切，即为“大”的发音。

【毒里赖】doʔ˧li˩lɑ˩　含毒的。

【毒赖布】doʔ˧lɑ˩pu˥˩　抵赖。

【毒赖赖】doʔ˧lɑ˩lɑ˩　含毒的。

【毒天毒地】doʔ˧tʻiɪ˥doʔ˧di˩　恨天恨地。

【毒尽毒绝】doʔ˧zin˩doʔ˧ziəʔ˧　极恨。

【毒沉毒赖】doʔ˧zən˩doʔ˧lɑ˩　有毒的或恶毒的。

【毒里毒赖】doʔ˧li˩doʔ˧lɑ˩　有毒的。

独【doʔ˧】

【独子】doʔ˧tsɿ˥˩

【独大】doʔ˧dəu˩　（一）最大。（二）喻最优秀，最权威。

【独头】doʔ˧dʏ˩　不懂世故、脾气固执、不近人情的人。原写作“喥头”。

【独多】doʔ˧təu˥　特别多。

【独吃】doʔ˧tɕʻəʔ˥　一个人吃。（一）比喻指独家经营。（二）比喻赢家只一人。

【独步】doʔ˧bu˩˧

【独吞】doʔ˧t‘ən˥

【独劲】doʔ˧tɕən˧˦　固执己见的脾气。原作“嘐劲”。

【独苗】doʔ˧miæ˩˧　独生子。

【独怕】doʔ˧p‘o˦　只怕。

【独独】doʔ˧doʔ˧　唯独。

【独食】doʔ˧zəʔ˧　瞒过别人一人私吃的食品。

【独溜】doʔ˧lɤ˥　一个人外出游玩。

【独做】doʔ˧tsəu˦　评弹行话。每场只有一档演员演出。

【独得】doʔ˧təʔ˥　只一人获得。

【独剩】doʔ˧zã˩˧　专一；只剩；只是。

【独幅】doʔ˧foʔ˥　（一）自私。（二）性格孤僻，不合群。（三）整幅，没有拼凑的。

【独跳】doʔ˧t‘iæ˦　（一）一人单干，别无帮手。（二）评弹行话。义同【独做】。

【独霸】doʔ˧po˦

【独一乐】doʔ˧Øiəʔ˥loʔ˧　一人娱乐或享受。

【独门枪】doʔ˧mən˩˧ts‘iã˧˦　只有一人或一家会的某种技能或诀窍。

【独木桥】doʔ˧moʔ˧dʑiæ˧

【独轮车】doʔ˧lən˩˧ts‘oʔ˧˦　只有一个轮子的车子。

【独独煎】doʔ˧doʔ˧tsiɪ˧˦　形容水沸腾。

【独角戏】doʔ˧tɕiɑʔ˥ɕi˧˦　（一）滑稽戏的一种曲艺表演形式。类似相声，又名南方相声。（二）喻一人单干，别无帮手。

【独脚虎】doʔ˧tɕiɑʔ˥həu˧˦　喻虽有本事，但无帮手的人。

【独眼龙】doʔ˧ŋᴇ˩˧loŋ˩˧　亦作【独龙眼】doʔ˧loŋ˧˦ŋᴇ˩˧。

【独脚蟹】doʔ˧tɕiɑʔ˥hɑ˧˦　（一）只有单独一人，别无帮手。（二）一种菜肴，即发芽豆。人工发芽的蚕豆。

【独门独户】doʔ˧mən˩˧doʔ˧ɦəu˩˧　一幢房子仅住一户人家。

【独当一面】doʔ˧tã˥Øiəʔ˥miɪ˧　单独应付。

【独头独脑】doʔ˧dɤ˩˧doʔ˧næ˩˧　义同【独头】。原作“嘐头嘐脑”。

【独吃独做】doʔ˧tɕʰəʔ˥doʔ˧tsəu˦ 义同【独做】。

【独养倪子】doʔ˧ɦiã˩ŋ̍˩tsɿ˥˩ 简称【独子】doʔ˧tsɿ˥˩。

【独养囡唔】doʔ˧ɦiã˩nø˦ŋ̍˩ 简称【独女】doʔ˦ŋ̍y˩。

【独脚强盗】doʔ˧tɕiaʔ˥dʑiã˦dæ˩ 单独一人行劫的强盗。

【独幅心思】doʔ˧foʔ˥sin˥sɿ˥˩ 喻固执、刚愎自用的思维。

【独木不成林】doʔ˧moʔ˧pəʔ˥zən˩lin˦ 喻个人力量有限。

读【doʔ˧】

【读书人】doʔ˧sʮ˥ŋ̍ən˩

【读破句】doʔ˧pʰu˥tɕy˥˩

【读书相公】doʔ˧sʮ˥siã˥koŋ˥˩ 指读书人。

渎【doʔ˧】

【渎职】doʔ˧tsəʔ˥

椟【doʔ˧】

犊【doʔ˧】

牍【doʔ˧】

黩【doʔ˧】

髑【doʔ˧】

dǔ

肚【təu˥˩】另见 dù。

【肚子】təu˦tsɿ˥ 动物的胃。

【肚片】təu˥˩pʰiɪ˥˩ 供人食用的猪的胃切成的片。

【肚丝】təu˦sɿ˥ 供人食用的猪的胃切成的丝。

【肚肺】təu˥˩fi˥˩ 作为食品的猪的胃和肺。

【肚肺汤】təu˦fi˥tʰã˥˩ 以猪的肺和胃为主料烹制的汤。

【肚子翻身】təu˦tsɿ˥fɛ˥sən˥ 指受外力撞击，致使胃及胃周围的器官严重损伤。

【肚子面孔】təu˦tsɿ˥miɪ˦kʰoŋ˥˩ 面颊下部过于肥大的脸型。

笃【toʔ˥】

【笃干】toʔ˥kø˥ 用火煮食物,水分煮干。

【笃化】toʔ˥ho˦ 用于名词后缀,表示“等等”。用于“有”字后面,表示“这种”、“那种”。

【笃定】toʔ˥din˩

【笃坦】toʔ˥t‘ᴇ˥ 义同【笃定】。

【笃泰】toʔ˥t‘ᴇ˥亦读作 toʔ˥t‘ɑ˥ “笃定泰山”的简称。

【笃笃】toʔ˥toʔ˥ (一)象声词。敲击声。(二)食品用文火煮。

【笃直】toʔ˥zəʔ˧ 竖直。

【笃起】toʔ˥tɕ‘i˥ (一)指(脸)板起,或(嘴)撅起。(二)指东西直放。

【笃盅】toʔ˥tsoŋ˥ 喝慢酒。

【笃脸】toʔ˥li˥ 脸(贬义)。

【笃裆】toʔ˥tã˥ 缝裤子时,在裆的部位拼上一块。

【笃落】toʔ˥loʔ˧ (一)象声词。小而硬的东西的落地声。(二)形容转折动作敏捷。

【笃粥】toʔ˥tsoʔ˥ (一)熬粥。(二)喻说话絮絮叨叨。

【笃舌头】toʔ˥zəʔ˧dY˩ 舌尖音不清。

【笃悠悠】toʔ˥θiY˥θiY˥ 慢吞吞。

【笃笃粥】toʔ˥toʔ˥tsoʔ˥ (一)熬点粥。(二)提醒提醒。

【笃落落】toʔ˥loʔ˧loʔ˧ 象声词。小东西滚动的声音。

【笃勒浪】toʔ˥ləʔ˧lã˩ (一)放在那里。(二)(脸)板起来或(嘴)撅起来。

【笃定泰山】toʔ˥din˩tɑ˥sᴇ˥ 义同【笃定】。

【笃点灵性】toʔ˥ti˥lin˧sin˥ 用些心思;认真些。

【笃笃定定】toʔ˥toʔ˥din˩din˩ 义同【笃定】。

【笃点魂灵性】toʔ˥ti˥ɦuən˧lin˧sin˥ 义同【笃点灵性】。

【笃笃转,齐齐转】toʔ˥toʔ˥tsø˥,zi˧zi˧tsø˥ 徘徊不离开。

堵【dəu˩】文读【təu˥】

D

赌【təu˥˧】

【赌风】təu˦fon˥ （一）赌博的风气。（二）赌博时的举止行为。

【赌台】təu˦dᴇ˦ 赌博的桌子。泛指赌博的地方。

【赌本】təu˦pən˥

【赌场】təu˦zã˦

【赌光】təu˦kuã˥ 输光。

【赌注】təu˦tsʮ˥

【赌品】təu˥˧pin˥˧ 赌博时的举止行为。

【赌鬼】təu˦tɕy˥ 嗜赌者。

【赌博】təu˦poʔ˥

【赌棍】təu˦kuən˥ 靠赌博谋生的人。

【赌铜钿】təu˦doŋ˦di˨˩ 赌钱。

【赌神罚咒】təu˦zən˦vaʔ˧tsʏ˦ 发誓。

【赌钱叮铜起，做贼偷葱起】təu˦zi˦tin˥doŋ˩tɕʻi˥˧，tsəu˦zəʔ˧tʻʏ˥tsʻoŋ˥tɕʻi˥˧ 俗语。喻做坏事都是从小的过失开始，劝人应防微杜渐。

睹【təu˥˧】

【睹子】təu˦tsɿ˥ 评弹行话。海报。

dù

杜【dəu˨˩】

【杜布】dəu˦pu˥˧ 家庭手工纺织的布。

【杜造】dəu˦zæ˥˧ 没有根据的编造。

【杜绝】dəu˦ziəʔ˧

【杜鹃】dəu˦tɕø˥

【杜撰】dəu˦zø˨˩

【杜做】dəu˦tsəu˥˧ 家庭手工制作的。

【杜办菜】dəu˦bᴇ˨˩tsʻᴇ˦ 家庭中自己办酒筵。

【杜做货】dəu˦tsəu˥həu˥˧ 家庭手工制作的东西。

【杜孵鸡】dəu˦bu˦tɕi˥˧ 母鸡孵化出来的小鸡。

【杜翻格棉袜——厚得啦】dəu˦fᴇ˥kəʔ˥mi˦maʔ˧——ɦʏ˨˩təʔ˥la˨˩ 歇后语。喻过于烦琐。

肚【dəu˩】另见 dǔ。

【肚才】dəu˧zɛ˩ 才智。
【肚皮】dəu˧bi˧
【肚肠】dəu˧zã˧ 肠子。
【肚杂】dəu˧zəʔ˧ 食用的禽、鱼等的内脏。
【肚档】dəu˧tã˥ 用作食品的鱼的腹部。
【肚兜】dəu˧tɤ˥ 贴身护在胸部和腹部的菱形的布，用带子套在脖子上，左右两角缝带子束在背后（小孩多用）。
【肚量】dəu˧liã˩
【肚皮大】dəu˧bi˧dəu˩ （一）腹部肥大。（二）形容食量大。（三）怀孕。（四）度量大。
【肚皮肉】dəu˧bi˧ȵoʔ˧ 腹部的肌肉。
【肚皮拆】dəu˧bi˧tsʻɑʔ˥ 腹泻。
【肚皮饿】dəu˧bi˧ŋəu˩ 饿。
【肚皮眼】dəu˧bi˧ŋɛ˩ 肚脐。
【肚皮惹】dəu˧bi˧zɑ˩ 腹泻。
【肚皮痛】dəu˧bi˧tʻoŋ˥˩ （一）腹痛。（二）分娩前的腹部阵痛。
【肚皮膨】dəu˧bi˩bã˧ 腹胀。
【肚肠根】dəu˧zã˧kən˥˩ 肠的底里，喻内心世界。
【肚脐眼】dəu˧zi˧ŋɛ˩ 肚脐。
【肚皮通海】dəu˧bi˧tʻoŋ˥ hɛ˥˩ 形容食量大。
【肚皮晒大】dəu˧bi˧kʻuən˥ dəu˩ 苟合怀孕。
【肚里劳杂】dəu˧li˩læ˩zæ˩ 泛指动物体腔内各器官。
【肚肠根痒】dəu˧zã˩kən˥ ɦiã˩ 喻心急难耐。
【肚膨气胀】dəu˧bã˩tɕʻi˥˩tsã˥˩ 生气而不舒服。
【肚皮生生青】dəu˧bi˩sã˥sã˥tsʻin˥ 讥讽人没记性。
【肚肠角落里】dəu˧zã˩koʔ˥oʔ˧li˩ （一）饥肠深处。形容食品远不能满足充饥。（二）喻记忆不及的地方。
【肚皮里格蛔虫】dəu˧bi˧li˩kəʔ˥ɦuɛ˧zoŋ˩ 指对自己

最了解的人(含调侃意)。

【肚皮里转念头】dəu˦bi˦li˩ tsø˥˩ȵiɪ˧dʏ˩　私下里想。

【肚皮里向做功夫】dəu˦bi˦li˦ ɕiã˥˩tsəu˨˧koŋ˥fu˥˩　形容人城府深。

【肚皮里向蛔虫叫】dəu˦bi˦li˦ ɕiã˥˩ɦuE˦zoŋ˦tɕiæ˨˧　形容肚子饥饿难耐。

【肚皮霍到背心上】dəu˦bi˦ hoʔ˥tæ˨˧pE˥sin˥lɑ̃˩　形容肚子饿极难耐。

【肚皮浪向青筋起】dəu˦bi˦ lɑ̃˦ɕiã˥˩tsʻin˥tɕən˥tɕʻi˥˩　形容人没有记性。

【肚里吃仔横门闩】dəu˦li˩ tɕʻəʔ˥tsɿ˥˩ɦuã˦mən˦sø˥˩　形容不可理喻。

【肚皮通海,肚子横生】dəu˦bi ˦tʻoŋ˥hE˥˩,təu˥˩tsɿ˥˩huã˦ sã˥　形容食量大。

【肚皮浪格青筋要挑挑脱】dəu ˦bi˦loŋ˩kəʔ˥tsʻin˥tɕən˥˩ 0iæ˨˧tʻiæ˥tʻiæ˥tʻəʔ˥　形容人没有记性。

【肚饥糠也好,饭饱肉嫌肥】dəu˦tɕi˥kʻɑ̃˥0iɪ˥hæ˥˩,vE˩ pæ˥˩ȵoʔ˧ɦiɪ˦vi˦　喻此一时,彼一时,忘记苦日子。也喻两种不同的经济状况,对生活不同的要求。

【肚里吃格游火虫——锃锃亮】dəu˦li˩tɕʻəʔ˥kəʔ˥ɦiʏ˦ həu˥˩zoŋ˩——zã˦zã˦liã˩　歇后语。指心中明明白白。

【肚皮吃得青筋起,勿管爷娘死勿死】dəu˦bi˩tɕʻəʔ˥təʔ˥ tsʻin˥tɕən˥tɕʻi˥˩,fəʔ˥kuø˥˩ ɦia˦ȵiã˩si˨˧fəʔ˥si˥˩　俗语。喻未自立的孩子,往往不能体恤父母的苦楚。

妒【təu˥˩】

【妒忌】təu˥˩dʑi˩　嫉妒。

度【dəu˩】

【度量】dəu˦liã˦　细细盘算(得失)。

【度日脚】dəu˦ȵəʔ˧tɕiɑʔ˥　过日子(多指在困境中)。

【度死日】dəu˦si˥ȵəʔ˧　(一)马马虎虎过日子。(二)指不负责任。

【度日如年】dəu˦zəʔ˧zɥ˦

ŋ̊iiɻ 形容日子难熬。

【度得过度】dəuɻtəʔ˥kəu˩˥ dəuɻ 得过且过。

【度死日过家】dəuɻsi˥ŋ̊əʔ˧ kəu˩kɑ˥ 得过且过。

渡【dəu˩】

【渡口】dəuɻk'Y˩˥

【渡船】dəuɻzø˩ 摆渡船。

镀【dəu˩】

【镀金】dəuɻtɕən˥ 使金子通过电解或其他化学方法附着在别的金属或物体表面上。喻获取虚名。

蠹【təu˩˥】

【蠹虫】təu˩˥zoŋ˩

duān

端【tø˥】

【端子】tø˥tsɿ˩˥ 舀液体的器具。柄直、长，下接小圆筒，多用竹或铁皮制成。

【端午】tø˥ŋ̍˩

【端正】tø˥tsən˩˥ （一）物体不歪斜，物体各部分保持应有的平衡状态。（二）正派；正确。（三）使端正。（四）备好；准备好。（五）端庄。

【端庄】tø˥tsɑ̃˩˥

【端砚】tø˥ŋ̊ii˩

【端端】tø˥tø˩˥ （一）端一下。（二）放入水中稍稍浸一下即捞起。

【端午勿吃粽，老来呒人送】tø˥ŋ̍˩fəʔ˥tɕ'əʔ˥tsoŋ˥,læɻlE˩m̩˩,ɻŋ̊ən˩soŋ˩ 苏州习俗，吃粽子纪念屈原和伍子胥。本条为趣语，强调端午节必须吃粽子。

【端午节看一看，八月半算一算，大年夜还一半】 俗语。讥讽赊账者还债不爽利。

duǎn

短【tø˩˥】

【短小】tø˩siæ˥

【短工】tø˩koŋ˥

【短见】tø˩˥tɕii˩

【短打】tø˩tɑ̃˥ 中式短外

套。

【短寿】tø˥˩zʏ˩ 指缩短寿命或指寿命不长。

【短波】tø˥˨pu˥

【短衫】tø˥˨sE˥ （一）中式内衣。（二）中式短外套。

【短促】tø˥˨ts'oʔ˥

【短途】tø˥˩dəu˩ 较短的行程，与长途相对。

【短脱】tø˥˨təʔ˥ 短少。

【短路】tø˥˨ləu˩

【短一段】tø˥˩ʔiəʔ˥dø˩ 矮一截。

【短下巴】tø˥˨ho˧bo˩ 下巴短小。

【短大衣】tø˥˨dɑ˧ʔi˥˩ 长度不过膝盖的大衣。

【短头发】tø˥˨dʏ˧faʔ˥ 头发较短的发式（指女性）。

【短寿命】tø˥˨zʏ˧min˩ （一）夭折。（二）骂人话。缩短寿命或活不长。（三）喻在位时间不长。

【短财路】tø˥˩zE˧ləu˩ 断了赚钱的机会或来源。

【短命鬼】tø˥˨min˧tɕy˥˩ 义同【短寿命】。

【短统袜】tø˥˨toŋ˥maʔ˧ 袜筒较短的袜子。

【短统靴】tø˥˨toŋ˥ɕio˥˩ 靴筒较短的靴。

【短棺材】tø˥˨kuø˥zE˩ 骂人话。指没长大就死。

【短寿促命】tø˥˨zʏ˧ts'oʔ˥min˩ 义同【短寿命】。

【短小精悍】tø˥˨siæ˥˨tsin˥kø˥˩

【短衫裤子】tø˥˨sE˥kəu˥tsɿ˥˩ 指内衣内裤。

【短袖子管】tø˥˨zʏ˧tsɿ˥˩kuø˥˩ （一）袖子不过肘关节的衣衫。（二）不过肘关节的袖子。也简称为【短袖子】tø˥˨zʏ˧tsɿ˥˩。

duàn

段【dø˩】

【段落】dø˧loʔ˧

【段段肉】dø˧dø˧ȵoʔ˧ 形容壮实或胖。

【段段青】dø˧dø˧ts'in˥ 形容被殴打得厉害，身上每处都发青。

【段子书】dø˧tsɿ˥sʮ˥˩ 折子书，即选回。

断【dø˧˩】、【tø˥˧】

【断七】dø˦tsʻiə˥

【断气】dø˧˩tɕʻi˥˧

【断水】dø˧˩sʮ˥˩ 水断了来源。

【断头】dø˦dY˦ 线、绳等条形物断掉的地方。

【断交】dø˦tɕiæ˥

【断后】dø˧˩ɦY˧˩

【断命】dø˦min˧˩ （一）死亡。（二）詈语。用在名词前作定语，表示不满意、憎恶。类似该死、要命的意思。

【断货】dø˧˩həu˥˧ 无货供应。

【断种】dø˧˩tsoŋ˥˩

【断食】dø˧˩zəʔ˧ （一）断粮。（二）绝食或因生病吃不进食物。

【断码】dø˦mo˧˩ 商店里尺码不齐全的商品（一般指衣裤、鞋袜之类）。

【断音】dø˧˩Øin˥ 语音落下。

【断肠】dø˦zã˧˩

【断绝】dø˦ziəʔ˧

【断档】dø˦tã˥ （一）指商品脱销。（二）原来有的，现在没有了（含需补充的意味）。如：家里的酱油断档了，快点去买。

【断根】dø˦kən˥

【断屠】dø˧˩dəu˦ 旧时官府下令禁止屠宰。

【断脱】dø˦tʻəʔ˥ （一）断掉。（二）终止恋爱或暧昧关系。

【断黑】dø˦həʔ˥ 天晚发黑。

【断粮】dø˧˩liã˦ 无米下锅。

【断路】dø˧˩ləu˧˩ （一）无路可走。（二）断掉活路、机会、门路等。

【断山根】dø˦sE˥kən˥˩ 鼻根凹陷。

【断头台】dø˦dY˦dE˧˩ 旧时犯人斩首的地方。泛指刑场。

【断正梁】dø˦tsən˥liã˧˩ 房屋的正梁断了。喻家庭失去了主要人员。

【断财路】dø˧˩zE˦ləu˧˩ 断掉赚钱的机会或钱财来源。

【断轿杠】dø˦tɕiæ˦kã˥˩ 喻事情中途因变故而停止。

【断香烟】dø˦ɕiã˥Øii˥˩ 断宗绝嗣。

【断梢秤】dø˦sæ˥ts'ən˥˩ 秤杆后部断去一段的秤(称东西不正确)。

【断黑快】dø˦hə˥k'uɑ˥ 天快黑时。

【断子绝孙】dø˦ts˥˥ziəʔ˧sən˥ 义同【断香烟】。

【断手直脚】dø˦sʏ˥zəʔ˧tɕɑʔ˥ 手臂断了,脚关节有毛病。指要借人帮扶的废人。

【断命脱俚】dø˦min˩t'əʔ˥li˩ 詈语。用在名词前作定语,表示不满意、憎恶。类似该死、要命的意思。

【断粮绝草】dø˦liã˦ziəʔ˧ts'æ˥˩ 没有一点儿粮食。

【断线风筝】dø˦siɪ˩fon˥tsən˥˩

【断章取义】dø˦tsã˥ts'i˥˩ɦi˩

【断链条猢狲】dø˦liɪ˦diæ˩ɦuəʔ˧sən˥˩ (一)喻行为散漫的人。(二)喻不听管束的人。

【断臂王佐叉麻将——七手八只脚】dø˦pi˥ɦuɑ̃˦tsəu˥˩ts'oʔ˥mo˦tsiã˥˩——ts'iəʔ˥sʏ˥˩poʔ˥tsɑʔ˥tɕiɑʔ˥ 歇后语。人多手杂。

【断奶】tø˥˩nɑ˩ 婴儿停止哺乳。

【断言】tø˥˩ɦiɪ˩

【断定】tø˥˩din˩

【断送】tø˥˩son˥˩

【断案】tø˥˩θø˩ 审案。

【断料】tø˥˩liæ˩ 判断材料的状况,决定其用途。

【断断】tø˥˩tø˥

【断路】tø˥˩ləu˩ 强盗埋伏在路上抢劫行人财物。

缎【dø˩】

【缎子】dø˦ts˥

【缎子鞋子】dø˦ts˥ɦɑ˩ts˥˩ 用缎子做鞋面的鞋子。

锻【tø˥˩】

【锻炼】tø˥˩liɪ˩

【锻磨】tø˥˩mo˩ 石磨久用致使石磨纹路变浅,重新凿深。

簖【tø˥˩】

duī

堆【tE˥】中州韵【tuE˥】

【堆作】tE˥tsoʔ˥ 物体的体积大小。

【堆团】tE˥dø˩ 义同【堆作】。

【堆老】tE˥læ˩ (一)指假冒伪劣的东西。(二)圈套,陷阱。(三)屎。

【堆砌】tE˥tsʻi˧˦

【堆栈】tE˥zE˩

【堆老货】tE˥læ˩həu˥˩ 假货或质量极差的东西。

【堆缸堆甏】tE˥kɑ̃˥tE˥bɑ̃˩ 形容堆得满满的。

【堆堆满满】tE˥tE˥mø˩mø˩ 堆得满满的。

duì

队【dE˩】中州韵【duE˩】

【队伍】dE˨˧θəu˥

【队形】dE˨˧ɦin˩ 队伍的形状。

【队部】dE˨˧bu˩ 以队为单位或名称的办公处。

对【tE˧˦】中州韵【tuE˧˦】

【对门】tE˥mən˩

【对于】tE˧˦ɦY˩

【对口】tE˥kʻY˥˩

【对开】tE˥kʻE˥˩

【对方】tE˥fɑ̃˥˩

【对立】tE˥liəʔ˧

【对手】tE˥sY˥˩或tE˧˦sY˥ 指互为相抗的双方。

【对比】tE˥pi˥˩

【对分】tE˥fən˥˩ 二者平均分配。

【对白】tE˥bɑʔ˧

【对打】tE˥tɑ̃˥˩ 一对一打架。

【对过】(1)tE˥kəu˥˩ 对面。(2)tE˧˦kəu˥ 核对过。

【对头】tE˥dY˩

【对半】tE˥pø˥˩

【对付】tE˧˦fu˥

【对仔】tE˧˦tsɿ˥ 对着;向着。

【对折】tE˥tsəʔ˥

【对牢】tE˥læ˩或tE˧˦læ˩ 对着。

【对岸】tE˥ŋø˩

【对穿】tE˥tsʻø˥˩ (一)受蒙蔽的矛盾双方,经过对话,弄明白事情原委及第三者的挑唆。(二)直线穿过。

【对景】tE˥tɕən˥˩　(一)称心合意;合适。(二)合得来。亦作“对劲”。

【对话】tE˥ɦo˧˩

【对直】tE˥zəʔ˧或tE˦zəʔ˧　使在一条直线上。

【对面】tE˥miɪ˨˧˩

【对待】tE˦dE˦

【对调】tE˥diæ˧˩

【对照】tE˥tsæ˥˩　(一)比较。(二)参照。

【对称】tE˥tsʻən˥˩

【对准】tE˥tsən˥˩　对着。

【对联】tE˥liɪ˨˧˩

【对等】tE˥tən˥˩

【对策】tE˦tsʻɑʔ˥

【对象】tE˦ziã˦

【对路】tE˦ləu˧˩

【对煞】tE˦saʔ˥　双方僵持着,无法化解。

【对劈】tE˥pʻiəʔ˥　对半分。

【对襟】tE˥tɕən˥˩

【对勿住】tE˥fəʔ˥zɥ˧˩　对不起。

【对勿起】tE˥fəʔ˥tɕʻi˥˩　对不起。

【对半分】tE˥pø˥fən˥˩　两者平分。

【对过对】tE˥kəu˥tE˥˩　(一)对面。(二)喻正相反。

【对穿对】tE˥tsʻø˥tE˥˩　穿透过去。喻透彻。

【对穿过】tE˥tsʻø˥kəu˥˩　沿直线穿过去。

【对面对】tE˥miɪ˨˧˩tE˥˩　面对面。

【对胃口】tE˦ɦuE˦kʻY˥　(一)喻正中下怀。(二)能引起食欲的。

【对得住】tE˦təʔ˥zɥ˧˩　对得起。

【对得起】tE˦təʔ˥tɕʻi˥

【对壁撞】tE˥piəʔ˥zɑ̃˥˩　一对一较量;或一对一相持。

【对门乡邻】tE˥mən˦ɕiã˥lin˧˩　大门相对的邻居。

【对牛弹琴】tE˦ŋY˦dE˦dʑən˦

【对本对利】tE˥pən˥˩tE˥li˧˩　利润或利息跟本钱相等。

【对直跋直】tE˥zəʔ˧bɑʔ˧zəʔ˧　一直向前(不转弯)。

【对症下药】tE˥tsən˥˩ɦo˧˩ɦiɑʔ˧

【对花相思】tɛ˥ho˥siã˥sɿ˩ 面对花朵，引起对异性的思念。

【对勿住格对】tɛ˥fə˥zʮ˨ kə˥tɛ˦ 只能对不起了。

【对俚哭亦呒不眼泪】tɛ˦li˥ k'oʔ˥ɦɑ˧ʔm̩˦pə˥ŋɛ˦li˩ 形容对他无可奈何。

兑【dɛ˨】

【兑现】dɛ˨ɦi˦

【兑换】dɛ˨ɦuø˨

dūn

吨【tən˦】

【吨位】tən˦ɦuɛ˨

敦【tən˥】

【敦促】tən˥ts'o˥

墩【tən˥】

【墩头】tən˥dʏ˨ （一）土堆。往往放在"坟"的后面。（二）墩。

【墩墩】tən˥tən˩ 墩。往往放在"土"、"坟"和"高"的后面。

豮【tən˥】

【豮脱】tən˥t'ə˥ 去除雄性动物的生殖器。

【豮鸡】tən˥tɕi˩ （一）去掉生殖器的雄鸡。（二）去除雄鸡的生殖器。

礅【tən˥】

蹾【tən˥】

蹲【tən˥】

【蹲】tən˥ 居住；待（在）。

【蹲点】tən˥ti˩

【蹲坑】tən˥k'ã˩ 大便。

【蹲蹲】tən˥tən˩ 指待在一个地方的"待"。

【蹲野坑】tən˥ɦiɑ˨k'ã˥或tən˥ɦiɑ˥k'ã˩ 在野外大便。

【蹲坑勿揩屁股】tən˥k'ã˥fə˥ k'ɑ˥p'i˥kəu˩ 喻行事有始无终。

【蹲坑勿带草纸】tən˥k'ã˥fəʔ˥tɑ˦˩˨ts'æ˦˩˨tsɿ˥˥ 喻行事无计划；粗疏。

dǔn

趸【tən˥˨】

【趸当】tən˦˩˨tã˥ （一）整数，整批。（二）积累成一定数量。

dùn

囤【dən˨˧˩】另见 tún。

沌【dən˨˧˩】另见 zhuàn。

炖【tən˦˩˨】

【炖蛋】tən˥dE˨˧˩ 鸡蛋加水打匀，加佐料后隔水蒸煮。

【炖肉】tən˦˩˨ȵ̊oʔ˧ （一）肉加佐料后隔水蒸煮。（二）煨肉。

【炖脱】tən˦˩˨t'əʔ˥ 指竞技中因安排上的原因，被夹击落败。

钝【dən˨˧˩】

【钝】dən˨˧˩ （一）运气不佳。（二）讥讽。

【钝人】dən˨˦ȵ̊ən˨˦ 反语讥人；反唇相讥。

【钝头】dən˨˦dʏ˨˧˩ 讥人的反语。

【钝角】dən˨˦koʔ˥

【钝话】dən˨˧˩ɦo˨˧˩ 倒霉话；不吉利的话。

【钝刀杀鸡——割割裂裂】dən˨˦tæ˥saʔ˥tɕi˥——kəʔ˥kəʔ˥liəʔ˧liə˧ 歇后语。指彻彻底底，毫无回旋余地。

盾【dən˨˧˩】

【盾牌】dən˨˦bɑ˨˦ （一）古代用来防护身体、遮挡刀箭的武器。（二）形状像盾的金属牌，用来做奖品或贺礼（一般用银子打造）。

顿【tən˦˩˨】

【顿口】tən˥k'ʏ˥˨ 说话中不

该停顿的地方停顿了。

【顿号】tən˥ɦæ˩

【顿时】tən˥zɥ˩

【顿首】tən˥sɣ˥˩

【顿挫】tən˦ts'əu˦

【顿一顿】tən˦∅iəʔ˥tən˦ 略一停顿。

【顿头捺脚】tən˥dɣ˩naʔ˧tɕiɑʔ˥ 泛指毛笔字的笔法。

遁【dən˩】

【遁形】dən˩ɦin˩ 躲避起来,不让人知道踪迹。

duō

多【təu˥】

【多少】təu˥sæ˥˩ (一)无论多,无论少。(二)疑问代词。问数量。

【多心】təu˥sin˥˩

【多半】təu˥pø˥˩ 大部分。

【多头】təu˥dɣ˩ 多余下来的。

【多发】təu˥faʔ˥ 经常发生。

【多伴】təu˥bø˩ 常常交往,常打交道(一般作否定用)。

【多事】təu˥zɿ˩ (一)添乱。(二)不好的事情特别多。如:多事之秋。

【多脱】təu˥t'əʔ˥ 不必要的。

【多数】təu˥səu˥˩

【多煞】təu˥saʔ˥ 很多。

【多嫌】təu˥ɦi˩

【多疑】təu˥ȵi˧

【多嘴】təu˥tsɥ˥˩

【多谢】təu˥ziɑ˩ 谢谢。

【多出来】təu˥ts'əʔ˥lɛ˩ (一)余下的;超过需要数量的。(二)形容节外生枝的、多余的(事)。

【多头肉】təu˥dɣ˩ȵɔʔ˧ 多生出来的肉疙瘩。疣。

【多头戏】təu˥dɣ˩ɕi˥˩ 多余下来的东西。

【多只手】təu˥tsɑʔ˥sɣ˥˩ 隐语。三只手,贼。

【多花头】təu˥ho˥dɣ˩ 多余的,没有必要的事;节外生枝。

【多花样】təu˥ho˥ɦiã˩ 义同【多花头】。

【多宝槅】təu˥pæ˥kɑʔ˥或təu˥pæ˥kɑ˥˩

【多勃勃】təu˥bəʔ˧bəʔ˧ 多

提醒;多讲讲(道理)。

【多点哚】təu˥tiɪ˥˨to˥˨ (与其他相比)要多一些。

【多盛盘】təu˥zən˨˩bø˨˩ 放置中式文具的方形木盘。

【多煞哚】təu˥saʔ˥to˦˨ (一)不可能。(二)不多(反语)。

【多蹲蹲】təu˥tən˥tən˥˨ 多待(些时间)。

【多天多地】təu˥tʻiɪ˥təu˥di˨˩ 形容很多很多。

【多多少少】təu˥təu˥sæ˥˨sæ˥˨ 无论多,无论少。

【多花多样】təu˥ho˥təu˥hiã˨˩ 多余的,不必要的。

【多里淘剩】təu˥li˨˩dæ˨˩zən˨˩ 东西数量大,分配后有剩余。

【多说讪话】təu˥səʔ˥sᴇ˥ɦo˨˩ 义同【多嘴】。

【多说多话】təu˥səʔ˥təu˥ɦo˨˩ 义同【多嘴】。

【多说脱个】təu˥səʔ˥təʔ˥kəʔ˥ 多余的话。

【多根肚肠】təu˥kən˥dəu˨˦zã˨˩ 多个心眼。

【多煞勒海】təu˥səʔ˥ləʔ˧hᴇ˥˨ 反语。义同【多煞笃】。

【多搭多伴】təu˥taʔ˥təu˥bø˨˩ 过多的交往、交道。

【多嘴多舌】təu˥tsʮ˥˨təu˥zəʔ˧ 义同【多嘴】。

【多吃饭,少开口】təu˥tɕʻəʔ˥vᴇ˨˩,sæ˦˨kʻᴇ˥kʏ˥˨ 喻少管闲事。

【多剩下来】təu˥zã˨˩ɦo˨˩lᴇ˨˩ 多余下来。

【多人勿得少人嫌】təu˥ɲ̍ən˨˦fəʔ˥təʔ˥sæ˦˨ɲ̍ən˨˦ɦiɪ˨˩ 讨厌人多嘈杂,又嫌人少寂寞。用于批评在人际交往中过于自私的人。

【多哭孩子多吃奶】təu˥kʻoʔ˥ɦᴇ˨˦tsɿ˥˨təu˥tɕʻəʔ˥na˨˩ 喻时常诉说困难,能得到更多的帮助。

【多管闲事多吃屁】təu˥kuø˥˨ɦᴇ˨˦zɿ˨˩təu˥tɕʻəʔ˥pʻi˦˨ 牢骚话。管闲事没有好结果,管得越多越倒霉。

【多一事勿如少一事】təu˥ʔiəʔ˥zɿ˨˩fəʔ˥zʮ˨˦sæ˦˨ʔiəʔ˥zɿ˨˩ 俗语。指尽量保持现状,免得添麻烦。

【多吃少滋味,少吃多滋味】təu˥tɕʻəʔ˥sæ˦˨tsɿ˥mi˨˩,sæ

˦˧tɕʻəʔ˥təu˥tsɿ˥mi˩ 劝诫话。吃东西不可贪，少吃觉得味道鲜美，多吃了反而乏味。

【多吃半夜饭，少吃年夜饭】təu˥tɕʻəʔ˥pø˥θia˥vE˩，sæ˦˧tɕʻəʔ˥ȵi˧θia˥vE˩ 指半夜饮食，不利于健康。

【多做多错，少做少错，勿做勿错】təu˥tsəu˦˧təu˥tsʻo˥，sæ˦˧tsəu˦˧sæ˦˧tsʻo˥，fəʔ˥tsəu˦˧fəʔ˥tsʻo˥ 牢骚话。干事情没好处，做得越多错误犯得越多，被人指责越多，不做最好。

咄【dəu˩】中州韵【təʔ˥】

【咄咄逼人】dəu˩dəu˩piəʔ˥ȵən˧

哆【dəu˥】

掇【təʔ˥】

【掇死】təʔ˥si˩˥ 死板；不灵活。

【掇牢】təʔ˥læ˧ 捧住不放。

【掇一掇】təʔ˥θiəʔ˥təʔ˥ （一）用双手端起一会儿。（二）临时向人借用钱财，并在短期内归还。

【掇路头】təʔ˥ləu˧dɤ˩ 反语。把自己厌恶的人打发走。

【掇出掇进】təʔ˥tsʻəʔ˥təʔ˥tsin˦˧ （一）拿着东西，一会儿出去，一会儿进来。指刻意看管，或指拿着东西空忙。（二）跟出跟进（含贬义，指拍马屁）。

【掇臀放屁】təʔ˥dən˩fã˦˧pi˦˧ 形容拍马屁。

duó

夺【dəʔ˧】

【夺目】dəʔ˧moʔ˧

【夺权】dəʔ˧dʑiø˧

度【dəu˩】另见 dù。

铎【doʔ˧】

踱【doʔ˧】

【踱踱】doʔ˧doʔ˧ 漫步。

【踱方步】do?˧fã˥bu˩ 慢步行走。

【踱进踱出】do?˧tsin˧˩do?˧ts'ə?˥ （一）漫步走进走出。（二）指进进出出无人阻拦。

duǒ

朵【təu˧˩】

【朵头】təu˦dY˧ 朵的单数。

垛【təu˧˩】另见 duò

哚【to?˥】

【哚】to?˥ 用在陈述句的末尾，表示确认事实，使对方信服。

【哚化】to?˥ho˦ 表示等等、这些。

躲【təu˧˩】

【躲债】təu˦tsa˦

【躲得过初一，躲勿过月半】təu˦tə?˥kəu˧˩ts'əu˥ʔiə?˥，təu˦fə?˥kəu˧˩ŋə?˧pø˦ 指只能躲避一时，不能永远躲避。

duò

剁【təu˧˩】

垛【təu˧˩】另见 duǒ。

舵【dəu˩】

【舵手】dəu˧sY˧˩

堕【dəu˩】

【堕落】dəu˧lo?˧

惰【dəu˩】

【惰性】dəu˧sin˧˩

跺【təu˧˩】

【跺】吴语。（一）蹲在高处。（二）禽兽停留高处。

【跺上去】təu˧˩zã˧tɕ'i˧˩ 登上高处。

【跺勒浪】təu˧˩lə?˧lã˩ （一）蹲着。（二）禽兽停留高处。

【跺高络上】təu˦kæ˥lo?˧zã˩ 义同【爬高络上】。

附：

𦢊【tən˥˥】《广韵》他登切。

【𦢊食】tən˥˥zəʔ˧ 过饱，不消化；胃胀的感觉。

【𦢊脯】tən˥˥bu˩ 禽类的嗉囊。

【𦢊𦢊叫】tən˥˥tən˥˥tɕiæ˥˩ 胃里发胀，不消化的感觉。

襨【toʔ˥】《集韵》都毒切。

【襨角】toʔ˥koʔ˥ 拼角（缝纫）。

【襨裆】toʔ˥tã˥ 缝裤子时，在裆的部位拼上一块。

沰【toʔ˥】《集韵》当各切

【沰】toʔ˥ （一）量词。滴；小块。（二）动词。淋。

【沰光】toʔ˥kuã˥ 因下雨而损失殆尽。

【沰雨】toʔ˥ɦy˩ 淋雨。

【沰着】toʔ˥zaʔ˧ 淋到。

【沰湿】toʔ˥səʔ˥ 淋湿。

【沰煞】toʔ˥saʔ˥ 被淋得很厉害。

【沰煞快】toʔ˥saʔ˥k'ua˥˩ 义同【沰煞】。

撢【t'ø˧˦】《集韵》他绀切

【撢】t'ø˧˦ 以手取悬挂的东西。

渧【ti˧˦】《广韵》都计切

【渧】ti˧˦ 液体一点一点地往下淌或滴。

【渧渧哆哆】ti˥ti˥toʔ˥toʔ˥ 形容频烦话语声。

喥【doʔ˧】《广韵》徒落切

【喥】doʔ˧ 出言无度。

【喥头】doʔ˧dɤ˩ 义见【独头】。

【喥头喥脑】doʔ˧dɤ˩doʔ˧næ˩ 义见【独头独脑】。

𥔲【toʔ˥】《广韵》冬毒切。义见【𥓨】。

E

ē

阿【ʘəu˥】另见 ɑ̄。

【阿胶】ʘəu˥kæ˥˩
【阿房宫】ʘəu˥vɑ̃˩koŋ˥˩
【阿弥陀佛】ʘəu˥mi˩dəu˩vəʔ˧　（一）佛教指西方极乐世界中最大的佛，也译作无量寿佛或无量光佛。（二）形容脾气、性情特别温和。

婀【ʘəu˥】

【婀娜】ʘəu˥nəu˩

é

讹【ŋəu˧】

【讹传】ŋəu˧zø˩
【讹诈】ŋəu˧tso˥˩

俄【ŋəu˧】

哦【ŋəu˧】另见 ó;ò。

峨【ŋəu˧】

【峨眉山】ŋəu˧mE˧sE˥˩　在四川省眉山县西南，为佛教四大名山之一。

娥【ŋəu˧】

鹅【ŋəu˧】

【鹅毛】ŋəu˧mæ˩
【鹅黄】ŋəu˧ɦuɑ̃˩
【鹅毛扇】ŋəu˧mæ˧sø˥˩　以鹅毛为主料制作的扇子。
【鹅卵石】ŋəu˧ləu˩zɑʔ˧
【鹅连连】ŋəu˧li˧li˩　鹅。
【鹅食盆】ŋəu˧zəʔ˧bən˩　置放鹅的饲料的盆儿。
【鹅得头】ŋəu˧təʔ˥dʏ˩

(一)鹅头上呈黄色或褐色突起的部分。(二)指人额头上被撞或天生隆起的包。

【鹅蛋脸】ŋəu˧dᴇ˦˧li˨˩

【鹅掌风】ŋəu˧tsã˥fo ŋ˥˩

【鹅食盆里鸭插嘴】ŋəu˧zəʔ˧ bən˨˩li˨˩ɑʔ˥tsʻɑʔ˥tsʮ˥˩ 讥讽语。喻不该插嘴的地方乱插嘴。

蛾【ŋəu˧】

【蛾眉】ŋəu˧mᴇ˨˩

额【ŋɑʔ˧】文读【ŋəʔ˧】

【额子】ŋɑʔ˧tsɿ˥˩

【额外】ŋɑʔ˧ŋɑ˨˩

【额角】ŋɑʔ˧koʔ˥

【额角头】ŋɑʔ˧koʔ˥dɣ˨˩ 亦读作ŋɑʔ˧kuəʔ˥dɣ˨˩ (一)额,人脸眉以上、发以下的部分。(二)额角头高的略称。

【额角头高】ŋɑʔ˧koʔ˥dɣ˨˩kæ˥ 或ŋɑʔ˧kuəʔ˥dɣ˨˩kæ˥ 指运气好。

【额角头上皮蛋色】ŋɑʔ˧koʔ˥ dɣ˨˩lã˨˩bi˧dᴇ˧səʔ˥或ŋɑʔ˧ kuəʔ˥dɣ˨˩lã˨˩bi˧dᴇ˧səʔ˥ 指运气极差,要倒霉的样子。

【额角头上黑黜黜】ŋɑʔ˧koʔ˥ dɣ˨˩lã˨˩həʔ˥tsʻəʔ˥tsʻəʔ˥或 ŋɑʔ˧kuəʔ˥dɣ˨˩lã˨˩həʔ˥tsʻəʔ˥ tsʻəʔ˥ 指运气极差,要倒霉的样子。

【额角头碰着天花板】ŋɑʔ˧koʔ˥dɣ˨˩bã˧zɑʔ˧tʻi˥ho˥pᴇ˥˩ 或ŋɑʔ˧kuəʔ˥dɣ˨˩bã˧zɑʔ˧ tʻi˥ho˥pᴇ˥˩ 形容运气极好。

【额角头上的块——掇勿散】ŋɑʔ˧koʔ˥dɣ˨˩lã˨˩kəʔ˥kʻuᴇ˦——nəu˥fəʔ˥sᴇ˦或ŋɑʔ˧kuəʔ˥dɣ˨˩lã˨˩kəʔ˥kʻuᴇ˦——nəu˥fəʔ˥sᴇ˦ 歇后语。指有亲密关系。多指夫妻或骨肉至亲,即使碰到天大的矛盾,总要眷顾,不能撇下不管。

【额角头上搁扁担——头挑】ŋɑʔ˧koʔ˥dɣ˨˩lã˨˩koʔ˥pi˥˩tᴇ˥˩——dɣ˧tʻiæ˥或ŋɑʔ˧kuəʔ˥dɣ˨˩lã˨˩koʔ˥pi˥˩tᴇ˥˩——dɣ˧tʻiæ˥ 歇后语。最好最优秀的。

ě

恶【0oʔ˥】另见 è；wū。

【恶心】0oʔ˥sin˥

【恶心洋洋】0oʔ˥sin˥hiã˩hiã˩ 有要呕吐的感觉。

【恶向胆边生】0oʔ˥ɕiã˥tɛ˦pii˥sən˥ 指人发怒时，胆子就大，惩罚或报复的念头就会发生。

è

厄【ŋəʔ˧】

扼【ŋəʔ˧】

【扼】ŋəʔ˧ 用手指拾取。

【扼吃】ŋəʔ˧tɕʰiəʔ˥ 指胜算有绝对把握。

【扼杀】ŋəʔ˧saʔ˥

【扼光】ŋəʔ˧kuã˥ 用手指拾取一空。

【扼牢】ŋəʔ˧læ˩ （一）用手指捏住。（二）抓住（要害、要点、把柄等）。

【扼点】ŋəʔ˧tii˥ 用手指拾取一些。

【扼要】ŋəʔ˧0iæ˦

【扼着】ŋəʔ˧zaʔ˧ 捡到。

【扼死子】ŋəʔ˧si˦tsɿ˥ 捉住话中的漏洞或抓住矛盾的关键。

【扼瑞唧头】ŋəʔ˧zɛ˧tsiəʔ˥dʏ˩ （一）捡拾烟蒂。（二）指已落到买不起烟，捡拾烟蒂抽的地步。形容贫穷如丐的不堪境地。

【扼香烟屁股】ŋəʔ˧ɕiã˥0ii˥pʰi˥kəu˥ 义同【扼瑞唧头】。

呃【0əʔ˥】

【呃得】0əʔ˥təʔ˥ 呃逆。

【呃嘿】0əʔ˥həʔ˥ 象声词。形容干咳嗽的声音。

【呃得得】0əʔ˥təʔ˥təʔ˥ 形容（受苦受难的）程度极深。

【呃得勿转】0əʔ˥təʔ˥fəʔ˥tsø˥ 形容哭得透不过气来。

垩【0o˦】、【0oʔ˥】

【垩田】0o˦dii˧ 田间施肥。

【垩壅】0o˥0ioŋ˥ 肥料。

【垩死桑树】Øo˥si˦˧sɑ̃˥zɥ˨˩ 喻做徒劳无益的事。

恶【Øoʔ˥】另见 ě；wù。

【恶人】Øoʔ˥ȵən˨˦ （一）品质恶劣的人；心肠恶毒的人。（二）在矛盾冲突时、对抗中出头露面得罪人的人。（三）有意做出凶恶样子来威慑对方的人。

【恶习】Øoʔ˥ziəʔ˧

【恶少】Øoʔ˥sæ˧˩˧

【恶化】Øoʔ˥ho˦˧

【恶丑】Øoʔ˥tsʻɤ˦˧ 恶意丑化。

【恶气】Øoʔ˥tɕʻi˦˧ 指仇恨的情绪。

【恶劣】Øoʔ˥liəʔ˧

【恶形】Øoʔ˥ɦin˨˦ 下流；使人不能接受的。

【恶作】Øoʔ˥tsoʔ˥ （一）恣意糟蹋。（二）无端浪费。

【恶果】Øoʔ˥kəu˧˩˧

【恶货】Øoʔ˥həu˦˧ 詈语。行为恶劣的人。

【恶毒】Øoʔ˥doʔ˧

【恶说】Øoʔ˥səʔ˥ 恶意诋毁。

【恶疮】Øoʔ˥tsʻɑ̃˥ 很难治愈的毒疮。

【恶臭】Øoʔ˥tsʻɤ˦˧

【恶梦】Øoʔ˥moŋ˧˩˧ 可怕的梦。

【恶掐】Øoʔ˥kʻaʔ˥ （一）形容奸刁阴险。（二）用恶劣的手段刁难。（三）形容特别奇特的念头。（四）可恶。

【恶做】Øoʔ˥tsəu˦˧ 恶意做足。（二）用恶劣手段刁难人。

【恶棍】Øoʔ˥kuən˧˩˧

【恶赖】Øoʔ˥lɑ˦˧ 形容行为卑劣。

【恶感】Øoʔ˥kø˧˩˧

【恶霸】Øoʔ˥po˦˧

【恶欢喜】Øoʔ˥huø˥ɕi˧˩˧ 变态的喜欢（人）。

【恶时辰】Øoʔ˥zɥ˨˦zən˨˩ 发生事故的时间；迷信认为不吉利的时分。

【恶使做】Øoʔ˥sɿ˧˩˧tsəu˧˩˧ 指不顾自己脸面地刁难人。

【恶作剧】Øoʔ˥tsoʔ˥dʑəʔ˧

【恶讼师】Øoʔ˥zoŋ˨˦sɿ˧˩˧ 喻念头刁钻奸猾的人。

【恶头恶脑】Øoʔ˥dɤ˨˦Øoʔ˥

næ˩ （一）形容阴险；刁枭。（二）形容行为横蛮。

【恶丑烂底】Øoʔ˥toʔ˥lE˩ti˥˩ 形容无赖至极。

【恶沉恶赖】Øoʔ˥zən˦Øoʔ˥la˩ 形容行为卑劣。

【恶里恶掐】Øoʔ˥li˦Øoʔ˥k'aʔ˥ （一）形容奸刁阴险。（二）形容念头特别奇特。

【恶声恶气】Øoʔ˥sən˥Øoʔ˥tɕ'i˥˩ 说话口气十分恶劣。

【恶形恶状】Øoʔ˥ɦin˦Øoʔ˥zɑ̃˩ （一）形容行为乖戾，不顾体面，不近人情。（二）形容装束、打扮令人厌恶的样子。（三）形容味道令人恶心。

【恶贯满盈】Øoʔ˥kuø˥˩mø˩ɦin˦

【恶疖毒赖】Øoʔ˥tsiəʔ˥doʔ˧la˩ 形容刁钻。

【恶毒无赖】Øoʔ˥doʔ˧vu˩lE˩ 形容无赖至极。

【恶滓恶烂】Øoʔ˥tsɿ˥Øoʔ˥lE˩ 形容极其无赖。

【恶滓恶狭】Øoʔ˥tsɿ˥Øoʔ˥k'aʔ˥ 形容刁钻奸滑。

【恶人先告状】Øoʔ˥ȵən˦siɪ˥kæ˥˩zɑ̃˩ 喻做了恶事或错事的人，以歪曲事实的手段，先行指责别人。

【恶狗拦当路】Øoʔ˥kY˥˩lE˩tɑ̃˥ləu˩ 喻人挡道（含贬义，有时也作调侃语）。

饿【ŋəu˩】

【饿伤】ŋəu˦sɑ̃˥ 形容极度饥饿。

【饿坏】ŋəu˦ɦua˦或ŋəu˩ɦua˥˩ （一）形容极度饥饿。（二）指因饿致病。

【饿慌】ŋəu˦huɑ̃˥ 饿极。

【饿肚皮】ŋəu˦dəu˦bi˩ 饿肚子。

【饿煞快】ŋəu˩saʔ˥k'ua˥˩ 形容饿得很厉害。

【饿煞脱】ŋəu˩saʔ˥t'əʔ˥ （一）形容饿得很厉害。（二）饿死掉。

【饿煞鬼投胎】ŋəu˦saʔ˥tɕy˥˩dY˦tE˥ （一）形容饥不择食的样子。（二）讥讽进食速度过快。（三）讥讽进食量大。（四）形容贪吃。

【饿得背家里去】ŋəu˩təʔ˥pE˥˦kaʔ˥li˩tɕ'i˦ 形容饿极了。

【饿煞馋人,冻煞闲人】ŋəu˩ saʔ˥zɛ˧ȵ̍ən˩,toŋ˨saʔ˥ɦɛ ˧ȵ̍ən˩ 俗语。讥讽好吃懒做。

【饿煞勠做贼,气煞勠告状】ŋ əu˩saʔ˥fiæ˨tsəu˨zəʔ˧, tɕʻi˨saʔ˥fiæ˨kæ˥zɑ̃˩ 俗语。前半句指人要有气节,后半句指官场黑暗。整句以前半句人们容易接受的道理来加强后半句的说服力。

鄂【ŋoʔ˧】

萼【ŋoʔ˧】

遏【Øəʔ˥】

【遏止】Øəʔ˥tsɥ˨

【遏灰】Øəʔ˥huɛ˥ 指灰从上往下倒,多形容雪大。

【遏住】Øəʔ˥zɥ˩ (一)用力制止。(二)以势阻止。

【遏实】Øəʔ˥zəʔ˧ 形容富有、殷实。

【遏脱】Øəʔ˥tʻəʔ˥ 以强力阻止,使事态平息。

【遏塞】Øəʔ˥səʔ˥ 形容空间狭小,光线阴暗,空气流通不畅,又易潮湿。

【遏下来】Øəʔ˥ɦo˧lɛ˩ (一)多形容雪大。(二)指天色暗下来。

【遏勿住】Øəʔ˥fəʔ˥zɥ˩ 止不住。

【遏勿牢】Øəʔ˥fəʔ˥læ˩ 止不住。

【遏头遏脑】Øəʔ˥dʏ˧Øəʔ˥ næ˩ 形容建筑矮小,光线阴暗,空气流通不畅。

愕【ŋoʔ˧】

【愕子】ŋoʔ˧tsɿ˥ 疟疾。

腭【ŋoʔ˧】

锷【ŋoʔ˧】

噩【ŋoʔ˧】

【噩耗】ŋoʔ˧hæ˥

鳄【ŋoʔ˧】

【鳄鱼皮】ŋoʔ˧ŋ̍˩bi˧ 鳄鱼灰

褐色的硬皮，可制革。

e

呃【ʔəʔ˥】、【ɦəʔ˧】

【呃】(1) ɦəʔ˧　谈话时，对方的应答声。表示可以继续的意思。(2) ʔəʔ˥　思索时嘴里发出来的声音。

ē é ě è

欸【ʔE˥˩】

【欸】(1) ʔE˥˩　叹词。表示招呼。(2) ʔE˥　叹词。表示有异议。(3) ɦE˨˦　叹词。表示赞同。(4) ɦE˨˩　叹词。表示招呼、提示。

【欸哪】ɦE˨˦na˨˦　叹词。表示赞同。

【欸啘】ɦE˨˦ɦuəʔ˧　叹词。表示赞同。

ēn

恩【ʔən˥】

【恩人】ʔən˥ȵən˨˩

【恩公】ʔən˥koŋ˥˩　对自己有大恩的人。

【恩师】ʔən˥sɿ˥˩

【恩典】ʔən˥tiɪ˥˩

【恩怨】ʔən˥ʔiø˥˩

【恩爱】ʔən˥ʔE˦

【恩情】ʔən˥zin˨˩

【恩惠】ʔən˥ɦuE˨˩

【恩赐】ʔən˥sɿ˥˩

【恩将仇报】ʔən˥tsiã˦zY˨˦pæ˥˩

【恩断义绝】ʔən˥dø˨˩ȵi˧ziəʔ˧

ér

儿【ɦəl˨˦】

【儿戏】ɦəl˨˦ɕi˥˩或ʔəl˥ɕi˥˩

【儿科】ɦəl˨˦k'əu˥

【儿歌】ɦəl˨˦kəu˥

【儿不嫌母丑】ʔəl˨˦pəʔ˥ɦiɪ˨˦mo˥ts'Y˦　孩子不可以嫌弃母亲。

【儿孙自有儿孙福，莫为儿孙做牛马】ɦəl˨˦sən˥zɿ˨˦ɦiY˨˩ɦəl˨˦sən˥foʔ˥，moʔ˧ɦuE˨˩ɦəl˨˦sən˥tsəu˦ȵiY˨˦mo˨˩　俗语。指小辈自有他们自己的事业和能力，做父母的不必为小辈过分操劳和担心。

而【ɦəl˨˦】

【而已】ɦəl˨˦θi˥
【而今】ɦəl˨˦tɕən˥
【而且】ɦəl˨˦tsʻi˥˩或ɦəl˨˦tsʻi˥˩
【而后】ɦəl˨˦ɦʏ˩
【而况】θəl˨˦huɑ̃˥˩

ěr

尔【ɦəl˨˦】

【尔痄】θəl˥tsʮ˥˩　（感觉上）厌恶，极不舒服。
【尔虞我诈】ɦəl˨˦ŋʏ˩ŋəu˥tso˦

耳【n̥i˨˦】文读【ɦəl˨˦】

【耳毛】ɦəl˨˦mæ˩或θəl˥mæ˩　耳廓里长出的毛。
【耳目】θəl˥moʔ˧
【耳光】n̥i˨˦kuɑ̃˥　耳朵和鼻子之间的部位。
【耳朵】n̥i˨˦təu˥
【耳鸣】θəl˥min˩
【耳环】ɦəl˨˦guɛ˩或θəl˥guɛ˩
【耳音】θəl˥θin˥˩
【耳福】θəl˥foʔ˥
【耳边风】θəl˥pi˥foŋ˥˩
【耳东陈】θəl˥toŋ˥zən˨˦　指"陈"字的写法。
【耳朵边】n̥i˨˦təu˥pi˥　（一）耳旁。（二）耳轮。
【耳朵尖】n̥i˨˦təu˥tsi˥　形容听觉敏锐。
【耳朵壳】n̥i˨˦təu˥kʻoʔ˥　耳廓。
【耳朵洞】n̥i˨˦təu˥doŋ˩　（一）耳孔。（二）穿耳环的孔。
【耳朵饼】n̥i˨˦təu˥pin˥˩　面粉制成耳朵形状的小型甜饼。
【耳朵根】n̥i˨˦təu˥kən˥　耳朵根部。
【耳朵套】n̥i˨˦təu˥tæ˦　套在耳朵上禦寒的皮或布套子。
【耳朵热】n̥i˨˦təu˥n̥əʔ˧　俗语。指背后有人说起或记挂自己。
【耳朵眼】n̥i˨˦təu˥ŋɛ˩　（一）耳孔。（二）穿耳环的孔。
【耳朵管】n̥i˨˦təu˥kuø˥˩　耳朵。
【耳朵圈】n̥i˨˦təu˥tɕʻiø˥　耳

环。

【耳朵傍】ȵi˨˧təu˥pɑ̃˥˨˧　汉字的偏旁，"陈"等字的左边。也说成【耳朵边傍】ȵi˨˧təu˥pi˥pɑ̃˥˨˧。

【耳朵鋬】ȵi˨˧təu˥pʻᴇ˧　器物两旁，左右对称的小型提手。

【耳朵蟆】ȵi˨˧təu˥mo˨˧　耳屎。

【耳朵桩骨】ȵi˨˧təu˥tsɑ̃˥kuəʔ˥　耳朵与面颊连接处的软骨。

【耳朵根软】ȵi˨˧təu˥kən˥ȵø˩　形容轻信。

【耳熟能详】Øəl˨˩zoʔ˧nən˨˧ziɑ̃˨˧

【耳门浪听冲】ȵi˨˧mən˩lɑ̃˩tʻin˥tsʻoŋ˨˦　指误听；听错了。

【耳朵拉拉长】ȵi˨˧təu˥la˥la˥zɑ̃˨˧　认真仔细地(听)。

【耳朵桩骨软】ȵi˨˧təu˥tsɑ̃˥kuəʔ˥ȵø˩　形容轻信。

【耳朵管里绊着】ȵi˨˧təu˥kø˥li˩guaʔ˧zaʔ˧　听说。

【耳朵勒浪陆稿荐】ȵi˨˧təu˥ləʔ˧lɑ̃˩loʔ˧kæ˥˨˧tsi˥˨˧　俗语。陆稿荐是苏州著名卤菜店。形容充耳不闻。

【耳朵听得老茧起】ȵi˨˧təu˥tʻin˥təʔ˥læ˨˧tɕi˥tɕʻi˥˨˧　反复听说(含厌烦意)。

【耳朵管里老茧起】ȵi˨˧təu˥kuø˥li˩læ˨˧tɕi˥tɕʻi˥˨˧　义同【耳朵听得老茧起】。

【耳朵生勒粪桶浪——赠(粪)听进去】ȵi˨˧təu˥sɑ̃˥ləʔ˧fən˥doŋ˩lɑ̃˩——fən˥(fən˦)tʻin˥tsin˥tɕʻi˥˨˧　歇后语。指充耳不闻。

迩【ɦəl˨˧】

洱【ɦəl˨˧】

饵【ɦəl˨˧】

èr

二【ȵi˨˧】、【liɑ̃˨˧】文读【ɦəl˨˧】

【二奶】ȵi˨˧na˩　妾。

【二爷】ȵi˨˧ɦia˩　男仆。

【二老】ɦəl˨˧læ˩

【二纽】ȵi˨˧ȵiʏ˩　杆秤上第二根称较重物品用的纽绳。

【二房】ȵi˨˧vɑ̃˩

【二枪】ȵi˧tsʻiã˥ 雄蟋蟀。

【二胡】ȵi˧ɦəu˩

【二黄】ɦəl˧ɦuã˧

【二牌】ȵi˧ba˩ 戏曲剧团中次一等的演员。

【二刀肉】ȵi˧tæ˥ȵoʔ˧ 食用猪肉切除接近颈部的肋条肉。

【二下巴】ȵi˧ɦo˧bo˩ 下巴下面因肥胖而垂下的肉。

【二太爷】ȵi˧tʻa˥ɦia˩ 对男仆人的尊称。

【二手货】liã˧sʏ˥ɦəu˩ 指已被使用过再拿来出售的商品。

【二百五】ləl˧pɑʔ˥ɦəu˩

【二点水】liã˧tiɪ˥sɥ˩ 汉字偏旁,如"冰"的左边。

【二房东】ȵi˧vã˧toŋ˩

【二郎腿】ləl˧lã˧tʻE˩

【二流子】ləl˧lʏ˧tsɿ˩

【二婚头】ȵi˧huən˥dʏ˩

【二路头】ȵi˧ləu˧dʏ˩ 次一等的。

【二路里】ȵi˧ləu˧li˩ 次一等的。

【二潽头】ȵi˧pʻu˥dʏ˩ 第二次冲泡或水煎的汤汁。

【二不溜斗】ləl˧pəʔ˥lʏ˥tʏ˥ (一)指不太正经的。(二)中等;二等的。也作【二不楞登】ləl˧pəʔ˥lən˩tən˩。

【二道贩子】ȵi˧dæ˧fE˥tsɿ˩

【二一添作五】ȵi˧Øiəʔ˥tʻiɪ˥tsoʔ˥ŋ˩

【二九十八,三六十八】ȵi˧tɕiʏ˩zəʔ˧poʔ˥,sE˥loʔ˧zəʔ˧poʔ˥ 指无论如何算计,结果一样的。

【二十年后又是一条好汉】Øəl˧səʔ˥ȵiɪ˧ɦʏ˩ɦiəʔ˧zɿ˩Øiəʔ˥diæ˩hæ˩hø˩ 表示不怕死。

【二八勿砌灶,正九勿搬场】ȵi˧poʔ˥fəʔ˥tsʻi˧tsæ˧,tsən˥tɕiʏ˩fəʔ˥pø˥zã˧ 吴俗,二月、八月不可以砌灶头,正月、九月不可以搬家。

贰【ȵi˩】、【liã˩】文读【ləl˩】

【贰臣】ȵi˧zən˩

F

fā

发【faʔ˥】另见 fà。

【发力】faʔ˥liəʔ˧ 用力。

【发风】faʔ˥foŋ˥ 刮风。

【发火】faʔ˥həu˦˩˧

【发毛】faʔ˥mæ˨˦

【发文】faʔ˥vən˨˦

【发引】faʔ˥ɦin˧˩

【发白】faʔ˥bɑʔ˧ 呈现出白色。

【发布】faʔ˥pu˦˩˧

【发电】faʔ˥di˧˩

【发功】faʔ˥koŋ˥ 施展功夫（多指气功）。

【发甲】faʔ˥kaʔ˥ （一）发怒。（二）发威；显示身手。

【发令】faʔ˥lin˧˩

【发生】faʔ˥sən˥

【发达】faʔ˥daʔ˧

【发动】faʔ˥doŋ˧˩

【发艮】faʔ˥gən˧˩ 倔脾气发。

【发汗】faʔ˥ɦø˧˩

【发行】faʔ˥ɦɑ̃˨˦

【发红】faʔ˥ɦoŋ˨˦ 呈现出红色。

【发灰】faʔ˥huE˥ 呈现出灰色。

【发扬】faʔ˥ɦiɑ̃˨˦

【发兵】faʔ˥pin˥

【发财】faʔ˥zE˨˦

【发抖】faʔ˥tY˦˩˧

【发花】faʔ˥ho˥

【发还】faʔ˥ɦuE˨˦

【发冷】faʔ˥lɑ̃˧˩ 寒冷的感觉。

【发闷】faʔ˥mən˥ 窒息的感觉。

【发身】faʔ˥sən˥

【发芽】faʔ˥ŋɑ˨˦

【发言】faʔ˥ɦiI˨˦

【发作】faʔ˥tsoʔ˥

【发表】faʔ˥piæ˥˨

【发定】faʔ˥din˧˩ 指眼珠子因惊恐而呆滞。

【发昏】faʔ˥huən˥

【发放】faʔ˥fɑ̃˧˦

【发奋】faʔ˥fən˧˨

【发明】faʔ˥min˨˦

【发极】faʔ˥ʥəʔ˧ 着急。

【发青】faʔ˥tsʻin˥ 呈现出青色。

【发物】faʔ˥vəʔ˧

【发丧】faʔ˥sɑ̃˥

【发性】faʔ˥sin˧˦ 性欲起来。

【发松】faʔ˥soŋ˥ 说话有趣，幽默，使人发笑。

【发现】faʔ˥ɦi˨˩

【发泄】faʔ˥siəʔ˥

【发育】faʔ˥ɦioʔ˧

【发肿】faʔ˥tsoŋ˧˨ 肿起来。

【发胀】faʔ˥tsɑ̃˧˦ （一）胀痛。（二）指不舒服，多用于反语。如：送你不要，我东西在发胀！

【发背】faʔ˥pᴇ˧˦ 生在人后背上的毒疮。

【发绑】faʔ˥pɑ̃˧˨ 行刑前捆绑死囚。

【发疯】faʔ˥foŋ˥

【发挥】faʔ˥huᴇ˥

【发迹】faʔ˥tsiəʔ˥

【发觉】faʔ˥tɕioʔ˥

【发胖】faʔ˥pʻɑ̃˧˦

【发贱】faʔ˥zi˨˩ 自甘下贱。

【发食】faʔ˥zəʔ˧ 义同【发物】。

【发送】faʔ˥soŋ˧˦

【发音】faʔ˥Øin˥

【发威】faʔ˥Øuᴇ˥ 显示威风。

【发病】faʔ˥bin˨˩

【发痞】faʔ˥hᴇ˥ 义同【发肿】。

【发家】faʔ˥tɕiɑ˥

【发难】faʔ˥nᴇ˨˦

【发配】faʔ˥pʻᴇ˧˦

【发起】faʔ˥tɕʻi˧˨

【发热】faʔ˥ȵəʔ˧ （一）体温增高超过正常体温。（二）温度增高而产生的热量。（三）喻（头脑）不冷静。

【发烧】faʔ˥sæ˥

【发烫】faʔ˥tʻɑ̃˧˦ 烫手的感觉。

【发射】faʔ˥zo˨˩

【发祥】faʔ˥ziɑ̃˨˦

【发笑】faʔ˥siæ˧˦

【发展】faʔ˥tsø˧˦

【发绿】faʔ˥loʔ˧ （一）呈现出绿色。（二）形容（眼珠子）呈现出贪婪的光彩。

【发掘】faʔ˥dʑyəʔ˧

【发黄】faʔ˥ɦuɑ̃˦ 呈现出黄色。

【发麻】faʔ˥mo˦ 身体有麻木的感觉。

【发票】faʔ˥pʻiæ˥˨

【发情】faʔ˥zin˦

【发售】faʔ˥zʏ˦

【发虚】faʔ˥ɕy˥

【发痒】faʔ˥ɦiɑ̃˨ 身体有痒的感觉。

【发愤】faʔ˥fən˥˨

【发黑】faʔ˥həʔ˥ 呈现出黑色。

【发落】faʔ˥loʔ˧

【发痧】faʔ˥so˥

【发散】faʔ˥sᴇ˥˨

【发慌】faʔ˥huɑ̃˥

【发骚】faʔ˥sæ˥ 发情。

【发紫】faʔ˥tsɿ˥˨ 呈现出紫色。

【发痴】faʔ˥tsʻʮ˥ （一）发疯。（二）詈语。指责行事有悖常理。

【发嗲】faʔ˥tiɑ˥˨ （一）撒娇。（二）矫情。

【发福】faʔ˥foʔ˥

【发酵】faʔ˥ɕiæ˥˨或faʔ˥kæ˥˨

【发源】faʔ˥ȵiø˦

【发榜】faʔ˥pɑ̃˥˨

【发酸】faʔ˥sø˥

【发稿】faʔ˥kæ˥˨

【发霉】faʔ˥mᴇ˦

【发飙】faʔ˥pʻiæ˥

【发墨】faʔ˥məʔ˧

【发噱】faʔ˥ɕyəʔ˥

【发霭】faʔ˥ɵᴇ˥˨ 颜色发紫（多指面色和嘴唇）。

【发戆】faʔ˥gɑ̃˨ 犯傻。

【发大水】faʔ˥dəu˦sʮ˥˨ 闹水灾。

【发毛病】faʔ˥mæ˦bin˨ （一）发病。（二）喻某种怪异的脾气借端发作。（三）喻某些有违道德的行为再次发作。（四）指行事违背常理。

【发心愿】faʔ˥sin˥ȵiø˨ 表示心愿或愿望。

【发节气】faʔ˥tsəʔ˥tɕʻi˥˨ 指某种慢性病在季节转换、天气有较大变化时发作。

【发艮劲】faʔ˥gən˨tɕən˥˨ 倔脾气发作。

【发老伤】faʔ˥læ˦sɑ̃˥˨ 旧伤复发。

【发老极】faʔ˥læ˦dʑəʔ˧　发急。

【发冷汛】faʔ˥lã˦sin˥˧　天气转冷,温度骤降。

【发利市】faʔ˥li˦zɿ˩

【发芽豆】faʔ˥ŋɑ˦dɤ˩　食品。人工发芽的蚕豆。

【发闲话】faʔ˥ɦɛ˦ɦo˩　(一)口头上提出的警告或要求。(二)气冲冲地放话。

【发标劲】faʔ˥piæ˥tɕən˥˧　耍威风。

【发极甲】faʔ˥dʑəʔ˧kaʔ˥　发急。

【发极蹦】faʔ˥dʑəʔ˧poŋ˥˧　发急。

【发狗疯】faʔ˥kɤ˦foŋ˥　詈语。横蛮、无理取闹。

【发帖子】faʔ˥tʻiəʔ˥tsɿ˥˧　发请帖。

【发神经】faʔ˥zən˦tɕən˥

【发洋财】faʔ˥ɦiã˦zɛ˩

【发高烧】faʔ˥kæ˥sæ˥˧　身体发烧。

【发酒疯】faʔ˥tsɤ˦foŋ˥

【发祥地】faʔ˥ziã˦di˩　名人出生地或事物起源地。

【发嗄劲】faʔ˥doʔ˧tɕən˥˧　倔脾气发作。

【发嗲劲】faʔ˥tiɑ˦tɕən˥˧　(一)撒娇。(二)矫情。

【发寒热】faʔ˥ɦø˦ȵəʔ˧　发烧。

【发脾气】faʔ˥bi˦tɕʻi˥˧

【发戆劲】faʔ˥gã˩tɕən˥˧或faʔ˥gã˦tɕən˥˧　莽撞的脾气发作。

【发三日头】faʔ˥sɛ˥ȵəʔ˧dɤ˩　(一)发疟病。(二)喻某种怪异的脾气无端发作。

【发神经病】faʔ˥zən˦tɕən˥bin˩　发疯。

【发符上表】faʔ˥vu˦zã˩piæ˥˧　原指道士作法,形容乱吵乱闹不可理喻的样子。

【发起财来装勿满一痧药水瓶】faʔ˥tɕʻi˥˧zɛ˦lɛ˩tsã˥fəʔ˥mø˩iəʔ˥so˥ɦiɑ˧sɥ˥˧bin˩　俗语。形容人吝啬。

fá

乏【vaʔ˧】

【乏力】vaʔ˧liəʔ˧

【乏味】vaʔ˧vi˩

伐【vaʔ˧】

【伐木】vaʔ˧moʔ˧

罚【vaʔ˧】

【罚没】vaʔ˧məʔ˧
【罚咒】vaʔ˧tsʏ˦˨　赌咒；立誓。
【罚款】vaʔ˧k'uø˦˨
【罚铜钿】vaʔ˧doŋ˧˦diɪ˨˩　罚款。
【罚愕子】vaʔ˧ŋoʔ˧tsɿ˥˨　疟疾。
【罚不当罪】vaʔ˧pəʔ˥tɑ̃˥zᴇ˨˩
【罚得人家勿认得】vaʔ˧təʔ˥ȵən˧˦kɑ˥fəʔ˥ȵən˨˩təʔ˥　形容处罚十分严厉。

阀【vaʔ˧】

【阀门】vaʔ˧mən˨˩
【阀阅】vaʔ˧ɦʏəʔ˧

筏【vaʔ˧】

fǎ

法【faʔ˥】

【法力】faʔ˥liəʔ˧
【法人】faʔ˥ȵən˧˦
【法门】faʔ˥mən˧˦　那种样子。
【法子】faʔ˥tsɿ˥˨
【法办】faʔ˥bᴇ˨˩
【法令】faʔ˥lin˨˩
【法术】faʔ˥zəʔ˧
【法场】faʔ˥zɑ̃˧˦
【法纪】faʔ˥tɕi˦˨
【法名】faʔ˥min˧˦
【法术】faʔ˥zəʔ˧
【法师】faʔ˥sɿ˥
【法网】faʔ˥mɑ̃˨˩
【法则】faʔ˥tsəʔ˥
【法旨】faʔ˥tsʮ˦˨
【法医】faʔ˥ʔi˥
【法宝】faʔ˥pæ˥˨
【法定】faʔ˥din˨˩
【法官】faʔ˥kuø˥
【法规】faʔ˥kuᴇ˥
【法盲】faʔ˥mɑ̃˨˩
【法事】faʔ˥zɿ˨˩
【法帖】faʔ˥t'iəʔ˥

【法院】faʔ˥ɦiø˦
【法制】faʔ˥tsɥ˨
【法治】faʔ˥zɥ˦
【法度】faʔ˥dəu˩
【法庭】faʔ˥din˦
【法律】faʔ˥liəʔ˧
【法家】faʔ˥tɕia˥
【法眼】faʔ˥ŋɛ˩
【法道】faʔ˥dæ˦ （一）法力。（二）喻办法，门路。
【法器】faʔ˥tɕʻi˨
【法兰绒】faʔ˥lɛ˦ȵoŋ˩ 一种粗纺毛织物，手感柔软平整。
【法西斯】faʔ˥si˥sɿ˨
【法国人】faʔ˥kuəʔ˥ȵən˩ （一）指法国籍人。（二）指苏北人。
【法国梧桐】faʔ˥kuəʔ˥ŋəu˦doŋ˩ 悬铃木。

砝【faʔ˥】

【砝码】faʔ˥mo˦

fà

发【faʔ˥】另见 fā。

【发式】faʔ˥səʔ˥
【发妻】faʔ˥tsʻi˥
【发帚】faʔ˥tsʏ˥ 古时男子蓄长发，从头顶齐根札起一把，如云帚状。
【发型】faʔ˥ɦin˩
【发廊】faʔ˥lɑ̃˦
【发蜡】faʔ˥laʔ˥
【发髻】faʔ˥tɕʻəʔ˥ 在头顶或脑后盘成各种形状的头发。

珐【faʔ˥】

【珐琅】faʔ˥lɑ̃˦

fān

帆【vɛ˦】

【帆布】vɛ˦pu˨
【帆船】vɛ˦zø˩

番【fɛ˥】另见 pān。

【番司】fɛ˥sɿ˨ 脸。为英文 face 音译。
【番号】fɛ˥ɦæ˩
【番邦】fɛ˥pɑ̃˨
【番茄】fɛ˥ga˩ 西红柿。

幡【fE˥】

【幡然】fE˥zø˨˩

藩【vE˨˦】

【藩台】vE˨˦dE˨˩　旧时官名，即布政使，主管一省的民政和财政。

F

翻【fE˥】

【翻车】fE˥ts'o˥˩
【翻斗】fE˥tY˥˩
【翻毛】fE˥mæ˨˩
【翻天】fE˥t'ii˥
【翻本】fE˥pən˥˩　(一)反败为胜(多指赌博)。(二)喻境况从不好到好。
【翻皮】fE˥bi˨˩
【翻头】fE˥dY˨˩　反射和折射出来的美丽的光彩。
【翻印】fE˥0in˥˩
【翻动】fE˥doŋ˨˩
【翻拍】fE˥p'ɑʔ˥
【翻身】(1)fE˥sən˥˩　喻从受压迫、受剥削的情况下解放出来。(2)fE˥sən˥　躺着转动身体。
【翻译】fE˥ɦiəʔ˧
【翻版】fE˥pE˥˩
【翻供】fE˥koŋ˥˩
【翻录】fE˥loʔ˧
【翻卷】fE˥tɕiø˥˩
【翻刻】fE˥k'əʔ˥
【翻砂】fE˥so˥˩
【翻修】fE˥sY˥˩
【翻案】fE˥0ø˦˧
【翻悔】fE˥huE˥˩
【翻晒】fE˥so˥˩
【翻阅】fE˥ɦyəʔ˧
【翻造】fE˥zæ˨˩
【翻船】fE˥zø˨˦
【翻领】fE˥lin˨˩
【翻盘】fE˥bø˨˦　喻胜负形势逆转。
【翻脱】fE˥t'əʔ˥　(一)翻掉。(二)指否定掉。
【翻越】fE˥ɦyəʔ˧
【翻滚】fE˥kuəu˥˩
【翻筲】fE˥sæ˥　(一)翻本。(二)喻境况从不好到好。
【翻新】fE˥sin˥
【翻门槛】fE˥mən˨˦k'E˥　耍花招。

【翻毛戗】fᴇ˥mæ˦ʦʻiã˥˩　翻脸。

【翻白眼】fᴇ˥bɑʔ˧ŋᴇ˨˧　眼睛朝上或向旁边看，现出白眼球。（一）看不起人的一种表情。（二）身体虚脱、生命垂危时的表情。

【翻台子】fᴇ˥dᴇ˦ʦɿ˥˩　（一）掀翻桌子。（二）喝酒水喝了一家，换一家再喝。（三）戏剧武行翻筋斗，从数张叠起的方桌上往下翻。

【翻过去】fᴇ˥kəu˥ʨʻi˥˩　（一）翻个儿。（二）反胜为败。

【翻过来】fᴇ˥kəu˥lᴇ˨˧　（一）翻个儿。（二）从反面角度（看问题）。（三）反败为胜。

【翻老账】fᴇ˥læ˨˧ʦã˥˩　喻把已经过去的事重新翻出来，与人争执。

【翻戏党】fᴇ˥ɕi˥˩tɑ̃˥˩　能变换多种手法设局骗人的人或团体。

【翻行头】fᴇ˥ɦã˦dʏ˨˧　更换服饰（多指炫耀）。

【翻花头】fᴇ˥ho˥dʏ˨˧　改变样式或花招。

【翻花样】fᴇ˥ho˥ɦiã˨˧　义同【翻花头】。

【翻角色】fᴇ˥koʔ˥səʔ˥或fᴇ˥ʨiɑʔ˥səʔ˥　指戏曲表演中，一个人扮演几个角色。

【翻转去】fᴇ˥ʦø˥ʨʻi˥˩　（一）翻过去。（二）指赢回去。

【翻转来】fᴇ˥ʦø˥lᴇ˨˧　（一）翻过来。（二）指赢回来。

【翻面孔】fᴇ˥mii˦kʻoŋ˥˩　翻脸。

【翻被头】fᴇ˥bi˦dʏ˦　将被面、里子、棉絮缝成被子。

【翻梗子】fᴇ˥kã˥ʦɿ˥˩　玩单杠运动。

【翻跟斗】fᴇ˥kən˥təu˥˩　（一）翻筋斗。（二）形容价格、价值成倍上涨。

【翻箱底】fᴇ˥siã˥ti˥˩　把旧有的资料翻出来。

【翻老皇历】fᴇ˥læ˦ɦuɑ̃˦liəʔ˧　喻查找已陈旧过时的规矩。

【翻肠搅肚】fᴇ˥zɑ̃˨˧kæ˥˩dəu˨˧　（一）肚子里极不舒服。（二）形容颠过来、倒过去地（想）。

【翻牢劫狱】fᴇ˥læ˨˧tɕəʔ˥ɲ̥oʔ˧　用武力攻劫监牢，营救囚犯。

【翻蛆搭舌】fᴇ˥ʦʻi˥˩taʔ˥zəʔ˧

F

形容能说会道。

【翻箱倒笼】fE˥siã˥tæ˥˩loŋ˩
形容彻底翻检。

【翻本出赢钿】fE˥pən˥˩ts'ə˥
ɦin˦di˩ 先输后赢,喻夺回失去的,还获得另外好处。

【翻转仔面孔】fE˥tsø˥tsɿ˥˩
mi˦k'oŋ˥˩ 板着脸。

【翻转石榴皮】fE˥tsø˥˩zɑʔ˦
lY˩bi˩ 形容麻子的脸。

【翻转甏、汏白炭】fE˥tsø˥bã˩,
da˦bɑʔ˦t'E˥˩ 苏州民间传说中的两件不可思议的东西:从里向外翻出的陶瓷甏和洗得颜色洁白的炭。

【翻过来,勃过去】fE˥kəu˥lE
˩,bəʔ˦kəu˥tɕ'i˥˩ 翻来覆去、反反复复。

【翻转面孔勿认人】fE˥tsø˥˩
mi˦k'oŋ˥˩fəʔ˥ɳən˩ɳən˦
翻脸不认人。

fán

凡【VE˦】

【凡人】VE˦ɳən˩

【凡尔】VE˦ɦəl˩ 阀门。

【凡心】VE˦sin˥

【凡尘】VE˦zən˩

【凡事】VE˩zɿ˩

【凡是】VE˩zɿ˩

【凡就】VE˩zY˩ 凡是。

【凡士林】VE˦zɿ˥lin˩

【凡立丁】VE˦liəʔ˦tin˥˩ 一种平纹单色毛织品,常以线做经、纱做纬织成,质地薄而挺括,适宜于做夏季服装。

【凡尔盘】VE˦ɦəl˩bø˩ 方向盘的旧称。

【凡夫俗子】VE˦fu˥zoʔ˦tsɿ˥˩

【凡事开头难】VE˩zɿ˩k'E˥d
Y˩nE˦ 做任何事,开始阶段总是比较困难的。

矾【VE˦】

烦【VE˦】

【烦】VE˦ (一)(事情)多且乱。(二)打搅。(三)令人讨厌的叨唠。

【烦心】VE˦sin˥

【烦劳】VE˦læ˩

【烦闷】VE˦mən˥

【烦恼】VE˦næ˩

【烦难】VE˦nE˩

【烦煞】vE˦sa˥ˀ 烦到极点。
【烦琐】vE˦səu˥˩
【烦躁】vE˦ʦ'æ˥˩
【烦心思】vE˦sin˥s˥˩ 费心思。
【烦煞快】vE˦sa˥ˀk'ua˥˩ (一)形容事情繁杂。(二)令人心烦的唠叨。
【烦得来】vE˦tə˥ˀlE˩ (一)形容事情繁杂。(二)指心烦意乱。(三)令人心烦的语言,没完没了的唠叨。
【烦勿清爽】fE˦fə˥ˀʦ'in˥sã˥˩ 形容没完没了的纠缠、搅扰。

蕃【vE˦】

樊【vE˦】

【樊笼】vE˦loŋ˩
【樊篱】vE˦li˥˩

繁【vE˦】

【繁多】vE˦təu˥
【繁华】vE˩ɦo˩
【繁忙】vE˦mã˩
【繁体】vE˦t'i˥˩
【繁育】vE˦ɦioˀ˧
【繁复】vE˦foˀ˥
【繁荣】vE˩ɦioŋ˩
【繁星】vE˦sin˥
【繁重】vE˩zoŋ˩
【繁盛】vE˩zən˩
【繁殖】vE˦zəˀ˧

fǎn

反【fE˥˩】

【反比】fE˥˩pi˥˩
【反手】fE˥˩sY˥˩ (一)反过手来,手背(出击)。(二)左手,左边。
【反文】fE˥˩vən˦ 汉字偏旁,用于右边,如"故"的右边。
【反对】fE˥˩tE˥˩
【反击】fE˥˩ʨəˀ˥
【反目】fE˥˩moˀ˧
【反扑】fE˥˩p'oˀ˥
【反切】fE˥˩ʦ'iəˀ˥
【反动】fE˥˩doŋ˩
【反正】fE˥˩ʦən˥˩
【反而】fE˥˩ɦəl˩
【反光】fE˥˩kuã˥
【反问】fE˥˩mən˩
【反串】fE˥˩ʦ'ø˥

【反驳】fE˦˧poʔ˥

【反攻】fE˦˧koŋ˥

【反间】fE˦˧tɕiɪ˥

【反抗】fE˥˩kʻɑ̃˥˩

【反身】fE˦˧sən˥

【反应】fE˥˩∅in˥˩

【反坐】fE˥˩zəu˧˩

【反衬】fE˥˩tsʻən˥˩

【反话】fE˥˩ɦo˧˩

【反差】fE˦˧tsʻɑ˥

【反绑】fE˦˧pɑ̃˥ （一）两手绑在背后。（二）（两手）反靠在身后。

【反复】fE˦˧foʔ˥

【反宫】fE˦˧koŋ˥

【反骨】fE˦˧kuəʔ˥ 喻反叛不忠的品质。

【反面】fE˥˩mi˧˩

【反派】fE˥˩pʻɑ˥˩

【反叛】fE˥˩bø˧˩

【反思】fE˦˧sɿ˥

【反胃】fE˥˩ɦuE˧˩

【反响】fE˦˧ɕiɑ̃˥

【反省】fE˦˧sin˥

【反咬】fE˦˧ŋæ˧

【反药】fE˦˧ɦiɑʔ˧ 与治病作用相反的药。

【反映】fE˥˩∅in˥˩

【反倒】fE˦˧tæ˥

【反调】fE˥˩diæ˧˩

【反悔】fE˥˩huE˥˩

【反哺】fE˦˧bu˧

【反射】fE˦˧zo˧

【反常】fE˦˧zɑ̃˧

【反剪】fE˦˧tsiɪ˥

【反馈】fE˦˧guE˧

【反锁】fE˦˧səu˥

【反感】fE˥˩kø˥

【反一反】fE˥˩∅iəʔ˥fE˥˩ （一）正相反。（二）反对了一下。（三）造了一个反。

【反犬傍】fE˦˧tɕʻiø˥pɑ̃˥˩ 汉字偏旁，如“独”字的左边。

【反来使】fE˦˧lE˧sɿ˥˩ 不仅拒绝对方的指责，反而以此指责对方。

【反钉耙】fE˦˧tin˥bo˧˩ 倒打一耙。

【反得来】fE˥˩təʔ˥lE˧˩ （一）倒过来大吵大闹。（二）形容反对得很厉害。（三）造反打过来。

【反仔一场】fE˥˩tsɿ˥˩∅iəʔ˥zɑ̃˧˩ 吵闹了一场。

【反绑仔手】fE˦˧pɑ̃˥tsɿ˥˩sʏ˥˩ （一）两手绑在后面。（二）

F

两手反靠在身后。

【反复无常】fE˦foˀ˥vu˨zã˨

【反操耳光】fE˦ts'æ˥ȵi˨kuã˦

用手背打人耳光。

返【fE˨】

【返工】fE˦koŋ˥

【返场】fE˨zã˦

【返回】fE˦ɦuE˦

【返还】fE˦ɦuE˦

【返青】fE˦ts'in˥

【返修】fE˦SY˥

【返航】fE˦ɦã˦

【返销】fE˦siæ˥

【返聘】fE˦p'in˥

【返魂香】fE˦ɦuən˦ɕiã˦ 传说中能起死回生的香料或线香。

【返老还童】fE˦læ˦ɦuE˨doŋ˨

fàn

犯【VE˨】

【犯人】VE˦ȵən˦或VE˦ȵən˨

【犯上】VE˨zã˨

【犯讳】VE˨huE˦

【犯法】VE˦faˀ˥

【犯忌】VE˨ʥi˨

【犯规】VE˦kuE˥

【犯贱】VE˨zi˨

【犯着】VE˦zɑˀ˧ 值得。

【犯罪】VE˨zE˨

【犯七煞】VE˨ts'iəˀ˥saˀ˥ 触犯忌讳。

【犯口舌】VE˨k'Y˦zəˀ˧ 引起争吵。

【犯勿着】VE˦fəˀ˥zɑˀ˧ 不值得。

【犯毛病】VE˨mæ˦bin˨ 旧病重新发作。喻重犯某些有违道德的错误。

【犯本钿】VE˨pən˦di˨

(一)下本钱。(二)涉及本钱。(三)喻涉及根本利益。

【犯血本】VE˨ɕyəˀ˥pən˦

义同【犯本钿】。

【犯众怒】VE˨tsoŋ˦nəu˨ 引起公愤。

【犯字眼】VE˨zɿ˦ŋE˨ 某些字读音不正确。

【犯得着】VE˨təˀ˥zɑˀ˧ 值得。

【犯冷热病】VE˨lã˦ȵəˀ˧bin˨

喻情绪忽冷忽热。

【犯禁勿犯法】vE˩tɕən˩fəʔ˥ vE˩faʔ˥ 违犯禁令但还没有违反法律、法令。

饭【vE˩】

【饭水】vE˧sʮ˥˩ 喻职业、工作。

【饭厅】vE˧tʻin˥

【饭格】vE˧kaʔ˥ 义同【饭幢】。

【饭局】vE˧dʑioʔ˧

【饭店】vE˧tiI˥˩

【饭单】vE˧tE˥ 围裙。

【饭食】vE˧zəʔ˧ 饭菜。

【饭糍】vE˧zʮ˩ 锅巴。

【饭菜】vE˧tsʻE˥˩

【饭盒】vE˧ɦaʔ˧

【饭桶】vE˧doŋ˩

【饭瘊】vE˧ɕiY˥ 皮肤上如饭粒大小的疖疣。

【饭超】vE˧tsʻæ˥ 打饭用的勺子。

【饭锅】vE˧kəu˥

【饭量】vE˧liã˩

【饭碗】vE˧uø˥˩

【饭箩】vE˧ləu˩ 用竹篾编成用来盛米饭的圆形而无盖的容器。

【饭幢】vE˧zɑ̃˩ 携带式的有多层放饭菜的器皿。

【饭镬】vE˧ɦoʔ˧ （一）煮饭用的铁锅。（二）正在煮饭或煮了饭的铁锅。

【饭司傅】vE˧sɿ˥vu˩ 做饭的厨子。

【饭米糁】vE˧mi˧sø˥˩ 饭粒。

【饭别头】vE˧biəʔ˧dY˩ 小饭团。

【饭拇头】vE˧miəʔ˧dY˩ 小饭团。

【饭泡粥】vE˧pʻæ˥tsoʔ˥ （一）用饭加水烧成的粥。（二）形容说话啰唆。

【饭勃头】vE˧bəʔ˧dY˩ 小饭团。

【饭钵头】vE˧pəʔ˥bY˩ 饭碗（含调侃意）。

【饭碗头】vE˧uø˥dY˩ （一）盛着饭的碗。（二）有吃剩饭的饭碗。（三）喻赖以生活的工作。

【饭榔头】vE˧lɑ̃˧dY˩ 形容饭量大。

【饭筲箕】vE˧sæ˥tɕi˥˩ 用竹

蔑编成的圆形有盖有提梁的盛饭容器,可以悬挂。

【饭镬子】vE˦ɦoʔ˧ʦɿ˥˩ (一)煮饭用的铁锅。(二)正在煮饭或煮了饭的锅子。

【饭为根本肉为膘】vE˩˧ɦuE˩˧kən˥pən˥˩ȵoʔ˧ɦuE˩˧piæ˥ 粮食和肉食类营养是人体必需的。劝谕人要正常饮食。

【饭店门口摆粥摊】vE˦tii˥˩mən˦k‘Y˥˩pɑ˥˩ʦoʔ˥tE˥ 喻在行家面前卖弄。

【饭来张口,衣来伸手】vE˩˧lE˦ʦã˥kY˥˩,0i˥lE˦sən˥sY˥˩ 形容只会享受的懒汉。

【饭吃三碗,闲事不管】vE˩˧ʨ‘əʔ˥sE˥0uø˥˩,ɦE˦z1˩˧fəʔ˥kuø˥˩ 俗语。指明哲保身。

【饭店里回葱——明吃亏】vE˦tii˥˩li˩˧ɦuE˦ʦ‘oŋ˥——min˦ʨ‘əʔ˥ʨ‘y˥ 歇后语。指明摆着要吃亏的。

【饭后走百步,胜过开药铺】vE˦ɦY˩˧ʦY˥˩pɑʔ˥bu˩˧,sən˧˦kəu˥˩k‘E˥ɦiɑʔ˧p‘u˥˩ 俗语。饭后散步,有助消化,有利健康。

泛【fE˧˦】

【泛泛】fE˧˦fE˥˩

【泛黄】fE˧˦ɦuã˦ 颜色由白转黄。

【泛滥】fE˧˦lE˦或fE˧˦lE˩˧

【泛酸】fE˧˦sø˥

【泛上来】fE˧˦zã˦lE˩˧ 泛起;飘浮上来。

【泛出来】fE˧˦ʦ‘əʔ˥lE˩˧ 由里向外渗出来。

【泛酸水】fE˧˦sø˥sɥ˥˩ 胃酸过多而上涌。

范【vE˩˧】

【范】vE˩˧姓,当与名字连读时读做vE˦。

【范文】vE˦vən˩˧

【范本】vE˦pən˥˩

【范围】vE˩˧ɦuE˩˧

【范例】vE˧˦li˥˩

【范就】后缀词。用在"毛病"、"脾气"、"个性"、"职务"、"生煞"等后面,表示"的原因"。

【范畴】vE˦zY˩˧

贩【fE˥˩˧】

【贩子】fE˥tsɿ˥˩
【贩运】fE˥˩˧ɦyən˨˩
【贩卖】fE˥mɑ˨˩
【贩毒】fE˥˩˧doʔ˧
【贩私货】fE˥˩˧sɿ˥˥hən˥˩ 贩卖私货。喻在文章或言语中夹杂私自的东西。
【贩私盐】fE˥˩˧sɿ˥˥ɦiI˨˩ 贩卖私盐。喻严重的违法乱纪行为。
【贩得来】fE˥˩˧təʔ˥˥lE˨˩ （一）贩来的。（二）喻学来的，听来的。

梵【vE˨˩】

【梵哑铃】vE˧˦o˥˥lin˨˩

fāng

方【fã˥】中州韵【fã˥】

【方寸】fã˥ts'ən˥˩
【方巾】fã˥tɕən˥˩ （一）旧式婚礼新娘蒙在头上遮住脸的红绸布。（二）古时男子束发的帕子。（三）明代书生日常戴的帽子。
【方口】fã˥kY˥˩ （一）形容说话迟钝。（二）指评弹演员不善于插科打诨、即兴表演，拘于照本宣科。
【方丈】fã˥zã˨˩
【方子】fã˥tsɿ˥˩
【方台】fã˥dE˨˩ 桌面为正方形的桌子。
【方式】fã˥səʔ˥
【方向】fã˥ɕiã˥˩
【方竹】fã˥tsoʔ˥ 一种竿身呈方形的竹子。
【方伯】fã˥pɑʔ˥ 旧时藩台的别称。
【方步】fã˥bu˨˩
【方钉】fã˥koŋ˥˩ 方型大蜡扦。
【方块】fã˥k'uE˥˩ （一）方形。（二）扑克牌中的菱形图案。
【方位】fã˥ɦuE˨˩
【方言】fã˥ɦiI˨˩
【方针】fã˥tsən˥˩
【方砖】fã˥tsø˥˩ 旧时铺地或护墙的方形大砖。
【方案】fã˥ø˥˩
【方略】fã˥˥liɑʔ˧

【方盘】fɑ̃˥bø˩ 长方形的盘子。

【方腿】fɑ̃˥t'ᴇ˥˩ 西式火腿。

【方凳】fɑ̃˥tən˥˩ 凳面长方形的凳子。

【方糕】fɑ̃˥kæ˥˩ 方形蒸糕。

【方巾气】fɑ̃˥tɕən˥tɕ'i˥˩ 指言行举止充满了迂腐的学究气。

【方向盘】fɑ̃˥ɕiɑ̃˥bø˩

【方折折】fɑ̃˥tsəʔ˥tsəʔ˥ 形容方方的。

【方框档】fɑ̃˥k'uɑ̃˥tɑ̃˥˩ （一）方形框子。（二）汉字大口部首，如“国”字的外部。

【方腔档】fɑ̃˥tɕ'iɑ̃˥tɑ̃˥˩ 义同【方框档】。

【方方正正】fɑ̃˥fɑ̃˥tsən˥˩ tsən˥˩ （一）成正方形，不偏不歪。（二）形容正直。

【方方面面】fɑ̃˥fɑ̃˥mi˩mi˩

【方块头字】fɑ̃˥k'uᴇ˥dɤ˩z˩ （一）指汉字。（二）供儿童启蒙识字用的写有汉字的方格或方形硬纸片。（三）书法中临摹汉字正楷的大字。

【方面大耳】fɑ̃˥mi˩da˩ɦəl˩ 方面型，大耳朵，眉宇开阔。据认为是福相的脸。

【方翅乌纱】fɑ̃˥ts'ɥ˥˩Ø əu˥ so˥˩ 戏曲中，清正的中级官员所带的官帽，其两边帽翅为长方形。

【方棱折角】fɑ̃˥lən˩tsəʔ˥koʔ˥ （一）形容形状正方。（二）形容人品端01正。

坊【fɑ̃˥】中州韵【fɑ̃˥】 另见 fáng。

芳【fɑ̃˥】中州韵【fɑ̃˥】

【芳心】fɑ̃˥sin˥˩

【芳名】fɑ̃˥min˩

【芳香】fɑ̃˥ɕiɑ̃˥˩

【芳龄】fɑ̃˥lin˩

枋【fɑ̃˥】中州韵【fɑ̃˥】

【枋子】fɑ̃˥tsɿ˥˩

fáng

防【bɑ̃˧】中州韵【vɑ̃˩】

【防风】bɑ̃˧foŋ˥ （一）风吹不进的装置。（二）一种中草药，可用来医治头风。
【防止】bɑ̃˧tsʮ˥˩
【防防】bɑ̃˧bɑ̃˩ 预防。
【防老】bɑ̃˧læ˩
【防守】bɑ̃˧sʏ˥˩
【防汛】bɑ̃˧sin˥˩
【防身】bɑ̃˧sən˥
【防备】bɑ̃˧bᴇ˩
【防空】bɑ̃˧k'oŋ˥
【防线】bɑ̃˧siɪ˥˩
【防夜】bɑ̃˧Øia˥˩
【防治】bɑ̃˧zʮ˩
【防毒】bɑ̃˧doʔ˧
【防洪】bɑ̃˧ɦoŋ˩
【防疫】bɑ̃˧ɦʏəʔ˧
【防贼】bɑ̃˧zəʔ˧ 防止坏人进行盗窃。
【防盗】bɑ̃˧dæ˩
【防御】bɑ̃˧ɦʏ˩
【防腐】bɑ̃˧vu˩
【防震】bɑ̃˧tsən˥˩
【防潮】bɑ̃˧zæ˧
【防不胜防】bɑ̃˧pəʔ˥sən˦ bɑ̃˧
【防防君子】bɑ̃˧bɑ̃˧tɕʏən˦ tsɿ˥˩ 流于形式的防备。
【防君子,勿防小人】bɑ̃˧tɕʏən˦tsɿ˥˩,fəʔ˥bɑ̃˧siæ˥zən˩ 流于形式的防备。小人，品行不好的人。

坊【fɑ̃˥】中州韵【fɑ̃˥】另见 fāng。

妨【fɑ̃˥】中州韵【fɑ̃˥】

【妨害】fɑ̃˥˩ɦᴇ˩
【妨碍】fɑ̃˥˩ŋᴇ˩

肪【fɑ̃˥】中州韵【fɑ̃˥】

房【vɑ̃˧】中州韵【vɑ̃˧】

【房门】vɑ̃˧mən˩ 房间的门。
【房子】vɑ̃˧tsɿ˥˩
【房东】vɑ̃˩toŋ˥˩
【房产】vɑ̃˧ts'ᴇ˥˩
【房间】vɑ̃˧kᴇ˥
【房顶】vɑ̃˧tin˥˩ 屋脊。
【房事】vɑ̃˧zɿ˩
【房客】vɑ̃˧k'ɑʔ˥
【房契】vɑ̃˧tɕ'i˥˩
【房屋】vɑ̃˧Øoʔ˥
【房钿】vɑ̃˧diɪ˩ 房租钱。
【房基】vɑ̃˧tɕi˥
【房门口】vɑ̃˧mən˧k'ʏ˥˩ 房

间门口。

【房门头里】vɑ̃˧mən˧dY˨˩li˨˩ 宗亲氏族里。

【房间里向事体】vɑ̃˧kE˥li˨˩ ɕiã˥˧zɿ˧t'i˥˧ 指男女之间的私密事情。

fǎng

仿【fɑ̃˥˧】中州韵【fã˥˧】

【仿古】fɑ̃˥˧kəu˥˧或fɑ̃˧˦kəu˥
【仿宋】fɑ̃˧˦soŋ˥
【仿制】fɑ̃˧˦tsɥ˥˧或fɑ̃˥˧tsɥ˥˧
【仿冒】fɑ̃˧˦mæ˨˩或fɑ̃˥˧mæ˨˩
【仿效】fɑ̃˧˦ɦiæ˨˩
【仿造】fɑ̃˧˦zæ˨˩或fɑ̃˥˧zæ˨˩
【仿照】fɑ̃˧˦tsæ˥˧或fɑ̃˥˧tsæ˥˧
【仿绍酒】fɑ̃˧˦zæ˧tsY˥˧ 仿制的绍兴酒。

访【fɑ̃˥˧】中州韵【fã˥˧】

【访问】fɑ̃˥˧vən˨˩
【访谈】fɑ̃˧˦dE˧

纺【fɑ̃˥˧】中州韵【fã˥˧】

【纺纱】fɑ̃˧˦so˥ 把丝、麻、棉、毛等纤维拧成纱。
【纺织】fɑ̃˧˦tsəʔ˥
【纺绸】fɑ̃˧˦zY˧
【纺织娘】fɑ̃˧˦tsəʔ˥ȵiã˨˩ 一种雄性能振翅鸣叫的昆虫,其鸣叫声如同纺织机杼声。也称【纺纱娘】fɑ̃˧˦so˥ȵiã˨˩。

fàng

放【fɑ̃˧˦】中州韵【fã˧˦】

【放刁】fɑ̃˧˦tiæ˥
【放大】fɑ̃˥də u˨˩
【放工】fɑ̃˧˦koŋ˥
【放尺】fɑ̃˧˦ts'ɑʔ˥ 量出正确长度,再放出一些(多用于量长度的买卖)。
【放风】fɑ̃˧˦foŋ˥
【放火】fɑ̃˥həu˥˧
【放手】fɑ̃˧˦sY˥˧
【放水】fɑ̃˧˦sɥ˥˧ (一)把水排放掉或注入。(二)喻掺假。
【放心】fɑ̃˥sin˥˧
【放生】fɑ̃˥sã˥˧或fɑ̃˧˦sã˥ (一)把捉住的动物放掉;特指信佛的人把别人捉住的鱼鸟等买来放掉。(二)喻失约。
【放灯】fɑ̃˧˦tən˥

【放疗】fɑ̃˥˧˥liæ˨˩
【放任】fɑ̃˥˧˥zən˨˩
【放汤】fɑ̃˥˧˥t'ɑ̃˥ 娱乐营业场所免费开放。
【放血】fɑ̃˥˧˥ɕyəʔ˥ （一）受到出血伤害。（二）喻被迫出钱。
【放花】fɑ̃˥˧˥ho˥ 放礼花。
【放屁】fɑ̃˥p'i˥˩
【放弃】fɑ̃˥˧˥tɕ'i˥˩或fɑ̃˥tɕ'i˥˩
【放声】fɑ̃˥˧˥sən˥
【放纵】fɑ̃˥˧˥tsoŋ˥
【放定】fɑ̃˥˧˥din˨˩
【放牧】fɑ̃˥˧˥moʔ˧
【放松】fɑ̃˥soŋ˥˩
【放荡】fɑ̃˥˧˥dɑ̃˨˩
【放毒】fɑ̃˥˧˥doʔ˧
【放炮】fɑ̃˥˧˥p'æ˥˧˥ （一）使炮弹发射出去。（二）用火药爆破岩石、矿石等。（三）比喻发表激烈抨击的言论。（四）喻放屁。
【放养】fɑ̃˥˧˥ɦiɑ̃˨˧
【放映】fɑ̃˥˧˥ʔin˥˩或fɑ̃˥˧˥ʔiɑ̃˥
【放浪】fɑ̃˥˧˥lɑ̃˨˩
【放哨】fɑ̃˥˧˥sæ˥
【放射】fɑ̃˥˧˥zo˨˩
【放样】fɑ̃˥˧˥ɦiɑ̃˨˩ 正式生产之前的产品样品。
【放债】fɑ̃˥˧˥tsɑ˥˧˥
【放逐】fɑ̃˥˧˥zoʔ˧
【放铳】fɑ̃˥˧˥ts'oŋ˥˧˥ 把铳弹打出去。铳，一种旧式火器。
【放笼】fɑ̃˥˧˥loŋ˨˧ 指向被通缉人暗中透露消息，助其逃逸。
【放假】fɑ̃˥kɑ˥˩
【放宽】fɑ̃˥k'uø˥˩
【放盘】fɑ̃˥˧˥bø˨˧或fɑ̃˥bø˨˩
【放量】fɑ̃˥˧˥liɑ̃˨˩
【放晴】fɑ̃˥˧˥zin˨˧
【放肆】fɑ̃˥˩sɿ˥˩
【放一码】fɑ̃˥˧˥ʔiəʔ˥mo˨˩ 宽恕，饶过。
【放大镜】fɑ̃˥dəu˨˧tɕən˥˩
【放过门】fɑ̃˥˧˥kəu˥˧˥mən˨˧ 饶恕，不追究。
【放交情】fɑ̃˥˧˥tɕiæ˥zin˨˩ 施惠于熟人。
【放冷箭】fɑ̃˥˧˥lɑ̃˨˩tsiɪ˥˩ 喻暗中害人。
【放饭学】fɑ̃˥vɛ˨˧ɦoʔ˧ 学校中午放学。
【放屁虫】fɑ̃˥piɪ˥zoŋ˨˩ 一种黑色硬壳虫，按住其背，能放出臭气。
【放空气】fɑ̃˥˧˥k'oŋ˥tɕ'i˥˩
【放空炮】fɑ̃˥˧˥k'oŋ˥p'æ˥˩
【放夜学】fɑ̃˥ʔia˥ɦoʔ˧ 学校

F

下午放学。

【放炮仗】fɑ̃˥pʻæ˥zɑ̃˩ 燃放爆竹。

【放鹁鸽】fɑ̃˦bəʔ˧kəʔ˥ (一)旧时利用妇女色相为诱饵,引人上钩,从而卷走人钱财的骗局。(二)今多指有意失约。

【放鸽子】fɑ̃˦kəʔ˥tsɿ˥˩ 义同【放鹁鸽】。

【放野火】fɑ̃˦ɦia˧həu˥˩ 喻制造谣言,造成混乱的局面。

【放野狗】fɑ̃˦ɦia˧kɤ˥˩ 喻严格的管理中,让人暂时自由放松一下(含调侃意)。

【放焰口】fɑ̃˦ɵiɪ˥kʻɤ˥˩ 旧俗。请和尚念经,超度饿鬼并向饿鬼施食。

【放鹞子】fɑ̃˦ɦiæ˧tsɿ˥˩ 放风筝。

【放噱头】fɑ̃˥ɕyəʔ˥dɤ˩或fɑ̃˦ɕyəʔ˥dɤ˧ (一)骗人。(二)搞笑。

【放开怀抱】fɑ̃˦kʻE˥ɦuE˩bæ˩ 形容尽量、纵情。

【放马过来】fɑ̃˦mo˧kəu˥lE˩ 邀战的话。

【放印子钿】fɑ̃˦ɵin˥tsɿ˥˩diɪ˩ 借给别人印子钱。另见【印子钱】。

【放烟幕弹】fɑ̃˦ɵiɪ˥mo˩dE˩ 喻用假象掩人耳目。

【放长线钓大鱼】fɑ̃˦zɑ̃˧siɪ˥˩tiæ˦dəu˧ŋ̍˩ 喻用长远的观点定计策,期待大的收获。

【放火容易救火难】fɑ̃˥həu˥˩ɦioŋ˧ɦi˩tɕiɤ˥həu˥˩nE˧ 喻惹起事端容易,平息事态困难。

【放下屠刀,立地成佛】fɑ̃˦ɕia˥˩dəu˧tæ˥,liəʔ˧di˩zən˩vəʔ˧

【放七十二个连环屁】fɑ̃˦tsʻiəʔ˥zəʔ˧ɳ̍i˩kəʔ˥liɪ˧guE˧pʻi˥˩ 詈语。放屁。

【放火是伊,救火亦是伊】fɑ̃˥ɦəu˥˩zɿ˩ɦi˥,tɕiɤ˥həu˥˩ɦɑʔ˧zɿ˩ɦi˥ 造出事端的是这个人,出面做和事佬息事的也是这个人。喻人两面派的嘴脸。伊:他。

fēi

飞【fi˥】

【飞人】fi˥ɳ̍ən˩

【飞车】fi˥tsʻo˥˩

【飞升】fi˥sən˥˩

【飞天】fi˥t'iɪ˨˩

【飞白】fi˥bɑʔ˧

【飞红】fi˥ɦoŋ˨˩

【飞机】fi˥tɕi˨˩

【飞行】fi˥ɦin˨˩

【飞扬】fi˥ɦiã˨˩

【飞快】fi˥k'uɑ˨˩

【飞吻】fi˥vən˨˩

【飞步】fi˥bu˨˩ 奔。

【飞金】fi˧tɕən˥ 贴金。

【飞食】fi˥zəʔ˧ (一)鸟在野外觅食。(二)经过训练的鸟,攫食抛在空中的食品。

【飞轿】fi˥dʑiæ˨˩ 抬着轿子飞奔。

【飞逝】fi˥zɿ˨˩

【飞速】fi˥soʔ˥

【飞涨】fi˥tsã˨˩

【飞跃】fi˥ɦiɑʔ˧

【飞禽】fi˥dʑən˨˩

【飞散】fi˥sᴇ˨˩

【飞艇】fi˥t'in˨˩

【飞翔】fi˥ziã˨˩

【飞象】fi˥ziã˨˩ 象棋术语。象由下往上走二斜格。

【飞越】fi˥ɦyəʔ˧

【飞蛾】fi˥ŋəu˨˩ 有四个带鳞片翅膀的小昆虫,多在夜间活动,有趋光习惯。

【飞腿】fi˥t'ᴇ˨˩ (一)用力快速地把腿踢出去。(二)武术动作,身体三百六十度旋转后跃起,以右手击打踢出的左脚底,或左手击打踢出的右脚底。

【飞碟】fi˥diəʔ˧

【飞舞】fi˥vu˨˩

【飞膜】fi˥hø˨˩ 隐语。指在饭店里用餐。

【飞镖】fi˥piæ˨˩

【飞鬓】fi˥pin˨˩ 戏剧中的打扮,鬓角上翘。

【飞檐】fi˥ɦiɪ˨˩

【飞飞红】fi˥fi˥ɦoŋ˧˩ 很红。

【飞飞快】fi˥fi˥k'uɑ˧ (一)非常迅速。(二)非常锋利。

【飞毛腿】fi˥mæ˧t'ᴇ˨˩

【飞叫跳】fi˥tɕiæ˥t'æ˨˩ 作为食品的家禽的翅膀、头和爪。

【飞机头】fi˥tɕi˥dʏ˨˩ 一种把中央头发吹得高高的,似飞机头部形状的男式发型,也叫【飞机式】fi˥tɕi˥səʔ˥。

【飞过海】fi˥kəu˥hᴇ˨˩ (一)喻用欺骗的手段,瞒过众人非法获利。(二)通过不正

F

当的手段，获得优先。

【飞砖头】fi˥tsø˥dY˩ 扔砖头。

【飞蚂蚁】fi˥mo˦mi˩ 有翅的蚂蚁。多指白蚁。

【飞得来】fi˥tə˥ʔlE˩ （一）飞来。（二）形容衣着打扮过于新潮，近乎轻狂。

【飞得起】fi˥tə˥ʔtɕʻi˩ （一）能飞起来。（二）形容用手指的技巧十分高妙。多指女工针黹或弹奏乐器。（三）形容演唱高低自如。

【飞扬跋扈】fi˥ɦiã˦bɑʔ˧ɦəu˩

【飞沙走石】fi˥so˥tsY˩zɑʔ˧

【飞来五圣】fi˥lE˩ŋ̍˩sən˩ 指外来的人（含贬义）。五圣，淫邪之神。

【飞来横祸】fi˥lE˦ɦuã˩ɦəu˩

【飞针走线】fi˥tsən˥tsY˩sii˩ 形容针黹娴熟，速度极快。

【飞短流长】fi˥tø˩lY˦zã˦

【飞蛾扑火】fi˥ŋəu˩pʻoʔ˥həu˩ 比喻自取灭亡。

【飞鸟尽，良弓藏】fi˥ȵiæ˩zin˩，liã˦ko˥ŋ˥zã˩ 喻人完成使命后被抛弃。

妃【fi˥】

【妃子】fi˥tsɿ˩

【妃色】fi˥sə˥ʔ

【妃嫔】fi˩bin˩

非【fi˥】

【非凡】fi˥vE˩

【非分】fi˥vən˩

【非礼】fi˥li˩

【非议】fi˥ȵi˩

【非刑】fi˥ɦin˩

【非但】fi˥dE˩

【非常】fi˥zã˩

【非分之想】fi˥vən˩tsɿ˩siã˩ 不安分的想法。

【非同小可】fi˥doŋ˩siæ˩kʻəu˩

【非同寻常】fi˥doŋ˩zin˩zã˩ 义同【非同小可】。

【非亲非故】fi˥tsʻin˥fi˥kəu˩ 既不是亲戚，也不是故旧。指没有什么交情。

菲【fi˥】另见 fěi。

【菲林】fi˥lin˩

啡【fi˥】

绯【fi˥】

【绯红】fi˥ɦoŋ˩
【绯闻】fi˥vən˩
【绯绯红】fi˥fi˥ɦoŋ˩ 特别鲜红(多指难为情时的脸色)。

扉【fi˥】

【扉页】fi˥ɦiəʔ˧

蜚【fi˦】

【蜚声】fi˦sən˥
【蜚开来】fi˦kʻE˥lE˩ 指皮肤病、溃疡等扩展开来。

霏【fi˥】

F

féi

肥【vi˧】

【肥力】vi˧liəʔ˧
【肥皂】bi˧zæ˩
【肥沃】vi˧Øoʔ˥
【肥美】vi˧mE˥
【肥胖】vi˧pʻã˥
【肥厚】vi˧ɦY˩
【肥料】vi˧liæ˩
【肥缺】vi˧tɕʻyəʔ˥
【肥笃笃】vi˧toʔ˥toʔ˥ (一)形容肥胖的样子。(二)形容收益丰厚,简称"肥"vi˧。(三)形容口感肥美。
【肥水外流】vi˧sʮ˥ŋɑ˧lY˩ 喻内部利益外泄流失。
【肥头胖耳】vi˧dY˧pʻã˥ɦəl˥ 形容肥胖的样子。
【肥荒一年,草荒三年】vi˧huã˥Øiəʔ˥ȵiI˩,tsʻæ˦huã˥sE˥ȵiI˩ 说明除草的重要性。

淝【vi˧】

腓【vi˧】

fěi

匪【fi˥˧】

【匪穴】fi˥˧ɦyəʔ˧
【匪军】fi˥˧tɕyən˥ 为非作歹、危害人民的军队。
【匪兵】fi˥˧ɓin˥ 为非作歹、危害人民的兵士。
【匪帮】fi˥˧ɓɑ̃˥
【匪首】fi˥˧sɣ˧˥
【匪徒】fi˥˧dəu˨˩
【匪夷所思】fi˥˧ɦi˧səu˧˥sɿ˥

诽【fi˥˧】

【诽谤】fi˥˧ɓɑ̃˥

菲【fi˥˧】另见 fēi。

【菲薄】fi˥˧boʔ˧

悱【fi˥˧】

【悱恻】fi˥˧tsʻiəʔ˥

斐【fi˥˧】

榧【fi˥˧】

【榧子】fi˥˧tsɿ˧˥

翡【fi˥˧】

【翡翠】fi˥tsʻɛ˧˥

fèi

吠【vi˨˩】中州韵【fi˥˧】

肺【fi˥˧】

【肺头】fi˥dɣ˨˩ 指作为食品的猪肺。
【肺叶】fi˥˧ɦiəʔ˧
【肺泡】fi˥ɓʻæ˧˥
【肺炎】fi˥ɦi˨˩
【肺腑】fi˥˧fu˥
【肺痨】fi˥læ˨˩
【肺头汤】fi˥dɣ˧tɑ̃˧˥ 以猪肺为主料煮的汤。
【肺结核】fi˥tɕəʔ˥ŋəʔ˧或fi˥tɕəʔ˥ɦəʔ˧
【肺管头】fi˥kuø˥dɣ˨˩ 肺上的白色肉管。

狒【fi˥˧】

废【fi˥˧】

【废水】fi˥˧sʮ˥˩
【废气】fi˥˧tɕʻi˥˩
【废旧】fi˥˧ʥiʏ˩
【废弃】fi˥˧tɕʻi˥˩
【废物】fi˥˧vəʔ˧
【废话】fi˥˧ɦo˩
【废除】fi˥˧zʮ˩
【废品】fi˥˧pʻin˥˩
【废料】fi˥˧liæ˩
【废墟】fi˥˧tɕʻy˥˩

沸【fi˥˧】

【沸点】fi˥˧tiɪ˥˩
【沸腾】fi˥˧dən˩
【沸沸烫】fi˥fi˥tʻɑ̃˥˧ 形容沸热烫手。
【沸沸扬扬】fi˥˧fi˥ɦiɑ̃˩ɦiɑ̃˩
【沸滚发烫】fi˥kuən˥faʔ˥tʻɑ̃˥˧ 形容沸热烫手。
【沸翻扬天】fi˥˧fɛ˥ɦiɑ̃˩tʻiɪ˥ 形容喧哗吵闹，乱成一团。

费【fi˥˧】

【费】vi˧ 姓。
【费力】fi˥˧liəʔ˧
【费心】fi˥sin˥˩或fi˥˧sin˥
【费用】fi˥˧ɦioŋ˩
【费脱】fi˥˧tʻəʔ˥ （一）浪费掉。（二）用掉。
【费力气】fi˥˧liəʔ˧tɕʻi˥˩ 费力。
【费工夫】fi˥˧koŋ˥fu˥˩ 耗费工夫。
【费口舌】fi˥˧kʻʏ˥˧zəʔ˧
【费心思】fi˥˧sin˥sɿ˥˩ 耗费心思。
【费手脚】fi˥˧sʏ˥˧tɕiɑʔ˥
【费神思】fi˥˧zən˧sɿ˥˩ 耗费精神。
【费精神】fi˥˧tsin˥zən˩ 耗费精神。

痱【fi˥˧】

篚【fi˥˧】

fēn

分【fən˥】另见 fèn。

【分工】fən˥koŋ˥˩

【分寸】fən˥ʦ'ən˥˩

【分贝】fən˥pE˥˩

【分化】fən˥ho˥˩

【分开】fən˥k'E˥˩

【分片】fən˥p'iɪ˧˦˧

【分手】fən˥sY˥˩

【分心】fən˥sin˥˩

【分文】fən˥vən˨˩

【分布】fən˥pu˥˩

【分发】fən˥faʔ˥

【分号】fən˥ɦæ˨˩

【分头】fən˥dY˨˩ （一）若干人分几个方面（进行工作）。（二）短头发向两边分开梳的式样。（三）以分为单位的货币。

【分成】fən˥zən˥˨˩ （一）分为；分开成。（二）按成数分配。

【分红】fən˥ɦoŋ˨˩

【分别】fən˥biəʔ˧

【分兵】fən˥pin˥˩

【分身】fən˥sən˥˩

【分忧】fən˥∅iY˥

【分担】fən˥tE˥˩

【分店】fən˥tiɪ˥˩

【分居】fən˥tɕy˥˩

【分明】fən˥min˨˩

【分泌】fən˥pi˥˩

【分歧】fən˥ʥi˨˩

【分享】fən˥ɕiã˥˩

【分析】fən˥siəʔ˥

【分账】fən˥ʦã˧˦˧

【分洪】fən˥ɦoŋ˨˩

【分秒】fən˥miæ˨˩

【分派】fən˥p'ɑ˥˩

【分神】fən˥zən˧

【分档】fən˥tã˥˩ （一）分门别类。（二）区别。

【分家】fən˥kɑ˥˩

【分类】fən˥lE˨˩

【分离】fən˥li˨˩

【分流】fən˥lY˨˩

【分娩】fən˥mi˨˩

【分配】fən˥p'E˥˩

【分润】fən˥zən˨˩

【分晓】fən˥ɕiæ˥˩

【分赃】fən˥ʦã˥˩

【分割】fən˥kəʔ˥

【分毫】fən˥ɦæ˨˩

【分清】fən˥ʦ'in˥˩

【分隔】fən˥kɑʔ˥

【分裂】fən˥liəʔ˧

【分散】fən˥sE˥˩

【分解】fən˥tɕiɑ˥˩

【分数】fən˥səu˥˩

F

【分摊】fən˥tʻᴇ˥˩
【分管】fən˥kuø˥˩
【分辨】fən˥bi˨˩
【分辩】fən˥bi˨˩
【分勿匀】fən˥fəʔ˥ɦʏən˨˩
分配不好。
【分水岭】fən˥sʮ˥lin˨˩
【分龙雨】fən˥loŋ˨ɦʏ˨˩ 吴俗。农历五月二十日为分龙日,次日有雨称分龙雨。
【分头路】fən˥dʏ˨ləu˨˩ 将头发朝不同方向梳理,使中间露出头皮的一道缝。
【分神法】fən˥zən˨faʔ˥ 引开注意力的手法。
【分家当】fən˥kɑ˥tɑ̃˥˩ 分家产。
【分铜钿】fən˥doŋ˨di˨˩ 分钱。
【分数线】fən˥sən˥si˥˩
【分赃不匀】fən˥tsɑ̃˥pəʔ˥ɦʏən˨ 分取赃款、赃物争多嫌少。

芬【fən˥】

【芬芳】fən˥fɑ̃˥˩

吩【fən˥】

【吩咐】fən˥fu˥˩

纷【fən˥】

【纷飞】fən˥fi˥˩
【纷争】fən˥tsən˥˩或fən˦tsən˥
【纷呈】fən˥zən˨˩
【纷纷】fən˥fən˥˩
【纷纭】fən˥ɦʏən˨˩

氛【fən˥】

【氛围】fən˥ɦuᴇ˨˩

𣍐【fən˥】

【𣍐】fən˥ 未曾。
【𣍐抵杠】fən˥ti˦kɑ̃˥ 没防备。也作【𣍐壳张】fən˥kʻoʔ˥tsaʔ˥˩;【𣍐抵桩】fən˥ti˦tsɑ̃˥;【𣍐抵壳】fən˥ti˦kʻoʔ˥。
【𣍐晓得】fən˥ɕiæ˦təʔ˥ 不知道;没有得悉。

【嬒吃三日素，就想上西天】fən˥tɕʻə˥sᴇ˥ŋ̍ə˧sɘu˦，zʏ˧siã˩zɑ̃˩si˥tʻi˥ 形容急躁。

fén

坟【vən˧】

【坟地】vən˧di˩
【坟亲】vən˧tsʻin˥ 受托照看坟墓的人。
【坟客】vən˧kʻaʔ˥ 墓主亲属。
【坟墓】vən˧mo˩
【坟碑】vən˧pᴇ˥ 墓碑。
【坟堂屋】vən˧dɑ̃˧oʔ˥ 建于墓边上供守墓人居住的小屋。
【坟墩头】vən˧tən˥dʏ˩ 坟堆。
【坟墩窠】vən˧tən˥kʻəu˩ 坟堆。
【坟墩墩】vən˧tən˥tən˩ 坟堆。
【坟墩窠路】vən˧tən˥kʻəu˥ləu˩ 坟堆里。
【坟浪新官人】vən˧lɑ̃˧sin˥kuø˥ŋ̍ən˩ 形容打扮过于一本正经又欠时尚的男子。

汾【vən˧】

【汾酒】vən˧tsʏ˩俗读fən˥tsʏ˩

焚【vən˧】

【焚香】vən˧ɕiã˥
【焚烧】vən˧sæ˥
【焚琴煮鹤】vən˧dʑən˧tsɥ˩ŋoʔ˧

fěn

粉【fən˩】

【粉】fən˩ （一）指糯米粉。（二）粉刷。（三）形容粉饰自己，自吹自擂。
【粉末】fən˦məʔ˧
【粉皮】fən˦bi˩
【粉扑】fən˦pʻoʔ˥
【粉丝】fən˦sɿ˥ 原是英语fans，指爱好者。
【粉头】fən˦dʏ˩ 旧指妓女。
【粉兄】fən˦ɕioŋ˥ 指爱粉饰自己、自吹自擂的人。

【粉色】fən˥˧sə?˥
【粉红】fən˥˧ɦoŋ˩ 粉红色。
【粉饰】fən˥˧sə?˥
【粉刷】fən˥˧sɑ?˥或fən˥˧sə?˥
【粉刺】fən˥˩ʦ'ɿ˥˩
【粉面】fən˥˩mii˩ (一)抹过粉的脸。(二)食品。即卷面,机制面条干,集束用纸裹成圆筒状出售,又称卷子面,索面。
【粉笔】fən˥˧Piə?˥
【粉颈】fən˥˧ʨən˥˩ 形容女人头颈白嫩。
【粉粥】fən˥˧ʦo?˥ 糯米粉加水煮成的糊状食品。
【粉碎】fən˥˩sᴇ˥˩
【粉墙】fən˥˧ziã˧
【粉蝶】fən˥˧diə?˧
【粉黛】fən˥˧dᴇ˩
【粉人人】fən˥˧ȵən˧ȵən˩ (一)形容人肌肤白嫩、容貌美丽。(二)用一种特殊的粉制作的人像工艺品。
【粉线袋】fən˥˧sii˥dᴇ˩ 裁剪衣服时划线用的工具。
【粉蒸肉】fən˥˧ʦən˥ȵo?˧
【粉蒸蒸】fən˥˧ʦən˥ʦən˥˩ 形容糯而松的口感。
【粉渣渣】fən˥˧ʦo˥ʦo˥˩ 形容淡而无味,如嚼干面粉的感觉。
【粉红洋洋】fən˥˧ɦoŋ˧ɦiã˩ɦiã˩ 形容淡红色。

fèn

分【vən˩】另见 fēn。

【分子】vən˧ʦɿ˥˩
【分内】vən˧nᴇ˩
【分外】vən˧ŋɑ˩
【分量】vən˧liã˧

份【vən˩】

【份子】vən˧ʦɿ˥˩
【份头】vən˧dʏ˩ 在整体中分占的部分。
【份称】vən˧ʦ'ən˥ 说话或做事的适当限度。
【份额】vən˧ŋɑ?˧

奋【fən˥˧】

【奋力】fən˥˧liə?˧
【奋斗】fən˥˩tʏ˥˩
【奋发】fən˥˧fa?˥

【奋勇】fən˥˧θioŋ˥˧
【奋战】fən˥˧tsø˥˧
【奋起】fən˥˧tɕ'i˥˧

忿【vən˩】

粪【fən˦˨】

【粪土】fən˦˨t'əu˥˧或fən˦˨ t'əu˥
【粪勺】fən˥zoʔ˧ 舀粪工具,长柄,勺子如小木桶。
【粪水】fən˦˨sʮ˥˧ 稀释后的粪肥。
【粪坑】fən˥k'ɑ̃˥˧
【粪肥】fən˦˨vi˩
【粪便】fən˦˨bi˩
【粪缸】fən˥kɑ̃˥˧ (一)积粪便的大缸。(二)指茅厕。
【粪船】fən˥zø˩ 运送粪便的船只。
【粪桶】fən˥doŋ˩ 担粪的木桶。
【粪桶夹】fən˥doŋ˧kɑʔ˥ 穿在粪桶桶耳上的竹夹子。
【粪桶担】fən˥doŋ˧tE˥˧ 两只粪桶和一根扁担。
【粪坑里格石头——又臭又硬】fən˥k'ɑ̃˥li˩kəʔ˥zɑʔ˧dY˩——ɦiəʔ˧ts'Y˦˨ɦiəʔ˧ŋɑʔ˩ 歇后语。形容人固执且凶狠。
【粪堆里格牛屎虫——满肚皮臭】fən˦˨tE˥li˩kəʔ˥ŋ̍iY˧sɿ˥zoŋ˩——mø˧dəu˧bi˩ ts'Y˦˨ 歇后语。形容人内心世界卑鄙。

愤【vən˩】

【愤恨】vən˩ɦən˩
【愤怒】vən˩nəu˩
【愤慨】vən˩kE˥˧

fēng

丰【foŋ˥】

【丰年】foŋ˥ŋ̍i˧
【丰收】foŋ˥sY˥˧
【丰厚】foŋ˥ɦY˩
【丰硕】foŋ˥zəʔ˧
【丰盛】foŋ˥zən˩
【丰富】foŋ˥fu˥˧
【丰登】foŋ˥tən˥˧
【丰碑】foŋ˥pE˥˧
【丰满】foŋ˥mø˩

【丰盛佳肴】foŋ˥zən˨˩tɕɑ˥ɦiæ˨˩ 丰富又珍贵的菜肴。

风【foŋ˥】

【风力】foŋ˥liəʔ˧
【风干】foŋ˥kø˥˨
【风土】foŋ˥t'əu˥˨
【风车】foŋ˥ts'o˥˨ 利用风力的动力机械装置。
【风化】foŋ˥ho˥˨
【风气】foŋ˥tɕ'i˥˨
【风水】foŋ˥sʮ˥˨
【风云】foŋ˥ɦyəu˨˩
【风头】foŋ˥dʏ˨˩
【风尘】foŋ˥zəu˨˩
【风灯】foŋ˥tən˥˨
【风光】foŋ˥kuã˥˨
【风鸡】foŋ˥tɕi˥˨
【风肉】foŋ˥ȵioʔ˧ 用腌制火腿的方法腌制的猪的前腿。
【风色】foŋ˥səʔ˥
【风向】foŋ˥ɕiã˥˨
【风行】foŋ˥ɦã˨˩
【风采】foŋ˥ts'E˥˨
【风块】foŋ˥k'uE˥˨ 猛然来的大风。
【风波】foŋ˥pu˥˨
【风炉】foŋ˥ləu˨˩ 陶制小炉子。
【风势】foŋ˥sʮ˥˨
【风味】foŋ˥vi˨˩
【风度】foŋ˥dəu˨˩
【风骨】foŋ˥kuəʔ˥
【风俗】foŋ˥zoʔ˧
【风闻】foŋ˥vəu˥˨
【风险】foŋ˥ɕiɪ˥˨
【风格】foŋ˥kɑʔ˥
【风凉】foŋ˥liã˨˩ （一）凉爽。（二）形容幸灾乐祸（的心态）。
【风铃】foŋ˥lin˨˩
【风菱】foŋ˥lin˨˩ 风干的菱角。
【风脱】foŋ˥təʔ˥ 瘫痪。
【风圈】foŋ˥tɕ'iø˥˨ 金属环，用于穿绳子，作门环、作拉手等用途。
【风寒】foŋ˥ɦø˨˩
【风帽】foŋ˥mæ˨˩ 旧时一种用来挡风的帽子。
【风骚】foŋ˥sæ˥˨
【风湿】foŋ˥səʔ˥
【风雅】foŋ˥ɵiɑ˥˨
【风韵】foŋ˥ɦyən˨˩
【风暴】foŋ˥bæ˨˩

【风潮】foŋ˥zæ˩
【风趣】foŋ˥tsʻi˥˩或foŋ˥tsʻʏ˥˩
【风瘫】foŋ˥tᴇ˥˩　瘫痪。
【风箱】foŋ˥siã˥˩　压缩空气产生气流的箱状装置，由人工推拉生风。
【风霜】foŋ˥sɑ̃˥˩
【风月场】foŋ˥ŋəʔ˧zã˩　指男女谈情说爱的地方。
【风风转】foŋ˥foŋ˥tsø˩˧　儿童玩具。装有叶轮能迎风转动。
【风火墙】foŋ˥həu˥ziã˩　防火墙。
【风头里】foŋ˥dʏ˧li˩　风中。
【风头浪】foŋ˥dʏ˧lɑ̃˩　（一）形容出人头地的时候。（二）形容情势最紧急的时候。
【风头健】foŋ˥dʏ˧ʥi˩　风头十足。
【风泪眼】foŋ˥li˩ŋᴇ˩　迎风流泪的眼睛。
【风纪扣】foŋ˥tɕi˥kʻʏ˥˩　制服上的领扣。
【风凉鞋】foŋ˥liã˧ɦɑ˩　凉鞋。
【风流病】foŋ˥lʏ˧bin˩　性病。
【风疹块】foŋ˥tsən˥kuᴇ˥˩　荨麻疹。
【风干荸荠】foŋ˥kø˥bəʔ˧zi˩　风干的荸荠。
【风水先生】foŋ˥sɥ˥si˧sã˥˩　以替人看风水为职业的人。
【风火山墙】foŋ˥həu˥sᴇ˥ziã˩　防火墙。
【风云气色】foŋ˥ɦyən˧tɕʻi˥˩səʔ˥　形容变化中的事态。
【风中之烛】foŋ˥tsoŋ˥tsɥ˥˩tsoʔ˥　喻危急的处境（多指随时都有可能死去的老年人）。
【风尘仆仆】foŋ˥zən˩boʔ˧boʔ˧
【风驰电掣】foŋ˥zɥ˩di˧tsʻəʔ˥
【风花雪月】foŋ˥ho˥siəʔ˥ŋəʔ˧
【风吹草动】foŋ˥tsʻɥ˥tsʻæ˥˩doŋ˩
【风声鹤唳】foŋ˥sən˥ŋoʔ˧liə˧
【风言风语】foŋ˥ɦi˩foŋ˥ŋy˩
【风吹冷打】foŋ˥tsʻɥ˥lã˩tã˥˩　寒风吹动，寒意透体。
【风赤冽冽】foŋ˥tsʻəʔ˥li˩li˩　形容寒风吹打，寒气逼人。
【风卷残云】foŋ˥tɕiø˥˩zᴇ˩

ɦyən˩

【风雨同舟】foŋ˥ɦy˩doŋ˦ tsy˥

【风凉皮鞋】foŋ˥liã˦bi˩ɦɑ˩ 皮凉鞋。

【风凉闲话】foŋ˥liã˦ɦɛ˩ɦo˩ 讥讽话；冷言冷语。

【风凉笃笃】foŋ˥liã˦toʔ˥toʔ˥ (一)形容风凉。(二)形容幸灾乐祸的样子。

【风凉淘淘】foŋ˥liã˦dæ˩dæ˩ 形容风凉。

【风流事体】foŋ˥ly˦zɿ˨t'i˨ 指男女之间放荡不羁的事情。

【风起云涌】foŋ˥tɕ'i˨ɦyən˩ ɵioŋ˨

【风调雨顺】foŋ˥diæ˩ɦy˩ zən˩

【风烛残年】foŋ˥tsoʔ˥zɛ˩ȵi˩

【风大勿开船】foŋ˥dəu˩fəʔ˥ k'ɛ˥zø˦ 比喻不管别人怎么说，都不会受丝毫的影响。

【风亦吹得动】foŋ˥ɦaʔ˧tsɥ˥ təʔ˥doŋ˩ (一)形容分量很轻。(二)形容人瘦弱。

【风马牛，不相及】foŋ˥mo˩ ȵy˩，pəʔ˥siã˥dʑəʔ˧

【风里来，雨里去】foŋ˥li˩lɛ˦，ɦy˦li˩tɕ'i˦ 形容谋生的艰辛。

【风头里向吹大格】foŋ˥dy˩li ɕiã˨tsɥ˥dəu˩kəʔ˥ 形容孩子长大，家长没有尽过一点责任(反语)。

【风吹一半，雨落全无】foŋ˥ tsɥ˥ɵiəʔ˥pø˦，ɦy˦loʔ˧zi˩v u˩ 形容开店等做生意，刮风下雨都会极大地影响营业。

【风高放火，月黑杀人】foŋ˥ kæ˥fɑ̃˦həu˨，ŋəʔ˧həʔ˥saʔ ˥ȵən˦ 本指强盗打家劫舍的行径，也指乘机干坏事。

枫【foŋ˥】

【枫桥】foŋ˥dʑiæ˩ 苏州城西的一座古桥，因唐朝张继《枫桥夜泊》诗而闻名。

【枫桥打听米价】foŋ˥dʑiæ˩ tã˨t'in˨mi˦kɑ˨ 旧时苏州枫桥地区米行最多，以此地区米价最为标准。本俗语，意为消息正确无偏。

封【foŋ˥】

【封门】foŋ˥mən˨˧

【封口】foŋ˥k'ʏ˥˩

【封文】foŋ˥vən˨˩　信封口做上特别封记的文件或文书。

【封皮】foŋ˥bi˨˩　(一)封条。(二)信封等封起来的地方。

【封印】foŋ˥∅in˦˧　指旧时官吏在农历年末暂停办公。

【封存】foŋ˥zən˨˩

【封地】foŋ˥di˨˩

【封闭】foŋ˥pi˥˩

【封君】foŋ˥tɕyən˥˩　古代因子孙荣贵,父祖受封典者。现在指子女有成就的老人。

【封牢】foŋ˥læ˨˩　封住。

【封没】foŋ˥məʔ˧　封住。

【封条】foŋ˥diæ˨˩

【封底】foŋ˥ti˥˩

【封顶】foŋ˥tin˥˩

【封建】foŋ˥tɕiɪ˥˩

【封封】foŋ˥foŋ˥˩　(一)封起来。(二)每一封。

【封面】foŋ˥mi˨˩

【封翁】foŋ˥∅oŋ˥˩　封君。

【封赏】foŋ˥sã˥˩

【封锁】foŋ˥səu˥˩

【封煞】foŋ˥saʔ˥　封死。

【封箱】foŋ˥siã˥˩　指剧团在农历年末停演休息。

【封疆】foŋ˥tɕiã˥˩

【封口费】foŋ˥k'ʏ˥fi˥˩　为使人不说出某件事的真相而支付的钱。

【封缸酒】foŋ˥kã˥tsʏ˥˩　一种浓甜型黄酒。以丹阳产的最负盛名。

【封没嘴巴】foŋ˥məʔ˧tsʮ˦po˥　采取措施,使人不说出真情。

【封疆大吏】foŋ˥tɕiã˥da˨˩li˨˩　指统治一方的将帅,明清两代指总督、巡抚等。

疯【foŋ˥】

【疯子】foŋ˥tsɿ˥˩

【疯长】foŋ˥tsã˥˩

【疯狂】foŋ˥guã˨˩

【疯话】foŋ˥ho˨˩

【疯狗】foŋ˥kʏ˥˩　(一)患狂犬病的狗。(二)指蛮横无理、信口雌黄的人。

【疯脱】foŋ˥t'əʔ˥　(一)疯掉。(二)指生意特别红火。

F

（三）形容极度痴迷。

【疯癫】foŋ˥tiI˨

【疯人院】foŋ˥zən˧ɦiø˩

【疯生意】foŋ˥sã˥θi˨ 特别红火的生意。

【疯七疯八】foŋ˥ʦʻiəʔ˥foŋ˥poʔ˥ 形容人言语行动轻狂或超出常态。

【疯出疯进】foŋ˥ʦʻəʔ˥foŋ˥ʦin˨ 形容人行动频繁而轻狂或超出常态。

【疯言疯语】foŋ˥ɦiI˩foŋ˥ŋ̊y˩ 精神失常的人讲的话。常用来形容言语轻狂。

【疯来疯去】foŋ˥lE˧foŋ˥ʨʻi˨ 形容行动频繁而亢奋，超出常态的样子（多作调侃语）。

峰【foŋ˥】

【峰会】foŋ˥ɦuE˩ 各集团最高领导人会晤、开会。

【峰回路转】foŋ˥ɦuE˧ləu˧ʦø˨

烽【foŋ˥】

【烽火】foŋ˥həu˨

【烽烟】foŋ˥θiI˨

【烽火台】foŋ˥həu˥dE˧ 燃点烽火用的古代军事建筑物。

锋【foŋ˥】

【锋芒】foŋ˥mã˩

【锋利】foŋ˥li˩

蜂【foŋ˥】

【蜂王】foŋ˥ɦuã˩

【蜂房】foŋ˥vã˩

【蜂拥】foŋ˥θioŋ˨

【蜂起】foŋ˥ʨʻi˨

【蜂窠】foŋ˥kʻəu˨ 蜂巢。

【蜂蜜】foŋ˥miəʔ˧

【蜂腰】foŋ˥θiæ˨ 黄蜂的细腰，常形容女子的腰细。

【蜂箱】foŋ˥siã˨

【蜂窠煤球】foŋ˥kʻəu˥mE˩ʥiY˩ 蜂窝煤。

酆【foŋ˥】

【酆都城】foŋ˥təu˥zən˩

F

féng

冯【voŋ˦】另见 píng。

逢【voŋ˦】

【逢到】voŋ˦tæ˅ 每逢。
【逢场作戏】voŋ˦zã˦tsoʔ˥ ɕi˅
【逢山开路,遇水搭桥】voŋ˦ sE˥k'E˥ləu˩,ȵy˦sɥ˅taʔ˥ ʥiæ˦ 喻排除前进道路上的一切艰难险阻。
【逢人且说三分话,不可全抛一片心】voŋ˦ȵən˩ts'i˅səʔ˥sE˥ fən˥ho˩,pəʔ˥k'əu˅ziɪ˩ p'æ˥ɵiəʔ˥p'iɪ˧sin˥ 指人心难测,与人交往说话要有所保留。

缝【voŋ˦】另见 fèng。

【缝合】voŋ˦həʔ˧
【缝纫】voŋ˦zən˩
【缝补】voŋ˦pu˅
【缝穷】voŋ˦ʥioŋ˩
【缝缝】voŋ˦voŋ˩ 缝。
【缝穷婆】voŋ˦ʥioŋ˦bu˩ 旧时指以代人缝补衣服谋生的贫苦妇女。
【缝纫机】voŋ˦zən˦ʨi˅
【缝缝补补】voŋ˦voŋ˦pu˅ pu˅ 泛指缝补工作。

fěng

讽【foŋ˧】

【讽刺】foŋ˥tsɿ˅

fèng

凤【voŋ˩】

【凤驾】voŋ˦ʨia˅ 旧时对后妃的尊称。
【凤冠】voŋ˦kuø˥
【凤凰】voŋ˦huã˩
【凤求凰】voŋ˦ʥiʏ˦huã˩ 本民乐曲名。转指男女相爱。
【凤尾鱼】voŋ˦vi˦ŋ˩
【凤点头】voŋ˦tiɪ˥dʏ˩ 指苏州弹词唱词中,以三个分句组成一个复句中的第二个分句。
【凤凰三点头】voŋ˦huã˩sE˥ tiɪ˥dʏ˩ (一)旧时书场、茶

室等服务人员用嘴极长的水壶,为顾客添水时做出的极富韵律和技巧的三起三伏动作。(二)苏州弹词表演艺术家邢晏芝所创的晏芝调中,一个三起三伏的长腔。

【凤阳婆牵猢狲】voŋ˦ɦiã˦ bu˩tɕʻiɪ˥ɦuə˧sən˩˥ (一)俗语,指一物降一物。(二)调侃语。指某人牵头,带领他人进行某项活动。

F

奉【voŋ˩】

【奉公】voŋ˦koŋ˥

【奉劝】voŋ˦tɕʻiø˩˥

【奉令】voŋ˩lin˩

【奉达】voŋ˦daʔ˧

【奉托】voŋ˦tʻoʔ˥

【奉行】voŋ˦ɦin˩

【奉旨】voŋ˦tsʮ˩˥ (一)奉皇帝的旨意。(二)形容行事的背景很硬(多用于讥讽)。

【奉承】voŋ˦zən˩

【奉还】voŋ˦ɦuE˩

【奉告】voŋ˩kæ˩˥

【奉迎】voŋ˦ȵən˩

【奉命】voŋ˩min˩

【奉复】voŋ˦foʔ˥

【奉送】voŋ˩soŋ˩˥

【奉养】voŋ˦ɦiã˦

【奉陪】voŋ˦bE˩

【奉献】voŋ˦ɕiɪ˩˥

【奉旨奉宪】voŋ˦tsʮ˩˥voŋ˩ ɕiɪ˩˥ (一)奉皇帝的旨意,奉官方的文书行事。(二)形容行事的背景很硬(多用于讥讽)。

俸【foŋ˥˧】

【俸禄】foŋ˥˧loʔ˧

葑【fu˥】中州韵【fəu˥】、【foŋ˥˧】、【foŋ˥】

【葑门】fu˥mən˩ 苏州古城门名。

缝【voŋ˩】另见 féng。

【缝隙】voŋ˦tɕʻə˥

【缝缝】voŋ˦voŋ˩ (一)裂开或自然露出的狭长的空处。(二)接榫处的缝隙。

fiào

勠【fiæ˦˨】

【勠呐】fiæ˦˨næ˨˩ 不要这样子。

【勠看】fiæ˦˨k'ø˥˩ （一）不要看。（二）鄙视。

【勠响】fiæ˦˨ɕiã˥˩ 不要说话。

【勠亦要】fiæ˦˨ɦaʔ˧θiæ˦˨ 如果不要，也必须要（带有强制性）。

【勠面孔】fiæ˦˨mi˩˧k'oŋ˥˩ 或 fiæ˦˨mi˩˨k'oŋ˥˩ 不要脸。

【勠仔肉哉】fiæ˦˨tsɿ˥˩ȵoʔ˧tsE˥˩ 不要脸了。

【勠去说俚】fiæ˦˨tɕ'i˥səʔ˥li˨˩ （一）不提了。（二）往往用于叙述一件不愉快的事的前面，作为引子。也作【勠去讲俚】fiæ˦˨tɕ'i˥kã˥˩li˨˩。

【勠仔喇搭肉】fiæ˦˨tsɿ˥˩laʔ˥taʔ˥ȵoʔ˧ 俗语。不要脸。

fó

佛【vəʔ˧】

【佛门】vəʔ˧mən˨˩

【佛手】vəʔ˧sY˥˩

【佛牙】vəʔ˧ŋɑ˨˩

【佛地】vəʔ˧di˨˩ （一）指寺院。（二）喻没有灾难的好地方。

【佛法】vəʔ˧faʔ˥

【佛事】vəʔ˧zɿ˨˩

【佛学】vəʔ˧ɦioʔ˧

【佛祖】vəʔ˧tsəu˥˩

【佛经】vəʔ˧tɕən˥˩

【佛龛】vəʔ˧k'ø˥˩

【佛教】vəʔ˧tɕiæ˥˩

【佛婆】vəʔ˧bu˨˩ 尼姑庵中的老年女佣。

【佛堂】vəʔ˧dã˨˩ 供奉佛像的堂屋。

【佛像】vəʔ˧ziã˨˩

【佛面蛇心】vəʔ˧mi˨zo˧sin˥ 喻人面貌慈祥，心地毒辣。

【佛脚浪带带】vəʔ˧tɕiaʔ˥lã˨˩ta˦˨ta˥ （一）恭维语。请人提携。（二）喻依傍有财势的人。

【佛什梗敬，贼什梗防】vəʔ˧zəʔ˧gã˨˩tɕən˦˨，zəʔ˧zəʔ˧gã˨˩bã˧ 喻表面上恭维，实际上心中提防得很紧。

fǒu

缶【fʏ˥˩】

否【fʏ˥˩】另见 pǐ。

【否认】fʏ˥ȵən˩
【否决】fʏ˥tɕyəʔ˥
【否则】fʏ˥tsəʔ˥
【否定】fʏ˥din˩

F

fū

夫【fu˥】中州韵【fəu˥】

【夫人】fu˥ȵən˩
【夫子】fu˥tsɿ˥˩
【夫权】fu˥dʑø˩
【夫君】fu˥tɕyən˥˩ 旧时妻子对丈夫的尊称。
【夫家】fu˥kɑ˥˩ 丈夫的父母家。
【夫为妻纲】fu˥ɦuɛ˩tsʻi˥kɑ̃˥˩ 旧时三纲之一，指妻子必须服从丈夫。
【夫妻淘里】fu˥tsʻi˥dæ˩li˩ 夫妻之间。
【夫荣妻贵】fu˥ɦioŋ˩tsʻi˥kuɛ˦ 妻子由于丈夫地位尊荣而高贵。
【夫家面浪】fu˥kɑ˥mi˩lɑ̃˩ 丈夫的父母家那方面的。
【夫唱妇随】fu˥tsʻɑ̃˥˩vu˩zɛ˦
【夫妻老婆店】fu˥tsʻi˥læ˦bu˦tiɪ˥˩ 由夫妻俩经营的，一般不用店员的小店。

伕【fu˥】中州韵【fəu˥】

肤【fu˥】中州韵【fəu˥】

【肤色】fu˥səʔ˥ 皮肤的颜色。
【肤浅】fu˥tsʻiɪ˥˩

麸【fu˥】中州韵【fəu˥】

【麸皮】fu˥bi˩ 小麦磨成面筛过后剩下的麦皮和碎屑。
【麸炭】fu˥tʻɛ˥˩ 一种易燃而燃烧不持久的木炭。

趺【fu˥】中州韵【fəu˥】

跗【fu˥】中州韵【fəu˥】

孵【bu˩】文读【fu˥˩】中州韵【fəu˦】

【孵坊】bu˨˦fɑ̃˥ 孵化家禽的单位。

【孵太阳】bu˨˦t'ɑ˥˧hiɑ̃˩ 晒太阳取暖。

【孵豆芽】bu˨˦dɣ˨˦ŋ̊ɑ˩ (一)制作豆芽菜的过程。(二)喻无所事事混日子。

【孵得牢】bu˩tə˥˧læ˩ 待得住。

【孵猪摸索】bu˨˦tsɥ˥˧moʔ˧soʔ˥ 形容动作缓慢。

【孵出小铜钿】bu˨˦ts'ə˥˧siæ˦ doŋ˨dii˩ 讽刺守财奴的话,守着钱财的原因是钱财会像家禽一样,孵出小钱来。

【孵生勿如孵熟】bu˨˦sɑ̃˥˧fə˥ zɥ˨˦bu˩zoʔ˧ 喻到陌生地方生活或工作,不如仍在老地方生活或工作。

敷【fu˥】中州韵【fəu˥】

【敷药】fu˥˧hiɑʔ˧ 抹上或涂上药。

【敷衍】fu˥˧hii˩

fú

弗【fəʔ˥】另见 wù[勿]。

伏【voʔ˧】

【伏天】voʔ˧t'ii˥

【伏击】voʔ˧tɕəʔ˥

【伏兵】voʔ˧pin˥

【伏里】voʔ˧lii˩ 指一年中最热的时期,也是三伏的总称。参看【三伏】。

【伏法】voʔ˧faʔ˥

【伏线】voʔ˧sii˦

【伏笔】voʔ˧piəʔ˥

【伏里勿热,五谷勿结】voʔ˧lii˩fəʔŋ̊əʔ˧,øəu˥koʔ˥fəʔ˥tɕəʔ˥ 谚语。指如果伏天天气不够炎热,则庄稼将没有好收成。

凫【vu˨˦】中州韵【vəu˨˦】

芙【vu˨˦】中州韵【vəu˨˦】

【芙蓉】vu˨˦hioŋ˩

【芙蓉出水】vu˨˦hioŋ˩ts'ə˥ sɥ˥˩ 喻女子青春期所展现

的美丽。

芾【vu˦】中州韵【vəu˦】

扶【vu˦】中州韵【vəu˦】

【扶手】vu˦sʏ˥˩
【扶正】vu˦tsən˥˩
【扶乩】vu˦tɕi˥
【扶贫】vu˦bin˦
【扶持】vu˦zʮ˩
【扶病】vu˦bin˩
【扶桑】vu˦sɑ̃˥
【扶梯】vu˦tʻi˥
【扶疏】vu˦səu˥
【扶手板】vu˦sʏ˥pᴇ˥˩ 旧时轿子的轿门中所设有的活板横木,供坐轿者扶手。

孚【fu˥】中州韵【fəu˥】

苻【vu˦】中州韵【vəu˦】

拂【fəʔ˥】

【拂尘】fəʔ˥zən˦
【拂拂】fəʔ˥fəʔ˥
【拂晓】fəʔ˥ɕiæ˦
【拂袖】fəʔ˥zʏ˦

佛【fəʔ˥】

服【voʔ˧】另见 fù。

【服小】voʔ˧siæ˦ 服输。
【服从】voʔ˧zoŋ˩
【服气】voʔ˧tɕʻi˥˩
【服务】voʔ˧vu˩
【服老】voʔ˧læ˩
【服色】voʔ˧səʔ˥
【服式】voʔ˧səʔ˥
【服刑】voʔ˧ɦin˦
【服里】voʔ˧li˩ 服丧期内。
【服役】voʔ˧ɦʏəʔ˧
【服贴】voʔ˧tʻiəʔ˥ 简称【服】voʔ˧。
【服丧】voʔ˧sɑ̃˥
【服饰】voʔ˧səʔ˥
【服侍】voʔ˧zɿ˩
【服毒】voʔ˧doʔ˧
【服盆】voʔ˧bən˦ (一)指蟋蟀等野生鸣虫适应了盆养。或移栽于花盆的花卉能适应新的环境。(二)形容信服、服气。简称【服】voʔ˧。

【服药】voʔ˧ɦiaʔ˧
【服装】voʔ˧tsɑ̃˥˩
【服满】voʔ˧mø˩
【服输】voʔ˧sɥ˥
【服罪】voʔ˧zE˩
【服服帖帖】voʔ˧voʔ˧tʻiəʔ˥tʻiəʔ˥　服帖。

绂【fəʔ˥】

绋【fəʔ˥】

茯【voʔ˧】

【茯苓】voʔ˧lin˩

氟【fəʔ˥】

俘【fu˥】中州韵【fəu˥】

【俘虏】fu˥ləu˩

蚨【vu˨】中州韵【vəu˨】

浮【vʏ˨】

【浮力】vʏ˨liəʔ˧
【浮尸】vʏ˨sɥ˥　（一）浮在水上的尸体。（二）调侃语。称呼他人。
【浮子】vʏ˨tsɿ˥˩
【浮云】vʏ˨ɦyən˩
【浮生】vʏ˨sən˥
【浮动】vʏ˨doŋ˩
【浮华】vʏ˨ɦo˩
【浮夸】vʏ˨kʻuɑ˥　简称【浮】vʏ˨。
【浮名】vʏ˨min˩
【浮财】vʏ˨zE˩
【浮沉】vʏ˨zən˩
【浮浅】vʏ˨tsʻi˥˩
【浮现】vʏ˨ɦi˩
【浮肿】vʏ˨tsoŋ˥˩
【浮标】vʏ˨piæ˥
【浮荡】vʏ˨dɑ̃˩
【浮面】vʏ˨mi˩
【浮桥】vʏ˨dʑiæ˩
【浮萍】vʏ˨bin˩　草木植物，浮生在河渠、池塘中，叶子表面绿色，背面紫红色。
【浮屠】vʏ˨dəu˩
【浮滑】vʏ˨ɦuaʔ˧
【浮雕】vʏ˨tiæ˥
【浮躁】vʏ˨tsʻæ˥˩
【浮头浪子】vʏ˨dʏ˩lɑ̃˨tsɿ˥˩　浮滑、爱拈花惹草的青年男子。

【浮头浮脑】vY˧˥dY˨˩vY˧˥ næ˨˩ 形容轻浮油滑的样子。

【浮光掠影】vY˧˥kuɑ̃˥˥liɑʔ˧ ∅in˦˨

【浮脱兮兮】vY˧˥tʻəʔ˥ɕi˥ɕi˨˩ 形容浮夸的样子。

【浮脱胲胲】vY˧˥tʻəʔ˥hE˥hE˨˩ 形容浮夸的样子。

【浮想翩翩】vY˧˥siɑ̃˥˥li˨˩pʻi˨˩

【浮里浮,滑里滑】vY˧˥li˨˩vY˨˩, ɦuaʔ˧li˨˩ɦuaʔ˧ 形容浮滑得很。

菔【voʔ˧】

桴【fu˥】中州韵【fəu˥】

符【vu˧˥】中州韵【vəu˧˥】

【符号】vu˧˥ɦæ˨˩
【符节】vu˧˥tsiəʔ˥
【符合】vu˧˥ɦəʔ˧
【符咒】vu˧˥tsY˨˩
【符箓】vu˧˥loʔ˧

匐【voʔ˧】

袱【voʔ˧】

幅【foʔ˥】

【幅员】foʔ˥ɦiø˧˥
【幅度】foʔ˥dəu˧˥

辐【foʔ˧】

【辐射】foʔ˧zo˧˥

蜉【vY˧˥】

福【foʔ˥】

【福分】foʔ˥vən˧˥
【福气】foʔ˥tɕʻi˦˨
【福地】foʔ˥di˨˩
【福利】foʔ˥li˨˩
【福果】foʔ˥kəu˨˩ 又名敲扁橄榄,福建名产蜜饯,经过敲扁工艺加工的橄榄。
【福将】foʔ˥tsiɑ̃˦˨
【福相】foʔ˥siɑ̃˦˨
【福晋】foʔ˥tsin˦˨
【福橘】foʔ˥tɕyəʔ˥ 福建产的蜜橘。

【福一福】foʔ˥θiəʔ˥foʔ˥ 旧时妇女行万福礼时，双手在腹部移动一下。

【福得得】foʔ˥təʔ˥təʔ˥ （一）形容体态丰满。（二）指有福气的样子。

【福福叫】foʔ˥foʔ˥tɕiæ˦ （一）形容体态丰腴。（二）指人耳朵、鼻子、嘴唇等形态肥厚、福相。

【福星高照】foʔ˥sin˥kæ˥tsæ˦ 形容福气极佳。

【福无双至，祸不单行】foʔ˥vu˩sã˥tsɥ˨，ɦəu˦pəʔ˥tE˥ɦin˦ 幸运的事情不会连续来到，倒霉的事却常常连续发生。

【福如东海，寿比南山】foʔ˥zɥ˦toŋ˥hE˨，zY˦pi˨nø˦sE˥ 祝福语。福气像浩瀚的东海一样大，寿命可以同高矗的终南山相比。

蝠【foʔ˥】

幞【boʔ˧】

黻【fəʔ˥】

fǔ

甫【fu˨】中州韵【fəu˨】

抚【vu˩】中州韵【vəu˩】

【抚台】fu˨dE˩ 明清时一省的最高行政官员。

【抚育】vu˦θioʔ˥

【抚恤】vu˦siəʔ˥

【抚养】vu˦ɦiã˩

【抚摸】vu˩moʔ˧

【抚琴】vu˦ʥən˦

【抚慰】vu˦ɦuE˩

斧【fu˨】中州韵【fəu˨】

【斧头】fu˦dY˩ 砍竹、木等用的金属工具，头呈契形，有木柄。

【斧正】fu˨tsən˨

【斧头党】fu˦dY˦tã˨ 旧时上海的流氓集团，利用斧头做武器。

【斧劈皴】fu˦piəʔ˥tsʻən˥ 中国画的一种技法，以淡墨和干墨用侧锋和中锋来表现山石的脉络、纹理和明暗向背，线条较硬。

【斧凿之痕】fu˦zoʔ˧tsɥ˥˩ɦən˦ 喻诗文词句造作、不自然。

【斧头勿敲,凿子勿紧】fu˦dʏ˦ fəʔ˥k'æ˥,zoʔ˧tsɿ˥˩fəʔ˥tɕən˥˩ 比喻不加压力,就不能加紧努力,缺乏主动性。

【斧头吃凿子,凿子吃木头,一目吃一目】fu˦dʏ˨tɕ'əʔ˥ zoʔ˧tsɿ˥˩,zoʔ˧tsɿ˥˩tɕ'əʔ˥ moʔ˧dʏ˨,ʔiəʔ˥moʔ˧tɕ'əʔ˥ ʔiəʔ˥moʔ˧ 喻一物降一物。

府【fu˥˩】中州韵【fəu˥˩】

【府浪】fu˦lɑ̃˦ 府上。尊称对方的家或老家。

【府城】fu˦zən˦

【府绸】fu˦zʏ˨

【府第】fu˦di˨

俯【vu˨】文读【fu˥˩】中州韵【fəu˥˩】

【俯冲】vu˧ts'oŋ˥

【俯视】fu˦zɥ˨

【俯就】fu˦zʏ˨

【俯卧撑】vu˧ŋəu˧ts'ã˥˩

【俯首帖耳】fu˥˩sʏ˥˩t'iəʔ˥ɦəl˨

釜【fu˥˩】中州韵【fəu˥˩】

【釜底抽薪】fu˦ti˥ts'ʏ˥sin˥

辅【fu˥˩】中州韵【fəu˥˩】

【辅导】fu˦dæ˦

【辅佐】fu˦tsəu˥

【辅助】fu˦zəu˨

【辅音】fu˦ʔin˥

脯【fu˥˩】中州韵【fəu˥˩】另见pú。

頫【fu˥˩】中州韵【fəu˥˩】

腑【fu˥˩】中州韵【fəu˥˩】

腐【vu˨】中州韵【vəu˨】

【腐化】vu˨ho˥˩

【腐朽】vu˨ɕiʏ˥˩

【腐竹】vu˧tsoʔ˥

【腐败】vu˨bɑ˨

【腐烂】vu˨lE˨

【腐蚀】vu˧zəʔ˧

fù

父【vu˩】中州韵【vəu˩】

【父兄】vu˧ɕioŋ˥
【父母】vu˧mo˥
【父老】vu˧læ˩
【父执】vu˧tsəʔ˥
【父亲】vu˧tsʻin˥
【父党】vu˧tã˥˩　父亲方面的亲属。
【父辈】vu˧pᴇ˥˩
【父子兵】vu˧tsɿ˥pin˥˩　指由父老乡亲组成的忠心耿耿的战斗队伍。
【父母官】vu˧mo˧kuø˥˩

讣【fu˦】中州韵【fəu˦】

【讣告】fu˦kæ˥˩
【讣闻】fu˦vən˩

付【fu˦】中州韵【fəu˦】

【付出】fu˦tsʻəʔ˥
【付讫】fu˦tɕʻəʔ˥
【付印】fu˦0in˦
【付拨】fu˦pəʔ˥　付给。
【付账】fu˦tsã˦
【付梓】fu˦tsɿ˥˩
【付脱】fu˦tʻəʔ˥　付掉。
【付学费】fu˦ɦoʔ˧fi˥˩　（一）支付学费。（二）喻遭受不必要的损失而获得的经验教训。
【付钞票】fu˦tsʻæ˥˩pʻiæ˦　付钱。
【付铜钿】fu˦doŋ˧diɪ˩　付钱。
【付之一炬】fu˦tsɥ˥˩0iəʔ˥dʑy˩
【付之一笑】fu˦tsɥ˥˩0iəʔ˥siæ˦
【付诸东流】fu˦tsɥ˥˩toŋ˥lʏ˩

负【vu˩】中州韵【vəu˩】、【vʏ˩】

【负气】vu˧tɕʻi˥˩
【负心】vu˧sin˥
【负伤】vu˧sã˥
【负约】vu˧0iaʔ˥
【负担】vu˧tᴇ˥
【负疚】vu˧tɕiʏ˥˩
【负屈】vu˧tɕʻyəʔ˥
【负责】vu˧tsəʔ˥
【负荆】vu˧tɕən˥
【负面】vu˧miɪ˩

【负重】vu˧zoŋ˩
【负荷】vu˧ɦəu˩
【负债】vu˧tsɑ˦
【负心汉】vu˧sin˥hø˥˩ 背叛爱情的男子。
【负心郎】vu˧sin˥lɑ̃˧ 义同【负心汉】。

妇【vu˩】中州韵【vəu˩】

【妇女】vu˧ȵy˩
【妇幼】vu˧øiY˥˩
【妇科】vu˧k'əu˥
【妇道】vu˧dæ˩
【妇孺】vu˧zʮ˩
【妇女节】vu˧ȵy˧tsiəʔ˥
【妇女病】vu˧ȵy˧bin˩
【妇人之见】vu˧zən˧tsʮ˥˩tɕi˥˩ 旧时指妇女见识短浅。
【妇人之仁】vu˧zən˩tsʮ˥˩zən˧ 旧时指人处事优柔寡断，不识大体。

附【vu˩】中州韵【vəu˩】

【附加】vu˧kɑ˥
【附会】vu˧ɦuE˩
【附件】vu˧dʑi˩
【附近】vu˧dʑən˩
【附和】vu˧ɦəu˩
【附庸】vu˧ɦioŋ˩
【附属】vu˧zoʔ˧
【附勒身上】vu˧ləʔ˧sən˥lɑ̃˩ 迷信指（鬼魂、神仙等）附在人体上，使人失去本真。有不可思议的怪异之举。
【附庸风雅】vu˧ɦioŋ˩foŋ˥øiɑ˥˩

咐【fu˦】中州韵【fəu˦】

阜【vu˩】中州韵【vY˩】

服【voʔ˧】另见 fú。

驸【vu˩】中州韵【vəu˩】

【驸马】vu˧mo˩

赴【fu˦】中州韵【fəu˦】

【赴死】fu˦sɿ˥˩
【赴约】fu˦øiɑʔ˥
【赴敌】fu˦diəʔ˧
【赴难】fu˦nE˧

【赴宴】fu˦˥ʘi˦˥
【赴汤蹈火】fu˦˥t'ã˥dæ˩hәu˥˩

复【foʔ˥】、【voʔ˧】

【复工】foʔ˥koŋ˥
【复仇】foʔ˥zY˧
【复方】foʔ˥fã˥
【复发】voʔ˧faʔ˥
【复古】foʔ˥kәu˥˩
【复生】foʔ˥sәn˥
【复印】foʔ˥ʘin˦˥
【复句】foʔ˥tɕy˦˥
【复写】foʔ˥sia˥˩
【复合】foʔ˥ɦәʔ˧
【复式】foʔ˥sәʔ˥
【复杂】foʔ˥zaʔ˧或foʔ˥zәʔ˧
【复苏】foʔ˥sәu˥
【复员】voʔ˧ɦiø˩
【复诊】foʔ˥tsәn˥
【复明】foʔ˥min˧
【复命】foʔ˥min˩
【复审】foʔ˥sәn˥˩
【复制】foʔ˥tsɥ˦˥
【复查】foʔ˥zo˧
【复活】voʔ˧ɦuәʔ˧
【复盆】foʔ˥bәn˧
【复核】foʔ˥ŋәʔ˧
【复课】foʔ˥k'әu˦˥
【复原】voʔ˧ȵiø˧
【复婚】foʔ˥huәn˥
【复职】foʔ˥tsәʔ˥
【复僻】voʔ˧p'iәʔ˥
【复一复】foʔ˥ʘiәʔ˥foʔ˥　重复一遍。
【复勿起】foʔ˥fәʔ˥tɕ'i˥˩　没兴趣再重复一遍。
【复得起】foʔ˥tәʔ˥tɕ'i˥˩　有兴趣再重复一遍。

副【fu˦˥】中州韵【fәu˦˥】

【副刊】fu˥k'ø˥˩
【副业】fu˥ȵәʔ˧
【副官】fu˥kuø˥˩
【副作用】fu˥tsoʔ˥ɦioŋ˩
【副食品】fu˥zәʔ˧pin˥˩　指下饭的菜肴。

赋【fu˦˥】中州韵【fәu˦˥】

【赋于】fu˦˥ʘy˩
【赋税】fu˦˥sE˥˩
【赋赞】fu˥tsE˥˩　歌赋赞语。苏州评弹特有的对人物、环境、自然现象、兵器战阵等进行突出的具体描写的重要艺术手段。

傅【fu˦˥】、【vu˨˩】中州韵【fəu˦˥】、【vəu˨˩】

富【fu˦˥】中州韵【fəu˦˥】

【富民】fu˦˥min˨˩
【富有】fu˦˥ɦiY˨˩
【富余】fu˦˥ɦY˨˩或fu˥˩ɦY˨˩
【富农】fu˦˥noŋ˨˩
【富态】fu˥˩t'E˧˩
【富贵】fu˥˩kuE˧˩或fu˦˥kuE˧˩
【富翁】fu˦˥ʘoŋ˥˩
【富庶】fu˦˥sʮ˧˩
【富裕】fu˦˥ɦY˨˩
【富强】fu˦˥ʥiã˨˩
【富豪】fu˦˥ɦæ˨˩
【富丽堂皇】fu˦˥li˨˩dã˨˩ɦuã˨˩ 宏伟美丽，陈设豪华。
【富勿过三代】fu˦˥fə˥˩kəu˧˩ SE˥˩dE˨˩ 形容创业容易守业难。
【富家一席酒，穷汉半年粮】fu˦˥ ʨia˥˩ʘiəʔ˥˩ziəʔ˧tsY˧˩，ʥoŋ˩ hø˧˩pø˦˥ŋ̍ii˦˥liã˩ 形容贫富悬殊。

腹【foʔ˥˩】

【腹水】foʔ˥˩sʮ˧˩
【腹泻】foʔ˥˩sia˦˥
【腹腔】foʔ˥˩ʨ'iã˥˩
【腹膜】foʔ˥˩moʔ˧
【腹稿】foʔ˥˩kæ˦˥

缚【voʔ˧】

【缚鸡之力】voʔ˧ʨi˥˩tsʮ˧˩liəʔ˧ 形容很小的力气。
【缚虎容易纵虎难】voʔ˧həu˧˩ ɦioŋ˩ɦi˨˩tsoŋ˥˩həu˧˩nE˩ 喻对付强大的对手，只能硬，不能软。

赙【vu˨˩】中州韵【vəu˨˩】

蝮【foʔ˥˩】

覆【foʔ˥˩】

【覆灭】foʔ˥˩miəʔ˧
【覆没】foʔ˥˩məʔ˧
【覆盖】foʔ˥˩kE˦˥
【覆辙】foʔ˥˩ts'əʔ˥˩

【覆水难收】foˀ˥sɥ˩˥nɛ˧sʏ˥
【覆盆之冤】foˀ˥bən˧tsɥ˩˥θiø˥

馥【foˀ˥】

【馥郁】foˀ˥θioˀ˥

G

gā

夹【kaʔ˥】另见 jiā;jiá。

【夹肋子】kaʔ˥laʔ˧tsɿ˥˩ 腋窝。
【夹肋毛】kaʔ˥laʔ˧mæ˩ 腋毛。

旮【ha˥】

【旮旯】ha˥la˩

伽【ga˧】另见 jiā;qié。

呷【ga˧】另见 xiā。

【呷呷】ga˧ga˧ 象声词。形容鸭鸣的声音。
【呷连连】ga˧li˩li˩ 鸭的昵称。

咖【ka˥】另见 kā。

【咖喱】ka˥li˩

胳【kaʔ˥】另见 gē。

嘎【ga˧】、【kaʔ˥】

【嘎】ga˧助词。（一）用在疑问句末尾,表示疑问的语气,如普通话中的“的吗”。（二）用在祈使句末尾,表示要求的语气,如普通话中的“的呀”。
【嘎吱嘎吱】kaʔ˥tsɿ˥kaʔ˥tsɿ˥ 象声词。形容物件受压力而发出的声音。

gá

轧【gaʔ˧】另见 yà;zhá。

【轧】gaʔ˧ 拥挤。
【轧】gaʔ˧ 吴语中的“轧”,放在动词、形容词前面,表示确定、一定的意思。如:【轧赢】ɡaʔ˧ɦin˩ 一定赢;【轧上】ɡaʔ˧zɑ̃˩ 一定升上去;【轧甜】ɡaʔ˧diɪ˩ 一定甜;【轧鲜】ɡaʔ˧siɪ˥ 一定鲜。

【轧子】ɡaʔ˧tsɿ˥ 夹子。

【轧牙】ɡaʔ˧ŋɑ˩ 熟睡时磨牙的毛病。

【轧平】ɡaʔ˧bin˩ (账目)核对无误。

【轧轧】ɡaʔ˧ɡaʔ˧ (一)挤一挤。(二)核对(账目)。

【轧头】ɡaʔ˧dɤ˩ 批评、处分。受批评,吃处分叫作"吃轧头"。

【轧出】ɡaʔ˧tsʻəʔ˥ (一)被挤出去。(二)核算出(差错)。

【轧米】ɡaʔ˧mi˩

【轧牢】ɡaʔ˧læ˩ (一)被抓住,被检查出。(二)夹住。

【轧进】ɡaʔ˧tsin˧ (一)正好进入。(二)挤进。

【轧足】ɡaʔ˧tsoʔ˥ 挤得满满的。

【轧账】ɡaʔ˧tsɑ̃˧ 核算;查对账目。

【轧钗】ɡaʔ˧tsʻo˥ 发夹。

【轧实】ɡaʔ˧zəʔ˧ 确实;其实。

【轧票】ɡaʔ˧pʻiæ˧ 检票(指火车票、汽车票、船票等)。

【轧淘】ɡaʔ˧dæ˧ 结交朋友。

【轧脚】ɡaʔ˧tɕiɑʔ˥ 插手。

【轧剪】ɡaʔ˧tsiɪ˥ (一)理发工具中的推子。(二)火车站、汽车站等检票用的工具。

【轧满】ɡaʔ˧mø˩ 挤满。

【轧跻】ɡaʔ˧dʑiæ˩ (一)受阻。(二)不能一致。

【轧煞】ɡaʔ˧saʔ˥ 形容非常拥挤。

【轧稻】ɡaʔ˧dæ˩ 稻谷用机器脱粒。

【轧一脚】ɡaʔ˧ʔiəʔ˥tɕiɑʔ˥ 插一手。

【轧人头】ɡaʔ˧ȵən˧dɤ˩ 排查人数。

【轧大淘】ɡaʔ˧dəu˧dæ˩ 结交高明或有权势的人。

【轧勿拢】ɡaʔ˧fəʔ˥loŋ˩ 合不来。

【轧头寸】ɡaʔ˧dɤ˧tsʻən˥ (一)喻比较实力。(二)筹款。

【轧头势】ɡaʔ˧dʏ˩˧sʮ˥˨ 指拥挤的程度。

【轧节掐】ɡaʔ˧tsiəʔ˥kʻaʔ˥ (一)指甲钳。(二)用指甲钳修指甲。

【轧扭扭】ɡaʔ˧ȵiʏ˩˧ȵiʏ˩˧ 形容人多拥挤的样子。

【轧苗头】ɡaʔ˧miæ˦dʏ˩˧ 揣测略微显露的事情的发展趋势或情况。

【轧朋友】ɡaʔ˧bã˦ɦiʏ˩˧ (一)交朋友。(二)指交恋爱朋友。

【轧闹猛】ɡaʔ˧næ˦mã˩˧ 凑热闹。

【轧神仙】ɡaʔ˧zən˩˧siɪ˥˨ 吴俗。农历四月十四日吕祖生日,苏州神仙庙庙会人流拥挤,称之为轧神仙。

【轧扁头】ɡaʔ˧piɪ˥˨dʏ˦ 夹在矛盾双方的中间,两边不讨好,左右为难。

【轧姘头】ɡaʔ˧pʻin˥dʏ˩˧ 通奸。

【轧得拢】ɡaʔ˧təʔ˥loŋ˩˧ (一)合得来。(二)(账目)核对无误。

【轧勒嗨】ɡaʔ˧ləʔ˧hᴇ˥˨ (一)参与在里面。(二)挤在里面。(三)形容正拥挤。

【轧路机】ɡaʔ˧ləu˩˧tɕi˥˨ 压路机。

【轧煞人】ɡaʔ˧saʔ˥ȵən˦ 形容非常拥挤。

【轧煞快】ɡaʔ˧saʔ˥kʻuɑ˥˨ 形容非常拥挤。

【轧喇哒】ɡaʔ˧laʔ˧daʔ˧ 象声词。(一)形容硬物落地声。(二)形容不利索的转动声。(三)形容用钳子钳断铁丝等东西的声音。

【轧腰痛】ɡaʔ˧øiæ˥tʻoŋ˥˨ 因东西挤压在腰间而疼痛。也作【硌腰痛】ɡoʔ˧øiæ˥tʻoŋ˥˨ 多作调侃语,指钱不花掉,挤在腰包里难过。

【轧天轧地】ɡaʔ˧tʻiɪ˥ɡaʔ˧di˩˧ 形容极其拥挤。

【轧节掐钳】ɡaʔ˧tsiəʔ˥kʻaʔ˥dʑiɪ˩˧ 指甲钳。

【轧出苗头】ɡaʔ˧tsʻəʔ˥miæ˦dʏ˩˧ 通过观察预测出情势变化。

【轧出轧进】ɡaʔ˧tsʻəʔ˥ɡaʔ˧tsin˧˩ (一)形容人多,进进出出,十分拥挤。(二)处于进入和不能进入之间。

【轧轧实实】ɡaʔ˧ɡaʔ˧zəʔ˧zəʔ˧ 确确实实，实实在在。

【轧足输赢】ɡaʔ˧tsoʔ˥sɥ˥ɦin˨˧ 或ɡaʔ˧tsoʔ˥sɥ˥ɦyən˨˧ 形容极其拥挤。

【轧实骨子】ɡaʔ˧zəʔ˧kuəʔ˥ tsɿ˥˧ 其实。

【轧勒当中】ɡaʔ˧ləʔ˧tɑ̃˥tsoŋ˥˧ （一）牵连在里面。（二）挤在中间。（三）处于（左右为难）的地位。

【轧扁颗浪头】ɡaʔ˧pii˥˧k'əu˥ lɑ̃˨˧dY˨˧ 也作【轧扁头颗浪】ɡaʔ˧pii˥˧dY˦k'əu˥lɑ̃˨˧ 即"轧扁头"。

【轧扁颗颅头】ɡaʔ˧pii˥˧k'əu˥ ləu˨˧dY˨˧ 也作【轧扁头颗颅】ɡaʔ˧pii˥˧dY˨˧k'əu˥ləu˨˧ 义同【轧扁头】。

【轧勒八斗斋里】ɡaʔ˧ləʔ˧poʔ˥ tY˥˧tsɑ˦li˨˧ 正赶上最忙乱的时候。

gà

尬【kɑ˦】文读【tɕiɑ˦】中州韵【tɕiE˦】

gāi

该【kE˥】

【该个】kE˥kəʔ˥ 这一个。

【该日】kE˥ȵəʔ˧ 这一天。

【该号】kE˥ɦæ˨˧ 这种。

【该记】kE˥tɕi˥˧ 这一下。

【该死】kE˥si˥˧

【该应】kE˥0in˥˧

【该转】kE˥tsø˥˧ 这一次。

【该点】kE˥tii˥˧ 这一点。

【该面】kE˥mii˨˧ （一）这一边。（二）这一方面。

【该星】kE˥sin˥˧ 这一些。

【该首】kE˥sY˥˧ 这一边。

【该种】kE˥tsoŋ˥˧ 这一种。

【该浪】kE˥lɑ̃˨˧ 这里；这地方。

【该搭】kE˥taʔ˥ 这里。

【该嗨】kE˥hE˥˧ 这里。也作【该嗨点】kE˥hE˥˧tii˥˧。

【该歇】kE˥ɕəʔ˥ 现在。

【该什梗】kE˥zɑ̃˨˧ 这样。

【该号头】kE˥ɦæ˨˧dY˨˧ 这个月。

【该辰光】kE˥zən˥˧kuɑ̃˥˧ 这时候。

【该两日】kE˥liã˩˧ŋ̍əʔ˧　这两天。

【该种介】kE˥tsoŋ˥˨ka˥˨　这一种的。

【该格月】kE˥kəʔ˥ŋəʔ˧　这一个月。

【该吃苦】kE˥ts'oʔ˥k'əu˥˨　活该吃苦。

【该生世里】kE˥sã˥sʮ˥˨li˩˧　这一生一世里。

【该抢世里】kE˥ts'iã˥sʮ˥˨li˩˧　指近来一段时间里。

【该生该世】kE˥sã˥kE˥sʮ˥˨　这一生一世里。

【该堂地方】kE˥dã˩˧di˩˧fã˥　这个地方。

【该歇辰光】kE˥ɕiəʔ˥zən˧kuã˥　现在这个时候。

【该仔和尚骂贼秃】kE˥tsɿ˥˨ɦəu˧zã˩˧mo˩˧zəʔ˧t'oʔ˥　指桑骂槐。

【该应哪亨是哪亨】kE˥ʔin˥naʔ˧hã˥˨zɿ˩˧naʔ˧hã˥˨　(一)该怎么样(办)就怎么样(办)。(二)本来是怎么样的,就怎么样(指不可以更改)。

【该应长么长,短么短】kE˥ʔin˥zã˧mə˧zã˧,tø˥˨məʔ˧tø˥˨　该怎么处理就怎么处理。

垓【kE˥】

赅【kE˥】

【赅格】kE˥kəʔ˥　有钱的。

【赅足】kE˥tsoʔ˥　非常富有。

【赅虾】kE˥ɕia˥　有钱。

【赅点格】kE˥tiɪ˥˨kəʔ˥　有些钱的。

【赅两钿】kE˥liã˩˧diɪ˩˧　有些钱,较富有。

【赅钞票】kE˥ts'æ˥˨p'iæ˥˨　有钱;富有。简称“赅”。

【赅家当】kE˥ka˥tã˥˨　家底富足。

【赅票子】kE˥p'iæ˥tsɿ˥˨　有钱;富有。

【赅铜钿】kE˥doŋ˩˧diɪ˩˧　有钱;富有。

【赅仔两钿】kE˥tsɿ˥˨liã˩˧diɪ˩˧　有了些钱。

【赅两铜钿】kE˥liã˩˧doŋ˧diɪ˩˧　有了些钱。

【赅足输赢】kE˥tsoʔ˥sʮ˥ɦin˩˧

或kE˥tsoʔ˥sɥ˥ɦyən˩ 非常有钱。

【赅透赅透】kE˥tʻY˥˩kE˥tʻY˥˩ 非常有钱。

【赅铜钿朋友】kE˥doŋ˧dii˩bã˧ɦiY˩ 有钱人。

【赅末勿赅，显倒蛮显】kE˥məʔ˧fəʔ˥kE˥，ɕii˥tæ˥˩mE˥ɕii˥ 并没有什么钱，却喜欢炫耀。

gǎi

改【kE˥˩】

【改刀】kE˧tæ˥ 用刀把大块食品分割成小块。

【改口】kE˧kʻY˥

【改日】kE˧ȵəʔ˧

【改业】kE˧ȵəʔ˧

【改写】kE˧sia˧

【改动】kE˧doŋ˧

【改观】kE˧kuø˥

【改过】kE˥˩kəu˥˩

【改行】kE˧ɦã˧

【改扮】kE˥˩pE˥˩

【改进】kE˥˩tsin˥˩

【改良】kE˧liã˧

【改判】kE˥˩pʻø˥˩

【改志】kE˥˩tsɥ˥˩ 变坏。

【改变】kE˥˩pii˥˩

【改组】kE˧tsəu˥

【改革】kE˧kəʔ˥

【改选】kE˧sii˥

【改相】kE˥˩siã˧ 改变原来的习性（多含贬义）。

【改换】kE˥˩ɦuø˩

【改悔】kE˥˩huE˥˩

【改造】kE˧zæ˧

【改道】kE˥˩dæ˩

【改编】kE˧pii˥

【改嫁】kE˥˩ka˥˩

【改期】kE˧ʥi˧

【改善】kE˧zø˧

【改天换地】kE˧tʻii˥ɦuø˩dii˩

【改头换面】kE˧dY˧ɦuø˩mii˩

【改过自新】kE˥˩kəu˥˩zɿ˧sin˥ 改正过失或错误，重新做人。

【改邪归正】kE˧zia˧kuE˥tsən˥˩

【改弦更张】kE˧ɦii˧kən˥˩tsã˥

【改换门庭】kE˧ɦuø˩mən˧din˩

【改朝换代】kE˧zæ˩ɦuø˩dE˩ 朝代更替。

胲【gɛ˩】文读【hɛ˧˩】

【胲下】hɛ˧˩ɕiɑ˧˩ 颏的下面，多指男子出胡须的部位。

gài

丐【kɛ˦˩】

【丐帮】kɛ˦˩pɑ̃˥ 乞丐结成的帮会。

芥【kɑ˦˩】中州韵【tɕiɛ˦˩】另见 jiè。

【芥菜】kɑ˥tsʻɛ˧˩

【芥菜子】kɑ˥tsʻɛ˥tsɿ˧˩ 芥菜的种子。

【芥菜瘤】kɑ˥tsʻɛ˥lY˨˦ 芥菜膨大成瘤状的茎。

【芥菜子脾气】kɑ˥tsʻɛ˥tsɿ˧˩bi˨˦tɕʻi˧˩ 形容人气量小。

隑【gɛ˩】见【戤】。

钙【kɛ˧˩】

盖【kɛ˦˩】

【盖头】kɛ˥dY˩ 盖子。简称【盖】kɛ˦˩。

【盖印】kɛ˦˩ʔin˦˩ 盖章。

【盖没】kɛ˦˩məʔ˧或kɛ˥məʔ˧ 完全遮蔽住。

【盖招】kɛ˦˩tsæ˥ 胜过一筹。

【盖盖】(1)kɛ˦˩kɛ˥ (拿东西)遮蔽。(2)kɛ˦˩kɛ˦˩ 盖上盖子。

【盖碗】kɛ˥ʔuø˧˩

【盖屁股】kɛ˦˩pʻi˥kəu˧˩ 擦屁股。

【盖浇饭】kɛ˦˩tɕiæ˥vɛ˩ 盖饭。

【盖棺论定】kɛ˦˩kuø˥lən˩din˩

溉【kɛ˦˩】

概【kɛ˦˩】

【概论】kɛ˧˩lən˩

【概况】kɛ˧˩huɑ̃˧˩

【概念】kɛ˧˩ȵin˩

【概括】kɛ˦˩kuaʔ˥

【概要】kɛ˧˩ʔiæ˧˩

【概率】kɛ˦˥liə˧˨˦
【概略】kɛ˦˥liɑʔ˧˨˦

戤【gɛ˨˩】

【戤饭】gɛ˨˩vɛ˨˩ 指寄人篱下的饮食。依附他人生活叫吃戤饭。
【戤碰】gɛ˨˩bã˨˩ 形容稍有触犯。
【戤牌头】gɛ˨˩bɑ˨˩bʏ˨˩或gɛ˨˩bɑ˨˩dʏ˨˩ 依仗有势力的人或集体。
【戤着实】gɛ˨˩zɑʔ˧zəʔ˧ 靠得很稳当。
【戤壁书】gɛ˨˩piəʔ˥sʮ˥˩ 因不买票,没有座位,靠在书场的后墙上听说书。
【戤东戤西】gɛ˨˩toŋ˥gɛ˨˩si˥˩ (一)东边物体上靠靠,西边物体上靠靠,形容无所事事。(二)形容生活漂泊。
【戤勒身浪】gɛ˨˩lə˧sən˥lã˨˩ 形容完全依赖。
【戤碰勿得】gɛ˨˩bã˨˩fəʔ˥təʔ˥ (一)一点也碰不起(多指易碎物品)。(二)形容不能稍有触犯。
【戤米囤饿煞】gɛ˨˩mi˧dən˨˩ ŋəu˨˩saʔ˥ 靠在米囤上饿死。喻有了优越的条件或东西不用。

gān

干【kø˥】中州韵【kɛ˥】另见gàn。

【干尸】kø˥sʮ˥˩
【干贝】kø˥pɛ˥˩
【干支】kø˥tsʮ˥˩
【干戈】kø˥kəu˥˩
【干号】kø˥hæ˨˩
【干切】kø˥ts'iəʔ˥ 将不带卤汁的熟肉块切成片状。
【干丝】kø˥sɿ˥˩ 豆腐干丝。
【干冰】kø˥pin˥˩
【干红】kø˥hoŋ˨˩ 一种不含糖分的红葡萄酒。
【干纪】kø˥tɕi˥˩ 责任;干系。
【干饭】kø˥vɛ˨˩
【干旱】kø˥hø˨˩
【干扰】kø˥zæ˨˩
【干冷】kø˥lã˨˩
【干坐】kø˥zəu˨˩ 除了坐,没有任何招待(含受到怠慢的意思)。

【干折】kø˥tsəʔ˥ 把礼物，赠予的酒席等折合成钱。
【干板】kø˥pᴇ˦˨ 戏曲中有节拍地念韵语。
【干杯】kø˥pᴇ˦˨
【干并】kø˥pin˦˨ （一）形容白白地等待。（二）形容双方僵持着，白白浪费时间。
【干果】kø˥kəu˦˨
【干挑】kø˥tʻiæ˦˨ 汤汁很少的面。
【干净】kø˥zin˨˧
【干迸】kø˥pã˦˨ 因干燥而开裂。
【干哄】kø˥hoŋ˦˨ 瞎起哄。
【干将】kø˥tsiã˦˨ （一）古代名剑名。（二）古代苏州著名的铸剑匠。
【干咳】kø˥kʻəʔ˥ 没有痰的咳嗽。
【干枯】kø˥kʻəu˦˨
【干面】kø˥miɪ˨˧ 面粉。
【干洗】kø˥siɪ˦˨
【干政】kø˥tsən˦˨
【干脆】kø˥tsʻᴇ˦˨
【干笑】kø˥siæ˦˨
【干预】kø˥ɦy˨˧
【干涉】kø˥zəʔ˧
【干菜】kø˥tsʻᴇ˦˨
【干雪】kø˥siəʔ˥ 不易融化的雪。
【干爽】kø˥sɑ̃˦˨
【干脱】kø˥tʻəʔ˥ （一）液体干掉。（二）喝光。（三）无力抗衡而沉默。
【干裂】kø˥liəʔ˧
【干湿】kø˥səʔ˥ 干的和湿的。指茶食、糖果等食品。
【干揩】kø˥kʻɑ˦˨ 不用水的揩擦。
【干等】kø˥tən˦˨ 白白地等候。
【干粮】kø˥liã˨˧
【干瘪】kø˥piəʔ˥
【干瘦】kø˥sʏ˦˨
【干燥】kø˥sæ˦˨
【干卜卜】kø˥poʔ˥poʔ˥ 干巴巴。
【干牙牙】kø˥ŋɑ˧ŋɑ˧ 啃食没有汤汁的东西。
【干巴巴】kø˥pɑ˥pɑ˦˨
【干电池】kø˥diɪ˧zɥ˨˧
【干切切】kø˥tsʻiəʔ˥tsʻiəʔ˥ 干切。
【干头货】kø˥dʏ˨˧həu˦˨ 没有搀水的蔬菜、虾等生食材。

【干血痨】kø˥ɕyəʔ˥læ˩ (一)妇女月经不至的俗称。(二)喻穷;没有钱。

【干吱吱】kø˥tsɥ˥˩tsɥ˥˩ 形容干;不滋润。

【干狗屎】kø˥kY˥˩sɿ˥˩ 干掉的狗屎,多用来形容瞧不起的人。

【干净相】kø˥ziɪ˩siaʔ˥˩ 干净;洁净的样子。

【干迸痛】kø˥pã˥tʻoŋ˥˩ 皮肤干燥、开裂引起的疼痛。

【干点心】kø˥tiɪ˥sin˥˩ 糕饼之类的茶点。

【干客气】kø˥kʻɑʔ˥tɕʻi˥˩ 并无实惠的客套。

【干咳嗽】kø˥kʻəʔ˥sY˥˩ 没有痰的咳嗽。

【干起劲】kø˥tɕʻi˥tɕən˥˩ 为与己不相干的事卖力。

【干索索】kø˥soʔ˥soʔ˥ 干巴巴。

【干着急】kø˥zɑʔ˧tɕəʔ˥ (一)心里着急而没有办法。(二)为与己不相干的事着急。

【干麸麸】kø˥fu˥˩fu˥˩ 干巴巴。

【干黄梅】kø˥ɦuɑ̃˧mᴇ˩ 降雨量很少的黄梅天。

【干涸涸】kø˥hoʔ˥hoʔ˥ 干巴巴。

【干炖蛋】kø˥tən˥dᴇ˩ 蒸煮不加水的蛋汁。

【干柴烈火】kø˥zɑ˩liəʔ˧həu˥˩

【干饿极奔】kø˥ŋəu˩dʑəʔ˧pən˥˩ 又渴又饿地赶路。

【干蛆药饼】kø˥tsʻi˥ɦiɑʔ˧pin˥˩ 以虫蛆为主料的帮助消化的中成药块。

【干瘪枣子】kø˥piəʔ˥tsæ˦tsɿ˥˩ 形容人瘦小。

【干粥烂饭】kø˥tsoʔ˥lᴇ˩vᴇ˩ 含水量过多的米饭。

【干嘴腻腻】kø˥tsɥ˥˩ȵi˩ȵi˩ 口感干燥。

【干净冬至邋遢年】kø˥zin˩toŋ˥tsɥ˥˩lɑʔ˧tʻɑʔ˥ȵiɪ˧ 谚语。冬至和春节的天气相反,如果冬至天晴,春节将是雨天。

【干千年,湿千年,干干湿湿两三年】kø˥tsʻiɪ˥ȵiɪ˩,səʔ˥tsʻiɪ˥ȵiɪ˩,kø˥kø˥səʔ˥səʔ˥liã˧sᴇ˥ȵiɪ˩ 多指木头等材料,长期干放或长期浸泡在水中都不会腐烂。如果一会

G

干放，一会淋湿，那么两三年内就会烂光。

甘【kø˥】中州韵【kE˥】

【甘心】kø˥sin˥˩
【甘休】kø˥ɕiʏ˥˩
【甘居】kø˥tɕy˥˩
【甘苦】kø˥k‘əu˥˩
【甘草】kø˥ts‘æ˥˩
【甘蔗】kø˥tso˥˩
【甘霖】kø˥lin˧˩
【甘露】kø˥ləu˧˩
【甘蔗露】kø˥tso˥ləu˧˩　甘蔗汁。
【甘草梅子】kø˥ts‘æ˥mE˧˩tsɿ˥˩　俗名脆梅。青梅腌渍后，拌上甘草粉制成的一种消闲食品。
【甘蔗老头甜，越老越鲜甜】kø˥tsoˀ˥˩læ˧dʏ˧diɪ˧，ɦyəˀ˧læ˧˩ɦyəˀ˧siɪ˥diɪ˧　(一)喻老年夫妻，爱情愈加浓厚。(二)喻老人暮年生活越来越幸福。

玕【kø˥】中州韵【kE˥】

杆【kø˥】中州韵【kE˥】

另见 gǎn。

肝【kø˥】中州韵【kE˥】

【肝火】kø˥həu˥˩
【肝肠】kø˥zã˧˩
【肝炎】kø˥ɦiɪ˥˩
【肝胆】kø˥tE˥˩
【肝脏】kø˥zɑ̃˧˩
【肝火旺】kø˥həu˥˩ɦiɑ̃˧˩　指肝火很大。多指怒气冲冲。
【肝胃气】kø˥ɦuE˧˩tɕ‘i˥˩　(一)中医指两肋胀痛、呕吐、腹泻等症状的病。(二)喻容易发怒的心理状态。
【肝胆相照】kø˥tE˥˩siã˥tsæ˥˩
【肝经火旺】kø˥tɕən˥həu˥˩ɦiɑ̃˧˩　指肝火很大。多喻怒气冲冲。

坩【kø˥】中州韵【kE˥】

【坩埚】kø˥kəu˥˩

矸【kø˥】中州韵【kE˥】

泔【kø˥】 中州韵【kE˥】

【泔水】kø˥sɥ˨

【泔脚】kø˥tɕiaʔ˥

【泔脚水】kø˥tɕiaʔ˥sɥ˨ 泔脚。

【泔脚缸】kø˥tɕiaʔ˥kã˨ 存放泔脚的陶钵。

【泔脚钵头】kø˥tɕiaʔ˥pəʔ˥dɤ˧ 存放泔脚的陶钵。

柑【kø˥】 中州韵【kE˥】

【柑子】kø˥tsɿ˨

竿【kø˥】 中州韵【kE˥】

疳【kø˥】 中州韵【kE˥】

【疳膨食积】kø˥bã˩zəʔ˧tsiəʔ˥ 中医指小儿面黄肌瘦、腹部膨大的病。多由饮食没有节制或腹内有寄生虫引起。

尴【kE˥】 中州韵【tɕiE˥】

【尴尬】kE˥ka˨

【尴尬相】kE˥ka˨siã˨ 尴尬的样子。

【尴里尴尬】kE˥li˩kE˥ka˨ 尴尬。

【尴尬头浪】kE˥ka˥dɤ˩lã˩ （一）尴尬为难的时候。（二）想中断无法中断的时候。（三）需要某件东西而没有的时候。

【尴里勿尴尬】kE˥li˩fəʔ˥kE˥ka˨ 尴尬。

gǎn

杆【kø˨】 中州韵【kE˨】 另见 gān。

【杆子】kø˥tsɿ˨ （一）杆。（二）后缀词。与"一"组合，表示一个人。与其他数字不能组合。

【杆秤】kø˥tsʻən˨

【杆菌】kø˥tɕyən˨

秆【kø˨】 中州韵【kE˨】

赶【kø˨】 中州韵【kE˨】

【赶考】kø˦kæ˥

【赶光】kø˦kuã˥ (一)(任务)赶完了。(二)驱赶一空。

【赶死】kø˦si˥ 詈语。匆匆赶去找倒霉。

【赶快】kø˥˩k'uɑ˥˩

【赶到】kø˥˩tæ˥˩ (一)匆忙去到。(二)(在规定的时间内)恰好到达。

【赶赶】kø˥˩kø˥˩ (一)加快动作,使不误规定的时间。(二)驱赶。

【赶紧】kø˦tɕən˥

【赶骚】kø˦sæ˥ 詈语。指追求异性。

【赶路】kø˥˩ləu˨˩

【赶勿脱】kø˦fəʔ˥t'əʔ˥ (一)驱赶不掉。(二)赶不上完成任务所规定的时间。

【赶节场】kø˥˩tsiəʔ˥zã˧ 赶集。

【赶生活】kø˦sã˥ɦuəʔ˧ 赶任务。

【赶场子】kø˥˩zã˧tsɿ˥˩ (一)(演员)在一个地方表演完毕,赶紧到另一个地方去表演。(二)(演员)因时间局促,匆匆忙忙去剧场。

【赶动身】kø˦doŋ˧sən˥˩ 下逐客令逐客。

【赶早市】kø˦tsæ˥zɿ˨˩ 形容去得特别早。

【赶时髦】kø˦zɥ˧mæ˨˩

【赶赶开】kø˥˩kø˥˩k'E˥ 赶走。

【赶得脱】kø˥˩təʔ˥t'əʔ˥ (一)驱赶得掉。(二)任务抓紧赶一下,可以完成。

【赶东赶西】kø˦toŋ˥kø˥˩si˥ 一会儿跑到东,一会儿跑到西。形容忙碌。

【赶出赶进】kø˦ts'əʔ˥kø˥˩tsin˦ 一会儿出去,一会儿进来。形容忙碌。

【赶赶寒气】kø˥˩kø˥˩ɦø˧tɕi˥˩ 因为冻着了,喝很烫的茶水或喝有发汗作用的流质使身体暖和起来。

【赶骚雄鸡】kø˥˩sæ˥ɦioŋ˨˩tɕi˥˩ 喻追逐女性的男子(含讥讽义)。

【赶早勿如赶巧】kø˥˩tsæ˥˩fəʔ˥zɥ˧kø˥˩tɕ'iæ˥˩ 趁早赶去(办某件事),还不如碰到好的机遇。

敢【kø˧˥】中州韵【kE˧˥】

【敢于】kø˦ɦY˩

感【kø˧˥】中州韵【kE˧˥】

【感人】kø˦ȵən˦
【感化】kø˧˥ho˧˥
【感叹】kø˦tE˥
【感动】kø˦doŋ˦
【感光】kø˦kuã˥
【感应】kø˦Øin˧˥
【感到】kø˧˥tæ˧˥
【感官】kø˦kuø˥
【感性】kø˦sin˥
【感受】kø˦ZY˩
【感觉】kø˦tɕioʔ˥
【感冒】kø˧˥mæ˩
【感染】kø˦zø˦
【感恩】kø˦Øən˥
【感悟】kø˧˥ŋəu˩
【感情】kø˦zin˦
【感慨】kø˧˥kE˧˥
【感谢】kø˧˥ziɑ˩
【感触】kø˦tsʻoʔ˥
【感想】kø˦siã˥
【感同身受】kø˦doŋ˩sən˥ZY˩
【感情用事】kø˦zin˦ɦioŋ˩Zʅ˩

橄【kE˧˥】

【橄榄】kE˦E˩
【橄榄头】kE˦E˦dY˩　小而两头尖的头型。
【橄榄核】kE˦E˦ɦuəʔ˦　橄榄果实的果核。
【橄榄绿】kE˦E˦loʔ˦
【橄榄球】kE˦E˦ʥiY˩
【橄榄核垫台脚——活里活络】kE˦E˦ɦuəʔ˦dii˩dE˦tɕiɑʔ˥—ɦuəʔ˦li˩ɦuəʔ˦loʔ˦　歇后语。(一)指态度暧昧,难以捉摸。(二)指不能确定,拿不定主意。

擀【kø˧˥】中州韵【kE˧˥】

【擀皮子】kø˦bi˦tsʅ˧˥　用擀面杖来回碾压和好的面粉,使其延展变平、变薄,制成薄皮状。
【擀面杖】kø˦mii˦zã˩
【擀面杖吹火——一窍不通】

kø˦mi˩˦zã˩ʦʻʮ˥hǝu˥˩—ʘiǝ˥tɕʻiæ˥˩pǝʔ˥tʻoŋ˥ 歇后语。指一点儿也不懂。

gàn

干【kø˦】中州韵【kE˦】另见 gān。

【干员】kø˦ɦiø˩ 善于办事的人员。
【干劲】kø˥˩tɕǝn˥˩
【干练】kø˥˩li˩
【干事】kø˥˩zɿ˩
【干将】kø˥˩tsiã˥˩
【干部】kø˥˩bu˩
【干勿干，两斤半】kø˥˩fǝʔ˥ kø˥˩，ŋ̍i˩tɕǝn˥pø˦ 形容干和不干一个样。

淦【kø˥】、【kø˦】中州韵【kE˥】、【kE˦】

赣【kø˥˩】中州韵【kE˥˩】

gāng

冈【kã˥】中州韵【kã˥】

扛【kã˥】中州韵【kã˥】另见 káng。

【扛棒】kã˥bã˩ 抬物用的粗竹棍。
【扛肩架】kã˥tɕi˩˥ka˥˩ 向上耸起的肩膀。
【扛头扛脚】kã˥dʏ˩kã˥tɕɑʔ˥ 把人或动物强行抬起。
【扛棺材格勿下泥潭】kã˥kuø˥zE˩kǝ˥fǝ˥ɦo˩ŋ̍i˦dø˩ 俗语。指不做与己不相关的事。

刚【kã˥】中州韵【kã˥】

【刚巧】kã˥tɕʻiæ˥˩ 刚才。
【刚正】kã˥tsǝn˥˩ （一）刚强正直。（二）刚才。
【刚刚】kã˥kã˥˩ 刚才。
【刚劲】kã˥tɕǝn˥˩
【刚直】kã˥zǝʔ˧
【刚炭】kã˥tʻE˥˩ 优质木炭。
【刚烈】kã˥liǝʔ˧
【刚健】kã˥dʑi˩
【刚强】kã˥dʑiã˩
【刚毅】kã˥ŋ̍i˩

【刚巧点】kɑ̃˥tɕʻiæ˥tiɪ˅ 刚才。

【刚刚碰勒刚刚浪】kɑ̃˥kɑ̃˥bɑ̃˩lə?˧kɑ̃˥kɑ̃˥lɑ̃˩ 指非常凑巧。

肛【kɑ̃˥】中州韵【kɑ̃˥】

【肛门】kɑ̃˥mən˩

【肛道】kɑ̃˥dæ˩

纲【kɑ̃˥】中州韵【kɑ̃˥】

【纲纪】kɑ̃˥tɕi˅

【纲要】kɑ̃˥Øiæ˅

【纲常】kɑ̃˥zɑ̃˩

【纲领】kɑ̃˥lin˩

钢【kɑ̃˥】中州韵【kɑ̃˥】

【钢口】kɑ̃˥kʻʏ˅

【钢水】kɑ̃˥sʮ˅

【钢丝】kɑ̃˥sɿ˅

【钢印】kɑ̃˥Øin˅

【钢轨】kɑ̃˥kuᴇ˅

【钢花】kɑ̃˥ho˅

【钢板】kɑ̃˥pᴇ˅

【钢种】kɑ̃˥tsoŋ˅

【钢笔】kɑ̃˥piə?˥

【钢铁】kɑ̃˥tʻiə?˥

【钢盔】kɑ̃˥kʻuᴇ˅

【钢筋】kɑ̃˥tɕən˅

【钢琴】kɑ̃˥dʑən˩

【钢锭】kɑ̃˥din˩

【钢管】kɑ̃˥kuø˅

【钢精】kɑ̃˥tsin˅

【钢丝锯子】kɑ̃˥sɿ˥kᴇ˥tsɿ˅ 钢丝锯。

【钢种锅子】kɑ̃˥tsoŋ˥kəu˥tsɿ˅ 铝锅。

【钢种镬子】kɑ̃˥tsoŋ˥ɦo?˧tsɿ˅ 铝锅。

缸【kɑ̃˥】中州韵【kɑ̃˥】

【缸爿】kɑ̃˥bᴇ˩ 缸的碎片。

【缸盖】kɑ̃˥kᴇ˅ 配置在缸上的盖子。

【缸脚】kɑ̃˥tɕiɑ?˧ 残留在水缸底部的液体。

【缸甏】kɑ̃˥bɑ̃˩ 缸和甏一类的陶制器皿。

【缸爿云】kɑ̃˥bᴇ˧ɦʏən˩ 透光高积云，呈鱼鳞状。

【缸头泛】kɑ̃˥dʏ˧fᴇ˅ 放谣言。

【缸甏店】kã˥bã˩tiɪ˥˩ 经营缸甏等陶器的店铺。

【缸甏船】kã˥bã˩zø˩ 运输缸甏陶器的船只。

【缸爿剃胎头——苦仔伲倪子个肉】kã˥bE˩t'i˦t'E˥dY˩—k'əu˥˩tsɿ˥˩ȵi˩ȵi˧tsɿ˥˩kə˥ȵo˧ 歇后语。喻自己心爱的人或物受到较大的损伤。

罡【kã˥】中州韵【kã˥】

【罡头开花】kã˥dY˧k'E˥ho˥˩ (一)麻将术语。"杠"是从方阵末尾摸出的牌，正巧可以和。吴语中"罡"、"杠"谐音。(二)调侃语，指头被弄破或枪毙。

gǎng

岗【kã˥˩】中州韵【kã˥˩】

【岗位】kã˦ɦuE˩

【岗亭】kã˦din˩

【岗哨】kã˥sæ˥˩

【岗楼】kã˥lY˩

港【kã˥˩】中州韵【kã˥˩】

【港口】kã˦k'Y˥

【港币】kã˦bi˩

【港务】kã˦vu˩

【港湾】kã˦ɦuE˧或kã˦0uE˥

gàng

杠【kã˦】中州韵【kã˦】

【杠子】kã˦tsɿ˥˩ 喻一定的标准。

【杠杆】kã˦kø˥

【杠杠】kã˦kã˥

【杠铃】kã˦lin˩

【杠脱】kã˦t'ə˥ 用笔在文字上画直线，表示去掉或标出。

戆【gã˩】中州韵【gã˩】

【戆人】(1)gã˧ȵən˧ 挨着挤压人。(2)gã˧ȵən˧ 近距离撞人。(3)gã˧ȵən˩ 傻子。

【戆气】gã˩tɕ'i˥˩ 傻气。

【戆皮】gã˧bi˧ 沾光。

【戆劲】gɑ̃˩tɕən˥˩ 形容人力气大或只知道凭力气干。也指蛮力。

【戆坯】gɑ̃˩˧pʻɛ˥ 傻瓜。

【戆徒】gɑ̃˩dəu˩ 傻瓜。

【戆笑】gɑ̃˩siæ˥˩ 傻笑。

【戆贼】gɑ̃˩˧zəʔ˧ 詈语。傻瓜。

【戆唱】gɑ̃˩tsʻɑ̃˥˩ 只知卖力，不知方法的演唱。

【戆着】gɑ̃˩˧zɑʔ˧ 擦着。

【戆吼吼】gɑ̃˩˧hɣ˥hɣ˥ 傻乎乎。

【戆死人】gɑ̃˩˧si˥ȵən˩ 詈语或表示亲热。傻瓜。

【戆欣欣】gɑ̃˩˧ɕin˥ɕin˥˩ 傻乎乎。

【戆搭搭】gɑ̃˩˧taʔ˥taʔ˥ 傻乎乎。

【戆头戆脑】gɑ̃˩˧dɣ˩˧gɑ̃˩næ˩ 形容傻里傻气的样子。

【戆杀千刀】gɑ̃˩˧saʔ˥tsʻi˥tæ˥ 詈语或表示亲热。傻瓜。

【戆进勿戆出】gɑ̃˩tsin˥˩fəʔ˥ gɑ̃˩tsʻəʔ˥ 貌似憨厚，实则精明。

【戆人自有戆福，泥菩萨住瓦屋】gɑ̃˩˧ȵən˩zɿ˩˧ɦiɣ˩gɑ̃˩˧foʔ˥，ȵi˩˧bu˩˧saʔ˥zɥ˩ŋo˩˧ ɵoʔ˥ 憨厚的人自有憨厚的回报和福气。

gāo

皋【kæ˥】

高【kæ˥】

【高人】kæ˥ȵən˩

【高大】kæ˥dəu˩

【高门】kæ˥mən˩

【高下】kæ˥ɕiɑ˥˩

【高见】kæ˥tɕiɪ˥˩

【高升】kæ˥sən˥˩ （一）职务由低向上提升。（二）爆竹。

【高手】kæ˥sɣ˥˩

【高发】kæ˥faʔ˥ （一）旧时指得中功名。（二）较高的发生率。

【高头】kæ˥dɣ˩ 鹅。

【高产】kæ˥tsʻɛ˥˩

【高地】kæ˥di˩

【高级】kæ˥tɕəʔ˥

【高价】kæ˥kɑ˥˩

【高空】kæ˥kʻoŋ˥˩

【高汤】kæ˥tʻɑ̃˥˩ 煮肉或家

禽的清汤。

【高兴】kæ˥ɕin˥˩

【高压】kæ˥Øɑʔ˥

【高层】kæ˥zən˨˩

【高低】kæ˥ti˥˩

【高估】kæ˥kəu˥˩

【高妙】kæ˥miæ˨˩

【高寿】kæ˥zʏ˨˩

【高足】kæ˥tsoʔ˥

【高昂】kæ˥ŋɑ̃˨˩

【高空】kæ˥k'oŋ˥˩

【高丽】kæ˥li˨˩

【高炉】kæ˥ləu˨˩

【高明】kæ˥min˨˩

【高尚】kæ˥zɑ̃˨˩

【高帮】kæ˥pɑ̃˥˩　高统。

【高度】kæ˥dəu˨˩

【高举】kæ˥tɕy˥˩

【高贵】kæ˥kuE˥˩

【高亲】kæ˥ts'in˥˩　指社会地位比自己高的亲戚。

【高音】kæ˥Øin˥˩

【高祖】kæ˥tsəu˥˩

【高档】kæ˥tɑ̃˥˩

【高倍】kæ˥bE˨˩

【高调】kæ˥diæ˨˩

【高峰】kæ˥foŋ˥˩

【高烧】kæ˥sæ˥˩

【高速】kæ˥soʔ˥

【高徒】kæ˥dəu˨˩

【高效】kæ˥hiæ˨˩

【高原】kæ˥ȵiø˨˩

【高涨】kæ˥tsɑ̃˥˩

【高深】kæ˥sən˥˩

【高爽】kæ˥sɑ̃˥˩　形容地势高又明朗;清亮。

【高堂】kæ˥dɑ̃˨˩

【高傲】kæ˥ŋæ˨˩

【高超】kæ˥ts'æ˥˩

【高等】kæ˥tən˥˩

【高强】kæ˥dʑiɑ̃˨˩

【高温】kæ˥Øuən˥˩

【高雅】kæ˥Øiɑ˥˩

【高粱】kæ˥liɑ̃˨˩

【高龄】kæ˥lin˨˩

【高跷】kæ˥tɕ'iæ˥˩

【高潮】kæ˥zæ˨˩

【高薪】kæ˥sin˥˩

【高攀】kæ˥p'E˥˩

【高才生】kæ˥zE˧sɑ̃˥˩

【高血压】kæ˥ɕyəʔ˥Øɑʔ˥

【高耸耸】kæ˥soŋ˥soŋ˥˩　高而直。

【高帽子】kæ˥mæ˧tsɿ˥˩　(一)特别高而直的帽子。戏中为鬼卒所戴。(二)喻恭维的话。

【高粱酒】kæ˥liã˧ʦY˥˩ 用高粱的子实酿的白酒。泛指白酒。

【高鼻头】kæ˥bəʔ˧dY˩ 隆起的鼻梁。多指白种人。

【高凳子】kæ˥tən˥ʦɿ˥˩ 比普通凳子明显要高的凳子，如评弹演出时的演员所坐的凳子或排球比赛的裁判及旧时戏馆、电影院检票人员等坐的凳子。

【高墩墩】kæ˥tən˥tən˥˩ 土丘。

【高颧骨】kæ˥ʥiø˧kuəʔ˥ 颧骨高而凸出。

【高人一等】kæ˥ȵən˩ʔiəʔ˥tən˥˩ 比别人要高贵一些（多用于贬义）。

【高头大马】kæ˥dY˩dɑ˩mo˩

【高兴点勒】kæ˥ɕən˥tiɪ˥˩iəʔ˧ 反语。不高兴。

【高统套鞋】kæ˥tʻoŋ˥tʻæ˥ɦɑ˩ 橡皮靴。

【高谈阔论】kæ˥dɛ˧kʻuəʔ˥lən˩

【高脚酒杯】kæ˥ʨiɑʔ˥ʦY˧pɛ˥˩ 杯体与底中间有一段玻璃柱的酒杯。

【高脚脚桶】kæ˥ʨiɑʔ˥ʨiɑʔ˥doŋ˩ 有四只脚的脚盆。

【高脚痰盂】kæ˥ʨiɑʔ˥dɛ˧ʔY˥˩ 直立式的老式痰盂。多为铜质。

【高脚馒头】kæ˥ʨiɑʔ˥mø˧dY˩ 无馅实心的整体圆柱形而顶部半球形的馒头。

【高跟皮鞋】kæ˥kən˥bi˩ɦɑ˩ 后跟较高的皮鞋。多为女式。

【高来低勿就】kæ˥lɛ˩ti˥fəʔ˥ʑY˩ 高不成，低不就。

【高勿成，低勿就】kæ˥fəʔ˥zən˩，ti˥fəʔ˥ʑY˩ 指在选择事物或选择配偶的时候，好的得不到，差的又不合心意，陷入两难的境地。

羔【kæ˥】

【羔皮】kæ˥bi˩

【羔羊】kæ˥ɦiã˩

睾【kæ˥】

【睾丸】kæ˥ɦuø˩

膏【kæ˥】

【膏方】kæ˥fɑ̃˥˩ 补药药方。
【膏火】kæ˥həu˥˩
【膏肓】kæ˥huɑ̃˥˩
【膏药】kæ˥ɦiɑʔ˧
【膏药仁】kæ˥ɦiɑʔ˧ȵən˨˩ 膏药上的药膏。
【膏滋药】kæ˥tsɿ˥ɦiɑʔ˧ 半流体中成补药。以阿胶加入其他滋补药熬炼而成。
【膏粱子弟】kæ˥liɑ̃˧tsɿ˥˩di˨˩ 指富贵人家的子弟。

篙【kæ˥】

【篙子】kæ˥tsɿ˥˩ 撑船的竹竿或木杆。

糕【kæ˥】

【糕团】kæ˥dø˨˩ 糕和团子的合称。
【糕饼】kæ˥pin˥˩
【糕点】kæ˥tiɪ˥˩
【糕团店】kæ˥dø˨˩tiɪ˥˩ 经营糕团的铺子。
【糕饼店】kæ˥pin˥tiɪ˥˩ 经营糕饼的铺子。
【糕头饼脑】kæ˥dʏ˧pin˥˩næ˨˩ 指糕饼一类食品。
【糕饼茶食】kæ˥pin˥˩zo˧zəʔ˧ 指糕饼茶食类食品。

gǎo

杲【kæ˥˩】

搞【gæ˨˩】

【搞轧】gæ˧gaʔ˧ 误会；麻烦。
【搞昏】gæ˧huən˥ 被纠缠得思路混乱。
【搞活】gæ˧ɦuəʔ˧
【搞鬼】gæ˨˩tɕy˥˩
【搞落】gæ˧loʔ˧ 花费掉。
【搞女人】gæ˨˩ȵy˧ȵən˨˩ 男子玩弄女性。
【搞头势】gæ˧dʏ˧sɥ˥˩ 胡搅、纠缠的程度。
【搞关系】gæ˧kuɛ˥ɕi˥˩ 打交道。
【搞名堂】gæ˥˩min˧dɑ̃˨˩ 指玩弄小手段，耍花招。
【搞脚筋】gæ˨˩tɕiɑʔ˥tɕən˨˩

纠缠。

【搞腐化】gæ˩vu˧ho˥˩或gæ˧vu˧ho˥˩ 男女私媾。

【搞嘴讲】gæ˧tsɥ˥˩kɑ̃˥˩或gæ˩tsɥ˦kɑ̃˥ 斗嘴。

【搞七捻三】gæ˧tsʻiəʔ˥ȵi˩sE˥˩ (一)胡搞;捣蛋。(二)指男女之间不正常的关系。

【搞七搞八】gæ˧tsʻiəʔ˥gæ˩poʔ˥ 胡搅;胡乱纠缠。

【搞小动作】gæ˩siæ˦doŋ˧tsoʔ˥ 指偷偷摸摸,做不光明磊落的事。

【搞五搞六】gæ˩ŋ̍˩gæ˩loʔ˧ 义同【搞七搞八】。

【搞百页结】gæ˩pɑʔ˥ɦiəʔ˧tɕəʔ˥ 胡搞。

缟【kæ˥˩】

【缟素】kæ˥˩səu˦

槁【kæ˥˩】

【槁木】kæ˦moʔ˧

镐【kæ˥˩】

稿【kæ˥˩】

【稿子】kæ˦tsɿ˥

【稿件】kæ˦dʑi˩

【稿纸】kæ˦tsɿ˥˩

【稿荐】kæ˦tsi˥˩ 用谷类植物的茎编成的垫子。

【稿费】kæ˦fi˥˩ 稿酬。

【稿笺】kæ˦tsʻi˥ 稿纸。

【稿笺纸】kæ˦tsʻi˥tsɿ˥˩ 稿纸。

gào

告【kæ˦】

【告示】kæ˥zɥ˩

【告发】kæ˦fɑʔ˥

【告老】kæ˦læ˩

【告别】kæ˦biəʔ˧

【告诫】kæ˦tɕiɑ˥˩

【告诉】kæ˥səu˥˩

【告状】kæ˦zɑ̃˩或kæ˥zɑ̃˩

【告终】kæ˦tsoŋ˥

【告急】kæ˦tɕəʔ˥

【告送】kæ˥soŋ˥˩ 告诉。

【告退】kæ˦tʻE˦

【告密】kæ˦miəʔ˧

【告捷】kæ˦ziəʔ˧
【告辞】kæ˥zɿ˩
【告化子】kæ˥ho˥˩tsɿ˥˩ 乞丐。
【告地状】kæ˦di˩zɑ̃˩
【告阴状】kæ˦∅in˥zɑ̃˩ 迷信指到阴间去告状。
【告贷无门】kæ˦dE˩vu˩mən˧ 没处借钱。

诰【kæ˦】

【诰命】kæ˦min˩
【诰封】kæ˦foŋ˥

gē

戈【kəu˥】

【戈壁】kəu˥piəʔ˥

疙【kəʔ˥】

【疙子】kəʔ˥tsɿ˥˩ 口吃病。也指有口吃病的人。
【疙棱】kəʔ˥lən˧ 语言不该停顿的地方停顿了。有不连贯、不流利的感觉。
【疙瘩】kəʔ˥taʔ˥ 也作挑剔解释。
【疙瘩货】kəʔ˥taʔ˥həu˥˩ 指爱挑剔的人。
【疙仔疙瘩】kəʔ˥tsɿ˥kəʔ˥taʔ˥ 不平滑；不顺利。
【疙里疙瘩】kəʔ˥li˧kəʔ˥taʔ˥ 不平滑；不顺利。
【疙里糊涂】kəʔ˥li˧ɦəu˩dəu˩ 形容糊涂。
【疙疙瘩瘩】kəʔ˥kəʔ˥taʔ˥taʔ˥
【疙仔疙舌头】kəʔ˥tsɿ˥kəʔ˥zəʔ˧dY˩ 形容说话不流利；不连贯。

咯【kəʔ˥】另见 kǎ；lo。

【咯吱】kɑʔ˥tsɿ˥
【咯噔】kəʔ˥tən˥

格【kəʔ˥】另见 gé。

【格嘞】kəʔ˥ləʔ˧ 象声词。形容短暂的笑声。

哥【kəu˥】

【哥哥】kəu˥kəu˥˩
【哥嫂】kəu˥sæ˥˩ 哥哥和嫂

嫂。

胳【kəʔ˥】

【胳肋子】kaʔ˥laʔ˧ʦɿ˥˨ 腋窝。
【胳肋毛】kaʔ˥laʔ˧mæ˩˧ 腋毛。
【胳肋蛋】kaʔ˥laʔ˧dE˩˧ 腋窝中淋巴结节的病。

鸽【kəʔ˥】

【鸽子】kəʔ˥ʦɿ˥˨
【鸽子棚】kəʔ˥ʦɿ˥˨bã˩˧ （一）为家鸽搭建的窝。（二）形容住房狭小。

搁【koʔ˥】另见 gé。

【搁几】koʔ˥ʨi˥ 在两只方形茶几上放置长形台面而成的几案。
【搁牢】koʔ˥læ˨˧ 支撑住。
【搁栅】koʔ˥saʔ˥ 地板与地面之间的横木条,用来固定地板。
【搁笔】koʔ˥piəʔ˥
【搁脚】koʔ˥ʨiɑʔ˥ （一）把一条腿支到另一条腿上。（二）把脚搁置到高于地面的物体上。（三）搁脚用的东西。
【搁脱】koʔ˥tʻəʔ˥ 形容事情受阻而失去解决的良好时机。也读作goʔ˧tʻəʔ˥。
【搁脚凳】koʔ˥ʨiɑʔ˥tən˥˨ 搁脚用的小凳。

割【kəʔ˥】

【割让】kəʔ˥ȵiã˨˧
【割麦】kəʔ˥mɑʔ˧
【割肉】kəʔ˥ȵoʔ˧ 喻亏本抛售。
【割草】kəʔ˥ʦʻæ˥˨
【割点】kəʔ˥tiɪ˥ 割下一点儿。
【割脉】kəʔ˥mɑʔ˧ 割断动脉血管。
【割爱】kəʔ˥ØE˦˩˧
【割席】kəʔ˥ziəʔ˧
【割断】kəʔ˥dø˩˧
【割据】kəʔ˥ʨy˥
【割脱】kəʔ˥tʻəʔ˥ 割掉。
【割裂】kəʔ˥liəʔ˧
【割腕】kəʔ˥Øuø˥˨ 割断手

腕上的血管。

【割稻】kəʔ˥dæ˨˩

【割人藤】kəʔ˥ȵən˨˧dən˨˩ 一种蔓生的野草，匍匐茎上有刺。

【割头换颈】kəʔ˥dʏ˨˧ɦuø˨˩tɕən˥˨ 形容关系极为亲密。

【割割裂裂】kəʔ˥kəʔ˥liəʔ˧liəʔ˧ 彻彻底底，干干脆脆，没有任何余地。

【割藤屠席】kəʔ˥dən˨˩dəu˨˩ziəʔ˧ 形容彻彻底底，干干脆脆，没有任何余地。

歌【kəu˥】

【歌女】kəu˥ȵy˨˩

【歌手】kəu˥sʏ˥˨

【歌本】kəu˥pən˥˨

【歌诀】kəu˥tɕyəʔ˥

【歌曲】kəu˥tɕʻioʔ˥

【歌词】kəu˥zɿ˨˩

【歌声】kəu˥sən˥˨

【歌咏】kəu˥ioŋ˥˨

【歌迷】kəu˥mi˨˩

【歌星】kəu˥sin˥˨

【歌剧】kəu˥dʑəʔ˧

【歌颂】kəu˥zoŋ˨˩

【歌唱】kəu˥tsʻɑ̃˥˨

【歌谣】kəu˥ɦiæ˨˩

【歌喉】kəu˥ɦʏ˨˩

【歌谱】kəu˥pu˥˨

【歌舞】kəu˥vu˨˩

gé

革【kəʔ˥】

【革命】kəʔ˥min˨˩

【革除】kəʔ˥zʮ˨˧

【革脚】kəʔ˥tɕiɑʔ˥ 去除沉淀物。

【革脱】kəʔ˥tʻəʔ˥ 革除。

【革职】kəʔ˥tsəʔ˥

【革新】kəʔ˥sin˥

阁【koʔ˥】

【阁门】koʔ˥mən˨˧ 边门。

【阁下】koʔ˥ɕiɑ˥˨

【阁员】koʔ˥ɦiø˨˧

【阁楼】koʔ˥lʏ˨˧

格【kɑʔ˥】、【gəʔ˧】文读【kəʔ˥】另见 gē。

【格子】kɑʔ˥tsɿ˥˨

【格斗】kɑʔ˥tʏ˧˦
【格外】kɑʔ˥ŋɑ˩˧
【格式】kɑʔ˥səʔ˥
【格局】kɑʔ˥ʥioʔ˧
【格言】kɑʔ˥ɦiɪ˧
【格物】kɑʔ˥vəʔ˧
【格律】kɑʔ˥liəʔ˧
【格调】kɑʔ˥diæ˩˧
【格杀勿论】kɑʔ˥saʔ˥fəʔ˥lən˩˧
【格格不入】kɑʔ˥kɑʔ˥pəʔ˥zəʔ˧
【格】 在吴语中借用作“这”、“那”的意思，读作gəʔ˧。如：【格个】gəʔ˧kəʔ˥ 这个。【格么】gəʔ˧məʔ˧ 那么。“格”也有借用“搿”、“个”字的。
【格边】gəʔ˧piɪ˥ 这一边。
【格号】gəʔ˧ɦæ˩˧ 也读作guæ˧˦ 这种。
【格记】gəʔ˧tɕʰi˥˧ 这一下。
【格来】gəʔ˧lE˧˦ （一）这一下子。（二）助词。放在句末表示加重语气。如：饭还勿曾吃格来。
【格屁】kəʔ˥pʰi˧˦ 后缀词。放在形容词后面，表示对该形容词的否定。放在动词后面，表示对该动词的动作很为失望或强烈不满。也作【格魂】kəʔ˥ɦuən˧˦。
【格抢】gəʔ˧tsiã˥ 这一阵；这些时候。
【格把】gəʔ˧po˥˧ 这一把。
【格注】gəʔ˧tsɥ˥˧ 亦作【格注介】gəʔ˧tsɥ˥kɑ˥˧ 这种。
【格点】gəʔ˧tiɪ˥˧ 这一点；这一些。
【格咾】gəʔ˧læ˩˧ 所以。
【格面】gəʔ˧miɪ˩˧ 亦作【格面点】gəʔ˧miɪ˧˦tiɪ˥˧ 这一边。
【格首】gəʔ˧sʏ˥˧ 这一边。
【格星】gəʔ˧sin˥ 这些。
【格哉】kəʔ˧zE˥ 助词。放在句末表示加重语气。
【格种】gəʔ˧tsoŋ˥˧ 亦作【格种介】gəʔ˧tsoŋ˥kɑ˥˧ 这种。
【格恁】gəʔ˧nən˩˧ 后缀词。表示这样子或那种样子（仅用“活”字后面）。
【格桩】gəʔ˧tsɑ̃˥ 这桩。
【格堂】gəʔ˧dɑ̃˩˧ 这一处（地方）。
【格勒】gəʔ˧ləʔ˧ 所以；因此。
【格辈】gəʔ˧pE˥ 这一些（人）。

G

【格搭】gəʔ˧taʔ˥ 亦作【格搭点】gəʔ˧taʔ˥tiɪ˥˩ 这儿。

【格滩】gəʔ˧t'ɛ˥ 这一处（地方）；这儿。

【格歇】gəʔ˧ɕəʔ˥ 也读gəʔ˧ɕiɪ˥ 现在。

【格日子】gəʔ˧ȵəʔ˧tsɿ˥˩ 那一日；有一天。

【格什梗】gəʔ˧zəʔ˧gã˦或gəʔ˧zã˦或gã˦ 那这样。

【格世里】gəʔ˧sɥ˥˩li˩˧ 这一辈子。

【格来兴】gəʔ˧lɛ˦ɕən˥˩ 这种的；这样的。

【格种恁】gəʔ˧tsoŋ˥˩nən˩˧ 这种；这一类的。也说成【格种介】gəʔ˧tsoŋ˥˩kɑ˥˩。

【格点点】gəʔ˧tiɪ˥˩tiɪ˥˩ 这一点点；这一些些。

【格滴滴】gəʔ˧tiəʔ˥tiəʔ˥ 义同【格点点】。

【格记生活】gəʔ˧tɕi˥˩sã˥ɦuəʔ˧ 这一招。

【格抢世里】gəʔ˧ts'iã˥sɥ˥˩li˩˧ 最近的一段日子里。

【格格壮壮】kɑʔ˥kɑʔ˥tsɑ̃˦˧tsɑ̃˦˧ 形容身体强壮。

【格碗饭水】gəʔ˧θuø˥˩vɛ˦sɥ˥˩ 这种行当；这种工作。

【格搭痛，归搭痒】gəʔ˧taʔ˥toŋ˦˧，kuɛ˥taʔ˥ɦiã˩˧ 这里痛，那边痒。（一）喻疾病多。（二）喻有意找麻烦烦人。

葛【kəʔ˥】另见 gě。

【葛布】kəʔ˥pu˦˧

搁【goʔ˧】另见 gē。

【搁牢】goʔ˧læ˩˧ 形容事情进行中，遇到阻力而停顿。

【搁浅】goʔ˧ts'iɪ˥˩ （一）船只进入水浅的地方，不能行驶。（二）喻事情进行中，遇到困难而停止。

【搁煞】goʔ˧saʔ˥ （一）形容（货物）长期闲置而找不到出路。（二）形容事情进行中，因遇到困难而停止，又找不到出路。

【搁僵】goʔ˧tɕiã˥ （一）形容问题长期找不到解决的办法而搁置起来。（二）形容货物长期闲置而找不到出路。

【搁煞货】gɔʔ˧saʔ˥həu˥˨˥ (一)东西或货物长期闲置找不到出路。(二)喻剩男剩女。

【搁僵戏】gɔʔ˧ʨiã˥ɕi˥˨˥ (一)形容事情受阻,陷入僵局。(二)喻闲置货物或剩男剩女错失走出困境的机会而陷入尴尬境地。

【搁僵脱】gɔʔ˧ʨiã˥tʻəʔ˥ 义同【搁僵戏】。

【搁着一搁】gɔʔ˧zɑʔ˧Øiəʔ˥gɔʔ˧ 进行中受阻,耽搁了一下。

蛤【kəʔ˥】另见há。

【蛤蚧】kəʔ˥kɑ˨˦

【蛤蜊】kəʔ˥li˧˦ 也读作Øɑ˥li˨˩。

隔【kɑʔ˥】文读【kəʔ˥】

【隔日】kɑʔ˥ȵəʔ˧

【隔奶】kɑʔ˥nɑ˨˩ 断奶。也作【隔奶奶】kɑʔ˥nɑ˧nɑ˧˦。

【隔世】kɑʔ˥sɥ˨˦

【隔年】kɑʔ˥ȵi˧˦

【隔房】kɑʔ˥vã˧˦

【隔河】kɑʔ˥ɦəu˧˦ 中间隔着河。

【隔夜】kɑʔ˥Øiɑ˨˦

【隔阂】kɑʔ˥ŋəʔ˧

【隔绝】kɑʔ˥ziəʔ˧

【隔音】kɑʔ˥Øin˥

【隔离】kɑʔ˥li˧˦

【隔断】kɑʔ˥dø˨˩

【隔脱】kɑʔ˥tʻəʔ˥ 相间;隔着。

【隔歇】kɑʔ˥ɕəʔ˥ 过一会儿。

【隔膜】kɑʔ˥moʔ˧

【隔墙】kɑʔ˥ziã˧˦ (一)中间隔着墙壁。(二)两栋房子间毗连的两堵墙。

【隔壁】kɑʔ˥piəʔ˥

【隔一歇】kɑʔ˥Øiəʔ˥ɕəʔ˥ 过一会儿。

【隔两日】kɑʔ˥liã˨˩ȵəʔ˧ (一)过两天;隔开两天。(二)隔开时间不长的几天。

【隔日会】kɑʔ˥ȵəʔ˧ɦuᴇ˨˩ 过一天再会。

【隔手戏】kɑʔ˥sʏ˥˨˥ɕi˥˨˥ 指间接办理的事情。

【隔手账】kɑʔ˥sʏ˥˨˥ʦã˥˨˥ 指间接办理的事或账目。

【隔水蒸】kɑʔ˥sɥ˥˨˥ʦən˥ 蒸

G

煮。

【隔水炖】kɑʔ˥sʮ˥˨tən˦˨ （一）蒸煮。（二）形容天热时坐船的不舒服感。（三）指竞技中因安排上的原因，被夹击的感觉。

【隔对河】kɑʔ˥tE˥ɦəu˨˩ 河的对面。

【隔夜饭】kɑʔ˥ɦiɑ˦vE˨˩ 昨天做的饭。

【隔笼斗】kɑʔ˥lon˦tY˥˨ 斗鸟隔着笼栅进行争斗。

【隔宿粮】kɑʔ˥soʔ˥liã˦ 指第二天可供日常生活的粮食（指家庭贫困，常用"没有隔宿粮"来形容）。

【隔脱歇】kɑʔ˥t'əʔ˥ɕəʔ˥ 过一会儿。

【隔壁气】kɑʔ˥piəʔ˥tɕ'i˥˨ 为与己无干的事生气。

【隔壁头】kɑʔ˥piəʔ˥dY˨˩ 隔壁。或指毗邻。

【隔壁戏】kɑʔ˥piəʔ˥ɕi˥˨ 喻隔壁有人谈话或有异常情况等。常与"听"字连用。

【隔壁隔】kɑʔ˥piəʔ˥kɑʔ˥ 相邻。（一）只隔一堵墙。（二）旁边的位子。

【隔山隔水】kɑʔ˥sE˥kɑʔ˥sʮ˥˨ 形容相隔远且阻碍多，不方便。

【隔河照墙】kɑʔ˥ɦəu˦tsæ˥ ziã˨˩ 造在河对岸的影壁。

【隔夜面孔】kɑʔ˥ɦiɑ˦mii˨˩ k'on˥˨ 指倦容满面或起身后还未洗过的脸。

【隔脱一歇】kɑʔ˥təʔ˥iəʔ˥ ɕiəʔ˥ 过一会儿。

【隔脱几日】kɑʔ˥təʔ˥tɕi˥˨ȵəʔ˧ 过几天。

【隔靴搔痒】kɑʔ˥ɕio˥tsæ˥ ɦiã˨˩或kɑʔ˥ɕiY˥tsæ˥ɦiã˨˩

【隔墙西施】kɑʔ˥ziã˦si˥sʮ˥˨ 形容容貌丑陋而歌喉动听的人。

【隔壁人家】kɑʔ˥piəʔ˥ȵən˦ kɑ˥ 左右相毗连的邻家。

【隔壁乡邻】kɑʔ˥piəʔ˥ɕiã˥lin˨˩ 义同【隔壁人家】。

【隔壁邻舍】kɑʔ˥piəʔ˥lin˦so˥˨ 义同【隔壁人家】。

【隔水炖，炖脱】kɑʔ˥sʮ˥˨tən˥˨，tən˦˨t'əʔ˥ 喻竞技中因安排上的原因，受夹击而落败。

【隔行如隔山】kɑʔ˥ɦɑ̃˦zʮ˦ kɑʔ˥sE˥ 行业不相同，所

有一切完全不同。

【隔墙须有耳】kɑʔ˥ziã˦si˥ɦiY˩θəl˥ 说秘密的事情要防备有人偷听。往往与【窗外岂无人】tsʻã˥ŋɑ˩tɕʻi˥vu˩zən˦连用。

【隔年蚊子——老口】kɑʔ˥ɳiɪ˦mən˩tsɿ˥—læ˦kʻY˥ 歇后语。指人情世故极深的人。

【隔年兰花——服盆】kɑʔ˥ɳiɪ˦lE˦ho˥—voʔ˧bən˦ 歇后语。服了;服帖。

【隔夜饭呕出来】kɑʔ˥θiɑ˥vE˩θY˥tsʻəʔ˥lE˩ 令人作呕。

【隔年皇历——过时货】kɑʔ˥ɳiɪ˦ɦuã˦liəʔ˧—kəu˥zɥ˩həu˥ 歇后语。指过时的东西。

【隔年皇历——看勿得】kɑʔ˥ɳiɪ˦ɦuã˦liəʔ˧—kʻø˥fəʔ˥təʔ˥ 歇后语。不能看。

【隔层肚皮隔重山】kɑʔ˥zən˦dəu˦bi˩kɑʔ˥zoŋ˩sE˥ (一)指不是亲生子女,不容易贴心。(二)指人心不可测。

【隔年蚕作茧——呒心(新)思(丝)】kɑʔ˥ɳiɪ˦zø˦tsəu˥tɕiɪ˥—m˦sin˥(sin˥)sɿ˥(sɿ˥) 歇后语。没有这心情。

嗝【gE˩】文读【θəʔ˥】

【嗝嘚】θəʔ˥təʔ˥ 横隔膜痉挛。吸气后声门突然关闭而发出的一种特殊声音。

【嗝出嗝进】gE˩tsʻəʔ˥gE˩tsin˦ 形容吃得太饱,连连打嗝。

【嗝掇勿转】θəʔ˥təʔ˥fəʔ˥tsø˥ 形容哭得透不过气来。

滆【kɑʔ˥】文读【kəʔ˥】

槅【kɑʔ˥】文读【kəʔ˥】

搿【gəʔ˧】

【搿牢】gəʔ˧læ˩ (一)两手臂用力合抱住。(二)腋下夹住。

【搿紧】gəʔ˧tɕən˥ (一)两手臂将物体或人紧紧合抱住。(二)腋下紧紧夹住。

【搿一搿】gəʔ˧θiəʔ˥gəʔ˧

（一）拥抱一下。（二）在腋下临时夹一下。

【搿牢稳瓶】gəʔ˧læ˩θuən˦bin˩ 喻事情有完全把握。

【搿仔金饭碗讨饭】gəʔ˧tsɿ˥ʨən˥vE˩θuø˥t'æ˥vE˩ 俗语。喻有了优越的条件或东西不用。

膈【kɑʔ˥】文读【kəʔ˥】

【膈膜】kɑʔ˥moʔ˧ 人或哺乳动物胸腔和腹腔之间的膜状肌肉。

骼【kaʔ˥】文读【kəʔ˥】

gě

合【kəʔ˥】另见 hé。

舸【kəu˥】、【kəu˥】

葛【kəʔ˥】另见 gé。

gè

个【kəʔ˥】文读【kəu˥】

【个人】kəu˥ȵən˩

【个个】kəʔ˥kəʔ˥或kəu˥kəu˥ 每个。

【个子】kəu˦tsɿ˥

【个中】kəu˦tsoŋ˥

【个别】kəu˥biəʔ˧

【个把】kəu˥po˥ 一个左右。

【个体】kəu˥t'i˥

【个位】kəu˥ɦuE˩

【个性】kəu˥sin˥

各【koʔ˥】

【各人】koʔ˥ȵən˧ 每个人。

【各个】koʔ˥kəʔ˥

【各各】koʔ˥koʔ˥ 各自。

【各自】koʔ˥zɿ˧

【各别】koʔ˥biəʔ˧

【各笃】koʔ˥toʔ˥ 象声词。（一）形容小件硬物落地声。（二）形容吞咽的声音。

【各种】koʔ˥tsoŋ˥ 表示多种。

【各样】koʔ˥ɦiã˩ 表示多样。

【各归各】koʔ˥kuE˥koʔ˥ 各人顾自己。

【各的笃】koʔ˥tiəʔ˥toʔ˥ 象声词。（一）形容小件硬物落地的声音。(二)形容吞咽的声音。

【各落笃】koʔ˥loʔ˧toʔ˥　义同【各的笃】。

【各式各样】koʔ˥səʔ˥koʔ˥ɦiã˩˧　各种式样。

【各有千秋】koʔ˥ɦiɣ˩˧tsʻii˥tsʻɣ˥˧

【各抒己见】koʔ˥sɥ˥tɕi˥tɕii˥˧

【各奇各色】koʔ˥dʑi˩˧ko˥səʔ˥　各种式样。

【各种各样】koʔ˥tsoŋ˥˧koʔ˥ɦiã˩˧　各种样式。

【各得其所】koʔ˥tə˥dʑi˩˧səu˥˧

【各落栖，一道死】koʔ˥lo˧tsʻi˥˧，∅iəʔ˥dæ˧˦si˥˧　俗语。指同归于尽。

【各打五十大板】koʔ˥tã˥˧∅əu˥səʔ˥dɑ˧˦pᴇ˥˧　指不加区别，同样惩罚。

【各人头浪一方天】koʔ˥ɲən˧˦dɣ˨˧lã˩˧∅iəʔ˥fã˥tʻii˥　指每个人都有自己的活动范围和优势。

虼【kəʔ˥】

【虼蚤】kəʔ˥tsæ˥

硌【goʔ˧】

【硌头】goʔ˧dɣ˩˧　指受到的批评、责备等(往往与"吃"字连用)。

【硌伤】goʔ˧sã˥　触着凸起的东西受到损伤。

【硌痛】goʔ˧tʻoŋ˥˧　触着凸起的东西引起的痛楚。

【硌铎】goʔ˧doʔ˧　象声词。形容结实的东西的落地声。

【硌迭铎】goʔ˧diəʔ˧doʔ˧　象声词。义同【硌铎】。

【硌咯铎】goʔ˨˧loʔ˧doʔ˧　形容笨重的东西的落地声。

【硌着一硌】goʔ˧zã˧∅iə˥goʔ˧　被凸起的东西触着一下。也作【硌着一记】goʔ˧zã˧∅iə˥tɕi˧˦。

【硌碌三门】goʔ˨˧loʔ˧sᴇ˥mən˩˧　总共；统统。

铬【koʔ˥】

gěi

给 文读【tɕəʔ】另见 jǐ。

gēn

根【kən˥】

【根本】kən˥pən˥˩

【根由】kən˥ɦiʏ˩

【根究】kən˥tɕiʏ˥˩

【根底】kən˥ti˥˩

【根苗】kən˥miæ˩

【根治】kən˥zɥ˩

【根除】kən˥zɥ˩

【根绝】kən˥ziəʔ˧

【根根】kən˥kən˥˩ （一）每一根。（二）根。

【根浪】kən˥lɑ̃˩ （一）根上。（二）喻根本;最初阶段。

【根桩】kən˥tsɑ̃˥˩ 根部。

【根基】kən˥tɕi˥˩

【根脚】kən˥tɕiɑʔ˥ （一）根和脚。指最初的阶段。（二）可靠程度。（三）根底;背景。（四）根基;底子。

【根据】kən˥tɕy˥˩

【根盘】kən˥bø˩

【根源】kən˥ȵiø˩

【根雕】kən˥tʻiæ˥˩

【根攀】kən˥pʻᴇ˥˩ （一）喻事物的本源。（二）喻人的底细。

【根根头】kən˥kən˥dʏ˩ 根。

【根牢果实】kən˥læ˩kəu˥˩zəʔ˧ 形容非常老实。

跟【kən˥】

【跟人】kən˥ȵən˧ （一）跟随别人。（二）嫁人。

【跟斗】kən˥tʏ˥˩

【跟包】kən˥pæ˥˩

【跟牢】kən˥læ˩ 跟住。

【跟首】kən˥sʏ˥˩ 跟前。

【跟班】kən˥pᴇ˥˩

【跟脚】kən˥tɕiɑʔ˥ （指鞋）大小合适,便于走路。

【跟随】kən˥zᴇ˩

【跟踪】kən˥tsoŋ˥˩

【跟屁虫】kən˥pi˥zoŋ˩

【跟人学样】kən˥ȵən˩ɦoʔ˧ɦiɑ̃˩ 跟人模仿。

【跟屁虫,吃蛔虫】kən˥pi˥zoŋ˩,tɕʻəʔ˥ɦuᴇ˧zoŋ˩ 调侃语。义同【跟屁虫】。

【跟媒人,吃喜酒】kən˥mᴇ˧ȵən˩,tɕʻəʔ˥ɕi˧tsʏ˥˩ 俗语。喻不用付出,便能沾光。

G

【跟仔和尚买木梳】kən˥tsɿ˥˩ ɦəu˦zɑ̃˩mɑ˩moʔ˦sɿ˥˩ 喻盲目跟人。

gěn

艮【gən˩】另见 gèn。

【艮头】gən˩dɤ˩ 性子直、说话生硬、固执倔强的人。

【艮牢】gən˩læ˩ 固执己见。

【艮劲】gən˩tɕən˥˩ 性子直、说话生硬、固执倔强的脾气。

【艮鬼】gən˩tɕy˥˩ 调侃语。指艮头。

【艮头艮脑】gən˩dɤ˦gən˩næ˩ 形容艮的样子。

【艮牢交子】gən˩læ˦kæ˥˩tsɿ˥˩ 形容固执己见。

【艮吱艮吱】gən˩zɥ˩gən˩zɥ˩ 形容十分努力的样子。

【艮牢死勿放】gən˩læ˩si˧˥fəʔ˥fɑ̃˧˥ 形容固执己见,坚决不改变。

【艮得既不名堂】gən˩təʔ˥m̩˦pəʔ˥min˦dɑ̃˩ 莫名其妙的艮。

gèn

亘【kən˧˥】

【亘古】kən˧˥kəu˥˩

艮【kən˧˥】另见 gěn。

gēng

更【kɑ̃˥】文读【kən˥】中州韵【tɕən˥】(限于“更鼓”的“更”的意思)另见 gèng。

【更夫】kɑ̃˥fu˥˩ 旧时称打更巡夜的人。

【更生】kən˧˥sən˥

【更正】kən˥tsən˥˩

【更次】kɑ̃˥tsʻɿ˥˩

【更动】kən˥doŋ˩

【更衣】kɑ̃˥øi˥

【更名】kən˥min˦

【更改】kən˥kᴇ˥˩

【更更】kɑ̃˧˥kɑ̃˥ 改变;反过来,换个角度(指思路)。

【更转】kɑ̃˧˥tsø˥ 义同【更更】。

【更换】kən˥huø˩
【更深】kã˥sən˧˩
【更替】kən˥t'i˧˩
【更鼓】kã˥kəu˧˩　旧时报更所用的鼓。
【更楼】kã˥ly˩　旧时城市中设置梆子、大鼓的楼。楼内按时报告时辰。
【更一更】kã˥ʔiəʔ˥kã˧˩　调换或调整一下。
【更一转】kã˥ʔiəʔ˥tsø˧˩　义同【更一更】。
【更勿转】kã˥fəʔ˥tsø˧˩　指调换或调整不过来。
【更过去】kã˥kəu˥tɕ'i˧˩　挤过去。
【更过来】kã˥kəu˥lE˩　挤过来。
【更转来】kã˦tsø˥lE˩　改变；反过来。
【更猛子】kã˥moŋ˦tsɿ˧˩　潜泳。
【更七更八】kã˥ts'iəʔ˥kã˥poʔ˥　（一）形容挤来挤去，或频烦地换来换去。（二）形容百般挑剔。
【更更一想】kã˦kã˥ʔiəʔ˥siã˧˩　换个角度重新想一想。
【更转一想】kã˦tsø˥ʔiə˥siã˧˩　义同【更更一想】。
【更转头来】kã˦tsø˥dY˦lE˩　改换角度（想）。也说【更转身来】kã˦tsø˧˩sən˥lE˩。

庚【kã˥】文读【kən˥】

【庚帖】kã˥t'iəʔ˥

耕【kã˥】文读【kən˥】

【耕田】kã˥diɪ˧　用犁翻地松土。
【耕地】kən˥di˩
【耕种】kən˥tsoŋ˧˩
【耕读】kən˥doʔ˧
【耕耘】kən˥yuən˩
【耕里勿着耙里着】kã˥li˩fəʔ˥zɑʔ˧bo˦li˩zɑʔ˧　喻这里得不着，却在那里得着。或这里做不成，却在那里做成。

赓【kã˥】文读【kən˥】

羹【kã˥】文读【kən˥】

【羹饭】kã˥vE˩　祭奠亡灵或

鬼神的酒食。

gěng

埂【kãV】文读【kənV】

耿【kənV】

【耿介】kən˥tɕiɑV

【耿直】kənVzəʔ˧ 或kən˥zəʔ˧

【耿耿】kənVkənV

哽【kãV】文读【kənV】

【哽牢】kã˦læ˦ （一）食物堵在喉咙不能下咽。（二）因感情激动等原因，喉咙阻塞发不出声音。

【哽咽】kənVθiɪV

绠【kãV】文读【kənV】

梗【kãV】文读【kənV】

【梗】kãV 固执；难缠。

【梗子】kã˦tsɿ˥ 某些植物的枝或茎。

【梗灰】kã˦huɛ˥ 石灰。

【梗阻】kã˦tsəuV

【梗客】kã˦k'ɑʔ˥ 指喜欢挑剔而难以应付的人。

【梗梗】kã˦kã˥ （一）某些植物的枝或茎。（二）小棍形状的东西。

【梗灰甏】kã˦huɛ˥bã˩ 储有石灰的甏，家庭中作干燥器。

【梗梗头】kã˦kã˥dʏ˩ 梗。

鲠【kãV】文读【kənV】

【鲠牢】kã˦læ˦ 指鱼刺、骨头等卡在喉咙里。

【鲠着】kã˦zɑʔ˧ 义同【鲠牢】。

【鲠鲠叫】kã˦kã˥tɕiæV （一）因鲠卡而不舒服。（二）形容话不中听、不顺耳。（三）指心里不乐意。

gèng

更【kən˦】另见 gēng。

【更加】kən˦kɑ˥

【更其】kən˦dʑiV

gōng

工【koŋ˥】

【工人】koŋ˥ȵən˩
【工手】koŋ˥ɦʏ˩
【工尺】koŋ˥tsʻɑʔ˥
【工夫】koŋ˥fu˥˩
【工分】koŋ˥fən˥˩
【工友】koŋ˥øiʏ˥˩
【工本】koŋ˥pən˥˩
【工头】koŋ˥dʏ˩
【工业】koŋ˥ȵəʔ˧
【工场】koŋ˥zã˩
【工地】koŋ˥di˩
【工会】koŋ˥ɦuᴇ˩
【工匠】koŋ˥ziã˩
【工伤】koŋ˥sã˥˩
【工作】koŋ˥tsoʔ˥
【工房】koŋ˥vã˩
【工具】koŋ˥ʥy˩
【工事】koŋ˥zɿ˩
【工蚁】koŋ˥ȵi˩
【工部】koŋ˥bu˩ 中国封建王朝行政机构的六个职能部门之一，管理土木建筑、兴修水利等。
【工笔】koŋ˥piəʔ˥
【工钿】koŋ˥di˩ 工钱。
【工效】koŋ˥ɦiæ˩
【工资】koŋ˥tsɿ˥˩
【工程】koŋ˥zən˩
【工蜂】koŋ˥foŋ˥˩
【工龄】koŋ˥lin˩
【工稳】koŋ˥øuən˥˩
【工整】koŋ˥tsən˥˩
【工程师】koŋ˥zən˧sɿ˥˩
【工夫茶】koŋ˥fu˥zo˩
【工欲善其事，必先利其器】koŋ˥ɦioʔ˧zø˩ʥi˩zɿ˩，piəʔ˥si˥li˩ʥi˩tɕʻi˧ 要想把工做好，一定先要准备好尽可能好的工具。

弓【koŋ˥】

【弓箭】koŋ˥tsi˥˩ 弓和箭。
【弓长张】koŋ˥zã˩tsã˥ 说话时为免因同音字出现错误，表明说的“张”字是弓字旁加一个“长”字。
【弓字旁】koŋ˥zɿ˩bã˩ 汉字偏旁之一。如“弦”字的左边部分，部首属“弓”。也读作 koŋ˥zɿ˩pã˥˩。
【弓上弦，刀出鞘】koŋ˥zã˩

ɦiɪ˧,tæ˥tsʻəʔ˥siæ˥ 弓箭和腰刀等武器均已在手，做好战斗准备。形容形势紧张，战争一触即发。

公【koŋ˥】中州韵【koŋ˥˩】（限于“公子”的“公”）

【公干】koŋ˥kø˥˩
【公子】koŋ˦tsɿ˥˩或koŋ˥tsɿ˥˩
【公办】koŋ˥bᴇ˩˧
【公方】koŋ˥fɑ̃˥˩
【公公】koŋ˥koŋ˥˩
【公开】koŋ˥kʻᴇ˥˩
【公历】koŋ˥liəʔ˧
【公立】koŋ˥liəʔ˧
【公认】koŋ˥ȵən˩˧
【公文】koŋ˥vən˩˧
【公心】koŋ˥sin˥˩
【公元】koŋ˥ȵiø˩˧
【公允】koŋ˥Øyən˥˩
【公布】koŋ˥pu˥˩
【公出】koŋ˥tsʻəʔ˥
【公平】koŋ˥bin˩˧
【公民】koŋ˥min˩˧
【公司】koŋ˥sɿ˥˩
【公务】koŋ˥vu˩˧
【公议】koŋ˥ȵi˩˧
【公用】koŋ˥ɦioŋ˩˧
【公正】koŋ˥tsən˥˩
【公主】koŋ˥tsʮ˥˩
【公安】koŋ˥Øø˥˩
【公产】koŋ˥tsʻᴇ˥˩
【公关】koŋ˥kuᴇ˥˩
【公共】koŋ˥goŋ˩˧
【公论】koŋ˥lən˩˧
【公式】koŋ˥səʔ˥
【公休】koŋ˥ɕiʏ˥˩
【公有】koŋ˥ɦiʏ˩˧
【公约】koŋ˥Øiɑʔ˥
【公众】koŋ˥tsoŋ˥˩
【公报】koŋ˥pæ˥˩
【公告】koŋ˥kæ˥˩
【公判】koŋ˥pʻø˥˩
【公社】koŋ˥zo˩˧
【公诉】koŋ˥səu˥˩
【公私】koŋ˥sɿ˥˩
【公余】koŋ˥ɦy˩˧
【公证】koŋ˥tsən˥˩
【公房】koŋ˥vɑ̃˩˧
【公函】koŋ˥ɦø˩˧
【公审】koŋ˥sən˥˩
【公事】koŋ˥zɿ˩˧
【公所】koŋ˥səu˥˩
【公差】koŋ˥tsʻɑ˥˩

【公费】koŋ˥fi˥˩
【公请】koŋ˥tsʻin˥˩ 一些人联合起来请客。
【公派】koŋ˥pʻɑ˥˩
【公映】koŋ˥Øin˥˩
【公案】koŋ˥Øø˥˩
【公敌】koŋ˥diəʔ˧
【公海】koŋ˥hE˥˩
【公害】koŋ˥ɦE˨˩
【公家】koŋ˥tɕiɑ˥˩
【公卿】koŋ˥tɕʻən˥˩ 泛指古时高级官员。
【公益】koŋ˥Øiəʔ˥
【公债】koŋ˥tsɑ˥˩
【公断】koŋ˥tø˥˩
【公馆】koŋ˥kuø˥˩
【公祭】koŋ˥tsi˦或koŋ˥tsi˥˩
【公婆】koŋ˥bu˨˩ 公公和婆婆。
【公堂】koŋ˥dɑ̃˨˩
【公推】koŋ˥tʻE˥˩
【公职】koŋ˥tsəʔ˥
【公道】koŋ˥dæ˨˩
【公愤】koŋ˥fən˥˩
【公然】koŋ˥zø˨˩
【公寓】koŋ˥ȵy˨˩
【公粮】koŋ˥liɑ̃˨˩
【公路】koŋ˥ləu˨˩
【公墓】koŋ˥mo˨˩
【公榜】koŋ˥pɑ̃˥˩ 张榜公布。
【公演】koŋ˥Øiɪ˥˩
【公德】koŋ˥təʔ˥
【公文包】koŋ˥vən˧pæ˥˩ 三边有拉链的长方形软包，携带公文、稿件等用。
【公字头】koŋ˥˩zɿ˨˩dY˨˩ 汉字偏旁。如"翁"字的上半部分。
【公阿爹】koŋ˥˩Øaʔ˥tiɑ˥˩ 丈夫的父亲。
【公门之中好修行】koŋ˥mən˨˩tsʮ˥˩tsoŋ˥hæ˥˩sY˥ɦɑ̃˧ 俗语。喻官员、办公人员等只要能秉公执法，等于修行行善。
【公要馄饨婆要面】koŋ˥Øiæ˦ɦuən˧dən˨˩bu˧Øiæ˦mi˨˩ 俗语。喻各人的要求不同，众口难调，使当家人或主人难以应付。
【公说公有理，婆说婆有理】koŋ˥səʔ˥koŋ˥ɦiY˨˩li˨˩，bu˧səʔ˥bu˧ɦiY˨˩li˨˩ 俗语。指谁都说自己的理由充足，使人难以判断是非。

功【koŋ˥】

【功力】koŋ˥liəʔ˧

【功夫】koŋ˥fu˦˨ (一)本领；造诣。(二)时间(指占用的时间)。(三)空闲时间。(四)涵养；克制能力。如：他可以唾面自干，功夫好的。(五)指武功。

【功业】koŋ˥ȵəʔ˧

【功名】koŋ˥min˨˩

【功臣】koŋ˥zən˨˩

【功劳】koŋ˥læ˨˩

【功底】koŋ˥ti˦˨

【功架】koŋ˥kɑ˦˨

【功勋】koŋ˥ɕyən˦˨

【功课】koŋ˥k'əu˦˨

【功能】koŋ˥nən˨˩

【功效】koŋ˥ɦiæ˨˩

【功绩】koŋ˥tsiəʔ˥

【功路】koŋ˥ləu˨˩ 基本功的流派路子。

【功德】koŋ˥təʔ˥

红【koŋ˥】另见 hóng。

攻【koŋ˥】

【攻心】koŋ˥sin˥

【攻打】koŋ˥tã˦˨

【攻击】koŋ˥tɕəʔ˥

【攻关】koŋ˥kuɛ˦˨

【功坚】koŋ˥tɕi˦˨

【功克】koŋ˥k'əʔ˥

【攻势】koŋ˥sɥ˦˨

【攻读】koŋ˥doʔ˧

【攻破】koŋ˥p'u˦˨

【攻守同盟】koŋ˥sʏ˦˨doŋ˧mən˨˩

供【koŋ˥】另见 gòng。

【供应】koŋ˦˨Øin˥

【供给】koŋ˦˨tɕəʔ˥

【供养】koŋ˦˨ɦiã˨˩

【供销】koŋ˦˨siæ˥

【供需】koŋ˦˨si˥或koŋ˦˨sy˥

【供不应求】koŋ˦˨pəʔ˥Øin˦˨dʑiʏ˧

肱【koŋ˥】

宫【koŋ˥】

【宫人】koŋ˥zən˩ 宫廷里女子的总称。

【宫女】koŋ˥ȵy˩

【宫灯】koŋ˥tən˥˩

【宫廷】koŋ˥din˩

【宫刑】koŋ˥ɦin˩

【宫妆】koŋ˥tsɑ̃˥˩ 宫廷里女子的装束。

【宫闱】koŋ˥ɦuᴇ˩

【宫规】koŋ˥kuᴇ˥˩ 旧时宫廷内的规章制度。

【宫保】koŋ˥pæ˥˩ 旧时官衔。即太子少保。

【宫娥】koŋ˥ŋəu˩

【宫殿】koŋ˥diɪ˩

【宫阙】koŋ˥tɕyəʔ˥

【宫保鸡丁】koŋ˥pæ˥tɕi˥tin˥˩ 菜肴名。花生米炒鸡丁。

恭【koŋ˥】

【恭贺】koŋ˥ɦəu˩

【恭候】koŋ˥ɦY˩

【恭维】koŋ˥vi˩

【恭敬】koŋ˥tɕən˥˩

【恭喜】koŋ˥ɕi˥˩

【恭贺新禧】koŋ˥ɦəu˩sin˥ɕi˥˩ 恭敬地祝贺新年幸福吉祥。

【恭敬不如从命】koŋ˥tɕən˥˩pəʔ˥zʮ˩zoŋ˩min˩ 客套话。按照对方的意思去做，就是最好的恭敬。

蚣【koŋ˥】

躬【koŋ˥】

【躬行】koŋ˥ɦin˩

【躬亲】koŋ˥tsʻin˥

龚【tɕoŋ˥】

觥【koŋ˥】

【觥筹交错】koŋ˥zY˩tɕiæ˥tsʻo˥˩

gǒng

巩【koŋ˥˩】

【巩固】koŋ˦kəu˥

汞【koŋ˥˧】

拱【koŋ˥˧】、【goŋ˧】

【拱】(1)koŋ˦ 形容中间隆起、凸出。(2)goŋ˧ 撞动。
【拱门】koŋ˦mən˧
【拱手】koŋ˦sʏ˥˧
【拱拱】goŋ˧goŋ˩ 顶动一下。
【拱桥】koŋ˦ʥiæ˧
【拱翻】goŋ˧fɛ˥ 指物体被顶动而翻倒;或因顶动,器皿中液体溢出。
【拱出来】koŋ˦ʦ'ə˥˥lɛ˩ 中间向外凸出来。
【拱屎虫】koŋ˥sɿ˥zoŋ˩ 粪蛆。形容会钻营的人。
【拱起来】koŋ˦ʨ'i˥˥lɛ˩ 中间向外凸起来。
【拱送拱送】koŋ˥soŋ˥˧koŋ˥soŋ˥˧ 形容拱的样子。

珙【koŋ˥˧】

gòng

共【goŋ˩】

【共处】goŋ˩ʦ'ʮ˦
【共犯】goŋ˩vɛ˩
【共生】goŋ˧sən˥
【共存】goŋ˩zən˧
【共同】goŋ˧doŋ˩
【共兴】goŋ˩ɕən˦ 依顺大家的兴致。
【共鸣】goŋ˧min˥
【共识】goŋ˧sə˥
【共和】goŋ˧ɦəu˩
【共事】goŋ˩zɿ˩
【共性】goŋ˩sin˦
【共享】goŋ˩ɕiã˥˧ 共同享有(权利)。
【共度】goŋ˩dəu˩
【共总】goŋ˧ʦoŋ˥ 总共。
【共勉】goŋ˩miɪ˥˧
【共管】goŋ˧kuø˥˧
【共产党】goŋ˧ʦ'ɛ˥tã˥˧
【共青团】goŋ˧ʦ'in˥dø˩

贡【koŋ˦】

【贡生】koŋ˦sən˥

【贡奉】koŋ˦˨voŋ˨˩
【贡品】koŋ˦˨pʻin˥˩
【贡院】koŋ˦˨ɦiø˨˩
【贡献】koŋ˦˨ɕiɪ˦

供【koŋ˦˨】另见 gōng。

【供认】koŋ˦˨n̠ən˨˩
【供词】koŋ˦˨zɿ˦˨
【供状】koŋ˦˨zɑ̃˨˩
【供奉】koŋ˦˨voŋ˦˨
【供品】koŋ˦˨pʻin˥˩
【供养】koŋ˦˨ɦiɑ̃˨˩
【供职】koŋ˦˨tsəʔ˦
【供桌】koŋ˦˨tsoʔ˦
【供起来】koŋ˦˨tɕʻi˦lᴇ˨˩ （一）敬奉供养起来（对神、佛或亡灵）。（二）讽刺语。供养起来享福。

gōu

勾（句）【kʏ˦】另见 gòu；gōu；jù。

【勾引】kʏ˦ɦin˨˩
【勾兑】kʏ˦dᴇ˨˩
【勾牢】kʏ˦læ˨˩ 勾住。
【勾连】kʏ˦liɪ˨˩
【勾芡】kʏ˦tɕʻiɪ˦˨
【勾栏】kʏ˦lᴇ˨˩
【勾结】kʏ˦tɕəʔ˦
【勾通】kʏ˦tʻoŋ˥˩
【勾勒】kʏ˦ləʔ˦˨ （一）用线条画出轮廓。（二）用简单的笔墨描写事物的大致情况。（三）形容说话简洁扼要、流畅干净。
【勾搭】kʏ˦taʔ˦
【勾魂】kʏ˦ɦuən˦˨
【勾节头】kʏ˦tsiəʔ˦dʏ˦˨ 互勾小拇指（表示约定）。
【勾魂鬼】kʏ˦ɦuən˦˨tɕy˥˩ （一）指引灵魂离开肉体的鬼卒（迷信）。（二）喻引诱他人干坏事的人。
【勾魂票】kʏ˦ɦuən˦˨pʻiæ˥˩ （一）指引灵魂离开肉体的票据（迷信）。（二）喻有极大诱惑力的事物或信息（贬义）。
【勾心斗角】kʏ˦sin˦tʏ˥˩koʔ˦
【勾肩搭背】kʏ˦tɕiɪ˦taʔ˦pᴇ˥˩ 形容非常亲热的样子。
【勾颈搭背】kʏ˦tɕən˦taʔ˦pᴇ˥˩ 义同【勾肩搭背】。
【勾小拇节头】kʏ˦siæ˦˨miəʔ

˧ʦiəʔ˥dY˩˧ 义同【勾节头】。

句【kY˥】另见 jù。

【句吴】kY˥ɦəu˩˧ 春秋时的吴国。

【句践】kY˥ziɪ˨˧˩

佝【hY˥】、【gY˧】文读【∅Y˥】

【佝背】hY˥pE˥˩ 背脊向前弯曲。

【佝倒】hY˥tæ˥˩ 身体向前弯下。

【佝下去】∅Y˥˨ɦo˩˧ʨi˥˩ 身体向前弯下去。

【佝头缩颈】gY˧dY˧soʔ˥ʨən˥˩ 头低倒，缩着脖子。

【佝里佝里】gY˩˧li˩˧gY˩˧li˩˧ 指拖沓、滞缓、不爽快的样子。

【佝注佝注】gY˩˧ʦɥ˥˩gY˩˧ʦɥ˥˩ 形容手法笨拙。

【佝腰曲背】hY˥∅iæ˥ʨʻoʔ˥pE˥˩ 弯腰曲背。

沟【kY˥】

【沟沟】kY˥kY˥˩ 沟。
【沟通】kY˥toŋ˥˩
【沟渠】kY˥ʥy˩˧
【沟壑】kY˥hoʔ˥

钩【kY˥】

【钩子】kY˥ʦɿ˥˩
【钩针】kY˥ʦən˥˩
【钩心斗角】kY˥sin˥tY˥˨koʔ˥

篝【kY˥】

【篝火】kY˥həu˥˩

gǒu

苟【kY˥˩】

【苟且】kY˥ʦʻi˥˩
【苟安】kY˥˨∅ø˥
【苟合】kY˥˨ɦəʔ˧
【苟同】kY˥˩doŋ˧
【苟延残喘】kY˥ɦiɪ˨˧˩zE˩˧ʦʻø˥˩

G

狗【kʏ˥˩】

【狗牙】kʏ˦˥ŋɑ˨˩ （一）狗的牙齿。（二）“牙”作动词，“啃”的意思。形容物体的边缘不光洁，参差不齐。

【狗头】kʏ˦˥dʏ˨˩

【狗屁】kʏ˥˩pi˥˩

【狗咬】kʏ˥˩ŋæ˨˩ （一）狗用嘴咬。（二）狗叫。多形容人说话又快又含糊不清。也读作kʏ˦˥ŋæ˧。

【狗洞】kʏ˥˩doŋ˨˩ 供狗出入的墙洞。

【狗哭】kʏ˦˥k'oʔ˥ 似人哭声的狗吠声，迷信以为不吉利。

【狗窠】kʏ˦˥k'əu˥ 狗窝。多形容屋子里凌乱不堪。

【狗熊】kʏ˦˥ɦioŋ˨˩

【狗牙子】kʏ˦˥ŋɑ˧tsɿ˥˩ 狗的牙齿。形容像锯齿那种形状。

【狗头帽】kʏ˦˥dʏ˧mæ˨˩ 幼儿戴的一种帽子。上有狗头形状的装饰。

【狗吃屎】kʏ˦˥tɕ'əʔ˥sʮ˥˩

【狗哄气】kʏ˦˥hoŋ˥tɕ'i˥˩ 狗闻过东西后留下的气味。

【狗连连】kʏ˦˥li˧li˨˩ 狗交配。

【狗屎香】kʏ˦˥sɿ˥ɕiã˥˩ 地藏菩萨诞辰时烧的香。当晚，家家门前地上遍插棒香，名烧“地头香”，又叫“狗屎香”。也说是纪念吴王张士诚对吴民之德。士诚小名九四，谐读“狗屎”。

【狗食盆】kʏ˦˥zəʔ˧bən˨˩ 放置狗食的瓦盆。

【狗食钵】kʏ˦˥zəʔ˧pəʔ˥ 放置狗食的陶钵。

【狗咬狗】kʏ˦˥ŋæ˧kʏ˥˩ 喻坏人之间内讧。

【狗起劲】kʏ˦˥tɕ'i˦˥tɕən˥˩ 调侃语。不必要的起劲。

【狗腿子】kʏ˦˥tE˥tsɿ˥˩

【狗鼻头】kʏ˦˥bəʔ˧dʏ˨˩ 狗的鼻子；多形容人嗅觉灵敏（调侃义）。

【狗头军师】kʏ˦˥dʏ˧tɕyən˥sɿ˥˩

【狗皮膏药】kʏ˦˥bi˧kæ˥ɦiɑʔ˧

【狗仗人势】kʏ˥˩zã˨˩ŋən˧sʮ˥˩ 喻依仗势力欺压人。

【狗闭倒灶】kʏ˦˥pi˥tæ˥˩tsæ˥˩ 吝啬；小气；不大方。

【狗血喷头】kɤ˧˦ɕyəʔ˥pʻən˥dɤ˦

【狗胆包天】kɤ˧˦tɛ˥pæ˥tʻi˥

【狗屎连头】kɤ˧˦sɿ˥li˨˩˧dɤ˩ 狗的粪便。

【狗皮贼骨头】kɤ˧˦bi˦zəʔ˧kuəʔ˥dɤ˩ 形容人皮肉能经受住寒冷、跌打等(贬义)。

【狗吃屎跟斗】kɤ˧˦tɕʻəʔ˥sɿ˥˩˥kən˥təu˥˩˥ 身体向前跌倒(含嘲笑的意思)。

【狗改勿脱吃屎】kɤ˥˩˥kɛ˧˦fəʔ˥təʔ˥tɕʻəʔ˥sɿ˥˩˥ 喻本性难移(含贬义)。

【狗搭屎坑罚咒】kɤ˥˩˥tɑʔ˥sɿ˧˦kʻã˥vaʔ˧tsɤ˧˦ 形容多次违背自己诺言的人又许下诺言。

【狗眼窝珠看人低】kɤ˧˦ŋɛ˦ɦəu˦tsʮ˥˩˥kʻø˧˦ȵən˦ti˥ 喻人势利。

【狗捉老虫——多管闲事】kɤ˧˦tsoʔ˥læ˦zoŋ˩—təu˥kuø˥˩˥ɦɛ˦zɿ˩ 歇后语。喻越出范围,管不必要管的事。老虫即老鼠。

【狗急跳墙,人极悬梁】kɤ˧˦tɕəʔ˥tʻiæ˧˦ziã˦,ȵən˦dʑəʔ˧ɦiø˦liã˦ 俗语。喻在走投无路的时候,无论人或动物,都会不顾一切地采取极端行动。也作【狗急跳墙,人极跳浜】kɤ˧˦tɕəʔ˥tʻiæ˧˦ziã˦,ȵən˦dʑəʔ˧tʻiæ˧˦pã˥。

【狗嘴里突勿出象牙来】kɤ˧˦tsʮ˥li˨˩˧dəʔ˧fəʔ˥tsʻəʔ˥ziã˦ŋɑ˦lɛ˩ 喻坏人嘴里说不出好话来。

【狗咬吕洞宾,勿识好人心】kɤ˧˦ŋæ˦li˨˩˧doŋ˦pin˥,fəʔ˥səʔ˥hæ˧˦ȵən˦sin˥ 俗语。指不识好歹。

枸【kɤ˧˦】

【枸杞】kɤ˧˦tɕʻi˥

【枸杞子】kɤ˧˦tɕʻi˥tsɿ˥˩˥ 枸杞的果实。

【枸杞头】kɤ˧˦ɕi˥dɤ˩ 枸杞树叶的嫩芽,可作蔬菜。

gòu

勾(句)【kɤ˧˦】另见gōu;"句"另见gōu;jù。

构【kʏ˦˨】

【构成】kʏ˦˨zən˨˩

【构件】kʏ˦˨ʥiɪ˨˩

【构建】kʏ˦˨tɕiɪ˥˩

【构图】kʏ˦˨dəu˨˧

【构思】kʏ˦˨sɿ˥˥

【构造】kʏ˦˨zæ˨˩

【构想】kʏ˦˨siã˥˩

购【kʏ˦˨】

【购销】kʏ˦˨siæ˥

诟【kʏ˦˨】

垢【kʏ˦˨】

够【kʏ˦˨】

【够用】kʏ˦˨ɦioŋ˨˩ 可以满足使用。

【够吃】kʏ˦˨tɕʰəʔ˥ 可以满足食用。

【够着】(1)kʏ˦˨zɑʔ˧ 能够接触到。(2)kʏ˦˨tsaʔ˥ (衣服)够穿了。

【够勿到】kʏ˥fəʔ˥tæ˥˩ (一)不在范围内,不能够接触到。(二)指交情浅。(三)指本领等不够应付。

【够勿着】kʏ˦˨fəʔ˥zɑʔ˧ 义同【够勿到】。

【够交情】kʏ˦˨tɕiæ˥ziŋ˨˩

【够朋友】kʏ˦˨bã˨˧ɦiʏ˨˩

【够得到】kʏ˦˨təʔ˥tæ˥˩ (一)在范围内,能够接触到。(二)指交情上还可以。(三)指本领等可以应付。

【够得着】kʏ˦˨təʔ˥zɑʔ˧ 义同【够得到】。

【够意思】kʏ˦˨0i˥sɿ˥˩

【够吃够用】kʏ˦˨tɕʰəʔ˥kʏ˦˨ɦioŋ˨˩ 可以满足日常开支。

彀【kʏ˦˨】

媾【kʏ˦˨】

【媾和】kʏ˦˨ɦəu˨˧

gū

估【kəu˥˩】

【估计】kəu˥˩tɕi˥˩

【估价】kəu˥˧ka˥˧

【估估】kəu˥˧kəu˥˧ 大致推算。

【估煞】kəu˥˧sa?˥ 完全在推算之中。

【估估价】kəu˥˧kəu˥˧ka˥˧ 估价。

咕【gəu˨˩】、【kəu˥】

【咕】gəu˨˩ 小声自语。

【咕白】gəu˨˨ba?˧ 苏州评弹说表六白之一。指角色自言自语。

【咕咕】gəu˨˩gəu˨˩ 小声自语。

【咕食狗】gəu˨˨zə?˧kʏ˥˧ 指嘴里嘀嘀咕咕无止无休的人（含贬义）。

【咕食老太婆】gəu˨˨zə?˧læ˨tʻa˥bu˨˩ 指喜欢嘴里嘀嘀咕咕的老年女性。

【咕嘟】kəu˥˧təu˥ 象声词。形容大口饮水的吞咽声。

【咕咕叫】kəu˥kəu˥tɕiæ˥˧ 形容饥饿时肚子里发出声音来。

【咕噜噜】kəu˥ləu˥ləu˥˧ 象声词。形容饥饿时肚子里发出来的声音。

【咕噜咕噜】kəu˥ləu˥˧kəu˥ləu˥˧ 义同【咕噜噜】。

呱【kəu˥】另见 guā。

沽【kəu˥】、【kəu˥˧】

【沽名钓誉】kəu˥min˨˩tiæ˥˧ɦʏ˨˩ 故意做作或用某种手段谋取名誉。

姑【kəu˥】

【姑夫】kəu˥fu˥˧

【姑丈】kəu˥zã˨˩

【姑母】kəu˥mo˨˩

【姑且】kəu˥tsʻi˥˧或kəu˥tsi˥˧

【姑爷】kəu˥ɦia˨˩

【姑表】kəu˥piæ˥˧

【姑娘】kəu˥ȵiã˨˩（一）未婚女子。（二）姑母。（三）丈夫的姐妹。

【姑息】kəu˥siə?˥

【姑嫂】kəu˥sæ˥˧

【姑舅】kəu˥dʑiʏ˨˩ 旧时指公公、婆婆。

【姑歇】kəu˥ɕəʔ˥ 现在。也作【姑歇辰光】kəu˥ɕəʔ˥zən˥˨kuã˥˨。

【姑太太】kəu˥tʻɑ˥tʻɑ˥˨ 娘家称已经出嫁的女儿。

【姑老爷】kəu˥læ˧ɦiɑ˨˧˩ 岳家对女婿的尊称。

【姑表亲】kəu˥piæ˥tsʻin˥˨

【姑且勿论】kəu˥tsʻi˥˨fəʔ˥lən˨˧˩或kəu˥tsʻi˥˨fəʔ˥lən˨˧˩ 暂且不论。

【姑娘架子】kəu˥ȵiã˨˧˩kɑ˥˨tsɿ˥˨ 指未婚女子。

【姑嫂淘里】kəu˥sæ˥˨dæ˨˧˩li˨˧˩ 姑嫂之间。

【姑娘嫌嫂丑】kəu˥ȵiã˨˧˩ɦii˧sæ˥tsʻʏ˥˨ 指小姑子挑剔嫂子。

【姑表勿如姨表】kəu˥piæ˥˨fəʔ˥zʮ˧ɦi˧piæ˥˨ 与姑母子女之间的关系,不如与姨母子女之间的关系亲热。

孤【kəu˥】

【孤儿】kəu˥ɦəl˥˨

【孤立】kəu˥liəʔ˧

【孤本】kəu˥pən˥˨

【孤老】kəu˥læ˨˧˩

【孤单】kəu˥tɛ˥˨

【孤独】kəu˥doʔ˧

【孤相】kəu˥siã˥˨ 形容性情乖僻、不合群的样子。

【孤傲】kəu˥ŋæ˨˧˩

【孤雁】kəu˥Øiɪ˨˦或kəu˥ŋɛ˨˧˩ 失去配偶的大雁。

【孤寡】kəu˥ko˥˨

【孤僻】kəu˥pʻiəʔ˥

【孤孀】kəu˥sã˥˨

【孤儿院】kəu˥ɦəl˥˨ɦiø˨˧˩ 收养孤儿的地方。

【孤老院】kəu˥læ˧ɦiø˨˧˩ 旧时恤养孤寡老人的地方。

【孤单单】kəu˥tɛ˥tɛ˥˨ 孤单。

【孤零零】kəu˥lin˧lin˨˧˩ 形容孤独、无依无靠。

【孤吊零零】kəu˥tiæ˥lin˨˧˩lin˨˧˩ 义同【孤零零】。

【孤身一人】kəu˥sən˥Øiəʔ˥ȵən˨˧˩ 孤单一人(多指没有亲属或亲属不在身边)。

【孤苦伶仃】kəu˥kʻəu˥lin˨˧˩tin˥˨

【孤注一掷】kəu˥tsʮ˥˨Øiəʔ˥zəʔ˧

【孤家寡人】kəu˥tɕia˥kuɑ˥˩zən˩

【孤掌难鸣】kəu˥tsã˥nɛ˧min˥

轱【kəu˥】

骨【koʔ˥】另见 gǔ。

【骨笃】koʔ˥toʔ˥ （一）象声词。形容小件硬物动了一下的声音。（二）形容小件硬物动了一下。

【骨碌】koʔ˥loʔ˧ （一）象声词。形容小件硬物滚动一下的声音。（二）形容眼珠等转动一下。

【骨的笃】koʔ˥tiəʔ˥toʔ˥ （一）象声词。形容小件硬物落地的声音或翻滚一下的声音。（二）形容吞咽的声音。

【骨溜溜】koʔ˥lY˧lY˩或kuəʔ˥lY˧lY˩ 形容眼珠子转动。

【骨碌笃】koʔ˥loʔ˧toʔ˥ 义同【骨的笃】。

【骨碌碌】koʔ˥loʔ˧loʔ˧ （一）象声词。形容小件硬物滚动的声音。（二）形容很快地转动。（三）形容眼珠子转动。

【骨勒骨勒】kuəʔ˥ləʔ˧kuəʔ˥ləʔ˧ 触摸时里面有核的感觉。也说成【骨粒骨粒】kuəʔ˥liəʔ˧kuəʔ˥liəʔ˧。

【骨淅骨淅】kuəʔ˥siəʔ˥kuəʔ˥siəʔ˥ 形容不停地做小动作。

【骨溜骨溜】kuəʔ˥lY˧kuəʔ˥lY˧ 义同【骨溜溜】。

鸪【kəu˥】

菇【kəu˥】

菰【kəu˥】

蛄【kəu˥】

辜【kəu˥】

【辜负】kəu˥vu˩

酤【kəu˥】

箍【kəu˥】

【箍桶】kəu˥doŋ˩ 圆形木

桶用竹箍或铁箍箍起来。

【箍桶匠】kəu˥do˧˩ziã˨˩ 从事箍桶或修桶的手艺人。

gǔ

古【kəu˥˩】

【古人】kəu˦ȵən˨˩

【古方】kəu˦fã˥

【古风】kəu˦fo˥

【古书】kəu˦sʮ˥

【古代】kəu˦dᴇ˨˩

【古训】kəu˥˩ɕyən˥˩

【古老】kəu˦læ˨˩

【古朴】kəu˦p'oʔ˥

【古板】kəu˦pᴇ˥

【古典】kəu˦tiɪ˥

【古法】kəu˦faʔ˥

【古怪】kəu˥˩kuɑ˥˩

【古国】kəu˦kuəʔ˥

【古诗】kəu˦sʮ˥

【古玩】kəu˦ɦuø˨˩

【古都】kəu˦təu˥

【古董】kəu˦to˥

【古琴】kəu˦ʥən˨˩

【古稀】kəu˦ɕi˥

【古筝】kəu˦tsən˥

【古装】kəu˦tsɑ̃˥

【古籍】kəu˦ziəʔ˧

【古老钿】kəu˦læ˧di˨˩ 古钱币。

【古体诗】kəu˦t'i˥sʮ˥˩

【古铜色】kəu˦do˧səʔ˥

【古色古香】kəu˦səʔ˥kəu˦ɕiã˥

【古往今来】kəu˦ɦuɑ̃˧ʨən˥lᴇ˨˩

【古彩戏法】kəu˦ts'ᴇ˥ɕi˥faʔ˥ 中国传统魔术。

【古道热肠】kəu˦dæ˨˩ȵəʔ˧zɑ̃˨˩

谷【koʔ˥】

【谷子】koʔ˥tsɿ˥˩

【谷底】koʔ˥ti˥˩

【谷物】koʔ˥vəʔ˧

【谷雨】koʔ˥ɦy˨˩

【谷蜢】koʔ˥mɑ̃˨˩ 蚱蜢。

汩【kuəʔ˥】

【汩汩】kuəʔ˥kuəʔ˥

诂【kəu˥˩】

股【kəu˥˩】

【股东】kəu˦˥toŋ˥
【股市】kəu˦˥zɿ˩
【股份】kəu˦˥vən˩
【股尖】kəu˦˥tsiɪ˥ 屁股股骨的端处。
【股肱】kəu˦˥koŋ˥
【股骨】kəu˦˥kuəʔ˥
【股息】kəu˦˥siəʔ˥
【股票】kəu˥˩piæ˥˩
【股癣】kəu˦˥siɪ˥˩ 生于屁股或腹股上的癣疮。

骨【kuəʔ˥】另见 gū。

【骨干】kuəʔ˥kø˥
【骨子】kuəʔ˥tsɿ˥˩
【骨气】kuəʔ˥tɕʻi˦˥
【骨水】kuəʔ˥sɥ˥˩ 骨髓。
【骨节】kuəʔ˥tsiəʔ˥
【骨头】kuəʔ˥dY˧
【骨灰】kuəʔ˥huE˥
【骨血】kuəʔ˥ɕyəʔ˥
【骨折】kuəʔ˥tsəʔ˥
【骨刺】kuəʔ˥tsʻɿ˦˥
【骨架】kuəʔ˥kɑ˦˥
【骨盆】kuəʔ˥bən˧
【骨牌】kuəʔ˥bɑ˧
【骨痨】kuəʔ˥læ˧ 骨髓炎，骨髓结核病。
【骨殖】kuəʔ˥zəʔ˧
【骨膜】kuəʔ˥moʔ˧
【骨骼】kuəʔ˥kɑʔ˥
【骨簪】kuəʔ˥tsø˥ 挑分头发用的牛骨簪子。
【骨髓】kuəʔ˥zE˧
【骨子里】kuəʔ˥tsɿ˥li˩
【骨头软】kuəʔ˥dY˧ŋø˩ 形容人没有志气、意志薄弱。
【骨头松】kuəʔ˥dY˧soŋ˥ （一）形容紧张之后的松弛。（二）指人惰性十足。
【骨头轻】kuəʔ˥dY˧tɕʻən˥ （一）形容轻浮，不稳重。（二）调侃语。形容特别兴奋。
【骨头痒】kuəʔ˥dY˧ɦiã˩ 詈语。犯贱讨打。
【骨头酥】kuəʔ˥dY˧səu˥ 形容特别舒心。
【骨头硬】kuəʔ˥dY˧ŋã˩ 喻人极有骨气，意志坚强。
【骨灰盒】kuəʔ˥huE˥ɦaʔ˧ 存放骨灰的盒子。

【骨殖头】kuəʔ˥zəʔ˧dʏ˩ 詈语。指东西、物件、事情（含厌恶意）。

【骨殖甏】kuəʔ˥zəʔ˧bã˩ 放尸骨的罐子。

【骨牌酥】kuəʔ˥bɑ˧səu˥˩ 茶食。形似麻将牌大小。

【骨牌凳】kuəʔ˥bɑ˧tən˥˩ 长方形凳面的凳子。

【骨头架子】kuəʔ˥dʏ˧kɑ˥ tsɿ˥˩

【骨节骨骱】kuəʔ˥tsiəʔ˥kuəʔ˥ gɑ˩ 指骨头关节。

【骨头骨脑】kuəʔ˥dʏ˩kuəʔ˥ næ˩ 指骨头之类（多指食品中多骨的荤菜）。

【骨头轻得呒不四两重】kuəʔ˥d ʏ˩tɕʻən˥təʔ˥m̩˧pəʔ˥sɿ˥liã˧ zoŋ˩ （一）形容十分轻浮。（二）调侃语。形容十分兴奋。

牯【kəu˥˩】

【牯牛身上拔根毛】kəu˥ȵiʏ˧ sən˥lã˩baʔ˧kən˥mæ˧ 俗语。喻相比之下数量极少，去除一些也不会觉得短少。

贾【kəu˥˩】另见 jiǎ。

蛊【kəu˥˩】

【蛊牢】gəu˧læ˥˩ 巴结住。

【蛊惑】kəu˥˩ɦuəʔ˧

鹄【koʔ˥】、【ɦoʔ˧】另见 hú。

鼓【kəu˥˩】

【鼓手】kəu˥sʏ˥

【鼓乐】kəu˥ɦioʔ˧

【鼓动】kəu˥doŋ˩

【鼓吹】kəu˥tsʻʮ˥

【鼓励】kəu˥li˩

【鼓掌】kəu˥tsã˥

【鼓楼】kəu˥lʏ˩

【鼓舞】kəu˥˩vu˩

【鼓胀病】kəu˥tsã˥bin˩ 中医指由水、气、淤血、寄生虫等原因引起的腹部膨胀的病。

【鼓当中囥元宝——瞒仔大人（银）】kəu˥tã˥tsoŋ˥˩kʻã˥

ȵiø˦pæ˥˩—mø˦tsɿ˥˩dəu˦ ȵən˩(ȵən˩) 歇后语。吴语中“人”、“银”同音。指瞒过了大人或瞒过了官员。

瞽【kəu˥˩】

gù

固【kəu˦˥】

【固守】kəu˦˥sʏ˥
【固执】kəu˦˥tsəʔ˥
【固体】kəu˦˥tʻi˥˩
【固定】kəu˥˩din˩
【固态】kəu˦˥tʻᴇ˥˩

故【kəu˦˥】

【故人】kəu˦˥ȵən˩
【故土】kəu˦˥tʻəu˥˩
【故乡】kəu˦˥ɕiã˥
【故而】kəu˦˥ɦəl˩
【故交】kəu˦˥tɕiæ˥
【故杀】kəu˦˥saʔ˥
【故世】kəu˥sʮ˥˩
【故里】kəu˦˥li˩
【故居】kəu˦˥tɕy˥
【故事】kəu˥˩zɿ˩
【故宫】kəu˦˥koŋ˥
【故都】kəu˦˥təu˥
【故脱】kəu˦˥tʻəʔ˥ 去世。
【故道】kəu˦˥dæ˩
【故意】kəu˥˩Øi˥˩
【故障】kəu˦˥tsã˥
【故所以】kəu˦˥səu˥Øi˥˩ 所以。
【故弄玄虚】kəu˦˥loŋ˩ɦiø˦ɕy˥
【故技重演】kəu˦˥ʥi˩zoŋ˦Øii˥˩

顾【kəu˦˥】

【顾及】kəu˥ʥə˧
【顾全】kəu˥zi˩
【顾问】kəu˥˩vən˩
【顾忌】kəu˥ʥi˩
【顾怜】kəu˥li˩
【顾客】kəu˦˥kɑʔ˥
【顾盼】kəu˥pʻᴇ˥˩
【顾家】kəu˦˥kɑ˥
【顾虑】kəu˦˥ly˩或kəu˦˥li˩
【顾绣】kəu˥sʏ˥˩
【顾惜】kəu˥siəʔ˥
【顾歇】kəu˥ɕəʔ˥ 现在。亦说成Øəu˥ɕəʔ˥。
【顾圆然】kəu˥ɦiø˩zø˩ 照顾周全。

【顾勿圆然】kəu˥fəʔ˥ɦiø˩˧zø˩ 照顾不周全。

【顾勿得许多】kəu˥fəʔ˥təʔ˥ ɕy˥˩təu˥˩ 不能顾及太多。

【顾前勿顾后】kəu˥ziɪ˧fəʔ˥ kəu˥ɦY˩ 只顾眼前，不顾后果或将来。

梏【koʔ˥】

崮【kəu˦˩˨】

雇【kəu˦˩˨】

【雇工】kəu˦˩˨koŋ˥

【雇用】kəu˦˩˨ɦioŋ˩˧

【雇农】kəu˦˩˨noŋ˩˧

【雇佣】kəu˦˩˨ɦioŋ˩˧

【雇员】kəu˦˩˨ɦiø˩

锢【kəu˦˩˨】

痼【kəu˦˩˨】

guā

瓜【ko˥】文读【kuɑ˥】

【瓜子】ko˥tsɿ˥˩

【瓜分】ko˥fən˥˩

【瓜片】ko˥p‘iɪ˥˩

【瓜农】ko˥noŋ˩˧

【瓜葛】ko˥kəʔ˥

【瓜子脸】ko˥tsɿ˥liɪ˩˧

【瓜皮帽】ko˥bi˩˧mæ˩

【瓜田李下】ko˥di˩˧li˩˧ɦiɑ˥˩

【瓜绿头脑】ko˥loʔ˧dY˩næ˩ 泛指瓜类。

【瓜熟蒂落】ko˥zoʔ˧ti˥˩loʔ˧

【瓜菜半年粮】ko˥ts‘E˥˩pø˦˩˨ ȵiɪ˧liã˧ 形容生活十分贫困，一年中半年以瓜菜代粮。

呱【kuaʔ˥】另见 gū。

【呱嗒】kuaʔ˥taʔ˥ 象声词。形容折断树枝、细木棍的声音。

【呱呱叫】kuaʔ˥kuaʔ˥tɕiæ˦˩˨

【呱嗒呱嗒】kuaʔ˥taʔ˥kuaʔ˥ taʔ˥ 象声词。形容很能说话的说话声。

刮【kuaʔ˥】

【刮尺】kuaʔ˥ts‘ɑʔ˥ 量米工具，T字形，用来刮平量器上的米。

【刮皮】kuaʔ˥bi˧ 吝啬；喜沾人财物上的小便宜。

【刮目】kuaʔ˥moʔ˧

【刮宫】kuaʔ˥koŋ˥

【刮痧】kuaʔ˥so˥ （一）民间治疗某些疾病的方法。用铜钱等物蘸水或油刮患者的胸、背、颈等处，使局部皮肤充血，减轻内部炎症。（二）刮痧用的铜钱。喻最为起码的钱、最少的钱。

【刮精】kuaʔ˥tsin˥ 形容会打小算盘；吝啬。

【刮台风】kuaʔ˥dɛ˧fon˥ 台风来袭。喻来势凶猛。

【刮地皮】kuaʔ˥di˧bi˩

【刮冷冷】kuaʔ˥lã˧lã˧ 象声词。形容声音清脆响亮。

【刮油水】kuaʔ˥ɦiɤ˧sɥ˨ （一）形容搜刮财物。（二）指某些食品或饮料去除体内的油腻。

【刮的嗒】kuaʔ˥tiəʔ˥taʔ˥ 象声词。形容小而清脆的断裂声音。

【刮辣辣】kuaʔ˥laʔ˧laʔ˧ （一）形容太阳热的程度很高。（二）形容名声很大。（三）象声词。形容物体较清脆的断裂声音。

【刮浆刀】kuaʔ˥tsiã˥tæ˨ 刷浆糊工具。金属或竹木制成，头菱形，后有长柄。

【刮浆头】kuaʔ˥tsiã˥dɤ˩ （一）用浆刮子抹平浆糊。（二）指费时、费精神的事。

【刮鼻头】kuaʔ˥bəʔ˧dɤ˩ 刮鼻子。喻吃批评。

【刮镬子】kuaʔ˥ɦoʔ˧tsɿ˨ （一）盛起镬子中最后的东西。（二）将镬子反扣于地，用工具刮除上面的锅烟。

【刮天刮地】kuaʔ˥tʻi˥kuaʔ˥di˩ 形容过分地搜刮财物。

【刮目相看】kuaʔ˥moʔ˧siã˥kʻø˧

【刮嗒刮嗒】kuaʔ˥taʔ˥kuaʔ˥taʔ˥ （一）象声词。形容侃侃而谈的说话声。（二）象声词。反复发出的清脆的声音。

【刮喇刮喇】kuaʔ˥laʔ˧kuaʔ˥laʔ˧ 义同【刮嗒刮嗒】。

【刮喇松脆】kuaʔ˥laʔ˧soŋ˥tsʻɛ˧ （一）形容声音清脆。

（二）形容食品的酥松脆性程度高。

【刮精模子】kuaʔ˥tsin˥mo˧ tsɿ˥˩ 形容精于占别人便宜的人。

括【kuaʔ˥】另见 kuò。

guǎ

剐【ko˥˩】文读【kuɑ˥˩】

寡【ko˥˩】文读【kuɑ˥˩】

【寡人】kuɑ˦zən˨

【寡妇】ko˦vu˨

【寡言】ko˦ɦiɪ˨

【寡居】ko˦tɕy˥

【寡妇面孔】ko˦vu˨miɪ˧ kʻoŋ˥˩ 指女子阴郁、死板的脸（含咒骂的意思）。

【寡妇门前是非多】ko˦vu˨ mən˧zi˨zɿ˧fi˥təu˥ 旧指守寡妇女容易被人说三道四。

【寡妇死儿子——呒不巴望】ko˦vu˨si˥˩n̩˨˧tsɿ˥˩—m̩˧pəʔ ˥po˥mɑ̃˨ 歇后语。没有了指望的意思。

guà

卦【ko˦】文读【kuɑ˦】

挂【ko˦】文读【kuɑ˦】

【挂口】ko˥kʻY˥˩ 戏曲中人物出场时的引白。

【挂历】ko˥liəʔ˧

【挂水】ko˦sʮ˥˩ 打点滴；补液。

【挂号】ko˦ɦæ˨或ko˥ɦæ˨

【挂失】ko˦səʔ˥

【挂帅】ko˦sE˦

【挂印】ko˦Øin˦

【挂件】ko˥dʑiɪ˨ 挂在身上的金玉等饰物。

【挂名】ko˦min˧

【挂怀】kɑ˦ɦuE˨ 挂虑；怀念。皆用作苏州评弹官白。

【挂齿】kuɑ˦tsʻɿ˥˩

【挂表】ko˥piæ˥˩ 怀表。

【挂单】ko˦tE˥

【挂念】ko˦n̠iɪ˨

【挂图】（1）ko˦dəu˧ 将图画挂起来。（2）ko˥dəu˨ 挂起来看的大幅地图、图表或图画。

【挂钩】ko˧˦kY˥
【挂账】ko˧˦tsã˧˦
【挂钟】ko˥tsoŋ˥˩
【挂职】ko˧˦tsəʔ˥
【挂牌】ko˧˦ba˦
【挂锁】ko˥səu˥˩
【挂零】ko˧˦lin˦
【挂靠】ko˧˦kʻæ˥˩或ko˥kʻæ˥˩
【挂上去】ko˧˦zɑ̃˧tɕʻi˥˩　往上张挂。
【挂下来】ko˧˦ɦo˧lE˩　（一）水、泪等液体垂直往下淌。（二）指由上级直接交办下来。
【挂灯笼】ko˧˦tən˥loŋ˩　（一）调侃语。指流泪、哭。（二）成绩不及格。
【挂起来】ko˧˦tɕʻi˥lE˩　（一）张挂起来。（二）指事情暂时不处理。
【挂勒浪】ko˧˦ləʔ˧lɑ̃˩　（一）挂在那里。（二）指事情暂时不处理。（三）隐语。指人上吊。
【挂名夫妻】ko˥min˩fu˥tsʻi˥˩　指有名无实的夫妻关系。
【挂勒嘴巴浪】ko˧˦ləʔ˧tsɥ˧˦po˥lɑ̃˩　嘴上经常提及。
【挂羊头，卖狗肉】ko˧˦ɦiã˧dY˩，ma˩kY˧˦ȵoʔ˧

绊【guaʔ˧】

【绊牢】guaʔ˧læ˩　卡住。
【绊住】guaʔ˧zɥ˩　中途卡住。形容说话间因某个原因停下了。
【绊着】guaʔ˧zaʔ˧　（一）被卡擦。（二）形容偶然听到的（消息）。
【绊桥桩】guaʔ˧dʑiæ˧tɑ̃˥˩　溺死者的尸体被卡住在桥桩上。多作詈语。
【绊进绊出】guaʔ˧tsin˥˩guaʔ˧tsʻəʔ˥　喻成不成或在进去和进不去之间。也作【绊出绊进】guaʔ˧tsʻəʔ˥guaʔ˧tsin˥˩。

褂【ko˧˦】文读【kuɑ˧˦】

guāi

乖【kuɑ˥】文读【kuE˥】

【乖巧】kuɑ˥tɕʻiæ˥˩
【乖囡】kuɑ˥nø˩　乖孩子。

G

【乖张】kuɑ˥tsã˥˩
【乖乖】kuE˥˩kuE˥˩ 感叹词。不得了。
【乖觉】kuɑ˥tɕioʔ˥
【乖谬】kuE˥mY˩
【乖僻】kuɑ˥pʻiəʔ˥
【乖人头】kuɑ˥ɳ̍ən˩dY˩ 指见风使舵者。
【乖小干兮兮】kuɑ˥siæ˥kø˥˩ɕi˥˩ɕi˥˩ 如乖孩子的样子。
【乖乖隆的咚】kuE˥˩kuE˥˩loŋ˥˩tiɪ˥toŋ˥˩ 趣语。苏州人学扬州人讲话,意思是不得了。
【乖人勿吃眼前亏】kuɑ˥ɳ̍ən˩fəʔ˥tɕʻəʔ˥ŋE˧ziɪ˧kʻuE˥ 俗语。聪明人会想法摆脱眼前危机。
【乖人僭一半,呆人僭一半】kuɑ˥ɳ̍ən˩tsiɪ˦Øiəʔ˥pø˦,ŋE˧ɳ̍ən˩tsiɪ˦Øiəʔ˥pø˦ 聪明人和老实人各有各的优势和机遇,老实人未必吃亏。
【乖乖乖,蚰蜒吃百脚;精精精,裤子剩条筋】kuɑ˥kuɑ˥kuɑ˥,ɦiY˧ɦiɪ˧tɕʻəʔ˥pɑʔ˥tɕiɑʔ˥;tsin˥tsin˥tsin˥,kʻəu˥tsɿ˥˩zã˩diæ˩tɕən˥ 俗语。指聪明反被聪明误。

掴【kuaʔ˥】

【掴煞】kuaʔ˥saʔ˥ (一)打得很厉害。(二)指某个人(含贬义或亲昵)。
【掴一顿】kuaʔ˥Øiəʔ˥tən˦ 打一顿。
【掴耳光】kuaʔ˥ɳ̍i˧kuã˥ 用巴掌打耳光。
【掴服帖】kuaʔ˥voʔ˧tʻiəʔ˥ 被打屈服。
【掴脱一顿】kuaʔ˥tʻəʔ˥Øiəʔ˥tən˥˩ 打了一顿。

guǎi

拐【kuɑ˥˩】文读【kuE˥˩】

【拐子】kuɑ˦tsɿ˥ 拐骗人口、财物的人。
【拐杖】kuɑ˦zã˩
【拐卖】kuɑ˥˩mɑ˩
【拐脚】kuɑ˦tɕiɑʔ˥或guɑ˧tɕiɑʔ˥ 腿脚瘸的人。
【拐骗】kuɑ˥˩pʻiɪ˥˩
【拐得去】kuɑ˥˩təʔ˥tɕʻi˥˩ 拐骗去。

guài

怪【kuɑ˦˥】文读【kuE˦˥】

【怪人】kuɑ˦˥ɳən˨˩ 思维、行为怪异的人。
【怪风】kuɑ˦˥foŋ˥ 怪异的风。通常是指通过小缝隙吹来的阴风，使人嘴变歪。
【怪异】kuɑ˦˥ɦi˦
【怪话】kuɑ˥˩ɦo˨˩
【怪事】kuɑ˥˩zɿ˥˩
【怪物】kuɑ˦˥vəˀ˦
【怪诞】kuɑ˦˥tE˥
【怪胎】kuɑ˦˥tʻE˥ （一）不正常的胎儿。（二）形容思维、行为怪异的人。
【怪病】kuɑ˥˩bin˨˩ 罕见的疾病。
【怪罪】kuɑ˦˥zE˨˩
【怪僻】kuɑ˥pʻiəˀ˥
【怪勿到】kuɑ˥fəˀ˥tæ˦˥ 怪不得。表示明白了原因，对某种情况就不觉得奇怪。
【怪勿道】kuɑ˥fəˀ˥dæ˨˩ 义同【怪勿到】。
【怪勿着】kuɑ˥fəˀ˥zaˀ˦ 责怪不到。
【怪三怪四】kuɑ˥sE˥kuɑ˥˩sɿ˥˩ 责怪这个，责怪那个（把责任推卸给别人）。
【怪头怪脑】kuɑ˦˥dY˦kuɑ˦˥næ˨˩ 形容怪异反常。
【怪里怪气】kuɑ˦˥li˩kuɑ˦˥tɕʻi˥˩

guān

关【kuE˥】

【关口】kuE˥kʻY˥˩
【关门】kuE˥mən˦
【关山】kuE˥sE˥˩
【关亡】kuE˥mɑ̃˨˩ 巫婆假装神鬼附体搞迷信活动。
【关于】kuE˥ɵy˥˩
【关子】kuE˥tsɿ˥˩
【关火】kuE˥həu˥˩ 关灯。
【关内】kuE˥nE˨˩
【关书】kuE˥sɥ˥˩
【关心】kuE˥sin˥˩
【关中】kuE˥tsoŋ˥˩
【关节】kuE˥tsiəˀ˥
【关卡】kuE˥kʻɑ˥˩
【关切】kuE˥tsʻiəˀ˥
【关头】kuE˥dY˨˩
【关外】kuE˥ŋɑ˨˩
【关闭】kuE˥pi˥˩

【关防】kuᴇ˥bɑ̃˩

【关怀】kuᴇ˥ɦuᴇ˩

【关系】kuᴇ˥ɕi˥˩或kuᴇ˥ɦi˩

【关店】kuᴇ˥tiɪ˥˩　商店倒闭。

【关押】kuᴇ˥ɵɑʔ˥

【关注】kuᴇ˥tsʮ˥˩

【关亲】kuᴇ˥ts‘in˥　有亲戚关系。

【关栅】kuᴇ˥saʔ˥　喻准则。

【关饷】kuᴇ˥ɕiɑ̃˦

【关断】kuᴇ˥dø˩　（一）形容阻断或拒绝。（二）（门）关住。

【关税】kuᴇ˥sᴇ˥˩

【关碍】kuᴇ˥˩ŋᴇ˩

【关照】kuᴇ˥tsæ˥˩

【关键】kuᴇ˥dʑiɪ˩

【关亡婆】kuᴇ˥mɑ̃˧bu˩　从事关亡迷信活动的巫婆。

【关山门】kuᴇ˥sᴇ˥mən˩　指师父最后一次收徒，或此后不再收徒。

【关心境】kuᴇ˥sin˥tɕən˥˩　有关心情；有关很看重的利益。

【关后门】kuᴇ˥ɦʏ˩mən˩　弥补话中的破绽。

【关饭学】kuᴇ˥vᴇ˧ɦoʔ˧　午饭时间，将学生羁留学校作为惩罚。

【关我啊】kuᴇ˥˩ŋəu˧ɵɑ˥˩　反语。关我什么事？即不关我什么事。

【关夜学】kuᴇ˥ɵia˥ɦoʔ˧　下午放学，将学生羁留学校作为惩罚。

【关啥事】kuᴇ˥sɑ˦zɿ˩　反语。有什么问题？即没有问题。

【关门大吉】kuᴇ˥mən˩dɑ˩tɕəʔ˥　（一）调侃语。商店等营业单位停业。（二）趣语。关门。

【关门打狗】kuᴇ˥mən˩tɑ̃˥˩kʏ˥˩　喻切断敌人所有可以逃跑的路线加以打击。

【关门落闩】kuᴇ˥mən˩loʔ˧sø˥　喻把话说死，无商量余地。

【关起门来】kuᴇ˥tɕ‘i˥˩mən˧lᴇ˧　形容不受外界影响。

【关亡套口气】kuᴇ˥mɑ̃˩t‘æ˦k‘ʏ˥˩tɕ‘i˥˩　俗语。喻探听口风。

【关公门前舞大刀】kuᴇ˥koŋ˥mən˧ziɪ˩vu˩dɑ˧tæ˥　喻

在行家面前卖弄。

【关起门来过日脚】kuᴇ˥ʨʻi˥˩ mən˩˧lᴇ˩˧kəu˦˩˧ȵəʔ˧ʨiɑʔ˥ (一)指安分守己过日子。(二)指过自己的日子,不管闲是闲非。

【关门一夜,开门一斜】guᴇ˥ mən˩∅iəʔ˥∅iɑ˦˩˧,kʻᴇ˥mən˩˧ ∅iəʔ˥ziɑ˩˧ 谚语。指晚上下雨会下得很长,早晨下雨下不长。

【关公卖豆腐——人硬货软】kuᴇ˥koŋ˥˩mɑ˩dʏ˩˧vu˩—ȵən˩˧ŋã˩həu˥˩ŋø˩ 歇后语。人虽然有很好的声誉,但货色不怎么样。

【关仔门做皇帝——独当一面】kuᴇ˥ʦɿ˥˩mən˩˧ʦəu˥˩ɦuã˩˧ti˥˩—doʔ˧tã˦˩˧∅iəʔ˥mi˩ 歇后语。指能够独立应付一个方面的事。

观【kuø˥】另见 guàn。

【观礼】kuø˥li˩

【观光】kuø˥kuã˥˩

【观众】kuø˥ʦoŋ˥˩

【观念】kuø˥ȵi˩

【观点】kuø˥tii˥˩

【观看】kuø˥kʻø˦˩˧

【观音】kuø˥∅in˥˩ 观世音。佛教菩萨之一,救苦救难之神,也称观自在。

【观战】kuø˥ʦø˦˩˧

【观望】kuø˥vã˩

【观赏】kuø˥sã˥˩

【观察】kuø˥ʦʻaʔ˥

【观瞻】kuø˥ʦø˥˩

【观音土】kuø˥∅in˥tʻəu˥˩

【观音竹】kuø˥∅in˥ʦoʔ˥ 又名凤凰竹。质坚硬,高两三公尺,节粗而大,供观赏。

【观音兜】kuø˥∅in˥tʏ˥˩ 捞面用的竹编笊篱。

【观音暴】kuø˥∅in˥bæ˥˩ 指农历二月十九前后那段日子的风雨天气。

【观音大士】kuø˥∅in˥dɑ˩˧zɿ˩ 观音。

【观音娘娘】kuø˥∅in˥ȵiã˩ ȵiã˩ (一)观音。(二)形容美貌的女子。

【观音菩萨】kuø˥∅in˥bu˩˧ saʔ˥ 观音。

【观音斋罗汉】kuø˥∅in˥ʦɑ˥ ləu˩˧hø˥˩ 指一人宴请多

人。

【观音山轿子——人抬人】kuø˥ʔin˥sᴇ˥ʥiæ˧tsɿ˥˩—ɲ̊ən˧dᴇ˧ɲ̊ən˨˧ 歇后语。喻待人接物要相互尊重、抬举。

纶【kuᴇ˥】另见 lún。

【纶巾】kuᴇ˥tɕən˥˩

官【kuø˥】

【官人】kuø˥zən˨˧

【官了】kuø˥liæ˨˧ 通过法律或组织来解决纠纷。

【官子】kuø˥tsɿ˥˩ 围棋术语。一盘棋大局已定，最后剩下双方都可以占据的几着。

【官办】kuø˥bᴇ˨˧

【官方】kuø˥fɑ̃˥˩

【官气】kuø˥tɕʻi˥˩

【官厅】kuø˥tʻin˥˩

【官长】kuø˥tsɑ̃˥˩

【官白】kuø˥bɑʔ˧ 戏曲术语。剧中人物的语言。

【官司】kuø˥sɿ˥˩

【官印】kuø˥ʔin˥˩ 旧时官员职务上的印信。

【官场】kuø˥zɑ̃˨˧

【官价】kuø˥kɑ˥˩

【官吏】kuø˥li˨˧

【官名】kuø˥min˨˧

【官兵】kuø˥pin˥˩

【官邸】kuø˥ti˥˩

【官声】kuø˥sən˥˩ 官员的声誉。

【官位】kuø˥ɦuᴇ˨˧

【官员】kuø˥ɦiø˨˧

【官运】kuø˥ɦyən˨˧

【官格】kuø˥kəʔ˥ 符合政府规定的；公众认可的。

【官服】kuø˥voʔ˧ 旧时政府官员的礼服。

【官府】kuø˥fu˥˩

【官官】kuø˥kuø˥˩ （一）旧时男婴的通称。（二）官与官之间。

【官居】kuø˥tɕy˥˩ 官职所在。

【官凭】kuø˥bin˧ 旧时指官员的委任文件。

【官差】kuø˥tsʻɑ˥˩

【官迷】kuø˥mi˨˧

【官契】kuø˥tɕʻi˥˩ 由官方发

给的或由官方盖印证明的契约。

【官亲】kuø˥tsʻin˥˩ 官员的亲戚。

【官宦】kuø˥ɦuɛ˩

【官能】kuø˥nən˩

【官轿】kuø˥ʥiæ˩ 旧时官员的专用轿子。

【官盐】kuø˥ɦii˩ 政府办的盐业机构的食盐。

【官帽】kuø˥mæ˩ 旧时官员戴的礼帽。

【官船】kuø˥zø˩ 旧时官员的专用船。

【官商】kuø˥sã˥˩

【官银】kuø˥ȵən˩ 官府鉴定过的银子。

【官职】kuø˥tsəʔ˥

【官腔】kuø˥tɕʻiã˥˩

【官塘】kuø˥dã˩ 官府修筑的交通线。

【官衙】kuø˥ŋɛ˩

【官僚】kuø˥liæ˩

【官衔】kuø˥ŋɑ˩

【官窑】kuø˥ɦiæ˩ 官方办的瓷窑。

【官爵】kuø˥tsiɑʔ˥

【官瘾】kuø˥ɵin˥˩ 指做官的欲念。

【官老爷】kuø˥læ˧ɦiɑ˩ 官。

【官架子】kuø˥kɑ˥tsɿ˥˩ 官僚习气，脱离群众的不良习惯。

【官则为官】kuø˥tsəʔ˥ɦuɛ˧kuø˥ 指官员与官员之间的相互袒护。

【官法如炉】kuø˥faʔ˥zʮ˧ləu˧ 形容衙门里的刑罚十分厉害。

【官官相护】kuø˥kuø˥siã˥ɦəu˩ 指官员之间相互庇护。

【官样文章】kuø˥ɦiã˩vən˧tsã˥˩

【官宦人家】kuø˥ɦuɛ˩zən˧tɕiɑ˥˩ 官员的家庭。

【官家子弟】kuø˥tɕiɑ˥tsɿ˥˩di˩ 官员的儿孙。

【官逼民反】kuø˥ɓiəʔ˥min˧fɛ˥˩ 指人民受到官府衙门的残酷剥削和压迫，无法生活，奋起反抗。

【官兵捉强盗】kuø˥ɓin˥tsoʔ˥ʥiã˧dæ˩ 旧时以追逐为主的模拟官兵捉强盗的儿童游戏。

【官场如同戏场】kuø˥zã˩ zɥ˩doŋ˩ɕi˥zã˩ 指旧时官场办事的随意性，有时严厉，有时宽纵。

【官急勿如私急】kuø˥tɕəʔ˥ fəʔ˥zɥ˩sɿ˥tɕəʔ˥ 调侃语。大、小便急了，不能不把公事先搁一下。私急指大、小便。

【官大一级压煞人】kuø˥dəu˩ Øiəʔ˥tɕəʔ˥Øɑʔ˥saʔ˥ɳən˧ 指旧时官场等级森严，下属对上司必须绝对服从。

【官打皂隶——衙门里热闹】kuø˥tã˥˩zæ˧di˩—ŋɑ˧mən˧˩li˩ɳəʔ˧næ˩ 歇后语。指非常热闹。

冠【kuø˥】另见 guàn。

【冠带】kuø˥tɑ˥˩ 古代官吏的礼帽和腰带，泛指官吏的服饰。

【冠冕堂皇】kuø˥mii˩dã˩ ɦuã˩

倌【kuø˥】

【倌人】kuø˥zən˩ 妓女。

棺【kuø˥】

【棺木】kuø˥moʔ˧

【棺材】kuø˥zE˩

【棺材钉】kuø˥zE˧tin˥˩ 钉住棺材盖的较长的铁钉。

【棺材板】kuø˥zE˧pE˥˩ （一）制作棺材用的板材。（二）棺材的残片。

【棺材楦头】kuø˥zE˩ɕiø˥ dY˩ 调侃语。指死尸。

【棺材头瑞唧】kuø˥zE˧dY˩ zE˧tsiəʔ˥ 一种头像棺材头那样方方的蟋蟀。

【棺材板面孔】kuø˥zE˧pE˥˩ mii˧k'oŋ˥˩ 形容老是板着的脸（含贬义）。

【棺材板背勒背心浪】kuø˥ zE˧pE˥˩pE˥˩ləʔ˧pE˥sin˥lã˩ 形容人行将就木，离死期不远了。

【棺材盖浪撑伞——诈（遮）死】kuø˥zE˧kE˥˩lã˩ts'iã˥ sE˥˩—tso˥（tso˥）si˥˩ 歇后语。装死。吴语中“诈”、“遮”谐音。

【棺材里伸手——死要铜钿】

kuø˥ze˧li˩sən˥sʏ˥˩—si˥˧θiæ˥do˥˩˩dii˩ 歇后语。一味贪财。

【棺材门前拍肖照——死腔】kuø˥ze˩mən˧zii˩pʻɑʔ˥siæ˥˧tsæ˥˩—si˥˧tɕʻiã˥ 歇后语。死腔指令人厌恶的样子、态度等。

鳏【kue˥】

【鳏夫】kue˥fu˥˩

【鳏寡孤独】kue˥ko˥˧kəu˥doʔ˧

guǎn

莞【kuø˥˩】另见 wǎn。

馆【kuø˥˩】

【馆子】kuø˥˧tsɿ˥

管【kuø˥˩】

【管子】kuø˥˧tsɿ˥

【管束】kuø˥˧soʔ˥

【管账】kuø˥˩tsã˥˧ （一）管理账目。（二）喻管事。

【管制】kuø˥˧tsɥ˥

【管事】kuø˥˩zɿ˩

【管待】kuø˥˧de˧ 招待。

【管俚】kuø˥˩li˩ 意思是不管他；顾不得。为增加诙谐效果，也读作kuø˥˩tɑ˥˩。

【管家】kuø˥˧kɑ˥ （一）旧时称呼为大户人家管理家产和日常事务的地位较高的仆人。（二）尊称他人的男仆。（三）喻为集体管理财物或管理日常生活的人。

【管教】kuø˥˧tɕiæ˥

【管道】kuø˥˧dæ˩

【管辖】kuø˥˧huaʔ˥

【管管】（一）kuø˥˧kuø˥ 管子。（二）kuø˥˩kuø˥˩ 管理；看管；管教。

【管勿落】kuø˥˧fəʔ˥loʔ˧ 没法管。

【管闲账】kuø˥˧ɦe˧tsã˥˩ 指过问于己无关的事。

【管闲事】kuø˥˧ɦe˧zɿ˩或kuø˥˩ɦe˧zɿ˩

【管家婆】kuø˥˧kɑ˥bu˩

【管头管脚】kuø˥˧dʏ˧kuø˥˧tɕiɑʔ˥ 形容管理过于严格和越出范围。

【管吃管用】kuø˥˩tɕʻəʔ˥kuø˥˩ ɦioŋ˩ 负责供应吃用开支。
【管窥蠡测】kuø˦k'uø˥li˦ tsʻəʔ˥

guàn

观【kuø˦】另见 guān。

贯【kuø˦】

【贯彻】kuø˦tsʻəʔ˥
【贯穿】kuø˦tsʻø˥
【贯通】kuø˦tʻoŋ˥

冠【kuø˦】另见 guān。

【冠军】kuø˦tɕyən˥

掼【guɛ˩】

【掼麦】guɛ˩maʔ˧ 成捆的麦子抓在手里甩打,使其脱粒。
【掼杀】guɛ˩saʔ˥ 摔死。
【掼炮】guɛ˩pʻæ˦ 似蚕茧大小,用力摔地便能炸响的爆竹。
【掼脱】guɛ˩tʻəʔ˥ (一)扔掉。(二)摔掉。
【掼掼】guɛ˩guɛ˩ (一)摔一下。(二)不管不顾,听其自然。(三)指衣裤、毛巾等柔软的东西在物体上搭挂一下。
【掼稻】guɛ˩dæ˩ 成捆的稻子抓在手里甩打,使其脱粒。
【掼牌】guɛ˩ba˧或guɛ˧ba˩ 摊牌。
【掼跤】guɛ˧kæ˥ 摔跤。
【掼一掼】guɛ˩ʔiəʔ˥guɛ˩ (一)摔一下。(二)指衣裤、毛巾等柔软的东西在物体上搭挂一下。
【掼一记】guɛ˩ʔiəʔ˥tɕi˥˩ (一)摔一下。(二)形容冒险搏一下。
【掼上去】guɛ˩zã˩tɕʻi˥˩ (一)向上抛。(二)向上抛挂。
【掼勿开】guɛ˧fəʔ˥kʻɛ˥ 摔不破。形容丢舍不开。
【掼勿脱】guɛ˧fəʔ˥tʻəʔ˥ (一)形容摆脱不了。(二)形容舍不得。
【掼开脱】guɛ˧kʻɛ˥tʻəʔ˥ 摔破掉。
【掼出去】guɛ˩tsʻəʔ˥tɕʻi˥˩

(一)扔出去。(二)喻把所有的意见、条件、实力等摆出去。

【掼出来】guɛ˩tsʻəʔ˥lɛ˩ 义同【掼出去】。

【掼沙哈】guɛ˦so˥ha˥˩ 扑克牌赌博之一。喻最后摊牌。

【掼纱帽】guɛ˦so˥mæ˩

【掼派头】guɛ˦˩pʻa˥dʏ˩ 炫耀气派;炫富。

【掼菱角】guɛ˩lin˦koʔ˥ 旧时儿童游戏。菱角,车木成菱形体,下装铁钉,上成圆珠形状。将菱角绕绳下掷,使急剧旋转取乐。

【掼榔头】guɛ˩lã˦dʏ˩ (一)说大话。(二)炫耀。

【掼铜钿】guɛ˩doŋ˦diɪ˩ 花钱(多指数额大)。

【掼勒掼】guɛ˩ləʔ˧guɛ˩ 形容浑身无力的样子。

【掼脱点】guɛ˩təʔ˥tiɪ˥˩ 扔掉一些;化掉一些。

【掼脱货】guɛ˦təʔ˥həu˥˩ 喻没有出息的人。

【掼跟头】guɛ˦kən˥təu˥˩ 摔跌。

【掼碎脱】guɛ˦sɛ˥təʔ˥ 摔破掉。

【掼摔角】guɛ˦səʔ˥koʔ˥ 体育运动:摔跤。

【掼点铜钿】guɛ˩tiɪ˥˩doŋ˦diɪ˩ 拿出些钱来。

【掼家厾性】guɛ˦ka˥toʔ˥sã˥˩ 生气时摔打家具。

【掼脱两钿】guɛ˩tʻəʔ˥liã˩diɪ˩ 用掉些钱。

【掼家厾生】guɛ˦ka˥toʔ˥sã˥˩ (发脾气时)摔家具。

【掼你三个勿同样】guɛ˩nɛ˩sɛ˥kəʔ˥fəʔ˥doŋ˩ɦiã˩ 非但把你摔倒三次,而且摔成三种不同的样子。喻实力非凡。

惯【kuɛ˦˥】

【惯犯】kuɛ˦˥vɛ˩

【惯用】kuɛ˦˥ɦioŋ˩

【惯技】kuɛ˦˥ʥi˩

【惯例】kuɛ˦˥li˩

【惯性】kuɛ˦˥sin˥˩

【惯匪】kuɛ˦˥fi˥˩

【惯窃】kuɛ˦˥tsʻiəʔ˥

【惯贼】kuɛ˦˥zəʔ˧

G

【惯常】kuᴇ˥zɑ̃˩

盥【kuø˦】

【盥洗】kuø˦sii˩

灌【kuø˦】

【灌木】kuø˦moʔ˧
【灌肠】kuø˦zɑ̃˩
【灌浆】kuø˦tsiɑ̃˦
【灌溉】kuø˦kᴇ˥
【灌输】kuø˦sʮ˥
【灌醉】kuø˥tsᴇ˩ 被劝酒醉倒。
【灌米汤】kuø˦mi˧t'ɑ̃˥
【灌唱片】kuø˦ts'ɑ̃˥p'ii˩ 录制唱片。
【灌黄汤】kuø˦ɦuɑ̃˧t'ɑ̃˥ 酗酒(多指黄酒)。

鹳【kuø˦】

【鹳鹊楼】kuø˥ts'iɑʔ˥lʏ˩ 山西省永济县西南城楼,是著名游览胜地。

罐【kuø˦】

【罐头】kuø˥dʏ˩

guāng

光【kuɑ̃˥】中州韵【kuɑ̃˥】

【光大】kuɑ̃˥dɑ˩
【光火】kuɑ̃˥həu˩ 发脾气;发怒。
【光边】kuɑ̃˥pii˩ 指好的部分。与表示不好部分的“毛边”对照连用。
【光头】kuɑ̃˥dʏ˩
【光光】kuɑ̃˥kuɑ̃˩ 单单;单一。
【光华】kuɑ̃˥ɦo˩
【光芒】kuɑ̃˥mɑ̃˩
【光阴】kuɑ̃˥in˩
【光张】kuɑ̃˥tsɑ̃˩ 用在时间或数量词语后面,表示估计大体如此。
【光环】kuɑ̃˥guᴇ˩
【光降】kuɑ̃˥kɑ̃˩或kuɑ̃˥tɕiɑ̃˩
【光明】kuɑ̃˥min˩

【光线】kuɑ̃˥siɪ˥˩˥

【光学】kuɑ̃˥ɦioʔ˧

【光泽】kuɑ̃˥zəʔ˧

【光标】kuɑ̃˥piæ˥˩˥　(一)光滑可鉴。(二)形容办事冠冕堂皇、无懈可击。

【光复】kuɑ̃˥foʔ˥

【光洁】kuɑ̃˥tɕəʔ˥

【光亮】kuɑ̃˥liɑ̃˩˧

【光临】kuɑ̃˥lin˩˧

【光面】kuɑ̃˥miɪ˩˧　没有浇头的面条。

【光荣】kuɑ̃˥ɦioŋ˩˧

【光洋】kuɑ̃˥ɦiɑ̃˩˧

【光柱】kuɑ̃˥zɥ˩˧

【光彩】kuɑ̃˥tsʻE˥˩˥

【光顾】kuɑ̃˥kəu˥˩˥

【光圈】kuɑ̃˥tɕʻiø˥˩˥

【光绪】kuɑ̃˥zi˩˧

【光辉】kuɑ̃˥huE˥˩˥

【光滑】kuɑ̃˥ɦuaʔ˧

【光棍】kuɑ̃˥kuən˥˩˥

【光景】kuɑ̃˥tɕən˥˩˥

【光鲜】kuɑ̃˥siɪ˥˩˥

【光耀】kuɑ̃˥ɦiæ˩˧

【光一光】kuɑ̃˥Øiəʔ˥kuɑ̃˥˩˥　光洁一下,如修面、刮胡子、木材粗糙的表面刨一刨平。

【光下巴】kuɑ̃˥ɦo˩˧bo˩˧　还没有生胡子的下巴(指男性)。也指还没有生胡子的男子。

【光秃秃】kuɑ̃˥tʻoʔ˥tʻoʔ˥

【光屁股】kuɑ̃˥pʻi˥kəu˥˩˥　裸露下身。

【光郎头】kuɑ̃˥lɑ̃˥dɤ˩˧　(一)剃光头发或没有头发的头。(二)指和尚、尼姑。(三)指男孩。

【光拓拓】kuɑ̃˥tʻaʔ˥tʻaʔ˥　(一)形容光滑平整。(二)形容平板的东西,没有花纹的东西等。(三)指一片空白,什么都没有。

【光明正大】kuɑ̃˥min˩˧tsən˥˩˥dɑ˩˧

【光宗耀祖】kuɑ̃˥tsoŋ˥ɦiæ˩˧tsəu˥˩˥

【光明磊落】kuɑ̃˥min˩˧lE˩˧loʔ˧

【光前裕后】kuɑ̃˥ziɪ˩˧ɦɤ˩˧ɦɤ˩˧

【光彩照人】kuɑ̃˥tsʻE˥˩˥tsæ˧˦ȵ̊ən˨

【光棍好做,过门难逃】kuɑ̃˥kuən˥˩˥hæ˥˩˥tsəu˧˦,kəu˥mən˩˧nE˨dæ˨　俗语。哪怕是个无赖,也要守无赖的规矩。

G

【光棍打光棍，一顿还一顿】kuã˥kən˥˧tã˥˨kuã˥kuən˥˨，0iə˥tən˦˨ɦuɛ˦0iə˥tən˦ 俗语。意思是你待我怎么样，我待你也怎么样。

【光棍只打九九，勿打加一】kuã˥kuən˥˧tsəʔ˥tã˥˨tɕiʏ˦tɕiʏ˥˨，fəʔ˥tã˥˨kɑ˥0iəʔ˥ 俗语。指惩罚不能太过分，应留有余地。

咣【kuã˥】中州韵【kuã˥】

【咣咣叫】kuã˦kuã˦tɕiæ˥˧ (一)形容嗓音清脆响亮。(二)形容日光明亮刺眼。

【咣咣响】kuã˥kuã˥ɕiã˨ 义同【咣咣叫】之(一)。

胱【kuã˥】中州韵【kuã˥】

guǎng

广【kuã˥˧】中州韵【kuã˥˧】

【广勺】kuã˦zoʔ˧ 舀水器，黄铜浇铸而成，半球形，有直柄。

【广大】kuã˥˧dɑ˨

【广义】kuã˦ɦi˨或kuã˦ɲ.i˨

【广东】kuã˦toŋ˥

【广场】kuã˦zã˨

【广泛】kuã˥˧fɛ˥˧

【广告】kuã˥˧kæ˥˧

【广收】kuã˦sʏ˥ 大范围招收。

【广博】kuã˦poʔ˥

【广阔】kuã˦k'uəʔ˥

【广播】kuã˦pu˥

【广漆广油】kuã˦ts'iəʔ˥kuã˦ɦiʏ˨ 形容油漆的质量很高。

【广东人拆屁——客气】kuã˦toŋ˥ɲ.ən˨ts'ɑʔ˥pi˦—k'ɑʔ˥tɕi˦ 歇后语。(广东多客家人)对人谦让、有礼貌。

犷【k'uã˥˧】中州韵【k'uã˥˧】

guàng

逛【kuã˦】中州韵【kuã˦】

【逛来逛去】kuã˦lɛ˦kuã˥˧tɕi˥˧

无所事事,来回闲游。

guī

归【kuE˥】

【归个】kuE˥kəʔ˥ (一)那个。(二)指另一个。

【归口】kuE˥k'Y˥˩

【归队】kuE˥dE˩

【归公】kuE˥koŋ˥

【归日】kuE˥ȵəʔ˧ 那天。

【归心】kuE˥sin˥˩

【归天】kuE˥t'iI˥

【归功】kuE˥koŋ˥˩

【归记】kuE˥tɕi˥˩ 那一下子。

【归宁】kuE˥ȵən˩

【归场】kuE˥zã˩ (一)那样。(二)指另一种样子。

【归西】kuE˥si˥

【归阴】kuE˥ɵin˥

【归来】kuE˥lE˩

【归纳】kuE˥naʔ˧

【归拢】kuE˥loŋ˩

【归咎】kuE˥dʑiY˩

【归结】kuE˥tɕəʔ˥

【归面】kuE˥miI˩ (一)那边,那面。(二)指另一边,另一面。

【归星】kuE˥sin˥˩ (一)那些。(二)指另一些。

【归降】kuE˥ɦã˩

【归种】kuE˥tsoŋ˥˩ (一)那种。(二)指另一种。

【归案】kuE˥ɵø˦

【归档】kuE˥tã˦

【归原】kuE˥ȵø˧ 放回到原来的地方去。

【归宿】kuE˥soʔ˥

【归隐】kuE˥ɵin˦

【归搭】kuE˥taʔ˥ (一)那边。(二)指另一边。

【归期】kuE˥dʑi˩

【归歇】kuE˥ɕəʔ˥ 那时;从前某段时间。

【归罪】kuE˥zE˩

【归聚】kuE˥zi˩ 收拾;整理。

【归首里】kuE˥sY˥li˩ 那一边。

【归种介】kuE˥tsoŋ˥kɑ˥˩ (一)那一种的。(二)指另一种。

【归抢世里】kuE˥ts'iã˥sɥ˥˩li˩ 指从前某段时间。

【归根结底】kuE˥kən˥tɕəʔ˥ti˥˩

圭【kuE˥】

【圭碍】kuE˥˧ŋE˨˩ 妨碍。

龟【tɕy˥】文读【kuE˥】另见 jun;qiū

【龟头】tɕy˥dY˨˩
【龟板】kuE˥pE˥˧ 乌龟腹部的甲壳,中医用作药材。
【龟缩】kuE˥soʔ˥

规【kuE˥】

【规劝】kuE˥tɕʻiø˦
【规划】kuE˥ɦuaʔ˧
【规则】kuE˥tsəʔ˥
【规定】kuE˥din˨˩
【规范】kuE˥vE˨˩
【规律】kuE˥liəʔ˧
【规格】kuE˥kɑʔ˥
【规矩】kuE˥tɕy˥˧
【规章】kuE˥tsã˥˧
【规程】kuE˥zən˨˩
【规模】kuE˥mo˨˩
【规避】kuE˥bi˨˩
【规矩人】kuE˥tɕy˥˧ȵən˨˩ 守规矩的人。
【规矩大】kuE˥tɕy˥˧dəu˨˩ 指按一定的标准、法则或习惯办事的要求很高。
【规规矩矩】kuE˥kuE˥tɕy˥˧tɕy˥˧ (一)守规矩。(二)正正经经。(三)认真。

皈【kuE˥】

【皈依】kuE˥ʘi˥˧

闺【kuE˥】

【闺门】kuE˥mən˨˩
【闺秀】kuE˥sY˥˧
【闺房】kuE˥vɑ̃˨˩
【闺阁】kuE˦koʔ˥
【闺门旦】kuE˥mən˧tE˥˧
【闺门训】kuE˥mən˧ɕyən˥˧ 古时女子应遵守的规范。
【闺房之乐】kuE˥vɑ̃˨˩tsʮ˥˧loʔ˧ 指夫妻之间的生活情趣。
【闺阁千金】kuE˦koʔ˥tsʻii˥tɕən˥˧ 旧时称富贵人家还未出嫁的女儿。

硅【kuE˥】

瑰【kuE˥】

【瑰宝】kuE˥pæ˩

guǐ

轨【kuE˩】

【轨迹】kuE˥tsiəʔ˥
【轨道】kuE˥dæ˨

诡【kuE˩】

【诡计】kuE˩tɕi˩
【诡异】kuE˩ɦi˨
【诡奇】kuE˩dʑi˨
【诡辩】kuE˩bi˨

鬼【tɕy˩】文读【kuE˩】

【鬼子】kuE˦tsɿ˩
【鬼火】tɕy˦həu˥
【鬼日】tɕy˦ȵəʔ˧ 义同【鬼节】。
【鬼叫】tɕy˩tɕiæ˩ （一）迷信的人所说的鬼发出的叫声。（二）形容尖细而难听的叫声。
【鬼节】tɕy˦tsiəʔ˥ 农历七月十五，祭祖的日子。又名中元节。
【鬼头】tɕy˦dy˨ 形容小家子气，不大方。
【鬼戏】tɕy˩ɕi˩ 以鬼为主角的戏剧。
【鬼怪】kuE˩ka˩
【鬼话】tɕy˩ɦo˨ 谎言。
【鬼音】tɕy˦Øin˥ 干涩难听的假嗓音。
【鬼迷】tɕy˦mi˨ （一）喻受到迷惑。（二）鬼混。（三）施展手段迷惑人。
【鬼小心】tɕy˦siæ˦sin˩ 形容过于小心。
【鬼丫头】tɕy˦Øo˥dy˨ （一）聪明女孩的昵称。（二）鬼点子多的女孩。
【鬼门关】kuE˦mən˦kuE˩
【鬼火冒】tɕy˦həu˥mæ˩ 形容无端发火或因小事发火。
【鬼打棚】tɕy˦tã˥bã˧ 乱开玩笑。
【鬼打墙】tɕy˦tã˥ziã˨ 指夜间迷路，走来走去在原地打转。

【鬼头刀】kuᴇ˥˧dʏ˨˧tæ˥˩ 旧时斩杀死囚用的专用刀。

【鬼叫叫】tɕy˥˧tɕiæ˥tɕiæ˥˩ (一)形容在背后到处乱批评。(二)还可以的演唱(含调侃义)。

【鬼讨好】tɕy˥˧tʻæ˥hæ˥˩ 指别有用心的讨好。

【鬼出现】tɕy˥˧tsʻəʔ˥ɦi˨˩ 迷信指鬼魂现形。

【鬼花头】tɕy˥˧ho˥dʏ˨˩ 鬼花样;坏点子。

【鬼把戏】kuᴇ˥˧pɑ˥ɕi˥˩

【鬼画符】tɕy˥˧ho˨˧vu˨˩ 形容写字随意涂抹,字迹潦草难认。

【鬼咪头】tɕy˥˧mi˨˧dʏ˨˩ 形容极小。

【鬼故事】tɕy˥˧kəu˥zɿ˨˩ 以鬼为主角的故事。

【鬼剃头】tɕy˥˧tʻi˥dʏ˨˩

【鬼捩青】tɕy˥˧liəʔ˧tsin˥˩ 在皮肤上莫名其妙出现青紫色的块。

【鬼商量】tɕy˥˧sɑ̃˥liɑ̃˨˩ 私下商量(含贬义)。

【鬼搭搭】tɕy˥˧taʔ˥taʔ˥ 形容关系暧昧。

【鬼馒头】tɕy˥˧mø˨˧dʏ˨˩ 木莲(薜荔的一种)的果实。

【鬼嗾嗾】tɕy˥˧tsʻoʔ˥tsʻoʔ˥ 私下交头接耳(贬义)。

【鬼火直冒】tɕy˥˧həu˥zəʔ˧mæ˨˩ 无端发怒(贬义)。

【鬼头关刀】tɕy˥˧dʏ˨˧kuᴇ˥tæ˥˩ 小家子气;鬼鬼祟祟。

【鬼头鬼脑】tɕy˥˧dʏ˨˧tɕy˥˩næ˨˩

【鬼话连篇】tɕy˥˩ɦo˨˩lii˨˧pʻii˥˩ 形容连续不断说谎。

【鬼瑟抖抖】tɕy˥˧səʔ˥tʏ˥˩tʏ˥˩ 形容吝啬、不大方的样子。

【鬼亦捉得出】tɕy˥˩ɦaʔ˧tsoʔ˥təʔ˥tsʻəʔ˥ 形容地方空阔而人极稀少,人气不旺。

【鬼迷张天师】tɕy˥˧mi˨˧tsɑ̃˥tʻii˥sɿ˥˩ 喻聪明人犯糊涂。

【鬼摸大蒜头】tɕy˥˩moʔ˧dɑ˨˧sø˥dʏ˨˩ 喻犯糊涂。

【鬼摸骷颅头】tɕy˥˩moʔ˧kʻəu˥ləu˨˩dʏ˨˩ 形容头脑昏沉,犯糊涂。

【鬼亦哭到老坟上】tɕy˥˧ɦaʔ˧kʻoʔ˥tæ˥˩læ˨˧vən˨˩lɑ̃˨˩ 形容也真太冤枉了。

【鬼打相打——生病人晦气】

tɕyᴷtã˥siã˥tãᐯ—sã˥binᐟ ȵənᐨhuE˥tɕʻiᐯ 歇后语。指双方矛盾激烈，不相干的人也无端牵连进去，受到祸害。

【鬼吓人，吓勿煞人；人吓人，吓煞人】tɕyᴷhɑʔ˥ȵənᐨ，hɑʔ˥fəʔ˥saʔ˥ȵənᐨ；ȵənᐨhɑʔ˥ȵənᐨ，hɑʔ˥saʔ˥ȵənᐨ。鬼本不存在，无须害怕；人吓人，是可怕的。

【鬼迷张天师——有法无使处】tɕyᴷmiᐨtsã˥tʻii˥sɿᐯ—ɦiYᐟfaʔ˥mᐨsɿ˥tsʻɥᐯ 歇后语。聪明人犯糊涂时，对付对方会毫无办法。

姽【kuEᐯ】

癸【kuEᐯ】

晷【kuEᐯ】

簋【kuEᐯ】

guì

柜【dʑyᐟ】文读【guEᐟ】

【柜台】dʑyᐨdEᐟ或guEᐨdEᐟ

刽【kuEᐯ】

【刽子手】kuEᐟtsɿᐯsYᐯ

贵【tɕyᴷ】文读【kuEᴷ】

【贵人】kuEᴷzənᐟ或kuEᴷȵənᐟ

【贵子】kuEᴷtsɿᐯ

【贵干】kuEᴷkø˥

【贵妃】kuEᴷfiᐯ

【贵姓】kuEᐯsinᐯ

【贵客】kuEᴷkʻɑʔ˥

【贵重】kuEᴷzoŋᐨ

【贵宾】kuEᴷpin˥

【贵恙】kuEᴷiã˥

【贵族】kuEᴷzoʔᐨ

【贵煞】tɕyᴷsaʔ˥ 贵得很。

【贵赖赖】tɕy˥lɑ˥lɑᐟ 形容过分贵。

【贵人多忘事】kuEᴷzənᐟtəu˥mãᐟzɿᐟ 贵人干大事，容易把小事忘了（多用作调侃语）。

桂【kuEᴷ】

【桂皮】kuE˥biᐟ

【桂花】kuᴇ˥ho˥˩ （一）木犀的通称。（二）形容质量低劣。

【桂圆】kuᴇ˥ɦiø˨˧˩

【桂花厅】kuᴇ˥ho˥tʻin˥˩ 讳称厕所。

【桂花酒】kuᴇ˥ho˥tsʏ˥˩ 用桂花泡制的酒。

【桂花树旁边搭屎坑——香一阵，臭一阵】kuᴇ˥ho˥zɥ˨˧˩bɑ̃˧pii˥taʔ˥sɿ˦˩˨kʻɑ̃˥—ɕiɑ̃˥Øiəʔ˥zən˨˧˩，tsʻʏ˦˩˨Øiəʔ˥zən˨˧˩ 歇后语。喻一段时间名声卓著，一段时间名声大坏。

桧【kuᴇ˦˩˨】另见 huì。

跪【dʑy˨˧˩】文读【guᴇ˨˧˩】

【跪拜】guᴇ˨˧˩pɑ˦˩˨

【跪踏板】dʑy˨˧˩daʔ˧pᴇ˥˩ 跪在老式床前的搁脚板上。调侃惧内。

【踏擦板】dʑy˨˧˩tsʻaʔ˥pᴇ˥˩ 义同【跪踏板】。擦板，洗衣服用的搓板。

鳜【tɕy˦˩˨】文读【kuᴇ˦˩˨】

【鳜鱼】tɕy˥ŋ̍˨˧˩ 鳜。

gǔn

衮【kuən˥˩】

绲【kuən˥˩】

【绲口】kuən˦˩˨kʻʏ˥ 制作绲边。

【绲边】kuən˦˩˨pii˥

【绲条】kuən˦˩˨diæ˨˧˩ 绲边用的布条或条形材料。

滚【kuən˥˩】

【滚水】kuən˦˩˨sɥ˥

【滚动】kuən˦˩˨doŋ˨˧˩

【滚壮】kuən˥˩tsɑ̃˦˩˨ 形容非常肥胖。

【滚轮】kuən˦˩˨lən˧

【滚脓】kuən˥˩noŋ˧ 化脓。

【滚倒】kuən˦˩˨tæ˥ （一）横着倒地。（二）形容最坏的结局。

【滚烫】kuən˥˩tʻɑ̃˦˩˨ 温度极

高。

【滚蛋】kuən˥˩dɛ˨˩

【滚滚】(1)kuən˦˨kuən˥˩ (一)形容急速地滚动或翻腾。(二)形容连续不断。(2)kuən˥˩kuən˥˩ (一)煮水或汤等,使持续沸腾一会儿。(二)滚动一下。

【滚一滚】kuən˥˩θiəʔ˥kuən˥˩ (一)滚动一下。(二)让水或汤烧开。

【滚笼斗】kuən˦˨loŋ˦tɤ˥˩ 喻胡搅蛮缠。

【滚勒滚】kuən˥˩ləʔ˧kuən˥˩ 形容肥胖。

【滚雪球】kuən˥˩siəʔ˥ʥiʏ˦ 指在原有基础上扩展,范围越来越大。

【滚墩圆】kuən˦˨tən˥ɦiø˦ 形容壮实。

【滚瓜烂熟】kuən˦˨ko˥lɛ˨˩zoʔ˧

【滚唔笃娘格蛋】kuən˦˨ŋ̍˦toʔ˥ȵiã˦kəʔ˥dɛ˨˩ 詈语。滚蛋。

【滚唔笃娘格青胖醃鸭蛋】kuən˦˨ŋ̍˦toʔ˥ȵiã˦kəʔ˥tsʻin˥pʻã˥ɦiɪ˦θaʔ˥dɛ˨˩ 詈语。滚蛋。

鲧【kuən˥˩】

gùn

棍【kuən˦˨】

【棍子】kuən˦˨tsɿ˥ (一)用树枝、竹子截成,或用金属制成的圆长条。(二)恶棍。(三)指老于世故,常算计别人的人。

【棍棒】kuən˦˨bã˨˩

guō

过【kən˥】另见 guò。

埚【kən˥】

郭【koʔ˥】

聒【kuaʔ˥】中州韵【kuəʔ˥】

【聒耳】kuaʔ˥θəl˥

【聒着】kuaʔ˥zoʔ˧ 听着(多指不经意间)。

锅【kəu˥】

【锅子】kəu˥tsɿ˥˩
【锅炉】kəu˥ləu˩
【锅贴】kəu˥t'iəʔ˥
【锅盔】kəʔu˥k'uE˥˩
【锅行镬灶】kəu˥ɦɑ̃˩ɦoʔ˧tsæ˥˩ 泛指灶具、厨具。

guó

国【kuəʔ˥】

【国力】kuəʔ˥liəʔ˧
【国门】kuəʔ˥mən˧
【国手】kuəʔ˥sY˥˩
【国风】kuəʔ˥foŋ˥
【国民】kuəʔ˥min˧
【国会】kuəʔ˥ɦuE˩
【国防】kuəʔ˥bɑ̃˧
【国体】kuəʔ˥t'i˥˩
【国际】kuəʔ˥tsi˥˧
【国画】kuəʔ˥ɦo˩
【国事】kuəʔ˥zɿ˩
【国度】kuəʔ˥dəu˧
【国语】kuəʔ˥ŋ̊y˩
【国家】kuəʔ˥tɕia˥
【国宴】kuəʔ˥ʘiɪ˥˩
【国耻】kuəʔ˥ts'ɥ˥˧
【国情】kuəʔ˥zin˧
【国戚】kuəʔ˥ts'iəʔ˥
【国葬】kuəʔ˥tsɑ̃˥˧
【国策】kuəʔ˥ts'ɑʔ˥
【国旗】kuəʔ˥ʥi˧
【国粹】kuəʔ˥zE˧
【国境】kuəʔ˥tɕən˥˧
【国歌】kuəʔ˥kəu˥
【国徽】kuəʔ˥huE˥
【国籍】kuəʔ˥ziəʔ˧
【国子监】kuəʔ˥tsɿ˥˧kE˥
【国难财】kuəʔ˥nE˧zE˩
【国计民生】kuəʔ˥tɕi˥˩min˧sən˥
【国色天香】kuəʔ˥səʔ˥t'iɪ˥ɕiɑ̃˥˩
【国有王，家有主】kuəʔ˥ɦiY˩ɦuɑ̃˧，tɕia˥ɦiY˩tsɥ˥˩ 每一处都有个做主的人。
【国有国法，家有家规】kuəʔ˥ɦiY˩kuəʔ˥faʔ˥，tɕia˥ɦiY˩tɕia˥kuE˥˩ 国有法纪，家有规矩，都应遵守。

帼【kuəʔ˥】

虢【kuaʔ˥】中州韵【kuəʔ˥】

guǒ

果【kəu˥˩】

【果子】kəu˥˨tsɿ˥˩
【果汁】kəu˥˨tsəʔ˥
【果玉】kəu˥˨ȵioʔ˧　花生米。
【果肉】kəu˥˨ȵioʔ˧
【果农】kəu˥˨noŋ˨˧
【果报】kəu˥˨pæ˥˩
【果园】kəu˥˨ɦiø˦
【果实】kəu˥˨zəʔ˧
【果品】kəu˥˨pin˥˩
【果真】kəu˥˨tsən˥或kəu˥tsən˥˩
【果断】kəu˥˨tø˥˩
【果绿】kəu˥˨loʔ˧
【果脯】kəu˥˨fu˥˩
【果腹】kəu˥˨foʔ˥
【果然】kəu˥zø˨˧
【果酱】kəu˥˨tsiã˥
【果子狸】kəu˥˨tsɿ˥˨li˨˧　狐狸的一种，出没于废弃的庙宇等古建筑内。
【果子酒】kəu˥˨tsɿ˥˨tsʏ˥˩
【果子桶】kəu˥˨tsɿ˥˨doŋ˨˧　木制圆桶，有盖。旧时结婚时存放喜果用。
【果子酱】kəu˥˨tsɿ˥˨tsiã˥˩
【果子露】kəu˥˨tsɿ˥˨ləu˨˧

裹【kəu˥˩】、【ɡuE˦】

【裹馄饨】kəu˥˨ɦuən˦dən˨˧　制作馄饨。
【裹粽子】kəu˥˨tsoŋ˥tsɿ˥˩　制作粽子。
【裹足不前】kəu˥˨tsoʔ˥pəʔ˥zi˧˦

guò

过【kəu˥˨】另见 guō。

【过人】kəu˥˨ȵən˦　(一)超过别人。(二)传染给人。
【过门】(1)kəu˥˨mən˦　女子出嫁到男家。(2)kəu˥mən˨˧　(一)唱段或歌曲的前后或中间，由器乐单独演奏的部分。借喻应付过关的办法。(二)借喻诀窍。
【过于】kəu˥˨ɦy˨˧
【过户】kəu˥˨ɦəu˨˧

【过日】kəu˦˨ȵ̊ə˧ 改天；日后。
【过火】kəu˥˩həu˥˩
【过分】kəu˦˨vən˨˩
【过手】kəu˦˨sʏ˥˩ 指（事情）经过某人之手。
【过冬】kəu˦˨toŋ˥
【过节】kəu˦˨tsiəʔ˥或kəu˥tsiəʔ˥
【过目】kəu˦˨moʔ˧
【过去】kəu˥tɕʻi˥˩
【过失】kəu˦˨səʔ˥
【过世】kəu˥sʮ˥˩
【过头】kəu˦˨dʏ˧或kəu˥dʏ˨˩
【过场】kəu˥zã˨˩或kəu˦˨zã˧
【过当】kəu˦˨tã˥
【过关】kəu˦˨kuᴇ˥
【过庄】kəu˦˨tsã˥
【过年】kəu˥ȵ̊iɪ˧
【过来】kəu˥lᴇ˨˩
【过时】kəu˥zʮ˨˩或kəu˦˨zʮ˧
【过问】kəu˥˩vən˨˩或kəu˥˩mən˨˩
【过饭】kəu˦˨vᴇ˨˩ 下饭。
【过过】kəu˦˨kəu˥ （一）清水漂洗。（二）指下饭下酒的“下”。（三）用水等液体伴着固体东西（如药片等）吞吃。
【过早】kəu˦˨tsæ˥˩ 时间上过于提前。
【过来】kəu˥lᴇ˨˩
【过房】kəu˥vã˨˩
【过念】kəu˦˨ȵ̊iɪ˥˩ 过瘾。
【过性】kəu˦˨sin˦˨ 菜蔬、水果等过了一定时间失去了原来的味道。
【过往】kəu˦˨Øuã˥˩
【过夜】kəu˦˨Øiɑ˦˨
【过账】kəu˦˨tsã˦˨
【过奖】kəu˦˨tsiã˥˩
【过度】kəu˦˨dəu˨˩
【过面】kəu˥miɪ˥˩ 那边。
【过秤】kəu˦˨tsʻən˦˨
【过酒】kəu˦˨tsʏ˥˩ 下酒。
【过继】kəu˥tɕi˥˩
【过桥】kəu˦˨dʑiæ˧ （一）经过桥梁。（二）面浇头另用盘子分开。
【过热】kəu˦˨ȵ̊əʔ˧
【过虑】kəu˦˨li˥˩
【过堂】kəu˦˨dã˧
【过得】kəu˦˨təʔ˥ （一）（生活）能过得去；还算舒心。（二）（生活）过得去。
【过船】kəu˦˨zø˧ 经此船到

G

彼船。

【过敏】kəu˦min˥

【过着】kəu˦dã˧ （一）（生活）过到了。（二）传染到了。

【过辈】kəu˥pᴇ˩ 去世；过世。

【过程】kəu˦zən˨

【过道】kəu˦dæ˨

【过渡】kəu˦dəu˨

【过量】kəu˩liã˩

【过路】kəu˥ləu˩

【过期】kəu˦dʑi˨或kəu˥dʑi˩

【过谦】kəu˦tɕʻi˥

【过剩】kəu˦zən˩

【过错】kəu˦tsʻo˥

【过滤】kəu˦li˩

【过歇】（1）kəu˦ɕiəʔ˥ 过一会儿。（2）kəu˥ɕiəʔ˥ 后缀词。放在动词后面，表示曾经发生过。

【过境】kəu˦tɕən˦

【过激】kəu˦tɕəʔ˥

【过瘾】kəu˦ʔin˦

【过勿去】kəu˥fəʔ˥tɕʻi˩ （一）通不过。（二）有嫌隙或作对。

【过勿落】kəu˥fəʔ˥loʔ˧ （一）通不过。（二）（生活）过不下去。

【过日会】kəu˦ȵəʔ˧ɦuᴇ˩ 日后再会。

【过日脚】kəu˦ȵəʔ˧tɕiɑʔ˥ 过日子。

【过生日】kəu˦sã˥ȵəʔ˧ 五十岁以下生日的纪念活动。

【过节菜】kəu˥tsiəʔ˥tsʻᴇ˩ 庆祝节日准备的菜肴。

【过场戏】kəu˥zã˨ɕi˩ 喻一闪而过，并不关键的事。

【过过场】kəu˦kəu˥zã˧ 指事情只是走一下程序，并不影响结果。

【过过来】kəu˦kəu˥lᴇ˩ （一）经历过来。（二）传染过来。

【过过嘴】kəu˦kəu˩tsɥ˩ 用水或其他饮品冲淡口中刚吃的东西的味道。

【过来人】kəu˥lᴇ˨ȵən˩

【过房囡】kəu˥vã˨nø˩ 干女儿。

【过河兵】kəu˥ɦəu˨pin˩ 中国象棋术语。已越过河界的兵或卒。

【过酒菜】kəu˥tsʏ˥tsʻᴇ˩ 下

酒菜。

【过得去】kəu˦˨tə˥ʔ˥tɕʻi˧˩ (一)可以通过。(二)指日子还能过。(三)指关系还可以。

【过得过】kəu˦˨tə˥ʔ˥kəu˧˩ 义同【过得去】。

【过颈屎】kəu˥tɕin˥sɿ˧˩ 趣语。形容熟红薯容易消化。

【过街楼】kəu˥kɑ˥˥Y˩

【过路人】kəu˥ləu˥ȵən˩ 路上行人。

【过勿落门】kəu˦˨fəʔ˥loʔ˧mən˨ 过不了关;通不过。

【过勿落去】kəu˥fəʔ˥loʔ˧tɕʻi˦˨ (一)生活不下去。(二)有嫌隙。

【过头闲话】kəu˥dY˩ɦɛ˨ɦo˩ 指过分的话。

【过后方知】kəu˥ɦY˩fɑ̃˥tsʮ˧˩ (事情发生)之后才知道事情的真相。多指临场不机敏。

【过年盘缠】kəu˥ȵiɪ˨bø˩zø˩ 过年的费用。

【过房儿子】kəu˥vɑ̃˨ɦŋ˩tsɿ˧˩ 干儿子。

【过河拆桥】kəu˥ɦəu˨tsʻɑʔ˥dʑiæ˨ 喻达到目的之后就把曾经帮助过自己的人一脚踢开。

【过桥拔桥】kəu˥dʑiæ˨baʔ˧dʑiæ˩ 义同【过河拆桥】。

【过桥隔水】kəu˥dʑiæ˨kɑʔ˥sʮ˧˩ (一)形容路途遥远且多阻碍。(二)喻繁琐的中间环节。

【过期支票】kəu˥dʑi˩tsʮ˥pʻiæ˧˩ 超过应用期限的支票。喻已失去地位的人。

【过街老虫】kəu˥kɑ˥læ˩zoŋ˩ 喻人人痛恨的坏人。老虫指老鼠。

【过路客商】kəu˥ləu˩kʻɑʔ˥sɑ̃˧˩ 过路的外地商家。

【过得过,过】kəu˦˨tə˥ʔ˥kəu˧˩,kəu˦˨ 能过去就过去。指不必太计较,将就着过去。

【过意勿去】kəu˥0i˧˩fəʔ˥tɕʻi˧˩ 心中不安,感到抱歉。

【过五关,斩六将】kəu˦˨ŋ˨kuɛ˥,tsɛ˧˩loʔ˧tsiɑ̃˦˨ 《三国演义》中的一段情节。喻经过重重难关。

【过一日两个半日】kəu˦˨0iəʔ˥

ȵəʔ˧liã˨˧kəʔ˥pø˦˨ȵəʔ˧　指过一天是一天，形容生活平淡。

【过仔黄梅买蓑衣】kəu˦˨tsɿ˥˨ɦuã˨˧mɛ˨˩ma˨˩səu˥ɵi˥˨　喻不及时的举动。

【过得过初一，过勿过月半】kəu˦˨təʔ˥kəu˥˨tsʻəu˥ɵiəʔ˥，kəu˦˨fəʔ˥kəu˥˨ŋəʔ˧pø˦˨　指总有一天逃避不了。

【过仔廿四夜，河水亦要涨三分】kəu˦˨tsɿ˥˨ȵi˨˧sɿ˥˨ɵia˦˨，ɦəu˨˧sɥ˥˨ɦaʔ˧ɵiæ˦˨tsã˥˨sɛ˥fən˥˨　指旧社会每到年底，物价暴涨。

附：

谡【gən˨˩】《集韵》古恨切。义见【艮】。

H

hā

哈【hɑ˥】另见 hǎ；hà。

【哈人】hɑ˥ȵən˧ 打人。简称【哈】hɑ˥。

【哈夫】hɑ˥fu˥˩ 洋泾浜语。吃。

【哈欠】ho˥ɕiɪ˥˩

【哈气】hɑ˥tɕʻi˥˩

【哈裆】hɑ˥tã˥˩ 裤裆。

【哈喇】hæ˥ 食油或含油食物日久味道变坏。

【哈腰】hɑ˥Øiæ˥

【哈一顿】hɑ˥Øiəʔ˥tən˥˩ 打一顿。

【哈耳光】hɑ˥ȵi˧kuɑ̃˥ 打耳光。

【哈哈镜】hɑ˥hɑ˥tɕən˥˩

【哈密瓜】hɑ˥miəʔ˧ko˥˩

【哈哈大笑】hɑ˥hɑ˥dɑ˩siæ˥˩ 扬声大笑。

há

虾【hɑ˥】另见 xiā。

【虾蟆】【hɑ˥moʔ˧】

蛤【hɑ˥】另见 gé。

【蛤蟆】hɑ˥moʔ˧

【蛤蟆镜】hɑ˥mɑ˩tɕən˥˩

hǎ

哈【hɑ˥】另见 hā；hà。

【哈达】hɑ˥dɑʔ˧

【哈巴狗】hɑ˥pɑ˥kʏ˥˩

hà

哈【hɑ˥】另见 hā；hǎ。

【哈什蚂】hɑ˥zɿ˩moʔ˧

hāi

痞【hE˥】

【痞扑扑】hE˥pʰoʔ˥pʰoʔ˥ 形容浮肿的样子。

【痞起来】hE˥tɕʰi˥˩lE˩ 肿起来。

hái

嗨【hE˥˩】

【嗨嗨】hE˥˩hE˥˩ 叹词,表示自负或不以为然时,冷笑发出来的声音。

还【ɦuE˩˧】另见huán。

【还好】ɦuE˩˧hæ˥˩ (一)程度上勉强过得去。(二)还能够。

【还是】ɦuE˩˧zɿ˩

【还算】ɦuE˩˧sø˥ 还应当认作;算起来还是。

【还当仔】ɦuE˩˧tɑ̃˥tsɿ˥˩ 还以为。

【还算好】ɦuE˩˧sø˥hæ˥˩ 程度上勉强过得去。

孩【ɦE˩˧】

【孩儿脸】ɦE˩˧ɦəl˧li˩ 小而圆的脸型。

骸【ɦi˩】中州韵【ɦiE˩˧】

hǎi

海【ɦE˥˩】

【海斗】hE˥tY˥˩ 捞捕鱼的网兜。也写作"捞兜"。

【海风】hE˧foŋ˥

【海内】hE˧nE˩

【海区】hE˧tɕʰy˥

【海头】hE˥dY˩ 后缀词。表示这里;这边;那边。

【海外】(1)hE˧ŋɑ˩ 国外。(2)hE˥ɦuE˩ (一)吹牛说大话。(二)荣耀,体面。(三)助词后缀,表示程度很深。

【海防】hE˧bɑ̃˩

【海关】hE˧kuE˥

【海军】hE˧tɕyən˥

【海报】hE˥˩pæ˥˩

【海岛】hE˧tæ˥

【海员】hE˥˨ɦiø˨˩

【海运】hE˥˩ɦyən˨˩

【海岸】hE˥˨ŋø˦

【海拔】hE˥˨baʔ˧

【海货】hE˥˩həu˥˩

【海青】hE˥˨tsʻin˥　古时读书人穿的袖子宽大的长袍。

【海参】hE˥˨sən˥

【海味】hE˥˩vi˨˩

【海鸥】hE˥˨Øʏ˥

【海带】hE˥˩tɑ˥˩

【海派】hE˥˩pʻɑ˥˩

【海峡】hE˥˨kaʔ˥

【海洋】hE˥˨ɦiã˦

【海战】hE˥˩tsø˥˩

【海难】hE˥˨nE˦

【海盗】hE˥˩dæ˨˩

【海港】hE˥˨kã˥

【海涵】hE˥˨ɦø˨˩

【海绵】hE˥˨miɪ˦

【海棠】hE˥˨dã˦

【海豚】hE˥˨dən˦

【海啸】hE˥˨siæ˥

【海葬】hE˥˩tsã˥˩

【海量】hE˥˩liã˨˩

【海蛳】hE˥˨sɿ˥　一种细长的螺蛳。

【海蓝】hE˥˨lE˦

【海滩】hE˥˨tʻE˥

【海碗】hE˥˨Øuø˥˩

【海蜇】hE˥˨zəʔ˧

【海鲜】hE˥˨siɪ˥　（一）供食用的新鲜海鱼、海虾等。（二）称宠爱有加的小女孩。

【海潮】hE˥˨zæ˦

【海螺】hE˥˨ləu˦

【海虎绒】hE˥˨həu˥ȵioŋ˨˩　长毛绒。

【海洛因】hE˥˨loʔ˧Øin˥˩

【海面浪】hE˥˨miɪ˦liã˨˩　海洋的表面上。

【海海外】hE˥hE˥ɦuE˨˩　形容程度很深。

【海棠糕】hE˥˨dã˦kæ˥˩　放在海棠花形状的铁模里烘烤而成的甜糕。

【海外奇谈】hE˥ØuE˥dʑi˨˩dE˨˩　（一）吹牛或说大话。（二）怪异的事情。（三）形容程度很深。

【海底捞月】hE˥˨ti˥˩læ˥ŋyəʔ˧　喻白费力气。

【海水不可斗量】hE˥˨sʮ˥˩pəʔ˥ kʻəu˥˩tʏ˥˩liã˦　指程度高得无法测算出结果。

醢【hE\】

hài

亥【ɦE˩】

【亥时】hE˧zʮ˩

骇【hE\】中州韵【ɕE\】

害【ɦE˩】

【害虫】ɦE˧zoŋ˩

【害煞】ɦE˩saʔ˥　（一）连累的程度很深。（二）害死。

【害脱】ɦE˩tʻəʔ˥　（一）损失掉。（二）因灾祸而失去。（三）害死。

【害人精】ɦE˧ȵən˧tsin\　形容害人的人。

【害人货】ɦE˧ȵən˧həu\　形容害人的人（多指女性）。

【害爷穷】ɦE˧ɦia˧ʥoŋ˩　害我蒙受损失。

【害群之马】ɦE˧ʥyən˩tsʮ\ mo˩

【害乡邻吃薄粥】ɦE˧ɕiaʔ˥lin˩ tɕʻəʔ˥boʔ˧tsoʔ˥　连累旁人。

嗐【hE\】

hān

蚶【hø˥】中州韵【hE˥】

【蚶子】hø˥tsɿ\

酣【hø˥】中州韵【hE˥】

【酣畅】hø˥tsã\

【酣梦】hø˥moŋ˩

【酣然入梦】hø˥zø˩zəʔ˧ moŋ˩　酣畅入睡。

憨【hø˥】中州韵【hE˥】

【憨厚】hø˥ɦY˩

【憨憨泉】hø˥hø˥ziI˩　苏州虎丘上的一口著名古井，南朝时山僧憨憨开凿。又名海涌泉。

【憨态可掬】hø˥tʻE\kʻəu\ tɕoʔ˥　形容天真而略显傻气的可爱神态。

鼾【hø˥】中州韵【hE˥】

【鼾声如雷】hø˥sən˥zʮ˩lE˧

形容打呼噜的声音极响。

hán

邗【ɦø˨˧】中州韵【ɦE˨˧】

汗【ɦø˨˧】中州韵【ɦE˨˧】
另见 hàn。

邯【ɦø˨˧】中州韵【ɦE˨˧】

含【ɦø˨˧】中州韵【ɦE˨˧】

【含义】ɦø˨˧ɲ̊i˧˩
【含含】ɦø˨˧hø˧˩　东西放在嘴里，不咽下也不吐出。
【含苞】ɦø˨˧pæ˥
【含恨】ɦø˨˧ɦən˧˩
【含笑】ɦø˨˧siæ˥˩
【含混】ɦø˨˧ɦəun˧˩
【含冤】ɦø˨˧øiø˥
【含情】ɦø˨˧zin˦
【含悲】ɦø˨˧pE˥
【含蓄】ɦø˨˧ɕioʔ˥
【含意】ɦø˨˧øi˥˩
【含糊】ɦø˨˧ɦəu˧˩
【含血喷人】ɦø˨˧ɕyəʔ˥p'ən˥ɲ̊ən˦
【含含糊糊】ɦø˨˧hø˨˧ɦəu˧˩ɦəu˧˩　形容表达不明确、不清晰。
【含糊其辞】ɦø˨˧ɦəu˧˩ʥi˧˩zɿ˧˩　形容说话含糊，不明确说的是什么。
【含勒嘴里怕烊，吐出来怕冷，咽下去怕鲠】ɦø˨˧ləʔ˧tsɥ˦li˧˩p'o˦ɦiã˦，t'əu˦ts'əʔ˥lE˨˧p'o˦lã˧˩，øi˦ɦo˨˧ʨ'i˥˩p'o˦kã˥˩　形容对人过分的呵护、宠爱。

函【ɦø˨˧】中州韵【ɦE˨˧】

【函件】ɦø˨˧ʥi˧˩
【函告】ɦø˨˧kæ˥˩
【函授】ɦø˨˧zY˧˩

琀【ɦø˨˧】中州韵【ɦE˨˧】

涵【ɦø˨˧】中州韵【ɦE˨˧】

【涵养】ɦø˨˧ɦiã˧˩
【涵盖】ɦø˨˧kE˥˩
【涵养功夫】ɦø˨˧ɦiã˨˧koŋ˥fu˥˩　能控制情绪的功夫。

韩【ɦøᐧ】中州韵【ɦEᐧ】

寒【ɦøᐧ】中州韵【ɦEᐧ】

【寒门】ɦøᐧmən˩
【寒士】ɦøᐧzɿ˩
【寒气】ɦøᐧtɕʻi˥˩
【寒心】ɦøᐧsin˥
【寒光】ɦøᐧkuã˥
【寒衣】ɦøᐧɵi˥
【寒豆】ɦøᐧdʏ˩　豌豆。
【寒冷】ɦøᐧlã˩
【寒舍】ɦøᐧso˥˩
【寒带】ɦøᐧta˥˩
【寒食】ɦøᐧzəʔ˧
【寒流】ɦøᐧlʏ˩
【寒热】ɦøᐧȵəʔ˧
【寒假】ɦøᐧka˥˩
【寒窗】ɦøᐧtsʻã˥
【寒暑】ɦøᐧsʮ˥˩
【寒暄】ɦøᐧɕiø˥
【寒意】ɦøᐧɵi˥˩
【寒酸】ɦøᐧsø˥
【寒潮】ɦøᐧzæ˩
【寒露】ɦøᐧləu˩
【寒耳朵】ɦøᐧȵiᐧtəu˥˩　外耳炎或中耳炎,有脓血。
【寒豆藤】ɦøᐧdʏᐧdən˩　豌豆的藤蔓,细嫩部分可供作蔬菜食用,又名豆苗。
【寒势势】ɦøᐧsʮ˥sʮ˥˩　(一)形容寒气逼人。(二)形容害怕的感觉。
【寒寒豆】ɦøᐧhøᐧdʏ˩　豌豆。
【寒暑表】ɦøᐧsʮ˥piæ˥˩
【寒酸相】ɦøᐧsø˥siã˥˩　寒酸的样子。
【寒冬腊月】ɦøᐧtoŋ˥laʔ˧ŋəʔ˧
【寒从跟脚起】ɦøᐧzoŋ˩kən˥tɕiaʔ˥tɕʻi˥˩　脚部最容易受风寒。
【寒露脚勿露】ɦøᐧləu˩tɕiaʔ˥fəʔ˥ləu˩　寒露节气天气已冷,脚不宜光着露在外面。
【寒天吃冷水,点点在心头】høᐧtʻi˥tɕʻəʔ˥lãᐧsʮ˥˩,ti˥˩ti˥˩zE˩sin˥dʏ˩　俗语。喻对于仇恨的记忆很深。

hǎn

罕【ɦø˩】中州韵【hE˥˩】

【罕见】ɦø˩tɕi˥˩
【罕有】ɦø˩ɦiʏ˩

H

喊【hE˩】

【喊】hE˩　许诺。

【喊人】hE˦ȵən˦　（一）叫人；招呼人；纠集人。（二）称呼人。

【喊应】hE˥0in˨　招呼。

【喊冤】hE˦0iø˥

【喊愿】hE˨ȵiø˩　在神、佛前许诺；许愿。

【喊一声】hE˦0iəʔ˥sã˥　（一）大叫一声。（二）招呼一声。

【喊勿听】hE˥fəʔ˥tʻin˨　经招呼不理睬。

【喊勿应】hE˥fəʔ˥0in˨　经呼喊，对方没有回应、不理睬。

【喊吃饭】hE˥tɕʻəʔ˥vE˩　请人吃饭。

【喊斛咙】hE˦ɦoʔ˦loŋ˩　吊嗓子。

【喊愿心】hE˨ȵiø˦sin˥　在神、佛前许愿。

【喊声姑娘还声嫂】hE˦saʔ˥kəu˥ȵiaʔ˩ɦuE˦saʔ˥sæ˨　喻以礼相待，和睦相待。

hàn

汉【hø˦】中州韵【hE˦】

【汉人】hø˥ȵən˩

【汉奸】hø˥tɕiI˨

【汉字】hø˥zɿ˩

【汉语】hø˥ȵy˩

【汉族】hø˥zoʔ˧

【汉白玉】hø˥baʔ˧ȵoʔ˧

【汉郎头】hø˥lã˩dY˩

汗【ɦø˩】中州韵【ɦE˩】

另见 hán。

【汗巾】ɦø˦tɕən˥　旧时束腰的绸布带子。

【汗毛】ɦø˦mæ˩

【汗水】ɦø˦sʮ˨

【汗青】ɦø˦tsʻin˥

【汗衫】ɦø˦sE˥

【汗渍】ɦø˦tsiəʔ˥

【汗斑】ɦø˦pE˥

【汗裤】ɦø˦kʻəu˨　薄型的针织内裤。

【汗潮】ɦø˦zæ˩　因出汗而致衣裤潮湿。

【汗马甲】ɦø˦mo˦kaʔ˥　汗

背心。

【汗背心】ɦø˧˥pE˥sin˥˩˥ 贴身穿的背心。

【汗津津】ɦø˧˥ʦin˥ʦin˥˩˥

【汗淋淋】ɦø˦lin˦lin˦

【汗滋滋】ɦø˧˥ʦɿ˥ʦɿ˥˩˥ 形容微微出汗的样子。

【汗酸臭】ɦø˧˥sø˥ʦʻY˥˩˥ 汗臭。

【汗毛一凛】ɦø˧˥mæ˨˩˧θiəʔ˥lin˨˩˧ 突然受寒冷侵袭或惊吓及某种东西的刺激，汗毛突然竖立起来。形容情绪突然紧张。

【汗毛直竖】ɦø˧˥mæ˨˩˧zəʔ˧zɥ˨˩˧ 形容情绪突然紧张；强烈的恐惧感。

【汗毛凛凛】ɦø˧˥mæ˦lin˦lin˨˩˧ 形容恐惧的状态。

【汗流浃背】ɦø˧˥lY˧˥ʦiəʔ˥pE˧˦

【汗潮落底】ɦø˧˥zæ˦loʔ˧ti˥˩˥ 形容汗水积聚，感觉不爽。

旱【ɦø˨˩˧】中州韵【ɦE˨˩˧】

【旱田】ɦø˧˥di˨˩˧

【旱灾】ɦø˧˥ʦE˥

【旱桥】ɦø˧˥ʥiæ˨˩˧

【旱烟】ɦø˧˥θiɪ˥

【旱船】ɦø˧˥zø˨˩˧

【旱路】ɦø˦ləu˨˩˧

【旱烟袋】ɦø˧˥θiɪ˥dE˨˩˧

【旱烟筒】ɦø˧˥θiɪ˥doŋ˨˩˧

【旱烟管】ɦø˧˥θiɪ˥kuø˥˩˥

【旱涝保收】ɦø˧˥læ˧˥pæ˥˩˥sY˥˩˥

捍【ɦø˨˩˧】中州韵【ɦE˨˩˧】

【捍卫】ɦø˨˩˧ɦuE˨˩˧

悍【ɦø˨˩˧】中州韵【ɦE˨˩˧】

【悍妇】ɦø˨˩˧vu˨˩˧ 凶狠、蛮横的妇女。

【悍然】ɦø˨˩˧zø˨˩˧

菡【ɦø˨˩˧】中州韵【ɦE˨˩˧】

焊【ɦø˨˩˧】、【θø˧˦】中州韵【hE˥˩˥】

【焊条】ɦø˧˥diæ˨˩˧

【焊接】ɦø˧˥ʦiəʔ˥

【焊锡】ɦø˧˥siəʔ˥

【焊一焊】ɦø˧˥θiəʔ˥ɦø˨˩˧或

θø˥iə˥˥θø˦ 焊接一下。

颔【ɦø˧】中州韵【ɦE˧】、【hE˨】

【颔下】ɦø˧ɕia˨

熯【ɦø˦】中州韵【ɦE˦】

翰【ɦø˩】中州韵【ɦE˩】

【翰林】ɦø˧lin˩
【翰墨】ɦø˧məʔ˧

撼【ɦø˩】中州韵【ɦE˩】

憾【ɦø˩】中州韵【ɦE˩】

瀚【ɦø˩】中州韵【ɦE˩】

hāng

夯【hã˥】

【夯】hã˥ 打(人)。
【夯足】hã˥tsoʔ˥ 形容投入的程度很深,多用于"丑得"后面。
【夯一顿】hã˥θiəʔ˥tən˨ (一)形容大吃一顿。(二)打一顿。
【夯上去】hã˥zã˩tɕʰi˨ (一)形容程度很深地投入下去。(二)指出手打上去。
【夯冷头】hã˥lã˩dʏ˩ (一)指有地位、有势力的人物。(二)詈语。那东西。
【夯冷夯冷】hã˥lã˩hã˥lã˩ (一)象声词。形容金属撞击后发出的清脆的撞击声。(二)形容程度很深,多用于"丑得"后面。

háng

行【ɦã˥】中州韵【ɦã˥】另见 héng;xíng。

【行列】ɦã˧liəʔ˧
【行业】ɦã˧ȵəʔ˧
【行当】ɦã˧tã˥
【行会】ɦã˧ɦuE˩
【行规】ɦã˧kuE˥
【行话】ɦã˧ɦo˩
【行帮】ɦã˧pã˥
【行家】ɦã˧ka˥
【行情】ɦã˧zin˩
【行蟆】ɦã˧mo˩ 蝌蚪。

【行内人】ɦɑ̃˧nᴇ˧ȵən˩ 同行。
【行伍中】ɦɑ̃˧ɦəu˧tsoŋ˥˩ 同行。
【行货色】ɦɑ̃˧həu˥sə˥ （商店）批进货物。

吭【ɦɑ̃˧】中州韵【ɦɑ̃˧】另见 kēng。

杭【ɦɑ̃˧】中州韵【ɦɑ̃˧】

【杭育】ɦɑ̃˧ɦioʔ˧
【杭城】ɦɑ̃˧zən˩ 指杭州。
【杭铁头】ɦɑ̃˧tʻiə˥dʏ˩ 调侃语。杭州人。

绗【ɦɑ̃˧】中州韵【ɦɑ̃˧】

【绗针】ɦɑ̃˧ʦən˥ 缝被子用的大针。
【绗一绗】ɦɑ̃˧ʘiə˥ɦɑ̃˧ 用针线粗略地缝一下，用以固定面儿和里子以及所絮的棉花等。
【绗被头】ɦɑ̃˧bi˧dʏ˩
【绗被头引线】ɦɑ̃˧bi˧dʏ˩ ɦin˩sii˥˩ 绗针。

航【ɦɑ̃˧】中州韵【ɦɑ̃˧】

【航天】ɦɑ̃˧tʻii˥
【航向】ɦɑ̃˧ɕiɑ̃˥˩
【航行】ɦɑ̃˧ɦin˩
【航运】ɦɑ̃˧ɦʏən˩
【航空】ɦɑ̃˧kʻoŋ˥
【航线】ɦɑ̃˧sii˥˩
【航班】ɦɑ̃˧ᴘᴇ˥
【航航】ɦɑ̃˧ɦɑ̃˩ 怀抱婴儿轻轻晃动、拍打，并哼着催眠曲催眠。简称【航】ɦɑ̃˧。
【航海】ɦɑ̃˧hᴇ˥˩
【航着】ɦɑ̃˧zɑʔ˧ 怀抱婴儿轻轻晃动、拍打，婴儿睡着了。
【航船】ɦɑ̃˧zø˩
【航程】ɦɑ̃˧zən˩
【航道】ɦɑ̃˧dæ˩
【航困觉】ɦɑ̃˧kʻuən˥kæ˥˩ 义同【航航】。
【航困着】ɦɑ̃˧kʻuən˥zɑʔ˧ 怀抱婴儿轻轻晃动、拍打，并哼着催眠曲，致其入睡。
【航船上的壁虱——吃客】ɦɑ̃˧zø˩lɑ̃˩kə˥ᴘiə˥sə˥——ʨʻiə˥kʻɑ˥ 歇后语。航船上的臭虫，专门吃客人的血。

吃客是指对美食有研究、有经验的人。

颃【ɦɑ̃˧】中州韵【ɦɑ̃˧】

【颃】ɦɑ̃˧　勉强抗衡；忍受。

【颃伤】ɦɑ̃˧sɑ̃˥　因忍受而受到的伤害。

【颃颃】ɦɑ̃˧ɦɑ̃˧　忍受；体验（指困苦的事情）。

【颃着】ɦɑ̃˧zɑʔ˧　遭遇到，避不开，无奈忍受。

【颃一记】ɦɑ̃˧∅iəʔ˥tɕi˩˥　（一）指无奈接受；忍受一下。（二）豁出去一次。

【颃勿住】ɦɑ̃˧fəʔ˥zʮ˨˩　忍受不住。

【颃颃看】ɦɑ̃˧ɦɑ̃˧k'ø˩˥　试着忍受一下。

【颃尽颃是】ɦɑ̃˧zin˨˩ɦɑ̃˨˩zɿ˨˩　形容多得很。

【颃颃味道】ɦɑ̃˧ɦɑ̃˧mi˧dæ˨˩　经历、体验其中的艰苦（多指难以忍受的事情）。

hàng

沆【kɑ̃˥】中州韵【kɑ̃˥】、【∅ɑ̃˩˥】

夯【kɑ̃˩˥】

【夯头】ɦɑ̃˧dʏ˨˩　歪脖子或歪脖子的人。

【夯转头】ɦɑ̃˧tsø˩˥dʏ˧　把脖子歪转过去。

【夯转身体】ɦɑ̃˧tsø˩˥sən˥t'i˩˥　把身体歪转过去。

hāo

蒿【hæ˥】

【蒿味】hæ˥mi˨˩　哈喇味。

【蒿脱】hæ˥t'əʔ˥　食油或含油食物日久味道变坏。

háo

号【ɦæ˧】另见 hào。

【号】ɦæ˧　有声无泪的干哭。

【号哭】ɦæ˧k'oʔ˥

【号啕】ɦæ˨˩dæ˨˩

蚝【ɦæ˧】

【蚝油】ɦæ˧ɦiʏ˨˩

毫【ɦæ˧˦】

【毫毛】ɦæ˧˩mæ˧˩

【毫无】ɦæ˧˩vu˧˩　一点没有。

【毫发】ɦæ˧˦faʔ˥

【毫厘】ɦæ˧˦li˧˩

【毫无摭拿】ɦæ˧˦u˧˩tso˥no˧˩　毫无办法。

嗥【ɦæ˧˦】

【嗥叫】ɦæ˧˦tɕiæ˥˩

豪【ɦæ˧˦】

【豪门】ɦæ˧˦mən˧˩

【豪气】ɦæ˧˩tɕʻi˥˩

【豪华】ɦæ˧˩ɦo˧˩

【豪迈】ɦæ˧˩mɛ˧˩

【豪放】ɦæ˧˩fɑ̃˥˩

【豪杰】ɦæ˧˦dʑəʔ˧

【豪绅】ɦæ˧˦sən˥

【豪侠】ɦæ˧˦ɦiaʔ˥

【豪情】ɦæ˧˦zin˧˩

【豪爽】ɦæ˧˩sɑ̃˥˩

【豪赌】ɦæ˧˦təu˥˩　赌注极大的赌博。

【豪富】ɦæ˧˩fu˥˩

【豪燥】ɦæ˧˦sæ˥˩　赶快；快点儿。

【豪言壮语】ɦæ˧˦ɦi˧˩tsɑ̃˥˩ɳy˧˩

壕【ɦæ˧˦】

【壕沟】ɦæ˧˦kɤ˥

嚎【ɦæ˧˦】

擽【ɦæ˧˦】

【擽好】ɦæ˧˦hæ˥˩　用器皿量好(体积)。

【擽准】ɦæ˧˦tsən˥˩　估计出较为正确的数量。

濠【ɦæ˧˦】

hǎo

好【hæ˥˩】另见 hào。

【好人】hæ˦˩ɳən˧˩

【好几】hæ˦˩tɕi˥

【好比】hæ˥˩pi˥˩

【好日】hæ˦˩ɳəʔ˧　结婚日。

【好天】hæ˦˩tʻi˥

【好心】hæ˦sin˥
【好手】hæ˦sʏ˥
【好处】hæ˥˩tsʻɥ˥˩
【好汉】hæ˥˩hø˥˩
【好丘】hæ˦tɕʻʏ˥ 好坏。
【好仔】hæ˥˩tsɿ˥˩ 完成之后。
【好吃】hæ˦tɕʻəʔ˥ （一）可口。（二）可以食用。（三）喻容易对付。
【好多】hæ˦təu˥
【好过】hæ˥˩kəu˥˩
【好好】hæ˥˩hæ˥˩ （一）亲热亲热。（二）讨好。
【好戏】hæ˥˩ɕi˥˩ 好的戏剧。喻使人愉悦的事（多含贬义）。
【好兆】hæ˥˩zæ˩ 好的兆头。
【好死】hæ˦si˥ 善终。
【好坏】hæ˥˩ɦuɑ˩ 好歹。
【好评】hæ˦bin˩
【好听】hæ˦tʻin˥
【好足】hæ˦tsoʔ˥ 特别好，好到极点。
【好货】hæ˥˩həu˥˩ 好东西。
【好佬】hæ˦læ˧ （一）特别好的。（二）指丈夫。
【好事】hæ˥˩zɿ˩
【好转】hæ˥˩tsø˥˩
【好看】hæ˥˩kʻø˥˩
【好食】hæ˦zəʔ˧ 可口的食品（多用于反语）。
【好星】hæ˦sin˥ 好多个。
【好说】hæ˦səʔ˥
【好哉】hæ˥˩tsᴇ˥˩ 完成了；可以了。
【好笑】hæ˥˩siæ˦
【好样】hæ˥˩ɦiã˩ 好的样子；好的榜样。
【好球】hæ˦dʑiʏ˩ 球类比赛中出现的精彩的球技。
【好得】hæ˥˩təʔ˥ （一）好在。（二）友爱、和睦、恩爱得（不得了）。
【好婆】hæ˦bu˧ 祖母。
【好景】hæ˥˩tɕən˥˩
【好棋】hæ˦dʑi˩ （一）弈棋中，有利于棋局向好的方面发展的一步棋。（二）喻好的举措。
【好感】hæ˥˩kø˥˩
【好意】hæ˥˩øi˥˩
【好像】hæ˥ziã˩
【好人头】hæ˦ȵən˧dʏ˩ 性格温和、老实诚恳的人。
【好人家】hæ˦ȵən˧kɑ˥˩

(一)清白的人家。(二)有钱或有地位的人家。

【好格咪】hæ˦˥kəʔ˥˥ɛ˩ 叹词。表示不好。

【好户头】hæ˦˥ɦəu˦dY˩ 义同【好人头】。

【好日脚】hæ˦˥ȵəʔ˦tɕiɑʔ˥ 好日子。

【好打发】hæ˦˥tã˥faʔ˥ 容易处理、调理。

【好白相】hæ˦˥bəʔ˦siã˥˩ (一)好玩。(二)有趣。

【好仙戏】hæ˦˥siɪ˥ɕi˥˩ 好事儿;好的机遇;好的待遇。多用于"呒不啥格(没有什么)"、"啥格(什么)"后面,含讥讽。

【好吃吃】hæ˦˥tɕʻəʔ˥tɕʻəʔ˥ (一)味道还不错。(二)喻容易对付。

【好好叫】hæ˦˥hæ˥tɕiæ˥˩ (一)前缀,表示程度很高。(二)安分守规矩(用于劝勉)。

【好过相】hæ˦˥kəu˥siã˥˩(一)比原来好些。(二)还看得过去。

【好汤水】hæ˦˥tʻɑ̃˥sɥ˥˩ 美味的汤汁。喻好的待遇。

【好弄打】hæ˦˥loŋ˦tã˥˩ 容易对付。

【好弄坏】hæ˦˥loŋ˦ɦuɑ˩ 好事人为弄成坏事。

【好声气】hæ˦˥sən˥tɕʻi˥˩ 和善的说话态度(多用于讥讽语。)

【好面孔】hæ˦˥miɪ˦koŋ˥˩ 好脸色。

【好结果】hæ˦˥tɕəʔ˥kəu˥˩ 好的结局、结果。

【好经忏】hæ˦˥tɕən˥tsʻɛ˥˩ 义同【好仙戏】。

【好亲婆】hæ˦˥tsʻin˥bu˩ 祖母。

【好说话】hæ˦˥səʔ˥ɦo˩ 指人宽容,容易亲近。

【好娘娘】hæ˦˥ȵiã˦ȵiã˩ 喻体弱易病的人。

【好得咪】hæ˥˩təʔ˥˥ɛ˩ 好得很。

【好商量】hæ˦˥sɑ̃˥liã˩ 容易商量。

【好煞咪】hæ˦˥saʔ˥tsɛ˥˩ (一)反语,指不过一般。(二)讥讽语,指并不好,或没啥稀奇。也作【好煞勒嗨】hæ˦sa?˥lə?˧hE˥˩。

【好煞哚】hæ˦sa?˥to?˥ 反语,不好。

【好意思】hæ˦θi˥sɿ˥˩ 反语,指不应该如此。

【好手好脚】hæ˦sY˥hæ˦tɕiɑ?˥ 指身体健康。

【好勿容易】hæ˦fə?˥ɦioŋ˧ɦi˩ 好不容易。

【好囡大细】hæ˦nø˧dəu˩si˥˩ 老实小伙子。

【好好先生】hæ˦hæ˥si˥sã˥˩

【好吃果子】hæ˦tɕʻə?˥kəu˦tsɿ˥˩ 喻容易对付或易受欺负的人。

【好吃懒做】hæ˦tɕʻə?˥lE˩tsəu˦ 好逸恶劳。

【好声好气】hæ˦sãn˥hæ˥˩tɕʻi˥˩ 和蔼地说话。

【好听闲话】hæ˦tʻin˥ɦE˩ɦo˩ 使人满意的话(多用于口惠实不至的话)。

【好果子吃】hæ˦kəu˥tsɿ˥˩tɕʻə?˥ 喻好的待遇(多用于否定式)。

【好事多磨】hæ˥˩zɿ˩təu˥mo˧ 美满的事情往往要经受许多挫折。

【好事无端】hæ˦zɿ˧m̩˧tø˥˩ 平白无故。

【好说好话】hæ˦sə?˥hæ˥˩ɦo˩ 客客气气地谈话。

【好说闲话】hæ˦sə?˥ɦE˩ɦo˩ 指人宽容,容易亲近。

【好说讪话】hæ˦sə?˥sE˥ɦo˩ 客客气气地谈话。

【好煞勒嗨】(1)hæ˦sa?˥lə?˧hE˥˩ 义同【好煞哉】。(2)hæ˥˩sa?˥lə?˧hE˥˩ 非常和睦,亲热。

【好聚好散】hæ˦zi˩hæ˥˩sE˦ 劝喻语。指既然以前很友好,分手也要顾及前情,注意风度。

【好戏勒后头】hæ˥˩ɕi˥˩lə?˧ɦY˧dY˩ 好看的、更刺激的在后面(贬义)。

【好动不好静】hæ˥˩doŋ˩fə?˥hæ˥˩zin˩ 指性格活泼,喜欢活动,安静不下来。

【好心呒不好报】hæ˦sin˥m̩˧pə?˥hæ˥˩pæ˥˩ 激愤语。指善良的心意却得到不好的报答。

【好死不如恶活】hæ˦si˥fə?˥zɥ˧θo?˥ɦuə?˧ 俗语。指

活着总比死去好，要珍惜生命。

【好男不搭女斗】hæ˧˦nø˩fəʔ˥ taʔ˥ȵ̥y˩tʏ˧˦ 男子汉不应与女子斤斤计较。

【好人无不肚皮眼】hæ˧˦ȵ̥ən˦ ɱ˦pəʔ˥dəu˦bi˦ŋɛ˩ 激愤语。指世上没有真正的好人。

【好人常带三分寿】hæ˧˦ȵ̥ən˩ zɑ̃˦tɑ˥˩sɛ˥fən˥zʏ˦ 处事随和的人都有些"寿"。参看【寿】。

【好马不吃回头草】hæ˧˦mo˩f əʔ˥tɕʻəʔ˥ɦuɛ˦dʏ˦tsʻæ˥˩ 俗语。有志气的人应勇往直前、决不回头。

【好曲子不唱三遍】hæ˧˦tɕʻoʔ˥ tsɿ˥˩fəʔ˥tsʻɑ̃˧˦sɛ˥piɪ˥˩ 俗语。喻说话不要啰唆重复。

【好曲三遍厌屎臭】hæ˧˦tɕʻoʔ˥ sɛ˥piɪ˥˩∅iɪ˥sɿ˥˩tsʻʏ˥˩ 俗语。喻说话重复啰唆，令人生厌。

【好肉生勒骨头浪】hæ˧˦ȵ̥ioʔ˧ sɑ̃˥ləʔ˧kuəʔ˥dʏ˦liɑ̃˩ 俗语。喻好的东西往往生于最不起眼的地方。

【好汉不吃眼前亏】hæ˥˩hø˥˩ fəʔ˥tɕʻəʔ˥ŋɛ˦ziɪ˦kʻuɛ˥ 俗语。做人应懂得适时进退，懂得避祸保护自己。

【好花能有几时红】hæ˧˦ho˥ nən˦ɦiʏ˩tɕi˥˩zɥ˦ɦoŋ˦ 俗语。喻要珍惜青春。含青春易逝的意思。

【好雨落勒荒田里】hæ˧˦ɦy˩ loʔ˧ləʔ˧huɑ̃˥diɪ˦li˩ 俗语。喻美好的东西得不到赏识是一种浪费。也指美好和丑陋不相配。

【好记性勿及烂笔头】hæ˧˦tɕi˥ sin˥˩fəʔ˥dʑəʔ˧lɛ˦piəʔ˥dʏ˩ 凭大脑记忆不如用笔记录下来好。

【好话说尽，坏事做绝】hæ˥˩ ɦo˩səʔ˥zin˩,ɦuɑ˦zɿ˩tsəu ˧˦ziəʔ˧ 指口蜜腹剑，专做坏事。形容人阴险。

【好脚勿搭，好刀勿斲】hæ˧˦ tɕiɑʔ˥fəʔ˥taʔ˥,hæ˧˦tæ˥fəʔ˥ ŋaʔ˧ 俗语。喻如果有明显缺陷的东西，总算不上是完美的东西。

【好男勿当兵，好铁勿打钉】hæ˧˦nø˩fəʔ˥tɑ̃˥pin˥,hæ˧˦ tʻiəʔ˥fəʔ˥tɑ̃˥˩tin˥ 旧时看不

H

起当兵的，所以有这种极端错误的说法。

【好货勿便宜，便宜呒好货】hæ˥˩həu˥˩fəʔ˥biɪ˦ȵə˧，biɪ˦ȵə˧m̩˦hæ˥˩həu˥˩　俗语。好东西价值不菲；如果价钱便宜的一定不是好东西。

【好看难为铀，难看一歇歇】hæ˥˩kʻø˥˩nE˦ɦuE˩˧diɪ˧，nE˦kʻø˥˩Øiəʔ˥ɕiɪ˥ɕiɪ˥˩　喻行事要讲究实惠。

【好起来好煞，恶起来恶煞】hæ˥˩tɕʻi˥˩lE˩˧hæ˦˩˨saʔ˥，Øoʔ˥tɕʻi˥˩lE˩˧Øoʔ˥saʔ˥　指感情用事者易走极端。

【好事勿出门，恶事传千里】hæ˦˩˨zɿ˩˧fəʔ˥tsʻəʔ˥mən˧，Øoʔ˥zɿ˩˧zø˧tsʻiɪ˥liɪ˩˧　好事情不容易被人知道，作恶的事却很快会传扬出去。

【好煞外头人，恶煞自家人】hæ˦˩˨saʔ˥ŋɑ˧dʏ˧ȵən˩˧，Øoʔ˥saʔ˥zɿ˦kɑ˥ȵən˩˧　劝导语。指内外有别，关键的时候只有自己人才会给予真正的关怀。

【好马勿吃回头草，好女勿穿嫁时衣】hæ˦˩˨mo˩˧fəʔ˥tɕʻəʔ˥ɦuE˧dʏ˧tsʻæ˥˩，hæ˦˩˨ȵy˩˧fəʔ˥tsʻø˥tɕiɑ˦˩˨zɥ˧Øi˥　喻有志气的人，勇往直前，决不退缩走回头路。

【好有好报，恶有恶报，勿是勿报，时辰未到】hæ˥˩ɦiʏ˩˧hæ˥˩pæ˥˩，Øoʔ˥ɦiʏ˩˧Øoʔ˥pæ˥˩，fəʔ˥zɿ˩˧fəʔ˥pæ˥˩，zɥ˧zən˩˧vi˧tæ˦˩˨　劝戒语。好心总有好的结果，作恶总逃不过倒霉的结局。

郝【həʔ˥】

hào

号【ɦæ˩˧】另见 háo。

【号子】ɦæ˧tsɿ˥˩

【号令】ɦæ˧lin˩˧

【号召】ɦæ˧zæ˩˧

【号头】ɦæ˧dʏ˩˧　（一）号码。（二）指一个月的特定的一天。如：到号头上可以领工资。（三）指一个月的“月”。

【号好】ɦæ˧hæ˥˩　（一）用器皿量好。如：用碗号好两碗半。（二）估计出大致的数量。也写作"攦好"。
【号衣】ɦæ˦θi˥
【号角】ɦæ˦koʔ˥
【号脉】ɦæ˦maʔ˧ 诊脉。
【号炮】ɦæ˦pʻæ˥˩
【号称】ɦæ˦tsʻən˥
【号准】ɦæ˦tsən˥˩ 估计出较为正确的数量。也写作"攦准"。

好【hæ˥˩】另见 hǎo。

【好色】hæ˦sə˥
【好奇】hæ˥ʥi˩
【好客】hæ˦kʻaʔ˥
【好恶】hæ˦θoʔ˥
【好胜心】hæ˥sən˥sin˥˩ 处处都想胜过别人的心态。
【好高骛远】hæ˦kæ˥vu˩ɦiø˩
【好逸恶劳】hæ˦θiə˥θoʔ˥læ˦

昊【ɦæ˩】

耗【hæ˦】

【耗费】hæ˥fi˥˩ 简称【耗】hæ˥。
【耗心思】hæ˥sin˥sɿ˥˩ 消耗精神。
【耗神思】hæ˥zən˦sɿ˥ 消耗精神。
【耗勒浪】hæ˥lə˧lɑ̃˩ 白白耗费着。

浩【ɦæ˩】【ɦæ˦】

【浩大】ɦæ˩da˩
【浩气】ɦæ˦tɕʻi˥˩
【浩叹】ɦæ˩tʻE˥˩
【浩劫】ɦæ˦tɕə˥
【浩荡】ɦæ˩dɑ̃˩
【浩渺】ɦæ˩miæ˩
【浩淼】ɦæ˩miæ˩
【浩然】ɦæ˩zø˩
【浩瀚】ɦæ˩ɦø˩
【浩如烟海】ɦæ˩zɥ˩θiɪ˥hE˥˩

皓【ɦæ˩】【ɦæ˦】

颢【ɦæ˩】【ɦæ˦】

灏【ɦæ˩】【ɦæ˦】

hē

呵【hɑ˥】文读【həu˥】

【呵】hɑ˥　用力把气呼出去。

【呵气】hɑ˥tɕʻi˦˨　用力把气呼出去。

【呵欠】ho˥ɕiɪ˥˩　哈欠。

【呵斥】həu˥tsʻəʔ˥

【呵护】həu˥ɦəu˨˧

【呵痒萋萋】ho˥ɦiã˧tsʻi˥tsʻi˥˩　在别人身上挠,使发痒。

喝【haʔ˥】文读【həʔ˥】另见 hè。

【喝干】haʔ˥kø˥　(一)把器皿中的液体喝光。(二)指演唱使全场观众折服的效果。

【喝一口】haʔ˥0iəʔ˥kʻʏ˥˩　饮一口。

嗬【ho˥˩】

hé

禾【ɦəu˧】

【禾苗】ɦəu˧miæ˨˧

合【kəʔ˥】文读【ɦəʔ˧】另见 gě。

【合十】ɦəʔ˧zəʔ˧

【合仆】ɦəʔ˧pʻoʔ˥或ɦəʔ˧bo˨˧　偃卧;面向下、背朝上趴着。

【合开】kəʔ˥kʻɛ˥　合伙经营。

【合本】kəʔ˥pən˥˩(一)共同投资。(二)指合在一起(做事)。

【合用】kəʔ˥ɦioŋ˨˧　共同使用。

【合并】ɦəʔ˧pin˥˩

【合吃】kəʔ˥tɕʻəʔ˥　一份食品共同食用。

【合会】kəʔ˥ɦuɛ˨˧　民间小型的筹款方式,有标会和摇会之分。由需款人发起,邀集若干人按时缴款。第一次由发起人取用,以后轮番收取。

【合伙】ɦəʔ˧həu˥˩

【合买】kəʔ˥mɑ˨˧　共同出钱购买。

【合同】ɦəʔ˧doŋ˨˧

【合约】ɦəʔ˧0iaʔ˥

【合弄】kəʔ˥loŋ˨˧　共同去做(某件事)。

【合作】ɦəʔ˧tsoʔ˥
【合眘】ɦəʔ˧tɕən˥˩
【合拢】ɦəʔ˧loŋ˩
【合爬】ɦəʔ˧bo˩ 义同【合仆】。
【合拍】(1)ɦəʔ˧pʻɑʔ˥ 符合节奏。喻协调一致。(2)kəʔ˥pʻɑʔ˥ 合作拍摄或一起照相。
【合药】kəʔ˥ɦiɑʔ˧ (一)配制药物。(二)指用计谋算计人。
【合适】ɦəʔ˧səʔ˥
【合奏】ɦəʔ˧tsʏ˧˩
【合资】ɦəʔ˧tsɿ˥
【合唱】(1)ɦəʔ˧tsʻɑ̃˥˩ 由若干人分几个声部共同演唱一首多声部的歌曲。(2)kəʔ˥tsʻɑ̃˧˩ 由若干人联合演唱。
【合谋】ɦəʔ˧mʏ˩
【合淘】kəʔ˥dæ˧ 结伴。
【合营】ɦəʔ˧ɦin˩
【合葬】ɦəʔ˧tsɑ̃˧˩
【合着】(1)kəʔ˥tsɑʔ˥ 共同穿用(衣裤等)。(2)kəʔ˥zɑʔ˧ 计算出的平均值。
【合算】kəʔ˥sø˧˩ 划得来。
【合影】ɦəʔ˧ʔin˧˩

【合勿来】kəʔ˥fəʔ˥lE˩ 合不来。
【合勿算】kəʔ˥fəʔ˥sø˥˩ 不合算。
【合仔人】kəʔ˥tsɿ˥˩ȵən˧ 邀集了人。
【合仔淘】kəʔ˥tsɿ˥˩dæ˧ 邀集结伴。
【合机头】kəʔ˥tɕi˥dʏ˩ 密谋。
【合拢来】kəʔ˥loŋ˩lE˩ (一)合起来。(二)(多项费用)汇总起来。
【合家欢】ɦəʔ˧kɑ˥huø˥˩
【合得来】kəʔ˥təʔ˥lE˩
【合得算】kəʔ˥təʔ˥sø˥˩ 合算。
【合出大来】kəʔ˥tsʻəʔ˥dəu˩lE˩ 本想便宜些,结果适得其反。
【合头换颈】kəʔ˥dʏ˧ɦuø˩tɕən˥˩ 形容关系亲密。
【合弄饭吃】kəʔ˥loŋ˩vE˩tɕʻəʔ˥ 合伙谋生;合伙经营。
【合着一条裤子】kəʔ˥tsɑʔ˥ʔiəʔ˥diæ˧kʻəu˥tsɿ˥˩ (一)形容伙伴之间的关系

十分亲密。(二)朋比为奸。

何【ɦəu˩˧】

【何勿】ɦəu˩fəʔ˥ 何不。
【何止】ɦəu˩tsʮ˥˨
【何必】ɦəu˩piəʔ˥
【何妨】ɦəu˩fɑ̃˥˨
【何况】ɦəu˩huɑ̃˥˨或ɦəu˩kuɑ̃˥˨
【何苦】ɦəu˩k'əu˥˨
【何其】ɦəu˩ʥi˩
【何尝】ɦəu˩zɑ̃˩
【何须】ɦəu˩si˥˨
【何等】ɦəu˩tən˥˨
【何至于】ɦəu˩tsʮ˥˨ɦy˩ 用反问的语气表示不至于。
【何首乌】ɦəu˩səY˥Øəu˥˨
【何去何从】ɦəu˩tɕ'y˥˨ɦəu˩zoŋ˩
【何犯其着】ɦəu˩vE˩ʥi˩zɑʔ˧ 用反问的语气表示不能这么做。
【何操至于】ɦəu˩ts'æ˥tsʮ˥˨ɦy˩ 用反问的语气表示不至于。
【何乐而不为】ɦəu˩loʔ˧ɦəl˩pəʔ˥ɦuE˩

和【ɦəu˩˧】另见 hè;hú;huó;huò。

【和风】ɦəu˩˧foŋ˥
【和气】ɦəu˩˧tɕ'i˥˨
【和头】ɦəu˩˧dY˩ (一)菜肴中主料外的配料菜。也读作Øəu˥dY˩。(二)本指棺材上的一个部位,借指棺材,多见于调侃语。多读作ɦəu˩˧dY˩。
【和好】ɦəu˩˧hæ˥˨
【和合】ɦəu˩˧ɦəʔ˧ 本神名,借指和谐圆满。
【和会】ɦəu˩˧ɦuE˩
【和约】ɦəu˩˧Øiɑʔ˥
【和局】ɦəu˩˧ʥoʔ˧
【和声】ɦəu˩˧sən˥
【和服】ɦəu˩˧voʔ˧
【和尚】ɦəu˩˧zɑ̃˩
【和亲】ɦəu˩˧ts'in˥
【和谐】ɦəu˩˧ɦi˩
【和菜】ɦəu˩˧ts'E˥˨ 套餐式酒席。
【和棋】ɦəu˩˧ʥi˩
【和善】ɦəu˩˧zø˩
【和解】ɦəu˩˧tɕiɑ˥˨

【和睦】ɦəu˨˧moʔ˧

【和尚头】ɦəu˨˧zɑ̃˨˧dʏ˩

【和尚菱】ɦəu˨˧zɑ̃˧lin˩　一种无角的菱,又名馄饨菱。

【和尚领】ɦəu˨˧zɑ̃˧lin˩　圆领。

【和事佬】ɦəu˨˧zɿ˧læ˩

【和路处】ɦəu˧ləu˨˧tsʰɥ˥˩　形容为人随和、好相处。

【和气生财】ɦəu˨˧tɕʰi˥˩sən˥ZE˨˧　商人待人温和宽容,更易赚钱。

【和闹热哄】ɦəu˨˧næ˩ȵəʔ˧hoŋ˥˩　起哄;凑热闹。

【和得过和】ɦəu˩təʔ˥kəu˥˧ɦəu˩　(一)能过得去就过(不必太计较)。能混过去就混过去。

【和颜悦色】ɦəu˩ɦiɪ˩ɦyəʔ˧səʔ˥

【和合轴子龙虎对】ɦəu˨˧ɦəʔ˧ʥioʔ˧tsɿ˥˩loŋ˨˧həu˥˩tE˥˩　旧时结婚用和合二仙为题材的中堂画及龙虎字样的书法。

【和尚买木梳——呒用】ɦəu˨˧zɑ̃˩mɑ˩moʔ˧sɿ˥˩——ɱ̩˨˧ɦioŋ˩　歇后语。指没有用处。

【和尚当当头——极生(僧)】ɦəu˨˧zɑ̃˩tɑ̃˥˧tɑ̃˥dʏ˩——ʥəʔ˧sən˥˩(sən˥)　歇后语。极生,指处境穷困窘迫的人。

【和尚拾辫子——得发】ɦəu˨˧zɑ̃˩ʑiəʔ˧biɪ˨˧tsɿ˥˩——təʔ˥faʔ˥　歇后语。指境况向好的方面转变。也指发达起来。

【和尚拜丈母——第一趟】ɦəu˨˧zɑ̃˩pɑ˥˧zɑ̃˨˧ɱ̩˩——di˨˧ɵiəʔ˥tʰɑ̃˥˩　歇后语。第一次。

【和珅跌倒,嘉庆吃饱】ɦəu˨˧sən˥tiəʔ˥tæ˥˩,tɕiɑ˥tɕʰən˥˩tɕʰəʔ˥pæ˥˩　俗语。喻一人(方)倒霉,使另一人(方)得益。

【和路处,吃得饱滋滋】ɦəu˨˧ləu˩tsʰɥ˥˩,tɕʰəʔ˥təʔ˥pæ˥˧tsɿ˥tsɿ˥　为人随和不吃亏,反占便宜。

【和尚勿吃荤——心中有数(素)】ɦəu˨˧zɑ̃˩fəʔ˥tɕʰəʔ˥huən˥——sin˥tsoŋ˥ɦiʏ˩səu˥˧　歇后语。指心里有底。

【和尚犯仔瘪膈痧——瘟生（僧）】ɦəu˨˦zɑ̃˨˩vᴇ˨˩tsɿ˥˨piəʔ˥ləu˨˦so˥˨——∅uən˥sən˥˨(sən˥) 歇后语。指不知世故，或因痴迷某人、某事，极易上当受骗的人。

【和尚头上顶橄榄——勿牢靠】ɦəu˨˦zɑ̃˨˩dʏ˨˦lɑ̃˨˩tin˥˨kᴇ˦˨lᴇ˨˩——fəʔ˥læ˨˦k'æ˥˨ 歇后语。靠不住。

【和尚头上格虱——明摆勒嗨】ɦəu˨˦zɑ̃˨˩dʏ˨˦lɑ̃˨˩kəʔ˥səʔ˥——min˨˦pɑ˥˨ləʔ˧hᴇ˥˨ 歇后语。一眼就能看明白。

【和尚看花轿——一场空欢喜】ɦəu˨˦zɑ̃˨˩k'ø˦˨ho˥ʥiæ˨˩——∅iəʔ˥zã˨˦k'oŋ˥huø˥ɕi˥˨ 歇后语。指白高兴。

【和尚堂里借木梳——走错仔门路】ɦəu˨˦zɑ̃˨˩dɑ̃˨˩li˨˩tsiɑ˦˨moʔ˧sɿ˥˨——tsʏ˦˨ts'o˥tsɿ˥˨mən˨˦ləu˨˩ 歇后语。指没有找对解决问题的人或方法。

㓐【ŋəʔ˧】

河【ɦəu˨˦】

【河山】ɦəu˨˦sᴇ˥

【河水】ɦəu˨˦sʮ˥˨ 河里的水。

【河沙】ɦəu˨˦so˥ 用于建筑的细黄沙。

【河网】ɦəu˨˦mɑ̃˨˩

【河岸】ɦəu˨˦ŋø˨˩ 河的水边陆地。

【河沿】ɦəu˨˦ɦiɪ˨˩ 河边。苏州多用于街巷名。

【河虾】ɦəu˨˦ho˥ 淡水虾。

【河浜】ɦəu˨˦pã˥ 泛指小河。

【河蚌】ɦəu˨˦bã˨˩ 淡水蚌。

【河豚】ɦəu˨˦dən˨˩

【河鲜】ɦəu˨˦siɪ˥

【河底泛】ɦəu˨˦ti˥fᴇ˥˨ 由于气温骤变，河水急剧上下对流的现象。

【河滩头】ɦəu˨˦t'ᴇ˥dʏ˨˩ 河边的泥沙地，或河边用石板或石块砌成的台阶。简称【河滩】ɦəu˨˦t'ᴇ˥。

【河胶冰冻】ɦəu˨˦kæ˥pin˥toŋ˥˨ 河流结冰断航。也说【河胶冰断】ɦəu˨˦kæ˥pin

˥dø˩。

【河水涨三分】ɦəu˧˦sʮ˥˩tsã˦sE˥fən˥˩ 指涨价涨得厉害。

【河水勿犯井水】ɦəu˧˦sʮ˥˩fəʔ˥vE˩tsin˦˥sʮ˥˩ 喻互不侵犯和干涉。

【河水满,井水宽】ɦəu˧˦sʮ˥˩moʔ˩,tsin˦˥sʮ˥˩k'uø˥ 俗语。指大的方面有了,小的方面也就有了。

【河底里放炮仗——蹭响】ɦəu˧˦ti˥˩li˩fã˦˥p'æ˥zã˩——fən˥ɕiã˥˩ 歇后语。(一)没有吭声。(二)喻没有效果。

【河底点得够,人心点勿够】ɦəu˧˦ti˥˩ti˦˥təʔ˥kʏ˦,ȵən˧˦sin˥ti˦˥fə˥kʏ˦ 俗语。指人心难测。

【河水腥气,落水鬼要讨替身】ɦəu˧˦sʮ˥˩sin˥tɕ'i˥˩,loʔ˧sʮ˥˩tɕy˥˩Øiæ˦t'æ˦t'i˥sən˥˩ 迷信人认为,河水出现腥味,人容易溺死。

曷【Øəʔ˥】

阂【ŋəʔ˧】

荷【ɦəu˧˦】

【荷叶】ɦəu˧˦ɦiəʔ˧ 莲的叶子。

【荷包】ɦəu˧˦pæ˥ (一)用蒲草编织,放置水产品的小型草包。又名【蒲包】bu˧˦pæ˥。(二)旧时指随身携带,装零钱和零星东西的小包。

【荷花】ɦəu˧˦ho˥

【荷包爿】ɦəu˧˦pæ˥bE˩ 用蒲叶编成片状,用于家庭的制鞋材料。

【荷兰牛】ɦəu˧˦lE˧˦ȵiʏ˩ 奶牛。

【荷兰水】ɦəu˧˦lE˧˦sʮ˥˩ 汽水的旧称。

【荷叶水】ɦəu˧˦ɦiəʔ˧sʮ˥˩ 用陈荷叶煎的汤。

【荷叶边】ɦəu˧˦ɦiəʔ˧pii˥ 呈曲线状的织物花边。

【荷包蛋】ɦəu˧˦pæ˥dE˩ 去壳后在滚油里煎熟的整个儿的鸡蛋。

【荷叶癣】ɦəu˧˦ɦiəʔ˧sii˥˩ 状

似荷叶的小的皮肤癣。

【荷花池】ɦəu˨˧ho˥zʮ˨˩　种莲的池塘。

【荷花缸】ɦəu˨˧ho˥kɑ̃˥˨　种莲的大缸。

【荷花生日】ɦəu˨˧ho˥sɑ̃˥ȵəʔ˧　农历六月二十四日。

【荷叶粉蒸肉】ɦəu˨˧ɦiəʔ˧fən˦˨tsən˥˥ȵoʔ˧　炒米粉拌鲜肉，用荷叶包裹蒸制而成的菜肴。

【荷叶包沙角菱】ɦəu˨˧ɦiəʔ˧pæ˥so˥ko˥˥lin˨˩　俗语。喻丑事很容易戳穿，真相马上会暴露。又作【荷叶包蟹】ɦəu˨˧ɦiəʔ˧pæ˥hɑ˥˨。

核【ɦuəʔ˧】文读【ŋəʔ˧】

【核心】ŋəʔ˧sin˥˨

【核对】ŋəʔ˧tE˥˨

【核实】ŋəʔ˧zəʔ˧

【核准】ŋəʔ˧ʦən˥˨

【核算】ŋəʔ˧sø˥˨

榾【ɦuəʔ˧】

【榾】ɦuəʔ˧　果核。

盒【ɦaʔ˧】文读【ɦəʔ˧】

【盒子】ɦaʔ˧ʦɿ˥˨

【盒头】ɦaʔ˧dʏ˨˩　整盒为单位的。

【盒饭】ɦaʔ˧vE˨˩

【盒带】ɦaʔ˧tɑ˦˨

【盒子枪】ɦaʔ˧ʦɿ˥˨ʦʻiɑ̃˥

【盒子炮】ɦaʔ˧ʦɿ˥˨pæ˦˨　盒子枪。

【盒子酥】ɦaʔ˧ʦɿ˥˨səu˥˨　一种比月饼薄，馅甜，镶花边的圆形干点心。

涸【ɦoʔ˧】

貉【ɦoʔ˧】

阖【ɦəʔ˧】

【阖府】ɦəʔ˧fu˥˨

【阖第】ɦəʔ˧di˨˩

翮【kɑʔ˥】中州韵【ŋəʔ˧】

hè

吓【hɑʔ˥】文读【ɕiaʔ˥】另见 xià。

和【ɦəu˨】另见 hé；hú；huó；huò。

【和诗】ɦəu˦sɿ˥

贺【ɦəu˨】

【贺电】ɦəu˦di˨
【贺卡】ɦəu˦k'ɑ˥
【贺礼】ɦəu˦li˨
【贺年】ɦəu˦ȵi˨
【贺客】ɦəu˦k'ɑʔ˥ 前来道贺的客人。
【贺信】ɦəu˦sin˥
【贺喜】ɦəu˦ɕi˥
【贺年片】ɦəu˦ȵi˦p'i˥ 贺年用的卡片，一般印有祝贺文字和图画。

荷【ɦəu˨】另见 hé。

喝【həʔ˥】另见 hē。

【喝礼】həʔ˥li˨ 旧时举行婚丧、祭祀仪式时在旁宣读仪式项目。
【喝住】həʔ˥zɿ˨ 大声喊叫，使对方停止。也指严厉地命令对方停止。
【喝彩】həʔ˥ts'E˥
【喝道】həʔ˥dæ˨
【喝倒彩】həʔ˥tæ˥ts'E˥
【喝水倒流】həʔ˥sɿ˥tæ˥lY˦ 形容势力极大。

赫【həʔ˥】

【赫赫】həʔ˥həʔ˥

褐【ɵəʔ˥】

鹤【ŋoʔ˧】中州韵【ɦoʔ˧】

【鹤嘴】ŋoʔ˧tsɿ˥ 挖掘土石用的工具。又名【洋镐】ɦiã˦kæ˥ 镐头两头尖，或一头尖，一头扁平，中间装着木把。
【鹤顶红】ŋoʔ˧tin˥˩ɦoŋ˧˦ 毒药名。传说用丹顶鹤的红顶制成。
【鹤膝风】ŋoʔ˧siəʔ˥foŋ˥˩ 膝关节病。症状为膝盖部分粗肿。
【鹤发童颜】ŋoʔ˧faʔ˥doŋ˩ɦi˨˩
【鹤立鸡群】ŋoʔ˧liəʔ˧tɕi˥ dʑyən˩

翯【hoʔ˥】

hēi

黑【həʔ˥】

【黑人】həʔ˥ȵən˧˦
【黑手】həʔ˥sʏ˥˩
【黑气】həʔ˥tɕʻi˥˩ （一）指灰黑无华的脸色。（二）黑色气体。
【黑心】həʔ˥sin˥
【黑白】həʔ˥bɑʔ˧
【黑皮】həʔ˥bi˧˦ （一）黑色的外皮。（二）调侃称黑皮肤的人。
【黑市】həʔ˥zɿ˩
【黑头】həʔ˥dʏ˧˦ （一）戏曲中花脸的一种，因勾黑脸谱而得名。（二）评弹行话。指评弹脚本。
【黑体】həʔ˥tʻi˥˩
【黑板】həʔ˥pᴇ˥˩
【黑店】həʔ˥ti˥˨
【黑货】həʔ˥həu˥˨
【黑鱼】həʔ˥ŋ̍˧˦
【黑夜】həʔ˥ɦiɑ˥˨
【黑枣】həʔ˥tsæ˥˩
【黑酒】həʔ˥tsʏ˥˩ 糯米酒的一种，色黑，江阴特产。又名【黑杜酒】həʔ˥dəu˧tsʏ˥˩。
【黑脱】həʔ˥tʻəʔ˥ 为躲避司法检查而隐匿起来。
【黑道】həʔ˥dæ˧˦
【黑暗】həʔ˥ø˥˨
【黑窠】həʔ˥kʻəu˥ 喻坏人隐藏或干坏事的地方。
【黑木耳】həʔ˥moʔ˧ȵi˩ 黑颜色的木耳。
【黑无常】həʔ˥vu˩zɑ̃˩ 迷信指阴曹地府中戴黑高帽，穿黑衣、黑靴的鬼卒。
【黑心鬼】həʔ˥sin˥tɕy˥˩ 指贪心狠毒的人。
【黑头里】həʔ˥dʏ˧li˩ 没有光

线,黑暗的地方。喻隐藏起来不易发现的地方。

【黑吃黑】həʔ˥tɕʻiəʔ˥həʔ˥

【黑地鞭】həʔ˥di˦pi˥ 蝮蛇。又名【秃虺蛇】tʻəu˥huɛ˥zo˩。

【黑灯舞】həʔ˥tən˥vu˩ 在没有灯光的场合跳的黄色舞。

【黑赤赤】həʔ˥tsʻəʔ˥tsʻəʔ˥ (一)光线暗淡,或没有光线。(二)颜色黑而没有光泽。

【黑里俏】həʔ˥li˩tsʻiæ˦ 形容女子皮肤虽黑,但又很美丽。

【黑鱼精】həʔ˥ŋ̍˦tsin˥ 喻制造混乱的人。

【黑缁缁】həʔtsɿ˥tsɿ˥ 形容黑。

【黑卜落拓】həʔ˥boʔ˦loʔ˦toʔ˥ (一)光线暗淡或没有光线。(二)颜色黑而没有光泽。

【黑白分明】həʔ˥bɑʔ˦fən˥min˩ 黑色和白色分得很清梦。也形容是非善恶分得很清楚。

【黑赤落笃】həʔ˥tsʻəʔ˥loʔ˦toʔ˥ (一)光线暗淡或没有光线。(二)颜色黑而没有光泽。

【黑贴陌拓】həʔ˥tʻiəʔ˥maʔ˦tʻaʔ˥ 光线暗淡或没有光线。

【黑心黑肺黑肚肠】həʔ˥sin˥həʔ˥fi˦həʔ˥dəu˦zɑ̃˩ 形容人心太黑。

【黑贴陌拓,吃俚勿煞】həʔ˥tʻiəʔ˥maʔ˦tʻaʔ˥,tɕʻəʔ˥li˥fəʔ˥saʔ˥ 形容捉摸不透。

嘿【həʔ˥】

hén

痕【ɦən˦】、【∅ən˥】文读【ɦən˦】

【痕子】∅ən˥tsɿ˥ 摩擦留下的痕迹。

【痕迹】ɦən˦tsiəʔ˥

hěn

很【hən˥】

狠【hən˥】

【狠人】hən˦ŋ̍ən˩ 义同【狠

子】。

【狠子】hən˦˨tsɿ˥˥ （一）有能耐，技术过人的人。（二）特别精明厉害的人。

【狠心】hən˦˨sin˥

【狠劲】hən˥˨tɕən˥˨ 很大的劲。

【狠客】hən˦˨k'ɑʔ˥ 特别精明厉害的人。

【狠巴巴】hən˦˨po˥po˥˨ 形容凶狠的样子。

【狠心肠】hən˦˨sin˥zã˨˩ 义同【狠心】。

【狠性命】ɦən˨˦sin˥min˨˩或hən˦˨sin˥min˨˩ 用尽全力；拼命。

【狠起来】（1）hən˦˨tɕ'i˥lE˨˩ （一）肿起来。（二）凸现起来。（2）hən˥˨tɕ'i˥lE˨˩ 严厉、厉害起来。

【狠角色】hən˦˨tɕiɑʔ˥səʔ˥ 特别精明厉害的人。

【狠天狠地】hən˦˨t'iɪ˥hən˦˨di˨˩ （一）形容能耐最巅峰状态。（二）形容有了不起的能耐。

【狠得不得了，了不得】hən˥˨təʔ˥pəʔ˥təʔ˥liæ˨˩，liæ˨˦pəʔ˥təʔ˥ 形容非常厉害。

擤【hən˥˨】

【擤鼻涕】hən˥˨bəʔ˨˦t'i˥˨ 用手指把鼻涕从鼻中挤压出来。

hèn

恨【ɦən˨˩】

【恨伤】ɦən˨˦sã˥ 形容非常痛恨。

【恨透】ɦən˨˩t'Y˥˨ 形容非常痛恨。

【恨勿得】ɦən˨˦fəʔ˥təʔ˥ 恨不得。

【恨伤心】ɦən˨˦sã˥sin˥ 形容非常痛恨。

【恨性命】ɦən˨˦sin˥min˨˩ 狠命；下定决心，不顾一切。

【恨赖赖】ɦən˨˦la˨˦la˨˦ 形容怨恨。

【恨天毒地】ɦən˨˦t'iɪ˥doʔ˨˩di˨˩ 形容痛恨到了极点。

【恨如切骨】ɦən˨˦zʮ˨˦ts'iəʔ˥kuəʔ˥ 形容恨到了极点。

【恨毒千斤】ɦən˨˦doʔ˨˦ts'iɪ˥tɕən˥˨ 形容痛恨到极点。

【恨尽毒绝】ɦən˨˦zin˨˩doʔ˨˦zi

əˀ˧ 形容痛恨到了极点。也作【恨尽恨绝】ɦən˧zin˩ ɦən˧ziəˀ。

【恨铁不成钢】ɦən˧t'iəˀ˥pəˀ˥ zən˩kɑ̃˥

【恨得一沰血】ɦən˩təˀ˥θiəˀ˥ toˀ˥ɕyəˀ˥ 形容痛恨到了极点。

hēng

亨【hɑ̃˥】文读【hən˥】

【亨头】hɑ̃˥dɤ˩ 有势力或实力的大人物。

【亨通】hɑ̃˥t'oŋ˥

【亨冷头】hɑ̃˥lɑ̃˥dɤ˩ 有势力或实力的大人物。

【亨勃冷打】hɑ̃˥bəˀ˧lɑ̃˩tɑ̃˥ 原是粤语。指一共、总共。也说成【亨勃冷】hɑ̃˥bəˀ˧lɑ̃˩。

哼【hɑ̃˥】文读【hən˥】另见 hng。

【哼来喝去】hən˥lᴇ˩həˀ˥tɕ'i˥ 形容肆意差遣。

【哼哈二将】hən˥ha˥ɦəl˩tsiɑ̃˥

héng

行【ɦən˧】另见 háng；hàng；xíng。

恒【ɦən˧】

【恒心】ɦən˧sin˥

【恒产】ɦən˧ts'ᴇ˥

【恒星】ɦən˧sin˥

【恒温】ɦən˧θuən˥

【恒河沙数】ɦən˧ɦəu˩so˥ səu˥

珩【ɦin˧】

桁【ɦɑ̃˧】文读【ɦən˧】

【桁条】ɦɑ̃˧diæ˩ 屋架上托住椽子的横木。

横【ɦuɑ̃˧】文读【ɦuən˧】中州韵【ɦoŋ˧】另见 hèng。

【横头】ɦuɑ̃˧dɤ˩ 名词后的后缀词，表示边上、旁边。如：枕头横头。

【横肉】ɦuã˦ȵioʔ˧
【横扫】ɦuã˦sæ˅
【横向】ɦuã˦ɕiã˅
【横行】ɦuã˩ɦin˩
【横里】ɦuã˦li˩ 横向里。
【横批】ɦuã˦pʻi˥
【横宕】ɦuã˦dɑ̃˩ 外快。
【横到】ɦuã˦tæ˅ 躺在。
【横爬】ɦuã˦bo˩ 指蟹。
【横竖】ɦuã˦sɥ˥ 反正。
【横倒】ɦuã˦tæ˅ 躺倒;躺。
【横渡】ɦuã˦dəu˩
【横横】ɦuã˦ɦuã˦ 躺。
【横一歇】ɦuã˦ʔiəʔ˥ɕəʔ˥ 躺一会儿或睡一会儿。
【横一横】ɦuã˦ʔiəʔ˥ɦuã˦ 躺一会儿或睡一会儿。
【横一瘏】ɦuã˦ʔiəʔ˥huəʔ˥ 睡一觉(指短时间)。
【横下去】ɦuã˦ɦo˦tɕʻi˅ 躺下去,睡下去。
【横下来】ɦuã˦ɦo˦lE˩ (一)躺下来。(二)耍赖。(三)指死亡。(四)横下一条心。
【横门槛】ɦuã˦mən˦kʻE˅ 说话行事用似是而非的狡猾手段。
【横过去】ɦuã˦kəu˥tɕʻi˅ 向横的方向转过去。
【横过来】ɦuã˦kəu˥lE˩ 向横的方向转过来。
【横过点】ɦuã˦kəu˥tiɪ˅ 横向少许转过一点。
【横肉脸】ɦuã˦ȵioʔ˧liɪ˩ 布满横肉的脸。
【横向里】ɦã˦ɕiã˥li˩ 横的方向。
【横里向】ɦuã˦li˦ɕiã˅ 横的方向;横方向的范围里。
【横转去】ɦuã˦tsø˥tɕʻi˅ 横向转过去。
【横转来】ɦuã˦tsø˥lE˩ 横向转过来。
【横转点】ɦuã˦tsø˥tiɪ˅ 横方向少许转过一点。
【横垛里】ɦuã˦təu˥li˩ (一)旁边。(二)横方向。
【横背筋】ɦuã˦pE˥tɕən˅ 脖子的后背部。
【横竖到】ɦuã˦sɥ˥tæ˅ 反正是。
【横竖横】ɦuã˦sɥ˥ɦuã˩ 横下一条心。
【横得头】ɦuã˦təʔ˥dY˩ 摇头,表示不满意、厌恶。
【横戳枪】ɦuã˦tsʻoʔ˥tsʻiã˅

指意外地插进了一些问题，使主要问题不能顺利解决。

【横天倒地】ɦuã˩tʻiı˥tæ˥˩di˩ 形容喊或哭的声音响亮。

【横肉连牵】ɦuã˨ȵioʔ˧liı˩tɕʻiı˥˩ 形容脸上横肉很多。

【横行不法】ɦuã˩ɦin˨pəʔ˥ faʔ˥ 行动横蛮，蔑视法律做坏事。

【横阔扁大】ɦuã˨kʻuəʔ˥piı˥˩ dəu˩ 形容又阔又大。

【横阔竖大】ɦuã˨kʻuəʔ˥zɥ˩ dəu˩ 形容又阔又高。

【横□竖□】ɦuã˨□zɥ˩□ 空格中是动词，表示反复多次。如：【横说竖说】ɦuã˨ səʔ˥zɥ˩səʔ˥、【横听竖听】ɦuã˨tʻin˥zɥ˩tʻin˥、【横吃竖吃】ɦuã˨tɕʻiəʔ˥zɥ˩tɕʻiəʔ˥、【横走竖走】ɦuã˨tsY˥˩zɥ˩ tsY˥˩。也作【横亦……竖亦……】ɦuã˨ɦaʔ˧……zɥ˩ɦ aʔ˧……

【横下一条心】ɦuã˨ɦo˩θiəʔ˥ diæ˨sin˥ 横下心来。

【横里竖搭角】ɦuã˨li˩zɥ˩taʔ˥ koʔ˥ 颠来倒去（安排）。

【横插一枝花】ɦuã˨tsʻaʔ˥θiəʔ˥ tsɥ˥˩ho˥ 喻意外地插进了一些问题，使主要问题不能顺利解决。

【横勿好，竖勿好】ɦuã˨fəʔ˥ hæ˥˩，zɥ˩fəʔ˥hæ˥˩ 形容近乎刻薄的挑剔。

【横鼻头，竖眼睛】ɦuã˨bəʔ˧d Y˩，zɥ˨ŋE˨tsin˥˩ 形容发怒的样子。

【横竖横，拆牛棚，拆脱牛棚造洋房】ɦuã˨sɥ˥ɦuã˩，tsʻɑʔ˥ ȵiY˨bã˩，tsʻɑʔ˥tʻəʔ˥ȵiY˨ bã˩zæ˩ɦiã˨vã˩ 俗语。指横下一条心，铤而走险。

衡【ɦən˨】

【衡量】ɦən˨liã˩
【衡器】ɦən˨tɕʻi˥˩

蘅【ɦən˨】

hèng

横【θuã˥】、【ɦuã˨】中州韵【ɦoŋ˨】另见 héng。

【横对】θuã˥tE˥˩ 粗暴而不

讲理。

【横财】ɦuã˧zE˩

【横事】ɦuã˧zɿ˩

【横进】ʘuã˥pã˩ 粗暴而不讲理。

【横祸】ɦuã˧ɦəu˩

【横蛮】ɦuã˩mE˩

【横眼睛】ʘuã˥ŋE˧tsin˥ 瞪大眼珠注视，是一种不满或愤怒的表情。

【横理十八条】ʘuã˥li˩zəʔ˧poʔ˥diæ˩ 与正理只有一条相对，强辩的、不正确的道理可以编出许多条。

【横有理，十八条】ʘuã˥ɦiY˩li˩，zəʔ˧poʔ˥diæ˩ 义同【横理十八条】。

【横财不富命穷人】ɦuã˧zE˩pəʔ˥fu˧min˧ʥioŋ˩ȵən˩ 指意外或用不正当手段得来的钱财，并不能改变人的命运。

hng

哼【hən˩】另见 hēng。

hōng

吽【hoŋ˥】

轰【hoŋ˥】

【轰动】hoŋ˥doŋ˩

【轰炸】hoŋ˥tso˧

【轰隆】hoŋ˥loŋ˩ （一）象声词。形容雷声、爆炸声、机器声等。（二）形容生意兴隆。

【轰声能】hoŋ˥sã˥nən˩ 形容人的起立动作十分快捷。

【轰隆嗵】hoŋ˥loŋ˩tʻoŋ˩ 象声词。形容较大的物体落入水中的声音。

【轰轰烈烈】hoŋ˥hoŋ˩liəʔ˧liəʔ˧

哄【hoŋ˥】另见 hǒng；hòng。

【哄抢】hoŋ˥tsʻiã˩

【哄足】hoŋ˥tsoʔ˥ 形容人聚集得满满的。

【哄满】hoŋ˥mø˩ 形容人聚集得满满的。

【哄勿起】hoŋ˥fəʔ˥tɕʻi˩ 没有哄动效应。

【哄起来】hoŋ˥tɕʻi˩lE˩ 哄动起来。

【哄进哄出】hoŋ˥tsin˥˩hoŋ˥ tsʻə˥ˀ （一）形容顾客进进出出，络绎不绝。（二）人多势众，进进出出。也作【哄出哄进】hoŋ˥tsʻəˀ˥hoŋ˥tsin˥˩。

【哄堂大笑】hoŋ˥dã˨˩da˨˩siæ˥˨ 屋子里的人同时大笑。

訇【hoŋ˥】

烘【hoŋ˥】

【烘托】hoŋ˥tʻoˀ˥

【烘箱】hoŋ˥siã˥˩

【烘山芋】hoŋ˥sᴇ˥øy˥˩ 烤红薯。

【烘烘叫】hoŋ˥hoŋ˥tɕiæ˥˩ 形容温度较高，干热。

薨【hoŋ˥】

hóng

弘【ɦoŋ˨˦】

【弘扬】ɦoŋ˨˦ɦiã˨˩

红【ɦoŋ˨˦】

【红人】ɦoŋ˨˦ȵən˨˩

【红木】ɦoŋ˨˦moˀ˧

【红区】ɦoŋ˨˦tɕʻy˥

【红心】ɦoŋ˨˦sin˥

【红包】ɦoŋ˨˦pæ˥

【红生】ɦoŋ˨˦sã˥

【红叶】ɦoŋ˨˦ɦiəˀ˧

【红尘】ɦoŋ˨˦zən˨˩

【红军】ɦoŋ˨˦tɕyən˥

【红色】ɦoŋ˨˦səˀ˥

【红豆】ɦoŋ˨˦dɤ˨˩

【红利】ɦoŋ˨˦li˨˩

【红学】ɦoŋ˨˦ɦioˀ˧

【红茶】ɦoŋ˨˦zo˨˩

【红客】ɦoŋ˨˦kʻɑˀ˥

【红案】ɦoŋ˨˦ø˥˩

【红娘】ɦoŋ˨˦ȵiã˨˩

【红润】ɦoŋ˨˦zən˨˩

【红烧】ɦoŋ˨˦sæ˥

【红蛋】ɦoŋ˨˦dᴇ˨˩

【红牌】ɦoŋ˨˦ba˨˩

【红装】ɦoŋ˨˦tsã˥

【红旗】ɦoŋ˨˦dʑi˨˩

【红糖】ɦoŋ˨˦dã˨˩

【红兮兮】ɦoŋ˨˦ɕi˥ɕi˥˩ 形容

带些红颜色的。

【红扑扑】ɦoŋ˦pɔʔ˥pɔʔ˥

【红灯区】ɦoŋ˦tən˥tɕʰy˥˩

【红亨亨】ɦoŋ˦hã˥hã˥˩ 义同【红兮兮】。

【红吼吼】ɦoŋ˦hʏ˥hʏ˥˩ 形容较红的。

【红花郎】ɦəu˦ho˥lã˩ 紫云英。

【红角儿】ɦoŋ˦tɕoʔ˥ɦəl˩

【红彤彤】ɦoŋ˦doŋ˩doŋ˩

【红咚咚】ɦoŋ˦toŋ˥toŋ˥˩ 形容软而红红的。

【红洋洋】ɦoŋ˦ɦiã˦ɦiã˩ 形容带点红颜色的。

【红药水】ɦoŋ˦ɦiɑʔ˧sʮ˥˩ 红汞液。用于疮口消毒。

【红通通】ɦoŋ˦tʰoŋ˥tʰoŋ˥˩ 形容很红。

【红堂堂】ɦoŋ˦dã˩dã˩ 形容色彩红而明快。

【红领巾】ɦoŋ˦lin˦tɕən˥˩

【红绿灯】ɦoŋ˦loʔ˧tən˥˩

【红脚鸟】ɦoŋ˦tɕiɑʔ˥tiæ˥˩ 指忘却师恩、侮辱师傅的人。

【红眼睛】ɦoŋ˦ŋᴇ˦tsin˥˩ （一）病。因急性结膜炎而眼白发红。（二）喻羡慕别人有名或有利而心怀妒忌的毛病。

【红帽子】ɦoŋ˦mæ˦tsɿ˥˩

【红瘆瘆】ɦoŋ˦tsʰən˥tsʰən˥˩ 形容带些红颜色的。

【红鼻头】ɦoŋ˦bəʔ˧dʏ˩ 酒糟鼻或称患有酒糟鼻的人。

【红辣火】ɦoŋ˦laʔ˧hən˥˩ 红辣椒。

【红十字会】ɦoŋ˦zəʔ˧zɿ˩ɦuᴇ˩

【红心山芋】ɦoŋ˦sin˥sᴇ˥ɦy˩ 肉色发红的一种甘薯。

【红白团穿】ɦoŋ˦bɑʔ˧dø˩tsʰø˥ 形容脸色红润白嫩。

【红白喜事】ɦoŋ˦bɑʔ˧ɕi˥˩zɿ˩

【红头阿三】ɦoŋ˦dʏ˩ʔɑʔ˥sᴇ˥˩ 旧上海印度警察的绰号。也称【红头巡捕】ɦoŋ˦dʏ˩zin˩bu˩。

【红头百脚】ɦoŋ˦dʏ˩pɑʔ˥tɕiɑ˥˩ 大蜈蚣。

【红头苍蝇】ɦoŋ˦dʏ˩tsʰã˥ʔin˥˩ 头红色、个体较大的一种苍蝇。

【红过面孔】ɦoŋ˦kəu˥˩miɪ˦kʰoŋ˥˩ 指吵过架。

【红血滴滴】ɦoŋ˦ɕyəʔ˥li˩li˩

形容红得似鲜血淋漓一般。

【红帮裁缝】ɦoŋ˧˥pɑ̃˥zɛ˧˥voŋ˨˩ 专做西服的裁缝。

【红得发紫】ɦoŋ˧˥təʔ˥faʔ˥tsɿ˥˩ 指极受宠信。

【红鞋白袜】ɦoŋ˧˥ɦɑ˨˩baʔ˧maʔ˧ 戏曲中青年男子穿的鞋袜。

【红过半爿天】ɦoŋ˧˥kəu˥˩pøbɛ˨˩tʰiɪ˥ （一）形容名气很大。（二）形容备受宠信。

【红嘴绿鹦哥】ɦoŋ˧˥tsʮ˥˩loʔ˧ʔɑ̃˥kəu˥˩ （一）一种红嘴绿羽的鹦鹉。（二）趣语。指菠菜。

【红眼睛绿眉毛】ɦoŋ˧˥ŋɛ˧˥tsin˥˩loʔ˧mi˨˩mæ˨˩ 指极为阴险、手段厉害的人。

【红黑帽白蜡棍】ɦoŋ˧˥həʔ˥mæ˨˩baʔ˧laʔ˧kuən˥˩ 旧时差役的帽子及手中执的杖。

【红萝蔔划到蜡烛账浪】ɦoŋ˧˥læ˧˥boʔ˧ɦuaʔ˧tæ˥˩laʔ˧tsoʔ˥tsɑ̃˥˩lɑ̃˨˩ 俗语。喻弄错了对象或弄错了事实。

【红眼睛野猫，白苏苏佬佬】ɦoŋ˧˥ŋɛ˧˥tsin˥˩ɦiɑ˧˥mæ˨˩，baʔ˧tsəu˥səu˥læ˧˥læ˨˩ 吴地儿歌，逗小孩子用，无实际意思。

【红鼻头勿吃酒——冤枉煞人】ɦoŋ˧˥bəʔ˧dʏ˨˩fəʔ˥tɕʰiəʔ˥tsʏ˥˩——ʔiø˥ʔuɑ̃˥˩saʔ˥ȵən˧˥ 歇后语。形容备受冤枉。

宏【ɦoŋ˧˥】

【宏论】ɦoŋ˨˩lən˨˩

【宏伟】ɦoŋ˨˩ɦuɛ˨˩

【宏观】ɦoŋ˧˥kuø˥˩

【宏图】ɦoŋ˨˩dəu˨˩

【宏愿】ɦoŋ˨˩ȵiø˨˩

泓【ɦoŋ˧˥】

虹【ɦoŋ˧˥】

洪【ɦoŋ˧˥】

【洪大】ɦoŋ˨˩dɑ˨˩

【洪水】ɦoŋ˧˥sʮ˥˩

【洪灾】ɦoŋ˧˥tsɛ˥

【洪炉】ɦoŋ˧˥ləu˨˩

【洪亮】ɦoŋ˨˩liɑ̃˨˩

【洪峰】ɦoŋ˨fon˥
【洪荒】ɦoŋ˨huɑ̃˥
【洪流】ɦoŋ˨lʏ˩
【洪量】ɦoŋ˩liɑ̃˩

鸿【ɦoŋ˨】

【鸿毛】ɦoŋ˨mæ˩
【鸿沟】ɦoŋ˨kʏ˥

蕻【ɦoŋ˨】

黉【ɦoŋ˨】

【黉门】ɦoŋ˨mən˩

hǒng

哄【ɦoŋ˧】另见 hōng；hòng。

【哄哄】(1)hoŋ˧hoŋ˨ （一）闻闻（多指哺乳动物）。（二）用言语劝慰，使人高兴起来。(2)hoŋ˥hoŋ˨ 形容气氛足。
【哄吓拐骗】ɦoŋ˥haʔ˥kuɑ˧pʻi˨ 用假话或欺骗手段骗人，吓诈人。
【哄亦勿去哄俚】ɦoŋ˧ɦɑʔ˧fəʔ˥tɕʻi˧hoŋ˧li˨ 一点也不去理睬他。

hòng

讧【koŋ˧】文读【ɦoŋ˨】

【讧脓】koŋ˧noŋ˨ 创口或疮疖生出脓液。
【讧出来】koŋ˧tsʻəʔ˥lE˩ 内讧公开化（贬义）。

哄【hoŋ˧】另见 hōng；hǒng。

hōu

齁【hʏ˥】

【齁】hʏ˥ 不满意，郁闷。
【齁丝】hʏ˥sɿ˨ （一）不满意，郁闷。（二）闷热。（三）与“寻”字连用表示制造事端、寻嫌隙。
【齁出来】hʏ˥tsʻəʔ˥lE˩ 不满意、郁闷的情绪爆发出来。
【齁丝热】hʏ˥sɿ˥ȵəʔ˧ 闷热。
【齁喽齁喽】hʏ˥lʏ˩hʏ˥lʏ˩

形容气管中有痰的呼吸声。

hóu

侯【ɦY˦˨】另见 hòu。

【侯门似海】ɦY˦˨mən˨z1˨hE˥˩ 喻达官贵人人家门禁森严。

喉【ɦoʔ˧】文读【ɦY˦˨】

【喉舌】ɦY˦˨zəʔ˧
【喉咙】ɦoʔ˧loŋ˨
【喉结】ɦY˦˨tɕəʔ˥
【喉咙三板响】ɦoʔ˧loŋ˨sE˥pE˥ɕiã˥˩ 形容大声叫喊。
【喉咙里冒烟】ɦoʔ˧loŋ˨li˨mæ˨Øiı˥ 形容口渴。
【喉咙里筑坝】ɦoʔ˧loŋ˦li˨soʔ˥po˦ 隐语。死。
【喉筋白赖赖】ɦY˦˨tɕən˥˩bɑʔ˧lɑ˨lɑ˨ 形容声嘶力竭。

猴【ɦY˦˨】

【猴戏】ɦY˦˨ɕi˥˩ 指以孙悟空为主角的戏曲表演。

hǒu

吼【ɦY˥˩】

【吼】ɦY˥˩ 吴语中表示欲望强烈而不能自制的意思。如:饿肚皮朋友看见红烧肉吼得来。

hòu

后【ɦY˨】

【后山】ɦY˦˨sE˥ 山北面。
【后门】ɦY˦˨mən˦
【后方】ɦY˦˨fã˥
【后日】ɦY˨ȵəʔ˧
【后手】ɦY˦˨sY˥
【后天】ɦY˦˨tʻiı˥˩
【后代】ɦY˨dE˨
【后生】ɦY˦˨sã˥ (一)后辈。(二)形容长相比实际年龄显得年轻。(三)男青年。
【后台】ɦY˦˨dE˨
【后世】ɦY˦˨s1˥˩
【后头】ɦY˦˨dY˨
【后记】ɦY˨tɕi˥˩
【后尘】ɦY˦˨zən˨
【后年】ɦY˨ȵiı˨

【后劲】ɦʏ˨˩tɕən˥˨

【后来】ɦʏ˨˧lᴇ˨˩

【后房】ɦʏ˨˧vɑ̃˧ 房间后面的小间。

【后底】ɦʏ˨˧ti˥˨ 后边，后来。

【后果】ɦʏ˨˩kəu˥˨

【后备】ɦʏ˨˧bᴇ˧

【后事】ɦʏ˨˩zɿ˨˩

【后背】ɦʏ˨˧pᴇ˥˨ 身体的背部。

【后盾】ɦʏ˨˧dən˨˩

【后宫】ɦʏ˨˧koŋ˥

【后退】ɦʏ˨˩tʻᴇ˥˨

【后起】ɦʏ˨˧tɕʻi˥

【后患】ɦʏ˨˩ɦuᴇ˨˩

【后脚】ɦʏ˨˧tɕiaʔ˥ （一）迈步时在后面的一只脚。（二）与前脚连说时表示在别人后面（时间上很接近）。（三）指后路，回旋余地。

【后期】ɦʏ˨˧dʑi˨˩

【后福】ɦʏ˨˧foʔ˥

【后跟】ɦʏ˨˧kən˥

【后楼】ɦʏ˨˧lʏ˨˩ 房子靠里面的楼房。

【后路】ɦʏ˨˩ləu˨˩

【后勤】ɦʏ˨˧dʑən˨˩

【后腰】ɦʏ˨˧ʔiæ˥ 背部腰际。

【后膀】ɦʏ˨˧pʻɑ̃˥˨ （一）大腿的背面。（二）与“摸”字连用，指落在别人的后面。

【后门头】ɦʏ˨˧mən˧dʏ˥˨ 后门口。

【后世人】ɦʏ˨˧sɥ˥ɲ̍ən˥˨ 将来的人们。

【后半夜】ɦʏ˨˧pø˥ʔia˥˨ 下半夜。

【后花园】ɦʏ˨˧ho˥ɦiø˨˩ 旧时大宅中属内宅的花园。

【后底头】ɦʏ˨˧ti˥dʏ˨˩ 后边，后来。

【后河头】ɦʏ˨˧ɦəu˧dʏ˨˩ 屋后的河边。

【后首来】ɦʏ˨˧sʏ˥lᴇ˨˩ 后来。

【后慢来】ɦʏ˨˧mᴇ˧lᴇ˨˩ 后来。

【后艄翘】ɦʏ˨˧sæ˥tɕʻiæ˦ 形容后半段好起来了。

【后翻轩】ɦʏ˨˧fᴇ˥ɕiɪ˥˨ 厅堂后面的小屋。

【后手棋子】ɦʏ˨˧sʏ˥dʑi˩tsɿ˥˨ 喻被动或后续手段。

【后台老板】ɦʏ˨˧dᴇ˧læ˧pᴇ˥˨

【后生可畏】ɦʏ˨˧sən˥kʻəu˥˨ʔuᴇ˥˨

【后脑勺子】ɦʏ˨˧næ˧zoʔ˧

ʦ˥˩ 脑袋后面突出的部分。

厚【ɦY˩】

【厚皮】ɦY˦bi˩ （一）形容脸皮厚。（二）形容瓜果皮很厚。

【厚礼】ɦY˩li˩

【厚实】ɦY˦zəʔ˧

【厚度】ɦY˩dəu˩

【厚待】ɦY˩dE˩

【厚爱】ɦY˩ØE˧

【厚望】ɦY˩vɑ̃˩

【厚道】ɦY˩dæ˩

【厚意】ɦY˩Øi˧

【厚薄】ɦY˦boʔ˧

【厚得啦】ɦY˩təʔ˥la˥˩ （一）形容厚。（二）形容说话过于烦琐。

【厚得得】ɦY˦təʔ˥təʔ˥ 形容很稠（多指液体）。

【厚仔面皮】ɦY˩ʦɿ˥˩mii˦bi˩ 厚着脸。

【厚皮猢狲】ɦY˦bi˩ɦuə˧sən˥˩ 形容脸皮特别厚又油滑的人。

【厚此薄彼】ɦY˦ʦ'ɿ˥boʔ˧pE˥

【厚颜无耻】ɦY˦ɦii˦vu˩ʦ'ʮ˥˩ 脸皮厚，不知羞耻。

【厚嘴讷得】ɦY˦ʦʮ˥nəʔ˧təʔ˥ 形容说话行事烦琐。亦作【厚嘴赫讷得】ɦY˦ʦʮ˥˩həʔ˥nəʔ˧təʔ˥。

逅【ɦY˩】

候【ɦY˩】

【候车】ɦY˦ʦ'o˥

【候鸟】ɦY˦ȵiæ˥˩

【候场】ɦY˦zɑ̃˩或ɦY˩zɑ̃˦

【候光】ɦY˦kuɑ̃˥

【候好】ɦY˦hæ˩ 估量，算准。（二）等着。

【候补】ɦY˦pu˥˩

【候诊】ɦY˦ʦən˥

【候审】ɦY˦sən˥˩

【候准】ɦY˦ʦən˥˩ 估量，算准。

【候教】ɦY˩ʨiæ˧

【候着】ɦY˦zaʔ˧ 等候到；守候到。

【候选人】ɦY˦sii˥ȵən˩

【候吃等打】hY˦ʨ'əʔ˥tən˥˩tɑ̃˥˩ 摆着一付动武的架势。

鲎【ɦʏ˨˧˩】

【鲎】ɦʏ˨˧˩　虹。

hū

乎【ɦəu˨˧】

呼【həu˥】

【呼号】həu˥˦ɦæ˩
【呼叫】həu˥tɕiæ˦˩˨
【呼吁】həu˥Øʏ˥˩
【呼丝】həu˥sɿ˥˩　雄蟋蟀求偶的轻轻鸣叫声。
【呼应】həu˥Øin˥˩
【呼声】həu˥sən˥˩
【呼吸】həu˥ɕiəʔ˥
【呼呼】həu˥˦həu˥˩　吸。
【呼威】həu˥Øuᴇ˥˩　戏曲中知府以上官员升堂理事时衙役的吆喝声。
【呼救】həu˥tɕiʏ˦˩˨
【呼喊】həu˥˦hᴇ˥˩
【呼腰】həu˥Øiæ˥　弯腰。
【呼一口】həu˥Øiəʔ˥k‘ʏ˥˩　吸一口。
【呼香烟】həu˥ɕiã˥Øiɪ˥˩　吴语中“呼”字往往代替“吸”字。呼香烟,即吸烟。
【呼幺喝六】həu˥Øiæ˥həʔ˥loʔ˧
【呼风唤雨】həu˥foŋ˥huø˥˩ɦy˩
【呼腰曲背】həu˥Øiæ˥tɕ‘oʔ˥pᴇ˥˩　弯腰曲背。

忽【huəʔ˥】文读【hoʔ˥】

【忽视】huəʔ˥zɥ˨˧
【忽显】hoʔ˥˦ɕiɪ˥˩　闪电。
【忽略】huəʔ˥˦liaʔ˧
【忽然】huəʔ˥zø˨˧
【忽忽窜】hoʔ˥˦hoʔ˥tɕ‘ø˥˩　跃跃欲试;动心。

淴【hoʔ˥】

【淴浴】hoʔ˥˦ɦioʔ˧
【淴河浴】hoʔ˥˦ɦəu˨˧ɦioʔ˧　下河游泳。
【淴淋浴】hoʔ˥˦lin˨˧ɦioʔ˧　淋浴。
【淴冷水浴】hoʔ˥˦lã˨˧sɥ˥˦ɦioʔ˧　用冷水洗澡。

惚【huəʔ˥】

糊【ɦəu˧】另见 hú；hù。

hú

囫【ɦuəʔ˧】

【囫囵】ɦuəʔ˧ləŋ˩
【囫囵吞】ɦuəʔ˧ləŋ˩t'əŋ˥
不经咀嚼下咽。
【囫囵觉】ɦuəʔ˧ləŋ˩kæ˧
【囫囵木头】ɦuəʔ˧lə˩moʔ˧dɤ˩ 未经加工的木材。形容毫无技艺基础的学艺者。
【囫囵吞枣】ɦuəʔ˧ləŋ˩t'əŋ˥tsæ˥
【囫囵球球扁塌塌】ɦuəʔ˧ləŋ˩dʑiɤ˧dʑiɤ˧piɪ˧t'aʔ˥t'aʔ˥ 形容说话模棱两可，使人难以确定。

和【ɦəu˧】另见 hé；hè；huó；huò。

【和冲】ɦəu˧ts'oŋ˥ 打麻将，不能和的牌错认为和了。

狐【ɦəu˧】

【狐肷】ɦəu˧k'ɛ˥
【狐狸】ɦəu˧li˩
【狐狸精】ɦəu˧li˧tsin˥
【狐朋狗友】ɦəu˧bã˩kɤ˥ɵiɤ˧
【狐狸尾巴】ɦəu˧li˩ŋ̍˧po˥
【狐狸尾巴显出来】ɦəu˧li˩ŋ̍˧po˥ɕiɪ˧ts'əʔ˥lɛ˩ 喻坏习惯或坏行为暴露出来了。

弧【ɦəu˧】

胡【ɦəu˧】

【胡子】ɦəu˧tsɿ˥
【胡羊】ɦəu˧ɦiã˩ 绵羊。
【胡苏】ɦəu˧səu˥ 嘴周围和连着鬓角长的毛。
【胡话】ɦəu˧ho˥
【胡须】ɦəu˧si˥
【胡桃】ɦəu˧dæ˩
【胡梯】ɦəu˧t'i˥ 楼梯。
【胡葱】ɦəu˧ts'oŋ˥ 大葱。
【胡椒】ɦəu˧tsiæ˥
【胡蜂】ɦəu˧foŋ˥

【胡琴】ɦəu˧˥dʑən˨˩
【胡子拉碴】ɦəu˧˥tsɿ˥˧la˥˧tsɑ˥˨
【胡作非为】ɦəu˨˩tsoʔ˥fi˥ɦuE˨˩
【胡里胡拉】ɦəu˨˩li˨˩ɦəu˨˩lɑ˨˩ 马虎。
【胡思乱想】ɦəu˨˩sɿ˥lø˨˩siã˥˨
【胡说胡话】ɦəu˧˥səʔ˥ɦəu˨˩ɦo˨˩ 说胡话。
【胡嘴抹搭】ɦəu˨˩tsɥ˥˨maʔ˧taʔ˥ 形容满脸肮脏。
【胡桃里格肉——要敲出来吃】ɦəu˧˥dæ˨˩li˨˩kəʔ˥ȵoʔ˧——ʔiæ˥˨k'æ˥ts'əʔ˥lE˨˩tɕ'əʔ˥ 歇后语。喻必须施加压力，对方始肯就范。

壶【ɦəu˧˥】

核【ɦuəʔ˧】文读【ŋəʔ˧】另见 hé。

【核雕】ŋəʔ˧tiæ˥ 在经过琢磨加工的橄榄核上雕刻形象、花纹的艺术。也指用橄榄核雕刻成的工艺品。

斛【ɦoʔ˧】

葫【ɦuəʔ˧】文读【ɦəu˧˥】

【葫芦】ɦuəʔ˧ləu˨˩
【葫芦里勿知卖啥个药】ɦuəʔ˧əu˨˩li˨˩fəʔ˥tsɥ˥ma˨˩sɑ˥˨kəʔ˥ɦiɑʔ˧ 指不知道对方的底细。

鹄【ɦoʔ˧】另见 gǔ。

猢【ɦuəʔ˧】文读【ɦəu˧˥】

【猢狲】ɦuəʔ˧sən˥ （一）猴。（二）常用来骂人（一般指男性年轻人；如指老人，则前面加上“老”字）。
【猢狲心】ɦuəʔ˧sən˥sin˥˨ 义见【猢狲心肝】。
【猢狲扒】ɦuəʔ˧sən˥bo˨˩ 形容反复摆弄或时时变花样摆弄东西。
【猢狲腔】ɦuəʔ˧sən˥tɕ'iã˥˨ 形容顽皮、好动不好静的样子。
【猢狲精】ɦuəʔ˧sən˥tsin˥˨ （一）形容精明又好动的人。（二）常用来骂人（多指男性年轻人)。

【猢狲心肝】ɦuə˧sən˥sin˥ kø˩ 形容心思不专、变化不定。

【猢狲屁股】ɦuə˧sən˥pʻi˥ kəu˩ 形容坐不住。

【猢狲面孔】ɦuə˧sən˥miɪ˩kʻoŋ˩ 猴型脸。

【猢狲脑子】ɦuə˧sən˩næ˧ tsɿ˧ 形容思维敏捷。

【猢狲眼睛】ɦuə˧sən˩ŋɛ˧ tsin˩ 指黄眼珠。

【猢狲勿赅宝】ɦuə˧sən˩fəˀ˥ kɛ˥pæ˩ 形容有好东西藏不住。

【猢狲撮把戏】ɦuə˧sən˩tsʻəˀ˥po˩ɕi˩ (一)耍猴。(二)喻发噱或无聊的把戏。

【猢狲扒肚肠】ɦuə˧sən˩bo˧dəu˧zã˩ 义见【猢狲扒】。

【猢狲勿留隔夜食】ɦuə˧sən˩fəˀ˥lʏ˧kaˀ˥ɦia˥zəˀ˧ 形容嘴馋留不住吃的东西。

【猢狲扫地——眼前光】ɦuə˥sən˩sæ˩di˩——ŋɛ˧ziɪ˧kuã˥ 歇后语。指只顾看得到的地方。

【猢狲跳加官——人面兽心】ɦuə˧sən˩tʻiæ˥ka˥kuø˩——ȵən˧miɪ˩sʏ˩sin˥ 歇后语。形容人的本性残暴卑劣。

【猢狲戴帽子——像煞有介事】ɦuə˧sən˩ta˥mæ˥tsɿ˩——ziã˧saˀ˥ɦiʏ˩ka˩zɿ˩ 歇后语。指装出煞有介事的样子。

【猢狲拾着姜——吃吃辣齐齐,甩脱勿舍得】ɦuə˧sən˩ziəˀ˧zaˀ˧tɕiã˥——tɕʻəˀ˥tɕʻəˀ˥laˀ˧ziɪ˩ziɪ˩,huɛ˧tʻəˀ˥fəˀ˥so˩təˀ˥ 俗语。喻进退两难。

餬【ɦəu˧】

【餬口】ɦəu˧kʻʏ˩

湖【ɦəu˧】

【湖广】ɦəu˧kuã˩

【湖色】ɦəu˧səˀ˥

【湖泊】ɦəu˧pʻəˀ˥

【湖笔】ɦəu˧piəˀ˥

【湖绿】ɦəu˧loˀ˧

瑚【ɦəu˧˦】

煳【ɦəu˧˦】

鹕【ɦəu˧˦】

槲【ɦoʔ˧】

蝴【ɦəu˧˦】

【蝴蝶】ɦəu˧˦diəʔ˧
【蝴蝶门】ɦəu˧˦diəʔ˧mən˨˩ 指屋内成对的两扇狭长的木板门。
【蝴蝶飞】ɦəu˧˦diəʔ˧fi˥ （一）形容纸在空中飞舞。（二）形容书一类的东西零零碎碎地缺损。
【蝴蝶片】ɦəu˧˦diəʔ˧pʻiɪ˧˨ 鳍片。
【蝴蝶会】ɦəu˧˦diəʔ˧ɦuE˨˩ 各带菜肴的聚餐形式。
【蝴蝶结】ɦəu˧˦diəʔ˧tɕəʔ˥
【蝴蝶斑】ɦəu˧˦diəʔ˧pE˥˩ 形成两眼部对称黑斑的皮肤病。

糊【ɦəu˧˦】另见 hū；hù。

【糊口】ɦəu˧˦kY˥˩
【糊涂】ɦəu˧˦dəu˨˩
【糊涂虫】ɦəu˧˦dəu˧˦zoŋ˨˩
【糊涂账】ɦəu˧˦dəu˧˦tsã˥˩
【糊涂面】ɦəu˧˦dəu˧˦miɪ˨˩ 煮烂的面条。
【糊里搭涂】ɦəu˧˦li˨˩taʔ˥dəu˨˩ 糊涂。
【糊里糊涂】ɦəu˧˦li˨˩ɦəu˧˦dəu˨˩ 糊涂。
【糊里糊涂一瓶油】ɦəu˧˦li˧˦ɦəu˨˩dəu˨˩Øiəʔ˥bin˧˦ɦiY˧˦ 形容非常糊涂、不明智。
【糊里糊涂中状元】ɦəu˧˦li˧˦ɦəu˧˦dəu˨˩tsoŋ˥˩zã˧˦ɲiø˨˩ 形容意外获取荣誉、地位、财富等好事。

醐【ɦəu˧˦】

hǔ

虎【həu˨˩】

【虎口】həu˥˨kʻY˥˩
【虎目】həu˥˨moʔ˧

【虎皮】hɘu˦˨bi˨˩

【虎穴】hɘu˦˨ɦyɘʔ˧

【虎牙】hɘu˦˨ŋɑ˨˩

【虎丘】hɘu˦˨tɕʻiy˥ 春秋晚期，吴王阖闾葬于此。有“吴中第一名胜”、“江右丘壑之表”的美誉。

【虎帐】hɘu˥˩tsã˥˩

【虎势】hɘu˨˩sɥ˥˩ （一）形容行事一鼓作气。（二）形容威摄力。

【虎相】hɘu˥˩siã˥˩ 形容虎型脸或指相貌威严。

【虎将】hɘu˥˩tsiã˥˩

【虎跳】hɘu˥˩tʻiæ˦˨ 翻跟斗的一种。高举双手，侧身双手次第落地，身体侧翻过去后恢复原状。

【虎撑】hɘu˥˩tsʻã˥˩ 铁质环形响器。江湖郎中用来招揽生意的工具。

【虎鞭】hɘu˦˨pii˥ 雄虎的生殖器，为名贵的中药材。

【虎白眼】hɘu˦˨bɑʔ˧ŋᴇ˨˩ 一种看不起人的表情。眼睛朝上或向旁边看，现出白眼球。

【虎口余生】hɘu˦˨kʻy˥˩ɦy˧sɘn˥

【虎口拔牙】hɘu˦˨kʻy˥˩baʔ˧ɦɑ˧

【虎头虎脑】hɘu˦˨dy˧hɘu˥˩næ˨˩

【虎头捉虱】hɘu˦˨dy˧tsoʔ˥sɘʔ˥ 喻触犯权势大的人或危险人物。

【虎头蛇尾】hɘu˦˨dy˧zo˧vi˨˩

【虎出虎进】hɘu˦˨tsʻɘʔ˥hɘu˥˩tsin˥˩ 板着脸出出进进。

【虎皮榻子】hɘu˦˨bi˧tʻaʔ˥tsɿ˥˩ 用整张虎皮装饰铺垫、可躺可坐的大椅子。

【虎生犬子】hɘu˦˨sɘn˥tɕʻiø˦˨tsɿ˥˩ 喻有为的父亲，平庸的儿子。

【虎视眈眈】hɘu˦˨zɥ˨˩tᴇ˥tᴇ˥˩

【虎起面孔】hɘu˥˩tɕʻi˥˩mii˧kʻoŋ˥˩ 板着脸。

【虎毒不食子】hɘu˦˨doʔ˧pɘʔ˥zɘʔ˧tsɿ˥˩ 喻人再狠毒，也不会伤害亲生骨肉。

【虎落平阳被犬欺】hɘu˦˨loʔ˧bin˧ɦiã˨˩bᴇ˨˩tɕʻiø˦˨tɕʻi˥ 喻有能耐的人身处逆镜，被小人欺侮。

浒【hɘu˥˩】另见 xǔ。

唬【həu˥˧】

琥【həu˥˧】

【琥珀】həu˦p'ə˞˥

hù

互【həu˦】文读【ɦəu˩】

【互利】ŋəu˦li˧
【互助】ŋəu˦zəu˩
【互相】ŋəu˦siã˥
【互通】ŋəu˦t'oŋ˥
【互推互让】ŋəu˦t'ɛ˥ŋəu˦ ɲiã˩ 指互相推让(褒义)。

户【ɦəu˩】

【户口】ɦəu˦k'ʏ˥
【户头】ɦəu˦dʏ˩ (一)会计部门称账册上有账务关系的个人或团体。(二)对他人的调侃称谓。(三)指在银行设立的账号。
【户主】ɦəu˦tsʮ˥˧
【户部】ɦəu˩bu˩ 封建王朝中央行政机构中主管户口、赋税、俸饷、铸币等项的官署。
【户籍】ɦəu˦ziəʔ˧
【户籍警】ɦəu˦ziəʔ˧tɕən˥˧ 管理户籍的民警。

护【ɦəu˩】

【护士】ɦəu˦zɿ˩
【护法】ɦəu˦faʔ˥
【护理】ɦəu˦li˩
【护照】ɦəu˦tsæ˥˧
【护心镜】ɦəu˦sin˥tɕən˥˧ 古代兵士打仗穿的铠甲服装上，缀在胸前保护心脏的圆金属片。
【护身符】ɦəu˦sən˥vu˩
【护城河】ɦəu˦zən˦ɦəu˩

沪【ɦəu˩】

【沪剧】ɦəu˦dʑəʔ˧

怙【ɦəu˩】

【怙恶不悛】ɦəu˩ø o˞˥pəʔ˥ tɕiø˥

戽【hoɤ】文读【ɦəuɿ】

祜【ɦəuɿ】

笏【huəʔ˥】

瓠【ɦəu˧】、【ɦəuɿ】

扈【ɦəuɿ】

【扈从】ɦəu˧zoŋɿ

糊【ɦəuɿ】另见 hū;hú。

【糊脱】ɦəuɿt'əʔ˥ 指食品烧成糊状。

【糊达达】ɦəuɿdaʔ˧daʔ˧(一)形容食品煮成糜烂状。(二)形容事情一团糟。

【糊里糊喇】ɦəuɿliɿɦəuɿlɑɿ 形容毛毛糙糙的样子。

huā

化【hoɤ】文读【huɑɤ】另见 huà。

【化脱】hoɤt'əʔ˥ (一)化用掉。(二)烧化掉。(三)熔化掉或溶化掉。

花【ho˥】文读【huɑ˥】

【花厅】ho˥t'in˥

【花心】ho˥sin˥ (一)花蕊。(二)贪恋异性之心。

【花白】ho˥baʔ˧

【花边】ho˥pi˥

【花布】ho˥pu˥ 印有花纹的布。

【花功】ho˥koŋ˥ 奉承讨好,献媚邀宠的本领。

【花生】ho˥sun˥

【花卉】ho˥huɛ˥

【花甲】ho˥tɕiaʔ˥

【花巧】ho˥tɕ'iæ˥ (一)花纹;花饰。(二)形容精美。(三)花招。

【花头】ho˥dɤɿ (一)花纹;花饰。(二)花招。(三)指男女之间的暧昧关系。(四)喻技能手段。(五)喻获得的酬劳。(六)喻富有的程度;家底。(七)喻大方的程度。

【花旦】ho˥tɛ˥

【花灯】ho˥tən˨
【花红】(1)ho˥ɦoŋ˩ 指有关婚姻等喜庆事的礼物。(2)ho˥ŋ̍˩ 似苹果而小的一种水果,即沙果。
【花匠】ho˥ziã˩ 从事园艺工作的工匠。
【花农】ho˥noŋ˩
【花色】ho˥səʔ˥ (一)花样;花纹。(二)品种;种类。(三)指人脸上的气色。
【花花】ho˥ho˨ 拍拍马屁;讨好。
【花妙】ho˥miæ˩ (一)讨人喜欢。(二)漂亮。(三)能迷惑人的。
【花坛】ho˥dɛ˩
【花呢】ho˥ȵ̍i˩
【花线】ho˥sii˨ 包有花纱管套的一种家用电线。
【花押】ho˥ʔaʔ˥
【花茶】ho˥zo˩
【花卷】ho˥tɕiø˨
【花俏】ho˥tsʻiæ˧ 色彩艳丽。
【花费】ho˥fi˨
【花粉】ho˥fən˨ (一)花药里的粉粒,花的生殖细胞。(二)化妆粉。
【花轿】ho˥dʑiæ˩
【花酒】ho˥tsʏ˨ 有妓女陪侍的酒席。
【花瓶】ho˥bin˩ (一)插花用的瓶子,放在室内,作装饰品。(二)喻美丽而无本领的女子。
【花样】ho˥ɦiã˩ 义同【花头】。
【花烛】ho˥tsoʔ˥
【花脸】ho˥li˨
【花翎】ho˥lin˩
【花腔】ho˥tɕʻiã˨
【花哨】ho˥sæ˨ 花里胡哨。
【花圈】ho˥tɕʻiø˨
【花絮】ho˥si˨
【花椒】ho˥tsiæ˨
【花街】ho˥ka˨ 庭园里的小路。
【花痴】ho˥tsʻʮ˨ 为思慕异性而精神失常,也指这种患者。
【花旗】ho˥dʑi˩
【花雕】ho˥tiæ˨
【花工夫】ho˧ko˥fu˨ 花时间和精力。
【花手心】ho˥sʏ˥sin˨ 骗人

的手段、手法。

【花头经】ho˥dɤ˦tɕən˥˩ 义同【花头】。

【花头透】ho˥dɤ˦t'ɤ˧˦ 花招多。

【花名册】ho˥min˨˩tsɑʔ˥ 记录人名的簿册。

【花纸头】ho˥ʦɿ˥dɤ˨˩ 印有花纹的纸。喻钱(纸币)。

【花和尚】ho˥ɦəu˨˩zã˨˩

【花柳病】ho˥lɤ˥bin˨˩

【花架子】ho˥kɑ˥ʦɿ˥˩

【花哔立】ho˥piəʔ˥liəʔ˧ 好色的男人。

【花粉煞】ho˥fən˥saʔ˥ 指由女色导致的恶运。

【花样经】ho˥ɦiã˨˩tɕən˥˩ 义同【花头】。

【花样透】ho˥Øiã˥t'ɤ˧˦ 义同【花头透】。

【花铜钿】ho˧˦doŋ˦di˨˩ 花钱。

【花插插】ho˥ʦ'aʔ˥ʦ'aʔ˥ (一)贪色。(二)行为轻佻。

【花露水】ho˥ləu˨˩sɥ˥˩ (一)稀酒精中加香料制成的化妆品。(二)本领。(三)派送的小恩小惠。

【花七花八】ho˥ʦ'iəʔ˥ho˥poʔ˥ 天花乱坠般的讨好、拍马奉承。

【花头花脑】ho˥dɤ˦ho˥næ˨˩ (一)举止轻佻。(二)花招。(三)形容东西虚假而动人。

【花头经猛】ho˥dɤ˨˩tɕən˥˩mã˨˩ 形容花样百出。

【花好稻好】ho˥hæ˥˩dæ˨˩hæ˥˩ 样样都好(含讥讽意)。

【花花公子】ho˥ho˥koŋ˥˩ʦɿ˥˩

【花花太岁】ho˥ho˥t'ɑ˥sᴇ˥˩ 贪色的男人。

【花花世界】ho˥ho˥sɥ˥˩kɑ˥˩

【花花草草】ho˥ho˥ʦ'æ˥˩ʦ'æ˥˩ 指男女情感纠葛。

【花里花绿】ho˥li˨˩ho˥loʔ˧ (一)形容色彩错杂。(二)形容眼花缭乱。

【花里百辣】ho˥li˨˩pɑʔ˥laʔ˧ 色彩斑斓。

【花花绿绿】ho˥ho˥loʔ˧loʔ˧

【花烛夫妻】ho˥ʦoʔ˥fu˥ʦ'i˥˩ 原配夫妇。

【花烛家小】ho˥tsoʔ˥kɑ˥siæ˥˩ 原配妻子。

【花样百出】ho˥ɦiã˩pɑʔ˥ tsʻəʔ˥ 形容花招一个接一个。

【花脚蚊子】ho˥tɕiɑʔ˥mən˩ tsɿ˥˨ 遍体都有黑白斑纹的毒蚊。

【花旦唱大面】ho˥tE˥˨tsʻã˦˩˨ dəu˩mii˩ 喻行事十分勉强。

【花花轿子人抬人】ho˥ho˥ dʑiæ˨˧tsɿ˥˨ȵən˨˧dE˨˧ȵən˨˧ 喻人与人之间应相互抬举。

【花开两朵，各表一枝】ho˥ kʻE˥˩liã˩təu˥˨，kɑʔ˥piæ˦˩˨ʘiəʔ˥tsɥ˥ 讲故事用语。说罢一方面，再说另一方面。

【花无百日好，人无一世贫】ho˥vu˩pɑʔ˥ȵəʔ˧hæ˥˨，zən˨˧vu˩ʘiəʔ˥sɥ˥˨bin˨˧ 劝谕语。人不会永远贫穷。

【花对花，柳对柳，破畚箕相对齾笤帚】huɑ˥tE˥˨huɑ˥，lY˥tE˥˩lY˥，pʻu˥fən˥tɕʻi˥˨siã˥tE˥˨ŋaʔ˧diæ˩tsY˥˨ 喻双方情况差不多、配得上（含讥讽意）。

哗【ʘuɑ˥】另见 huá。

【哗冷哐】ɦuɑ˥˩lã˩dã˩ 形容东西倒下时发出的巨响。

【哗啦哗啦】ʘuɑ˥˥la˥ʘuɑ˥˥la˥ 形容旗一类东西在风中飘动发出的声音。

huá

划【ɦo˨˧】、【ɦuaʔ˧】文读【ɦuɑ˨˧】另见 huà。

【划开】(1)ɦuaʔ˧kʻE˥ （一）用尖锐的东西把别的东西分开。（二）用刀子把东西割开。(2)ɦo˨˧kʻE˥ 指划桨使船驶开。

【划饭】ɦo˨˧vE˩ 用筷子拨饭（入口中）。

【划船】ɦo˨˧zø˨˧

【划断】ɦuaʔ˧dø˩ （一）用尖锐的东西把别的东西分开。（二）用刀子把别的东西割断。（三）喻断交。

【划着】ɦuaʔ˧zɑʔ˧ （一）被尖锐的东西擦到。（二）火柴擦燃。

【划算】ɦo˦sø˥˩
【划勿来】ɦo˦fəʔ˥˧lE˨˩ 不合算，不值得。
【划得来】ɦo˦təʔ˥˧lE˨˩ 合算，值得。

华【ɦo˦】文读【ɦuɑ˦】

另见 huà。

【华人】ɦo˦ȵən˨˩
【华表】ɦo˦piæ˥˩
【华丽】ɦo˦li˨˩
【华侨】ɦo˦ʥiæ˨˩
【华诞】ɦo˦tE˥˧
【华贵】ɦo˦kuE˥˩
【华语】ɦo˦ȵy˨˩
【华夏】ɦo˦ɦo˨˩
【华裔】ɦo˦0i˥˧
【华达呢】ɦo˦daʔ˧ȵi˨˩
【华而不实】ɦo˦ɦə˨˩pəʔ˥˧zəʔ˧

哗【ɦo˦】文读【ɦuɑ˦】

另见 huā。

【哗然】huɑ˥˧zø˨˩
【哗众取宠】ɦo˦tso˥˧ts'i˥˩ ts'o˥˩

骅【ɦo˦】文读【ɦuɑ˦】

铧【ɦo˦】文读【ɦuɑ˦】

猾【ɦuaʔ˧】

滑【ɦuaʔ˧】

【滑口】ɦuaʔ˧k'Y˥˩ 能随机应变和即兴说话。
【滑牙】ɦuaʔ˧ŋɑ˨˩ 螺丝或齿轮因为磨损而不能拧紧或打滑。
【滑头】ɦuaʔ˧dY˨˩
【滑冰】ɦuaʔ˧pin˥˧
【滑地】ɦuaʔ˧di˨˩ 行人无意停留的地方。商家指虽有人流往来，但做不出生意的地方。
【滑肠】ɦuaʔ˧zã˨˩ 通大便。
【滑坡】ɦuaʔ˧p'u˥˧
【滑润】ɦuaʔ˧zən˨˩
【滑脚】ɦuaʔ˧tɕiɑʔ˥˧ （一）溜走。（二）指溜冰。
【滑脱】ɦuaʔ˧t'əʔ˥˧ 滑掉。
【滑爽】ɦuaʔ˧sã˥˩ 光滑，舒爽的感觉。

【滑翔】ɦuaʔ˧ziã˩

【滑雪】ɦuaʔ˧siəʔ˥

【滑稽】ɦuaʔ˧tɕi˥˩

【滑头戏】ɦuaʔ˧dʏ˩ɕi˥˩ 指骗人的把戏。

【滑头货】ɦuaʔ˧dʏ˩həu˥˩ (一)假货。(二)喻不可靠的人。

【滑忌忌】ɦuaʔ˧dʑi˩dʑi˩ 形容很滑(含厌恶意)。

【滑笃笃】ɦuaʔ˧toʔ˥toʔ˥ 形容感觉光滑舒适。

【滑溜溜】ɦuaʔ˧lʏ˩lʏ˩ 形容光滑。

【滑腻腻】ɦuaʔ˧ȵi˩ȵi˩ 形容带黏稠的滑。

【滑塌塌】ɦuaʔ˧tʻaʔ˥tʻaʔ˥ 形容很滑(含厌恶意)。

【滑滋滋】ɦuaʔ˧tsɿ˥tsɿ˥˩ 形容潮湿而滑。

【滑头生意】ɦuaʔ˧dʏ˩sã˥ θi˥˩ 骗人的买卖。

【滑头滑脑】ɦuaʔ˧dʏ˩ɦuaʔ˧ næ˩

【滑滋滑塌】ɦuaʔ˧tsɿ˥˩huaʔ˧ tʻaʔ˥ 形容地滑难行。

【滑着一跤】ɦuaʔ˧zaʔ˧θiəʔ˥ kæ˥˩ 因地滑摔了一跤。

【滑着一滑】ɦuaʔ˧zaʔ˧θiaʔ˥ ɦuaʔ˧ 脚滑了一下。

【滑跌跟头】ɦuaʔ˧tiəʔ˥kən˥ təu˥˩ 因地滑摔跌。

【滑塌四精光】ɦuaʔ˧tʻaʔ˥sɿ˥ tsin˥kuã˥ 形容一点儿也不剩。

【滑天下之大稽】ɦuaʔ˧tʻi˥ɕia ˥˩tsʮ˥˩dɑ˧tɕʻi˥˩ 太滑稽可笑了。

揢【ɦuaʔ˥】

【揢拳】ɦuaʔ˥dʑiø˧

【揢拳头】ɦuaʔ˥dʑiø˧dʏ˩ 揢拳。

豁【ɦuaʔ˥】另见 huō; huò。

【豁拳】huaʔ˥dʑiø˧

【豁上去】huaʔ˥zɑ̃˩tɕʻi˥˩ 从下面骑上去。

【豁下来】huaʔ˥ɦo˩lᴇ˩ 从骑的姿势下来。

【豁虎跳】huaʔ˥həu˥˩tʻiæ˥˩ 侧身翻跟头。

【豁眼梢】huaʔ˥ŋᴇ˧sæ˥ 丹

凤眼。

【豁墙头】huaʔ˥zã˦dY˩ 越墙。吴语中，“豁”也表示翻越。

【豁上马背】huaʔ˥zã˩mo˦pE˧˩ 指已经干某件事了。

【豁上马背豁勿下来】huaʔ˥zã˩mo˦pE˧˩huaʔ˥fəʔ˥ɦo˧˩lE˩ 指已经干某件事了，无法停下来。

huà

化【ho˧˦】文读【hua˧˦】
另见 huā。

【化工】ho˧˦koŋ˥
【化开】ho˧˦k'E˥ （一）稀释。（二）渗开。
【化水】ho˧˩sɥ˧˩ （一）指冰消融成水。（二）指极易消化。
【化石】ho˧˦zaʔ˧
【化纤】ho˧˦ts'i˧˩
【化妆】ho˧˦tsã˥
【化疗】ho˧˦liæ˩
【化身】ho˧˦sən˥
【化肥】ho˧˦vi˩
【化学】ho˧˦ɦioʔ˧
【化脓】ho˧˦noŋ˦
【化验】ho˧˦ȵi˧˩
【化斋】ho˧˦tsa˧˦
【化装】ho˧˦tsã˥
【化解】ho˧˦tɕia˥
【化缘】ho˧˦ɦiø˦
【化痰】ho˧˦dE˦ 消除气管、支气管黏膜分泌的黏液（痰）。
【化境】ho˧˦tɕən˥
【化开来】ho˧˦kE˥lE˩ （一）渗开（多指渗墨）。（二）稀释。
【化长锭】ho˧˦zã˦din˩ 烧化纸锭（迷信）。
【化石灰】ho˧˦zaʔ˧huE˧˩ 生石灰加水使其变为熟石灰。
【化锡箔】ho˧˦siəʔ˥boʔ˧ 烧化用锡箔纸折成的元宝（迷信）。
【化粪池】ho˥fən˥zɥ˦ 聚集、分解粪便的池窖。
【化险为夷】ho˧˦ɕi˥ɦuE˦ɦi˩
【化干戈为玉帛】ho˧˦kø˥kəu˧˩ɦuE˩ȵoʔ˧boʔ˧
【化腐朽为神奇】ho˧˦vu˩ɕiY˧˩ɦuE˩zən˦dʑi˩ 指有非凡的本领和惊人的效果。

划【ɦuaʔ˧】另见 huá。

【划一】ɦuaʔ˧θiəʔ˥ （一）一律；一致。（二）转折词。引出突然想到或似有所悟的另一件事。

【划分】ɦuaʔ˧fən˥

【划开】ɦuaʔ˧k'ɛ˥ （一）划分开去。（二）割开。

【划价】ɦuaʔ˧kɑ˧

【划划】ɦuaʔ˧ɦuaʔ˧ （一）仅仅；单单。（二）划。

【划拆】ɦuaʔ˧ʦ'ɑʔ˥ （一）支使；支派。（二）用办法搞来的。

【划账】ɦuaʔ˧ʦã˧ （一）不收付现金，只在账薄上记载收付关系。（二）指互相抵消账目。

【划直】ɦuaʔ˧zəʔ˧ 相互抵消。

【划消】ɦuaʔ˧ʦ'iæ˥ 捣乱；胡闹。

【划粉】ɦuaʔ˧fən˥

【划清】ɦuaʔ˧ʦ'in˥ 划分清楚。

【划剿】ɦuaʔ˧ziæ˩ 义同【划消】。

华【ɦo˩】文读【ɦuɑ˩】另见 huá。

画【ɦo˩】文读【ɦuɑ˩】

【画工】ɦo˧koŋ˥

【画龙】ɦo˩loŋ˧ （一）画龙的图画。（二）指尿床（含调侃）。

【画册】ɦo˧ʦ'ɑʔ˥

【画师】ɦo˧sɿ˥

【画报】ɦo˧pæ˥

【画花】ɦo˧ho˥ （一）绘画花朵。（二）形容字迹潦草难辨。

【画坛】ɦo˧dɛ˩

【画供】ɦo˧koŋ˥

【画图】（1）ɦo˧dəu˩ 图画。（2）ɦo˩dəu˧ 绘画；画图形。

【画押】ɦo˧θaʔ˥

【画眉】ɦo˧mɛ˩ （一）鸟。身体棕褐色，腹部赤白色，头后颈和背部有黑褐色斑纹，有白色的眼圈。叫的声音很好听，雄鸟好斗。（二）汉代张敞因替妻子画眉而耽误上朝的故事。借指夫妻恩爱。
【画面】ɦo˧mi˩
【画院】ɦo˧ɦiø˩
【画室】ɦo˧sə̆˥
【画家】ɦo˧tɕia˥
【画展】ɦo˧tsø˥˩
【画符】ɦo˩vu˧ 原指道士在纸上写的似字非字的图形，用于镇邪。借以形容字迹潦草。
【画廊】ɦo˧lɑ̃˩
【画像】ɦo˩ziɑ̃˩
【画十字】ɦo˩zə̆˧zɿ˩
【画地图】ɦo˩di˩dəu˩ （一）描绘地图。（二）指尿床。
【画画张】ɦo˧ɦo˧tsɑ̃˥ 画或印有图画的画幅。
【画眉毛】ɦo˩mi˧mæ˩ 描画眉毛。
【画镜线】ɦo˧tɕən˥si˥˩
【画龙点睛】ɦo˧loŋ˧ti˥˩tsin˥
【画蛇添足】ɦo˧zo˧tʻi˥tsŏ˥
【画影图形】ɦo˧ʔin˥˩dəu˧ɦin˧ 古时用于通缉犯人的人物画像。
【画龙勿用笔】ɦo˧loŋ˩fə̆˥ɦioŋ˩piə̆˥ 尿床的调侃语。
【画虎不成反类犬】ɦo˧həu˥˩pə̆˥zən˧fɛ˥˩lɛ˧tɕʻiø˥˩ 模仿得不到家，反而弄得不伦不类。喻盲目追求，好高骛远，实现不了，反而闹出笑话。
【画龙画虎难画骨，知人知面不知心】ɦo˧loŋ˧ɦo˧həu˥˩nɛ˧ɦo˩kuə̆˥，tsɿ˥zən˧tsɿ˥mi˩pə̆˥tsɿ˥sin˥ 喻人心难测。

话【ɦo˩】文读【ɦuɑ˩】

【话风】ɦo˧foŋ˥ 话里表示出来的意向。
【话本】ɦo˧pən˥˩
【话柄】ɦo˧pin˥˩
【话音】ɦo˧ʔin˥
【话剧】ɦo˧dʑə̆˧
【话梅】ɦo˧mɛ˩
【话锋】ɦo˧foŋ˥
【话筒】ɦo˧doŋ˩
【话题】ɦo˧di˩
【话巴戏】ɦo˧po˥ɕi˥˩ 被人拿来做谈笑资料的言论或行为。

【话搭头】ɦo˦taʔ˥dʏ˩ 经常挂在口头的词语。

【话到口边留半句】ɦuɑ˦tæ˥˩ k'ʏ˦˥piɪ˥lʏ˦pø˦˥tɕy˥˩ 指说话留有余地。

桦【ɦo˦】、【ɦo˩】文读【ɦuɑ˦】、【ɦuɑ˩】

嫿【ɦuəʔ˧】

huái

怀【huɑ˦】文读【ɦuE˦】

【怀古】ɦuɑ˦kəu˥˩

【怀旧】ɦuɑ˦dʑiʏ˩

【怀孕】ɦuɑ˦ɦyən˩

【怀念】ɦuE˩ȵiɪ˩

【怀恨】ɦuE˩ɦən˩

【怀柔】ɦuɑ˦zʏ˩

【怀胎】ɦuɑ˦t'E˥

【怀疑】ɦuE˩ȵi˩

徊【ɦuE˦】另见 huí。

淮【ɦuɑ˦】文读【ɦuE˦】

【淮海】ɦuɑ˦hE˥˩

【淮剧】ɦuɑ˦dʑəʔ˧

槐【ɦuɑ˦】文读【ɦuE˦】

踝【k'əu˥】文读【k'uɑ˦˥】

huài

坏【ɦuɑ˩】、【Øuɑ˦˥】文读【ɦuE˩】

【坏】ɦuɑ˦ 作形容词与名词连用，往往读作阳平。

【坏人】ɦuɑ˦ȵən˩

【坏书】ɦuɑ˦sʮ˥

【坏话】ɦuɑ˦ɦo˩

【坏事】(1)ɦuɑ˦zɿ˩ 不好的事情。(2)ɦuɑ˩zɿ˩或Øuɑ˦˥zɿ˩ 弄坏事情。

【坏淘】ɦuɑ˦dæ˩ 不好的伙伴。

【坏脱】ɦuɑ˦t'əʔ˥或Øuɑ˦˥t'əʔ˥ (一)坏掉。(二)指人死亡。

【坏末事】ɦuɑ˦məʔ˧zɿ˩ 坏东西。

【坏坯子】ɦuɑ˦p'E˥tsɿ˥˩ 坏人。

【坏脑筋】ɦuɑ˦næ˦tɕin˥˩ 坏念头。

【坏嚎嚎】θua˥ɕyəʔ˥ɕyəʔ˥ 形容心术不正。

【坏手坏脚】ɦua˧sʏ˥ɦua˧tɕiaʔ˥ 手足有病,不灵便。

huān

欢【huø˥】

【欢心】huø˥sin˥˩

【欢乐】huø˥loʔ˧

【欢快】huø˥k'ua˥˩

【欢声】huø˥sən˥˩

【欢迎】huø˥ȵən˨˧

【欢畅】huø˥ts'ã˥˩

【欢呼】huø˥həu˥˩

【欢笑】huø˥siæ˥˩

【欢喜】huø˥ɕi˥˩

【欢天喜地】huø˥t'ii˥ɕi˥˩di˨˧

【欢喜冤家】huø˥ɕi˥θiø˥ka˥˩ 称似恨而实爱的人。

獾【huø˥】

huán

还【ɦuE˧】另见 hái。

【还手】ɦuE˧sʏ˥˩

【还本】ɦuE˧pən˥˩

【还对】ɦuE˧tE˥˩ 回答(含辩白)。

【还击】ɦuE˧tɕəʔ˥

【还加】ɦuE˧ka˥(一)而且。(二)另外加上。

【还礼】ɦuE˧li˨˧

【还头】ɦuE˧dʏ˨˧ 回绝,拒绝。

【还价】ɦuE˧ka˥˩ (一)买方因嫌货价高而说出愿意的价格。(二)喻抗衡、对抗的能力。

【还阳】ɦuE˧ɦiã˨˧

【还报】ɦuE˧pæ˥˩

【还倷】ɦuE˧nE˨˧ (一)保证你。吴语中“还”有保证的意思。如【还我】ɦuE˧ŋəu˨˧保证我。【还俚】ɦuE˧li˥保证他。(二)指把东西还给你。

【还账】ɦuE˧tsã˥˩

【还俗】ɦuE˧zoʔ˧

【还原】ɦuE˧ȵiø˧

【还债】ɦuE˧tsa˥˩

【还情】ɦuE˧zin˨˧

【还魂】ɦuE˧ɦuən˧或huE˧ɦuən˨˧

【还愿】ɦuE˧ȵiø˨˧

【还嘴】ɦuE˧zʮ˥˩
【还勒浪】ɦuE˧lə̆ʔ˧lɑ̃˩ 还在。
【还规矩】ɦuE˧kuE˥tɕy˥˩ 礼仪上按规矩办理。
【还魂食】ɦuE˧ɦuən˧zə̆ʔ˧ 指用人粪做肥料的植物性食物。
【还嘴搭舌】ɦuE˧tsʮ˥˩taʔ˥zə̆ʔ˧ 还嘴(含斥责)。

环【guE˧】中州韵【ɦuE˧】【ɦuE˩】

【环卫】guE˧ɦuE˩
【环节】guE˧tsiə̆ʔ˥
【环生】guE˧sən˥
【环头】guE˧dY˩ 与"出"连用,义同【出风头】。
【环抱】guE˧bæ˩
【环保】guE˧pæ˥˩
【环绕】guE˧ȵiæ˩
【环顾】guE˧kəu˥˩
【环球】guE˧dʑiY˩
【环做】guE˧tsəu˥˩ 两档或数档评弹演员在几家书场同时交叉轮演。
【环境】guE˧tɕən˥˩
【环秀山庄】guE˧sY˥˩sE˥tsɑ̃˥˩ 苏州著名古典园林,五代金谷园故地。

桓【ɦuø˧】

圜【guE˧】

寰【guE˧】

【寰球】guE˧dʑiY˩

缳【guE˧】

鹮【guE˧】

鬟【guE˧】

huǎn

缓【øuø˥˩】中州韵【ɦuø˩】

【缓冲】øuø˥tsʻoŋ˥
【缓刑】øuø˥ɦin˩
【缓和】øuø˥ɦəu˩
【缓急】øuø˥tɕə̆ʔ˥
【缓着】øuø˥tsɑʔ˥ 弈出的一步不高明的棋。
【缓期】øuø˥dʑi˥˩

【缓解】Øuø˦˨tɕia˥
【缓慢】Øuø˥˩mE˩
【缓一缓】Øuø˥˩Øiəʔ˥Øuø˥˩ 暂缓一下。
【缓口气】Øuø˥˩k'Y˥˩tɕ'i˦˨ 停止下来,休息一会儿。

huàn

幻【ØuE˥˩】中州韵【ɦuE˩】

【幻灯】ØuE˦˨tən˥
【幻觉】ØuE˦˨tɕoʔ˥
【幻想】ØuE˥˩siã˥˩

奂【huø˦˨】

宦【ɦuE˩】

【宦官】ɦuE˧kuø˥
【宦海】ɦuE˧hE˥˩

换【ɦuø˩】

【换马】ɦuø˩mo˩
【换气】ɦuø˩tɕ'i˦˨ 演员演唱行腔过程中的呼吸。
【换代】ɦuø˩dE˩
【换防】ɦuø˧bã˩
【换血】ɦuø˩ɕYəʔ˥
【换季】ɦuø˩tɕi˦˨
【换届】ɦuø˧tɕia˦˨
【换亲】ɦuø˧ts'in˥
【换班】ɦuø˧PE˥
【换算】ɦuø˧sø˥˩
【换牙子】ɦuø˩ŋa˧tsɿ˥˩ 掉乳牙换新牙。
【换勿转】ɦuø˩fəʔ˥tsø˥˩ (一)替换不过来。(二)交换不回来。
【换行头】ɦuø˩ɦã˧dY˩ 更换衣衫(多指换上比原来好些的衣服)。
【换衣裳】ɦuø˩Øi˥zã˩ 更衣。(二)根据季节变化调换衣服。
【换帖子】ɦuø˩t'iəʔ˥tsɿ˥˩ 换帖。
【换铜钿】ɦuø˩doŋ˧di˩ (一)把东西卖出得到钱。(二)把钱换成其他币种或面额。
【换糖吃】ɦuø˩dã˧tɕ'əʔ˥ (一)用破旧无用的东西向收旧货的小贩换取饧糖吃。(二)形容东西破旧的唯一用途。

【换汤勿换药】ɦuø˧˦tʻã˥fə˥ ɦuø˨˩ɦiɑʔ˧ 喻只改变形式，不改变内容。

【换只位子想想】ɦuø˨˩tsɑʔ˥ ɦuE˧˦tsɿ˥˩siã˦˨siã˩ 换位思考。

【换仔第二三个】ɦuø˨˩tsɿ˥˩ di˧˦ȵi˨˩sE˥kəʔ˥ 换了别人。

唤【huø˦˨】

【唤起】huø˦˨tɕʻi˩

涣【huø˦˨】

【涣散】huø˦˨sE˥˩

浣【ɦuø˧˦】、【ɦuø˨˩】

患【ɦuE˨˩】

【患者】ɦuE˧˦tsE˥˩

【患难】ʘuE˦˨nE˧˦

【患难夫妻】ʘuE˦˨nE˧˦fu˥tsʻi˥˩ 曾在不利处境中，共同承受困难或灾祸的夫妻。

【患得患失】ɦuE˧˦təʔ˥ɦuE˧˦ səʔ˥

焕【huø˦˨】

【焕发】huø˦˨faʔ˥

【焕然】huø˦˨zø˨˩

【焕然一新】huø˦˨zø˨˩ʘiəʔ˥ sin˥

痪【huø˥˩】

豢【ɦuE˨˩】

【豢养】ɦuE˨˩ɦiã˨˩

huāng

肓【huã˥】中州韵【huã˥】

荒【huã˥】中州韵【huã˥】

【荒地】huã˥di˨˩

【荒年】huã˥ȵi˨˩

【荒饭】huã˥vE˨˩ 形容迫不及待地要用餐（多指中餐和晚餐）。

【荒废】huɑ̃˥fi˧˥
【荒草】huɑ̃˥tsʻæ˧˥
【荒诞】huɑ̃˥tɛ˧˥
【荒凉】huɑ̃˥liɑ̃˨
【荒唐】huɑ̃˥dɑ̃˨
【荒原】huɑ̃˥ȵiø˨
【荒野】huɑ̃˥ɦiɑ˨
【荒淫】huɑ̃˥ɦin˨
【荒疏】huɑ̃˥səu˧˥
【荒谬】huɑ̃˥mʏ˨
【荒漠】huɑ̃˥moʔ˧
【荒僻】huɑ̃˥pʻiəʔ˥
【荒兮兮】huɑ̃˥ɕi˧˥ɕi˧˥　形容荒凉可怖。
【荒饭鬼】huɑ̃˥vɛ˨tɕy˧˥　形容迫不及待地要用餐的人（多指中餐和晚餐）。
【荒饭摊】huɑ̃˥vɛ˨tʻɛ˧˥　路边卖饭的摊档。
【荒山野地】huɑ̃˥sɛ˥ɦiɑ˨di˨　荒野的地方。
【荒乎其唐】huɑ̃˥ɦəu˨dʑi˨dɑ̃˨　荒唐。
【荒年荒世】huɑ̃˥ȵiɪ˧huɑ̃˥sɥ˧˥　农作物收成很坏或没有收成的年头。
【荒淫无耻】huɑ̃˥ɦin˨vu˨tsʻɥ˧˥
【荒谬绝伦】huɑ̃˥mʏ˨ziəʔ˧lən˨　极端错误，非常不合情理。
【荒年饿勿煞手艺人】huɑ̃˥ȵiɪ˨ŋəu˧fəʔ˥saʔ˥sʏ˧ȵi˧ȵən˨　有手艺的人，不论时势如何艰难，都可以谋生。

慌【huɑ̃˥】中州韵【huɑ̃˥】

【慌忙】huɑ̃˥mɑ̃˨
【慌乱】huɑ̃˥lø˨
【慌张】huɑ̃˥tsɑ̃˧˥
【慌脱】huɑ̃˥tʻəʔ˥　形容慌乱得不知所措。
【慌兮兮】huɑ̃˥ɕi˧˥ɕi˧˥　形容心慌意乱的样子。
【慌不择路】huɑ̃˥pəʔ˥zəʔ˧ləu˨　指情况急迫，没有时间从容选择去向。
【慌里慌张】huɑ̃˥li˨huɑ̃˥tsɑ̃˧˥　慌张。
【慌慌张张】huɑ̃˥huɑ̃˥tsɑ̃˧˥tsɑ̃˧˥　慌张。

huáng

皇【ɦuɑ̃˨˦】中州韵【ɦuɑ̃˨˦】

【皇上】ɦuɑ̃˨˩zɑ̃˨˩
【皇历】ɦuɑ̃˨˦liəʔ˧
【皇天】ɦuɑ̃˨˦tʻiɪ˥
【皇后】ɦuɑ̃˨˦ɦY˨˩
【皇帝】ɦuɑ̃˨˦ti˥˩˧
【皇宫】ɦuɑ̃˨˦koŋ˥
【皇冠】ɦuɑ̃˨˦kuø˥˩˧
【皇太子】ɦuɑ̃˨˦tʻɑ˥tsɿ˥˩˧
【皇帝勿差饿兵】ɦuɑ̃˨˦ti˥˩˧fəʔ˥tsʻɑ˥ŋəu˨˦pin˥ 喻让人办事，应支付酬劳。
【皇天不负有心人】ɦuɑ̃˨˦tʻiɪ˥pəʔ˥vu˨˩ɦiY˨˦sin˥ȵən˨˦ 指费尽苦心办事，总能达到目的。
【皇帝囡唔勿愁嫁】ɦuɑ̃˨˦ti˥˩˧nø˨˦ŋ̍˨˩fəʔ˥zY˨˦kɑ˦˨ 指有身价，不愁没有去处。
【皇帝不急，急煞太监】ɦuɑ̃˨˦ti˥˩˧fəʔ˥tɕəʔ˥，tɕəʔ˥saʔ˥tʻɑ˥kE˥˩˧ 喻当事人不急，不相干的人却万分着急。
【皇帝烂竖髈——愈加（御脚）勿好】ɦuɑ̃˨˦ti˥˩˧lE˨˦zɥ˨˦pʻɑ̃˥˩˧——ɦY˨˦ɦY˨˦(tɕɑ˥)fəʔ˥hæ˥˩˧ 歇后语。更加不好。
【皇帝万万岁，小民日日醉】ɦuɑ̃˨˦ti˥˩˧vE˨˦vE˨˦sE˦˨，siæ˥min˨˩ȵəʔ˧ȵəʔ˧tsE˦˨ 指贵贱不同，然而各得其所，自得其乐。

黄【ɦuɑ̃˨˦】中州韵【ɦuɑ̃˨˦】

【黄】huɑ̃˥ 指蛋黄和蟹黄等。
【黄牛】ɦuɑ̃˨˦ȵiY˨˩
【黄色】ɦuɑ̃˨˦səʔ˥
【黄老】ɦuɑ̃˨˦læ˨˩ 黄帝和老子，被奉为道教始祖。
【黄汤】ɦuɑ̃˨˦tʻɑ̃˥
【黄连】ɦuɑ̃˨˦li˨˩
【黄豆】ɦuɑ̃˨˦dY˨˩
【黄货】ɦuɑ̃˨˦həu˥˩˧ （一）指黄金或金制品。（二）假货。
【黄金】ɦuɑ̃˨˦tɕən˥
【黄昏】ɦuɑ̃˨˦huən˥
【黄泉】ɦuɑ̃˨˦zi˨˩
【黄鱼】ɦuɑ̃˨˦ŋ̍˨˩
【黄帝】ɦuɑ̃˨˦ti˥˩˧ 三皇五帝之一，华夏之祖。
【黄酒】ɦuɑ̃˨˦tsY˥˩˧

【黄烟】ɦuɑ̃˧θi˥˥

【黄疸】ɦuɑ̃˧tᴇ˥

【黄狼】ɦuɑ̃˧lɑ̃˩ 黄鼠狼。

【黄焖】ɦuɑ̃˧mən˥ 一种介于白烧和红烧之间的烹饪方法。

【黄堂】ɦuɑ̃˧dɑ̃˩ 知府代称。

【黄脱】ɦuɑ̃˧tʻə˥ 指原来约定的事作罢。

【黄落】ɦuɑ̃˧loʔ˧ （一）指没有指望。（二）落空。

【黄粪】ɦuɑ̃˧fən˥˩ 人粪肥。

【黄梅】ɦuɑ̃˧mᴇ˩

【黄篮】ɦuɑ̃˧lᴇ˩ 篾黄制成包装水果用的简易小篓子。

【黄鳝】ɦuɑ̃˧zø˩ 鳝鱼。

【黄门官】ɦuɑ̃˧mən˧kuø˥˩ （一）守宫门的人。（二）泛指太监。

【黄包车】ɦuɑ̃˧pæ˥tsʻo˥˩

【黄生意】ɦuɑ̃˧sɑ̃˥θi˥˩ 买卖毁约。

【黄衣裳】ɦuɑ̃˧θi˥zɑ̃˩ 旧时指军人。

【黄伯伯】ɦuɑ̃˧pɑʔ˥pɑʔ˥ 指靠不住的人。

【黄豆芽】ɦuɑ̃˧dʏ˧ŋɑ˩ 用黄豆人工发芽而成的蔬菜。

【黄花鱼】ɦuɑ̃˧ho˥ŋ̍˩ 小黄鱼。

【黄亨亨】ɦuɑ̃˧hɑ̃˥hɑ̃˥˩ 形容颜色黄黄的。

【黄楝头】ɦuɑ̃˧li˧dʏ˩ 黄楝树的嫩叶，能腌制成休闲食品。

【黄纸头】ɦuɑ̃˧tsɿ˥dʏ˩ （一）黄色的纸。（二）旧时盖在死尸脸上的纸。

【黄表纸】ɦuɑ̃˧piæ˥tsɿ˥˩

【黄昏头】ɦuɑ̃˧huən˥dʏ˩ 黄昏的时候。

【黄金瓜】ɦuɑ̃˧tɕən˥ko˥˩ 一种皮色金黄的甜瓜。

【黄泥螺】ɦuɑ̃˧ȵi˧ləu˩ 一种海产小型软体动物，体外包着硬壳，多腌制食用。

【黄泥髈】ɦuɑ̃˧ȵi˧pʻɑ̃˥˩ 寡妇招赘的后夫。

【黄鱼车】ɦuɑ̃˧ŋ̍˧tsʻo˥˩ 用脚踩的三轮运货车。

【黄鱼头】ɦuɑ̃˧ŋ̍˧dʏ˩ 指面值五元的人民币。

【黄泉路】ɦuɑ̃˧zi˧ləu˩ 迷信的人指阴间的路。

【黄狼干】ɦuɑ̃˧lɑ̃˧kø˥˩ 形

容人瘦小。

【黄狼皮】ɦuɑ̃˧lɑ̃˧bi˩ （一）黄鼠狼的毛皮。（二）旧时称军警的衣服（含贬义）。

【黄脸婆】ɦuɑ̃˧liɪ˧bu˩ 容颜已衰的妻子（含贬义）。

【黄筒纸】ɦuɑ̃˧doŋ˧tsɿ˥˩ 用于做引火用的纸捻子的纸。

【黄渣渣】ɦuɑ̃˧tsɑ˥tsɑ˥˩ 形容颜色黄黄的。

【黄粱梦】ɦuɑ̃˧liɑ̃˧moŋ˩

【黄裱纸】ɦuɑ̃˧piæ˥tsɿ˥˩ 手工制纸。色黄，吸水性强，多用于练习毛笔书法。

【黄鼠狼】ɦuɑ̃˧tsʮ˥lɑ̃˩

【黄三河阵】ɦuɑ̃˧sᴇ˥ɦəu˧zən˩ 指稀里糊涂，行事荒唐。

【黄牛肩胛】ɦuɑ̃˧ȵiʏ˧tɕiɪ˥kɑ˥˩ 指没有责任心，靠不住。

【黄毛丫头】ɦuɑ̃˧mæ˧ʔo˥dʏ˩ 少女。

【黄毛香枝】ɦuɑ̃˧mæ˧ɕiɑ̃˥tsʮ˥˩ 一种荚壳上有金黄色绒毛，品质优良的毛豆。

【黄包车夫】ɦuɑ̃˧pæ˥tsʻo˥fu˥˩ 拉人力车谋生的人。

【黄瓜底砣】ɦuɑ̃˧ko˥ti˥˩dəu˩ 黄瓜味苦的蒂部。

【黄皮亮姜】ɦuɑ̃˧bi˧liɑ̃˩tɕiɑ̃˥˩ 形容颜色枯黄。

【黄古浪气】ɦuɑ̃˧kəu˥lɑ̃˩tɕʻi˥˩ 蔬菜焖烧过头而产生的异味。

【黄花闺女】ɦuɑ̃˧ho˥kuᴇ˥ȵʏ˩ 处女。

【黄金万两】ɦuɑ̃˧tɕən˥vᴇ˩liɑ̃˥˩ （一）吉利语。大财。（二）调侃语。粪便。

【黄鱼肚皮】ɦuɑ̃˧ŋ̍˧dəu˩bi˩ 小腿的后部。

【黄鱼脑子】ɦuɑ̃˧ŋ̍˧næ˩tsɿ˥˩ 喻人行事不用脑子。

【黄胖橄榄】ɦuɑ̃˧pʻɑ̃˥kᴇ˥lᴇ˩ 形容人脸黄浮胖。

【黄脓鼻涕】ɦuɑ̃˧noŋ˧bəʔ˧tʻi˥˩ 黏稠色黄的鼻涕。

【黄道吉日】ɦuɑ̃˩dæ˩tɕəʔ˥zəʔ˧

【黄筒纸熳头】ɦuɑ̃˧doŋ˧tsɿ˥˩mᴇ˧dʏ˩ 用黄筒纸做的纸捻子，保留火种用。

【黄熟梅子卖青】ɦuɑ̃˧zoʔ˧mᴇ˩tɿ˥˩mɑ˩tsʻin˥ 指自我标榜清白，实属掩耳盗铃。

【黄泉路浪呒老小】ɦuɑ̃˩˧ziɪ˩˧ləu˩˧lɑ̃˨˧m̩˩˧læ˩˧siæ˥˩ 指死亡不分年龄。

【黄梅勿落青梅落】ɦuɑ̃˩˧mᴇ˩˧fəʔ˥loʔ˧ʦʻin˥mᴇ˩˧loʔ˧ 喻后辈死在长辈前。

【黄连水汰猪头——苦恼(脑)子】ɦuɑ̃˩˧liɪ˩˧sɥ˥˩dɑ˨˧ʦɥ˥dʏ˨˧——kʻəu˧˥næ˩˧(næ˩˧)ʦɿ˥˩ 歇后语。形容十分可怜。

【黄连树下操琴——苦中作乐】ɦuɑ̃˩˧liɪ˩˧zɥ˨˧ɦo˨˧ʦʻæ˥ʥən˩˧——kʻəu˧˥ʦoŋ˥ʦoʔ˥loʔ˧ 歇后语。在困境中寻求乐趣。

【黄牛角,水牛角,各归各】ɦuɑ̃˩˧ȵiʏ˩˧koʔ˥,sɥ˧˥ȵiʏ˩˧koʔ˥,koʔ˥kuᴇ˥koʔ˥ 俗语。指各顾各的事,互不相扰。吴语中“角”和“各”同音。

【黄鼠狼搭鸡拜年——呒不好心】ɦuɑ̃˩˧ʦʻɥ˥lɑ̃˨˧taʔ˥ʨi˥pɑ˥˩ȵiɪ˩˧——m̩˩˧pəʔ˥hæ˧˥sin˥ 歇后语。喻居心不良。

【黄鼠狼落勒鸡棚上——勿偷亦是偷】ɦuɑ̃˩˧ʦʻɥ˥lɑ̃˨˧loʔ˧ləʔ˧ʨi˥bã˩˧lɑ̃˨˧——fəʔ˥tʻʏ˥ɦaʔ˧zɿ˨˧tʻʏ˥ 歇后语。指瓜田李下之嫌,无法说清。

【黄毛丫头十八变,临时上轿变三变】ɦuɑ̃˩˧mæ˩˧Øo˥dʏ˨˧zəʔ˧poʔ˥piɪ˧˥,lin˩˧zɥ˨˧zɑ̃˨˧ʥiæ˩˧piɪ˧˥sᴇ˥piɪ˧˥ 俗语。形容女孩子从小到大,外形的变化很大。

凰【ɦuɑ̃˩˧】中州韵【ɦuɑ̃˩˧】

隍【ɦuɑ̃˩˧】中州韵【ɦuɑ̃˩˧】

喤【ɦuɑ̃˩˧】文读【ɦuã˩˧】

【喤打】ɦuã˩˧tã˥˩ 形容人说话声音响亮。

【喤冷】ɦuã˩˧lã˨˧ 形容人说话声音响亮。

【喤喤】ɦuã˩˧ɦuã˩˧ (一)形容小儿啼哭声音洪亮。(二)形容声音响亮延绵不断。(三)形容锣声。

【喤嘡】ɦuã˥˩dã˨˧ 形容说话声音响亮。如喤嘡一声,一吓得来。

【喤喤叫】Øuɑ̃˥Øuɑ̃˥ʨiæ˥˩ 形容声音震耳。

【喤喤响】ɦuã˥ɦuã˥ɕiã˧˥ 形容声音震耳。
【喤打喤打】ɦuã˨tã˧˥ɦuã˨tã˧˥ 形容说话或哭声声音响亮。
【喤噔喤噔】ɦuã˨dã˨ɦuã˨dã˨ 形容说话或哭声响亮。

徨【ɦuã˨˦】中州韵【ɦuã˨˦】

惶【ɦuã˨˦】中州韵【ɦuã˨˦】

【惶惶不可终日】ɦuã˨˦ɦuã˨˦pəʔ˥k'əu˧˥tsoŋ˥zəʔ˨ 整天惶恐不安。

煌【ɦuã˨˦】中州韵【ɦuã˨˦】

锽【ɦuã˨˦】中州韵【ɦuã˨˦】

潢【ɦuã˨˦】中州韵【ɦuã˨˦】

蝗【ɦuã˨˦】中州韵【ɦuã˨˦】

【蝗虫】ɦuã˨˦zoŋ˨
【蝗虫吃过界】ɦuã˨˦zoŋ˨tɕ'əʔ˥kəu˦ka˦ 喻越出范围行事。

篁【ɦuã˨˦】中州韵【ɦuã˨˦】

磺【ɦuã˨˦】中州韵【ɦuã˨˦】

蟥【ɦuã˨˦】中州韵【ɦuã˨˦】

簧【ɦuã˨˦】中州韵【ɦuã˨˦】

huǎng

恍【huã˧˥】中州韵【huã˧˥】

【恍惚】huã˦huəʔ˥
【恍然大悟】huã˦zø˨˦da˨ŋəu˨ 形容突然醒悟、彻底明白。

晃【huã˧˥】中州韵【huã˧˥】另见 huàng。

【晃眼睛】huã˦ŋE˨˦tsin˥ 光线过强，刺得眼睛不舒服。

谎【huã˧˥】中州韵【huã˧˥】

【谎报】huã˧˥pæ˧˥

【谎言】huã˥˩ɦiɪ˩˧

【谎话】huã˥˩ɦo˨˧

【谎称】huã˦˩ts'ən˥ 故意不真实地说。

【谎话连篇】huã˥˩ɦo˨˧liɪ˨˦p'iɪ˥ 连续不断地说谎。

幌【huã˥˩】中州韵【huã˥˩】

【幌子】huã˦˩tsɿ˥

huàng

晃【kuã˧˧】文读【huã˧˧】中州韵【huã˧˧】另见 huǎng

【晃】kuã˧˧ 用长竿击打。

【晃动】huã˧˧doŋ˨˧

【晃开头】huã˧˧k'ɛ˥dɤ˨˦ 晃动长竿，击开头部。

【晃晃叫】kuã˧˧kuã˥tɕiæ˥˩ 形容光线强烈刺眼。

【晃丁晃当】huã˧˧tin˥huã˧˧tã˥˩ 形容物体晃动。

【晃来晃去】huã˧˧lɛ˨˦huã˧˧tɕ'i˥˩ （一）摇摆不定。（二）形容闲逛，无所事事。

滉【kuã˧˧】中州韵【ɦuã˨˩】

【滉翻】kuã˧˧fɛ˥ 器皿中的液体因晃动而外溢。

【滉丁滉当】kuã˧˧tin˥kuã˧˧tã˥˩ 液体在器皿中晃动。

huī

灰【huɛ˥】

【灰心】huɛ˥sin˥˩

【灰白】huɛ˥baʔ˧

【灰色】huɛ˥səʔ˥

【灰尘】huɛ˥zən˨˧

【灰沙】huɛ˥so˥˩ 尘土。

【灰背】huɛ˥pɛ˥˩ 灰鼠皮。一种珍贵的裘皮。

【灰烬】huɛ˥zin˨˧

【灰暗】huɛ˥ʔø˥˩

【灰鼠】huɛ˥ts'ɥ˥˩ 东北产灰褐色毛的松鼠。

【灰孙子】huɛ˥sɛn˥tsɿ˥˩ 公媳通奸生出的孩子。常作詈语。

【灰汤粽】huɛ˥t'ã˥tsoŋ˥˩ 用稻草灰浸泡过的水煮粽子。

【灰拓拓】huE˥tʻoʔ˥tʻoʔ˥ 形容暗淡、不鲜明。

【灰骆驼】huE˥loʔ˧dəu˨ 一种善跳的昆虫，背部隆起如单峰骆驼，多见于厨房。

【灰堆作】huE˥tE˥tsoʔ˥ 堆放草木灰的地方。

【灰蒙蒙】huE˥moŋ˨moŋ˨

【灰锰氧】huE˦mo˧ɦiã˨ 高锰酸钾的俗称。

【灰毛落拓】huE˥mæ˧loʔ˧tʻoʔ˥ 形容色彩灰暗。

【灰尘白蓬】huE˥zən˨bã˧boŋ˨ 形容灰尘多，动辄会飞起来。

【灰薄落拓】huE˥boʔ˧loʔ˧tʻoʔ˥ 形容色彩灰暗。

【灰堆作里坌出来的】huE˥tE˥tsoʔ˥li˨bən˨tsʻəʔ˥lE˧kəʔ˥ 形容人沾满灰尘的样子。

诙【huE˥】

【诙谐】huE˥ɦi˨

挥【huE˥】

【挥手】huE˦sY˥

【挥发】huE˥faʔ˥

【挥师】huE˦sɿ˥

【挥挥】huE˦huE˥ 挥舞。

【挥洒】huE˦sɑ˥

【挥毫】huE˦ɦæ˧

【挥惯】huE˥kuE˥ 指乱说话成习惯。

【挥舞】huE˦ɴu˨

【挥霍】huE˦hoʔ˥

【挥丁挥当】huE˦tin˥huE˥tã˥ 形容悬挂、悬空的东西不住晃荡。

【挥丁晃当】huE˦tin˥huã˥tã˥ 义同【挥叮挥当】。

【挥金如土】huE˦tɕən˥zɥ˧tʻəu˥

恢【huE˥】

【恢弘】huE˥ɦoŋ˨

【恢复】huE˥foʔ˥

【恢恢】huE˥huE˥

晖【huE˥】

辉【huE˥】

【辉映】huE˥0in˥

【辉煌】hue˥hũɑ̃˩

麾【hue˥】

【麾下】hue˥ɕia˨

徽【hue˥】

【徽号】hue˥hæ˩
【徽章】hue˥tsã˨
【徽墨】hue˥məʔ˧

huí

回【ɦuE˦】

【回】ɦuE˩ 吴语里有把买来的东西转让一些给别人的意思。
【回门】ɦuE˦mən˧
【回仓】ɦuE˦ts'ɑ̃˥ 回赠回来的礼物或礼金。
【回火】ɦuE˦həu˨ （一）饭煮熟停火闷几分钟后再用大火烧一下。（二）通过管道燃烧气体的火焰向反方向燃烧。
【回升】ɦuE˦sən˥
【回手】ɦuE˦sY˨ 动手回击。泛指回击。
【回书】ɦuE˦sɥ˥ 学习评弹的学徒向师傅回课。
【回忆】ɦuE˦ɵi˨
【回电】ɦuE˦di˩
【回对】ɦuE˦tE˨ 回答，回应招呼。
【回归】ɦuE˦kuE˥
【回击】ɦuE˦tɕəʔ˥
【回叫】ɦuE˦tɕiæ˨ 回应招呼。
【回礼】ɦuE˦li˩
【回民】ɦuE˦min˩
【回目】ɦuE˦moʔ˧
【回奶】ɦuE˦nɑ˩ 婴儿吃奶后吐奶的现象。
【回去】ɦuE˦tɕ'i˨
【回生】ɦuE˦sã˥
【回头】ɦuE˦dY˩ （一）把头转向后方。（二）回来；返回。（三）悔悟；改邪归正。（四）回应。（五）告辞。（六）回绝。（七）解雇。
【回丝】ɦuE˦sɿ˥ 废棉纱。
【回合】ɦuE˦həʔ˧
【回扣】ɦuE˦k'Y˨
【回迁】ɦuE˦ts'i˥
【回师】ɦuE˦sɿ˥

【回收】ɦuE˧sʏ˥
【回执】ɦuE˧tsəʔ˥
【回报】ɦuE˧ɒæ˥˩　（一）报应。（二）报答。
【回肠】ɦuE˧zɑ̃˩
【回护】ɦuE˧ɦəu˩
【回来】ɦuE˧lE˩
【回韧】ɦuE˧ȵən˩　受潮使原来松脆的食品变得不松脆了。
【回声】ɦuE˧sən˥
【回身】ɦuE˧sən˥
【回应】ɦuE˧Øin˥˩
【回话】ɦuE˧ɦo˩
【回炉】ɦuE˧ləu˩
【回味】ɦuE˧vi˩
【回转】ɦuE˧tsø˥˩
【回拜】ɦuE˧ɒɑ˥˩
【回春】ɦuE˧ts‘ən˥
【回荡】ɦuE˧dɑ̃˩
【回绝】ɦuE˧ziəʔ˧
【回俗】ɦuE˧zoʔ˧
【回响】ɦuE˧ɕiɑ̃˥˩
【回信】ɦuE˧sin˥˩
【回音】ɦuE˧Øin˥
【回课】ɦuE˧k‘əu˥˩　学生向老师汇报所学到的技艺。
【回顾】ɦuE˧kəu˥
【回请】ɦuE˧ts‘in˥˩
【回席】ɦuE˧ziəʔ˧
【回教】ɦuE˧tɕiæ˥˩
【回巢】ɦE˧zæ˧　鸟儿回窝。
【回廊】ɦuE˧lɑ̃˩
【回禄】ɦuE˧loʔ˧
【回旋】ɦuE˧zi˩
【回族】ɦuE˧zoʔ˧
【回程】ɦuE˧zən˧
【回答】ɦuE˧taʔ˥
【回敬】ɦuE˧tɕən˥˩
【回落】ɦuE˧loʔ˧
【回游】ɦuE˧ɦiʏ˩
【回禀】ɦuE˧ɒin˥˩
【回暖】ɦuE˧nø˩
【回煞】ɦuE˧saʔ˥
【回想】ɦuE˧siɑ̃˥˩
【回潮】（1）ɦuE˧zæ˧　已经消失了的旧事物、旧习惯、旧思想等重新出现。（2）ɦuE˧zæ˩　已经晒干或烤干的东西又变湿。
【回避】ɦuE˩bi˩
【回赠】ɦuE˧zən˩
【回嘴】ɦuE˧tsʮ˥˩
【回镬】ɦuE˧ɦoʔ˧　重新加热（已熟的食品）。
【回文诗】ɦuE˧vən˧sʮ˥˩

【回马枪】ɦuᴇ˦mo˦ʦ'iã˅
【回匆转】ɦuᴇ˦fəʔ˥ʦø˅ 回不来;回不去。
【回头客】ɦuᴇ˦dɤ˦k'ɑʔ˥
【回头路】ɦuᴇ˦dɤ˦ləu˩ (一)已经走过的路。(二)相反方向的路。(三)喻倒退。
【回老家】ɦuᴇ˦læ˦ʨiɑ˥ (一)回从前居住的地方(多指父母家)。(二)指死去(多含诙谐意)。
【回老路】ɦuᴇ˦læ˦ləu˩ (一)回到已经走过的路上。(二)喻倒退到原来的状态。
【回宝门】ɦuᴇ˦ɒæ˧mən˩ 回答问题;说明真相。
【回转去】ɦuᴇ˦ʦø˥ʨ'i˅ (一)回去。(二)指死去(多含诙谐意)。
【回转来】ɦuᴇ˦ʦø˥lᴇ˩ 回来。
【回潮天】ɦuᴇ˦zæ˦t'i˅ 湿度大的天气。
【回心转意】ɦuᴇ˦sin˥ʦø˧ʘi˧
【回头是岸】ɦuᴇ˦dɤ˦zɿ˩ŋø˩
【回光返照】ɦuᴇ˦kuɑ̃˥fᴇ˅ʦæ˅
【回潮扭扭】ɦuᴇ˦zæ˦ȵiɤ˅ȵiɤ˅ 由于空气中的湿度大,原本干燥的东西有些变潮。
【回嘴搭舌】ɦuᴇ˦ʦɥ˅taʔ˥zəʔ˧ 顶嘴。
【回汤豆腐干】ɦuᴇ˦t'ɑ̃˥dɤ˦vu˦kø˅ (一)煮过的豆腐干放回汤里煮。(二)喻回到原来决意要离开的地方。(三)无奈地重操旧业。
【回到老疤浪】ɦuᴇ˦tæ˅læ˦ɒo˥lɑ̃˩ 回到起始点。

茴【ɦuᴇ˦】

【茴香】ɦuᴇ˦ɕiɑ̃˥

徊【ɦuᴇ˦】

洄【ɦuᴇ˦】

【洄游】ɦuᴇ˦ɦiɤ˦

蛔【ɦuᴇ˦】

【蛔虫】ɦuᴇ˦zoŋ˩
【蛔虫啄背心】ɦuᴇ˦zoŋ˩zoʔ˧

pᴇ˥sin˦˨ 形容极饿。
【蛔虫爬出来】ɦuᴇ˩zoŋ˨bo˩ ts'ə˥˥ᴇ˨ 形容馋。

鮰【ɦuᴇ˩】

huǐ

悔【huᴇ˦˨】

【悔过】huᴇ˦˨kəu˦˨
【悔改】huᴇ˦˨kᴇ˦˨
【悔恨】huᴇ˦˨ɦən˨
【悔悟】huᴇ˦˨ŋəu˨
【悔棋】huᴇ˦˨ʥi˩
【悔罪】huᴇ˦˨zᴇ˨

毁【huᴇ˦˨】

【毁灭】huᴇ˦mia˧
【毁约】huᴇ˦˨ʘiaʔ˥
【毁容】huᴇ˦˨ɦioŋ˩

huì

卉【ʘuᴇ˦˨】

汇【ɦuᴇ˨】

【汇合】ɦuᴇ˩ɦəʔ˧
【汇报】ɦuᴇ˩pæ˥
【汇兑】ɦuᴇ˩dᴇ˨
【汇总】ɦuᴇ˩tsoŋ˦˨
【汇费】ɦuᴇ˩fi˦˨
【汇编】ɦuᴇ˩pii˥
【汇款】ɦuᴇ˩k'uø˦˨
【汇演】ɦuᴇ˩ʘii˦˨

会【ɦuᴇ˨】、【ʘuᴇ˦】另见 kuài。

【会】ʘuᴇ˦ （一）熟习，通晓。（二）表示懂得怎样做或有能力做。（三）善于交际。
【会见】ɦuᴇ˨tɕii˦
【会书】ɦuᴇ˩sʮ˥ 评弹汇演。
【会元】ɦuᴇ˩ȵiø˨
【会务】ɦuᴇ˩vu˨
【会议】ɦuᴇ˩ȵi˨
【会场】ɦuᴇ˩zã˨
【会合】ɦuᴇ˩ɦəʔ˧
【会讲】ʘuᴇ˥kã˦˨ （一）善于辞令。（二）能讲。
【会考】ɦuᴇ˩k'æ˦˨
【会师】ɦuᴇ˩sɿ˥
【会同】ɦuᴇ˩doŋ˨
【会员】ɦuᴇ˩hiø˨
【会诊】ɦuᴇ˩tsən˦˨

【会典】ɦuE˩˧tiɪ˥˩
【会话】ɦuE˩˧ɦo˩
【会审】ɦuE˩˧sən˥˩
【会试】ɦuE˩˧sɿ˥˩
【会账】ɦuE˩tsã˧˦
【会钞】ɦuE˩˧tsʻæ˥
【会费】ɦuE˩˧fi˥˩
【会客】ɦuE˩˧kʻɑʔ˥
【会战】ɦuE˩˧tsø˥˩
【会钿】ɦuE˩˧diɪ˩　参加标会或摇会者定期交付的钱款或取得的钱款。
【会课】ɦuE˩˧kʻəu˥˩　义同【回课】。
【会谈】ɦuE˩˧dE˩
【会格】∅uE˧˦kəʔ˥　（一）表示懂得怎样做或有能力做。（二）有可能的。
【会唱】∅uE˥tsʻɑ̃˧˦　（一）能够唱。（二）擅长唱。
【会得】∅uE˧˦təʔ˥　会，能够。
【会馆】ɦuE˩˧kuø˥˩
【会堂】ɦuE˩˧dɑ̃˩
【会期】ɦuE˩˧ʥi˩
【会意】ɦuE˩∅i˧˦
【会旗】ɦuE˩˧ʥi˩
【会演】（1）ɦuE˩˧∅iɪ˥˩　各地或各单位的文艺节目集中起来，单独或同台演出。具有汇报、互相学习、交流经验的作用。（2）∅uE˥∅iɪ˥˩　能够演。
【会徽】ɦuE˩˧huE˥
【会做人】∅uE˥tsəu˥ȵən˩　善于应酬、交际。
【会吃会用】∅uE˥tɕʻəʔ˥∅uE˥ɦioŋ˩　精于饮食，特别能花钱。
【会说会话】∅uE˥səʔ˥∅uE˥ɦo˩　能说会道。
【会做人家】∅uE˥tsəu˥ȵən˩kɑ˥˩　能勤俭持家。
【会捉老虫猫勿叫】∅uE˥tsoʔ˥læ˩˧zoŋ˩mæ˩˧fəʔ˥tɕiæ˧˦　喻真正会办事的人不会在口头上声张。

讳【ɦuE˩】

【讳莫如深】ɦuE˩˧moʔ˧zɿ˩˧sən˥
【讳疾忌医】ɦuE˩˧ziəʔ˧ʥi˩∅i˥

荟【∅uE˧˦】

【荟萃】∅uE˧˦zE˩

诲【huE˥˨˧】

【诲人不倦】huE˥˨˧zən˧pəʔ˥dʑiø˨˧˩

【诲淫诲盗】huE˥˨˧ɦin˧huE˥˨˧dæ˨˧˩

绘【ɦuE˨˧˩】

【绘画】ɦuE˨˧˩ɦo˨˧˩

【绘声绘色】ɦuE˧sən˥ɦuE˨˧˩səʔ˥

桧【kuE˥˩】另见 guì。

贿【huE˥˩】

【贿赂】huE˥˩ləu˨˩

【贿选】huE˥˨˧siɪ˥

烩【huE˥˨˧】

【烩面】huE˥˩mi˨˩　煮得半熟，再放在汤汁里煮熟的面条。

【烩一烩】huE˥˨˧Øiəʔ˥huE˥˨˧　食物放在汤汁里烧煮一下。

彗【ɦuE˨˧˩】中州韵【zuE˨˧˩】

晦【huE˥˨˧】

【晦气】huE˥tɕʰi˥˩

【晦涩】huE˥˨˧səʔ˥

【晦气星】huE˥tɕʰi˥sin˥˩　指令人倒霉的神道星宿；喻使人倒霉的人。

秽【ØuE˥˨˧】

惠【ɦuE˨˧˩】

【惠及】ɦuE˧dʑəʔ˧

【惠存】ɦuE˧zən˨˧˩

【惠顾】ɦuE˧kəu˥

喙【huE˥˩】、【huE˥˨˧】

慧【ɦuE˨˧˩】

【慧根】ɦuE˧kən˥

【慧眼】ɦuE˧ŋE˨˧˩

蕙【ɦuEɅ】

hūn

昏【huən˥】

【昏沉】huən˥zən˩
【昏花】huən˥ho˩˥
【昏君】huən˥tɕyən˩˥
【昏乱】huən˥lø˩
【昏度】huən˥dəu˩ 鼾;鼾声。
【昏迷】huən˥mi˩
【昏黄】huən˥ɦuɑ̃˩
【昏脱】huən˥t'ə?˥ (一)形容昏头转向,丧失正常理智。(二)昏迷。
【昏庸】huən˥ɦioŋ˩
【昏厥】huən˥tɕyə?˥
【昏暗】huən˥øø˧
【昏过去】huən˥kəu˥tɕ'i˩˥ (一)昏迷。(二)形容程度极深。如:五十块钱的自助餐,可以吃得昏过去。
【昏咚咚】huən˥doŋ˥doŋ˩˥ (一)昏头昏脑。(二)形容受蛊惑,沉湎不醒。
【昏头六冲】huən˥dɣ˧lo?˧ ts'oŋ˩˥ 昏头昏脑。
【昏头七冲】huən˥dɣ˧ts'iə?˥ ts'oŋ˩˥ 昏头昏脑。
【昏头昏脑】huən˥dɣ˩huən˥ næ˩
【昏头搭脑】huən˥dɣ˧ta?˥ næ˩ 昏头昏脑。
【昏说乱话】huən˥sə?˥lø˩ ɦo˩ 胡说八道。

荤【huən˥】

【荤油】huən˥ɦiɣ˩
【荤菜】huən˥ts'E˩˥
【荤腥】huən˥sin˩˥
【荤段子】huən˥dø˩tsɿ˩˥ 曲艺表演中指下流、粗俗的段子。

阍【huən˥】

婚【huən˥】

【婚礼】huən˥li˩
【婚约】huən˥øia?˥
【婚纱】huən˥so˩˥
【婚变】huən˥pi˧

【婚事】huən˥zɿ˩
【婚俗】huən˥zoʔ˧
【婚姻】huən˥ʔin˥˩
【婚配】huən˥pʻᴇ˦
【婚龄】huən˥lin˩
【婚嫁】huən˥tɕiɑ˦
【婚丧喜事】huən˥sɑ̃˥ɕi˥˩zɿ˩ 指结婚、丧事、寿诞、生育等活动。

hún

浑【ɦuən˧】

【浑水】ɦuən˧sɥ˥˩ 污浊不清的水。
【浑成】ɦuən˧zəu˩ 浑然一体，没有雕琢的痕迹。
【浑身】ɦuən˧sən˥
【浑浊】ɦuən˧zoʔ˧
【浑厚】ɦuən˧ɦʏ˩
【浑蛋】ɦuən˩dᴇ˩ （一）不明事理的人（骂人的话）。（二）因未受精，经孵化受温，蛋白蛋黄混为一体的蛋。
【浑脱】ɦuən˧tʻəʔ˥ 因受某种诱惑，而致头脑迷糊，丧失辨别是非的能力。
【浑然】ɦuən˧zø˩
【浑笼统】ɦuən˧loŋ˧tʻoŋ˥˩ 笼统。
【浑场子】ɦuən˧zɑ̃˧tsɿ˥˩ 观众对于剧、曲种喜好不一的演出场子。
【浑咚咚】ɦuən˧toŋ˥toŋ˥˩ 形容晕晕乎乎的样子。
【浑顿顿】ɦuən˧tən˥tən˥˩ 形容糊里糊涂的样子。
【浑淘淘】ɦuən˧dæ˧dæ˩ （一）形容受迷惑后忘乎所以的样子。（二）义同【昏过去】（二）。
【浑水摸鱼】ɦuən˧sɥ˥˩moʔ˧ŋ̍˧
【浑天糊涂】ɦuən˧tʻiɪ˥ɦəu˩dəu˩ 形容浑浑噩噩的样子。
【浑身一凛】ɦuən˧sən˥ʔiəʔ˥lin˩ 打个寒噤。
【浑带家伙】ɦuən˧tɑ˥tɕiɑ˥həu˥˩ 蒙混过去。
【浑身勿搭界】ɦuən˧sən˥fəʔ˥taʔ˥kɑ˦ 毫不相干。

馄【ɦuə˧】

【馄饨】ɦuən˧dən˩

【馄饨担】ɦuən˦dən˦tE˥˩ 沿街叫卖馄饨挑的担子，又名骆驼担。

【馄饨面】ɦuən˦dən˦mii˨˩ 馄饨和汤面组合的点心。又名龙虎对。

【馄饨菱】ɦuən˦dən˦lin˨˩ 又名和尚菱、圆角菱。菱角发圆，状似馄饨的菱。

混【ɦuə˦】另见 hùn。

【混消】ɦuən˦tsʻiæ˦˥ （一）胡闹。（二）乱搞（多指男女关系）。

【混堂】ɦuən˦dɑ̃˨˩ 浴室。

【混水摸鱼】ɦuən˦sʮ˥˩moʔ˧ ŋ̍˦

魂【ɦuə˦】

【魂灵】ɦuən˦lin˨˩

【魂魄】ɦuən˦pʻəʔ˥

【魂灵心】ɦuən˦lin˦sin˥˩ 灵魂。常用喻注意力。

【魂灵头】ɦuən˦lin˦dɣ˨˩ 灵魂。常用来喻重要的东西，也用喻注意力。

【魂飞魄散】ɦuən˦fi˥pʻəʔ˥ sE˦˥

【魂不附体】ɦuən˦pəʔ˥vu˦ tʻi˥˩

【魂轿里跌出格牌位来——不识抬举】ɦuən˦ʥiæ˦li˨˩tiəʔ˥ tsʻəʔ˥kəʔ˥ba˦ɦuE˦lE˨˩——pəʔ˥səʔ˥dE˦ʨy˥ 歇后语。不接受或不珍视别人对自己的好意（用于指责人）。

hùn

诨【ɦuən˨˩】

【诨号】ɦuən˦ɦæ˨˩

混【ɦuən˨˩】、【huən˦˥】另见 hún。

【混子】huən˦˥tsɿ˥˩ 只以取得好处为目的而与人交往的人（含贬义）。

【混合】ɦuən˦ɦəʔ˧

【混同】ɦuən˦doŋ˨˩

【混杂】ɦuən˦zaʔ˧

【混纺】ɦuən˦fɑ̃˥˩

【混乱】ɦuən˨˩lø˨˩

【混沌】ɦuən˦dən˦

【混账】ɦuən˩tsã˥或huən˥tsã˥

【混客】huən˥kʻɑʔ˥ 只以取得好处为目的而与人交往的人(含贬义)。

【混战】ɦuən˩tsø˥

【混浊】ɦuən˧zoʔ˧

【混着】huən˦zɑʔ˧ 利用别人疏忽而获得(利益)。

【混混】huən˥huən˥ 只以取得衣食为目的而从事某项工作(含贬义或自我解嘲)。简称【混】huən˦。

【混淆】ɦuən˩ɦiæ˩

【混日脚】huən˦ȵəʔ˧tɕiɑʔ˥ 苟且度日。

【混为一谈】ɦuən˩ɦuE˩ʔiəʔ˥dE˧

【混世魔王】ɦuən˧sɥ˥mo˧ɦuã˩

huō

劐【ho˥】

【劐开】ho˥kʻE˥ 用刀尖或刀刃插入物体后顺势拉开。

【劐一刀】ho˥ʔiəʔ˥tæ˥ 用刀劐一下。

嚄【ho˥】另见 huò;ǒ。

豁【huɑʔ˥】另见 huá;huò。

【豁口】huɑʔ˥kʻY˥

【豁子】huɑʔ˥tsɿ˥ 与"出"连用,表示出纰漏。

【豁水】huɑʔ˥sɥ˥ (一)鱼鳍;用鱼鳍和鱼尾部分烧制的菜肴。(二)划动水面。(三)赖账。

【豁开】huɑʔ˥kʻE˥ 裂开,敞开。

【豁边】huɑʔ˥piɪ˥ (一)出格。(二)出问题了。

【豁筅】huɑʔ˥siɪ˥ 将成束的竹子细条上端扎紧成把手,制成的洗刷马桶等器物的工具。

【豁搭】huɑʔ˥tɑʔ˥ 裂口。

【豁脱】huɑʔ˥tʻəʔ˥ 破裂,比喻失败;损失。(二)缺失。

【豁燥】huɑʔ˥sæ˦ 形容干净利落。

【豁嘴】huɑʔ˥tsɥ˥ 兔唇。

【豁三尖】huɑʔ˥sE˥tsiɪ˥ 额

角两边的头发生得特别上。

【豁翎子】huaʔ˥lin˦tsɿ˥˩　暗示。

【豁爿豁注】huaʔ˥bɛ˦huaʔ˥tsʮ˥˩　缺失得很多。

【豁嚓豁嚓】huaʔ˥tsʻaʔ˥huaʔ˥tsʻaʔ˥　(一)形容声音很干脆。(二)形容干脆爽快的样子。

【豁嘴吃鼻涕——正好】huaʔ˥tsʮ˥˩tɕʻəʔ˥bəʔ˧ti˥˩——tsən˥hæ˥˩　歇后语。正合适。

擢【hoʔ˥】

【擢脱】hoʔ˥tʻəʔ˥　白费掉。

huó

和【ɦəu˩】另见 hé;huò;hú。

【和和】ɦəu˩ɦəu˩　混和。

【和脱】ɦəu˩tʻəʔ˥　(一)混和掉。(二)指蒙过去。

【和过去】ɦəu˩kəu˥˩tɕʻi˥˩　蒙混过去。

【和勒一堆】ɦəu˩ləʔ˧øiəʔ˥tɛ˥　混和在一起。

活【ɦuəʔ˧】

【活人】ɦuəʔ˧ȵən˩　活着的人。

【活儿】øuəʔ˥ɦəl˩　(一)窍门。(二)蒙人的假象。

【活力】ɦuəʔ˧liəʔ˧

【活口】ɦuəʔ˧kʻʏ˥˩　(一)善于机变的口才。(二)命案发生时在场而没有被杀死,可以提供线索或情报的人。(三)指可以提供情况的俘虏、罪犯等。

【活子】ɦuəʔ˧tsɿ˥˩　善于交际的人。

【活肉】ɦuəʔ˧ȵoʔ˧　人或动物身上活动频繁部位的肌肉。

【活杀】ɦuəʔ˧saʔ˥　活的动物当场宰杀。

【活泛】ɦuəʔ˧fɛ˥˩

【活佛】ɦuəʔ˧vəʔ˧　(一)喇嘛教中用转世制度继位的上层喇嘛。(二)旧小说中称济世救人的僧人。(三)形容美丽的女子。

【活宝】ɦuəʔ˧pæ˥˩

【活货】ɦuəʔ˧həu˥˩　作为商

品的活的动物。

【活该】ɦuəʔ˧kE˥˩

【活命】ɦuəʔ˧min˧˩

【活活】ɦuəʔ˧ɦuəʔ˧　(一)在活的状态下(多指有生命的东西受到损害)。多说成【活活叫】ɦuəʔ˧ɦuəʔ˧ʨiæ˥˩。(二)活着。

【活结】ɦuəʔ˧ʨəʔ˥

【活络】ɦuəʔ˧loʔ˧　(一)活泼。(二)形容善于机变。(三)形容富余。(四)形容没有拘束。(五)活动活动。(六)形容不确定的。(七)形容松开、松动。

【活突】ɦuəʔ˧dəʔ˧　犹豫;迟疑。

【活食】ɦuəʔ˧zəʔ˧

【活鬼】ɦuəʔ˧ʨy˥˩　歹人。

【活埋】ɦuəʔ˧mɑ˧˩

【活息】ɦuəʔ˧siəʔ˥　活泼。

【活探】ɦuəʔ˧tʻø˥˩　机动性,机变性。

【活颛】ɦuəʔ˧tsø˥　詈语。指思维怪异,变得与年龄不相称的愚昧。也说成【活颛脱】ɦuəʔ˧tsø˥tʻəʔ˥。

【活七煞】ɦuəʔ˧tsʻəʔ˥saʔ˥　活鬼。多作詈语。

【活见鬼】ɦuəʔ˧ʨiɪ˥˩ʨy˥˩

【活死人】ɦuəʔ˧si˦ȵ̊ən˧˩　(一)詈语。无能力的人。(二)指反应迟钝或老而麻木的人(贬义)。

【活作孽】ɦuəʔ˧tsʻoʔ˥ȵ̊əʔ˧　(一)形容可怜。(二)指造孽。

【活孤孀】ɦuəʔ˧kəu˥sɑ̃˥˩　与丈夫长期分居,没有夫妻生活的女人。

【活爬命】ɦuəʔ˧bo˦min˧˩　无益的劳动。

【活爬煞】ɦuəʔ˧bo˦sã˥　无益的劳动。

【活转去】ɦuəʔ˧tsø˥˩ʨʻi˥˩　形容做出与年龄不相称的低级事。

【活受罪】ɦuəʔ˧zY˧˩zE˧˩

【活现世】ɦuəʔ˧ɦiɪ˧˩sɥ˥˩　时常丢人现眼。

【活活叫】ɦuəʔ˧ɦuəʔ˧ʨiæ˥˩　活活地。

【活阎王】ɦuəʔ˧ȵ̊iɪ˧˩ɦuɑ̃˧˩

【活招牌】ɦuəʔ˧tsæ˥bɑ˧˩　人体广告。

【活扎漓漓】ɦuəʔ˧tsaʔ˥li˧˩li˧˩

活活地。

【活龙活现】ɦuəʔ˧loŋ˩ɦuəʔ˧ ɦin˩ 活灵活现。

【活里活络】ɦuəʔ˧li˩huəʔ˧loʔ˧ (一)形容不确定的、令人难以捉摸的。(二)形容活动的。

【活络门闩】ɦuəʔ˧loʔ˧mən˧ sø˥ 喻不确定的,靠不住的话。

【活络关子】ɦuəʔ˧loʔ˧kuE˥ tsɿ˥ 指模棱两可的话。

【活络闲话】ɦuəʔ˧loʔ˧ɦE˩ɦo˩ 指模棱两可的话。

【活络码头】ɦuəʔ˧lo˧mo˩ dɤ˩ 一种无动力装置的矩形平底趸船,有停靠船舶、上下旅客、装卸货物等用途。

【活络铜钿】ɦuəʔ˧loʔ˧doŋ˩ di˩ (一)可以任意支配的金钱。(三)指正常收入以外的收入。

【活脱活像】ɦuəʔ˧tʻəʔ˥ɦuəʔ˧ ziã˩ 形容十分相像。

【活蹦鲜跳】ɦuəʔ˧poŋ˥siɪ˥ tʻiæ˥ 活蹦乱跳。

【活狮子出现】ɦuəʔ˧sɿ˥tsɿ˥ tsʻəʔ˥ɦi˩ 喻特别新奇的东西(多用作反语)。

【活勿来去,死勿吊孝】ɦuəʔ˧ fəʔ˥lE˧tɕʻi˥,si˥fəʔ˥tiæ˥hæ˥ 形容彻底绝交。

【活要见人,死要见尸】ɦuəʔ˧ ∅iæ˥tɕi˥ȵən˧,si˥∅iæ˥ tɕi˥sɥ˥ 形容找寻人的决心大(多指寻仇)。

【活是□家人,死是□家鬼】 ɦuəʔ˧zɿ˩□ka˥ȵən˧,si˥ zɿ˩□ka˥tɕy˥ 旧时形容女子订亲后,永远不可变易,从一而终的决心。□代表姓氏。

huǒ

火【həu˥】

【火刀】həu˥tæ˥ 旧时取火用具,用钢制成,形状像镰刀,打在火石上发出火星,点着火绒。

【火大】həu˥dəu˩ (一)火势旺盛。(二)指发怒发得厉害。

【火车】həu˥tsʻoʔ˥

【火功】həu˥koŋ˥ (一)火候。(二)指评弹演员的一种说书功夫路子，表演较火暴。

【火气】həu˥˩ʨ'i˥˩

【火石】həu˥˨zɑʔ˧

【火头】həu˥˨dʏ˨˩

【火印】həu˥˩Øin˥˩

【火光】həu˥˨kuɑ̃˥

【火夹】həu˥˨kã˥ 夹送燃料的厨房用具，用铁制成，形似剪刀而长、大。

【火肉】həu˥˨ȵ̥oʔ˧ 火腿肉。

【火把】həu˥˨po˥˩

【火坑】həu˥˨k'ɑ̃˥

【火表】həu˥˨piæ˥ 电表。

【火势】həu˥˩sʮ˥˩ （一）火燃烧的情势。（二）威势。（三）形容勇力、激情。

【火油】həu˥˨ɦiʏ˨˧

【火冒】həu˥˩mæ˨˩ 发怒，生气。

【火拼】həu˥˨p'in˥ 同伙决裂，自相残杀或并吞。

【火星】həu˥˨sin˥

【火药】həu˥˨ɦiaʔ˧

【火酒】həu˥˨ʦʏ˨˧

【火候】həu˥˨ɦʏ˨˩

【火钳】həu˥˨ʥiɪ˨˩ 旧时烫发的工具。

【火烧】həu˥˨sæ˥ 着火。

【火通】həu˥˨t'oŋ˥ 竹管制成，用来吹火使火旺的工具。

【火透】həu˥˩tʏ˥˩ 怒极。

【火烛】həu˥˨ʦoʔ˥

【火黄】həu˥˨ɦuɑʔ˨˩ 红黄色。

【火着】həu˥˨zɑʔ˧ 着火。

【火葬】həu˥˩ʦɑ̃˥˩

【火暴】həu˥˨bæ˨˩

【火漆】həu˥˨ʦ'iəʔ˥

【火腿】həu˥˨t'ᴇ˥˩

【火一火】həu˥˩Øiã˥həu˥˩ 发了一下怒。

【火头上】həu˥˨dʏ˨˧lɑ̃˨˩ 正发火的时候。

【火老鸦】həu˥˨læ˨˧ɦo˨˩ 着火时飞腾的火苗。

【火舌头】həu˥˨zəʔ˧dʏ˨˩ 火苗。

【火字旁】həu˥˨zɿ˨˧pɑ̃˥˩ 汉字的偏旁，如“灶”的左半边。

【火赤练】həu˥˨ʦɑʔ˥liɪ˨˩ 周身有红褐色斑纹的微毒蛇。

【火烧云】həu˥˨sæ˥ɦyən˨˩ 赤色的云。

【火烧场】həu˥˨sæ˥zɑʔ˨˩ 火烧后的废墟。

【火辣辣】həu˥la˧˦la˧˦

【火焐鸡】həu˥pia˧˦˥tɕi˨˦ 人工孵化的鸡雏。

【火刀火石】həu˥tæ˥həu˥zaʔ˦ 旧时取火的工具。

【火上浇油】həu˥lɑ̃˨tɕiæ˥ɦiʏ˩

【火天火地】həu˥t'iɪ˥həu˨˦di˨ 形容盛怒。

【火出火进】həu˥ts'əʔ˥həu˨˦tsin˨˦ 带怒进进出出。

【火功到巴】həu˥koŋ˥tæ˥po˨˦ 火候已到,喻修养程度深,或条件已经成熟。

【火冒乒乓】həu˥mæ˩p'in˥p'ɑ̃˨˦ 形容发火的样子。

【火烛小心】həu˥tsoʔ˥siæ˥sin˨˦ (一)提示语。当心着火。(二)形容谨小慎微。(三)指肚子里一包草,谨防着火。形容没有半点学问。

【火哧火哧】həu˥ts'əʔ˥həu˥ts'əʔ˥ 形容人发烧时,鼻孔中发烫的气流。

【火烧屁股】həu˥sæ˥p'i˥kəu˨˦ 形容情势十分紧迫。

【火烧眉毛】həu˥sæ˥mi˩mæ˨ 喻情况紧急。

【火烧鳑鲏】həu˥sæ˥bɑ̃˦bi˨ 身上有彩色光泽的鳑鲏鱼。

【火到猪头烂】həu˨˦tæ˥tsʮ˥dʏ˨lE˨ 比喻条件成熟,事情自然成功。

【火烛呒粒屑】həu˥tsoʔ˥m̩˩liəʔ˦siəʔ˥ 没有一丝灯光(指房屋内)。喻停止进行。

【火冒穿天灵盖】həu˨˦mæ˦ts'ø˥t'iɪ˥bin˨kE˥ 形容怒不可遏。

【火烧好看,难为家当】həu˥sæ˥hæ˨˦k'ø˨˦,nE˦ɦuE˨kɑ˥tɑ̃˨˦ 形容得不偿失。

【火烧眉毛——只图眼前】həu˥sæ˥mi˦mæ˨——tsəʔ˥dəu˨ŋE˦zi˨ 歇后语。喻情势危急,只能先顾及眼前。

伙【həu˨˦】

【伙仓】həu˥ts'ɑ̃˥ 伙食(多指家庭伙食)开支。

【伙夫】həu˥fu˥

【伙计】həu˨˦tɕi˨˦

【伙食】həu˥zəʔ˦

【伙头军】həu˥dʏ˦tɕyən˨˦ 伙夫。

【伙食账】həu˥˨zəʔ˧tsã˥˨　记录伙食开支的账目。

【伙仓铜钿】həu˥˨ts'ã˥doŋ˩˧diɪ˩˧　伙食费用。

huò

或【ɦuəʔ˧】

【或许】ɦuəʔ˧ɕy˥˩˧

【或则】ɦuəʔ˧tsəʔ˥

【或者】ɦuəʔ˧tsE˥

【或多或少】ɦuəʔ˧təu˥ɦuəʔ˧sæ˥˩˧　无论多少。

【或痒或痛】ɦuəʔ˧ɦiã˩˧ɦuəʔ˧t'oŋ˥˩˧　患得患失，犹豫不决。

和【ɦəu˩˧】另见 hé；hè；hú；huó。

【和调】ɦəu˩˧diæ˩˧或ɦəu˨˧diæ˩˧　（一）无原则地附和。（二）胡乱调情。

【和小人】ɦəu˨˧siæ˥ȵən˩˧　溺爱、偏袒小孩子。

【和和调】ɦəu˩˧ɦəu˩˧diæ˩˧或ɦəu˨˧ɦəu˨˧diæ˩˧　义同【和调】。

【和稀泥】ɦəu˨˧ɕi˥ȵi˩˧

【和调模子】ɦəu˨˧diæ˩˧mo˨˧tsɿ˥˩˧　（一）指经常无原则地附和别人的人。（二）喜欢胡乱调情者。

【和正六百四】ɦəu˨˧tsən˥˩˧loʔ˧pɑʔ˥sɿ˥˨　形容毫无原则地附和。

【和路处，吃得饱滋滋】ɦəu˨˧ləu˨˧ts'ʮ˥˩˧，tɕ'əʔ˥təʔ˥pæ˥˨tsʮ˥tsʮ˥˩˧　俗语。为人随和，收益必大。

货【həu˥˩˧】

【货币】həu˥bi˩˧

【货车】həu˥ts'o˥˩˧

【货场】həu˥zã˩˧

【货色】həu˥səʔ˥　（一）货物。（二）也指他人的思想、言论、作品等（多含贬义）。（三）詈语。多指女人。

【货运】həu˥ɦyən˩˧

【货郎】həu˥lã˩˧

【货轮】həu˥lən˩˧

【货物】həu˥vəʔ˧

【货柜】həu˥guE˩˧

【货架】həu˥kɑ˥˩˧

H

【货栈】həu˥zE˩
【货舱】həu˥ʦ‘ɑ̃˥˩
【货船】həu˥zø˩
【货款】həu˥k‘uø˥˩
【货色车】həu˥sə˥ʦ‘o˥˩ 运输货物的车辆(多指火车)。
【货真价实】həu˦ʦən˥kɑ˦zəʔ˧
【货卖一层皮】həu˦mɑ˩Øiəʔ˥zən˧bi˧ 指货物外表很重要。

获【ɦuəʔ˧】

【获取】ɦuəʔ˧ʦ‘i˥˩
【获准】ɦuəʔ˧ʦən˥˩
【获得】ɦuəʔ˧təʔ˥
【获救】ɦuəʔ˧ʨiY˦
【获释】ɦuəʔ˧səʔ˥

祸【ɦəu˩】

【祸胎】ɦəu˧t‘E˥
【祸根】ɦəu˧kən˥
【祸种头】ɦəu˧ʦoŋ˥dY˩ 祸事的根源;引起灾难的人或事物。
【祸殃根】ɦəu˧Øiɑ̃˥kən˥˩ 义见【祸种头】。
【祸根苗】ɦəu˧kən˥miæ˩ 义见【祸种头】。

惑【ɦuəʔ˧】

霍【hoʔ˥】

【霍】hoʔ˥ 贴
【霍乱】hoʔ˥lø˩
【霍显】hoʔ˥ɕi˥˩ 闪电。
【霍紧】hoʔ˥ʨən˥˩ 紧贴着。
【霍脱】hoʔ˥t‘əʔ˥ 失去;损失掉。
【霍上去】hoʔ˥zɑ̃˩ʨ‘i˥˩ 紧贴上去。
【霍上来】hoʔ˥zɑ̃˩lE˩ 紧贴上来。
【霍贴托】hoʔ˥t‘iəʔ˥t‘oʔ˥ 形容小件物品落地的声音。
【霍落托】hoʔ˥loʔ˧t‘oʔ˥ 义同【霍贴托】。
【霍壁板】hoʔ˥piəʔ˥pE˥˩ 护墙板。
【霍壁鬼】hoʔ˥piəʔ˥ʨy˥˩ 本指紧贴墙壁的鬼魂(迷信),常用来调侃紧贴在物体上的人。

【霍霍窜】hoʔ˥hoʔ˥tsʻø˥˩ 指心思摇动不定。

【霍勒身上】hoʔ˥lə˥˧sən˥lɑ̃˨˩ (一)形容紧贴在身上。(二)形容依赖。

嚄【ɦo˨˩】另见 huō;ǒ。

【嚄隆冬】ɦoʔ˨˩loŋ˨˩doŋ˨˩ 形容重物落水声。

豁【huaʔ˥】另见 huá;huō。

【豁达】huaʔ˥daʔ˧

【豁免】huaʔ˥miɪ˨˩

【豁然开朗】huaʔ˥zø˧kʻE˥lɑ̃˨˩ 由狭窄幽暗一变而为宽敞明亮。形容猛然悟出来。

镬【ɦoʔ˧】

【镬子】ɦoʔ˧tsɿ˥˩ 铁锅。

【镬干盖】ɦoʔ˧kø˥kE˥˩ 锅盖。

【镬底砣】ɦoʔ˧ti˥˩dəu˨˩ 铁锅的底部。

【镬屑灰】ɦoʔ˧siəʔ˥huE˥˩ 镬子背部经柴烧后的积碳,入中药,名百草霜。

【镬子旁热掇】ɦoʔ˧tsɿ˥˩bɑ̃˧ȵiəʔ˧təʔ˧ 义同【趁热打铁】。

藿【hoʔ˥】

嚯【hoʔ˥】

【嚯吓骗】hoʔ˥hɑʔ˥pʻiɪ˥˩ 讹诈,恐吓,欺骗等手段向人索取财物。

J

jī

几【tɕi˥】另见 jǐ。

【几乎】tɕi˥ɦəu˩

讥【tɕi˥】

【讥讽】tɕi˥foŋ˥˩˥
【讥笑】tɕi˥siæ˥˩˥

击【tɕiəʔ˥】

【击败】tɕiəʔ˥bɑ˩
【击毙】tɕiəʔ˥bi˩
【击落】tɕiəʔ˥lɔʔ˧
【击破】tɕiəʔ˥pʻu˧˨
【击猪打狗】tɕiəʔ˥tsɥ˥tã˥˩˥ kʏ˥˩˥　形容搅在一起打闹。

叽【tɕi˥】

【叽叽喳喳】tɕi˥tɕi˥tsɑ˥˩˥tsɑ˥˩˥或tsi˥tsi˥tsɑ˥˩˥tsɑ˥˩˥　象声词。形容杂乱细碎的说话声音。
【叽哩叽哩】tɕi˥li˩tɕi˥li˩　象声词。形容说话声音尖细，轻而不清。
【叽哩呱啦】tɕi˥li˩kuɑ˥˩˥lɑ˩
【叽哩咕噜】tɕi˥li˩kəu˥˩˥ləu˩
【叽哩喳啦】tsi˥li˩tsɑ˥lɑ˩　像声词。形容嗓音尖细。
【叽咕叽咕】tɕi˥kəu˥˩˥tɕi˥kəu˥˩˥　象声词。形容小的说话声。
【叽呱叽呱】tɕi˥kuɑ˥˩˥tɕi˥kuɑ˥˩˥　象声词。形容大的说话声。
【叽咕嘛咕】tɕʻi˥kəu˥˩˥mɑ˩kəu˥˩˥　象声词。形容因不满意而发出的咕噜声。
【叽嘎叽嘎】tɕi˥kɑ˥˩˥tɕi˥kɑ˥˩˥　象声词。形容物体受压力而发出的声音。

饥【tɕi˥】

【饥饿】tɕi˥ŋəu˩
【饥寒】tɕi˥ɦø˩
【饥不择食】tɕi˥pəʔ˥zəʔ˧zəʔ˧

玑【tɕi˥】

圾【si˥】

芨【dʑəʔ˧】

机【tɕi˥】

【机场】tɕi˥zã˩
【机动】tɕi˥doŋ˩
【机会】tɕi˥ɦuE˩
【机灵】tɕi˥lin˩
【机变】tɕi˥pir˩
【机制】tɕi˥tsɥ˥˩
【机宜】tɕi˥ȵi˩
【机能】tɕi˥nən˩
【机遇】tɕi˥ȵy˩
【机智】tɕi˥tsɥ˥˩
【机器】tɕi˥tɕʻi˥˩
【机骨搭纽】tɕi˥kuəʔ˥taʔ˥ȵiY˩ 扣住门窗的装置。由长条形带孔的铜或铁制成的纽，和铜或铁制成的可以穿过搭纽孔的圈（机骨）组成。常用来形容关系亲密的协作者。
【机器脚划船】tɕi˥tɕʻi˥˩tɕiɑʔ˥ɦo˧zø˩ 一种老式的带有动力装置的小货船。
【机器脚踏车】tɕi˥tɕʻi˥˩tɕiɑʔ˥daʔ˧tsʻo˥ （一）一种老式的有动力装置的自行车。（二）摩托车的旧称。

乩【tɕi˥】

肌【tɕi˥】

【肌肉】tɕi˥ȵoʔ˧
【肌肤】tɕi˥fu˥˩

矶【tɕi˥】

鸡【tɕi˥】

【鸡】tɕi˥ 家禽。常作妓女的代名词。
【鸡心】tɕi˥sin˥˩
【鸡头】tɕi˥dY˩ 老鸨。

【鸡奸】tɕi˥tɕi˥˩

【鸡胸】tɕi˥ɕioŋ˥˩

【鸡眼】tɕi˥ȵE˨˩

【鸡棚】tɕi˥bã˨˩ 鸡窝。

【鸡窠】tɕi˥k'əu˥˩ 鸡窝。

【鸡罩】tɕi˥tsæ˦ 竹篾编成的用于圈养鸡的小型罩子。

【鸡翮】tɕi˥kaʔ˥ 翅膀。也有写作【膈甲】。

【鸡爪风】tɕi˥tsæ˥foŋ˥˩ 一种疾病。有手指或脚趾痉挛、不自然地收缩的症状。

【鸡毛菜】tɕi˥mæ˥ts'E˥˩ 品种最小的青菜，状似鸡毛。

【鸡皮肤】tɕi˥bi˨˩fu˥˩ 粗毛孔的皮肤。

【鸡头肉】tɕi˥dY˨˩ȵoʔ˧ 芡实，又名鸡头米。一年生草木植物，生在水中，花托形状像鸡头。

【鸡头浑】tɕi˥dY˨˩ɦuən˨˩ 头脑突然发晕的病症，常喻头脑一时糊涂。

【鸡血石】tɕi˥ɕuəʔ˥zɑʔ˧

【鸡鸡斗】tɕi˥tɕ'i˥tY˥˩ 形容吵嘴。

【鸡胗肝】tɕi˥tsən˥kø˥˩ 鸡的胃。

【鸡膯脯】tɕi˥tən˥bu˨˩ 鸡的胃部。

【鸡屎孔】tɕi˥sʅ˥k'oŋ˥˩ （一）鸡的肛门。（二）喻人撅起尖而小的嘴型。

【鸡冠头】tɕi˥kuE˥dY˨˩ 鸡冠。

【鸡冠花】tɕi˥kuE˥ho˥˩ 一年生草本植物，茎高二三尺，红色。叶长圆形，叶端尖细，花的形状像鸡冠，有红、黄、白等多种颜色。

【鸡咯咯】tɕi˥ko˥ko˥˩ 鸡。

【鸡黄皮】tɕi˥ɦuã˧bi˨˩ 鸡肫的内皮，黄色，多皱纹。又名鸡内金，入中药。

【鸡蛋糕】tɕi˥dE˨˩kæ˥˩

【鸡窠灰】tɕi˥k'əu˥huE˥˩ 铺垫在鸡窝底部的草木灰，可作肥料。

【鸡飞狗跳】tɕi˥fi˥kY˥˩t'iæ˦ 形容受惊扰后混乱的景象。

【鸡犬不宁】tɕi˥tɕ'iø˦pəʔ˥ȵən˨˩

【鸡犬升天】tɕi˥tɕ'iø˦sən˥t'i˥

【鸡毛掸帚】tɕi˥mæ˧tE˥˩tsY˥˩ 鸡毛掸子。把鸡毛扎在藤或竹竿一端而制成的掸灰尘的工具。

【鸡毛蒜皮】tɕi˥mæ˥sø˥˩bi˩

【鸡猫喊叫】tɕi˥mæ˥ɕii˥˩tɕiæ˥˩ 狂呼乱叫。

【鸡搭百脚】tɕi˥taʔ˥pɑʔ˥tɕiɑʔ˥ 喻冤家对头。百脚，蜈蚣。

【鸡零狗碎】tɕi˥lin˩kY˥˩sE˥˩

【鸡毛当令箭】tɕi˥mæ˩tã˧˩lin˧tsii˥˩ 喻把别人随便讲的一句话当作命令来执行。

【鸡啄西瓜皮】tɕi˥zoʔ˧si˥ko˥bi˩ 调侃语。指麻脸。

【鸡蛋碰石头】tɕi˥dE˩pã˥˩zɑʔ˧dY˩ 喻不自量力，自取灭亡。

【鸡蛋里寻骨头】tɕi˥dE˩li˩zin˧kuəʔ˥dY˩ 喻故意找岔子。

【鸡躲狗闪猫儿蹦】tɕi˥təu˥˩kY˥˩sø˥˩mæ˥lən˩poŋ˧˩ 指武术中的腾挪躲闪。

【鸡毛掸帚掸火炉——一烎光】tɕi˥mæ˥tE˥˩tsY˥˩tE˥˩həu˧˩ləu˩——ʔiəʔ˥t'E˧˩kuã˥ 歇后语。指一下子没有了。一烎光，一下子烧光。

【鸡满十月搜搜吃吃，人满十岁做做吃吃】tɕi˥mø˩zəʔ˧ŋəʔ˧sY˥sY˥tɕ'əʔ˥tɕ'əʔ˥，ȵən˧mø˩zəʔ˧sE˥˩tsəu˧˩tsəu˥˩tɕ'əʔ˥tɕ'əʔ˥ 俗语。指人满十岁已具备自我生存能力。

奇【tɕi˥】另见 qí。

【奇数】tɕi˥səu˥˩

咭【tɕəʔ˥】

【咭呖刮辣】tɕəʔ˥liəʔ˧kuaʔ˥laʔ˧ 象声词。（一）形容折断东西的声音。（二）形容动作干脆。（三）形容关节摩擦的声音。（四）形容说话干脆。

【咭呖咯落】tɕəʔ˥liəʔ˧koʔ˥loʔ˧ 象声词。形容多件小东西磨擦碰撞的声音。

【咭呖嘎辣】tɕəʔ˥liəʔ˧kaʔ˥laʔ˧ 象声词。（一）形容多件小东西摩擦碰撞的声音。（二）形容双方意见不合，发生龃龉时的声音。

【咭刮咭刮】tɕəʔ˥kuaʔ˥tɕəʔ˥kuaʔ˥　象声词。形容侃侃而谈。

【咭嘎咭嘎】tɕəʔ˥kaʔ˥tɕəʔ˥kaʔ˥　象声词。（一）形容竹、木制品缝隙里发出的摩擦声。（二）形容女孩子聚在一起的说话声。（三）形容发生口角的龃龉声。

唧【tsiəʔ˥】

【唧蛉子】tsiəʔ˥lin˦tsɿ˥˩或tɕəʔ˥lin˦tsɿ˥˩　一种形似蟋蟀而小得多的鸣虫。

【唧呖唧呖】tsiəʔ˥liəʔ˧tsiəʔ˥liəʔ˧　形容絮絮叨叨（烦心事）。

【唧唧哝哝】tsiəʔ˥tsiəʔ˥noŋ˩˧noŋ˩˧　形容小声谈话（多形容男女私密谈话）。

积【tsiəʔ˥】

【积木】tsiəʔ˥moʔ˧

【积肉】tsiəʔ˥ȵoʔ˧　爱惜。

【积压】tsiəʔ˥Øɑʔ˥

【积作】tsiəʔ˥tsoʔ˥　有意挑剔。

【积极】tsiəʔ˥ʥəʔ˧

【积食】tsiəʔ˥zəʔ˧

【积案】tsiəʔ˥Øø˧˩

【积碾】tsiəʔ˥kʻən˧˩　喻从前的过失。

【积蓄】tsiəʔ˥ɕyəʔ˥

【积德】tsiəʔ˥təʔ˥

【积筹罐】tsiəʔ˥zʏ˩˧kuø˥˩　扑满，储蓄罐。

【积少成多】tsiəʔ˥sæ˥˩zən˩˧təu˥　逐渐积累，由少成多。

【积草囤粮】tsiəʔ˥tsʻæ˥˩dən˦liã˦　囤积粮草。

【积重难返】tsiəʔ˥zoŋ˩˧nɛ˦fɛ˥˩

笄【tɕi˥】

【笄发簪】ʥi˦faʔ˥tsø˥˩　束发用的簪子。

屐【ʥiəʔ˦】

姬【tɕi˥】

基【tɕi˥】

【基业】tɕi˥ȵəʔ˧

【基础】tɕi˥tsʻəu˥˩

【基本上】tɕi˥pən˥˩lɑ̃˨

犄【ʘi˥】

嵇【tɕi˥】中州韵【ɦi˨˦】

缉【tsʻiəʔ˥】

【缉访】tsʻiəʔ˥fɑ̃˥˩
【缉私】tsʻiəʔ˥sɿ˥
【缉拿】tsʻiəʔ˥no˨˦
【缉获】tsʻiəʔ˥ɦuəʔ˧

畸【dʑi˨˦】文读【tɕi˥】

【畸形】dʑi˨ɦin˨

跻【tsi˥】、【tsi˦】

箕【tɕi˥】

稽【tɕi˥】

【稽考】tɕi˥kʻæ˥˩

齑【tsi˥】

【齑糟】tsi˥tsæ˥˩ 特别容易烦躁的坏脾气。

畿【tɕi˥】

激【tɕəʔ˥】

【激】tɕəʔ˥ （一）用冷水浸泡使变凉。（二）形容突然受冷。
【激化】tɕəʔ˥ho˦
【激发】tɕəʔ˥faʔ˥
【激出】tɕəʔ˥tsʻəʔ˥ （眼珠子因恐惧、激动、惊讶等原因）凸出来。
【激扛】tɕəʔ˥kɑ̃˥ 激将。怂恿。
【激动】tɕəʔ˥doŋ˨
【激进】tɕəʔ˥tsin˦
【激励】tɕəʔ˥li˨
【激昂】tɕəʔ˥ŋɑ̃˨
【激将】tɕəʔ˥tsiɑ̃˦
【激战】tɕəʔ˥tsø˦
【激怒】tɕəʔ˥nəu˨
【激骨头】tɕəʔ˥kuəʔ˥dʏ˨ 透到骨头里。形容程度极深的寒冷。
【激松激松】tɕəʔ˥soŋ˥tɕəʔ˥soŋ˥˩ 形容走路跳跃轻快的样子。

羁【tɕi˥】

jí

及【ʥəʔ˧】、【ʥi˩˧】

【及早】ʥəʔ˧tsæ˥˧

【及刚】ʥəʔ˧tɕiã˥　刚才。

【及时】ʥəʔ˧zɥ˩˧

【及格】ʥəʔ˧kɑʔ˥

【及笄】ʥəʔ˧tɕi˥

【及第】ʥəʔ˧di˩˧

【及勿上】ʥəʔ˧fəʔ˥zɑ̃˩˧　比不上。

【及勿来】ʥəʔ˧fəʔ˥lE˩˧　比不上。

【及得上】ʥəʔ˧təʔ˥zɑ̃˩˧　比得上。

【及得来】ʥəʔ˧təʔ˥lE˩˧　比得上。

吉【tɕəʔ˥】

【吉日】tɕəʔ˥zəʔ˧

【吉凶】tɕəʔ˥ɕioŋ˥

【吉庆】tɕəʔ˥tɕ'ən˧˦

【吉利】tɕəʔ˥li˩˧

【吉祥】tɕəʔ˥ziã˦

【吉普车】tɕəʔ˥p'u˥ts'o˥˧

【吉人自有天相】tɕəʔ˥zən˦zɿ˦ɦiɤ˩˧t'iɪ˥siã˥˧　旧时迷信的人认为好人自有上天保佑(多用作遭遇危险或困难时的安慰语)

岌【ʥəʔ˧】

汲【ʥəʔ˧】

级【tɕəʔ˥】

【级别】tɕəʔ˥biəʔ˧

【级任老师】tɕəʔ˥zən˦læ˥sɿ˥˧　班主任。

极【ʥəʔ˧】

【极力】ʥəʔ˧liəʔ˧

【极为】ʥəʔ˧ɦuE˩˧

【极生】ʥəʔ˧sən˥˧　(一)为个人利益容易发急的人。(二)经济困难、穷于应付的人。

【极刑】ʥəʔ˧ɦin˩˧

【极屁】ʥəʔ˧p'i˥˧　因发急或

恐惧而放的屁。

【极其】ʥəʔ˧ʥi˩

【极限】ʥəʔ˧ɦɛ˩

【极品】ʥəʔ˧pʻin˥˩

【极度】ʥəʔ˧dəu˩

【极点】ʥəʔ˧tiɪ˥˩

【极掐】ʥəʔ˧kʻaʔ˥ 形容很勉强(指长短、数量、重量等。)。

【极办法】ʥəʔ˧bɛ˩faʔ˥ 出于无奈而用的应付办法。

【极发蹦】ʥəʔ˧faʔ˥poŋ˥˩ 急得跳起来。

【极光气】ʥəʔ˧kuɑ̃˥ʨʻi˥˩ 眩目、俗气的光色。

【极吼吼】ʥəʔ˧hY˥˩hY˥˩ 过于急迫的样子。简称【极】ʥəʔ˧。

【极落场】ʥəʔ˧loʔ˧zaʔ˩ 喻勉强摆脱困难窘迫的处境。

【极天极地】ʥəʔ˧tʻiɪ˥ʥəʔ˧di˩

(一)形容耍赖。(二)形容发急。

【极出乎拉】ʥəʔ˧tsʻəʔ˥ɦəu˩la˩ (一)仓促。(二)发急。

【极出拉乎】ʥəʔ˧tsʻəʔ˥la˩ɦəu˩ 义同【极出乎拉】。

【极皮赖抓】ʥəʔ˧bi˩la˩tsa˥˩仓促。

【极呖咯落】ʥəʔ˧liəʔ˧goʔ˧loʔ˧

(一)象声词。形容许多零碎的东西相互撞击的声音(不清脆的声音)。(二)把所有东西(和盘托出)。

【极极促促】ʥəʔ˧ʥəʔ˧tsʻoʔ˥tsʻoʔ˥ 急促。

【极来抱佛脚】ʥəʔ˧lɛ˦bæ˩vəʔ˧ʨiɑʔ˥ 喻平时不做准备,临时慌忙应付。也说成【急来抱佛脚】ʨʻəʔ˥lɛ˦bæ˦vəʔ˧ʨiɑʔ˥。

【极煞有天命】ʥəʔ˧saʔ˥ɦiY˩tʻiɪ˥min˩ 形容费尽心机,却事与愿违。

即【tsiəʔ˥】

【即日】tsiəʔ˥ȵəʔ˧

【即目】tsiəʔ˥moʔ˧ 即将。

【即兴】tsiəʔ˥ɕən˦

【即灵】tsiəʔ˥lin˦ 机敏,灵活。

【即使】tsiəʔ˥sɿ˥

【即位】tsiəʔ˥ɦuɛ˩

【即便】tsiəʔ˥bi˩

【即将】tsiəʔ˥tsiɑ̃˥

【即消】tsiəʔ˥siæ˥或tsiæ˦

只要。
【即管】tsiəʔ˥k'uø˧˩ 只管。

诘【tɕ'əʔ˥】

亟【dʑəʔ˧】

笈【dʑəʔ˧】

急【tɕəʔ˥】

【急于】tɕəʔ˥ɦy˨˦
【急用】tɕəʔ˥ɦioŋ˨˩
【急伤】tɕəʔ˥sɑ̃˥ 形容着急到极点。
【急诊】tɕəʔ˥tsən˧˩
【急急】tɕəʔ˥tɕəʔ˥ 后缀词。用于动词后面表示程度很高,到极点。
【急症】tɕəʔ˥tsən˦˨
【急难】tɕəʔ˥nɛ˨˦
【急病】tɕəʔ˥bin˨˩
【急救】tɕəʔ˥tɕiY˦˨
【急煞】tɕəʔ˥sɑʔ˥ 形容着急到极点。
【急火饭】tɕəʔ˥həu˧˩vɛ˨˩ 没有焖透的饭。
【急性子】tɕəʔ˥sin˥tsɿ˧˩
【急急风】tɕəʔ˥tɕəʔ˥foŋ˥ 前面加上"敲"字,形容事情已到紧要的关头。
【急煞鬼】tɕəʔ˥sɑʔ˥tɕy˧˩ 指特别心急的人。
【急中生智】tɕəʔ˥tsoŋ˥sən˥tsɥ˧˩
【急出乎拉】tɕəʔ˥ts'əʔ˥ɦəu˨˩lɑ˨˩ 形容发急的样子。
【急伤眉眼】tɕəʔ˥sɑ̃˥mi˨˩ŋɛ˨˩ 形容非常着急的样子。
【急出拉乎】tɕəʔ˥ts'əʔ˥lɑ˨˩ɦəu˨˩ 义同【急出乎拉】。
【急急匆匆】tɕəʔ˥tɕəʔ˥ts'oŋ˥ts'oŋ˥ 形容非常匆忙的样子。
【急煞诸人】tɕəʔ˥sɑʔ˥tsɥ˧˩ȵən˨˩ 形容非常着急。
【急煞眉眼】tɕəʔ˥sɑʔ˥mi˨˩ŋɛ˨˩ 形容非常着急的样子。
【急来抱佛脚】tɕəʔ˥lɛ˨˦bæ˨˦vəʔ˧tɕiaʔ˥ 义同【极来抱佛脚】。
【急断肚肠根】tɕəʔ˥dø˨˩dəu˨˦zɑ̃˨˩kən˥ 形容非常着急。
【急得臭要死】tɕəʔ˥təʔ˥ts'Y˥ʔiæ˥si˧˩ 形容非常着急。
【急落形面孔】tɕəʔ˥ləʔ˧ɦin

˨˧mi˧˦k'o˥˩　形容着急得面部变形。

【急惊风碰着慢郎中】tɕəʔ˥ tɕən˥˩foŋ˥bã˦zɑʔ˧mE˧˧lã˦ tsoŋ˥　喻非常紧急的事，偏偏碰着慢性子的人或态度冷淡的人来处理。

【急吼吼，二石九；笃悠悠，三石缺一斗】tɕəʔ˥hY˥hY˥˩，ȵi˦zɑʔ˧tɕiY˥˩；toʔ˥θiY˥θiY ˥˩，sE˥zɑʔ˧tɕ'əʔ˥θiəʔ˥tY˥˩　俗语。喻有些事急与不急一个样，以冷静为好。

【急急如丧家之犬，忙忙如漏网之鱼】tɕəʔ˥tɕəʔ˥zɥ˦sã˥ tɕia˥tsɥ˥˩tɕ'iø˥˩，mã˦mã ˦zɥ˧˧lY˨˧mã˨˧tsɥ˥˩ɦY˦　形容惊慌恐惧，狼狈逃窜。

疾【ziəʔ˧】

【疾苦】ziəʔ˧k'əu˥˩

【疾病】ziəʔ˧bin˨˧

【疾风知劲草】ziəʔ˧foŋ˥tsɥ˥ tɕən˥˩ts'æ˥˩　喻在危难中才能识别意志坚强的人。

【疾雷不及掩耳】ziəʔ˧lE˨˧pəʔ˥ dʑəʔ˧θi˦˨θəl˥　喻来势迅猛，来不及防备。

棘【tɕəʔ˥】

【棘手】tɕəʔ˥sY˥˩

集【ziəʔ˧】

【集中】ziəʔ˧tsoŋ˥

【集训】ziəʔ˧ɕyən˥˩

【集团】ziəʔ˧dø˨˧

【集合】ziəʔ˧ɦəʔ˧

【集会】ziəʔ˧ɦuE˨˧

【集体】ziəʔ˧t'i˥˩

【集邮】ziəʔ˧ɦiY˨˧

【集团结婚】ziəʔ˧dø˨˧tɕəʔ˥ huən˥˩　集体婚礼。

蒺【ziəʔ˧】

【蒺藜】ziəʔ˧li˨˧

楫【tsiəʔ˥】【ziəʔ˧】

辑【ts'iəʔ˥】

【辑录】ts'iəʔ˥loʔ˧

嫉【ziəˀ˧】

【嫉妒】ziəˀ˧təu˥˩

瘠【tsiəˀ˥】

鹡【tsiəˀ˥】

籍【ziəˀ˧】

【籍没】ziəˀ˧məˀ˧
【籍贯】ziəˀ˧kuø˥˩

jǐ

几【tɕi˥˩】另见 jī。

【几】tɕi˥˩ 询问数目或表示不太确定的数字。如:【几个】tɕi˥˩kəˀ˥ 几个？几个。
【几日】tɕi˥˩ȵəˀ 几天？几天。
【几时】tɕi˥˩zɥ˩或tɕi˥˩zɿ 何时？什么时候。
【几钿】tɕi˥˩diɪ˩ 多少钱？几个钱。
【几化】tɕi˥˩ho˥˩或tɕəˀ˥ho˥˧ (一)多么。(二)多少？多少。(三)许多。
【几辰光】tɕi˥˧zən˧kuɑ̃˥˩ 什么时候？
【几铜钿】tɕi˥˩doŋ˧diɪ˩ 多少钱？
【几几化化】tɕi˥˧tɕi˥ho˥˩ho˥˩ 很多很多。
【几次三番】tɕi˥˧tsʻɿ˥sᴇ˥fᴇ˥˩
【几等几样】tɕi˥˧tən˥tɕi˥˩ɦiɑ̃˩ 各种等级,各种样式。

己【tɕi˥˩】

挤【tsi˥˩】

【挤眉弄眼】tsi˥˧mᴇ˧loŋ˩ŋᴇ˩

济【tsi˥˩】另见 jì。

【济济一堂】tsi˥˩tsi˥˩øiəˀ˥dɑ̃˧

给 文读【tɕəˀ˥】另见 gěi。

【给养】tɕəˀ˥ɦiɑ̃˩

脊【tsiəˀ˥】

【脊椎】tsiəˀ˥tsᴇ˥

【脊髓】tsiəʔ˥zE˧˩

戟【tɕəʔ˥】

麂【tɕi˥˨】

【麂皮】tɕi˥bi˧˩ 哺乳动物麂的皮制成的皮革。

jì

计【tɕi˦˩˨】

【计划】tɕi˦˩˨ɦuaʔ˧
【计较】tɕi˦˩˨tɕiæ˥
【计谋】tɕi˥mY˧˩
【计策】tɕi˥tsʻɑʔ˥

记【tɕi˦˩˨】

【记仇】tɕi˦˩˨zY˨˧
【记忆】tɕi˦˩˨∅i˦˩˨
【记认】tɕi˥ȵən˧˩ 便于记住和识别的标志。
【记号】tɕi˥ɦæ˧˩
【记头】tɕi˥dY˧˩ 量词。相当于“敲几下子”的“下子”。
【记好】(1)tɕi˥hæ˥˨ 记住。(2)tɕi˥˨hæ˥˨ 记住好处。
【记牢】tɕi˥læ˧˩ 记住。
【记念】tɕi˦˩˨ȵiɪ˨˧
【记录】tɕi˦˩˨loʔ˧
【记性】tɕi˥sin˥˨
【记情】tɕi˦˩˨zin˨˧ 记住恩情。
【记者】tɕi˦˩˨tsE˥
【记恨】tɕi˧˩ɦən˧˩
【记得】tɕi˦˩˨təʔ˥
【记勿牢】tɕi˥fəʔ˥læ˧˩ 记不住。
【记得牢】tɕi˦˩˨təʔ˥læ˧˩ 记得住。

伎【dʑi˧˩】

纪【tɕi˥˨】

【纪年】tɕi˦˩˨ȵiɪ˨˧

芰【dʑi˧˩】

技【dʑi˧˩】

【技工】dʑi˨˧koŋ˥˨
【技艺】dʑi˨˧ȵi˧˩
【技术】dʑi˨˧zəʔ˧
【技巧】dʑi˨˧tɕʻiæ˥˨
【技法】dʑi˨˧faʔ˥

J

【技校】dʑi˦ɦiæ˩

忌【dʑi˩】

【忌口】dʑi˦kʏ˥˩ 义同【忌嘴】。
【忌日】dʑi˦ɳ̍əʔ˧
【忌客】dʑi˦kɑʔ˥ 须提防的人。
【忌惮】dʑi˩dɛ˩
【忌虚】dʑi˦ɕy˥ 指暗中做的手脚。
【忌嘴】dʑi˦tsɥ˥˩ 因有病或其他原因而忌吃不相宜的食品。

际【tsi˥˦】

妓【dʑi˩】

【妓女】dʑi˦ɳ̍y˩
【妓院】dʑi˦ɦiø˩

季【tɕi˥˦】

【季节】tɕi˥˦tsiəʔ˥
【季刊】tɕi˥˦k'ø˥
【季军】tɕi˥˦tɕyən˥
【季度】tɕi˥˦dəu˩

剂【tsi˥˦】

【剂量】tsi˥˦liã˩

荠【ziɑ˩】文读【zi˩】、【zi˧】另见 qí。

【荠菜】ziɑ˩ts'ɛ˥˩

哜【zi˩】

【哜哜惹惹】zi˩zi˩zɑ˩zɑ˩ 象声词。形容许多人的说话声音又急又乱。

迹【tsiəʔ˥】

【迹浞】tsiəʔ˥tsoʔ˥ 污渍。
【迹象】tsiəʔ˥ziã˦

济【tsi˥˦】另见 jǐ。

【济】tsi˥ 左。
【济公】tsi˥koŋ˥˩ 传说中的高僧，常济世度人。

【济手】tsi˥sʏ˥˩　左手。
【济世】tsi˦˨sч˦˨
【济贫】tsi˦˨bin˨˧
【济凑】tsi˥ts'ʏ˥˩　讨好，巴结。

既【tɕi˦˨】

【既而】tɕi˦˨ɦəl˥˩
【既然】tɕi˥zø˨˩
【既往不咎】tɕi˥Øuã˥Pəʔ˥tɕʏ˥˩

勣【tsiəʔ˥】

继【tɕi˦˨】

【继而】tɕi˦˨ɦəl˥˩
【继承】tɕi˦˨zən˨˩
【继续】tɕi˦˨zoʔ˧

祭【tsi˧】

【祭】tsi˦˨　詈语。吃。
【祭文】tsi˥vən˨˩
【祭祀】tsi˦˨zɿ˥˩
【祭菜】tsi˥ts'E˥˩　祭祀用的菜肴。
【祭奠】tsi˦˨di˥˩

悸【tɕi˦˨】

寄【tɕi˦˨】

【寄予】tɕi˦˨ɦʏ˨˩
【寄存】tɕi˦˨zən˨˩
【寄名】tɕi˥min˨˩　认的干亲。
【寄爷】tɕi˥ɦiɑ˨˩　干爹。
【寄居】tɕi˦˨tɕʏ˥˩
【寄卖】tɕi˥mɑ˨˩
【寄费】tɕi˥fi˥˩
【寄迹】tɕi˦˨tsiəʔ˥　寄居。
【寄娘】tɕi˥ȵiã˨˩　干妈。
【寄寄】tɕi˦˨tɕi˥　（一）寄存，寄放。（二）寄出去。
【寄宿】tɕi˥soʔ˥
【寄倪子】tɕi˥ȵi˨˩tsɿ˥˩　干儿子。
【寄生虫】tɕi˥sən˥zoŋ˨˩
【寄囡唔】tɕi˥nø˨˩ŋ̍˨˩　干女儿。
【寄名亲】tɕi˥min˨˩ts'in˥˩　干亲。
【寄宿生】tɕi˥soʔ˥sã˥˩　住校学生。

寂【ziəˀ˧】

【寂寞】ziəˀ˧moˀ˧

【寂静】ziəˀ˧zin˩

【寂寂无声】ziəˀ˧ziəˀ˧vu˩ sən˥ 形容没有一点声音。

绩【tsiəˀ˥】

霁【tsi˧˦】

鲚【zi˩】

暨【tɕi˧˦】

稷【tsiəˀ˥】

鲫【tsi˥˩】

【鲫鱼】tsi˧˦ŋ˧或tsin˧˦ŋ˧ 鱼类。体侧扁，头部尖，中部高，尾部较窄，生活在淡水中，是常见的食用鱼。

髻【tɕiəˀ˥】

冀【tɕi˧˦】

骥【tɕi˧˦】

jiā

加【ka˥】文读【tɕia˥】。

【加入】ka˥zəˀ˧

【加工】ka˥koŋ˥˩

【加廿】ka˥ȵi˩ 更加。也说成【加二】ka˥ȵi˩。

【加仑】ga˧lən˩

【加杠】ka˥kã˥˩ 投资，投入的物质。

【加快】ka˥k‘ua˧˦

【加油】ka˥ɦiʏ˧

【加法】ka˥faˀ˥

【加码】ka˥mo˩ 增加，增添。

【加重】ka˥zoŋ˩

【加热】ka˥ȵəˀ˧

【加班】ka˥pᴇ˥˩

【加倍】ka˥bᴇ˩

【加紧】ka˥tɕən˥˩

【加深】ka˥sən˥˩

【加强】ka˥dʑiã˩

【加冕】tɕia˥mi˩

【加利奉还】ka˥li˩˧voŋ˩˧ɦuᴇ˩˧ 还本加息。

【加料加工】ka˥liæ˩˧ ka˥ koŋ˥˩˧ 原料比规定用得多，工时比规定用得长。

夹【kaʔ˥】另见 gā；jiā。

【夹子】kaʔ˥tsɿ˥˩˧

【夹心】kaʔ˥sin˥

【夹生】kaʔ˥sã˥

【夹层】kaʔ˥zən˧

【夹肝】kaʔ˥kø˥

【夹克】ʥiɑʔ˧k‘əʔ˥

【夹攻】kaʔ˥koŋ˥

【夹里】kaʔ˥li˩˧ （一）衣物、被子等的里子。（二）后缀词。表示某某家。如：张家即“张夹里”。

【夹弄】kaʔ˥loŋ˧ 两座墙之间的小弄。

【夹板】kaʔ˥pᴇ˥˩˧ 多层薄板黏合起来的木板。

【夹带】kaʔ˥tɑ˨

【夹屎】kaʔ˥sɿ˥˩˧ 形容尴尬。

【夹剪】kaʔ˥tsiɪ˥˩˧

【夹厢】kaʔ˥siã˥ 厢房，正房前面两边的房。

【夹棍】kaʔ˥kuən˥˩˧

【夹墙】kaʔ˥ziã˧ 紧靠毗连房屋墙壁的墙。

【夹缝】kaʔ˥voŋ˩˧

【夹散】kaʔ˥ts‘iaʔ˥ 指误会。

【夹手账】kaʔ˥sʏ˥˩˧tsã˥˩˧ 中间转手的账目。借指中间转手的事。

【夹生饭】kaʔ˥sã˥vᴇ˩˧

【夹夹䠀】kaʔ˥kaʔ˥ȵiæ˩˧ 形容反复纠缠。

【夹肝气】kaʔ˥kø˥tɕ‘i˥˩˧ 指抱不平所引起的气恼。

【夹屁股】kaʔ˥p‘i˥kəu˥˩˧ 紧跟在后。也说成【夹脚屁股】kaʔ˥tɕiɑʔ˥p‘i˥˩˧kəu˥˩˧。

【夹板气】kaʔ˥pᴇ˥˩˧tɕ‘i˥˩˧ 两边不讨好所引起的气恼。

【夹屎屁】kaʔ˥sɿ˥˩˧p‘i˥˩˧ 带出粪便的屁。

【夹屎硬】kaʔ˥sɿ˥˩˧ŋã˩˧ 指明知自己错了，还嘴犟。

【夹嘴舌】kaʔ˥tsʮ˨zəʔ˧ 搬弄是非。

【夹篙撑】kaʔ˥kæ˥ts‘ã˥˩˧ 喻节外生枝地插进一些问题，使主要问题不能顺利解决。

【夹七夹八】kaʔ˥ts‘iəʔ˥kaʔ˥

pɔʔ˥ （一）形容混杂。（二）形容搬弄是非。

【夹头夹脑】kaʔ˥dɤ˧kaʔ˥næ˩ 劈头盖脸。

【夹夹壮壮】kaʔ˥kaʔ˥tsɑ̃˧tsɑ̃˧ 形容又胖又结实。

【夹夹底底】kaʔ˥kaʔ˥ti˧ti˧ 完完全全，彻彻底底。

【夹忙头里】kaʔ˥mɑ̃˧dɤ˩li˩ 正忙的时候，正在紧要关头。

【夹䤋死白】kaʔ˥liæ˧sɿ˧baʔ˧ 形容惨白（多指人脸）。

【夹嘴夹舌】kaʔ˥tsɥ˧kaʔ˥zə˧ 搬弄是非。

【夹沙酿团子】kaʔ˥so˥n̠iɑ̃˩dø˧tsɿ˧ 豆沙馅的糯米团子。

【夹蚌炒螺蛳】kaʔ˥bɑ̃˧tsʻæ˧əu˧sɿ˧ 正忙的时候，正在紧要关头，却来添乱。

【夹糊金刚经】kaʔ˥həu˩tɕən˥kɑ̃˥tɕən˧ 形容混杂不清。

【夹紧尾巴做人】kaʔ˥tɕən˧n̠i˧po˥tsəu˧n̠ən˧ 喻做人处处谨慎小心。

【夹忙头里髈牵筋】kaʔ˥mɑ̃˧dɤ˩li˩pʻɑ̃˧tɕʻi˥tɕən˧ 喻正在忙着解决问题的紧要关头，又有节外生枝的问题出现。

伽【dʑiɑ˧】中州韵【dʑiE˧】另见 qié。

【伽】dʑiɑ˧ 能干。

【伽头】dʑiɑ˧dɤ˩ 能干的人。

佳【tɕiɑ˥】

【佳人】tɕiɑ˥zən˩

【佳节】tɕiɑ˥tsiəʔ˥

【佳作】tɕiɑ˥tsoʔ˥

【佳丽】tɕiɑ˥li˩

【佳话】tɕiɑ˥ho˩

【佳宾】tɕiɑ˥pin˧

【佳期】tɕiɑ˥dʑi˩

迦【gɑ˧】文读【tɕiɑ˥】、【dʑiɑ˧】

【迦一脚】gɑ˧iəʔ˥tɕiɑʔ˥ 掺和进去。

枷【kɑ˥】文读【tɕiɑ˥】

【枷锁】kɑ˥səu˧

浃【tsiəʔ˥】文读【tɕaʔ˥】

痂【kᴇ˦˨】文读【tɕia˥】

家【ka˥】文读【tɕia˥】

【家丁】tɕia˥tin˥˨
【家人】tɕia˥zən˨˩
【家乡】tɕia˥ɕiã˥˨
【家小】ka˥siæ˥˨　妻子。
【家门】(1)tɕia˥mən˨˩　(一)家的大门或引申为家、家族。(二)指个人的家世、经历、家庭成员及经济状况。(2)ka˥mən˨˩　放在"一"的后面,表示一家子。
【家丑】tɕia˥tsʻʏ˥˨
【家计】tɕia˥tɕi˥˨　家产。
【家用】tɕia˥ɦioŋ˨˩
【家头】ka˥dʏ˨˩　量词,专指人。在前加上什么数字就表示几个人。如九个人为"九家头";十几个人为"十几家头"。
【家业】tɕia˥ȵəʔ˧
【家务】tɕia˥vu˨˩
【家电】tɕia˥diɪ˨˩　家用电器。
【家当】ka˥tã˥˨
【家产】ka˥tsʻᴇ˥˨或tɕia˥tsʻᴇ˥˨
【家世】tɕia˥sɥ˥˨
【家私】tɕia˥sɿ˥˨
【家财】tɕia˥zᴇ˨˩
【家园】tɕia˥ɦiø˨˩
【家学】tɕia˥ɦioʔ˧
【家格】ka˥kəʔ˥　人类为了经济或其他目的而驯养的。
【家法】tɕia˥faʔ˥
【家底】tɕia˥ti˥˨
【家具】tɕia˥dʑy˨˩
【家规】tɕia˥kuᴇ˥˨
【家信】tɕia˥sin˥˨
【家养】ka˥ɦiã˨˩
【家家】ka˥ka˥˨　每一家。
【家庭】tɕia˥din˨˩
【家族】tɕia˥zoʔ˧
【家堂】ka˥dã˨˩　旧时家中供奉亡灵神主的地方。
【家眷】tɕia˥tɕiø˥˨
【家婆】ka˥bu˨˩　妻子。
【家教】tɕia˥tɕiæ˥˨
【家具】tɕia˥tɕy˨˩　家庭用具,主要指床、柜、桌、椅等。
【家常】ka˥zã˨˩或tɕia˥zã˨˩
【家境】tɕia˥tɕən˥˨
【家蛇】ka˥zo˨˩　藏身于住房

里的蛇。

【家属】tɕia˥zoʔ˧

【家乡肉】tɕia˥ɕiã˥ȵioʔ˧ 腌猪肉。

【家主婆】ka˥tsɥ˥˩bu˩ 妻子。

【家法板】tɕia˥faʔ˥pE˥˩ 家庭中用来责打违犯家法者的狭长形的木板。

【家常菜】tɕia˥zã˧tsʻE˥˩ 家庭生活中的日常菜肴。

【家宅不安】tɕia˥zaʔ˧pəʔ˥ øø˥ 家庭中不安宁。

【家有家规】tɕia˥ɦiY˩tɕia˥ kuE˥˩ 每家有每家的规矩。

【家贼难防】ka˥zəʔ˧nE˧bã˧ 很难防范家庭中人偷盗自己家中的财物。借指很难防范暗藏在组织内部进行破坏活动的人。

【家家人家】ka˥ka˥ȵən˧ ka˥ 每家每户。

【家家户户】tɕia˥tɕia˥ɦəu˩ɦ əu˩ 义同【家家人家】。

【家和万事兴】tɕia˥ɦəu˩vE˧z ɿ˩ɕən˥ 家庭和睦,则事事顺当。

【家丑不可外扬】tɕia˥tsʻY˥˩ pəʔ˥kəu˥˩ŋa˧ɦiã˩ 内部的丑事不宜外传。

【家有黄金外有秤】tɕia˥ɦiY˩ ɦuã˧tɕən˥ŋa˩ɦiY˩tsʻən˦ 喻瞒不住。

【家眼勿见野眼见】ka˥ŋE˩ fəʔ˥tɕi˦ɦia˧ŋE˧tɕi˦ 指丑事终难遮掩。

【家堂里格大门——勿关】ka˥dã˩li˩kəʔ˥dəu˧mən ˩——fəʔ˥kuE˥ 歇后语。吴语中的“勿关”,指不相干;不管。

【家花哪有野花香】tɕia˥ ho˥˩na˥ɦiY˩ɦia˧ho˥ɕiã˥ 好色的男人贪恋妻子之外的女人。

【家无主,扫帚颠倒竖】tɕia˥v u˩tsɥ˥˩,sæ˥tsY˥˩ti˥tæ˥˩ zɥ˩ 喻一个地方没有个做主的,就会陷入混乱。

【家家有本难念格经】tɕia˥ tɕia˥ɦiY˩pən˥˩nE˧ȵi˩kəʔ˥ tɕən˥ 喻每家都有难处。

【家有贤妻,夫不遭横祸】tɕia ˥ɦiY˩ɦi˩tsʻi˥˩,fu˥pəʔ˥tsæ˥ɦ uã˧ɦəu˩ 指家里有位好妻子,丈夫不会遭受祸患。

【家有千金,勿及日进分文】 tɕia˥ɦiʏ˩tsʻiɪ˥tɕən˧,fəʔ˥dʑ əʔ˧zəʔ˧tsin˨fən˥vən˩ 俗语。指富有的家庭坐吃山空,不如细水长流,每天都有所得。

笳【ka˥】文读【tɕia˥】

袈【ka˥】文读【tɕia˥】

【袈裟】 ka˥so˧

葭【ka˥】文读【tɕia˥】

跏【ka˥】文读【tɕia˥】

傢【ka˥】文读【tɕia˥】

【傢生】 ka˥sã˧ (一)家具。(二)工具。(三)可以盛物的器皿。(四)武器。(五)演员称乐器。

嘉【ka˥】文读【tɕia˥】

【嘉兴】 ka˥ɕin˧ 沪杭铁路沿线的一座城市。

【嘉奖】 tɕia˥tsiã˧

【嘉宾】 tɕia˥pin˧

【嘉庆子】 tɕia˥tɕən˧tsɿ˧ 一种形似杏子的水果,味涩。喻吝啬的人。

镓【tɕia˥】

jiá

夹【kaʔ˥】文读【tɕiaʔ˥】

另见 gā;jiā。

【夹袄】 kaʔ˥ɦæ˩ 双层的衣服。

【夹裤】 kaʔ˥kəu˨ 双层的裤子。

郏【kaʔ˥】文读【tɕiaʔ˥】

荚【tɕəʔ˥】

戛【kaʔ˥】、【tɕiaʔ˥】

铗【tɕəʔ˥】

颊【tɕəʔ˥】

蛱【tɕəʔ˥】

jiǎ

甲【kaʔ˥】文读【tɕiaʔ˥】

【甲子】tɕiaʔ˥tsɿ˥˩
【甲长】tɕiaʔ˥tsã˥˩ 旧时户籍编制制度,若干户编作一甲,每甲的管理者为甲长。
【甲头】kaʔ˥dɤ˧ 旧时乞丐管理者。
【甲级】tɕiaʔ˥tɕəʔ˥ 最好的,最上的级别。
【甲鱼】tɕiaʔ˥ŋ̍˧

胛【kɑ˥˩】文读【tɕiaʔ˥】

贾【tɕiɑ˥˩】另见 gǔ。

钾【tɕiaʔ˥】

假【kɑ˥˩】文读【tɕiaʔ˥˩】另见 jià。

【假山】kɑ˦˥sE˥
【假气】kɑ˦˥tɕʻi˥˩ 讲究。
【假货】kɑ˦˥həu˥˩ 模仿真的、造假的东西。
【假装】kɑ˦˥tsã˥
【假山石】kɑ˦˥sE˥zɑʔ˧ 园林中用石块(大多是太湖石)堆砌而成的小山,也指堆砌这种小山用的石块。
【假牙子】kɑ˦˥ŋɑ˧tsɿ˥˩ 假牙。
【假正经】kɑ˦˥tsən˥tɕən˥˩ 装正经。
【假名字】kɑ˦˥min˧zɿ˨˩ 编造出来的虚假名字。
【假老戏】kɑ˦˥læ˧ɕi˥˩ 虚假的事。
【假花头】kɑ˦˥ho˥dɤ˨˩ (一)虚假的心意。(二)虚假的事。
【假客气】kɑ˦˥kʻɑʔ˥tɕʻi˥˩ 假装对人谦让、有礼貌。
【假面具】kɑ˦˥mii˧dʑy˨˩
【假积极】kɑ˦˥tsiəʔ˥dʑəʔ˧ 伪装积极。
【假得来】kɑ˦˥təʔ˥lE˨˩ (一)形容虚伪、做作。(二)做出来的讲究。简称【假】kɑ˥˩。
【假领头】kɑ˦˥lin˧dɤ˨˩ 假领子。
【假道学】kɑ˦˥dæ˧ɦioʔ˧

J

【假睏着】kɑ˥˨kʻuən˥zɑʔ˧ 假装睡着了。

【假惺惺】kɑ˥˨sin˥sin˥˩

【假装腔】kɑ˥˨tsɑ̃˥tɕʻiɑ̃˥˩ 装模作样。

【假喉咙】kɑ˥˨ɦoʔ˧loŋ˨˩ 非本嗓发出的嗓音。

【假算头】kɑ˥˨sø˥dʏ˨˩ 虚假的；假装的。

【假撇清】kɑ˥˨pʻiəʔ˥tsʻin˥˩

【假仁假义】kɑ˥˨zən˨˩kɑ˥˨ɦiɪ˨˩

【假痴假呆】kɑ˥˨tsʻʮ˥kɑ˥˨ŋᴇ˨˩ （一）装模作样，装出不知道、不明白的样子。（二）爱理不理的样子。

【假客气碰着真老实】kɑ˥˨kʻɑʔ˥tɕʻi˥˩bɑ̃˧zɑʔ˧tsən˥læ˧zəʔ˧ 虚假的客气偏偏对方信以为真。

jià

价【kɑ˥˨】文读【tɕiɑ˥˨】

【价钿】kɑ˥diɪ˨˩ 价钱。

【价值】kɑ˥˨zəʔ˧

【价目表】kɑ˥moʔ˧piæ˥˩ 用表格形式排列出商品价格的书籍、榜文或文件。

驾【kɑ˥˨】文读【tɕiɑ˥˨】

【驾驶】tɕiɑ˥˨sɿ˥˩

【驾崩】tɕiɑ˥˨poŋ˥ 帝王死去。

架【kɑ˥˨】文读【tɕiɑ˥˨】

【架子】kɑ˥tsɿ˥˩

【架形】kɑ˥ɦin˨˩ 样子、姿势。

【架子大】kɑ˥tsɿ˥˩dəu˨˩ 形容自高自大、装腔作势的作风很厉害。

【架子搭足】kɑ˥tsɿ˥˩tɑʔ˥tsoʔ˥ 自高自大，为显示身份，过分地装腔作势。

假【kɑ˥˨】文读【tɕiɑ˥˨】另见 jiǎ。

【假期】kɑ˥˨dʑi˨˩

嫁【kɑ˥˨】文读【tɕiɑ˥˨】

【嫁妆】kɑ˥tsɑ̃˥˩

【嫁接】tɕiɑ˥˨tsiəʔ˥

【嫁囡唔】kɑ˥nø˥ŋ̍˨˩ 把女儿嫁出去。

【嫁事里】kɑ˥zɿ˨˩li˨˩　女子准备出嫁的那段时间。

【嫁出囡唔泼出水】kɑ˧˦tsʻəʔ˥nø˧ŋ̍˨˩pʻəʔ˥tsʻəʔ˥sɥ˥˧　旧时的说法,女儿出嫁,好像泼出去的水,不管发生什么事,都与娘家无关。

【嫁鸡随鸡,嫁犬随犬】tɕiɑ˧˦tɕi˥zE˧tɕi˥,tɕiɑ˧˦tɕʻø˥˧zE˧tɕʻiø˥˧　旧时夫权主义的说法。女子出嫁后一切唯丈夫是从。

【嫁囡唔,砫红板壁;讨新妇,芦篾隔壁】kɑ˥nø˧˥ŋ̍˨˩,tsɥ˥ɦoŋ˨˩pE˧˦piəʔ˥;tʻæ˧˦sin˥vu˨˩,ləu˧fi˥˧kaʔ˥piəʔ˥　俗语。形容嫁女儿和娶儿媳,对待上有天壤之别。反映旧时老人对待女儿和儿媳的不同态度。

稼【tɕiɑ˧˦】

【稼穑】tɕiɑ˧˦səʔ˥

jiān

尖【tsiɪ˥】

【尖刀】tsiɪ˥tæ˥˧　末端尖细的刀具。

【尖脐】tsiɪ˥zi˨˩

【尖钻】tsiɪ˥tsø˥˧　尖刻而吝啬。

【尖锐】tsiɪ˥sE˥˧

【尖刀山】tsiɪ˥tæ˥sE˥˧　布满尖刀的山冈,喻极为险恶的地方。

【尖尖子】tsiɪ˥tsiɪ˥tsɿ˥˧　出类拔萃的人。

【尖尖头】tsiɪ˥tsiɪ˥dY˨˩　指物体尖细的顶端。

【尖血血】tsiɪ˥ɕyəʔ˥ɕyəʔ˥　(一)形容尖细和锋利。(二)形容人刻薄、自私,善于谋算和钻营。

【尖尖钻】tsiɪ˥tsiɪ˥tsø˥˧　形容人尖刻而吝啬。

【尖屁股】tsiɪ˥pʻi˥kəu˥˧　指抢占座位的人。

【尖捻头】tsiɪ˥ȵiɪ˥dY˨˩　尖细的顶部。

【尖鼻头】tsiɪ˥bəʔ˧dY˨˩　(一)尖细的鼻尖。(二)形容嗅觉灵敏。

【尖嘴巴】tsiɪ˥tsɥ˥˧po˥˧　形容嘴快。

【尖头把戏】tsiɪ˥dY˨˩po˥˧ɕi˥˧

（一）形容善于钻营。（二）形容好占人便宜，善于谋算和钻空子。

【尖嘴尖脸】tsiɪ˥tsʮ˥˨tsiɪ˥liɪ˨ 刻薄的嘴脸。

【尖嘴姑娘】tsiɪ˥tsʮ˥˨kəu˥ȵiã˨ 挑唆是非的小姑。

【尖屁股坐航船——坐勿定】tsiɪ˥pʻi˥kəu˥˨zəu˨ɦã˧ zø˨—zəu˧fəʔ˥din˨ 歇后语。生性好动，坐不住。

奸【kE˥】文读【tɕiɪ˥】

【奸计】tɕiɪ˥tɕi˥˨

【奸污】kE˥θəu˥˨或tɕiɪ˥θəu˥˨

【奸臣】tɕiɪ˥zən˨

【奸细】tɕiɪ˥si˥˨

【奸笑】tɕiɪ˥siæ˥˨

【奸贼】tɕiɪ˥zəʔ˧

【奸商】tɕiɪ˥sã˥˨

【奸雄】tɕiɪ˥ɦioŋ˨

【奸刁贼滑】tɕiɪ˥tiæ˥zəʔ˧ θuaʔ˧ 诡诈狡猾。

歼【tsʻiɪ˥】

【歼灭】tsʻiɪ˥miəʔ˧

坚【tɕiɪ˥】

【坚守】tɕiɪ˥sY˥˨

【坚决】tɕiɪ˥tɕyəʔ˥

【坚贞】tɕiɪ˥tsən˥˨

【坚韧】tɕiɪ˥ȵən˨

【坚固】tɕiɪ˥kəu˥˨

【坚定】tɕiɪ˥din˨

【坚持】tɕiɪ˥zʮ˨

【坚信】tɕiɪ˥sin˥˨

【坚强】tɕiɪ˥dʑiã˨

间【kE˥】文读【tɕiɪ˥】另见 jiàn。

【间奏】tɕiɪ˥tsY˥˨ 演唱时，唱句与唱句之间由器乐单独演奏的部分。具有承前启后的作用。

【间隔】tɕiɪ˥kɑʔ˥ 两者之间的距离。

浅【tsʻiɪ˥】另见 qiǎn。

【浅浅】tsʻiɪ˥tsʻiɪ˥

肩【tɕiɪ˥】

【肩架】tɕiɪ˥kɑ˩˥ 肩膀。
【肩章】tɕiɪ˥tsã˩˥
【肩窠】tɕiɪ˥k'əu˩˥ 肩膀上凹下的部分。
【肩骨】tɕiɪ˥kɑ˥kuə˥ 肩胛骨。
【肩上肩下】tɕiɪ˥zã˩tɕiɪ˥ɦo˩ 喻相差不多。
【肩架浪搁勿起灯草】tɕiɪ˥kɑ˥lã˩ko˥fə˥tɕ'i˩˥tən˥ts'æ˩˥ 喻担不起一点责任。

艰【tɕiɪ˥】

【艰巨】tɕiɪ˥dʑy˩
【艰辛】tɕiɪ˥sin˩˥
【艰苦】tɕiɪ˥k'əu˩˥
【艰难】tɕiɪ˥nɛ˩

监【kɛ˥】文读【tɕiɪ˥】

【监工】kɛ˥koŋ˩˥
【监考】kɛ˥k'æ˩˥
【监牢】kɛ˥læ˩
【监视】kɛ˥zɥ˩
【监狱】kɛ˥ɲ̊oʔ˧
【监瘏】kɛ˥li˩ 虐待。
【监督】kɛ˥toʔ˥
【监察】kɛ˥ts'aʔ˥

兼【tɕiɪ˥】

【兼并】tɕiɪ˥pin˩˥
【兼顾】tɕiɪ˥kəu˩˥
【兼容】tɕiɪ˥ɦioŋ˩
【兼课】tɕiɪ˥kəu˩˥
【兼职】tɕiɪ˥tsəʔ˥
【兼程】tɕiɪ˥zən˩
【兼二头】tɕiɪ˥liã˧dʏ˩ 同时管理、负责两个方面的工作或事情。

菅【tɕiɪ˥】

笺【ts'iɪ˥】

犍【tɕiɪ˥】另见 qián。

湔【tsiɪ˥】

【湔一湔】tsiɪ˥ʔiəʔ˥tsiɪ˩˥ 对衣物进行局部清洗。

缄【kE˥】文读【tɕiɪ˥】

蒹【tɕiɪ˥】

搛【tɕiɪ˥】

【搛菜】tɕiɪ˥tsʻE˦ （用筷子）夹菜。

【搛出去】tɕiɪ˥tsʻəˀ˥tɕʻi˩ 用筷子，或火钳夹住并送出去。喻把人抓住，赶出门外。

【搛牢一筷五】tɕiɪ˥læ˨Øiəˀ˥ kʻuE˥ŋ̍˨ 喻抓住一个把柄。

煎【tsiɪ˥】

【煎汤】tsiɪ˥tʻã˥ 把食物放在水里煮成汤。

【煎药】tsiɪ˥ɦiɑˀ˧ （一）中药加水煎汤。（二）指煎熬的药汤。

【煎白水】tsiɪ˥bɑˀ˧sʮ˩ 空烧已烧开的水。

【煎炒爆熬】tsiɪ˥tsʻæ˩pæ˦ ŋæ˧ 泛指烹饪。

缣【tɕiɪ˥】

鹣【tɕiɪ˥】

鞯【tsiɪ˥】

鳒【tɕiɪ˥】

jiǎn

拣【kE˩】文读【tɕiɪ˩】

【拣拣】kE˩kE˩ 选择，挑选。

【拣小菜】kE˩siæ˦tsʻE˩ （一）去除蔬菜上无用的部分。（二）挑选菜肴。

【拣女婿】kE˩ȵy˨si˩ 挑选女婿。

【拣日脚】kE˩ȵəˀ˧tɕiɑˀ˥ 挑选日子。

【拣辰光】kE˩zən˧kuã˥ 选个时间。

【拣佛烧香】kE˩vəˀ˧sæ˥ ɕiã˥ 喻厚此薄彼，不能一视同仁。

【拣绽格说】kE˩zE˨kəˀ˥səˀ˥ 挑好的方面说。

【拣精拣壮】kE˦tsin˥kE˩tsã˩ 挑精拣肥。

【拣日勿如撞日】kE˦ȵəˀ˧fəˀ˥

zɥ˨˧zɑ̃˨˩ȵəʔ˧　挑选的日子不如碰到的日子。指即在今天。

【拣布头叫化子】kɛ˦˨pu˦dY˨˩kæ˦ho˥˩tsɿ˦˥˩　喻连最次的东西都要的人。

【拣有辫子格抓】kɛ˦˨ɦiY˨˧biɪ˧tsɿ˥˩kəʔ˦tsɑ˦　喻选有短处的人发难。

茧【tɕiɪ˥˩】

【茧子】tɕiɪ˦˩˨tsɿ˦

柬【tɕiɪ˥˩】

俭【dʑiɪ˨˩】

【俭朴】dʑiɪ˨˧pʻoʔ˦

捡【tɕiɪ˥˩】

笕【tɕiɪ˦˩˨】

检【tɕiɪ˥˩】

【检讨】tɕiɪ˦˩˨tʻæ˦
【检查】tɕiɪ˦˩˨zo˧
【检点】tɕiɪ˦˩˨tiɪ˦
【检举】tɕiɪ˦˩˨tɕy˦
【检修】tɕiɪ˦˩˨sY˦
【检阅】tɕiɪ˦˩˨ɦyəʔ˧
【检票】tɕiɪ˥˩pʻiæ˦˨
【检察】tɕiɪ˦tsʻaʔ˦

趼【tɕiɪ˥˩】

减【kɛ˥˩】文读【tɕiɪ˥˩】

【减少】kɛ˦˨sæ˦
【减刑】kɛ˦˨ɦin˧
【减低】kɛ˦˨ti˦
【减肥】kɛ˦˨vi˧
【减免】kɛ˦˨miɪ˧
【减退】kɛ˥˩tʻE˥˩
【减速】kɛ˦˨soʔ˦
【减轻】kɛ˦˨tɕʻən˦

剪【tsiɪ˥˩】

【剪刀】tsiɪ˦˩˨tæ˦
【剪书】tsiɪ˦˩˨sɥ˦　苏州评弹行话。长篇演出档期结束。
【剪布】tsiɪ˥˩pu˦˨　买布或卖布的营业工作。
【剪报】tsiɪ˥˩pæ˥˩

【剪花】tsiI˅ho˥ 民间工艺，用纸剪成人物、花草、鸟兽等形象。

【剪绺】tsiI˥˩lY˦ 用刀、剪等工具剪人口袋行窃。

【剪票】tsiI˅p'iæ˅

【剪彩】tsiI˅ts'E˅

【剪裁】tsiI˥˩zE˦

【剪头发】tsiI˥˩dY˦fa?˥ 指女子理发。

【剪鞋头花】tsiI˅ɦa˦dY˦ho˅ 民间工艺，用纸剪成用于刺绣鞋面上花样的花草等形象。

【剪鞋面布】tsiI˅ɦa˦miI˦pu˅ （一）买制作布鞋的面料。（二）用布剪出布鞋鞋面。

【剪刀口上下来个】tsiI˥˩tæ˥ k'Y˅lã˩ɦo˦lE˦kə?˥ 指刚制作完成的、全新的（一般指服装）。

硷【kE˅】文读【tɕiI˅】

揃【tsiI˅】

睑【tɕiI˅】

锏【kE˅】文读【tɕiI˅】

裥【kE˅】文读【tɕiI˅】

简【tɕiI˅】

【简化】tɕiI˅ho˅

【简历】tɕiI˥˩liə?˦

【简介】tɕiI˅tɕia˅

【简况】tɕiI˅huã˅

【简板】tɕiI˥˩pE˅

【简单】tɕiI˥˩tE˥

【简明】tɕiI˥˩min˦

【简直】tɕiI˥˩zə?˦

【简陋】tɕiI˅lY˩

【简便】tɕiI˅biI˩

【简要】tɕiI˅øiæ˅

【简章】tɕiI˥˩tsã˥

【简装】tɕiI˥˩tsã˥

戬【tsiI˅】

碱【kE˅】文读【tɕiI˅】

【碱水】kE˥˩sʮ˥ 含碱的水。用作洗涤，也用来中和发面中的酸味。

謇【tɕʻi˩˥】

謇【tɕʻi˩˥】

jiàn

见【tɕi˧˥】

【见见】tɕii˧˥tɕii˩˥ 经安排好的见面。

【见方】tɕii˥˥fɑ̃˩˥

【见气】tɕii˥˥tɕʻi˩˥ 生气。

【见长】tɕii˩˥zɑ̃˨˦ 在某些方面显示出特长。

【见风】tɕii˧˥foŋ˥˥ 吹到了风。

【见外】tɕii˩˥ŋɑ˩˨

【见用】tɕii˥˥ɦioŋ˩˨ 耐用。

【见礼】tɕii˩˥lii˩˨ （一）指郑重其事的见面。（二）见面行礼。

【见吃】tɕii˥˥tɕʻəʔ˥ 耐吃。

【见机】tɕii˧˥tɕi˥˥

【见老】tɕii˥˥læ˩˨

【见识】tɕii˧˥səʔ˥

【见证】tɕii˥˥tsən˩˥

【见报】tɕii˩˥pæ˧˥

【见底】tɕii˩˥ti˩˥ （一）看到了底部。（二）底细、内情都已看到了。

【见怪】tɕii˥˥kuɑ˩˥

【见面】tɕii˧˥mii˩˨

【见闻】tɕii˧˥vən˨˦

【见效】tɕii˩˥ɦiæ˩˨

【见鬼】tɕii˥˥tɕy˩˥ 大惊小怪。

【见笑】tɕii˥˥siæ˩˥

【见数】tɕii˥˥səu˩˥ 有限得很。

【见情】tɕii˥˥zin˩˨ 感激对方的情义。

【见得】tɕii˧˥təʔ˥

【见量】tɕii˥˥liɑ̃˩˨ 有限得很。

【见新】tɕii˧˥sin˥˥

【见罪】tɕii˧˥zE˩˨

【见风长】tɕii˥˥foŋ˥˥tsɑ̃˩˥ 一露头就会长上去。

【见勿得】tɕii˥˥fəʔ˥təʔ˥ （一）不能遇见（遇见就有问题）。（二）不能让人看见或知道。（三）看不惯，不愿看见。

【见老刀】tɕii˧˥læ˨˦tæ˥ 后缀词。指不可能。

【见面礼】tɕii˥˥mii˩˨lii˩˥

【见面钿】tɕii˥˥mii˩˨dii˩˥ 初次见面时赠送的财礼。

【见娘嗲】tɕii˥˥ɲɑ̃˥˥tiɑ˩˥ 指孩子见到母亲撒娇。

【见模量】tɕii˥˥moʔ˧˧liɑ̃˩˨ 有限

得很。

【见人学样】tɕiɪ˥ɳ̍ən˩ɦoʔ˧ɦiã˩ 见别人怎样自己也怎样。也说成【见样学样】tɕiɪ˥ɦã˦ɦoʔ˧ɦiã˩。

【见大头鬼】tɕiɪ˥dəu˩dʏ˨tɕy˥˩ 喻看到离奇古怪的东西。

【见风使舵】tɕiɪ˥foŋ˥sɿ˥˩dəu˩ 比喻跟着情势转变方向(贬义)。

【见风使篷】tɕiɪ˥foŋ˥sɿ˥˩boŋ˨ 义同【见风使舵】。

【见死不救】tɕiɪ˥si˥˩fəʔ˥tɕʏ˦ 看到别人有急难,却不予援助解救。

【见机行事】tɕiɪ˦tɕi˥ɦin˨zɿ˩ 根据看到的机会或形势,决定办事的方向、方法。

【见多识广】tɕiɪ˦təu˥səʔ˥kuã˥˩ 接触的事物多,知识广博。

【见好就收】tɕiɪ˦hæ˥˩zʏ˩sʏ˥ 获利或局面转好就收场。

【见利忘义】tɕiɪ˦li˩vã˩ɦi˨ 看到私利就不顾道义。

【见钿眼开】tɕiɪ˥diɪ˩ŋE˩k'E˥ 一见到钱就眉开眼笑。形容贪财势利。

【见雪为晴】tɕiɪ˦siəʔ˥ɦuE˩zin˨ 江南的冬天阴雨连绵,只有下雪后才能转晴好天气。

【见缝插针】tɕiɪ˦voŋ˩tsaʔ˥tsən˥

【见人矮三分】tɕiɪ˦ɳ̍ən˨ɵɑ˦sE˥fən˥˩ 觉得自己比别人差,凡事自卑。

【见面亲家公】tɕiɪ˥miɪ˩ts'in˥kɑ˥koŋ˥˩ 形容只有在见面时才显得异常亲热,讽刺人虚伪。

【见人头发货色】tɕiɪ˥ɳ̍ən˩dʏ˩faʔ˥həu˥səʔ˥ 喻待人接物不是一视同仁,讽刺人势利。

【见人发迹自怕穷】tɕiɪ˥ɳ̍ən˩faʔ˥tsiəʔ˥zɿ˨p'o˥dʑioŋ˨ 看到别人兴旺发达,仿佛自己受到损害一般的嫉妒心态。

【见人吃饭喉咙痒】tɕiɪ˥ɳ̍ən˩tɕ'əʔ˥vE˩ɦoʔ˧loŋ˩ɦiã˩ 看到别人吃饭就会引起食欲。喻顿生羡慕。

【见人挑担勿吃力】tɕiɪ˥ɳ̍ən˩t'iæ˥tE˥˩fəʔ˥tɕ'əʔ˥liəʔ˧ 喻不知别人劳作的艰辛。

【见凶碰住见善欺】tɕiı˥ɕioŋ˥ bã˩zɥ˩tɕiı˥zø˩tɕ'i˥ 欺软怕硬。

【见仔厌人说厌话】tɕiı˧˥tsɿ˥˩ ʘiı˥ŋ̊ən˩sə̃˥ʘiı˥ɦo˩ 俗语。当着有某种缺陷或缺点的人说某种缺陷或缺点。

【见怪不怪,其怪自灭】tɕiı˥ kuɑ˥˩pə̃˥kuɑ˧˥,ʤi˩kuɑ˥˩z ɿ˧mie̥˧ 看见怪异的事物,不大惊小怪,那么怪异的事物也就会自行消失,或构不成祸害。

【见人说人话,见鬼说鬼话】tɕiı˧˥ŋ̊ən˧sə̃˥ŋ̊ən˧ɦo˩,tɕiı˧˥ tɕy˥˩sə̃˥tɕy˥˩ɦo˩ 俗语。讥人虚伪。也说【人门前说人话,鬼门前说鬼话】ŋ̊ən˧mən˧ziı˩sə̃˥ŋ̊ən˧ɦo˩,tɕy˧˥mən˧ziı˩sə̃˥tɕy˥˩ɦo˩。

件【ʤiı˥˩】

【件件】ʤiı˧ʤiı˩ 每一件。

间【tɕiı˥˩】另见 jiān。

【间谍】tɕiı˧˥die̥˧

【间断】tɕiı˥dø˩

【间接】tɕiı˧˥tsiə̃˥

【间隙】tɕiı˥tɕ'ə̃˥

【间歇】tɕiı˥ɕə̃˥

饯【tsiı˧˥】

【饯行】tsiı˧˥ɦã˧

建【tɕiı˥˩】

【建立】tɕiı˧˥liə̃˧

【建交】tɕiı˧˥tɕiæ˥

【建设】tɕiı˧˥sə̃˥

【建材】tɕiı˧˥zE˧

【建国】tɕiı˧˥kuə̃˥

【建都】tɕiı˧˥təu˥

【建造】tɕiı˧˥zæ˧

【建筑】tɕiı˧˥tsoʔ˥

荐【tsiı˧˥】

【荐头】tsiı˥dɤ˩

【荐头店】tsiı˥dɤ˩tiı˥˩ 旧时以介绍佣工为业的店铺。

【荐生意】tsiı˧˥sã˥ʘi˥˩ 介绍业务。

贱【ziɪ˨˧˩】

【贱内】ziɪ˧nᴇ˨˩　旧时对人谦称自己的妻子。

【贱货】ziɪ˧həu˥˩　指下贱的女人（骂人的话）。

【贱骨头】ziɪ˧kuəʔ˥dʏ˨˩

【贱货色】ziɪ˧həu˥səʔ˥　指下贱的女人（骂人的话）。

【贱煞格】ziɪ˨˩saʔ˥kəʔ˥　（一）指很容易成活、繁殖的动植物。（二）很下贱的。

剑【tɕiɪ˥˩˧】

【剑池】tɕiɪ˥˩˧zʮ˨˧　苏州名胜虎丘的主要景点，相传吴王阖闾墓即在剑池下面。

【剑柄】tɕiɪ˥pin˥˩　剑的抓手短柄。

【剑眉】tɕiɪ˥˩˧mᴇ˨˩

【剑壳子】tɕiɪ˥˩˧kʻoʔ˥tsɿ˥˩　剑鞘。

涧【kᴇ˥˩˧】文读【tɕiɪ˥˩˧】

监【kᴇ˥˩】文读【tɕiɪ˥˩】

另见 jiān。

【监生】kᴇ˥sən˥˩

【监正】kᴇ˥tsən˥˩　古代官府“监”的首席官。

健【ʥiɪ˨˧˩】

【健】ʥiɪ˨˩　（一）指老年人身体健康。（二）起劲（贬义）。

【健儿】ʥiɪ˧Øəl˥

【健在】ʥiɪ˨˩zᴇ˨˩

【健壮】ʥiɪ˧tsɑ̃˥

【健全】ʥiɪ˧ziɪ˧

【健忘】ʥiɪ˨˩vɑ̃˨˩

【健身】ʥiɪ˧sən˥

【健美】ʥiɪ˧mᴇ˥˩

【健将】ʥiɪ˨˩tsiɑ̃˥˩

【健谈】ʥiɪ˧dᴇ˨˧

【健康】ʥiɪ˧kʻɑ̃˥

舰【kʻᴇ˥˩˧】文读【tɕʻiɪ˥˩˧】

【舰队】kʻᴇ˥dᴇ˨˩

【舰艇】tɕʻiɪ˥tʻin˥˩

渐【ziɿ】

【渐进】ziɿtsinɿ

谏【tɕiɿ】

践【ziɿ】【zEɿ】

【践约】ziɿ∅iaʔ˥
【践位】ziɿɦuEɿ 即位。
【践踏】ziɿdaʔ˧

毽【tɕiɿ】

【毽子】tɕiɿtsɿ˥

腱【ʥiɿ】

【腱子】ʥiɿtsɿ˥ （一）人身上或牛羊等小腿上肌肉发达的部分。（二）喻能干的或敢干的人。
【腱鞘】ʥiɿsiæ˥

溅【tsiɿ】

鉴【kEɿ】文读【tɕiɿ】

【鉴于】tɕiɿɦyɿ
【鉴别】tɕiɿbiəʔ˧
【鉴定】tɕiɿdinɿ
【鉴赏】tɕiɿsɑ̃˥

键【ʥiɿ】

【键盘】ʥiɿbøɿ

槛【kEɿ】文读【tɕʻiɿ】另见 kǎn。

僭【tsiɿ】

【僭先】tsiɿsi˥ 占先。
【僭足】tsiɿtsoʔ˥或tsi˥tsoʔ˥ 沾尽便宜。
【僭胜】tsi˥sənɿ （一）占到先机。（二）占到便宜。
【僭地方】tsiɿdiɿfɑ̃˥ 挤占面积。
【僭便宜】tsiɿbiɿȵəʔ˧或tsi˥biɿȵəʔ˧ 占便宜。
【僭势界】tsiɿsɿ˥kaɿ 挤占面积。

【僭一滴滴】tsiɪ˦˥∅iəʔ˥tiəʔ˥tiəʔ˥ （一）占一点点（便宜）。（二）有一点点（优势）。

【僭傢僭生】tsiɪ˥ka˥tsiɪ˥sã˥˩ 不合理地挤占器皿。

【僭僭上路】tsiɪ˥tsiɪ˥zã˨˩ləu˨˩ 得寸进尺。

踺【tɕiɪ˥˩】

【踺子】tɕiɪ˦˥tsɿ˥

箭【tsiɪ˦˥】

【箭书】tsiɪ˦˥sʮ˥ 用弓箭传递的书信。

【箭头】tsiɪ˥dʏ˨˩

【箭步】tsiɪ˦˥bu˨˩

【箭在弦上，不得不发】tsiɪ˦˥zE˨˩ɦiɪ˦zã˨˩，pəʔ˥təʔ˥pəʔ˥faʔ˥ 喻事情已经到了不得不采取行动的时候。

jiāng

江【kã˥】文读【tɕiã˥】

【江山】kã˥sE˥˩

【江南】kã˥nø˨˩

【江猪】kã˥tsʮ˥˩ 江豚。

【江湖】kã˥ɦəu˨˩

【江北人】kã˥poʔ˥ȵən˨˩ 指江苏省长江以北地区的人。

【江洋大盗】tɕiã˥ɦiã˨˩dɑ˨˩dæ˨˩

【江湖骗子】kã˥ɦəu˨˩piɪ˥tsɿ˥˩

【江西人觅宝】kã˥si˥ȵən˨˩miəʔ˧pæ˥˩ 吴俗语。懂行的江西人特地来搜罗宝物。往往用作讥讽要价过高的东西，或自视过高的人。

【江山好改，本性难移】kã˥sE˥hæ˥˩kE˥˩，pən˥˩sin˥˩nE˦ɦi˦ 指人原来的个性、品质很难改变。往往用作贬义。

【江北人摇船——没得路（橹）】kã˥poʔ˥ȵən˨˩ɦiæ˦zø˦——məʔ˥təʔ˥ləu˨˩（ləu˨˩） 歇后语。“没得橹”的谐音是“没得路”，指毫无办法。

【江西人钉碗——自（嗞）顾（咕）自（嗞）】kã˥si˥ȵən˨˩tin˥˩∅uø˥˩——zɿ˦（zɿ˦）kəu˥（kəu˥）zɿ˨˩（zɿ˨˩） 歇后语。指只顾自己，不顾

或不能顾及别人。“嗞咕嗞咕”是钉碗时钻孔发出的声音,与“自顾自”谐音。

【江湖一点诀,莫对妻儿说】kã˥ɦəu˩ʘiəʔ˥tii˥tɕyəʔ˥,moʔ˧tɛ˦tsʻi˥ɦəl˩səʔ˥ 指必须严守招数的秘密,哪怕妻子和孩子也不能告诉。

【江南当仔江北好,到仔江北喊懊劳】kã˥nø˩tã˦tsɿ˥kã˥poʔ˥hæ˥,tæ˦tsɿ˥kã˥poʔ˥hɛ˦ʘæ˥læ˩ 俗语。喻见异思迁,反吃苦头。

将【tsiã˥】另见 jiàng。

【将】tsiã˦ 下象棋时攻击对方的“将”或“帅”。

【将军】tsiã˥tɕyən˥

【将近】tsiã˥ʥən˩

【将来】tsiã˥lɛ˩

【将要】tsiã˥ʘiæ˦

【将一军】tsiã˦ʘiəʔ˥tɕyən˥ 喻给人出难题,使人为难。

【将军肚】tsiã˥tɕyən˥dəu˩

【将官头】tsiã˥kuø˥dʏ˩ (一)军队中的头。(二)借指团体中的头或主要人物。(三)象棋中的“将”或“帅”。

【将心比心】tsiã˥sin˥pi˥sin˥

【将计就计】tsiã˥tɕi˥zʏ˩tɕi˥

【将功赎罪】tsiã˥koŋ˥zoʔ˧zɛ˩ 拿功劳来抵偿罪过或过失。

【将错就错】tsiã˥tsʻo˥zʏ˩tsʻo˥

【将罡郎头】tsiã˥kã˥lã˩dʏ˩ (一)象棋中的“将”或“帅”。(二)头头。

【将罡郎头突出】tsiã˥kã˥lã˩dʏ˩dəʔ˧tsʻəʔ˥ (一)下象棋时“将”或“帅”走出原来的位置。(二)主要人物亲自出面。

【将来还有将来】tsiã˥lɛ˩ɦuɛ˧ɦiʏ˧tsiã˥lɛ˩ 指前程远大。

姜【tɕiã˥】

【姜汤】tɕiã˥tã˥ 用生姜加糖煎熬成的汤汁,是家庭中自制的用以驱风寒的药品。

【姜末】tɕiã˥məʔ˧ 用生姜切成的细末,用作调味。

【姜片】tɕiã˥pʻi˥ 用生姜切

成的片。

【姜丝】tɕiã˥sɿ˥˩　用生姜切成的细丝。

【姜黄】tɕiã˥ɦuã˩

【姜糖汤】tɕiã˥dã˩tã˥˩　即姜汤。

【姜太公八十遇文王】tɕiã˥t'ɑ˥koŋ˥˩poʔ˥səʔ˥ŋ̍y˩vən˦ɦuã˩　喻到老才受到赏识。

【姜太公在此,百无禁忌】tɕiã˥t'ɑ˥koŋ˥˩zᴇ˩ts'ɿ˥˩,pɑʔ˥vu˩tɕən˥˩dʑi˩　(一)喻有靠山,毫无顾忌。(二)指毫无顾忌。

【姜太公在此,急急如令敕】tɕiã˥t'ɑ˥koŋ˥˩zᴇ˩ts'ɿ˥˩,tɕəʔ˥tɕəʔ˥zɥ˩lin˩ts'əʔ˥　喻权威在此发出严厉的命令(一般为赶走凶神恶鬼的迷信用语)。

豇【kã˥】文读【tɕiã˥】

【豇豆】kã˥dʏ˩

【豇豆干】kã˥dʏ˩kø˥˩　用豇豆的嫩荚晒干而成的食品。

【豇豆汤】kã˥dʏ˩tã˥˩　用豇豆种子制成的甜汤食品。

浆【tsiã˥】、【tsiã˦】

【浆】tsiã˦　原指用粉浆或米汤浸纱。(一)喻在泥水里行走或受泥水污湿。(二)(在某个地方)滞留着(贬义)。

【浆水】tsiã˥sɥ˥˩　较浓的悬浊液体。

【浆补】tsiã˥pu˥˩　滋补。

【浆糊】tsiã˥ɦəu˩　糨糊,用面粉等做成的可以粘贴东西的糊状物。

【浆糊桶】tsiã˥ɦəu˩doŋ˩　(一)存放糨糊的桶。(二)喻无原则地调解或折中的人。

【浆勒里向】tsiã˦ləʔ˧li˧ɕiã˥　滞留在里面(贬义)。

【浆粘门印子】tsiã˥təʔ˥mən˦ʔin˥tsɿ˥˩　喻办事不负责任,马虎了事。

僵【tɕiã˥】

【僵尸】tɕiã˥sɥ˥˩

【僵块】tɕiã˥k'uᴇ˥˩　包裹在蔬果或肌肉里的小硬块。

【僵局】tɕiã˥dʑioʔ˧

【僵哉】tɕiã˥tsᴇ˧或tɕiã˥tsə̆˥ 麻烦了。

【僵脱】tɕiã˥t'ə̆˥ (一)形容冻僵。(二)僵硬。(三)僵持。

【僵硬】tɕiã˥ŋã˩

【僵兮兮】tɕiã˥ɕi˧ɕi˧ (一)僵持的样子。(二)(脸部肌肉)僵硬,形容表情尴尬。

【僵死虫】tɕiã˥sɿ˧zoŋ˩ 指态度僵硬的人。

【僵死鬼】tɕiã˥sɿ˧tɕy˧ (一)身体僵硬的鬼(迷信)。(二)形容态度僵硬的人。

【僵里僵】tɕiã˥li˩tɕiã˥ 形容毫无回旋余地、无法排遣的程度。

【僵蟹蟹】tɕiã˥ha˥ha˧ (一)冻僵的样子。(二)喻(肢体、脸部肌肉)不能活动的样子。

【僵透僵透】tɕiã˥t'ʏ˧tɕiã˥t'ʏ˧ (一)毫无回旋余地的僵持。(二)无法排遣的程度(指麻烦)。

缰【tɕiã˥】

【缰绳】tɕiã˥zən˩

礓【tɕiã˥】

【礓䃰】tɕiã˥ts'ɑ̆˥ 台阶。

疆【tɕiã˥】

【疆土】tɕiã˥t'əu˧

【疆场】tɕiã˥zã˩

jiǎng

讲【kɑ̃˧】文读【tɕiã˧】

【讲义】kɑ̃˧ɦi˧

【讲书】kɑ̃˧sɥ˥ (一)私塾老师讲课。(二)苏州评弹演员向弟子讲述所说的书目内容、技巧。

【讲台】kɑ̃˧dᴇ˧

【讲师】kɑ̃˧sɿ˥

【讲过】kɑ̃˧kəu˧ 说过。

【讲坛】kɑ̃˧dᴇ˧

【讲张】kɑ̃˧tsã˥ 说话,聊天。

【讲究】kɑ̃˧tɕʏ˧

【讲学】kɑ̃˧ɦo̊˧

【讲和】kɑ̃˧ɦəu˧

【讲法】kɑ̃˧fa̍˥

【讲话】kɑ̃˧ɦo˩

【讲座】kɑ̃˥˩zəu˩
【讲课】kɑ̃˥˩kəu˥˩
【讲理】kɑ̃˥˩li˩ 也说成【讲理性】kɑ̃˥˩li˩sin˥˩。
【讲情】kɑ̃˥˩zin˧
【讲斤头】kɑ̃˦tɕən˥dY˩ 谈判。
【讲勿来】kɑ̃˦fəʔ˥lE˩ （一）不会讲。（二）话不投机。
【讲勿听】kɑ̃˦fəʔ˥t'in˥ 意见、批评听不进去。
【讲台头】kɑ̃˦dE˧dY˩ 谈判。
【讲价钿】kɑ̃˦ka˥di˩ （一）讲价或讨价还价。（二）喻在接受任务或举行谈判时提出要求和条件。
【讲闲话】kɑ̃˥˩ɦE˧ɦo˩ （一）说话，聊天。（二）指责，非议。（三）（为某人或某事）出面郑重发表意见、看法。
【讲明白】kɑ̃˦min˧bɑʔ˧ 说清楚。
【讲故事】kɑ̃˥˩kəu˥˩zɿ˩ （一）讲述故事。（二）指编造情节。
【讲得来】kɑ̃˥˩təʔ˥lE˩ （一）能够讲。（二）说话投机、投缘。
【讲勒嗨】kɑ̃˥˩ləʔ˧hE˥˩ 有可能。
【讲情面】kɑ̃˥˩zin˧mi˩ 顾及私人间的情分和面子。
【讲清爽】kɑ̃˦ts'in˥sɑ̃˥˩ 交代清楚。
【讲豁边】kɑ̃˦huaʔ˥pi˥ （一）讲出漏洞来。（二）不该讲的讲了。（三）讲错了。
【讲长讲短】kɑ̃˦zã˧kɑ̃˦tø˥˩ 说长道短。
【讲东讲西】kɑ̃˦toŋ˥kɑ̃˥˩si˥˩ 到处讲述。
【讲得投来】kɑ̃˥˩təʔ˥dY˩lE˩ 说话投机、投缘。

奖【tsiã˥˩】

【奖励】tsiã˦li˧
【奖金】tsiã˦tɕən˥
【奖杯】tsiã˦pE˥
【奖品】tsiã˦p'in˥
【奖章】tsiã˦tsã˥
【奖赏】tsiã˦sã˥

桨【tsiã˥˩】

蒋【tsiãV】

【蒋调】tsiãVdiæɹ 苏州评弹流派唱腔。蒋月泉所创。

【蒋朱调】tsiã˦tsʮ˥diæɹ 苏州评弹流派唱腔。为蒋如庭调和朱介生调的合称，分别由蒋如庭和朱介生所创。

jiàng

匠【zãɹ】

【匠人】zã˦ɳ̍əɲɹ

【匠心】zã˦sin˥

降【kã˦】文读【tɕiã˦】另见 xiáng。

【降级】kã˦tɕiəʔ˥

【降价】kã˦ka˦

【降低】kã˦ti˥

【降临】kã˦lin˦

【降温】kã˦θuən˥

【降落】kã˦loʔ˧

将【tsiã˦】另见 jiāng。

【将才】tsiã˦zEɹ

【将士】tsiã˦zɿɹ

【将门】tsiã˦mənɹ

【将令】tsiã˦linɹ

【将帅】tsiã˦sEV

【将官】tsiã˥kuøV

【将校】tsiã˦ɕiæV

【将领】tsiã˦lin˦

【将遇良才】tsiã˦ɳ̍yɹliã˦zEɹ 指力量相当。

绛【kã˦】文读【tɕiã˦】

强【dʑiãɹ】另见 qiáng；qiǎng。

【强牛】dʑiã˦ɳ̍iYɹ 喻固执、倔强的人。

【强种】dʑiã˦tsoŋV 喻固执、倔强的人。

【强格格】dʑiã˦kaʔ˥kaʔ˥ 形容倔强的样子。

【强勒强】dʑiãɹləʔ˧dʑiãɹ 强硬不屈的样子(贬义)。

【强掰嘴】dʑiã˦pɑʔ˥tsʮV 强词夺理。

【强解劝】dʑiã˦ka˥tɕʻiøV 偏袒一方的劝解。

【强头倔脑】ʥiã˦dʏ˩ʥyəʔ˧ næ˩ 强硬不屈的样子（贬义）。
【强头强脑】ʥiã˦dʏ˦ʥiã˩ næ˩ 强硬不屈的样子（贬义）。
【强头拔耳朵】ʥiã˦dʏ˦bɑʔ˧ ȵi˩təu˥˩ 强硬不屈的样子（贬义）。

酱【tsiã˥˧】

【酱方】tsiã˥fã˥˩ 苏州特色菜肴。用猪的硬肋肉切成正方块，略腌后用文火煮烂，再蒸而成。
【酱瓜】tsiã˥ko˥˩
【酱色】tsiã˥səʔ˥
【酱肉】tsiã˥ȵoʔ˧
【酱园】tsiã˥ɦiø˩
【酱油】tsiã˥ɦiʏ˩
【酱姜】tsiã˥tɕiã˥˩
【酱缸】tsiã˥kã˥˩
【酱菜】tsiã˥tsʻE˥˩
【酱蹄】tsiã˥di˩
【酱猪肉】tsiã˥tsɥ˥ȵoʔ˧ 苏州特色菜肴。将带皮猪的肋肉用文火煮至酥烂，浇上红米制成的卤汁。
【酱煨蛋】tsiã˥θuE˥dE˩ 用酱油、糖等佐料再烹煮的水煮去壳鸡蛋。
【酱里虫，酱里死】tsiã˥˧li˩ zoŋ˦，tsiã˥˧li˩si˥˩ 喻什么地方来，什么地方去。
【酱缸打碎，架子尚在】tsiã˥ kã˥tã˥˩sE˥˩，kɑ˥tsɿ˥˩zã˩ zE˩ 喻境况大不如前，却硬撑着以前的场面。

犟【ʥiã˩】

【犟到底，苦到死】ʥiã˩tæ˥˩ ti˥˩，kʻəu˥˩tæ˥˩si˥˩ 形容坚持一意孤行，将永远吃苦。

jiāo

交【kæ˥】文读【tɕiæ˥】

【交九】kæ˥tɕiʏ˥˩
【交叉】kæ˥tsʻo˥˩
【交火】tɕiæ˥həu˥˩
【交心】tɕiæ˥sin˥˩
【交手】tɕiæ˥sʏ˥˩ 比试，较量。
【交代】kæ˥dE˩

【交关】tɕiæ˥kuE˥˩˧
【交汇】tɕiæ˥ɦuE˨˧˩
【交加】tɕiæ˥tɕiɑ˥˩˧
【交会】tɕiæ˥ɦuE˨˧˩
【交兵】tɕiæ˥pin˥˩˧
【交还】kæ˥ɦuE˨˧˩
【交运】kæ˥ɦYən˨˧˩　碰上好运气。
【交际】tɕiæ˥tsi˥˩˧
【交困】tɕiæ˥k'uən˥˩˧
【交纳】tɕiæ˥naʔ˧
【交织】tɕiæ˥tsəʔ˥
【交账】kæ˥tsã˥˩˧
【交易】tɕiæ˥ɦi˨˧˩或tɕiæ˥ɦiəʔ˧
【交底】kæ˥ti˥˩˧
【交卷】kæ˥tɕiø˥˩˧
【交迫】tɕiæ˥p'əʔ˥
【交战】tɕiæ˥tsø˥˩˧
【交保】tɕiæ˥pæ˥˩˧
【交差】kæ˥ts'ɑ˥
【交界】tɕiæ˥tɕiɑ˥˩˧
【交卸】kæ˥siɑ˥˩˧
【交秋】kæ˥ts'Y˥　进入秋天。
【交春】kæ˥ts'ən˥　进入春天。
【交谊】tɕiæ˥ȵi˨˧˩
【交班】kæ˥pE˥˩˧
【交换】tɕiæ˥ɦuø˨˧˩
【交流】tɕiiæ˥lY˨˧˩
【交配】tɕiæ˥p'E˥˩˧
【交涉】tɕiæ˥zəʔ˧
【交谈】tɕiæ˥dE˨˧˩
【交通】tɕiæ˥toŋ˥˩˧
【交游】tɕiæ˥ɦiY˨˧˩
【交接】kæ˥tsiəʔ˥
【交情】tɕiæ˥zin˨˧˩
【交盘】kæ˥bø˨˧˩　（一）移交。（二）认输。
【交椅】tɕiæ˥Øi˥˩˧或kæ˥ɦY˨˧˩
【交锋】tɕiæ˥foŋ˥˩˧
【交替】tɕiæ˥t'i˥˩˧
【交错】kæ˥ts'o˥˩˧　（一）交叉，错杂。（二）相向而行，交叉而过。（三）相差。
【交白卷】kæ˥bɑʔ˧tɕø˥˩˧
【交际花】tɕiæ˥tsi˥ho˥˩˧
【交际舞】tɕiæ˥tsi˥vu˨˧˩
【交杯酒】tɕiæ˥pE˥tsY˥˩˧
【交响乐】tɕiæ˥ɕiã˥ɦioʔ˧
【交头接耳】tɕiæ˥dY˧tsiəʔ˥ɦəl˥˩˧

郊【tɕiæ˥】

【郊区】tɕiæ˥tɕ'y˥˩˧

茭【kæ˥】文读【tɕiæ˥】

【茭白】kæ˥bɒʔ˧

【茭白壳】kæ˥bɒʔ˧k'oʔ˥ 茭白的外壳。

【茭白突勒屎坑里——半爿俏】kæ˥bɒʔ˧dəʔ˧laʔ˧sɿ˥˦k'ã˥li˩——pø˥bᴇ˩ts'iæ˦ 歇后语。指还可以,有一半是好的。

浇【tɕiæ˥】

【浇头】tɕiæ˥dʏ˩

【浇粪】tɕiæ˥fən˦ 施粪肥。

【浇瀴】tɕiæ˥Øin˥˩ 浇水熄火。

【浇切片】tɕiæ˥ts'iəʔ˥p'ii˥˩ 用芝麻、白糖制成呈薄片状的苏式糖果。

【浇冷水】tɕiæ˥lã˧sɥ˥

娇【tɕiæ˥】

【娇儿】tɕiæ˥ɦəl˩

【娇小】tɕiæ˥siæ˥˩

【娇气】tɕiæ˥tɕ'i˥˩

【娇客】tɕiæ˥k'ɑʔ˥

【娇贵】tɕiæ˥kuᴇ˥˩

【娇俏】tɕiæ˥ts'iæ˥˩ 娇嫩俏丽(多用来形容女子的声音)。

【娇阁】tɕiæ˥koʔ˥ 形容身体娇嫩、柔弱。

【娇嫩】tɕiæ˥nən˩

【娇滴滴】tɕiæ˥tiəʔ˥tiəʔ˥

【娇小玲珑】tɕiæ˥siæ˥˩lin˧loŋ˩

【娇生惯养】tɕiæ˥sən˥kuᴇ˦ɦiã˩

姣【tɕiæ˥】

骄【tɕiæ˥】

【骄】tɕiæ˥ 骄傲,看不起别人。

【骄子】tɕiæ˥tsɿ˥˩

【骄气】tɕiæ˥tɕ'i˥˩

【骄傲】tɕiæ˥ŋæ˩

【骄横】tɕiæ˥ɦuã˩

【骄骄子】tɕiæ˥tɕiæ˥tsɿ˥˩ 十分骄傲的人。

【骄得日月无光】tɕiæ˥təʔ˥zəʔ˧ɦʏəʔ˧vu˩kuã˥ 骄傲得不可收拾。

胶【kæ˥】文读【tɕiæ˥】

【胶木】kæ˥moʔ˧
【胶片】kæ˥p'i˨˩
【胶水】kæ˥sʮ˨˩
【胶布】kæ˥pu˨˩
【胶卷】kæ˥tɕø˨˩
【胶带】kæ˥tɑ˨˩
【胶菜】tɕiæ˥ts'E˨˩　山东白菜。
【胶囊】kæ˥nɑ̃˩

教【kæ˥】文读【tɕiæ˥】另见 jiào。

【教书】kæ˥sʮ˨˩
【教学】tɕiæ˦ɦioʔ˧
【教书匠】kæ˥sʮ˥ziɑ̃˩
【教书先生】kæ˥sʮ˥si˩˥sɑ̃˨˩　(一)教师。(二)趣语。吴语中"书"、"输"同音。"教书"意会成"教输",指博弈中不高明的指导者。
【教会徒弟,饿煞师父】kæ˥ø uE˨˩dəu˧di˩,ŋəu˩saʔ˥sɿ˥ vu˩　技艺传给了学生,师父难以营生。
【教出来格臭气,长出来格志气】kæ˦ts'əʔ˥lE˩kəʔ˥ts'Y˥ tɕ'i˨˩,tsɑ̃˦ts'əʔ˥lE˧kəʔ˥tsʮ˥ tɕ'i˨˩　指依靠督促的学习是学不好的,自觉学习才能学好。

椒【tsiæ˥】

【椒盐】tsiæ˥ɦi˩
【椒盐排骨】tsiæ˥ɦi˩˩bɑ˧ kuəʔ˥　(一)用椒盐做调味品的油炸猪排。(二)喻身体瘦小的人或瘦小的身体。

蛟【tɕiæ˥】

【蛟龙】tɕiæ˥loŋ˩

焦【tsiæ˥】

【焦】tsiæ˥　植物枯萎。
【焦土】tsiæ˥t'əu˨˩
【焦化】tsiæ˥ho˨˩
【焦灼】tsiæ˥tsaʔ˥
【焦油】tsiæ˥ɦiY˩
【焦点】tsiæ˥ti˨˩
【焦急】tsiæ˥tɕəʔ˥

【焦炭】tsiæ˥tʻE˥˩
【焦香】tsiæ˥ɕiã˥˩ 食品焦化之前透出的香味。
【焦虑】tsiæ˥li˩
【焦毛气】tsiæ˥mæ˩tɕʻi˥˩ 食品烧焦后透出的臭气。
【焦枯气】tsiæ˥kʻəu˥tɕʻi˥˩ 义同【焦毛气】。
【焦瘰瘰】tsiæ˥lE˩lE˩ 詈人语。
【焦头烂额】tsiæ˥dY˩lE˩ŋɑʔ˧

跤【kæ˥】文读【tɕiæ˥】

蕉【tsiæ˥】

礁【tsiæ˥】

【礁石】tsiæ˥zɑʔ˧

鹪【tsiæ˥】

jiáo

矫【tɕiæ˥˩】另见 jiǎo。

嚼【ziɑʔ˧】文读【zioʔ˧】

【嚼环】ziɑʔ˧guE˩ 为便于驾御,横放在牲口嘴里的小铁链,两端连在笼头上。
【嚼蛆】ziɑʔ˧tsʻi˥ （一）胡言乱语。（二）聊天,闲聊（贬义）。
【嚼舌头根】ziɑʔ˧zəʔ˧dY˩kən˥˩ （一）信口胡说,搬弄是非。（二）无谓地争辩。
【嚼勿出啥猪油筋】ziɑʔ˧fəʔ˥tsʻəʔ˥sɑ˩tsɿ˥ɦiY˩tɕən˥˩ 指乱说不出什么结果（贬义）。
【嚼点啥格猪油筋】ziɑʔ˧tiɪ˥˩sɑ˩kəʔ˥tsɿ˥ɦiY˩tɕən˥˩ 指在乱说什么（贬义）。

jiǎo

角【koʔ˥】文读【tɕioʔ˥】另见 jué

【角子】koʔ˥tsɿ˥˩ （一）旧时通用的一角和两角的小银币。（二）面值以角为单位的纸币或硬币的统称。（三）道路交叉的地方,转弯的地方。
【角门】koʔ˥mən˧
【角尺】koʔ˥tsʻɑʔ˥

【角巴】kɔʔ˥pɒ˦˨ 一角钱。
【角头】kɔʔ˥dʏ˨˦ 面值以角为单位的纸币。
【角咚】kɔʔ˥toŋ˥ 象声词。石子或类似石子的东西落水的声音。
【角度】kɔʔ˥dəu˨˩
【角笃】kɔʔ˥tɔʔ˥ 象声词。(一)小东西掉落在硬物上的声音。(二)吞咽液体的声音。
【角带】kɔʔ˥tɑ˦˨ 古代级别较低官员所用的牛角装饰腰带。
【角票】kɔʔ˥pʻiæ˦˨
【角落】kɔʔ˥lɔʔ˧ (一)两堵墙或类似墙的东西相接处的凹角。(二)指偏僻的地方。(三)象声词。小硬物碰撞发出的微小的声音。
【角膜】kɔʔ˥mɔʔ˧
【角的笃】kɔʔ˥tiəʔ˥tɔʔ˥ 象形词。义见【角笃】。
【角落头】kɔʔ˥lɔʔ˧dʏ˨˩ 角落里。
【角落笃】kɔʔ˥lɔʔ˧tɔʔ˥ 象声词。义见【角笃】。
【角落落】kɔʔ˥lɔʔ˧lɔʔ˧ (一)象声词。小东西在地上滚动的声音。(二)形容很快地转动。
【角角落落】kɔʔ˥kɔʔ˥lɔʔ˧lɔʔ˧ 指所有细微的地方。
【角簌角簌】kɔʔ˥sɔʔ˥kɔʔ˥sɔʔ˥ (一)象声词。形容细小的声音。(二)做小动作的样子。

侥【tɕiæ˥˩】

佼【tɕiæ˥˩】

【佼佼者】tɕiæ˥tɕiæ˥tsE˥˩ 胜过一般水平的人。

挢【dʑiæ˨˩】

狡【tɕiæ˥˩】

【狡猾】tɕiæ˥ɦuɑʔ˧
【狡辩】tɕiæ˥˩bi˨˩

饺【tɕiæ˥˩】

【饺子】tɕiæ˦˨tsɿ˥

绞【kæ˅】、【gæ˩】文读【tɕiæ˅】

【绞车】kæ˧ts'o˥

【绞刑】kæ˧ɦin˩或tɕiæ˧ɦin˩

【绞花】gæ˧ho˥　把两股以上的条状物扭在一起。

【绞错】gæ˧ts'oʔ˥　"×",表示错误。

【绞索】tɕiæ˧soʔ˥

【绞圈】kæ˧tɕ'iø˥　放在"一"后面,表示(绕)一圈。

【绞盘】kæ˧bø˩

【绞力棒】kæ˧liəʔ˧bã˩　一种形似辫子的油炸面食品。

【绞毛巾】kæ˅mæ˧tɕən˥　把毛巾拧干。

【绞刑架】tɕiæ˧ɦin˧tɕia˅　在架子上系着绞索,把人吊死的刑具。

【绞丝旁】kæ˧sɿ˥bã˅　汉字偏旁,如"红"字的左半部分。

【绞肠痧】kæ˧zã˧so˅　痢疾。

【绞尽脑汁】kæ˧zin˩næ˧tsəʔ˥　费尽思虑,费尽脑筋。

铰【kæ˅】文读【tɕiæ˅】

【铰链】kæ˧li˩

【铰链棒】kæ˧li˧bã˩　义同【绞力棒】。

矫【tɕiæ˅】

【矫正】tɕiæ˅tsən˅

【矫诏】tɕiæ˥tsæ˅　假托皇帝命令。

【矫形】tɕiæ˅ɦin˩

【矫健】tɕiæ˥dʑi˩

【矫枉过正】tɕiæ˥θuã˅kəu˅tsən˅

【矫揉造作】tɕiæ˥zʏ˩zæ˧tsoʔ˥

皎【tɕiæ˅】

【皎洁】tɕiæ˥tɕəʔ˥

【皎皎】tɕiæ˥tɕiæ˅

脚【tɕiɑʔ˥】中州韵【tɕioʔ˥】另见 jué。

【脚】tɕiɑʔ˥　(一)人或动物

腿的下端，接触地面、支持身体的部分。（二）东西的最下部。（三）滤出或沉淀在液体中的渣滓。（四）极少量的剩余物。

【脚力】tɕiɑʔ˥liəʔ˧ （一）两腿的力气。（二）喻抗衡的能力。

【脚丫】tɕiɑʔ˥0o˥ 脚趾之间。

【脚门】tɕiɑʔ˥mən˧

【脚气】tɕiɑʔ˥tɕʻi˧ 脚癣的通称。

【脚爪】tɕiɑʔ˥tsɑ˥或tɕiɑʔ˥tsæ˥ 动物的爪子。

【脚夫】tɕiɑʔ˥fu˥

【脚印】tɕiɑʔ˥0in˧

【脚布】tɕiɑʔ˥ɓu˧ 洗脚用的毛巾。

【脚本】tɕiɑʔ˥ɓən˥

【脚头】tɕiɑʔ˥dʏ˧ （一）指脚的力量。（二）放在“一”后面表示踢一脚。

【脚边】tɕiɑʔ˥ɓiɪ˥ （一）脚的旁边，表示很近。（二）后缀词。表示将近。如：冬至脚边：冬至将近。

【脚色】tɕiɑʔ˥səʔ˥ （一）角色。（二）指城府很深、老于世故的人。

【脚尖】tɕiɑʔ˥tsiɪ˥

【脚灯】tɕiɑʔ˥tən˥

【脚花】tɕiɑʔ˥ho˥ 脚的支撑力。

【脚里】tɕiɑʔ˥li˩ （一）脚里面。（二）腿脚里。

【脚步】tɕiɑʔ˥bu˩

【脚劲】tɕiɑʔ˥tɕən˧ 两腿的力气。

【脚底】tɕiɑʔ˥ti˥

【脚转】tɕiɑʔ˥tsø˥ 挽回。

【脚炉】tɕiɑʔ˥ləu˧

【脚背】tɕiɑʔ˥ɓᴇ˧ 脚面，又称【脚背头】tɕiɑʔ˥ɓᴇ˧dʏ˧。

【脚盆】tɕiɑʔ˥bən˧

【脚钿】tɕiɑʔ˥diɪ˧ 指付给搬运东西的人的工钱。

【脚圈】tɕiɑʔ˥tɕʻiø˥ 猪的爪与小腿之间的部分。

【脚脚】tɕiɑʔ˥tɕiɑʔ˥ （一）每一脚，步步。（二）义同【脚】（三）、（四）。（三）脚，多作童语。

【脚筋】tɕiɑʔ˥tɕən˥ 小腿部的韧带。

【脚路】tɕiɑʔ˥ləu˩ 门路。

【脚掌】tɕiɑʔ˥tsã˥
【脚跟】tɕiɑʔ˥kən˥
【脚镣】tɕiɑʔ˥liæ˧
【脚镯】tɕiɑʔ˥zoʔ˧
【脚丫垠】tɕiɑʔ˥θo˥k'ən˥˩ 脚趾间的泥状脏物。
【脚节头】tɕiɑʔ˥tsiəʔ˥dʏ˩ 脚趾。
【脚半边】tɕiɑʔ˥pø˥pii˥˩ 脚边。形容很近的地方。
【脚节掐】tɕiɑʔ˥tsiəʔ˥k'aʔ˥ 脚指甲。
【脚边路】tɕiɑʔ˥pii˥ləu˩ 形容行程距离短。
【脚头散】tɕiɑʔ˥dʏ˧sE˧ 形容喜欢东走西走,在一个地方待不住。
【脚头硬】tɕiɑʔ˥dʏ˧ŋã˩ 形容脚踢出去的力量大。
【脚头野】tɕiɑʔ˥dʏ˧ɦiɑ˩ 义同【脚头散】。
【脚头勤】tɕiɑʔ˥dʏ˧dʑən˧ 形容跑来跑去,很勤快。
【脚后跟】tɕiɑʔ˥ɦʏ˩kən˥ 脚跟。
【脚步钿】tɕiɑʔ˥bu˩dii˩ 跑腿的好处费。
【脚里向】tɕiɑʔ˥li˩ɕiã˥˩ (一)脚里面。(二)腿脚里。
【脚底下】tɕiɑʔ˥ti˧ɦo˩ 脚下。
【脚底心】tɕiɑʔ˥ti˧sin˥ 脚掌的中心。
【脚脚头】tɕiɑʔ˥tɕiɑʔ˥dʏ˩ (一)极少量的剩余菜肴。(二)滤出或沉淀在液体中的渣滓。
【脚脚僭】tɕiɑʔ˥tɕiaʔ˥tsii˥˩ 得寸进尺。
【脚湿气】tɕiɑʔ˥səʔ˥tɕ'i˥˩ 脚气病。
【脚碰脚】tɕiɑʔ˥pã˥˩tɕiɑʔ˥ 指相差不多。
【脚碰膀】tɕiɑʔ˥bã˩p'ã˥˩ 指相差不多。
【脚跟头】tɕiɑʔ˥kən˥dʏ˩ 脚的旁边。
【脚馒头】tɕiɑʔ˥mø˧dʏ˩ 膝盖。
【脚踝骨】tɕiɑʔ˥kəu˥kuəʔ˥ 踝骨。
【脚踏车】tɕiɑʔ˥dã˧ts'o˥ 自行车。
【脚步大乱】tɕiɑʔ˥bu˩da˩lø˩ 喻原先的部署完全被打乱了。

【脚进脚出】tɕiɑʔ˥tsin˧˦tɕiɑʔ˥tsʻaʔ˥ 正在临界点上；喻相差无几。

【脚踏两头船】tɕiɑʔ˥daʔ˧liã˦dY˦zø˩ 喻因为对事物认识不清或存心投机取巧而跟两方面都保持联系。

【脚打鼓，一世苦】tɕiɑʔ˥tã˥˧kəu˥˧，∅iəʔ˥sɥ˥˧kʻəu˥˧ 迷信认为，走路时，脚跟似打鼓的人注定一世命运不好。

【脚底下拓油——溜】tɕiɑʔ˥ti˥˧ɦo˩tʻaʔ˥ɦiY˦——lY˥ 歇后语。溜走。

【脚生勒肚皮底下】tɕiɑʔ˥sã˥ləʔ˧dəu˦bi˦ti˥˧ɦo˩ 指无法阻拦别人的行动。

【脚布揩面——上下勿分】tɕiɑʔ˥pu˧˦kʻɑ˥mi˩˧——zɑ̃˦ɦo˩fəʔ˥fən˥ 歇后语。不守上下有别的规矩。

【脚炉盖当镜子——看穿】tɕiɑʔ˥ləu˦kE˥˧tɑ̃˧˦tɕən˥tsɿ˥˧——kʻø˥tsʻø˥˧ 歇后语。指看透本来面目或看透世事。

【脚馒头浪打瞌睡——自靠自】tɕiɑʔ˥mø˦dY˩lɑ̃˩tã˥˧kʻəʔ˥tsʻoŋ˥˧——zɿ˦kʻæ˥zɿ˩ 歇后语。靠自己，不指望别人。

【脚踏西瓜皮，滑到哪里是哪里】tɕiɑʔ˥daʔ˧si˥ko˥bi˩˧，ɦuaʔ˧tæ˥˧lo˦li˩zɿ˥˧lo˦li˩ 俗语。喻人或是没有主见，或是没有驾驭自己命运的能力，随波逐流，听天由命。

搅【kæ˥˧】、【gæ˩】文读【tɕiæ˥˧】

【搅】(1)kæ˥˧ (一)嬉耍。(二)折腾。(2)gæ˩ 胡乱纠缠。

【搅局】kæ˥˧dʑoʔ˧

【搅乱】gæ˩lø˩

【搅蛆】kæ˧˦tsʻi˥ 与人身体扭结在一起嬉耍。

【搅头势】gæ˦dY˦sɥ˥˧ 胡乱纠缠或折腾的势头。

【搅家精】kæ˧˦kɑ˥tsin˥˧ 指常常做出损害家庭的事来的人。

【搅脚劲】gæ˦tɕɑʔ˥tɕən˥˧ 胡搅蛮缠。

【搅七廿三】gæ˦tsiəʔ˥n̥i˦

SEV　（一）胡搅蛮缠。（二）乱搞男女关系。

【搅七搅八】gæ˧ts'iəʔ˥gæ˧poʔ˥　胡搅蛮缠。

【搅五搅六】gæ˧ŋ̍˩gæ˧loʔ˧　胡搅蛮缠。

敫【tɕiæ˥˩】

剿【ziæ˩】中州韵【tsiæ˥˩】

【剿】ziæ˩　（一）捣乱，嬉闹。（二）搅动。

【剿匪】ziæ˩fi˧　用武力消灭敌人。

【剿剿】ziæ˩ziæ˩　义同【剿】。

【剿浆头】ziæ˧tsiã˥dY˩　（一）捣乱；嬉闹。（二）搅拌制作糨糊。（三）淀粉加水调成乳状。

徼【tɕiæ˥˩】

【侥幸】tɕiæ˥ɕən˥˩　由于偶然的原因而得到成功或免去灾害。

缴【kæ˥】文读【tɕiæ˥】

【缴纳】tɕiæ˥naʔ˧

【缴获】tɕiæ˥ɦuəʔ˧

【缴销】tɕiæ˥siæ˥˩

jiào

叫【tɕiæ˧】

【叫人】tɕiæ˧ȵən˧　（一）招呼人，呼唤人。（二）命人。

【叫子】tɕiæ˥tsɿ˥˩　哨子。

【叫门】tɕiæ˧mən˧

【叫仔】tɕiæ˧tsɿ˥˩　（一）叫了；招呼了。（二）口头禅。一时想不出话的过渡。

【叫鸟】tɕiæ˥tiæ˥˩　喜欢信口评论的人。

【叫叫】tɕiæ˥tɕiæ˥˩　哨子。

【叫好】tɕiæ˧hæ˥˩

【叫应】tɕiæ˥ʔin˥˩　招呼，呼唤。

【叫苦】tɕiæ˧k'əu˥˩

【叫卖】tɕiæ˥mɑ˩

【叫板】tɕiæ˧pE˥˩

【叫屈】tɕiæ˧tɕ'yəʔ˥

【叫座】tɕiæ˧zəu˩

J

【叫得】tɕiæ˦tə ʔ˥ (一)喊得,呼唤得。(二)只要。

【叫啥】tɕiæ˦sɑ˦ (一)叫什么(名字、名称)。(二)却偏偏(含意外、突然的意思)。

【叫做】tɕiæ˦tsəu˥˩

【叫船】tɕiæ˦zø˧ 雇船。

【叫菜】tɕiæ˦ts'ᴇ˦ 饭店里点菜。

【叫喜】tɕiæ˥ɕi˥˩ 叫魂。有时用作讨厌别人频繁招呼自己的比喻词。

【叫鞭】tɕiæ˥pi˥˩ 哨子。

【叫魂】tɕiæ˦ɦuən˧ (一)迷信认为患某些疾病是由于灵魂离开身体所致,呼唤病人的名字能使灵魂回到其身上,治好疾病。这种做法叫作叫魂。(二)讨厌别人频繁招呼自己的比喻词。

【叫化子】kæ˥ho˥tsɿ˥˩ 乞丐。

【叫化鸡】kæ˥ho˥tɕi˥˩ 苏州常熟名菜,用泥巴裹鸡煨熟。

【叫句子】tɕiæ˥tɕy˥tsɿ˥˩ 指桑骂槐式的发话。

【叫名头】tɕiæ˥min˩dʏ˩ (一)名义上。(二)论起来,算起来。

【叫哥哥】tɕiæ˥kəu˥kəu˥˩ 一种螽斯,翅短,腹大,雄的前翅基部可摩擦发声。苏州人喜笼养。

【叫春猫】tɕiæ˥ts'ən˥mæ˩ 发情的猫。

【叫救命】tɕiæ˦tɕiʏ˥min˩ 喊救命。

【叫得应】tɕiæ˦tə ʔ˥Øin˥˩ (一)一招呼便答应,形容关系紧密。(二)马上就有反应,形容敏感。

【叫声倷□】tɕiæ˦sã˥nᴇ˩□"□" 表示人的姓名。表示郑重或严厉地对"□"人说话。

【叫化甲头】kæ˥ho˥˩kaʔ˥dʏ˧ 叫化子的头。

【叫呼得应】tɕiæ˥həu˥tə ʔ˥Øin˥˩ 义同【叫得应】。

【叫浜西瓜】tɕiæ˥pã˥si˥ko˥˩ 船载西瓜在河浜里叫卖。其叫卖的调子十分悠长优美。

【叫好勿叫座】tɕiæ˦hæ˥˩fə ʔ˥tɕiæ˦zəu˩ 指口碑极好,但卖座率不高的艺术表演。喻口碑好,响应者少的其他活动。

【叫得应天响】tɕiæ˦˨tə˥˩θin˥ t'iɪ˥ɕiã˨ 形容呼喊声音极其响亮。

【叫化胡琴一黄昏】kæ˥ ho˨ɦəu˦dʑən˨θiə˥ɦuã˦ɦuən˨ 指胡琴易学难精。

【叫化子勿留隔夜食】kæ˥ ho˥tsɿ˨fə˥lY˦kɑ˥θiɑ˦zə˧ 俗语。讥讽只图眼前,不思积蓄储备。调侃嘴馋的人。

【叫化子咽勿落讨饭】kæ˥ ho˥tsɿ˨θiɪ˥fə˥lo˧t'æ˨vɛ˨ 俗语。(一)喻同行互相排斥。(二)指无谓的嫉妒。

【叫化子杀猢狲——极篡】kæ˥ho˥tsɿ˨sa˥ɦuə˧sən˨——dʑə˧ts'ø˨ 歇后语。形容极笨拙地做。

【叫化子吃死蟹——只只好】kæ˥ho˥tsɿ˨tɕ'ə˥si˦ha˨——tsɑ˥tsɑ˥hæ˨ 歇后语。每样都是好的。

【叫化子逃脱猢狲——呒不戏唱】kæ˥ho˥tsɿ˨dæ˦t'ə˥ɦuə˧sən˨——m̩˦pə˥ɕi˦ts'ã˨ 歇后语。该歇后语中的叫化子,应是要猴要饭的。本歇后语指断了根本、没了指望,不能做什么了。

【叫化子唱小调——穷开心】kæ˥ho˥tsɿ˨ts'ã˦siæ˦diæ˨——dʑioŋ˦k'ɛ˥sin˨ 歇后语。(一)非常开心。(二)贫穷的人不用花费而享受到的欢乐。

【叫化子骑狗——穷人穷马】kæ˥ho˥tsɿ˨dʑi˦kY˨——dʑioŋ˦ȵ̍ən˦dʑioŋ˦mo˨ 歇后语。指处境贫穷。

【叫人勿蚀本,舌头浪向打个滚】tɕiæ˦ȵ̍ən˦fə˥zə˧pən˨,zə˧dY˨lã˨ɕiã˨tã˨kə˥kuən˨ 俗语。嘴巴甜,不吃亏。

【叫化子吃炒三鲜——要一样,呒一样】kæ˥ho˥tsɿ˨tɕ'ə˥ts'æ˦sɛ˥siɪ˨——θiæ˦θiə˥ɦiã˨,m̩˦θiə˥ɦiã˨ 歇后语。缺这少那,要什么没什么。

【叫化子呒不棒——受狗格气】kæ˥ho˨tsɿ˨m̩˦pə˥bã˨——zY˨kY˨kə˥tɕ'i˦ 歇后语。激愤语。指受人格

卑鄙的人的气。

【叫化子戳城门——城里城外一样格】kæ˥ho˥tsɿ˥˩gᴇ˩ zən˧mən˩——zən˧li˩zən˧ŋɑ˩ɵiəʔ˥ɦiã˩kəʔ˥ 歇后语。指反正都一样。

【叫化子生鼓胀病——穷人大肚皮】kæ˥ho˥tsɿ˥˩sã˥kəu˧tsã˥bin˩——dʑioŋ˧ȵən˩dəu˧dəu˧bi˩ 歇后语。(一)人穷反而大度。(二)调侃语。指穷人吃得下饭。

觉【kæ˦˩˨】文读【tɕoʔ˥】、【tɕiæ˦˩˨】另见 jué。

【觉】kæ˦˩˨ 醒。

【觉转来】kæ˦˩˨tsø˥lᴇ˩ 睡醒过来。

珓【tsæ˦˩˨】文读【tɕiæ˥】

校【tɕiæ˦˩˨】另见 xiào。

【校订】tɕiæ˥˩tin˥˩

【校对】tɕiæ˥˩tᴇ˥˩

【校正】tɕiæ˥˩tsən˥˩

【校场】kæ˥zã˩

【校样】tɕiæ˥˩ɦiã˩

轿【dʑiæ˧】

【轿子】dʑiæ˧tsɿ˥˩

【轿厅】dʑiæ˧tʻin˥ 旧时大户人家停放轿子的房屋。

【轿夫】dʑiæ˧fu˥ 从事抬轿职业的人。

【轿车】dʑiæ˧tsʻo˥

【轿杠】dʑiæ˧kɑ̃˥˩ 桥子两边的杆子。

【轿肚】dʑiæ˧dəu˩ 轿子里面坐人的地方。

【轿班】dʑiæ˧pᴇ˥ 替官员抬轿的轿夫。

【轿门帘】dʑiæ˧mən˧li˩ 悬挂在轿肚出入处的帘子。

较【kæ˦˩˨】文读【tɕiæ˦˩˨】

【较为】tɕiæ˥ɦuᴇ˩

【较场】kæ˥zã˩

【较量】tɕiæ˥liã˩

【较把手】kæ˥˩po˥˩sʏ˥˩ 较量一下。

【较场里个麻雀——吓大格】

kæ˥zɑ̃˩li˩kəʔ˥mo˧ tsʻiɑʔ˥——hɑʔ˥dəu˩kəʔ˥ 歇后语。伴着惊吓长大的。喻对饱受惊吓经历的人,不必用恐吓的手段。

教【kæ˦】文读【tɕiæ˦】另见 jiāo。

【教门】tɕiæ˥mən˩
【教工】tɕiæ˦koŋ˥
【教训】tɕiæ˥ɕyən˨
【教正】tɕiæ˨tsən˨
【教头】tɕiæ˦dʏ˧
【教师】tɕiæ˦sɿ˥
【教导】tɕiæ˦dæ˧
【教会】tɕiæ˦ɦuE˧ 天主教、东正教、新教等教派的信徒的组织。
【教材】tɕiæ˦zE˧
【教条】tɕiæ˦diæ˧
【教学】tɕiæ˦ɦioʔ˧
【教育】tɕiæ˦ɦioʔ˧或tɕiæ˦ ɵioʔ˥
【教练】tɕiæ˦li˩
【教养】tɕiæ˦ɦiɑ̃˩
【教室】tɕiæ˦səʔ˥
【教徒】tɕiæ˦dəu˩
【教唆】tɕiæ˦səu˥
【教堂】tɕiæ˦doŋ˩
【教鞭】tɕiæ˦pii˥
【教科书】tɕiæ˦kʻəu˥sʮ˨

窖【tɕiæ˦】

酵【kæ˦】文读【ɕiæ˦】

【酵头】kæ˦dʏ˧ 含有酵母的面团。

蟹【tsiæ˦】

醮【tsiæ˦】

jiē

节【tsiəʔ˥】另见 jié。

【节疤】tsiəʔ˥poʔ˥ 树木的分枝砍去后在干枝上留下的疤。

阶【kɑ˥】文读【tɕiɑ˥】中州韵【tɕi˥】

【阶层】tɕiɑ˥zən˩
【阶沿】kɑ˥ɦii˩ 石砌的台

阶。
【阶段】ʨiɑ˥dø˩
【阶梯】ʨiɑ˥t'i˥˩
【阶下囚】ʨiɑ˥ɕiɑ˥˩zY˩
【阶沿石】kɑ˥˧hiɪ˩˧zɑʔ˧　砌台阶的石条。
【阶沿踏勚】kɑ˥˧hiɪ˩˧dɑʔ˧θi˧˦　形容上门的人很多。

疖【ʦiəʔ˥】

皆【ʨiɑ˥】文读【ʨiɪ˥】

【皆大欢喜】ʨiɑ˥dɑ˩huø˥ɕi˥˩

结【ʨəʔ˥】另见 jié。

【结果】ʨəʔ˥kəu˥˩
【结实】ʨəʔ˥zəʔ˧

接【ʦiəʔ˥】

【接力】ʦiəʔ˥liəʔ˧　(一)接替。(二)劳动中的临时休息。
【接风】ʦiəʔ˥foŋ˥
【接口】ʦiəʔ˥k'Y˥˩　(一)接着别人的话来说。(二)物体衔接的地方。
【接气】ʦiəʔ˥ʨ'i˧˦　争气，多与“勿”字连用。
【接火】ʦiəʔ˥həu˥˩　(一)开始用枪炮相互射击。(二)讨个火。
【接见】ʦiəʔ˥ʨi˧˦
【接手】ʦiəʔ˥sY˥˩
【接生】ʦiəʔ˥sã˥
【接头】ʦiəʔ˥dY˩˧　(一)接洽，联系。(二)两个线状物或条状物的连接处。
【接龙】ʦiəʔ˥loŋ˩˧　骨牌的一种玩法。两家或几家轮流出牌，点数相同的一头互相衔接，接不上的人从手里选一张牌扣下，以终局不扣牌或所扣牌上点数最小者为胜。
【接血】ʦiəʔ˥ɕyəʔ˥　(一)输血。(二)隐语。在钱财上援助。
【接收】ʦiəʔ˥sY˥
【接轨】ʦiəʔ˥kuE˥
【接任】ʦiəʔ˥zən˩
【接灶】ʦiəʔ˥ʦæ˧˦　旧俗除夕夜迎接灶王爷回来。
【接近】ʦiəʔ˥ʥən˩
【接吻】ʦiəʔ˥vən˩˧

【接应】tsiəʔ˥ʘin˥˩
【接牢】tsiəʔ˥læ˧ 接住。
【接纳】tsiəʔ˥naʔ˧
【接受】tsiəʔ˥zY˩
【接济】tsiəʔ˥tsi˧
【接洽】tsiəʔ˥hiəʔ˧
【接待】tsiəʔ˥dE˩
【接客】tsiəʔ˥k'ɑʔ˥
【接种】tsiəʔ˥tsoŋ˥˩
【接殃】tsiəʔ˥sã˥ （一）回煞。迷信的人认为人死若干日后，灵魂要回家一次。本条指做佛事迎接亡魂。（二）詈语。意思是倒霉的、不祥的。多用在名词前，也说成【接殃脱俚格】tsiəʔ˥sã˥t'əʔ˥li˩kəʔ˥。
【接班】tsiəʔ˥pE˥
【接脱】tsiəʔ˥təʔ˥ 接掉。
【接唱】tsiəʔ˥tɕiɑ̃˧ 接着别人唱下去。
【接脚】tsiəʔ˥tɕiɑʔ˥ 行走途中的临时休息。
【接着】tsiəʔ˥zɑʔ˧
【接替】tsiəʔ˥t'i˧
【接翎】tsiəʔ˥lin˧ 伶俐，灵活，能见机行事。
【接触】tsiəʔ˥ts'oʔ˥
【接管】tsiəʔ˥kuø˥˩
【接嘴】tsiəʔ˥tsɥ˥˩ （一）接着别人的话来说。（二）回嘴。
【接接力】tsiəʔ˥tsiəʔ˥liəʔ˧ 休息一下以恢复体力。
【接翎子】tsiəʔ˥lin˧tsɿ˥˩ 理会暗示。
【接榫头】tsiəʔ˥sən˧dY˩ （一）连接榫头。（二）喻前后衔接。
【接二连三】tsiəʔ˥ȵi˩li˧sE˥
【接骨上骱】tsiəʔ˥kuəʔ˥zɑ̃˩gɑ˩ 把病人断裂的骨头接上，脱臼的关节复位。
【接路头菩萨】tsiəʔ˥ləu˧dY˧bu˩saʔ˥ （一）迎财神。简称"接路头"。（二）借指接待有钱人。

秸【tɕəʔ˥】

揭【tɕəʔ˥】、【ɕəʔ˥】

【揭发】tɕəʔ˥fa˥
【揭穿】tɕəʔ˥ts'ø˥
【揭晓】tɕəʔ˥ɕiæ˥
【揭幕】tɕəʔ˥mo˩
【揭露】tɕəʔ˥ləu˩

【揭镊子】ʨəʔ˧ȵ̥əʔ˧ʦɿ˥˩ 镊子。

嗟【ʦia˥】文读【ʦi˥】

街【ka˥】文读【ʨi˥】

【街浪】ka˥˥lã˩ 街上。
【街景】ka˥ʨən˥˩ 街上的景色。
【街道】ka˥dæ˩
【街面浪】ka˥mi˩lã˩ 街道上。
【街浪人】ka˥˥lã˧˥ȵ̥ən˩ 旧称城里人。
【街路浪】ka˥ləu˩lã˩ 街道上。
【街谈巷议】ka˥dᴇ˩ɦã˩ȵ̥i˩
【街当中拍灰尘——侪落勒众人眼里】ka˥tã˥ʦoŋ˥˩pʻɑʔ˥ huᴇ˥zən˩——zᴇ˧˥loʔ˧laʔ˧ ʦoŋ˥ȵ̥ən˩ŋᴇ˧˥li˩ 歇后语。大家都看在眼里。

镢【ʨiəʔ˥】

【镢子】ʨəʔ˥ʦɿ˥˩ 带有锯齿的镰刀。

jié

孑【ʨyəʔ˥】

【孑孓】ʨyəʔ˥ʨyəʔ˥
【孑然】ʨyəʔ˥zø˧˥

节【ʦiəʔ˥】另见 jiē。

【节气】ʦiəʔ˥ʨʻi˧˦
【节日】ʦiəʔ˥ȵ̥əʔ˧
【节目】ʦiəʔ˥moʔ˥
【节令】ʦiəʔ˥˥lin˩
【节头】ʦiəʔ˥dʏ˧˥ 指头。
【节礼】ʦiəʔ˥˥li˩
【节场】ʦiəʔ˥zã˩ 庙会，节日或规定的日子里的集市。
【节约】ʦiəʔ˥Øiaʔ˥
【节余】ʦiəʔ˥ɦy˧˥
【节录】ʦiəʔ˥˥loʔ˧
【节制】ʦiəʔ˥ʦɥ˧˦
【节拍】ʦiəʔ˥pɑʔ˥
【节育】ʦiəʔ˥ɦioʔ˧
【节掐】ʦiəʔ˥kʻaʔ˥ 指甲。
【节省】ʦiəʔ˥sã˥˩
【节哀】ʦiəʔ˥Øᴇ˥
【节俭】ʦiəʔ˥ʥi˩
【节选】ʦiəʔ˥si˥˩

【节奏】tsiəʔ˥tsʏ˥˩˧

【节烈】tsiəʔ˥liəʔ˧

【节能】tsiəʔ˥nən˩˧

【节敬】tsiəʔ˥tɕən˥˩˧　节日里送给长辈、师长、上司的礼物或钱。

【节操】tsiəʔ˥tsʻæ˥

【节头子】tsiəʔ˥dʏ˩˧tsɿ˥˩　指头。

【节头印】tsiəʔ˥dʏ˩˧Øin˥˩　指印。

【节节死】tsiəʔ˥tsiəʔ˥si˥˩　每个环节都有无法解决的困难。形容毫无办法。

【节头骨】tsiəʔ˥dʏ˩˧kuəʔ˥　指头或指骨。

【节节高】tsiəʔ˥tsiəʔ˥kæ˥　带枝的竹子制成的晾晒鞋袜、手巾等小件东西的用品。

【节头管】tsiəʔ˥dʏ˩˧kuø˥˩　手指头。

【节头缝】tsiəʔ˥dʏ˩˧voŋ˩　指缝。

【节掐子】tsiəʔ˥kʻaʔ˥tsɿ˥˩　指甲。

【节掐缝】tsiəʔ˥kaʔ˥voŋ˩　指甲缝。

【节节骱骱】tsiəʔ˥tsiəʔ˥gɑ˩　(一)每一处关节。(二)喻事情的每一个关键。

【节事节日】tsiəʔ˥zɿ˩˧tsiəʔ˥ȵiəʔ˧　每个节日。

【节死老虫头】tsiəʔ˥si˥˩˧læ˩˧zoŋ˩˧dʏ˩　形容毫无办法。

劫【tɕəʔ˥】

【劫持】tɕəʔ˥zʮ˩˧

【劫狱】tɕəʔ˥ȵioʔ˧

【劫难】tɕəʔ˥nE˩˧

【劫数】tɕəʔ˥səu˥˩˧

杰【dʑəʔ˧】

【杰出】dʑəʔ˧tsʻəʔ˥

【杰作】dʑəʔ˧tsoʔ˥

诘【tɕəʔ˥】

拮【tɕəʔ˥】

【拮据】tɕəʔ˥tɕy˥

洁【tɕəʔ˥】

【洁白】tɕəʔ˥baʔ˧

【洁癖】tɕəʔ˥pʻiəʔ˥
【洁身自好】tɕəʔ˥sən˥zɿ˧˦ hæ˥˩

结【tɕəʔ˥】另见 jiē。

【结】tɕəʔ˥ 缚。
【结子】tɕiəʔ˥tsɿ˥˩ (一)植物结果。(二)钉在帽顶中央的丸状物。
【结仇】tɕiəʔ˥zʏ˧˦
【结发】tɕiəʔ˥faʔ˥ 束发。旧时指初成年。
【结头】tɕiəʔ˥dʏ˧˦ 在条状物连接处上打结的地方。
【结句】tɕiəʔ˥tɕy˦˥ 文章或诗歌的结束语。
【结石】tɕiəʔ˥zɑʔ˧
【结冰】tɕiəʔ˥pin˥ 因温度降至零度以下，水从液态变成固体(冰)。
【结存】tɕiəʔ˥zən˧˦
【结交】tɕiəʔ˥tɕiæ˥ (一)跟人往来交际，使关系密切。(二)用去(钱财)。
【结合】tɕiəʔ˥ɦəʔ˧
【结论】tɕiəʔ˥lən˨˩
【结牢】tɕiəʔ˥læ˧˦ 缚住。
【结束】tɕiəʔ˥soʔ˥
【结余】tɕiəʔ˥ɦy˧˦
【结没】tɕiəʔ˥məʔ˧ (一)创口已经全部结痂。(二)因冰冻等原因，小面积的洞口或隙缝被封住。
【结足】tɕiəʔ˥tsoʔ˥ (一)(结怨)很深或很多。(二)形容结实。
【结块】tɕiəʔ˥kʻuE˦˥ (一)粉末状东西或液体结成块状。(二)喻人结成帮派小团体。
【结局】tɕiəʔ˥dʑoʔ˧
【结识】tɕiəʔ˥səʔ˥
【结果】tɕiəʔ˥kəu˥˩
【结构】tɕiəʔ˥kʏ˦˥
【结底】tɕiəʔ˥ti˥˩ 最后的结果。
【结怨】tɕiəʔ˥ɵiø˦˥
【结拜】tɕiəʔ˥pɑ˦˥
【结亲】tɕiəʔ˥tsʻin˥
【结毒】tɕiəʔ˥doʔ˧ 结下仇恨。
【结案】tɕiəʔ˥ɵø˦˥
【结盖】tɕiəʔ˥kE˦˥ 结痂。
【结婚】tɕiəʔ˥huən˥
【结晶】tɕiəʔ˥tsin˥
【结棍】tɕiəʔ˥kuən˦˥ (一)形

容厉害。(二)形容结实。(三)形容程度很高。

【结算】tɕiəʔ˥sø˦˩˨

【结憋】tɕiəʔ˥biəʔ˧ (一)粉末状东西凝结成块状。(二)喻人结成帮派。

【结茧子】tɕiəʔ˥tɕiɪ˦tsɿ˥˩ 蚕在变成蛹子前吐丝做茧壳。

【结绒线】tɕiəʔ˥ȵoŋ˦siɪ˥˩ 打毛线。

【结发夫妻】tɕiəʔ˥faʔ˥fu˥tsʻi˥˩ 指第一次结婚的夫妻。

【结葛罗多】tɕiəʔ˥kəʔ˥ləu˦təu˥ (一)形容纠结在一起。(二)形容多。

桔【tɕiəʔ˥】另见 jú。

【桔梗】tɕiəʔ˥kã˥˩

桀【ʥəʔ˧】

捷【ziəʔ˧】

【捷报】ziəʔ˧pæ˥˩

【捷径】ziəʔ˧tɕən˥˩

【捷足先登】ziəʔ˧tsoʔ˥siɪ˥tən˥˩

偈【ʥəʔ˧】

婕【tsiəʔ˥】

颉【tɕəʔ˥】

睫【tsiəʔ˥】

截【ziəʔ˧】

【截】ziəʔ˧ 切割,锯切。

【截击】ziəʔ˧tɕəʔ˥

【截止】ziəʔ˧tsʮ˥˩

【截肢】ziəʔ˧tsʮ˥

【截至】ziəʔ˧tsʮ˥˩

【截取】ziəʔ˧tsʻi˥˩

【截获】ziəʔ˧ɦuəʔ˧

【截留】ziəʔ˧lʏ˩

【截脱】ziəʔ˧tʻəʔ˥ (一)切断(他人的计划或后续手段)。(二)锯掉。

【截断】ziəʔ˧dø˩

【截路】ziəʔ˧ləu˩ 喻切断他人的计划或后续手段。

【截后路】ziəʔ˦ɦʏ˩ləu˩ 喻切断他人的计划或后续手段。

榤【ʥəʔ˧】

碣【ʥəʔ˧】

竭【ʥəʔ˧】

【竭力】ʥəʔ˧liəʔ˧

羯【ʨəʔ˥】

jiě

姐【tsia˥˩】文读【tsi˥˩】

【姐夫】tsia˦˩fu˥

【姐姐】tsia˦˩tsia˥

【姐妹】(1) tsi˥˩mɛ˩ 这种读法用于句末。(2) tsi˦˩mɛ˧ 这种读法用于句子的前面或中间。

【姐妮】tsia˦˩ȵi˧ 旧时称平民百姓中的姑娘。

解【ka˥˩】、【ga˩】文读【ʨia˥˩】中州韵【ʨi˥˩】另见 jiè；xiè。

【解门】ga˧mən˩ 指不感兴趣或兴趣不高。

【解手】ka˥˩sʏ˥˩

【解决】ʨia˦˩ʨyəʔ˥

【解约】ʨia˦˩∅iaʔ˥

【解围】ʨia˥˩ɦuɛ˧

【解闷】ka˥˩mən˥

【解放】ʨia˥˩fã˥˩

【解和】ʨia˦˩ɦəu˩ 不挑剔；随和。

【解除】ʨia˦˩zɥ˧

【解恨】ʨia˥˩ɦən˩

【解结】ga˩ʨəʔ˥ （一）解开绳结。（二）喻消除怨恨。

【解毒】ka˥˩doʔ˧

【解剖】ʨia˦˩pʻʏ˥˩或ʨia˦˩pʻø˥˩

【解脱】(1) ʨia˦˩tʻəʔ˥ （一）佛教用语。摆脱苦恼，得到自在。（二）摆脱。（三）开脱。(2) ga˩tʻəʔ˥ 把束缚着或系着的东西打开。(3) ga˩tʻəʔ˥ 食物分解出水分变质（多指粥类）。喻做事中途退缩或不了了之。

【解救】ʨia˥˩ʨiʏ˥˩

【解答】ʨia˦˩taʔ˥

【解释】ʨia˦˩səʔ˥

【解渴】ʨia˦˩kʻəʔ˥

【解聘】tɕiɑ˦˩˨p‘in˦˩˨

【解开来】gɑ˨˧˩k‘ᴇ˥lᴇ˨˩　把束缚着或系着的东西打开。

【解厌气】kɑ˦˩˨øiɪ˥tɕ‘i˦˩˨　排除烦闷。

【解搭搭】gɑ˨˧˩taʔ˥taʔ˥　(一)形容兴奋不起来的样子。(二)形容食物变质分解出水分的状态。

【解勿开个死结】gɑ˨˧˩fəʔ˥k‘ᴇ˥kəʔ˥si˦˨˦tɕəʔ˥　无法打开的绳结。喻(一)无法消除的怨恨。(二)无法消除的念头。

jiè

介【kɑ˦˩˨】、【gɑ˨˧˩】文读【tɕiɑ˦˩˨】中州韵【tɕiɪ˦˩˨】

【介入】tɕiɑ˦˨˦zəʔ˧

【介介】gɑ˨˧˩gɑ˨˩　指人在某种事情中沾光,但无地位。

【介进】gɑ˨˧˩tsin˦˩˨　(一)掺和进去。(二)勉强进入。

【介绍】tɕiɑ˦˨˦zæ˨˩

【介意】tɕiɑ˦˩˨øi˦˩˨

【介进去】gɑ˨˧˩tsin˥tɕ‘i˦˩˨　勉强进去。

【介一脚】gɑ˨˧˩øiəʔ˥tɕiɑ˦˩˨　掺和在里面。

【介险乎】tɕiɑ˥ɕiɪ˦˩˨ɦəu˨˩　险些。

【介勒嗨】gɑ˨˧˩ləʔ˧hᴇ˦˩˨　掺和进去。

【介勒里向】gɑ˨˧˩ləʔ˧li˨˧˩ɕiɑ̃˥　掺和进去。

【介勒介,介进去】gɑ˨˧˩ləʔ˧gɑ˨˧˩,gɑ˨˧˩tsin˥tɕ‘i˦˩˨　经过努力,终于进到里面。

戒【kɑ˦˨˦】文读【tɕiɑ˦˨˦】中州韵【tɕi˦˨˦˨】

【戒心】tɕiɑ˦˨˦sin˥

【戒尺】kɑ˥ts‘ɑʔ˥

【戒严】tɕiɑ˦˨˦ȵiɪ˨˩

【戒备】tɕiɑ˦˨˦bᴇ˨˩

【戒指】kɑ˥tsʮ˦˩˨

【戒律】tɕiɑ˦˨˦liəʔ˧

【戒酒】kɑ˦˨˦tsʏ˦˩˨　改掉嗜酒的不良习惯。

【戒面】kɑ˥miɪ˨˩　镶在戒指上的玉石等主要饰物。

【戒毒】kɑ˦˨˦doʔ˧　改掉吸毒的恶习。

【戒烟】kɑ˦˨˦øiɪ˥　改掉吸烟的

习惯。

【戒脱】kaɴt'ə˥ 戒除。

【戒赌】kaɴtəu˩ 改掉赌博的不良习惯。

【戒鸦片】kaɴØia˥p'ii˩ 改掉吸食鸦片烟的恶习。

芥【kaɴ】文读【tɕiɴ】另见gài。

【芥末】ka˥mə˧

【芥菜】ka˥ts'ᴇ˩

【芥菜子】ka˥ts'ᴇ˥ts˥˩ (一)芥菜的种子。(二)往往用来比喻器量小。

【芥菜瘤】ka˥ts'ᴇ˥lʏ˧ 茎用芥菜用来做榨菜的部分。

届【tɕiaɴ】文读【tɕiɴ】

【届时】tɕiaɴzɥ˩

界【kaɴ】文读【tɕiɴ】中州韵【tɕiᴇ˩】

【界限】kaɴɦᴇ˩

【界线】kaɴsii˥

疥【kaɴ】文读【tɕiɴ】

【疥疮】ka˥ts'ɑ̃˩

【疥癣虫】ka˥sii˥zoŋ˩ 疥虫。寄生在人的皮肤下,引起疥疮的寄生虫。

诫【tɕiaɴ】文读【tɕiɴ】

蚧【kaɴ】文读【tɕiɴ】

借【tsiaɴ】文读【tsiɴ】

【借力】tsiaɴliə˧ 借助别人的帮助。

【借口】tsia˥k'ʏ˩

【借用】tsia˥ɦioŋ˩

【借光】tsia˥kuɑ̃˩

【借条】tsia˥diæ˩

【借势】tsiaɴsɥɴ 趁势。

【借住】tsia˥zɥ˩ 借宿。

【借转】tsia˥tsø˩ 靠别的人或事物的帮助,挽回一些(损失),或获得一些弥补。

【借重】tsia˥zoŋ˩

【借债】tsia˥tsaɴ

【借据】tsia˥tɕy˩

【借着】tsiɑ˦zɑʔ˧ 借到。

【借脱】tsiɑ˦t'əʔ˥ 借掉。

【借宿】tsiɑ˥soʔ˥

【借道】tsiɑ˦dæ˨ 凭借某条道路。

【借路】tsiɑ˦ləu˨ 凭借某条道路。

【借款】tsiɑ˥k'uø˥˩

【借鉴】tsiɑ˥tɕii˥˩

【借东风】tsiɑ˦toŋ˥foŋ˥˩ 喻凭借别的人或事物的帮助。

【借因头】tsiɑ˥ʔin˥dY˨或tsiɑ˦ʔin˥dY˨ 借故。

【借把力】tsiɑ˦po˥˩liəʔ˧ 凭借别的人或事物的帮助。

【借把手】tsiɑ˦po˥˩sY˥˩ 凭借别的人的帮助。

【借把劲】tsiɑ˦po˥˩tɕən˦ 凭借别的人或事物的帮助。

【借闲话】tsiɑ˦ɦE˧ɦo˨ 以别的人的一句话为理由(非真正的理由)。

【借铜钿】tsiɑ˥doŋ˨dii˨ 向人借钱或借钱给人。

【借刀杀人】tsiɑ˥tæ˥saʔ˥ȵən˧

【借古讽今】tsiɑ˦kəu˥˩foŋ˥tɕən˥

【借花献佛】tsiɑ˥ho˥˩ɕii˦vəʔ˧

【借借还还】tsiɑ˦tsiɑ˦ɦuE˧ɦuE˧ 多次借别人的钱或东西,并按约定时间归还。

【借债合会】tsiɑ˥tsɑ˦kəʔ˥ɦuE˨ 向人借钱,组织经济互助委员会的形式来筹集钱款。形容动用许多借款方法筹钱。

【借题发挥】tsiɑ˥di˨faʔ˥huE˥

【借酒三分醉】tsiɑ˥tsY˥˩sE˥fən˥tsE˦ 假装酒醉(做清醒时不便做的事,说清醒时不便说的话)。

【借脚上阶沿】tsiɑ˥tɕiɑʔ˥zɑ̃˧kɑ˥ɦii˨ 认某事为理由(非真正的理由),到别人的家里去。

【借仔米,还仔粞】tsiɑ˦tsɿ˥˩mi˨,ɦuE˧tsɿ˥˩si˥ 喻借好的,还次的。

【借借还还,再借勿难】tsiɑ˦tsiɑ˥ɦuE˧ɦuE˧,tsE˥tsiɑ˦fəʔ˥nE˧ 借了东西及时归还,再借就很顺利。

【借俚格拳头凿俚格嘴】tsiɑ˦li˥kəʔ˥dʑiø˧dY˨zoʔ˧li˥kəʔ˥tsɥ˥˩ 喻用对方的手段或语

言回击对方。

骱【gɑ˨˩】

【骱门】gɑ˧mən˨˩　骨节与骨节相接的地方。

【骱骱里】gɑ˧gɑ˧li˧˩　义同【骱门】。

解【kɑ˥˨】文读【tɕi˥˨】另见 jiě;xiè。

【解元】kɑ˥ȵiø˨˩

【解差】kɑ˥ts'ɑ˥˩

【解款】kɑ˥˨kuø˥˨　押送、交纳钱财。

【解税】kɑ˥˨sE˥˨　完税。

【解粮】kɑ˥˨liã˧　完粮。

藉【ziəʔ˧】

jīn

巾【tɕən˥】

【巾生】tɕən˥sã˥˩　戏曲生角中扮演读书人的行当。

【巾帼】tɕən˥kuəʔ˥

斤【tɕən˥】

【斤头】tɕən˥dY˨˩　（一）重量以斤为单位。（二）指解决纠纷所提出的条件。

【斤两】tɕən˥liã˥˩　份量。

【斤把】tɕən˥po˥˩　一斤左右。

【斤斤较两】tɕən˥tɕən˥tɕiæ˥˩liã˥˩　斤斤计较。

今【tɕən˥】

【今年】tɕən˥ȵi˧˩

【今后】tɕən˥ɦY˨˩

【今朝】tɕən˥tsæ˥˩　今天。亦读作ŋ̍˥tsæ˥˩。

【今世里】tɕən˥sɥ˥˩li˧˩　这一世中。

【今生今世】tɕən˥sã˥˩tɕən˥sɥ˥˩　这一生一世。

【今朝勿晓得明朝】tɕən˥tsæ˥˩fəʔ˥ɕiæ˥˨təʔ˥mən˧tsæ˥˩　今天不知道明天会怎么样。

【今日有酒今日醉,明日愁来明日忧】tɕən˥zəʔ˧ɦiY˨˩tsY˥˩tɕən˥zəʔ˧tsE˥˨,min˧zəʔ˧

ʐY˦˩lE˦mi˦n˦ʐəʔ˧ɵiY˥ 喻只图眼前,不作长远打算。

【今年巴望来年好,来年还是件破棉袄】tɕən˥ȵi˩po˥m ɑ̃˩lE˦ȵi˩hæ˩,lE˦ȵi˩ɦuE˦ z˩dʑi˩p'u˥mi˩ɵæ˩ 喻景况连年得不到改善。

衿【tɕən˥】

金【tɕən˥】

【金子】tɕən˥tsɿ˩

【金口】tɕən˥k'Y˩ (一)封建社会称皇帝的嘴(讲的话),后来也用来泛指不得改变的话(含讥讽意或恭维意)。(二)喻沉默寡言者的嘴。

【金币】tɕən˥bi˩

【金石】tɕən˥zɑʔ˧

【金号】tɕən˥ɦæ˩ 金店。

【金行】tɕən˥ɦɑ̃˩ 金店。又名【金子店】tɕən˥tsɿ˩ti˩。

【金刚】tɕən˥kɑ̃˩

【金龟】tɕən˥kuE˩ 唐朝高官的饰物。

【金库】tɕən˥kəu˩

【金条】tɕən˥diæ˩

【金批】tɕən˥pi˩ 金圣叹批阅过的。

【金针】tɕən˥tsən˩

【金奖】tɕən˥tsiɑ̃˩

【金疮】tɕən˥ts'ɑ̃˩

【金贵】tɕən˥kuE˩

【金面】tɕən˥mi˩ 形容有地位、有威信者的脸。

【金砖】tɕən˥tsø˩ (一)大型砖,曾铺饰金銮殿,故名。(二)铸成长方形的金块。

【金笔】tɕən˥piəʔ˥

【金桂】tɕən˥kuE˩ 桂花的一种,花的颜色呈金黄色。

【金莲】tɕən˥li˩

【金橘】tɕən˥tɕyəʔ˥ 一种水果。果实呈长圆形,如蚕茧大,果皮金黄色,有特殊香气,味酸甜,食用皮为主。

【金脸】tɕən˥li˩ 义同【金面】。

【金黄】tɕən˥ɦuɑ̃˩

【金婚】tɕən˥huən˩

【金圈】tɕən˥tɕ'iø˩ 金耳环。

【金腿】tɕən˥t'E˩ 浙江省金华市生产的火腿。

【金榜】tɕən˥pɑ̃˩

【金箔】tɕən˥boˀ˧

【金额】tɕən˥ŋɑˀ˧

【金融】tɕən˥hioŋ˩

【金器】tɕən˥tɕʻi˥˩ 用金子打造的东西。

【金门槛】tɕən˥mən˧kʻE˥˩ 指事物向好的方面发展过程中,必须要越过的重要关口。

【金牙子】tɕən˥ŋɑ˩tsɿ˥˩ 包上金皮的牙齿。

【金丝鸟】tɕən˥sɿ˥tiæ˩ 一种鸣叫悦耳的小鸟。喻被迫关在家中,或娇生惯养的女子。

【金交椅】tɕən˥kæ˥θi˥˩ 喻尊贵的地位。

【金戒指】tɕən˥kɑ˥tsɥ˥˩ 金指环。

【金龟子】tɕən˥kuE˥tsɿ˥˩

【金花菜】tɕən˥ho˥tsʻE˥˩ 苜蓿。

【金针菜】tɕən˥tɕən˥tsʻE˥˩

【金饭碗】tɕən˥vE˩θuø˥˩ 指稳定性强、酬劳丰厚的工作岗位。

【金点子】tɕən˥tiɪ˥˩tsɿ˥˩ 极好的主意。

【金钟罩】tɕən˥tsoŋ˥tsæ˥˩ (一)一种硬气功。(二)说出已知的或猜测到的情况,稳住对方。

【金钱癣】tɕən˥ziɪ˧siɪ˥˩ 癣的一种,其形状似铜钱。

【金银蹄】tɕən˥ŋ̍ən˩di˩ 苏式菜肴。腌猪蹄和鲜猪蹄煮汤。

【金链条】tɕən˥liɪ˩diæ˩ 金项链。

【金銮殿】tɕən˥nø˧diɪ˩

【金鲫鱼】tɕən˥tsi˥ŋ̍˩ 金鱼。

【金镯头】tɕən˥zoˀ˧dʏ˩ 金镯子。

【金天银地】tɕən˥tʻiɪ˥ŋ̍ən˩di˩ (一)形容富有。(二)形容奢侈繁华。

【金字招牌】tɕən˥zɿ˥˩tsæ˥bɑ˩ 喻值得向人夸耀的产品商标或品牌。

【金丝蜜枣】tɕən˥sɿ˥miəˀ˧tsæ˥˩ 质量上乘的蜜枣。金黄色,有天然的细丝纹。

【金刚扫地】tɕən˥kɑ̃˥sæ˥˩di˩ 武术语。下蹲用一条腿横扫的动作。

【金光澄亮】tɕən˥kuɑ̃˥zɑ̃˩liɑ̃˩ 形容金光闪烁。

【金亮煌煌】tɕən˥liã˥ɦuã˨˧ɦuã˨˧　形容像黄金一样发亮的颜色。

【金钱乌龟】tɕən˥zii˧Øəu˥tɕy˥˩　刚孵出壳的小乌龟。

【金木水火土】tɕən˥moʔ˧sɥ˥˩həu˥˩tʻəu˥˩　五行。

【金毛狮子狗】tɕən˥mæ˨˧sɿ˥tsɿ˥kʏ˥˩　毛色金黄的哈巴狗。

【金银铜铁锡】tɕən˥ȵən˧doŋ˧tʻiəʔ˥siəʔ˥　五金。

【金乡邻，银亲眷】tɕən˥ɕiã˥lin˨˧，ȵən˧tsʻin˥tɕø˥˩　喻远亲不如近邻。

【金屎连头苍蝇】tɕən˥sɿ˥˩lii˧dʏ˨˧tsʻɑ̃˥Øin˥˩　一种个体大、腹部呈亮绿色的苍蝇。

【金銮殿浪牵牛——献丑】tɕən˥nø˨˧dii˨˧lɑ̃˨˧tɕʻii˥ȵʏ˧——ɕii˥tsʻʏ˦˩　歇后语。出丑。

【金窠银窠，勿及屋里狗窠】tɕən˥kʻəu˥˩ȵən˧kʻəu˥˩，fəʔ˥dʑəʔ˧Øoʔ˥li˨˧kʏ˦˩kʻəu˥　俗语。别的地方再好，总不及人在自己家里（尽管家里不怎么好）。

【金鲫鱼缸里出仔一条黑鱼精】tɕən˥tsi˥ŋ̍˨˧kɑ̃˥li˨˧tsʻəʔ˥tsɿ˥˩Øiəʔ˥diæ˧həʔ˥ŋ̍˧tsin˥˩　喻平静生活里出现了一个令人憎恶的家伙。

津【tsin˥】

【津津】tsin˥tsin˥˩

衿【tɕən˥】

矜【tɕən˥】

【矜持】tɕən˥zɥ˨˧

筋【tɕən˥】

【筋骨】tɕən˥kuəʔ˥

【筋团子】tɕən˥dø˧tsɿ˥˩　血管扭曲成团。

【筋狠狠】tɕən˥hən˥˩hən˥˩　形容态度生硬、粗暴。

【筋筋头】tɕən˥tɕən˥dʏ˨˧　像筋的东西。

【筋出骨出】tɕən˥tsʻəʔ˥kuəʔ˥tsʻəʔ˥　形容瘦。

【筋疲力尽】tɕən˥biɭliəʔ˧zin˩ 精疲力尽。

【筋断骨折】tɕən˥dø˩kuəʔ˥tsəʔ˥ 形容彻彻底底（耗尽）。也作【筋断骨蚀】tɕən˥dø˩kuəʔ˥zəʔ˧。

【筋筋牵牵】tɕən˥tɕən˥tɕʻi˩tɕʻi˩ 指肉食中含有较多的筋和筋状物。亦作【筋筋拉拉】tɕən˥tɕən˥la˥la˩。

禁【tɕən˥】另见 jìn。

【禁受】tɕən˥zY˩

【禁勿住】tɕən˥fəʔ˥zɥ˩ 禁不住。

【禁勿起】tɕən˥fəʔ˥tɕʻi˩ 禁不起。

【禁得住】tɕən˥təʔ˥zɥ˩

【禁得起】tɕən˥təʔ˥tɕʻi˩

jǐn

仅【ʥən˩】

【仅仅】ʥən˧ʥən˧

【仅有】ʥən˧ɦiY˩ 只有。

【仅不过】ʥən˧pəʔ˥kəu˩ 只不过。

尽【tsin˩】另见 jìn。

【尽足】tsin˧tsoʔ˥ 尽量满足。

【尽快】tsin˩kua˧

【尽样】tsin˩ɦiã˩ 一而再，再而三。

【尽够】tsin˩kY˩ 足够。

【尽量】tsin˩liã˩

【尽管】tsin˩kuø˩

【尽多尽少】tsin˧təu˥tsin˧sæ˩ 无论多少。

【尽□勿动气】tsin˩□fəʔ˥doŋ˩tɕʻi˧ 尽管□都不要紧。□代表动词。

卺【tɕən˩】

紧【tɕən˩】

【紧汤】tɕən˧tʻã˥ 汤汁较少的（菜肴或汤面）。

【紧夹】tɕən˧kaʔ˥ 紧凑。

【紧身】tɕən˧sən˥ 瘦而紧的（衣服）。

【紧张】tɕən˧tsã˥

【紧迫】tɕənꜜpʻəʔ˥
【紧要】tɕən˥˩ØiæV
【紧急】tɕənꜜtɕəʔ˥
【紧俏】tɕən˥˩tsʻiæꜜ
【紧紧】tɕən˥˩tɕən˥˩　使紧。
【紧凑】tɕən˥˩tsʻY˥˩
【紧密】tɕənꜜmiəʔ˧
【紧对过】tɕənꜜtE˥kən˥˩　(一)正对面。(二)恰恰相反。
【紧绷绷】tɕənꜜpã˥pã˥˩　(一)形容绷或捆扎得很紧。(二)形容心情很紧张或表情不自然。(三)形容经济不宽裕、拮据。
【紧腾腾】tɕənꜜdən˧dən˩　形容关闭得死死的。
【紧身衣裳】tɕənꜜsən˥Øi˥zã˩　瘦而紧的衣服。
【紧统快靴】tɕənꜜtʻoŋ˥kuɑ˥ɕio˥˩　靴统紧贴小腿的短统轻便靴。
【紧弹慢唱】tɕənꜜdE˧mE˩tsʻãꜜ　伴奏的音乐节奏快，而演唱节奏慢的一种演唱方法。
【紧锣密鼓】tɕənꜜləu˧miəʔ˧kəu˥˩
【紧酵馒头】tɕənꜜkæ˥mø˩dY˩　用半发酵的面粉制作的馒头。
【紧缲紧夹】tɕənꜜtsʻiæ˥tɕənꜜkaʔ˥　紧贴着身体穿(衣服)。

堇【tɕən˥˩】、【dʑən˧】

锦【tɕən˥˩】

【锦鸡】tɕənꜜtɕi˥
【锦标】tɕənꜜpiæ˥
【锦旗】tɕənꜜdʑi˧
【锦上添花】tɕənꜜzã˩tʻiɪ˥ho˥

谨【tɕən˥˩】

【谨防】tɕən˥˩bã˩
【谨慎】tɕən˥˩zən˩
【谨守关闭】tɕənꜜSYꜜkuE˥pi˥˩　小心谨慎。

馑【dʑənꜜ】

廑【dʑənꜜ】另见 qín。

瑾【dʑən˩】文读【tɕən˥˩】

槿【ȡən˩】

jìn

仅【ȡən˩】另见 jǐn。

尽【zin˩】另见 jǐn。

【尽力】zin˩liəʔ˧
【尽心】zin˦sin˥
【尽头】zin˦dY˩
【尽兴】zin˩ɕən˨
【尽忠】zin˩tsoŋ˥
【尽责】zin˩tsəʔ˥
【尽职】zin˩tsəʔ˥
【尽量】zin˦liã˩
【尽人事】zin˩zən˦zɿ˩
【尽根牙】zin˦kən˥ŋɑ˩　最后一个臼齿。
【尽心尽力】zin˩sin˥zin˩liəʔ˧　尽心和尽力。
【尽尽绝绝】zin˦zin˩ziəʔ˧ziəʔ˧　完完全全没有了或彻底拒绝。
【尽善尽美】zin˩zø˩zin˩mE˥

进【tsin˨】

【进口】tsin˥k'Y˥
【进门】tsin˥mən˦
【进化】tsin˨ho˥
【进去】tsin˥tɕ'i˥　（一）从外面到里面去。（二）指被拘留或逮捕。
【进发】tsin˨faʔ˥
【进礼】tsin˨li˩　礼节性的征询意见。
【进出】tsin˥ts'əʔ˥　（一）进来和出去。（二）收入和支出。（三）指利弊得失。
【进行】tsin˨ɦin˦
【进军】tsin˨tɕyən˥
【进兵】tsin˨pin˥
【进补】tsin˥pu˥
【进步】tsin˨bu˦
【进足】tsin˨tsoʔ˥　指进货充足或完全满足。
【进攻】tsin˨koŋ˥
【进贡】tsin˨koŋ˨
【进进】tsin˨tsin˥　进进礼。义见【进礼】。
【进来】tsin˥lE˩
【进位】tsin˨ɦuE˩

【进货】tsin˦˨həu˦˨或tsin˥˥həu˥˩
【进取】tsin˦˨tsʻi˥
【进账】tsin˥˥tsã˥˩
【进度】tsin˦˨dəu˨˦
【进香】tsin˦˨ɕiã˥
【进修】tsin˦˨sʏ˥
【进退】tsin˥˥tʻE˥˩
【进展】tsin˦˨tsø˥
【进深】tsin˥˥sən˥˩
【进程】tsin˦˨zən˨˦
【进去过格】tsin˥˥tɕʻi˥˥kəu˥˩ kəʔ˥ （一）曾经进去过。（二）指曾经进过监牢，服过刑。
【进进出出】tsin˥˥tsin˥˥tsʻəʔ˥ tsʻəʔ˥ 形容频繁地进来和出去。
【进出一把锁】tsin˥˥tsʻəʔ˥ʔiəʔ˥ po˥˩səu˥˩ 指单身生活。

近【dʑən˨˩】

【近代】dʑən˨˦dE˨˦
【近似】dʑən˨˦zɿ˨˦
【近来】dʑən˨˦lE˨˦
【近况】dʑən˨˩huã˥˩
【近邻】dʑən˨˦lin˨˦
【近身】dʑən˨˦sən˥ （一）接近身体。（二）指亲密接触。
【近视】dʑən˨˦zʮ˨˦
【近郊】dʑən˨˦tɕiæ˥
【近便】dʑən˨˩bi˨˩
【近段】dʑən˨˦dø˨˦ 附近。
【近亲】dʑən˨˦tsʻin˥
【近情】dʑən˨˦zin˨˦ 接近事实。
【近景】dʑən˨˩tɕən˥˩
【近期】dʑən˨˦dʑi˨˩
【近路】dʑən˨˩ləu˨˩
【近人情】dʑən˨˩zən˨˦zin˨˩ 合乎人情，近乎情理。
【近朱者赤，近墨者黑】dʑən˨˦ tsʮ˥˥tsE˥˩tsʻəʔ˥，dʑən˨˦məʔ˧ tsE˥˩həʔ˥
【近在眼前，远在天边】dʑən˨˩ zE˥˩ŋE˨˦zi˨˩，ɦiø˨˩zE˨˩tʻi˥ pi˥˩ 若论近，就在眼前；若论远，却在天边。模棱两可的话，似相互矛盾，但在实际应用中，多取近在眼前的意思。

劲【tɕən˦˨】另见jìng。

【劲道】tɕən˥˥dæ˨˩ （一）力量，力气。（二）积极的情绪。

晋【tsən˦˥】

【晋见】tsən˦˥tɕi˦˥
【晋升】tsən˦˥sən˥
【晋级】tsən˦˥tɕəˀ˥

赆【sin˦˥】

烬【zin˨˩】

浸【tsin˦˥】

【浸水】tsin˦˥sʮ˨˩˦　浸泡水中。
【浸没】tsin˦˥məˀ˧
【浸泡】tsin˦˥pʻæ˥
【浸染】tsin˦˥ɳi˨˩
【浸胖】tsin˥˧pʻã˨˩˦　在液体中浸泡而膨胀。
【浸润】tsin˦˥zən˦
【浸透】tsin˦˥tʻʏ˦
【浸胖浮尸】tsin˥˧pʻã˥vʏ˦sʮ˨˩˦　在水中浸泡已浮肿变形的人的尸体。
【浸勒里向】tsin˦˥ləˀ˧li˨˩ɕiã˨˩˦　(一)浸泡在液体里面。(二)全身心投入或迷恋在里面。

靳【ʥən˨˩】

禁【tɕən˦˥】另见 jīn。

【禁子】tɕən˦˥tsɿ˨˩˦
【禁止】tɕən˦˥tsʮ˨˩˦
【禁书】tɕən˦˥sʮ˥
【禁令】tɕən˦˥lin˨˩
【禁区】tɕən˦˥tɕʻy˥
【禁闭】tɕən˨˩˦pi˨˩
【禁地】tɕən˦˥di˨˩
【禁军】tɕən˦˥tɕyən˥
【禁忌】tɕən˦˥ʥi˨˩
【禁烟】tɕən˦˥θi˥　(一)禁止吸烟。(二)禁止鸦片的吸食和流通。
【禁欲】tɕən˦˥hioˀ˧
【禁赌】tɕən˦˥təu˨˩˦　禁止赌博。

缙【tsin˨˩˦】

【缙绅】tsin˦˥sən˥

觐【ʥən˨˩】

【觐见】ʥən˨˩tɕi˦˥

噤【tɕən˦˨】、【ʥən˨˩】

【噤】ʥən˨˩或ʥən˦ 因寒冷而发生的哆嗦。

jīng

茎【tɕən˥】

【茎茎头】tɕən˥tɕən˥dY˨˩ 植物的细茎，或似植物细茎一类的东西。

京【tɕən˥】

【京华】tɕən˥ɦo˨˩
【京师】tɕən˥sɿ˨˩
【京戏】tɕən˥ɕi˨˩
【京官】tɕən˥kuø˨˩
【京详】tɕən˥ziã˨˩ 封建时代由地方上报京城最高衙门的公文。
【京城】tɕən˥zən˨˩
【京胡】tɕən˥ɦəu˨˩
【京派】tɕən˥pʻɑ˨˩
【京剧】tɕən˥ʥə˧
【京调】tɕən˥diæ˨˩ 指不切实际的漂亮话或讽刺话。
【京控】tɕən˥kʻoŋ˨˩ 封建时代到京城最高司法衙门去控告。
【京腔】tɕən˥tɕʻiã˨˩
【京韵】tɕən˥ɦYən˨˩ 北京语的韵味。
【京拐子】tɕən˥kuɑ˥tsɿ˨˩ 指久住北京，以拐骗为生的人。
【京油子】tɕən˥ɦiY˦tsɿ˨˩
【京货店】tɕən˥həu˨˩tiɪ˨˩ 旧时称经营绸布呢绒的商店。
【京骗子】tɕən˥pʻiɪ˥tsɿ˨˩ 指久住北京，以嚎骗为生的人。
【京篇子】tɕən˥pʻiɪ˥tsɿ˨˩ 戏曲中用北京话念道白。
【京广杂货】tɕən˥kuã˨˩zɑ˨˩həu˨˩ 指南北两京、东西两广生产的小百货商品。

泾【tɕən˥】

经【tɕən˥】

【经久】tɕən˥tɕY˨˩
【经历】tɕən˥liəʔ˧
【经心】tɕən˥sin˨˩
【经书】tɕən˥sʮ˨˩

【经手】tɕən˥sʏ˥˩
【经节】tɕən˥tsiəʔ˥ 节俭。
【经用】tɕən˥ɦioŋ˩ 耐用。
【经过】tɕən˥kəu˥˩
【经纪】tɕən˥tɕi˥˩
【经血】tɕən˥ɕyəʔ˥
【经纶】tɕən˥lən˩
【经纬】tɕən˥ɦuᴇ˩ 织物上纵的方向的纱或线和横的方向的纱或线。喻才识。
【经受】tɕən˥zʏ˩
【经典】tɕən˥tiɪ˥˩
【经费】tɕən˥fi˥˩
【经脉】tɕən˥mɑʔ˧
【经络】tɕən˥loʔ˧ 中医指人体内气血运行的通路。喻做事的诀窍、解决问题的途径。
【经理】tɕən˥li˩
【经常】tɕən˥zã˩
【经商】tɕən˥sã˥˩
【经营】tɕən˥ɦin˩
【经期】tɕən˥dʑi˩ 月经期。
【经销】tɕən˥siæ˥˩
【经管】tɕən˥kuø˥˩ 经手管理。
【经幢】tɕən˥zã˩
【经风雨,见世面】tɕən˥foŋ˥ ɦy˩,tɕiɪ˦sʮ˥˩miɪ˩ 喻经历艰难困苦,见了世面。
【经一道手,剥一层皮】tɕən˥ ʔiəʔ˥dæ˩sʏ˥˩,poʔ˥ʔiəʔ˥ zən˧bi˧ 喻层层盘剥。

荆【tɕən˥】

【荆妻】tɕən˥˩tsʻi˥ 谦词。指自己的妻子。
【荆棘】tɕən˥˩tɕəʔ˥

菁【tsin˥】

旌【tsin˥】

【旌表】tsin˥piæ˥˩
【旌赏】tsin˥sã˥˩ 表物奖励。
【旌旗】tsin˥dʑi˧

惊【tɕən˥】

【惊人】tɕən˥ȵən˧
【惊叹】tɕən˥tʻᴇ˥˩
【惊动】tɕən˥doŋ˩
【惊吓】tɕən˥hɑʔ˥
【惊讶】tɕən˥ʔiɑ˥˩
【惊吵】tɕən˥tsʻæ˥˩ (一)声音影响旁人,使吃惊或受侵扰。(二)谦词。打扰。
【惊奇】tɕən˥dʑi˩
【惊险】tɕən˥ɕi˨
【惊药】tɕən˥ɦiɑʔ˧ 中药。用于镇惊安神。
【惊慌】tɕən˥huɑ̃˨
【惊喜】tɕən˥ɕi˨
【惊蛰】tɕən˥zəʔ˧
【惊醒】tɕən˥sin˨
【惊弓之鸟】tɕən˥koŋ˥tsɿ˨ ȵiæ˨
【惊天动地】tɕən˥t'iɪ˥doŋ˩ di˩

晶【tsin˥】

睛【tsin˥】

粳【kɑ̃˥】文读【kən˥】

【粳米】kɑ̃˥mi˩
【粳性】kɑ̃˥sin˨ (一)与糯性相对。指东西缺乏黏性,也指人的性格不驯顺。(二)形容声音太刚,不婉转。
【粳七粳八】kɑ̃˥ts'iəʔ˥kɑ̃˥ pɑʔ˥ (一)形容声音太硬,不婉转。(二)指有意制造麻烦。
【粳格辰光粳,糯格辰光糯】kɑ̃˥kəʔ˥zən˧kuɑ̃˨kɑ̃˥, nəu˩kəʔ˥zən˧kuɑ̃˨nəu˩ 形容人在某种情况下,缺乏温柔,甚至态度僵硬;但在另一种情况下,却显得十分柔顺。

兢【dʑən˧】中州韵【tɕən˥】

【兢兢业业】dʑən˧dʑən˧ȵəʔ˧ ȵəʔ˧

精【tsin˥】

【精力】tsin˥liəʔ˧
【精干】tsin˥kuø˨
【精心】tsin˥sin˨
【精头】tsin˥dʏ˩ 瘦肉(多指猪肉)。
【精巧】tsin˥tɕ'iæ˧
【精肉】tsin˥ȵioʔ˧
【精华】tsin˥ɦo˩
【精光】tsin˥kuɑ̃˨
【精兵】tsin˥pin˨

【精良】tsin˥liã˩
【精练】tsin˥li˩
【精妙】tsin˥miæ˩
【精英】tsin˥Øin˥
【精灵】tsin˥lin˩
【精诚】tsin˥zən˩
【精怪】tsin˥kua˥ （一）神话传说里所说多年的鸟兽草木等变成的妖怪。（二）喻精明到极点的人。
【精刮】tsin˥kuaʔ˥ 指精明而吝啬。
【精明】tsin˥min˩
【精细】tsin˥si˥
【精美】tsin˥mE˥
【精神】tsin˥zən˩
【精品】tsin˥p'in˥
【精通】tsin˥t'oŋ˥
【精致】tsin˥tsɥ˥
【精彩】tsin˥ts'E˥
【精密】tsin˥miəʔ˧
【精装】tsin˥tsã˥
【精湛】tsin˥zE˩
【精辟】tsin˥p'iəʔ˥
【精气神】tsin˥tɕ'i˥zən˩ 指精力、气韵、神态。
【精打光】tsin˥tã˥kuã˥ 一无所有；一点儿不剩。
【精精光】tsin˥tsin˥kuã˥ 义同【精打光】。
【精打细算】tsin˥tã˥si˥sø˥
【精光的滑】tsin˥kuã˥tiəʔ˥ ɦuaʔ˧ 形容十分光滑。
【精赤条条】tsin˥ts'əʔ˥diæ˩diæ˩ 形容（身体）裸露，毫无遮盖。也作【精赤肖肖】tsin˥ts'əʔ˥siæ˥siæ˥。
【精疲力尽】tsin˥bi˩liəʔ˧zin˩
【精雕细刻】tsin˥tiæ˥si˥k'əʔ˥
【精打一摸光】tsin˥tã˥Øiəʔ˥ moʔ˧kuã˥ 义同【精打光】。
【精煞脱格咪】tsin˥saʔ˥t'əʔ˥ kəʔ˥E˩ （算计）过于精明（含刻薄的意思）。
【精精精，裤子剩条筋】tsin˥tsin˥tsin˥，k'əu˥ts˥zã˩di æ˩tɕən˥ 喻本想要弄巧妙的手段，结果反而坏了事。

鲸【ʥən˧】

【鲸鱼】ʥən˧ŋ˩ 鲸。
【鲸吞】ʥən˧t'ən˥

jǐng

井【tsin˥˩】

【井水】tsin˥˧sʮ˦˦˥ 从井中取出的水。

【井鱼】tsin˥˧ŋ̍˨˩ 鲫鱼。

【井底泥】tsin˥˧ti˦˦˥ȵi˨˩ 水井底部的泥土。

【井栏圈】tsin˥˧lᴇ˧tɕʻiø˥˩ 井口周围高出地面的部分,多为岩石雕成的圆筒体。

【井水勿犯河水】tsin˥˧sʮ˦˦˥fəʔ˦˦˥vᴇ˨˩həu˧sʮ˥˩ 喻互不干扰或侵犯。

【井里看天箬帽大】tsin˥˧li˨˩kʻø˥˧tʻii˦˦˥ȵiɑʔ˧mæ˨˩dəu˨˩ 喻未见世面。

阱【tsin˥˩】

刭【tɕən˥˩】

颈【tɕən˥˩】

【颈根】tɕən˥˧kən˦˦˥ 头颈的底部。

【颈联】tɕən˥˧lii˧

【颈链】tɕən˥˧lii˧ 项链的一种,稍短。

【颈椎】tɕən˥˧tsᴇ˦˦˥

景【tɕən˥˩】

【景气】tɕən˥˩tɕʻi˥˩

【景色】tɕən˥˧səʔ˦˦˥

【景仰】tɕən˥˧ȵiã˥˩

【景点】tɕən˥˧tii˦˦˥

【景物】tɕən˥˧vəʔ˧

【景致】tɕən˥˩tsʮ˥˩ (一)风景。(二)喻能引起浓厚兴趣的东西。

【景象】tɕən˥˩ziã˨˩

【景泰蓝】tɕən˥˧tʻɑ˦˦˥lᴇ˨˩

儆【tɕən˥˩】

憬【tɕən˥˩】

璟【tɕən˥˩】

警【tɕən˥˩】

【警力】tɕən˥˧liəʔ˧

【警卫】tɕən˥˧ɦuᴇ˧

【警犬】tɕən˥˧tɕʻiø˦˦˥

【警车】tɕən˦˥ts‘o˥
【警句】tɕən˦˥tɕy˥
【警报】tɕən˥˩pæ˥˩
【警告】tɕən˥˩kæ˥˩
【警戒】tɕən˥˩tɕia˥˩
【警备】tɕən˦˥bɛ˧
【警官】tɕən˦˥kuø˥
【警觉】tɕən˦˥tɕoˀ˥
【警钟】tɕən˦˥tsoŋ˥
【警笛】tɕən˦˥diəˀ˧
【警惕】tɕən˦˥t‘iəˀ˥
【警棍】tɕən˦˥kuən˥
【警察】tɕən˦˥ts‘aˀ˥
【警醒】tɕən˥sin˥˩

jìng

劲【tɕən˦˥】另见 jìn。

【劲敌】tɕən˦˥diəˀ˧
【劲旅】tɕən˦˥li˩

径【tɕən˦˥】

【径自】tɕən˥zɿ˩
【径庭】tɕən˦˥din˧

净【zin˩】

【净格】zin˩kəˀ˥　去除开支或无用的东西后的净得。
【净土】zin˧t‘əu˥˩
【净光】zin˧kuɑ̃˥　只是。
【净身】zin˧sən˥　(一)宫刑。(二)指一无所有。
【净重】zin˩zoŋ˩
【净眼】zin˧ŋɛ˧　迷信指能看见鬼魅的眼睛。
【净素】zin˧səu˥˩　指食品。包括主辅料、调料完全是素的。
【净到手】zin˧tæ˥sʏ˥˩　除去开支的净利。

胫【tɕən˦˥】

痉【ʥən˩】

竞【ʥən˩】

【竞争】ʥən˧tsən˥
【竞走】ʥən˧tsʏ˥˩
【竞技】ʥən˧ʥi˧
【竞拱】ʥən˩goŋ˩　象声词。形容物体相撞的声音。
【竞选】ʥən˧sii˥˩
【竞渡】ʥən˧dəu˩

【竞喤】ȡənɺguãɺ 象声词。形容物体相撞的声音。

【竞赛】ȡənɺsEV

【竞铃拱咙】ȡənɺlinɺgoŋɺloŋɺ 象声词。义同【竞喤】。

【竞铃喤冷】ȡənɺlinɺguãɺlãɺ 义同【竞喤】。

【竞喤竞喤】ȡənɺguãɺȡənɺguãɺ 义同【竞喤】。

【竞喤刮辣嗒】ȡənɺguãɺkuaʔ˥laʔ˧taʔ˥ 义同【竞喤】。

竟【tɕən˦】

【竟敢】tɕən˥køV 竟然敢于。

【竟然】tɕən˥zøɺ

靓【liãɺ】另见 liàng。

敬【tɕən˦】

【敬业】tɕən˦ȵəʔ˧

【敬礼】tɕən˦liɺ

【敬仰】tɕən˦ȵiãɺ

【敬佩】tɕən˦bEɺ

【敬贺】tɕən˦ɦəu˧

【敬重】tɕən˥zoŋɺ

【敬酒】tɕən˦tsYV 有礼貌地邀请饮酒。

【敬爱】tɕənV∅E˦

【敬意】tɕən˦∅i˦

【敬献】tɕən˦ɕi˦

【敬而远之】tɕən˦ɦəlɺɦiøɺtsʮV

【敬酒勿吃吃罚酒】tɕən˦tsYVfəʔ˥tɕʰəʔ˥tɕʰəʔ˥vaʔ˧tsYV

靖【zinɺ】

静【zinɺ】

【静心】zin˧sin˥

【静止】zin˧zʮV

【静功】zin˧koŋ˥ （一）文静的素养。（二）评弹行话。讲究语言洗练、从容不迫的说书功夫。

【静坐】zin˧zəuɺ

【静脉】zin˧mɑʔ˧

【静养】zin˧ɦiãɺ

【静默】zin˧məʔ˧

境【tɕən˧˦】

【境地】tɕən˧˦di˨˧
【境况】tɕən˥˩huɑ̃˥˩
【境界】tɕən˥˩tɕiɑ˥˩

獍【tɕən˧˦】

镜【tɕən˧˦】

【镜子】tɕən˥tsɿ˥˩
【镜片】tɕən˥˩pʻii˥˩
【镜台】tɕən˥dE˨˧
【镜头】tɕən˥dY˨˧
【镜子里照出来为准】tɕən˥tsɿ˥˩li˨˧tsæ˧˦tsʻəʔ˥lE˨˧ɦuE˨˧tsən˥˩　指无法预测，只有在揭晓时才可定论。
【镜子里碰头——勿着肉】tɕən˥tsɿ˥˩li˨˧bɑ̃˦dY˨˧——fəʔ˥zaʔ˧ȵioʔ˧　歇后语。不贴心。

jiōng

扃【tɕoŋ˥】另见 jiǒng。

jiǒng

扃【tɕoŋ˥˩】另见 jiōng。

【“扃”勒嗨】tɕoŋ˧˦ləʔ˧hE˥˩　命令坐着不准走动。

迥【tɕoŋ˥˩】

炯【tɕyən˥˩】文读【tɕoŋ˥˩】

窘【tɕyən˥˩】

【窘况】tɕyən˥˩huɑ̃˥˩
【窘脱】tɕyən˧˦tʻəʔ˥　指因受为难而尴尬到极点。

jiū

纠【tɕiY˥】

【纠正】tɕiY˥tsən˥˩
【纠纷】tɕiY˥fən˥˩
【纠结】tɕiY˥tɕəʔ˥
【纠偏】tɕiY˥pʻii˥
【纠葛】tɕiY˥kəʔ˥
【纠缠】tɕiY˥zø˨˧
【纠察】tɕiY˥tsʻaʔ˥

【纠缠勿清】tɕiʏ˥zø˩fəʔ˥ ts'in˥ 无休止的纠缠。

鸠【tɕiʏ˥】

究【tɕiʏ˦】

【究属】tɕiʏ˦zoʔ˧ 究竟是。
【究竟】tɕiʏ˦tɕən˥

赳【tɕiʏ˨】

阄【tɕiʏ˥】

揪【tɕ'iʏ˨】中州韵【ts'ʏ˥】

【揪牢】tɕ'iʏ˦læ˩ 紧紧抓住。
【揪胸脯】tɕ'iʏ˦ɕioŋ˥bu˩ 抓住对方胸前的衣襟，指争吵激烈，行将打起来。
【揪辫子】tɕ'iʏ˥bii˧tsɿ˨
【揪牢交子】tɕ'iʏ˦læ˧kæ˥tsɿ˨ （一）紧紧抓住不放。（二）纠缠不放。

啾【tɕ'iʏ˥】中州韵【tsʏ˥】

jiǔ

九【tɕiʏ˨】

【九九】tɕiʏ˦tɕiʏ˥ 冬至的第二天起始，每九天为一单元，共九个单元。
【九天】tɕiʏ˦t'ii˥
【九州】tɕiʏ˦tsʏ˥
【九里】tɕiʏ˥li˩ 在九九当中的日子。见【九九】。
【九泉】tɕiʏ˦zii˧
【九宫】tɕiʏ˦koŋ˥ 中国象棋棋盘上限制将帅活动范围的米字格。
【九千岁】tɕiʏ˦ts'ii˥sE˨ 仅次于皇帝（万岁）的高贵地位。
【九头鸟】tɕiʏ˦dʏ˧tiæ˨ 传说中有九个头的鸟。喻吃白食的人。
【九曲桥】tɕiʏ˦tɕ'ioʔ˥dʑiæ˩ 桥面曲曲折折，供游赏的桥梁。
【九重天】tɕiʏ˦zoŋ˧t'ii˨ 指极高的天空。古代传说天有九重。
【九思香】tɕiʏ˦sɿ˥ɕiã˨ 元

末张士诚小名“九思”。农历七月卅日是其生辰,民间烧香纪念,又名“狗屎香”,kʏ˧sɿ˥ɕiã˧。

【九九归原】tɕiʏ˧tɕiʏ˥kuᴇ˥ȵiø˦ (一)转来转去,最后又还了原。(二)总而言之。(三)也作【九九归一】tɕiʏ˧tɕiʏ˥kuᴇ˥0iəʔ˥。

【九子廿孙】tɕiʏ˧tsɿ˥ȵiɪ˩sən˧ 指子孙极多。

【九五至尊】tɕiʏ˧0əu˥tsɥ˧tsən˥ 指帝王至高无上的地位。

【九牛一毛】tɕiʏ˧ȵiʏ˦0iəʔ˥mæ˧

【九死一生】tɕiʏ˧sɿ˧0iəʔ˥sən˥

【九流三教】tɕiʏ˧lʏ˦sᴇ˥tɕiæ˧

【九雌十雄】tɕiʏ˧tsɿ˥zəʔ˦ɦioŋ˦ 指食用螃蟹的最佳月份。母蟹为农历九月,公蟹为农历十月。

【九头鸟拾着帽子——呒套一头处】tɕi˧dʏ˦tiæ˧ziəʔ˦zɑʔ˦mæ˦tsɿ˧——m̩˦t‘æ˧0iəʔ˥dʏ˦ts‘ɥ˧ 歇后语。无所适从。

【九斗九升格命,凑成一石要生病】tɕiʏ˧tʏ˧tɕiʏ˧sən˥kəʔ˥min˩,ts‘ʏ˧zən˩0iəʔ˥zɑʔ˦0iæ˧sã˥bin˩ 俗语。劝人不要有非分贪念。

久【tɕiʏ˧】

【久久】tɕiʏ˧tɕiʏ˥

【久仰】tɕiʏ˧tɕiã˧

【久远】tɕiʏ˧ɦiø˩

【久违】tɕiʏ˧ɦuᴇ˩

【久留】tɕiʏ˧lʏ˦

【久而久之】tɕiʏ˧ɦəl˦tɕiʏ˧tsɥ˧

【久病成医】tɕiʏ˧bin˩zən˦0i˥ 生病生久了,会懂得一点医道。

【久旱逢甘霖】tɕiʏ˧ɦø˩voŋ˦kø˥lin˩ 长期干旱后忽遇一场好雨。喻长久的愿望终于实现。

【久赌无胜家】tɕiʏ˧təu˧vu˩sən˧tɕia˥ 长期赌博,决不会赢。喻长期做冒险的事,总有一天会出问题。

氿【tɕiʏ˅】

玖【tɕiʏ˅】

灸【tɕiʏ˅】

韭【tɕiʏ˅】

【韭芽】tɕiʏ˩ŋɑ˧ 冬季培育的韭菜，颜色浅黄，嫩而味美。

【韭菜】tɕiʏ˅tsʻE˅

【韭菜面孔——伴（拌）就熟】tɕiʏ˩tsʻE˥mii˩kʻoŋ˅——ɵiəʔ˥——bø˩(bø˩)zʏ˩zoʔ˧ 歇后语。形容善于与人相处，哪怕是陌生人，一接触，很快就像熟人一般。

酒【tsʏ˅】

【酒力】tsʏ˩liəʔ˧

【酒风】tsʏ˩foŋ˥ 饮酒时的举止行为。

【酒水】tsʏ˩sɥ˥

【酒气】tsʏ˅tɕʻi˅ 带酒味的恶浊气味。

【酒令】tsʏ˅lin˩

【酒兴】tsʏ˅ɕən˅

【酒店】tsʏ˩tii˥

【酒吧】tsʏ˩pɑ˥

【酒杯】tsʏ˩pE˥ 用来盛酒的杯子。

【酒话】tsʏ˅ɦo˩ 酒酣或酒醉时说的话。

【酒疯】tsʏ˩foŋ˥ 饮酒过量，处于疯癫状态。

【酒香】tsʏ˩ɕiã˥ 酒的芳香气味。

【酒盅】tsʏ˩tsoŋ˥

【酒药】tsʏ˩ɦiɑʔ˧

【酒家】tsʏ˩tɕiɑ˥

【酒鬼】tsʏ˩tɕy˥

【酒钿】tsʏ˩dii˧ 买酒的钱。

【酒席】tsʏ˩ziəʔ˧

【酒壶】tsʏ˩ɦəu˧ 饮酒时用来盛酒的壶。

【酒量】tsʏ˅liã˩

【酒意】tsʏ˅ɵi˅

【酒精】tsʏ˩tsin˥

【酒酿】tsʏ˩ȵiã˧ 糯米加曲酿造的食品，甘甜，酒味淡。

【酒靥】tsʏ˩ɵiəʔ˥ 笑时颊上现出的小圆窝。

【酒甏】tsʏ˅bã˩ 酒坛。

【酒糟】ʦɤ˧˦ʦæ˥

【酒扑气】ʦɤ˧˦pʻoʔ˥ʨʻi˨˧ 喝酒后散发出来的酒气。

【酒嗓子】ʦɤ˧˦sɑ̃˥ʦɿ˨˧ 酒后唱起来反而嘹亮的嗓子。

【酒甏头】ʦɤ˧˦bɑ̃˦dɤ˨ 酒坛的口。转指喝过酒的胃的上部。如:吃口饭,酒甏头盖一盖。

【酒水糊涂】ʦɤ˧˦sɥ˥ɦəu˨dəu˨ 酒后糊里糊涂的样子。

【酒色财气】ʦɤ˧˦səʔ˥zE˦ʨʻi˨˧ 酒、女色、财富、气魄。

【酒肉朋友】ʦɤ˧˦ȵioʔ˧bɑ̃˦ɦiɤ˨

【酒糟鼻头】ʦɤ˧˦ʦæ˥bəʔ˧dɤ˨ 慢性皮肤病。鼻子尖出现鲜红色斑点,逐渐变成暗红色,鼻部结缔组织增长,皮脂线扩大,成小硬结,能挤出皮脂分泌物。

【酒在肚里,事在心里】ʦɤ˨˧zE˨dəu˦li˨˧,zɿ˨zE˨sin˥li˨

虽然饮了过量酒,但心里却明明白白。

【酒是米做,勿吃罪过】ʦɤ˨˧zɿ˨mi˨ʦəu˧˦,fəʔ˥ʨʻəʔ˥zE˨kəu˨˧ 趣语。酒是用米酿制的,不吃它是一种过失。往往用作贪杯的借口。

【酒壶里个肉圆——倒勿出】ʦɤ˧˦ɦəu˦li˨kəʔ˥ȵioʔ˧ɦiø˨——tæ˧˦fəʔ˥ʦʻəʔ˥ 歇后语。指心里极明白,就是表达不出来。

【酒不醉人人自醉,色不迷人人自迷】ʦɤ˧˦pəʔ˥ʦE˧˦zən˦zən˦zɿ˨ʦE˧˦,səʔ˥pəʔ˥mi˦zən˦zən˦zɿ˨mi˧ 俗语。指外因是通过内因起作用的。内因第一。

【酒逢知己千杯少,话不投机半句多】ʦɤ˧˦voŋ˦ʦɥ˥ʨi˨˧ʦʻi˥pE˥sæ˨˧,ɦuɑ˦pəʔ˥dɤ˦ʨi˥pø˧˦ʨy˨˧təu˥ 俗语。指人与人之间知己、不知己的两种截然不同的态度。

jiù

旧【ʥiɤ˨】

【旧书】ʥiɤ˦sɥ˥

【旧式】ʥiɤ˦səʔ˥

【旧年】ʥiɤ˦ȵi˨

J

【旧雨】ʤiʏ˦ɦy˩
【旧账】ʤiʏ˩tsã˧
【旧居】ʤiʏ˦tɕy˥
【旧货】ʤiʏ˦həu˥˩　旧的东西。
【旧事】ʤiʏ˩zɿ˩
【旧案】ʤiʏ˩øø˧
【旧部】ʤiʏ˩bu˩
【旧梦】ʤiʏ˩moŋ˩
【旧情】ʤiʏ˦zin˦
【旧乡邻】ʤiʏ˦ɕiã˥lin˩　从前的邻居。
【旧习惯】ʤiʏ˦ziəʔ˧kue˥˩　旧的习惯或习俗。
【旧货店】ʤiʏ˦həu˥tii˥˩　经营旧货的店铺。
【旧货鬼】ʤiʏ˦həu˥tɕy˥˩　指收旧货营生的人(贬义)。
【旧物事】ʤiʏ˦məʔ˧zɿ˩　旧东西。
【旧货摊】ʤiʏ˦həu˥tʻe˥˩　经营旧货的地摊。
【旧相好】ʤiʏ˦siã˥hæ˥˩　从前的情人。
【旧相识】ʤiʏ˦siã˥səʔ˥　老朋友。
【旧黑心】ʤiʏ˦həʔ˥sin˥˩　指收旧货营生的人(贬义)。
【旧家生】ʤiʏ˦kɑ˥sã˥˩　旧家具或用具。
【旧地重游】ʤiʏ˦di˩zoŋ˦ɦiʏ˦　又去曾经去过或生活过的地方。
【旧病复发】ʤiʏ˩bin˩voʔ˧fɑʔ˥　犯曾经生过并已冶愈的毛病。喻重犯以前犯过的错误。
【旧的勿去,新的勿来】ʤiʏ˩kəʔ˥fəʔ˥tɕʻi˧,sin˥kəʔ˥fəʔ˥le˦　指不去掉旧的,不可能添新的。

臼【ʤiʏ˩】

咎【ʤiʏ˩】

疚【tɕiʏ˥˩】

柩【ʤiʏ˩】

桕【ʤiʏ˩】

厩【ʤiʏ˩】

救【tɕiY˦˨】

【救火】tɕiY˥həu˥˩
【救兵】tɕiY˥ɓin˥˩
【救护】tɕiY˥ɦəu˨˩
【救灾】tɕiY˦˨tsE˥
【救国】tɕiY˦˨kuəʔ˥
【救命】tɕiY˥min˨˩
【救星】tɕiY˥sin˥˩
【救济】tɕiY˥tsi˥˩
【救澀】tɕiY˥θin˥˩　火灾扑灭。
【救火车】tɕiY˥həu˥tsʻo˥˩　救火用的专用车辆。
【救火会】tɕiY˥həu˥ɦuE˨˩　从事救火的机构。
【救生衣】tɕiY˥sən˥θi˥˩
【救生圈】tɕiY˥sən˥tɕʻø˥˩
【救世主】tɕiY˥sɥ˥tsɥ˥˩
【救护车】tɕiY˥ɦəu˥˧tsʻo˥˩　运送有生命危险的人的专用车辆。
【救苦救难】tɕiY˥kʻəu˥˩tɕiY˥nE˨˩
【救命稻草】tɕiY˥min˥dæ˧tsʻæ˥˩　溺水的人，哪怕抓到一根稻草也认为可以救命。喻用以挽回败局极牵强的理由。
【救急勿救穷】tɕiY˦˨tɕəʔ˥fəʔ˥tɕiY˦˨dʑoŋ˧　指只能帮助解决突然发生的危难，不能长期济贫。
【救命皇菩萨】tɕiY˥min˨˩ɦuɑ̃˨˩bu˧saʔ˥　传说中能救人性命的神。喻帮助人脱离苦难的人。
【救仔田鸡饿煞蛇】tɕiY˦˨tsɿ˥˩di˧tɕi˥ŋəu˨˩saʔ˥zo˧　俗语。喻救了一方，却伤害了自身或另一方。
【救人救仔落水狗，回转头来咬一口】tɕiY˦˨ɳ̍ən˧tɕiY˦˨tsɿ˥˩loʔ˧sɥ˥˩kY˥˩，ɦuE˧tsø˥˩dY˦˨lE˨˩ŋæ˨˩θiəʔ˥kʻY˥˩　（一）喻好心得到恶报。（二）喻因怜悯救助恶人，将反受其害。

就【ZY˨˩】

【就义】ZY˨˩ɦi˧
【就手】ZY˧SY˥˩　随手。
【就业】ZY˨˩ɳ̍əʔ˧
【就地】ZY˨˩di˨˩

【就坐】zʏ˨zəu˨
【就医】zʏ˨ʘi˥
【就是】zʏ˧zʅ˨
【就读】zʏ˨doʔ˧
【就职】zʏ˨tsəʔ˥
【就道】zʏ˨dæ˨
【就算】zʏ˧sø˥
【就什梗】zʏ˧zəʔ˧gã˨ 就这样，就这么（办）。
【就什梗吧】zʏ˧zəʔ˧gã˨bɑ˨ 或zʏ˧kã˥bɑ˨ （一）义同【就什梗】。（二）就这样吧（含无奈、妥协的意思）。

舅【dʑiʏ˨】

【舅姆】dʑiʏ˧m̩˥ 舅母。
【舅娘】dʑiʏ˧ɳiã˨ 舅母。
【舅嫂】dʑiʏ˧sæ˩
【舅舅】dʑiʏ˧dʑiʏ˨
【舅老爷】dʑiʏ˧læ˧ɦiɑ˨ 妻子的弟兄。

鹫【zʏ˨】

jū

车【tɕy˥】另见 chē。

苴【tsi˥】

拘【tɕy˥】

【拘束】tɕy˥soʔ˥
【拘役】tɕy˥ɦyəʔ˧
【拘泥】tɕy˥ɳi˨
【拘押】tɕy˥ʘaʔ˥
【拘留】tɕy˥lʏ˨
【拘捕】tɕy˥bu˨
【拘谨】tɕy˥tɕən˩

狙【tsy˧】

【狙击】tsy˧tɕəʔ˥

居【tɕy˥】

【居士】tɕy˥zʅ˨
【居心】tɕy˥sin˩
【居中】tɕy˥tsoŋ˩
【居功】tɕy˥koŋ˩
【居民】tɕy˥min˨
【居多】tɕy˥təu˥
【居住】tɕy˥zʮ˨
【居伙道士——夜来忙】tɕy˧həu˥dæ˨zʅ˨——ʘiɑ˥lE˨

mã˨˩ 歇后语。指白天闲过,晚上忙碌。

驹【tɕy˥˧】

疽【tsi˥˧】

掬【tɕoʔ˥˧】

琚【tɕy˥˧】

雎【tɕy˥˧】

裾【tɕy˥˧】

鞠【tɕəʔ˥˧】文读【tɕoʔ˥˧】

【鞠躬】tɕəʔ˥koŋ˥

【鞠躬尽瘁】tɕəʔ˥koŋ˥zin˨˩ zɛ˨˩

jú

局【dʑioʔ˨】

【局长】dʑioʔ˨tsã˧˩ 一局之长。

【局式】dʑioʔ˨səʔ˥ 旧时吴语。行,可以。亦可单用【局】dʑioʔ˨。

【局局】dʑioʔ˨dʑioʔ˨ 每次。

【局势】dʑioʔ˨sɥ˧˩

【局限】dʑioʔ˨ɦɛ˨˩

【局促】dʑioʔ˨tsʻoʔ˥

【局面】dʑioʔ˨mi˨˩

【局部】dʑioʔ˨bu˨˩

【局外人】dʑioʔ˨ŋɑ˨˩ȵən˨˩

桔【tɕəʔ˥˧】文读【tɕoʔ˥˧】另见 jié。

菊【tɕyəʔ˥˧】文读【tɕoʔ˥˧】

【菊花】tɕyəʔ˥ho˥

【菊里黄】tɕyəʔ˥liə˧ɦuã˨˩ 一种似蟋蟀而体形大的鸣虫。

【菊花菜】tɕyəʔ˥ho˥tsʻɛ˧˩ 蓬蒿菜。

【菊花汛里】tɕyəʔ˥ho˥sin˥li˨˩ 菊花开放的那段时间。

焗【dʑoʔ˨】

跼【dʑoʔ˨】

橘【tɕyəʔ˥】

【橘子】tɕyəʔ˥tsɿ˥˩
【橘轧】tɕyəʔ˥gaʔ˧ 榨取橘子汁的器具。呈半球状，球面上有棱，将半只橘子倒扣在球面上旋转取汁。
【橘红】tɕyəʔ˥hoŋ˧
【橘络】tɕyəʔ˥loʔ˧
【橘黄】tɕyəʔ˥huɑ̃˧
【橘中秘】tɕyəʔ˥tsoŋ˥pi˥˩ 一种记载中国象棋古谱的古书。
【橘皮脸】tɕyəʔ˥bi˧li˩ 皮肤毛孔粗糙似橘皮的脸。

jǔ

咀【tsi˥˩】文读【tɕy˥˩】

【咀】tsi˦ 吃（贬义）。

沮【tsi˥˩】文读【tɕy˥˩】

枸【tɕy˥˩】

矩【tɕy˥˩】

举【tɕy˥˩】

【举人】tɕy˦ȵən˧
【举办】tɕy˥˩bE˩
【举止】tɕy˥tsʮ˥˩
【举行】tɕy˥˩ɦin˩
【举报】tɕy˥˩pæ˥˩
【举例】tɕy˥li˩
【举荐】tɕy˥tsiI˥˩
【举国】tɕy˥kuəʔ˥
【举哀】tɕy˥˩ØE˥
【举重】tɕy˥˩zoŋ˩
【举措】tɕy˥˩tsʻəu˥˩
【举一反三】tɕy˥˩Øiəʔ˥fE˥˩SE˥
【举手之劳】tɕy˥˩sʏ˥˩tsʮ˥˩læ˩
【举棋不定】tɕy˥dʑi˧pəʔ˥din˩
【举案齐眉】tɕy˥Øuø˥˩zi˧mE˧ 时误读tɕy˥Øø˥˩zi˧mE˧。

榉【tɕy˥˩】

钼【tsʻi˥˩】文读【tsʻy˥˩】

【钼钹】tsʻi˥bəʔ˧ 打击乐器。

两个圆铜片，中间突起成半球形，正中有孔，可以穿绸条或布片，合起来拍打发声。

龃【tsi˥˩】文读【tɕy˥˩】

【龃团牙】tsi˥dø˦ŋɑ˩ 上牙在后，下牙在前的牙型。

jù

巨【dʑy˥˩】

【巨人】dʑy˩ȵən˩
【巨大】dʑy˩dɑ˩
【巨万】dʑy˩vE˩
【巨头】dʑy˩dY˩
【巨匠】dʑyziã˩
【巨轮】dʑy˩lən˩
【巨细】dʑy˦si˥˩
【巨星】dʑy˦sin˥
【巨著】dʑy˩tsɥ˧
【巨额】dʑy˩ŋaʔ˧

句【tɕy˧】另见 gōu

【句子】tɕy˥tsɿ˥˩
【句号】tɕy˥ɦæ˩

苣【dʑy˩】

拒【dʑy˩】

【拒绝】dʑy˦ziəʔ˧
【拒捕】dʑy˩bu˩
【拒聘】dʑy˦pʰin˥˩

具【dʑy˩】

【具名】dʑy˩min˧
【具有】dʑy˩ɦiY˩
【具体】dʑy˦tʰi˥
【具备】dʑy˩bE˩
【具结】dʑy˦tɕəʔ˥

炬【dʑy˩】

俱【dʑy˩】

【俱乐部】dʑy˧loʔ˧bu˩

倨【tɕy˧】

剧【dʑəʔ˧】

【剧本】dʑəʔ˧pən˥˩

【剧目】ʥəʔ˧moʔ˧
【剧场】ʥəʔ˧zã˩
【剧团】ʥəʔ˧dø˩
【剧种】ʥəʔ˧tsoŋ˥˩
【剧院】ʥəʔ˧ɦiø˩
【剧烈】ʥəʔ˧liəʔ˧
【剧情】ʥəʔ˧zin˩
【剧照】ʥəʔ˧tsæ˥˩

据【tɕy˥˧】

【据守】tɕy˥sʏ˥˩
【据点】tɕy˥tiɪ˥˩
【据说】tɕy˥səʔ˥

距【ʥy˨˩】

【距离】ʥy˧li˧

惧【ʥy˨˩】

【惧内】ʥy˩nE˩
【惧色】ʥy˧səʔ˥
【惧怕】ʥy˩pʻo˧

飓【ʥy˨˩】

【飓风】ʥy˧foŋ˥

锯【kE˥】文读【tɕy˥˧】

【锯子】kE˥tsɿ˥˩
【锯条】tɕy˥diæ˩

聚【zi˨˩】文读【zy˨˩】

【聚头】zi˩dʏ˧　聚集,汇合。
【聚会】zi˩ɦuE˩
【聚齐】zi˧zi˩　整理(东西)。
【聚赌】zi˩təu˥˩
【聚集】zi˧ziəʔ˧
【聚焦】zi˧tsiæ˥
【聚聚】zi˧zi˩　聚会。
【聚餐】zi˧tsʻø˥
【聚拢来】zi˩loŋ˩lE˩　(一)集合,凑在一起。(二)收拾在一起。
【聚宝盆】zi˩pæ˥˩bən˩
【聚沙成塔】zi˧so˥zən˧tʻaʔ˥　指积少成多。

窭【tɕy˥˩】

踞【tɕy˥˧】

屦【tɕy˥˩】

遽【tɕy˦˩】

瞿【dʑy˨˩】另见 qú。

醵【ɕyəʔ˥】文读【dʑy˨˩】

juān

捐【tɕiø˥】

【捐助】tɕiø˥zəu˦˩
【捐班】tɕiø˥pᴇ˥˩　封建时代向朝廷捐钱买官。
【捐躯】tɕiø˥tɕʻy˥˩
【捐税】tɕiø˥sᴇ˦˩
【捐款】tɕiø˥kuø˥˩
【捐献】tɕiø˥ɕi˥˩
【捐照会】tɕiø˥tsæ˥ɦuᴇ˨˩　牌照捐纳税款。

涓【tɕiø˥】

【涓涓】tɕiø˥tɕiø˥˩

娟【tɕiø˥】

圈【tɕʻiø˥】另见 juàn；quān。

鹃【tɕiø˥】

镌【tɕiø˥】

【镌刻】tɕiø˥kʻəʔ˥

蠲【tɕiø˥】

juǎn

卷【tɕiø˥˩】另见 juàn。

【卷尺】tɕiø˦˩tsʻɑʔ˥
【卷脱】tɕiø˦˩tʻəʔ˥　(一)评弹行话。演出书目时,把删削不演的章节简要地交代掉。(二)把东西裹成圆筒形。(三)卷走。
【卷心菜】tɕiø˦˩sin˥tsʻᴇ˥˩
【卷扬机】tɕiø˦˩ɦiã˦˩tɕi˥˩
【卷铺盖】tɕiø˦˩pʻu˥kᴇ˥˩
【卷土重来】tɕiø˦˩tʻəu˥zoŋ˨˩lᴇ˨˩
【卷包逃走】tɕiø˦˩pæ˥dæ˦˩tsʏ˥˩　卷逃。

锩【tɕiø˥˩】

【锩口】tɕiø˥˩kʏ˥˩ 刀剑的刃弯曲变形。

juàn

卷【tɕiø˦˨】另见 juǎn。

【卷子】tɕiø˦˨tsɿ˥
【卷气】tɕiø˥˩tɕʻi˥˩ 书卷气。文雅的气息。
【卷面】tɕiø˥˩mi˨˩ 成束的面条干,用纸包成圆柱状。又叫【卷子面】tɕiø˦˨tsɿ˥mi˨˩【索面】soʔ˥mi˨˩。

隽【tsin˦˨】

【隽永】tsin˦˨ɦioŋ˥˩

倦【dʑiø˨˩】

【倦】dʑiø˨˦ 疲倦想睡觉。

狷【tɕiø˦˨】

【狷介】tɕiø˥tɕia˥˩

绢【tɕiø˦˨】

【绢本】tɕiø˦˨pən˥
【绢头】tɕiø˥dʏ˨˩ 手帕。
【绢花】tɕiø˥ho˥˩
【绢踢】tɕiø˥tʻiəʔ˥ 毽子。
【绢头包】tɕiø˥dʏ˦˨pæ˥˩ 将手帕四角围起做成的小包囊。

圈【dʑiø˨˦】另见 juān; quān。

【圈养】dʑiø˨˦ɦiã˨˩

眷【tɕiø˦˨】

【眷恋】tɕiø˦˨li˨˩
【眷属】tɕiø˦˨zoʔ˧

罥【tɕiø˦˨】

juē

撅【tɕəʔ˥】

【撅起】tɕəʔ˥tɕʻi˥˩ 翘起来。
【撅起屁股】tɕəʔ˥tɕʻi˥˩pʻi˥kəu˥˩ 翘起屁股。

噘【tɕəʔ˥】

【噘起嘴巴】tɕəʔ˥tɕʻi˧tsʮ˨po˥ 噘起嘴。指生气的样子。
【噘亦勿噘一噘】tɕəʔ˥ɦaʔ˧fəʔ˥tɕəʔ˥0iəʔ˥tɕəʔ˥ 一点也不于理睬。

jué

孓【tɕəʔ˥】

决【tɕəʔ˥】

【决口】tɕyəʔ˥k'Y˧
【决斗】tɕyəʔ˥tY˨
【决计】tɕyəʔ˥tɕi˨
【决心】tɕyəʔ˥sin˥
【决议】tɕyəʔ˥ȵi˧
【决定】tɕyəʔ˥din˧
【决绝】tɕyəʔ˥ziəʔ˧
【决战】tɕyəʔ˥tsø˨
【决断】tɕyəʔ˥tø˨
【决裂】tɕyəʔ˥liəʔ˧
【决策】tɕyəʔ˥ts'ɑʔ˥
【决意】tɕyəʔ˥0i˨
【决赛】tɕyəʔ˥sE˨
【决雌雄】tɕyəʔ˥ts'ɿ˥ɦioŋ˧
【决一死战】tɕyəʔ˥0iəʔ˥sɿ˧tsø˧ 敌我双方你死我活的战斗。

诀【tɕyəʔ˥】

【诀门】tɕyəʔ˥mən˧ 窍门。
【诀别】tɕyəʔ˥biəʔ˧
【诀窍】tɕyəʔ˥tɕ'iæ˧

抉【tɕyəʔ˥】

【抉择】tɕyəʔ˥zəʔ˧

角【koʔ˥】文读【tɕioʔ˥】另见 jiǎo。

【角斗】koʔ˥tY˨
【角色】koʔ˥səʔ˥或tɕioʔ˥səʔ˥
【角逐】koʔ˥zoʔ˧

驶【tɕiəʔ˥】

玦【tɕiəʔ˥】

珏【tɕoʔ˥】

觉【kɔʔ˥】文读【tɕyəʔ˥】、【tɕɔʔ˥】另见 jiào。

【觉悟】tɕɔʔ˥ŋəu˧˩

【觉着】kɔʔ˥zɑʔ˧　(一)感觉到。(二)认为。

【觉搭】kɔʔ˥taʔ˥　感觉到。

【觉察】tɕiɔʔ˥tsʻaʔ˥

【觉醒】tɕiɔʔ˥sin˥˨或tɕyəʔ˥sin˥˨

【觉勿着】kɔʔ˥fəʔ˥zɑʔ˧　没有感觉到。

【觉得着】kɔʔ˥təʔ˥zɑʔ˧　感觉得到。

绝【ziəʔ˧】

【绝口】ziəʔ˧kʻY˥˨

【绝风】ziəʔ˧foŋ˥　没有一丝风。

【绝平】ziəʔ˧bin˩˧　非常平整。

【绝对】ziəʔ˧tE˥˨

【绝代】ziəʔ˧dE˧˩

【绝句】ziəʔ˧tɕy˥˨

【绝后】ziəʔ˧ɦY˧˩

【绝交】ziəʔ˧tɕiæ˥˨

【绝收】ziəʔ˧sY˥

【绝杀】ziəʔ˧saʔ˥

【绝色】ziəʔ˧səʔ˥

【绝技】ziəʔ˧dʑi˧˩

【绝妙】ziəʔ˧miæ˧˩

【绝顶】ziəʔ˧tin˥˨

【绝细】ziəʔ˧si˦˩˨　很细。

【绝育】ziəʔ˧ɦiɔʔ˧

【绝迹】ziəʔ˧tsiəʔ˥

【绝食】ziəʔ˧zəʔ˧

【绝响】ziəʔ˧ɕiã˥˨

【绝种】ziəʔ˧tsoŋ˥˨

【绝密】ziəʔ˧miəʔ˧

【绝情】ziəʔ˧zin˩˧

【绝笔】ziəʔ˧piəʔ˥

【绝望】ziəʔ˧vɑ̃˧˩

【绝唱】ziəʔ˧tsʻɑ̃˦˩˨

【绝路】ziəʔ˧ləu˧˩

【绝缘】ziəʔ˧ɦiø˧˩

【绝嗣】ziəʔ˧zɿ˧˩

【绝境】ziəʔ˧tɕən˥˨

【绝嫩】ziəʔ˧nən˧˩　形容非常嫩。

【绝子孙】ziəʔ˧tsɿ˦˩˨sən˥　没有后代(多作詈语)。

【绝末代】ziəʔ˧məʔ˧dE˧˩　詈语。没有后代。

【绝命书】ziəʔ˧min˧˩sɥ˥

【绝子绝孙】ziəʔ˧tsɿ˥˨ziəʔ˧sən˥　詈语。没有后代。

【绝顶聪敏】ziəʔ˧tin˥˩tsʻoŋ˥˩ min˩

倔【dʑyəʔ˧】另见 juè。

【倔强】dʑyəʔ˧dʑiã˩

掘【dʑyəʔ˧】

【掘进】dʑyəʔ˧tsin˦

【掘藏】dʑyəʔ˧zã˩ 挖掘别人埋在地下的财宝。

【掘潭】dʑyəʔ˧dø˧ 挖小坑。

【掘烂泥】dʑyəʔ˧lE˧ȵi˩ 挖土。

【掘祖坟】dʑyəʔ˧tsəu˦vən˩ 刨祖坟。

【掘横财】dʑyəʔ˧ɦuã˧zE˩ 发掘别人埋藏的财宝。

【掘壁洞】dʑyəʔ˧piəʔ˥doŋ˩ 窃贼在墙壁上打洞（进入建筑物行窃）。也指掘壁洞的窃贼。

崛【dʑyəʔ˧】

脚【tɕiɑʔ˥】另见 jiǎo。

【脚色】tɕiɑʔ˥səʔ˥ 角色。

厥【tɕyəʔ˥】

【厥倒】tɕyəʔ˥tæ˥˩ 失去知觉，不省人事。（一）形容气愤之极。（二）形容受不了。

劂【tɕyəʔ˥】

谲【tɕyəʔ˥】

蕨【tɕyəʔ˥】

獗【tɕyəʔ˥】

橛【dʑyəʔ˧】

噱【ɕyəʔ˥】另见 xué。

镢【ɕyəʔ˥】

爵【tsiɑʔ˥】文读【tsioʔ˥】

【爵士】tsiɑʔ˥zɿ˩

【爵位】tsiɑʔ˥ɦuE˨˩
【爵禄】tsiɑʔ˥loʔ˧
【爵主爷】tsiɑʔ˥tsʮ˥ɦiɑ˨˩ 尊称有爵位的男子。

蹶【tɕyəʔ˥】另见 juě。

矍【dʑyəʔ˧】文读【dʑoʔ˧】

嚼【zɑʔ˥】文读【zioʔ˧】另见 jiáo;jiào。

攫【dʑyəʔ˧】文读【dʑoʔ˧】

juě

蹶【tɕyəʔ˥】另见 jué。

juè

倔【dʑyəʔ˧】另见 jué。

jūn

军【tɕyən˥】

【军人】tɕyən˥ȵən˨˩或tɕyən˥zən˨˩
【军力】tɕyən˥liəʔ˧
【军工】tɕyən˥koŋ˥˨
【军士】tɕyən˥zʅ˨˩
【军火】tɕyən˥həu˥˨
【军队】tɕyən˥dE˨˩
【军车】tɕyən˥tsʻo˥˨
【军心】tɕyən˥sin˥˨
【军区】tɕyən˥tɕʻy˥˨
【军号】tɕyən˥ɦæ˨˩
【军用】tɕyən˥ɦioŋ˨˩
【军功】tɕyən˥koŋ˥˨
【军训】tɕyən˥ɕyən˥˨
【军令】tɕyən˥lin˨˩
【军民】tɕyən˥min˨˩
【军师】tɕyən˥sʅ˥˨
【军机】tɕyən˥tɕi˥˨
【军权】tɕyən˥dʑiø˨˩
【军医】tɕyən˥Øi˥˨
【军备】tɕyən˥bE˨˩
【军法】tɕyən˥faʔ˥
【军事】tɕyən˥zʅ˨˩
【军饷】tɕyən˥ɕiã˥˨
【军阀】tɕyən˥vaʔ˧
【军费】tɕyən˥fi˥˨
【军种】tɕyən˥tsoŋ˥˨
【军校】tɕyən˥ɦiæ˨˩
【军舰】tɕyən˥tɕʻiI˥˨
【军容】tɕyən˥ɦioŋ˨˩
【军婚】tɕyən˥huən˥˨
【军情】tɕyən˥zin˨˩
【军营】tɕyən˥ɦin˨˩

【军港】tɕyən˥kɑ̃˥˩
【军棋】tɕyən˥dʑi˨˩
【军旗】tɕyən˥dʑi˨˩
【军属】tɕyən˥zoʔ˧
【军装】tɕyən˥tsɑ̃˥˩
【军粮】tɕyən˥liɑ̃˨˩
【军需】tɕyən˥si˥˩
【军籍】tɕyən˥ziəʔ˧
【军乐队】tɕyən˥ɦioʔ˧dɛ˨˩ 铜管乐队。
【军令状】tɕyən˥lin˨˩zɑ̃˨˩
【军用品】tɕyən˥ɦioŋ˨˩pʻin˥˩ 军用物品（区别于民用品）。

均【tɕyən˥】

【均分】tɕyən˥fən˥˩
【均匀】tɕyən˥ɦyən˨˩
【均沾】tɕyən˥tsø˧˦

龟【tɕyən˥】另见 guī；qiū。

【龟裂】tɕyən˥liəʔ˧

君【tɕyən˥】

【君子】tɕyən˧˦tsɿ˥˩
【君王】tɕyən˥ɦuɑ̃˨˩ 帝王。
【君主】tɕyən˧˦tsɥ˥˩
【君家】tɕyən˥tɕiɑ˥˩ 旧时女子对丈夫或情人的尊称。
【君子兰】tɕyən˧˦tsɿ˥˩lɛ˨˩
【君子动口不动手】tɕyən˧˦tsɿ˥˩doŋ˨˩kʻɤ˥˩pəʔ˥doŋ˨˩sɤ˥˩ 有道德修养的人只会用道理说服，而不会动手制服。

钧【tɕyən˥】

【钧旨】tɕyən˧˦tsɥ˥˩ 旧时称上级或男性尊长的命令。
【钧谕】tɕyən˥ɦy˨˩ 义同【钧旨】。

菌【tɕyən˥】

【菌类植物】tɕyən˥lɛ˨˩zəʔ˧vəʔ˧ 单个菌体或孢子在固体培养基上生长繁殖后形成的植物，如菇、蕈等。

皲【tɕyən˥】

jùn

俊【tsin˦˨】中州韵【tsyən˦˨】

【俊杰】tsin˦˨dʑəʔ˧

郡【dʑyən˩】

【郡主】dʑyən˧tsʮ˥˩ 郡守的夫人。

【郡守】dʑyən˧sʏ˥˩ 古代的一郡之主。

峻【tsin˦˨】中州韵【ɕyən】

【峻岭】tsin˦˨lin˩ 高大的山岭。

浚【tsin˥˩】中州韵【ɕyən˦˨】

骏【tsin˦˨】中州韵【tsyən˦˨】

竣【tsin˦˨】中州韵【tsyən˦˨】

【竣工】tsin˦˨koŋ˥

K

kā

咔【kʻaʔ˥】另见 kǎ。

【咔嚓】kʻaʔ˥tsʻaʔ˥ 象声词。形容断裂的声音。

【咔喇嗒】kʻaʔ˥laʔ˧taʔ˥ 象声词。(一)形容断裂的声音。(二)形容机械运转不畅的声音。

咖【kʻɑ˥】另见 gā。

【咖啡】kʻɑ˥fi˥˩

【咖啡厅】kʻɑ˥fi˥tʻin˥˩

【咖啡颜色】kʻɑ˥fi˥˩ŋɛ˨˩səʔ˥ 深棕色。

喀【kʻaʔ˥】另见 kā。

【喀嚓】kʻaʔ˥tsʻaʔ˥ 义同【咔嚓】。

【喀喇嗒】kʻaʔ˥laʔ˧taʔ˥ 义同【咔喇嗒】。

kǎ

卡【kʻɑ˥˩】另见 qiǎ。

【卡车】kʻɑ˥tsʻo˥˩

【卡片】kʻɑ˥pʻi˥˩

【卡牢】kʻɑ˦læ˨˩ 卡住。

【卡其】kʻɑ˥dʑi˨˩

【卡煞】kʻɑ˦saʔ˥ 卡死。

【卡介苗】kʻɑ˥tɕɑ˥miæ˨˩

【卡宾枪】kʻɑ˥pin˥tsʻiɑ̃˥˩

咔【kʻɑ˥˩】另见 kā。

【咔叽】kʻɑ˥dʑi˨˩

咯【loʔ˧】另见 gē;lo。

【咯血】loʔ˧ɕyəʔ˥

kāi

开【kʻE˥】

【开】kʻE˥　量词。冲茶的次数。

【开刀】kʻE˥tæ˥˩

【开工】kʻE˥koŋ˥˩

【开口】kʻE˥kʻY˥˩

【开门】kʻE˥mən˧或kʻE˥mən˩

【开办】kʻE˥bE˩

【开化】kʻE˥ho˥˩

【开户】kʻE˥ɦəu˩

【开书】kʻE˥sɥ˥˩　(一)指苏州评弹演员到场开始演出。(二)指苏州评弹演出，第一场故事情节开始的地方。

【开火】kʻE˥həu˥˩　(一)放枪发砲，开始打仗。(二)开灯。

【开水】kʻE˥sɥ˥˩

【开心】kʻE˥sin˥˩

【开牙】kʻE˥ŋɑ˧˨　指雄蟋蟀发怒张开大牙。(二)调侃语。喻人开始侃侃而谈。

【开包】kʻE˥pæ˥　(一)拆开包装。(二)旧指女子初夜。

【开打】kʻE˥tɑ̃˥˩

【开头】kʻE˥dY˩　开始；起初。

【开发】kʻE˥faʔ˥

【开业】kʻE˥ȵəʔ˧

【开奶】kʻE˥nɑ˩　婴儿开始人奶哺乳。

【开司】kʻE˥sɿ˥˩　英语音译。接吻。

【开外】kʻE˥ŋɑ˩

【开创】kʻE˥tsʻɑ̃˥˩

【开场】kʻE˥zã˩

【开导】kʻE˥dæ˩

【开吊】kʻE˥tiæ˥˩

【开动】kʻE˥doŋ˩

【开会】kʻE˥ɦuE˩

【开光】kʻE˥kuã˥

【开关】kʻE˥kuE˥˩

【开伙】kʻE˥həu˥˩

【开价】kʻE˥kɑ̃˥˩

【开讲】kʻE˥kɑ̃˥˩　指苏州评话里，注重起角色的一种表演风格。

【开年】kʻE˥ȵiɪ˩

【开设】kʻE˥səʔ˥

【开词】kʻE˥zɿ˧　苏州评话开说正书前加念的韵文(现已消失)。

K

【开初】k'E˥ts'əu˧˩
【开饭】k'E˥vE˩
【开花】k'E˥ho˧˩ （一）生出花朵；花蕾开放。（二）指毛笔头敝坏，散开。（三）指嗓音嘶哑。（四）形容像花朵那样绽开。（五）喻经验传开或事业兴起。（六）指爆粗口。
【开张】k'E˥tsɑ̃˧˩
【开戒】k'E˥kɑ˧˦
【开局】k'E˥ʥioʔ˧
【开学】k'E˥ɦoʔ˧
【开拔】k'E˥baʔ˧
【开宝】k'E˥pæ˧˩ 妓女第一次留客过夜。
【开拆】k'E˥ts'ɑ̃˥ 分成；分开。
【开采】k'E˥ts'E˧˩
【开放】k'E˥fɑ̃˧˩
【开国】k'E˥kuəʔ˥
【开河】k'E˥ɦəu˧ （一）开辟河道。（二）形容大面积浸水。
【开间】k'E˥kE˧˩
【开金】k'E˥ʨən˧˩
【开卷】k'E˥ʨiø˧˩
【开明】k'E˥min˩
【开衫】k'E˥sE˧˩
【开始】k'E˥sɥ˧˩
【开拓】k'E˥t'oʔ˥
【开衩】k'E˥ts'o˧˦ 衣服旁边开口的地方。
【开春】k'E˥ts'ən˧˩
【开除】k'E˥zɥ˩
【开洋】k'E˥ɦiɑ̃˩ 咸虾仁干。
【开荒】k'E˥huɑ̃˧˩
【开荤】k'E˥huən˧˩
【开奖】k'E˥tsiɑ̃˧˩
【开垦】k'E˥k'ən˧˩
【开面】k'E˥mi˩ （一）旧俗，女子临出嫁前改变头发的梳妆样式，去净脸和脖子上的寒毛，修齐鬓角。（二）阔度。
【开炮】k'E˥p'æ˧˦
【开庭】k'E˥din˩
【开胃】k'E˥ɦuE˩
【开战】k'E˥tsø˧˩
【开恩】k'E˥∅ən˥
【开罡】k'E˥kɑ̃˧˩ 麻将术语。四张牌同一花样。
【开朗】k'E˥lɑ̃˩
【开课】k'E˥k'əu˧˦
【开窍】k'E˥ʨ'iæ˧˦

【开缺】kʻE˥tɕʻyəʔ˥
【开胯】kʻE˥kʻo˨˦ 旗袍或长衫腿部两旁的开衩。
【开通】kʻE˥tʻoŋ˦˨
【开烊】kʻE˥ɦiã˨˦ 冰雪开始融化。
【开展】kʻE˥tsø˦˨
【开盘】kʻE˥bø˨˧
【开票】kʻE˥pʻiæ˨˦
【开脱】kʻE˥tʻəʔ˥
【开道】kʻE˥dæ˨˧
【开锋】kʻE˥foŋ˦˨ 指武术动作或利器伸展所及的范围。
【开掘】kʻE˥dʑyəʔ˧
【开阔】kʻE˥kʻuəʔ˥
【开释】kʻE˥səʔ˥
【开销】kʻE˥siæ˦˨
【开锣】kʻE˥ləu˨˦
【开路】kʻE˥ləu˨˧
【开幕】kʻE˥mo˨˧
【开辟】kʻE˥pʻiəʔ˥
【开端】kʻE˥tø˦˨
【开篇】kʻE˥pʻiɪ˦˨ 苏州弹词表演正书前加唱的自成首尾的唱段。
【开翻】kʻE˥fE˦˨ 花朵开始凋谢。也指蘑菇萎谢。
【开山门】kʻE˥sE˥mən˨˧ 指第一次收徒。
【开口饭】kʻE˥kY˦˨vE˨˧
【开小差】kʻE˥siæ˥tsʻɑ˦˨
【开口笑】kʻE˥kʻY˦˨siæ˨˦ 食品。圆球状面制油炸甜品。
【开车子】kʻE˥tsʻo˥tsɿ˦˨ 驾驶机动车。
【开方子】kʻE˥fɑ̃˥tsɿ˦˨ 开药方。
【开天窗】kʻE˥tʻiɪ˥tsʻɑ̃˦˨
【开头刀】kʻE˥dY˨˦tæ˥ 比喻先从某个方面或某个人下手。
【开伙仓】kʻE˥həu˨˦tsʻɑ̃˥或kʻE˥həu˥tsʻɑ̃˦˨ 开伙食。
【开司米】kʻE˥sɿ˥mi˨˧
【开头炮】kʻE˥dY˨˦pʻæ˦˨ 喻开始第一个。
【开吊酒】kʻE˥tiæ˥tsY˦˨ 办丧事的人家接待亲友的酒席。
【开场白】kʻE˥zɑ̃˨˦baʔ˧
【开后门】kʻE˥ɦY˨˦mən˨˧
【开汽水】kʻE˥tɕʻi˥sʮ˦˨ 喻嘘声,喝倒采。
【开快车】kʻE˥kʻɑ˥tsʻo˦˨
【开条斧】kʻE˥diæ˨˦fu˥ 开

出条件，含敲诈的意思。

【开房间】k'ᴇ˥vɑ̃˧kᴇ˥˩ 到旅馆租住房间。

【开夜车】k'ᴇ˥ɦia˥ts'o˥˩

【开码头】k'ᴇ˥mo˧dʏ˩ 指到外地去经营。

【开青龙】k'ᴇ˥ts'in˥loŋ˩ （一）一种押注的赌博。（二）书场开业第一次演出。

【开洋荤】k'ᴇ˥ɦiã˧huən˥ 指游历国外或享用国外的东西。

【开绿灯】k'ᴇ˥loʔ˧tən˥˩

【开裆裤】k'ᴇ˥tɑ̃˥k'əu˥˩ 便于幼童大小便穿的两条裤腿间不予缝合的裤子。

【开菜碗】k'ᴇ˥ts'ᴇ˥ɦuø˥˩ 家庭中用于盛菜的碗。又名大碗【dəu˧ɦuø˥˩】。

【开门见山】kᴇ˥mən˧tɕii˥˩sᴇ˥ 大年初一第一次开门时，燃放爆竹三枚，以讨吉利。吴语中"山"、"三"同音。

【开门炮仗】k'ᴇ˥mən˥p'æ˥zɑ̃˩ 大年初一第一次开门时，燃放爆竹三枚，以讨吉利。

【开山鼻祖】k'ᴇ˥sᴇ˥biəʔ˧tsəu˥˩ 创始人。

【开天辟地】k'ᴇ˥t'ii˥p'iəʔ˥di˩

【开眼乌龟】k'ᴇ˥ŋᴇ˩ɦəu˥tɕy˥˩ 明知妻子有外遇而泰然置之的人。

【开口见喉咙】k'ᴇ˥k'ʏ˥˩tɕii˥˩ɦoʔ˧loŋ˩ 指一说话，就会流露真实思想。转喻说唱演员一开口表演，就让人知道其功底（厚薄）。

【开门七件事】k'ᴇ˥mən˩ts'iəʔ˥dʑii˩zɿ˩ 指柴米油盐酱醋茶七件日常开支。

【开口勿见四两肉】k'ᴇ˥k'ʏ˥˩fəʔ˥tɕii˥˩sɿ˥˩liã˥˩ɳoʔ˧ 形容夏天炎热消耗大，多说话，伤身体。

【开口洋盘闭口相】k'ᴇ˥k'ʏ˥˩ɦiã˧bø˩pi˥k'ʏ˥siã˥˩ 告诫语。指言多必失。

【开店容易守店难】k'ᴇ˥tii˥˩ɦioŋ˧ɦi˩sʏ˥˩tii˥˩nᴇ˧ 喻相对而言，创业容易，守业艰难。

【开水勿响，响水勿开】k'ᴇ˥sɥ˥˩fəʔ˥ɕiã˥˩，ɕiã˥˩sɥ˥fəʔ˥k'ᴇ˥ 喻有真才实学的人为人低调；而喜欢自我吹嘘的人，则无真才实学。

【开饭店勿怕大肚皮】k'ᴇ˥vᴇ

ɬtiɪVfəˀ˥pʻoɣdəuɬdəuɹbiɹ 喻事先有充分的准备，可以毫不费力地解决问题。也指敢作敢当。

揩【kʻɑ˥】文读【kʻE˥】中州韵【tɕʻiE˥】

【揩布】kʻɑ˥puV 擦拭用的布片。

【揩身】kʻɑ˥sənV 用湿毛巾擦拭身体。

【揩油】kʻɑ˥ɦiYɬ

【揩面】kʻɑ˥miɪɹ 洗脸。

【揩脱】kʻɑ˥tʻəˀ˥ （一）擦掉。（二）喻消除掉。

【揩漆】kʻɑ˥tsʻiəˀ˥ （一）髹漆。（二）一种髹漆工艺。

【揩台布】kʻɑ˥dEɬpuV 抹布；揩布。

【揩屁股】kʻɑ˥pʻi˥kəuV （一）擦屁股。（二）喻处理善后工作。

【揩面布】kʻɑ˥miɪɬpuV 洗脸毛巾。

【揩粉板】kʻɑ˥fənVpEV 黑板擦。

【揩尿头布】kʻɑ˥sʮ˥dYɹpuV 旧时，妇女小便后，替代手纸的布片。

【揩面手巾】kʻɑ˥miɪɹsYV tɕənV 洗脸毛巾。

锎【kʻE˥】

kǎi

剀【kʻEV】

凯【kʻEV】

【凯旋】kʻEɣziɪɹ

【凯歌】kʻEɣkəu˥

恺【kʻEV】

铠【kʻEV】

【铠甲】kʻEVtɕɑˀ˥

慨【kʻEɣ】

【慨叹】kʻEVtʻEV

楷【kʻɑV】文读【kʻEV】

【楷书】kʻɑɣsʮ˥

K

【楷模】k'ɑ˦mo˧

kài

忾【k'E˦】

kān

刊【k'ø˥】文读【k'E˥】

【刊本】k'ø˥pən˨
【刊头】k'ø˥dY˩
【刊物】k'ø˥və˧

看【k'ø˥】文读【k'E˥】
另见 kàn。

【看人】k'ø˥ŋ̊ən˧ 看守住人。
【看门】k'ø˥mən˩ 看守门户。
【看守】k'ø˥sY˨
【看好】k'ø˥hæ˨ 看守好。
【看护】k'ø˥həu˩
【看牢】k'ø˥læ˩ 看守住。
【看押】k'ø˥ɐɑʔ˥
【看家】k'ø˥kɑ˨
【看管】k'ø˥kuø˨
【看门狗】k'ø˥mən˧kY˨ 看守门户的狗。喻替坏人看家护院的人。
【看勿牢】k'ø˥fəʔ˥læ˩ 看管不住。
【看起来】k'ø˥tɕ'i˥lE˩ 看管起来。
【看家戏】k'ø˥kɑ˥ɕi˨
【看家狗】k'ø˥kɑ˥kY˨
【看家眼】k'ø˥kɑ˥ŋE˩ 指人熟睡时也睁着的眼睛。
【看门老佬】k'ø˥mən˧læ˧læ˩ 看守门户的老头儿。
【看护小姐】k'ø˥həu˩siæ˨tsiɑ˨ 护士的旧称。【看护】k'ø˥həu˩。
【看家本事】k'ø˥kɑ˥pən˨zɿ˩ 别人难以胜过的、自己擅长的技艺。
【看家拳头】k'ø˥kɑ˥dʑiø˩dY˩ 义同【看家本事】。
【看牢交子】k'ø˥læ˧kæ˨tsɿ˨ (一)盯视。(二)看管住。

勘【k'ø˥】文读【k'E˥】

【勘探】k'ø˥t'ø˨

龛【k'ø˥】文读【k'E˥】

堪【kʻø˥】文读【kʻE˥】

戡【kʻø˥】文读【kʻE˥】

【戡乱】kʻø˦lø˩

kǎn

坎【kʻE˥˩】

【坎坷】kʻE˦kʻəu˥

侃【kʻE˥˩】

砍【kʻE˥˩】

槛【kʻE˥˩】另见 jiàn。

kàn

看【kʻø˦】文读【kʻE˦】另见 kān。

【看人】kʻø˦ɲ̊ən˨ （一）找人。（二）考察人。

【看见】kʻø˥tɕiɪ˥˩

【看开】kʻø˥kʻE˥˩

【看中】kʻø˥tsoŋ˥˩

【看台】kʻø˥dE˩ 观礼台。

【看头】kʻø˥dY˩ 值得看的地方。

【看好】kʻø˥hæ˥˩

【看花】（1）kʻø˥ho˥˩ （一）因眼疲劳，看东西模糊不清。（二）看错。（2）kʻø˦ho˥ 看花朵。

【看来】kʻø˦lE˩ 看起来；估计。

【看法】kʻø˦faʔ˥

【看穿】kʻø˥tsʻø˥˩

【看客】kʻø˥kʻɑ˥˩

【看待】kʻø˥dE˩

【看重】kʻø˥zoŋ˩

【看相】（1）kʻø˥siã˥˩ （一）看中。（二）指外表的样子。（2）kʻø˦siã˦ 相面（迷信活动）。

【看病】kʻø˥bin˩

【看轻】kʻø˥tɕʻən˥˩

【看做】kʻø˦tsəu˥˩ 也说成【看作】kø˦tsoʔ˥。

【看煞】kʻø˦saʔ˥ 看死。

【看上去】kʻø˦zã˨tɕʻi˥˩ 看起来。

【看下去】kʻø˦ho˨tɕʻi˥˩ 往下看。

【看下来】kʻø˦ho˨lE˩ （一）

近距离由上往下看。（二）观察下来。

【看山色】k'ø˥˧sE˥sə˥ 喻观望情势。

【看勿过】k'ø˥fəʔ˥kəu˥˩ 看不过去。

【看勿起】k'ø˥fəʔ˥tɕ'i˥˩ 看不起。

【看勿得】k'ø˥fəʔ˥təʔ˥ （一）不可以看。（二）指嫉妒；看不得（人家比自己好）。

【看日脚】k'ø˥˧ȵəʔ˧tɕɑʔ˥ 挑日子。

【看白戏】k'ø˥bɑʔ˧ɕi˥˩ 不花钱看戏。

【看白相】k'ø˥bəʔ˧siã˥˩ 看着玩。

【看来吃】k'ø˥lE˧tɕ'əʔ˥ 看别人吃东西（贬义）。

【看好看】k'ø˥hæ˥k'ø˥˩ 幸灾乐祸看人家倒霉。

【看冷铺】k'ø˥lã˩p'u˥˩ 冷眼旁观。

【看闹猛】k'ø˥næ˧mã˩ 看热闹。

【看看看】k'ø˥˧k'ø˥k'ø˥˩ （一）特意去看。（二）再仔细观看。

【看香头】k'ø˥˧ɕiã˥dY˩ 旧时巫婆作法，根据香的青烟判断吉凶。

【看面孔】k'ø˧mii˧k'oŋ˥˩ 看别人的脸色。

【看笑话】k'ø˥˧siæ˥ho˩

【看起来】k'ø˥˩tɕ'i˥˧lE˩ 看来。

【看得起】k'ø˥˧təʔ˥tɕ'i˥˩

【看脚底】k'ø˥˧tɕiaʔ˥ti˥˩ 指不予理睬，一走了事。

【看清爽】k'ø˥ts'in˥sã˥˩ 看清楚。

【看野眼】k'ø˥ɦiɑ˥ŋE˩或k'ø˥˧ɦiɑ˧ŋE˩ 眼睛看别处，指思想不集中。

【看野景】k'ø˥ɦiɑ˥tɕən˥˩ 看野外的景物。

【看颜色】k'ø˥˧ŋE˧sə˥ （一）观看颜色。（二）给人看厉害。

【看豁边】k'ø˥huaʔ˥pii˥ 考察出现偏差。

【看大勿起】k'ø˥da˩fəʔ˥tɕ'i˥˩ 看不起。

【看勿顺眼】k'ø˥fəʔ˥zən˩ŋE˩ 看不惯。也作【看勿入眼】k'ø˥fəʔ˥zəʔ˧ŋE˩。

【看见勿得】k‘ø˥tɕiɪ˥˨˧fəʔ˥təʔ˥ （一）不能被看到（别人看到了便会采取不利于自己的行动）。（二）指嫉妒；看不得（人家比自己好）。

【看样学样】k‘ø˥ɦiã˨˧ɦoʔ˧ɦiã˨˧ 照样子做（多含贬义）。也作【看人学样】k‘ø˥ȵən˨˧ɦoʔ˧ɦiã˨˧。

【看火着，唱山歌】k‘ø˥həu˥zɑʔ˧，ts‘ã˥sᴇ˥kəu˥˨˧ 喻幸灾乐祸。

【看白赌，吃白烟】k‘ø˥bɑʔ˧təu˥˨˧，tɕ‘əʔ˥bɑʔ˧Øiɪ˥ 看人赌博，抽赌客派送的烟。喻人贪小便宜。

【看俚死，好事件】k‘ø˦li˥si˥˨˧，hæ˦zɿ˩˧t‘i˥˨˧ 幸灾乐祸。常用作反诘语。

【看见只当覅看见】k‘ø˥tɕiɪ˥˨˧tsəʔ˥tã˥fən˥k‘ø˥tɕiɪ˥˨˧ 明明看见了，只当没看见，不愿搭理。

【看杀头带脱耳朵】k‘ø˥saʔ˥dʏ˧tɑ˦t‘əʔ˥ȵi˧təu˥ 喻无辜受到牵累。

【看见和尚喊姐夫】k‘ø˥tɕiɪ˥˨˧ɦəu˧zã˨˧hᴇ˦tsiɑ˦fu˥ 喻乱套近乎。

【看他不像样，倒是雕花匠】k‘ø˦t‘ɑ˥pəʔ˥ziã˨˧ɦiã˨˧，tæ˥zɿ˨˧tiæ˥ho˥ziã˨˧ 俗语。喻看似貌不惊人，却有真才实学。

【看俚苦恼子，碰碰呼脑子】k‘ø˦li˥k‘əu˦næ˧tsɿ˥˨˧，bã˨˧bã˨˧həu˥næ˧tsɿ˥˨˧ 别看他可怜相，是个实足道地的害人精。

【看看勿像，拽出来有一丈】k‘ø˦k‘ø˥fəʔ˥ziã˨˧，ɦiəʔ˧ts‘əʔ˥lᴇ˨˧ɦiʏ˨˧Øiəʔ˥zã˨˧ 喻看似平常，其实不一般。

【看仔天宝图，地宝图，忘记肚皮饿】k‘ø˦tsɿ˥˨˧t‘iɪ˥pæ˥˨˧dəu˨˧，di˧pæ˥dəu˨˧，mã˧tɕi˥˨˧dəu˧bi˧ŋəu˨˧ 喻受诱惑，忘乎所以。

【看仔穷人活饿煞，穷人自有妙办法】k‘ø˦tsɿ˥˨˧dʑioŋ˧ȵən˨˧ɦuəʔ˧ŋəu˨˧saʔ˥，dʑioŋ˧ȵən˨˧zɿ˧ɦiʏ˨˧miæ˧bᴇ˨˧faʔ˥ 喻不必为人忧虑和担心。

【看见大佛得得拜，看见小佛踢一脚】k‘ø˥tɕiɪ˥˨˧dəu˧və

˧tə˥˧tə˥˧pɑ˦,k'ø˥tɕiɪ˥siæ˦və˧t'iə˥θiə˥tɕiɑʔ˥ 喻人势利，看到地位高的人奉承，看到地位低的人轻视。

瞰【k'ø˦】文读【k'E˦】

kāng

康【k'ɑ̃˥】中州韵【k'ã˥】

【康健】k'ɑ̃˥dʑiɪ˩ （人体）生理机能正常，没有缺陷和疾病。

【康庄大道】k'ɑ̃˥tsɑ̃˥dɑ˩dæ˩

慷【k'ɑ̃˥】中州韵【k'ã˥】

【慷慨】k'ɑ̃˥k'E˦

【慷他人之慨】k'ɑ̃˥t'ɑ˥zən˩tsɿ˦k'E˦

糠【k'ɑ̃˥】中州韵【k'ã˥】

káng

扛【gɑ̃˧】文读【gã˧】另见 gāng。

【扛皮】gɑ̃˧bi˩ 占人些小便宜。

【扛伤】gɑ̃˧sɑ̃˥ 撞擦致伤。

【扛牢】gɑ̃˧læ˩或gã˧læ˩ 用身体抵住。

【扛着】gɑ̃˧zɑʔ˧ 撞擦着。

【扛下来】(1)gɑ̃˧ɦo˩E˩ 承担下来（含勉强意思）。(2)gɑ̃˧ɦo˩E˩ 物体因撞擦下跌。

【扛木梢】gɑ̃˧moʔ˧sæ˦ 义同【掮木梢】。

kàng

亢【k'ɑ̃˦】中州韵【kã˦】另见 hàng。

伉【k'ɑ̃˦】中州韵【kã˦】

【伉俪】k'ɑ̃˦li˧

抗【k'ɑ̃˦】中州韵【k'ã˦】

【抗议】k'ɑ̃˦θi˦

【抗争】k'ɑ̃˦tsən˥

【抗灾】k'ɑ̃˦tsE˥

【抗旱】k'ɑ̃˦ɦø˧

【抗诉】k'ɑ̃˦səu˦

【抗命】k'ɑ̃˦min˩

【抗拒】k'ɑ̃˦˥ʥy˩
【抗洪】k'ɑ̃˦ɦoŋ˧
【抗战】k'ɑ̃˦˥tsø˦˥
【抗婚】k'ɑ̃˦huən˥
【抗震】k'ɑ̃˦tsən˦
【抗衡】k'ɑ̃˦ɦən˧

囥【k'ɑ̃˦】中州韵【k'ɑ̃˦】

【囥开】k'ɑ̃˥k'ᴇ˦˥　收藏在另一处地方。
【囥好】k'ɑ̃˥hæ˦˥　藏好。
【囥肉】k'ɑ̃˥ȵoʔ˧　指人身上肌肉肥实,但外表看不出来。
【囥囥】k'ɑ̃˦k'ɑ̃˥　藏起来。
【囥没】k'ɑ̃˥məʔ˧　藏得别人看不见。
【囥拢】k'ɑ̃˥loŋ˩　藏得别人找不到。
【囥脱】k'ɑ̃˦t'əʔ˥　藏掉。
【囥东囥西】k'ɑ̃˥toŋ˥k'ɑ̃˦˥si˦˥　一会儿藏到东,一会儿藏到西。指藏东西,经常变换藏物的地方。
【囥来囥去】k'ɑ̃˦lᴇ˧k'ɑ̃˦ʨ'i˦˥　一会儿藏在这儿,一会藏在那儿,指时常变换藏物的地方。
【囥死囥活】k'ɑ̃˥si˦˥k'ɑ̃˦˥ɦuəʔ˧　拼命藏起来。
【囥忘记脱】k'ɑ̃˥mɑ̃˥ʨi˦˥təʔ˥　自己藏的东西,却忘记了藏的地方。

炕【k'ɑ̃˦】中州韵【k'ɑ̃˦˥】

kǎo

考【k'æ˦˥】

【考古】k'æ˦kəu˥
【考场】k'æ˦zɑ̃˧
【考究】k'æ˦˥ʨy˦˥
【考证】k'æ˦˥tsən˦˥
【考妣】k'æ˦˥pi˦˥
【考官】k'æ˦kuø˥
【考试】k'æ˦sɿ˥
【考取】k'æ˦ts'y˥或k'æ˦ts'i˥
【考查】k'æ˦zo˩
【考验】k'æ˦˥ȵi˦˥
【考虑】k'æ˦ly˧
【考较】k'æ˦˥ʨiæ˦　考究。
【考勤】k'æ˦ʥən˧
【考察】k'æ˦ts'aʔ˥
【考题】k'æ˦di˧
【考篮】k'æ˦lᴇ˧　旧时科举考

试时,考生放置笔墨等用具的长方形或长圆形的篮筐,有提梁及盖,分上下两层。用竹篾编制而成,棕色油漆。

挎【k'æ˥】、【k'æ˦】文读【tɕ'iæ˥】

【挎】k'æ˦　吴语中作"舀"的意思。又作零买散装液类商品。

【挎贝】k'æ˥pɛ˨

【挎打】k'æ˥tã˨　简称【挎】k'æ˥。

【挎边】k'æ˥piɪ˨　缝纫布料的毛边。

【挎问】k'æ˥mən˩

【挎花】k'æ˥ho˨　织物经过机器轧花。

【挎油】k'æ˦ɦiɣ˧　(一)舀油。(二)带着器皿去买油。

【挎酒】k'æ˦tsɣ˨　(一)舀酒。(二)带着器皿去买酒。

【挎桃】k'æ˥dæ˩　专门用作取仁的大胡桃。

【挎手心】k'æ˥sɣ˦sin˥　打手掌心,一种惩罚的方法。喻挨批评,被责罚。

【挎耳光】k'æ˥n̩i˧kuã˥　打耳光。

【挎屁股】k'æ˥p'i˥kəu˨　(一)打屁股。(二)喻挨批评。(三)被催促。

【挎菱壳】k'æ˥lin˧k'oʔ˥　(一)除契约之外,硬要买主额外支付。(二)敲诈。

【挎开木鱼】k'æ˥k'ɛ˥moʔ˧ɦy˩　喻笑得合不拢的嘴。

【挎长生果】k'æ˥zã˧sən˥kəu˨　用腌菜卤腌制的花生。

【挎穿木鱼】k'æ˥ts'ø˥mo˧ɦy˩　喻功夫下到了家。

【挎瘪支酸】k'æ˥piəʔ˥tsɥ˥sø˨　将梅子敲扁,用蜜腌制而成的蜜饯。

【挎瘪橄榄】k'æ˥piəʔ˥kɛ˦lɛ˩　又名福果。将橄榄敲扁后用蜜腌制的蜜饯。

【挎怕格猢狲】k'æ˥p'o˨kəʔ˥ɦuəʔ˧sən˨　打怕的猴子。喻受过教训后变得胆小谨慎的人。

【挎耳光勿放】k'æ˥n̩i˧kuã˥fəʔ˥fã˦　形容食品味美。

【挎脱牙齿往肚皮里咽】k'æ˥

tʻəʔ˥ŋɑ˧tsɿ˥˩mã˩dəu˧bi˧li˩øi˩˧ 喻有苦说不出来。

栲【kʻəʔ˥】

【栲栳】kʻəʔ˥læ˩

烤【kʻæ˥˩】

【烤麸】kʻæ˥fu˥˩
【烤鸭】kʻæ˥øaʔ˥
【烤箱】kʻæ˦siã˥
【烤火费】kʻæ˥həu˥˩fi˥˩

鮳【kʻæ˥˩˧】

【鮳子鱼】kʻæ˥tsɿ˥˩ŋ̍˩ 鲚鱼。

kào

铐【kʻæ˥˩˧】

【铐进去】kʻæ˥˩˧tsin˥tɕʻi˥˩ 被公安机关抓进去。

犒【kʻæ˥˩˧】

【犒劳】kʻæ˥˩˧læ˩
【犒赏】kʻæ˦sã˥˩

靠【kʻæ˥˩˧】

【靠山】kʻæ˥sE˥˩
【靠边】(1)kʻæ˥˩˧piɪ˥ 靠近边缘。(2)kʻæ˥piɪ˥˩ 把作为斗争的对象孤立起来。
【靠近】kʻæ˥dʑən˩
【靠拢】kʻæ˥loŋ˩
【靠背】kʻæ˥pE˥˩ 椅子。
【靠旗】kʻæ˥˩˧dʑi˧
【靠靠】kʻæ˥˩˧kʻæ˥ 依靠。
【靠勿住】kʻæ˥fəʔ˥zʮ˩或kʻæ˥˩˧fəʔ˥zʮ˩ 不可靠；不能信任。
【靠背凳】kʻæ˥pE˥tən˥˩ 椅子。
【靠得住】kʻæ˥˩˧təʔ˥zʮ˩
【靠背凳子】kʻæ˥pE˥tən˥˩tsɿ˥˩
【靠勒身浪】kʻæ˥˩˧ləʔ˧sən˥lã˩ 靠在他人身上。喻依赖。
【靠山吃山，靠水吃水】kʻæ˥˩˧sE˥tɕʻəʔ˥sE˥，kʻæ˦sʮ˥˩tɕʻəʔ˥sʮ˥˩ 喻依靠所在地方的客观条件生活。
【靠山山要倒，靠水水要干】kʻæ˦sE˥sE˥øiæ˥˩˧tæ˥˩，kʻ

K

æ˦sʮ˨sʮ˨Øiæ˦køʔ˥ 喻依靠别人生活是靠不住的，还须依靠自身的努力。

【靠扳错头过日脚】k‘æ˦ᵖE˥ ʦ‘o˥dY˩kəu˦ȵ̊əʔ˧ʨia˨ 讥讽语。讥讽人常常找岔子。

kē

苛【k‘əu˥】

【苛求】k‘əu˥ʥiY˩
【苛刻】k‘əu˥k‘əʔ˥
【苛政】k‘əu˥ʦən˨
【苛捐杂税】k‘əu˥ʨiø˥zəʔ˧sE˨

珂【k‘əu˥】

【珂罗版】k‘əu˥ləu˩ᵖE˨

柯【k‘əu˥】

轲【k‘əu˥】

科【k‘əu˥】

【科目】k‘əu˥moʔ˧
【科甲】k‘əu˥ʨiaʔ˥
【科场】k‘əu˥zã˩
【科学】k‘əu˥ɦioʔ˧
【科举】k‘əu˥ʨy˨
【科研】k‘əu˥ȵ̊i˩
【科室】k‘əu˥səʔ˥
【科班】k‘əu˥ᵖE˨
【科第】k‘əu˥di˩
【科教】k‘əu˥ʨiæ˨
【科学院】k‘əu˥ɦioʔ˧ɦiø˩
【科学家】k‘əu˥ɦioʔ˧ʨia˨

疴【k‘əu˥】

棵【k‘əu˥】

【棵头】k‘əu˥dY˩ 以“棵”为单位。

颏【gE˩】中州韵【ɦE˩】另见 ké。

【颏下】ØE˨ɕia˨ 下巴下面。

稞【k‘əu˥】

窠【k‘əu˥】

【窠臼】k‘əu˥ʥiY˩

【窠里反】k'əu˥li˩fɛ˧ 内讧。
【窠里鸟】k'əu˥li˩tiæ˧ 在窝里的鸟。喻在家中的被寻访者。

颗【k'əu˥】

【颗粒】k'əu˥liə˧
【颗郎头】k'əu˥lɑ̃˧dY˩ 头。也叫【颗颅头】k'əu˥ləu˧dY˩。

磕【k'ə˥】

【磕头】k'ə˥dY˧
【磕头虫】k'ə˥dY˧zoŋ˩ 一种小昆虫,若按住其后部,便会向前作磕头状。喻奴才相。
【磕头求拜】k'ə˥dY˧ʥiY˧pɑ˧ 苦苦哀求。

瞌【k'ə˥】

【瞌晓】k'ə˥ts'oŋ˧
【瞌晓懵懂】k'ə˥ts'oŋ˧moŋ˩toŋ˧ 形容没睡醒,糊里糊涂的样子。

蝌【k'əu˥】

【蝌蚪】k'əu˥tY˧
【蝌蚪文】k'əu˥tY˧vən˩ 古代周朝的一种文字,其笔画形状好像蝌蚪。

髁【k'əu˥】

ké

壳【k'o˥】另见 qiào。

【壳】k'o˥ (一)象声词。形容硬物相撞碎裂的声音。(二)坚硬的外皮。
【壳子】k'o˥tsɿ˧ 外壳。
【壳张】k'o˥tsã˥ 有思想准备。
【壳起】k'o˥tɕ'i˧ 隆起
【壳落】k'o˥lo˧ (一)外壳。(二)象声词。形容较小的硬物撞击硬壁的声音,多用【壳落壳落】k'o˥lo˧k'o˥lo˧加强效果。
【壳囊】k'o˥t'o˥ 象声词 (一)形容较小的硬物下堕撞击地面的声音。(二)形容较小硬物撞击的声音。（三）多用【壳橐壳橐】k'oʔ˥ t'oʔ˥k'oʔ˥t'oʔ˥来形容行路困难的脚步声。

【壳帖橐】k'oʔ˥t'iəʔ˥t'oʔ˥ 象声词。形容东西落在地上发出的声音。

【壳落子】k'oʔ˥loʔ˧tsɿ˥˩ 外壳。

【壳咯橐】k'oʔloʔ˧t'oʔ˥ 象声词。形容东西落在地上发出的声音。

咳【k'əʔ˥】中州韵【k'ᴇ˥】

【咳嗽】k'əʔ˥sʏ˦

搭【k'aʔ˥】

【搭住】k'aʔ˥zʮ˩ 卡住，留难住。

【搭牢】k'aʔ˥læ˧ 义同【搭住】。

【搭进】k'aʔ˥tsin˦ （一）谨慎地向里挪进。（二）勉强进入。

【搭煞】k'aʔ˥saʔ˥ （一）卡死。（二）技高一筹，使人无法施展。

【搭人中】k'aʔ˥ɲən˧tsoŋ˥˩ 用指甲掐鼻下人中穴，是一种急救的方法。

【搭及格】k'aʔ˥ʥəʔ˧kɑʔ˥ 勉强及格。

【搭扣搭】k'aʔ˥k'ʏ˥k'aʔ˥ 不多不少（含勉强的意思）。

【搭搭叫】k'aʔ˥k'aʔ˥tɕiæ˥˩ 义同【搭扣搭】。

【搭得煞里煞】k'aʔ˥təʔ˥saʔ˥li˩saʔ˥ （一）形容卡得死死的。（二）技高一筹，使人根本无法施展。

颏【gᴇ˩】另见 kē。

kě

可【k'əu˥˩】另见 kè。

【可口】k'əu˥k'ʏ˥˩

【可见】k'əu˥tɕi˦

【可观】k'əu˥kuø˥˩

【可以】k'əu˦ɦi˥

【可取】k'əu˥ts'i˥˩

【可怜】k'əu˦li˧或k'əu˥li˩

【可恨】k'əu˥hən˩

【可贵】k'əu˥kuᴇ˥˧

【可爱】k'əu˥∅ᴇ˥˧

【可耻】k'əu˥˧ts'ɥ˥˧

【可能】k'əu˥nən˨˩

【可恶】k'əu˥∅oʔ˥

【可笑】k'əu˥siæ˥˧

【可惜】k'əu˦siəʔ˥

【可悲】k'əu˦pᴇ˥

【可喜】k'əu˥ɕi˥˧

【可疑】k'əu˥˧ȵi˨˧

【可靠】k'əu˥k'æ˥˧

【可见得】k'əu˥tɕiɪ˥təʔ˥　以此可见;可以想见。

【可怜虫】k'əu˥liɪ˧zoŋ˨˩

【可想而知】k'əu˥siã˥ɦəl˨˩tsɥ˥˧　可以想见。

【可歌可泣】k'əu˦kəu˥k'əu˥˧tɕ'əʔ˥

【可怜不足惜】k'əu˥liɪ˧pəʔ˥tsoʔ˥siəʔ˥　虽然可怜,然而不必怜惜。

坷【k'əu˥˧】

渴【k'əʔ˥】

【渴望】k'əʔ˥vã˨˩

kè

可【k'əʔ˥】另见 kě。

【可汗】k'əʔ˥ɦø˨˩

克【k'əʔ˥】另见"剋"kēi。

【克】k'əʔ˥　迷信称性命和时运被克制而遭到凶险。

【克己】k'əʔ˥tɕi˥

【克扣】k'əʔ˥k'ʏ˦

【克牢】k'əʔ˥læ˧　(一)压制住。(二)用身体压住。

【克拉】k'əʔ˥laʔ˥　(一)宝石的重量单位,1克拉等于200毫克,即0.2克。(二)指人的世故、经验等的程度。

【克服】k'əʔ˥voʔ˧

【克制】k'əʔ˥tsɥ˦

【克星】k'əʔ˥sin˥

【克球】k'əʔ˥dʑiʏ˧　乒乓球的一种打法,即削球。

【克罗米】k'əʔ˥ləu˧mi˨˩　铬。

【克蛇乌龟】k'əʔ˥zo˧∅əu˥tɕy˥˧　一种善于杀蛇的乌龟。

刻【k'əʔ˥】

【刻工】k'əʔ˥koŋ˥
【刻本】k'əʔ˥pən˥˧
【刻划】k'əʔ˥ɦuaʔ˧
【刻纸】k'əʔ˥tsɿ˥˧　在纸上刻出图画来的工艺。
【刻板】k'əʔ˥pE˥˧
【刻实】k'əʔ˥zəʔ˧　认真,老实。
【刻苦】k'əʔ˥k'əu˥˧
【刻度】k'əʔ˥dəu˨˩
【刻意】k'əʔ˥ʔi˦˧
【刻薄】k'əʔ˥boʔ˧
【刻骨铭心】k'əʔ˥kuəʔ˥min˥˧sin˥

恪【k'əʔ˥】

【恪守】k'əʔ˥sY˥˧

客【k'ɑʔ˥】文读【k'əʔ˥】

【客人】k'ɑʔ˥ȵən˦
【客车】k'ɑʔ˥ts'o˥
【客队】k'ɑʔ˥dE˨˩
【客厅】k'ɑʔ˥t'in˥
【客瓜】k'ɑʔ˥ko˥　外地来的西瓜。
【客气】k'ɑʔ˥tɕ'i˦˧
【客场】k'ɑʔ˥zã˦
【客观】k'ɑʔ˥kuø˦˧
【客机】k'ɑʔ˥tɕi˥
【客师】k'ɑʔ˥sɿ˥　不进编制的,从外单位、外地、外国请来的教师。
【客死】k'ɑʔ˥sɿ˥˧
【客豆】k'ɑʔ˥dY˨˩　外地来的蚕豆。
【客串】k'ɑʔ˥ts'ø˦˧
【客饭】k'ɑʔ˥vE˨˩
【客运】k'ɑʔ˥ɦyən˨˩
【客店】k'ɑʔ˥tiɪ˦˧
【客房】k'ɑʔ˥vã˦
【客栈】k'ɑʔ˥zE˨˩
【客舱】k'ɑʔ˥ts'ã˥
【客家】k'ɑʔ˥ka˥
【客套】k'ɑʔ˥t'æ˦˧
【客座】k'ɑʔ˥zəu˨˩
【客商】k'ɑʔ˥sã˥
【客堂】k'ɑʔ˥dã˦　堂屋,接待宾客的房间。
【客气账】k'ɑʔ˥tɕ'i˥tsã˥˧　十分客气的事。
【客边人】k'ɑʔ˥piɪ˥ȵən˨˩　外

地人。

【客堂间】kʻɑʔ˥dɑ̃˧kE˥˩ 客厅。

【客气人家】kʻɑʔ˥tɕʻi˥ȵən˩ kɑ˥˩ （一）对人谦让、有礼貌的家庭。（二）去登门拜访的人家。

【客气闲话】kʻɑʔ˥tɕʻi˥ɦE˩ɦo˩ （一）客套话。（二）婉转的话。

【客不送客】kʻɑʔ˥pəʔ˥soŋ˧kʻɑʔ˥ 俗语。指同在一家作客的人，不必送别先行离去的客人。

【客来客去】kʻɑʔ˥lE˧kʻɑʔ˥tɕʻi˦ 谦让而有礼貌的往来。

【客随主便】kʻɑʔ˥zE˧tsɥ˥˩bi˩ 俗语。客人听从主人的安排。

【客气当福气】kʻɑʔ˥tɕʻi˦tɑ̃˥foʔ˥tɕʻi˦ 误把他人对自己的谦让当作理所当然。

【客人勿断买路钿】kʻɑʔ˥ȵən˩fəʔ˥dø˩mɑ˧ləu˧di˩ 指出门应备有应付突发事件的钱。喻有备无患。

【客来扫地，贼出关门】kɑʔ˥lE˧sæ˥˩di˩，zəʔ˧tsʻəʔ˥kuE˥mən˧ 喻行事落后，不合时宜。

课【kʻəu˦】

【课本】kʻəu˥pən˥˩

【课目】kʻəu˥moʔ˧

【课时】kʻəu˥zɥ˩

【课余】kʻəu˥ɦy˩

【课堂】kʻəu˥dɑ̃˩

【课程】kʻəu˥zən˩

【课题】kʻəu˥di˩

【课程表】kʻəu˥zən˩piæ˦ 学校教学的科目和进程表。

【课外作业】kʻəu˥ŋɑ˧tsoʔ˥ȵəʔ˧ 教师给学生布置的，在学校上课以外的时间须完成的功课。

【课堂作业】kʻəu˥dɑ̃˩tsoʔ˥ȵəʔ˧ 教师在课堂上给学生布置的，在当堂课必须完成的功课。

氪【kʻəʔ˥】

骒【kʻəu˦】

绊【kʻəʔ˥】

【绊丝】kʻəʔ˥sɿ˥

嗑【kʻəʔ˥】

溘【kʻəʔ˥】

【溘然】kʻəʔ˥zø˧

kēi

剋【kʻəʔ˥】另见"克"kè。

kěn

肯【kʻən˥˩】

【肯定】kʻən˥˩din˩
【肯勒勿肯】kʻən˥˩ləʔ˧fəʔ˥kʻən˥˩ 同意和不同意。

垦【kʻən˥˩】

【垦】kən˥ 寻找。
【垦荒】kʻən˦huɑ̃˥
【垦物事】kʻən˥məʔ˧zɿ˩ 找东西。
【垦净捣骨】kʻən˥zin˩tæ˥˩kuəʔ˥ 拼命搜寻(贬义)。
【垦勿出啥格猪油筋】kʻən˥fəʔ˥tsʻəʔ˥sɑ˦kəʔ˥tsɥ˥ɦiY˧tɕən˥˩ 找不出什么东西来。

恳【kʻən˥˩】

【恳切】kʻən˦tsʻiəʔ˥
【恳求】kʻən˥dʑiY˩
【恳请】kʻən˦tsʻin˥˩

啃【gən˥˩】文读【kʻən˥˩】

【啃老骨头】kʻən˥˩læ˧kuəʔ˥dY˩ 子女到了自立的年龄,仍然依靠父母生活,或时时依靠父母接济。

kèn

掯【kʻən˦】

kēng

坑【kʻɑ̃˥】、【kʻã˥】文读【kʻən˥】

【坑】kʻã˥ 擦。

【坑伤】k'ã˥sɑ̃˥˩ 摩擦致伤。

【坑牢】k'ã˥læ˩ （一）用身体抵住。（二）挨边儿擦住。

【坑着】k'ã˥zɑʔ˧ 挨边儿擦到。

【坑道】k'ã˥dæ˩

【坑缸】k'ã˥kɑ̃˥˩ 粪缸。

【坑棚】k'ã˥bã˩ 茅房。

【坑下来】k'ã˥ɦo˩ᴇ˩ 物体因擦到下落。

【坑缸里格石头——又臭又硬】k'ã˥kɑ̃˥˩li˩kəʔ˥zɑʔ˧dʏ˩——ɦiəʔ˧ts'ʏ˥˩ɦiəʔ˧ŋã˩ 歇后语。形容名声坏又蛮横。

【坑缸里爬出来个小和尚——死（屎）里逃生（僧）】k'ã˥kɑ̃˥˩li˩bo˧ts'əʔ˥lᴇ˩kəʔ˥siæ˥˩ɦəu˨˧zɑ̃˩——sɿ˥˩（sɿ˥˩）li˧dæ˨˧sən˥（sən˥） 歇后语。从极危险的境地中逃脱，幸免于死。

吭【hɑ̃˥】文读【k'ən˥】中州韵【ɦã˩】

【吭】hɑ̃˥ 喘气粗重。

【吭煞快】hɑ̃˥saʔ˥k'uɑ˥˩ 喘得很厉害。

铿【k'ən˥】

【铿锵】k'ən˥ts'iã˥˩

kōng

空【k'oŋ˥】另见 kòng。

【空门】k'oŋ˥mən˩

【空口】k'oŋ˥k'ʏ˥˩

【空文】k'oŋ˥vən˩

【空心】k'oŋ˥sin˥˩

【空手】k'oŋ˥sʏ˥˩ 手中无物。

【空头】k'oŋ˥dʏ˩

【空军】k'oŋ˥tɕyən˥˩

【空忙】k'oŋ˥mɑ̃˩ 没有成效的忙碌。

【空间】k'oŋ˥tɕiɪ˥˩

【空旷】k'oŋ˥k'uɑ̃˥˩

【空身】k'oŋ˥sən˥˩

【空运】k'oŋ˥ɦyən˩

【空怀】k'oŋ˥ɦuɑ˩ （心中）徒有。

【空屁】k'oŋ˥p'i˥˩ 什么也没有。

【空坐】k'oŋ˥zəu˩ 没有任

何招待或等不到结果的白白地坐着。

【空房】kʻoŋ˥vã˩

【空姐】kʻoŋ˥tsia˦

【空话】kʻoŋ˥ɦo˩

【空空】kʻoŋ˥kʻoŋ˥ 什么也没有。

【空洞】kʻoŋ˥doŋ˩

【空降】kʻoŋ˥kã˥

【空前】kʻoŋ˥zi˩

【空音】kʻoŋ˥ɦin˥ 弦音。空弦的声音。

【空战】kʻoŋ˥tsø˥

【空皇】kʻoŋ˥ɦuã˥ 佛祖。

【空格】(1) kʻoŋ˥kaʔ˥ 空格子。(2) kʻoŋ˥kəʔ˥ (一)空无一物。(二)徒然的。

【空谈】kʻoŋ˥dɛ˩

【空袭】kʻoŋ˥ziəʔ˧

【空虚】kʻoŋ˥ɕy˥

【空喊】kʻoŋ˥ɦɛ˥

【空想】kʻoŋ˥siã˥

【空口头】kʻoŋ˥kʻʏ˥dʏ˩ (一)消闲(吃东西)。(二)只是随口(说说),并无根据。

【空心菜】kʻoŋ˥sin˥tsʻɛ˥

【空心砖】kʻoŋ˥sin˥tsø˥

【空当中】kʻoŋ˥tã˥tsoŋ˥ 空中。

【空阵头】kʻoŋ˥zən˩dʏ˩ 干打雷,不下雨。喻空有声势,而无实际行动。

【空欢喜】kʻoŋ˥huø˥ɕi˥ 白高兴。

【空壳子】kʻoŋ˥kʻo˥tsɿ˥ (一)外壳。(二)喻只有虚名,没有实际。

【空壳落】kʻoŋ˥kʻo˥loʔ˧ 义同【空壳子】。

【空荡荡】kʻoŋ˥dã˩dã˩

【空架子】kʻoŋ˥ka˥tsɿ˥

【空城计】kʻoŋ˥zən˧tɕi˦

【空铜钿】koŋ˦doŋ˧di˩ 欠债。

【空落落】kʻoŋ˥loʔ˧loʔ˧ 空空的,什么也没有。

【空敷衍】kʻoŋ˥fu˥ɦi˩ 空谈;口头敷衍。

【空心汤团】kʻoŋ˥sin˥tʻã˥dø˩ 虚假的承诺。

【空心肚皮】kʻoŋ˥sin˥dəu˩bi˩ (一)早晨起床还未吃东西的肚子。(二)肚子里空空的;饥饿状态。

【空心拳手】kʻoŋ˥sin˥dʑi

ø˦dʏ˩ 中空的,不捏紧的拳头。

【空头支票】k'oŋ˥dʏ˦tsʮ˥p'iæ˧

【空壳落落】k'oŋ˥k'oʔ˥loʔ˧loʔ˧ 空空的;什么也没有。

【空空如也】k'oŋ˥k'oŋ˥zʮ˩i˥

【空说空话】k'oŋ˥səʔ˥k'oŋ˥ɦo˩ (一)没有实际帮助的话。(二)拿不出根据的话。

【空朝肚里】k'oŋ˥tsæ˥dəu˩li˩ 早晨起床后还未吃东西,肚子里空空的时候。也作【空朝心里】k'oŋ˥ts'æ˥sin˥li˩。

【空口说白话】k'oŋ˥k'ʏ˥səʔ˥bã˧ɦo˩ 只是口上说得好听,没有实际行动或没有实据。

【空心大老官】k'oŋ˥sin˥dəu˧læ˧kuø˥ 外表好看、内无实际的人。

【空叉袋换米】k'oŋ˥ts'o˥dᴇ˩ɦuø˩mi˩ 没有投入,骗获利益。

【空结闲冤家】k'oŋ˥tɕəʔ˥ɦᴇ˧ʔiø˥ka˥ 同与己无关的事或人结怨。

【空棺材出殡——目(木)中无人】k'oŋ˥kuø˥zᴇ˩ts'əʔ˥pin˥——moʔ˧(moʔ˧)tsoŋ˥vu˩zən˧ 歇后语。形容骄傲自大,看不起人。

箜【k'oŋ˥】

kǒng

孔【k'oŋ˥】

【孔庙】k'oŋ˥miæ˩

【孔雀】k'oŋ˥ts'iaʔ˥

【孔方兄】k'oŋ˥fã˥ɕioŋ˥

【孔克气】k'oŋ˥k'əʔ˥tɕ'i˥ 变了质的腌菜发出来的臭气。

【孔夫子亦有三错】k'oŋ˥fu˥tsɿ˥ɦaʔ˧ɦʏ˩sᴇ˥ts'o˥ 喻人无完人。

【孔夫子面前读书文】k'oŋ˥fu˥tsɿ˥mi˧zi˩doʔ˧sʮ˥vən˩ 讥讽不知天高地厚。

【孔夫子搬场——侪是输(书)】k'oŋ˥fu˥tsɿ˥pø˥zã˧——zᴇ˧zɿ˩sʮ˥(sʮ˥) 歇后语。始终是输。吴语中

K

"书"、"输"同音。

【孔夫子放屁——文气冲天】k'oŋ˧fu˥tsɿ˥˩fã˧p'i˧——vən˧tɕ'i˥˩ts'oŋ˥t'ɪ˥ 歇后语。调侃卖弄文才。

恐【k'oŋ˥˩】

【恐龙】k'oŋ˧loŋ˧

【恐防】k'oŋ˥bã˩ 恐怕。

【恐吓】k'oŋ˥˩haʔ˥

【恐怕】k'oŋ˥p'o˥˩

【恐怖】k'oŋ˥˩pu˥˩

【恐惧】k'oŋ˥˩dʑy˩

【恐慌】k'oŋ˧huã˥

倥【k'oŋ˥˩】

kòng

空【k'oŋ˧】另见 kōng。

【空子】k'oŋ˧tsɿ˥˩ （等）空闲下来后。

【空心】k'oŋ˥sin˥˩

【空开】k'oŋ˧k'ɛ˥ （一）腾出来；使空。（二）有意留空。

【空白】k'oŋ˥baʔ˧

【空当】k'oŋ˥tã˥˩

【空地】k'oŋ˥di˩

【空点】k'oŋ˧tiɪ˥˩ （一）腾出些空地来；使空。（二）空闲一点的时候。

【空闲】k'oŋ˥ɦɛ˩

【空余】k'oŋ˥ɦy˩ （一）空闲。（二）徒然剩余。

【空空】（1）k'oŋ˥k'oŋ˥˩ 什么也没有。（2）k'oŋ˧k'oŋ˥ 空闲一点的时候。

【空缺】k'oŋ˥tɕ'əʔ˥

【空脱】k'oŋ˧t'əʔ˥ （一）腾出些空地来；使空。（二）有意留空。

【空煞】k'oŋ˧sã˥ 空闲得很。

【空额】k'oŋ˥ŋaʔ˧

【空得来】（1）k'oŋ˧təʔ˥lɛ˩ 空闲得很。（2）k'oŋ˥təʔ˥lɛ˩ 感叹词。感叹毫无意义。

【空勒浪】k'oŋ˧ləʔ˧lã˩ （一）空闲着。（二）有意留空。

控【k'oŋ˥˩】

【控告】k'oŋ˥˩kæ˥˩

【控诉】kʻoŋ˥˩səu˥˩
【控制】kʻoŋ˥˩tsʮ˥˩

鞚【kʻoŋ˥˩】

kōu

抠【kʻʏ˥】

【抠掐】kʻʏ˥kʻaʔ˥ 抠门。
【抠脱】kʻʏ˥tʻəʔ˥ 用手指或细小的东西从里往外挖掉。
【抠出来】kʻʏ˥tsʻəʔ˥lᴇ˩ 用手指或细小的东西从里往外挖出来。
【抠字眼】kʻʏ˥zɿ˧ŋᴇ˩
【抠进去】kʻʏ˥tsin˥tɕʻi˥˩ (一)用手指或细小的东西从外往里一点儿一点儿挖进去。(二)形容凹陷进去。
【抠眼睛】kʻʏ˥ŋᴇ˥tsin˥ 挖掉眼睛。
【抠鼻头】kʻʏ˥bəʔ˧dʏ˩ 挖鼻孔。
【抠心挖肺】kʻʏ˥sin˥ʘuã˥fi˥˧ (一)抠去心脏,挖掉肺。(二)掏出肺腑,形容真诚。
【抠思挖想】kʻʏ˥sɿ˥ʘuã˥siã˥˩ 形容挖空心思;竭力思索。
【抠鼻涕干】kʻʏ˥bəʔ˧tʻi˥˩kø˥ 挖鼻涕泥。
【抠心挖肚肠】kʻʏ˥sin˥ʘuaʔ˥dəu˧zã˩ (一)挖空心思;竭力思索。(二)抠去心脏,挖出肚肠。

眍【kʻʏ˥】

【眍眼睛】kʻʏ˥ŋᴇ˧tsin˥˩ 眼珠子深陷在眼眶里的眼睛。

kǒu

口【kʻʏ˥˩】

【口才】kʻʏ˥˧zᴇ˧
【口子】kʻʏ˥˧tsɿ˥˩
【口风】kʻʏ˥˧foŋ˥˩
【口气】kʻʏ˥˩tɕʻi˥˩
【口号】kʻʏ˥˩ɦæ˩
【口令】kʻʏ˥˩lin˩
【口头】kʻʏ˥˧dʏ˧ (一)用说话方式来表达的。(二)靠近外边的地方。
【口冲】kʻʏ˥˩tsʻoŋ˥˩ 因疏忽而说错了话或念错了字。
【口传】kʻʏ˥˧zø˧

【口诀】k'Y˦˩tɕyəʔ˥
【口舌】k'Y˦˩zəʔ˧
【口过】k'Y˥˩kəu˥˩ 说错话造成的过失。
【口角】k'Y˦˩koʔ˥ （一）争吵。（二）嘴边。（三）人的口部的形状。
【口技】k'Y˦˩ʥi˧
【口诉】k'Y˥˩səu˥˩ 口头诉说。
【口服】k'Y˦˩voʔ˧
【口齿】k'Y˦˩ts'ɥ˥
【口岸】k'Y˦˩ŋø˧
【口软】k'Y˥˩ŋø˩ 说不出口的感觉。
【口供】k'Y˦˩koŋ˥
【口试】k'Y˥˩sɥ˥˩
【口味】k'Y˥˩vi˩
【口径】k'Y˦˩tɕən˥
【口音】k'Y˦˩θin˥
【口语】k'Y˥˩ȵy˩
【口误】k'Y˥˩ŋəu˩
【口信】k'Y˥˩sin˥˩
【口彩】k'Y˦˩ts'E˥ 吉利的话。
【口臭】k'Y˥˩ts'Y˥˩
【口哨】k'Y˦˩sæ˥
【口谕】k'Y˥˩ɦy˩
【口腔】k'Y˦˩tɕ'iã˥
【口福】k'Y˦˩foʔ˥
【口碑】k'Y˦˩ɒE˥
【口琴】k'Y˦˩ʥən˧
【口粮】k'Y˦˩liã˧
【口罩】k'Y˥˩tsæ˥˩
【口算】k'Y˥˩sø˥˩
【口嘴】k'Y˦˩tsɥ˥ 口舌。
【口蘑】k'Y˦˩mo˧
【口头禅】k'Y˦˩dY˧zø˩
【口口声声】k'Y˦˩k'Y˥˩sən˥sən˥˩
【口不应心】k'Y˦˩ɒəʔ˥θin˥˩sin˥ 嘴里说的和心里想的不一致。
【口说无凭】k'Y˦˩səʔ˥vu˩bin˧ 只是嘴上说，没有相应的凭据。
【口轻单单】k'Y˦˩tɕən˥tE˥tE˥˩ 嘴上说得很轻巧。
【口轻飘飘】k'Y˦˩tɕ'ən˥ɒ'iæ˥ɒ'iæ˥˩ 嘴上说得轻飘飘的。
【口眼勿闭】k'Y˦˩ŋE˧fəʔ˥ɒi˦ 死不瞑目。
【口吃南朝饭，心对北边事】k'Y˦˩tɕ'əʔ˥nø˧zæ˩vE˩,sin˥tE˥˩ɒoʔ˥ɒi˥zɿ˩ 喻怀有

二心。

kòu

叩【k'ɣ˧˦】

【叩请】k'ɣ˧˦ts'in˥˧ 叩头问候。
【叩谢】k'ɣ˧˦ziɑ˩˧

扣【k'ɣ˥˧】

【扣头】k'ɣ˥dɣ˩˧ 回扣。
【扣发】k'ɣ˥˧fã˥
【扣压】k'ɣ˥˧0ã˥
【扣牢】k'ɣ˥læ˩˧ （一）扣留下来。（二）算准；把握住。
【扣押】k'ɣ˧˦0ã˥
【扣除】k'ɣ˧˦zų˧
【扣留】k'ɣ˥lɣ˩˧
【扣题】k'ɣ˧˦di˧
【扣恰扣】k'ɣ˥k'a?˥k'ɣ˥˧ 正好；差不多。简称【扣恰】k'ɣ˥k'a?˥。
【扣料掐水】k'ɣ˥liæ˩˧k'a?˥sų˥˧ 不多不少，勉强够。

寇【k'ɣ˧˦】

蔻【k'ɣ˧˦】

kū

枯【k'əu˥】

【枯井】k'əu˥tsin˥˧
【枯骨】k'əu˥kuə?˥
【枯黄】k'əu˥ɦuã˧
【枯脱】k'əu˥t'ə?˥ （一）枯死。（二）焦化。（三）形容形态枯槁。
【枯燥】k'əu˥sæ˥˧
【枯木逢春】k'əu˥mo?˧vori˧ts'ən˥
【枯焦木头】k'əu˥tsiæ˥mo?˧dɣ˩˧ （一）烧焦的木头。（二）形容东西因油炸、火烧而焦化。
【枯树浪剥皮】k'əu˥zų˩˧lã˩˧po?˥bi˧ 形容对贫困者剥削。

哭【k'o?˥】

【哭穷】k'o?˥dʑioŋ˧ 诉说自己贫穷（含贬义）。
【哭诉】k'o?˥səu˦

【哭灵】k'oʔ˥lin˦
【哭丧】k'oʔ˥sã˥
【哭调】k'oʔ˥diæ˩ 戏曲演唱中表示哭泣的行腔。
【哭鬼】k'oʔ˥tɕy˥˩ 吝啬、装穷的人。
【哭痣】k'oʔ˥ts'ɿ˥˩ 生于眼角下的痣。
【哭赢】k'oʔ˥ɦin˦ 以哭泣赢得同情。
【哭七七】k'oʔ˥ts'iəʔ˥ts'iəʔ˥ (一)一种哭腔的小调。(二)形容无休无止的哭。
【哭死人】k'oʔ˥si˥˩ȵən˦ 对亡灵哭泣。形容哭泣的声音十分难听。
【哭死婴】k'oʔ˥sɿ˥˩Øin˥ 指易哭的人。
【哭丧棒】k'oʔ˥sã˥bã˩
【哭亲人】k'oʔ˥ts'in˥ȵən˩ 为亡故的亲人哭泣致哀。讽刺过分哀伤的哭泣。
【哭唠叨】k'oʔ˥læ˥tæ˥˩ 指边哭边诉,无休无止。
【哭出乎拉】k'oʔ˥ts'əʔ˥Øəu˥lɑ˩ 欲哭的样子。亦作【哭出拉乎】k'oʔ˥ts'əʔ˥lɑ˥ɦəu˩。
【哭出嗒闭】k'oʔ˥ts'əʔ˥taʔ˥pi˥˩ 哭丧着脸。
【哭亦呒不眼泪】k'oʔ˥ɦɑʔ˦m̩˦pəʔ˥ŋɛ˦li˩ 形容面对烦心事或人,一筹莫展。
【哭出乎拉笑嘻嘻】k'oʔ˥ts'əʔ˥Øəu˥lɑ˩siæ˥ɕi˥˩ɕi˥˩ 又像哭又像笑。形容无奈、哭笑不得的样子。

窟【k'oʔ˥】

【窟窿】k'oʔ˥loŋ˦

骷【k'əu˥】

【骷髅】k'əu˥lY˩

kǔ

苦【k'əu˥˩】

【苦力】k'əu˥˩liəʔ˦
【苦工】k'əu˥˩koŋ˥
【苦心】k'əu˥˩sin˥
【苦水】k'əu˥˩sɥ˥
【苦处】k'əu˥˩ts'ɥ˥˩
【苦头】k'əu˥˩dY˦
【苦功】k'əu˥˩koŋ˥
【苦主】k'əu˥˩tsɥ˥

K

【苦闷】k'əu˦mən˥

【苦命】k'əu˥˩min˩

【苦胆】k'əu˦tE˥

【苦恼】k'əu˦næ˩

【苦鬼】k'əu˦tɕy˥ 命运不济的人。

【苦笑】k'əu˥˩siæ˥˩

【苦衷】k'əu˦tsoŋ˥

【苦海】k'əu˦hE˥

【苦酒】k'əu˦tsY˥ 十分简单的酒食。

【苦开销】k'əu˦k'E˥siæ˥˩ 勉强维持生活的开支。

【苦生活】(1)k'əu˦sã˥ɦuəʔ˧ (一)辛苦繁重的工作。(二)收入微薄的工作。(2)k'əu˦sən˥ɦuəʔ˧ 艰苦的生活。

【苦脑子】k'əu˦næ˧tsɿ˥˩ 可怜。

【苦差使】k'əu˦ts'ɑ˥sɿ˥˩ 形容干吃苦或没有什么利益的事情。

【苦草汤】k'əu˦ts'æ˥t'ã˥˩ 一味中药的药汤。旧时供产妇用。

【苦哑鸟】k'əu˦ɦo˧tiæ˥˩ 喻整天愁眉苦脸的人。

【苦嗒嗒】k'əu˦taʔ˥taʔ˥ 形容略有苦味。

【苦隐隐】k'əu˦0in˥0in˥˩ 形容略有苦味。

【苦殛殛】k'əu˦tsi˥tsi˥˩ 形容可怜的样子。

【苦头吃足】k'əu˦dY˧tɕ'əʔ˥tsoʔ˥ 吃足苦头。

【苦胆吓破】k'əu˦tE˥haʔ˥p'u˦ 吓破了胆。

【苦粥苦饭】k'əu˦tsoʔ˥k'əu˦vE˩ 最起码的生活。

【苦恼里势势】k'əu˦næ˧li˩sɥ˥˩sɥ˥˩ 可怜的样子。

【苦得嗒嗒底】k'əu˦təʔ˥tɑʔ˥taʔ˥ti˦ 十分贫穷。

【苦得滴溜溜】k'əu˥˩təʔ˥tiəʔ˥Y˧Y˩ 十分贫困或十分窘迫。也说成【苦得滴沥沥】k'əu˥˩təʔ˥tiəʔ˥liəʔ˧liəʔ˧。

【苦头吃勒暗头里】k'əu˦dY˩tɕ'əʔ˥ləʔ˧0ø˥dY˩li˩ 被人捉弄或暗算却浑然不知。

【苦头吃得遏得得】k'əu˦dYɑ˩tɕ'əʔ˥təʔ˥0əʔ˥təʔ˥təʔ˥ 形容吃足苦头。

【苦头吃得滴溜溜】k'əu˦dY˩

ʨʻəʔ˥təʔ˥tiəʔ˥˥Y˧˦Y˨ 义同【苦头吃得遏得得】。

kù

库【kʻəu˦】

【库存】kʻəu˥zən˨
【库房】kʻəu˥vã˨

绔【kʻəu˦】

袴【kʻəu˦】

裤【kʻəu˦】

【裤子】kʻəu˥ʦ˥˩
【裤带】kʻəu˥ta˩ 系住裤子的带子。
【裤裆】kʻəu˥tã˩
【裤腰】kʻəu˥0iæ˦
【裤子带】kʻəu˥ʦ˥˥ta˩ 裤带。
【裤子裆】kʻəu˥ʦ˥˩tã˩ 裤裆。
【裤脚管】kʻəu˥ʨaʔ˥kuø˩ 裤管。

酷【kʻoʔ˥】

【酷吏】kʻoʔ˥li˨
【酷刑】kʻoʔ˥ɦin˧
【酷爱】kʻoʔ˥0ɛ˦
【酷暑】kʻoʔ˥sɥ˦

kuā

夸【kʻo˥】、【kʻo˩】文读【kʻua˥】、【kʻua˩】

【夸口】kʻo˥kʻY˩
【夸大】kʻua˥da˨
【夸张】kʻo˥ʦã˩或kʻua˥ʦã˩
【夸奖】kʻua˥ʦiã˩
【夸下海口】kʻua˥ɕia˩hɛ˦kʻY˥ 漫无边际地说大话。
【夸夸其谈】kʻua˥kʻua˥ʥi˨dɛ˨

kuǎ

侉【kʻua˦】

【侉子】kʻua˦ʦ˥˩ 北方人（含贬义）。

垮【k'o˥˧】文读【k'ua˥˧】

【垮台】k'ua˥˧dᴇ˨˧

kuà

挎【k'ua˦˨】

胯【k'o˦˨】文读【k'ua˦˨】

【胯里】k'o˦˨li˨˩　腰的两侧和大腿之间的部分。

跨【k'o˦˨】文读【k'ua˦˨】

【跨】k'o˦˨　大拇指和中指张开时的距离。
【跨度】k'ua˦˨dəu˨˧
【跨栏】k'o˦˨lᴇ˨˧
【跨越】k'ua˦˨ɦyəʔ˨˧
【跨勿开】k'o˦˨fəʔ˥k'ᴇ˥˧　迈不开步。喻与别人没有什么往来，缺少求助的门路。

kuǎi

蒯【k'ua˥˧】文读【k'uᴇ˥˧】

kuài

会【kuᴇ˥˧】另见 huì。

【会计】kuᴇ˥˧tɕi˥˧

块【kuᴇ˦˨】

【块】k'uᴇ˦˨　（一）成疙瘩、成团的东西。（二）皮肤上突起或肌肉上结成的病块。
【块头】k'uᴇ˥dɤ˨˩　（一）指人的体格或东西的体积。（二）量词，用于银钱或纸币，等于"元"。
【块把】k'uᴇ˥po˥˧　（一）一块左右。（二）一元钱左右。
【块垒】k'uᴇ˦˨lᴇ˨˩

快【k'ua˦˨】文读【k'uᴇ˦˨】

【快口】k'ua˥k'ɤ˥˧　（一）语速较快的台词念法。（二）锋刃。
【快门】k'ua˥mən˨˩
【快车】k'ua˥ts'o˥˧
【快手】k'ua˥sɤ˥˧
【快书】k'ua˥sɥ˥˧

【快乐】k'uaꜜloʔ˧
【快讯】k'uaꜛsin˥˩
【快件】k'uaꜛʥiɪ˩
【快报】k'uaꜛpæ˥˩
【快板】k'uaꜛpE˥˩
【快活】k'ɑꜛhuəʔ˧
【快信】k'uaꜛsin˥˩
【快酒】k'uaꜛʦY˥˩ 指较快的饮酒速度。
【快速】k'uaꜛsoʔ˥
【快艇】k'uaꜛt'in˥˩
【快感】k'uaꜛkø˥˩
【快慢】k'uaꜛmE˩
【快餐】k'uaꜛʦ'ø˥˩
【快嘴】k'uaꜛʦ'ɥ˥˩ （一）嘴快。（二）嘴快的人。
【快燥】k'uaꜛsæ˥˩ 快速。
【快手快脚】k'uaꜛsY˥˩k'uaꜛʨiɑ˥˩ 形容动作敏捷。
【快生快养】k'uaꜛsãꜛk'ua˥˩ɦiã˩ （一）妇女生孩子很顺利。（二）喻成果出得快。
【快刀斩乱麻】k'uaꜛtæ˥˩ʦE˥˩lø˧mo˩
【快嘴李翠莲】k'uaꜛʦɥ˥˩li˧ʦ'Eꜛli˩ 喻嘴快的女人。
【快刀热水干手巾】k'uaꜛtæꜛȵəʔ˧sɥ˥˩køꜛsY˥˩ʨən˥˩ 形容动作利落，速度很快。
【快刀切豆腐——两面光】k'uaꜛtæ˥˩ʦ'iəʔꜛdY˧vu˩——liã˧mii˧kuã˥˩ 歇后语。形容居间行事干净利落，两面讨好。

侩【kuE˥˩】

哙【k'uE˥˩】

狯【kuE˥˩】

脍【huE˥˩】文读【kuE˥˩】

【脍一脍】huE˥˩ʔiəʔꜛhuE˥˩ 放在汤汁中重新煮一下。

筷【k'uE˥˩】

【筷呃】k'uEꜛŋ̍˩ 筷子。
【筷笼】k'uEꜛloŋ˩ 放筷子的竹编笼子。
【筷筒】k'uEꜛdoŋ˩ 放筷子的圆筒型器皿。
【筷呃筒】k'uEꜛŋ̍˩doŋ˩ 筷筒。
【筷呃头浪出忤逆】k'uEꜛŋ̍˩d

ʏ˩˥lɑ̃˩tsʻəʔ˥ŋ̍˦˨ȵ̍ə˧ 父母溺爱子女,从小任其讲究吃喝享乐,将来不会有孝心。此条常与【棒头浪出孝子】bɑ̃˨dʏ˩˥lɑ̃˩tsʻəʔ˥ɕiæ˦˨tsɿ˥˩连用。

【筷㕸头浪格亡人——见(搛)鬼】kʻuᴇ˥ŋ̍˩dʏ˩˥lɑ̃˩kəʔ˥mɑ̃˨˦ȵ̍ən˩——tɕiɪ˥(tɕiɪ˥)tɕy˥˩ 歇后语。指疑心生暗鬼,谨慎到不合情理。

kuān

宽【kʻuø˥】

【宽大】kʻuø˥dɑ˩

【宽广】kʻuø˥kuɑ̃˥˩

【宽心】kʻuø˥sin˥˩

【宽汤】kʻuø˥tʻɑ̃˥˩ 菜肴或面食中汤汁较多。

【宽衣】kʻuø˥θi˥˩

【宽坐】kʻuø˥zəu˩ 不拘谨,自然的坐姿。

【宽势】kʻuø˥sɥ˥˩ 宽松;宽畅。

【宽松】kʻuø˥soŋ˥˩

【宽度】kʻuø˥dəu˩

【宽厚】kʻuø˥ɦʏ˩

【宽容】kʻuø˥ɦioŋ˩

【宽恕】kʻuø˥sɥ˥˩

【宽敞】kʻuø˥tsʻɑ̃˥˩

【宽阔】kʻuø˥kʻuəʔ˥

【宽舒】kʻuø˥sɥ˥˩

【宽打宽算】kʻuø˥tɑ̃˥˩kʻuø˥sø˥˩ 预算计划有足够的余地。

【宽宏大量】kʻuø˥ɦoŋ˩dɑ˩liɑ̃˩

髋【kʻuø˥】

kuǎn

款【kʻuø˥˩】

【款子】kʻuø˦˨tsɿ˥˥

【款式】kʻuø˦˨səʔ˥

【款待】kʻuø˥dᴇ˩或kʻuø˦˨dᴇ˩

kuāng

匡【kʻuɑ̃˥】中州韵【kʻuɑ̃˥】

【匡】kʻuɑ̃˥ 粗略估算。

【匡扶】kʻuɑ̃˥vu˩

【匡匡】k'uã˥k'uã˨˦ 粗略计算。
【匡算】k'uã˥sø˨˦
【匡一匡】k'uã˥øiə˥k'uã˨˦ 粗略计算一下。

诓【k'uã˥】中州韵【k'uã˥】

【诓骗】k'uã˥p'i˧˦

哐【k'uã˥】中州韵【k'uã˥】

【哐当】k'uã˥tã˥
【哐啷】k'uã˥lã˩
【哐叮当】k'uã˥tin˥tã˥ 义同【哐当】。
【哐啷当】k'uã˥lã˩tã˥ 义同【哐啷】。

筐【k'uã˥】中州韵【k'uã˥】

【筐子】k'uã˥tsɿ˨˦
【筐篮】k'uã˦lɛ˩ 竹编大筐。

kuáng

狂【guã˧˩】中州韵【guã˧˩】

【狂】guã˧˩ 极端狂妄自大。
【狂人】guã˧˩ɳən˩
【狂风】guã˩foŋ˨˦
【狂欢】guã˧˩huø˥
【狂妄】guã˩ɦuã˩
【狂放】guã˩fã˨˦
【狂草】guã˧˩ts'æ˨˦
【狂笑】guã˩siæ˦
【狂热】guã˧˩ɳə˧
【狂澜】guã˩lɛ˩
【狂暴】guã˩bæ˩
【狂飙】guã˧˩piæ˥
【狂躁】guã˧˩ts'æ˨˦

诳【kuã˦】中州韵【kuã˦】

【诳语】kuã˦ɳy˩

kuàng

邝【k'uã˦】中州韵【k'uã˦】

圹【kʻuãɁ】中州韵【kʻuãɁ】

旷【kʻuãɁ】中州韵【kʻuãɁ】

【旷工】kʻuãɁkoŋ˥
【旷世】kʻuãɁsʮ˧˩
【旷达】kʻuãɁdaʔ˧
【旷课】kʻuã˧˩kəu˧˩
【旷野】kʻuãɁɦiɑ˧

况【kʻuãɁ】文读【huãɁ】中州韵【huãɁ】

【况且】kʻuãɁtsʻi˥或huãɁtsʻii˥

矿【kʻuãɁ】【kʻuã˧˩】中州韵【kuãɁ】

【矿工】kʻuãɁkoŋ˥
【矿山】kʻuãɁsᴇ˥
【矿井】kʻuãɁtsin˥
【矿区】kʻuãɁtɕʻy˥
【矿石】kʻuãɁzɑʔ˧
【矿灯】kʻuãɁtən˥
【矿产】kʻuãɁtsʻᴇ˥
【矿床】kʻuãɁzã˨
【矿难】kʻuãɁnᴇ˨ 矿上发生危及生命的重大事故。
【矿藏】kʻuãɁzã˨
【矿泉水】kʻuãɁziɪ˧sʮ˧˩

框【kʻuãɁ】中州韵【huãɁ】

【框子】kʻuã˥tsɿ˧˩
【框架】kʻuã˥kɑ˧˩
【框档】kʻuã˥tã˧˩ 周围的框。
【框框】kʻuã˥kʻuã˧˩

眶【kʻuã˥】中州韵【huã˥】

kuī

亏【tɕʻy˥】文读【kʻuᴇ˥】

【亏欠】kʻuᴇ˥tɕʻiɪ˦
【亏心】kʻuᴇ˥sin˧˩
【亏空】kʻuᴇ˥koŋ˧˩
【亏待】kʻuᴇ˥dᴇ˨
【亏煞】tɕʻy˥saʔ˥ 多亏,幸亏。

【亏损】k'uɛ˥sən˨

【亏得】tɕ'y˥˩tə?˥ 多亏。

岿【k'uɛ˥】、【k'uɛ˦】

【岿然】k'uɛ˥zø˩

盔【k'uɛ˥】

【盔甲】k'uɛ˥ka?˥

窥【k'uɛ˥】

【窥测】k'uɛ˥ts'ə?˥

kuí

奎【k'uɛ˥】

逵【guɛ˧˦】

馗【dʑy˧˦】文读【guɛ˧˦】

葵【guɛ˧˦】

揆【guɛ˧˦】

【揆情度理】guɛ˧˦zin˧˦do?˧li˩

暌【k'uɛ˥】、【guɛ˩】

【暌违】k'uɛ˥ɦuɛ˩

魁【k'uɛ˥】

【魁】k'uɛ˥ 骄傲狂妄。

【魁首】k'uɛ˦sY˥

【魁梧】k'uɛ˥ŋəu˩

睽【k'uɛ˥】、【guɛ˩】

【睽睽】k'uɛ˥k'uɛ˨

夔【guɛ˧˦】

kuǐ

傀【k'uɛ˨】

【傀儡】k'uɛ˦lɛ˩

魄【k'uɛ˨】

【魄磊】k'uɛ˦lɛ˩

kuì

匮【guE˨˧】

【匮乏】guE˨˧vaʔ˧

喟【kʻuE˦˩˧】【kʻE˦˩˧】

【喟然】kʻuE˦˩˧zø˦

馈【guE˨˧】

【馈赠】guE˨˧zən˨˧

溃【guE˨˧】

【溃疡】guE˦ɦiã˦
【溃退】guE˨˧tʻE˥˩

愧【guE˨˧】

【愧对】guE˨˧tE˦˩˧　羞于面对。
【愧恨】guE˨˧ɦən˨˧
【愧悔】guE˨˧huE˥˩

聩【guE˨˧】

篑【guE˨˧】

kūn

坤【kʻuən˥】

【坤包】kʻuən˥pæ˥˩
【坤伶】kʻuən˥lin˨˧

昆【kʻuən˥】

【昆虫】kʻuən˥zoŋ˨˧
【昆仲】kʻuən˥zoŋ˨˧
【昆曲】kʻuən˥tɕʻioʔ˥
【昆腔】kʻuən˥tɕʻiã˥˩
【昆山城隍——眉眼勿开】kuən˥sE˥zən˦ɦuã˨˧——mi˦ŋE˦fəʔ˥kʻE˥˩　歇后语。麻木、不敏捷的样子。
【昆山城隍——只有耳朵，呒不眼睛】kuən˥sE˥zən˦ɦuã˨˧——tsəʔ˥ɦiY˨˧ȵi˦təu˥˩，m̩˦pəʔ˥ŋE˦tsin˥　歇后语。指视而不见。

崑【kʻuən˥】

堃【kʻuən˥】

琨【k'uən˥】

髡【k'uən˥】

鹍【k'uən˥】

锟【k'uən˥】

鲲【k'uən˥】

kǔn

捆【k'uən˥˩】

【捆绑】k'uən˧˦ɓã˥˩

【捆紧】k'uən˧˦tɕən˥˩　用绳子等把东西缠紧。

【捆绑手】k'uən˧˦ɓã˥sɤ˥˩　旧时衙门专司捆绑犯人的差役。

阃【k'uən˥˩】

【阃威】k'uən˥˩Øuɛ˥　老婆发威。

kùn

困【k'uən˧˦】

【困】k'uən˧˦　睡觉，躺。

【困平】k'uən˥bin˩　身体平直地躺着。

【困衣】k'uən˥Øi˥˩　睡衣。

【困死】k'uən˥si˥˩　睡得特别沉。

【困守】k'uən˧˦sɤ˥˩

【困扰】k'uən˧˦zæ˦

【困劲】k'uən˥tɕən˥˩　睡眠的劲头。

【困话】k'uən˥ɦo˩　呓语，梦话。

【困苦】k'uən˧˦k'əu˥

【困觉】k'uən˥kæ˥˩

【困难】k'uən˧˦nɛ˦

【困桶】k'uən˥doŋ˩　给婴儿睡觉的长圆形木桶。

【困脱】k'uən˧˦t'əʔ˥　指女子失身。

【困着】k'uən˥zaʔ˧　睡着。

【困裤】k'uən˥k'əu˥˩　睡裤。

【困散】k'uən˥ts'iɑʔ˥　指睡觉把头发睡乱，发根倒戗。

【困境】k'uən˧˦tɕən˥

【困静】kʻuən˥zin˩ 睡着。

【困懒】kʻuən˥lE˩ 有睡意。

【困醒】kʻuən˥sin˧˩ (一)睡醒了。(二)喻终于觉悟。

【困马路】kʻuən˦mo˦ləu˩ 睡在马路上。指做乞丐。

【困女人】kʻuən˦ȵy˦ȵən˦ 与女子苟合。

【困勿着】kʻuən˥fəʔ˥zaʔ˧ 睡不着觉。

【困勿醒】kʻuən˥fəʔ˥sin˧˩ (一)睡眠不足。(二)喻人糊涂。

【困出瘏】kʻuən˥tsʻəʔ˥huəʔ˥ 睡过预定起床的时间。

【困弄堂】kʻuən˦loŋ˦dɑ̃˩ 睡在小弄里。指做乞丐。

【困困醒】kʻuən˦kʻuən˦sin˧˩ (一)睡睡醒。(二)讥讽语。想想明白。

【困扁头】kʻuən˥piɪ˧˩dʏ˦ 指想入非非。

【困晏朝】kʻuən˥ØE˥tsæ˧˩ 睡懒觉。

【困痴脱】kʻuən˥tsʻɥ˥tʻəʔ˥ 形容睡眠过度。

【困懒虫】kʻuən˥lE˩zoŋ˩ 瞌睡虫。指睡眠的欲望。

【困肉弄堂】kʻuən˦ȵoʔ˧loŋ˩dɑ̃˩ 一名男子同时和两名女子睡觉的下流行为。

【困直头颈】kʻuən˥zəʔ˧dʏ˦tɕən˥ 睡觉时脖子受寒,或因枕枕头的姿势不合适,以致脖子疼痛,转动不便。也叫【困别头颈】kʻuən˥biəʔ˧dʏ˦tɕən˥。

【困思搭懵】kʻuən˥sɿ˥taʔ˥moŋ˩ 形容没有睡醒的样子。

【困思懵懂】kʻuən˥sɿ˥moŋ˩toŋ˧˩ 义同【困思搭懵】。

【困梦头里】kʻuən˥moŋ˩dʏ˩li˩ 睡梦中。

【困勒屎里】kʻuən˦ləʔ˧sɿ˦li˩ 完全在被蒙蔽状态。

【困懒洋洋】kʻuən˥lE˩ɦiɑ̃˩ɦiɑ̃˩ 睡意渐渐上来。

【困扁骷浪头】kʻuən˥piɪ˧˩kʻəu˥lɑ̃˩dʏ˩ 也说成【困扁骷颅头】kʻuən˥piɪ˧˩kʻəu˥ləu˩dʏ˩ 指想入非非。

【困勒瘏朵里】kʻuən˦ləʔ˧huəʔ˥təu˥li˩ 形容睡得很沉。

【困懒担枕头】kʻuən˥lE˩tE˥tsən˦dʏ˩ 喻正好用得着,及时获得。担,送的意思。

【困梦头里笑觉脱】k'uən˥ moŋ˩dʏ˩li˩siæ˥kæ˥t'əʔ˥ 形容万分高兴。

【困扁仔头,想戴西瓜子帽子】k'uən˥pii˥tsɿ˥dʏ˧,siã˥tɑ˥si˥ko˥tsɿ˥mæ˧tsɿ˥ 俗语。讥人痴心梦想,想入非非。

【困末要困冬至夜,白相要白相夏至日】k'uən˧mə˧θiæ˥kuən˥toŋ˥tsɥ˥θia˥,bəʔ˧siã˥θiæ˧bəʔ˧siã˥ɦo˧tsɥ˥ɳəʔ˧ 趣语。指冬至夜最长,夏至日最长。

kuò

扩【k'oʔ˥】

【扩大】k'oʔ˥dɑ˩
【扩充】k'oʔ˥ts'oŋ˥
【扩军】k'oʔ˥tɕyən˥
【扩张】k'oʔ˥tsã˥
【扩散】k'oʔ˥sᴇ˧
【扩音机】k'oʔ˥θin˥tɕi˥

括【kaʔ˥】另见 guā。

【括号】kaʔ˥ɦæ˩
【括弧】kaʔ˥ɦəu˩

阔【k'uəʔ˥】

【阔人】k'uəʔ˥ɳən˧
【阔气】k'uəʔ˥tɕ'i˧ 简称"阔"。
【阔少】k'uəʔ˥sæ˥
【阔老】k'uəʔ˥læ˥
【阔别】k'uəʔ˥biəʔ˧
【阔步】k'uəʔ˥bu˩
【阔客】k'uəʔ˥kɑʔ˥ 有钱的人。
【阔面】k'uəʔ˥mii˥ 条形较阔的面条。
【阔绰】k'uəʔ˥ts'ɑʔ˥
【阔嘴】k'uəʔ˥tsɥ˥ 阔大的口形。
【阔天阔地】k'uəʔ˥t'ii˥k'uəʔ˥di˩ 排场大,生活奢侈。
【阔嘴癞团】k'uəʔ˥tsɥ˧lɑ˧dø˩ 阔大的口形,似癞蛤蟆。

廓【k'oʔ˥】

【廓清】k'oʔ˥ts'in˥

附：

硍【kʻən˦˧】《正韵》苦恨切，悬去声。

【硍】kʻən˦˧　吴旧俗谓石有痕者曰硍。现指皮肤上搓下来的脏物。

匟【kʻɑʔ˦˧】中州韵【kʻã˦˧】《篇海》口浪切音抗。

【匟儿】kʻã˥˧tɕi˨˧　放在匟床上的矮桌儿。

【匟床】kʻã˥˧zã˨　供两人并坐的大木床。旧时多供人吸食鸦片用。

K

L

lā

垃【lɑ˦】

【垃三】lɑ˦sᴇ˥　女流氓;女阿飞;妓女。

【垃圾】lɑ˦si˥或lə˧sə˥
（一）　脏土或扔掉的破烂东西。（二）喻对于社会有害无用的人或质量低劣无用的东西。

【垃圾车】lɑ˦si˥tsʻo˥˩　运载垃圾的车辆。

【垃圾货】lɑ˦si˥həu˥˩（一）喻对于社会有害无用的人。（二）质量很低劣的东西。

【垃圾马车】lɑ˦si˥mo˦tsʻo˥˩　旧时运载垃圾用的马车。

【垃圾瘪三】lɑ˦si˥piə˥sᴇ˥˩
（一）以拾垃圾为生的乞丐。（二）喻卑劣的人。

拉【lɑ˥】另见 lǎ。

【拉力】lɑ˥liə˧

【拉人】lɑ˥ȵən˦　（一）拉住人。（二）找帮手,邀人。

【拉夫】lɑ˥fu˥˩

【拉手】lɑ˥sɤ˥˩　（一）拉鋬。（二）牵手。

【拉平】lɑ˥bin˦

【拉牢】lɑ˥læ˩　拉住。

【拉丝】lɑ˥sɿ˥˩

【拉面】lɑ˥mi˩

【拉客】lɑ˥kʻɑ˥

【拉倒】lɑ˥tæ˥˩

【拉鋬】lɑ˥pʻᴇ˥˩　拉手。

【拉扇】lɑ˥sø˥˩　旧时用人力拉动用绳子联络的长方形布块的搧风工具。

【拉链】lɑ˥li˩

【拉糕】lɑ˥kæ˥˩　一种纯糯米甜糕。

【拉山头】lɑ˥sᴇ˥dɤ˩

【拉毛兔】lɑ˥mæ˧t'əu˥˩ 人工饲养用以获取兔毛的长毛兔。

【拉皮条】lɑ˥bi˧diæ˩

【拉回声】lɑ˥ɦuᴇ˧sən˥ （一）拉响汽笛。（二）调侃演唱者卖弄高长腔。

【拉链包】lɑ˥liɪ˧pæ˥˩ 装有拉链的手包。

【拉警报】lɑ˥tɕən˥˩pæ˥˩ （一）拉响警报器。（二）调侃演唱者卖弄高长腔。

【拉长耳朵】lɑ˥zɑ̃˩ȵi˧təu˥ 形容仔细谛听。

【拉开嘴巴】lɑ˥k'ᴇ˥tsɥ˥˩po˥˩ 张开嘴（多半形容笑）。

【拉牢交子】lɑ˥læ˧kæ˥˩tsɿ˥˩ 拉住了。

【拉线开关】lɑ˥siɪ˥k'ᴇ˥kuᴇ˥˩ 旧式电器开关，用线拉动，使电源开启或关闭。

【拉客娘姨】lɑ˥k'ɑʔ˥ȵiɑ̃˧ɦi˩ 替妓女招引嫖客的女子。

【拉破面孔】lɑ˥p'u˥˩miɪ˥˩k'oŋ˥˩ 拉破脸，不讲情面。

【拉开仔喉咙】lɑ˥k'ᴇ˥tsɿ˥˩ɦoʔ˧loŋ˩ 拉大了嗓门。

【拉台子，讲斤头】lɑ˥dᴇ˧tsɿ˥˩，kɑ̃˥˩tɕən˥dʏ˩ 谈判（多指流氓）。

【拉勒篮里就是菜】lɑ˥lə˧lᴇ˧li˧zʏ˧zɿ˩ts'ᴇ˥˩ 比喻不问是非情由。

【拉和尚格辫子——握空】lɑ˥ɦəu˧zɑ̃˩kəʔ˥bii˧tsɿ˥˩——ɦoʔk'oŋ˥ 歇后语。不实在行事。

【拉破面孔，拆散头发团】lɑ˥p'u˥˩miɪ˧k'oŋ˥˩，ts'ɑʔ˥sᴇ˥˩dʏ˧faʔ˥dø˩ 拉破脸，不讲情面，不顾一切。

啦【lɑ˥】

喇【lɑ˥】另见 lǎ。

邋【laʔ˧】

【邋遢】laʔ˧t'aʔ˥ 不干净；肮脏。

【邋里邋遢】laʔ˧li˩laʔ˧t'aʔ˥ 义同【邋遢】。

【邋遢冬至干净年】laʔ˧t'aʔ˥toŋ˥tsɥ˥˩kø˥ziŋ˩ȵiɪ˧ 谚语。冬至下雨，预计过年天晴。

lá

旯【lɑ˩】

lǎ

拉【lɑ˥˩】另见 lā。

【拉】lɑ˥˩　指人的手指或动物的爪子向前抓物。

【拉牢】lɑ˦˩læ˩　粘住。

【拉勒身浪】lɑ˥˩lə˧sən˥˩lɑ̃˩　(一)把别人的责任揽给自己。(二)爬在别人身上。

【拉个虱勒头上搔搔】lɑ˥˩kə˥˩ sə˥˩lə˧dɤ˦˩lɑ̃˩tsæ˥tsæ˥˩　喻自找麻烦。

喇【lɑ˦】另见 lā

【喇叭】lɑ˦pɑ˥

【喇嘛】lɑ˥mo˩

【喇叭花】lɑ˦pɑ˥ho˥˩　牵牛花的通称。常用来比喻结果或结局不尽如人意,甚至很糟。

【喇叭腔】lɑ˦pɑ˥tɕʻiɑ̃˥˩　指行事乱来;不守信用。

【喇叭嘴】lɑ˦pɑ˥tsɥ˥˩　指不加考虑、有话就说的人,或好传闲话、喜欢哗众取众的人。

【喇嘛教】lɑ˥mo˩tɕiæ˧

là

落【loˀ˧】另见 lào;luō;luò。

【落光】loˀ˧kuɑ̃˥　遗失殆尽。也说成【落光脱】loˀ˧kuɑ̃˥tʻəˀ˥。

【落脱】loˀ˧tʻəˀ˥　失落;遗漏。

腊【laˀ˧】

【腊八】laˀ˧poˀ˥

【腊月】laˀ˧ŋəˀ˧

【腊水】laˀ˧sɥ˥˩　腊月(农历十二月)的雨或雪水。

【腊肉】laˀ˧n̥oˀ˧　腊月腌制的猪肉。

【腊肠】laˀ˧zɑ̃˩

【腊克】laˀ˧kʻəˀ˥　清喷漆。

【腊雪】laˀ˧siəˀ˥　腊月里下的雪。

【腊梅】laˀ˧mɛ˩

【腊八粥】laˀ˧boˀ˧tsoˀ˥

【腊雪是层被,春雪是把刀】

laʔ˧siəʔ˥zɿ˩zən˩bi˩，tsʻən˥siəʔ˥zɿ˩po˦tæ˥　指腊雪对农作物有益，春雪对农作物有害。

【腊雪勿烊，种田人饭粮；春雪勿烊，饿断肚肠】laʔ˧siəʔ˥fəʔ˥ɦiã˧，tsoŋ˥di˩ȵən˩ve˧liã˩；tsʻən˥siəʔ˥fəʔ˥ɦiã˧，ŋəu˩dø˩dəu˧zã˩　义同【腊雪是层被，春雪是把刀】。

蜡【laʔ˧】

【蜡台】laʔ˧dE˩

【蜡扦】laʔ˧tsʻiɪ˦

【蜡纸】laʔ˧tsɿ˦

【蜡染】laʔ˧ȵiɪ˩

【蜡烛】laʔ˧tsoʔ˥　（一）用腊或其他油脂制成的供照明用的东西，多为圆柱形。（二）指不知好歹、不识抬举的人。

【蜡笔】laʔ˧piəʔ˥

【蜡黄】laʔ˧ɦuɑ̃˩

【蜡像】laʔ˧ziã˩

【蜡台火】laʔ˧dE˩hən˦　点燃了的装在蜡台上的蜡烛。

【蜡烛油】laʔ˧tsoʔ˥ɦiY˩　（一）制作腊烛的油脂。（二）烛泪。

【蜡蜡黄】laʔ˧laʔ˧ɦuɑ̃˧　蜡黄。

【蜡赤焦黄】laʔ˧tsʻaʔ˥tsiæ˥ɦuɑ̃˧　腊黄。

【蜡烛纸包】laʔ˧tsoʔ˥tsɿ˦pæ˥　指形状似包蜡烛的纸包的襁褓，上端放开，下端包住。

【蜡烛店小开】laʔ˧tsoʔ˥tiɪ˦siæ˦kʻE˥　指不知好歹、不识抬举、不施加压力不肯服从的人。

【蜡烛勿点勿亮】laʔ˧tsoʔ˥fəʔ˥tiɪ˦fəʔ˥liã˩　喻不施加压力不肯服从。

【蜡烛呒不油——白费心】laʔ˧tsoʔ˥m̩˧pəʔ˥ɦiY˧—bɑʔ˧fi˦sin˥　歇后语。指白费心机。

瘌【laʔ˧】

【瘌子】laʔ˧tsɿ˦　（一）瘌痢。（二）指长瘌痢的人。

【瘌痢】laʔ˧li˩

【瘌痢头】laʔ˧li˩dY˩

【瘌痢婆】laʔ˧li˩bu˩　生瘌痢的或生过瘌痢的女子。

【瘌骚臭】laʔ˧sæ˥tsʻɤ˥˧　头上长黄癣散发出来的气味。

【瘌痢头倪子自家好】laʔ˧li˨˧dɤ˨˧ŋ̍i˧˦tsɿ˥˧zɿ˧˦kɑ˥hæ˥˧　俗语。对自己孩子护短。喻自己偏爱的东西都是好的。

【瘌痢头撑伞——无法（发）无天】laʔ˧li˨˧dɤ˨˧tsʻiã˥sᴇ˧˦—vu˧˦faʔ˥（faʔ˥）vu˧˦tʻii˥　歇后语。形容人毫无顾忌地胡作非为。

【瘌痢头浪拓糨糊——得法（发）】laʔ˧li˨˧dɤ˨˧lɑ̃˨˧tʻaʔ˥tsiã˥ɦəu˨˧—təʔ˥faʔ˥（faʔ˥）　歇后语。吴语中粘贴叫“得”【təʔ˥】。（一）发迹。（二）找到窍门。

辣【laʔ˧】

【辣火】laʔ˧həu˥˧　辣椒。

【辣手】laʔ˧sɤ˥˧

【辣油】laʔ˧ɦiɤ˨˧　用辣椒和油熬成的调味油品。

【辣椒】laʔ˧tsiæ˥˧

【辣酱】laʔ˧tsiã˧˦

【辣豁】laʔ˧huaʔ˥　（一）形容刀刺般的疼痛。（二）形容要价高得离谱。

【辣火酱】laʔ˧həu˥˧tsiã˧˦　辣酱。喻严厉的惩罚手段。

【辣白菜】laʔ˧bɑʔ˧tsʻᴇ˧˦　加辣的腌白菜。

【辣齐齐】laʔ˧zi˨˧zi˨˧　形容稍稍有些辣。

【辣蓬蓬】laʔ˧boŋ˨˧boŋ˨˧　（一）形容较辣。（二）形容较大的诱惑。

【辣辣叫】laʔ˧iaʔ˧tɕiæ˥˧　形容严厉。

【辣豁豁】laʔ˧huaʔ˥huaʔ˥　（一）形容极辣。（二）义同【辣豁】。（三）形容很大的诱惑。

【辣手辣脚】laʔ˧sɤ˥˧laʔ˧tɕɑʔ˥　形容手段厉害、毒辣。

【辣面火烧】laʔ˧mii˨˧həu˧˦sæ˥　不讲情面，直截了当（发作）。

【辣豁辣豁】laʔ˧huaʔ˥laʔ˧huaʔ˥　（一）形容很大的诱惑。（二）义同【辣豁】。

【辣火自有辣虫蛀】laʔ˧həu˥˧zɿ˧˦ɦiɤ˨˧laʔ˧zoŋ˨˧tsʮ˧˦　喻再厉害的人自有更厉害的人来收拾。

癞【laʔ˦】另见 lài。

鬎【lɑ˥˩】

【鬎带】lɑ˥˧tɑ˥˩ 形容不整洁的样子。

【鬎腮】lɑ˥˧sɑ˥˩ 后续词,用在“胡子”后面,表示杂乱的样子。

【鬎带相】lɑ˥˧tɑ˥˩siã˥˩ 形容不整洁的样子。

【鬎里鬎带】lɑ˥˧li˨˩lɑ˥˧tɑ˥˩ 形容不整洁。

【鬎带胡子】lɑ˥˧tɑ˥˧ɦəu˨˩tsɿ˥˩ 络腮胡子。

【鬎带阿胡子】lɑ˥˧tɑ˥˩ øaʔ˥˧ɦəu˨˩tsɿ˥˩ 络腮胡子。

lɑ

啦【lɑ˥˧】

鞡【lɑ˥˧】

lái

来【lE˨˧】

【来人】lE˨˧ȵən˨˧

【来三】lE˨˧sE˥˧ 行;可以。

【来方】lE˨˧fã˥˧ 来源。如:吃食看来方。

【来历】lE˨˧liəʔ˦

【来西】lE˨˧si˥˩ 放在形容词后表示程度深,有“得很”的意思。

【来电】lE˨˧di˨˩

【来去】lE˨˧tɕʻi˥˩ (一)往返。(二)到来和离去。(三)交往。(四)差别。

【来生】lE˨˩sən˥˩

【来头】lE˨˧dY˨˩

【来由】lE˨˧ɦiY˨˩

【来访】lE˨˧fã˥˩

【来回】lE˨˧ɦuE˨˩

【来世】lE˨˩sʮ˥˩

【来兴】lE˨˧ɕin˥˧ 量词。次数的意思。若普遍话中的“下子”。

【来事】lE˨˧zɿ˥˩ 行;可以。

【来势】lE˨˩sʮ˦

【来往】lE˨˧ɦuã˨˩

【来客】lE˨˧kʻɑʔ˥˧

【来临】lE˨˧lin˨˩

【来信】lE˨˧sin˥˩

【来宾】lE˨˧pin˥˧

【来格】lE˨˧kəʔ˥˧ (一)来的。

(二)行的。

【来得】lE˦ltəˀ˥ 副词。特别显得的意思。

【来朝】lE˩tsæ˩ 明天。如:一宵易过,直抵来朝。

【来煞】lE˦saˀ˥ 形容词。能干。

【来路】lE˦ləu˩

【来意】lE˦θi˩

【来源】lE˦ɳiø˩

【来稿】lE˦kæ˩

【来去大】lE˦tɕʻi˩dəu˩ 相差大。

【来字调】lE˦zɿ˩diæ˩ 旧时主人呼唤仆人往往用一"来"字,称为打来字调。现指打官腔喊人。

【来得格】lE˦təˀ˥kəˀ˥ 副词。显得特别……

【来路货】lE˦ləu˩həu˩

【来龙去脉】lE˦loŋ˩tɕʻi˩mɑˀ˧

【来生来世】lE˩sã˥lE˩sɥ˩

指人死了以后再转生到世上来的那一辈子(迷信)。

【来来去去】lE˦lE˦tɕʻi˩tɕʻi˩ 来往。

【来者不拒】lE˦tsE˥pəˀ˥ʥy˩ 凡有来的,一概接纳。

【来者是客】lE˦tsE˩zɿ˩kʻɑˀ˥ 凡是来的人都应以客礼相待。

【来煞勿及】lE˦saˀ˥fəˀ˥ʥi˩或lE˦saˀ˥fəˀ˥ʥəˀ˧ 迫不及待。

【来格条路上去】lE˦gəˀ˧diæ˩əu˦lã˦tɕʻi˩ 隐语。死。

【来而不往非礼也】lE˦ɦə˩pəˀ˥huã˩fi˥li˩θi˥ 只有来没有往,是不合于礼的。现多用于表示对于别人对自己的行动要有相应的行动。

【来者不善,善者不来】lE˦tsE˥pəˀ˥zø˩,zø˩tsE˩pəˀ˥lE˦ 来的人定有厉害的本领,没有厉害的本领的人不会来。

【来得早勿如来得巧】lE˦təˀ˥tsæ˩fəˀ˥zɥ˦lE˦təˀ˥tɕʻiæ˩ 俗语。指去得早不如正赶上时机。

莱【lE˦】

崃【lE˦】

徕【lE˦】

lài

赉【lE˨】

睐【lE˨】

赖【lɑ˨】文读【lE˨】

【赖三】lɑ˧sE˥ 乱搞两性关系的年轻女子。

【赖毛】lɑ˨mæ˧ 脱毛。

【赖手】lE˨sʏ˥˨ （颜色、气味、脏物等）沾上手。

【赖皮】lɑ˧bi˨

【赖学】lɑ˧ɦoʔ˧

【赖账】lɑ˨tsã˦

【赖脱】lɑ˨t'əʔ˥ 赖掉。

【赖婚】lɑ˧huən˥

【赖地皮】lɑ˧di˧bi˨ 赖在地上。

【赖舌头】lɑ˦zəʔ˧dʏ˨ 味道黏在舌头上久久不消失。

【赖极皮】lɑ˧ʥəʔ˧bi˨ 耍赖。

【赖颜色】lE˨ŋE˧səʔ˥ 沾染别的颜色。

【赖龌龊】lE˧ʔoʔ˥ts'oʔ˥ （指东西的表面）弄脏了不易看出来。

【赖拖赖拖】lɑ˧təu˥˨lɑ˧təu˥˨ 形容吃东西不文雅的样子。

【赖勒身上】lɑ˨ləʔ˧sən˥lã˨ 纠缠在身。

癞【lɑ˨】文读【lE˨】另见 là。

【癞皮】lɑ˧bi˨ 银屑病。

【癞团】lɑ˧dø˨ 癞蛤蟆。

【癞皮狗】lɑ˧bi˨kʏ˥˨

【癞皮疯】lɑ˧bi˨foŋ˥˨ 银屑病。

【癞团功】lɑ˧dø˧koŋ˥˨ 指不怕击打的特殊的功夫（贬义）。

【癞团鼋】lɑ˧dø˧ŋø˨ 一种大型鳖类动物。又名斑鳖。

【癞疥疮】lɑ˧kɑ˥ts'ã˥˨ 疥疮。

【癞蛤蚆】lɑ˧kəʔ˥bo˥˨ 蛤蟆。

【癞皮猢狲】lɑ˧bi˨ɦuəʔ˧sən˥˨ 指卑鄙无耻的人。

【癞团汽车】lɑ˧dø˧tɕ'i˥ts'o˥˨ 形似癞蛤蟆的老式汽车。

【癞皮告化子】lɑ˧bi˨kæ˥ho˥˨tsɿ˥˨ 做出种种恶状来要饭

的乞丐。喻卑鄙无耻的人。

【癞团死勒瞎搭里】lɑ˧dø˩ si˨˩ləˀ˧hɑˀ˥tɑˀ˥li˩ 指失败在不应该失败的地方。

【癞蛤蟆想吃天鹅肉】lɑ˧hɑ˥ moˀ˧siã˧tɕʻə˥tʻi˥ŋəu˥ ȵoˀ˧ 喻自不量力；痴心妄想。

籁【lE˩】

lɑi

唻【lE˩】

lán

兰【lE˧】

【兰花】lE˧ho˥

【兰花节头】lE˧ho˥tsiəˀ˥dɑY˩ 拇指和中指相对绻曲、其余三个手指翘起的姿势。

岚【lE˧】

拦【lɑˀ˧】文读【lE˧】

【拦开】lɑˀ˧kʻE˥ 分开；除开。

【拦牢】lɑˀ˧læ˩ 拦住。

【拦账】lɑˀ˧tsã˧ 清算账目。

【拦断】lɑˀ˧dø˩ 从一半的地方截住、切断等。

【拦脱】lɑˀ˧tʻəˀ˥ 拦下；阻断。

【拦路】lE˧ləu˩

【拦腰】lE˧ʘiæ˥

【拦开司】lɑˀ˧kʻE˥sɿ˨˩ 用脚绊别人的脚。

【拦路虎】lE˧ləu˧həu˨˩

【拦头拦面】lE˧dY˧lE˧mi˩ 夹头夹脑。

栏【lE˧】注：【栅栏】中的【栏】读作【lɑˀ˧】

【栏干】lE˧kø˥

【栏目】lE˧moˀ˧

【栏凳】lE˧tən˨˩ 旧时大户人家放在大门内的特别长的长凳。

婪【lø˧】

阑【lE˧】

【阑珊】lE˧sE˥

蓝【lE˦】

【蓝本】lE˦pən˩
【蓝图】lE˦dəu˩
【蓝领】lE˦lin˩
【蓝翎】lE˦lin˩ 清朝中、低级官员帽上的翎子。
【蓝兮兮】lE˦ɕi˥ɕi˩ 淡蓝色。
【蓝青官话】lE˦tsʻin˥kuø˥ɦo˩

谰【lE˦】

澜【lE˦】

褴【lE˦】

【褴褛】lE˩ly˩

篮【lE˦】

【篮头】lE˦dʏ˦ 篮子。
【篮球】lE˦ʥiʏ˦

斓【lE˦】

襕【lE˦】

lǎn

览【lE˩】

【览胜】lE˩sən˦

揽【lE˩】

【揽事体】lE˩zɿ˥tʻi˥ 把本与自己无关的麻烦事情拉到自己一方来。
【揽是非】lE˩zɿ˥fi˥ 把本与自己无关的是是非非拉到自己身上来。
【揽勒身浪】lE˦ləʔ˧sən˥lɑ̃˩ 把与己无关的事情拉到自己身上来。
【揽个虱勒头上搔搔】lE˩kəʔ˥səʔ˥ləʔ˧dʏ˦lɑ̃˩tsæ˥tsæ˩ 喻把与己无关的麻烦事情拉到自己身上来。指自找麻烦。

缆【lE˩】

【缆车】lE˦tsʻo˥
【缆绳】lE˦zən˩

榄【lᴇ˨˧˩】

罱【ŋ̍i˨˧˩】

【罱河泥】ŋ̍i˨˩ɦəu˦ŋ̍i˨˩　捞河泥。

懒【lᴇ˨˧˩】

【懒汉】lᴇ˨˧˩hø˥˩˧
【懒虫】lᴇ˦zoŋ˨˩
【懒肉】lᴇ˦ŋ̍ioʔ˧　指人臃肿的肉体。
【懒坯】lᴇ˦pʻᴇ˥　懒惰的人。
【懒散】lᴇ˨˧˩sᴇ˥˩˧
【懒惰】lᴇ˦dəu˦
【懒筋】lᴇ˦tɕən˥　趣语。指人懒惰是因为有根懒惰的筋脉。
【懒膪】lᴇ˦pʻoʔ˥　懒惰。
【懒屁股】lᴇ˦pʻi˥kəu˥˩˧　指坐着不走，喜欢无休止闲聊的人。
【懒洋洋】lᴇ˦ɦiã˦ɦiã˨˩
【懒笔头】lᴇ˦piəʔ˥dʏ˨˩　懒于动笔。
【懒骨头】lᴇ˦kuəʔ˥dʏ˨˩
【懒猪猡】lᴇ˦tsʮ˥lo˨˩　詈语。指懒惰的人。
【懒惰坯】lᴇ˦dəu˦pʻᴇ˥˩˧　懒惰的人。
【懒猢狲】lᴇ˦ɦuəʔ˧sən˥˩˧　詈语。指懒惰的人。
【懒拖懒拖】lᴇ˦tʻəu˥lᴇ˦tʻəu˥˩˧　形容动作滞缓，打不起精神的样子。
【懒得出蛆】lᴇ˨˧˩təʔ˥tsʻəʔ˥tsʻi˥　形容懒得要命。
【懒得蛆出骨出】lᴇ˨˧˩təʔ˥tsʻi˥tsʻəʔ˥kuəʔ˥tsʻəʔ˥　形容懒得要命。

làn

烂【lᴇ˨˧˩】

【烂污】lᴇ˦ʔəu˥˩˧
【烂饭】lᴇ˦vᴇ˨˩　含水过多的米饭。
【烂泥】lᴇ˦ŋ̍i˨˩　泥土。
【烂面】lᴇ˦mi˨˩　煮得过于烂熟的面条。
【烂铅】lᴇ˦kʻᴇ˥　电器上的保险丝。
【烂漫】lᴇ˨˧˩mᴇ˨˩
【烂料】lᴇ˦liæ˨˩　（一）指不会

L

料理生活。(二)指行为放荡不端。

【烂肚肠】lɛ˨˧dəu˨˧zɑ̃˨˩ 指泯灭人伦或忘恩负义的人。

【烂污泥】lɛ˨˧ɦəu˨˧ȵi˨˩ 稀烂的泥。

【烂污货】lɛ˨˧ɦəu˨˧həu˥˨˧ 指行为放荡的女人。

【烂烂糊】lɛ˨˧lɛ˨˧ɦəu˨˩ 相差不多。

【烂痔膀】lɛ˨˧zʮ˨˧pʻɑ̃˥˨˧ 生毒疮而溃烂发肿的小腿。

【烂鼻头】lɛ˨˧bəʔ˧dʏ˨˩ 因生恶疮而使鼻子腐烂,或指因生恶疮而使鼻子腐烂的人。

【烂糊面】lɛ˨˧ɦəu˨˧mi˨˩ 煮得很烂的面条。

【烂料货】lɛ˨˧liæ˨˧həu˥˨˧ (一)指不会料理生活的人。(二)指行为放荡的人。

【烂料坯】lɛ˨˧liæ˨˧pʻɛ˥˨˧ 指不会料理生活的人。

【烂膪尸】lɛ˨˧pʻoʔ˥sɿ˥˨˧ 詈语 指又胖又懒的人。

【烂糟糟】lɛ˨˩tsæ˥tsæ˥˨˧ 某些固体物质因含水分过多而松软,不成形。

【烂污泥浆】lɛ˨˧ɦəu˨˧ȵi˨˩tsiɑ̃˦˨ 稀薄的泥浆。

【烂眼搭闭】lɛ˨˧ȵɛ˨˧taʔ˥pi˦˨ 眼圈溃疡。眼睛浮肿、睁不开的样子。

【烂糊三鲜汤】lɛ˨˧ɦəu˨˧sɛ˥si˥tʻɑ̃˥˨˧ 白菜、鸡块、鱼块、肉片等煮的汤。转指一塌糊涂。

【烂稻草,扳煞人】lɛ˨˧dæ˨˧tsʻæ˥˨˧,pɛ˦˨saʔ˥ȵən˨˧ 喻不起眼的东西也会酿大祸。

【烂铜顶子轧乡绅】lɛ˨˧doŋ˨˩tin˦˨tsɿ˥˨˧gaʔ˧ɕiɑ̃˥sən˥˨˧ 俗语。喻虚荣。

【烂木头汆勒一浜斗】lɛ˨˧moʔ˧dʏ˨˩tʻən˥˨˧ləʔ˧iəʔ˥pɑ̃˥tʏ˥˨˧ 俗语。形容品质低劣的人聚在一起。

【烂泥菩萨跌勒汤罐里——酥透酥透】lɛ˨˧ȵi˧bu˨˩sɑ̃˥˨˧tiəʔ˥ləʔ˥tʻɑ̃˥kuø˥˨˧li˨˩—səu˥tʻʏ˥˨˧səu˥tʻʏ˥˨˧ 歇后语。形容极其舒心。

滥【lɛ˨˩】

【滥用】lɛ˨˧ɦioŋ˨˩

【滥撞】lɛ˨˧zɑ̃˨˩ 乱来。也读

作lɛ˥zɑ̃˩。

【滥小人】lɛ˦siæ˥zən˩ 没有德行的人。

【滥好人】lɛ˦hæ˥ȵən˩ 没有原则的好好先生。

【滥和调】lɛ˦ɦəu˦diæ˩ 形容一味附和别人的意见。

【滥吃滥用】lɛ˦tɕʻəʔ˥lɛ˦ɦioŋ˩ 乱吃乱花钱。

【滥弄三千】lɛ˦loŋ˩sɛ˥tsʻi˩ 胡搅;捣乱。

【滥骂山门】lɛ˦mo˦sɛ˥mən˩ 乱骂。

lāng

啷【lɑ̃˦】中州韵【lɑ̃˦】

láng

郎【lɑ̃˦】中州韵【lɑ̃˦】

【郎中】lɑ̃˦tsoŋ˥

【郎君】lɑ̃˦tɕyən˥ (一)古代对青年男子的尊称。(二)古代女子对丈夫的称呼。

【郎官】lɑ̃˦kuø˥ 古代六部衙门中的中高级官员,如侍郎、郎中、员外郎等。

【郎舅】lɑ̃˦dʑy˦

【郎才女貌】lɑ̃˦zɛ˩ȵy˩mæ˩

【郎中医病,勿能医命】lɑ̃˦tsoŋ˥ɵi˥bin˩,fəʔ˥nən˦ɵi˥min˩ 俗语。指医生不是什么病都能治好。

【郎中开棺材店——死活侪要钱】lɑ̃˦tsoŋ˥kʻɛ˥kuø˥zɛ˩ti˩—si˥ɦuəʔ˦zɛ˦ɵiæ˥zi˦ 歇后语。指不管如何,一味要钱。

狼【lɑ̃˦】中州韵【lɑ̃˦】

【狼创】lɑ̃˩tsʻɑ̃˩ 形容粗犷,不文雅。

【狼狈】lɑ̃˩pɛ˩

【狼形】lɑ̃˩ɦin˩ (一)形容粗犷,不文雅。(二)形容器物长大笨重。

【狼狗】lɑ̃˦ky˥

【狼烟】lɑ̃˦ɵi˥

【狼毫】lɑ̃˦ɦæ˩

【狼藉】lɑ̃˦ziəʔ˦ (一)乱七八糟,杂乱不堪。(二)浪费,糟蹋。

【狼犺】lɑ̃˦gɑ̃˩ (一)形容器物长大,笨重。(二)指人形体粗壮肥大。

【狼牙棒】lɑ̃˧ŋɑ˧bɑ̃˩ 古兵器。长杆前有一个布满尖刺的铁瓜。

【狼子野心】lɑ̃˧tsɿ˥ɦiɑ˧sin˥

【狼心狗肺】lɑ̃˧sin˥kʏ˥fi˥或lɑ̃˩sin˥kʏ˥fi˥

【狼吞虎咽】lɑ̃˩tʻən˥həu˥ʘi˥

【狼狈为奸】lɑ̃˩pᴇ˥ɦuᴇ˩tɕiɪ˥

【狼形七煞】lɑ̃˩ɦin˩tsʻiəʔ˥saʔ˥ 粗野。

琅【lɑ̃˧】中州韵【lɑ̃˧】

【琅玕】lɑ̃˧kø˥

【琅琅】lɑ̃˥lɑ̃˥

廊【lɑ̃˧】中州韵【lɑ̃˧】

【廊柱】lɑ̃˧zʮ˩ 有顶过道的柱子。

【廊屋】lɑ̃˧ʘoʔ˥ 正屋旁有顶的走道、走廊。

【廊檐】lɑ̃˧ɦiɪ˩

榔【lɑ̃˧】中州韵【lɑ̃˧】

鎯【lɑ̃˧】中州韵【lɑ̃˧】

【鎯头】lɑ̃˧dʏ˩ （一）锤子。（二）指奸夫。

稂【liɑ̃˧】

【稂莠】liɑ̃˧ɦiʏ˩

螂【lɑ̃˧】中州韵【lɑ̃˧】

lǎng

朗【lɑ̃˩】中州韵【lɑ̃˩】

【朗】lɑ̃˩ （一）出外露面。（二）亮出（嗓音）。

【朗朗】（1）lɑ̃˥lɑ̃˩ （一）象声词。形容清晰响亮的嗓音。（二）形容明亮。（2）lɑ̃˩lɑ̃˩ 亮出（声音）。

【朗声朗气】lɑ̃˥sən˥lɑ̃˥tɕʻi˧ 形容盛气凌人语调夸张的说话声；语涉讥刺的声调。

【朗朗喉咙】lɑ̃˩lɑ̃˩ɦoʔ˧loŋ˩ 亮亮嗓子。

【朗腔朗调】lɑ̃˥tɕʻiaʔ˥lɑ̃˥diæ˩

形容有些过分做作的声腔声调。

lɑ̀ng

阆【lɑ̃˩˧】中州韵【lɑ̃˩˧】

【阆苑】lɑ̃˨ɦiø˩˧

浪【lɑ̃˩˧】中州韵【lɑ̃˩˧】

【浪】lɑ̃˩˧　方位词。用于名词后面，相当于“上”。
【浪子】lɑ̃˨tsɿ˥˧
【浪头】lɑ̃˨dɣ˩˧　（一）涌起的波浪。（二）指（说）大话。
【浪用】lɑ̃˨ɦioŋ˩˧　没有节制地花钱。
【浪花】lɑ̃˨ho˥
【浪向】lɑ̃˨ɕiɑ̃˥˧　方位词。用于名词后面，表示“上面”。
【浪费】lɑ̃˩˧fi˥˧
【浪荡】lɑ̃˨dɑ̃˩˧
【浪迹】lɑ̃˨tsiəʔ˥
【浪漫】lɑ̃˩˧mᴇ˩˧
【浪潮】lɑ̃˨zæ˩˧
【浪荡子】lɑ̃˨dɑ̃˨tsɿ˥˧　浪子。
【浪吃浪用】lɑ̃˨tɕʻəʔ˥lɑ̃˨ɦioŋ˩˧　胡乱地或过度地吃用。

【浪得山，侪勿关】lɑ̃˨təʔ˥sᴇ˥，zᴇ˨fəʔ˥kᴇ˥　俗语。指百事不问。
【浪子回头金不换】lɑ̃˨tsɿ˥˧ɦuᴇ˨dɣ˩˧tɕən˥pəʔ˥huø˩˧

眼【lɑ̃˩˧】中州韵【lɑ̃˩˧】

【眼】lɑ̃˩˧　晾。
【眼干】lɑ̃˨kø˥　晾干。
【眼出去】lɑ̃˩˧tsʻəʔ˥tɕʻi˥˧　为使干燥，把东西放到通风处或阳光下。
【眼末事】lɑ̃˩˧məʔ˧zɿ˩˧　晾东西。
【眼衣裳】lɑ̃˩˧Øi˥zɑ̃˩˧　晾晒衣物。
【眼衣裳竹头】lɑ̃˨Øi˥zɑ̃˩˧tsoʔ˥dɣ˩˧　晾衣物用的长竹竿。

lāo

捞【læ˥】、【læ˥˧】

【捞】(1) læ˥˧　（一）用手指或小器具刮取一点。（二）用不正当的手段取得或赚取。(2) læ˥　从水或其他液体里取东西。

【捞足】læ˦˨tsoʔ˥ 用不正当的手段或利用机会获得很多好处。

【捞捞】læ˥˩læ˥˩ 用手指刮。

【捞着】læ˥˩zaʔ˧

【捞一把】læ˥˩ʔiəʔ˥po˥˩ （一）用手刮取一把。（二）用不正当的手段获取好处。

【捞一票】læ˥˩ʔiəʔ˥pʻiæ˥˩ 用不正当的手段获得一笔好处。

【捞下巴】læ˥˩ɦo˩˧bo˩˧ 用手指在他人下巴上刮一下。常作调戏的动作。

【捞外快】læ˥˩ŋɑ˩˧kuɑ˥˩ 利用业余时间或利用不正当的手段赚钱物。

【捞油水】læ˥ɦiʏ˩˧sʮ˥ 用不正当的手段取得钱财。

【捞钞票】læ˥˩tsʻæ˥˩piæ˥˩ 用不正当的手段取得钱财。

【捞转来】læ˦˨tsø˥lE˧˩ 失去的重又赚取回来。

【捞稻草】læ˥dæ˩˧tsʻæ˥˩

【捞横堂】læ˥ɦuɑ̃˩˧dɑ̃˧˩ 利用不正当的手段赚取好处。

láo

劳【læ˩˧】

【劳工】læ˩˧koŋ˥

【劳心】læ˩˧sin˥

【劳什】læ˩˧zæ˧˩ 没有什么价值的东西。

【劳务】læ˩˧vu˧˩

【劳动】læ˩˧doŋ˧˩

【劳改】læ˩˧kE˥˩

【劳作】læ˩˧tsoʔ˥

【劳驾】læ˧˩tɕiɑ˦˨

【劳保】læ˩˧pæ˥

【劳教】læ˩˧tɕiæ˦˨

【劳碌】læ˩˧loʔ˧

【劳模】læ˩˧mo˧˩

【劳煞】læ˩˧saʔ˥ 形容很劳碌。

【劳碌命】læ˩˧loʔ˧min˧˩ 饱受劳碌的命运。

【劳心劳力】læ˩˧sin˥læ˩˧liəʔ˧ 既费心思,又费力气。

【劳民伤财】læ˩˧min˧˩sɑ̃˥zE˩˧

牢【læ˩˧】

【牢门】læ˩˧mən˧˩ （一）监狱

的门。(二)詈语。门。
【牢记】læ˧tɕi˥˩
【牢房】læ˧vɑ̃˩
【牢固】læ˧kəu˥˩
【牢监】læ˧kɛ˥ 监牢。
【牢桩】læ˧tsɑ̃˥ 形容坚牢可靠
【牢骚】læ˧sæ˥
【牢靠】læ˧k'æ˥˩
【牢膻】læ˧zæ˥˩ 杂物。
【牢头禁子】læ˧dY˩tɕən˥˩tsɿ˥˩ 封建时代称看守监狱的差人。即狱卒。
【牢里牢膻】læ˧li˩ læ˩zæ˩ 杂物。

唠【læ˥】另见 lào。

【唠】læ˧ 说话没完没了。
【唠叨】læ˥tæ˥ 义同【唠】。
【唠煞】læ˧saˀ˥ 形容经常唠叨,提醒。
【唠唠叨叨】læ˥læ˥tæ˥tæ˥˩ 义同【唠】。

崂【læ˧】

痨【læ˧】

【痨病】læ˧bin˩
【痨病鬼】læ˧bin˩tɕY˥˩ 旧时指生肺病的人。
【痨病鬼开药店——带吃带卖】læ˧bin˩tɕY˥˩k'ɛ˥ɦiaˀ˧ tiı˥˩—ta˥tɕ'əˀ˥ta˥ma˩ 歇后语。出售商品,同时自己也消费。

醪【læ˧】

lǎo

老【læ˩】中州韵【læ˥】

【老人】læ˧ɲ̊ən˩
【老子】læ˧tsɿ˥˩ (一)中国道教创始人。(二)骄傲的男子自称(一般人只用于气愤或开玩笑的场合)。(三)父亲。
【老口】læ˧kY˥˩ 精于世故的人。
【老大】læ˧dəu˩
【老小】læ˧siæ˥˩ 指大大小小的家口。

【老夫】læ˥fu˥˩

【老公】læ˦koŋ˥

【老开】læ˦k‘ᴇ˥　扑克牌中的K牌。

【老太】læ˨t‘ɑ˥˩　对老年女性的尊称。

【老气】læ˨tɕ‘i˥˩

【老区】læ˦tɕ‘y˥

【老手】læ˦sʏ˥˩

【老书】læ˦sɥ˥　评弹行话。（一）称古代题材的传统书目。（二）已演出过很长一段时间的书目。

【老布】læ˨pu˥˩　土布。

【老头】læ˦dʏ˩　（一）麻将中数字最大的牌，如九万、九索、九筒。（二）某种植物接近根部，纤维特别粗、老的部分。如：笋老头、甘蔗老头。（三）戏称懂事过早的孩子。

【老生】læ˦sã˥

【老玄】læ˥ɦiø˩　隐语。师傅。

【老兄】læ˥ɕioŋ˥˩

【老成】læ˨zən˩

【老衣】læ˦θi˥　寿衣。

【老交】læ˦tɕiæ˥　有很深的交情。

【老爷】læ˦ɦiɑ˩

【老光】læ˦kuɑ̃˥

【老年】læ˦ȵiɪ˦

【老式】læ˦səʔ˥　形容词。陈旧的式样。

【老死】læ˦si˥˩　人到老年后自然死亡。

【老早】læ˨tsæ˥˩　很早；早已。

【老虫】læ˦zoŋ˩　鼠。

【老汤】læ˦t‘ɑ̃˥

【老朽】læ˥ɕʏ˥˩

【老苍】læ˦ts‘ɑ̃˥　苍老。

【老板】læ˦pᴇ˥˩

【老弟】læ˥di˩

【老坟】læ˦vən˦

【老花】læ˦ho˥　老视。

【老身】læ˥sən˥˩

【老到】læ˨tæ˥˩

【老底】læ˦ti˥

【老话】læ˨ɦo˩　（一）古时候流传下来的话。（二）倚老卖老的话。

【老货】læ˨həu˥˩　好多年前制作的东西。

【老虎】læ˦həu˥　虎。

【老空】læ˦k‘oŋ˥　闲聊的谈话资料。

L

【老例】læ˩li˩
【老练】læ˩li˩
【老佬】læ˧læ˩ 对男性老人的尊称。
【老枪】læ˧ts'iã˥ 烟瘾极大的人。
【老拖】læ˧t'əu˥ 多个孩子的家庭中最小的孩子。
【老弦】læ˧ɦi˧
【老账】læ˩tsã˥
【老命】læ˩mi˩ 性命(用于成人)。
【老鸨】læ˧pæ˥
【老茧】læ˧tɕi˥
【老将】læ˩tsiã˥
【老结】læ˧tɕəʔ˥ (一)成熟。(二)虽还幼小,但生长良好,很结实。
【老派】læ˩pɑ˥ (一)过去几代人的风格、做法等。(二)派出所民警的别号。
【老洋】læ˧ɦiã˧ 钱。
【老钿】læ˧di˩ 钱。
【老调】læ˩diæ˩ (一)指说过多次使人厌烦的话;陈旧的话。(二)隐语。泛指东西。(三)陈旧的曲调(与新曲调相对而言)。
【老秤】læ˩ts'ən˥ 十六两制的秤。
【老鬼】læ˧tɕy˥ (一)精明的人。(二)行家里手。
【老家】læ˧kɑ˥
【老酒】læ˧tsY˥
【老根】læ˩k'ən˥ 积垢。
【老娘】(1)læ˧ȵiã˩ 收生婆。(2)læ˥ȵã˩ (一)母亲。(二)女子自称(一般只用于气愤或开玩笑的场合)。
【老鸦】læ˧o˥ 乌鸦。
【老婆】læ˧bu˩ 妻。
【老绰】læ˧ts'aʔ˥ 老练。
【老骚】læ˧sæ˥ 指老年人贪爱风情。
【老粗】læ˧ts'əu˥
【老掉】læ˧diæ˩ 隐语,死去。
【老蛇】læ˧zo˩ 精明又狡诈的人。
【老眼】læ˧ŋE˩ 指人的容貌有苍老的感觉。
【老道】læ˩dæ˩ 指从事某项工作已有多年,技能和经验都积累丰富的人。
【老等】læ˧tən˥ 空等;不知要等到什么时候的等待。

L

【老街】læ˧ka˥ 市镇未开发前的主要街道。
【老牌】læ˧bɑ˩
【老路】læ˩ləu˩
【老窠】læ˧k'əu˥ 鸟的老窝。喻坏人盘踞的地方。
【老魁】læ˧k'uE˥ 形容得意忘形;傲慢自大。
【老骱】læ˧ɡɑ˩ (一)形容得意忘形;傲慢自大。(二)言语与知识、年龄不相称,显得过于老成。
【老辣】læ˧laʔ˧
【老嫩】læ˩nən˩ 老练的人怯场。
【老熟】læ˧zoʔ˧ 人年事已高,将尽天年。
【老姜】læ˧tɕiã˥ 姜。
【老鹰】læ˧Øin˥ 鹰。
【老蟹】læ˧hɑ˥ 詈语。老年女子。
【老一辈】læ˩Øiəʔ˥PE˥
【老一套】læ˩Øiəʔ˥t'æ˥
【老人斑】læ˧ȵən˧PE˥ 老年斑。
【老大难】læ˧dɑ˧nE˩
【老上代】læ˧zã˧dE˩ 家庭中地位最高的长辈。多用作讥讽语。
【老小姐】læ˧siæ˥tsiɑ˥ 至老未嫁的女子。
【老干部】læ˧kø˥bu˩
【老门槛】læ˧mən˧k'E˥ 指十分精明的人。
【老土地】læ˧t'əu˥di˩ 熟识当地风土人情的人。
【老公公】læ˧koŋ˥koŋ˥ 对老年男子的尊称。
【老夫子】læ˥fu˥tsɿ˥
【老毛病】læ˧mæ˧bin˩
【老太公】læ˧tɑ˥koŋ˥ (一)祖父的父亲。(二)对年迈男子的尊称。
【老太太】læ˧t'ɑ˥t'ɑ˥
【老太阳】læ˧t'ɑ˥ɦiã˩ 光芒老辣的太阳。
【老太爷】læ˧t'ɑ˥ɦiɑ˩
【老太婆】læ˧t'ɑ˥bu˩ (一)年老的妇女(含厌恶意)。(二)丈夫称妻子(用于年老的)。
【老天爷】læ˧t'iɪ˥ɦiɑ˩
【老天真】læ˧t'iɪ˥tsən˥ 活泼天真如孩子的老人(贬义)。
【老勿出】læ˩fəʔ˥ts'əʔ˥ 平时

能说会道，上了场面却因胆怯或羞涩而说不出话来。

【老勿死】læ˧˦fəˀ˥si˥˩ 詈语。年纪大还不死掉。

【老价钿】læ˧˦kɑ˥dii˩˧ 很贵的价钱。

【老头子】læ˧˦dY˧˦ʦɿ˥˩

【老古板】læ˧˦kəu˥pE˥˩ 墨守陈规，拘谨守旧。也指这类人。

【老古话】læ˧˦kəu˥ɦo˩˧ 流传下来的古人的经验之谈。

【老古董】læ˧˦kəu˥toŋ˥˩

【老甲鱼】læ˧˦tɕiɑˀ˥ŋ̍˩˧ 詈语。指老年男子。

【老白虱】læ˧˦bɑˀ˧səˀ˥ 虱。

【老白相】læ˧˦bəˀ˧siã˥˩ 指与各种社会关系都有往来的人。

【老市货】læ˧˦zɿ˩˧həu˥˩ 经久耐用、制作地道的东西。

【老过头】læ˩˧kəu˥˩dY˧˦ 语言、行为与年龄、资历很不相称，越位过多。

【老老头】læ˦læ˧˦dY˩˧ 指老年男性。

【老百脚】læ˧˦pɑˀ˥tɕiɑˀ˥ （一）大蜈蚣。（二）指老于世故的老年人（贬义）。

【老百姓】læ˧˦pɑˀ˥sin˥˩

【老百晓】læ˧˦pɑˀ˥ɕiæ˥˩ 形容知识面很宽的人。

【老好人】læ˧˦hæ˥ŋ̥ən˩˧

【老耳朵】læ˧˦ŋ̥i˧təu˥˩ 精于欣赏听觉艺术的人。

【老妈子】læ˧˦mɑ˥ʦɿ˥˩

【老江湖】læ˧˦kɑ̃˥ɦəu˩˧

【老年斑】læ˧˦ŋ̥ii˧pE˥˩

【老师傅】læ˧˦sɿ˥vu˩˧

【老字号】læ˧˦zɿ˩˧ɦæ˩˧

【老米饭】læ˧˦mi˩˧vE˩˧ 指去职回家，靠积蓄过日子。

【老汤头】læ˧˦t‘ɑ̃˥dY˩˧ （一）经常吃有些吃腻的菜肴。（二）喻老一套。

【老色曼】læ˧˦səˀ˥mE˩˧ 好色的老年男子。

【老先生】læ˧˦sii˥sã˥˩ 对老年男子的尊称。

【老花头】læ˧˦ho˥dY˩˧ 老一套。

【老豆腐】læ˧˦dY˧˦vu˩˧ 水分少而硬的豆腐。喻年纪较大的女子。

【老伯伯】læ˧˦pɑˀ˥pɑˀ˥

【老来子】læ˦lE˧˦ʦɿ˥˩ 已到

或已近老年生的儿子。

【老寿星】læ˦zʏ˦sin˥˩

【老屁眼】læ˦p'iʔ˥ȵᴇ˩ 指老于世故的人(贬义)。

【老男人】læ˦nø˦ȵən˩ (一)年龄较大的男子。(二)妻子称自己的丈夫(年龄较大的夫妻)。

【老来苦】læ˦lᴇ˦k'əu˥˩ 步入老年,生活很痛苦或很艰辛。

【老克腊】læ˦k'əʔ˥laʔ˧ 老资格或精明、老练的人。

【老来俏】læ˦lᴇ˦ts'iæ˦ (一)步入暮年后容貌或打扮赛过年轻人。(二)步入暮年后突然受到器重。

【老吾老】læ˦ɦəu˩læ˩ 原指奉养老人。现指老人。

【老板娘】læ˦pᴇ˥ȵiã˩ 老板的妻子。

【老底子】læ˦tiʔ˥tsɿ˥˩ 从前;原本。

【老姑娘】læ˦kəu˥ȵiã˩

【老狐狸】læ˦ɦəu˦li˩

【老虎灶】læ˦ɦəu˥tsæ˥˩

【老虎肉】læ˦ɦəu˥ȵoʔ˧ 价钱特别贵的商品。

【老虎钳】læ˦ɦəu˥dʑi˩

【老虎凳】læ˦ɦəu˥tən˥˩

【老油条】læ˦ɦiʏ˦diæ˩ 指处世经验多而油滑的人。

【老鸦嘴】læ˦ɦo˦tsɥ˥˩ 喻专说不吉利的话的嘴巴。

【老官客】læ˦kuø˥k'ɑʔ˥ 妻子称自己的丈夫(年龄较大的夫妻)。

【老实头】læ˦zəʔ˧dʏ˩ 老实人。

【老疤上】læ˦po˥lã˩ 喻老地方;原地。

【老皇历】læ˦ɦuɑʔ˦liəʔ˧

【老面皮】læ˦mii˧bi˩

【老面孔】læ˦mii˦k'oŋ˥˩ (一)厚脸皮,指人不知道羞耻。(二)常常见到的人。

【老面子】læ˦mii˧tsɿ˥˩ 旧有的情面。

【老前辈】læ˦zii˧pᴇ˥˩

【老屋里】læ˦oʔ˥li˩ 老家家里。

【老鬼三】læ˦tɕy˥sᴇ˥˩ (一)指东西、物件。(二)指某一事物,不用明言,听者自能会意。(三)不便明言的人或事物的代名词。

【老娘家】læ˦ȵiã˦kɑ˥˩

（一）对老年人的尊称。（二）对人称自己的或对方的父亲或母亲。

【老套子】læɬtʻæ˥tsɿ˨˦

【老顽固】læɬɦuø˩kəu˨˦

【老盐头】læɬɦiiɬdʏ˩ 形容腌制时间长，特别咸的腌制品。

【老婆猪】læɬbuɬtsʮ˨˦ 老母猪。

【老黄牛】læɬɦuɑ̃ɬȵiʏ˩

【老混子】læɬɦuən˥tsɿ˨˦ 骗钱的帮闲。

【老宿笃】læɬsoʔ˥toʔ˥ （一）多年的积蓄。（二）早已过时的东西。

【老孵鸡】læɬbuɬtɕi˨˦ 孵小鸡期间的母鸡。

【老窝凼】læɬ0əu˥dɑ̃˩ 原来的地方。

【老搭档】læɬtaʔ˥tɑ̃˦

【老棍子】læɬkuən˥tsɿ˨˦ 老于世故、十分精明的人（含厌恶意）。

【老骱骱】læɬɡɑ˩ɡɑ˩ （一）形容自以为是。（二）卖老。

【老翻新】læ˩fᴇ˨˦sin˥ （一）款式老旧的改制成新式的。（二）老款式重又时兴起来。

【老人头气】læɬȵ̍ənɬdʏ˩tɕʻi˨˦ 老年人身上的异味。

【老十三点】læɬzəʔɬsᴇ˥tii˨˦ 指轻狂的老人。

【老大姑娘】læɬdəuɬkəu˥ȵiɑ̃˩ 至老未嫁的女子。

【老三老四】læɬsᴇ˥læ˩sʮ˦ 自以为是，自视过高，说话傲慢不虚心。

【老少无欺】læɬsæ˥vu˩tɕʻi˥ 无论年老的还是年小的一律公平对待。

【老天老地】læɬtʻii˥læ˩di˩ 挺能要嘴皮子。

【老扎扎里】læɬtsaʔ˥tsaʔ˥li˩ 说话很干脆，条理很清晰。

【老鸟吐毛】læɬtiæ˦tʻəu˨˦mæɬ 指精明的人失算。

【老气横秋】læ˥tɕʻi˨˦ɦuɑ̃ɬtsʻʏ˥

【老勿搭少】læ˩fəʔ˥taʔ˥sæ˨˦ 俗语。老年人与少年人有许多不同的地方，不要在一起相处。

【老头老脑】læɬdʏɬlæ˩næ˩ 说话、行事自以为是，与地位、年龄不相称。

【老生常谈】læ˥sən˥zɑ̃˩dᴇɬ

【老吃老做】læ˧tɕʻəʔ˥læ˧tsəu˥˩ （一）形容非常有经验。（二）做惯了的；驾轻就熟。

【老老面孔】læ˨˩læ˨˩miɪ˧kʻoŋ˥˩ 含羞忍耻。也说【老老面皮】læ˨˩læ˨˩miɪ˧bi˨˩。

【老虫做亲】læ˧zoŋ˨˩tsəu˥˩tsʻin˥ 吴地传说：除夕之夜老鼠成亲。

【老奸巨滑】læ˥tɕiɪ˥dʑy˨˩ɦuaʔ˧

【老里老早】læ˨˩li˨˩læ˨˩tsæ˥˩ （一）一大早。（二）很早以前。也作【老里百早】læ˨˩li˨˩pɑʔ˥tsæ˥˩。

【老虎天窗】læ˧həu˥tʻiɪ˥tsã˥˩ 屋顶隆起似小屋形状，设有的窗户。

【老虎脚爪】læ˧həu˥tɕiɑʔ˥tsæ˥˩ 一种食品。烤熟的面饼，形状像老虎的爪子。

【老虎牙子】læ˧həu˥ŋɑ˥tsɿ˥˩ （一）虎的牙齿。（二）指人口腔中突出的犬牙。

【老店新开】læ˨˩tiɪ˥˩sin˥kʻɛ˥˩ 喻重做旧事。

【老法头里】læ˧faʔ˥dY˨˩li˨˩ 旧时。

【老态龙钟】læ˨˩tʻɛ˥˩loŋ˧tsoŋ˥˩

【老眉老眼】læ˧mi˧læ˨˩ŋɛ˨˩ 形容经常看见；非常熟悉。

【老相摆出】læ˨˩siã˧pɑ˧tsʻəʔ˥ 老年人的样子已显露出来。

【老鬼失匹】læ˧tɕy˥˩səʔ˥pʻiəʔ˥ 有经验者上当。

【老结主意】læ˧tɕəʔ˥tsɥ˥˩øi˥˩ 抱定宗旨。

【老弱残兵】læ˥zɑʔ˧zɛ˧pin˥

【老羞成怒】læ˥sY˥˩zən˨˩nəu˨˩

【老清老早】læ˨˩tsʻin˥læ˨˩tsæ˥˩ 清晨；一大早。

【老眼昏花】læ˥ɦiɪ˨˩huən˥ho˥˩

【老牛拖破车】læ˧ŋY˨˩tʻəu˥pʻu˥tsʻo˥˩ 形容办事效率低、进度慢。

【老打老实说】læ˧tã˥læ˧zəʔ˧səʔ˥ 说实话。

【老皮脓滚疮】læ˧bi˨˩noŋ˨˩kuən˥tsʻã˥˩ （一）久治不愈的疮疖。（二）喻老样子；毫无改善。

L

【老虫数铜细】læ˧˦zoŋ˩˧səu˥˧ doŋ˧˦di˨˩ 老鼠受惊后尾巴拍出有节奏的声响，似数铜钱的声音。因其又像求签的声音，又名【老虫求签】læ˧˦zoŋ˩˧ʥiY˧˦ʦʻi˥。

【老虎勿动身】læ˧˦həu˥fəˀ˥ doŋ˩˧sən˥ 形容一动不动，就是不离开。

【老虎头帽子】læ˧˦həu˥dY˩˧ mæ˧˦ʦɿ˥˧ 幼儿帽子。前有虎头图形。

【老虎头鞋子】læ˧˦həu˥dY˩˧ ɦɑ˧˦ʦɿ˥˧ 幼儿鞋子。鞋头上绣有虎头图形。

【老虎啖蝴蝶】læ˧˦həu˥˧tɛ˥˧ ɦəu˧˦diəˀ˧ 喻食品过少，而食量颇大，根本不够吃。

【老和尚过江】læ˧˦ɦəu˧˦zɑ̃˩˧ kəu˦˦kɑ̃˥ 旧俗农历二月廿八日为高僧达摩离开金陵，渡江前往洛阳之日，其日的前三后四必有风雨。也作歇后语的前一部分，后一部分为【呼风唤雨】həu˥foŋ˥hu ø˥˧ɦY˩˧ 神气活现地指挥别人。

【老实勿客气】læ˧˦zəˀ˧fəˀ˥ kʻɑˀ˥ʨʻi˥˧ 一点不客气。

【老得沙头起】læ˩˧təˀ˥so˥ dY˩˧ʨʻi˥˧ 本指西瓜过熟，瓜瓤起沙。（一）形容早已过时了的。（二）形容与年龄或资历不相称的言行（多指儿童）。

【老得焐勿酥】læ˩˧təˀ˥Øəu˥ fəˀ˥səu˥ （一）形容年事过高或资格很老。（二）义同【老得沙头起】之（一），（二）。（三）形容食品太老，用文火燉烧也烧不酥软。

【老得咬勿啮】læ˩˧təˀ˥ŋæ˧˦ fəˀ˥ŋ̊əˀ˧ （一）形容年龄过高或资格很老。（二）形容早已过时的。（三）形容与年龄或资历不相称的言行（多指儿童）。（四）食品太老，咬不动。

【老鹰捉小鸡】læ˧˦Øin˥ʦoˀ˥ siæ˦˦ʨi˥ 一种儿童游戏。一人扮老鹰，抓捕扮母鸡的人背后的人。

【老得牙齿突脱】læ˩˧təˀ˥ŋɑ˧˦ ʦɿ˥˧dəˀ˧tʻəˀ˥ 老掉了牙。形容事物、言论等陈旧过时。

【老大多仔打翻船】læ˩˧dɑ˩˧

təu˥ʦɿ˥˩tã˦˩˨fE˥zø˨˧ 喻作主的人多了反而办不好事。

【老豆腐切边——做嫩】læ˨˧ dY˨˧vu˩ʦʰiəʔ˥pii˥—ʦəu˥ nən˩ 歇后语。指矫揉造作。

【老虎头浪拍苍蝇】læ˨˧həu˥ dY˩lã˩pʰaʔ˥ʦʰã˥Øin˥˩ 俗语。喻胆大妄为。

【老虎屁股摸勿得】læ˨˧həu˥˩ pʰi˥kəu˥˩moʔ˧fəʔ˥təʔ˥ 指冒犯不得。

【老勿像老,小勿像小】læ˩ fəʔ˥ziã˩læ˩,siæ˦˩˨fəʔ˥ziã˩ siæ˦˩˨ 俗语。指家庭或团体中,老的和小的(年轻的)言行,都有悖于身份。

【老虫舔猫鼻头——送死】læ˨˧zoŋ˩tʰii˥˩mæ˨˧bəʔ˧dY˩—soŋ˥si˥˩ 歇后语。自取灭亡。

【老虎吃天——无从下口】læ˨˧həu˥˩tɕʰəʔ˥tʰii˥,vu˩zoŋ˩ɕiɑ˥˩kʰY˥˩ 歇后语。喻无从下手。

【老将出手,直脚吼救】læ˩ ʦiã˦˩˨ʦʰəʔ˥sY˥˩,zəʔ˧tɕiɑ˥m̩˧tɕiY˦˩˨ 俗语。指资格很老的人亲自来做,一定能胜利完成。

【老鬼失匹,老蛇脱脚】læ˨˧ tɕy˥˩səʔ˥pʰiəʔ˥,læ˨˧zo˩tʰəʔ˥ tɕiɑʔ˥ 俗语。指精明人失策。

【老虎挂念佛珠——假慈悲】læ˨˧həu˥˩ko˦˩˨ȵii˨˧vəʔ˧ ʦʮ˥˩—kɑ˦˩˨zɿ˨˧pE˥˩ 歇后语。假装慈悲,伪善。

【老孵鸡生疮——毛里有病】læ˨˧bu˨˧tɕi˥sã˥ʦʰã˥—mæ˨˧ li˩ɦiY˩bin˩ 歇后语。(一)指背地里另有花招。(二)喻有隐情。

【老太婆惹血——大伤元气】læ˨˧tʰɑ˥bu˩zɑ˩ɕyəʔ˥—dəu˨˧sã˥ȵiø˨˧tɕʰi˥˩ 歇后语。喻损失惨重。惹血:便血。

【老太婆射箭——推扳一线】læ˨˧tʰɑ˥bu˩zoʔ˧ʦii˦˩˨—tE˥ pE˥Øiəʔ˥sii˦˩˨ 歇后语。相差一点点。

【老和尚敲木鱼——直笃笃】læ˨˧ɦəu˨˧zã˩kʰæ˥moʔ˧ ɦY˩—zəʔ˧toʔ˥toʔ˥ 歇后语。(一)形容说话、办事都直来直去。(二)形容说话、办事都非常认真、实在。

【老和尚敲磬子——不当不当】læ˦ɦəu˦zã˨˧k‘æ˥tɕ‘ən˥tsɿ˥˧—pəʔ˥tã˥pəʔ˥tã˥ 歇后语。“不当”为敲磬子的声音。意思为不敢当或不妥当。

【老寿星骑狗——自得其乐（鹿）】læ˦zʏ˦sin˥dʑi˦kʏ˥˧—zɿ˦təʔ˥dʑi˨˧loʔ˧ 歇后语。自己感到得意、快乐。

【老口勿脱手，脱手勿老口】læ˦k‘ʏ˥˧fəʔ˥t‘əʔ˥sʏ˥˧，təʔ˥sʏ˥˧fəʔ˥læ˦k‘ʏ˥˧ 劝谕不要轻易将财物交给别人。

【老太婆吃海蜇——嘴里闹猛】læ˦t‘ɑ˥bu˨˧tɕ‘əʔ˥hE˥˧zəʔ˧—tsɥ˥˧li˦næ˨˧mã˨˧ 歇后语。形容嘴上热情，而无实际。

【老虎勿吃人，形状吓煞人】læ˦ɦəu˥˧fəʔ˥tɕ‘əʔ˥ȵən˦，ɦin˨˧zã˨˧hɑ˥˧saʔ˥ȵən˦ 俗语。形容外表凶狠，其实无害。

【老虫落勒书箱里——咬文嚼字】læ˦zoŋ˨˧loʔ˧ləʔ˧sɥ˥siã˥li˨˧—ŋæ˦vən˨˧ziɑʔ˧zɿ˨˧ 歇后语。形容死抠字眼。

【老虫跳进风箱里——两头受气】læ˦zoŋ˨˧t‘iæ˥˧tsin˥foŋ˥siã˥li˨˧—liã˦dʏ˨˧zʏ˨˧tɕ‘i˥˧ 歇后语。处于中立地位，却受两边气。

【老寿星吃砒霜——活得勿耐烦】læ˦zʏ˦sin˥˧tɕ‘əʔ˥p‘i˥sã˥˧——ɦuəʔ˧təʔ˥fəʔ˥nE˦vE˨˧ 歇后语。不安分；找死。

【老太婆吃柿子——独拣软格】læ˦t‘ɑ˥bu˨˧tɕ‘əʔ˥zɿ˦tsɿ˥˧—doʔ˧kE˥˧ŋø˨˧kəʔ˥ 歇后语。指欺软怕硬。

【老孵鸡勿生蛋，又亦好拗直俚格脚】læ˦bu˦tɕi˥˧fəʔ˥sã˥dE˨˧，ɦiəʔ˧fəʔ˥hæ˥˧θæ˥zəʔ˧li˥kəʔ˥tɕiɑʔ˥ 俗语。喻别人不愿意做的事，靠逼迫是没有用的。

佬【læ˨˧】

姥【læ˨˧】

铑【læ˨˧】

lào

络【lo?˧】另见 luò。

唠【læ˥】另见 láo。

烙【lo?˧】

【烙印】lo?˧Øin˦˨
【烙铁】lo?˧t'iə?˥

涝【læ˨˦】

落【lo?˧】另见 là；luō；luò。

【落水】lo?˧sʮ˥˩ （一）布料放在水里浸泡缩水。（二）落到水里去。（三）喻陷入违法事情中去。
【落布】lo?˧bu˦˨ 揩油布料。
【落乔】lo?˧ʤiæ˨˩ 不守规矩，调皮捣蛋。
【落场】lo?˧zã˨˩ （一）下场。（二）收场。
【落回】lo?˧ɦuE˨˩ 评弹演出一回书结束。
【落形】lo?˧ɦin˨˩ 消瘦得不像样子。
【落雨】lo?˧ɦy˨˩ 下雨。
【落单】lo?˧tE˥ 剩下孤单一人。
【落底】lo?˧ti˥˩或lo?˥ti˥˩ 落到最底层。形容处境一塌糊涂。
【落葬】lo?˧tsã˦˨ 下葬。
【落锁】lo?˧səu˥˩ 上锁。
【落㘰】lo?˧zəu˨˦ 困倦欲睡。
【落窠】lo?˧k'əu˥ 妥贴。
【落㾪】lo?˧huə?˥ 睡眠很深。
【落槛】lo?˧k'E˥˩ 行事合情理、知趣、大方。
【落薄】lo?˧bo?˧ 失意。境况一落千丈。
【落下风】lo?˧ɦo˨˦foŋ˥ 处于不利的地位。
【落勿落】lo?˧fə?˥lo?˧ 下不了台。
【落场势】lo?˧zã˨˩sʮ˥˩ 收场的台阶。
【落底货】lo?˧ti˥˩həu˥˩或lo?˥ti˥˩həu˥˩ 最次的货色或最被人看不起的人。
【落话柄】lo?˧ɦo˨˦Pin˥˩ 留下被人拿来做谈笑资料的言论或行为。

【落脚货】loʔ˧tɕiɑʔ˥həu˥˩ 被挑剩下来的货物。

【落门落槛】loʔ˧mən˩˧loʔ˧k'E˥˩ 义同【落槛】。

【落地生根】loʔ˧di˩˧sən˥kən˥ 喻在新的地方稳定下来。

【落地时辰】loʔ˧di˩˧zɥ˧˦zən˩˧ 出生的时间。

酪【loʔ˧】

lē

嘞【ləʔ˧】

【嘞】ləʔ˧ 反复唠叨。

lè

仂【laʔ˧】 文读【ləʔ˧】

乐【loʔ˧】 另见 yuè。

【乐于】loʔ˧ɦy˩˧

【乐观】loʔ˧kuø˥˩

【乐园】loʔ˧ɦiø˩˧

【乐得】loʔ˧təʔ˥

【乐惠】loʔ˧ɦuE˩˧ 舒心。

【乐路】loʔ˧ləu˩˧ （一）舒心。（二）形容关系相处得好。

【乐趣】loʔ˧ts'i˥˩

【乐陶陶】loʔ˧dæ˩˧dæ˩˧

【乐此不疲】loʔ˧ts'ɿ˥˩pəʔ˥bi˩˧

【乐极生悲】loʔ˧ʥəʔ˧sən˥pE˥

【乐得个乐】loʔ˧təʔ˥kəʔ˥loʔ˧ 语气强一些的“乐得”。

泐【ləʔ˧】

勒【ləʔ˧】 另见 lēi。

【勒】ləʔ˧ 介词。表示时间、处所、范围等。相当于普通话的“在”。

【勒令】ləʔ˧lin˩˧

【勒色】ləʔ˧səʔ˥ （一）形容小而杂的东西。（二）垃圾。

【勒里】ləʔ˧li˩˧ 在这里。也读作laʔ˧li˩˧。

【勒拉】ləʔ˧laʔ˧ 介词。在。也读作laʔ˧laʔ˧。

【勒哚】ləʔ˧toʔ˥或laʔ˧toʔ˥ 介词。在。

【勒浪】ləʔ˧lɑ̃˩˧或laʔ˧lɑ̃˩˧ 介词。在。

【勒索】ləʔ˧soʔ˥

【勒勒】ləʔ˧ləʔ˧ 表示在。

【勒嗨】ləˀ˧hE˥或laˀ˧hE˥　表示在。

【勒里勒色】ləˀ˧li˩ləˀ˧səˀ˥义同【勒色】。

【勒陌生生】ləˀ˧maˀ˥sã˥sã˥或laˀ˧maˀ˧sã˥sã˥　突然。

【勒陌生里】ləˀ˧maˀ˧sã˥li˩或laˀ˧maˀ˧sã˥li˩　突然。

【勒勒色色】ləˀ˧ləˀ˧səˀ˥səˀ˥义同【勒色】。

鳓【ləˀ˧】

【鳓鲞】ləˀ˧siã˥　腌制、风干的鳓鱼。

le

了　文读【liæ˥】另见 liǎo。

lēi

勒【ləˀ˧】另见 lè。

【勒下来】ləˀ˧ɦo˩lE˧　套在外面的东西整体向下移。

【勒上去】ləˀ˧zɑ̃˩tɕʻi˥　套在外面的东西整体向上移。

【勒煞吊死】ləˀ˧saˀ˥tiæ˥si˥（一）形容反复唠叨。（二）形容不爽利。

【勒紧裤腰带】ləˀ˧tɕən˥kʻəu˥iæ˥tɑ˥　形容省吃俭用。

【勒直面孔勿认人】ləˀ˧zəˀ˧miɪ˧kʻoŋ˥fəˀ˥ȵən˩ȵən˧　一下子板起脸来，一点不讲情面。

léi

累【lE˩】文读【lE˧】中州韵【luE˧】另见 lěi；lèi。

【累手】lE˩sY˥　用手劳作；沾手。

【累赘】（1）lE˧zE˩　使人感到多余、麻烦的事物。（2）lE˥tsE˥　多余、麻烦；（文字）不简洁。

【累累堆堆】lE˥lE˥tE˥tE˥（一）不平滑。（二）臃肿。

雷【lE˧】中州韵【luE˧】

【雷公】lE˧koŋ˥

【雷电】lE˦di˩

【雷达】lE˦daˀ˧

【雷同】lE˦doŋ˩

【雷雨】lE˦ɦY˩

【雷响】lE˦ɕiã˥˩　雷鸣。

【雷霆】lE˦din˩

【雷公嘴】lE˦koŋ˥tsɥ˥˩　似猴的那种尖嘴。

【雷阵头】lE˦zən˦dY˩　雷阵。

【雷阵雨】lE˦zən˦ɦY˩　雷雨。

【雷阵头雨】lE˦zən˦dY˩ɦY˩　雷阵雨。

【雷响霍显】lE˦ɕiã˥˩hoˀ˥ɕi˥˩　雷鸣电闪。

【雷阵头霍显】lE˦zən˦dY˩hoˀ˥ɕi˥˩　（一）雷阵雨前或雷阵雨中的闪电。（二）雷电。

【雷声大，雨点小】lE˦sən˥dəu˩，ɦY˦tii˥siæ˧

嫘【lE˦】中州韵【luE˦】

缧【lE˦】中州韵【luE˦】

【缧绁】lE˦siəˀ˥　捆绑犯人的绳索，借指牢狱。

擂【lE˦】中州韵【luE˦】另见 lèi。

【擂盆】lE˦bən˩　擂钵。

檑【lE˦】中州韵【luE˦】

羸【lE˦】中州韵【luE˦】

罍【lE˦】中州韵【luE˦】

lěi

耒【lE˩】中州韵【luE˩】

诔【lE˩】中州韵【luE˩】

垒【lE˩】中州韵【luE˩】

【垒球】lE˥˩ʥiY˩

累　文读【lE˥˩】中州韵【luE˩】另见 léi；lèi。

【累及】lE˥˩ʥəˀ˧

【累计】lE˥˩tɕi˥˩

【累犯】lE˥˩vE˩

【累进】lE˥˩tsin˥˩

【累堆】lE˥tE˥˩　累赘。

【累累不绝】lE˥˩lE˩pə˥ziə˧　屡屡不断。

磊【lE˩】中州韵【luE˩】

【磊落】lE˧lo˧

蕾【lE˩】中州韵【luE˩】

儡【lE˩】中州韵【luE˩】

瘤【lE˩】中州韵【luE˩】

【瘤瘤头】lE˧lE˩dY˩　中医指皮肤上起的小疙瘩。

lèi

肋【lə˧】

【肋条】lə˧diæ˩　作为食品的带肋骨的肉条。

【肋排】lə˧bɑ˩　作为食品的带肋骨的瘦肉。

【肋棚骨】lə˧bã˩kuə˥　肋骨。

【肋棚骨根根动】lə˧bã˩kuə˥kən˥kən˥doŋ˩　形容很辛苦。

【肋棚骨浪勒下来】lə˧bã˩kuə˥lɑ̃˩lə˧ɦo˩lE˩　形容辛苦钱。

泪【li˩】文读【lE˩】中州韵【luE˩】

类【lE˩】中州韵【luE˩】

【类似】lE˧zɿ˩

【类别】lE˧biə˧

【类型】lE˧ɦin˩

【类推】lE˧t‘E˥

累　文读【lE˩】中州韵【luE˩】另见 lēi；lěi。

酹【lə˧】

擂【lE˧】中州韵【luE˧】另见 léi。

【擂台】lE˧dE˩

lei

嘞【lə?˧】另见 lē。

lēng

棱【lən˦】另见 léng；líng。

léng

崚【lin˦】

棱【lən˦】另见 lēng；líng。

【棱头】lən˦dɣ˩　物体表面上条状的凸起部分。

【棱角】lən˦kɔ?˥

【棱着】lən˦zɑ?˧　被硬物挫着。

lěng

冷【lã˩】文读【lən˩】

【冷门】lã˦mən˦

【冷风】lã˦foŋ˥

【冷天】lã˦t'iɪ˥　寒冷的天气。多指冬天。

【冷气】lã˩tɕ'i˥

【冷水】lã˦sʮ˥

【冷厾】lã˦to?˥　不热情，不亲热，不关心。把人晾在一边不予理睬。

【冷场】lã˦zã˩

【冷汗】lã˥hø˩

【冷冻】lã˦toŋ˥

【冷饮】lã˦ɵin˥

【冷作】lã˦tso?˥　指对在常温下的金属进行加工。也指这种加工的店铺。

【冷却】lã˦tɕ'iɑ?˥

【冷饭】lã˩vE˩　冷的饭。

【冷冷】lã˩lã˩　（一）让温度降下来。（二）比喻事情发生后暂时搁置起来（等适当机会再做处理）。

【冷话】lã˩ho˩　讽刺、讥笑、泼冷水的话。

【冷枪】lã˦ts'iã˥

【冷茶】lã˦zo˩　凉茶。

【冷盆】lã˦bən˦　冷盘。盛在盆子里的凉菜（多作下酒用）。

【冷待】lã˦dE˦　冷厾的待遇。

【冷面】（1）lã˥miɪ˩　凉面。（2）lã˦miɪ˩　一种冷峻的表演方式。

【冷战】lã˩tsø˥

L

【冷宫】lã˧koŋ˥
【冷笑】lã˩siæ˨
【冷清】lã˧ts'in˥
【冷淡】lã˧dE˧
【冷脱】lã˧t'əʔ˥ （一）冷掉。（二）喻事情已过掉一段时间，少有人提及。
【冷眼】lã˧ŋE˧
【冷落】lã˧loʔ˧
【冷酷】lã˩k'oʔ˥
【冷静】lã˧zin˩
【冷箭】lã˩tsiɪ˨
【冷僻】lã˧p'iəʔ˥
【冷藏】lã˧zɑ̃˩
【冷气货】lã˧tɕ'i˥həu˨ 冰冻冷藏的食材。
【冷冰冰】lã˧pin˥pin˨
【冷板凳】lã˧pE˥tən˨
【冷势势】lã˧sʮ˥sʮ˨ 寒冷的感觉。
【冷笃笃】lã˧toʔ˥toʔ˥ 形容很冷淡的样子。
【冷面孔】lã˧miɪ˧k'oŋ˨ 表情冷漠的脸。
【冷解解】lã˧gɑ˧gɑ˩ 义同【冷笃笃】。
【冷漓漓】lã˧li˩li˩ 形容寒冷的感觉。
【冷瀴气】lã˧θin˥tɕ'i˨ 形容寒冷的感觉。
【冷门笃出】lã˧mən˧toʔ˥ts'əʔ˥ （一）爆冷门。（二）冷不防。
【冷丟冷甩】lã˧toʔ˥lã˩huE˧ 不亲热；不热情；不关心。晾在一边。
【冷面滑稽】lã˧miɪ˧ɦuaʔ˧tɕi˨ （一）冷峻的神态，表情幽默的表演艺术。（二）表情冷漠而出语幽默。
【冷眼里向】lã˧ŋE˧li˩ɕiã˨ 以冷静客观的态度进行观察。
【冷雨沰背心】lã˩ɦy˩toʔ˥pE˥sin˨ 冷雨打在背脊上。
【冷水打浆——面熟陌（麦）生】lã˧sʮ˥tã˨tsiã˥—miɪ˧zoʔ˧maʔ˧(maʔ˧)sã˥ 歇后语。意思是似曾相识，又觉得陌生。
【冷水烔鸡——一毛不拔】lã˧sʮ˨t'E˨tɕi˥—θiəʔ˥mæ˧pəʔ˥baʔ˧ 歇后语。形容吝啬。
【冷镬子里爆出个热栗子】lã˧ɦoʔ˧tsɿ˨li˩pæ˧ts'əʔ˥kəʔ˥

L

ȵəʔ˧liəʔ˧tsɿ˥˥˧ 俗语。喻平稳中又突然出现意料不到的事情。

【冷末冷勒风里,穷末穷勒债里】lã˨˩məʔ˧lã˨˩ləʔ˧foŋ˥li˨˩,ʥioŋ˨˦məʔ˧ʥioŋ˨˦ləʔ˧tsɑ˦li˨˩ 俗语。指天寒有风会特别冷,人穷欠债会更加穷困。

【冷粥冷饭好吃,冷言冷语难当】lã˨˦tsoʔ˥lã˨˩vE˨˩hæ˦tɕʻəʔ˥,lã˨˦ɦi˨˩lã˨˩ȵy˨˩nE˨˦tã˥ 俗语。形容冷言冷语使人难以忍受。

lèng

愣【lən˨˩】

lī

哩【li˥】另见 lǐ;lì。

【哩命】li˥min˨˩ 暂时勉强维持生存。

【哩煞脱】li˥saʔ˥tʻəʔ˥ 受折磨而死。

【哩呼拉呼】li˥həu˥˧lɑ˥həu˥˧ (一)形容说话含糊,不知所云。(二)象声词。形容快速进食。

【哩哩啰啰】li˥li˥ləu˨˩ləu˨˩

【哩唆啦唆】li˥səu˥lɑ˥səu˥˧ (一)形容说话啰唆不清。(二)形容零散杂乱。

lí

丽【li˨˦】另见 lì。

【丽水】li˨˦sɥ˥˧ 地名,在浙江。

厘【li˨˦】

狸【li˨˦】

【狸猫】li˨˦mæ˨˩

【狸猫换太子】li˨˦mæ˨˩ɦuø˨˩tʻɑ˥tsɿ˥˧ 本剧名或故事名。喻以假换真。

离【li˨˦】

【离开】li˨˦kʻE˥

【离休】li˨˦ɕiY˥

【离异】li˨˦ɦi˨˦

【离别】li˨˦biəʔ˧

【离间】li˨˦tɕiɪ˥

【离奇】li˩ʥi˩
【离婚】li˧huən˥
【离散】li˧sᴇ˥

骊【li˧】

梨【li˧】

【梨园】li˧ɦiø˩
【梨膏糖】li˧kæ˥dɑ̃˩ 用梨汁和冰糖,加上止咳中药材制成的药糖,有止咳、润肺、化痰等作用。
【梨园子弟】li˧ɦiø˩ʦɿ˥di˩

鹂【ȵ̊i˧】

喱【li˩】

蜊【li˧】

漓【li˧】

璃【li˧】

蔾【li˧】

黎【li˧】

【黎民】li˧min˩
【黎明】li˧min˩
【黎山老】li˧sᴇ˥læ˩ 缩脚韵。指母亲。

鲡【li˧】

罹【li˧】

【罹难】li˧nᴇ˧

篱【li˧】

【篱笆】li˧po˥
【篱笆扎得紧,野狗钻勿进】li˧po˥ʦaʔ˥təʔ˥ʨən˥,ɦiɑ˧kʏ˥ʦø˥fəʔ˥ʦin˥ 喻内部团结一致,外敌就无法钻空子。

藜【li˧】

蠡【li˧】

lǐ

礼【li˩】

【礼仪】li˦ȵi˩
【礼节】li˦tsiəʔ˥
【礼花】li˦ho˥
【礼佛】li˩vəʔ˧
【礼单】li˦tɛ˥
【礼拜】li˩pɑ˥˩
【礼物】li˦vəʔ˧
【礼金】li˦tɕən˥
【礼法】li˦faʔ˥
【礼品】li˦p'in˥˩
【礼教】li˩tɕiæ˧˩
【礼堂】li˦dɑ̃˧
【礼帽】li˩mæ˩
【礼貌】li˩mæ˩
【礼拜日】li˦pɑ˥ȵəʔ˧　星期天。
【礼无不答】li˩vu˩pəʔ˥taʔ˥　礼节上没有不还报的。
【礼尚往来】li˦zɑ̃˦θuɑ̃˥lɛ˩　(一)在礼节上应该有来有往。(二)借指你对我怎么样,我就对你怎么样。
【礼多人勿怪】li˩təu˥ȵən˧fəʔ˥kuɑ˧˩　俗语。对人多多注重礼节,不是坏事。
【礼轻情意重】li˦tɕ'ən˥zin˦ɦi˩zoŋ˩　礼物虽然很轻微,但情义却很深重。一般用作谦词。

李【li˩】中州韵【li˥】

【李仲康调】li˦zoŋ˦k'ɑ̃˥diæ˩　苏州评弹流派唱腔。李仲康所创。
【李伯康调】li˦pɑʔ˥k'ɑ̃˥diæ˩　苏州评弹流派唱腔。李伯康所创。

里【li˩】

【里向】li˦ɕiɑ̃˥　里边。
【里床】li˦zɑ̃˩　床的里面半边。
【里间】li˦kɛ˥
【里弄】li˦loŋ˩
【里势】li˦sɥ˥˩　里边。
【里房】li˦vɑ̃˩　相连的几间房子里不直接通到外边的房间。
【里屋】li˦θoʔ˥　里房。
【里档】li˦tɑ̃˥　赶车或操纵器

械时，车或器械的左边。

【里墙】li˧zĩã˩ 墙靠里边的一面。

【里襟】li˧tɕin˥ 小襟。

【里间屋】li˧kE˥ʘo˥ 里屋。

【里脊肉】li˧tɕi˥ȵio˧ 牛、羊、猪等脊椎骨侧的条状嫩肉，做肉食时称为里脊肉。

【里程碑】li˧zən˧pE˥˩˧

【里里外外】li˧li˩ŋɑ˩ŋɑ˩ 里面和外面。

俚【li˩】、【li˥】

【俚】li˥ 他。

【俚语】li˧ȵy˩

【俚倷】li˥nE˩ 他。

【俚笃】li˥to˥ 他们。

哩【li˩】另见 li˥；li。

浬【li˩】

娌【li˩】

理【li˩】

【理亏】li˧k'uE˥

【理发】li˧fa˥

【理由】li˧ɦiY˩

【理疗】li˧liæ˩

【理当】li˩tã˥˩˧

【理论】li˩lən˩

【理财】li˩zE˧

【理该】li˧kE˥

【理事】li˧zɿ˧

【理性】li˩sin˥˩˧ （一）指属于判断、推理等活动的。（二）从理智上控制行为的能力。（三）道理、理由。

【理屈】li˩tɕ'yə˥

【理喻】li˩ɦy˩

【理智】li˩tsʮ˥˩˧

【理睬】li˩ts'E˥˩˧

【理路】li˩ləu˩

【理解】li˩tɕia˥˩˧

【理想】li˩siã˧或li˧siã˥

【理直气壮】li˩zə˧tɕ'i˧tsɑ̃˧

锂【li˩】

鲤【li˩】

【鲤鱼】li˧ŋ̍˧

【鲤片】li˧p'i˥˩˧ 鲤鱼沿脊椎剖成两片后切成的段。

【鲤鱼跳龙门】li˦ŋ̍˦tiæ˥˧loŋ˦ mən˦　吉祥语。传说黄河中鲤鱼若能逆水跳过龙门，便能成龙。喻一举成名。

醴【li˨˩】

lì

力【liəʔ˧】

【力气】liəʔ˧tɕʻi˨˩˧
【力争】liəʔ˧tsən˨˩˧
【力把】liəʔ˧po˨˩˧　力气。
【力求】liəʔ˧dʑiY˨˩
【力身】liəʔ˧sən˨˩˧　指花费、动用的关系等(多指大量的)。
【力作】liəʔ˧tsoʔ˥
【力图】liəʔ˧dəu˨˩
【力度】liəʔ˧dəu˨˩
【力道】liəʔ˧dæ˨˩
【力量】liəʔ˧liã˨˩
【力不从心】liəʔ˧pəʔ˥zoŋ˨˩ sin˥
【力争上游】liəʔ˧tsən˥zã˨˩ ɦiY˨˩
【力所能及】liəʔ˧səu˨˩˧nən˦ dʑəʔ˧
【力气用勒瞎搭里】liəʔ˧tɕʻi˨˩˧ɦioŋ˨˩liəʔ˧haʔ˥taʔ˥li˨˩　力气用在不该用的地方。

历【liəʔ˧】

【历历】liəʔ˧liəʔ˧
【历书】liəʔ˧sʮ˥
【历代】liəʔ˧dᴇ˨˩
【历本】liəʔ˧pən˨˩˧
【历史】liəʔ˧sɿ˨˩˧
【历次】liəʔ˧tsʻɿ˥˧
【历年】liəʔ˧ȵi˨˩
【历任】liəʔ˧zən˨˩
【历来】liəʔ˧lᴇ˨˩
【历时】liəʔ˧zʮ˨˩
【历练】liəʔ˧li˨˩
【历届】liəʔ˧tɕiɑ˥˧
【历经】liəʔ˧tɕən˥
【历险】liəʔ˧ɕi˨˩˧
【历程】liəʔ˧zən˨˩
【历朝】liəʔ˧zæ˨˩
【历数】liəʔ˧səu˨˩˧

厉【li˨˩】

【厉行】li˦ɦin˨˩
【厉害】li˦ɦᴇ˦
【厉害人】li˦ɦᴇ˦ȵən˨˩　难以

L

对付的人。

【厉害脚色】li˦ɦᴇ˧tɕiɑʔ˥səʔ˥ 难以对付的人。

立【liəʔ˧】

【立方】liəʔ˧fɑ̃˥˩

【立冬】liəʔ˧toŋ˥

【立功】liəʔ˧koŋ˥

【立业】liəʔ˧ȵəʔ˧

【立正】liəʔ˧tsən˥˩

【立地】liəʔ˧di˨˩

【立场】liəʔ˧zɑ̃˨˩

【立好】liəʔ˧hæ˥˩ 站好。

【立交】liəʔ˧tɕiæ˥

【立决】liəʔ˧tɕyəʔ˥

【立牢】liəʔ˧læ˨˩ (一)站稳。(二)喻取得稳固的地位。

【立即】liəʔ˧tsiəʔ˥

【立时】liəʔ˧zʮ˨˩

【立体】liəʔ˧t'i˥˩

【立志】liəʔ˧tsʮ˥˩

【立定】liəʔ˧din˨˩

【立法】liəʔ˧faʔ˥

【立国】liəʔ˧kuəʔ˥

【立刻】liəʔ˧k'əʔ˥

【立直】liəʔ˧zəʔ˧ (一)站直。(二)喻取得稳固的地位。

【立春】liəʔ˧ts'ən˥

【立秋】liəʔ˧ts'ʏ˥

【立宪】liəʔ˧ɕi˥˩

【立项】liəʔ˧ɦɑ̃˨˩

【立相】liəʔ˧siɑ̃˥˩ 站立的姿态。

【立轴】liəʔ˧ʥioʔ˧

【立案】liəʔ˧ø˦˩

【立夏】liəʔ˧ɦo˨˩

【立桶】liəʔ˧doŋ˨˩ 锻炼幼儿站立用的圆椎形木桶。

【立等】liəʔ˧tən˥˩

【立嗣】liəʔ˧zɿ˨˩

【立誓】liəʔ˧zɿ˨˩

【立勿起】liəʔ˧fəʔ˥tɕ'i˥˩ 站立不起来。

【立勿直】liəʔ˧fəʔ˥zəʔ˧ (一)站不直。(二)喻倒大霉。

【立出来】liəʔ˧ts'əʔ˥lᴇ˨˩ (一)站起来。(二)挺身而出。

【立早章】liəʔ˧tsæ˥˩tsɑ̃˥ 指"章"字的写法。"章"由"立"和"早"组成。

【立体声】liəʔ˧t'i˥˩sən˥˩

【立足点】liəʔ˧tsoʔ˥ti˥˩

【立起来】liəʔ˧tɕi˥˩lᴇ˨˩ 站立起来。

【立规矩】liəʔ˧kuᴇ˥tɕy˥˩

L

(一)订立规则。(二)指宣讲规矩。

【立笔据】liəʔ˧piəʔ˥tɕy˥˩ 订立书面文书。

【立壁角】liəʔ˧piəʔ˥koʔ˥ 面对墙角站立的一种体罚。

【立马造桥】liəʔ˧mo˩zæ˩ ʥiæ˦ 立刻办理(指过于心急)。

【立时三刻】liəʔ˧zʮ˩sɛ˥k'əʔ˥ 立刻。

【立客难当】liəʔ˧k'ɑʔ˥nɛ˦tɑ̃˥ 劝宾客坐的话。不应该让客人站着。

【立牢脚头】liəʔ˧læ˦tɕɑʔ˥dY˩ 喻取得稳固的地位。

【立脚勿稳】liəʔ˧tɕɑʔ˥fəʔ˥θuən˥˩ (一)站立不稳当。(二)喻还没有取得安定。

【立等可取】liəʔ˧tən˥˩k'əu˥˩ ts'i˥˩ 稍等一会儿就可以取得。

【立呒立相,坐呒坐相】liəʔ˧m̩˩ liəʔ˧siɑ̃˥˩,zəu˩m̩˩zəu˩ siɑ̃˥˩ 指人坐立姿态不雅,没有受过良好的教育。

【立有立相,坐有坐相】liəʔ˧ ɦiY˩liəʔ˧siɑ̃˥˩,zəu˩ɦiY˩zəu˩siɑ̃˥˩ 指人无论坐与立,都持有良好的姿态,受过良好的教育。

吏【li˩】

【吏治】li˩zʮ˩

丽【li˩】另见 lí。

【丽人】li˦zən˩

【丽质】li˦tsəʔ˥

【丽调】li˦diæ˩ 苏州评弹流派唱腔。徐丽仙所创。

励【li˩】

呖【liəʔ˧】

【呖呖】liəʔ˧liəʔ˧

利【li˩】

【利于】li˩ɦy˩

【利市】li˦zʅ˩

【利用】li˦ɦioŋ˩

【利尿】li˩ȵiæ˥˩

【利益】li˦θiəʔ˥

【利诱】liʔɦiʏ˩
【利害】liʔɦE˩
【利铟】liʔdiɪ˩ 利钱。
【利润】li˩zən˩
【利息】liʔsiəʔ˥
【利率】liʔliəʔ˦
【利禄】liʔloʔ˦
【利弊】liʔbi˩
【利市布】liʔzɿ˩pu˧ 吊孝时丧家发给的小块白孝布。
【利市饭】liʔzɿ˩vE˩ 丧事结束,丧家招待亲友的酒宴。
【利市铟】liʔzɿ˩diɪ˩ 旧时,赌博赢了钱的人给在场看赌的人的钱。
【利上滚利】liʔlã˩kuən˥li˩ 高利贷的一种。利息变作本金再生利息,利上加利,越滚越多。
【利令智昏】liʔlin˩tsɥ˥huən˥
【利欲熏心】liʔɦioʔ˦ɕyən˥ sin˥

沥【liəʔ˦】

【沥青】liəʔ˦tsʻin˥
【沥沥漉漉】liəʔ˦liəʔ˦loʔ˦loʔ˦ 形容连续不断。

枥【liəʔ˦】

例【li˩】

【例子】liʔtsɿ˥
【例句】li˩tɕy˥
【例外】li˩ŋɑ˩
【例会】li˩ɦuE˩
【例如】li˩zɥ˩
【例假】li˩kɑ˥
【例题】liʔdi˦

疠【li˩】

戾【liəʔ˦】中州韵【li˩】

【戾切】liəʔ˦tsʻiəʔ˥ 暴躁,好挑剔的脾气。

隶【di˩】

【隶书】diʔsɥ˥
【隶属】diʔzoʔ˦

荔【li˩】

【荔枝】liʔtsɥ˥

L

栎【liəʔ˧】

郦【li˩】

俪【li˩】

俐【li˩】

疬【liəʔ˧】

【疬子颈】liəʔ˧tsɿ˥˩tɕəŋ˥˩ 生于颈部的瘰疬病。

莉【li˩】

莅【li˩】

【莅临】li˩lin˩

栗【liəʔ˧】

【栗子】liəʔ˧tsɿ˥˩
【栗壳色】liəʔ˧k'oʔ˥səʔ˥ 像栗子皮那样的颜色。
【栗子山芋】liəʔ˧tsɿ˥˩sE˥ɦY˩ 淀粉多、水分少的白山芋。

砺【li˩】

砾【liəʔ˧】

猁【li˩】

蛎【li˩】

唳【liəʔ˧】

笠【liəʔ˧】

粝【li˩】

粒【liəʔ˧】

【粒子】liəʔ˧tsɿ˥˩
【粒粒】liəʔ˧liəʔ˧ 每一粒。
【粒屑】liə˧siəʔ˥ （一）碎屑。（二）喻琐屑的、小的（事情）。
【粒粒头】liəʔ˧liəʔ˧dY˩ 小丸形状的东西。
【粒粒屑屑】liəʔ˧liəʔ˧siəʔ˥siəʔ˥（一）碎屑。（二）喻琐屑的、小的（事情）。

雳【liəʔ˧】

詈【li˩】

傈【liəʔ˧】

痢【li˩】

【痢疾】li˧ziəʔ˧

溧【liəʔ˧】

篥【liəʔ˧】

鬁【li˩】

li

哩【li˩】另见 lī;lǐ。

liǎ

俩【liã˩】中州韵【liã˥】另见 liǎng。

【俩家头】liã˧ka˥dʏ˩ 俩人。
【俩好并一好】liã˩hæ˥˩pin˥˩ ʔiəʔ˥hæ˥˩ 双方都好,结合起来更好。

lián

奁【li˧】

【奁具】li˧tɕy˩ 古代妇女梳妆用的器具。

连【li˧】

【连队】li˧dɛ˩
【连手】li˧sʏ˥˩ 紧接着。
【连天】li˧tʻi˥
【连忙】li˩mɑ̃˩
【连年】li˩ȵi˩
【连任】li˧zən˩
【连同】li˧doŋ˩
【连牢】li˧læ˩ (一)连接。(二)使连接。
【连连】li˩li˩
【连坐】li˧zəu˩
【连贯】li˧kuø˥˩
【连到】li˧tæ˥ (一)助词。强调动作的发出者或接受者。(二)牵连到。
【连环】li˧guɛ˩
【连夜】li˩ʔia˥˩
【连带】li˧ta˥
【连牵】li˧tɕʻi˥˩ 形容词。表

示行、像样。
【连枷】lii˨˧ka˥
【连通】lii˨˧t'oŋ˥
【连载】lii˨˧tsE˥˩
【连裆】lii˨˧tã˥˩　喻串通一起（做某事）。
【连得】lii˨˧təʔ˥　助词。强调动作的发出者或接受者。（二）牵连到。
【连理】lii˨˧li˩
【连累】lii˨˧lE˩
【连绵】lii˩miɪ˩
【连续】lii˨˧zoʔ˧
【连接】lii˨˧tsiəʔ˥
【连锁】lii˨˧səu˥˩
【连播】lii˨˧pu˥˩
【连篇】lii˩p'i˦˧
【连襟】lii˨˧tɕən˥
【连刀切】lii˨˧tæ˥ts'iəʔ˥　（一）将食物切块，因刀功不佳，若断还连。（二）喻说话表达不清，把不相干的两件或几件事纠缠在一起。
【连刀块】lii˨˧tæ˥k'uE˦　义同【连刀切】。
【连衣裙】lii˨˧øi˥ʥyən˩
【连底冻】lii˨˧ti˥toŋ˥˩　（一）天寒，河水冰冻到河底。（二）喻坚持在一处地方到底，不再挪地。
【连环屁】lii˨˧guE˨˧p'i˥˩　连续放出的屁。
【连裆裤】lii˨˧tã˥k'əu˥˩　喻关系亲密。
【连中三元】lii˨˧tsoŋ˥˩sE˥ȵiø˨˧
【连根拔】lii˨˧kən˥baʔ˧
【连台本戏】lii˨˧dE˨˧pən˥˩ɕi˥˩
【连皮带骨】lii˨˧bi˨˧ta˦kuəʔ˥　一共；所有的。
【连冬起九】lii˨˧toŋ˥tɕ'i˥˩tɕiɤ˥˩　从冬至开始起九。参看【起九】。
【连屎跟斗】lii˨˧sɿ˥kən˥təu˥˩　跌跌撞撞俯身摔到。
【连娘搭姆】lii˨˧ȵiã˨˧taʔ˥m̩˩　一共；所有的。
【连裆模子】lii˨˧tã˥mo˥tsɿ˥˩　指串通一起做某件事的人；同伙。
【连头搭尾巴】lii˨˧dɤ˩taʔ˥ȵi˨˧po˥˩　指整个儿；从开始到结束。

怜【lii˨˧】

【怜悯】lii˨˧min˥˩

【怜惜】li˩˧siəʔ˥

【怜香惜玉】li˩˧ɕiɑ̃˥siəʔ˥ȵ̊oʔ˧ 喻对情爱中的女子十分爱怜、体贴。

帘【li˩˧】

【帘子】li˩˧tsɿ˥˩

莲【li˩˧】

【莲子】li˩˧tsɿ˥˩

【莲心】li˩˧sin˥

【莲台】li˩˧dE˧˩

【莲花】li˩˧ho˥

【莲蓬】li˩˧boŋ˧˩

【莲子羹】li˩˧tsɿ˥˩kɑ̃˥˩ 以莲子为主料做的甜羹。

【莲花落】li˩˧ho˥loʔ˧

【莲蓬头】li˩˧boŋ˦dY˧˩

【莲蓬梗】li˩˧boŋ˦kɑ̃˥˩ 莲花的茎。

涟【li˩˧】

【涟漪】li˩˧Øi˥

梿【li˩˧】

联【li˩˧】

【联手】li˩˧sY˥˩

【联句】li˩˧tɕy˥˩

【联合】li˩˧ɦəʔ˧

【联欢】li˩˧huø˥

【联邦】li˩˧pɑ̃˥˩

【联军】li˩˧tɕyən˥

【联网】li˩˧mɑ̃˧˩

【联防】li˩˧bɑ̃˧˩

【联名】li˩˧min˧˩

【联系】li˩˧ɕi˥˩

【联运】li˩˧ɦYən˧˩

【联络】li˩˧loʔ˧

【联袂】li˩˧mE˧˩

【联姻】li˩˧Øin˥

【联谊】li˩˧ȵ̊i˧˩

【联展】li˩˧tsø˥˩

【联唱】li˩˧tsʻɑ̃˥˩

【联营】li˩˧ɦin˦

【联赛】li˩˧sE˥˩

【联盟】li˩˧mən˥或li˩˧mən˧˩

【联想】li˩˧siɑ̃˥˩

【联播】li˩˧pu˥˩

裢【li˨˧】

廉【li˨˧】

【廉明】li˨˧min˨˩
【廉政】li˨˧˩tsən˥˨˧
【廉耻】li˨˧˩ts'ʮ˥˩

鲢【li˨˧】

【鲢鱼】li˨˧ŋ̍˨˩　鲢。

镰【li˨˧】

【镰刀】li˨˧tæ˥

liǎn

琏【li˨˧】

敛【li˨˧˩】

【敛财】li˨˧˩zE˧
【敛钱】li˨˧˩zi˨˧

脸【li˨˧˩】

【脸面】li˨˧mi˨˧˩
【脸谱】li˨˧pu˥˨˧

裣【li˨˧】

【裣衽】li˨˧˩zən˨˩　指古代妇女行礼。

liàn

练【li˨˧˩】

【练习】li˨˧ziəʔ˧
【练功】li˨˧koŋ˥
【练达】li˨˧˩daʔ˧
【练兵】li˨˧pin˥
【练练】li˨˧˩li˨˧˩　练习;训练。
【练武】li˨˧˩vu˨˩
【练私功】li˨˧˩sɿ˥koŋ˥˨˧　除集体练功外,个人抽时间自行练功。

炼【li˨˧˩】

【炼丹】li˨˧˩tE˥
【炼句】li˨˧˩tɕy˥˩
【炼乳】li˨˧zʮ˨˩
【炼狱】li˨˧n̥oʔ˧

恋【liɪ˨˧】

【恋人】liɪ˨˧zən˨˩
【恋爱】liɪ˨˧øᴇ˦˩
【恋家】liɪ˨˧tɕia˥

殓【liɪ˨˧】

链【liɪ˨˧】

【链条】liɪ˨˧diæ˨˩
【链条瘟】liɪ˨˧diæ˨˩θuən˥ (一)在人群中迅速传播的极危险的疾病。(二)喻轮个儿倒大霉。

楝【liɪ˨˧】

【楝树】liɪ˨˧zʮ˨˩ 楝。

潋【liɪ˨˧】

liáng

良【liã˨˩】

【良人】liã˨˩zən˨˩
【良心】liã˨˩sin˥
【良田】liã˨˩diɪ˨˧
【良好】liã˨˩hæ˦˩
【良机】liã˨˩tɕi˥
【良辰】liã˨˩zən˨˩
【良言】liã˨˩ɦiɪ˨˧
【良性】liã˨˩sin˦˩
【良药】liã˨˩ɦiaʔ˧
【良种】liã˨˩tsoŋ˦˩
【良家】liã˨˩tɕia˥
【良宵】liã˨˩siæ˥
【良策】liã˨˩tsʻaʔ˥
【良缘】liã˨˩ɦiø˨˧
【良心发现】liã˨˩sin˥faʔ˥ɦiɪ˨˧ 做惯了坏事,突然醒悟过来。
【良心摆勒当中】liã˨˩sin˥pɑ˦˩ləʔ˧tã˥tsoŋ˦˩ 指内心坚持对是非的正确认识,完全秉公。
【良心生勒膈肋子里】liã˨˩sin˥sã˥ləʔ˧kaʔ˥laʔ˧tsɿ˦˩li˨˧ 喻没有良心;坏心肠。

凉【liã˨˩】

【凉风】liã˨˩foŋ˥ 凉爽的风。
【凉快】liã˨˩kʻuɑ˦˩
【凉亭】liã˨˩din˨˧
【凉粉】liã˨˩fən˦˩

【凉棚】liã˦bã˩
【凉帽】liã˦mæ˩
【凉鞋】liã˦ɦɑ˩
【凉笃笃】liã˦toʔ˥toʔ˥ （一）凉快的感觉。（二）形容舒服、轻松（一般形容内心）。
【凉飕飕】liã˦sʏ˥sʏ˨ 义同【凉笃笃】。
【凉亭虽好，决非久留之处】liã˦din˩sE˥hæ˨，tɕyəʔ˥fi˥ tɕiʏ˧ʏ˦tsɿ˨tsʻɿ˧ 喻寄居在外，总不是长久之计。

梁【liã˦】

【梁上君子】liã˦zɑ̃˦tɕyən˨ tsɿ˨ 贼。

量【liã˦】另见 liàng。

【量米】liã˦mi˩ 籴米。
【量杯】liã˦pE˥
【量筒】liã˦doŋ˩
【量尺寸】liã˦tsʻɑʔ˥tsʻən˧ （一）用尺测量长度。（二）制衣前度量身材长短。（三）喻考量对方的能力或其他。
【量长短】liã˦zɑ̃˦tø˨ 义同【量尺寸】。
【量地皮】liã˦di˦bi˩ （一）测量地的长度。（二）指人摔倒在地上。
【量衣裳】liã˦i˥zɑ̃˩ 制衣前度量身材长短。
【量深浅】liã˦sən˥tsʻi˨ （一）测量深度。（二）指考量对方的实力或其他。

粮【liã˦】

【粮仓】liã˦tsʻɑ̃˥
【粮农】liã˦noŋ˩
【粮草】liã˦tsʻæ˨
【粮荒】liã˦huɑ̃˥
【粮饷】liã˦ɕiã˨
【粮栈】liã˦zE˩
【粮食】liã˦zəʔ˧
【粮站】liã˦zE˩
【粮票】liã˦pʻiæ˧ （一）购买粮食的票证。（二）喻国家政策规定发放的福利款项。

粱【liã˦】

liǎng

两【liã˩】、【liã˧˩】中州韵【liã˥】

【两】(1) liã˩ 数目2。(2) liã˧˩ 重量单位。
【两广】liã˦kuã˧˩
【两手】liã˩sʏ˧˩
【两头】liã˦dʏ˩
【两可】liã˦k'əu˧˩
【两讫】liã˦tɕ̣'əʔ˥
【两立】liã˥liəʔ˧
【两江】liã˦kã˥
【两全】liã˩ziɪ˧或liã˥ziɪ˧
【两利】liã˩li˧˩
【两岸】liã˦ŋø˩
【两极】liã˦dʑiəʔ˧
【两性】liã˩sin˧˩
【两难】liã˦nɛ˩或liã˥nɛ˩
【两栖】liã˦ts'i˥
【两样】liã˩ɦiã˩ (一) 两种样式,不一样。(二) 两个。
【两造】liã˩zæ˩
【两清】liã˦ts'in˥
【两厢】liã˥siã˧˩
【两翼】liã˦ɦiəʔ˧
【两头大】liã˦dʏ˦dəu˩ 旧时一夫有两妻,两妻不在一起生活,都作正妻对待。
【两半爿】liã˦pø˥bɛ˩ 指一件东西,分成两半的两个部分。
【两头甩】liã˦dʏ˦huɛ˧ 指两边来回办事。
【两头春】liã˦dʏ˦ts'ən˥ 以农历计算,一年之中年初和年尾各有一个立春的节气。
【两头通】liã˦dʏ˦t'oŋ˥ 两边都能通过(多指下五子棋、接龙游戏的某种状况)。
【两差差】liã˩ts'ɑ˧˩ts'ɑ˧˩ (一) 两边平均一下。(二) 双方退一步。
【两点水】liã˦tiɪ˥sɥ˧˩ 汉字偏旁,如"凉"字的左半边。
【两面光】liã˦miɪ˦kuã˥
【两面派】liã˦miɪ˦p'ɑ˧˩
【两面黄】liã˦miɪ˦ɦuã˩ 苏式炒面。
【两旁边】liã˦bã˦piɪ˧˩ 两边儿。
【两家头】liã˦kɑ˥dʏ˩˥ 俩人。
【两样生】liã˩ɦiã˩sã˥ 两种样子。

L

【两脚车】liã˦tɕiɑʔ˥tsʰo˥˧ 调侃语。指步行。

【两小无猜】liã˩˧siæ˥˧vu˩˧tsʰɛ˥

【两手空空】liã˩˧sʏ˥˧kʰoŋ˥kʰoŋ˥ 喻什么都没有(多指钱财)。

【两勿来去】liã˦fəʔ˥lɛ˦tɕʰi˥˧ 两边账目抵消,谁也不欠谁。

【两里两僵】liã˦li˩˧liã˩˧tɕiã˥ 指两边都没有着落的尴尬(境地),也作【两僵戏】liã˦tɕiã˥ɕi˥˧,【两里勿两僵】liã˦li˩˧fəʔ˥liã˦tɕiã˥。

【两头进账】liã˦dʏ˦tsin˥tsã˥˧ 指两边得利。

【两头两脑】liã˦dʏ˦liã˩˧næ˩˧ 指头和尾;开始和结束。

【两败俱伤】liã˥bɑ˩˧dʑy˩˧sɑ̃˥

【两面三刀】liã˦miɪ˦sɛ˥tæ˥˧

【两厢情愿】liã˥siã˥zin˩˧ȵiø˩˧ 双方都愿意。

【两袖清风】liã˩˧zʏ˩˧tsʰin˥foŋ˥˧

【两脚书厨】liã˦tɕiɑʔ˥sɥ˥zɥ˩˧ (一)喻饱学的人。(二)喻饱学而无实践经验的人。

【两头勿着实】liã˦dʏ˦fəʔ˥zɑʔ˧zəʔ˧ 两边落空。

【两头勿着港】liã˦dʏ˦fəʔ˥zɑʔ˧kɑ̃˥˧ 义同【两头勿着实】。

【两眼墨赤黑】liã˦ŋɛ˩˧məʔ˧tsʰəʔ˥həʔ˥ (一)眼前发黑(多形容受气、受委屈)。(二)(对周围情况)一无所知。

【两脚笔立直】liã˦tɕiɑʔ˥piəʔ˥liəʔ˧zəʔ˧ 指人死亡。

【两好并一好】liã˩˧hæ˥˧pin˥˧Øiəʔ˥hæ˥˧ 两边都优秀,合起来更好。

【两虎相争,必有一伤】liã˥həu˥˧siã˥tsən˥,piəʔ˥ɦiʏ˩˧Øiəʔ˥sɑ̃˥ 喻两强相争,必有一方受损。

【两个叫化子拜堂——穷坯(配)】liã˩˧kəʔ˥kæ˥ho˥˧tsɿ˥˧pɑ˦dɑ̃˦—dʑioŋ˦pɛ˥˧(pɛ˥˧) 歇后语。贫穷的人(贬义)。

【两面斋星官——拆供老寿星】liã˦miɪ˩˧tsɑ˥sin˥kuø˥˧—tsʰɑʔ˥koŋ˦læ˦zʏ˦sin˥˧ 歇后语。指失败;彻底结束(贬义);坏事了。

【两个哑子困勒一横头——呒话呒商量】liã˩˧kəʔ˥Øo˦tsɿ˥˧

kʻuən˦˨lə̃˦θiə̃˥huã˦dY˨—ɱ˦ɦo˨ɱ˦sã˥liã˨ 歇后语。指有事互不商量。

俩【liã˨】中州韵【liã˥】另见 liǎ。

魉【liã˨】

liàng

亮【liã˨】

【亮光】liã˦kuã˥

【亮底】liã˨ti˦˨

【亮相】liã˨siã˦

【亮度】liã˦dəu˨

【亮头里】liã˦dY˦li˨ 明亮的地方。

【亮出来】liã˨tsʻə̃˥lE˨ （一）指有意展露出来。（二）明亮起来。

【亮光光】liã˦kuã˥kuã˦˨

【亮星夜】liã˦sin˥θia˦˨ 晴朗有月的夜晚。

【亮堂堂】liã˦dã˦dã˨

【亮晶晶】liã˦tsin˥tsin˦˨

【亮锃锃】liã˨zã˨zã˨

【亮眼瞎子】liã˦ŋE˦haʔ˥tsɿ˦˨ 指文盲。

谅【liã˨】

【谅必】liã˦piə̃˥ 想必。

【谅来】liã˦lE˨ 料想上去。

【谅解】liã˦tɕia˦˨

辆【liã˦˨】

靓【liã˨】另见 jìng。

量【liã˨】另见 liáng。

【量力】liã˨liə̃˦

【量气】liã˦tɕʻi˦˨ 气量;度量。也写作【量器】。

【量刑】liã˦ɦin˦

【量词】liã˦zɿ˨

【量怀】liã˦ɦuE˨ 对人宽容的限度。

【量入为出】liã˦zə̃˦ɦuE˨tsʻə̃˥

【量力而行】liã˦liə̃˦ɦəl˨ɦin˦ 按照自己的能力去做。

【量才录用】liã˦zE˨loʔ˦ɦioŋ˨ 根据人的能力,收录并安排适当的工作。

【量体裁衣】liã˧t'i˥˩zɛ˧θi˥

晾【liã˩】

喨【liã˩】

踉【lɑ̃˩】文读【liã˩】

【踉跄】lɑ̃˩ts'ɑ̃˥˩

liāo

撩【liæ˥】另见 liáo；liào。

【撩上去】liæ˥zɑ̃˧tɕ'i˥˩ 从下往上撩。

【撩开来】liæ˥k'ɛ˥lɛ˩ 向旁边撩开。

【撩起来】liæ˥tɕ'i˥˩lɛ˩ 从下往上撩。

liáo

辽【liæ˧】

【辽东】liæ˧toŋ˥

【辽阔】liæ˥˩kuəʔ˥

疗【liæ˧】

【疗伤】liæ˧sɑ̃˥ 治伤。

【疗养】liæ˧ɦiã˩

【疗程】liæ˧zən˩

【疗养院】liæ˧ɦiã˧ɦiø˩

聊【liæ˧】

【聊天】liæ˧t'i˥

【聊备一格】liæ˩bɛ˩θiəʔ˥kɑʔ˥

僚【liæ˧】

【僚机】liæ˧tɕi˥

【僚属】liæ˧zoʔ˧

寥【liæ˧】

【寥廓】liæ˧k'oʔ˥

【寥寥】liæ˩liæ˩

撩【liæ˧】另见 liāo；liào。

【撩拨】liæ˥pəʔ˥

【撩是拨非】liæ˧zʅ˩pᴐʔo˥fi˥ 惹事。

【撩撩撮撮】liæ˧liæ˧ʦʻəʔ˥ʦʻəʔ˥ 挑逗;招惹。

嘹【liæ˧】

【嘹亮】liæ˧liã˩

獠【liæ˧】

【獠牙】liæ˧ŋɑ˩ 露在嘴外的长牙。

潦【liæ˧】另见 liǎo。

【潦草】liæ˧ʦʻæ˥

【潦倒】liæ˧tæ˥

寮【liæ˧】

【寮檐】liæ˧ɦiɪ˩ 屋檐。

【寮檐口】liæ˧ɦiɪ˧k'ʏ˥ 屋檐下。

【寮檐水】liæ˧ɦiɪ˧sʮ˥ 下雨时从屋檐上滴下来的水。

缭【liæ˧】

【缭乱】liæ˩lø˩

【缭绕】liæ˩ȵiæ˩

燎【liæ˧】另见 liǎo。

【燎原】liæ˧ȵø˩

鹩【liæ˧】

【鹩哥】liæ˧kəu˥ 鸟。羽毛黑色,能模仿人说话的某些声音。与八哥相像。

liǎo

了【liæ˧】另见 le。

【了局】liæ˧ʥioʔ˧

【了却】liæ˧ʨʻaʔ˥

【了账】liæ˩ʦã˩

【了结】liæ˧ʨəʔ˥

【了得】liæ˩təʔ˥

【了断】liæ˧dø˩

【了愿】liæ˧ȵiø˩ 了却心愿。

【了勿得】liæ˧fəʔ˥təʔ˥ 了不得。

【了勿起】liæ˧fə˥˧tɕʻi˩ 了不起。

【了仿不得】liæ˩fɑ̃˩pə˥˧tə˥˧ 了不得。

蓼【liæ˩】

燎【liæ˩】另见 liáo。

【燎勒燎】liæ˩lə˧liæ˩ 形容火舌跃动上蹿的样子。

liào

钌【liæ˩】

【钌铞儿】liæ˧tiæ˥˧ɦəl˩ 扣住门窗等的铁片，一端钉在门窗上，有钩子的另一端钩在屈戌里，或者有眼套在屈戌上。

料【liæ˩】

【料】liæ˩ 借指人的素质。

【料水】liæ˧sʮ˩ （一）材料。（二）借指人的素质。

【料红】liæ˧ɦoŋ˩ 一种红皮小橘子，产于苏州洞庭山。

【料目】liæ˧moʔ˧ （一）预计的目标。（二）（说话做事的）适当限度。

【料作】liæ˧tsoʔ˥˧ 材料；衣料。

【料定】liæ˩din˩

【料到】liæ˩tæ˩ 料想到。

【料酒】liæ˧tsʏ˩ 烹调用的黄酒。

【料理】liæ˧li˩

【料着】liæ˩zɑʔ˧ 预料到。

【料想】liæ˩siɑ̃˩

【料煞】liæ˩saʔ˥˧ 预料一定是。

【料器】liæ˩tɕʻi˩

撂【liæ˩】另见 liāo；liáo。

廖【liæ˩】

瞭【liæ˩】

【瞭望】liæ˧vɑ̃˩

镣【liæ˧】

【镣铐】liæ˧kʻæ˩

liě

裂【liəʔ˧】另见 liè。

liè

列【liəʔ˧】

【列车】liəʔ˧tsʻo˥˩
【列队】liəʔ˧dɛ˩
【列传】liəʔ˧zø˩
【列岛】liəʔ˧tæ˦
【列位】liəʔ˧ɦuɛ˩
【列国】liəʔ˧kuəʔ˥
【列举】liəʔ˧tɕy˥˩
【列席】liəʔ˧ziəʔ˧
【列强】liəʔ˧dʑiã˩

劣【liəʔ˧】

【劣马】liəʔ˧mo˩
【劣绅】liəʔ˧sən˥
【劣势】liəʔ˧sɥ˦
【劣质】liəʔ˧tsəʔ˥
【劣迹】liəʔ˧tsiəʔ˥
【劣等】liəʔ˧tən˥˩
【劣根性】liəʔ˧kən˥sin˥˩

冽【liəʔ˧】、【li˩】

埒【liəʔ˧】

烈【liəʔ˧】

【烈士】liəʔ˧zɿ˩
【烈女】liəʔ˧ȵy˩
【烈火】liəʔ˧həu˥˩
【烈性】liəʔ˧sin˦
【烈属】liəʔ˧zoʔ˧
【烈焰】liəʔ˧ɦii˩

捩【liəʔ˧】中州韵【li˩】

【捩人】liəʔ˧ȵən˧ 用手指扭人肌肉。
【捩脱】liəʔ˧tʻəʔ˥ （一）扭掉。（二）变形而扭曲。
【捩一把】liəʔ˧0iəʔ˥po˩ 食指和拇指配合在身体上拧一下。
【捩下来】liəʔ˧ɦo˥lɛ˩ 扭下来。
【捩转来】liəʔ˧tsø˥lɛ˩ （一）朝另一个方向扭转过来。（二）变形而扭曲。

L

猎【laʔ˧】文读【liəʔ˧】

【猎人】laʔ˧ȵən˩
【猎户】laʔ˧ɦəu˩
【猎场】laʔ˧zã˩
【猎物】laʔ˧vəʔ˧
【猎狗】laʔ˧kɤ˨
【猎奇】liəʔ˧ʥi˩
【猎枪】laʔ˧tsʻiã˥
【猎猎】liəʔ˧liəʔ˧

裂【liəʔ˧】另见 liě。

【裂口】liəʔ˧kʻɤ˨
【裂开】liəʔ˧kʻE˥ 破裂成两部分或几部分。
【裂纹】liəʔ˧vən˩
【裂痕】liəʔ˧ɦən˩ （一）器物破裂的痕迹。（二）指（感情发生）问题。
【裂缝】liəʔ˧voŋ˩

鬣【liəʔ˧】

【鬣毛】liəʔ˧mæ˩ 某些兽类（如马、狮子等）颈上的长毛。
【鬣狗】liəʔ˧kɤ˨

līn

拎【lin˥】

【拎水】lin˥sɥ˨ 用桶取水。
【拎包】（1）lin˥pæ˨ （一）提包。（二）提着提包。（2）lin˥pæ˥ 偷窃手提包，或是偷窃手提包的贼。
【拎牢】lin˥læ˩ 牢牢提着。
【拎鋬】lin˥pE˨ 提手；提梁。
【拎一拎】lin˥Øiəʔ˥lin˨ （一）临时用手提一下。（二）指提示一下。
【拎勿清】lin˥fəʔ˥tsʻin˨ 不明事理；糊涂。
【拎耳朵】lin˥ȵi˧təu˥ （一）手提耳朵。（二）提人耳朵（一种薄惩，多用于不肯听话）。
【拎出来】lin˥tsʻəʔ˥lE˩ 从众多东西中提出来。
【拎拎清】lin˥lin˥tsʻin˥ 弄弄清楚。
【拎起来】lin˥tɕʻi˨lE˩ （一）用手提起来。（二）形容精神紧张起来。

【拎清爽】lin˥ts'in˥sã˨ 搞清楚；想明白。
【拎得清】lin˥tə?˥ts'in˥ 明白事理；识时务。
【拎鞋皮】lin˥ɦɑ˦bi˩ （一）指拍马屁。（二）替人做极下贱的事。
【拎牢交子】lin˥læ˦kæ˨tsɿ˨ 拎住不放。
【拎错秤纽绳】lin˥ts'o˨ts'ən˥ ȵiʏ˨zən˩ 喻判断与真相或现实相悖。
【拎勿清格二纽】lin˥fə?˥ts'in˥ kə?˥ȵi˦ȵiʏ˩ 指不明事理的人。
【拎起尾巴看雌雄】lin˥tɕ'i˨ȵi˦ po˨k'ø˦ts'ɿ˥ɦioŋ˩ （一）指被人抓住把柄，查根究底。（二）指自行露出破绽，被人看出根柢。

lín

邻【lin˦】

【邻邦】lin˦pã˥
【邻近】lin˦dʑən˩
【邻里】lin˦li˩
【邻居】lin˦tɕy˥
【邻舍】lin˦so˨
【邻舍隔壁】lin˦so˥ka?˥piə?˥ 邻居。

林【lin˦】

【林下】lin˦ɦio˨
【林业】lin˦ȵə?˧
【林场】lin˦zã˩
【林泉】lin˦zii˩ 林木和泉水（多指隐居的地方）。
【林海】lin˦hE˨
【林涛】lin˦dæ˩
【林荫道】lin˦ɦin˥dæ˩

临【lin˦】

【临门】lin˩mən˦
【临风】lin˦foŋ˥
【临头】lin˩dʏ˦
【临产】lin˦ts'E˨
【临场】lin˦zã˦
【临刑】lin˩ɦin˦
【临行】lin˦ɦin˦ 将要启程。
【临别】lin˦biə?˧
【临近】lin˦dʑən˩
【临时】lin˦zɥ˩
【临帖】lin˦t'iə?˥

【临终】lin˦tsoŋ˥
【临战】lin˦tsø˦
【临街】lin˦ka˥
【临摹】lin˦mo˦
【临阵脱逃】lin˦zən˨t'ə˥dæ˦
【临阵磨枪】lin˦zən˨mo˦ts'iã˥
【临时完结】lin˦zɥ˦ɦuø˦tɕə˥ 到最后;到末了。
【临渴掘井】lin˦k'ə˥dʑyə˧tsin˥ 也说成【临渴而掘井】lin˦k'ə˥ɦəl˨dʑyə˧tsin˥。
【临时抱佛脚】lin˦zɥ˨bæ˦və˧tɕiɑʔ˥ 也说成【极来抱佛脚】dʑə˧lE˨bæ˦və˧tɕiɑʔ˥,【急来抱佛脚】tɕə˥lE˦bæ˦və˧tɕiɑʔ˥。
【临时上轿穿耳朵】lin˦zɥ˨zã˨dʑiæ˦ts'øŋ˨i˨təu˥ 喻事到临头才做准备。

淋【lin˦】另见 lìn。

【淋巴】lin˦po˥
【淋雨】lin˦ɦy˨ 雨水落在物体上。
【淋浴】lin˦ɦioʔ˧
【淋淋】lin˦lin˨
【淋漓】lin˦li˨
【淋漓尽致】lin˦li˨zin˨tsɥ˥

琳【lin˦】

【琳琳琊琊】lin˥lin˥lã˨lã˨ (一)喻各种美好的东西很多。(二)悬挂着很多小东西。
【琳琅挂荐】lin˥lã˨ko˥tsi˥ 形容悬挂的东西杂乱无章。
【琳琅满目】lin˥lã˨moʔ˨moʔ˧

粼【lin˦】

嶙【lin˦】

遴【lin˦】

【遴选】lin˦si˥

潾【lin˦】

璘【lin˦】

霖【lin˦】

辚【lin˦】

磷【lin˦】

【磷火】lin˦həuV

鳞【lən˦】文读【lin˦】

【鳞爿】lən˦bEɹ 鳞片。
【鳞伤】lin˦sã˥

麟【lin˦】

lǐn

凛【linɹ】文读【linV】

【凛冽】linVliəˀ˦或linVliɹ
【凛凛】linˬlin˦或linɹlinɹ
【凛一凛】linɹØiəˀ˥linɹ 受惊或受寒，身体突然抽搐一下。

廪【linɹ】

【廪生】lin˦sən˥

檩【linɹ】

lìn

吝【linɹ】文读【linV】

【吝啬】linVsəˀ˥
【吝惜】linɹsiəˀ˥

赁【linɹ】

淋【linɹ】另见 lín。

【淋病】lin˦binɹ

蔺【linɹ】

躏【linɹ】

líng

〇【lin˦】

【〇汤团】lin˦t'ã˥døɹ 趣语。表示没有数量。

令【lin˦】另见 lǐng；lìng。

【令狐】lin˦həuɹ

L

伶【lin˦】

【伶仃】lin˦tin˥˩
【伶俐】lin˦li˩
【伶牙俐齿】lin˩ɦia˩li˩tsʻɥ˥˩

灵【lin˦】

【灵子】lin˦tsɿ˥˩　暗示。
【灵气】lin˦tɕʻi˥˩　天赋聪颖。
【灵车】lin˦tsʻo˥
【灵台】lin˦dE˩
【灵光】lin˦kuɑ̃˥
【灵机】lin˦tɕi˥
【灵芝】lin˦tsɥ˥
【灵位】lin˦ɦuE˩
【灵性】lin˦sin˥˩
【灵活】lin˦ɦuəʔ˧
【灵柩】lin˦dʑiɣ˩
【灵通】lin˦tʻoŋ˥
【灵验】lin˦ȵi˩
【灵敏】lin˦min˥
【灵清】lin˦tsʻin˥　头脑清醒。
【灵犀】lin˦si˥
【灵感】lin˦kø˥˩
【灵魂】lin˦ɦuən˩
【灵市面】lin˦zɿ˩mi˩　打听消息(多指了解物价行情)。
【灵勿灵当场试验】lin˦fəʔ˥lin˦tɑ̃˥zɑ̃˩sɥ˥ȵi˩　有没有效果,当场可以测试。

苓【lin˦】

囹【lin˦】

【囹圄】lin˦ɵy˥

泠【lin˦】

【泠溏】lin˦dɑ̃˩　冬季挂在屋檐下的冰锥。

玲【lin˦】

【玲珑】lin˦loŋ˩
【玲珑子】lin˦loŋ˦tsɿ˥˩　隐语:手表。
【玲珑乖巧】lin˦loŋ˦kua˥tɕʻiæ˥˩　伶俐聪敏,善解人意。
【玲珑星宿】lin˦loŋ˦sin˥sy˥˩　十分聪敏、思维极快的人。

瓴【lin˦】

L

铃【lin˦】

鸰【lin˦】

凌【lin˦】

【凌云】lin˩ɦyən˦
【凌厉】lin˦li˩
【凌迟】lin˦zɥ˩
【凌乱】lin˦lø˩
【凌驾】lin˦tɕia˥˩
【凌空】lin˦kʻoŋ˥
【凌晨】lin˦zən˩

陵【lin˦】

【陵园】lin˦ɦiø˩
【陵墓】lin˦mo˩
【陵寝】lin˦tsʻin˥

聆【lin˦】

【聆听】lin˦tʻin˥

菱【lin˦】

【菱肉】lin˦ȵoʔ˧ 菱的果肉。
【菱壳】lin˦kʻoʔ˥ 菱果实的硬壳。
【菱角】lin˦koʔ˥ 旧时儿童玩具,车木成菱形圆柱体,下面有锥形铁尖。玩时,用绳子缠绕,摔转,使直立旋转。
【菱塘】lin˦dɑ̃˩ 种植菱的池沼。
【菱角燥】lin˦koʔ˥sæ˥˩ 农历八、九月,正值菱角上市时,特别干燥的天气。

棂【lin˦】

蛉【lin˦】

翎【lin˦】

【翎子】lin˦tsɿ˥˩
【翎毛】lin˦mæ˩

羚【lin˦】

【羚羊】lin˦ɦiɑ̃˩

绫【lin˦】

【绫子】lin˦tsɿ˥˩

【绫罗绸缎】lin˦ləu˩zʏ˦dø˩ 泛指丝织品。

零【lin˦】

【零头】lin˦dʏ˩
【零用】lin˦ɦioŋ˩
【零件】lin˦ʥiɪ˩
【零乱】lin˦lø˩
【零点】lin˦tiɪ˥
【零拷】lin˦k‘æ˥ 自备盛器，零买液体商品。
【零食】lin˦zəʔ˧
【零卖】lin˦mɑ˩ 零售。
【零星】lin˦sin˥
【零售】lin˦zʏ˩
【零碎】lin˦sE˥
【零汤团】lin˦t‘ɑ̃˥dø˩ 趣语。表示没有数量。
【零碎动】lin˦sE˥doŋ˩ 指发抖。
【零用铜钿】lin˦ɦioŋ˦doŋ˦diɪ˩ 零用钱。
【零打碎敲】lin˦tɑ̃˥sE˥k‘æ˥ 指以零零碎碎、断断续续的方式进行或处理。
【零里零碎】lin˦li˩lin˩sE˥ 细碎；琐碎。
【零拆碎卖】lin˦ʦ‘ɑʔ˥sE˥mɑ˩ 把原来成批的商品或整体性的东西，拆散或分解后零碎售出。
【零碎钞票】lin˦sE˥ʦ‘æ˥ p‘iæ˥ 币值小的钞票，与整笔钱相对。
【零碎铜钿】lin˦sE˥doŋ˦diɪ˩ 义同【零碎钞票】。
【零零落落】lin˦lin˦loʔ˧loʔ˧ 零落。
【零零碎碎】lin˦lin˦sE˥sE˥ 细碎；琐碎。
【零碎驳趸当】lin˦sE˥poʔ˥tən˥tɑ̃˥ 积聚零碎的东西，换取成批或完整的东西。

龄【lin˦】

lǐng

令【lin˩】另 líng；lìng。

岭【lin˩】

【岭南】lin˦nø˧

领【lin˨˧˩】

【领土】lin˨˧t‘əu˥˨
【领队】lin˨˧˩dE˨˧˩
【领头】（1）lin˨˧˩dY˨˧　带头。（2）lin˨˧dY˨˧˩　领子。
【领导】lin˨˧˩dæ˨˧˩
【领地】lin˨˧di˨˧˩
【领先】lin˨˧siɪ˥
【领空】lin˨˧k‘oŋ˥
【领取】lin˨˧˩ts‘y˥˨或lin˨˧˩ts‘i˥˨
【领事】lin˨˧zɿ˨˧˩
【领带】lin˨˧˩tɑ˥˨
【领结】lin˨˧tɕəʔ˥
【领盆】lin˨˧˩bən˨˧　佩服。
【领养】lin˨˧˩ɦiã˨˧˩
【领班】lin˨˧pE˥
【领袖】lin˨˧˩zY˨˧˩
【领唱】lin˨˧˩ts‘ɑ̃˦˩˨
【领教】lin˨˧˩tɕiæ˦˩˨
【领略】lin˨˧liɑʔ˧
【领情】lin˨˧˩zin˨˧
【领衔】lin˨˧˩ɦiɪ˨˧
【领域】lin˨˧ɦyəʔ˧
【领章】lin˨˧tsã˥
【领路】lin˨˧˩ləu˨˧˩
【领盟】lin˨˧bən˨˧　服了；佩服。亦作【领盆】。
【领罪】lin˨˧˩ZE˨˧˩
【领头羊】lin˨˧dY˨˧ɦiã˨˧˩　（一）羊群中领头的羊。（二）喻带头的人。
【领得来格】lin˨˧˩təʔ˥lE˨˧˩kəʔ˧　领来的；领养的。

lìng

另【lin˨˧˩】

【另外】lin˨˧˩ŋɑ˨˧˩
【另行】lin˨˧ɦin˨˧
【另有一功】lin˨˧ɦiY˨˧∅iəʔ˥koŋ˥˨　与别人不一样的手段或风格。
【另起炉灶】lin˨˧tɕi˥ləu˨˧tsæ˥˨
【另眼看待】lin˨˧ŋE˨˧k‘ø˥dE˨˧˩　用另一种眼光看待。多指看待某个人（或某种人）不同于一般。

令【lin˨˧˩】另见 líng；lǐng。

【令兄】lin˨˧ɕioŋ˥　敬辞。称对方的哥哥。
【令弟】lin˨˧di˨˧˩　敬辞。称对

方的弟弟。
【令妹】lin˦mE˨ 敬辞。称对方的妹妹。
【令郎】lin˦lã˨ 敬辞。称对方的儿子。
【令姐】lin˦tsi˩ 敬辞。称对方的姐姐。
【令爱】lin˦ØE˩
【令堂】lin˦dã˨
【令媛】lin˦nø˨
【令尊】lin˦tsən˥
【令箭】lin˦tsiI˩
【令行禁止】lin˨ɦin˦tɕən˩tsɥ˩

liū

溜【lY˥】

【溜冰】lY˥Pin˩
【溜尿】lY˥sɥ˥ 尿床。
【溜脱】lY˥t'əˀ˥ 溜掉。
【溜尿头】lY˥sɥ˥dY˨ 少量尿液的尿床。
【溜勒溜】lY˥ləˀ˧lY˥ 指寒酸相。
【溜之大吉】lY˥tsɥ˩da˨tɕəˀ˥

liú

刘【lY˦】

【刘海】lY˦hE˩
【刘阿斗】lY˦Øaˀ˥tY˩ 喻没有才能、勇气的人。

浏【lY˦】

【浏览】lY˨lE˨

留【lY˦】

【留心】lY˦sin˥
【留用】lY˦ɦioŋ˨
【留成】lY˦zən˦
【留存】lY˦zən˨
【留任】lY˦zən˨
【留守】lY˦sY˩ 留下来驻守。
【留步】lY˦bu˨
【留园】lY˦ɦiø˨ 苏州古典园林，建于明朝嘉靖年间，位于阊门外。
【留连】lY˨liI˨
【留级】lY˦tɕəˀ˥
【留言】lY˦ɦiI˧
【留饭】lY˨VE˨ 留客人用

餐。
【留念】lʏ˩ȵi˩或lʏ˧ȵi˩
【留学】lʏ˧ɦoʔ˧
【留待】lʏ˧dE˩
【留客】lʏ˧k'ɑʔ˥ 留住客人。
【留神】lʏ˧zən˩
【留洋】lʏ˧ɦiã˩
【留恋】lʏ˩li˩
【留难】lʏ˩nE˩
【留情】lʏ˧zin˧
【留宿】lʏ˧soʔ˥
【留职】lʏ˧tsəʔ˥
【留意】lʏ˧θi˦
【留一手】lʏ˧θiəʔ˥sʏ˦
【留一留】lʏ˧θiəʔ˥lʏ˩ 留一下。
【留头发】lʏ˧dʏ˧faʔ˥ (一)头发留起来。(二)形容头发较长的样子。
【留后手】lʏ˧ɦʏ˧sʏ˦
【留后路】lʏ˧ɦʏ˩ləu˩
【留尾巴】lʏ˧ȵi˧po˥
【留级坯】lʏ˧tɕəʔ˥p'E˦ 留级的人(含讽刺意)。
【留勒浪】lʏ˧ləʔ˧lɑ̃˩ 留下。
【留苏苏】lʏ˧tsəu˥səu˦ 蓄须。
【留辫子】lʏ˧bi˧tsɿ˦ 留下长发打成辫子。
【留有余地】lʏ˧ɦiʏ˩ɦʏ˧di˩ 留余地。
【留条后路】lʏ˧diæ˩ɦʏ˩ləu˩ 留后路。
【留得青山在,勿怕呒柴烧】lʏ˧təʔ˥ts'in˥sE˥zE˩,fəʔ˥p'o˧ m̩˧zɑ˧sæ˥ 俗语。喻只要保存自己,将来一定能东山再起。

流【lʏ˧】

【流亡】lʏ˧vɑ̃˩
【流火】lʏ˧həu˦
【流水】lʏ˧sʮ˦
【流气】lʏ˧tɕ'i˦
【流布】lʏ˧pu˦
【流生】lʏ˧sən˥ 中途退学的学生。
【流失】lʏ˧səʔ˥
【流产】lʏ˧ts'E˦ 小产。
【流传】lʏ˧zø˩
【流动】lʏ˧doŋ˩
【流红】lʏ˧ɦoŋ˧ 流血。
【流年】lʏ˧ȵi˩
【流向】lʏ˧ɕiɑ̃˦
【流行】lʏ˧ɦin˩

L

【流血】lY˧ɕyəʔ˥
【流芳】lY˧fɑ̃˥˩
【流利】lY˧li˩
【流连】lY˧li˩
【流沙】lY˧so˥
【流苏】lY˧səu˥
【流言】lY˧ɦi˩
【流畅】lY˧ʦ'ɑ̃˥˩
【流荡】lY˧dɑ̃˩
【流放】lY˧fɑ̃˥˩
【流氓】lY˧mɑ̃˩
【流质】lY˧ʦəʔ˥
【流注】lY˧ʦɥ˥˩　痈疽的一种。常生于小腿、腰部，较难治愈。
【流毒】lY˧doʔ˧
【流派】lY˧fa˥˩
【流品】lY˧p'in˥˩　上规矩的；雅致的。
【流星】lY˧sin˥
【流浪】lY˧lɑ̃˩
【流离】lY˧li˩
【流速】lY˧soʔ˥
【流通】lY˧t'oŋ˥
【流窜】lY˧ʦ'ø˥
【流弹】lY˧dE˩
【流寇】lY˧k'Y˥˩
【流淌】lY˧t'ɑ̃˥˩

【流域】lY˧ɦyəʔ˧
【流程】lY˧zən˩
【流落】lY˧loʔ˧
【流散】lY˧sE˥˩
【流播】lY˧pu˥˩
【流露】lY˧ləu˩
【流水席】lY˧sɥ˥ziəʔ˧
【流水线】lY˧sɥ˥si˧
【流水账】lY˧sɥ˥ʦɑ̃˧
【流火膀】lY˧həu˥p'ɑ̃˥˩　患有流火病的小腿。往往肿胀得厉害。
【流里流气】lY˧li˩lY˧ʨ'i˥˩　（一）轻浮油滑，不正派。（二）流氓习气。

琉【lY˧】

【琉璃】lY˧li˩

硫【lY˧】

【硫磺】lY˧ɦuɑ̃˩

馏【lY˧】

旒【lY˧】

骝【lʏ˦】

榴【lʏ˦】

镏【lʏ˦】

【镏金】lʏ˦tɕən˥

瘤【lʏ˦】

【瘤子】lʏ˦tsɿ˥˩

鎏【lʏ˦】

【鎏金】lʏ˦tɕən˥　把溶解在水银里的金子用刷子涂在器物表面,用来装饰器物。

liǔ

柳【lʏ˦】、【lʏ˥】

L

【柳丝】lʏ˥sɿ˥˩
【柳树】lʏ˥zʮ˩　吴地惯称【杨柳】ɦiã˦lʏ˥。
【柳条】lʏ˥diæ˩　(一)柳树的枝条。(二)评弹行话。三弦。(三)吴地惯称【杨柳条】ɦiã˦lʏ˥diæ˩。
【柳絮】lʏ˥si˥˩
【柳叶眉】lʏ˥ɦiəˀ˧mᴇ˩　指女子细长秀美的眉毛。简称【柳眉】lʏ˥mᴇ˩。
【柳叶琴】lʏ˥ɦiəˀ˧ʥən˦　弦乐器。外形像琵琶,比琵琶小,有四根弦。简称【柳琴】lʏ˥ʥən˩。
【柳条箱】lʏ˥diæ˦siã˨　用柳条编制的箱子。

绺【lʏ˦】

【绺绺乱】lʏ˦lʏ˦lø˩或lʏ˥lʏ˥lø˩　形容混乱;乱糟糟的。

liù

六【loˀ˧】中州韵【lʏ˩】另见lù。

【六艺】loˀ˧ŋ̍i˩
【六白】loˀ˧bɑˀ˧　评弹行话,指说书的六种语言表达形式,分为官白、私白、咕白、表白、衬白、托白。
【六甲】loˀ˧tɕiɑˀ˥
【六合】loˀ˧ɦəˀ˧

【六谷】loʔ˧koʔ˥ 玉米。

【六局】loʔ˧dʑioʔ˧ 旧时专为婚丧喜庆礼仪服务的六种职业。

【六亲】loʔ˧tsʻin˥

【六部】loʔ˧bu˩

【六畜】loʔ˧tsʻoʔ˥

【六根】loʔ˧kən˥

【六欲】loʔ˧ɦioʔ˧

【六朝】loʔ˧zæ˩

【六六顺】loʔ˧loʔ˧zən˩ 逢六的吉利语。

【六节头】loʔ˧tsiəʔ˥dɤ˩ (一)长了六个指头的手或脚。(二)有六指的人。

【六城门】loʔ˧zən˩mən˩ 指苏州六座城门。旧有六城门歌诀:一个姑娘本姓齐(齐门),春日无事上楼(娄门)去,手里托只盘(盘门),盘里一条絮(胥门),推开窗(阊门),望望对过傅(葑门)夹里。

【六斤四两】loʔ˧tɕən˥sɿ˥˧liã˥˩ 隐语:指人的头。

【六局鼓手】loʔ˧dʑioʔ˧kəu˥˩sɤ˥˩ 义见【六局】。

【六缸水浑】loʔ˧kã˥sʮ˥˩ɦuən˧ 喻糟糕。

【六脉调和】loʔ˧mɑʔ˧diæ˩ɦəu˩ 形容浑身舒服、舒心。

【六斤四两半】loʔ˧tɕən˥sɿ˥˧liã˥˩pø˧˦ 隐语。指人的头。

【六月债,还得快】loʔ˧ŋəʔ˧tsɑ˧˦,ɦuɛ˧təʔ˥kʻuɑ˧˦ 俗语。喻很快就得到报复。

【六月六,狗浴浴】loʔ˧ŋəʔ˧loʔ˧,kɤ˧˦hoʔ˥ɦioʔ˧ 吴俗,农历六月初六,家畜洗澡可防虱。

【六只眼睛拜堂】loʔ˧tsɑʔ˥ŋɛ˧tsin˥˩pɑ˥dã˩ 调侃语。指新娘子怀孕结婚。

【六扇头黑漆墙门】loʔ˧sø˥dɤ˩həʔ˥tsʻiəʔ˥ziã˧mən˩ 旧时指大户人家的前门。

【六十六,烧火勿发绿】loʔ˧zəʔ˧loʔ˧,sæ˥həu˥˩fəʔ˥faʔ˥loʔ˧ 俗语。旧时指人六十六岁,年事已高,做事已经不行了。

【六十年风水轮流转】loʔ˧səʔ˥ȵi˩foŋ˥sʮ˥˩lən˧lɤ˧tsø˥˩ 俗语。指世事不是一成不变的。

【六月勿热,五谷勿结】loʔ˧

ŋəʔ˧fəʔ˥ȵəʔ˧,Øəu˥koʔ˥fəʔ˥tɕəʔ˥ 谚语。指农历六月天气如果不热，那么庄稼就会歉收。

【六月里蛤蜊——开口臭】loʔ˧ŋəʔ˧li˨˩kəʔ˥li˨˩—k‘E˥k‘Y˥ts‘Y˥˨ 歇后语。指一开口说话就招人讨厌。

【六十岁死儿子——呒巴望】loʔ˧səʔ˥sE˥˩si˥˩ȵi˦tsɿ˥˩—m̩˦po˥mɑ̃˨˩ 歇后语。指没了指望。

【六十岁学打拳——学勿会】loʔ˧səʔ˥sE˥˩ɦoʔ˧tɑ̃˥˨dʑø˨˩—ɦoʔ˧fəʔ˥ɦuE˥˩ 歇后语。学不会。

【六十岁学吹打——学勿会】loʔ˧səʔ˥sE˥˩ɦoʔ˧ts‘ɥ˥tɑ̃˥˩—ɦoʔ˧fəʔ˥ɦuE˥˩ 学不会。

【六十岁嫁男人——独想吃】loʔ˧səʔ˥sE˥˩kɑ˥˨nø˦ȵən˨˩—doʔ˧siɑ̃˥˩tɕ‘əʔ˥ 歇后语。专想到吃（讥讽嘴馋）。

【六节头帮忙，越帮越忙】loʔ˧tsiəʔ˥dY˨˩pɑ̃˥mɑ̃˦,ɦyəʔ˧pɑ̃˥ɦyəʔ˧mɑ̃˦ 俗语。喻帮倒忙。

【六月里做亲——勿要面（棉）皮（被）】loʔ˧ŋəʔ˧li˨˩tsəu˥˨ts‘in˥—fəʔ˥Øiæ˥˨miɪ˦(miɪ˦)bi˨˩(bi˨˩) 歇后语。指不要脸皮。吴语中“棉被”与“面皮”谐音。

【六节头搔痒——加二讨好】loʔ˧tsiəʔ˥dY˨˩tsæ˥ɦiɑ̃˨˩—kɑ˥ȵi˨˩t‘æ˥˨hæ˥˩ 歇后语。指加倍地讨好、巴结。

【六月里着棉鞋——日（热）脚难过】loʔ˧ŋəʔ˧li˨˩tsɑʔ˥miɪ˦ɦɑ˨˩—ȵəʔ˧(ȵəʔ˧)tɕiɑʔ˥nE˦kəu˥˩ 歇后语。指日子难过。吴语中“日脚”即“日子”，“热脚”与“日脚”谐音。（一）日子不好过。（二）很难面对。

【六十六，棺材头上络勒络】loʔ˧zəʔ˧loʔ˧,kuØ˥zE˨˩dY˨˩lɑ̃˨˩loʔ˧ləʔ˧loʔ˧ 俗语。旧时指六十六岁，年事已高，离去世不远了。

【六十岁养儿子——气力大勿出】loʔ˧səʔ˥sE˥˩ɦiɑ̃˦ȵi˦tsɿ˥˩—tɕ‘i˥liəʔ˧dəu˨˩fəʔ˥ts‘əʔ˥ 歇后语。有力气使不出来。

陆【lɔʔ˧】另见 lù。

碌【lɔʔ˧】另见 lù。

遛【lY˥】

【遛狗】lY˥kY˅ 牵着狗到野外去散步。

溜【lY˥】另见 liū。

lo

咯【lo˩】另见 gē；kǎ。

lōng

隆【loŋ˧˥】另见 lóng。

lóng

龙【loŋ˧˥】

【龙门】loŋ˧˥mən˩ （一）山名。（二）地名。位于山西省河津县西北和陕西省韩城县东北，跨黄河两岸，形同门阙。（三）喻声望极高的人。

【龙井】loŋ˧˥tsin˅

【龙王】loŋ˧˥huɑ̃˩

【龙头】loŋ˧˥dY˩

【龙灯】loŋ˧˥tən˥

【龙舟】loŋ˧˥tsY˥

【龙床】loŋ˧˥zɑ̃˩ 皇帝用的床。

【龙廷】loŋ˧˥din˩ 皇帝正式办公的地方。

【龙体】loŋ˧˥t'i˅ 指皇帝的身体。

【龙宫】loŋ˧˥koŋ˥

【龙骨】loŋ˧˥kuəʔ˥

【龙泉】loŋ˧˥ziɪ˅ （一）地名。在浙江省，以产宝剑闻名。（二）指宝剑。

【龙虾】loŋ˧˥ɕia˥ 生于深海中的大型虾，有巨螯。

【龙洋】loŋ˧˥hiɑ̃˩ 清朝发行的带有龙的图案的银圆。

【龙钟】loŋ˧˥tsoŋ˅

【龙庭】loŋ˧˥din˩ 皇帝正式办公的地方。

【龙袍】loŋ˧˥bæ˩ 皇帝穿的礼服。

【龙套】loŋ˧˥t'æ˅

【龙船】loŋ˧˥zø˩

【龙眼】loŋ˧˥ŋɛ˩ 桂圆。

【龙颜】loŋ˧˥ŋɛ˩ 皇帝的面容。

【龙抬头】loŋ˩˧dE˩˧dY˧˩　吴俗，每年农历二月初二为龙抬头日。应景食品为油煎年糕，俗称撑腰糕。

【龙取水】loŋ˩˧tsʻi˥sɥ˥˨　指龙卷风从河海中卷起水柱。

【龙虎斗】loŋ˩˧həu˥˨tY˥˨

（一）喻势均力敌的对抗。

（二）食品。馄饨面。

【龙卷风】loŋ˩˧tɕø˥foŋ˥˨

【龙虎对】loŋ˩˧həu˥˨tE˥˨　吴俗结婚时，以红纸书写龙虎二字，分别粘贴在两边墙上。

【龙虎榜】loŋ˩˧həu˥˨pã˥˨　科举考试刊布得中者姓名的榜文。

【龙须面】loŋ˩˧si˥mi˧˩

【龙涎香】loŋ˩˧ɦii˦ɕiã˥　一种名贵香料。取自抹香鲸。

【龙生九种】loŋ˩˧sən˥ʥiY˥˨tsoŋ˥˨

【龙阳之宠】loŋ˩˧ɦiã˩˧tsɿ˥˨tsʻoŋ˥˨　男风。

【龙冠龙服】loŋ˩˧kuø˥˨loŋ˩˧voʔ˧　皇帝用的衣帽。

【龙门要跳，狗洞要钻】loŋ˩˧mən˧˩øiæ˦tʻiæ˦，kY˥˨doŋ˧˩øiæ˦tsø˥　指人能屈能伸。

【龙养龙，凤养凤，贼养儿子掘壁洞】loŋ˩˧ɦiã˧˩loŋ˩˧，voŋ˧˩ɦiã˧˩voŋ˧˩，zəʔ˧ɦiã˧˩ȵi˩˧tsɿ˥˨ʥyəʔ˧piəʔ˥doŋ˧˩　俗语。喻什么样人教养出什么样的子弟来（含封建血统论）。

茏【loŋ˩˧】

咙【loŋ˩˧】

珑【loŋ˩˧】

栊【loŋ˩˧】

胧【loŋ˩˧】

砻【loŋ˩˧】、【loŋ˧˩】

【砻糠】loŋ˩˧kʻã˥

【砻糠灰】loŋ˩˧kʻã˥huE˥˨　砻糠燃烧后的灰烬。

【砻糠间】loŋ˩˧kʻã˥kE˥˨　堆放砻糠的屋子。

【砻糠搓绳——起头难】lo˩˧kʻã˥tsʻəu˥zən˩˧—tɕʻi˦dY˩˧nE˩˧　歇后语。凡事起头难。

昽【loŋ˦】

聋【loŋ˦】

【聋鬔】loŋ˦bã˩ 聋子。

【聋鬔格耳朵——摆摆样】loŋ˦bã˩kəʔ˥ȵi˦təu˥—pɑ˥˩pɑ˥˩ɦiã˩ 歇后语。指装装样子。

【聋鬔听见，瞎子看见】loŋ˦bã˩t'in˥tɕi˥˩，haʔ˥tsɿ˥˩kuø˥tɕi˥˩ 趣语。指没有的事。

笼【loŋ˦】另见 lǒng。

【笼子】loŋ˦tsɿ˥˩

【笼头】loŋ˦dɤ˩

隆【loŋ˦】另见 lōng。

【隆冬】loŋ˦toŋ˥

【隆重】loŋ˩zoŋ˩

【隆隆】loŋ˩loŋ˩

窿【loŋ˦】

lǒng

陇【loŋ˩】

垄【loŋ˥˩】

【垄断】loŋ˦tø˥

拢【loŋ˦】、【loŋ˩】

【拢共】loŋ˦ɡoŋ˩

笼【loŋ˩】另见 lóng。

【笼络】loŋ˦loʔ˦或loŋ˦loʔ˦

【笼统】loŋ˦t'oŋ˥

【笼养】loŋ˦ɦiã˩ 用笼子饲养（宠物）。

【笼罩】loŋ˩tsæ˦

lòng

弄【loŋ˩】另见 nòng。

【弄堂】loŋ˦dã˩

【弄堂风】loŋ˦dã˦foŋ˥˩ 小巷子里的风。

【弄堂书】loŋ˦dã˦sɥ˥˩ 属于铺垫性质的评弹书目段落。

【弄堂房子】loŋ˦dã˦vã˩tsɿ˥˩

里弄房子。

【弄堂里拔木头——直拔直】loŋ˨˧dɑ̃˨˩li˨˩baʔ˥moʔ˧dY˨˩—zəʔ˧baʔ˧zəʔ˧ 歇后语。形容人憨直。

【弄堂里赶猪——直来直去】loŋ˨˧dɑ̃˨˩li˨˩kø˥˩tsʮ˥—zəʔ˧lE˨˩zəʔ˧tɕʻi˨˦ 歇后语。形容人脾气耿直,说话不绕弯子。

lōu

搂【lY˨˧】另见 lǒu。

【搂】lY˩ 吴语里有玩笑的意思。

【搂头】lY˩dY˩

【搂搂】lY˩lY˩ 开玩笑。

【搂白相】lY˨˧bəʔ˧siɑ̃˥˩ 开玩笑。

【搂认真】lY˨˧ȵən˨˧tsən˥˩ 起初是开玩笑,后来当起真来了。

【搂拨颠颠】lY˨˧pəʔ˥tiɪ˥tiɪ˥˩ 形容不太正经,常似开玩笑。

lóu

娄【lY˨˧】

偻【lY˨˧】

喽【lY˨˧】另见 lou。

【喽啰】lY˧ləu˩

楼【lY˨˧】

【楼顶】lY˨˧tin˥˩ 楼的顶部。

【楼层】lY˨˧zən˩

【楼板】lY˨˧pE˥˩

【楼房】lY˨˧vɑ̃˩

【楼阁】lY˨˧koʔ˥

【楼面】lY˨˧miɪ˩ 指楼房的层面。

【楼浪】lY˨˧lɑ̃˩ 楼上。

【楼梯】lY˨˧tʻi˥或ləu˨˧tʻi˥

【楼道】lY˨˧dæ˩

【楼窗】lY˨˧tsʻɑ̃˥ 楼上的窗户。

【楼下头】lY˨˧ɦo˨˧dY˩ 楼下。

【楼中间】lY˨˧tsoŋ˥kE˥˩ 楼上的正房。

【楼底下】lY˨˧ti˥ɦo˩ 楼下。

【楼浪楼下】lY˨˧lɑ̃˧lY˩ɦo˩ 楼上和楼下。

蝼【lY˦】

【蝼蚁】lY˦ȵi˨˩
【蝼蛄】lY˦kəu˥˩

髅【lY˦】

lǒu

搂【lY˩】另见 lōu。

篓【lY˩】

【篓子】lY˦tsɿ˥˩

lòu

陋【lY˩】

【陋习】lY˦ziə˧
【陋规】lY˦kuE˥
【陋俗】lY˦zoʔ˧

镂【lY˩】

【镂空】lY˦k'oŋ˥

瘘【lY˩】

【瘘管】lY˦kuø˥˩

漏【lY˩】

【漏勺】lY˦zoʔ˧
【漏风】lY˦foŋ˥
【漏斗】lY˦tY˥
【漏气】lY˩tɕ'i˦˨ (一)气体从充气物的缝隙中泄漏。(二)喻未婚先有性行为。
【漏电】lY˩di˨˩
【漏光】lY˦kuã˥ (一)感光材料(如胶片、感光纸等)由于封闭不严密而感光。(二)东西从孔或缝隙中完全流散失去。
【漏网】lY˩mã˨˩
【漏洞】lY˦doŋ˩
【漏壶】lY˦ɦəu˥
【漏脱】lY˩t'əʔ˥ 漏掉。
【漏窗】lY˦ts'ã˥
【漏落】lY˦loʔ˧ 漏掉;失落。
【漏税】lY˩sE˦˨
【漏馋】lY˦zE˩ (一)睡眠中流口水。(二)不自觉地流

L

口水（多指婴儿）。

【漏空皮鞋】lʏ˦k'oŋ˥bi˩ɦɑ˩ 皮制凉鞋。

露【ləu˩】另见 lù。

【露白】ləu˩bɑʔ˧

【露丑】ləu˩ʦ'ʏ˧

【露头】ləu˩dʏ˦

【露底】ləu˩ti˥

【露面】ləu˩mi˩

【露相】ləu˩siã˧

【露宿】ləu˦soʔ˥ 在野外睡觉。

【露眼】ləu˩ŋɛ˩ 被人看到（指重要的不宜被不相干的人看到的东西）。

【露富】ləu˩fu˧

【露口风】ləu˩k'ʏ˧foŋ˥ 说话中流露一点别人不知道的事情的话因。

【露马脚】ləu˩mo˦ʨiɑʔ˥

lou

喽【lø˩】另见 lóu。

lū

撸【ləu˥】

【撸脱】ləu˥t'əʔ˥ 撤去；揩除。

【撸撸】ləu˥ləu˥ 轻轻摩挲。

【撸台面】ləu˥tɛ˦mi˥ 把桌子上的一切收入囊中。

【撸顺毛】ləu˥zən˩mæ˦ 顺着对方的脾气或意思说好话。

【撸撸括括】ləu˥ləu˥kuaʔ˥kuaʔ˥ 把所有的收集起来。

【撸撸一掇锅】ləu˥ləu˥Øiəʔ˥təʔ˥kəu˥ 聚集起来一起拿掉。

噜【ləu˥】

【噜苏】ləu˥su˥

【噜里噜苏】ləu˥li˩ləu˥su˥ 啰唆。

【噜噜苏苏】ləu˥ləu˥su˥su˥ 啰唆。

【噜里不噜苏】ləu˥li˩pəʔ˥ləu˥su˥ 啰唆。

lú

卢【ləu˦】

芦【ləu˦】

【芦花】ləu˦ho˥
【芦苇】ləu˦ɦuE˩
【芦荡】ləu˦dã˩
【芦席】ləu˦ziəʔ˧
【芦根】ləu˦kən˥　芦苇的地下茎。
【芦粟】ləu˦so˥˩　一种形似芦苇、高粱的植物。其茎甜如甘蔗，可食。
【芦笙】ləu˦sən˥
【芦篾】ləu˦fi˥˩
【芦花鸡】ləu˦ho˥ɕi˥˩　毛色黑白相间似芦花的鸡。
【芦篾针】ləu˦fi˥tsən˥˩　编织品花纹似芦篾的棒针针法。
【芦花扫帚】ləu˦ho˥sæ˥tsʏ˥˩　用芦花制成的扫帚。
【芦席浪爬到地浪】ləu˦ziəʔ˧lã˩bE˦tæ˥˩di˦lã˩　喻差不多一样。

庐【ləu˦】

【庐山真面目】ləu˦sE˥tsən˥mi˩moʔ˧　庐山真面。喻事物的真相或人的本来面目。

垆【ləu˦】

炉【ləu˦】

【炉子】ləu˦tsɿ˥˩
【炉灶】ləu˦tsæ˥˩
【炉膛】ləu˦lã˩
【炉火纯青】ləu˦həu˥˩zən˦tsʻin˥

泸【ləu˦】

轳【ləu˦】

胪【ləu˦】

鸬【ləu˦】

【鸬鹚】ləu˦sɿ˥　吴语俗称【水老鸦】sɥ˦læ˦ho˩。

颅【ləu˦】

舻【ləu˦】

鲈【ləu˦】

lǔ

卤【ləu˩】

【卤水】ləu˦sʮ˥˩ 用盐水加五香或加酱油煮成的汁水。
【卤汁】ləu˦ʦəʔ˥ （一）用盐水加五香或加酱油煮成的汁水。（二）用卤汁煮。
【卤莽】ləu˥mɑ̃˩
【卤菜】ləu˦ʦʻᴇ˥˩
【卤鸭】ləu˦ʘaʔ˥ 卤制的食品鸭子。
【卤香瓜】ləu˦ɕiɑ̃˥ko˥˩ 用卤虾油腌制的初生的黄瓜。
【卤汁豆腐干】ləu˦ʦəʔ˥dʏ˦vu˦kø˥˩ 苏州特产，以甜卤汁烧制的小片油豆腐。

虏【ləu˥˩】

掳【ləu˥˩】

【掳掠】ləu˥˩liɑʔ˧
【掳得来】ləu˥˩təʔ˥lᴇ˩ 缴获得来。
【掳着一票】ləu˥˩zɑʔ˧ʘiəʔ˥pʻiæ˦ 获得、赚取一笔好处。

鲁【ləu˦】【ləu˥】

【鲁莽】ləu˥mɑ̃˩

橹【ləu˦】

【橹人头】ləu˦ɳ̍ən˦dʏ˩ 安在船艄边上前端呈圆球形的短铁柱。摇橹时将橹上的洞眼搁在圆球上，橹可以前后左右灵活转动。
【橹绷头】ləu˦ʘɑ̃˥dʏ˩ （一）橹上搁橹人头的圆洞。（二）指作为食品的猪的肛门。
【橹绷绳】ləu˦ʘɑ̃˥zən˩ 连结橹与船的绳索。一头固定在船上，另一头连结风圈套在橹柄上。

L

lù

六【lo?˧】中州韵【lY˩】另见 liù。

角【lo?˧】

【角直】lo?˧zə?˧　地名。在江苏省苏州西南。

【角直老卜】lo?˧zə?˧læ˩bo?˧　酱菜。苏州角直著名土特产，腌制的萝卜。

陆【lo?˧】另见 liù

【陆个】lo˦kə?˥　哪一个？或读成no˦kə?˥

【陆地】lo?˧di˩

【陆军】lo?˧tɕyən˥

【陆运】lo?˧ɦyən˩

【陆星】lo˦sin˥　哪一些？或读成no˦sin˥。

【陆顾】lo?˧kəu˥　哪一个？哪一位？

【陆续】lo?˧zo?˧

【陆搭】lo˦ta?˥　哪里？或读成no˦ta?˥。

【陆道】lo?˧dæ˩　旱路。

【陆路】lo?˧ləu˩

【陆墓火着——谣（窑）言（烟）】lo?˧m̩˩həu˦za?˧—ɦiæ˦(ɦiæ˦)ɦi˩(Øi˥)　歇后语。指没有事实根据的消息（陆墓多窑，吴语“窑烟”与“谣言”谐音）。

【陆墓大乡绅——瓦老爷】lo?˧m̩˩dəu˦ɕiã˥sən˥—ŋo˦læ˦ɦiɑ˩　歇后语。瓦老爷指反应滞缓的人（陆墓多砖瓦窑）。

【陆稿荐格酱肉，水凼里窦过亦鲜格】lo?˧kæ˥tsi˥kə?˥tsiã˥ɲo?˧—sɥ˦dã˩li˩də?˧kəu˥ɦa?˧si˥kə?˥　俗语。（陆稿荐，苏州熟食老店，以酱肉、酱鸭等卤菜驰名中外。）讥讽迷信名牌，不讲究实际。

录【lo?˧】

【录用】lo?˧ɦioŋ˩

【录供】lo?˧koŋ˥

【录取】lo?˧ts'i˥

【录制】lo?˧tsɥ˥

【录音】lo?˧Øin˥

【录像】loʔ˧ziã˨˩
【录口供】loʔ˧k'Y˦koŋ˥ 录供。
【录音机】loʔ˧θin˥tɕi˥˩
【录笔据】loʔ˧piəʔ˥tɕy˥ 写下作为凭证的文字。

赂【ləu˨˩】

鹿【loʔ˧】

【鹿角】loʔ˧koʔ˥
【鹿茸】loʔ˧zoŋ˨˩
【鹿鞭】loʔ˧pii˥ 雄鹿的生殖器。作中药材。
【鹿死谁手】loʔ˧sɿ˥˩zuE˨˩sY˥˩

绿【loʔ˧】另见lǜ。

【绿林】loʔ˧lin˨˩

禄【loʔ˧】

【禄位】loʔ˧ɦuE˨˩
【禄命】loʔ˧min˨˩ 指人一生在俸禄和官职上的命运。

碌【loʔ˧】

【碌乱】loʔ˧lø˨˩ （一）形容事务繁杂。（二）乱七八糟。
【碌碌】loʔ˧loʔ˧
【碌杂乱】loʔ˧zaʔ˥lø˨˩ 乱纷纷。
【碌碌乱】loʔ˧loʔ˧lø˨˩ 乱七八糟。
【碌乱三千】loʔ˧lø˨˩sE˥ts'i˥˩ （一）形容事务繁杂混乱。（二）乱七八糟。
【碌乱无章】loʔ˧lø˨˩vu˨˩tsã˥ 义同【碌乱三千】。

路【ləu˨˩】

【路】ləu˨˩ 纹路。
【路子】ləu˦tsɿ˥˩
【路口】ləu˦k'Y˥˩
【路上】ləu˦lã˨˩
【路灯】ləu˦tən˥
【路考】ləu˦kæ˥˩
【路过】ləu˦kəu˥
【路角】ləu˦koʔ˥ 人品（多指坏的）。
【路况】ləu˦huã˥˩

【路段】ləu˧dø˩
【路径】ləu˧tɕən˥
【路面】ləu˧miɪ˩
【路基】ləu˧tɕi˥
【路梯】ləu˧t'i˥　楼梯。
【路祭】ləu˧tsi˥˩
【路程】ləu˧zən˩
【路道】ləu˧dæ˩　(一)门路。(二)缘由;动机。
【路路】ləu˧ləu˩　(一)纹路。(一)每条路。
【路牌】ləu˧ba˩
【路数】ləu˧səu˥˩
【路障】ləu˧tsã˥
【路口头】ləu˧kʏ˥dʏ˩　路口;路边。
【路角刺】ləu˧koʔ˥ts'ɿ˥˧　形容心术不正,人品差。
【路角侧】ləu˧koʔ˥tsəʔ˥　义同【路角刺】。
【路旁边】ləu˧bã˧piɪ˥˩　路边。
【路倒尸】ləu˧tæ˥sʮ˥˩　倒在路边的死尸。
【路道粗】ləu˧dæ˩ts'əu˥　形容门路多。
【路路反】ləu˧ləu˧fɛ˥˩　形容到处都谈论得十分热闹。
【路路通】ləu˧ləu˧t'oŋ˥˩　(一)一种中药材,果实的圆球形壳上面布满蜂窠状小孔。(二)喻门路极多。
【路头菩萨】ləu˧dʏ˩bu˧saʔ˥　财神。
【路远迢迢】ləu˧ɦiø˧diæ˩diæ˩　形容行程很远。
【路柳墙花】ləu˧lʏ˥ziã˧ho˥　喻不正经的女人。
【路隔千里】ləu˧kaʔ˥t'iɪ˥liɪ˩　形容距离有千里之远。
【路是弯格,理是直格】ləu˩zɿ˥˩ʊuɛ˥kəʔ˥,li˥˩zɿ˥˩zəʔ˧kəʔ˥　俗语。指理是不可更改的。
【路要一步一步走,饭要一口一口吃】ləu˩ʊiæ˧ʊiəʔ˥bu˩ʊiəʔ˥bu˩tsʏ˥˩,vɛ˩ʊiæ˧ʊiəʔ˥k'ʏ˥˩ʊiəʔ˥k'ʏ˥˩tɕ'əʔ˥　喻做事要循序渐进,不可急躁。

箓【loʔ˧】

漉【loʔ˧】

【漉台】loʔ˧dɛ˩　茶馆中放茶

具的长条桌子。

辘【loʔ˧】

戮【loʔ˧】

潞【ləu˩】

璐【ləu˩】

簏【loʔ˧】

鹭【ləu˩】

【鹭鹚鸟】ləu˧sɿ˥tiæ˧ 白鹭。

【鹭鹚脚】ləu˧sɿ˥tɕiɑʔ˥ 白鹭的脚，细而长。喻人脚长。

麓【loʔ˧】

露【ləu˩】另见 lòu。

【露水】ləu˧sʮ˩

【露天】ləu˧tʻiɪ˥

【露台】ləu˧dE˩

【露骨】ləu˧kuəʔ˥

【露宿】ləu˧soʔ˥

【露眼】ləu˩ŋE˩ 不该被人看到的，被人看到了。

【露营】ləu˧ɦin˩

【露头角】ləu˩dY˧koʔ˥

【露水夫妻】ləu˧sʮ˥fu˥tsʻi˩ 姘居。

【露水鸳鸯】ləu˧sʮ˥ʘiø˥ɦiã˩ 姘居。

lǘ

驴【li˧】文读【ly˧】

【驴子】li˧tsɿ˩

【驴皮膏】li˧bi˧kæ˩

闾【li˧】文读【ly˧】

榈【li˧】文读【ly˧】

lǚ

吕【li˧】文读【ly˧】

【吕宋帽】li˧soŋ˥mæ˩ 一种没有鸭舌头的软帽子，顶部中央有一小段用于脱帽的布绳。

侣【li˧】文读【ly˧】

捋【ləˀ˦】另见 luō。

【捋下来】ləˀ˦ɦo˩lɛ˩ 用手指顺着抹下去。

【捋胡子】ləˀ˦ɦəu˦tsɿ˥ 用手梳理胡子。

【捋胡苏】ləˀ˦ɦəu˦su˥ 义同【捋胡子】。

【捋苏苏】ləˀ˦tsəu˥su˥ 义同【捋胡子】。

旅【li˦】文读【ly˦】

【旅伴】li˦bø˩

【旅居】li˦tɕy˥

【旅费】li˦fi˥

【旅客】li˦k'ɑˀ˥

【旅途】li˦dəu˩

【旅馆】li˦kuø˥

【旅程】li˦zən˩

【旅游】li˦ɦiʏ˦

【旅行社】li˦ɦin˦zo˩或li˦ɦin˦zʏ˩

铝【li˦】文读【ly˦】

偻【lʏ˦】文读【ly˦】

屡【li˩】文读【ly˩】

【屡次】li˩ts'ɿ˥

【屡屡】li˩li˩

【屡见不鲜】li˩tɕi˦pəˀ˥si˥

【屡教不改】li˩tɕiæ˦pəˀ˥kɛ˥

缕【lʏ˦】文读【ly˦】

【缕析】lʏ˦siəˀ˥

【缕缕乱】lʏ˥lʏ˥lø˩ 混乱不清。

膂【li˦】文读【ly˦】

【膂力】li˩liəˀ˦

褛【lʏ˦】文读【ly˦】

履【li˩】

【履历】li˩liəˀ˦

【履任】li˩zən˩

【履行】li˩ɦin˦

【履约】li˩ɦiɑˀ˥

lǜ

律【liəʔ˧】

【律己】liəʔ˧tɕi˥
【律令】liəʔ˧lin˩
【律师】liəʔ˧sɿ˥
【律条】liəʔ˧diæ˩
【律法】liəʔ˧faʔ˥ 法律。
【律例】liəʔ˧li˩ 法律的条文。
【律诗】liəʔ˧sʮ˥

虑【li˩】 文读【ly˩】

菉【loʔ˧】

率【liəʔ˧】 另见 shuài。

绿【loʔ˧】另见 lù。

【绿卡】loʔ˧k'ɑ˥
【绿灯】loʔ˧tən˥
【绿地】loʔ˧di˩
【绿豆】loʔ˧dY˩
【绿肥】loʔ˧vi˩
【绿茶】loʔ˧zo˩
【绿洲】loʔ˧tsY˥
【绿兮兮】loʔ˧ɕi˥ɕi˥ 形容绿色的。
【绿头巾】loʔ˧dY˩tɕən˥
【绿汪汪】loʔ˧ɦuã˥ɦuã˥ 形容绿色的。
【绿豆汤】loʔ˧dY˩t'ã˥ 用绿豆、糖加水烧制的汤。
【绿豆芽】loʔ˧dY˩ŋɑ˩ 绿豆人工发芽后制成的蔬菜。
【绿豆烧】loʔ˧dY˩sæ˥ 一种药酒。即五茄皮药酒。
【绿豆痘】loʔ˧dY˩tsi˥ 一种毒疮。
【绿豆粥】loʔ˧dY˩tsoʔ˥ 用绿豆和糯米熬的粥。
【绿豆糕】loʔ˧dY˩kæ˥
【绿油油】loʔ˧ɦiY˩ɦiY˩
【绿帽子】loʔ˧mæ˩tsɿ˥ 绿头巾。
【绿莹莹】loʔ˧ɦin˧ɦin˩
【绿毛乌龟】loʔ˧mæ˩∅əu˥tɕy˥ 江苏苏州常熟的特产龟。身上长满形似绿色长毛的苔鲜的乌龟。

氯【loʔ˧】

滤【li˩】 文读【ly˩】

luán

峦【lø˦】

娈【lø˦】

孪【lø˦】

【孪生】lø˦sən˥

栾【lø˦】

挛【lø˦】 中州韵【liø˦】

鸾【lø˦】

【鸾凤】lø˦voŋ˩

脔【lø˦】 文读【liø˦】

圞【lø˦】

滦【lø˦】

銮【lø˦】

【銮驾】lø˦tɕia˧

luǎn

卵【ləu˧】

【卵子】ləu˦tsɿ˥

【卵生】ləu˦sən˥

【卵巢】ləu˦zæ˦

luàn

乱【lø˩】

【乱用】lø˦ɦioŋ˩ 胡乱使用。

【乱吃】lø˦tɕʰəʔ˥ 任意、随便、粗鲁地吃东西。

【乱伦】lø˩lən˦

【乱世】lø˦sɥ˧

【乱来】lø˦lE˩ 胡来。

【乱说】lø˦səʔ˥ 胡说。

【乱真】lø˦tsən˥

【乱头发】lø˦dɣ˦faʔ˥ （一）指理发剪下来的碎发。（二）喻事态繁纷混乱，难以理出头绪。

【乱使拳】lø˦sɿ˥dʑiø˩ 没有套路，乱打的拳头。

【乱纷纷】lø˦fən˥fən˧

【乱哄哄】lø˦hoŋ˥hoŋ˧

【乱砖头】lø˦tsø˥dɣ˩ 乱七

八糟的碎砖块。
【乱糟糟】lø˨˦tsæ˥˥tsæ˨˩
【乱吃乱用】lø˨˦tɕʻə˥˥lø˦˦ɦioŋ˨˩
无计划、无节制地花钱吃用。
【乱话三千】lø˨˩ɦo˨˩sᴇ˥˥tsʻii˨˩
形容胡说八道。
【乱点鸳鸯谱】lø˨˦tii˨˩θiø˥˥θiã˥˥pʻu˨˩ 语出《今古奇观》中《乔太守乱点鸳鸯谱》。引申为不顾客观意愿,任意配套组合。

lüě

掠【liɑʔ˧】另见 lüè。

lüè

掠【liɑʔ˧】另见 lüě。

【掠】liɑʔ˧ 用刮、舀、批等方法轻轻取去液体浮面的东西。
【掠夺】liɑʔ˧dəʔ˧
【掠美】liɑʔ˧mᴇ˨˩
【掠取】liɑʔ˧tsʻi˨˩
【掠影】liɑʔ˧θin˨

略【liɑʔ˧】

【略为】liɑʔ˧ɦuᴇ˨˩
【略略】liɑʔ˧liɑʔ˧

lūn

抡【lən˨˦】另见 lún。

lún

仑【lən˨˦】

伦【lən˨˦】

【伦比】lən˨˦pi˨˩
【伦常】lən˨˦zã˨˩
【伦理】lən˨˦li˨˩

论【lən˨˦】另见 lùn。

抡【lən˨˦】另见 lūn。

岺【lən˨˦】

囵【lən˨˦】

沦【lən˨˦】

【沦亡】lən˨˩mã˨˩
【沦丧】lən˨˩sã˨˩
【沦陷】lən˨˦ɦii˨˩
【沦落】lən˨˦loʔ˧

纶【lən˧˥】另见 guān。

【纶】lən˧˥　缝纫。

【纶两针】lən˧˥liã˧˥ʦən˥˩　缝几针。

【纶起来】lən˧˥ʨʻi˥lᴇ˩　缝起来。

【纶纶没】lən˧˥lən˧˥məˀ˧　把缝隙的地方都缝住。

【纶没脱】lən˧˥məˀ˧təˀ˥　义同【纶纶没】。

轮【lən˧˥】

【轮训】lən˧˥ɕʏən˥˩

【轮回】lən˧˥ɦuᴇ˩

【轮机】lən˧˥ʨi˥

【轮奸】lən˧˥ʨiɪ˥或lən˧˥kᴇ˥

【轮休】lən˧˥ɕiʏ˥

【轮空】lən˧˥kʻoŋ˥

【轮胎】lən˧˥tʻᴇ˥

【轮班】lən˧˥ɓᴇ˥

【轮流】lən˧˥lʏ˩

【轮唱】lən˧˥ʦʻɑ̃˥˩

【轮船】lən˧˥zø˩

【轮盘】lən˧˥bø˩　轮子。

【轮着】lən˧˥zɑˀ˧　轮到。

【轮番】lən˧˥fᴇ˥

【轮换】lən˧˥ɦuø˩

【轮渡】lən˧˥dəu˩

【轮椅】lən˧˥θi˥˩

lùn

论【lən˩】另见 lún。

【论文】lən˧˥vən˩

【论处】lən˩ʦʻɥ˥˩

【论坛】lən˧˥dᴇ˩

【论证】lən˩ʦən˥˧˥

【论述】lən˧˥zəˀ˧

【论点】lən˧˥tiɪ˥˩

【论战】lən˧˥ʦø˥˩

【论调】lən˧˥diæ˩

【论断】lən˧˥tø˥˩

【论理】lən˩li˩

【论罪】lən˩zᴇ˩

【论千上万】lən˩ʦʻiɪ˥zɑ̃˩vᴇ˩　形容数量极多。也说成【论百上千】lən˧˥ɓɑˀ˥zɑ̃˩ʦʻiɪ˥。

luō

捋【ləˀ˧】另见 lǚ。

【捋下去】ləˀ˧ɦo˩ʨʻi˥˩　用手握住条状物向下滑动。

【捋上来】ləˀ˧zɑ̃˩lᴇ˦　用手握

住条状物向上滑动。

【捋袖子管】lə̆ʔ˧zY˦ʦ˥˩kuø˥˩　用手握住手臂上的袖子，向上或向下滑动。

啰【ləu˥】另见 luó；luo。

【啰唆】ləu˥səu˥˩

【啰里百唆】ləu˥li˩pɑʔ˥səu˥˩　（一）啰唆。（二）琐碎（物件）。

【啰里啰唆】ləu˥li˩ləu˥səu˥˩　义同【啰里百唆】。

【啰里不啰唆】ləu˥li˩pə̆ʔ˥ləu˥səu˥˩　义同【啰里百唆】。

落【lɑʔ˧】另见 là；lào；luò。

luó

罗【ləu˦】

【罗汉】ləu˦hø˥˩

【罗列】ləu˦liə̆ʔ˧

【罗网】ləu˦mɑ̃˩

【罗唣】ləu˦zæ˩

【罗汉果】ləu˦hø˥kəu˥˩

【罗汉松】ləu˦hø˥soŋ˥˩　松的一种。属亚乔木。高数丈，叶狭长互生，花单性，果实红色，如豌豆大，形似罗汉所穿之袈裟。

【罗汉钱】ləu˦hø˥ziɪ˩　清朝康熙时铸的钱。为康熙皇帝六十大寿祝寿铸造。

【罗汉堂】ləu˦hø˥dɑ̃˩　庙里供奉罗汉的殿宇。

【罗圈腿】ləu˦ʨʻiø˥tʻE˥˩

【罗汉斋观音】ləu˦hø˥˩ʦɑ˥kuø˥ɵin˥˩　指多人请一人吃饭。

【罗汉勿吃荤，带毛猪头囫囵吞】ləu˦hø˥˩fə̆ʔ˥ʨʻə̆ʔ˥huən˥，tɑ˥mæ˩ʦɥ˥dY˩ɦuə̆ʔ˧lən˩tʻən˥　俗语。讥讽口是心非者。

㑩【ləu˦】

萝【ləu˦】

【萝卜】læ˦boʔ˧

【萝卜干】læ˦boʔ˧kø˥˩　用萝卜腌制、晒干而成的酱菜。

【萝卜干饭】læ˦boʔ˧kø˥vE˩　喻学徒或学习期间的艰辛生

活。

【萝卜丝饼】læ˦bo˥˧˦sɿ˥pin˥˩ 萝卜丝馅的油炸面食点心。

【萝卜丝铇】læ˦bo˥˧˦sɿ˥bæ˨˩ 刨萝卜丝的工具。

【萝卜烧萝卜】læ˦bo˥˧˦sæ˥ æ˦bo˥˧˦ 喻差不多;没有什么改变。

【萝卜勿当青菜】læ˦bo˥˧˦fə˥˧˥ tã˥˩tsʻin˥tsʻɛ˥˩ 喻指轻视。

【萝卜青菜,各人所爱】læ˦bo˥˧˦tsʻin˥tsʻɛ˥˩,ko˥˧˥ŋ̍ən˦ səu˥˩∅ɛ˦ (一)指各人口味不同。(二)喻各人兴趣爱好各异。

【萝卜突勒油缸里——多少捞着点】læ˦bo˥˧˦də˥˧˦lə˥˧˦ɦiɤ˦kã˥li˨˩—təu˥sæ˥˩læ˥˩zɑ˥˧˦ti˥˩ 歇后语。或多或少可以沾到些(便宜)。

啰【ləu˦】另见 luō。

【啰唣】ləu˦zæ˨˩

逻【ləu˦】

【逻辑】ləu˦tsʻiə˥˧˥

脶【ləu˦】

猡【ləu˦】

椤【ləu˦】

锣【ləu˦】

【锣鼓】ləu˦kəu˥˩

【锣鼓家生】ləu˦kəu˥˩kɑ˥ sã˥˩ 锣鼓等乐器。

【锣鼓勿敲勿响,蜡烛勿点勿亮】ləu˦kəu˥˩fə˥˧˥kʻæ˥fə˥˧˥ ɕiã˥˩,la˥˧˦tso˥˧˥fə˥˧˥ti˥˩fə˥˧˥ iã˨˩ 俗语。喻某些人必须施加压力才能顺从。

【锣鼓勿敲勿响,闲话勿说勿明】ləu˦kəu˥˩fə˥˧˥kʻæ˥fə˥˧˥ ɕiã˥˩,ɦɛ˦ɦo˨˩fə˥˧˥sə˥˧˥fə˥˧˥ min˦ 俗语。喻只有加强沟通交流,让人说话,才能明了是非曲直。

箩【ləu˦】

【箩筐】ləu˦kʻuã˥

【箩里拣花,拣得眼花】ləu˦li˨˩

kɛ˥˩ho˥,kɛ˥˩təʔ˥˧ŋɛ˧˩ho˥ 喻东西多,越挑选,越分不清优劣。

骡【ləu˨˧】

【骡子】ləu˨˧tsɿ˥˩

螺【ləu˨˧】

【螺丝】ləu˨˧sɿ˥
【螺纹】ləu˨˧vən˩
【螺钿】ləu˨˧di˩
【螺旋】ləu˨˧zi˩
【螺蛳】ləu˨˧sɿ˥
【螺丝钉】ləu˨˧sɿ˥tin˥˩
【螺丝攻】ləu˨˧sɿ˥koŋ˥˩
【螺丝帽】ləu˨˧sɿ˥mæ˩
【螺旋桨】ləu˨˧zi˨˧tsiã˦
【螺蛳壳里做道场】ləu˨˧sɿ˥k'oʔ˥li˩tsəu˦dæ˨˧zã˩ 喻在狭小、拥挤的地方做事。也喻小地方办大事。

luǒ

裸【ləu˨˧】

【裸体】ləu˨˧t'i˥˩
【裸露】ləu˨˧ləu˩

luò

荦【loʔ˧】

洛【loʔ˧】

骆【loʔ˧】

【骆驼】loʔ˧dəu˩ (一)哺乳动物。身体高大,背上有驼峰,蹄扁平,蹄底有肉质的垫,适于在沙漠中行走。有双重眼睑,不怕风沙。能反刍,有高度耐饥渴的能力。嗅觉灵敏,能嗅出远处的水源,又能预感大风的到来。供骑乘或运货,是沙漠地区主要的力畜。(二)喻食量特别大的人。
【骆驼担】loʔ˧dəu˩tɛ˦ 形似骆驼的担子。除备炉子、锅镬和各种佐料外,还储有碗匙等餐具。小贩用于上街卖糖粥、小馄饨等点心。
【骆驼绒】loʔ˧dəu˩ȵoŋ˩

络【lɔʔ˧】

【络纱】lɔʔ˧so˥
【络绎】lɔʔ˧θiə˧
【络上络下】lɔʔ˧zɑ̃˩lɔʔ˧ɦo˩ 爬上爬下。
【络来络去】lɔʔ˧lɛ˧lɔʔ˧tɕʻi˥˩ 爬来爬去。

烙【lɔʔ˧】

落【lɔʔ˧】 另见 là；lào；luō。

【落马】lɔʔ˧mo˩
【落山】lɔʔ˧sɛ˥ 指（夕阳）西下。
【落乡】lɔʔ˧ɕiɑ̃˥
【落水】lɔʔ˧sɥ˥˩
【落发】lɔʔ˧faʔ˥
【落市】lɔʔ˧zɿ˩
【落成】lɔʔ˧zən˩
【落地】lɔʔ˧di˩
【落后】lɔʔ˧ɦY˩
【落网】lɔʔ˧mɑ̃˩
【落伍】lɔʔ˧ɦəu˩
【落谷】lɔʔ˧koʔ˥ 下谷种。
【落空】lɔʔ˧kʻoŋ˥
【落实】lɔʔ˧zəʔ˧
【落拓】lɔʔ˧tʻɔʔ˥
【落雨】lɔʔ˧ɦY˩ 下雨。
【落差】lɔʔ˧tsʻɑ˥
【落草】lɔʔ˧tsʻæ˥˩
【落选】lɔʔ˧sii˥˩
【落笔】lɔʔ˧ɓiə˥
【落荒】lɔʔ˧huɑ̃˥
【落难】lɔʔ˧nɛ˩
【落套】lɔʔ˧tʻæ˦
【落秧】lɔʔ˧θiɑ̃˥ 下秧。
【落座】lɔʔ˧zəu˩
【落得】lɔʔ˧təʔ˥
【落第】lɔʔ˧di˩
【落脚】lɔʔ˧tɕɑʔ˥ （一）临时停留或暂住。（二）挑剩下来的。
【落雪】lɔʔ˧siəʔ˥ 下雪。
【落落】lɔʔ˧lɔʔ˧
【落款】lɔʔ˧kʻuø˥˩
【落幕】lɔʔ˧mo˩
【落膘】lɔʔ˧ɓiæ˥
【落槽】lɔʔ˧zæ˨ 榫头放入卯眼安好。
【落魄】lɔʔ˧ɓʻə˥或lɔʔ˧tʻɔʔ˥
【落篷】lɔʔ˧boŋ˨ 下篷。喻收场、结束。

【落水狗】lo?˧sɥ˥˩kʏ˥˩

【落水鬼】lo?˧sɥ˥˩tɕy˥˩ 溺死鬼。

【落地价】lo?˧di˩ka˥˩ 一件商品支付所有费用的总数。

【落冰雹】lo?˧pin˥bæ˩ 下冰雹。

【落汤鸡】lo?˧t'ã˥tɕi˥˩

【落格病】lo?˧kə?˥bin˩ 留下的病。

【落席柴】lo?˧ziə?˧za˩ 指乱七八糟,不成样子。

【落梁老】lo?˧liã˩læ˩ 缩脚韵。原是"鼠"字,与"痴"谐音。指思维不正常的人。

【落地长窗】lo?˧di˩zã˧ts'ã˥ 下端直到地面,高而长的窗子。

【落花流水】lo?˧ho˥lʏ˧sɥ˥˩

【落雨湿踢遢】lo?˧ɦʏ˩sə?˥t'iə?˥t'a?˥ 形容下雨天,地湿路滑,行动不便。

【落水鬼骗上岸】lo?˧sɥ˥˩tɕy˥˩p'i˧zã˩ŋø˩ 俗语。喻受骗上当,后悔已迟。

【落水牌位——色(湿)鬼】lo?˧sɥ˥˩ba˧ɦuE˩—sə?˥(sə?˥)tɕy˥˩ 歇后语。指好色之徒。

【落雪勿冷烊雪冷】lo?˧siə?˥fə?˥lã˩ɦiã˧siə?˥lã˩ 俗语。相对而言,化雪天气比下雪天气更冷些。

【落过雨撑伞——马后炮】lo?˧kəu˥˩ɦʏ˩ts'iã˥sE˧—mo˧ɦʏ˧p'æ˥˩ 歇后语。喻不及时的举措。

【落花有意,流水无情】lo?˧ho˥ɦiʏ˩Øi˧,lʏ˧sɥ˥˩vu˩zin˧ 喻一方有情,另一方无意。

【落过雨送簑衣——马后炮】lo?˧kəu˥˩ɦʏ˩soŋ˧səu˥Øi˥˩—mo˧ɦʏ˧p'æ˥˩ 义同【落过雨撑伞——马后炮】。

【落雨勿爬高墩,穷人勿攀高亲】lo?˧ɦʏ˩fə?˥bo˧kæ˥tən˥˩,dʑioŋ˧ɲ̍ən˩fə?˥pE˥kæ˥ts'in˥˩ 俗语。喻指不要跟社会地位比自己高的人结成亲戚。

【落雨落勒荒田里,烧香烧勒枯庙里】lo?˧ɦʏ˩lo?˧lə?˧huã˥di˩li˩,sæ˥ɕiã˥˩sæ˥lə?˧k'əu˥miæ˥li˩ 歇后语。(一)喻劲儿使的不是地方。(二)喻好的东西没有得到好的归宿。

【落雪落雨狗欢喜，麻雀肚里一包气】loʔ˧siəʔ˥loʔ˧ɦy˩ky˦huø˥ɕi˨，mo˧tsʻiɑʔ˥də u˩li˩øiəʔ˥pæ˥tɕʻi˨　俗语。狗喜欢雨雪天气，麻雀却因无法觅食而不高兴。

luo

啰【loʔ˧】、【lo˩】 另见 luō；luó。

M

m̄

姆【m̩˥】中州韵【məu˥】另见 mǔ。

【姆妈】m̩˥mɑ˩ 母亲。

【姆嫚】m̩˧mᴇ˧ （一）伯母。（二）尊称年长的已婚妇女。

ḿ

呒【m̩˧】

【呒不】m̩˧pəʔ˥ 没有。

【呒啥】m̩˧sɑ˩ （一）没有什么。（二）好的；没有什么可批评的。

【呒料】m̩˧liæ˩ 不能把握自己的行为（多指糟蹋东西、乱花钱）。

【呒趣】m̩˧tsʻi˩ 没趣。陷入尴尬。也说成【呒趣相】m̩˧tsʻi˥siã˩。

【呒大小】m̩˧dəu˧siæ˩ （一）不分大小，一律平等。（二）没大没小，指不懂尊重长辈。

【呒不啥】m̩˧pəʔ˥sɑ˧ （一）没有什么。（二）前缀词。表示不可能有。也说成【呒不啥人家】m̩˧pəʔ˥sɑ˥ɲ̍ən˧kɑ̃。

【呒心相】m̩˧sin˥siã˩ 没有这份心思。

【呒不用】m̩˧pəʔ˥ɦioŋ˩ 没有用。

【呒不种】m̩˧pəʔ˥tsoŋ˩ 没有胆量。

【呒长性】m̩˧zã˧sin˩ 不能坚持做某件事情的性子。

【呒介事】m̩˧kɑ˥zɿ˩ 没有这回事。

【呒用场】m̩˧ɦioŋ˩zã˩ 没有用处。

【呒吃头】m̩˧tɕʻəʔ˥dʏ˩ 不好吃。

【呒买用】ṃ˦ma˨ɦioŋ˨ 不中用；没有用处。

【呒设法】ṃ˦səʔ˥faʔ˥ 没有办法。

【呒弄头】ṃ˦loŋ˧dɣ˨ （一）不值得做。（二）不可理喻；不值得打交道。

【呒清头】ṃ˦tsʻin˥dɣ˨ 行事不守规矩；不成人。

【呒淘成】ṃ˦dæ˦zən˨ 形容很多很多。

【呒缠头】ṃ˦zø˦dɣ˨ 义同【呒弄头】。

【呒数脉】ṃ˦səu˥maʔ˧ 不知道情况、底细；没有感觉。也用在形容词或动词后面，表示程度极高。

【呒哪亨】ṃ˦naʔ˥hã˨ （一）没有处置的办法。（二）没有什么说法。

【呒啥啥】ṃ˦sa˥sa˨ 没有什么。

【呒啥做】ṃ˦sa˥tsəu˨ 没有什么事可做。

【呒着落】ṃ˦zaʔ˥loʔ˧ （一）落不到实处（的感觉）。（二）形容虚浮。

【呒大呒小】ṃ˦dəu˦ṃ˦siæ˨ 没大没小，不懂得尊重长辈。

【呒不几化】ṃ˦pəʔ˥tɕi˧ho˨ 没有多少数量。

【呒不几时】ṃ˦pəʔ˥tɕi˧z˥˨ 没有相隔多少时间。

【呒不水花】ṃ˦pəʔ˥sɥ˧ho˥ 形容没有收益，没有一点利益反馈。

【呒不名目】ṃ˦pəʔ˥min˦moʔ˧ 没有名分；没有理由。

【呒不名堂】ṃ˦pəʔ˥min˦dã˦ 没有理由；没有意义。

【呒不花头】ṃ˦pəʔ˥ho˥dɣ˨ 形容没有得益，或形容状况一般。

【呒不拦关】ṃ˦pəʔ˥lE˦kuE˥ 形容不懂守规矩（贬义）。

【呒不拓煞】ṃ˦pəʔ˥taʔ˥saʔ˥ 形容不懂规矩（贬义）。

【呒不味道】ṃ˦pəʔ˥mi˦dæ˨ （一）没有滋味、气味等。（二）没趣。

【呒不挡拓】ṃ˦pəʔ˥tʻã˥tʻaʔ˥ 没有遮挡。

【呒不经纬】ṃ˦pəʔ˥tɕən˥ɦuE˨ （一）没有涵养、素养。（二）没有世故经历。

【呒不面孔】ṃ˦pəʔ˥mi˦

k'oŋ˥　没有脸面。

【呒不摭拿】m̩˨˦pəʔ˥tso˥no˧˩　无所措手脚。

【呒不趣道】m̩˨˦pəʔ˥ts'i˥dæ˧˩　没趣。

【呒日呒夜】m̩˨˦ȵ̊əʔ˧m̩˨˦ɦia˦˩˨　不分白天黑夜。

【呒天野地】m̩˨˦t'iɪ˥ɦia˧˩di˧˩　(一)形容极大极大。(二)形容说话不着边际。

【呒手筛锣】m̩˨˦sʏ˥sa˥ləu˧˩　喻拿不出一点儿办法。也作【呒守啥生路】m̩˨˦sʏ˥˨sa˥˨sən˥ləu˧˩。

【呒白呒事】m̩˨˦baʔ˧m̩˧˩zɿ˧˩　一点不为什么；毫无理由。

【呒本生意】m̩˨˦pən˥sɑ̃˥θi˥˨　不用本钱的生意(多指强盗、贼)。

【呒对呒证】m̩˨˦tᴇ˥m̩˧˩tsən˥˨　程度词。形容程度高到极点。

【呒头呒脑】m̩˨˦dʏ˨˦m̩˧˩næ˧˩　摸不着头绪。

【呒奶发念】m̩˨˦na˧˩faʔ˥ȵ̊iɪ˧˩　喻百无聊赖的感觉。

【呒规呒矩】m̩˨˦kuᴇ˥m̩˨˦tɕy˥˨　不守规矩。

【呒啥话头】m̩˨˦sa˥ɦo˨˦dʏ˧˩　(一)没有话好说。(二)没有好批评的。

【呒着呒落】m̩˨˦zaʔ˧m̩˨˦loʔ˧　(一)落不到实处。(二)无事端端。(三)形容虚浮。

【呒戤呒立】m̩˨˦ɡᴇ˧˩m̩˧˩liəʔ˥　形容人落不到稳定地方的感觉。

【呒不闲话讲】m̩˨˦pəʔ˥ɦᴇ˨˦ɦo˧˩kɑ̃˥˨　(一)形容无话可说。(二)形容无可挑剔。

【呒不落场势】m̩˨˦pəʔ˥loʔ˧zɑ̃˨˦sʮ˥˨　没有台阶下(下不了台)。

【呒丝白大蚕】m̩˨˦sɿ˥baʔ˧dəu˧˩zø˧˩　喻外表好看，内无实际。

【呒用黑心人】m̩˨˦ɦioŋ˧˩həʔ˥sin˥ȵ̊ən˧˩　指胆识低下、贪心十足的人。

【呒屎僭坑缸】m̩˨˦sʮ˥˨tsiɪ˦˩˨k'ɑ̃˥kɑ̃˥˨　喻占了位子干不了事。

【呒脚蟹砣砣】m̩˨˦tɕaʔ˥ha˦˩˨dəu˨˦dəu˧˩　形容没有帮手，难以应付。

【呒不功劳，亦有苦恼】m̩˨˦pəʔ˥k

M

oŋ˥˥læ˩,ɦaʔ˧˦ɦiY˩kəu˥˩ næ˩ 怨愤语。虽然没有立功,但亦经历了艰辛。

【呒不勿透风格墙格】m̩˧˦pəʔ˥fəʔ˥tʻY˥˩foŋ˥kəʔ˥ziã˧˦kəʔ˥ 喻再私密的事情总是会透露出去的。

【呒事烧纸钱——引鬼上门】m̩˧˦zɿ˩sæ˥tsɿ˥˩ziɪ˧˦——ɦin˧˦tɕy˥˩zã˩mən˧˦ 歇后语。喻把坏人招引进来。

【呒不过勿去格火焰山】m̩˧˦pəʔ˥kəu˥fəʔ˥tɕʻi˥˩kəʔ˥həu˥˩øiɪ˥sᴇ˥˩ 喻困难再大,总能克服。

【呒不百年不散格筵席】m̩˧˦pəʔ˥paʔ˥ɳiɪ˧˦fəʔ˥sᴇ˥˩kəʔ˥ɦiɪ˧˦ziəʔ˧ 喻有聚总有散。

呣【m̩˧˦】另见 m̀。

m̀

呣【m̩˩】另见 ḿ。

mā

妈【ma˥】

【"妈"】ma˥ 挪;身体慢慢移动。

【妈妈】ma˥ma˥˩ (一)母亲。(二)对长辈妇女的尊称。

【妈祖】ma˥tsəu˥˩

【"妈"勒"妈"】ma˥ləʔ˧ma˥˩ (一)身体慢慢移动。(二)形容小孩子蹒跚走路的样子。

抹【məʔ˧】另见 mǒ;mò。

【抹布】məʔ˧pu˥˩

【抹布筋筋】məʔ˧pu˥˩tɕən˥˩tɕən˥˩ 破旧的抹布;抹布的碎片。

má

【吗】文读【ma˥】另见 mǎ。

麻【mo˧˦】文读【ma˧˦】

【麻】mo˧˦ 浮沫。

【麻子】mo˧˦tsɿ˥˩

【麻风】mo˧˦foŋ˥

【麻木】mo˧˦moʔ˧

【麻皮】mo˨˦bi˨˩　麻子。

【麻布】mo˨˦pu˥˨

【麻团】mo˨˦dø˨˩　食品。用糯米粉做的团子,面上沾满芝麻,内有糖馅,经油炸而成。

【麻衣】m̩˨˦∅i˥　麻布做的孝服。

【麻丝】mo˨˦sɿ˥　麻的纤维丝。嵌在管道的接口处,可以防止液体或气体渗漏。

【麻线】mo˨˦si˥˨

【麻油】mo˨˦ɦiʏ˨˩

【麻将】mo˨˦tsiã˥˨

【麻药】mo˨˦ɦiɑʔ˧

【麻烦】mo˨˦vE˨˩

【麻疹】mo˨˦tsən˥

【麻蛉】mo˨˦lin˨˩　一种夏秋季的鸣虫。头小,体黑身扁,振翅鸣声悠扬。

【麻雀】mo˨˦tsʻiɑʔ˥

【麻绳】mo˨˦zən˨˩　用麻做成的绳子。

【麻痹】mo˨˦bi˨˩

【麻腐】mo˨˦vu˨˩　一种食品。用绿豆粉等制成,多用作料凉拌着吃。

【麻醉】mo˨˦tsE˥˨

【麻叉袋】mo˨˦tsʻo˥dE˨˩　用粗麻布做的袋口成叉角的袋子。

【麻麻头】mo˨˦mo˨˦dʏ˨˩　浮沫。

【麻酥糖】mo˨˦səu˥dɑ̃˨˩　一种糖类食品。用芝麻粉、白糖、糯米粉为主料制成的糖食。

【麻荔枝】mo˨˦li˨˦tsʮ˥˨　荔枝。

【麻连头鸡】mo˨˦li˨˦dʏ˨˦tɕi˥　毛色淡咖啡、白色相间的一种草鸡。

【麻酥酿团子】mo˨˦səu˥ȵiã˨˩dø˨˦tsɿ˥˨　一种食品。用熟糯米粉做皮,包裹炒熟的糖芝麻泥做成的团子。

【麻雀走路——勿扎根】mo˨˦tsʻiɑʔ˥tsʏ˥˨ləu˨˩——fəʔ˥tsaʔ˥kən˥　歇后语。指没有根基。

【麻子拓粉——蚀煞老本】mo˨˦tsɿ˥˨taʔ˥fən˥˨——zəʔ˧saʔ˥læ˨˦pən˥˨　歇后语。指本亏大了。

【麻雀虽小,五脏俱全】mo˨˦tsʻiɑʔ˥sE˥siæ˦˨,∅əu˥zɑ̃˨˩tɕy˨˩zi˨˦　喻物体或团体虽然规模不大,但机构齐全。

M

【麻油缸里铜柱——滑剿】mo˧˥ɦiɤ˧˥kɑ̃˥li˩˧doŋ˧˥zɥ˩˧——ɦuaʔ˧ziæ˩˧ 歇后语。指油滑，一味胡闹。

【麻雀亦有三日寒雪粮】mo˧˥ʦʻiɑʔ˥ɦaʔ˧ɦiɤ˩˧sᴇ˥ȵəʔ˧ɦø˧˥siəʔ˥liɑ̃˧˥ 喻防患于未然，须有储备。

【麻将牌突勒水缸里——败（牌）兆（潮）】mo˧˥ʦiɑ̃˥bɑ˩˧dəʔ˧ləʔ˧sɥ˥˩kɑ̃˥li˩˧——bɑ˧˥（bɑ˧˥）zæ˩˧（zæ˩˧） 歇后语。指下流。

【麻雀落勒烟囱里——有命呒不毛】mo˧˥ʦʻiɑʔ˥loʔ˧ləʔ˧∅iɪ˥ʦʻoŋ˥li˩˧——ɦiɤ˩˧min˩˧m̩˧˥pəʔ˥mæ˧˥ 歇后语。指一场灾祸后，仅仅活了一条命，其他一无所有。

【麻一千，黑一万，黄老鸡婆看生蛋】mo˧˥∅iəʔ˥ʦʻiɪ˥，həʔ˥∅iəʔ˥vᴇ˩˧，ɦuɑ̃˧˥læ˩˧ʨi˥bu˩˧kʻø˥sɑ̃˥dᴇ˩˧ 谚语。指母鸡产蛋率的高低与鸡的品种有直接关系。

蟆【mo˧˥】

mǎ

马【mo˩˧】文读【mɑ˩˧】

【马刀】mo˧˥tæ˥

【马力】mo˧˥liəʔ˧

【马上】mɑ˥zɑ̃˩˧

【马车】mo˧˥ʦʻo˥

【马队】mo˩˧dᴇ˩˧

【马甲】mo˧˥kaʔ˥

【马达】mo˧˥daʔ˧

【马夫】mo˧˥fu˥ 饲养马的夫役。

【马灯】mo˧˥tən˥

【马戏】mo˩˧ɕi˥˩

【马屁】mo˩˧pʻi˥˩ 阿谀奉承。

【马宝】mo˧˥pæ˥˩ 马的胆结石。中药的安神药材。

【马表】mo˧˥piæ˥

【马刺】mo˩˧ʦʻɿ˥˩

【马虎】mɑ˥həu˥˩

【马面】mo˩˧mi˩˧ 迷信的人指阴间人体马头的鬼卒。

【马调】mo˩˧diæ˩˧ 苏州弹词曲调。马如飞所创，节奏较快。

【马桶】mo˧˥doŋ˩˧ 便器。有

两种：一种宽边没有提手；一种无边有提手。

【马脸】mo˩˩li˨˩ 特长的脸型。

【马脚】mo˩˨tɕiaʔ˥

【马眼】mo˩˨ŋE˨ 男子的尿道口。

【马棚】mo˩˨bã˨ 马厩；饲养马的房子。

【马裤】mo˩k'əu˥˩

【马蜂】mo˨˩foŋ˥

【马褂】mo˩ko˥˩

【马路】mo˩˩ləu˨或mo˨˩ləu˨

【马鞍】mo˨˩ø˥

【马蹄】mo˨˩di˨

【马鞭】mo˨˩pii˥

【马大嫂】ma˨˩da˨sæ˥˩ 马大嫂是买汰烧的谐音，指家庭伙食工作。

【马口铁】mo˨˩k'Y˥t'iəʔ˥

【马车夫】mo˨˩ts'o˥fu˥˩ 驾御马车的夫役。

【马兰头】mo˨˩lE˨dY˨ 一种野菜。形小，味觉清凉，用开水烫泡后凉拌吃。

【马后炮】mo˨˩ɦY˨p'æ˥˩

【马伯伯】mo˨˩paʔ˥paʔ˥ 马的昵称。

【马屁精】mo˨˩p'i˥tsin˥˩

【马拉松】mo˨˩la˥soŋ˥或ma˨la˥soŋ˥˩

【马前卒】mo˨˩zii˨tsəʔ˥

【马健健】mo˨˩dʑii˨dʑii˨ 瞎起劲。

【马浪荡】mo˨˩lã˨dã˨ （一）不务正业，游手好闲。（二）不务正业、游手好闲的人。

【马桶间】mo˨˩doŋ˨kE˥˩ 专门放置便器的房间。

【马海毛】mo˨˩hE˥mæ˨

【马粪纸】mo˨˩fən˥tsɿ˥˩

【马裤呢】mo˨˩k'əu˥ȵi˨

【马路浪】mo˨˩ləu˨lã˨ 马路上。

【马鞍桥】mo˨˩ø˥dʑiæ˨ 马鞍。

【马蹄形】mo˨˩di˨ɦin˨

【马蹄金】mo˨˩di˨tɕən˥ 形似马蹄的金块。

【马蹄铁】mo˨˩di˨t'iəʔ˥

【马蹄袖】mo˨˩di˨zY˨

【马蹄银】mo˨˩di˨ȵən˨ 形似马蹄的银块。

【马蹄糕】mo˨˩di˨kæ˥˩ 圆柱形的糯米甜糕，又名“条头糕”。

M

【马鞭子】mo˨˧pi˥˥tsɿ˧˩ 马鞭。

【马马虎虎】mɑ˥mɑ˥həu˧˩həu˧˩ 马虎。

【马桶豁洗】mo˨˧doŋ˨˧huaʔ˥si˧˩ 马桶刷子。

【马入宫,臭哄哄】mo˨˧zəʔ˧koŋ˥,ts'ɤ˥hoŋ˥hoŋ˧˩ 下中国象棋,指马跳入自己一方的九宫中央,是带危险性的下法。也作【马入宫,必送终】mo˨˧zəʔ˧koŋ˥,piəʔ˥soŋ˧˦tsoŋ˥。

【马浪荡,十弃行】mo˨˧lɑ̃˨˧dɑ̃˨˩,zəʔ˧tɕ'i˧˩ɦɑ̃˨˧ 俗语。指懒惰的人,必对工作很挑剔。

【马屁拍勒马脚浪】mo˨˩p'i˧˩pɑʔ˥ləʔ˧mo˨˧tɕiɑʔ˥lɑ̃˨˩ 指拍马屁反而使对方反感。

【马屁拍足,苦头吃足】mo˨˧p'i˧˩p'ɑʔ˥tsoʔ˥,k'əu˧˦dɤ˨˩tɕ'əʔ˥tsoʔ˥ 俗语。拍马屁反而吃苦头。

【马桶呒不鋬——难得(掇)】mo˨˧doŋ˨˩m̩˨˧pəʔ˥p'E˧˦——ȵE˨˧təʔ˥(təʔ˥) 歇后语。应该有提手的马桶却没有了提手,很难掇起来。难得与难掇谐音,指不容易得到或办到(有可贵意),或表示不常常(发生)。

【马马嗒嗒嗒,囡囡屁股啪啪啪】mo˨˧mo˨˧t'aʔ˥t'aʔ˥t'aʔ˥,nø˥nø˨˩p'i˥kəu˧˩baʔ˧baʔ˧baʔ˧ 吴儿歌。逗孩子用。"嗒嗒嗒"表示马蹄声,"啪啪啪"表示打屁股的声音。

【马甲呒不罩袖,说话呒不饶头】mo˨˧kaʔ˥m̩˨˧pəʔ˥tsæ˥zɤ˨˩,səʔ˥ɦo˨˩m̩˨˧pəʔ˥ȵiæ˨˧dɤ˨˩ 形容说话干净利落。

吗【mo˨˩】文读【mɑ˨˩】另见 má。

【吗啡】mo˨˧fi˥

玛【mo˨˩】文读【mɑ˨˩】

【玛瑙】mo˨˧næ˨˩

码【mo˨˩】文读【mɑ˨˩】

【码子】mo˨˧tsɿ˧˩ 也写作"模

子”。(一)人体的个头。(二)后缀词。人(含讥讽意)。如:十三点码子;赤佬码子。

【码头】mo˦dʏ˩

蚂【mo˦】文读【mɑ˦】另见 mà。

【蚂蚁】mo˦mi˩

【蚂蝗】mo˦ɦuɑ̃˩

【蚂蝗襻】mo˦ɦuɑ̃˩pᴇ˩ 裤腰上穿皮带的布扣。

【蚂蚁搬场】mo˦mi˩pø˥zɑ̃˦ (一)蚂蚁搬家,是下大雨的征候。(二)指搬运的量小次数多。

【蚂蚁啃骨头】mo˦mi˩kʻən˥ kuəʔ˥dʏ˦ 俗语。喻锲而不舍的精神。

【蚂蝗叮鸬鹚】mo˦ɦuɑ̃˩tin˥ ləu˩sɿ˥ 喻紧紧缠住不放。

【蚂蚁搬场发大水】mo˦mi˩ pø˥zɑ̃˦faʔ˥dəu˦sʮ˥ 蚂蚁搬家,预示水灾。

【蚂蝗叮牢鸬鹚脚】mo˦ɦuɑ̃˦ tin˥læ˩ləu˦sɿ˥tɕiaʔ˥ 喻紧紧缠住不放。

mà 骂【mo˩】文读【mɑ˩】

【骂人】mo˦ɳ̊ən˦或mo˩ɳ̊ən˦ 用粗野或恶意的话侮辱人。

【骂名】mo˦min˩

【骂畅】mo˦tsʻɑ̃˥ 骂够了。

【骂街】mo˦kɑ˥

【骂人精】mo˦ɳ̊ən˦tsin˥ 指时常骂人的人。

【骂山门】mo˦sᴇ˥mən˩

【骂粗话】mo˦tsʻəu˥ɦo˩ 用粗俗不堪的甚至下流的话骂人。

【骂错话】mo˦tsʻo˥ɦo˩ 义同【骂粗话】。

【骂煞快】mo˩saʔ˥kʻuɑ˥ (一)骂得很厉害。(二)斥责得很厉害。

【骂煞脱】mo˩saʔ˥tʻəʔ˥ 义同【骂煞快】。

【骂太平山门】mo˩tʻɑ˥bin˦ sᴇ˥mən˩ 指桑骂槐。

蚂【mo˩】另见 mǎ。

【蚂蚱】mo˩ 蝗虫。

M

mái

埋【maɻ】文读【mEɻ】

另见 mán。

【埋头】maɻdYɻ

【埋伏】maɻvoʔɻ或mEɻvoʔɻ

【埋名】maɻminɻ

【埋没】maɻməʔɻ

【埋脱】maɻt'əʔɻ 埋葬掉。

【埋葬】maɻtsãɻ

霾【mEɻ】

mǎi

买【maɻ】文读【mEɻ】

【买办】maɻbEɻ

【买光】maɻkuãɻ 买下所有的货物,或是说花完钱。

【买卖】maɻmaɻ

【买账】maɻtsãɻ

【买绝】maɻziəʔɻ 买断。

【买通】maɻt'oŋɻ

【买着】maɻzaʔɻ

【买小菜】maɻsiæɻts'Eɻ 买菜。

【买末事】maɻməʔɻzɿɻ 买东西。

【买交情】maɻtɕiæɻzinɻ 因为对方的交情表示可以通融。

【买命钿】maɻminɻdiɻ 救命的钱。

【买面子】maɻmiɻtsɿɻ

【买潮报】maɻzæɻpæɻ 喻到处宣扬(贬义)。

【买路钿】maɻləuɻdiɻ 过路须支付的钱(多用于强盗拦路强索钱财的借口)。

【买长买短】maɻzãɻmaɻtøɻ 买了这样买那样,形容买了许多。

【买东买西】maɻtoŋɻmaɻsiɻ 义同【买长买短】。

【买块豆腐撞撞煞】maɻkuEɻdYɻvuɻzãɻzãɻsaʔɻ 调侃语。被无能者击败,还是选择去死吧。

【买仔炮仗拨别人放】maɻtsɿɻp'æɻzãɻpəʔɻbəʔɻȵənɻfãɻ 俗语。喻空为别人辛苦忙碌。

【买眼药跑到石灰行】maɻŋEɻɦiaʔɻbæɻtæɻzaʔɻhuEɻɦãɻ 俗语。喻找错了地方或对象。

【买屋看梁，攀亲看娘】mɑ˨˧˩ Øoʔ˥kʻø˥˧liã˦，pʻE˥tsʻin˥kʻø˥˧ȵiã˦　喻观察事物的好坏，看关键的所在。

【买仔便宜柴，烧仔夹生饭】mɑ˨˧˩tsɿ˥˩bii˦ȵəʔ˧zɑ˦，sæ˥tsɿ˥˩kaʔ˥sã˥vE˨˧˩　喻贪小失大。

mài

迈【mE˨˧˩】

【迈步】mE˨˧˩bu˨˧˩

麦【mɑʔ˧】

【麦子】mɑʔ˧tsɿ˥˩
【麦片】mɑʔ˧pʻii˥˩
【麦苗】mɑʔ˧miæ˨˧˩
【麦秋】mɑʔ˧tsʻY˥
【麦柴】mɑʔ˧zɑ˨˧˩
【麦浪】mɑʔ˧lã˨˧˩
【麦克风】mɑʔ˧kʻɑʔ˥foŋ˥˩
【麦芽糖】mɑʔ˧ŋɑ˨˧˩dã˨˧˩　作为糖食吴地称【五香来白糖】ŋ̍˦ɕiã˥lE˨˧˩baʔ˧dã˨˧˩。
【麦莳头】maʔ˧zʮ˨˧˩dY˨˧˩　麦穗。
【麦粒肿】mɑʔ˧liəʔ˧tsoŋ˥˩　吴地称【偷针眼】tʻY˥tsən˥ŋE˨˧˩。
【麦蝴蝶】mɑʔ˧ɦəu˦diəʔ˧　麦子或面粉里滋生的蛾子。
【麦客麦客】mɑʔ˥kʻaʔ˥mɑʔ˥kʻaʔ˥　形容钱多。
【麦柴管管】mɑʔ˧zɑ˦kuø˥˧kuø˥˩　麦秆，中空，可做吸管。
【麦柴当令箭】mɑʔ˧zɑ˨˧˩tã˥˧lin˦tsii˥　喻小题大做。
【麦熟过顶桥】mɑʔ˧zoʔ˧kəu˥˧tin˥˩ʥiæ˦　谚语。形容麦子成熟的速度很快。
【麦柴管做火通——小器（气）】mɑʔ˧zɑ˦kuø˥˩tsəu˥˧həu˥˧tʻoŋ˥——siæ˥˧tɕʻi˥˩（tɕʻi˥˩）　歇后语。形容器量狭小、吝啬。

卖【mɑ˨˧˩】文读【mE˨˧˩】

【卖力】mɑ˦liəʔ˧
【卖艺】mɑ˨˧˩ȵi˦
【卖主】mɑ˦tsʮ˥˩
【卖光】mɑ˦kuã˥　卖完了。
【卖老】mɑ˦læ˨˧˩

【卖弄】ma˧loŋ˩
【卖身】ma˧sən˥
【卖拨】ma˧pəʔ˥　卖给。
【卖国】ma˧kuəʔ˥
【卖命】ma˧min˩或ma˩min˩
【卖春】ma˧tsʻən˥
【卖俏】ma˩tsʻiæ˦
【卖相】ma˧siã˥　外观；外貌。
【卖笑】ma˩siæ˦
【卖座】ma˩zəu˩
【卖唱】ma˩tsʻã˦
【卖婆】ma˧bu˩　媒婆。
【卖脱】ma˧tʻə˥　（一）卖掉。（二）指耍弄人，使人丢脸。
【卖淫】ma˧ɦin˩
【卖人情】ma˩ȵən˧zin˩
【卖勿脱】ma˧fəʔ˥tʻə˥　卖不掉。
【卖关子】ma˧kuɛ˥tsɿ˥
【卖关节】ma˧kuɛ˥tsiəʔ˥
【卖色相】ma˩səʔ˥siã˦　依靠美色经营。
【卖国贼】ma˧kuəʔ˥zəʔ˧
【卖命钿】ma˧min˧diɪ˩　维持生活的钱或救护生命的钱。
【卖拨……】ma˧pəʔ˥……　（一）卖给。（二）指一切交由别人安排。
【卖狠劲】ma˧hən˥tɕən˥　炫耀力量。
【卖家当】ma˧ka˥tã˥　变卖家产。
【卖家货】ma˧ka˥həu˥　指商贩出售的东西（别于自己制作的东西）。
【卖铜钿】（1）ma˩doŋ˧diɪ˩　卖掉换钱。（2）ma˧doŋ˧diɪ˩　卖得起价钱。
【卖爷卖娘】ma˧ɦia˧ma˩ȵiã˩　喻把所有的技能毫无保留地展示出去（含讥讽意）。
【卖野人头】ma˩ɦia˧ȵən˧dɣ˩　说大话，骗不懂行的人。也作【卖卖野人头】ma˩ma˩ɦia˧ȵən˧dɣ˩。
【卖豆腐花——完】ma˩dɣ˧vu˧ho˥——ɦuø˧　歇后语。意思是完了。吴地卖豆腐花的小贩，叫卖声只一个“完”字。
【卖狗皮膏药】ma˩kɣ˦bi˧kæ˥ɦiaʔ˧
【卖嘴勿卖身】ma˧tsɥ˥fəʔ˥ma˩sən˥　指女子卖笑，但并不出卖肉体。

【卖勿脱格烂甘蔗】ma˩˧fəʔ˥t'əʔ˥kəʔ˥lE˩˧kø˥ʦo˥˨ 喻卖不掉的东西或无一用处的人。

【卖爷卖娘侪卖完】ma˩˧ɦia˩˧ma˧˩ȵiã˧˩zE˩˧ma˩˧ɦuø˧˩ 喻把所有的技能毫无保留地展示出去(含讥讽意)。

【卖肉娘子舔砧墩】ma˩˧ȵoʔ˧ȵiã˩˧ʦɿ˥˨t'ii˥˨ʦən˥tən˥˨ 俗语。形容小商贩等城市贫民生计维艰。

【卖油娘子水梳头】ma˩˧ɦiY˩˧ȵiã˩˧ʦɿ˥˨sɥ˦˩˨sɿ˥dY˧˩ 义同【卖肉娘子舔砧墩】。

【卖仔阿大,勿卖阿二】ma˧˩ʦɿ˥˨Øaʔ˥dəu˩˧,fəʔ˥ma˧˩Øaʔ˥ȵi˧ 俗语。形容忠心不贰。

【卖勿脱格甘庶——靠边站】ma˩˧fəʔ˥t'əʔ˥kəʔ˥kø˥ʦo˥˨——k'æ˥pii˥zE˧˩ 歇后语。指受冷落。

【卖酒勿掺水,赛过勒骗鬼】ma˩˧ʦY˥˨fəʔ˥ʦ'E˥sɥ˥˨,sE˦˩˨kəu˥˨ləʔ˧p'ii˦˩˨ʨy˥˨ 指生意人往往会在货物中做些唯利是图的手脚。

脉【maʔ˧】中州韵【məʔ˧】

【脉金】maʔ˧ʨən˥
【脉枕】maʔ˧ʦən˥˨
【脉络】maʔ˧loʔ˧
【脉案】maʔ˧Øø˦˩˨
【脉息】maʔ˧siəʔ˥
【脉象】maʔ˧ziã˧˩
【脉搏】maʔ˧poʔ˥

mān

嫚【mE˥】另见 màn。

【嫚嫚】mE˥mE˧˩ 伯母。

mán

埋【ma˩˧】文读【mE˩˧】另见 mái。

【埋怨】ma˩˧Øiø˥˨
【埋怨张三,埋怨李四】ma˩˧Øiø˥˨ʦã˥sE˥,ma˩˧Øiø˥˨li˧˩sɿ˥˨ 埋怨这个,埋怨那个。

蛮【mE˩˧】、【mE˥】

【蛮】mE˥ (一)粗野,不通

情理。(二)形容身体壮实。(三)很,非常。

【蛮力】mɛ˦li̯əʔ˧ 猛而大的力气。

【蛮子】mɛ˦tsɿ˥

【蛮干】mɛ˥kø˥

【蛮对】mɛ˥tɛ˥ 很对;非常对。

【蛮好】mɛ˥hæ˥ 很好;非常好。

【蛮会】mɛ˥ɦuɛ˧ (一)很熟练。(二)善解人意,善于交际。

【蛮皮】mɛ˦bi˧ 顽皮。

【蛮准】mɛ˥tsən˥ 很正确;非常对。

【蛮蛮】mɛ˥mɛ˥ 前缀词。形容很、非常。

【蛮横】mɛ˦ɦuã˩

【蛮好点】mɛ˥hæ˥tiɪ˥ 形容数量不算少。

【蛮铸蛮粿】mɛ˥tsʮ˥mɛ˥ɕiʏ˥ 形容身体结实。

谩【mɛ˩】另见 màn。

蔓【mɛ˩】另见 màn。

馒【mø˦】

【馒头】mø˦dʏ˩ 一种用发酵的面粉蒸成的食品。一般上圆而下平,多指有馅的。如没有馅的,则在"馒头"前加上说明,如大包子馒头、高脚馒头、刀切馒头。

【馒头大仔蒸笼,叫化子大仔夹头】mø˦dʏ˩dəu˩tsɿ˥tsən˥loŋ˩,kæ˥ho˥tsɿ˥dəu˩tsɿ˥kaʔ˥dʏ˦ 喻颠倒大小关系的反常现象。

瞒【mø˦】

【瞒起】mø˦tɕʻi˥ 瞒掉。

【瞒脱】mø˦tʻəʔ˥ 瞒掉。

【瞒下去】mø˦ɦo˦tɕʻi˥ 继续隐瞒。

【瞒勿脱】mø˦fəʔ˥tʻəʔ˥ 隐瞒不下去。

【瞒勿落】mø˦fəʔ˥loʔ˧ 隐瞒不掉。

【瞒天过海】mø˦tʻiɪ˥kəu˧hɛ˥

【瞒瞒囥囥】mø˦mø˦kã˥

kã˅ 隐藏真实情况。
【瞒上勿瞒下】mø˧zã˩fə˥ mø˧ɦo˩ 瞒哄上级,对下却无须隐瞒。

鞔【mø˧】

【鞔皮】mø˧bi˧ 把皮革固定在鼓框的周围,做成鼓面。
【鞔没】mø˧mə˧ 物体上用布、革等材料固定包裹起来。

鳗【mø˧】

【鳗鱼】mø˧ŋ˩ 鳗。
【鳗鲡】mø˧li˩
【鳗鲞】mø˧siã˅ 剖开晾干的鳗鲡。
【鳗鲡落勒汤罐里——曲死】mø˧li˩loʔ˧lə˧t'ã˥kuø˥li˩——tɕ'yə˥si˅ 歇后语。指没有见过世面,或不明事理的人。

mǎn

满【mø˩】中州韵【mø˥】

【满门】mø˧mən˩或mø˥mən˩
【满口】mø˧k'Y˅
【满分】mø˧fən˥
【满心】mø˧sin˥
【满月】mø˧ŋə˧
【满目】mø˧moʔ˧
【满怀】mø˧huE˩
【满员】mø˧hiø˩
【满足】mø˧tsoʔ˥
【满话】mø˩ɦo˩ 大话;过头话;不留余地的话。
【满面】mø˧mi˩
【满洲】mø˧tsY˥
【满座】mø˩zəu˩
【满清】mø˧ts'in˥ 清朝。
【满眼】mø˧ŋE˩
【满族】mø˧zoʔ˧
【满腔】mø˧tɕ'iã˥
【满腹】mø˧foʔ˧或mø˥foʔ˥
【满意】mø˩Øi˧
【满嘴】mø˧tsɥ˅
【满天飞】mø˧t'i˥fi˅
【满堂红】mø˧dã˧ɦoŋ˩
【满堂彩】mø˧dã˧ts'E˅
【满饭好吃,满话难说】mø˩vE˩hæ˧tɕ'ə˥,mø˩ɦo˩nE˧sə˥ 指说话要留有余地。
【满间山屋】mø˧kE˥sE˥Øoʔ˥

满屋子。

【满瓶勿响,半瓶叮当】mø˦ bin˨fəʔ˥ɕiã˧,pø˦bin˨tin˥ tã˧ 俗语。喻有真才实学的人,行事低调,无真才实学的人喜欢自我吹嘘。

【满船芝麻翻脱,到大饼浪去剥】mø˦zø˦tsɥ˥mo˨fE˥ t'əʔ˥,tæ˦da˦pin˧lã˨tɕ'i˧ poʔ˥ 喻损失巨大,却从极小处去补救。

螨【mø˨】

【螨虫】mø˦zoŋ˨ 螨。

màn

曼【mE˨】

谩【mE˨】

【谩骂】mE˨mo˨

蔓【mE˨】另见 mán。

【蔓延】mE˦ɦi˨

幔【mE˨】

漫【mø˨】、【mø˦】文读【mE˨】、【mE˦】

【漫长】mE˨zã˨

【漫天】mE˦t'i˥

【漫过】mø˦kəu˥ 水上升后超过某一高度。

【漫画】mE˨ɦo˨

【漫骂】mE˨mo˨

【漫笔】mE˦piəʔ˥

【漫谈】mE˦dE˨

【漫漫】mE˨mE˨或mø˨mø˨

【漫上来】mø˦zã˦lE˨ 水盘升上来。

【漫山遍野】mE˦sE˥pi˧ɦia˨

【漫不经心】mE˦pəʔ˥tɕən˥ sin˥

慢【mE˨】

【慢口】mE˦k'Y˧ 苏州评弹行话。节奏较缓慢的说书方法。

【慢车】mE˦ts'o˥

【慢用】mE˦ɦioŋ˨ 敬词。慢

慢吃。

【慢爷】mɛ˦ɦiɑ˩ 继父。

【慢酒】mɛ˦tsʏ˥˩ 酒喝得很慢。

【慢娘】mɛ˦ȵiã˩ 继母。

【慢吞吞】mɛ˦t'ən˥t'ən˥˩ 形容缓慢。

【慢性子】mɛ˦sin˥tsɿ˥˩

【慢慢叫】mɛ˦mɛ˦tɕiæ˥˩ 慢慢地。

【慢而不断】mɛ˩ɦəl˥˩pəʔ˥ dø˩ 苏州评弹行话。书说到需要缓慢的地方，不能给人以中断的感觉。

【慢死吞吞】mɛ˦si˥t'ən˥ t'ən˥˩ 形容缓慢（含讥讽意）。

【慢娘面孔】mɛ˦ȵiã˦mii˦ k'oŋ˥˩ 喻蛮而无礼的面色。（本词条对继母有偏见。）

【慢娘格拳头——早晏一顿】mɛ˦ȵiã˩kəʔ˥dʑiø˦ dʏ˩——tsæ˥˩ɛ˦iəʔ˥tən˦ 歇后语。不管愿不愿意，这事迟早都是要面对的。（本歇后语对继母有偏见。）

嫚【mɛ˩】

【嫚骂】mɛ˩mo˩

熳【mɛ˩】

máng

芒【mã˦】中州韵【mã˦】

【芒果】mã˦kəu˥˩或moŋ˦ kəu˥˩

【芒种】mã˦tsoŋ˥˩

【芒丝骨】mã˦sɿ˥kuəʔ˥ 极细的鱼骨。

【芒芒头】mã˦mã˦dʏ˩ 细毛或极细的鱼骨。亦作【芒芒】mã˦mã˦。

忙【mã˦】中州韵【mã˦】

【忙人】mã˦ȵən˩ （一）忙碌的人。（二）趣语。指忙碌的人。但吴语中“忙”、“亡”同音，如“亡人”。

【忙于】mã˦ɦʏ˩

【忙乱】mã˦lø˩

【忙音】mã˦in˥

M

【忙碌】mɑ̃˧˦loʔ˧

【忙头里】mɑ̃˧˦dʏ˧˦li˩ 正忙的时候。

【忙档里】mɑ̃˧˦tɑ̃˥li˩ 正忙的时候。

【忙煞快】mɑ̃˧˦saʔ˥kʻuɑ˥˩ 极忙碌。

【忙中出错】mɑ̃˧˦ʦoŋ˥ʦʻəʔ˥ʦʻo˥˧ 忙乱中出现差错。

【忙出忙进】mɑ̃˧˦ʦʻəʔ˥mɑ̃˩ʦin˥˧ 里外穿梭忙碌。

【忙死忙活】mɑ̃˧˦si˥mɑ̃˩ɦuəʔ˧ 极度忙碌。

【忙忙碌碌】mɑ̃˧˦mɑ̃˧˦loʔ˧loʔ˧ 忙碌。

【忙里偷闲】mɑ̃˧˦li˧˦tʻʏ˥ɦE˧˦

【忙乱兜兜】mɑ̃˩lø˩tʏ˥tʏ˥˩ 形容忙乱。

杧【mɑ̃˧˦】中州韵【mɑ̃˧˦】

盲【mɑ̃˧˦】中州韵【moŋ˧˦】、【mən˧˦】

【盲人】mɑ̃˧˦ȵən˩

【盲从】mɑ̃˩zoŋ˩

【盲文】mɑ̃˧˦vən˩

【盲目】mɑ̃˩moʔ˧

【盲肠】mɑ̃˧˦zɑ̃˩

【盲棋】mɑ̃˧˦ʥi˩

【盲肠炎】mɑ̃˧˦zɑ̃˧˦ɦi˩ 阑尾炎。

氓【mɑ̃˧˦】中州韵【moŋ˧˦】、【mən˧˦】

茫【mɑ̃˧˦】中州韵【mɑ̃˧˦】

【茫茫】mɑ̃˩mɑ̃˩

【茫然】mɑ̃˩zø˩

硭【mɑ̃˧˦】中州韵【mɑ̃˧˦】

【硭硝】mɑ̃˧˦siæ˥

铓【mɑ̃˧˦】中州韵【mɑ̃˧˦】

mǎng

莽【mɑ̃˩】中州韵【mɑ̃˩】

【莽夫】mɑ̃˧˦fu˥ 粗鲁冒失的男子。

【莽汉】mɑ̃˩hø˥˩ 莽夫。

【莽苍】mɑ̃˧˦ʦʻɑ̃˥

【莽撞】mɑ̃˥˧zɑ̃˩

【莽猛】mɑ̃˧˦mən˥˩ 蛮不讲

理。即【猛扪】。

蟒【mɑ̃˩】中州韵

【mɑ̃˩】

【蟒皮】mɑ̃˧bi˩　蟒蛇的皮。
【蟒蛇】mɑ̃˧zo˩
【蟒袍】mɑ̃˧bæ˩

māo

猫【mæ˧】文读【mæ˥】

【猫饭】mæ˧ve˩　用来喂猫的饭食。
【猫鱼】mæ˧ŋ̍˩　（一）用来喂猫的小鱼。（二）形容很小的鱼。
【猫咪】mæ˧mi˩或mæ˥mi˩　猫。
【猫食】mæ˧zəʔ˧　用来喂猫的食品。
【猫眼】mæ˧ŋe˩　（一）门镜的俗称。（二）喻淡黄色瞳仁的眼睛。
【猫儿眼】mæ˧ɦəl˧ŋe˩
【猫饭碗】mæ˧ve˧θuø˥˩　放猫食的器皿。
【猫食盆】mæ˧zəʔ˧bən˩　放猫食的器皿。
【猫狸眼】mæ˥li˩ŋe˩　指眼珠子吊在上眼睫处的眼睛。
【猫蝶图】mæ˧diəʔ˧dəu˧　以猫、蝴蝶，牡丹、蝴蝶等为题材的图画。猫、蝶，牡、蝶在吴语中与耄、耋谐音，寓意长寿。
【猫三狗四】mæ˧se˥kʏ˥˩sɿ˥˩　指猫狗的怀孕期分别为三个月和四个月。
【猫耳朵老卜干】mæ˧ȵi˧təu˥˩læ˧boʔ˧kø˥˩　一种酱菜。形状似猫的耳朵的萝卜干。
【猫勿吃鱼——假斯文】mæ˧fəʔ˥tɕʻəʔ˥ŋ̍˧——kɑ˥˩sɿ˥vən˩　歇后语。假装斯文。
【猫哭老虫——假慈悲】mæ˧kʻoʔ˥læ˧zoŋ˩——kɑ˥˩zɿ˧pe˥˩　歇后语。指假慈悲；假装同情。
【猫跳勒死人身上】mæ˧tʻiæ˥ləʔ˧si˥˩ȵən˧sən˥lɑ̃˩　俗语。指无端发火。猫跳在死人身上似死人在呼猫。吴语中"呼猫"与"火冒"谐音。
【猫嘴里挖鳅——难格】mæ˧

tsɥ˥˩li˩ɵuaʔ˥tsʻʏ˥——nɛ˧kə˥ 歇后语。很难。

【猫什梗跳，狗什梗叫】mæ˧zə˧gã˩tʻiæ˦,kʏ˥˩zə˧gã˩tɕiæ˦ 形容无所不用其极的努力（多用于怨恨）。

【猫嘴里挖勿出泥鳅】mæ˧tsɥ˥˩li˩ɵuaʔ˥fəʔ˥tsʻə˥n̩i˧tsʻʏ˥ 喻人吝啬。

【猫头浪抓抓，狗头浪赖赖】mæ˧dʏ˧lã˩tsa˥˩tsa˥˩,kʏ˦dʏ˧lã˩la˥˩la˥˩ 喻这件事做做，那件事做做，却都是有始无终。

【猫养猫欢喜，狗养狗欢喜】mæ˧ɦiã˩mæ˧huø˥ɕi˥˩,kʏ˥˩ɦiã˩kʏ˦huø˥ɕi˥˩ 喻每人都喜欢自己生的孩子。

【猫咪衔着猪尿泡——空欢喜】mæ˥mi˩ɦɛ˧zaʔ˧tsɥ˥sɥ˥pæ˥˩——kʻoŋ˥huø˥ɕi˥˩ 歇后语。白白喜欢一场。

máo

毛【mæ˧】

【毛巾】mæ˧tɕən˥

【毛片】mæ˧pʻi˥˩ 指动物身上成片的毛。

【毛边】mæ˧pi˥

【毛尖】mæ˧tsi˥

【毛豆】mæ˧dʏ˩

【毛利】mæ˧li˩

【毛货】mæ˧həu˥˩ 毛料。

【毛衫】mæ˧sɛ˥ 新生婴儿穿的毛边衣服。

【毛坯】mæ˧pɛ˥

【毛重】mæ˧zoŋ˩

【毛笔】mæ˧piəʔ˥

【毛病】mæ˧bin˩

【毛桃】mæ˧dæ˩

【毛料】mæ˧liæ˩

【毛蚶】mæ˧hø˥˩

【毛毯】mæ˧tʻɛ˥˩

【毛糙】mæ˧tsʻæ˥˩ 形容表面不光滑。也指说话、做事不细致。

【毛躁】mæ˧tsʻæ˥˩

【毛囊】mæ˧nã˩

【毛兮兮】mæ˧ɕi˥ɕi˥˩ 形容表面毛糙。

【毛毛头】(1)mæ˥mæ˥dʏ˩ 婴儿。(2)mæ˧mæ˧dʏ˩ 细毛。

【毛毛虫】mæ˧mæ˧zoŋ˩

【毛毛叫】mæ˧mæ˧tɕiæ˥˩

数量上接近于(某个数量)。

【毛毛雨】mæ˦mæ˦ɦʏ˩ (一)指形成雨的水滴极细小,下降时随气流在空中飘动。(二)喻无足轻重的东西。

【毛边纸】mæ˦pii˥tsɿ˥˩

【毛出来】mæ˦tsʻəʔ˥lɛ˩ 指心里烦躁,要把火发出来了。

【毛竹爿】mæ˦tsoʔ˥bɛ˩ 毛竹片。

【毛芋艿】mæ˦ɵʏ˥na˩ 芋头。

【毛豆子】mæ˦dʏ˦tsɿ˥˩ 毛豆去荚的新鲜子实。

【毛估估】mæ˦kəu˥˩kəu˥˩ 粗略的估计。

【毛栗子】mæ˦liəʔ˧tsɿ˥˩ (一)栗子树的果实,因其包在多刺的壳中,故称。(二)把手指弯曲起来打人头顶。

【毛哈哈】mæ˦ha˥ha˥˩ 形容表面毛糙。

【毛萋萋】mæ˦tsʻi˥tsʻi˥˩ 形容表面毛糙。

【毛蓝布】mæ˦lɛ˦pu˥˩ 比深蓝色稍浅的蓝色的布。

【毛手毛脚】mæ˦sʏ˥mæ˦tɕiaʔ˥ 形容动作粗鲁。

【毛手搭脚】mæ˦sʏ˥˩taʔ˥tɕiaʔ˥ 义同【毛手毛脚】。

【毛兮旮旯】mæ˦ɕi˥ha˥la˩ 形容表面粗糙。

【毛毛糙糙】mæ˦mæ˦tsʻæ˥˩tsʻæ˥˩ 粗糙;不细致。

【毛抓七抓】mæ˦tsa˥tsʻiəʔ˥tsa˥ 指心里烦躁,情绪恶劣。

【毛细血管】mæ˦si˥ɕʏəʔ˥kuø˥˩

【毛面畜牲】mæ˦mii˦tsoŋ˥saʔ˥˩

【毛焦火辣】mæ˦tsiæ˥həu˥˩laʔ˧ 焦躁生怒。

【毛脚女婿】mæ˦tɕiaʔ˥ȵy˩si˥˩ 女儿的未婚夫。

【毛脚新妇】mæ˦tɕiaʔ˥sin˥vu˩ 儿子的未婚妻。

【毛头小伙子】mæ˦dʏ˦siæ˥˩həu˥tsɿ˥˩ 男性未婚小青年。

【毛鸡肉价钿】mæ˦tɕi˥ȵoʔ˧ka˥dii˩ 俗语。指活鸡与鲜肉价格相仿。

【毛勃笼松松】mæ˦bəʔ˧loŋ˩soŋ˥soŋ˥˩ 毛茸茸。

【毛毛细雨湿衣裳】mæ˦

mæ˩si˥ɦʏ˩sə˥ʔθi˥zɑ̃˩ 喻微小的东西积累起来会发生很大的作用。

【毛毛雨落湿衣裳，杯杯酒吃光家当】mæ˧mæ˩ɦʏ˩loʔ˧sə˥si˥zɑ̃˩，pᴇ˥pᴇ˥tsʏ˧˩tɕʰə˥kuɑ̃˥kɑ˥tɑ̃˧˩ 喻微小的东西积累起来会发生很大的作用，劝谕人要防微杜渐。

矛【mʏ˧】文读【mæ˧】

【矛头】mʏ˧dʏ˩或mæ˧dʏ˩

【矛盾】mʏ˩dən˩或mæ˩dən˩

茆【mæ˧】

茅【mæ˧】

【茅坑】mæ˧kʰɑ̃˥

【茅庐】mæ˧ləu˩

【茅草】mæ˧tsʰæ˧˩

【茅柴】mæ˧zɑ˩ 茅草乱柴。

【茅草棚】mæ˧tsʰæ˥bɑ̃˩ (一)用茅草等搭的棚子。(二)茅屋。

【茅屎坑】mæ˧sɿ˥kʰɑ̃˧˩ 茅坑。

【茅塞顿开】mæ˧sə˥tən˥kʰᴇ˥

【茅坑里格青石板——又臭又硬】mæ˧kʰɑ̃˥li˩kə˥tsʰin˥zɑʔ˧pᴇ˧˩——ɦiʏ˩tsʰʏ˧ɦiʏ˩ŋɑ̃˩ 歇后语。指声名狼藉又穷凶极恶。

【茅草棚里摆天然几——勿配】mæ˧tsʰæ˥bɑ̃˩li˩pɑ˧˩tʰi˥zø˧tɕi˧˩——fə˥pᴇ˧ 歇后语。不配。

牦【mæ˧】

【牦牛】mæ˧ȵiʏ˩

旄【mæ˧】

锚【mæ˧】

髦【mæ˧】

蝥【mæ˧】中州韵【mʏ˧】

蟊【mæ˧】中州韵【mʏ˧】

【蟊贼】mæ˧zə˧

mǎo

卯【mæɅ】

铆【mæɅ】

【铆钉】mæɅtin˥

mào

茂【mʏɅ】文读【mæɅ】

【茂盛】mʏɅzənɅ

冒【mæɅ】

【冒】mæɅ　苏州评弹行话。指开始露头角、走红。
【冒犯】mæ˦vᴇɅ
【冒号】mæɅɦæɅ
【冒失】mæ˦səʔ˥
【冒功】mæ˦koŋ˥　（一）把别人的功劳说成自己的功劳。（二）冒充知情，骗对方说出实情的方法。
【冒充】mæ˦tsʻoŋ˥
【冒名】mæ˦minɅ
【冒昧】mæɅmᴇɅ
【冒险】mæ˦ɕiɅ
【冒烟】mæɅ0ii˥　生烟。
【冒牌】mæ˦bɑɅ
【冒一冒】mæɅ0iəʔ˥mæɅ　（一）在水里露了一下头。（二）试着冒充知情，骗对方说出实情。（三）开始露了一次头角。
【冒上来】mæɅzɑ̃ɅlᴇɅ　从水里浮现到水面上。
【冒出来】mæɅtsʻəʔ˥lᴇɅ　（一）从水里浮现到水面上。（二）冒充知情，骗对方说出实情。（三）开始出人头地。
【冒被头】mæ˦bi˦dʏɅ　睡觉时把被子盖过鼻子。

贸【mʏɅ】文读【mæɅ】

【贸易】mʏ˦0iəʔ˥或mʏ˦ɦiəʔ˧
【贸贸然】mʏɅmʏ˦zøɅ　不加考虑地；轻率地。

耄【mæɅ】

【耄耋】mæ˦diəʔ˧　指八、九十岁年纪。

袤【mæ˨˩】中州韵【mY˨˦】【mY˨˩】

帽【mæ˨˩】

【帽子】mæ˨˦tsɿ˥˩或mæ˨˦tsɿ˥
【帽准】mæ˨˦tsən˥˩ 用珠或玉钉在帽子前面正中，除装饰外，兼有检查帽子是否戴端正的作用。
【帽徽】mæ˨˦huE˥
【帽檐】mæ˨˦ĥi˨˩
【帽子呒不边——顶好】mæ˨˦tsɿ˥˩ŋ̍˨˦pə˥pi˥——tin˥˨ĥæ˥˩ 歇后语。最好。
【帽子三七戴，肩架二八笪】mæ˨˦tsɿ˥˩sE˥ts'iəˀ˥ta˥˨，tɕi˥ka˥˩ȵi˨˦pəˀ˥ts'a˥˩ 形容流氓的形态。
【帽子三七戴，伲子养勒别人家】mæ˨˦tsɿ˥˩sE˥ts'iəˀ˥ta˥˨，ȵi˨˦tsɿ˥˩ĥiã˨˩ləˀ˧biəˀ˧ȵən˨˩ka˥˩ 形容恶棍行径。

瑁【mæ˨˩】文读【mE˨˩】

貌【mæ˨˩】

【貌似】mæ˨˦zɿ˨˩
【貌合神离】mæ˨˦ĥəˀ˧zən˨˦li˨˦

懋【mæ˨˩】文读【mY˨˩】

me

么【məˀ˧】文读【məˀ˥】

【么】məˀ˧或məˀ˥ 助词。相当于普通话中的“嘛”、“呐”等。

méi

没【məˀ˧】文读【məˀ˥】中州韵【mɔˀ˧】另见mò。

玫【mE˨˦】

【玫瑰】mE˨˦kuE˥
【玫瑰红】mE˨˦kuE˥ĥoŋ˨˩ 似红玫瑰花一样的颜色。
【玫瑰花】mE˨˦kuE˥ho˥˩ 玫瑰树的花。
【玫瑰酒】mE˨˦kuE˥tsY˥˩ 义

见【玫瑰烧】。

【玫瑰烧】mᴇ˦kuᴇ˥sæ˥˩ 用玫瑰花、冰糖浸泡的白酒。

【玫瑰酱】mᴇ˦kuᴇ˥tsiã˦˩ 玫瑰花用糖腌制而成的酱状食品。

【玫瑰酿】mᴇ˦kuᴇ˥ȵiã˩ 用玫瑰酱做的馅。

【玫酱糖】mᴇ˦tsiã˥dɑ̃˩ 有玫瑰酱馅的粽子糖。

枚【mᴇ˦】

【枚枚子】mᴇ˦mᴇ˦tsɿ˥˩ 谜语。

眉【mi˦】文读【mᴇ˦】

【眉毛】mi˦mæ˩

【眉心】mi˦sin˥

【眉目】mᴇ˦moʔ˧

【眉头】mi˦dʏ˩

【眉批】mᴇ˦pʻi˥

【眉梢】mᴇ˦sæ˥

【眉眼】mi˦ŋᴇ˩

【眉毛云】mi˦mæ˦ɦʏən˩ 形态似眉毛的云。

【眉毛出】mi˦mæ˦tsʻəʔ˥ 指加出一点利益。

【眉毛打结】mi˦mæ˩tã˥˩tɕəʔ˥ 眉头紧锁。

【眉花眼笑】mi˥ho˥ŋᴇ˩siæ˦˩ 形容喜悦或得意的脸。

【眉眼勿开】mi˦ŋᴇ˩fəʔ˥kʻᴇ˥ （一）没有睡醒的样子。（二）指人不明事理、糊里糊涂。

【眉毛胡子一把抓】mi˦mæ˩ɦəu˦tsɿ˥˩iəʔ˥po˥˩tsɑ˥

【眉毛眼睛会说闲话】mi˦mæ˩ŋᴇ˦tsin˥ɦuᴇ˦˩səʔ˥ɦᴇ˦ɦo˩ 形容人狡黠。

【眉毛浪挂炮仗——祸在眼前】mi˦mæ˩lɑ̃˩ko˦˩pʻæ˥zɑ̃˩——ɦəu˩zᴇ˩ŋᴇ˦ziɪ˩ 歇后语。大祸即将降临。

莓【mᴇ˦】

梅【mᴇ˦】

【梅子】mᴇ˦tsɿ˥˩

【梅瓜】mᴇ˦ko˥ 梅雨季节的西瓜。

【梅红】mᴇ˦ɦoŋ˩ 像红梅花那样的颜色。

【梅花】mᴇ˦ho˥

【梅毒】mE˨do?˧
【梅饼】mE˨pin˥˩ 用梅子、糖、甘草、山楂等制成的圆形饼状蜜饯。
【梅桩】mE˨tsɑ̃˥ 盆栽的梅树。
【梅花桩】mE˨ho˥tsɑ̃˥˩ 每组五根直立在地上呈梅花形的木桩。供练武术用。
【梅花鹿】mE˨ho˥lo?˧
【梅花糕】mE˨ho˥kæ˥˩ 用形似梅花模子烤制而成的甜饼。
【梅鲚鱼】mE˨zi˨ŋ̍˩ 太湖特产小鱼。形似凤尾鱼。

郿【mE˨】

嵋【mE˨】

媒【mE˨】

【媒人】mE˨ɳ̍ən˩
【媒介】mE˨tɕiɑ˥˩
【媒体】mE˨t'i˥˩
【媒婆】mE˨bu˩或mɑ˨bu˩
【媒酱】mE˨tsiɑ̃˧ 趣语。“媒”、“梅”同音。“媒酱”如说“梅酱”，制梅酱时需将梅子肉捣碎，媒酱指被责怪甚至挨打的媒人。

楣【mE˨】

煤【mE˨】

【煤气】mE˨tɕ'i˥˩
【煤田】mE˨di˩
【煤灰】mE˨huE˥ 煤或煤制品燃料燃烧后的灰烬。
【煤炉】mE˨ləu˩ 用煤球或煤饼作燃料的炉子。
【煤油】mE˨hiY˩
【煤饼】mE˨pin˥˩ 做饭、取暖等的燃料。煤末加水和黄土制成的多孔圆柱体。
【煤屎】mE˨sɿ˥˩ 煤渣。
【煤炭】mE˨t'E˥˩
【煤球】mE˨dʑY˧
【煤窑】mE˨hiæ˧
【煤渣】mE˨tso˥
【煤炉灰】mE˨ləu˨huE˥˩ 从煤炉中取出的灰烬。
【煤炭店】mE˨t'E˥tii˥˩ 经营煤炭的店铺。
【煤球灰】mE˨dʑiY˨huE˥˩ 燃烧后的煤球的灰烬。

【煤球店】mE˧ʥY˧ti˥˩ 经营煤球等燃料的店铺。

【煤球丢上来】mE˧ʥY˩toʔ˥z ɑ̃˩˥E˩ 指被人讥讽、指责。

【煤炭店老板——黑良心】mE˧ tʻE˥ti˥˩læ˧pE˥˩——həʔ˥ liã˧sin˥˩ 歇后语。指阴险狠毒的心肠。

【煤炭店里卖棉花——黑白勿分】mE˧tʻE˥ti˥˩li˩mɑ˩mi˧ ho˥——həʔ˥bɑʔ˧fəʔ˥fən˥ 歇后语。指不分是非曲直。

酶【mE˧】

鹛【mE˧】

霉【mE˧】

【霉气】mE˧tɕʻi˥˩

【霉头】mE˧dY˩ 霉点。

【霉烂】mE˧lE˩

【霉菌】mE˧tɕyən˥

【霉干菜】mE˧kø˥tsʻE˥˩ 绍兴特产。一种腌制的菜干。

【霉血血】mE˧ɕyəʔ˥ɕyəʔ˥ 运气不佳；倒霉的样子。

【霉搭鬼】mE˧taʔ˥tɕy˥˩ 运气不佳、常常倒霉的人。

【霉搭搭】mE˧taʔ˥taʔ˥ 运气不佳、倒霉的样子。

【霉蒸气】mE˧tsən˥tɕʻi˥˩ 霉烂的气味。也读作 mE˧zən˧tɕʻi˥˩。

【霉到根浪】mE˧tæ˥˩kən˥lɑ̃˩ 倒霉透顶。

【霉头触到印度国】mE˧dY˩ tsʻoʔ˥tæ˥˩ʔin˥dən˩kuəʔ˥ （一）形容倒霉透顶。（二）形容被讥讽的程度很深。

měi

每【mE˥】文读【mE˩】

【每人】mE˥ȵən˩ 每一个人。

【每年】mE˥ȵi˩ 每一年。

【每每】mE˥mE˥

美【mE˥˩】

【美人】mE˥zən˩或mE˦ȵən˩

【美工】mE˦koŋ˥

【美女】mE˦ȵy˧

【美化】mE˥ho˥˩

【美元】mE˦ɦiø˧

【美术】mE˦zəʔ˧

【美观】mE˦˨kuø˥
【美好】mE˦˨hæ˥
【美名】mE˦˨min˨˦
【美妙】mE˦˨miæ˨˦
【美声】mE˦˨sən˥
【美言】mE˥˨ɦiI˨
【美事】mE˥˨zɿ˨
【美味】mE˦˨vi˨˦
【美学】mE˦˨ɦioʔ˨˦
【美称】mE˦˨ts‘ən˥
【美食】mE˦˨zəʔ˨˦
【美酒】mE˦˨tsY˥
【美容】mE˦˨ɦioŋ˨˦
【美谈】mE˦˨dE˨˦
【美展】mE˦˨tsø˥
【美梦】mE˥˨moŋ˨
【美景】mE˥˨tɕən˥˨
【美满】mE˦˨mø˨˦
【美意】mE˥˨øi˥˨
【美貌】mE˦˨mæ˨˦
【美德】mE˦˨təʔ˥
【美人肩】mE˥zən˨tɕiI˥˨ 从颈部明显斜着向下的肩膀。
【美人靠】mE˥zən˨k‘æ˦˨ 义见【吴王靠】ɦəu˨ɦuɑ̃˨˦k‘æ˥˨。
【美男子】mE˦˨nø˨˦tsɿ˥˨ 漂亮的男性。

镁【mE˥˨】

【镁光灯】mE˦˨kuɑ̃˥tən˥˨ 装置用镁粉燃烧发出强光的灯泡的灯。旧时用于摄影。

mèi

妹【mE˨】

【妹子】mE˨˦tsɿ˥˨ 妹妹。
【妹夫】mE˨˦fu˥
【妹丈】mE˨˦zɑ̃˨ 妹夫。
【妹妹】mE˨˦mE˨

昧【mE˨】

袂【mE˨】

谜【mE˨】文读【mi˨】另见 mí。

寐【mE˨】

媚【mi˨】文读【mE˨】

【媚外】mE˨˦ŋɑ˨
【媚骨】mE˨˦kuəʔ˥

【媚俗】mE˧zoʔ˧

【媚眼】mi˧ŋE˩ 妖媚迷人的眼神。

魅【mE˩】

【魅力】mE˧liəʔ˧

mēn

闷【mən˥】中州韵【mən˩】另见 mèn。

【闷气】mən˥tɕ'i˥˩ (一)气压低或空气不流通而引起的不舒畅的感觉。(二)形容颜色不鲜艳、不明亮。(三)形容不爱说话的个性。

【闷热】mən˥ȵəʔ˧

【闷脱】mən˥t'əʔ˥ (一)窒息。(二)嗓音失润,不响亮。(三)形容无话辩驳。(四)受威胁,不敢争辩。

【闷心气】mən˥sin˥tɕ'i˥˩ 生闷气。

【闷杀脱】mən˥saʔ˥t'əʔ˥ 窒息死亡。

【闷煞哉】mən˥saʔ˥tsE˥˩ (一)郁闷到极点。(二)义同【闷气】(一)。

【闷煞脱】mən˥saʔ˥t'əʔ˥ 义同【闷煞哉】。

【闷头闷脑】mən˥dY˩mən˥næ˩ 形容十分专注。

【闷声勿响】mən˥sən˥fəʔ˥ɕiã˥˩ 不说一句话。

【闷声大发财】mən˥sən˥dɑ˧faʔ˥zE˩ 发财而不张扬。

mén

门【mən˧】

【门人】mən˧zən˩

【门口】mən˧k'Y˥˩

【门卫】mən˧ɦuE˩

【门下】mən˧ɦo˩

【门子】mən˧tsɿ˥˩

【门风】mən˧foŋ˥

【门户】mən˧ɦəu˩

【门闩】mən˧sø˥

【门厅】mən˧t'in˥

【门牙】mən˧ŋɑ˩

【门生】mən˧sən˥或mən˧sã˥

【门市】mən˧sɿ˩

【门臼】mən˧dʑY˩ 支柱门

轴的臼状装置。即门墩。
【门岗】mən˧kɑ̃˥
【门诊】mən˧tsən˥
【门齿】mən˧ts‘ɿ˥˩
【门板】mən˧pE˥˩
【门房】mən˧vɑ̃˩
【门环】mən˧guE˩
【门径】mən˧tɕən˥　做事的诀窍;解决问题的途径。
【门帘】mən˧li˩
【门枪】mən˧ts‘iɑ̃˥　(一)猪舌。(二)调侃语。舌头。
【门洞】mən˧doŋ˩
【门阀】mən˧vaʔ˧
【门客】mən˧kɑʔ˥
【门面】mən˧mi˩
【门神】mən˧zən˩
【门庭】mən˧din˩
【门类】mən˧lE˩
【门前】mən˧zi˩　(一)门口。(二)当下。(三)后缀。指面前。
【门铃】mən˧lin˩
【门徒】mən˧dəu˩
【门第】mən˧di˩
【门框】mən˧k‘uɑ̃˥
【门票】mən˧p‘iæ˥˩
【门道】mən˧dæ˩
【门幅】mən˧foʔ˥　纺织品的阔度。
【门楼】mən˧lY˩
【门路】mən˧ləu˩
【门楣】mən˧mE˩
【门槛】mən˧k‘E˥˩
【门牌】mən˧bɑ˩
【门口头】mən˧k‘Y˥dY˩　门口。
【门外头】mən˧ŋɑ˧dY˩　门外。
【门印子】mən˧Øin˥tsɿ˥˩　门墩。
【门外汉】mən˧ŋɑ˧hø˥˩
【门角落】mən˧koʔ˥loʔ˧　门内侧的角落。
【门房间】mən˧vɑ̃˧kE˥˩　门房;传达室。
【门背后】mən˧pE˥ɦY˩　门的后面。
【门面杯】mən˧mi˧pE˥˩　必须具备的;应酬场面的。
【门面房】mən˧mi˧vɑ̃˩　可以开店作店面的临街房子。
【门浪人】mən˧lɑ̃˧ȵən˩　守门人。
【门膛子】mən˧dɑ̃˧tsɿ˥˩　门框子。

M

【门槛精】mən˦k'ᴇ˥tsin˥ 形容精明。

【门户之见】mən˦ɦəu˦tsɥ˥˩ tɕi˩˦

【门闩公馆】mən˦sø˥koŋ˥ kuø˥˩ 在门的两旁藏门闩和借以闩住门的墙洞。

【门当户对】mən˦tɑ̃˥ɦəu˩ tᴇ˦

【门旮旯里】mən˦ha˥la˩li˩ 义同【门角落】。

【门角落里军师】mən˦koʔ˥ loʔ˧li˩tɕyən˥sɿ˥˩ 指背地里出坏主意的人。

【门前大树好遮荫】mən˦zi˩ dəu˦zɥ˩hæ˥˩tso˥ʔin˥ 俗语。指有长辈或有地位的人护持。

【门槛底下出月亮】mən˦k'ᴇ˥ ti˦ɦo˩ts'əʔ˥ŋəʔ˧liɑ̃˩ 俗语。喻不可能发生的事。

【门槛精到九十六】mən˦k'ᴇ˥ tsin˥tæ˥˩ʨʏ˦zəʔ˧loʔ˧ 俗语。形容极其精明。

【门闩跌勒地浪——一字勿识】mən˦sø˥tiəʔ˥ləʔ˧di˧ lɑ̃˩——ʔiəʔ˥zɿ˩fəʔ˥səʔ˥ 歇后语。不识字。

【门槛浪格鸭蛋——滚出滚进】mən˦k'ᴇ˥lɑ̃˩kəʔ˥ʔaʔ˥ dᴇ˧——kuən˦ts'əʔ˥kuən˦ tsin˦ 歇后语。指买卖兴隆，财源滚滚。

【门槛浪搁板凳——立脚勿住】mən˦k'ᴇ˥lɑ̃˩koʔ˥pᴇ˦ tən˥——liəʔ˧tɕiaʔ˥fəʔ˥zɥ˩ 歇后语。站不住脚。

【门勿开，户勿开，屋里勿见八仙台】mən˦fəʔ˥k'ᴇ˥,ɦəu˩ fəʔ˥k'ᴇ˥,ʔoʔ˥li˩fəʔ˥tɕi˦ poʔ˥si˥dᴇ˧ 俗语。喻事有蹊跷。

【门前歇仔高头马，不是亲来也是亲】mən˦zi˩ɕəʔ˥tsɿ˥˩ kæ˥dʏ˩mo˩,pəʔ˥zɿ˩ ts'in˥lᴇ˩ʔi˥zɿ˩ts'in˥ 俗语。形容势利。

扪【mən˦】

【扪心】mən˦sin˥

mèn

闷【mən˥】中州韵

【mən˩】另见 mēn。

【闷棍】mən˥kuən˥˩

【闷昏昏】mən˥huən˥huən˥˩ 形容心情郁闷。
【闷葫芦】mən˥ɦəu˩˧ləu˩˧
【闷闷不乐】mən˥mən˥pəʔ˥ loʔ˧

焖【mən˥】

【焖肉】mən˥ȵioʔ˧ 用焖烧方法煮的猪肉块，皮色呈淡黄，肉体酥烂而不失形状。
【焖饭】mən˥vE˩˧ 饭将熟时用微火煮烧。
【焖烧】mən˥sæ˥˩ 盖紧锅盖，用微火把食物煮熟或炖熟。

men

们【mən˨˦】

mēng

蒙【moŋ˥】另见 méng；měng。

【蒙事】moŋ˥zɿ˩˧
【蒙松雨】moŋ˥soŋ˥ɦy˩˧
【蒙蒙雨】moŋ˥moŋ˥ɦy˩˧ 蒙松雨。
【蒙蒙亮】moŋ˥moŋ˥liã˩˧

méng

虻【mã˨˦】中州韵【mən˨˦】

萌【mən˨˦】中州韵【moŋ˨˦】

【萌芽】mən˨˦ŋɑ˩˧

蒙【moŋ˨˦】另见 mēng；měng。

【蒙尘】moŋ˨˦zən˨˦
【蒙昧】moŋ˩˧mE˩˧
【蒙难】moŋ˩˧nE˨˦
【蒙混】moŋ˨˦ɦuən˩˧
【蒙冤】moŋ˩˧øiø˥
【蒙童】moŋ˩˧doŋ˩˧
【蒙蔽】moŋ˨˦pi˥˩
【蒙太奇】moŋ˨˦t'ɑ˥ʥi˩˧
【蒙汗药】moŋ˨˦ɦø˨˦ɦiaʔ˧
【蒙勒鼓里】moŋ˩˧ləʔ˧kəu˥li˩˧ 喻被人蒙蔽，毫不知情。

盟【mən˦】中州韵【min˦】

【盟友】mən˦θiY˥
【盟主】mən˦tsɥ˥
【盟邦】mən˦pɑ̃˥
【盟国】mən˦kuəʔ˥

甍【moŋ˦】中州韵【moŋ˦】、【mən˦】

幪【moŋ˦】

濛【moŋ˦】、【moŋ˥】

【濛濛】moŋ˦moŋ˦或moŋ˥moŋ˥

檬【moŋ˦】

曚【moŋ˦】

朦【moŋ˦】

【朦胧】moŋ˦loŋ˩

艨【moŋ˦】

měng

猛【mɑ̃˩】、【mən˥】文读【moŋ˥】

【猛】mɑ̃˩　细密;频繁、多。
【猛扪】mɑ̃˦mən˩　蛮不讲理。也写作【莽猛】。
【猛士】moŋ˥zɿ˩
【猛子】moŋ˦tsɿ˥
【猛进】moŋ˥tsin˥
【猛将】(1)moŋ˥tsiɑ̃˥　勇敢的将领。喻不顾艰险而勇往直前的人。(2)mɑ̃˦tsiɑ̃˥　迷信指驱蝗神。
【猛省】moŋ˥sin˥
【猛烈】mən˥liəʔ˧
【猛兽】moŋ˥sY˥或mən˥sY˥
【猛扪人】mɑ̃˦mən˩ɲən˩　蛮横无礼的人。
【猛扪户头】mɑ̃˦mən˩ɦəu˩dY˩　蛮横无礼的人或家庭。

M

蒙【moŋ˨˩】另见 mēng；méng。

【蒙古马】moŋ˦kəu˥mo˨˩ 蒙古产的马，或蒙古种的马。

【蒙古包】moŋ˦kəu˥pæ˨˩

【蒙古族】moŋ˦kəu˥zoʔ˧

锰【mã˨˩】

蜢【mã˨˩】中州韵【moŋ˨˩】

獴【moŋ˨˩】

懵【moŋ˨˩】

【懵懂】moŋ˦toŋ˨˩

【懵瞌晓】moŋ˦k'əʔ˥ts'oŋ˨˩ 形容糊涂，不清醒。

蠓【moŋ˨˩】

【蠓飞子】moŋ˦fi˥tsɿ˨˩ 蠓科的昆虫。

mèng

孟【mã˦˧】文读【moŋ˦˧】

梦【moŋ˨˩】

【梦乡】moŋ˦ɕiã˥

【梦想】moŋ˦siã˨˩

【梦游】moŋ˦ɦiʏ˨˩

【梦魇】moŋ˦ɵi˨˩

【梦头里】moŋ˦dʏ˦li˨˩ 梦中。

【梦寐以求】moŋ˦mɛ˨˩ɵi˨˩ʥiʏ˦

【梦亦𫟅做着】moŋ˨˩ɦaʔ˧fən˥tsəu˦zɑʔ˧ 形容一点都没有想到，或形容一点都没有这种打算。

mī

咪【mi˥】

【咪】mi˥ （一）沾一点儿（多指饮用）。（二）对别人逐渐侵蚀。

【咪咪】mi˥mi˨˩ 极慢地饮用。

【咪老酒】mi˥læ˦tsʏ˨˩ 速度

极慢地饮酒。

【咪煞脱】mi˥sa ʔ˥t'əʔ˥ 指女色腐蚀致人死亡。

眯【mi˥】

【眯暖】mi˥ts'i˥˩或maʔ˥ts'i˥˩

【眯觑眼】mi˥ts'i˥˩ŋE˩ （一）近视眼。（二）眼皮合拢而不全闭的眼睛。

【眯脱一歇】mi˥t'əʔ˥Øiəʔ˥ɕəʔ˥ 小睡一会儿。也说成【眯脱一瘖】mi˥t'əʔ˥Øiəʔ˥huəʔ˥。

【眯花眼笑】mi˥ho˥ŋE˩siæ˦ 眯着眼睛笑得很开心的样子。

【眯觑眼望太湖——一片白】mi˥tsi˥˩ŋE˩mã˩t'a˥ɦəu˩——Øiəʔ˥p'i˥˩bɑʔ˧ 歇后语。指白茫茫的一片。

mí

弥【mi˧】【mi˥】

【弥合】mi˥ɦəʔ˧

【弥补】mi˥pu˥˩

【弥陀】mi˧dəu˩

【弥留】mi˧lY˩

【弥勒】mi˧ləʔ˧

【弥缝】mi˥voŋ˩

【弥陀佛】mi˧dəu˩vəʔ˧ 弥陀。

【弥勒佛】mi˧ləʔ˧vəʔ˧ 弥勒。

【弥天大谎】mi˧t'ii˥da˩huã˥˩

【弥勒佛戴刘海帽——大勿对头寸】mi˧ləʔ˧vəʔ˧tɑ˧lY˧hE˥mæ˩——dəu˧fəʔ˥tE˧dY˧ts'ən˥˩ 歇后语。两者相差太远。

迷【mi˧】

【迷人】mi˧ŋ̊ən˧

【迷失】mi˧səʔ˥

【迷汤】mi˧t'ã˥ 迷魂汤。

【迷信】mi˧sin˥˩

【迷津】mi˧tsin˥

【迷路】mi˩ləu˩

【迷惑】mi˧ɦuəʔ˧

【迷蒙】mi˧moŋ˩ 形容模糊不清。

【迷雾】mi˧vu˩

【迷露】mi˧ləu˩ 雾。

【迷魂汤】mi˧ɦuən˧t'ã˥˩

【迷魂阵】mi˧ɦuən˧zən˩

【迷魂调】mi˦ɦuən˦diæ˩ 形容特别委婉、类似催眠曲的音乐旋律。

【迷迷蒙蒙】mi˦mi˦moŋ˩moŋ˩ （一）义同【迷蒙】。（二）形容神志不清。

【迷迷痴痴】mi˦mi˦tsʻɥ˥˩tsʻɥ˥˩ 半醒不醒的状态。

【迷迷糊糊】mi˦mi˦ɦəu˩ɦəu˩ 迷糊。

【迷露勿收必有雨】mi˦ləu˩fəʔ˥sʏ˥piəʔ˥ɦiʏ˩ɦʏ˩ 谚语。如果雾不能散去，必定要下雨。

【迷露里格亡人——啬（湿）鬼】mi˦ləu˦li˩kəʔ˥mã˦ȵən˩——səʔ˥（səʔ˥）tɕy˥˩ 歇后语。指吝啬的人。也指好色的人。吴语中“啬”、“湿”、“色”三字同音。

【迷露里撑船——勿见天】mi˦ləu˦li˩tsʻã˥zø˦——fəʔ˥tɕi˥tʻi˥ 歇后语。指暗无天日。

【迷露散，晒得癞痢头呆】mi˦ləu˦sE˦，so˦təʔ˥laʔ˥li˩dʏ˩ŋE˦ 谚语。指晨雾散去后，一定是阳光灿烂的天气。

【迷露里摇船——不知东西南北】mi˦ləu˩li˩ɦiæ˦zø˦——fəʔ˥tsɥ˥toŋ˥si˥nø˦poʔ˥ 歇后语。指失去方向。

猕【mi˦】

【猕猴桃】mi˦ɦʏ˦dæ˩

谜【mE˦】文读【mi˦】另见 mèi。

【谜团】mi˦dø˩

【谜底】mi˦ti˥˩

【谜面】mi˦mi˩

醚【mi˦】

糜【mi˦】、【mi˥】

【糜费】mi˦fi˥˩或mi˥fi˥˩

【糜烂】mi˦lE˩

麋【mi˦】

【麋鹿】mi˦loʔ˦

靡【mi˧】另见 mǐ。

【靡费】mi˧fi˩ 浪费。

縻【mi˧】

瀰【mi˧】

【瀰漫】mi˩mɛ˩

mǐ

米【mi˩】

【米行】mi˧ɦɑ̃˩ 买卖、加工粮食的商行。

【米色】mi˧səʔ˥

【米汤】mi˧t'ɑ̃˥ 煮饭时舀出的汤汁。

【米突】miəʔ˧daʔ˧

【米粉】mi˧fən˩

【米酒】mi˧tsʏ˩

【米黄】mi˧ɦuɑ̃˩

【米糁】mi˧sø˥ 饭粒。

【米田共】mi˧diɪ˧ɡoŋ˩ 隐语。粪。繁体字“糞”由米、田、共三字组成。

【米饮汤】mi˧ɵin˥t'ɑ̃˩ 米汤。

【米泔水】mi˧kø˥sʮ˩

【米蛀虫】mi˧tsʮ˥zoŋ˩

【米黄色】mi˧ɦuɑ̃˧səʔ˥ 米色。

【米烧粥】mi˧sæ˥tsoʔ˥ 用米加较多的水熬成的粥。

【米蜂糕】mi˧foŋ˥kæ˩ 用米糕发酵蒸成的松软的甜糕。

靡【mi˧】另见 mí。

【靡靡】mi˧mi˩

mì

汨【miəʔ˧】

觅【miəʔ˧】

【觅宝】miəʔ˧pæ˩ 寻求取得宝物。

【觅着】miəʔ˧zaʔ˧ 寻求取得。

泌【pi˩】

【泌】pi˩ 档住渣滓取汁。

秘【piɴ】

【秘方】piɴfɑ̃˥
【秘书】piɴsɥ˥
【秘本】piɴpən˨
【秘史】piɴsɿ˨
【秘诀】piɴtɕyəʔ˥
【秘密】piɴmiəʔ˧
【秘藏】piɴzɑ̃˩ 不公开的收藏品。

密【miəʔ˧】

【密友】miəʔ˧øiɤ˨
【密布】miəʔ˧pu˨
【密电】miəʔ˧diɪ˩
【密令】miəʔ˧lin˩
【密切】miəʔ˧tsʻiəʔ˥
【密闭】miəʔ˧piɴ
【密件】miəʔ˧dʑiɪ˩
【密约】miəʔ˧øiaʔ˥
【密林】miəʔ˧lin˩
【密码】miəʔ˧mo˩
【密度】miəʔ˧dəu˩
【密封】miəʔ˧foŋ˥
【密室】miəʔ˧səʔ˥
【密谈】miəʔ˧dE˩
【密屑】miəʔ˧siəʔ˥ 惯于过分挑剔。
【密谋】miəʔ˧mɤ˩
【密探】miəʔ˧tʻøɴ
【密集】miəʔ˧ziəʔ˧
【密缝】miəʔ˧voŋ˩ 接缝处非常紧密。
【密屑鬼】miəʔ˧siəʔ˥tɕy˨ 惯于过分挑剔的人(贬义)。
【密密层层】miəʔ˧miəʔ˧zən˧zən˩ 形容很密、很多。
【密密猛猛】miəʔ˧miəʔ˧mɑ̃˩mɑ̃˩ 又多又密。

幂【miəʔ˧】

蜜【miəʔ˧】

【蜜月】miəʔ˧ŋəʔ˧
【蜜汁】miəʔ˧tsəʔ˥ 以蜂蜜为佐料的;用蜂蜜腌渍的。
【蜜色】miəʔ˧səʔ˥
【蜜饯】miəʔ˧tsiɪ˨
【蜜枣】miəʔ˧tsæ˨
【蜜蜡】miəʔ˧laʔ˧ 黄色的琥珀。
【蜜蜂】miəʔ˧foŋ˨
【蜜糖】miəʔ˧dɑ̃˩ 蜂蜜。

【蜜糕】miəʔ˧kæ˥˩ 用糯米粉和蜂蜜制成的甜糕。

【蜜橘】miəʔ˧tɕyəʔ˥ 橘子的一种,果实大,皮松厚,果肉汁多,特别甜。

【蜜饯砒霜】miəʔ˧tsiɪ˥˩pi˥sɑ̃˥˩ 甜津津的蜜饯里藏有砒霜,很可口,但致人命。喻容易上大当的阴谋。

【蜜蜂出窠天放晴,鸡不入笼阴雨天】miəʔ˧foŋ˥˩ts'əʔ˥k'əu˥t'iɪ˥fɑ̃˨˦zin˨˩,tɕi˥pəʔ˥zəʔ˧loŋ˨˩∅in˥ɦy˨˩t'iɪ˥ 谚语。如果蜜蜂从蜂窝里飞出来,说明天气转晴;如果鸡不肯回到鸡笼里去,预示天转阴雨。

mián

眠【miɪ˨˦】

绵【miɪ˨˦】

【绵力】miɪ˨˦liəʔ˧
【绵羊】miɪ˨˦ɦiɑ̃˨˩
【绵绸】miɪ˨˦zʏ˨˩
【绵绵】miɪ˨˩miɪ˨˩
【绵薄】miɪ˨˦boʔ˧
【绵白糖】miɪ˨˦bɑʔ˧dɑ̃˨˩

棉【miɪ˨˦】

【棉子】miɪ˨˦tsɿ˥˩
【棉毛】miɪ˨˦mæ˨˩
【棉农】miɪ˨˦noŋ˨˩
【棉花】miɪ˨˦ho˥
【棉纱】miɪ˨˦so˥
【棉袄】miɪ˨˦∅æ˥˩ 棉衣。
【棉铃】miɪ˨˦lin˨˩
【棉鞋】miɪ˨˦ɦɑ˨˩
【棉签】miɪ˨˦ts'iɪ˥
【棉袮】miɪ˨˦mø˨˩ 棉长袍。
【棉皮鞋】miɪ˨˦bi˨˦ɦɑ˨˩
【棉纱线】miɪ˨˦so˥siɪ˥˩ 棉线。
【棉花胎】miɪ˨˦ho˥tɛ˥˩
【棉花糖】miɪ˨˦ɦo˥dɑ̃˨˩ 形似棉花的糖食。
【棉籽油】miɪ˨˦tsɿ˥ɦiʏ˨˩ 棉花的籽实榨取的植物油。
【棉暖暖】miɪ˨˦nø˨˦nø˨˩ 形容非常暖和。
【棉皮单夹】miɪ˨˦bi˨˦tɛ˥kaʔ˥ 指棉制、皮制、单衫和夹袄等衣物,泛指衣物。
【棉花里格引线】miɪ˨˦ɦo˥li˨˩

kə˥ʔhin˩˧sii˥˧　喻外貌柔和，内心犀利。

【棉花耳朵风车心】miɪ˧˦ɦo˥ȵi˧˦təu˥foŋ˥tsʻo˥sin˥　喻耳朵根子软，心思活，缺乏主见。

【棉纱线扳倒石牌楼】miɪ˧˦so˥sii˥˧pɛ˥tæ˥˧zɑʔ˧bɑ˩˧lY˩　俗语。喻力量弱小的意外地战胜力量强大的。

【棉花店里死老板——勿谈（弹）】miɪ˧˦ho˥tii˥˧li˩˧si˥˧læ˧˦pɛ˥——fəʔ˥dɛ˧˦（dɛ˧˦）　歇后语。不再洽谈，不再说了。

miǎn

免【miɪ˩˧】

【免考】miɪ˩˧kʻæ˥˧
【免试】miɪ˩˧sɥ˥˧
【免青】miɪ˧˦tsʻin˥　面条中不放葱蒜。
【免俗】miɪ˩˧zoʔ˧
【免疫】miɪ˧˦ɦy˧
【免费】miɪ˩˧fi˦˧˦
【免得】miɪ˩˧təʔ˥
【免检】miɪ˧˦tɕiɪ˥˧
【免票】miɪ˩˧pʻiæ˥˧
【免职】miɪ˩˧tsəʔ˥
【免税】miɪ˩˧sɛ˦˧˦
【免罪】miɪ˩˧zɛ˩˧
【免免吧】miɪ˧˦miɪ˧˦bɑ˩˧　免了吧。
【免战牌】miɪ˥tsø˥˧bɑ˩˧
【免勿得格情】miɪ˥fəʔ˥təʔ˥kəʔ˥zin˧˦　照顾到情分上。

勉【miɪ˥˧】

【勉力】miɪ˦˧˦liəʔ˧
【勉励】miɪ˦˧˦li˩˧
【勉强】miɪ˦˧˦tɕʻiã˥
【勉为其难】miɪ˥ɦuɛ˩˧dʑi˩˧nɛ˧˦

娩【miɪ˥˧】

冕【miɪ˥˧】

【冕旒】miɪ˥˧lY˩˧

湎【miɪ˩˧】

缅【miɪ˩˧】

【缅怀】miɪ˩˧ɦuɑ˩˧

腼【miɪ˩】

【腼腆】miɪ˩tiɪ˥˩

miàn

面【miɪ˩】

【面巾】miɪ˦tɕən˥ 洗脸毛巾。

【面门】miɪ˦mən˩ 面部。

【面上】miɪ˦lɑ̃˩ （一）物体的表面。（二）表面上。（三）情面上。指看在某人的面子上。

【面子】miɪ˦tsɿ˥˩

【面风】miɪ˦foŋ˥ 评弹行话。指面部表情。

【面孔】miɪ˦k'oŋ˥˩ 脸。

【面包】miɪ˦pæ˥˩

【面皮】miɪ˦bi˩

【面布】miɪ˦pu˥˩ 洗脸毛巾。

【面生】miɪ˦sɑ̃˥

【面议】miɪ˦ɳi˩

【面色】miɪ˦səʔ˥

【面世】miɪ˩sʮ˥˩

【面汤】miɪ˦tɑ̃˥ 面条的汤汁。

【面衣】miɪ˦øi˥ （一）面制油煎薄饼状的食品。（二）面制油炸薄饼状的食品。

【面店】miɪ˦tiɪ˥˩ （一）卖生面、馄饨皮、饺子皮等的店铺。（二）面馆。

【面纱】miɪ˦so˥

【面具】miɪ˦tɕy˩

【面试】miɪ˩sʮ˥˩或miɪ˦sʮ˥˩

【面点】miɪ˦tiɪ˥˩

【面重】miɪ˩zoŋ˩ （一）面情重；讲情面。（二）腼腆。

【面临】miɪ˦lin˩

【面盆】miɪ˦bən˩

【面前】miɪ˦ziɪ˩

【面食】miɪ˦zəʔ˧

【面首】miɪ˦sʏ˥˩

【面相】miɪ˦siɑ̃˥˩

【面部】miɪ˦bu˩ 脸上。

【面粉】miɪ˦fən˥˩

【面料】miɪ˦liæ˩

【面积】miɪ˦tsiəʔ˥

【面谈】miɪ˦dᴇ˩

【面情】miɪ˦zin˩ 情面。

【面值】miɪ˦zəʔ˧

【面饽】miɪ˦bəʔ˧ （一）和好了的面。（二）面粉。

【面馆】miɪ˦kuø˥˩

【面授】mi˧˦zʏ˩
【面桶】mi˧˦doŋ˩ 洗脸盆。
【面筋】mi˧˦tɕən˥
【面善】mi˩zø˩
【面额】mi˧˦ŋɑʔ˧
【面子戏】mi˧˦tsɿ˥ɕi˩ 有关脸上光彩的事。
【面皮老】mi˧˦bi˧˦læ˩ 脸皮厚;不知羞耻。
【面皮疳】mi˧˦bi˧˦hɛ˥ 义同【面皮老】。
【面皮薄】mi˧˦bi˧˦boʔ˧ 腼腆;容易害羞。
【面对面】mi˧˦tɛ˥mi˩ (一)两个人相向,脸对着脸。(二)指当事人一起在场。
【面汤水】mi˧˦t'ɑ̃˥sʮ˩ 洗脸水。
【面团团】mi˧˦dø˧˦dø˩
【面汆条】mi˧˦ts'ø˥diæ˩ 面食品。和面手工制成细条,在汤汁中煮熟。
【面张浪】mi˧˦tsaʔ˥lɑ˩ 面子上。
【面杖鱼】mi˧˦zɑ̃˧˦ŋ̍˩ 太湖中形状如银鱼,而略大的一种特产小鱼。
【面泔气】mi˧˦kø˥tɕ'i˩ 面条变质的气味。
【面疙瘩】mi˧˦kəʔ˥taʔ˥ (一)面食中面粉发酵没有发好或面粉过厚的部分。(二)食品。把面粉加水制稠后一匙一匙舀入汤汁中煮成。
【面拖虾】mi˧˦t'əu˥ho˩ 鲜虾、面粉加水制稠后油炸而成的食品。
【面拖蟹】mi˧˦t'əu˥hɑ˩ 螃蟹纵向切开,蘸上面粉、佐料烹制而成的食品。
【面浇头】mi˧˦tɕiæ˥dʏ˩ 加在盛好的面条上面的菜。
【面架子】mi˧˦kɑ˥tsɿ˩ 脸的形状。
【面颊骨】mi˧˦tɕəʔ˥kuəʔ˥ 颧骨。
【面瘢团】mi˧˦lɑ˧˦dø˩ 家庭自制面食品。面粉加水调稠后,用汤匙舀入汤汁中烧煮而成。
【面拖鲞】mi˧˦t'əu˥siɑ̃˩ (一)裹着面粉的油炸鱼。(二)喻没有里子的,或面子、里子极破的棉被。
【面长面短】mi˧˦zɑ̃˧˦mi˧˦tø˩ 脸的长短。指面形长相。

【面亦勿照】miI˩ɦɑʔ˧fəʔ˥tsæ˦ 没有见到人。

【面面俱到】miI˧miI˩ʥy˩tæ˦

【面笃嘴翘】miI˧toʔ˥tsɥ˥ tɕʻiæ˦ 形容生气时的脸。

【面熟陌生】miI˧zoʔ˧mɑʔ˧ sã˥ 似曾相识。

【面孔铁青】miI˧kʻoŋ˥tʻiəʔ˥ tsʻin˥ 脸色发青。

【面无四两肉】miI˩vu˩sɿ˥ liã˥ɲoʔ˧ 形容面相刻薄。

【面孔生生青】miI˧kʻoŋ˥sã˥ sã˥tsʻin˥ 形容脸色发青。

【面和心勿和】miI˧ɦəu˩sin˥ fəʔ˥ɦəu˩ 表面友善,实际上有矛盾。

【面子比屁股大】miI˧tsɿ˥pi˥ pʻi˥kəu˥dəu˩ 讥讽语。特有面子。

【面皮老老,肚皮饱饱】miI˧ bi˩læ˩læ˩,dəu˧bi˩pæ˥ pæ˥ 调侃语。厚着脸皮获取食品或其他利益。

【面浪笑呼呼,心里毒蛇窠】miI˧ ɑ̃˩siæ˥həu˥həu˥,sin˥ li˩doʔ˧zo˧kʻəu˥ 形容外貌装得善良、和气,心里阴险狠毒。

miāo

喵【miɑo˥】

【喵】miɑo˥ 象声词。形容猫叫的声音。

miáo

苗【miæ˧】

【苗木】miæ˧moʔ˧

【苗条】miæ˧diæ˩

【苗头】miæ˧dY˩ (一)略微显露的发展趋势或情况。(二)指手段、威望、财富等。

【苗族】miæ˧zoʔ˧

【苗篮】miæ˧lE˩ 大竹筐篮。没有提梁,篮口两边各有一个耳鋬。又名【揀篮】tsʻɑʔ˥lE˩。

【苗头粗】miæ˧dY˧tsʻəu˥ (一)发展的趋势好。(二)手段高明或办法好且多。

【苗头勿是一眼眼】miæ˧dY˩ fəʔ˥zɿ˩iəʔ˥ŋE˧ŋE˩ 手段不是一般的高明。办法特别好、特别多。

【苗头勿夹,苦头吃煞】miæ˧ dY˧fəʔ˥kaʔ˥,kʻəu˦dY˩

tɕʻəʔ˥sɑʔ˥　办事、说话不注意关键人物的态度，会吃尽苦头。

描【miæ˧˦】

【描写】miæ˧˦siɑ˥˧
【描金】miæ˧˦tɕən˥
【描摹】miæ˧˦mo˨˩
【描红簿】miæ˧˦hoŋ˧˦bu˨˩　印有红模子，供儿童用毛笔蘸墨在红模子上描着写字的簿子。
【描金箱子白铜锁，外头好看里向空】miæ˧˦tɕən˥siã˥ tsɿ˥˧bɑʔ˧doŋ˨˩sən˥˧，ŋɑ˧˦ dʏ˨˩hæ˥˧kʻø˥˧li˧˦ɕiã˥kʻoŋ˥　俗语。指外观好看，或名声好听，而内无实际。

瞄【miæ˧˦】

【瞄准】miæ˧˦tsən˥˧

miǎo

秒【miæ˧˦】

【秒表】miæ˧˦piæ˥
【秒针】miæ˧˦tsən˥

淼【miæ˧˦】

渺【miæ˥˧】

【渺小】miæ˦˥siæ˦˥
【渺茫】miæ˦˥mã˧˦

缈【miæ˥˧】

藐【miæ˧˦】

【藐视】miæ˥zʮ˨˩

邈【miæ˧˦】

miào

妙【miæ˨˩】

【妙计】miæ˧˦tɕi˥˧
【妙手】miæ˧˦sʏ˥˧
【妙用】miæ˧˦hioŋ˨˩
【妙笔】miæ˧˦piəʔ˥
【妙脱】miæ˧˦tʻəʔ˥　反语。指不好了或完了。
【妙着】miæ˧˦tsɑʔ˥
【妙龄】miæ˧˦lin˨˩

M

【妙手回春】miæ˨sʏ˥˩ɦuᴇ˨ tsʻən˥

【妙手空空】miæ˨sʏ˥˩kʻoŋ˥ kʻoŋ˥˩　指小偷。也用以比喻虽资用困乏，而善于挪移应付。

【妙笔生花】miæ˨ᵖiəʔ˥sən˥ ho˥

【妙语双关】miæ˨ŋ̊y˨sɑ̃˥ kuᴇ˥˩　巧妙的言语在表面上是一个意思，而暗中隐藏着另一个意思。

【妙语连珠】miæ˨ŋ̊y˨li˨tsʮ˥　连续说出有意味或动听的言语。

庙【miæ˨】

【庙号】miæ˨hæ˨

【庙会】miæ˨ɦuᴇ˨

【庙祝】miæ˨tsoʔ˥

【庙堂】miæ˨dɑ̃˨

【庙门前格旗杆——光棍】miæ˨mən˨zi˨kəʔ˥ʥi˨kø˥˩——kuɑ̃˥kən˥˩　指单身汉。

【庙小妖风大，池浅王八多】miæ˨siæ˥˩ʘiæ˥foŋ˥dəu˨,zʮ˨tsʻi˥˩ɦuɑ̃˨ᵖɑ˥˩təu˥　喻地方或规模不大，是非与麻烦却不断。

玅【miæ˨】

缪【miæ˨】另见 miù；móu。

【缪】miæ˨　姓。

miē

咩【mi˥】

miè

灭【miəʔ˧】

【灭口】miəʔ˧kʻʏ˥˩

【灭门】miəʔ˧mən˨

【灭亡】miəʔ˧vɑ̃˨

【灭火】miəʔ˧həu˥˩

【灭顶】miəʔ˧tin˥˩

【灭迹】miəʔ˧tsiəʔ˥

【灭绝】miəʔ˧ziəʔ˧

【灭种】miəʔ˧tsoŋ˥˩

【灭脱】miəʔ˧tʻəʔ˥　消灭掉。

【灭族】miəʔ˧zoʔ˧

M

蔑【miəʔ˧】

【蔑视】miəʔ˧zʮ˩

篾【miəʔ˧】

【篾片】miəʔ˧pʻiɪ˥˨
【篾匠】miəʔ˧ziã˩ 制造竹器的手艺人。
【篾青】miəʔ˧tsʻin˥
【篾黄】miəʔ˧ɦuã˩

mín

民【min˧】

【民工】min˧koŋ˥
【民女】min˧ȵy˩
【民办】min˧bɛ˩
【民风】min˧foŋ˥
【民心】min˧sin˥
【民生】min˧sən˥
【民用】min˧ɦioŋ˩
【民乐】min˧ɦioʔ˧
【民主】min˧tsʮ˥˨
【民宅】min˧zɑʔ˧
【民众】min˧tsoŋ˥
【民兵】min˧pin˥
【民间】min˧tɕiɪ˥
【民变】min˧piɪ˩
【民房】min˧vã˩
【民国】min˧kuəʔ˥
【民居】min˧tɕy˥
【民俗】min˧zoʔ˧
【民选】min˧siɪ˥˨
【民怨】min˧øiø˩
【民航】min˧ɦã˩
【民贼】min˧zəʔ˧
【民情】min˧zin˩
【民营】min˧ɦin˩
【民族】min˧zoʔ˧
【民愤】min˧fən˥˨
【民谣】min˧ɦiæ˩
【民歌】min˧kəu˥
【民瘼】min˧moʔ˧
【民警】min˧tɕən˥˨
【民不聊生】min˧pəʔ˥liæ˧sən˥
【民脂民膏】min˧tsʮ˥min˧kæ˥

旻【min˧】

岷【min˧】

缗【min˧】

mǐn

皿【min˩】

闵【min˩】

抿【min˨˧】

【抿抿】min˨min˨˧　（东西）含在口中，用舌面抵住。

【抿拢】min˨loŋ˧　（嘴）稍稍合拢。

【抿紧】min˨tɕən˥　（嘴）用力合拢。

【抿缝】min˨˧voŋ˩　缝隙密合。

【抿一口】min˨˧ʔiəʔ˥k'Y˨˧　略微喝一口。

泯【min˧】

闽【min˧】

【闽红】min˧ɦoŋ˧　福建红茶。

【闽菜】min˧ts'E˨˧

悯【min˧】

敏【min˩】

【敏捷】min˥ziəʔ˧

【敏感】min˥kø˨˧

湣【min˧】

míng

名【min˧】

【名人】min˩ɲən˩或min˩zən˩

【名门】min˩mən˩

【名山】min˧sE˥

【名士】min˩zɿ˩

【名下】min˧ɦo˩

【名义】min˩ɦi˩

【名分】min˧vən˧

【名片】min˧p'i˨˧

【名气】min˧tɕ'i˨˧

【名册】min˧ts'ɑʔ˥

【名节】min˧tsiəʔ˥

【名句】min˩tɕy˨˧

【名目】min˩moʔ˧

【名头】min˧dY˩

M

【名产】minɅtsʻɛV
【名次】minɅtsʻɿV
【名师】minɅsɿ˥
【名字】minɅzɿɅ
【名词】minɅzɿɅ
【名件】minɅdʑiɪɅ 形容有名气的;有名气的东西。
【名利】minɅliɅ
【名伶】minɅlinɅ
【名录】minɅloʔɅ
【名声】minɅsən˥
【名言】minɅɦiɪɅ
【名单】minɅtɛ˥
【名帖】minɅtʻiəʔ˥
【名贵】minɅkuɛV
【名胜】minɅsənV
【名称】minɅtsʻən˥
【名家】minɅtɕiaV
【名流】minɅlYɅ
【名堂】minɅdãɅ
【名牌】minɅbaɅ
【名望】minɅvãɅ
【名著】minɅtsʮV
【名媛】minɅnøɅ
【名誉】minɅɦYɅ
【名利场】minɅliɅzãɅ
【名不虚传】minɅpəʔ˥ɕy˥ zøɅ
【名不符实】minɅpəʔ˥vuɅ zəʔɅ 名不副实。
【名存实亡】minɅzənɅzəʔɅ vãɅ
【名列前茅】minɅliəʔɅziɪɅ mæɅ
【名符其实】minɅvuɅdʑiɅzəʔɅ 名副其实。
【名落孙山】minɅloʔɅsən˥ sɛ˥
【名师出高徒】minɅsɿ˥tsʻəʔ˥ kæ˥dəuɅ 有名的老师或师傅,教出的学生或徒弟一定也很高明。
【名气响得刮喇喇】minɅtɕʻiV ɕiãVtəʔ˥kaʔ˥laʔɅlaʔɅ 名望很大。

明【minɅ】

【明了】minɅliæɅ
【明火】minɅhəuV
【明文】minɅvəuɅ
【明瓦】minɅŋoɅ 用蚌贝壳做的窗户透光材料。
【明白】minɅbaʔɅ
【明令】minɅlinɅ
【明灭】minɅmiəʔɅ

【明目】min˩moʔ˧ 使视力改善。

【明灯】min˦tən˥

【明年】min˦ȵiɪ˩

【明早】min˦tsæ˥˩或mən˦tsæ˥˩

【明杖】min˦zã˩

【明快】min˦kuɑ˥˩

【明码】min˦mo˩

【明明】min˩min˩

【明说】min˦səʔ˥

【明细】min˦si˥˩

【明亮】min˦liã˩

【明前】min˦ziɪ˩

【明虾】min˦ho˥ 对虾。

【明显】min˦ɕiɪ˥˩

【明星】min˦sin˥

【明朗】min˦lɑ̃˩

【明珠】min˦tsɥ˥

【明理】min˩li˩

【明堂】min˦dɑ̃˩

【明朝】(1)min˦zæ˩ 朝代。公元1368—1644年,朱元璋所建。(2)min˦tsæ˥或mən˦tsæ˥ 明天。

【明确】min˦tɕʻoʔ˥

【明鉴】min˦tɕiɪ˥˩

【明镜】min˦tɕən˥˩

【明白人】min˦bɑʔ˧ȵən˩ (一)明白事理的人。(二)知道内情的人。

【明打明】min˦tã˥min˩ 明明白白,公开的。

【明吃亏】min˦tɕʻəʔ˥tɕʻy˥˩ (一)明显吃了亏。(二)知道要吃亏。

【明后日】min˦ɦʏ˦ȵəʔ˧

【明后朝】min˦ɦʏ˦tsæ˥˩ 明天或者后天。

【明角灯】m̥in˧koʔ˥tən˥˩ 用硬质半透明材料做灯体的挂灯。

【明明仔】min˦min˩tsɿ˥˩ 明明。

【明亮人】min˦liã˦ȵən˩ 懂道理的人。

【明信片】min˦sin˥pʻiɪ˥˩

【明眼人】min˦ŋE˦ȵən˩

【明朝会】min˦tsæ˥ɦuE˩或mən˦tsæ˥ɦuE˩ 明天见。

【明文规定】min˦vən˩kuE˥din˩ 见于文字的规定。

【明目张胆】min˦moʔ˧tsʻã˥tE˥˩

【明正典刑】min˦tsən˥˩tiɪ˥˧ɦin˦

【明争暗斗】min˦tsən˥θø˥tY˧

【明知故问】min˦tsʮ˥kəu˥˩vən˩ 明明知道，故意提问。

【明知故犯】min˦tsʮ˥kəu˥˩vE˩ 明明知道不可以，偏偏违犯。

【明哲保身】min˦tsəʔ˥ɒæ˥˩sən˥

【明眸皓齿】min˩mY˩ɦæ˦tsʻʮ˥˩

【明摆勒海】min˦ɒɑ˥ləʔ˧hE˥˩ 明显地摆在眼前，容易看得清楚。

【明人不必细说】min˩ɳ̍ən˩fəʔ˥piəʔ˥si˥səʔ˥ 对明白事理或深知内幕的人，不用说得太多。

【明人不做暗事】min˩ɳ̍ən˩fəʔ˥tsəu˧θø˧zɿ˩ 光明磊落的人不做见不得人的事。

【明枪好躲，暗箭难防】min˦tsʻiã˥hæ˥˩təu˥˩，θø˥tsi˥˩nE˦bɑ̃˦ 喻公开的攻击容易躲避，隐藏的攻击却难防备。

【明修栈道，暗度陈仓】min˦sY˥zE˦dæ˩，θø˧dəu˩zən˦tsʻɑ̃˥

【明一套，暗一套；阴一套，阳一套】min˦θiəʔ˥tʻæ˧，θø˧θiəʔ˥tʻæ˧，θin˥θiəʔ˥tʻæ˧，ɦiã˦θiəʔ˥tʻæ˧ 指要两面手法。

鸣【min˥】文读【min˦】

【鸣金】min˥tɕən˥

【鸣冤】min˥θiø˥

【鸣谢】min˥ziɑ˩

【鸣锣开道】min˥ləu˦kʻE˥dæ˩

茗【min˦】

冥【min˦】

【冥思苦索】min˦sɿ˥kʻəu˥˩soʔ˥

【冥冥之中】min˥˩min˧tsʮ˥˩tsoŋ˥ 迷信的人称人死后进入的世界里。

铭【min˦】

【铭文】min˦vən˩

【铭记】min˧tɕi˦
【铭感五内】min˧kø˥˩ɦ̩əu˥ nE˩ 深刻地记在心中。

溟【min˧】

瞑【min˧】

【瞑目】min˧moʔ˧

螟【min˧】

【螟蛉】min˧lin˩

mǐng

酩【min˥˩】

【酩酊大醉】min˥˩tin˥˩dɑ˩tsE˦ 形容大醉。

mìng

命【min˩】

【命大】min˩dəu˩
【命中】(1)min˧tsoŋ˥˩ 射中、打中(目标)。(2)min˧tsoŋ˥ 命里。迷信的人认为是生来注定的。
【命令】min˧lin˩
【命妇】min˧vu˩
【命名】min˩min˧
【命好】min˩hæ˥˩
【命运】min˩ɦyən˩
【命官】min˧kuø˥
【命苦】min˩kəu˥˩ 命运不好。
【命脉】min˧mɑʔ˧
【命相】min˧siã˥
【命案】min˧ɦ̩ø˥˩
【命题】min˧di˩
【命根子】min˧kən˥tsɿ˥˩ 喻最受某人重视的晚辈,也比喻最重要或最受重视的事物。
【命运不济】min˩ɦyən˩pəʔ˥ tsi˦ 命运不好。
【命里注定】min˧li˩tsɥ˥˩din˩ 命运中注定的。
【命里注煞】min˧li˩tsɥ˦saʔ˥ 命运中注定。
【命里有时终须有,命里无时莫强求】min˧li˩ɦiʏ˩zɥ˩tsoŋ˥si˥ ɦiʏ˩,min˧li˩vu˩zɥ˩ moʔ˧dʑiã˧dʑiʏ˧ 指命运中注定的事情是无法改变的。
【命里穷来即是穷,拾着黄金

要变铜】min˦li˩ʥioŋ˦lE˩ tsiəʔ˥zɿ˩ʥioŋ˦, ziəʔ˧zɑʔ˧ ɦuɑ̃˦tɕən˥θiæ˧pi˧doŋ˦ 指命运中注定的事情是无法改变的，即使遇到好的机会也会变坏。

miù

谬【mY˩】

【谬论】mY˩lən˩

【谬误】mY˩ŋəu˩

【谬赞】mY˦tsE˥˩ 错误的赞誉（多作谦词）。

【谬种流传】mY˦tsoŋ˥˩lY˦zø˩ 指荒谬错误的言论、学术流派等被传播开来。

mō

摸【moʔ˧】

【摸头】(1)moʔ˧dY˩ 用手抚摸的意愿。(2)moʔ˧dY˦ 用手抚摸头部。

【摸底】moʔ˧ti˥˩

【摸鱼】moʔ˧ŋ̍˦ 下河用丁字形竹架赶鱼入小网兜，以此捕鱼。

【摸蚌】moʔ˧bɑ̃˩ 水田里用手捉蚌。

【摸彩】moʔ˧tsʻE˥˩ （一）在赌博或某种游戏中，摸取彩票。（二）抓阄定胜负。

【摸脱】moʔ˧tʻəʔ˥ （一）衣袋里的东西被窃。（二）因手摸衣袋，不经意间把东西带出袋外遗失。（三）（博彩中中彩的彩票被）摸掉了。（四）指迷路。

【摸摸】moʔ˧moʔ˧ （一）抚摸。（二）指（有一些钱）供随意使用。（三）寻找、探求（方法或经验）。（四）处理一些不起眼的杂事。

【摸索】moʔ˧soʔ˥

【摸着】moʔ˧zɑʔ˧

【摸蟹】moʔ˧hɑ˥˩ 徒手伸到蟹洞里捉蟹。

【摸门路】moʔ˧mən˦ləu˩ 找门路。

【摸勿出】moʔ˧fəʔ˥tsʻəʔ˥ （身上）拿不出（钱）。

【摸后膀】moʔ˧hY˦pɑ̃˥˩ 行动落在人后。

【摸两钿】moʔ˧liɑ̃˩di˩ （一）赚些小外快。（二）拿些钱出来。也说成【摸脱两钿】mo?˦t'ə?˥liã˩di˩。

【摸屁股】mo?˦p'i˥kəu˩ （一）抚摸屁股。（二）喻行动落在人后。

【摸袋袋】mo?˦dE˦dE˩ （一）出钱。（二）扒手行窃。

【摸壁鬼】mo?˦piə?˥tɕy˩ 喻浑身肮脏或浑身上下都穿黑色衣裳的人。

【摸螺蛳】mo?˦ləu˦sɿ˥ 河中抓摸螺蛳。

【摸子动子】mo?˦tsɿ˩doŋ˩tsɿ˩ 下象棋俗约。下棋者摸动某棋子，只能移动某棋子。

【摸皮夹子】mo?˦bi˦ka?˥tsɿ˩ （一）掏钱。（二）扒手行窃。

【摸牢交子】mo?˦læ˦kæ˩tsɿ˩ 摸住不放。

【摸摸弄弄】mo?˦mo?˦loŋ˩loŋ˩ （一）抚摸。（二）处理不起眼的杂事。

【摸勿着头路】mo?˦fə?˥zə?˦dY˦ləu˩ 茫无头绪。

【摸骨头相面】mo?˦kuə?˥dY˩siã˥mi˩ 摸测人的骨骼，推算人的命运，断定人的吉凶祸福（迷信）。

mó

无【mo˦】中州韵【məu˦】另见 wú。

谟【mo?˦】中州韵【məu˦】

馍【mo˦】中州韵【məu˦】

嫫【mo˦】中州韵【məu˦】

摹【mo˦】中州韵【məu˦】

【摹仿】mo˦fã˩

【摹拟】mo˦ȵi˩

模【mo˦】中州韵【məu˦】另见 mú。

【模子】mo˦tsɿ˩ （一）用压制或浇灌的方法使材料成为

一定形状的工具。(二)指人的体形。
【模式】mo˧səˀ˥
【模压】mo˧θɑˀ˥
【模范】mo˧vɛ˩
【模坯】mo˧pɛ˥ 喻人的体形。
【模型】mo˧ɦin˩
【模糊】mo˧ɦəu˩
【模特儿】mo˧dəˀ˧ɦəl˩
【模棱两可】mo˧lin˩liã˩k'əu˥ (态度、意见等)含糊,不明确。

膜【moˀ˧】、【mo˧】中州韵【məu˧】、【moˀ˧】

【膜拜】mo˧pɑ˦

摩【mo˧】中州韵【məu˧】

【摩天】mo˧t'i˥
【摩托】moˀ˧doˀ˧
【摩登】mo˧tən˥
【摩擦】mo˧ts'aˀ˥
【摩擦灯】mo˧ts'aˀ˥tən˥ 摩电灯。
【摩擦音】mo˧ts'aˀ˥θin˥

磨【mo˥】、【mo˧】中州韵【məu˥】、【məu˧】另见 mò。

【磨灭】mo˧miəˀ˧
【磨床】mo˧zã˩
【磨炼】mo˧li˩
【磨砂】mo˧so˥ 原本平滑,经过砂磨或酸类腐蚀,使表面粗糙。
【磨损】mo˧sən˥
【磨难】mo˧nɛ˩
【磨擦】mo˧ts'aˀ˥
【磨刀石】mo˧tæ˥zɑˀ˧ 用来磨刀的特殊的石头。
【磨刀砖】mo˧tæ˥tsø˥ 用来磨刀的特制的砖。
【磨夜作】mo˥θiɑ˥tsoˀ˥ 深夜进行工作。
【磨洋工】mo˧ɦiã˧koŋ˥
【磨黄昏】mo˥ɦuã˧hən˥
【磨骨扬灰】mo˧kuəˀ˥ɦiã˩huɛ˥ 彻底毁灭尸体。
【磨破嘴唇皮】mo˧p'u˥tsɥ˦zən˧bi˩ 形容说了许许多多的话(多指求人)。

嬷【mo˦】

【嬷嬷】mo˦mo˦ 父亲的姐姐。

蘑【mo˦】中州韵【məu˦】

【蘑菇】mo˦kəu˥

魔【mo˦】中州韵【məu˦】

【魔方】mo˦fɑ̃˥
【魔王】mo˦ɦuɑ̃˩
【魔爪】mo˦tsɑ˥˩或mo˦tsæ˥˩
【魔术】mo˦zəʔ˧
【魔芋】mo˦ɵy˥
【魔法】mo˦faʔ˥
【魔鬼】mo˦kuᴇ˥˩
【魔掌】mo˦tsɑ̃˥˩
【魔窟】mo˦k‘oʔ˥
【魔苦运】mo˦k‘əu˥ɦyən˩ 迷信人指极差的运程，使人丧失理智和理性。

mǒ

抹【məʔ˧】另见 mā；mò。

【抹杀】məʔ˧saʔ˥
【抹煞】məʔ˧saʔ˥

mò

万【məʔ˧】另见 wàn。

末【məʔ˧】

【末子】məʔ˧tsɿ˥˩
【末日】məʔ˧ȵəʔ˧
【末代】məʔ˧dᴇ˩
【末节】məʔ˧tsiəʔ˥ （一）小节。（二）指最后的地步。
【末末】məʔ˧məʔ˧ 末子。
【末叶】məʔ˧ɦiəʔ˧
【末伏】məʔ˧voʔ˧
【末年】məʔ˧ȵi˩
【末尾】məʔ˧vi˩
【末事】məʔ˧zɿ˩ 物品；东西。
【末拖】məʔ˧təu˥ 最后出生的孩子。
【末座】məʔ˧zəu˩

M

【末梢】məʔ˧sæ˥
【末路】məʔ˧lǝu˩
【末脚】məʔ˧tɕiɑʔ˥　最后。
【末郎头】məʔ˧lɑ̃˩dɣ˩　最后出生的孩子。

没【məʔ˧】另见 méi。

【没收】məʔ˧sɣ˥
【没脱】məʔ˧tʻəʔ˥　（一）沉没在水中。（二）没收、充公、吞没。
【没落】məʔ˧loʔ˧
【没奈何】məʔ˧nɛ˧ɦəu˩
【没勿通风】məʔ˧fəʔ˥tʻoŋ˥foŋ˥　（一）一点不通风。（二）形容瞒闭得很紧。
【没头丁倒】məʔ˧dɣ˩tin˥tæ˥　（一）从头到脚。（二）晕头转向；发懵。
【没齿难忘】məʔ˧tsʻɥ˥nɛ˧vɑ̃˩　永远不会忘记。

茉【məʔ˧】

【茉莉】məʔ˧li˩

抹【məʔ˧】

沫【məʔ˧】

【沫子】məʔ˧tsɿ˥

陌【mɑʔ˧】文读【məʔ˧】

【陌生】mɑʔ˧sɑ̃˥
【陌路人】mɑʔ˧lǝu˩ȵən˩　指路上碰到的不相识的人。
【陌生面孔】mɑʔ˧sɑ̃˥mii˩kʻoŋ˥　没有见过的人；陌生人。
【陌里陌生】mɑʔ˧li˩mɑʔ˧sɑ̃˥　陌生。
【陌陌户头】mɑʔ˧mɑʔ˧ɦəu˧dɣ˩　未经商定的，非常突兀的。
【陌陌生生】mɑʔ˧mɑʔ˧sɑ̃˥sɑ̃˥　一点也不熟悉。
【陌生人吊孝——死人肚里得知】mɑʔ˧sɑ̃˥ȵən˩tiæ˥hæ˥——si˥ȵən˧dəu˧li˩təʔ˥tsɥ˥　歇后语。指只有自己知道。

脉【mɑʔ˧】文读【məʔ˧】
另见 mài。

莫【moʔ˧】

【莫大】moʔ˧dɑ˩
【莫邪】moʔ˧ɦiɑ˩
【莫非】moʔ˧fi˥˩
【莫逆】moʔ˧ȵəʔ˧
【莫须有】moʔ˧si˥ɦiʏ˩
【莫名其妙】moʔ˧min˩ʥi˩ miæ˦
【莫名其土地堂】moʔ˧min˩ʥi˩t'əu˦di˩dɑ̃˩ 趣语。即莫名其妙。土地堂是庙，吴语中“庙”、“妙”谐音。

秣【məʔ˧】

蓦【məʔ˧】

【蓦地】məʔ˧di˩

漠【moʔ˧】

【漠视】moʔ˧zʮ˩
【漠然】moʔ˧zø˩

寞【moʔ˧】

墨【məʔ˧】

【墨斗】məʔ˧tʏ˥˩
【墨水】məʔ˧sʮ˥˩
【墨汁】məʔ˧tsəʔ˥
【墨宝】məʔ˧pæ˥˩
【墨线】məʔ˧sii˥˩
【墨迹】məʔ˧tsiəʔ˥
【墨客】məʔ˧k'ɑʔ˥
【墨海】məʔ˧hE˥˩
【墨家】məʔ˧tɕiɑ˥
【墨笔】məʔ˧piəʔ˥ 毛笔。
【墨盒】məʔ˧ɦaʔ˧
【墨黑】məʔ˧həʔ˥
【墨晶】məʔ˧tsin˥
【墨绿】məʔ˧loʔ˧
【墨水笔】məʔ˧sʮ˥˩piəʔ˥ 钢笔。
【墨赤黑】məʔ˧ts'əʔ˥həʔ˥ 形容非常黑；很暗。
【墨砣砣】məʔ˧dəu˩dəu˩ （一）团状墨迹。（二）喻糊涂人。
【墨墨黑】məʔ˧məʔ˧həʔ˥ 形容非常黑；很暗。

M

【墨赤腾黑】məʔ˧tsʻəʔ˥dəu˨˩ həʔ˥　形容非常黑；很暗。

【墨腾赤黑】məʔ˧dəu˨˩tsʻəʔ˥ həʔ˥　形容非常黑；很暗。

瘼【moʔ˧】中州韵【məu˨˩】

默【məʔ˧】

【默认】məʔ˧ȵən˨˩

【默书】məʔ˧sɥ˥　（一）默想念过的书或默想说书的台词。（二）默写念过的书。

【默写】məʔ˧siɑ˥˨

【默许】məʔ˧ɕy˥˨

【默哀】məʔ˧θE˥

【默读】məʔ˧doʔ˧

【默算】məʔ˧sø˦˩˨

【默默】məʔ˧məʔ˧

【默勿出】məʔ˧fəʔ˥tsʻəʔ˥　默默地回想，想不起来；或默写不出来。

【默生字】məʔ˧sã˥zɿ˨˩　默写才学习过的字。

【默出来】məʔ˧tsʻəʔ˥lE˨˩　默默地回想出来；或已经默写出来。

【默默无闻】məʔ˧məʔ˧vu˨˩ vən˨˩

磨【mo˩˧】中州韵【məu˨˩】另见 mó。

【磨子】mo˩˧tsɿ˥˨　把粮食弄碎的工具。通常是由两个圆石盘做成的。

【磨心】mo˩˧sin˥　磨子上下两个圆石盘中间接榫处的小铁柱。

【磨坊】mo˩˧fã˥　磨碎粮食的作坊。

【磨盘】mo˩˧bø˨˩

móu

牟【mY˩˧】

【牟利】mY˩˧li˨˩

眸【mY˩˧】

【眸子】mY˩˧tsɿ˥˨

谋【mY˩˧】

【谋士】mY˩˧zɿ˨˩

【谋反】mʏ˧fᴇ˥˩
【谋生】mʏ˧sən˥
【谋划】mʏ˧ɦuaʔ˧
【谋求】mʏ˧ʥiʏ˩
【谋杀】mʏ˧saʔ˥
【谋私】mʏ˧sɿ˥
【谋取】mʏ˧tsʻi˥˩
【谋事】mʏ˩zɿ˩
【谋面】mʏ˩mi˩
【谋害】mʏ˧ɦᴇ˩
【谋略】mʏ˧liɑʔ˧
【谋差使】mʏ˧tsʻɑ˥sɿ˥˩ 找工作。

缪【mʏ˧】另见 miào。

蝥【mʏ˧】

mǒu

某【mʏ˧】中州韵【məu】

【某人】mʏ˧ŋ̊ən˩ （一）指一定的人（知道名字而不说出）。（二）假设有一个人。
【某某】mʏ˧mʏ˩ 义同【某人】。
【某日子】mʏ˧ŋ̊əʔ˧tsɿ˥˩ 某一天。
【某某人】mʏ˧mʏ˧ŋ̊ən˩ 义同【某人】。

mú

模【mo˧】中州韵【məu˧】另见 mó。

【模具】mo˧ʥy˩
【模样浪】mo˧ɦiã˧lɑ̃˩ （一）差不多的时候（多用于时间）。（二）表示差不多的光景（多用于时机已成熟）。

mǔ

母【mo˥】中州韵【məu˥˩】

【母系】mo˥ɦi˩
【母乳】mo˥zʮ˩
【母性】mo˥sin˥˩
【母语】mo˥ŋ̊y˩
【母爱】mo˥ØE˦
【母难日】mo˥nᴇ˧ŋ̊əʔ˧ 生日。

牡【mʏ˧】文读【mæ˧】中州韵【məu˩】

【牡丹】mæ˧tᴇ˥

【牡蛎】mY˧˩i˩
【牡丹虽好,绿叶扶助】mæ˦ tE˥sE˥hæ˩,loˀ˧ɦiəˀ˧vu˦ zəu˩ 俗语。喻再好的事物,也得有个帮衬。

亩【m̩˩】文读【mY˩】

拇【mo˦】【miəˀ˧】中州韵【məu˦】

姆【m̩˩】中州韵【məu˩】另见 m̄。

mù

木【moˀ˧】

【木】moˀ˧ (一)麻木。(二)形容反应迟钝。
【木工】moˀ˧koŋ˩
【木马】moˀ˧mo˩
【木太】moˀ˧t'ɑ˩ 形容动作迟缓的人(多指女性)。
【木本】moˀ˧pən˩
【木头】moˀ˧dY˩ (一)木材和木料的统称。(二)喻愚笨或不灵活的人。
【木兄】moˀ˧ɕioŋ˩ 愚笨或不灵敏的人。
【木耳】moˀ˧ŋ̍i˩
【木匠】moˀ˧ziã˩
【木行】moˀ˧ɦɑ̃˩ 出售木料和木材的商行。
【木材】moˀ˧zE˩
【木刻】moˀ˧k'ə˥
【木鱼】moˀ˧ɦY˩
【木觉】moˀ˧koˀ˥ 反应迟钝。
【木炭】moˀ˧t'E˩
【木徒】moˀ˧dəu˩ 愚笨或不灵敏的人。
【木料】moˀ˧liæ˩
【木屑】moˀ˧siəˀ˥
【木涨】məˀ˧tsã˩ 木头受潮后发涨。
【木排】moˀ˧bɑ˩
【木梳】moˀ˧sɿ˩ 梳子。
【木脱】moˀ˧t'ə˥ 身体部分失去知觉;一时发呆,不知所措。
【木犀】moˀ˧si˩
【木琴】moˀ˧ʥən˩
【木器】moˀ˧tɕ'i˩
【木乃伊】moˀ˧nE˩ɦi˩
【木头人】moˀ˧dY˩ŋ̍ən˩

(一)木头玩偶。(二)喻愚笨或不灵活的人。

【木头船】moʔ˦dʏ˩zø˩ 木船。

【木耳边】moʔ˦ŋ̍i˩pii˥ 似木耳形状的衣物边饰。

【木字旁】moʔ˦zɿ˩pɑ̃˧ 汉字偏旁名称。木字旁儿。如"杜"字的左半边。

【木花柴】moʔ˦ho˥zɑ˩ 充作燃料的刨花。

【木角头】moʔ˦koʔ˥dʏ˩ 小块木头。多用作生炉子用。

【木角角】moʔ˦koʔ˥koʔ˥ 形容反应迟钝。

【木围身】moʔ˦ɦʏ˩sən˧ 套在灶边的木制防护板。

【木骁骁】moʔ˦ɡᴇ˩ɡᴇ˩ 义同【木角角】。

【木夜壶】moʔ˦ɦia˧ɦəu˩ 指动作迟缓。

【木欣欣】moʔ˦ɕiən˥ɕiən˥ 形容反应不灵敏。

【木麸麸】moʔ˦fu˥fu˥ (一)麻木的感觉。(二)指食品口感干涩而不鲜美。

【木痦痦】moʔ˦hᴇ˥hᴇ˧ 浮肿且麻木的感觉。

【木屐板】moʔ˦ʥoʔ˦pᴇ˧或moʔ˦ʥyəʔ˦pᴇ˧ 木板拖鞋。

【木涩涩】moʔ˦səʔ˥səʔ˥ 义同【木角角】。

【木硌硌】moʔ˦ɡoʔ˦ɡoʔ˦ 义同【木角角】。

【木犀花】moʔ˦si˧ho˧ 桂花。

【木犀蒸】moʔ˦si˥tsən˧ 桂花开的季节,特别闷热的现象。

【木蓄蓄】moʔ˦ɕioʔ˥ɕioʔ˥或moʔ˦ɕyəʔ˥ɕyəʔ˥ 形容愚笨或不灵活的样子。

【木器店】moʔ˦tɕʰi˧tii˧ 出售家具的商店。

【木人头戏】moʔ˦ŋ̍ən˩dʏ˩ɕi˧ 木偶戏。

【木头人戏】moʔ˦dʏ˩ŋ̍ən˩ɕi˧ 义同【木人头戏】。

【木头木脑】moʔ˦dʏ˩moʔ˦næ˩ 义同【木知木觉】。

【木而觉之】moʔ˦ɦəl˧koʔ˥tsɿ˧ (一)反应迟钝。(二)毫无感觉。

【木知木觉】moʔ˦tsɥ˥moʔ˦koʔ˥ (一)反应迟钝。

（二）毫无感觉。

【木觉星宿】moʔ˧koʔ˥sin˥ sʏ˥˩ 指反应迟钝的人。

【木器家生】moʔ˧tɕʻi˥˩kɑ˥sã˥˩ （一）木制家具。（二）喻反应迟钝的人。

【木笃仔张嘴】moʔ˧toʔ˥tsɿ˥˩ tsã˥tsɥ˥˩ 形容不善于辞令，楞着说不出话来。

【木渎鼓手——一套头】moʔ˧doʔ˧kəu˦sʏ˥˩——Øiəʔ˥tʻæ˥dʏ˩ 歇后语。指仅只一套，变换不出花样。

【木匠刨木——自有尺寸】moʔ˧ziã˩bæ˩moʔ˧——zɿ˦˧ɦiʏ˩tsʻɑʔ˥tsʻən˦ 歇后语。胸有成竹。

【木匠戴枷——自作自受】moʔ˧ziã˩tɑ˦kɑ˥——zɿ˦˧tsoʔ˥zɿ˦˧zʏ˩ 歇后语。指自尝苦果。

【木樨花勿是牛吃格】moʔ˧si˥ho˥˩fəʔ˥zɿ˩ȵiʏ˦˧tɕʻəʔ˧kəʔ˥ 俗语。讥讽粗鲁的人，吃精巧的食物，不懂得品味。

【木盆里切菜——水屑勿漏】moʔ˧bən˩li˩tsʻiəʔ˥tsʻᴇ˦——sɥ˦siəʔ˥fəʔ˥lʏ˩ 歇后语。指说话、做事十分周密，没有漏洞。

【木排什梗稳，牛筋什梗韧】moʔ˧bɑ˩zəʔ˧gã˩Øuən˥˩，ȵiʏ˦˧tɕən˥zəʔ˧gã˩ȵən˩ 俗语。形容软磨硬泡的能耐大。

【木匠手里借斧头——勿看情况】moʔ˧ziã˩sʏ˦li˩tsiɑ˦fu˦dʏ˩——fəʔ˥kʻø˦zin˩huã˥˩ 歇后语。指不研究可行性。

【木匠进门三日烧，泥水匠进门三日挑】moʔ˧ziã˩tsin˦mən˦˧sᴇ˥ȵəʔ˧sæ˥，ȵi˦˧sɥ˥ziã˩tsin˦mən˦˧sᴇ˥ȵəʔ˧tʻiæ˥ 俗语。指装修，木匠工作后留下大量碎木刨花，可作多天的燃料。而泥水匠工作后留下的则是大量碎砖垃圾，挑运多天才能清除。

目【moʔ˧】

【目今】moʔ˧tɕən˥

【目击】moʔ˧tɕəʔ˥

【目光】moʔ˧kuã˥

【目的】moʔ˧tiə˥

【目录】moʔ˧loʔ˧
【目标】moʔ˧piæ˥˧
【目测】moʔ˧tsʻəʔ˥
【目中无人】moʔ˧tsoŋ˥vu˩zən˦
【目不识丁】moʔ˧pəʔ˥səʔ˥tin˥
【目不转睛】moʔ˧pəʔ˥tsø˥˦tsin˥
【目今攀谈】moʔ˧tɕən˥pʻE˥dE˩ 用现在的话说起来。
【目定口呆】moʔ˧din˩kʻY˥˧ŋE˦ 目瞪口呆。

沐【moʔ˧】

【沐泰山】moʔ˧tʻɑ˥˧sE˥˧ （一）苏州著名中药材店。（二）调侃动作迟缓的人。
【沐猴而冠】moʔ˧ɦY˩ɦəl˩kuø˥˧
【沐泰山坍房子——啊（压）呀（药）】moʔ˧tʻɑ˥˧sE˥˧tʻE˥vã˦tsɿ˥˧——ʔɑʔ˥（ʔɑʔ˥）ɦiɑʔ˧（ɦiɑʔ˧） 歇后语。表示惊讶、痛苦、后悔等。

苜【moʔ˧】

牧【moʔ˧】

【牧区】moʔ˧tɕʻy˥
【牧民】moʔ˧min˩
【牧场】moʔ˧zã˩
【牧师】moʔ˧sɿ˥˧
【牧童】moʔ˧doŋ˩

募【mo˩】中州韵【məu˩】

【募捐】mo˦tɕiø˥

墓【mo˩】中州韵【məu˩】

【墓志】mo˦tsʮ˥˧
【墓碑】mo˦pE˥

睦【moʔ˧】

慕【mo˩】中州韵【məu˩】

【慕名】mo˦min˩

暮【mo˩】中州韵【məu˩】

【暮年】mo˧ȵi˧

【暮色】mo˧səʔ˥

【暮春】mo˧tsʻən˥

【暮气沉沉】mo˧tɕi˥zən˩zən˩ 不振作的精神和疲疲塌塌、不求进取的作风。

【暮要四脚悬，朝要天顶穿】moʔ˩øiæ˧s˥˥tɕiɑʔ˥ɦiø˧，tsæ˥øiæ˧tʻi˥tin˥tsʻø˥ 谚语。指天空傍晚四周无云，早晨当头无云，天气晴好。

穆【moʔ˧】

【穆斯林】moʔ˧s˥lin˩

附：

𣓿【mø˧】《唐韵》毋官切

【𣓿裆裤】mø˧tɑ̃˥kʻəu˩ 裤裆缝没的裤子，与开裆裤相对。

搣【miəʔ˧】《正韵》弥列切。用手指捏住慢慢旋转。

N

ńňǹ

嗯(唔)【ŋ̍˥˧】、【ŋ̍˨˩】另见 ńg。

【嗯】(1) ŋ̍˥˧ 应答声。(2) ŋ̍˨˩ 轻声应答。

nā

那【nɑ˥˧】另见 nà。

【那】nɑ˥˧ 姓。

南【nɑ˥˧】另见 nán。

【南无】nɑ˥˧mo˨˩

ná

拿【no˨˦】文读【nɑ˨˦】

【拿大】no˨˦dəu˨˩
【拿手】no˨˦sʏ˥˨
【拿乔】no˨˦ʥiæ˨˩
【拿问】no˨˦vən˨˩或nɑ˨˦vən˨˩
【拿顶】no˨˦tin˥˨
【拿获】no˨˦ɦuəʔ˧
【拿一把】no˨˦ʘiəʔ˥po˥˨ 刁难一下;要挟一下。
【拿人法】no˨˦ȵən˨˦faʔ˥ 使人顺从的办法。
【拿勿出】no˨˦fəʔ˥tsʻəʔ˥ (一)拿不出手。(二)自觉敝陋,拿不出来。
【拿勿住】no˨˦fəʔ˥zʮ˨˩ 把握不住。
【拿手戏】no˨˦sʏ˥˨ɕi˥˨ 义同【拿手好戏】。
【拿得出】no˨˦təʔ˥tsʻəʔ˥ (一)拿得出手。(二)拿得出来。
【拿得住】no˨˦təʔ˥zʮ˨˩ 把握得住。
【拿得起】no˨˦təʔ˥tɕʻi˥˨ (一)义同【拿得住】。(二)能够拿起来。
【拿得稳】no˨˦təʔ˥ʘuən˥˨ 能

稳稳地把握住。

【拿摩温】ŋɑ˦mo˦θuən˥˩

【拿手好戏】no˦sʏ˥hæ˥˩ɕi˥˩

【拿当勿出】no˦tɑ̃˥fəʔ˥tsʻəʔ˥ （一）拿不出手。（二）自觉敝陋，不能上场面让别人看见。

【拿当得出】no˦tɑ̃˥təʔ˥tsʻəʔ˥ 拿得出手。

【拿腔拿调】no˦tɕʻiɑ̃˥no˦diæ˩˧ 做作的说话声调。

【拿倷格枪，凿倷格马】no˦nE˩˧kəʔ˥tsʻiɑ̃˥，zoʔ˧nE˩˧kəʔ˥mo˩˧ 喻用对方的武器对付对方。

【拿倷格拳头凿倷格嘴】no˦nE˦kəʔ˥dʑiø˦dʏ˩˧zoʔ˧nE˩˧kəʔ˥tsɥ˥˩ 喻用对方的言行，反唇相讥，使对方无法开口。

nǎ

哪【lo˦】【no˦】文读【nɑ˥】另见 né。

【哪】nɑ˩˧ 指示代词，表示在那儿。

【哪格】lo˦kəʔ˥或no˦kəʔ˥ 哪一个？

【哪里】lo˦li˩˧ 什么地方？

【哪星】lo˦sin˥˩ 哪一些？

【哪种】lo˦tsoŋ˥˩或no˦tsoŋ˥˩ 哪一种？

【哪样】lo˦ɦiɑ̃˩˧或no˦ɦiɑ̃˩˧ 哪一样？

【哪搭】lo˦taʔ˥或no˦taʔ˥ 哪里？

【哪里个】lo˦li˩˧kəʔ˥或no˦li˩˧kəʔ˥ 哪一个？

【哪里格】lo˦li˩˧kəʔ˥或no˦li˩˧kəʔ˥ 哪里的？什么的？

【哪里搭】lo˦li˩˧taʔ˥或no˦li˩˧taʔ˥ （一）（在）哪里？（二）什么地方？

【哪搭点】lo˦taʔ˥ti˥˩或no˦taʔ˥ti˥˩ 哪里？什么地方？

【哪有猫儿不吃腥】nɑ˥ɦiʏ˩˧mæ˦ɦə˥˩fəʔ˥tɕʻəʔ˥sin˥ 喻本性无法改变。

nà

那【nɑ̃˦】文读【nɑ˥˩】

【那末】nɑ̃˦məʔ˧或nE˦məʔ˧ 连词，接上文说明后果。有“因此而”的意思。如：那末完。

N

【那是】nã˦zɿ˩或nE˦zɿ˩ 连词，接上文说明后果，有“从这以后”的意思。简称【那】nã˦。

【那倒是】nã˦tæ˥zɿ˩或nE˦tæ˥zɿ˩ 义同【那是】。

呐【naʔ˧】文读【nəʔ˧】

纳【naʔ˧】文读【nəʔ˧】

【纳入】naʔ˧zəʔ˧或nəʔ˧zəʔ˧

【纳亨】naʔ˧hã˥˩ （一）怎么啦？（二）怎么办？（三）怎么样？

【纳凉】naʔ˧liã˦

【纳贿】nəʔ˧huE˥˩

【纳妾】nəʔ˧tsʻiəʔ˥ 娶小老婆。

【纳彩】nəʔ˧tsʻE˥˩

【纳税】nəʔ˧sE˦或naʔ˥sE˦

【纳福】nəʔ˧foʔ˥

【纳粹】nəʔ˧zE˩

【纳亨啦】naʔ˧hã˥˩lɑ˩或nã˥˩lɑ˩ （一）怎么啦？（二）怎么？（三）怎么样？（有催促对方回答的意思。）

衲【naʔ˧】文读【nəʔ˧】

【衲二针】naʔ˧liã˩tsən˥˩ 缝几针。

【衲鞋底】naʔ˧ɦɑ˦ti˥˩ 用针线制作布鞋鞋底。

娜【nɑ˥˩】另见nuó。

捺【naʔ˧】

【捺牢】nã˧læ˩ 重重地按住。

【捺脚】naʔ˧tɕiɑʔ˥ 汉字的一种笔画，如“人”字的第二笔。

nǎi

乃【nE˩】

艿【nɑ˩】

奶【nɑ˩】文读【nE˩】

【奶大】nɑ˩dəu˩ 吃奶长大。

【奶公】nɑ˦koŋ˥ 奶妈的丈

夫。

【奶水】nɑ˦sɥ˥˧　乳汁。

【奶奶】nɑ˦nɑ˩˧　（一）乳汁。（二）乳房。（三）称富贵人家的主妇。

【奶名】nɑ˦min˩˧　乳名。

【奶妈】nɑ˦mɑ˥

【奶油】nɑ˦ɦiʏ˦

【奶疖】nɑ˦tsiəʔ˥　乳腺炎的通称。

【奶粉】nɑ˦fən˥

【奶娘】nɑ˦ȵiã˦

【奶积】nɑ˦tsiəʔ˥

【奶痨】nɑ˦læ˩˧　不适应断奶而患的病症。

【奶罩】nɑ˩˧tsæ˨˦　胸罩。

【奶酪】nɑ˦loʔ˧

【奶嘴】nɑ˦tsɥ˥˧

【奶癌】nɑ˦ŋE˩˧　乳腺癌。

【奶癣】nɑ˩˧siɪ˥˧　发于婴儿面部的湿疹。

【奶白色】nɑ˦bɑʔ˧səʔ˥　乳白。

【奶奶头】nɑ˦nɑ˦dʏ˩˧　乳头。

【奶花香】nɑ˦ho˥ɕiã˥˧　（一）婴儿哺乳期间身上散发出来的奶腥气。（二）乳汁的特殊气味。

【奶婶婶】nɑ˦sən˥sən˥˧　乳娘。

【奶膪肉】nɑ˦pʻoʔ˥ȵoʔ˧　猪的乳房部肥而松软的肉。

【奶声奶气】nɑ˦sən˥nɑ˩˧tɕʻi˨˦　小孩子稚嫩的声音。

【奶油小生】nɑ˦ɦiʏ˦siæ˥sã˥˧　生得眉清目秀的青年男子。

氖【nE˩˧】

倷【nE˩˧】

【倷】nE˩˧　你。

【倷关倷】nE˩˧kuE˥˧nE˩˧　你只管你自己。言下之意是别顾及其他了。

【倷倒咾】nE˦tæ˥læ˩˧　口头语。意思是：你还能说什么吗？

【倷关倷说，俚关俚做】nE˩˧kuE˥nE˩˧səʔ˥，li˥kuE˥li˥tsəu˨˦　你说你的，他根本不听。

【倷勿拨我吃饭，我勿拨倷蹲坑】nE˩˧fəʔ˥pəʔ˥ŋəu˩˧tɕʻəʔ˥vE˩˧，ŋəu˩˧fəʔ˥pəʔ˥nE˩˧tən˥

k'ã˥ 俗语。喻相互挟制，大家都不利。

【倷走倷格阳关道，我走我格独木桥】nE˩tsY˥˩nE˩kəʔ˥ ɦiã˧kuE˥dæ˩，ŋəu˩tsY˥˩ ŋəu˩kəʔ˥doʔ˧moʔ˧ʥiæ˩ 俗语。各行其是，互不干涉。

nài

奈【nE˩】

【奈末】nE˧məʔ˧ 连词。接上文说明后果，有"因此而"的意思。简称【奈】nE˧。

【奈何桥】nE˧ɦəu˧ʥiæ˧ 迷信指人死后去阴间必须经过的一座桥。站在这座桥上可以看见阳间，但无法返回。

耐【nE˩】

【耐力】nE˧liəʔ˧

【耐久】nE˧tɕiY˥˩

【耐气】nE˧tɕi˥ 忍耐委屈。

【耐心】nE˧sin˥

【耐用】nE˩ɦioŋ˩

【耐劳】nE˩læ˧

【耐看】nE˩k'ø˦

【耐耐】nE˩nE˩ 忍耐住。

【耐烦】nE˧VE˩

【耐勿住】nE˧fəʔ˥zʮ˩ 忍耐不住。

【耐得住】nE˩təʔ˥zʮ˩ 忍耐得住。

【耐足仔气】nE˧tsoʔ˥tsɿ˥˩tɕ'i˦ 忍耐着很大的委屈。

【耐足仔性】nE˧tsoʔ˥tsɿ˥˩sin˦ 强自耐着性子。

鼐【nE˩】

nān

囡【nø˥】、【nø˩】

【囡囡】nø˥nø˥˩或nø˧nø˩

【囡唔】nø˧ŋ̍˩ 女儿。

【囡唔小姐】nø˧ŋ̍˩siæ˥tsiɑ˥˩ 女儿。

【囡唔勿断娘家路】nø˧ŋ̍˩fəʔ˥ dø˩ɳiã˧kɑ˥ləu˩ 出嫁的女儿，都眷恋娘家，经常往来。

【囡唔养到一百岁，总是外头人】nø˧ŋ̍˩ɦiã˩tæ˥˩iəʔ˥ paʔ˥sE˦，tsoŋ˥zɿ˩ŋɑ˧dY˧

ȵən˩ 女儿终究要出嫁的，出嫁后不再是氏族里的人了。

【囡唔大，娘要愁，出门九步三回头】nø˦ή˩dəu˩，ȵiã˦ ∅iæ˥˩zʏ˦，ʦʻəʔ˥mən˦ʨiʏ˥˩ bu˩sE˥ɦuE˦dʏ˦ 指女儿到了青春期，做母亲的会时时担心。

nán

男【nø˦】中州韵【nE˦】

【男儿】nø˦ɦəl˩

【男人】nø˦ȵən˩

【男方】nø˦fã˥

【男生】nø˦sən˥

【男式】nø˦səʔ˥ 男性化式样。

【男声】nø˦sən˥

【男相】nø˦siã˥˩ 女子相貌或行为男性化。

【男客】nø˦kʻɑʔ˥ （一）男性客人。（二）泛指男子。

【男家】nø˦kɑ˥

【男儿汉】nø˦∅əl˥hø˥˩ 男子汉。

【男人家】nø˦ȵən˦kɑ˥˩ 泛指男性。也作【男人家子】nø˦ȵən˦kɑ˥ʦɿ˥˩。

【男小干】nø˦siæ˥kø˥˩ 男孩。

【男子汉】nø˦ʦɿ˥hø˥˩

【男小囡】nø˦siæ˥nø˩ 男孩。

【男生女相】nø˦sã˥ȵy˦siã˥˩ 男子相貌、样子女性化。

【男盗女娼】nø˦dæ˩ȵy˩ ʦʻã˥

【男男女女】nø˦nø˦ȵy˩ȵy˩

【男子无妻财无主】nø˦ʦɿ˥˩ vu˩ʦʻi˥zE˦vu˩ʦy˥˩ 指未成家的男子花钱散漫。

【男人家子屎夹夹】nø˦ȵən˦ kɑ˥ʦɿ˥˩sɿ˥˩kaʔ˥kaʔ˥ 讥讽男子行事有旧式女子的陋习。

【男大当婚，女大须嫁】nø˦ dɑ˩tã˥huən˥，ȵy˩dɑ˩si˥ ʨiɑ˥˩ 俗语。男女应婚嫁及时。

【男做女工，越做越穷】nø˦ ʦəu˥˩ȵy˩koŋ˥，ɦyəʔ˧ʦəu˥˩ ɦyəʔ˧ʥioŋ˦ 指男子应该在事业上下工夫，不要把精力消磨在家务上。

【男勿像男，女勿像女】nø˧ fəʔ˥ziã˩nø˧，ȵy˩fəʔ˥ziã˩ ȵy˩ 形容不男不女的样子。

【男怕入错行，女怕嫁错郎】nø˧pʻo˥˩zəʔ˧tsʻo˥ɦã˧，ȵy˩ pʻo˥˩ka˦tsʻo˥lã˧ 指男人选择职业、女人选择丈夫是一生很关键的事情。

【男怕三年学徒，女怕三年新妇】nø˧pʻo˥˩sE˥ȵiɪ˩ɦoʔ˧ dəu˩，ȵy˩pʻo˥˩sE˥ȵiɪ˩sin˥ vu˩ 旧时做学徒和为人儿媳妇的生活都是很艰辛的。

【男人吃饭龙取水，女人吃饭数珍珠】nø˧ȵən˩tɕʻəʔ˥ vE˩loŋ˧tsʻi˥sʮ˥˩，ȵy˧ȵən˧ tɕʻəʔ˥vE˩səu˦tsən˥tsʮ˥˩ 形容男子吃饭快，女子吃饭慢。

南【nø˧】中州韵【nE˧】另见 nā。

【南瓜】nø˧ko˥˩

【南曲】nø˧tɕʻoʔ˥

【南洋】nø˧ɦiã˩

【南腿】nø˧tʻE˥˩ 金华地区生产的火腿。

【南边人】nø˧piɪ˥ȵən˩ 指南方人或江南人。

【南北开】nø˧poʔ˥kʻE˥˩ 分拆责任或利益各半。

【南货店】nø˧həu˥tiɪ˥˩

【南北分账】nø˧poʔ˥fən˥ tsã˦ 分拆责任或利益各半。

【南拳北腿】nø˧dʑø˧poʔ˥ tʻE˥˩ 武术中，南方擅长拳，北方擅长腿。

【南腔北调】nø˧tɕʻiã˥poʔ˥ diæ˩

【南浩街火着带脱小郝弄】nø˧ɦæ˧ka˥həu˦zaʔ˧ta˦tʻəʔ˥siæ˦tsʮ˥loŋ˩ 谚语。喻无端遭受牵连。

【南浩采子北浩灯，城门洞里轧煞人】nø˧ɦæ˩tsʻE˦tsɿ˥˩ poʔ˥ɦæ˧tən˥，zən˧mən˩ doŋ˩li˩gaʔ˧saʔ˥ȵən˧ 谚语。指苏州阊门上灯时节热闹的景象。

【南吃狮子北吃象，死人活人吃白相。日里吃太阳，夜里吃月亮】nø˧tɕʻəʔ˥sɿ˥tsɿ˥˩ poʔ˥tɕʻəʔ˥ziã˩，sɿ˦ȵən˩

ɦuəʔ˧ȵən˩tɕ'əʔ˥bəʔ˧siã˩˥。ȵəʔ˧li˩tɕ'əʔ˥t'a˥ɦiã˩,θia˥li˩tɕ'əʔ˥ŋəʔ˧liã˩ 俗语。指恶人无恶不作,鱼肉他人。第二句也有说成【獐猫鹿兔吃吃白相相】tsã˥mæ˩loʔ˧t'əu˩˥tɕ'əʔ˥tɕ'əʔ˥bəʔ˧siã˥siã˩˥。

难【nE˨˦】另见 nàn。

【难人】nE˨˦ȵən˩

【难于】nE˨˦ɦy˩

【难为】nE˨˦ɦuE˩ (一)为难。(二)添麻烦。(三)花费;浪费。

【难以】nE˨˦θi˩˥

【难处】nE˨˦ts'ɥ˩˥ (一)困难之处。(二)难以相处。

【难过】nE˨˦kəu˩˥ (一)难以度日。(二)难受。(三)仇怨;过不去。

【难吃】nE˨˦tɕ'əʔ˥ (一)形容食品味道不好。(二)喻难以对付。

【难产】nE˨˦ts'E˩˥

【难当】nE˨˦tã˥

【难色】nE˨˦səʔ˥

【难弄】nE˨˦loŋ˩ (一)不容易相处。(二)很难做好。

【难听】nE˨˦t'in˥

【难扳】nE˨˦pE˩˥ 难得;极少有。

【难怪】nE˨˦kua˩˥

【难顽】nE˨˦ɦã˩ 难以忍受。

【难免】nE˨˦mi˩

【难点】nE˨˦ti˩˥

【难度】nE˨˦dəu˩

【难保】nE˨˦pæ˩˥

【难说】nE˨˦səʔ˥

【难看】nE˨˦k'ø˩˥

【难得】nE˨˦təʔ˥ (一)不容易。(二)稀罕。(三)表示不常常(发生)的。

【难道】nE˨˦dæ˩

【难堪】nE˨˦k'ø˩˥

【难煞】nE˨˦saʔ˥ (一)极困难。(二)使人为难。

【难缠】nE˨˦zø˩ 难以对付。

【难熬】nE˨˦ŋæ˨˦

【难题】nE˨˦di˩

【难心道】nE˨˦sin˥dæ˩ 难道。也说【难心道唠】nE˨˦sin˥dæ˩læ˩。

【难为情】nE˨˦ɦuE˨˦zin˩

【难弄打】nE˨˦loŋ˩tã˩˥ (一)

不容易相处。(二)难以做好。

【难看相】nE˧k'ø˥siã˥˩ 不雅观。

【难做人】nE˧tsəu˥ȵən˧ (一)处于矛盾中,左右为难,不知如何处理。(二)做了得不到大家谅解的事,难以见人。

【难触祭】nE˧ts'o?˥tsi˥˩ (一)指难于对付。(二)指食品味道不好(贬义)。

【难兄难弟】nE˧ɕioŋ˥nE˧di˩

【难画难描】nE˧ɦo˩nE˧miæ˩ 形容没法儿说清楚。

【难说闲话】nE˧sə?˥ɦE˧ɦo˩ (一)难以措词。(二)指不好相处。也作【难讲闲话】nE˧kã˥ɦE˧ɦo˩。

【难难扳扳】nE˧nE˧pE˥˩pE˥˩ 极难得;极难得有。

喃【nø˧】中州韵【nE˧】

楠【nø˧】中州韵【nE˧】

【楠木】nø˧mo?˧ 常绿大乔木。木材是贵重的建筑材料和家具用材。

【楠木棺材】nø˧mo?˧kuø˥zE˩ 用楠木做的棺材。

【楠木棺材——独幅】nø˧mo?˧kuø˥zE˩——do?˧fo?˥ 歇后语。形容倔强、固执,不接受别人的意见。

nǎn

赧【nø˩】中州韵【nE˩】

腩【nø˩】中州韵【nE˩】

蝻【nø˩】中州韵【nE˩】

nàn

难【nE˩】另见 nán。

【难友】nE˧ɦiY˥˩

【难民】nE˧min˩

nāng

囊【nã˧】中州韵【nã˧】另见 náng。

囔【nã˧】中州韵【nã˧】

náng

囊【nɑ̃˧˥】中州韵【nɑ̃˧˥】

另见 nāng。

【囊肿】nɑ̃˧˥tsoŋ˥˩
【囊括】nɑ̃˧˥kuaʔ˥

馕【nɑ̃˧˥】中州韵【nɑ̃˧˥】

另见 nǎng。

nǎng

曩【nɑ̃˧˥】中州韵【nɑ̃˧˥】

馕【zaʔ˨˩】(碾)另见 náng。

【馕一饱】zaʔ˨˩θiəʔ˥pæ˥˩　拼命吃一饱。

【馕下去】zaʔ˨˩ɦo˨˩tɕʻi˥˩　拼命吃下去。

【馕进馕出】zaʔ˨˩tsin˦zaʔ˨˩tsʻəʔ˥　拼命吃东西,吃到难以下咽的程度。

nāo

孬【næ˥】

【孬种】næ˥tsoŋ˥˩

náo

呶【nəu˥˩】

【呶】nəu˥˩　食品含在口中慢慢地咀嚼。

挠【næ˨˩】、【næ˧˥】

【挠钩】næ˧˥kʏ˥

铙【næ˧˥】

蛲【næ˧˥】

【蛲虫】næ˧˥zoŋ˨˩

nǎo

恼【næ˨˩】文读【næ˥】

【恼羞成怒】næ˥sʏ˥˩zən˨˩nəu˨˩

脑【næ˨˩】

【脑力】næ˧˥liə˧
【脑子】næ˧˥tsɿ˥
【脑门】næ˧˥mən˧˥

【脑壳】næ˦kʻoʔ˥
【脑浆】næ˦tsiã˥˩
【脑海】næ˦hE˥˩
【脑筋】næ˦tɕən˥
【脑门胀】mæ˦mən˦tsã˥˧
（一）脑部胀痛的感觉。（二）形容事情烦扰人。也作【脑门痛】næ˦mən˦tʻoŋ˥˧。
【脑充血】næ˦tsʻoŋ˥ɕyəʔ˥
脑溢血。
【脑膜炎】næ˦mo˦ɦi˨˩
【脑子浸水】næ˦tsɿ˥˩tsin˥˩sɥ˥˩ 形容人思维混乱。
【脑浆直迸】næ˥tsiã˥˩zəʔ˧poŋ˥˧ 脑浆迸裂。

瑙【næ˨˩】

nào

闹【næ˨˩】

【闹市】næ˨˩zɿ˨˩
【闹场】næ˨˩zã˧
【闹事】næ˨˩zɿ˨˩
【闹钟】næ˦tsoŋ˥
【闹鬼】næ˦tɕy˥˩ 指喜欢吵吵嚷嚷逗乐的人。
【闹剧】næ˦dʑəʔ˧
【闹热】næ˦ɲ̊əʔ˧ 热闹。
【闹猛】næ˦mã˦ 热闹。
【闹元宵】næ˦ɲ̊iø˦siæ˥˩
元宵节狂欢。
【闹五更】næ˦ŋ̍˦kã˥˩ 旧俗人死后，丧家逢七彻夜不眠悲啼，请僧道诵经。
【闹笑话】næ˦siæ˥ho˨˩
【闹新房】næ˦sin˥vã˨˩ 新婚的晚上，亲友们在新房里跟新婚夫妇说笑逗乐。

淖【næ˨˩】

né

哪【no˨˩】另见 nǎ。

【哪吒】no˨˩tso˥˩

nè

讷【nəʔ˧】

【讷口】nəʔ˧kʻʏ˥˩ 说话迟钝。

呐【nə˨˩】

【呐】nə˨˩ 助词。（一）用在

疑问句的末尾,表示疑问的语气。(二)用在句中表示停顿。

馁【nE˨˩】

nèi

内【nE˨˩】中州韵【nuE˨˩】

【内力】nE˦liə˧
【内人】nE˦zən˦
【内子】nE˦tsɿ˥˩ 对人称自己的妻子。
【内心】nE˦sin˥
【内中】nE˦tsoŋ˥
【内功】nE˦koŋ˥
【内外】nE˦ŋɑ˨˩
【内衣】nE˦øi˥
【内因】nE˦øin˥
【内奸】nE˦tɕiɪ˥
【内宅】nE˦zɑ˧
【内地】nE˦di˨˩
【内行】nE˦ɦɑ̃˨˩
【内伤】nE˦sɑ̃˥
【内向】nE˦ɕiɑ̃˥˩
【内在】nE˦ZE˨˩
【内乱】nE˦lø˨˩
【内里】nE˦li˨˩
【内应】nE˦øin˥˩
【内定】nE˦din˨˩
【内廷】nE˦din˨˩
【内详】nE˨˩ziɑ̃˦
【内疚】nE˦tɕiY˥˩
【内线】nE˨˩siɪ˥˩
【内侄】nE˦zə˧
【内阁】nE˦ko˥
【内科】nE˦k‘əu˥
【内政】nE˦tsən˥
【内部】nE˦bu˨˩
【内热】nE˦ȵə˧
【内容】nE˦ɦioŋ˨˩
【内脏】nE˦zɑ̃˨˩
【内债】nE˦tsɑ˥˩
【内堂】nE˦dɑ̃˨˩ 内宅的厅堂,用于女主人接待宾客的场所。
【内眷】nE˦tɕiø˥˩
【内情】nE˦zin˨˩
【内销】nE˦siæ˥
【内幕】nE˦mo˨˩

nèn

恁【nən˨˩】

【恁】nən˦(一) 那么;那样。

（二）这么;这样。

【恁格】nən˦kəʔ˥ 怎么这样?

【恁介】nən˦kɑ˥ 怎么这样?怎么那样?如:恁介大?恁介好?

嫩【nən˩】

【嫩头】nən˦dY˩ 植物新长的枝叶。

【嫩相】nən˦siã˥ 形容人样子外貌比实际年龄看起来年轻得多。

【嫩勒】nən˩ləʔ˧ 稚嫩。喻人不成熟,或经验、技艺等不成熟。

【嫩黄】nən˦ɦuã˦

【嫩绿】nən˦loʔ˧

【嫩齐齐】nən˩zi˩zi˩ （一）娇嫩的样子。（二）害羞的样子。

【嫩骨嫩脆】nən˦kuəʔ˥nən˩tsʻE˥˩ （一）指小孩子身体稚嫩。（二）喻物品精细而容易破损。

néng

能【nən˦】

【能力】nən˦liəʔ˧

【能人】nən˦ȵən˩

【能干】nən˦kø˥˩

【能手】nən˦sY˥˩

【能够】nən˦kY˥˩

【能量】nən˦liã˩

【能源】nən˦ȵiø˩

【能说会道】nən˦səʔ˥0uE˥˩dæ˩

【能□能□】nən˦□nən˩□ 能这样,也能那样。如【能屈能伸】nən˦tɕʻyəʔ˥nən˩sən˥、【能上能下】nən˦zã˦nən˩ɦo˩、【能长能短】nən˦zã˦nən˩tø˥˩。

ńg

嗯【0ən˥】、【ŋ˥】、【ŋ˥˩】、【ŋ˦】另见 ń;ň;ǹ。

【嗯子】0ən˥tsɿ˥˩ 犹豫的声音。

【嗯笃】ŋ̍˨˩toʔ˥或ŋ̍˥toʔ˥　你们。
【嗯倷】ŋ̍˥nE˨˩　他。
【嗯朝】Øən˥tsæ˥˩　今朝。
【嗯牙啧咂】ŋ̍˥ŋɑ˨˩tsiəʔ˥tsaʔ˥　表示不满意发出的咕哝声。
【嗯子勿打一个】ŋən˥tsɿ˥˩fəʔ˥tã˥˩Øiəʔ˥kəʔ˥　形容十分听从，丝毫不敢违背。

nī

妮【ȵi˧】

ní

尼【ȵi˧】

【尼龙】ȵi˧loŋ˨˩
【尼姑】ȵi˧kəu˥˩
【尼古丁】ȵi˧kəu˥tin˥˩

呢【ȵi˧】另见 ne。

【呢绒】ȵi˧ȵoŋ˨˩
【呢喃】ȵi˧nø˨˩
【呢大衣】ȵi˧dɑ˧Øi˥˩　呢绒制的大衣。
【呢衣裳】ȵi˧Øi˥zɑ̃˨˩　呢绒制的衣服。
【呢裤子】ȵi˧k'əu˥tsɿ˥˩　呢绒制的裤子。

泥【ȵi˧】另见 nì。

【泥人】ȵi˧ȵən˨˩　泥塑人物。
【泥刀】ȵi˧tæ˥　泥瓦工砌墙的工具。形状似菜刀。
【泥土】ȵi˧t'əu˥˩
【泥泞】ȵi˧ȵən˨˩
【泥金】ȵi˧tɕən˥
【泥浆】ȵi˧tsiã˥˩
【泥墁】ȵi˧mø˨˩　用泥沙、纸筋、石灰等混合而成的建筑材料进行封涂。
【泥潭】ȵi˧dø˨˩
【泥鳅】ȵi˧ts'ʏ˥
【泥土气】ȵi˧t'əu˥tɕ'i˥˩　（一）土腥味。（二）喻令人觉得晦气的感觉。
【泥水匠】ȵi˧sɥ˥ziã˨˩　房屋建筑工人。
【泥乌龟】ȵi˧Øəu˥tɕy˥˩　喻浑身沾满泥水脏物的人。
【泥水木匠】ȵi˧sɥ˥moʔ˧ziã˨˩　瓦工、木匠。泛指房屋建筑工人。
【泥水木作】ȵi˧sɥ˥moʔ˧tsoʔ˥

旧时称经营建筑的单位。

【泥塑木雕】ȵi˨˧səu˥˨moʔ˧tiæ˦

【泥人劝木人】ȵi˨˧ȵən˨˧˩tɕʻiø˦˩˨moʔ˧ȵən˨˧˩　喻两个失意的人互相劝慰。

【泥菩萨过江——自身难保】ȵi˨˧bu˨˧sã˦kəu˦˩˨kã˦——zɿ˨˧sən˦nᴇ˨˧pæ˥˨　歇后语。泥菩萨泡在水里自身会溶化。喻人自身尚且保不住，哪能保护别人。

怩【ȵi˨˧】

倪【ȵi˨˧】

【倪子】ȵi˨˧tsɿ˥˨　儿子。

【倪子多仔饿煞娘】ȵi˨˧tsɿ˥˨təu˦tsɿ˥˨ŋəu˨˧˩saʔ˦ȵiã˨˧　俗语。喻拖累太多会成灾祸。

【倪子勿养，耽搁老娘】ȵi˨˧tsɿ˥˨fəʔ˦ɦiã˨˧˩，tᴇ˦koʔ˦læ˨˧ȵiã˨˧˩　俗语。喻因前面的任务不完成，牵累后面的进度。

【倪子勿养爷，孙子吃阿爹】ȵi˨˧tsɿ˥˨fəʔ˦ɦiã˨˧˩ɦiɑ˨˧，sən˦tsɿ˥˨tɕʻəʔ˦Øaʔ˦tiɑ˦　俗语。儿子不赡养父亲，孙子却要祖父抚养。

猊【ȵi˨˧】

蜺【ȵi˨˧】

霓【ȵi˨˧】

【霓虹灯】ȵi˨˧ɦoŋ˨˧tən˥˨

鲵【ȵi˨˧】

nǐ

拟【ȵi˨˧˩】

【拟人】ȵi˨˧zən˨˧˩

【拟订】ȵi˨˧tin˥˨

【拟稿】ȵi˨˧kæ˥˨

你【nᴇ˨˧˩】文读【ni˨˧】、【ni˦】

旎【ȵi˨˧˩】

nì

伲【ȵi˩】

【伲】ȵi˩　(一)我们。(二)我。如:伲爷ni˩ɦiɑ˦　我父亲。

泥【ȵi˩】另见 ní。

【泥墙头】ȵi˦ziã˦dY˩　用灰、泥等涂抹墙壁。

昵【ȵi˩】

逆【ȵəʔ˧】

【逆子】ȵəʔ˧tsɿ˥˩
【逆风】ȵəʔ˧foŋ˥
【逆水】ȵəʔ˧sɥ˥˩
【逆向】ȵəʔ˧ɕiã˥˩
【逆呛】ȵəʔ˧tsʻiã˦　(一)喻唱反调。(二)反方向受到阻力。(三)喻程序颠倒。简称【呛】tsʻiã˦。
【逆转】ȵəʔ˧tsø˦
【逆料】ȵəʔ˧liæ˩
【逆戗】ȵəʔ˧tsʻiɑʔ˥　(一)喻得罪(人)。(二)反方向受到阻力。(三)形容程序颠倒。
【逆境】ȵəʔ˧tɕən˥˩
【逆面冲】ȵəʔ˧mi˩tsʻoŋ˥˩　见面产生的莫名其妙的恶感。
【逆风放火】ȵəʔ˧foŋ˥fã˦həu˥˩　喻害人最终会害己。
【逆来顺受】ȵəʔ˧lE˩zən˩zY˩
【逆水行舟,不进则退】ȵəʔ˧sɥ˥˩ɦin˦tsY˥,pəʔ˥tsin˦tsəʔ˥tʻE˦　俗语。喻不努力就会后退。
【逆风放火自烧身】ȵəʔ˧foŋ˥fã˦həu˥˩zɿ˦sæ˥sən˥　喻害人最终会害己。

匿【ȵəʔ˧】

【匿】ȵəʔ˧　东西揿入容器。
【匿名】ȵəʔ˧min˩
【匿藏】ȵəʔ˧zã˩
【匿下去】ȵəʔ˧ɦo˩tɕʻi˥˩　用力揿下去。
【匿名信】ȵəʔ˧min˩sin˥˩

腻【ȵi˩】

【腻】ȵi˩　(一)形容不爽快、

犹犹豫豫。（二）指厌烦的感觉。

【腻头】ȵi˦dʏ˨ 黏液或类似黏液的东西。

【腻脂】ȵi˦tsʮ˥˩ （一）脏；不干净。（二）形容恶心的感觉。

【腻腥】ȵi˦sin˥ （一）脏；不干净。（二）形容恶心的感觉。

【腻冻冻】ȵi˨toŋ˥˩toŋ˥˩ 形容黏乎乎的样子。

【腻带带】ȵi˨tɑ˥˩tɑ˥˩ 形容程度不深的黏；不爽滑。

【腻脂相】ȵi˦tsʮ˥siã˥˩ 形容令人恶心的样子。

【腻搭搭】ȵi˨taʔ˥taʔ˥ 形容有些黏稠、不爽滑。

【腻腥腻赖】ȵi˦sin˥ȵi˨lɑ˨ 形容恶心的感觉。

【腻糊夹冻】ȵi˦ɦəu˨kaʔ˥toŋ˥˦ 形容黏乎乎的样子。

溺【ȵəʔ˧】

【溺水】ȵəʔ˧sʮ˥˩

【溺爱】ȵəʔ˧ɵE˥˦

【溺婴】ȵəʔ˧ɵin˥

niān

拈【ȵiɪ˥】

【拈】ȵiɪ˥ 用两三个手指头夹取（东西）。

【拈香】ȵiɪ˥ɕiã˥

【拈花惹草】ȵiɪ˥ho˥zɑ˨ts'æ˥˩

【拈轻怕重】ȵiɪ˥tɕ'ən˥p'ɑ˥˦zoŋ˨

nián

年【ȵiɪ˦】

【年少】ȵiɪ˦sæ˥˩

【年历】ȵiɪ˦liəʔ˧

【年代】ȵiɪ˦dE˨

【年节】ȵiɪ˦tsiəʔ˥

【年号】ȵiɪ˦ɦæ˨

【年成】ȵiɪ˦zən˨

【年关】ȵiɪ˦kuE˥

【年华】ȵiɪ˦ɦo˨

【年年】ȵiɪ˦ȵiɪ˨ 每一年。

【年纪】ȵiɪ˦tɕi˥˩

【年份】ȵiɪ˦vən˨

【年会】ȵiɪ˦ɦuE˨

【年把】ȵiɪ˦po˥˩ 约一年时间。

【年饱】ȵiɪ˦pæ˥ 过年前后，因零食吃得多而不觉得饿的现象。
【年画】ȵiɪ˦ɦo˩
【年限】ȵiɪ˦ɦᴇ˩
【年货】ȵiɪ˦həu˥
【年事】ȵiɪ˦zɿ˩
【年底】ȵiɪ˦ti˥
【年终】ȵiɪ˦tsoŋ˥
【年档】ȵiɪ˦tɑ̃˥ 苏州评弹演出的春节档期。
【年常】ȵiɪ˦zɑ̃˩ 年年；每年。
【年菜】ȵiɪ˦tsʻᴇ˥
【年景】ȵiɪ˦tɕən˥
【年龄】ȵiɪ˦lin˩
【年三十】ȵiɪ˦sᴇ˥səʔ˥ 农历年的最后一天。
【年头浪】ȵiɪ˦dʏ˦lɑ̃˩ 指农历正月的开头几天。
【年底下】ȵiɪ˦ti˥ɦo˩ 指农历年末。
【年底边】ȵiɪ˦ti˥piɪ˥ 指农历年末。
【年夜头】ȵiɪ˦ɵia˥dʏ˩ 除夕。
【年夜快】ȵiɪ˦ɵia˥kʻua˥ 将近除夕。
【年夜饭】ȵiɪ˦ɵia˥vᴇ˩ 除夕之夜的家宴。
【年脚边】ȵiɪ˦tɕiɑʔ˥piɪ˥ 农历年底。
【年三夜四】ȵiɪ˦sᴇ˥ɵia˥sɿ˥ 农历年底的几天。
【年纪轻轻】ȵiɪ˦tɕi˥tɕʻən˥tɕʻən˥ 年正青春。
【年初头浪】ȵiɪ˦tsʻən˥dʏ˩lɑ̃˩ 指农历正月的开头几天。
【年庚八字】ȵiɪ˦kɑ̃˥poʔ˥zɿ˩ 指用干支记录的一个人出生的年月日时。
【年夜岁边】ȵiɪ˦ɵia˥sᴇ˥piɪ˥ 农历年底。
【年夜煞边】ȵiɪ˦ɵia˥saʔ˥piɪ˥ 农历年底。
【年纪活勒狗身上】ȵiɪ˦tɕi˥ɦuəʔ˦lɑʔ˦kʏ˦sən˥lɑ̃˩ 詈语。讥讽人的行为幼稚可笑，与年龄不符。
【年初一当当头——头一票】ȵiɪ˦tsʻəu˥ɵiəʔ˥tɑ̃˦tɑ̃˥dʏ˩——dʏ˦ɵiəʔ˥pʻiæ˦ 歇后语。第一批。

粘【ȵiɪ˥】中州韵【ȵiɪ˦】另见 zhān。

【粘土】ȵiɪ˥tʻəu˩

【粘答答】ȵiı˥taʔ˥taʔ˥ 形容有些黏。
【粘滋疙瘩】ȵiı˥tsɿ˥˧kaʔ˥taʔ˥ 形容有些黏手。

鲇【tsø˥】【ȵia˧˦】文读【ȵiı˦】

【鲇鱼】ȵia˧˦ŋ̍˨ 也读作tsø˥ŋ̍˨。

黏【ȵiı˥】

【黏】ȵiı˥ 同【粘】ȵiı˥。
【黏液】ȵiı˥ɦiəʔ˧

niǎn

捻【ȵiı˥˨】

【捻子】ȵiı˥tsɿ˥˨
【捻开】ȵiı˥˧kʻE˥ 用手指搓开。
【捻线】ȵiı˥˨siı˧ 用手搓线。
【捻凿】ȵiı˥˧zoʔ˧ 螺丝刀。
【捻勿开】ȵiı˥˧fəʔ˥kʻE˥ 指手头上没有钱。
【捻河泥】ȵiı˧˦ɦəu˧˦ȵi˨ 罱河泥。

辇【ȵiı˦】中州韵【liı˦】

【辇地】ȵiı˧˦di˨ 苏州评弹行话。书场。
【辇地生】ȵiı˧˦di˨sən˥˨ 苏州评弹行话。书场老板。
【辇地婆】ȵiı˧˦di˨bu˨ 苏州评弹行话。书场老板娘。

碾【ȵiı˦】中州韵【niı˦】

撵【ȵiı˨】

蹍【ȵiı˦】中州韵【niı˦】

【蹍】ȵiı˦ 用脚掌踩住后转动。
【蹍一脚】ȵiı˥˨ʔiəʔ˥tɕiaʔ˥ 脚掌紧贴地面往下用力压转一下。

niàn

廿【ȵiı˨】

【廿五】ȵia˧˦ŋ̍˨或ȵiı˧˦ŋ̍˨ 二十五。只有在读数字廿五时或尾数为廿五时,“廿”才读

ȵiɑ˨˧。

【廿草头】ȵiɪ˨˧tsʻæ˥dɤ˨˩　汉字偏旁。如“革”字的上边部分。

【廿五送灶，七颠八倒】ȵiɪ˨˧(ȵiɑ˨˧)ŋ̇˨˩soŋ˥tsæ˥˧，tsʻiəʔ˥tiɪ˥pɔʔ˥tæ˥˧　吴俗。农历廿三、廿四两夜是送灶日子。喻做事颠三倒四。

【廿年新妇廿年婆，再过廿年做太婆】ȵiɪ˩˧ȵiɪ˦sin˥vu˨˩ȵiɪ˩˧ȵiɪ˦bu˨˧，tsE˥kəu˥˧ȵiɪ˩˧ȵiɪ˦tsəu˦tʻɑ˥bu˨˩　喻逐步提升。

念【ȵiɪ˩˧】

【念】ȵiɪ˩˧　瘾。

【念白】ȵiɪ˦bɑʔ˧

【念头】ȵiɪ˦dɤ˨˩　（一）心里的打算。（二）瘾。

【念经】ȵiɪ˦tɕən˥　（一）诵经。（二）喻反复唠叨。

【念佛】ȵiɪ˩˧vəʔ˧

【念佛珠】ȵiɪ˦vəʔ˧tsɥ˥˧　佛教徒诵经时用来计算次数的成串的珠子。

【念念不忘】ȵiɪ˩˧ȵiɪ˩˧pəʔ˥vɑ̃˨˩

niáng

娘【ȵiã˨˧】

【娘子】ȵiã˨˧tsɿ˥˧　戏曲表演中指妻子。

【娘家】ȵiã˨˧kɑ˥

【娘胎】ȵiã˨˧tʻE˥

【娘姨】ȵiã˨˧ɦi˨˩　女佣。

【娘娘】ȵiã˨˧ȵiã˨˩

【娘舅】ȵiã˨˧ʥɤ˨˩　母亲的弟兄。

【娘冬菜】ȵiã˥toŋ˥tsʻE˥˧　调侃语。似“他妈的”的意思，但无恶意。

【娘面浪】ȵiã˨˧miɪ˦lɑ̃˨˩　（一）娘的面子上。（二）母亲娘家的（亲戚）。

【娘搭搭】ȵiã˨˧tɑʔ˥tɑʔ˥　指男子行为女性化。

【娘娘家】ȵiã˨˧ȵiã˨˧kɑ˥˧　指已婚的年轻妇女。

【娘娘腔】ȵiã˨˧ȵiã˨˧tɕʻã˥˧　（一）指男子行为女性化。（二）指行为女性化的男子。

【娘买冬菜】ȵiã˥mɑ˥toŋ˥tsʻE˥˧　义同【娘冬菜】。

【娘姨嫚嫚】ȵiã˨˧ɦi˨˧mE˥mE˨˩

母亲的姐妹。

【娘格瘌瘌】ȵiã˧kəʔ˥lɑʔ˧li˩ 调侃语。似"他妈的",但无恶意。

【娘买冬菜大头菜】ȵiã˥mɑ˥˩toŋ˥tsʻE˥˩dɑ˧dY˧tsʻE˥˩ 趣语。似"他妈的",但无恶意。

孃【ȵiã˥】

【孃孃】ȵiã˥ȵiã˩ 姑母。

niàng

酿【ȵiã˩】

【酿】ȵiã˩ 馅儿。

【酿心】ȵiã˧sin˥ 已裹在食品里面的馅。

【酿酒】ȵiã˩tsY˥˩ 利用发酵作用制造酒。

【酿造】ȵiã˩zæ˩

niǎo

鸟【tiæ˥˩】文读【ȵiæ˥˩】

【鸟屎】tiæ˦sɿ˥ 鸟粪。

【鸟笼】tiæ˦loŋ˧ 饲养鸟的笼子。

【鸟窠】tiæ˦kʻəu˥ 鸟巢。

【鸟巢】ȵiæ˦zæ˩

【鸟脚爪】tiæ˦tɕiɑʔ˥tsæ˥˩ 鸟的爪子。喻人细长的手指。

【鸟头鸟脑】tiæ˦dY˧tiæ˦næ˩ 指刁滑难缠或长相猥琐。

【鸟里鸟气】tiæ˦li˧tiæ˦tɕʻi˥˩ 指说话不阴不阳。

【鸟语花香】ȵiæ˦ȵy˩huɑ˥ɕiã˥

【鸟叫做到鬼叫】tiæ˦tɕiæ˥˩tsəu˦tæ˥˩tɕy˥˩tɕiæ˥˩ 指从拂晓做事做到晚上。

【鸟勒天上飞,已经斩葱姜】tiæ˦ləʔ˧tʻi˥lã˩fi˥,øi˥tɕən˥˩tsE˥tsʻoŋ˥tɕiã˩ 形容做事浮夸。

袅【ȵiæ˦】

【袅勒袅】ȵiæ˥˩ləʔ˧ȵiæ˩ 形容女性摇摆腰肢走路的样子。

【袅娜娉婷】ȵiæ˦nəu˧pʻin˥˩din˩ 形容女子走路体态轻盈。

嬲【ȵiæ˩】

【嬲】ȵiæ˩　纠缠。

【嬲勒身浪】ȵiæ˧lǝʔ˥sǝn˥lɑ̃˩　爬在身上撒娇。

【嬲脚勿清】ȵiæ˧tɕiɑʔ˥fǝʔ˥tsʻin˩　纠缠不休。

【嬲勿出啥猪油筋】ȵiæ˧fǝʔ˥tsʻǝʔ˥sɑ˦tsɿ˥ɦiʏ˧tɕǝn˩　指再纠缠也不会获得什么。

niào

尿【sɥ˥】文读【ȵiæ˩】

【尿布】sɥ˥pu˩

【尿头】sɥ˥dʏ˩　（一）小便后的余沥。（二）一次撒尿的量。

【尿素】ȵiæ˦səu˥

【尿急】sɥ˥tɕǝʔ˥　急着要小便的感觉。

【尿道】ȵi˦dæ˩

【尿毛臭】sɥ˥mæ˥tsʻʏ˩　尿的臭味。

【尿头长】sɥ˥dʏ˧zɑ̃˧　一次小便的量多。也指两次小便之间间歇时间长。

【尿头短】sɥ˥dʏ˧tø˩　一次小便的量少。也指两次小便之间间歇时间短。

【尿出狗】sɥ˥tsʻǝʔ˥kʏ˩　戏称常尿床的孩子。

【尿梗病】sɥ˥kɑ̃˥bin˩　小便频繁的毛病。

【尿臊臭】sɥ˥sæ˥tsʻʏ˩　尿的臭味。

【尿出污出】sɥ˥tsʻǝʔ˥ʘəu˩tsʻǝʔ˥　形容极为仓促。

【尿屎勿连牵】sɥ˥sɿ˩fǝʔ˥li˧tɕʻi˩　大小便失禁，或大小便不能自理。

niē

捏【ȵiɑʔ˧】中州韵【ȵǝʔ˧】

【捏诀】ȵiɑʔ˧tɕyǝʔ˥　和尚、道士用手捏成一定的姿势念经诵咒作法。

【捏牢】ȵiɑʔ˧læ˩　（一）捏住。（二）形容控制住。

【捏紧】ȵiɑʔ˧tɕǝn˩　（一）紧紧攥住。（二）形容控制得很牢固。

【捏造】ȵiɑʔ˧zæ˩

【捏脚】ȵiɑʔ˧tɕiɑʔ˥ 按摩脚或除脚气的服务。

【捏脱】ȵiɑʔ˧tʻəʔ˥ （一）捏掉。（二）隐匿掉。

【捏鼻头做梦】ȵiɑʔ˧bəʔ˧dʏ˩ tsəu˥˩moŋ˩ 俗语。痴心妄想。

【捏牢骱门勿用刀】ȵiɑʔ˧læ˩ gɑ˧mən˧fəʔ˥ɦioŋ˩tæ˥ 喻只要抓住关键，解决问题就很容易了。

【捏脱毛边说光边】ȵiɑʔ˧tʻəʔ˥ mæ˧piɪ˥səʔ˥kuɑ̃˥piɪ˥˩ 喻报喜不报忧。

【捏仔大头，勿放小头】ȵiɑʔ˧ tsɿ˥˩dəu˧dʏ˩，fəʔ˥fɑ̃˧˩ siæ˧˩dʏ˩ 喻人吝啬，贪鄙。

nie

乜【miɪ˩】

聂【ȵəʔ˧】

臬【ȵəʔ˧】

【臬台】ȵəʔ˧dE˩ 明、清朝时按察使的别称，专司管理刑事案件。

涅【ȵiɑʔ˧】文读【ȵəʔ˧】

【涅槃】ȵiɑʔ˧bø˩

啮【ȵəʔ˧】

嗫【ȵəʔ˧】

镊【ȵəʔ˧】

【镊子】ȵəʔ˧tsɿ˥˩ 又名【揭镊子】tɕəʔ˥ȵəʔ˧tsɿ˥˩。

镍【ȵəʔ˧】

【镍克儿】ȵəʔ˧kʻəʔ˥ɦəl˩ 镍质的货币。

蹑【ȵəʔ˧】

孽【ȵəʔ˧】

【孽子】ȵəʔ˧tsɿ˥˩ 忤逆父母的男子。

【孽女】ȵəʔ˧ȵy˩ 忤逆父母的女子。

N

【孽种】ȵəʔ˧tsoŋ˥˩

【孽畜】ȵəʔ˧tsʻoʔ˥ 妖孽。

【孽债】ȵəʔ˧tsɑ˦ 指作恶留下的后果,多指男女间事。

【孽障】ȵəʔ˧tsã˦ (一)佛教指妨碍修行的罪恶。(二)旧时长辈骂不肖子弟的话。

蘖【ȵəʔ˧】

níng

宁【ȵən˧˦】另见 nì。

【宁波】ȵən˧˦poʔ˥ 浙江省宁波市。

【宁静】ȵən˩zin˩

【宁效斟酒意,莫学下棋心】ȵən˧˦ɦiæ˩tsən˥˩tsɣ˥˩øi˦,moʔ˧ɦioʔ˧ɕiɑ˥˩ʥi˧sin˥ 斟酒意,谦恭知礼。下棋心,厮杀争胜。

拧【ȵən˧˦】另见 nǐng、níng。

咛【ȵən˧˦】

狞【ȵən˧˦】

【狞笑】ȵən˩siæ˦

柠【ȵən˧˦】

【柠檬】ȵən˧˦boŋ˩

凝【ȵən˧˦】

【凝固】ȵən˩kəu˥˩

【凝练】ȵən˩li˩

【凝视】ȵən˩zɥ˩

【凝结】ȵən˩ʨəʔ˥

【凝神】ȵən˩zən˧˦

【凝聚】ȵən˩zi˩

nǐng

拧【ȵən˩】另见 níng。

【拧着】ȵən˩zɑʔ˧ 指身体某个部分被扭着了。

【拧转来】ȵən˩tsø˥˩lE˩ 强力扭转过来。

nìng

宁【ȵənɿ】、【ȵənɭ】另见 níng。

【宁可】ȵənɿk'əuV
【宁愿】ȵənɿȵiøɭ
【宁死不屈】ȵənɿsɿVpəʔɿ tɕ'yəʔɿ
【宁拆一座庙,勿坏一门亲】ȵənɿts'ɑʔɿ0iəʔɿzəuɭmiæɭ,fəʔɿhuɑɭ0iəʔɿmənɿts'inɿ 俗语。劝谕人们婚姻应该维护,千万不能去破坏。
【宁做天浪一只鸟,覅做人家一房小】ȵənɿtsəuVt'iɿlɑ̃ɭ 0iəʔɿtsɑʔɿtiæV,fiæVtsəuV ȵənɿkɑV0iəʔɿvɑ̃ɭsiæV 俗语。劝人千万不要做小老婆。

佞【ȵənɭ】

【佞臣】ȵənɭzənɭ 指对君主花言巧语、谄媚奉承的臣子。
【佞笑】ȵənɭsiæV

泞【ȵənɭ】

niū

妞【ȵiYɿ】

niú

牛【ȵiYɿ】

【牛马】ȵiYɿmoɭ
【牛毛】ȵiYɿmæɭ
【牛肚】ȵiYɿtəuV 作为食品的牛的胃。
【牛劲】ȵiYɿtɕənV
【牛疝】ȵiYɿsEV （一）吹嘘,假话,大话。(二)闲聊无关紧要的话叫吹牛疝。
【牛痘】ȵiYɿdYɭ
【牛黄】ȵiYɿhuɑ̃ɭ
【牛排】ȵiYɿbɑɭ
【牛棚】ȵiYɿbɑ̃ɭ 饲养牛的房子。喻非司法、公安部门关人的房子。
【牛犊】ȵiYɿdoʔɿ
【牛鞭】ȵiYɿpiɿ 雄牛的生殖器,入中药。
【牛皮纸】ȵiYɿbiɿtsɿV
【牛皮糖】ȵiYɿbiɿdɑ̃ɭ （一）

N

一种很有韧劲的中式软糖。(二)喻说话模棱两可、做事拖沓的人。(三)形容软磨硬泡、缠住不放的人。

【牛皮筋】ȵiɣ˧bi˧ʨən˥˩ 橡皮筋。

【牛皮癣】ȵiɣ˧bi˧siɪ˥˩

【牛仔裤】ȵiɣ˧ʦᴇ˥k'əu˥˩

【牛吃蟹】ȵiɣ˧ʨ'əʔ˥hɑ˥˩ 形容勉强做并不在行的事。

【牛杂碎】ȵiɣ˧zɑ˩sᴇ˥˩ 指食用的牛的内脏。

【牛步化】ȵiɣ˧bu˩ho˥˩ 形容进度十分缓慢。

【牛角尖】ȵiɣ˧koʔ˥ʦiɪ˥˩

【牛眼盅】ȵiɣ˧ŋᴇ˧ʦoŋ˥˩ 一种仿佛牛眼睛大小的小型酒盅。

【牛脾气】ȵiɣ˧bi˧ʨ'i˥˩

【牛踏扁】ȵiɣ˧daʔ˧piɪ˥˩ 一种颗粒扁而大的蚕豆。

【牛头马面】ȵiɣ˧dɣ˩mo˩miɪ˩

【牛劲十足】ȵiɣ˧ʨən˥˩zəʔ˧ʦoʔ˥ (一)形容办事韧性十足。(二)指很能纠缠。

【牛牵马绷】ȵiɣ˧ʨ'iɪ˥mo˩pã˥˩ 形容行事十分困难、勉强。

【牛头不对马嘴】ȵiɣ˧dɣ˩fəʔ˥tᴇ˩mo˧zʮ˥˩

【牛疝吹得哗嗒嗒】ȵiɣ˧sᴇ˥ʦ'ʮ˥təʔ˥huɑ˧tɑ˥tɑ˥ 形容牛吹得很大。

【牛落磨坊,人落机房】ȵiɣ˧loʔ˧mo˧fã˥,ȵən˧loʔ˧ʨi˥vã˩ 形容旧时织丝工人的工作十分艰辛。

niǔ

扭【ȵiɣ˥˩】、【ȵiɣ˧】

【扭】ȵiɣ˥˩ 用手指夹住旋动。

【扭曲】ȵiɣ˩ʨ'ioʔ˥

【扭牢】ȵiɣ˩læ˩ 纠缠住。

【扭转】ȵiɣ˩ʦø˥˩

【扭捏】ȵiɣ˩ȵiaʔ˧

【扭绷】ȵiɣ˩pã˥ 扭动绷绳(配合摇船)。

【扭胸脯】ȵiɣ˩ɕioŋ˥bu˩ 揪住人胸部的衣襟。

【扭秧歌】ȵiɣ˩Øiã˥kəu˥˩

【扭之豁边】ȵiɣ˩ʦʮ˥huaʔ˥piɪ˥˩ 形容历尽曲折。

【扭扭捏捏】ȵiɣ˩ȵiɣ˥ȵiaʔ˧

ȵiaʔ˧ 形容举止言谈不大方。

【扭结固结】ȵiʏ˧tɕəʔ˥kəu˥˩ tɕəʔ˥ 形容纠结繁复。

忸【ȵiʏ˩】

【忸忸怩怩】ȵiʏ˩ȵiʏ˧ȵi˧ȵi˩ 形容不好意思或不爽快的样子。

钮【ŋʏ˩】文读【ȵiʏ˩】

【钮子】ŋʏ˧tsɿ˥ 钮扣。

【钮欠】ŋʏ˩tɕʻiɪ˩ 钮扣扣错钮扣洞或纽襻。

【钮头】ŋʏ˧dʏ˩ （一）钮扣。（二）花蕾。也读作 ŋʏ˧dʏ˧ 或ŋʏ˧dʏ˧。

【钮襻】ŋʏ˩pʻE˥˩

【钮子洞】ŋʏ˧tsɿ˥doŋ˩ 钮口洞。

【钮头洞】ŋʏ˧dʏ˧doŋ˩ 钮口洞。

niù

拗【ȵiʏ˥˩】另见 ǎo；ào。

nóng

农【noŋ˧】

【农历】noŋ˧liəʔ˧

【农夫】noŋ˧fu˥

【农田】noŋ˧diɪ˩

【农业】noŋ˧ȵəʔ˧

【农用】noŋ˧ɦioŋ˩

【农场】noŋ˧zã˩

【农忙】noŋ˧mã˩

【农村】noŋ˧tsʻən˥

【农时】noŋ˧zʮ˩

【农闲】noŋ˧ɦE˩

【农舍】noŋ˧so˥˩

【农事】noŋ˧zɿ˩

【农药】noŋ˧ɦiaʔ˧

【农耕】noŋ˧kən˥

【农民工】noŋ˧min˧koŋ˥˩

【农作物】noŋ˧tsoʔ˥vəʔ˧

侬【noŋ˧】

哝【noŋ˧】

浓【ȵioŋ˧】

【浓头】ȵioŋ˧dʏ˩ 某种成分

多、稠密的饮料(多指茶水),稀释后供饮用。

【浓度】ȵioŋ˧dəu˩

【浓郁】ȵioŋ˧ɵioʔ˥

【浓重】ȵioŋ˧zoŋ˩

【浓厚】ȵioŋ˧ɦY˩

【浓茶】ȵioŋ˧zo˩ 汁液很酽的茶。

【浓缩】ȵioŋ˧soʔ˥

【浓眉毛】ȵioŋ˧mi˧mæ˩ 黑而密的眉毛。

【浓妆艳抹】ȵioŋ˧tsɑ̃˥ɵiI˨ məʔ˧

【浓油赤酱】ȵioŋ˧ɦiY˧tsʻɑʔ˥ tsiɑ̃˨ 指红烧的菜肴,佐料重,汤汁厚,色泽鲜艳。

脓【noŋ˧】

【脓水】noŋ˧sʮ˨ 脓液。

【脓头】noŋ˧dY˩ 结成半固体形的脓。

【脓包】noŋ˧ɒæ˥

【脓泡泡】noŋ˧pʻæ˥pʻæ˨ 脓包。

【脓滚头】noŋ˧kuən˥dY˩ 指结成半固体形的脓。

【脓滚头痱子】noŋ˧kuən˥ dY˩bE˧tsɿ˨ 有脓液的痱子。

nòng

弄【loŋ˩】、【loŋ˥】、【noŋ˥】另见 lòng。

【弄人】(1)loŋ˩ȵən˧或loŋ˥ȵən˧或noŋ˥ȵən˧ 整人。(2)loŋ˩ȵən˧ 捉弄人。

【弄大】loŋ˧dəu˩或noŋ˥dəu˩或loŋ˥dəu˩ (把事情)搞大。

【弄火】loŋ˩həu˨ 玩火。

【弄水】loŋ˩sʮ˨ 玩水。

【弄头】loŋ˩dY˩或loŋ˥dY˩或noŋ˥dY˩ (一)指做某件事所能获得的趣味。如:这种有损无益的事,呒不(没有)弄头。(二)指做某件事所费的工夫。如:你把手表拆开来修,有弄头呢。

【弄打】loŋ˩dɑ̃˨或loŋ˥dɑ̃˨ 对付;打发。

【弄光】loŋ˧kuɑ̃˥或loŋ˥kuɑ̃˨或noŋ˥kuɑ̃˨ 搞光。

【弄饭】loŋ˩vE˩ 做饭。

【弄抓】loŋ˧tsɑ˥ 搞僵;搞

坏。

【弄弄】loŋ˥loŋ˧˩或noŋ˥noŋ˧˩或loŋ˧˩loŋ˧˩　(一)把玩。(二)将就着去干。(三)做;干。(四)整治人,使吃苦头。(五)稍多接触。

【弄松】loŋ˨˧soŋ˥　整治人,使吃苦头。

【弄畅】loŋ˨˧ts'ã˥˨　把玩够了。

【弄鬼】loŋ˧˩tɕy˥˨　搞鬼。

【弄着】loŋ˨˧zɑʔ˧　(一)弄到。(二)获得。

【弄脱】loŋ˧˩t'əʔ˥　(一)弄丢。(二)干掉。(三)去掉;处理掉。(四)花费掉。

【弄僵】loŋ˨˧tɕiã˥或loŋ˥tɕiã˥˨或noŋ˥tɕiã˥˨　搞僵。

【弄小干】loŋ˧˩siæ˦˨kø˥˨或loŋ˥siæ˥kø˥˨　带孩子。

【弄干净】loŋ˨˧kø˥zin˧˩或loŋ˥kø˥zin˧˩或noŋ˥kø˥zin˧˩　收拾干净。

【弄小菜】loŋ˧˩siæ˦˨ts'E˥˨或loŋ˥siæ˦˨ts'E˥˨或noŋ˥siæ˦˨ts'E˥˨　整治菜肴。

【弄女人】loŋ˧˩ȵy˨˧ȵən˧˩　(一)玩弄女性。(二)娶妻。

【弄火冒】loŋ˨˧həu˥mæ˧˩或loŋ˥həu˥mæ˧˩或noŋ˥həu˥mæ˧˩　惹得发火。

【弄勿落】loŋ˨˧fəʔ˥loʔ˧或loŋ˥fəʔ˥loʔ˧或noŋ˥fəʔ˥loʔ˧　(一)没法收场。(二)吃不消。

【弄白相】loŋ˨˧bəʔ˧siã˥˨或loŋ˥bəʔ˧siã˥˨或noŋ˥bəʔ˧siã˥˨　闹着玩儿。

【弄头颈】loŋ˧˩dʏ˨˧tɕən˥˨或loŋ˥dʏ˨˧tɕən˥˨或noŋ˥dʏ˨˧tɕən˥˨　有意刁难。

【弄出来】loŋ˧˩ts'əʔ˥lE˧˩或loŋ˥ts'əʔ˥lE˧˩或noŋ˥ts'əʔ˥lE˧˩　(一)(通过努力)使脱离。(二)查出来。(三)张扬出来。(四)制作出来。

【弄进去】loŋ˧˩tsin˥˨tɕ'i˥˨或loŋ˥tsin˥˨tɕ'i˥˨或noŋ˥tsin˥˨tɕ'i˥˨　(一)(通过努力)使进入。(二)被抓进去。

【弄闲话】loŋ˧˩ɦE˨˧ɦo˧˩或loŋ˥ɦE˨˧ɦo˧˩或noŋ˥ɦE˨˧ɦo˧˩　搬唇弄舌。

【弄花头】loŋ˨˧ho˥dʏ˧˩　耍花招。

【弄花样】loŋ˨˧ho˥ɦiã˧˩　(一)玩弄小聪明;耍花招。

N

（二）增添花样。

【弄花巧】loŋ˧ho˥tɕʻiæ˥˩　耍花招;玩弄小聪明。

【弄弄吧】loŋ˩loŋ˩ba˩或loŋ˥loŋ˥ba˩或noŋ˥noŋ˥ba˩　将就将就吧。

【弄弄大】loŋ˩loŋ˩dəu˩　（把事情）搞搞大。

【弄空头】loŋ˧kʻoŋ˥dɤ˩　弄虚作假。

【弄房子】loŋ˩vã˧tsɿ˥˩　处理房屋上的事。

【弄明白】loŋ˧min˧baʔ˧或loŋ˥min˩baʔ˧或noŋ˥min˧baʔ˧　查究清楚。

【弄穿绷】loŋ˧tsʻø˥pã˥˩或loŋ˥tsʻø˥pã˥˩或noŋ˥tsʻø˥pã˥˩　拆穿;露馅。

【弄笔头】loŋ˧piəʔ˥dɤ˧　在文字上玩花样。

【弄格魂】loŋ˩kəʔ˥huən˧　激愤语。（一）有什么好折腾的?（二）空折腾什么?

【弄铜钿】loŋ˩doŋ˧di˩　搞钱。

【弄清爽】loŋ˧tsʻin˥sã˥˩或loŋ˥tsʻin˥sã˥˩或noŋ˥tsʻin˥sã˥˩　（一）查究清楚。（二）处理完毕。（三）收拾干净。

【弄僵戏】loŋ˧tɕiã˥ɕi˥˩或loŋ˥tɕiã˥ɕi˥˩或noŋ˥tɕiã˥ɕi˥˩　左右为难,处境尴尬。

【弄个女人】loŋ˩kəʔ˥ȵy˧ȵən˩　（一）娶个老婆。（二）找了个女人（属于不正常的）。

【弄勿明白】loŋ˧fəʔ˥min˥baʔ˧或loŋ˥fəʔ˥min˩baʔ˧或noŋ˥fəʔ˥min˩baʔ˧　（一）指一再解释,仍不明白事理。（二）弄不清事情的真相。

【弄勿清爽】loŋ˧fəʔ˥tsʻin˥sã˥˩或loŋ˥fəʔ˥tsʻin˥sã˥˩或noŋ˥fəʔ˥tsʻin˥sã˥˩　（一）义同【弄勿明白】。（二）收拾不干净。

【弄巧成拙】loŋ˧tɕʻiæ˥zən˩tsəʔ˥

【弄来弄去】loŋ˧lɛ˧loŋ˩tɕʻi˥˩或loŋ˥lɛ˧loŋ˥tɕʻi˥˩或noŋ˥lɛ˧noŋ˥tɕʻi˥˩　反复摆弄、协调。

【弄缸弄甏】loŋ˧kã˥loŋ˩bã˩　泛指江湖杂技节目。

【弄得明白】loŋ˩təʔ˥min˩baʔ˧或loŋ˥təʔ˥min˩baʔ˧或noŋ˥təʔ˥min˩baʔ˧　可以搞明白

事情的真相。

【弄得清爽】loŋ˨˩təʔ˥ts'in˥sɑ̃˥˩或loŋ˥təʔ˥ts'in˥sɑ̃˥˩或noŋ˥təʔ˥ts'in˥sɑ̃˥˩ （一）义同【弄得明白】。（二）可以收拾干净。

【弄勿明白弄】loŋ˨˦fəʔ˥min˨˩bɑʔ˧loŋ˨˩或loŋ˥fəʔ˥min˨˩bɑʔ˧loŋ˨˩或noŋ˥fəʔ˥min˨˩bɑʔ˧loŋ˨˩ 指一再解释，仍不明事理（含厌烦情绪）。

【弄勿清爽弄】loŋ˨˦fəʔ˥ts'in˥sɑ̃˥˩loŋ˨˩或loŋ˥fəʔ˥ts'in˥sɑ̃˥˩loŋ˨˩或noŋ˥fəʔ˥ts'in˥sɑ̃˥˩loŋ˨˩ （一）指再三解释，仍不明事理（含厌烦情绪）。（二）再三收拾，仍不干净（含厌烦情绪）。

【弄弄白相相】loŋ˨˩loŋ˨˩bəʔ˧siã˥siã˥˩或loŋ˥loŋ˥bəʔ˧siã˥siã˥˩或noŋ˥noŋ˥bəʔ˧siã˥siã˥˩ 闹着玩玩的。

【弄弄鸭屎臭】loŋ˨˩loŋ˨˩Øaʔ˥sɿ˥˩ts'ʏ˥˩或loŋ˥loŋ˥Øaʔ˥sɿ˥˩ts'ʏ˥˩或noŋ˥noŋ˥Øaʔ˥sɿ˥˩ts'ʏ˥˩ 无事端端闹别扭，或出丑收场。

【弄勿出好仙戏】loŋ˨˦fəʔ˥ts'əʔ˥hæ˦sii˥ɕi˥˩ 弄不出好事。也说成【弄勿出好事体】loŋ˨˦fəʔ˥ts'əʔ˥hæ˦zɿ˨˩t'i˥˩。

nú

奴【nəu˨˦】

【奴才】nəu˨˦zᴇ˨˩

【奴仆】nəu˨˦boʔ˧

【奴奴】nəu˥nəu˥˩ 青年女子自称（多见于传统戏剧和曲艺中）。

【奴役】nəu˨˦ɦʏəʔ˧

【奴隶】nəu˨˦di˨˩

【奴性】nəu˨˦sin˥˩

【奴家】nəu˥tɕiɑ˥˩

【奴欺主】nəu˨˦tɕ'i˥tsʮ˥˩ 旧时指家奴欺侮主人。

【奴颜婢膝】nəu˨˦ɦi˨˩bi˨˦siəʔ˥

孥【nəu˨˦】

驽【nəu˨˦】

nǔ

努【nəu˥˩】中州韵【nəu˨˩】

【努力】nəu˥˩liəʔ˧

【努嘴】nəu˥˧tsʮ˦

弩【nəu˩】

【弩箭】nəu˧tsiː˥˧

nù

怒【nəu˩】

【怒火】nəu˧həu˥˧
【怒气】nəu˧tɕʻi˥˧
【怒放】nəu˩fɑ̃˦
【怒吼】nəu˩hʏ˥˧
【怒气冲冲】nəu˧tɕʻi˥˧tsʻoŋ˥ tsʻoŋ˥˧ 形容非常生气的样子。
【怒容满面】nəu˧ɦioŋ˩mø˧ mi˩ 一脸怒色，形容非常生气的样子。
【怒从心头起，恶向胆边生】nəu˩zoŋ˩sin˥dʏ˧tɕʻi˥˧，øoʔ˥ɕiã˥˧tɛ˦piː˥sən˥ 指愤怒到极点，出现极端念头。

nǚ

女【ȵy˩】

【女人】ȵy˧ȵən˧
【女士】ȵy˧zɿ˩
【女工】ȵy˧koŋ˥
【女子】ȵy˧tsɿ˥˧或ȵy˦tsɿ˦ɿ˥
【女方】ȵy˧fɑ̃˥
【女王】ȵy˧ɦuɑ̃˧
【女生】ȵy˧sən˥
【女红】ȵy˧koŋ˥
【女色】ȵy˧səʔ˥
【女声】ȵy˧sən˥
【女性】ȵy˩sin˥˧
【女客】ȵy˧kʻɑʔ˥ （一）女性客人、顾客。（二）泛指女人。
【女郎】ȵy˧lɑ̃˩
【女皇】ȵy˧ɦuɑ̃˩
【女家】ȵy˧kɑ˥
【女流】ȵy˥lʏ˩
【女眷】ȵy˩tɕiø˥˧
【女婿】ȵy˩si˥˧
【女儿红】ȵy˧ɦəl˧ɦoŋ˩ 一种绍兴黄酒，即花雕酒。相传旧时绍兴一带人家生了女儿后酿的酒，封在瓮中，趁冬季埋入干涸的池塘边，直到女儿将要出嫁时取出，供贺客饮用，称女儿红。
【女人家】ȵy˧ȵən˧kɑ˥˧ 女人。亦称【女人家子】ȵy˧ȵən˧kɑ˥tsɿ˥˧。
【女强人】ȵy˧dʑiã˧ȵən˩ 女性成功人士。

【女人妈妈】ȵy˨˧ȵən˨˧ma˥ma˥˩　女人。

【女大当嫁】ȵy˩da˩tã˥tɕia˦　女孩子到婚嫁的年龄，应当及时出嫁。

【女心外向】ȵy˩sin˥˩ŋa˨˧ɕiã˥˩　指女子定亲或出嫁后，便会心向夫家。

【女大不中留】ȵy˩da˩pəʔ˥tsoŋ˥lY˨˧　女孩子到婚嫁的年龄时，应顺乎自然，及时出嫁，不可以强留在家中。

【女婿大官人】ȵy˨˧si˥˩dəu˨˧kuø˥ȵən˩　女婿。

【女大一，黄金堆屋脊；女大二，米铺地；女大三，金山接银山】ȵy˩dəu˩Øiəʔ˥，ɦuã˨˧tɕən˥tE˥Øoʔ˥tsiəʔ˥；ȵy˩dəu˩ȵi˩，mi˩pʰu˥di˩；ȵy˩dəu˩sE˥，tɕən˥sE˥tsiəʔ˥ȵən˨˧sE˥　顺口溜。指妻子年龄比丈夫大，没有什么不好的。

nuǎn

暖【nø˩】

【暖气】nø˩tɕʰi˥˩

【暖冬】nø˨˧toŋ˥　气温较往年高，并不十分寒冷的冬季。

【暖寿】nø˩zY˩

【暖热】nø˨˧ȵəʔ˧　暖和。

【暖房】(1)nø˨˧vã˨˧　温室。(2)nø˩vã˨˧　旧俗在结婚或乔迁新居的前一天，关系较近的亲友前往新房或新居道贺。

【暖阁】nø˨˧koʔ˥　旧时衙门大堂中，官员办公时，置放案桌的阁子。

【暖流】nø˨˧lY˩

【暖锅】nø˨˧kəu˥　火锅。

【暖热烔烔】nø˨˧ȵəʔ˧doŋ˩doŋ˩　形容暖和宜人。

nüè

疟【ȵiaʔ˧】中州韵

【ȵioʔ˧】另见 yào。

【疟疾】ȵiaʔ˧ziəʔ˧

虐【ȵiaʔ˧】中州韵

【ȵioʔ˧】

【虐待】ȵiaʔ˧dE˩

nuó

挪【naʔ˧】文读【nəu˦】

【挪用】naʔ˧ɦioŋ˩

娜【nəu˦】另见 nà。

傩【nəu˦】另见 nà。

nuò

诺【noʔ˧】

【诺言】noʔ˧ɦi˩

喏【no˦】、【no˩】另见 rě。

搦【ȵiaʔ˧】中州韵【ȵioʔ˧】

懦【nəu˥】中州韵【nəu˩】

【懦夫】nəu˥fu˩
【懦弱】nəu˥zaʔ˧

糯【nəu˩】

【糯米】nəu˦mi˩
【糯性】nəu˦sin˩ 不易开裂、可塑性强的特性。
【糯相】nəu˦siã˩ 形容温婉的样子。
【糯米粉】nəu˦mi˦fən˩ 糯米磨成的粉。
【糯米纸】nəu˦mi˦tsɿ˩
【糯笃笃】nəu˩toʔ˥toʔ˥ (一)形容口感柔软、细腻。(二)形容温婉的样子。
【糯米团子】nəu˦mi˦dø˩tsɿ˩ 用糯米粉做的团子。喻脾气温和的人。

附:

【嚯】ȵã˩ 语尾助词,祈使语气。

【儾】nã˧ 《广韵》奴浪切。缓也。平整的东西向下凹陷,或受力后向下凹陷。也指震荡。

O

ō

噢【ʔæ˥】

【噢】ʔæ˥　表示知道了、同意、答应。

【噢一声】ʔæ˥ʔiəʔ˥sã˧˩　答应一下（多用于要求对方）。

【噢声能】ʔæ˥sã˥nən˨˩　表示很爽快地同意、答应。

【噢噢应】ʔæ˥ʔæ˥ʔin˧˩　表示满口答应。

ó

哦【ɦo˨˧】、【ʔoʔ˥】、【ʔo˥】另见 é。

【哦】（1）ɦo˨˧　叹词。表示将信将疑。（2）ɦoʔ˨˩　叹词，表示原来如此，开始相信。（3）ʔo˧˩　叹词。表示领会、醒悟。

嚄【ho˧˩】另见 huō。

【嚄】ho˧˩　叹词。表示惊讶。

ōu

区【ʔʏ˥】另见 qū。

讴【ʔʏ˥】

【讴歌】ʔʏ˥kəu˧˩

瓯【ʔʏ˥】

欧【ʔʏ˥】

【欧化】ʔʏ˥ho˧˩

【欧洲】ʔʏ˥tsʏ˧˩　七大洲之一的欧罗巴洲的简称。

殴【ØY˥】

【殴打】ØY˥tã˨

鸥【ØY˥】

ǒu

呕【ØY˨】

【呕吐】ØY˨təu˨
【呕出来】ØY˦tsʻəʔ˥lE˩ （一）呕吐出来（二）讥讽语。形容使人恶心、让人厌恶。

偶【ŋY˩】

【偶尔】ŋY˧ɦəl˩
【偶然】ŋY˧zø˩
【偶像】ŋY˧ziã˩

耦【ŋY˩】

藕【ŋY˩】

【藕节】ŋY˧tsiəʔ˥ 一枝藕上两节藕衔接的部分。可入中药。
【藕粉】ŋY˧fən˥
【藕圆】ŋY˧ɦiø˧ 以切碎的藕为主料制成的小丸子。作菜肴。
【藕梢】ŋY˧sæ˥ 一枝藕的末梢部分。
【藕膪】ŋY˧pʻoʔ˥ 即藕梢。
【藕断丝连】ŋY˧dø˩sɿ˥li˩
【藕断丝勿断】ŋY˩dø˩sɿ˥fəʔ˥dø˩ 喻表面上好像已断了关系，实际上仍然牵挂着（多指爱情上的）。

òu

沤【ØY˥】、【ØY˦】

怄【ØY˦】

【怄气】ØY˦tɕi˦

P

pā

趴【bo˦】文读【bɑ˦】

【趴着】bo˦zɑʔ˧ 趴在桌子上睡着了。

【趴勒浪】bo˦ləʔ˧lɑ̃˩ 趴着。

派【pʻɑ˥】另见 pài。

【派司】pʻɑ˥sɿ˩

啪【pʻaʔ˥】

【啪嗒】pʻaʔ˥tʻaʔ˥ 象声词。形容小型硬物落地的声音。

【啪铁嗒】pʻaʔ˥tʻiəʔ˥tʻaʔ˥ 义同【啪嗒】。

【啪铁里格嗒】pʻaʔ˥tʻiəʔ˥li˩kəʔ˥tʻɑʔ˥ 义同【啪嗒】。

葩【pʻɑ˥】

pá

扒【bo˦】、【bᴇ˦】文读【bɑ˦】另见 bā。

【扒分】bo˦fən˥ 赚取工资收入以外的收入。

【扒开】bᴇ˦kʻᴇ˥或bo˦kʻᴇ˥ 用手或耙子一类的工具使东西散开。

【扒手】bo˦sʏ˩

【扒牙】bo˦ŋɑ˩ 龅牙。

【扒灰】bo˦huᴇ˥ 俗指公公与儿媳妇通奸。

【扒儿手】bo˦ɦəl˧sʏ˩ 扒手。

【扒耳朵】bo˦ȵi˧təu˩ (一)清除耳屎。(二)清除耳屎的工具。或竹木,或金属的细棍,头上有一个小勺。

【扒肚肠】bo˦dəu˧zɑ̃˩ 无事捣鼓东西。

杷【boɿ】文读【baɿ】

爬【boɿ】、【bEɿ】文读【baɿ】

【爬行】boɿɦinɺ

【爬藤】bEɿdənɿ　藤蔓攀援或爬行生长。

【爬上司】boɿzɑ̃ɿsɿ˥　到上级去告状或诉苦。

【爬山虎】boɿsE˥həu˥

【爬格子】boɿkaʔ˥tsɿ˥　指写作。

【爬墙草】bEɿziɑ̃ɿtsʻæ˥　爬藤榕。

【爬高络上】boɿkæ˥loʔɿzɑ̃ɺ或bEɿkæ˥loʔɿzɑ̃ɺ　攀高（贬义）。

【爬得高，跌得重】boɿtəʔ˥kæ˥，tiəʔ˥təʔ˥zoŋɺ　儆戒语。越是高处，摔下来后果越是严重。喻以不正当手段取得的地位越高，将来得到的惩罚越重。

耙【boɿ】、文读【baɿ】中州韵【pa˥】

【耙子】boɿtsɿ˥

【耙开】boɿkʻE˥　用耙子一类的工具使东西散开。

琶【boɿ】文读【baɿ】

筢【boɿ】文读【baɿ】

pà

帕【pʻaʔ˥】

怕【pʻo˥】文读【pʻa˥】

【怕】pʻo˥　吴语中有极难看的意思。

【怕人】pʻo˥ɲ̍ənɿ　（一）令人畏惧。（二）指动物怕见到人。

【怕生】po˥sɑ̃˥　怕见陌生人。

【怕光】po˥kuɑ̃˥　怕见光亮。

【怕吃】pʻo˥tɕʻəʔ˥　讨厌吃（某种东西）。

【怕动】pʻo˥doŋ˧˩　因疲劳等原因，不想做任何事。

【怕弄】pʻo˥loŋ˧˩　讨厌干（某件事）。

【怕事】pʻo˥zɿ˧˩

【怕惧】pʻoʔ˥ʥy˧˩　害怕；畏惧。

【怕烦】pʻo˥vE˧˩　（一）怕惹是非。（二）怕人打扰。

【怕人相】pʻo˥ȵən˧˩siã˥˩　形容样子吓人。

【怕开口】pʻo˥kʻE˥kʻY˥˩　不耐烦开口说话。

【怕肉痒】pʻo˥ȵoʔ˧ɦiã˧˩　怕被胳肢。

【怕陌生】pʻo˥mɑʔ˧sã˥˩　怕见生人。

【怕怕怕】pʻo˥pʻo˥pʻo˥˩　习惯语。强调极不乐意甚至害怕。

【怕事体】pʻo˥zɿ˧˩tʻi˥˩　怕惹是非。

【怕势势】pʻo˥sɥ˥˩sɥ˥˩　形容害怕的样子。

【怕看见】pʻo˥kʻø˥ʨiɪ˥˩　不乐意见到。

【怕得来】pʻo˦˩˨təʔ˥lE˧˩　（一）很害怕。（二）形容极丑陋、可怕。

【怕人势势】pʻo˥ȵən˦sɥ˥˩sɥ˥˩　形容使人恐惧的样子。

【怕怕缩缩】pʻo˥pʻo˥soʔ˥soʔ˥　形容畏惧退缩。

【怕难为情】pʻo˥nE˦ɦuE˦zin˧˩　害臊；怕羞。

pāi

拍【pʻɑʔ˥】中州韵【pʻəʔ˥】

【拍子】pʻɑʔ˥tsɿ˥˩

【拍马】pʻɑʔ˥mo˧˩

【拍书】pʻɑʔ˥sɥ˥　苏州评弹中，师傅在书目上对徒弟进行教导。

【拍开】pʻɑʔ˥kʻE˥　使原来连在一起或靠在一起的东西打开或分开。

【拍手】pʻɑʔ˥sY˥˩

【拍牢】pʻɑʔ˥læ˦　“拍牢马屁”的简略说法。指巴结住。

【拍板】pʻɑʔ˥pE˥˩

P

【拍拢】pʻɑʔ˥loŋ˨˩　使原来分开的东西用手拍打使其连在一起。

【拍卖】pʻɑʔ˥mɑ˨˩

【拍粉】pʻɑʔ˥fən˥˩　（一）敷粉。（二）喻粉饰、美化。

【拍案】pʻɑʔ˥θø˧˦

【拍紧】pʻɑʔ˥tɕən˥˩　使原来松散的东西用手拍打使其紧密。

【拍蛋】pʻɑʔ˥dᴇ˨˩　蛋去除蛋壳。

【拍脱】pʻɑʔ˥tʻəʔ˥　（一）义同【拍开】。（二）指卖掉。（三）打掉。

【拍骱】pʻɑʔ˥gɑ˨˩　脱臼复位。

【拍煞】pɑʔ˥saʔ˥　拍打致死。

【拍照】pʻɑʔ˥tsæ˧˦　照相。

【拍马屁】pʻɑʔ˥mo˧pʻi˥˩

【拍小照】pʻɑʔ˥siæ˧˦tsæ˥˩　照相（多指人像摄影）。

【拍头皮】pʻɑʔ˥dɤ˧bi˨˩　用手掌拍打脑袋（多指长辈教训小辈）。

【拍台球】pʻɑʔ˥dᴇ˧dʑɤ˧　打乒乓。

【拍耳光】pʻɑʔ˥ȵi˧kuɑ̃˥　打耳光。

【拍曲子】pʻɑʔ˥tɕʻoʔ˥tsɿ˥˩　打着拍子练习唱曲。

【拍屁股】pʻɑʔ˥pʻi˥kəu˥˩　用手掌拍打自己的屁股。旧时市井妇女的撒泼动作或读书人在一筹莫展时的习惯动作。撒泼拍屁股的动作较为激烈，读书人表示一筹莫展的拍屁股动作只是缓缓轻敲屁股两侧。

【拍别直】pʻɑʔ˥biəʔ˧zəʔ˧　退到底；至多是。

【拍拍满】pʻɑʔ˥pʻɑʔ˥mø˨˩　形容东西装得非常满。

【拍拍紧】pʻɑʔ˥pʻaʔ˥tɕən˥˩　用手掌拍打使原来松散的东西紧密。

【拍拍潽】pʻɑʔ˥pʻɑʔ˥pʻu˥　形容满满的。

【拍娃娃】pʻɑʔ˥θuɑ˥θuɑ˥˩　哄孩子。

【拍洋画】pʻɑʔ˥ɦiɑ̃˧ɦo˨˩　儿童游戏。手持画片对着平放在地上的对方的画片旁，用力摔拍下去，力图使产生的风将对方的画片掀翻身。

【拍胸脯】p‘ɑʔ˥ɕioŋ˥bu˩ 用手掌拍打自己的胸膛，表示做出承诺。

【拍脱骱】p‘ɑʔ˥t‘əʔ˥gɑ˩ 拍打关节，使脱臼。

【拍手拍脚】p‘ɑʔ˥sʏ˥˩p‘ɑʔ˥tɕiɑʔ˥ 形容个人情绪激烈。如：我拍手拍脚地笑。

【拍破面孔】p‘ɑʔ˥p‘u˥mii˩k‘oŋ˥˩ 撕破脸面；打破情面。

【拍勿拢头寸】p‘ɑʔ˥fəʔ˥loŋ˩dʏ˦ts‘ən˥˩ 对不上号。

【拍拍大胆子】p‘ɑʔ˥p‘ɑʔ˥dəu˩tE˦tsɿ˥˩ 壮壮大胆。

【拍粉点胭脂】p‘ɑʔ˥fən˥˩tii˧˦ø ii˥tsɥ˥˩ 敷粉抹上胭脂。指旧时妇女化妆。

【拍得落榫头】p‘ɑʔ˥təʔ˥loʔ˦s ən˧˦dʏ˩ 均对得上号。

【拍熟格肺头】p‘ɑʔ˥zoʔ˦kəʔ˦f i˥dʏ˩ 食品猪肺灌水冲洗干净。喻人涨红的脸色。

【拍拍屁股一走头】p‘ɑʔ˥p‘ɑʔ˥p‘i˥kəu˥˩øiəʔ˥tsʏ˧˦dʏ˩ 撒手就走。

pái

排【bɑ˧˦】文读【bE˧˦】另见 pǎi。

【排书】bɑ˧˦sɥ˥ 苏州评弹指排练评弹书目。

【排比】bɑ˧˦pi˥˩

【排队】bɑ˧˦dE˩

【排斥】bɑ˧˦ts‘əʔ˥

【排头】bɑ˧˦dʏ˩ 批评。吃批评叫作吃排头。

【排外】bɑ˧˦ŋɑ˩

【排字】bɑ˧˦zɿ˩

【排场】bɑ˧˦zã˩

【排行】bɑ˧˦ɦã˩

【排戏】bɑ˧˦ɕi˥˩

【排印】bɑ˧˦øin˥˩

【排名】bɑ˧˦min˩

【排版】bɑ˧˦pE˥˩

【排放】bɑ˧˦fã˥˩

【排练】bɑ˧˦lii˩

【排除】bɑ˧˦zɥ˩

【排骨】bɑ˧˦kuəʔ˥ （一）供食用的猪、牛、羊等的肋骨、脊椎骨。（二）指瘦的人。

【排挤】bɑ˧˦tsi˥˩

【排泄】bɑ˧˦siəʔ˥

【排笔】bɑ˨˧piəʔ˥
【排档】bɑ˨˧tã˥
【排涝】bɑ˨˧læ˨˩
【排排】bɑ˨˧bɑ˨˧ （一）儿童语。坐。（二）排练。
【排球】bɑ˨˧ʥɤ˨˩
【排解】bɑ˨˧ʨɑ˥˩
【排遣】bɑ˨˧ʨʻii˥˩
【排演】bɑ˨˧Øii˥˩
【排八字】bɑ˨˧pɒʔ˥zɿ˨˩ 迷信人以人出生的年、月、日、时来推算命运。
【排门板】bɑ˨˧mən˨˧pE˥˩ （一）旧时商店用来当作门的成排可以装拆的木板。打烊时装上，营业时卸去。（二）形容人的身体阔大。
【排排坐】bɑ˨˧bɑ˨˧zəu˨˩ （一）儿童语。坐。（二）趣语。多人平排坐着。（三）指坐冷板凳、干坐。
【排骨身体】bɑ˨˧kuəʔ˥sən˥tʻi˥˩ 形容人瘦。
【排骨粒屑】bɑ˨˧kuəʔ˥liəʔ˧siəʔ˥ （一）排骨的碎屑。（二）形容人瘦。（三）喻瘦小不起眼的人。
【排排坐，吃果果】bɑ˨˧bɑ˨˧zəu˨˩，ʨʻəʔ˥kəu˥˩kəu˥˩ 本儿歌中的两句，指坐好了，吃果子。借指大家没事干，闲坐着。

徘【bE˨˧】

【徘徊】bE˨˧ɦuE˨˩

牌【bɑ˨˧】中州韵【bE˨˧】

【牌子】bɑ˨˧ʦɿ˥˩
【牌九】bɑ˨˧ʨɤ˥˩
【牌头】bɑ˨˧dɤ˨˩ （一）指靠山。（二）指意料中。如照牌头。
【牌价】bɑ˨˧kɑ˥˩
【牌坊】bɑ˨˧fã˥或bɑ˨˧fã˥˩
【牌位】bɑ˨˧ɦuE˨˩
【牌运】bɑ˨˧ɦyən˨˩ 赌牌时的运气。
【牌楼】bɑ˨˧lɤ˨˩
【牌照】bɑ˨˧ʦæ˥˩ 政府机构颁发的行车凭证或营业凭证。
【牌子曲】bɑ˨˧ʦɿ˥˩ʨʻoʔ˥

pǎi

迫【pʻəʔ˥】另见 pò。

【迫击炮】pʻəʔ˥tɕəʔ˥pʻæ˦˨

排【bɑ˨˦】另见 pái。

【排骨头】bɑ˨˦kuəʔ˥dʏ˨˦　指用打的方法教训人。

【排三合土】bɑ˨˦sᴇ˥ɦəʔ˧tʻəu˥˨或bɑ˨˦sᴇ˥ɦəu˨tʻəu˥˨　(一)夯实铺碎砖的地面(然后浇水泥)。(二)指打人。

pài

派【pʻɑ˦˨】

【派山】pʻɑ˥sᴇ˥˨　派头(含讥讽)。

【派旦】pʻɑ˥tᴇ˥˨　聚会(外来语)。

【派头】pʻɑ˥dʏ˨

【派发】pʻɑ˦˨faʔ˥　分派,发送。

【派生】pʻɑ˦˨sən˥

【派司】pʻɑ˥sɿ˥˨　(一)卡片式或卡片大小的证件。(二)指传递。(三)指放弃,消失。(四)通过。(以上都来自外来语 pass。)

【派饭】pʻɑ˦˨vᴇ˨　有多个子女的老人,由子女轮流供食的赡养方式。

【派别】pʻɑ˦˨biəʔ˧

【派性】pʻɑ˥sin˥˨

【派赖】pɑ˥˥lɑ˨　泼辣。

【派路】pʻɑ˥˥ləu˨　派头。

【派遣】pʻɑ˦˨tɕʻiɪ˥˨

【派牌】pʻɑ˦˨bɑ˨˦　发牌。

【派力司】pʻɑ˥˥liəʔ˧sɿ˥˨

【派出所】pʻɑ˥tsʻəʔ˥səu˥˨

【派用场】pʻɑ˥ɦioŋ˨˦zã˨　作某种用途。

【派司脱】pʻɑ˥sɿ˥tʻəʔ˥　放弃,消除(外来语 pass)。

【派窜头】pʻɑ˦˨tsʻø˥dʏ˨　得到上升的势头、机会。

【派头一落】pʻɑ˥dʏ˨øiəʔ˥loʔ˧　很有气派。

【派头一落,转去吃粥】pʻɑ˥dʏ˨øiəʔ˥loʔ˧,tsø˦˨tɕʻiɪ˥tɕʻəʔ˥tsoʔ˥　讥讽语。指在场面

上气派很大，其实家里却过着贫困生活。讥人虚荣心重。

湃【pɑ˧˥】

pān

扳【pɛ˥˧】另见 bān。

番【p'ø˥˧】另见 fān。

潘【p'ø˥˧】

攀【p'ɛ˥˧】

【攀比】p'ɛ˥˧pi˧˩

【攀牢】p'ɛ˥˧læ˨˩ 用绳或胶带等，使分开或分散的东西连在一起。

【攀亲】p'ɛ˥˧ts'in˥˧

【攀谈】p'ɛ˥˧dɛ˨˩ （一）拉扯闲谈。（二）（用某种语言或某人的习惯）说法、说起来。

【攀登】p'ɛ˥˧tən˧˩

【攀龙附凤】p'ɛ˥˧loŋ˨˩vu˨˩voŋ˨˩

pán

爿【bɛ˨˩】

【爿爿】bɛ˨˦bɛ˨˩ 指每一家（工厂、商店等）。

【爿爿头裤子】bɛ˨˦bɛ˨˦dɣ˨˩k'əu˥˧tsɿ˧˩ 小孩穿的开裆裤。

胖【bø˨˦】另见 pàng

盘【bø˨˦】

【盘子】bø˨˦tsɿ˧˩ （一）盛放物品的浅底器具。比碟子大，多为圆形。（二）指商品行情。（三）隐语。指人脸。

【盘牙】bø˨˦ŋɑ˨˩ 臼齿。

【盘古】bø˨˦kəu˧˩

【盘头】bø˨˦dɣ˨˩ （一）舞动武器。（二）形容放开手脚（常以"使"作前缀，含小题大做的意味）。

【盘问】bø˨˦mən˨˩

【盘店】bø˨˩tii˧˥

【盘货】bø˨˩həu˧˥

【盘账】bø˨˩tsã˧˥

【盘点】bø˨tiɪ˥˩
【盘查】bø˨zo˩
【盘洋】bø˨ɦiã˩ 定洋。
【盘费】bø˨fi˥˩
【盘剥】bø˨pɔʔ˥
【盘盘】bø˨bø˩ （一）清点。（二）盘问。（三）指东西放在手中做回旋性动作。
【盘脱】bø˨tʻəʔ˥ 转让掉。
【盘旋】bø˨ziɪ˩
【盘缠】bø˨zø˩
【盘算】bø˨sø˥˩
【盘踞】bø˨tɕy˥
【盘下来】bø˨ɦo˨lᴇ˩ 把别人经营的商店、企业等折价买下来。
【盘槐树】bø˨ɦuɑ˨zʮ˩ 一种观赏乔木。其形态古朴、枝柯纠结，性柔下垂，密如复盘。树叶似槐树，然而姿态截然不同。
【盘门三景】bø˨mən˨sᴇ˥tɕən˥˩ 苏州旅游景点。指盘门三个景点，盘门水陆城门、瑞光塔、吴门桥。
【盘香纽头】bø˨ɕiã˥ȵʏ˩dʏ˩ 一种用布料手工制作的中式纽扣。形似盘香。
【盘香莴苣笋】bø˨ɕiã˥θəu˥tɕy˥sən˥˩ 腌莴苣制成盘香形状。

磐【bø˨】

【磐石】bø˨zɑʔ˧

蟠【bø˨】

【蟠桃】bø˨dæ˩

pàn

判【pʻø˦】

【判处】pʻø˦tsʻʮ˥˩
【判决】pʻø˦tɕyəʔ˥
【判刑】pʻø˥˩ɦin˨
【判别】pʻø˦biəʔ˧
【判定】pʻø˥˩din˩
【判官】pʻø˥kuø˥˩
【判明】pʻø˦min˩
【判罚】pʻø˦zaʔ˧
【判断】pʻø˦tø˥
【判若两人】pʻø˦zɑʔ˧liã˥ȵən˩ 形容同一个人前后差别很大。

拚【pʻø˧˩】文读【pʻin˥】

【拚命】pʻin˥min˩ 拼命。
【拚死无大难】pø˧˨sɿ˧˩vu˩da˩nE˩ 把生死置之度外，就什么都不怕了。
【拚死吃河豚】pø˥sɿ˧˩tɕʻəʔ˥ɦəu˦də n˩ 喻为了谋利，不惜用生命去冒险。

泮【pʻø˧˦】

【泮宫】pʻø˧˦koŋ˥

盼【pʻE˧˦】

【盼望】pʻE˧˩vɑ̃˩

叛【bø˩】

【叛乱】bø˩lø˩
【叛变】bø˩pi˧˦
【叛国】bø˦kuəʔ˥
【叛逃】bø˦dæ˦
【叛逆】bø˦ȵəʔ˧
【叛徒】bø˩dəu˩

畔【bø˩】

鋬【pʻE˧˦】

【鋬鋬】pʻE˥pʻE˧˩ 器物上用手提的部分。
【鋬鋬头】pʻE˥pʻE˥dɤ˩ 义同【鋬鋬】。

襻【pʻE˧˦】

pāng

乓【pʻɑ̃˥】

【乓噹】pʻɑ̃˥tʻɑ̃˥ 象声词。形容器物落地清脆的碎裂声。
【乓乓响】pʻɑ̃˥pʻɑ̃˥ɕiɑ̃˧˩ （一）形容声音或名声响亮。（二）形容技艺高超。
【乓听噹】pʻɑ̃˥tʻin˥tʻɑ̃˥ 象声词。义同【乓噹】。
【乓噹乓噹】pʻɑ̃˥tʻɑ̃˥pʻɑ̃˥tʻɑ̃˧˩ （一）形容动作频繁而快速。（二）象声词。形容声音十分响亮而频繁。

滂【pʻɑ̃˥】文读【pʻã˥】

páng

彷【bɑ̃˧】文读【bã˧】

【彷徨】bɑ̃˧ɦuɑ̃˩

庞【bɑ̃˧】文读【bã˧】

【庞大】bɑ̃˩dɑ˩
【庞杂】bɑ̃˧zəʔ˧

旁【bɑ̃˧】文读【bã˧】

【旁支】bɑ̃˧tsʮ˥
【旁边】bɑ̃˧piɪ˥
【旁白】bɑ̃˧bɑʔ˧
【旁观】bɑ̃˧kuø˨
【旁听】bɑ̃˧tʻin˥
【旁证】bɑ̃˧tsən˨
【旁旁】bɑ̃˧bɑ̃˩　比较比较。
【旁骛】bɑ̃˧vu˩
【旁落】bɑ̃˧loʔ˧
【旁边头】bɑ̃˧piɪ˥dʏ˩　旁边的。
【旁七旁八】bɑ̃˧tsʻiəʔ˥bɑ̃˧poʔ˥　（比较下来）差不多的。
【旁门左道】bɑ̃˧mən˩tsəu˥dæ˩
【旁观者清】bɑ̃˧kuø˥tsᴇ˥tsʻin˥
【旁若无人】bɑ̃˧zɑʔ˧vu˩zən˧
【旁征博引】bɑ̃˧tsən˨poʔ˥ɦin˩
【旁敲侧击】bɑ̃˧tɕʻiæ˥tsəʔ˥tɕəʔ˥

膀【bɑ̃˧】另见 bǎng；bàng。

【膀胱气】bɑ̃˧kuɑ̃˥tɕʻi˨　不平之气。

磅【bɑ̃˧】文读【bã˧】另见 bàng。

【磅礴】bɑ̃˧boʔ˧

螃【bɑ̃˧】

鳑【bɑ̃˧】文读【bã˧】

【鳑鲏鱼】bɑ̃˧bi˧ŋ̍˩　鱼。体

P

形和鲫鱼相似，比鲫鱼小，眼有彩色光泽，背面淡绿色，略带蓝色的闪光，腹面银白色。生活在淡水中，吃水生植物，卵产在蚌壳里。

【鳑鲏鱼亦留三寸肚肠】bɑ̃˨˦ bi˨˩ŋ̍˨˩ɦɑʔ˧lY˨˦SE˥tsʻən˥˩ dəu˨˦zɑ̃˨˩　俗语。凡事都要留意意外。

pǎng

髈【pʻɑ̃˥˩】中州韵【pʻã˥˩】另见 bǎng。

【髈里】pʻɑ̃˦˩˨li˨˩　大腿里。

【髈弯】pʻɑ̃˦˩˨ʘuE˥　膝关节反面的地方。

【髈牵筋】pʻɑ̃˦˩˨tɕʻii˥tɕən˥˩　小腿抽筋。喻意外的麻烦。

【髈浪痛】pʻɑ̃˦˩˨lɑ̃˨˦tʻoŋ˥˩　调侃语。指苏州评弹弹奏三弦，也指从事苏州评弹职业。

【髈肚肠子】pʻɑ̃˦˩˨dəu˨˦zɑ̃˨˩ tsɿ˥˩　指人小腿的背面。

【髈弯弯里】pʻɑ̃˦˩˨ʘuE˥ʘuE˥ li˨˩　膝关节反面的地方。

pàng

胖【pʻɑ̃˦˩˨】文读【pʻã˦˩˨】

【胖子】pʻɑ̃˥tsɿ˥˩

【胖肉】pʻɑ̃˥ȵɔʔ˧　肥肉。也叫【壮肉】tsɑ̃˥ȵɔʔ˧。

【胖头鱼】pʻɑ̃˥dY˨˩ŋ̍˨˩

【胖笃笃】pʻɑ̃˥tɔʔ˥tɔʔ˥　形容肥胖的样子。

【胖墩墩】pʻɑ̃˥tən˥tən˥˩

【胖胖壮壮】pʻɑ̃˥pʻɑ̃˥tsɑ̃˥˩ tsɑ̃˥˩　形容肥胖的样子。

pāo

抛【pʻæ˥】

【抛出】pʻæ˥tsʻəʔ˥　凸出。

【抛光】pʻæ˥kuɑ̃˥˩

【抛弃】pʻæ˥tɕʻi˥˩

【抛荒】pʻæ˥huɑ̃˥˩

【抛脱】pʻæ˥tʻəʔ˥　（一）抛掉；抛弃。（二）抛售。

【抛锚】pʻæ˥mæ˨˦

【抛顶宫】pʻæ˥tin˥koŋ˥˩　抢劫帽子。

P

【抛彩球】pʻæ˥tsʻɛ˥dʑiʏ˩ 旧时大户人家招女婿的一种方法。女子将彩绸扎的彩球在高处抛下，抢得者为婿。

【抛头露面】pʻæ˥dʏ˩ləu˩miɪ˩

【抛砖引玉】pʻæ˥tsø˥ɦin˩ȵoʔ˧

泡【pʻæ˥】另见pào。

【泡货】pʻæ˥həu˥˩ 体积大而分量小的物品。喻指品位低劣的人或物品。

【泡桐】pʻæ˥doŋ˩

【泡勒泡】pʻæ˥ləʔ˧pʻæ˥ （一）形容物体颤动。（二）形容质地轻薄。

【泡泡馄饨】pʻæ˥pʻæ˥ɦuən˩dən˩ 食品。一种皮薄如纸，馅少，刚煮熟时皮子鼓起如球的小馄饨。

páo

刨【bæ˩】另见bào。

【刨出】bæ˩tsʻəʔ˥ 结账时从结算的钱数中除去零头。

【刨进】bæ˩tsin˦ 结账时将结算钱数的零头进位。

【刨脱】bæ˩tʻəʔ˥ （一）刨去。（二）多指贸易中去除钱款的尾数。

【刨进勿刨出】bæ˩tsin˦fəʔ˥bæ˩tsʻəʔ˥ 结账时，钱数中的零头只进位，不除去（贬义）。

咆【bæ˧】

【咆哮】bæ˩ɕiæ˥˩

狍【bæ˧】

庖【bæ˧】

炮【bæ˧】另见pào。

【炮制】bæ˧tsʮ˥˩

【炮烙】bæ˧loʔ˧

袍【bæ˧】

【袍子】bæ˧tsɿ˥˩

【袍角】bæ˧koʔ˥ 长袍底部

衣角。

【袍料】bæ˨˧liæ˨˩　制作长衫用的衣料。

【袍袖】bæ˨˧zY˨˩　长衫的袖子。

匏【bæ˨˧】

pǎo

跑【bæ˨˧】

【跑马】bæ˨˧mo˨˩

【跑片】bæ˨˧p'i˥˩

【跑车】bæ˨˧ts'o˥　（一）自行车赛车。（二）赛车式样的自行车。

【跑步】bæ˨˧bu˨˩

【跑堂】bæ˨˧dɑ̃˨˩

【跑道】bæ˨˧dæ˨˩

【跑街】bæ˨˧kɑ˥

【跑跑】bæ˨˧bæ˨˩　走或跑。

【跑路】bæ˨˧ləu˨˩　（一）走路。（二）表示离开。（三）找关系（为解决某件事情）。（四）隐语。死。

【跑腿】bæ˨˧t'E˥˩

【跑鞋】bæ˨˧ɦɑ˨˩

【跑上来】bæ˨˧zɑ̃˨˧lE˧　（一）走上去。（二）刚开始的时候。

【跑龙套】bæ˨˧loŋ˨˧t'æ˥˩

【跑生意】bæ˨˧sɑ̃˥θi˥˩

【跑江湖】bæ˨˧kɑ̃˥ɦəu˨˩

【跑码头】bæ˨˧mo˨˧dY˨˩　义同【跑江湖】。

【跑单帮】bæ˨˧tE˥pɑ̃˥˩

【跑圆场】bæ˨˧ɦiø˨˧zɑ̃˨˩

【跑跑看】bæ˨˧bæ˨˧k'ø˥˩　（一）为某件事试着物色、联系、找关系等。（二）试着走走。

【跑穿脚底】bæ˨˧ts'ø˥tɕiɑʔ˥ti˥˩　形容走了许许多多的路。

【跑断脚筋】bæ˨˧dø˨˩tɕiɑʔ˥tɕən˥　义同【跑穿脚底】。

pào

泡【p'æ˧˦】另见 pāo。

【泡水】p'æ˥sʮ˥˩　打开水。

【泡汤】p'æ˧˦t'ɑ̃˥

【泡沫】p'æ˥məʔ˧

【泡茶】p'æ˧˦zo˧　沏茶。

【泡泡】（1）p'æ˥p'æ˥˩

(一)气体在液体内使液体鼓起来造成的球状或半球状体。(二)水泡。(2)pʻæ˦ pʻæ˥˨ 固体东西放在液体里浸泡。

【泡饭】pʻæ˥vE˨˧ 饭加水煮开做成的粥。

【泡菜】pʻæ˥tsʻE˥˨

【泡粥】pʻæ˥tsoʔ˥ 泡饭。

【泡影】pʻæ˥Øin˥˨

【泡开水】pʻæ˦kʻE˥sɥ˥˨ 打开水。

【泡泡纱】pʻæ˥pʻæ˥so˥˨

【泡泡糖】pʻæ˥pʻæ˥dã˨˧

炮【pʻæ˦】另见 páo。

【炮火】pʻæ˥həu˥˨

【炮击】pʻæ˥tɕəʔ˥

【炮仗】pʻæ˥zã˨˧ 爆竹。

【炮灰】pʻæ˥huE˥˨

【炮兵】pʻæ˥pin˥˨

【炮舰】pʻæ˥tɕiI˥˨

【炮弹】pʻæ˥dE˨˧

【炮艇】pʻæ˥tʻin˥˨

【炮楼】pʻæ˥lY˨˧

【炮仗性子】pʻæ˥zã˨˧sin˥˨ tsɿ˥˨ 喻性情急躁、心直口快、好发议论的性格。

【炮仗脾气】pʻæ˥zã˨˧bi˨˧tɕʻi˥˨ 义同【炮仗性子】。

疱【pʻæ˦】

【疱疱】pʻæ˥pʻæ˥˨ 疱。

pēi

呸【pʻE˥】、【pʻE˥˨】

胚【pʻE˥】

【胚胎】pʻE˥tʻE˥˨

痦【bE˧˩】

【痦子】bE˧˩tsɿ˥˨ 痱子。

【痦子亦勿生一粒】bE˧˩tsɿ˥ɦaʔ˧fəʔ˥sã˥Øiəʔ˥liəʔ˥ 形容一点不费力气(就可获利)。

醅【pʻE˥】

péi

陪【bE˨˦】

【陪同】bE˨˦doŋ˧˩
【陪伴】bE˨˦bø˨˩
【陪衬】bE˨˦ʦ'ən˧˩
【陪房】bE˨˦vã˨˩
【陪审】bE˨˦sən˧˩
【陪夜】bE˨˦ɦia˧˩
【陪绑】bE˨˦ɓã˧˩
【陪客】bE˨˦k'ɑʔ˥
【陪陪】bE˨˦bE˨˩ 陪伴。
【陪祭】bE˨˦ʦi˧˩
【陪嫁】bE˨˦ka˧˩
【陪葬】bE˨˦ʦã˧˩
【陪死人】bE˨˦si˥ȵən˨˩ （一）守灵（不含感情的说法）。（二）喻陪伴并不情愿陪伴的人（贬义）。
【陪嫁丫头】bE˨˦ka˥ɦo˥dɤ˨˩ 旧时指随嫁的女仆。

培【bE˨˦】

【培训】bE˨˦ɕyən˧˩
【培育】bE˨˦ɦioʔ˧
【培养】bE˨˦ɦiã˨˩
【培植】bE˨˦zəʔ˧

赔【bE˨˦】

【赔本】bE˨˦ɓən˧˩
【赔礼】bE˨˩li˨˩
【赔账】bE˨˦ʦã˧˩
【赔偿】bE˨˦zã˨˩
【赔脱】bE˨˦t'əʔ˥ 赔偿掉。
【赔罪】bE˨˩zE˨˩
【赔勿是】bE˨˦fəʔ˥zɿ˨˩ 赔罪。
【赔勿出】bE˨˦fəʔ˥ʦ'əʔ˥ 无能力赔偿。
【赔勿起】bE˨˦fəʔ˥ʨ'i˧˩ 无能力赔偿。
【赔得出】bE˨˦təʔ˥ʦ'əʔ˥ 有能力赔偿。
【赔得起】bE˨˦təʔ˥ʨ'i˧˩ 有能力赔偿。
【赔铜钿】bE˨˦doŋ˨˦di˨˩ 赔钱。
【赔了夫人又折兵】bE˨˦liæ˥ fu˥zən˨˩ɦiɤ˨˦ʦəʔ˥ɓin˥

裴【bE˨˦】

pèi

沛【pɛ˦】

帔【bɛ˩】中州韵【pʻɛ˦】

佩【bɛ˩】

【佩服】bɛ˧voˀ˧

配【pɛ˦】

【配方】pɛ˥fɑ̃˥˩
【配对】pɛ˦tɛ˦
【配乐】pɛ˦ɦioˀ˧
【配合】pɛ˦ɦəˀ˧
【配戏】pɛ˦ɕi˦
【配件】pɛ˥dʑi˩
【配角】pɛ˦koˀ˥
【配身】pɛ˥sən˥˩　合身。
【配备】pɛ˦bɛ˧
【配给】pɛ˦tɕəˀ˥
【配药】pɛ˦ɦiaˀ˧
【配音】pɛ˦ʔin˥
【配料】pɛ˦ɦiæ˩
【配偶】pɛ˦ŋ̊ʏ˩
【配套】pɛ˥tʻæ˦
【配副】pɛ˥fu˥˩　相称。
【配脱】pɛ˦tʻəˀ˥　(一)分配掉。(二)把缺少的部分补全。
【配额】pɛ˦ŋɑˀ˧
【配器】pɛ˥tɕʻi˥˩
【配胃口】pɛ˦ɦuɛ˧kʻʏ˥˩　合口味。

旆【pɛ˦】

辔【pi˦】文读【pɛ˦】

【辔头】pi˥dʏ˩　快速奔跑。如:我一个辔头赶过去,火车齐巧开。

霈【pɛ˦】

pēn

喷【pʻən˥】另见 pèn。

【喷口】pʻən˥kʻʏ˥˩
【喷发】pʻən˥faˀ˥
【喷松】pʻən˥soŋ˥˩　非常松软(多指食品)。
【喷泉】pʻən˥zi˩
【喷漆】pʻən˥tsʻiəˀ˥

【喷嚏】p'ən˥t'i˧˩
【喷嘴】p'ən˥tsч˧˩
【喷出来】p'ən˥ts'ə˥lɛ˩ （一）（液体、气体、粉末等）受压力而射出。（二）形容忍不住笑出来。
【喷喷叫一气】p'ən˥p'ən˥tɕiæ˧˩θiə˥tɕ'i˧ 非常生气。

pén

盆【bən˧】

【盆子】bən˧tsɿ˧˩
【盆地】bən˧di˩
【盆汤】bən˧t'ã˥
【盆浴】bən˧ɦioʔ˧
【盆菜】bən˧ts'ɛ˧˩ 搭配装盆出售的菜肴或食材。
【盆景】bən˧tɕən˧˩
【盆桶店】bən˧doŋ˧tii˧˩ 制作和出售木制盆、桶等日常生活用具的店铺。

pèn

喷【p'ən˥】另见 pēn。

【喷香】p'ən˥ɕiã˥
【喷喷香】p'ən˥p'ən˥ɕiã˥ 喷香。

pēng

抨【p'ən˥】、【p'oŋ˥】

【抨头】p'oŋ˥dɣ˩ 指严厉的批评。
【抨死闷紧】p'ən˥sɿ˥mən˧˩tɕən˧˩ 形容十分固执。

怦【p'ən˥】、【p'oŋ˥】

【怦生能一气】p'ə˥sã˥nən˩θiə˥tɕ'i˧ 猛然间一气。

砰【p'ən˥】

烹【p'ən˥】

【烹饪】p'ən˥zən˩
【烹调】p'ən˥diæ˩

嘭【bã˩】

【嘭嘡】bã˩dã˩ 象声词。形容撞击或重物落地的声

P

音。

【嘭定噔】bãɅdinɅdãɅ 义同【嘭噔】。

【嘭噔嘭噔】bãɅdãɅbãɅdãɅ 象声词。(一)形容敲门重且急的声音。(二)形容高速。(三)形容狂躁的样子。

péng

朋【bã˨˦】文读【bən˨˦】中州韵【boŋ˨˦】

【朋友】bã˨˦ɦiʏ˨˦或bã˨˦ɦiʏɅ (一)彼此有交情的人。(二)指恋爱对象。(三)称呼并不相识的人(多指男性)。

【朋友淘里】bã˨˦ɦiʏ˨˦dæɅliɅ 朋友之间。

【朋友妻,不可欺;若要欺,等到朋友死】bã˨˦ɦiʏ˨˦tsʻi˥,pə˥kʻəu˥˩tɕʻi˥,zɑʔ˧0iæ˨˦tɕʻi˥,tən˥˩tæ˥˩bã˨˦ɦiʏ˨˦si˥˩ 俗语。对朋友的妻子,不可以有越轨的行为,除非朋友已经死了。

【朋友,朋友,碰一个有】bã˨˦ɦiʏɅ,bã˨˦ɦiʏɅ,bãɅ0iə˥kə˥ɦiʏɅ 俗语。朋友交际是要花钱的。

硼【pʻã˥】中州韵【poŋ˥】

【硼绒线】pʻã˥ɳoŋ˨˦si˥˩ 把团状毛线绕成圈状。也指圈状毛线绕成团状。

【硼勿拢头寸】pʻã˥fə˥loŋɅdʏ˨˦tsʻən˥˩ 对不上号。

【硼得拢头寸】pʻã˥tə˥loŋɅdʏ˨˦tsʻən˥˩ 对得上号。

彭【bã˨˦】文读【bən˨˦】中州韵【boŋ˨˦】

棚【bã˨˦】文读【bən˨˦】中州韵【boŋ˨˦】

【棚车】bã˨˦tsʻo˥

【棚户】bã˨˦ɦəuɅ

【棚棚】bã˨˦bãɅ 棚。

【棚棚头】bã˨˦bã˨˦dʏɅ 棚。

【棚棚头船】bã˨˦bã˨˦dʏɅzø˨˦ 有棚的小船。

蓬【boŋ˦】

【蓬灰】boŋ˦huɛ˥　指灰尘飞散开来。
【蓬尘】boŋ˦zən˩　灰尘。
【蓬松】boŋ˦soŋ˥
【蓬勃】boŋ˩bəʔ˧
【蓬莱】boŋ˦lɛ˩
【蓬蒿】boŋ˦hæ˥
【蓬开来】boŋ˦k'ɛ˥lɛ˩　蓬松飞散开来。
【蓬头鬼】boŋ˦dɤ˦tɕy˥˩　形容头发散乱的人。
【蓬蒿莱】boŋ˦hæ˥ts'ɛ˥˩或boŋ˦hɑ˥ts'ɛ˥˩　花菊菜。
【蓬蓬着】boŋ˩boŋ˩zɑʔ˧　形容火势猛烈。
【蓬头散发】boŋ˦dɤ˦sɛ˥˩faʔ˥　形容头发很乱的样子。
【蓬头垢面】boŋ˦dɤ˦kɤ˥˩mi˩
【蓬荜生辉】boŋ˦piəʔ˥sən˥huɛ˥
【蓬荜增辉】boŋ˦piəʔ˥tsən˥huɛ˥
【蓬蓬松松】boŋ˦boŋ˦soŋ˥˩soŋ˥˩　蓬松。
【蓬头狮子狗】boŋ˦dɤ˦sɿ˥tsɿ˥˩kɤ˥˩　调侃语。形容头发松散绻曲。

硼【bã˦】文读【bən˦】中州韵【boŋ˦】

鹏【bã˦】文读【bən˦】中州韵【boŋ˦】

【鹏程万里】bã˦zən˦vɛ˩li˩

澎【bã˦】

【澎湃】bã˦pɑ˥˩

篷【boŋ˦】

【篷脚索】boŋ˦tɕiɑʔ˥soʔ˥　(一)控制篷帆起落的绳索。(二)指上了年纪的人眼梢边的皱纹。

膨【bã˦】文读【bən˦】中州韵【boŋ˦】

【膨胀】bã˦tsã˥
【膨脚】bã˦tɕiɑʔ˥　罗圈腿。

【膨髈膨脚】bã˦pʻã˥bã˦tɕiɑʔ˥ 形容罗圈腿走路的那种样子。

蟛【bã˦】文读【bən˦】中州韵【boŋ˦】

【蟛蜞】bã˦dʑi˩

pěng

捧【pʻoŋ˥˩】、【foŋ˥˩】

【捧好】pʻoŋ˥˧hæ˥ 用双手托好。

【捧场】pʻoŋ˥˩zã˦

【捧角】pʻoŋ˥˩koʔ˥

【捧牢】pʻoŋ˥˧læ˦ （一）十分小心用双手托着。（二）用奉承拍马的手段笼络住。

【捧杯】pʻoŋ˥˧pᴇ˥

【捧哏】pʻoŋ˥˧kən˥

【捧牢聚宝盆】pʻoŋ˥˧læ˥˩zi˩pæ˥˩bən˩ （一）形容用奉承拍马的手段笼络住某人。（二）形容过分小心地看护某件东西。

【捧牢饭碗头】pʻoŋ˥˧læ˦vᴇ˦θuø˥dʏ˩ 喻小心翼翼地保住工作职位。

【捧到天浪去】pʻoŋ˥˩tæ˥˧tʻiɪ˥lɑ̃˩tɕʻi˧ 形容过分吹捧。

pèng

碰【pʻã˧】、【bã˩】文读【pʻən˥˩】、【bən˩】中州韵【pʻoŋ˥˩】、【boŋ˩】

【碰】（1）pʻã˧或pʻã˥˩ 猛烈撞击。（2）bã˩ 接触。

【碰门】bã˩mən˦ 敲门。

【碰头】bã˦dʏ˩ 见面；汇合。

【碰顶】pã˥˩tin˥˩ 至多。

【碰和】pã˧həu˦ 打麻将。

【碰雨】pã˥ɦʏ˩ 被雨点打着。

【碰着】bã˦zɑʔ˧ （一）遇见；碰到。（二）接触着。

【碰碰】bã˦bã˩ （一）轻轻地接触一下。（二）动不动，表示很容易发生某种行为。

【碰僵】pã˧tɕiã˥ 闹僵。

【碰壁】pã˧piəʔ˥

【碰勿得】bã˦fəʔ˥təʔ˥ （一）形容吃不得一点亏。（二）

不能与之交道或交易。(三)不能碰。

【碰台子】pã˥dE˨˧ʦɿ˥˧ 拍桌子(发火)。

【碰头会】bã˨˧dɤ˨˧ɦuE˨˩ 再会。

【碰顶子】pã˥˧tin˦ʦɿ˥˧ 指官员之间的较量。

【碰钉子】pã˥˧tin˥ʦɿ˥˧ 要求被拒绝、遭冷遇。

【碰哭精】bã˨˧kʻoʔ˥ʦin˥ 指容易哭鼻子的人。

【碰着法】bã˨˧zɑʔ˧faʔ˥ 没有一定,碰巧能成。

【碰勒浪】pã˥˧ləʔ˧lɑ̃˨˩ 指二者之间碰撞的时候。

【碰麻将】pã˥mo˨˧ʦiã˥˧ 打麻将。

【碰一重关】pã˥˧Øiəʔ˥zoŋ˨˩kuE˥ 至多;到底线。

【碰三丢四】pʻã˥sE˥toʔ˥sɿ˥˧ 指桑骂槐。

【碰台拍凳】pʻã˥dE˨˧pʻɑʔ˥tən˥˧ 拍桌子,拍凳子。形容发怒的情形。

【碰碰台子】pʻã˦pʻã˥dE˨˧ʦɿ˥˧ 拍拍桌子(发火)。

【碰着个鬼】bã˨˧zɑʔ˧kəʔ˥ʨy˥˧ 见到鬼了。用来责人神志不清、糊里糊涂。

【碰着点啥】bã˨˧zɑʔ˧tiI˥˧sɑ˦ 义同【碰着个鬼】。

【碰额角头】bã˨˩ŋaʔ˧koʔ˥dɤ˨˩ 碰运气。

【碰仔一重关】bã˨˧ʦɿ˥˧Øiəʔ˥zoŋ˨˩kuE˥ 指至多到此为止。也说成pʻã˥˧ʦɿ˥˧Øiəʔ˥zoŋ˨˩kuE˥。

【碰鼻头转弯】bã˨˧bəʔ˧dɤ˨˩ʦø˦Øuᴇ˥ (一)指走到底转弯。(二)形容行事死板。

【碰仔一鼻头灰】bã˨˧ʦɿ˥˧Øiəʔ˥bəʔ˧dɤ˨˩huE˥ 遭到申斥。

【碰着徐大老爷】bã˨˧zɑʔ˧zi˨˧dəu˨˧læ˨˩ɦiɑ˨˩ 俗语。遇到凶神恶煞。

【碰坏一根汗毛,搭仔阴架造还侪】bã˨˩ɦuɑ˨˩Øiəʔ˥kən˥ɦø˨˧mæ˨˩,taʔ˥ʦɿ˥˧Øin˥kɑ˥˧zæ˨˧ɦuE˨˧nE˨˩ 指保证对方不会受到任何身体伤害。

pī

丕【pʻE˥】

邳【pʻE˥】

批【pʻi˥】

【批文】pʻi˥vən˨˩

【批发】pʻi˥faʔ˥

【批示】pʻi˥zʮ˨˩

【批件】pʻi˥ʤi˨˩

【批改】pʻi˥kE˥˩

【批批】pʻi˥pʻi˥˩　（一）批改。（二）每一批。

【批评】pʻi˥bin˨˩

【批判】pʻi˥pʻø˥˩

【批语】pʻi˥ŋy˨˩

【批阅】pʻi˥ɦyəʔ˧

【批准】pʻi˥ʦən˥˩

【批量】pʻi˥liã˨˩

【批八字】pʻi˥poʔ˥zɿ˨˩　根据人的生辰八字来推断命运的迷信活动。

【批下来】pʻi˥ɦo˨˩lE˨˩　批改或批示下来。

【批出去】pʻi˥ʦʻəʔ˥ʨʻi˥˩　（一）批发出去。（二）（文件）批阅并已发出。

【批条子】pʻi˥diæ˧ʦɿ˥˩

【批进来】pʻi˥ʦin˥˩lE˨˩　批发进来。

【批货色】pʻi˥həu˥səʔ˥　商店批发买进货物。

【批命书】pʻi˥min˧sʮ˥　根据算命用文字表述命运祸福。

【批得一骨铟糖亦勿值】pʻi˥təʔ˥ʔiəʔ˥kuəʔ˥di˨˩dã˧ɦaʔ˧fəʔ˥zəʔ˧　批评得一钱不值。

纰【pʻi˥】

【纰漏】pʻi˥lʏ˨˩

坯【pʻE˥】

【坯子】pʻE˥ʦɿ˥˩

【坯布】pʻE˥pu˦˧

披【pʻi˥】中州韵【pʻE˥】

【披风】pʻi˥foŋ˥˩

【披水】pʻi˥sʮ˥˩　安在屋檐最前面的一种滴水瓦。瓦头就是瓦当。

【披红】pʻi˥ɦoŋ˧

P

【披肩】pʻi˥tɕi˩

【披屋】pʻi˥θo˥ 房屋边上搭建的简易附属小屋。

【披露】pʻi˥ləu˩

【披头散发】pʻi˥dʏ˩sɛ˥fa˥

【披荆斩棘】pʻi˥tɕən˥tsɛ˥tɕə˥

【披星戴月】pʻi˥sin˥tɛ˥ɦʏə˧

【披麻戴孝】pʻi˥mo˩ta˥hæ˧

砒【pʻi˥】

【砒毒】pʻi˥do˧ 砒霜毒药。

【砒霜】pʻi˥sã˥

劈【pʻiə˥】另见 pǐ。

【劈对】pʻiə˥tɛ˧ 正对着。

【劈面】pʻiə˥mi˧

【劈脱】pʻiə˥tʻə˥ （一）劈掉。（二）用刀斧砍杀。（三）形容干净利落。

噼【pʻiə˥】

【噼呖啪啦】pʻiə˥liə˧pʻa˥la˧或pʻiə˥liə˥pʻa˥la˥ 象声词。形容连续不断的爆裂、拍打等的声音。也形容多个东西相继撞击的声音。

【噼呖卟落】pʻiə˥liə˧pʻo˥lo˧或pʻiə˥liə˥pʻo˥lo˥ 象声词，形容多个东西相继落地的声音。

【噼噼啪啪】pʻiə˥pʻiə˥pʻa˥pʻa˥ 象声词。形容稀稀落落的掌声。也形容东西相继撞击的声音。

霹【pʻiə˥】

【霹雳】pʻiə˥liə˧

【霹雳火星】biə˧liə˧həu˥sin˥ 心急火燎。形容十分紧迫。

刺(剌)【pʻi˥】

【刺】pʻi˥ 用刀横切或斜切，把东西削成很薄的片。

pí

皮【bi˧】

【皮】bi˧ 顽皮。

【皮子】bi˧˦tsɿ˥˩ （一）指馄饨、包子、团子等食品的外皮。（二）隐语。穿在外面的衣服。
【皮毛】bi˧˦mæ˨˩
【皮包】bi˧˦ᵖæ˥
【皮尺】bi˧˦ts‘ɑʔ˥
【皮虫】bi˧˦zoŋ˨˩ 天牛的幼虫，外有皮套。
【皮肉】bi˧˦ȵioʔ˧
【皮张】bi˧˦tsã˥ （一）用作制革的兽皮。（二）脸皮（贬义）。
【皮匠】bi˧˦ziã˨˩
【皮冻】bi˧˦toŋ˥˩ 肉冻。
【皮条】bi˧˦diæ˨˩ 苟合。撮合苟合叫作拉皮条。
【皮肤】bi˧˦fu˥
【皮货】bi˧˦həu˥˩
【皮线】bi˧˦sii˥˩ 外有橡皮或塑料包裹的电线。
【皮板】bi˧˦ᵖE˥˩
【皮革】bi˧˦kəʔ˥
【皮带】bi˧˦tɑ˥˩
【皮厚】bi˧˦ɦY˨˩ 不知羞耻。
【皮痦】bi˧˦hE˥ 脸皮厚。
【皮桶】bi˧˦t‘oŋ˥˩ 也作【皮桶子】bi˧˦t‘oŋ˥tsɿ˥˩。
【皮蛋】bi˧˦dE˨˩
【皮球】bi˧˦ʥiY˨˩
【皮硝】bi˧˦siæ˥
【皮碗】bi˧˦θuø˥˩ （一）疏通下水道的工具，由长柄和橡胶碗构成。（二）气筒活塞上的橡皮圈。
【皮袾】bi˧˦mø˨˩ 皮袍子。
【皮囊】bi˧˦nɑ̃˨˩
【皮包水】bi˧˦ᵖæ˥sʮ˥˩ 指饮茶。
【皮夹子】bi˧˦kaʔ˥tsɿ˥˩
【皮老虎】bi˧˦læ˧həu˥˩ 儿童玩具。用粘土制成两块大小相同的圆形底座和盖子，中间用打褶牛皮纸连接。底座上安装麦哨，盖子上画虎面，拉压时会发出叫声。
【皮张痦】bi˧˦tsã˥hE˥ 脸皮厚。
【皮板子】bi˧˦ᵖE˥tsɿ˥˩ 旧时衙门打犯人耳光用的皮制板子。
【皮榔头】bi˧˦lɑ̃˧dY˨˩ 隐语。拳头。
【皮榻子】bi˧˦t‘aʔ˥tsɿ˥˩ （一）用兽皮遮盖的椅子。（二）指顽皮的孩子。

P

【皮包骨头】bi˩˧pæ˥kuəʔ˥dɤ˦ 形容极其消瘦。

【皮条客人】bi˩˧diæ˨˩kʻɑʔ˥ȵ̊ən˨˩ 拉皮条为业的人。

【皮唇沓嘴】bi˩˧zən˨˩tʻaʔ˥tsɥ˥˧ 油嘴滑舌、顽皮(用于年长的批评年少的)。简称【皮】bi˩˧。

【皮笑肉勿笑】bi˩˧siæ˥˧ȵ̊oʔ˧fəʔ˥siæ˥˧ 冷笑。

【皮宽骨郎当】bi˩˧kʻuø˥kuəʔ˥lɑ̃˦tɑ̃˥˧ 形容人消瘦、憔悴得厉害。

【皮匠格扁担——两头翘】bi˩˧zɑ̃˨˩kəʔ˥piɪ˥˧tᴇ˥˧——liã˦dɤ˨˩tɕʻiæ˦ 歇后语。借指矛盾的双方都对裁决不服。

【皮坊里老板——吹牛大王】bi˩˧fɑ̃˥li˨˩læ˦pᴇ˥˧——tsʻɥ˥ȵ̊iɤ˦dɑ˦ɦuɑ̃˦ 歇后语。指极能吹牛的人。

陂【bi˩˧】

枇【biəʔ˧】中州韵【bi˩˧】

【枇杷】biəʔ˧bo˨˩

【枇杷梗】biəʔ˧bo˨˩kɑ̃˥˧ 茶食。用面粉、糖制成枇杷果实后面柄的样子,油炸而成,即京果。

【枇杷露】biəʔ˧bo˨˩ləu˨˩ 中药制剂,用枇杷果实或枇杷叶为主料制成的黏稠的液体药物。有止咳功效。

【枇杷叶面孔——一面光,一面毛】biəʔ˧bo˨˩ɦiəʔ˧miɪ˨˩kʻoŋ˥˧——ʔiəʔ˥miɪ˨˩kuɑ̃˥,ʔiəʔ˥miɪ˨˩mæ˦ 歇后语。喻人翻脸无情。

毗【bi˩˧】

蚍【bi˩˧】

【蚍蜉】bi˩˧vɤ˨˩

疲【bi˩˧】

【疲乏】bi˩˧vaʔ˧

【疲劳】bi˩˧læ˨˩

【疲软】bi˨˩ȵø˨˩

【疲脱】bi˩˧tʻəʔ˥ 由于经历多次而发腻。

【疲塌】bi˩˧tʻaʔ˥

【疲惫不堪】bi˨˩bᴇ˨˩pəʔ˥kø˥

非常疲乏。

啤【biɬ】

【啤酒】biɬtsʏⱱ
【啤酒肚】biɬtsʏ˥dəu˩ 便便大腹(多指男性)。

琵【biɬ】

【琵琶】biɬbo˩
【琵琶骨】biɬbo˧kuəʔ˥
【琵琶别抱】biɬbo˧biəʔ˧bæ˩ 喻寡妇再嫁。

脾【biɬ】

【脾气】biɬtɕʻiⱱ
【脾胃】biɬɦuᴇ˩
【脾脏】biɬzɑ̃˩

鲏【biɬ】

裨【biɬ】【pᴇ˥】

罴【biɬ】

貔【biɬ】

【貔貅】biɬɕiʏ˥

鼙【biɬ】

【鼙鼓】biɬkəuⱱ

pǐ

匹【pʻiəʔ˥】

【匹夫】pʻiəʔ˥fu˥
【匹头】pʻiəʔ˥dʏ˧
【匹敌】pʻiəʔ˥diəʔ˧
【匹配】pʻiəʔ˥pʻᴇ˦
【匹力司】pʻiəʔ˥liəʔ˧sɿⱱ 指社会经验很丰富的人(贬义)。

圮【pʻiⱱ】

仳【pʻiⱱ】

否【pʻiⱱ】另见 fǒu。

【否极泰来】pʻiⱱʥiəʔ˧tʻɑ˥lᴇ˧

痞【pʻi˥˧】

劈【pʻiəʔ˥】另见 pī。

【劈叉】pʻiəʔ˥tsʻo˥

【劈柴】pʻiəʔ˥zɑ˧

【劈霸】pʻiəʔ˥po˧˦ 隐语。分摊费用。

【劈柴爿】pʻiəʔ˥zɑ˧bɛ˩ (一)劈柴。(二)分摊费用。

【劈硬柴】pʻiəʔ˥ŋã˧zɑ˩ 义同【劈柴爿】。

【劈柴勿误磨刀工】pʻiəʔ˥zɑ˧fəʔ˥ŋəu˩mo˧tæ˥koŋ˥˧ 俗语。喻准备充分些,办事顺利,不走弯路。

擗【pʻiəʔ˥】

癖【pʻiəʔ˥】

【癖性】pʻiəʔ˥sin˧˦

嚭【pʻi˥˧】

pì

屁【pʻi˧˦】

【屁话】pʻi˧˦ɦo˧

【屁股】pʻi˥kəu˥˧

【屁眼】pʻi˥ŋɛ˩ 肛门。

【屁精】pʻi˥tsin˥˧ (一)男妓。(二)指女性化的男子(贬义)。

【屁夹夹】pʻi˥kaʔ˥kaʔ˥ 形容男子女性化的样子。

【屁股大】pʻi˥kəu˥dəu˩ 形容地方狭小。

【屁股爿】pʻi˥kəu˥bɛ˩ 指臀部股沟的两边部分。

【屁股尖】pʻi˥kəu˥tsii˥ (一)屁股股骨臼的部位。(二)调侃抢占座位的屁股。

【屁照镜】pʻi˥tsæ˥tɕən˥˧ 表示结果什么也没有;落空。

【屁腾腾】pʻi˥dən˩dən˩ 指连续放屁。

【屁股后头】pʻi˥kəu˥˧ɦʏ˩dʏ˩ (一)指背后。(二)形容紧接着。也作【屁股背后】pʻi˥kəu˥˧pɛ˥ɦʏ˩。

【屁股面孔】pʻi˥kəu˥mii˩

k'oŋ˥˨ 形容脸盘子又大又圆。

【屁大格事体】p'i˦˨˦dəu˩˧kəʔ˥zɿ˦t'i˥˨ 形容不值得一提的小事。

【屁亦勿敢放】p'i˦˨˦ɦaʔ˧fəʔ˥kø˥˨fɑ̃˦˨˦ 指受威胁不敢出声。

【屁股坐勿热】p'i˥kəu˥˨zəu˩˧fəʔ˥ȵ̊əʔ˧ 形容坐的时间极短。

【屁股掇掇熟】p'i˥kəu˥˨nəu˥nəu˥zoʔ˧ 指做好挨打的准备。

【屁股大格地方】p'i˥kəu˥˨dəu˩˧kəʔ˥di˦fɑ̃˥˨ 形容地方小。

【屁亦勿曾拆一个】p'i˦˨˦ɦaʔ˧fəʔ˥zən˦ts'ɑʔ˥øiəʔ˥kəʔ˥（一）形容没有说过一句话。（二）形容从未生育过。

【屁股后头光塌塌】p'i˥kəu˥˨ɦY˦dY˩˧kuɑ̃˥t'aʔ˥t'aʔ˥ 形容没有亲生小辈。

【屁股进去，出来快点】p'i˥kəu˥˨tsin˥tɕ'i˥˨，ts'əʔ˥lɛ˦kuɑ˦ti˥˨ 形容极不受欢迎，进去了很快就会被赶出来。

【屁股里吃人参——后补】p'i˥kəu˥˨li˩˧tɕ'əʔ˥ȵ̊ən˦sən˥——ɦY˦pu˥˨ 歇后语。指事情过后再补情、酬谢。

【屁股浪画眉毛——好大的面子】p'i˥kəu˥˨lɑ̃˩˧ɦo˩˧mi˦mæ˩˧——hæ˥˨dɑ˩˧tiəʔ˥mi˦tsɿ˥˨ 歇后语。太有面子了（多用作讥讽语）。

睥【pi˦˨˦】

辟【p'iəʔ˥】

【辟邪】p'iəʔ˥ziɑ˦ （一）排除邪恶的入侵。（二）传说中的神兽。

【辟谣】p'iəʔ˥ɦiæ˦

媲【p'i˦˨˦】

【媲美】p'i˦˨˦mɛ˥˨

僻【p'iəʔ˥】

【僻静】p'iəʔ˥zin˩˧

【僻壤】p'iəʔ˥ȵ̊iɑ̃˩˧

P

譬【pʻi˧˦】

【譬方】pʻi˥fɑ̃˧˩

【譬开】pʻi˥kʻᴇ˧˩　想开，只当是（较为合理的）其他原因造成的。

【譬如】pʻi˥zɥ˩

【譬譬开】pʻi˥pʻi˥kʻᴇ˥　义同【譬开】。

【譬如勿是】pʻi˥zɥ˩fəʔ˥zɿ˩　比如没有；只当作意外收获。

piān

片【pʻiɪ˥】另见 biàn。

【片子】pʻiɪ˥tsɿ˧˩

扁【pʻiɪ˥】另见 biǎn。

【扁舟】pʻiɪ˥tsɤ˧˩

偏【pʻiɪ˥】

【偏方】pʻiɪ˥fɑ̃˧˩

【偏心】pʻiɪ˥sin˧˩

【偏见】pʻiɪ˥tɕiɪ˧˩

【偏生】pʻiɪ˥sɑ̃˧˩　偏偏。

【偏安】pʻiɪ˥∅ø˧˩

【偏向】pʻiɪ˥ɕiɑ̃˧˩

【偏执】pʻiɪ˥tsəʔ˥

【偏护】pʻiɪ˥ɦəu˩

【偏远】pʻiɪ˥ɦiø˩

【偏房】pʻiɪ˥vɑ̃˩

【偏废】pʻiɪ˥fi˧˩

【偏差】pʻiɪ˥tsʻɑ˧˩

【偏要】pʻiɪ˥∅iæ˦　坚持要。

【偏重】pʻiɪ˥zoŋ˩

【偏爱】pʻiɪ˥∅ᴇ˧˩

【偏食】pʻiɪ˥zəʔ˧

【偏袒】pʻiɪ˥tʻᴇ˧˩

【偏偏】pʻiɪ˥pʻiɪ˧˩

【偏颇】pʻiɪ˥pʻu˧˩

【偏瘫】pʻiɪ˥tʻᴇ˧˩

【偏僻】pʻiɪ˥pʻiəʔ˥

【偏激】pʻiɪ˥tɕəʔ˥

【偏头痛】pʻiɪ˥dɤ˧tʻoŋ˧˩　头痛病的一种。偏于半个脑部的头痛。

篇【pʻiɪ˥】

【篇子】pʻiɪ˥tsɿ˧˩　唱词。

【篇幅】pʻiɪ˥foʔ˥

翩【pʻiɪ˥】

【翩跹】pʻiɪ˥tsʻiɪ˥˩
【翩翩】pʻiɪ˥pʻiɪ˥˩

pián

便【biɪ˨˧˩】另见 biàn。

【便宜】biɪ˨˦ȵ̥əʔ˧
【便宜货】biɪ˨˦ȵ̥əʔ˧həu˥˩　（一）价钱低廉的货物。（二）超值货物。（三）喻占到了便宜。
【便宜行事】biɪ˨˦ȵ̥i˩ɦin˦zɿ˩　有处置决定权。
【便宜货拓足】biɪ˨˦ȵ̥əʔ˧həu˥˩tʻaʔ˥tsoʔ˥　指占尽了便宜。
【便宜呒好货，好货勿便宜】biɪ˨˦ȵ̥əʔ˧m̩˦hæ˥˩həu˥˩，hæ˥˩həu˥˩fəʔ˥biɪ˨˦ȵ̥əʔ˧　价钱便宜的东西不会是好东西；真要是好的东西，价钱一定不会便宜。

骈【biɪ˩˧】

【骈文】biɪ˨˦vən˩
【骈体】biɪ˨˦tʻi˥˩

胼【biɪ˩˧】

蹁【biɪ˩˧】

【蹁跹】biɪ˨˦tsʻiɪ˥

piàn

片【pʻiɪ˥˨˧】另见 piān。

骗【pʻiɪ˥˨˧】

【骗子】pʻiɪ˥tsɿ˥˩　骗取财物或其他利益的坏人。
【骗功】pʻiɪ˥koŋ˥˩　（一）欺骗的本领。（二）指哄人开心的本领。
【骗术】pʻiɪ˥zəʔ˧
【骗过】pʻiɪ˥˨˧kəu˥　（一）欺骗过。（二）蒙骗过去。
【骗局】pʻiɪ˥dʑioʔ˧
【骗取】pʻiɪ˥˨˧tsʻi˥
【骗秤】pʻiɪ˥˨˧tsʻən˦˨　称物时作弊行骗。
【骗骗】pʻiɪ˥˨˧pʻiɪ˥　（一）欺骗。（二）客套话。哄人（开心）。

P

【骗脱】pʻiɪ˧˦tʻəʔ˥ 骗掉。

【骗腿】pʻiɪ˧˦tʻE˥˧

【骗子手】pʻiɪ˥ʦɿ˥˧sY˥˧ 骗子。

【骗饭吃】pʻiɪ˧˦vE˧ʨʻəʔ˥ 谦词。混饭吃。

【骗张嘴】pʻiɪ˧˦ʦã˥ʦɥ˥˧ (一)聊以充饥。(二)解馋。

【骗秤头】pʻiɪ˥ʦʻən˥dY˩˧ 义同【骗秤】。

【骗铜钿】pʻiɪ˧˦doŋ˧diɪ˩˧ 骗钱。

【骗骗嘴】pʻiɪ˧˦pʻiɪ˥ʦɥ˥˧ (一)聊以充饥。(二)解馋。

【骗煞人,勿偿命】pʻiɪ˧˦saʔ˥ ȵən˧,fəʔ˥zã˩˧min˩˧ 俗语。甜蜜的欺骗,使被骗者受骗上当还非常开心。

【骗得勒笃笃转】pʻiɪ˧˦təʔ˥ləʔ˧ toʔ˥toʔ˥ʦø˧˦ (一)受骗上当却还深信不疑。(二)趣语。被哄得十分开心。

【骗上高楼扳断梯】pʻiɪ˧˦zã˩˧ kæ˥lY˩˧pE˥dø˩˧tʻi˥ 形容狡诈卑鄙。

【骗煞侬格活阴丧】pʻiɪ˧˦saʔ˥ nE˩˧kəʔ˥ɦuəʔ˧Øin˥sã˥˧ 趣语。骗死你。

piāo

剽【pʻiæ˧˦】、【pʻiæ˥˧】

【剽悍】pʻiæ˥hø˥˧

【剽窃】pʻiæ˥ʦʻiəʔ˥

漂【pʻiæ˥】另见 piǎo;piào。

【漂泊】pʻiæ˥pʻəʔ˥

【漂浮】pʻiæ˥vY˩˧

【漂流】pʻiæ˥lY˩˧

慓【pʻiæ˧˦】、【pʻiæ˥˧】

【慓悍】pʻiæ˥hø˥˧

缥【pʻiæ˥】、【pʻiæ˥˧】

【缥缈】pʻiæ˥miæ˩˧

飘【pʻiæ˥】

【飘动】pʻiæ˥doŋ˩˧

【飘扬】pʻiæ˥ɦiã˩˧

【飘泊】pʻiæ˥pʻəʔ˥
【飘拂】pʻiæ˥fəʔ˥
【飘忽】pʻiæ˥hoʔ˥
【飘带】pʻiæ˥tɑ˥˩
【飘荡】pʻiæ˥dɑ̃˨˧
【飘浮】pʻiæ˥vʏ˨˧
【飘流】pʻiæ˥lʏ˨˧
【飘落】pʻiæ˥loʔ˧
【飘然】pʻiæ˥zø˨˧
【飘散】pʻiæ˥sɛ˥˩
【飘逸】pʻiæ˥0iə˥
【飘零】pʻiæ˥lin˨˧
【飘摇】pʻiæ˥ɦiæ˨˧
【飘舞】pʻiæ˥vu˨˧
【飘飘然】pʻiæ˥pʻiæ˥zø˨˧

螵【pʻiæ˥】

piáo

朴【biæ˧】另见 pō；pò；pǔ。

嫖【biæ˧】

【嫖妓】biæ˧ʥi˧　男子玩弄妓女。
【嫖客】biæ˧kʻɑʔ˥
【嫖娼】biæ˧tsʻɑ̃˥　男子玩弄妓女。
【嫖妓宿娼】biæ˧ʥi˧soʔ˥tsʻɑ̃˥　嫖娼。

瓢【biæ˧】

【瓢泼大雨】biæ˧pʻəʔ˥dɑ˨˧ɦʏ˨˧　形容很大的雨。

piǎo

殍【pʻiæ˥˩】、【fu˥】中州韵【fəu˥】

漂【pʻiæ˥˩】另见 piāo；piào。

【漂】pʻiæ˥˩　苏州评弹行话。指业务不好到只能结束演出的地步。
【漂白】pʻiæ˥˩bɑʔ˧
【漂账】pʻiæ˥˩tsɑ̃˥˩　讨不回来的欠账。
【漂洗】pʻiæ˥˩siɪ˥˩
【漂脱】pʻiæ˥˩tʻəʔ˥　苏州评弹行话。指因业务不好而结束演出。

【漂漂】pʻiæ˥˧pʻiæ˥˧　用水轻轻地漂洗。

【漂白粉】pʻiæ˧˦bɑʔ˧fən˥˧

瞟【pʻiæ˥˧】、【piæ˥】

【瞟远镜】piæ˥ɦiø˩˧tɕən˥˧　望远镜。

【瞟远镜望风景——近情点哉】piæ˥ɦiø˥˧tɕən˥˧mɑ̃˩˧foŋ˥tɕən˥˧——tɕən˨˧zin˨˧tiɪ˥˧tsE˥˧　歇后语。指接近事实一些了。

piào

票【pʻiæ˧˦】

【票子】pʻiæ˥tsɿ˥˧　（一）钞票。（二）泛指钱。（三）戏院、车站、园林等的入内凭证。

【票友】pʻiæ˥ɦiɤ˩˧或pʻiæ˥øiɤ˥˧

【票证】pʻiæ˥tsən˥˧

【票房】pʻiæ˥vɑ̃˩˧

【票面】pʻiæ˥miɪ˩˧

【票根】pʻiæ˥kən˥˧

【票据】pʻiæ˥tɕy˥˧

嘌【piæ˥】、【pʻiæ˥】

漂【pʻiæ˥˧】另见 piāo；piǎo。

【漂亮】pʻiæ˥˧liɑ̃˩˧

【漂亮闲话】pʻiæ˧˦liɑ̃˧ɦE˧ɦo˩˧　说得好听而不兑现的话。

骠【pʻiæ˧˦】另见 biāo。

pié

氕【pʻiəʔ˥】

撇【pʻiəʔ˥】另见 piě。

【撇开】pʻiəʔ˥kʻE˥

【撇麻】pʻiəʔ˥mo˨˧　撇去浮沫。

【撇清】pʻiəʔ˥tsʻin˥　申明坏事跟自己无关（贬义）。

【撇梳】pʻiəʔ˥səu˥　隐语。哭。

【撇脱】pʻiəʔ˥tʻəʔ˥　除去。

P

瞥【pʻiəʔ˥】

piě

撇【pʻi˥˨】另见 piē。

【撇嘴】pʻi˥˨tsɥ˥˨

pīn

拼【pʻin˥】另见 pàn。

【拼写】pʻin˥sia˦˩˨

【拼版】pʻin˥pᴇ˥˨

【拼命】pʻin˥min˨˧

【拼盆】pʻin˥bən˨˧ 拼盘。

【拼拼】pʻin˥pʻin˥˨ 合在一起。

【拼音】pʻin˥∅in˥˨

【拼档】pʻin˥tɑ̃˥˨ 评弹演员合作(演出)。

【拼凑】pʻin˥tsʻʏ˥˨

【拼接】pʻin˥tsiəʔ˥

【拼盘】pʻin˥bø˨˧

【拼脱】pʻin˥tʻəʔ˥ 与对方同归于尽。

【拼搏】pʻin˥poʔ˥

【拼幅】pʻin˥foʔ˥ （布料与布料）缝合起来。

【拼装】pʻin˥tsɑ̃˥˨ 合装在一起。

【拼缝】pʻin˥voŋ˨˧ 接缝的地方。

【拼一记】pʻin˥∅iəʔ˥tɕi˥˨ （一）拼合一次。（二）拼搏一下。

【拼双档】pʻin˥sɑ̃˥tɑ̃˥˨ 两位评弹演员合作(演出)。

【拼三个档】pʻin˥sᴇ˥kəu˥˨ tɑ̃˥˨ 三位评弹演员合作(演出)。

【拼四个档】pʻin˥sɿ˥kəu˥ tɑ̃˥˨ 四位评弹演员合作(演出)。

【拼木地板】pʻin˥moʔ˧di˨˧pᴇ˥˨ 用小块木头拼接而成的地板。

【拼死拼活】pʻin˥si˥˨pʻin˥ ɦuəʔ˧

【拼性舍命】pʻin˥sin˥soʔ˥ min˨˧ 拼命。也作【拼性命】pʻin˥sin˥min˨˧。

姘【p‘in˥】

【姘头】p‘in˥dɤ˩

【姘居】p‘in˥tɕy˥˩

【姘头楷角，相骂歇搁】p‘in˥dɤ˩toʔ˥koʔ˥，siã˥mo˩ɕəʔ˥koʔ˥　非夫妻关系而同居的男女发生口角，最终必定导致分手。

pín

贫【bin˨˧】

【贫乏】bin˨˧vaʔ˧

【贫民】bin˨˧min˨˧

【贫农】bin˨˧noŋ˩

【贫血】bin˨˧ɕyəʔ˥

【贫困】bin˨˧k‘uən˥˩

【贫穷】bin˨˧ʥioŋ˩

【贫苦】bin˨˧k‘əu˥˩

【贫贱】bin˨˧zi˨˩

【贫寒】bin˨˧ɦø˩

【贫瘠】bin˨˧ʦiəʔ˥

【贫民窟】bin˨˧min˨˧k‘oʔ˥

【贫民窠】bin˨˧min˨˧kən˥˩　指城市中贫苦人聚居的地方。

频【bin˨˧】

【频传】bin˨˧zø˨˧

【频率】bin˨˧liəʔ˧

【频道】bin˨˧dæ˨˩

【频频】bin˨˩bin˨˩

【频繁】bin˨˩vE˨˩

嫔【bin˨˧】

蘋【bin˨˧】

颦【bin˨˧】

pǐn

品【p‘in˥˩】

【品行】p‘in˥˩ɦin˩

【品级】p‘in˦tɕəʔ˥

【品评】p‘in˦bin˨˧

【品位】p‘in˥˩ɦuE˩

【品性】p‘in˥˩sin˥˩

【品味】p‘in˥˩vi˨˩

【品质】p‘in˦ʦəʔ˥

【品尝】p‘in˦zã˨˧

【品茗】p‘in˥˩min˩

【品种】p'in˥˨˧tso ŋ˥

【品格】p'in˥˨˧kɑʔ˥

【品德】p'in˥˨˧təʔ˥

【品貌】p'in˥˩mæ˩˧

pìn

牝【bin˩˧】

聘【p'in˥˨˧】

【聘书】p'in˥˨˧sɥ˥

【聘礼】p'in˥˨˧li˨˦

【聘用】p'in˥˩ɦioŋ˩˧

【聘任】p'in˥˩zən˩˧

【聘金】p'in˥˨˧tɕən˥

【聘请】p'in˥˨˧ts'in˥

pīng

乒【p'in˥】

【乒乓】p'in˥p'ã˥˩

【乒乓球】p'in˥p'ã˥dʑiʏ˩˧

【乒乒乓乓】p'in˥p'in˥p'ã˥˩p'ã˥˩　象声词。形容清脆的声音。

【乒零乓冷】p'in˥lin˩˧p'ã˥lã˩˧　象声词。义同【乒乒乓乓】。

【乒零乓冷取】p'in˥lin˩˧p'ã˥lã˩˧ts'i˥˩　儿童游戏。单手或握拳，或张开，或中指、食指作剪刀状，分别代表锤子、纸张、剪刀，双方边喊“乒零乓冷取”口号，边出一种手形（锤子胜剪刀，剪刀胜纸张，纸张胜锤子），以较胜负。

娉【p'in˥】

【娉婷】p'in˥din˩˧

píng

平【bin˨˦】

【平凡】bin˩˧vE˩˧

【平川】bin˨˦ts'ø˥

【平方】bin˨˦fɑ̃˥

【平反】bin˨˦fE˥˩

【平分】bin˨˦fən˥

【平手】bin˨˦sʏ˥˩

【平仄】bin˨˦tsaʔ˥

【平平】bin˩˧bin˩˧

【平民】bin˨˦min˩˧

【平生】bin˩˧sən˥˩

【平安】bin˨˦0ø˥

【平地】binɬdiɹ
【平光】binɬkuã˥
【平价】binɬkɑ˥˩
【平列】binɬliəʔɬ
【平米】binɬmiɹ
【平伏】binɬvoʔɬ
【平西】binɬsi˥
【平行】binɬɦinɹ
【平均】binɬtɕyən˥
【平声】binɬsən˥
【平身】binɬsən˥
【平板】binɬpᴇ˥˩
【平顶】binɬtin˥˩ （一）指建筑物的顶部是平面的。（二）平顶头的略称。
【平定】binɬdinɹ
【平房】binɬvãɹ
【平坦】binɬt'ᴇ˥˩
【平视】binɬzʮɹ
【平面】binɬmiɪɹ
【平绒】binɬȵioŋɹ
【平素】binɹsəu˥˩
【平息】binɬsiəʔ˥
【平原】binɬȵiøɹ
【平常】binɹzãɹ
【平淡】binɬdᴇɹ
【平辈】binɬpᴇ˥
【平装】binɬtsã˥
【平跟】binɬkən˥
【平摊】binɬt'ᴇ˥
【平静】binɬzinɹ
【平稳】binɬθuən˥˩
【平衡】binɬɦənɹ
【平整】binɬtsən˥˩
【平几板】binɬtɕi˥pᴇ˥˩ 盖在船舱上面的活动木板，下面可以储藏物品。
【平天冠】binɬt'iɪ˥kuø˥˩ 古代帝王的礼帽。
【平顶头】binɬt'in˥dʏɹ 男子发式。顶上头发剪平，从脑后到两鬓的头发全部推光。
【平脚底】binɬtɕiɑʔ˥ti˥˩ 指足弓减低或塌陷，脚心逐渐变成扁平的脚。也指这样的脚病。
【平塌塌】binɬt'aʔ˥t'aʔ˥ 形容平，没有起伏。
【平白无故】binɬbɑʔɬvuɹ kəu˥˩ 无缘无故。
【平头百姓】binɬdʏɹpɑʔ˥ sinɴ 指普通百姓。
【平场平地】binɬzãɹbinɬdiɹ 平坦的场地。
【平江图碑】binɬkã˥dəuɬ pᴇ˥ 南宋绘制的苏州城市

地图。
【平步青云】binɁbuɁtsʻinɁ ɦyənɁ
【平易近人】binɁɦiɁʥənɁ ȵənɁ
【平常日脚】binɁzãɁȵəʔɁ tɕɑʔɁ 平时。
【平时勿烧香，急来抱佛脚】binɁzɥɁfəʔɁsæɁɕiãɁ，tɕəʔɁ lɛɁbæɁvəʔɁtɕiɑʔɁ 喻平时不准备，临时慌忙应付。
【平常要好看，出客呒新鲜】binɁzãɁ0iæɁhæɁk'øɁ，tsʻəʔɁk'ɑʔɁm̩ɁsinɁsiɪɁ 平时爱打扮，把新衣服都穿旧了，到了出去会客应酬却没有体面的衣服可穿。

冯【binɁ】另见 féng。

评【binɁ】

【评书】binɁsɥɁ
【评比】binɁpiɁ
【评分】binɁfənɁ
【评功】binɁkoŋɁ
【评议】binɁɦiɁ
【评传】binɁzøɁ
【评论】binɁlənɁ
【评价】binɁkɑɁ
【评估】binɁkəuɁ
【评级】binɁtɕəʔɁ
【评判】binɁp'øɁ
【评话】binɁɦoɁ
【评审】binɁsənɁ
【评奖】binɁtsiãɁ
【评说】binɁsəʔɁ
【评选】binɁsiɪɁ
【评语】binɁȵyɁ
【评理】binɁliɁ
【评弹】binɁdɛɁ
【评头品足】binɁdʏɁp'inɁ tsoʔɁ

坪【binɁ】

苹【binɁ】

【苹果】binɁkəuɁ
【苹果绿】binɁkəuɁloʔɁ

凭【binɁ】

【凭吊】binɁtiæɁ
【凭证】binɁtsənɁ
【凭空】binɁk'oŋɁ

P

【凭栏】bin˦˨lE˦
【凭信】bin˦sin˦
【凭借】bin˦tsiɑ˥˩
【凭据】bin˦tɕy˥

枰【bin˦】

屏【bin˦】

【屏门】bin˦mən˩
【屏风】bin˦foŋ˥
【屏条】bin˦diæ˩
【屏幕】bin˦mo˩
【屏障】bin˦tsã˥

瓶【bin˦】

【瓶颈】bin˦tɕən˥˩
【瓶装】bin˦tsã˥
【瓶头瓶脑】bin˦dY˦bin˩ næ˩ 指瓶一类的东西。
【瓶甏罐头】bin˦bã˩kuø˥ dY˩ 坛坛罐罐。
【瓶口扎得没，人口扎勿没】bin˦k'Y˥˩tsaʔ˥təʔ˥məʔ˧，ŋən˦kY˥˩tsaʔ˥fəʔ˥məʔ˧ 俗语。喻如做了坏事，总将隐瞒不住，会传扬出去的。

萍【bin˦】

【萍水相逢】bin˦sɥ˥˩siã˥ voŋ˩

pō

朴【p'oʔ˥】另见 piáo；bò；pǔ。

【朴刀】p'oʔ˥tæ˥

坡【p'u˥】中州韵【p'əu˥】

【坡度】p'u˥dəu˩
【坡跟】p'u˥kən˥˩ 坡形的鞋跟。

泊【p'ɑʔ˥】文读【p'əʔ˥】另见 bó。

泼【p'əʔ˥】

【泼天】p'əʔ˥t'i˥
【泼皮】p'əʔ˥bi˦
【泼且】pəʔ˥ts'i˥ 象声词。形容东西失手下落的声音。

【泼妇】p'əʔ˥vu˧
【泼劲】p'əʔ˥tɕən˦ 泼辣的劲头、程度。
【泼辣】p'əʔ˥laʔ˧或pɑ˥lɑ˩
【泼墨】p'əʔ˥məʔ˧
【泼翻】p'əʔ˥fɛ˥ （装在器皿中的液体类东西）打翻。
【泼冷水】p'əʔ˥lã˧sʮ˥
【泼得出】p'əʔ˥təʔ˥ts'əʔ˥ 能毫无顾忌地做出来。

颇【p'u˥˩】中州韵【p'əu˥˩】

pó

婆【bu˧】中州韵【bəu˧】

【婆家】bu˧kɑ˥
【婆娑】bu˧səu˥
【婆婆】bu˧bu˩
【婆太太】bu˧t'ɑ˥t'ɑ˥˩ 婆婆。
【婆婆妈妈】bu˧bu˩mɑ˥mɑ˩
【婆新妇死男人——呒工（公）夫】bu˧sin˥vu˩si˥˩nø˧ȵən˩——m̩˧koŋ˥(koŋ˥)fu˥˩ 歇后语。指没有空余的时间。
【婆说新妇好，真正好；娘说囡唔好，假格好】bu˧səʔ˥sin˥vu˩hæ˥˩，tsən˥tsən˥hæ˥˩；ȵiã˧səʔ˥nø˧ŋ̍˩hæ˥˩，kɑ˦kəʔ˥hæ˥˩ 儿媳妇与婆婆不容易搞好关系，而母亲总会对女儿偏心。

鄱【boʔ˧】中州韵【bəu˧】

皤【bu˧】中州韵【bəu˧】

pǒ

叵【t'əu˥˩】中州韵【p'əu˥˩】

【叵测】t'əu˥˩ts'əʔ˥

pò

朴【p'oʔ˥】另见 piáo；pō；pǔ。

迫【p'əʔ˥】

【迫切】p'əʔ˥ts'iəʔ˥
【迫使】p'əʔ˥sɿ˥

【迫害】p'əʔ˥ɦE˨˧˩

【迫不及待】p'əʔ˥pəʔ˥ʥəʔ˧dE˨˧˩

【迫不得已】p'əʔ˥pəʔ˥təʔ˥θi˥˨

珀【p'ɑʔ˥】文读【p'əʔ˥】

破【p'u˦˩˨】中州韵【p'əu˦˩˨】

【破口】(1)p'u˥˨k'ʏ˥˨　吵架。(2) p'u˥k'ʏ˥˨　指评弹演员第一次登台演出。

【破门】p'u˦˩˨mən˨˧

【破土】p'u˦˩˨t'əu˥˨

【破书】p'u˥sʮ˥˨　很难说好的评弹剧本。

【破旧】p'u˥ʥiʏ˨˧˩

【破句】p'u˥ʨy˥˨

【破灭】p'u˦˩˨miəʔ˧

【破产】p'u˥ʦ'E˥˨

【破财】p'u˦˩˨zE˨˧

【破身】p'u˦˩˨sən˥　女子第一次性交。

【破坏】p'u˦˩˨ɦuɑ˨˧

【破败】p'u˥bɑ˨˧˩　(一)残破。(二)衰败。(三)破绽。

【破法】p'u˥˨faʔ˥　破除邪道的法力。

【破例】p'u˥˨li˨˧˩

【破钞】p'u˥ʦ'æ˥˨

【破除】p'u˦˩˨zʮ˨˧

【破费】p'u˥fi˥˨

【破相】p'u˦˩˨siã˦˩˨

【破案】p'u˥θø˥˨或p'u˦˩˨θø˦˩˨

【破格】p'u˦˩˨kɑʔ˥

【破获】p'u˦˩˨ɦuəʔ˧

【破损】p'u˥sən˥˨

【破脱】p'u˦˩˨t'əʔ˥　破掉。

【破绽】p'u˥zE˨˧˩

【破落】p'u˥loʔ˧

【破裂】p'u˦˩˨liəʔ˧

【破锣】p'u˥ləu˨˧˩　讥讽名声不好的人(含厌恶意)。

【破鞋】p'u˥ɦɑ˨˧˩

【破天荒】p'u˦˩˨t'ii˥huã˥˨

【破布头】p'u˥pu˥dʏ˨˧˩　破布片。

【破伤风】p'u˥sã˥foŋ˥˨　由破伤风杆菌经伤口侵入人体引起的急性传染病。

【破老棚】p'u˥læ˨˧zã˨˧˩　破旧不堪的房子。

【破劳糟】pʻu˥læ˧zæ˩ 破旧无用的东西。

【破壳声】pʻu˥kʻoʔ˥sən˥˩ 嘶哑的声音。

【破落户】pʻu˥loʔ˧ɦəu˩

【破腹产】pʻu˥foʔ˥tsʻE˥˩ 女子剖腹产出婴儿。

【破靴党】pʻu˥ɕio˥tã˥˩ 从事敲诈勒索的没落文人。

【破喉咙】pʻu˥ɦoʔ˧loŋ˩ 破嗓子。

【破大房子】pʻu˥dəu˧vã˩tsɿ˥˩ 破旧的大房子。

【破口大骂】pʻu˦kʻY˥˩da˩mo˩ 指用恶语大声地骂。

【破破烂烂】pʻu˥pʻu˥lE˩lE˩ 破烂不堪。

【破蛀落索】pʻu˥tsʮ˥loʔ˧soʔ˥ 形容破旧不堪。

【破甏腌勿出好咸菜】pʻu˥bã˩ɦi˧fəʔ˥tsʻəʔ˥hæ˦ɦE˧tsʻE˥˩ 喻不良环境或道德低劣、技艺低劣的人,教育不出好子弟。

粕【pʻɑʔ˥】文读【pʻəʔ˥】

魄【pʻəʔ˥】【tʻoʔ˥】

【魄力】pʻəʔ˥liəʔ˧

pōu

剖【pʻu˥˩】、【pʻø˥˩】文读【pʻY˥˩】

【剖析】pʻY˦siəʔ˥

【剖腹】pʻø˦foʔ˥

【剖肚皮】pʻu˦dəu˧bi˩ 剖腹。

póu

抔【bY˧】

pū

仆【fu˥˩】另见 pú。

扑【pʻoʔ˥】

【扑灭】pʻoʔ˥miəʔ˧

【扑克】pʻoʔ˥kʻəʔ˥

【扑空】pʻoʔ˥kʻoŋ˥

【扑面】pʻoʔ˥mi˦

【扑通】pʻoʔ˥tʻoŋ˥或poʔ˥toŋ˥

【扑救】pʻoʔ˥tɕiʏ˧˦

【扑落】pʻoʔ˥loʔ˧　(一)电器插头，装在电线一端的接头。(二)指评弹表演中的插科。

【扑满】pʻoʔ˥mø˩˧

【扑鼻】pʻoʔ˥biəʔ˧

【扑朔迷离】pʻoʔ˥soʔ˥mi˩˧li˩˧

铺【pʻu˥】文读【pʻəu˥】另见 pù。

【铺设】pʻu˥səʔ˥

【铺床】pʻu˥zɑ̃˧˦

【铺张】pʻu˥tsɑ̃˥˧

【铺垫】pʻu˥di˩˧

【铺叙】pʻu˥zi˩˧

【铺盖】pʻu˥kᴇ˥˧

【铺排】pʻu˥bɑ˩˧

【铺路】pʻu˥ləu˩˧

【铺开来】pʻu˥kʻᴇ˥lᴇ˩˧　把东西展开或摊平。

【铺行妆】pʻu˥hɑ̃˧˦tsɑ̃˥　旧时结婚，女方将嫁妆铺开陈列。

【铺被头】pʻu˥bi˧˦dʏ˩˧　把被子铺在床上。

【铺天盖地】pʻu˥tʻi˥kᴇ˥˧di˩˧

【铺床叠被】pʻu˥zɑ̃˩˧diəʔ˧bᴇ˩˧　整理被褥。

噗【pʻoʔ˥】

【噗托】pʻoʔ˥tʻoʔ˥　象声词。形容小件硬物落地的声音。

【噗铁托】pʻoʔ˥tʻiəʔ˥tʻoʔ˥　义同【噗托】

【噗落托】pʻoʔ˥loʔ˧tʻoʔ˥　义同【噗托】。

【噗落落】pʻoʔ˥loʔ˧loʔ˧　象声词。形容小件硬物落地或滚动的声音。

【噗噗车】pʻoʔ˥pʻoʔ˥tsʻo˥˧　三轮小汽车。

【噗落噗落】pʻoʔ˥loʔ˧pʻoʔ˥loʔ˧　象声词。(一)形容液体冒泡的声音。(二)形容泪水、水滴等连续不断往下掉。

潽【pʻu˥】中州韵【pəu˥】

【潽脱】pʻu˥tʻəʔ˥　液体沸腾溢光。

【潽翻】pʻu˥fᴇ˥˧　形容哄堂大

笑。

【滗开来】pʻu˥kʻᴇ˥lᴇ˩ 液体沸腾或四处溢出。

【滗出去】pʻu˥tsʻə˥tɕʻi˨ （一）液体沸腾或溢出。（二）指剧场客满，观（听）众买不到票，从售票处退出去。

【滗过去】pʻu˥kəu˥tɕʻi˨ 指观（听）众因甲剧场满座买不到票而到乙剧场去。

【滗过来】pʻu˥kəu˥lᴇ˩ 指乙剧场的一些观（听）众因甲剧场客满买不到票而转过来的。

【滗进滗出】pʻu˥tsin˨pʻu˥tsʻə˥ 形容剧场生意极好。

pú

仆【boʔ˧】另见 pū。

【仆从】boʔ˧zoŋ˩

【仆仆】boʔ˧boʔ˧

匍【bu˦】中州韵【bəu˦】

【匍匐】bu˦voʔ˧

【匍下去】bu˦ɦo˦tɕʻi˨ 蹲下去。

【匍下来】bu˦ɦo˦lᴇ˩ 蹲下来。

莆【bu˦】中州韵【bəu˦】

菩【bu˦】中州韵【bəu˦】

【菩萨】bu˦saʔ˥

【菩萨心肠】bu˦saʔ˥sin˥zã˩ 形容慈悲心肠。

脯【bu˦】中州韵【bəu˦】

葡【bə˧】文读【bu˦】中州韵【bəu˦】

【葡萄】bə˧dæ˩

【葡萄干】bə˧dæ˩kø˨

【葡萄胎】bə˧dæ˩tʻᴇ˨

【葡萄酒】bu˦dæ˦tsʏ˨

【葡萄糖】bu˦dæ˦dã˩

蒲【bu˦】中州韵【bəu˦】

【蒲包】bu˦pæ˥

【蒲团】bu˧dø˩
【蒲扇】bu˧sø˥
【蒲鞋】bu˧ɦɑ˩ 用香蒲叶或稻草编成的鞋子。
【蒲蒲头】bu˧bu˧dʏ˩ 菜的大叶接近根部的梗。
【蒲鞋出胡苏——一场呒结果】bu˧ɦɑ˩tsʻəʔ˥tsəu˥səu˥˩——øiəʔ˥zɑ̃˧m̩˧tɕəʔ˥kəu˥˩ 歇后语。指事情最终没有结果。

璞【pʻoʔ˥】

濮【boʔ˧】

pǔ

朴【pʻoʔ˥】另见 piáo；pō；pò。

【朴实】pʻoʔ˥zəʔ˧
【朴直】pʻoʔ˥zəʔ˧
【朴素】pʻoʔ˥səu˦

埔【pʻu˥˩】中州韵【pʻəu˥˩】

圃【bu˩】中州韵【pəu˥˩】

浦【pʻu˥˩】中州韵【pʻəu˥˩】

普【pʻu˥˩】中州韵【pʻəu˥˩】

【普及】pʻu˦dʑəʔ˧
【普法】pʻu˦faʔ˥
【普查】pʻu˦zo˩
【普度】pʻu˦dəu˩
【普通】pʻu˦tʻoŋ˥
【普遍】pʻu˦pii˥˩ 广泛存在而具有共同性。
【普照】pʻu˥˩tsæ˥˩
【普天同庆】pʻu˦tʻii˥doŋ˩tɕʻən˥˩

溥【pʻu˥˩】中州韵【pʻəu˥˩】

谱【pu˥˩】中州韵【pəu˥˩】

【谱子】pu˦tsɿ˥˩
【谱写】pu˦sia˦

氆【pʻu˥˩】中州韵【pʻəu˥˩】

蹼【pʻoʔ˥】

pù

铺【pʻu˦】中州韵【pʻəu˦】
另见 pū。

【铺位】pʻu˦ɦuE˩
【铺板】pʻu˦pE˥
【铺面】pʻu˦mi˩

瀑【boʔ˧】

【瀑布】boʔ˧pu˥

曝【boʔ˧】

附:

呯【bin˩】《集韵》蒲兵切。

【呯嘭】bin˩bã˩ 象声词。形容硬物撞击声。
【呯呯嘭嘭】bin˩bin˩bã˩bã˩ 义同【呯嘭】。
【呯嘭三响】bin˩bã˩sE˥ɕiã˥ 象声词。(一)形容硬物撞击声。(二)形容嗓门拉大的声音。

䩯、畗【pʻoʔ˥】《广韵》匹各切。义见【膪】

【畗肉】pʻoʔ˥ȵoʔ˧ 膪。
【畗起】pʻoʔ˥tɕʻi˥ 隆起;拱起。
【畗笃肉】pʻoʔ˥toʔ˥ȵoʔ˧ 膪。
【畗落头肉】pʻoʔ˥loʔ˧dY˩ȵoʔ˧ 膪。

P

Q

qī

七【tsʻiəʔ˥】

【七夕】tsʻiəʔ˥ziəʔ˧

【七欠】tsʻiəʔ˥tɕʻiɪ˧˦　(一)乱七八糟，不像样子。(二)不守规矩，做事怪异。

【七灯】tsʻiəʔ˥tən˥　人死后，灵堂里点的油灯。

【七里】tsʻiəʔ˥li˨˩　旧俗，人死后每七天祭奠一次，共七次，四十九天。指在这四十九天期间。

【七窍】tsʻiəʔ˥tɕʻiæ˥˩

【七月七】tsʻiəʔ˥ŋəʔ˧tsʻiə˥　农历七月初七，乞巧节。

【七月半】tsʻiəʔ˥ŋəʔ˧pø˥˩　农历七月十五，中元节，鬼节，人家多祭奠亡灵。又认为这天是一年中气温最高的日子，有火烧七月半的说法。

【七巧板】tsʻiəʔ˥tɕʻiæ˧˦pɛ˥

【七石缸】tsʻiəʔ˥zɑʔ˧kɑ̃˥　名词。一种能放七石米的缸。泛指大缸。

【七步蛇】tsʻiəʔ˥bu˨˩zo˧˦　一种毒蛇。人若中毒，行不过七步，便会毒发身亡。

【七钱三】tsʻiəʔ˥zii˨˩sɛ˥　旧时每块银元中含银子约重七钱三分，因此作为银元的代名词。

【七七八八】tsʻiəʔ˥tsʻiəʔ˥poʔ˥poʔ˥　形容事情差不多完成了。

【七上八下】tsʻiəʔ˥zɑ̃˨˩poʔ˥ɦo˨˩　指心里忐忑不安。

【七上八落】tsʻiəʔ˥zɑ̃˨˩poʔ˥loʔ˧　指心里忐忑不安。

【七大八小】tsʻiəʔ˥dəu˨˩poʔ˥siæ˥˩　指物品大小不一。

【七长八短】tsʻiəʔ˥zɑ̃˧˦poʔ˥tø˥˩　指物品长短不一。

【七勿老欠】tsʻiəʔ˥fəʔ˥læ˨˩tɕʻiɪ˥˩　(一)乱七八糟，不像样子。

Q

（二）不守规矩，做事怪异。

【七勿搭八】ʦʻiəʔ˥fəʔ˥taʔ˥poʔ˥ （一）两者不相关涉。（二）指说话、行事有悖常理。

【七讲八讲】ʦʻiəʔ˥kɑ̃˥˩poʔ˥kɑ̃˥˩ （一）说东道西，漫无边际。（二）一再申述。（三）到处讲（某件事）。

【七死八活】ʦʻiəʔ˥si˥˩poʔ˥ɦuəʔ˧ 死去活来。

【七吱八嗒】ʦʻiəʔ˥ʦɥ˥poʔ˥taʔ˥ 形容说话逻辑混乱，不得要领。

【七花八花】ʦʻiəʔ˥ho˥poʔ˥ho˥˩ 连续不断的讨好、奉承。

【七弄八弄】ʦʻiəʔ˥loŋ˨˧poʔ˥loŋ˨˧ 多次摆弄。

【七张八嘴】ʦʻiəʔ˥ʦɑ̃˥poʔ˥ʦɥ˥˩ （一）形容讨论某件事有多种意见。（二）形容人多口杂。

【七奇八怪】ʦʻiəʔ˥ʥi˧poʔ˥kuɑ˥˩ 形容事物奇异而多样。

【七荤八素】ʦʻiəʔ˥huən˥poʔ˥səu˥˨ 形容昏头昏脑、晕头转向的样子。

【七拼八凑】ʦʻiəʔ˥pʻin˥poʔ˥ʦʻʏ˥˨ 指多方凑合起来。

【七歪八训】ʦʻiəʔ˥huɑ˥poʔ˥ɕyən˥˨ 形容歪斜不正。

【七高八低】ʦʻiəʔ˥kæ˥poʔ˥ti˥˩ 形容高低不平。

【七窍生烟】ʦʻiəʔ˥ʨʻiæ˥˩sən˥Øiɪ˥ 形容十分气愤。

【七缠八缠】ʦʻiəʔ˥zø˨˧poʔ˥zø˨˧ （一）阴差阳错。（二）多次纠缠。

【七搭八搭】ʦʻiəʔ˥taʔ˥poʔ˥taʔ˥ （一）乱搭讪。（二）胡言乱语。

【七零八落】ʦʻiəʔ˥lin˧poʔ˥loʔ˧ 杂乱无章。

【七翘八捩】ʦʻiəʔ˥ʥiæ˧poʔ˥liəʔ˧ （一）形容高低不平。（二）形容人喜欢惹事非，难相处。

【七错廿三】ʦʻiəʔ˥ʦʻo˥ȵiɪ˨˧sE˥˩ （一）阴差阳错。（二）形容思维混乱。

【七端八正】ʦʻiəʔ˥tø˥poʔ˥ʦən˥˩ 准备就绪。

【七颠八倒】ʦʻiəʔ˥tiɪ˥poʔ˥tæ˥˩ 形容十分混乱。

【七嘴八舌】ʦʻiəʔ˥ʦʮ˥˨pɒʔ˥zəʔ˧ （一）形容讨论某件事有多种意见。（二）形容人多口杂。

【七十搀八十】ʦʻiəʔ˥səʔ˥ʦʻE˥pɒʔ˥səʔ˥ 形容都是年事已高的人在互相帮助。

【七手八只脚】ʦʻiəʔ˥sʏ˥˨pɒʔ˥ʦɑʔ˥ʨiɑʔ˥ 形容人多手杂，办事忙乱，没有条理。

【七勿老三欠】ʦʻiəʔ˥fəʔ˥læ˧˩sE˥ʨʻiɪ˦˩˨义见【七勿老欠】。

【七尺男子汉】ʦʻiəʔ˥ʨʻɑʔ˥nø˨˧ʦɿ˥˨hø˥˨ 泛指有气概的男子。

【七老八十岁】ʦʻiəʔ˥læ˧˩pɒʔ˥səʔ˥sE˦˩˨ 指年纪很老，七八十岁。

【七缠八椏杈】ʦʻiəʔ˥zø˧˩pɒʔ˥∅o˥ʦʻo˥˨ 阴差阳错。

【七更八十调】ʦʻiəʔ˥kã˥pɒʔ˥səʔ˥diæ˧˩ （一）形容调子难听。（二）喻有意拗执。

【七石缸，门里大】ʦʻiəʔ˥zɑʔ˧kã˥，mən˨˧li˧˩dəu˧˩ 俗语。指人在内部很拿大，一到外面就十分无能。

【七七做，八八敲】ʦʻiəʔ˥ʦʻiəʔ˥ʦəu˦˩˨，pɒʔ˥pɒʔ˥kʻæ˥ 旧俗，人死后每七天祭奠一次，共做七次。祭奠时，请僧道做道场，超度亡灵。

【七能长，八能大】ʦʻiəʔ˥nən˨˧zã˨˧，pɒʔ˥nən˨˧dəu˧˩ 指身材高大，喻已长大成人。

【七世冤家八世仇】ʦʻiəʔ˥sʮ˦˩˨∅iø˥kɑ˥˨pɒʔ˥sʮ˦˩˨zʏ˨˧ 形容深仇大恨。

【七塔八幢九馒头】ʦʻiəʔ˥tʻaʔ˥pɒʔ˥zã˧˩ʨiʏ˦˩˨mø˨˧dʏ˧˩ 指旧时苏州有七座宝塔、八座实心砖塔和众多浴室。

【七世冤家，八世对头】ʦʻiəʔ˥sʮ˦˩˨∅iø˥kɑ˥˨，pɒʔ˥sʮ˦˩˨tE˥dʏ˧˩ 形容深仇大恨。

【七十勿借债，八十勿过夜】ʦʻiəʔ˥səʔ˥fəʔ˥ʦiɑ˦˩˨ʦɑ˦˩˨，pɒʔ˥səʔ˥fəʔ˥kəu˦˩˨∅iɑ˦˩˨ 俗语。指对于年事过高的老年人，与其交往要谨慎小心。

【七格里贩牛，八格里贩马】ʦʻiəʔ˥kəʔ˥li˧˩fE˦˩˨ȵiʏ˨˧，pɒʔ˥kəʔ˥li˧˩fE˦˩˨mo˧˩ 指花言巧语骗人。

【七个铜钿放两堆——勿三勿四】ʦʻiəʔ˥kəʔ˥doŋ˨˧di˧˩fã˦˩˨li

ɑ̃˨˧tɛ˥˩——fəʔ˥sɛ˥fəʔ˥sɿ˥˦ 歇后语。指不正派或不像样。

【七个和尚合撑一把伞——六秃湿】ʦʻiəʔ˥kəʔ˥ɦəu˦zɑ̃˨˧kəʔ˥ʦʻiã˥Øiəʔ˥po˥˩sɛ˦——loʔ˧tʻoʔ˥səʔ˥ 歇后语。指湿透。

【七石缸里格独脚蟹——有脚难逃】ʦʻiəʔ˥zɑʔ˧kɑ̃˥li˨˧kəʔ˥doʔ˧ʨɑʔ˥hɑ˥˩——ɦiʏ˦ʨɑʔ˥nɛ˦dæ˦ 歇后语。指无法逃走。

【七里缠勒八里，蒲鞋着勒袜里】ʦʻiəʔ˥li˨˧zø˨˧ləʔ˧poʔ˥li˨˧，bu˦ɦɑ˨˧ʦɑʔ˥ləʔ˧mɑʔ˧li˨˧ 俗语。一切都弄错了。

【七石缸盖头开好仔，痧药水盖头揿紧仔】ʦʻiəʔ˥zɑʔ˧kɑ̃˥kɛ˥dʏ˨˧kʻɛ˥hæ˥˩ʦɿ˥˩，so˥ɦiɑʔ˧sɥ˥˩kɛ˥dʏ˨˧ʨʻən˥ʨən˥ʦɿ˥˩ 喻大处疏漏，小处吝啬。

妻【ʦʻi˥】

【妻财】ʦʻi˥zɛ˨˧ 因妻子关系获得的财富。

【妻党】ʦʻi˥tɑ̃˥˩ 妻子娘家的亲属。

【妻儿老小】ʦʻi˥ɦəl˨˧læ˦siæ˥˩ 一家老小。

柒【ʦʻiəʔ˥】

栖【ʦʻi˥】

【栖灰】ʦʻi˥huɛ˥ 积灰尘。

【栖身】ʦʻi˥sən˥

【栖息】ʦʻi˥siəʔ˥

【栖胶得麻雀——得一只，牢一只】ʦʻi˥kæ˥˩təʔ˥mo˦ʦʻiɑʔ˥——təʔ˥Øiəʔ˥ʦɑʔ˥，læ˦Øiəʔ˥ʦɑʔ˥ 歇后语。逮一个，成一个。

凄【ʦʻi˥】

【凄切】ʦʻi˥ʦʻiəʔ˥

【凄厉】ʦʻi˥li˨˧

【凄凉】ʦʻi˥liã˨˧

【凄惨】ʦʻi˥ʦʻø˥˩

【凄清】ʦʻi˥ʦʻin˥˩

【凄婉】ʦʻi˥Øuø˥˩

萋【ts'i˥】

【萋抢】ts'i˥ts'iã˥˩　形容色彩鲜明、抢眼。

【萋草】ts'i˥ts'æ˥˩　头上有丝毛的草茎，用来撩拨善斗的昆虫。

【萋萋】ts'i˥ts'i˥˩　撩拨。

【萋呵络】ts'i˥ho˥lo˩　在别人身上抓挠，使发痒。

【萋开牙钳】ts'i˥k'E˥ŋa˧dʑi˩　本指用萋草撩拨蟋蟀发怒，张开大牙。转喻逗人开口说话。

戚【ts'iəʔ˥】

【戚友】ts'iəʔ˥∅iY˦　亲戚朋友。

【戚子卿笃小二——说勿出好闲话】ts'iəʔ˥tsɿ˦tɕ'ən˥toʔ˥siæ˦ȵi˩——səʔ˥fəʔ˥ts'əʔ˥hæ˦ɦE˧ɦo˩　歇后语。说不出好话来。相传明代苏州秀才戚子卿家的僮儿小二，对人总说不吉利的话。

期【dʑi˧】

【期刊】dʑi˧k'ø˥

【期间】dʑi˧tɕii˥

【期限】dʑi˧ɦE˩

【期待】dʑi˧dE˩

【期望】dʑi˧vã˩

欺【tɕ'i˥】

【欺生】tɕ'i˥sã˥

【欺负】tɕ'i˥vu˩

【欺压】tɕ'i˥∅ɑʔ˥

【欺诈】tɕ'i˥tso˥˩

【欺苦】tɕ'i˥k'əu˥˩　取笑；讥讽。

【欺凌】tɕ'i˥lin˩

【欺着】tɕ'i˥tsɑʔ˥　下棋中，用以欺骗对方的一步棋。

【欺骗】tɕ'i˥p'i˥˩

【欺瞒】tɕ'i˥mø˩　欺侮。

【欺软怕硬】tɕ'i˥ŋø˩p'o˥˩ŋã˩

【欺众勿欺一】tɕ'i˥tsoŋ˥˩fəʔ˥tɕ'i˥∅iəʔ˥　俗语。指一律对待。

Q

缉【tsʻiəʔ˥】另见 jī。

嘁【tsʻiəʔ˥】

【嘁呖嚓落】tsʻiəʔ˥liəʔ˧tsʻoʔ˥loʔ˧　象声词。形容极低的说话声音。

【嘁嘁嚓嚓】tsʻiəʔ˥tsʻiəʔ˥tsʻoʔ˥tsʻoʔ˥　象声词。形容细碎的说话声音。

漆【tsʻiəʔ˥】

【漆工】tsʻiəʔ˥koŋ˥

【漆水】tsʻiəʔ˥sʮ˥˩　油漆的质量。

【漆皮】tsʻiəʔ˥bi˨˦

【漆匠】tsʻiəʔ˥ziã˨˦　从事油漆工作的工人。

【漆作】tsʻiəʔ˥tsoʔ˥　从事油漆业务的店铺或作坊。

【漆帚】tsʻiəʔ˥tsɤ˥˩　油漆刷子。

【漆器】tsʻiəʔ˥tɕʻi˨˧

【漆盘店】tsʻiəʔ˥bø˨˦tiɪ˥˩　从事油漆业务的店铺。

蹊【tɕʻi˥】

【蹊跷】tɕʻi˥tɕʻiæ˥˩

qí

齐【zi˨˦】

【齐心】zi˨˦sin˥

【齐头】zi˨˦dɤ˧˩　正巧。

【齐巧】zi˨˦tɕʻiæ˥　正巧。

【齐名】zi˨˦min˨˦

【齐齐】zi˥˩zi˧˩　整理；收拾。

【齐全】zi˨˦ziɪ˨˧

【齐奏】zi˨˦tsɤ˥˩

【齐唱】zi˨˦tsʻɑ̃˥˩

【齐崭】zi˨˦tsE˥　整齐。

【齐集】zi˨˦ziəʔ˧

【齐整】zi˨˦tsən˥˩

【齐末事】zi˨˦məʔ˧zɿ˧˩　整理东西。

【齐头数】zi˨˦dɤ˨˦səu˥˩　整数，没有零头。

祁【dʑi˨˦】

【祁红】dʑi˨˦ɦoŋ˧˩　安徽祁门产的红茶。

【祁调】ʥi˩˧diæ˧˩　苏州评弹流派曲调。祁莲芳所创。

芪【ʥi˩˧】

岐【ʥi˩˧】

【岐黄】ʥi˩˧ɦuɑ̃˧˩

其【ʥi˩˧】

【其中】ʥi˩˧tsoŋ˥或ʥi˧˩tsoŋ˦˩˨
【其他】ʥi˧˩t'ɑ˦˩˨
【其次】ʥi˧˩ts'ɿ˦˩˨
【其间】ʥi˩˧tɕiɪ˥
【其余】ʥi˧˩ɦy˧˩
【其实】ʥi˧˩zəʔ˧
【其实骨子】ʥi˩˧zəʔ˧kuəʔ˥tsɿ˦˩˨　副词。其实。

奇【ʥi˩˧】另见 jī。

【奇才】ʥi˧˩ze˧˩
【奇巧】ʥi˩˧tɕ'iæ˦˩˨
【奇观】ʥi˧˩kuø˦˩˨
【奇效】ʥi˧˩ɦiæ˧˩
【奇异】ʥi˧˩ɦi˧˩
【奇兵】ʥi˩˧pin˥
【奇妙】ʥi˩˧miæ˧˩
【奇怪】ʥi˩˧kuɑ˦˩˨
【奇迹】ʥi˩˧tsiəʔ˥
【奇谈】ʥi˧˩de˧˩
【奇特】ʥi˧˩dəʔ˧
【奇峰】ʥi˩˧foŋ˥
【奇袭】ʥi˧˩ziəʔ˧
【奇遇】ʥi˧˩ȵy˧˩
【奇出怪样】ʥi˩˧ts'əʔ˥kuɑ˦˩˨ɦiɑ̃˧˩　奇特怪异。
【奇里奇怪】ʥi˩˧li˩˧ʥi˧˩kuɑ˦˩˨　出乎意料,难以理解。
【奇形怪状】ʥi˧˩ɦin˧˩kuɑ˦˩˨zɑ̃˧˩
【奇货可居】ʥi˩˧həu˦˩˨k'əu˦˩˨tɕy˥
【奇耻大辱】ʥi˧˩tsɥ˥˩dɑ˧˩zoʔ˧

歧【ʥi˩˧】

【歧义】ʥi˩˧ȵi˧˩
【歧视】ʥi˧˩zɥ˧˩
【歧途】ʥi˧˩dəu˧˩
【歧路亡羊】ʥi˩˧ləu˧˩vɑ̃˩˧ɦiɑ̃˩˧

祈【ʥi˩˧】

【祈求】ʥi˩˧ʥiʏ˧˩

【祈祷】ʥi˨˧tæ˥˩

祇【ʥi˨˧】

荠【zi˨˧】另见jì。

俟【ʥi˨˧】

耆【ʥi˨˧】

颀【ʥi˨˧】

脐【zi˨˧】

【脐带】zi˨˧tɑ˥˩

【脐带风】zi˨˧tɑ˥foŋ˥˩　中医指新生婴儿患的破伤风病。多由脐带感染引起。

旂【ʥi˨˧】

萁【ʥi˨˧】

畦【ɦi˨˧】

崎【ʥi˨˧】

【崎岖】ʥi˨˧tɕʻy˥

骐【ʥi˨˧】

骑【ʥi˨˧】

【骑兵】ʥi˨˧pin˥

【骑缝】ʥi˨˧voŋ˨˩

【骑跨】ʥi˨˧kʻo˥˩

【骑墙】ʥi˨˧ziã˨˩

【骑马布】ʥi˨˧mo˧pu˥˩　月经带。

【骑勿牢】ʥi˨˧fəʔ˥læ˨˩　喻控制不住。

【骑梁派】ʥi˨˧liã˧pʻɑ˥˩　喻立场不明确，站在斗争双方的中间，哪一方面也不得罪的那种人。

【骑得牢】ʥi˨˧təʔ˥læ˨˩　喻能控制住。

【骑墙派】ʥi˨˧ziã˨˩pʻa˥˩　义同【骑梁派】。

【骑二头马】ʥi˨˧liã˧dʏ˨˩mo˨˩　喻一件事，同时托互不相关的两处人帮助，于其中选择一处。或一件事，同时答应互不相关的两处人，于其中选择一处。

【骑马寻马】ʥi˧mo˩zin˧mo˩ 喻一面占着现在的工作位置，一面另找更称心的工作。

【骑虎难下】ʥi˧həu˥˩nɛ˧ ɕia˥˩

【骑脚马马】ʥi˧tɕiaʔ˥mo˩ mo˩ 单腿跳跃行走，在方砖上踢小砖块的儿童游戏。

琪【ʥi˧】

琦【ʥi˧】

棋【ʥi˧】

【棋子】ʥi˧tsɿ˥˩

【棋力】ʥi˧liəʔ˧ 下棋的本领。

【棋局】ʥi˧ʥioʔ˧

【棋迷】ʥi˧mi˩

【棋盘】ʥi˧bø˩

【棋谱】ʥi˧pu˥˩

【棋高一着，缚手扎脚】ʥi˧ kæ˥iəʔ˥tsaʔ˥，voʔ˧sʏ˥˩ tsaʔ˥tɕiaʔ˥ 喻本领高人一筹，使对方无法施展。

【棋逢敌手，将遇良才】ʥi˧ voŋ˩diəʔ˧sʏ˥˩，tsiã˧ɳ̊y˩ liã˧zɛ˩ 喻双方本领不相上下。

蛴【zi˧】

祺【ʥi˧】

蜞【ʥi˧】

旗【ʥi˧】

【旗人】ʥi˧ɳ̊ən˩

【旗子】ʥi˧tsɿ˥˩

【旗手】ʥi˧sʏ˥˩

【旗号】ʥi˧ɦæ˩

【旗杆】ʥi˧kø˥

【旗枪】ʥi˧tsʻiã˥ 茶叶名称。其形状如一面旗、一支长枪。

【旗语】ʥi˧ɳ̊y˩

【旗舰】ʥi˧tɕʻiɪ˥˩

【旗袍】ʥi˧bæ˩

【旗袍裙】ʥi˧bæ˧ʥyən˩ 下摆很窄，状似旗袍的短裙。

蕲【ʥi˧】

【蕲蛇】ʥi˧zo˩ 产于湖北蕲

春的银环蛇。入中药。

鳍【dʑi˨˦】

麒【dʑi˨˦】

【麒麟】dʑi˨˦lin˧˩

qǐ

乞【tɕʻəʔ˥】

【乞丐】tɕʻəʔ˥kE˥˧
【乞讨】tɕʻəʔ˥tʻæ˥˩
【乞巧】tɕʻəʔ˥tɕʻiæ˥˩
【乞求】tɕʻəʔ˥dʑiY˨˦
【乞怜】tɕʻəʔ˥li˨˦

岂【tɕʻi˥˩】

【岂可】tɕʻi˥kʻəu˥˩
【岂敢】(1) tɕʻi˥˧kø˥　反语。意思是确实是这样。(2) tɕʻi˥kø˥˩　怎么敢？
【岂有此理】tɕʻi˥ɦiY˧˩tsʅ˥li˥˩

企【tɕʻi˥˩】

【企及】tɕʻi˥˧dʑəʔ˦
【企业】tɕʻi˥˧ȵəʔ˦
【企求】tɕʻi˥˧dʑiY˧˩
【企图】tɕʻi˥˩dəu˧˩
【企鹅】tɕʻi˥˧ŋəu˨˦
【企口板】tɕʻi˥kʻY˥pE˥˩

玘【tɕʻi˥˩】

杞【tɕʻi˥˩】

【杞人忧天】tɕʻi˥˧zən˨˦iY˥tʻi˥

启【tɕʻi˥˩】

【启示】tɕʻi˥˩zʮ˧˩
【启用】tɕʻi˥˩ɦioŋ˧˩
【启发】tɕʻi˥˧faʔ˥
【启齿】tɕʻi˥˩tsʻʮ˥˩
【启封】tɕʻi˥˧foŋ˥
【启程】tɕʻi˥˩zən˧˩
【启蒙】tɕʻi˥˧moŋ˨˦

起【tɕʻi˥˩】

【起九】tɕʻi˥˩tɕʻiY˥˩　冬至之后第一天。九九中头九的第一天。

【起飞】tɕʻi˦˩fi˥

【起义】tɕʻi˥˩ȵi˨˧

【起风】tɕʻi˦˩foŋ˥

【起见】tɕʻi˥˩tɕiɪ˥˩或tɕʻi˦˩tɕiɪ˥

【起火】tɕʻi˥˩həu˥˩

【起手】tɕʻi˥˩sʏ˥˩ 抬手。

【起立】tɕʻi˦˩liəʔ˧

【起讫】tɕʻi˦˩tɕʻəʔ˥

【起头】tɕʻi˥˩dʏ˦

【起用】tɕʻi˥˩ɦioŋ˨˧

【起伏】(1)tɕʻi˦˩voʔ˧ (一)一起一落。(二)比喻感情、关系等起落变化。(2)tɕʻi˥˩voʔ˧ 夏至后第三个庚日，三伏中初伏的第一天，开始进入伏天。

【起先】tɕʻi˦˩siɪ˥

【起因】tɕʻi˦˩Øin˥

【起色】tɕʻi˦˩səʔ˥

【起来】tɕʻi˥lE˨˧ 吴语中也指起床；起身。

【起兵】tɕʻi˦˩pin˥

【起初】tɕʻi˦˩tsʻəu˥

【起更】tɕʻi˦˩kã˥

【起床】tɕʻi˥˩zɑ̃˦

【起身】tɕʻi˦˩sən˥

【起运】tɕʻi˥˩ɦyən˨˧

【起诉】tɕʻi˥˩səu˥˩

【起步】tɕʻi˥˩bu˨˧

【起灵】tɕʻi˥˩lin˦ 把停放的灵柩运走。

【起劲】tɕʻi˥˩tɕən˥˩

【起底】tɕʻi˥˩ti˥˩ 兜底；全部拿出来。

【起居】tɕʻi˦˩tɕy˥

【起码】tɕʻi˦˩mo˦

【起泡】tɕʻi˥˩pʻæ˦˩ （一）打泡。（二）冒泡。

【起驾】tɕʻi˥˩kɑ˥˩ 指皇帝开始走动或离开。

【起点】tɕʻi˦˩tiɪ˥

【起草】tɕʻi˥˩tsʻæ˥˩

【起哄】tɕʻi˥˩hoŋ˦˩

【起屋】tɕʻi˥˩Øoʔ˥ 造房子。

【起首】tɕʻi˦˩sʏ˥

【起笔】tɕʻi˦˩piəʔ˥

【起病】tɕʻi˥˩bin˨˧ 得病。

【起航】tɕʻi˦˩ɦɑ̃˦

【起获】tɕʻi˦˩ɦuəʔ˧

【起家】tɕʻi˦˩tɕia˥或tɕʻi˦˩kɑ˥

【起课】tɕʻi˦˩kʻəu˦˩

【起息】tɕʻi˥˩siəʔ˥ 开始计算

利息。

【起轿】tɕʻi˥˩dʑiæ˨˧　轿子抬起来开始行动。

【起赃】tɕʻi˥˩tsɑ̃˥

【起座】tɕʻi˥˩zəu˧˩　撤除亡者的灵台。

【起眼】tɕʻi˥˩ŋE˧˩

【起程】tɕʻi˥˩zən˧˩

【起跑】tɕʻi˥˨bæ˨˧

【起落】tɕʻi˥˨loˀ˧

【起赊】tɕʻi˥˨so˥　起码;至少。

【起痧】tɕʻi˥˨so˥　指中暑一类急病。

【起源】tɕʻi˥˨ȵiø˨˧

【起锚】tɕʻi˥˨mæ˨˧

【起解】tɕʻi˥˩tɕiɑ˥˩或读作tɕʻi˥˩kɑ˥˩　押送犯人。

【起镬】tɕʻi˥˩ɦoˀ˧　起锅。

【起爆】tɕʻi˥˩bæ˧˩

【起霸】tɕʻi˥˩po˥˨

【起勿起】tɕʻi˥˨fəˀ˥tɕʻi˥˩　(一)因病或疲劳,起不了床。(二)动不来。

【起只码】tɕʻi˥˨tsɑˀ˥mo˧˩　起码。

【起名字】tɕʻi˥˩min˨˧zɿ˧˩　取名字;给予名称。

【起忙头】tɕʻi˥˨mɑ̃˨˧dY˧˩　开始忙碌起来。

【起早起】tɕʻi˥˨tsæ˥tɕʻi˥˩　一大早起身。

【起油镬】tɕʻi˥˩ɦiY˨˧ɦoˀ˧　为做菜在锅里放油,烧开。

【起迷露】tɕʻi˥˩mi˨˧ləu˧˩　下雾。

【起码人】tɕʻi˥˨mo˨˧ȵən˧˩　指社会地位最低下的人。

【起码货】tɕʻi˥˨mo˨˧həu˥˩　(一)形容最低程度的。(二)质量极为一般的、最低档次的货物。

【起底货】tɕʻi˥˨ti˥həu˥˩　最后的一批货物。

【起黑心】tɕʻi˥˩həˀ˥sin˥　动贪念。

【起爆头】tɕʻi˥˨pæ˥dY˧˩　在说话特别紧要处,有意说得特别响亮,以引人注意。

【起早落夜】tɕʻi˥˨tsæ˥loˀ˧Øiɑ˥˨　从早到晚。

【起家卷凳】tɕʻi˥˨tɕiɑ˥tɕiø˥˩tən˥˩　全家人和全部家产。

【起码白相人——独吃自家人】tɕʻi˥˨mo˨˧bəˀ˧siɑ̃˥ȵən˧˩——doˀ˧tɕʻəˀ˥zɿ˨˧kɑ˥

ȵ̍ən˩ 歇后语。专门欺侮自己活动圈子里的人。

绮【ɦi˩】文读【tɕʻi˥˩】

稽【tɕʻi˥˩】另见 jī。

【稽首】tɕʻi˥˧sʏ˥˩ （一）古时的一种礼节。跪下，拱手与头至地。（二）道士举一手行礼。

qì

气【tɕʻi˥˧】

【气力】tɕʻi˥lʲiəʔ˧

【气人】tɕʻi˥˧ȵ̍ən˦ 惹人生气。

【气门】tɕʻi˥mən˩

【气口】tɕʻi˥kʻʏ˥˩

【气平】tɕʻi˥˩bin˦ 气消了。

【气功】tɕʻi˥koŋ˥˩

【气节】tɕʻi˥tsiəʔ˥

【气压】tɕʻi˥˧ɑʔ˥

【气色】tɕʻi˥səʔ˥

【气血】tɕʻi˥ɕyəʔ˥ 中医认为气是人体各种机能活动的动力，血是指人体内流动的血液，二者在人体内互相依存以维持生命活动。

【气体】tɕʻi˥tʻi˥˩

【气伤】tɕʻi˥sã˥˩ 气坏了。

【气块】tɕʻi˥kuᴇ˥˩ 让人生气的人（多指小辈）。

【气闷】tɕʻi˥mən˥˩ （一）因气压低或空气不流通而感觉不舒畅。（二）寂寞。（三）烦恼；烦闷。

【气势】tɕʻi˥sʮ˥˩

【气氛】tɕʻi˥fən˥˩或tɕʻi˥vən˩

【气质】tɕʻi˥tsəʔ˥

【气性】tɕʻi˥sin˥˩

【气胀】tɕʻi˥tsã˥˩ 生气而烦恼。

【气昏】tɕʻi˥huən˥˩ （一）形容万分生气。（二）因过度生气而思维混乱。

【气味】tɕʻi˥mi˩ （一）鼻子可以闻到的味儿。（二）臭味。

【气泡】tɕʻi˥pʻæ˥˩

【气派】tɕʻi˥pʻɑ˥˩

【气急】tɕʻi˥tɕəʔ˥

【气恼】tɕʻi˥næ˩

【气候】tɕʻi˥˧ɦʏ˩

【气脉】tɕʻi˥mɑʔ˧

【气息】tɕʻi˥siəʔ˥

【气酒】tɕʻi˥tsY˥˩　边生气或赌气，边饮酒。

【气球】tɕʻi˥dʑiY˩˧

【气温】tɕʻi˥˨˧θuən˥

【气焰】tɕʻi˥ɦiɪ˩˧

【气量】tɕʻi˥liã˩˧

【气窗】tɕʻi˥tsʻɑ̃˥˩

【气短】tɕʻi˥˨˧tø˥˩　（一）缺氧气喘。（二）演唱时气息不足。（三）勇气不足。

【气喘】tɕʻi˥tsʻø˥˩

【气锅】tɕʻi˥kəu˥˩　一种蒸食物的陶锅。

【气酥】tɕʻi˥səu˥˩　令人失望到极点；可恨。

【气象】tɕʻi˥˨˧ziã˧

【气概】tɕʻi˥kᴇ˥˩

【气煞】tɕʻi˥˨˧saʔ˥　气到极点。

【气数】tɕʻi˥səu˥˩

【气魄】tɕʻi˥pʻəʔ˥

【气勿过】tɕʻi˥fəʔ˥kəu˥˩　气不过；看到不平的事心中不服。

【气勿动】tɕʻi˥fəʔ˥doŋ˩˧　气过头了而又无可奈何。

【气勿平】tɕʻi˥˨˧fəʔ˥bin˧　（一）怒气不能平息。（二）看到不平的事心中不服。

【气头浪】tɕʻi˥dY˩˧lɑ̃˩˧　正生气的时候。

【气吼吼】tɕʻi˥hY˥˩hY˥˩　（一）形容呼吸急促，上气不接下气的样子。（二）形容非常生气的样子。

【气眼眼】tɕʻi˥ŋᴇ˩˧ŋᴇ˩˧　喻令人生气的敏感话题。

【气赖赖】tɕʻi˥lɑ˩˧lɑ˩˧　形容非常生气的样子。

【气得过】tɕʻi˥˨˧təʔ˥kəu˥　总算气也能消了。

【气鼓鼓】tɕʻi˥kəu˥˩kəu˥˩　形容非常生气的样子。

【气煞快】tɕʻi˥˨˧saʔ˥kʻuɑ˥˩　十分生气。

【气管炎】tɕʻi˥kuø˥ɦiɪ˩˧　原指气管炎症疾病，因与“妻管严”谐音，指男子惧内或惧内的男子。

【气干气湿】tɕʻi˥kø˥tɕʻi˥˩səʔ˥　气过了头。

【气过仔骱】tɕʻi˥˨˧kəu˥˩tsɿ˥˩gɑ˩˧　生气过了头。

【气过河界】tɕʻi˥˨˧kəu˥həu˧kɑ˥˩　义同【气过仔骱】。

【气壮山河】tɕʻi˥˨˧tsɑ̃˥˩sᴇ˥ɦəu˩˧

【气吼百吼】tɕʻi˥hʏ˩pɑʔ˥hʏ˩ 形容呼吸急促，气喘吁吁的样子。

【气掇吼吼】tɕʻi˥təʔ˥hʏ˩hʏ˩ 义同【气吼百吼】。

【气出肚皮外】tɕʻi˧tsʻəʔ˥dəu˧bi˧ŋɑ˩ 形容非常生气；气过了头。

【气得双脚跳】tɕʻi˧təʔ˥sɑ̃˥tɕiɑʔ˥tʻiæ˧ 气得跳起来。形容很生气，且不能容忍。

【气壮如牛，胆小如鼠】tɕʻi˩tsɑ̃˧zʮ˧ɳiʏ˧，tE˩siæ˩zʮ˧tsʻʮ˩ 喻人外表言行像英雄好汉，实际上胆子很小，十分软弱。

【气多伤神，食多伤身】tɕʻi˧təu˥sɑ̃˥zən˧，zəʔ˧təu˥sɑ̃˥sən˥ 常常生气和无节制地吃东西，都会危害健康。

讫【tɕəʔ˥】

迄【tɕəʔ˥】

弃【tɕʻi˧】

【弃权】tɕʻi˩dʑiø˧

【弃旧图新】tɕʻi˧dʑiʏ˩dəu˧sin˥

【弃邪归正】tɕʻi˧ziɑ˩kuE˥tsən˧ 抛弃邪恶的不正当的行为，回到正当的道路上来。

【弃暗投明】tɕʻi˧Øø˧dʏ˧min˧

汽【tɕʻi˧】

【汽车】tɕʻi˥tsʻo˩

【汽水】tɕʻi˥sʮ˩ 吴语中还解释为蒸气水滴。

【汽油】tɕʻi˥ɦiʏ˩

【汽笛】tɕʻi˥diəʔ˧

【汽艇】tɕʻi˥tʻin˩

泣【tɕəʔ˥】

【泣不成声】tɕəʔ˥pəʔ˥zən˧sən˥

【泣泣之声】tɕəʔ˥tɕəʔ˥tsʮ˩sən˥ 低低哭泣的声音。

契【tɕʻi˧】、【tɕəʔ˥】

【契友】tɕʻi˧ØiʏV

【契丹】tɕʻəʔ˥tɛ˥
【契机】tɕʻəʔ˥tɕi˥
【契合】tɕʻəʔ˥ɦəʔ˧
【契约】tɕʻi˦˨ʘiaʔ˥

砌【tsʻi˦˨】

【砌没】tsʻi˦˨məʔ˧或tsʻi˥məʔ˧ 用砖、石等砌起来，使原来相通的地方不再相通。
【砌街】tsʻi˥kɑ˥˩ （一）用砖、石等砌路。（二）以翻修道路为职业的人。
【砌房子】tsʻi˦˨vɑ̃˧tsɿ˥˩ 造房子。
【砌街匠】tsʻi˥kɑ˥ziɑ̃˨˩ 以翻修道路为职业的人。
【砌墙头】tsʻi˦˨ziɑ̃˧dʏ˨˩ （一）砌墙。（二）指打麻将。

器【tɕʻi˦˨】

【器乐】tɕʻi˦˨ɦioʔ˧
【器宇】tɕʻi˦˨ʘy˥
【器材】tɕʻi˦˨zɛ˨˩
【器官】tɕʻi˥kuø˥˩
【器具】tɕʻi˦˨ʥy˨˩
【器重】tɕʻi˦˨zoŋ˨˩
【器械】tɕʻi˦˨ɦi˨˩
【器量】tɕʻi˥liɑ̃˨˩

憩【tɕʻi˦˨】

qiā

掐【kʻaʔ】文读【tɕʻiaʔ˥】

【掐牢】kʻaʔ˥læ˧ （一）掐住。（二）控制住；压下不办。（三）勉强达到。
【掐进】kʻaʔ˥tsin˦˨ 勉强进入。
【掐卦】kʻaʔ˥ko˦˨ 用拇指掐着别的指头推算吉凶（迷信）。
【掐线】kaʔ˥si˦˨ 碰到临界线。
【掐紧】kʻaʔ˥tɕən˥˩ 形容紧紧地约束住。
【掐准】kʻaʔ˥tsən˥˩ 算准。
【掐断】kʻaʔ˥dø˨˩ 用指甲截断。
【掐痛】kʻaʔ˥tʻoŋ˦˨ 被指甲切痛。
【掐煞】kʻaʔ˥saʔ˥ （一）掐死。（二）被掐住不能动弹。

Q

(三)喻制人于无法施展的地步。

【掐人中】kʻaʔ˥ȵən˦tsoŋ˥˩ 用指甲使劲掐处于昏迷状态的人的人中穴，以使其醒来的一种急救方法。

【掐及格】kʻaʔ˥ʥəʔ˧kɑʔ˥ 勉强及格。

【掐扣掐】kʻaʔ˥kʻɤ˥kʻa˥ 勉强够上。

【掐掐交】kʻaʔ˥kʻaʔ˥tɕiæ˥˩ 义同【掐扣掐】。

【掐煞鬼】kʻaʔ˥saʔ˥tɕy˥˩ 吝啬鬼。

【掐到肉里】kʻaʔ˥tæ˥˩ȵoʔ˧li˩ 形容刻薄过分。

【掐脱头格苍蝇——舞就舞就】kʻaʔ˥tʻəʔ˥dɤ˧kəʔ˥tsʻɑ̃˥ ∅in˥˩——vu˦zɤ˩vu˦zɤ˩ 歇后语。喻烦躁不安的样子。

卡【kʻɑ˥˩】另见 kǎ。

【卡子】kʻɑ˦tsɿ˥ 为收税或警备而设置的检查站或岗哨。

【卡壳】kʻɑ˥˩kʻoʔ˥

qià

洽【ɦiəʔ˧】文读【tɕʻaʔ˥】

【洽谈】tɕʻaʔ˥dE˧

恰【kaʔ˥】文读【tɕʻaʔ˥】

【恰巧】tɕʻaʔ˥tɕʻiæ˥˩

【恰当】tɕʻaʔ˥tɑʔ˥

【恰恰】kaʔ˥kaʔ˥

【恰扣恰】kaʔ˥kʻɤ˥kaʔ˥ 正逢；正巧。

【恰恰交】kaʔ˥kaʔ˥tɕiæ˥ 偏偏；正巧。

【恰如其分】tɕʻaʔ˥zɥ˧ʥi˩vən˩或kaʔ˥zɥ˧ʥi˩vən˩

qiān

千【tsʻi˥】

【千万】tsʻi˥vE˩

【千古】tsʻi˥kəu˥˩

【千岁】tsʻi˥sE˥˩

【千把】tsʻi˥po˥˩ 一千左右。

【千金】tsʻi˥tɕən˥˩

【千秋】tsʻi˥tsʻɤ˥˩

【千人石】ʦʻiɪ˥ȵən˨˧zɑʔ˧　苏州虎丘著名景点，约为二亩大平坦大磐石，色暗红，传说是造阖闾墓工匠的血染成。

【千刀肉】ʦʻiɪ˥tæ˥ȵoʔ˧　肉糜。

【千年蒀】ʦʻiɪ˥ȵi˨˧ɦyən˨˧　万年青草。多年生草本植物，冬夏长青，供观赏，视为吉祥物。

【千里马】ʦʻiɪ˥li˨˧mo˨˧

【千里眼】ʦʻiɪ˥li˨˧ŋE˨˧　形容能看得极远的眼睛。

【千里镜】ʦʻiɪ˥li˨˧tɕən˥˩　望远镜的旧称。

【千钟栗】ʦʻiɪ˥ʦoŋ˥soʔ˥　旧泛指大官员的俸禄。

【千脚泥】ʦʻiɪ˥tɕɑʔ˥ȵi˧　因人行走而积在铺地砖上的泥垢。

【千刀万剐】ʦʻiɪ˥tæ˥vE˨˧ko˦˨　形容割肉离骨的次数非常多。

【千人一面】ʦʻiɪ˥ȵən˦Øiəʔ˥mi˨˧　指文艺作品或演员扮演的众多人物公式化、脸谱化。

【千手观音】ʦʻiɪ˥sʏ˥kuø˥Øin˥˩　（一）佛教中观音的一种法相。有一千只手，每只手心中都有一只眼睛。（二）喻特别有能耐的人（多见于反语）。

【千手勿动】ʦʻiɪ˥sʏ˥˩fəʔ˥doŋ˨˧　指袖手旁观，纵有困难绝不动一下手帮助。

【千方百计】ʦʻiɪ˥fɑ̃˥pɑʔ˥tɕi˦˨

【千夫所指】ʦʻiɪ˥fu˥səu˥˩ʦɥ˥˩　受到众人的指责。

【千古兴亡】ʦʻiɪ˥kəu˥˩ɕən˥vɑ̃˨˧　从古以来的国事兴盛衰亡。

【千头万绪】ʦʻiɪ˥dʏ˧vE˨˧zi˨˧　形容头绪非常多。

【千丝万缕】ʦʻiɪ˥sɿ˥vE˨˧li˨˧　形容彼此间关系非常复杂。

【千张包子】ʦʻiɪ˥ʦɑ̃˥pæ˥˩ʦɿ˥˩　百叶包肉馅。浙江湖州生产的最为有名。

【千辛万苦】ʦʻiɪ˥sin˥vE˨˧kʻəu˥˩　形容很多苦楚、艰辛。

【千言万语】ʦʻiɪ˥ɦi˨˧vE˨˧ȵy˨˧　形容话很多。

【千里迢迢】ʦʻiɪ˥li˨˧diæ˧diæ˧　形容路途遥远。

【千变万化】ʦʻiɪ˥pi˦˨vE˨˧ho˥˩

形容变化无穷。

【千金一诺】 ʦ‘iɪ˥ʨən˥Øiəʔ˥nɔʔ˧　形容十分遵守诺言。

【千秋万代】 ʦ‘iɪ˥ʦ‘Y˥vE˩dE˩　形容世世代代。

【千差万别】 ʦ‘iɪ˥ʦ‘o˥vE˩biəʔ˧　指差别非常大。

【千娇万媚】 ʦ‘iɪ˥ʨiæ˥pɑʔ˥mE˩　形容女子容貌或声音非常美好。

【千钧一发】 ʦ‘iɪ˥ʨyən˥Øiəʔ˥faʔ˥

【千载难逢】 ʦ‘iɪ˥ʦE˥˩nE˦voŋ˩

【千真万确】 ʦ‘iɪ˥ʦən˥vE˦ʨ‘yoʔ˥　形容非常确切。

【千篇一律】 ʦ‘iɪ˥p‘iɪ˥˩Øiəʔ˥liəʔ˧

【千锤百炼】 ʦ‘iɪ˥zE˩pɑʔ˥liɪ˩　形容长期艰苦的磨炼。

【千句并一句】 ʦ‘iɪ˥ʨy˥˩pin˥˩Øiəʔ˥ʨy˥˩　总而言之。

【千钿难买愿】 ʦ‘iɪ˥diɪ˩nE˦mɑ˩ȵiø˩　心甘情愿这四个字不是金钱能买到的。

【千有理,百勿错】 ʦ‘iɪ˥ɦiY˩li˩,pɑʔ˥fəʔ˥ʦ‘o˥　形容善于强辩。

【千个师傅千个法】 ʦ‘iɪ˥kəʔ˥sɿ˥vu˩ʦ‘iɪ˥kəʔ˥faʔ˥　喻处理问题,各人方法不同。

【千日斫柴一日烧】 ʦ‘iɪ˥ȵəʔ˧ʦoʔ˥zɑ˦Øiəʔ˥ȵəʔ˧sæ˥　喻长时间辛辛苦苦积攒起来的东西,一下子却被消耗殆尽。

【千年文书好合药】 ʦ‘iɪ˥ȵiɪ˦vən˦sɥ˥hæ˥˩kəʔ˥ɦiɑʔ˧　指文字记录的东西,说不定将来有用。

【千年勿死老乌龟】 ʦ‘iɪ˥ȵiɪ˦fəʔ˥si˥˩læ˦Øəu˥ʨy˥˩　形容乌龟寿命很长。

【千年难得虎瞌䀝】 ʦ‘iɪ˥ȵiɪ˩nE˦təʔ˥həu˧˥k‘əʔ˥ʦ‘oŋ˥˩　喻极少的机会或极难见到的情况。

【千朵桃花一树生】 ʦ‘iɪ˥təu˥˩dæ˦ho˥Øiəʔ˥zɥ˩sən˥　喻同胞兄弟姐妹有血缘维系着。

【千里姻缘一线牵】 ʦ‘iɪ˥li˩Øin˥ɦiø˩Øiəʔ˥si˧˥ʨ‘iɪ˥　形容男女双方只要有缘,不论相隔多么遥远,迟早会结合在一起。

【千有千对,万有万对】 ʦ‘iɪ˥

ɦiʏ˨˧tsʻi˥tE˥˨，mE˧ɦiʏ˨˧mE˧ tE˥˨　形容无论提问什么，总有话强辩。

【千军易得，一将难求】tsʻi˥ tɕyən˥ɦi˧tə˥ˀ，ʔiə˥ˀtsiã˦nE˧ dʑiʏ˧　形容杰出人才难以找到。

【千年勿赖，万年勿还】tsʻi˥ȵi˨˧ fə˥ˀlɑ˨˧，vE˧ȵi˨˧fə˥ˀɦuE˧　指承认欠账，但永远不肯偿还的无赖行径。

【千里之行，始于足下】tsʻi˥li˨˧ tsʮ˥˨ɦin˧，sʮ˦ɦy˨˧tso˥ˀɕiɑ˥˨　千里行程是从足下第一步开始的，喻伟大事业的成功，都须从一点一滴的小事做起。

【千穿万穿，马屁勿穿】tsʻi˥ tsʻø˥mE˨˧tsʻø˥˨，mo˧pʻi˥˨ fə˥ˀtsʻø˥　形容马屁能招人喜欢。

【千岁老人，勿见东南阵】tsʻi˥ sE˥˨læ˧ȵən˨˧，fə˥ˀtɕi˦toŋ˥ nø˧zən˨˧　指阵雨不会起于天空的东南面。

【千年做贼，总有一日要穿】tsʻi˥ȵi˨˧tsəu˦zə˧ˀ，tsoŋ˥ ɦiʏ˨˧ʔiə˥ˀȵə˧ˀʔiæ˦tsʻø˥　指做坏事总有一天会暴露。

【千里送鹅毛，礼轻情谊重】tsʻi˥li˨˧soŋ˦ŋəu˧mæ˨˧，li˧ tɕʻən˥zin˧ɦi˨˧zoŋ˨˧　喻礼物轻微，但情义深重。

【千拣万拣，拣着猪头瞎眼】tsʻi˥kE˥˨mE˨˧kE˥˨，kE˦zɑˀ˧ tsʮ˥dʏ˨˧haˀ˥ŋE˨˧　形容挑选过于挑剔，结果适得其反（多指选对象）。

【千做万做，蚀本生意勿做】tsʻi˥tsəu˦mE˨˧tsəu˦，zəˀ˧ pən˥˨sã˥ʔi˥˨fə˥ˀtsəu˦　喻不做有损自己利益的事。

仟【tsʻi˥】

阡【tsʻi˥】

扦【tsʻi˥】

【扦子】tsʻi˥tsʅ˥˨

【扦皮】tsʻi˥bi˧　削皮。

【扦讲】tsʻi˥kã˥˨　利用话题调侃他人。

【扦柿】tsʻi˥zʅ˨˧　一种削皮食用的柿子。

【扦脚】tsʻi˥tɕiɑ˥ˀ　（一）削去脚上的茧子。（二）从事扦脚工作的人。

【扦脚刀】tsʻii˥tɕiɑʔ˥tæ˥˩ 扦脚用的刀具。

【扦光荸荠】tsʻii˥kuã˥bəʔ˧zi˩ 削去皮的荸荠。

迁【tsʻii˥】

【迁居】tsʻii˥tɕy˥˩

【迁怒】tsʻii˥nəu˩

【迁都】tsʻii˥təu˥˩

【迁移】tsʻii˥ɦi˩

【迁就】tsʻii˥zY˩

【迁跟斗】tsʻii˥kən˥tY˥˩或tsʻii˥kən˥təu˥˩ （一）翻跟斗。（二）形容数字翻倍。

【迁几个跟头】tsʻii˥tɕi˥˩kəʔ˥kən˥tY˥˩或tsʻii˥tɕi˥˩kəʔ˥kən˥təu˥˩ （一）翻几个跟斗。（二）形容数字连续翻了几倍。

【迁连环跟斗】tsʻii˥lii˧˦guᴇ˧˦kən˥tY˥˩ 或 tsʻii˥lii˧˦guᴇ˧˦kən˥təu˥˩ 连续翻了几个跟斗。

瓩【tsʻii˥ŋo˩】

钎【tsʻii˥】

牵【tsʻii˥】

【牵引】tɕʻii˥ɦin˩

【牵头】tɕʻii˥dY˨˦

【牵记】tɕʻii˥tɕi˥˩ 牵挂。

【牵动】tɕʻii˥doŋ˩

【牵丝】tɕʻii˥sɿ˥˩ 大鱼上钩，以渔线牵住鱼来回周旋，致鱼疲劳。

【牵牢】tɕʻii˥læ˩ （一）牵住。（二）形容难以分割的关系。（三）牵连住。

【牵连】tɕʻii˥lii˧˦

【牵线】tɕʻii˥si˧˨˧

【牵制】tɕʻii˥tsɥ˥˩

【牵背】tɕʻii˥pᴇ˥˩ 反悔；翻旧账。

【牵命】tɕʻii˥min˩ （一）接近死亡时的抽搐。（二）喻勉强维持。

【牵差】tɕʻii˥tsʻɑ˥˩ 有差距；对不上号。

【牵挂】tɕʻii˥ko˥˩

【牵筋】tɕʻii˥tɕən˥˩ 抽筋。

【牵涉】tɕʻiɪ˥zəʔ˧

【牵煞】tɕʻiɪ˥saʔ˥ 互相牵制住。

【牵牵】tɕʻiɪ˥tɕʻiɪ˥˩ 牵动一下。

【牵砻】tɕʻiɪ˥loŋ˦ 用木砻去除谷子的外壳。

【牵强】tɕʻiɪ˥ʥiã˩

【牵磨】tɕʻiɪ˥mo˩ 转动石磨，把粮食等磨成粉状。

【牵头皮】tɕʻiɪ˥dY˦bi˩ 翻老账;数落过去的过错。

【牵出来】tɕʻiɪ˥tsʻəʔ˥lE˩ （一）把动物拴了绳拉出来。（二）牵连出来。

【牵勒牵】tɕʻiɪ˥ləʔ˧tɕʻiɪ˥ 抽搐。

【牵三赖四】tɕʻiɪ˥sE˥lɑ˩sɿ˥˩ （一）把不相干的事,硬是牵涉出来。（二）事情复杂,牵涉面广。

【牵亦勿牵】tɕʻiɪ˥ɦaʔ˧fəʔ˥tɕʻiɪ˥ （一）一动不动。（二）面部无一点笑意。

【牵向引头】tɕʻiɪ˥ɕiã˥˩ɦin˩dY˩ 牵头(贬义)。亦作【牵相引头】tɕʻiɪ˥siã˥ɦin˩dY˩。

【牵丝扳藤】tɕʻiɪ˥sɿ˥pE˥˩dən˩ （一）形容不爽快。（二）纠结。

【牵来牵去】tɕʻiɪ˥lE˦tɕʻiɪ˥tɕʻi˥˩ （一）牵涉这又牵涉那。指牵涉广而复杂。（二）把人带来带去(贬义)。

【牵肠挂肚】tɕʻiɪ˥zã˩ko˥˩dəu˩

【牵线搭桥】tɕʻiɪ˥siɪ˦taʔ˥ʥiæ˦

【牵强附会】tɕʻiɪ˥ʥiã˩vu˦ɦuE˩

【牵心挂肚肠】tɕʻiɪ˥sin˥ko˥˩dəu˩zã˩ 形容非常挂念，很不放心。

【牵线木头人】tɕʻiɪ˥siɪ˥˩moʔ˧dY˩ȵən˩ 用做提线木偶戏的木偶。喻愚笨或不灵活的人。也说成【牵线木人头】tɕʻiɪ˥siɪ˥˩moʔ˧ȵən˩dY˩。

【牵一发而动全身】tɕʻiɪ˥Øiəʔ˥faʔ˥ɦəl˥˩doŋ˩ziɪ˦sən˥ 喻牵动其中一个很小的部分就会影响全局。

【牵牢仔鼻头勒走】tɕʻiɪ˥læ˦tsɿ˥˩bəʔ˧dY˩ləʔ˧tsY˥˩ 形容抓住对方的弱点,迫使其顺从。

铅【k‘ᴇ˥】文读【ʨ‘iɪ˥】

【铅皮】k‘ᴇ˥biɪ˨˧˩ 马口铁铁皮。
【铅印】k‘ᴇ˥Øin˦˩˨
【铅字】k‘ᴇ˥zɿ˨˧˩
【铅丝】k‘ᴇ˥sɿ˥˨˧ 细铁丝。
【铅粉】k‘ᴇ˥fən˥˨˧ 旧时的化妆粉。
【铅球】k‘ᴇ˥ʥiʏ˨˧˩
【铅笔】k‘ᴇ˥piəʔ˥
【铅桶】k‘ᴇ˥doŋ˨˧˩ 铁皮水桶。
【铅角子】k‘ᴇ˥koʔ˥ʦɿ˥˨˧ 小面值的硬币。
【铅笔套】k‘ᴇ˥piəʔ˥t‘æ˦˩˨ 铅笔帽。

谦【ʨ‘iɪ˥】

【谦让】ʨ‘iɪ˥ȵiã˨˧˩
【谦虚】ʨ‘iɪ˥ɕy˥˨˧
【谦谦君子】ʨ‘iɪ˥ʨ‘iɪ˥ʨyən˦˩˨ʦɿ˥

签【ʦ‘iɪ˥】

【签订】ʦ‘iɪ˥tin˥˨˧
【签字】ʦ‘iɪ˥zɿ˨˧˩
【签诀】ʦ‘iɪ˥ʨyəʔ˥ 占卜用的签子。
【签约】ʦ‘iɪ˥Øiɑʔ˥
【签证】ʦ‘iɪ˥ʦən˥˨˧
【签单】ʦ‘iɪ˥tᴇ˥ 在单据上签字。
【签筒】ʦ‘iɪ˥doŋ˨˧˩

愆【ʨ‘iɪ˥】

骞【ʨ‘iɪ˥】

搴【ʨ‘iɪ˥】

褰【ʨ‘iɪ˥】

韆【ʦ‘iɪ˥】

qián

钤【ʥiɪ˨˧】

前【ziɪ˨˧】

【前门】ziɪ˨˧mən˨˧˩ 正门。
【前夫】ziɪ˨˧fu˥ 前任丈夫。
【前天】ziɪ˨˧t‘iɪ˥
【前日】ziɪ˨˧ȵəʔ˧ 昨天的前

一天。

【前头】ziɪ˨˦dʏ˩ （一）前面。（二）从前。

【前生】ziɪ˨˦sən˦

【前世】ziɪ˨˦sɥ˥˩

【前任】ziɪ˨˦zən˩

【前年】ziɪ˨˦ȵiɪ˩

【前抢】ziɪ˨˦ʦʻã˥˩ 前些时候。

【前夜】ziɪ˨˦θiɑ˥˩ （一）前一天晚上。（二）喻事情即将发生的时刻。

【前身】ziɪ˨˦sən˦

【前转】ziɪ˨˦ʦø˥˩ （一）前一次。（二）从前。

【前轮】ziɪ˨˦lən˩ 车辆靠车头下面的轮子。

【前沿】ziɪ˨˦ɦiɪ˩

【前科】ziɪ˨˦kʻəu˦

【前途】ziɪ˩dəu˩

【前埭】ziɪ˨˦dɑ˩ （一）上一次。（二）以前。

【前提】ziɪ˨˦diɪ˩

【前景】ziɪ˩ʨən˥˩

【前脚】ziɪ˨˦ʨɑʔ˦ （一）迈步时在前面的一只脚。（二）前不久。

【前程】ziɪ˩zən˩

【前辈】ziɪ˨˦pᴇ˥˩

【前歇】ziɪ˨˦ɕəʔ˦ 以前。

【前趟】ziɪ˨˦tʻɑ̃˥˩ （一）上一次。（二）以前。

【前一抢】ziɪ˨˦θiəʔ˦ʦʻiã˥˩ 前些日子。

【前二日】ziɪ˨˦liã˨˦ȵəʔ˧ 前二天。

【前日子】ziɪ˨˦ȵəʔ˧ʦɿ˥˩ 前天。也作【前日子搭】ziɪ˨˦ȵəʔ˧ʦɿ˥˩taʔ˦。

【前世事】ziɪ˨˦sɥ˦zɿ˩ 前生的事，多指前世的孽债。本迷信语，现在往往作为抱怨时的口头语。

【前世里】ziɪ˨˦sɥ˦li˩ （一）上一生的时候。（二）用于否定句，表示无论如何。如：这种事，我前世里亦勿会做的。

【前半夜】ziɪ˨˦pø˦θiɑ˥˩ 上半夜。

【前后脚】ziɪ˨˦ɦʏ˨˦ʨiɑʔ˦ 表示时间上很接近。

【前夹心】ziɪ˨˦kaʔ˦sin˥˩ （一）猪肉。猪胸连着前腿的肉。（二）趣语。指人的前胸。

【前刘海】ziɪ˨˦lʏ˨˦hᴇ˥˩ 妇女或儿童垂在前额的整齐的短

Q

发。

【前年仔】zii˨˦ȵii˨˦ʦɿ˥˧　前年。

【前两日】zii˨˦liã˨˦ȵəʔ˧　前两天。

【前三后四】zii˨˦sE˥ɦʏ˨˩sɿ˥˧　旧时逢到喜庆，往往要庆祝七天时间，分前三天和后四天。

【前世一劫】zii˨˦sɥ˥˧Øiəʔ˥ʨəʔ˥　抱怨语。前生定下的劫难。

【前世冤家】zii˨˦sɥ˥˧Øiø˥kɑ˥˧　抱怨语。前生的仇人（多指夫妻、子女）。

【前吃后空】zii˨˦ʨʰəʔ˥ɦʏ˨˩kʰoŋ˥　吃了上顿没下顿，形容经济拮据。

【前因后果】zii˨˦Øin˥ɦʏ˨˩kəu˥˧

【前抢世里】zii˨˦ʦʰiã˥sɥ˥˧li˨˩　前些时候。

【前前后后】zii˨˦zii˨˦ɦʏ˨˩ɦʏ˨˩　从开始到末了。

【前脚后脚】zii˨˦ʨiɑʔ˥ɦʏ˨˩ʨiɑʔ˥　义同【前后脚】。

【前说后忘记】zii˨˦səʔ˥ɦʏ˨˦mã˨˦ʨi˥˧　刚刚听说过的话，一会儿就忘记。形容健忘。

【前看后忘记】zii˨˦kʰø˥ɦʏ˨˦mã˨˦ʨi˥˧　刚看过就忘。形容健忘，记忆力差。

【前胸通后背】zii˨˦ɕoŋ˥tʰoŋ˥ɦʏ˨˩pE˧　胸背洞穿。

【前言不搭后语】zii˨˦ɦii˨˩fəʔ˥taʔ˥ɦʏ˨˩ȵy˨˩　形容说话前后矛盾。也形容说话颠三倒四。

【前怕狼，后怕虎】zii˨˦pʰo˥˧lã˨˦，ɦʏ˨˩pʰo˥˧həu˥˧

【前世不修今世苦】zii˨˦sɥ˥˧fəʔ˥sʏ˥ʨən˥sɥ˥˧kʰəu˥˧　激忿语。今生受苦，只怪自己前世不修。

【前船即是后船样】zii˨˦zø˨˩ʦiəʔ˥zɿ˨˩ɦʏ˨˦zø˨˩ɦiã˨˩　喻前人的经验教训，就是后人做事的借鉴。

【前人种树，后人乘凉】zii˨˦ȵən˨˩ʦoŋ˥˧zɥ˨˩，ɦʏ˨˦ȵən˨˦zən˨˦liã˨˦　喻前人为后代造福。

【前事不忘，后事之师】zii˨˦zɿ˨˩pəʔ˥vã˨˩，ɦʏ˨˦zɿ˨˩ʦɥ˥˧sɿ˥　指从前的事情不能忘记，那是今后行事的借鉴。

【前账未清，免开尊口】zii˨˦

tsã˥˩vi˨˩ts'in˥，miɪ˥kE˥tsən˥k'Y˥˩ 俗语。前面亏欠的还没有还清，请不必再开口商借。

【前世勿修今世苦，做到半夜焐冷铺】ziɪ˨˧sɥ˥˩fəʔ˥sY˥tɕən˥sɥ˥˩k'əu˥˩，tsəu˥˧tæ˥˩pø˥Øiɑ˥˩Øəu˥lã˨˩pu˥˩ 抱怨语。命运不济，工作很辛苦，还是穷得成不了家。

虔【dʑiɪ˨˧】

【虔诚】dʑiɪ˨˧zən˨˩

钱【ziɪ˨˧】

【钱币】ziɪ˨˧bi˨˩

【钱庄】ziɪ˨˧tsɑ̃˥

【钱粮】ziɪ˨˧liɑ̃˨˩ （一）银钱和粮食。（二）烧化给亡灵的纸钱。

【钱能役鬼】ziɪ˨˧nən˨˩ɦyəʔ˧kuE˥˩ 喻金钱万能。

【钱粮师爷】ziɪ˨˧liɑ̃˨˧sɿ˥ɦiɑ˨˩ 清代主管财政的幕僚。

【钱到赌场，人到法场】ziɪ˨˧tæ˥˩təu˥˧zɑ̃˨˩，ȵən˨˧tæ˥˩faʔ˥zɑ̃˨˩ 指都要完蛋的两件事。反衬赌博之害。

钳【dʑiɪ˨˧】

【钳子】dʑiɪ˨˧tsɿ˥˩

【钳工】dʑiɪ˨˧koŋ˥

【钳轧】dʑiɪ˨˧gaʔ˧ 由于不服气，使出的钳制和倾轧手段。

【钳牢】dʑiɪ˨˧læ˨˩ （一）夹住。（二）喻抓住别人的短处不放手。

【钳煞】dʑiɪ˨˧saʔ˥ 喻抓住别人的短处喋喋不休。

【钳三轧四】dʑiɪ˨˧sE˥gaʔ˧sɿ˥˧ 一会对这个，一会对那个，使出钳制和倾轧手段。

【钳钳轧轧】dʑiɪ˨˧dʑiɪ˨˧gaʔ˧gaʔ˧ 不断地拿别人说事。

乾【dʑiɪ˨˧】另见 gān‘干’。

【乾宅】dʑiɪ˨˧zɑʔ˧ 结婚时男方的家庭。

【乾坤】dʑiɪ˨˧k'uən˥

掮【dʑiɪ˨˧】

【掮客】dʑiɪ˨˧k'ɑʔ˥

【掮下来】dʑii˩˧ɦo˨˩lɛ˨˩ 喻承担下来。

【掮大旗】dʑii˩˧dəu˦dʑi˨˩ 喻领军人物。

【掮木梢】dʑii˩˧moʔ˧sæ˥˧ 喻受人哄骗,去干某件事。

【掮台面】dʑii˩˧dᴇ˦mii˨˩ 指吃饭落在最后吃完。

【掮肩架】dʑii˩˧tɕii˥ka˥˧ 喻承担责任。

【掮牌头】dʑii˩˧ba˦dʏ˨˩ 抬出某个有影响的人来壮自己的声势。

【掮高喉咙】dʑii˦kæ˥ɦoʔ˧loŋ˨˩ 提高嗓门。

【掮湿木梢】dʑii˦səʔ˥moʔ˧sæ˥˧ 义同【掮木梢】。

【掮水浸木梢】dʑii˦sɥ˧˥tsin˥moʔ˧sæ˥˧ 义同【掮木梢】。

潜【zi˩˧】

【潜力】zi˩˧liəʔ˧

【潜心】zi˩˧sin˥

【潜水】zi˩˧sɥ˥˧

【潜在】zi˩˧zᴇ˨˩

【潜伏】zi˨˩voʔ˧

【潜逃】zi˨˩dæ˦

【潜台词】zi˩˧dᴇ˦zɿ˨˩

黔【dʑi˩˧】

【黔驴技穷】dʑii˩˧li˨˩dʑi˩˧dʑioŋ˦

qiǎn

肷【k'ᴇ˥˧】

浅【ts'i˥˧】

【浅见】ts'i˥˧tɕii˥˧

【浅近】ts'i˥˧dʑəŋ˨˩

【浅显】ts'i˥˧ɕii˥˧

【浅薄】ts'i˧˥boʔ˧

【浅滩】ts'i˧˥t'ᴇ˥

遣【tɕ'i˥˧】

【遣返】tɕ'i˧˥fᴇ˥˧

【遣送】tɕ'i˥soŋ˥˧

【遣散】tɕ'i˧˥sᴇ˥˧

谴【tɕ'i˥˧】

【谴责】tɕ'i˧˥tsəʔ˥

缱【tɕʻiɪ˅】

【缱绻】tɕʻiɪ˅tɕʻø˅

qiàn

欠【tɕʻiɪ˅】

【欠妥】tɕʻiɪ˅tʻəu˅　不太妥当。

【欠条】tɕʻiɪ˥diæ˩

【欠账】tɕʻiɪ˥tsã˅　（一）欠人钱。（二）赊欠的账目。

【欠差】tɕʻiɪ˥tsʻɑ˅　（一）缺乏；不够。（二）有差距，相差。

【欠缺】tɕʻiɪ˥tɕʻyəʔ˥

【欠债】tɕʻiɪ˅tsɑ˅　欠人钱。

【欠情】tɕʻiɪ˅zin˧

【欠睏】tɕʻiɪ˥kʻuən˅　睡眠不足。

【欠手脚债】tɕʻiɪ˅sʏ˧tɕiɑʔ˥tsɑ˅　白白伺候人的抱怨语（多对配偶、子女）。

【欠得多，还得少】tɕʻiɪ˅təʔ˥təu˥，ɦuᴇ˧təʔ˥sæ˅　形容人脸色似讨债般难看。

【欠仔一屁股二肋肋个债】tɕʻiɪ˅tsɿ˅øiəʔ˥pʻi˥kəu˅liã˧ɕəʔ˥ləʔ˧kəʔ˥tsɑ˅　形容欠债极多。

纤【tɕʻiɪ˅】另见 xiān。

【纤夫】tɕʻiɪ˥fu˅

芡【tɕʻiɪ˅】

【芡实】tɕʻiɪ˥zəʔ˧

茜【tsʻiɪ˅】

倩【tsʻiɪ˅】

【倩影】tsʻiɪ˅øin˅

堑【tɕʻiɪ˅】

【堑壕】tɕʻiɪ˅ɦæ˩

嵌【kʻᴇ˅】文读【tɕʻiɪ˅】中州韵【tɕʻiᴇ˥】、【tɕʻiᴇ˅】

【嵌入】kʻᴇ˅zəʔ˧　把较小的东西卡入较大东西上面的凹处或缝隙中。

【嵌队】k'ɛ˧˦dɛ˨˩ 为了取巧而不守秩序，插进排好的队列里。

【嵌牢】k'ɛ˧˦læ˨˦或k'ɛ˥læ˨˩ 镶嵌住了。

【嵌牙子】k'ɛ˥ŋɑ˨˦tsɿ˧˩ 食物碎屑嵌入牙缝。

【嵌进去】k'ɛ˧˦tsin˥tɕ'i˧˩ (一)镶嵌进去。(二)插入。

【嵌骨子】k'ɛ˧˦kuəʔ˥tsɿ˧˩ 喻话中带刺。

【嵌骨头】k'ɛ˧˦kuəʔ˥dʏ˨˦ 义同【嵌骨子】。

【嵌罗甸】k'ɛ˧˦ləu˨˦din˨˩ 一种雕刻工艺。把贝母刻成图样，镶嵌在木器上。

【嵌脚痛】k'ɛ˥tɕiɑʔ˥t'oŋ˧˩ 鞋小脚大，穿用时裹擦产生的疼痛。

【嵌小铜钿】k'ɛ˧˦siæ˧˦doŋ˨˦din˨˩ 喻话中带刺。

【嵌宝戒指】k'ɛ˥pæ˥kɑ˧˩tsɥ˧˩ 镶嵌宝石的指环。

歉【tɕ'iɪ】

【歉收】tɕ'iɪsʏ˥

【歉意】tɕ'iɪøi˧˩

qiāng

呛【ts'iã˧˦】另见 qiàng。

【呛】ts'iã˧˦ (一)咳嗽。(二)色彩触眼。(三)用生石灰制蜜饯。(四)液体、石灰等使生命(窒息)。

【呛虾】ts'iã˥ho˧˩ 用酒把活虾呛死并加调料制成的菜肴。

【呛煞】ts'iã˧˦saʔ˥ (一)因水进入呼吸器官引起的窒息死亡。(二)因石灰等进入呼吸器官引起的窒息死亡。(三)动物浸在酒中醉死。(四)指"呛"的程度很深。

【呛蟹】ts'iã˥hɑ˧˩ (一)用酒把活蟹呛死并加调料制成的菜肴。也叫【醉蟹】tsɛ˥hɑ˧˩。(二)经腌制的海蟹。

羌【tɕ'iã˥】

【羌饼】tɕ'iã˧˦pin˧˩ 厚的烙饼。

【羌笛】tɕ'iã˥diəʔ˧

枪【tsʻiã˥】

【枪口】tsʻiã˥kʻʏ˨

【枪手】tsʻiã˥sʏ˨

【枪尖】tsʻiã˥tsiɪ˨ 古兵器长枪的尖头部分，又名【枪尖子】tsʻiã˥tsiɪ˥tsɿ˨。

【枪决】tsʻiã˥tɕyəʔ˥

【枪杆】tsʻiã˥kø˨ （一）古兵器长枪的中间部分。（二）泛指武器或武装力量，也说【枪杆子】tsʻiã˥kø˥tsɿ˨。

【枪花】tsʻiã˥ho˨ 花招。

【枪毙】tsʻiã˥bi˩

【枪弹】tsʻiã˥dɛ˩

【枪眼】tsʻiã˥ŋɛ˩

【枪头子】tsʻiã˥dʏ˦tsɿ˨ （一）枪类。（二）枪口。（三）古代长枪的头部。

【枪钻子】tsʻiã˥tsø˥tsɿ˨ 古兵器长枪的尾部，或球形，或葫芦形等。

【枪毙鬼】tsʻiã˥bi˩tɕy˨ 因犯法而被枪决的人。

【枪篱笆】tsʻiã˥li˩bo˨ 竹条做的篱笆。

【枪林弹雨】tsʻiã˥lin˩dɛ˩ɦy˩

【枪打出头鸟】tsʻiã˥tã˨tsʻəʔ˥dʏ˦ȵiæ˨

戗【tsʻiã˥】另见 qiàng。

【戗】tsʻiã˧ （一）方向相对。（二）形容说话生硬，使人难受。

【戗风】tsʻiã˥foŋ˥

将【tsʻiã˥】另见 jiāng；jiàng。

腔【tɕʻiɑ̃˥】文读【tɕʻiã˥】

【腔讪】tɕʻiã˥sɛ˨ （一）指说话的声音、语气等（贬义）。（二）形容仪表、神情、态度的样子（贬义）。

【腔势】tɕʻiã˥sʮ˨ 义同【腔讪】。

【腔调】tɕʻiã˥diæ˩ 义同【腔讪】。但不一定贬意。

【腔档】tɕʻiã˥tɑ̃˨ 框档。

蜣【tɕʻiã˥】

锵【tsʻiã˥】

镪【tsʻiã˥】另见 qiǎng。

qiáng

强【ʥiã˧】另见 jiàng；qiǎng。

【强人】ʥiã˩zən˩

【强大】ʥiã˩dɑ˩

【强化】ʥiã˧ho˥˩˧

【强手】ʥiã˧sʏ˥˩˧

【强奸】ʥiã˧ʨiɪ˥或ʥiã˧kᴇ˥

【强行】ʥiã˩ɦin˩

【强壮】ʥiã˧tsɑ̃˥˩˧

【强攻】ʥiã˧koŋ˥

【强抢】ʥiã˧tsʻiã˥˩˧　强行抢夺。

【强身】ʥiã˧sən˥

【强国】ʥiã˧kuəʔ˥

【强劲】ʥiã˧ʨən˥˩˧

【强度】ʥiã˧dəu˩

【强项】ʥiã˧ɦɑ̃˩

【强徒】ʥiã˩dəu˩　强盗。

【强健】ʥiã˧ʥiɪ˩

【强烈】ʥiã˧liəʔ˧

【强盗】ʥiã˧dæ˩

【强梁】ʥiã˩liã˩

【强硬】ʥiã˧ŋã˩

【强盛】ʥiã˩zən˩

【强横】ʥiã˧ɦuã˩

【强暴】ʥiã˩bæ˩

【强盗抢】ʥiã˧dæ˧tsʻiã˥˩˧　强盗抢劫。

【强凶霸道】ʥiã˩ɕioŋ˥po˥˩˧dæ˩　强横，凶暴，不讲道理。

【强爷胜祖】ʥiã˧ɦiɑ˧sən˥˩˧tsəu˥˩˧　小辈强过父辈、祖辈。

【强头叫花子】ʥiã˧dʏ˧kæ˥ho˥˩˧tsɿ˥˩˧　指用强硬手段索取食物、金钱等的乞丐。

【强盗发善心】ʥiã˧dæ˩faʔ˥zø˩sin˥˩˧　强盗动起了慈悲的念头。喻蛮横或贪婪的人，偶尔也动了恻隐之心。

【强龙难斗地头蛇】ʥiã˧loŋ˩nᴇ˧tʏ˥˩˧di˧dʏ˧zo˩　喻外来势力虽然厉害，但也难敌当地的势力。

【强将手下无弱兵】ʥiã˧tsiã˦sʏ˦ɦiɑ˥˩˧vu˩zɑʔ˧pin˥　喻

领导精明强干，所属人员一定也很能干。

【强盗囡唔贼外孙】ʥiã˨˧dæ˩nø˨˧ŋ̍˩zəʔ˧ŋɑ˩sã˥˩ 指女儿回娘家，外孙去外婆家，因关系亲近，举止行为往往随心所欲。

【强盗碰着贼爷爷】ʥiã˨˧dæ˩bã˨˧zɑʔ˧zəʔ˧ɦiɑ˩ɦiɑ˩ 喻坏人之间黑吃黑，巧取豪夺，各施手段。

【强盗打官司——场场输】ʥiã˨˧dæ˩tã˥˩kuø˥sɿ˥˩——zã˨˧zã˨˧sʮ˥ 歇后语。每次都输。

【强盗拍照——贼相难看】ʥiã˨˧dæ˩pʻɑʔ˥tsæ˦——zəʔ˧siã˦nᴇ˨˧kʻø˥˩ 歇后语。指人仪表或姿态难看（贬义）。

【强盗上法场——自作自受】ʥiã˨˧dæ˩zɑ̃˩faʔ˥zã˨˧——zɿ˨˧tsoʔ˥zɿ˩zY˩ 歇后语。指自己做错了事，自己承受后果。

【强人自有强人手，更有强人在后头】ʥiã˩zən˩zɿ˨˧ɦiY˩ʥiã˩zən˩sY˥˩，kən˦ɦiY˩ʥiã˩zən˩zᴇ˩ɦY˨˧dY˩ 形容能人层出不穷。

嗆【ʥiã˨˧】

【嗆】ʥiã˨˧ 价廉。

【嗆货】ʥiã˨˧həu˥˩ （一）价钱不大的货物。（二）便宜货。

【嗆煞格】ʥiã˨˧saʔ˥kəʔ˥ 很便宜的。

墙【ziã˨˧】

【墙门】ziã˨˧mən˩ 指旧式大宅的大门。

【墙头】ziã˨˧dY˩ 墙。

【墙报】ziã˨˧pæ˥˩

【墙角】ziã˨˧koʔ˥

【墙纸】ziã˨˧tsɿ˥˩

【墙砖】ziã˨˧tsø˥

【墙壁】ziã˨˧piəʔ˥

【墙门间】ziã˨˧mən˨˧kᴇ˥˩ 旧时大宅前门里的地方。

【墙头草】ziã˨˧dY˨˧tsʻæ˥˩ （一）喻没有主见的人。（二）喻见风使舵的投机者。

Q

【墙门人家】ziã˨˧mən˨˧ȵən˨˩kɑ˥˧ 旧指有身份的人家。

【墙倒众人推】ziã˨˧tæ˥˧tsoŋ˥ȵən˨˧tʻE˥ 喻在失势或倒霉时，被许多人指责、欺侮。

【墙里开花墙外香】ziã˨˧li˨˩kʻE˥ho˥˧ziã˨˧ŋɑ˨˩ɕiã˥ 喻取得的成果，在本单位不受重视，却在别处发挥作用。

【墙头上刷白水——白说(刷)】ziã˨˧dɤ˨˧lɑ̃˨˩səʔ˥baʔ˧sʮ˥˧——baʔ˧səʔ˥(səʔ˥) 歇后语。指说了等于没说一样，对方什么都没有听进去。吴语中“刷”、“说”同音。

【墙头上刺针——戳壁脚】ziã˨˧dɤ˨˧lɑ̃˨˩tsʻɿ˧˦tsən˥——tsʻoʔ˥piəʔ˥tɕiaʔ˥ 歇后语。背后说人坏话。

蔷【ziã˨˧】

【蔷薇花】ziã˨˧bi˨˧ho˥˧

嫱【ziã˨˧】

樯【ziã˨˧】

qiǎng

抢【tsʻiã˥˧】

【抢手】tsʻiã˧˦sɤ˥˧

【抢夺】tsʻiã˧˦dəʔ˧

【抢先】tsʻiã˧˦siɪ˥

【抢收】tsʻiã˧˦sɤ˥

【抢攻】tsʻiã˧˦koŋ˥

【抢购】tsʻiã˧˦kɤ˥˧

【抢劫】tsʻiã˧˦tɕəʔ˥

【抢亲】tsʻiã˧˦tsʻin˥

【抢险】tsʻiã˥˧ɕiɪ˥˧

【抢修】tsʻiã˧˦sɤ˥

【抢种】tsʻiã˥˧tsoŋ˧˦

【抢救】tsʻiã˥˧tɕiɤ˥˧

【抢脱】tsʻiã˧˦tʻəʔ˥ 抢掉。

【抢三十】tsʻiã˧˦sE˥səʔ˥ (一)一种游戏。二人轮流从一连续报数到三十，每人限报一个或两个连续数字，以最终报到数字三十者为胜。(二)讥人说话、行事速度过快。

【抢风头】tsʻiã˧˦foŋ˥dɤ˨˩ 抢在别人前面，显示个人的表现(贬义)。

【抢手货】tsʻiã˧˦sɤ˥həu˥˧ 很

受欢迎、人们争先购买的货物等。也指难得的人才。

【抢生意】tsʻiã˥sã˥θi˥˩　用手段夺取别人的买卖。

【抢位子】tsʻiã˥ɦuE˦tsɿ˥˩　抢占座位。

【抢饭吃】tsʻiã˥˩vE˩tɕʻəʔ˧　义同【抢饭碗】。

【抢饭碗】tsʻiã˥˩vE˦θuø˥˩　（一）喻指与别人争夺职业。（二）喻争抢有关生存、生活的利益。

【抢惠账】tsʻiã˥ɦuE˦tsã˥˩　买东西或上馆子吃饭时与人争抢付账。

【抢羹饭】tsʻiã˦kã˥vE˩　讥人用餐或行事过于急迫、草率。羹饭，迷信人给亡灵或鬼卒用的饭食。

【抢手夺脚】tsʻiã˦sʏ˥˩dəʔ˧tɕiɑʔ˥　形容争抢的样子。

【抢讲闲话】tsʻiã˥kɑʔ˥ɦE˦ɦo˩　压住别人的话头说话。

【抢牢交子】tsʻiã˥læ˦kæ˥˩tsɿ˥˩　抢先占着不放。

【抢勒前头】（1）tsʻiã˥˩ləʔ˧ziɪ˦dʏ˦　抢先。（2）tsʻiã˥ləʔ˧ziɪ˦dʏ˩　（一）抢先。（二）挡在前面。

强【tɕʻiã˥˩】另见 jiàng；qiáng。

【强记】tɕʻiã˥˩tɕi˥˩　临时硬生生地记住。

【强求】tɕʻiã˦dʑiʏ˦

【强迫】tɕʻiã˦pʻəʔ˥

【强逼】tɕʻiã˦piəʔ˥

【强制】tɕʻiã˥˩tsʮ˥˩

【强辩】tɕʻiã˥˩bi˩或dʑiã˩bi˩

【强解劝】dʑiã˦ka˥tɕʻiø˥˩　明显偏袒一方的劝架。

【强装欢笑】tɕʻiã˦tsã˥huø˥siæ˥˩　勉强做出笑容。

镪【tɕʻiã˥˩】

襁【tɕʻiã˥˩】

【襁褓】tɕʻiã˦pæ˥˩　包裹婴儿的被子和带子。

qiàng

呛【tsʻiã˦】另见 qiāng。

Q

戗【ʦʻiã˦】另见 qiāng。

【戗】ʦʻiã˥　添加(一些)。

【戗开】ʦʻiã˦kʻᴇ˥　用剪刀勒开。

【戗伞】ʦʻiã˥sᴇ˦　撑伞。

【戗水阂】ʦʻiã˥sɥ˥˩daʔ˧　檐前遮挡雨水的建筑。

【戗戗色】ʦʻiã˥ʦʻiã˥səʔ˥　加进一点其他东西,使颜色好看些或花色多一点。

炝【ʦʻiã˥˩】

【炝毛豆】ʦʻiã˥mæ˧dʏ˨˩　水煮毛豆角。

跄【ʦʻɑ̃˥˩】文读【ʦʻia˥˩】

蹡【ʦʻiã˥˩】

qiāo

悄【ʦʻiæ˥】另见 qiǎo。

【悄悄】ʦʻiæ˥ʦʻiæ˥˩

【悄悄话】ʦʻiæ˥ʦʻiæ˥ho˨˩

【悄悄然】ʦʻiæ˦ʦʻiæ˥zø˨˩　形容寂静无声。

雀【ʦʻiɑʔ˥】中州韵【ʦʻioʔ˥】另见 què。

跷【ʨʻiæ˥】

【跷力】ʨʻiæ˥liəʔ˧　形容费力、难办。

【跷起】ʨʻiæ˥ʨʻi˥˩　(一)抬起(腿),竖起(指头)。(二)形容向上翘起。

【跷跷】ʨʻiæ˦ʨʻiæ˥˩　翘起(大拇指)。

【跷脚】ʨʻiæ˥ʨiɑʔ˥　(一)因患病或受伤,走路时身体不平衡的脚。(二)跛脚的人;瘸子。

【跷节头】ʨʻiæ˥ʦʻiəʔ˥dʏ˨˩　翘起大拇指,表示了不起。

【跷起来】ʨʻiæ˦ʨʻi˥lᴇ˨˩　竖起来;脚抬起来;向上跷。也读作ʨʻiæ˥ʨʻi˥lᴇ˨˩。

【跷耸耸】ʨʻiæ˥soŋ˥soŋ˥˩　形容向上跷起来耸动的样子。

【跷勒跷】ʨʻiæ˥ləʔ˧ʨʻiæ˥˩

形容动作一高一底、一起一落的样子。

【跷跷板】tɕʻiæ˥tɕʻiæ˥pᴇ˥˩

【跷髈搁脚】tɕʻiæ˥pʻɑ̃˥˩koʔ˥ tɕiɑʔ˥ 把一条腿架在另一条腿上。

【跷起二郎腿】tɕʻiæ˥tɕʻi˥˩ɦəl˩ lɑ̃˧tʻᴇ˥˩ 把一条腿架在另一条腿上。

【跷跷大拇节头】tɕʻiæ˦tɕʻiæ˦ dəu˧miəʔ˧tsiəʔ˥dʏ˩ 竖起大拇指，表示赞赏。

敲【kʻæ˥】文读【tɕʻiæ˥】

【敲诈】kʻæ˥tso˥˩

【敲更】kʻæ˥kɑ̃˥ 打更。

【敲定】kʻæ˥din˩

【敲着】kʻæ˥zɑʔ˧ （一）打着；打中。（二）争取到（合同等）。（三）敲诈到。

【敲锣】kʻæ˥ləu˧ （一）打锣。（二）喻肆意四处宣传。

【敲煞】kʻæ˥sɑʔ˥ 确定下来；决定。

【敲门砖】kʻæ˥mən˧tsø˥˩

【敲木鱼】kʻæ˥moʔ˧ɦʏ˩ （一）敲击木鱼。（二）形容反复督促、提醒。

【敲手心】kʻæ˥sʏ˦sin˥ 用尺打手心，表示薄惩。现多用来表示挨批评。

【敲边鼓】kʻæ˥pi˥kəu˥˩

【敲竹杠】kʻæ˥tsoʔ˥kɑ̃˥˩

【敲菱壳】kʻæ˥lin˧kʻoʔ˥ 敲诈。

【敲着实】kʻæ˥zɑʔ˧zəʔ˧ 落实。

【敲警钟】kʻæ˥tɕən˦tsoŋ˥˩

【敲开木鱼】kʻæ˥kʻᴇ˥moʔ˧ ɦʏ˩ 形容笑得合不拢的嘴。

【敲钉转脚】kʻæ˥tin˥tsø˥˩ tɕiɑ˥˩ 确认落实；再不会改变。

【敲穿木鱼】kʻæ˥tsʻø˥moʔ˧ ɦʏ˩ （一）修行成正果。（二）喻经过艰辛的努力，终于获得成功。

【敲瘪橄榄】kʻæ˥piə˥kᴇ˥˩lᴇ˩ 福果；将橄榄砸扁后腌制成的蜜饯。

【敲脚炉盖】kʻæ˥tɕiɑʔ˥ləu˧ kᴇ˥˩ 吴俗，家人寻找迷失的小孩时，边寻边敲击脚炉盖。

【敲怕格猢狲】kʻæ˥po˦kə˥ɦuəʔ˧sən˥˧　喻心有余悸的人。

【敲一记，撸一撸】kʻæ˥Øiəʔ˥tɕi˥˧，ləu˥Øiəʔ˥ləu˥˧　打一下，抚摸安抚一下。喻打击一下，安抚一下的手段。

【敲锣卖糖，各干一行】kʻæ˥ləu˨˦mɑ˩dɑ̃˨˦，kɔʔ˥kø˥˧Øiəʔ˥ɦɑ̃˨˦　指各做各的行当。

【敲脱牙齿往肚皮里咽】kʻæ˥tʻəʔ˥ŋɑ˨˦tsɿ˥˧mɑ̃˩dəu˨˦bi˨˦li˩Øli˦˧　形容有苦说不出。

【敲亦破锣，勿敲亦是破锣】kʻæ˥ɦaʔ˧pʻu˥ləu˩，fəʔ˥kʻæ˥ɦaʔ˧zɿ˩pʻu˥ləu˩　喻有了缺点、错误，改不改正，反正一样，采取无所谓态度。

橇【tɕʻiæ˥】

缲【tsʻiæ˥】、【kʻæ˥】

【缲】tsʻiæ˥　把织物向上翻。

【缲边】tsʻiæ˥piɪ˥　（一）缝纫方法。做衣服边或带子时把布边往里头卷进去，然后藏着针脚缝。（二）喻从旁帮忙说好话，促成事情办成。

【缲一缲】tsʻiæ˥Øiəʔ˥tsʻiæ˥　织物向上翻卷（多指衣袖、裤腿）。

【缲上去】tsʻiæ˥zɑ̃˩tɕʻi˥˧　织物向上翻卷。

【缲尿布】tsʻiæ˥sʮ˥pu˥˧　替婴儿扎缚尿片。

【缲起来】tsʻiæ˥tɕʻi˥˧lE˩　织物向上翻卷、挽起来（多指衣袖、裤腿）。

【缲衣裳管】tsʻiæ˥Øi˥zɑ̃˩kuø˥˧　衣袖向上翻卷、挽起来。

【缲拳勒臂】tsʻiæ˥dʑiØ˩ləʔ˧pi˥˧　形容预备动手打架或干重活的样子。

【缲裤脚管】tsʻiæ˥kəu˥tɕiɑʔ˥kuø˥˧　裤腿向上翻卷、挽起来。

qiáo

乔【dʑiæ˨˦】

【乔木】dʑiæ˨˦moʔ˧

【乔迁】dʑiæ˨˦tsʻiɪ˥

【乔装改扮】ʥiæ˨˧tsɑ̃˥kᴇ˥˩ pᴇ˥˩ 改换服装，装扮成另外的模样以隐瞒自己的身份。

侨【ʥiæ˩˧】

【侨民】ʥiæ˨˧min˩

【侨务】ʥiæ˨˧vu˩

【侨居】ʥiæ˨˧tɕy˥

【侨眷】ʥiæ˨˧tɕø˥˩

荞【ʥiæ˩˧】

【荞麦】ʥiæ˨˧mɑʔ˧

【荞荞子】ʥiæ˨˧ʥiæ˨˧tsɿ˥˩ 一种草的荚果，可以制成小哨子供儿童玩。

桥【ʥiæ˩˧】

【桥头】ʥiæ˨˧dY˩

【桥洞】ʥiæ˨˧doŋ˩

【桥桩】ʥiæ˨˧tsɑ̃˥ 为架桥打入河底的桩子。

【桥梁】ʥiæ˨˧liɑ̃˩ 苏州评弹行话中指演出的书台。

【桥堍】ʥiæ˨˧t'əu˥˩

【桥墩】ʥiæ˨˧tən˥

【桥门洞】ʥiæ˨˧mən˨˧doŋ˩ 桥孔。

【桥栏杆】ʥiæ˨˧lᴇ˨˧kø˥˩ 桥两侧边上起拦挡作用的东西。

【桥墩墩】ʥiæ˨˧tən˥tən˥˩ 桥墩。

【桥头三阿爹】ʥiæ˨˧dY˩sᴇ˥ ɒaʔ˥tiɑ˥˩ 泛指生活知识和经验非常丰富、受大家信任的市井老人。

【桥归桥，路归路】ʥiæ˨˧kuᴇ˥ ʥiæ˨˧，ləu˩kuᴇ˥ləu˩ 喻这件事就是这件事，那件事就是那件事，互不相关，不能混为一谈。

翘【ʥiæ˩˧】另见 qiào。

【翘】ʥiæ˩˧ 平整的物体变形弯曲。

【翘轧】ʥiæ˨˧gaʔ˧ 需要解决的矛盾。

【翘首】ʥiæ˨˧sY˥˩

【翘三捩四】ʥiæ˨˧sᴇ˥liəʔ˧

sɿ˥˩ （一）形容高低不平。（二）形容人喜欢惹是非、难相处。

谯【ziæ˨˦】

【谯楼】ziæ˨˩lY˨˩

憔【ziæ˨˦】

【憔悴】ziæ˨˩zE˨˩

樵【ziæ˨˦】

【樵夫】ziæ˨˦fu˥˧

瞧【ziæ˨˦】

qiǎo

巧【tɕʻiæ˥˩】

【巧计】tɕʻiæ˥˩tɕi˥˩

【巧头】tɕʻiæ˦dY˨˩ 凑巧的事。也作【巧头戏】tɕʻiæ˦dY˨˦ɕi˥˩。

【巧合】tɕʻiæ˦ɦəʔ˧

【巧匠】tɕʻiæ˥˩ziã˨˩

【巧妙】tɕʻiæ˦miæ˨˦

【巧果】tɕʻiæ˦kəu˥˧ 一种用面粉片做的油炸食品。农历七月初七乞巧节的节令食品。

【巧劲】tɕʻiæ˥˩tɕən˥˩

【巧嘴】tɕʻiæ˦tsʮ˥˧ 指善于辞令者。

【巧克力】tɕʻiæ˥˧kʻəʔ˥˧liəʔ˧

【巧易头】tɕʻiæ˦ɦi˨˦dY˨˩ 凑巧。

【巧碰巧】tɕʻiæ˦bã˨˦tɕʻiæ˥˩ 非常凑巧。

【巧立名目】tɕʻiæ˦liəʔ˧min˨˦moʔ˧

【巧夺天工】tɕʻiæ˦dəʔ˧tʻiɪ˥˧koŋ˥˩

【巧取豪夺】tɕʻiæ˦tsʻi˥˧ɦæ˨˦dəʔ˧

【巧新妇难为无米之炊】tɕʻiæ˦sin˥˧vu˨˩nE˨˦ɦuE˨˩vu˨˩mi˨˩tsʮ˥˩tsʻE˥˧

悄【tsʻiæ˥˩】另见 qiāo。

壳【kʻoʔ˥˧】另见 ké。

俏【tsʻiæ˦˩˨】

【俏皮】tsʻiæ˥bi˩˧　举止活泼或谈话风趣。

【俏销】tsʻiæ˦˩˨siæ˥　畅销。

【俏媚眼做拨瞎子看】tsʻiæ˥mi˩˧ŋE˩˧tsəu˦˩˨pəʔ˥haʔ˥tsɿ˥˩kʻø˥˩　俗语。喻讨好没有引起对方注意。

诮【tsʻiæ˦˩˨】

【诮】tsʻiæ˦˩˨　（一）轻度捣乱。（二）打闹、开玩笑。

【诮客】tsʻiæ˥kɑʔ˥　（一）喜欢捣乱或打闹、开玩笑的人。（二）玩世不恭的人（多指男女关系）。

【诮诮】tsʻiæ˦˩˨tsʻiæ˥˩　（一）轻度捣乱。（二）打闹、开玩笑。

【诮煞】tsʻiæ˦˩˨saʔ˥　形容"诮"得厉害。

【诮煞仔爷吃娘格喜酒】tsʻiæ˦˩˨saʔ˥tsɿ˥˩ɦiɑ˧tɕʻəʔ˥ŋ̍iã˧kəʔ˥ɕi˦˩˨tsʏ˥˩　讥讽不肖子在家中胡闹。

峭【tsʻiæ˦˩˨】

【峭拔】tsʻiæ˥baʔ˧

【峭壁】tsʻiæ˥piəʔ˥

窍【tɕʻiæ˦˩˨】

【窍门】tɕʻiæ˦˩˨mən˧

【窍坎】tɕʻiæ˥kE˥˩　（一）窍门。（二）潜伏的障碍。

【窍门三】tɕʻiæ˦˩˨mən˧sE˥˩　（一）窍门。（二）花样、名目。（三）指不方便说出来的，但对方能够理会的东西。

翘【tɕʻiæ˦˩˨】另见 qiáo。

【翘尾巴】tɕʻiæ˥ŋ̍i˧po˥˩或tɕʻiæ˦˩˨ŋ̍i˧po˥　（一）喻骄傲自大。（二）喻故态复萌，妄图反攻倒算。（三）尾巴竖起来。

【翘起来】tɕʻiæ˦˩˨tɕʻi˥˥lE˩˧　一头儿向上仰起。

【翘辫子】tɕʻiæ˥bi˧tsɿ˥˩

【翘嘴笃面】tɕʻiæ˥tsʮ˥˩toʔ˥

miɪ˨ 形容鼓起腮帮子，板着脸，生气的样子。也说成【翘嘴笃脸】tɕʻiæ˥tsʮ˥˨toʔ˥˥iɪ˨。

【翘起尾巴看雌雄】tɕʻiæ˦tɕi˥˨ȵi˧˦po˥k'ø˦tsʻ˥˥ɦioŋ˥˨ 喻得意忘形，被人看出破绽。

撬【tɕʻiæ˥】、【dʑiæ˨】

【撬门】dʑiæ˨mən˦ 用棍棒或刀、锥等的一头插入门缝中，用力扳（或压）另一头，把门打开。

【撬窃】tɕʻiæ˥tsʻiəʔ˥或dʑiæ˦tsʻiəʔ˥ 撬开门锁行窃。

【撬棍】tɕʻiæ˥kuən˥˨ 一端锻成扁平状的铁棍，用来撬起或移动重物。

【撬开来】dʑiæ˦k'ᴇ˥˥lᴇ˨ 把棍棒或刀、锥等的一头插入物体的缝中或孔中，用力扳（或压）另一头，使物体打开。

【撬开牙床骨】dʑiæ˨k'ᴇ˥ŋɑ˦zɑ̃˦kuəʔ˥ 形容用强胁迫人开口。也说成【撬脱牙床骨】dʑiæ˨t'əʔ˥ŋɑ˦zɑ̃˦kuəʔ˥。

鞘【siæ˦】

qiē

切【tsʻəʔ˥】另见 qiè。

【切】tsʻəʔ˥ 吴语中有"勒"的意思。

【切片】tsʻiəʔ˥p'iɪ˦

【切书】tsʻiəʔ˥sʮ˥ （说书人）从长篇书目中提取选回，重新组织章回段落。

【切除】tsʻiəʔ˥zʮ˦

【切削】tsʻiəʔ˥siɑʔ˥

【切紧】tsʻiəʔ˥tɕən˥˨ （用线或绳把东西）勒得很紧。

【切勿嗤】tsʻiəʔ˥fəʔ˥ŋə˧ 切不动。

【切皮刀】tsʻiəʔ˥bi˦tæ˥˨ 切皮革用的刀具，刀口成弧形。

【切头颈】tsʻiəʔ˥dʏ˦tɕən˥ 用刀切或用绳勒头颈。喻要命的举动，多指做某件事在关键处被人算计。

【切菜刀】tsʻiəʔ˥tsʻᴇ˥tæ˥˨ 厨刀。

【切得嗒】tsʻiəʔ˥təʔ˥n̥əʔ˧　切得动。

【切死老虫头】tsʻiəʔ˥si˥˨læ˨˦zoŋ˨˦dʏ˨˩　指死板，不会通融。

qié

伽【gɑ˨˦】、【dʑiɑ˨˦】文读【dʑiɪ˨˧】

【伽蓝】gɑ˨˦lE˨˦

【伽南香】gɑ˨˦nø˨˦ɕiã˥˨

茄【gɑ˨˦】、【dʑiɑ˨˦】文读【dʑiɪ˨˧】

【茄子】gɑ˨˦tsɿ˥˨

【茄头】dʑiɑ˨˦dʏ˨˩　指能干的人。

【茄山河】gɑ˨˦sE˥ɦəu˨˩　闲聊。

【茄花色】gɑ˨˦ho˥səʔ˥　(一)淡紫色。(二)指大高而不妙。

【茄子开黄花——变种】gɑ˨˦tsɿ˥˨kʻE˥ɦuã˨˦ho˥——piɪ˥tsoŋ˥˨　歇后语。茄子花的颜色是紫色，开出黄颜色的花来一定变种了。喻原来的种性改变了。

qiě

且【tsʻiɪ˥˨】、【tsʻi˥˨】

【且慢】tsʻiɪ˥˨mE˨˩或tsʻi˥˨mE˨˩

qiè

切【tsʻiəʔ˥】另见 qiē。

【切口】tsʻiəʔ˥kʻʏ˥˨

【切中】tsʻiəʔ˥tsoŋ˥˨

【切合】tsʻiəʔ˥ɦəʔ˧

【切近】tsʻiəʔ˥dʑən˨˩

【切身】tsʻiəʔ˥sən˥

【切齿】tsʻiəʔ˥tsʻɥ˥˨。

【切忌】tsʻiəʔ˥dʑi˨˩

【切实】tsʻiəʔ˥zəʔ˧

【切脉】tsʻiəʔ˥mɑʔ˧

【切理】tsʻiəʔ˥li˨˩　打扮。

【切题】tsʻiəʔ˥di˨˦

【切肤之痛】tsʻiəʔ˥fu˥tsɥ˥˨tʻoŋ˦˩˨

妾【tsʻiəʔ˥】

【妾身】tsʻiəʔ˥sən˥　古时女

子谦称自己。

怯【tɕʻiɑʔ˥】文读【tɕʻiəʔ˥】

【怯场】tɕʻiəʔ˥zã˦
【怯道】tɕʻiə˥dæ˩ 在有同行的场面上表演等，因紧张害怕而神态举动不自然。
【怯生生】tɕʻəʔ˥sən˥sən˥˩

窃【tsʻiəʔ˥】

【窃听】tsʻiəʔ˥tʻin˥
【窃取】tsʻiəʔ˥tsʻi˥˩
【窃国】tsʻiəʔ˥kuəʔ˥
【窃案】tsʻiəʔ˥θø˦
【窃窃】tsʻiəʔ˥tsʻiəʔ˥
【窃贼】tsʻiəʔ˥zəʔ˧

挈【tɕʻəʔ˥】

惬【tɕʻəʔ˥】

慊【tɕʻəʔ˥】

锲【tɕʻəʔ˥】

【锲而不舍】tɕʻəʔ˥hə˩pəʔ˥
so˥˩

箧【tɕʻəʔ˥】

qīn

钦【tɕʻən˥】

【钦佩】tɕʻən˥bɛ˩
【钦定】tɕʻən˥din˩
【钦差】tɕʻən˥tsʻɑ˥˩
【钦敬】tɕʻən˥tɕən˥˩

侵【tsʻin˥】

【侵入】tsʻin˥zəʔ˧
【侵占】tsʻin˥tsø˥˩
【侵夺】tsʻin˥dəʔ˧
【侵犯】tsʻin˥vɛ˩
【侵权】tsʻin˥dʑiø˦
【侵吞】tsʻin˥tʻən˥˩
【侵害】tsʻin˥ɦɛ˩
【侵略】tsʻin˥liɑʔ˧
【侵袭】tsʻin˥ziəʔ˧

亲【tsʻin˥】另见 qìng。

【亲人】tsʻin˥ȵən˩

【亲口】tsʻin˥kʻY˥˩
【亲历】tsʻin˥liəʔ˧
【亲手】tsʻin˥sY˥˩
【亲王】tsʻin˥ɦuɑ̃˩
【亲友】tsʻin˥ØiY˥˩
【亲生】tsʻin˥sã˥˩
【亲切】tsʻin˥tsʻiəʔ˥
【亲爷】tsʻin˥ɦiɑ˩　生身父亲。
【亲自】tsʻin˥zɿ˩
【亲近】tsʻin˥ʥən˩
【亲事】tsʻin˥zɿ˩
【亲征】tsʻin˥tsən˥˩
【亲信】tsʻin˥sin˥˩
【亲亲】tsʻin˥tsʻin˥˩　亲吻。
【亲临】tsʻin˥lin˩
【亲笔】tsʻin˥piəʔ˥
【亲娘】tsʻin˥ȵiã˩　生身母亲。
【亲热】tsʻin˥ȵəʔ˧
【亲眷】tsʻin˥tɕiø˥˩
【亲戚】tsʻin˥tsʻiəʔ˥
【亲情】tsʻin˥zin˩
【亲婆】tsʻin˥bu˩　祖母。
【亲族】tsʻin˥zoʔ˧
【亲疏】tsʻin˥səu˥˩
【亲善】tsʻin˥zø˩
【亲属】tsʻin˥zoʔ˧
【亲嘴】tsʻin˥tsɥ˥˩

【亲上亲】tsʻin˥lɑ̃˩tsʻin˥　本来是亲戚，再结婚姻关系。
【亲兄弟】tsʻin˥ɕioŋ˥di˩　同胞兄弟。
【亲耳朵】tsʻin˥ŋ̍i˩təu˥˩　亲耳（听见）。
【亲爷娘】tsʻin˥ɦiɑ˧ȵiã˩　生身父母。
【亲姐妹】tsʻin˥tsi˥˩mE˩　同胞姐妹。
【亲眼睛】tsʻin˥ŋE˧tsin˥˩　亲眼（看见）。
【亲上做亲】tsʻin˥lɑ̃˩tsəu˦tsʻin˥　义同【亲上亲】。
【亲生爷娘】tsʻin˥sã˥ɦiɑ˧ȵiã˩　义同【亲爷娘】。
【亲生囡唔】tsʻin˥sã˥nø˧ŋ̍˩　亲生女儿。
【亲生倪子】tsʻin˥sã˥ȵi˧tsɿ˥˩　亲生儿子。
【亲情六眷】tsʻin˥zin˩loʔ˧tɕiø˥˩　泛指所有亲戚。
【亲兄弟，明算账】tsʻin˥ɕioŋ˥di˩，min˧sø˥tsã˥˩　指即便是同胞兄弟，也要算清经济账目。
【亲亲嫡嫡，嫡嫡亲亲】tsʻin˥tsʻin˥tiəʔ˥tiəʔ˥，tiəʔ˥tiəʔ˥

tsʻin˥tsʻin˥ 强调最亲的血缘关系。

【亲家姆拜堂——轮你不着】tsʻin˥kɑ˥m̩˧˩pɑ˦dã˨˦—lən˨˦nᴇ˨˦fəʔ˥zɑʔ˧ 歇后语，轮不到你。

衾【tɕʻən˥】

qín

芹【dʑən˨˦】

【芹菜】dʑən˨˦tsʻᴇ˥˩

秦【zin˨˦】

【秦晋之好】zin˨˦tsin˥˩tsɿ˥˩hæ˥˩ 两姓联姻的贺词。

【秦楼楚馆】zin˨˦lʏ˨˦tsʻəu˥˩kuø˥˩

【秦镜高悬】zin˨˦tɕən˥˩kæ˥ɦiø˧˩

琴【dʑən˨˦】

【琴书】dʑən˨˦sʮ˥

【琴师】dʑən˨˦sɿ˥

【琴弦】dʑən˨˦ɦiɪ˧˩ 琴上发声的线。

【琴调】dʑən˨˦diæ˧˩ 苏州评弹流派唱腔。朱雪琴所创。

【琴瑟】dʑən˨˦səʔ˥

【琴囊】dʑən˨˦nɑ̃˧˩ 放琴的布囊。

禽【dʑən˨˦】

【禽兽】dʑən˨˦sʏ˥˩

勤【dʑən˨˦】

【勤力】dʑən˨˦liəʔ˧ 勤快。

【勤王】dʑən˨˦ɦuɑ̃˨˦

【勤劳】dʑən˨˦læ˧˩

【勤快】dʑən˨˦kʻuɑ˥˩

【勤奋】dʑən˨˦fən˥˩

【勤俭】dʑən˨˦dʑiɪ˧˩

【勤谨】dʑən˨˦tɕən˥˩

擒【dʑən˨˦】

【擒获】dʑən˨˦ɦuəʔ˧

【擒拿】dʑən˨˦no˧˩

噙【dʑən˨˦】

蓁【zin˦】

qǐn

寝【tsʻin˥˩】

【寝宫】tsʻin˥˧koŋ˥
【寝食】tsʻin˥˧zəʔ˧
【寝室】tsʻin˥˧səʔ˥

qìn

沁【tɕʻən˥˧】

【沁人心脾】tɕʻən˥˧zən˩sin˥bi˩

揿【tɕʻən˥˧】

【揿平】tɕʻən˥bin˩ 用手把隆起的地方压平。喻把不平的情绪、反抗等压下去。
【揿钉】tɕʻən˥tin˥˩ 图钉。
【揿没】tɕʻən˥məʔ˧ 捂住。
【揿钮】tɕʻən˥ȵiY˩ 子母扣。
【揿脱】tɕʻən˥˧təʔ˥ （一）摁灭。（二）喻（把事件）隐瞒起来。
【揿揿】tɕʻən˥˧tɕʻən˥˩ 下压。
【揿书机】tɕʻən˥sɥ˥tɕi˥˩ 订书机。
【揿节头印】tɕʻən˥˧tsiəʔ˥dY˦ʔin˥˩ 按手印。
【揿头揿脚】tɕʻən˥˧dY˦tɕʻən˥˧tɕiɑʔ˥ 按住头，按住脚。指把人制服。
【揿仔头来脚勿平】tɕʻən˥˧tsɿ˥˩dY˦lE˦tɕiɑʔ˥fəʔ˥bin˦ （一）喻处理双方矛盾时，安抚了一方，另一方不服起来。（二）喻控制不住局面，无法平衡事态。

qīng

青【tsʻin˥】

【青天】tsʻin˥tʻiɪ˥˩
【青云】tsʻin˥ɦyən˩
【青龙】tsʻin˥loŋ˩
【青史】tsʻin˥sɿ˥˩
【青头】tsʻin˥dY˩ 泛指蔬菜。
【青石】tsʻin˥zɑʔ˧ 石灰石。
【青灯】tsʻin˥tən˥˩ 油灯。
【青衣】tsʻin˥ʔi˥˩
【青丝】tsʻin˥sɿ˥˩

【青灰】ts'in˥huE˥˩

【青虫】ts'in˥zoŋ˨˩˧ 指蔬菜上的绿色毛虫。

【青年】ts'in˥ȵi˨˩˧

【青果】ts'in˥kəu˥˩

【青鱼】ts'in˥ŋ̍˨˩˧ 或ts'i˥ŋ̍˨˩˧

【青春】ts'in˥ts'ən˥˩

【青砖】ts'in˥tsø˥˩

【青衿】ts'in˥tɕən˥˩

【青菜】ts'in˥ts'E˥˩

【青梅】ts'in˥mE˨˩˧

【青眼】ts'in˥ŋE˨˩˧

【青筋】ts'in˥tɕin˥˩

【青蛙】ts'in˥ɦo˨˩˧

【青楼】ts'in˥lY˨˩˧

【青冢】ts'in˥tsoŋ˥˩ 王昭君的陵墓。

【青小蛇】ts'in˥siæ˥zo˨˩˧ 水田里常见的一种青灰色鳞甲的小型无毒蛇。

【青边碗】ts'in˥piɪ˥Øuø˥˩ 普通盛菜用的菜碗。旧时这种碗都有青颜色的边纹。

【青皮脸】ts'in˥bi˥˩liɪ˥˩ 指容易翻脸不认人的人。

【青头鬼】ts'in˥dY˨˩˧tɕy˥˩ 小无赖;小流氓。

【青亨亨】ts'in˥hɑ̃˥hɑ̃˥˩ 形容青的颜色。

【青光眼】ts'in˥kuɑ̃˥ŋE˨˩˧

【青灰色】ts'in˥huE˥səʔ˥ 黛青色。

【青团子】ts'in˥dø˧tsɿ˥˩ 时令食品。清明节前后,用浆麦草煮烂取汁和在糯米粉中制成的豆沙馅团子。

【青花碗】ts'in˥ho˥Øuø˥˩ 印有青花的瓷碗。

【青泥苔】ts'in˥ȵiɪ˧dE˨˩˧ 苔藓。

【青奇奇】ts'in˥dʑi˨˩˧dʑi˨˩˧ 形容青的颜色。

【青洪帮】ts'in˥ɦoŋ˧pɑ̃˥˩ 青帮和洪帮。旧时原为帮会组织,后沦为流氓组织。

【青滋气】ts'in˥tsɿ˥tɕ'i˥˩ 新鲜植物汁液的气味。

【青锋剑】ts'in˥foŋ˥tɕiɪ˧ 泛指锋利的宝剑,简称【青锋】ts'in˥foŋ˥˩。

【青黑色】ts'in˥həʔ˥səʔ˥ 深蓝带黑的颜色。

【青蒿茶】ts'in˥hæ˥zo˨˩˧ 青蒿泡的汤汁。暑天饮用,可以解暑。

【青潦潦】ts'in˥liæ˧liæ˧ 形

容青白色。多指面色。

【青霉素】ʦʻin˥mᴇ˦səu˥˩

【青髈块】ʦʻin˥pʻɑ̃˥kʻuᴇ˦˩˨　因皮下出血出现的青紫色斑块。

【青天白日】ʦʻin˥tʻiɪ˥bɑʔ˧ȵəʔ˧

【青云直上】ʦʻin˥ɦʏən˦zəʔ˧zɑ̃˩

【青皮绿肉】ʦʻin˥bi˩loʔ˧ȵoʔ˧　一种瓜皮呈青色、瓜肉呈碧绿色的香瓜。

【青出于蓝】ʦʻin˥ʦʻəʔ˥ɦY˩lᴇ˦

【青红皂白】ʦʻin˥ɦoŋ˩zæ˦bɑʔ˧

【青黄不接】ʦʻin˥ɦuɑ̃˩pəʔ˥tsiəʔ˥

【青潦头气】ʦʻin˥liæ˦dY˩ʨʻi˥˩　形容脸色发青，很难看（多指又气又怒时）。

【青天大老爷】ʦʻin˥tʻiɪ˥dəu˩læ˦ɦiɑ˩　指清官。

【青肚皮猢狲】ʦʻin˥dəu˩bi˩ɦuəʔ˧sən˥˩　（一）喻没有记性、健忘的人。（二）指难以调教的人。

【青筋白脚背】ʦʻin˥ʨən˥bɑʔ˧ʨiɑʔ˥pᴇ˥˩　形容长得细嫩的脚。

【青出于蓝胜于蓝】ʦʻin˥ʦʻəʔ˥ɦY˩lᴇ˦sən˦˩˨ɦY˩lᴇ˦　喻学生胜过老师。

【青石屎坑板——又臭又硬】ʦʻin˥zɑʔ˧sɿ˦˩˨kʻɑ̃˥pᴇ˥˩——ɦiəʔ˧ʦʻY˦˩˨ɦiəʔ˧ŋɑ̃˩　歇后语。指既不顾脸面，有很坏的名声，又很专横固执。

【青竹头掏屎坑——越掏越臭】ʦʻin˥tsoʔ˥dY˩dæ˩sɿ˦˩˨kʻɑ̃˥——ɦYəʔ˧dæ˩ɦYəʔ˧ʦʻY˦˩˨　歇后语。喻张扬丑事，把名誉弄得更坏。

轻【ʨʻən˥】

【轻生】ʨʻən˥sən˥˩

【轻巧】ʨʻən˥ʨʻiæ˥˩

【轻狂】ʨʻən˥guɑ̃˩

【轻声】ʨʻən˥sən˥˩

【轻取】ʨʻən˥ʦʻi˥˩

【轻视】ʨʻən˥zʮ˩

【轻松】ʨʻən˥soŋ˥˩

【轻易】ʨʻən˥ɦi˩

【轻便】ʨʻən˥biɪ˩

【轻点】ʨʻən˥tiɪ˥˩　轻一些。

【轻贱】ʨʻən˥ziɪ˨˩
【轻柔】ʨʻən˥zʏ˧˩
【轻相】ʨʻən˥siã˦˧　轻视别人;势利。
【轻信】ʨʻən˥sin˥˩
【轻重】ʨʻən˥zoŋ˧˩
【轻盈】ʨʻən˥ɦin˧˩
【轻浮】ʨʻən˥vʏ˧˩
【轻敌】ʨʻən˥diəʔ˧
【轻健】ʨʻən˥ʥiɪ˨˩　轻快而矫健(多指老年人)。
【轻飘】ʨʻən˥pʻiæ˥˩
【轻薄】ʨʻən˥boʔ˧
【轻靠】ʨʻən˥kʻæ˥˩　轻巧。
【轻轻交】ʨʻən˥ʨʻən˥ʨiæ˥˩　轻轻地。
【轻骨头】ʨʻən˥kuəʔ˥dʏ˧˩　(一)轻佻。(二)指作风轻佻的人。
【轻洞洞】ʨʻən˥doŋ˧˩doŋ˧˩　轻轻地。
【轻飘飘】ʨʻən˥pʻiæ˥pʻiæ˥˩
【轻车熟路】ʨʻən˥ʦʻo˥zoʔ˧ləu˧˩
【轻手轻脚】ʨʻən˥sʏ˥˩ʨʻən˥ʨiɑʔ˥　形容走路时声音放轻。
【轻声轻气】ʨʻən˥sən˥ʨʻən˥ʨʻi˥˩　放轻声音(说话)。
【轻事重报】ʨʻən˥zɿ˨˩zoŋ˧˩pæ˥˩　夸大其辞,把小事说得很严重。
【轻重缓急】ʨʻən˥zoŋ˧˩ɦuø˦˧ʨəʔ˥　指轻微、重大、不紧急和紧急四种情况。
【轻描淡写】ʨʻən˥miæ˧˩dE˧˩siɑ˥˩
【轻骨头拉洒】ʨʻən˥kuəʔ˥dʏ˧˩lɑ˥sɑ˥˩　形容轻佻的样子。
【轻拳撩重拳,敲煞呒怨】ʨʻən˥ʥiø˨˩liæ˨˦zoŋ˨˦ʥiø˧˩,kʻæ˥saʔ˥m̩˨˦θiø˦˧　俗语。喻实力弱的招惹实力强的,如被打吃亏,那是咎由自取,没什么可以抱怨的。

氢【ʨʻən˥】

倾【ʨʻən˥】

【倾心】ʨʻən˥sin˥˩
【倾轧】ʨʻən˥gaʔ˧
【倾吐】ʨʻən˥tʻəu˥˩

【倾向】tɕʻən˥ɕiã˥˩˧

【倾诉】tɕʻən˥səu˥˩˧

【倾听】tɕʻən˥tʻin˥˩˧

【倾注】tɕʻən˥tsʮ˥˩˧

【倾谈】tɕʻən˥dɛ˨˩

【倾斜】tɕʻən˥ziɑ˨˩

【倾销】tɕʻən˥siæ˥˩˧

【倾国倾城】tɕʻən˥kuəʔ˥tɕʻən˥zən˦˧

【倾其所有】tɕʻən˥ʥi˨˩səu˥˩˧ɦiʏ˨˩ 拿出所有的东西。

【倾盆大雨】tɕʻən˥bən˦˧dɑ˨˩ɦy˨˩

【倾家荡产】tɕʻən˥kɑ˥dã˨˩tsʻɛ˥˩˧

卿【tɕʻən˥】

【卿卿我我】tɕʻən˥tɕʻən˥ŋəu˥ŋəu˥˩˧

清【tsʻin˥】

【清火】tsʻin˥həu˥˩˧ 中医指用药物清除火气。

【清化】tsʻin˥ho˥˩˧ 苏州评弹术语。指营业时没有听众。

【清风】tsʻin˥foŋ˥˩˧

【清水】tsʻin˥sʮ˥˩˧ 指纯净而没有杂质的水。

【清白】tsʻin˥bɑʔ˧

【清头】tsʻin˥dʏ˨˩ （有）头脑；（懂）事。

【清平】tsʻin˥bin˨˩

【清正】tsʻin˥tsən˥˩˧

【清扫】tsʻin˥sæ˥˩˧

【清场】tsʻin˥zã˦˧

【清早】tsʻin˥tsæ˥˩˧

【清秀】tsʻin˥sʏ˥˩˧

【清单】tsʻin˥dɛ˥˩˧

【清官】tsʻin˥kuø˥˩˧

【清贫】tsʻin˥bin˨˩

【清规】tsʻin˥kuɛ˥˩˧

【清苦】tsʻin˥kʻəu˥˩˧

【清明】tsʻin˥min˨˩

【清炒】tsʻin˥tsʻæ˥˩˧ 指用单一味食材做炒菜。

【清拍】tsʻin˥pʻɑʔ˥ 苏州评弹中指评话。

【清账】tsʻin˥tsã˦˧

【清查】tsʻin˥zo˨˩

【清除】tsʻin˥zʮ˨˩

【清点】tsʻin˥tiɪ˥˩˧

【清客】tsʻin˥kʻɑʔ˥

【清音】tsʻin˥ʔin˥˩˧

【清香】ts'in˥ɕiã˥˨˧
【清高】ts'in˥kæ˥˨˧
【清凉】ts'in˥liã˨˧
【清热】ts'in˥ȵəʔ˧
【清真】ts'in˥tsən˥˨˧
【清脆】ts'in˥ts'ɛ˥˨˧
【清淡】ts'in˥dɛ˨˧
【清健】ts'in˥ʥiɪ˨˧ 形容健康（多指老年人）。
【清理】ts'in˥li˨˧
【清谈】ts'in˥dɛ˨˧
【清脱】ts'in˥t'əʔ˥ （一）清秀。（二）（语言）干净利索、清晰。
【清爽】ts'in˥sã˥˨˧
【清唱】ts'in˥ts'ã˥˨˧
【清道】ts'in˥dæ˨˧
【清寒】ts'in˥ɦø˨˧
【清雅】ts'in˥ɦia˥˨˧
【清蒸】ts'in˥tsən˥˨˧
【清楚】ts'in˥ts'əu˥˨˧
【清漆】ts'in˥ts'iəʔ˥
【清廉】ts'in˥liɪ˨˧
【清福】ts'in˥foʔ˥
【清算】ts'in˥sø˥˨˧
【清新】ts'in˥sin˥˨˧
【清剿】ts'in˥ziæ˨˧
【清静】ts'in˥zin˨˧
【清瘦】ts'in˥sʏ˨˧
【清澈】ts'in˥ts'əʔ˥
【清炖】ts'in˥tən˥˨˧ 烹调法。荤食不放酱油，只放盐等佐料蒸熟。
【清醒】ts'in˥sin˥˨˧
【清一色】ts'in˥ɦiəʔ˥səʔ˥
【清水货】ts'in˥sʮ˥həu˥˨˧ （一）比较纯粹的不掺其他杂质在内的东西或货物。（二）指处女（贬义）。
【清水墙】ts'in˥sʮ˥ziã˨˧ 用清水砖扁砌，不用粉饰，砖缝清晰的那种墙。
【清打清】ts'in˥tã˥ts'in˥ （一）冷冷清清。（二）形容纯粹的。
【清本钿】ts'in˥pən˥diɪ˨˧ 指单单本钱一项。
【清爽相】ts'in˥sã˥siã˥˨˧ 形容很干净的样子。
【清道夫】ts'in˥dæ˨˧fu˥˨˧ 旧时称环卫工人。
【清水衙门】ts'in˥sʮ˥ŋɑ˧mən˨˧
【清水鼻涕】ts'in˥sʮ˥bəʔ˧t'i˥˨˧ 指稀薄似水的鼻涕。
【清汤光水】ts'in˥t'ã˥kuã˥˨˧

sʮ˨ 形容汤汁稀薄，没有油水。也喻工资收入少，没有外快。

【清奇古怪】tsʻin˥dʑi˨kəu˥˨kuɑ˥˨ 形容人习性怪僻。

【清规戒律】tsʻin˥kuE˥tɕiɑ˥˨liəʔ˧

【清明断鹞】tsʻin˥min˨dø˨ɦiæ˨ 俗语。清明之后，不再放风筝。

【清明螺，抵只鹅】tsʻin˥min˨ləu˧，ti˥˨tsɑʔ˥ŋəu˧ 指清明时节的螺蛳肥美而有营养。

【清官难断家务事】tsʻin˥kuø˥nE˧tø˥˨tɕiɑ˥vu˨zɿ˨ 指家庭内部的矛盾、纠纷细微复杂，即使清正廉明的官吏也难以分辨是非，作出公正的判断。

【清者自清，浊者自浊】tsʻin˥tsE˥˨zɿ˧tsʻin˥，zoʔ˧tsE˥˨zɿ˧zoʔ˧ 指水清澈的自然清澈，污浊的自然污浊。喻善和恶是客观存在、混淆不了的。

蜻【sin˥】文读【tsʻin˥】

【蜻蜓】sin˥din˨

【蜻蜓点水】sin˥din˨tii˥˨sʮ˥˨

【蜻蜓吃尾巴——自吃自】sin˥din˨tɕʻəʔ˥ŋi˧po˥——zɿ˧tɕʻəʔ˥zɿ˨ 歇后语。喻消费都由自己支付。

【蜻蜓撞石柱——一动也不动】sin˥din˨zɑ̃˨zɑʔ˧zʮ˨——ʔiəʔ˥doŋ˨ɦɑʔ˧fəʔ˥doŋ˨ 歇后语。稳似泰山，纹丝不动。

qíng

情【zin˧】

【情人】zin˧zən˨或zin˧ɳ̍ən˨

【情义】zin˧ɦi˨

【情夫】zin˧fu˥

【情分】zin˧vən˨

【情书】zin˧sʮ˥

【情节】zin˧tsiəʔ˥

【情由】zin˧ɦiʏ˨

【情场】zin˧zɑ̃˨

【情妇】zin˧vu˨

【情网】zin˧mɑ̃˨

【情怀】zin˧ɦuE˨

【情况】zin˨huɑ̃˥˨

【情报】zin˧pæ˥˨

【情话】zin˧ɦo˨

【情郎】zin˧lɑ̃˨

【情诗】zin˨˧sɿ˥
【情势】zin˨˧sɿ˥˩
【情结】zin˨˧tɕəʔ˥
【情面】zin˨˧mi˨˩
【情种】zin˨˧tsoŋ˥˩
【情谊】zin˨˧ȵi˨˩
【情调】zin˨˧diæ˨˩
【情敌】zin˨˧diəʔ˧
【情爱】zin˨˧Øᴇ˥˩
【情理】zin˨˧li˨˩
【情绪】zin˨˧zi˨˩
【情欲】zin˨˧ɦioʔ˧
【情景】zin˨˧tɕən˥˩
【情意】zin˨˧Øi˥˩
【情感】zin˨˧kø˥˩
【情歌】zin˨˧kəu˥
【情愿】zin˨˩ȵiø˨˩
【情操】zin˨˧tsʻæ˥
【情得来】zin˨˧təʔ˥lᴇ˨˩　形容沉浸在情爱中。
【情搭搭】zin˨˧taʔ˥taʔ˥　形容情爱缠绵。
【情煞脱】zin˨˧saʔ˥tʻəʔ˥　形容沉浸在深深的情爱中。
【情不自禁】zin˨˧pəʔ˥zɿ˨˧tɕən˥˩
【情投意合】zin˨˧dʏ˨˩Øi˥˩ɦəʔ˧
【情人眼里出西施】zin˨˧zən˨˧ŋᴇ˨˩li˨˩tsʻəʔ˥si˥sɿ˥˩　在情人的眼中，相爱的对方是最美丽的。
【情愿叠城门，勿愿塞狗洞】zin˨˧ȵiø˨˩dəʔ˧zən˨˧mən˨˩，fəʔ˥ȵiø˨˩səʔ˥kʏ˥˩doŋ˨˩　喻只做光明磊落的事，不愿做蝇营狗苟的事。
【情愿独偷一只狗，勿愿合偷一条牛】zin˨˧ȵiø˨˩doʔ˧tʻʏ˥Øiəʔ˥tsɑʔ˥kʏ˥˩，fəʔ˥ȵiø˨˩kəʔ˥tʻʏ˥Øiəʔ˥diæ˨˧ȵiʏ˨˧　喻独立经营为好，不要与人合伙做事。
【情愿跟讨饭格娘，勿愿跟做官格爷】zin˨˧ȵiø˨˩kən˥tʻæ˦vᴇ˨˩kəʔ˥ȵiã˨˧，fəʔ˥ȵiø˨˩kən˥tsəu˦kuø˥kəʔ˥ɦiɑ˨˧　形容母爱胜于父爱。
【情愿屋里天火烧，勿愿自家跌一跤】zin˨˧ȵiø˨˩Øoʔ˥li˨˩tʻiɪ˥həu˥˩sæ˥˩，fəʔ˥ȵiø˨˩zɿ˨˧kɑ˥tiəʔ˥Øiəʔ˥kæ˥˩　形容极爱虚荣，极为自私。
【情愿搭猢狲络旗杆，勿愿搭乌龟爬门槛】zin˨˧ȵiø˨˩taʔ˥ɦuəʔ˧sən˥˩loʔ˧ʥi˦kø˥，fəʔ˥ȵiø˨˩taʔ˥Øəu˥tɕy˥˩bᴇ˨˧

Q

mən˩˧k'E˦ 喻奋斗目标应该选择得高，选择的伙伴要比自己有能耐。

【情愿搭苏州人相骂，勿愿搭宁波人搭话】zin˩˧ȵiø˨˩taʔ˦səu˦ʦY˦ȵən˨˩siã˦mo˨˩，fəʔ˦ȵiø˨˩taʔ˦ȵən˩˧poʔ˦ȵən˨˩taʔ˦ɦo˨˩ 形容苏州话软糯好听，宁波话语音生硬。

【情愿搭凶人相骂，勿情愿搭呒志气人搭话】zin˩˧ȵiø˨˩taʔ˦ɕioŋ˦ȵən˨˩siã˦mo˨˩，fəʔ˦zin˨˩ȵiø˨˩taʔ˦m̩˩˧ʦɥ˦ʨ'i˥˩ȵən˩˧taʔ˦ɦo˨˩ 喻人应该有志气。

晴【zin˩˧】

【晴天】zin˩˧t'iɪ˦ 天空无云或云很少的天气。

【晴空】zin˩˧k'oŋ˦

【晴朗】zin˩˧lɑ̃˨˩

【晴天霹雳】zin˩˧t'iɪ˦p'iəʔ˦liəʔ˧

【晴落管子】zin˩˧loʔ˧kuø˥˩ʦɿ˥˩ 檐前承接雨水的落水管子。

【晴天捉漏，越捉越漏】zin˩˧t'iɪ˦ʦoʔ˦lY˨˩，ɦYəʔ˧ʦoʔ˦ɦYəʔ˧lY˨˩ 喻选择时机错误。

【晴带雨伞，饱带饥粮】zin˩˧tɑ˥˩ɦY˩˧sE˥˩，pæ˥˩tɑ˥˩ʨi˦liã˨˩ 喻凡事有备无患。

【晴干勿肯走，直待雨淋头】zin˩˧kø˦fəʔ˦k'ən˥˩ʦY˥˩，zəʔ˧dE˨˩ɦY˩˧lin˨˩dY˩˧ 喻见好不收，错失时机。

擎【ʥən˩˧】

qǐng

顷【ʨ'ən˥˩】

请【ʦ'in˥˩】

【请功】ʦ'in˥˨koŋ˦

【请示】ʦ'in˥˩zɥ˨˩

【请托】ʦ'in˥˨t'oʔ˦

【请安】ʦ'in˥˨Øø˦

【请求】ʦ'in˥˨ʥiY˩˧

【请命】ʦ'in˥˩min˨˩

【请帖】ʦ'in˥˨t'iəʔ˦

【请柬】ʦ'in˥˨ʨiɪ˦

【请客】ʦ'in˥˨kɑʔ˦

【请教】ʦ'in˥˩ʨiæ˥˩

【请战】ʦ'in˥˩ʦø˥˨

【请罪】ʦ'in˥˩zE˨˩

【请愿】tsʻin˥˩ȵiø˨˧

【请勿动】tsʻin˥˩˧fəʔ˥doŋ˨˧ 不接受邀请。

【请先生】tsʻin˥˩˧sii˥sã˥˩ （一）指旧时请家庭教师。（二）苏州评弹书场场方聘请演员。

【请郎中】tsʻin˥˩lã˧tsoŋ˥ 请医生出诊。

【请得动】tsʻin˥˩təʔ˥doŋ˨˧ 能接受邀请。

【请将不如激将】tsʻin˥˩tsiã˥˩˧pəʔ˥zɥ˧tɕəʔ˥tsiã˥˩˧ 指请求不如激将更有效。亦作【遣将不如激将】tɕʻii˥˩˧tsiã˥˩˧pəʔ˥zɥ˧tɕəʔ˥tsiã˥˩˧。

【请吃喜酒掗拜寿】tsʻin˥˩˧tɕʻəʔ˥ɕi˥˩˧tsʏ˥ʘo˥pɑ˥˩zʏ˨˧ 俗语。亲朋家的结婚喜事必须得到邀请才能去，而做寿却可以不请自去。

【请将容易退将难】tsʻin˥˩tsiã˥˩˧ɦioŋ˧ɦi˧tʻE˥tsiã˥˩˧nE˧ 指招人来容易，打发走却很难。

qìng

庆【tɕʻən˥˩˧】

【庆典】tɕʻən˥˩˧tii˥

【庆贺】tɕʻən˥˩˧ɦəu˧

【庆祝】tɕʻən˥˩˧tsoʔ˥

亲【tsʻin˥】另见 qín。

【亲家】tsʻin˥kɑ˥˩

【亲家公】tsʻin˥kɑ˥koŋ˥˩

【亲家姆】tsʻin˥kɑ˥m̩˨˧ 称儿子的丈母或女儿的婆婆。

磬【tɕʻən˥˩˧】

【磬子】tɕʻən˥tsɿ˥˩

【磬哐磬哐】tɕʻən˥kʻuã˥tɕʻən˥kʻuã˥˩ 象声词。形容金属的撞击声。

【磬铃哐冷】tɕʻən˥lin˨˧kuã˥lã˨˧ 义同【磬哐磬哐】。

罄【tɕʻən˥˩˧】

【罄尽】tɕʻən˥zin˨˧

【罄竹难书】tɕʻən˥˩˧tsoʔ˥nE˧sɥ˥

qióng

邛【dʑioŋ˧】

穷【dʑioŋ˨˦】

【穷】dʑioŋ˨˦　吴语中“穷”用于动词、形容词前，表示程度深。如：穷吃，穷做，穷红，穷好。

【穷人】dʑioŋ˨˦ɲ̥ən˨˩

【穷爷】dʑioŋ˨˦ɦiɑ˨˩　市井中男子自称。

【穷讲】dʑioŋ˨˦kɑ̃˥˩　拼命讲述。

【穷怕】dʑioŋ˨˦pʻo˥˩　（一）非常害怕。（二）受够了贫穷而产生的恐惧。

【穷娘】dʑioŋ˨˦ɲ̥iɑ̃˨˩　市井中女子自称。

【穷鬼】dʑioŋ˨˦tɕy˥˩　贫穷的人（贬义）。

【穷祸】dʑioŋ˨˦ɦəu˨˩　大祸。

【穷撞】dʑioŋ˨˦zɑ̃˨˩　（一）拼命撞击。（二）拼命努力。（三）拼命乱来。

【穷煞】dʑioŋ˨˦saʔ˥　穷困到极点。

【穷一记】dʑioŋ˨˦Øiəʔ˥tɕi˥˩　至多陷入贫穷一时（多指花钱时下决心）。

【穷开心】dʑioŋ˨˦kʻE˥sin˥˩　（一）非常开心。（二）虽则贫穷，然而心境很好，很开心；苦中作乐。

【穷光蛋】dʑioŋ˨˦kuɑ̃˥dE˨˩

【穷并爆】dʑioŋ˨˦pin˥pæ˥˩　拼命争吵、争斗。

【穷并迸】dʑioŋ˨˦pin˥pɑ̃˥˩　义同【穷并爆】。

【穷夹里】dʑioŋ˨˦kaʔ˥li˨˩　市井中指自己。

【穷坦气】dʑioŋ˨˦tE˥tɕʻi˥˩　（一）穷而慷慨大方。（二）非常慷慨大方。

【穷山恶水】dʑioŋ˨˦sE˥Øoʔ˥sʮ˥˩

【穷心穷恶】dʑioŋ˨˩sin˥dʑioŋ˨˩Øoʔ˥　穷凶极恶。

【穷凶极恶】dʑioŋ˨˩ɕioŋ˥dʑəʔ˧Øoʔ˥

【穷极无聊】dʑioŋ˨˦dʑəʔ˧vu˨˩liæ˨˩

【穷思极想】dʑioŋ˨˩sɿ˥˩dʑəʔ˧siɑ̃˥˩　挖空心思。

【穷……阿二头】dʑioŋ˨˦…Øaʔ˥ɲ̥i˨˦dʏ˨˩　程度词。在省略

号的地方换上动词或形容词,表示极端的程度。

【穷人大肚皮】ʥioŋ˦ȵən˦dəu˦dəu˩bi˩ 指越是贫穷的人,越是食量大。

【穷得叮当响】ʥioŋ˦təʔ˥tin˥tã˥ɕiã˥˧ 形容极穷困。

【穷得嗒嗒滴】ʥioŋ˦təʔ˥taʔ˥taʔ˥ti˧˦ 义同【穷得叮当响】。

【穷算命,富烧香】ʥioŋ˦sø˥min˩,fu˧˦sæ˥ɕiã˥ 穷人心态,要求直接知道祸福;富人心态,要求菩萨保佑。

【穷人坐轿——勿是好兆】ʥioŋ˦ȵən˩zəu˩ʥiæ˦——fəʔ˥zɿ˩hæ˥˧zæ˩ 歇后语。不是好兆头。

【穷穷苦苦,开开心心】ʥioŋ˦ʥioŋ˦k‘əu˥˧k‘əu˥˧,k‘E˥k‘E˥sin˥˧sin˥˧ 劝谕语。虽则穷,只要开心就够了。

【穷穷穷,还有三担铜】ʥioŋ˦dioŋ˦dinŋ˦,ɦuE˦ɦiY˩sE˥tE˥doŋ˦ 虽说穷,总还有些家当。

【穷人欺穷人,告化子欺难民】ʥioŋ˦ȵən˦ʨ‘i˥ʥioŋ˦ȵən˩,kæ˥ho˥ʦɿ˥˧ʨ‘i˥nE˦min˩ 喻欺软怕硬。

【穷人说话勿作准,有钱放屁亦来闻】ʥioŋ˦ȵən˩səʔ˥ɦo˩fəʔ˥ʦoʔ˥ʦən˥˧,ɦiY˦di˩fã˥p‘i˥˧ɦaʔ˧lE˦mən˦ 形容人心势利。

【穷居闹市无人问,富在深山有远亲】ʥioŋ˦ʨy˥næ˩zɿ˩vu˩zən˩vən˩,fu˧˦zE˩sən˥sE˥ɦiY˩ɦiø˦ʦ‘in˥ 形容世道势利。

穹【ʨ‘ioŋ˥】

【穹苍】ʨ‘ioŋ˥ʦ‘ã˥˧ (一)天空。(二)指天(古代人常以穹苍指主宰人生的神)。

【穹隆】ʨ‘ioŋ˥loŋ˩

筇【ʥioŋ˦】

琼【ʥioŋ˦】

【琼花】ʥioŋ˦ho˥ 一种珍异植物,以扬州的琼花最为有名。叶柔软平滑、晶莹亮丽，花大瓣厚，色淡黄，异常清香。

【琼浆】dʑioŋ˦tsiã˧

qiū

丘【tɕʻiY˥】(怵)

【丘】tɕʻiY˥　坏。

【丘人】tɕʻiY˥ȵ̊ən˨˩　坏人。

【丘货】tɕʻiY˥həu˥˩　坏人。

【丘路角】tɕʻiY˥ləu˨˩koʔ˥　指人的本质不好。

【丘碰着㑚】tɕʻiY˥bã˦zɑʔ˧tsY˥　人品不好的人碰到人品不好的人。

【丘人闲话多】tɕʻiY˥ȵ̊ən˨˩ɦE˦ɦo˦təu˥　俗语。令人厌恶的人，往往油嘴滑舌，废话连篇。

【丘戏锣鼓多】tɕʻiY˥ɕi˥˩ləu˦kəu˥təu˥　俗语。锣鼓声多，必定演不出好戏。

【丘官告示多】tɕʻiY˥kuø˥kæ˥zɥ˨˩təu˥　俗语。告示出得多，频繁滋扰百姓，必定不是好官。

邱【tɕʻiY˥】

秋【tsʻY˥】

【秋千】tsʻY˥tsʻiɪ˥˩

【秋风】tsʻY˥foŋ˥˩

【秋水】tsʻY˥sɥ˥˩

【秋天】tsʻY˥tʻiɪ˥˩

【秋分】tsʻY˥fən˥˩

【秋收】tsʻY˥sY˥˩

【秋里】tsʻY˥li˨˩　秋季。

【秋季】tsʻY˥tɕi˥˩

【秋闹】tsʻY˥ɦuE˨˩

【秋波】tsʻY˥pu˥˩

【秋凉】tsʻY˥liã˨˩

【秋毫】tsʻY˥ɦæ˨˩

【秋游】tsʻY˥ɦiY˨˩

【秋瓜头】tsʻY˥ko˥dY˨˩　指立秋之后的西瓜。

【秋老虎】tsʻY˥læ˦həu˥˩

【秋拉洒】tsʻY˥lɑ˥sɑ˥˩　指秋天雨水多，经常下雨。

【秋风扫落叶】tsʻY˥foŋ˥˩sæ˥˩loʔ˧ɦiəʔ˧　喻强大的力量一下子扫除了腐朽衰败的势力。

【秋雨秋拉洒】tsʻY˥ɦY˨˩tsʻY˥lɑ˥sɑ˥˩　指秋雨连绵。

【秋雨秋斜斜，落一斜，瀴一斜】tsʻʏ˥ɦʏ˧˩tsʻʏ˥ziɑ˧˩ziɑ˧˩，loʔ˧øiəʔ˥ziɑ˧˩，øin˦˩˧øiəʔ˥ziɑ˧˩　深秋雨多，下一次雨气温降低一次。

蚯【tɕʻiʏ˥】

鳅【tsʻʏ˥】

【鳅篡】tsʻʏ˥tsʻø˥˩　捣乱。

鞦【tsʻʏ˥】

qiú

仇【dʑiʏ˨˧】另见 chóu。

囚【zʏ˨˧】

【囚车】zʏ˨˧tsʻo˥
【囚犯】zʏ˨˧vE˧˩
【囚徒】zʏ˨˧dəu˧˩
【囚笼】zʏ˨˧loŋ˧˩
【囚禁】zʏ˨˧tɕən˥˩

求【dʑiʏ˨˧】

【求人】dʑiʏ˨˧ȵən˨˧
【求子】dʑiʏ˨˧tsɿ˥˩　向菩萨请求能生个儿子。
【求乞】dʑiʏ˨˧tɕʻəʔ˥
【求见】dʑiʏ˨˧tɕiɪ˥˩
【求生】dʑiʏ˨˧sən˥
【求告】dʑiʏ˨˧kæ˥˩
【求学】dʑiʏ˨˧ɦioʔ˧或dʑiʏ˨˧ɦoʔ˧
【求知】dʑiʏ˨˧tsʮ˥
【求亲】dʑiʏ˨˧tsʻin˥
【求饶】dʑiʏ˨˧ȵiæ˨˧
【求借】dʑiʏ˨˧tsiɑ˦˩˧
【求教】dʑiʏ˨˧tɕiæ˥˩
【求爱】dʑiʏ˨˧øE˦˩˧
【求婚】dʑiʏ˨˧huən˥
【求救】dʑiʏ˨˧tɕiʏ˦˩˧
【求情】dʑiʏ˨˧zin˨˧
【求职】dʑiʏ˨˧tsəʔ˥
【求援】dʑiʏ˨˧øiø˦˩˧
【求签】dʑiʏ˨˧tsʻiɪ˥
【求靠】dʑiʏ˨˧kʻæ˥˩
【求熯】dʑiʏ˨˧hø˥˩　苏州评弹行话。吃饭。
【求之不得】dʑiʏ˨˧tsʮ˥pəʔ˥təʔ˥
【求人不如求己】dʑiʏ˨˧ȵən˨˧pəʔ˥zʮ˧˩dʑiʏ˨˧tɕi˥　指凡事请求别人帮助解决，不如自已想方设法去解决。

【求爹爹,拜奶奶】ʥiʏ˦ti˥ti˩,pɑ˥˩nɛ˦nɛ˩ 形容低三下四地求人帮助。

【求个菩萨求灵哉】ʥiʏ˦kəʔ˥bu˦saʔ˥ʥiʏ˦lin˦tsᴇ˩ 激愤语。如此诚恳的请求,哪怕求泥塑木雕的菩萨也能显灵答应了。形容人心肠太硬或冥顽不化。

【求来的雨——落勿大】ʥiʏ˦lᴇ˦kəʔ˥ɦy˩——loʔ˦fəʔ˥dəu˩ 歇后语。喻人家勉强答应的帮助是很有限的。

【求生不得,求死不能】ʥiʏ˦sən˥pəʔ˥təʔ˥,ʥiʏ˦sɿ˩pəʔ˥nən˦ 想活活不好,想死又死不了。形容精神或处境极其艰难痛苦。

Q

虬【ʥiʏ˦】

【虬髯】ʥiʏ˦zø˩

泅【ʥiʏ˦】

俅【ʥiʏ˦】

酋【zʏ˦】

【酋长】zʏ˦tsã˩

逑【ʥiʏ˦】

球【ʥiʏ˦】

【球台】ʥiʏ˦dᴇ˩

【球场】ʥiʏ˦zã˩

【球板】ʥiʏ˦pᴇ˩ 打球的拍子。

【球胆】ʥiʏ˦tᴇ˩

【球迷】ʥiʏ˦mi˩

【球路】ʥiʏ˦ləu˩

【球鞋】ʥiʏ˦ɦɑ˩

遒【zʏ˦】

裘【ʥiʏ˦】

qū

区【tɕʰy˥】另见 ōu。

【区区】tɕʰy˥tɕʰy˥

【区分】tɕʰy˥fən˩

【区别】tɕʻy˥biəʔ˧
【区域】tɕʻy˥ɦyəʔ˧

曲【tɕʻyəʔ˥】文读【tɕʻoʔ˥】
另见 qǔ。

【曲尺】tɕʻoʔ˥tsʻaʔ˥
【曲折】tɕʻoʔ˥tsəʔ˥
【曲线】tɕʻoʔ˥siɪ˧˩˧或tɕʻyəʔ˥siɪ˧˩˧
【曲细】tɕʻyəʔ˥si˥˩或tɕʻoʔ˥si˥˩ （一）外行。（二）指见识少而容易被人愚弄的人（贬义）。
【曲直】tɕʻoʔ˥zəʔ˧
【曲解】tɕʻoʔ˥tɕia˥˩
【曲筋】tɕʻyəʔ˥tɕən˥ 扭伤。
【曲襟】tɕʻoʔ˥tɕən˥ 指衣服上曲折的前襟。
【曲蟮】tɕʻoʔ˥zø˧˩或tɕʻyəʔ˥zø˧˩ 蚯蚓。
【曲夹里】tɕʻyəʔ˥kaʔ˥li˧˩ 义同【曲细】。
【曲搭搭】tɕʻyəʔ˥taʔ˥taʔ˥ （一）外行。（二）指见识少。
【曲辫子】tɕʻoʔ˥biɪ˧˩tsɿ˥˩ 指见识少，容易被人愚弄的人（含讥讽意）。

岖【tɕʻy˥】

驱【tɕʻy˥】

屈【tɕʻyəʔ˥】文读【tɕʻoʔ˥】

【屈节】tɕʻyəʔ˥tsiəʔ˥
【屈服】tɕʻyəʔ˥voʔ˧
【屈居】tɕʻyəʔ˥tɕy˥
【屈指】tɕʻyəʔ˥tsɥ˥˩
【屈辱】tɕʻyəʔ˥zoʔ˧
【屈膝】tɕʻyəʔ˥siəʔ˥
【屈打成招】tɕʻyəʔ˥tã˥˩zən˦tsæ˥

祛【tɕʻy˥】

蛆【tsʻi˥】文读【tsʻy˥】

【蛆作蚂蚁】tsʻi˥tsoʔ˥mo˧˩mi˧˩ 形容人多，乱哄哄地聚在一起。
【蛆钻刮辣】tsʻi˥tsø˥kuaʔ˥laʔ˧ 形容撒娇式的无理取闹的程度十分高。
【蛆出骨出】tsʻi˥tsʻəʔ˥kuəʔ˥

tsʻəʔ˥ 形容(懒惰的)程度十分高。

躯【tɕʻy˥】

【躯干】tɕʻy˥kø˥˩
【躯体】tɕʻy˥ti˥˩
【躯壳】tɕʻy˥kʻoʔ˥

趋【tsʻi˥】文读【tsʻiy˥】

【趋向】tsʻi˥ɕiã˥˩
【趋奉】tsʻi˥voŋ˩
【趋势】tsʻi˥sʮ˥˩
【趋炎附势】tsʻi˥hi˩vu˩sʮ˥˩

蛐【tɕʻyəʔ˥】文读【tɕʻoʔ˥】

麹【tɕʻoʔ˥】

觑【tsʻi˥】文读【tsʻy˥】另见 qù。

【觑勒一作堆】tsʻi˥lə˧iəʔ˥tsoʔ˥tE˥ 凑在一起。

嚁【tɕy˥】

qú

劬【dʑy˧】

【劬劳】dʑy˧læ˩

渠【dʑy˧】

【渠道】dʑy˧dæ˩

瞿【dʑy˧】

氍【dʑy˧】

衢【dʑy˧】

qǔ

曲【tɕʻyəʔ˥】文读【tɕʻioʔ˥】另见 qū。

【曲子】tɕʻioʔ˥tsɿ˥˩或读tɕʻyəʔ˥tsɿ˥˩
【曲艺】tɕʻioʔ˥ȵi˧
【曲目】tɕʻioʔ˥moʔ˧
【曲调】tɕʻioʔ˥diæ˧或tɕʻyəʔ˥diæ˧
【曲牌】tɕʻioʔ˥bɑ˧或tɕʻyəʔ˥bɑ˧

【曲谱】tɕʰioʔ˥pu˥˨
【曲高和寡】tɕʰioʔ˥kæ˥ɦəu˨˧ko˦˩˨ 也作【曲高和孤】tɕʰioʔ˥kæ˥ɦəu˨˧kəu˥。

取【tsʰi˥˨】文读【tsʰy˥˨】

【取巧】tsʰi˥˨tɕʰiæ˥˨
【取决】tsʰi˦˩˨tɕyəʔ˥
【取材】tsʰi˥˨zE˧˩
【取证】tsʰi˥˨tsən˦˩˨
【取法】tsʰi˥˨faʔ˥
【取舍】tsʰi˥so˥˨
【取经】tsʰi˦˩˨tɕən˥
【取保】tsʰi˦˩˨pæ˥˨
【取胜】tsʰi˥˨sən˦˩˨
【取信】tsʰi˥˨sin˦˩˨
【取消】tsʰi˦˩˨siæ˥
【取笑】tsʰi˥˨siæ˥˨
【取样】tsʰi˥˨ɦiã˨˧
【取得】tsʰi˥˨təʔ˥
【取道】tsʰi˥˨dæ˨˧
【取缔】tsʰi˦˩˨ti˥
【取暖】tsʰi˥˨nø˨˧
【取长补短】tsʰi˦˩˨zã˧˩pu˥˨tø˥˨
【取出经来唐僧得，闯出祸来孙行者】tsʰi˦˩˨tsʰəʔ˥tɕən˥lE˨˧dã˨˧sən˥˨təʔ˥，tsʰã˥˨tsʰəʔ˥ɦəu˨˧lE˨˧sən˥ɦin˧˩tsE˥˨ 指好事归自己、坏事归别人的自私念头。

娶【tsʰi˦˩˨】文读【tsʰy˦˩˨】

【娶亲】tsʰi˥˨tsʰin˥

龋【tɕʰy˥˨】

qù

去【tɕʰi˦˩˨】文读【tɕʰy˦˩˨】

【去火】tɕʰi˦˩˨həu˥˨
【去处】tɕʰi˥tsʮ˥˨
【去世】tɕʰy˥˨sʮ˥˨
【去向】tɕʰy˥ɕiã˥˨或tɕʰy˦˩˨ɕiã˥
【去声】tɕʰy˦˩˨sən˥
【去脱】tɕʰi˦˩˨tʰəʔ˥ （一）去掉。（二）死。
【去路】tɕʰy˦˩˨ləu˧˩或tɕʰi˦˩˨ləu˧˩

趣【tsʰi˦˩˨】文读【tsʰy˦˩˨】

【趣味】tsʰi˦˩˨vi˧˩
【趣道】tsʰi˥dæ˨˧ 趣味。

觑【ɕyˀ】另见 qū。

quān

悛【tɕʻiø˥】

圈【tɕʻiø˥】

【圈子】tɕʻiø˥tsɿ˥˩

【圈定】tɕʻiø˥din˩

【圈点】tɕʻiø˥tii˥˩

【圈套】tɕʻiø˥tʻæ˥˩

【圈盘】tɕʻiø˥bø˩ 把长形的东西弯曲成圆弧或圆形。

【圈圈】tɕʻiø˥tɕʻiø˥˩ （一）圈子。（二）圈点。

【圈脱】tɕʻiø˥tʻəˀ˥ （一）修改文章时，把无用的字涂抹掉。（二）指事情结束。

【圈拢来】tɕʻiø˥loŋ˧lE˩ 围拢来。

【圈起来】tɕʻiø˥tɕʻi˥˩lE˩ （一）围起来。（二）把饲养的动物固定在某个地方或赶进笼舍。

【圈盘坐】tɕʻiø˥bø˩zəu˩ 盘膝而坐。

quán

权【dʑiø˩】

【权力】dʑiø˧liəˀ˧

【权术】dʑiø˧zəˀ˧

【权且】dʑiø˧tsʻi˥˩

【权利】dʑiø˧li˩

【权宜】dʑiø˧ȵi˩

【权势】dʑiø˧sɥ˥˩

【权限】dʑiø˧ɦE˩

【权柄】dʑiø˧pin˥˩

【权贵】dʑiø˧kuE˥˩

【权威】dʑiø˧uE˥

【权益】dʑiø˧iəˀ˥

【权领】dʑiø˧lin˩ 客套话。姑且收下。

【权谋】dʑiø˧mY˩

【权衡】dʑiø˧ɦən˩

全【ziI˩】中州韵【ziø˩】

【全力】ziI˧liəˀ˧

【全才】ziI˧zE˩

【全文】ziI˧vən˩

【全本】ziI˧pən˥˩ （一）指演出时间较长、故事情节完整的戏剧。(二)足本。(三)全部。
【全会】ziɪ˨˧ɦuE˧˩
【全权】ziɪ˨˧ʥiø˧˩
【全托】ziɪ˨˧t'oʔ˥
【全局】ziɪ˨˧ʥioʔ˧
【全身】ziɪ˨˧sən˥
【全体】ziɪ˨˧t'i˥˩
【全线】ziɪ˨˧siɪ˥˩
【全面】ziɪ˨˧miɪ˧˩
【全部】ziɪ˨˧bu˧˩
【全称】ziɪ˨˧ts'ən˥
【全能】ziɪ˨˧nən˧˩
【全副】ziɪ˨˧fu˥˩
【全票】ziɪ˨˧p'iæ˥˩
【全盘】ziɪ˨˧bø˧˩
【全球】ziɪ˨˧ʥiʏ˧˩
【全盛】ziɪ˨˧zən˧˩
【全程】ziɪ˨˧zən˧˩
【全集】ziɪ˨˧ziəʔ˧
【全勤】ziɪ˨˧ʥən˧˩
【全貌】ziɪ˨˧mæ˧˩
【全部头】ziɪ˨˧bu˨˧dʏ˧˩　指(书)全套的。
【全家福】ziɪ˨˧tɕiɑ˥foʔ˥
【全本热昏】ziɪ˨˧pən˥˩ȵəʔ˧huən˥˩　(一)指完全是假的。(二)指完全是胡来。
【全本西厢记】ziɪ˨˧pən˥˩si˥siã˥tɕi˦　喻事情的全部。

诠【ts'iɪ˥】中州韵【ts'iø˥】

荃【ts'iɪ˥】中州韵【ts'iø˥】、【ziø˨˧】

泉【ziɪ˨˧】中州韵【ziø˨˧】

【泉下】ziɪ˨˧ʑiɑ˥˩
【泉水】ziɪ˨˧sʮ˥˩
【泉台】ziɪ˨˧dE˧˩　阴间。
【泉眼】ziɪ˨˧ŋE˧˩
【泉源】ziɪ˨˧ȵiø˧˩

拳【ʥiø˨˧】

【拳头】ʥiø˨˧dʏ˧˩
【拳击】ʥiø˨˧tɕəʔ˥
【拳术】ʥiø˨˧zəʔ˧
【拳师】ʥiø˨˧sɿ˥
【拳拳】ʥiø˨˧ʥiø˧˩
【拳脚】ʥiø˨˧tɕiɑʔ˥
【拳棒】ʥiø˨˧bã˧˩
【拳头耳光】ʥiø˨˧dʏ˨˧ȵi˨˧kuã˥˩　用拳头打在耳光上。

【拳头大，臂巴粗】ʥiø˩˧dY˩˧dəu˧˩,pi˥po˥˨ts'əu˥　形容人身体粗壮有力，善斗。

【拳不离手，曲不离口】ʥiø˩˧pəʔ˥li˩˧sY˥˨,tɕ'oʔ˥pəʔ˥li˩˧k'Y˥˨　指技艺要经常练习，才不至于生疏。

【拳头浪立得起人，臂巴浪跑得过马】ʥiø˩˧dY˩˧lɑ̃˧˩liəʔ˥təʔ˥tɕ'i˥˨ȵən˩˧,pi˥po˥˨lɑ̃˧˩bæ˩˧təʔ˥kəu˥˨mo˧˩　形容人极有担当。

铨【ts'iɪ˥】中州韵【ts'iø˥】

痊【ziɪ˩˧】中州韵【ts'iø˥】、【ziø˩˧】

【痊愈】ziɪ˩˧ɦY˧˩

筌【ts'iɪ˥】中州韵【ts'iø˥】、【ziø˩˧】

蜷【ʥiø˩˧】

【蜷曲】ʥiø˩˧tɕ'oʔ˥

【蜷缩】ʥiø˩˧soʔ˥

【蜷拢来】ʥiø˩˧loŋ˩˧lE˧˩　（一）蜷缩起来。（二）蜷曲起来。

【蜷起来】ʥiø˩˧tɕ'i˥lE˧˩　义同【蜷拢来】。

【蜷勒海】ʥiø˩˧ləʔ˧hE˥˨　（一）蜷缩在那里。（二）蜷曲的样子。

【蜷蜷尾巴缩缩脚】ʥiø˩˧ʥiø˩˧ȵi˩˧po˥˨soʔ˥soʔ˥tɕiɑʔ˥　形容行为收敛。

鬈【ʥiø˩˧】

【鬈毛】ʥiø˩˧mæ˧˩　指动物身上天然弯曲的毛。

【鬈头发】ʥiø˩˧dY˩˧faʔ˥　鬈发。

【鬈起来】ʥiø˩˧tɕ'i˥lE˧˩　将人的头发或动物身上的毛弯曲起来。

【鬈毛狮子狗】ʥiø˩˧mæ˧˩sɿ˥tsɿ˥˨kY˥˨　（一）鬈毛哈巴狗。（二）喻人头发蜷曲的样子很难看（贬义）。

颧【dʑiø˧】

【颧骨】dʑiø˧kuəʔ˥

【颧骨高，杀夫勿用刀】dʑiø˧kuəʔ˥kæ˥，saʔ˥fu˥fəʔ˥ɦioŋ˨˩tæ˥　俗语。指颧骨突出的女人，往往看上去相貌很凶。

quǎn

犬【tɕʻiø˧˩˧】

【犬马之劳】tɕʻiø˧˦ma˧tsɿ˧˩˧læ˧　喻甘心情愿供驱使。

【犬牙交错】tɕʻiø˧˦ɦia˧tɕiæ˥tsʻo˧˩˧

绻【tɕʻiø˧˩˧】、【tɕʻiø˧˦】

quàn

劝【tɕʻiø˧˦】

【劝开】tɕʻiø˥kE˧˩˧　劝说双方停止吵架。

【劝劝】tɕʻiø˧˦tɕʻiø˥　劝。

【劝导】tɕʻiø˧˦dæ˧

【劝告】tɕʻiø˧˦kæ˧˩˧

【劝阻】tɕʻiø˧˦tsəu˧˩˧

【劝和】tɕʻiø˧˦ɦəu˧

【劝客】tɕʻiø˥kɑʔ˥　劝架者。

【劝说】tɕʻiø˧˦səʔ˥

【劝降】tɕʻiø˧˦ɦã˧

【劝酒】tɕʻiø˧˦tsY˧˩˧

【劝解】tɕʻiø˧˦tɕia˧˩˧

【劝慰】tɕʻiø˧˦ɦuE˧

【劝勿听】tɕʻiø˥fəʔ˥tʻin˧˩˧　不听从劝告。

【劝勿醒】tɕʻiø˥fəʔ˥sin˧˩˧　劝告无效。

【劝相打】tɕʻiø˥siã˥tã˧˩˧　劝人停止打架。

【劝相骂】tɕʻiø˥siã˥mo˩　劝人停止争吵。

券【tɕʻiø˧˦】

quē

炔【tɕyəʔ˥】

缺【tɕʻyəʔ˥】

【缺口】tɕʻyəʔ˥kʻY˧˩˧

【缺门】tɕʻyəʔ˥mən˧

【缺乏】tɕʻyəʔ˥vaʔ˧
【缺少】tɕʻyəʔ˥sæ˥˩
【缺点】tɕʻyəʔ˥tiɪ˥˩
【缺缺】tɕʻyəʔ˥tɕʻyəʔ˥ 后缀词。表示一点也没有。多与胃口、味道连用。如：胃口缺缺（一点胃口也没有）。
【缺损】tɕʻyəʔ˥sən˥˩
【缺席】tɕʻyəʔ˥ziəʔ˧
【缺脱】tɕʻyəʔ˥tʻəʔ˥ 缺少；缺掉。
【缺勤】tɕʻyəʔ˥dʑən˨
【缺德】tɕʻyəʔ˥təʔ˥
【缺秤头】tɕʻyəʔ˥tsʻən˥dʏ˨ 短斤缺两。
【缺仔酱油放仔醋】tɕʻyəʔ˥tsɿ˥˩tsiã˥ɦiʏ˨fɑ̃˦tsɿ˥˩tsʻəu˦ 形容粗心大意。

阙【tɕʻyəʔ˥】另见 què。

què

却【tɕʻiaʔ˥】中州韵【tɕʻioʔ˥】

【却之不恭】tɕʻiaʔ˥tsʮ˥˩pəʔ˥koŋ˦

雀【tsʻiaʔ˥】中州韵【tsʻioʔ˥】

【雀子斑】tsʻiaʔ˥tsɿ˦pᴇ˥或tsiaʔ˥tsɿ˦pᴇ˥ 雀斑。

确【tɕʻyəʔ˥】文读【tɕʻioʔ˥】

【确切】tɕʻioʔ˥tsʻiəʔ˥或tɕʻyəʔ˥tsʻiəʔ˥
【确认】tɕʻioʔ˥ȵən˨或tɕʻyəʔ˥ȵən˨
【确乎】tɕʻioʔ˥ɦəu˨
【确立】tɕʻioʔ˥liəʔ˧
【确诊】tɕʻioʔ˥tsən˦
【确证】tɕʻioʔ˥tsən˦
【确定】tɕʻioʔ˥din˨或tɕʻyəʔ˥din˨
【确实】tɕʻioʔ˥zəʔ˧或tɕʻyəʔ˥zəʔ˧
【确保】tɕʻioʔ˥pæ˥˩或tɕʻyəʔ˥pæ˥˩
【确信】tɕʻioʔ˥sin˦或tɕʻyəʔ˥sin˦

阕【tɕʻyəʔ˥】

鹊【ts'iɑʔ˥】中州韵【ts'ioʔ˥】

【鹊起】ts'iɑʔ˥tɕ'i˧˩

【鹊桥】ts'iɑʔ˥dʑiæ˧

【鹊尾英雄巾】ts'iɑʔ˥vi˩Øin˥ɦioŋ˩tɕən˧˩ 古时武士戴的一种帽子。帽子靠后脑勺处竖起一片形似喜鹊尾羽的饰物。

阙【tɕ'yəʔ˥】另见 què。

搉【k'oʔ˥】文读【tɕ'ioʔ˥】

【搉开】k'oʔ˥k'E˥ 击破；打破。

【搉脱】k'oʔ˥t'əʔ˥ 打掉；打碎。

【搉着】k'oʔ˥zɑʔ˧ 击打；打中。

【搉碎】k'oʔ˥sE˧˦ 打破；打碎。

【搉橐】koʔ˥toʔ˥ 像声词。栗暴声或穿靴子的脚步声。

【搉二只蛋】k'oʔ˥liã˧tsɑʔ˥dE˩ 打二个蛋。

【搉橐一记】k'oʔ˥t'oʔ˥Øiəʔ˥tɕi˧˦ 栗暴一个。

榷【tɕ'yəʔ˥】中州韵【tɕioʔ˥】

qūn

逡【ts'ən˥】中州韵【tɕ'uən˥】

qún

裙【dʑyən˧】

【裙子】dʑyən˧tsɿ˧˩

【裙边】dʑyən˧Øpi˥ 甲鱼背壳周边半透明胶状肉质。

【裙钗】dʑyən˧ts'E˧˩

【裙裤】dʑyən˧k'əu˧˩ 裤腿肥大似裙的裤子。

【裙带风】dʑyən˧tɑ˥foŋ˧˩ 搞裙带关系的风气。

【裙带鱼】dʑyən˧tɑ˥ŋ˩ 带鱼。

【裙带关系】dʑyən˧tɑ˥kuE˥ɕi˧˩ 被利用来相互勾结攀援的姻亲关系。

群【ʥyən˧˦】

【群众】ʥyən˧˦tsoŋ˥˩
【群岛】ʥyən˧˦tæ˥˩
【群芳】ʥyən˧˦fɑ̃˥˩
【群体】ʥyən˧˦tʻi˥˩
【群英】ʥyən˧˦ʔin˥
【群居】ʥyən˧˦tɕy˥
【群雄】ʥyən˧˦ɦioŋ˩
【群英会】ʥyən˧˦ʔin˥ɦuE˩
【群龙无首】ʥyən˧˦loŋ˧˦vu˩sY˥˩
【群策群力】ʥyən˧˦tsʻɑʔ˥ʥyən˧˦liəʔ˧
【群魔乱舞】ʥyən˧˦mo˧˦lø˩vu˩

附：

怺【tɕʻiY˥】《广韵》去秋切。戾也。义见【丘】各条。

笡【tsʻiɑ˥˩】《广韵》迁谢切。斜逆也。

【笡角】tsʻiɑ˦koʔ˥　斜角。
【笡眼】tsʻiɑ˦ŋE˩　斜眼或患斜眼病的人。
【笡角对过】tsʻiɑ˦koʔ˥tE˥kəu˥˩　斜对面。
【笡转身体】tsʻiɑ˦tsø˥˩sən˥tʻi˥˩　斜歪着身体。

敪【tsʻiɑʔ】《广韵》七雀切逆向翘起。

R

rán

然【zø˨˦】

【然而】zø˨˩ɦə˨˧˩
【然后】zø˨˩ɦɤ˧˩

髯【zø˨˦】

【髯口】zø˨˦k'ɤ˥˩

燃【zø˨˦】

【燃料】zø˨˦liæ˧˩
【燃烧】zø˨˦sæ˥
【燃眉之急】zø˨˩mE˨˩tsɥ˥˩tɕə ʔ˥

rǎn

冉【zø˨˩】

【冉冉】zø˨˩zø˨˩

染【ȵi˨˩】文读【zø˨˩】

【染色】ȵi˨˩səʔ˥
【染坊】ȵi˨˧fɑ̃˥
【染指】zø˨˦tsɥ˥˩
【染缸】ȵi˨˧kɑ̃˥
【染颜色】ȵi˨˩ŋE˨˦səʔ˥
【染缸里拉勿出白布】ȵi˨˧kɑ̃˥ li˨˩la˥fəʔ˥ts'əʔ˥baʔ˧pu˧˨
（一）喻污浊下流的环境，熏陶不出好人来。（二）受客观条件局限，不可能出现奇迹。

rāng

嚷【zɑ̃˥】中州韵【ʐɑ̃˥】

【嚷嚷】zɑ̃˥zɑ̃˥˩ （口语中不用）。

ráng

禳【zɑ̃˨˦】中州韵【ʐɑ̃˨˦】

R

瓤【nã˦】中州韵【ʑã˦】

rǎng

壤【ȵiã˩】中州韵【ʑã˩】

攘【ȵiã˩】中州韵【ʑã˩】

ràng

让【ȵiã˩】中州韵【ʑã˩】

【让开】ȵiã˦k'ᴇ˥ 躲闪。
【让让】ȵiã˦ȵiã˩ 让。
【让位】ȵiã˩ɦuᴇ˩
【让步】ȵiã˩bu˩
【让拨】ȵiã˦pə˥ 让给。
【让利】ȵiã˩li˩
【让座】ȵiã˩zəu˩

ráo

饶【ȵiæ˦】中州韵【ʑæ˦】
姓【ɦiæ˦】

【饶片】ȵiæ˦p'iɪ˥ 电影放映时加放的新闻片或短片。
【饶让】ȵiæ˦ȵiã˩ 宽恕，让步。
【饶头】ȵiæ˦dʏ˩ 义同【饶头戏】。
【饶命】ȵiæ˦min˩
【饶饶】ȵiæ˦ȵiæ˩ 宽恕。
【饶头戏】ȵiæ˦dʏ˦ɕi˥ 多给的少量东西（多用于买卖场合）。
【饶头大仔正主】ȵiæ˦dʏ˩dəu˩tsɿ˥tsən˥tsʮ˥ 买卖中，多给的部分比买的还多。喻有悖常理。

娆【diæ˦】中州韵【ʑæ˦】

桡【zæ˦】中州韵【ʑæ˦】
（桨）【næ˩】

rǎo

扰【zæ˩】

【扰】zæ˩ 打扰；叨扰。
【扰乱】zæ˩lø˩
【扰扰】zæ˦zæ˩ 开玩笑式的骚扰。

rào

绕【ȵiæ˩】中州韵【ʑæ˩】

【绕绕】ȵiæ˩ȵiæ˩ （一）绕。

（二）纠缠。

【绕道】ȵiæ˦dæ˨

【绕口令】ȵiæ˦k'Y˥lin˨

【绕小脚】ȵiæ˦siæ˨tɕiɑʔ˥

（一）封建时代的陋习。用长布条把女孩子的脚紧紧地缠住，为使脚纤小，而造成脚骨畸形。（二）形容行事不爽利。

【绕笔头】ȵiæ˦piəʔ˥dY˨ 文字上玩花样。

【绕圈子】ȵiæ˦tɕ'iø˥tsɿ˧

rě

喏【zo˨】中州韵【ʐɛ˨】另见 nuò。

惹【zɑ˨】中州韵【ʐɛ˨】

【惹】zɑ˨ 吴语中有竟然使得的意思。如【惹我】zɑ˨ŋəu˨ 竟然使我。

【惹毛】zɑ˦mæ˦ 触怒。

【惹气】zɑ˨tɕ'i˧

【惹为】zɑ˨ɦuɛ˨ 竟然使得；竟可以。也简说为【惹】zɑ˨。

【惹血】zɑ˨ɕyəʔ˥ 便血。

【惹污】zɑ˨øəu˦ 大便。

【惹厌】zɑ˨øi˧ 使人厌恶。

【惹尿】zɑ˦sʮ˥ 小便。

【惹屁】zɑ˨p'i˦ 放屁。

【惹屎】zɑ˨sɿ˧ 大便。

【惹疖】zɑ˨tsiəʔ˥ 拉痢。

【惹惹】zɑ˨zɑ˨ 惹；招引；挑逗。

【惹眼】zɑ˨ŋɛ˨ 引人注目。

【惹潮】zɑ˦zæ˨ 尿湿。

【惹为道】zɑ˨ɦuɛ˨dæ˨ 竟然使得；竟然能够。

【惹勿起】zɑ˦fəʔ˥tɕ'i˧ （一）招惹不起。（二）开不起玩笑的。

【惹出来】zɑ˨tsəʔ˥lɛ˨ 指惹出（是非）。

【惹尿坯】zɑ˦sʮ˥p'ɛ˧ 尿床者（多指儿童）。

【惹是非】zɑ˨zɿ˦fi˥

【惹是生非】zɑ˦zɿ˨sən˥fi˥

【惹是撩非】zɑ˦zɿ˨liæ˨fi˧ 惹是生非。

【惹厌当知己】zɑ˦øi˧tã˧tsʮ˥tɕi˧ 被人厌恶还以为与人亲密无间。喻不识时务。

【惹屎勿出嫌坑臭】zɑ˦sɿ˧fəʔ˥ts'əʔ˥ɦi˦k'ã˥ts'Y˦ 屙

不出屎，却怪粪坑太臭。喻自己没有能力，却埋怨客观条件不好。

【惹泡尿自家照照】zɑ˨˧p'æ˥˨ sʮ˥zɿ˧kɑ˥tsæ˦˩˨tsæ˥ 讥讽语。将自己排泄的尿液当镜子照照，看自己是什么面目。对无自知之明者的讥刺和提醒。

rè

热【ɲ̥əʔ˧】中州韵【ʑəʔ˧】

【热门】ɲ̥əʔ˧mən˨˧

【热气】ɲ̥əʔ˧tɕ'i˥˨

【热水】ɲ̥əʔ˧sʮ˥˨ 具有比手感温度高的水。

【热心】ɲ̥əʔ˧sin˥

【热中】ɲ̥əʔ˧tsoŋ˥

【热血】ɲ̥əʔ˧ɕyəʔ˥

【热孝】ɲ̥əʔ˧hæ˦˩˨ 刚办丧事戴的孝。

【热炒】ɲ̥əʔ˧ts'æ˥˨ 炒菜。

【热诚】ɲ̥əʔ˧zən˨˧

【热昏】ɲ̥əʔ˧huən˥˨ 斥责语，胡来，胡闹。

【热闹】ɲ̥əʔ˧næ˨˧

【热疮】ɲ̥əʔ˧ts'ɑ̃˥

【热带】ɲ̥əʔ˧tɑ˦˩˨

【热点】ɲ̥əʔ˧tiɪ˥˨

【热烙】ɲ̥əʔ˧loʔ˧ 亲密；亲热。

【热爱】ɲ̥əʔ˧øᴇ˦˩˨

【热烈】ɲ̥əʔ˧liəʔ˧

【热恋】ɲ̥əʔ˧liɪ˨˧

【热热】ɲ̥əʔ˧ɲ̥əʔ˧ 加温。

【热接】ɲ̥əʔ˧tsiəʔ˥ 苏州评弹行话。指出场安排演出的前后两个档期紧密相连。

【热情】ɲ̥əʔ˧zin˨˧

【热气肉】ɲ̥əʔ˧tɕ'i˥˨ɲ̥oʔ˧ 指新鲜的肉。

【热水汀】ɲ̥əʔ˧sʮ˥˨tin˥˨ 利用热水取暖的装置。

【热水袋】ɲ̥əʔ˧sʮ˥˨dᴇ˨˧ 橡胶袋内灌入热水的取暖器。

【热疖头】ɲ̥əʔ˧tsiəʔ˥dʏ˨˧ 天气炎热生的疖子。

【热吼吼】ɲ̥əʔ˧hʏ˥hʏ˥˨ 形容闷热难忍。

【热烔烔】ɲ̥əʔ˧doŋ˨˧doŋ˨˧ 形容暖和。

【热烘烘】ɲ̥əʔ˧hoŋ˥hoŋ˥˨ (一)形容暖和。(二)形容气温很过。

【热溜溜】ɲ̥əʔ˧lʏ˨˧lʏ˨˧ 形容温热(多用于液体)。

【热得来】ȵəʔ˧təʔ˥lE˩˧ 感叹语。过于热。

【热煞快】ȵəʔ˧saʔ˥k'ua˧˥ 形容气温很过。

【热煞脱】ȵəʔ˧saʔ˥t'əʔ˥ (一)因炎热而死掉。(二)形容炎热到吃不消的程度。

【热天热色】ȵəʔ˧t'i˥ȵəʔ˧səʔ˥ 指炎热的天气。

【热汤热水】ȵəʔ˧t'ã˥ȵəʔ˧sɥ˧˥ 指家居生活中,热的饭菜、茶水等。

【热吹潽烫】ȵəʔ˧ts'ɥ˧˥p'u˧˥t'ã˦˨ (一)滚烫。(二)形容极短的时间前(才发生的事)。

【热煞诸人】ȵəʔ˧saʔ˥tsɥ˧˥ȵən˦ 温度高得使人难以忍受。

【热昏搭仔邪】ȵəʔ˧huən˧˥taʔ˥tsɿ˧˥zia˦ 极其胡来、胡闹,仿佛着了魔。

【热大头昏】ȵəʔ˧dəu˦dY˦huən˥ 詈语。指昏了头胡来。

【热接冷送】ȵəʔ˧tsiəʔ˥lã˩˧soŋ˦˨ 来时热情接待,去时冷漠处置。

【热气换冷气】ȵəʔ˧tɕ'i˧˥ɦuø˩˧lã˦tɕ'i˧˥ 形容一方热诚,一方冷漠。

【热气𡎺呵一口】ȵəʔ˧tɕ'i˧˥fən˥ha˥ʔiəʔ˥k'Y˧˥ 喻丝毫没有冒犯。

【热面孔贴冷屁股】ȵəʔ˧mi˩˧k'oŋ˧˥t'iəʔ˥lã˦p'i˥kəu˧˥ 义同【热气换冷气】。

【热天勿热,五谷勿结】ȵəʔ˧t'i˥fəʔ˥ȵəʔ˧,ŋ̍əu˥koʔ˥fəʔ˥tɕəʔ˥ 指夏天如果气温不高,秋后会粮食歉收。

【热心肠招徕是非多】ȵəʔ˧sin˥zã˩˧tsæ˥lE˩˧zɿ˦fi˥təu˥ 处事热心,往往会招惹是非缠身。也作【热心人招徕是非多】ȵəʔ˧sin˥ȵən˩˧tsæ˥lE˩˧zɿ˦fi˥təu˥。

【热食好吃,冷债难还】ȵəʔ˧zəʔ˧hæ˦tɕ'əʔ˥,lã˩˧tsa˦nE˦ɦuE˦ 指久欠的债务难以了结。

【热石头浪格蚂蚁——笃笃转】ȵəʔ˧zaʔ˧dY˩˧lã˦kəʔ˥mo˦mi˩˧——toʔ˥toʔ˥tsø˧˥ 歇后语。形容心神不定。也

作【热锅浪格蚂蚁——团团转】ȵəʔ˧kəu˥˥lã˩kəʔ˥mo˦mi˩——dø˦dø˦tsø˥˩。

rén

人【ȵən˦】文读【zən˦】中州韵【ʑən˦】

【人丁】ȵən˦tin˥
【人人】ȵən˦ȵən˩
【人才】ȵən˦zE˩
【人工】ȵən˦koŋ˥˩
【人马】ȵən˦mo˩
【人士】zən˦zɿ˩
【人手】ȵən˦sY˥˩
【人心】ȵən˦sin˥
【人中】ȵən˦tsoŋ˥
【人民】zən˦min˩
【人生】ȵən˦sən˥˩
【人头】ȵən˦dY˩
【人次】ȵən˦tsʻɿ˥˩
【人间】zən˦tɕiɪ˥
【人证】ȵən˦tsən˥˩
【人和】zən˦ɦəu˩
【人话】ȵən˦ɦo˩
【人事】zən˦zɿ˩
【人性】ȵən˦sin˥˩
【人物】zən˦vəʔ˧
【人胞】ȵən˦pæ˥ 人的胎盘。
【人品】ȵən˦pʻin˥˩
【人选】zən˦siɪ˥˩
【人种】ȵən˦tsoŋ˥˩
【人格】ȵən˦kɑʔ˥
【人家】ȵən˦kɑ˥˩
【人流】zən˦lY˩
【人烟】zən˦ɵiɪ˥
【人样】ȵən˦ɦiã˩ （一）（像）人的样子（讥讽语）。（二）指人的长相。
【人堆】ȵən˦tE˥ 人群。
【人情】ȵən˦zin˩
【人缘】ȵən˦ɦiø˩
【人精】ȵən˦tsin˥ 处世极为精明的人（贬义）。
【人人头】ȵən˦ȵən˦dY˩ 人（多指画上的人）。
【人门前】ȵən˦mən˦ziɪ˩ 人前。
【人气味】ȵən˦tɕʻi˥mi˩ 人味。指人性。常作贬斥词。
【人民币】zən˦min˦bi˩
【人生观】zən˦sən˥kuø˥˩
【人头熟】ȵən˦dY˩zoʔ˧
【人轧人】ȵən˦gaʔ˧ȵən˩ 人挤人。

【人吃人】ȵən˦tɕʻəʔ˥ȵən˩ 不平等社会中人剥削人、人迫害人的现象。

【人托人】ȵən˦tʻoʔ˥ȵən˩ 转辗托人。

【人行道】zən˦ɦin˦dæ˩

【人来疯】ȵən˦lE˦foŋ˥˩

【人弄堂】ȵən˦loŋ˦dã˩ 人群夹道。

【人贩子】ȵən˦fE˥tsɿ˥˩

【人抬人】ȵən˦dE˦ȵən˩ 人与人之间的相互抬举。

【人背后】ȵən˦pE˥ɦY˩ 人后。

【人看人】ȵən˦kʻø˥ȵən˩ 指挤满人的地方，除了人其他什么都看不见。

【人家人】ȵən˦ka˥ȵən˩ （一）别人家的人（别于自家人）。（二）旧时指良家妇女。

【人家完】ȵən˦ka˥ɦuø˦ （一）家庭破损。（二）家产荡尽。（三）喻前功尽弃。

【人造革】zən˦zæ˦kəʔ˥

【人堆里】ȵən˦tE˥li˩ 人群中间。

【人圈子】ȵən˦tɕʻiø˥tsɿ˥˩ 许多人围成的圈。

【人情味】zən˦zin˦vi˩或ȵən˦zin˦mi˩

【人像人】ȵən˦ziã˦ȵən˩ 人和人相貌相像。

【人丁兴旺】ȵən˦tin˥ɕən˥ɦuã˩ （一）家族中人口多。（二）形容聚集的人多。

【人大心大】ȵən˦dəu˩sin˥dəu˩ 人长大后，自己的主张也大了（贬义）。

【人山人海】ȵən˦sE˥ȵən˦hE˥˩

【人有我有】ȵən˦ɦiY˩ŋəu˥ɦiY˩ 人家有的我也有。

【人仰马翻】zən˦ȵiã˥˩mo˩fE˥

【人财两空】ȵən˦zE˦liã˩kʻoŋ˥˩或zən˦zE˦liã˩kʻoŋ˥˩ 既失人，又失财。

【人来人往】ȵən˦lE˦ȵən˦θuã˥˩ 行人来往。

【人来客去】ȵən˦lE˦kʻɑʔ˥tɕʻi˧˦ 指亲朋间的往来。

【人情似债】ȵən˦zin˦zɿ˩tsɑ˧˦ 喻人情像债务，要还的。

【人面熟情】ȵən˦mi˩zoʔ˧

R

zin˩ 面情；情面。

【人缘人法】ȵən˦ɦiø˦ȵən˦ faʔ˥ 指人与人的缘分。

【人心隔肚皮】ȵən˦sin˥kɑʔ˥ dəu˦bi˩ 喻别人的心思难猜。

【人生地勿熟】ȵən˦sã˥di˦ fəʔ˥zoʔ˧ 人地生疏。

【人老心勿老】ȵən˦læ˩sin˥ fəʔ˥læ˩ 指老人心态还似年轻时。

【人参萝卜干】ȵən˦sən˥læ˦ boʔ˧kø˨ 状似人参的萝卜干（酱菜的一种）。

【人亦厾得煞】ȵən˦ɦaʔ˧toʔ˥ təʔ˥saʔ˥ 掷物能致人死，形容该软的东西太硬。

【人面对肉面】ȵən˦mii˩tE˨ ȵioʔ˧mii˩ 当场面对。

【人一走，茶就凉】ȵən˦ʔiəʔ˥ tsY˨，zo˦zY˩liã˦ 指人一离开，关系就断绝。

【人比人，气煞人】ȵən˦pi˨ ȵən˩，tɕʻi˨saʔ˥ȵən˦ 人与人相比，情况差不多，景况却有天壤之别，使人沮丧。

【人不知，鬼不觉】zən˦pəʔ˥ tsʮ˥，kuE˨pəʔ˥tɕoʔ˥ 指办事谨慎或机密，没有被别人发觉。

【人吓人，吓煞人】ȵən˦hɑʔ˥ ȵən˦，hɑʔ˥saʔ˥ȵən˦ 形容胡乱吓人，后果不堪设想。

【人是铁，饭是钢】ȵən˦zʅ˩ tʻiəʔ˥，vE˩zʅ˩kã˥ 指干活先得吃饱肚子。

【人养人，吓煞人】ȵən˦ɦiã˩ ȵən˩，hɑʔ˥saʔ˥ȵən˩ 指妇女分娩时，会令人十分担心。

【人骗人，骗煞人】ȵən˦pʻii˥ ȵən˦，pʻii˨saʔ˥ȵən˦ （一）甜言蜜语蒙骗人，能把人骗死。（二）施些小惠，使对方很开心（多用作调侃语）。

【人算勿如天算】ȵən˦sø˨ fəʔ˥zʮ˦tʻii˥sø˨ 形容算计再精明也会有疏漏。

【人心勿足蛇吞象】ȵən˦sin˥ fəʔ˥tsoʔ˥zo˦tʻən˥ziã˩ 喻人贪心不足。

【人心侪是肉做格】ȵən˦sin˥ zE˦zʅ˩ȵioʔ˧tsəu˨kəʔ˥ 指恻隐之心，人皆有之。

【人为财死，鸟为食亡】ȵən˦

R

ɦuɛ˨˩zɛ˨˦sɿ˥˩,ȵiæ˥˩ɦuɛ˨˩zəʔ˧vɑ̃˨˦ 喻人爱财。

【人正勿怕影子歪】ȵən˨˦tsən˥˩fəʔ˥pʻo˦˨ɵin˦˨tsɿ˥˩hua˥ 指为人正直,不怕别人非议。

【人生七十古来稀】zən˨˦sən˥tsʻiəʔ˥səʔ˥kəu˦˨lɛ˨˦ɕi˥ 指人活过七十岁,自古不多。

【人有千算天一算】ȵən˨˦ɦiʏ˨˩tsʻiɪ˥sø˦˨tʻiɪ˥ɵiəʔ˥sø˦˨ 形容再精明的算计也会有疏漏。

【人老珠黄不值钱】ȵən˨˦læ˨˩tsʮ˥ɦuɑ̃˨˦pəʔ˥zəʔ˧ziɪ˨˦ 喻人步入暮年容易被人轻视。

【人怕出名猪怕壮】ȵən˨˦pʻo˦˨tsʻəʔ˥min˨˦tsʮ˥pʻo˦˨tsɑ̃˦˨ 喻公众人物易招惹麻烦。

【人人要脸,树树要皮】ȵən˨˦ȵən˨˩ɵiæ˦˨liɪ˨˩,zʮ˨˦zʮ˨˩ɵiæ˦˨bi˨˦ 喻每个人都是要脸面的。

【人难人,难勿煞人】ȵən˨˦nɛ˨˦ȵən˨˦,nɛ˨˦fəʔ˥saʔ˥ȵən˨˦ 指刁难并不能难倒别人。

【人不为己,天诛地灭】zən˨˦pəʔ˥ɦuɛ˨˩tɕi˥,tiɪ˥tsʮ˥˩di˨˩miəʔ˧ 极言人的自私。

【人勿像人,鬼勿像鬼】ȵən˨˦fəʔ˥ziɑ̃˨˩ȵən˨˦,tɕy˥˩fəʔ˥ziɑ̃˨˩tɕy˥˩ 形容形象难看,不像人样。

【人同此心,心同此理】zən˨˦doŋ˨˦tsʻɿ˥sin˥,sin˥doŋ˨˩tsʻɿ˥li˨˩ 指人们总是认同公理的。

【人各有志,不得勉强】zən˨˦koʔ˥ɦiʏ˨˩tsʮ˥˩,pəʔ˥təʔ˥miɪ˦˨tɕʻiɑ̃˥ 指各人有各人的志向、追求,不可以勉强其改变。

【人过留名,鸟过留声】ȵən˨˦kəu˦˨lʏ˨˦min˨˦,ȵiæ˦˨kəu˦˨lʏ˨˦sən˥ 指人在世应有所作为,留下名声,譬如鸟飞过留下鸣叫声一样。

【人有良心狗勿吃屎】ȵən˨˦ɦiʏ˨˩liɑ̃˨˦sin˥kʏ˥˩fəʔ˥tɕʻəʔ˥sɿ˥˩ 激愤语。指人心险恶。

【人作祸来,天作雨来】ȵən˨˦tsoʔ˥ɦəu˨˦lɛ˨˦,tʻiɪ˥tsoʔ˥ɦʏ˨˦lɛ˨˦ 喻人无理取闹会酿祸。

【人极悬梁,狗急跳墙】ȵən˨˦dʑəʔ˧ɦiø˨˦liɑ̃˨˦,kʏ˦˨tɕəʔ˥tʻiæ˦˨ziɑ̃˨˦ 喻人到走投无

路时会采取极端行为。

【人要衣装,佛要金装】ȵən˩˧Øiæ˦˥Øi˥tsã˥˩,vəʔ˧Øiæ˦˥tɕən˥tsã˥˩　喻衣着打扮的重要性。

【人倘然勿死还要凶】ȵən˩˧t‘ã˦˥zø˩fəʔ˥si˦˥ɦuᴇ˩˧Øiæ˦˥ɕioŋ˥　愤懑语。如果人能永远不死,人心将更凶恶。

【人家客气,倷当福气】ȵən˩˧kɑ˥k‘ɑʔ˥tɕ‘i˦˥,nᴇ˩tã˦˥foʔ˥tɕ‘i˦˥　指不要因别人对你谦让而认为本就应当这样。

【人搀勿走,鬼催直跑】ȵən˩˧ts‘ᴇ˥fəʔ˥tsʏ˥˩,tɕy˥˩ts‘ᴇ˥zəʔ˧bæ˩˧　喻不听从善意的劝导,却走上歪门邪道。

【人家格老婆焐勿热脚】ȵən˩˧kɑ˥kəʔ˥læ˩˧bu˩Øəu˥fəʔ˥ȵəʔ˧tɕiɑʔ˥　喻依靠外来的力量不能解决自身的根本问题。也喻是人家的,不能长期占用。

【人少好过年,人多好种田】ȵən˩˧sæ˥˩hæ˥˩kəu˦˥ȵiɪ˩˧,ȵən˩˧təu˥hæ˥˩tsoŋ˦˥diɪ˩˧　指人多好办事。

【人勿亏地皮,地勿亏肚皮】ȵən˩˧fəʔ˥k‘uᴇ˥di˩˧bi˩,di˩fəʔ˥k‘uᴇ˥dəu˩˧bi˩　指只有好好劳动,才能好好生活。

【人争一口气,佛争一炷香】ȵən˩˧tsã˥Øiəʔ˥k‘ʏ˥˩tɕ‘i˦˥,vəʔ˧tsã˥Øiəʔ˥tsʮ˥˩ɕiã˥　喻人就要争一口气。

【人有几等人,佛有几等佛】ȵən˩˧ɦiʏ˩tɕi˥˩tən˥˩ȵən˩˧,vəʔ˧ɦiʏ˩tɕi˥˩tən˥˩vəʔ˧　喻人与人之间有差别。

【人往高处走,水往低处流】ȵən˩˧mã˩kæ˥ts‘ʮ˥˩tsʏ˥˩,sʮ˥˩mã˩ti˥ts‘ʮ˥˩lʏ˩˧　喻人有向上或争强的愿望。

【人误地一时,地误人一年】ȵən˩˧ŋəu˩di˩Øiəʔ˥zʮ˩˧,di˩ŋəu˩ȵən˩˧Øiəʔ˥ȵiɪ˩˧　喻贪图一时安逸,造成巨大损失。

【人身浪格砈,鸭背浪格水】ȵən˩˧sən˥lã˩kəʔ˥k‘ən˦˥,Øaʔ˥pᴇ˥˧lã˩˧kəʔ˥sʮ˥˩　喻(钱财)无足轻重。

【人敬我一尺,我敬人一丈】ȵən˩˧tɕən˦˥ŋəu˩Øiəʔ˥ts‘ɑʔ˥,ŋəu˩tɕən˥˩ȵən˩˧Øiəʔ˥zã˩　指对尊重自己的人要格

外尊重。

【人不可貌相,海水不可斗量】ȵən˧pəʔ˥k'əu˥˩mæ˨˩siã˦,hɛ˦sɥ˥pəʔ˥kəu˥˩tʏ˥˩liã˨˩ 不可以以貌取人。

【人门前说人话,鬼门前说鬼话】ȵən˧mən˧ziɪ˨˩səʔ˥ȵən˧ɦo˨˩,tɕy˦mən˧ziɪ˨˩səʔ˥tɕy˥˩ɦo˨˩ 指狡猾的人的两面三刀的手段。

【人心高过天,做仔皇帝想成仙】ȵən˧sin˥kæ˥kəu˥˩t'iɪ˥,tsəu˦tsɿ˥˩ɦuã˧ti˥˩siã˥˩zən˧siɪ˥ 形容人的欲望没有止境。

【人多讲出理来,稻多打出米来】ȵən˧təu˥kã˥˩ts'əʔ˥li˧lɛ˨˩,dæ˨˩təu˥tã˥˩ts'əʔ˥li˨˩lɛ˨˩ 喻人多集思广益,可以弄清道理。

壬【ȵən˧】中州韵【ʐən˧】

仁【zən˧】中州韵【ʐən˧】

【仁义】zən˧ɦi˨˩

【仁兄】zən˨˩ɕioŋ˥˩ (一)对男性朋友的敬称。(二)对人(男性)的调侃称呼。

【仁政】zən˧tsən˥˩

【仁慈】zən˧zɿ˨˩

【仁至义尽】zən˧tsɥ˥˩Øi˧zin˨˩

【仁者乐山,智者乐水】zən˧tsɛ˥ɦiæ˧sɛ˥,tsɥ˥tsɛ˥ɦiæ˧sɥ˥˩ 仁者喜爱山的坚定,智者喜爱水的灵动。

【仁者见仁,智者见智】zən˧tsɛ˥tɕi˦zən˧,tsɥ˥tsɛ˥˩tɕi˦tsɥ˥

任【zən˧】中州韵【ʐən˧】另见 rèn。

【任】ȵən˧ 姓。

rěn

忍【ȵən˨˩】文读【zən˨˩】中州韵【ʐən˨˩】

【忍心】zən˧sin˥

【忍让】zən˧ȵiã˨˩

【忍牢】ȵən˧læ˧ (一)忍耐住。(二)坚持住。

【忍住】ȵən˨˩zɥ˨˩ 义同【忍牢】。

【忍受】zən˩zʏ˩
【忍耐】zən˩nE˩
【忍无可忍】zən˦vu˦k'əu˥zən˩
【忍气吞声】zən˦tɕ'i˥t'ən˥sən˥
【忍辱负重】zən˩zoʔ˧vu˧zoŋ˩
【忍痛割爱】ȵən˩t'oŋ˥kəʔ˥ØE˥ 忍受痛苦，舍弃心爱的东西或人。
【忍痛着绣鞋】ȵən˩t'oŋ˥tsɑʔ˥sʏ˥ɦɑ˩ 喻为虚荣而忍受痛苦。

荏【zən˩】中州韵【ʑən˩】

稔【zən˩】中州韵【ʑən˩】

rèn

刃【zən˩】中州韵【ʑən˩】

认【ȵən˩】文读【zən˩】中州韵【ʑən˩】

【认】ȵən˩ （一）认可。（二）指领养。
【认认】ȵən˩ȵən˩ （一）认识一下。（二）鉴别一下。
【认为】ȵən˦ɦuE˦
【认可】ȵən˦k'əu˥ 简称【认】ȵən˩。
【认同】ȵən˩doŋ˩
【认字】ȵən˩zɿ˩ 识字。
【认识】ȵən˦səʔ˥
【认定】ȵən˩din˩
【认命】ȵən˩min˩
【认账】ȵən˩tsã˥
【认真】ȵən˦tsən˥
【认得】ȵən˩təʔ˥
【认脚】ȵən˩tɕiɑʔ˥
【认领】ȵən˩lin˩
【认错】ȵən˦ts'o˥
【认路】ȵən˩ləu˩ 认识路途。
【认输】ȵən˦sʮ˥
【认贼作父】ȵən˩zəʔ˧tsoʔ˥vu˩
【认罪服法】ȵən˩zE˩voʔ˧faʔ˥ 承认自己的罪行，服从法律判决。
【认错定盘星】ȵən˦ts'o˥din˦bø˦sin˥ 喻弄错了衡量事物的标准，或喻估计错了情况。

彻【zən˧˩】中州韵【ʑən˧˩】

任【zən˧˩】中州韵【ʑən˧˩】
另见 rén。

【任务】zən˧vu˧˩
【任用】zən˧˩ɦioŋ˧˩
【任何】zən˧ɦəu˧
【任免】zən˧mi˧˩
【任命】zən˧˩min˧˩
【任凭】zən˧bin˧˩
【任性】zən˧sin˥˩
【任课】zən˧kʻəu˥˩
【任教】zən˧˩tɕiæ˧˥
【任职】zən˧˩tsəʔ˥
【任期】zən˧dʑi˧˩
【任意】zən˧øi˥˩
【任劳任怨】zən˧læ˧zən˧˩øiø˧˥
【任凭风浪起，稳坐钓鱼船】zən˧bin˧˩foŋ˥lã˧tɕʻi˥˩，øuən˧˥zəu˧˩tiæ˥ŋ̍˧zø˧ 俗语，喻沉着冷静地应付事变。也指抱定宗旨，不为他人的说辞所动。

纫【zən˧˩】中州韵【ʑən˧˩】

韧【ȵən˧˩】文读【zən˧˩】中州韵【ʑən˧˩】

【韧劲】ȵən˧˩tɕən˥˩
【韧性】ȵən˧˩sin˥˩
【韧带】zən˧ta˥
【韧纠纠】ȵən˧˩tɕY˥tɕY˥˩ 形容柔软而结实。
【韧皮吊筋】ȵən˧˩bi˧˩tiæ˥tɕən˥˩ （一）形容柔软、结实、不易断裂而又富有弹性。（二）形容办事迟疑，没有决断。
【韧滋牵牵】ȵən˧˩tsɿ˥˩tɕʻi˥tɕʻi˥˩ 义同【韧皮吊筋】。

饪【zən˧˩】中州韵【ʑən˧˩】

衽【zən˧˩】中州韵【ʑən˧˩】

妊【zən˧】、【zən˧˩】中州韵【ʑən˧】、【ʑən˧˩】

【妊娠】zən˧tsən˥˩

rēng

扔【zən˩˧】文读【lən˥】中州韵【ʑən˩˧】

réng

仍【zən˧˩】中州韵【ʑən˧˩】

【仍旧】zən˩˧dʑiY˩˧或zən˧˩dʑiY˩˧

rì

日【ȵəʔ˧】文读【zəʔ˧】中州韵【ʑəʔ˧】

【日长】ȵəʔ˧zã˧˩　指白昼时间较长。立夏是白昼时间最长的一天。

【日历】zəʔ˧liəʔ˧

【日日】ȵəʔ˧ȵəʔ˧　天天;每一天。

【日天】ȵəʔ˧tʰiɪ˥　量词,表示天数。

【日记】zəʔ˧tɕi˦˩˨

【日头】ȵəʔ˧dY˩˧　太阳。如:有天呒日头。

【日场】ȵəʔ˧zã˩˧

【日光】ȵəʔ˧kuã˥　太阳光,见【日光接火光】。

【日把】ȵəʔ˧po˥˨　一天。

【日里】ȵəʔ˧li˩˧　白天。

【日毒】ȵəʔ˧doʔ˧　强烈的日光对人体产生的危害。

【日夜】ȵəʔ˧ØiɑԀ˦˩˨　白天和夜晚。

【日食】zəʔ˧zəʔ˧

【日显】ȵəʔ˧ɕiɪ˥˨　热天阳光反射产生的热浪。

【日班】ȵəʔ˧pE˥˨

【日浪】ȵəʔ˧lɑ̃˩˧　目前。

【日逐】ȵəʔ˧zoʔ˧　天天;每一天。

【日脚】ȵəʔ˧tɕiɑʔ˥　日子。

【日程】ȵəʔ˧zən˩˧

【日短】ȵəʔ˧tø˥˨　白昼时间较短。冬至是白昼时间最短的一天。

【日期】zəʔ˧dʑi˩˧

【日朝】ȵəʔ˧tsæ˥˨　天天;每一天。

【日数】ȵəʔ˧səu˥˨　天数。

【日头里】ȵəʔ˧dY˩˧li˥˨　太阳直照下面(多指夏天)。

【日把日】ȵəʔ˧po˥˨ȵəʔ˧　大约一天时间。

【日间日】ȵəʔ˧kE˥˨ȵəʔ˧　一

天隔一天。

【日里向】ȵəʔ˧li˧˦ɕiã˥˩　白天。

【日隔日】ȵəʔ˧kɑʔ˥ȵəʔ˧　一天隔一天。

【日浪向】ȵəʔ˧lã˧˦ɕiã˥˩　目前。

【日久天长】zəʔ˧tɕiɤ˥˩tʻiɪ˥zã˧˦

【日长世久】ȵəʔ˧zã˧˦sɥ˥˩tɕiɤ˥˩　(一)平常的日子里。(二)许多日子。

【日日夜夜】ȵəʔ˧ȵəʔ˧Øiɑ˥˩Øiɑ˥˩　不分昼夜。

【日长夜大】ȵəʔ˧tsã˥˩Øiɑ˥dəu˨˩　每天每夜都在长，形容快速成长。

【日中心里】ȵəʔ˧tsoŋ˥sin˥li˨˩　中午那段时间。

【日思夜想】ȵəʔ˧sɿ˥Øiɑ˥siã˥˩　形容日夜在想念。

【日清日白】ȵəʔ˧tsʻin˥ȵəʔ˧bɑʔ˧　大白天。

【日昼心里】ȵəʔ˧tsɤ˥sin˥li˨˩　中午那段时间。

【日脚长味】ȵəʔ˧tɕiɑʔ˥zã˧˦lE˨˩　来日方长。

【日晒夜露】ȵəʔ˧so˥˩Øiɑ˦˧ləu˨˩　日夜放在露天。

【日日大年夜】ȵəʔ˧ȵəʔ˧dəu˧˦ȵiɪ˧˦Øiɑ˥˩　形容天天是好日子(多用作讥讽或调侃)。

【日光接火光】ȵəʔ˧kuã˥tsiəʔ˥həu˦˧kuã˥　白天和夜晚之间的时间；黄昏时分。

【日勿做，夜摸索】ȵəʔ˧fəʔ˥tsəu˥˩，Øiɑ˥moʔ˧soʔ˥　白天不干活，到晚上该睡觉的时候却在那里磨磨蹭蹭干起来。

【日里夜里弄不清】ȵəʔ˧li˨˩Øiɑ˥li˨˩loŋ˧˦fəʔ˥tsʻin˥˩　形容人神志不清。也指不正常的生活习惯。

【日行千里，夜行八百】zəʔ˧ɦin˧˦tsʻiɪ˥li˨˩，Øiɑ˥ɦin˧˦pɑʔ˥pɑʔ˥　形容行走速度极快。

【日有所思，夜有所梦】ȵəʔ˧ɦiɤ˨˩səu˥˩sɿ˥，Øiɑ˦˧ɦiɤ˨˩səu˥˩moŋ˨˩　白天想得很深很多的事，往往会出现在晚上的睡梦中。

【日图三餐，夜图一瘏】ȵəʔ˧dəu˨˩sE˥tsʻø˥˩，Øiɑ˦˧dəu˨˩Øiəʔ˥huəʔ˥　形容无所事事，虚度光阴。

【日日吃把豆，活到九十九】ȵəʔ˧ȵəʔ˧tɕʻəʔ˥po˥˩dɤ˨˩，

ɦuəʔ˧tæ˥˩tɕiY˧˦zəʔ˧tɕiY˥˩ 俗语。指天天吃一些豆类或豆制品,可以长寿。

【日里文绉绉,夜里偷毛豆】ɲ̥əʔ˧li˧˩vən˨˦tsY˦tsY˥˩,Øia˦li˧˩tʻY˦mæ˨˦dY˧˩ 形容表面斯文、老实,其实内心极不老实。

【日里当夜里,夜里当日里】ɲ̥əʔ˧li˧˩tɑ̃˥˩Øia˦li˧˩,Øia˦li˧˩tɑ̃˥˩ɲ̥əʔ˧li˧˩ 指白天睡觉,晚上活动。不正常的生活。

【日里嚓咚咚,夜里吓老公】ɲ̥əʔ˧li˧˩tsʻɑʔ˦toŋ˦toŋ˥˩,Øia˦li˧˩hɑʔ˦læ˨˦koŋ˥˩ 指妇女白天游荡,晚上在家无事生非。

【日里呒不鸡吃米,夜里呒不老虫粮】ɲ̥əʔ˧li˧˩m̩˨˦pəʔ˦tɕi˦tɕʻəʔ˦mi˧˩,Øia˦li˧˩m̩˨˦pəʔ˦læ˨˦zoŋ˧liɑ̃˨˦ 形容极其穷困。

róng

戎【zoŋ˨˦】中州韵【ʑoŋ˨˦】

【戎装】zoŋ˨˦tsɑ̃˦

茸【zoŋ˨˦】中州韵【ʑoŋ˨˦】

荣【ɦioŋ˨˦】

【荣归】ɦioŋ˨˦kuE˦

【荣华】ɦioŋ˨˦ɦo˧˩

【荣任】ɦioŋ˧˩zən˧˩

【荣幸】ɦioŋ˧˩ɦin˧˩

【荣辱】ɦioŋ˨˦zoʔ˧

【荣获】ɦioŋ˧˩ɦuəʔ˧

【荣誉】ɦioŋ˧˩ɦy˧˩

【荣耀】ɦioŋ˧˩ɦiæ˧˩

绒【ɲ̥ioŋ˨˦】

【绒毛】ɲ̥ioŋ˨˦mæ˧˩

【绒布】ɲ̥ioŋ˨˦pu˥˩

【绒线】ɲ̥ioŋ˨˦siɪ˥˩

【绒头绳】ɲ̥ioŋ˨˦dY˨˦zən˧˩ 毛线。

【绒线衫】ɲ̥ioŋ˨˦siɪ˦sE˥˩ 毛衣。

【绒头绳衫】ɲ̥ioŋ˨˦dY˨˦zən˨˦sE˥˩ 毛衣。

容【ɦioŋ˨˦】

【容光】ɦioŋ˨˦kuɑ̃˦

【容纳】ɦioŋ˧˩naʔ˧

R

【容忍】ɦioŋ˨˧zən˨˩
【容易】ɦioŋ˨˧ɦi˨˩
【容积】ɦioŋ˨˧ʦiəʔ˥
【容情】ɦioŋ˨˩zin˨˧
【容量】ɦioŋ˨˩liã˨˩
【容貌】ɦioŋ˨˧mæ˨˩
【容器】ɦioŋ˨˧tɕ‘i˥˩˧
【容颜】ɦioŋ˨˧ɦi˨˩
【容人之量】ɦioŋ˨˩zən˨˩ʦɥ˥˩˧ liã˨˩ 宽容人的器量。

嵘【ɦioŋ˨˧】

蓉【ɦioŋ˨˧】

溶【ɦioŋ˨˧】

【溶化】ɦioŋ˨˩ho˥˩˧
【溶剂】ɦioŋ˨˩ʦi˥˩˧或ɦioŋ˨˧ʦi˥˩˧
【溶洞】ɦioŋ˨˧doŋ˨˩
【溶液】ɦioŋ˨˩ɦiəʔ˧
【溶解】ɦioŋ˨˩tɕia˥˩˧

榕【ɦioŋ˨˧】

熔【ɦioŋ˨˧】

【熔化】ɦioŋ˨˩ho˥˩˧
【熔炉】ɦioŋ˨˧ləu˨˩
【熔岩】ɦioŋ˨˧ŋE˨˩
【熔点】ɦioŋ˨˧tiɪ˥˩˧

蝾【ɦioŋ˨˧】

融【ɦioŋ˨˧】

【融化】ɦioŋ˨˩ho˥˩˧
【融洽】ɦioŋ˨˩tɕ‘aʔ˥
【融会贯通】ɦioŋ˨˩ɦuE˨˩kuø˥˩˧ t‘oŋ˥

rǒng

冗【loŋ˨˩】中州韵【ʐoŋ˨˩】【ʐoŋ˨˧】

【冗长】loŋ˨˧zã˨˩

róu

柔【zɤ˨˧】

【柔肠】zɤ˨˩zã˨˩
【柔和】zɤ˨˧ɦəu˨˩
【柔软】zɤ˨˩ŋø˨˩
【柔弱】zɤ˨˧zɑʔ˧
【柔嫩】zɤ˨˩nən˨˩
【柔肠百结】zɤ˨˩zã˨˩pɑʔ˥tɕə

˥ 温柔的心肠，缠绵的情义。

【柔情如水】zʏ˨zin˨zų˦sų˧˥ 形容性情温柔得像水一样。

揉【zʏ˧˩】、【zʏ˨】中州韵【ʑʏ˧˩】、【ʑʏ˨】

蹂【zʏ˧˩】

【蹂躏】zʏ˧lin˨

ròu

肉【ȵioʔ˦】中州韵【zoʔ˦】

【肉丁】ȵioʔ˦tin˥ 切成粒状的猪肉。

【肉片】ȵioʔ˦pʻiɪ˧˥ 切成片状的猪肉。

【肉末】ȵioʔ˦məʔ˦ 肉糜。

【肉皮】ȵioʔ˦bi˧

【肉丝】ȵioʔ˦sɿ˧˥ 切成细条状的猪肉。

【肉头】ȵioʔ˦dʏ˨ （一）指肉的部分。（二）指利润、好处等。（三）指遇事犹豫、吝啬的人。

【肉色】ȵioʔ˦səʔ˥

【肉刑】ȵioʔ˦ɦin˨

【肉饭】ȵioʔ˦vE˨ 喻有较丰厚收入的行当。

【肉屁】ȵioʔ˦pʻi˧˥ 形容只有一点点肉味道。

【肉体】ȵioʔ˦tʻi˧˥

【肉店】ȵioʔ˦tiɪ˧˥ 出售鲜肉的店铺。

【肉松】ȵioʔ˦soŋ˧˥

【肉油】ȵioʔ˦ɦiʏ˨ 猪的肥肉熬出的油。

【肉段】ȵioʔ˦dø˨ 形容最好、最丰厚、最精彩的部分。

【肉饺】ȵioʔ˦tɕiæ˧˥ 茶食。状似饺子，用油酥作皮，内裹肉馅，在平底锅上烘烤而成。

【肉面】ȵioʔ˦miɪ˨ 用焖肉作浇头的面条。

【肉食】ȵioʔ˦zəʔ˦

【肉彩】ȵioʔ˦tsʻE˧˥ 指人的脸颊、身体的丰满程度。

【肉圆】ȵioʔ˦ɦiø˨ 肉丸子。

【肉麻】ȵioʔ˦mo˨ （一）被语言、行为轻佻所引起的不舒服的感觉。（二）惋惜；肉痛。

【肉眼】ȵioʔ˦ŋE˨

【肉痒】ȵioʔ˦ɦiã˨ 痒。

【肉欲】ȵioʔ˨˧ɦioʔ˧

【肉痛】ȵioʔ˨˧tʻoŋ˦

【肉痣】ȵioʔ˨˧tsʻɿ˦ 疣。

【肉感】ȵioʔ˨˧kø˥˧

【肉搏】ȵioʔ˨˧poʔ˥

【肉皵】ȵioʔ˨˧tsʻiɑʔ˥ 指甲边的指头上，开裂翘起的皮肉。

【肉摊】ȵioʔ˨˧tʻE˥ 卖肉的摊位（多指卖猪肉）。

【肉酿】ȵioʔ˨˧ȵiã˩ 肉馅。

【肉粽】ȵioʔ˨˧tsoŋ˥ 鲜肉馅的粽子。

【肉龙松】ȵioʔ˨˧loŋ˩˧soŋ˥˧ 猪肉糜。

【肉百叶】ȵioʔ˨˧pɑʔ˥ɦiəʔ˧ 食品，用豆腐皮（千张）卷包肉糜馅。又名【百叶包肉】pɑʔ˥ɦiəʔ˨˧pæ˥ȵioʔ˧。

【肉百脚】ȵioʔ˨˧pɑʔ˥tɕiɑʔ˥（一）手术后留下的较长的疤痕。（二）指麻子（贬义）。

【肉夹气】ȵioʔ˨˧kaʔ˥tɕi˥˧ 开始变质的猪肉发出的难闻的气味。

【肉团子】ȵioʔ˨˧dø˩˧tsɿ˥˧ 食品。猪肉馅的糯米团子。

【肉注注】ȵioʔ˨˧tsɥ˥˧tsɥ˥˧ 指肌肉丰腴。

【肉肚皮】ȵioʔ˨˧dəu˩˧bi˩ 肥大的腹部。

【肉里钿】ȵioʔ˨˧li˩˧di˩ （一）指辛苦劳动得来的钱。（二）私蓄。

【肉里眼】ȵioʔ˨˧li˩˧ŋE˩ 陷入肥厚眼皮里的眼睛。

【肉弄堂】ȵioʔ˨˧loŋ˩˧dɑ̃˩ 一个男人睡在两个女人中间的下流行为，叫作困肉弄堂。

【肉实实】ȵioʔ˨˧zəʔ˧zəʔ˧ 指肌肉柔软而结实。

【肉饼子】ȵioʔ˨˧pin˥˧tsɿ˥˧ 菜肴。饼状肉糜。

【肉骨头】ȵioʔ˨˧kuəʔ˥dY˩（一）通常指食品猪的骨头。（二）谑称卖猪肉者。

【肉祖宗】ȵioʔ˨˧tsəu˥˧tsoŋ˥˧ 对喜欢吃肉的人的谑称。

【肉砧墩】ȵioʔ˨˧tsən˥tən˥˧（一）肉店、肉摊、卤菜店用来切肉的大木墩。（二）肉店、肉摊的代名词。

【肉粒屑】ȵioʔ˨˧liəʔ˧siəʔ˥ 通常指猪肉的碎屑。

【肉馒头】ȵioʔ˨˧mø˧dY˩ 鲜猪肉包子。

【肉墩头】ȵioʔ˨˧tən˥dY˩ 义

R

同【肉砧墩】。

【肉里肉麻】ȵioʔ˦liɪ˨ȵioʔ˦mo˩ 肉麻。

【肉麻闲话】ȵioʔ˦mo˩ɦɛ˩ɦo˩ （一）情话。（二）引起旁人不舒服感觉的轻佻或吹捧的话语。

【肉痒齐齐】ȵioʔ˦ɦiã˩zi˩zi˩ 痒的感觉。

【肉窝注注】ȵioʔ˦øəu˥tsʮ˥˩tsʮ˥˩ 指人的肌肉丰腴。

【肉骨头敲鼓——昏（荤）咚咚】ȵioʔ˦kuəʔ˥dY˩k'æ˥kəu˥˩——huən˥(huən˥)toŋ˥toŋ˥˩ 歇后语。指人失去理智；头脑发昏。吴语“荤咚咚”和“昏懂懂”谐音。

【肉麻当有趣，惹厌当知己】ȵioʔ˦mo˩tã˥˩ɦiY˩ts'i˥˩，zɑ˩øiɪ˥˩tã˥˩tsʮ˥tɕi˥˩ 俗语。以庸俗的言行、手段媚人。

【肉馒头打狗——有去无回】ȵioʔ˦mø˦dY˩tã˥˩kY˥˩——ɦiY˦tɕ'i˥˩vu˩ɦuE˦ 歇后语。喻只有拿出去，不见收回来。

【肉骨头烧豆腐——软硬勿调匀】ȵioʔ˦kuəʔ˥dY˩sæ˥dY˦vu˩——ŋø˩ŋã˩fəʔ˥diæ˦ɦYən˩ 歇后语。软的和硬的同时并存，或瞬间交替出现，显得很不协调。

挧【ȵioʔ˦】

【挧屈】ȵioʔ˦tɕ'oʔ˥ 受委屈。

【挧粉】ȵioʔ˦fən˥˩ 揉面。

【挧衣裳】ȵioʔ˦øi˥zã˩ 洗衣揉搓衣服。

【挧面粉】ȵioʔ˦miɪ˦fən˥˩ 揉面。

【挧面饽】ȵioʔ˦miɪ˦bəʔ˦ 揉面。

rú

如【zʮ˩】中州韵【ʐY˦】

【如一】zʮ˩øiəʔ˥

【如今】zʮ˦tɕən˥

【如此】zʮ˦ts'ɿ˥

【如同】zʮ˩doŋ˩

【如初】zʮ˩ts'əu˥

【如何】zʮ˩ɦəu˩

【如来】zʮ˩lE˩

【如果】zʮ˦kəu˥

【如实】zʮ˩zəʔ˦

【如故】zʮ˩kəu˥˩

【如期】zʮ˧˩ʥi˩
【如数】zʮ˧˩səu˦˧
【如意】zʮ˨˧Øi˥
【如愿】zʮ˧˩ȵiø˩
【如夫人】zʮ˨˧fu˥ȵən˩ 妾；小老婆。
【如意菜】zʮ˨˧Øi˥ʦʻE˥˩ 黄豆芽。
【如此而已】zʮ˨˧ʦʻɿ˥ɦəl˥˩Øi˥˩
【如坐针毡】zʮ˧˩zəu˧˩ʦən˥ʦø˥˩
【如法炮制】zʮ˧˩faʔ˥pʻæ˦˧ʦʮ˥˩
【如虎添翼】zʮ˧˩həu˥˩tʻiı˥ɦiəʔ˧
【如丧考妣】zʮ˧˩sɑ̃˥˩kæ˥˩pʻi˥˩
【如获至宝】zʮ˧˩ɦuəʔ˧ʦʮ˥˩pæ˥˩
【如释重负】zʮ˧˩səʔ˥zoŋ˩vu˩
【如雷贯耳】zʮ˧˩lE˧˩kuø˥˩Øəl˥
【如数家珍】zʮ˧˩səu˥˩ʨia˥ʦən˥˩
【如意算盘】zʮ˨˧Øi˥sø˥bø˩
【如愿以偿】zʮ˧˩ȵiø˩Øi˥˩zɑ̃˩
【如此因般，这等这样】zʮ˨˧ʦʻɿ˥Øin˥pø˥˩，ʦəʔ˥tən˥ʦəʔ˥ɦiɑ̃˩ 旧事重提，为避免重复，就用这句话来表示。

多用于苏州评弹表演中。

茹【zʮ˨˧】、【zʮ˩】中州韵【ʑy˨˧】、【ʑy˩】

【茹苦含辛】zʮ˨˧kəu˥˩ɦø˨˧sin˥

儒【zʮ˨˧】中州韵【ʑʮ˨˧】

【儒将】zʮ˨˧ʦiɑ̃˥˩
【儒家】zʮ˨˧ʨia˥
【儒教】zʮ˨˧ʨiæ˥˩
【儒雅】zʮ˨˧Øia˥˩

嚅【zʮ˨˧】中州韵【ʑy˨˧】

濡【zʮ˨˧】中州韵【ʑy˨˧】

孺【zʮ˨˧】中州韵【ʑy˨˧】

襦【zʮ˨˧】中州韵【ʑy˨˧】

蠕【zʮ˨˧】中州韵【ʑy˨˧】

【蠕动】zʮ˨˧doŋ˩

rǔ

汝【zɥ˧˩】中州韵【ʐy˧˩】

乳【zɥ˧˩】中州韵【ʐy˧˩】

【乳牙】zɥ˨˦ŋɑ˧˩
【乳汁】zɥ˨˦tsəʔ˥
【乳房】zɥ˨˦vɑ̃˧˩
【乳腐】zɥ˧˩vu˧˩
【乳臭未干】zɥ˨˦tsʻY˥vi˧˩kø˥ 形容资格极浅，年纪尚轻（贬义）。

辱【zoʔ˧】

【辱没】zoʔ˧məʔ˧
【辱骂】zoʔ˧mo˧˩

rù

入【zəʔ˧】中州韵【ʐəʔ˧】

【入口】zəʔ˧kʻY˥˨
【入门】zəʔ˧mən˨˦
【入手】zəʔ˧sY˥˨
【入主】zəʔ˧tsɥ˥˨ 进入并成为主人。
【入耳】zəʔ˧∅əl˥
【入伏】zəʔ˧voʔ˧
【入时】zəʔ˧zɥ˨˦
【入声】zəʔ˧sən˥
【入闹】zəʔ˧ɦuE˨˦
【入坐】zəʔ˧zəu˧˩
【入定】bəʔ˧din˧˩
【入味】zəʔ˧mi˧˩
【入学】zəʔ˧ɦoʔ˧
【入骨】zəʔ˧kuəʔ˥
【入迷】zəʔ˧mi˨˦
【入神】zəʔ˧zən˨˦
【入选】zəʔ˧siɪ˥˨
【入药】zəʔ˧ɦiɑʔ˧
【入调】zəʔ˧diæ˧˩ （一）演唱合拍、好听。（二）喻符合道德规范。
【入流】zəʔ˧lY˨˦
【入眠】zəʔ˧miɪ˨˦
【入侵】zəʔ˧tsʻin˥
【入殓】zəʔ˧liɪ˧˩
【入梅】zəʔ˧mE˨˦
【入眼】zəʔ˧ŋE˧˩
【入赘】zəʔ˧tsE˦˩˨
【入耳朵】zəʔ˧ȵi˨˦təu˥ （一）形容听到。（二）中听。
【入口而化】zəʔ˧kʻY˥˨ɦəl˧˩ho˦˩˨ 形容食品酥烂，不用咀嚼即能下咽。

【入耳朵管】zəʔ˧ni˦təu˥ kuø˥˩ 义同【入耳朵】。

【入阁拜相】zəʔ˧koʔ˥pɑ˦˧˦ siã˦˧˦ 指旧时官员选入内阁担任宰相。

【入境问俗，入俗问禁】zəʔ˧ tɕən˦˧˦vən˨˩˧zoʔ˧，zəʔ˧zoʔ˧ vən˨˩˧tɕən˦˧˦ 进入别国或别的地区，先问清他们的风俗，进而还要问清他们的禁令。

溽【zoʔ˧】

【溽暑】zoʔ˧sʮ˦˧˦

缛【zoʔ˧】

褥【ȵoʔ˧】文读【zoʔ˧】

【褥子】ȵoʔ˧tsɿ˥˩
【褥疮】zoʔ˧ts'ã˥

ruǎn

阮【ɦiø˦】

软【ŋø˨˩˧】

【软木】ŋø˦moʔ˧

【软片】ŋø˨˩˧p'i˥˩

【软日】ŋø˦ȵəʔ˧ 量词。月份的"月"；一个月叫一个软日。

【软功】ŋø˦koŋ˥ 貌似温和的交涉手腕。

【软汆】ŋø˨˩˧ts'ø˥˩ （一）指温和，婉转（指语言形为等）。（二）指食物容易咀嚼和消化。

【软件】ŋø˨˩˧tɕi˥˩

【软肋】ŋø˦ləʔ˧ （一）带软骨的猪的肋肉。（二）指身体中带软骨的肋骨部位。

【软饭】ŋø˨˩˧vE˨˩˧ 丈夫依靠妻子生活，旧时称为吃软饭。

【软话】ŋø˨˩˧ɦo˨˩˧

【软和】ŋø˨˩˧ɦəu˨˩˧

【软骨】ŋø˦kuəʔ˥

【软食】ŋø˦zəʔ˧

【软卧】ŋø˦ŋəu˦

【软档】ŋø˦tã˥ 指经不起击打的部位。

【软铅】ŋø˦k'E˥ 石墨含量高的铅笔。

【软弱】ŋø˦zɑʔ˧

【软席】ŋø˦ziəʔ˧

【软梯】ŋø˦t'i˥

【软着】ŋø˦tsɑʔ˥ 下棋中软弱无力的一步棋。

【软熟】ŋø˦zoʔ˧ 柔软。

【软糯】ŋø˩nəu˩ 柔软；柔和。

【软一路】ŋø˩ɵiəʔ˥ləu˩ 形容顾虑自身的弱点而胆怯。

【软口汤】ŋø˦k'ʏ˥tã˥˩ 形容碍于情面或情虚而允承。

【软壳虾】ŋø˦k'oʔ˥ho˥˩ 刚换壳而新壳尚软的虾。

【软咚咚】ŋø˦toŋ˥toŋ˥˩ 形容软而有弹性。

【软披披】ŋø˦p'i˥p'i˥˩ 形容柔软而单薄。

【软骨头】ŋø˦kuəʔ˥dʏ˩

【软浦浦】ŋø˦p'u˥p'u˥˩ 形容很软而有弹性。

【软调皮】ŋø˦diæ˦bi˩ 采用貌似温和的手腕来周旋（贬义）。

【软绵绵】ŋø˦mi˧mi˩

【软商量】ŋø˦sã˥liã˩ 态度温和地向人请求。

【软硬劲】ŋø˦ŋã˦tɕən˥˩ 软中带硬、硬中带软地使劲。

【软脚蟹】ŋø˦tɕiɑʔ˥hɑ˥˩ 刚换过壳而身体尚不壮实的螃蟹。（一）喻没有骨气的人。（二）喻竞技本领不高者。

【软低软咚】ŋø˦ti˥ŋø˦toŋ˥˩ 软软的。

【软进硬出】ŋø˩tsin˥˩ŋã˥˩ts'əʔ˥ 盗贼行径。偷偷摸摸进去，而后勒索打劫而出。

【软髈软脚】ŋø˦p'ɑ̃˥ŋø˩tɕiɑʔ˥ 形容软弱无力。

【软硬勿调匀】ŋø˩ŋã˦fəʔ˥diæ˦ɦʏən˩ 态度忽软忽硬，使人感觉不舒服。

【软柴好捆硬柴，硬柴勿好捆软柴】ŋø˦zɑ˩hæ˥˩k'uən˥˩ŋã˦zɑ˩，ŋã˦zɑ˩fəʔ˥hæ˥˩k'uən˥˩ŋø˦zɑ˩ 喻用柔和的手段能制服强硬的对手；反之，用强硬的手段不能制服貌似柔和的对手。

ruǐ

蕊【ZE˩】中州韵【ʔuE˩】

ruì

芮【ZE˩】中州韵【ʔuE˩】

枘【ZE˩】中州韵【ʔuE˩】

锐【SE˦˨】中州韵【ʐuE˨˩】

【锐气】SE˦˨tɕi˨˦

【锐意】SE˦˨Øi˨˦

瑞【ZE˨˩】中州韵【ʐuE˨˩】

【瑞唧】ZE˨˦tsiəʔ˥ 蟋蟀。

【瑞雪】ZE˨˦siəʔ˥

【瑞云峰】ZE˨˦ɦYən˨˦foŋ˥ 北宋花石纲遗物，江南园林湖石名峰之一。在苏州十中校园内。

【瑞光塔】ZE˨˦kuɑ̃˥t'aʔ˥ 三国孙权建造，现为苏州盘门三景之一。

睿【ZE˨˩】中州韵【ʐuE˨˩】

rùn

闰【ɦYən˨˩】文读【zən˨˩】中州韵【ʐən˨˩】

【闰日】ɦYən˨˦ȵəʔ˦

【闰月】ɦYən˨˦ŋəʔ˦

【闰年】ɦYən˨˦ȵiɪ˨˩

润【zən˨˩】中州韵【ʐən˨˩】

【润色】zən˨˩səʔ˥

【润笔】zən˨˩piəʔ˥

【润滑】zən˨˩ɦuaʔ˦

ruó

挼【nəu˥】

【挼挼】nəu˥nəu˨˦ 摩挲（以缓解痛苦）。

ruò

若【zɑʔ˦】中州韵【ʐoʔ˦】

【若干】zɑʔ˦kø˨˦

【若非】zɑʔ˦fi˥

【若无其事】zɑʔ˦vu˨˩dʑi˨˩zɪ˨˩

【若生头里】zɑʔ˦sɑ̃˥dY˨˩li˨˩ 突然之间。

【若有所失】zɑʔ˦ɦiY˨˩səu˨˦səʔ˥

【若即若离】zɑʔ˦tsiəʔ˥zɑʔ˦li˦

【若陌生生】zɑʔ˦mɑʔ˦sɑ̃˥sɑ̃˥ 突然之间。

【若隐若现】zɑʔ˦Øin˨˦zɑʔ˦ɦiɪ˨˩

【若要好，老做小】zɑʔ˧∅iæ˦˩hæ˥˨，læ˧˩tsəu˦˩siæ˥˨　倘若要与小辈相处好，长辈须放下架子，谦和有加。

【若要享福，鼻头朝北】zɑʔ˧∅iæ˦˩ɕiã˦˩foʔ˥，bəʔ˧dY˧˩zæ˨˦poʔ˥　调侃语。指人生总要受辛劳之苦；若说享福，要到寿终正寝。

【若要发，众人头上刮】zɑʔ˧∅iæ˦˩faʔ˥，tsoŋ˦˩ȵən˨˦dY˨˦lã˧˩kuaʔ˥　指不义之财是从众人头上剥削来的。

【若要穷，困到日头红】zɑʔ˧∅iæ˦˩dʑoŋ˨˦，kuən˦˩tæ˥˨ȵəʔ˧dY˧˩ɦoŋ˨˦　俗语。指懒惰致贫。

【若要俏，冻得肮狗叫】zɑʔ˧∅iæ˦˩tsʻiæ˦˩，toŋ˦˩təʔ˥∅ã˥kY˥˨tɕiæ˦˩　调侃语，俗语。指天冷时为显示自己的姣美而少穿衣服，结果冻得直叫。

【若要俏，常戴三分孝】zɑʔ˧∅iæ˦˩tsʻiæ˦˩，zã˨˦tɑ˥˨sE˥fən˥hæ˦˩　打扮得素淡一点，更能衬出人的姣美。

【若要错，石狮子变渣】zɑʔ˧∅iæ˦˩tsʻo˥，zɑʔ˧sɿ˥tsɿ˥˨pi˦˩tso˥　讥讽语。有了错误，总是以巧言诡辩。

【若要人不知，除非己莫为】zɑʔ˧∅iæ˦˩zən˨˦pəʔ˥tsɥ˥，zɥ˨˦fi˥tɕi˥moʔ˧ɦuE˧˩　干坏事，要想别人不知道，除非自己不干。指凡是干坏事，一定隐瞒不了，迟早会被别人知道。

【若要黑心人，吃素淘里去寻】zɑʔ˧∅iæ˦˩həʔ˥sin˥ȵən˧˩，tɕʻəʔ˥səu˦˩dæ˧˩li˧˩tɕʻi˦˩zin˨˦　俗语。讥讽伪善。

【若要小儿安，常带三分饥和寒】zɑʔ˧∅iæ˦˩siæ˦˩ɦəl˨˦∅ø˥，zã˨˦tɑ˥˨sE˥fən˥˨tɕi˥ɦəu˧˩ɦø˨˦　倘然要小孩子健康平安，不可以娇生惯养。

【若要亲戚断，只要三千铜钿缠一缠】zɑʔ˧∅iæ˦˩tsʻin˥tsʻiəʔ˥dø˧˩，tsəʔ˥∅iæ˦˩sE˥tsʻi˥doŋ˨˦di˧˩zø˧˩∅iəʔ˥zø˧˩　俗语。指太注重钱财，会损害亲情。

弱【zɑʔ˧】中州韵【ʑoʔ˧】

【弱小】zɑʔ˧siæ˥˨

【弱点】zɑʔ˧tiɪ˥˩

【弱冠】zɑʔ˧kuø˥˩

【弱智】zɑʔ˧tsɥ˥

【弱不禁风】zɑʔ˧pəʔ˥tɕən˥˩ foŋ˥

【弱肉强食】zɑʔ˧ȵioʔ˧dʑiã˨˧ zəʔ˧

箬【ȵiɑʔ˧】中州韵【ʑoʔ˧】

【箬叶】ȵiɑʔ˧ɦiəʔ˧　箬竹的叶子。宽而大,可以编制器物或竹篮,还可以包粽子。

【箬竹】ȵiɑʔ˧tsoʔ˥

【箬帽】ȵiɑʔ˧mæ˨˩

S

sā

挲【so˥】文读【sɑ˥】另见 shō。

撒【saʔ˥】另见 sǎ。

【撒手】saʔ˥sʏ˥˩　放开手，不再顾管。

【撒网喏】səʔ˥mɑ̃˩zo˩　旧时一人向众人唱的一种喏。

sǎ

洒【sɑ˥˩】中州韵【ʂE˥˩】

【洒扫】sɑ˥˩sæ˥˩　洒水扫地。

【洒花】sɑ˥˧ho˥　织品上面有散布的花形图案或色彩。

【洒金】sɑ˥˧tɕən˥　宣纸、扇面等上面以碎金为图案。

【洒洒】sɑ˥˩sɑ˥˩　洒下。

【洒脱】sɑ˥˧təʔ˥　（一）自然，不拘束。（二）摆脱。

【洒点子】sɑ˥˩tiɪ˥˧tsɿ˥˩　开始下雨。

【洒香水】sɑ˥˩ɕiɑ̃˥sɥ˥˩　（一）旧时流氓以硫酸一类腐蚀性极强的液体浇人脸上的隐语。（二）洒上香水。

【洒花露水】sɑ˥˩ho˥ləu˩sɥ˥˩　让众人获些小惠。

撒【sɑ˥˩】中州韵【ʂE˥˩】另见 sā。

【撒帐】saʔ˥tsɑ̃˥˧　旧时结婚，新人进入洞房后的一个婚仪。

【撒种】sɑ˥˩tsoŋ˥˩

【撒籽】sɑ˥˩tsɿ˥˩　把种子播种到地里。

sà

卅【sɑ˥˩】

飒【səʔ˥】

【飒飒】səʔ˥səʔ˥
【飒爽】səʔ˥sã˥˧

萨【saʔ˥】

【萨其马】saʔ˥dʑi˩˧mo˩˧

sāi

腮【sE˥】

鳃【sE˥】

塞【səʔ˥】另见 sài;sè。

【塞头】səʔ˥dY˧　塞子。
【塞肉】səʔ˥ȵioʔ˧　（一）制作菜肴的一种方法。以其他食品或外壳作皮,把鲜肉馅装进去。(二)塞肉所制成的菜肴。如油豆腐塞肉、田螺塞肉。
【塞没】səʔ˥məʔ˥　堵住,塞死。
【塞牢】səʔ˥læ˧　塞住。
【塞板】səʔ˥pE˥˧　旧时店铺门面上一排可以拆卸的木板,打烊时装上。又名【排门板】ba˧mən˧pE˥˧。
【塞脱】səʔ˥təʔ˥　（一）堵塞掉。(二)(把东西)偷偷送掉。
【塞塞】səʔ˥səʔ˥　塞上。
【塞满】səʔ˥mø˩˧　填满。
【塞一饱】səʔ˥Øiəʔ˥pæ˥˧　吃一饱(带有饥不择食或马马虎虎的意味)。
【塞纸包】səʔ˥tsɿ˧˦pæ˥　行贿。亦作【塞小纸包】səʔ˥siæ˧˦tsɿ˥pæ˥˧。
【塞狗洞】səʔ˥kY˥˧doŋ˩˧　把钱花在极不该花的地方去。
【塞实窒】səʔ˥zəʔ˧tsəʔ˥　塞得满满的;塞得死死的。
【塞松香】səʔ˥soŋ˥ɕiã˥˧　背地里说人坏话。
【塞靴统】səʔ˥ɕio˥tʻoŋ˥˧　行贿。
【塞没嘴巴】səʔ˥məʔ˧tsɥ˧˦po˥　威胁或利诱别人不再说出真相。

sài

塞【sE˧˦】另见 sāi;sè。

【塞翁失马】sE˧˦Øoŋ˥səʔ˥

moɹ

赛【sE˧˦】

【赛过】sE˧˦kəu˥ 犹如。

sān

三【sE˥】

【三九】sE˥ʨiY˥˩ 从冬至起每九天称一个“九”。第三个“九”，称为三九，被认为是一年中最寒冷的日子。

【三三】sE˥sE˥˩ 暗娼。

【三伏】sE˥voʔ˧ 农历夏至后第三个庚日起，到立秋后第二个庚日前一天止，共三十天，每十天称为一伏，共三伏。一年中最热的时段。

【三色】sE˥səʔ˥ 即时情况，形势。

【三弦】sE˥ɦiI˩ 拨弦乐器。琴箱方圆，两面蒙蟒皮，柄长，有三根弦，又名【弦子】ɦiI˧ʦɿ˥˩。

【三牲】sE˥sã˥˩

【三鲜】sE˥siI˥˩ 泛指新鲜的鸡、肉、鱼等荤菜。

【三枪】sE˥ʦʻiã˥˩ 雌性蟋蟀。

【三皇】sE˥ɦuã˩ (一)传说中我国远古的三个帝王。(二)为苏州评弹业尊奉的祖师。

【三朝】sE˥ʦæ˥˩ 指新婚第三天。也指婴儿出生第三天。

【三七开】sE˥ʦʻiəʔ˥kʻE˥ (一)分成百分之三十和百分之七十。(二)男子发式，头发分成两半，一边约占百分之三十，一边约占百分之七十，中间一条头路。

【三个档】sE˥kəu˥tã˥˩ 由三名演员登台合作演出苏州评弹的表演形式。

【三不时】sE˥pəʔ˥zɥ˩ 常常。

【三只手】sE˥ʦɑʔ˥sY˥˩ 小偷的代名词。

【三合土】sE˥ɦəu˩tʻəu˥˩ 一种建筑材料。由石灰、黏土、黄沙加水搅拌而成。

【三节架】sE˥ʦiəʔ˥kɑ˥˩ 用三根细竹子组成架晾衣服的架子。

【三节棍】sE˥ʦiəʔ˥kuən˥˩

用铁链连接起三支短棍的一种古代兵器。

【三划王】SE˥ɦuaʔ˧ɦuã˦　三划一竖“王”的略称。说明“王”字的写法。

【三连橱】SE˥liɪ˧zɥ˦　由三大部分连接一体的衣橱。

【三角眼】SE˥koʔ˥ŋE˩˧　状似三角形的眼睛。

【三角裤】SE˥koʔ˥k‘əu˥˧　状似三角形的内裤。

【三斧头】SE˥fu˥˧dɤ˩˧　“程咬金三斧头”的略称。喻开头勇猛难挡，之后略显一般。

【三板响】SE˥pE˥ɕiã˥˧　（说话声音）特别响亮。

【三轮车】SE˥lən˦ʦ‘o˥˧　由人力踩动，后有车厢可载客的三个轮子的车辆。

【三点水】SE˥tiɪ˥sɥ˥˧　汉字偏旁，直排三个点。如“江、河、湖、海”的左旁。

【三点式】SE˥tiɪ˥˧səʔ˥　女式泳装。即胸罩加三角裤。

【三虾面】SE˥ho˥miɪ˩˧　用虾仁、虾子、虾脑（虾聚于脑部的卵块）作浇头的汤面。

【三搁六】SE˥koʔ˥loʔ˧　缩脚韵。三搁六凑，缺一个“凑”字。而吴语中“凑”、“丑”同音。用作丑化的意思。

【三吓头】SE˥hɑʔ˥dɤ˩˧　连续恐吓几次。

【三眼灶】SE˥ŋE˩˧ʦæ˥˧　旧式灶具。用砖砌，安放镬子。较大的可平排放三只镬子的叫三眼灶。

【三脚猫】SE˥ʨiɑʔ˥mæ˩˧　喻略懂皮毛，并不精通。

【三脚撑】SE˥ʨiɑʔ˥ʦ‘ã˦　三根竹竿捆缚在一起组成的撑架。

【三十三天】SE˥zəʔ˧SE˥t‘iɪ˥　形容极高的地方。道教认为上有三十三天，下有十八层地狱。

【三三两两】SE˥SE˥liã˩˧liã˩˧　三个一群，五个一伙的。形容零零落落，为数不多。

【三从四德】SE˥zoŋ˩˧sɿ˦təʔ˥

【三长两短】SE˥zã˦liã˩˧tø˥˧

【三分本事】SE˥fən˥pən˥˧zɿ˩˧　形容稍有一些本领。

【三头六臂】SE˥dɤ˩˧loʔ˧pi˥˧

【三寸金莲】SE˥ʦ‘ən˥˧ʨən˥liɪ˩˧　旧时女子有缠小脚的

陋习，以三寸为好。

【三不两时】SE˦pəʔ˦liã˨˨˧zɥ˨˨˧ 指经常，常常。

【三日两头】SE˦ȵəʔ˧liã˨˨˧dY˨˨˧ 指经常，常常。

【三白西瓜】SE˦bɑʔ˧si˦ko˥˨ 西瓜的一种。皮、瓤、籽皆呈白色。

【三生三世】SE˦sã˦SE˦sɥ˥˨ 形容从来，久远的从前。

【三生有幸】SE˦sən˦ɦiY˨˨˧ɦin˨˨˧ 形容极其幸运。

【三瓦两舍】SE˦ŋo˨˧liã˨˨˧so˥˨ 旧指各种游乐场所。

【三厾三甩】SE˦toʔ˦SE˦huE˦˩˨ 形容多次抛扔。

【三收三放】SE˦sY˦SE˦fã˦˩˨ 形容反复收拢放开。

【三岁注老】SE˦SE˦˩˨ȶsɥ˥˨læ˨˨˧ 小孩子三岁时养成的习性往往到老不变。

【三角恋爱】SE˦koʔ˦li˨˧˩ØE˥˨ 一人同时与两位异性谈恋爱。

【三角石头】SE˦koʔ˦zɑʔ˧dY˨˨˧ 喻难缠的人。

【三纲五常】SE˦kã˦Øəu˦zã˨˨˧

【三言两语】SE˦ɦi˨˧liã˨˨˧ȵy˨˨˧ 很简短的几句话。

【三姑六婆】SE˦kəu˦loʔ˧bu˨˨˧

【三宫六院】SE˦koŋ˦loʔ˧ɦiø˨˨˧ 帝王妻妾的居住地，或指帝王的妻妾。

【三思而行】SE˦sɿ˦ɦə˨˧ɦin˨˧˩

【三起三落】SE˦ʨ'i˥˨SE˦loʔ˧ 多次盛衰起落。

【三罢勿得】SE˦bɑ˨˨˧fəʔ˦təʔ˦ 绝对不能少的（多用于讥讽语）。

【三教九流】SE˦ʨiæ˦˩˨ʨiY˥˨lY˨˨˧ 泛指宗教、学术中各种流派或社会上各种行业及人物。

【三跌三爬】SE˦tiəʔ˦SE˦bo˨˧˩ 形容经受多次挫折。

【三搁六凑】SE˦koʔ˦loʔ˧ȶs'Y˦˩˨ 形容多种因素形成的。

【三朝元老】SE˦zæ˨˨˧ȵiø˨˧˩læ˨˨˧ 历经三代皇帝的重臣。喻资格极老的人。

【三翘六弯】SE˦ʥiæ˨˨˧loʔ˧ØuE˦ （一）形容形态不正。（二）形容（脾气）怪戾。

【三噱二噱】SE˦ɕyəʔ˦liã˨˨˧ɕyəʔ˦ 指几番哄骗。

【三一三十一】sE˥ʘiəʔ˥sE˥ zəʔ˧ʘiəʔ˥ 三份平摊。

【三个勃擂花】sE˥kəʔ˥bəʔ˧lE˩ho˥˩ 指一瞬间。

【三下五除二】sE˥ɕiɑ˥˩ʘəu˥zɥ˩ɦəl˩ 原是珠算口诀，借以形容动作敏捷。

【三白蝴蝶籽】sE˥bɑʔ˧ɦəu˧diəʔ˧tsɿ˥˩ 三白西瓜的籽。白色，上有黑色花斑。亦指这种品种的西瓜。

【三关六码头】sE˥kuE˥loʔ˧mo˩dY˩ 泛指乡镇码头。

【三尖两刃刀】sE˥tsiɪ˥liã˥zən˩tæ˥˩ 古代一种兵器。小说《西游记》中二郎神用的那种刀。

【三岁定八十】sE˥sE˦din˩poʔ˥səʔ˥ 义见【三岁注老】。

【三个勿相信】sE˥kəʔ˥fəʔ˥siã˥sin˥˩ 形容一点儿也不相信。

【三个勿领盆】sE˥kəʔ˥fəʔ˥lin˩bən˧ 形容一点儿也不服。

【三件子品锅】sE˥dʑiɪ˩tsɿ˥˩pʻin˦kəu˥ 砂锅大菜，有鸡鸭、蹄髈等荤食菜肴。

【三钿勿值两】sE˥diɪ˩fəʔ˥zəʔ˧liã˩ 形容大幅贬值。

【三皇祖师爷】sE˥ɦuã˩tsəu˦sɿ˥ɦiɑ˩ 苏州评弹行业尊奉的祖师。

【三朝呒大小】sE˥tsæ˥m̩˧dəu˧siæ˥˩ 旧时指举行婚礼那段时间，长辈不必顾忌身份，可以任意到新房说笑取乐。

【三请诸葛亮】sE˥tsʻin˥˩tsɥ˥kəʔ˥liã˩ 喻多次邀请（调侃义）。

【三转四回头】sE˥tsø˥˩sɿ˥ɦuE˧dY˩ 形容频繁流连往复。

【三房合一子】sE˥vã˩kəʔ˥ʘiəʔ˥tsɿ˥˩ 弟兄三房只生了一个男孩。

【三脚萝卜干】sE˥tɕiɑʔ˥læ˧boʔ˧kø˥˩ 仙蟾。

【三操六耳光】sE˥tsʻæ˥loʔ˧ŋ̍i˩kuã˥˩ 形容打耳光打得很厉害。

【三十三，乱刀斩】sE˥zəʔ˧sE˥，lø˧tæ˥tsE˥ 旧时迷信认为三十三岁时，往往多灾多难。

【三寸不烂之舌】sE˥ts'ən˥˩ pəʔ˥lE˨˧tsʮ˥˩zəʔ˧ 形容能言善辩的嘴。

【三勿罢，四勿休】sE˥fəʔ˥ bɑ˨˧,sɿ˥fəʔ˥ɕiY˥ 不罢不休。

【三分分，四拆拆】sE˥fən˥ fən˥˩,sɿ˥ts'ɑʔ˥ts'ɑʔ˥ 形容许多人参加分配。

【三日黄，四日胖】sE˥ȵəʔ˧ ɦuɑ̃˨˧,sɿ˥˩ȵəʔ˧p'ɑ̃˥˩ 形容经常患病。

【三六九，现到手】sE˥loʔ˧tɕiY ˥˩,ɦiɪ˨˧tæ˥sY˥˩ 先到手为快。

【三对头，六对面】sE˥tE˥dY˨˧,loʔ˧tE˥˩miɪ˨˧ 当着有关人的面。

【三句勿离本行】sE˥tɕy˥˩fəʔ˥ liɪ˨˧pən˥˩ɦɑ̃˨˧ 形容一说话，往往就会涉及自己从事的行业。

【三碗饭，伽不关】sE˥ʘuø˥˩v E˨˧,zE˨˧fəʔ˥kuE˥ 指不管闲是闲非。

【三步并做两步】sE˥bu˨˧pin˥˩ tsoʔ˥liɑ̃˨˧bu˨˧ 形容行路快。

【三人行，必有我师】sE˥zən˨˧ ɦin˨˧piəʔ˥ɦiY˨˧ŋəu˥sɿ˥ 喻到处能求到学问。

【三人说仔九头话】sE˥ȵən˨˧ səʔ˥tsɿ˥˩tɕiY˥˩dY˨˧ɦo˨˧ 指各人对同一件事说法不一。

【三个黄梅四个夏】sE˥kəʔ˥ ɦuɑ̃˨˧mE˨˧sɿ˥˩kəʔ˥ɦo˨˧ 指多年；较长期间。

【三分人事七分天】sE˥fən˥ zən˨˧zɿ˨˧ts'iəʔ˥fən˥t'iɪ˥ 指除人为努力外，还要看机遇。

【三分颜色开染坊】sE˥fən˥ ŋE˨˧səʔ˥k'E˥ȵiɪ˨˧fɑ̃˥ 喻小人得志，稍稍假以颜色，便为所欲为起来。也喻稍具条件，就自鸣得意。

【三两黄金四两福】sE˥liɑ̃˥˩ ɦuɑ̃˨˧tɕən˥sɿ˥˩liɑ̃˥˩foʔ˥ 俗语。指福气的重要性。

【三间厅堂四间屋】sE˥kE˥ t'in˥dɑ̃˨˧sɿ˥˩kE˥ʘoʔ˥ 指大户人家。

【三更灯火五更鸡】sE˥kɑ̃˥ tən˥həu˥˩ŋ̍˨˧kɑ̃˥tɕi˥ 三更时灯火尚未熄灭，五更鸡鸣时又起床读书。形容苦读。

【三年药店半郎中】sE˥ȵiɪ˨˧ ɦiɑʔ˧tiɪ˥˩pø˥lɑ̃˨˧tsoŋ˥˩ 指

长时间从事配药职业,能掌握一些医疗方面的知识和技能。

【三根筋挑一个头】SE˥kən˥ tɕən˥t‘iæ˥θiəʔ˥kəʔ˥dY˦ 形容人瘦弱。

【三年烂饭买条牛】SE˥ȵi˦lE˦ vE˩˧ma˩˧diæ˩˧ȵiY˦ 喻勤俭节约,积少成多。

【三骨铟粽子——估(裹)煞】SE˥kuəʔ˥di˩˧tsoŋ˥tsɿ˥˩——kəu˦(kəu˦)saʔ˥ 歇后语。指完全被估计到。吴语中“估”、“裹”同音。

【三朝迷露发西风】SE˥tsæ˥ mi˦ləu˩˧faʔ˥si˥foŋ˥˩ 谚语。如果连续三天清晨有雾,预示要刮西风,天气将转寒冷。

【三朝新妇婆引起】SE˥tsæ˥ sin˥vu˩˧bu˦ɦin˦tɕ‘i˥˩ 指儿媳妇不能尽职,与婆婆一开始管教不当有关。

【三分人才,七分打扮】SE˥ fən˥zən˦zE˩˧,ts‘iəʔ˥fən˥tã˥˩pE˥˩ 说明注重仪表、衣着的重要性。

【三分本事,七分人缘】SE˥ fən˥pən˥˩zɿ˩˧,ts‘iəʔ˥fən˥ȵən˦ɦiø˩˧ 说明人际关系的重要性。

【三木之下,何求不得】SE˥ moʔ˧tsɥ˥˩ɕia˥˩,ɦəu˦dʑiY˦ pəʔ˥təʔ˥ 刑讯逼供,犯人会根据问官的意思胡乱招供。

【三日捉鱼,两日晒网】SE˥ ȵəʔ˧tsoʔ˥ŋ˦,liã˦ȵəʔ˧so˦ mã˩˧ 喻缺乏持之以恒的精神。

【三分像人,七分像鬼】SE˥ fən˥ziã˩˧ȵən˦,ts‘iəʔ˥fən˥ ziã˩˧tɕy˥˩ 形容容貌极其丑陋。

【三岁死娘,说来话长】SE˥ sE˥˩si˥˩ȵiã˦,səʔ˥lE˦ɦo˩˧zã˦ 形容要很多话才能说清原委。

【三骨铟火腿——呒刨头】SE˥kuəʔ˥li˩˧ɦəu˦t‘E˥——m̩˦p‘i˥dY˩˧ 歇后语。三骨铟是很少的钱,火腿是比较贵的食品,只值三骨铟的火腿,本来只有一薄片,不能再刨削了。形容完好,没有什么可批(评)的了。

【三截穿衣，两把梳头】sE˥ʦiəʔ˥ʦʻø˥Øi˥，liã˧˩Po˥˨səu˥dY˨˦ 旧时指妇女。

【三婶婶嫁人——心勿定】sE˥sən˥˨sən˥˨kɑ˦˩˨ȵən˨˦——sin˥fəʔ˥din˧˩ 歇后语。形容忐忑不安。

【三只节头掫田螺——的稳】sE˥ʦɑʔ˥ʦiəʔ˥dY˨˦ŋəʔ˨˦diɪ˨˦ləu˧˩——tiəʔ˥Øuəu˥˨ 歇后语。形容稳稳当当，万无一失。节头，指头。

【三间门面看仔两间半】sE˥kE˥mən˨˦miɪ˧˩kʻø˦˩˨ʦɿ˥˨liã˨˦kE˥Pø˦˩˨ 俗语。形容对于对方没有全面了解，判断发生谬误。

【三拳头打勿出个闷屁】sE˥dʑø˨˦dY˧˩tã˦˩˨fəʔ˥ʦʻəʔ˥kəʔ˥mən˥Pʻi˥˨ 俗语。（一）形容性格内向，不善言辞。（二）任凭劝说，就是不搭理。

【三骨铀小会——脚脚有份】sE˥kuəʔ˥liɪ˧˩siæ˦˩˨ɦuE˧˩——tɕiɑʔ˥tɕiɑʔ˥ɦiY˧˩vən˧˩ 歇后语。每件事都有份。

【三骨铀白糖———赞（蘸）就光】sE˥kuəʔ˥liɪ˧˩bɑʔ˨˦dã˧˩——Øiəʔ˥ʦE˦˩˨（ʦE˦˩˨）ZY˧˩kuã˥ 歇后语。指稍受赞扬就飘飘然，忘乎所以。吴语中“蘸”、“赞”同音。

【三骨铀打掌子——勿要皮】sE˥kuəʔ˥liɪ˧˩tã˥˨ʦã˦˩˨ʦɿ˥˨——fəʔ˥Øiæ˦˩˨bi˨˦ 歇后语。不顾脸面。

【三十年河东，三十年河西】sE˥səʔ˥ȵiɪ˨˦ɦəu˨˦toŋ˥，sE˥səʔ˥ȵiɪ˨˦ɦəu˨˦si˥ 俗语。喻世道或人事兴衰交替，变化多端。命运的好坏，轮流更迭。

【三个勿开口，仙人难下手】sE˥kəʔ˥fəʔ˥kʻE˥kʻY˥˨，siɪ˥ȵən˧˩nE˨˦ɦo˧˩sY˥˨ 俗语。闭口不言，使人无奈。

【三个臭皮匠，抵个诸葛亮】sE˥kəʔ˥ʦʻY˥bi˨˦ziã˧˩，ti˥˨kəʔ˥ʦɥ˥kəʔ˥liã˧˩ 俗语。喻人多出智慧。

【三刀戳勿啮，四刀勿出血】sE˥tæ˥ʦʻoʔ˥fəʔ˥ȵəʔ˨˦，sɿ˦˩˨tæ˥fəʔ˥ʦʻəʔ˥ɕyəʔ˥ 俗语。形容脸板得很厉害。

【三个勿领盆，四个勿相信】sE˥kəʔ˥fəʔ˥lin˧˩bən˨˦，sɿ˦˩˨kəʔ

˥fəʔ˥siã˥sin˥˩ 就是不服输。

【三个搭倷好,三个搭我好】sE˥kəʔ˥taʔ˥nE˦hæ˥˩,sE˥kəʔ˥taʔ˥ŋəu˦hæ˥˩ 俗语。各人有各人的活动圈子,不是一边倒的。

【三百日浪荡,六十日赶忙】sE˥pɑʔ˥ȵəʔ˧lã˨dã˩,loʔ˧səʔ˥ȵəʔ˧kø˦mã˩ 俗语。形容平时贪玩不努力,急来抱佛脚。

【三百六十行,行行出状元】sE˥pã˥loʔ˧səʔ˥ɦã˨,ɦã˨ɦã˨tsʻəʔ˥zã˨ȵiø˩ 俗语。形容行业众多,每行都会有出类拔萃的人物。

【三年勿接客,接着个弯喇叭】sE˥ȵiɪ˩fəʔ˥tsiəʔ˥kʻɑʔ˥,tsiəʔ˥zɑʔ˧kəʔ˥ʔuE˥la˥pɑ˥˩ 俗语。指难得的事,或偶尔为之的事,却碰到麻烦。

【三春靠一冬,三早抵一工】sE˥tsʻən˥kʻæ˦ʔiəʔ˥toŋ˥,sE˥tsæ˥˩ti˥˩ʔiəʔ˥koŋ˥ 谚语。指农事要抓紧。

【三等头白相人,独吃自家人】sE˥tən˥dY˩bəʔ˧siã˥ȵən˩,doʔ˧tɕʻiəʔ˥zɿ˩ka˥ȵən˩ 俗语。形容专门欺负自己人,对外却尽显懦怯。白相人,流氓。独吃自家人,专门欺负自己人。

【三个厨子六只鸡——手忙脚乱】sE˥kəʔ˥zɿ˨tsɿ˩loʔ˧tsɑʔ˥tɕi˥——sY˦mã˨tɕiaʔ˥lø˩ 歇后语。形容忙乱。

【三年勿选种,粳稻糯稻一笼统】sE˥ȵiɪ˩fəʔ˥siɪ˥˩tsoŋ˥˩,kã˥dæ˩nəu˨dæ˩ʔiəʔ˥loŋ˦tʻoŋ˥˩ 喻长期不管理,将造成混乱。

【三步留一步,免得徒弟打师父】sE˥bu˩lY˨ʔiəʔ˥bu˩,miɪ˩təʔ˥dəu˨di˩tã˥˩sɿ˥vu˩ 俗语。教徒弟要留一手,以防将来被徒弟欺侮(这是一种旧时的保守观念)。

【三亩棉花三亩稻;晴亦好,落亦好】sE˥m̩˩miɪ˨ho˥sE˥m̩˩dæ˩,zin˨ɦɑʔ˧hæ˥˩,loʔ˧ɦɑʔ˧hæ˥˩ 棉花喜旱,稻喜水,晴天落雨都无所谓。喻无论情况如何都能接受。

【三千铜钿腰里掼,讨仔家婆呒不饭】sE˥tsʻiɪ˥doŋ˨diɪ˩

Øiæ˥li˨˧ɡuE˨˧,t'æ˥˩tsɿ˥˩ka˥bu˨˧m̩˦˩˨pəʔ˥vE˨˧　喻本来好好的,由于一个转折,后果不堪。

【三日勿吃还魂食,就要四脚壁立直】SE˥n̠ʑəʔ˥fəʔ˥tɕ'əʔ˥ɦuE˦˩˨ɦuən˦˩˨zəʔ˧,zY˦˩˨Øiæ˦˩˨sɿ˥tɕiɑʔ˥piəʔ˥liəʔ˧zəʔ˧　还魂食指施粪肥长大的蔬菜。本条指食用蔬菜的重要性。

【三耕六耙九锄田,一季收成抵一年】SE˥kən˥loʔ˧bo˨˧tɕiY˦˩˨zəu˦˩˨diɪ˦˩˨,Øiəʔ˥tɕi˥˩sY˥zən˨˧ti˥˩Øiəʔ˥n̠iɪ˦˩˨　劝谕勤奋。

【三千铜钿家当,二千八百着勒身浪】SE˥ts'iɪ˥doŋ˦˩˨diɪ˨˧kɑ˥tã˥˩,liã˦˩˨ts'iɪ˥poʔ˥pɑʔ˥tsɑʔ˥ləʔ˥sən˥lã˨˧　形容爱虚荣。

叁【SE˥】

sǎn

伞【SE˦˩˨】

散【SE˦˩˨】另见 sàn。

【散文】SE˦˩˨vən˨˧

【散光】SE˦˩˨kuã˥

【散漫】SE˦˩˨mE˨˧

【散兵游勇】SE˦˩˨pin˥ɦiY˦˩˨Øioŋ˥˩

馓【SE˦˩˨】

【馓子】SE˦˩˨tsɿ˥˩

糁【SØ˥】

sàn

散【SE˦˩˨】另见 sǎn。

【散布】SE˦˩˨pu˥˩

【散装】SE˦˩˨tsã˥　未经厂家正式包装,而是由销售商零拆散卖而作的简易包装。

【散失】SE˦˩˨səʔ˥

【散发】SE˦˩˨faʔ˥

【散场】SE˦˩˨zã˦˩˨

【散伙】SE˦˩˨həu˦˩˨

【散神】SE˦˩˨zən˦˩˨　注意力不集中。

【散客】SE˦˩˨kɑʔ˥　未经组织的或临时来的客人。

【散福】SE˦˩˨foʔ˥　将象征吉祥的东西散发给别人,以示分享福分。

【散书场】sE˦sɥ˥zã˩ 书场里评弹演出结束散场。

【散场子】sE˦zã˧ʦɿ˥˩ （一）义同【散书场】。（二）电影院、戏院散场。

【散电影】sE˦diɪ˧ɵin˥˩ 电影院散场。

【散戏馆】sE˦ɕi˥kuø˥˩ 戏院散场。

【散散心】sE˦sE˦sin˥ 使心情舒畅，解闷。如：出去走走，散散心。

【散散闷】sE˦sE˦mən˥ 义同【散散心】。

sāng

丧【sã˥】中州韵【sã˥】另见 sàng。

【丧事】sã˥zɿ˩ 人死的后事。

【丧事里】sã˥zɿ˩li˩ 办理丧事期间。

【丧园嚇】sã˥hiø˧haʔ˥ 鬼魅。

桑【sã˥】中州韵【sã˥】

【桑子】sã˥ʦɿ˥˩ 桑树的果实。

【桑木扁担——宁折不弯】sã˥ moʔ˧pii˦tE˥˩——ȵən˧tsəʔ˥ pəʔ˥ɵuE˥ 歇后语。指宁死不屈。

sǎng

嗓【sã˦】中州韵【sã˦】

【嗓音】sã˦ɵin˥ 嗓子发出的声音。

sàng

丧【sã˥】、【sã˦】中州韵【sã˥】、【sã˦】另见 Sāng。

【丧失】sã˦səʔ˥

【丧命】sã˦min˩

【丧家之犬】sã˥ʨia˥ʦɥ˥˩ ʨʻiø˥˩

sāo

搔【ʦæ˥】中州韵【sæ˥】

【搔手】ʦæ˥sʏ˥˩ 一种形似手，长柄，竹、木制的挠痒工具。

【搔搔】tsæ˥tsæ˥˩ 用手指甲挠挠。
【搔太阳】tsæ˥tɑ˥ɦiã˩ 用手指甲挠太阳穴，思索时的习惯动作。
【搔头皮】tsæ˥dY˧bi˧ （一）用手指甲挠头皮。（二）思索时的习惯动作。
【搔脚底】tsæ˥tɕiɑʔ˥ti˥˩ 挠脚底，使人奇痒难熬，形容制造麻烦。
【搔头摸耳朵】tsæ˥dY˨mɔʔ˧ ȵi˦təu˥˩ 形容穷于应付，局促不安时的样子。

骚【sæ˥】

【骚扰】sæ˥zæ˨
【骚货】sæ˥həu˥˩ （一）骂人话。指轻佻的女子。（二）指发情。
【骚劲】sæ˥tɕən˥˩ 指轻狂、佻达的程度。
【骚怪头】sæ˥kuɑ˥dY˨ 骂人话。指轻佻的女子。
【骚怪怪】sæ˥kuɑ˥˩kuɑ˥˩ 轻狂、佻达的人。
【骚形怪状】sæ˥ɦin˨kuɑ˥˩ zɑ̃˨ 形容女子轻佻放荡的样子。
【骚瘰瘰头】sæ˥lE˥lE˨dY˨ 粉刺。

缫【diæ˧】文读【ziæ˧】

【缫丝娘娘】diæ˧sɿ˥ȵiã˧ ȵiã˨ 旧时称专以缫丝为生的妇女。

臊【sæ˥】

【臊气】sæ˥tɕʻi˥˩ 像尿一样难闻的腥臭气味。

sǎo

扫【sæ˥˩】另见 sào。

【扫兴】sæ˥˩ɕən˦
【扫地】sæ˥˩di˨
【扫盲】sæ˦mɑ̃˧
【扫射】sæ˦zo˨
【扫墓】sæ˥˩mo˨
【扫榻】sæ˥˩tʻaʔ˥
【扫脚】sæ˦tɕiɑʔ˥ 评弹行话。阴历年底那段时间的演出。

【扫街】sæ˧˦kɑ˥　（一）旧称专门从事清扫马路的清洁工人。（二）从事清扫马路的工作。

【扫垃圾】sæ˧˦lɑ˧si˥˨　（一）扫除垃圾。（二）旧称专门从事清扫马路的清洁工人。（三）从事清扫马路的工作。

嫂【sæ˥˨】

【嫂嫂】sæ˧˦sæ˥　兄妻。

sào

扫【sæ˥˨】另见 sǎo。

【扫帚】sæ˥tsʏ˥˨

【扫帚柄】sæ˥tsʏ˥pin˥˨　扫帚上部的抓手部分。

【扫帚星】sæ˥tsʏ˥sin˥˨　（一）彗星。（二）旧时称败家生事的妇女。

【扫屎坑格做知县——臭底子】sæ˧˦sɿ˥k'ã˥kəʔ˥tsəu˧˦ tsɿ˥ɦiø˨˩——ts'ʏ˥ti˥tsɿ˥˨　歇后语。形容过去的经历一塌胡涂。

sè

色【səʔ˥】中州韵【ʂəʔ˥】

【色盲】səʔ˥mɑ˧

【色相】səʔ˥siã˧˦　妇人的容颜（贬义）。

【色情】səʔ˥zin˧

【色彩】səʔ˥ts'E˥˨

【色鬼】səʔ˥tɕy˥˨　好色之徒。

【色眯眯】səʔ˥mi˧mi˨˩　（一）形容好色。（二）形容好色的神情。

【色搭搭】səʔ˥taʔ˥taʔ˥　义同【色眯眯】。

【色情狂】səʔ˥zin˧guã˨˩　形容色欲极其强烈的人。

【色心高照】səʔ˥sin˥kæ˥tsæ˥˨　形容色欲强烈。

涩【səʔ˥】中州韵【ʂəʔ˥】

【涩拖拖】səʔ˥t'əu˥t'əu˥˨　涩感。

啬【səʔ˥】中州韵【ʂəʔ˥】

【啬皮】səʔ˥bi˧　吝啬鬼。

S

【啬客】səʔ˥kɑʔ˥　吝啬鬼。

【啬啬悭】səʔ˥səʔ˥tɕʻiɪ˨　形容吝啬的样子。也作【啬悭悭】səʔ˥tɕʻiɪ˥tɕʻiɪ˨。

穑【səʔ˥】中州韵【ʂəʔ˥】

塞【səʔ˥】另见 sāi;sài。

【塞音】səʔ˥θin˥

【塞擦音】səʔ˥tsʻaʔ˥θin˥

瑟【səʔ˥】中州韵【ʂəʔ˥】

sēn

森【sən˥】中州韵【ʂən˥】

【森林】sən˥lin˧

【森森】sən˥sən˨

sēng

僧【sən˥】

【僧帽】sən˥mæ˩　和尚戴的帽子。

【僧鞋】sən˥ɦɑ˩　和尚穿的鞋子。

【僧道无缘】sən˥dæ˩vu˩ɦiø˧　不信宗教。

shā

杀【saʔ˥】中州韵【ʂaʔ˥】

【杀气】saʔ˥tɕʻi˧　凶恶的气势。

【杀心】saʔ˥sin˥　杀人的凶心。

【杀生】saʔ˥sən˥　杀害生命。

【杀头】saʔ˥dʏ˧　斩首。

【杀呛】saʔ˥tsʻiã˧　宰杀禽兽未及要害。

【杀身】saʔ˥sən˥　危及生命。

【杀法】saʔ˥faʔ˥　(一)杀的方法。(二)下象棋语。最后取胜的方法。

【杀坯】saʔ˥pʻɛ˥　骂人语。该死的家伙。(一)指无法无天的人。(二)等候处决的囚犯。(三)调侃语。供人食用的禽畜。

【杀着】saʔ˥sɑʔ˥　下象棋语。致胜的一手。

【杀脱】saʔ˥tʻəʔ˥　(一)杀掉。(二)指去掉、删除。

【杀棋】saʔ˥dʑi˩　下象棋语。致胜的一手棋。

【杀子报】saʔ˥tsɿ˦pæ˥　(一)清末四大奇案之一的通州奇案。(二)形容女子凶恶的相貌。

【杀千刀】saʔ˥tsʻiɪ˥tæ˥˩　骂人语。以供人食用的禽畜作喻。

【杀人场】saʔ˥ȵən˧zã˩　刑场。

【杀开来】saʔ˥kʻE˥lE˩　用刀剖开。

【杀风景】saʔ˥foŋ˥tɕən˥˩

【杀半价】saʔ˥pø˥kɑ˥˩　压下的价是报价的一半。

【杀白鸡】saʔ˥bɑʔ˧tɕi˥　宰杀去尽鸡毛的鸡。

【杀价钿】saʔ˥kɑ˥diɪ˩　压价。

【杀得来】saʔ˥təʔ˥lE˩　(一)(敌人)杀过来了。(二)讥讽语。喻人心急或气急败坏的样子。

【杀猪徒】saʔ˥tsɥ˥dəu˩　以宰猪谋生的人。

【杀红眼睛】saʔ˥ɦoŋ˧ŋE˧tsin˥　杀人进入疯狂状态。

【杀鸡取蛋】saʔ˥tɕi˥tsʻi˥˩dE˩　喻只顾眼前微小的好处而损害长远的利益。

【杀呛猪头】saʔ˥tsʻiã˧tsɥ˥dY˩　喻人脸色发红(贬义)。

【杀命养命】saʔ˥min˩ɦiã˩min˩　杀此救彼。

【杀精捣怪】saʔ˥tsin˥tæ˥˩kuɑ˥˩　形容蛮横无礼,肆意胡闹。

【杀人勿用刀】saʔ˥ȵən˧fəʔ˥ɦioŋ˩tæ˥　形容为人阴狠毒辣。

【杀人勿见血】saʔ˥ȵən˧fəʔ˥tɕiɪ˥˩ɕyəʔ˥　形容阴险毒辣。

【杀杀呒不血】saʔ˥saʔ˥m̩˧pəʔ˥ɕyəʔ˥　喻用最厉害的手段惩罚,也不能获得任何利益。

【杀得人,救得人】saʔ˥təʔ˥ȵən˧,tɕiY˧təʔ˥ȵən˧　形容办事洒脱。亦指爱憎分明。

【杀鸡勿用牛刀】saʔ˥tɕi˥fəʔ˥ɦioŋ˩ȵiY˧tæ˥　喻办小事不必用大力。

【杀人勿怕血腥气】saʔ˥ȵən˧

S

fəʔ˥p‘o˨˦ɕyəʔ˥sin˥tɕ‘i˥˩ 形容人凶暴残忍。

【杀只鸡拨猢狲看看】saʔ˥tsɑʔ˥tɕi˥pəʔ˥ɦuəʔ˧sən˥˩k‘ø˨˦k‘ø˥ 即杀鸡儆猴。

【杀人勿行霎一霎眼睛】saʔ˥ɲən˨˦fəʔ˥ɦã˨˦saʔ˥θiəʔ˥saʔ˥ŋE˨˦tsin˥ 杀人不眨眼，形容残暴。

【杀人场上亦有偷刀贼】saʔ˥ɲən˨˦zã˧lɑ̃˩˧ɦaʔ˧ɦiʏ˩˧t‘ʏ˥tæ˥zəʔ˧ 喻再严厉的手段，还是有人敢顶风作案。

【杀杀呒不血，剥剥呒不皮】saʔ˥saʔ˥m̩˨˦pəʔ˥ɕyəʔ˥，poʔ˥poʔ˥m̩˨˦pəʔ˥bi˨˦ 喻对于一无所有的人，缺少惩罚的办法。

刹【saʔ˥】

【刹】saʔ˥ 掖；塞。
【刹车】saʔ˥ts‘oʔ˥
【刹好】saʔ˥hæ˥˩ 掖住；掖紧。表示程度高的为【刹刹好】saʔ˥saʔ˥hæ˥˩或【刹紧】saʔ˥tɕən˥˩或【刹刹紧】saʔ˥saʔ˥tɕən˥˩。
【刹牢】saʔ˥læ˨˦ 刹住。
【刹刹】saʔ˥saʔ˥ 刹一刹。
【刹痒】saʔ˥ɦiã˩˧ 止痒。
【刹威风】saʔ˥θuE˥foŋ˥˩ 打掉或刹住威风。

杉【SE˥】另见 shān。

沙【so˥】文读【sɑ˥】

【沙发】so˥faʔ˥
【沙场】so˥zã˩˧
【沙头】so˥dʏ˩˧ 瓜瓤起沙。
【沙坑】so˥k‘ɑ̃˥˩ 铺有厚厚的沙层的坑。用于体育跳跃运动。
【沙哈】so˥hɑ˥˩ 扑克牌赌博的一种赌法。
【沙眼】so˥ŋE˩˧ （一）由沙眼病毒引起的慢性传染病。（二）器皿上细小如沙的小洞。
【沙锅】so˥kəu˥˩ 用陶土和沙烧成的有盖的锅。
【沙漠】so˥moʔ˧
【沙袋】so˥dE˩˧ （一）装满沙子的麻袋。用作抗洪、防弹。（二）装满沙子的布袋。用作锻炼拳击等。

【沙头起】so˦dʏ˨˧tɕ‘i˥˨˧ 原指西瓜熟透起沙，多喻小孩子太成熟。

【沙角菱】so˦ko˦lin˨˧ 苏州产的一种角细长且尖的小种菱。

【沙壳壳】so˦k‘oʔ˦k‘oʔ˦ 形容嗓音沙哑。

【沙胡桃】so˦ɦəu˨˧dæ˨˧ 山核桃。

【沙喉咙】so˦ɦoʔ˧loŋ˨˧ 嗓音嘶哑、低沉。

【沙里淘金】so˦li˨˧dæ˨˧tɕən˦

【沙滩浪格航船——进退两难】so˦t‘ɛ˦lɑ̃˨˧kəʔ˦ɦɑ̃˧zø˨˧——tsin˦tɛ˦liɑ̃˨˧nɛ˨˧ 歇后语。进退不得。形容处境困难。

莎【so˦】文读【sɑ˦】另见 suō。

痧【so˦】

【痧子】so˦tsɿ˥˨˧ 麻疹。

裟【so˦】文读【sɑ˦】

鲨【so˦】文读【sɑ˦】

纱【so˦】文读【sɑ˦】

【纱头】so˦dʏ˨˧ 短棉纱或乱棉纱。

【纱帐】so˦ts‘ɑ̃˥˨˧ 纱布做的蚊帐。

【纱衫】so˦sɛ˥˨˧ 丝质提花织品制成的衣衫。

【纱窗】so˦ts‘ɑ̃˥˨˧ 蒙纱的窗户，用来防蚊蝇、防暑透气。

【纱帽】so˦mæ˨˧ 古代官员所戴的一种帽子。

【纱罩】so˦tsæ˥˨˧ （一）蒙纱的罩子，防蝇用。（二）汽油灯上点火发光的装置。

【纱厨】so˦zɥ˧ 蒙纱的橱柜。透气，防蝇用。

【纱手套】so˦sʏ˥˨˧t‘æ˥˨˧ 粗纱织成的手套，用作劳动防护。

【纱帽翅】so˦mæ˧ts‘ɿ˥˨˧ 古代官员所戴的一种帽子上的饰物。表示官职的大小。

砂【so˥】文读【sɑ˥】

【砂皮】so˥bi˩ 砂纸。
【砂轮】so˥lən˩
【砂底】so˥ti˥˩ 篆刻、浮雕的呈细砂状的底部。
【砂糖】so˥dɑ̃˩ 白砂糖。
【砂壳子】so˥k‘oʔ˥tsɿ˥˩ 清朝的小铸钱。圆形，中有方孔。多比喻面值很小的钱。

煞【saʔ˥】另见 shà。

【煞口】saʔ˥k‘Y˥˩ 过瘾。指口味重的饮食。
【煞寸】saʔ˥ts‘ən˧˦ 厉害。
【煞死】saʔ˥si˥˩ 不知真相，还固执地坚持。一味的。
【煞快】saʔ˥k‘uɑ˧˦ 后缀词。表示程度很高。
【煞泼】saʔ˥p‘əʔ˥ 厉害。
【煞渴】saʔ˥k‘əʔ˥ 厉害，过瘾。
【煞哉】saʔ˥tsE˥ 后缀词。表示程度很高。简作【煞】。
【煞爬】saʔ˥bo˧ 厉害；过瘾。
【煞惜】saʔ˥siəʔ˥ 厉害。
【煞俏】saʔ˥ts‘iæ˧˦ 极为俏丽。
【煞根】saʔ˥kən˥ 底部；到底。
【煞搏】saʔ˥poʔ˥ 厉害。
【煞辣】saʔ˥laʔ˧ 干脆有力。
【煞横】saʔ˥ɦuɑ̃˥ 凶暴，蛮不讲理。
【煞念】saʔ˥ȵi˩ 过瘾。
【煞边沿】saʔ˥pi˥ɦi˩ 已到尽头。
【煞憋气】saʔ˥piəʔ˥tɕ‘i˥˩ 意气用事。
【煞辣绷】saʔ˥laʔ˧pɑ̃˥ 尽头，最后。
【煞辣平】saʔ˥laʔ˧bin˧ 十分平直。
【煞辣齐】saʔ˥laʔ˧zi˧ 十分整齐。
【煞辣清】saʔ˥laʔ˥ts‘in˥ 十分干净。
【煞煞辣辣】saʔ˥saʔ˥laʔ˧laʔ˧ （一）干脆有力。（二）彻彻底底。
【煞辣斯平】saʔ˥laʔ˧sɿ˥bin˧ 十分平直。
【煞辣斯齐】saʔ˥laʔ˧sɿ˥zi˧

十分整齐。

【煞煞馋老虫】saˀ˥saˀ˥zE˦ǁæ˦zoŋ˧˩ 解馋。

shǎ

傻【saˀ˥】

【傻大姐】saˀ˥dɑ˧˩tsi˥˩ 傻乎乎的年轻女子。

shà

啥【sɑ˧˦】

【啥】sɑ˥ 约数，只用于四、五或四、五的百、千、万、亿等整数。

【啥人】sɑ˧˦ȵən˧˩ 谁；谁？

【啥格】sɑ˧˦kəˀ˥ 什么；什么？

【啥体】sɑ˧˦t'i˥˩ 什么事？为什么事？

【啥浪】sɑ˧˦lɑ̃˧ 什么地方（追问原因）？

【啥唠】sɑ˧˦læ˧˩ （一）什么？为什么？（二）之所以。

【啥勒】sɑ˧˦ləˀ˧ （一）为什么？（二）之所以。

【啥人家】sɑ˧˦ȵən˦kɑ˥˩ （一）哪一家？（二）前缀词。哪一家？（有）谁？（有）哪一家？

【啥人格】sɑ˧˦ȵən˦kəˀ˥ 谁的？

【啥五十】sɑ˥ŋ˧˩səˀ˥ 约五十。

【啥五个】sɑ˥ŋ˧˩kəˀ˥ 约五个。

【啥叫啥】sɑ˧˦tɕiæ˥sɑ˧˦ 前缀词。表示否定。

【啥四十】sɑ˥sɿ˥səˀ˥ 约四十。

【啥四个】sɑ˥sɿ˥kəˀ˥ 约四个。

【啥正经】sɑ˧˦tsən˥tɕən˥˩ 什么东西？

【啥犯着】sɑ˧˦vE˦zɑˀ˧ （一）为了什么？（二）划不来。

【啥场化】sɑ˧˦zɑ̃˦ho˥˩ 什么地方？哪些方面？

【啥讲究】sɑ˧˦kɑ̃˥tɕY˥˩ 什么理由？什么根据？

【啥辰光】sɑ˧˦zən˦kuɑ̃˥˩ 什么时候？

【啥闲话】sɑ˧˦ɦE˦ɦo˧˩ （一）什么话？（二）不要这么说。

【啥物事】sɑ˦məˀ˧zɿ˩ 什么东西？

【啥事体】sɑ˦zɿ˧t'i˥ 义同【啥体】。

【啥笃化】sɑ˦toˀ˥ho˥ 什么地方？哪些方面？

【啥说话】sɑ˦səˀ˥ho˩ 义同【啥闲话】。

【啥格浪】sɑ˦kəˀ˥lɑ̃˩ 义同【啥浪】。

【啥格浪向】sɑ˦kəˀ˥lɑ̃˩ɕiɑ̃˥ 义同【啥浪】。也说成【啥格浪底】sɑ˦kəˀ˥lɑ̃˩ti˥。

【啥四五十】sɑ˥sɿ˥ŋ̍˩səˀ˥ 约四五十。

【啥等样人】sɑ˦tən˥ɦiɑ̃˩ ȵən˧ 什么样人？什么样人！

【啥人怕啥人】sɑ˦ȵən˩p'o˦ sɑ˦ȵən˩ 谁怕谁？表示谁都不怕。

【啥人晓得啥人】sɑ˦ȵən˩ ɕiæ˦təˀ˥sɑ˦ȵən˩ 谁知道谁？表示人心难测。

霎【saˀ˥】

【霎化】saˀ˥ho˦ 圈套，名堂。

【霎眼王】saˀ˥ŋɛ˧ɦuɑ̃˧ 眼睛不停地闭上又立刻睁开的毛病。

【霎眼睛】saˀ˥ŋɛ˧tsin˥ 眼睛闭上又立刻睁开，常用于暗示。

厦【ɦo˩】文读【sɑ˥】中州韵【ɕiɑ˥】

嗄【ɦo˩】中州韵【ɕio˥】

【嗄唷】ɦo˩ɦio˩ 感叹声。

歃【ts'ɑˀ˥】

煞【sɑˀ˥】另见 shā。

【煞费苦心】sɑˀ˥fi˦k'əu˦sin˥

shāi

筛【sɑ˥】中州韵【SE˥】

【筛子】sɑ˥tsɿ˥ 底部多孔，用来分选颗粒的工具。

【筛茶】sɑ˥zo˧ 斟茶。

【筛酒】sɑ˥tsY˥ 斟酒。

shǎi

色【səʔ˥】另见 sè。

shài

晒【so˧˦】文读【sɑ˧˦】中州韵【SE˧˦】

【晒干】so˥kø˥˩ 经太阳晒，使含水的东西变干燥。

【晒台】so˥dE˨˩ 建于屋顶的平台。

【晒杀】so˧˦saʔ˥ 晒死。

【晒朗】so˥lɑ̃˨˩ 晒东西和晾衣服。

【晒场】so˥zɑ̃˨˩ 晒东西和晾衣服的地方。

【晒煞】so˧˦saʔ˥ 晒得受不了。

【晒几个太阳】so˧˦ŋ̊i˧˦kəʔ˥t'ɑ˥ɦiɑ̃˨˩ 经几次日照。

shān

山【SE˥】中州韵【ʂE˥】

【山人】SE˥zən˨˦ 隐士的自称。

【山门】SE˥mən˨˦ 寺庙的大门。

【山口】SE˥k'Y˥˩ （一）弹拨乐器从轴向下架起弦丝之处，箫管呈半圆形吹口处。（二）连绵的山岭中间的较低处，多为通道经过的地方。

【山斗】SE˥tY˥˩ 泰山、北斗的合称。喻行业中最有成就且为同行公认者。

【山水】SE˥sɥ˥˩ （一）山和水。泛指有山、有水的风景。（二）指山水画。

【山田】SE˥diɪ˨˦ 山上的水田。

【山地】SE˥di˥˩

【山羊】SE˥ɦiɑ̃˨˩ 雌雄有角，领下有长须，略似野羊的那种家羊。

【山头】SE˥dY˨˩ （一）山峰。（二）喻独霸一方的宗派。（三）用稻草扎成的垛，供蚕吐丝结茧用。

【山芋】SE˥ɦY˨˩ 甘薯。

【山沟】SE˥kY˥˩ 两山之间的谷地。

【山顶】SE˥tin˥˩ 山的顶部。

【山洞】SE˥doŋ˨˩ 山的洞穴。

S

【山涧】SE˥kE˥˩　山间的水沟。

【山坳】SE˥ʘæ˥˩　山间的平地。

【山草】SE˥tsʻæ˥˩　(一)一种可以盆栽的观赏植物,即文竹。(二)山地野生的草类。

【山坡】SE˥pʻu˥˩　山体的斜面。

【山浪】SE˥lã˨˩　(一)山上。(二)监狱的隐语。

【山珍】SE˥tsən˥˩　产自山区的珍贵食品。

【山泉】SE˥ziI˨˩　山中的泉水。

【山货】SE˥həu˥˩　山区的产品。

【山根】SE˥kən˥˩　(一)山麓。(二)鼻梁底。

【山药】SE˥ɦiɑʔ˧　一种植物的块根。似棍,可做蔬菜,也可入药。

【山袜】SE˥maʔ˧　山民上山时穿用的袜子。较坚厚。

【山鸡】SE˥tɕi˥˩　鸟名。似野鸡,雌雄毛色各异。雄山鸡全身毛色红黄,有黑斑,尾巴较长;雌山鸡毛色赤褐,尾巴短。

【山柴】SE˥zɑ˨˩　山中产的树柴。

【山路】SE˥ləu˨˩　山中小路。

【山楂】SE˥tso˥˩　落叶灌木。果实球型,深红色,味酸甜可食,亦可入药。

【山脚】SE˥tɕiɑʔ˥　山麓。

【山墙】SE˥ziã˧

【山歌】SE˥kəu˥˩

【山腰】SE˥ʘiæ˥˩

【山薯】SE˥zʮ˨˩　甜薯。

【山鞋】SE˥ɦɑ˨˩　山民上山穿的鞋子。较坚厚,有统。

【山海经】SE˥hE˥˩tɕən˥　(一)我国古代地理名著。(二)泛指奇闻异事。

【山涧水】SE˥kE˥sʮ˥˩　山沟中的流水。

【山楂片】SE˥tso˥pʻiI˥˩　以山楂为原料制成的薄型圆片食品。

【山脚下】SE˥tɕiɑʔ˥ɦo˨˩　山下。

【山羊胡苏】SE˥ɦiã˨˩tsəu˥səu˥˩　形似雄山羊下巴毛的那种胡须。

【山沟沟里】SE˥kY˥kY˥li˨˩

山沟里。

【山顶头上】SE˥tin˥˩dY˩˧lã˩ 山顶上。亦作【山头顶上】SE˥dY˩tin˥˩lã˩。

【山青水绿】SE˥tsʻin˥sʮ˥˩loʔ˧ 喻干净整洁。

【山坳坳里】SE˥Øæ˥Øæ˥˩li˩ 山的深处。

【山上下来格】SE˥lã˩ɦo˧lE˧kəʔ˥ 隐语。指曾经服过刑的。

【山人自有妙计】SE˥zən˩zɿ˧ɦiY˩miæ˧tɕi˥˩ 我自有好办法的诙谐说法。

【山山有老虎,处处有强人】SE˥SE˥ɦiY˩læ˧həu˥˩,tsʻʮ˥˩tsʻʮ˥˩ɦiY˩ʥiã˩zən˩ 喻不法之徒到处都有。

【山东人吃麦冬——一懂亦勿懂】SE˥toŋ˥ȵən˧tɕʻəʔ˥mɑʔ˧toŋ˥˩——Øiəʔ˥toŋ˥˩ɦaʔ˧fəʔ˥toŋ˥˩ 歇后语。意思是一点也不懂。

【山顶有花山下香,桥下有水桥面凉】SE˥tin˥˩ɦiY˩ho˥SE˥ɦo˩ɕiã˥,ʥiæ˧ɦo˩ɦiY˩sʮ˥˩ʥiæ˧mi˩liã˧ 喻大处有了,大家才能分享。

舢【SE˥】

【舢舨船】SE˥PE˥ZØ˩ 一种用桨划水前进的小船。

杉【SE˥】中州韵【ʂE˥】

【杉木】SE˥moʔ˧ 杉树木料;杉树。

【杉木椽子盖猪厩——大材小用】SE˥moʔ˧zØ˧tsɿ˥˩kE˥˩tsʮ˥ʥiØ˩——dɑ˧zE˧siæ˥˩ɦioŋ˩ 歇后语。喻使用不当,浪费材料。

衫【SE˥】中州韵【ʂE˥】另见 shā。

删【SE˥】中州韵【ʂE˥】

【删脱】SE˥tʻəʔ˥ (一)删掉,删去。(二)清除掉。

【删削】SE˥siɑʔ˥

姗【SE˥】

珊【SE˦】

【珊瑚】SE˦ɦəu˩˧

栅【saʔ˥】文读【SE˦】另见 zhà。

扇【sø˦】另见 shàn。

【扇小扇子】sø˦siæ˦˨sø˦ tsɿ˥˨ 挑唆；背地里煽动。

煽【sø˦】

【煽阴风，点鬼火】sø˦Øin˦ foŋ˦，tiɪ˥˨tɕy˦˨həu˥˨ 形容鼓动别人做坏事。

潸【SE˦】

膻【sø˦】

shǎn

闪【sø˥˨】

【闪被】sø˥˨bi˩˧ 加盖上去的被子。

【闪腰】sø˥˨Øiæ˦ 因动作过猛，使腰部筋肉受伤。

【闪勒面浪】sø˥˨liəʔ˧miɪ˧lɑ̃˩˧ （一）盖在上面。（二）洒在面上。

陕【sø˥˨】

shàn

讪【SE˦】

汕【SE˦】

疝【SE˦】

【疝气】SE˦tɕ'i˥˨ 小肠气。

单【zø˨˧】另见 dān；chán。

禅【zø˨˧】另见 chán。

剡【dE˨˧】中州韵【ɦiɪ˨˧】另见 yǎn。

扇【zø˦】另见 shān。

【扇子】sø˦tsɿ˥˨

【扇贝】sø˥pᴇ˥˩

【扇坠】sø˥zᴇ˨˩　系挂于扇子的饰品。

【扇面】sø˥mi˩˨˩　扇子的面，扇风的主要部分。

【扇骨】sø˥kuəʔ˥　折扇的架子。

骟【sø˥˩】

善【zø˨˩】

【善后】zø˧ɦY˨˩

【善良】zø˧liã˨˩

【善相】zø˨˩siã˥˩　相貌和善。

【善事】zø˨˩zɿ˨˩　慈善的好事。

【善观气色】zø˧kuø˥tɕʻi˥səʔ˥　善于观察人的脸色，以判断祸福休咎。喻善于察言观色，随机应变。

【善始善终】zø˧zɥ˥˩zø˧tsoŋ˥

【善罢甘休】zø˧bɑ˨˩kø˥ɕiY˥

【善眉慈目】zø˧mᴇ˧zɿ˧moʔ˧　眉目和善。喻相貌和善。

【善恶不分】zø˧0oʔ˥pəʔ˥fən˥　分不清善良还是邪恶。

【善马好骑，善人好欺】zø˧mo˨˩hæ˥˩dʑi˧，zø˧ȵən˨˩hæ˥˩tɕʻi˥　喻人太善良容易受欺。

【善恶到头终须报，只争来早与来迟】zø˧0oʔ˥tæ˧dY˧tsoŋ˥si˥pæ˥˩，tsəʔ˥tsən˥lᴇ˧tsæ˥˩0y˥˩lᴇ˧zɥ˧　俗语。指做好事和坏事都会有报应，只是个时间早晚问题。

【善有善报，恶有恶报。不是不报，时辰未到。时辰一到，一切都报】zø˨˩ɦiY˨˩zø˨˩pæ˥˩，0oʔ˥ɦiY˨˩0oʔ˥pæ˥˩。pəʔ˥zɿ˨˩pəʔ˥pæ˥˩，zɥ˧zən˨˩vi˧tæ˧。zɥ˧zən˧0iəʔ˥tæ˧，0iəʔ˥tsʻiəʔ˥təu˥pæ˥˩　义同【善恶到头终须报，只争来早与来迟】。

缮【zø˨˩】

膳【zø˨˩】

蟮【zø˨˩】

鳝【zø˩˧】

【鳝板】zø˩˧pᴇ˥˩ 食材。生宰去骨鳝鱼，截短成片状。

【鳝片】zø˩˧p'iɪ˥˧ 义同【鳝板】。

【鳝丝】zø˩˧sɿ˥ 食材。鳝鱼用开水烫死后，去除内脏和骨头，划成丝状。

【鳝笼】zø˩˧loŋ˨˩ 竹编的捕鳝鱼的笼子。

【鳝糊】zø˩˧ɦəu˨˩ 菜肴。用鳝丝清炒而成的菜肴。

【鳝筒】zø˩˧doŋ˨˩ 食材。鳝鱼切成短段。

【鳝洞里赤练蛇】zø˩˧doŋ˨˩li˨˩ ts'ɑʔ˥li˧zo˨˩ 喻人阴险。

擅【zø˨˩】

【擅长】zø˩˧zɑ̃˨˩

【擅自】zø˩˧zɿ˨˩

【擅场】zø˨˩zɑ̃˩˧ 演技高超，场中表现杰出。

赡【zø˨˩】

【赡养】zø˩˧ɦiɑ̃˨˩

shāng

伤【sɑ̃˥】中州韵【ʂɑ̃˥】

【伤】sɑ̃˥ 耗费，消耗过大。

【伤心】sɑ̃˥sin˥˩ 心中悲伤。有时作后缀词，表示程度达到极点。如：咸得伤心。

【伤风】sɑ̃˥foŋ˥˩ 感冒。

【伤人】sɑ̃˥ȵən˧ 伤害了人。

【伤血】sɑ̃˥ɕyəʔ˥ 受伤流的血。

【伤兵】sɑ̃˥pin˥˩ 受伤的士兵。

【伤势】sɑ̃˥sʮ˥˩ 受伤的程度。

【伤痕】sɑ̃˥ɦən˨˩

【伤科】sɑ̃˥k'əu˥˩ 中医治疗伤病的专科。

【伤疤】sɑ̃˥po˥˩ 伤口愈合后皮肤上面留下的疤痕。喻事物受到损害后留下的痕迹。

【伤药】sɑ̃˥ɦiɑʔ˧ 治伤的药。

【伤害】sɑ̃˥ɦᴇ˨˩ 损害，损伤。

【伤寒】sɑ̃˥ɦø˨˩

【伤使心】sɑ̃˥sɿ˥sin˥˩ 赌

气。

【伤脑筋】sã˥næ˦tɕən˥ 费心思。

【伤感情】sã˥kø˦zin˩ 感情受到伤害。

【伤透伤透】sã˥t'Y˥˩sã˥t'Y˥˩ 极大的损害。

【伤着一伤】sã˥zaʔ˧θiəʔ˥ sã˥ 受到一次损害。

【伤筋动骨】sã˥tɕən˥doŋ˩kuəʔ˥ 筋骨受伤。喻事物受到较重的伤害。

【伤风败俗】sã˥foŋ˥ba˩zoʔ˧ 败坏风俗。

【伤筋动骨一百日】sã˥tɕən˥doŋ˩kuəʔ˥θiəʔ˥pɑʔ˥ȵəʔ˧ 筋骨受伤，经治疗，至少要一百天才能恢复。

殇【sã˥】中州韵【ʂã˥】

商【sã˥】文读【sã˥】【ʂã˥】

【商讨】sã˥t'æ˥˩

【商业】sã˥ȵəʔ˧

【商标】sã˥piæ˥˩

【商洽】sã˥tɕ'aʔ˥

【商品】sã˥p'in˥˩

【商场】sã˥zã˩

【商量】sã˥liã˩

【商量北寺塔】sã˥liã˩poʔ˥zɿ˦t'aʔ˥ 谚语。指多次商量而无结果。

【商量商量，天下通行】sã˥liã˩sã˥liã˩，t'i˥ɦo˩t'oŋ˥ɦã˩ 指凡事皆可商量。

shánɡ

裳【zã˦】中州韵【ʐã˦】

另见 shànɡ。

shǎnɡ

上【zã˩】中州韵【ʐã˩】

另见 shànɡ。

【上声】zã˦sən˥

晌【ɕiã˥˩】

赏【sã˥˩】中州韵【ʂã˥˩】

【赏月】sã˥˩ŋəʔ˧ 欣赏月色。

【赏识】sã˦səʔ˥

【赏赐】sã˥˩sɿ˥˩

【赏红】sã˥˩ɦoŋ˧˦ 农历二月十二日，百花生日，给花果树披红。

【赏光】sã˥˧kuã˥ 客套话。请对方接受邀请。

【赏鉴】sã˥˩tɕiɪ˥˩

【赏中秋】sã˥˧tsoŋ˥tsʻY˥˩ 欢度中秋节。

【赏端阳】sã˥˧tø˥hiã˨˩ 欢度端阳节。

【赏罚分明】sã˥˧vaʔ˧fən˥min˨˩ 奖赏处罚非常明确。

shàng

上【zã˨˩】中州韵【ʑã˨˩】另见 shǎng。

【上下】zã˧˦ɦo˨˩ （一）后缀。用于数字等后面，表示差不多，大致。（二）（数量）小的差别。（三）（数量）之间。

【上门】zã˨˩mən˧˦ 到（别人）家里。

【上马】zã˨˩mo˥˩

【上工】zã˧˦koŋ˥ 上班。

【上士】zã˨˩zɿ˥˩ 象棋术语。支士。

【上口】（1）zã˨˩kʻY˥˩ 容易朗读。（2）zã˧˦kʻY˥ 吃口。

【上风】zã˧˦foŋ˥

【上日】zã˧˦ȵ̍əʔ˧ 昨天。

【上心】zã˨˩sin˥ 记在心上。

【上山】zã˧˦sᴇ˥ （一）指去服刑。（二）喻处在为难的境地。（三）到山上去。（四）蚕准备结茧。

【上手】zã˧˦sY˥˩ （一）到手；掌控。（二）指开始。（三）评弹双档表现中，掌握书情发展的演员。（四）位置较重要的一边。

【上火】zã˨˩həu˥˩ 引起燥热、炎症。

【上头】（1）zã˧˦dY˨˩ 上面。（2）zã˨˩dY˧˦ 喝酒引起的头痛头晕。

【上爿】zã˧˦bᴇ˨˩ 由上下两部分组成的东西，上面的部分。

【上司】zã˧˦sɿ˥ 上级。

【上市】zã˨˩zɿ˨˩ 开始在市场上供应。

【上台】zã˨˩dᴇ˧˦或zã˧˦dᴇ˨˩ （一）（演员）登台。（二）喻登上某领导位置。

【上达】zã˨˩daʔ˧或zã˧˦daʔ˧

【上书】zã˧˦sʮ˥

【上旬】zɑ̃˧zin˩

【上吊】zɑ̃˩tiæ˧˦ 用绳子吊死自杀。

【上任】zɑ̃˩zən˩ 赴任。

【上灯】zɑ̃˩zən˥ (一)开始点灯。(二)灯节的开始。

【上色】zɑ̃˩səʔ˥ 涂上颜色。

【上坐】(1)zɑ̃˩zəu˩ 客套话。坐位尊的位子。(2)zɑ̃˧zəu˩ 位尊的位子。

【上劲】zɑ̃˩tɕən˧˦ 认真对待。

【上坟】zɑ̃˩vən˧或zɑ̃˧vən˧ 扫墓。

【上灶】zɑ̃˩tsæ˧˦ 厨师中担任烹饪工作。

【上诉】zɑ̃˩səu˨˩˧

【上层】zɑ̃˧zən˧

【上供】zɑ̃˩koŋ˧˦ 以蔬果菜肴等祭祖、敬神或礼佛。

【上弦】zɑ̃˧ɦi˩

【上账】zɑ̃˩tsɑ̃˧˦ 记账。

【上限】zɑ̃˧ɦE˧

【上供】zɑ̃˩koŋ˧˦

【上帝】zɑ̃˧ti˨˩˧

【上品】(1)zɑ̃˩p‘in˨˩˧ 达到上等的规格。(2)zɑ̃˧p‘in˨˩˧ 上等。

【上桥】zɑ̃˩dʑiæ˧或zɑ̃˧dʑiæ˧ 往桥上走。喻事情正向好的方面发展。

【上轿】zɑ̃˩dʑiæ˧ 人进入轿子里。

【上家】zɑ̃˧kɑ˥ (一)打牌、行酒令时称坐在自己左边位置上的人。(二)做生意的进货来源称上家。

【上身】zɑ̃˧sən˥ (一)(鬼魅、神怪)附在身上。(二)上半身。(三)接近身体。

【上药】zɑ̃˩ɦiɑʔ˧ 敷药。

【上菜】zɑ̃˩ts‘E˧˦ 菜肴端上席面。

【上寿】zɑ̃˩zʏ˩ (一)祝寿。(二)年事高。

【上峰】zɑ̃˧foŋ˥ 上司。

【上昼】zɑ̃˧tsʏ˥ 上半天。

【上梁】zɑ̃˩liɑ̃˧ 造房子安装房梁。

【上照】zɑ̃˩tsæ˧˦ 照片上的形象比本人好。

【上堂】zɑ̃˩dɑ̃˧ 走上公堂。

【上抢】zɑ̃˧ts‘iɑ̃˥ 上次或上一阶段。

【上腔】zɑ̃˧tɕ‘iɑ̃˥ (一)开始行动。(二)向人发难。

【上算】zɑ̃˧˩sø˦˨ 划得来。

【上锁】zɑ̃˧˩səu˥˩ 用锁锁闭。

【上象】zɑ̃˧˩zia˧˩ 象棋用语。象由下向上走。

【上游】zɑ̃˨˧ɦiʏ˨˧

【上策】zɑ̃˨˧tsʻɑʔ˥

【上装】zɑ̃˨˧tsɑ̃˥ 外套。

【上款】zɑ̃˨˧kʻuø˥˩ 字画右上方题写的接受字画人姓名的文字。

【上塘】zɑ̃˨˧dɑ̃˧˩ 河靠南或东的岸。

【上落】zɑ̃˨˧loʔ˧ (一)小的差别。(二)之间。

【上路】zɑ̃˧˩ləu˧˩ (一)开始外出。(二)为人处世符合规矩,仗义。

【上甏】zɑ̃˧˩bɑ̃˧˩ (一)把腌制的东西放进甏里密封。(二)骨殖安放瓮中。

【上一埭】zɑ̃˨˧Øiəʔ˥da˧˩ 上一次。

【上三路】zɑ̃˨˧sᴇ˥ləu˧˩ (一)动作在腹部以上。(二)上档次的。

【上人头】zɑ̃˧˩ȵən˨˧dʏ˧˩ 指苏州评弹书场公演时听众进场或业务上升。

【上上签】zɑ̃˨˧zɑ̃˨˧tsʻi˥˩ 庙中求签中的好签。喻好的兆头。

【上门盘】zɑ̃˨˧mən˨˧bø˧˩ 做客携带给主人的礼物。

【上风头】zɑ̃˨˧foŋ˥dʏ˧˩ 风向的上方。

【上心事】zɑ̃˨˧sin˥zɿ˧˩ 担心。

【上手大】zɑ̃˨˧sʏ˥dəu˧˩ 到手后态度就强硬起来。

【上半日】zɑ̃˨˧pø˥ȵəʔ˧ 上半天。

【上半月】zɑ̃˨˧pø˥ŋəʔ˧ 前半个月份。

【上半世】zɑ̃˨˧pø˥sʮ˥˩ 前半生。

【上半年】zɑ̃˨˧pø˥ȵi˧˩ 每年的一月到六月。

【上生活】zɑ̃˨˧sɑ̃˥ɦuəʔ˧ 开始干起来。

【上生意】zɑ̃˨˧sɑ̃˥Øi˥˩ 旧指试工。

【上半夜】zɑ̃˨˧pø˥Øia˥˩ 前半夜。

【上半身】zɑ̃˨˧pø˥sən˥˩ 身体的上半部分。

【上代头】zɑ̃˦dE˦dɤ˨˩ 上一辈或指祖上。

【上台面】zɑ̃˨˧dE˦mii˨˩ 上到较正规的场合。

【上台盘】zɑ̃˨˧dE˦bø˨˩ 义同【上台面】。

【上场面】zɑ̃˨˧zɑ̃˦mii˨˩ 义同【上台面】。

【上场势】zɑ̃˦zɑ̃˦sɥ˥˧ 指行动的来由。

【上吃下】zɑ̃˨˧tɕʻəʔ˥ɦo˨˩ 地位高的压制地位低的。

【上年纪】zɑ̃˨˧ȵii˦tɕi˥˧ 已入老年。

【上岁数】zɑ̃˨˧sE˥səu˥˧ 义同【上年纪】。

【上夹棍】zɑ̃˨˧kaʔ˥kuən˥˧ 原指旧时的夹棍刑罚,用于刑讯逼供。借喻很艰苦的锻炼或考验。

【上听客】zɑ̃˨˧tʻin˥kʻɑʔ˥ 听众进场(指苏州评弹书场公演)。

【上灶头】zɑ̃˨˧tsæ˥dɤ˨˩ 食物拿上炉子去烧煮。

【上规矩】zɑ̃˨˧kuE˥tɕy˥˧ (一)按规矩。(二)受教训。

【上面孔】zɑ̃˨˧mii˦kʻoŋ˥˧ 喝酒引起脸红。

【上漫昼】zɑ̃˦mE˦tsɤ˥˧ 上午。

【上板眼】zɑ̃˨˧pE˧˦ŋE˨˩ 喻按部就班,有条不紊。

【上茶壶】zɑ̃˨˧zo˦ɦəu˨˩ 苏州评弹演出时,服务员送茶壶上台,预示将要开演。

【上海滩】zɑ̃˦hE˥tʻE˥˧ 指上海。

【上贼船】zɑ̃˨˧zəʔ˧zø˨˩ (一)与坏人为伍。(二)落入坏人控制之中。

【上塞板】zɑ̃˨˧səʔ˥pE˥˧ 旧时店铺打烊时,在店铺门面上装上塞板。参看【塞板】。

【上下周身】zɑ̃˦ɦo˨˩tsɤ˥sən˥˧ 浑身上下。

【上门请客】zɑ̃˦mən˦tsʻin˧˦kʻɑʔ˥ 客人带饮食上门请客(不合规矩)。

【上吊拉脚】zɑ̃˨˧tiæ˧˦la˥tɕiɑʔ˥ 喻乘人危急时加以陷害的恶劣行为。

【上牙齿头】zɑ̃˨˧ŋa˦tsɿ˥dɤ˨˩ 经常被人提及(贬意)。

【上送死当】zɑ̃˨˧soŋ˥si˥˧tɑ̃˧˦ (一)上大当。(二)上够了

S

当。

【上昼心里】zã˦tsʏ˥sin˥li˨˧˩ 上午。

【上勿上，下勿下】zã˨˧˩fəʔ˥ zã˨˧˩，ɦo˨˧˩fəʔ˥ɦo˨˧˩ 喻进退两难，处境尴尬。

【上刀山，下油锅】zã˨˧˩tæ˥ sE˦˩˨，ɦo˨˧˩ɦiʏ˦kəu˥ 形容受罪吃苦，置身危险的境地。

【上门勿见土地】zã˦mən˨˧˩fəʔ˥ tɕiɪ˥˨t'əu˦˩˨di˨˧˩ 喻上门访人不遇。

【上勿正，下参差】zã˦fəʔ˥ tsən˦˩˨，ɦo˨˧˩ts'ən˥ts'ɿ˦˩˨ 喻上级或长辈的行为不端，下属或小辈会跟着学坏。

【上有老，下有小】zã˨˧˩ɦiʏ˨˧˩ læ˨˧˩，ɦo˨˧˩ɦiʏ˨˧˩siæ˦˩˨ 指人到中年，上有老人，下有小孩（多指生活压力重）。

【上山容易下山难】zã˦sE˥ ɦioŋ˦ɦi˨˧˩ɦo˦sE˥nE˦ 相比较而言，上山容易些，下山往往跌跌撞撞、磕磕碰碰，有许多难处。

【上灯圆子落灯糕】zã˦tən ˥ɦiø˦tsɿ˦˩˨loʔ˧tən˥kæ˥ 吴俗，元宵节里吃小圆子，过了元宵节吃糕。

【上梁不正下梁歪】zã˦liã˦ fəʔ˥tsən˦˩˨ɦo˦liã˦huɑ˥ 义同【上勿正，下参差】。

【上天无路，入地无门】zã˦ t'iɪ˥vu˨˧˩ləu˨˧˩，zəʔ˧di˨˧˩vu˨˧˩ mən˦ 形容走投无路，身临绝境。

【上有天堂，下有苏杭】zã˨˧˩ ɦiʏ˨˧˩t'iɪ˥dã˨˧˩，ɦo˨˧˩ɦiʏ˨˧˩səu˥ hã˨˧˩ 形容苏州、杭州是美好的地方。

【上方山阴债——还勿清】zã˦fã˥sE˥ʔin˥tsɑ˥˨——ɦuE˦fəʔ˥ts'in˥ 歇后语。指没完没了的效力报答。

【上歪一寸，下歪一尺】zã˨˧˩ ɦuɑ˥ʔiəʔ˥ts'ən˥˨，ɦo˨˧˩huɑ˥ ʔiəʔ˥ts'ɑʔ˥ 形容坏风气自上而下，愈演愈烈。

【上勿欠皇粮，下勿欠私债】zã˨˧˩fəʔ˥tɕ'iɪ˥˨ɦuã˦liã˨˧˩，ɦo˨˧˩ fəʔ˥tɕ'iɪ˥˨sɿ˥tsɑ˦˩˨ 喻与人无瓜葛，轻松自在。

【上仔白粮船，忘记欠债人】zã˨˧˩tsɿ˦˩˨bɑʔ˧liã˦zø˦，mã˦ tɕi˦˩˨tɕ'iɪ˥tsɑ˥ȵən˦ 喻忘本。

【上昼薄薄云，下昼晒煞人】zɑ̃˦tsʏ˥boʔ˧boʔ˧ɦyən˦，ɦo˧˩tsʏ˥˩so˥˨saʔ˥ȵən˦ 上午云彩稀薄，预示下午阳光灿烂。

【上看初二三，下看十五六】zɑ̃˧˩k'ø˥˨ts'əu˥ȵi˧˩SE˥，ɦo˧˩k'ø˥˨zəʔ˧ŋ̍˧˩loʔ˧ 谚语。指农历初二、初三，十五、十六有雨，往往半月不晴。

【上司一个屁，下属一台戏】zɑ̃˦sɿ˥ʔiəʔ˥kəʔ˥p'i˥˨，ɦo˦zoʔ˧ʔiəʔ˥dE˦ɕi˥˨ （一）喻上级说了一句无关紧要的话，下属当真，忙得不可开交。（二）喻上级发下不切实际的命令，下属操作有许多困难，忙得不亦乐乎。

【上无片瓦，下无立锥之地】zɑ̃˧˩vu˧˩p'i˥˨ŋo˧˩，ɦo˧˩vu˧˩liəʔ˧tsE˥tsʮ˥˩di˧˩ 形容极其贫困，没有一点财产。

【上知天文，下识地理，中通人和】zɑ̃˧˩tsʮ˥t'i˥vən˧˩，ɕiɑ˥˩səʔ˥di˦li˧˩，tsoŋ˥t'oŋ˥zən˧˩ɦəu˧˩ 形容知识渊博。

【上气勿接下气，当中横里断气】zɑ̃˧˩tɕ'i˥˩fəʔ˥tsiəʔ˥ɦo˧˩tɕ'i˥˩，tɑ̃˥tsoŋ˥ʔuɑ̃˥li˧˩dø˧˩tɕ'i˥˩ 形容奔忙劳累到极点。多用上半句。

【上半日种树，下半日就要乘凉】zɑ̃˦pø˥ȵəʔ˧tsoŋ˥˨zʮ˧˩，ɦo˦pø˥ȵəʔ˧zʏ˦ʔiæ˥˩zən˦liɑ̃˦ 喻心急。

【上场搬到下场，少脱三年饭粮】zɑ̃˦zɑ̃˧˩pø˥tæ˥˩ɦo˦zɑ̃˧˩，sæ˥˨t'əʔ˥SE˥ȵi˧˩VE˦liɑ̃˧˩ 形容见异思迁反而吃亏。

【上有横梁下有槛，当中横里侪勿关】zɑ̃˧˩ɦiʏ˧˩ɦuɑ̃˦liɑ̃˧˩ɕiɑ˥˩ɦiʏ˧˩k'E˥˩，tɑ̃˥tsoŋ˥ɦuɑ̃˧˩li˧˩zE˦fəʔ˥kuE˥ 指发生矛盾或困难时，处于中间地位的最容易推卸责任。

尚【zɑ̃˧˩】中州韵【ʐɑ̃˧˩】

【尚书】zɑ̃˦sʮ˥
【尚且】zɑ̃˦ts'i˥
【尚方宝剑】zɑ̃˦fɑ̃˥pæ˥˨tɕi˥˩

绱【zɑ̃˧˩】中州韵【ʐɑ̃˧˩】

【绱鞋子】zɑ̃˧˩ɦɑ˦tsɿ˥˩ 把鞋

S

帮、鞋底缝合成鞋。

shāo

烧【sæ˥】中州韵【ʂæ˥】

【烧干】sæ˥kø˥˩　煮干了。

【烧火】sæ˥həu˥˩　燃烧燃料。

【烧开】sæ˥kʻE˥˩　指水已沸腾。

【烧红】sæ˥hoŋ˧˩　金属或石块等燃烧而变红。

【烧灰】sæ˥huE˥˩　烧给亡灵的东西。詈语。指被骂的人的衣物。

【烧饭】sæ˥vE˨˩　做饭。

【烧饼】sæ˥pin˥˩　用火烤熟的面饼。又名大饼。

【烧卖】sæ˥mɑ˨˩

【烧烧】sæ˥sæ˥˩　(一)烧。(二)煮。

【烧烂】sæ˥lE˨˩　煮烂。

【烊】sæ˥hiã˧˩　熔化。

【烧坯】sæ˥pE˥˩　詈语。该死的人。

【烧脱】sæ˥tʻəʔ˥　烧掉。

【烧着】sæ˥zɑʔ˧　点燃。

【烧旺】sæ˥hiɑ̃˨˩　燃烧成旺火。

【烧菜】sæ˥tsʻE˦˩　做菜。

【烧香】sæ˥ɕiã˥　(一)寺庙进香礼佛。(二)喻行贿。

【烧酒】sæ˥tsY˥˩　白酒。

【烧小菜】sæ˥siæ˥tsʻE˥˩　做菜。

【烧火棍】sæ˥həu˥˩kuən˥˩　将柴草送进灶膛燃烧的棍棒。

【烧火矮凳】sæ˥həu˥˩ɑ˦˩tən˥˩　用于灶台烧火时坐的长方形小凳。

【烧僵猪头】sæ˥tɕiã˥tsʮ˥˩dY˨˩　喻演员艺病太多，改也难的状况。

【烧香带倒佛】sæ˥ɕiã˥tɑ˦˩tæ˥˩vəʔ˧　喻行事鲁莽。

【烧脱房子捡钉】sæ˥tʻəʔ˥vɑ̃˧tsɿ˥˩kE˥˩tin˥　喻贪小失大。

【烧仔灰亦认得】sæ˥tsɿ˥˩huE˥hɑʔ˧ȵən˨˩təʔ˥　形容印象深刻(贬义)。

【烧香烧勒枯庙里】sæ˥ɕiã˥˩sæ˥ləʔ˧kʻəu˥miæ˨˩li˨˩　喻做好事没有人知道。

【烧火剥葱，亦算一工】sæ˥ həu˧˩pɔʔ˥tsʰoŋ˥，ɦaʔ˧sø˦ Øiəʔ˥koŋ˥ 形容工作马虎，敷衍了事。

【烧脱短衫搭白虱斗气】sæ˥ tʰə˥tø˦sE˥taʔ˥baʔ˧səʔ˥ tY˥tɕʰi˧˩ 喻因赌气而造成不必要的损失。

【烧香望和尚，一事两便当】sæ˥ɕiã˥mã˩ɦəu˧zã˩，Øiəʔ˥zɿ˧˩liã˧bi˧tã˧˩ 指一举两得。

捎【siæ˥】文读【sæ˥】中州韵【ʂæ˥】

【捎子】siæ˥tsɿ˧˩ 鱼产卵。

【捎马桶】siæ˥mo˧doŋ˩ 刷马桶。

【捎地皮】siæ˥di˩bi˩ 赖在地上打滚。也说【捎地滚】siæ˥di˩kuən˧˩。

【捎耳朵管】siæ˥ŋ̍i˧təu˧˩ kuø˧˩ 在耳边不停地絮絮叨叨。

【捎来滚去】siæ˥lE˧kuən˧˩ tɕʰi˧˩ 在地上来回打滚。

【捎扦子敲镗锣——因(音)头勿起】siæ˥tsʰi˥tsɿ˧˩kʰæ˥ dã˧ləu˩——Øin˥(Øin˥) dY˩fəʔ˥tɕʰi˧˩ 歇后语。指最起码的、最初级的都没有。

梢【sæ˥】

【梢梢头】sæ˥sæ˥dY˩ 末梢；条状物的末端。

稍【sæ˥】中州韵【ʂæ˥】

【稍为】sæ˥ɦuE˩或sæ˦ɦuE˧

【稍些】sæ˥si˥或sæ˦si˥ 表示数量不多、程度不深。

筲【sæ˥】中州韵【ʂæ˥】

【筲箕】sæ˥tɕi˧˩ 用竹丝编织，用来吊放食物的有盖的篮子。

艄【sæ˥】

【艄公】sæ˥koŋ˧˩

鞘【sæ˥】中州韵【ʂæ˥】另见 qiào。

shάo

勺【zoʔ˦˥】中州韵【ʑoʔ˦˥】

【勺子】zoʔ˦˥tsɿ˥˩　一种有柄，可以舀东西的半球形工具。

芍【zɑʔ˦˥】中州韵【ʑoʔ˦˥】

【芍药】zɑʔ˦˥ɦiɑʔ˦

苕【diæ˩˧】另见 tiáo。

韶【zæ˩˧】中州韵【ʑæ˩˧】

shǎo

少【sæ˥˩】中州韵【ʂæ˥˩】另见 shào。

【少见】sæ˥˩tɕiɪ˥˩　罕见。

【少有】sæ˥˩ɦiʏ˨˩　罕有。

【少点】sæ˥˩tiɪ˥˩　（一）少一些。（二）缺少些。

【少脱】sæ˥˩tʻə˥˥　（一）缺少。（二）缺失。

【少勿脱】sæ˥˩fə˥˥tʻə˥˥　不可缺少。

【少少叫】sæ˥˩sæ˥˥tɕiæ˥˩　罕有；稀少。

【少说点】sæ˥˩sə˥˥tiɪ˥˩　（一）至少（估算）。（二）（话）少说些。

【少说说】sæ˥˩sə˥˥sə˥˥　（一）减少提及的次数，最好不说。（二）至少（估算）。

【少魂兄】sæ˥˩ɦuən˩˧ɕioŋ˥˩　调侃称容易忘记事情的人。

【少见多怪】sæ˥˩tɕiɪ˥˩təu˥˥kuɑ˥˩

【少有细见】sæ˥˩ɦiʏ˨˩tsʻə˥˥tɕiɪ˥˩　罕见（贬义）。也说【少现细见】sæ˥˩ɦiɪ˨˩tsʻə˥˥tɕiɪ˥˩、【少呈细见】sæ˥˩zən˩˧tsʻə˥˥tɕiɪ˥˩。

【少吃多滋味】sæ˥˩tɕʻə˥˥təu˥˥tsɿ˥˥mi˨˩　劝人饮食适量为好。

shào

少【sæ˥˩】中州韵【ʂæ˥˩】另见 shǎo。

【少女】sæ˥˩ɳy˨˩

【少爷】sæ˥˩ɦiɑ˨˩

【少妇】sæ˥˩vu˨˩

【少将】sæ˥˩tsiã˥˩

【少白头】sæ˧˦ba˧dY˨˩

【少壮派】sæ˧˦tsã˥p'a˥˩ 指年轻力壮的某专业群体。

【少奶奶】sæ˥na˦˧na˨˩ （一）旧时指少爷的妻子。也说【少奶】sæ˥na˨˩。（二）泛指有钱人家的少妇。也说【少奶】sæ˥na˨˩。

【少爷辈子】sæ˧˦ɦia˨˩pᴇ˥tsɿ˥˩ 指类似少爷地位的人。

【少爷脾气】sæ˧˦ɦia˨˩bi˦˧tɕ'i˥ 指任性固执、使钱散漫、爱面子等脾气。

【少爷脾气瘪三命】sæ˧˦ɦia˨˩bi˦˧tɕ'i˥piəʔ˥sᴇ˥min˨˩ 形容脾气很大，自尊性强，但命运不济，穷困潦倒。

【少年夫妻老来伴】sæ˧˦ȵi˥˩fu˥ts'i˥˩læ˦˧lᴇ˦˧bø˨˩ 俗语。指年轻时结为夫妇，到老来成为相濡以沫的伴侣。

【少壮不努力，老大徒悲伤】sæ˧˦tsã˥˩pəʔ˥nəu˧˦liəʔ˧，læ˨˩da˨˩dəu˨˩pᴇ˥sã˥˩ 劝喻语。年轻时不努力上进，到老时后悔莫及。

邵【zæ˨˩】中州韵【ʑæ˨˩】

劭【zæ˨˩】中州韵【ʑæ˨˩】

绍【zæ˨˩】中州韵【ʑæ˨˩】

【绍兴戏】zæ˦˧ɕən˥ɕi˥˩ 越剧的旧称。

【绍兴酒】zæ˦˧ɕən˥tsY˥˩ 产于浙江绍兴的黄酒。

【绍兴师爷】zæ˦˧ɕən˥sɿ˥ɦia˨˩ （一）因历史原因，从清朝雍正皇朝起，绍兴人当师爷最负盛名，戏曲中师爷的籍贯往往借用绍兴。（二）喻善于出谋划策者，（多为贬义）。

【绍兴酒甏】zæ˦˧ɕən˥tsY˥˩bã˨˩ 形容酒量好的绍兴人。

哨【sæ˥】

【哨兵】sæ˥pin˥˩

稍【sæ˥】中州韵【ʂæ˥】另见 shāo。

S

shē

猞【so˥】中州韵【ʂE˥】

赊【so˥】中州韵【ʂE˥】

【赊账】so˥tsã˦ 欠账。

【赊药】so˥ɦiaʔ˧ 旧时药店可记账卖药,到年底结算。

【赊一千勿如现八百】so˥ ∅iəʔ˥ts'ii˥fəʔ˥zʮ˧ɦii˧poʔ˥ paʔ˥ 欠账一千,不如支付现钱八百。喻许诺得再好,不如眼前马上到手的实惠。

S

奢【sʏ˥】文读【so˥】中州韵【sa˥】

【奢侈】sʏ˥ts'ʮ˥或so˥ts'ʮ˥

shé

舌【zəʔ˧】中州韵【ʐəʔ˧】

【舌尖】zəʔ˧tsii˥ 舌的最前端。

【舌头】zəʔ˧dʏ˩ 舌。

【舌面】zəʔ˧mii˩ 舌的表面。

【舌音】zəʔ˧∅in˥ 一般指舌尖音。

【舌苔】zəʔ˧tE˥

【舌音勿清】zəʔ˧∅in˥fəʔ˥ ts'in˥ 说话发音不清。

【舌头伸伸直】zəʔ˧dʏ˩sən˥ sən˥zəʔ˧ 指说真话的态度。

【舌头弯勿转】zəʔ˧dʏ˩∅uE˥ fəʔ˥tsø˥ 调侃语。说不来北方话。

【舌头烫烫平】zəʔ˧dʏ˩t'ã˦ t'ã˦bin˧ (一)讥人说话北方口音重,卷舌音多。(二)讥人舌音不清。

【舌头浪向打个滚】zəʔ˧dʏ˩ lã˩ɕiã˥ta˥kəʔ˥kuən˥ 嘴上说说,打个招呼或赔个不是,并无实际行动。

佘【zo˧】中州韵【ʐE˧】

折【tsəʔ˥】中州韵【tʂəʔ˥】另见zhē;zhé。

蛇【zo˧】中州韵【ʐE˧】、【ʐa˧】另见yí。

【蛇头】zo˧dʏ˩ 非法偷渡

的组织者。
【蛇药】zo˧˥ɦiɑʔ˧　治疗毒蛇咬伤的中成药。
【蛇吐壳】zo˧˥t'əu˥k'oʔ˥　(一)蛇蜕皮。(二)队伍徐徐停下,向两边游移,中间让出通道。
【蛇苦胆】zo˧˥k'əu˥tE˥˩　蛇胆。
【蛇脱脚】zo˧˥t'əʔ˥tɕiɑʔ˥　(一)蛇行高处突然跌落。旧时以为不祥之兆。(二)喻精明而善于算计别人的人,被别人算计。
【蛇王生日】zo˧˥ɦuɑ̃˧˥sɑ̃˥ȵəʔ˧　旧时农历四月十二日是蛇王生辰。
【蛇无头不行】zo˧˥vu˩dɣ˧˥pəʔ˥ɦin˧˥　喻没有带头人,做不成事。

shě

舍【so˥˩】中州韵【ʂE˥˩】另见shè。

【舍己】so˦˧tɕi˥　大方;敢于自我牺牲。
【舍得】so˥˩təʔ˥　(一)愿意放弃。(二)愿意割爱。
【舍生忘死】so˦˧sən˥vɑ̃˩sɿ˥˩
【舍命陪君子】so˥˩min˩bE˧˥tɕyən˥tsɿ˥˩　指陪朋友做某件事不惜一切代价。

shè

厍【so˦˧】中州韵【ʂE˦˧】

设【səʔ˥】中州韵【ʂəʔ˥】

【设计】səʔ˥tɕi˦˧
【设法】səʔ˥faʔ˥
【设备】səʔ˥bE˧˥
【设施】səʔ˥sɥ˥
【设想】səʔ˥siɑ̃˦˧
【设身处地】səʔ˥sən˥ts'ɥ˥˩di˩

社【zɣ˩】文读【zo˩】

【社交】zo˧˥tɕiæ˥
【社论】zo˧˥lən˩
【社会】zɣ˧˥ɦuE˩或zo˧˥ɦuE˩
【社稷】zɣ˩tsiəʔ˥

舍【SY˦˨】文读【SO˦˨】中州韵【ʂE˨˦】另见 shě。

【舍下】SO˦˨ɕiɑ˥ 谦称自己的家。也称【舍间】SO˦˨KE˥或SO˦˨tɕiɪ˥。

【舍利】SO˦˨li˨

【舍姆里】SO˦˨m̩˧li˨ 生下孩子后的一段时间里。

【舍姆娘】SO˦˨m̩˧ɳiã˨ 产妇。

射【ZY˨】、【ZOʔ˧】文读【ZO˨】中州韵【ʐY˨】

【射牢】ZOʔ˧læ˨ （一）眼睛盯视。（二）射中。

【射箭】ZOʔ˧tsiɪ˦˨

麝【ZO˧˦】中州韵【ʐY˨】

【麝香】ZO˧ɕiã˥

涉【Zəʔ˧】中州韵【ʐəʔ˧】

【涉及】Zəʔ˧dʑəʔ˧

【涉世】Zəʔ˧SY˦˨

【涉嫌】Zəʔ˧ɦiɪ˧

赦【SO˨˦】

【赦罪】SO˦˨ZE˨ 依法定程序减轻或免除对罪犯的刑罚。

慑【Səʔ˥】中州韵【ʂəʔ˥】

【慑服】tsəʔ˥voʔ˧

摄【Səʔ˥】中州韵【ʂəʔ˥】

【摄影】Səʔ˥ʔin˦˨

歙【ɕəʔ˥】、【ʂəʔ˥】

shéi

谁【ZE˧˦】中州韵【ZUE˧˦】

shēn

申【Sən˥】中州韵【ʂən˥】

【申曲】Sən˥tɕʰoʔ˥ 沪剧的原名。

【申明】Sən˥min˨

【申报】sən˥pæ˥˩ （一）清末至民国，上海出版的历史最长、影响最大的一种报纸。（二）用书面向上级或有关部门报告。

【申报纸】sən˥pæ˥tsɿ˥˩ 一切废旧报纸的通称。

伸【sən˥】中州韵【ʂən˥】

【伸手】sən˥sY˥˩ （一）把手伸出来。（二）索取的婉词。

【伸缩】sən˥soʔ˥

【伸手牌】sən˥sY˥bɑ˨˩ 调侃语。吃别人的香烟。

【伸后脚】sən˥ɦY˧tɕiɑʔ˥ 预留后路或余地。

【伸懒腰】sən˥lɛ˧˩ɵiæ˥ 欠伸腰部和上肢。一种解除疲劳或困倦的动作。

【伸长头颈】sən˥zã˧dY˧tɕən˥ 形容期待已久。

【伸长趟脚】sən˥zã˧t'ã˥˩tɕɑʔ˥ （一）形容很充裕，多指时间。（二）把手脚都舒展开来。

【伸好后脚】sən˥hæ˥˩ɦY˧tɕiɑʔ˥ 义同【伸后脚】。

【伸手大将军】sən˥sY˥˩dəu˧tsiã˥tɕyən˥˩ 乞丐。

【伸伸直舌头】sən˥sən˥zəʔ˧zəʔ˧dY˨˩ 说真话的态度。也作【伸直舌头】sən˥zəʔ˧zəʔ˧dY˨˩。

【伸头一刀，缩头亦是一刀】sən˥dY˨˩ɵiəʔ˥tæ˥，soʔ˥dY˨˩ɦaʔ˧zɿ˨˩ɵiəʔ˥tæ˥ 喻不可避免的事，要勇于面对。（含豁出去的意思）。

呻【sən˥】中州韵【ʂən˥】

【呻吟】sən˥ŋ̊ən˨˩

绅【sən˥】中州韵【ʂən˥】

【绅士】sən˥zɿ˨˩

砷【sən˥】中州韵【ʂən˥】

身【sən˥】中州韵【ʂən˥】

【身体】sən˥t'i˥˩ 躯体。

【身段】sən˥dø˨˩ 指人的体形或姿势。

【身价】sən˥kɑ˥˩

【身手】sən˥sY˥˩

【身分】sən˥vən˩
【身世】sən˥sʮ˥˩
【身材】sən˥zE˩
【身板】sən˥pE˥˩ （一）身体；体格。（二）自身的。
【身坯】sən˥p'E˥˩ 身体的质量或外观。
【身向里】sən˥ɕiã˥˩li˩ 身体里。
【身浪向】sən˥lɑ̃˦ɕiã˥˩ 身上；身体里。
【身浪来】sən˥lɑ̃˦lE˨ 妇女月经来潮的婉词。
【身高马大】sən˥kæ˥mɑ˩dɑ˩ 形容体魄高大健壮。
【身大力不亏】sən˥dɑ˩liəʔ˧pəʔ˥k'uE˥ 身材魁梧的人，力气也大。
【身不由自主】sən˥pəʔ˥ɦiY˩zʅ˧tsʮ˥˩ 不能把握自己。

参【sən˥】中州韵【ʂən˥】另见 cán；cēn。

糁【sø˥】另见 sǎn。

莘【sən˥】

娠【tsən˥˧】中州韵【tʂən˥˧】

深【sən˥】中州韵【ʂən˥】

【深长】sən˥zã˩
【深化】sən˥ho˥˩
【深沉】sən˥zən˩
【深浅】sən˥ts'i˥˩ （一）深浅程度。（二）喻复杂、艰难等的程度。
【深度】sən˥dəu˩
【深造】sən˥zæ˩
【深呼吸】sən˥həu˥ɕiəʔ˥ 很深的呼吸。
【深居简出】sən˥tɕy˥tɕi˥˩ts'əʔ˥
【深思熟虑】sən˥sʅ˥zoʔ˧li˩
【深恶痛绝】sən˥øoʔ˥t'oŋ˥˧ziəʔ˧
【深谋远虑】sən˥mY˦ɦiø˩li˩

shén

什 文读【zəʔ˧】中州韵【ʐən˨】、【ʂəʔ˥】另见 shí。

神【zən˨˦】中州韵【ʑən˨˦】

【神父】zən˨˦vu˧˩
【神气】zən˨˦tɕʻi˥˩
【神汉】zən˨˦hø˥˩　男巫。
【神仙】zən˨˦siɪ˥
【神主】zən˨˦tsʮ˥˩　旧时宗庙、祠堂中或祭祀时设立的牌位。
【神色】zən˨˦səʔ˥
【神志】zən˨˦tsʮ˥˩
【神祗】zən˨˦tsʮ˥
【神态】zən˨˦tʻE˥˩
【神奇】zən˨˦ʥi˧˩
【神经】zən˨˦tɕən˥　（一）联系脑、脊髓和身体各部的纤维或纤维束。（二）詈语。“神经病”略称。
【神思】zən˨˦sɿ˥˩　精神；精力。
【神速】zən˨˦soʔ˥
【神秘】zən˧˩pi˥˩
【神通】zən˧˩tʻoŋ˥˩
【神龛】zən˨˦kʻø˥
【神道】zən˨˦dæ˧˩
【神头火】zən˨˦dʏ˨˦həu˥˩　迷信指人额上有神火，关系到人的命运和健康。
【神鬼天】zən˨˦tɕy˥tʻiɪ˥˩　指农历二月变化无常的天气。
【神之乎之】zən˨˦tsʮ˥ɦəu˧˩tsʮ˥˩　糊里糊涂。
【神之耶乎】zən˨˦tsʮ˥ɦia˥ɦəu˧˩　义同【神之乎之】。
【神气活现】zən˨˦tɕʻi˥ɦuəʔ˧ɦiɪ˧˩　骄傲得意的样子。
【神气毕剥】zən˨˦tɕʻi˥piəʔ˥poʔ˥　精神很足。
【神经兮兮】zən˨˦tɕən˥ɕi˥ɕi˥˩　神经质。
【神喤鬼叫】zən˧˩ɦuã˧˩tɕy˥˩tɕiæ˥˩　大声嚷嚷（贬义）。
【神魂颠倒】zən˨˦ɦuən˧˩tiɪ˥tæ˥˩　由于迷恋，行为失常的样子。
【神出鬼没】zən˨˦tsʻəʔ˥kuE˥˩məʔ˧
【神仙生日】zən˨˦siɪ˥sã˥ȵəʔ˧　农历四月十四日，神仙吕纯阳诞辰，苏州有轧神仙庙会。
【神机妙算】zən˨˦tɕi˥miæ˧˩sø˦˩˧
【神不知，鬼不觉】zən˨˦pəʔ˥tsʮ˥，kuE˥˩pəʔ˥tɕoʔ˥　形容

行动极其秘密。

shěn

沈【sən˥˩】中州韵【ʂən˥˩】

【沈调】sən˥˩diæ˨˩ 苏州评弹流派唱腔。沈俭安所创。

审【sən˥˩】中州韵【ʂən˥˩】

【审讯】sən˥˩sin˥˩
【审判】sən˥˩p‘ø˥˩
【审批】sən˦p‘i˥
【审查】sən˦zo˧
【审人命官司】sən˥˩ɳən˧min˨˩kuø˥sɿ˥˩ 形容争辩时间很长。

婶【sən˥˩】中州韵【ʂən˥˩】

【婶娘】sən˦ɳiã˧ 叔叔的妻子。
【婶婶】sən˦sən˥

shèn

哂【sən˥˩】中州韵【ʂən˥˩】

shèn

肾【zən˨˧˩】

【肾炎】zən˧ɦiɪ˩
【肾脏】zən˧zɑ̃˩ 腰子。

甚【zən˨˧˩】中州韵【ʑən˨˧˩】

【甚至】zən˧tsɥ˥˩
【甚至于】zən˧tsɥ˧ɦy˩ 义同【甚至】。也作【甚超至于】zən˧ts‘æ˥tsɥ˥˩ɦy˩。

椹【zən˨˧˩】中州韵【ʑən˥˩】

慎【zən˨˧˩】中州韵【ʑən˨˧˩】

【慎重】zən˧zoŋ˩
【慎重其事】zən˧zoŋ˩dʑi˩zɿ˩ 义同【慎重】。

渗【sən˧˥˧】中州韵【ʂən˧˥˧】

【渗水】sən˧˥˧sʮ˥˩˥ 水慢慢由物体表面渗入或漏出。

【渗透】sən˥˩˥tʻʏ˥˩˥

蜃【zən˧˩】中州韵【ʐən˧˩】

shēng

升【sən˥】中州韵【ʂən˥】

【升天】sən˥tʻi˥ （一）死的婉词。（二）飞升上天，成仙的意思。（三）飞向天空。

【升火】sən˥həu˥˩˥ 由燥热症引起的脸红。

【升华】sən˥ho˧˩

【升学】sən˥hoʔ˧ 升入更高一级学习阶段。

【升帐】sən˥tsã˧˥˧

【升堂】sən˥dã˧ 旧时文官在公堂上处理事情。

【升级】sən˥tɕəʔ˥ （一）读书升入上一个年级。（二）提高一个等级。

【升冠】sən˥kuø˥˩˥ 脱帽的吉利语。"升冠"和"升官"谐音。

【升值】sən˥zəʔ˧

【升箩】sən˥ləu˧˩ 量器。容积为十分之一斗。口底呈方形，口大底小。

【升官发财】sən˥kuø˥faʔ˥zᴇ˧ 提升官职，又广进财源。

生【sã˥】文读【sən˥】

【生手】sã˥sʏ˥˩˥

【生天】sã˥tʻi˥˩˥ （一）原本，本来。（二）天生。

【生长】sən˥tsã˥˩˥

【生书】sã˥sʮ˥˩˥ （一）观众并不熟悉的评弹书目。（二）评弹演员开始排演的新书目。

【生心】sã˥sin˥ 特别留心。

【生平】sən˥bin˧˩

【生发】sən˥faʔ˥

【生水】sã˥sʮ˥˩˥ 没有煮过的清水。

【生产】sən˥tsʻᴇ˥˩˥

【生田】sã˥di˥˩˥ 处女地。

【生动】sən˥doŋ˧˩

【生机】sən˥tɕi˥˩˥

【生存】sən˥zən˧˩

S

【生地】sã˥di˩ （一）未经熟化的土地。（二）陌生的地方。（三）喻没有剧种优势的演出地区。（四）中草药的一种。即未经蒸煮的地黄根。

【生死】（1）sən˥sɿ˥˩ 生存和死亡。（2）sã˥si˥˩ 指非正常死亡。

【生财】sən˥zE˩ 指家具杂物。

【生肖】sã˥siæ˥˩

【生员】sən˥ɦiø˩

【生来】sã˥lE˩ （一）原来，本来。（二）天生。

【生命】sən˥min˩

【生活】（1）sən˥ɦuəʔ˧ （一）衣食住行等方面情况。（二）生存。（2）sã˥ɦuəʔ˧ （一）干活的"活儿"。（二）受责打、遭处罚叫"吃生活"。（三）指伎俩。

【生坦】sã˥t'E˥˩ （一）原来，本来。（二）天生。

【生炒】sã˥ʦ'æ˥˩ 生的荤素食材直接放入油锅煸炒而成的菜肴。

【生吃】sã˥ʨ'əʔ˥ 未经烧煮直接食用。

【生病】sã˥bin˩ 得病。

【生性】sən˥sin˥˩ 生就的性格。

【生铁】sã˥t'iəʔ˥

【生造】sã˥zæ˩

【生涯】sən˥ɦia˥˩

【生理】sən˥li˩

【生梨】sã˥li˩ 梨别于李的叫法。

【生得】sã˥təʔ˥ （一）原本，本来。（二）天生。

【生硬】sã˥ŋã˩

【生疏】sã˥səu˥˩

【生意】（1）sən˥ɦi˥˩ 富有生命力的气象、生命力、活力。（2）sã˥ɦi˥˩ （一）经营商业买卖。（二）指职业。

【生煎】sã˥ʦiɪ˥˩ 一般指馒头、馄饨、包子等点心不用蒸煮，而用油煎。

【生辣】sã˥laʔ˧ （一）还未成熟。（二）形容老人老态不明显。

【生坯】sã˥p'E˥˩ （一）毛坯。（二）指还未进行训练，毫无职业知识和技能的学员。（三）未经加工的菜肴原料。

S

【生相】sã˥siæ˧˦ （一）人的相貌和身材等。（二）人的脾气、禀性。

【生炉子】sã˥ləu˦tsɿ˥˩ 炉子生火。

【生蛋鸡】sã˥dᴇ˩tɕi˥˩ 正在生蛋阶段的母鸡。

【生日面】sã˥ȵəʔ˧mi˩˩ 吴俗，生日吃面条。为生日而吃的面条。

【生意经】sã˥∅i˥˩tɕən˥˩ （一）做生意的经验。（二）引申为好的事情或事情。

【生腥气】sã˥sin˥tɕʰi˥˩ 生蔬菜的那种气味。

【生生青】sã˥sã˥tsʰin˥ 形容特别青。

【生毛桃】sã˥mæ˦dæ˩ 还未成熟的桃子。

【生青碧绿】sã˥tsʰin˥piəʔ˥loʔ˧ 指绿得非常可爱、夺目。

【生碰碰】sã˥pʰã˥˩pʰã˥˩ 形容态度生硬。

【生灼里里】sã˥tsoʔ˥li˩li˩ 活活的。

【生吞活剥】sã˥tʰən˥ɦuəʔ˧poʔ˥ 未经处理就囫囵吞吃。比喻学习不求甚解，死记硬背。

【生冷横气】sã˥lã˩ɦuã˦tɕʰi˧˦ 出言吐语十分蛮横。

【生病络痛】sã˥bin˩loʔ˧tʰoŋ˧˦ 指生病等事。

【生书熟蔓头】sã˥sʮ˥zoʔ˧mᴇ˩dʏ˩ 听众非常熟悉其内容，但少有演唱过的书目。

【生铁补镬子】sã˥tʰiəʔ˥pu˥˩ɦoʔ˧tsɿ˥˩ 一种修补行当。用生铁补锅。

【生姜老格辣】sã˥tɕiã˥læ˩kəʔ˥ləʔ˧ 比喻年长的经验丰富，办事能力强。

【生盐拌豆腐】sã˥ɦi˩bø˩dʏ˦vu˩ 旧时苏州民间家常菜。用生菜油、盐拌嫩豆腐。

【生米煮成熟饭】sã˥mi˩tsʮ˧˦zən˩zoʔ˧vᴇ˩ 指事情已经到无法挽回的地步。

【生生青，赤赤紫】sã˥sã˥tsʰin˥，tsʰəʔ˥tsʰəʔ˥tsɿ˥˩ 形容受伤的皮肤颜色。

【生欢喜，熟懊恼】sã˥huø˥ɕi˥˩，zoʔ˧∅æ˥læ˩ 形容一经烹煮，体积会缩去很多的食材。

【生碰碰，硬勒勒】sã˥p'ã˥p'ã˥˨，ŋã˨lə˧lə˧ 指态度生硬。

【生病勿死活爬煞】sã˥bin˧˩fəʔ˥si˥˨ɦuəʔ˧bo˩˧saʔ˥ （一）比喻大的灾难都对付过去了，却在小事上栽了跟头。（二）指瞎折腾自找苦吃。

【生病人拨鬼埋怨】sã˥bin˧˩ȵən˧˩pəʔ˥tɕy˦˩˨mɑ˩˧Øiø˥˨ 喻被比自己能力低的人批评。

【生病人搭鬼商量】sã˥bin˧˩ȵən˧˩taʔ˥tɕy˦˩˨sã˥liã˧˩ 喻与只会出馊点子的人商量对策。

【生不带来，死不带去】sən˥pəʔ˥tɑ˦˩˨lɛ˩˧，sɿ˥˨pəʔ˥tɑ˦˩˨tɕ'i˦˩˨ 指不必看重金钱。

【生勒浪格相，遏勒浪格酱】sã˥lə˧lɑ̃˧˩kəʔ˥siã˦˩˨，Øəʔ˥lə˧lɑ̃˧˩kəʔ˥tsiã˦˩˨ 用做好的酱来比喻人生就的脾气、禀性不可改变。

【生意生意生出来的】sã˥Øi˥˨sã˥Øi˥˨sã˥ts'əʔ˥lɛ˧˩kəʔ˥ 指做生意要等待机会，不能操之过急。

【生病人独怕讨药吃】sã˥bin˧˩ȵən˧˩doʔ˧p'o˦˩˨t'æ˦˩˨ɦiɑʔ˧tɕ'əʔ˥ 俗语。待到病人主动要药吃，恐已是病入膏肓。

【生病人碰着鬼碰门】sã˥bin˧˩ȵən˩˧bã˩˧zɑʔ˧tɕy˦˩˨bã˩˧mən˧˩ 指雪上加霜的意思。

【生要人，熟要人，无事端端要啥人】sã˥Øiæ˦˩˨ȵən˧˩，zoʔ˧Øiæ˦˩˨ȵən˧˩，vu˩˧zɿ˧˩tø˥tø˥Øiæ˦˩˨sɑ˦˩˨ȵən˧˩ 指有了困难，总要请人帮助，不会平白无故去麻烦人的。

【生意钿，六十年；衙门钿，一篷烟；种田钿，万万年】sã˥Øi˥˨dii˧˩，loʔ˧səʔ˥ȵii˧˩；ŋɑ˩˧mən˩˧dii˧˩，Øiəʔ˥boŋ˧˩Øii˥；tsoŋ˥dii˧dii˧˩，vɛ˩˧vɛ˩˧ȵii˧˩ 指辛苦得的钱财，懂得惜财，保持得长久；反之，来路不正的钱财，会转眼就失去的。

牲【sã˥】文读【sən˥】

笙【sã˥】文读【sən˥】

甥【sã˥】文读【sən˥】

声【sã˥】文读【sən˥】中州韵【ʂən˥】

【声讨】sən˥tʻæ˥˩
【声乐】sən˥ɦioʔ˧
【声母】sən˥mo˩
【声色】sən˥səʔ˥
【声声】sã˥sã˥˩或sən˥sən˥˩ 每一声。
【声明】sən˥min˩
【声带】sən˥tɑ˥˩
【声调】sən˥diæ˩
【声称】sən˥tsʻən˥˩
【声望】sən˥vɑ̃˩
【声誉】sən˥ɦy˩
【声东击西】sən˥toŋ˥tɕəʔ˥si˥
【声嘶力竭】sən˥sɿ˥liəʔ˧dʑəʔ˧
【声声句句】sã˥sã˥tɕy˥˩tɕy˥˩ 口口声声。

shéng

绳【zən˧】中州韵【ʐən˧】

【绳子】zən˧tsɿ˥˩
【绳子牵牢】zən˧tsɿ˥˩tɕʻiɪ˥læ˥˩ 比喻一伙的。

shěng

省【sã˥˩】文读【sən˥˩】

【省力】sã˦liəʔ˧ (一)不费力气。(二)容易,不难。
【省心】sã˦sin˥ 不费心思。
【省会】sã˥˩ɦuɛ˩
【省点】sã˥˩tiɪ˥˩ 省一些,节约一些。
【省城】sã˦zən˩
【省省】sã˥˩sã˥˩ 节省,不作无谓耗费。
【省得】sã˥˩təʔ˥ 免得。
【省开销】sã˦kʻɛ˥siæ˥˩ 节约开支。
【省省吧】sã˥˩sã˥˩bɑ˩ 讥讽语或感叹语。不必作无谓耗费。省些事,省些精神。
【省死省活】sã˦sɿ˥sã˥˩ɦuəʔ˧ 拼命节约。
【省吃俭用】sã˦tɕʻəʔ˥dʑiɪ˩ɦioŋ˩ 俭省,节约。

眚【sã˦】文读【sən˦】

shèng

圣【sən˦˨】文读【ʂən˦˨】

【圣人】sən˦˨ȵən˨
【圣上】sən˦˨zɑ̃˨
【圣地】sən˦˨di˨
【圣旨】sən˦˨tsɥ˥˩
【圣诞节】sən˦˨tE˥tsiəʔ˥
【圣人亦有三分错】sən˦˨ȵən˨ɦaʔ˧ɦY˨sE˥fən˥tsʻo˥ 指错误人所难免。

胜【sən˦˨】中州韵【ʂən˦˨】

【胜地】sən˦˨di˨
【胜利】sən˦˨li˨ （一）得胜。（二）指抗日战争胜利。
【胜任】sən˦˨zən˨

晟【zən˨】中州韵【ʑən˨】

盛【zən˨】中州韵【ʑən˨】姓【zɑ̃˨】另见 chéng。

【盛况】zən˨huɑ̃˥˩
【盛饭】zən˧vE˨ 饭装进碗里。
【盛菜】zən˧tsʻE˦˨ 菜肴装进碗里。
【盛点】zən˧tiɪ˥˩ 用勺子或饭匙将菜肴或饭舀起一点装进器皿里。
【盛盛】zən˧zən˨ 用勺子或饭匙将菜肴或饭舀起来装进器皿里。
【盛意】zən˧ɵi˥˩
【盛家带】zɑ̃˨kɑ˥˩dE˨ 苏州一条小路的路名。
【盛情难却】zən˧zin˨nE˧tɕʻaʔ˥ 深厚真挚的情谊难以拒绝。

乘【zən˨】中州韵【ʑən˨】另见 chéng。

剩【zɑ̃˨】文读【zən˨】中州韵【ʑən˨】

【剩饭】zɑ̃˨vE˨ 剩下的饭。
【剩菜】zɑ̃˨tsʻE˥˩ 剩下的菜。
【剩下来】zɑ̃˨ɦo˥˩lE˨或zɑ̃˧ɦo˥˩lE˨ 剩下。
【剩勒浪】zɑ̃˥˩ləʔ˧lɑ̃˨或zɑ̃˥˩lɑ̃˨ （一）剩余的。（二）留下来。

嵊【zən˨˦】中州韵【ʐən˨˦】

shī

尸【sʮ˥】

【尸首】sʮ˥sʏ˥˨　人的尸体。

失【səˀ˥】中州韵【ʂəˀ˥】

【失风】səˀ˥foŋ˥　盗贼作案被抓。
【失手】səˀ˥sʏ˥˨　手没把握住。
【失礼】səˀ˥li˧˩
【失节】səˀ˥ʦiəˀ˥
【失业】səˀ˥ȵəˀ˨˧
【失守】səˀ˥sʏ˥˨　军事行动中，该守住的地方丢掉了。
【失传】səˀ˥zø˨˦
【失血】səˀ˥ɕyəˀ˥
【失言】səˀ˥ɦiɪ˨˦
【失足】səˀ˥ʦoˀ˥
【失利】səˀ˥li˧˩
【失宠】səˀ˥ʦʻoŋ˥˨
【失事】səˀ˥zʅ˧˩
【失态】səˀ˥tʻE˥˨
【失明】səˀ˥min˨˦
【失规】səˀ˥kuE˥　违犯了规矩。
【失误】səˀ˥ŋəu˧˩
【失效】səˀ˥ɦiæ˨˦
【失调】səˀ˥diæ˨˦
【失添】səˀ˥tʻiɪ˦˩˨　疏忽，失误。
【失撇】səˀ˥pʻiəˀ˥　疏忽，失算。
【失着】səˀ˥ʦɑˀ˥　原指失误的一步棋，用以喻失误、失策、失算等。
【失落】səˀ˥loˀ˨˧　（一）精神上产生的空虚或失去寄托。（二）遗失，丢失。
【失眠】səˀ˥miɪ˨˦
【失意】səˀ˥Øi˦˩˨
【失望】səˀ˥vɑ̃˧˩
【失职】səˀ˥ʦəˀ˥
【失措】səˀ˥ʦʻəu˦˩˨
【失脱】səˀ˥tʻəˀ˥　（一）捆扎包裹好的东西松开了。（二）遗失，丢失。
【失策】səˀ˥ʦʻɑˀ˥
【失算】səˀ˥sø˦˩˨
【失踪】səˀ˥ʦoŋ˥
【失开来】səˀ˥kʻE˥lE˧˩　捆扎包裹好的东西松开了。
【失堂规】səˀ˥dɑ̃˨˦kuE˥　旧

时犯人在公堂上触犯了公堂的规矩。

【失魂落魄】sə̯ʔ˥ɦuən˩lɔʔ˧pʻə̯ʔ˥

【失抛咭嘎】sə̯ʔ˥pʻæ˥tɕə̯ʔ˥kɑʔ˥ 形容臃肿、松弛的样子。

【失潽足潽】sə̯ʔ˥pʻu˥tsoʔ˥pʻu˥ 形容臃肿不整洁的样子。

师【sɿ˥】中州韵【ʂɥ˥】

【师太】sɿ˥tʻa˥˩ 尼姑的尊称。

【师父】sɿ˥vu˩ 即师傅。

【师兄】sɿ˥ɕioŋ˥˩ 随同一师傅学艺，学艺在前的男性。尼姑称师姐亦称师兄。

【师爷】sɿ˥ɦiɑ˩

【师母】sɿ˥mo˩ 师傅的妻子。旧时对中老年妇女的尊称。

【师伯】sɿ˥pɑʔ˥ 师傅的师兄。

【师弟】sɿ˥di˩ 随同一师傅学艺，学艺在后的男性。尼姑称师妹亦称师弟。

【师叔】sɿ˥soʔ˥ 师傅的师弟。

【师姐】sɿ˥tsiɑ˥˩ 随同一师傅学艺，学艺在前的女性。

【师妹】sɿ˥mᴇ˩ 随同一师傅学艺，学艺在后的女性。

【师姑】sɿ˥kəu˥˩ 尼姑。

【师娘】sɿ˥ȵiã˩ 巫婆。

【师弟兄】sɿ˥di˩ɕioŋ˩ 随同一师傅学艺的男性之间的关系。尼姑称师姐妹时亦称师弟兄。

【师姐妹】sɿ˥tsi˥mᴇ˩ 随同一师傅学艺的女性之间的关系。

【师姑堂】sɿ˥kəu˥dã˩ 尼姑庵。

【师家门里】sɿ˥kɑ˥mən˩li˩ 指同一师门下或渊源于同一师祖。

【师娘上身】sɿ˥ȵiã˩zã˩sən˥ （一）巫婆作法。（二）形容打哈欠（调侃）。巫婆作法时的主要形态特征是打哈欠。

【师姑堂里眼尿布——阴干】sɿ˥kəu˥dã˩li˩ŋã˩sɥ˥pu˥˩——ʔin˥kø˥˩ 歇后

语。尼姑有了私生子，不能在大庭广众之下晾尿布，只能在没有太阳的地方阴干。指不与理睬。

【师姑养倪子——众人撑绷】sɿ˥kəu˥˨ɦiã˦ȵi˦tsɿ˥˨——tsoŋ˥ȵən˦tsʰã˥pã˥˨ 歇后语。喻大家扶持。“众”是师（尼）姑的量词，师（尼）姑有了私生子，不能为外人知，只能有其他师（尼）姑帮助。撑绷是撑持、帮助的意思。

狮【sɿ˥】中州韵【ʂʮ˥】

【狮子头】sɿ˥tsɿ˥˨dY˩˧ 大肉丸子。

【狮子狗】sɿ˥tsɿ˥˨kY˥˨ 长毛卷曲的叭儿狗。

【狮子大开口】sɿ˥tsɿ˥˨dəu˦kʰE˥kʰY˥˨ 形容要价高得有悖常理。

【狮子回头望虎丘】sɿ˥tsɿ˥˨ɦuE˦dY˩˧mɑ̃˩˧həu˦˩˨tɕʰiY˥ 苏州俗语。苏州狮子山，形状酷似卧狮回眸，回眸方向正对着虎丘山。

诗【sʮ˥】

【诗腐腾腾】sʮ˥vu˩˧dən˩˧dən˩˧ 指出言吐语文绉绉。

虱【səʔ˥】

【虱多勿痒，债多勿愁】səʔ˥təu˥fəʔ˥ɦiã˩˧，tsɑ˦˩˨təu˥fəʔ˥ZY˦ 俗语。形容不好的地方太多，已使当事人麻木，无所谓了。

【虱壳亦勿会突脱一只】səʔ˥kʰoʔ˥ɦaʔ˧fəʔ˥ØuE˦˩˨dəʔ˧tʰəʔ˥ØiəʔtsɑʔX˥ 俗语。形容极其吝啬。

施【sʮ˥】

【施粥】sʮ˥tsoʔ˥ 用大锅煮粥，公开施舍给穷人。

【施棺材】sʮ˥kuø˥ZE˩˧ 施舍棺材给贫困的死者，使其入土为安。

【施粥施饭】sʮ˥tsoʔ˥sʮ˥vE˩˧ 专门施舍给穷人的粥与饭。

湿【səˀ˥】

【湿气】səˀ˥tɕʻi˦ （一）湿度。（二）脚癣、手癣、股癣等真菌性皮肤感染。

【湿疹】səˀ˥tsən˦

【湿布衫】səˀ˥pu˥se˨ 喻难以摆脱的麻烦事。

【湿搭搭】səˀ˥tɑˀ˥tɑˀ˥ 潮湿的样子。

【湿木头生炉子——烟多火少】səˀ˥moˀ˧dʏ˨sã˥ləu˦tsɪ˨—øi˥təu˥həu˨sæ˨ 歇后语。喻人夸夸其谈多，实际行动少。

【湿手捏着干面馎——洒亦洒勿脱】səˀ˥sʏ˨ȵiɑˀ˧zɑˀ˧kø˥mi˨bəˀ˧——sɑ˨ɦaˀ˧sɑ˦fəˀ˥tʻəˀ˥ 歇后语。形容无法摆脱。

嘘【ɕy˥】另见 xū。

【嘘勒嘘】ɕy˥ləˀ˧ɕy˨ 形容轻浮不实的样子。

shí

十【zəˀ˧】中州韵【ʑəˀ˧】

【十廿】zəˀ˧ȵi˨ 约十到二十。

【十五】so˨ŋ˨或zəˀ˧ŋ˨ “十”只有与“五”构成“十五”或尾数为“十五”时才读作so˨。

【十方】zəˀ˧fɑ̃˥ 东、南、西、北、东南、西南、东北、西北、上、下，十个方向。指一切范围。

【十足】zəˀ˧tsoˀ˥

【十三点】zəˀ˧se˥ti˨ 精神病的样子；行为异于常人。

【十样锦】zəˀ˧ɦiã˨tɕən˨ （一）多种花样的东西或珍品的集成。（二）形容有多种缺陷的人。

【十勿周全】zəˀ˧fəˀ˥tsʏ˥zi˨ 缺这少那。

【十有八九】zəˀ˧ɦiʏ˨poˀ˥tɕʏ˨ 指可能性极大。

【十足道地】zəˀ˧tsoˀ˥dæ˨di˨ 完完全全的，纯粹的，真正的。

【十全十美】zəʔ˧ziɪ˨˧zəʔ˧mɛ˥˩ 形容完美无缺。

【十画百搭】zəʔ˧ɦo˨˧paʔ˥taʔ˥ 不像样子；为人不齿的样子。

【十恶不赦】zəʔ˧Øoʔ˥pəʔ˥so˧˦ 也说成zəʔ˧Øoʔ˥po˥˩soʔ˥。吴语中有为人所不齿的意思。

【十拿九稳】zəʔ˧no˨˧tɕiɤ˥˩Øuən˥˩ 形容把握很大。

【十三点兮兮】zəʔ˧sɛ˥tiɪ˥˩ɕi˥˩ɕi˥˩ 形容人言行不合常态。

【十三块六角】zəʔ˧sɛ˥k'uɛ˥˩loʔ˧koʔ˥ 指乌龟。

【十月小阳春】zəʔ˧ŋəʔ˧siæ˧˦ɦiã˨˧ts'ən˥ 指农历十月，天气又热起来的一段日子。

【十补九不足】zəʔ˧pu˥˩tɕiɤ˧˦fəʔ˥tsoʔ˥ 补给损失或短少，往往不能补足。

【十得咕，廿四咕】zəʔ˧təʔ˥gəu˨˧，ȵiɪ˨˧sɿ˥gəu˨˧ 形容反复嘀咕，没完没了。

【十只节头连爿生】zəʔ˧tsɑʔ˥tsiəʔ˥dɤ˨˧liɪ˨˧bɛ˨˧sã˥ 讥讽人笨手笨脚。

【十样生意十样做】zəʔ˧ɦiã˨˧sã˥Øi˥˩zəʔ˧ɦiã˨˧tsəu˧˦ 喻行事要有机变。

【十八铜钿两处放——久（九）闻（文）】zəʔ˧poʔ˥doŋ˨˧diɪ˥˩liã˨˧ts'ʮ˥˩fã˧˦——tɕiɤ˥˩（tɕiɤ˥˩）vən˨˧（vən˨˧） 歇后语。“久闻”和“九文”谐音。指早就听说。

【十五样小菜——七荤八素】soʔ˧˦ŋ˨˧ɦiã˨˧siæ˧˦ts'ɛ˥˩——ts'iəʔ˥huən˥poʔ˥səu˧˦ 歇后语。形容昏头昏脑，不知所措。

【十八个画师难画难描】zəʔ˧poʔ˥kəʔ˥ɦo˨˧sɿ˥nɛ˨˧ɦo˨˧nɛ˨˧miæ˨˧ 形容面部表情复杂多变，难以描述。

【十句九乱落，一句吪着落】zəʔ˧tɕy˥˩tɕiɤ˧˦toʔ˥loʔ˧，Øiəʔ˥tɕy˥˩ŋ˨˧zɑʔ˧loʔ˧ 形容人经常说谎，说的话很不可靠。

【十网九网空，一网就成功】zəʔ˧mã˨˧tɕiɤ˥˩mã˨˧k'oŋ˥，Øiəʔ˥mã˨˧zɤ˨˧zən˨˧koŋ˥ 本指用鱼网捕鱼。喻多次失败，不要灰心，坚持不懈，总能成功。

【十五只吊桶吊水——七上八下】səʔ˧ŋ˨˧tsɑʔ˥tiæ˥doŋ˨˧

tiæ˦sʏ˥˩——tsʻiəʔ˥zã˩˧poʔ˥ ɦo˩ 歇后语。形容忐忑不安。

【十个手节头伸出来有长有短】zəʔ˧kəʔ˥sʏ˦tsiəʔ˥dʏ˩ sən˥tsʻəʔ˥lE˩ɦiʏ˩zã˧ɦiʏ˩ tø˥˩ 喻人的聪明才智有长有短。也喻凡事总有差别。

【十房新妇十样讨，十个囡唔十样嫁】zəʔ˧vã˩sin˥vu˩ zəʔ˧ɦiã˩tʻæ˥˩，zəʔ˧kəʔ˥ nø˦ŋ˩zəʔ˧ɦiã˩kɑ˦ 喻行事不可能一律，应该根据情况随机应变。

什【zəʔ˧】中州韵【ʐəʔ˧】另见shěn。

【什梗】zəʔ˧gã˩ 这样（苏州评弹书台语言只读作zəʔ˧gã˩，不可念作ʐəʔ˧gã˩）。

【什锦】zəʔ˧tɕən˥˩

【什格倷】zəʔ˧kəʔ˥nən˩ 这样（的），也作【什梗倷】zəʔ˧gã˦nən˩。

【什梗星】zəʔ˧gã˩sin˥˩ 这么多。

【什梗样子】zəʔ˧gã˩ɦiã˧tsɿ˥˩ 这种样子。

【什七八辣搭】zəʔ˧tsʻiəʔ˥paʔ˥ laʔ˧taʔ˥ 指杂（物）。

石【zɑʔ˧】文读【zəʔ˧】中州韵【ʐəʔ˧】

【石人】zɑʔ˧ȵən˩ 翁仲。

【石女】zɑʔ˧ȵy˩ 不能人道的女子。

【石子】zɑʔ˧tsɿ˥˩ 碎石块。

【石臼】zɑʔ˧dʑiʏ˩ 用石头做的臼，可舂东西。

【石条】zɑʔ˧diæ˩ 条形石。

【石板】zɑʔ˧pE˥˩ （一）板形石。（二）旧时小学生的书写工具。与石笔配套，用板岩薄片制成。

【石笔】zɑʔ˧piəʔ˥ 用滑石制成的细长条。可在石板上写字的书写工具，与石板配套。

【石匠】zɑʔ˧ziã˩ 制作石器的工匠。

【石室】zɑʔ˧səʔ˥ （一）以石头砌成的房子。（二）山洞修筑而成的房间。

【石担】zɑʔ˧tE˦ 旧时练习举重或用以杂耍的器具。中间

S

木杆或竹杠，两边大石环，略似担。

【石锁】zɑʔ˧səu˥˩　旧时练习臂力或用来杂耍的器具。其形略似挂锁。

【石湖】zɑʔ˧ɦəu˩˧　苏州城西郊的一个湖泊。为太湖的内湖，风景秀美。宋朝范成大隐居其间。

【石斛】zɑʔ˧ɦoʔ˧　一种中草药。多年生草，产于山中，有止渴生津功效。亦称枫斗、枫斛。

【石笋】zɑʔ˧sən˥˩　石灰石溶洞滴水中含有石灰质，年深月久，积累成石，向上渐长如笋。用于园林点缀。

【石子路】zɑʔ˧tsɿ˥˩ləu˩˧　用石子铺砌的路。

【石石硬】zɑʔ˧zɑʔ˧ŋɑ̃˩˧　形容十分坚硬结实。

【石灰行】zɑʔ˧huE˥ɦɑ̃˩˧　出售石灰的铺子。

【石库门】zɑʔ˧kʻəu˥mən˩˧　以石条为门框的大门。

【石驳岸】zɑʔ˧poʔ˥ŋø˩˧　以石块砌成的河岸。

【石头人】zɑʔ˧dY˩˧ȵən˩˧　（一）翁仲。（二）形容过于老实本分的人。

【石板街】zɑʔ˧pᴇ˥˩kɑ˥˩　用石板铺地的街道。

【石卵子】zɑʔ˧lø˩˧tsɿ˥˩　鹅卵石。

【石狮子】zɑʔ˧sɿ˥tsɿ˥˩　宫殿、衙署门外左右分列的石兽。名狴犴，俗称石狮子。

【石栏杆】zɑʔ˧lE˨kø˥˩　石制的护栏。

【石敢当】zɑʔ˧kø˥˩tɑ̃˥˩　旧时以小碑镌刻“石敢当”或“泰山石敢当”等文字，置立在街巷口，以此可以压邪。

【石牌坊】zɑʔ˧bɑ˨fɑ̃˥　用石头砌成的牌坊。又名石牌楼zɑʔ˧bɑ˨lY˩˧。

【石鼓文】zɑʔ˧kəu˥˩vən˩˧　一种书法体。属于周朝大篆，发现于石鼓之上，又因史籀所作，又名籀文。

【石鼓墩】zɑʔ˧kəu˥˩tən˥˩　石础。

【石人石马】zɑʔ˧ȵən˩˧zɑʔ˧mo˩˧　翁仲和石头雕成的马匹，旧时立于帝王将相陵墓墓道左右。

S

【石台石凳】zɑʔ˧dE˨˧zɑʔ˧tən˥˩ 用石头制成的桌子、凳子。

【石刮挺硬】zɑʔ˧kuɑʔ˥tʻin˥˩ŋã˨˧ （一）形容十分坚硬。（二）形容坚强有力；过硬的。

【石头浪种花——难】zɑʔ˧dʏ˨˧lã˨˧tsoŋ˦ho˥——nE˨˦ 歇后语。困难，不可能做到。

【石头人跳绳——硬蹦】zɑʔ˧dʏ˨˧ȵən˨˧tʻiæ˥zən˨˧——ŋã˨˦poŋ˥˩ 歇后语。硬来，无理硬争有理。

【石板上钉钉——硬碰硬】zɑʔ˧pE˥˩lã˨˧tin˦tin˥——ŋã˨˦pã˥ŋã˨˧ 歇后语。（一）定下的不会改变的。（二）过硬的。

【石子里煏勿出油】zɑʔ˧tsɿ˥˩li˨˧piəʔ˥fəʔ˥tsʻəʔ˥ɦiʏ˨˦ 俗语。形容再逼迫也交不出来。

【石狮子什梗一对】zɑʔ˧sɿ˥tsɿ˥˩zəʔ˧gã˨˧∅iəʔ˥tE˦ 两人无语，呆呆相对。

【石头缝缝里迸出来的】zɑʔ˧dʏ˨˧voŋ˨˦voŋ˨˦li˨˧pã˦tsʻəʔ˥lE˨˧kəʔ˥ 讥人不孝，忘了父母的恩泽。

【石乌龟吃水——口不应（饮）肚】zɑʔ˧∅əu˥tɕy˥˩tɕʻəʔ˥sɥ˥˩——kʏ˦pəʔ˥∅in˦（∅in˦）dəu˨˧ 歇后语。口不应心。

【石头船碰勿过末去撞豆腐船】zɑʔ˧dʏ˨˧zø˨˧bã˨˦fəʔ˥kəu˥˩məʔ˧tɕʻi˦zã˨˧dʏ˨˦vu˨˦zø˨˧ 俗语。形容欺软怕硬。

【石灰店里买眼药——走错仔人家】zɑʔ˧huE˥˩tiɪ˥˩li˨˧mɑ˨˧ŋE˨˦ɦiɑʔ˧——tsʏ˦tsʻo˥tsɿ˥˩ȵən˨˦kɑ˥ 歇后语。找错了对象，看错了门路。

识【səʔ˥】中州韵【ʂəʔ˥】

【识人】səʔ˥ȵən˨˦ 能分辨好人与坏人、有用或无用之人。

【识字】səʔ˥zɿ˨˧ 认识文字，非文盲。

【识货】səʔ˥həu˦ 懂行。能识别货物好坏，也指识人。

【识秤】səʔ˥tsən˦ 会用秤称东西。

【识相】sǝʔ˥siã˧˦　知趣。

【识酥】sǝʔ˥su˥　知趣。

【识人头】sǝʔ˥ȵǝn˨˧dɤ˩˧　义同【识人】。

【识宝太师】sǝʔ˥pæ˧˦tʻɑ˥sɿ˥˧　对于古董懂行的人，引申为识人的人。

【识货朋友】sǝʔ˥hǝu˥bã˩˧ɦiɤ˩˧　懂行的人，引申为识人的人。

时【zʮ˨˧】

【时节】zʮ˨˧ʦiǝʔ˥

【时代】zʮ˨˧dE˩˧

【时令】zʮ˨˧lin˩˧

【时机】zʮ˨˧ʨi˥

【时间】zʮ˨˧ʨiɪ˥

【时辰】zʮ˨˧zǝn˩˧

【时针】zʮ˨˧ʦǝn˥　钟表上指示小时的针，也泛指钟表上指示时间的针。

【时式】zʮ˨˧sǝʔ˥　一时风行的、时兴的。

【时事】zʮ˨˧zɿ˩˧

【时症】zʮ˨˧ʦǝn˥˧　中医称流行性疾病。也称【时疫】zʮ˨˧ɦyǝʔ˧。

【时尚】zʮ˨˧zɑ̃˩˧

【时路】zʮ˨˧lǝu˩˧　一时风行的、时兴的。

【时髦】zʮ˨˧mæ˩˧

【时鲜】zʮ˨˧siɪ˥　才上市的副食品或水果等。

【时鲜货】zʮ˨˧siɪ˥hǝu˥˧　才上市的副食品或水果等。

【时辰钟】zʮ˨˧zǝn˩˧ʦoŋ˥˧　钟的旧称。

【时辰八字】zʮ˨˧zǝn˩˧poʔ˥zɿ˥˧　指出生时用干支记录的农历年、月、日、时。

埘【zʮ˨˧】

鲥【zʮ˨˧】

【鲥鱼】zɿ˨˧ŋ̍˩˧

实【zǝʔ˧】中州韵【ʑǝʔ˧】

【实心】zǝʔ˧sin˥　物体里面没有空隙。

【实力】zǝʔ˧liǝʔ˧

【实习】zǝʔ˧ziǝʔ˧

【实头】zǝʔ˧dɤ˩˧　确实。

【实在】zǝʔ˧zE˩˧　（一）确实。

（二）实惠。（三）实际存在。

【实则】zəʔ˨˧tsəʔ˥

【实足】zəʔ˨˧tsoʔ˥

【实窒】zəʔ˨˧tsəʔ˥　满满的、紧紧的，没有空隙。

【实惠】zəʔ˨˧ɦuE˨˧˩

【实确】zəʔ˨˧tɕʰyoʔ˥　确实，确定。

【实验】zəʔ˨˧ȵiɪ˨˧˩

【实据】zəʔ˨˧tɕy˥

【实打实】zəʔ˨˧tã˥˨zəʔ˨˧　确实，没有虚假。

【实骨子】zəʔ˨˧kuəʔ˥tsɿ˥˨　实际上，其实。

【实笃笃】zəʔ˨˧toʔ˥toʔ˥
（一）毫无虚假，确实，实在。
（二）老实。

【实铎铎】zəʔ˨˧doʔ˨˧doʔ˨˧
（一）真实，没有虚假成分。
（二）老实。

【实乎实事】zəʔ˨˧ɦəu˨˧˩zəʔ˨˧zɿ˨˧˩　真有那么回事。

【实实在在】zəʔ˨˧zəʔ˨˧zE˨˧˩zE˨˧˩　义同【实在】。

【实实足足】zəʔ˨˧zəʔ˨˧tsoʔ˥tsoʔ˥　义同【实足】。

【实实窒窒】zəʔ˨˧zəʔ˨˧tsəʔ˥tsəʔ˥　义同【实窒】。

【实实惠惠】zəʔ˨˧zəʔ˨˧ɦuE˨˧˩ɦuE˨˧˩　实惠。

【实话实说】zəʔ˨˧ɦo˨˧˩zəʔ˨˧səʔ˥　有什么说什么，毫无谎言。

【实足道地】zəʔ˨˧tsoʔ˥dæ˨˧˩di˨˧˩　确确实实，地地道道。

【实咧实啪】zəʔ˨˧biəʔ˨˧zəʔ˨˧baʔ˨˧　不绕弯子。

【实窒弄堂】zəʔ˨˧tsəʔ˥loŋ˨˧˩dɑ̃˨˧˩　死胡同。

【实实惠惠】zəʔ˨˧zəʔ˨˧ɦuE˨˧˩ɦuE˨˧˩　义同【实惠】。

【实窒烟筒头】zəʔ˨˧tsəʔ˥θiɪ˥doŋ˨˧˩dY˨˧˩　喻死板、不开窍。

【实则实，虚则虚】zəʔ˨˧tsəʔ˥zəʔ˨˧，ɕy˥tsəʔ˥ɕy˥　真的总是真的，假的总是假的。

拾【zəʔ˨˧】、【ŋəʔ˨˧】、【ziəʔ˨˧】文读【zəʔ˨˧】中州韵【ʑəʔ˨˧】

【拾】zəʔ˨˧　数字十的大写。

【拾级】zəʔ˨˧tɕiəʔ˥

【拾荒】ziəʔ˨˧huɑ̃˥

【拾着】ziəʔ˥zɑ̃˨˧或ŋəʔ˨˧zɑʔ˨˧　捡到。

【拾垃圾】ziəʔ˧lɑ˧si˥˩ 拾荒。
【拾瑞唧头】ziəʔ˧zE˧tsiəʔ˥dY˩或ŋəʔ˧zE˧tsiəʔ˥dY˩ 捡拾烟蒂。
【拾香烟屁股】ziəʔ˧ɕiã˥θi˥pʻi˥kəu˥˩ 拾烟蒂。极贫困的人或是为自己过烟瘾，或是卖给他人做再生香烟，而捡拾烟蒂。
【拾着鸡毛当令箭】ziəʔ˧zɑʔ˧ɕi˥mæ˩tã˥lin˧tsi˥˩ 喻仗势小题大做。
【拾着象牙筷，配穷人家】ziəʔ˧zɑʔ˧ziã˧ŋɑ˧kʻuE˥，pE˧ʥioŋ˩ɲən˧kɑ˥ 得到残缺不全的东西，为使完善，落入付出更多倍代价的尴尬境地。形容贪小失大。

食【zəʔ˧】中州韵【ʑəʔ˧】

【食仓】zəʔ˧tsʻã˥ 食量。
【食指】zəʔ˧tsɥ˥˩
【食积】zəʔ˧tsiəʔ˥ 中医指消化不良的毛病。
【食欲】zəʔ˧ɦioʔ˧
【食盆】zəʔ˧bən˩ 给家畜、家禽喂食的盆子。
【食品】zəʔ˧pin˥˩ 吃的东西。
【食多屎多，稻柴灰多】zəʔ˧təu˥sɿ˥˩təu˥，dæ˧zɑ˩huE˥təu˥ 讥人食量大。也说成【食多屎多，柴多灰多】zəʔ˧təu˥sɿ˥˩təu˥，zɑ˧təu˥huE˥təu˥。

蚀【zəʔ˧】中州韵【ʑəʔ˧】

【蚀本】zəʔ˧pən˥˩
【蚀本生意】zəʔ˧pən˥˩sã˥θi˥˩ 赔本的买卖。
【蚀煞老本】zəʔ˧sã˥læ˧pən˥˩ 亏了血本。

shǐ

矢【sɥ˥˩】

史【sɿ˥˩】中州韵【sɥ˥˩】

【史无前例】sɿ˥˩vu˩zi˧li˩

使【sɿ˥˩】中州韵【sɥ˥˩】

【使女】sɿ˥ɲy˩ 丫环。
【使盘头】sɿ˥˩bø˧dY˩ 本指舞动兵器，引申为放开手脚,大肆发挥(贬义)。

驶【sɿ˥˩】中州韵【sʮ˥˩】

始【sʮ˥˩】

【始终】sʮ˥˨tsoŋ˥ 开始到结束。

【始乱终弃】sʮ˥˨lø˧˩tsoŋ˥tɕʻi˥˩ 开始的时候不守规矩,到最后被抛弃。多指男女之间的事。

屎【sɿ˥˩】中州韵【sʮ˥˩】

【屎干】sɿ˥˨kø˥ 干了的粪便。

【屎孔】sɿ˥˨kʻoŋ˥ 肛门。

【屎坑】sɿ˥˨kʻã˥ 粪坑。

【屎迹】sɿ˥˨tsiəʔ˥ 比喻劣迹。

【屎眼】sɿ˥˨ŋᴇ˧ 肛门。

【屎夹夹】sɿ˥˨kaʔ˥kaʔ˥ 指男子女性化。

【屎连头】sɿ˥˨liɪ˧dʏ˧˩ 粪便。

【屎裤子】sɿ˥˨kʻəu˥tsɿ˥˩ 指不守信用,没有自尊,要赖皮。

【屎勿拆,先放屁】sɿ˥˩fəʔ˥tsʻɑʔ˥,siɪ˥fɑ̃˥pʻi˥˨ 讥刺语。指事情还未开始做,先自吹嘘。

【屎坑里结冰——矰(粪)懂(冻)】sɿ˥˨kʻã˥li˧˩tɕiəʔ˥pin˥——fən˥(fən˥˨)toŋ˥˩(toŋ˥˨) 歇后语。"粪冻"与"矰懂"谐音。指没有明白;不理解。

【屎坑浪做媒人——臭攀谈】sɿ˥˨kʻã˥lɑ̃˧˩tsəu˥mᴇ˧ȵən˧˩——tsʻʏ˥pʻᴇ˥dᴇ˧˩ 歇后语。闲聊(贬义)。

【屎坑浪搭凉棚——臭架子】sɿ˥˨kʻã˥lɑ̃˧˩taʔ˥liã˧bɑ̃˧˩——tsʻʏ˥kɑ˥tsʻɿ˥˩ 歇后语。指自高自大、装腔作势、令人厌恶的作风。

【屎坑边浪格石头——又臭又硬】sɿ˥˨kʻã˥piɪ˥lɑ̃˧˩kəʔ˥zɑʔ˧dʏ˧˩——ɦiəʔ˧tsʻʏ˥˨ɦiəʔ˧ŋã˧˩ 歇后语。指既声名狼藉,又作风横蛮。也指死不认错的态度(贬义)。也说【屎坑浪格青石板——又臭又硬】sɿ˥˨kʻã˥lɑ̃˧˩kəʔ˥tsʻin˥zɑʔ˧pᴇ˥˩——ɦiəʔ˧tsʻʏ˥˨ɦiəʔ˧ŋã˧˩。

shì

士【zʅ˨˧】

【士气】zʅ˦tɕʰi˧˦

【士角炮】zʅ˦koʔ˥pʰæ˧˦ 象棋用语。把炮走在米字格的上方角上。

仕【zʅ˨˧】

【仕女】zʅ˦ȵy˨˧

【仕途】zʅ˦dəu˨˧

氏【zʮ˨˧】另见 zhī。

【氏族】zʮ˦zoʔ˧ 同宗共祖，有血缘关系的群体。

示【zʮ˨˧】

【示众】zʮ˨˧tsoŋ˧˦

【示范】zʮ˦vᴇ˨˧

【示威】zʮ˦ʔuᴇ˥

【示意】zʮ˦ʔi˧˦

世【sʮ˦˧】

【世代】sʮ˦˧dᴇ˨˧

【世故】sʮ˦˧kəu˧˦

【世家】sʮ˦˧tɕia˥

【世俗】sʮ˦˧zoʔ˧

【世袭】sʮ˦˧ziəʔ˧

【世外桃源】sʮ˦˧ŋa˨˧dæ˦ȵiø˨˧

【世态炎凉】sʮ˦˧tᴇ˧˦ɦi˨˧liã˨˧

【世界路上】sʮ˥ka˥ləu˨˧lã˨˧ 世上。

【世情冷暖】sʮ˦˧zin˨˧lã˦nø˨˧

【世事如棋局局新】sʮ˦˧zʅ˨˧zʮ˦dʑi˦dʑioʔ˧dʑioʔ˧sin˥ 喻世事变化无常。

【世上无难事，只怕有心人】sʮ˦˧zã˨˧vu˨˧nᴇ˨˧zʅ˨˧，tsəʔ˥pʰo˦ʔiʏ˥sin˥ȵən˨˧ 俗语。世上没有办不到的事，只要用心认真去做，总能渡过难关。劝谕人努力。

市【zʅ˨˧】

【市价】zʅ˨˧ka˧˦ 市场价。

【市民】zʅ˦min˦

【市场】zʅ˦zã˦

【市尺】zʅ˦tsʰaʔ˥ 中国的计算长度单位，等于三分之一米。

【市里】zɿ˥˦li˧˩　(一)中国的计算长度单位，等于二分之一公里。(二)市区里。(三)指市的领导层。

【市斤】zɿ˥˦tɕən˥　中国的计算重量单位，等于二分之一公斤。

【市秤】zɿ˧˩ts'ən˧˦　中国制定的测定物体重量的衡器。

【市容】zɿ˥˦ɦioŋ˧˩

【市面】zɿ˧˩miɪ˧˩　(一)市场。(二)引申为社会。

【市里向】zɿ˥˦li˦ɕiã˥˩　(一)市区里。(二)指市的领导层。

S

式【səʔ˥】中州韵【ʂəʔ˥】

【式子】səʔ˥tsɿ˥˩　(一)自然科学中表明某种关系或规律的一种符号。(二)样子，式样。

【式样】səʔ˥ɦiã˧˩

似【zɿ˧˩】

【似是而非】zɿ˦zɿ˥ɦəl˧˩fi˥　好像是，其实不是。

【似乎一经】zɿ˥˦ɦəu˧˩∅iəʔ˥tɕən˥　一本正经(含矫揉造作的意思)。

事【zɿ˧˩】中州韵【zʮ˧˩】

【事业】zɿ˥˦ȵəʔ˧

【事先】zɿ˥˦siɪ˥　事前。

【事体】zɿ˥˦t'i˥˩　事情。

【事实】zɿ˥˦zəʔ˧

【事例】zɿ˥˦li˧˩

【事故】zɿ˥˦kəu˥˩

【事后诸葛亮】zɿ˥˦ɦʏ˧˩tsʮ˥kəʔ˥liã˧˩　形容事情过后才明白或才来出主意。

【事非经过不知难】zɿ˥˦fi˥tɕən˥kəu˥˩pəʔ˥tsʮ˥nE˦　没有经历过的事情，不知其中的艰难。

【事出有因，查无实据】zɿ˥˦ts'əʔ˥ɦiʏ˧˩∅in˥，zo˦vu˧˩zəʔ˧tɕy˥˩　事情有它发生的原因，但经调查没有找到相应的证据。

【事已成事，木已成舟】zɿ˥˦∅i˥zən˦zɿ˧˩，moʔ˧∅i˥zən˦tsʏ˥　指事情已经无法逆转。

势【sɥ˦˩˨】

【势】sɥ˦˩˨　与“得”组成“得势”,作后缀词,表示程度极高,“得很”的意思。
【势力】sɥ˥liəʔ˧
【势必】sɥ˦˩˨piəʔ˥
【势爿】sɥ˥bE˨˧　气势。
【势利】sɥ˥li˨˧
【势势】sɥ˥sɥ˥˩　后缀词。形容某种状态。如普通话里的“的样子”。
【势利眼】sɥ˥li˨˧ŋE˨˧
【势不可挡】sɥ˦˩˨pəʔ˥kʻəu˥˩tɑ̃˥
【势在必得】sɥ˦˩˨zE˨˧piəʔ˥təʔ˥
【势利和尚贱小人】sɥ˥li˨˧ɦəu˨˧zɑ̃˨˧zii˦˩˨siæ˥ȵən˨˧　旧时认为和尚很势利,而小孩子容易犯贱。

侍【zɿ˨˧】

【侍从】zɿ˦˩˨zoŋ˨˧
【侍郎】zɿ˦˩˨lɑ̃˨˧

饰【səʔ˥】中州韵【ʂəʔ˥】

试【sɥ˦˩˨】

【试问】sɥ˦˩˨vən˨˧
【试行】sɥ˥ɦin˨˧
【试图】sɥ˦˩˨dəu˨˧
【试点】sɥ˥tii˥˩
【试穿】sɥ˥tsʻø˥˩　试探后获知底细。
【试验】sɥ˥ȵi˨˧
【试试】sɥ˦˩˨sɥ˥
【试探】sɥ˥tʻø˥˩
【试勿穿】sɥ˥fəʔ˥tsʻø˥˩　指试探后没有获知底细。
【试试看】sɥ˦˩˨sɥ˥kʻø˥˩　试试。

视【zɥ˨˧】

【视听】zɥ˧tʻin˥
【视线】zɥ˧sii˥˩
【视察】zɥ˧tsʻaʔ˥
【视而不见,充耳不闻】zɥ˧ɦəl˦˩˨pəʔ˥tɕiI˦˩˨,tsʻoŋ˥ɵəl˥pəʔ˥vən˨˧

S

柿【zɿ˨˧˩】

【柿子】zɿ˨˧tsɿ˥˩

【柿饼】zɿ˨˧pin˥˩

拭【səʔ˥】文读【sɥ˦˩】中州韵【ʂəʔ˥】

是【zɿ˨˧˩】中州韵【zɥ˨˧˩】、【sɥ˥˩】

【是格】zɿ˨˧˩kəʔ˥　是的。

【是否】zɿ˨˧fʏ˥

【是非】zɿ˨˧fi˥

【是啦】zɿ˨˧˩lɑ˨˩　多用作反语，表示不认同。

【是长是短】zɿ˨˧˩zã˨˧zɿ˨˧˩tø˥˩　是这样还是那样。

【是是非非】zɿ˨˧zɿ˨˧fi˥fi˥˩

【是非曲直】zɿ˨˧fi˥tɕʻioʔ˥zəʔ˨˧

【是药三分毒】zɥ˨˧˩ɦiɑʔ˨˧sE˥fən˥doʔ˨˧　指任何药品都有些副作用的。

【是则是，非则非】zɿ˨˧tsəʔ˥zɿ˨˧，fi˥tsəʔ˥fi˥　对就是对，不对就是不对。

适【səʔ˥】中州韵【ʂəʔ˥】

【适当】səʔ˥tɑ̃˥

【适合】səʔ˥ɦəʔ˨˧

【适应】səʔ˥ʔin˦˩

【适意】səʔ˥ʔi˦˩　舒适。

【适可而止】səʔ˥kʻəu˥ɦəl˨˩tsɥ˥˩

【适适意意】səʔ˥səʔ˥ʔi˥˩ʔi˥˩　参看【适意】。

【适得其反】səʔ˥təʔ˥dʑi˨˩fE˥˩

恃【zɥ˨˧˩】

室【səʔ˥】中州韵【ʂəʔ˥】

莳【zɿ˨˧˩】中州韵【zɥ˨˧˩】

【莳秧】zɿ˨˧ʔiã˥　插秧。

轼【səʔ˥】中州韵【ʂəʔ˥】

逝【zɿ˨˧˩】中州韵【zɥ˨˧˩】

【逝世】zɿ˨˧sɥ˥˩

弑【sʮ˦˩˨】

释【səʔ˥】中州韵【ʂəʔ˥】

【释放】səʔ˥fɑ̃˦˩˨
【释迦牟尼】səʔ˥kɑ˥mʏ˩˧ȵi˩˧

谥【zɿ˩˧】中州韵【zʮ˩˧】

【谥号】zɿ˨ɦæ˩˧

嗜【zɿ˩˧】

【嗜好】zɿ˨hæ˥˨

誓【zɿ˩˧】中州韵【zʮ˩˧】

【誓师】zɿ˨sɿ˥
【誓死】zɿ˨sɿ˥˨
【誓言】zɿ˨ɦi˩˧

奭【səʔ˥】中州韵【ʂəʔ˥】

shi

匙【zɿ˩˧】另见 chí。

【匙钥】zʮ˨ɦioʔ˧ 评弹官白中称钥匙为匙钥。读音亦从中州韵。

殖【zəʔ˧】另见 zhí。

shōu

收【sʏ˥】

【收山】sʏ˥sE˥ 事业有成之后隐退。
【收干】sʏ˥kø˥˨ 原来潮湿的东西渐渐地干了。
【收工】sʏ˥koŋ˥˨ 工作结束。
【收尸】sʏ˥sʮ˥˨ 收殓尸体。
【收心】sʏ˥sin˥˨
【收功】sʏ˥koŋ˥˨ 溃疡处结痂痊愈。
【收场】sʏ˥zɑ̃˨
【收礼】sʏ˥li˩˧ 收受礼物。
【收买】sʏ˥mɑ˨˩
【收作】sʏ˥tsoʔ˥ 收拾;整理;修理。
【收罗】sʏ˥ləu˨˩
【收房】sʏ˥vɑ̃˨ 纳家中丫头做妾。
【收购】sʏ˥kʏ˥˨
【收受】sʏ˥zʏ˩˧ 收下,接受。
【收转】sʏ˥tsø˥˨ 收回来。

S

【收容】sʏ˥ɦioŋ˩
【收效】sʏ˥ɦiæ˩
【收益】sʏ˥ʘiəʔ˥
【收梢】sʏ˥sæ˥ （一）完成最后一阶段的事。（二）最后的结果、结局。
【收获】sʏ˥ɦuəʔ˧
【收敛】sʏ˥li˩
【收盘】sʏ˥bø˩
【收脱】sʏ˥tʻəʔ˥ 收掉。
【收据】sʏ˥tɕy˩ 收条。
【收膏】sʏ˥kæ˥ 煮去水分，使汤汁发稠。
【收摊】sʏ˥tʻE˥ 摊贩暂停营业，收拾摊子。借指暂停工作。
【收末会】sʏ˥məʔ˧ɦuE˩ （一）收取最后一次会钱。参看【合会】。（二）借指做扫尾工作。
【收古董】sʏ˥kəu˥toŋ˥ 从事古董生意或从事古董生意的人。借指捡取别人放弃的旧东西。
【收会钿】sʏ˥ɦuE˧di˩ 收取会钱。参看【合会】。
【收旧货】sʏ˥ʥiʏ˧həu˩ 收卖废旧东西的行当或收买废旧东西。
【收骨头】sʏ˥kuəʔ˥dʏ˩ （一）被严格约束起来。（二）收心。
【收衣裳】sʏ˥ʘi˥zɑ̃˩ 把晾出去的衣服收回来。
【收回成命】sʏ˥ɦuE˩zən˩min˩

shǒu

手【sʏ˥˩】

【手下】sʏ˥ɦo˩
【手巾】sʏ˥tɕən˥ 毛巾或手帕。
【手工】sʏ˥koŋ˥ 用手制作的。
【手丫】sʏ˥ʘo˥ 手指与手指之间。
【手心】sʏ˥sin˥ 手掌正面的中心部位。
【手书】sʏ˥sʮ˥
【手术】sʏ˥zəʔ˧
【手本】sʏ˥pəu˥ 旧时官员书写本人履历的折子。
【手头】sʏ˥dʏ˧ 手上。
【手气】sʏ˥tɕʻi˩ 手上的运气。

【手印】sʏ˥˩Øin˥˩ (一)手的印迹。(二)手指的印迹。

【手冲】sʏ˥˩tsʰoŋ˥˩ 手淫。

【手汗】sʏ˥˩ɦø˩˧ 手心里出的汗。

【手松】sʏ˧˦soŋ˥ 出手大方。

【手劲】sʏ˥˩tɕən˥˩ 手上的力气。

【手足】sʏ˧˦tsoʔ˥

【手法】sʏ˧˦faʔ˥

【手势】sʏ˥˩sɥ˥˩

【手段】sʏ˥˩dø˩˧

【手面】sʏ˥˩miɪ˩˧ 用钱的气派。

【手浪】sʏ˧˦lɑ̃˧˦ 手上。

【手炉】sʏ˧˦ləu˧˦ 冬天取暖烘手用的小铜炉。

【手背】sʏ˥˩pE˥˩

【手谈】sʏ˧˦dE˧˦ 下棋。

【手笔】sʏ˧˦piəʔ˥

【手筋】sʏ˧˦tɕən˥ 围棋术语。必然的应着。

【手脚】sʏ˧˦tɕiɑʔ˥ (一)举动或动作。(二)诡计,作弊。(三)借指所付出的劳动。

【手腕】sʏ˥˩Øuø˥˩

【手稿】sʏ˧˦kæ˥

【手巾包】sʏ˧˦tɕən˥pæ˥˩ 放零钱、小物品的小包。旧时往往用手帕包裹。

【手下头】sʏ˧˦ɦo˧˦dʏ˩˧ 手下。

【手心里】sʏ˧˦sin˥li˩˧ 手掌中间。

【手头上】sʏ˧˦dʏ˧˦lɑ̃˩˧ 手上。

【手头松】sʏ˧˦dʏ˧˦soŋ˥ 经济宽裕。也指花钱大方。

【手头紧】sʏ˧˦dʏ˧˦tɕən˥˩ 经济拮据。

【手节头】sʏ˧˦tsiəʔ˥dʏ˩˧ 手指。

【手节掐】sʏ˧˦tsiəʔ˥kʰaʔ˥ 手指甲。

【手当浪】sʏ˧˦tɑ̃˥lɑ̃˩˧ 指个人名下(拥有)。

【手里向】sʏ˧˦li˧˦ɕiã˥˩ (一)手中。(二)指个人名下(拥有)。

【手底下】sʏ˧˦ti˥ɦo˩˧或sʏ˧˦ti˥lo˩˧ 手下。

【手牵风】sʏ˧˦tɕʰiɪ˥foŋ˥˩ 手痉挛。形容喜欢乱动手。

【手刹车】sʏ˧˦saʔ˥tsʰo˥˩ 是用手来控制刹车的车辆。

【手推车】sʏ˧˦tʰE˥tsʰo˥˩ 小板

S

车。

【手脚债】sʏ˦tɕɑʔ˥tsɑ˩ 抱怨语。照料所花去的劳力。

【手提包】sʏ˦di˧pæ˩ 拎包。

【手提箱】sʏ˦di˧siã˩ 能随手携带的小箱子。

【手掌心】sʏ˦tsã˥sin˩ 手掌的中心部位。

【手骱子】sʏ˦gɑ˧tsɿ˩ 手腕。

【手镯头】sʏ˦zoʔ˧dʏ˨ 手镯。

【手节头印】sʏ˦tsiəʔ˥dʏ˨ 0in˦ 指纹印迹。

【手条子辣】sʏ˦diæ˧tsɿ˩laʔ˧ 手段凶狠。

【手脚轻健】sʏ˦tɕiɑʔ˥tɕən˥ dʑi˨ 手脚灵活，身体健康（一般指老年人）。

【手脚半边】sʏ˦tɕiɑʔ˥pø˥pi˩ 身边（一般用作人对物品或大人对小孩）。

【手脚干净】sʏ˦tɕiɑʔ˥kø˥ zin˨ 形容不偷不盗，守规矩。

【手小耳光大】sʏ˩siæ˦ŋ̍i˧ kuɑʔ˥dəu˨ 趣语。指打人耳光一定能打到。

【手脚勿干净】sʏ˦tɕiɑʔ˥fəʔ˥ kø˥zin˨ 形容小偷小摸的恶习。

【手脚勿直落】sʏ˦tɕiɑʔ˥fəʔ˥z əʔ˧loʔ˧ 形容小偷小摸。

【手勿停，脚勿停】sʏ˦fəʔ˥ din˨，tɕiɑʔ˥fɑʔ˥din˨ （一）指好劳动，勤劳。（二）指好动，不肯安静（令人讨厌）。

【手不楞生脚勿停】sʏ˦pəʔ˥ lən˨sən˩tɕiɑʔ˥fəʔ˥din˨ 好动，不肯安静（令人讨厌）。

【手心是肉，手背也是肉】sʏ˦ sin˥zɿ˨ȵioʔ˧，sʏ˩pᴇ˩ɦaʔ˧ zɿ˨ȵioʔ˧ 比喻都是一样亲近的人（多指长辈对小辈）。

守【sʏ˩】

【守节】sʏ˩tsiəʔ˥

【守孝】sʏ˩hæ˦ 长辈或丈夫死后进行哀悼的举动。

【守岁】sʏ˩sᴇ˦ 除夕深夜不眠的风俗。

【守灵】sʏ˩lin˧

【守牢】sʏ˦læ˧ 守住。

【守店】sʏ˩ti˦ （一）人员在

商店里夜间值班。(二)看守店堂,等候生意。(三)维持商店经营。

【守寡】SY˥˩ko˦˥

【守夜】SY˥˩ɸia˦˥ 夜间值班。

【守财奴】SY˦˥ZE˧nəu˨˩

【守孤霜】SY˥˩kəu˥sã˥˩ 守寡。

【守口如瓶】SY˦˥kY˥˩Zɥ˧bin˧

【守株待兔】SY˦˥tsɥ˥dE˨˩təu˥˩

首【SY˥˩】

【首创】SY˦˥ts'ã˥

【首先】SY˦˥sii˥ 最先,首要。

【首级】SY˥tɕə˥

【首饰】SY˦˥sə˥

【首都】SY˦˥təu˥

【首恶】SY˦˥ɸo˥

【首富】SY˥˩fu˥˩ 最富有的人。

【首当其冲】SY˦˥tã˥dʑi˨˩ts'oŋ˥˩

【首屈一指】SY˦˥tɕ'yə˥ɸiə˥tsɥ˥˩

shòu

寿【ZY˨˩】

【寿】ZY˧ 本于庸人自扰式的心态,看待事物,处理问题。

【寿长】ZY˨˩zã˧ 寿命很长。

【寿头】ZY˧dY˨˩ 很"寿"的人。参看【寿】。

【寿板】ZY˧pE˥˩ 制作棺材的板材。

【寿材】ZY˧ZE˨˩ 生前预制的棺材。

【寿星】ZY˧sin˥

【寿面】ZY˧mii˨˩ 庆贺生日吃的面条。

【寿酒】ZY˧tsY˥˩ 庆贺生日饮的酒。

【寿桃】ZY˧dæ˨˩ 用面粉制成的桃子形状的甜包子。用于庆寿。

【寿堂】ZY˧dã˨˩ 做寿的厅堂。

【寿短】ZY˨˩tø˥˩ 寿命较短。

【寿命】ZY˧min˨˩

【寿斑】ZY˧pE˥ 老人皮肤上出现的灰黑色斑点,又名死斑、老人斑。

【寿幛】ZY˧tsã˥ 用彩色丝绸(多为丝绸被面)做的贺寿礼品或吊唁礼品。

【寿桃糕】ZY˧dæ˧kæ˥˩ 用

于祝寿的寿桃和定胜糕。

【寿板面孔】ZY˦pE˥miI˩ k'oŋ˥˩ 形容表情死板的脸。

【寿头寿脑】ZY˦dY˩ZY˦næ˩ 参看【寿】。

【寿头怪脑】ZY˦dY˩kua˥˩ næ˩ 参看【寿】。

【寿头模子】ZY˦dY˩mo˦ tsɿ˥˩ 参看【寿头】。

【寿星唱曲子——老调】ZY˦ sin˥ts'ã˦tɕ'io?˥tsɿ˥˩——læ˩ diæ˩ 歇后语。指老一套。也指死亡。

【寿星卖娘——倚(以)老卖老】ZY˦sin˥ma˩ȵiã˦—— ØiY(ØiY)læ˩ma˩læ˩ 歇后语。指仗着岁数大,资格老,摆出一副前辈或老资格的样子。

受【ZY˩】

【受业】ZY˩ȵə?˧

【受用】ZY˩ɦioŋ˩

【受礼】ZY˩li˩ 接受礼物。

【受足】ZY˦tso?˥ 受够了。

【受茶】ZY˩Zo˦ 女方接受婚约。

【受格】ZY˩kə?˥ 非常能接受,非常喜爱的。

【受贿】ZY˩huE˥˩

【受宠若惊】ZY˦ts'oŋ˥˩Za?˧ tɕən˥˩

【受之有愧,却之不恭】ZY˩ tsɥ˥˩ɦiY˩guE˩,tɕ'ia?˥tsɥ˥˩ pə?˥koŋ˥ 接受感到惭愧,不接受似对对方不恭敬。用于接受礼物的谦词。

授【ZY˩】

【授权】ZY˩dʑiø˦

【授受】ZY˦ZY˩

【授人以柄】ZY˩zən˩Øi˥˩ pin˦ 给别人抓住把柄。

绶【ZY˩】

狩【SY˦】

售【ZY˩】

【售票员】ZY˦p'iæ˥ɦiø˩

兽【SY˦˨】

【兽行】SY˦˨ɦin˨˦

【兽性】SY˦˨sin˥˩

瘦【SY˦˨】

【瘦子】SY˥ʦɿ˥˩　身体很瘦的人。

【瘦点】SY˦˨tiI˥　（一）瘦一些的。（二）瘦些了。

【瘦脱】SY˦˨tʻəʔ˥　（一）因瘦而减少。（二）瘦掉。

【瘦怪怪】SY˥kuɑ˥kuɑ˥˩　形容人瘦瘦的。

【瘦金体】SY˥ʨən˥ti˥˩　一种书法体，又名宋体。

【瘦着点】SY˦˨zəʔ˧tiI˥˩　偏瘦了些（不满意的意思）。

【瘦骨鬼】SY˥kuəʔ˥ʨy˥˩　形容极瘦的人。

【瘦长条子】SY˥zɑ̃˨˦diæ˨˦ʦɿ˥˩　又瘦又长的身材。

【瘦唧伶伶】SY˥ʦiəʔ˥lin˨˩lin˨˩　形容人瘦小。

【瘦得落形】SY˦˨təʔ˥loʔ˧ɦin˨˩　瘦得连形象也变了。

【瘦丑皱透漏】SY˦˨ʦʻY˦˨ʦY˦˨tʻY˦˨lY˨˩　好的太湖石假山的特点。

【瘦脱一壳落】SY˦˨təʔ˥øiəʔ˥kʻoʔ˥loʔ˧　瘦了好多。

【瘦脱黄牛瘦勿脱角】SY˦˨tʻəʔ˥ɦuɑ̃˨˦ȵiY˨˩SY˦˨fəʔ˥tʻəʔ˥koʔ˥　喻即使全面亏损，也损失不到特殊的局部。

【瘦煞脱格骆驼比马大】SY˦˨saʔ˥tʻəʔ˥kəʔ˥loʔ˧dəu˨˩pi˥˩mo˨˩dəu˨˩　喻败落的大户还是比普通人家富足。

shū

殳【zɥ˨˦】姓。

书【sɥ˥】中州韵【ʂy˥】

【书记】sɥ˥ʨi˥˩

【书目】sɥ˥moʔ˧

【书生】sɥ˥sən˥˩

【书法】sɥ˥faʔ˥

【书面】sɥ˥mi˨˩

【书包】sɥ˥pæ˥˩　学生放书籍、文具的包。

【书吏】sɥ˥li˨˩　旧时衙门的办事员。

【书局】sɥ˥dʑioʔ˧ 旧时书店的称谓。

【书架】sɥ˥kɑ˥˩ 存放书籍的专用架子。

【书画】sɥ˥ɦo˩ 中国画、中国书法的总称。

【书场】sɥ˥zɑ̃˩ 专门演出评弹的剧场。

【书橱】sɥ˥zɥ˩ 存放书籍的橱柜。

【书签】sɥ˥tsʻiɪ˥˩ 夹在书中用于记忆页码的片状工艺品。

【书坊店】sɥ˥fɑ̃˥tiɪ˥˩ 书店。

【书卷气】sɥ˥tɕø˥tɕʻi˥˩ 形容有一定的文学品位。

【书房间】sɥ˥vɑ̃˧kE˥˩ 书房。

【书生气】sɥ˥sən˥tɕʻi˥˩

【书喥头】sɥ˥doʔ˧dY˩ 书呆子。

【书包架子】sɥ˥pæ˥kɑ˥˩tsɿ˥˩ 自行车后轮上面夹东西的装置。

【书包翻身】sɥ˥pæ˥fE˥sən˥˩ 完成学业后获得事业和发展。

【书到用时方恨少】sɥ˥tæ˧ɦioŋ˩sɥ˩fɑ̃˥ɦən˩sæ˥˩ 在实践中碰到难题时，方始觉得自己学习太少、知识太浅薄。

【书中自有黄金屋，书中自有颜如玉，书中自有千钟粟】sɥ˥tsoŋ˥zɿ˧ɦiY˩ɦuɑ̃˧tɕən˥toʔ˥，sɥ˥tsoŋ˥zɿ˧ɦiY˩ŋE˧zɥ˩ŋ̊oʔ˧，sɥ˥tsoŋ˥zɿ˧ɦiY˩tsʻiɪ˥tsoŋ˥soʔ˥ 旧时以学问取士。此条极言读书好，能使人获得荣华富贵和美妇。

抒【sɥ˥】

纾【sɥ˥】

舒【sɥ˥】

【舒齐】sɥ˥zi˩ （一）准备完备。（二）结束。（三）指（身体、情绪等）正常。

【舒畅】sɥ˥tsʻɑ̃˥˩

【舒展】sɥ˥tsø˥˩

叔【soʔ˥】

【叔公】soʔ˥koŋ˥ 祖父的弟弟。

S

【叔侄】sɔʔ˥zəʔ˧ 叔父和侄子。
【叔叔】sɔʔ˥sɔʔ˥ （一）父亲的弟弟。（二）对比父亲年龄稍轻的男子的尊称。
【叔嫂】sɔʔ˥sæ˦˨ 小叔子和嫂子。
【叔丈人】sɔʔ˥zã˨ȵən˨ 岳父的弟弟。
【叔接嫂】sɔʔ˥tsiəʔ˥sæ˦˨ 小叔子娶寡嫂。

淑【zɔʔ˧】

菽【sɔʔ˥】

枢【sʮ˥】

【枢纽】sʮ˥ȵʏ˨
【枢密使】sʮ˥miəʔ˧sɿ˦˨

姝【tsʮ˥】

殊【zʮ˧】

【殊死】zʮ˧sɿ˦˨
【殊途同归】zʮ˧dəu˨doŋ˨kuᴇ˥

倏【ɕuəʔ˥】中州韵【ʂɔʔ˥】

【倏忽】ɕuəʔ˥hɔʔ˥

梳【sɿ˥】文读【səu˥】

【梳妆】səu˥tsɑ̃˦˨ 梳理头发和化妆。
【梳头】sɿ˥dʏ˧ 用梳子整理头发。
【梳妆台】səu˥tsɑ̃˥dᴇ˨ 梳妆的专用桌子。上有镜子，又名镜台。
【梳头娘姨】sɿ˥dʏ˨ȵiã˧hi˨ 旧时专以为妇女梳理头发谋生的女子。

疏【səu˥】

【疏远】səu˥hiø˨
【疏忽】səu˥huəʔ˥
【疏通】səu˥tʻoŋ˦˨
【疏散】səu˥sᴇ˦˨
【疏漏】səu˥lʏ˨

蔬【səu˥】

【蔬菜】səu˥tsʻE˦˩˨

输【sɥ˥】

【输血】sɥ˥ɕyəʔ˥
【输脱】sɥ˥tʻəʔ˥　输掉。
【输赢】sɥ˥ɦin˧˩或sɥ˥ɦyən˧˩　(一)输和赢。(二)前面加“足”字作后缀词。表示程度极高。
【输棋只恨出车迟】sɥ˥dʑi˧ tsəʔ˥ɦən˧˩tsʻəʔ˥tɕʻy˥zɥ˧　象棋语。下象棋应早早把车走出来,否则容易输棋。

shú

孰【zoʔ˧】

塾【zoʔ˧】

熟【zoʔ˧】

【熟人】zoʔ˧ȵən˧˩　熟悉的人。
【熟书】zoʔ˧sɥ˥　(一)评弹称已经演过多遍的书目。(二)评弹听众已非常熟悉的书目。
【熟手】zoʔ˧sY˥˨　工作十分熟练的人。
【熟地】zoʔ˧di˧˩　(一)已开垦的土地。(二)中药材。经过蒸煮过的地黄的根块。
【熟吃】zoʔ˧tɕʻəʔ˥　(一)烧熟了吃。(二)稳稳能吃得住的。
【熟事】zoʔ˧zɿ˧˩　熟悉的意思。
【熟格】zoʔ˧kəʔ˥　(一)煮熟的。(二)熟悉的。
【熟路】zoʔ˧ləu˧˩　熟悉的道路。
【熟罗】zoʔ˧ləu˧˩　一种较薄的软绸。
【熟油】zoʔ˧ɦiY˧˩　熬熟了的油。
【熟透】zoʔ˧tʻY˥˧　(一)非常熟悉。(二)形容果实非常成熟。(三)形容食物烧煮烂熟的程度。
【熟菜】zoʔ˧tsʻE˥˧　煮熟的菜,多指卤菜。
【熟铁】zoʔ˧tʻiəʔ˥

【熟铜】zoʔ˧doŋ˩˧　纯净的铜。又名紫铜。

【熟食店】zoʔ˧zəʔ˧tiɪ˧˦˧　卤菜店。

【熟一熟】zoʔ˧Øiəʔ˥zoʔ˧　熟悉一下。

【熟肉店】zoʔ˧ȵioʔ˧tiɪ˧˦˧　卤菜店。

【熟汤气】zoʔ˧tʻɑ̃˥tɕʻi˧˦˧　反复煮烧过的汤，汤味有不新鲜的感觉。喻反反复复看过、听过，熟悉得不能再熟悉的感觉。

【熟户头】zoʔ˧ɦəu˩˧dɤ˩˧　熟人，老主顾。

【熟事人】zoʔ˧zɿ˩˧ȵən˧　熟人。

【熟面孔】zoʔ˧miɪ˩˧kʻoŋ˥˩˥　形容熟识的脸，经常看见的人。

【熟猪油】zoʔ˧tsɿ˥ɦiɤ˩˧　熬熟的猪油。

【熟门熟路】zoʔ˧mən˩˧zoʔ˧ləu˩˧　形容对某地方、某种技术等非常熟悉。

【熟不拘礼】zoʔ˧pəʔ˥tɕy˥li˩˧　彼此熟悉的，不必拘礼节。

【熟落熟落】zoʔ˧˨loʔ˧zoʔ˧˨loʔ˧　形容人多的嘈杂声。也形容杂乱的脚步声。

【熟能生巧】zoʔ˧nən˩˧sən˥tɕʻiæ˦˧

【熟视无睹】zoʔ˧zɥ˩˧vu˩˧təu˥˩˥

【熟人打重锄头】zoʔ˧ȵən˩˧tɑ̃˥˩˥zoŋ˧˨lɑ̃˧˨dɤ˩˧　俗语。指越是熟人，越易被欺诈（多指商店）。

【熟皂隶打重竹爿】zoʔ˧zæ˩˧di˩˧tɑ̃˥˩˥zoŋ˧˨tsoʔ˥bɛ˩˧　义同【熟人打重锄头】。

shǔ

黍【sɥ˥˩˥】中州韵【ʂy˥˩˥】

属【zoʔ˧】

【属吏】zoʔ˧˨li˩˧　下属官吏。
【属相】zoʔ˧siɑ̃˧˦˧

暑【sɥ˥˩˥】中州韵【ʂy˥˩˥】

【暑气】sɥ˥tɕʻi˧˦˧　夏日炎热的气焰。
【暑假】sɥ˥ka˥˩˥　夏季假期。

署【zi˧˩】文读【zɥ˧˩】中州韵【ʂy˥˩】

【署名】zi˧˩min˦

【署理】zi˦li˧˩　暂时代理。

薯【zi˧˩】文读【zɥ˧˩】

曙【zi˧˩】文读【zɥ˧˩】

【曙光】zi˦kuɑ̃˥

数【səu˥˩】

【数九】səu˦˨tɕY˥˩

【数脉】səu˥mɑʔ˧　（一）数目。（二）心中的知情程度。

【数数】（1）səu˥˩səu˦˨　点数字。（2）səu˥˩su˥˩　数一下。

【数一数二】səu˦˨Øiəʔ˥səu˥˩ȵi˧˩

蜀【zoʔ˧】中州韵【ʐoʔ˧】

鼠【ts'ɥ˥˩】中州韵【tʂ'y˥˩】、【ʂy˥˩】

【鼠窜】ts'ɥ˥ts'ø˥˩

【鼠辈】ts'ɥ˥˩pE˥˩　喻指小人之辈。

【鼠目寸光】ts'ɥ˦˨moʔ˧ts'ən˥kuɑ̃˥˩

shù

术【zəʔ˧】中州韵【ʐəʔ˧】

【术语】zəʔ˧ȵy˧˩

述【zəʔ˧】中州韵【ʐəʔ˧】

戍【sɥ˦˨】中州韵【ʂy˦˨】

束【soʔ˥】中州韵【ʂoʔ˥】

【束脩】soʔ˥sY˥

【束胸】soʔ˥ɕioŋ˥　旧时妇女崇尚病态美，衣着上把胸脯束紧。

【束腰带】soʔ˥Øiæ˥tɑ˥˩　束于腰际的衣带。

【束手束脚】soʔ˥sY˥˩soʔ˥ tɕiɑʔ˥

【束手待毙】soʔ˥sY˥˩dE˩˧bi˩˧

漱【sY˥˧】

【漱洗】sY˥˧sii˥˩ 漱口和洗脸。

树【zɥ˩˧】中州韵【ʐy】

【树立】zɥ˧˦liə˧

【树敌】zɥ˩˧diəʔ˧

【树荫】zɥ˧˦θin˥ 树冠遮荫的地方。

【树梢】zɥ˧˦sæ˥ 树枝顶端的细枝。

【树桩】zɥ˧˦tsɑ̃˥ （一）锯树留下的矮桩。（二）盆景中的矮树。

【树叶子】zɥ˧˦ɦiəʔ˧tsɿ˥˩ 树叶。

【树桠子】zɥ˧˦θo˥tsɿ˥˩ 树枝。

【树梢头】zɥ˧˦sæ˥dY˩˧ 树梢。

【树旮旯】zɥ˧˦ha˥lɑ˩˧ 树缝中。

【树大招风】zɥ˩˧dɑ˩˧tsæ˥ foŋ˥ 喻名声大，容易受到攻击。

【树倒猢狲散】zɥ˩˧dæ˥˩ɦuəʔ˧ sən˥sE˥˧

【树老根出，人老筋出】zɥ˩˧læ˩˧ kən˥tsʻə˥，ȵən˧˦læ˩˧tɕən˥ tsʻəʔ˥ 以树喻人。人老了，筋脉凸现是自然现象。

【树高千丈，叶落归根】zɥ˧˦ kæ˥tsʻii˥zɑ̃˩˧，ɦiəʔ˧loʔ˧kuE˥ kən˥ 喻事物都有一定的归宿。多指离开家乡的人最后终究要回到本乡本土。

【树树要皮，人人要脸】zɥ˩˧zɥ˩˧ θiæ˥˧bi˧˦，ȵən˧˦ȵən˧˦θiæ˥˧ lii˩˧ 喻人都讲究面子。

【树叶突下来怕敲开头】zɥ˧˦ ɦiəʔ˧dəʔ˧ɦo˩˧lE˩˧pʻo˥˧kʻæ˥ kʻE˥dY˧˦ 形容胆小怕事。突下来，掉下来。

竖【zɥ˩˧】中州韵【ʐy˩˧】

【竖直】zɥ˧˦zəʔ˧ （一）直立。（二）垂直。

【竖上来】（1）zɥ˩˧zɑ̃˩˧lE˩˧ 突然冲上来。（2）zɥ˧˦zɑ̃˧˦lE˩˧

开始的时候。

【竖车子】zɥ˦tsʻo˥tsɿ˧˩ 武术用语。指用手支撑全身，头朝下，两腿向上。

【竖心旁】zɥ˦sin˥pɑ̃˧˩ 汉字的偏旁。如"怀"字的左边。

【竖头肉】zɥ˦dɤ˦ȵoʔ˧ 皮肤上生出的黄褐色小疙瘩。

【竖出来】zɥ˩tsʻəʔ˥lɛ˩ 突然冲出来。形容狠巴巴的样子。

【竖朵里】zɥ˦təu˥li˩ 直的方向。

【竖里向】zɥ˦li˦ɕiɑ̃˧˩ 义同【竖朵里】。

【竖起仔】zɥ˩tɕʻi˧˩tsɿ˧˩ 竖起了。

【竖蜻蜓】zɥ˦sin˥din˩ 义同【竖车子】。

【竖面孔】zɥ˩mii˦kʻoŋ˧˩ 板起脸。也说【竖起面孔】zɥ˩tɕʻi˧˩mii˦kʻoŋ˧˩。

【竖出竖进】zɥ˦tsʻəʔ˥zɥ˩tsin˧˩ 也说【竖进竖出】zɥ˦tsin˥zɥ˩tsʻəʔ˥ 形容板着脸进进出出。

【竖头伤寒】zɥ˦dɤ˦sɑ̃˥ɦø˩ 形容人行为凶狠怪异。

【竖头畜牲】zɥ˦dɤ˦tsʻoʔ˥sɑ̃˧˩ 詈语。人面兽行，一如畜牲。

【竖起耳朵】zɥ˩tɕʻi˧˩ŋ̍i˦təu˧˩ 形容全神贯注地(听)。

【竖得壁立直】zɥ˩təʔ˥piəʔ˥liəʔ˧zəʔ˧ 也说【竖得壁笃直】zɥ˩təʔ˥piəʔ˥toʔ˥zəʔ˧ 形容竖得很直。

【竖眉毛，弹眼睛】zɥ˦mi˦mæ˩，dɛ˩ŋɛ˦tsin˧˩ 形容发怒的表情。

【竖格进来，横格出去】zɥ˩kəʔ˥tsin˥lɛ˩，ɦuɑ̃˦kəʔ˥tsʻəʔ˥tɕʻi˥ 指人活着进来，死了出去。喻有死无生。

庶【sɥ˧˩】

【庶民】sɥ˥min˦

恕【sɥ˧˩】

数【səu˦】另见 shǔ；shuò。

【数目】səu˥moʔ˥ （一）数字，次数；额数。（二）喻知情程度。

【数字】sәu˦zɿ˩ 用符号记录的数。

【数目字】sәu˥mɑʔ˥zɿ˩ 用作数字的符号。

墅【zɿ˩】中州韵【zʮ˩】

漱【sʏ˩】

shuā

刷【sәʔ˥】【saʔ˥】中州韵【ʂaʔ˥】另见 shuà。

【刷白】sәʔ˥bɑʔ˧ 用刷子涂抹成白色。

【刷帚】sәʔ˥tsʏ˩ 用稻草制成的,泥瓦匠粉饰墙壁的工具。

唰【saʔ˥】中州韵【ʂaʔ˥】

shuǎ

耍【sɑ˦】中州韵【ʂuɑ˦】

shuà

刷【saʔ˥】文读【sәʔ˥】中州韵【ʂәʔ˥】另见 shuā。

【刷白】saʔ˥bɑʔ˧ 色白而略微发青(多指面色)。也写作“煞白”。

shuāi

衰【SE˥】中州韵【ʂuE˥】

【衰弱】SE˥zɑʔ˧

【衰竭】SE˥ʥәʔ˧

摔【sәʔ˥】文读【SE˥】

【摔角】sәʔ˥koʔ˥ 角力摔跤。

shuǎi

甩【huE˦】

【甩手】huE˦sʏ˩ 撒手;丢开手。

【甩头】huE˦dʏ˧ 摇头。表示反感。

【甩脱】huᴇ˦t'ə˥ （一）丢掉。（二）摆脱。

【甩出来】huᴇ˦ʦ'ə˥lᴇ˩ （一）扔出来。（二）形容脱口讲出来。（三）形容很爽快地拿出来（多指钱）。也说成【甩出去】huᴇ˦ʦ'ə˥ʨ'i˨。

shuài

帅【sᴇ˦】中州韵【suᴇ˦】

率【sə˥】文读【sᴇ˦】另见 lǜ。

【率领】sə˥lin˩

蟀 文读【sə˥】

shuān

闩【sø˥】

【闩门】sø˥mən˧ 关门用闩插上。

【闩出】sø˥ʦ'ə˥ 关在门外。

【闩勒外头】sø˥lə˧ŋɑ˧dY˩ 关在门外。

拴【sø˥】

栓【sø˥】

shuàn

涮【sa˥】

shuāng

双【sɑ̃˥】中州韵【ʂuɑ̃˥】

【双双】sɑ̃˥sɑ̃˨ 两个人。

【双勾】sɑ̃˥kY˨ 中国画的一种技法。

【双关】sɑ̃˥kuᴇ˨

【双响】sɑ̃˥ɕiɑ̃˨ 能发出两响的爆竹。

【双浇】sɑ̃˥ʨiæ˨ 花色面上有两种浇头。

【双档】sɑ̃˥tɑ̃˨ 评弹用语。两人合作表演评弹。

【双桨】sɑ̃˥ʦiɑ̃˨ 一船用两支桨。

【双塔】sɑ̃˥t'a˥ 苏州旅游景点，建于北宋太平兴国七年。

【双簧】sɑ̃˥ɦuɑ̃˩

【双下巴】sã˥ɦo˩˧bo˩˧　中间隐约有褶的下巴。

【双木林】sã˥moʔ˧lin˩˧　指示“林”字的写法。以区别同音字。

【双生子】sã˥sã˥tsɿ˥˩　又作【双双子】sã˥sã˥tsɿ˥˩　孪生的孩子。

【双回门】sã˥ɦuE˦mən˩˧　吴俗,新婚夫妇新婚第三天同去女方家。

【双面绣】sã˥mi˨˧sY˥˩　苏绣的一个品种。绣品两面绣花,十分精妙。

【双保险】sã˥pæ˥˩ɕii˥˩　双重保险。

【双胞胎】sã˥pæ˥t'E˥˩　孪生。

【双眼皮】sã˥ŋE˦bi˩˧　上眼皮有褶的眼皮。

【双黄蛋】sã˥huã˥dE˩˧　有两个黄的蛋。

【双脚跳】sã˥tɕiɑʔ˥t'iæ˧˩　形容气愤。

【双脱手】sã˥t'əʔ˥sY˥˩　指骑车时双手脱离车把。

【双满月】sã˥mø˦ŋəʔ˧　吴俗,男孩出生满两个月时,第一次剃头并宴庆。

【双辫梁】sã˥bii˨˧liã˩˧　旧时中式鞋的一种式样。鞋中间有两条筋。

【双手乱摇】sã˥sY˥˩lø˦ɦiæ˩˧　两只手频频摇动。表示坚决地反对。

【双宿双飞】sã˥soʔ˥sã˥fi˥　形容夫妻恩爱,形影不离。

【双酿团子】sã˥ȵiã˩˧dø˦tsɿ˥˩　用熟糯米粉做皮,加入芝麻馅,再包裹住豆沙馅的团子。

【双手难敌四拳,四拳还怕人多】sã˥sY˥˩nE˦diəʔ˧sɿ˦˨dʑiø˦,sɿ˦˨dʑiø˦ɦuE˦p'ɑ˥˩zən˦təu˥　指寡不敌众。

霜【sã˥】中州韵【ʂuã˥】

【霜打】sã˥tã˥˩　受霜侵袭。

【霜降】sã˥kã˥˩

【霜打菜】sã˥tã˥ts'E˥˩　经霜的青菜。易煮烂,味微甜,可口。

孀【sã˥】中州韵【ʂuã˥】

S

shuǎng

爽【sɑ̃˥˩】中州韵【ʂuɑ̃˥˩】

【爽气】sɑ̃˥˩tɕʻi˦˨ （一）爽快。（二）（空气）清凉，明朗。

【爽快】sɑ̃˥˩kuɑ˥˩

【爽性】sɑ̃˥sin˥˩ 索性，干脆。

【爽朗】sɑ̃˦˨lɑ̃˨˩

【爽直】sɑ̃˦˨zəʔ˧ 直爽。

【爽脆】sɑ̃˥˩tsʻE˥˩ 爽快，干脆。

【爽身粉】sɑ̃˦˨sən˥fən˥˩ 夏天用来爽身的一种香粉。

【爽勒格脆】sɑ̃˥˩ləʔ˧kəʔ˥tsʻE˦˨ 爽脆，爽快。

【爽勒格噇】sɑ̃˥˩ləʔ˧kəʔ˥dɑ̃˨˩ 义同【爽勒格脆】。

shuí

谁【zE˨˦】中州韵【zuE˨˦】

shuǐ

水【sɥ˥˩】中州韵【ʂuE˥˩】

【水口】sɥ˦˨kʻY˥ 经营场所的地理位置。

【水乡】sɥ˦˨ɕiɑ̃˥

【水土】sɥ˦˨tʻəu˥

【水火】sɥ˦˨həu˥

【水牛】sɥ˦˨ȵiY˨˦ 用于耕田的牛。角大而弯曲，形似野牛。

【水气】sɥ˥˩tɕi˥˩ （一）蒸气。（二）空气湿度较大，出现类似雾状的水珠。

【水分】sɥ˥˩vən˨˩ 含水或含水程度。

【水头】sɥ˦˨dY˨˩ 义同【水分】。

【水产】sɥ˦˨tsʻE˥

【水车】sɥ˦˨tsʻo˥ 一种戽水农具。

【水生】sɥ˦˨sən˥ 水中生长的。

【水灰】sɥ˦˨huE˥ 浅灰色。

【水衣】sɥ˦˨øi˥ 演员所穿的贴身服装。白色绸或布制成。

【水花】sɥ˦˨huo˥ 水波的击出点。多用来喻出现的动静、情况。

【水运】sɥ˥˩ɦYən˨˩ 水上运输。

【水里】sɥ˦˧li˧ 水中。
【水沟】sɥ˦˧kY˥ 引水的沟渠。
【水芹】sɥ˦˧ʥən˩ 生长在水里的一种芹菜。
【水作】sɥ˦˧ʦoʔ˥ 旧指泥瓦匠。
【水泻】sɥ˥˩siɑ˥˩ 腹泻如水。
【水性】sɥ˥˩sin˥˩ 水中活动的能力。
【水龙】sɥ˦˧loŋ˧ 救火用的引水长管子。
【水汆】sɥ˦˧tʻən˥ 水灾。
【水凼】sɥ˦˧dɑ̃˩ 小水坑。
【水发】sɥ˦˧faʔ˥ 干货食品用水浸泡复原。
【水盂】sɥ˦˧Øy˥ 盛水用的小盂。
【水货】sɥ˥˩həu˥˩ 走私物品。
【水炒】sɥ˦˧ʦʻæ˥ 炒货用水炒制的。别于糖炒、油炒。
【水面】sɥ˥˩miɪ˩ 河面，湖面。
【水线】sɥ˥˩siɪ˥˩ 水浸润的高度。
【水荒】sɥ˦˧huɑ̃˥ 大水造成的灾荒。
【水缸】sɥ˦˧kɑ̃˥ 盛水用的大陶器缸。
【水音】sɥ˦˧Øin˥ 形容清脆响亮的嗓音。
【水钻】sɥ˦˧ʦø˥ 人造钻石。
【水烟】sɥ˦˧Øiɪ˥ 烟叶的一种。用水烟筒抽吸。
【水笔】sɥ˦˧piəʔ˥ 毛笔的一种。用铜笔套套住饱蘸墨水的笔头，倒插以备随时取用。
【水菜】sɥ˦˧ʦʻE˥ 作食品的蚌肉。
【水印】sɥ˥˩Øin˥˩
【水兵】sɥ˦˧pin˥
【水袖】sɥ˦˧zY˧
【水城】sɥ˦˧zən˩
【水蛆】sɥ˦˧ʦʻi˥ 夏天出现在河水中的小红虫。往往成片出现，可做金鱼饲料。
【水渍】sɥ˦˧ʦiəʔ˥ 水干掉后留下的印迹。
【水蛇】sɥ˦˧zo˩ 生活在淡水河中的无毒蛇。
【水硍】sɥ˥˩kʻən˥˩ 水中的脏物附着在容器壁上形成的污垢。
【水兜】sɥ˦˧tY˥ 厨房用小型水槽。

S

【水锈】sʮ˥˩sʏ˥˩　水中的脏物附着在容器壁上形成的污垢。

【水船】sʮ˥˨zø˧　用于装运清水的木船。

【水银】sʮ˥˨ȵən˧　汞。

【水路】sʮ˥˩ləu˨˩　通航的河道。

【水脚】sʮ˥˨tɕiɑʔ˥　沉淀在容器底部的水垢或剩水。

【水筹】sʮ˥˨zʏ˨˩　旧时买开水代替钱币的烙有印记的小竹片。

【水潭】sʮ˥˨dø˨˩　小水坑。

【水牌】sʮ˥˨bɑ˨˩　(一)用于记事的搪瓷白色小牌。(二)便于擦洗的髹漆的黑色写字木牌。

【水墨】sʮ˥˨məʔ˧　中国画的一种。除用墨之外,不用其他颜料。

【水门汀】sʮ˥˨mən˧t‘in˥˩　混凝土。

【水木作】sʮ˥˨moʔ˧tsoʔ˥　旧时专门营造房屋的经营单位。

【水包皮】sʮ˥˨pæ˥bi˧　谑称洗澡。

【水红菱】sʮ˥˨ɦoŋ˧lin˨˩　苏州特产。红色的菱角。

【水老虫】sʮ˥˨læ˧zoŋ˨˩　在水中活动,善于游水的老鼠。

【水老鸦】sʮ˥˨læ˧ɦo˨˩　渔民豢养的用于捕鱼的鱼鹰。常用来形容浑身湿透的人。

【水夹夹】sʮ˥˨kɑʔ˥kɑʔ˥　形容食品水分过多,淡而无味。

【水汪汪】sʮ˥˨0uɑ̃˥0uɑ̃˥˩　(一)形容水分充足。(二)形容眼睛明澈、灵活。

【水灵灵】sʮ˥˨lin˧lin˨˩　义同【水汪汪】。

【水泡眼】sʮ˥˨pæ˥ŋᴇ˨˩　(一)眼皮肥厚的眼睛。(二)金鱼的品种之一。眼睛酷似水泡。

【水宝塔】sʮ˥˨pæ˥taʔ˥　打水漂形成的前尖后大、宛似宝塔的水花。

【水面筋】sʮ˥˨miɪ˧tɕən˥˩　即面筋。别于油炸后制成的油面筋。

【水果刀】sʮ˥˨kəu˥tæ˥˩　削水果的小刀。

【水果摊】sʮ˥˨kəu˥t‘ᴇ˥˩　卖水果的小店或摊挡。

【水果糖】sʮ˥˨kəu˥dɑ̃˨˩　加

入水果汁制作的硬糖。

【水城门】sɥ˧˦zən˨˧mən˨˩ 建于河道上的城门。

【水烟筒】sɥ˧˦Øiɪ˥doŋ˨˩ 水烟壶。

【水蛇腰】sɥ˧˦zo˨˧Øiæ˥ 形容细而柔软的腰部。

【水晶包】sɥ˧˦tsin˥pæ˧˩ 生猪油、糖作馅的包子。

【水晶虾】sɥ˧˦tsin˥ho˧˩ 一种半透明的虾。

【水渣渣】sɥ˧˦tso˥tso˧˩ 形容食品水分太多，致使食品乏味。

【水墙门】sɥ˧˦ziã˨˧mən˨˩ 建于河道上的家门。

【水蜜桃】sɥ˧˦miəʔ˧dæ˨˩ 一种汁多味甘的桃子。

【水龙头】sɥ˧˦loŋ˨˧dɤ˨˩ 关闭自来水的小阀门。

【水踏渡】sɥ˧˦daʔ˧du˨˩ 砌于岸边的石阶。

【水露露】sɥ˧˦ləu˨˧ləu˨˩ 形容水分充足。

【水磨粉】sɥ˧˦mo˨˧fən˧˩ 糯米加水磨成的粉。

【水磨筷】sɥ˧˦mo˨˧k‘uE˧˩ 加水细磨，表面十分光洁的竹筷。

【水石盆景】sɥ˧˦zɑʔ˧bən˨˧tɕən˧˩ 单用石头堆砌，加清水制成的盆景。

【水性杨花】sɥ˧˦sin˥ɦiã˨˩ho˧˩

【水草鞋子】sɥ˧˦ts‘æ˥ɦɑ˨˩tsɿ˧˩ 形容湿透的布鞋。

【水涨船高】sɥ˧˦tsã˧˦zø˨˧kæ˥ 喻事物随着所凭借的基础的提高而提高。

【水潽鸡蛋】sɥ˧˦p‘u˥tɕi˥dE˨˩ 去壳后整个儿放在开水里煮的鸡蛋。

【水溻辣底】sɥ˧˦t‘aʔ˥lɑʔ˧ti˧˩ 形容湿淋淋的。

【水磨方砖】sɥ˧˦mo˨˧fɑ̃˥tsø˧˩ 用水细磨的大青砖，用于铺地、贴墙。

【水磨年糕】sɥ˧˦mo˨˧ȵiɪ˨˩kæ˧˩ 用粳米蒸熟后打制成的长条形年糕。

【水火勿饶人】sɥ˧˦həu˥fəʔ˥ȵiæ˨˧ȵən˨˧ 水火无情。

【水没头西瓜】sɥ˧˦məʔ˧dɤ˨˩si˥ko˧˩ 在地里经水浸泡过的西瓜。淡而无味，且无清香。

【水花亦呒不】sɥ˧˦ho˥ɦaʔ˧

ɱ˦ɒə˥ 形容投入后无丝毫回报。

【水过地皮湿】sɥ˥˧kəu˦di˦bi˦sə˥ 喻经手人总有点好处。

【水亦泼勿进】sɥ˥˧ɦɑʔ˦pʻə˥fə˥tsin˦ 喻没有半点调解的余地。

【水银落地——无孔不入】sɥ˦ȵən˩loʔ˦di˩——vu˩kʻoŋ˥˧pə˥zə˦ 歇后语。喻有空子就钻(贬义)。

【水牛落井——有劲使不出】sɥ˦ȵiY˩loʔ˦tsin˥˧——ɦiY˩tɕən˦sɿ˦fə˥tsʻə˥ 歇后语。形容无法用力。

【水缸里火着——呒不格桩事体】sɥ˦kɑ̃˥li˩həu˦zɑʔ˦——ɱ˦pə˥gə˦tsɑ̃˥zɿ˦tʻi˥˧ 歇后语。没有那么回事。

shuì

说【sə˥】文读【SE˦】中州韵【ʂUE˦】另见shuō。

【说客】sə˥kʻɑʔ˥或SE˦kʻɑʔ˥ 用言语劝说的人。

税【SE˦】中州韵【SUE˦】

【税收】SE˦SY˥

睡 文读【ZE˩】中州韵【ZUE˩】

【睡眠】ZE˦mi˦

shǔn

吮【zən˩】中州韵【ʑən˩】

【吮吮】zən˩zən˩ 含在口中吮吸。

shùn

顺【zən˩】中州韵【ʑuən˩】

【顺子】zən˦tsɿ˥˧ 扑克中顺序相连的五张牌,但花色不一定相同。

【顺仔】zən˩tsɿ˥˧ 沿着,顺着。

【顺手】zən˨˧sʏ˥　（一）顺便。（二）右手。

【顺当】zən˨˧tã˥　顺利。

【顺从】zən˨˧zoŋ˩

【顺产】zən˨˧ʦʻE˥˩　顺利分娩。

【顺路】zən˨˧ləu˩　要经过的路。

【顺顺】zən˩zən˩　（一）不通顺的地方改为通顺（多指文字）。（二）依顺。

【顺带便】zən˨˧tɑ˥bii˩　顺便。

【顺得来】zən˩təʔ˥lE˩　（一）非常顺利。（二）讥刺语。用别人的东西，不必打招呼像用自己的一样顺当。

【顺风耳朵】zən˨˧foŋ˥ȵ̥i˧təu˥˩　形容能听到极远地方声音的耳朵。

【顺风顺水】zən˨˧foŋ˥zən˩sɥ˥˩　顺风且顺着水流方向行船。借指行事特别顺利。

【顺手牵羊】zən˨˧sʏ˥˩ʨʻii˥ɦiã˧

【顺手顺脚】zən˨˧sʏ˥˩zən˩ʨiɑʔ˥　走路时，左手、左脚或右手、右脚同时起落。

【顺水推舟】zən˨˧sɥ˥˩tʻE˥ʦʏ˥

【顺风篷扯足】zən˨˧foŋ˥boŋ˩ʦʻɑ˥ʦoʔ˥　形容得理不让人。

【顺风耳朵千里眼】zən˨˧foŋ˥ȵ̥i˧təu˥˩ʦʻii˥lii˩ŋE˩　形容消息灵通，眼光敏锐。

【顺风掮纤，逆风扯篷】zən˨˧foŋ˥pE˥ʨʻii˥˩˧，ŋ̊əʔ˧foŋ˥ʦʻɑ˥boŋ˧　喻行事违背常理。

【顺风篷扯得忒足船要翻】zən˧foŋ˥boŋ˩ʦʻɑ˥təʔ˥tʻəʔ˥ʦoʔ˥zø˧Øiæ˥˩˧fE˥　喻得理不让人只会坏事。

舜【sən˥˩˧】中州韵【ʂuən˥˩˧】

瞬【sən˥˩˧】中州韵【ʂuən˥˩˧】

shuō

说【səʔ˥】中州韵【ʂəʔ˥】

另见 shuì

【说书】səʔ˥sɥ˥　曲种。评

弹演出。

【说头】səʔ˥dʏ˩˧　后缀词。可说的东西。

【说功】səʔ˥koŋ˥　评弹说表艺术的功夫。

【说合】səʔ˥ɦəʔ˧　撮合。

【说足】səʔ˥tsoʔ˥　(一)该说的都说了。(二)指说了足够多的时间。

【说法】səʔ˥faʔ˥

【说开】səʔ˥kʻE˥　解释，调解开了。

【说白】səʔ˥bɑʔ˧　戏曲中说的部分。

【说还】səʔ˥ɦuE˩˧　(一)把对方曾经说过的批评话，回敬过去；反唇相讥。(二)受了对方批评，也借端批评对方。

【说表】səʔ˥piæ˦˩˨　曲艺中不代表角色的说的部分。

【说教】səʔ˥tɕiæ˦˩˨

【说谎】səʔ˥huɑ̃˥˩

【说着】səʔ˥zɑʔ˧　(一)说中。(二)正说到。

【说程】səʔ˥zən˩˧　可说的话；可说的理由。

【说煞】səʔ˥saʔ˥　(一)把话说死。(二)说定或约定(不能改易)。

【说熟】səʔ˥zɑʔ˧　说多了，非常熟练。

【说僵】səʔ˥tɕiã˥　说出去的话太绝对，无法收转和挽回。

【说一泡】səʔ˥Øiəʔ˥pʻæ˥˩　说了一大堆话。

【说大话】səʔ˥dəu˧˩ɦo˧˩　吹牛。

【说勿出】səʔ˥fəʔ˥tsʻəʔ˥　说不出。

【说勿起】səʔ˥fəʔ˥tɕʻi˥˩　指批评不得。

【说勿得】səʔ˥fəʔ˥təʔ˥　(一)不可以说的。(二)指批评不得。

【说白相】səʔ˥bəʔ˧siã˥˩　说着玩。

【说过头】səʔ˥kəu˥˩dʏ˩˧　(一)说过头话。(二)说过了预定的时间。(三)说过了预先安排的情节。

【说因果】səʔ˥Øin˥kəu˥˩　专说因果报应故事的一种演艺职业。

【说死话】səʔ˥si˥˩ɦo˧˩　(一)说逗人发笑的话。(二)说反唇相讥的话。

【说闲话】səʔ˥ɦE˨˧ɦo˩˧ （一）说些无关紧要的话。（二）指批评。（三）交谈，说话。

【说说格】səʔ˥səʔ˥kəʔ˥ 只是嘴上说说而已。

【说说看】səʔ˥səʔ˥k'ø˧˦ 试着说说；说来听听。

【说酒话】səʔ˥tsɤ˧˦ɦo˩˧ 喝多了酒说的话。

【说破天】səʔ˥p'u˧˦t'ii˥ 说到随便什么地方去；说到底。

【说得出】səʔ˥təʔ˥ts'əʔ˥ （一）有理由可以这么说。（二）不该这么说，却说了。

【说得来】səʔ˥təʔ˦lE˩˧ 话得投机。

【说谎话】səʔ˥huã˧˦ɦo˩˧ 说谎。

【说睏话】səʔ˥k'uən˥ɦo˩˧ 说梦话。

【说豁边】səʔ˥huaʔ˥pii˥ 说话说出谬误来。

【说漏嘴】səʔ˦lɤ˩˧tsɥ˧˦ 不经意间，把不该说的说了出去。

【说一不二】səʔ˥Øiəʔ˥pəʔ˥ɦə˩˧或səʔ˥Øiəʔ˥fəʔ˦liã˩˧ 形容说话算数。

【说一是一】səʔ˥Øiəʔ˥zɿ˩˧Øiəʔ˥ （一）说的都是真的。（二）义同【说一不二】。也说成【说一是一，说二是二】səʔ˥Øiəʔ˥zɿ˩˧Øiəʔ˥，səʔ˥ɲi˩˧zɿ˩˧ɲi˩˧。

【说勿投来】səʔ˥fəʔ˥dɤ˩˧lE˩˧ 话不投机。

【说书先生】səʔ˥sɥ˥sii˥sã˧˦ 从事说书的演员。

【说风说水】səʔ˥foŋ˥səʔ˥sɥ˧˦ 不好意思直接说出来，说些影射的话。

【说死勿通】səʔ˥sɿ˧˦fəʔ˥t'oŋ˥ 怎么说也不能说服（用于批评拗执的人）。

【说出血来】səʔ˥ts'əʔ˥ɕyəʔ˥lE˧ 极言苦口婆心地劝告。

【说尽说绝】səʔ˥zin˩˧səʔ˥ziəʔ˧ 该说的话都已说完了。

【说说笑笑】səʔ˥səʔ˥siæ˧˦siæ˧˦ （一）有说有笑。（二）说说无关紧要的话，取取乐。

【说样话景】səʔ˥ɦiã˧ɦo˩˧tɕən˧˦ 不好意思直接说出来，说些影射的话。

【说东道西】səʔ˥toŋ˥dæ˩˧si˥ 闲聊。

【说来话去】səʔ˥lE˨˧ɦo˧˩tɕʻi˥˩˧ 说来说去,反复论述。

【说得出格】səʔ˥təʔ˥tsʻəʔ˥kəʔ˥ (一)可以说得出口的。(二)不该这么说的(反语)。

【说得投来】səʔ˥təʔ˥dY˩˧lE˧˩ 话得投机。

【说煞勿错】səʔ˥saʔ˥fəʔ˥tsʻo˥ (老古话)说得一点儿也不错。

【说嘴勿响】səʔ˥tsʮ˥˧fəʔ˥ɕiã˥˩˧ 因理亏,没法争辩。亦作【说勿嘴响】səʔ˥fəʔ˥tsʮ˥˩˧ɕiã˥˩˧。

【说嘴郎中】səʔ˥tsʮ˥˩˧lã˨˧tsoŋ˥ 能说会道,但医术并不高明的医生。喻只会夸夸其谈,而无真才实学的人。

【说噱弹唱】səʔ˥ɕuəʔ˥dE˨˧tsʻɑ̃˥˩˧ 苏州弹词演员的四种基本表演手法。说白,幽默,弹奏乐器,演唱。

【说风就是雨】səʔ˥foŋ˥zY˨˧zɿ˩˧ɦY˧˩ (一)形容任性。(二)形容性子急。

【说一千,道一万】səʔ˥ʔiəʔ˥tsʻiɪ˥,dæ˩˧ʔiəʔ˥mE˧˩ 反反复复地说了好多。

【说勿像话勿像】səʔ˥fəʔ˥ziã˧˩ɦo˨˧fəʔ˥ziã˧˩ 形容无法用语言描述。

【说归说,做归做】səʔ˥kuE˥səʔ˥,tsəu˥˧kuE˥tsəu˥˧ (一)指言行不一。(二)嘴里说,手里做,两不耽误。

【说真方,卖假药】səʔ˥tsən˥fã˥˩˧,mɑ˧˩kɑ˥˧ɦiɑʔ˧ 喻用欺骗手段牟利。方,药方。

【说着风,就扯篷】səʔ˥zɑʔ˧foŋ˥,zY˩˧tsʻɑ˥boŋ˨˧ 义同【说风就是雨】。

【说错仔有真话】səʔ˥tsʻo˥tsɿ˥˩˧ɦiY˩˧tsən˥ɦo˧˩ 形容说谎成性。

【说书容易种根难】səʔ˥sʮ˥ɦioŋ˨˧ɦi˩˧tsoŋ˥kən˥nE˨˧ 评弹行话。指说书最难的是安排伏笔。

【说到啰里是啰里】səʔ˥tæ˥˩˧lo˩˧li˩˧zɿ˥lo˩˧li˧˩ (一)说到不能说打住。(二)指信口开河,乱说一通。

【说说容易做做难】səʔ˥səʔ˥ɦioŋ˨˧ɦi˩˧tsəu˥˧tsəu˥nE˨˧ 说不费力气,真要做起来,会

很困难的。

【说嘴郎中呒好药】səʔ˥tsɥ˥˨lã˦tsoŋ˥m̩˦hæ˥˨ɦiɑ˩˧ 喻花言巧语的人不会说有用的话来。

【说大勿大，说小勿小】səʔ˥dəu˩˧fəʔ˥dəu˩˧，səʔ˥siæ˦˩˨fəʔ˥siæ˦˩˨ 指事情并不小。

【说仔一声，拆仔一坑】səʔ˥tsɿ˥˨Øiəʔ˥sã˥，tsʻɑʔ˥tsɿ˥˨Øiəʔ˥kã˥ 批评了一句，遭到长篇大论的反击(贬义)。

【说到曹操，曹操就到】səʔ˥tæ˥˨zæ˩˧tsʻæ˥˨，zæ˩˧tsʻæ˥˨zY˩˧tæ˦˩˨ 谈起某人，某人正巧来了。

【说闲话牙子箍箍齐】səʔ˥ɦE˦ɦo˩˧ŋɑ˦tsɿ˥˨tsoʔ˥tsoʔ˥zi˧ 警示语。指说话要谨慎些。

【说话说拨知音，送饭送拨饥人】səʔ˥ɦo˩˧səʔ˥pəʔ˥tsɥ˥Øin˥˨，soŋ˦˩˨vE˩˧soŋ˦˩˨pəʔ˥tɕi˥ȵən˩˧ 喻做事要看对象。

shuò

妁【tsɑʔ˥】中州韵【tsoʔ˥】、【tsaʔ˥】

烁【saʔ˥】中州韵【ʂaʔ˥】

铄【saʔ˥】中州韵【ʂaʔ˥】

朔【soʔ˥】中州韵【ʂoʔ˥】

搠【soʔ˥】中州韵【ʂoʔ˥】

槊【soʔ˥】中州韵【ʂoʔ˥】

硕【zaʔ˧】文读【zəʔ˧】中州韵【ʐəʔ˧】

数【səu˦˩˨】另见 shù；shǔ。

sī

私【sɿ˥】

【私了】sɿ˥liæ˩˧ 私下了结。

【私心】sɿ˥sin˥˨ 个人的利害得失。

【私见】sɿ˥tɕiɪ˦　成见。

【私白】sɿ˥bɑʔ˧　苏州评弹术语。借说书人之口说出人物的内心独白。

【私食】sɿ˥zəʔ˧　有意瞒过别人,私下享用的食品。

【私交】sɿ˥tɕiæ˨˩　私下里的交情。

【私刑】sɿ˥ɦin˩˧

【私囡】sɿ˥nø˩˧　非婚生子女。

【私货】sɿ˥həu˨˩　(一)不能公开买卖的货物。(二)喻指私藏不能公开的东西。

【私房】sɿ˥vɑ̃˩˧　指家庭成员归个人所有的财物;或私下隐藏的财物。也叫【私房钿】sɿ˥vɑ̃˩˧diɪ˩˧或【私房铜钿】sɿ˥vɑ̃˩˧doŋ˩˧diɪ˩˧。

【私账】sɿ˥tsã˦　个人的财务账。

【私家】sɿ˥kɑ˨˩　属私人所有的。

【私盐】sɿ˥ɦiɪ˩˧　非法经营的食盐。喻非法物品,公开不得的东西。

【私章】sɿ˥tsã˨˩　私人印章。

【私淑】sɿ˥zoʔ˧

【私蓄】sɿ˥ɕioʔ˥或sɿ˥ɕyəʔ˥　私人积蓄。

【私塾】sɿ˥zoʔ˧

【私奔】sɿ˥pən˨˩　苟合。

【私囊】sɿ˥nɑ̃˩˧

【私生子】sɿ˥sã˥tsɿ˨˩　非婚生子女。

【私底下】sɿ˥ti˥ɦo˩˧　私下。

【私窠子】sɿ˥k'əu˥tsɿ˨˩　暗娼。

【私盐包】sɿ˥ɦiɪ˦pæ˨˩　喻非法物品,公开不得的东西。

【私弊夹账】sɿ˥bi˦kɑʔ˥tsã˨˩　(一)指弄虚作假的(事)。(二)指见不得人的(东西)。

【私盐当作官盐卖】sɿ˥ɦiɪ˩˧tɑ̃˦tsoʔkuø˥ɦiɪ˩˧mɑ˩˧　喻公开做违法事。

司【sɿ˥】

【司令】sɿ˥lin˩˧

【司仪】sɿ˥ɦi˩˧

【司机】sɿ˥tɕi˨˩

【司法】sɿ˥faʔ˥

【司炉】sɿ˥ləu˩˧

【司匹灵锁】sɿ˦p'iəʔ˥lin˩˧səu˨˩　弹子门锁。

S

【司空见惯】sɿ˥k'oŋ˥tɕiɪ˩kuᴇ˩

丝【sɿ˥】

【丝巾】sɿ˥tɕən˩ 丝绸制的围巾。
【丝网】sɿ˥mɑ̃˩ 捕鱼用的小型围网。
【丝竹】sɿ˥tsoʔ˥ 指民乐中的管弦乐器。
【丝光】sɿ˥kuɑ̃˩
【丝弦】sɿ˥ɦiɪ˩ （一）蚕丝拧成的弦线。（二）指国乐中的弦乐。
【丝线】sɿ˥siɪ˩
【丝桐】sɿ˥doŋ˩ 古琴的代称。
【丝绸】sɿ˥zʏ˩
【丝袜】sɿ˥maʔ˧ 用人造丝或真丝制成的袜子。
【丝绵】sɿ˥miɪ˩
【丝缕】sɿ˥lʏ˩ 细丝，细纹。
【丝瓜筋】sɿ˥ko˥tɕən˩ 丝瓜络。
【丝网船】sɿ˥mɑ̃˧zø˩ 用小型围网捕鱼的渔船。
【丝线结子】sɿ˥siɪ˥tɕəʔ˥tsɿ˩ 瓜皮帽顶上用丝线络成的球形物。
【丝弦家生】sɿ˥ɦiɪ˩kɑ˥sɑ̃˩ 指民乐中的弦乐乐器。
【丝绵被头】sɿ˥miɪ˩biɪ˩dʏ˩ 用丝绵做保温材料的被子。
【丝游蔓套】sɿ˥ɦiʏ˩mᴇ˩t'æ˩ 形容行动滞缓。
【丝毛乌骨鸡】sɿ˥mæ˩Øəu˥kuəʔ˥tɕi˩ 乌骨鸡。其毛片如丝状，故名。

嗞【sɿ˥】

鸶【sɿ˥】

思【sɿ˥】

【思考】sɿ˥kæ˩
【思想】sɿ˥siɑ̃˩
【思路】sɿ˥ləu˩
【思前想后】sɿ˥ziɪ˩siɑ̃˩ɦʏ˩ 前前后后都想一想。

斯【sɿ˥】

【斯文】sɿ˥vən˩
【斯文扫地】sɿ˥vən˩sæ˩

di˨˩

【斯文一只袜】sɿ˥vən˨˩θiəʔ˥tsɑʔ˥maʔ˧ 趣语。指人斯文的样子。从“斯文一脉”中来。吴语中“脉”、“袜”同音。

厮【sɿ˥】

澌【sɿ˥】

撕【sɿ˥】

【撕票】sɿ˥pʻæ˨˦ 绑票者杀害人质。

嘶【sɿ˥】中州韵【ʂy˥】

蛳【sɿ˥】中州韵【sʮ˥】

sǐ

死【si˥˩】文读【sɿ˥˩】

【死】si˥˩ （一）死亡。（二）不顾生命地坚持。（三）不活动,不灵活。（四）达到极点。（五）不能通过。（六）决不相容。

【死人】si˥˧ȵən˨˩ （一）人的尸体。（二）骂人话。该死的。

【死尸】si˥˧sʮ˥ 尸体。

【死子】si˥˧tsɿ˥ 问题的症结,关键。

【死水】si˥˧sʮ˥

【死心】si˥˧sin˥

【死仔】si˥˩tsɿ˥˩ 死了之后。

【死光】si˥˧kuɑ̃˥ 都死了。

【死讯】si˥˩sin˥˩ 死亡的消息。

【死虫】si˥˧zoŋ˨˩ 骂人话。不灵活、不善于交际的人。

【死当】si˥˩tɑ̃˥˩ 当去的东西,当铺按约过期不予赎回。

【死角】si˥˧koʔ˥

【死板】si˥˧pᴇ˥

【死活】si˥˧ɦuəʔ˧

【死话】si˥˩ɦo˨˩ 引人发笑的话。（二）有悖常理的讥讽话。

【死信】si˥˩sin˥˩ 无法找到收信人的信件。

【死狗】si˥˧kY˥ 死亡了的狗。喻已抓获的坏人。

【死结】si˥˧tɕəʔ˥ 无法解开或不易解开的绳结。

S

【死相】si˥˧siã˥˧ 死后的样子或面目。

【死货】si˥˧həu˥˧ 骂人话。该死的，死了一样的人。

【死法】si˦fa?˥ （一）死板的方法。（二）死亡的方法。

【死背】si˥˧bɛ˨˩ 拼命地背（书），不注重所背的内容。

【死帮】si˦pɑ̃˥ 毫无原则地帮扶。拼命相助。

【死坯】si˦p'ɛ˥ 死人（多带贬义）。

【死咸】si˦ɦɛ˧ 形容味道非常咸。

【死胎】si˦tɛ˥ 死在母腹中的胎儿。

【死格】si˦kə?˥ （一）形容固定的；一定的。（二）死的。

【死煞】si˦sa?˥ 却偏偏。也说成【煞死】sa?˥si˥˧。

【死脱】si˦t'ə?˥ （一）死掉。（二）后缀词。表示程度非常高。

【死做】si˥˧tsəu˥˧ （一）拼命干活。（二）用死板的、笨拙的方法去做。

【死猪】si˦tsʮ˥ （一）形容睡得很死的人。（二）死亡的猪。

【死唱】si˥˧ts'ɑ̃˥˧ 缺乏技巧或表演能力的演唱。

【死腔】si˦tɕ'iã˥ （一）死人的样子。（二）形容令人厌恶的样子。

【死斑】si˦pɛ˥ 老年人脸上出现的黑色斑点。

【死路】si˥˧ləu˨˩ （一）走不通的路。（二）喻走向死亡的方向。

【死算】si˥˧sø˥˧ 以死板的方法计算。

【死困】si˥˧kuəu˦ 无节制的睡。

【死哏】si˥˧gən˨˩ 发固执脾气。

【死哉】si˥˧tsɛ˥˧ （一）死掉了。（二）感叹词。这下完了。

【死工资】si˦koŋ˥tsɿ˥˧ 单指工资收入。

【死下去】si˦ɦo˧tɕ'i˥˧ 死了之后。也叫【死下来】si˦ɦo˧lɛ˨˩。

【死扎死】si˦tsa?˥si˥˧ 死板，不灵活。

【死开销】si˦k'ɛ˥siæ˥˧ 固定

的、必须支付的日常开支。

【死对头】si˥˨tE˥dY˨˩ 决不相容的对手。

【死老虎】si˥˨læ˦həu˥˩ 喻已经抓获的坏人(与未抓获的坏人相对而言)。

【死老实】si˥˨læ˦zəʔ˧ 极其老实。

【死诀门】si˥˨tɕəʔ˥mən˨˩ 必然的办法。

【死赤佬】si˥˨tsʻəʔ˥læ˨˩ 骂人话。死鬼。赤佬,鬼。

【死快哉】si˥˩kʻuɑ˥˩tsE˥˩ 骂人话。快死了。

【死抓鸡】si˥˨tsɑ˥tɕi˥˩ 形容一点事都不会做的人。

【死弄堂】si˥˨loŋ˦dɑ̃˨˩ 走不通的小巷子。

【死板板】si˥˨pE˥pE˥˩ 死板,不灵活。

【死和调】si˥˨ɦəu˦diæ˨˩ 毫无原则地附和。

【死鸭叫】si˥˨0aʔ˥tɕiæ˥˨ 形容大笑声音干涩难听。

【死脑筋】si˥˨næ˦tɕən˥˩ (一)脑子极不灵活,不能随机应变。(二)认准了的,不管发生什么变化,决不更改。

【死顿顿】si˥˨tən˥tən˥˩ 形容极为沉重。

【死勒死】si˥˩ləʔ˧si˥˩ 形容不灵活,拘束的样子。

【死铜钿】si˥˨doŋ˦di˨˩ 固定的收入或积蓄。

【死猫叫】si˥˨mæ˦tɕiæ˥˨ 形容人说话或演唱声音小而难听。

【死猛扪】si˥˨mɑ̃˦mən˨˩ 形容不近人情,不讲道理。

【死藤瓜】si˥˨dən˦ko˥˩ 在采摘前,瓜藤已枯死的瓜果。

【死人勿关】si˥˨ȵən˦fəʔ˥kuE˥ 喻不闻不问。

【死人叹气】si˥˨ȵən˦tʻE˥˩tɕʻi˥˨ 喻一些于事无补、毫无用处的话。

【死人和调】si˥˨ȵən˦ɦəu˦diæ˨˩ 指毫无原则地附和。

【死水一潭】si˥˨sʮ˥˩0iəʔ˥dø˦ (一)喻没有通融的地方。(二)形容没有生气的群体。

【死出风头】si˥˨tsʻəʔ˥foŋ˥dY˨˩ 拼命出头露面,显示自己。

【死心调落】si˥˨sin˥diæ˨˩loʔ˧ 形容死心。

【死勿买账】si˥˨fəʔ˥mɑ˨˩tsɑ̃˥˨

决不妥协(含固执的意思)。

【死勿服帖】si˧˦fəʔ˥voʔ˧tiəʔ˥ 决不屈服(含固执的意思)。

【死勿脱俚】si˧˦fəʔ˥tʻəʔ˥li˥˩ 詈语。怎么不死掉的。

【死白连天】si˧˦bɑʔ˧lii˨˧tʻii˥ 形容惨白。

【死包活拆】si˧˦pæ˥ɦuəʔ˧tsʻɑʔ˥ 艺人与剧场方面的一种拆账分成方法。剧场在对演员实行包场的基础上,如果演出营业收入超过约定的数额部分,艺人可再获得分成。

【死去活来】si˧˦tɕʻi˥˩ɦuəʔ˧lE˨˩ 形容程度达到极点(多形容悲哀或疼痛的程度)。

【死皮赖脸】si˧˦bi˨˧lɑ˨˩li˨˩ 厚着脸皮耍赖。

【死吃活吃】si˧˦tɕʻəʔ˥ɦuəʔ˧tɕʻəʔ˥ 拼着命吃。

【死呒对证】si˧˦m̩˨˧tE˥tsən˥˩ 能提供证据的人死了,无法找到证据。

【死来死去】si˧˦lE˨˧si˥˩tɕʻi˥˩ 来来去去(贬意)。

【死盯法度】si˧˦tin˥faʔ˥dəu˨˩ 死板;毫不通融。

【死样怪气】si˧˦ɦiã˨˧kuɑ˥˩tɕʻi˥˩ 形容精神消沉、不振作的样子。

【死弹死唱】si˧˦dE˨˧si˥˩tsʻɑ̃˧˦ 形容弹词演员的弹奏乐器和唱腔很刻板,或只善唱,不善说和表演。

【死煞浜斗】si˧˦saʔ˥pɑ̃˥tɤ˥˩ 形容交通极不便利的地方。

【死得活得】si˧˦təʔ˥ɦuəʔ˧təʔ˥ 却偏偏。

【死粥死饭】si˧˦tsoʔ˥si˥˩vE˨˩ 常规用餐。

【死貌活舌】si˧˦mæ˨˧ɦuəʔ˧zəʔ˧ 指貌似忠厚木讷,说话却十分幽默。

【死蟹一只】si˧˦hɑ˥øiəʔ˥tsɑʔ˥ 形容束手无策。

【死人多口气】si˧˦ȵən˨˩təu˥kʻɤ˥˩tɕʻi˧˦ 形容毫无作用的人。

【死人额角头】si˧˦ȵən˨˩ŋɑʔ˧koʔ˥dɤ˨˩ 原本是歇后语。后面是【推亦推勿动】tʻE˥ɦaʔ˧tʻE˥fəʔ˥doŋ˨˩ 但口语中往往省略。指人办事过于刻板,不懂通融。

【死人勿丢关】si˧˦ȵən˨˩fəʔ˥

tY˥kuE˥˩ 形容毫不过问。

【死人勿管账】si˦ȵən˩˨fəʔ˥ kuø˥˩tsã˥˩ 义同【死人勿丢关】。

【死亦勿相信】si˥˩ɦaʔ˧fəʔ˥siã ˥sin˥˩ 决不相信。也说成【死脱人亦勿相信】si˦t'əʔ˥ȵən˦ɦaʔ˧fəʔ˥siã˥sin˥˩。

【死店活人开】si˦tiI˥˩ɦuəʔ˧ȵən˦k'E˥ 形容处理事务要灵活。

【死桃树开花】si˦dæ˦zɥ˩˨k'E˥ho˥ 形容原本被认为无所作为的人,忽然获得成功;或原本被认为木讷的人,忽然说出一句极为幽默可乐的话来。

【死蟹夹煞人】si˦ɦa˥˩kaʔ˥saʔ˥ȵən˦ 趣语。死掉的螃蟹的螯能厉害地夹人。喻指与死心眼的人对立,可能吃大亏。

【死活勿得知】si˦ɦuəʔ˧fəʔ˥təʔ˥tsɥ˥ 是死是活不知道。

【死仔口眼勿闭】si˥˩tsɿ˥˩k'Y˦ŋE˦fəʔ˥pi˦ 死不瞑目。

【死勿死,活勿活】si˦fəʔ˥si˥˩,ɦuəʔ˧fəʔ˥ɦuəʔ˧ 形容处境尴尬。

【死脱人,钉脱门】si˦t'əʔ˥ȵən˦,tin˦t'əʔ˥man˦ 形容推车撞壁,无通融余地。

【死蛇屏,癞团劲】si˦zo˦pin˥˩,lɑ˦dø˦tɕən˥˩ (一)形容苦苦相持。(二)指僵持不走。

【死揪揪,活扭扭】si˦tɕiY˥tɕiY˥˩,ɦuəʔ˧ȵiY˥˩ȵiY˥˩ 形容长时间的纠缠。

【死马当俚活马医】si˦mo˦tã˦li˥ɦuəʔ˧mo˩˨ʔi˥ 喻指无可奈何的办法。

【死人头发梳勿顺】si˦ȵən˦dY˩˨faʔ˥sɿ˥fəʔ˥zən˩˨ 喻无法讲清道理。

【死勿开口闷不响】si˦fəʔ˥k'E˥kY˥˩mən˥fəʔ˥ɕiã˥˩ 坚决不搭理。

【死格说出活格来】si˦kəʔ˥səʔ˥ts'əʔ˥ɦuəʔ˧kəʔ˥lE˩˨ (一)形容极能花言巧语。(二)指语言能力极强。

【死猪勿怕开水烫】si˦tsɥ˥fəʔ˥p'o˦k'E˥sɥ˥˩t'ã˦ 喻身处绝境,什么也不怕。

【死要面子活受罪】si˦ʔiæ˥miI˦tsɿ˥˩ɦuəʔ˧zY˩˨zE˩˨ 极

其要面子，然而捉襟见肘，受尽磨难。

【死棋肚里有仙着】si˦˨ʥi˨˦dəu˨˦li˨˩ɦiʏ˨˩sii˥˥tsɑʔ˥ 看似必输的棋，或有妙手可以解围。形容绝望中，或有办法使事态转机。

【死了死了，一死百了】si˥˨liæ˨˩si˥˨liæ˨˩，Øiəʔ˥si˥˨pɑʔ˥liæ˨˩ 指人活在世上有诸多烦恼，死了之后就统统了却。这是厌世的话。

【死人拍马屁——鬼讨好】si˦˨ȵ̊ən˨˩pɑʔ˥mo˨˩p'i˥˨——ʨy˦˨t'æ˥hæ˥˨ 歇后语。拼命讨好（贬义）。

【死人勒额角头上转】si˦˨ȵ̊ən˨˩əʔ˨˦ŋɑʔ˨˦koʔ˥dʏ˨˩lɑ̃˨˩tsø˦˨ 指将有杀身大祸临头。也指将有后果极为严重的祸事临头。

【死标致勿及活难看】si˦˨piæ˥tsʮ˥˨fəʔ˥ʥəʔ˨˦ɦuəʔ˨˦nᴇ˨˦kø˥˨ 面目姣好但不活泼，不如脸并不漂亮却十分活泼的人可爱。

【死得老虫勿挺一只】si˦˨təʔ˥læ˨˦zoŋ˨˩fəʔ˥t'in˦˨Øiəʔ˥tsɑʔ˥ 指一门死绝。老虫，老鼠。勿挺，不剩。

【死人臭一方，活人臭四方】si˦˨ȵ̊ən˨˩ts'ʏ˦˨Øiəʔ˥fɑ̃˥，ɦuəʔ˨˦ȵ̊ən˨˩ts'ʏ˦˨sɿ˥fɑ̃˥˨ 形容丑事难遮。

【死脱张屠夫，勿吃带毛猪】si˦˨t'əʔ˥tsɑ̃˥dəu˨˩fu˥˨，fəʔ˥ʨ'əʔ˥tɑ˥mæ˨˦tsʮ˥˨ 指不要过分夸大个人的力量。少了某个人，事情依然能办下去。

【死□活□】si˦˨□ɦuəʔ˨˦□ “死”字的后面加一个动词，紧接着“活”字后面加同一个动词，死和活就表示竭力。如“死吃活吃”、“死做活做”、“死喊活喊”、“死拖活拖”。

【死□死□】si˦˨□si˥˨□ 死字的后面加一个动词，紧接着再一个死字后面加一个与前一个动词相反的动词，表示该两动词的贬义。如“死来死去”、“死出死进”、“死上死下”。

sì

巳【zɿ˨˩】

S

祀【zɿ˨˧˩】

四【sɿ˥˩˧】

【四海】sɿ˥hE˥˩　豪爽，大方，慷慨。

【四六四】sɿ˥loʔ˧sɿ˥˩　旧时酒席的一种规格。四只冷盆，六只炒菜，四只大菜。

【四方联】sɿ˥fã˥liɪ˨˧　四张没有分开，成方形的邮票。

【四勿象】sɿ˥fəʔ˥ziã˨˧　（一）麋鹿。（二）指不伦不类的东西。

【四仙桌】sɿ˥siɪ˥tsoʔ˥　小方桌。

【四季豆】sɿ˥tɕi˥dY˨˧　菜豆。豆、荚均可食用。

【四脚子】sɿ˥tɕiɑʔ˥tsɿ˥˩　指姓马。

【四点水】sɿ˥˧tiɪ˥sʮ˥˩　汉字部首，属“火”。如“杰”字的下面部分。

【四脚蛇】sɿ˥tɕiɑʔ˥zo˨˧　小型蜥蜴。俗称壁虎。

【四眼狗】sɿ˥ŋE˥kY˥˩　蔑称戴眼镜的人。

【四喜肉】sɿ˥ɕi˥ȵoʔ˧　大方块红烧肉。切成四小方。

【四大金刚】sɿ˥dɑ˨˧tɕən˥kã˥˩　佛教传说里保卫佛的四尊武士。

【四书五经】sɿ˥sʮ˥ŋ̍˦tɕən˥　儒学经典。四书指：《大学》、《中庸》、《论语》、《孟子》。五经指：《周易》、《尚书》、《诗经》、《礼记》、《春秋、左传》。

【四六句子】sɿ˥loʔ˧tɕy˥tsɿ˥˩　原指骈体文的一种，全篇多以四字六字相间为句。亦指交谈或文章中，遣字用语十分文雅，几近骈文。

【四平八稳】sɿ˥bin˦poʔ˥Øuən˥˩　十分稳妥。

【四记头鼓】sɿ˥tɕi˥dY˨˧kəu˥˩　古时官员公堂办公结束，敲四下鼓表示。又名【退堂鼓】tE˥dã˦kəu˥˩。

【四时八节】sɿ˥zʮ˨˧poʔ˥tsiəʔ˥　泛指一年中的节庆日。四时即四季。八节为立春、春分、立夏、夏至、立秋、秋分、立冬、冬至。

【四季衣衫】sɿ˥tɕi˥˩Øi˥sE˥˩

指全年穿用的衣服。

【四突圈转】sɿ˥˩dəʔ˧˥lø˧˩tsø˨˦ 四周围。亦作【四突圈圈】sɿ˥˩dəʔ˧˥lø˧˩lø˧˩。

【四通八达】sɿ˥˩tʻoŋ˥˧Pɑʔ˥˧daʔ˧˥或sɿ˥˩tʻoŋ˥˧Paʔ˥˧daʔ˧˥

【四脚朝天】sɿ˥˩tɕiɑʔ˥˧zæ˨˦tʻiɪ˥˧ （一）形容仰面跌跤，手脚离地向上。（二）形容平躺的卧姿。

【四脚腾空】sɿ˥˩tɕiɑʔ˥˧dən˨˦kʻoŋ˥˧ 指马腾起，四蹄脱空。

【四联屏风】sɿ˥˩liɪ˧˩bin˨˦foŋ˥˧ 由四扇组合起来的屏风。

【四腮鲈鱼】sɿ˥˩sE˥˧ləu˨˦ŋ˧˩ 一种形似塘鳢鱼的鱼种。头部看似有四个腮，肉质鲜美。以松江产最为珍贵。

【四算划拆】sɿ˥˩sø˥˧ɦuɑʔ˧˥tsʻɑʔ˥˧ 经反复谋划。

【四两拨千斤】sɿ˥˩liã˧˩Poʔ˥˧tsʻiɪ˥˧tɕən˧˩ 形容出力小而收效大。

【四脚笔立直】sɿ˥˩tɕiɑʔ˥˧Piəʔ˥˧liəʔ˧˥zəʔ˧˥ 四肢伸直平躺，多作"死"的隐语。

【四两棉花——勿能谈（弹）】sɿ˥˩liã˧˩miɪ˧˥ho˧˩——fəʔ˥˧nən˨˦dE˨˦（dE˨˦） 歇后语。（一）不能说。（二）程度词。（程度高得）无法形容。

【四六廿四，三八廿四】sɿ˥˩loʔ˧˥ȵiɪ˧˥sɿ˧˩，sE˥˧Poʔ˥˧ȵiɪ˧˥sɿ˧˩ 两道乘法题，答案一样。喻方法不同，或计算不同，结果一样。

【四金刚扫地——大材小用】sɿ˥˩tɕən˥˧kã˥˧sæ˧˩di˧˩——da˨˦zE˨˦siæ˧˩ɦioŋ˧˩ 歇后语。屈才。

【四金刚格琵琶——勿能谈（弹）】sɿ˥˩tɕən˥˧kã˥˧kəʔ˥˧bi˧˥bo˧˩——fəʔ˥˧nən˨˦dE˨˦（dE˨˦） 歇后语。义同【四两棉花——勿能谈（弹）】。

【四金刚摇船——大推大扳】sɿ˥˩tɕən˥˧kã˧˩ɦiæ˨˦zø˨˦——dəu˨˦tʻE˥˧dəu˧˩PE˧˩ 歇后语。差距太大。吴语中的"推扳"有相差的意思。

【四金刚腾云——悬空八只脚】sɿ˥˩tɕən˥˧kã˧˩dən˨˦ɦyən˨˦——ɦiø˨˦kʻoŋ˥˧Poʔ˥˧tsɑʔ˥˧tɕiɑʔ˥˧ 歇后语。（一）差距太大。（二）没影儿（的事）。

S

【四金刚戴小帽子——大勿对头寸】sɿ˥tɕən˥kɑ̃˥tɑ˨ siæ˦mæ˦tsɿ˥˧——dəu˩fəʔ˥tɛ˦dʏ˦tsʻən˧ 歇后语。差距太大。也作【四金刚戴刘海帽——大勿对头寸】sɿ˥tɕən˥kɑ̃˥tɑ˨lʏ˦hɛ˥mæ˩——dəu˩fəʔ˥tɛ˦dʏ˦tsʻən˧。

【四金刚拖鼻涕——越大越勿成人】sɿ˥tɕən˥kɑ̃˧tʻɑ˥bəʔ˧tʻi˧——ɦʏəʔ˧dəu˩ɦʏəʔ˧fəʔ˥zən˩ȵən˩ 歇后语。指地位越是高的,年龄越是大的,做事越是有悖常理。

S

泗【sɿ˦】

驷【sɿ˦】

【驷马】sɿ˥mo˩

寺【zɿ˩】

【寺院】zɿ˩ɦiø˩

似【zɿ˩】

【似乎一经】zɿ˩ɦəu˩ʔiəʔ˥tɕən˧ 讥讽装出一本正经的样子。

姒【zɿ˩】

伺【zɿ˩】

【伺机】zɿ˩tɕi˥

饲【zɿ˩】

【饲养】zɿ˩ɦiɑ̃˩ 喂养(专指动物)。

【饲料】zɿ˩liæ˩ 喂养畜禽的食物。

笥【sɿ˦】中州韵【sɿ˥】、【sɿ˦】

嗣【zɿ˩】

食【zəʔ˧】中州韵【ʑəʔ˧】另见 shí。

肆【sɿ˥˩˧】

【肆虐】sɿ˥˩˧ȵiɑʔ˧
【肆无忌惮】sɿ˥˨vu˩˧ʥi˩˧dE˩˧

sōng

忪【soŋ˥】

松【soŋ˥】

【松口】soŋ˥k‘Y˥˩˧　应允
【松子】soŋ˥tsɿ˥˩˧　松树的种子。
【松手】soŋ˥sY˥˩˧　放手。
【松针】soŋ˥tsən˥˩˧　松树的针状叶。
【松木】soŋ˥moʔ˧　松树的木材。
【松软】soŋ˥ȵø˩˧　即松又软。
【松果】soŋ˥kəu˥˩˧　松球。
【松香】soŋ˥ɕiã˥˩˧
【松松】soŋ˥soŋ˥˩˧　放松。
【松绑】soŋ˥pɑ̃˥˩˧　把被捆绑者的绑绳去掉。
【松脆】soŋ˥ts‘E˥˩˧　既松又脆。
【松涛】soŋ˥dæ˩˧
【松动】soŋ˥doŋ˩˧　（一）形容缓解。（二）不再坚牢，可以摇动。
【松烟】soŋ˥Øiɪ˥˩˧　墨的一种。
【松脱】soŋ˥t‘əʔ˥　松掉。
【松散】soŋ˥sE˥˩˧
【松鼠】soŋ˥ts‘ɥ˥˩˧
【松花】soŋ˥ho˥˩˧　松树上的花。
【松子肉】soŋ˥tsɿ˥ȵoʔ˧　松子的仁。
【松开来】soŋ˥k‘E˥lE˩˧　松散开来。
【松扑扑】soŋ˥p‘oʔ˥p‘oʔ˥　松软的感觉。
【松节油】soŋ˥tsiəʔ˥hiY˩˧　带松香味的药液。用以擦拭关节，肌肉有凉爽轻松的感觉。
【松花粉】soŋ˥ho˥fən˥˩˧　一种外用中成药。形似松花粉状，用于治婴儿痱子。
【松松叫】soŋ˥soŋ˥tɕiæ˥˩˧　不加思索，轻松地。
【松紧带】soŋ˥tɕən˥tɑ˥˩˧　织有橡皮筋的扁带，有伸缩功

S

能。

【松紧鞋】soŋ˥tɕən˥ɦɑ˥˨ 鞋面缝有松紧带的布鞋。

【松溜溜】soŋ˥˦lʏ˥˦lʏ˨˧ 形容宽松的感觉。

【松落落】soŋ˥˦loʔ˧loʔ˧ 松散的感觉。

【松花皮蛋】soŋ˥ho˥bi˧dᴇ˨˧ 去壳后,蛋体上有似松花花纹的皮蛋。天津最有名。

【松松骨头】soŋ˥soŋ˥kuəʔ˥ dʏ˧ 指紧张之余,轻松一下。

【松松筋骨】soŋ˥soŋ˥tɕən˥ kuəʔ˥ 义同【松松骨头】。

【松松裤带】soŋ˥soŋ˥k'əu˥tɑ˥˨ (一)收紧的裤带放放松。(二)隐语。指性交易。

【松鼠尾巴】soŋ˥ts'ɥ˥˨ȵi˧po˥ (一)松鼠的尾巴。(二)一种女子发式。头发拢向脑后束起。略似松鼠尾巴。

【松鼠鳜鱼】soŋ˥ts'ɥ˥˨kuᴇ˥ ŋ̍˨˧ 传统苏式名菜之一。以鳜鱼剞花、油炸后浇上虾仁、番茄酱等作料。形似松鼠,故名。

【松香架子】soŋ˥ɕiã˥ka˥ tsɿ˥˨ 喻不堪一击的东西。

淞【soŋ˥】

嵩【soŋ˥】

sǒng

怂【soŋ˥˨】

【怂恿】soŋ˦Øioŋ˥˨

耸【soŋ˥˨】

【耸勒耸】soŋ˥˦ləʔ˧soŋ˥ 形容走路微微颤动的样子。

【耸人听闻】soŋ˦zən˧t'in˥ vən˨˧

悚【soŋ˥˨】

sòng

讼【zoŋ˨˧】

【讼师】zoŋ˧sɿ˥ 旧时称教唆打官司的人。

【讼棍】zoŋ˧kuən˥˨

颂【zoŋ˩】

【颂扬】zoŋ˧ɦiã˩
【颂歌】zoŋ˧kəu˥

宋【soŋ˦】 前缀组成词组读阴平

【宋词】soŋ˥zɿ˩
【宋朝】soŋ˥zæ˩
【宋体字】soŋ˥tʻi˥zɿ˩

送【soŋ˦】

【送行】soŋ˦ɦã˧ 送人离别。
【送死】soŋ˥si˩ 陷入圈套而死。
【送灶】soŋ˥tsæ˦ 农历腊月廿三、廿四日，旧俗祭送灶神上天述职。
【送终】soŋ˦tsoŋ˥或soŋ˥tsoŋ˩
【送送】soŋ˦soŋ˥ （一）送行。（二）运送。
【送命】soŋ˦min˩ 毫无价值地丧失生命。
【送亲】soŋ˦tsʻin˥ 送新娘至夫家结婚。
【送礼】soŋ˦li˩ 赠送礼品或礼金。
【送客】（1）soŋ˥kʻɑʔ˥ 评弹几档书同场演出的压轴演出。（2）soŋ˦kʻɑʔ˥ 送走客人。
【送葬】soŋ˥tsã˦
【送人情】soŋ˦ȵən˧zin˩ 送礼。
【送行酒】soŋ˥ɦã˧tsʏ˩ 饯行的酒席。
【送死当】soŋ˥si˥tã˦ 让人吃大亏的圈套。
【送煤球】soŋ˦mᴇ˧dʑiʏ˩ 指煤球店送货。吴语中“煤”、“霉”同音，借指讥讽。
【送羹饭】soŋ˦kã˥vᴇ˩ 将酒菜送到野外，施舍给游魂野鬼。是旧时的迷信活动。
【送君千里，终须一别】soŋ˦tɕyən˥tsʻi˥li˩，tsoŋ˥si˥ 0iəʔ˥biəʔ˧ 送客人送得再远，最后还是要分开的。
【送佛送到西天，摆渡摆到江边】soŋ˦vəʔ˧soŋ˦tæ˩si˥tʻi˩，pɑ˩dəu˩pɑ˩tæ˩kã˥pi˩。俗语。喻好事做到底。

诵【zoŋ˨˩】

【诵经】zoŋ˨˩tɕən˥ 念经。

sōu

溲【sʏ˥˩】

搜【sʏ˥】

【搜刮】sʏ˥kuaʔ˥

【搜索】sʏ˥soʔ˥

【搜搜刮刮】sʏ˥sʏ˥kuaʔ˥kuaʔ˥ 尽可能地搜刮、搜求。

嗖【sʏ˥】

馊【sʏ˥】

【馊味】sʏ˥mi˨˩ 饭、菜等变质而发出的酸臭味。

【馊脱】sʏ˥tʻəʔ˥ 馊掉。

【馊粥馊饭】sʏ˥tsoʔ˥sʏ˥vɛ˨˩ 馊了的粥和饭。

飕【sʏ˥】

艘【sʏ˥】

sǒu

叟【sʏ˥˩】

嗾【tsʻoʔ˥】中州韵【sʏ˦˩】

【嗾使】tsʻoʔ˥sɿ˥

【嗾脱】tsʻoʔ˥tʻəʔ˥ 唆使拒绝。

薮【sʏ˥˩】

擞【sʏ˥˩】

sòu

嗽【sʏ˦˩】

sū

苏【səu˥】

【苏剧】səu˥dʑəʔ˨ 苏州地方戏曲。

【苏绣】səu˥sʏ˥˩

【苏醒】səu˥sin˥˩

【苏滩】səu˥tɛ˥˩ 苏州滩簧的简称。一种苏州坐唱曲种，为苏剧的前身。

【苏昆】səu˥kʻuən˥˩ 戏曲剧种。即昆腔，昆曲。明代由江苏昆山一带民间戏曲腔调发展而成。

【苏北人】səu˥poʔ˥ȵən˦ 江苏北部的人。苏北，江苏北部。但苏州人往往指江苏长江以北为苏北。

【苏空头】səu˥kʻoŋ˥dʏ˩ 对苏州人的谑称。

【苏帮菜】səu˥pɑ̃˥ʦʻɛ˥˩ 苏州特色菜肴。代表苏州厨艺。

【苏州闲话】səu˥ʦʏ˥ɦɛ˦ɦo˩ 苏州方言。

【苏州评话】səu˥ʦʏ˥bin˦ɦo˩ 苏州地方曲种之一。俗称说大书。略似评书，但以苏州方言为主。只说不唱，多半一人表演。

【苏州弹词】səu˥ʦʏ˥dɛ˦zɿ˩ 苏州地方曲种之一。俗称说小书。说唱艺术，往往两人合作表演。自弹乐器为小三弦、琵琶。

【苏州评弹】səu˥ʦʏ˥bin˩dɛ˩ 苏州评话和苏州弹词的合称。

【苏州文书】səu˥ʦʏ˥vən˦sʮ˥ 苏州曲种之一。由王宝庆创立，惜一代而止。一种说唱艺术，一人执三弦说唱，另有一至二人用琵琶、二胡伴奏。风靡于20世纪30年代至40年代。演出地域为上海、苏州一带。

【苏式月饼】səu˥səʔ˥ŋəʔ˧pin˥˩ 苏州特色月饼。油酥皮，皮薄、软；馅有鲜肉、豆沙、百果、枣泥等。

【苏式糖果】səu˥səʔ˥dɑ̃˦kəu˥˩ 苏州特色糖果。

【苏州三朵花】səu˥ʦʏ˥˩sɛ˥təu˥˩ho˥ 指苏州评弹、苏剧、昆剧。

【苏州人一窝蜂】səu˥ʦʏ˥ȵən˩Øiəʔ˥ɦəu˦foŋ˥˩ 形容苏州人喜欢凑热闹。

【苏州人杀半价】səu˥ʦʏ˥ȵən˩saʔ˥pø˥kɑ˥˩ 形容苏州人砍价很厉害。

【苏州人卖豆腐花——完】səu˥ʦʏ˥ȵən˩mɑ˩dʏ˦

vu˩ho˥˩——ɦuø˦ 歇后语。表示完结、失败。苏州卖豆腐花的吆喝声似“完”字拉一个长长的声调。

酥【səu˥】

【酥哉】səu˥tsᴇ˥˩ (一)隐语。睡着了。(二)指煮烂了。

【酥脱】səu˥tʻəʔ˥ (一)指煮烂了。(二)形容幸福、开心到醉迷状态。

【酥咪咪】səu˥mi˩mi˩ 形容浑身无力,昏昏欲睡的样子。

【酥得来】səu˥təʔ˥lᴇ˩ (一)指煮得很烂了。(二)形容幸福、开心到醉迷状态。

【酥透酥透】səu˥tʻʏ˦səu˥tʻʏ˦ (一)指煮得十分酥烂。(二)形容幸福、开心到醉迷状态。

【酥得秃秃烂】səu˥təʔ˥tʻoʔ˥tʻoʔ˥lᴇ˩ 指煮得十分烂熟。

【酥得骨头亦勿挺】səu˥təʔ˥kuəʔ˥dʏ˦ɦaʔ˧fəʔ˥tʻin˦ (一)煮得十分烂熟,连骨头也化了。(二)极言幸福、开心到醉迷状态。勿挺,不剩。

稣【səu˥】

窣【tsʻəʔ˥】

sú

俗【zoʔ˧】

【俗气】zoʔ˧tɕʻi˥˩ 趣味不高的、令人厌恶的感觉。

【俗话】zoʔ˧ɦo˩ 群众中广泛流行的通俗而定型的语句。

【俗语】zoʔ˧ȵy˩

【俗套】zoʔ˧tʻæ˦

【俗流】zoʔ˧lʏ˩ 趣味不高的那一流人。

【俗家人】zoʔ˧kɑ˥ȵən˩ 与宗教的出家人相对,不以宗教为职业的世俗人。

【俗不可耐】zoʔ˧pəʔ˥kʻəu˥˩nᴇ˩ 形容极其低俗。

【俗言攀谈】zoʔ˧ɦi˩pᴇ˥dᴇ˩ 俗话说。

sù

夙【soʔ˥】

【夙愿】soʔ˥ȵø˩

诉【səuꜜ】

【诉讼】səuꜜzoŋꜜ
【诉苦】səuꜜk'əuꜜ

肃【soʔꜚ】

【肃清】soʔꜚts'inꜚ
【肃然起敬】soʔꜚzøꜜtɕ'iꜜtɕənꜜ　恭敬。

素【səuꜜ】

【素鸡】səuꜚtɕiꜜ　豆制品的一种。用豆腐皮卷制捆扎而成。
【素来】səuꜜlEꜜ　向来。
【素材】səuꜜzEꜜ
【素面】(1)səuꜚmiiꜜ　面、面汤、浇头均为净素的面。(2)səuꜜmiiꜜ　不加修饰、化妆的脸。
【素净】səuꜚziṇꜜ　(一)纯素的(食品)。(二)形容色彩、花纹比较朴素的。
【素油】səuꜚɦiYꜜ　植物油。
【素质】səuꜜtsəʔꜚ
【素食】səuꜚzəʔꜜ　纯素的食品。
【素菜】səuꜚts'Eꜜ　非动物性的食品。
【素养】səuꜜɦiãꜜ
【素斋】səuꜚtsɑꜜ　和尚或香客吃的纯素饭食。
【素描】səuꜜmiæꜜ
【素火腿】səuꜚhəuꜚt'Eꜜ　用豆腐衣、豆腐皮等制成形似火腿而小的食品。
【素什锦】səuꜚzəʔꜜtɕənꜜ　以多种素食品为主料，如香菇、豆腐衣、蘑菇、木耳、豆腐干等所做的菜肴。
【素面筋】səuꜚmiiꜜtɕənꜜ　用素油炸成的油面筋。
【素浇面】səuꜚtɕiæꜚmiiꜜ　以素菜为浇头的汤面。
【素菩萨】səuꜚbuꜜsaʔꜚ　指喜欢吃素食的人。
【素菜馆】səuꜚts'Eꜚkuøꜜ　专门供应净素饭食的饭馆。
【素不相识】səuꜜpəʔꜚsiãꜚsəʔꜚ　从来不相识。

愫【səuꜜ】

嗉【sәu˦˩˨】

速【soʔ˥】

【速记】soʔ˥tɕi˦˩˨

【速写】soʔ˥sia˥˨

【速成】soʔ˥zən˧

【速度】soʔ˥dəu˧

【速速】soʔ˥soʔ˥　快快。

【速撇】soʔ˥p'iəʔ˥　快;利索。

【速决战】soʔ˥tɕyəʔ˥tsø˦˩˨

簌【soʔ˥】

【簌落】soʔ˥˥loʔ˧　象声词。形容快而轻的声音。

【簌落落】soʔ˥˥loʔ˧˧loʔ˧　象声词。形容快而纷纷落下的声音。多用于流泪。

宿【soʔ˥】另见 xiǔ;xiù。

【宿舍】soʔ˥sʏ˦˩˨　单位集体住宿的地方。

【宿笃】soʔ˥toʔ˥　形容过时的、不新鲜的。

【宿仇】soʔ˥zʏ˧　旧仇。

【宿货】soʔ˥həu˦˩˨　旧货;过时货。

【宿将】soʔ˥tsiã˦˩˨

【宿怨】soʔ˥∅iø˦˩˨

【宿营】soʔ˥∅in˧

【宿菜】soʔ˥ts'E˦˩˨　隔了夜的菜肴。

【宿粪】soʔ˥fən˦˩˨　储存已久充分发酵的粪便肥料。

【宿愿】soʔ˥ȵiø˩

【宿笃气】soʔ˥toʔ˥tɕ'i˥˨　形容以前受过的气;积怨。

【宿笃货】soʔ˥toʔ˥həu˥˨　形容不新鲜的或过时了的东西。

【宿里宿笃】soʔ˥˥li˧soʔ˥toʔ˥　形容过时已久或极不新鲜的。

栗【səu˥】文读【soʔ˥】

【栗子】səu˥tsɿ˥˨　作鸟食。

溯【soʔ˥】

塑【səu˥˨】文读【soʔ˥】

【塑料】soʔ˥˥liæ˩

【塑像】səu˦ziã˩

suān

猨【sø˥】

【猨猊】sø˥˩ȵi˧

痠【sø˥】

酸【sø˥】

【酸水】sø˥sɥ˥˩ 泛入口中的胃液。

【酸辛】sø˥sin˥˩

【酸软】sø˥˩ŋø˩ 关节发酸、乏力。

【酸梅】sø˥mɛ˩ 酸梅子。

【酸菜】sø˥tsʻɛ˦ 带酸味的咸菜。

【酸痛】sø˥tʻoŋ˥˩ 关节既酸且痛的感觉。

【酸醋】sø˥tsʻəu˥˩ 醋的一种。较香醋、甜醋酸。

【酸楚】sø˥tsʻəu˥˩ 形容伤心悲痛至极。

【酸泔气】sø˥kø˥tɕʻi˥˩ 食物变质产生的臭气。

【酸济济】sø˥tsi˥tsi˥˩ 形容带有酸味的。

【酸胖气】sø˥˩pʻã˥tɕʻi˥˩ 食物变质或汗液发酵所产生的酸臭气。

【酸架架】sø˥ka˥ka˥˩ 形容带有酸味。

【酸溜溜】sø˥ly˥ly˥˩

【酸梅汤】sø˥mɛ˧tʻã˥˩ 乌梅用水煎加糖制成的夏令饮料。

【酸辣汤】sø˥laʔ˧tʻã˥˩ 以醋、辣酱调味，勾芡烹制的汤类。

suàn

蒜【sø˦】

【蒜泥】sø˥˩ȵi˩ 佐料。捣烂如泥的大蒜头。

【蒜苗】sø˥miæ˩ 作蔬菜食用的嫩的蒜薹。

算【sø˦】

【算小】sø˥siæ˥˩ 爱打小算盘。

【算计】sø˥tɕi˥˩ 暗中计算、盘算。

【算术】sø˥zəʔ˧

【算足】sø˥tsoʔ˥ 预算中放到最大尺度。

【算学】sø˥ɦioʔ˧ 旧时称算术学科。

【算法】sø˦faʔ˥ 计算方法。

【算俚】sø˦li˥ （一）算他。（二）就算是。

【算着】sø˦zɑʔ˧ 预计到，预测到。

【算得】sø˦təʔ˥ （一）估算得。（二）可算是。

【算盘】sø˥bø˩

【算煞】sø˦saʔ˥ （一）完全计算到了。（二）算到底。

【算算】sø˦sø˥ （一）计算。（二）回忆起来。（三）数得上，算得上。

【算数】sø˥səu˥˩ 算了，到此为止。

【算账】sø˥tsã˥˩ （一）计算账目。（二）喻清算恩怨。

【算命】sø˥min˩

【算大账】sø˦dəu˩tsã˥˩ 从大处考虑。

【算勿来】sø˥fəʔ˥lE˩ 不划算。

【算为道】sø˥ɦuE˩dæ˩ 也算是。

【算头势】sø˦dY˩sɥ˥˩ 算的势头含有讥讽算小的意思。头势，后缀词，表示趋向。

【算唔倷】sø˦ŋ̍˥nE˩ （一）算他。（二）就算是。

【算细账】sø˦si˥tsã˥˩ 细细地计算账目。形容计较得失、恩怨。

【算俚倷】sø˦li˥nE˩ （一）算他，估计他。（二）就算是。

【算煞哉】sø˦saʔ˥tsE˥ 形容算计得太厉害。（二）完全估计到了。

【算盘子】sø˥bø˩tsɿ˥˩ 算盘珠。多喻缺乏主动性的人。

【算死算活】sø˥si˥˩sø˦ɦuəʔ˧ 反复盘算。

【算穷人家】sø˥dʑoŋ˩ȵən˩kɑ˥˩ 太精明，盘算过头，适得其反。

【算命先生】sø˥min˩si˥sã˥˩ 以算命谋生的人。

【算来划去】sø˥lE˩ɦuɑʔ˧tɕʰi˦ 算来算去，反复盘算。

【算精算入】sø˥tsin˥sø˦

zə˧ 过细地计算。

【算精算骨】sø˥tsin˥sø˦kuə˥ 形容过细地计算。

【算进勿算出】sø˥tsin˥˩fə˥sø˦tsʻə˥ 只算进，不算出。指过于精明、刻薄。

【算得勿得了】sø˦tə˥fə˥tə˥liæ˩ 形容十分算小。

【算过来，勃过去】sø˦kəu˥lE˩，bə˧kəu˥˩tɕʻi˦ 反复计算。

【算盘子，拨一拨，动一动】sø˥bø˩tsɿ˥˩，pə˥ʔiə˥pə˥，doŋ˩ʔiə˥doŋ˩ 形容缺乏主动性。像算盘珠一样，不拨不动，拨了才动。

suī

尿【sų˥】文读【ȵiæ˥˩】另见 niào。

虽【SE˥】中州韵【SUE˥】

【虽则】SE˥tsə˥

【虽然】SE˥zø˩

眭【ɦi˧˦】、【SE˥】中州韵【SUE˥】

睢【SE˥】中州韵【SUE˥】

suí

绥【SE˥】中州韵【ʂUE˥】

【绥靖】SE˦zin˩

随【ZE˧˦】中州韵【ZUE˧˦】

【随口】ZE˧˦kʻY˥˩ 不加思索地说。

【随从】ZE˧˦zoŋ˩

【随风】ZE˧˦foŋ˥ 跟从风吹。

【随手】ZE˧˦SY˥˩ （一）顺便用手。（二）指顺便。

【随军】ZE˧˦tɕyən˥ 跟从部队。

【随和】ZE˧˦ɦəu˩

【随笔】ZE˧˦piə˥

【随喜】ZE˧˦ɕi˥˩

【随着】ZE˧˦zɑʔ˧ 跟从着。

【随时】ZE˧˦zɿ˩ 随便什么时候。

【随便】zE˩˧bi˨˩

【随意】zE˩˧Øi˥˨　任意。

【随大流】zE˩˧dɑ˨˧lY˨˩　喻自己没有主见，随着潮流走。

【随手棋】zE˩˧sY˦ʥi˨˩　不假思索走的一步棋（多指坏棋）。

【随风倒】zE˩˧foŋ˦tæ˥˨　见风使舵地偏向一边。

【随随便便】zE˩˧zE˩˧bi˨˩bi˨˩　（一）不在范围、数量等方面加以限制。（二）不守规范，放任自流。

【随心所欲】zE˩˧sin˦səu˥˨ɦioʔ˧

【随机应变】zE˩˧ʨi˦Øin˥˨pi˦˩˨

【随波逐流】zE˩˧pu˦zoʔ˧lY˩˧

【随叫随到】zE˩˧ʨiæ˦˩˨zE˩˧tæ˦˩˨　无论何时招呼，马上就到。

【随时随地】zE˩˧zɿ˨˩zE˩˧di˨˩　随便什么时间，随便什么地点。

【随身衣裳】zE˩˧sən˦Øi˦zɑ̃˨˩　就身上穿的衣服，不再添换。

【随身发落】zE˩˧sən˦faʔ˦loʔ˧　就身上穿的，身边带的，不再更换和添加。

【随便几时】zE˩˧bi˨˩ʨi˥˨zɿ˨˩　随便什么时候。

【随便末哉】zE˩˧bi˨˩məʔ˧tsE˥˨　（一）随便好了。（二）豁出去了，听任处置吧。

【随便哪亨】zE˩˧bi˨˩naʔ˧hɑ̃˥˨　无论如何。

【随遇而安】zE˩˧ȵy˨˩ɦəl˨˩Øø˦

遂【zE˨˧˩】中州韵【ʑuE˨˩】

另见 suì。

suǐ

髓【zE˨˩】中州韵【suE˥˨】

suì

岁【sE˦˩˨】中州韵【suE˦˩˨】

【岁末】sE˦˩˨məʔ˧　年底。

【岁月】sE˦˩˨ŋəʔ˧

【岁朝】sE˦˩˨tsæ˦　年初一。

【岁暮】sE˦˩˨mo˨˩

【岁数】sE˦səu˥˨　年龄。

【岁岁平安】sE˦˩˨sE˦˩˨bin˨˩Øø˦　吉利语。每年都平平安安。旧时苏州人打碎了东西，喜欢说“岁岁平安”（“岁”、

"碎"谐音)以讨吉利。

碎【SE˦˨】中州韵【SUE˦˨】

【碎瓷】SE˦˨Zɿ˨˦ 瓷器的一种。上有烧制出来的密密的碎痕。

【碎脱】SE˦˨t'ə˥ (一)碎掉。(二)指皮肤上的破口。

【碎片】SE˦˨p'iɪ˥ 东西破损后的残片。

祟【SE˦˨】中州韵【SUE˦˨】

遂【ZE˨˩】中州韵【ʑUE˨˩】

隧【ZE˨˩】中州韵【ʑUE˨˩】

【隧道】ZE˨˦dæ˨˩

燧【ZE˨˩】中州韵【ʑUE˨˩】

【燧人氏】ZE˨˦Zən˨˩Zɥ˨˩

邃【ZE˨˩】中州韵【ʑUE˨˩】

穗【ZE˨˩】中州韵【ʑUE˨˩】

sūn

孙【sən˥】中州韵【suən˥】

【孙子】sən˥tsɿ˥˩ (一)儿子的儿子。(二)孙先生。如春秋战国军事家孙武,尊称孙子,所著兵书为《孙子兵法》。

【孙囡唔】sən˥nø˨˦ŋ˨˩ 孙女。简称【孙囡】sən˥nø˨˩。

【孙新妇】sən˥sin˥vu˨˩ 孙子的妻子。

【孙子孙囡】sən˥tsɿ˥˩sən˥nø˨˩ 孙子和孙女。

【孙子王八蛋】sən˥tsɿ˥˩ɦuɑ̃˨˩pa˥dE˨˩ 形容极低贱、不齿于人的东西。常用作赌咒语。

【孙悟空格金箍棒——能大能小】sən˥ŋəu˨˩k'oŋ˥˩kə˥tɕən˥kəu˥bɑ̃˨˩——nən˨˦dəu˨˩nən˨˦siæ˥˩ 歇后语。(一)指能够大也能够小。(二)随意性大。

【孙悟空翻勿出如来佛格手心】sən˥ŋəu˧˩k'oŋ˥˩fE˥fəʔ˥ts'əʔ˥zʮ˧˩lE˧˩vəʔ˧kəʔ˥sY˥˨sin˥　喻任你能耐再大,总还斗不过能耐更大的人。

荪【sən˥】中州韵【suən˥】

狲【sən˥】中州韵【suən˥】

sǔn

隼【sən˥˩】中州韵【ɕyən˥˩】

榫【sən˥˩】中州韵【ɕyən˥˩】

【榫头】sən˥˨dY˩˧　为使两块材料接合所特制的凸凹部分。凸出的叫榫头,凹下的叫榫眼。

【榫眼】sən˥˨ŋE˩˧　见【榫头】。

损【sən˥˩】中州韵【suən˥˩】

【损人】sən˥˨ɲ̥ən˩˧　损害别人。

【损友】sən˥˨ØiY˥˩　于己有损害的朋友。

【损失】sən˥˨səʔ˥　减少,失去。

【损耗】sən˥˨hæ˥

【损害】sən˥˩ØE˧˩　破坏,伤害。

【损伤】sən˥˨sɑ̃˥　损失,伤害。

【损人利己】sən˥˨zən˩˧li˧˩tɕi˥

笋【sən˥˩】中州韵【ɕyən˥˩】

【笋干】sən˥˨kø˥　笋制品。干笋。

【笋丁】sən˥˨tin˥　鲜笋切成的小粒。

【笋片】sən˥˩p'iɪ˥˩　鲜笋切片。

【笋丝】sən˥˨sɿ˥　鲜笋切成丝条状。

【笋衣】sən˦Øi˥ 笋的嫩壳干。

【笋壳】sən˦k'oʔ˥ 笋的外壳。

【笋尖】sən˦tsii˥ 笋的嫩尖。

【笋豆】sən˥˩dɤ˨ 用黄豆、笋丁加佐料制成的一种消闲食品。

【笋油】sən˦ɦiɤ˨ 用鲜笋熬过的素油。

【笋老头】sən˦læ˧dɤ˨ 笋的底部。

【笋干笃肉】sən˦kø˥toʔ˥ ɳoʔ˧ （一）笋干浸泡嫩化后切成片，加肉红烧。（二）趣语。指毛竹爿打屁股。

suō

莎【səu˥˩】另见 shā。

娑【səu˥˩】

【娑婆树】səu˥bu˨zɥ˨ 娑婆：梵语，意思是能忍。娑婆树为佛家神树。

桫【səu˥】

挲【səu˥】

唆【sø˥】文读【səu˥】

【唆使】sø˥sɿ˥˩

梭【səu˥】

【梭子】səu˥tsɿ˥˩ 在织布机上用来引导纬纱，使纬纱与经纱交织的主要机件。多用硬质木料制成，中间粗，两头尖，形状像枣核。

【梭子蟹】səu˥tsɿ˥˩hɑ˥˩ 海蟹的一种。蟹壳两头尖，中间粗，略似梭子。

【梭子两头尖，一歇呒铜钿】səu˥tsɿ˥˩liã˧dɤ˧tsii˥，Øiəʔ˥ ɕəʔ˥m̩˧doŋ˧dii˨ 旧时指织布工人收入微薄。也泛指劳动者生活艰辛。

睃【səu˥】

蓑【səu˥】

【蓑衣】səu˥Øi˥˩ 旧时用草

或棕制成的防雨衣服。

嗦【soʔ˥】

【嗦嗦抖】soʔ˥soʔ˥tY˦˨ 形容抖得很厉害。

嗍【soʔ˥】

【嗍嗍】soʔ˥soʔ˥ 用唇舌裹食吮吸。

【嗍鼻涕】soʔ˥bə˧t'i˦˨ 将流出鼻孔的鼻涕吸回去。

【嗍奶奶头】soʔ˥na˦na˧dY˨˩ 小孩吃奶。

缩【soʔ˥】

【缩水】soʔ˥sʮ˦˨ (一)指纺织布料放在水中浸泡后的缩短现象。(二)新的纺织品在做衣物前,先放在水中浸泡。

【缩写】soʔ˥sia˦

【缩减】soʔ˥kE˦˨

【缩货】soʔ˥həu˦ 形容吝啬成性者。

【缩脱】soʔ˥t'əʔ˥ (一)缩掉。(二)指退出(贬意)。

【缩勒缩】soʔ˥lə˧soʔ˥ (一)形容吝啬,不大方。(三)形容退缩的样子。

【缩将转】soʔ˥tsiã˥tsø˦˨ 指中途改变主意,回到过去。

【缩脚韵】soʔ˥tɕiaʔ˥hyən˨˩ 像哑谜一样的一种语言,或文字游戏。利用耳熟能详的四字成语、俗语、习惯用语、谚语等,只说上面三个字,而真正要表达的却是第四个字或这个字的谐音。如城隍老——爷;四脚朝——天;之乎哉——也(烟)。

【缩瘪瘪】soʔ˥piəʔ˥piəʔ˥ 形容畏缩不前,十分寒酸的样子。

【缩手缩脚】soʔ˥sY˦˨soʔ˥tɕiaʔ˥

【缩头缩脑】soʔ˥dY˨˩soʔ˥næ˨˩ (一)把头缩在脖子里。(二)形容不大方。(三)形容退缩的样子。

【缩头乌龟】soʔ˥dY˨˩Øəu˥tɕy˦˨ 喻妻子有外遇,不敢干预的丈夫。

【缩夹欠欠】soʔ˥kaʔ˥tɕ'ii˦˨

S

tɕʻiI˅ 形容吝啬、不大方。

【缩转身来】soʔ˥tsø˅sən˥lE˩ （一）回过身来。（二）在交代一件事后，又交代另一件事的中间过渡的话。多见于讲述故事中。

【缩转身体】soʔ˥tsø˅sən˥tʻi˅ 身体倒退回去，然后转身。

【缩缩势势】soʔ˥soʔ˥sɥ˅sɥ˅ 形容畏缩不前的样子。

suǒ

所【səu˅】

【所以】səu˧˦ɦi˥

【所在】səu˅ zE˩

【所说】səu˧˦səʔ˥ （一）据此说。（二）所谓。

【所谓】səu˧˦ɦuE˩

【所以然】səu˧˦ɦi˥zø˩

索【soʔ˥】

【索子】soʔ˥tsɿ˅ （一）麻将牌中带长条的花样。（二）指差役捉人用的链条。

【索性】soʔ˥sin˧˦

【索取】soʔ˥tsʻi˧˦

【索命】soʔ˥min˩ 讨命。

【索面】soʔ˥miI˩ 卷面。

【索格】soʔ˥kã˥ 表示直截了当；干脆。

【索粉】soʔ˥fən˅ 粉丝。

【索脚】soʔ˥tɕiɑʔ˥ 义同【索格】。

【索落】soʔ˥loʔ˧ 象声词。形容极轻极快的脚步声。

【索落索落】soʔ˥loʔ˧soʔ˥loʔ˧ 形容极细小的声音。

唢【səu˅】

【唢呐】səu˧˦naʔ˧

琐【səu˅】

【琐碎】səu˥sE˅

【琐琐裙钗】səu˧˦səu˧˦dʑyən˧tsʻE˅ 姣小的女子。

锁【səu˅】

【锁上】səu˧˦zɑ̃˅ 上锁。

【锁片】səu˧˦pʻiI˅ 儿童佩戴

的金银饰品。形似旧时的挂锁。

【锁脱】səu˥˨t'əʔ˥　锁掉。

【锁骨】səu˥˨kuəʔ˥　在人的颈下两旁，左右各一，与肩胛骨相连的骨头。旧称琵琶骨。

【锁锁】səu˥˩səu˥˩　锁上锁。

【锁壳锁簧】səu˥˨k'oʔ˥səu˥˨ɦuɑ̃˩　旧时的锁匙名称。

S

T

tā

它　文读【tʻɑ˥】

他　文读【tʻɑ˥】

【他乡】tʻɑ˥ɕiã˅

【他良模子】tʻɑ˥liã˥mo˩tsɿ˅　那个人。

她　文读【tʻɑ˥】

趿【tʻaʔ˥】

【趿拉板】tʻaʔ˥laʔ˥pᴇ˅　木屐鞋。

溻【tʻaʔ˥】

【溻溻渧】tʻaʔ˥tʻaʔ˥ti˅　形容淋水。

【溻溻潽】tʻaʔ˥tʻaʔ˥pʻu˅　满满的，几乎要溢出来。

【溻辣渧】tʻaʔ˥laʔ˧ti˅　形容湿透。

【溻辣辣】tʻaʔ˥laʔ˧laʔ˧　象声词。（一）形容快速淋水声。（二）形容写字声。

【溻辣溻辣】tʻaʔ˥laʔ˧tʻaʔ˥laʔ˧　象声词。（一）形容连续不断的淋水声。（二）形容字写得很快的声音。

塌【tʻaʔ˥】

【塌方】tʻaʔ˥fã˥

【塌车】tʻaʔ˥tsʻo˥　小板车。

【塌皮】tʻaʔ˥bi˧　抵销。

【塌腰】tʻaʔ˥ʘiæ˥　腰部弯曲不挺拔。

【塌下来】tʻaʔ˥ɦo˩lᴇ˩　（一）坍塌下来。（二）耽误下来。

【塌辣扁】tʻaʔ˥laʔ˧pi˅　极扁。

【塌棵菜】tʻaʔ˥kʻəu˥tsʻᴇ˧　一种冬季蔬菜。叶大多折皱，墨绿色，贴地生长。

【塌鼻头】tʻaʔ˥bəʔ˧dʏ˩　扁平鼻子。

【塌鼻梁】tʻaʔ˥bəʔ˧liã˦　义同【塌鼻头】。

【塌鼻梁格狗】tʻaʔ˥bəʔ˧liã˦ kəʔ˥kʏ˥˩　逗孩子的话。义同【塌鼻头】。

【塌鼻梁，呒主张】tʻaʔ˥bəʔ˧liã˦，ɱ˩ʦʮ˥˩ʦã˥　没有主见。前加"塌鼻梁"，只是趣语。

【塌鼻梁，断山根】tʻaʔ˥bəʔ˧liã˩，dø˦sᴇ˥kən˥˩　鼻子扁平，鼻梁凹陷。形容相貌丑陋。

遢【tʻaʔ˥】

踏【daʔ˧】另见 tà。

【踏实】daʔ˧zəʔ˧　切实，不浮躁。

【踏踏实实】daʔ˧daʔ˧zəʔ˧zəʔ˧　义同【踏实】。

tǎ

溚【taʔ˥】

【溚溚渧】taʔ˥taʔ˥ti˥˩　形容淋水。

【溚溚渧，盐霜起】taʔ˥taʔ˥ti˥˩，ɦiɪ˦sã˥tɕʻi˥˩　俗语。指淋水把地弄脏了。

塔【tʻaʔ˥】

【塔刹】tʻaʔ˥saʔ˥　本指塔尖构件，多用生铁铸成。借指应守的规矩、准则（多用于否定）。

【塔顶】tʻaʔ˥tin˥˩　宝塔的顶部。

【塔底】tʻaʔ˥ti˥˩　宝塔的底部。

【塔松】tʻaʔ˥soŋ˥　宝塔松。即雪松。

獭【tʻaʔ˥】

【獭皮】tʻaʔ˥bi˦　水獭的裘皮。较珍贵。

鳎【tʻaʔ˥】

tà

汏【daʔ˧】

挞【daʔ˧】

闼【daʔ˧】

拓【t‘aʔ˥】另见 tuò。

【拓】t‘aʔ˥　搽。乱涂。

【拓片】t‘aʔ˥p‘iɪ˦˨

【拓本】t‘aʔ˥pən˥˨

【拓点】t‘aʔ˥tiɪ˥　擦或搽一些。拓:擦、搽、涂等。

【拓油】t‘aʔ˥ɦiɤ˨˧　搽点油。如头油、皮鞋油。

【拓没】t‘aʔ˥məʔ˧　用搽、涂等方法覆盖。

【拓货】t‘aʔ˥həu˦˨　囤积货物。

【拓屎】t‘aʔ˥sɿ˥˨　耍无赖。

【拓粉】t‘aʔ˥fən˥˨　（一）傅粉。（二）喻掩饰;美化(贬意)。

【拓水气】t‘aʔ˥sʮ˥˨tɕ‘i˥˨　稍微回敬一下;敷衍一下。

【拓便宜】t‘aʔ˥biɪ˨˧ŋəʔ˧　（一）沾便宜。(二)喻调戏妇女。

【拓眼药】t‘aʔ˥ŋɛ˨˧ɦiaʔ˧　饱眼福。

【拓肉馄饨】t‘aʔ˥ɲ̊oʔ˧ɦuən˧˩dən˩　小馄饨。在制作小馄饨时,肉馅似只在皮子上搽一点。

【拓粉点胭脂】t‘aʔ˥fən˥˨tiɪ˦˨ øiɪ˥tsʮ˥˨　用化妆品化妆。

沓【t‘aʔ˥】另见 dá。

踏【daʔ˧】另见 tà。

【踏月】daʔ˧ŋəʔ˧　踏着月光。

【踏台】daʔ˧dɛ˨˧　演员走台。

【踏过】daʔ˧kəu˥˨　骑着自行车经过。

【踏麦】daʔ˧mɑʔ˧　开春后,把麦田里的麦苗踏一遍。

【踏杀】daʔ˧saʔ˥　踩死。

【踏没】daʔ˧məʔ˧　（一）用脚踩住,以达遮盖的目的。(二)经脚踩后,泥地上原来的小洞或暴露的东西被踩没了。

【踏步】daʔ˧bu˧˩

【踏牢】daʔ˧læ˧˩　（一）踩住。(二)喻被抓住。

【踏平】daʔ˧bin˧˩　踩平。喻攻克、铲除。

【踏板】daʔ˦pE˥˩ 旧式木床前放置鞋的木板。

【踏青】daʔ˦ts'in˥ 游春。

【踏勘】daʔ˦k'ø˥˩

【踏勚】daʔ˦0i˥˧ 踩踏得多了,再硬的东西都被踩得磨损了。如阶沿石踏勚、门槛踏勚、方砖踏勚等。形容人来人往频繁。

【踏添】daʔ˦t'i˥˧ 走路时,前脚失足。

【踏进】daʔ˦tsin˥˧ 走进。踏,走。

【踏雄】daʔ˦ɦioŋ˨˩ 动物交合。

【踏脚】daʔ˦tɕiaʔ˥ 用来搁脚的矮凳。

【踏渡】daʔ˦dəu˨˩ 河滩上的石阶。

【踏笼】daʔ˦loŋ˨˩ 捕捉野生小动物的笼子。内放诱饵,野生动物进入后,笼门会自动关闭。

【踏上来】daʔ˦zɑ̃˨˩lE˨˩ 走上来。

【踏场子】daʔ˦zɑ̃˦tsɿ˥˩ (一)苏州评弹演员到书场里去(察看)。(二)苏州评弹演员去察看演出场地。

【踏水车】daʔ˦sɥ˥˧ts'o˥ 踩水车轴上的踏脚,令车轴转动,以达戽水的目的。

【踏水面】daʔ˦sɥ˥˧mi˨˩ 在水中直立行走。

【踏外翘】daʔ˦ŋɑ˨˩tɕ'iæ˥˩ 帮外人,委屈自己人。

【踏外跳】daʔ˦ŋɑ˨˩tiæ˥˧ 义同【踏外翘】。

【踏杀脱】daʔ˦saʔ˥t'əʔ˥ 踩死了。

【踏地气】daʔ˦di˦tɕ'i˥˩ 到平地上走一走。

【踏足踏】daʔ˦tsoʔ˥daʔ˦ 原地踏步。也作【踏步踏】daʔ˦bu˨˩daʔ˦。

【踏洋机】daʔ˦ɦiɑ̃˦tɕi˥ 踩缝纫机。

【踏脚凳】daʔ˦tɕiaʔ˥tən˥˩ 搁脚用的矮凳。

【踏脚板】daʔ˦tɕiaʔ˥pE˥˩ 旧式床前长条状木板。

【踏渡擎】daʔ˦dəu˨˩dʑən˨˩ 石级。

【踏上一步】daʔ˦zɑ̃˨˩0iəʔ˥bu˨˩ 走上一步。

【踏上门来】daʔ˦zɑ̃˨˩mən˦

lE˩ 走上门来。

【踏来踏去】daʔ˧lE˩daʔ˧tɕʻi˧ 踩来踩去。

【踏着尾巴】daʔ˧zɑʔ˧ȵi˧pʊ˥ 讥刺语。喻侵犯到(对方的)切身利益。也说成【踏痛尾巴】daʔ˧tʻoŋ˧ȵi˧pʊ˥。

【踏煞老虫】daʔ˧saʔ˥læ˧zoŋ˩ 形容眼珠外突的眼睛。

【踏煞蚂蚁】daʔ˧saʔ˥mo˧mi˩ 形容行走过于缓慢。

【踏瘪夜壶】daʔ˧piə˥ɦia˥ɦəu˩ 形容人眉心处凹陷。

【踏失一只脚】daʔ˧səʔ˥iəʔ˥tsɑʔ˥tɕɑʔ˥ 喻失足,犯错误或犯罪。

【踏一脚,窝一脚】daʔ˧iəʔ˥tɕiɑʔ˥,həu˧iəʔ˥tɕiɑʔ˥ 形容人在错误的泥潭里越陷越深。

【踏破铁鞋无觅处,得来全不费功夫】daʔ˧pu˧tʻiəʔ˥ɦa˩vu˩miəʔ˧tsʻɥ˩,təʔ˥lE˧zii˧pəʔ˥fi˧koŋ˥fu˩ 形容费尽心思找不到,无意中却得到了。

【踏到爷格床门前,就是娘格门面】daʔ˧tæ˧ɦia˧kəʔ˥zɑ̃˧mən˧zii˧,zɣ˧zɿ˩ȵiɑ̃˧kəʔ˥mən˧mi˩ 意为跟父亲同过床的女子,就有母亲的名分。指明摆着的事实,不能不承认。

【踏煞蚂蚁怕罪过】daʔ˧saʔ˥mo˧mi˩pʻo˧zE˧kəu˩ 形容胆小、心慈。

嗒【taʔ˥】

榻【tʻaʔ˥】

【榻床】tʻaʔ˥zɑ̃˩ 较窄而短的小床。

【榻冷】tʻaʔ˥laʔ˧ 隐语。死。

蹋【tʻaʔ˥】

【蹋烂】tʻaʔ˥lE˩ 糟蹋(多指糟蹋妇女)。

tāi

台【tʻE˥】另见 tái。

苔【tʻE˥】另见 tái。

胎【t'ᴇ˥】

【胎毛】t'ᴇ˥mæ˨ 初生婴儿的毛发。

【胎气】t'ᴇ˥tɕ'i˨ 胎儿在母腹中的稳定因素。

【胎皮】t'ᴇ˥bi˨ 乳羊的毛皮。

【胎生】t'ᴇ˥sən˨

【胎发】t'ᴇ˥faʔ˥ 初生婴儿的头发。

【胎毒】t'ᴇ˥doʔ˧ 胎儿由父母体中遗传的病毒。

【胎教】t'ᴇ˥tɕiæ˨ 妇女怀孕时,思想言行对胎儿的影响。

【胎盘】t'ᴇ˥bø˨

【胎胞】t'ᴇ˥pæ˨ 即胎盘。

【胎发笔】t'ᴇ˥faʔ˥piəʔ˥ 以初生婴儿第一次剃下的头发制作的毛笔。

【胎心音】t'ᴇ˥sin˥ʔin˥ 胎儿在母腹中,已有心脏后,其心脏跳动的声音。

【胎里毛病】t'ᴇ˥li˨mæ˨bin˨ 胎儿在母腹中就有的病根。喻事物固有的缺陷,难以修正。

tái

台【dᴇ˨】另见 tāi。

【台子】dᴇ˨tsɿ˨ 桌子。

【台风】dᴇ˨foŋ˥

【台布】dᴇ˨pu˨ 铺在桌子上的装饰布。

【台灯】dᴇ˨tən˥ 可放在桌子上自由移动的座灯。

【台启】dᴇ˨tɕ'i˨ 敬词。用于接收函件人姓名后面。

【台词】dᴇ˨zɿ˨

【台录】dᴇ˨loʔ˧ 在电台或电视台进行的文艺作品录音或录像。

【台步】dᴇ˨bu˨

【台浪】dᴇ˨loŋ˨ (一)桌子上。(二)舞台或书台上。

【台板】dᴇ˨pᴇ˨ 课桌。

【台面】dᴇ˨mi˨ (一)桌面。(二)喻场面、公关场合。(三)酒筵席上。

【台型】dᴇ˨ɦin˨ 面子,荣誉,风头。

【台柱】dᴇ˨zy˨ (一)指剧团里的主要演员。(二)指集体中的骨干。

【台扇】dE˨˧sø˦ 可放置在桌子上自由移动的电风扇。

【台钟】dE˨˧ʦoŋ˦ 可放置在桌子上的座钟。

【台球】dE˨˧ʥY˧˩ 乒乓球。

【台照】dE˨˧ʦæ˦˩ 敬词。用于接收函件人，或接收公文人姓名的后面。

【台盘】dE˨˧bø˧˩ 指公关场合。

【台毯】dE˨˧tʻE˦ 台布。

【台浪见】dE˨˧lɑ̃˨˧ʨiI˥˩ 演员只有上台演出才认真的坏作风。

【台湾席】dE˨˧øuE˦ziəʔ˧ 台湾产的草席。深棕色，结构细密，光滑轻巧，滑爽舒适，耐折叠，牢固耐用，为席中珍品。

【台湾裙】dE˨˧øuE˦ʥyən˧˩ 台湾产并曾流行的一种化纤长裙。折褶多，图案鲜艳，穿着挺刮。

【台毯布】dE˨˧tE˦pu˥˩ 台布。

【台下老相夫】dE˨˧ɦo˧˩læ˨˧siã˦fu˥˩ 台下能说会道，台上不行的演员。

【台上搀手，台下踢脚】dE˨˧lɑ̃˧˩ʦʻE˦sY˥˩，dE˨˧ɦo˧˩tʻiəʔ˦ʨiɑʔ˦ 指表面友好，暗里争斗。

【台上一分钟，台下三年功】dE˨˧lɑ̃˧˩øiəʔ˦fən˦ʦoŋ˦，dE˨˧ɦo˧˩sE˦ȵiI˨˧koŋ˦ 指演员在舞台上的精彩表演是靠长时间刻苦磨炼得来的。

【台子底下打拳——出手勿高】dE˨˧ʦɿ˥˩ti˦˩ɦo˧˩tã˦˩ʥiø˨˧——ʦʻəʔ˦sY˥˩fəʔ˦kæ˦ 歇后语。喻本领不大或不够慷慨。

邰【dE˨˧】

骀【dE˨˧】另见 dài。

苔【dE˨˧】另见 tāi。

【苔条】dE˨˧diæ˧˩ 加入苔菜的面制油炸小食品。

【苔菜】dE˨˧ʦʻE˥˩ 一种海生植物。油炸后可作消闲食品。

抬【dE˨˧】

【抬手】dE˨˧sY˥˩ 把手抬起

T

来。喻宽恕,放人一码。

【抬头】dE˨˦dY˨˦

【抬身】dE˨˦sən˥ 起立(多作书面语)。

【抬举】dE˨˦ʨy˥

【抬高】dE˨˦kæ˥ (一)提高。(二)往上端。

【抬头纹】dE˨˦dY˨˦vən˨˩

【抬价钿】dE˨˦kɑ˥di˨˩ 抬高价钱。

【抬饭碗】dE˨˦vE˨˦Øuø˥˩ 吃饭时端着饭碗游走。

【抬轿子】dE˨˦ʥiæ˨˦ʦɿ˥˩ (一)把轿子抬起来行走。(二)喻吹捧。(三)打麻将时,多方作弊串通,使其中一方输钱。

【抬老三】dE˨˦læ˨˦sE˥˩ 死。

tài

太【t'ɑ˥】文读【t'E˦】

【太子】t'ɑ˥ʦɿ˥˩

【太公】t'ɑ˥koŋ˥˩

【太平】t'ɑ˥bin˨˩

【太太】t'ɑ˥t'ɑ˥˩ (一)妻子。(二)旧时称有身份、地位者的老婆。(三)曾祖母。

【太古】t'ɑ˥kəu˥˩

【太守】t'ɑ˥sY˥˩

【太后】t'ɑ˥ɦY˨˩

【太阳】t'ɑ˥ɦiã˨˩

【太岁】t'ɑ˥sE˥˩

【太爷】t'ɑ˥ɦiɑ˨˦ (一)旧时对辈份高、年岁大的男子的敬称。(二)旧时对州府一级长官的敬称。(三)老爷的父亲或父辈。

【太师】t'ɑ˥sɿ˥˩ (一)旧时对宰相一级官员的尊称。(二)古官名。太师、太傅、太保称为三公,太师为三公之首。(三)姓。

【太医】t'ɑ˥Øi˥˩

【太学】t'ɑ˥ɦioʔ˧

【太空】t'ɑ˥k'oŋ˥˩

【太庙】t'ɑ˥miæ˨˩

【太监】t'ɑ˥kE˥˩

【太君】t'ɑ˥ʨyən˥˩ 旧时官员的妻、母的封号之一。

【太极】t'ɑ˥ʥəʔ˧ 指天地混沌未开之时。

【太保】t'ɑ˥pæ˥˩ 古官名。太师、太傅、太保称为三公。

【太婆】t'ɑ˥bu˨˩ 曾祖母。

【太尉】t'ɑ˥ɦuE˨˩

【太傅】t'a˥fu˩ 古官名。太师、太傅、太保称为三公。

【太尊】t'a˥tsən˩ 旧时尊称太守。

【太湖】t'a˥ɦəu˨

【太上皇】t'a˥zã˨ɦuã˨

【太夫人】t'a˥fu˥ȵən˨ (一)旧时有身份、地位的家庭称主人之母。(二)旧时母亲的尊称。

【太平门】t'a˥bin˨mən˨

【太平间】t'a˥bin˨kᴇ˩

【太平洋】t'a˥bin˨ɦiã˨

【太先生】t'a˥sii˥sã˩ 老师的老师,或父亲的老师。

【太师椅】t'a˥sɿ˥θi˩

【太阳穴】t'a˥θiã˥ɦyəʔ˧

【太阳光】t'a˥θiã˥kuã˩ 阳光。

【太阳伞】t'a˥θiã˥sᴇ˧ 伞的一种,用于遮蔽阳光。

【太极拳】t'a˥ʥəʔ˧ʥø˧

【太极图】t'a˥ʥəʔ˧dəu˧ 道教的图像。

【太湖石】t'a˥ɦəu˨zaʔ˧

【太上老君】t'a˥zã˨tɕæ˨tɕyən˩

【太太万岁】t'a˥t'a˥vᴇ˨sᴇ˩ 趣语。指妻子如皇帝,左右丈夫的一切。

【太平茶饭】t'a˥bin˨zo˨vᴇ˨ 喻安定、平安的日子。

【太阳心里】t'a˥θiã˥sin˩li˨ 中午的阳光下。

【太阳头里】t'a˥θiã˥dɤ˨li˨ 阳光下。

【太阳眼镜】t'a˥θiã˥ŋᴇ˨tɕən˩ 有减弱阳光刺激作用的一种眼镜。又名【太阳镜】t'a˥θiã˥tɕən˩。

【太师交椅】t'a˥sɿ˥kæ˥θi˩ 即太师椅。

【太师靠背】t'a˥sɿ˥k'æ˩pᴇ˩ 义同【太师交椅】。

【太湖三白】t'a˥ɦəu˨sᴇ˥baʔ˧ 太湖的三样名产:银鱼、白泥虾、白鱼。

【太岁头上动土】t'a˥sᴇ˥dɤ˧lã˨doŋ˨t'əu˩

【太阳从西面出】t'a˥ɦiã˨zoŋ˨si˥mi˨ts'əʔ˥ 喻不可能发生的事。也作【太阳从西出】t'a˥ɦiã˨zoŋ˧si˥ts'əʔ˥。

【太公八十遇文王】t'a˥koŋ˩poʔ˥səʔ˥ȵy˧vən˧ɦuã˨ 喻老年人也有机遇。

【太平洋警察——管得宽】tʻɑ˥bin˨˧ɦiã˨˧tɕən˦˨tsʻaʔ˥——kuø˥˩˧təʔ˥kʻuø˥ 歇后语。指闲事管过了分。

【太湖里捎马桶——野豁豁】tʻɑ˥ɦəu˨˧li˨˧siæ˥mo˦doŋ˨˧——ɦiɑ˦huaʔ˥huaʔ˥ 歇后语。指不守规矩、乱来。

【太湖里勿死死勒阴沟里】tʻɑ˥ɦəu˨˧li˨˧fəʔ˥si˥˩˧si˥˩˧ləʔ˧ʔin˥kʏ˥li˨˧ 怨词。(一)遇强不弱,却败在弱者手里。(二)失败得不是地方。

【太湖萝卜——吃一段,揩一段】tʻɑ˥ɦəu˨˧læ˦boʔ˧——tɕʻəʔ˥ʔiəʔ˥dø˨˧,kʻɑ˥ʔiəʔ˥dø˨˧ 歇后语。形容做事做一步,看一步,没有具体计划。

【太阳困晏朝,中浪晒得地皮焦】tʻɑ˥ɦiã˨˧kʻuən˥ʔE˥tsæ˥˩˧,tsoŋ˥lã˨˧so˦˨təʔ˥di˦bi˨˧tsiæ˥ 谚语。太阳出得晚,到中午时阳光会非常强烈。

汰【tʻɑ˥˩˧】文读【tʻE˥˩˧】

态【tʻE˥˩˧】

【态度】tʻE˦˨dəu˨˧

泰【tʻɑ˥˩˧】文读【tʻE˥˩˧】

【泰山】tʻɑ˥sE˥˩˧ (一)五岳中的东岳,在山东省中部。(二)和北斗星一样,喻敬仰的人物。(三)旧时称岳父。(四)安慰语。用于受惊后安慰人。

【泰斗】tʻɑ˥tʏ˥˩˧ 泰山和北斗星。喻因学术技艺精湛、德高望重而受到敬仰的人。

【泰然】tʻɑ˦˨zø˦

【泰山压顶】tʻɑ˥sE˥ʔɑʔ˥tin˥˩˧

【泰山石敢当】tʻɑ˥sE˥zɑʔ˧kø˥˩˧tã˥ 旧时在墙根处砌石碑,上面刻字“泰山石敢当”,以为镇邪。

tān

坍【tʻE˥】

【坍台】tʻE˥dE˦ 丢脸,出丑。

【坍脱】tʻE˥tʻəʔ˥ 倒塌。

【坍下来】t'E˥ɦo˩lE˩ 倒塌下来。喻甩手不干。也喻事情半途而废。

【坍招势】t'E˥tsæ˥sɥ˧ 丢脸,出丑。

【坍台坍到脚后跟】t'E˥dE˦ t'E˥tæ˦tɕiɑʔ˥ɦY˩kən˧ 极言丢脸,出丑。

贪【t'ø˥】中州韵【t'E˥】

【贪心】t'ø˥sin˧ 贪求之心。

【贪污】t'ø˥θəu˧

【贪色】t'ø˥səʔ˥ 好色。

【贪吃】t'ø˥tɕ'əʔ˥ 一味追求吃(贬义)。

【贪财】t'ø˥zE˦ 一味追求钱财。

【贪图】t'ø˥dəu˩

【贪抢】t'ø˥ts'iã˧ 贪图。

【贪官】t'ø˥kuø˧ 指贪污受贿的官员。

【贪杯】t'ø˥pE˧ (一)无节制地饮酒。(二)过分喜欢饮酒。

【贪食】t'ø˥zəʔ˧ 义同【贪吃】。

【贪酒】t'ø˥tsY˧ 义同【贪杯】。

【贪着】t'ø˥tsɑʔ˥ 一味追求穿着(贬义)。

【贪兽】t'ø˥sY˧ 传说中的神兽。专门吃贪得无厌的人。旧时衙门照墙上画有贪兽,以警戒官员。

【贪小利】t'ø˥siæ˦li˩ 贪图小便宜。

【贪小失大】t'ø˥siæ˦səʔ˥ dəu˩ 贪图小的利益,反蒙受大的损失。也作【贪小利,失大财】t'ø˥siæ˦li˩,səʔ˥dəu˦zE˩。

【贪天之功】t'ø˥t'i˥tsɥ˧ koŋ˥

【贪吃懒做】t'ø˥tɕ'əʔ˥lE˩ tsəu˦ 指追求享受而又懒惰成性。

【贪财乌龟】t'ø˥zE˩θəu˥ tɕy˧ 詈语。为追求金钱,不惜牺牲尊严。

【贪官污吏】t'ø˥kuø˥θəu˧li˩

【贪赃枉法】t'ø˥tsã˥θuã˦ faʔ˥

【贪得无厌】t'ø˥təʔ˥vu˩θi˦

【贪多嚼勿烂】t'ø˥təu˥ziɑʔ˧f

əʔ˥lE˨˧　俗语。喻追求多而能力低，后果不好。

【贪吃懒做近讨饭】t‘ø˥tɕ‘əʔ˥lE˨˧tsəu˥˩ʥən˨˧t‘æ˥˩vE˨˧　好吃懒做，势必贫穷。

【贪强买着猪婆肉】t‘ø˥ʥiɑ̃˧mɑ˨˧zɑʔ˧tsʮ˥bu˨˧ȵoʔ˧　指贪便宜，得不到好东西。强，便宜。猪婆，母猪。

【贪嘴勿留穷性命】t‘ø˥tsʮ˥˩fəʔ˥lY˧ʥioŋ˧sin˥min˨˧　俗语。指贪吃没有好结果。

【贪仔一红，烂脱不同】t‘ø˥tsɿ˥˩Øiəʔ˥ɦoŋ˧，lE˨˧t‘əʔ˥pəʔ˥doŋ˧　俗语。指贪小失大。

滩【t‘E˥】

【滩簧】t‘E˥ɦuɑ̃˨˧　苏南一带地方曲艺的总称。

摊【t‘E˥】

【摊子】t‘E˥tsɿ˥˩　指一定的范围。

【摊手】t‘E˥sY˥˩　沾手。如：你不要摊手了，我来洗。

【摊头】t‘E˥dY˨˧　小贩设的摊。

【摊贩】t‘E˥fE˥˩

【摊位】t‘E˥ɦuE˨˧　小贩设摊的位置。

【摊派】t‘E˥p‘ɑ˦˨˧

【摊床】t‘E˥zɑ̃˧　整理床铺。

【摊席】t‘E˥ziɪʔ˧　把席子铺开。

【摊牌】t‘E˥bɑ˧

【摊海】t‘E˥hE˥˩　隐语。“好坏”的“好”。

【摊账】t‘E˥tsɑ̃˦˨˧　公开账目。

【摊下来】t‘E˥ɦo˨˧lE˨˧　分摊下来。

【摊开来】t‘E˥k‘E˥lE˨˧　（一）放开，铺开。（二）公开出来。

【摊出来】t‘E˥ts‘əʔ˥lE˨˧　（一）公开出来。（二）铺开。

【摊地铺】t‘E˥di˨˧p‘u˥˩　地上做床铺。

【摊面衣】t‘E˥miɪ˧Øi˥˩　煎面衣饼。为家庭自制的简易食品。面衣，面粉和水调匀成糊状，在油里摊薄煎熟。

【摊被头】t‘E˥bi˧dY˨˧　整理被子。

【摊底牌】t‘E˥ti˦˨˧bɑ˨˧　交底。

【摊得开】t'ᴇ˥tə˥k'ᴇ˥ （一）没有什么见不得人的。（二）指地方宽敞，放得开手脚。

【摊铺盖】t'ᴇ˥p'u˥kᴇ˧˩ （一）把铺盖卷放开，整理成床铺。（二）指评弹演员把写有唱词的纸片摊放着，看着演唱。

【摊铜钿】t'ᴇ˥doŋ˩di˩ 分摊费用。

【摊牌九】t'ᴇ˥ba˧tɕiɣ˧˩ 指用骨牌作赌具的一种赌博。

【摊摊薄】t'ᴇ˥t'ᴇ˥boʔ˧ 把东西匀开减低厚度。引申为费用摊派或利益分摊，因人数增加而使每人原来的支付或收入减少。

【摊缸摊甏】t'ᴇ˥kã˥t'ᴇ˥bã˩ 形容东西放得既多又杂乱无章。

【摊露天牌九】t'ᴇ˥ləu˩t'i˥ba˧tɕiɣ˧˩ 指男女在野外苟合。

【摊得开，卷得拢】t'ᴇ˥tə˥k'ᴇ˥，tɕiø˧tə˥loŋ˩ 指光明正大的事，没有见不得人的地方。

瘫【t'ᴇ˥】

【瘫子】t'ᴇ˥tsɿ˧˩ （一）瘫痪者。（二）两足瘫痪者。

【瘫脱】t'ᴇ˥t'ə˥ 肌肉丧失运动功能。

【瘫痪】t'ᴇ˥huø˧˩

【瘫下来】t'ᴇ˥ho˩lᴇ˩ 瘫痪下来。喻甩手不管，或半途而废。

【瘫子直手】t'ᴇ˥tsɿ˧˩zə˧sɣ˧˩ 手脚瘫痪。喻毫无用处的人。

tán

坛【dᴇ˧】

昙【dᴇ˧】

【昙花】dᴇ˧ho˥

【昙花一现】dᴇ˧ho˥ʔiə˥hi˩

谈【dᴇ˧】

【谈天】dᴇ˧t'i˥ 闲聊。

【谈心】dᴇ˧sin˥

【谈吐】dᴇ˧t'əu˧˩

【谈判】dE˧˨pʻø˥˨
【谈谈】dE˧˨dE˨˩ 对话。说说话。
【谈恋爱】dE˧˨li˧˨ø˥˨
【谈拢来】dE˧˨loŋ˧˨lE˨˩ 通过谈话观点趋于一致。
【谈谈拢】dE˧˨dE˧˨loŋ˨˩ 经过谈话交流,使观点趋于一致。
【谈勿拢】dE˧˨fəʔ˥loŋ˨˩ 经过谈话交流,观点不能一致。
【谈勿来】dE˧˨fəʔ˥lE˨˩ (一)观点不一,无法沟通。(二)不会谈。
【谈朋友】dE˧˨bã˧˨øiY˥˨ 谈恋爱。
【谈得拢】dE˧˨təʔ˥loŋ˨˩ 观点一致,容易交谈。
【谈得来】dE˧˨təʔ˥lE˨˩ 义同【谈得拢】。
【谈僵脱】dE˧˨tɕiã˥təʔ˥ 谈话观点不一,各自坚持,互不相让,陷入僵局。
【谈来谈去】dE˧˨lE˧˨dE˧˨tɕʻi˦ 一个话题,反复交谈。
【谈谈讲讲】dE˧˨dE˧˨kã˥˨kã˥˨ 聊天式的谈话。
【谈谈说说】dE˧˨dE˧˨səʔ˥səʔ˥ 义同【谈谈讲讲】。

【谈笑风生】dE˧˨siæ˦foŋ˥səŋ˥
【谈何容易】dE˧˨ɦəu˨˩ɦioŋ˨˩ɦi˨˩

痰【dE˧˨】

【痰嗽】dE˨˩sY˥˨ 戏曲中老生咳嗽。

弹【dE˧˨】另见dàn。

【弹力】dE˧˨liəʔ˧
【弹开】dE˧˨kʻE˥ 离开(贬意)。
【弹压】dE˧˨øɑʔ˥
【弹词】dE˧˨zɿ˨˩
【弹性】dE˧˨sin˥˨
【弹挑】dE˧˨tʻiæ˥ 民乐弹拨乐弹奏的一种手法。弹,用食指指甲向下弹弦;挑,用拇指指甲向上挑弦。
【弹力性】dE˧˨liəʔ˧sin˥˨ 弹性。
【弹力丝】dE˧˨liəʔ˧sɿ˥
【弹力袜】dE˧˨liəʔ˧maʔ˧ 用弹力丝做的袜子。
【弹力衫】dE˧˨liəʔ˧sE˥˨ 用弹

T

力丝做的恤衫。

【弹皮弓】dE˨˧bi˨˩koŋ˥˨˧ 弹弓。

【弹出去】dE˨˩tsʻəʔ˥tɕʻi˥˨˧ (一)突然受猛力撞击或弹力作用，物体向外抛出。(二)喻用语言断然拒绝。

【弹棉花】dE˨˧miɪ˧ho˥ 一种手艺。用弹弓将棉花或旧棉胎弹松。

【弹簧秤】dE˨˧ɦuã˧tsʻən˥˨ 利用弹簧的弹性制成的秤。

【弹眼落睛】dE˨˧ŋE˨˧loʔ˧tsin˥˨˧ (一)引人注目，非常醒目。(二)发怒，怒目圆睁。

谭【dø˨˧】文读【dE˨˧】

潭【dø˨˧】中州韵【dE˨˧】

【潭潭】dø˨˧dø˨˩ 小坑。

谵【dE˨˧】

檀【dE˨˧】

【檀香】dE˨˧ɕiã˥ 檀香树的木材。有特殊香味，为著名香料。

【檀香扇】dE˨˧ɕiã˥sø˥˨˧ 用檀香木制作的折扇。

【檀香橄榄】dE˨˧ɕiã˥kE˥˨lE˨˩ 青果。

tǎn

忐【tʻE˥˨】

【忐忑】tʻE˥˨tʻəʔ˥

坦【tʻE˥˨】

【坦白】tʻE˥˨baʔ˧

【坦气】tʻE˥˨˧tɕʻi˥˨˧ 慷慨，爽快，大方。

【坦克】tʻE˥kʻaʔ˥

【坦荡】tʻE˥˨dã˨˩

【坦率】tʻE˥˨səʔ˥

【坦腹】tʻE˥˨foʔ˥

【坦肩胛】tʻE˥˨tɕiɪ˥ka˥˨˧ 斜着向下的肩型。

【坦荡荡】tʻE˥˨dã˨˩dã˨˩ 心胸坦白。

【坦髈肆脚】tʻE˥pʻã˥sɿ˥˨˧tɕiaʔ˥ 毫无顾忌地把手脚放开(贬义)。喻毫无拘束地(处理事情)。

袒【tʻE˥˧】

【袒护】tʻE˦˥ɦəu˨˩

【袒胸】tʻE˦˥ɕioŋ˥ （一）上衣敞开。（二）指女子上衣胸口部位较暴露。

【袒眼眵】tʻE˥˧ŋE˦˥tsʻɿ˥˧ 眼睑分泌出眼眵。

【袒胸露腹】tʻE˦˥ɕioŋ˥ləu˨˩foʔ˥ 上衣敞开，腹部暴露。

毯【tʻE˥˧】

【毯子】tʻE˦˥tsɿ˥

【毯子功】tʻE˦˥tsɿ˥koŋ˥˧ 戏曲演员练的武功。

tàn

叹【tʻE˥】

【叹气】tʻE˥tɕʻi˥˧或tʻE˦˥tɕʻi˦˥

【叹册生】tʻE˥tsʻɑʔ˥sən˥˧ 苏州评弹行话。指评弹演员。亦写成“摊册生”。

【叹苦经】tʻE˥kʻəu˥˧tɕən˥˧ 诉说困苦。

炭【tʻE˦˥】

【炭条】tʻE˥diæ˨˩ 柳枝烧制而成的木炭。画家用来打图样或作画。

【炭基】tʻE˥tɕi˥˧ 用木炭的屑子和粘土制成的圆柱形燃料。用于烤火和焐炖食品。

【炭风炉】tʻE˥foŋ˥ləu˨˩ 以木炭为燃料的小型陶器炉子。

【炭火盆】tʻE˥həu˥˧bən˨˩ 烧炭取暖用的金属盆。

【炭火缸】tʻE˥həu˥˧kɑ̃˥˧ 烧炭取暖用的陶瓷缸。

【炭屑石灰】tʻE˥siəʔ˥zɑʔ˧huE˥˧ 木炭的碎屑和石灰（作为防腐材料放在将要殓尸的棺材里）。

碳【tʻE˦˥】

探【tʻø˦˥】中州韵【tʻE˦˥】

【探子】tʻø˥tsɿ˥˧ 旧指侦察敌情的人。喻刺探消息、情报的人。

【探讨】tʻø˦˥tʻæ˥

【探壳】t'ø˦k'o?˥ 节肢动物换壳。

【探花】t'ø˥ho˨

【探监】t'ø˥kE˨ 到监狱探望犯人。

【探听】t'ø˦t'in˥

【探探】t'ø˦t'ø˥ （一）侦察。试探。（二）伸手向高处取挂着的东西。亦作【探】t'ø˦。

【探病】t'ø˦bin˩ 探望病人。

【探下来】t'ø˦ho˦lE˩ （一）伸手向高处把挂着的东西取下来。（二）有了新的后，把旧的换下来。（三）手轻轻地从高处缩回。（四）试探、侦察下来。

【探头虾】t'ø˥dY˦ho˨ 菜肴之一。盐水大虾去除头壳。

【探出来】t'ø˦ts'ə˥lE˩ （一）有了新的后，把旧的换出来。（二）（手）轻轻地从物体里面抽出来。（三）侦察、试探出来。

【探口气】t'ø˦k'Y˨tɕ'i˨ 从别人话中探查。

【探口风】t'ø˦k'Y˦foŋ˥ 义同【探口气】。

【探壳虾】t'ø˥k'o?˥ho˨ 刚换过壳的虾。又名【软壳虾】ŋø˦k'o?˥ho˨。

【探进去】t'ø˦tsin˥tɕ'i˦ （手或工具）轻轻伸进物体。

【探探看】t'ø˦t'ø˥kø˦ 侦察或试探一下。

【探帽子】t'ø˦mæ˦tsɿ˨ （一）脱掉帽子。（二）解放后相当一段时期，把地主、富农、反革命、坏份子、右派分子这五种成分的成员特别看管起来。列入任何一种，叫作戴上帽子。经认为改造好了，不再属于这些成分了，叫作探帽子。

【探脱帽子，呒不脑子】t'ø˦t'ə˥mæ˦tsɿ˨，m̩˦pə˥næ˦tsɿ˨ 俗语。（一）指缺乏思考，行事粗枝大叶。（二）指行事不顾后果。

tāng

汤【t'ã˥】中州韵【t'ã˥】

【汤水】t'ã˥sʮ˨ 汤汁。

【汤包】t'ã˥pæ˨ 最小的肉包子。

【汤面】t'ɑ̃˥mi˨˧ 汤较多的面条，以别拌面、冷面、炒面等面类。

【汤团】t'ɑ̃˥dø˨˧ 食品。用糯米粉做皮，加馅做成的团子，在水中煮熟后吃。

【汤罐】t'ɑ̃˥kuø˥˨ 旧式灶台铁锅旁烧热水用的小铁罐。

【汤山芋】t'ɑ̃˥sE˥ɦY˨˧ 蕃薯加糖和水煮成的食品。

【汤水圆】t'ɑ̃˥sɥ˥˨ɦiø˨˧ 糯米小圆子。用水煮熟后加糖食用的食品。又名元宵。

【汤头药】t'ɑ̃˥dY˨˧ɦiɑʔ˧ 中药剂型之一。把药物按配方混合，加水煎煮，去掉渣滓，服用药汁。

【汤年糕】t'ɑ̃˥ȵi˨˧kæ˥˨ 有两种。一种甜食。用糖年糕切成片或块，用水煮熟，加糖食用。一种咸食。用水磨年糕切成片，放在菜汤中煮熟食用。

【汤淘饭】t'ɑ̃˥dæ˨˧vE˨˧ 米饭中加菜汤。

【汤婆子】t'ɑ̃˥bu˨˧tsɿ˥˨ 取暖器。扁圆型，一般用铜制成，中空灌热水。

【汤落落】t'ɑ̃˥loʔ˧loʔ˧ 汤汁很充分。

【汤罐水】t'ɑ̃˥kuø˥˨sɥ˥˨ 汤罐里的温水。

【汤汤水水】t'ɑ̃˥t'ɑ̃˥sɥ˥˨sɥ˥˨ 泛指菜汤和茶水。

【汤里落落】t'ɑ̃˥li˨˧loʔ˧loʔ˧ 把食品放在滚汤中煮。

【汤罐里笃鸭——独出一张嘴】t'ɑ̃˥kuø˥˨li˨˧toʔ˥ʘaʔ˥——doʔ˧ts'əʔ˥ʘiəʔ˥tsɑ̃˥tsɥ˥˨ 歇后语。指只会嘴上讲，没有行动。

铴【t'ɑ̃˥】

【铴锣】t'ɑ̃˥ləu˨˧ 小铜锣。

耥【t'ɑ̃˦˨】中州韵【t'ɑ̃˦˨】

【耥稻】t'ɑ̃˥˨dæ˥˨ 一种农活。夏季在稻田里除草松土。

【耥耙】t'ɑ̃˦˨bo˦

【耥稻马马虎虎，耘稻吃煞老苦】t'ɑ̃˥˨dæ˨˧mɑ˥mɑ˥həu˥˨həu˥˨，ɦYən˦dæ˨˧tɕ'əʔ˥saʔ˥læ˦k'əu˥˨ 喻前期工

作马虎,后期工作吃苦。

噹【t'ɑ̃˥】

趟【t'ɑ̃˥˧】中州韵【t'ɑ̃˥˧】

另见 tàng。

镗【dɑ̃˩】中州韵【dɑ̃˩】

另见 táng。

【镗镗】dɑ̃˩dɑ̃˩　形容锣声。

táng

唐【dɑ̃˨˦】中州韵【dɑ̃˨˦】

【唐突】dɑ̃˩dəʔ˧

【唐装】dɑ̃˨˦ʦɑ̃˥　中式对襟衣服。

【唐人街】dɑ̃˨˦ȵən˨˦kɑ˥˩　泛指外国华人聚居的地方。

【唐僧肉】dɑ̃˩sən˥˩ȵoʔ˧　俗语。指人人都想得到的意外的好处。

【唐伯虎叫船——叫到哪里就哪里】dɑ̃˨˦pɑʔ˥həu˥˩tɕiæ˥˧zø˨˦——tɕiæ˥˧tæ˥lo˩li˩zɿ˥˩lo˩li˩　歇后语。随遇而安,一切听从安排。

溏【dɑ̃˨˦】中州韵【dɑ̃˨˦】

【溏黄】dɑ̃˨˦huɑ̃˥　溏心蛋黄。水潽蛋或皮蛋的蛋黄没有凝结,呈半流质状。

塘【dɑ̃˨˦】中州韵【dɑ̃˨˦】

【塘岸】dɑ̃˨˦ŋø˩　堤岸。

【塘耙】dɑ̃˨˦bo˩　挖河泥用的钉耙。

【塘篮】dɑ̃˨˦lᴇ˩　用三根绳子作提手的大篮子。

【塘藕】dɑ̃˨˦ŋʏ˩　长在浅水湖里的藕。

【塘鳢鱼】dɑ̃˨˦li˩ŋ̍˩　又名土附鱼、吐哺鱼。长三四寸,大头大嘴,身圆鳞细,色灰,有黑斑,产于淡水。菜花开的时候最多,又称菜花鱼。

搪【dɑ̃˨˦】中州韵【dɑ̃˨˦】

【搪瓷】dɑ̃˨˦zɿ˩

【搪塞】dɑ̃˨˦səʔ˥

【搪炉子】dɑ̃˨˦ləu˨˦ʦɿ˥˩　用

泥土等均匀涂抹炉膛。

糖【dɑ̃˨˧】中州韵【dɑ̃˨˧】

【糖水】dɑ̃˨˧sʮ˥˩　含糖分的熟水。

【糖汤】dɑ̃˨˧tɑ̃˥　即糖水。

【糖衣】dɑ̃˨˧θi˥

【糖坊】dɑ̃˨˧fɑ̃˥　旧时制作麦芽糖的作坊。

【糖茶】dɑ̃˨˧zo˩　即糖水。

【糖缸】dɑ̃˨˧kɑ̃˥　放置糖用的小瓷缸。

【糖果】dɑ̃˨˧kəu˥˩　颗粒糖食品。用纸包装。

【糖粥】dɑ̃˨˧tsoʔ˥　旧时的消闲食品。糯米制成的薄粥，加甜赤豆糊。小贩挑骆驼担兜售。

【糖精】dɑ̃˨˧tsin˥

【糖醋】dɑ̃˨˧tsʻəu˥˩　烹调方法的一种。食物烹调时，加入糖和醋，成酸甜味。如糖醋排骨、糖醋黄鱼等。

【糖蹄】dɑ̃˨˧di˩　重糖红烧蹄髈。

【糖山芋】dɑ̃˨˧sᴇ˥θy˥˩　蕃薯加糖和水煮成的食品。又名汤山芋。

【糖芋艿】dɑ̃˨˧θy˥nɑ˩　芋艿去皮加糖煮成的食品。苏州人的中秋节令食品。

【糖年糕】dɑ̃˨˧ȵiɪ˨˧kæ˥˩　红糖或白糖和入糯米粉制成的年糕。还加入糖桂花，叫作【桂花糖年糕】kuᴇ˥ho˥˩dɑ̃˨˧ȵiɪ˨˧kæ˥˩。

【糖扦糕】dɑ̃˨˧tsʻiɪ˥kæ˥˩　中间夹有一层红糖的糯米糕。

【糖芝麻】dɑ̃˨˧tsʮ˥mo˩　拌有砂糖的黑芝麻。一种滋补品，据说能乌发。

【糖佛手】dɑ̃˨˧vəʔ˧sʏ˥˩　糖腌渍的胡萝卜切成佛手状的食品。

【糖尿病】dɑ̃˨˧ȵiæ˥˩bin˩

【糖油饺】dɑ̃˨˧ɦiʏ˨˧tɕiæ˥˩　油炸糯米饺子滚绵白糖制成的食品。

【糖豆瓣】dɑ̃˨˧dʏ˨˧ᵬᴇ˥˩　蚕豆、白糖、玫瑰花碎屑制成的消闲食品。

【糖胡桃】dɑ̃˨˧ɦəu˨˧dæ˩　核桃仁、绵白糖制成的消闲食品。

【糖莲心】dɑ̃˨˧liɪ˨˧sin˥˩　用绵

白糖、莲心制成的消闲食品。

【糖桂花】dɑ̃˧kuɛ˥ho˥˩ 糖腌渍的桂花。可作食品辅料。

【糖塌饼】dɑ̃˧t‘aʔ˥pin˥˩ 扁圆型的麦芽糖。

【糖油山芋】dɑ̃˧ɦiɤ˧sɛ˥θɤ˥˩ 菜肴之一。蕃薯切成小块,油炒,加糖、盐等佐料制成。

【糖炒栗子】dɑ̃˧ʦ‘æ˥liəʔ˧ʦɿ˥˩ 用炒沙炒栗子时,加入饧糖炒成。

【糖醋大蒜】dɑ̃˧ʦ‘əu˥dɑ˩sø˥˩ 酱菜之一。将大蒜头在加糖的醋里浸泡而成。

【糖衣炮弹】dɑ̃˧θi˥p‘æ˥dɛ˩

醣【dɑ̃˧】中州韵【dɑ̃˧】

搪【dɑ̃˧】中州韵【dɑ̃˧】

堂【dɑ̃˧】中州韵【dɑ̃˧】

【堂子】dɑ̃˧ʦɿ˥˩ 妓院。

【堂上】dɑ̃˧lɑ̃˩ (一)"公堂上"的略称。(二)家中大厅上,因称父母。

【堂口】dɑ̃˧k‘ɤ˥˩ (一)饭店、茶馆的营业厅的总称。(二)饭店、茶馆的每个营业区。

【堂会】dɑ̃˧θuɛ˩ 演员在人家家里的专场演出。

【堂里】dɑ̃˧li˩ "育婴堂里"的略称。

【堂房】dɑ̃˧vɑ̃˩ 同祖亲属,但非同胞嫡亲。如堂兄、堂叔、堂侄、堂妹等。

【堂官】dɑ̃˧kuø˥ 清时称各衙门的长官。

【堂客】dɑ̃˧k‘ɑʔ˥ 旧指已婚女子。

【堂堂】(1)dɑ̃˩dɑ̃˩ 形容容貌端正,举止庄重大方。或形容力量大,气魄大。(2)dɑ̃˧dɑ̃˩ (一)每一次公堂。(二)每一处。

【堂倌】dɑ̃˧kuø˥ 酒饭馆和茶馆的服务员。

【堂屋】dɑ̃˧θoʔ˥ 客厅。

【堂鼓】dɑ̃˧kəu˥˩

【堂楼】dɑ̃˧lɤ˩ 旧时指位于内宅厅堂楼上的房间。只居住内眷。

【堂签】dɑ̃˧ʦ‘ii˥ 旧时衙门里公差奉公差遣的凭证。竹制，长条形。

【堂无戏言】dã˦vu˩ɕi˥ɦi˩ 公堂上不容许说玩笑话。

【堂堂正正】dã˦dã˩tsən˥ tsən˥

樘【dã˦】中州韵【dã˦】

膛【dã˦】中州韵【dã˦】

镗【dã˦】中州韵【dã˦】

另见 tāng。

螳【dã˦】中州韵【dã˦】

【螳螂】dã˦lã˩

【螳螂干】dã˦lã˩kø˥ 喻人瘦。

【螳臂当车】dã˦pi˥tã˥tsʻo˥

【螳螂捕蝉，黄雀在后】dã˦ lã˩bu˩zø˩，ɦuã˦tsʻiaʔ˥zE˩ ɦY˩

棠【dã˦】中州韵【dã˦】

tǎng

帑【tʻã˥】中州韵【tʻã˥】

倘【tʻã˥】中州韵【tʻã˥】

【倘使】tʻã˥sɿ˥

【倘然】tʻã˥zø˩

淌【tʻã˥】中州韵【tʻã˥】

【淌汗】tʻã˥ɦø˩ 流汗。

【淌脚】tʻã˥tɕiaʔ˥ 山体延伸的部分。

【淌下去】tʻã˥ɦo˦tɕʻi˥ 缓缓地流下去。

【淌水面】tʻã˥sɥ˥mi˩ 仰游。

【淌淌渧】tʻã˥tʻã˥ti˥ 形容被水打湿的程度很高。

【淌眼泪】tʻã˩ŋE˦li˩ 流眼泪。

【淌鼻涕】tʻã˥bəʔ˧ti˥ 流鼻涕。

【淌躺板】tʻã˥tʻã˥pE˥ 儿童玩具。滑梯。

躺【tʻã˥】中州韵【tʻã˥】

【躺死】tʻã˥si˥ 睡觉。（贬义）

【躺吧】t'ɑ̃˥˩bɑ˩˧ （一）睡吧（不太礼貌）。（二）可以躺下了。

【躺着】t'ɑ̃˦˨zɑʔ˧ 睡着了。

傥【t'ɑ̃˥˩】中州韵【t'ã˥˩】

镋【t'ɑ̃˥˩】中州韵【t'ã˥˩】

tàng

烫【t'ɑ̃˦˨】中州韵【t'ã˦˨】

【烫手】t'ɑ̃˥˩sʏ˥˩ （一）温度高，手碰到有灼痛感。（二）喻到手好处将有后患。

【烫平】t'ɑ̃˥bin˩˧ （一）原来不平的东西，经过熨烫平伏了。（二）喻施加压力，迫使对方接受。（三）喻通过利诱，诱使对方接受。

【烫印】t'ɑ̃˦˨Øin˦˨

【烫伤】t'ɑ̃˥sɑ̃˦˨ 温度高，皮肤接触后被灼伤。

【烫牢】t'ɑ̃˥læ˩˧ 受高温熨烫，使原不相连的东西粘合在一起。

【烫花】t'ɑ̃˦˨ho˥ 用烙铁在竹、木器或其他物品上烫出花样来。

【烫金】t'ɑ̃˦˨tɕən˥ 即烫印。

【烫穿】t'ɑ̃˥ʦ'ø˥˩ 物体接触高温后，接触点被高温穿破。

【烫茶】t'ɑ̃˥zo˦ 滚烫的茶水。

【烫煞】t'ɑ̃˦˨saʔ˥ （一）烫死。（二）形容滚烫。

【烫酒】t'ɑ̃˦˨ʦʏ˥˩ 将酒加温。

【烫痛】t'ɑ̃˥toŋ˦˨ 受烫感到痛楚。

【烫碗】t'ɑ̃˦˨Øuø˥˩ 用开水烫炊具碗碟。

【烫嘴】t'ɑ̃˦˨ʦɥ˥˩ 食品温度高，口舌有灼痛感。

【烫勿煞】t'ɑ̃˥fəʔ˥saʔ˥ 烫不死。

【烫头发】t'ɑ̃˥dʏ˦faʔ˥ 美发的一种方法。用电或化学方法使头发绻曲成一定的式样。

【烫衣裳】t'ɑ̃˦˨Øi˥zɑ̃˩˧ 熨烫衣服。

【烫香洞】t'ɑ̃˦˨ɕiã˥doŋ˩˧ 出家为僧尼，剃去头发，头顶上用点燃的香头烫出圆的疤痕。

【烫脚丫】t'ɑ̃˥tɕiɑʔ˥ho˩˧ 用

开水烫脚丫子里的脚癣，借以止痒。

【烫衣裳板】t'ɑ̃˥i˥zɑ̃˩pᴇ˨ 熨烫衣裤的工具板。

【烫粥难为菜】t'ɑ̃˥tso?˥nᴇ˧ɦuᴇ˩ts'ᴇ˨ 太烫的粥，不能大口大口地吃，就粥的菜就会吃得多。

趟【t'ɑ̃˨】中州韵【t'ɑ̃˨】另见 tàng。

【趟趟】t'ɑ̃˥t'ɑ̃˨ 每一趟。

tāo

叨【t'æ˥】另见 dāo。

【叨】t'æ˥ 带惭愧的意思。用于敬词。

【叨光】t'æ˥kuɑ̃˨ 受惠，沾了便宜。

【叨打】t'æ˥tɑ̃˨ 精打细算，仔细盘算。

【叨在】t'æ˥zᴇ˩ 看在……（份上）。

【叨扰】t'æ˥zæ˩ 谦词。谢人款待的客气话。

【叨账】t'æ˥tsɑ̃˨ 受惠，沾了便宜。

【叨教】t'æ˥tɕiæ˨ 受到教益。

涛【dæ˧】

绦【t'æ˥】

滔【t'æ˥】

【滔天】t'æ˥t'ii˨

【滔滔】t'æ˥t'æ˨

韬【t'æ˥】

【韬晦】t'æ˥huᴇ˨

【韬略】t'æ˥liɑ?˧

饕【t'æ˥】

【饕餮】t'æ˥t'iə?˧

táo

逃【dæ˧】

【逃生】dæ˧sən˥

【逃犯】dæ˧vᴇ˩ 在逃的犯人。

【逃走】dæ˧tsʏ˨ 逃跑。

【逃命】dæ˨˧min˨˩　逃出危险的环境，以保全生命。

【逃难】dæ˨˧nE˨˩

【逃荒】dæ˨˧huɑ̃˥

【逃债】dæ˨˧tsɑ˧˦　逃避债主追索。

【逃席】dæ˨˧ziəʔ˧　聚饮中途不辞而别。

【逃票】dæ˨˧pʰiæ˥˩　不买票，逃过检票的关口。

【逃脱】dæ˨˧tʰəʔ˥　逃掉。

【逃跑】dæ˨˧bæ˨˩　逃。

【逃窜】dæ˨˧tsʰø˥

【逃避】dæ˨˧bi˨˩

【逃婚】dæ˨˧huən˥　以逃跑来躲避婚嫁。

【逃税】dæ˨˧sE˧˦　逃避税收。

【逃水荒】dæ˨˧sɥ˥huɑ̃˥˩　为躲避水灾而被迫逃离家园。

【逃转去】dæ˨˧tsø˥tɕʰi˥˩　逃回去。

【逃荒婆】dæ˨˧huɑ̃˥bu˨˩　逃荒的妇女。用来形容头发散乱、衣履不整的女人。

【逃来逃去】dæ˨˧lE˨˧dæ˨˩tɕʰi˧˦　刻意回避。

【逃脱格鳗鲡臂膊粗】dæ˨˧tʰəʔ˥kəʔ˥mø˨˧li˨˩pi˥po˥tsʰəu˥　喻突然失去的东西，特别令人婉惜。也指失去了才知道珍惜。

【逃得了和尚逃不了庙】dæ˨˧təʔ˥liæ˥həu˨˩zɑ̃˨˩dæ˨˧pəʔ˥liæ˥miæ˨˩　指无法逃避。

【逃得过初一，逃勿过月半】dæ˨˧təʔ˥kəu˥˩tsʰəu˥θiəʔ˥，dæ˨˧fəʔ˥kəu˥˩ŋəʔ˧pø˧˦　指不可能永远逃避，总有一天要面对。

【逃脱格瑞唧侪大，逃脱格黄鳝侪粗】dæ˨˧tʰəʔ˥kəʔ˥zE˨˧tsiəʔ˥zE˨˧dəu˨˩，dæ˨˧tʰəʔ˥kəʔ˥huɑ̃˨˧zø˨˩zE˨˧tsʰəu˥　逃掉的蟋蟀都是大的，逃掉的鳝鱼都是粗的。喻突然失去的东西，特别令人婉惜。也指失去了才知道珍惜。

桃【dæ˨˧】

【桃仁】dæ˨˧ȵən˨˩　桃核的仁。

【桃子】dæ˨˧tsɿ˥˩　桃树的果实。

【桃夭】dæ˨˧θiæ˥　《诗经》中一首诗的篇名，指女子婚姻。

【桃色】dæ˩˧səʔ˥

【桃花】dæ˩˧ho˥　桃树的花朵。

【桃李】dæ˩˧li˧˩

【桃胶】dæ˩˧kæ˥　桃树分泌物。附着在树干上，似松脂那样的东西，可食用。

【桃酥】dæ˩˧səu˥　茶食的一种。用面粉和糖、油制成扁圆形的饼，中间嵌有桃仁。

【桃子头】dæ˩˧tsɿ˥˨dY˧˩　儿童的发式。周围的头发剃光，中间留一撮桃形头发。

【桃花雪】dæ˩˧ho˥siəʔ˥　桃花开放时候下的春雪。

【桃花马】dæ˩˧ho˥mo˧˩　白毛红点的马。

【桃花汛】dæ˩˧ho˥sin˥˨　农历二三月间的汛期。

【桃花运】dæ˩˧ho˥ɦyən˧˩　受到爱情追求的运程。

【桃花坞】dæ˩˧ho˥Øəu˥˨　苏州的一条街道。明朝唐伯虎曾居住在这里。

【桃之夭夭】dæ˩˧tsɿ˥˨Øiæ˥ Øiæ˥˨　《诗经》中的一句诗。原意是桃树很茂盛。因为“桃”与“逃”同音，便成为逃跑的趣语。

【桃子拣熟吃】dæ˩˧tsɿ˥˨kE˦˩˨ zoʔ˧tɕʻəʔ˥　俗语。喻拣软弱的欺侮。

【桃李满天下】dæ˩˧li˧˩mø˩˧ tʻiɪ˥ɕiɑ˥˨　指有许许多多的学生。

【桃花坞木刻年画】dæ˩˧ho˥ ɦəu˧˩mo˧kʻəʔ˥ȵiɪ˩˧ɦo˧˩　苏州著名的民间木刻艺术。以图画为主，历史悠久，与天津杨柳青年画齐名。

陶【dæ˩˧】

【陶土】dæ˩˧tʻəu˥˨

【陶冶】dæ˩˧ɦiɑ˧˩或dæ˩˧ɦiɪ˧˩。

【陶瓷】dæ˩˧zɿ˧˩

【陶然】dæ˧˩zø˧˩

【陶醉】dæ˧˩tsE˦˩˨

【陶器】dæ˩˧tɕʻi˥˨　陶土烧制的器皿。

【陶都】dæ˩˧təu˥　指以盛产陶器而闻名于世的宜兴。

啕(咷)【dæ˧˩】

淘【dæ˦】

【淘成】dæ˦zən˩ 与"呒"连用,【呒淘成】m̩˦dæ˩zən˩ 表示很多很多。

【淘米】dæ˦mi˩ 洗米。

【淘伴】dæ˦bø˩ 伙伴。

【淘汰】dæ˩tE˥˩或dæ˩tɑ˥˩

【淘里】dæ˦li˩ 后缀词。名词后面表示这一范围。如:姐妹淘里。

【淘金】dæ˦tɕən˥ 沙里淘金,从含金沙的沙土里淘取金沙。喻赚取大钱。

【淘淘】(1)dæ˩dæ˩ 用长形工具在水里鼓捣。(2)dæ˦dæ˦ 后加成分,与"乐"连用,表示开心的样子。(3)dæ˦dæ˩ 洗米,小红豆一类颗粒较小的东西。

【淘箩】dæ˦ləu˩ 淘米用的圆竹箩。

【淘书店】dæ˩sʮ˥ti˥˩ 到书店里去寻觅所需的书。

【淘水凼】dæ˩sʮ˧dɑ̃˩ 用长形工具或脚在水坑里鼓捣。

【淘旧货】dæ˩dʑiʏ˦həu˥˩或dæ˦dʑiʏ˦həu˥˩ 到旧货摊或旧货市场去寻觅,选购东西。

【淘米水】dæ˦mi˦sʮ˥˩ 洗米洗下来的水。可以养花或作泔水。

【淘冷饭】dæ˦lɑ̃˩vE˩ 开水泡冷饭。

【淘来勿来】dæ˦lE˦fəʔ˥lE˩ 便中进行,成败都无所谓。

【淘伙淘里】dæ˦həu˥˩dæ˦li˩ 伙伴或同行内部。

【淘混仔水捉鱼吃】dæ˦ɦuən˦tsɿ˥sʮ˥˩tsoʔ˥ŋ̍˦tɕʻəʔ˥ 喻制造混乱,以捞取好处。

萄【dæ˩】

tǎo

讨【tʻæ˥˩】

【讨小】tʻæ˥˩siæ˥˩ 纳妾。

【讨气】tʻæ˥˩tɕʻi˥˩ 惹人生气,惹祸。

【讨巧】tʻæ˥˩tɕʻiæ˥˩ (一)讨人喜欢。(二)又好又省力。

【讨好】t'æ˥˨hæ˥˨
【讨头】t'æ˥˨dY˧˩　指索要的趣向。头,后加成分。
【讨价】t'æ˥˩kɑ˥˩　要价。
【讨论】t'æ˥lən˧˩
【讨死】t'æ˥˨si˥　找死。
【讨厌】t'æ˥˩θii˥˩
【讨伐】t'æ˥vaʔ˧
【讨光】t'æ˥˨kuɑ̃˥　被人索要完了。
【讨饭】t'æ˥˨vE˧˩　要饭。
【讨还】t'æ˥˨ɦuE˩˧　要回来。
【讨完】t'æ˥˨ɦuø˩˧　索要完了。
【讨账】t'æ˥˩tsɑ̃˥˨　要账。
【讨骂】t'æ˥˩mo˧˩　招人辱骂。
【讨俏】t'æ˥˩ts'iæ˥˩　义同【讨巧】。
【讨脱】t'æ˥˨t'əʔ˥　讨掉。
【讨饶】t'æ˥˨ȵiæ˩˧　求饶。
【讨贱】t'æ˥˩zii˧˩　作践自己,招惹人看不起。
【讨债】t'æ˥˩tsɑ˥˨　索取借给人的钱财。
【讨教】t'æ˥˩tɕiæ˥˩　求教。
【讨情】t'æ˥˩zin˩˧　求情。
【讨口讯】t'æ˥˩k'Y˥˩sin˥˩　要个回音。
【讨口答】t'æ˥˨k'Y˥˨ts'ɥ˥˩　招惹口舌麻烦。
【讨口采】t'æ˥˩k'Y˥˨ts'E˥　说吉利话祈福。
【讨口气】t'æ˥˩k'Y˥˩tɕ'i˥˩　故意与人谈话,从对方说话中探听情况。
【讨女人】t'æ˥˩ȵy˩˧ȵən˧˩　娶妻。
【讨手脚】t'æ˥˩sY˥˨tɕiɑʔ˥　添麻烦。
【讨末事】t'æ˥˩məʔ˧zɿ˧˩　索要东西。
【讨生活】t'æ˥˨sã˥ɦuəʔ˧　(一)要求做工任务。(二)欠揍,招惹人打。
【讨价钿】t'æ˥˨kɑ˥dii˧˩　要价。
【讨老婆】t'æ˥˩læ˩˧bu˧˩　娶妻。
【讨回音】t'æ˥˩ɦuE˩˧θin˥　要个回音。
【讨采头】t'æ˥˩ts'E˥˨dY˧˩　演员诱发观众喝彩、叫好。
【讨冷债】t'æ˥˨lã˩˧tsɑ˥˩　向没有交情,或交情已断者讨要债务。

【讨饭坯】tʻæ˧˦vE˦pʻE˥˩ 做乞丐的料。

【讨阴债】tʻæ˧˦∅in˥tsɑ˥˩ 阴司向人讨债。这是一种迷信的说法。喻被人勒索。

【讨苦吃】tʻæ˧˦kʻəu˥˩tɕʻəʔ˥ 招惹麻烦。

【讨怠慢】tʻæ˧˦dE˩˧mE˩˧ 招惹冷待和非议。

【讨家小】tʻæ˧˦kɑ˥siæ˧˦ 娶妻。

【讨家婆】tʻæ˧˦kɑ˥bu˩˧ 娶妻。

【讨秤头】tʻæ˧˦tsʻən˥dY˩˧ 过秤时,要求得些便宜。

【讨债鬼】tʻæ˧˦tsɑ˥tɕy˥˩ (一)喻索债者(贬义)。(二)喻夭折的孩子(贬义)。(三)喻经济上长期拖累自己的人(贬义)。

【讨孵鸡】tʻæ˧˦bu˦tɕi˥˩ 进入孵卵期的母鸡。

【讨得来】tʻæ˥˩təʔ˥lE˩˧ 讨来,要来。

【讨得去】tʻæ˥˩təʔ˥tɕʻi˧˦ 被讨去。

【讨虚头】tʻæ˧˦ɕy˥dY˩˧ 卖方报虚价,抬高实价。

【讨铜钿】tʻæ˧˦doŋ˦di˩˧ 讨钱,要钱。

【讨替身】tʻæ˧˦tʻi˥sən˥˩ 一种迷信说法。冤鬼弄死活人,以此获得转世投生的机会。

【讨惹厌】tʻæ˧˦zɑ˩˧∅i˥˩ 讨厌。

【讨新妇】tʻæ˧˦sin˥vu˩˧ 娶儿媳妇。

【讨嗾骂】tʻæ˧˦tsʻoʔ˥mo˩˧ 招惹辱骂。

【讨小老母】tʻæ˥˩siæ˧˦læ˦mo˩˧ 纳妾。略称【讨小】tʻæ˥˩siæ˥˩。

【讨人欢喜】tʻæ˧˦ȵən˦huø˥ɕi˥˩ 招人喜欢。

【讨吃生活】tʻæ˧˦tɕʻəʔ˥sã˥ɦuəʔ˧ 欠揍;惹人动粗。

【讨价还价】tʻæ˧˦kɑ˥ɦuE˦kɑ˥˩

【讨饭生意】tʻæ˧˦vE˦sã˥∅i˥˩ 收入微薄很苦的职业。

【讨嘴浪便宜】tʻæ˥˩tsɥ˧˦lɑ̃˦bi˩˧ȵəʔ˧ 语言占上风,沾些便宜,但并无实际好处。

【讨过三年饭,官亦不要做】tʻæ˥˩kəu˥˩sE˥ȵi˩˧vE˩˧,ku

ø꜒ɦaʔ˧ɦiæ˦(fəʔ꜒ʘiæ˦)tsəu˦ 趣语。指懒散、自由惯了的人，不愿过受拘束的生活。

tào

套【tʻæ˦】

【套子】tʻæ꜒tsɿ˥ （一）罩在外面的东西。（二）程式化的办法。

【套头】tʻæ꜒dY˩ 由若干部分组合成套的。

【套用】tʻæ꜒ɦioŋ˩ 模仿旧例。

【套餐】tʻæ꜒tsʻø˥ 一定的组合饭菜。

【套汇】tʻæ꜒ɦuE˩ 用欺骗或拉拢等手段购买国家限制买卖的外汇，从中获取暴利。

【套色】tʻæ˦sə꜒ 彩色印刷的方法。用多块印版涂上不同色墨套合印刷，可以印出各种颜色。

【套印】tʻæ꜒ʘin˦ 义同【套色】。

【套红】tʻæ˦ɦoŋ˧ 文字印刷中，某些地方用红色印制，以示重要。

【套曲】tʻæ꜒tɕʻoʔ꜒

【套间】tʻæ꜒kE˥ 指只有一扇通向外面的门的两间相连的屋子。

【套房】tʻæ꜒vɑ̃˩ 义同【套间】。

【套话】tʻæ˦ɦo˩ （一）客套话。（二）官冕堂皇、程式化的话，于解决实际问题并无意义。

【套衫】tʻæ꜒sE˥ 设计上具有一定组合意义的衣衫。

【套购】tʻæ꜒kY˥

【套袖】tʻæ꜒zY˩ 套在衣袖外面的，似衣袖的套子，使衣袖保持清洁。也叫【袖套】zY˧tʻæ˥。

【套裙】tʻæ꜒dʑyən˩ 设计上具有一定组合意义的裙衫。

【套裤】tʻæ꜒kʻəu˥ （一）罩在裤子外面，起防护作用的裤子。（二）旧时一种没有后腚的长裤。

【套装】tʻæ꜒tsɑ̃˥ 在设计上具有一定组合意义的衣裤服装。

【套路】tʻæ꜒ləu˩

【套鞋】tʻæ˥ɦɑ˩　下雨天穿的胶鞋。

【套裁】tʻæ˥zE˩　在同一块布料上裁剪两件或两件以上衣服时,通过精密计算后裁剪,可以尽量减少边角料,达到省料的目的。

【套闲话】tʻæ˧˦ɦE˦ɦo˩　假意与人谈话,从对方的言谈中刺探情况。

【套出来】tʻæ˧˦tsʻəʔ˥lE˩　谈话中套出情况来。

【套公式】tʻæ˧˦koŋ˥səʔ˥　按公式运算。

【套藤圈】tʻæ˧˦dən˦tɕʻiø˥　一种博来游戏。用藤圈投掷套取奖品。

tè

忒【tʻəʔ˥】另见 tuī。

忑【tʻəʔ˥】

特【dəʔ˧】

【特工】dəʔ˧koŋ˥˧　隐藏在敌区或打入敌人内部执行特殊任务的人。

【特长】dəʔ˧zã˦

【特为】dəʔ˧ɦuE˩　特地;故意;专为(某件事)。加强语气时说成【特特为为】dəʔ˧dəʔ˧ɦuE˩ɦuE˩。

【特区】dəʔ˧tɕʻy˥　特别批准的区域。

【特刊】dəʔ˧kʻø˥　刊登特定内容的刊物。

【特务】dəʔ˧vu˩

【特写】dəʔ˧siɑ˧˦

【特产】dəʔ˧tsʻE˥˧

【特出】dəʔ˧tsʻəʔ˥　不平常的,超过一般的。

【特地】dəʔ˧di˩　特意;专为某件事。

【特此】dəʔ˧tsʻɿ˥˧　专门为此。

【特点】dəʔ˧tiɪ˥˧　特殊;特别之处。

【特派】dəʔ˧pʻɑ˥˧　特别派遣。

【特权】dəʔ˧dʑiø˩　特别的、别人没有的权利。

【特色】dəʔ˧səʔ˥

【特异】dəʔ˧ɦi˩

【特使】dəʔ˧sɿ˥˧

【特许】dəʔ˧ɕy˥˧　特别批准

T

的。

【特约】dəʔ˧θiɑʔ˥

【特别】dəʔ˧biəʔ˧ 不普通的,不一般的。

【特技】dəʔ˧ʥi˩

【特快】dəʔ˧kuɑ˥˩ 特别快速。

【特定】dəʔ˧din˩

【特性】dəʔ˧sin˥˩ 与其他不同的、固有的性能。

【特征】dəʔ˧ʦən˥˩

【特制】dəʔ˧ʦʮ˥˩ 特别制造。

【特质】dəʔ˧ʦəʔ˥ 与其他不同的、固有的品质。

【特种】dəʔ˧ʦoŋ˥˩

【特殊】dəʔ˧zʮ˩

【特赦】dəʔ˧so˥˩

【特效】dəʔ˧ɦiæ˩

【特等】dəʔ˧tən˥˩ 特别优秀的。

【特意】dəʔ˧θi˩ 特地。

【特辑】dəʔ˧ʦʻiəʔ˥ 刊登特别内容的组合文字。

【特特等】dəʔ˧dəʔ˧tən˥˩ 无可比拟的程度。

【特里特别】dəʔ˧li˩dəʔ˧biəʔ˧ 异乎寻常。

【特特别别】dəʔ˧dəʔ˧biəʔ˧biəʔ˧ 义同【特里特别】。

tēng

鼟【toŋ˥】

téng

疼【dən˩】

誊【dən˩】

【誊写】dən˩sia˥˩ 照着抄写。

【誊抄】dən˩ʦʻæ˥ 义同【誊写】。

【誊清】dən˩ʦʻin˥ 誊写清楚。

【誊录官】dən˩loʔ˧kuø˥˩ 旧时负责抄写的官吏。

腾【dən˩】

【腾空】dən˩kʻoŋ˥ 升到空中。

【腾腾】(1)dən˩dən˩ (一)形容气体很盛。(二)喻气焰很盛。(2)dən˩dən˩ 来回倒腾。

T

【腾空翻】dən˦k'oŋ˥fɛ˥˩ 翻跟斗。双脚离地的那种。

滕【dən˦】

藤【dən˦】

【藤条】dən˦diæ˩ 用藤制作的鞭子。

【藤皮】dən˦bi˩ 藤的表皮，细滑，坚韧。

【藤芯】dən˦sin˥ 去除表皮的藤茎。

【藤床】dən˦zɑ̃˩ 用藤皮穿制床垫的床。

【藤拍】dən˦pɑʔ˥ 用藤茎制成的拍打棉被等卧具的长柄工具。

【藤圈】dən˦tɕ'iø˥ 用藤茎制成的小圆圈，以此作为投套物品的玩具。

【藤绷】dən˦pã˥ 用藤皮穿制的床垫。

【藤笾】dən˦pi˥˩ 以藤芯为架，用藤皮编制的扁圆形小笾。旧时妇女用作放针线的器皿。

【藤榻】dən˦t'aʔ˥ 用竹子作骨架，用藤皮编绕而成的卧榻。靠背部分可以调节起落。

【藤篮】dən˦lɛ˩ 用藤编制的小型行李箱。

【藤鞭】dən˦pi˥ 用藤制作的马鞭。

【藤交椅】dən˦kæ˥ʔy˥˩ 用竹子作骨架，用藤皮绕成的椅子。后有靠背，左右有扶手。如没有扶手，仅有靠背者，称为【藤椅】dən˦ʔi˥˩。

【藤榻蹱】dən˦t'aʔ˥tsoŋ˦ 屁股着地的跌跤。

【藤皮老脸】dən˦bi˩læ˩li˩ 形容脸皮厚。

tī

体【t'i˥˩】另见 tǐ。

剔【t'iəʔ˥】

【剔除】t'iəʔ˥zʮ˦

【剔牙子】t'iəʔ˥ŋɑ˦tsɿ˥˩ 剔牙。

【剔出来】t'iəʔ˥ts'əʔ˥lɛ˦ （一）从缝隙里往外挑出来。（二）剔除出来。

踢【tʻiəʔ˥】

【踢一脚】tʻiəʔ˥θiəʔ˥tɕiɑʔ˥ （一）抬起腿，用脚撞击一下。（二）喻诋毁一下。

【踢脚扳倒】tʻiəʔ˥tɕiɑʔ˥pɛ˥˩ tæ˥˩ 形容磕磕绊绊的。

梯【tʻi˥】

【梯队】tʻi˥dɛ˨˩

【梯田】tʻi˥di˩˧

【梯形】tʻi˥ɦin˨˩

锑【tʻi˥】

tí

绨【di˩˧】另见 tì。

鹈【di˩˧】

啼【di˩˧】

【啼哭】di˩˧kʻoʔ˥ 出声的哭。

【啼笑皆非】di˩˧siæ˥tɕia˥fi˥˩

【啼啼哭哭】di˩˧di˨˩kʻoʔ˥kʻoʔ˥ 义同【啼哭】。

蹄【di˩˧】

【蹄筋】di˩˧tɕən˥ 作为食品的猪腿里的筋。

【蹄髈】di˩˧pʻɑ̃˥˩ 猪腿最长的部分。肘子。

【蹄膛】di˩˧zɑʔ˨˩ 酱蹄子。

提【di˩˧】

【提开】di˩˧kʻɛ˥ 放置一边。

【提子】di˩˧tsɿ˥˩ 一种类似无核葡萄的水果。

【提仔】di˩˧tsɿ˥˩ 用手提着。

【提水】di˩˧sʮ˥˩ 用器皿去装水提回来。

【提手】di˩˧sʏ˥˩ 水桶、茶壶、提包等上面用手提的部分。

【提升】di˩˧sən˥ 向上升起，多指升职。

【提议】di˩˧ȵi˨˩

【提示】di˩˧zʮ˨˩

【提头】di˩˧dʏ˨˩ （一）暂死，提着脑袋。（二）指提出的趣向。头，后加成分。

【提出】di˩˧tsʻəʔ˥ 说出，指出。

【提问】di˩˧vən˨˩　提出问题。
【提成】di˩˧zən˨˩
【提防】di˩˧bã˨˩　防备。
【提纯】di˩˧zən˨˩
【提花】di˩˧ho˥
【提纲】di˩˧kã˥
【提肛】di˩˧kã˥　练功的术语。腿、腹肌用力,使肛门向上提的感觉。
【提审】di˩˧sən˥˩
【提取】di˩˧tsʻi˦˨
【提拔】di˩˧baʔ˧
【提供】di˩˧koŋ˥˩
【提货】di˩˧həu˥˩　提取、领取货物。
【提抱】di˩˧bæ˨˩　幼童时期。
【提前】di˩˧zi˨˩　日程往前移。
【提炼】di˩˧li˨˩
【提要】di˩˧0iæ˦˨
【提亲】di˩˧tsʻin˥　向对方家长提出儿女婚姻的要求。
【提案】di˩˧0ø˥˩
【提倡】di˩˧tsʻã˥˩
【提起】di˩˧tɕʻi˥　提到,谈起。
【提神】di˩˧zən˧　兴奋精神。
【提着】di˩˧zaʔ˧　说到,提到。
【提脱】di˩˧tʻəʔ˥　提掉。
【提梁】di˩˧liã˨˩
【提桶】di˩˧doŋ˨˩　有提梁的小木桶。
【提痧】di˩˧so˥　用食指和中指蘸油或水,在眉心或颈部用力提控,使出现血痕,可以去痧。
【提督】di˩˧toʔ˥
【提款】di˩˧kʻuø˥˩　提出钱款。
【提篮】di˩˧lᴇ˨˩　有提梁的较大的篮子。
【提醒】di˩˧sin˥˩　(一)把可以启发思考的有关因素提出来,帮助对方思考。(二)提示对方易忘却的事。
【提开来】di˩˧kʻᴇ˥lᴇ˨˩　提开。
【提盘篮】di˩˧bø˩˧lᴇ˨˩　运送饭菜的用具。有四方形、长圆形等,可以分成上下两格。有盖和提梁。一般用竹、木制作。
【提梁壶】di˩˧liã˩˧ɦəu˨˩　茶壶的一种。上有提手。
【提开算账】di˩˧kʻᴇ˥sø˥tsã˦˨　另外处理。
【提刑按察使】di˩˧ɦin˨˩0ø˥tsʻaʔ˥sɿ˥˩　明、清时负责一省刑事的官员。即臬台。

缇【di˧˦】

题【di˧˦】

【题目】di˧˦moʔ˧

【题字】di˧˦zɿ˨˩

【题外】di˧˦ŋa˨˩ 不在正式内容范围之内的。

【题名】di˧˦min˧

【题词】di˧˦zɿ˧˦

【题材】di˧˦zE˨˩

【题图】di˧˦dəu˧ 在画上题词。

【题签】di˧˦tsʻi˥

【题外闲话】di˧˦ŋa˨˩ɦE˨˩ɦo˨˩ 不在正式谈话内容范围内的话。

醍【di˧˦】

tǐ

体【tʻi˥˨】另见 tī

【体会】tʻi˥˨ɦuE˨˩

【体系】tʻi˥˨Øi˨

【体育】tʻi˦ɦioʔ˧

【体现】tʻi˥˨ɦi˨˩

【体味】tʻi˥˨vi˨˩

【体制】tʻi˥˨tsʮ˥˨

【体质】tʻi˦tsəʔ˥

【体面】tʻi˥˨mi˨˩

【体恤】tʻi˦siəʔ˥ 设身处地地考虑对方处境；完全体会对方的甘苦。

【体谅】tʻi˥˨liã˨˩

【体积】tʻi˦tsiəʔ˥

【体验】tʻi˥˨ŋ̊i˨˩

【体操】tʻi˦tsʻæ˥

【体貌特征】tʻi˥˨mæ˨˩dəʔ˧tsən˥˨ 身体、容貌的特征。

tì

屉【tʻi˥˨】

剃【tʻi˦】

【剃刀】tʻi˥tæ˥˨ 刮脸用的小刀。

【剃头】tʻi˥dʏ˨˩ 理发。

【剃脱】tʻi˦təʔ˥ 剃掉。

【剃头刀】tʻi˥dʏ˧tæ˥˨ 刮脸用的小刀。

【剃头发】tʻi˦dʏ˨˩faʔ˥ 理发。

【剃头布】tʻi˥dʏ˧pu˥˨ 剃头

时罩在被剃头者身上的围布。
【剃头店】tʻi˥dɣ˦tiɪ˦ 理发店。
【剃头担】tʻi˥dɣ˦tɛ˦ 挑担流动理发的担子。
【剃头酒】tʻi˥dɣ˦tsɣ˧ 即满月酒。男婴出生两个月、女婴出生一个月后第一次理发,置酒邀集亲朋庆贺的宴会。
【剃头摊】tʻi˥dɣ˦tʻɛ˧ 露天理发的摊点。
【剃头木梳】tʻi˥dɣ˦moʔ˧sɿ˧ 理发的专用木梳。一般用牛角制作,前细后粗,较薄,齿较细。
【剃头师傅】tʻi˥dɣ˦sɿ˥vu˩ 理发师。
【剃头家生】tʻi˥dɣ˦ka˥sã˧ 理发工具。
【剃头剪刀】tʻi˥dɣ˦tsiɪ˧tæ˧ 理发专用剪刀。圆头,刀口细长,剪刀耳朵很小巧。
【剃光浪头】tʻi˦kuã˥lã˥dɣ˩ 把头发刮光。喻全部输光,或全部弄光。

涕【tʻi˧】

【涕拖】tʻi˥tʻa˥ 不整洁。
【涕拖拉拖】tʻi˥tʻəu˥la˥tʻəu˥ 形容衣着不整洁、不整齐。

悌【tʻi˧】

绨【tʻi˧】另见tí。

倜【tʻiəʔ˥】

【倜傥】tʻiəʔ˥tʻã˦

惕【tʻiəʔ˥】

替【tʻi˦】

【替工】tʻi˥koŋ˧ 临时代人工作。
【替力】tʻi˦liəʔ˧ 替人出力。
【替代】tʻi˦dɛ˩ 代替。
【替身】tʻi˥sən˧ 以身代人。
【替补】tʻi˥pu˧ 替代补充。
【替换】tʻi˥ɦuø˩ 替代交换。
【替替】tʻi˦tʻi˧ 代替。
【替下来】tʻi˦ɦo˩lɛ˩ 换下

来。
【替上去】tʻi˧zɑ̃˦tɕʻi˧ 换上去。
【替罪羊】tʻi˥zE˩ɦiɑ̃˩
【替死鬼】tʻi˥si˥tɕy˩ 喻代人受过者。
【替换衣裳】tʻi˥ɦuø˩θi˥zɑ̃˩ 换洗衣服。
【替换短衫裤】tʻi˥ɦuø˩tø˧sE˥kʻəu˩ 换洗内衣裤。

嚏【tʻi˩】

T

tiān

天【tʻi˥】

【天干】tʻi˥kø˩
【天门】tʻi˥mən˩ （一）打牌时庄家的对家。（二）道家称天上的门。
【天下】tʻi˥ɕia˩或tʻi˥ɦo˩
【天子】tʻi˥tsɿ˩
【天马】tʻi˥mo˩ 神马。
【天女】tʻi˥ȵy˩ 仙女。
【天井】tʻi˥tsin˩
【天气】tʻi˥tɕʻi˩
【天公】tʻi˥koŋ˩
【天天】tʻi˥tʻi˩ 每天。
【天心】tʻi˥sin˩ 天的中央。
【天牛】tʻi˥ȵiY˩ 一种甲壳害虫。黑壳有白斑点或灰褐色，两条触须比身体长，生于夏末秋初，对桑树有害。又名“洋夹夹”。
【天书】tʻi˥sʮ˩
【天平】tʻi˥bin˩
【天生】tʻi˥sɑ̃˩ （一）自然生成，没有经过人工。（二）本来。
【天台】tʻi˥tʻE˥ 山名。在浙江省东部。喻神仙居住的地方。
【天丝】tʻi˥sɿ˩ 飘于空中的蛛丝。
【天头】tʻi˥dY˩ 书籍、账本、绘画等上边所留的空白。
【天打】tʻi˥tɑ̃˩ （一）雷打。（二）喻上天责罚，天谴。
【天边】tʻi˥pi˩ 眼睛所能看到的天地交接的地方。喻极远的地方。
【天龙】tʻi˥loŋ˩ 中药名。即壁虎。
【天外】tʻi˥ŋɑ˩ 天的外边。喻极高极远。
【天机】tʻi˥tɕi˩

【天年】t'iɪ˥ȵiɪ˨˩

【天伦】t'iɪ˥lən˨˩

【天色】t'iɪ˥səʔ˥　天空的颜色或状况。

【天分】t'iɪ˥vən˨˩　天生的禀赋。

【天好】t'iɪ˥hæ˥˩　天气好、晴朗。

【天收】t'iɪ˥sʏ˥˩　被老天爷收去了（旧时指火烧）。

【天光】t'iɪ˥kuã˥˩　（一）阳光。（二）天气。

【天阴】t'iɪ˥∅in˥　天空有云，不见阳光或星、月。

【天灾】t'iɪ˥ʦᴇ˥˩

【天良】t'iɪ˥liã˨˩

【天时】t'iɪ˥zʮ˨˩

【天花】t'iɪ˥ho˥˩

【天足】t'iɪ˥ʦoʔ˥

【天坍】t'iɪ˥tᴇ˥　天塌下来了。喻极大极危险的祸事。

【天冷】t'iɪ˥lã˨˩　天气寒冷。

【天河】t'iɪ˥ɦəu˨˩

【天官】t'iɪ˥kuø˥˩　（一）旧时指吏部。（二）指耳、眼、口、鼻。（三）指运气。

【天性】t'iɪ˥sin˥˩

【天命】t'iɪ˥min˨˩

【天条】t'iɪ˥diæ˨˩　传说天上的法律条文。

【天宫】t'iɪ˥koŋ˥˩　（一）神话中天神的宫殿。（二）天气。

【天庭】t'iɪ˥din˨˩

【天亮】t'iɪ˥liã˨˩　天明。由夜晚转为白天。

【天穿】t'iɪ˥ʦ'ø˥˩　上天使其暴露。引申为无意间暴露出来。

【天癸】t'iɪ˥kuᴇ˥˩　女子月经。

【天险】t'iɪ˥ɕiɪ˥˩

【天法】t'iɪ˥faʔ˥　上天的办法。形容凡间不可能有的办法。

【天君】t'iɪ˥ʨyən˥˩　心。吴语"勿动天君"，指不用心，不好好想想。

【天浪】t'iɪ˥lɑ̃˨˩　天上。

【天真】t'iɪ˥ʦən˥˩

【天桥】t'iɪ˥ʥiæ˨˩

【天罡】t'iɪ˥kɑ̃˥˩

【天资】t'iɪ˥ʦɿ˥˩　天生的禀赋。

【天变】t'iɪ˥piɪ˧˩　指天气由晴转阴或雨。

【天热】t'iɪ˥ȵəʔ˧　天气热。

【天涯】t'iɪ˥ɦiɑ˨˩

T

【天麻】tʻiɪ˥mo˨˩

【天职】tʻiɪ˥ʦəʔ˥

【天堑】tʻiɪ˥ʨʻiɪ˦˩˨

【天堂】tʻiɪ˥dɑ̃˨˩

【天理】tʻiɪ˥li˨˩ 公理。

【天阉】tʻiɪ˥Øiɪ˦˩˨ 男子成年后,生殖器没有发育。

【天赋】tʻiɪ˥fu˥˩

【天道】tʻiɪ˥dæ˨˩

【天然】tʻiɪ˥zø˨˩

【天象】tʻiɪ˥ziɑ̃˨˩

【天窗】tʻiɪ˥ʦʻɑ̃˥˩ 屋顶上的窗子。

【天蓝】tʻiɪ˥lE˨˩ 蓝天那样的颜色。

【天意】tʻiɪ˥Øi˥˩ 上天的意愿。

【天幔】tʻiɪ˥mø˧ 天井上面搭的玻璃顶棚。

【天棚】tʻiɪ˥bã˨˩ 遮雨用的玻璃顶棚。

【天幕】tʻiɪ˥mo˨˩

【天瀴】tʻiɪ˥Øin˦˩˨ 天气寒凉。

【天壤】tʻiɪ˥ȵã˨˩

【天开眼】tʻiɪ˥kʻE˥ŋE˨˩ (一)喻非常难得。(二)喻苍天有眼。(三)雷暴。

【天勿好】tʻiɪ˥fəʔ˥hæ˥˩ 指天气不好。

【天火烧】tʻiɪ˥həu˥˩sæ˥ 因雷电或不明原因引起的火灾。

【天平山】tʻiɪ˥bin˧sE˥˩ 苏州著名旅游景点,位于苏州城西十五公里处。

【天老爷】tʻiɪ˥læ˨˩ɦiɑ˨˩ 老天爷。

【天吃星】tʻiɪ˥ʨʻəʔ˥sin˥˩ 指特别能吃的人。

【天好天】tʻiɪ˥hæ˥tʻiɪ˥˩ 晴天。

【天花板】tʻiɪ˥ho˥pE˥˩ (一)用木板装修的房间顶部。(二)指口腔的上壁(腭)。

【天竺子】tʻiɪ˥toʔ˥ʦɿ˥˩ 一种观赏植物。果实为红色小圆粒。

【天亮足】tʻiɪ˥liã˧ʦoʔ˥ 天完全亮了。

【天亮快】tʻiɪ˥liã˥kʻuɑ˥˩ 拂晓,黎明前。

【天通戏】tʻiɪ˥tʻoŋ˥ɕi˥˩ 玩艺儿。

【天晓得】tʻiɪ˥ɕiæ˥təʔ˥ 唯天可表。只有天知道。

【天鹅肉】tʻiɪ˥ŋəu˨˩ȵoʔ˧ 喻不可企及的美食或利益。

T

【天落水】tʻiɪ˥loʔ˧sʮ˥˩ 指有意积聚的雨水。

【天落撑】tʻiɪ˥loʔ˧tsʻã˦ 丁字形木撑,用于撑住大门、宅门。

【天照应】tʻiɪ˥tsæ˥0in˥˩ 老天爷帮忙。

【天然儿】tʻiɪ˥zø˧˩tɕi˥˩ 放在客厅正中靠墙的长台。

【天鹅绒】tʻiɪ˥ŋəu˧˩ȵoŋ˩

【天灵盖】tʻiɪ˥lin˧˩kᴇ˦ 头顶脑门。也作【天平盖】tʻiɪ˥bin˩kᴇ˦。

【天暴疮】tʻiɪ˥pæ˥˩tsʻã˥˩ 梅毒。

【天女散花】tʻiɪ˥ȵy˩sᴇ˦ho˥ 本是神话。喻到处乱抛碎屑。

【天下世界】tʻiɪ˥ɦo˧˩sʮ˥˩ka˥˩ 整个世界,世界上。

【天长地久】tʻiɪ˥zã˧˦di˧˩tɕiʏ˥˩ 喻永远。

【天仙美女】tʻiɪ˥siɪ˥mᴇ˦ȵy˩ 本指仙女。喻漂亮的年轻女人。

【天生天化】tʻiɪ˥sã˥tʻiɪ˥ho˥˩ 生来就这样。

【天地良心】tʻiɪ˥di˧˩liã˧˦sin˥ 指公正、公平之心。

【天衣无缝】tʻiɪ˥0i˥vu˧˩voŋ˩

【天网恢恢】tʻiɪ˥mã˧˩huᴇ˥huᴇ˥˩

【天伦之乐】tʻiɪ˥lən˧˩tsʮ˥˩loʔ˧ 亲情相处的乐趣。

【天花碌乱】tʻiɪ˥ho˥loʔ˧lø˩ 天花乱坠。

【天兵天将】tʻiɪ˥pin˥tʻiɪ˥tsiã˦ 神话传说中的神兵神将。

【天南地北】tʻiɪ˥nø˧˦di˧˩poʔ˥ 相距很远的两地。

【天南海北】tʻiɪ˥nø˧˦hᴇ˥˩poʔ˥ 义同【天南地北】。

【天庭饱满】tʻiɪ˥din˩pæ˦mø˩ 指额头大。

【天怒人怨】tʻiɪ˥nəu˩zən˧˦0iø˦

【天差地别】tʻiɪ˥tsʻɑ˥di˧˩biəʔ˧ 形容差别太大。

【天公不作美】tʻiɪ˥koŋ˥˩pəʔ˥tsoʔ˥mᴇ˥˩ 老天爷不帮忙,天气不如人意。

【天勿穿地穿】tʻiɪ˥fəʔ˥tsʻø˥di˧˩tsʻø˥ 指做坏事最终要败露。

【天打木人头】tʻiɪ˥tã˥˩moʔ˧ȵən˧˩dʏ˩ 形容人呆立着。

【天字元元号】tʻiɪ˥zɿ˩ȵiø˦ȵiø˦ɦæ˩ 指排列最前的；第一号。

【天狗吃月亮】tʻiɪ˥kY˥˩tɕʻəʔ˥ŋəʔ˧liã˩ 月蚀。

【天高皇帝远】tʻiɪ˥kæ˥ɦuã˦ti˥˩ɦiø˩ 形容无人管得了的地方。

【天勿收，地勿管】tʻiɪ˥fəʔ˥sY˥，di˩fəʔ˥kuø˥˩ 形容没人去管理。

【天勿怕，地勿怕】tʻiɪ˥fəʔ˥pʻo˧˨˧，di˦fəʔ˥pʻo˧˨˧ 形容什么都不怕。

【天无绝人之路】tʻiɪ˥vu˩ziəʔ˧zən˩tsʮ˥˩ləu˩ 形容办法总是有的。

【天机不可泄漏】tʻiɪ˥tɕi˥pəʔ˥kʻəu˥˩siəʔ˥lY˩ 喻秘密不可告诉人。

【天下乌鸦一般黑】tʻiɪ˥ɕia˥˩∅əu˥∅ia˥˩∅iəʔ˥pø˥həʔ˥ 喻任何地方的坏人都是同样坏。

【天下呒不白死人】tʻiɪ˥ɦo˩m̩˦pəʔ˥baʔ˧si˥˩ȵən˦ 指付出必须有回报，不能让人白干。

【天字出头夫作主】tʻiɪ˥zɿ˩tsʻəʔ˥dY˦fu˥tsoʔ˥tsʮ˥˩ 夫权主义言论。指家中一切皆由丈夫做主。

【天亦呒不箬帽大】tʻiɪ˥ɦaʔ˧m̩˦pəʔ˥ȵaʔ˧mæ˩dəu˩ 形容狂妄之极。

【天坍自有长人顶】tʻiɪ˥tʻE˥zɿ˦ɦiY˩zã˦ȵən˩tin˥˩ 指无论发生什么灾难，总会有人出来解决。

【天要杀人勿用刀】tʻiɪ˥∅iæ˥˩saʔ˥ȵən˦fəʔ˥ɦioŋ˩tæ˥ 指自然灾害的力量是非常可怕的。

【天下兴亡，匹夫有责】tʻiɪ˥ɦo˩ɕən˥vã˩，pʻiəʔ˥fu˥ɦiY˩tsəʔ˥ 对于国家的兴亡，每个普通百姓都应担起责任。

【天网恢恢，疏而不漏】tʻiɪ˥mã˩huE˥huE˥˩，səu˥ɦəl˩pəʔ˥lY˩ 指坏人总有报应。

【天生一对，地成一双】tʻiɪ˥sən˥∅iəʔ˥tE˧˨˧，di˩zən˩∅iəʔ˥sã˥ 形容两人十分般配。

【天作雨来，人作祸来】tʻiɪ˥tsoʔ˥ɦY˦lE˩，ȵən˦tsoʔ˥ɦəu˦lE˩ 指无理取闹会惹祸。

【天老爷勿生眼窝珠】tʻiɪ˥læ˩

ɦiɑ˩fəʔ˥sã˥ŋɛ˨˦ɦəu˨˦ʦɥ˥˩ 激愤语。苍天无眼。

【天浪落得，地上拾得】tʻiɪ˥˧lɑ̃˩loʔ˧təʔ˥，di˨˦lɑ̃˩ziəʔ˧təʔ˥ 拾人遗落的东西的自我解嘲话。

【天知地知，你知我知】tʻiɪ˥ʦɥ˥di˩ʦɥ˥，ni˥ʦɥ˥ŋəu˥ʦɥ˥ 除了当事人，其他人都不知道。指事很机密。

【天下本无事，庸人自扰之】tʻiɪ˥ɦo˩pən˥˩vu˩zɿ˩，ɦioŋ˩zən˩zɿ˨˦zæ˩ʦɥ˥˩ 庸人自扰。

【天下无难事，只怕有心人】tʻiɪ˥ɦo˩vu˩nɛ˨˦zɿ˩，ʦəʔ˥po˦˨Øiʏ˥sin˥ȵən˩ 只要有决心、有毅力，世界上就没有克服不了的困难。

【天大格官司，地大格银子】tʻiɪ˥dəu˩kəʔ˥kuø˥sɿ˥˩，di˩dəu˩kəʔ˥ȵən˨˦ʦɿ˥˩ 指再大的事，都可以通过金钱来解决（金钱至上）。

【天注一升米，何必起早起】tʻiɪ˥ʦɥ˥˩Øiəʔ˥sən˥mi˩，ɦəu˩piəʔ˥tɕʻi˦˨ʦæ˥tɕʻi˥˩ 指听从命运安排（宿命论）。

【天浪老鹰大，地浪娘舅大】tʻiɪ˥lɑ̃˩læ˨˦Øin˥dəu˩，di˨˦lɑ̃˩ȵiã˨˦ʥiʏ˩dəu˩ 指娘舅在外甥心目中的地位是很高的。吴俗，弟兄分家，须由娘舅主持。

【天浪一斧头，地浪一凿子】tʻiɪ˥lɑ̃˩Øiəʔ˥fu˦˨dʏ˩，di˨˦lɑ̃˩Øiəʔ˥zoʔ˧ʦɿ˥˩ 到处乱来，形容行事没有分寸。

【天看见着袜，地看见赤脚】tʻiɪ˥kʻø˥tɕiɪ˥˩ʦɑʔ˥maʔ˧，di˩kʻø˥tɕiɪ˥˩ʦʻɑʔ˥tɕɑʔ˥ 形容贫穷到没有一双完整的袜。

【天有不测风云，人有旦夕祸福】tʻiɪ˥ɦiʏ˩pəʔ˥ʦʻəʔ˥foŋ˥ɦyən˩，zən˨˦ɦiʏ˩tɛ˥ziəʔ˧ɦəu˨˦foʔ˥ 正如天气变化无常一样，人的灾祸亦难以预料。

【天大格祸，只不过碗大一个疤】tʻiɪ˥dəu˩kəʔ˥ɦəu˩，ʦəʔ˥pəʔ˥kəu˥˩Øuø˥˩dəu˩Øiəʔ˥kəʔ˥po˥ 再大的祸事，不过一死了之。

【天勿怕，地勿怕，只怕喉咙里向筑坝】tʻiɪ˥fəʔ˥po˦˨，di˩fəʔ˥po˦˨，ʦəʔ˥po˦˨ɦoʔ˧loŋ˩li

˧˩ɕiã˥˩tsoʔ˥pʰo˦˩˨ 指人怕死亡。

【天勿怕，地勿怕，只怕苏州人打官话】tʰiɪ˥fəʔ˥pʰo˦˩˨，di˧˩fəʔ˥pʰo˦˩˨，tsəʔ˥pʰo˦˩˨su˥tsʏ˥ȵən˧˩tã˥˩kuø˥ɦo˧˩ 苏州人说话软绵绵的，打起官话来也是软软的，听了不舒服。

【天养人，养四方；人养人，养得面皮黄】tʰiɪ˥ɦiã˧˩ȵən˩˧，ɦiã˧˩sɿ˥fã˥˩；ȵən˩˧ɦiã˧˩ȵən˧˩，ɦiã˧˩təʔ˥miɪ˩˧bi˩˧ɦuã˩˧ 指还是要靠天吃饭。

【天好只顾酒肉饭，落雨呒不钉鞋伞】tʰiɪ˥hæ˥˩tsəʔ˥kəu˥˩tsʏ˥˩ȵoʔ˧vE˧˩，loʔ˧ɦy˧˩m̩˩˧pəʔ˥tin˥ɦɑ˧˩sE˦˩˨ 俗语。指一味享乐，不顾料理日常生活。

【天皇皇，地皇皇，我家有个夜啼郎。仁人君子念一遍，一夜睡到大天光】tʰiɪ˥ɦuã˧˩ɦuã˧˩，di˩˧ɦuã˧˩ɦuã˧˩，ŋəu˥tɕiɑ˥˩ɦiʏ˧˩kəʔ˥Øiɑ˥di˧˩lã˩˧。zən˩˧zən˧˩tɕyən˦˩˨tsɿ˥˩ȵiɪ˧˩Øiəʔ˥piɪ˥˩，Øiəʔ˥Øiɑ˩˧zuE˧˩tæ˦˩˨dɑ˩˧tʰiɪ˥kuã˥˩ 苏州迷信习俗。凡有婴儿夜啼不眠，用红纸抄写上面这首打油诗，在街巷张贴，认为可以使婴儿不再夜啼。

添【tʰiɪ˥】

【添人】tʰiɪ˥ȵən˩˧ 增加人员。

【添丁】tʰiɪ˥tin˥ 生育男孩。

【添印】tʰiɪ˥Øin˦˩˨ 加印。

【添寿】tʰiɪ˥zʏ˧˩ 贺词。指祝寿的礼金、礼物。

【添点】tʰiɪ˥tiɪ˥˩ （一）增加一点。（二）再来一点。

【添饭】tʰiɪ˥vE˧˩ 碗里的饭吃完后再去打饭。

【添补】tʰiɪ˥pu˥˩ 增添补充。

【添加】tʰiɪ˥kɑ˧˩ 添入，加入。

【添面】tʰiɪ˥miɪ˧˩ 面店为顾客备办添加的熟面。

【添被】tʰiɪ˥bi˧˩ 预防夜凉的备用薄被。

【添添】tʰiɪ˥tʰiɪ˥˩ 添补。

【添菜】tʰiɪ˥tsʰE˥˩ 另外添补的菜肴。

【添箱】tʰiɪ˥siã˥ 给将结婚的女方送的礼金、礼物。

【添房】tʰiɪ˥vã˧˩ 义同【添箱】。

【添置】tʻiɪ˥tsɥ˨ 增添置办。

【添开来】tʻiɪ˥kʻE˥lE˩ 分出来（多指菜肴）。

【添开点】tʻiɪ˥kʻE˥tiɪ˨ 义同【添开来】。

【添麻烦】tʻiɪ˥mo˧vE˩ 增加麻烦。

【添进去】tʻiɪ˥tsin˨tɕʻi˧ 加入进去。

【添枝加叶】tʻiɪ˥tsɥ˥ka˥ɦiəʔ˧

【添油加醋】tʻiɪ˥ɦiY˩ka˥tsʻəu˧ 喻叙述事情或转述别人的话时增添内容，加以夸大。亦作【添油加酱】tʻiɪ˥ɦiY˩ka˥tsiã˧。

【添福添寿】tʻiɪ˥foʔ˥tʻiɪ˥zY˩ 贺词。增添福份，延长寿命。

【添饭勿添菜】tʻiɪ˥vE˩fəʔ˥tʻiɪ˥tsʻE˧ 多做一些饭，但不再增添菜肴。

tián

田【diɪ˧】

【田地】diɪ˧di˨ 用于种植的土地。

【田里】diɪ˧li˨ 田地中。

【田园】diɪ˧ɦiø˩ 田地和园圃。泛指农村。

【田岸】diɪ˧ŋø˩ 田边通道。

【田径】diɪ˧tɕən˥ 指体育运动中的跳跃、投掷和竞走、赛跑等运动。

【田鸡】diɪ˧tɕi˥ 青蛙。

【田埂】diɪ˧kã˨ 田间小路，阡陌。

【田野】diɪ˧ɦia˩ 田地和原野。

【田鼠】diɪ˧tsʻɥ˥ 生活在农田里的老鼠。

【田螺】diɪ˧ləu˩ 生长于水田、河浜里的软体动物。壳圆锥形，形似螺蛳而大得多，可食。

【田横头】diɪ˧ɦuã˧dY˩ 田那边。横头，后加成分。

【田螺壳】diɪ˧ləu˧kʻoʔ˥ 田螺的外壳。

【田螺姑娘】diɪ˧ləu˩kəu˥ȵiã˩ 神话中人物。善良、美丽、勤劳、神奇的化身。喻没有开支，事事妥帖的女人。

【田螺塞肉】diɪ˧ləu˩səʔ˥ȵioʔ˧ 把田螺肉剁细和猪肉末搅和，塞入田螺壳烹制而成的菜肴。

【田鸡跳勒戥盘里——自称自卖】diɪ˨˦ɕi˥tʻiæ˥˨˧ləʔ˧tən˥˨˧bø˨˦li˧˩——zɿ˨˦tsʻən˥zɿ˨˦mɑ˧˩　歇后语。自己夸赞自己，自我吹嘘。

佃【diɪ˨˦】

钿【diɪ˨˦】另见 diàn。

恬【diɪ˨˦】

【恬不知耻】diɪ˨˦pəʔ˥tsɥ˥tsʻɥ˥˨˧

甜【diɪ˨˦】

【甜头】diɪ˨˦dY˧˩　（一）甜的成分。（二）喻得益。

【甜味】diɪ˨˦mi˧˩　甜的味道。

【甜美】diɪ˨˦mE˥˨　（一）形容令人愉快，感觉美好。（二）形容可口。

【甜格】diɪ˨˦kəʔ˥　（一）甜的感觉。（二）形容令人愉快、舒服的感觉。

【甜食】diɪ˨˦zəʔ˧　带甜味的食品。

【甜菜】diɪ˨˦tsʻE˥˨　（一）一种蔬菜，可用来制糖。（二）带甜味的点心（用于宴席上）。

【甜甜】diɪ˨˦diɪ˧˩　形容语言上使人愉快、舒畅。

【甜蜜】diɪ˨˦miəʔ˧

【甜兮兮】diɪ˨˦ɕi˥ɕi˥˨　（一）形容味道带甜的。（二）形容面容笑嘻嘻。（三）形容令人愉快，感觉美好。

【甜咪咪】diɪ˨˦mi˧˩mi˧˩　（一）味道带甜的。（二）形容和颜悦色。

【甜津津】diɪ˨˦tsin˥tsin˥˨　（一）味道甜甜的。（二）形容语言使人愉快、舒适的感觉。

【甜蜜酱】diɪ˨˦miəʔ˧tsiã˥˨　带有甜味的酱。制作菜肴的佐料。

【甜言蜜语】diɪ˨˦ɦi˧˩miəʔ˧ȵy˧˩

【甜酸苦辣】diɪ˨˦sø˥kʻəu˥˨laʔ˧

【甜中意，咸欢喜】diɪ˨˦tsoŋ˥0i˥˨，ɦE˨˦huø˥ɕi˥˨　甜的、咸的都喜欢吃。

【甜煞倷格活阴丧】diɪ˨˦saʔ˥nE˧˩kəʔ˥ɦuəʔ˧0in˥sã˥˨　指用甜言蜜语使对方飘飘然，忘乎所以。

填【diɪ˧】

【填平】diɪ˧bin˧ 往空缺的地方放进东西，使其平整。

【填写】diɪ˧siɑ˦ 按项目写上文字。

【填充】diɪ˧tsʻoŋ˥ （一）往空缺的地方放进东西或灌入气体。（二）填补空隙。练习或测验的一种方法。

【填补】diɪ˧pu˥˩ （一）往空缺的地方放进东西。（二）补足空缺。

【填词】diɪ˧zɿ˧ 根据格律或音乐，填写唱词。

【填房】diɪ˧vɑ̃˩ 续娶的妻子。

【填鸭】diɪ˧ʔaʔ˥

【填埋】diɪ˧mɑ˩ 填土埋葬。

【填满】diɪ˧mø˩ 往空缺的地方放进东西，使其充满。

【填刀头】diɪ˧tæ˥dʏ˩ 喻代人受过。

【填空档】diɪ˧kʻoŋ˥tɑ̃˥˩ 顶替，填补空缺。

【填黄泥膀】diɪ˧ɦuɑ̃˧ȵi˧pʻɑ̃˥˩ 入赘寡妇家。

【填勿满格无底洞】diɪ˧fəʔ˥mø˩kəʔ˥vu˩ti˥˩doŋ˩ 欲壑难填。

【填勿满格臭水荡】diɪ˧fəʔ˥mø˩kəʔ˥tsʻʏ˥sʮ˥˩dɑ̃˩ 义同【填勿满格无底洞】。

阗【diɪ˧】

tiǎn

舔【tʻiɪ˥˩】

【舔干】tʻiɪ˦kø˥ 用舌头把液体舔掉。

【舔破】tʻiɪ˥˩pʻu˥˩ 用舌头把纸一类东西戳破。

【舔碗】tʻiɪ˥˩ʔuø˥˩ 用舌头把碗中汁渍舔掉。

【舔舔】tʻiɪ˥˩tʻiɪ˥˩ 舔。

【舔干净】tʻiɪ˦kø˥zin˩ 用舌头把东西都舔光。

【舔屁眼】tʻiɪ˦pʻi˥ŋɛ˩ 放弃做人原则，去讨好、巴结人。

【舔屁股】tʻiɪ˦pʻi˥kəu˥˩ 义同【舔屁眼】。

【舔盆子】tʻiɪ˥˩bən˧tsɿ˥˩ 用舌头舔食盆子中食品的残屑残汁。

【舔嘴唇】tʻiɪ˥˩tsʮ˦zən˩ 用

舌头舔嘴唇，使其湿润。

【舔嘴落索】t'iɪ˦˩˨tsʮ˥lo?˧so?˥ 形容吃东西时的馋相，或没有吃过瘾的馋相。

殄【t'iɪ˥˩˧】

腆【t'iɪ˥˩˧】

觍【t'iɪ˥˩˧】

tiàn

掭【t'iɪ˥˩˧】

【掭】t'iɪ˥˩˧ 轻轻拨动。

【掭开】t'iɪ˦˩˨k'E˥ 用小刀、细木棍等东西拨开闩上的门闩或锁。

【掭笔】t'iɪ˥˩˧piə?˥ （一）毛笔蘸墨。（二）毛笔蘸墨后斜着在砚台上理顺笔毛或除去多余的墨汁。

【掭得笔饱】t'iɪ˥˩˧tə?˥piə?˥pæ˥˩˧ 毛笔上蘸足墨汁。

tiāo

佻【t'iæ˥】【diæ˧】

挑【t'iæ˥】另见 tiǎo。

【挑】t'iæ˥ 使人得益。

【挑水】t'iæ˥sʮ˥˩˧ 担水。

【挑松】t'iæ˥soŋ˥˩˧ 把原本死板的（气氛、语言等）调节成轻松活泼的。

【挑挑】t'iæ˥t'iæ˥ （一）挑。（二）给人得益。简称【挑】t'iæ˥。

【挑选】t'iæ˥siɪ˥˩˧ 选择。

【挑剔】t'iæ˥t'iə˥ 故意过分地在细节上找毛病。

【挑脱】t'iæ˥t'ə?˥ （一）挑走。（二）形容承担掉。

【挑下来】t'iæ˥ho˨˧lE˨˧ 形容承担下来。

【挑粪】t'iæ˥fən˦˩˨ 挑运粪肥。

【挑大梁】t'iæ˥dɑ˧liã˨˧ 喻承担主要责任或主要角色。

【挑坑缸】t'iæ˥k'ã˥kã˥˩˧ 从粪缸里挑粪。

【挑担子】t'iæ˥tE˥tsɿ˥˩˧ 喻承担责任。

【挑担头】t'iæ˥tE˥dY˨˧ 挑担做小生意。

【挑粪桶】tʻiæ˥fən˥doŋ˩ 用担桶挑运粪肥，或做这工作的人员。

【挑挑拣拣】tʻiæ˥tʻiæ˥kE˦kE˦ 挑来挑去，留意选择。

【挑葱卖菜】tʻiæ˥tsʻoŋ˥mɑ˩tsʻE˧ 挑着担，卖葱、菜一类农副产品。指挑担做卖蔬菜的小生意。

【挑挑□(□代表人称代词)，害害□(□代表与上同一人称代词)】tʻi˥tʻi˥□，ɦE˧ɦE˩□ 让□得益的同时，也因此让□受损害。

祧【tʻiæ˥】

tiáo

条【diæ˧】

【条子】diæ˧tsɿ˦ (一)写字的便条。(二)金条。(三)身材。

【条干】diæ˧kø˦ 身材。

【条文】diæ˧vən˩

【条件】diæ˧dʑi˩

【条约】diæ˧ʔia˥

【条条】diæ˧diæ˩ 每一条。

【条例】diæ˧li˩

【条理】diæ˧li˩

【条款】diæ˧kʻuø˦

【条幅】diæ˧foʔ˥

【条头糕】diæ˧dɤ˧kæ˦ 糕点。条状蜜糕。也指条状糖年糕。

鲦【diæ˧】

迢【diæ˧】

【迢迢】diæ˧diæ˧

笤【diæ˧】

【笤帚】diæ˧tsɤ˥ 扫帚。

龆【diæ˧】

髫【diæ˧】

调【diæ˧】另见 diào。

【调匀】diæ˧ɦyən˩ 指调和均匀。

【调皮】diæ˧bi˩ (一)顽皮。(二)狡猾，不易对付(多指年长对年少)。
【调价】diæ˧kɑ˥˩
【调节】diæ˧tsiəʔ˥
【调戏】diæ˧ɕi˥˩
【调配】diæ˩pʻE˥˩
【调和】diæ˧ɦəu˩
【调试】diæ˧sɥ˥˩
【调经】diæ˧tɕən˥
【调剂】diæ˧tsi˥˩
【调养】diæ˧ɦiã˩
【调排】diæ˧bɑ˩ 调停,安排。
【调停】diæ˧din˩
【调情】diæ˧zin˧
【调解】diæ˧tɕiɑ˥˩ 排解纠纷。
【调整】diæ˧tsən˥˩
【调理】diæ˧li˩
【调羹】diæ˧kã˥ 汤匙。
【调味品】diæ˧vi˩pʻin˥˩ 烧菜用的佐料。

tiǎo

挑【tʻiæ˥】另见 tiāo。

【挑开】tʻiæ˥kʻE˥˩ (一)用细长的东西的一头把物品撩起或撩开。(二)用细长的或有尖的东西拨开。
【挑动】tʻiæ˥doŋ˩
【挑花】tʻiæ˥ho˥˩ 指在棉布或麻布的经纬线上用彩色的线挑出许多很小的由十字构成的各种图案。
【挑拨】tʻiæ˥pəʔ˥ 搬弄是非,引起纠纷。
【挑胀】tʻiæ˥tsã˦ 把肉体上被扎入的刺挑掉。
【挑穿】tʻiæ˥tsʻø˥˩ 挑明。
【挑纱】tʻiæ˥so˥ 用针挑起经线或纬线,把针上的线从底下穿过去。
【挑战】tʻiæ˥tsø˥˩
【挑面】tʻiæ˥mi˩ (一)吃面时把面条挑起来。(二)把面条从一只碗里夹一部分到其他碗里。
【挑衅】tʻiæ˥ɕin˥˩
【挑痧】tʻiæ˥so˥˩ 用针灸治疗霍乱、中暑等急性病。
【挑开来】tʻiæ˥kʻE˥lE˩ 义同【挑开】。
【挑手旁】tʻiæ˥sʏ˥˩pɑ̃˥˩ 汉字偏旁,如“打”、“拉”的左半边。也作【挑手边邦】tʻiæ˥sʏ˥˩pi˩pɑ̃˥˩。

T

【挑肝火】tʻiæ˥kø˥həu˨˦ 故意惹人生气。

【挑起来】tʻiæ˥tɕi˨˦lE˨ （一）喻承担起来。（二）挑拨发生作用，受挑拨方闹起来了。

【挑脱点】tʻiæ˥tʻəʔ˥tii˨˦ 挑掉一些。喻承担一部分。

【挑头路】tʻiæ˥dY˧ləu˨ 用篦子把头发挑分成两半。挑分的地方叫头路。

【挑绷绷】tʻiæ˥pã˥pã˨˦ 用细绳圈做的两人游戏。细绳套在两只手指上，做成花样，由对方用手指挑出其他花样。两人往返挑套。

【挑法挑法】tʻiæ˥faʔ˥tʻiæ˥faʔ˥ 屡屡挑唆。

【挑拨弄火】tʻiæ˥pəʔ˥loŋ˨həu˨˦ 搬弄是非，引起纠纷。

【挑拨离间】tʻiæ˥pəʔ˥li˧tɕii˥

【挑人上山】tʻiæ˥ȵən˧zã˨sE˥ 诱人做坏事，或诱人上当。

窕【diæ˨】

tiào

眺【tʻiæ˨˦】【tʻiæ˦˨】

跳【tʻiæ˦˨】【diæ˧】

【跳井】tʻiæ˦˨tsin˨˦ 投井（自杀）。

【跳开】tʻiæ˥kʻE˥ 跳离。

【跳马】（1）tʻiæ˥mo˨ （一）体操器械，略像马，背部无环，高低可以调节。（二）竞技体操项目之一。运动员支撑跳马的背做各种腾越动作。（2）tʻiæ˦˨mo˨ 象棋用语。马移动一步一斜格。

【跳水】tʻiæ˥sʮ˨˦

【跳功】tʻiæ˥koŋ˨˦ 苏州评弹行话。指表演者动作幅度大，语速快，声音洪亮，处处十分用力的演出特点，有火爆的感觉。

【跳车】tʻiæ˦˨tsʻo˨˦ 从开动的车上跳下，或跳上车。

【跳过】tʻiæ˦˨kəu˨˦ 越过。

【跳伞】tʻiæ˥sE˦˨

【跳页】tʻiæ˦˨ɦiəʔ˧ 跳漏页数。应该经过的页码跳过去了。

【跳字】t'iæ˦zɿ˧˩　漏字。

【跳级】t'iæ˥ʨəˀ˥

【跳远】t'iæ˥ɦiø˧˩

【跳针】t'iæ˥ʦən˥˩　打毛线时的漏针。

【跳板】t'iæ˥pᴇ˥˩

【跳神】t'iæ˦zən˧　神汉、巫婆作法。

【跳河】t'iæ˥ɦəu˧　投河（自杀）。

【跳高】t'iæ˥kæ˥˩

【跳蚤】t'iæ˥ʦæ˥˩

【跳虱】diæ˧səˀ˥或t'iæ˥səˀ˥　即跳蚤。

【跳绳】t'iæ˥zən˧

【跳脱】t'iæ˦t'əˀ˥　跳掉。

【跳脚】（1）t'iæ˥ʨiɑˀ˥　形容气急败坏。（2）diæ˧ʨiɑˀ˥　因为焦急或发怒而跺脚。

【跳棋】t'iæ˥ʥi˧˩

【跳楼】t'iæ˦lʏ˧　（一）从楼上跳下去。（二）自杀的一种。从楼上往下跳。

【跳跳】（1）t'iæ˦t'iæ˥˩　（一）高兴的样子。双足轮番离地跳跃。（二）发发火。（2）diæ˧diæ˧˩　跺跺（脚）。

【跳箱】t'iæ˥siã˥˩

【跳槽】t'iæ˦zæ˧

【跳舞】t'iæ˥vu˧˩

【跳开来】t'iæ˦k'ᴇ˥lᴇ˧˩　跳离。

【跳小鬼】t'iæ˥siæ˥ʨy˥˩　素质不高的小青年。

【跳山羊】t'iæ˦sᴇ˥ɦiã˧˩　一种简易的小运动器械。高约一公尺，有四足，略似桌子。运动方法：助跑后起跳，双手撑于山羊面，然后两足分开，腾越过去。

【跳加官】t'iæ˥kɑ˥kuø˥˩

【跳出来】t'iæ˦ʦ'əˀ˥lᴇ˧˩　跳离原来的地方。引申为出头，从幕后指挥转到幕前。

【跳骆驼】t'iæ˥loˀ˧du˧˩　儿童游戏。一人二手撑住膝盖，躬起背，低头；另一人助跑后起跳，双手撑于他背上，然后两足分开跃过。

【跳起来】t'iæ˦ʨ'i˥lᴇ˧˩　（一）向上跳跃。（二）发火。

【跳勒纵】t'iæ˦ləˀ˧ʦoŋ˦　（一）形容人发怒欲拼命的样子。（二）形容蹦蹦跳跳的样子。

【跳勒跳】t'iæ˧˦ləʔ˧t'iæ˧˦ （一）走路颠簸、跳跃、不稳重的样子。（二）形容衣服或裤子太短。

【跳得来】t'iæ˧˦təʔ˥lE˩ （一）火发得很大。（二）跳得很起劲。

【跳跳脚】diæ˩˧diæ˩tɕiɑʔ˥ 跺跺脚。

【跳牛皮筋】t'iæ˧˦ȵiɤ˩˧bi˩˧tɕən˥ 儿童健身游戏。用牛皮筋连成长条，两头绷紧固定，儿童在牛皮筋上做出多种花样的跳跃。

【跳出蹦进】t'iæ˧˦ts'əʔ˥poŋ˥˧tsin˥˧ 形容频繁进出，十分冲动。亦作【跳进蹦出】t'iæ˥tsin˥poŋ˥˧ts'əʔ˥。

【跳起身来】t'iæ˧˦tɕ'i˥sən˥lE˩ 形容马上、立即。

【跳脚踏地】diæ˩˧tɕiɑʔ˥dɑ˩di˩ 形容发火时跺脚的样子。

【跳井厾石头】t'iæ˧˦tsin˥˧toʔ˥zɑʔ˧dɤ˩ 落井下石。

【跳出龙门交好运】t'iæ˧˦ts'əʔ˥loŋ˩˧mən˩kæ˥hæ˥˧ɦyən˩ 喻摆脱困境，交上大运。

【跳进黄河汏勿清】t'iæ˧˦tsin˥˧ɦuɑ̃˩˧ɦəu˩dɑ˩˧fəʔ˥ts'in˥ 喻很难摆脱干系，避免嫌疑。

粜【t'iæ˧˦】

tiē

帖【t'iəʔ˥】另见 tiè；tiě。

【帖准】t'iəʔ˥tsən˥˧ （一）正要；本当想。（二）完全正确。亦作【帖帖准】t'iəʔ˥t'iəʔ˥tsən˩。

【帖帖正好】t'iəʔ˥t'iəʔ˥tsən˥hæ˥˧ 完全正好。

【帖帖当中】t'iəʔ˥t'iəʔ˥tɑ̃˥tsoŋ˥˧ 完全在正中。亦作【帖当中】t'iəʔ˥tɑ̃˥tsoŋ˥˧。

贴【t'iəʔ˥】

【贴水】t'iəʔ˥sɥ˥˧ 调换票据或兑换货币时，因比价的不同，比价低的一方补足比价的差额给另一方。也指这种补足的差额。

【贴心】t'iəʔ˥sin˥

【贴切】t'iəʔ˥ts'iəʔ˥

【贴汉】t'iəʔ˥hø˧˦ 男女之间

有不正当关系，女方经济上资助男方。

【贴边】t'iəʔ˥pɪɪ˥ 缝在衣服里子边上的窄条。

【贴片】t'iəʔ˥p'ɪɪ˥˧ （一）贴在墙壁或家具等物体表面的薄片材料。（二）戏曲演员用于脸部装饰的饰片。

【贴字】t'iəʔ˥zɿ˩ 共用电表或水表，难以分清各方用去的数量，协议按时交纳定量的钱。苏州人习惯把电表上的一度电称为一个字。

【贴补】t'iəʔ˥pu˥˩ 补助。

【贴肉】t'iəʔ˥ȵoʔ˧ 亲热、亲近。

【贴足】t'iəʔ˥tsoʔ˥ 补贴足。

【贴身】t'iəʔ˥sən˥ （一）挨近身体。（二）指跟随在身边。

【贴花】t'iəʔ˥ho˥ 即贴上印花票。花，指印花票，由政府出售，贴在契约、凭证等上面作为税款的一种特制印刷品。

【贴近】t'iəʔ˥ʥən˩ 接近。

【贴拨】t'iəʔ˥pəʔ˥ 贴给。

【贴金】t'iəʔ˥ʨən˥

【贴面】t'iəʔ˥mɪɪ˩ 贴在墙壁或家具等物体表面的薄片材料。有美观、洁净、加固等作用。

【贴现】t'iəʔ˥ɦɪɪ˧ 拿没有到期的票据到银行兑现或做支付手段，并由银行扣除从交付日至到期止这段时间内的利息。

【贴息】t'iəʔ˥siəʔ˥ 用期票调换现款时付出利息。

【贴换】t'iəʔ˥ɦuø˩ 把旧的器物折价后加一些钱，向商贩换取新的或其他东西。

【贴题】t'iəʔ˥di˧ 切合题意。

【贴脱】t'iəʔ˥t'əʔ˥ 贴掉。

【贴大饼】t'iəʔ˥da˧pin˥ 烘烤面饼。喻人戳在墙壁上无所事事。

【贴工夫】t'iəʔ˥koŋ˥fu˥˩ 赔费工夫。工夫，包括时间、工作量等。

【贴饭钿】t'iəʔ˥vᴇ˧diɪ˩ 按时间计算，津贴吃饭的费用。

【贴标签】t'iəʔ˥piæ˥ts'ɪɪ˥˩或t'iəʔ˥p'iæ˥ts'ɪɪ˥˩ 贴上用来标明物品名称、用途、价格等的纸片。喻把不相干的意思

T

牵强附会进去。

【贴神思】t'iəʔ˥zən˦sɿ˥ 付出、花去的精神。

【贴面舞】t'iəʔ˥miɪ˦vu˩ 脸贴脸跳舞。

【贴铜钿】t'iəʔ˥doŋ˦diɪ˩ 贴钱。

【贴隔壁】t'iəʔ˥kaʔ˥piəʔ˥ 贴邻。

【贴精神】t'iəʔ˥tsin˥zən˩ 义同【贴神思】。

【贴心贴肺】t'iəʔ˥sin˥t'iəʔ˥fi˧ 形容最知己、最亲近。

【贴勒暗头里】t'iəʔ˥ləʔ˦ø˥dʏ˦li˩ 指不明不白地贴补掉。

tiě

帖【t'iəʔ˥】另见 tiè;tiē。

【帖子】t'iəʔ˥tsɿ˥ (一)旧时的名片。(二)请柬,贺卡。(三)旧时写着生辰八字等的纸片。

铁【t'iəʔ˥】

【铁勺】t'iəʔ˥zoʔ˦ 长柄铁制小勺。

【铁口】t'iəʔ˥k'ʏ˥ 说一不二或能言善辩。

【铁尺】t'iəʔ˥ts'ɑʔ˥ 似木尺的铁条。

【铁心】t'iəʔ˥sin˥ 下定决心。

【铁水】t'iəʔ˥sʮ˥ 铁的熔液。

【铁头】t'iəʔ˥dʏ˩ 喻强硬者。

【铁皮】t'iəʔ˥bi˩ 熟铁片。

【铁甲】t'iəʔ˥tɕaʔ˥或t'iəʔ˥kaʔ˥ 铁片连缀而成的战衣。

【铁打】t'iəʔ˥tã˥ 用铁打造的。喻坚固或坚硬。

【铁匠】t'iəʔ˥ziã˦ 制造铁器的工匠。

【铁轨】t'iəʔ˥kuE˥ (一)钢铁制成的,供火车、有轨电车等行驶的轨道。(二)辅设火车、有轨电车等轨道的钢条。

【铁笔】t'iəʔ˥piəʔ˥ (一)刻图章用的小刀。(二)刻蜡纸用的笔。

【铁军】t'iəʔ˥tɕyən˥ 指战斗力非常强的军队。

【铁杆】t'iəʔ˥kø˥ 喻顽固不化的追随者。

【铁证】t'iəʔ˥tsən˧

【铁丝】t'iəʔ˥sɿ˥ 熟铁拉成

的细丝条。

【铁青】tʻiəʔ˥tsʻin˥ 青黑色。多形容人恐惧、盛怒或患病时发青的脸色。

【铁画】tʻiəʔ˥ɦo˨

【铁券】tʻiəʔ˥tɕiø˥˨ 古时奖赏给有功之臣的凭证，藉以免罪及减免罚俸。铁制，形状似瓦，刻记履历、立功情况及可以免罪、减免罚俸的等级。刻记的字都用金镶。分成两半，一半由功臣收执，一半由皇家存档。使用时，要两半能合一，方始有效，以防假冒。

【铁板】tʻiəʔ˥pE˥˨ （一）铁制的板状物。（二）铁绰板。铁制的鼓板。（三）指焚尸炉。

【铁树】tʻiəʔ˥zʮ˨ 原产热带地区，又名凤尾蕉、铁蕉。高的可达一丈多。干似鳞甲，坚硬如铁，性又喜铁。叶坚硬，尖锐似针，洁滑有光，经冬不凋，可盆栽，供观赏。

【铁饼】tʻiəʔ˥pin˥˨

【铁骨】tʻiəʔ˥kuəʔ˥ 喻刚强坚定，不屈服，有骨气。

【铁拳】tʻiəʔ˥dʑiø˧

【铁窗】tʻiəʔ˥tsʻɑ̃˥

【铁桶】tʻiəʔ˥doŋ˨ 铁皮桶。

【铁铲】tʻiəʔ˥tsʻE˥˨ 一种铲土工具。铁制，后有长木柄。

【铁船】tʻiəʔ˥zø˧ 研磨中药的工具。

【铁锴】tʻiəʔ˥taʔ˥ 一种农具。形状似钉耙而齿较阔，有四齿、六齿不等，长柄。用于刨地。

【铁腕】tʻiəʔ˥θuø˥˨

【铁锈】tʻiəʔ˥sʏ˥˨ 铁被锈蚀、氧化而生成的物质。

【铁超】tʻiəʔ˥tsʻæ˥ 铁铲，掘地或铲土的工具。

【铁幕】tʻiəʔ˥mo˨

【铁路】tʻiəʔ˥ləu˨

【铁箍】tʻiəʔ˥kəu˥ 紧紧套在圆形器物外面的铁制圈子。

【铁墩】tʻiəʔ˥tən˥ 铁砧。

【铁鞋】tʻiəʔ˥ɦɑ˧ 形容非常坚固、牢度极强的鞋子。

【铁嘴】tʻiəʔ˥tsʮ˥˨ 形容能言善辩的嘴。

【铁蹄】tʻiəʔ˥di˧

【铁器】tʻiəʔ˥tɕʻi˥˨ 铁制品。

【铁门槛】tʻiəʔ˥mən˧kʻE˥˨

准入的重要关口。

【铁公鸡】tʰiəʔ˥koŋ˥tɕi˥˩ 喻一毛不拔的吝啬鬼。

【铁观音】tʰiəʔ˥kuø˥Øin˥˩ 福建乌龙茶的一种。

【铁节掐】tʰiəʔ˥tsiəʔ˥kʰaʔ˥ 形容刻薄、精明又十分算小的人。

【铁饭碗】tʰiəʔ˥vE˧Øuø˥˩

【铁线眉】tʰiəʔ˥sii˥mE˨˩ 形容眉毛细长,乌黑有力。

【铁栅栏】tʰiəʔ˥saʔ˥laʔ˧ 铁制的栅栏,可以任意开合,是一种防盗装置。

【铁锈红】tʰiəʔ˥sY˥ɦoŋ˨˩ 暗红色。

【铁锈蟹】tʰiəʔ˥sY˥hɑ˥˩ 泥洞中的蟹。壳上泥迹似斑斑锈迹。

【铁算盘】tʰiəʔ˥sø˥bø˥˩ 形容精于算账,甚至刻薄。

【铁石心肠】tʰiəʔ˥zɑʔ˧sin˥zã˨˩

【铁板一块】tʰiəʔ˥pE˥˩Øiəʔ˥kuE˦

【铁板新村】tʰiəʔ˥pE˥˩sin˥tsʰən˥˩ 调侃语。指火葬场。

【铁划银钩】tʰiəʔ˥Øuaʔ˥ȵən˧kY˥ 形容毛笔字写得遒劲有力。

【铁树开花】tʰiəʔ˥zɥ˨˩kʰE˥ho˥

【铁面无私】tʰiəʔ˥mi˨˩vu˨˩sɿ˥

【铁案如山】tʰiəʔ˥Øø˦zɥ˨˩sE˥

【铁板上钉钉】tʰiəʔ˥pE˥˩lã˨˩tin˦tin˥ 喻着着实实,不可能改变。

【铁将军把门】tʰiəʔ˥tsiã˥tɕyən˥˩po˥˩mən˧ 指大门上锁,家里没有人。

【铁匠做官——独讲打】tʰiəʔ˥zã˨˩tsəu˦kuø˥——doʔ˧kã˥˩tã˥˩ 歇后语。指不会讲理,只会动粗。

【铁房子火着——冒勿穿】tʰiəʔ˥vã˧tsɿ˥˩həu˦zɑʔ˧——mæ˧fəʔ˥tsʰø˥˩ 歇后语。出不了头。

【铁拐李摆摊——蹩脚货】tʰiəʔ˥kuɑ˦li˧pɑ˦tʰE˥——biəʔ˧tɕiɑʔ˥həu˥˩ 歇后语。质量很差的东西。也指技术或品质较差的人。

【铁拐李格葫芦——勿晓得卖点啥格药】tʰiəʔ˥kuɑ˦li˧kəʔ˥həu˧ləu˨˩——fəʔ˥ɕiæ˦

təʔ˥ma˩tiɪ˨so˦kəʔ˥ɦiɑʔ˧ 歇后语。喻不知道在打什么主意。

tiè

帖【t'iəʔ˥】另见 tiē;tiě。

餮【t'iəʔ˥】

tīng

厅【t'in˥】

【厅堂】t'in˥dɑ̃˩ 客厅。

汀【t'in˥】

听【t'in˥】、【t'in˨】

【听人】t'in˥ȵən˧ 不能自主,由着别人。

【听子】t'in˦tsɿ˨ 用铁皮制成的装食品、香烟等的筒子或罐子。

【听力】t'in˥liəʔ˧ 听觉能力。

【听书】t'in˥sʮ˨ 听说书,欣赏评弹节目。

【听从】t'in˥zoŋ˩

【听见】t'in˥tɕiɪ˦ 听到。

【听训】t'in˥ɕyən˦ 挨批评,挨骂。

【听头】t'in˦dʏ˩ (1)用铁皮制成的筒子或罐子装的食品、香烟等物品。(2)t'in˥dʏ˩ 指可听性。头,后加成分。

【听用】t'in˥ɦioŋ˩ 听差,仆人。

【听冲】t'in˥ts'oŋ˦ 听错了。

【听会】t'in˥ØuE˦ 听了之后就学会了。

【听讲】t'in˥kɑ̃˨ 听人说。

【听写】t'in˥sia˨ 根据说话记录。一种学校课堂作业,帮助学生提高听和写的能力。

【听任】t'in˥zən˩

【听听】t'in˥t'in˨ 听。

【听诊】t'in˥tsən˨ 用耳朵或听诊器来听心、肺等内脏器官的声音,以便进行诊断。

【听便】t'in˥biɪ˩ 让别人随意。

【听凭】t'in˥bin˩

【听取】t'in˥ts'y˨ 或t'in˥tsi˨ 听而取得(情况、意见等)。

【听客】tʻin˥kʻɑʔ˥ 在书场里欣赏评弹的顾客。

【听众】tʻin˥tsoŋ˥˩ 义同【听客】。

【听觉】tʻin˥tɕoʔ˥

【听政】tʻin˥tsən˥˩

【听差】tʻin˥tsʻɑ˥˩

【听信】tʻin˥sin˥˩

【听说】tʻin˥səʔ˥ 听人传说。

【听候】tʻin˥ɦʏ˩

【听课】tʻin˥kʻəu˥˩ 听老师讲授功课。

【听筒】tʻin˥doŋ˩ （一）耳机。（二）听诊器。

【听错】tʻin˥tsʻo˥˩ 听到的与讲述的有出入、谬误。

【听装】tʻin˧tsɑ̃˥ 用铁皮制成的筒子或罐子装的食品、香烟等物品。

【听转书】tʻin˥tsø˥sʮ˥˩ 旧时在评弹演出还剩不太多的那段时间，允许听众不买票进入剧场站着听书。

【听讲张】tʻin˥kɑ̃˥tsɑ̃˥˩ 旁听别人谈话。

【听闲话】（1）tʻin˥ɦɛ˧ɦo˩ 顺从；听话。（2）tʻin˥ɦɛ˩ɦo˩ 听人讥讽，听人发话。

【听清爽】tʻin˥tsʻin˥sɑ̃˥˩ 听清楚。

【听糊涂】tʻin˥ɦəu˧dəu˩ 讲述者或者观点自相悖逆，或者故弄玄虚，使听者原本还明白的事，听后反而糊涂。

【听壁脚】tʻin˥piəʔ˥tɕɑʔ˥ 偷听。

【听人闲话】tʻin˥ɳən˩ɦɛ˩ɦo˩ （一）听从别人的意见。（二）能顺从。

【听之任之】tʻin˥tsʮ˥˩zən˧tsʮ˥˩

【听三听四】tʻin˥sɛ˥tʻin˥sɿ˥˩ 听信各种传言、谣言和别人不负责任的意见、挑唆等。

【听天由命】tʻin˥tʻi˥ɦʏ˩min˩

【听听罢哉】tʻin˥tʻin˥bɑ˩tsɛ˥˩ 听听而已，不必认真。

【听戤壁书】tʻin˥gɛ˧piəʔ˥sʮ˥˩ 即“听转书”。因这类听众往往是靠在墙上听的，没有座位，故名“听戤壁书”。

【听其自然】tʻin˥dʑi˩zɿ˧zø˩

【听仔佛法要饿煞，听仔官法要打煞】tʻin˥tsɿ˥˩vəʔ˧faʔ˥ ɵiæ˧ŋəu˩saʔ˥，tʻin˥tsɿ˥˩ kuø˥faʔ˥ɵiæ˧tɑ̃˧saʔ˥ 喻

对于不同意见左右为难，不知如何是好。

tíng

廷【din˦】

庭【din˦】

【庭院】din˦ɦiø˩ 正房前的院子。
【庭柱】din˦zʮ˩ 房屋的柱子。
【庭心】din˦sin˥ 院子的中间。

蜓【din˦】

霆【din˦】

亭【din˦】

【亭子】din˦tsɿ˥˩ 路旁或花园里供人休息的大多有顶无墙的小型建筑物。
【亭子间】din˦tsɿ˥kE˥˩ 上海里弄房子正楼后面厨房上面的小房间。

停【din˦】

【停工】din˦koŋ˥ 停止工作。
【停尸】din˦sʮ˥ 停放尸体。
【停日】din˦ȵəʔ˧ 过一天。
【停水】din˦sʮ˥˩ 停止供水。
【停火】din˦həu˥˩ 停止作战。
【停止】din˦tsʮ˥˩ 停下来。
【停车】din˦tsʻo˥ 车辆停止行驶。
【停电】din˦di˩ 停止供电。
【停刊】din˦kʻø˥ 刊物停止出版。
【停业】din˦ȵ̊əʔ˧ （一）停止营业。（二）歇业。
【停产】din˦tsʻE˥˩ 停止生产。
【停当】din˦tã˥ 妥当，齐备，完毕。
【停汤】din˦tʻã˥ 中途停止加温（一般指水）。
【停学】din˦ɦoʔ˧ 停止上学。
【停泊】din˦pʻəʔ˥
【停步】din˦bu˩ 停止行走或停止向前行走。
【停放】din˦fã˥˩ 安放。

T

【停食】dinɁzəʔ˧ 停止进食。
【停战】din˧tsø˥ 停止战争。
【停顿】din˧tən˥
【停药】din˧ɦiɑʔ˧ 停止用药。
【停息】din˧siəʔ˥
【停课】din˧k'əu˥ 停止上课。
【停停】din˧din˩ 停止。
【停脱】din˧t'əʔ˥ 停掉。
【停职】din˧tsəʔ˥ 停止所担任的工作。
【停靠】din˧k'æ˥ 停下来靠着。
【停歇】din˧ɕəʔ˥ （一）停一会儿。（二）过一会儿。
【停汤水】din˧t'ɑ̃˥sɥ˥ （一）没有采取保温措施，温度已开始下降的开水。（二）没有烧开的水，停止加热，但有一定温度。
【停停歇歇】din˧din˩ɕəʔ˥ɕəʔ˥ 十分频繁；经常。
【停歇勿歇】din˧ɕəʔ˥fəʔ˥ɕəʔ˥ 义同【停停歇歇】。
【停停……歇歇……】 关联词语。令人厌烦的频繁。

婷【din˧】

tǐng

挺【t'in˥】

【挺】t'in˨ 留下，余下。
【挺分】t'in˨fən˥ 出钱，斥资。
【挺开】t'in˨k'E˥ 留开。
【挺立】t'in˨liəʔ˧
【挺吃】t'in˨tɕ'əʔ˥ 尽量吃；尽可以吃。
【挺死】t'in˨si˥ （一）等死。（二）詈语。睡。
【挺足】t'in˨tsoʔ˥ 足量的支持、支付，尽量地满足（对方）。
【挺牢】t'in˨læ˩ 形容坚持住。
【挺兵】t'in˨ɓin˥ 象棋用语。兵向前走一步。
【挺张】t'in˨ts'ɑ̃˥ 麻将牌只差一只牌就和的状况。
【挺进】t'in˥tsin˥
【挺刮】t'in˨kuaʔ˥ （一）（衣服、布料、纸张等）结实而平整。（二）（为人、行事）过硬。

【挺直】tʻin˦zəʔ˧

【挺拔】tʻin˦baʔ˧

【挺沰】tʻin˦toʔ˥ 尽雨点打。

【挺身】tʻin˦sən˥ 挺立着身体。

【挺一记】tʻin˥˧0iəʔ˥tɕi˥˧ 冒一下风险。

【挺一挺】（1）tʻin˥˧0iəʔ˥tʻin˥˧（一）坚持一下。（二）伸直或凸出一下。（2）tʻin˦0iəʔ˥tʻin˦ 暂时留一下。

【挺出来】tʻin˦tsʻəʔ˥lE˨˩（一）挺身而出。（二）留开来。

【挺脱点】tʻin˦tʻəʔ˥tiɪ˥˧ 留下一些。

【挺死挺活】tʻin˦si˥tʻin˦ɦuəʔ˧ 想尽办法保留下来。

【挺胸凸肚】tʻin˦ɕioŋ˥diəʔ˧dəu˨˩ 胸挺起来，肚子凸出来。喻神气活现、盛气凌人的样子。

【挺起前夹心】tʻin˥˧tɕʻi˥˧ziɪ˧kaʔ˥sin˥˧ 讥讽人挺胸凸肚的样子。

梃【tʻin˥˧】另见 tìng。

铤【tʻin˥˧】

【铤而走险】tʻin˥˧ɦəl˨˩tsʏ˥˧ɕiɪ˥˧

艇【tʻin˥˧】

tìng 另见 tǐng。

梃【tʻin˦】

tōng

通【tʻoŋ˥】

【通力】tʻoŋ˥liəʔ˧

【通才】tʻoŋ˥zE˨˩ 兼备多种才能的人。

【通风】tʻoŋ˥foŋ˥˧

【通车】tʻoŋ˥tsʻo˥˧ 路修通，开始行车。

【通天】tʻoŋ˥tʻiɪ˥˧

【通气】tʻoŋ˥tɕʻi˦

【通电】tʻoŋ˥diɪ˨˩（一）电流通过。（二）拍送电报。

【通用】tʻoŋ˥ɦioŋ˨˩（一）到处可用。（二）可以换用。

【通过】tʻoŋ˥kəu˥˧（一）经过。（二）文件或事获得认可。

【通共】tʻoŋ˥ɡoŋ˨˩　一共。
【通奸】tʻoŋ˥kɛ˥˩
【通令】tʻoŋ˥lin˨˩
【通讯】tʻoŋ˥sin˥˩
【通名】tʻoŋ˥min˨˩　报告名字。
【通行】(1)tʻoŋ˥ɦin˨˩　在交通线上通过。(2)tʻoŋ˥ɦɑ̃˨˩　普遍应用。
【通则】tʻoŋ˥tsəʔ˥
【通好】tʻoŋ˥hæ˥˩　往来亲密,交谊深厚。
【通关】tʻoŋ˥kuɛ˥　(一)通过关口。(二)扑克牌、骨牌的一种个人游戏。
【通向】tʻoŋ˥ɕiɑ̃˥˩　穿行方向。
【通告】tʻoŋ˥kæ˥˩
【通报】tʻoŋ˥ɓæ˥˩
【通同】tʻoŋ˥doŋ˨˩　串通。
【通体】tʻoŋ˥tʻi˥˩　整个物体。
【通灵】tʻoŋ˥lin˨˩　能与神灵沟通。喻神奇。
【通身】tʻoŋ˥sən˥˩　全身。
【通邮】tʻoŋ˥ɦiʏ˨˩　邮件往来。
【通红】tʻoŋ˥ɦoŋ˨˧　全部是红色。
【通极】tʻoŋ˥ʥəʔ˧　非常对。
【通知】tʻoŋ˥tsɥ˥˩　告知。
【通明】tʻoŋ˥min˨˩　十分明亮。
【通夜】tʻoŋ˥Øia˥˩　整夜。
【通相】tʻoŋ˥siɑ̃˧˨˧　懂规矩,通融。
【通畅】tʻoŋ˥tsʻɑ̃˧˨˧
【通栏】tʻoŋ˥lɛ˨˩　书籍报刊上,从左到右或从上到下贯通版面、不分栏的编排形式。
【通顺】tʻoŋ˥zən˨˩　(文章)没有逻辑上或语法上的毛病。
【通俗】tʻoŋ˥zoʔ˧
【通统】tʻoŋ˥tʻoŋ˥˩　全部,所有的。
【通例】tʻoŋ˥li˨˩　(一)惯例。(二)较普通的规律。
【通格】tʻoŋ˥kəʔ˥　说得通的。
【通病】tʻoŋ˥bin˨˩
【通称】tʻoŋ˥tsʻən˥˩
【通敌】tʻoŋ˥diəʔ˧
【通读】tʻoŋ˥doʔ˧　(一)阅读全文或全书。(二)读懂,读通。
【通航】tʻoŋ˥ɦɑ̃˧

【通家】tʻoŋ˥tɕiɑ˥˩ 如同一家。指两家交谊深厚。

【通神】tʻoŋ˥zən˨˩ （一）能与神灵沟通。（二）向神灵、亡灵诉说。

【通宵】tʻoŋ˥siæ˥˩

【通透】tʻoŋ˥tʻʏ˥˩ （一）精通，透彻。（二）非常对。

【通信】tʻoŋ˥sin˥˩ 信件来往。

【通常】tʻoŋ˥zã˨˩ （一）平时。（二）一般规律。

【通盘】tʻoŋ˥bø˨˩

【通缉】tʻoŋ˥tsʻiəʔ˥

【通商】tʻoŋ˥sã˥˩

【通牒】tʻoŋ˥diəʔ˧

【通融】tʻoŋ˥ɦioŋ˨˩

【通道】tʻoŋ˥dæ˨˩ 供人行走的路。

【通禀】tʻoŋ˥pin˥˩ 通告，禀告。

【通经】tʻoŋ˥tɕən˥ 调和月经。

【通篇】tʻoŋ˥pʻiɪ˦˨ 整篇。

【通心粉】tʻoŋ˥sin˥fən˥˩ 一种中空的面条。

【通关手】tʻoŋ˥kuᴇ˥sʏ˥˩ 手心中横纹成直线的手。

【通行证】tʻoŋ˥ɦin˨˩tsən˥˩ 允许通行的证明书。

【通灵性】tʻoŋ˥lin˦sin˥˩ 指某些动物经过人的驯养、训练而具有的机灵表现。

【通讯员】tʻoŋ˥sin˥˩ɦiø˨˩

【通货膨胀】tʻoŋ˥həu˥˩bã˦tsã˥˩

【通宵达旦】tʻoŋ˥siæ˥daʔ˧tᴇ˥

【通草堆花】tʻoŋ˥tsʻæ˥˩tᴇ˥ho˥˩ 一种民间工艺。通草，生于热带的一种名叫“通脱木”的灌木茎中白色的髓。可制成工艺花朵或图画。

【通情达理】tʻoŋ˥zin˦daʔ˧li˨˩

嗵【tʻoŋ˥】

tóng

同【doŋ˦】

【同】doŋ˦ 外形相似的东西套在一起。

【同人】doŋ˦zən˨˩

【同化】doŋ˦ho˥˩

【同乡】doŋ˦ɕiã˥ 籍贯相同

的人。

【同仁】doŋ˦zən˨ 旧时称共同工作的人。

【同心】doŋ˦sin˥ 心往一处想。

【同门】doŋ˦mən˨ 一师门下。

【同好】doŋ˦hæ˧ 同样的爱好。

【同台】doŋ˦dɛ˨ （一）指在同一场地，同一次演出。（二）指在同一场戏中演出。

【同册】doŋ˦ts'aʔ˥ 指评弹演员说的是同一部书。

【同乐】doŋ˦loʔ˧ 一起欢乐。

【同行】doŋ˦ɦã˨ 同一工作或专业的人。

【同伙】doŋ˦həu˧ 共同做坏事的人。

【同年】doŋ˦ȵiɪ˨ （一）年龄相同。（二）科举时代同一年考中同一功名的人。（三）同一年。

【同岁】doŋ˦sɛ˧ （一）同一年。（二）年龄相同。

【同名】doŋ˦min˨ 名字相同。

【同学】doŋ˦ɦoʔ˧ 在同一时期同一学校读书。

【同志】doŋ˨tsɿ˧

【同时】doŋ˨zɿ˨ 同一时间。

【同花】doŋ˦ho˥ 打扑克用语。同样花样的组合。

【同床】doŋ˦zã˨ 同一张床上睡觉。男女交合的婉词。

【同步】doŋ˦bu˨ 同一步调。

【同居】doŋ˦tɕy˥ 共同居住一处。指男女无婚姻关系而共同生活。

【同庚】doŋ˦kã˥ 年龄相同。

【同事】doŋ˨zɿ˨ 在同一单位工作。或同一单位工作的人。

【同姓】doŋ˦sin˧ 同一姓氏。

【同宗】doŋ˦tsoŋ˥ 同一家族。

【同房】doŋ˦vã˨ 夫妻交合的婉词。

【同性】doŋ˦sin˧ 性别相同。

【同胞】doŋ˨pæ˧

【同样】doŋ˦ɦiã˨ 一样。

【同班】doŋ˧pᴇ˥　在同一个班级学习。

【同党】doŋ˧tã˥˩　共同做坏事的人。

【同病】doŋ˧bin˩　生一样的病。喻遇到同样麻烦，有相似的坎坷经历。

【同类】doŋ˧lᴇ˩　同一类型。

【同堂】doŋ˩dã˧　（一）同祖的亲属。（二）大家庭中数代人同住在一起。

【同谋】doŋ˧mʏ˩

【同情】doŋ˧zin˩　对于别人的遭遇在感情上发生共鸣。

【同窗】doŋ˧tsʻã˥　同学。

【同辈】doŋ˧pᴇ˥　同一辈分。

【同期】doŋ˧ʥi˩　同一时间，同一时期。

【同喜】doŋ˧ɕi˥˩　回应向自己道喜的客套话。

【同道】doŋ˩dæ˩　同一职业的人。

【同淘】doŋ˧dæ˩　伙伴。

【同等】doŋ˧tən˥˩　（一）同一等级。（二）同样。

【同意】doŋ˩øi˧　（一）意见一致。（二）允许。

【同感】doŋ˧kø˥˩

【同龄】doŋ˧lin˩　（一）年龄一样。（二）年龄差不多。

【同路】doŋ˧lu˩　同一条道。

【同盟】doŋ˧mən˩

【同僚】doŋ˩liæ˩

【同码头】doŋ˧mo˧dʏ˩　指演员演出场地不一，但在同一城镇码头。

【同性恋】doŋ˧sin˥lin˩　相同性别的人之间的恋爱。

【同生共死】doŋ˧sən˥goŋ˩ sɿ˥˩　一起生活，一起死亡。喻关系密切，生死与共。

【同仇敌忾】doŋ˧zʏ˧diəʔ˧ kʻᴇ˥

【同父异母】doŋ˩vu˩ɦi˧mo˥　同一个父亲，不同的母亲（生育的子女）。

【同母异父】doŋ˩mo˥ɦi˧vu˩　同一个母亲，不同的父亲（生育的子女）。

【同名同姓】doŋ˧min˩doŋ˩ sin˥˩　姓名完全一样。

【同舟合命】doŋ˧tsʏ˥kəʔ˥ min˩　在同一条船上，生死存亡的命运系在一起。指命运、机遇、利益等都连在一起。

【同流合污】doŋ˦lʏ˦ɦəʔ˦ ∅əu˦ 指随着坏人一起做坏事。

【同心同德】doŋ˦sin˥doŋ˦ təʔ˥

【同甘共苦】doŋ˦kø˥ɡoŋ˩ k'əu˥

【同归于尽】doŋ˦kuɛ˥ɦʏ˩ zin˩

【同舟共济】doŋ˦tsʏ˥ɡoŋ˩ tsi˩

【同床异梦】doŋ˦zɑ̃˩ɦi˦ moŋ˩

【同室操戈】doŋ˦səʔ˥ts'æ˥ kəu˥

【同病相怜】doŋ˦bin˩siɑ̃˥li˦

【同行是冤家】doŋ˦ɦɑ̃˩z˥˩ ∅iø˥ka˥ 同行因业务竞争容易结冤。

【同过患难,吃过泡饭】doŋ˦k əu˥∅uɛ˦nɛ˩,tɕ'əʔ˥kəu˥p' æ˥ɛ˩ 指共过患难。

侗【doŋ˦】

桐【doŋ˦】

【桐木】doŋ˦moʔ˦ 梧桐木或泡桐木。

【桐板】doŋ˦pɛ˥ 桐木制成的板。可用于制造某些乐器的面板。

【桐油】doŋ˦ɦʏ˩

铜【doŋ˦】

【铜勺】doŋ˦zoʔ˦ 黄铜浇铸的舀水勺子,可以竖装木柄。

【铜匠】doŋ˦ziɑ̃˩ 制造铜器的工匠。

【铜皮】doŋ˦bi˩ 铜的薄片。

【铜尺】doŋ˦ts'ɑʔ˥ 铜条,形状像尺,但并无尺度。有的上面刻有花鸟、文字作为装饰,用作镇纸。

【铜环】doŋ˦ɡuɛ˩ 铜制门环。

【铜板】doŋ˦pɛ˥ (一)板状铜块。(二)旧时使用的铜质辅币。又名铜圆。圆形,薄片,无孔。(三)钱的旧称。(四)钱的谑称。

【铜盆】doŋ˦bən˩ 铜质洗脸盆。

【铜钿】doŋ˦di˩ (一)钱的统称。(二)外圆内方的制钱。

【铜臭】doŋ˨˦tsʻY˥˩　指铜钱、铜圆的气味。用来讥讽为富不仁者的气质。

【铜绿】doŋ˨˦loʔ˧　铜的氧化物。

【铜铫】doŋ˨˦tiæ˥　铜制的烧水壶。

【铜像】doŋ˨˦ziã˧˩　铜制的人的塑像。

【铜超】doŋ˨˦tsʻæ˥　铜质调羹。

【铜锈】doŋ˨˦sY˥˩　铜器在潮湿空气中经氧化作用而生成的绿色物质。

【铜鼓】doŋ˨˦kəu˥˩　鼓的泛称。

【铜牌】doŋ˨˦bɑ˧˩　（一）铜制的标牌。（二）第三名奖牌。

【铜匠担】doŋ˨˦ziã˨˦tE˥˩　修补铜器的工匠所挑的营业担子。前面担子上有十数块长条铜皮串在一起，行走时“切嚓”作响，代替吆喝。

【铜盆帽】doŋ˨˦vən˨˦mæ˧˩　英国式礼帽。呢料，阔边。

【铜管乐】doŋ˨˦kuø˥ɦioʔ˧　铜管乐器。

【铜盆柿子】doŋ˨˦bən˧˩zɿ˨˦tsɿ˥˩　柿子中的一个品种。橙黄色，中间有明显沟线，体硕大，形态略似铜盆。

【铜钿银子】doŋ˨˦diɪ˧˩ȵən˨˦tsɿ˥˩　泛指钱。

【铜锣锡器】doŋ˨˦ləu˧˩siəʔ˥tɕʻi˦˩˦　泛指铜器、锡器。

【铜筋铁骨】doŋ˨˦tɕən˥tʻiəʔ˥kuəʔ˥

【铜墙铁壁】doŋ˨˦ziã˨˦tʻiəʔ˥piəʔ˥

【铜钿眼里跹跟斗】doŋ˨˦diɪ˧˩ŋE˧˩li˧˩tsʻiɪ˥kən˥təu˥˩　形容贪图钱财。

【铜钿用勒刀口上】doŋ˨˦diɪ˧˩ɦioŋ˧˩ləʔ˧tæ˥kʻY˥˩lã˧˩　喻钱用在最需要的地方。

【铜钿银子关心境】doŋ˨˦diɪ˧˩ȵən˨˦tsɿ˥˩kuE˥sin˥tɕən˥˩　指钱财关系到人的切身利益与喜怒哀乐。

佟【doŋ˨˦】

彤【doŋ˨˦】

【彤云】doŋ˨˦ɦyən˧˩　（一）红

霞。(二)下雨前的阴云。

童【doŋ˨˦】

【童工】doŋ˨˦koŋ˥　未成年的工人。

【童儿】doŋ˨˩ɦə˧˩　旧指年轻的男仆。

【童心】doŋ˨˦sin˥　天真纯朴,小孩子那样的心。

【童生】doŋ˨˦sã˥　旧时没有入学(考取秀才)的读书人。

【童年】doŋ˨˦ȵi˧˩

【童话】doŋ˨˦ɦo˨˩

【童便】doŋ˨˦bi˧˩　未满十二岁的儿童的小便。入中药。

【童贞】doŋ˨˦ʦən˥　旧时指没有经过性交的人所保持的贞操(多指女性)。

【童声】doŋ˨˦sən˥　儿童未变声以前的嗓音。

【童星】doŋ˨˦sin˥　好的儿童演员。

【童袜】doŋ˨˦maʔ˧　儿童的袜子。

【童装】doŋ˨˦ʦã˥　儿童服装。

【童谣】doŋ˨˦ɦiæ˨˩

【童鞋】doŋ˨˦ɦɑ˨˩　儿童穿的鞋子。

【童子功】doŋ˨˦ʦɿ˥˧koŋ˥　从小孩子时就开始练的功夫。

【童子军】doŋ˨˦ʦɿ˥˧ʨyən˥　民国时期的儿童组织。

【童子鸡】doŋ˨˦ʦɿ˥˧ʨi˥˧　还未开始打鸣的小公鸡。

【童养媳】doŋ˨˦ɦiã˨˩siəʔ˥

潼【doŋ˨˦】

【潼关】doŋ˨˦kuᴇ˥

【潼隆潼隆】doŋ˨˩loŋ˨˩doŋ˨˩loŋ˨˩　象声词。形容水柱下注的声音。

瞳【doŋ˨˦】

【瞳人】doŋ˨˦ȵən˨˩　虹膜中间的圆孔。

【瞳孔】doŋ˨˦k'oŋ˥˧

tǒng

统【t'oŋ˥˧】

【统一】t'oŋ˦˨ɵiəʔ˥

【统计】tʻoŋ˥˩tɕi˥˩
【统帅】tʻoŋ˥˩sᴇ˥˩
【统共】tʻoŋ˥˧goŋ˨˧ 一共。
【统吃】tʻoŋ˥˧tɕʻəʔ˥ 打牌中，庄家的牌比他人的牌都大，一家独赢。喻竞技中技高一筹者，赢了所有人。
【统考】tʻoŋ˥˧kæ˥˩ 在一定范围内统一进行考试。
【统扯】tʻoŋ˥˧tsʻɑ˥˩ 总平均。
【统购】tʻoŋ˥˧kʏ˥
【统货】tʻoŋ˥˩həu˥˩ 等级混杂的货物。
【统治】tʻoŋ˥˩zɥ˨˧
【统统】tʻoŋ˥tʻoŋ˥˩ 全部，所有的。
【统战】tʻoŋ˥˩tsø˥˩ 统一战线。阶级、政党等结成的联盟。
【统称】tʻoŋ˥˧tsʻən˥
【统领】tʻoŋ˥˩lin˨˧ （一）统率。（二）统领部队的军官。
【统铺】tʻoŋ˥˩pu˥˩ 通铺。
【统销】tʻoŋ˥˧siæ˥ 政府有计划地统一销售。
【统舱】tʻoŋ˥˧tsʻɑ̃˥
【统筹】tʻoŋ˥˧zʏ˨˧ 通盘筹划。
【统厢房】tʻoŋ˥˧siɑ̃˥vɑ̃˨˧ 前后厢房的统称。
【统统括括】tʻoŋ˥˧tʻoŋ˥kaʔ˥kaʔ˥ 一共，全部。
【统共括辣搭】tʻoŋ˥˧goŋ˨˧kaʔ˥laʔ˥taʔ˥ 总计，一共。

捅【tʻoŋ˥˩】

【捅】tʻoŋ˥˩ （一）移。（二）婉词，借（钱）。
【捅开】tʻoŋ˥˧kʻᴇ˥ （一）戳开。（二）移开。
【捅条】tʻoŋ˥diæ˨˧ （一）用来捅炉子的铁棒。（二）用来捅烟筒的铁扦子。
【捅捅】tʻoŋ˥˩tʻoŋ˥˩ （一）戳动一下。（二）移动一下。也叫【捅一捅】tʻoŋ˥˩Øiəʔ˥tʻoŋ˥˩。（三）借（钱）。
【捅铜钿】tʻoŋ˥˩doŋ˧dii˨˧ 借钱。

桶【doŋ˨˧】

筒【doŋ˨˧】

【筒瓦】doŋ˨˧ŋo˨˧ 古代宫殿

靠檐口的半圆形的瓦。瓦前端有圆形瓦当,上面刻有瓦当文或图形。

tòng

同【doŋ˩˧】另见 tōng。

恸【doŋ˩˧】

通【t'oŋ˥˩】另见 tōng。

痛【t'oŋ˥˩˧】

【痛风】t'oŋ˥foŋ˥˩ 中医称人体肌表经络遭受外邪侵袭后,气血不能畅通,因而引起肢体、关节等处疼痛、酸楚、麻木等一类疾患。

【痛心】t'oŋ˥˩˧sin˥ 悲伤,失望。

【痛打】t'oŋ˥˩˧tã˥˩ 狠狠地打击或击打。

【痛处】t'oŋ˥˩˧ts'ʮ˥ 痛苦之处。

【痛快】t'oŋ˥˩kuɑ˥˩

【痛恨】t'oŋ˥˩ɦən˩˧

【痛饮】t'oŋ˥˩˧ʮin˥˩ 畅饮。

【痛苦】t'oŋ˥˩˧kəu˥

【痛经】t'oŋ˥˩˧tɕən˥ 女子经期带来的腹痛。

【痛惜】t'oŋ˥˩˧siəʔ˥ 沉痛地婉惜。

【痛哭】t'oŋ˥˩˧k'o˥ 大哭。

【痛悔】t'oŋ˥˩huE˥˩ 沉痛,懊悔。

【痛感】t'oŋ˥˩˧kø˥˩ 深切地感觉到。

【痛心疾首】t'oŋ˥˩˧sin˥ziəʔ˧sʮ˥˩ 形容极端痛恨。

【痛改前非】t'oŋ˥˩˧kE˥˩ziɪ˥˩˧fi˥

【痛定思痛】t'oŋ˥˩˧din˩˧sɿ˥t'oŋ˥˩˧

【痛痒相关】t'oŋ˥˩˧ɦiã˩˧siã˥kuE˥ 形容感情深厚。痛痒,喻疾病,个人的利益、得失。

tōu

偷【t'Y˥】

【偷书】t'Y˥sʮ˥ (一)偷窃书本。(二)未经许可私下记录评弹演员演出的书目,为自己或他人所用。

【偷气】t'Y˥tɕ'i˥˩˧ 演员在演唱中换气的一种方法。

【偷生】t'ʏ˥sən˥　得过且过地活着。

【偷汉】t'ʏ˥hø˦　女子有情夫。

【偷吃】t'ʏ˥tɕ'əʔ˥　（一）偷人的食品吃。又作【偷来吃】t'ʏ˥lE˩tɕ'əʔ˥。（二）喻硬是干自己并不在行的活。

【偷鸡】t'ʏ˥tɕi˥˨　投机。

【偷安】t'ʏ˥∅ø˥

【偷伴】t'ʏ˥bø˩　偷偷地。

【偷听】t'ʏ˥tin˥˨　窃听。

【偷运】t'ʏ˥ɦyən˩　偷偷运输。

【偷拍】t'ʏ˥pɑʔ˥　偷偷拍摄。

【偷闲】t'ʏ˥ɦE˧　抽空。

【偷拆】t'ʏ˥ts'ɑʔ˥　私拆。

【偷看】t'ʏ˥k'ø˦　（一）违规或未经允许观看。（二）考试时，窥视夹带或他人的试卷。

【偷空】t'ʏ˥k'oŋ˥˨　（一）抽空。（二）雕刻的一种技法，即雕刻出穿透的花纹。

【偷猎】t'ʏ˥liəʔ˧　违禁打猎。

【偷窃】t'ʏ˥ts'iəʔ˥　盗窃。

【偷脱】t'ʏ˥t'əʔ˥　偷掉。

【偷情】t'ʏ˥zin˧　男女没有夫妇关系而发生性行为或暧昧关系。

【偷营】t'ʏ˥ɦin˧　偷袭敌人的军营。

【偷盗】t'ʏ˥dæ˩　盗窃。

【偷袭】t'ʏ˥ziəʔ˧　趁敌人没有准备而进行袭击。

【偷税】t'ʏ˥sE˦　有意违反税收法令，不缴纳或少缴纳应该缴纳的税款。

【偷渡】t'ʏ˥dəu˩　偷偷地渡过封锁的水域或区域。

【偷懒】t'ʏ˥lE˩　贪图安逸、省事，逃避应做的事。

【偷末事】t'ʏ˥məʔ˧zɿ˩　偷东西。

【偷本事】t'ʏ˥pən˥˨zɿ˩　偷学他人的技术。

【偷冷饭】t'ʏ˥lã˧vE˩　（一）喻投机。（二）足球比赛中的越位。

【偷关子】t'ʏ˥kE˥tsɿ˥˨　暗中留意，偷学关键技术。

【偷瓜貍】t'ʏ˥ko˥ɕioʔ˥　刺猬。

【偷来吃】t'ʏ˥lE˧tɕ'əʔ˥　偷吃。

【偷使乖】t'ʏ˥si˥kuɑ˥˨　偷懒，取巧。

T

【偷针眼】tʻɤ˥tsən˥ŋɛ˩ 麦粒肿。

【偷食猫】tʻɤ˥zəʔ˧mæ˩ 会偷吃食品的猫。

【偷偷叫】tʻɤ˥tʻɤ˥tɕiæ˥˧ 偷偷地。

【偷懒畚】tʻɤ˥lɛ˩pəʔ˥ 偷懒。

【偷工减料】tʻɤ˥koŋ˥kɛ˥˧liæ˩

【偷来人生】tʻɤ˥lɛ˩ȵən˩sən˥˧ 形容心急、鲁莽。

【偷忙落空】tʻɤ˥mã˧loʔ˧kʻoŋ˧˦ 忙里偷闲。

【偷吃稀饭】tʻɤ˥tɕʻəʔ˥ɕi˥˧vɛ˩ 指干自己并不在行的活。

【偷东摸西】tʻɤ˥toŋ˥moʔ˧si˥˧ 指偷窃行为。

【偷抢扒拿】tʻɤ˥tsʻiã˧˦bo˩no˩ 泛指抢劫偷窃一类的坏事。

【偷油老虫】tʻɤ˥ɦiɤ˩læ˩zoŋ˩ 偷油吃的老鼠。

【偷偷摸摸】tʻɤ˥tʻɤ˥moʔ˧moʔ˧ 鬼祟的样子。

【偷粪老鼠】tʻɤ˥fən˥˧læ˩tsʻɥ˥˧ 痔疮等肛门疾病。

【偷天换日头】tʻɤ˥tʻi˥ɦuø˩ȵəʔ˧dɤ˩ 即偷天换日。

【偷忙落功夫】tʻɤ˥mã˩loʔ˧koŋ˥fu˥˧ 忙里偷闲。

【偷鸡勿着蚀把米】tʻɤ˥tɕi˥fəʔ˥zaʔ˧zəʔ˧po˥˧mi˩ 俗语。喻想占便宜,反而吃了亏。

【偷食野猫性勿改】tʻɤ˥zəʔ˧ɦia˧mæ˩sin˧˦fəʔ˥kɛ˥˧ 喻贼心难改。

【偷来格拳头打勿煞人】tʻɤ˥lɛ˩kəʔ˧dʑø˧dɤ˩tã˧˦fəʔ˥saʔ˥ȵən˧ 俗语。指没有认真从师学来的本领,没什么了不起。

tóu

头【dɤ˧】

【头一】dɤ˧ʔiəʔ˥ 第一。

【头七】dɤ˧tsʻiəʔ˥ 吴俗,人死后每七天悼念一次,共五到七次结束丧事。头七是第一个七天。

【头九】dɤ˧tɕiɤ˥˧ 冬至之后以每九天为一单位,共九九八十一天,是冬季最寒冷的天气。头九是第一个九。

【头大】dɤ˧dəu˩ 形容心烦意乱。

T

【头寸】dʏ˧ts'ən˥˩ 可调动的款项。(二)指地位。

【头子】dʏ˧tsɿ˥˩ (一)首领(贬义)。(二)指处理事情的脑子。(三)物体的前端。

【头巾】dʏ˧tɕin˥ (一)旧时的一种帽子。(二)包裹头发的布片。

【头马】dʏ˧mo˩ 喻成绩最好。

【头风】dʏ˧foŋ˥ 头痛毛病。

【头门】dʏ˧mən˩ 旧时衙门最前面的一道门。

【头开】dʏ˧k'ᴇ˥ 第一次冲泡的(茶汤)。

【头头】dʏ˧dʏ˩ 指团体、部门的领导人。

【头皮】dʏ˧bi˩ 头发下面的皮肤。

【头生】dʏ˧sã˥ 头胎。喻性子急的人。

【头本】dʏ˧pən˥˩ 第一本或连台本戏(连续剧)中的第一台。

【头功】dʏ˧koŋ˥ (一)最大的功劳。(二)建立的第一个功劳。(三)指头上的功夫(多指足球或杂耍)。

【头目】dʏ˧moʔ˧ 集团中的领导人物(贬义)。

【头爿】dʏ˧bᴇ˩ 切成两半的大鱼头片。

【头名】dʏ˧min˩ 第一名。

【头汤】dʏ˧t'ã˥ 还未煮过面条的煮面水;还未洗过澡的澡堂大池洗澡水。

【头发】dʏ˧faʔ˥ 头顶部生长的毛。

【头里】dʏ˧li˩ (一)头的里面。(二)后缀词。用在风、雨、太阳、阴、亮、暗等后面表示里面。

【头角】dʏ˧koʔ˥

【头批】dʏ˧p'i˥ 第一批。

【头顶】dʏ˧tin˥˩ (一)头的顶部。(二)用头顶住。

【头昏】dʏ˧huən˥ (一)头晕。(二)喻既讨厌又无可奈何。

【头油】dʏ˧ɦiʏ˩ 滋润头发的香油。

【头虱】dʏ˧səʔ˥ 生于头发里的虱子。

【头浑】dʏ˧ɦuən˩ 头晕。喻既讨厌又无可奈何。

【头胎】dʏ˧t'ᴇ˥ 第一胎。

【头家】dY˧kɑ˥ （一）成绩最好的。（二）聚赌并从中抽取头钱者。（三）排序第一。

【头饰】dY˧səʔ˥ 头上的饰品。

【头挑】dY˧tʻiæ˥ 最好等级的。

【头香】dY˧ɕiã˥ 一天中第一个进寺庙烧的香。表示对佛祖的恭敬。

【头挞】dY˧tʻaʔ˥ 打人的头，叫打“头挞”。

【头套】dY˧tʻæ˥˩ （一）遮住头发或面目的套子。（二）假发。

【头奖】dY˧tsiã˥˩ 最高的奖。

【头面】dY˧miɪ˧˩ （一）指妇女头上的饰品。（二）即有头有面。指社会上有一定地位和有较高声望的。

【头骨】dY˧kuəʔ˥ 头部骨头。

【头部】dY˧bu˩ 头的部分。

【头浪】dY˧lɑ̃˩ （一）头上。（二）起初。

【头难】dY˧nE˩ 开始时的困难。

【头档】dY˧tɑ̃˥˩ 评弹分几组演员同台演出时，第一个上台的那组。

【头钿】dY˧diɪ˧˩ 聚赌时抽取的头钱。

【头纽】dY˧ȵ̥Y˩ 纽，安装在秤杆头部，与秤钩小有距离的提绳。一般有前后两根纽。靠前的叫作头纽，称较重的物体。

【头颅】dY˧ləu˩ 人的脑袋。

【头盔】dY˧kʻuE˥ 用来保护头的半个球形的帽子。

【头潽】dY˧pʻu˥ （一）食品或药材第一次煮出的汤汁。较浓。（二）用水清洗数次的第一次。（三）刷油漆、粉刷反复几遍的第一遍。

【头彩】dY˧tsʻE˥˩ （一）头奖。（二）趣语。指打在头上，或头上挂彩出血。

【头脑】dY˧næ˩ （一）脑筋，思想。（二）头绪，要领。（三）首领，头目。

【头绪】dY˧ziɪ˧˩

【头舱】dY˧tsʻɑ̃˥ 有多个船舱的船的第一个船舱。

【头票】dY˧pʻiæ˦˧ 第一批

T

（指货物）。

【头领】dʏ˨lin˩　头目，首领，领头的人。

【头绳】dʏ˨zən˩　毛线。

【头势】dʏ˨sɥ˥˩　后缀词。与动词和形容词连用，表示程度。

【头痛】dʏ˨tʻoŋ˥˩　（一）脑袋疼痛。（二）喻令人心烦、不安，为难。

【头颈】dʏ˨tɕən˥˩　颈部。

【头蜡】dʏ˨laˀ˧　滋润头发的一种油膏。即发蜡。

【头牌】dʏ˨bɑ˩　剧团按演员技艺的高低、知名度大小等，分行当、按次序挂牌。排在最前面的是最好的演员，叫头牌。

【头路】dʏ˨ləu˩　（一）头绪。（二）头发朝不同方向梳时，中间露出的头皮缝儿。

【头一转】dʏ˨∅iəˀ˥tsø˥˩　第一次。

【头皮屑】dʏ˨bi˨siəˀ˥　头屑。

【头爿骨】dʏ˨bᴇ˨kuəˀ˥　脑壳。

【头发团】dʏ˨faˀ˥dø˩　编在枕骨处的发髻。

【头里痛】dʏ˨li˩tʻoŋ˧˦　头疼。

【头里昏】dʏ˨li˩huən˥　头晕。

【头里浑】dʏ˨li˩ɦuən˧　义同【头里昏】。

【头顶心】dʏ˨tin˥˩sin˥˩　头顶的部位。

【头挑头】dʏ˨tʻiæ˥dʏ˩　第一流的；最好的。

【头起头】dʏ˨tɕʻi˥˩dʏ˩　开始的时候。

【头颈骨】dʏ˨tɕən˥kuəˀ˥　颈椎骨。

【头绳衫】dʏ˨zən˩sᴇ˥˩　毛衣。

【头瘏头】dʏ˨huəˀ˥dʏ˩　一次睡眠中，往往中间醒了又睡。初次入睡到醒来的那段睡眠叫“头瘏头”。

【头窠蛋】dʏ˨kʻəu˥dᴇ˩　母鸡第一次下的蛋。

【头腹尾】dʏ˨foˀ˥vi˩　指汉字发声的字头、字腹、字尾。

【头颗颅】dʏ˨kʻəu˥ləu˩　指人的头。

【头横头】dʏ˨ɦã˨dʏ˩　指人躺下时的头的旁边。

【头子活络】dʏ˦ʦɿ˥˅ɦuəˀ˧ loˀ˧ 善于交际，思维活跃，有许多社会关系。

【头光面滑】dʏ˦kuɑ̃˥miɪ˩ ɦuaˀ˧ 头、脸十分洁净。

【头头是道】dʏ˦dʏ˩zɿ˩dæ˩

【头头脑脑】dʏ˦dʏ˦næ˩ næ˩ 指众多领导。

【头白堆衰】dʏ˦bɑˀ˧tE˥sE˅ 形容满头白发、年老体弱的样子。

【头手倒立】dʏ˦sʏ˅tæ˥liəˀ˧ 即三角倒立。头、两手支地，身体向上倒立。

【头尖眼快】dʏ˦ʦiɪ˥ŋE˩ k'uɑ˦ 形容人聪敏、敏捷。

【头昏眼花】dʏ˦huən˥ŋE˩ho˅ 头发昏，眼发花。喻疲劳。

【头晕目眩】dʏ˦ɦyən˩moˀ˧ɦiø˩ 义同【头昏眼花】。

【头重脚轻】dʏ˦zoŋ˩ʨiɑˀ˥ ʨ'ən˥ （一）指身体失去重心。（二）喻不平衡、不稳妥或基础不稳固。（三）喻飘飘然。

【头疼脑胀】dʏ˦dən˩næ˩ ʦɑ̃˦ （一）头痛，脑门胀痛。（二）喻心烦意乱、厌烦。

【头轻脚摇】dʏ˦ʨ'ən˥ʨiɑˀ˥ ɦiæ˦ 形容轻佻、得意（贬义）。

【头钻颅忙】dʏ˦ʦø˥ləu˦mɑ̃˩ 形容忙乱。

【头赫顶戴】dʏ˦həˀ˥tin˅tE˅ 最大、最厉害的了。

【头颈横里】dʏ˦ʨən˥ɦuɑ̃˦li˩ 脖子上面。

【头像笆斗大】dʏ˦ziɑ̃˩po˥ tʏ˥dəu˩ 喻心烦意乱。

【头儿脑儿尖儿】dʏ˦ɦəl˩ næ˩ɦəl˅ʦiɪ˥ɦəl˩ （一）指出类拔萃的人。（二）指最高领导层。

【头颈骨硬翘翘】dʏ˦ʨən˥ kuəˀ˥ŋa˦ʥiæ˩ʥiæ˩ （一）形容不服气的样子。（二）形容神气活现的样子（贬义）。

【头鲜鲜，尾巴厌】dʏ˦siɪ˥ siɪ˅，ŋi˦po˥Øiɪ˅ 起初觉得新鲜，饶有兴趣，后来就觉得乏味讨厌。形容有始无终。

【头纽搭到二纽浪】dʏ˦ȵʏ˩ taˀ˥tæ˦ȵi˦ȵʏ˩lɑ̃˩ 喻似是而非，完全搞错了。

【头筋搭到脚筋浪】dʏ˧˩tɕən˥ taʔ˥tæ˧˦tɕiɑʔ˥tɕən˥lɑ̃˩ （一）喻牵强附会、搞错了。（二）指神经不正常。

【头顶生疮，脚底流脓】dʏ˧˩ tin˥˩sɑ̃˥tsʻɑ̃˥，tɕiɑʔ˥ti˥˩lʏ˧˩n oŋ˧˩ 喻人坏透了。

【头痛医头，脚痛医脚】dʏ˧˩ tʻoŋ˥˩ʘi˥dʏ˧˩，tɕiɑʔ˥tʻoŋ˧˦ʘi ˥tɕiɑʔ˥ 喻遇到什么问题就解决什么问题，不去解决带有根本性的问题。

【头颈绝细，独想触祭】dʏ˧˩ tɕən˥ziəʔ˧sі˧˦，doʔ˧siɑ̃˧˦tʻoʔ ˥tsi˧˦ 詈语。指特别嘴馋的人。

【头顶人家屋，脚踏人家地】dʏ˧˩tin˥˩ȵən˧˩ka˥ʘoʔ˥，tɕi ɑ˥daʔ˧ȵən˧˩ka˥di˩ 喻贫穷、一无所有。

【头浪拍一记，脚底下汪汪响】dʏ˧˩lɑ̃˧˩pʻɑʔ˥ʘiəʔ˥tɕi˧˦，tɕiɑʔ˥ ti˥˩ɦo˩ʘuɑ̃˥ʘuɑ̃˥ɕiɑ̃˥˩ 形容人玲珑乖巧。

投【dʏ˧˩】

【投入】dʏ˧˩zəʔ˧ 投到某种环境里去。

【投井】dʏ˧˩tsin˥˩ 自杀的一种方式。即跳井。

【投产】dʏ˧˩tsʻE˥˩ 投入生产。

【投机】dʏ˧˩tɕi˥ （一）见解相合。（二）钻空子，谋取私利。

【投军】dʏ˧˩tɕyən˥ 参军。

【投考】dʏ˧˩kʻæ˥˩ 报考。

【投师】dʏ˧˩sɿ˥ 前去从师学艺。

【投身】dʏ˧˩sən˥ 献身于（某种事业）。

【投诉】dʏ˧˩səu˥˩ 提出控诉。

【投奔】dʏ˧˩ʘən˥ 前去依靠。

【投诚】dʏ˧˩zən˩

【投放】dʏ˧˩fɑ̃˥˩

【投医】dʏ˧˩ʘi˥ 前去请医生治病。

【投河】dʏ˧˩ɦəu˩ 自杀的一种方式。即跳河。

【投保】dʏ˧˩ʘæ˥˩ 参加保险。

【投标】dʏ˧˩ʘiæ˥

【投亲】dʏ˧˩tsʻin˥ 前去依靠亲戚。

【投胎】dʏ˧˩tʻE˥

【投降】dɤ˩˧ɦɑ̃˧˩

【投案】dɤ˩˧Øø˧˦

【投宿】dɤ˩˧soʔ˥ 找到地方住宿。

【投资】dɤ˩˧tsɿ˥

【投敌】dɤ˩˧diəʔ˧ 投奔敌人。

【投递】dɤ˩˧di˧˩

【投料】dɤ˧˩liæ˧˩ 放入生产原料。

【投药】dɤ˧˩ɦiɑʔ˧ 给以药物服用。

【投毒】dɤ˧˩doʔ˧ 以害人为目的,在饮服的东西中放入毒药。

【投弹】dɤ˩˧dE˧˩ (一)掷手榴弹。(二)投炸弹。

【投票】dɤ˩˧pʻiæ˥˩ 把选票或表决票等投入票箱。

【投稿】dɤ˩˧kæ˥˩ 把稿子寄送给报刊编辑部。

【投靠】dɤ˩˧kʻæ˥˩ 前去依靠。

【投篮】dɤ˩˧lE˧˩ 篮球运动中,把篮球投向篮框。

【投人生】dɤ˩˧ȵən˩˧sən˥˩ 迷信指人或动物死后,灵魂投入母胎,转生世间为人。

【投井下石】dɤ˩˧tsin˥˩ɦo˧˩zɑʔ˧

【投石问路】dɤ˩˧zɑʔ˧vən˧˩ləu˧˩ 夜间在高处看不清下面路面情况,掷下石块,根据落地声音来判断。喻先做出一些小动作来进行试探。

【投笔从戎】dɤ˩˧piəʔ˥zoŋ˧˩zoŋ˩˧

【投机倒把】dɤ˩˧tɕi˥tæ˥˩po˥˩

【投机取巧】dɤ˩˧tɕi˥tsʻi˥˩tɕʻiæ˥˩ 钻空子,用巧妙的手段谋取不正当利益或躲避困难。

【投其所好】dɤ˩˧dʑi˧˩səu˥˩hæ˥˩ 迎合对方的爱好。

骰【dɤ˩˧】

【骰子】dɤ˩˧tsɿ˥˩ 一种赌具。小正方体,六面,分刻一点到六点。

tǒu

敨【tʻɤ˥˩】

【敨开】tʻɤ˧˦kʻE˥ 展开。

【敨床】tʻɤ˥˩zɑ̃˩˧ 整理床铺。

【敨乱】tʻɤ˥˩lø˧˩ 抖搂使混杂起来。

T

【敨松】tʻʏ˦soŋ˥ 抖搂使松散开来。

【敨穿】tʻʏ˦tsʻø˥ 把原先隐瞒的事说出来。

【敨敨】tʻʏ˥tʻʏ˥ 抖搂。

【敨被头】tʻʏ˥bi˦dʏ˩ 整理被窝。

【敨包袱】tʻʏ˥pæ˥voʔ˧(一)交代笑料的爆发点。(二)揭晓事件的实在情况和原因。亦作【抖包袱底】tʻʏ˥pæ˥voʔ˧ti˥。

【敨手巾包】tʻʏ˥sʏ˦tɕən˥pæ˥ 把各自赚的钱放在一起平分。

【敨敨叉袋底】tʻʏ˥tʻʏ˥tsʻo˥dᴇ˩ti˥ 把所知道的、所掌握的彻底抖搂出来。

tòu

透【tʻʏ˦】

【透风】tʻʏ˥foŋ˥ (一)让风通过。(二)喻消息外传。

【透气】tʻʏ˥tɕʻi˦ (一)呼吸。(二)让空气通过。

【透支】tʻʏ˦tsʮ˥ (一)存户经银行同意,在一定限额之内提取超过存款数字的款项。(二)开支超过收入。(三)预支。

【透头】tʻʏ˥dʏ˧ (一)到头,穿过底边。(二)头浮出水面。

【透视】tʻʏ˦zʮ˩

【透底】tʻʏ˥ti˥

【透沏】tʻʏ˦tsʻə˥

【透顶】tʻʏ˥tin˥ 后缀词。到了极点。

【透空】tʻʏ˦kʻoŋ˥ 使中间形成空隙。

【透穿】tʻʏ˦tsʻø˥ 说穿,说破。

【透透】tʻʏ˥tʻʏ˥ 穿透,使空气通过。

【透漏】tʻʏ˦lʏ˩

【透露】tʻʏ˥ləu˩

【透空气】tʻʏ˥kʻoŋ˥tɕʻi˥ 指呼吸新鲜空气。

【透底牌】tʻʏ˥ti˦bɑ˩ 喻交底。

tū

凸【dəʔ˧】文读【diəʔ˧】

【凸出来】diəʔ˧tsʻəʔ˥ᴇ˩或dəʔ˧

ʦʻəʔ˥lE˨˩ 向外拱出来。

【凸起来】diəʔ˧ʨʻi˥˧lE˨˩或dəʔ˧ʨʻi˥˧lE˨˩ 向上拱起来。

秃【tʻoʔ˥】

【秃子】tʻoʔ˥ʦɿ˥˧

【秃头】tʻoʔ˥dY˨˩

【秃顶】tʻoʔ˥tin˥˧

【秃笼】tʻoʔ˥loŋ˨˧ 单单，只有（多指穿衣裤）。

【秃虺蛇】tʻoʔ˥huE˥zo˨˩ 蝮蛇。

【秃头秃脑】tʻoʔ˥dY˨˧tʻoʔ˥næ˨˩ 没有别的，光秃秃的。

突【dəʔ˧】

【突击】dəʔ˧ʨəʔ˥

【突色】dəʔ˧səʔ˥ 褪色。

【突围】dəʔ˧ɦuE˨˩

【突破】dəʔ˧pʻu˨˧

【突脱】dəʔ˧tʻəʔ˥ （一）落掉。（二）遗失掉。

【突落】dəʔ˧loʔ˧ 义同【突脱】。

【突然】dəʔ˧zø˨˩

【突出来】dəʔ˧ʦʻəʔ˥lE˨˩ （一）向外凸出。（二）掉落出来。

【突头呆】dəʔ˧dY˨˩ŋE˨˩ 突如其来的事情或问题，使人脑子一时转不过弯来。

【突破口】dəʔ˧pʻu˥˧kʻY˥˧

【突如其来】dəʔ˧zʮ˨˩ʥi˨˩lE˨˩ 突然发生。

【突然袭击】dəʔ˧zø˨˩ziəʔ˧ʨəʔ˥

【突落面颊骨】dəʔ˧loʔ˧mii˨˧ʨʻəʔ˥kuəʔ˥ 丢脸，出丑。

【突落只棉纱针，买仔洋蜡烛来寻】dəʔ˧loʔ˧ʦɑʔ˥mii˨˧so˥ʦən˥˧，mɑ˨˩ʦɿ˥˧ɦiã˨˧laʔ˧ʦoʔ˥lE˨˧zin˨˧ 喻得不偿失、小题大作。

tú

图【dəu˨˧】

【图书】dəu˨˧sʮ˥ （一）各种出版物和文献资料的总称。（二）印章。

【图形】dəu˨˧ɦin˨˩ 图样。

【图纸】dəu˨˧ʦɿ˥˧

【图案】dəu˨˧ø˥˧

【图样】dəu˨˧ɦiã˨˩

T

【图章】dəu˦tsã˥
【图像】dəu˦ziã˨
【图画】dəu˦ɦo˨ 画儿。
【图财】dəu˦ZE˦ 想要得到财物。
【图色】dəu˦səʔ˥ 想要得到女色。
【图上进】dəu˦zã˨tsin˦ 希望得到上进。
【图出身】dəu˦tsʻəʔ˥sən˥ 巴望得到好的资历。
【图画钉】dəu˦ɦo˨tin˦ 图钉。又名揿钉。
【图画课】dəu˦ɦo˨kʻəu˦ 学习绘画的课程。

徒【dəu˦】

【徒刑】dəu˦ɦin˨
【徒弟】dəu˦di˨
【徒劳】dəu˨læ˨
【徒然】dəu˨zø˨
【徒子徒孙】dəu˦tsɿ˦dəu˦sən˥
【徒有虚名】dəu˦ɦiʏ˨ɕy˥min˨ 空有和实际情况不相符合的好名声。
【徒弟出山,师父讨饭】dəu˦di˨tsʻəʔ˥sE˥,sɿ˥vu˨tʻæ˦VE˨ 旧时教会了徒弟,师父便会被老板辞退。

涂【dəu˦】

【涂改】dəu˦kE˦ 抹掉原来的文字改写。
【涂料】dəu˦liæ˨
【涂脂抹粉】dəu˦tsʮ˥məʔ˦fən˦

途【dəu˦】

【途径】dəu˦tɕən˥

荼【dəu˦】

屠【dəu˦】

【屠刀】dəu˦tæ˥
【屠杀】dəu˦saʔ˥
【屠宰场】dəu˦tsE˥zã˨ 宰杀家畜、家禽的场所。

菟【dəu˦】另见 tù。

tǔ

土【təu˅】

【土工】təu˅koŋ˥ 指土木工程中的挖土、填土工作。

【土山】təu˅sᴇ˥ 泥土堆积起来的山包。

【土方】təu˅fɑ̃˥

【土气】təu˅tɕʻi˅

【土风】təu˅foŋ˥ 地方风俗。

【土白】təu˅bɑʔ˧ 地方语言。

【土产】təu˅tsʻᴇ˥

【土地】təu˅di˅

【土泆】təu˅dɑ˩ 用竹丝编织的,似畚箕的挑河泥工具。两只一副,用扁担挑运。也写作"土箕"。

【土改】təu˅kᴇ˥

【土牢】təu˅læ˧ 地牢。

【土布】təu˅pu˅ 用手工织成的布匹,较粗糙,厚重,但坚牢。

【土坯】təu˅pᴇ˥ (一)用黏土制成的方形土块,供砌墙等用。(二)砖的泥坯。

【土话】təu˅ɦo˩ 只在某一小地区内通用的语言。

【土枪】təu˅tsʻiã˥ 民间手工制造的猎枪。

【土相】təu˅siã˅ 不时髦,没有文化底蕴的样子。

【土城】təu˅zən˧ 用土坯砖砌的城墙。

【土星】təu˅sin˥

【土茶】təu˅zo˧ 民间自制的茶叶。

【土酒】təu˅tsʏ˥ 民间自制的酒。村醸。

【土烧】təu˅sæ˥ 民间自制的白酒。

【土匪】təu˅fi˅

【土葬】təu˅tsɑ̃˅

【土办法】təu˅bᴇ˧faʔ˥ 民间沿用的生产技术或办法。

【土鲋鱼】təu˅bu˩ŋ̍˩ 塘鳢鱼。

【土财主】təu˅zᴇ˧tsʮ˅ 只在某一小地区内占有大量财产,思想不合潮流、不开通的财主。

【土地庙】təu˅di˧miæ˩ 供奉土地神的庙宇。

【土地堂】təu˅di˧dɑ̃˩ 即土

地庙。

【土皇帝】təu˦ɦuɑ̃˦ti˥˩

【土政策】təu˦tsən˥ts'ɑʔ˥ 地方上自行制定的政策。

【土黄色】təu˦ɦuɑ̃˦səʔ˥ 似黄土的那种颜色。

【土腥气】təu˦sin˥tɕ'i˥˩ 泥土的气味。

【土墩墩】təu˦tən˥tən˥˩ 泥土堆积起来的高地。

【土生土长】təu˦sən˥təu˦tsɑ̃˥˩ 本地生长。

【土头土脑】təu˦dɤ˦təu˦næ˩ 不合潮流、不时髦的样子。

【土地菩萨】təu˦di˦bu˩saʔ˥ 旧指管理一个地面的神。

【土地公公】təu˦di˦koŋ˥koŋ˥˩ 即土地菩萨。

【土地老爷】təu˦di˦læ˩iɑ˩ 即土地菩萨。

【土里土气】təu˦li˦təu˥˩tɕ'i˥˩ 不合潮流、不时髦的样子。

【土豪劣绅】təu˦ɦæ˦liəʔ˧sən˥˩

【土帮土成墙，穷帮穷成王】təu˥˩pɑ̃˥təu˥˩zən˦ziɑ̃˦，dʑioŋ˦pɑ̃˥dʑioŋ˦zən˦ɦuɑ̃˦ 同类相济，容易办好事。

吐【t'əu˥˩】另见 tù

【吐毛】t'əu˥˩mæ˦ 鸟兽类、毛笔等的毛自然掉下来。

【吐皮】t'əu˥˩bi˦ （一）表皮脱落。（二）把不宜食用的食品外皮从嘴里吐出来。

【吐血】t'əu˦ɕyəʔ˥ 咯血。

【吐丝】t'əu˦sɿ˥ 蚕、蜘蛛吐出的极细的线状物。

【吐芯】t'əu˥˩sin˦ 蛇吐出舌头。

【吐脱】t'əu˦t'əʔ˥ 吐掉。

【吐壳】t'əu˥˩k'oʔ˥ （一）把瓜子皮从嘴里吐出来。（二）有些昆虫和虾、蛇类成长过程中的蜕皮。

【吐痰】t'əu˥˩dᴇ˦ 把痰液从嘴里吐出来。

【吐露】t'əu˦ləu˩

【吐头发】t'əu˥˩dɤ˦faʔ˥ 头发自然脱离头皮。

【吐白麻】t'əu˥˩baʔ˧mo˩ 嘴里流出白沫。亦作【摊白麻】t'ᴇ˥baʔ˧mo˩。

【吐口供】t'əu˥˩k'ɤ˦koŋ˥

招供。

【吐闲话】t'əu˅ɦɛ˦ɦo˦ 说出来。

【吐馋唾】t'əu˅zɛ˦t'əu˅ 吐口水。

【吐出来】t'əu˦tɕ'əʔ˥lɛ˩ （一）东西从嘴里吐出。（二）记忆中的东西，边回忆，边叙述出来。

tù

吐【t'əu˦】另见 tǔ。

兔【t'əu˦】

【兔子】t'əu˥tsɿ˅ （一）一种啮齿类哺乳动物。耳大，上唇中间分裂，尾短而向上翘，前肢比后肢短，善于跳跃，跑得很快。（二）男同性恋者中充当女身的男子。

【兔子勿吃家边草】t'əu˥tsɿ˅fəʔ˥tɕ'əʔ˥ka˥pi˥tsʻæ˅ 喻坏人不在自己周围作恶。

【兔子回头咬一口】t'əu˥tsɿ˅ɦuɛ˦dʏ˩ŋæ˩ʔiəʔ˥k'ʏ˅ 喻懦弱无用的人走投无路时也会不顾一切地反抗。

堍【t'əu˅】

菟【t'əu˅】【t'əu˦】另见 tú。

tuān

湍【tɕ'ø˥】中州韵【t'uø˥】

tuán

团【dø˦】

【团子】dø˦tsɿ˅ 用米或粉做成的圆球形食品。

【团头】dø˦dʏ˩ 叫化子的头头。

【团龙】dø˦loŋ˩ 以龙的形象为主题的圆形图案。

【团伙】dø˦həu˅ 指串联起来从事犯罪活动的小集团。

【团花】dø˦ho˥ 圆形的装饰图案。

【团拢】dø˦loŋ˩ （一）把东西揉弄成球形。（二）指童养媳与丈夫正式结婚同房。

【团声】dø˦sən˥ 圆唇音。

【团结】dø˨˧tɕəʔ˥

【团圆】dø˨˧ɦiø˩

【团鱼】dø˨˧ŋ̍˩　甲鱼。

【团拜】dø˨˧pa˥˩　单位集体为庆祝新年或春节，成员聚在一起互相祝贺。

【团扇】dø˨˧sø˥　圆形的扇子。

【团脐】dø˨˧zi˩　（一）雌蟹肚子下面呈圆形的厣壳。（二）指雌性螃蟹。

【团聚】dø˨˧zi˩

【团团拢】dø˨˧dø˩loŋ˩　（一）团拢。（二）加强团结。

【团团转】dø˩dø˩tsø˥˩　形容忙得不可开交或着急而毫无办法的样子。

【团圆节】dø˨˧ɦiø˨˧tsiəʔ˥　中秋节。

【团圆酒】dø˨˧ɦiø˨˧tsʏ˥˩　团圆时饮的相互祝福的酒。

【团圆夜饭】dø˨˧ɦiø˨˧θia˥vE˩　旧时结婚，宾客散去，新婚夫妇共餐。

【团勒一堆】dø˨˧ləʔ˧θiəʔ˥tE˥　形容团结一致，结成整体。

【团团一绞圈】dø˨˧dø˩θiəʔ˥kæ˦tɕʻiø˥　附近方圆地方。

抟【dø˨˧】

【抟拢】dø˨˧loŋ˩　用手掌搓东西，使成球形。也作【抟抟拢】dø˨˧dø˨˧loŋ˩。

【抟脱】dø˨˧tʻəʔ˥　把东西揉弄成球形。也作【抟抟脱】dø˨˧dø˨˧tʻəʔ˥（多指被废弃掉）。

tuī

忒【tʻəʔ˥】

【忒】tʻəʔ˥过于，非常。表示程度非常高。

【忒嫌】tʻəʔ˥ɦiɪ˧　过于。

【忒煞】tʻəʔ˥saʔ˥　过于。

推【tʻE˥】中州韵【tʻuE˥】

【推子】tʻE˥tsɿ˥˩　理发用的多齿剪头发工具。

【推广】tʻE˥kuɑ̃˥˩

【推门】tʻE˥mən˨˧　推启门户。

【推开】tʻE˥kʻE˥˩　（一）推动，开启。（二）排除。

【推手】t‘E˥sY˥˧　中国武术中的一种互练方式。两人面对面,以手、臂、肘相接互推。
【推头】t‘E˥dY˨˧　推托。
【推动】t‘E˥doŋ˨˧
【推托】t‘E˥t‘oʔ˥　借故推辞。
【推出】t‘E˥ʦ‘əʔ˥　推举出,推选出。
【推刨】t‘E˥bæ˨˧　木工工具之一。用手推的刨子,使木头表面光洁。
【推扳】t‘E˥ᵽE˥˧　(一)相差。(二)差劲;质量差的。
【推进】t‘E˥ʦin˥˧
【推迟】t‘E˥zʮ˨˧
【推测】t‘E˥ʦ‘əʔ˥
【推荐】t‘E˥ʦii˥˧
【推卸】t‘E˥siɑ˥˧
【推选】t‘E˥sii˥˧
【推理】t‘E˥li˨˧
【推拿】t‘E˥no˨˧　按摩。
【推教】t‘E˥ʨiæ˧　只要。
【推移】t‘E˥ɦi˧
【推挽】t‘E˥ɦuE˨˧　(一)相差。(二)差劲。
【推脱】t‘E˥t‘əʔ˥　推掉。
【推销】t‘E˥siæ˥˧
【推辞】t‘E˥zɿ˨˧
【推窗】t‘E˥ʦ‘ɑ̃˥　用手推启窗户。
【推想】t‘E˥siɑ̃˥˧　推测,想象。
【推艄】t‘E˥sæ˥˧　船工行业用语。摇船有推艄和扳艄,推艄表示船行向左,扳艄表示向右。
【推敲】t‘E˥ʨ‘iæ˧或t‘E˥k‘æ˥˧
【推算】t‘E˥sø˥˧　推测,计算。
【推磨】t‘E˥mo˨˧　人力推动石磨。
【推开来】t‘E˥k‘E˥lE˨˧　推动开启。
【推出手】t‘E˥ʦ‘əʔ˥sY˥˧　(一)指推卸(责任)。(二)拒绝不管。
【推八字】t‘E˥ᵽoʔ˥zɿ˥˧　旧时以人的出生年、月、日、时辰来推算一生命运、吉凶祸福。
【推推开】t‘E˥t‘E˥k‘E˥　用手推启,使完全打开。
【推三托四】t‘E˥sE˥t‘oʔ˥sɿ˥˧　屡屡借故推托。
【推三推四】t‘E˥sE˥tE˥sɿ˥˧　推三阻四。
【推心置腹】t‘E˥sin˥ʦʮ˥˧foʔ˥
【推陈出新】t‘E˥zən˧ʦ‘əʔ˥

T

sin˥
【推扳勿起】t'E˥pE˥fə˥tɕ'i˥˩
相差不得。
【推车撞壁】t'E˥ts'o˥zɑ̃˩pi ə˥ 喻到了无法缓解、无路可通的地步。
【推挽勿起】t'E˥0uE˥˩fə˥tɕ'i˥˩
相差不得。
【推推托托】t'E˥t'E˥t'o˥t'o˥
屡次推托。
【推扳一滴滴】t'E˥pE˥0iə˥tiə˥tiə˥ 相差一点儿。
【推挽一滴滴】t'E˥0uE˥˩0iə˥tiə˥tiə˥ 义同【推扳一滴滴】。
【推出日头早关门】t'E˥ts'ə˥ȵə˧dY˩tsæ˦kuE˥mən˧
喻早些做好准备。

tuí

颓【dE˩】

【颓废】dE˩fi˥˩

tuǐ

腿【t'E˥˩】中州韵【t'uE˥˩】

【腿功】t'E˦koŋ˥ 脚上功夫。
【腿肉】t'E˦ȵo˧ 作为食品的猪腿上的肉。

tuì

退【t'E˦】中州韵【t'uE˦】

【退火】t'E˥həu˥˩
【退出】t'E˦ts'ə˥ 离开。
【退让】t'E˦ȵiɑ̃˩ （一）向后退，让开路。（二）让步。
【退休】t'E˦ɕiY˥
【退兵】t'E˦pin˥ 军队后撤。
【退后】t'E˦ɦY˩ 向后移动。
【退伙】t'E˥həu˥˩ 退出集体伙食。
【退回】t'E˦ɦuE˧ （一）退还。（二）返回原来的地方。
【退色】t'E˦sə˥ 颜色变淡。
【退守】t'E˦sY˥˩ 后退防守。
【退灰】t'E˦huE˥ 把炉膛里的灰扒出来。
【退却】t'E˦tɕ'iə˥
【退步】t'E˦bu˩ （一）步子后退。喻成绩不如前。（二）退路，余地。
【退货】t'E˥həu˥˩ 货物退回原处。
【退学】t'E˦ɦo˧ 学生中途退

出学校,停止学习。

【退亲】tʻE˧˦tsʻin˥ 解除相约的婚姻关系。

【退还】tʻE˧˦ɦuE˩˧ 把东西还给原主。

【退热】tʻE˧˦ȵəʔ˧ 发烧后体温恢复正常。

【退烧】tʻE˧˦sæ˥ 义同【退热】。

【退席】tʻE˧˦ziəʔ˧ 中途退出宴席或会场。

【退赃】tʻE˧˦tsɑ̃˥ 退还非法取得的财物等。

【退职】tʻE˧˦tsəʔ˥

【退堂】tʻE˧˦dɑ̃˩˧ 旧时官吏公开办公结束,离开公堂。

【退婚】tʻE˧˦huən˥ 义同【退亲】。

【退眼】tʻE˧˦ŋE˩ 难为情。

【退赔】tʻE˧˦bE˩˧

【退朝】tʻE˧˦zæ˩˧ 君主大臣议事完毕后离开朝堂。

【退班】tʻE˧˦pE˥ 大臣与君主议事完毕后离开朝堂。

【退路】tʻE˥ləu˩ 后路,余地。

【退缩】tʻE˧˦soʔ˥

【退潮】tʻE˧˦zæ˩˧ 潮水逐渐下降。

【退课】tʻE˧˦kʻəu˧˦ 下课。

【退下来】tʻE˧˦ɦo˧lE˩ 向后退。喻让出职权离开职位或退休。

【退到底】tʻE˧˦æ˥˩ti˥˩ 退让到底。喻让出一切职权。

【退堂鼓】tʻE˥dɑ̃˩kəu˥˩ 旧时官员退堂时击的鼓。喻作事半途中止的言论。

【退出黄泥膀】tʻE˧˦tsʻəʔ˥huɑ̃˩˧ ȵi˧pʻɑ̃˥˩ 趣语。指退出。

【退而求其次】tʻE˧˦ɦəl˥˩ʥiʏ˩˧ ʥi˩tsʻɿ˧˦ 第一目标不能达到,就争取次一级的目标。

煺【tʻE˧˦】见"挦"。

褪【tʻE˧˦】中州韵【tʻuE˧˦】另见 tùn。

【褪色】tʻE˧˦səʔ˥ 颜色变淡。

蜕【tʻəʔ˥】文读【tʻE˧˦】

【蜕化变质】tʻəʔ˥ho˧˦pii˧˦tsəʔ˥ 喻人的品质变坏。

tūn

吞【tʻən˥】

【吞子】tʻən˥tsɿ˨˧ 隐语。喉咙，嗓子。

【吞吐】tʻən˥tʻəu˨˧ （一）吞进和吐出。多用来形容旅客或货物的进进出出（的量）。（二）苏州弹唱演唱用语。指声音的收放抑扬。

【吞没】tʻən˥məʔ˧

【吞金】tʻən˥tɕən˥ 自杀的一种方式。吞下黄金。

【吞咽】tʻən˥ɦiɪ˨ 吞和咽。

【吞脱】tʻən˥tʻəʔ˥ 吞没。把公有的或他人的财物据为己有。

【吞腔】tʻən˥tɕʻiã˨˧ 架势（贬义）。也称【吞头】tʻən˥dʏ˩。

【吞上来】tʻən˥zɑ̃˩lE˩ 指气味熏蒸上来。吞，气味熏蒸袭人。

【吞过来】tʻən˥kəu˥lE˩ 气味熏蒸过来。

【吞头势】tʻən˥dʏ˧sʮ˨˧ 架势（贬义）。

【吞吞吐吐】tʻən˥tʻən˥tʻəu˨˧ tʻəu˨˧

【吞云吐雾】tʻən˥ɦʏən˧tʻəu˨˧ vu˧ 指吸鸦片或吸香烟（含诙谐意）。

tún

屯【dən˧】

【屯兵】dən˧pin˥ 驻扎军队。

【屯积】dən˧tsiəʔ˥ 大量储存货物。

【屯搭屯】dən˧taʔ˥dən˩ 指食品换器皿一再置留。

饨【dən˧】

豚【dən˧】

臀【dən˧】

【臀部】dən˧bu˩ 屁股。

tǔn

氽【tʻən˨˧】

【氽空】tʻən˦kʻoŋ˥ 食品经油炸后，内部形成空隙。

【氽枯】tʻən˧˦kʻəu˥ 食品在油里炸过了头，呈枯黄色，味开始发苦。

【氽焦】tʻən˧˦ʦiæ˥ 食品在油里炸过头，发焦，炭化。

【氽起来】tʻən˧˦ʨʻi˥lE˩ 浮起来。

【氽过来】tʻən˧˦kəu˥lE˩ 物体由远而近漂浮过来。

【氽勒氽】tʻən˥˩ləʔ˧tʻən˥˩ 漂浮物晃动的样子。形容动作慢吞吞。

【氽江浮尸】tʻən˧˦kɑ̃˥vY˩sʮ˥˩ （一）江中浮着的溺死者。（二）形容肥胖者（贬义）。

【氽来木头勿敢撩】tʻən˧˦lE˩moʔ˧dY˩fəʔ˥kø˥˩liæ˥ 俗语。少惹事为妙。

【氽脱木排撩门闩】tʻən˧˦tʻəʔ˥moʔ˧bɑ˩liæ˥mən˦sø˥ 喻损失极大，挽回极少。

【氽仔三千里，亦勒棺材里】tʻən˥˩ʦɿ˥˩sE˥ʦʻi˥li˩，ɦaʔ˧ləʔ˧kuø˥zE˦li˩ 喻始终难以脱逃。

tùn

褪【tʻE˧˦】中州韵【tʻuE˥˩】

另见 tuì。

tuō

托【tʻoʔ˥】

【托人】tʻoʔ˥ȵən˦ 委托他人。

【托子】tʻoʔ˥ʦɿ˥˩

【托付】tʻoʔ˥fu˧˦ 委托别人照管或办理。

【托生】tʻoʔ˥sən˥

【托词】tʻoʔ˥zɿ˦ 找借口，推托的话。

【托牢】tʻoʔ˥læ˦ 托住。

【托运】tʻoʔ˥ɦyən˩ 委托运输部门运送。

【托底】tʻoʔ˥ti˥˩ 作后盾。

【托病】tʻoʔ˥bin˩ 以身体有病作借口。

【托梦】tʻoʔ˥moŋ˩ 迷信指鬼神在人的梦中出现并有所嘱托。

【托管】tʻoʔ˥kuø˥˩

【托熟】tʻoʔ˥zoʔ˧ （一）非常熟练。（二）十分熟悉。

【托福】tʻoʔ˥foʔ˥ 客套话。仰仗别人的福气。

【托托烂】tʻoʔ˥tʻoʔ˥lE˩ （食品烧煮）非常酥烂。

【托托熟】tʻoʔ˥tʻoʔ˥zoʔ˧ （一）非常熟练。（二）十分熟悉。

【托托湿】tʻoʔ˥tʻoʔ˥səʔ˥ 形容湿透。

【托袜底】tʻoʔ˥mã˧ti˥˩ 用布缝补袜底。

【托络熟】tʻoʔ˥loʔ˧zoʔ˧ （一）非常熟练。（二）十分熟悉。

【托牢仔下巴勒讲】tʻo˥læ˧tsɿ˥˩ɦo˧bo˩lə˧kã˥˩ 形容硬说说不出口的话。

【托人托着个皇伯伯】tʻoʔ˥ȵən˧tʻoʔ˥zaʔ˧kəʔ˥ɦuã˧pɑʔ˥pɑʔ˥ 俗语。指托人托了个不负责任的人。皇伯伯，太监。

拕【tʻɑ˥】文读【tʻæ˥】

【拕】tʻɑ˥ 义同【拖】。

【拕拕】tʻɑ˥tʻɑ˥˩ （舌头）伸出来。

【拕下来】tʻɑ˥ɦo˩lE˩ 拖挂下来。

【拕出来】tʻɑ˥tsʻə˥lE˩ （一）拖挂出来。（二）拖挂出来。

【拕舌头】tʻɑ˥zə˧dY˩ 舌头拖出口外。

【拕勒浪】tʻɑ˥lə˧lã˩ 挂在那里。

【拕鼻涕】tʻɑ˥bə˧tʻi˥˩ 鼻涕流出来拖挂着。

【拕拕舌头】tʻɑ˥tʻɑ˥zə˧dY˩ 舌头伸出口外，不好意思；受惊的表情。

拖【tʻɑ˥】【tʻəu˥】

【拖】tʻɑ˥ 伸出来；拖带着；拖延。

【拖大】tʻəu˥dəu˩ 拉扯大。

【拖斗】tʻəu˥tY˥˩ 挂在牵引车后面的斗型车辆。

【拖车】tʻəu˥tsʻo˥˩ 被牵引车拉着走的车辆。喻需要别人供养或负担的人或团体。

【拖欠】tʻəu˥tɕʻiɪ˥˩

【拖沓】tʻəu˥tʻaʔ˥

【拖拉】tʻəu˥lɑ˩

【拖延】tʻəu˥ɦiɪ˩

【拖轮】tʻəu˥lən˩˧　有拖船的轮船。

【拖畚】tʻəu˥fən˧˦　拖把。

【拖船】tʻəu˥zø˩˧　拖在大船后面的船。喻需别人供养或负担的人或团体。

【拖累】tʻəu˥lE˩˧　拖住，连累。

【拖煞】tʻəu˥saʔ˥　被拖累、牵制而不得前进。

【拖拖】tʻəu˥tʻəu˧˦　（一）帮扶。（二）拖。（三）拖延。

【拖鞋】tʻəu˥ɦɑ˩˧　后半部没有鞋帮的一种鞋子。

【拖下来】tʻəu˥ɦo˩lE˩˧　拉下来。也指耽搁下来。

【拖一把】tʻəu˥ʘiəʔ˥po˧˦　（一）用拖把在地上拖一遍。（二）帮扶一下。

【拖出来】tʻəu˥tsʻəʔ˥lE˩˧　拉出来。

【拖后腿】tʻəu˥ɦY˩tE˧˦　喻牵制、阻挠，使不能行动或前进。

【拖垃圾】tʻəu˥lɑ˩si˥　指搬运垃圾或搬运垃圾的工人。

【拖身体】tʻəu˥sən˥tʻi˧˦　怀孕。

【拖油瓶】tʻəu˥ɦiY˧bin˩˧　寡妇再嫁，带去的与前夫所生的子女。

【拖粪车】tʻəu˥fən˥tsʻo˧˦　运作运送人粪便的车辆。

【拖鼻涕】tʻəu˥bəʔ˧tʻi˧˦　流出的鼻涕拖在鼻下、唇上。

【拖鞋皮】tʻəu˥ɦɑ˧bi˩˧　趿拉着鞋。

【拖人下水】tʻəu˥ȵən˩ɦo˩˧sɥ˧˦　喻拉别人一起干违法的事。

【拖大带小】tʻəu˥dəu˩tɑ˦siæ˧˦　拖带家眷。

【拖男带女】tʻəu˥nø˧tɑ˦ȵy˩˧　义同【拖大带小】。

【拖拖拉拉】tʻəu˥tʻəu˥lɑ˥lɑ˩˧　形容行动迟缓、艰涩、不爽快。

【拖泥带水】tʻəu˥ȵi˧tɑ˦sɥ˦　比喻说话做事不干脆、不利落。

【拖一爿挂一块】tʻəu˥ʘiəʔ˥bE˩ko˦ʘiəʔ˥kʻuE˦　形容衣衫褴褛。

脱【tʻə˥】

【脱力】tʻəʔ˥liəʔ˧　乏力。

【脱子】tʻəʔ˥tsɿ˥˩　模子；模式。

【脱口】tʻəʔ˥kʻY˥˩　不经意间说出来。

【脱手】tʻəʔ˥sY˥˩　（一）不经意间离开手。（二）放手。（三）货物卖出去（多用于贩卖、变卖等）。

【脱开】tʻəʔ˥kʻE˥　（一）分离开。（二）衣物解除纽扣。

【脱水】tʻəʔ˥sɥ˥˩　（一）机体内的水分大量减少，失去平衡。（二）使蔬菜等失去水分的技术。

【脱节】tʻəʔ˥tsiəʔ˥　不衔接。

【脱产】tʻəʔ˥tsʻE˥˩

【脱光】tʻəʔ˥kuɑ̃˥　脱尽衣服，裸身。

【脱色】tʻəʔ˥səʔ˥　脸转色（受惊或生病）。

【脱位】tʻəʔ˥ɦuE˧˩　脱离原先的位置（多指脱臼）。

【脱体】tʻəʔ˥tʻi˥˩　有失体统。

【脱身】tʻəʔ˥sən˥

【脱肛】tʻəʔ˥kɑ̃˦˩˨

【脱壳】tʻəʔ˥kʻoʔ˥　（一）服装的面子与里子分离。（二）挂糊食品，与外衣脱离。（三）粘贴物没有粘住而脱落。

【脱底】tʻəʔ˥ti˥˩　（一）鞋、盒等底与其他部分脱开。（二）喻人乱花钱，花光为止，不知珍惜。

【脱空】tʻəʔ˥kʻoŋ˥　落空。

【脱线】tʻəʔ˥siɪ˦˩˨　缝纫的东西因线断掉而绽开。

【脱板】tʻəʔ˥pE˥˩　演唱不合板眼。

【脱爬】tʻəʔ˥bo˨˧　耽误，误事。

【脱胎】tʻəʔ˥tʻE˥

【脱险】tʻəʔ˥ɕiɪ˥˩

【脱钩】tʻəʔ˥kY˥　（一）脱离钩子逃走（多指钓鱼）。（二）指解除统属关系。

【脱离】tʻəʔ˥li˨˧

【脱胶】tʻəʔ˥kæ˥　原来胶合的东西脱开了。

【脱班】tʻəʔ˥pE˥　（一）错过班次（多指飞机、火车、汽车、轮船等）。（二）客运交通工具不能准点到达。

【脱粒】tʻəʔ˥liəʔ˧

【脱添】tʻəʔ˥tʻiɪ˦˩˨　（一）脱离准则。（二）失误。

【脱脚】t'əʔ˥tɕiɑʔ˥ （一）失足。（二）喻失算。

【脱脱】t'əʔ˥t'əʔ˥ 脱掉。

【脱单】t'əʔ˥tE˥ 单单是。

【脱链】t'əʔ˥liɪ˧ 机械传动中链条从齿轮上滑落下来。

【脱销】t'əʔ˥siæ˥ 供不应求，暂时缺货。

【脱帽】t'əʔ˥mæ˨ 除去帽子。

【脱榫】t'əʔ˥sən˥˩ 榫接处脱开。

【脱骱】t'əʔ˥gɑ˨ 脱臼。

【脱稿】t'əʔ˥kæ˥˩ 文稿完成。

【脱日脚】t'əʔ˥ȵəʔ˧tɕiɑʔ˥ 误期。

【脱辰光】t'əʔ˥zən˧kuɑ̃˥ 误了时间。

【脱场子】t'əʔ˥zɑ̃˧tsɿ˥˩ 误场。

【脱头落襻】t'əʔ˥dY˧loʔ˧p'E˥˩ 形容经常出差错。

【脱运交运】t'əʔ˥hYən˨kæ˥hYən˨ 脱去恶运，交上好运。

【脱底棺材】t'əʔ˥ti˥˩kuø˥zE˨ 喻乱花钱、毫无节制到极点的人。也作【脱底施棺材】t'əʔ˥ti˥˩sɥ˥kuø˥zE˨。

【脱通换通】t'əʔ˥t'oŋ˥huø˨t'oŋ˥ 频繁更换。

【脱班面孔】t'əʔ˥pE˥miɪ˨k'oŋ˥˩ 形容面部表情十分懊丧、焦躁，仿佛碰上脱班的事。

【脱脱空空】t'əʔ˥t'əʔ˥koŋ˥koŋ˥˩ 一点根据、基础都没有。

【脱嘴落索】t'əʔ˥tsɥ˧loʔ˧soʔ˥ 说话爆粗口。

【脱头判——官】t'əʔ˥dY˧p'ø˥˩——kuø˥ 缩脚韵。只说前三个字，真意是说“官”或“官”的同音字。

【脱裤子放屁——多此一举】t'əʔ˥kəu˥tsɿ˥˩fɑ̃˥pi˧——təu˥tsɿ˥iəʔ˥tɕy˥ 歇后语。指不必要的行动。

tuó

驮【dəu˧】

【驮妈妈】dəu˧ma˥ma˨ 人驮着人。

佗【dəu˦】

陀【dəu˦】

沱【dəu˦】

坨【dəu˦】

驼【dəu˦】

【驼子】dəu˦tsɿ˥˩ 驼背或驼背的人。

【驼背】dəu˦pE˥˩ (一)人的背变弯曲,脊柱向后拱起。(二)指驼背的人。

【驼子放屁——弯弯曲曲】dəu˦tsɿ˥˩fɑ̃˦˥p'i˦˥——ØuE˥ØuE˥tɕ'io?˥tɕ'io?˥ 歇后语。弯弯曲曲,不直。

【驼子跌跟斗——两头勿着实】dəu˦tsɿ˥˩tiə?˥kən˥təu˥˩——liɑ̃˦dY˦fə?˥zo?˧zə?˧ 歇后语。形容两边不讨好;两边都无着落。

柁【dəu˦】

砣【dəu˦】

【砣砣】dəu˦dəu˨ 小而结实的块状物。

鸵【dəu˦】

酡【dəu˦】

跎【dəu˦】

橐【t'o?˥】

tuǒ

妥【t'əu˥˩】、【t'əu˦˥】

【妥】t'əu˦˥ 慢吞吞,耽搁,不及时。

【妥当】t'əu˥˩tɑ̃˥˩ 适当,稳妥。

【妥协】t'əu˦˥ɦiə?˧

【妥脱】t'əu˦˥t'ə?˥ 耽搁掉。

【妥善】t'əu˦˥zø˨

【妥下来】t'əu˦˥ɦo˨lE˨ 耽搁下来。

【妥勒妥】t'əu˦˥lə?˧t'əu˦˥ 一再耽搁。

庹【t'ʔ˥】

椭【t'əuʮ】

【椭圆形】t'əuʮɦiø˦ɦin˩ 扁圆形，鸭蛋形。

tuò

拓【t'ʔ˥】另见 tà。

【拓荒】t'ʔ˥huã˥ 开拓荒地。

柝【t'ʔ˥】

唾【t'əu˅】

【唾弃】t'əu˅tɕ'i˅

【唾液】t'əuʮɦiəʔ˧

【唾手可得】t'əuʮsɣ˅k'əu˅təʔ˥

魄【t'ʔ˥】落魄的魄。另见 pò；bó。

W

wā

挖【ʘuaʔ˥】

【挖人】ʘuaʔ˥ȵən˧ 使人脱离原来工作的单位，跳槽过去。

【挖包】ʘuaʔ˥pæ˥ 扒手。

【挖花】ʘuaʔ˥ho˥ 一种用长条形花牌进行的赌博。

【挖补】ʘuaʔ˥pu˥˧

【挖耳】ʘuaʔ˥ȵi˧ 掏耳屎的工具。细长棍的前端有一个小勺。可用金、银、竹、木、铜、铝、骨等多种材料制成。

【挖角】ʘuaʔ˥koʔ˥ 诱使好的演员脱离原来的表演团体，跳槽过去。

【挖掐】ʘuaʔ˥k'aʔ˥ （一）刁钻。（二）形容冷僻的。

【挖苦】ʘuaʔ˥k'əu˥˧

【挖掘】ʘuaʔ˥ʥyəʔ˧

【挖煤】ʘuaʔ˥mᴇ˧ 采煤。

【挖襟】ʘuaʔ˥ʨən˥ 一种裁剪方法。成衣后，小襟虽拼接，但在里面，外面看不出来，却可以节省衣料。

【挖勿出】ʘuaʔ˥fəʔ˥ʦ'əʔ˥ 掏摸不出（东西来）。多指没有钱。

【挖脚丫】ʘuaʔ˥ʨiɑʔ˥ho˧ 扣脚丫子。

【挖袋袋】ʘuaʔ˥dᴇ˧dᴇ˧ 在口袋里掏摸。（一）指扒手行窃。（二）指掏钱（付账）。

【挖墙脚】ʘuaʔ˥ziã˧ʨiɑʔ˥

【挖仔挖掐】ʘuaʔ˥ʦɿ˥˧ʘuaʔ˥k'aʔ˥ （一）刁钻。（二）形容冷僻的。

【挖肉补疮】ʘuaʔ˥ȵoʔ˧pu˥˧ʦ'ɑ̃˥

【挖空心思】ʘuaʔ˥k'oŋ˥sin˥sɿ˥˧

【挖进挖出】ʘuaʔ˥ʦin˧ʘuaʔ˥ʦ'əʔ˥ 口袋里的东西，一会儿拿出来，一会儿放回去。

【挖掐沉倒】 Øuaʔ˥kʻaʔ˥zən˩ tæ˧ （一）形容十分刁钻冷僻。（二）费尽心机。

【挖掐腾倒】 Øuaʔ˥kʻaʔ˥dən˩ tæ˧ 义同【挖掐沉倒】。

【挖搭撬消】 Øuaʔ˥taʔ˥ʥiæ˩ tsʻiæ˧ 指多种捣乱的手段。

【挖心挖肺】 Øuaʔ˥sin˥Øuaʔ˥ fi˧ 尽心尽力。

哇【Øo˥】文读【Øua˥】

【哇啦】 Øua˥la˩

【哇哇叫】 Øua˥Øua˥tɕiæ˧ 大声喊叫。

【哇哇抓抓】 Øua˥Øua˥tsa˧ tsa˧ 形容很深的伤害。

【哇啦哇啦】 ɦua˧la˩ɦua˧la˩ 象声词。形容很大的说话或吵闹声。

洼【Øo˥】文读【Øua˥】

【洼地】 Øua˥di˩

娲【kəu˥】、【Øəu˥】、【kua˥】、【Øua˥】（现多用【Øua˥】）

蛙【Øo˥】文读【Øua˥】

【蛙泳】 Øo˥Øioŋ˧

【蛙夹夹，蟹钳钳】 Øo˥kaʔ˥ kaʔ˥，ha˧ʥi˧ʥi˩ 指女人们相互之间搬嘴弄舌。

wá

娃【Øua˥】

【娃娃生】 Øua˥Øua˥sã˧

【娃娃戏】 Øua˥Øua˥ɕi˧ 儿童演出的戏剧。

【娃娃鱼】 Øua˥Øua˥ŋ̍˩

【娃娃亲】 Øua˥Øua˥tsʻin˧

wǎ

瓦【ŋo˩】文读【ɦua˩】另见 wà。

【瓦爿】 ŋo˧bE˩ 瓦。

【瓦当】 ŋo˧tã˥

【瓦匠】 ŋo˧ziã˩

W

【瓦花】ŋo˨˦ho˥ 长在瓦垄里的一种草本植物。叶子肉质多浆,能开花。

【瓦解】ŋo˨˦tɕia˥˩

【瓦房】ŋo˨˦vã˨˩ 砖瓦建成的房子。

【瓦罐】ŋo˨˦kuø˥˩ 陶罐。

【瓦楞】ŋo˨˦lən˨˩

【瓦老爷】ŋo˨˦læ˨˦ɦia˨˩ 喻木讷的人。

【瓦笃落】ŋo˨˦toʔ˥loʔ˧ 泛指陶制器皿。

【瓦爿饼】ŋo˨˦bᴇ˨˦pin˥˩ 长方形的烧饼。

【瓦楞草】ŋo˨˦lən˨˦tsʻæ˥˩ 瓦花。

【瓦楞帽】ŋo˨˦lən˨˦mæ˨˩ 道士戴的帽子。帽子的顶部状似瓦房的房顶。

【瓦爿面孔】ŋo˨˦bᴇ˨˦miɪ˨˩kʻoŋ˥˩ 中间凹陷的脸型。

【瓦爿亦有翻身日】ŋo˨˦bᴇ˨˩ɦaʔ˧ɦiʏ˨˩fᴇ˥sən˥ȵəʔ˧ 形容恶劣的境遇总有好转的一天。

佤【ŋo˨˦】文读【ɦuɑ˨˦】

wà

瓦【ŋo˨˩】文读【ɦuɑ˨˩】

另见 wǎ。

【瓦刀】ŋo˨˦tæ˥

袜【maʔ˧】

【袜子】maʔ˧tsɿ˥˩

【袜底】maʔ˧ti˥˩ 袜子的底部。

【袜线】maʔ˧siɪ˥˧ 编织袜子的线或是旧袜子拆下的线。

【袜船】maʔ˧zø˨˩

【袜带】maʔ˧tɑ˥˧ 系袜子的带子。

【袜裤】maʔ˧kəu˥˩ 下连袜子的内裤。

【袜底酥】maʔ˧ti˥˩səu˥˩ 形状像袜底的一种茶食。椒盐味,十分松软。

【袜套头】maʔ˧tæ˥˩dʏ˨˩ 袜套。

【袜统管】maʔ˧toŋ˥˩kuø˥˩ 袜子穿在脚腕以上的部分。

wāi

歪【hua˥】文读【ØuE˥】

【歪才】hua˥zE˩

【歪风】hua˥foŋ˥˩

【歪曲】hua˥tɕʻoʔ˥

【歪扯】hua˥tsʻɑ˥˩ (一)形容不正当的。(二)歪。

【歪脚】hua˥tɕiɑʔ˥ 走离(贬义)。

【歪理】hua˥li˧˩

【歪斜】hua˥ziɑ˧

【歪路】hua˥ləu˧˩ 邪路。

【歪嘴】hua˥tsʮ˥˩(一)嘴角向旁边撇,向人暗示的动作。(二)告密(贬意)。(三)嘴巴歪斜,也指嘴巴歪斜的人。

【歪北瓜】hua˥poʔ˥ko˥˩ 形容五官歪斜的脸。

【歪过点】hua˥kəu˥tii˥˩ 向旁边稍稍过去些。

【歪点子】hua˥tii˥tsɿ˥˩ 坏主意。

【歪歪嘴】hua˥hua˥tsʮ˥˩ (一)嘴角向旁边撇,向人暗示。(二)指告密(贬意)。

【歪埰里】hua˥təu˥li˧˩ (一)斜方向。(二)喻下流的、不正经的。

【歪念头】hua˥ȵii˧dʏ˩ 下流的想法。

【歪脑筋】hua˥næ˩tɕən˥˩ 义同【歪念头】。

【歪路子】hua˥ləu˧˩tsɿ˥˩ (一)不正派的套路。(二)非正统的或非正规的套路。

【歪风邪气】hua˥foŋ˥ziɑ˩tɕʻi˥˩ 不正派的作风和风气。

【歪七歪八】hua˥tsʻiəʔ˥hua˥poʔ˥ (一)歪斜。(二)形容不正派的。

【歪门邪道】hua˥mən˩ziɑ˧dæ˩ 指不正当的套路。

【歪歪扯扯】hua˥hua˥tsʻɑ˥˩tsʻɑ˥˩ (一)形容不正常的。(二)歪。

【歪戴帽子】hua˥tɑ˥mæ˩tsɿ˥˩ 帽子戴得不正,多形容不正派的样子。

【歪头申公豹】hua˥dʏ˩sən˥koŋ˥pæ˥˩ 小说《封神榜》中的神话人物。借指脖子歪斜的人。

【歪理十八条】hua˥li˧˩zəʔ˧poʔ

˥diæ˨˧　不合常理的理由往往可以编出很多条。

【歪戴帽子大阿哥】hua˥ta˥mæ˨˧tsɿ˥˩dəu˧Øaʔ˥kəu˥˩　儿歌中的一句。常作趣语，打趣有大哥称呼的人。

【歪嘴吹喇叭——一团邪（斜）气】hua˥tsʮ˥˩tsʻʮ˥la˧pa˥——Øiəʔ˥dø˨˧zia˧（zia˧）tɕʻi˥˩　歇后语。“斜”谐音“邪”。指整个儿不正派的样子。

【歪嘴和尚念不出好经】hua˥tsʮ˥˩ɦəu˧zã˨˧ȵi˨˧fəʔ˥tsʻəʔ˥hæ˧tɕən˥　喻品行不端的人做不出好事。

wǎi

崴【Øuᴇ˥˩】

wài

外【ŋa˨˧】文读【ɦuᴇ˨˧】

【外力】ŋa˧liəʔ˧

【外币】ŋa˧bi˨˧

【外文】ŋa˧vən˨˧

【外公】ŋa˧koŋ˥

【外头】ŋa˧dʏ˨˧　外边。

【外号】ŋa˧ɦæ˨˧

【外汇】ŋa˧ɦuᴇ˨˧

【外出】ŋa˧tsʻəʔ˥

【外交】ŋa˧tɕiæ˥　（一）一个国家同其他国家或国际组织之间的交往、交涉等活动。（二）人际交往、交涉等活动。

【外因】ŋa˧Øin˥

【外孙】ŋa˧sã˥

【外行】ŋa˧ɦã˨˧

【外加】ŋa˧ka˥　另外加上。

【外地】ŋa˧di˨˧

【外向】ŋa˧ɕiã˥

【外扬】ŋa˧ɦiã˨˧

【外传】ŋa˧zø˨˧

【外观】ŋa˧kuø˥

【外伤】ŋa˧sã˥

【外围】ŋa˧ɦuᴇ˨˧

【外快】ŋa˧kʻua˥˩　指正常收入之外的收入。

【外床】ŋa˧zã˨˧　床靠近外侧的那半边。

【外壳】ŋa˧kʻoʔ˥　坚硬的外皮。

【外事】ŋa˧zɿ˨˧

【外形】ŋa˧ɦin˨˧

【外表】ŋɑ˨˧piæ˦
【外套】ŋɑ˨˧t‘æ˥˧
【外国】ŋɑ˨˧kuəʔ˥
【外侨】ŋɑ˨˧ʥiæ˨˩
【外姓】ŋɑ˨˩sin˥˧
【外界】ŋɑ˨˧tɕiɑ˥˧
【外科】ŋɑ˨˧k‘əu˥
【外客】ŋɑ˨˧k‘ɑʔ˥
【外宾】ŋɑ˨˧pin˥
【外省】ŋɑ˨˧sã˥˧
【外语】ŋɑ˨˧ȵy˨˩
【外钞】ŋɑ˨˧ʦ‘æ˥˧
【外势】(1)ŋɑ˨˧sʮ˥˧　外边。(2)ŋɑ˨˩sʮ˥˧　外部形势。
【外流】ŋɑ˨˧lʏ˨˩
【外资】ŋɑ˨˧ʦɿ˥
【外调】ŋɑ˨˧diæ˨˩
【外债】ŋɑ˨˧ʦɑ˥˧　（一）向他人借的债。（二）国家向外国借的债。
【外烟】ŋɑ˨˧Øiɪ˥　外国香烟。
【外部】ŋɑ˨˧bu˨˩
【外埠】ŋɑ˨˧bu˨˩
【外盘】ŋɑ˨˧bø˨˩　外表的、表面的。
【外婆】ŋɑ˨˧bu˨˩
【外商】ŋɑ˨˧sã˥
【外销】ŋɑ˨˧siæ˥
【外罩】ŋɑ˨˩ʦæ˦　外面罩上。
【外遇】ŋɑ˨˧ȵy˨˩
【外景】ŋɑ˨˩tɕən˥˧
【外勤】ŋɑ˨˧ʥən˨˩
【外甥】ŋɑ˨˧sã˥
【外贼】ŋɑ˨˧zəʔ˧　非氏族内或团体内的贼。与内贼相对。
【外墙】ŋɑ˨˧ziã˨˩　外部墙体。
【外貌】ŋɑ˨˧mæ˨˩
【外乡人】ŋɑ˨˧ɕiã˥ȵən˨˩　本地以外的地方来的人（较近）。
【外头人】ŋɑ˨˧dʏ˨˧ȵən˨˩　外人。
【外打进】ŋɑ˨˧tã˥ʦin˥˧　外行自学成内行。
【外孙囡】ŋɑ˨˧sã˥nø˨˩　女儿的女儿。
【外地人】ŋɑ˨˧di˨˩ȵən˨˩　本地以外的地方来的人（较远）。
【外来工】ŋɑ˨˧lE˨˧koŋ˥˧　外地来的民工。
【外来妹】ŋɑ˨˧lE˨˧mE˨˩　外地来的女工。
【外国人】ŋɑ˨˧kuəʔ˥ȵən˨˩　（一）外国籍人士。（二）形容脾气古怪的人。

W

【外国货】ŋɑ˧kuəʔ˥həu˥˨ 外国制造的货物。

【外码头】ŋɑ˧mo˧dʏ˨˧ 本地以外的城镇。

【外甥囡】ŋɑ˧sã˥nø˨˧ 姐妹的女儿。

【外路人】ŋɑ˧ləu˧ɳ̍ən˨˧ 本地以外的地方来的人。

【外行滴嗒】ŋɑ˧ɦã˧tiəʔ˥taʔ˥ 外行的样子。

【外头闲话】ŋɑ˧dʏ˨˧ɦE˧ɦo˨˧ （一）外边传言。（二）对外说的话。

【外洋轮船】ŋɑ˧ɦiã˧lən˨˧zø˨˧ 外国轮船或驶往国外的轮船。

【外圆内方】ŋɑ˧ɦiø˧nE˨˧fã˥

【外国火腿】ŋɑ˧kuəʔ˥həu˥˨tʻE˥˨ （一）西式火腿。（二）旧时指穿着皮鞋踢人的脚。

【外强中干】ŋɑ˧dʑiã˨˧tsoŋ˥kø˥˨

【外头人闲话】ŋɑ˧dʏ˧ɳ̍ən˨˧ɦE˧ɦo˨˧ 外人的话。

【外香骨里臭】ŋɑ˧ɕiã˥kuəʔ˥li˥˨tsʻʏ˧ 指表面很好，内部矛盾重重，互相攻讦。

【外君子，内小人】ŋɑ˧tɕyən˥tsɿ˥˨，nE˧siæ˥zən˨˧ 外表似有道德修养的人，内心却十分丑恶。

【外甥勿出舅家门】ŋɑ˧sã˥fəʔ˥tsʻəʔ˥dʑiʏ˧kɑ˥mən˨˧ 外甥往往与舅舅有许多相似之处。

【外甥打灯笼——照旧（舅）】ŋɑ˧sã˥tã˥˨tən˥loŋ˨˧——tsæ˥˨dʑiʏ˨˧（dʑiʏ˨˧） 歇后语。跟原先一样。

wān

弯【ØuE˥】

【弯弓】ØuE˥koŋ˥˨ 拉开弓，将要射箭。

【弯头】ØuE˥dʏ˨˧ 硬管子的弯曲部分。

【弯曲】ØuE˥tɕʻoʔ

【弯格】ØuE˥kəʔ˥ （一）弯的。（二）另外一个；那个。

【弯尚】ØuE˥zã˨˧ 那样。

【弯虾】ØuE˥ɕiɑ˥˨ 指北方人。

【弯势】ØuE˥sɥ˥˨ 弯曲的趋势。

【弯弯】0uɛ˥0uɛ˥˩ （一）使弯曲。（二）弯曲的地方（多指关节）。

【弯面】0uɛ˥mi˨˩ 那边。

【弯倒】0uɛ˥tæ˥˩ 弯下。

【弯桄】0uɛ˥kuɑ̃˥˩ 棕垫下面那根张撑床屉子的弯型木头。

【弯脚】0uɛ˥tɕiɑʔ˥ 路线弯曲不顺。

【弯路】0uɛ˥ləu˩

【弯一弯】0uɛ˦0iəʔ˥0uɛ˥˩ 路过某处附近，有意去转一下。

【弯舌头】0uɛ˥zəʔ˧dY˩ 指北方人（因北方人说话卷舌音多）。

【弯巴子】0uɛ˥pɑ˥tsɿ˥˩ 指北方人。

【弯勿转】0uɛ˥fəʔ˥tsø˥˩ 弯不过来。

【弯弯手】0uɛ˥0uɛ˥sY˥˩ 招招手。

【弯弯叫】0uɛ˥0uɛ˥tɕiæ˥˩ 稍稍弯曲的样子。

【弯弯里】0uɛ˥0uɛ˥li˨˩ 弯曲的地方（多指关节）。

【弯首里】0uɛ˥sY˥˩li˨˩ 那一边。

【弯溜溜】0uɛ˥lY˩lY˩ 稍稍弯曲的样子。

【弯喇叭】0uɛ˥lɑ˩pɑ˥˩ 喻说话不知忌讳的人。

【弯七弯八】0uɛ˥tsʻiəʔ˥0uɛ˥pɑʔ˥ 朝着不同方向弯曲得很厉害。

【弯弯曲曲】0uɛ˥0uɛ˥tɕʻoʔ˥tɕʻoʔ˥ 弯曲得很厉害。

【弯背老公公】0uɛ˥pɛ˥˩læ˩koŋ˥koŋ˥˩ 年龄老、背已驼的男子。

【弯扁担不断】0uɛ˥pii˥˩tɛ˥˩fəʔ˥dø˩ 喻看似瘦弱多病，却很长寿的人。

剜【0uaʔ˥】文读【0uø˥】

湾【0uɛ˥】

蜿【0uø˥】、【0uø˥˩】

【蜿蜒】0uø˦ɦi˧ （一）蛇类爬行的样子。（二）喻山脉、河流、道路、长城弯弯曲曲地延伸。

豌【∅uø˥】

【豌豆】∅uø˦˨dʏ˨˩　一种豆类作物，嫩荚、嫩苗和种子供食用。苏州人称作【寒寒豆】ɦø˨˧ɦø˨˧dʏ˨˩。

【豌豆藤】ɦø˨˧dʏ˨˧dən˨˩　豌豆的嫩枝嫩叶。供食用。

wán

丸【ɦuø˨˧】

【丸药】ɦuø˨˧ɦiaʔ˧

【丸散膏丹】ɦuø˨˧sᴇ˥˩kæ˥tᴇ˥˩　中药的四大类。丸，小圆球形；散，粉末；膏，很稠的糊状；丹，依成方制成的颗粒状或粉末状。

纨【ɦuø˨˧】

【纨绔子弟】ɦuø˨˧kʻəu˥tsɿ˥˩di˨˩　指衣着华丽，游手好闲，什么事也不能干的富贵人家子弟。

完【ɦuø˨˧】

【完】ɦuø˨˧　放在二个同样的形容词中间，表示程度极高。如【大完大】dəu˨˧ɦuø˨˧dəu˨˩　很大很大。【臭完臭】tsʻʏ˦˨ɦuø˨˧tsʻʏ˦˨　很臭很臭。

【完人】ɦuø˨˧ɲən˨˩

【完工】ɦuø˨˧koŋ˥

【完好】ɦuø˨˧hæ˥˩

【完成】ɦuø˨˧zən˨˩

【完毕】ɦuø˨˧piəʔ˥

【完全】ɦuø˨˧ziɪ˨˩

【完美】ɦuø˨˧mᴇ˥˩

【完事】ɦuø˨˩zɿ˨˩

【完结】ɦuø˨˧tɕəʔ˥　（一）完成，了结。（二）垮台、彻底损毁。

【完坯】ɦuø˨˧pʻᴇ˥　（一）生活无计划，钱到手就花完的人。（二）指极不爱惜东西的人。

【完蛋】ɦuø˨˧dᴇ˨˩

【完婚】ɦuø˨˧huən˥

【完善】ɦuø˨˧zø˨˩

【完满】ɦuø˨˧mø˨˩

【完税】ɦuø˨˩sᴇ˦˨

【完粮】ɦuø˨˩liã˨˧

【完稿】ɦuø˨˧kæ˥˩

【完整】ɦuø˨˧ʦən˥˩

【完完大结】ɦuø˨˧ɦuø˩da˩tɕiəʔ˥ 垮台，彻底损毁。

玩【ɦuø˨˧】

【玩弄】ɦuø˨˧loŋ˩

【玩物】ɦuø˨˧vəʔ˧

【玩具】ɦuø˨˧ʥy˩

【玩票】ɦuø˨˧pʻiæ˦˨

【玩人丧德】ɦuø˨˧ŋ̊ən˨˧sã˥˩təʔ˥ 指戏弄别人会丧失自己的道德。

【玩物丧志】ɦuø˨˧vəʔ˧sã˥˩ʦʮ˥˩

【玩世不恭】ɦuø˨˧sʮ˥˩pəʔ˥koŋ˦˨

【玩火者必自焚】ɦuø˨˧həu˥˩ʦE˥˩piəʔ˥zɿ˨˧vən˩ 玩火的人必然被烧死。喻做坏事的人，定会自食恶果，受到惩罚。

顽【ɦuø˨˧】

【顽抗】ɦuø˨˧kã˥˩

【顽固】ɦuø˨˧kəu˥˩

【顽强】ɦuø˩ʥã˩

【顽石点头】ɦuø˨˧zɑʔ˧tiɪ˥dY˨˧

【顽妻劣子】ɦuø˨˧ʦʻi˥liəʔ˧ʦɿ˥˩ 指妻儿顽劣无知。

wǎn

宛【Øuø˥˩】

【宛如】Øuø˦˨zʮ˩

【宛然】Øuø˦˨zø˩

挽【ØuE˥˩】

【挽】ØuE˥˩ （一）搀扶。（二）请托（人）。（三）提；挎。（四）商量转让（谈不上买的小东西）。

【挽人】ØuE˥˩ŋ̊ən˨˧ 请人（从中说合）。

【挽手】ØuE˥˩sY˥˩ 手拉手或胳膊肘勾着胳膊肘。

【挽回】ØuE˦˨ɦuE˨˧

【挽对】ØuE˥˩tE˥˩ 哀悼死者的对联。

【挽留】ØuE˦˨lY˨˧

【挽救】ØuE˥˩tɕiY˥˩

【挽媒】ØuE˥˩mE˨˧ 请媒人。

【挽歌】ØuE˦˨kəu˥

【挽起衣袖管】Øuᴇ˥˩tɕʻi˥˩Øi˥zY˩˧kuø˥˩ 向上卷起衣袖。

菀【Øuø˥˩】、【ɦuø˧】

【菀尔】ɦuø˧ɦəl˨˩

晚 文读【Øuᴇ˥˩】中州韵【ɦuᴇ˩˧】

【晚会】Øuᴇ˥˧ɦuᴇ˩˧
【晚节】Øuᴇ˥˧tsiəʔ˥
【晚生】Øuᴇ˥˧sən˥
【晚年】Øuᴇ˥˧ȵiɪ˨˩
【晚婚】Øuᴇ˥˧huən˥
【晚期】Øuᴇ˥˧dʑi˧
【晚景】Øuᴇ˥˩tɕən˥˩
【晚辈】Øuᴇ˥˧pE˥
【晚霞】Øuᴇ˥˧ɦiɑ˩˧

惋【Øuø˥˩】

【惋惜】Øuø˥˧siəʔ˥

婉【Øuø˥˩】

【婉言】Øuø˥˧ɦiɪ˧
【婉转】Øuø˥˧tsø˥˧

绾【Øuᴇ˥˩】

【绾结】Øuᴇ˥˩tɕəʔ˥ 把长条形的东西盘绕起来打成结。

皖【Øuø˥˩】

【皖南】Øuø˥˧nø˧ 安徽的南部。

碗【Øuø˥˩】

【碗口】Øuø˥˧kʻY˥˩ 碗的边沿。
【碗店】Øuø˥˧tiɪ˥˩ 专售碗、盆等瓷器餐具的店铺。
【碗底】Øuø˥˧ti˥˩ 碗的内底。
【碗砂】Øuø˥˧so˥ 搪瓷。
【碗脚】Øuø˥˧tɕiɑʔ˥ 吃剩在碗底的食物。
【碗橱】Øuø˥˧zɥ˩˧ 存放碗、汤匙等餐具的橱。
【碗头浪】Øuø˥˧dY˧lɑ̃˩˧ 盛满东西的碗的最上面的部分。
【碗底下】Øuø˥˧ti˥ɦo˩˧ （一）碗下。（二）碗内的底。

【碗底砣】θuø˦ti˦dəu˩
（一）碗的外底。（二）碗内的下部。

【碗砾爿】θuø˦liə˧bE˩或θuø˦li˧bE˩ 碗的碎片。

【碗脚头】θuø˦tɕiɑʔ˥dY˩
吃剩在碗底的食物。

【碗脚脚】θuø˦tɕiɑʔ˥tɕiɑʔ˥
吃剩在碗底的食物。也称碗脚。

【碗底朝天】θuø˦ti˦zæ˦tʻiɪ˥
碗内空无一物。指饭或菜吃得光光的。

【碗盏家生】θuø˦tsE˦kɑ˥sã˩ 指碗、匙、碟等所有餐具。

【碗底只只朝天】θuø˦ti˩tsɑʔ˥tsɑʔ˥zæ˦tʻiɪ˥ 所有碗内都空无一物。指所有菜肴都被吃得光光的。

wàn

万【mE˩】文读【vE˩】

【万一】vE˦θiəʔ˥

【万子】mE˦tsɿ˩ 麻将牌中的一种花样。

【万万】vE˦vE˩

【万分】vE˦fən˥

【万岁】（1）vE˩sE˩ 千秋万世，永远存在（祝愿的话）。（2）vE˦sE˩ 封建时代臣民对帝王的称呼。

【万物】vE˦vəʔ˧

【万能】vE˦nən˩

【万象】vE˦ziã˩

【万年历】vE˦ȵiɪ˦liə˧

【万年青】vE˦ȵiɪ˦tsʻin˩ 宿根长绿草。子实红色，又名“千年蒀”。

【万花筒】vE˦ho˥doŋ˩

【万金油】vE˦tɕən˥ɦiY˩

【万丈深潭】vE˦zã˦sən˥dø˩ 形容很深的水潭。

【万无一失】vE˦vu˩θiəʔ˥səʔ˥

【万水千山】vE˦sʮ˥tsʻiɪ˥sE˩

【万不得已】vE˦pəʔ˥təʔ˥θi˩

【万众一心】vE˦tsoŋ˥θiəʔ˥sin˥

【万寿无疆】vE˦zY˩vu˩tɕiã˥

【万宝全书】vE˦pæ˥ziɪ˦sʮ˩
记录所有知识的书籍。喻拥有很多知识的人。

【万变不离其宗】vE˦piɪ˦pəʔ˥li˩dʑi˩tsoŋ˥ 指无论形式上

如何变化，其实质或目的始终保持不变。

【万丈高楼平地起】vE˨˧˩zã˨˧kæ˥˥Y˨˧bin˧di˨˧ʨʻi˥˩ 万丈高楼是从平地一层层地往上盖起来的。喻学习、工作要扎扎实实，从基础做起。

【万宝全书勿缺角】vE˨˧˩pæ˥ zi˧˨˧sɥ˥˩fəʔ˥ʨʻyəʔ˥koʔ˥ 形容知识渊博。

【万宝全书缺只角】vE˨˧˩pæ˥ zi˧˨˧sɥ˥˩ʨʻyəʔ˥tsɑʔ˥koʔ˥ （一）讥讽自以为都懂的人。（二）指知识全面的人，偶尔也有不懂的地方。

【万事俱备，只欠东风】vE˨˧˩ zɿ˨˧ʥy˨˧bE˨˧，tsəʔ˥ʨʻi˦˨to ŋ˥ foŋ˥˩ 喻一切都已齐备，只差最后一个关键性的必要条件。

【万般皆下品，唯有读书高】vE˨˧˩pø˥ʨia˥ɕia˥˩pʻin˥˩，vi˨˧ ɦiY˨˧doʔ˧sɥ˥kæ˥ 旧指各种行业都不如读书。读书可以考取功名，可以做官。

【万般都是命，半点不由人】vE˨˧˩pø˥təu˥zɿ˨˧min˨˧，pø˦˨ tii˥pəʔ˥ɦiY˨˧zən˨˧˩ 旧指人生遭际都由命运安排，半点也由不得自己。

【万恶淫为首，百善孝为先】vE˨˧˩Øoʔ˥ɦin˨˧ɦuE˨˧sY˥˩，pɑʔ˥zø˨˧ɕiæ˦˨ɦuE˨˧sii˥ 指一切坏事以淫乱为最，而美德之中孝顺为第一。

腕【Øuø˧】

【腕力】Øuø˦˨liəʔ˧

蔓【mE˨˧】另见 màn；mán。

wāng

汪【Øuã˥】中州韵【Øuã˥】

【汪】Øuã˦˨ （一）摇晃，晃动。（二）指秤锤下垂。

【汪汪】Øuã˥Øuã˥˩ （一）象声词。形容狗叫的声音。（二）形容眼泪满眶的样子。

【汪洋】Øuã˥ɦiã˨˧

【汪下去】Øuã˦˨ɦo˨˧ʨʻi˥˩ 杆

秤称物时秤杆缓缓下坠。

【汪勒汪】ʘuɑ̃˦˥lə˧˦ʘuɑ̃˦˥ 形容波动或东西晃动的样子。

wáng

亡【mɑ̃˧˦】文读【vɑ̃˧˦】中州韵【vɑ̃˧˦】

【亡人】mɑ̃˧˦ȵən˨˩ 鬼魂。

【亡灵】vɑ̃˧˦lin˨˩

【亡命】vɑ̃˨˩min˨˩

【亡国】vɑ̃˧˦kuəʔ˥˥

【亡故】vɑ̃˧˦kəu˥˩ 死亡。

【亡国奴】vɑ̃˧˦kuəʔ˥nəu˨˩

【亡羊补牢】vɑ̃˧˦ɦiɑ̃˨˩pu˥˩læ˧˦

王【ɦuɑ̃˧˦】中州韵【ɦuɑ̃˧˦】另见 wàng。

【王八】ɦuɑ̃˧˦poʔ˥˥

【王公】ɦuɑ̃˧˦koŋ˥˥

【王爷】ɦuɑ̃˧˦ɦiɑ˨˩

【王孙】ɦuɑ̃˧˦sən˥˥

【王位】ɦuɑ̃˧˦ɦuɛ˨˩

【王法】ɦuɑ̃˧˦faʔ˥˥

【王国】ɦuɑ̃˧˦kuəʔ˥˥

【王室】ɦuɑ̃˧˦səʔ˥˥

【王朝】ɦuɑ̃˧˦zæ˨˩

【王道】ɦuɑ̃˨˩dæ˨˩ 厚道；公正。

【王牌】ɦuɑ̃˧˦bɑ˨˩

【王府】ɦuɑ̃˧˦fu˥˩

【王八蛋】ɦuɑ̃˨˩pɑ˥˩dɛ˨˩ 詈语。甲鱼的后代。

【王婆卖瓜，自卖自夸】ɦuɑ̃˧˦bu˨˩mɑ˨˩ko˥,zɿ˧˦mɑ˨˩zɿ˨˩k'o˥˥ 喻自我吹嘘，自己夸奖自己。

【王子犯法与庶民同罪】ɦuɑ̃˧˦tsɿ˥˩vɛ˨˩faʔ˥ʘy˥˩sʮ˥min˨˩doŋ˨˩zɛ˨˩ 王子犯了法，也像平民百姓一样被治罪。喻在法律面前人人平等，任何人都不得超越。

【王小二过年，一年勿如一年】ɦuɑ̃˧˦siæ˦˥ȵi˨˩kəu˦˥ȵi˧˦,ʘiəʔ˥ȵi˧˦fəʔ˥zʮ˦˥ʘiəʔ˥ȵi˧˦ 俗语。指生活一年比一年穷困。喻每况愈下。

wǎng

网【mɑ̃˨˩】中州韵【ɦuɑ̃˨˩】

【网巾】mɑ̃˧˦tɕən˥˥

【网牢】mɑ̃˧˦læ˨˩ 被网困住。

【网罗】mɑ̃˧˦ləu˨˩

【网油】mɑ̃˧ɦiʏ˩ 猪油的一种。猪的体腔内壁上的网状脂肪。

【网球】mɑ̃˧ʥiʏ˩

【网船】mɑ̃˧zø˩ 小型打渔船。

【网篮】mɑ̃˧lᴇ˩

【网师园】mɑ̃˧sɿ˥ɦiø˩ 苏州名园。建于南宋，国画大师张大千故居于此。

【网线袋】mɑ̃˧siɪ˥dᴇ˩ 用线绳、尼龙丝等编成的装东西的兜子。

【网眼衫】mɑ̃˧ŋᴇ˧sᴇ˥˨ 孔隙如网的针织上衣。

【网纲绳】mɑ̃˧kɑ̃˥zən˩ 渔网上的大绳。

【网开一面】mɑ̃˩k‘ᴇ˥ øiəʔ˥ miɪ˩ 把捕禽兽的网打开一面。喻用宽大的态度来对待。

枉【ɦuɑ̃˩】、【øuɑ̃˥˨】中州韵【ɦuɑ̃˩】、【øuɑ̃˥˨】

【枉】ɦuɑ̃˩ 打赌。

【枉为】øuɑ̃˥ɦuᴇ˩ 白白地是。

【枉自】øuɑ̃˥zɿ˩

【枉法】øuɑ̃˧faʔ˥

【枉空】øuɑ̃˥k‘oŋ˥˨ 白白地。

【枉费】øuɑ̃˥fi˥˨

【枉断】øuɑ̃˥tø˥˨ 不顾事实，做出不公正的判断或判决。

【枉然】øuɑ̃˥zø˩

【枉东道】ɦuɑ̃˩toŋ˥dæ˩ 打赌。

【枉输赢】ɦuɑ̃˩sʮ˥ɦin˩ 义同【枉东道】。

罔【mɑ̃˩】中州韵【mɑ̃˩】

往【mɑ̃˩】文读【øuɑ̃˥˨】中州韵【øuɑ̃˥˨】

【往日】øuɑ̃˥ȵə˧

【往上】mɑ̃˩zɑ̃˩ 向上。

【往下】mɑ̃˩ɦo˩ 向下。

【往左】mɑ̃˩ʦəu˥ 向左。

【往右】mɑ̃˩ɦiʏ˩ 向右。

【往年】øuɑ̃˥ȵiɪ˩

【往后】(1)øuɑ̃˥˨ɦʏ˩ 以后。多用于“从今”后面。(2)mɑ̃˩ɦʏ˩ 向后。

【往来】øuɑ̃˥lᴇ˩

【往返】øuɑ̃˥fᴇ˥˨

【往往】øuɑ̃˧øuɑ̃˥

【往事】øuɑ̃˥zɿ˩

【往前】mɑ̃ɹziiɫ 向前。
【往常】θuɑ̃ʔzɑ̃ɹ
【往常日间】θuɑ̃ʔzɑ̃ɫȵəʔɫ kEV 过去的一般的日子。
【往常日脚】θuɑ̃ʔzɑ̃ɫȵəʔɫ tɕiɑʔ7 义同【往常日间】。
【往常年间】θuɑ̃ʔzɑ̃ɫȵiiɹ kEV 以往的年头。
【往日无冤,近日无仇】θuɑ̃ʔzəʔɫvuɹθiøɹ,ʥənɹzəʔɫvuɹzYɫ 指过去和现在从未结过冤仇。

惘【mɑ̃ɹ】中州韵【mɑ̃ɹ】

【惘然】mɑ̃ɹzøɹ

魍【mɑ̃ɹ】中州韵【mɑ̃ɹ】

【魍魉】mɑ̃ɫliɑ̃ɫ 传说中的怪物。

wàng

妄【ɦuɑ̃ɹ】文读【vɑ̃ɹ】中州韵【vɑ̃ɹ】

【妄图】vɑ̃ɹdəuɹ
【妄想】vɑ̃ɹsiɑ̃ɹ
【妄自菲薄】vɑ̃ɹzɿɹfiʔboʔɫ
【妄自尊大】vɑ̃ɹzɿɹʦənʔdɑɹ

忘【mɑ̃ɫ】、【mɑ̃ɹ】文读【vɑ̃ɫ】、【vɑ̃ɹ】中州韵【vɑ̃ɫ】、【vɑ̃ɹ】

【忘本】mɑ̃ɹpənV
【忘记】mɑ̃ɫtɕi7
【忘形】vɑ̃ɹɦinɹ
【忘我】vɑ̃ɫŋəu7
【忘命】vɑ̃ɹminɹ 拼命,不顾身体健康。
【忘年交】vɑ̃ɫȵiiɫtɕiæɫ
【忘记性】mɑ̃ɫtɕi7sinV 好忘事的程度。
【忘记徒】mɑ̃ɫtɕi7dəuɹ 有好忘事毛病的人。
【忘形骸】vɑ̃ɹɦinɹɕiiV 因为冲动而忘掉应有的礼貌和应持的态度。
【忘乎所以】vɑ̃ɫɦəuɫsəuɫθiV
【忘恩负义】vɑ̃ɫθən7vuɫɦiɫ
【忘记时辰八字】mɑ̃ɫtɕi7zʮɫzənɹpoʔ7zɿɹ 指忘乎所以。

旺【ɦiɑ̃˩】文读【ɦuɑ̃˩】中州韵【ɦuɑ̃˩】

【旺季】ɦuɑ̃˧tɕi˩

【旺食】ɦiɑ̃˧zəʔ˧ 食欲旺盛。

【旺盛】ɦuɑ̃˩zən˩

【旺鞭】ɦuɑ̃˧piɪ˥ 鞭炮。

【旺太阳】ɦiɑ̃˧tʻɑ˥ɦiɑ̃˩ 直照的太阳。

望【mɑ̃˧】、【mɑ̃˩】文读【vɑ̃˧】、【vɑ̃˩】中州韵【vɑ̃˧】、【vɑ̃˩】

【望】mɑ̃˩ （一）远望。（二）期待，惦记。（三）对着某个方向。

【望风】mɑ̃˧foŋ˥

【望穿】mɑ̃˧tsʻø˥ 等候到底。

【望砖】mɑ̃˧tsø˥

【望准】mɑ̃˧tsən˥ 对着，对准。

【望望】（1）mɑ̃˩mɑ̃˩ 观望。（2）mɑ̃˧mɑ̃˧ 看望、探视。

【望族】vɑ̃˧zoʔ˧

【望门寡】vɑ̃˧mən˧ko˥˩

【望乡台】mɑ̃˧ɕiɑ̃˥dE˥˩ 迷信认为，阴司里有望乡台，人死后，鬼魂登在台上面，就可以望见阳世间家里的情况。

【望远镜】mɑ̃˧ɦiø˧tɕən˥˩

【望门守寡】vɑ̃˧mən˩sʏ˥˩ko˥˧ 旧时女子定亲后，未婚夫死了，为其守寡。

【望子成龙】vɑ̃˧tsɿ˥˩zən˧loŋ˧ 希望儿子能出人头地或成为有作为的人。对女儿则用【望女成凤】vɑ̃˧ŋʏ˩zən˩voŋ˩ 意思一样。

【望而生畏】vɑ̃˧ɦəl˩sən˥ʘuE˥

【望尘莫及】vɑ̃˧zən˩moʔ˧dʑəʔ˧

【望闻问切】vɑ̃˩vən˩vən˧tsʻiəʔ˥

【望洋兴叹】vɑ̃˧ɦiɑ̃˧ɕən˥tʻE˥˧

【望梅止渴】vɑ̃˩mE˩tsʮ˥˩kʻəʔ˥

【望眼欲穿】vɑ̃˩ŋE˩ɦioʔ˧tsʻø˥ 形容盼望、想念的迫切。

【望天讨价，着地回价】mɑ̃˧tʻiɪ˥tʻæ˥˩ka˥˧，zaʔ˧di˩ɦuE˧k

ɑ˅ 要价极高,回价极低。

【望乡台浪看牡丹——做鬼亦风流】mã˧ɕiã˥dɛ˧l㘘 k'ø˧mæ˧tɛ˥——tsəu˅ŋ̍y ˅hɑʔ˧foŋ˥ly˩ 歇后语。喻死了还要贪恋女色。

wēi

危【ɦuɛ˧】

【危机】ɦuɛ˧tɕi˥

【危房】ɦuɛ˧vã˩

【危险】ɦuɛ˧ɕi˥

【危急】ɦuɛ˧tɕəʔ˥

【危在旦夕】ɦuɛ˩zɛ˧tɛ˥ziəʔ˧

【危言耸听】ɦuɛ˧ɦi˩tsoŋ˥ t'in˥

【危险灵灵】ɦuɛ˧ɕi˅lin˩lin˩ 形容非常危险。

委【Øuɛ˥】另见 wěi。

【委蛇】Øuɛ˥ɦi˩

威【Øuɛ˥】

【威力】Øuɛ˥liəʔ˧

【威风】Øuɛ˥foŋ˅

【威吓】Øuɛ˥hɑʔ˥

【威名】Øuɛ˥min˩

【威严】Øuɛ˥ŋ̍i˩

【威势】Øuɛ˥sɥ˅

【威胁】Øuɛ˥ɕəʔ˥

【威武】Øuɛ˥vu˩

【威信】Øuɛ˥sin˅

【威望】Øuɛ˥vã˩

【威逼】Øuɛ˥piəʔ˥

【威灵显赫】Øuɛ˥lin˩ɕi˅həʔ˥ 神灵的威势非常盛大。

【威信扫地】Øuɛ˥sin˅sæ˅ di˩ 形容威望和信誉完全丧失。

【威风凛凛】Øuɛ˥foŋ˥lin˅lin˅ 形容声势或气派令人敬畏的样子。

逶【Øuɛ˥】

偎【Øuɛ˥】

【偎尿】Øuɛ˥sɥ˥ 尿床。

隈【Øuɛ˥】

揻【Øuɛ˥】

微【vi˦˧】

【微小】vi˦˧siæ˥˩
【微观】vi˦˧kuø˥
【微利】vi˦˧li˨˩
【微妙】vi˦˧miæ˨˩
【微细】vi˦˧si˥˩
【微贱】vi˨˩zi˨˩
【微型】vi˦˧ɦin˨˩
【微弱】vi˦˧zɑʔ˧
【微笑】vi˦˧siæ˥˩
【微微】vi˨˩vi˨˩
【微薄】vi˦˧boʔ˧
【微不足道】vi˦˧pəʔ˥tsoʔ˥ dæ˨˩
【微乎其微】vi˦˧ɦəu˨˩ʥi˨˩vi˦˧

煨【Øue˥】

【煨行灶】Øue˥ɦã˦˧tsæ˥˩ 使用行灶。行灶，在陶缸上端开个塞柴禾的口子而成的简单灶具。
【煨灶猫】Øue˥tsæ˥mæ˨˩ 常躲在灶边取暖的猫。喻精神不振的人。
【煨里煨里】Øue˥li˥˩ue˥li˥˩ 火势不旺，行将熄灭的样子。

薇【vi˦˧】

巍【ɦuE˦˧】

【巍然屹立】ɦuE˦˧zø˨˩ɦi˦˧liəʔ˧ 像山峰一样雄伟高耸而稳固地立着。常用来比喻坚定而不可动摇。

wéi

韦【ɦuE˦˧】

为【ɦuE˦˧】另见 wèi。

【为人】ɦuE˨˩ɲən˦˧
【为力】ɦuE˨˩liəʔ˧
【为大】ɦuE˨˩dəu˨˩ 成为较大的。如：先进山门为大，勿算年龄的。
【为止】ɦuE˨˩tsɥ˥˩
【为生】ɦuE˨˩sən˥
【为时】ɦuE˨˩zɥ˦˧
【为首】ɦuE˨˩sʏ˥˩
【为难】ɦuE˨˩nE˨˩
【为害】ɦuE˨˩ɦE˨˩
【为期】ɦuE˨˩ʥi˨˩

【为数】ɦuE˩səu˦

【为非作歹】ɦuE˧fi˥tso ʔ˥tE˩

【为所欲为】ɦuE˧səu˥ɦioʔ˧ɦuE˩

【为富不仁】ɦuE˧fu˥pəʔ˥zən˩

【为山九仞,功亏一篑】ɦuE˧sE˥tɕiY˦zən˩,koŋ˥k'uE˥Øiəʔ˥guE˩ 喻只差一步,事情没有办成。

【为人容易做人难】ɦuE˩ŋ̊ən˧ɦioŋ˧ɦi˩tsəu˥ŋ̊ən˧nE˧ 指出生成人容易,要做到待人接物面面俱到却很难。

圩【ɦuE˧】

违【ɦuE˧】

【违反】ɦuE˧fE˩

【违心】ɦuE˧sin˥

【违令】ɦuE˩lin˩ 不遵守命令。

【违约】ɦuE˧Øiaʔ˥

【违抗】ɦuE˩k'ã˩

【违法】ɦuE˧faʔ˥

【违拗】ɦuE˩Øæ˦

【违和】ɦuE˧ɦəu˩

【违例】ɦuE˧li˩

【违背】ɦuE˧pE˥

【违章】ɦuE˧tsã˥

【违禁品】ɦuE˧tɕən˥pin˩ 违反禁令的物品。

【违法乱纪】ɦuE˧faʔ˥lø˩tɕi˥ 违犯法律,破坏纪律。

围【ɦY˧】文读【ɦuE˧】

【围巾】ɦY˧tɕən˥

【围观】ɦuE˧kuø˥

【围牢】ɦuE˧læ˩ 围住。

【围攻】ɦuE˧koŋ˥

【围困】ɦuE˧k'ən˩

【围拢】ɦuE˧loŋ˩

【围身】ɦY˧sən˥ 防止污秽衣服,系在身体前中下部的围裙。

【围绕】ɦuE˧ŋ̊iæ˩

【围圆】ɦuE˧ɦiø˩ 周长。

【围棋】ɦuE˧dʑi˩

【围煞】ɦuE˧saʔ˥ 围死。

【围墙】ɦuE˧ziã˩

【围剿】ɦuE˧ziæ˩

【围签】ɦuE˧ts'i˥ 旧时一种存放蜜饯等消闲食品的正方

形木盒。内分四层,每层四个碟子,上有提梁。因为共有十六个碟子,又名十六围签。

【围馋】ɦʏ˧zE˩ 用带子围系在小儿胸前的围裙,以防饮食、嬉耍时弄脏上衣。

【围身布】ɦʏ˧sən˥pu˨ 义同【围身】。

【围拢来】ɦuE˧loŋ˨lE˩ 围成一圈。

【围签盘】ɦuE˧ts'ii˥bø˧ 义同【围签】。

【围馋袋袋】ɦʏ˧zE˧dE˧dE˩ 义同【围馋】。

帏【ɦuE˧】

闱【ɦuE˧】

桅【ɦuE˧】

【桅杆】ɦuE˧kø˥

【桅灯】ɦuE˧tən˥

唯【vi˧】另见 wěi。

【唯】vi˧同"惟"。

【唯一】vi˧ʘiəʔ˥ 独一无二。

【唯心】vi˧sin˥ 认为意识决定存在的思想体系。

【唯物】vi˧vəʔ˧ 认为存在决定意识的思想体系。

帷【ɦuE˧】

惟【vi˧】

【惟一】vi˧ʘiəʔ˥

【惟有】vi˨ɦiʏ˩

【惟独】vi˨doʔ˧

【惟恐】vi˧k'oŋ˨

【惟愿】vi˨ɲiø˩ 只希望。

【惟利是图】vi˧li˨zɿ˨dəu˩

【惟我独尊】vi˧ŋəu˥doʔ˧tsən˥

【惟命是从】vi˧min˨zɿ˨zoŋ˩ 让做什么,就做什么,绝对服从。

【惟恐天下不乱】vi˧k'oŋ˨t'ii˥ɕiɑ˨pəʔ˥lø˩ 只怕天下不混乱。形容无事找事,制造事端、混乱。

维【vi˧】

【维护】vi˨ɦəu˩

【维持】vi˧˩zɥ˧˩
【维修】vi˨˧sʏ˥
【维新】vi˨˧sin˥
【维尼龙】vi˨˧ŋ̊i˨˧loŋ˧˩　即维纶。

嵬【ɦuE˨˧】

鮠【ɦuE˨˧】

【鮠鱼】ɦuE˨˧ŋ̍˧˩　鮠。长江的珍贵鱼种。
【鮠老鼠】ɦuE˨˧læ˨˧tsʻɥ˥˩　鮠鱼。

潍【vi˨˧】

wěi

伟【ɦuE˧˩】

【伟人】ØuE˧˩zən˧˩
【伟大】ØuE˧˩dɑ˧˩
【伟业】ØuE˧˩ŋ̊əʔ˧
【伟绩】ØuE˨˧tsiəʔ˥

伪【ØuE˧˩】

【伪托】ØuE˨˧tʻoʔ˥
【伪军】ØuE˨˧tɕyən˥　伪政权的军队。
【伪造】ØuE˨˧zæ˧˩
【伪善】ØuE˨˧zø˧˩
【伪装】ØuE˨˧tsɑ̃˥
【伪君子】ØuE˨˧tɕyən˥tsɿ˥˩
【伪政权】ØuE˨˧tsən˥dʑiø˧˩　反动的，不为人民所承认的傀儡政权。
【伪政府】ØuE˨˧tsən˥fu˥˩　反动的，不为人民所承认的傀儡政府。多指汪伪政府。

苇【ɦuE˧˩】

尾【ŋ̊i˨˧】文读【vi˧˩】、【vi˨˧】

【尾巴】ŋ̊i˨˧po˥
【尾声】vi˨˧sən˥
【尾音】vi˨˧Øin˥
【尾数】vi˨˧səu˥˩
【尾巴毛】ŋ̊i˨˧po˥mæ˧˩　动物尾巴上的毛。
【尾巴桩骨】ŋ̊i˨˧po˥tsɑ̃˥kuəʔ˥　人的尾骨。
【尾巴翘到天浪去】ŋ̊i˨˧po˥

tɕʻiæ˦tæ˥tʻiɪ˥˩lɑ̃˥tɕʻi˥ 形容骄傲得不得了。

纬【ɦuE˩】

【纬丝】ɦuE˧sɿ˥ 乱纱线。
【纬纱】ɦuE˧so˥
【纬度】ɦuE˧dəu˩

玮【ɦuE˩】

W

委【ɦuE˥】另见 wēi。

【委托】ØuE˦tʻoʔ˥
【委任】ØuE˥zən˩
【委曲】ØuE˦tɕʻyəʔ˥
【委身】ØuE˦sən˥
【委员】ØuE˦ɦiø˧
【委屈】ØuE˦tɕʻioʔ˥或ɦuE˦tɕʻyəʔ˥
【委派】ØuE˥pʻɑ˥
【委任状】ØuE˦zən˧zɑ̃˩ 民国时期的任命书或任职书。
【委曲求全】ØuE˦tɕʻyəʔ˥dʑiY˧ziɪ˧

炜【ɦuE˩】

韡【ɦuE˩】

诿【ØuE˥】

娓【vi˩】、【vi˧】

【娓娓】vi˩vi˩或vi˧vi˩

萎【ØuE˥】

【萎脱】ØuE˥tʻəʔ˥ （一）枯萎。（二）形容气馁的样子。
【萎勒萎】ØuE˥ləʔ˥ØuE˥ （一）形容精神不振的样子。（二）形容灯火或火即将熄灭的样子。
【萎倒敝灶】ØuE˥tæ˥bi˩tsæ˥ 形容精神不振的样子。
【萎靡不振】ØuE˥mi˩pəʔ˥tsən˥ 精神不振、意志消沉。

唯【vi˩】另见 wéi。

【唯唯诺诺】vi˩vi˩noʔ˧noʔ˧

猥【ØuE˥˧】

【猥琐】ØuE˥˧səu˥˧
【猥亵】ØuE˥˧siəʔ˥或ØuE˥siəʔ˥

韪【ɦuE˩˧】

痿【ØuE˥˧】

wèi

卫【ɦuE˩˧】

【卫队】ɦuE˨˧dE˩˧
【卫生】ɦuE˨˧sən˥
【卫兵】ɦuE˨˧ɓin˥
【卫星】ɦuE˨˧sin˥
【卫冕】ɦuE˨˧mi˧˩
【卫生间】ɦuE˨˧sən˥kE˥˧
【卫生衫】ɦuE˨˧sən˥sE˥˧　针织棉毛绒衣。
【卫生裤】ɦuE˨˧sən˥kʻəu˥˧　针织棉毛绒裤。
【卫生口罩——嘴浪一套】ɦuE˨˧sən˥kʻY˥˧tsæ˥˧——tsɥ˧˦ɑ̃˨˧Øiəʔ˥tʻæ˧˦　歇后语。指只停留在嘴上夸夸其谈，而无实际行动。

为【ɦuE˩˧】另见 wéi。

【为仔】ɦuE˩˧tsɿ˥˧　为了。
【为啥】ɦuE˩˧sɑ˧˦　为什么？
【为点啥】ɦuE˩˧tiɪ˥˧sɑ˧˦　为了什么？
【为仔什梗】ɦuE˩˧tsɿ˥˧zəʔ˧gɑ̃˩˧　为了这样。
【为仔点啥】ɦuE˩˧tsɿ˥˧tiɪ˥˧sɑ˧˦　为了些什么？
【为啥什梗】ɦuE˨˧sɑ˥zəʔ˧gɑ̃˩˧　为什么这样？
【为啥事体】ɦuE˨˧sɑ˥zɿ˩˧ti˥˧　为了什么事情？
【为啥道理】ɦuE˨˧sɑ˥dæ˨˧li˩˧　为了什么原因？
【为来为去】ɦuE˨˧lE˨˧ɦuE˨˧tɕʻi˥˧　（看为了这个、为了那个）其实都是为了……
【为男为女】ɦuE˨˧nø˨˧ɦuE˩˧n̥y˩˧　指为了孩子。
【为虎作伥】ɦuE˨˧həu˥˧tsoʔ˥tsʻɑ̃˥
【为他人作嫁衣裳】ɦuE˨˧tʻɑ˥zən˩˧tsoʔ˥tɕiɑ˧˦Øi˥zɑ̃˩˧　喻为别人辛苦忙碌，于己没有任何好处。

未【vi˩】

【未了】vi˧liæ˩
【未卜】vi˧po?˥
【未必】vi˧piə?˥
【未时】vi˧zʮ˩
【未免】vi˧mi˩
【未尝】vi˧zɑ̃˩
【未亡人】vi˧vɑ̃˧zən˩
【未知数】vi˧tsʮ˥səu˦
【未婚夫】vi˧huən˥fu˦
【未婚妻】vi˧huən˥ts'i˦
【未了之事】vi˧liæ˧tsʮ˦zɿ˩ 没有了结的事情。
【未卜先知】vi˧po?˥sii˥tsʮ˦
【未必见得】vi˧piə?˥tɕii˥tə?˥ 不一定。
【未可厚非】vi˧k'əu˦ɦʏ˩fi˥
【未老先衰】vi˧læ˩sii˥sᴇ˥ 年纪尚轻,已呈现老态。
【未雨绸缪】vi˧ɦʏ˩zʏ˩mʏ˩
【未吃先谢,敲钉转脚】vi˧tɕ'ə?˥sii˥ziɑ˩,k'æ˥tin˥tsø˦tɕiɑ?˥ 喻事前先行酬谢,把事情确定下来。
【未吃端午粽,棉衣勿入笼】vi˧tɕ'ə?˥tø˥ŋ̍˩tsoŋ˦,mii˧θi˥fə?˥zə?˧loŋ˧ 指没有过端午,天气还可能寒冷。
【未说先笑,勿是好兆】vi˧sə?˥sii˥siæ˧,fə?˥zɿ˩hæ˦zæ˩ 俗语。谈事情的人,开口先笑,一定不是好兆头。
【未老先白头,一世勿忧愁】vi˧læ˩sii˥bɑ?˧dʏ˩,θiə?˥sʮ˦fə?˥θiʏ˥zʏ˩ 俗语。年纪尚轻头发先已白了的人,一世不会有忧愁的事。

位【ɦuᴇ˩】

【位子】ɦuᴇ˧tsɿ˦
【位于】ɦuᴇ˧ɦʏ˩
【位置】ɦuᴇ˧tsʮ˦

味【mi˩】文读【vi˩】

【味道】mi˧dæ˩
【味觉】vi˧tɕo?˥
【味精】vi˧tsin˥
【味之素】vi˧tsʮ˥səu˦ 味精。
【味同嚼蜡】vi˩doŋ˩ziɑ?˧lɑ?˧
【味道勿对】mi˧dæ˩fə?˥tᴇ˧

（一）味觉与预期的有较大差异。（二）气味不正常。（三）喻感觉情况有异常。

【味道勿好】mi˧dæ˨˩fəʔ˥hæ˥˩ （一）味觉上不舒服。（二）指感觉上不好。

畏【ØuE˦】

【畏难】ØuE˦nE˧

【畏惧】ØuE˦ʥy˨˩

【畏寒】ØuE˥hø˧ 怕冷。

【畏罪】ØuE˦ZE˨˩

【畏缩】ØuE˦Soʔ˥

【畏首畏尾】ØuE˥SY˥˩ØuE˥vi˨˩ 形容处事怕前怕后。

胃【ɦuE˨˩】

【胃口】ɦuE˧k'Y˥˩

【胃病】ɦuE˧bin˨˩ 胃部疾病。

【胃痛】ɦuE˨˩t'oŋ˥˩ 胃部疼痛。

【胃酸】ɦuE˧Sø˥

【胃气痛】ɦuE˧ʨ'i˥t'oŋ˥˩ 胃病引起的隐痛。

【胃溃疡】ɦuE˧GuE˧ɦiã˨˩ 胃部溃疡病。

谓【ɦuE˨˩】

【谓语】ɦuE˧ȵy˨˩

尉【ɦuE˨˩】另见yù。

喂【ɦuE˨˩】、【Øy˦】文读【ØuE˦】

【喂】（1）ɦuE˨˩ 招呼的声音。（2）Øy˦ 把食品送入人口,或给动物东西吃。

【喂食】Øy˦zəʔ˧

【喂养】ØuE˦ɦiã˨˩

【喂奶奶】Øy˦na˧na˨˩ 喂奶。

【喂勿饱格狗】Øy˥fəʔ˥pæ˥˩kəʔ˥kY˥˩ 喻贪欲无度而不思报答的人。

猬【ɦuE˨˩】

渭【ɦuE˨˩】

蔚【ɦuE˨˩】

【蔚蓝】ɦuE˧lE˨˩

【蔚然成风】ɦuE˦zø˩zən˦ foŋ˥

慰【ɦuE˩】

【慰问】ɦuE˦vən˩
【慰劳】ØuE˥˧læ˩

魏【ɦuE˩】

【魏碑】ɦuE˦PE˥
【魏调】ɦuE˩diæ˩ 苏州评弹流派唱腔。魏钰卿所创。

wēn

温【Øuən˥】

【温文】Øuən˥vən˩ 温和文雅。
【温习】Øuən˥ziəʔ˧
【温书】Øuən˥sʮ˥ 温习书本,复习功课。
【温存】Øuən˥zən˩
【温吞】Øuən˥t'ən˥˩ (一)不冷不热。(二)形容不紧不慢。
【温补】Øuən˥Pu˥˩ 用药性温和的滋补药滋补身体。
【温良】Øuən˥liã˩
【温床】Øuən˥zã˩
【温和】Øuən˥ɦəu˩
【温泉】Øuən˥zii˩
【温柔】Øuən˥zY˩
【温带】Øuən˥tɑ˥˩
【温度】Øuən˥dəu˩
【温厚】Øuən˥ɦY˩
【温情】Øuən˥zin˩
【温顺】Øuən˥zən˩
【温差】Øuən˥ts'ɑ˥˩
【温饱】Øuən˥Pæ˥˩
【温暖】Øuən˥nø˩
【温馨】Øuən˥ɕən˥˩
【温吞水】Øuən˥t'ən˥sʮ˥˩ (一)不冷不热的水。(二)指性子缓的人。
【温吞吞】Øuən˥t'ən˥t'ən˥˩ 不冷不热,稍有温度。
【温柔乡】Øuən˥zY˩ɕiã˥ 喻生活在情爱的柔情蜜意中。
【温炯炯】Øuən˥doŋ˩doŋ˩ 不冷不热,稍有温度。
【温勒温】Øuən˥ləʔ˧Øuən˥ 形容近乎低迷的状态。
【温故知新】Øuən˥kəu˥˩tsʮ˥ sin˥

【温文尔雅】 ɵuən˥vən˦ɵəl˥ ɵiɑ˥˩

【温良恭俭让】 ɵuən˥liã˦koŋ˥ʥin˩ȵã˩ 五个字代表五种德行:温和、良善、恭敬、节俭、忍让。

瘟【ɵuən˥】

【瘟】 ɵuən˥ 在器物前加"瘟"字都是詈语。或是对器物不满,或是发泄对拥有、使用该器物者的不满。在动物前加"瘟"字,是詈语,是对该动物不满,不一定是该动物染上了瘟疫。

【瘟生】 ɵuən˥sən˥˩ 甘愿受骗上当的人。

【瘟鸡】 ɵuən˥ʨi˥˩ (一)患上肠道传染病的病鸡。(二)喻精神萎靡的人。(三)詈骂鸡。

【瘟货】 ɵuən˥həu˥˩ 詈人语。多指女人。

【瘟疫】 ɵuən˥ɦyəʔ˧

【瘟神】 ɵuən˥zən˩

【瘟脱】 ɵuən˥tʻəʔ˥ (一)指动物因感染瘟疫而死亡。(二)喻精神萎靡。(三)喻因某种原因,致使出现业务不好、工作不顺等状况。

【瘟杀格】 ɵuən˥saʔ˥kəʔ˥ 詈语。天杀的。

wén

文【vən˦】

【文人】 vən˦zən˩或vən˦ȵən˩

【文才】 vən˩zE˩

【文士】 vən˦zɿ˩ 有文才的读书人。

【文书】 vən˦sʮ˥

【文火】 vən˦həu˥˩

【文艺】 vən˦ȵi˩

【文风】 vən˦foŋ˥

【文化】 vən˦ho˥˩

【文气】 vən˦ʨʻi˥˩

【文旦】 vən˦tE˥ 产于南方的一种水果。又名【柚子】ɦiY˦ʦɿ˥˩。

【文件】 vən˦ʥi˩

【文团】 vən˦dø˩ 文静,斯文。

【文戏】 vən˦ɕi˥˩

【文场】 vən˦zã˩

【文字】vən˨˦zɿ˧˩

【文竹】vən˨˦tsoʔ˥ 又名山草，多年生草本植物。丛生，茎圆柱形，分枝繁多。叶小而退化，形成膜质的鳞片，盆栽远望像竹子。供案头清赏。

【文身】vən˨˦sən˥

【文言】vən˨˦ɦiɪ˧˩

【文坛】vən˨˦dᴇ˧˩

【文体】vən˨˦tʻi˥˨˧

【文采】vən˨˦tsʻᴇ˥˨˧

【文法】vən˨˦faʔ˥

【文具】vən˨˦ʥy˧˩

【文庙】vən˨˦miæ˧˩

【文明】vən˨˦min˧˩

【文凭】vən˨˦bin˧˩

【文官】vən˨˦kuø˥

【文武】vən˨˦vu˧˩

【文盲】vən˨˦mɑ̃˧˩

【文物】vən˨˦vəʔ˧

【文学】vən˨˦ɦioʔ˧

【文笔】vən˨˦piəʔ˥

【文弱】vən˨˦zɑʔ˧

【文娱】vən˨˦ŋy˧˩

【文教】vən˨˦ʨiæ˦˧

【文章】vən˨˦tsɑ̃˥

【文职】vən˨˦tsəʔ˥

【文科】vən˨˦kʻəu˥

【文读】vən˨˦doʔ˧ 文字读音。

【文理】vən˨˦li˧˩

【文集】vən˨˦ziəʔ˧

【文痞】vən˨˦pʻi˥

【文雅】vən˨˦Øiɑ˥˨˧

【文献】vən˨˦ɕiɪ˥˨˧

【文豪】vən˨˦ɦæ˧˩

【文静】vən˨˦zin˧˩

【文稿】vən˨˦kæ˥˨˧

【文墨】vən˨˦məʔ˧

【文工团】vən˨˦koŋ˥dø˧˩

【文字狱】vən˨˦zɿ˧˩ŋoʔ˧

【文抄公】vən˨˦tsʻæ˥koŋ˥˨˧

【文言文】vən˨˦ɦiɪ˨˦vən˧˩

【文明戏】vən˨˦min˨˦ɕi˥˨˧ 我国早期话剧的别名。

【文绉绉】vən˨˦tsʏ˥tsʏ˥˨˧

【文人相轻】vən˨˦zən˧˩siɑ̃˥ ʨʻən˥ 指文人之间相互看不起。

【文不对题】vən˨˦pəʔ˥tᴇ˦˧di˧˩

【文过饰非】vən˨˦kəu˦˧səʔ˥ fi˥

【文房四宝】vən˧˩vɑ̃˧˩sɿ˥˨˧ pæ˥˨˧

【文质彬彬】vən˨˦tsəʔ˥pin˥

W

pin˩

【文曲星下凡】vən˦tɕʻoʔ˥sin˥ɦo˩ve˦ 喻文才出众。

【文不成，武不就】vən˦pəʔ˥zən˩，vu˩pəʔ˥zy˩ 指文和武都不行，没本事。形容没有能耐。

纹（璺）【vən˦】另见wèn。

【纹路】vən˦ləu˩

【纹银】vən˦ȵən˩

闻【mən˦】文读【vən˦】

【闻】（1）mən˦ 用鼻子嗅。（2）vən˦ 用耳朵听。

【闻人】vən˦zən˩

【闻风】vən˦foŋ˥ 听到风声、消息。

【闻名】vən˦min˩ （一）听到名声。（二）名声为人所知道。

【闻闻】mən˦mən˩ 嗅一下。

【闻着】mən˦zaʔ˧ （一）嗅觉感觉到了。（二）亲吻到。

【闻面孔】mən˦mii˦kʻoŋ˥ 亲吻脸颊。即【香面孔】ɕiã˥mii˥kʻoŋ˩。

【闻嘴巴】mən˦tsɥ˩po˥ 接吻。即【亲嘴】tsʻin˥tsɥ˩。

【闻风丧胆】vən˦foŋ˥sã˩te˩ 听到一点风声，就吓破了胆。形容对某种力量极其恐惧。

【闻过则喜】vən˦kəu˩tsəʔ˥ɕi˩ 听到别人批评自己的缺点或错误，表示欢迎和高兴。

【闻鸡起舞】vən˦tɕi˥tɕi˩vu˩ 喻及时奋发。

【闻所未闻】vən˦səu˩vi˦vən˦ 听到了从来没有听说过的事。

蚊【mən˦】文读【vən˦】

【蚊子】mən˦tsɿ˩ 水生孑孓的成虫。双翅类小昆虫，雌虫吸人、畜的血液，能传播疾病。

【蚊叮疤】mən˦tin˥po˩ 被蚊虫叮咬留下的疤痕。

【蚊虫香】mən˦zoŋ˩ɕiã˩

驱杀蚊虫的盘香。简称蚊香。

【蚊烟条】mən˧˥0iɪ˥diæ˨˩ 较蚊虫香早的驱杀蚊虫的盘条状东西。外面纸皮,内装含驱虫剂的木屑,点燃后会生出较浓的烟。

【蚊烟香】mən˧˥0iɪ˥ɕiã˥˩ 义同【蚊虫香】。

【蚊子叫】mən˧˥tsɿ˥˩tɕiæ˨˩ 蚊子飞行时发出的嗡嗡声。形容人说话声音过于细小。

【蚊子打堆】mən˧˥tsɿ˥˩tã˥˩tɛ˥ 黄昏时蚊虫聚飞现象。

【蚊子叮菩萨——看错仔人头】mən˧˥tsɿ˥˩tin˥bu˧˥saʔ˥——k'ø˥ts'o˥ts'ɿ˥˩ȵən˧˥dʏ˨˩ 歇后语。指找错了对象。

雯【vən˧˥】

wěn

刎【vən˧˥】

【刎颈之交】vən˧˥tɕən˥tsʮ˥˩tɕiæ˥

吻【vən˧˥】

【吻合】vən˧˥ɦəʔ˧

紊【vən˧˥】、【vən˨˩】

【紊乱】vən˧˥lø˨˩ 没有条理,没有秩序、杂乱。

稳【0uən˥˩】

【稳格】0uən˥˩kəʔ˥ 很稳当的,一定的。

【稳当】0uən˥˩tã˥˩

【稳吃】0uən˥˩tɕ'əʔ˥ 形容一定能得手的。

【稳住】0uən˥˩zʮ˨˩ 使平稳、不动摇。

【稳步】0uən˥˩bu˨˩

【稳定】0uən˥˩din˨˩

【稳妥】0uən˥˩t'əu˥˩

【稳固】0uən˥˩kəu˥˩

【稳重】0uən˥˩zoŋ˨˩

【稳便】0uən˥˩biɪ˨˩

【稳稳】0uən˥˩0uən˥ 形容十分有把握。

【稳瓶】0uən˥˩bin˧˥ 喻胜利

的把握。
【稳健】Øuən˥˩ʥi˨˩
【稳婆】Øuən˧˥bu˨˩
【稳牢】(1)Øuən˧˥læ˧ 指一定能成功或得到。(2)Øuən˥˩læ˨˩ 稳住。
【稳足】Øuən˧˥tso̍ʔ˥ 十足,没有短斤缺两。
【稳赢】Øuən˧˥ɦin˨˩ 一定赢。
【稳输】Øuən˧˥sʮ˥ 一定输。
【稳牢牢】Øuən˧˥læ˧læ˨˩ 形容非常有把握的样子。
【稳笃笃】Øuən˧˥toʔ˥toʔ˥ 形容很有把握的样子。
【稳稳交】Øuən˧˥Øuən˥ tɕiæ˥˩ 形容非常有把握。
【稳扎稳打】Øuən˧˥tsaʔ˥ Øuən˧˥tã˥˩
【稳如泰山】Øuən˧˥zʮ˧tʻɑ˥ SE˥˩
【稳住阵脚】Øuən˥˩zʮ˨˩zən˧ tɕiɑʔ˥ 稳定住打仗时所摆阵势的最前方。形容稳定内部,抵制外来干扰。
【稳取荆州】Øuən˧˥tsʻi˥tɕən˥ tsY˥˩ 喻一定能得到,一定能胜利。
【稳稳当当】Øuən˧˥Øuən˥tã˥ tã˥˩ 可靠,稳妥。
【稳坐钓鱼台】Øuən˧˥zəu˨˩ tiæ˥ŋ̍˧dE˧ 喻面对各种情况,镇定平静。

wèn

问【mən˨˩】文读【vən˨˩】

【问人】mən˨˩ȵən˧ 问他人,向人打听。
【问卜】vən˧Poʔ˥
【问号】mən˧ɦæ˨˩或vən˧ɦæ˨˩
【问世】vən˨˩sʮ˧˥
【问讯】mən˨˩sin˧˥
【问头】mən˧dY˨˩ 后缀词。表示问的意义,兴趣。
【问安】vən˧Øø˥
【问好】mən˨˩hæ˥˩
【问案】mən˨˩Øø˧˥
【问津】vən˧tsin˥
【问候】vən˨˩ɦY˨˩
【问斩】vən˨˩tsE˥˩ 斩首。
【问答】vən˧taʔ˥
【问路】mən˨˩ləu˨˩ 请人指路。
【问煞】mən˨˩saʔ˥ 问得对方不能回答。
【问罪】vən˨˩ZE˨˩

【问鼎】vən˩tin˥

【问题】vən˧di˩ （一）需要解决的矛盾。（二）要求回答或解释的题目。

【问着实】mən˧zɑʔ˧zəʔ˧ 问个确实消息。

【问煞脱】mən˩sɑʔ˥təʔ˥ 问得对方不能回答。

【问长问短】mən˧zã˧mən˩tø˥˩ 问这问那，问得特别多和细致。

【问俚个讯】mən˩li˥kəʔ˥sin˦˩ 责问他不对的地方（有兴师问罪的意思）。

【问勿出啥个猪油筋】mən˧fəʔ˥tsʻəʔ˥sɑ˦˩kəʔ˥tsɥ˥ɦiY˩tɕən˥˩ 问不出什么情况来。

璺（纹）【vən˩】另见 wén。

【璺路】vən˧ləu˩ 陶、瓷、玻璃一类器物上的裂痕。

wēng

翁【ʘoŋ˥】

【翁仲】ʘoŋ˥zoŋ˩

【翁姑】ʘoŋ˥kəu˥˩ 公婆。

【翁婿】ʘoŋ˥si˥˩ 丈人和女婿。

嗡【ʘoŋ˥】

【嗡声能】ʘoŋ˥sã˥nən˩ “嗡”的一响（多指头脑里）。

【嗡哩嗡哩】ʘoŋ˥li˩ʘoŋ˥li˩ 象声词。形容蚊蝇类昆虫发出的声音。

wěng

䐥【ʘoŋ˦˩】

【䐥中】ʘoŋ˥tsoŋ˥˩ 窝囊。简称【䐥】ʘoŋ˦˩。

【䐥脱】ʘoŋ˦˩tʻəʔ˥ 吃哑巴亏，不了了之。

【䐥脓臭】ʘoŋ˥toŋ˥tsʻY˥˩ 腌菜等食物霉变的臭味。

wèng

瓮【ʘoŋ˦˩】

【瓮城】ʘoŋ˥zən˩

【瓮中捉鳖】ʘoŋ˥tsoŋ˥tsoʔ˥piəʔ˥

蕹【∅oŋ˦】

【蕹菜】∅oŋ˦tsʻE˥˩˧ 即空心菜。旋花科一年生草本植物。茎蔓生,中空,叶与甘薯叶相似,嫩茎梢及叶供食用。

齆【∅oŋ˨˧˩】

【齆兄】∅oŋ˦ɕioŋ˥˩˧ 调侃语。指齆鼻儿的男子。

【齆鼻头】∅oŋ˦bəʔ˧dY˨˩ (一)因鼻孔堵塞而发音不清的鼻子。(二)调侃语。指齆鼻儿的人。

【齆鼻头闻鼻烟——味道亦呒不】∅oŋ˦bəʔ˧dY˨˩mən˦biəʔ˧∅ii˦——mi˦dæ˦ɦɑʔ˧m̩˦pəʔ˦ 歇后语。(一)一点味道都没有。(二)指没趣。

wō

挝【∅əu˦】另见 zhuā。

莴【∅əu˦】

【莴苣笋】∅əu˦tɕy˦sən˥˩˧ 莴笋。

倭【∅əu˦】

【倭刀】∅əu˦tæ˥˩˧ 旧指日本生产的刀剑。

【倭寇】∅əu˦kʻY˥˩˧

涡【∅əu˦】

喔【∅o˦】、【∅oʔ˦】

【喔】(1)∅o˥˩˧ 感叹词。表示原来如此。(2)∅oʔ˦ 感叹词。是吗?

【喔唷】(1)∅əʔ˦∅ioʔ˦ 感叹词。表示惊奇。(2)∅o˦hio˨˩ 感叹词。表示不屑。

窝【∅əu˦】、【∅əu˨˧˩】

【窝心】∅əu˦sin˥˩˧ 形容心里挺舒服。

【窝凼】∅əu˦dã˨˩ 指放置东西的地方或种植东西的小坑。

【窝赃】∅əu˦tsã˦

【窝琐】∅əu˦səu˥˩˧ (一)郁

W

闷，烦躁。（二）窝囊，繁琐。

【窝歇】Øəu˥ɕəʔ˥　现在。

【窝藏】Øəu˥zɑ̃˧˩

【窝琐相】Øəu˥səu˥siã˥˩

（一）形容郁闷、烦躁的心情。

（二）形容窝囊、繁琐的样子。

【窝心烦躁】Øəu˥sin˥vE˧˩ ʦæ˥˩　形容心烦意乱。

蜗【kəu˥】文读【Øəu˥】中州韵【kəu˥】、【kuɑ˥】

【蜗牛】kəu˥ȵiY˧˩

【蜗居】kəu˥ʨy˥˩

wǒ

我【ŋəu˧˩】文读【ŋəu˥】

【我伲】ŋəu˧˩ȵi˧˩　我们。

【我辈】ŋəu˥pE˥˩　指我、我们（含自负的口气）。

【我行我素】ŋəu˥ɦin˦ŋəu˥ səu˦˨

【我归我说，俚归俚做】ŋəu˧˩ kuE˥ŋəu˧˩səʔ˥，li˥kuE˥li˥ ʦəu˦˨　不管我如何劝导，他还是照他本来的一套去做。

俚，他。

【我勒火里，俚勒水里】ŋəu˧˩ ləʔ˧həu˦˨li˧˩，li˥ləʔ˧sʮ˦˨li˧˩　一方急得火急火燎，另一方却无动于衷。

wò

沃【Øoʔ˥】

【沃土】Øoʔ˥t'əu˥˩　肥沃的土地。

卧【ŋəu˧˩】

【卧轨】ŋəu˦kuE˥

【卧床】ŋəu˦zɑ̃˧˩

【卧底】ŋəu˦ti˥˩

【卧室】ŋəu˦səʔ˥

【卧倒】ŋəu˦tæ˥˩　偃卧下去。

【卧榻】ŋəu˦t'aʔ˥

【卧铺】ŋəu˦p'u˥˩

【卧薪尝胆】ŋəu˦sin˥zɑ̃˧˩tE˥˩

握（掂Øo˥）【Øoʔ˥】、【Øo˥】

【握手】Øo˥sY˥˩

【握空】ʘo˥kʻoŋ˥˩ （一）白费劲。（二）形容敷衍了事，不实在。

【握拳】ʘo˥ʥø˧˩

【握酸】ʘo˥sø˥˩ 食后胃里泛酸水。

【握七空】ʘo˥ʦʻiəʔ˥kʻoŋ˥˩ 握空。

【握死空】ʘo˥si˥˩kʻoŋ˥˩ 握空。

【握鬼空】ʘo˥ʨy˥˩kʻoŋ˥˩ 握空。

【握求苦恼】ʘo˥ʥiY˩kʻəu˥˩næ˩ 苦苦哀求。

【握拉勿出】ʘo˥la˥fəʔ˥ʦʻəʔ˥ 形容心里难受又说不出来，郁闷。

【握咬摘掐】ʘo˥ŋæ˩tiəʔ˥kʻaʔ˥ 本指四种侵犯人的动作。多形容恶作剧的办法。握（摭），用指甲抓人；咬，用口咬人；摘，捏摘人皮肉；掐，用指甲掐人。

【握神百搭】ʘo˥zən˩paʔ˥taʔ˥ 形容描画、打扮得十分难看。

【握瘢积癞】ʘo˥pɛ˥tsiəʔ˥la˩ 形容小麻烦。

【握仔一泡空】ʘo˥ʦɿ˥˩ʘiəʔ˥pʻæ˥˩kʻoŋ˥ （一）形容白费劲。（二）形容敷衍了事，表面上应付了一会儿。

【握屎乱烂泥】ʘo˥sɿ˥˩toʔ˥lɛ˧ŋi˩ 喻恶作剧、耍赖皮。

【握勿着，搭勿够】ʘo˥fəʔ˥zaʔ˧，taʔ˥fəʔ˥kY˥˩ 形容相距远，帮不上忙。

幄【ʘoʔ˥】

斡【ɦoʔ˧】中州韵【ʘuəʔ˥】

【斡旋】ɦoʔ˧zi˩

龌【ʘoʔ˥】

【龌龊】ʘoʔ˥ʦʻoʔ˥

【龌龊相】ʘoʔ˥ʦʻoʔ˥siã˧ 不干净的样子。

【龌龊糟】ʘoʔ˥ʦʻoʔ˥ʦæ˥ （一）不干净的样子。（二）不干净的习惯。

【龌里龌龊】ʘoʔ˥li˩ʘoʔ˥ʦʻoʔ˥ 龌龊，很不干净。

【龌龊因势】ʘoʔ˥ʦʻoʔ˥ʘin˥

sɥ˧˩ 形容很脏的样子。

wū

乌【Ø əu˥】

【乌云】Ø əu˥ɦyən˨˩
【乌木】Ø əu˥moʔ˧ 常绿亚乔木。产于热带,木质坚实。比重大,在水中会下沉。较老的乌木颜色纯黑色,用来制作筷、烟管等。
【乌龟】Ø əu˥tɕy˧˩
【乌鸦】Ø əu˥Øiɑ˧˩
【乌贼】Ø əu˥zəʔ˧
【乌菱】Ø əu˥lin˨˩ 菱的一种。有一对大弯角,老菱色乌黑。
【乌梅】Ø əu˥mɛ˨˩
【乌糟】Ø əu˥tsæ˧˩ (一)不整洁。(二)色彩不鲜艳、不分明。
【乌龙茶】Ø əu˥loŋ˨˩zo˨˩
【乌次次】Ø əu˥tsʻɿ˧˩tsʻɿ˧˩ 形容天色昏暗。
【乌纱帽】Ø əu˥so˥mæ˨˩
【乌青块】Ø əu˥tsʻin˥kʻuɛ˧˩ 皮下出血,皮肤上出现的青黑色斑块。
【乌洞洞】Ø əu˥doŋ˨˩doŋ˨˩ 形容昏暗的样子。
【乌龟精】Ø əu˥tɕy˥tsin˧˩ (一)神话中乌龟修炼而成的精怪。(二)讥称妻子有外遇的人。
【乌龟壳】Ø əu˥tɕy˥kʻoʔ˥ (一)乌龟的甲壳。多指乌龟背部的甲壳。(二)讥人躲在里面不敢出来的建筑物,如房子、碉堡等。
【乌骨鸡】Ø əu˥kuəʔ˥tɕi˧˩ 鸡的一种。皮、骨都呈黑色,毛色白,呈丝状。
【乌鸦嘴】Ø əu˥Øiɑ˥tsɥ˧˩ 指常说不吉利话的嘴。
【乌糟糟】Ø əu˥tsæ˥tsæ˧˩ (一)乌七八糟,不整洁。(二)色彩不鲜艳,不干净。
【乌漆砚】Ø əu˥tsʻiəʔ˥kən˧˩ 皮肤上堆积的污垢。
【乌篷船】Ø əu˥boŋ˨˩zø˨˩ 半圆形船篷,用竹片编成,中间夹竹箬、涂黑漆的一种小木船。
【乌七八糟】Ø əu˥tsʻiəʔ˥poʔ˥tsæ˥
【乌虮糟虼】Ø əu˥tɕi˥tsæ˥kəʔ˥ 形容不洁净。

【乌贼骨头】Øəu˥zəʔ˧kuəʔ˥dʏ˦ 乌贼鱼的骨头。药名海螵蛸。

【乌合之众】Øəu˥ɦəʔ˧ʦʮ˥˩ʦoŋ˥˩

【乌鸦哭黄昏】Øəu˥Øiɑ˥liəʔ˥ɦuɑ̃˦hən˥ 指傍晚。

【乌勿三，白勿四】Øəu˥fəʔ˥sE˥，bɑʔ˧fəʔ˥sɿ˥˩˧ 形容不干净、邋遢。

【乌头风，白头雨】Øəu˥dʏ˦foŋ˥，bɑʔ˧dʏ˨˧ɦʏ˨˧ 谚语。似雨的天气，如果天上起乌云，预示要刮风，并不下雨；如果起白云，则会下雨。

【乌龟垫床脚——硬撑】Øəu˥ʨy˥˩diɪ˨˧zɑ̃˦ʨiɑʔ˥——ŋɑ̃˦ʦʰɑ̃˥ 歇后语。勉力撑持。

【乌龟勿认得汉郎头】Øəu˥ʨy˥˩fəʔ˥ȵən˨˧təʔ˥hø˥lɑ̃˨˧dʏ˨˧ 喻糊涂。

【乌龟掼石板——硬碰硬】Øəu˥ʨy˥˩guE˨˧zɑʔ˧pE˥˩——ŋɑ̃˦pɑ̃˥ŋɑ̃˨˧ 歇后语。（一）过硬。（二）形容双方力量相当的碰撞。

【乌龟踣门槛，但看此一番（翻）】Øəu˥ʨy˥˩bE˦mən˦kʰE˥˩——dE˦kʰø˥˩ʦʰɿ˥Øiəʔ˥fE˥˩（fE˥） 歇后语。就看这一次的效果了。

【乌龟头浪七个字，只吃别人勿吃自】Øəu˥ʨy˥˩dʏ˦lɑ̃˨˧ʦʰiəʔ˥kəʔ˥zɿ˨˧，ʦəʔ˥ʨʰəʔ˥bəʔ˧ȵən˨˧fəʔ˥ʨʰəʔ˥zɿ˨˧ 调侃语。讥人吝啬，只吃请，不作东。

邬【Øəu˥】

污【Øəu˥】、【Øəu˥˩˧】

【污浊】Øəu˥˩˧zoʔ˧

【污点】Øəu˥˩˧tiɪ˥˩

【污染】Øəu˥˩˧zø˦

【污辱】Øəu˥˩˧zoʔ˧

【污秽】Øəu˥˩˧ɦuE˨˧

【污蔑】Øəu˥miəʔ˧

【污糟】Øəu˥ʦæ˥˩ 肮脏。也说成【污糟糟】Øəu˥ʦæ˥ʦæ˥˩。

巫【vu˦】中州韵【vəu˦】

【巫山】vu˦sE˥ （一）山名。（二）常借指发生爱情的秘

W

密场所。

【巫婆】vu˧bu˩

呜【Øəu˥】

【呜呼】Øəu˥həu˥˩

【呜咽】Øəu˥Øiɪ˥˩

【呜诌呜诌】Øəu˥tsʏ˥˩Øəu˥tsʏ˥˩　形容亲密的悄悄话的声音。

【呜呼哀哉】Øəu˥həu˥˩ØE˥tsE˥˩

【呜哩呜哩】Øəu˥li˩Øəu˥li˩　(一)形容说话的语音不清。(二)形容低低的哭泣声。

【呜哩谩哩】Øəu˥li˩mE˩li˩　形容语言表达不清，似嘀咕声。

钨【Øəu˥】

【钨丝】Øəu˥sɿ˥˩　灯丝。

诬【vu˧】中州韵【vəu˧】

【诬告】vu˧kæ˥˩

【诬陷】vu˧ɦiɪ˩

【诬良为盗】vu˧liã˩ɦuE˩dæ˩　诬陷好人是盗贼。

【诬良为娼】vu˧liã˩ɦuE˩ts'ã˥　诬陷好人是娼妓。

屋【Øoʔ˥】

【屋里】Øoʔ˥li˩　(一)家里。(二)对外人称呼自己妻子。(三)房屋内。

【屋脊】Øoʔ˥tsiəʔ˥

【屋檐】Øoʔ˥ɦiɪ˧

【屋面浪】Øoʔ˥miɪ˧lã˩　屋顶向上的部分。

【屋头顶浪】Øoʔ˥dʏ˧tin˥˩lã˩　义同【屋面浪】。

【屋里向人】Øoʔ˥li˩ɕiã˥˩ȵən˧　家里人。

【屋面浪格霜——见勿得太阳】Øoʔ˥miɪ˩lã˩kəʔ˥sã˥——tɕiɪ˧fəʔ˥təʔ˥t'ɑ˥ɦiã˩　歇后语。见不得太阳。引申为不能公开。

【屋脊头浪种菜——呒缘(园)】Øoʔ˥tsiəʔ˥dʏ˩lã˩tsoŋ˧ts'E˧——m̩˧ɦiø˧(ɦiø˧)　歇后语。没有缘份。

wú

无【vu˩˧】中州韵【vəu˩˧】

【无上】vu˨˩zɑ̃˨˩
【无比】vu˨˩pi˥˩
【无从】vu˨˩zoŋ˨˩
【无双】vu˨˩sɑ̃˥
【无心】vu˨˩sin˥˩
【无边】vu˨˩piɪ˥
【无关】vu˨˩kuE˥
【无如】vu˨˩zɥ˨˩
【无论】vu˨˩lən˨˩
【无私】vu˨˩sɿ˥
【无形】vu˨˩ɦin˨˩
【无非】vu˨˩fi˥
【无限】vu˨˩ɦiɪ˨˩或vu˨˩ɦE˨˩
【无奈】vu˨˩nE˨˩
【无知】vu˨˩tsɥ˥
【无度】vu˨˩dəu˨˩
【无故】vu˨˩kəu˥˩
【无畏】vu˨˩ØuE˥
【无须】vu˨˩si˥˩
【无误】vu˨˩ŋəu˨˩
【无偿】vu˨˩zɑ̃˨˩
【无耻】vu˨˩ts'ɥ˥˩
【无敌】vu˨˩diəʔ˧
【无能】vu˨˩nən˩˧
【无损】vu˨˩sən˥˩
【无效】vu˨˩ɦiæ˨˩
【无恙】vu˨˩Øiɑ̃˥
【无益】vu˨˩Øiəʔ˥
【无常】(1)vu˨˩zɑ̃˨˩ (一)鬼名。(二)婉辞。死。(2)vu˩˧zɑ̃˩˧ 时常变化;变化不定。
【无聊】vu˨˩liæ˨˩
【无情】vu˨˩zin˨˩
【无望】vu˨˩vɑ̃˨˩
【无愧】vu˨˩ɡuE˨˩
【无赖】vu˨˩lɑ˨˩或vu˨˩lE˨˩
【无数】vu˨˩səu˥˩
【无意】vu˨˩Øi˧˨˧
【无缘】vu˨˩ɦiø˩˧
【无端】vu˨˩tø˥˩
【无疑】vu˨˩ȵi˩˧
【无疆】vu˨˩tɕiɑ̃˥
【无名氏】vu˨˩min˨˩zɥ˨˩
【无名指】vu˨˩min˨˩tsɥ˥˩
【无条件】vu˨˩diæ˨˩ʥiɪ˨˩
【无底洞】vu˨˩ti˥˩doŋ˨˩
【无明火】vu˨˩min˨˩həu˥˩
【无所谓】vu˩˧səu˥ɦuE˨˩
【无止无休】vu˨˩tsɿ˥˩vu˨˩ɕiʏ˥
【无孔不入】vu˨˩k'oŋ˥˩pəʔ˥zəʔ˧

【无中生有】vu˩tsoŋ˥sən˥ ɦiʏ˩
【无功受禄】vu˩koŋ˥zʏ˩loʔ˧
【无可奈何】vu˧k'əu˥nɛ˩ ɦəu˩
【无地自容】vu˩di˩zɿ˧ɦioŋ˩
【无动于衷】vu˩doŋ˩ɦʏ˧ tsoŋ˥
【无论如何】vu˩lən˩zʮ˩ɦəu˩
【无米之炊】vu˩mi˩tsʮ˥ts'ɛ˥
【无伤大雅】vu˩sã˥da˧ɵia˥
【无病呻吟】vu˩bin˩sən˥ ȵən˩
【无私有弊】vu˩sɿ˥ɦiʏ˩bi˩
【无足轻重】vu˧tsoʔ˥tɕ'ən˥ zoŋ˩
【无法无天】vu˩faʔ˥vu˩t'iɪ˥
【无事生非】vu˩zɿ˩sən˥fi˥
【无事端端】vu˩zɿ˩tø˥tø˥ 本来没有问题(却偏偏……)。
【无奇不有】vu˩dʑi˩pəʔ˥ɦiʏ˩
【无往不利】vu˩ɦuã˩pəʔ˥li˩
【无的放矢】vu˩tiəʔ˥fã˧sʮ˥
【无拘无束】vu˩tɕy˥vu˩soʔ˥
【无所作为】vu˧səu˥tsoʔ˥ ɦuɛ˩
【无所适从】vu˧səu˥səʔ˥ zoŋ˩
【无济于事】vu˩tsi˥ɦy˩zɿ˩
【无独有偶】vu˩doʔ˧ɦiʏ˩ŋʏ˧
【无恶不作】vu˩ɵoʔ˥pəʔ˥ tsoʔ˥
【无能为力】vu˩nən˩ɦuɛ˩ liəʔ˧
【无隙可乘】vu˩tɕ'əʔ˥k'əu˥ ts'ən˧
【无微不至】vu˩vi˩pəʔ˥tsʮ˥
【无稽之谈】vu˩tɕi˥tsʮ˥dɛ˧ 没有根据、无从查考的话。
【无懈可击】vu˩ɦia˩k'əu˥ tɕəʔ˥
【无风三尺浪】vu˩foŋ˥sɛ˥ ts'aʔ˥lã˧ 喻平白无故生出是非来。
【无风不起浪】vu˩foŋ˥pəʔ˥ tɕ'i˥lã˧
【无功不受禄】vu˩koŋ˥pəʔ˥ zʏ˩loʔ˧ 没有做事就不应该接受报酬。
【无可无不可】vu˩k'əu˥vu˧ pəʔ˥k'əu˥
【无巧不成书】vu˩tɕiæ˥pəʔ˥ zən˧sʮ˥ 喻事有凑巧。
【无官一身轻】vu˩kuø˥ɵiəʔ˥ sən˥tɕ'ən˥ 没有公务缠身，觉得浑身轻松。

【无债一身轻】vu˩tsɑ˦˧ʔiəʔ˥sən˥tɕʰən˥ 清偿债务后，会觉得浑身轻松。

【无毒不丈夫】vu˩doʔ˧pəʔ˥zɑ̃˨˧fu˥ 紧要关头，男人会动用极端手段。

【无病无痛赛神仙】vu˩bin˩vu˩tʰoŋ˦˧sE˦˧zən˨˧sii˥ 形容健康至关重要。

【无事不登三宝殿】vu˩zɿ˩pəʔ˥tən˥sE˥pæ˥˩˧di˩

毋【vu˨˧】中州韵【vəu˨˧】

【毋庸】vu˨˧hioŋ˩

芜【vu˨˧】中州韵【vəu˨˧】

【芜杂】vu˨˧zəʔ˧

吾【həu˨˧】

吴【ŋ̍˨˧】文读【həu˨˧】

【吴国】həu˨˧kuəʔ˥ （一）周朝国名，在今江苏南部和浙江北部，后来扩展到淮河流域。（二）三国之一，公元222—280年，孙权所建，在长江中下游和东南沿海一带。

【吴语】həu˨˧ȵy˩

【吴歌】həu˨˧kəu˥ 吴语地区产生的用吴语演唱的民歌。

【吴文化】həu˨˧vən˨˧ho˥˩˧ 吴国（周朝）区域文化。

【吴王靠】həu˨˧huɑ̃˨˧kæ˥˩˧古代房屋建筑中，筑于花园长廊或备弄一侧，砖砌如短墙，如凳高，上复大方砖。装有弧形靠背称吴王靠。也称【美人靠】。

【吴语区】həu˨˧ȵy˩tɕʰy˥ 吴语语言区。

【吴江菜简——早上甏】ŋ̍˨˧kɑ̃˥tsʰE˥tɕii˥˩˧——tsæ˥˩˧zɑ̃˩bɑ̃˩ 歇后语。詈语。骂人短寿。

梧【ŋəu˨˧】中州韵【həu˨˧】

【梧桐】ŋəu˨˧doŋ˩

蜈【həu˨˧】

【蜈蚣】həu˨˧koŋ˥

wǔ

五【ŋ̍˨˩】中州韵【Øəu˥˩】

【五七】ŋ̍˨˦ts'iəʔ˥ 苏州丧俗。人死后每七天祭祀一次，至多七次，至少五次。现多为五次，因是最后一次，最为隆重。

【五内】Øəu˥nᴇ˨˩

【五更】ŋ̍˨˦kã˥

【五谷】Øəu˥koʔ˥

【五官】Øəu˥kuø˥˩

【五金】ŋ̍˨˦tɕən˥

【五味】Øəu˥vi˧˩˧

【五香】ŋ̍˨˦ɕiã˥

【五刑】Øəu˥ɦin˨˦

【五音】Øəu˥Øin˥˩

【五彩】ŋ̍˨˦ts'ᴇ˥˩

【五脏】Øəu˥zɑ̃˨˩

【五十肩】Øəu˥səʔ˥tɕiɪ˥˩ 指人到五十岁之后，易得肩周炎的病。

【五斗橱】ŋ̍˨˦tʏ˥zɥ˨˩ 家具。有五个大抽屉的橱柜。

【五花肉】ŋ̍˨˦ho˥ȵoʔ˧ 作为食品的猪的肋肉。肥瘦相间，十分清晰。

【五香豆】ŋ̍˨˦ɕiã˥dʏ˨˩ 零食。蚕豆加香料、食盐、糖精等炒制而成。

【五马分尸】Øəu˥mɑ˨˩fəʔ˥sɥ˥˩

【五方杂处】Øəu˥fɑ̃˥zəʔ˧ts'ɥ˥˩

【五爪金龙】Øəu˥tsæ˥˩tɕən˥loŋ˨˩ （一）有五只脚爪的金龙形象。（二）调侃语。指本该用餐具，却直接用手抓取食品。

【五月端五】ŋ̍˨˦ŋəʔ˧tø˥ŋ̍˨˩ 端午节，农历五月初五。

【五花八门】ŋ̍˨˦ho˥poʔ˥mən˨˩或Øəu˥huɑ˥paʔ˥mən˨˩

【五花大绑】ŋ̍˨˦ho˥dɑ˨˦pɑ̃˥˩或Øəu˥huɑ˥dɑ˨˦pɑ̃˥˩

【五花六花】ŋ̍˨˦ho˥loʔ˧ho˥˩ （一）眼花缭乱。（二）反复多次地用花言巧语诱骗。

【五劳七伤】Øəu˥læ˨˩ts'iəʔ˥sɑ̃˥

【五体投地】Øəu˥t'i˥˩dʏ˨˦di˨˩

【五脏六肺】ŋ̍˨˦zɑ̃˨˩loʔ˧fi˥˩ 五脏六腑。

【五黄六月】ŋ̍˨˦huɑ̃˥loʔ˧ŋəʔ˧

【五短身材】ŋ̍˨˦tø˥˩sən˥zᴇ˨˩

【五湖四海】Øəu˥ɦəu˩sɿ˥˥˩hɛ˥˩

【五黑楞登】ŋ̍˦həˀ˥lən˩tən˥˩ 形容身体粗壮高大。

【五筋六脉】ŋ̍˦tɕən˥loˀ˧mɑˀ˧ 泛指全身经脉。

【五雷击顶】Øəu˥lɛ˩tɕəˀ˥tin˥˩ 喻遭到巨大的打击。

【五路财神】Øəu˥ləu˩zɛ˦zən˩ 指东南西北中各路财神。

【五颜六色】ŋ̍˦ŋɛ˦loˀ˧səˀ˥

【五筋狠六筋】ŋ̍˦tɕən˥hən˥˩loˀ˧tɕən˥˩ （一）形容竭尽全力。（二）形容发急的样子。

【五十步笑一百步】ŋ̍˩səˀ˥bu˩siæ˦Øiəˀ˥pɑˀ˥bu˩

【五百年前共一家】Øəu˥pəˀ˥ȵi˩zi˦ɡoŋ˩Øiəˀ˥tɕiɑ˥或ŋ̍˩pɑˀ˥ȵi˦zi˦ɡoŋ˩Øiəˀ˥tɕiɑ˥ 指同姓（套近乎话）。

午【ŋ̍˩】文读【Øəu˥˩】

【午后】Øəu˥ɦɤ˩ 中午以后，下午。

【午时】Øəu˥zɿ˩或ŋ̍˦zɿ˩

【午夜】Øəu˥Øiɑ˥˩

【午睡】Øəu˥zɛ˩

【午朝门】Øəu˥zæ˩mən˩ 皇宫紫禁城的正门。亦称【午门】Øəu˥mən˩。

伍【ŋ̍˩】文读【Øəu˥˩】

仵【ŋ̍˩】文读【Øəu˥˩】

【仵作】ŋ̍˦tsoˀ˥

庑【vu˦】中州韵【vəu˦】

忤【ŋ̍˩】中州韵【Øəu˥˩】

【忤逆】ŋ̍˦ȵəˀ˧

【忤逆种】ŋ̍˦ȵəˀ˧tsoŋ˥˩ 指不孝顺父母的人。

【忤逆新妇守孝堂】ŋ̍˦ȵəˀ˧sin˥vu˩sɤ˦hæ˥dɑ̃˩ （一）婆婆多嫌儿媳妇不孝顺，但婆婆死后不知道，儿媳妇却能为她守孝。（二）指充好人。

【忤逆勿天打，一代还一代】ŋ̍˦ȵəˀ˧fəˀ˥tʻi˥tɑ̃˥˩，Øiəˀ˥dɛ˩ɦuɛ˦Øiəˀ˥dɛ˩ 忤逆了父

母，会遭报应的，将来自己的儿子会学样忤逆父母。

妩【vu˩】中州韵【vəu˩】

【妩媚】vu˩mᴇ˩

武【vu˩】中州韵【vəu˩】

【武力】vu˨liəʔ˧
【武气】vu˩tɕʻi˥ 武的感觉。
【武艺】vu˩ȵi˩
【武场】vu˧zã˧
【武旦】vu˩tᴇ˥
【武功】vu˧koŋ˥
【武生】vu˧sã˥
【武术】vu˧zəʔ˧
【武行】vu˧ɦɑ̃˧
【武林】vu˨lin˧ （一）指武术界。（二）指杭州。
【武侠】vu˧ɦiɑ˥
【武将】vu˩tsiã˥
【武断】vu˩tø˥
【武装】vu˧tsɑ̃˥
【武老戏】vu˧liæ˧ɕi˥ 指军人。
【武松请乡邻——勿是好事体】vu˩soŋ˥tsʻin˥ɕiã˥lin˩——fəʔ˥zɿ˩hæ˥zɿ˥tʻi˥ 歇后语。不是好事。

侮【vu˩】中州韵【vəu˩】

【侮辱】vu˧zoʔ˧
【侮蔑】Øu˥miəʔ˧

捂【Øəu˥】

【捂】Øəu˥ （一）偏袒。（二）遮盖。（三）特别照顾。
【捂家】Øəu˥kɑ˥ 特别注重照顾家庭。
【捂小干】Øəu˥siæ˥kø˥ 偏袒孩子。
【捂爷娘】Øəu˥ɦiɑ˧ȵiã˩ （一）偏袒父母。（二）孝顺父母。

鹉【vu˩】中州韵【vəu˩】

舞【vu˩】中州韵【vəu˩】

【舞女】vu˧ȵy˩
【舞厅】vu˧tʻin˥
【舞台】vu˧dᴇ˩
【舞场】vu˧zɑ̃˩

【舞曲】vu˨˧tɕʻoʔ˥

【舞会】vu˨˧ɦuE˧˩

【舞池】vu˨˧zɿ˧˩

【舞动】vu˨˧doŋ˧˩

【舞姿】vu˨˧tsɿ˥

【舞剧】vu˨˧dʑəʔ˧

【舞弊】vu˨˧bi˧˩

【舞蹈】vu˨˧dæ˧˩

【舞女大班】vu˨˧ȵy˧˩dɑ˧˩pE˥ 旧时舞场里管理舞女的营业经理。

【舞文弄墨】vu˨˧vən˧˩loŋ˧˩məʔ˧

【舞头噼啪】vu˨˧dY˧˩pʻiəʔ˥pʻaʔ˥ 好动、不斯文的样子。简称【舞】vu˧˩。

【舞蹴舞蹴】vu˨˧zY˧˩vu˨˧zY˧˩ 烦躁不安、心神不定的样子。

wù

兀【ŋəʔ˧】

勿【fəʔ˥】

【勿】fəʔ˥ 义同“不”、“弗”。

【勿上】fəʔ˥zɑ̃˧˩ 不干；不参加。

【勿火】fəʔ˥həu˥˨ 不发火。

【勿必】fəʔ˥piəʔ˥ 不必。

【勿巧】fəʔ˥tɕʻiæ˦ 不巧。“正巧”的反义词。

【勿对】fəʔ˥tE˦ （一）不对，错。（二）关系不好，感情不融洽。

【勿关】fəʔ˥kuE˥ （一）不相关。（二）指户、窗不关上。

【勿会】fəʔ˥ØuE˦或fE˦ （一）不会。（二）不善于交际。

【勿行】fəʔ˥ɦɑ̃˧ （一）从不。（二）不风行。

【勿足】fəʔ˥tsoʔ˥ （一）算不上（指人）。不够格。（二）分量不到。

【勿犯】fəʔ˥vE˧˩ 不影响（指相互之间的利益）。

【勿闭】fəʔ˥pi˦ 不闭（指人死时的眼睛和嘴）。

【勿有】fəʔ˥ɦiY˧˩ 没有。

【勿局】fəʔ˥dʑoʔ˧ 不行，不成。

【勿来】fəʔ˥lE˧ （一）不来。（二）不行，不答应。

【勿但】fəʔ˥dE˧ 不但。

W

【勿拨】fəʔ˥pəʔ˥　不给。
【勿拆】fəʔ˥ts'ɑʔ˥　（一）不分拆。（二）不大便、小便。
【勿怕】fəʔ˥p'o˦˩˨　不怕。
【勿受】fəʔ˥zY˧˩　不感兴趣，不喜欢。
【勿响】fəʔ˥ɕiã˥˨　（一）不回答，不吭声。（二）形容声音轻。（三）没有声音。
【勿要】fəʔ˥0iæ˦˩˨或fiæ˦˩˨　不要。
【勿带】fəʔ˥tɑ˦˩˨　（一）不邀约，不引导，不带领。（二）不带。
【勿便】fəʔ˥biɪ˧˩　不方便。
【勿消】fəʔ˥siæ˥　不消，不需要。
【勿罢】fəʔ˥bɑ˧˩　不止。
【勿添】fəʔ˥t'iɪ˥　（一）不增加。（二）不邀约。
【勿然】fəʔ˥zø˧　假如不这样。
【勿缠】fəʔ˥zø˧˩　不干，不参加。
【勿得】fəʔ˥təʔ˥　后缀词。不可以，不能。
【勿着】fəʔ˥zɑʔ˧　后缀词。得不到。
【勿管】fəʔ˥kuø˥˨　（一）不管。（二）无论。
【勿曾】fəʔ˥zəʔn˧˩或fən˥　不曾。
【勿碍】fəʔ˥ŋE˧　不要紧，没关系。
【勿错】fəʔ˥ts'o˥　（一）没有错误。（二）好的意思。
【勿入味】fəʔ˥zəʔ˧miɪ˧˩　佐料没有充分渗入菜肴，味道不够好。
【勿入调】fəʔ˥zəʔ˧diæ˧˩　（一）唱得不好听。（二）喻不正派。
【勿习上】fəʔ˥ziəʔ˧zɑ̃˧˩　不学好，不求上进。
【勿上算】fəʔ˥zɑ̃˧˩sø˥˨　划不来。
【勿上路】fəʔ˥zɑ̃˩ləu˧˩　不按规矩。
【勿少格】fəʔ˥sæ˦˩˨kəʔ˥　（一）没有少掉。（二）很多。
【勿比得】fəʔ˥pi˥˨təʔ˥　比如说（有反过来论证的意思）。
【勿勿少】fəʔ˥fəʔ˥sæ˥˨　形容很多。
【勿见得】fəʔ˥tɕiɪ˥təʔ˥　（一）不见得，不一定。（二）前缀

W

词。料想不会，预想不可能。

【勿见脱】fəʔ˥tɕiɪ˥tʻəʔ˥ 不见了，遗失，丢失。

【勿天亮】fəʔ˥tʻiɪ˥liã˩˧ 喻苦守光阴，没有尽头。

【勿认得】fəʔ˥ɲ̥ən˩˧təʔ˥ 不认识。

【勿出趟】fəʔ˥tsʻəʔ˥tʻɑʔ˧˦ 形容害羞，不善交际。

【勿动气】fəʔ˥doŋ˩˧tɕʻi˧˦ (一)不生气。(二)后缀词。“尽”+动词+“不动气”，表示这样做绝对没有问题，都可以容忍。

【勿色头】fəʔ˥səʔ˥dY˩˧ 倒霉。

【勿买账】fəʔ˥mɑ˦tsã˥˧ 不服。

【勿好看】fəʔ˥hæ˥˧kʻø˥˧ (一)难堪。(二)不美。

【勿至于】fəʔ˥tsʮ˧˦ɦy˩˧ 不至于。

【勿在乎】fəʔ˥zE˩˧ɦəu˩˧ 不在乎。

【勿争气】fəʔ˥tsã˥tɕʻi˥˧ 不争气。

【勿当心】fəʔ˥tɑ̃˥sin˥˧ 不小心。

【勿丢关】fəʔ˥tY˥kuE˥˧ (一)没有关系，不要紧。(二)不相关。

【勿关账】fəʔ˥kuE˥tsã˥˧ (一)没有关系，不碍事的。(二)不相关。

【勿合算】fəʔ˥kəʔ˥sø˥˧ 划不来。

【勿纳亨】fəʔ˥naʔ˥hã˥˧ 不怎么样。

【勿来三】fəʔ˥lE˦sE˥˧ 不行，不可以，行不通；不管用；能力差不能干。

【勿来去】fəʔ˥lE˦tɕʻi˥˧ (一)不往来。(二)(欠账)扯平。

【勿来事】fəʔ˥lE˦zɿ˩˧ 义同【勿来三】。

【勿犯着】fəʔ˥vE˦zɑʔ˧ 犯不着。

【勿连牵】fəʔ˥liɪ˦tɕʻiɪ˥˧ 不像样子。

【勿壳张】fəʔ˥kʻoʔ˥tsã˥ 没有预料到。

【勿局式】fəʔ˥dʑoʔ˧səʔ˥ 不行，不成。

【勿直落】fəʔ˥zəʔ˧loʔ˧ (一)(衣衫)不整齐。(二)(为人)不诚实。

W

【勿灵光】fəʔ˥lin˦kuã˥˩ (一)不妙,不好了。(二)不好的。

【勿作兴】fəʔ˥tsoʔ˥ɕən˥˩ 不应该,不可以。

【勿经用】fəʔ˥tɕən˥ɦioŋ˨˩ 经不起使用。

【勿经带】fəʔ˥tɕən˥tɑ˦˧ 经受不起。形容力量小、数量少、分量轻等。

【勿受用】fəʔ˥zʏ˨˩ɦioŋ˨˩ 不舒服(多指饮食之后)。

【勿舍得】fəʔ˥so˦˧təʔ˥ 割舍不下。

【勿适意】fəʔ˥səʔ˥∅i˦˧ (一)不舒适。(二)身体不舒服,生病。(三)形容反感。

【勿要响】fiæ˦˧ɕiã˥˩ 不要开口说话,不要声张。

【勿客气】fəʔ˥k'ɑʔ˥tɕ'i˦˧ (一)不用客气。(二)形容不和睦、冲突。(三)形容关系亲密到不用客气的地步。

【勿恰当】fəʔ˥tɕ'ɑʔ˥tã˥˩或fəʔ˥tɕ'iɑ˦˧tã˥˩ 不恰当。

【勿香串】fəʔ˥ɕiã˥ts'ø˥˩ 不光彩。

【勿要紧】fəʔ˥∅iæ˥tɕən˥˩ (一)无关紧要。(二)不要急着处理。(三)无妨。

【勿相干】fəʔ˥siã˥kø˥˩ 相互之间没有关系。

【勿要好】(1)fəʔ˥∅iæ˦˧hæ˥˩或fiæ˦˧hæ˥˩ 不求上进。(2)fəʔ˥∅iæ˥hæ˥˩ 不和睦。

【勿积肉】fəʔ˥tsiəʔ˥ȵoʔ˧ 不珍惜。

【勿晓得】fəʔ˥ɕiæ˦˧təʔ˥ 不知道。

【勿得了】fəʔ˥təʔ˥liæ˨˩ 不得了

【勿得法】fəʔ˥təʔ˥faʔ˥ (处理得)不好、不妥当。

【勿得知】fəʔ˥təʔ˥tsʮ˥ 不知道。

【勿领盆】fəʔ˥lin˨˩bən˦ 不服气。也作【勿服盆】fəʔ˥voʔ˧bən˦。

【勿接姓】fəʔ˥tsiəʔ˥sã˥˩ 詈语。指不争气。

【勿爽气】fəʔ˥sã˥˩tɕ'i˥˩ 不爽快。

【勿啥啥】fəʔ˥sɑ˦˧sɑ˥ 一点不为什么;一点也没有什么。

【勿清爽】fəʔ˥ts'in˥sã˥˩

（一）不干净。（二）不清楚。（三）有暧昧关系。

【勿着杠】fəʔ˥zɑʔ˧kɑ̃˥˩ 落空、损失。

【勿搭班】fəʔ˥taʔ˥pᴇ˥ （相互间）合不来。

【勿搭讪】fəʔ˥taʔ˥sᴇ˥ （相互间）没有往来、不招呼。

【勿搭界】fəʔ˥taʔ˥kɑ˦˨˦ （相互间）没有关系。

【勿管账】fəʔ˥kuø˥˩tsã˦˨˦ （一）不管账目。（二）喻不过问事情。

【勿敢当】fəʔ˥kø˥tɑ̃˥˩ 不敢当，当不起。

【勿算数】fəʔ˥sø˥səu˥˩ 不能当回事，可以忽略不计。

【勿尴尬】fəʔ˥kᴇ˥kɑ˥˩ （一）没有尴尬的感觉。（二）要不然。

【勿二勿三】fəʔ˥ȵi˧fəʔ˥sᴇ˥˩ 不三不四。

【勿入流品】fəʔ˥zəʔ˧lʏ˦pʻin˥˩ 次的；下流的。

【勿三勿四】fəʔ˥sᴇ˥fəʔ˥sɿ˥˩ （一）不正派。（二）不像样子。

【勿幺勿六】fəʔ˥θiæ˥fəʔ˥loʔ˧ 不三不四。

【勿上勿落】fəʔ˥zɑ̃˨˩fəʔ˥loʔ˧ 上不去，不下来。形容处于进退两难的尴尬境地。

【勿上台面】fəʔ˥zɑ̃˨˩dᴇ˦mi˨˩ 上不了场面的。

【勿勿少少】fəʔ˥fəʔ˥sæ˦˨˦sæ˦˨˦ 很多很多。

【勿吃勿用】fəʔ˥tɕʻəʔ˥fəʔ˥ɦioŋ˨˩ 不吃饭，也不消费。指没有任何开支。

【勿阴勿阳】fəʔ˥θin˥fəʔ˥ɦiã˦ 指人的面部表情、语气态度不阴不阳，不可捉摸。

【勿吃勿拆】fəʔ˥tɕʻəʔ˥fəʔ˥tsʻɑʔ˥ 不吃饭，不排泄。形容没有任何开支。

【勿在乎此】fəʔ˥zᴇ˦ɦəu˨˩tsʻɿ˥˩ 不在乎这一些。

【勿死勿活】fəʔ˥si˥˩fəʔ˥ɦuəʔ˧ （一）半死不活。（二）喻尴尬境地。

【勿声勿响】fəʔ˥sən˥fəʔ˥ɕiã˥˩ 不张扬。

【勿规勿矩】fəʔ˥kuᴇ˥fəʔ˥tɕy˥˩ 不守规矩。

【勿图人生】fəʔ˥dəu˦ȵən˨˩sən˥˩ 负责任。

【勿知厌足】fəʔ˥tsɥ˥θi˥˩tsoʔ˥ 不知满足(含贪得无厌的意思)。

【勿轻容易】fəʔ˥tɕʻən˥ɦioŋ˨˦θi˥˩ 不容易。

【勿是物事】fəʔ˥zɿ˧˩məʔ˧zɿ˧˩ 不是东西。

【勿挡风水】fəʔ˥tʻã˥foŋ˥sɥ˥˩ 形容实力太微小,干不了什么事。

【勿掉勿着】fəʔ˥diæ˨˦fəʔ˥zɑʔ˧ 形容不安稳的样子。

【勿甜勿咸】fəʔ˥diɪ˨˦fəʔ˥ɦE˨˦ 喻付出了,没有任何作用。

【勿着勿落】fəʔ˥zɑʔ˧fəʔ˥loʔ˧ (一)没有着落,处境尴尬。(二)指说话不得要领,使人莫名其妙。(三)指说话不靠谱,使人厌恶。

【勿着边际】fəʔ˥zɑʔ˧piɪ˥tsi˥˩ 漫无边际(多形容说话)。

【勿痛勿痒】fəʔ˥tʻoŋ˥˩˧fəʔ˥ɦiã˧˩ 喻起不了任何作用的(话)。

【勿超至于】fəʔ˥tsʻæ˥tsɥ˥˩ɦy˧˩ 不至于。

【勿落痕迹】fəʔ˥loʔ˧ɦən˨˦tsiəʔ˥ 不留下痕迹。形容行事缜密,别人不易察觉。

【勿吃粥饭格】fəʔ˥tɕʻəʔ˥tsoʔ˥vE˨˦kəʔ˥ 詈语。不是人,是禽兽。

【勿是生意经】fəʔ˥zɿ˧˩sã˥θi˥tɕən˥˩ 不是这么回事。

【勿吃苦,勿上谱】fəʔ˥tɕʻəʔ˥kʻəu˥˩,fəʔ˥zã˧˩pu˥˩ 俗语。指人不经挫折,不能有所作为。

【勿怕凶,独怕穷】fəʔ˥pʻo˥˩˧ɕioŋ˥,doʔ˧pʻo˥˩˧dʑoŋ˨˦ 不怕对方凶狠,只怕对方贫穷(不能偿债或拿不出钱来)。

【勿知天高地厚】fəʔ˥tsɥ˥tʻiɪ˥kæ˥di˧˩ɦY˧˩ (行事)不懂得高低轻重。

【勿管三七廿一】fəʔ˥kuø˥˩sE˥tsʻiəʔ˥ȵiɪ˨˦θiəʔ˥ 不顾一切。

【勿到黄河心勿死】fəʔ˥tæ˥˩˧ɦuã˨˦ɦəu˧˩sin˥fəʔ˥si˥˩ 喻不到绝境不会认输。

【勿是冤家勿聚头】fəʔ˥zɿ˧˩θiø˥ka˥˩fəʔ˥zi˧˩dY˨˦ (一)指冤家对头往往会不期而遇。(二)指亲密的人聚在一起(多指男女情爱)。

【勿是啥猪头三牲】fəʔ˥zɿ˧˩s

ɑ˦˥tsɥ˥dʏ˦sᴇ˥sɑ̃˥˩ 俗语。形容靠不住的人。

【勿看僧面看佛面】fəʔ˥k‘ø˦˥sən˥mii˨˩kø˦˥vəʔ˧mii˨˩ 不看某人的面子，也要顾及其他人的面子。

【勿僭便宜勿罢休】fəʔ˥tsi˦˥bii˦ȵəʔ˧fəʔ˥bɑ˨˩ɕiʏ˥ 不沾到便宜不会罢休的。形容人贪婪。

【勿见棺材，勿落眼泪】fəʔ˥tɕii˦˥kuø˥zᴇ˨˩，fəʔ˥loʔ˧ŋᴇ˦li˨˩ 喻不到最后关头，不肯悔悟。

【勿来咸馀，勿来淡馀】fəʔ˥lᴇ˦ɦᴇ˦nᴇ˨˩，fəʔ˥lᴇ˦dᴇ˨˩nᴇ˨˩ 形容对人不理不睬；冷淡的样子。

【勿怕一万，独怕万一】fəʔ˥p‘o˦˥Øiəʔ˥vᴇ˨˩，doʔ˧p‘o˦˥vᴇ˦Øiəʔ˥ 形容谨慎小心为好。

【勿帮和尚，勿帮道士】fəʔ˥pɑ̃˥ɦəu˦zɑ̃˨˩，fəʔ˥pɑ̃˥dæ˦zɿ˨˩ 形容没有偏颇。

【勿懂装懂，一世饭桶】fəʔ˥toŋ˥˩tsɑ̃˥toŋ˥˩，Øiəʔ˥sɥ˦˥vᴇ˦doŋ˨˩ 不懂装懂，永远不会进步。

【勿识相，要吃辣火酱】fəʔ˥səʔ˥siɑ̃˦˥，Øiæ˥tɕ‘əʔ˥laʔ˧həu˥˩tsiɑ̃˦˥ 喻不知趣要吃苦头的。

【勿当家，勿知柴米贵】fəʔ˥tɑ̃˥kɑ˥，fəʔ˥tsɥ˥zɑ˦mi˨˩kuᴇ˦˥ (一)指当家人难当。(二)不当家，不知道当家的艰难。

【勿好揿牢仔牛头吃草】fəʔ˥hæ˥˩tɕ‘ən˥læ˨˩tsɿ˥˩ȵiʏ˦dʏ˨˩tɕ‘əʔ˥ts‘æ˥˩ 喻不能勉强他人服从。

【勿听老人言，吃苦在眼前】fəʔ˥t‘in˥læ˥zən˨˩ɦi˨˩，tɕ‘əʔ˥k‘əu˥˩zᴇ˨˩ŋᴇ˦zi˨˩ 不虚心听取有经历的前辈的话，会吃大亏的。

【勿怕勿识字，只怕勿识人】fəʔ˥po˦˥fəʔ˥səʔ˥zɿ˨˩，tsəʔ˥po˦˥fəʔ˥səʔ˥ȵən˦ 喻为人处世，分清好人、坏人是至关紧要的。

【勿怕勿识货，只怕货比货】fəʔ˥po˦˥fəʔ˥səʔ˥həu˦˥，tsəʔ˥po˦˥həu˥pi˥˩həu˦˥ 喻品质的高低，要通过比较来鉴别。

【勿怕少年苦，就怕老来穷】fəʔ˥p‘o˦˥sæ˦˥ȵii˦k‘əu˥˩，zʏ˦

pʻo˥˨læ˦lE˦ʥioŋ˦ 不怕年轻时吃苦,就怕年纪大了过贫穷日子。

【勿做中人勿做保,一世呒烦恼】fəʔ˥tsəu˥˨tsoŋ˥ȵən˨˧fəʔ˥tsəu˥˨pæ˥˩,øiəʔ˥sɥ˥˨m̩˦vE˦næ˨˧ 喻不做中间调定人,会免去许多烦恼。

【勿舍得金弹子,打勿着金丝雀】fəʔ˥so˥˨təʔ˥ʨən˥dE˨˧tsɿ˥˩,tã˥˨fəʔ˥zɑʔ˧ʨən˥sɿ˥tsʻiɑʔ˥ 喻不付出,得不到回报。

【勿晓得葫芦里卖点啥格药】fəʔ˥ɕiæ˥˨təʔ˥ɦuəʔ˦ləu˨˧li˨˧mɑ˨˧tii˥˩sɑ˥˨kəʔ˥ɦiɑʔ˧ 喻弄不清对方的真实意图。

【勿识字好吃饭,勿识人勿好吃饭】fəʔ˥səʔ˥zɿ˨˧hæ˥˨ʨʻəʔ˥vE˨˧,fəʔ˥səʔ˥ȵən˦fəʔ˥hæ˥˩ʨʻəʔ˥vE˨˧ 喻为人处世,分清好人、坏人是至关紧要的。

【勿要欠账到棺材,生前不还死后还】fəʔ˥øiæ˥˨ʨʻi˥˨tsã˥˨tæ˥˨kuø˥zE˨˧,sən˥zi˨˧pəʔ˥ɦuE˦sɿ˥˨ɦY˦ɦuE˦ 指亏欠别人的,应该及时偿还。

【勿怕红面孔关老爷,就怕抿嘴弥陀佛】fəʔ˥pʻo˥˨ɦoŋ˦mii˦kʻoŋ˥˩kuE˥læ˨˧ɦiɑ˨˧,zY˦po˥˩min˥˩tsɥ˥˩mi˦dəu˨˧vəʔ˧ 指心直口快的人好相处,城府深的人不好打交道。

戊【vu˨˧】中州韵【vəu˨˧】

务【vu˨˧】中州韵【vəu˨˧】

【务必】vu˦piəʔ˥

【务农】vu˨˧noŋ˦

【务实】vu˦zəʔ˧

【务虚】vu˦ɕy˥

坞【øəu˥˩】

【坞】øəu˥˨ 下陷。

【坞下去】øəu˥˨ɦo˨˧ʨʻi˥˩ 陷下去。

【坞搭坞】øəu˥taʔ˥øəu˥˨ 明知犯错,不加修正,听之任之。

杌【ŋəʔ˧】

【杌子】ŋəʔ˧tsɿ˥˩

物【vəʔ˧】中州韵【voʔ˧】

【物价】vəʔ˧ka˅

【物议】vəʔ˧ȵi˩

【物色】vəʔ˧səʔ˥

【物产】vəʔ˧tsʻE˅

【物体】vəʔ˧tʻi˅

【物事】məʔ˧zɿ˩ 东西，物品。

【物证】vəʔ˧tsən˅

【物品】vəʔ˧pʻin˅

【物事经】məʔ˧zɿ˩tɕən˅ （一）东西，物品。（二）指意图。

【物以类聚】vəʔ˧0i˅lE˩zi˩

【物伤其类】vəʔ˧sã˥dʑi˩lE˩

【物尽其用】vəʔ˧zin˩dʑi˩ɦioŋ˩ 尽量发挥出各种东西的效用，不浪费一点。

【物极必反】vəʔ˧dʑəʔ˧piəʔ˥fE˅

【物事经当中】məʔ˧zɿ˩tɕən˅ tã˥tsoŋ˅ 意图之中。

误【ŋəu˩】

【误区】ŋəu˧tɕʻy˥

【误场】ŋəu˧zã˩或ŋəu˩zã˧

【误伤】ŋəu˧sã˥

【误会】ŋəu˧ɦuE˩

【误诊】ŋəu˧tsən˥

【误事】ŋəu˩zɿ˩

【误点】ŋəu˧tii˅

【误差】ŋəu˧tsʻɑ˥或ŋəu˧tsʻo˥

【误解】ŋəu˧tɕiɑ˅

恶【0oʔ˥】另见 ě；è；wū。

悟【ŋəu˩】

【悟性】ŋəu˧sin˅

晤【ŋəu˩】

焐【0əu˨】

【焐手】0əu˨sY˅ 用热的东西接触感觉寒冷的手。

【焐热】0əu˨ȵəʔ˧ 用热的东西接触凉的东西，使变热。

【焐焐】0əu˨0əu˨ 焐。

【焐逸】0əu˥0iəʔ˥ 指环境紧凑而安逸。

【焐窠】ʘəu˥k'əu˦ 用稻草编制的有保温功能的圆柱型厨房器具。

【焐熟】ʘəu˥zoʔ˧ 接触热东西，使生的食品渐渐变熟。

【焐酥豆】ʘəu˥səu˥dY˩ 蚕豆干加水，在文火上加热，渐渐煮到酥烂的一种消闲食品。

【焐酥脱】ʘəu˥səu˥t'əʔ˥ （一）放在微火上煮得极为酥烂。（二）形容极为亲热。

【焐熟饭】ʘəu˥zoʔ˧vE˩ 火力不够、煮熟的饭。

【焐熟面】ʘəu˥zoʔ˧miɪ˩ 火力不够煮熟的面条。

【焐熟藕】ʘəu˥zoʔ˧ŋY˩ 在老藕孔中灌满糯米后，文火煮熟切片加糖食用的食品。

【焐出蛆来】ʘəu˥ts'əʔ˥ts'i˥lE˩ 形容被子盖得过厚；或形容过于亲热。

【焐熟荸荠】ʘəu˥zoʔ˧bəʔ˧zi˩ 食品。荸荠加水，用文火煮熟。

【焐脚家婆】ʘəu˥tɕɑʔ˥kɑ˥bu˩ 指老妻。

【焐出小铜钿】ʘəu˥ts'əʔ˥siæ˧doŋ˧diɪ˩ 讥讽人吝啬，该出的钱，迟迟不出。

【焐出乌痧胀】ʘəu˥ts'əʔ˥ʘəu˥so˥tsã˧ 调侃人过于亲热；或调侃身体过于保暖。

婺【vu˩】中州韵【vəu˩】

骛【vu˩】中州韵【vəu˩】

雾【vu˩】中州韵【vəu˩】

【雾气】vəu˧tɕ'i˩

【雾里看花】vəu˧li˩k'ø˧ho˥ 喻看不真切、想不明白（的感觉）。

寤【huəʔ˥】

【寤朵里】huəʔ˥təu˥li˩ 睡梦中。也说成【寤头里】huəʔ˥dY˧li˩。

鹜【vu˩】中州韵【vəu˩】

附：

鰮【Øuəʔ˥】《类篇》乌没切。病气也。

【鰮脱】Øuəʔ˥t'əʔ˥　（一）浪费掉，糟塌掉。（二）被耽误掉；消沉掉。

【鰮塞】Øuəʔ˥səʔ˥　指心里郁闷，不痛快。

【鰮塞热】Øuəʔ˥səʔ˥ȵəʔ˧　气侯潮湿、闷热。

【鰮煞脱】Øuəʔ˥saʔ˥t'əʔ˥　（一）郁闷之极。（二）郁闷而死。（三）溺死。

【鰮仔鰮脱】Øuəʔ˥ʦɿ˥Øuəʔ˥t'əʔ˥　（一）形容心里郁闷，不舒服。（二）形容恶心的感觉。（三）吃的该热的食物或水温度不够高。

【鰮鼻头气】Øuəʔ˥bəʔ˧dʏ˨tɕ'i˧˩˥　（一）食物不透气所产生的令人厌恶的气味。（二）压抑而生气。

X

xī

夕【ziəʔ˧】

【夕阳】ziəʔ˧ɦiã˩

汐【ziəʔ˧】

矽【ziəʔ˧】

【矽肺】ziəʔ˧fi˧˥ 长期吸入含游离二氧化硅的灰尘引起的肺部纤维化疾病。

兮【ʘi˥˩】文读【ɕi˥˩】

【兮兮】ɕi˥ɕi˥˩ 后缀词。表示那样的状态、样子、程度。

西【si˥】

【西贝】si˥pᴇ˥˩ 隐指假的、冒充的意思。"贾"字由"西"、"贝"两字组成。吴语中"贾"、"假"(文读)同音。

【西方】si˥fã˥˩

【西天】si˥tʻiɪ˥˩

【西风】si˥foŋ˥˩

【西瓜】si˥ko˥˩

【西式】si˥səʔ˥

【西园】si˥ɦiø˩ 苏州有名的佛寺,为旅游景点。

【西点】si˥tiɪ˥˩

【西洋】si˥ɦiã˩

【西宾】si˥pin˥˩ 旧时对幕友或家中请的教师的称呼。

【西席】si˥ziəʔ˧

【西医】si˥ʘi˥˩

【西药】si˥ɦiɑʔ˧

【西装】si˥tsã˥˩

【西风头】si˥foŋ˥dʏ˩ 西风。

【西北风】si˥poʔ˥foŋ˥˩ 从西北方向吹来的风。指冬季的风。常用来比喻不能果腹的东西。

【西瓜子】si˥ko˥tsɿ˥˩ 西瓜

的子实。

【西瓜皮】si˥ko˥bi˨˧　西瓜的瓜皮。

【西瓜虫】si˥ko˥zoŋ˨˧　一种多足的小虫，能绻曲成球状，其形略似西瓜。

【西瓜灯】si˥ko˥tən˥˩　（一）在西瓜皮上刻出花纹、文字，挖去瓜瓤做成的灯。（二）西瓜形状的彩灯。

【西瓜盘】si˥ko˥bø˦　切西瓜用的正方形木盘。

【西瓜鸡】si˥ko˥ʨi˥˩　苏州传统时令菜肴。将焐烂的鸡放在去瓤的西瓜内蒸制而成。

【西瓜霜】si˥ko˥sã˥˩　用西瓜瓜肉制成的中成药。有清音利咽、消肿止痛等功效。

【西式头】si˥səʔ˥dʏ˨˧　指男子西洋发式。

【西洋画】si˥Øiã˥ɦo˨˧

【西洋参】si˥Øiã˥sən˥˩

【西洋镜】si˥Øiã˥ʨən˥˩　（一）旧时的一种娱乐装置，以若干幅画片左右推动，周而复始，观众从透镜中看放大的画面。（二）喻故弄玄虚，借以骗人的事物或手法。

【西施美女】si˥sʮ˥˩mɛ˦ȵy˨˧　形容漂亮的女人。

【西施活佛】si˥sʮ˥˩ɦuəʔ˧vəʔ˧　义同【西施美女】。

【西晒太阳】si˥so˥˩t‘ɑ˥ɦiã˨˧　下午西边的阳光。

【西天出太阳】si˥t‘iɪ˥ʦ‘əʔ˥ t‘ɑ˥ɦiã˨˧　喻不可能的事。

【西方极乐世界】si˥fã˥ʥəʔ˧ loʔ˧sʮ˥kɑ˥˩　（一）佛经中指阿弥陀佛所居住的国土，佛教徒认为可以获得光明、清净和快乐，摆脱人间一切烦恼的地方。（二）指死亡后好人去的地方。

【西北风里吹大的】si˥poʔ˥ foŋ˥li˨˧ʦ‘ʮ˥dəu˨˧kəʔ˥　讥讽语。小孩子长大，家长没有任何投入，而是西北风吹大的。

【西津桥团子——双档】si˥ ʦin˥ʥiæ˦dø˦ʦɿ˥˩——sã ˥tã˥˩　歇后语。形容两人关系密切，形影不离。

【西湖里假山——颃（杭）着（石）】si˥ɦəu˨˧li˨˧kɑ˦s E˥——ɦã˦（ɦã˦）zɑʔ˧（z

ɑʔ˧) 歇后语。遭受到。

【西南出北，草绳背屋】si˥ nø˩tsʻəʔ˥pɔʔ˥，tsʻæ˦zən˩pE˦ʔoʔ˥ 谚语。西南风转北风，风势会很大。

【西南阵，落一阵，涨三寸】si˥ nø˩zən˩，lɔʔ˧ʔiəʔ˥zən˩，tsã˦sE˥tsʻən˦ 谚语。指西南方向来的阵头雨，雨势会很大。

【西园去看娘舅——跑错仔门】si˥ɦiø˩tɕʻi˦kʻø˦ȵiã˧dʑiY˩——bæ˧tsʻo˥tsɿ˥ mən˧ 歇后语。指走错了门路，找错了人。西园，苏州有名的寺院。

茜【tsʻi˥】另见 qiàn。

牺【ɕi˥】

【牺牲】ɕi˥sən˥

粞【si˥】

吸【ɕəʔ˥】

【吸气】ɕəʔ˥tɕʻi˦ 指呼吸中吸进空气。

【吸力】ɕəʔ˥liəʔ˧ 引力。多指磁体所表现的吸引力。

【吸引】ɕəʔ˥ɦin˩ 把别的物体、力量或别人的注意力引到自己这方面来。

【吸收】ɕəʔ˥sY˥ （一）吸取。（二）接纳。

【吸取】ɕəʔ˥tsʻi˥ 吸收采取。

【吸牢】ɕəʔ˥læ˧ 吸住。

【吸盘】ɕəʔ˥bø˧ 能附着在其他物体上的动物圆盘形器官或人工制作的圆盘形装置。

【吸管】ɕəʔ˥kuø˥ 能吮吸液体的管子。

【吸毒】ɕəʔ˥doʔ˧ 吸食毒品。

【吸引力】ɕəʔ˥ɦin˩liəʔ˧ 吸引的引力。

【吸铁石】ɕəʔ˥tʻiəʔ˥zɑʔ˧ 磁石，磁铁。

希【ɕi˥】

【希望】ɕi˥mã˩ （一）心里想着达到某种目的或出现某种情况。（二）愿望。

唏【ɕi˥】

烯【ɕi˥】

晞【ɕi˥】

欷【ɕi˥】

稀【ɕi˥】

【稀开】ɕi˥kʻɛ˥˩　打开一点儿。

【稀客】ɕi˥kʻɑʔ˥　难得来到的客人。

【稀奇】ɕi˥ʥi˩　（一）稀少新奇。（二）十分喜欢、宠爱。（三）反语。有什么了不起。

【稀瘦】ɕi˥sɤ˥˩　很瘦。表示强调时说【稀稀瘦】ɕi˥ɕi˥sɤ˦。

【稀缝】ɕi˥voŋ˩　很小的缝，缝隙。

【稀稀潮】ɕi˥ɕi˥zæ˧　很潮湿。亦作【稀稀湿】ɕi˥ɕi˥səʔ˥。

【稀毛癞痢】ɕi˥mæ˧laʔ˥li˩　形容头发稀少。

【稀奇古怪】ɕi˥ʥi˩kəu˥˩kuɑ˥˩　稀少新奇，古里古怪。

【稀奇勿煞】ɕi˥ʥi˩fəʔ˥sɑʔ˥　反语。有什么稀奇？

【稀奇百怪】ɕi˥ʥi˩pɑʔ˥kuɑ˥˩　稀少新奇，十分奇特。

【稀奇扯旗】ɕi˥ʥi˩ʦʻɑ˥ʥi˩　讽刺语。自以为稀少新奇而显摆。

【稀湿落拓】ɕi˥səʔ˥loʔ˧tʻoʔ˥　很潮湿，水淋淋的。

【稀里糊涂】ɕi˥li˩ɦəu˩dəu˩　糊里糊涂。

【稀诧百怪】ɕi˥ʦʻə˥pɑʔ˥kuɑ˥˩　少见的，奇特的。

【稀臭碰天】ɕi˥ʦʻʦʻʦʻʦʻɤ˥˩bã˩tʻii˥˩　形容恶臭。

【稀稀奇奇】ɕi˥ɕi˥ʥi˩ʥi˩　稀少新奇。

【稀稀落落】ɕi˥ɕi˥loʔ˧loʔ˧　稀少。（物体、声音等）在空间或时间上的间隔大。

【稀零吮唧】ɕi˥lin˩kuã˥lã˩　稀少。

昔【siəʔ˥】

惜【siəʔ˥】

【惜福】siəʔ˥foʔ˥ 指珍视自己的福气,不过分享受。

【惜福得福,惜寿得寿】siəʔ˥foʔ˥təʔ˥foʔ˥,siəʔ˥zY˧˩təʔ˥zY˧˩ 指珍惜自己的福气,不过分享受,福气才长远;爱惜自己的身体,才能更长寿。

【惜食有食吃,惜衣有衣穿】siəʔ˥zəʔ˧ɦiY˧˩zəʔ˧tɕʻəʔ˥,siəʔ˥Øi˥ɦiY˧˩Øi˥tsʻø˥ 珍惜衣食,不挥霍浪费,能使自己衣食周全。

析【siəʔ˥】

【析产】siəʔ˥tsʻE˥˩ 分割财产(指分家)。

淅【siəʔ˥】

【淅沥沥】siəʔ˥liəʔ˧liəʔ˧ 象声词。细雨声,或许多小粒东西的撞击声落地声。

【淅淅刹刹】siəʔ˥siəʔ˥sɑʔ˥sɑʔ˥ 义同【淅沥沥】。

【淅沥沥,刹辣辣】siəʔ˥liəʔ˧liəʔ˧,sɑʔ˥lɑʔ˧lɑʔ˧ 象声词。许多小粒东西的撞击声、落地声。

晰【siəʔ˥】

蜥【siəʔ˥】

奚【ɦi˧】

溪【tɕʻi˥】

【溪河】tɕʻi˥ɦəu˧˩ 小河。

蹊【tɕʻi˥】另见 qí。

【蹊径】tɕʻi˥tɕən˥˩ 人行的小路。也喻指方法、门路。

息【siəʔ˥】

【息肉】siəʔ˥ȵoʔ˧ 因粘膜发生异常而形成的像肉质的突起。

【息怒】siəʔ˥nəu˧˩ 停止发怒。

【息影】siəʔ˥Øin˦ 隐退。

【息息相关】siəʔ˥siəʔ˥siã˥

kuE˥ 形容彼此关系非常密切。

【息事宁人】siəʔ˥zɿ˩ȵən˩zən˧ 平息纠纷,使人相安无事。

悉【siəʔ˥】

【悉心】siəʔ˥sin˥ 用尽心思。

【悉数】siəʔ˥səu˧ (一)全部数出。(二)完全列举。

窸【siəʔ˥】

【窸窸索索】siəʔ˥siəʔ˥soʔ˥soʔ˥ 象声词。形容细小的声音。

【窸粒索落】siəʔ˥liəʔ˧soʔ˥loʔ˧ 象声词。形容(一)细小的声音。(二)细小的东西往下掉。

蟋【siəʔ˥】

犀【si˥】

【犀牛】si˥ȵiɤ˩ 奇蹄类哺乳动物。体粗大,皮粗厚,毛稀少。鼻上有一只或两只角。

【犀角】si˥koʔ˥ 犀牛的角。十分名贵的中药材。

【犀角杯】si˥koʔ˥pE˧ 用犀角制成的酒杯。

樨【si˥】

锡【siəʔ˥】

【锡匠】siəʔ˥ziã˩ 制造和修理锡器的小手工业者。

【锡作】siəʔ˥tsoʔ˥ 制造锡器的作坊。

【锡瓶】siəʔ˥bin˧ 锡制的瓶,用来储存茶叶。

【锡剧】siəʔ˥ʥə˧ 江苏地方曲种之一。原名常锡文戏,由常州滩簧和无锡滩簧合流演化而成。

【锡掇】siəʔ˥təʔ˥ 锡制的圆柱形用具。有盖,两边有纽,盛物可以防潮。

【锡箔】siəʔ˥boʔ˧ 上面涂着一层薄锡的纸。多叠成元宝形,迷信的人用来焚化给鬼神。

【锡箔灰】siəʔ˥boʔ˧huE˥ (一)锡箔焚化后的灰。内含锡的成分，可以重新提炼出锡来。（二）喻不义之财。

【锡纸头】siəʔ˥tsɿ˧dʏ˩ 包装卷烟等所用的金属纸，多为银白色。

嘻【ɕi˥】

【嘻牙】ɕi˥ŋɑ˩ 炫耀物品逗人。

【嘻开】ɕi˥kɛ˥ 笑口微开。

【嘻一嘻】ɕi˥˧ʔiəʔ˥ɕi˥˧ 只露出一丝笑。

【嘻里哈】ɕi˥li˩hɑ˥˧ 缩脚韵。赖；赖账。

【嘻勒嘻】ɕi˥˧ləʔ˧ɕi˥˧ 将要笑出来的样子。

【嘻皮笑脸】ɕi˥bi˧siæ˥li˩ 不严肃的笑。

【嘻里哈赖】ɕi˥li˩hɑ˥lɑ˩ 形容一下子（就处理完）。

【嘻嘻哈哈】ɕi˥ɕi˥hɑ˥hɑ˥˧ 形容嬉笑欢乐的样子。

嬉【ɕi˥˧】

【嬉笑怒骂，皆成文章】ɕi˥˧ siæ˥˧nəu˩mo˩，tɕiɑ˥zən˩ vən˧tsã˥ 喻任意描写、发挥，都能成为很好的文章。

熹【ɕi˥】

熙【ɕi˥】

羲【ɕi˥】

曦【ɕi˥】

膝【siəʔ˥】

【膝下】siəʔ˥ɕiɑ˥˧ 旧时表示儿女一辈。

【膝行】siəʔ˥ɦin˧ 跪着行进。

【膝馒头】siəʔ˥mø˧dʏ˩ 膝盖。

【膝踝统】siəʔ˥k'əu˥t'oŋ˥˧ 猪肘子和猪爪相连的部分。

xí

习【ziəʔ˧】

【习上】ziəʔ˧zɑ̃˩ 求上进。

【习气】ziəʔ˧tɕ'i˥˧ 逐渐形成的坏习惯、坏作风。

【习性】ziəʔ˧sin˥˧ 在某种自

然条件下或社会环境中长期养成的特性。

【习惯】ziəʔ˧kuɛ˥˩

【习以为常】ziəʔ˧˦0i˥˩ɦuɛ˩zã˦

【习惯成自然】ziəʔ˧kuɛ˥˩zən˦zɿ˦zø˩ 经常做某件事,成了习惯,或经常接触某种特种情况而寻常看待。

席【ziəʔ˧】

【席子】ziəʔ˧tsɿ˥˩ 席。

【席平】ziəʔ˧bin˦ 形容很平整。

【席爿】ziəʔ˧bɛ˩ 席。

【席齐】ziəʔ˧zi˦ 形容非常齐整。

【席位】ziəʔ˦ɦuɛ˩

【席面】ziəʔ˧mi˩ 筵席,筵席上的酒菜。

【席枕】ziəʔ˧tsən˥˩ 用于枕头上的小席子。

【席卷】ziəʔ˧tɕiø˥˩

【席细】ziəʔ˧si˦ 形容非常细小。

【席草】ziəʔ˧tsʻæ˥˩ 制作席子用的草料。

【席柴】ziəʔ˧zɑ˩ 形容狼狈的样子。

【席薄】ziəʔ˧boʔ˧ 形容很薄。

【席地而坐】ziəʔ˧di˩ɦəl˩zəu˩ 坐在地上。

【席柴卜作】ziəʔ˧zɑ˩poʔ˥tsoʔ˥ 义同【席柴】。

【席柴锣鼓】ziəʔ˧zɑ˩ləu˩kəu˥˩ (唱)反调。

袭【ziəʔ˧】

媳【siəʔ˥】

【媳妇】sin˥vu˩ 儿子的妻子。也写作【新妇】。

【媳妇多仔婆烧饭,倪子多仔爷挑担】sin˥vu˩təu˥tsɿ˥˩bu˩sæ˥vɛ˩,ŋ̍i˦tsɿ˥˩təu˥tsɿ˥˩ɦia˦tʻiæ˥tɛ˦ 讥讽语。子女众多,反而不能照顾父母。

檄【ɦiəʔ˧】

xǐ

洗 文读【si˥˩】

【洗礼】si˦li˩

【洗劫】siɪ˦tɕəʔ˥
【洗练】siɪ˥liɪ˩
【洗刷】siɪ˦saʔ˥
【洗雪】siɪ˦siəʔ˥
【洗手不干】siɪ˦sʏ˥pəʔ˥kø˥ 喻盗贼等坏人改邪归正。
【洗尘接风】siɪ˦zən˩tsiəʔ˥foŋ˥ 宴请远道而来的客人。
【洗耳恭听】siɪ˦əl˥koŋ˦t'in˥ 形容专心、恭敬地听别人讲话。

铣【siɪ˥】

【铣床】siɪ˦zɑ̃˩ 一种金属切削机床。

玺【siɪ˥】

徙【siɪ˥】

喜【ɕi˥】

【喜讯】ɕi˥sin˥ 使人高兴的消息。
【喜果】ɕi˦kəu˥ 结婚时招待或送给亲友的糖果瓜子一类东西。
【喜事】ɕi˥zɿ˩ 可庆贺的事，一般指结婚。
【喜神】ɕi˦zən˩ 已故者的画像。
【喜封】ɕi˦foŋ˥ 节日给的用红纸封装的赏钱。
【喜钱】ɕi˦diɪ˩ 喜庆时给的赏钱。
【喜蛋】ɕi˥dɛ˩ 孵化未成的蛋。
【喜酒】ɕi˦tsʏ˥ 指结婚时宴请亲友的酒。也指为结婚用的筵席。
【喜糖】ɕi˦dɑ̃˧ 因喜事而散送亲友的糖果。
【喜幛】ɕi˦tsɑ̃˥ 办喜事时挂在墙上的红色幛子。上有吉祥文字。
【喜客人】ɕi˦k'ɑʔ˥ɦ̃ən˩ 举办婚事时雇来帮忙的女子。往往能说会道，通晓喜事程序、规矩。
【喜神方】ɕi˦zən˧fɑ̃˥ 旧指吉神所值方位。
【喜气洋洋】ɕi˦tɕi˥ɦiɑ̃˩ɦiɑ̃˩ 形容非常欢乐的样子。
【喜形于色】ɕi˦ɦin˧ɦʏ˧səʔ˥

【喜怒无常】ɕi˥˧nəu˧vu˩zã˧

【喜新厌旧】ɕi˥˧sin˥θi˥˩dʑiʏ˩

【喜鹊叫，客人到】ɕi˦tsʻiɑʔ˥tɕiæ˦，kʻɑʔ˥ȵən˧tæ˦ 俗语。听见喜鹊叫意味着有客来访。苏州人把听见喜鹊叫作为吉兆。

禧【ɕi˥˩】

xì

戏【ɕi˥˧】

【戏子】ɕi˥tsɿ˥˩ 旧时称戏剧演员。

【戏台】ɕi˥dE˩ 演戏的舞台。

【戏文】ɕi˥vən˩ 戏曲。

【戏院】ɕi˥ɦiø˩ 剧场。

【戏衣】ɕi˥θi˥˩ 演戏扮演角色所穿的服妆。

【戏迷】ɕi˥mi˩ 喜爱戏剧而入迷的人。

【戏馆】ɕi˥kuø˥˩ 剧场。

【戏法】ɕi˥faʔ˥ 魔术。

【戏路】ɕi˥ləu˩ 指演员所能表演的角色类型。

【戏弄】ɕi˥˩loŋ˩ 耍笑捉弄，拿人开心。

【戏曲】ɕi˥tɕʻioʔ˥ （一）我国传统的戏剧形式。（二）一种文学形式。杂剧和传奇中的唱词。

【戏子照】ɕi˥tsɿ˥˩tsæ˥˩ 穿戏装拍摄的照片。

【戏班子】ɕi˥pE˥tsɿ˥˩ 戏曲剧团的旧称。

【戏霸头】ɕi˥po˥dʏ˩ 旧时霸持演员的班主。

【戏老板】ɕi˥læ˩pE˥˩ 拥有剧团的老板。

【戏屁股】ɕi˥pʻi˥kəu˥˩ 戏行将结束的部分。

【戏子无义，婊子无情】ɕi˥tsɿ˥˩vu˧ɦi˧，piæ˦tsɿ˥˩vu˧zin˧ 旧时对演员的偏见。认为演员不讲义气，如同妓女不讲情分。

【戏法人人会变，各有巧妙不同】ɕi˥faʔ˥ȵən˧ȵən˩θuE˦pi˥˧，koʔ˥ɦiʏ˩tɕʻiæ˦miæ˦pəʔ˥doŋ˩ 喻各人有各人的办法，去达到各自的目的。

系【ɦi˩】文读【ɕi˥˩】

【系列】ɦi˩liəʔ˧ 相关联的成

组成套的事物。

【系统】ɦi˩tʻoŋ˥˩ (一)同类事物按一定的关系组成的整体。(二)有条理的。

饩【ɕi˥˩】

细【si˦˩】

X

【细小】si˥siæ˥˩ 很小。

【细心】si˥sin˥˩ 用心细密。

【细气】si˥tɕʻi˥˩ (一)精细。(二)质地细腻,气质优雅。也写作"细器"。

【细布】si˥pu˥˩

【细巧】si˥tɕʻiæ˥˩ 精细巧妙,纤细灵巧。

【细节】si˥tsiəʔ˥ 细小的环节或情节。

【细沙】si˥so˥˩ 豆沙。

【细软】si˥ŋø˩ 指首饰、贵重衣物等便于携带的东西。

【细账】si˥tsã˥˩ 详细的账目。

【细到】si˥tæ˥˩ 仔细周到。

【细胞】si˥pæ˥˩

【细结】si˥tɕəʔ˥ 细密结实。

【细盐】si˥ɦi˩ 精盐。

【细致】si˥tsʮ˥˩

【细粮】si˥liã˩

【细腻】si˥ȵi˩

【细稍】si˥sæ˥˩ 一点点。

【细微】si˥vi˩ 细小,微小。

【细气相】si˥tɕʻi˥siã˥˩ 很精细的外观。

【细细叫】si˥si˥tɕiæ˥˩ 仔仔细细地。

【细修作】si˥sʏ˥tsoʔ˥ 仔细地收拾。

【细酌酌】si˥tsaʔ˥tsaʔ˥ 慢慢地、仔细地品尝。

【细水长流】si˥sʮ˥˩zã˧lʏ˩ (一)喻节约使用财物或人力,使经常不缺。(二)喻一点一滴地做某事,总不间断。

【细皮白肉】si˥bi˧bɑʔ˧ȵoʔ˧ 指皮肤白,肌肉柔嫩。

【细白麻子】si˥bɑʔ˧mo˧tsɿ˥˩ 脸上有又小又白的不易被人察觉的多颗疤痕。

【细吹细打】si˥tsʻʮ˥si˥tã˥˩ 原指细腻的吹打音乐。喻仔细而缓慢地(做某件事)。

【细声细气】si˥sən˥si˥tɕʻi˥˩ 指说话声音细小。

【细枝末节】si˥tsʮ˥məʔ˧tsiəʔ˥

比喻事情或问题细小而无关紧要的部分。

【细谈终身】siㄱdɛ˩tsoŋ˥ sənㄱ 喻相互仔细商量、讨论等。

【细细到到】siㄱsiㄱtæ˥˩tæ˥˩ 仔仔细细,周周到到。

【细磨功夫】siㄱmo˩koŋ˥fu˥˩ 十分细致地工作。

【细磨细心相】siㄱmo˩siㄱsinㄱ siã˥˩ 形容十分细致且有耐心。

阋【ȵi˩】

隙【tɕʻəʔㄱ】

xiā

呷【haʔㄱ】中州韵【ɕiaʔㄱ】

【呷干】haʔㄱkøㄱ (一)喝光。(二)喻演员的演唱征服全场的观众。

【呷呷】haʔㄱhaʔㄱ 喝,饮。

【呷脱】haʔㄱtʻaʔㄱ 喝掉。

【呷口茶】haʔㄱkʻY˥˩zo˧ 喝一口茶。

【呷口酒】haʔㄱkʻY˥˩tsY˥˩ 喝一口酒。

虾【hoㄱ】文读【ɕiaㄱ】

【虾】ɕiaㄱ 隐语。指钱;现金。

【虾子】hoㄱtsɿ˥˩ 虾的卵。

【虾干】hoㄱkø˥˩ 干虾。

【虾仁】hoㄱȵən˩ 虾的肉。

【虾米】hoㄱmi˩ 虾干去壳。

【虾饼】hoㄱpin˥˩ 小虾调在面粉中,经油炸而成的食品。

【虾脑】hoㄱnæ˩ 雌虾头部的卵块。

【虾圆】hoㄱɦiø˩ 虾仁打烂后制成丸子,放在开水中煮熟。

【虾球】hoㄱdʑiY˩ 油炸虾圆。

【虾壳】hoㄱkʻoʔㄱ 虾的外壳。

【虾子酱油】hoㄱtsɿ˥˩tsiãㄱɦiY˩ 苏州特产。用鲜虾子加酱油熬制而成。

【虾子鲞鱼】hoㄱtsɿ˥˩siã˥˩ŋ˩ 苏州特产。敷上虾子的油煎咸鲞鱼。

【虾肉小笼】hoㄱȵoʔ˧siæ˥˧ loŋ˩ 以虾仁、肉末为馅的小笼包子。

【虾兵蟹将】ho˥pin˥˩hɑ˥˩tsiã˦ 神话传说中龙王手下的兵将。喻不中用的兵将。

【虾勿撩，水勿动】ho˥fəʔ˥liæ˦，sʮ˥˩fəʔ˥doŋ˨˧ 喻凡事皆有起因。

【虾有虾路，蟹有蟹路】ho˥ɦiʏ˨˧ho˥ləu˨˧，hɑ˥˩ɦiʏ˨˧hɑ˥˩ləu˨˧ 俗语。形容各人有各人的门路或办法。

瞎【haʔ˥】文读【ɕiaʔ˥】

【瞎子】haʔ˥tsɿ˥˩ 盲人。

【瞎吃】haʔ˥tɕʻəʔ˥ 胡乱吃东西。

【瞎老】haʔ˥læ˨˧ （一）胡乱议论。（二）批评谈吐与年龄或地位不相称。

【瞎讲】haʔ˥kɑ̃˥˩ 没有根据的乱讲。

【瞎诮】haʔ˥tsʻiæ˦ 胡闹。

【瞎说】haʔ˥sə˥ 没有根据的乱说。

【瞎缠】haʔ˥zø˨˧ （一）乱做。（二）弄错了事实或对象。

【瞎篡】haʔ˥tsʻø˦ 乱来。

【瞎嚼】haʔ˥ziɑʔ˧ 毫无根据的乱说。

【瞎吃吃】haʔ˥tɕʻəʔ˥tɕʻəʔ˥ 随便吃吃。

【瞎来来】haʔ˥lE˦lE˨˧ 随兴致玩玩。

【瞎来腔】haʔ˥lE˦tɕʻiã˥ 胡来。

【瞎说说】haʔ˥səʔ˥səʔ˥ （一）随便说说的，不负责任的。（二）假定那么说。

【瞎讲讲】haʔ˥kɑ̃˥˩kɑ̃˥˩ （一）随便讲讲的，不负责任的。（二）假定那么讲。

【瞎凑篡】haʔ˥tsʻʏ˥tsʻø˥˩ 瞎掺和。

【瞎和调】haʔ˥ɦəu˦diæ˨˧ 没有原则的，不负责任的附和。

【瞎起劲】haʔ˥tɕʻi˥˩tɕən˥˩ （一）没有目的的出力。（二）空忙。

【瞎偏心】haʔ˥pʻi˥sin˥ 受过极惊吓后，疑神疑鬼，妄自惊慌。

【瞎插拍】haʔ˥tsʻɑʔ˥pʻɑʔ˥ （一）说些没有意义不着边际的话。（二）做没有意义的事。

【瞎搭里】haʔ˥taʔ˥li˩ 指不该落实的地方。

【瞎缠缠】haʔ˥zø˩zø˩ 将就或试着做。

【瞎敷衍】haʔ˥fu˥ɦi˩ 随便应付;胡乱应付。

【瞎鳅窜】haʔ˥tsʻʏ˥tsʻø˧ 义同【瞎插拍】。

【瞎嚼蛆】haʔ˥ziɑʔ˧tsʻi˥ 没有根据的乱说。

【瞎七搭八】haʔ˥tsʻiəʔ˥taʔ˥poʔ˥ (一)乱来。(二)胡乱。

【瞎三话四】haʔ˥sɛ˥ɦo˩sɿ˧ 胡说八道。

【瞎天盲地】haʔ˥tʻi˥mɑ̃˩di˩ 盲目,不明周围情况或不明真相。

【瞎吃瞎用】haʔ˥tɕʻəʔ˥haʔ˥ɦioŋ˩ 胡乱消费。

【瞎说剔出】haʔ˥səʔ˥tʻiəʔ˥tsʻəʔ˥ 胡说八道。

【瞎着唠叨】haʔ˥zɑʔ˧læ˩tæ˧ (一)行为有悖常理。(二)说话不着边际。

【瞎子趁淘笑】haʔ˥tsɿ˧tsʻən˥dæ˩siæ˧ 指不明就里,跟人傻笑起哄。

【瞎缠三官经】haʔ˥zø˩sɛ˥kuø˥tɕən˧ (一)指把事情或意思都弄颠倒了。(二)不懂装懂,随口胡说。

【瞎嚼大头蛆】haʔ˥ziɑʔ˧dəu˧dʏ˧tsʻi˧ 胡说八道。

【瞎子磨刀——快哉】haʔ˥tsɿ˧mo˧tæ˥——kʻuɑ˧tsɛ˥ 歇后语。指快了,行将完成或结束了。

【瞎猫拖仔死老虫】haʔ˥mæ˧tʻəu˥tsɿ˧si˧læ˧zoŋ˩ 俗语。指不明就里,不管三七二十一。

【瞎子当仔亮子吃煞】haʔ˥tsɿ˧tɑ̃˧tsɿ˧liɑ̃˧tsɿ˧tɕʻəʔ˥saʔ˥ 俗语。被不明就里的人误会。

【瞎子当秤——勿勒心(星)浪】haʔ˥tsɿ˧tɑ̃˥tsʻən˧——fəʔ˥ləʔ˧sin˥(sin˥)lɑ̃˩ 歇后语。没有放在心上。

【瞎子看戏——啥格一出】haʔ˥tsɿ˧kʻø˧ɕi˧——sɑ˧kəʔ˥iəʔ˥tsʻəʔ˥ 歇后语。那算什么意思?

【瞎子戴眼镜——空架子】haʔ˥tsɿ˧tɑ˧ŋɛ˩tɕən˧——

k‘oŋ˥ kɑ˥ tsɿ˥˩ 歇后语。指只有外观，内无实际。

【瞎子靠棒，棒靠瞎子】haʔ˥ tsɿ˥˩ k‘æ˦˩˧ bɑ̃˩，bɑ̃˩ k‘æ˦˩˧ haʔ˥ tsɿ˥˩ 俗语。喻互相依赖。

【瞎子吃馄饨——心里有数】haʔ˥ tsɿ˥˩ tɕ‘əʔ˥ ɦuən˧ dən˩——sin˥ li˩ ɦiY˩ səu˦˩˧ 歇后语。指心里明白。

【瞎子看见鬼——活龙活现】haʔ˥ tsɿ˥˩ k‘ø˥ tɕiɪ˥ tɕy˥˩——ɦuəʔ˧ loŋ˩ ɦuəʔ˧ ɦiɪ˩ 歇后语。十分逼真。

【瞎子扯篷——摸索】haʔ˥ tsɿ˥˩ ts‘ɑ˥ boŋ˧——moʔ˧ soʔ˥ 歇后语。试探着（行进），寻找（方向、方法、经验等）。

【瞎子烘山芋——摸熟】haʔ˥ tsɿ˥˩ hoŋ˥ sE˥ ɦY˩——moʔ˧ zoʔ˧ 歇后语。指经过摸索，渐渐熟悉或熟练起来。

【瞎子打老婆——放手不得】haʔ˥ tsɿ˥˩ tɑ̃˥˩ læ˧ bu˩——fɑ̃˥ sY˥˩ fəʔ˥ təʔ˥ 歇后语。不能放手。

【瞎子认爷——又像又不像】haʔ˥ tsɿ˥˩ ȵən˩ ɦiɑ˧——ɦiəʔ˧ ziɑ̃˩ ɦiəʔ˧ fəʔ˥ ziɑ̃˩ 歇后语。好像是，好像不是。

【瞎子养儿子——盲目生产】haʔ˥ tsɿ˥˩ ɦiɑ̃˩ ȵi˧ tsɿ˥˩——mɑ̃˧ moʔ˧ sən˥ ts‘E˥˩ 歇后语。指无计划从事生产。

【瞎子拜丈人——有眼不识泰山】haʔ˥ tsɿ˥˩ pɑ˦˩˧ zɑ̃˧ ȵən˩——ɦiY˧ ŋE˩ fəʔ˥ səʔ˥ t‘ɑ˥ sE˥˩ 歇后语。喻人见识浅陋，认不出有本领、有声望的人。

【瞎说封神榜，乱说西游记】haʔ˥ səʔ˥ foŋ˥ zən˩ pɑ̃˥˩，lø˧ səʔ˥ si˥ ɦiY˧ tɕi˥˩ 俗语。喻信口开河。

【瞎眼野鸡——活一日，算一日】haʔ˥ ŋE˩ ɦiɑ˧ tɕi˥——ɦuəʔ˧ Øiəʔ˥ ȵəʔ˧，sø˦˩˧ Øiəʔ˥ ȵəʔ˧ 歇后语。对生活失去信心，过一天，算一天。

【瞎子唱大花脸——眼勿见为净】haʔ˥ tsɿ˥˩ ts‘ɑ̃˦˩˧ dɑ˧ huɑ˥ liɪ˩——ŋE˧ fəʔ˥ tɕiɪ˦˩˧ ɦuE˩ zin˩ 歇后语。指不去看或不去理会某些令人心烦的事，图个眼前清静。

xiá

侠【ɦiaʔ˧】

【侠义】ɦiaʔ˧ɦi˩ 指讲义气，肯舍己助人。

【侠客】ɦiaʔ˧kɑʔ˥ （一）旧时指有武艺、讲义气、肯舍己助人的人。（二）指艺人中来去无定、不着痕迹的人。

峡【kaʔ˥】中州韵【ɦiaʔ˧】

狭【haʔ˧】文读【ɦiaʔ˧】

【狭长】ɦaʔ˧zã˩ 窄而长。

【狭小】ɦaʔ˧siæ˥ 狭窄。

【狭窄】ɦaʔ˧tsaʔ˥ （一）宽度小。（二）不宏大宽广。

【狭溜溜】ɦaʔ˧lʏ˧lʏ˩ 形容窄小。

【狭路相逢】ɦaʔ˧ləu˩siã˥voŋ˩ 在很窄的路上遇见了。

硖【haʔ˧】文读【ɦiaʔ˧】

【硖石】ɦaʔ˧zɑʔ˧ 地名。在浙江省。

匣【ɦaʔ˧】文读【ɦiaʔ˧】

【匣子】ɦaʔ˧tsɿ˥ 装东西的较小的方形器具。

【匣子枪】ɦaʔ˧tsɿ˥tsʻiã˥ 驳壳枪。

遐【ɦiɑ˧】

瑕【ɦiɑ˧】

暇【ɦiɑ˧】

霞【øiɑ˥】中州韵【ɦiɑ˧】

【霞帔】øiɑ˥bE˩ 我国古代贵族妇女礼服的一部分。类似披肩。

黠【huaʔ˥】

xià

下【ɦo˩】文读【ɕiɑ˥】

【下凡】ɦo˩vE˧ 神话中指神

仙来到人间。

【下马】ɦo˨˩mo˨˩ （一）从马背上下来。（二）喻停止或放弃某项重大的工作、工程、计划等。

【下风】ɦo˧foŋ˥ （一）风所吹向的那一方。（二）喻争斗中处于不利地位。

【下爿】ɦo˧bᴇ˨˩ 由上下两部分组合的东西的下半部分。

【下巴】ɦo˧bo˨˩ 下颌。也说成ŋo˧bo˨˩。

【下手】（1）ɦo˧sʏ˥ 助手。（2）ɦo˨˩sʏ˥˩ 动手。

【下头】ɦo˧dʏ˨˩ （一）下边。（二）接下来。

【下台】ɦo˧dᴇ˨˩ （一）从舞台或讲台上下来。（二）指卸去公职或交出政权。（三）喻摆脱困难窘迫的处境。

【下文】ɦo˧vən˨˩ （一）书中或文章中某一段或某一句以后的部分。（二）喻事情发展的结果。

【下去】ɦo˧tɕʻi˥˩ （一）往下边去。（二）之后，以后。

【下头】ɦo˧dʏ˨˩ （一）下边。（二）之后，以后。

【下曲】ɦo˧tɕʻəʔ˥ 喻指事情的发展已到尾声阶段。

【下旬】ɦo˧zin˨˩ 每月二十一日到月底的日子。

【下级】ɦo˧tɕəʔ˥ 同一组织系统中等级低的组织或人员。

【下作】ɦo˧tsoʔ˥ 卑鄙，下流。

【下灶】ɦo˨˩tsæ˨˦ 旧时厨房里帮助厨师做烧火等杂务事儿。

【下来】ɦo˧lᴇ˧ （一）从高处向低处来。（二）从过去持续到现在。（三）表示动作的完成或结果。（四）表示程度继续增加。（五）之后，以后。

【下身】ɦo˧sən˥ （一）身体的下半部。（二）专指阴部。

【下转】ɦo˧tsø˥˩ 下一次或之后、以后。

【下限】ɦo˧ɦᴇ˨˩ 最小或最低限度。

【下弦】ɦo˧ɦiɪ˨˩ 月相的一种。农历每月二十二或二十三日，在地球看到缺右半边的半个月亮。

【下汰】ɦo˨da˨ 下一趟。

【下面】(1)ɦo˨mii˨ 煮面条。(2)ɦo˧mii˨ 义同【下头】。

【下药】ɦo˨ɦiaʔ˧ 下毒药或迷药。

【下降】ɦo˨kã˨˦ 从高到低,从多到少。

【下籽】ɦo˨tsɿ˨˦ 种下植物种子。

【下种】ɦo˨tsoŋ˨˦ 下种子。

【下卸】ɦo˨sia˨˦ 评弹行话。指之后演出去向。

【下饭】ɦo˨vɛ˨ (就着菜肴)把饭吃下去。

【下底】ɦo˧ti˨˦ 下面,之后。

【下首】ɦo˧sʏ˥ 位置较卑的一侧。

【下流】ɦo˧lʏ˨ (一)旧时喻卑下的地位。(二)卑鄙龌龊。

【下家】ɦo˨ka˥ (一)(打牌或行酒令等)下一个轮到的人。(二)商业上向中间人购进货物的一方。

【下海】ɦo˨hɛ˨˦ (一)出海。(二)业余戏曲爱好者成为职业演员。(三)泛指放弃原来的工作而经营商业。

【下课】ɦo˨k'əu˦

【下调】ɦo˧diæ˨ 向下调整或调拨。

【下埭】ɦo˨da˨ 下一次。

【下脚】ɦo˧tɕiaʔ˥ 评弹行话。(一)下一个演出地点。(二)书场下一个档期的内容、演员。(三)动物作为食品的内脏。(四)残肴,残渣。

【下葬】ɦo˨tsã˦ 把遗体或遗骨埋到土里。

【下游】ɦo˧ɦiʏ˨ (一)河流接近出口部分。(二)喻落后的地位。

【下腰】ɕia˨˦øiæ˥ 武术或舞蹈上指上身尽力向后弯曲。

【下属】ɦo˧zoʔ˧ 下级。

【下岗】ɦo˧kã˥ 离开岗位。

【下落】ɦo˧loʔ˧ 寻找中的人或物所在的地方。

【下联】ɦo˧lii˨ (一)对联的下一半。(二)喻指对话的因果关系里,结果的一面。

【下颏】ɦo˧gɛ˨ 指作为食品

的猪的下巴颏儿。

【下榻】ɦo˩tʻaʔ˥ （客人）住宿。

【下摆】ɦo˨˧pɑ˥˩ 长袍、衬衣、上衣等的最下面的部分。

【下趟】ɦo˩tʻɑ̃˥˩或ɦo˨˧tʻɑ̃˥ 下次、之后、以后。

【下一日】ɦo˩ʘiəʔ˥ȵ̊əʔ˧ 下一天。

【下一世】ɦo˩ʘiəʔ˥sʮ˥˩ 下一辈子。

【下一埭】ɦo˩ʘiəʔ˥dɑ˩ 下一次。

【下三路】ɦo˨˧sE˥ləu˩ （一）下贱、下流、低级趣味、庸俗。（二）戏曲表现中指胸以下的动作。

【下马威】ɕia˦mɑ˨˧ʘuE˥˩ 一开头就向对方显示的威力。

【下风头】ɦo˨˧foŋ˥dY˩ 风越过物体或人体之后的地方。

【下巴戏】ɦo˨˧po˥ɕi˥˩ 出丑的事。

【下巴馋】ɦo˨˧bo˨˧zE˩ （搬用）别人说过的话（贬义）。

【下心思】ɦo˩sin˥sɿ˥˩ 花心思。

【下勿落】ɦo˨˧fəʔ˥loʔ˧ 下不下去，下不了。

【下半日】ɦo˨˧pø˥ȵ̊əʔ˧ 下午。

【下半夜】ɦo˨˧pø˥ʘiɑ˥˩ 午夜到凌晨那段时间。

【下半身】ɦo˨˧pø˥sən˥˩ 人体腰以下的部分。

【下本钿】ɦo˩pən˦dii˩ 下本钱，投资。

【下台型】ɕiɑ˥˩dE˨˧ɦin˩ 出丑。

【下世里】ɦo˩sʮ˥˩li˩ 下一辈子。

【下汤团】ɦo˩tʻɑ̃˥dø˩ 煮汤圆。喻在河里或大池里洗澡。

【下功夫】ɦo˩koŋ˥fu˥˩ 花心思、精力、时间等。

【下血本】ɦo˩ɕyəʔ˥pən˥˩ 下了（经商的）老本。喻拿出全部积累或心思精力。

【下肚胀】ɦo˨˧dəu˨˧ʦɑ̃˥˩ 指食物吃下去后不易消化。也指酒类饮下去后容易醉。

【下底头】ɦo˨˧ti˥dY˩ 下面的。

【下坡路】ɦo˨˧pʻu˥ləu˩

(一)从高处通向低处的道路。(二)喻向衰落或灭亡的方向发展的道路。

【下迷露】ɦo˩mi˧lәu˩ 下雾。

【下搭头】ɦo˧taʔ˥dʏ˩ 口头禅。

【下等人】ɦo˧tәn˥ȵәn˩ 地位卑下的人。

【下棺材】ɦo˧kuø˥zE˩ 把尸体放进棺材。喻死亡。

【下意识】ɕiɑ˧ʔi˧səʔ˥ 对外界刺激的本能反应。

【下源虚】ɦo˧ȵiø˧ɕʏ˥ 怵;底气不足,内心恐慌。

【下漫昼】ɦo˧mE˧tsʏ˥ 下午。

【下二三转】ɦo˧ȵi˧sE˥tsø˥ 下一次,泛指之后。

【下里巴人】ɕiɑ˧li˧pɑ˥zәn˩

【下筷呃头】ɦo˩k'uE˥ŋ˩dʏ˩ 下箸,用筷夹菜。

【下巴托托牢】ɦo˧bo˩t'oʔ˥t'oʔ˥læ˧ 提示说话不可以不着边际。

【下勿落辣手】ɦo˧fəʔ˥loʔ˧laʔ˧sʏ˥ 形容下不了狠心。

【下巴勚托牢】ɦo˧bo˩fəʔ˥zәn˧t'oʔ˥læ˧ 也读成ɦo˧bo˩fәn˥toʔ˥læ˧ 指说话不着边际。

【下巴底下敲镗锣——吓酥(苏)】ɦo˧bo˧ti˥ɦo˩k'æ˥dã˧lәu˩——hɑʔ˥sәu˥(sәu˥) 歇后语。指吓得瘫倒了。吴语称胡须为“苏苏”。“苏”与“酥”同音。

吓【hɑʔ˥】文读【ɕiaʔ˥】

【吓头】hɑʔ˥dʏ˧ (受)惊吓。

【吓伤】hɑʔ˥sã˥ 吓坏。

【吓怕】hɑʔ˥p'o˥ 因受惊而害怕。

【吓退】hɑʔ˥t'E˥ 因受惊而退缩。

【吓脱】hɑʔ˥t'əʔ˥ (一)因受惊而放弃。(二)吓掉。

【吓煞】hɑʔ˥saʔ˥ (一)害怕到极点。(二)吓死。

【吓出来】hɑʔ˥ts'əʔ˥lE˩ (一)因受惊吓而说出来。(二)因受到威胁,从原本隐藏的地方出来。

【吓势势】hɑʔ˥sʮ˥sʮ˥ 形容害怕。

【吓服帖】hɑʔ˥voʔ˧tʻiəʔ˥ 因害怕而屈服。

【吓愣愣】hɑʔ˥læ˧læ˩ 形容恐惧的感觉。

【吓偏心】hɑʔ˥pʻi˥sin˥ 因受过惊吓而神经过敏。

【吓煞人】hɑʔ˥saʔ˥ȵən˧ (一)吓死人。喻太可怕。(二)程度词。表示最高程度。如:快得吓煞人。

【吓煞快】hɑʔ˥saʔ˥kʻuɑ˥˩ 形容受惊不小。

【吓人捣怪】hɑʔ˥ȵən˧tæ˥˩kuɑ˥˩ 形容十分可怕。

【吓人势势】hɑʔ˥ȵən˧sɥ˥˩sɥ˥˩ 义同【吓人捣怪】。

【吓出屁来】hɑʔ˥tsʻəʔ˥pʻi˧lE˩ (一)因受惊而放屁。(二)调侃语。表示到达极点,不可能超过。如:卖到十元,吓出屁来哉。

【吓呆松鼠】hɑʔ˥ŋE˧soŋ˥tsʻɥ˥˩ 喻受惊后的神态。

【吓破苦胆】hɑʔ˥pʻu˧kʻəu˧tE˥˩ 吓破了胆。形容受极度惊吓。

【吓脱格喜】hɑʔ˥tʻəʔ˥kəʔ˥ɕi˥˩ 吓掉了魂。常作讥讽人行事过分,丧失了理智。

【吓脱格魂】hɑʔ˥tʻəʔ˥kəʔ˥ɦuən˧ 义同【吓脱格喜】。

【吓煞人香】hɑʔ˥saʔ˥ȵən˧ɕiã˥ 苏州名茶碧螺春的旧名。

【吓煞诸人】hɑʔ˥saʔ˥tsɥ˥˩ȵən˧ 吓死人。喻太可怕。

【吓得魂灵头出窍】hɑʔ˥təʔ˥ɦuən˧lin˧dʏ˩tsʻəʔ˥tɕʻiæ˧ 吓掉了魂。形容受极度惊吓。

夏【ɦo˩】文读【ɕiɑ˥˩】

【夏历】ɦo˧liəʔ˧

【夏布】ɦo˧pu˥˩

【夏令】ɦo˩lin˧

【夏衣】ɦo˧i˥

【夏调】ɦo˩diæ˩ 苏州评弹流派唱腔。夏荷生所创。

【夏花郎】ɦəu˧ho˥lɑ̃˩ 紫云英。

【夏雨隔爿田】ɦo˧ɦʏ˩kɑʔ˥bE˩di˧ 夏季下雨,往往相隔几步路的地方却天气晴好的现象。

【夏天格日头,慢娘格拳头】ɦo˧tʻi˥kəʔ˥ȵəʔ˧dʏ˩,mE˧

ȵiãꜜkəʔ˥ʥiø˧dY˩ 旧时喻后妈的凶悍。

【夏至勿吃馄饨，死仔呒不坟墩】ɦo˧tsʮ˦fəʔ˥tɕʻəʔ˥ɦuən˧dən˩，si˦tsɿ˦m˧pəʔ˥vən˧tən˦ 俗语。吴俗夏至节令吃馄饨。本条属于趣语，强调夏至吃馄饨的风俗。

唬【ɕio˦】文读【ɕia˦】另见 hǔ。

厦【ɦo˩】文读【ɕia˦】另见 shà。

罅【ɕio˦】文读【ɕia˦】

【罅抓】ɕia˥tsa˦ 能干。

【罅抓新妇烧勿出呒米饭】ɕia˥tsa˥sin˥vu˩sæ˥fəʔ˥tsʻəʔ˥m˧mi˩vE˩ 指缺乏必要的条件，再能干的人也办不成事。

xiān

仙【si˥】

【仙人】si˥ȵən˩ （一）神话和童话里指长生不老并且有种种神通的人。（二）戏谑语。指腿脚有病的人。

【仙女】si˥ȵy˩ 年轻的女仙人。

【仙子】si˥tsɿ˦ 仙女。

【仙丹】si˥tE˦ 神话传说中认为吃了可以起死回生或长生不老的灵丹妙药。

【仙法】si˥faʔ˥ 仙人的法术。

【仙姑】si˥kəu˦ 女仙人。

【仙药】si˥ɦiaʔ˧ 义同【仙丹】。

【仙茶】si˥zo˩ 供奉仙老爷的茶水。茶叶较少。

【仙家】si˥tɕia˦ 仙人。

【仙逝】si˥zɿ˩

【仙游】si˥ɦiY˧ 旧时指女性去世。

【仙境】si˥tɕən˦ 神仙居住的地方。多比喻景物优美的地方。

【仙人球】si˥ȵən˩ʥiY˩ 多年生植物。茎圆形或椭圆形，肉质，有纵行的棱，棱上有丛生的刺，花大，红色或白色。供观赏。

【仙人掌】siɪ˥ȵən˧tsã˥˩ 多年生植物。茎多，呈长椭圆形，稍扁平，像手掌，肉质，有刺，花黄赤色。供观赏。

【仙人跳】siɪ˥ȵən˧t'iæ˦˩˨ 利用女色，将人引入圈套，进行敲诈勒索。

【仙老爷】siɪ˥læ˧ɦiɑ˨ 狐仙的尊称。

【仙人脑子】siɪ˥ȵən˨næ˨tsɿ˥˩ 指（食用后）能使人精神异常健旺。

【仙人指路】siɪ˥ȵən˨tsɥ˥˩ləu˨ 象棋术语。开局第一步走三路或七路的兵（卒）。

【仙人不识丸丹】siɪ˥ȵən˨fəʔ˥səʔ˥huø˧tE˥ 形容中医方剂的神秘和神奇。

【仙鹤竖车子——别致（蹩嘴）】siɪ˥ŋoʔ˧zɥ˧ts'o˥tsɿ˥˩——biəʔ˧tsɥ˥˩（biəʔ˧tsɥ˥˩） 歇后语。指与众不同。竖车子，人体倒立。

籼【siɪ˥】

【籼米】siɪ˥mi˨ 籼稻碾出来的米。

纤【siɪ˥】

【纤巧】siɪ˥tɕ'iæ˥˩ 细小，小巧。

【纤维】siɪ˥vi˨ 天然的或人工合成的细丝状物质。

跹【ts'iɪ˥】

先【siɪ˥】

【先人】siɪ˥ȵən˨ （一）祖先。（二）指已死的父亲。

【先手】siɪ˥sʏ˥˩ 下棋时主动的形势。

【先天】siɪ˥t'iɪ˥˩ 人或动物的胚胎时期。

【先父】siɪ˥vu˨ 指已死的父亲。

【先兄】siɪ˥ɕioŋ˥˩ 指已死的哥哥。

【先生】siɪ˥sã˥˩ （一）评弹用语。指业师。（二）老师。（三）称别人的丈夫或对人称自己的丈夫。（四）旧时称以说书、相面、算卦、看风水等为业的人。（五）一般男子的称谓。

【先勿先】siɪ˥fə˥siɪ˩ 首先。

【先起头】siɪ˥tɕʻi˩dʏ˩ 开始的时候。

【先出世】siɪ˥tsʻə˥sʮ˩ 指父亲。

【先入为主】siɪ˥zə˧ɦuɛ˩tsʮ˩

【先进山门为大】siɪ˥tsin˩sɛ˥mən˩ɦuɛ˩dəu˩ 俗语。指先拜师的人,无论年龄大小,总是后拜师的人的师兄或师姐。

【先注死,慢注生】siɪ˥tsʮ˩si˩,mɛ˩tsʮ˩sã˥ 迷信指一个人未生养时先已注定其死期。

【先吃滋味慢惠钞】siɪ˥tɕʻə˥tsɿ˥mi˩mɛ˧ɦuɛ˧tsʻæ˩ 先品尝,再付钱。原是商业宣传语,后被用作先获得,而后再支付。

【先养儿子慢做亲】siɪ˥ɦiã˩ȵi˧tsɿ˩mɛ˧tsəu˩tsʻin˥ 先苟合生子,后结婚。

【先天不足,后天失调】siɪ˥tʻiɪ˥fə˥tso˥,ɦʏ˧tʻiɪ˥sə˥diæ˧ 指形成时有缺陷,成长中又缺乏调理。

【先吃先肚饥,慢吃笑嘻嘻】siɪ˥tɕʻə˥siɪ˥dəu˩tɕi˩,mɛ˧tɕʻə˥siæ˥ɕi˩ɕi˩ 童语。大家分一份食品品用。先吃的一下子吃光了。后吃的或慢慢吃的,尚有余裕,可以继续开心地享用。

【先打雷,后起风,有雨亦勿凶】siɪ˥tã˩lɛ˧,ɦʏ˧tɕʻi˩foŋ˥,ɦiʏ˩ɦʏ˩ɦɑʔ˧fə˥ɕioŋ˥ 谚语。打雷后起风,一般不下雨,即使下雨也下不大、下不长。

掀【ɕiɪ˥】

【掀起】ɕiɪ˥tɕʻi˩ (一)使运动等大规模地兴起。(二)翘起(一般指屁股)。

【掀起屁股看雌雄】ɕiɪ˥tɕʻi˩pʻi˥kəu˩kʻø˧tsʻɿ˥ɦioŋ˩ 喻把一切缺点、缺陷都暴露出来。

鲜【siɪ˥】另见 xiǎn。

【鲜血】siɪ˥ɕyə˥ 鲜红的

血。

【鲜头】siı˥dʏ˩ （一）滋味鲜美的因素。（二）喻事物中最美好的部分。

【鲜味】siı˥mi˩ 鲜美的滋味。

【鲜甜】siı˥diı˧ 形容味道鲜美。

【鲜鲜】siı˥siı˨ 新鲜。

【鲜爆】siı˥pæ˨ 称物时秤杆上翘，秤出的重量数略高于所称物体的实际重量数。简称"鲜"。

【鲜鲜肉】siı˥siı˥ȵoʔ˧ 新鲜的猪肉。

【鲜鲜豆】siı˥siı˥dʏ˩ 新鲜的蚕豆。

【鲜灼灼】siı˥tsaʔ˥tsaʔ˥ 十分新鲜的（食品）。

【鲜滋滋】siı˥tsɥ˩tsɥ˨ 形容鲜美。

【鲜龙活跳】siı˥loŋ˩ɦuəʔ˧ tʻiæ˧ （一）形容动物鲜活的样子。（二）形容人身体健康，没有任何毛病。

【鲜花鲜物】siı˥ho˥siı˥vəʔ˧ 新鲜、及时的东西。喻光彩的事。

【鲜鲜灼灼】siı˥siı˥tsaʔ˥tsaʔ˥ 形容新鲜。喻光彩。

【鲜鲜活死人】siı˥siı˥ɦuəʔ˧ si˨ȵən˧ 詈语。（一）指不能办事或办事不能起任何作用的人。（二）喻一问三不知的人。

【鲜得眉毛吐脱】siı˥təʔ˥miı˧ mæ˩tʻəu˧tʻəʔ˥ 形容味道极为鲜美。

忺【ɕiı˥】

【忺】ɕiı˥ 义同【显】（2）之（二）。

暹【siı˥】

【暹罗】siı˥ləu˩ 泰国的旧名。

xián

闲【ɦɛ˧】文读【ɦiı˧】

【闲人】ɦɛ˧ȵən˩ （一）与事无关的人。（二）空闲无事的人。

【闲书】ɦɛ˧sɥ˥ 指供消遣的

书。

【闲气】ɦɛ˨˦tɕʻi˥˧ 为了无关紧要或与己无关的事而生的气。

【闲杂】ɦɛ˨˦zaʔ˧ (一)指没有一定职务的或与某事无关的(人)。(二)指无关紧要的和杂乱的(事)。

【闲饭】ɦɛ˨˦vɛ˨˩ 指在家闲住没有工作,而空耗的一日三餐。

【闲时】ɦɛ˨˦zɿ˨˩ 空闲的时候。

【闲事】ɦɛ˨˦zɿ˨˩ 跟自己没有关系的事。

【闲话】ɦɛ˨˦ɦo˨˩ (一)泛指说话、谈话。(二)与正事无关的话。(三)不满意的话。

【闲居】ɦɛ˨˦tɕy˥

【闲账】ɦɛ˨˦tsã˥˧ 闲事。

【闲职】ɦɛ˨˦tsəʔ˥ 空闲的或事情少的职务。

【闲谈】ɦɛ˨˦dɛ˨˩ 没有准备话题的随便谈话。

【闲常】ɦɛ˨˦zã˨˩ 平时。

【闲散】ɦɛ˨˦sɛ˥˧ (一)无事可做而又无拘无束。(二)闲着不使用的(指金钱或物资)。

【闲心思】ɦɛ˨˦sin˥sɿ˥˧ 空闲的工夫,或用闲适的心情去思考。

【闲功夫】ɦɛ˨˦koŋ˥fu˥˧ 空闲的时间。

【闲常时】ɦɛ˨˦zã˨˦zɿ˨˩ 平时。

【闲铜钿】ɦɛ˨˦doŋ˨˦di˨˩ 指生活必需的费用以外多余的钱。

【闲文野章】ɦɛ˨˦vən˨˦ɦia˨˩tsã˥˧ 指与正事无关的话。

【闲扰白夹】ɦɛ˨˦zæ˨˩bɑʔ˧kaʔ˥ 无事端端地(消费)。

【闲常日脚】ɦɛ˨˦zã˨˦ȵəʔ˧tɕiɑʔ˥ 平常的日子。

【闲情逸致】ɦi˨˦zin˨˩∅iəʔ˥tsɿ˥˧

【闲人说闲话】ɦɛ˨˦ȵən˨˩səʔ˥ɦɛ˨˦ɦo˨˩ 与事无关的人说些不负责任的话。

娴【ɦi˨˦】

弦【ɦi˨˦】

【弦子】ɦi˨˦tsɿ˥˧ 三弦的通称。

X

【弦线】ɦiɪ˨˧siɪ˥˨　乐器上发声的线。

【弦马】ɦiɪ˨˧mo˨˩　弦乐鼓上架起弦线的东西。

【弦鼓】ɦiɪ˨˧kəu˥˨　三弦下端长圆形的共鸣箱。

【弦外之音】ɦiɪ˨˧ŋɑ˨˩tsʮ˥˨øin˥

舷【ɦiɪ˨˧】

贤【ɦiɪ˨˧】

【贤才】ɦiɪ˨˩zE˨˩

【贤达】ɦiɪ˨˩daʔ˧

【贤良】ɦiɪ˨˩liɑ̃˨˩

【贤惠】ɦiɪ˨˧ɦuE˨˩　指妇女心地善良，通情达理，对人和蔼。

【贤德】ɦiɪ˨˧təʔ˥　（一）善良的德行。（二）贤惠。

咸【ɦE˨˦】文读【ɦiɪ˨˧】

【咸肉】ɦE˨˦ȵoʔ˧　腌制过的猪肉。

【咸头】ɦE˨˦dY˨˩　泛指烧菜的佐料。也指简单的菜肴。

【咸鱼】ɦE˨˦ŋ̍˨˩　腌制过的鱼。

【咸货】ɦE˨˦həu˥˨　腌制的荤食。

【咸菜】ɦE˨˦tsʻE˥˨　腌制过的蔬菜。

【咸蘸】ɦE˨˦tsE˥˨　形容讥讽得很厉害。

【咸肉庄】ɦE˨˦ȵoʔ˧tsɑ̃˥　（一）出售咸肉的商店。（二）低级妓院。

【咸货行】ɦE˨˦həu˥ɦɑ̃˨˩　专门批发腌制品的商家。

【咸泡饭】ɦE˨˦pʻæ˥vE˨˩　加蔬菜、盐烧制的粥。

【咸咪咪】ɦE˨˦mi˥mi˨˩　形容略带咸味。

【咸菜卤】ɦE˨˦tsʻE˥ləu˨˩　腌制咸菜后沥出的盐卤。

【咸菜甏】ɦE˨˦tsʻE˥bɑ̃˨˩　腌制蔬菜用的陶瓮。

【咸溜溜】ɦE˨˦lY˥lY˨˩　形容略带咸味。

【咸遢遢】ɦE˨˦taʔ˥taʔ˥　义同【咸溜溜】。

【咸水花生】ɦE˨˦sʮ˥ho˥sən˥˨　用咸菜卤腌制、浸泡的花生仁食品。

【咸水果肉】ɦE˨˦sʮ˥kəu˥ȵoʔ˧　义同【咸水花生】。

【咸得伤心】ɦE˨˧təʔ˥sã˥sin˥˧ 形容咸得受不了。

【咸拷长生果】ɦE˨˧k'æ˥zã˨˧sən˥kəu˥˧ 用咸菜卤浸泡腌制的花生。

【咸菜萝卜干】ɦE˨˧ts'E˥˧læ˨˧boʔ˧kø˥˧ 咸菜和萝卜干。常用作清苦伙食的代名词。

【咸菜拌豆腐——有言(盐)在先】ɦE˨˧ts'E˥˧bø˨˩dY˨˧vu˨˩——ɦiY˨˩ɦiɪ˨˧(ɦiɪ˨˧)zE˨˩siɪ˥ 歇后语。事先说明白的。

【咸鲤鱼放生——勿知死活】ɦE˨˧li˨˧ŋ̍˨˩fã˧˦sã˥——fəʔ˥tsʮ˥si˧˦ɦuəʔ˧ 歇后语。不懂得将涉及生死攸关的后果。

【咸鲞鱼挖脱眼睛——瞎想(鲞)】ɦE˨˧siã˥ŋ̍˨˩Øuã˥t'əʔ˥ŋE˨˧tsin˥˧——haʔ˥siã˥˧(siã˥˧) 歇后语。胡思乱想。

【咸菜缸里格石头——厾出呒份】ɦE˨˧ts'E˥kã˥li˨˩kəʔ˥zaʔ˧dY˨˩——toʔ˥ts'əʔ˥m̩˨˧vən˨˩ 歇后语。指劳者不获。

挦【zi˨˩】

【挦毛】zi˨˩mæ˨˧ 撕、扯、拉、拔除毛。

涎【ɦiɪ˨˧】

衔【ɦE˨˧】、【ŋE˨˧】文读【ɦiɪ˨˧】

【衔】(1)ɦE˨˧ 用嘴含、叼。(2)ŋE˨˧、ɦiɪ˨˧ 官阶。

【衔头】ŋE˨˧dY˨˩ 职务和级别的名号。

【衔接】ɦiɪ˨˧tsiəʔ˥ 后一事物与前一事物相连属。

【衔鸟算命】ɦE˨˧tiæ˥sø˥min˨˩ 迷信算命的一种。由小鸟衔出一块字牌,从字牌上的字来推测祸福。

xiǎn

冼【si˥˧】姓。

洗【si˥˧】另见 xǐ。

X

笕【si˥˩】

【笕帚】si˦˩˧tsʏ˥ 涮锅碗的炊帚。

【笕帚砣砣】si˦˩˧tsʏ˥dəu˩dəu˦ 笕帚的柄。

显【ɕiɪ˦˩˧】

【显】(1)ɕiɪ˦˩˧ (一)鲜艳。(二)暴露。(三)突出。(2)ɕiɪ˥ (一)醃制鱼肉变质。也写作【醶】。(二)炫耀。也写作【忺】。

【显头】ɕiɪ˥dʏ˩ 腌制的鱼肉上开始变质的部分。

【显灵】ɕiɪ˦˩˧lin˦ 迷信指鬼神现出形象,发出声响或使人感到威力。

【显宝】ɕiɪ˥pæ˥˩ 以物向人炫耀。

【显底】ɕiɪ˥˩ti˥˩ 形容手段净尽,显出老底。

【显面】ɕiɪ˥mi˩ 容易被人注意到的位置。

【显相】ɕiɪ˥siã˥˩ (一)喜欢引人注目的样子。(二)露底。

【显笑】ɕiɪ˥siæ˥˩ 指人极容易笑。

【显眼】ɕiɪ˦˩˧ŋᴇ˦ 容易引人注目。

【显焕】ɕiɪ˥˩huø˥˩ (一)体面。(二)显耀。

【显火腿】ɕiɪ˥həu˥˩t'ᴇ˥˩ 指喜欢显摆的人。

【显本事】ɕiɪ˥pən˥zɿ˩ 炫耀本领。

【显夹夹】ɕiɪ˥kaʔ˥kaʔ˥ (一)炫耀。(二)迫不及待地表现自己。

【显原形】ɕiɪ˦˩˧ŋ̥ø˦ɦin˩ 露出本相。

险【ɕiɪ˥˩】

【险格】ɕiɪ˥˩kəʔ˥ 险些儿。

【险介乎】ɕiɪ˦˩˧tɕia˥ɦəu˩ 差一点。

【险灵灵】ɕiɪ˦˩˧lin˦lin˩ (一)差一点。(二)极危险的。

【险孜孜】ɕiɪ˦˩˧tsɿ˥tsɿ˥˩ 义同【险灵灵】。

【险险叫】ɕiɪ˦˩˧ɕiɪ˥tɕiæ˥˩ 差一点。

【险搭搭】ɕiɪ˦˥taʔ˥taʔ˥ 义同【险灵灵】。

蚬【ɕiɪ˦˥】

【蚬子】ɕiɪ˦˥tsɿ˥˩ 蚬。
【蚬肉】ɕiɪ˦˥ȵoʔ˧ 蚬的肉体。
【蚬子壳】ɕiɪ˦˥tsɿ˥k'oʔ˥ 蚬的贝壳。

鲜【siɪ˥】另见 xiān。

藓【siɪ˥】

xiàn

苋【ɕiɪ˥˩】

【苋菜】ɕiɪ˥˩ts'E˥˩ 一年生草本植物。叶绿色或深紫色或绿色间杂紫色。茎细长,叶子椭圆形,有长柄。种子黑色。茎和叶子是普通蔬菜,分红苋、绿苋两种。

现【ɦiɪ˨˩】另见 jiàn。

【现成】ɦiɪ˨˧zən˨˩
【现世】ɦiɪ˨˧sɥ˥˩ (一)今生,这一辈子。(二)出丑,丢脸。
【现任】ɦiɪ˨˧zən˨˩
【现形】ɦiɪ˨˩ɦin˨˩
【现货】ɦiɪ˨˧həu˥˩ 可以当场交付的货物。
【现金】ɦiɪ˨˧tɕən˥
【现钿】ɦiɪ˨˧diɪ˨˩ 现钱。
【现款】ɦiɪ˨˧k'uø˥˩ 可以当场交付的货币。
【现开销】ɦiɪ˨˧k'E˥siæ˥˩ (一)当场付给。(二)喻当场训斥。
【现世报】ɦiɪ˨˧sɥ˥pæ˥˩ 迷信指做了坏事,今生就得到报应。
【现世货】ɦiɪ˨˧sɥ˥həu˥˩ 詈语。丢人现眼的人(多指女人)。
【现到手】ɦiɪ˨˧tæ˥sʏ˥˩ 当场拿到手。
【现到嘴】ɦiɪ˨˧tæ˥tsɥ˥˩ 当场就吃。喻当场拿到手。
【现铜钿】ɦiɪ˨˧doŋ˧diɪ˨˩ 现钱。
【现成闲话】ɦiɪ˨˧zən˧ɦE˨˩ɦo˨˩ 现成话。
【现形说法】ɦiɪ˨˩ɦin˨˩səʔ˥faʔ˥

苏州评弹行话。指在叙述情节中显现角色。

【现现成成】ɦiɪ˦ɦiɪ˦zən˩zən˩ 现成。

【现成茶饭】ɦiɪ˦zən˦zo˩vE˩ 指供养生活。喻不劳而获的利益。

【现吃现吐】ɦiɪ˦tɕʻəʔ˥ɦiɪ˦tʻəu˩ 边学边用。

【现吃等打】ɦiɪ˦tɕʻəʔ˥tən˩tã˩ 摆着一付动武的架势。

【现底无剩】Øiɪꜜti˩vu˩zən˩ 形容一无是处。

【现成笃碌碌】ɦiɪ˦zən˦toʔ˥loʔ˦loʔ˦ 形容现成。

【现格勿拿拿欠格】ɦiɪ˦kəʔ˥fəʔ˥no˦no˦tɕʻiɪꜜkəʔ˥ 埋怨话。现成的不拿，反而欠到将来拿。

县【ɦiø˩】中州韵【ɕiɪ˩】

【县令】ɦiø˦lin˩ 我国封建时代统治县一级的官吏。

【县官】ɦiø˦kuø˥ 义同【县令】。

【县衙】ɦiø˦ŋɑ˩ 县官办公的衙门。

【县城】ɦiø˦zən˩ 县行政机关所在的城镇。

线【siɪꜜ】

【线头】siɪ˥dY˩ （一）线的一端。（二）短线。（三）指秘密消息。

【线团】siɪ˥dø˩ 线绕成的团。

【线条】siɪ˥diæ˩

【线衫】siɪ˥sE˩ 用粗棉线织成的上衣。

【线呢】siɪ˥ȵi˩ 用有颜色的纱或线按不同花型织成的棉布。质地厚实，富于弹性，外表有点像毛呢。

【线板】siɪ˥pE˩ 绕线用的木板。两头阔，中间较细。

【线香】siɪ˥ɕiã˩ 用木屑加香料做成的细长而不带棒的香。

【线粉】siɪ˥fən˩ 粉丝。

【线索】siɪ˥soʔ˥ 喻事物发展的脉络或探求问题的途径。

【线绨】siɪ˥tʻi˩ 用有颜色的纱或线按不同花型织成的棉布。质地细密坚牢，外表有点像绸。

【线毯】siiʔtʻɛ˥ 用棉纱、混纺纱织成的较薄的毯子。

【线脚】siiʔtɕiɑʔ˥ 针脚。

【线装】siiʔtsɑ̃˥ 书籍装订法的一种。装订的线露在书的外面，是我国传统的装订法。

【线路】siiʔləu˩ 电流、运动物体等所经过的路线。

【线香眼眼】siiʔɕiɑ̃ʔŋɛ˩ŋɛ˩ 器皿上较细小的破洞。

宪【ɕi˧】

【宪法】si˧faʔ˥ 国家的根本法。

陷【ɦɛ˩】文读【ɦi˩】

【陷入】ɦii˩zəʔ˧ （一）落在（不利的境地）。（二）喻深深地进入（某种境界或思想活动中）。

【陷阱】ɦii˧tsin˥ （一）以浮盖伪装成平地的坑。用来捕捉野兽或敌人。（二）喻害人的圈套。

【陷阵】ɦii˩zən˧ 冲入敌阵。

【陷害】ɦii˩ɦɛ˩ 设计害人。

【陷马坑】ɦii˧mo˧kʻɑ̃˥ 古时战争中用来算计敌方战马的陷阱。

限【ɦɛ˩】文读【ɦi˩】

【限制】ɦɛ˩tsɥ˥ （一）规定范围，不许超过；约束。（二）规定的范围。

【限度】ɦɛ˩dəu˩ 指范围的极限。

【限定】ɦɛ˩din˩ 在数量、范围等方面加以规定。

【限时】ɦɛ˩zɥ˧ （一）限定的时间。（二）限定时间。

【限期】ɦɛ˩dʑi˧ （一）限定的日期。（二）限定日期。

【限量】ɦɛ˩liɑ̃˥ （一）限定止境。（二）限定数量。

【限时限刻】ɦɛ˧zɥ˧ɦɛ˩kʻəʔ˥ 限定时间（含强硬的意思）。

馅　文读【ɕi˥】

羡【zi˩】

【羡慕】zii˩mo˩ 看见别人

有某种长处、好处或有利条件，希望自己也有。

献【ɕiɪ˦˨】

【献丑】ɕiɪ˦˨˥tsʻʏ˦˨ 谦辞。用于表演技能或写作，表示自己能力很差。

【献计】ɕiɪ˦˨tɕi˦˨ 贡献计策。

【献礼】ɕiɪ˦˨li˨˩ 为了表示庆祝而献出礼物。

【献身】ɕiɪ˦˨sən˥ 把自己的全部精力或生命献给祖国、人民或事业。

腺【siɪ˦˨】

霰【siɪ˦˨】

xiāng

乡【ɕiã˥】

【乡土】ɕiã˥tʻəu˦˨ 本乡本土。

【乡下】ɕiã˥ɦo˨˩ 乡村里。

【乡气】ɕiã˥tɕʻi˦˨ 土气，不时髦的风格、式样。

【乡村】ɕiã˥tsʻən˦˨ 农村。

【乡试】ɕiã˥sɥ˦˨ 明清两代，在省城每三年举行一次的科举考试。

【乡绅】ɕiã˥sən˦˨ 旧指乡间的绅士。

【乡音】ɕiã˥ʔin˦˨ 家乡的口音。

【乡亲】ɕiã˥tsʻin˦˨ 同乡的人。

【乡谈】ɕiã˥dᴇ˨˩ 评弹行话。指苏州周围地区的话。

【乡脚】ɕiã˥tɕiɑʔ˥ 评弹行话。指农村书场周围的农村。

【乡邻】ɕiã˥lin˨˩ 邻居。

【乡镇】ɕiã˥tsən˦˨ （一）乡和镇。（二）泛指较小的市镇。

【乡下人】ɕiã˥ɦo˨˩ȵən˨˩ 农民。

【乡下头】ɕiã˥ɦo˨˩dʏ˨˩ 乡下。

【乡巴佬】ɕiã˥po˥læ˨˩ 乡下人（含讥讽意）。也指没有见过世面的人。

【乡里乡气】ɕiã˥li˨ɕiã˥tɕʻi˦˨ 土里土气。不时髦的风格、式样。

【乡下大老倌】ɕiã˥ɦo˩dəu˧læ˧kuø˥˩ 指浑身土气，但很有钱的人。

【乡风处处别】ɕiã˥fon˥ʦʻɥ˥˩ʦʻɥ˥˩biəʔ˧ 指各地风俗不同。

【乡邻呒大小】ɕiã˥lin˩m˩˧də u˧siæ˥˩ 邻里之间没有辈份关系，称呼可以宽松些。

芗【ɕiã˥】

相【siã˥】另见 xiàng。

【相干】siã˥kø˥˩ 互相关连或牵涉，有关连。

【相中】siã˧ʦon˥ 看中。

【相劝】siã˥ʨʻiø˧ 劝告，劝解。

【相互】siã˥ŋəu˩ 两相对待的，互相。

【相见】siã˥ʨi˧ 彼此见面。

【相夫】(1)siã˧fu˥ 协助丈夫。(2)siã˥fu˥˩ 特别在行，富有经验的人。

【相反】siã˥fɛ˥˩ 事物的两个方面互相矛盾、互相排斥，相背。

【相处】siã˥ʦʻɥ˧ 彼此之间的互相对待。

【相对】siã˥tɛ˥˩ （一）相互对应。（二）相比较。

【相好】siã˥hæ˥˩ （一）指不正当的恋爱的一方。姘夫、姘妇。（二）泛指人。

【相打】siã˥tã˥˩ 打架。

【相巧】siã˥ʨʻiæ˥˩ 打架。

【相似】siã˥zɿ˩ 相像。

【相同】siã˥doŋ˧ 彼此一样。

【相交】siã˥ʨiæ˥ （一）交叉。（二）互相交往。

【相关】siã˥kuɛ˥ 彼此关连。

【相仿】siã˥fɑ̃˥˩ 大致相同。

【相当】siã˥tɑ̃˥˩ （一）相差不多，大致相同。（二）副词。表示程度高，非常、十分。

【相传】siã˥zø˩ 长期以来辗转传说。

【相争】siã˥ʦən˥ 争吵；争执。

【相识】siã˥səʔ˥ （一）相互认识。（二）相识的人。

【相应】siã˥Øin˥˩ 互相呼应

或照应，相互适应。
【相连】siã˥liɪ˨˦　互相连接。
【相近】siã˥ʥən˨˩　（一）近似，差不多。（二）距离较短的，靠得较近的。
【相宜】siã˥ȵi˨˦　正合适的。
【相骂】siã˥mo˨˩　吵架。
【相助】siã˥zəu˨˩　帮助，协助。
【相亲】siã˥ʦ'in˥˩　定亲前家长或本人到对方家相看。
【相思】siã˥sɿ˥˩　彼此思念。多指男女因互相爱慕而又无法接近所引起的思念。
【相帮】siã˥pɑ̃˥˩　（一）帮助，协助。（二）办事情临时请来协助的人。
【相信】siã˥sin˥˩　（一）信任。（二）喜欢。
【相看】siã˥k'ø˥˩　看待。
【相称】siã˥ʦ'ən˥˩　事物配合起来显得合适。
【相逢】siã˥voŋ˨˩　彼此遇见。
【相通】siã˥t'oŋ˥　事物之间彼此连贯沟通。
【相符】siã˥vu˨˦　彼此一致。
【相等】siã˥tən˥˩　（数目、分量、程度等）彼此一样。
【相隔】siã˥kɑʔ˥　（一）相互间的距离。（二）相互间隔离。
【相像】siã˥ziã˨˩　彼此间较多的相同点或共同点。
【相思病】siã˥sɿ˥bin˨˩　因相思成病。
【相等于】siã˥tən˥˩ɦʏ˨˩　差不多是；大抵等于。
【相生相克】siã˥sən˥siã˥k'əʔ˥　我国古代关于五行之间相互作用和影响的说法。
【相推相让】siã˥t'ɛ˥siã˥ȵiã˨˩　互相谦让。
【相提并论】siã˥di˨˩bin˨˩lən˨˩
【相敬如宾】siã˥ʨən˥˩zɥ˨˦pin˥
【相打呒好拳，相骂呒好言】siã˥tɑ̃˥˩m̩˨˦hæ˥˩ʥø˨˦，siã˥mo˨˩m̩˨˦hæ˥˩ɦiɪ˨˦　俗语。指吵架时往往言辞过激。

厢【siã˥】

【厢房】siã˥vɑ̃˨˩　房屋前面左右的小间。

湘【siã˥】

【湘妃竹】siã˥fi˥˩tsoʔ˥ 斑竹。

【湘妃色】siã˥fi˥˩səʔ˥ 粉红色。

缃【siã˥】

箱【siã˥】

【箱子】siã˥tsɿ˥˩ 收藏衣物的长方形器具。

【箱底】siã˥ti˥˩ （一）箱子的内部底层。（二）指不经常动用的财物存放处。

【箱柜】siã˥dʑy˨˩ 旧时家里垫相子的矮柜。

【箱盖】siã˥kɛ˦˥ 箱子的盖。

【箱橱】siã˥zɥ˨˩ 义同【箱柜】。

【箱笼物件】siã˥loŋ˨˩vəʔ˧dʑi˨˩ 泛指出门时携带的各种盛放衣物的器具和物品。

襄【siã˥】

骧【siã˥】

镶【siã˥】

【镶边】siã˥pi˥ 衣、物边缘拼合花样。

【镶嵌】siã˥k'ɛ˦˥ 把一物体嵌入另一物体内。

【镶牙子】siã˥ŋɑ˧tsɿ˥˩ 安装假牙。

【镶榫头】siã˥sən˥˩dʏ˨˩ （一）家具接合处用榫头相接。（二）喻被人捏造陷害。也说【装榫头】tsɑ̃˥sən˥˩dʏ˨˩。

【镶笼管】siã˥loŋ˧kuø˥ 笼着双手。

香【ɕiã˥】

【香儿】ɕiã˥tɕi˥˩ 放置香炉的条形长桌。

【香斗】ɕiã˥tʏ˥˩ 以线香编制成斗，中置线香数层，形如宝塔。

【香火】ɕiã˥həu˥˩ （一）供佛敬神时燃点的香和灯火。

(二)旧指子孙祭祀祖先的事情。

【香片】ɕiã˥pʻiɪ˥˩ 香茶,花茶。

【香瓜】ɕiã˥ko˥˩ 一种小型甜瓜。有金黄色和绿色。

【香头】ɕiã˥dʏ˨˩ (一)燃着的香的着火处。(二)烹调用的香料。

【香伙】ɕiã˥həu˥˩ 庙宇中替和尚照料香火、打扫清洁的帮手。

【香肚】ɕiã˥təu˥˩ 用猪的膀胱,装上碎肉和作料等制成的食品。

【香肠】ɕiã˥zã˨˩ 用猪的小肠,装上碎肉和作料等制成的食品。

【香味】ɕiã˥mi˨˩ 香气。

【香金】ɕiã˥tɕən˥˩ 烧香拜佛时给和尚的钱。

【香香】ɕiã˥ɕiã˥˩ (一)用嘴亲吻。(二)分发获得的好处。

【香洞】ɕiã˥doŋ˨˩ 和尚或尼姑头顶上用燃着的香烫出的疤痕。

【香闺】ɕiã˥kuᴇ˥˩ 旧时有钱人家小姐的卧房。

【香客】ɕiã˥kʻɑʔ˥ 到寺庙烧香的人。

【香烛】ɕiã˥tsoʔ˥ 祭祀祖先或神佛用的香和蜡烛。

【香案】ɕiã˥0ø˥˩ 放置香炉的长条桌子。

【香烟】ɕiã˥0iɪ˥˩ (一)燃着的香所生的烟。(二)纸烟。(三)旧指子孙祭祀祖先的事情。喻子孙后代。

【香堂】ɕiã˥dɑ̃˨˩ 做道场用的房间。旧时流氓帮会举行的庆典仪式。

【香蕈】ɕiã˥zin˨˩ 香菇。

【香篮】ɕiã˥lᴇ˨˩ 放置香烛等物的竹编器具。一般呈长圆形,上下两层,有盖和提梁。

【香橼】ɕiã˥ɦiø˨˩

【香囊】ɕiã˥nɑ̃˨˩ 盛香料的小囊。

【香云纱】ɕiã˥0iɪ˥so˥˩ 一种提花丝织品,上面涂过薯莨汁液,适于做夏季衣料。

【香瓜子】ɕiã˥kuo˥tsɿ˥˩ 葵花子。

【香灰色】ɕiã˥huᴇ˥səʔ˥ 灰白色。一般用于形容人的面色不好看。

【香肥皂】ɕiã˥bi˧zæ˩ 香皂。

【香面孔】ɕiã˥mi˧k'oŋ˨ 亲吻面颊。

【香炉脚】ɕiã˥ləu˩tɕiɑʔ˥ 香炉的三条腿。(一)喻三足鼎立,三个集体实力差不多。(二)喻三人关系密切。

【香香调】ɕiã˥ɕiã˥diæ˩ 苏州评弹流派唱腔。王月香所创。

【香脆饼】ɕiã˥ts'ᴇ˨pin˨ 苏州特产干点心。方形面饼,具有松脆、香、甜等特色。

【香烟头】ɕiã˥θiɪ˥dʏ˩ 烟蒂。

【香烟嘴】ɕiã˥θiɪ˥tsʮ˨ 烟嘴。

【香雪海】ɕiã˥siəʔ˥hᴇ˨ 苏州名胜。以观赏梅花闻名,在苏州市西北。

【香喷喷】ɕiã˥p'ən˥p'ən˨ 香气扑鼻。

【香椿头】ɕiã˥ts'ən˥dʏ˩ 香椿树的嫩枝叶,供食用。

【香梗米】ɕiã˥kã˥mi˩ 一种优质粳米。煮粥做饭均有特殊的香气。苏州特产。

【香蜒虫】ɕiã˥θiɪ˥zoŋ˩ 一种条形多足小虫,活动于潮湿的地方。

【香鼻头】ɕiã˥bəʔ˧dʏ˩ 喻对撞。

【香豆腐干】ɕiã˥dʏ˩vu˩kø˨ 带有香料的豆腐干。

【香臭不分】ɕiã˥ts'ʏ˨fəʔ˥fən˥ 喻不识好歹。

【香烟壳子】ɕiã˥θiɪ˥k'oʔ˥tsɿ˨ 香烟的外包装纸。即烟标。

【香烟咬嘴】ɕiã˥θiɪ˥ŋæ˧tsʮ˨ 烟嘴。

【香烟屁股】ɕiã˥θiɪ˥p'i˥kəu˨ 烟蒂。

【香烟牌子】ɕiã˥θiɪ˥bɑ˧tsɿ˨ (一)香烟的外包装纸。(二)香烟的专用名称。(三)旧时香烟里夹送的画片。

【香伙赶出和尚】ɕiã˥həu˨kø˨ts'əʔ˥həu˧zɑ̃˩ 香伙是和尚的帮手。指反客为主。

【香花桥到哉,喊冤枉来勿及哉】ɕiã˥ho˥ʥiæ˩tæ˨tsᴇ˥,hᴇ˨θiø˥huɑ̃˩lᴇ˧fəʔ˥ʥəʔ˧tsᴇ˥ 香花桥是旧时苏州靠近刑场的一座桥。喻已无反悔的余地。

xiáng

详【ziã˧】

【详文】ziã˧vən˩ 旧时下级官员递交给上级官员的书面报告。

【详细】ziã˧si˥ 周密完备。

【详字】ziã˧zɿ˩ 对看不清楚的字，仔细观察、研究，以求解读。

【详天书】ziã˧t'iɪ˥sʮ˥ 讽刺语。通篇文字都看不清楚或意思模糊，只得勉力观察、研究，以求解读。

【详出来】ziã˧ts'ə˥lE˩ 对于看不清楚或意思模糊的文字、图画，经观察、研究，破解出来。

【详详看】ziã˧ziã˩k'ø˥ 对于看不清楚或意思模糊的文字、图画进行观察、研究、推敲推敲看。

【详签诀】ziã˧ts'iɪ˥tɕyə˥ 迷信的人求得签后，根据签上号码查得签诀。签诀往往是韵文，意思含糊。根据自身的情况、要求等，来推敲签诀的含义。常用来比喻解读意思不明的文字。

降【ɦɑ̃˧】文读【ɦiã˧】另见 jiàng。

【降书降表】ɦɑ̃˧sʮ˥ɦɑ̃˧piæ˥ 请求投降的文书。

庠【ziã˧】

祥【ziã˧】

【祥云】ziã˧ɦyən˩ 吉祥的云团。神话中往往指仙人所驾的云，或围绕在神灵周围的云彩。

翔【ziã˧】

【翔调】ziã˧diæ˩ 苏州评弹流派唱腔。徐天翔所创。

xiǎng

享【ɕiã˥】

【享乐】ɕiã˥lo˧ 享受安乐

（多用于贬义）。

【享受】ɕiã˦zɤ˨˧ 物质上或精神上得到满足。

【享福】ɕiã˦foʔ˥ 生活得安乐美好，享受幸福。

【享老福】ɕiã˦læ˧foʔ˥ 指老人生活得安乐美好，享受幸福。

【享清福】ɕiã˦tsʻin˥foʔ˥ 生活得安乐美好，享受幸福，且无闲事打扰。

【享不尽荣华，受不尽富贵】ɕiã˦pəʔ˥zin˨˧ɦioŋ˨˧ɦo˨˧，zɤ˨˧pəʔ˥zin˨˧fu˥kuɛ˥˧ 享尽荣华富贵的生活。

响【ɕiã˥˧】

【响】ɕiã˥˧ （一）声音较大。（二）水将要烧开的声音。（三）下象棋中将军的意思。（四）名声大。（五）开口说话。

【响马】ɕiã˦mo˨˧ 先放响箭，然后行劫的强盗。

【响头】ɕiã˦dɤ˧ 磕出声音来的磕头。

【响屁】ɕiã˥˧pʻi˥˧ 放有声音的屁。

【响应】ɕiã˥˧øin˥˧ 回声相应。喻用言语行动表示赞同、支持某种号召或倡议。

【响声】ɕiã˦sən˥ 声音。

【响响】ɕiã˥˧ɕiã˥˧ （一）下象棋时攻击对方的将或帅，简称【响】ɕiã˥˧。（二）要求对方开口说话。

【响档】ɕiã˥˧tɑ̃˥˧ 知名度高的评弹演员。

【响亮】ɕiã˦liã˨˧ （声音）宏大。

【响铜】ɕiã˦doŋ˨˧ 制作铙、钹、锣等打击乐器的铜料。

【响堂】ɕiã˦dɑ̃˧ 旧时餐饮店里的服务员（堂倌），通过高声呼喊，把顾客点的菜点通知厨房，把顾客应结的账通知账台。

【响箭】ɕiã˥˧tsiɪ˥˧ 射出后能发出响声的箭。

【响器】ɕiã˥˧tɕʻi˥˧ 铙、钹、锣等中式打击乐器。

【响勿落】ɕiã˦fəʔ˥loʔ˧ 无言以对（无奈）。

【响头上】ɕiã˦dɤ˧lɑ̃˨˧ （演员）正走红的时候。

【响当当】ɕiã˦tɑ̃˥tɑ̃˥˩ （一）形容敲打的声音响亮。（二）喻出色、过硬或有名气。

【响铃铃】ɕiã˦lin˧lin˨˧ 幼儿玩具。略似伞形而小，握住柄摇动，上面的金属片会发出响声。

【响亦勿响】ɕiã˥˩ɦaʔ˧fəʔ˥ɕiã˥˩ （一）一句话都不讲。（二）没有发出一点声音。

【响油鳝糊】ɕiã˦ɦiʏ˧zø˧ɦəu˨˧ 鳝鱼丝爆炒后浇上滚油而成的菜肴。

【响底鞋子】ɕiã˦ti˥ɦɑ˧tsɿ˥˩ 穿着走路时能发出响声的鞋子。

【响粳不如哑糯】ɕiã˥˩kã˥fəʔ˥zʮ˧ʘo˥˩nəu˨˧ 指戏曲唱腔嗓音响亮，但不婉转，还不如嗓音较差，但能婉转。

饷【ɕiã˦】【ɕiã˥˩】

鮝【ɕiã˥˩】

想【siã˥˩】

【想开】siã˦kʻE˥ 不把不如意的事情一直放在心上。

【想头】siã˦dʏ˨˧ （一）想法；念头。（二）希望。

【想法】siã˦faʔ˥ 思索所得的结果、意见。

【想到】siã˥˩tæ˥˩ 意料到，思索到。

【想穿】siã˦tsʻø˥ 想明白了。

【想着】siã˦zɑʔ˧ （一）意料到。（二）回想到。

【想上去】siã˦zɑ̃˧tɕʻi˥˩ 对于不在眼前的事物，想出它的具体形象；设想；想来。

【想勿开】siã˦fəʔ˥kE˥˩ 不如意的事情存在心中摆脱不了。

【想勿到】siã˦fəʔ˥tæ˥˩ 出乎意料，没有料到。

【想勿着】siã˦fəʔ˥zɑʔ˧ （一）意料不到。（二）没有想到。

【想当然】siã˦tɑ̃˥zø˨˧ 凭主观推测，认为事情大概是，或应该是这样。

【想起来】siã˦tɕʻi˥lE˨˧ （一）回想起来。（二）想到了。

【想得开】siã˥˩təʔ˥kʻE˥˩ 不

X

把不如意的事情一直放在心上。

【想得出】siãɅtəʔ˥tʻəʔ˥ （一）能想出来。（二）怎么会想出来的?

【想得到】siãɅtəʔ˥tæ˧

【想着法】siã˧zɑʔ˧faʔ˥ 凭偶尔想到，一时兴趣行事。

【想得着】siãɅtəʔ˥zaʔ˧ （一）能想出来。（二）想得到。

【想想看】siãɅsiãɅkʻøɅ 想一想。

【想出刮搭】siã˧tsʻəʔ˥kuaʔ˥taʔ˥ 忽发奇想，想花招。

【想出骨出】siã˧tsʻəʔ˥kuəʔ˥tsʻəʔ˥ 义同【想出刮搭】。

【想尽想绝】siã˧zin˩siã˧ziəʔ˧ 该想的地方都想过了。

【想来想去】siã˧lE˧siãɅtɕʻiɅ 反复考虑。

【想来划去】siã˧lE˧ɦuaʔ˧tɕʻiɅ 反复考虑、筹算。

【想着为算数】siã˧zaʔ˧ɦuE˩sø˧səu˧ 如果想起来了，或想到了，就当件事儿（来办）。

【想发财，穷得快】siã˧faʔ˥zE˧，ʥioŋ˧təʔ˥kʻuɑ˧ 俗语。指刻意求财，偏偏事与愿违。

【想到啰里是啰里】siãɅtæɅlo˩li˩zɿ˥lo˩li˩ 指办事没有计划。

【想到啰里，做到啰里】siãɅtæɅlo˩li˩，tsəu˧tæ˥lo˩li˩ 义同【想到啰里是啰里】。

【想象想象，越想越像】siã˧ziã˩siã˧ziã˩，ɦyəʔ˧siãɅɦyəʔ˧ziã˩ 俗语。指凡事单凭想象，会被想象误导。

鲞【siãɅ】

【鲞鱼】siã˧ŋ˩ 一种身体扁平的海鱼，略似鲥鱼。

xiàng

向【ɕiã˧】

【向上】ɕiãɅzɑ̃˩ 朝好的方向走，上进。

【向阳】ɕiã˧ɦiã˧ 向着太阳。

【向导】ɕiã˧dæ˧ （一）带路。（二）带路的人。

【向往】ɕiã˦˩˧ɦuɑ̃˦或ɕiã˥˩ɦuɑ̃˨˧ 因热爱、羡慕某种事物或境界而希望得到或达到。

【向来】ɕiã˦˩˧lE˦ 从来，一向。

【向日葵】ɕiã˦˩˧zəʔ˧guE˨˧

【向以来】ɕiã˦˩˧ɦi˦˩˧lE˨˧ 向来。

【向导社】ɕiã˦˩˧dæ˦zo˨˧ 交际花、妓女的一个组织。也指交际花、妓女。

【向阳花木早逢春】ɕiã˦˩˧ɦiã˦ho˥moʔ˧tsæ˦˩˧voŋ˦ts‘ən˥ 指环境的影响力大。

项【ɦɑ̃˦】文读【Øiã˦】

【项圈肉】ɦɑ̃˦tɕ‘ø˥ȵoʔ˧ 猪颈部的肉，可做馅。

巷【ɦɑ̃˨˧】文读【ɦiã˨˧】

【巷战】ɦɑ̃˦tsø˥˩ 在城镇街巷内进行的战斗。

【巷口头】ɦɑ̃˦k‘Y˥dY˨˧ 巷口。

相【siã˦˩˧】另见 xiāng。

【相公】siã˥koŋ˥˩ （一）旧时妻子对丈夫的敬称。（二）旧时称年轻的读书人。（三）娈童。（四）打麻将称因出错牌，只陪打，不能和的人。

【相书】siã˦˩˧sʮ˥ 关于相术的书。

【相面】siã˥miɪ˨˧ 观察人的相貌来推测祸福。

【相国】siã˦˩˧kuəʔ˥ 宰相。

【相道】siã˥dæ˨˧ 举止行为，相貌风度。

【相貌】siã˥mæ˨˧ 容貌。

象【ziã˨˧】

【象牙】ziã˦ŋɑ˦ 象的门牙。

【象肉】ziã˦ȵoʔ˧ 象的肉，珍贵的肴馔。

【象档】ziã˦tɑ̃˥ 象棋中的象，行棋斜走两格。其中的交叉点叫象档，又名象眼。

【象眼】ziã˦ŋE˨˧ 义同【象档】。

【象棋】ziã˦dʑi˨˧ 中国象棋。棋类的一种。

【象鼻头】ziã˦bəʔ˧dY˨˧ （一）大象的鼻子。（二）大象。

【象牙肥皂】ziã˦˨ŋɑ˦biɺzæɺ 喻别人沾不到他的光。吝啬。

【象牙猢狲】ziã˦˨ŋɑ˦ɦuə̆˧sən˥˩ 形容人瘦小。

【象牙筷上扳散丝】ziã˦˨ŋɑ˦k'uɛ˥˥lãɺpɛ˥ʦ'ɑ˥˥sɿ˥˩ 故意找岔儿。

【象牙猢狲——一毛不拔】ziã˦˨ŋɑ˦ɦuə̆˧sən˥˩——øiə̆˥mæ˦pə̆˥baʔ˧ 歇后语。形容吝啬。

【象棋缺脱车马炮——着勿得】ziã˦ʥiɺʨ'yə̆˥t'ə̆˥ʨy˥moɺp'æ˦——ʦɑ̆˥fə̆˥tə̆˥ 歇后语。吴语中"穿衣服"为"着衣裳"。本歇后语的意思是穿不得、不能穿了。

像【ziãɺ】

【像人】ziãɺȵən˦ 懂得点儿做人的道理了。

【像样】ziãɺɦiãɺ 有一定的水平,够一定的标准。

【像腔】ziã˦ʨ'iã˥ 像样。

【像煞】ziã˦saʔ˥ 好像。

【像闲话】ziãɺɦɛ˦ɦoɺ (言语、行动)合理(多用于反问)。

【像煞有介事】ziã˦saʔ˥ɦiYɺkɑ˥˩zɿɺ 好像真有这回事似的。多指装模作样,好像有什么了不起。

橡【ziãɺ】

【橡皮】ziã˦bi˦ (一)能擦除字迹的文具。(二)橡胶制品。

【橡皮手】ziã˦bi˦sY˥˩ 形容不灵活或不灵敏的手。

【橡皮头】ziã˦bi˦dYɺ 带头橡皮铅笔上的橡皮。

【橡皮鱼】ziã˦bi˦ŋ̍ɺ 生活在海洋里的马面鱼。

【橡皮套鞋】ziã˦bi˦t'æ˥ɦɑɺ 用橡胶制成的防雨鞋。

xiāo

肖【siæ˥】另见 xiào。

【肖】siæ˥姓。

枭【ɕiæ˥】

【枭首】ɕiæ˥sʏ˥˩ 旧时的刑罚,把人头砍下并且悬挂起来。

【枭雄】ɕiæ˥ɦioŋ˩ 强横而有野心的人物,智勇杰出的魁首。

X

枵【ɕiɑʔ˥】文读【ɕiæ˥】

【枵】ɕiæ˥ 揭开。

【枵开】ɕiæ˥kᴇ˥˩ 义同【枵】。

【枵薄】ɕɑʔ˥boʔ˧ 形容单薄。

【枵上去】ɕiæ˥zɑ̃˩tɕʰi˥˩ (一)向上揭翻。(二)用手掌打上去。

【枵枵薄】ɕɑʔ˥ɕɑʔ˥boʔ˧ 义同【枵薄】。

削【siɑʔ˥】中州韵【sioʔ˥】另见 xuē。

消【siæ˥】

【消化】siæ˥ho˥˩ (一)食物在消化器官内分解为能够溶解于水并可以被肌体吸收的养料。(二)喻理解、吸收所学的知识。(三)喻自行排解、消除精神上的痛苦。

【消气】siæ˥tɕʰi˥˧ 平息怒气。

【消灭】siæ˥miəʔ˧ 消失,灭亡。

【消失】siæ˥səʔ˥ (事物)逐渐减少以至没有。

【消极】siæ˥dʑəʔ˧ 与积极相对。

【消闲】siæ˥ɦᴇ˧ 消磨空闲的时间。

【消夜】siæ˥ɦiɑ˥˧ 第二次晚餐或夜间吃点心。

【消食】siæ˥zəʔ˧ 帮助消化。

【消毒】siæ˥doʔ˧ 用物理方法或化学药品杀死致病的微生物。

【消费】siæ˥fi˥˧ 为了生产或生活需要而消耗物质财富。

【消肿】siæ˥tsoŋ˥˩ 消除皮肤红肿。用药物敷贴,使红肿现象消失。

【消耗】siæ˥hæ˥˩ 因使用或受损失而渐渐减少。

【消息】siæ˥siəˀ˥ 关于情况的报道、音信。

【消脱】siæ˥tʻəˀ˥ 消除,取消。

【消遣】siæ˥tɕʻiɪ˧˨˧ 用自己感觉愉快的事来度过空闲时间。

【消瘦】siæ˥sʏ˥˩ 渐渐瘦下去(身体)。

【消魂】siæ˥ɦuən˨˦ 形容人极度兴奋、欢乐或极度悲伤、烦恼时情绪难以控制的状态。

【消磨】siæ˥mo˨˩ (一)使意志、精力等逐渐消失。(二)无所事事,白白打发时光。

【消地皮】siæ˥di˨˩bi˨˩ 在地上打滚耍赖。

【消地滚】siæ˥di˨˩kuən˥˩ 义同【消地皮】。

【消闲果子】siæ˥ɦɛ˨˩kəu˥˩ʦɿ˥˩ 瓜子、蜜饯等休闲食品。

【消来滚去】siæ˥lɛ˨˩kuən˥˩tɕʻi˥˩ 在地上来回打滚。也说成【消来消去】siæ˥lɛ˨˩siæ˥tɕʻi˥˩。

宵【siæ˥】

【宵夜】siæ˥Øiɑ˥˩ 第二次晚餐或夜间吃点心。

【宵禁】siæ˥tɕən˥˩ 夜里戒严。

逍【siæ˥】

【逍遥】siæ˥ɦiæ˨˩ 没有什么约束,自由自在。

绡【siæ˥】

硝【siæ˥】

【硝烟】siæ˥Øiɪ˥˩ 喻战争。

销【siæ˥】

【销子】siæ˥ʦɿ˥˩ 插销。用来固定物体(常见用于门、窗)。

【销赃】siæ˥ʦã˥ 销售脏物。

【销钉】siæ˥tin˥˩ 一种形状像钉子的金属棍。用来插在器物中,使连接或固定。

【销案】siæ˥θø˨˦ 撤销案件。

【销场】siæ˥zɑ̃˨ 销售情况。

【销路】siæ˥ləu˨ （商品）销售的出路。

【销金窟】siæ˥tɕən˥kuəʔ˥ 挥金如土的场所。

蛸【siæ˥】另见 shāo。

霄【siæ˥】

【霄汉】siæ˥hø˥˨ 云霄和天河。指天空极高处。

魈【siæ˥】

骁【ɕiæ˥】

【骁勇】ɕiæ˥θioŋ˥˨ 矫健勇猛。

哓【ɕiæ˥】中州韵【næ˥】

【哓哓】ɕiæ˥ɕiæ˥˨ 争辩声。

鸮【ɕiæ˥】

萧【siæ˥】

【萧条】siæ˥diæ˨ 寂寞冷落,没有生气。

【萧萧】siæ˥siæ˥˨ 形容风吹、马嘶的声音。

【萧瑟】siæ˥səʔ˥ （一）形容风吹树木的声音。（二）形容冷落、凄凉。

【萧墙】siæ˥ziɑ̃˨ 照壁。比喻内部。

潇【siæ˥】

【潇洒】siæ˥sɑ˥˨ （一）（神情举止）自然大方,不拘束。（二）清逸的样子。

【潇潇】siæ˥siæ˥˨ 形容风雨急骤的样子。

箫【siæ˥】

嚣【ɕiæ˥】

【嚣张】ɕiæ˥tsɑ̃˥˨ （恶势力、

邪气）上涨、放肆。

xiáo

淆【ɦiæ˧】

xiǎo

小【siæ˥˩】

【小人】（1）siæ˦ȵən˩（一）小孩。（二）子女。（2）siæ˥zən˩ 心怀叵测的人。

【小干】siæ˦kø˥ 小孩。

【小书】siæ˦sч˥ （一）小人儿书。（二）弹词。

【小气】siæ˥˩tɕʻi˥˩ 气量小，吝啬。

【小月】siæ˦ŋəʔ˧ 阳历每月在三十天或三十天以下；阴历每月二十九天的月份。

【小生】siæ˦sã˥ 戏曲行当。生角中代表青年男子。

【小头】siæ˦dY˩ （一）指民国初年发行的铸有孙中山头像的银元。（二）指头生得小。（三）指分配中百分比含量小的那份。

【小巧】siæ˦tɕʻiæ˦ 小而灵巧。

【小开】siæ˦kʻE˥ 老板的儿子。

【小产】siæ˦tsʻE˥ 流产。

【小囡】siæ˦nø˧ 小孩。

【小年】siæ˦ȵiI˩ 指果树歇枝、竹子等生长得慢的年份。

【小吃】siæ˦tɕʻəʔ˥ （一）饮食业中出售的点心。（二）糖果、瓜子、蜜饯等消闲食品。

【小灶】siæ˥˩tsæ˥˩

【小炒】siæ˥˩tsʻæ˥˩ 热炒的菜肴。

【小店】siæ˥˩tiI˥˩

【小卖】siæ˥˩mɑ˩ 苏州评弹中的俏皮话。

【小叔】siæ˦soʔ˥ 丈夫的弟弟。

【小姐】siæ˦tsiɑ˥˩

【小账】siæ˥˩tsã˥˩ 小费。

【小费】siæ˥˩fi˥˩ 额外给服务人员的报酬。

【小看】siæ˥˩kʻø˥˩ 轻视。

【小派】siæ˥˩pʻɑ˥˩ 气派小。

【小洋】siæ˦ɦiã˧ 指旧时发行的一角或二角的银币。

【小菜】siæ˦tsʻE˥ 泛指生的

食材和熟的菜肴。

【小粉】siæ˦˧fən˥

【小鬼】siæ˦˧tɕy˥˩ （一）詈语。骂比自己年龄小或辈分低的人。（二）对小孩子的昵称。

【小样】siæ˥˩ɦiã˩ （一）印刷品的校样。（二）指与同类相比小了一些。

【小贼】siæ˦˧zəˀ˧ （一）年龄还小的贼。（二）詈语。骂比自己年龄小或辈分低的人。

【小脚】siæ˦˧tɕiɑˀ˥

【小盘】siæ˦˧bø˧ 旧时定亲时，男方送给女方的礼物。

【小雪】siæ˦˧siəˀ˥

【小寒】siæ˦˧ɦø˩

【小暑】siæ˦˧sʮ˥˩

【小偷】siæ˦˧tʻʏ˥ 指小偷小摸的贼。

【小辈】siæ˥˩pᴇ˥˩

【小路】siæ˥˩ləu˩ （一）较小的道路。（二）指气派不大的风格。

【小满】siæ˦˧mø˩

【小襟】siæ˦˧tɕən˥ 中式衣服的里襟。

【小髈】siæ˦˧pʻã˥ 小腿。

【小一半】siæ˦˧ʔiəˀ˥pø˥˩ 一个整体中占一半不到。

【小儿科】siæ˦˧ʔəl˥kʻəu˥˩ （一）医院里专给儿童治病的科室。（二）喻人气派小、吝啬。

【小九九】siæ˦˧tɕiʏ˥tɕiʏ˥˩ 小算盘。

【小人家】siæ˦˧ɳ̍ən˧kɑ˥˩ 小户人家。

【小干唔】siæ˦˧kø˥ŋ̍˩ 小孩子。

【小飞调】siæ˦˧fi˥diæ˩ 苏州评弹流派唱腔。薛小飞所创。

【小小交】siæ˦˧siæ˥tɕiæ˥˩ 较小的。

【小巴戏】siæ˦˧pɑ˥ɕi˥˩ 儿童的昵称。

【小木匠】siæ˦˧moˀ˧ziã˩ （一）年龄还轻的木匠。（二）制作家具的木工。

【小毛头】siæ˦˧mæ˧dʏ˩ 婴儿。

【小月生】siæ˦˧ŋəˀ˧sã˥˩ 指生日在农历下半年。

【小手面】siæ˦˧sʏ˥mi˩ 施

小恩小惠的手段。

【小乐惠】siæ˥˨loʔ˧ɦuɛ˧˩ 小小的享受。

【小头鬼】siæ˥˨dʏ˧tɕy˥˩ 指人吝啬，气派不大。

【小半日】siæ˥˩pø˥ȵəʔ˧ 半天不到的时间。

【小生日】siæ˥˨sã˥ȵəʔ˧ 没有什么特殊意义的生日。

【小生意】siæ˥˨sã˥θi˥˩ 本轻利薄的生意。多指摊贩、小店之类。

【小白菜】siæ˥˨bɑʔ˧tsʻɛ˥˩ 还未长大的白菜。

【小白脸】siæ˥˨bɑʔ˧li˧˩ 长得清秀白晰的青年男子。

【小扑落】siæ˥˨pʻoʔ˥loʔ˧ 苏州评弹表演中，简短的俏皮话。

【小伙子】siæ˥˨həu˥tsɿ˥˩

【小年夜】siæ˥˨ȵiɪ˧θiɑ˥˩ 除夕的前一天。

【小年朝】siæ˥˨ȵiɪ˧tsæ˥˩ 农历正月初三，女婿或干儿女到岳父母或干父母家拜节贺年的日子。

【小阳春】siæ˥˨ɦiã˧tsʻən˥ 农历十月，江南天气回暖的气候。

【小阳调】siæ˥˨ɦiã˧diæ˧˩ 苏州评弹流派唱腔。杨筱亭、杨仁麟父子所创。

【小老母】siæ˥˨læ˧mo˧˩ 小老婆。

【小舌头】siæ˥˨zəʔ˧dʏ˧˩ 小舌；悬雍垂。

【小折折】siæ˥˨tsəʔ˥tsəʔ˥ 小巧的（东西）。

【小把戏】siæ˥˨pɑ˥ɕi˥˩ 小骗局。

【小辰光】siæ˥˨zən˧kuɑ̃˥˩或siæ˥˨zoŋ˧kuɑ̃˥˩ 小时候。

【小肚子】siæ˥˨təu˥tsɿ˥˩ 腹部。

【小肚皮】siæ˥˨dəu˧bi˧˩ 腹部。

【小闲话】siæ˥˨ɦɛ˧ɦo˧˩ 评弹行话。细节处的语言。

【小花脸】siæ˥˨ho˥li˧˩ （一）戏曲角色之一。扮演滑稽人物。（二）喻指调解矛盾的中间人，或矛盾的一方，一方向另一方赔笑脸。

【小纸包】siæ˥˨tsɿ˥pæ˥˩ 指小恩小惠的东西。

【小赤佬】siæ˥˨tsʻəʔ˥læ˧˩ 小

鬼。

【小来细】siæ˦˨lE˦si˥˩ 很小的。

【小肠气】siæ˦˨zɑ̃˦tɕʻi˥˩ 疝气。

【小弄弄】siæ˦˨loŋ˨˩loŋ˨˩ 范围不大的劳作。

【小来来】siæ˦˨lE˦˨lE˨˩ 范围不大的花销。

X

【小刮煞】siæ˦˨kuaʔ˥saʔ˥ 詈语。指淘气的孩子。

【小转湾】siæ˦˨tsø˥θuE˥˩ 右拐。

【小活儿】siæ˦˨θuəʔ˥ɦəl˥˩ 小技巧。小圈套。

【小剃头】siæ˦˨tʻi˥dY˨˩ 挑剃头担穿街走巷给人剃头的剃头匠。

【小样鸡】siæ˦˨ɦiɑ̃˦tɕi˥˩ 形容瘦小的女人。

【小圆子】siæ˦˨ɦiø˦tsɿ˥˩ 无馅糯米粉小丸子。

【小鬼头】siæ˦˨tɕy˥dY˨˩ 小孩子。

【小娘唔】siæ˦˨ȵiɑ̃˦ŋ˨˩ 小姑娘。

【小扇子】siæ˦˨sø˥tsɿ˥˩ 喻在背后搧风点火,挑拨是非。

【小热昏】siæ˦˨ȵəʔ˧huən˥˩ 街头卖唱的滑稽艺人。

【小斛咙】siæ˦˨ɦoʔ˧loŋ˨˩ 小嗓子。

【小馄饨】siæ˦˨ɦuən˦dən˨˩ 食品。皮薄,馅少,个头小的馄饨。

【小黄鱼】siæ˦˨ɦuɑ̃˦ŋ˨˩ (一)个体较小的黄鱼。(二)旧制一两重的金条。

【小接殅】siæ˦˨tsiəʔ˥sɑ̃˥˩ 詈语。小鬼。

【小插子】siæ˦˨tsʻɑʔ˥tsɿ˥˩ 匕首。

【小滑头】siæ˦˨ɦuaʔ˧dY˨˩ 狡黠的男孩。

【小脚粽】siæ˦˨tɕiɑʔ˥tsoŋ˥˩ 四角粽子。其中一角特别长,形似小脚。

【小眼睛】siæ˦˨ŋE˦˨tsin˥˩ (一)眼睛生得小。(二)指嫉妒者。

【小铜钿】siæ˦˨doŋ˦di˨˩ 指数量极少的钱。

【小堂名】siæ˦˨dɑ̃˦min˨˩ 旧时专事受雇在婚丧喜庆上演出的小乐队。多由小孩子组成。

【小景架】siæ˦˨tɕən˥ka˥˩ 小而精致。

【小落回】siæ˦˨loʔ˧ɦuE˨˩ 评弹行话。上半场结束稍事休息。

【小棺材】siæ˦˨kuø˥zE˨˩ (一)詈语。骂小孩。(二)小孩子死掉用的棺材。

【小菜场】siæ˦˨tsʻE˥zã˨˩ 菜场。

【小摆设】siæ˦˨pɑ˥səʔ˥ 小的艺术品、古董等。

【小蒲桃】siæ˦˨bu˧dæ˨˩ 山核桃。

【小猢狲】siæ˦˨ɦuəʔ˧sən˥˩ 小猴子。有时作詈语,也作小男孩的昵称。

【小算盘】siæ˦˨sø˥bø˨˩ 小九九,私底下盘算。

【小瘪三】siæ˦˨piəʔ˥sE˥˩ 小乞丐。有时作詈语,也作小男孩的昵称。

【小辫子】siæ˦˨bii˧tsɿ˥˩ (一)指将长发编成条状。(二)喻把柄。

【小人小家】siæ˦˨ȵən˧siæ˥˩ kɑ˥˩ 小户人家。

【小小不易】siæ˦˨siæ˥pəʔ˥ ɦiəʔ˧ 不必计较的小小花费。

【小刁模子】siæ˦˨tiæ˥mo˨˩ tsɿ˥˩ 刁钻狡猾的人。

【小干脾气】siæ˦˨kø˥bi˧tɕʻi˥˩ 或说成siæ˦˨nø˧bi˧tɕʻi˥˩ 小孩子气。

【小见巴算】siæ˦˨tɕii˥po˥ sø˥˩ 算小。

【小毛小病】siæ˦˨mæ˧siæ˥˩ bin˨˩ 小毛病。

【小头斑疤】siæ˦˨dY˧pE˥ po˥˩ 极小的(与整体相比)。

【小头小脑】siæ˦˨dY˧siæ˥˩ næ˨˩ 头生得小,整个人不气派。

【小吃末事】siæ˦˨tɕʻəʔ˥məʔ˧ zɿ˨˩ 小吃东西。如糖果、瓜子、蜜饯等。

【小兵癞子】siæ˦˨pin˥laʔ˧tsɿ˥˩ 没有地位的普通人。

【小折折里】siæ˦˨tsəʔ˥tsəʔ˥li˨˩ 小而轮廓分明,较为小巧的样子。

【小鸡肚肠】siæ˦˨ɕi˥dəu˨˩ zã˨˩ 喻气量狭小。

【小拇节头】siæ˦˨miəʔ˧tsiəʔ˥

X

dY˨˩ 小拇指。

【小姐脾气】siæ˥˨tsia˥bi˨˩tɕʻi˥˩ 常因小事就爱发作的坏脾气。

【小眉小眼】siæ˥˨mi˦siæ˥˩ŋE˨˩ 眉短细，眼小，不大方或不大气的面孔。

【小修小补】siæ˥˨sY˥siæ˥˩pu˥˩ 稍加修理。

【小圆面孔】siæ˥˨ɦiø˦mii˨˩kʻoŋ˥˩ 脸型小而圆。又名娃娃脸。

【小家碧玉】siæ˥˨tɕia˥piəʔ˥ȵoʔ˧ 指小户人家年轻美貌的女子。

【小家败气】siæ˥˨ka˥ba˨˩tɕʻi˥˨ 形容人的举止、行动等不大方。也指装饰、摆设、衣着等不大方。

【小唧伶伶】siæ˥˨tsiəʔ˥lin˨˩lin˨˩ 形容人小巧玲珑。

【小鬼丫头】siæ˥˨tɕy˥˨Øo˥dY˨˩ 小女孩。略带轻蔑或亲昵。

【小贼骨头】siæ˥˨zəʔ˧kuəʔ˥dY˨˩ 小偷。

【小商小贩】siæ˥˨sɑ̃˥siæ˥˩fE˥˩ 小商贩。

【小脱一壳】siæ˥˩tʻəʔ˥Øiəʔ˥kʻoʔ˥ 小一圈儿。

【小脚娘娘】siæ˥˨tɕɑʔ˥ȵiã˦ȵiã˨˩ 小脚女人。形容走路特别慢。

【小偷小摸】siæ˥˨tʻY˥siæ˥˩moʔ˧ 偷鸡摸狗。经常偷窃，但偷的数量不大。

【小笼馒头】siæ˥˨loŋ˦mø˦dY˨˩ 肉馅小包子。用小笼屉蒸熟，简称小笼。

【小零支碎】siæ˥˨lin˦tsɿ˥sE˥˩ 零零碎碎。

【小爆眼睛】siæ˥˨pæ˥ŋE˦tsin˥˩ 眼球稍稍向外凸出的眼睛。

【小鸡大仔娘】siæ˥˨tɕi˥dəu˨˩tsɿ˥˩ȵiã˦ 俗语。小的超过大的。喻次要东西的价值超过了主要东西的价值（含有要挟、欺诈的意思）。

【小狗记千年】siæ˥˨kY˥˩tɕi˥˨tsʻiɪ˥ȵiɪ˨˩ 喻人格卑下的人会永远记仇。

【小鬼跌金刚】siæ˥˨tɕy˥˩tiəʔ˥tɕən˥kɑ̃˥˩ 俗语。喻弱者战胜强者。

【小鬼看见阎王】siæ˥˨tɕy˥˩kʻ

X

ø˥tɕi˩˥ȵi˩˦ɦuɑ̃˨ 喻对某人特别害怕。

【小小秤砣压千斤】siæ˦˨siæ˥ tsʻən˥dəu˨ʔɑʔ˥tsʻi˩˥tɕən˥˨（一）喻以少胜多。（二）喻看看不怎么样，却很有担当。

【小暑黄鳝赛人参】siæ˦˨sɥ˥ ɦuɑ̃˦zø˨sᴇ˥˨ȵən˦sən˥ 指小暑节气时的黄鳝最具滋补功能。

【小老虫跌勒米囤里】siæ˦˨ læ˦zoŋ˨tiəʔ˥ləʔ˧mi˩˦dən˦li˨ 俗语。喻突然得到一个幸福的环境。

【小鸡勿能踏煞一只】siæ˦˨ tɕi˥fəʔ˥nən˦daʔ˧saʔ˥ʔiəʔ˥ tsɑʔ˥ 形容手头拮据，生活贫困。

【小洞不补，大洞吃亏】siæ˦˨ doŋ˨fəʔ˥pu˥˨，dəu˨doŋ˦ tɕʻəʔ˥kʻuᴇ˥ 俗语。喻小的损伤不及时补救，会引起大祸害。亦喻小缺点不及时纠正，会造成大错误。

【小格不去，大格不来】siæ˦˨ kəʔ˥fəʔ˥tɕi˥˨，dəu˨kəʔ˥fəʔ˥ lᴇ˦ 俗语。喻要获得更多，必先支付。

【小扦子敲堂锣——因（音）头勿起】siæ˥tsʻi˩˥tsɿ˥˨kʻæ˥ dɑ̃˦ləu˨——ʔin˥（ʔin）dɤ˦fəʔ˥tɕʻi˥˨ 歇后语。吴语中“音”与“因”为同音字，后扣的是“因头勿起”。解释为强弱十分悬殊，根本无法相比。

【小和尚念经——有口无心】siæ˦˨ɦəu˨zɑ̃˨ȵi˩˦ tɕən˥——ɦiɤ˨kɤ˥˨vu˦sin˥ 歇后语。指嘴上说一套，心里却并不在意。或嘴上说说而已，根本没有这意思。

【小辫子，笃笃翘。要吃饭，呒说法】siæ˦˨bi˩˦tsɿ˥˨，toʔ˥ toʔ˥hua˥。ʔiæ˥tɕʻəʔ˥vᴇ˨，m̩˦səʔ˥faʔ˥ 民谣趣语。指要吃饭，只能去干不愿意干的事。

晓【ɕiæ˥˨】

【晓得】ɕiæ˦˨təʔ˥或ɕiæ˥˨təʔ˥ 知道。

【晓亦勿晓得】ɕiæ˥˨ɦaʔ˧fəʔ˥ ɕiæ˥˨təʔ˥ 一点都不知道。

【晓得死，爬勒棺材里】ɕiæ˦˨

təʔ˥si˥˩,bo˧˩laʔ˧kuø˥zE˧˩li˨˧
俗语。喻倘若事先知道结果,就会采用最便捷的方法去处理了。

筱【siæ˥˩】

xiào

孝【hæ˦˩˨】文读【ɕiæ˦˩˨】

【孝子】(1)hæ˥tsɿ˥˩ 父母死后居丧的儿子。(2)ɕiæ˦˩˨tsɿ˥˩ 孝顺父母的人。

【孝心】ɕiæ˦˩˨sin˥ 孝顺的心意。

【孝服】hæ˥voʔ˧ 旧俗,在死了尊长后的一段时间穿的白色布衣或麻衣。

【孝顺】ɕiæ˥zən˨˧ 尽心奉养父母,顺从父母的意志。

【孝堂】hæ˥dɑ̃˨˧ 灵堂。

【孝敬】ɕiæ˥tɕən˥˩ (一)孝顺尊敬(长辈)。(二)把物品献给尊长,表示敬意。

【孝道】ɕiæ˦˩˨dæ˨˧ 指奉养尊敬父母的准则。

【孝幔】hæ˥mø˨˧

【孝子贤孙】ɕiæ˦˩˨tsɿ˥˩ɦi˨˧sən˥˩

肖【siæ˦˩˨】另见 xiāo。

【肖照】siæ˦˩˨tsæ˥˩ 以人物为主的照片。

【肖像】siæ˥ziã˨˧ 以某一个人为主体的画像或相片。

校【ɦiæ˨˧】另见 jiào。

【校工】ɦiæ˧koŋ˥ 学校里的工友。

【校风】ɦiæ˧foŋ˥ 学校的风气。

【校长】ɦiæ˧tsã˥˩ 一所学校里行政、业务方面的最高领导人。

【校训】ɦiæ˧ɕyən˥˩

【校花】ɦiæ˧ho˥ 旧时指被本校公认的最漂亮的女学生。

【校友】ɦiæ˧θiY˥˩ 学校的师生称在本校毕业的人,有时也包括曾在本校任教的职员。

【校庆】ɦiæ˧tɕʰən˥˩ 学校的成立纪念日。

【校规】ɦiæ˦kuᴇ˥　学校制定的师生必须遵守的规则。

【校园】ɦiæ˦ɦiø˩˧　泛指学校的范围。

【校徽】ɦiæ˦huᴇ˥　学校成员佩戴在胸前的标明校名的徽章。

效【ɦiæ˩˧】

【效力】(1)ɦiæ˩˧liəʔ˧　效劳。(2)ɦiæ˦liəʔ˧　事物所产生的有利的作用。

【效尤】ɦiæ˦ɦiʏ˩˧　明知别人的行为是错误的而照样去做。

【效用】ɦiæ˦ɦioŋ˩˧　效力和作用。

【效忠】ɦiæ˦ʦoŋ˥　全心全意地出力。

【效果】ɦiæ˦kəu˥˩　(一)由某种力量、做法或因素产生的结果。(二)指演出时人工制造的风雨声、枪炮声和日出、下雪等景象。

【效学】ɦiæ˦ɦioʔ˧　摹仿去做。

【效劳】ɦiæ˦læ˩˧　出力服务。

【效验】ɦiæ˦ȵiɪ˩˧　方法、药剂等的如所预期的效果。

【效益】ɦiæ˦Øiəʔ˥　效果和利益。

【效率】ɦiæ˦liəʔ˧　(一)机械、电器等工作时,有用功在总功中所占的百分比。(二)单位时间内完成的工作量。

笑【siæ˧˦】

【笑头】siæ˥dʏ˩˧　“头”是后加词,表示笑的原因。往往用于疑问句。如:有啥笑头?

【笑场】siæ˥zã˩˧　指演员在场上表演时失笑。

【笑话】siæ˥ɦo˩˧　(一)能引人发笑的话或故事,供人当作笑料的事情。(二)耻笑,讥笑。(三)客套话。表示对方过于溢美。(四)反语。表示对方的话太离谱。

【笑觉】siæ˥kæ˥˩　(梦中)笑醒。

【笑笑】siæ˧˦siæ˥　(一)笑一笑。(二)(被别人)讥笑,耻笑。

【笑容】siæ˥ɦioŋ˧˩ 含笑的面容。

【笑星】siæ˥sin˥˩ 称著名的相声演员、滑稽演员、喜剧演员等。

【笑药】siæ˥ɦiɑʔ˧ 能使人发笑的药。

【笑黄】siæ˥ɦuɑ̃˧˩ 指演员在场上表演时失笑不止，使演出中断。

【笑眯眯】siæ˥mi˥mi˥˩ 形容微笑时眼皮微微合拢的样子。

【笑嘻嘻】siæ˥ɕi˥ɕi˥˩ 形容笑时嘴巴合不拢的样子。

【笑里藏刀】siæ˦˩˨li˧˩zɑ̃˧˩tæ˥ 喻外表和气，心里阴险狠毒。

【笑面老虎】siæ˥miɪ˦læ˦həu˥˩ 喻外貌装得善良，而心地凶狠的人。简称【笑面虎】siæ˥miɪ˧həu˥˩。

【笑痛肚皮】siæ˦˩˨tʻoŋ˥dəu˦bi˧˩ 形容笑得实在厉害。

【笑煞仔人】siæ˦˩˨saʔ˥tsɿ˥˩ȵən˦ 形容非常好笑。

【笑煞外国人】siæ˦˩˨saʔ˥ŋɑ˦kuəʔ˥ȵən˧˩ 义同【笑煞仔人】。

【笑肺只只搧】siæ˦˩˨fi˥˩tsɑʔ˥tsɑʔ˥sø˥ 形容笑得很厉害。

【笑比哭还要难看】siæ˦˩˨pi˥˩kʻoʔ˥ɦuE˦Øiæ˥nE˦kʻø˥˩ 形容笑得十分尴尬或伤感。

【笑得下巴突下来】siæ˦˩˨təʔ˥ɦo˦bo˧˩dəʔ˧ɦo˧˩lE˧˩ 形容笑得很厉害。

【笑嘻嘻，勿是好东西】siæ˥ɕi˥ɕi˥˩，fəʔ˥zɿ˧˩hæ˦˩˨toŋ˥si˥˩ 俗语。见人就装笑，一定不是个好人。

啸【siæ˦˩˨】

xiē

些【si˥】

【些些】si˥si˥˩ 一点儿，少量。

楔【tɕi˥˩】

【楔子】tɕi˦˩˨tsɿ˥˩ （一）插在木器的榫子缝里的木片，可以使接榫的地方不活动。（二）杂剧里加在第一折前头或插在两折之间的片断，近代小说加在正文前面的片段。

歇【ɕəʔ˥】

【歇火】ɕəʔ˥həu˥˩ 结束。

【歇手】ɕəʔ˥sʏ˥˩ 停止正在做的事情。

【歇日】ɕəʔ˥ȵəʔ˧ 以后；过几天。

【歇业】ɕəʔ˥ȵəʔ˧ 不再继续营业。

【歇夏】ɕəʔ˥ɦo˩ 大伏天暂停营业。

【歇息】ɕəʔ˥siəʔ˥ 休息，睡觉。

【歇船】ɕəʔ˥zø˧ 船只停泊。

【歇搁】ɕəʔ˥koʔ˥ 停止，了结，收梢。

【歇歇】ɕəʔ˥ɕəʔ˥ 休息一下。

【歇下来】ɕəʔ˥ɦo˩lE˩（一）停止工作。（二）停下来。

【歇一歇】ɕəʔ˥ʔiəʔ˥ɕəʔ˥（一）休息一会儿。（二）过一会儿。

【歇生意】ɕəʔ˥sã˥ʔi˥˩ 辞退。

【歇口气】ɕəʔ˥k'ʏ˥˩tɕ'i˧ 暂时停止下来，休息一下。

【歇后语】ɕəʔ˥ɦʏ˧ȵy˩ 由两个部分组成的一句话。前一部分像谜面，后一部分像谜底。通常只说前一部分，而本意在后一部分。对方如果不理解，再用稍大声音说出后一部分。

【歇歇气】ɕəʔ˥ɕəʔ˥tɕ'i˧（一）暂时停止下来，休息一下。（二）停止下来，休息一些时间。

【歇歇脚】ɕəʔ˥ɕəʔ˥tɕiaʔ˥ 走路疲乏时停下休息。

蝎【ɕəʔ˥】

xié

叶【ɦiəʔ˧】另见 yè。

协【ɦiəʔ˧】

【协力】ɦiəʔ˧liəʔ˧ 共同努力。

【协办】ɦiəʔ˧bE˩ 协助办理。

【协会】ɦiəʔ˧ɦuE˩ 为促进某种共同事业的发展而组成的

群众团体。

【协助】ɦiəˀ˧zəu˩　帮助，辅助。

【协作】ɦiəˀ˧ʦoˀ˥　若干人或若干单位互相配合来完成任务。

【协议】ɦiəˀ˧ȵi˩　（一）协商。（二）协商后取得的一致意见。

【协商】ɦiəˀ˧sã˥　共同商量，以便取得一致意见。

【协调】ɦiəˀ˧diæ˩　配合适当或使配合适当。

邪【zia˧】文读【zi˨】

【邪气】zia˧ʨʻi˥　（一）不正当的风气或作风。（二）中医指与人体正气相抗的多种致病因素及其病理损害。（三）非常，特别。

【邪念】zia˧ȵi˩　不正当的念头。

【邪神】zia˧zən˩　迷信的人指制造灾祸的神仙。

【邪路】zia˧ləu˩　邪道。

【邪路子】zia˧ləu˧ʦɿ˥　远离正统、正宗的，反常的方法或套路。

【邪里撇只脚】zia˧li˩pʻiəˀ˥ʦaˀ˥ʨia˥　形容不走正路的。

胁【ɕəˀ˥】

【胁从】ɕəˀ˥zoŋ˩

【胁肋】ɕəˀ˥ləu˩　人体腋下到肋骨尽处之间的部位。

【胁迫】ɕəˀ˥pʻəˀ˥

【胁肩谄笑】ɕəˀ˥ʨi˥ʦʻE˥siæ˨

挟【ɦiaˀ˧】

斜【zia˧】文读【zi˨】

【斜阳】zia˧ɦiã˩　傍晚时西斜的太阳。

【斜坡】zia˧pʻu˥　高度逐渐降低的地面。

【斜纹】zia˧vən˩　织物组织名。织出的织物正面现出明显的斜纹。

【斜眼】zia˧ŋE˩　眼病。由眼球位置异常、眼球肌肉麻痹等引起。当一只眼睛注视目标时，另一只眼睛的视线偏斜在目标的一边。也指患这种病的人。

【斜路】ziɑ˨˧ləu˨˩ （一）与相交的道路不垂直的道路。（二）喻不正当的生活道路。

【斜王傍】ziɑ˨˧ɦuɑ̃˨˧pɑ̃˥˩ 汉字偏旁，部首属玉字。“玲”、“珠”等字的左旁。

【斜过去】ziɑ˨˧kəu˥tɕʻi˥˩ 斜线走过去。

【斜朵里】ziɑ˨˧təu˥li˨˩ （一）在斜线的另一端。（二）不正经的方向。

【斜对过】ziɑ˨˧tɛ˥kəu˥˩ 斜对面。

【斜角对过】ziɑ˨˧koʔ˥tɛ˥kəu˥˩ 斜对面。

【斜披雄鸡】ziɑ˨˧pʻi˥ɦioŋ˨˧tɕi˥ 发性的公鸡。

【斜塘芦席——方方正正】ziɑ˨˧dɑ̃˨˩ləu˨˧ziəʔ˧——fɑ̃˥fɑ̃˥tsən˥˩tsən˥˩ 歇后语。指器物方正。也指人品端方。

谐【ɦi˨˧】中州韵【ɦiɛ˨˧】

偕【tɕiɑ˥】文读【tɕi˥】

撷【tɕəʔ˥】

携【ɦi˨˧】

鞋【ɦɑ˨˧】文读【ɦi˨˧】

【鞋子】ɦɑ˨˧tsɿ˥˩ 鞋。

【鞋口】ɦɑ˨˧kʻY˥˩ 鞋帮开口边上的一圈。

【鞋皮】ɦɑ˨˧bi˨˩ 鞋的后跟部分。

【鞋头】ɦɑ˨˧dY˨˩ 鞋的前面部分。

【鞋底】ɦɑ˨˧ti˥˩ 鞋子的底。

【鞋肚】ɦɑ˨˧dəu˨˩ 鞋子里面的部分。

【鞋带】ɦɑ˨˧tɑ˥˩ 系鞋子的专用带子。

【鞋油】ɦɑ˨˧ɦiY˨˩ 擦拭皮鞋，使其光亮并起保护作用的专用油膏。

【鞋帮】ɦɑ˨˧pɑ̃˥ 鞋子除鞋底以外的部分，有时指鞋的两侧面。

【鞋面】ɦɑ˨˧mi˨˩ 鞋裹住脚背

的部分。

【鞋样】ɦɑ˦ɦiã˩　制作鞋子的鞋面纸样。

【鞋粉】ɦɑ˦fən˥˩　擦鞋面用的粉。

【鞋套】ɦɑ˦tʻæ˥˩　套在鞋子外面的套子。

【鞋跟】ɦɑ˦kən˥　鞋底的后面部分。

X

【鞋头花】ɦɑ˦dʏ˦ho˥　绣花鞋的花样。

【鞋曳拔】ɦɑ˦0iəʔ˥baʔ˧　鞋拔子。穿鞋用具。穿较紧的鞋时,放在鞋后往上提,使鞋易于穿上。

【鞋衬垫】ɦɑ˦tsʻən˥dii˩　衬在鞋子里面的垫子。

【鞋袜钿】ɦɑ˦maʔ˧dii˩　(一)旧时学徒的微薄津贴。(二)替人奔走获得的微薄报酬。(三)鞋、袜的消费费用。

【鞋皮耳光】ɦɑ˦bi˦ȵ˩kuã˥˩　用鞋底打耳光。

【鞋泥脚屑】ɦɑ˦ȵi˦tɕiɑʔ˥siəʔ˥　指日常诸如鞋袜一类最普通的开支。

【鞋底下拓油】ɦɑ˦ti˥˩ɦo˩tʻaʔ˥ɦiʏ˦　指溜走。

【鞋子勿紧袜紧】ɦɑ˦tsɿ˥˩fəʔ˥tɕən˥˩maʔ˧tɕən˥˩　喻该紧张的不紧张,不该紧张的反倒紧张起来。

【鞋子勿着落格样】ɦɑ˦tsɿ˥˩fəʔ˥tsɑʔ˥loʔ˧kəʔ˥ɦiã˩　俗语。喻没有得到好处,反而落下话柄。

【鞋子落地一半价】ɦɑ˦tsɿ˥˩loʔ˧di˩0iəʔ˥pø˦kɑ˦　俗语。喻商品是否使用过价格大不相同。

xiě

写【siɑ˥˩】文读【si˥˩】

【写生】siɑ˦sən˥　指在绘画中直接以实物为对象进行描绘的一种方式。

【写意】(1)siɑ˦0i˥˩　惬意,舒适。(2)siɑ˥˩0i˦　我国传统绘画的一种表现形式。用极为简练概括的笔墨突出地画出对象的神采特征。

【写写弄弄】siɑ˥˩siɑ˥˩loŋ˩loŋ˩　指做文字工作。

血【ɕyəʔ˥】中州韵【ɕəʔ˥】另见 xuè。

xiè

泻【siɑ˦】文读【si˧˥˧】

【泻】siɑ˦　指腹泻。
【泻水】siɑ˦sɥ˥˩　倾泻水流。
【泻药】siɑ˥ɦiɑʔ˧　内服后能引起下泻的药物。

泄【siəʔ˥】

【泄恨】siəʔ˥ɦən˨˩　泄愤。
【泄密】siəʔ˥miəʔ˧　泄露机密。
【泄漏】siəʔ˥lY˨˩　走漏，透漏。

契【siəʔ˥】另见 qì。

卸【siɑ˦】文读【si˧˥˧】

【卸任】siɑ˥zən˨˩　指官吏解除职务。
【卸妆】siɑ˦ʦɑ̃˥　妇女除去身上的装饰。
【卸货】siɑ˦həu˦　把货物从运输工具上卸下来。
【卸车】siɑ˦ʦʻo˥　把运输的东西从车上卸下来。
【卸装】siɑ˦ʦɑ̃˥　演员除去化装时穿戴涂抹的东西。
【卸包袱】siɑ˦pæ˥voʔ˧　比喻去掉拖累自己的事物或解除思想上的负担。
【卸肩架】siɑ˦ʨii˥kɑ˥˩　把扛着或挑着的东西放下，喻推卸责任。也比喻辞去或离开现职。

卨【siəʔ˥】

屑【siəʔ˥】

【屑粒】siəʔ˥liəʔ˧　碎末。
【屑屑粒粒】siəʔ˥siəʔ˥liəʔ˧liəʔ˧　碎末。

械【ɦi˨˩】

亵【siəʔ˥】

【亵渎】siəʔdoʔ˧　轻慢，不尊敬。

谢【ziɑ˨˧】文读【zi˨˧】

【谢光】ziɑ˧kuɑ̃˥ （花或叶子）凋落光了。

【谢脱】ziɑ˨˧tʻəʔ˥ （花或叶子）凋落。

【谢意】ziɑ˧∅i˥˧ （一）感谢的心意。（二）作为感谢的礼物礼金。

【谢恩】ziɑ˧∅ən˥ 感谢别人给自己的恩惠。

【谢绝】ziɑ˧ziəʔ˧ 婉辞，拒绝。

【谢幕】ziɑ˧mo˨˧ 演出结束后，演员站到台前向观众敬礼，答谢观众的盛意。

【谢谢】ziɑ˧ziɑ˨˧ 对别人的好意表示感谢。

【谢天谢地】ziɑ˧tʻi˥ziɑ˨di˨˧ 表示感激或庆幸。也用作反语。

【谢谢一家门】ziɑ˧ziɑ˨∅iəʔ˥kɑ˥mən˨˧ 反语。常用于发泄极度不满。有时作调侃语。

榭【ziɑ˨˧】

解【tɕiɑ˥˧】另见 jiě；jiè。

懈【gɑ˨˧】文读【ɦi˨˧】

獬【ɦi˨˧】

邂【ɦi˨˧】

蟹【hɑ˥˧】文读【ɕi˥˧】

【蟹斗】hɑ˦tʏ˥ 蟹的上壳，内有沙囊（蟹的胃）和蟹黄或蟹膏。也写作【蟹兜】hɑ˦tʏ˥。

【蟹肉】hɑ˦ȵioʔ˧ 蟹的肉。

【蟹壳】hɑ˦kʻoʔ˥ 蟹的外壳。

【蟹爬】hɑ˦bo˨˧ 蟹爬行。喻字迹歪斜。

【蟹油】hɑ˦ɦiʏ˨˧ 用蟹肉、蟹黄熬油。

【蟹面】hɑ˦mi˨˧ 人小腿的前面部分。

【蟹脐】hɑ˦zi˨˧ 蟹的下壳上圆形或长形略尖的厣。圆形厣称团脐，是雌性；长形略尖的厣称尖脐，是雄性。

【蟹洞】hɑ˥˧doŋ˨˧ 蟹栖息的

泥洞。

【蟹粉】hɑ˧fən˥

【蟹钳】hɑ˧dʑi˩ 蟹的螯。

【蟹眼】hɑ˧ŋE˩ 指上眼圈有蜂窝状疤痕的眼睛。

【蟹黄】hɑ˧huɑ̃˥ 螃蟹体内的卵巢和消化腺。橘黄色，味鲜美。

【蟹脚】hɑ˧tɕiɑʔ˥ 蟹的脚。喻指坏人手下的爪牙。

【蟹膏】hɑ˧kæ˥ 蟹体内的精块和消化腺，半透明块状，极富滋膏。

【蟹壳青】hɑ˧k'oʔ˥ts'in˥ 像螃蟹壳那样灰而发青的颜色。

【蟹壳黄】hɑ˧k'oʔ˥ɦɑ̃˩ 用重油酥制作的似蟹壳大小的烧饼。

【蟹壳脸】hɑ˧k'oʔ˥li˩ 状似蟹壳的面型。

【蟹和尚】hɑ˧ɦəu˧zɑ̃˩ 在蟹斗沙囊（蟹的胃）里，有一块酷似和尚打坐的东西。传说是躲在蟹壳里避难的法海和尚。

【蟹壳里仙人】hɑ˧k'oʔ˥li˩si˥ȵən˩ 形容人样长得特别瘦小，不起眼。

【蟹脚里个味道侪要剔出来】hɑ˧tɕiɑʔ˥li˧kəʔ˧mi˩dæ˩zE˧ʔiæ˧t'iəʔ˥ts'əʔ˥lE˩ 喻分析得十分仔细。也指吹毛求疵。

燮【siəʔ˥】

【燮理】siəʔ˥li˩ 协调治理。

xīn

心【sin˥】

【心口】sin˥k'Y˨ 胸口。

【心大】sin˥dəu˩ 指自有大主张（多用作讥讽）。

【心凶】sin˥ɕioŋ˥ 心地凶狠。

【心计】sin˥tɕi˨ 计谋，心里的打算。

【心火】sin˥həu˨ （一）中医指烦燥、口渴、脉搏快、舌头痛等症状。（二）心里的怒气。

【心气】sin˥tɕ'i˧ 志气。

【心平】sin˥bin˧ 无贪念。

【心目】sin˥moʔ˧ 心中所

想，眼中所见。

【心机】sin˥tɕi˥˩ 心思，计谋。

【心地】sin˥di˨˩ 指人的内心。

【心死】sin˥si˥˩ 死心。

【心动】sin˥doŋ˨˩ 动心。

【心血】sin˥ɕyəʔ˥ 心思和精力。

【心里】sin˥li˨˩ （一）胸口内部。（二）心中。

【心灵】sin˥lin˨˩ （一）指内心、精神、思想等。（二）聪敏。

【心肝】sin˥kø˥˩ （一）对儿童的爱称。（二）人性（往往用于否定）。

【心肠】sin˥zã˨˩ （一）指用心，存心。（二）指对事物的感情状态。

【心泛】sin˥fɛ˥˧ 胃里不舒服，恶心。

【心定】sin˥din˨˩ 定心。

【心性】sin˥sin˥˧ 性情，性格。

【心软】sin˥ŋø˨˩ 容易被外界事物感动而生怜悯或同情。

【心底】sin˥ti˥˩ 内心深处。

【心细】sin˥si˥˧ 细心。

【心板】sin˥pɛ˥˩ 演唱时演员自我控制节拍的能力。

【心直】sin˥zəʔ˧ 性情直爽。

【心事】sin˥zɿ˨˩ 心里盘算的事（多指感到为难的，放不下的）。

【心急】sin˥tɕiəʔ˥ 心里急躁，着急。

【心毒】sin˥doʔ˧ 心肠狠毒。

【心思】sin˥sɿ˥˩ （一）念头。（二）思考记忆等能力。（三）想做某件事的心情。

【心活】sin˥ɦuəʔ˧ 容易改变主意。

【心迹】sin˥tsiəʔ˥ 内心的真实情况。

【心荡】sin˥dã˨˩ 内心慌张的感觉。

【心相】sin˥siã˥˩ （一）想做某件事的心情。（二）心思，耐心。

【心病】sin˥bin˨˩ （一）指忧虑或烦闷的心情。（二）指隐情或隐痛。

【心胸】sin˥ɕioŋ˥˩ 胸怀，气量。

【心烦】sin˥vɛ˧ 心里烦躁

或烦闷。

【心愿】sin˥ȵø˨˩ 心里的愿望。

【心情】sin˥zin˨˩ 内心的感情状态。

【心领】sin˥lin˨˩ （一）心里领会。（二）客套话。用于辞谢别人的馈赠或酒食招待。

【心虚】sin˥ɕy˥ （一）做错了事怕人知道。（二）缺乏自信心。

【心痛】sin˥t'oŋ˧˨˧ （一）伤心。（二）舍不得。

【心黑】sin˥həʔ˥ （一）心肠歹毒。（二）形容贪心。

【心焦】sin˥ʦiæ˥ 由于希望的事情迟迟不实现而烦闷急躁。

【心寒】sin˥ɦø˧ 失望而又痛心。

【心跳】sin˥t'iæ˧˨˧ （一）心脏跳动。（二）特指心脏加快跳动。多因剧烈运动或感情激动、内心恐惧等引起。也是一种病症。（三）动心或心理慌张的感觉。

【心意】sin˥Øi˥˩ 对人的情意。

【心腹】sin˥foʔ˥ （一）指亲信。（二）藏在心里的。

【心慌】sin˥huã˥

【心焦】sin˥ʦiæ˥ 心乱，烦躁。

【心路】sin˥ləu˨˩ 心思，心情。

【心境】sin˥ʨən˥˩

【心酸】sin˥sø˥˩

【心算】sin˥sø˥˩

【心静】sin˥zin˨˩

【心潮】sin˥zæ˨˩ （一）喻像潮水一样起伏的心情。（二）饥饿初起时，胃里的不适感。（三）熬夜久长，胃里产生的不适感。

【心横】sin˥ɦuã˧ 横下心来。

【心口头】sin˥k'ʏ˥˩dʏ˨˩ 心脏部位。胸口。

【心口痛】sin˥k'ʏ˥˩t'oŋ˧˨˧ 心绞痛。

【心头肉】sin˥dʏ˨˩ȵioʔ˧ 形容十分爱怜的人。

【心肝头】sin˥kø˥dʏ˨˩ 对幼儿的昵称。

【心里向】sin˥li˨˩ɕiã˥˩ 心里，内心。

【心肠硬】sin˥zã˩ŋã˩ 不容易被外界事物感动而生怜悯或同情。

【心里乱】sin˥li˩lø˩ 心慌意乱。

【心浪人】sin˥lã˩ȵən˩ 心上人，心里爱慕的异性，意中人。

【心心挂念】sin˥sin˥ko˥˩ȵiɪ˩ 心里一直存在着某种念头(想做某件事情或得到某样东西)。

【心不在焉】sin˥pəʔ˥zE˩øiɪ˥˩ 指思想不集中。

【心凶命穷】sin˥ɕioŋ˥min˩ʤoŋ˩ 十分贪心但运气始终不好。

【心心相印】sin˥sin˥siã˥øin˥˩ 彼此心意一致。

【心术不正】sin˥zəʔ˧pəʔ˥tsən˥˩ 居心歹毒。

【心平气和】sin˥bin˩tɕʻi˧ɦəu˧ 心态平稳，毫不意气用事。

【心血来潮】sin˥ɕyəʔ˥lE˩zæ˩ 形容突然产生某种念头。

【心有余悸】sin˥ɦiY˩ɦY˧tɕi˥˩ 危险的事情虽然过去了，回想起来还感到害怕。

【心肝宝贝】sin˥kø˥pæ˥˩pE˥˩ 对十分爱怜的人的昵称。

【心灰意懒】sin˥huE˥øi˥˩lE˩ 灰心丧气，意志消沉。

【心里有底】sin˥li˩ɦiY˩ti˥˩ 胸有成竹。

【心冷意冷】sin˥lã˩øi˥˩lã˩ 因失望而寒心。

【心直口快】sin˥zəʔ˧kʻY˥˩kuɑ˧ 性情直爽，有话就说。

【心服口服】sin˥voʔ˧kʻY˥˩voʔ˧ 不但口头上服，并且心里服。

【心活念念】sin˥ɦuəʔ˧ȵiɪ˩ȵiɪ˩ (一)犹豫。(二)心中时时挂念。

【心神不定】sin˥zən˩fəʔ˥din˩ 精神状态不稳定。

【心急慌忙】sin˥tɕəʔ˥huã˥mã˩ 心慌意乱，急急忙忙。

【心烦蕹糟】sin˥vE˩tsi˥tsæ˥˩ 心里烦躁易怒。

【心痒难搔】sin˥ɦiã˩nE˧tsæ˥ 形容欲望难以自抑。

【心满意足】sin˥mø˩øi˧tsoʔ˥

非常满足。

【心照不宣】sin˥ʦæ˥˧pəʔ˥ siɪ˥˧ 彼此心里明白，不必明说。

【心猿意马】sin˥ɦiø˨˧Øi˧˦mo˨˧ 形容心思不专，变化无常。

【心勿勒肝浪】sin˥fəʔ˥ləʔ˧ kø˥lɑ̃˨˧ 形容心不在焉。

【心定自然凉】sin˥din˨˧zɿ˧˦ zø˧˦liɑ̃˧˦ 指心情平静下来，感觉上自然舒服。

【心急头脾气】sin˥ʨəʔ˥dʏ˨˧ bi˧˦ʨʻi˥˧ 急性子。

【心境勿直落】sin˥ʨən˥˧fəʔ˥ zəʔ˧loʔ˧ 指心情不好。

【心搭肺勒撞】sin˥taʔ˥fi˧˦ləʔ˧ zɑ̃˨˧ 形容心慌意乱。

【心里石头落地】sin˥li˨˧zɑʔ˨˧dʏ˨˧loʔ˧di˨˧ 形容重大的心事了却。

【心有余而力不足】sin˥ɦiʏ˨˧ ɦy˧˦ɦəl˥˧liəʔ˧pəʔ˥ʦoʔ˥ 指有愿望，但能力不够。

【心有灵犀一点通】sin˥ɦiʏ˨˧ lin˧˦si˥Øiəʔ˥tiɪ˥˧tʻoŋ˥ 彼此的心意相通。

【心里无事凉飕飕】sin˥li˨˧vu˨˧ zɿ˨˧liɑ̃˧˦sʏ˥sʏ˥˧ 形容没有做见不得人的事，心情自会泰然平和。

【心肝宝贝肚子肺】sin˥kø˥ pæ˥˧pᴇ˥˧təu˧˦ʦɿ˥fi˧˦ 称最亲热、最心爱的人（多用于年幼的子女）。

【心病还须心药医】sin˥bin˨˧ ɦuᴇ˧˦si˥sin˥ɦiɑʔ˧Øi˥ 指思虑或烦闷、隐痛等郁积而成的病，不是一般医生能治的，还须从解除其思虑或烦闷、隐痛入手。

【心比天高，命薄如纸】sin˥ pi˥˧tʻiɪ˥kæ˥，min˧˦boʔ˧zɥ˧˦ ʦɿ˥˧ 指有志气，但遭遇不幸。

【心慌勿能吃热粥，跑马勿能看三国】sin˥huɑ̃˥fəʔ˥nən˧˦ ʨʻəʔ˥ȵəʔ˧ʦoʔ˥，bæ˧˦mo˨˧f əʔ˥nən˧˦kʻø˧˦sᴇ˥kuəʔ˥ 喻慌张办不成事，急于求成也办不好事。

芯【sin˥】

辛【sin˥】

【辛苦】sin˥kʻəu˥˧ （一）身

X

心劳苦。(二)客套话,用于道乏或求人做事。

【辛酸】sin˥sø˥˩ 喻痛苦悲伤。

莘【sin˥】另见 shēn。

【莘莘】sin˥sin˥˩

锌【sin˥】

忻【ɕən˥】

昕【ɕən˥】

欣【ɕən˥】

【欣欣】ɕən˥ɕən˥˩ (一)形容高兴。(二)形容茂盛。(三)后缀词。形容某种状态。

【欣赏】ɕən˦sɑ̃˥ 用喜爱的心情领略美好事物的意味。

【欣然】ɕən˥zø˨˩ 高兴、愉快的样子。

【欣慰】ɕən˥ɦuᴇ˨˩ 喜欢而心安。

【欣光的滑】ɕən˥kuɑ̃˥tiəʔ˥ɦuaʔ˥ 形容光洁、光滑。

新【sin˥】

【新人】sin˥ȵən˨˩ (一)具有新的道德品质的人。(二)某方面新出现的人才。(三)指新来的人员。(四)指改过自新的人。(五)指新郎和新娘。有时特指新娘。

【新手】sin˥sʏ˥˩ 刚刚从事某项工作的人。

【新开】sin˥k'ᴇ˥˩ 新近开张(店铺)。

【新风】sin˥foŋ˥˩ 新的风尚、风气。

【新头】sin˥dʏ˨˩ 指物品新旧的程度。

【新正】sin˥tsən˥˩ 指农历正月。

【新生】sin˥sən˥˩ (一)刚产生的,刚出现的。(二)新的生命。(三)新入学的学生。

【新式】sin˥səʔ˥ 新的式样,新的形式。

【新妇】sin˥vu˨˩ 儿媳。

【新任】sin˥zən˨˩ 新任命或

新担任(职务),新的任职。
【新近】sin˥ʥən˩ 最近。
【新秀】sin˥sY˥˩ 新出现的优秀人才。
【新作】sin˥tsoʔ˥ 新的作品。
【新法】sin˥faʔ˥ 新的风气、时尚等。
【新房】sin˥vã˩ 新婚夫妇的卧室。
【新春】sin˥tsʻən˥˩ 指春节至元宵的那段时间。
【新闻】sin˥vən˩ (一)报社、通讯社、广播电台、电视台等报道的消息。(二)流传的新鲜事。
【新型】sin˥ɦin˩ 新的类型,新式。
【新婚】sin˥huən˥˩ 刚结婚。
【新意】sin˥Øi˥˩ 新的意思,新的意境。
【新颖】sin˥ɦin˩ 新而别致。
【新鲜】sin˥siɪ˥˩ (一)(刚生产、宰杀或烹调的食物)没有变质,也没有经过腌制、干制等。也读作siɪ˥siɪ˥˩。(二)(空气)经常流通,不含杂类气体,含氧高。(三)(事物)出现不久,还不普遍。少见的,希罕。
【新开店】sin˥kʻE˥tiɪ˥˩ 新近开张的店铺。
【新官人】sin˥kuø˥ȵən˩ 新郎。
【新结婚】sin˥ʨəʔ˥huən˥˩ 新近结婚。
【新娘子】sin˥ȵã˥tsɿ˥˩ 新娘。
【新娘娘】sin˥ȵã˥ȵã˩ 新娘。
【新郎官】sin˥lã˥kuø˥˩ 新郎。
【新年新岁】sin˥ȵiɪ˧sin˥sE˧ 农历春节期间。
【新年新世】sin˥ȵiɪ˧sin˥sɥ˧ 义同【新年新岁】。
【新赤赤里】sin˥tsʻəʔ˥tsʻəʔ˥li˩ 全新的样子。
【新来慢到】sin˥lE˧mE˩tæ˥˩ 刚来到(对情况尚不熟悉)。
【新出老行贩】sin˥tsʻəʔ˥læ˩ɦã˧fE˥˩ 指资历浅的欺侮资历深的。
【新剃白白头】sin˥tʻi˧baʔ˧baʔ˧dY˩ 趣语。指刚理过发。
【新官上任三把火】sin˥kuø˥zã˩zən˩sE˥bo˥˩həu˥˩

指开始时热情高，办事雷厉风行。

【新箍马桶三日香】sin˥kəu˥mo˧doŋ˩˧sᴇ˥ȵəʔ˧ɕiã˥ 喻开始时热情高，但维持不了多久。

【新官上任，旧官请出】sin˥kuø˥zɑ̃˩˧zən˩˧，ʥiʏ˧kuø˥ʦʻin˥˩ʦʻəʔ˥ 俗语。指新任官员到了，原来任职的官员离任。

【新阿大，旧阿二，破阿三】sin˥Øaʔ˥dəu˩˧，ʥiʏ˧Øaʔ˥ȵi˩˧，pʻu˥Øaʔ˥sᴇ˥˩ 旧时生活贫穷孩子多，所穿衣服往往是老大穿了给老二穿，老二穿了给老三穿。

【新人领进房，媒人抛过墙】sin˥ȵən˩˧lin˩˧ʦin˥˩vɑ̃˧，mᴇ˧ȵən˩˧pʻæ˥kəu˥˩ziã˧ 喻达到目的后，即抛弃帮助过自己的人。

【新三年，旧三年，缝缝补补再三年】sin˥sᴇ˥ȵi˩˧，ʥiʏ˧sᴇ˥ȵi˩˧，voŋ˧voŋ˩˧pu˥˩pu˥˩ʦᴇ˥sᴇ˥ȵi˩˧ 指节俭穿衣。

薪【sin˥】

【薪水】sin˥sʮ˥˩ 工资。

歆【ɕin˥】

馨【ɕin˥】

鑫【ɕin˥】

xìn

囟【sin˦˩˧】

【囟门】sin˦˩˧mən˧ 婴儿头顶骨未合缝的地方。在头顶的前部中央。

芯【sin˦˩˧】

【芯子】sin˥ʦɿ˥˩ （一）装在器物中心的捻子等东西。（二）泛指装在器物中起重要作用的部件。

信【sin˦˩˧】

【信心】sin˦˩˧sin˥ 相信自己

的愿望或预料一定能够实现的心理。

【信石】sin˥˧zɑʔ˧ 砒霜。

【信用】sin˥˧ɦioŋ˨˩ （一）能够履行跟人约定的事情而取得的信任。（二）信任并任用。

【信号】sin˥˧ɦæ˨˩ 用来传递消息或命令的手段。

【信件】sin˥˧ʥi˨˩ 书信和递送的文件、印刷品。

【信任】sin˥˧zən˨˩ 相信而敢于托付。

【信仰】sin˥˧ȵiã˥˧ 对某人或某种主张、主义、宗教极度相信和尊敬，拿来作为自己行动的榜样或指南。

【信封】sin˥foŋ˧˩ 装书信的封套。

【信纸】sin˥ʦɿ˧˩ 供写信用的纸。

【信服】sin˥˧voʔ˧ 相信并佩服。

【信念】sin˥˧ȵi˨˧ 自己认为可以确信的看法。

【信物】sin˥˧vəʔ˧ 作为凭证的物件。

【信息】sin˥siəʔ˥ 音信，消息。

【信鸽】sin˥˧kəʔ˥ 专门训练后用来传递书信的家鸽。

【信笺】sin˥ʦi˧˩ 信纸。

【信誉】sin˥˧ɦy˨˩ 信用和名誉。

【信箱】sin˥siã˧˩ （一）邮局设置的供人投寄信件的箱子。（二）设在邮局内供人租来收信用的编有号码的箱子。（三）设在门前用来收信的箱子。

【信口开河】sin˥˧k'ʏ˧˩k'ɛ˥ɦəu˧ 随口乱说一气。

【信口雌黄】sin˥˧k'ʏ˧˩ʦ'ɿ˥ɦuã˨˩

【信誓旦旦】sin˥˧zɿ˨˩tɛ˥tɛ˧˩ 誓言诚恳可信。

衅【ɕən˥˧】

xīng

兴【ɕən˥】另见 xìng。

【兴】ɕən˥˧ 盛行，热闹，兴盛。

【兴亡】ɕən˥vã˨˩ 兴盛和灭亡。

【兴阳】ɕən˥ɦiã˧ 壮阳。

【兴旺】ɕən˥huɑ̃˩ 兴盛，旺盛。

【兴奋】ɕən˦fən˥ （一）振奋激动。（二）大脑皮层的两种基本神经活动过程之一，是在外部或内部刺激之下产生的。

【兴起】ɕən˥tɕʻi˨ （一）开始出现并兴盛起来。（二）因感动而奋起。

【兴隆】ɕən˥loŋ˩ 兴盛。

【兴衰】ɕən˥sE˨ 兴盛和衰落。

【兴核】ɕən˥huəʔ˧ （髀核）淋巴结疖。

【兴风作浪】ɕən˥foŋ˥tsoʔ˥lɑ̃˧ 喻挑起事端或进行破坏活动。

【兴师动众】ɕən˥sɿ˥doŋ˩tsoŋ˥ 发动很多人做某件事（多含不值得意）。

【兴妖作怪】ɕən˥0iæ˥tsoʔ˥kuɑ˦ 喻坏人进行捣乱，坏思想扩大影响。

【兴隆馒头】ɕən˥loŋ˩mø˧dY˩ 喜庆、搬家、丧事等馈赠亲友、邻居的包子。

星【sin˥】

【星子】sin˥tsɿ˨ 细沫。

【星斗】sin˥tY˨ 星。

【星光】sin˥kuɑ̃˨ 星的光辉。

【星星】sin˥sin˨ （一）星。（二）极少量。（三）细小点儿。

【星宿】sin˥sY˨ 星座。

【星星点点】sin˥sin˥tiɪ˨tiɪ˨ 布满细小点儿。

惺【sin˥】

【惺惺相惜】sin˥sin˥siɑ̃˥siəʔ˥ 义见【惺惺惜惺惺】。

【惺惺惜惺惺】sin˥sin˥siəʔ˥sin˥sin˨ 指聪慧的人怜惜其同类。往往与【英雄惜英雄】0in˥hioŋ˩siəʔ˥0in˥hioŋ˩连用。

猩【sin˥】

腥【sin˥】

【腥气】sin˥tɕʻi˨ 类似生鱼那

种气味。

xíng

刑【ɦin˦】

【刑讯】ɦin˦sin˥˩ 用刑具逼供审讯。

【刑场】ɦin˦zã˩ 处决犯人的地方。

【刑具】ɦin˦ʥy˩ 用来限制自由、逼问口供或执行刑罚的器具。

【刑名】ɦin˦min˩ （一）古代指法律。（二）刑罚的名称。（三）清代主管刑事的（幕僚）。

【刑事】ɦin˦zɿ˩ 有关刑法的。

【刑房】ɦin˦vã˩ （一）旧时掌管刑事案牍的官吏。（二）私刑拷打犯人的房间。

【刑庭】ɦin˦din˩ 负责审理刑事案件的法庭。

【刑罚】ɦin˦vaʔ˦ （一）国家依据刑事法律对罪犯所施行的法律制裁。（二）为逼取口供而采用的肉刑或变相肉刑。

【刑部】ɦin˦bu˩ 隋唐到明清中央行政机构的六部之一。掌管全国法律、刑狱等事。

【刑期】ɦin˦ʥi˩ 服刑的期限。

型【ɦin˦】

硎【ɦin˦】

邢【ɦin˦】

形【ɦin˦】

【形似】ɦin˩zɿ˦ 形式、外表上相像。

【形状】ɦin˩zã˩ 物体或图形由外部的面或线条组合而呈现的外表。

【形体】ɦin˦tʻi˥˩ （一）身体的外观。（二）形状和结构。

【形势】ɦin˩sɥ˥˩ （一）地势。（二）事物发展的状况。

【形态】ɦin˩tʻɛ˥˩ （一）事物的形状或表现。（二）生物体外部的形状。

【形迹】ɦin˩tsiəʔ˥ （一）举动和神色。（二）痕迹，迹象。

【形象】ɦin˩ziã˩　(一)人的形状、相貌、模样。(二)文艺作品中创造出来的生动具体的激发人们思想感情的生活图景。(三)指描绘或表达具体、生动。

【形形色色】ɦin˩ɦin˧sə˥sə˥　各种各样。

【形容绝倒】ɦin˧ɦioŋ˩ziə˧tæ˥˩　对事物的形象或性质细致入微的描述,甚至夸大、过分的描述。

【形影不离】ɦin˧ʔin˥˩pə˥li˧　形容彼此关系密切。

【形影相随】ɦin˧ʔin˥siã˥zᴇ˧　如同影子随着形体,一刻也不能分离。

饧【zin˧】

【饧糖】zin˧dɑ̃˩　一种半透明金黄色泽的麦牙糖,含水分较多,呈胶状。

行【hã˧】文读【ɦin˧】另见 háng;hàng;héng。

【行】hã˧　流行。

【行车】hã˧tso˥　一种起重机械。装在上空,在高架轨道上移动。

【行书】ɦã˧sʮ˥　汉字字体。形体和笔势介于草书和楷书之间。

【行文】ɦã˧vən˧　发公文(给某个或某些单位)。

【行凶】ɦin˧ɕioŋ˥　指打人或杀人。

【行礼】ɦã˧li˩　敬礼。

【行头】ɦã˧dʏ˩　本指戏曲角色所穿戴的服装,后也泛指一般人的服装。

【行动】ɦin˧doŋ˩　(一)指为实现某种意图而具体地进行活动。(二)行为,举动。

【行军】ɦã˧tɕyən˥　军队从一个地点走到另一个地点。

【行灶】ɦã˧tsæ˥　可以搬动的灶具。往往用陶缸改制。

【行李】ɦã˧li˩　出门所带的包裹、箱子等。

【行刑】ɦin˧ɦin˧　执行刑罚。特指死刑。

【行医】ɦã˧ʔi˥　从事医生的业务(多指个人经营的)。

【行使】ɦin˧sɿ˥˩　执行,使用。

【行驶】ɦin˧sɿ˥˩ （车、船）行走。

【行事】ɦin˧zɿ˨˩ 办事，做事。

【行宫】ɦã˧koŋ˥ 封建时代京城以外供皇帝出行时居住的宫室。

【行径】ɦin˧tɕən˥˩ 行为、举动（多指坏的）。

【行客】ɦã˧k'ɑʔ˥ 外地来的（与本地主人——坐客相对）。

【行政】ɦin˧tsən˥˩ （一）行使国家权力的。（二）指机关、企业、团体等内部的管理工作。

【行贿】ɦin˧huE˥˩ 进行贿赂。

【行船】ɦã˧zø˧ 船在水上行走。

【行商】ɦin˧sã˥ 游商。

【行程】ɦin˧zən˨˩ 走过的或将要走的路程。

【行期】ɦin˧dʑi˨˩ 出发的日期。

【行腔】ɦin˧tɕ'iã˥ 戏曲演员按个人对于曲谱的体会来运用腔调。

【行销】ɦin˧siæ˥ 向各地销售。

【行善】ɦã˧zø˨˩ 做善事。

【行路】ɦã˧ləu˨˩ 走路。

【行辕】ɦã˧ɦiø˧ 行营。

【行踪】ɦin˧tsoŋ˥ 行动的踪迹。

【行好事】ɦã˧hæ˥˩zɿ˨˩ 因怜悯而给予帮助或加以原谅。

【行军床】ɦã˧tɕyən˥zɑ̃˨˩ 一种可以折叠的床。用木架或金属架绷着帆布做成。

【行军散】ɦã˧tɕyən˥sE˥˩ 一种中成药。粉末状，有清热、解毒、解暑作用。

【行酒令】ɦã˧tsY˥˩lin˨˩ 饮酒中的游戏。按规则说韵文等，负者罚酒。

【行脚僧】ɦin˧tɕiɑʔ˥sən˥˩ 云游四方的和尚。

【行车走马三分险】ɦin˧ts'o˥ tsY˥˩mo˨˩sE˥fən˥ɕiI˥˩ 坐车骑马难免有危险。泛指乘坐交通工具要惊觉，可能发生险情。

【行仔好心呒好报】ɦã˧tsɿ˥˩ hæ˦sin˥m̩˧hæ˥˩pæ˥˩ 做了好事，落了个不是。

【行得春风有夏雨】ɦã˧təʔ˥ ts'ən˥foŋ˥ɦiY˨˩ɦo˧ɦY˨˩ 俗语。喻做了有利于他人的事后，自然会得到报答。

【行不更名，坐不改姓】ɦin˦ pəʔ˥kən˥min˦，zəu˩pəʔ˥ kE˥˩sin˧ 俗语。指不怕暴露自己的身份。表示什么都不怕。

【行灶里推出木柴来】ɦã˦ tsæ˥li˩tE˥tsʻəʔ˥moʔ˧zɑ˩lE˩ 俗语。喻出现了意想不到的事。

【行啥良心过啥日脚】ɦã˦ sɑ˥˩liã˦sin˥˩kəu˧sɑ˧ȵəʔ˧ tɕiɑʔ˥ 俗语。用什么心地行事，会得到相应的回报。

xǐng

省【sin˥˩】另见 shěng。

醒【sin˥˩】

【醒木】sin˧moʔ˧ 说书人为了引起听众注意而用以拍桌子的小木块。

【醒目】sin˧moʔ˧ （文字、图画等）形象明显，容易看清。

【醒转来】sin˧tsø˥lE˩ 醒过来。

【醒醒酒】sin˥˩sin˥˩tsʏ˥˩ 使人由醉而醒。

【醒酒汤】sin˧tsʏ˥tʻã˥˩ 用来醒酒的汤汁或汤药。

擤【hən˥˩】

【擤鼻涕】hən˥˩bəʔ˧tʻi˥˩ 捏住鼻子中间，用力出气，使鼻涕排出。也写成“拧鼻涕”。

xìng

兴【ɕən˧】另见 xīng。

【兴致】ɕən˧tsʮ˥ 喜好的情绪。

【兴趣】ɕən˧tsʻi˥ 义同【兴致】。

【兴冲冲】ɕən˧tsʻoŋ˥tsʻoŋ˥˩ 形容兴致很高。

【兴头上】ɕən˧dʏ˦lã˩ 因为高兴或感兴趣而产生的劲头正在高潮上。

【兴致勃勃】ɕən˧tsʮ˥˩bəʔ˧ bəʔ˧ 形容兴致很高。

杏【ɦã˦】文读【ɕən˥˩】

【杏子】ɦã˦tsɿ˥˩ 杏树的果

实。

【杏仁】ɦã˧ȵ̊ən˨˩ 杏核中的仁。

【杏花】ɦã˧ho˥ 杏树开的花。

【杏黄】ɦã˧ɦuã˨˩ 黄而微红的颜色。

【杏林】ɦã˧lin˨˩ 称崇医家的用词。

【杏黄旗】ɦã˧ɦuã˧ʥi˨˩ 皇家或皇家特许用的旗帜。

幸【ɦin˨˩】文读【ɕin˥˩˥】

【幸亏】ɦin˧tɕʻy˥ 表示借以免除困难的有利情况。往往后面加“得”字。【幸亏得】ɦin˧tɕʻy˥təʔ˥。

【幸而】ɦin˧∅əl˥ 幸亏。

【幸福】ɦin˧foʔ˥ （生活、境遇）称心如意。

【幸免】ɦin˧mii˨˩ 侥幸地避免。

【幸灾乐祸】ɦin˧tsɛ˥loʔ˧ɦəu˨˩ 别人遭到灾难时，自己心里高兴。

性【sin˦˨˦】

【性子】sin˥tsɿ˥˩˥ 性情、脾气。

【性交】sin˦˨˦tɕiæ˥ 两性之间发生性行为。

【性别】sin˦˨˦biəʔ˧ 两性的区别。

【性质】sin˦˨˦tsəʔ˥ 一种事物区别于其他事物的根本属性。

【性急】sin˥tɕəʔ˥ 脾气急。也写成“心急”。

【性病】sin˦˨˦bin˨˩ 梅毒、淋病、软性下疳等疾病的统称。多由性交传染。

【性格】sin˦˨˦kɑʔ˥ 在对人、对事的态度和行为方式上所表现出来的心理特点。

【性能】sin˦˨˦nən˨˩ 制品对设计要求的满足程度。

【性命】sin˥min˨˩ 生命。

【性重】sin˥zoŋ˨˩ 比重大。

【性欲】sin˦˨˦ɦyoʔ˧ 对性行为的要求。

【性情】sin˦˨˦zin˧ 性格。

【性感】sin˦˨˦kø˥ 能够引起

异性情欲的;肉感。

【性命交关】sin˥min˩tɕiæ˥kuE˥˩ 关系到人的性命。形容关系重大,非常紧要。

【性急头人】sin˥tɕəʔ˥dY˩ȵən˩ 性急的人。也写成"心急头人"。

【性急头脾气】sin˥tɕəʔ˥dY˩bi˧tɕʰi˥˩ 形容脾气急。也写成"心急头脾气"。

X

姓【sin˦】

【姓名】sin˦min˩ 姓和名字。

【姓氏】sin˦zɿ˩ 表明家族的字。

xiōng

凶【ɕioŋ˥】

【凶手】ɕioŋ˥sY˥˩

【凶光】ɕioŋ˥kuɑ̃˥˩ (眼中有)凶恶的闪光。

【凶犯】ɕioŋ˥vE˩

【凶杀】ɕioŋ˥saʔ˥

【凶宅】ɕioŋ˥zɑʔ˧ (一)迷信认为不吉利或闹鬼的房子。(二)曾发生过凶案的房子。

【凶兆】ɕioŋ˥zæ˩

【凶狠】ɕioŋ˥hən˥˩

【凶信】ɕioŋ˥sin˥˩

【凶险】ɕioŋ˥ɕiɪ˥˩

【凶相】ɕioŋ˥siɑ̃˥˩

【凶暴】ɕioŋ˥bæ˩ (性情、行为)凶狠残暴。

【凶恶】ɕioŋ˥øoʔ˥ (性情、行为或相貌)十分凶狠、可恶。

【凶器】ɕioŋ˥tɕʰi˥˩ 行凶用的器具。

【凶猛】ɕioŋ˥mən˥˩ (气势、力量)凶恶强大。

【凶人头】ɕioŋ˥ȵən˩dY˩ 凶狠无情的人(往往指纠纷中扮演出凶狠无情的样子)。

【凶过头】ɕioŋ˥kəu˥˩dY˧ (一)凶狠得过分了。(二)言语、行动比对方更凶狠、更厉害。

【凶赖赖】ɕioŋ˥la˩la˩ 形容凶狠的样子。

【凶神恶煞】ɕioŋ˥zən˩øoʔ˥saʔ˥ 迷信指凶恶的神。常用来形容非常凶恶的人。

匈【ɕioŋ˥】

汹【ɕioŋ˥】

【汹汹】ɕioŋ˥ɕioŋ˧˩ 形容势头凶猛的样子。
【汹涌】ɕioŋ˥Øioŋ˧˩ （水）猛烈地向上涌或向前翻滚。

胸【ɕioŋ˥】

【胸子】ɕioŋ˥tsɿ˧˩ 禽类的胸脯肉。
【胸围】ɕioŋ˥ɦuᴇ˨˩ 围绕胸脯一周的长度。
【胸怀】ɕioŋ˥ɦuᴇ˨˩
【胸章】ɕioŋ˥tsã˧˩ （一）佩戴在胸前表示身份或职务的标志。（二）佩戴在胸前的纪念章。
【胸脯】ɕioŋ˥bu˨˩ 胸部。
【胸腔】ɕioŋ˥tɕʻiã˧˩ 胸骨、胸椎和肋骨围成的空腔。
【胸罩】ɕioŋ˥tsæ˧˩ 奶罩。
【胸膛】ɕioŋ˥dã˨˩
【胸襟】ɕioŋ˥tɕən˧˩
【胸口头】ɕioŋ˥kʻʏ˧˩dʏ˨˩ 胸口。
【胸门前】ɕioŋ˥mən˨˩ziɪ˨˩ 胸前。
【胸中无数】ɕioŋ˥tsoŋ˥vu˨˩səu˦˩ 了解不够，心中无底。
【胸中有数】ɕioŋ˥tsoŋ˥ɦiʏ˨˩səu˦˩ 了然于胸。
【胸无点墨】ɕioŋ˥vu˨˩tiɪ˦˩məʔ˧
【胸有成竹】ɕioŋ˥ɦiʏ˨˩zən˧tsoʔ˥ 喻做事之前已经有通盘的考虑。
【胸脯拍得应天响】ɕioŋ˥bu˨˩pʻɑʔ˥təʔ˥Øin˥tʻiɪ˥ɕiã˧˩ 俗语。形容竭力保证、承诺。
【胸口头放棉花——窝心】ɕioŋ˥kʻʏ˧˩dʏ˨˩fã˦˩miɪ˧ho˧˩——Øəu˥sin˧˩ 歇后语。指心情舒畅。
【胸口头挂钥匙——开心】ɕioŋ˥kʻʏ˧˩dʏ˨˩ko˦˩ɦiɑʔ˧zɿ˨˩——kʻᴇ˥sin˧˩ 歇后语。指心情快乐、舒畅。
【胸口头烘脚炉——窝心】ɕioŋ˥kʻʏ˧˩dʏ˨˩hoŋ˥tɕiɑʔ˥ləu˧——Øəu˥sin˧˩ 歇后语。指心情舒畅。

兄【ɕioŋ˥】

【兄长】ɕioŋ˥tsã˧ 哥哥。

【兄弟】ɕioŋ˥di˩ （一）哥和弟。（二）弟弟。（三）表示同一等级。

芎【tɕʻioŋ˥】

xióng

雄【ɦioŋ˧】

【雄头】ɦioŋ˧dY˩ 禽类雄性的精。

【雄鸡】ɦioŋ˧tɕi˥ 公鸡。

【雄伟】ɦioŋ˩ɦuE˩ 雄壮而伟大。

【雄壮】ɦioŋ˩tsã˧ （气魄、声势）强大。

【雄心】ɦioŋ˧sin˥ 远大的理想和抱负。

【雄厚】ɦioŋ˧ɦY˩ （人力、物力）充足。

【雄风】ɦioŋ˧foŋ˥ 威风。

【雄花】ɦioŋ˧ho˥ 只有雄蕊的单性花。

【雄黄】ɦioŋ˧ɦuã˩ 矿物。成分是硫化砷，橘黄色，有光泽。

【雄猫】ɦioŋ˧mæ˩ 雄性的猫。

【雄辩】ɦioŋ˩bii˩ 强有力的辩论。

【雄纠纠】ɦioŋ˩tɕiY˥tɕiY˧ 形容威武。

【雄黄酒】ɦioŋ˧ɦuã˧tsY˧ 搀有雄黄的烧酒。民间在端午节时饮用。

【雄鸡勿啼雌鸡啼】ɦioŋ˧tɕi˥fəʔ˥di˧tsʻɿ˥tɕi˥di˧ 调侃语。指家庭中妻子当家管事。

熊【ɦioŋ˧】

xiū

休【ɕiY˥】

【休书】ɕiY˥sɥ˧ 旧时丈夫把妻子赶回娘家，解除夫妻关系时所写的文字。

【休克】ɕiY˥kʻəʔ˥ 昏厥。

【休闲】ɕiY˥ɦii˩ 休息；过清闲生活。

【休学】ɕiY˥ɦioʔ˧ 学生因故不能继续学习，经学校同意，暂停学习，仍保留学籍。

【休妻】ɕiʏ˥tsʻi˥ 旧时丈夫把妻子赶回娘家，解除夫妻关系。

【休战】ɕiʏ˥tsø˥˩ 交战双方暂时停止军事行动。

【休眠】ɕiʏ˥mi˩ 某些生物为了适应环境的变化，生命活动几乎到了停止状态。

【休息】ɕiʏ˥siəʔ˥ 暂时停止工作、学习或活动。

【休养】ɕiʏ˥ɦiã˩ 休息调养。

【休脱】ɕiʏ˥tʻəʔ˥ 休掉（指休妻）。

【休想】ɕiʏ˥siã˥˩

咻【ɕiʏ˥】

【咻咻】ɕiʏ˥ɕiʏ˥˩ 象声词。形容气喘的声音。

貅【ɕiʏ˥】

髹【ɕiʏ˥】

修【sʏ˥】

【修长】sʏ˥zã˧ 细长。

【修女】sʏ˥ȵʏ˩ 天主教或东正教中出家修道的女子。

【修仙】sʏ˥sii˥ 道教徒，修道者求长生不老（迷信）。

【修行】sʏ˥ɦã˧ 佛教徒或道教徒虔诚地学习教义，并照着教义去实行。

【修养】sʏ˥ɦiã˩ （一）指理论、知识、艺术、思想等方面的一定水平。（二）指养成的正确的待人处事的态度。

【修作】sʏ˥tsoʔ˥ （一）整理。（二）收拾。（三）修理。

【修补】sʏ˥pu˥˩ 修理破损的东西，使完好。

【修改】sʏ˥kE˥˩ 改正错误、缺点（多指文章、计划）等。

【修面】sʏ˥mi˩ 刮脸。

【修修】sʏ˥sʏ˥˩ （一）修一下。（二）指修行，积德。

【修复】sʏ˥foʔ˥ 修理使恢复完整。

【修好】sʏ˥hæ˥˩ （一）修理完毕，修理的东西已完好。（二）亲善友好。

【修炼】sʏ˥li˩ 指道家修养练功、炼丹等活动。

【修饰】sʏ˥səʔ˥ （一）修整

装饰。（二）梳妆打扮。（三）修改润饰，使语言文字明确生动。

【修配】SY˥pE˥˩ 修理，配齐零件。

【修剪】SY˥tsiI˥˩ 用剪刀修整。

【修理】SY˥liʅ 使损坏的东西恢复。

【修脚】SY˥tɕiɑʔ˥

【修福】SY˥foʔ˥ 行善积德。

【修来世】SY˥lE˧sʮ˥˩ 修行，使来世（迷信的说法，人死后再投胎复生）幸福。

【修长条子】SY˥zã˧diæ˩tsɿ˥˩ 细长的身体。

【修仔九十九年，第一百年浪成格仙】SY˥tsɿ˥˩tɕiY˨zəʔ˧tɕiY˥˩ɳ.iI˩，di˧ʔiəʔ˥pɑʔ˥ɳ.iI˧lɑ˩zən˧kəʔ˥siI˥ 俗语。指功到自然成，勉励人向着目标不断努力。

脩【SY˥】

【脩金】SY˥tɕən˥˩ 旧时指给老师的薪水。

羞【SY˥】

【羞见江东】SY˥tɕiI˥˩kã˥toŋ˥˩ 喻没脸见故人。

【羞老面皮】SY˥læ˧miI˧bi˩ 用食指刮脸，表示对方不知羞耻。

馐【SY˥】

xiǔ

朽【ɕiY˨】

【朽木】ɕiY˨moʔ˧ 腐烂的木头。喻不堪造就的人。

【朽木不可雕也】ɕiY˨moʔ˧pəʔ˥k'əu˥˩tiæ˥ɦiI˥˩ 喻不求上进的人无法教育。

宿【SOʔ˥】另见 sù；xiǔ。

xiù

秀【SY˨】

【秀才】SY˥zE˩ （一）明清两代生员的通称。（二）泛指有些文才的人、读书人。

【秀气】SY˥tɕʻi˨˩

【秀才人情纸半张】SY˥zE˨˩ zən˧˩zin˨˩tsɿ˨˩pø˨˦tsã˥ 俗语。以自己制作的书画赠人的客套话。

【秀才勿识读半边】SY˥zE˨˩ fəʔ˥səʔ˥doʔ˧pø˨˦pii˥ 俗语。汉字的形声字占汉字总数的百分之八十以上。不识的字读半边，往往能蒙对（含调侃意）。

【秀才造反，三年不成】SY˥ zE˨˩zæ˧˩fE˨˩，sE˥ɳ̊ii˧˩pəʔ˥ zən˧˩ 俗语。指文弱书生，容易纸上谈兵，干实际工作就不行了。

【秀才碰着兵——有理说勿清】SY˥zE˨˩bã˧˩zaʔ˧pin˥——ɦiY˧˩li˨˩səʔ˥fəʔ˥tsʻin˥ 歇后语。有了道理与对方说不明白。旧时当兵的往往蛮不讲理。秀才，泛指读书人，传统认为是读书明理的人。

绣【SY˨˦】

【绣花】SY˥ho˨˩ 刺绣。用针穿彩色丝、绒、棉线在绸、布等上面做成花纹、图像或文字。

【绣球】SY˥dʑiY˨˩ 用彩绸结成的球形物。

【绣像】SY˥ziã˨˩ 指画工细致的人像。

【绣花鞋】SY˥ho˥ɦa˨˩ 绣鞋。

【绣球花】SY˥dʑY˧˩ho˨˩ 落叶灌木。夏季开花成球形，色绿转白。

【绣球风】SY˥dʑY˧˩foŋ˨˩ 阴囊疾病。外皮发炎呈红色，奇痒。

【绣花枕头——一包草】SY˥ ho˥tsən˨˦dY˨˩——ʔiəʔ˥pæ˥tsʻæ˨˩ 歇后语。指表面好看，内里一团糟。

【绣花针突勒砻糠里——寻煞快】SY˥ho˥tsən˨˩dəʔ˧ləʔ˧loŋ˧˩kʻã˥li˨˩—zin˧˩saʔ˥kua˨˩ 歇后语。指寻找得非常辛苦。突勒，“掉在”的意思。

琇【SY˨˦】

锈【SY˨˦】

【锈牢】SY˨˦læ˨˩ 因锈蚀，原

本可以打开的被锈死了。

【锈斑】SY˦˨pE˥ 金属被锈蚀的斑痕。

【锈迹斑斑】SY˦˨tsiəʔ˥pE˥pE˥˩ 锈斑很多。形容锈得很厉害。

岫【ZY˨˩】

袖【ZY˨˩】

【袖子】ZY˨˦tsɿ˥ 衣服套在胳膊上的筒状部分。

【袖口】ZY˨˦kY˥ 袖子的边缘。

【袖套】ZY˨˦tʻæ˥˩ 套在袖子前部的套子。

【袖珍】ZY˨˦tsən˥ 体积较小、便于携带的。

【袖章】ZY˨˦tsã˥ 套在袖子上表示身份或职务的标志。

【袖箭】ZY˨˦tsiɪ˥˩ 藏在衣袖里暗中射人的箭。

【袖子管】ZY˨˦tsɿ˥kuø˥˩ 袖子。

【袖手旁观】ZY˨˦SY˥˩bã˨˩kuø˥˩ 喻坐观成败，不给予帮助。

臭【ɕiY˦˨】另见 chòu。

溴【ɕiY˦˨】

嗅【ɕiY˦˨】

【嗅觉】ɕiY˦˨tɕoʔ˥ （一）用鼻子辨别气味的能力。（二）喻人辨别事物的能力。

宿【SY˦˨】另见 sù；xiǔ。

xū

圩【tɕʻy˥】另见 wéi。

吁【ɕy˥】另见 yù。

盱【ɕy˥】

戌【siəʔ˥】

【戌腿】siəʔ˥tʻE˥˩ 金华火腿的一种。

胥【si˥】文读【sy˥】

须【si˥】

【须生】si˥sã˥˩ 戏曲中生角的一种。扮演中年以上男子。
【须发】si˥faʔ˥ 胡须和头发。
【须要】si˥Øiæ˦˨ 一定要。
【须须头】si˥si˥dY˨˩ 像须的东西。

虚【ɕy˥】

【虚】ɕy˥ （一）体虚。（二）肿。
【虚心】ɕy˥sin˥˩ 不自满，肯接受别人的意见。
【虚火】ɕy˥həu˥˩ 中医指由身体虚弱而产生的焦躁和发热的症状。
【虚头】ɕy˥dY˨˩ 虚假部分。
【虚伪】ɕy˥ɦuE˨˩ 作假，不真实，表里不一。
【虚汗】ɕy˥ɦø˨˩ 由于衰弱、患病、心里紧张等而出的汗。
【虚设】ɕy˥səʔ˥ 空摆样子，只有形式而不起作用。
【虚名】ɕy˥min˨˩ 不符合实际的名声。
【虚岁】ɕy˥sE˥˩ 一种年龄计算法，人一生下来就算一岁，以后每逢新年就增加一岁。
【虚报】ɕy˥pæ˥˩ 不照真实情况报告（多指以少报多）。
【虚拟】ɕy˥ȵi˨˩ （一）假设的。（二）虚构。
【虚构】ɕy˥kY˥˩ 凭想象编造。
【虚线】ɕy˥si˦˨ 以点或短线画成的断续的线。
【虚劲】ɕy˥tɕən˥˩ 装出声势，或拼出最后的力气，虚张声势。
【虚度】ɕy˥dəu˨˩ 白白地度过。
【虚胖】ɕy˥pã˥˩ 人体内脂肪异常增多而发胖。多由内分泌疾患引起。
【虚荣】ɕy˥ɦioŋ˨˩ 表面上的光彩。
【虚弱】ɕy˥zaʔ˧ （一）（身体）不结实。（二）（国力、兵力）软弱、薄弱。
【虚假】ɕy˥tɕia˥˩或ɕy˥ka˥˩ 跟实际不符合的。
【虚惊】ɕy˥tɕən˥˩ 事后证明是不必要的惊慌。

【虚脱】ɕy˥tʻəʔ˥ （一）因大量失血或脱水、中毒、患传染病等而引起的心脏和血液循环突然衰竭的现象。（二）因受威胁、压力而害怕、畏惧。

【虚邀】ɕy˥0iæ˥˩ 假意邀请。

【虚字眼】ɕy˥zɿ˩ŋE˩ 谈话中都是模棱两可的用词或毫无实际意义的用词。

【虚约约】ɕy˥0iɑʔ˥0iɑʔ˥ 心虚的样子。

【虚空钿】ɕy˥kʻoŋ˥diɪ˩ 花了后得不到任何好处的钱。

【虚衔头】ɕy˥ŋE˩dY˩ 有名无实的职务。

【虚搭搭】ɕy˥taʔ˥taʔ˥ 义同【虚约约】。

【虚头豁显】ɕy˥dY˩huaʔ˥ɕiɪ˥˩ （一）不实在、不踏实、作假等坏习气。（二）以虚假的话骗人。

【虚无缥渺】ɕy˥vu˩pʻiæ˥miæ˩ （一）形容空虚渺茫。（二）指根本不存在的。

【虚张声势】ɕy˥tsã˥sən˥sʮ˥˩ 假装出强大的气势。

【虚晃一枪】ɕy˥huɑ̃˩0iəʔ˥tsʻiã˥ 喻制造假象（以便逃脱）。

【虚虚实实】ɕy˥ɕy˥zəʔ˧zəʔ˧ 有时真，有时假。

【虚则虚，实则实】ɕy˥tsəʔ˥ɕy˥，zəʔ˧tsəʔ˥zəʔ˧ 假就是假，真就是真。形容诚实。

墟【tɕʻy˥】

嘘【ɕy˥】另见 shī。

【嘘勒嘘】ɕy˥lə˧ɕy˥ 形容轻浮不实的样子。

【嘘寒问暖】ɕy˥ɦø˧vən˩nø˩ 形容对别人生活十分关心。

需【si˥】文读【sy˥】

【需要】si˥0iæ˥˩ （一）应该有或必须有。（二）对事物的欲望或要求。

xú

徐【zi˧】中州韵【zy˧】

【徐调】zi˧diæ˩ 苏州评弹流派唱腔。行腔软糯舒展，九转三回，用小嗓子演唱。前辈艺人徐云志所创。

xǔ

许【ɕy˥˨】

【许可】ɕy˦kʻəu˥　准许，容许。

【许配】ɕy˥˨pɛ˥˨　女子由家长作主，跟某人订婚。

【许愿】ɕy˥˨ɲ̥iø˨˧　（一）迷信的人对神佛有所祈求，许下某种酬谢。（二）借指事前答应对方，将来给以某种好处。

浒【ɕy˥˨】另见 hǔ。

【浒浦】ɕy˦pʻu˥　地名。在江苏省常熟市东北。

【浒墅关】ɕy˦zɿ˦kuɛ˥˨　地名。在江苏省苏州市西北。

栩【ɕy˥˨】

xù

旭【ɕioʔ˥】

【旭日】ɕioʔ˥zəʔ˧　刚出来的太阳。

序【zi˨˧】文读【zy˨˧】

【序曲】zi˦tɕʻio˥　（一）歌剧、清唱剧、芭蕾舞剧等开场时演出的乐曲。（二）喻事情、行动的开端。

【序言】zi˦ɦiɪ˨˧　序文。一般指写在著作正文之前的文章。

【序幕】zi˦mo˨˧　（一）某些多幕剧的第一幕之前的一场戏，用以介绍剧中人物的历史和剧情发生的原因，或暗示全剧的主题。（二）喻重大事件的开端。

叙【zi˨˧】中州韵【zy˨˧】

【叙旧】zi˨˧dʑiʏ˨˧　（亲友间）谈论跟彼此有关的旧事。

【叙谈】zi˨˧dɛ˨˧　随意交谈。

【叙事诗】zi˦zi˨˧sɥ˥　有人物形象和故事情节的诗歌。

恤【siəʔ˥】

X

X

畜【ɕyəʔ˥】另见 chù。

【畜牧业】ɕyəʔ˥moʔ˧ȵəʔ˧ 饲养畜禽的行业。

酗【ɕyəʔ˥】

【酗酒】ɕyəʔ˥tsʏ˥˩ （一）无节制地喝酒。（二）喝醉了发酒疯。

绪【zi˩】中州韵【zy˩】

蓄【ɕioʔ˥】

【蓄养】ɕioʔ˥ɦiã˩ 积蓄培养。

【蓄谋】ɕioʔ˥mʏ˧ 早就有这种谋划。

【蓄意】ɕioʔ˥ʔi˦ 早就有这个意思。

续【zoʔ˧】

【续弦】zoʔ˧ɦiɪ˧ 男子丧妻以后再娶。

【续假】zoʔ˧tɕiɑ˦ 假期满后继续请假。

【续集】zoʔ˧ziəʔ˧ 文学或文艺作品完成后，接着原来的内容续写的部分。

婿【si˦】中州韵【sy˦】

絮【si˦】中州韵【sy˦】

煦【ɕi˥˩】

蓿【soʔ˥】

xuān

轩【ɕiɪ˥】

【轩昂】ɕiɪ˥ŋɑ̃˩ （一）高扬。（二）形容精神饱满，气度不凡。

宣【siɪ˥】中州韵【siø˥】

【宣召】siɪ˥zæ˩ （帝王）宣旨召见（某人）。

【宣布】siɪ˥pu˥˩ 正式告诉（大家）。

【宣传】siɪ˥zø˩ 对群众说明讲解，使群众相信并跟着行动。

【宣纸】siɪ˥tsɿ˥˩　安徽宣城、泾县出产的一种高级纸张。用于写毛笔字和画国画。文房四宝之一。

【宣告】siɪ˥kæ˥˩　宣布。

【宣判】siɪ˥pʻø˥˩　法院对当事人宣布案件的判决。

【宣言】siɪ˥ɦiɪ˩˧　(一)(国家、政党或团体)对重大问题公开表示意见,以进行宣传号召的文告。(二)宣告,声明。

【宣扬】siɪ˥ɦiã˩˧　广泛宣传,使大家知道。

【宣卷】siɪ˥tɕiø˥˩　讲经。所宣讲的宝卷是一种带有迷信内容的讲唱文学。

【宣战】siɪ˥tsø˥˩　(一)宣布开始处于战争状态。(二)泛指展开激烈斗争。

【宣称】siɪ˥tsʻən˥˩　公开地用语言、文字表示,声称。

【宣腿】siɪ˥tʻE˥˩　云南宣威出产的火腿。又名云腿。

【宣誓】siɪ˥zɿ˩˧　担任某个任务或参加某个组织时,在一定的仪式下当众说出表示决心的话。

【宣德炉】siɪ˥təʔ˥ləu˩˧　明宣德年间铸造的一种香炉。

揎【ɕiø˥】

【揎光】ɕiø˥kuã˥˩　(一)打光。(二)吃光。

【揎一顿】ɕiø˥Øiəʔ˥tən˥˩　(一)打一顿。(二)指吃喝一顿。

【揎上去】ɕiø˥zã˩˧tɕʻi˥˩　(一)猛烈地向前击打。(二)猛然走上去。

【揎耳光】ɕiø˥ȵi˧kuã˥　打耳光。

【揎过去】ɕiø˥kəu˥˩tɕʻi˥˩　(一)向前击打。(二)表示离开自己所在的地方。

【揎过来】ɕiø˥kəu˥lE˩˧　表示来到自己现在所在的地方。

萱【siɪ˥】中州韵【siø˥】

【萱草】siɪ˥tsʻæ˥˩　多年生草本植物。叶子条状披针形,花橙红色或黄红色,供观赏。

金针菜的一种。

【萱堂】siɪ˥dɑ̃˩ 旧指母亲。

喧【ɕiø˥】

【喧天】ɕiø˥tʻiɪ˥

【喧宾夺主】ɕiø˥pin˥dəʔ˧ tsʮ˩ 喻客人占了主人的地位或外来的、次要的事物侵占了原有的、主要的事物的地位。

煊【ɕiø˥】

【煊红】ɕiø˥hoŋ˧ 形容红红的。

【煊赫】ɕiø˥həʔ˥ 形容名声很小,声势很盛。

【煊煊红】ɕiø˥ɕiø˥hoŋ˧ 形容非常红。

谖【ɕiø˥】

xuán

玄【ɦiø˧】

【玄孙】ɦiø˧sən˥ 曾孙的儿子。

【玄色】ɦiø˧səʔ˥ 黑色。

【玄妙】ɦiø˧miæ˩ 复杂而深奥,难以捉摸。

【玄参】ɦiø˧sən˥ 别名元参、黑参。多年生草本植物。茎直立、四棱形,花顶生或腋生,黄绿色。根供药用,能补阴降火,消炎解毒。

【玄青】ɦiø˧tsʻin˥ 深黑色。

【玄虚】ɦiø˧ɕy˥ 用使人迷惑的形式来掩盖真相的欺骗手段。

【玄妙观】ɦiø˧miæ˧kuø˩ 苏州著名道观。南宋淳熙六年重修。为全国重点文物保护单位。也称圆妙观。

【玄坛菩萨】ɦiø˧dᴇ˩bu˩saʔ˥ 财神菩萨。

旋【ziɪ˧】中州韵【ziø˧】另见xuàn。

【旋律】ziɪ˧liəʔ˧ 乐音经过艺术构思而形成的有组织、有节奏的和谐运动。

【旋涡】ziɪ˧əu˥ (一)流体旋转时形成的螺旋形。(二)喻牵累人的事情。

漩【ziɪ˧】中州韵【ziø˧】

璇【ziɪ˧】中州韵【ziø˧】

悬【ɦiø˧】

【悬开】ɦiø˧kʻɛ˥ 离开；相隔。

【悬念】ɦiø˩ȵiɪ˩ （一）挂念。（二）文艺作品中，对故事的发展和人物命运的关切心情。

【悬空】ɦiø˧kʻoŋ˥ （一）离开地面，悬在空中。（二）喻没有落实或没有着落。

【悬案】ɦiø˧ɵø˩ （一）没有解决的案件。（二）泛指没有解决的问题。

【悬进】ɦiø˧ɒã˥ 相差大，距离远。也作"远浜"。

【悬殊】ɦiø˧zʮ˩ 相差很远。

【悬壶】ɦiø˧ɵəu˥ 行医。

【悬望】ɦiø˩vã˩ 不放心地盼望。

【悬崖】ɦiø˩ɦia˩ 高而陡的山崖。

【悬梁】ɦiø˩liã˧ （一）悬挂梁上。（二）指上吊自杀。

【悬腕】ɦiø˧ɵuø˩ 写毛笔字时手腕子悬空。

【悬空八只脚】ɦiø˧kʻoŋ˥poʔ˥tsaʔ˥tɕaʔ˥ （一）喻相差很远。（二）形容没有着落，子虚乌有。

xuǎn

选【siɪ˩】中州韵【siø˩】

【选手】siɪ˧sʏ˥ 被选参加比赛的人。

【选用】siɪ˩ɦioŋ˩ 选择使用或运用。

【选材】siɪ˩zɛ˧ （一）挑选合适的人才。（二）选择适用的材料或素材。

【选拔】siɪ˧baʔ˧ 挑选（人才）。

【选择】siɪ˧zəʔ˧ 挑选。

【选种】siɪ˩tsoŋ˩ 选择动物或植物的优良品种。

【选送】siɪ˩soŋ˩ 挑选推荐。

【选举】siɪ˧tɕy˥ 用投票或举手等表决方式选出代表或负责人。

【选票】siɪ˦˨p'iæ˦ 选举者用来填写或圈定被选举人姓名的票。

烜【ɕiø˥˩】

【烜赫】ɕiø˥hə˥ 声势盛大。

癣【siɪ˥˩】

xuàn

炫【ɦiø˩】

【炫耀】ɦiø˩ɦiæ˩ 夸耀卖弄。

绚【ɕiø˦˨】

【绚烂】ɕiø˦˨ɛ˩ 灿烂。

眩【ɦiø˩】

【眩晕】ɦiø˩ɦyən˩ 头晕眼花，感觉到本身和周围的东西在旋转。

券【tɕ'iø˦˨】另见 quàn。

旋【ziɪ˩】中州韵【ziø˩】另见 xuán。（土白中旋螺纹器物读作【ziəʔ˧】）

旋【ziɪ˩】中州韵【ziø˩】另见 xuán。

【旋风】ziɪ˩foŋ˥ 螺旋状运动的风。

【旋旋】ziɪ˩ziɪ˩ 旋转一下。亦读作ziəʔ˧ziəʔ˧。

【旋旋紧】ziɪ˩ziɪ˩tɕən˥˩ （把有螺旋口的器物）旋转，使其贴紧。亦读作ziəʔ˧ziəʔ˧tɕən˥˩。

渲【ɕiø˥】

【渲染】ɕiø˥zø˩ 国画的一种画法。用水墨或淡的色彩涂抹画面，以加强艺术效果。

楦【ɕiø˦˨】

【楦头】ɕiø˥dy˩ 楦鞋、帽的木质模型。鞋楦头分头部和跟部，中间根据鞋的大小打进木楔，填满撑紧。

【楦一楦】ɕiø˦˩˨ʔiəʔ˥ɕiø˦˩˨ 用楦头楦一下鞋或帽子。

【楦出楦进】ɕiø˥tsʻəʔ˥ɕiø˥tsin˦˩˨ 形容进出频繁（贬义）。

xuē

削【siɑʔ˥】中州韵【sioʔ˥】
另见 xiāo。

【削发】siɑʔ˥faʔ˥ 剃掉头发（指出家做尼、僧）。

【削平】siɑʔ˥bin˧ 消灭，平定。

【削竹】siɑʔ˥tsoʔ˥ 形容良马的耳朵。

【削价】siɑʔ˥kɑ˦˩˨ 减价，降价。

【削职】siɑʔ˥tsəʔ˥ 剥夺职务。

【削剪】siɑʔ˥tsiɪ˥˨ （一）理发工具之一。用来削薄头发的有齿的剪刀。（二）剪发和削发。

【削弱】siɑʔ˥zɑʔ˧ 使减弱。

【削减】siɑʔ˥kᴇ˥˨ 从已定的数目中减去。

【削脱】siɑʔ˥tʻəʔ˥ 削掉。

【削壁】siɑʔ˥piəʔ˥ 直立的山崖，像削过的一样。

【削水片】siɑʔ˥sɥ˥˨pʻiɪ˥˨ （一）水乡儿童游戏。把瓦片小角度掷向水面，瓦片在水面上跳动形成或宝塔或棒槌等花样。（二）常用来比喻花钱快而多。

【削肩架】siɑʔ˥tɕiɪ˥kɑ˥˨ 斜着向下的肩型。

【削骨脸】siɑʔ˥kuəʔ˥liɪ˨˧ 向下瘦削的脸型。

【削铁如泥】siɑʔ˥tʻiəʔ˥zɥ˧ȵi˧ 形容剑、刀等兵刃十分锋利。

【削刀磨剪刀】siɑʔ˥tæ˥mo˧tsiɪ˥tæ˥˨ 以磨刀为业的手艺。

【削尖仔头往里钻】siɑʔ˥tsiɪ˥tsɿ˥˨dʏ˧mɑ̃˨˧liɪ˨˧tsø˥ 形容钻营。

靴【ɕiø˥】或【ɕio˥】

【靴子】ɕio˥tsɿ˥˨或ɕiø˥tsɿ˥˨ 长筒的鞋。

【靴统】ɕioʔ˥tʻoŋ˥˨或ɕiø˥tʻoŋ˥˨ 鞋子的帮。

【靴脚】ɕioʔ˥tɕɑʔ˥　穿着靴子的脚。

薛【siəʔ˥】

【薛调】siəʔ˥diæ˦　苏州评弹流派唱腔，薛筱卿所创。

xué

穴【ɦyəʔ˧】

【穴子】ɦyəʔ˧tsɿ˥˩　未葬尸体的墓穴。

【穴头】ɦyəʔ˧dʏ˩˧　艺人参加临时组织的演出叫“走穴”。组织临时演出的经纪人叫“穴头”。

【穴位】ɦyəʔ˧ɦuE˩˧　（一）人体上可以进行针灸的部位。多为神经末梢密集或较粗的神经纤维经过的地方。（二）墓穴的位置，墓穴。

【穴道】ɦyəʔ˧dæ˩˧　义同【穴位】。

学【ɦoʔ˧】文读【ɦioʔ˧】

【学风】ɦoʔ˧foŋ˥　学校、学术界或一般学习方面的风气。

【学历】ɦoʔ˧liəʔ˧　学习的经历。指曾在哪些学校肄业或毕业。

【学习】ɦoʔ˧ziəʔ˧　（一）从阅读、听讲、研究、实践中获得知识或技能。（二）效法。

【学术】ɦioʔ˧zəʔ˧　有系统的、专门的学问。

【学业】ɦoʔ˧ȵəʔ˧或ɦioʔ˧ȵəʔ˧　学习的功课和作业。

【学长】ɦioʔ˧tsã˥˩　对同学的尊称。

【学好】ɦoʔ˧hæ˥˩　（一）以好人好事为榜样，照着去做。（二）通过学习，掌握了技能或知识。

【学会】(1)ɦoʔ˧ØuE˦　通过学习，掌握了技能或知识。(2)ɦioʔ˧ɦuE˩˧　由研究某一学科的人组成的学术团体。

【学名】ɦo˧min˩˧或ɦioʔ˧min˩˧　（一）入学时使用的正式名字。（二）科学上的专用名称。

【学年】ɦioʔ˧ȵi˩˧　规定的学习年度。从秋季开学到暑假，或从春季开学到寒假为一学年。

【学问】ɦɔʔ˧vən˨ （一）正确反映客观事物的系统知识。（二）知识，学识。

【学舌】ɦɔʔ˧zəʔ˧ 模仿别人说话。喻没有主见，只是跟着别人说。

【学究】ɦioʔ˧tɕiʏ˥˩ 旧指读书人。也指迂腐的读书人。

【学识】ɦioʔ˧səʔ˥ 学术上的知识和修养。

【学位】ɦioʔ˧ɦuɛ˨ 根据专业学术水平，由高等院校、科研机构等授予的称号。

【学员】ɦioʔ˧ɦiø˨ 一般指在高等学校、中学、小学以外的学校、团体或训练班学习的人。

【学坏】ɦɔʔ˧ɦua˨或ɦɔʔ˧ɦua˦ 学到了坏的东西。

【学府】ɦioʔ˧fu˥˩ 指实施高等教育的学校。

【学乖】ɦɔʔ˧kua˥ 学到经验后，变得乖巧了。

【学者】ɦioʔ˧tsɛ˥˩ 指在学术上有一定成就的人。

【学制】ɦioʔ˧tsɿ˥˩ 国家对各级各类学校的性质、任务、组织系统和课程、学习年限等的规定。

【学科】ɦɔʔ˧k‘əu˥˩ （一）按照学问的性质而划分的门类。（二）学校教学的科目。

【学院】ɦioʔ˧ɦiø˨ 高等学校的一种。以某一专业教育为主。

【学样】ɦɔʔ˧ɦiã˨ 照别人的样子（去做）。

【学徒】ɦɔʔ˧dəu˨ 在商店里学做买卖或在作坊、工厂里学习技术的青年或少年。

【学校】ɦioʔ˧ɦiæ˨ 专门进行教育的机构。

【学费】ɦɔʔ˧fi˥˩ （一）学校规定的学生在校学习应缴纳的费用。（二）个人求学的费用。

【学钿】ɦɔʔ˧di˨ 学费。

【学堂】ɦɔʔ˧dã˨ 学校。

【学龄】ɦioʔ˧lin˨ 指儿童适合于入学的年龄。

【学期】ɦɔʔ˧dʑi˨或ɦioʔ˧dʑi˨ 一学年分为两学期，从秋季开学到寒假和春季开学到暑假各为一个学期。

【学僵】ɦɔʔ˧tɕiã˥ 学习中途

发现,学的东西不适合自己,处于进退两难的尴尬境地。

【学籍】ɦoʔ˧ziəʔ˧或ɦioʔ˧ziəʔ˧ 通过办理入学手续所取的学习资格。

【学生子】ɦoʔ˧sã˥tsɿ˥˩ 学生,徒弟。

【学生意】ɦoʔ˧sã˥θi˧˦ (一)(跟师傅)学习本领。(二)学徒。

【学无止境】ɦioʔ˧vu˩tsʮ˥˩tɕən˥˩ 学习没有尽头。

【学嘴学舌】ɦoʔ˧tsʮ˥˩ɦoʔ˧zəʔ˧ 学人说话(贬义)。往往与【狗亦勿值】kʏ˥˩ɦaʔ˧fəʔ˥zəʔ˧连用。

【学到老,学不了】ɦoʔ˧tæ˥˩læ˩,ɦoʔ˧pəʔ˥liæ˩ 形容学无止境。

噱【ɕyəʔ˥】另见 jué。

【噱】ɕyəʔ˥ (一)引人发笑。(二)哄骗。

【噱书】ɕyəʔ˥sʮ˥ 评弹行话。笑料特别多的书目。

【噱头】ɕyəʔ˥dʏ˩ (一)逗人笑的话或举动。(二)花招。(三)指本领。(四)指手段。

【噱骗】ɕyəʔ˥pʻi˧˦ 以花言巧语骗人。

【噱翻】ɕyəʔ˥fE˥ 逗人笑的话或举动,使人笑得前仰后合。

【噱头势】ɕyəʔ˥dʏ˧sʮ˥˩ (一)滑稽。令人好笑的程度。(二)令人佩服的程度。

【噱出来】ɕyəʔ˥tsʻəʔ˥lE˩ 哄骗出真相。

【噱天噱地】ɕyəʔ˥tʻi˥ɕyəʔ˥di˩ (一)滑稽。令人发笑到极点的程度。(二)极尽哄骗之能事。

【噱头鼻头】ɕyəʔ˥dʏ˩bəʔ˧dʏ˩ 完全是骗人的花招。

【噱头噱脑】ɕyəʔ˥dʏ˩ɕyəʔ˥næ˩ 义同【噱头鼻头】。

【噱法噱法】ɕyəʔ˥faʔ˥ɕyəʔ˥faʔ˥ 形容频频施展骗人的花招。

【噱是书中至宝】ɕyəʔ˥zɿ˩sʮ˥tsoŋ˥tsʮ˥˩pæ˥˩ 形容笑料在评弹书目中是必不可少的,是赢得观众的重要手段。

xuě

雪【siəʔ˥】

【雪人】siəʔ˥ɲ̥ən˨˩　用雪堆成的人形。

【雪山】siəʔ˥sᴇ˥　复盖着积雪的山。

【雪水】siəʔ˥sɥ˥˧　雪化成的水。

【雪片】siəʔ˥pʻi˧˦　纷飞的雪花。喻纷至沓来的(捷报、贺电等)。

【雪白】siəʔ˥bɑʔ˧　像雪那样的白色。

【雪光】siəʔ˥kuɑ̃˥　雪的反射光。

【雪花】siəʔ˥ho˥　空中飘下的雪,形状像花。

【雪青】siəʔ˥ʦʻin˥　浅紫色。

【雪恨】siəʔ˥ɦən˨˩　洗雪仇恨。

【雪亮】siəʔ˥liɑ̃˨˩　像雪那样明亮。

【雪珠】siəʔ˥ʦɥ˥　霰。空中降落的白色、不透明的冰粒,常呈球形或圆锥形。

【雪冤】siəʔ˥θiø˧˦　洗刷冤屈。

【雪崩】siəʔ˥poŋ˧˦　大量积雪突然从高山上崩落下来。

【雪菜】siəʔ˥ʦʻᴇ˧˦　用雪里蕻腌制的咸菜。

【雪糕】siəʔ˥kæ˥　用水、牛奶、鸡蛋、糖、果汁等混合搅拌冷冻而成的一种冷饮。

【雪头里】siəʔ˥dɤ˨˩li˨˩　雪中。

【雪花呢】siəʔ˥ho˥ɲ̥i˨˩　灰白色混杂的呢料。

【雪花粉】siəʔ˥ho˥fən˥˧　一种化妆品。用硬脂酸、甘油、苛性钾和香料等制成。通常为白色,用来滋润皮肤。

【雪花膏】siəʔ˥ho˥kæ˥˧　义见【雪花粉】。

【雪里蕻】siəʔ˥li˨˩ɦoŋ˨˩　芥菜的变种。一年生草本植物,叶子深裂,边缘皱缩,花鲜黄色。茎和叶子是普通蔬菜,通常腌着吃。

【雪茄烟】siəʔ˥ɡɑ˧θiɪ˥˧　雪茄。

【雪雪白】siəʔ˥siəʔ˥bɑʔ˧　形容洁白。

【雪等雪】siəʔ˥tən˧˦siəʔ˥　如果积雪不化,还会下雪。

【雪白滚壮】siəʔ˥bɑʔ˧kuən˥˩tsɑ̃˦˨ 形容又白又胖。

【雪浪加霜】siəʔ˥lɑ̃˧kɑ˥sɑ̃˥ 喻一再遭受灾难，损害愈加严重。

【雪中送炭】siəʔ˥tsoŋ˥soŋ˦˨t'ᴇ˦˨

【雪等伴，还有两尺半】siəʔ˥tən˥˩bø˨˩，ɦuᴇ˧ɦiʏ˨˩liɑ̃˧ts'ɑʔ˥pø˦˨ 谚语。如果积雪不化，还会继续下雪。

【雪地里滚球——越来越大】siəʔ˥di˨˩li˨˩kuən˥˩dʑiʏ˧——ɦyəʔ˧lᴇ˨˩ɦyəʔ˧dəu˨˩ 歇后语。指随着时间推移，越发大起来。

鳕【siəʔ˥】

xuè

血【ɕyəʔ˥】中州韵【ɕiəʔ˥】

【血亏】ɕyəʔ˥k'uᴇ˥ 中医指贫血。

【血气】ɕyəʔ˥tɕ'i˦˨ （一）精力。（二）血性。

【血水】ɕyəʔ˥sʮ˥˩ 稀薄的血。

【血片】ɕyəʔ˥p'iɪ˦˨ 带血色的鹿茸片。

【血书】ɕyəʔ˥sʮ˥ 用自己的血写成的文字。

【血本】ɕyəʔ˥pən˥˩ 辛苦得来的资本。

【血汤】ɕyəʔ˥t'ɑ̃˥ 用鸡、鸭血或猪血等烧制的汤。

【血肉】ɕyəʔ˥ȵioʔ˧ （一）血液和肌肉。（二）喻特别亲密的关系。

【血地】ɕyəʔ˥di˨˩ 出生的地方。

【血衣】ɕyəʔ˥ʔi˥ 杀人者或被杀者的沾血的衣服。

【血色】ɕyəʔ˥səʔ˥ 皮肤红润的颜色。

【血汗】ɕyəʔ˥ɦø˨˩ 血和汗。象征辛勤的劳动。

【血印】ɕyəʔ˥ʔin˦˨ 血迹。

【血丝】ɕyəʔ˥sɿ˥ 细长的血痕或眼中细长发红的血管。

【血块】ɕyəʔ˥k'uᴇ˦˨ 血凝成的块。

【血房】ɕyəʔ˥vɑ̃˧ 生孩子的屋子。

【血泪】ɕyəʔ˥lᴇ˨˩ 痛哭时眼

睛里流出的血。喻惨痛的遭遇。

【血泊】ɕyəʔ˥pʻəʔ˥ 形容血流满地。

【血性】ɕyəʔ˥sin˧˦ 刚强正直的气质。

【血食】ɕyəʔ˥zəʔ˧ 迷信说法。妖魔鬼怪吃的生的荤食。

【血迹】ɕyəʔ˥tsiəʔ˥ 血在物体上留下的痕迹。

【血脉】ɕyəʔ˥maʔ˧ （一）人身的血和脉络。（二）喻子孙后嗣。

【血亲】ɕyəʔ˥tsʻin˥ 有血统关系的亲属。

【血战】ɕyəʔ˥tsø˧˦ 激烈或殊死的战斗。

【血洗】ɕyəʔ˥si˥˩ 像用血洗了某个地方一样。形容残酷的屠杀。

【血型】ɕyəʔ˥ɦin˨˩ 血的类型。

【血案】ɕyəʔ˥θø˧˦ 凶杀案件。

【血浆】ɕyəʔ˥tsiã˧˦ 血液中除血细胞、血小板之外的部分。无色透明的液体，含有水、无机盐、营养物、激素、尿酸等。

【血债】ɕyəʔ˥tsɑ˧˦ 指残杀人民的罪行。

【血渍】ɕyə˥tsiəʔ˥ 血迹。

【血衰】ɕyəʔ˥sE˥ 精力衰弱。

【血统】ɕyəʔ˥tʻoŋ˥˩ 人类因生育而自然形成的关系。

【血崩】ɕyəʔ˥poŋ˧˦ 中医指妇女不在行经期子宫大量出血的病。

【血液】ɕyəʔ˥ɦiəʔ˧ （一）血。（二）喻主要的成分或力量等。

【血海】ɕyəʔ˥hE˥˩ （一）人的肝脏。（二）形容亲人被害的仇恨。

【血缘】ɕyəʔ˥ɦiø˨˦ 血统。

【血筋】ɕyəʔ˥tɕən˥ （一）细长的血管。（二）红色细长的纹。

【血腥】ɕyəʔ˥sin˥ 血液的腥味。

【血管】ɕyəʔ˥kuø˥˩ 血液在全身循环时所经过的管状构造。

【血槽】ɕyəʔ˥zæ˨˦ 剑、刺

刀、匕首等利器上的凹槽。
【血癌】ɕyəʔ˥ȵɛ˦ 白血病的俗称。
【血燕】ɕyəʔ˥ʘiɪ˧ 带血丝的燕窝。
【血牙红】ɕyəʔ˥ŋɑ˦ɦoŋ˩ 特别鲜亮的红色。
【血布头】ɕyəʔ˥puˀdʏ˩ 月经带。
【血立尖】ɕyəʔ˥liəʔ˦tsiɪ˥ 形容又尖又硬。
【血印子】ɕyəʔ˥ʘin˧tsɿ˥ 血的痕迹。
【血泡泡】ɕyəʔ˥pʻæ˥pʻæ˥ 才出生的婴儿。
【血淋淋】ɕyəʔ˥lin˦lin˩ 鲜血淋漓。喻惨痛。
【血腥气】ɕyəʔ˥sin˥tɕʻi˥ 鲜血的腥味。
【血滴子】ɕyəʔ˥tiəʔ˥tsɿ˥ 喻令人害怕的(人)。
【血口喷人】ɕyəʔ˥kʻʏ˥pʻən˥ȵən˦ 喻用恶毒的话诬蔑别人。
【血拨里拉】ɕyəʔ˥pəʔ˥li˥lɑ˩ 形容令人怵心的鲜血。
【血嗒嗒滴】ɕyəʔ˥taʔ˥taʔ˥ti˥ 形容不断地流血。

【血盆大口】ɕyəʔ˥bən˦dɑ˩kʻʏ˥ 形容食肉动物的嘴。
【血光之灾】ɕyəʔ˥kuɑ̃˥tsʮ˥tsE˥ 迷信的人指被杀的灾难。
【血出鼓搭】ɕyəʔ˥tsʻəʔ˥kəu˥taʔ˥ 血水浸渍衣物的样子。
【血淋带滴】ɕyəʔ˥lin˦tɑ˥ti˥ (一)鲜血淋漓。(二)喻狼狈不堪的样子。

谑【ɕiaʔ˥】

xūn

勋【ɕyən˥】

【勋章】ɕyən˥tsɑ̃˥ 授给对国家有贡献的人的一种表示荣誉的证章。

埙【ɕyən˥】

窨【ɕyən˥】另见 yìn。

熏【ɕyən˥】

【熏风】ɕyən˥foŋ˥ 和煦的

南风。

【熏胴】ɕyən˥do ŋ˩ 把煮熟的猪内脏,再用芳香味木屑的烟熏染过的食品。

【熏鱼】ɕyən˥ŋ̍˩ 食品。青鱼块油炸后经过熏烤而成。

【熏蛋】ɕyən˥dE˩ 食品。用煮熟的鸡蛋去壳熏烤而成。

【熏陶】ɕyən˥dæ˩ 指人的思想、行为、爱好等逐渐受到影响(褒义)。

【熏青豆】ɕyən˥ʦʻin˥dY˩ 食品。用新鲜毛豆的籽实经盐水煮熟,焙干而成。

【熏胴摊】ɕyən˥doŋ˩tʻE˥ 出售熏胴的摊贩。也称【熏胴担】ɕyən˥doŋ˩tE˥。

【熏肠熏肚子】ɕyən˥zã˩ ɕyən˥təu˥ʦɿ˥ 熏胴中的两个主要品种。

薰【ɕyən˥】

曛【ɕyən˥】

醺【ɕyən˥】

【醺醺醉】ɕyən˥ɕyən˥ʦE˦ 大醉。

xún

驯【zin˦】中州韵【zyən˦】

【驯服】zin˦vo?˧ 动物经过训练后使之顺从人意。

旬【zin˦】中州韵【zyən˦】

询【sin˥】中州韵【syən˥】

【询问】sin˥vən˩ (一)征求意见。(二)打听。

寻【zin˦】

【寻死】zin˦si˥ (一)詈语。找死。(二)自杀或企图自杀。

【寻访】zin˦fã˥ 寻找探问。

【寻事】zin˦zɿ˩ 找岔子,制造麻烦,故意引起争端。

【寻根】zin˦kən˥ 寻找根

底,寻找根源。

【寻着】zin˨˦zɑʔ˧ （一）找到。（二）为某事刻意寻找到。

【寻常】zin˩zã˩ 平常。

【寻人家】zin˨˦ȵ̊ən˨˦kɑ˥˩ 替女孩子找婆家。也说【寻婆家】zin˨˦bu˨˦kɑ˥˩。

【寻门路】zin˨˦mən˨˦ləu˩ 寻找解决问题的关键人物或团体。

【寻开心】zin˨˦k'E˥sin˥˩ （一）开玩笑。（二）寻找欢乐。

【寻吼丝】zin˨˦hʏ˥sɿ˥˩ 找岔子,制造麻烦,故意引起争端。

【寻女人】zin˨˦ȵ̊y˨˦ȵ̊ən˩ 男的寻找女性对象。

【寻对象】zin˨˦tE˦ziã˩ 找对象。

【寻生意】zin˨˦sã˥θi˥˩ 找工作。

【寻饭吃】zin˨˦vE˨˦tɕ'əʔ˥ 找饭吃。指找工作。

【寻死路】zin˨˦si˥˧ləu˩ 自杀。

【寻事体】zin˨˦zɿ˨˦ti˥˩ 找岔子,制造麻烦,故意引起争端。

【寻转来】zin˨˦tsø˥˧lE˩ （一）找回来。（二）（四处都）找过来。

【寻相骂】zin˨˦siã˥mo˩ 吵架。

【寻铜钿】zin˨˦doŋ˨˦diɪ˩ 想办法赚钱。

【寻上门来】zin˨˦zɑ̃˨˦mən˨˦lE˩ 找到门上来。

【寻死作活】zin˨˦si˥tsoʔ˥ ɦuəʔ˧ 多指用寻死来吓唬人。

【寻死跌活】zin˨˦si˥tiəʔ˥ɦuəʔ˧ 义同【寻死作活】。

【寻声笃气】zin˨˦sã˥toʔ˥tɕ'i˥˩ 找岔子,借故发脾气。

【寻饭碗头】zin˨˦vE˨˦θuø˥ dʏ˩ 指找工作。

【寻得翻转来】zin˨˦təʔ˥fE˥ tsø˥˧lE˩ 形容到处找,都找遍了。

浔【zin˨˦】

鲟【zin˨˦】

巡【zin˨˦】中州韵【zʏən˨˦】

【巡回】zin˨˦ɦuE˨˦ 按一定的

路线或范围到各处(活动)。

【巡抚】zin˦fu˨ 明清两代地方官员。明朝是派驻地方巡视监察的官员;清朝正式定为省级的高级职位,掌握全省军政大权,地位在总督之下。

【巡捕】zin˦bu˨ (一)清代总督、巡抚、将军的随从官,分文武两种。(二)帝国主义在旧中国“租界”内设置的警察。

【巡逻】zin˦ləu˨ 巡查警戒。

循【zin˦】中州韵【zyən˦】

【循环】zin˦guɛ˨ 周而复始地运动和变化。

xùn

训【ɕyən˥˧】

【训斥】ɕyən˥˧tsʻəʔ˥ 训诫,斥责。

【训练】ɕyən˥˧li˨ 通过有计划的教育培养,使掌握某种技能。

讯【sin˥˧】

【讯号】sin˥˧ɦæ˨ (一)通过电磁波发出的信号。(二)泛指信号。

汛【sin˥˧】

迅【sin˥˧】

【迅速】sin˥˧soʔ˥ 很快,马上。

逊【sən˥˧】中州韵【suən˥˧】

【逊色】sən˥˧səʔ˥

徇【sin˥˧】中州韵【ɕuən˥˧】

【徇私】sin˥˧sɿ˥ 为了私利而放弃原则,违犯法纪。

殉【sin˥˧】中州韵【ɕuən˥˧】

【殉职】sin˥˧tsəʔ˥ 因公牺牲。

【殉葬】sin˧˥tsɑ̃˥˧ 陪葬。

【殉葬品】sin˧˥tsɑ̃˥˧pin˨˩ 旧时人死后用以随葬的物品。

巽【sən˧˥】、【suən˧˥】

蕈【zin˨˩】

【蕈油】zin˨˧ɦiʏ˨˩ 用蕈熬的油。

Y

yā

丫【∅o˥】中州韵【∅ia˥】

【丫头】∅o˥dʏ˩ 丫鬟、婢女。

【丫杈】∅o˥tsʻo˥˧˥ （一）树枝歧出。（二）一端有柄，另一端有两个分叉的器具，用来叉取东西。一般用于晾衣服时叉取晾干的衣物。

【丫杈头】∅o˥tsʻo˥dʏ˩ （一）丫杈。（二）丫鬟、婢女。

【丫夹夹】∅o˥kaˀ˥kaˀ˥ （一）形容男子女性化。（二）女孩子之间说长道短，相互挑剔。

【丫夹夹，蟹钳钳】∅o˥kaˀ˥kaˀ˥，hɑ˧˦ʥi˧ʥi˩ 女孩子之间说长道短，相互挑剔。

【丫头做阿妈——老熟手】∅o˥dʏ˩tsəu˧˦∅aˀ˥mɑ˧——læ˨zoˀ˧sʏ˥˧˥ 歇后语。指非常熟练。阿妈，佣人。

压【kɑˀ˥】文读【∅ɑˀ˥】中州韵【∅iaˀ˥】

【压力】∅ɑˀ˥liəˀ˧ （一）物体所承受的与表面垂直的作用力。（二）制伏人的力量。（三）承受的负担。

【压平】∅ɑˀ˥bin˨ 对物体施加压力，使其平整。用于比喻，使对方慑服。

【压末】∅ɑˀ˥məˀ˧ 最后。

【压台】∅ɑˀ˥dᴇ˨ （一）在一次演出中，最后演出的节目或演员。（二）在舞台或讲台上能起到压阵的作用。

【压发】∅ɑˀ˥faˀ˥ 旧时妇女用以簪住发髻的簪子。

【压低】∅ɑˀ˥ti˥ 使降低。

【压抑】∅ɑˀ˥∅iəˀ˥ 对感情、力量等加以限制，使不能充分流露或发挥。

【压宝】kaʔ˥pæ˥˩　赌博的一种。赌博的人猜测宝上所指的方向下注。

【压顶】ɑʔ˥tin˥˩　由头顶上方压下来。多用于比喻。

【压帖】ɑʔ˥tʻiəʔ˥　拜师金。

【压迫】ɑʔ˥pʻəʔ˥　(一)用权力或势力强制别人服从。(二)对有机体的某个部分加上压力。

【压服】ɑʔ˥voʔ˧　用强力制伏,迫使服从。

【压制】ɑʔ˥tsʮ˨　竭力限制或制止;抑制。

【压倒】ɑʔ˥tæ˥˩　力量胜过或重要性超过。

【压脚】ɑʔ˥tɕiɑʔ˥　压台,殿后。

【压惊】ɑʔ˥tɕin˥　用请吃饭等方式安慰受惊的人。

【压煞】ɑʔ˥saʔ˥或kaʔ˥saʔ˥　(一)压死。(二)镇住,使不能活动。

【压缩】ɑʔ˥soʔ˥　(一)加上压力,使体积缩小。(二)减少。

【压榨】ɑʔ˥tso˨　(一)压取物体里的汁液。(二)比喻剥削或搜刮。

【压下去】ɑʔ˥ɦo˩tɕʻi˥˩或kaʔ˥ɦo˩tɕʻi˥˩　通过压力,使物体下降。喻用强力制伏,迫使服从。

【压末名】ɑʔ˥məʔ˧min˩　最后一名。

【压台戏】ɑʔ˥dᴇ˩ɕi˥˩　指一场演出中排在最后的节目。

【压发帽】ɑʔ˥faʔ˥mæ˩　睡觉时戴的帽子。用于保持发型。

【压岁钱】ɑʔ˥sᴇ˥di˩　过阴历年时长辈给小孩子的钱。

【压岁诗】ɑʔ˥sᴇ˥sʮ˥˩　除夕夜吟的诗。

【压虎子】ɑʔ˥həu˨tsɿ˥˩　睡眠时发生浑身痉挛,胸闷,短时间内不能言语和动弹的病症。

【压末完结】ɑʔ˥məʔ˧ɦuø˧tɕəʔ˥　最后;末了。

【压末佬佬】ɑʔ˥məʔ˧læ˧læ˩　最后一名。

呀【ia˥】文读【ia˥】

押【kʻaʔ˥】、【ɵɑʔ˥】文读【ɵiaʔ˥】

【押上】ɵɑʔ˥zɑ̃˩ 被迫行事。
【押车】ɵɑʔ˥tsʻo˥ 随车看管。
【押运】ɵɑʔ˥ɦyən˩ 运输货物时，随同照料。
【押牢】kʻaʔ˥læ˧ 扣下，扣住。
【押宝】kʻaʔ˥pæ˥˩ 压宝。
【押金】ɵɑʔ˥tɕən˥ 做抵押用的钱。
【押送】ɵɑʔ˥soŋ˦ 在监督下运送。
【押脱】ɵɑʔ˥tʻəʔ˥ 抵押掉。
【押解】ɵɑʔ˥kɑ˦ （一）押送犯人或俘虏。（二）在监督下运送货物。
【押下去】kaʔ˥ɦo˩tɕʻi˥˩ （一）赌博下注。（二）把犯人或俘虏押解下去。
【押头店】kaʔ˥dʏ˧tiɪ˥˩ 比当铺规模小的质押店铺。

鸦【ɵo˥】文读【ɵiɑ˥】

【鸦片】ɵiɑ˥pʻiɪ˦ 用罂粟果实中的乳状汁液制成的一种毒品。通称大烟。
【鸦片鬼】ɵiɑ˥pʻiɪ˦tɕy˥˩ 抽鸦片烟上瘾的人。

桠【ɵo˥】文读【ɵiɑ˥】

【桠杈】ɵo˥tsʻo˥˩ 丫杈。
【桠枝】ɵo˥tsɿ˥˩ 枝丫。

鸭【ɵaʔ˥】文读【ɵiaʔ˥】

【鸭船】ɵaʔ˥zø˧ （一）装鸭子的船只。（二）餐具。专门用来装煮熟鸭子的大盆。
【鸭绒】ɵaʔ˥ɳoŋ˧ 鸭的毦毛。
【鸭舌头】ɵaʔ˥zəʔ˧dʏ˩ （一）鸭舌。（二）月牙形的帽檐。
【鸭血糯】ɵaʔ˥ɕuəʔ˥nəu˩ 一种紫红色的籼米。苏州常熟特产。
【鸭壳子】ɵaʔ˥kʻoʔ˥tsɿ˥˩ （一）指鸭的身体骨架。（二）指鸭子除腿和胸之外，没有多少肉。（三）喻人身体单薄。

【鸭屁股】0aʔ˥p'i˥kəu˥˩ （一）喻男子发式后部，因睡眠而翘起如鸭子的尾部。（三）喻噘嘴。

【鸭连连】0aʔ˥li˧˦li˩ 鸭。

【鸭肫肝】0aʔ˥tsən˥kø˥˩ 鸭的胃。

【鸭屎孔】0aʔ˥sɿ˥˩k'oŋ˥ 喻人向前撅起的像鸭子肛门的口形。

【鸭屎臭】0aʔ˥sɿ˥˩ts'Y˥˩ 丢人现眼。

【鸭蛋青】0aʔ˥dE˧˦ts'in˥ 如青壳鸭蛋那种淡青颜色。

【鸭嘴笔】0aʔ˥tsɥ˥˩piəʔ˥ （一）制图时画墨线的笔。笔头由两片弧形的钢相向合成，略呈鸭嘴状。（二）油画笔。

【鸭脚手】0aʔ˥tɕiaʔ˥sY˥˩ 笨手笨脚。

【鸭蛋勿生脚——滚】0aʔ˥dE˩ fəʔ˥sã˥tɕiaʔ˥——kuən˥˩ 歇后语。滚蛋，滚出去。

【鸭脚手，牌来凑】0aʔ˥tɕiaʔ˥ sY˥˩，ba˧˦lE˧˦ts'Y˥˩ 指打牌并不精通的人却赢了牌（凑巧牌好）。

【鸭吃砻糠——空欢喜】0aʔ˥ tɕ'əʔ˥loŋ˧˦k'ã˥——k'oŋ˥hu ø˥ɕi˥˩ 歇后语。指空喜欢一场。

【鸭背浪格水——有（游）来有（游）去】0aʔ˥pE˥˩lã˩kəʔ˥ sɥ˥˩——ɦiY˧˦（ɦiY˧˦）lE˧˦ɦiY˧˦（ɦiY˧˦）tɕ'i˥˩ 歇后语。有来有往。

【鸭吃砻糠鸡吃谷，各人自有各人福】0aʔ˥tɕ'əʔ˥loŋ˧˦k'ã˥ ɕi˥tɕ'əʔ˥koʔ˥，koʔ˥ȵən˧˦zɿ˧˦ ɦiY˩koʔ˥ȵən˧˦foʔ˥ 俗语。指各人的命运、机遇不同，不必嫉妒。

yá

牙【ŋa˧˦】文读【ɦia˧˦】

【牙】ŋa˧˦ （一）牙齿。（二）啃。

【牙子】ŋa˧˦tsɿ˥˩ （一）牙齿。（二）略似牙齿形状的东西。

【牙牙】ŋa˧˦ŋa˩ 啃啃。

【牙污】ŋa˧˦0əu˥˩ 牙垢。

【牙肉】ŋa˧˦ȵioʔ˧ 齿龈。

【牙根】ŋa˧˦kən˥ 牙齿的根部。

【牙关】ŋɑ˦kuᴇ˥ 指上颌和下颌之间的关节。

【牙虫】ŋɑ˦zoŋ˩ 旧时指蛀牙的虫子。

【牙苏】ŋɑ˦səu˥ 胡子。

【牙板】ŋɑ˦ᵖᴇ˥ 指门牙的表面。

【牙刷】ŋɑ˦səʔ˥

【牙黄】ŋɑ˦ɦuɑ̃˩ 牙垢。

【牙龈】ŋɑ˦ŋ̍ən˩ 齿龈。

【牙子软】ŋɑ˦tsɿ˥ŋøʎ 受尖细刺耳声音的刺激，牙龈不舒服的感觉。

【牙子缝】ŋɑ˦tsɿ˥voŋ˩ 齿缝。

【牙床骨】ŋɑ˦zɑ̃˦kuəʔ˥ 上颌骨和下颌骨。

【牙白里里】ŋɑ˦bɑʔ˦li˩li˩ 指张口露出牙齿，令人厌恶的哭的样子。

【牙老骨头】ŋɑ˦læ˦kuəʔ˥dʏ˩ 指应该自立的人，却依赖长辈生活。

【牙子锋毒格】ŋɑ˦tsɿ˥foŋ˥doʔ˦kəʔ˥ 指说过的话应验了(贬义)。

【牙子筑筑齐】ŋɑ˦tsɿ˥tsoʔ˥tsoʔ˥zi˦ 喻说话要负责任(贬义)。

【牙子磨磨尖】ŋɑ˦tsɿ˥mo˦mo˦tsii˥ 形容对方吝啬，难有可能吃到他的东西。

【牙子当阶沿石】ŋɑ˦tsɿ˥tɑ̃˥kɑ˥ɦii˥zɑʔ˦ 喻说话负责任。

【牙床骨撬勿开】ŋɑ˦zɑ̃˦kuəʔ˥ʥiæ˦fəʔ˥k'ᴇ˥ 指不善于说话交流(贬义)。

【牙子搭舌头相骂】ŋɑ˦tsɿ˥taʔ˥zəʔ˦dʏ˩siɑ̃˥mo˩ 牙齿咬破了舌头。喻最亲密的关系也可能发生矛盾。

【牙床骨缯撬开】ŋɑ˦zɑ̃˩kuəʔ˥fən˥ʥiæ˦k'ᴇ˥ 喻语言表达能力差。

【牙子缝缝里省下来】ŋɑ˦tsɿ˥voŋ˦voŋ˩li˩sɑ̃˥ɦo˦lᴇ˩ 指硬是从伙食费用里节省下来的(钱财)。

【牙子亦要嚼痛舌头】ŋɑ˦tsɿ˥ɦɑʔ˦ɦiæ˥ziɑʔ˦t'oŋ˥zəʔ˦dʏ˩ 喻最亲密的人也可能发生矛盾。

【牙刷突脱毛——有板有眼】ŋɑ˦səʔ˥dəʔ˦t'əʔ˥mæ˦——ɦiʏ˦ᵖᴇ˥ɦiʏ˩ŋᴇ˩ 歇后语。

指有规律、规范，一丝不苟。

【牙痛勿是病，痛煞呒人问】ŋɑ˨˦tʻoŋ˥˩fəʔ˥zɿ˩˧˩bin˧˩，tʻoŋ˦saʔ˥m̩˦ȵ̩ən˧˩mən˧˩ 调侃语。指牙痛算不了大病，少有人来问候、安慰。

芽【ŋɑ˨˦】文读【ɦiɑ˨˦】

【芽芽】ŋɑ˨˦ŋɑ˧˩ （一）幼芽。（二）喻单丁独子。也称【芽芽头】ŋɑ˨˦ŋɑ˨˦dʏ˧˩。

玡【ɦiɑ˨˦】

蚜【ŋɑ˨˦】文读【ɦiɑ˨˦】

崖【ɦiɑ˨˦】中州韵【ɦi˨˦】、【ɦiE˨˦】

涯【ɦiɑ˨˦】中州韵【ɦi˨˦】、【ɦiE˨˦】

衙【ŋɑ˨˦】文读【ɦiɑ˨˦】

【衙门】ŋɑ˨˦mən˧˩ 旧时官员办公的机关。

【衙内】ŋɑ˨˦nE˧˩ 指官僚的子弟。

【衙役】ɦiɑ˨˦ɦyəʔ˧ 衙门里的差役。

【衙门前一对石狮子，一只要不了，一只吃勿饱】ŋɑ˨˦mən˧˩zii˨˦∅iəʔ˥tE˦zɑʔ˧sɿ˥ʦɿ˥˩，∅iəʔ˥ʦɑʔ˥∅iæ˦fəʔ˥liæ˧˩，∅iəʔ˥ʦɑʔ˥ʨʻəʔ˥fəʔ˥pæ˥˩ 喻衙役勒索，欲壑难填。

yǎ

哑【∅o˥˩】文读【∅iɑ˥˩】

【哑子】∅o˦ʦɿ˥ 哑巴。

【哑板】∅o˦pE˥ （一）指不能发出金属声音的金属钱币。（二）喻人的嗓音嘶哑。

【哑脱】∅o˦tʻəʔ˥ （一）指（嗓子）哑掉。（二）形容理屈词穷，说不出话来。（三）指植物的果实还未成熟时萎死。

【哑壳子】∅o˦kʻoʔ˥ʦɿ˥˩ 喻人的嗓音喑哑。

【哑壳落】∅o˦kʻoʔ˥loʔ˧ 义同【哑壳子】。

【哑煞煞】∅o˦saʔ˥saʔ˥ 形容音质喑哑。

【哑喉咙】∅o˦ɦoʔ˧loŋ˧˩ 哑

嗓子。

【哑子做戏】0o˦ʦ1˥ʦəu˦ɕi˦　喻用手势、眼神、面部表情等进行交谈。

【哑子吃黄连——有苦说不出】0o˦ʦ1˥tɕʻə˥ɦuã˦liɪ˨——ɦiʏ˦kʻəu˥səˀ˥fəˀ˥tsʻəˀ˥　歇后语。喻有说不出来的苦衷。

雅【0ia˥】

【雅士】0ia˥z1˩　高雅的读书人。

【雅号】0ia˥ɦæ˩　（一）尊称他人的名号。（二）绰号。

【雅量】0ia˥liã˩　宽宏的气量。

【雅座】0ia˥zəu˩　指餐饮等营业场所中比较精致而舒适的小房间。

【雅雅叫】0ia˦0ia˥tɕiæ˥　（一）悄悄地。（二）文文静静地。

yà

轧【gaˀ˧】另见 gá。

亚【0io˦】文读【0ia˦】

【亚】0io˥　得意。

【亚洲】0ia˥ʦʏ˥

【亚得来】0io˥təˀ˥lE˩　得意得很。

压【0ɑˀ˥】文读【0iaˀ˥】另见 yà。

讶【0iɑˀ˦】

迓【0iɑˀ˦】

掗【0o˥】中州韵【0ia˦】

掗【0o˥】硬把东西送给对方或卖给对方。

【掗上去】0o˥zɑ̃˩tɕʻi˥　掗给对方。

【掗上来】0o˥zɑ̃˩lE˩　对方掗给自己。

【掗赊必讨】0o˥so˥piəˀ˥tʻæ˥　对方硬把东西赊给自己，暂时不必付款，但过后不久必定来讨账。

【挜漓挜漓】Øoˀ꜒liꜜØoˀ꜒liꜜ 形容可怜巴巴地讨价还价。

【挜勿脱格臭狗屎】Øoꜗfəˀꜗ t'əˀꜗkəˀꜗʦ'Yꜗkꜗʏꜗsꜗ 喻货色不好,硬送给别人,别人也不要。

【挜上门,自掇凳】Øoˀꜗzãꜜ mənꜜ,zꜗꜗtəˀꜗtənꜜ 俗语。不受欢迎的不速之客,自找台阶,以避尴尬。

氩【Øiaꜗ】

ya

呀【Øiaꜜ】另见 yá。

yān

咽【Øiꜗ】另见 yàn。

【咽喉】ØiꜗɦYꜜ (一)咽头和喉头。(二)喻形势险要的交通孔道。(三)喻要害地方。

恹【Øiꜗ】

【恹恹】ØiꜗØiꜜ 形容生病时精神不振的样子。

殷【Øiꜗ】另见 yīn;yǐn。

【殷红】Øiꜗɦoŋꜜ 带黑色的红色。

胭【Øiꜗ】

【胭脂】Øiꜗʦɥꜜ 涂在两颊的红色化妆品。

【胭脂虎】Øiꜗʦɥꜜhəuꜜ 喻凶悍的妇人。

【胭脂花粉】Øiꜗʦɥꜜhoꜗfənꜜ 泛指妇女的化妆品。

烟【Øiꜗ】

【烟土】Øiꜗt'əuꜜ 鸦片烟。

【烟斗】ØiꜗtYꜜ (一)吸板烟的用具。(二)鸦片烟烟枪上装鸦片的部分,呈斗形。

【烟火】Øiꜗhəuꜜ (一)烟和火。(二)燃放时能发出各种颜色火花的东西。

【烟叶】Øiꜗɦiəˀꜗ 烟草的叶子。

【烟头】ØiꜗdYꜜ 烟蒂。

【烟灯】Øiꜗtənꜜ 吸食鸦片

烟的专用灯具。

【烟灰】øi˥huɛ˥˩ 烟吸完后剩下的灰。

【烟丝】øi˥sɿ˥˩ 烟叶加工成的细丝。

【烟枪】øi˥tsʻiã˥˩ 吸食鸦片烟的工具。

【烟囱】øi˥tsʻoŋ˥˩ 炉灶、锅炉上出烟的管状装置。

【烟念】øi˥ȵi˨˩ 烟瘾。

【烟泡】øi˥pʻæ˥˩ 生鸦片烟泡。

【烟雨】øi˥ɦy˨˩

【烟草】øi˥tsʻæ˥˩ 一种草本植物,其叶是制造烟丝的主要原料。

【烟容】øi˥ɦioŋ˨˩ 过量吸烟者不健康的脸色。

【烟花】øi˥ho˥˩ 指娼妓或与娼妓有关的。

【烟袋】øi˥dɛ˨˩ 存放烟丝的袋状用具。

【烟煤】øi˥mɛ˨˩ 一种含碳量较低,燃烧时冒烟的煤。

【烟膏】øi˥kæ˥˩ (一)烟土熬成的膏。(二)烟嘴、板烟斗、水烟筒、旱烟管中,因吸烟而凝聚起来的膏状物。

【烟醉】øi˥tsɛ˧˦ 吸烟过量,神志不清或头晕恶心的感觉。

【烟熏】øi˥ɕuən˥˩ 用烟熏蒸或熏烤。

【烟灰缸】øi˥huɛ˥kã˥˩ 存放烟灰、烟蒂的用具。

【烟囱管】øi˥tsʻoŋ˥kuø˥˩ 烟囱。

【烟扦子】øi˥tsʻi˥tsɿ˥˩ 用来捅鸦片烟枪上烟斗的铁扦子。

【烟筒头】øi˥doŋ˨˩dɤ˨˩ 旱烟或鸦片烟枪上装烟的烟斗部分。

【烟毡帽】øi˥tsø˥mæ˨˩ 用棕色或黑色粗毡制成的冬季便帽。

【烟鳖虫】øi˥piəʔ˥zoŋ˨˩ (一)喻吸烟成癖者。(二)趣语。制造烟瘾的东西。

【烟雾腾天】øi˥vu˨˩dən˨˩tʻi˥ 极言烟雾弥漫。

【烟出火勿着】øi˥tsʻəʔ˥həu˧˦fəʔ˥zaʔ˧ 喻死气沉沉。

【烟囱管里荡扎勾头——吊(钓)点火出来】øi˥tsʻoŋ˥kø˥˩li˥˩dã˨˩tsa˥kɤ˥dɤ˨˩——t

iæ˧(tiæ˧)tiɪ˥˩həu˥˩tsʻəʔ˥lᴇ˩ 歇后语。有意惹人发火。

焉【ɵiɪ˥】

阉【ɵiɪ˥】

【阉鸡】ɵiɪ˥tɕi˥˩ 被割掉睾丸的公鸡。

【阉脱】ɵiɪ˥tʻəʔ˥ 阉割掉。

阏【ɵiɪ˥】

【阏氏】ɵiɪ˥tsʮ˥˩

淹【ɵᴇ˥】文读【ɵiɪ˥】

腌【ɦiɪ˩】、【ɵiɪ˥】

【腌笃鲜】ɵiɪ˥toʔ˥siɪ˥˩ 苏式菜肴。腌肉与鲜笋烧制的汤。

【腌鸭蛋】ɦiɪ˨ɵaʔ˥dᴇ˩ 腌制过的鸭蛋。

【腌菜缸】ɦiɪ˨tsʻᴇ˥kɑ̃˥˩ 腌菜用的大缸。

【腌猪肉】ɵiɪ˥tsʮ˥ɳioʔ˧ 咸猪肉。

【腌齑菜】ɵiɪ˧tsʻi˥tsʻᴇ˧ 咸菜。

【腌金花菜】ɵiɪ˧tɕən˥ho˥tsʻᴇ˧ 腌过的苜蓿。作小吃。

【腌鲤鱼放生——勿知死活】ɵiɪ˥li˩ŋ̍˩fɑ̃˥˧sɑ̃˥——fəʔ˥tsʮ˥si˧ɦuəʔ˧ 歇后语。不知死活,极不懂事。

【腌菜缸里格石头——板要压】ɦiɪ˨tsʻᴇ˥kɑ̃˥li˩kəʔ˥zɑʔ˧dʏ˩——pᴇ˥˩ɵiæ˧ɵɑʔ˥ 歇后语。一定要施加压力。

湮【ɵiɪ˥】

鄢【ɵiɪ˥】

燕【ɵiɪ˥】另见 yàn。

yán

延【ɦiɪ˨】

【延长】ɦiɪ˨zɑ̃˧ 向长的方面延伸。

【延期】ɦiɪ˨dʑi˩ 推迟原来规定的日期。

【延延豆】ɦiɪ˨ɦiɪ˨dʏ˩ 扁豆。

严【ɳiɪ˧】

【严办】ɳiɪ˩bE˩ 严厉惩办。
【严词】ɳiɪ˩zɿ˩ 严厉的话。
【严命】ɳiɪ˩min˩ 父亲的命令。
【严刑】ɳiɪ˩ɦin˩ 极厉害的刑罚。
【严重】ɳiɪ˩zoŋ˩ 程度深，影响大，情势危急。
【严调】ɳiɪ˧diæ˩ 苏州评弹流派唱腔。严雪亭所创。

言【ɦiɪ˧】

【言不由衷】ɦiɪ˧pəʔ˥ɦiY˧tsoŋ˥ 说的话不是从内心发出来的。
【言归正传】ɦiɪ˧kuE˥tsən˩zø˧ 说话写文章回到正题上来。
【言过其实】ɦiɪ˧kəu˩ʥi˩zəʔ˧ 说话过分，不符合实际。
【言多必失】ɦiɪ˧təu˥piəʔ˥səʔ˥ 话说多了就难免出错。
【言听计从】ɦiɪ˧t'in˥tɕi˩zoŋ˩ 说的话、出的主意都听从照办。

妍【ɳiɪ˧】

岩【ŋE˧】文读【ɳiɪ˧】

【岩石】ŋE˧zɑʔ˧ 指较大的石头。

炎【ɦiɪ˧】

【炎症】ɦiɪ˧tsən˩ 机体受到较强烈刺激后的反应现象。多有红、热、肿、痛、机能障碍等症状。

沿【ɦiɪ˧】

【沿河】ɦiɪ˧ɦəu˩ 顺着河边上；靠着河边。
【沿街】ɦiɪ˧kɑ˥ （一）指建筑物挨着大街。（二）顺着大街。
【沿路】ɦiɪ˧ləu˩ 顺着路边上；一路上。
【沿一沿】ɦiɪ˧iəʔ˥ɦiɪ˧ 用针线缝一下。

【沿街浅屋】ɦiɪ˨kɑ˥ts'iɪ˦ʔo˥ 挨着路边的极简陋的小房子。指穷人居住的房子。

研【ȵiɪ˥】另见 yàn。

【研究】ȵiɪ˥tɕiʏ˥˩

【研制】ȵiɪ˥tsɥ˥˩

【研钵】ȵiɪ˥pəʔ˥ 捣食物、药材用的陶钵。

【研船】ȵiɪ˥zø˨˩ 研槽。中药店研物成粉末的铁器，船形，中间有一凹槽。

盐【ɦiɪ˨】

【盐水】ɦiɪ˨sɥ˥˩ 盐的水溶液。

【盐花】ɦiɪ˨ho˥ 指制作菜肴时投入的少量的盐。

【盐块】ɦiɪ˨k'uɛ˥˩ （一）块状盐。（二）指含有讽刺的话。

【盐霜】ɦiɪ˨sɑ̃˥ 含盐分的东西干燥后表面呈现的白色细盐粉末。

【盐水虾】ɦiɪ˨sɥ˥˩ho˥˩ 菜肴。用盐水煮熟的河虾。

【盐别头】ɦiɪ˨biəʔ˨dʏ˨˩ 盐受潮后结成的块状。

【盐金枣】ɦiɪ˨tɕən˥tsæ˥˩ 一种蜜饯。状细小如鼠屎粒。

【盐勃头】ɦiɪ˨bəʔ˨dʏ˨˩ 义同【盐别头】。

【盐钵头】ɦiɪ˨pəʔ˥dʏ˨˩ 放盐的器皿。

【盐筋豆】ɦiɪ˨tɕən˥dʏ˨˩ 盐水煮黄豆制成的消闲食品。

【盐水果玉】ɦiɪ˨sɥ˥kəu˥˩ȵoʔ˨ 盐水烧煮的花生仁。

【盐油酱醋】ɦiɪ˨ɦiʏ˨tsiɑ̃˥ts'əu˥˩ 泛指调味品。

【盐钵头里出蛆】ɦiɪ˨pəʔ˥dʏ˨˩li˩ts'əʔ˥ts'i˥ 俗语。喻胡说八道，荒诞不经。

【盐亦勿是盐，酱亦勿是酱】ɦiɪ˨ɦaʔ˨fəʔ˥zɿ˩ɦiɪ˨，tsiɑ̃˥˩ɦaʔ˨fəʔ˥zɿ˩tsiɑ̃˥˩ 指争论的各方都不是好东西。

【盐船浪吃仔亏，到豆腐船浪翻本】ɦiɪ˨zø˩lɑ̃˩tɕ'iəʔ˥tsɿ˥k'uɛ˥，tæ˥˩dʏ˨vu˩zø˩lɑ̃˩fɛ˥pən˥˩ 喻欺软怕硬。

阎【ȵiɪ˨】

【阎王】ȵiɪ˨ɦuɑ̃˨˩ 佛教称管

地狱的神。也称【阎罗王】ɳiiɬləuɬɦuɑ̃ɭ。亦读作ɳiiɬoʔɬɦuɑ̃ɭ。

【阎王债】ɳiiɬɦuɑ̃ɬtsɑV 指高利率债务，高利贷。

【阎王好见，小鬼难挡】ɳiiɬɦuɑ̃ɬhæVtɕiɪɬ，siæɬtɕyVnɛɬtɑ̃˥ 喻底下人比其主子难对付。

【阎王好做，小鬼难当】ɳiiɬɦuɑ̃ɬhæVtsəuɬ，siæɬtɕyVnɛɬtɑ̃˥ 喻做上司容易，做下属难。

【阎罗王笃阿爹——老鬼】ɳiiɬloʔɬɦuɑ̃ɬtoʔ˥0aʔ˥tia˥——læɬtɕyV 歇后语。指经验丰富又精明的人。

【阎罗王贴告示——鬼话连篇】ɳiiɬloʔɬɦuɑ̃ɬt'iəʔ˥kæ˥zʮɭ——tɕyɬɦoɬliiɬp'iiV 歇后语。说了许多话，都是谎话。

【阎罗王屋里贼偷——老鬼失匹】ɳiiɬloʔɬɦuɑ̃ɭ0oʔ˥liɭzəʔɬt'yV——læɬtɕyVsəʔ˥p'iəʔ˥ 歇后语。指精明的人失算。

【阎王注定三更死，决不留人到五更】ɳiiɬɦuɑ̃ɭtsʮVdinɭsɛ˥kɑ̃˥siV，tɕyəʔ˥pəʔ˥lYɬɳənɬtæɬŋ̍ɬkɑ̃˥ 俗语。指人生死，听天由命。

蜒【ɦiɬ】

【蜒蚰】ɦiɬɦiYɭ 一种软体动物。身体滚圆而长，没有壳，表面多黏液，头上有长短触角各一对，眼长在长触角上。背面淡褐色或黑色，腹面白色。也叫【蚰蜒】ɦiYɬɦiiɭ，吴俗用盐渍杀。

筵【ɦiɬ】

【筵席】ɦiɬziəɬ 酒席。

颜【ŋɛɬ】文读【ɦiɬ】

【颜体】ŋɛɬt'iV 唐代颜真卿所创的字体。

【颜色】ŋɛɬsəʔ˥ （一）由物体发射、反射或透过的光波，通过视觉所产生的印象。（二）指显示给人看的厉害的脸色或行动。（三）颜料或染料。

檐【ɦiɪ˨˦】

【檐口】ɦiɪ˨k'ʏ˥˩　房檐边滴水的地方。

【檐尘】ɦiɪ˨zən˨˩　附着在房屋上的灰尘。

【檐沟】ɦiɪ˨kʏ˥　房檐下面横向的槽形排水沟。

【檐前】ɦiɪ˨ziɪ˨　（一）檐口。（二）檐口下的地方。

yǎn

奄【øiɪ˥˩】

俨【ȵiɪ˨˧˩】

衍【ɦiɪ˨˧˩】

剡【ɦiɪ˨˧˩】另见 shàn。

厣【øiɪ˥˩】

掩【øiɪ˥˩】（扊）

【掩】øiɪ˥˩　（一）蹑手蹑脚。（二）藏匿。

【掩摸】øiɪ˥˨moʔ˧　行动滞缓，有意拖拉。

【掩门贼】øiɪ˥˨mən˨zəʔ˧　潜入门户躲藏，伺机作案的盗贼。

【掩上去】øiɪ˥˨zɑ̃˨tɕ'i˥˩　蹑手蹑脚上前。

【掩上来】øiɪ˥˨zɑ̃˨lɛ˨˩　蹑手蹑脚上来。

【掩过去】øiɪ˥˨kəu˥tɕ'i˥˩　蹑手蹑脚过去。

【掩过来】øiɪ˥˨kəu˥lɛ˨˩　蹑手蹑脚过来。

【掩勒掩】øiɪ˥˩ləʔ˧øiɪ˥˩　蹑手蹑脚的样子。

【掩出掩进】øiɪ˥˨ts'əʔ˥øiɪ˥˨tsin˥˨　蹑手蹑脚进出。

眼【ŋɛ˨˩】文读【ɦiɪ˨˧˩】

【眼力】ŋɛ˨liəʔ˧　（一）视力。（二）喻判断是非好坏的能力。

【眼气】ŋɛ˨˩tɕ'i˥˩　眼睛的神态。

【眼风】ŋɛ˨foŋ˥　眼睛的表情。

【眼生】ŋɛ˨sã˥　不认识或看

着不熟悉。

【眼白】ŋɛ˦bɑʔ˧ 眼球上的白色部分。

【眼泡】ŋɛ˦pʻæ˥ 上眼皮。

【眼花】ŋɛ˦ho˥ 看东西模糊不清。

【眼角】ŋɛ˦koʔ˥ 上眼皮和下眼皮靠中间的结合部。

【眼光】ŋɛ˦kuɑ̃˥ （一）视线。（二）眼力。（三）喻观点。

【眼胀】ŋɛ˩tsɑ̃˧ （一）眼球胀痛。（二）看在眼里不舒服。（三）嫉妒。

【眼界】ŋɛ˩kɑ˩ 见识的广度。

【眼钝】ŋɛ˩dən˩ （一）目力不佳。（二）曾经见过的，却一时认不出。（三）容易看见的却没有看到。

【眼热】ŋɛ˦ȵəʔ˧ 看见别人有名有利或有好的东西时非常羡慕，自己也想得到。

【眼眵】ŋɛ˩tsʻɿ˩ 眼睑分泌出的黄色液体。

【眼袋】ŋɛ˩dɛ˩ 指下眼皮微微凸起的部分。

【眼神】ŋɛ˦zən˩ 眼睛的神态。

【眼圈】ŋɛ˦tɕʻiø˥ 眼眶。

【眼球】ŋɛ˦dʑiY

【眼梢】ŋɛ˦sæ˥ 上眼皮和下眼皮靠近两鬓的结合部。

【眼黑】ŋɛ˦həʔ˥ 眼球上深色的部分。

【眼馋】ŋɛ˩zɛ˦ 义同【眼热】。

【眼福】ŋɛ˦foʔ˥ 看到珍奇或美好事物的福分。

【眼窠】ŋɛ˦kʻəu˥ 眼睛的部位。

【眼膛】ŋɛ˦dɑ̃˩ 眼眶。

【眼镜】ŋɛ˩tɕən˩

【眼门前】ŋɛ˦mən˦ziɪ˩ 眼前。

【眼中钉】ŋɛ˦tsoŋ˥tin˥ 喻不能容忍的人或东西。

【眼皮浅】ŋɛ˦bi˩tsʻiɪ˩ 形容嫉妒。

【眼仙人】ŋɛ˦siɪ˥ȵən˩ 瞳仁。

【眼泪水】ŋɛ˩li˩sɥ˩ 眼泪。

【眼泪出】ŋɛ˩li˩tsʻəʔ˥ 流泪。

【眼光浅】ŋɛ˦kuɑ̃˥tsʻiɪ˩ 目光短浅。

【眼泡皮】ŋɛ˦pʻæ˥bi˩ 上眼

皮。

【眼眵干】ŋE˦ts‘˥˥kø˥˩ 固态眼眵。

【眼眼调】ŋE˦ŋE˦diæ˩ 凑巧,偏偏。也作【眼眼叫】ŋE˦ŋE˦tɕiæ˥˩。

Y

【眼窝珠】ŋE˦Øəu˥tsʮ˥˩ 眼珠子。

【眼睫毛】ŋE˦tɕiɪ˥mæ˩ 睫毛。

【眼睛凶】ŋE˦tsin˥ɕioŋ˥ 眼含凶光。喻判断是非好坏的能力强。

【眼睛红】ŋE˦tsin˥hoŋ˦ (一)眼红。(二)眼球充血。

【眼睛尖】ŋE˦tsin˥tsiɪ˥ 视力好;观察力强,敏锐。

【眼睛花】ŋE˦tsin˥ho˥ 眼花。

【眼睛深】ŋE˦tsin˥sən˥ (一)近视或远视的度数深。(二)眼窝凹陷。

【眼睛毒】ŋE˦tsin˥doʔ˧ 喻识破能力特别强。

【眼睛涩】ŋE˦tsin˥səʔ˥ 眼皮打架,困倦的感觉。

【眼霎化】ŋE˦saʔ˥ho˥˩ 指极短的时间,一霎时。

【眼大无神】ŋE˩dɑ˩vu˩zən˦ 眼睛大而没有神采。

【眼开眼闭】ŋE˦k‘E˥ŋE˩pi˨ 睁一眼,闭一眼。指放任。

【眼白颠倒】ŋE˦bɑʔ˧tiɪ˥tæ˥˩ 或ŋE˦bɑʔ˧tin˥tæ˥˩ 眼睛翻白。一般形容特别生气的时候的眼睛。

【眼目清凉】ŋE˦moʔ˧ts‘in˥liã˩ (一)眼睛很舒适。(二)看到的东西,感觉特别舒服。

【眼皮头浅】ŋE˦bi˦dʏ˩ts‘iɪ˥˩ 指嫉妒。

【眼泡皮跳】ŋE˦p‘æ˥bi˩t‘iæ˨ 上眼皮跳动。一种迷信说法,祸事来临的预兆。

【眼窠盈盈】ŋE˦k‘əu˥Øin˥Øin˥˩ 热泪盈眶。

【眼窠落潭】ŋE˦k‘əu˥loʔ˧dø˩ 指眼窝凹陷(疲劳所致)。

【眼婆气胖】ŋE˦bu˦tɕ‘i˩p‘ã˥˩ 眼睑浮肿。

【眼睛门前】ŋE˦tsin˥mən˩ziɪ˩ 眼前,目前。

【眼睛发白】ŋE˦tsin˥faʔ˥bɑʔ˧ 翻白眼。形容极度气愤。

【眼睛发红】ŋE˦tsin˥faʔ˥hoŋ˦

眼球充血。形容贪婪的样子。

【眼睛发绿】ŋE˦tsin˥faʔ˥loʔ˧ 形容贪婪的样子。

【眼睛发黑】ŋE˦tsin˥faʔ˥nəʔ˥ 形容行将昏死。

【眼睛里向】ŋE˦tsin˥li˩ɕiã˩ 眼中。

【眼睛骨里】ŋE˦tsin˥kuəʔ˥li˩ 眼中。

【眼睛射牢】ŋE˦tsin˥zoʔ˧læ˩ (一)盯视。(二)喻监视。

【眼睛戳瞎】ŋE˦tsin˥ts'oʔ˥haʔ˥ (一)眼睛被锐器刺瞎。(二)激忿语。指判断上有重大失误或没有判断力。也指指责视而不见。

【眼瞎辣搭】ŋE˦haʔ˥laʔ˧taʔ˥ 视力不佳,如同盲人。

【眼大勿带光】ŋE˩dəu˩fəʔ˥ta˩kuã˥ 形容视力差,该看到的没有看到。

【眼勿见为净】ŋE˦fəʔ˥tɕii˩ɦuE˩zin˩ 虽然怀疑不干净,但只要自己没看见,就以为是干净的一种无可奈何的态度。引申为对于事物怀疑有问题,只要没有亲眼所见,就以为没有问题的无可奈何的选择。

【眼斜心不正】ŋE˩ziɑ˦sin˥pəʔ˥tsən˩ 习惯用目光斜着看的人,一定心术不正。

【眼泪水淘饭】ŋE˩li˩sɥ˩dæ˦vE˩ 形容在悲痛中生活。

【眼睛地牌式】ŋE˦tsin˥di˦bɑ˦səʔ˥ 眼睛像骨牌中地牌的花样,只有死死的二点。喻因惊慌,眼睛发直。

【眼睛定洋洋】ŋE˦tsin˩din˩ɦiã˩ɦiã˩ 指眼睛发直。

【眼睛慈洋洋】ŋE˦tsin˩zɿ˦ɦiã˦ɦiã˩ 形容眼睛倦怠无力的样子,将进入睡眠状态。

【眼仙人发定】ŋE˦sii˥ȵən˩faʔ˥din˩ 眼睛发直。

【眼中钉,肉中刺】ŋE˦tsoŋ˥tin˥,ȵioʔ˧tsoŋ˥ts'ɿ˩ 喻最痛恨的人。

【眼泪水淌淌涕】ŋE˩li˩sɥ˩t'ã˥t'ã˥ti˩ 眼泪哗哗地流。

【眼睛白㧺白㧺】ŋE˦tsin˥bɑʔ˧t'ii˥bɑʔ˧t'ii˩ 眼睛翻白,无可奈何的样子。

【眼睛放勒浪出气】ŋE˦tsin˥fã˩ləʔ˧lã˩ts'əʔ˥tɕ'i˩ 詈语。

(一)指责没有看住应该看住的东西。(二)指眼睛没有看到应该看到的东西。

【眼睛生勒额角头浪】ŋE˦tsin˥ sã˥lə?˧ŋa?˧kuə?˥dʏ˩lã˩ 形容人自大,看不起人。

【眼眼调碰着眼眼调】ŋE˦ŋE˦diæ˩bã˦zɑ?˧ŋE˦ŋE˦diæ˩或ŋE˧ŋE˧diæ˩bã˦zɑ?˥ŋE˧ŋE˧diæ˩也作【眼眼叫碰着眼眼叫】ŋE˦ŋE˦tɕiæ˥bã˦zɑ?˧ŋE˦ŋE˦tɕiæ˩或ŋE˧ŋE˧tɕiæ˩bã˦zɑ?˧ŋE˧ŋE˧tɕiæ˩ 指再巧不过了。

【眼观六路,耳听八方】ŋE˦kuø˩lo?˧ləu˩,∅əl˥t'in˥po?˥fã˥ 成语。形容特别机敏。

【眼睛抠出来燉酱吃】ŋE˦tsin˥k'ʏ˥ts'ə?˥lE˩tən˧tsiã˧tɕ'ə?˥ 趣语。调侃眼睛瞪出来的人。

【眼睛一霎,老孵鸡变鸭】ŋE˦tsin˥∅iə?˥sa?˥,læ˦bu˩ɕi˥piɪ˧∅a?˥ 俗语。指事情的变化极快。

【眼泪簌落落,两头掉勿落】ŋE˩liɪ˩so?˥lo?˧lo?˧,liã˦dʏ˩diæ˧fə?˧lo?˧ 俗语。形容两边都难割舍。

【眼眼望生人,脚脚踏生地】ŋE˦ŋE˩mã˩sã˥ȵən˩,tɕia?˥tɕia?˥da?˧sa?˥di˩ 俗语。在陌生的环境,一切都陌生。指很无助。

【眼睛像霍显,筷呒像雨点,牙子像夹剪,斛陇像揩绛,肚皮像搭裢】ŋE˦tsin˥ziã˩ho?˥ɕiɪ˧,k'uE˥ŋ˩ziã˩ɦʏ˦tiɪ˧,ŋɑ˦tsɿ˩ziã˩ka?˥tsiɪ˧,ɦo?˧lo?˩ziã˩pE˥tɕ'iɪ˧,dəu˦bi˩ziã˩ta?˥liɪ˩ 形容狼吞虎咽吃东西的样子。

偃【∅iɪ˧】

琰【ɦiɪ˧】

扊【ɦiɪ˧】

演【∅iɪ˩】

【演】∅iɪ˧ 比较长短。

【演义】∅iɪ˧ȵ.i˦ 以一定的历史事迹为背景,以史书及传说的材料为基础,增添一些细节,用章回体写成的小说。

魇【Øiɪ˥˩】

【魇】(1)Øiɪ˥˩ (一)受惊做恶梦。(二)自作多情。(2)(Øiɪ˦)顽皮,多动。

【魇子】Øiɪ˦tsɿ˥ 自作多情的人。

【魇生】Øiɪ˦sən˥ 义同【魇子】。

【魇淘淘】Øiɪ˦dæ˧dæ˩ 自作多情的样子。

鼹【Øiɪ˥˩】

【鼹鼠】Øiɪ˦tsʻɥ˥

yàn

厌【Øiɪ˦】

【厌气】Øiɪ˥tɕʻi˥˩ 百无聊赖,寂寞。

【厌世】Øiɪ˦sɥ˦

【厌烦】Øiɪ˥vE˩ 嫌麻烦而讨厌。

【厌食】Øiɪ˦zə˧ 食欲不振,不想吃东西。

【厌酸】Øiɪ˥sø˥˩ 胃里泛酸水。

【厌屎臭】Øiɪ˥sɿ˥tsʻY˥˩ (一)义同【厌烦】。(二)形容索然无味。

【厌哉无央】Øiɪ˥tsE˥vu˩Øiã˥˩ 形容百无聊赖。

【厌哉无滥】Øiɪ˥tsE˥vu˩lE˩ 义同【厌哉无央】。

研【ȵiɪ˥】另见 yán。

砚【ȵiɪ˩】中州韵【ɦiɪ˩】

【砚瓦】ȵiɪ˧ŋo˩ 砚台。

【砚台】ȵiɪ˧dE˩ 研墨的文具。

咽【Øiɪ˦】另见 yān。

【咽酸】Øiɪ˥sø˥˩ 义同【厌酸】。

【咽勿落】Øiɪ˥fə˥lo˧ (一)咽不下去。(二)妒忌。

【咽勿落格口气】Øiɪ˥fə˥lo˧gə˧kY˥˩tɕʻi˦ 不服气。

彦【ȵiɪ˩】中州韵【ɦiɪ˩】

艳【ɦiɪ˨˧˩】

【艳阳】ɦiɪ˧ɦiã˧　（一）明亮的太阳。（二）明媚的风光。

【艳情】ɦiɪ˧ziɪn˩　指关于男女爱情的。

【艳福】ɦiɪ˧foʔ˥　指男子得到美女欢心的福分。

晏【ØE˦˨】文读【Øiɪ˦˨】

【晏点】ØE˦tiɪ˥˨　（一）过一会儿。（二）晚了一点。

【晏来】ØE˥lE˩　晚到。

【晏歇】ØE˦ɕəʔ˥　过一会儿。

【晏芝调】Øiɪ˦tsʮ˥diæ˩　苏州评弹流派唱腔。邢晏芝所创。

【晏歇会】ØE˦ɕəʔ˥ɦuE˩　稍过些时间再见。

【晏歇点】ØE˦ɕəʔ˥tiɪ˥˨　过一会儿。

唁【ɦiɪ˨˧˩】

【唁电】ɦiɪ˧diɪ˩　慰问死者家属的电报。

宴【Øiɪ˦˨】

【宴会】Øiɪ˦ɦuE˩　宾主在一起饮酒吃饭的集会。

验【ȵiɪ˨˧˩】中州韵【ɦiɪ˨˧˩】

【验尸】ȵiɪ˧sʮ˥　司法人员检验人的尸体，确定死亡的原因和过程。

【验方】ȵiɪ˧fɑ̃˥　临床经验证明有疗效的现成的药方。

【验收】ȵiɪ˧sʏ˥　按照一定标准进行检验而后收下。

【验算】ȵiɪ˩sø˥˨　算题算好后，再用另外的方法演算一遍，检验已得出的运算结果是否正确。

【验明正身】ȵiɪ˩min˧tsən˦sən˥　检验是不是这个人（多用于检验犯人）。

谚【Øiɪ˥】中州韵【ɦiɪ˨˧˩】

【谚语】Øiɪ˥ȵy˩

堰【θiɪ˧】、【θiɪ˨】

雁【θiɪ˧】

焰【θiɪ˧】中州韵【ɦiɪ˩】

【焰口】θiɪ˥k'Y˧　佛教用语。形容饿鬼渴望饮食，口吐火焰。和尚做法事向饿鬼施食叫放焰口。

滟【ɦiɪ˨】

餍【θiɪ˧】

【餍食】θiɪ˧zəʔ˧　食欲不振。

鷃【θiɪ˧】

谳【θiɪ˧】

燕【θiɪ˧】另 yān。

【燕子窠】θiɪ˥tsɿ˧k'əu˧　（一）鸦片馆。（二）燕子的窝。

【燕子来，插齐秧；燕子去，稻花香】θiɪ˥tsɿ˧lɛ˧，ts'aʔ˥zi˧ θiã˥；θiɪ˥tsɿ˧tɕ'i˧，dæ˧ho˥ ɕiã˥　指插秧在燕子南来时必须完成，当燕子北去时，水稻扬花长势好。

赝【θiɪ˧】

【赝品】θiɪ˧p'in˧

yāng

央【θiã˥】

泱【θiã˥】

殃【θiã˥】

鸯【θiã˥】

秧【θiã˥】

【秧歌】θiã˥kəu˧　流行于农村的一种民间舞蹈。

【秧田】θiã˥diɪ˩　培植水稻秧苗的田。

【秧苗】θiã˥miæ˩　农作物的幼苗。

【秧荐】θiã˥tsiɪ˧　用稻草编

织成的垫子。覆盖秧苗和秧田,起防护保温作用。

【秧好稻好,娘好囡好】Øiã˥ hæ˥˩dæ˩˧hæ˥˩,n̠iã˧hæ˥˩ nø˧hæ˥˩ 以庄稼喻母亲好,才能培育出好的孩子。

Y

鞅【Øiã˥】

yáng

扬【ɦiã˧】

【扬名】ɦiã˩˧min˧

【扬花】ɦiã˧ho˥ 水稻、小麦、高粱等作物开花时,花药裂开,花粉飞散。

【扬言】ɦiã˩˧ɦiɪ˩˧

【扬帮】ɦiã˧pɑ̃˥ 具有扬州特色的。

【扬琴】ɦiã˧ʥən˧

【扬子江】ɦiã˧tsɿ˥kɑ̃˥˩ 长江。

【扬长避短】ɦiã˧zã˧bi˩˧tø˥˩

【扬眉吐气】ɦiã˩˧mE˩˧t‘əu˥˩tɕ‘i˥˩

羊【ɦiã˧】

【羊水】ɦiã˧sɥ˥˩ 羊膜中的液体。羊水能使胎儿不受外界的震荡,并能减少胎儿在子宫内活动时对母体的刺激。

【羊汤】ɦiã˧t‘ɑ̃˥ 羊肉烧煮的白汤,为苏州传统冬补食品。

【羊毫】ɦiã˧ɦæ˩˧ 用羊毛做笔头的毛笔。

【羊眼】ɦiã˧ŋE˩˧ 一端成圆环形,一端有螺纹的金属零件,便于悬挂或固定。

【羊糕】ɦiã˧kæ˥ 羊肉去骨煮烂后,与汤汁一起冻成糕状。可切片食用。

【羊肚汤】ɦiã˧təut‘ɑ̃˥ 用羊的胃为主要原料制成的汤汁。

【羊尾子】ɦiã˧mi˩˧tsɿ˥˩ 食品。胡羊尾巴。

【羊窠灰】ɦiã˧k‘əu˥huE˥˩ 羊粪肥。

【羊痫风】ɦiã˧ɦiɪ˥foŋ˥˩ 癫痫。

【羊臊气】ɦiã˧sæ˥tɕ‘i˥˩ 羊的特殊气味。

【羊癫风】ɦiã˧tiɪ˥foŋ˥˩ 癫痫。

【羊头风病】ɦiã˧dY˧foŋ˥

binɿ 癫痫。

【羊脂白玉】ɦiã˧tsʮ˥˩bɑʔ˧ ȵioʔ˧ 新疆和田出产的一种色泽似羊的脂肪的美玉。

【羊肉里格萝卜——骚货】ɦiã˧ȵioʔ˧li˩kəʔ˥læ˧boʔ˧——sæ˥həu˥˩ 歇后语。（烧煮羊肉时须放进一些萝卜，可以吸去羊骚气，之后把萝卜去除不食。）指风骚的女人（贬义）。

【羊毛出在羊身上】ɦiã˧mæ˩ tsʻəʔ˥ləʔ˧ɦiã˧sən˥lɑ̃˩ 成语。喻某些得益实际上也还是从得益者本身的身上来的。也指转嫁各种负担。

【羊妈妈迁跟斗——各（角）别（蹩）】ɦiã˧mɑ˥mɑ˥˩tsʻii˥ kən˥təu˥˩——koʔ˥(koʔ˥) biəʔ˧(biəʔ˧) 歇后语。指与众不同。

【羊尾巴盖勿没羊屁股】ɦiã˧ ȵi˧po˥˩kE˧fəʔ˥məʔ˧ɦiã˧pʻi ˥kəu˥˩ 喻丑事难遮。

【羊肉𫠣吃着，惹仔一身臊】ɦiã˧ȵioʔ˧fən˥tɕʻəʔ˥zɑʔ˧,z ɑ˩tsɿ˥˩ʔiəʔ˥sən˥sæ˥ 俗语。喻好处没有得到，反而引来一身麻烦。

【羊肉当狗肉卖，烧酒当河水卖】ɦiã˧ȵioʔ˧tɑ̃˥kʏ˧ȵioʔ˧ mɑ˩,sæ˥tsʏ˥˩tɑ̃˥ɦəu˧ sʮ˥mɑ˩ 喻廉价抛售。

阳【ɦiã˧】

【阳文】ɦiã˧vən˩ 印章或某些器物上所刻或所铸的凸出的文字或花纹。

【阳历】ɦiã˧liəʔ˧ 公历。

【阳台】ɦiã˧dE˩ 楼房的小平台。有栏杆，可以乘凉、晒太阳或望远。

【阳平】ɦiã˧bin˩ 字调之一，又名下平声。平声的一种，读高升调。

【阳宅】ɦiã˧zɑʔ˧ 迷信的人称住宅（与阴宅相对）。

【阳伞】ɦiã˧sE˥˩ 遮太阳光用的伞。

【阳寿】ɦiã˧zʏ˩ 迷信的人指人活在人世的寿数。

【阳间】ɦiã˧kE˥ 人世间。

【阳沟】ɦiã˧kʏ˥ 露在地面上的排水沟。

【阳面】ɦiã˧mii˩ 苏州评弹

演员称大嗓子(唱法)。

【阳痿】ɦiã˦θuᴇ˥ 成年男子性功能障碍的病。

【阳春面】ɦiã˦ʦ'ən˥miɪ˩ 又名光面。没有菜肴作浇头的熟面条。

【阳奉阴违】ɦiã˦voŋ˩θin˥ɦuᴇ˩ 表面恭顺,暗地里违抗。

杨【ɦiã˦】

【杨柳】ɦiã˦lʏ˥ 柳树。

【杨调】ɦiã˦diæ˩ 苏州评弹流派唱腔。杨振雄所创。

【杨梅】ɦiã˦mᴇ˩ 常绿灌木或乔木。叶子狭长,花褐色,雌雄异株。果实表面粒状突起,紫红色或白色,味酸甜,可以吃。一般指果实。

【杨梅疮】ɦiã˦mᴇ˦ʦ'ɑ̃˥ 梅毒。

【杨和尚,开头刀】ɦiã˦ɦəu˦zɑ̃˩,k'ᴇ˥dʏ˦tæ˥ 俗语。喻第一个倒霉。

【杨柳树,随风倒】ɦiã˦lʏ˥zʮ˩,zᴇ˦foŋ˥tæ˥ 俗语。喻立场不明确,站在斗争双方的中间,哪一方得势就投靠哪一方。

【杨树开花——呒结果】ɦiã˦zʮ˩k'ᴇ˥ko˥——m̩˦tɕə˥kəu˥ 歇后语。指事情没有结果。

旸【ɦiã˦】

飏【ɦiã˦】

炀【ɦiã˦】

佯【ɦiã˦】

疡【ɦiã˦】

洋【ɦiã˦】

【洋刀】ɦiã˦tæ˥ 可随身携带、随时开合的削水果用的小刀。

【洋气】ɦiã˦tɕ'i˥ (一)指西洋的式样、风格、习俗等。(二)带洋气的。

【洋火】ɦiã˦ɦəu˥ 火柴的旧称。

【洋井】ɦiã˦tsin˥ 以钢管插

入地下，用机械汲水的井。
【洋灯】ɦiã˦tən˥ 有玻璃罩的煤油灯。
【洋红】ɦiã˦ɦoŋ˨ 粉红。
【洋行】ɦiã˦ɦɑ̃˨ 旧时指外国人在中国开设的商行。
【洋机】ɦiã˦tɕi˥ 缝纫机。
【洋钉】ɦiã˦tin˥ 机制铁钉。
【洋油】ɦiã˦ɦiʏ˨ 煤油。
【洋相】ɦiã˦siɑ̃˥˩ 丑态。
【洋财】ɦiã˦zᴇ˨ 指跟外国人做生意得到的钱财。泛指意外得到的财物。
【洋场】ɦiã˦zã˨ 指旧时洋人较多的都市。
【洋房】ɦiã˦vɑ̃˨ 西式房屋。
【洋货】ɦiã˦ɦəu˥˩ 指从外国进口的货物。
【洋线】ɦiã˦siɪ˥˩ 供缝纫机缝制衣服的机制线。
【洋瓷】ɦiã˦zɿ˨ 搪瓷。
【洋装】ɦiã˦tsɑ̃˥˩ 西服。
【洋钿】ɦiã˦diɪ˨ 洋钱。
【洋袜】ɦiã˦maʔ˧ 袜子。
【洋画】ɦiã˦ɦo˨ 儿童玩具。印制成套的小画片。最初出现在香烟盒里，又名香烟牌子。

【洋荤】ɦiã˦huən˥˩ 使用、食用外国的东西。或到国外去，叫开洋荤。
【洋盘】ɦiã˦bø˨ （一）外行。（二）没有处世经验的人。
【洋超】ɦiã˦ts'æ˥ 铁铲。
【洋镐】ɦiã˦kæ˥ 鹤嘴一类掘土工具。
【洋风炉】ɦiã˦foŋ˥ləu˨ 以煤油为燃料的搪瓷简易炉灶。
【洋灯罩】ɦiã˦tən˥tsæ˥˩
【洋芋艿】ɦiã˦øʏ˥na˨ 马铃薯。又名【洋山芋】ɦiã˦sᴇ˥øʏ˥˩。
【洋白眼】ɦiã˦bɑʔ˧ŋᴇ˨ 斜视眼。
【洋白皮】ɦiã˦bɑʔ˧bi˨ 形容皮肤特别白皙。
【洋白头】ɦiã˦bɑʔ˧dʏ˨ 白化病患者。
【洋夹夹】ɦiã˦kaʔ˥kaʔ˥ 天牛（一种昆虫）。
【洋老虫】ɦiã˦læ˦zoŋ˨ 小白鼠。
【洋师太】ɦiã˦sɿ˥t'ɑ˥˩ 一种类似蝉的昆虫，鸣声响亮，又名药胡子。

【洋囡囡】ɦiã˨˧nø˥nø˥˩ 洋娃娃。

【洋线团】ɦiã˨˧sii˥dø˨˩ 旧时别于土制的棉纱线,称始于国外的机纺缝纫线团。

【洋线砣】ɦiã˨˧sii˥dəu˨˩ (一)义同【洋线团】。(二)旧时洋线绕在中间细、两头阔的“工”字型木质线砣上,这种线砣称为“洋线砣”。

【洋泾浜】ɦiã˨˧tɕən˥pã˥˩ 指不标准甚至夹杂中文的英语口语。转指不标准的、不规范的。

【洋铅皮】ɦiã˨˧kʻE˥bi˨˩ 马口铁。镀锡的白铁皮。

【洋淘淘】ɦiã˨˧dæ˨˩dæ˨˩ 浮夸,不认真。

【洋海海】ɦiã˨˧hE˥hE˥˩ 义同【洋淘淘】。

【洋铅桶】ɦiã˨˧kʻE˥doŋ˨˩ 用马口铁制成的水桶。

【洋铁碗】ɦiã˨˧tʻiəʔ˥θuø˥˩ 搪瓷碗。

【洋辣子】ɦiã˨˧laʔ˧tsɿ˥˩ 即刺毛虫。一种昆虫的幼虫,遍体有五彩长毛。

【洋葱头】ɦiã˨˧tsʻoŋ˥dY˨˩ (一)洋葱的鳞茎。(二)指不谙世事,容易上当受骗的人。

【洋锅子】ɦiã˨˧kəu˥tsɿ˥˩ 铝锅。

【洋煤头】ɦiã˨˧mE˨˧dY˨˩ 火柴的旧称。也读作mã˨˧miəʔ˧dY˨˩。

【洋蜡烛】ɦiã˨˧laʔ˧tsoʔ˥ (一)用以照明的白色蜡烛。(二)指欺软怕硬的人。

【洋嗓子】ɦiã˨˧sã˥tsɿ˥˩ 美声唱法的嗓音。

【洋镬子】ɦiã˨˧ɦoʔ˧tsɿ˥˩ 铝锅。

【洋里洋气】ɦiã˨˧li˨˩ɦiã˨˩tɕʻi˥˩ 带洋气的。

【洋里触气】ɦiã˨˧li˨˩tsʻoʔ˥tɕʻi˥˩ 洋气的(贬义)。

【洋脱海海】ɦiã˨˧tʻəʔ˥hE˥hE˥˩ 浮夸,不认真;假痴假呆。

【洋脱兮兮】ɦiã˨˧tʻəʔ˥ɕi˥ɕi˥˩ 义同【洋脱海海】。

【洋盘色气】ɦiã˨˧bø˨˧səʔ˥tɕʻi˥˩ 洋盘的样子。

【洋得发绿】ɦiã˨˧təʔ˥faʔ˥loʔ˧ 外行到极点。

【洋里勿洋相】ɦiã˦li˨fə˥ɦiã˦siã˥ 洋的、土的混杂在一起，很不协调。

【洋勿洋，相勿相】ɦiã˦fə˥ɦiã˦，si˥˩fə˥siã˥˩ 义同【洋里勿洋相】。

【洋铅桶里汰蟹】ɦiã˦k'ɛ˥doŋ˨li˨da˨ha˥˩ 形容演奏琵琶的技艺不佳，声音刺耳难听。

【洋瓶拔脱榫——呒不说（塞）头】ɦiã˦bin˨baʔ˧tə˥tsən˥——m̩˦pə˥sə˥（sə）dɤ˦ 歇后语。没有办法说，说了也白说。

烊【ɦiã˦】

【烊雪】ɦiã˦siə˥ 积雪融化。

【烊化烊勚】ɦiã˨ø o˥˩ɦiã˨ɦi˥˩ 指（食品煮得）极其酥烂。

yǎng

仰【ŋ̍iã˦】

【仰面朝天】ŋ̍iã˥mi˨zæ˨t'i˥˩ （一）身体向后跌倒的姿势。（二）脸向上平躺的姿势。

养【ɦiã˨】

【养子】ɦiã˦tsɿ˥˩ 指领养的儿子。

【养女】ɦiã˦ŋ̍y˨ 指领养的女儿。

【养父】ɦiã˦vu˨ 指扶养自己的非生身父亲。

【养母】ɦiã˦mo˥

【养生】ɦiã˦sən˥ 保养身体。

【养活】ɦiã˦ɦuə˧ 供给生活资料或生活费用。

【养师】ɦiã˦sɿ˥ 替人饲养蟋蟀的师傅。

【养老】ɦiã˦læ˨ （一）奉养老人。（二）指年老闲居休养。

【养娘】ɦiã˦ŋ̍iã˨ 养母。

【养神】ɦiã˨zən˦

【养小干】ɦiã˦siæ˥kø˥˩ 生孩子。或说成ɦiã˨siæ˦kø˥。

【养倪子】ɦiã˦ŋ̍i˧tsɿ˥˩ 生孩子。或说成ɦiã˨ŋ̍i˧tsɿ˥˩。

【养媳妇】ɦiã˦sin˥vu˨ 童养媳。

【养精神】ɦiã˩˧tsin˦zən˩˧ 养神。

【养虎伤身】ɦiã˧həu˥˩sã˦sən˦ 喻纵容坏人,会危及自己。

【养男养女】ɦiã˧nø˧ɦiã˩˧ȵy˩˧ 生儿育女。

【养家活口】ɦiã˧tɕia˦ɦuəʔ˧kʻʏ˥˩ 供给家庭成员生活所需。

【养儿防老,积谷防饥】ɦiã˧ɦəl˩˧bã˧læ˩˧,tsiəʔ˦koʔ˦bã˧tɕi˦ 以积聚粮食可以防止饥荒,来比喻生孩子是为了将来老了有人赡养。

【养兵千日,用在一朝】ɦiã˧pin˦tsʻi˦zəʔ˧,ɦioŋ˩˧zE˩˧ʔiəʔ˦tsæ˦ 养军队是为了某一天投入战斗。

【养媳妇做媒——自身难保】ɦiã˧sin˦vu˩˧tsəu˥˩mE˧——zɿ˧sən˦nE˧pæ˥˩ 歇后语。指自己也在危险中。

【养猪勿赚钱,回头望望田】ɦiã˧tsɥ˦fəʔ˦zE˩˧zi˧,ɦuE˧dʏ˩˧mã˩˧mã˩˧di˧ 指养猪获取猪塮对庄稼人的重要性。

【养出来倪子长生果什梗大】ɦiã˧tsʻəʔ˦lE˩˧ȵi˧tsɿ˥˩zã˩˧sən˦kəu˥˩zəʔ˧kã˥˩dəu˩˧ 詈语。骂缺德的人要遭没有好后代的报应。也说成【养出来格倪子呒不屁眼】ɦiã˧tsʻəʔ˦lE˩˧kəʔ˦ȵi˧tsɿ˥˩m̩˧pəʔ˦pʻi˦ŋE˩˧。

【养仔三年蚀本猪,田里饱滋滋】ɦiã˩˧tsɿ˦sE˦ȵi˩˧zəʔ˧pən˥˩tsɥ˦,di˧li˩˧pæ˧tsɥ˦tsɥ˦ 义同【养猪勿赚钱,回头望望田】。

氧【ɦiã˩˧】

痒【ɦiã˩˧】

【痒齐齐】ɦiã˧zi˧zi˩˧ 形容有点痒。

【痒呵落】ɦiã˧ho˦loʔ˧ (在别人身上)抓挠,使发痒。

【痒萋萋】ɦiã˧tsʻi˦tsʻi˩˧ 义同【痒呵落】。

yàng

怏【ʔiã˥˩】

【怏】ʔiã˦ 形容自大的样子。

【快得不得了】ʔiã˥tə˥ʔpə˥tə˥liæ˩ 形容非常自大的样子。

样【ɦiã˩】

【样子】ɦiã˨tsɿ˧或ʔiã˥tsɿ˧

【样式】ʔiã˥sə˧或ɦiã˨sə˥ (一)样子,式样。(二)每一样。

【样样】ɦiã˨ɦiã˩或ʔiã˥ɦiã˩ 每一样,各方面。

【样式样】ʔiã˥sə˥ɦiã˩ 义同【样样】。

【样样式式】ɦiã˨ɦiã˩sə˥sə˥ 义同【样样】。

恙【ɦiã˥】

漾【ɦiã˩】

【漾奶】ɦiã˩nɑ˩

yāo

幺【ʔiæ˥】

【幺二三】ʔiæ˥ȵi˩sE˥ (一)一二三。(二)缩脚韵。屎。吴语"四"、"屎"谐音。

【幺三式】ʔiæ˥sE˥sə˥ 看上去很别扭的姿势。

【幺五幺六】ʔiæ˥ŋ̍˩ʔiæ˥lo˧ 隐语。十三点,神经不正常。幺五幺六即一五一六,四个数字加起来为十三。

【幺二勿来三】ʔiæ˥ȵi˩fə˥lE˨sE˥ 指进退不得的时候。也说成【幺二勿三】ʔiæ˥ȵi˩fə˥sE˧。

夭【ʔiæ˥】

【夭】ʔiæ˧ 折叠。

【夭折】ʔiæ˥tsə˥ (一)未成年而死亡。(二)喻事情中途失败。

【夭边刹角】ʔiæ˧pi˥sa˥ko˥ 喻妥妥贴贴(多指说话)。

吆【ʔiæ˥】

【吆五喝六】ʔiæ˥ŋ̍˩hə˥lo˧ (一)掷骰子时的喊叫声。(二)形容盛气凌人的样子。

约【Øiaʔ˥】文读【Øiu˥】另见 yuē。

妖【Øiæ˥】

【妖】Øiæ˥ 妖冶的简称。

【妖气】Øiæ˥tɕʻi˨ 指女人装束、打扮出格，作风不正派。

【妖法】Øiæ˥faʔ˥ 妖怪的法术。

【妖怪】Øiæ˥kuɑ˨ （一）神话、传说、童话中所说形状奇怪可怕、有妖术、会害人的精灵。（二）喻以姿色迷人的女子。（三）喻特别机敏的人。

【妖里妖气】Øiæ˥li˩Øiæ˥tɕʻi˧ 指女性装束、打扮出格，作风不正派。

【妖形怪状】Øiæ˥ɦin˩kuɑ˨zɑ̃˩ 形容女子以姿色迷人，不正派的样子。

【妖怪修仙】Øiæ˥kuɑ˨sʏ˥siɪ˥ 指人从不守规范开始，到成熟的时候又走向规范。

要【Øiæ˥】另见 yào。

【要求】Øiæ˥dʑiʏ˩ （一）提出具体愿望或条件，希望得到满足或实现。（二）所提出的具体愿望或条件。

【要挟】Øiæ˧Øiaʔ˥ 利用对方的弱点，强迫对方答应自己的要求。

腰【Øiæ˥】

【腰子】Øiæ˥tsɿ˨ 肾。

【腰片】Øiæ˥pʻiɪ˧ 作菜用的猪、羊等的腰子，切成片状。

【腰包】Øiæ˥pæ˨ 指钱包。

【腰花】Øiæ˥ho˨ 作菜用的猪、羊等的腰子，切成齿状花纹。

【腰身】Øiæ˥sən˨ 指人体腰部的粗细。也指长袍、长衣、裤子等腰部的尺寸。

【腰围】Øiæ˥ɦuᴇ˩ 腰部周围的长度。

【腰眼】Øiæ˥ŋᴇ˩ （一）腰后胯骨上面脊椎骨两侧的部位。（二）喻关键或要害。

【腰板】ØiæᒣPEᒧ （一）指腰部。（二）喻靠山。

【腰子病】ØiæᒣʦᒧbinᒧJ 肾脏病。

邀【Øiæᒣ】

【邀请】Øiæᒣʦʻinᒧ 请人到自己的地方来或到约定的地方去。

yáo

爻【ɦiæᒧ】

尧【ɦiæᒧ】

肴【ɦiæᒧ】

姚【ɦiæᒧ】

【姚调】ɦiæᒧdiæᒧ 苏州评弹流派唱腔。姚荫梅所创。

陶【ɦiæᒧ】另见 táo。

铫【ɦiæᒧ】另见 diào。

窑【ɦiæᒧ】

谣【ɦiæᒧ】

【谣传】ɦiæᒧzøᒧ （一）谣言传播。（二）传播的谣言。

【谣言】ɦiæᒧɦiiᒧ 没有事实根据的消息。

摇【ɦiæᒧ】

【摇上】ɦiæᒧzãᒧ （一）摇动摇手，使车窗关上。（二）把门窗轻轻关上。

【摇手】ɦiæᒧSYᒧ （一）摇动手掌，表示否定、不以为然或阻止。（二）机械上用手摇动，使轮子等转动的把儿。

【摇头】ɦiæᒧdYᒧ 把头左右摇动，表示不以为然、阻止或否定。

【摇动】ɦiæᒧdoŋᒧ （一）摇东西使它动。（二）松动。（三）摇摆。（四）动摇，失去坚定性。

【摇会】ɦiæᒧɦuEᒧ 旧时一种经济互助的办法。由发起者邀约若干人,按时交纳设定的会钱,由发起者得头会。之后得会的次序由临时摇骰子决定,点子大的得会,直至最后一人得末会,会即解散。

【摇肉】ɦiæ˨˦ȵioʔ˧ 用机器轧成的肉糜。

【摇捎】ɦiæ˨˦siæ˥ 猪尾巴的别名。

【摇摊】ɦiæ˨˦t'ᴇ˥ 旧时赌博的一种,摇四粒骰子,比点子大小,分成青龙、白虎、进门、出门四种。

【摇钿树】ɦiæ˨˦diɪ˨˩zɥ˨˩ 神话中的一种宝树,一摇晃就有许多钱落下来。喻借以获取钱财的人或物。

【摇勒摇】ɦiæ˨˦ləʔ˧ɦiæ˨˩ (一)自在、不紧不慢的走路样子。(二)晃动不定。

【摇摇椅】ɦiæ˨˦ɦiæ˨˩Øi˥˩ 摇椅。

【摇头晃脑】ɦiæ˨˦dʏ˨˩huɑ̃˥˩ næ˨˩ 颠头播脑,形容自得其乐或自以为是的样子。

【摇摇摆摆】ɦiæ˨˦ɦiæ˨˦pɑ˥˩ pɑ˥˩ (一)晃动不定。(二)形容自得其乐或自以为是的样子。

【摇摇齾齾】ɦiæ˨˦ɦiæ˨˦ŋaʔ˧ ŋaʔ˧ 动摇不定,不坚牢。

【摇头豁尾巴】ɦiæ˨˦dʏ˨˩huaʔ˥ ȵi˨˦po˥˩ 形容得意或轻狂的样子。

【摇会养儿子——气力大勿出】ɦiæ˨˦ɦuᴇ˨˩ɦiɑ̃˨˦ȵi˨˦ tsɿ˥˩——tɕ'i˥liəʔ˧dəu˨˦fəʔ˥ ts'əʔ˥ 歇后语。指很难把握(的事)。

【摇仔半日格船,缆绳亦赠解】Øiæ˨˦tsɿ˥˩pø˦ȵiəʔ˧kəʔ˥zø˨˦,lᴇ˨˦zən˨˦ɦaʔ˥fən˥gɑ˨˩ 喻努力了一些时间,却因为没有解决关键问题,使事情毫无进展。

【摇船呒快慢,勿消停船吃顿饭】Øiæ˨˦zø˨˩m̩˨˦k'uɑ˥ mᴇ˨˩,fəʔ˥siæ˥din˨˦zø˨˩tɕ'əʔ˥tən˥˩vᴇ˨˩ 前船稍一停顿,即被后船赶上。喻不进则退。

【摇荡鼓突勒粥锅里——腻格咙咚】ɦiæ˨˦dɑ̃˨˦kəu˥˩dəʔ˧ ləʔ˧tsoʔ˥kəu˥li˨˩——ȵi˨˩kəʔ˥ loŋ˨˩toŋ˥˩ 歇后语。(一)黏乎乎的。(二)犹豫,不爽快。

徭【ɦiæ˦】

遥【ɦiæ˦】

【遥远】ɦiæ˨ɦiø˨　很远。
【遥控】ɦiæ˦k‘oŋ˥（一）通过某种手段或装备操纵一定距离以外的机器、仪器或人员等。（二）指幕后操控事态的发展。
【遥遥】ɦiæ˨ɦiæ˨（一）形容距离远。（二）形容时间长。

瑶【ɦiæ˦】

飖【ɦiæ˦】

yǎo

杳【ɵiæ˥˩】

【杳然】ɵiæ˥˩zø˨
【杳无音讯】ɵiæ˦vu˨ɵin˥sin˥˩　没有一点消息。
【杳杳冥冥】ɵiæ˦ɵiæ˦min˥˩min˨　形容时间很长（多指等候）。

咬【ŋæ˨】文读【ɦiæ˨】中州韵【ɵiæ˥˩】

【咬口】ŋæ˦kʏ˥˩　烟嘴。
【咬手】ŋæ˦sʏ˥˩　比喻价钱太贵。
【咬牢】ŋæ˦læ˨（一）咬住。（二）熬住。（三）坚持住。
【咬煞】ŋæ˦saʔ˥（一）咬死。（二）死死咬住。（三）说出的话决不改变。
【咬嘴】ŋæ˦tsɥ˥˩　烟嘴。
【咬嚼】ŋæ˦ziɑʔ˧　咀嚼。喻细细品尝或欣赏。
【咬出来】ŋæ˨tsəʔ˥lᴇ˨（一）把同伙供出来。（二）把其他人或与同伙共同作案的事供出来。
【咬耳朵】ŋæ˨ŋ̍i˧təu˥　与人耳语。或读成ŋæ˦ŋ̍i˧təu˥˩。
【咬牙子印】ŋæ˨ŋɑ˦tsɿ˥˩ɵin˥˩　订立攻守同盟。
【咬牙切齿】ŋæ˦ŋɑ˦ts‘iəʔ˥ts‘ɥ˥˩
【咬牙哔叭】ŋæ˦ŋɑ˦piəʔ˥poʔ˥　说话时，口腔特别紧张，出现极为难看的表情。也义同【咬牙切齿】。

【咬文嚼字】ŋæ˧vən˧ziaʔ˧z˥˩

【咬奶奶头】ŋæ˩na˧na˩dY˩ 喻过分溺爱子女,最终还被其子女伤害的教训。

【咬奶奶头的坯子】ŋæ˩na˧na˩dY˩kəʔ˥pʻE˥ts˥˩ 受到父母溺爱,最终伤害父母的人。

【咬脱奶奶头,日脚勒后头】ŋæ˩təʔ˥na˧na˩dY˩,ȵəʔ˧tɕia˩ləʔ˧hY˧dY˩ 告诫语。对子女过分溺爱纵容,子女长大后犯了法,会反过来仇恨父母的溺爱纵容。

舀【ɦiæ˩】中州韵【Øiæ˥˩】

窈【ɦiæ˩】

yào

疟【ȵiaʔ˧】中州韵【ɦioʔ˧】另见 nüè。

药【ɦiaʔ˧】中州韵【ɦioʔ˧】

【药力】ɦiaʔ˧liəʔ˧ 药物的效力。

【药方】ɦiaʔ˧fã˥ (一)为治疗某种疾病而组合起来的若干种药物的名称、剂量和用法。(二)写着药方的纸。

【药水】ɦiaʔ˧sʮ˥˩ 液态的药。

【药片】ɦiaʔ˧pʻiI˥˩ 片状的药。

【药材】ɦiaʔ˧zE˩ 指中药的原料。

【药芹】ɦiaʔ˧ʥən˩ 一种带有药味的芹菜。

【药店】ɦiaʔ˧tiI˥˩ 出售药品的商店、药铺。

【药房】ɦiaʔ˧vã˩ 出售药品的商店。

【药草】ɦiaʔ˧tsʻæ˥˩ 用作中药的草本植物。

【药酒】ɦiaʔ˧tsY˥˩ 用药材浸制的酒。

【药粉】ɦiaʔ˧fən˥˩ 粉末状的药。

【药煞】ɦiaʔ˧saʔ˥ 用毒药毒死。

【药膏】ɦiɑʔ˧kæ˥˩ 膏状的外敷药。

【药引子】ɦiɑʔ˧ɦin˩tsɿ˥˩ 中药药剂中另加的一些药物，能加强药剂的效力。

【药老虫】(1)ɦiɑʔ˧læ˧zoŋ˩ 用毒药毒杀老鼠。(2)ɦiɑʔ˧læ˩zoŋ˩ 旧时贬称中药铺里的职工。

【药材店】ɦiɑʔ˧zE˩tiı˥˩ 出售中药的商铺。

【药胡子】ɦiɑʔ˧ɦəu˩tsɿ˥˩ 蝉的一种。俗称杨师太。

【药腥气】ɦiɑʔ˧sin˥tɕʻi˥˩ 中药的气味。

【药罐头】ɦiɑʔ˧kuø˥dɣ˩ (一)熬中药的瓦罐。(二)喻经常生病吃药的人。

【药水肥皂】ɦiɑʔ˧sɥ˥˩bi˩zæ˩ 药皂。

【药心山芋】ɦiɑʔ˧sin˥sE˥ɦy˩ 或【药心山薯】ɦiɑʔ˧sin˥sE˥zɥ˩ 变质后带有药腥味的山芋。

【药到病除】ɦiɑʔ˧tæ˦bin˩zɥ˧ 形容医术高明。也指药力高妙。

【药补勿如食补】ɦiɑʔ˧pu˥˩fəʔ˥zɥ˧zəʔ˧pu˥˩ 服用补药不如吃富有营养的食物。

【药料里格甘草——百有份】ɦiɑʔ˧liæ˩li˩kəʔ˥kø˥tsʻæ˥˩——pɑʔ˥ɦiɣ˧vən˩ 歇后语。形容处处有份，样样都参与。

【药罐头里格枣子——苦胖】ɦiɑʔ˧kuø˥dɣ˩li˩kəʔ˥tsæ˦tsɿ˥˩——kʻəu˥˩pʻã˥˩ 歇后语。指生活表面似好，其实非常艰辛。

要【ʘiæ˦】另见 yāo。

【要】ʘiæ˦ 要求上进。

【要人】(1)ʘiæ˦ɳən˧ 讨要人员。(2)ʘiæ˦zən˩ 指有权势地位的人。

【要末】ʘiæ˦məʔ˧ (一)连词，表示两种情况或两种意愿的选择关系。(二)连词，表示只有一种选择。

【要犯】ʘiæ˦vE˩ 重要的犯人。

【要好】(1)ʘiæ˥hæ˥˩ 指感情融洽；也指对人表示好感，愿意亲近。(2)ʘiæ˦hæ˥˩

努力求好,要求上进。

【要吃】(1)Øiæ꜒tɕʻəʔ꜒或Øiæ˧ tɕʻəʔ꜒ 要去吃;需要吃。(2)Øiæ꜒tɕʻəʔ꜒ 需要吃;喜欢吃。

【要地】Øiæ˧di˩ 重要的地方。

【要死】(1)Øiæ˧si˥˩或Øiæ꜒si˥˩ 后缀,表示程度达到极点。(2)Øiæ˧si˥˩ 会丧失生命。

【要命】(1)Øiæ˧min˩或Øiæ꜒min˩ 后缀,表示程度达到极点。(2)Øiæ˧min˩ 会丧失生命。也说成【要性命】Øiæ˧sin꜒min˩。

【要点】Øiæ˧tiɪ˥˩ 说话或文章的主要内容。

【要害】Øiæ˧ɦE˩ (一)身体上能致命的部位。(二)喻重要的部分或军事上重要的地点。

【要紧】Øiæ꜒tɕən˥˩ (一)重要。(二)赶紧。

【要料】Øiæ꜒liæ˩ 形容很困苦,很艰难。

【要算】Øiæ꜒sø˥˩ 可以算得上。

【要勿了】Øiæ˧fəʔ꜒liæ˩ (一)用不了。(二)要不到。

【要勿得】Øiæ꜒fəʔ꜒təʔ꜒ 不可以要。

【要讨好】Øiæ꜒tʻæ˥˩hæ˥˩ 为了讨好(多作责备语或自责语)。

【要吃饭】Øiæ꜒tɕʻəʔ꜒vE˩ 为了生计。

【要好看】Øiæ꜒hæ꜒kʻø˥˩ 爱美;爱俏。

【要死快】Øiæ꜒si˥˩kʻuɑ˥˩ 后缀词。表示程度很高。

【要有事】Øiæ꜒ɦY˩zɿ˩ 希望生出事端来。

【要面子】Øiæ꜒miɪ˥˩tsɿ˥˩ 爱面子。

【要紧人】Øiæ꜒tɕən꜒ȵən˩ 十分重要的人。

【要死快哉】Øiæ˧si꜒kʻuɑ˥˩tsE˥˩ (一)快死了。(二)感叹语。表示很不满意。

【要死要活】Øiæ꜒si˥˩Øiæ꜒ɦuəʔ˧ (一)重要(关头)。(二)后缀词。形容受到折磨、摧残极深。

【要能勿能】Øiæ꜒nən˩fəʔ꜒nən˩ 要想做,却没有能力去做。

【要紧三慢】ʘiæ˥˧tɕən˥˩sE˥˧mE˩ 重要关头。

【要紧头浪】ʘiæ˥˧tɕən˥˩dY˩lɑ̃˩ 义同【要紧三慢】。

【要紧关子】ʘiæ˥˧tɕən˥˩kuE˥˧tsɿ˥˩ 义同【要紧三慢】。

【要紧要慢】ʘiæ˥˧tɕən˥˩ʘiæ˥˧mE˩ 义同【要紧三慢】。

【要紧勿煞】ʘiæ˥˧tɕən˥˩fəʔ˥˧saʔ˥˧ 赶紧。

【要啥有啥】ʘiæ˥˧sɑ˥˧ɦiY˩sɑ˥˩ 要什么,有什么。样样都有。

【要讨好,饶疙焦】ʘiæ˥˧tæ˥˧hæ˥˩,ȵiæ˧kəʔ˥˧tsiæ˥˩ 出发点是为了讨好,却适得其反。

【要一样,呒一样】ʘiæ˥˧ʘiəʔ˥˧ɦiɑ̃˩,m̩˧ʘiəʔ˥˧ɦiɑ̃˩ 需要的东西,一样也没有。

【要有事,怕太平】ʘiæ˥˧ɦiY˩zɿ˩,pʻo˥˧tʻɑ˥˧bin˩ 唯恐天下不乱的意思。

【要纳亨,是纳亨】ʘiæ˥˧nɑ˩hɑ̃˥˩,zɿ˩nɑ˩hɑ̃˥˩ 要怎么样,就怎么样。形容可以随心所欲。

【要到哪亨一日】ɦiæ˥˧tæ˥˩naʔ˥˧hɑ̃˥˧ʘiəʔ˥˧ȵəʔ˥˧ 也说成【要到啥个一日】ɦiæ˥˧tæ˥˩sɑ˥˧kəʔ˥˧ʘiəʔ˥˧ȵəʔ˥˧。(一)到什么时候才算结束?(二)已到什么程度?

【要么楼上楼,要么楼下搬砖头】ʘiæ˥˧məʔ˧lY˧lɑ̃˩lY˩,ʘiæ˥˧məʔ˧lY˧ɦo˩pø˥˧tsø˥˧dY˩ 或者成功,或者失败。指搏一下。

【要和尚,求和尚;嫑和尚,杀和尚】ʘiæ˥˧ɦəu˧zɑ̃˧,dʑiY˧ɦəu˧zɑ̃˩;fiæ˥˧ɦəu˧zɑ̃˩,saʔ˥˧ɦəu˧zɑ̃˩ 指在用人问题上极端自私。

【要吃要用嫁老公,嫑吃嫑用掠啥空】ʘiæ˥˧tɕʻəʔ˥˧ʘiæ˥˧ɦioŋ˩kɑ˥˧læ˧koŋ˥˩,fiæ˥˧tɕʻəʔ˥˧fiæ˥˧ɦioŋ˩ʘo˥˧sɑ˥˧kʻoŋ˥˧ 俗语。女子嫁人就是为了生活有依靠;如果嫁了人仍没有依靠,那何必嫁人呢?

钥【ɦiɑʔ˧】中州韵【ɦioʔ˧】

【钥匙】ɦiɑʔ˧zɿ˥˩

Y

鹞【ɦiæ˨˩】

【鹞子】ɦiæ˨˩tsɿ˥˩ 风筝。

【鹞子断线】ɦiæ˨˩tsɿ˥˩dø˨˩sɪ˦˨ 喻一去不返，音讯全无，或喻人不知去向。

曜【ɦiæ˨˩】

耀【ɦiæ˨˩】

【耀光】ɦiæ˨˩kuɑ̃˥ 光线强烈，使人眼花。

【耀眼】ɦiæ˨˩ŋᴇ˨˩ 义同【耀光】。

【耀眼睛】ɦiæ˨˩ŋᴇ˨˩tsin˥ 义同【耀光】。

【耀武扬威】ʔiæ˦˨vu˨˩ɦiɑ̃˨˩ʔuᴇ˥ 炫耀武力，显示威风。转指有意炫耀，摆威风。

yē

耶【ʔiɑ˥】中州韵【ɦiɪ˦】

【耶耶乎】ʔiɑ˥ʔiɑ˥ɦəu˨˩ 比较差的，一般的。

【耶耶乎，皮老虎】ʔiɑ˥ʔiɑ˥ɦəu˨˩，bi˦læ˨˩həu˥˩ 趣语。义同【耶耶乎】。

【耶酥堂关门——勿讲道理】ʔiɑ˥səu˥dɑ̃˨˩kuᴇ˥mən˥——fəʔ˥kɑ̃˥˩dæ˨˩li˨˩ 歇后语。不讲理。

掖【ʔiəʔ˥】另见 yè。

椰【ʔiɑ˥】中州韵【ɦiɪ˦】

噎【ʔiəʔ˥】

yé

邪【ɦiɑ˨˩】中州韵【ɦiɪ˦】另见 xié。

爷【ɦiɑ˨˩】中州韵【ɦiɪ˨˩】、【ɦiɪ˦】

【爷们】ɦiɑ˨˩mən˨˩ 旧时用于普通人或下人对有财或有财势的男人的称呼。

【爷叔】ɦiɑ˨˩soʔ˥ 叔父。

【爷娘】ɦiɑ˨˩ȵiɑ̃˨˩ 父母。

【爷伯叔】ɦiɑ˨˩pɑʔ˥soʔ˥ 对觉得讨厌的人（男）的背称。

【爷面浪】ɦiɑ˨˩mi˨˩lɑ̃˨˩ （一）

父亲方面的亲戚。（二）父亲的面子上。

【爷娘家】ɦiɑ˦ȵiɑ̃˦kɑ˥˧ 娘家。

【爷老头子】ɦiɑ˦læ˦dɤ˩˧tsɿ˥˧ 指父亲。

【爷亲娘眷】ɦiɑ˦tsʻin˥ȵiɑ̃˩˧tɕiø˥˧ 泛指父母的亲戚。

【爷亲娘眷勿卖账】ɦiɑ˦tsʻin˥ȵiɑ̃˦tɕiø˥˧fəʔ˥mɑ˩˧tsɑ̃˧˦ 形容一律不讲情面。

【爷来爷好，娘来娘好】ɦiɑ˦lE˩˧ɦiɑ˦hæ˥˧，ȵiɑ̃˦lE˩˧ȵiɑ̃˦hæ˥˧ 形容好说话，缺乏原则。也指用得着谁就说谁好。

【爷有娘有，勿及自有；家主婆有，还要登勒房门口守】ɦiɑ˦ɦiɤ˩˧ȵiɑ̃˦ɦiɤ˩˧，fəʔ˥ʥəʔ˧zɿ˥ɦiɤ˩˧；kɑ˥tsʮ˥˧bu˩˧ɦiɤ˩˧，ɦuE˦Øiæ˥˧tən˥ləʔ˧vɑ̃˦mən˩˧kʻɤ˥˧sɤ˥˧ 指人主要靠自己。

yě

也【Øi˥】

冶【ɦiɑ˩˧】文读【ɦi˩˧】

【冶坊】ɦiɪ˦fɑ̃˥ 用熔化方法制造铁器的作坊。

【冶金】ɦiɪ˦tɕən˥或ɦiɑ˦tɕən˥

野【ɦiɑ˩˧】文读【ɦi˩˧】

【野】ɦiɑ˩˧ 闲逛，到外面去玩乐（贬义）。

【野人】ɦiɑ˦ȵən˩˧ （一）古时指田野间的人，平民。（二）指未开化的人。

【野大】ɦiɑ˦dəu˩˧ 非常大。

【野心】ɦiɑ˦sin˥ 非分的欲望。

【野风】ɦiɑ˦foŋ˥ 野外的风。

【野食】ɦiɑ˦zəʔ˧ （一）家禽、家畜在野外找到的食物。（二）喻额外获取的。（三）喻不正常的男女关系称为【吃野食】tɕʻəʔ˥ɦiɑ˦zəʔ˧。

【野生】ɦiɑ˦sən˥ 生物在自然环境里生长而不是由人饲养或栽培。

【野话】ɦiɑ˩˧ɦo˩˧ 传闻。

【野鸡】ɦiɑ˦tɕi˥ （一）雉。（二）沿街拉客的妓女。（三）指不合规章而经营的、生产的，冒牌的。

【野味】ɦia˨˧vi˧˨ 猎得的做肉食的鸟兽。

【野性】ɦia˨˩sin˥˩ 不驯服的性情。

【野姓】ɦia˨˩sin˥˩ 没有收入百家姓的姓氏。

【野种】ɦia˨˧tsoŋ˥˩ 詈语。非婚生子。

【野鬼】ɦia˨˧tɕy˥˩ （一）无人祭祀的鬼。（二）詈语。指常在外游荡的孩子。

【野菜】ɦia˨˩ts'ᴇ˥˩

【野野】ɦia˨˧θai˥ 非常，无比。多形容好、大、远、胖等。

【野景】ɦia˨˩tɕən˥˩ 野外的景致。

【野人头】ɦia˨˧ȵən˨˧dʏ˨˩ 喻骗人的把戏。往往与“卖”字连用。

【野女人】ɦia˨˧ȵy˨˧ȵən˨˩ 姘妇。

【野鸡头】ɦia˨˧tɕi˥dʏ˨˩ 指不合规章而经营的、生产的，冒牌的。

【野男人】ɦia˨˧nø˨˧ȵən˨˩ 奸夫。

【野鸭店】ɦia˨˧θa'˥tiɪ˦ 卖野鸭及野味的店铺。

【野味店】ɦia˨˧mi˨˧tiɪ˦ 专卖野味的熟食店。

【野味脚】ɦia˨˧mi˨˩tɕia'˥ 传闻。

【野鸡头】ɦia˨˧tɕi˥dʏ˨˩ 指不合规章而经营的。

【野野大】ɦia˨˧ɦia˨˧dəu˨˩ 非常大。

【野猪精】ɦia˨˧tsʮ˥tsin˥˩詈语。指顽皮，喜欢游荡，弄得脏兮兮的孩子。

【野豁豁】ɦia˨˧hua'˥hua'˥ 指范围极大。转指不着边际。

【野头野脑】ɦia˨˧dʏ˨˩ɦia˨˩næ˨˩ 桀骜不驯。

【野好煞哉】ɦia˨˧hæ˥sa'˥tsᴇ˥˩ 反语。太滑稽了。

【野野豁豁】ɦia˨˧ɦia˨˧hua'˥hua'˥ 义同【野豁豁】。

【野鸡伴个头】ɦia˨˧tɕi˥bø˨˩kə'˥dʏ˨˧ 俗语。本指野鸡遇到危险时，只把头藏起来。喻藏头露尾。

【野太阳吃家太阳】ɦia˨˧t'a˥ɦiã˨˩tɕ'ə'˥ka˥t'a˥ɦiã˨˩ 日蚀。

【野月亮吃家月亮】ɦia˨˧ȵə'˧

lia˨˩tɕʻə˥kɑ˥˩ȵəʔ˧˧liã˨˩ 月蚀。

yè

业【ȵəʔ˧】

【业务】ȵəʔ˧vu˨˩ 个人的或某个机构的专业工作。
【业师】ȵəʔ˧sɿ˥˥ 教自己专业的老师或师父。
【业余】ȵəʔ˧ɦy˨˩ (一)工作之余。(二)非专业的。

叶【ɦiəʔ˧】

【叶子】ɦiəʔ˧tsɿ˥˨ 植物的叶的通称。

页【ɦiəʔ˧】

曳【ɦiəʔ˧】

【曳挺】ɦiəʔ˧tʻin˥˨ 拉平整。
【曳开来】ɦiəʔ˧kʻE˥˥lE˨˩ 铺开,展开。
【曳出来】ɦiəʔ˧tsʻəʔ˥˥lE˨˩ 用力拉出来。
【曳直落】ɦiəʔ˧zəʔ˧˧loʔ˧ 拉直使平整。
【曳曳直落】ɦiəʔ˧ɦiəʔ˧zəʔ˧˧loʔ˧ 义同【曳直落】。
【曳勒横里,扯勒竖里】ɦiəʔ˧˧ləʔ˧ɦuã˧˧li˨˩,tsʻɑ˥˨ləʔ˧zɥ˧˧li˨˩ 喻用不同方法计算同一件事(结果是一样的)。

邺【ȵəʔ˧】

夜【Øiɑ˦˨】中州韵【Øi˦˨】

【夜工】Øiɑ˥koŋ˥˨ 夜间的工作。
【夜车】Øiɑ˥tsʻo˥˨ (一)夜间运行的列车。(二)指夜间工作。
【夜天】Øiɑ˦tʻiɪ˥˨ 整夜的量词。
【夜头】Øiɑ˥dY˨˩ 晚上。
【夜风】Øiɑ˥foŋ˥˨ 晚风。
【夜市】Øiɑ˥zɿ˨˩ (一)夜间做买卖的市场。(二)夜间的营业。
【夜场】Øiɑ˥zã˨˩ 晚上演出的场次。
【夜饭】Øiɑ˥vE˨˩ 晚饭。
【夜戏】Øiɑ˥ɕi˥˨ 晚上演出的

戏剧。
【夜报】ʘia˥pæ˥˩ 晚报。
【夜作】ʘia˥tsoʔ˥ 晚间工作。
【夜里】ʘia˥li˩ 晚上。
【夜夜】ʘia˥ʘia˥˩ 每一晚。
【夜凉】ʘia˥liã˩ 入晚后因气温下降而感觉到的凉意。
【夜消】ʘia˥siæ˥˩ 夜里吃的酒食、点心等。又作【夜宵】ʘia˥siæ˥˩。
【夜壶】ʘia˥ɦəu˩ 便壶。
【夜景】ʘia˥tɕən˥˩ 晚上的景色。
【夜势】ʘia˥sɥ˥˩ 指晚上的星光和月光。
【夜寒】ʘia˥ɦø˩ 入晚后因气温下降而感觉到的寒意。
【夜下来】ʘia˧ɦo˩lE˩ 夜晚天渐渐暗下来。
【夜出世】ʘia˥tsʻəʔ˥sɥ˥˩ 喜欢夜间活动。
【夜里向】ʘia˥li˩ɕiã˥˩ 晚上。
【夜来香】ʘia˥lE˧ɕiã˥˩ 多年生缠绕藤本。叶对生，夏秋开花，花冠呈高脚碟状，黄绿色，香气浓郁，入夜尤盛。
【夜饭花】ʘia˥vE˧ho˥˩ 即夜会花。一年生花卉。每年农历八月至十月开花，花呈喇叭状，色分红、白、黄等。往往在傍晚开花，至第二天天明，白天花朵绻缩。也说成ʘia˥mE˧ho˥˩。
【夜花园】ʘia˥ho˥ɦiø˩ 晚间开放的园林。
【夜点心】ʘia˥tiɪ˥sin˥˩ 夜里吃的点心。
【夜快点】ʘia˥kua˥tiɪ˥˩ 傍晚。
【夜游神】ʘia˥ɦiʏ˧zən˩ 迷信传说中夜间巡行的神。喻喜欢深夜在外游荡的人或喜欢深夜才睡的人。
【夜摸索】ʘia˥moʔ˧soʔ˥ 喜欢深夜劳作。
【夜壶箱】ʘia˥ɦəu˧siã˥˩ 床头柜的旧称。
【夜叉小鬼】ɦia˧tsʻoʔ˥siæ˧tɕy˥˩ 迷信传说中的恶鬼。(二)詈语。没有教养的孩子。
【夜头漫间】ʘia˥dʏ˩mE˩kE˥˩ 晚间或深晚。
【夜里大人】ʘia˥li˩dəu˩ȵən˩ 老鼠的戏称。引申为喜欢熬夜。

【夜壶里笃肉】øia˥ɦəu˩li˩ toʔ˥ȵioʔ˧ 趣语。有时指违背戒律的僧尼偷荤吃。

【夜壶里蹲坑——扣恰扣】øia˥ɦəu˩li˩tən˥k'ã˥——k'ɤ˥k'aʔ˥k'ɤ˥˩ 歇后语。指恰巧正好。

【夜饭少吃口，活到九十九】øia˥vᴇ˩sæ˧tɕ'əʔ˥k'ɤ˥˩，ɦuəʔ˧tæ˥˩tɕiɤ˧zəʔ˧tɕiɤ˥˩ 指晚餐不用过饱，有利于健康。

【夜里满天星，明朝晒煞人】øia˥li˩mø˧t'ii˥sin˥，mən˧tsæ˥so˧saʔ˥ȵən˧ 谚语。今晚满天星斗，预示明天阳光灿烂。

【夜明珠打呵显——宝贝开口哉】øia˥min˧tsɥ˥˩tã˥˩ho˥ɕii˥˩——pæ˥˩pᴇ˥˩k'ᴇ˥k'ɤ˥˩tsᴇ˥˩ 呵显：哈欠。歇后语。调侃语，指不肯开口的人终于开口说话了。

咽【øii˥˩】另见 yān；yàn。

晔【ɦiəʔ˧】

烨【ɦiəʔ˧】

掖【øiəʔ˥】另见 yē。

液【ɦiəʔ˧】

谒【øiəʔ˥】

腋【ɦiəʔ˧】

靥【øiəʔ˥】文读【øiɪ˧˦】

yī

一【øiəʔ˥】

【一口】øiəʔ˥k'ɤ˥˩ （一）纯一（指说话的口音、腔调）。（二）表示口气坚决。（三）（吃）一口。

【一半】øiəʔ˥pø˧ 百分之五十。

【一打】øiəʔ˥tã˥˩ 十二个。

【一乐】øiəʔ˥loʔ˧ 一种乐趣。

【一记】øiəʔ˥tɕi˧˦ 一次；一下。

【一节】ʔiəʔ˥tsiəʔ˥ 旧时端午、中秋、年关三节商店结账的时间。一节指节与节之间的一段日子。

【一市】ʔiəʔ˥zɿ˩ 指某种商品、食品等从上市到落市的整个时段。

【一地】ʔiəʔ˥di˩ (一)某一个地方。(二)一定范围内的所有的地上。

【一头】ʔiəʔ˥dʏ˧ (一)整个头上。(二)指一方面。

【一纪】ʔiəʔ˥tɕi˧ 指六十年。

【一色】ʔiəʔ˥səʔ˥ (一)一样的颜色。(二)全部一样的,不混杂别的种类或式样的。

【一吓】ʔiəʔ˥hɑʔ˥ 一惊。

【一向】ʔiəʔ˥ɕiã˧ 一贯。

【一抢】ʔiəʔ˥tsʻiã˧ 一段较长的时间。

【一花】ʔiəʔ˥ho˥ 五个。

【一来】ʔiəʔ˥lᴇ˧ (一)一开始。(二)来到为几件事中的第一件事。(三)初到。

【一折】ʔiəʔ˥tsəʔ˥ (一)十分之一。(二)年龄上指十二年。

【一空】(1)ʔiəʔ˥kʻoŋ˥ 一点不剩。(2)ʔiəʔ˥kʻoŋ˧ 一有空闲。

【一泡】ʔiəʔ˥pʻæ˧ 一番,一阵。

【一法】ʔiəʔ˥faʔ˥ 一种办法,一种特殊手段。

【一姓】ʔiəʔ˥sin˧ 同一姓氏。

【一松】ʔiəʔ˥soŋ˥ 形容一下子减轻,一下子感觉到轻松不少。

【一直】ʔiəʔ˥zəʔ˧ (一)一贯。(二)表示顺着一个方向不变。(三)表示动作始终不间断或状态始终不变。

【一转】(1)ʔiəʔ˥tsø˧ 转动一次。(2)ʔiəʔ˥tsø˥ 一次。

【一度】ʔiəʔ˥dəu˩ 一次、一番、一段时间。

【一沰】ʔiəʔ˥toʔ˥ 一滴。

【一径】ʔiəʔ˥tɕən˥ 经常,一贯,从来。

【一牵】ʔiəʔ˥tɕʻiɪ˧ (一)一群。(二)一伙。

【一顺】ʔiəʔ˥zən˩ 指同一个方向或顺序。

【一晃】ʔiəʔ˥huã˧ (一)形容时间过去得快(有不知不

觉的意思)。(二)很快地一闪。

【一埭】Øiəʔ˥dɑ˧˩ (一)一趟,一次。(二)一带,一道儿。

【一堆】Øiəʔ˥tE˥ (一)(在)一起。(二)成堆的东西。

【一票】Øiəʔ˥pʻiæ˦ (一)一张票。(二)一伙。(三)一单(货物)。

【一斜】Øiəʔ˥ziɑ˧˩ 指一阵(雨)。

【一淘】Øiəʔ˥dæ˨˧ (一)一起,一同。(二)一伙,一帮子。

【一等】Øiəʔ˥tən˥˧˦ 一流,上乘。

【一歇】Øiəʔ˥ɕəʔ˥ 一小会儿。

【一翘】Øiəʔ˥ʥiæ˧˩ 形容生气不乐意,态度生硬(离去的)样子。

【一路】Øiəʔ˥ləu˧˩ (一)同路。(二)指一种类型的。(三)表示顺着一个方向不变。(四)沿路,整个行程中。

【一蓬】Øiəʔ˥boŋ˧˩ 指羽毛、稻草、蔬菜等为数不太多一撮。蓬,量词。

【一碰】Øiəʔ˥bã˧˩ (一)前缀词。稍一牴触;动不动就。(二)稍碰一下。

【一豁】Øiəʔ˥huəʔ˥ 一次睡眠。

【一橛】Øiəʔ˥ʥyəʔ˧ 一小段。

【一嘴】Øiəʔ˥tsɥ˥˧˦ (一)指满口纯一。(二)整个口腔内。

【一熟】Øiəʔ˥zoʔ˧ 指稻、麦等粮食作物一次收获。

【一干子】Øiəʔ˥kø˥tsɿ˥˧˦ 一个人。

【一口干】Øiəʔ˥kʻY˦kø˥ 一种念台词的技巧。不间断且有相当快语速和较强的节奏的念法。也指一口气唱完较长一段唱词。

【一口气】Øiəʔ˥kʻY˥˧˦tɕʻi˦ (一)一口气息。(二)形容不间断地(做某件事)。

【一口价】Øiəʔ˥kʻY˥˧˦kɑ˦ 不能商量的出价。

【一大半】Øiəʔ˥dəu˧˩pø˥˧˦ 大部分,百分之五十以上。

【一小半】Øiəʔ˥siæ˦pø˥˧˦ 小部分,百分之五十以下。

Y

【一口血】 Øiəʔ˥k'ʏ˥˩ɕyəʔ˥ 形容生气到极点。

【一口钟】 Øiəʔ˥k'ʏ˥˩tsoŋ˥ 斗篷。

【一上来】 Øiəʔ˥zɑ̃˧˩lE˩ 一开始。

【一日天】 Øiəʔ˥ȵəʔ˧t'iI˥ 一天。

【一包气】 Øiəʔ˥pæ˥tɕ'i˥˩ 一肚子的气愤。

【一包焦】 Øiəʔ˥pæ˥tsiæ˥˩ 不计算细目,包括在一起。

【一记头】 Øiəʔ˥tɕi˥dʏ˩ 一下子。

【一只眼】 Øiəʔ˥tsɑʔ˥ŋE˩ 指独眼人。

【一氽头】 Øiəʔ˥ts'ø˥dʏ˩ 蔬菜在开水中捞一下。

【一冲头】 Øiəʔ˥ts'oŋ˥dʏ˩ 蓦然一看。

【一好笃】 Øiəʔ˥hæ˧toʔ˥ (一)一下子好了不少。(二)反语。没什么好。

【一肚皮】 Øiəʔ˥dəu˧bi˩ 一肚子。

【一吞头】 Øiəʔ˥t'ən˥dʏ˩ 一下子吞吃下去。

【一把抓】 Øiəʔ˥po˧tsɑ˥ 归一人掌控。

【一连串】 Øiəʔ˥liɪ˧ts'ø˥˩ 一个紧接一个。

【一作堆】 Øiəʔ˥tsoʔ˥tE˥ 形容聚集在一起。

【一步楼】 Øiəʔ˥bu˧lʏ˩ 隐语。指厕所。

【一曳头】 Øiəʔ˥hiəʔ˧dʏ˩ 奋力一拉。

【一沰血】 Øiəʔ˥toʔ˥ɕyəʔ˥ 放在“气”、“恨”后面,形容气、恨的程度很高。

【一沰沰】 Øiəʔ˥toʔ˥toʔ˥ 义同【一点点】。

【一沰糟】 Øiəʔ˥toʔ˥tsæ˥ 很糟,不成样子。

【一拎头】 Øiəʔ˥lin˥dʏ˩ (一)一下子提起来。(二)喻一下子击败。

【一抨头】 Øiəʔ˥p'oŋ˥dʏ˩ 开始时的严厉抨击。

【一局戏】 Øiəʔ˥dʑoʔ˧ɕi˧ (那么)一回事。

【一帖药】 Øiəʔ˥t'iəʔ˥hiɑʔ˧ (一)一服药。(二)喻令人慑服的人。

【一套班】 Øiəʔ˥t'æ˥pE˥˩ 完全一样。

【一夜天】Øiəʔ˥Øia˦˧t'ii˥ 一整夜。

【一点点】Øiəʔ˥tii˥tii˥˩ 形容极少、极小。

【一咪咪】Øiəʔ˥mi˧mi˨˧ 形容极少、极小。

【一哄头】Øiəʔ˥hoŋ˥dɤ˨˧ 一哄而上。

【一律式】Øiəʔ˥liəʔ˧səʔ˥ 完全一样。

【一面孔】Øiəʔ˥mii˧k'oŋ˥˩ (一)整个脸上。(二)形容满脸自以为(取得某种地位。)(贬义)。

【一冒头】Øiəʔ˥mæ˧dɤ˨˧ 一下子上来,很快就过去了(多指脾气)。

【一品红】Øiəʔ˥p'in˥˩hoŋ˨˧ (一)一种落叶灌木。叶子互生,下部的叶子椭圆形或披针形,绿色,顶端的叶片较狭小,鲜红色,很像花瓣。花小,单性,没有花被。供观赏。(二)一种红色颜料。

【一品锅】Øiəʔ˥p'in˥˩kəu˥˩ (一)一种类似火锅的用具。金属制成,上面是锅,下面为盛炭火的座子。(二)菜肴。把鸡、鸭、火腿、肘子、香菇等放在一品锅里煮成。

【一狭狭】Øiəʔ˥ɦaʔ˧ɦaʔ˧ 形容非常狭小。

【一屑屑】Øiəʔ˥siəʔ˥siəʔ˥ 为数极小。

【一埭路】Øiəʔ˥da˧ləu˨˧ (一)一路上。(二)一边儿。往往多个连用,表示同时进行。

【一顿光】Øiəʔ˥tən˥kuɑ̃˥˩ 一顿吃光。

【一家门】Øiəʔ˥ka˥mən˨˧ 一家子。

【一家头】Øiəʔ˥ka˥dɤ˨˧ 单独一人。

【一脑门】Øiəʔ˥næ˨˧mən˨˧ 一心一意。

【一脑筋】Øiəʔ˥næ˨˧tɕən˥˩ 义同【一脑门】。

【一根筋】Øiəʔ˥kən˥ɕən˥ 只有一个念头,一心一意(贬义)。

【一起手】Øiəʔ˥tɕ'i˦˧sɤ˥˩ (一)一开始。(二)形容一鼓作气(做某件事)。

【一等一】Øiəʔ˥tən˦˧Øiəʔ˥ 第一流,顶尖的。

【一啖头】0iəʔ˥tE˦dʏ˩ 形容很快就吃掉了。

【一黄昏】0iəʔ˥ɦuɑ̃˧ɦuən˨ 整个傍晚。

【一脚去】0iəʔ˥tɕiɑʔ˥tɕʻi˨ (一)死。(二)指一败涂地。

【一脚踢】0iəʔ˥tɕiɑʔ˥tʻiəʔ˥ 指一次性打包交易。

【一啪喇】0iəʔ˥pʻaʔ˥laʔ˧ 一大套(话)。

【一粒椒】0iəʔ˥liəʔ˧tsiæ˥ 固定发髻的用具。一根粗针，一端有一粒圆珠状的东西。

【一密密】0iəʔ˥miəʔ˧miəʔ˧ 形容极少、极小。

【一眼眼】0iəʔ˥ŋE˧ŋE˩ 义同【一密密】。

【一窜头】0iəʔ˥tsʻø˥dʏ˩ 形容速度极快。

【一嗒头】0iəʔ˥taʔ˥dʏ˩ 形容很快就吃掉了。

【一短短】0iəʔ˥tø˦tø˨ 形容非常短小。

【一搭堆】0iəʔ˥taʔ˥tE˥ (在)一起。

【一翘头】0iəʔ˥dʑiæ˩dʏ˩ 形容一生气跑开了。

【一窝蜂】0iəʔ˥ɦəu˧foŋ˨ (一)形容许多人乱哄哄地说话或行动。(二)喜欢跟风。

【一路货】0iəʔ˥ləu˧ɦəu˨ (一)同样或类似的货物。(二)品质同样坏的一伙人。

【一碰头】0iəʔ˥bɑ̃˩dʏ˩ (一)不堪一击。或读作0iəʔ˥pɑ̃˦dʏ˩。(二)一见面。

【一摊屎】0iəʔ˥tʻE˥sɿ˨ 喻一塌糊涂。

【一歇哉】0iəʔ˥ɕiəʔ˥tsE˥ 有一会儿了，较长时间。

【一歇歇】0iəʔ˥ɕiəʔ˥ɕiəʔ˥ 一小会儿。

【一滴滴】0iəʔ˥tiəʔ˥tiəʔ˥ 为数极少。

【一滚头】0iəʔ˥kuən˦dʏ˩ 在水中煮沸一次就停止。

【一瘄头】0iəʔ˥huəʔ˥dʏ˩ 睡着一次。

【一趟头】0iəʔ˥tʻɑ̃˥dʏ˩ 一次结束。

【一瘄觉】0iəʔ˥huəʔ˥kæ˦ 睡眠一次。

【一橛橛】0iəʔ˥dʑyəʔ˧dʑyəʔ˧ 短短的一段。

【一薄薄】0iəʔ˥boʔ˧boʔ˧ 形

容很薄。

【一甏酱】0iəʔ˥bã˩tsiã˧ 形容一塌糊涂、一团糟。

【一镬熟】0iəʔ˥hoʔ˧zoʔ˧ 把几种食品放在一锅里煮熟。喻一下子把几件事一起做好。

【一了百了】0iəʔ˥liæ˩pɑʔ˥liæ˩ 一件事情了结,所有事情都了结了(多指死)。

【一门心思】0iəʔ˥mən˧sin˥sɿ˨ 一心一意。

【一口毒气】0iəʔ˥k'ʏ˨doʔ˧tɕ'i˨ 喻所有的怨恨。

【一五一十】0iəʔ˥ŋ̍˩0iəʔ˥zəʔ˧

【一分一厘】0iəʔ˥fən˥0iəʔ˥li˩ 指数量极少的钱。

【一毛不拔】0iəʔ˥mæ˧pəʔ˥baʔ˧ 喻吝啬。

【一日头浪】0iəʔ˥ȵəʔ˧dʏ˩lã˩ 同一天上。

【一日到夜】0iəʔ˥ȵəʔ˧tæ˨0iɑ˨ 从早到晚,整天。

【一心归一】0iəʔ˥sin˥kuᴇ˥0iəʔ˥ 精神专注。

【一天势界】0iəʔ˥t'iɪ˥sɥ˨kɑ˨ 形容一片狼藉,难以收拾。

【一天星斗】0iəʔ˥t'iɪ˥sin˥tʏ˨ 形容事态大到难以收拾的地步。

【一包堆老】0iəʔ˥pæ˥tᴇ˥læ˩ 形容毫无可取之处。

【一本正经】0iəʔ˥pən˧tsən˥tɕən˨ 形容很规矩、庄重。

【一生一世】0iəʔ˥sã˥0iəʔ˥sɥ˨ 从生到死的全部时间。

【一世人生】0iəʔ˥sɥ˨ȵən˧sən˥ 义同【一生一世】。

【一归一注】0iəʔ˥kuᴇ˥0iəʔ˥tsɥ˨ 分类整理,管理有序。

【一年三节】0iəʔ˥ȵiɪ˧sᴇ˥tsiəʔ˥ 义见【一节】。

【一似一样】0iəʔ˥zɿ˧0iəʔ˥ɦiã˩ 完全一样。

【一向以来】0iəʔ˥ɕiã˧0i˨lᴇ˩ 开始到现在。

【一肚皮气】0iəʔ˥dəu˧bi˩tɕ'i˨ 一肚子的不满意。

【一进一出】0iəʔ˥tsin˧0iəʔ˥ts'əʔ˥ 一次进和出(多指数额、效果等会产生差异)。

【一来一去】0iəʔ˥lᴇ˧0iəʔ˥tɕ'i˧ 进来和出去(多指账目)。

【一来二去】0iəʔ˥lᴇ˧ɦiã˩tɕ'i˧ 指不多几次的交往。

【一屁股债】0iəʔ˥p'i˥kəu˨

ʦɑ˧ 形容欠债多。

【一屁弹着】0iəʔ˥pʻi˧dE˦zɑʔ˦ 趣语。一语中的(贬义)。

【一丝纱线】0iəʔ˥sɿ˥so˥siɪ˨ 少得不能再少的物品。

【一声勿响】0iəʔ˥sã˥fəʔ˥ ɕiã˨ 不发一言。

Y

【一板三眼】0iəʔ˥pE˨sE˥ŋE˩ (一)形容行事死板。(二)行事按部就班。

【一步登天】0iəʔ˥bu˩tən˥tʻiɪ˥ 喻一下子达到最高的境界或程度(多指地位)。

【一和细丝】0iəʔ˥ɦəu˦si˥sɿ˨ 形容和顺、均匀。

【一转仔搭】0iəʔ˥tsø˨ʦɿ˨ taʔ˥ 有一次,某一次。

【一呱两响】0iəʔ˥kuaʔ˥liã˩ ɕiã˨ 形容性格直爽。

【一直拔直】0iəʔ˥zəʔ˦baʔ˦ zəʔ˦ 表示顺着一个方向不变。

【一带勿带】0iəʔ˥tɑ˧fəʔ˥tɑ˧ 不知不觉。

【一点一划】0iəʔ˥tiɪ˨0iəʔ˥ ɦuaʔ˦ 形容为人老实、刻板。

【一点勿错】0iəʔ˥tiɪ˧fəʔ˥ʦʻo˥ 没错,很对。

【一点头高】0iəʔ˥tiɪ˨dY˩kæ˥ 说明先写一点的"高"字,以区别同音字。

【一点头唐】0iəʔ˥tiɪ˨dY˩dɑ̃˦ 说明先写一点的"唐"字,以区别同音字。

【一沰一滞】0iəʔ˥toʔ˥0iəʔ˥ti˧ 每一滴。

【一炮打响】0iəʔ˥pʻæ˧tã˨ ɕiã˨ 喻一次行动就大获成功。

【一响勿响】0iəʔ˥ɕiã˨fəʔ˥ ɕiã˨ 一声不吭。

【一顿生活】0iəʔ˥tən˧sã˥ ɦuəʔ˦ 一顿打。

【一家一当】0iəʔ˥kɑ˥0iəʔ˥ tɑ̃˨ 全部家产。

【一家六门】0iəʔ˥kɑ˥loʔ˦ mən˩ 全家。

【一拿就是】0iəʔ˥no˦zY˩zɿ˨ 拿起来很方便。

【一窍不通】0iəʔ˥tɕʻiæ˨pəʔ˥ tʻoŋ˥ 喻一点儿也不懂。

【一耙扣足】0iəʔ˥bo˦kʻY˥ ʦoʔ˥ 喻一次行动就斩获巨大。

【一锢勿值】0iəʔ˥diɪ˦fəʔ˥zəʔ˦

一钱不值。

【一通百通】Øiəʔ˥tʻoŋ˥pɑʔ˥ tʻoŋ˥ 弄通了一个道理，其他的也就能触类旁通。

【一脚落手】Øiəʔ˥tɕiɑʔ˥loʔ˧sɤ˥˩ 一鼓作气。

【一票货色】Øiəʔ˥pʻuæ˧˦həu˥ səʔ˥ （一）指相同或类似的货物。（二）指品质一样坏的人。

【一啥勿啥】Øiəʔ˥sɑ˧˦fəʔ˥sɑ˧˦ 一点没有什么表示，一点没有行动。

【一脱一样】Øiəʔ˥tʻəʔ˥Øiəʔ˥ ɦiã˨˩ 完全一样。

【一停勿停】Øiəʔ˥din˨˧fəʔ˥ din˨˧ 毫不停留。

【一淌平阳】Øiəʔ˥tʻã˥bin˨˩ ɦiã˨˩ 平坦。喻顺利，没有阻力。

【一厢情愿】Øiəʔ˥siã˥zin˨˩ ȵiø˨˩

【一眼勿眨】Øiəʔ˥ŋE˨˩fəʔ˥saʔ˥ 眼睛一眨不眨。形容专注。

【一崭四齐】Øiəʔ˥tsE˥˩sɿ˥˩zi˨˧ 形容排列非常整齐。

【一搭一档】Øiəʔ˥taʔ˥Øiəʔ˥ tã˧˦ 两人相互呼应、配合。常与【一吹一唱】Øiəʔ˥tsʻɥ˥ Øiəʔ˥tsʻã˧˦连用。

【一滑一淌】Øiəʔ˥ɦuaʔ˧Øiəʔ˥ tʻã˥˩ 形容走路受滑的样子。

【一落大派】Øiəʔ˥loʔ˧dəu˨˩ pʻɑ˥˩ 形容气派很大。

【一翘一翘】（1）Øiəʔ˥tɕʻiæ˧˦ Øiəʔ˥tɕʻiæ˧˦ 形容连续跳动。（2）Øiəʔ˥dʑiæ˨˩Øiəʔ˥dʑiæ˨˩ 形容生气的样子。

【一错再错】Øiəʔ˥tsʻoʔ˥tsE˥ tsʻoʔ˥ 坚持错误，一再犯错。

【一错到底】Øiəʔ˥tsʻoʔ˥tæ˥˩ ti˥˩ 从开始到结束，整个过程都是错误。

【一歇勿歇】Øiəʔ˥ɕəʔ˥fəʔ˥ ɕəʔ˥ （一）毫不休息。（二）时时，不间断。

【一戳一跳】Øiəʔ˥tsʻoʔ˥Øiəʔ˥ tʻiæ˧˦ 指人容易冲动的性格。

【一叠连牵】Øiəʔ˥diəʔ˧li˨˧tɕʻi˥ 接二连三。

【一路货色】Øiəʔ˥ləu˨˩həu˥ səʔ˥ 义同【一路货】。

【一跷一拐】øiəˀ˥tɕʻiæ˥øiəˀ˥ guɑ˩ 形容跛腿走路的样子。

【一塌刮仔】øiəˀ˥tʻaˀ˥kuaˀ˥ tsɿ˥˩ 一共，总共。

【一塌糊涂】øiəˀ˥tʻaˀ˥ɦəu˧ dəu˩ 乱和糟到或事态发展到不可收拾。

【一模一样】øiəˀ˥moˀ˧øiəˀ˥ ɦiã˩ 完全一样。

【一个勿当心】øiəˀ˥kəˀ˥fəˀ˥t ã˥sin˥˩ 一不小心。

【一个勿得法】øiəˀ˥kəˀ˥fəˀ˥ təˀ˥faˀ˥ 万一不行。

【一个眼霎花】øiəˀ˥kəˀ˥ŋE˧ saˀ˥ho˥˩ 一眨眼。

【一木吃一木】øiəˀ˥moˀ˧ tɕʻəˀ˥øiəˀ˥moˀ˧ 一物降一物。

【一只袜统管】øiəˀ˥tsɑˀ˥ maˀ˧tʻoŋ˥˩kuø˥˩ 指一伙里的。

【一只裤脚管】øiəˀ˥tsɑˀ˥kʻəu ˥tɕiɑˀ˥kuø˥˩ 义同【一只袜统管】。

【一只船浪来】øiəˀ˥tsɑˀ˥zø˧ lã˧lE˧ 趣语。指同龄人。

【一白遮三丑】øiəˀ˥bɑˀ˧tso˥ sE˥tsʻY˦ 指皮肤白皙，即使有不美的地方，也不会觉得丑。

【一对带拉酥】øiəˀ˥tE˦tɑ˥lɑ˥ səu˥˩ 两个情况差不多的人（多含调侃义）。

【一似一脱式】øiəˀ˥zɿ˩øiəˀ˥ tʻəˀ˥səˀ˥ 完全一样。

【一问三不知】øiəˀ˥mən˩sE˥ pəˀ˥tsɥ˥ 问什么都不知道。

【一字平肩王】øiəˀ˥zɿ˩bin˧ tɕii˥ɦuã˧ 隐语。杀头。

【一字值千金】øiəˀ˥zɿ˩zəˀ˧ tsʻii˥tɕən˥˩ 每个字都有很大的价值。

【一步三回头】øiəˀ˥bu˩sE˥ ɦuE˩dY˧ 形容留恋，不愿离开。

【一拍一胳缝】øiəˀ˥pʻɑˀ˥øiəˀ ˥min˩voŋ˩ 正相符；完全一致。

【一股儿擒之】øiəˀ˥kəu˥ɦən˥˩ dʑən˧tsɥ˥˩ 形容一下子全部捉住或得到。

【一表三千里】øiəˀ˥piæ˦sE˥ tsʻii˥li˩ 表亲可以是很远很远的远亲。

【一事两便当】ʔiəʔ˥zɿ˨˩liã˧bi˧tã˥˩ 做某一件事,顺便完成了另一件事。

【一点勿为啥】ʔiəʔ˥tiɪ˦˨fəʔ˥ ɦuE˨˧sɑ˦˨ 一点不为什么。

【一点呒啥啥】ʔiəʔ˥tiɪ˦˨m̩˧˦ sɑ˥sɑ˥˩ (一)一点不为什么。(二)结果什么都没有。

【一烙铁烫平】ʔiəʔ˥loʔ˧t‘iəʔ˥ t‘ã˥bin˨˧ 一下子镇服。

【一栲栳一擸】ʔiəʔ˥k‘əʔ˥læ˨˧ ʔiəʔ˥ʦ‘E˥ 喻把知道的一切一下子都说出来。

【一啥勿啥啥】ʔiəʔ˥sɑ˦˨fəʔ˥ sɑ˦˨sɑ˥˩ 义同【一点呒啥啥】。

【一啥呒啥啥】ʔiəʔ˥sɑ˦˨m̩˧˦ sɑ˥sɑ˥˩ 义同【一点呒啥啥】。

【一等那摩温】ʔiəʔ˥tən˥˩nɑ˧˦ mo˧˦ɦuən˨˧ 洋泾浜语。第一,最优秀的。

【一跳八丈高】ʔiəʔ˥t‘iæ˦˨poʔ˥ zã˨˧kæ˥ 形容火一下子发得很厉害。

【一趟头菩萨】ʔiəʔ˥t‘ã˥dʏ˨˧ bu˧˦saʔ˥ 指仅仅一次。简称【一趟头】ʔiəʔ˥t‘ã˥dʏ˨˧。

【一山不客二虎】ʔiəʔ˥sE˥ pəʔ˥k‘ɑʔ˥ɦəl˧˦həu˥˩ 喻两强不能共处。

【一心不可两用】ʔiəʔ˥sin˥ pəʔ˥k‘əu˥˩ɦəl˧˦ɦioŋ˨˧ 指做事必须专心,不能分神。

【一只袜,袜一只】ʔiəʔ˥ʦɑʔ˥ maʔ˧,maʔ˧ʔiəʔ˥ʦɑʔ˥ 喻相差无几(贬义)。

【一而再,再而三】ʔiəʔ˥ɦəl˧˦ ʦE˥,ʦE˦˨ɦəl˧˦sE˥ 接二连三。

【一传十,十传百】ʔiəʔ˥zø˧˦ zəʔ˧,zəʔ˧zø˧˦pɑʔ˥ 指从口头迅速传播开去。

【一把刀,两面快】ʔiəʔ˥po˥˩ tæ˥,liã˧˦miɪ˧˦k‘uɑ˦˨ 喻说话、行事等极其精明,处处占便宜(多作讥讽语)。

【一把尿,一把屎】ʔiəʔ˥po˥˩ sʮ˥,ʔiəʔ˥po˥˩sɿ˥˩ 形容养育婴儿的辛苦。

【一步一个脚印】ʔiəʔ˥bu˨˧ ʔiəʔ˥kəʔ˥ʨiɑʔ˥ʔin˦˨ 形容做事踏实可靠。

【一屁股,二胁肋】ʔiəʔ˥p‘i˥ kəu˥˩,liã˧˦ɕəʔ˥ləʔ˧ 形容(负债)特别多。

【一招鲜,吃遍天】0iəʔ˥tsæ˥ siɪ˥,tɕʻəʔ˥piɪ˥˧tʻiɪ˥ 指有一技之长,到处受欢迎。

【一枝动,百枝摇】0iəʔ˥tsʮ˥˧ doŋ˩,pɑʔ˥tsʮ˥˧ɦiæ˧ 喻一件事物,各部分都是相互关联的。

Y

【一客不烦二主】0iəʔ˥kʻɑʔ˥ pəʔ˥vɛ˩ɦəl˧tsʮ˥˧ 指有多件困难事,只求助一人帮助。

【一是一,二是二】0iəʔ˥zʅ˩ 0iəʔ˥,ȵi˧zʅ˩ȵi˩ 形容实事求是,毫不含糊。

【一是长,二是短】0iəʔ˥zʅ˩ zã˧,ȵi˧zʅ˩tø˥˧ 指形容叙述事情的全部经过。

【一顿光,唱滩簧】0iəʔ˥tən˥ kuã˥˧,tsʻã˧tʻɛ˥ɦuã˩ 趣语,指一顿都吃光。

【一拳来,一脚去】0iəʔ˥dʑiø˧ lɛ˧,0iəʔ˥tɕiɑʔ˥tɕʻi˧ (一)指互殴。(二)指针锋相对。(三)指礼尚往来,有来有去。

【一脚高,一脚低】0iəʔ˥tɕiɑʔ˥ kæ˥,0iəʔ˥tɕiɑʔ˥ti˥ 形容行走困难的样子。

【一朝生,两朝熟】0iəʔ˥tsæ˥ sã˥,liã˧tsæ˥zoʔ˧ 指人与人之间很快从陌生到熟悉。

【一齣勿了一齣】0iəʔ˥tsʻəʔ˥ fəʔ˥liæ˩0iəʔ˥tsʻəʔ˥ 指事情接连而来,来不及应付。

【一碰哭,二碰哭】0iəʔ˥bã ˩kʻoʔ˥,liã˩bã˩kʻoʔ˥ 指容易哭泣。

【一人呒不两人智】0iəʔ˥ȵən˧ m̩˧pəʔ˥liã˧ȵən˧tsʮ˥˧ 指一个人的智慧有限。

【一人做事一人当】0iəʔ˥ȵən ˧tsəu˧zʅ˩0iəʔ˥ȵən˩tã˥ 本人负责,不连累旁人。

【一个和尚一份斋】0iəʔ˥kəʔ˥ ɦəu˧zã˩0iəʔ˥vən˩tsɑ˥ 指每人有一份。

【一个栗子顶个壳】0iəʔ˥kəʔ˥ liəʔ˧tsʅ˥˧tin˥˧kəʔ˥kʻoʔ˥ (一)喻各人都有一个岗位。(二)喻没有空闲的工作岗位。

【一丈水退脱八尺】0iəʔ˥zã˩ sʮ˥˧tʻɛ˧tʻəʔ˥poʔ˥tsʻɑʔ˥ 喻热情锐减。

【一女勿吃两家茶】0iəʔ˥ȵy˩ fəʔ˥tɕʻəʔ˥liã˧kɑ˥zo˧ 指一

个女子不能同时与两名男子订立婚约。

【一分行情一分货】Øiəʔ˥fən˥ ɦã˦zin˩Øiəʔ˥fən˥ɦəu˧˦˧ 指货物质量的好坏与售价贵贱密切相关。

【一只小鸡养勿大】Øiəʔ˥tsɑʔ˥ siæ˧˦˧ɕi˥ɦiã˦fəʔ˥dəu˩ 喻数量太少，扶植不起来。

【一只手搀两个人】Øiəʔ˥tsɑʔ˥ sʏ˥˧tsʻE˥liã˩kəʔ˥ȵən˦ 指中间人要照顾到矛盾双方的利益。

【一只鼻头洞出气】Øiəʔ˥tsɑʔ˥ bəʔ˧dʏ˩doŋ˩tsʻəʔ˥tɕʻi˧˦˧ 喻有相同的态度和主张（贬义）。

【一只镬子里吃饭】Øiəʔ˥tsɑʔ˥ ɦoʔ˧tsɿ˥˧li˩tɕʻəʔ˥vE˩ 指在一个大集体生活或工作，相互之间多少有些关系。

【一只鳑鲏搭只虾】Øiəʔ˥tsɑʔ˥ bã˦bi˩taʔ˥tsɑʔ˥ho˥ 喻相互配合的两人（贬义）。

【一岁死到一百岁】Øiəʔ˥sE˧˦˧ si˥˧tæ˧˦˧Øiəʔ˥pɑʔ˥sE˧˦˧ 指任何年龄都有死亡的可能。

【一步走错百步歪】Øiəʔ˥bu˩ tsʏ˧˦˧tsʻoʔ˥pɑʔ˥bu˩hua˥ 喻走错关键一步，会一直错下去。

【一面打墙两面光】Øiəʔ˥miɪ˩ tã˥˧ziã˦liã˦miɪ˩kuã˥ 喻做事周全、妥帖，使双方都有好处。

【一钿勿落虚空钿】Øiəʔ˥diɪ˦ fəʔ˥loʔ˧ɕy˥kʻoŋ˥diɪ˩ 指凡花钱，都以获得更大利益为目的（贬义）。

【一钿逼死英雄汉】Øiəʔ˥diɪ˦ piəʔ˥sɿ˥˧Øin˥ɦioŋ˩hø˧˦˧ 指贫穷能逼迫人。

【一根肚肠通到底】Øiəʔ˥kən˥ dəu˦zã˩toŋ˥tæ˥˧ti˥˧ 形容人直爽、坦率。

【一根纸出两头着】Øiəʔ˥kən˥ tsɿ˧˦˧tsʻəʔ˥liã˦dʏ˩zɑʔ˧ 喻多项开支同时出现，消耗又多又快，难以为继。

【一根棒头两面敲】Øiəʔ˥kən˥ bã˦dʏ˩liã˦miɪ˩kʻæ˥ 喻一举使矛盾双方吃亏，从而得利。

【一根篙子撑到底】Øiəʔ˥kən˥ kæ˥tsɿ˥˧tsʻã˥tæ˥˧ti˥˧ 指办事负责到底。

【一粒骰子掷七点】0iəʔ˥liəʔ˧ dY˧tsɿ˥zɑʔ˧tsʻiəʔ˥tiI˩ 喻意外。

【一朝天子一朝臣】0iəʔ˥zæ˧tʻiI˥tsɿ˩0iəʔ˥zæ˧zən˧ 喻一人上台掌权，换上自己的亲信作团队核心。

Y

【一番手脚两番做】0iəʔ˥fE˥sY˧tɕiɑʔ˥liã˧fE˥tsəu˧ 指明明一次可以做完的事，却分两次完成。

【一人一碗，打翻勿管】0iəʔ˥ȵən˧0iəʔ˥0uø˩，tã˧fE˥fəʔ˥kuø˩ 指待遇一样，平均分配，不搞特殊化。

【一人摆渡，众人过河】0iəʔ˥ȵən˧pɑ˩dəu˩，tsoŋ˩ȵən˧kəu˩ɦəu˧ （一）喻一人得势，跟他有关系的人也随着发迹。（二）喻个人为大家谋到利益。

【一人得道，鸡犬升天】0iəʔ˥ȵən˧təʔ˥dæ˩，tɕi˥tɕʻø˩sən˥tʻiI˥ 喻一人得势，跟他有关系的人也随着发迹。

【一个红面，一个白面】0iəʔ˥kəʔ˥ɦoŋ˧miI˩，0iəʔ˥kəʔ˥bɑʔ˧miI˩ 一个装恶人，一个装好人，软硬兼施，勾串起来对付别人。

【一勺水侪豁勒身上】0iəʔ˥zoʔ˧sɥ˩zE˧huaʔ˥ləʔ˧sən˥lɑ̃˩ 喻把所有责任推到一个人身上。

【一马桶粪，半马桶屁】0iəʔ˥mo˧doŋ˩fən˧，pø˧mo˧doŋ˩pi˧ 形容胡说八道。

【一方水土养一方人】0iəʔ˥fɑ̃˥sɥ˧tʻəu˩ɦiɑ̃˩0iəʔ˥fɑ̃˥ȵən˧ 喻当地资源养活当地人。

【一日勿做，一日勿活】0iəʔ˥ȵəʔ˧fəʔ˥tsəu˧，0iəʔ˥ȵəʔ˧fəʔ˥ɦuəʔ˧ 形容收入微薄，毫无私蓄，生活艰辛。

【一手交钱，一手交货】0iəʔ˥sY˩tɕiæ˥ziI˧，0iəʔ˥sY˩tɕiæ˥həu˩ 指做生意不赊欠。喻办交易交割清楚。

【一句嫌重，半句嫌轻】0iəʔ˥tɕy˩ɦiI˧zoŋ˩，pø˧tɕy˩ɦiI˧tɕʻən˥ 指难说话，难打交道。

【一只手来，一只手去】0iəʔ˥tsɑʔ˥sY˩lE˧，0iəʔ˥tsɑʔ˥sY˩tɕʻi˧ 指到手的钱财马上开

支出去。

【一只蒲鞋，一只草鞋】∅iəʔ˥ tsɑʔ˥bu˧ɦɑ˩，∅iəʔ˥tsɑʔ˥ tsʻæ˥˨ɦɑ˩　喻差不多一路货。

【一言兴邦，一言丧邦】∅iəʔ˥ ɦiɪ˨˧ɕən˥pɑ̃˥，∅iəʔ˥ɦiɪ˨˧sɑ̃˥ pɑ̃˥　指一句正确的话可以促进进步，一句错误的话可以带来灾祸。劝人说话慎重。

【一把眼泪，一把鼻涕】∅iəʔ˥ po˥˩ŋɛ˧liɪ˨˧，∅iəʔ˥po˥˩bəʔ˧ti˥˩　形容痛哭流涕。

【一把钥匙开一把锁】∅iəʔ˥ po˥˩ɦiɑʔ˧zɿ˨˧kʻɛ˥∅iəʔ˥po˥˩ səu˥˩　喻用不同的方法解决不同的矛盾。

【一时猫脸，一时狗脸】∅iəʔ˥ zɥ˧mæ˧liɪ˨˧，∅iəʔ˥zɥ˧kʏ˥˩ liɪ˨˧　指表情多变（多指孩童）。

【一步勿到，一步勿了】∅iəʔ˥ bu˨˧fəʔ˥tæ˥˨，∅iəʔ˥bu˨˧fəʔ˥ liæ˩　（一）指完成一件事的每一步都同样重要。（二）抱怨语。指事事都靠一人去完成，没有人帮衬很艰辛。

【一步失着，满盘皆输】∅iəʔ˥ bu˨˧səʔ˥tsɑʔ˥，mø˧bø˩ tɕiɑ˥sɥ˥　喻走错关键的一步，使整个计划落空。

【一刻等勿及两时辰】∅iəʔ˥ kʻəʔ˥tən˥˨fəʔ˥dʑəʔ˧liɑ̃˧zɥ˧ zən˩　形容性子急。

【一夜勿困，十夜勿醒】∅iəʔ˥ ∅iɑ˥˨fəʔ˥kʻuən˥˨，zəʔ˧ɦiɑ˥˨ fəʔ˥sin˥˩　指一夜不睡积起来的疲劳，睡十夜也补不回来。

【一事无成，先掸檐尘】∅iəʔ˥ zɿ˨˧vu˨˧zən˧，siɪ˥tɛ˥˩ɦiɪ˧ zən˩　指过年前，如还未计划好如何过年，可以先掸檐尘搞卫生，因为这是过年必做的事。

【一笔写勿出两个姓】∅iəʔ˥ piəʔ˥siɑ˥˨fəʔ˥tsʻəʔ˥liɑ̃˧kəʔ˥ sin˥˨　指同一氏族的亲属，有亲密的渊源（应相互帮助）。

【一家勿晓得一家事】∅iəʔ˥ kɑ˥fəʔ˥ɕiæ˥˨təʔ˥∅iəʔ˥kɑ˥ zɿ˨˧　指每个家庭都有一本难念的经。

【一啥勿啥，先送灶家】∅iəʔ˥

sɑ˦fəʔ˥sɑ˦,siɪ˥soŋ˦tsæ˥ kɑ˥˩ 指过年前,如还未计划好如何过年,可先在农历十二月廿四完成送灶,因为这是过年必做的事。

【一搭一档,一吹一唱】ʘiəʔ˥ taʔ˥ʘiəʔ˥tɑ̃˦,ʘiəʔ˥tsʻʮ˥ʘiəʔ˥tsʻɑ̃˦ 指两人相互配合(贬义)。

【一歇歇风,一歇歇雨】ʘiəʔ˥ ɕəʔ˥ɕəʔ˥foŋ˥,ʘiəʔ˥ɕəʔ˥ɕəʔ˥ɦY˩ 形容经常变化,使人无所适从。

【一个铜钿看得比瓦爿大】ʘiəʔ˥kəʔ˥doŋ˦diɪ˩kʻø˦təʔ˥ pi˥˩ŋo˦bᴇ˩dəu˩ 形容吝啬,太看重钱财。

【一只模子里脱出来格】ʘiəʔ˥ tsɑʔ˥mo˦tsɿ˥˩li˩tʻəʔ˥tsʻəʔ˥lᴇ˩kəʔ˥ 喻完全一样,或十分相似(多指人)。

【一朵鲜花插勒牛屎浪】ʘiəʔ˥ təu˥˩siɪ˥ho˥˩tsʻɑʔ˥ləʔ˦ȵiY˦ sɿ˥lɑ̃˩ 喻漂亮贤慧的姑娘嫁给丑陋无能或粗鄙恶劣的男人。

【一块羊肉落勒狗嘴里】ʘiəʔ˥ kʻuᴇ˥˩ɦiɑ̃˦ȵioʔ˦loʔ˦ləʔ˦kY˦ tsʮ˥li˩ 义同【一朵鲜花插勒牛屎浪】。

【一张床浪勿出两样人】ʘiəʔ˥ tsɑ̃˥zɑ̃˦lɑ̃˩fəʔ˥tsʻəʔ˥liɑ̃˦ɦiɑ̃ ˩ȵ.ən˦ 指夫妻总是同心合意的。

【一跤跟斗跌到青云里】ʘiəʔ˥ kæ˥kən˥təu˥˩tiəʔ˥tæ˥˩ tsʻin˥ɦYən˩li˩ 形容突然交上好运。

【一人勿吃酒,两人勿赌钱】ʘiəʔ˥ȵ.ən˦fəʔ˥tɕʻəʔ˥tsY˥˩,liɑ̃ ˦ȵ.ən˩fəʔ˥təu˥˩ziɪ˦ 旧俗语。一人喝酒易醉,两人赌钱易伤感情。

【一日一文钱,三年变一千】ʘiəʔ˥ȵ.əʔ˦ʘiəʔ˥vən˦ziɪ˦,sᴇ˥ȵ.iɪ˦piɪ˦ʘiəʔ˥tsʻiɪ˥ 喻积少成多。

【一只手如意,一只手算盘】ʘiəʔ˥tsɑʔ˥sY˥˩zʮ˦ʘi˥˩,ʘiəʔ˥tsɑʔ˥sY˥˩sø˥bø˩ 指一厢情愿地往好的方面盘算。

【一只碗勿响,两只碗叮当】ʘiəʔ˥tsɑʔ˥ʘuø˥˩fəʔ˥ɕiɑ̃˥˩,liɑ̃˦ tsɑʔ˥ʘuø˥˩tin˥tɑ̃˥˩ 喻争吵的双方,都应负有一定的责任。

【一字入公门,九牛拖勿出】 θiə˥zɿ˩zə˧koŋ˥mən˩, tɕiY˧ȵiY˧t'əu˥fə˥ts'ə˥ 一旦以文书形式去经官动府,事情就必须公事公办了。

【一哭一笑,两只馒头一跳】 θiə˥k'o˥θiə˥siæ˧,liã˧ tsɑ˥mø˧dY˩θiə˥t'iæ˧ 逗小孩子的话。

【一粒米笃粥——米气亦呒不】 θiə˥liə˧mi˩to˥tso˥——mi˧tɕ'i˥ha˧ṃ˧pə˥ 歇后语。相差太远,根本够不上。

【一粒米绛仔两年半——久慕(磨)】 θiə˥liə˧mi˩tɕ'ii˥tɕɿ˥liã˧ȵii˧pø˧——tɕiY˧mo˧(mo˧) 歇后语。客套话。仰慕已久。

【一筅帚豁杀十八只蟑螂】 θiə˥si˧tsY˥hua˥sa˥zə˧po˥tsɑ˥tsã˥lã˩ 喻祸及无辜。

【一粥一饭当思来处不易】 θiə˥tso˥θiə˥vE˩tã˥sɿ˥lE˧tsɥ˥pə˥hi˧ 形容谋生不容易。

【一朝权在手,便把令来行】 θiə˥tsæ˥dʑiø˧zE˩sY˥,bi˩pɑ˥lin˩lE˩hin˧ 俗语。一朝有权,便为所欲为。

【一百只馄饨吃脱九十九只】 θiə˥pɑ˥tsɑ˥huən˧dən˩tɕ'ə˥t'ə˥tɕiY˧zə˧tɕiY˥tsɑ˥ 喻一件事进行到即将完成的阶段。

【一团和气蹲坑——远开一角浜】 θiə˥dø˧həu˧tɕ'i˥tən˥k'ã˥——hiø˧k'E˥θiə˥ko˥pã˥ 歇后语。指相去甚远。

【一盆冷水从头浇到脚底下】 θiə˥bən˧lã˧sɥ˥zoŋ˩dY˧tɕiæ˥tæ˥tɕia˥ti˧ho˩ 喻受到沉重打击后,心里凉到底。

【一人难敌四手,四手还怕人多】 θiə˥ȵən˧nE˧diə˧sɿ˧sY˥,sɿ˧sY˥huE˧pɑ˥zən˧təu˥ 指一个人的力量终究有限,寡不敌众。

【一个黄胖男,好打三个泼婆娘】 θiə˥kə˥huã˧p'ã˥nø˩,hæ˥tã˥sE˥kə˥p'ə˥bu˧ȵiã˩ 形容男子的体力

远胜女子。

【一只耳朵管进，一只耳朵管出】∅iəʔ˥ tsɑʔ˥ ŋ̍i˦ təu˥ kuø˥˨ tsin˦˩˨，∅iəʔ˥ tsɑʔ˥ ŋ̍i˦ təu˥ kuø˥˨ tsʻəʔ˥　形容根本没有听进去。

【一只脚棺材里，一只脚棺材外】∅iəʔ˥ tsɑʔ˥ tɕiɑʔ˥ kuø˥ zE˨˧ li˨˧，∅iəʔ˥ tsɑʔ˥ tɕiɑʔ˥ kuø˥ zE˨˧ ŋɑ˨˧　（一）喻不久人世。（二）喻处于危及生命的境地。

【一客侪是客，客客侪是老伯伯】∅iəʔ˥ kʻɑʔ˥ zE˦ zɿ˨˧ kʻɑʔ˥，kʻɑʔ˥ kʻɑʔ˥ zE˦ zɿ˨˧ læ˦ pɑʔ˥ pɑʔ˥　喻如果一人获得分外照顾，则许多人会循先例要求分外照顾。

【一不做，二不休，扳倒葫芦泼掉油】∅iəʔ˥ pəʔ˥ tsəu˦˩˨，ɦəl˦ pəʔ˥ ɕiY˥，pE˥ tæ˥˨ ɦəu˦ ləu˨˧ pʻəʔ˥ diæ˨˧ ɦiY˦　指事情既然已经开始了，就干脆做到底。

【一条船，一个舵，一个朋友一条路】∅iəʔ˥ diæ˦ zø˦，∅iəʔ˥ kəʔ˥ dəu˨˧，∅iəʔ˥ kəʔ˥ bã˦ ∅iY˥˨ ∅iəʔ˥ diæ˦ ləu˨˧　指朋友多了好办事。

【一个生，一个僵，碰勒一淘就相打】∅iəʔ˥ kəʔ˥ sã˥，∅iəʔ˥ kəʔ˥ tɕiã˥，bã˨˧ ləʔ˧ ∅iəʔ˥ dæ˨˧ zY˦ siã˥ tã˥˨　两个脾气不好的人，不宜相处在一起。

【一拳头打勒棉花毯浪——回音亦呒不】∅iəʔ˥ dʑiø˦ dY˨˧ tã˥˨ ləʔ˧ mi˦ ho˥ tʻE˥ lã˨˧——ɦuE˦ ∅in˥ ɦɑʔ˧ m̩˦ pəʔ˥　歇后语。没有回音。

【一千铜钿放勒门槛浪——里外半吊子】∅iəʔ˥ tsʻi˥ doŋ˦ di˨˧ fã˦˩˨ ləʔ˧ mən˦ kʻE˥ lã˨˧——li˦ ŋɑ˦ pø˥ tiæ˥ tsɿ˥˨　歇后语。指处于中间，但矛盾的双方都不见好。

【一面孔阿弥陀佛，一肚皮男盗女娼】∅iəʔ˥ mi˦ kʻoŋ˥˨ ∅əu˥ mi˨˧ dəu˨˧ vəʔ˧，∅iəʔ˥ dəu˦ bi˨˧ nø˦ dæ˨˧ ȵy˨˧ tsʻã˥　喻表面仁慈，内心丑恶。

【一哭二骂三上吊，四勿吃饭五困觉】∅iəʔ˥ kʻoʔ˥ liã˨˧ mo˨˧ sE˥ zã˨˧ tiæ˦˩˨，sɿ˦˩˨ fəʔ˥ tɕʻəʔ˥ vE˨˧ ŋ̍˦ kʻuən˥ kæ˥˨　指旧时妇女闹情绪时常见的几种表

现。

【一道篱笆三个桩，一个好汉三个帮】 Øiəʔ˥dæ˩˧li˧˦po˥sᴇ˥kəʔ˥tsã˥，Øiəʔ˥kəʔ˥hæ˥˧hø˥˧sᴇ˥kəʔ˥pã˥　指要取得成就，谁都离不开别人的帮衬。

【一斗银子只吃两年半，坐吃三年海要干】 Øiəʔ˥tʏ˥˧ȵən˧˦tsɿ˥˧tsəʔ˥tɕʻəʔ˥liã˧˦ȵi˧˦pø˧˦，zəu˧˦tɕʻəʔ˥sᴇ˥ȵi˩˧hᴇ˥˧Øiæ˧˦kø˥　光是过奢侈的生活而不从事生产，即使有如大海一般多的财物也会消耗完。

【一句闲话说得人家笑，一句闲话说得人家跳】 Øiəʔ˥tɕy˥˧ɦᴇ˧˦ɦo˩˧səʔ˥təʔ˥ȵən˧˦ka˥siæ˧˦，Øiəʔ˥tɕy˥˧ɦᴇ˧˦ɦo˩˧səʔ˥təʔ˥ȵən˧˦ka˥tʻiæ˧˦　同样说一句话，说好了使人高兴，说错了使别人生气。

【一箩麦，两箩麦，三箩拍大麦，噼噼啪，噼噼啪】 Øiəʔ˥ləu˧˦maʔ˧，liã˧˦ləu˧˦maʔ˧，sᴇ˥ləu˩˧pʻaʔ˥da˧˦maʔ˧，piəʔ˥piəʔ˥paʔ˥，piəʔ˥piəʔ˥paʔ˥　旧时儿童唱的吴语儿歌。

【一个和尚挑水吃，两个和尚扛水吃，三个和尚呒不水吃】 Øiəʔ˥kəʔ˥ɦəu˧˦zã˩˧tʻiæ˥sɥ˥˧tɕʻəʔ˥，liã˧˦kəʔ˥ɦəu˧˦zã˩˧kã˥sɥ˥˧tɕʻəʔ˥，sᴇ˥kəʔ˥ɦəu˧˦zã˩˧m̩˧˦pəʔ˥sɥ˥˧tɕʻəʔ˥　喻谁也不愿意吃亏，事情就办不好。

【一沰水滴勒油瓶里，一粒芥菜籽滚勒引线屁股眼眼里】 Øiəʔ˥toʔ˥sɥ˥˧ti˧˦ləʔ˧ɦiʏ˧˦bin˧˦li˩˧；Øiəʔ˥liəʔ˧ka˥tsʻᴇ˥tsɿ˥˧kuən˥˧ləʔ˧ɦin˩˧si˥˧pʻi˥kəu˥˧ŋᴇ˧˦ŋᴇ˧˦li˩˧　喻凑巧。

【一记耳光，拍到里床，里床一只缸，缸里一只蛋，蛋里一只黄，黄里一个小和尚，呜呀呜呀要吃绿豆汤】 Øiəʔ˥tɕi˥˧ȵi˧˦kuã˥˧，pʻaʔ˥tæ˥˧li˧˦zã˩˧，li˧˦zã˩˧Øiəʔ˥tsaʔ˥kã˥，kã˥li˩˧Øiəʔ˥tsaʔ˥dᴇ˩˧，dᴇ˩˧li˩˧Øiəʔ˥tsaʔ˥huã˥，huã˥li˩˧Øiəʔ˥kəʔ˥siæ˧˦ɦəu˧˦zã˩˧，ŋ̍˥ŋa˩˧ŋ̍˥ŋa˩˧Øiæ˥tɕʻəʔ˥loʔ˧dʏ˩˧tʻã˥˧　儿歌。用于逗乐婴儿。

伊【Øi˥】

衣【Øi˥】

【衣水】Øi˥sɥ˥˩ 使人肉麻、难受的那种感觉。

【衣衫】Øi˥sE˥˩ 衣服。

【衣架】Øi˥kɑ˥˩ （一）挂衣服或晾晒衣服的架子。（二）指穿衣的人的体形。

【衣兜】Øi˥tY˥˩ 把衣服下摆拉起来形成的兜。

【衣着】Øi˥tsɑʔ˥ 指身上的穿着。

【衣装】Øi˥tsɑ̃˥˩ 衣服和装束。

【衣裳】Øi˥zɑ̃˨˩ 衣服。

【衣袖管】Øi˥zY˨˩kuø˥˩ 袖子。

【衣裳管】Øi˥zɑ̃˧kuø˥˩ 袖子。

【衣帽架子】Øi˥mæ˨˩kɑ˥tsɿ˥˩ 挂衣服用的家具。用木材、金属等制成。

【衣食父母】Øi˥zəʔ˧vu˧mo˥ 指服务对象、顾客。

【衣不如新，人不如旧】Øi˥pəʔ˥zɥ˧sin˥，zən˧pəʔ˥zɥ˧dʑiY˨˩ 衣服是新的好，而人却是相处得越长久的越好。

医【Øi˥】

【医生】Øi˥sã˥˩ 掌握医药知识，以治病为业的人。

【医道】Øi˥dæ˨˩ 治病的本领。

依【Øi˥】

【依仗】Øi˥zã˨˩ 倚仗。

【依然】Øi˥zø˨˩ 依旧。

【依脐】Øi˥zi˨˩ 难为情而难受的样子。

【依赖】Øi˥˩˥lE˧ 依靠别的人或事物而不能自立或自给。

【依靠】Øi˥k'æ˥˩

【依头顺脑】Øi˥dY˨˩zən˨˩næ˨˩ 很听话，毫不违背。

【依样画葫芦】Øi˥ɦiã˨˩ɦo˨˩ɦuəʔ˧ləu˨˩ 喻照着做。

祎【Øiəʔ˥】中州韵【Øi˥】

咿【Øi˥】

铱【ʘi˥】

壹【ʘiəʔ˥】

椅【ʘi˥】另见 yǐ。

揖【ʘiəʔ˥】

漪【ʘi˥】

噫【ʘi˥】、【ʘi˨˩】

yí

仪【ɦi˨˧】

【仪表】ɦi˨˧pʲiæ˨˩ 人的外表。

夷【ɦi˨˧】

沂【ŋ̊i˨˧】中州韵【ɦi˨˧】

迤【ɦi˨˧】

饴【ɦi˨˧】

怡【ɦi˨˧】

宜【ŋ̊i˨˧】中州韵【ɦi˨˧】

【宜兴夜壶——独出一张嘴】ŋ̊i˨˧ɕən˥ʘia˥ɦəu˩——doʔ˧tsʻəʔ˥ʘiəʔ˥tsã˥tsɥ˨˩ 歇后语。指讲空话讲得头头是道，却不行动，或不会行动。

荑【ɦi˨˧】

咦【ɦi˨˧】

贻【ɦi˨˧】

姨【ɦi˨˧】

【姨夫】ɦi˨˧fu˥ 姨母的丈夫。

【姨表】ɦi˨˧pʲiæ˨˩ 两家的母亲是姐妹的亲戚关系。

【姨太太】ɦi˨˧tʻa˥tʻa˨˩ 小老婆。

眙【ɦi˨˧】

胰【ɦi˨˧】

Y

庡【ɦi˦】

蛇【ɦi˦】另见 shé。

移【ɦi˦】

【移动】ɦi˦doŋ˩ 改换原来的位置。

【移东补西】ɦi˦toŋ˥pu˦si˥ 喻勉强应付。

痍【ɦi˦】

遗【ɦi˦】

【遗风】ɦi˦foŋ˥ 某个时代留传下来的风气。

【遗产】ɦi˦tsʻE˧ （一）死者留下的财产。（二）借指历史上遗留下来的精神财富或物质财富。

【遗传】ɦi˦zø˩ 生物体的构造和生理机能等由上代传给下代。

【遗言】ɦi˦ɦii˩ 死者死前留下来的话。

【遗书】ɦi˦sɥ˥ 死者临死前留下来的书面遗言。

【遗体】ɦi˦tʻi˧ 死者的尸体。

【遗容】ɦi˦ɦioŋ˩ （一）人死后的容貌。（二）遗像。

【遗照】ɦi˦tsæ˧ 死者生前的相片。

【遗嘱】ɦi˦tsoʔ˥ （一）人在生前或临死时用口头或书面形式嘱咐身后各事应如何处理。（二）关于上述内容的话或字据。

【遗腹子】ɦi˦foʔ˥tsɿ˧ 父亲死后才出生的子女。

【遗老遗少】ɦi˦læ˩ɦi˦sæ˧ 指改朝换代后仍然效忠前一朝代的人。

颐【ɦi˦】

疑【ȵi˦】中州韵【ɦi˦】

【疑心】ȵi˦sin˥ （一）怀疑的念头。（二）怀疑。

【疑心病】ȵi˦sin˥bin˩ 指多疑的心理。

【疑心疑赖】ȵi˦sin˥ȵi˩la˩ 指生疑。

【疑狐不决】ȵi˦ɦəu˩pəʔ˥

tɕəʔ˥　因多疑而拿不定主意。

【疑惑疑知】ŋ̍i˨˦ɦuəʔ˧ŋ̍i˨˩tsɥ˥˩　生疑而犹豫。

【疑神疑鬼】ŋ̍i˨˦zən˨˩ŋ̍i˨˩kuɛ˥˩　形容人多疑。

【疑人不用，用人不疑】ŋ̍i˨˦zən˨˩pəʔ˥ɦioŋ˨˩，ɦioŋ˨˦zən˨˦pəʔ˥ŋ̍i˨˦　如果对使用的人选有怀疑的地方，就坚决不用；如果决定了使用的人选，就不能动摇。

嶷【ŋ̍i˨˦】中州韵【ɦi˨˦】

簃【ɦi˨˦】

彝【ɦi˨˦】

yǐ

乙【θiəʔ˥】

已【θi˥˩】

【已经】θi˥tɕən˥˩　表示事情完成或时间过去。

【已往】θi˥˧˥ɦuã˨˩　以前，过去。

以【θi˥˩】

【以上】θi˥˩zã˨˩

【以下】θi˥˩ɦo˨˩

【以内】θi˥˩nɛ˨˩

【以为】θi˥˧˥ɦuɛ˨˩

【以后】θi˥˩ɦY˨˩

【以往】θi˥˧˥ɦuã˨˦

【以前】θi˥zi˨˩

【以至于】θi˥tsɥ˥˩ɦY˨˩　以至。

【以牙还牙】θi˥˧˥ɦia˨˦ɦuɛ˨˦ɦia˨˦　用对方所使用的手段回击对方。

【以毒攻毒】θi˥˧˥doʔ˧koŋ˥doʔ˧　（一）义同【以牙还牙】。（二）用毒药来治疗毒疮或疾病。（三）喻利用恶人来对付恶人。（四）利用不良事物本身的矛盾来反对不良事物。

【以近就近】θi˥dʑən˨˩zY˨˩dʑən˨˩　要去做某件事，选择靠近自己所处位置的地方。

【以讹传讹】θi˥ŋəu˨˩zø˨˩ŋəu˨˩　把本来就不正确的话又错误地传出去，结果越传越错。

【以讹就讹】ʘi˥ŋəu˩zʏ˩ ŋəu˩ 将错就错。

【以身作则】ʘi˧sən˥tsoʔ˥ tsəʔ˥

【以身试法】ʘi˧sən˥sʮ˧faʔ˥

【以貌取人】ʘi˧mæ˩tsʻi˥ zən˧

【以小人之心，度君子之腹】ʘi˥siæ˥zən˩tsʮ˥sin˥，dəu˧tɕʏən˧tsʅ˥tsʮ˥foʔ˥ 指用卑鄙的心理，推测高尚者的心胸。

苡【ʘi˥】

尾【ȵi˧】文读【vi˩】另见 wěi。

矣【ʘi˥】

迤【ʘi˥】另见 yí。

蚁【mi˩】文读【ɦi˩】

倚【ʘi˥】

【倚赖】ʘi˧lE˩ 依赖。

【倚老卖老】ʘi˧læ˧ma˩læ˩ 仗着年纪大，卖弄老资格。

扆【ʘi˥】、【ʘi˥】

椅【ʘi˥】另见 yī。

【椅披】ʘi˥pʻi˥ 披在椅背上的椅套，多用大红绸缎或布料制成，有的还绣花，与椅垫、桌围成套。现在戏曲演出时仍在使用。

旖【ʘi˥】

yì

乂【ɦi˩】

弋【ɦiəʔ˧】

亿【ʘi˧】

义【ȵi˩】文读【ɦi˩】

【义士】ȵi˧zʅ˩ 旧时指能维护正义的或侠义的人。

【义工】ȵi˧koŋ˥ 不要报酬

办事做工。

【义务】ȵi˧vu˩　(一)公民或法人按法律规定应尽的责任。(二)道德上应尽的责任。(三)不要报酬办事。

【义庄】ȵi˧tsɑ̃˥　旧时由私人集资或用地方公益金购置的田庄,将收益用于公益事业。

【义卖】ȵi˧ma˩　为正义或公益的事情筹款而出售物品。出售的物品往往是捐献的,售价比市价高。

【义冢】ȵi˧tsoŋ˥　旧时埋葬无主尸骨的坟墓。

【义演】ȵi˧θiɪ˥　为正义或公益的事情筹款而举行演出。

艺【ȵi˩】中州韵【ɦi˩】

【艺人】ȵi˧zən˩　(一)戏曲、曲艺、杂技等演员。(二)某些手工艺工人。

【艺术】ȵi˧zəʔ˧

【艺名】ȵi˧min˩　艺人为从艺起的别名。

【艺龄】ȵi˧lin˩　演员从事艺术活动的年数。

刈【ɦi˩】

忆【θi˧】中州韵【θiəʔ˥】

议【ȵi˩】文读【ɦi˩】

【议价】ȵi˧ka˥　买卖双方或同业共同议定货品价格。

屹【ɦi˩】中州韵【ɦiəʔ˧】

亦【ɦaʔ˧】文读【ɦiəʔ˧】

【亦】(1)ɦaʔ˧　也。(2)ɦiəʔ˧　又,也。

【亦来勿及】ɦaʔ˧lE˧fəʔ˥ʥi˩　后缀词。在动词后面表示迫不及待。

【亦和亦兴】ɦiəʔ˧ɦəu˩ɦiəʔ˧ɕin˥　越是姑息,越是变本加厉。

【亦做师娘亦做鬼】ɦiəʔ˧tsəu˧sɿ˥ȵiɑ̃˩ɦiəʔ˧tsəu˧ʨy˥　喻要二面派手段。

【亦要马儿好,亦要马儿勿吃草】ɦiəʔ˧θiæ˧ma˥ɦəl˩hæ˥,ɦiəʔ˧θiæ˧ma˥ɦəl˩fəʔ˥ʨ

ə˥˧tsʻæ˥˧。 喻又要事情办好，又不肯投入成本。

异【ɦi˨˩】

【异样】ɦi˨˩ɦiã˨˩ （一）两样，不同。（二）不同寻常的，特殊。（三）不正常的。

【异乡客地】ɦi˨˩ɕiã˥˥kʻɑʔ˥dI˨˩ 外乡，外地（就作客的人而言）。

【异出怪样】ɦi˨˩tsʻəʔ˥kuɑ˥˧ɦiã˨˩ （一）特别。（二）离奇。

【异想天开】ɦi˨˩siã˥tʻiI˥kE˥˧ 形容想法离奇。

【异曲同工之美】ɦi˨˩tɕʻoʔ˥doŋ˨˩koŋ˥tsɥ˥mE˥˧ 不同的曲调演唱得同样好。喻不同的作品或言论同样精彩，或者不同的做法收到同样好的效果。

抑【ʔiəʔ˥】

【抑止】ʔiəʔ˥tsɥ˥

【抑扬顿挫】ʔiəʔ˥ɦiã˨˩tən˥˧tsʻəu˥ （声音）高低起伏和停顿转折。

呓【ŋ̍i˨˩】中州韵【ɦi˨˩】

邑【ʔiəʔ˥】

役【ɦuəʔ˨】

译【ɦiəʔ˨】

易【ɦi˨˩】、【ɦiəʔ˨】

【易】(1)ɦi˨˩ 容易的“易”。(2)ɦiəʔ˨ 贸易的“易”。

【易手】ɦiəʔ˨sʏ˥˧ 更换占有者。

【易如反掌】ɦi˨˩zɥ˨˩fE˥tsã˥ 像翻一下手掌那么容易。

【易得无价宝，难觅有情郎】ɦi˨˩təʔ˥vu˨˩tɕiɑ˥˧pæ˥˧，nE˨˩miəʔ˨ʔiʏ˥zin˨˩lã˨˩ 指女子很难找到有情有义的丈夫。

诣【ɦi˨˩】

驿【ɦiəʔ˨】

【驿站】ɦiəʔ˨zE˨˩ 古代供传

递政府文书的人中途更换马匹或休息、住宿的机构。

【驿道】ɦiəʔ˧dæ˩ 古代传递文书等的道路。

绎【ɦiəʔ˧】

轶【ɦiəʔ˧】

疫【ɦuəʔ˧】

【疫情】ɦuəʔ˧zin˩ 疫病的发生和发展情况。

弈【ɦiəʔ˧】

奕【ɦiəʔ˧】

羿【ɦi˩】

挹【Øiəʔ˥】

益【Øiəʔ˥】

【益友】Øiəʔ˥Øiʏ˥˩ 对自己思想、工作、学习有帮助的朋友。

浥【Øiəʔ˥】

【浥浥】Øiəʔ˥Øiəʔ˥ 用吸水的东西按在潮湿的地方。

【浥浥干】Øiəʔ˥Øiəʔ˥kø˥ 用吸水的东西揿在受湿的地方,使干燥。简称【浥干】Øiəʔ˥kø˥。

悒【Øiəʔ˥】

谊【ȵi˩】中州韵【ɦi˩】

勚【Øi˧˦】

【勚脱】Øi˧˦tʻəʔ˥ 器物磨损。

逸【Øiəʔ˥】

翌【ɦiəʔ˧】

肄【ɦi˩】

【肄业】ɦi˧ȡəʔ˧ 学习(课程)。指没有毕业或尚未毕业。

裔【Øi˦˩˨】

意【Øi˦˩˨】

【意气】Øi˦˩˨tɕʻi˥˩˥　(一)意志和气概。(二)志趣和性格。(三)由于主观和偏激而产生的情绪。

【意见】Øi˦˩˨tɕii˥　(一)对事情的一定的看法或想法。(二)(对人、对事)认为不对因而不满意的想法。

【意外】Øi˦˩˨ŋɑ˧

【意思】Øi˥sɿ˥˩˥　(一)语言文字的意义;思想内容。(二)意见;愿望。(三)指表示一点心意。(四)某种趋势或苗头。(五)情趣;趣味。

【意勿过】ɦi˥fəʔ˥kəu˥˩˥　过意不去。

【意得过】ɦi˦˩˨təʔ˥kəu˥˩˥　过意得去。

【意思意思】ɦi˥sɿ˥ɦi˥˩˥sɿ˥˩˥　聊表心意。

【意想勿到】ɦi˦˩˨siã˦˩˨fəʔ˥tæ˦˩˨　想不到。

溢【ɦiəʔ˧】文读【Øiəʔ˥】

缢【Øiəʔ˧】

蜴【ɦiəʔ˧】

镒【ɦiəʔ˧】

毅【ȵi˨˧】中州韵【ɦi˨˧】

熠【ɦiəʔ˧】

薏【Øi˦˩˨】中州韵【Øiəʔ˥】

劓【ȵi˨˧】中州韵【ɦi˨˧】

翳【Øi˥】、【Øi˦˩˨】

臆【Øi˦˩˨】中州韵【Øiəʔ˥】

翼【ɦiəʔ˧】

癔【Øi˦˩˨】

懿【Øi˦˩˨】

【懿旨】Øi˦˩˨tsɿ˥˩˥　指皇太后或

皇后的命令。

yīn

因【∅in˥】

【因头】∅in˥dY˩ （一）原因，初始原因。（二）暗示。（三）预兆。（四）（借）口。寻找借口叫作借因头。

【因子头闲话】∅in˥ʦɿ˥˩dY˩ɦE˧˩ɦo˩ 暗示性语言。

阴【∅in˥】

【阴干】∅in˥kø˥˩ 不经日晒，使潮湿的东西慢慢变干。转指不予理睬。

【阴文】∅in˥vən˩ 印章上或某些器物上所刻或所铸的凹下的文字或花纹。

【阴历】∅in˥liəʔ˧ 历法的一类。以月亮绕地球一周的时间为一月。往往称农历。

【阴司】∅in˥sɿ˥˩ 阴间。

【阴宅】∅in˥zɑʔ˧ 迷信的人称坟墓。

【阴沟】∅in˥kY˥˩ 地面下的排水沟。

【阴寿】∅in˥zY˩ 过世的人的生日。

【阴面】∅in˥mi˩ 小嗓子。

【阴损】∅in˥sən˥˩ 暗中伤人。

【阴间】∅in˥kE˥˩ 迷信指人死后灵魂所在的地方。

【阴骘】∅in˥ʦi˥˩ 阴德。暗中做的好事。迷信的人指在人世间所做的而在阴间可以记功的好事。

【阴下来】∅in˥ɦo˩lE˩ （天色）阴沉下来。

【阴司鬼】∅in˥sɿ˥ʨy˥˩ （一）阴险刁滑的人。（二）指沉默寡言的人（贬意）。

【阴头里】∅in˥dY˩li˩ 阳光照不到的地方。

【阴沟洞】∅in˥kY˥doŋ˩ 阴沟的入水口。

【阴滋天】∅in˥ʦɿ˥tʻi˥˩ 阴天。

【阴勒阴】∅in˥ləʔ˧∅in˥ （天色）正阴沉下来。

【阴摇摇】∅in˥ɦiæ˩ɦiæ˩ （天色）阴沉沉。

【阴刁模子】∅in˥tiæ˥mo˩ʦɿ˥˩ 阴险刁滑的人。

【阴山背后】øin˥sE˥pE˥ɦY˩ 指见不到阳光的地方。形容冷僻、冷清的地方。

【阴功积德】øin˥koŋ˥tsiəʔ˥təʔ˥ 积阴德。

【阴阳怪气】øin˥ɦiã˩kuɑ˥tɕʻi˥ （说话、态度）不冷不热，不死不活，古里古怪的。

【阴间秀才】øin˥kE˥sY˥zE˩ 指专门背后出坏主意的人。

【阴赤里里】øin˥tsʻəʔ˥li˩li˩ 阴沉沉的样子。

【阴赤赤里】øin˥tsʻəʔ˥tsʻəʔ˥li˩ 阴冷的感觉。

【阴曹地府】øin˥zæ˩di˧fu˥ 阴间。

【阴错阳差】øin˥tsʻo˥ɦiã˩tsʻo˥

【阴魂勿散】øin˥ɦuən˩fəʔ˥sE˧ 迷信指人死后的灵魂不肯离去。喻受厌恶的人常在左右徘徊。也指邪恶势力或陈腐思想仍有影响。

【阴勿收，阳勿管】øin˥fəʔ˥sY˥，ɦiã˧fəʔ˥kuø˥ 指无人管束、过问。

【阴沟里向翻船】øin˥kY˥li˩ɕiã˥fE˥zø˧ 指在没有风险的地方出事。

【阴沟洞里爬出来格】øin˥kY˥doŋ˩li˩bo˧tsʻəʔ˥lE˩kəʔ˥ 詈语。极肮脏、阴暗的人。

【阴沟洞里格鸭——顾嘴勿顾身】øin˥kY˥doŋ˩li˩kəʔ˥øaʔ˥——kəu˥tsɥ˥fəʔ˥kəu˥sən˥ 歇后语。只注重吃，不注重穿。

茵【øin˥】

荫【øin˥】另见 yìn。

【荫凉】øin˥liã˩ 因为没有太阳晒着而凉爽。

音【øin˥】

【音头】øin˥dY˩ 弦外之音。

【音色】øin˥səʔ˥ 由于波型和泛音的不同所造成的声音属性。

【音讯】øin˥sin˧ 音信。往来的信件和消息。

【音头勿起】øin˥dY˩fəʔ˥tɕʻi˥ 形容实在太差。

洇【Øin˦˨】

【洇水】Øin˦˨sʮ˨˦ 水渗透出来。

【洇潮】Øin˥zæ˨ 由水渗透而致湿。

【洇过洇】Øin˥kəu˨˦Øin˨˦ 湿透。

【洇过来】Øin˦˨kəu˥lɛ˨ 水渗透过来。

姻【Øin˥】

【姻亲】Øin˥ʦʻin˨˦ 由婚姻而结成的亲戚。

【姻缘】Øin˥ɦiø˨ 指婚姻的缘分。

絪【Øin˥】

氤【Øin˥】

殷【Øin˥】另见 yān。

【殷勤】Øin˥ʥən˨ 热情而周到。

喑【Øin˦˨】、【Øin˥】

yín

吟【ȵən˧】中州韵【ɦin˧】

垠【ȵən˧】中州韵【ɦin˧】

银【ȵən˧】中州韵【ɦin˧】

【银子】ȵən˧ʦɿ˥ （一）银的通称。（二）古时大额钱的通称。

【银白】ȵən˧bɑʔ˧ 白中略带银光的颜色。

【银号】ȵən˧ɦæ˨ 旧时指规模较大的钱庄。

【银红】ȵən˧ɦoŋ˨ 在粉红色颜料里加银末调和而成的颜色。

【银两】ȵən˧liã˨˦ 旧时指做货币用的银子。

【银匠】ȵən˧ziã˨ 制造金银饰物、器具的工人。

【银河】ȵən˦ɦəu˩ 晴天夜晚,天空呈现出一条明亮的光带,夹杂着许多闪烁的小星,看起来像一条银白色的河,叫作银河。

【银鱼】ȵi˦ŋ̍˩ 鱼名。太湖特产"三白"之一。体小而细长,洁白微透明,无鳞。

【银鼠】ȵən˦tsʻʮ˥˩ 哺乳动物。产于东北,冬季全身毛皮纯白,颇珍贵。

【银楼】ȵən˦lʏ˩ 买卖金银饰物的店铺。

【银洋钿】ȵən˦ɦiã˦diɪ˩ 银元。

【银货两讫】ȵən˦həu˥˩liã˩ tɕʻəʔ˥ 商业用语。钱和货物的交换已全部完成。

【银鱼炒蛋,吃仔滚蛋】ȵi˦ŋ̍˩tsʻæ˥˩dE˩,tɕʻəʔ˥tsɿ˥˩ kuən˥˩dE˩ 趣语。饭后动身。

【银子是白格,眼窝珠是黑格】ȵən˦tsɿ˥˩zɿ˩bɑʔ˧kəʔ˥,ŋE˦ ɦəu˦tsʮ˥˩zɿ˩həʔ˥kəʔ˥ 指钱财对人极具诱惑力。

淫【ɦin˦】

【淫妇】ɦin˦vu˩ 淫乱放荡的女子。

【淫秽】ɦin˦ɦuE˩

寅【ɦin˦】

【寅吃卯粮】ɦin˦tɕʻəʔ˥mæ˦ liã˩ 指入不敷出,预先支用了以后的收入。

鄞【ɦin˦】

龂【ȵən˦】中州韵【ɦin ˦】

夤【ɦin˦】

【夤缘】ɦin˦ɦiø˩ 喻拉拢关系,向上巴结。

霪【ɦin˦】

yǐn

尹【ɦin˩】

引【ɦin˨˧】

【引】ɦin˨˧ （一）嬉弄。（二）宠爱。

【引子】ɦin˧ʦɿ˥˧

【引头】ɦin˨˧dʏ˧ 领头，带头。

【引产】ɦin˧ʦʻE˥ 指妊娠后期用药物、针刺、手术等方法引起子宫收缩，促使胎儿产出。

【引线】ɦin˨˧si˧˥ 缝纫针。

【引小人】ɦin˧siæ˥ȵən˨˧ （一）逗弄孩子。（二）溺爱，百般依顺孩子。

【引勿起】ɦin˧fəʔ˥ʨʻi˥˧ 不能施惠或假以词色（否则会带来麻烦）。

【引线头】ɦin˨˧si˥˧dʏ˧ 缝纫针的针尖。

【引牙吊风】ɦin˧ŋɑ˧tiæ˥foŋ˥˧ 招惹人眼红。

【引线屁股】ɦin˨˧si˧˥pʻi˥kəu˥˧ 缝纫针穿线的那一头。

【引线眼眼】ɦin˨˧si˧˥ȵE˧ȵE˨˧ 缝纫针穿线的小孔。

【引鬼上门】ɦin˧ʨy˥zɑ̃˨˧mən˧ 喻把坏人招引进来。

饮【Øin˧˥】

【饮片】Øin˧˥pʻi˥˧ 供制汤剂的中药材。多指经过炮制的。

【饮料】Øin˧˥liæ˨˧

蚓【ɦin˨˧】

殷【Øin˥˧】另见 yān；yīn。

隐【Øin˥˧】

【隐士】Øin˧˥zɿ˥˧ 隐居的人。

【隐约】Øin˧˥Øiɑʔ˥

【隐居】Øin˧˥ʨy˥ 有名望的人因某种原因而住在不为人知的地方避世。

【隐泻】Øin˥˧siɑ˧˥ 隐蔽。

【隐脱】Øin˧˥tʻəʔ˥ 熄灭。

【隐瞒】Øin˥˧mø˨˧ 掩盖真相，不让人知道。

【隐隐然】Øin˧˥Øin˥zø˨˧ 暗示，意思是说。

瘾【ʘin˥˩】

【瘾君子】ʘin˥˩tɕyən˥˧tsɿ˥˩ 毒品吸食者。

yìn

印【ʘin˦˨】

【印子】ʘin˦˨tsɿ˥˩ 痕迹。
【印存】ʘin˦˨zən˨˧ 印谱。
【印记】ʘin˥˧tɕi˥˩ （一）钤记。（二）印迹。
【印花】ʘin˥˧ho˥˩
【印堂】ʘin˦˨dã˧ 指额部两眉之间。
【印子钿】ʘin˥˧tsɿ˥˧di˨˧ 高利贷的一种。把本钱和很高的利息加在一起，约定期限，由债务人分期偿还。每还一期，在折子上盖印为记。
【印心肝痛】ʘin˥˧sin˥˧kø˥˧t'oŋ˦˨ 非常厉害的疼痛。
【印勿清格纸马】ʘin˥˧fəʔ˥˧ts'in˥˧kəʔ˥˧tsɿ˦˨mo˨˧ 形容脸部肮脏或脸上皮色难看。

荫【ʘin˦˨】另见 yīn。

【荫育之福】ʘin˦˨ɦioʔ˧tsɿ˥˩foʔ˥˧ 父母给于的福分，好处。

胤【ɦin˨˧】

窨【ʘin˦˨】

【窨井】ʘin˥˧tsin˥˩ 上下水道或其他地下管线工程中，为便于检查或疏通而设置的井状建筑物。
【窨井盖】ʘin˥˧tsin˥˧kE˥˩ 窨井的盖子。

yīng

应【ʘin˥˧】另见 yìng。

【应当】ʘin˥˧tã˥˩ 理所当然。
【应该】ʘin˥˧kE˥˩
【应有尽有】ʘin˥˧ɦiY˨˧zin˨˧ɦiY˨˧

英【ʘin˥˧】

【英名】ʘin˥˧min˨˧
【英年】ʘin˥˧ȵi˨˧

【英明】Øin˥min˩
【英烈】Øin˥liə˧
【英勇】Øin˥Øioŋ˥˩
【英姿】Øin˥tsɿ˥˩
【英雄】Øin˥ɦioŋ˩
【英雄无用武之地】Øin˥ɦioŋ˩vu˩ɦioŋ˧vu˩tsɿ˥˩di˩
【英雄只怕病来磨】Øin˥ɦioŋ˩tsə˥ˀPo˧bin˧lɛ˧mo˧ 形容有本领的人就怕受疾病折磨。

莺【Øin˥】

婴【Øin˥】

【婴儿】Øin˥ɦəl˩

瑛【Øin˥】

嘤【Øin˥】

罂【Øã˥】文读【Øin˥】

【罂粟】Øã˥soˀ˥ 两年生草本植物。全株有白粉,叶长圆形,边缘有缺刻,花红色、粉色或白色,果实球形。果实未成熟时划破表皮,流出汁液,用来制鸦片。果壳可入药,花供观赏。
【罂粟花】Øã˥soˀ˥ho˥˩ 罂粟的花。
【罂粟壳】Øã˥soˀ˥k'oˀ˥ 罂粟的果壳。

缨【Øin˥】

璎【Øin˥】

【璎珞】Øin˥loˀ˧

樱【Øã˥】文读【Øi˥】

【樱花】Øin˥ho˥˩ (一)落叶乔木。叶子椭圆形,总状花序或伞房花序,花白色或粉红色,略有芳香,果实球形,黑色。原产日本。供观赏。(二)这种植物的花。
【樱桃】Øã˥dæ˩ (一)落叶乔木。叶子长卵圆形,花白色,略带红晕。果实近于球形,红色,味甜,可以吃。

(二)这种植物的果实。(三)隐语。嘴。

【樱桃花】0ã˥dæ˩ho˥˩ 樱桃树的花。

【樱桃小口】0ã˥dæ˩siæ˦˩k'Y˥˩ 旧时形容女子小而红润的嘴。

Y

鹦【0ã˥】文读【0in˥】

【鹦哥】0ã˥kəu˥˩ 鹦鹉。

【鹦鹉】0in˥vu˩

【鹦哥绿】0ã˥kəu˥lo?˧ 翠绿色。

【鹦哩鸪哩】0ã˥li˩kəu˥˩li˩ 嘟嘟囔囔,发泄不满情绪。

【鹦鹉学舌】0in˥vu˩ɦio?˧zə?˧

膺【0in˥】

鹰【0in˥】

【鹰爪鼻】0in˥tsæ˥˩biə?˧ 形似鹰爪的鼻子。

【鹰钩鼻】0in˥kY˥biə?˧ 义同【鹰爪鼻】。

【鹰龙洋】0in˥loŋ˩ɦiã˩ 鹰洋和龙洋。鹰洋;铸有鹰形的墨西哥银币。龙洋,铸有龙形的我国清朝银币。

yíng

迎【ȵən˧】中州韵【ɦin˧】

【迎春】ȵən˧ʦ'ən˥

【迎亲】ȵən˧ʦ'in˥ 旧俗结婚时男家用花轿鼓乐等到女家迎接新娘。

【迎面】ȵən˧mi˩ 冲着脸。

【迎战】ȵən˩ʦø˥˩

【迎接】ȵən˩ʦiə?˥ 到某个地点去陪同客人等一起来。

茔【ɦin˧】

荧【ɦin˧】

盈【ɦin˧】

【盈利】ɦin˧li˩

【盈盈】ɦin˧ɦin˧ 形容情绪、气氛等充分流露。也指充盈。如:眼窠盈盈。

莹【ɦin˦】

萤【ɦin˦】

【萤火虫】ɦiʏ˦həu˥˩zoŋ˩ 昆虫。身体黄褐色,触角丝状,腹部末端有发光的器官,能发带绿色的光。白天伏在草丛里,夜晚飞出来。

营【ɦin˦】

【营生】ɦin˦sən˥
【营业】ɦin˦ȵiəʔ˧ 经营业务。
【营地】ɦin˦di˩
【营盘】ɦin˦bø˩ 军营的旧称。
【营救】ɦin˦ʨiʏ˥˩
【营火会】ɦin˦həu˥˩ɦuɛ˩ 一种露天的晚会。参加者一般都是青少年,围着火堆谈笑歌舞。
【营私舞弊】ɦin˦sɿ˥vu˦bi˩ 谋求私利和用欺骗的方式做违法乱纪的事情。

萦【ɦin˦】

蓥【ɦin˦】

楹【ɦin˦】

【楹联】ɦin˦li˩ 泛指对联。

滢【ɦin˦】

蝇【Øin˥】

【蝇头小楷】Øin˥dʏ˩siæ˥˧kʻɑ˥˩ 写得很小的毛笔字。
【蝇头微利】Øin˥dʏ˩vi˩li˩ 极薄的利润。

潆【ɦin˦】

嬴【ɦin˦】

赢【ɦʏən˦】文读【ɦin˦】

【赢着】ɦʏən˦zɑʔ˧或ɦin˦zɑʔ˧ 赢到。
【赢仔再想赢,输仔想翻本】ɦʏən˦tsɿ˥˩tsɛ˥siã˥˩ɦʏən˦,sʮ˥tsɿ˥˩siã˥˧fɛ˥pən˥˩或ɦin˦tsɿ˥˩tsɛ˥siã˥˩ɦin˦,sʮ˥tsɿ˥˩

siã˦fɛ˥pən˥˨　形容赌徒心态。

瀛【ɦin˨˧】

yǐng

郢【ɦin˩】

颍【ɦin˩】

颖【ɦin˩】

影【ʘin˥˨】

【影子】ʘin˦tsɿ˥　（一）物体挡住光线后，映在地面或其他物体上的形象。（二）镜中、水面等反映出来的物体的形象。（三）记忆中模糊的印象。

【影印】ʘin˦ʘin˥˨

【影戏】ʘin˥˨ɕi˥˨　电影。

【影响】ʘin˦ɕiã˥

【影星】ʘin˦sin˥

【影射】ʘin˦zo˩

【影像】ʘin˦ziã˩

【影戏馆】ʘin˦ɕi˥kuø˥˨　电影院。

瘿【ʘin˥】、【ʘin˥˨】

yìng

应【ʘin˥˨】另见 yīng。

【应对】ʘin˥˨tɛ˥˨　答对。

【应付】ʘin˦fu˥　对人对事采取措施、办法。

【应市】ʘin˥˨zɿ˩　（商品）适应市场需要上市出售。

【应运】ʘin˦ɦyən˨˧　泛指顺应时机。

【应时】ʘin˥˨zʮ˨˧　按照时令

【应试】ʘin˥˨sʮ˦　应考。

【应战】ʘin˥˨tsø˦　（一）跟进攻的敌人作战。（二）接受对方提出的挑战条件。

【应急】ʘin˥˨tɕəʔ˥　应付急迫的需要。

【应景】ʘin˥˨tɕən˦　（一）为了适应当前情况，做出姿态敷衍一下。（二）适合当时的节令。

【应酬】ʘin˦zʏ˨˧　交际往来，以礼相待。

【应一声】ʘin˦ʘiəʔ˥sã˥˨　答应一下，回应一下。

【应声虫】øinɬsənꞁzoŋɭ 指随声附和的人。

映【øiãɬ】文读【øinɬ】

硬【ŋãɭ】中州韵【ɦinɭ】

【硬上】ŋãɬzãɭ 蛮干。

【硬木】ŋãɬmoʔɬ 坚实细致的木材。

【硬气】ŋãɬtɕʻiV （一）正直不阿。（二）诚信可靠。（三）（质量）好。（四）有正当理由，问心无愧。（五）不依赖。

【硬王】ŋãɬɦuãɭ 信得过。

【硬扎】ŋãɬtsaʔꞁ （一）坚硬，结实。（二）喻正直不阿。（三）喻诚信可靠。

【硬功】ŋãɬkoŋꞁ 强硬的手段。

【硬扒】ŋãɬboɭ 勉强的手段。

【硬伤】ŋãɬsãꞁ （一）受撞击致伤。（二）喻平白无故受到较大的损失。

【硬争】ŋãɬtsãꞁ 在理由不足的情况下，勉强去争辩。

【硬印】ŋãɬøinV 钢印，或指钢印盖出的凹凸印文的印痕。

【硬来】ŋãɬlEɬ 蛮干。

【硬压】ŋãɬkʻaʔꞁ （一）用强力压制。（二）凭借地位职权等，毫无理由地压制或压下不办。

【硬戗】ŋãɬtsʻiãꞁ 生硬，不自然。

【硬底】ŋãɬtiV 用坚硬结实的材料制成的鞋底。

【硬性】ŋãɬsinV 不能改变的，不能通融的。

【硬劲】ŋãɬtɕənV 用强硬手段。

【硬板】ŋãɬPEV （一）（当床的）木板。（二）没有胶皮的乒乓板。

【硬货】ŋãɭhəuV （一）烈酒。（二）可以兑现的值钱的东西。

【硬衬】ŋãɬtsʻənV 用碎布或旧布加衬纸裱成的厚片。多用来制布鞋。

【硬帮】ŋãɬPãꞁ 没有原则的强行帮衬。

【硬派】ŋãɬPaꞁ 指表演风格

硬朗。

【硬挺】ŋã˨tʻin˥˩ (一)勉强支撑。(二)强行支撑。

【硬香】ŋã˨ɕiã˥ 食品没有煮酥烂,然而可食又可口。

【硬挣】ŋã˨tsã˥ 用强硬的态度去获取。

Y

【硬柴】ŋã˨zɑ˩ 木柴。

【硬档】ŋã˨tɑ̃˥ 过得硬的。

【硬格】ŋã˩kəʔ˥ (一)硬的。(二)(能力)强。(三)(质量)好。

【硬捧】ŋã˨pʻoŋ˥˩ 不顾事实的捧场或抬举。

【硬脱】ŋã˩tʻəʔ˥ (一)指人或动物已经死亡发硬。(二)本来柔软的东西或因温度下降,或因水分减少而变硬了。

【硬做】ŋã˨tsəu˥˩ (一)蛮干。(二)强行。

【硬揿】ŋã˨tɕiʏ˥˩ 蛮干。

【硬敲】ŋã˨kʻæ˥ 硬性索取。

【硬撑】ŋã˨tsʻã˥ 勉强支撑。

【硬心肠】ŋã˨sin˥zã˩ 狠心肠。

【硬耳朵】ŋã˨ȵi˨təu˥˩ 汉字偏旁之一。如:"即"字的右半边。

【硬出头】ŋã˨tsʻəʔ˥dʏ˩ 强行出头揽事。

【硬梆梆】ŋã˨pã˥pã˥˩ (一)形容坚硬结实。(二)形容态度生硬。(三)形容不善于交际。

【硬纸板】ŋã˨tsɿ˥pᴇ˥˩ 马粪纸一类的硬质纸。

【硬肚肠】ŋã˨dəu˨zã˩ 狠心肠。

【硬板纸】ŋã˨pᴇ˥tsɿ˥˩ 即硬纸板。

【硬板床】ŋã˨pᴇ˥zɑ̃˩ 木板床。

【硬戗戗】ŋã˨tsʻiã˥tsʻiã˥˩ (一)形容态度生硬。(二)形容硬而僵直。

【硬实儿】ŋã˨zəʔ˧ɦəl˥˩ 有价值的东西或有功力或尖端的东西。

【硬掰纸】ŋã˨pɑʔ˥tsɿ˥˩ 即硬纸板。

【硬碰硬】ŋã˨pʻã˥ŋã˩ (一)硬的东西碰硬的东西。喻用强硬的态度对付强硬的态度。(二)绝对优良的。(三)事实上。

【硬撬撬】ŋã˩ʥiæ˧ʥiæ˩ （一）形容很硬。（二）形容态度生硬。

【硬王实铁】ŋã˧ɦuɑ̃˧zəʔ˧ tʻiəʔ˥ 过硬。

【硬手硬脚】ŋã˧sɤ˥˩ŋã˧ tɕiɑʔ˥ 动作粗暴。

【硬扎漓漓】ŋã˧tsaʔ˥li˩li˩ 硬是迫使（贬义）。

【硬头家生】ŋã˧dɤ˧ka˥sã˥˩ 家具。

【硬吃一记】ŋã˧tɕʻəʔ˥ʔiəʔ˥tɕi˥˧ （一）强占人便宜。（二）强迫人答应。

【硬吃硬斗】ŋã˧tɕʻəʔ˥ŋã˧tɤ˥˩ 强行迫使。

【硬起壳翘】ŋã˩tɕʻi˥˩kʻoʔ˥ tɕʻiæ˥˧ 形容质地较硬，不柔顺。

【硬做主张】ŋã˧tsəu˥tsʮ˥˩ tsã˥˩ 强行替人作主。

【硬硬头皮】ŋã˩ŋã˩dɤ˧bi˩ 指不得已勉强（而为）。

【硬硬肚肠】ŋã˩ŋã˩dəu˧ zã˧ 指不得已而下狠心。

【硬得弯勿转】ŋã˩təʔ˥ʔuɛ˥ fəʔ˥tsø˥˩ 喻的的确确，不存在丝毫可以置疑的地方。

【硬装斧头柄】ŋã˧tsɑ̃˥fu˥˧dɤ˧pin˥˧ 理由十分牵强，把不相干的事强行联系起来。

【硬树自有硬虫钻】ŋã˩zʮ˩ zɿ˧ɦiɤ˩ŋã˧zoŋ˧tsø˥ 喻再厉害的人还有更厉害人来收拾。

【硬柴勿好捆软柴，软柴好捆硬柴】ŋã˧zɑ˩fəʔ˥hæ˥˩ kʻuən˥˩ŋø˧zɑ˩，ŋø˧zɑ˩hæ˥˩kʻuən˥˩ŋã˧zɑ˩ 刚不克柔，柔能克刚。

暎【ʔiã˥˧】文读【ʔin˥˧】

塍【ɦin˩】

yō

育【ɦio˩】另见 yù。

【育】ɦio˩ 杭育的“育”。

哟【ɦio˩】、【ʔioʔ˥】中州韵【ɕio˥˩】

唷【ɦioɅ】、【Øioʔ˥】中州韵【ɕioⅤ】

yo

哟【ɦioɅ】、【Øio˥】中州韵【ɕioⅤ】

yōng

佣【ɦioŋ˧】另见 yòng。

【佣人】ɦioŋ˧ɳənɅ　仆人。

拥【Øioŋ˥】

【拥护】Øioŋ˥ɦəuɅ

【拥抱】Øioŋ˥bæɅ

痈【Øioŋ˥】

【痈疽】Øioŋ˥tsiⅤ　毒疮。

邕【Øioŋ˥】

庸【ɦioŋ˧】

【庸人】ɦioŋ˧zənɅ　平庸而没有作为的人。

【庸医】ɦioŋ˧Øi˥　不高明的医生。

【庸俗】ɦioŋɅzoʔ˧　平庸鄙俗。

雍【Øioŋ˥】

【雍容华贵】Øioŋ˥ɦioŋɅɦo˧kuEⅤ　形容文雅大方、豪华富贵。

慵【ɦioŋ˧】

壅【ɦioŋ˧】

臃【Øioŋ˥】

【臃肿】Øioŋ˥tsoŋⅤ　（一）过度肥胖，转动不灵。（二）喻庞杂，调度不灵。

yóng

喁【ɦioŋ˧】另见 yú。

颙【ɦio˧】

yǒng

永【Øioŋ˥˩˥】

【永生】Øioŋ˦sən˥ （一）永远存在。（二）终生，一辈子。

【永存】Øioŋ˦zən˩ 永远存在。

【永世】Øioŋ˦sɥ˥˩˥ 永远。也指终生。

【永远】Øioŋ˦ɦiø˧ 表示时间长久，没有终止。

【永别】Øioŋ˦biəʔ˧ 永远分别（多指人死）。

【永生永世】Øioŋ˥sã˥Øioŋ˥ sɥ˥˩˥ 永远。

【永字八法】Øioŋ˦zɿ˧pɔʔ˥ faʔ˥ 毛笔字书法。写“永”字有八种笔法：点，横，直，钩，斜划向上，撇，短撇，捺。

【永垂不朽】Øioŋ˦zE˩pəʔ˥ ɕiY˦ 永远流传，不磨灭。

甬【Øioŋ˥˩˥】

【甬道】Øioŋ˦dæ˧ （一）大的院落或墓地中间对着厅堂、坟墓等主要建筑物的路。多用砖石砌成。（二）走廊，过道。

咏【Øioŋ˥˩˥】

泳【Øioŋ˥˩˥】

俑【Øioŋ˥˩˥】

勇【Øioŋ˥˩˥】

【勇力】Øioŋ˦liəʔ˧ 勇气和力量。

【勇士】Øioŋ˦zɿ˩ 有力气有胆量的人。

【勇气】Øioŋ˥˩˥tɕʻi˥˩˥ 敢作敢为、毫不畏惧的气魄。

【勇敢】Øioŋ˥˩˥kø˥˩˥ 不怕危险和困难，有胆量。

涌【Øioŋ˥˩˥】

【涌现】Øioŋ˥˩˥ɦi˩ （人或事物）大量出现。

恿【Øioŋ˥˩˥】

Y

涌【ʘioŋ˩˥】

蛹【ʘioŋ˩˥】

踊【ʘioŋ˩˥】

yòng
用【ɦioŋ˩】

【用】ɦioŋ˩ 吃、喝(含恭敬意)。如:用饭 ɦioŋ˩vE˩,用茶 ɦioŋ˩zo˧,用酒 ɦioŋ˩tsʏ˥,等等。

【用人】ɦioŋ˩ȵən˧ 选择与使用人员。

【用心】ɦioŋ˧sin˥ 集中注意力,多用心力。

【用仔】ɦioŋ˩tsɿ˥ 用了,花去。

【用水】ɦioŋ˩sɥ˥ (一)婉词。擦洗下身。(二)利用水。

【用功】ɦioŋ˧koŋ˥ 努力。

【用用】ɦioŋ˩ɦioŋ˩ 使用。

【用场】ɦioŋ˧zã˩ 用途,用处。

【用刑】ɦioŋ˩ɦin˧ 上刑罚。

【用劲】ɦioŋ˩tɕən˦ 用力。

【用度】ɦioŋ˧dəu˩ 开支。

【用点】ɦioŋ˩tiɪ˥ 用一些。

【用着】ɦioŋ˩zɑʔ˧ (一)正如,借用(某人的话)。(二)使用到。

【用脱】ɦioŋ˩tʻəʔ˥ 用掉,花去。

【用马桶】ɦioŋ˩mo˧doŋ˩ 指男子在家大便,女子在家大、小便。

【用勿着】ɦioŋ˧fəʔ˥zɑʔ˧ (一)用不到。(二)不必要。

【用铜钿】ɦioŋ˩doŋ˧diɪ˩ 花钱。

【用钞票】ɦioŋ˩tsʻæ˥pʻiæ˥ 花钱。

【用得着】ɦioŋ˩təʔ˥zɑʔ˧ (一)正如,借用(某人的话)。(二)使用得到。(三)正需要。

【用点功夫】ɦioŋ˩tiɪ˥koŋ˥fu˥ 花一点功夫。

【用勿着得格】ɦioŋ˧fəʔ˥zɑʔ˧təʔ˥kəʔ˥ 不必如此。

【用出吃奶奶力气】ɦioŋ˩tsʻəʔ˥tɕʻəʔ˥na˧na˩liəʔ˥tɕʻi˥ 形容尽了最大的努力。

【用得着用,用勿着甩】ɦioŋ˩ tə˥zɑʔ˧ɦioŋ˩,ɦioŋ˧fə˥ zɑʔ˧huE˦ 用得上就用,用不上的就扔掉。借指人际交往中的自私行为。

佣【ɦioŋ˩】另见 yōng。

yōu

优【ØiY˥】

【优先】ØiY˥sii˥˩ 在待遇上占先。

【优良】ØiY˥˥liã˩ (品种、质量、成绩、作风等)十分好。

【优秀】ØiY˥sY˥˩ (品行、学问、成绩等)非常好。

【优势】ØiY˥sɥ˥˩ 能压倒对方的有利形势。

【优点】ØiY˥tii˥˩ 好处,长处。

【优待】ØiY˥dE˩ 好的待遇。

【优胜】ØiY˥sən˥˩ 成绩优异,胜过别人。

【优惠】ØiY˥ɦuE˩ 较一般优厚。

【优越】ØiY˥ɦYə˧ 优胜,优良。

攸【ØiY˥】

忧【ØiY˥】

【忧伤】ØiY˥sã˥˩ 忧愁,悲伤。

【忧郁】ØiY˥ØYə˥ 忧伤,愁闷。

【忧虑】ØiY˥˥li˩ 忧愁,担心。

【忧愁】ØiY˥zY˩ 因遭遇困难或不如意的事而苦闷。

呦【ØiY˥】

幽【ØiY˥】

【幽会】ØiY˥ɦuE˩ 相爱的男女秘密相会。

【幽灵】ØiY˥˥lin˩ 幽魂。

【幽雅】ØiY˥Øiɑ˥˩ 幽静而雅致。

【幽静】ØiY˥zin˩ 幽雅,寂静。

【幽默】ØiY˥mə˧ 有趣或可笑而意味深长。

Y

悠【ØiY˥】

【悠久】ØiY˥tɕiY˥˩ 年代久远。

【悠扬】ØiY˥ɦiã˩ 形容声音时高时低而和谐。

【悠闲】ØiY˥ɦiɪ˩ 闲适自得。

【悠悠】ØiY˥ØiY˥˩ （一）长久，遥远。（二）众多。（三）形容从容不迫。

【悠闲阶级】ØiY˥ɦiɪ˩tɕiɑ˥tɕəʔ˥ 生活富裕而闲适的一些人。

yóu

尤【ɦiY˧】

【尤其】ɦiY˩ʥi˩ 副词，表示更进一步。

【尤物】ɦiY˧vəʔ˧ 指优异的人或物品（多指美女）。

【尤调】ɦiY˧diæ˩ 苏州评弹流派唱腔。尤惠秋所创。

由【ɦiY˧】

【由于】ɦiY˩ɦY˩ 表示原因或理由。

【由头】ɦiY˧dY˩ 可作为借口、理由的事。

【由来】ɦiY˧lE˩ 从发生到现在。

【由性】ɦiY˧sin˥˩ 索性。

【由衷】ɦiY˧tsoŋ˥ 出于本心。

【由得】ɦiY˧təʔ˥ 能得自主。

【由勿得】ɦiY˧fəʔ˥təʔ˥ 不由自主。

【由性好】ɦiY˧sin˥hæ˥˩ 索性这样。

邮【ɦiY˧】

【邮差】ɦiY˧tsʻɑ˥ 邮递员的旧称。

【邮政局】ɦiY˧tsən˥˩ʥioʔ˧ 邮局。

【邮戳图章】ɦiY˧tsʻoʔ˥dəu˩tsã˥˩ 邮戳。

犹【ɦiY˧】

【犹豫】ɦiY˩ɦY˩ 拿不定主意。

【犹太人】ɦiY˧tʻɑ˥ɳən˩ 精

明的人。

油【ɦiʏ˨˧】

【油水】ɦiʏ˨˧sч˥˩ （一）指饭菜里所含的脂肪质。（二）喻可以利己的好处。

【油布】ɦiʏ˨˧ɓu˥˩ 涂上桐油的布。可用以防水防湿。

【油汆】ɦiʏ˨˧tən˥˩ 油炸。

【油灰】ɦiʏ˨˧huᴇ˥ 桐油和石灰的混合物。可用以填充器物上的缝隙。

【油灯】ɦiʏ˨˧tən˥ 用植物油做燃料的灯。

【油条】ɦiʏ˨˧diæ˩ （一）一种油炸的面食。长条形，多用做早点。（二）讥称散漫而油滑的人。

【油纸】ɦiʏ˨˧tsɿ˥˩ 涂上桐油的纸。能防潮湿，常用来包东西。

【油花】ɦiʏ˨˧ho˥ 汤或带汤食物表面上浮着的油滴。

【油屁】ɦiʏ˨˧ɓi˥˩ 形容用油烹制的食物中，用油极少。

【油坊】ɦiʏ˨˧fɑ̃˥ 旧时榨植物油的作坊。

【油瓶】ɦiʏ˨˧bin˩ （一）盛油的瓶子。（二）指随母亲改嫁到继父家中去的孩子。

【油壶】ɦiʏ˨˧ɦəu˩ 装食油的小壶。

【油渍】ɦiʏ˨˧tsiəʔ˥ 粘在衣物等上的油垢。

【油脚】ɦiʏ˨˧tɕiɑʔ˥ 油容器底部的残油。

【油酥】ɦiʏ˨˧səu˥ 用食油和的面。

【油滑】ɦiʏ˨˧ɦuaʔ˧ 圆滑，世故，不诚恳。

【油煎】ɦiʏ˨˧tsii˥ 用少量食油或动物油煎制。

【油腻】ɦiʏ˨˧ȵ̥i˩ （一）含油多的。（二）含油多的食物。（二）油垢。

【油一油】ɦiʏ˨˧∅iəʔ˥ɦiʏ˨˧ 涂上一层桐油。

【油毛毡】ɦiʏ˨˧mæ˨˧tsø˥˩ 油毡。可防水，用于建筑。

【油布伞】ɦiʏ˨˧ɓu˥˩sᴇ˥˩ 用油布做伞面的伞。

【油皮肤】ɦiʏ˨˧bi˨˧fu˥˩ 分泌皮脂较多的皮肤。

【油灯火】ɦiʏ˨˧tən˥həu˥˩ 油灯。

【油光气】ɦiY˨˧kuã˥tɕʻi˥˩ 泛着油光。

【油纸伞】ɦiY˨˧tsɿ˥sE˥˩ 用油纸做伞面的伞。

【油豆腐】ɦiY˨˧dY˨˧vu˨˩ 用小块老豆腐在油中炸成的食品。色黄,中空。

【油果果】ɦiY˨˧kəu˥kəu˥˩ 榨油用的花生米。

【油面筋】ɦiY˨˧miɪ˨˧tɕən˥˩ 小块面筋在油中炸成的食品。色黄,中空。

【油煤桧】ɦiY˨˧zaʔ˨˧huE˥˩ 油条。

【油盏头】ɦiY˨˧tsE˥dY˨˩ 油灯。也称【油盏火】ɦiY˨˧tsE˥həu˥˩。

【油蒿气】ɦiY˨˧hæ˥tɕʻi˥˩ (一)变质油产生的异味。(二)令人咳嗽的油烟气。

【油堆扇】ɦiY˨˧tE˥sø˥˩ 一种黑油纸的折扇。较粗陋。

【油渍浞】ɦiY˨˧tsiəʔ˥tsoʔ˥ 油的污渍。

【油滋滋】ɦiY˨˧tsɿ˥tsɿ˥˩ 形容含油多的。

【油赖赖】ɦiY˨˧la˨˧la˨˩ 形容含油较多,不宜多食的(食品)。

【油棉拓】ɦiY˨˧miɪ˨˧tʻaʔ˥ 擦头发油用的圆形棉制品。

【油酥饼】ɦiY˨˧səu˥pin˥˩ 用较多油酥制成的面饼。

【油腻饭】ɦiY˨˧n̥i˨˧vE˨˩ 餐饮业工作。

【油酱蟹】ɦiY˨˧tsiã˥hɑ˥˩ 将螃蟹切成两半,切开处加上酱油,放入锅中油煎,再加上葱、姜、酒等调料炒煮而成的一种菜肴。

【油篓子】ɦiY˨˧lY˨˧tsɿ˥˩ 口小腹大的篓子。用竹篾、荆条等编成,里面糊纸,并涂上桐油和其他涂料,用来盛油等。

【油馓子】ɦiY˨˧tsʻE˥tsɿ˥˩ 一种油炸面食品,呈细条排块状。

【油露露】ɦiY˨˧ləu˨˩ləu˨˩ 泛着油光,很滋润的样子。

【油爆虾】ɦiY˨˧pæ˥ho˥˩ 河虾油炸,加葱、姜、糖、酱油等调料烹成的一种菜肴。

【油头光棍】ɦiY˨˧dY˨˩kuã˥kən˥˩ 狡猾轻浮的男人。

【油头粉面】ɦiY˨˧dY˨˩fən˥˩miɪ˨˩ 形容人打扮过分而显得轻浮(多指男子)。

【油头滑脑】ɦiɤ˩˧dɤ˩ɦuaʔ˧næ˩ 形容人狡猾轻浮。

【油皮猢狲】ɦiɤ˩˧bi˩ɦuəʔ˧sən˥˧ 指举止行为、出言吐语态度不严肃，轻浮油滑的少年男子。

【油氽果玉】ɦiɤ˩˧tʻən˥˧kəu˥ȵioʔ˧ 油炸花生米。

【油氽肉皮】ɦiɤ˩˧tʻən˥˧ȵioʔ˧bi˩ 食品。油炸猪皮，成海绵状。又称【氽空肉皮】tʻən˦kʻoŋ˥ȵoʔ˧bi˩。

【油灰节掐】ɦiɤ˩˧huᴇ˥tsiəʔ˥kʻaʔ˥ 灰指甲。

【油光锃亮】ɦiɤ˩˧kuɑ̃˥zɑ̃˩liɑ̃˩ 十分光亮。

【油光煞显】ɦiɤ˩˧kuɑ̃˥saʔ˥ɕii˥˧ 十分光亮。

【油滋夹冻】ɦiɤ˩˧ʦɿ˥kaʔ˥toŋ˥˧ 含油或脂肪很多。

【油滋哈喇】ɦiɤ˩˧ʦɿ˥hɑ˥lɑ˩ 义同【油滋夹冻】。

【油盐酱醋】ɦiɤ˩˧ɦii˩ʦiɑ̃˥ʦʻəu˥˧ 烹调用的调料的总称。

【油腔滑调】ɦiɤ˩˧ʨʻiɑ̃˥ɦuaʔ˧diæ˩ 形容人说话轻浮油滑。

【油煎和尚】ɦiɤ˩˧ʦii˥ɦəu˩zɑ̃˩ 形容脸上都是汗渍、油腻和污垢的人。

【油煎猢狲】ɦiɤ˩˧ʦii˥ɦuəʔ˧sən˥˧ 形容人瘦小。

【油嘴滑舌】ɦiɤ˩˧ʦɥ˥˧ɦuaʔ˧zəʔ˧ 形容说话油滑。

【油干灯草尽】ɦiɤ˩˧kø˥tən˥ʦʻæ˥˧zin˩ 喻精神、元气消耗殆尽而死亡。

【油皮皮，滑塌塌】ɦiɤ˩˧bi˩bi˩、ɦuaʔ˧tʻaʔ˥tʻaʔ˥ 形容说话、行为油滑。

【油里油，滑里滑】ɦiɤ˩˧li˩ɦiɤ˩˧，ɦuaʔ˧li˩ɦuaʔ˧ 义同【油皮皮，滑塌塌】。

【油酱蟹过节——讨祖宗手脚】ɦiɤ˩˧ʦiɑ̃˥hɑ˥˧kəu˥˧ʦiəʔ˥——tʻæ˥˧ʦəu˦ʦoŋ˥sɤ˦ʨiɑʔ˥ 歇后语。指给人添麻烦。

柚【ɦiɤ˩˧】另见 yòu。

疣【ɦiɤ˩˧】

莜【ɦiɤ˩˧】

莸【ɦiʏ˩˧】

铀【ɦiʏ˩˧】

蚰【ɦiʏ˩˧】

【蚰蜒】ɦiʏ˩˧ɦiɪ˨˩ 蚰蜒。即蜒蚰。

鱿【ɦiʏ˩˧】

游【ɦiʏ˩˧】

【游方】ɦiʏ˩˧fɑ̃˥ 云游四方。
【游水】ɦiʏ˩˧sɥ˥˨ 游泳。
【游戏】ɦiʏ˩˧ɕi˥˨
【游行】ɦiʏ˩˧ɦin˨˩ 广大群众为了庆祝、纪念、示威等在街上结队而行。
【游客】ɦiʏ˩˧k'ɑʔ˥ 游人。
【游街】ɦiʏ˩˧kɑ˥ 许多人在街上游行，多押着犯罪分子以示惩戒；有时拥着英雄人物以示表彰。
【游火虫】ɦiʏ˩˧həu˥zoŋ˨˩ 萤火虫。
【游码头】ɦiʏ˩˧mo˩˧dʏ˨˩ 连着在一些城镇巡回（经营）。
【游方和尚】ɦiʏ˩˧fɑ̃˥həu˨˩zɑ̃˨˩ 云游四方的和尚。
【游方道士】ɦiʏ˩˧fɑ̃˥dæ˨˩zɿ˨˩ 云游四方的道士。
【游戏文章】ɦiʏ˩˧ɕi˥vən˨˩tsɑ̃˥˨ （一）消闲文字。（二）喻逢场作戏的活动。

猷【ɦiʏ˩˧】

蝣【ɦiʏ˩˧】

蝤【ɦiʏ˩˧】另见 qiú。

繇【ɦiʏ˩˧】另见 yáo；zhòu。

yǒu

友【ØiʏɁ˧˩】

【友好】Øiʏ˧˩hæ˧˩ 好朋友。
【友爱】Øiʏ˧˩Øɛ˥ 友好亲爱。
【友谊】Øiʏ˧˩ȵi˨˩ 朋友之间的交情。
【友情】Øiʏ˧˩zin˨˩ 朋友的感情。

有【ɦiY˩】中州韵【ØiY˥】

【有人】(1)ɦiY˩ȵən˨ (一)(背后)有靠山。(二)有伴(多指男女关系)。(三)有人手。(2)ɦiY˨ȵən˨ 有一些人(前缀读法)。

【有气】ɦiY˩tɕ'i˧ 有气恼,生气。

【有心】(1)ɦiY˨sin˥ 有某种心意或想法。(2)ØiY˥sin˩ 故意。

【有份】ɦiY˩vən˩ (一)有牵连。(二)有份额。

【有劲】ɦiY˩tɕən˧ (一)有力气。(二)指兴致浓,有趣。

【有底】ɦiY˩ti˩ (一)知道底细,因而有把握。(二)有底线。

【有空】ɦiY˩k'oŋ˧ 有空闲的时候。

【有点】ɦiY˩tiɪ˩ 有一些。

【有便】ɦiY˩biɪ˩ 方便的时候。

【有种】ɦiY˩tsoŋ˩ 有胆量,有骨气。

【有哉】ɦiY˩tsE˩ (一)有了。(二)够了。

【有神】ɦiY˩zən˨ 有精神(多指眼睛)。

【有星】(1)ɦiY˩sin˥ 有星星。(2)ɦiY˩sin˩ 有些。

【有鬼】ɦiY˩tɕy˩ 喻情虚,有损道德的隐情。

【有得】ɦiY˩təʔ˥ 前缀词。放在动词前,表示(一)足够。(二)表示还须不断进行。(三)与其(这样)。

【有做】ɦiY˨tsəu˩ 本可以很快完成的事,故意拖着慢慢地干。

【有喜】ɦiY˨ɕi˩ 怀孕。

【有数】ɦiY˩səu˧ (心中)有底。

【有歇】ɦiY˩ɕəʔ˥ 有一会儿。

【有缘】ɦiY˩ɦiØ˨ 有缘分。

【有路】ɦiY˩ləu˩ (一)有办法,有门路。(二)有缝隙。

【有意】ØiY˥Øi˩ (一)故意。(二)有某种心意或想法。

【有一手】ɦiY˩Øiəʔ˥sY˩ 有某方面的本领或手段。

【有一歇】ɦiY˩Øiəʔ˥ɕəʔ˥ 有一会儿。

【有人家】ɦiY˩ȵən˧ka˥ （一）指女子已定婚。（二）有些人家。

【有两日】ɦiY˩liã˩ȵəʔ˧ （一）有两天时间。（二）有好几天。

【有两钿】ɦiY˩liã˩diI˩ 有些钱的，较富有的。

【有门路】ɦiY˩mən˧ləu˩ （一）有办法，有能达到某个目的的途径。（二）喻有很硬的关系、背景。

【有分寸】ɦiY˩fən˥tsʻən˥˩

【有心人】ɦiY˧sin˥ȵən˩ 有某种心愿，肯动脑筋的人。

【有心计】ɦiY˩sin˥tɕi˥˩ 心里有打算。

【有心好】ɦiY˧sin˥hæ˥˩ 索性行行好。

【有心相】ɦiY˧sin˥siã˥˩ 做事专心，有耐心。

【有文章】ɦiY˩vən˧tsã˥˩ 喻别有用意。

【有手腕】ɦiY˩sY˥˩0uø˥˩ （一）有交际手段。（二）喻（处理事务）有高明的手段。

【有仔虾】ɦiY˧tsɿ˥ho˥˩ 腹部有卵的雌虾。

【有日脚】ɦiY˩ȵəʔ˧tɕiaʔ˥ （一）已订下了日期。（二）总有一天。

【有日仔】ɦiY˩ȵəʔ˧tsɿ˥˩ 有那么一天；有的日子里。

【有瓜葛】ɦiY˩koʔ˥kəʔ˥ 喻有牵连。

【有分量】ɦiY˩vən˧liã˩ （一）喻（说出的话）有力量或指某个个人的重要性。（二）有些重量。

【有场巴】ɦiY˧zã˧po˥˩ 有的时候。

【有交易】ɦiY˧tɕiæ˥ɦi˩ 有往来。

【有老爷】ɦiY˩læ˧ɦia˥˩ 后缀词。表示否定。

【有肉头】ɦiY˧ȵoʔ˧dY˩ 喻有利（可图）。

【有光纸】ɦiY˧kuã˥tsɿ˥˩ 一种一面光一面毛的薄形纸。可用来单面书写或印刷。

【有年仔】ɦiY˩ȵiI˩tsɿ˥˩ 有的年份，有那么一年。

【有名气】ɦiY˩min˧tɕʻi˥˩ 有声望、声誉。

【有辰光】（1）ɦiY˩zən˧kuã˥ 有时间。（2）ɦiY˧zən˧

kuɑ̃˥˩　有的时候。

【有身孕】ɦiɤ˨˧sən˥ɦyən˨˧　怀孕。

【有肝胆】ɦiɤ˨˧kø˥tE˥˩　喻精诚坦白，有勇气。

【有时巴】ɦiɤ˦zɥ˦po˥˩或Øiɤ˥zɥ˦po˥˩　有的时候。

【有来头】ɦiɤ˨˧lE˦dɤ˨˧　指（人）有来历或（事）有来由。

【有进出】ɦiɤ˨˧tsin˥tsʻəʔ˥　有利害出入。

【有苗头】ɦiɤ˨˧miæ˦dɤ˨˧　（一）指显露出一点发展的迹象。（二）有值得夸耀的地方。

【有转巴】ɦiɤ˨˧tsø˥˩po˥˩　有的时候。也指有某一次。

【有劲道】ɦiɤ˨˧tɕən˥dæ˨˧　有劲。

【有种介】ɦiɤ˨˧tsoŋ˥˩kɑ˥˩　泛指有某一种的。

【有派头】ɦiɤ˨˧pʻɑ˥dɤ˨˧　有气派。

【有抵杠】ɦiɤ˨˧ti˦˧kɑ̃˥　有防备，有准备。

【有抵桩】ɦiɤ˨˧ti˦˧tsɑ̃˥　义同【有抵杠】。

【有眉目】ɦiɤ˨˧mE˦moʔ˧　喻事情有了头绪。

【有咬嚼】ɦiɤ˦ŋæ˦ziɑʔ˧　喻可以细细品味。

【有积硍】ɦiɤ˨˧tsiəʔ˥kʻən˦˧　有前科。

【有脑子】ɦiɤ˨˧næ˦tsɿ˥˩　有理智。喻有自己的独立见解。

【有样式】ɦiɤ˦Øiɑ̃˥səʔ˥　有样子。

【有清头】ɦiɤ˦tsʻin˥dɤ˨˧　懂事，行事守规矩（多指小辈）。

【有起色】ɦiɤ˨˧tɕʻi˦˧səʔ˥　指向好的方向转变。

【有常时】Øiɤ˥zɑ̃˦zɥ˨˧　有的时候。

【有着落】ɦiɤ˨˧zɑʔ˧loʔ˧　（一）有下落。（二）有了可以依靠或指望的来源。

【有意思】ɦiɤ˦Øi˥sɿ˥˩　（一）有意义。（二）指耐人寻味。（三）有心意。（四）指男女之间有爱慕之心。

【有数脉】ɦiɤ˦səu˥mɑʔ˧　（心中）有数。

【有算计】ɦiɤ˦sø˥tɕi˥˩　会盘算。

【有噱头】ɦiʏ˩ɕyəʔ˥dʏ˩ (一)有笑料。(二)指有本领。

【有……有……】ɦiʏ˩……ɦiʏ˩…… (一)用在意思相反或相对的两个名词、形容词或动词前面,表示既有这个,又有那个,两方面兼而有之。如:【有来有去】ɦiʏ˧lᴇ˧ɦiʏ˩tɕʰi˦ 互有往来。【有好有坏】ɦiʏ˧hæ˥ɦiʏ˩huɑ˩ 有好的,也有不好的;有好的一方面,也有不好的一方面。【有精有壮】ɦiʏ˧tsin˥ɦiʏ˩tsɑ̃˦ 有瘦肉也有肥肉。【有赏有罚】ɦiʏ˧sɑ̃˥ɦiʏ˩vaʔ˧ 有奖励,也有惩罚。指赏罚分明。(二)分别用在意思相同或相近的两个名词或动词、形容词前面,表示强调。如:【有心有相】ɦiʏ˧sin˥ɦiʏ˩siɑ̃˦ 十分专注并很有耐心。【有头有面】ɦiʏ˧dʏ˩ɦiʏ˩miɪ˩ 喻有名誉,有威信。【有吃有用】ɦiʏ˧tɕʰiəʔ˥ɦiʏ˩ɦioŋ˩ 既有吃,又有花;够吃够花。【有名有姓】ɦiʏ˧min˩ɦiʏ˩sin˦ 有查考;有信誉。【有板有眼】ɦiʏ˧pᴇ˥ɦiʏ˩ŋᴇ˩ 喻语言行动有条不紊,富有节奏或章法。【有商有量】ɦiʏ˧sɑ̃˥ɦiʏ˩liɑ̃˩ 相互商量,毫不隐瞒。【有着有实】ɦiʏ˧zɑʔ˧ɦiʏ˩zəʔ˧ 确确实实,实实在在。【有棱有角】ɦiʏ˧lən˧ɦiʏ˩koʔ˥ 指样子非常正规。

【有口无心】ɦiʏ˧kʏ˥vu˩sin˥ (一)嘴上说说而已,心里并不记着。(二)无意中说出,并没有目的。

【有气呒力】ɦiʏ˧tɕʰi˥m̩˩liəʔ˧ 形容无精打采的样子。

【有说有笑】ɦiʏ˧səʔ˥ɦiʏ˩siæ˦ 边说边笑,十分亲热的样子。

【有种出种】ɦiʏ˧tsoŋ˥tsʰəʔ˥tsoŋ˥ 撒什么种子长出什么苗来,结出什么籽来。指后代继承前辈(贬义)。

【有真呒假】ɦiʏ˧tsən˥m̩˩kɑ˥ 似真非真,说话油滑。

【有朝一日】ɦiʏ˩tsæ˥0iəʔ˥zəʔ˧ 有那么一天。

【有喜娘娘】ɦiʏ˧ɕi˥n̩iɑ̃˩n̩iɑ̃˩

孕妇。

【有影无形】Øiɤ˧˦Øin˥˧vu˨˧ ɦin˨˧ 捕风捉影。

【有趣搭煞】ɦiɤ˨˧ʦʻi˥˧taʔ˥saʔ˥ 饶有兴味(贬义)。

【有火发勿出】ɦiɤ˧˦həu˥˧faʔ˥ fəʔ˥ʦʻəʔ˥ 有气恼却不能发作出来。

【有天呒日头】ɦiɤ˧˦tʻii˥m̩˧˦ ȵəʔ˧dɤ˨˧ 暗无天日。

【有奶便是娘】ɦiɤ˨˧nɑ˨˧bii˨˧ zʅ˨˧ȵiã˧˦ 喻见利忘义，谁给好处就投靠谁的行为。

【有厾落呒戏】ɦiɤ˧˦toʔ˥loʔ˧m̩˨˧ ɕi˥˧ 指不是太认真的，只是消闲而为的。

【有吃呒看相】ɦiɤ˧˦ʨʻəʔ˥m̩˧˦ kʻø˥siã˥˧ 外观不怎么好，但很实惠。

【有苦说勿出】ɦiɤ˧˦kʻəu˥˧səʔ˥ fəʔ˥ʦʻəʔ˥ 心中有苦，因某种原因，不能说出来。

【有账算勿蚀】ɦiɤ˧˦ʦã˥˧sø˥ fəʔ˥zəʔ˧ 只要有账，总能够算清。

【有一句，呒一句】ɦiɤ˨˧Øiəʔ˥ ʨy˥˧，m̩˧˦Øiəʔ˥ʨy˥˧ （一）形容说话速度慢。（二）形容没话找话说。

【有一句，说一句】ɦiɤ˨˧Øiəʔ˥ ʨy˥˧，səʔ˥Øiəʔ˥ʨy˥˧ 指说话老老实实。

【有一顿，呒一顿】ɦiɤ˨˧Øiəʔ˥ tən˥˧，m̩˧˦Øiəʔ˥tən˥˧ 形容生活贫困到吃饭都成问题的地步。

【有米勿怕饭晏】ɦiɤ˨˧mi˨˧fəʔ˥ pʻo˧˦vᴇ˨˧Øᴇ˧˦ 喻有恃无恐。

【有志者事竟成】Øiɤ˥ʦɥ˥˧ ʦᴇ˥˧zʅ˨˧ʨən˥zən˨˧ 有志向的人，事业终究会成功。

【有胡须就是爷】ɦiɤ˨˧ʦəu˥ səu˥˧zɤ˧˦zʅ˨˧ɦiɑ˧˦ 调侃语。有胡须的竟都是父亲。调侃只看表象下结论。

【有理不在高声】ɦiɤ˧˦li˨˧pəʔ˥ zᴇ˨˧kæ˥sən˥˧ 说话符合道理，不在于嗓门儿高。

【有得早，摸得晏】ɦiɤ˨˧təʔ˥ ʦæ˥˧，moʔ˧təʔ˥Øᴇ˧˦ 虽然行动的时间很提前，却因为行动滞缓而耽搁。

【有眼勿识泰山】ɦiɤ˧˦ŋᴇ˨˧fəʔ˥ səʔ˥tʻɑ˥sᴇ˥˧ 喻认不出地位高或本领大的人。形容见识少。

【有仔一千想一万】ɦiY˩ʦɿ˥ Øiəʔ˥ʦʻiɪ˥siã˥Øiəʔ˥mE˩ 形容贪得无厌。

【有仔上顿呒下顿】ɦiY˩ʦɿ˥ zã˧tən˥m̩˧ɦo˩tən˥ 形容贫穷,经常断粮。

【有仔死法有活法】ɦiY˩ʦɿ˥ si˦faʔ˥ɦiY˩ɦuəʔ˧faʔ˥ 虽然是死规定,还是有变通的办法。

【有佛勿怕呒殿坐】ɦiY˩vəʔ˧ fəʔ˥pʻo˦m̩˧di˨zəu˩ 喻有本领的人不怕找不到发挥专长的位置。

【有其父必有其子】ɦiY˩ʥi˩ vu˩piəʔ˥ɦiY˩ʥi˨ʦɿ˥ 指有什么样的父亲就有什么样的儿子。

【有钿常想无钿日】ɦiY˧di˨ zã˧siã˥vu˩di˨zəʔ˧ 有钱的时候经常想想没钱的日子。劝喻人节俭。

【有钿难买六月惹】ɦiY˧di˨ nE˧ma˩loʔ˧ŋəʔ˧za˩ 俗语。指农历六月拉肚子是好事。其实无科学依据。

【有钿难买老来瘦】ɦiY˧di˨ nE˧ma˩læ˦lE˧sY˦ 俗语。指老年人瘦一些好。

【有钿能使鬼推磨】ɦiY˧di˨ nən˧sɿ˥kuE˥tʻE˥mo˩ 金钱能支配一切。

【有情人终成眷属】ØiY˥zin˩ zən˩ʦoŋ˥zən˩ʨiø˦zoʔ˧ 真心相恋的人,最终总能成为夫妻。

【有理堂前打太公】ɦiY˧li˩ dã˧zi˨tã˥tʻa˥koŋ˥ 行事说话只要符合道理,就无所畏惧。

【有力长发,呒力长掐】ɦiY˩ liəʔ˧tsã˥faʔ˥,m̩˧liəʔ˧tsã˥kʻã˥ 指身体健壮,头发长得快;身体虚弱,指甲长得快。

【有末有做,呒末呒做】ɦiY˩ məʔ˧ɦiY˩ʦəu˥,m̩˧məʔ˧m̩˧ ʦəu˥ 办事,有钱按有钱的方案做;没钱按没钱的方案做。

【有话就讲,有屁就放】ɦiY˩ ho˩zY˩kã˥,ɦiY˩pʻi˦zY˩f ã˦ 詈语。有话直说(不礼貌的)。

【有借有还,再借勿难】ɦiY˧ ʦia˥ɦiY˩ɦuE˧,ʦE˥ʦia˥fəʔ ˥nE˧ 借人东西能及时归

还,以后再借,别人会乐意借给。

【有事有人,无事无人】ʘiY˥ zɿ˩ʘiY˥ɳ̊ən˧,vu˩zɿ˩vu˩ɳ̊ən˩ 有事求助人,对人热情;没事求助人,对人冷淡。形容自私。

【有仔眼泪到别处去哭】ɦiY˧ tsɿ˥ŋɛ˦li˩tæ˦biə˧tsʻɥ˥tɕʻi˥ kʻo˥ 赌气,不求对方。

【有理呒理,出勒众人嘴里】ɦiY˦li˩ɱ̩˦li˩,tsʻə˥lə˧tsoŋ˦ɳ̊ən˧tsɥ˦li˩ 真理掌握在群众手里。

【有福勿会享,坐仔等天亮】ɦiY˧foʔ˥fə˥ʘuɛ˦ɕiã˦,zəu˩tsɿ˥tən˥tʻi˥liã˩ 喻不会享福。

【有嘴说别人,呒嘴说自身】ɦiY˧tsɥ˥sə˥bə˧ɳ̊ən˩,ɱ̩˧tsɥ˥sə˥zɿ˧sən˥ 责人不责己。形容卑鄙。

【有理天下通行,呒理寸步难行】ɦiY˧li˩tʻi˥ɦo˩tʻoŋ˥ɦã˩,ɱ̩˦li˩tsʻən˦bu˧nɛ˧ɦin˩ 指道理的重要。

【有得吃冬至夜,呒不吃冻一夜】ɦiY˧tə˥tɕʻə˥toŋ˥tsɥ˥ʘia˥,ɱ̩˧pə˥tɕʻə˥toŋ˦ʘiə˥ʘia˥ 指富人和穷人过冬至两种不同的境况。

【有末三样四样,呒不末蘸盐搽酱】ɦiY˩mə˧sɛ˥ɦiã˩sɿ˥ɦiã˩,ɱ̩˧pə˥mə˧tsɛ˦ɦi˧zo˧tsiã˦ 指用钱无计划,有钱时挥霍,无钱时只得潦草度日。

【有意栽花花不发,无心插柳柳成荫】ɦiY˥ʘi˥tsɛ˦ho˥ho˥pə˥faʔ˥,vu˧sin˥tsʻɑʔ˥lY˥lY˥zən˩ʘin˥ 喻有意做成的事情没有做成,无心促成的事反而意外地成功了。

【有缘千里来相会,无缘对面不相逢】ɦiY˩ɦiø˧tsʻi˥li˩lɛ˧siã˥ɦuɛ˩,vu˩ɦiø˧tɛ˥mi˩pə˥siã˥voŋ˩ 有缘分的人,即使相距千里,也会相会在一起;无缘分的人,即使面对面也会失去相识的机会。多指男女间婚姻关系。

酉【ɦiY˩】

【酉时】ɦiY˧zɥ˧ 旧时指下午五点到下午七点钟的时段。

卣【ɦiY˩˧】

美【ØiY˥˧】

莠【ɦiY˩˧】

牖【ɦiY˩˧】

黝【ØiY˥˧】

yòu

又【ɦiə˧】文读【ɦiY˩˧】

【又来哉】ɦiə˧lE˧tsE˥˧ 指重复出现、发生。

【又是龙灯又是会】ɦiə˧zɿ˩˧loŋ˧tən˥ɦiə˧zɿ˩˧ɦuE˩˧ 喻热闹的事情接连不断。

【又做师娘又做鬼】ɦiə˧tsəu˦sɿ˥ȵiã˩ɦiə˧tsəu˦tɕy˥˧ 指一面装好人,一面做坏事,玩弄两面手法。

【又怕吃仔,又怕噎仔】ɦiə˧pʻo˦tɕʻəʔ˥tsɿ˥˧,ɦiə˧pʻo˦Øiəʔ˥tsɿ˥˧ 喻患得患失。

【又要面子,又要夹里】ɦiə˧Øiæ˦mi˧tsɿ˥,ɦiə˧Øiæ˦kaʔ˥li˩˧ 指又要名声好,又要占便宜。

【又要做婊子,又要立牌坊】ɦiə˧ɦiæ˦tsəu˦piæ˦tsɿ˥˧,ɦiə˧Øiæ˦liə˧bɑ˧fã˥ 指既做坏事,却还要博得好名声。

【又怕屁股痛,又怕铜钿用】ɦiə˧pʻo˦pʻi˥kəu˥˧tʻoŋ˥˧,ɦiə˧pʻo˦doŋ˧di˩˧ɦioŋ˩˧ 指不愿承担任何风险,却又想获得好处。

【又要马儿好,又要马儿不吃草】ɦiə˧Øiæ˦mɑ˥ɦəl˩˧hæ˥˧,ɦiə˧Øiæ˦mɑ˥ɦəl˩˧fəʔ˥tɕʻəʔ˥tsʻæ˥˧ 喻要别人出大力,却不提供必要的条件,不愿付出应付的代价。

右【ɦiY˩˧】

【右面】ɦiY˧mi˩˧ 右边。

【右首】ɦiY˧sY˥˧ 右边。

幼【ØiY˦】

【幼稚园】ØiY˦zɥ˧ɦiø˩˧ 幼

儿园。

佑【ɦiɤ˨˩】

柚【ɦiɤ˧】另见 yóu。

【柚子】ɦiɤ˧tsɿ˥˩　文旦。

囿【ɦiɤ˨˩】

宥【ɦiɤ˨˩】

诱【ɦiɤ˨˩】

【诱导】ɦiɤ˧dæ˨˩　劝诱，教导；引导。

【诱奸】ɦiɤ˧tɕiɪ˥　用欺骗的手段使异性跟自己发生性行为。

【诱供】ɦiɤ˧koŋ˥˩　用不正当的方法诱使刑事被告人按侦查、审判人员的主观意图或推断进行陈述。

釉【ɦiɤ˨˩】

鼬【ɦiɤ˨˩】

yū

迂【Øy˥】

【迂】Øy˥　（一）心里难受、觉得委屈。（二）指迂腐。

【迂回】Øy˥ɦuE˨˩　（一）回旋，环绕。（二）绕到侧面或后面。

【迂腐】Øy˥vu˨˩　（言谈、行事）拘泥于陈旧的准则，不适应新时代。

吁【Øy˥】另见 xū；yù。

纡【Øy˥】

於【Øy˥】

淤【Øy˥】

【淤血】Øy˥ɕyəʔ˥　凝聚不流通的血。

【淤泥】Øy˥ȵi˨˩　河流、湖沼、水库、池塘中沉积的泥沙。

Y

Y

yú

于【ɦy˦˩】

与【ɦy˦˩】另见 yǔ;yù。

予【ɦy˦˩】另见 yǔ。

伃【ɦy˦˩】

余【ɦy˦˩】

【余力】ɦy˦˩liəʔ˧ 剩余的力量,多余的精力。

【余生】ɦy˦˩sən˥ (一)指晚年。(二)(大灾难后)侥幸保全的生命。

【余地】ɦy˦˩di˨˩ 指言语或行动中留下的可回旋的地步。

【余多】ɦy˦˩təu˥ 剩余。

【余兴】ɦy˦˩ɕən˥˨ (一)未尽的兴致。(二)会议或宴会之后附带举行的文娱活动。

【余党】ɦy˦˩tɑ̃˥˨ 未消灭尽的党羽。

【余热】ɦy˦˩ȵəʔ˧ (一)生产过程中剩余的热量。(二)喻离休、退休以后的老年人的精力和作用。

【余粮】ɦy˦˩liã˦˩ 吃用之外余下的粮食。

【余数】ɦy˦˩səu˥˨ (一)整数除法中,被除数未被除数整除所剩的大于0而小于除数的部分。(二)剩余下来的东西或金钱的数量。

欤【ɦy˦˩】

妤【ɦy˦˩】

盂【ɦy˦˩】

臾【ɦy˦˩】

鱼【ŋ̍˦˩】文读【ɦy˦˩】

【鱼子】ŋ̍˦˩tsɿ˥˨ 鱼的卵。

【鱼干】ŋ̍˦˩kø˥ 鲜鱼经过曝晒或烘烤脱水而成的食品。

【鱼叉】ŋ̍˦˩tsʻo˥ 杆头有尖刺叉的捕鱼工具。

【鱼杂】ŋ̍˦˩zəʔ˧ 可作食品的鱼的内脏。

【鱼行】ŋ̍˦˩ɦɑ̃˨˩ 经营鱼类批发业务的商店。

【鱼网】ŋ̇˨˧mɑ̃˨˩　捕鱼用的网。

【鱼苗】ŋ̇˨˧miæ˨˩　由鱼子孵化出来供养殖用的小鱼。

【鱼油】ŋ̇˨˧ɦiʏ˨˩　鱼的脂肪。

【鱼肉】(1)ŋ̇˨˧ȵioʔ˧　鱼的肉。(2)ɦy˨˧ȵoʔ˧　喻用暴力欺凌残害。

【鱼肚】ŋ̇˨˧təu˥˩　食品。用某些鱼的鳔制成。

【鱼缸】ŋ̇˨˧kɑ̃˥　饲养鱼类的玻璃缸。

【鱼翅】ŋ̇˨˧tsʻʮ˥˩　以鲨鱼鳍的软骨条加工而成的食品。

【鱼圆】ŋ̇˨˧ɦiø˨˩　用鱼肉糜制成的丸子。

【鱼雄】ŋ̇˨˧ɦioŋ˨˩　鱼的精。

【鱼仙人】ŋ̇˨˧siɪ˥ȵən˨˩　类似鱼的侧影的鱼的两块头骨。吴人吃较大的鱼，往往喜欢找出这两块骨头，许愿后抛掷“鱼仙人”，以其下落后能否竖着立起来占卜休咎取乐。

【鱼芒芒】ŋ̇˨˧mɑ̃˨˧mɑ̃˨˩　细软的鱼刺。

【鱼池潭】ŋ̇˨˧zʮ˨˧dø˨˩　鱼池。

【鱼肝油】ŋ̇˨˧kø˥ɦiʏ˨˩　保健品。从鲨鱼、鳕鱼和海豚、鲸等的肝脏中提炼出来的脂肪。黄色，有腥味。

【鱼肚杂】ŋ̇˨˧dəu˨˧zəʔ˧　鱼的内脏。

【鱼肚肠】ŋ̇˨˧dəu˨˧zɑ̃˨˩（一）鱼的肠子。（二）泛指鱼的内脏。

【鱼尾巴】ŋ̇˨˧ȵi˨˧po˥˩　鱼的尾。

【鱼尾纹】ɦy˨˧vi˨˧vən˨˩　人的眼梢与鬓角之间的像鱼尾的皱纹。

【鱼肠剑】ɦy˨˧zɑ̃˨˩tɕiɪ˧˦　古代名剑。春秋时刺客专诸用鱼肠剑刺杀王僚。

【鱼泡泡】ŋ̇˨˧pʻæ˥pʻæ˥˩　鱼鳔。

【鱼苦胆】ŋ̇˨˧kʻəu˥tᴇ˥˩　鱼的胆。

【鱼骨头】ŋ̇˨˧kuəʔ˥dʏ˨˩　鱼骨。

【鱼梗梗】ŋ̇˨˧kɑ̃˥kɑ̃˥˩　尖细而硬的鱼刺。

【鱼桶摊】ŋ̇˨˧doŋ˨˩tʻᴇ˥˩　卖鱼的摊贩。

【鱼颌腮】ŋ̍˧kə˥˥sE˥˩ 鱼腮。鱼的呼吸气管。

【鱼腥气】ŋ̍˧sin˥˥tɕʻi˥˩ 鱼腥味儿。

【鱼棱爿】ŋ̍˧lən˧bE˨˩ 鱼鳞。

【鱼鳞片】ɦy˧lin˧pʻi˥˩ 舞台两侧的条幕。

【鱼米之乡】ɦy˧mi˨˩tsɥ˥˩ɕiã˥˥ 指盛产鱼和大米的富庶的地方。

【鱼肉荤腥】ŋ̍˧ȵioʔ˧huən˥˥sin˥˩ 泛指荤食。

【鱼腥虾蟹】ŋ̍˧sin˥˥ho˥˥hɑ˥˩ 泛指水产动物类食物。

【鱼棱爿云】ŋ̍˧lən˧bE˨˩ɦyən˧ 状似鱼鳞的高空卷积云,色白,明亮。

竽【ɦy˧】

俞【ɦy˧】

【俞调】ɦy˧diæ˨˩ 苏州评弹流派唱腔。俞秀山所创。

馀【ɦy˧】见“余”。

谀【ɦy˧】

娱【ȵy˧】中州韵【ɦy˧】、【ɦəu˨˩】

【娱乐】ȵy˧loʔ˧ (一)使人快乐,消遣。(二)快乐有趣的活动。

萸【ɦy˧】

渔【ɦy˧】

【渔火】ɦy˧həu˥˩ 渔船上的灯火。

【渔夫】ɦy˧fu˥˥ 以捕鱼为业的男子。

【渔民】ɦy˧min˨˩ 以捕鱼为业的人。

【渔场】ɦy˧zã˨˩ 海上集中捕鱼的区域。

【渔业】ɦy˧ȵəʔ˧ 捕捞或养殖水生动物的生产事业。

【渔色】ɦy˧səʔ˥ 贪求并追逐女色。

【渔舟】ɦy˧tsʏ˥˥ 渔船。

【渔利】ɦy˧li˥˩ 趁机会谋取不

正当的利益。

【渔村】ɦy˧ʦʻən˥　渔民聚居的村庄。

【渔翁】ɦy˨˦Øoŋ˥　称年老的渔夫。

【渔家】ɦy˨˦ʨia˥　以捕鱼为业的人家。

【渔歌】ɦy˧kəu˥　渔民所唱的、反映渔民生活的歌曲。

【渔霸】ɦy˨˦po˦˧　占有渔船、鱼网等或开鱼行剥削、欺压渔民的恶霸。

隅【ɦy˨˦】

揄【ɦy˨˦】

喁【ɦy˨˦】另见 yóng。

逾【ɦy˨˦】

腴【ɦy˨˦】

渝【ɦy˨˦】

愉【ɦy˨˦】

【愉快】ɦy˩kʻua˥˩˥　快意,舒畅。

瑜【ɦy˨˦】

榆【ɦy˨˦】

虞【ŋ̥y˨˦】文读【ɦy˨˦】

愚【ŋ̥y˨˦】文读【ɦy˨˦】

【愚公】ŋ̥y˧koŋ˥　传说中古代一位敢于移山的老人。

【愚蠢】ŋ̥y˩ʦʻən˥˩˥　愚笨,不聪明。

觎【ɦy˨˦】

舆【ɦy˨˦】;【Øy˥】

【舆论】ɦy˧lən˩或Øy˥lən˩　群众的言论。

窬【ɦy˨˦】

yǔ

与【ɦy˩】文读【Øy˥˩˥】另见 yú;yù。

【与其】Øy˦˧ʥi˩　连词,往往

与“不如”呼应使用。比较两件事的利害得失而决定取舍的时候，“与其”用在放弃的一面。

【与人为善】ØyꜜzənꜦɦuEꜜzøꜜ

【与己无关】ɦyꜜʨiꜛvuꜜkuEꜛ 跟自己没有关系。

【与人方便，即是自己方便】ØyꜜzənꜦfãꜛbiIꜜ，tsiəʔꜛzꜘꜜzꜘꜦʨiꜛfãꜛbiIꜜ 俗语。帮助别人，对自己也有好处。当自己有难处时，别人也会提供帮助。

予【ɦyꜜ】、【ɦyꜦ】另见yū。

屿【Øyꜜ】

伛【ØYꜛ】、【hYꜛ】中州韵【ɦyꜜ】

【伛腰】ØYꜛØiæꜛ 弯着腰。

【伛下来】ØYꜛhoꜜlEꜜ或ØYꜜɦoꜜlEꜜ 弯下身体。

【伛伛手】ØYꜛØYꜛsYꜜ 招手。

【伛倒身体】ØYꜛtæꜜsənꜛtʻiꜜ 弯下身体。

【伛背】hYꜛpEꜜ 背部向前弯曲或背部向前弯曲的人。

【伛背老公公】hYꜛpEꜜlæꜜkoŋꜛkoŋꜜ 背部向前弯曲的老年男子，或背部向前弯曲的人。

宇【ɦyꜜ】

羽【ɦyꜜ】文读【Øyꜛ】

【羽毛】Øyꜛmæꜜ 鸟类身体表面所长的毛。

【羽纱】Øyꜛsoꜜ 一种薄型纺织品。用棉跟毛或丝等混合织成，多用来做衣服里子。

【羽绒】Øyꜛȵoŋꜜ （一）禽类腹部和背部的绒毛。（二）经过加工处理的鸭、鹅等的羽毛。

【羽毛球】ØyꜛmæꜦʥiYꜜ 羽毛球运动使用的球。用软木包羊皮装上羽毛制成。也有用塑料制作的。

雨【ɦy˨˧】

【雨水】ɦy˨sɥ˥˨ (一)由降雨而来的水。(二)二十四节气之一。

【雨布】ɦy˨pu˥˨ 指可以挡雨的布。

【雨衣】ɦy˨i˥ 用油布、胶布或塑料等制成的防雨外衣。

【雨伞】ɦy˨sE˥ 防雨的伞。

【雨披】ɦy˨pʻi˥ 防雨的斗篷。

【雨前】ɦy˨ziɪ˨˧ 绿茶的一种。用谷雨前采摘茶树的细嫩芽尖制成。

【雨脚】ɦy˨tɕiɑʔ˥ 指降雨的时间。

【雨棚】ɦy˨bã˨˧ 防雨的棚子或廊。

【雨篷】ɦy˨boŋ˨˧ 用防雨布制成的遮雨篷。用于卡车、三轮车、人力车等上面。

【雨头里】ɦy˨dY˨li˨˧ 雨中。

【雨夹雪】ɦy˨kaʔ˥siəʔ˥ 雨雪一起下。

【雨花石】ɦy˨ho˥zɑʔ˧ 一种光洁的小卵石。有美丽的色彩和花纹,可供观赏。主要出产在南京雨花台一带。

【雨点子】ɦy˨tʻiɪ˥tsɿ˥˨ 形成雨的小水滴。

【雨雪天气】ɦy˨siəʔ˥tʻiɪ˥tɕʻi˥˨ 下雨下雪的天气。

【雨湿漫漫】ɦy˨səʔ˥mø˨˧mø˨˧ 阴雨绵绵的样子。

【雨雪连绵四九天】ɦy˨siəʔ˥liɪ˨miɪ˨˧sɿ˥tɕY˥˨tʻiɪ˥ 指冬季四九天气苏州地区多雨雪。

【雨天挑灰担——越挑越重】ɦy˨tʻiɪ˥tʻiæ˥huE˥tE˥˨——ɦyəʔ˧tʻiæ˥ɦyəʔ˧zoŋ˨˧ 歇后语。喻越来越感觉到负担重。

【雨打黄梅头,斫麦像贼偷】ɦy˨tã˥˨ɦuã˨mE˨dY˨,tsoʔ˥mɑʔ˧ziã˨˧zəʔ˧tʻY˥ 指入梅时下雨,预示梅雨连绵,得抓紧时间抢收麦子。

禹【ɦy˨˧】

语【ȵy˨˧】

【语文】ȵy˨vən˧ (一)语言和文学。(二)语言和文字。

【语气】ȵy˦tɕʻi˩ （一）说话的口气。（二）表示陈述、疑问、祈使、感叹等分别的语法范畴。

【语汇】ȵy˦ɦuE˩ 一种语言的或一个人所用的词和短语的总和。

【语法】ȵy˦faʔ˥ 语言的结构形式，包括词的构成和变化、词组和句子的组织。

【语音】ȵy˦∅in˥ 语言的声音。即人说话的声音。

【语调】ȵy˩diæ˩ 说话的腔调。即一句话里语音高低轻重的配置。

【语无伦次】ȵy˦vu˩lən˦tsʻɿ˩ 话讲得很乱，没有条理层次。

圄【ɦy˩】

庾【ɦy˩】、【ɦy˦】

瘐【ɦy˩】、【ɦy˦】

龉【ɦy˩】

Y

yù

与【ɦy˩】、【ɦy˦】另见 yú；yù。

玉【ȵioʔ˧】中州韵【ɦioʔ˧】

【玉人】ȵioʔ˧zən˩ 美女。

【玉女】ȵioʔ˧ȵy˩ （一）美女。（二）仙女。

【玉手】ȵioʔ˧sY˩ 敬辞。称别人的手（多指美女）。

【玉兰】ȵioʔ˧lE˩ （一）落叶乔木。叶子倒卵形，背面有柔毛，花大，多为白色或紫色，有香气，花瓣长倒卵形，果实圆筒形。供观赏。（二）这种植物的花。（三）一种花茶名。

【玉石】ȵioʔ˧zɑʔ˧ 玉。

【玉成】ȵioʔ˧zən˩ 敬辞。成全。

【玉体】ȵioʔ˧tʻi˩ 敬辞。称别人的身体。

【玉佛】ȵioʔ˧vəʔ˧ 用玉石制成的佛像。

【玉杯】ȵioʔ˧pɛ˥˩ 用玉石制成的杯子。

【玉带】ȵioʔ˧tɑ˦˩ 古代官员所用的玉饰腰带。

【玉玺】ȵioʔ˧si˥˩ 君主的玉印。

【玉料】ȵioʔ˧liæ˩ 制作玉器的玉石原料。

【玉容】ȵioʔ˧ɦioŋ˩ 敬辞。称别人的面容。

【玉照】ȵioʔ˧tsæ˦˩ 敬辞。称别人的照片。

【玉碗】ȵioʔ˧Øuø˥˩ 用玉石制成的碗。

【玉器】ȵioʔ˧tɕʻi˥˩ 用玉石雕琢成的各种器物。多为工艺美术品。

【玉雕】ȵioʔ˧tiæ˥ 在玉上雕刻形象、花纹的艺术。也指用玉雕刻成的工艺品。

【玉镯】ȵioʔ˧zoʔ˧ 用玉石制成的镯子。也称【玉镯头】ȵioʔ˧zoʔ˧dɤ˩。

【玉簪】ȵioʔ˧tsø˥ 用玉做成的簪子。

【玉面狼】ȵioʔ˧mi˩lɑ̃˦ 面貌英俊、手段狠毒的男子。

【玉皇大帝】ȵioʔ˧ɦuɑ̃˩da˩ti˥˩ (一)道教称天上最高的神。也叫玉帝。(二)戏谑词。称妻子。

【玉不琢不成器,人不学不知理】ȵioʔ˧pəʔ˥zoʔ˧pəʔ˥zən˩tɕʻi˦˩,zən˩pəʔ˥ɦioʔ˧pəʔ˥tsɿ˥li˥˩ 喻人经过磨炼才能成才,懂得处世道理。

驭【ɦy˩】

芋【ɦy˩】

【芋艿】Øy˥na˩ (一)多年生草本植物。块茎椭圆形或卵形,叶子略呈卵形,有长柄,花穗轴在苞内,雄花黄色,雌花绿色。块茎含淀粉很多,供食用。(二)这种植物的块茎。

【芋艿头】Øy˥na˩dɤ˩ (一)芋艿的块茎。(二)谑词。称头发稀疏且柔软发黄的脑袋。

吁【Øy˩】

Y

聿【ɦyəʔ˧】

谷【ɦioʔ˧】另见 gǔ。

【谷】ɦioʔ˧ 吐谷浑的“谷”。

饫【ɦy˩】

妪【ɦy˩】

郁【øyəʔ˥】文读【øioʔ˥】

【郁】øyəʔ˥ 忧愁、气愤等在心里积郁，不得发泄。

【郁郁叫】øyəʔ˥øyəʔ˥tɕiæ˥ 忧愁、气愤等在心里积郁，不得发泄的感觉。

【郁瘪瘪】øyəʔ˥piəʔ˥piəʔ˥ 形容郁闷委屈的样子。

【郁郁不乐】øyəʔ˥øyəʔ˥pəʔ˥loʔ˧ 心里苦闷，一点都不开心。

【郁郁葱葱】øioʔ˥øioʔ˥tsʻoŋ˥tsʻoŋ˥ （草木）苍翠茂盛。

【郁瘪郁瘪】øyəʔ˥piəʔ˥øyəʔ˥piəʔ˥ 形容郁闷委屈的样子。

育【ɦioʔ˧】

【育婴堂】ɦioʔ˧øin˥dɑ̃˩ 旧时收养无人抚育的婴儿的机构。

昱【øioʔ˥】中州韵【ɦioʔ˧】

狱【ŋ̊ioʔ˧】中州韵【ɦioʔ˧】

【狱官】ŋ̊ioʔ˧kuø˥ 旧时管理监狱的官员。

彧【øioʔ˥】

峪【ɦy˩】

钰【tɕioʔ˥】中州韵【ɦioʔ˧】

浴【ɦioʔ˧】

【浴巾】ɦioʔ˧tɕən˥ 洗澡时用的长毛巾。

【浴布】ɦioʔ˧ɓu˦ 洗澡时用的毛巾。

【浴池】ɦioʔ˧zɿ˨ (一)供许多人同时洗澡的设备。形状像池塘,用石头或混凝土筑成。(二)借指澡堂(多用作澡堂的名称)。

【浴衣】ɦioʔ˧ɵi˥ 专供洗澡前后穿的衣服。

【浴场】ɦioʔ˧zã˨ (一)露天游泳场所。(二)特大型的新颖浴室,内兼设运动、娱乐、购物等服务项目。

【浴血】ɦioʔ˧ɕyəʔ˥ 形容战斗激烈。

【浴盆】ɦioʔ˧bən˨ 澡盆(不包括新式的大澡盆)。

【浴室】ɦioʔ˧səʔ˥ 澡堂。

【浴桶】ɦioʔ˧doŋ˨ 洗澡用的大木盆。

预【ɦy˨】

【预习】ɦy˧ziəʔ˧ 学生预先自学将要听讲的功课。

【预计】ɦy˧tɕi˩ 预先计算、计划或推测。

【预见】ɦy˧tɕii˩ (一)根据事物的发展规律,预先料到将来。(二)能预先料到将来的见识。

【预支】ɦy˧tsɿ˥ 预先付出或领取(款项)。

【预付】ɦy˧fu˩ 预先付给(款项)。

【预防】ɦy˧bã˨ 事先防备。

【预约】ɦy˧ɵioʔ˥ 事先约定。

【预收】ɦy˧sɤ˥ 预先收取(款项)。

【预先】ɦy˧sii˥ 在事情发生或进行之前。

【预兆】ɦy˧zæ˨ (一)预先显露出来的迹象。(二)(某种迹象)预示将要发生某种事情。

【预报】ɦy˧ɓæ˩ 预先报告(多用于天文、气象方面)。

【预告】ɦy˧kæ˩ (一)事先通告。(二)事先的通告(多用于戏剧演出、图书出版等)。

【预言】ɦy˧ɦii˨ (一)预先说出(将来要发生的事情)。(二)预先说出的关于将来要发生什么事情的话。

【预备】ɦy˧bɛ˨ 准备。

【预审】ɦy˧sən˩ (一)法院

正式开庭审判前对刑事被告人所进行的预备性审讯活动。(二)侦查阶段对刑事案件被告人进行的讯问。

【预测】ɦʏ˦tsʻə˥ 预先推测或测定。

【预选】ɦʏ˦sii˥˩ 在正式选举前,为确定候选人而进行的选举。

【预料】ɦʏ˦liæ˨ (一)事先推测。(二)事先的推测。

【预谋】ɦʏ˦mʏ˨ 做坏事之前有所谋划。特指犯人做犯法的事之前有所谋划。

【预期】ɦʏ˦ʥi˥˩ 预先期待。

【预感】ɦʏ˦kø˥˩ (一)事先感觉。(二)事先的感觉。

【预赛】ɦʏ˦sᴇ˥˩ 决赛之前进行的比赛。在预赛中选拔参加决赛的选手或单位。

【预算】ɦʏ˦sø˥˩ 对于未来一定时期内的收入和支出的计划。

【预演】ɦʏ˦ɦii˥˩ 在正式演出前试演。

域【ɦʏəˀ˧】

欲【ɦioˀ˧】

【欲望】ɦioˀ˧vɑ̃˨ 想得到某种东西或达到某种目的的要求。

【欲速则不达】ɦioˀ˧soˀ˥tsəˀ˥pəˀ˥daˀ˧ 过于性急反而不能达到目的。

【欲加之罪,何患无词】ɦioˀ˧tɕia˥tsʮ˥˩zᴇ˨,ɦəu˨ɦuᴇ˨vu˨zʅ˦ 想要给人加上罪名,何愁找不到借口。指以种种借口诬陷人。

【欲将取之,必先与之】ɦioˀ˧tsiã˥tsʻi˥tsʮ˥˩,piəˀ˥sii˥ɦy˦tsʮ˥˩ 指想办成一件事,要先作一些让步。

【欲知山下路,须问过来人】ɦioˀ˧tsʮ˥sᴇ˥ɕia˥˩lu˨,si˥mən˨kəu˥lᴇ˦ɳ̍ən˦ 喻想了解情况,必须向有实践经验的人请教。

【欲得真学问,须下死功夫】ɦioˀ˧təˀ˥tsən˥ɦoˀ˧vən˨,si˥ɕia˥˩si˦koŋ˥fu˥˩ 想要得到真才实学,必须狠下一番苦功夫。

阈【ɦyəʔ˧】

谕【ɦy˨˩】

尉【ɦy˨˩】另见 wèi。

【尉迟】ɦy˧zɿ˧ 姓。

遇【ȵy˨˩】中州韵【ɦy˨˩】

【遇险】ȵy˨ɕiɪ˥˩ 遭遇危险。
【遇害】ȵy˨ɦE˨˩ 被杀害。
【遇难】ȵy˨nE˧ （一）遭受迫害或遇到意外而死亡。（二）遭遇危难。
【遇事不慌】ɦy˨zɿ˥˩pəʔ˥huã˥ 遭遇意外或危险时，能镇定自若，毫不慌张。
【遇事生风】ɦy˨zɿ˥˩sən˥foŋ˥ 一有机会就搬弄是非，制造事端。

喻【ɦy˨˩】

御【ɦy˨˩】

【御手】ɦy˧sY˥˩ 皇帝的手。
【御用】ɦy˧ɦioŋ˨˩ （一）皇帝所用。（二）为反动统治者利用而做帮凶的。
【御笔】ɦy˧Piəʔ˥ 指皇帝亲笔写的字或画的画。
【御林军】ɦy˧lin˧tɕyən˥ 禁军。
【御驾亲征】ɦy˧tɕia˥˩tsʻin˥tsən˥˩ 皇帝亲自带兵出征。

寓【ȵy˨˩】

【寓公】ȵy˧koŋ˥ 古时指寄居他国的诸侯、贵族。后泛指失势寄居他乡的官僚、绅士等。
【寓言】ȵy˧ɦiɪ˨˩ （一）有所寄托的话。（二）用假托的故事或自然物的拟人手法来说明某个道理或教训的文学作品。常带有讽刺或劝戒的性质。
【寓所】ȵy˧səu˥˩ 寓居的地方。

裕【ɦy˨˩】

Y

愈【ɦy˩】

【愈加】ɦy˩tɕia˥ 越发。
【愈合】ɦy˩ɦəʔ˧ （伤口）长好。

煜【ʘioʔ˥】中州韵【ɦioʔ˧】

誉【ɦy˩】

蜮【ɦyəʔ˧】

毓【ɦioʔ˧】

豫【ɦy˩】

【豫剧】ɦy˩dʑəʔ˧ 河南地方戏曲剧种之一。流行于河南全省和陕西、山西等地。也叫河南梆子。

鹬【ɦyəʔ˧】

【鹬蚌相争，渔翁得利】ɦyəʔ˧bã˩siã˥tsən˥，ɦy˩ʘoŋ˥təʔ˥li˩ 喻双方相争持，让第三者得了利。也作【鹬蚌相争，渔人(zən˩)得利】。

鬻【ʘioʔ˥】

yuān

鸢【ʘiø˥】

鸳【ʘiø˥】

【鸳鸯】ʘiø˥ʘiã˥ （一）鸟。体形像野鸭而较小，嘴扁，颈长，趾间有蹼，善游泳，翼长能飞。雄鸟有彩色羽毛，头后有铜赤、紫、绿等色的长冠毛，嘴红色。雌鸟羽毛苍褐色，嘴灰黑色。雌雄多成对生活在水边。文学上用来比喻夫妻。（二）指成双的东西，形状或颜色等稍有差别的，不完全一样的。

冤【ʘiø˥】

【冤仇】ʘiø˥zʏ˩ 受人侵害或侮辱而产生的仇恨。
【冤家】ʘiø˥ka˥ （一）仇人。（二）称似恨实爱、给自己带来苦恼而又舍不得的人。

【冤枉】Øiø˥ɦuã˩ (一)受到不公平的待遇,被加上不应有的罪名。(二)使无罪者有罪,被加上不应有的罪名。(三)不值得,吃亏。

【冤屈】Øiø˥tɕʻyəʔ˥ (一)义同【冤枉】中的(一)、(二)。(二)不公平的待遇,不应受的损害。

【冤狱】Øiø˥ȵioʔ˧ 受屈的案件。

【冤案】Øiø˥Øø˥˧ 误判的冤屈案件;被人诬陷,妄加罪名的案件。

【冤魂】Øiø˥ɦuən˩ 称死得冤枉的人的魂灵(迷信)。

【冤枉路】Øiø˥Øuã˥˧ləu˩ 本来不必走而多走的路。

【冤沉海底】Øiø˥zən˩hE˥˧ti˥˧ 形容所受的冤屈很难得到昭雪。

【冤枉夹档】Øiø˥Øuã˥˧kaʔ˥tã˥˧ 被人误解而受的委屈,或被矛盾双方都误解而受的委屈。

【冤枉鬼叫】Øiø˥Øuã˥tɕy˥˧tɕiæ˥˧ 备受冤枉的意思。

【冤枉铜钿】Øiø˥Øuã˥doŋ˩di˩ 花本不该花的钱。

【冤枉孽账】Øiø˥Øuã˥ȵəʔ˧tsã˥˧ (一)不值得的事,吃亏的事。(二)不应受的损害。

【冤家七世】Øiø˥kɑ˥tsʻiəʔ˥sɥ˦ 指有很深的冤仇。

【冤怨相报】Øiø˥Øiø˥˧siã˥pæ˥˧ 仇人之间互相报复。

【冤有头,债有主】Øiø˥ɦiY˨dY˨,tsɑ˦ɦiY˩tsɥ˥˧ 喻是谁的责任就由谁来承担。

【冤家狭路相逢】Øiø˥kɑ˥˧ɦaʔ˧ləu˩siã˥voŋ˩ 仇人或不愿意相见的人在窄路相遇。指冤家对头偏偏碰到一块。

【冤枉和尚偷肉吃】Øiø˥ɦuã˩ɦəu˨zã˩tʻY˥ȵioʔ˧tɕʻəʔ˥ 喻受到了冤枉。

【冤家宜解不宜结】Øiø˥kɑ˥˧ȵi˨tɕiɑ˥˧pəʔ˥ȵi˩tɕəʔ˥ 劝谕语。以和为贵。

【冤家碰着对头,钉头碰着铁头】Øiø˥kɑ˥˧bã˨zɑʔ˧tE˥dY˩,tin˥dY˩bã˨zɑʔ˧tʻiəʔ˥

dʏ˩　喻冤家碰到了一块。

渊【Øiø˥】

【渊博】Øiø˥poʔ˥　（学识）深而且广。

【渊源】Øiø˥ȵiø˩　喻事情的本源。

yuán

元【ȵiø˨】中州韵【ɦiø˨】

【元气】ȵiø˨tɕʻi˥˩　指人或国家、组织的生命力。

【元月】ȵiø˨ŋəʔ˧　指农历正月。

【元日】ȵiø˨zəʔ˧　指农历正月的第一天。

【元凶】ȵiø˨ɕioŋ˥　祸首。

【元旦】ȵiø˨tE˥　新年的第一天。

【元帅】ȵiø˨sE˥　（一）军衔。高于将官的军官。（二）古时称统率全军的主帅。

【元老】ȵiø˨læ˩　称政界年辈资望高的人。喻创立者。

【元年】ȵiø˨ȵi˨˩　（一）帝王或诸侯即位的第一年或帝王改元的第一年。（二）有时指政体改变或政府组织上大改变的第一年。

【元曲】ȵiø˨tɕʻioʔ˥　盛行于元代的一种文艺形式。包括杂剧和散曲，有时专指杂剧。

【元宝】ȵiø˨pæ˥　（一）旧时较大的金银锭，两头翘起，中间凹下。（二）供祭祀焚化用的以锡箔折成的元宝。

【元首】ȵiø˨sʏ˥˩　（一）君主。（二）国家的最高领导人。

【元勋】ȵiø˨ɕyən˥˩　立大功的人。

【元宵】ȵiø˨siæ˥　（一）农历正月十五日夜晚。（二）用糯米粉等做成的球形食品。有馅。多煮着吃。元宵节的应时食品。（三）中式组合打击乐器。主要有小锣、大锣和钹。

【元宝鱼】ȵiø˨pæ˥ŋ̍˩　菜肴。烹制好的整条鲫鱼。

【元宝茶】ȵiø˨pæ˥zo˩　加青果沏的茶。

【元宵节】ȵiø˦siæ˥tsiəʔ˥ 农历正月十五日。我国传统节日。

【元宝翻身】ȵiø˦pæ˥fɛ˥ sən˥˩ 调侃语。指仰面朝天式的跌跤。

园【ɦiø˦】

【园丁】ɦiø˦tin˥ （一）从事园艺的工人。（二）喻教师（多指小学的）。

【园子】ɦiø˦tsɿ˥˩ 园。

【园艺】ɦiø˦ȵi˩ 种植蔬菜、花卉、果树等技术。

【园地】ɦiø˦di˩ （一）菜园、花园、果园等的统称。（二）喻开展某种活动的地方。

【园林】ɦiø˦lin˩ 种植花草树木供人游赏休息的风景区。

【园参】ɦiø˦sən˥ 人参的一种品种。系在参园里种植出来的人参。

员【ɦiø˦】另见 yún。

【员工】ɦiø˦koŋ˥˩ 职员和工人。

【员外】ɦiø˦ɦuɑ˩ （一）古时官职（全称为“员外郎”，是在郎官的定员之外设置的）。（二）指地主豪绅。

垣【ɦuø˦】

袁【ɦiø˦】

【袁大头】ɦiø˦dəu˦dʏ˩ 指民国初发行的铸有袁世凯头像的银元。

原【ȵiø˦】中州韵【ɦiø˦】

【原方】ȵiø˦fɑ̃˥ 原来的药方。

【原木】ȵiø˦moʔ˧ 采伐后未经加工的木料。

【原旧】ȵiø˦ʥiʏ˩ 依旧，仍旧。也说成ȵiø˥kuɛ˥˩。

【原生】ȵiø˦sɑ̃˥ 没有动用过的。

【原本】（1）ȵiø˦pən˥˩ 底本，原稿。（2）ȵiø˥pən˥˩ 本来。

【原归】ȵiø˦kuɛ˥ 依旧，仍

旧。也说成ȵiø˥kuE˥˩。

【原主】ȵiø˨tsʮ˥˩ 原来的主人。

【原价】ȵiø˨kɑ˥˩ 原来的价钱。

【原地】ȵiø˨di˨˩ 原来的地方。

【原件】ȵiø˨dʑiɪ˨˩ （一）未经改动或改变的文件或物件。（二）文件或物件的真本。（别于印本或仿品。）

【原汤】ȵiø˨tʻɑ̃˥ 指煮熟食物未经掺水稀释的汤汁。

【原先】ȵiø˨siɪ˥ 起初，从前。

【原因】ȵiø˨ɵin˥ 造成某种结果或引起另一件事情发生的条件。

【原则】ȵiø˨tsəʔ˥ （一）说话或行事所依据的法则或标准。（二）指总的方面，大体上。

【原告】ȵiø˨kæ˥˩ 向法院提出诉讼的人或机关、团体。

【原来】（1）ȵiø˨lE˨˩ 起初，没有经过改变的。（2）ȵiø˨˩lE˨˩ 表示发现真实情况。

【原形】ȵiø˨ɦin˨˩ 原来的形状，本来面目（贬义）。

【原作】ȵiø˨tsoʔ˥ （一）诗文唱和的最初的一篇。（二）译文或改写所根据的原文。（三）原著。

【原状】ȵiø˨zɑ̃˨˩ 原来的状态。

【原话】ȵiø˨ɦo˨˩ 原来的话，没有经过改变的话。

【原审】ȵiø˨sən˥˩ 对案件进行第二次审判时，称前一次审判；或对案件进行多次审判后，称第一次审判为原审。

【原始】ȵiø˨sʮ˥˩ （一）最初的，第一手的。（二）最古老的，未开发的，未开化的。

【原版】ȵiø˨pE˥˩ （一）书籍原来的印本。（二）指音像部门原出版的录音带、录像带。

【原配】ȵiø˨pʻE˥˩ 指第一次娶的妻子。

【原型】ȵiø˨ɦin˨˩ 原来的类型或模型。特指叙事性文学作品中塑造人物形象所依据的现实生活中的人。

【原说】ȵiø˥səʔ˥ 叹词。表

示发现真实情况,恍然大悟。

【原故】ȵiø˨˦kəu˥˧ 缘故,原因。

【原谅】ȵiø˨˦liã˩ 对人的疏忽、过失或错误宽恕、谅解,不加责备或惩罚。

【原料】ȵiø˨˦liæ˩ 指没有经过加工制造的材料。

【原样】ȵiø˨˦ɦiã˩ 原来的样子。

【原理】ȵiø˨˦li˩ 带有普遍性的,最基本的,可以作为其他规律的基础规律;具有普遍意义的道理。

【原路】ȵiø˨˦ləu˩ 原来的路线。

【原意】ȵiø˨˦θi˥˧ 原来的意思或意图。

【原想】ȵiø˥siã˥˧ 叹词。表示发现真实情况,恍然大悟。

【原稿】ȵiø˨˦kæ˥˧ 写成后没有经过他人修改增删的稿件。

【原籍】ȵiø˨˦ziəʔ˧ 原先的籍贯。

【原只头】ȵiø˨˦tsɑʔ˥dʏ˩ 整只的。

【原匹头】ȵiø˨˦pʻiəʔ˥dʏ˩ 整匹没有动用过的(多指布匹、绸缎)。

【原生货】ȵiø˨˦sã˥həu˥˧ (一)原封未动的东西。(二)隐语。指处女。

【原听头】ȵiø˨˦tʻin˥dʏ˩ 原封未动的听装(食品或其他东西)。

【原底子】ȵiø˨˦ti˥tsɿ˥˧ 原本。

【原泡茶】ȵiø˨˦pʻæ˥zo˩ 新沏的还没有续过水的茶叶茶。

【原瓶头】ȵiø˨˦bin˨˦dʏ˩ 原封未动的整瓶装的东西。

【原盒头】ȵiø˨˦ɦaʔ˧dʏ˩ 原封未动的整盒装的东西。

【原桶头】ȵiø˨˦doŋ˩dʏ˩ 原封未动的整桶装的东西。

【原箱头】ȵiø˨˦siã˥dʏ˩ 原封未动的整箱装的货物。

【原汁原味】ȵiø˨˦tsəʔ˥ȵiø˨˦vi˩ (一)指煮熟的某种食物的汤汁,没有添加调味品,保持固有的味道。(二)指完全是原来的特色。

【原地踏步】ȵiø˨˦di˩daʔ˧bu˩ (一)身体站直,两脚交替抬起又着地而不迈步前进。(二)喻毫无进展。

【原封勿动】ȵiø˦fo˥˥fə˥ doŋ˩ 完全是原来的样子,一点没有变动。

【原说道咾】ȵiø˥sə˥dæ˩ læ˩ 叹词表示发现真实情况,恍然大悟。

【原班人马】ȵiø˦pɛ˥ȵən˩m o˩ 原来在一起的那些人。

【原配夫人】ȵiø˦pʻɛ˥fu˥ ȵən˩ 指第一次娶的妻子。

【原配夫妻】ȵiø˦pʻɛ˥fu˥tsʻi˥ 指都是第一次婚姻的夫妻。

【原原本本】ȵiø˦ȵiø˩pən˥ pən˥ 从头到尾地(叙述)。

【原脱原卸】ȵiø˦tʻə˥ȵiø˩si ɑ˥ 与原来的一模一样。

【原脱原样】ȵiø˦tʻə˥ȵiø˩ ɦiã˩ 义同【原脱原卸】。

【原地踏步踏】ȵiø˦di˩daʔ˧ bu˩daʔ˧ 义同【原地踏步】。

【原地踏足踏】ȵiø˦di˩daʔ˧ tsoʔ˥daʔ˧ 义同【原地踏步】。

圆【ɦiø˦】

【圆子】ɦiø˦tsɿ˥ 糯米粉等做成的一种丸形食品。大多无馅。

【圆台】ɦiø˦dɛ˩ (一)桌面是圆形的桌子。(二)圆形桌面。安放在方桌上,成圆桌形的桌子。

【圆场】ɦiø˦zã˩ 为打开僵局而从中解脱或提出折衷方案。

【圆转】ɦiø˦tsø˥ 灵活,婉转。

【圆房】ɦiø˦vã˦ 旧指童养媳和未婚夫开始过夫妇生活。

【圆润】ɦiø˦zən˩ (一)饱满而润泽。(二)(书、画技法)圆熟流利。

【圆通】ɦiø˦tʻoŋ˥ 灵活变通,不墨守成规,不固执己见。

【圆寂】ɦiø˦ziə˧ 佛教用语。称僧尼死亡。

【圆谎】ɦiø˦huã˥ 弥补谎话中的漏洞。

【圆梦】ɦiø˧mo̞ŋ˩ 喻实现理想。

【圆圈】ɦiø˧tɕʻiø˥ 圆形的圈子。

【圆着】ɦiø˧tsɑʔ˥ 解围的一步棋。喻能打开僵局、摆脱不利局面的办法。

【圆滑】ɦiø˧ɦuaʔ˧ 形容人只顾各方面敷衍讨好，不负责任。

【圆满】ɦiø˧mø˩ 没有缺欠、漏洞，使人满意。

【圆勿转】ɦiø˧fəʔ˥tsø˥˩ (一)(谎话漏洞百出)弥补不下去了。(二)说词无法使对方或各方都接受。

【圆台面】ɦiø˧dE˧miɪ˩ 圆形的桌面。可以安放在方桌上当圆桌用(多见于酒席)。

【圆角菱】ɦiø˧koʔ˥lin˩ 菱的一种，角圆钝，不尖利。

【圆顶帐】ɦiø˧tin˥tsã˥˩ 顶部圆形的蚊帐。

【圆炉火】ɦiø˧ləu˧həu˥˩ 扁圆形铜质的炉子。盖上有孔，用于取暖、烘烤衣物等。

【圆领衫】ɦiø˧lin˧sE˥˩ 夏季穿的、没有领子、领口呈圆形的衣服。

【圆圈圈】ɦiø˧tɕʻiø˥tɕʻiø˥˩ 圆形的圈子。

【圆兜兜】ɦiø˧tɤ˥tɤ˥˩ 形容圆形。

【圆凳子】ɦiø˧tən˥tsɿ˥˩ 凳面为圆形或椭圆形的凳子。

【圆不溜兜】ɦiø˧pəʔ˥lɤ˥tɤ˥˩ 形容圆形的或略似圆形的。

鼋【ȵiø˧】中州韵【ɦiø˧】

援【Øuø˥˩】文读【ɦiø˧】、【Øiø˥˩】

【援引】Øuø˥˩ɦin˩ (一)引用。(二)提拔，引荐。

【援助】Øiø˥˩zəu˩ 支援，帮助。

【援救】Øuø˥˩tɕiɤ˥˩或Øiø˥˩tɕiɤ˥˩ 帮助别人，使脱离痛苦或危险。

缘【ɦiø˧】

【缘分】ɦiø˧vən˩ 迷信的人

认为,人与人之间有命中注定的遇合的机会,泛指人与人或人与事物之间发生联系的可能性。

【缘故】ɦiø˦kəu˨˩ 原因。

【缘簿】ɦiø˦bu˩ 僧道向人化缘的册子。

猿【ɦiø˦】

【猿人】ɦiø˦ȵən˩ 最原始的人类。

【猿猴】ɦiø˦ɦʏ˩ 猿和猴。

源【ȵiø˦】中州韵【ɦiø˦】

【源头】ȵiø˦dʏ˩ (一)水发源的地方。(二)喻事情的起因。

【源泉】ȵiø˦ziɪ˩ (一)水源。(二)喻力量、知识、感情等的来源或产生的原因。

【源流】ȵiø˦lʏ˩ 水源和水流。喻事物的起源和发展。

【源远流长】ȵiø˦ɦiø˩lʏ˦zã˦ (一)源头很远,流程很长。(二)喻历史悠久。

【源源不绝】ȵiø˩ȵiø˩pəʔ˥ ziəʔ˧ 继续不断的样子。

辕【ɦiø˦】

【辕门】ɦiø˦mən˩ 古时军营的门或官署的外门。

yuǎn

远【ɦiø˩】

【远大】ɦiø˩da˩ 长远而广阔,不限于目前。

【远门】ɦiø˦mən˩ 离家到很远的地方去叫“出远门”。

【远方】ɦiø˦fã˥ 距离较远的地方。

【远见】ɦiø˩tɕiɪ˨˩ 远大的眼光。

【远开】ɦiø˦k‘ɛ˥ (一)拉开些距离。(二)相距。

【远东】ɦiø˦toŋ˥ 欧洲人指亚洲东部地区。

【远古】ɦiø˦kəu˨˩ 遥远的古代。

【远扬】ɦiø˩ɦiã˩ (名声等)传播很远。

【远因】ɦiø˦ʔin˥ 不是直接

造成结果的原因（区别于“近因”）。

【远足】ɦiø˧ʦoʔ˥ （一）比较远的徒步旅行。（二）春游或秋游。

【远房】ɦiø˧vɑ̃˩ 血统疏远的宗族成员。

【远征】ɦiø˩ʦən˥˩ 远道出征或长途行军。

【远亲】ɦiø˧ʦʻin˥ 血统关系或婚姻关系疏远的亲戚，也指住地相隔很远的亲戚。

【远祖】ɦiø˧ʦəu˥˩ 许多代以前的祖先。

【远洋】ɦiø˧ɦiɑ̃˩ 距离大陆远的海洋。

【远航】ɦiø˧ɦɑ̃˩ 远程航行。

【远睐】ɦiø˩lᴇ˩ （一）距离很远。（二）水平相距很远。

【远道】ɦiø˩dæ˩ 遥远的道路。

【远程】ɦiø˧zən˩ 路程很远的。

【远景】ɦiø˩tɕən˥˩ （一）远距离的景物。（二）喻将来的景象。

【远路】ɦiø˩ləu˩ （一）遥远的道路。（二）较远的路（区别于“近路”）。

【远照】ɦiø˩ʦæ˧˦ 远远地看。

【远远叫】ɦiø˧ɦiø˩tɕiæ˥˩ 远远的。

【远望望】ɦiø˩mɑ̃˩mɑ̃˩ 远远观望。

【远丁八倒】ɦiø˧tin˥poʔ˥tæ˥˩ 形容极远。

【远远近近】ɦiø˧ɦø˩ʥən˩ʥən˩ 无论远和近。

【远走高飞】ɦiø˧ʦʏ˥˩kæ˥fi˥˩ 远远地离开，到别的地方。多指逃往远处。

【远兜远转】ɦiø˧tʏ˥ɦiø˧ʦø˥˩ 绕大弯子。

【远亲不如近邻】ɦiø˧ʦʻin˥fəʔ˥zɥ˧ʥən˧lin˩ 远处的亲戚不如住在近旁的邻居。指与近邻关系密切，急难时可以相互有个援助。

【远水救不了近火】ɦiø˧sɥ˥˩tɕiʏ˧˦pəʔ˥liæ˩ʥən˧həu˥˩ 远处的水救不了近处的火。喻缓不济急。

【远来和尚好念经】ɦiø˧lᴇ˧həu˧zɑ̃˩hæ˥˩ȵi˩tɕən˥ 指外来的人才易受到重视。

【远桥三里就落篷】ɦiø˩ dʑiæ˦sE˥li˩zY˩lo˥bon˦ 指凡事要早做准备。

yuàn

苑【ɦiø˩】

怨【øiø˦】

【怨心】øiø˦sin˥ 怨恨的心理。

【怨气】øiø˦tɕʻi˥ 怨恨的神色或情绪。

【怨言】øiø˦ɦi˩ 抱怨的话。

【怨命】øiø˥min˩ 抱怨命运。

【怨恨】øiø˦ɦən˩ (一)对人或事物强烈的不满或仇恨。(二)强烈的不满或仇恨。

【怨爷娘】øiø˦ɦia˦ȵiã˩ 抱怨父母。

【怨天恨地】øiø˥tʻi˥ɦən˩di˩ 怨恨天地。形容怨恨到极点。

院【ɦiø˩】

【院子】ɦiø˦tsɿ˥ 房屋前后用墙或栅栏围起来的空地。

媛【nø˩】中州韵【ɦiø˩】

愿【ȵiø˩】

【愿心】ȵiø˦sin˥ (一)迷信的人对神佛有所祈求时许下的酬谢。(二)泛指愿望、志向。

【愿望】ȵiø˩vã˩ 希望将来能达到某种目的的想法。

yuē

曰【ɦyəʔ˧】文读【ɦyaʔ˧】

约【øyɑʔ˥】文读【øyoʔ˥】

【约约】øiɑʔ˥øiɑʔ˥ (一)大致,大概估计。(二)试着约(人)。

【约会】øiɑʔ˥ɦuE˩ 预先约定相会。

【约莫】øiɑʔ˥moʔ˧ 大概估计。

【约略】Øiɑʔ˥liɑʔ˧ （一）大致，大概。（二）依稀，仿佛。

【约摸账】Øiɑʔ˥moʔ˧tsɑ̃˧˦ 大致，大概估计。

【约酌模道】Øiɑʔ˥tsaʔ˥mo˧dæ˩˧ 大约，大致。

【约法三章】Øiɑʔ˥faʔ˥sɛ˥tsɑ̃˧˦ 泛指订立简单的条款。

【约定俗成】Øiɑʔ˥din˩˧zoʔ˧zən˩˧ 指某种事物的名称或社会习惯是由人们经过长期实践而认定或形成的。

yuè

月【ŋəʔ˧】文读【ɦyəʔ˧】

【月子】ŋəʔ˧tsɿ˧˦ 妇女生育后的第一个月。

【月大】ŋəʔ˧dəu˩˧ 农历有三十天的月份，或公历有三十一天的月份。

【月小】ŋəʔ˧siæ˧˦ 农历只有二十九天的月份，或公历只有三十天的月份和二月。

【月月】ŋəʔ˧ŋəʔ˧ 每月。

【月白】ŋəʔ˧bɑʔ˧ 淡蓝色。

【月半】ŋəʔ˧pø˧˦ 一个月的第十五天。

【月台】ŋəʔ˧dɛ˩˧ （一）旧时为赏月而筑的台。（二）正殿前方突出的台，三面有台阶。（三）站台。

【月光】ɦyəʔ˧kuɑ̃˥ 月亮的光线。

【月色】ŋəʔ˧səʔ˥或ɦyəʔ˧səʔ˥ 月光。

【月老】ɦyəʔ˧læ˩˧ 掌管人间婚姻的神仙。借指媒人。

【月份】ŋəʔ˧vən˩˧ 指某一个月。

【月初】ŋəʔ˧tsʻəu˥ 一个月的开头几天。

【月底】ŋəʔ˧ti˧˦ 一个月的最后一天。

【月季】ŋəʔ˧tɕi˧˦或ɦyəʔ˥tɕi˧˦ （一）常绿或半常绿小灌木，茎有刺，羽状复叶，小叶阔卵形，花红色、粉红或近白色，夏季开花。供观赏。园艺上变种很多。（二）这种植物的花。

【月亮】ŋəʔ˧liɑ̃˩˧ 月球的通称。

【月饼】ŋəʔ˧pin˧˦ 圆形有馅的点心。中秋节应时的食品。

【月宫】ŋəʔ˦koŋ˥ 传说中月亮里的宫殿。也作为月亮的代称。

【月经】ŋəʔ˦tɕən˥˩ （一）生殖细胞发育成熟的女子每二十八天左右有一次周期性的子宫出血，出血时间持续三到七天，这种生理现象叫作月经。（二）月经期间流出的血。

【月息】ŋəʔ˦siəʔ˥ 月利。

【月薪】ŋəʔ˦sin˥或ɦɣəʔ˦sin˥ 按月发给的工资。

【月月红】ŋəʔ˦ŋəʔ˦ɦoŋ˨˩ 即月季花。

【月半边】ŋəʔ˦pø˥˩pii˥˩ （一）每月第十五天左右的时间。（二）月亮旁边。

【月头上】ŋəʔ˦dɣ˨˩lɑ̃˨˩ 月初。

【月关钿】ŋəʔ˦kuᴇ˥dii˨˩ 按月付给家庭成员、学徒等的零用钱。

【月洞门】ŋəʔ˦doŋ˨˩mən˨˩ 院子里墙上的圆形门。

【月底边】ŋəʔ˦ti˥˩pii˥˩ 一个月的最后几天。

【月经带】ŋəʔ˦tɕən˥tɑ˥˩ 卫生巾。

【月下老人】ɦɣəʔ˦ɕiɑ˥˩læ˨˩zən˨˩ （一）传说中专管人间婚姻的神仙。（二）指媒人。简称【月老】ɦɣəʔ˦læ˨˩。

【月初头浪】ŋəʔ˦tsʻəu˥dɣ˨˩lɑ̃˨˩ 月初的几天。

【月亮头里】ŋəʔ˦liɑ̃˨˩dɣ˨˩li˨˩ 月光下面。

【月亮底下】ŋəʔ˦liɑ̃˨˩ti˦ɦo˨˩ 义同【月亮头里】。

【月晕而风】ɦɣəʔ˦ɦɣən˨˩ɦəl˨˩foŋ˥ 当月亮四周出现内红外紫的彩色光环时，预示天气将起变化，即将起风。喻凡事都有预兆。

【月亮戴枷天要变】ŋəʔ˦liɑ̃˨˩tɑ˦kɑ˥tʻii˥ʔiæ˦pii˦ 义同【月晕而风】。

【月亮里点灯——空挂名（明）】ŋəʔ˦liɑ̃˨˩li˨˩tii˦tən˥——kʻoŋ˥ko˥˩min˨˩（min˦） 歇后语。空有虚衔。

【月亮底下看书——寻事（字）】ŋəʔ˦liɑ̃˨˩ti˦ɦo˨˩kʻø˦sɥ˥——zin˦zɿ˨˩（zɿ˨˩） 歇

后语。找岔子。

乐【ɦioʔ˨˧】另见 lè。

【乐队】ɦioʔ˧dɛ˨˩ 演奏不同乐器的许多人组成的集体。

【乐户】ɦioʔ˧ɦəu˨˩ 古代妇女因犯罪或受牵累而被逮入官府充当奏乐的官妓。后也用来称妓院。

【乐池】ɦioʔ˧zɥ˨˩ 舞台前面乐队伴奏的地方。有围栏与观众席隔开。

【乐团】ɦioʔ˧dø˨˩ 演出音乐的团体。

【乐坛】ɦioʔ˧dɛ˨˩ 音乐界。

【乐府】ɦioʔ˧fu˧˦ 原是汉代朝廷的音乐官署，其主要任务是采集各地民间的诗歌和乐曲。后世把这类民歌或文人模拟的作品也叫作乐府。

【乐器】ɦioʔ˧tɕʰi˧˦ 可以发出乐音，供演奏音乐使用的器具。

刖【ɦyəʔ˨˧】

岳【ŋoʔ˨˧】文读【ɦioʔ˨˧】

钥【ɦiaʔ˨˧】文读【ɦioʔ˨˧】

【钥匙】ɦiaʔ˧zɿ˨˩ 开锁用的器具。

钺【ɦyəʔ˨˧】

阅【ɦyəʔ˨˧】

【阅历】ɦyəʔ˧liəʔ˨˧ （一）亲身见过、听过或做过。（二）由经历得来的知识。

【阅兵】ɦyəʔ˧pin˥ 检阅军队。

【阅卷】ɦyəʔ˧tɕø˧˦ 评阅试卷。

【阅览】ɦyəʔ˧lɛ˨˩ 看（书报）。

【阅读】ɦyəʔ˧doʔ˨˧ 看（书报）并领会其内容。

悦【ɦyəʔ˨˧】

【悦目】ɦyəʔ˧moʔ˨˧ 看着愉快。

【悦耳】ɦyəʔ˧ɦəl˧˦ 好听。

【悦服】ɦyəʔ˧voʔ˧ 从心里佩服。

跃【ɦiaʔ˧】中州韵【ɦioʔ˧】

【跃进】ɦiaʔ˧tsin˥˨˧ （一）跳着前进。（二）喻极快地前进。

越【ɦyəʔ˧】

【越礼】ɦyəʔ˧li˩˧ 不合规定的礼节，不守礼法。

【越轨】ɦyəʔ˧kuɛ˥ （行为）超出规章制度所允许的范围。

【越过】ɦyəʔ˧kəu˥˩ 经过中间的界限、障碍物等，由一边到另一边。

【越权】ɦyəʔ˧ʥiø˨˧˩ （行为）超出权限。

【越级】ɦyəʔ˧tɕəʔ˥ 不按照一般的次序，越过直属的一级到更高的一级。

【越界】ɦyəʔ˧kɑ˥˨˧ 超越界限或边界。

【越狱】ɦyəʔ˧ȵioʔ˧ （犯人）从监牢里逃走。

【越剧】ɦyəʔ˧ʥəʔ˧ 浙江地方戏曲剧种之一。起源于嵊县，由当地民歌发展而成，主要流行于江浙沪一带。

【越境】ɦyəʔ˧tɕən˥˨˧ 非法入境或出境（多指国境）。

【越……越……】ɦyəʔ˧……ɦyəʔ˧ 表示程度随着条件的发展而发展。如：【越吃越馋】ɦyəʔ˧tɕʻəʔ˥ɦyəʔ˧zɛ˨˧˩ 越是经常有吃，越是嘴馋。【越睏越懒】ɦyəʔ˧kʻən˥˨˧ɦyəʔ˧lɛ˩˧ 越是多睡，越是懒惰。【越赅越缩】ɦyəʔ˧kɛ˥ɦyəʔ˧soʔ˥ 越是有钱，越是小气。【越和越兴】ɦyəʔ˧ɦəu˩˧ɦyəʔ˧ɕən˥˨˧ 越是迁就，越是发作得厉害。【越穷越坦气】ɦyəʔ˧ʥioŋ˨˧˩ɦyəʔ˧tʻɛ˥˩tɕʻi˥˩ 越是贫穷的人越是慷慨。【越说越利市】ɦyəʔ˧səʔ˥ɦyəʔ˧li˩˧zɿ˩˧ 越是批评，越变本加厉。

【越来越……】ɦyəʔ˧lɛ˩˧ɦyəʔ˧…… 表示程度随着条件的发展更进一步。

【越大越勿像人】ɦyəʔ˧dəu˩˧ɦyəʔ˧fəʔ˥ziã˩˧ȵən˨˧˩ 随着

年龄的增长,越来越不像话了。

【越是公婆勿欢喜,越勒公婆面前拆臭屁】ɦyəʔ˧zɿ˩kom˥bu˩fəʔ˥huø˥ɕi˥˩,ɦyəʔ˥ləʔ˧koŋ˥bu˩mii˧zii˩ts'ɑʔ˥ts'Y˥pi˥˩ 俗语。喻令人讨厌的人,偏又在人前做出令人厌恶的事。

粤【ɦyəʔ˧】

【粤剧】ɦyəʔ˧ʥəʔ˧ 广东地方戏曲的主要剧种。

【粤菜】ɦyəʔ˧ts'E˦˨ 广东风味的菜肴。

yūn

晕【ɦyən˧˦】另见 yùn。

【晕厥】ɦyən˧˦ʨəʔ˥ 昏厥。

【晕头转向】Øyən˥dY˩tsø˥˩ɕiã˦˨ 形容头脑昏乱,迷失方向。

缊【Øyən˥】

氲【Øyən˥】

yún

云【ɦyən˧˦】

【云土】ɦyən˧˦t'əu˥˩ 旧时指云南产的烟土。

【云爿】ɦyən˧˦bE˩ 云朵。

【云天】ɦyən˧˦t'ii˥ (一)高空,云霄。(二)形容高广。

【云头】ɦyən˧˦dY˩ 看起来成团成堆的云。

【云母】ɦyən˧˦mo˥˩ 矿物。主要成分是硅酸盐,白色或黑色,亦带有深浅不同的褐色或绿色。

【云层】ɦyən˧˦zən˩ 成层的云。

【云版】ɦyən˧˦pE˩˥˩ 旧时打击乐器。用长铁片做成,两端作云头形,官署和权贵之家多用作报时报事的器具。

【云房】ɦyən˧˦vã˩ 僧、道的宿舍。

【云雨】ɦyən˧˦ɦy˩ 男女合欢的隐语。

【云贵】ɦyən˧˦kuE˥˩ 云南和

贵州省的合称。

【云彩】ɦʏən˨˦tsʻE˥˩ 云。

【云海】ɦʏən˨˦hE˥˩ 从高处下望时，平铺在下面的像海一样的云。

【云烟】ɦʏən˨˦Øiɪ˥ （一）云雾和烟气。（二）云南产的香烟。

【云梯】ɦʏən˨˦tʻi˥ （一）攻城或救火时用的长梯。（二）喻能晋升的通道。

【云游】ɦʏən˨˦ɦiʏ˧ 到处遨游，行踪无定。

【云集】ɦʏən˨˦ziəʔ˧ 喻许多人从各处来，聚集在一起。

【云锦】ɦʏən˨˦tɕən˥˩ 我国一种历史悠久的高级提花丝织物。色彩鲜艳，花纹瑰丽如彩云。

【云雾】ɦʏən˨˦vu˩ 云和雾。喻遮蔽或障碍的东西。

【云腿】ɦʏən˨˦tʻE˥˩ 云南生产的火腿。

【云端】ɦʏən˨˦tø˥ 云里。

【云锣】ɦʏən˨˦ləu˩ 打击乐器。用十个大小相同、厚薄不同的小锣，编排装置在小木架上。第一排一个，以下三排各三个。使用时左手举起木架，右手用小槌按音乐节拍敲击小锣。

【云鬓】ɦʏən˨˦pin˥ 妇女多而美的鬓发。

【云片糕】ɦʏən˨˦pʻiɪ˥kæ˥˩ 用米粉加糖和核桃仁等制成的糕。切成长方形薄片。

【云头花】ɦʏən˨˦dʏ˩ho˥˩ 云状的图案花纹。

【云白铜】ɦʏən˨˦bɑʔ˧doŋ˩ 云南产的白铜。

【云爿头雨】ɦʏən˨˦bE˨˦dʏ˩ɦʏ˩ 偶尔出现的零星雨点。

【云里雾里】ɦʏən˨˦li˩vu˩li˩ 喻十分困惑或糊涂不清。

【云端里跑马——露马脚】ɦʏən˨˦tø˥li˩bæ˨˦mo˩——ləu˩mo˨˦tɕiɑʔ˥ 歇后语。指不愿意让人知道的事暴露出来了。

【云爿头里出太阳——天开眼】ɦʏən˨˦bE˩dʏ˩li˩tsʻəʔ˥tʻɑ˥ɦiã˩——tʻiɪ˥kʻE˥ŋE˩ 歇后语。上天怜悯。

匀【ɦyən˦】

【匀匀】ɦyən˦ɦyən˩ 使均匀。

【匀称】ɦyən˦ʦʻən˥ 均匀，比例相称。

【匀落】ɦyən˦loʔ˧ 均匀。

芸【ɦyən˦】

【芸芸众生】ɦyən˦ɦyən˦ ʦoŋ˥sən˩ 佛教指一切有生命的东西。一般也用来指众多的平常人。

员【ɦyən˦】、【ɦyən˩】另见 yuán。

【员】ɦyən˩ 用于人名。

纭【ɦyən˦】

昀【ɦyən˦】

耘【ɦyən˦】

【耘稻】ɦyən˦dæ˩ 指在水稻分蘖期间进行中耕除草。

筠【ɦyən˦】

yǔn

允【Øyən˩】

【允许】Øyən˦ɕy˩ 许可。

陨【Øyən˩】、【ɦyən˩】

【陨石】ɦyən˦zɑʔ˧ 含石质较多或全部为石质的陨星。

【陨星】ɦyə˦sin˥ 流星体经过地球大气层时，没有完全烧毁而落在地面上的部分叫作陨星。

【陨落】ɦyən˦loʔ˧ （星体或其他在高空运行的物体）从高空掉下。

殒【ɦyən˩】或【Øyən˩】

yùn

孕【ɦyən˩】中州韵【ɦin˩】

【孕妇】ɦyən˦vu˩ 怀孕的

妇女。

【孕育】ɦyən˩θioʔ˥ 怀胎生育。喻既存的事物中酝酿着新事物。

运【ɦyən˩】

【运气】(1)ɦyən˩tɕʻi˥ (一)命运。(二)幸运。(2)ɦyən˩tɕʻi˥ 把力气贯注到身体某一部分。

【运用】ɦyən˩ɦioŋ˩ 根据事物的特性加以利用。

【运动】ɦyən˩doŋ˩ (一)物体位置不断变化的现象。通常指一个物体和其他物体之间相对位置的变化。(二)为求达到某种目的而奔走钻营。(三)体育活动。(四)政治、文化、生产等方面有组织、有目的而声势较大的群众性活动。

【运算】ɦyən˩sø˥ 依照数学法则,求出一个算题或算式的结果。

【运河】ɦyən˩ɦəu˩ 人工挖成的可以通航的河。

【运费】ɦyən˩fi˥ 运载货物时支付的费用。

【运输】ɦyən˩sɥ˥ 用交通工具把物资或人从一个地方运到另一个地方。

【运道】ɦyən˩dæ˩ 运气。

【运动会】ɦyən˩doŋ˩ɦuE˩ 多项体育运动的竞赛会。

【运动员】ɦyən˩doŋ˩ɦiø˩ 参加体育竞赛的人。

【运来推勿开,倒霉一齐来】ɦyən˩lE˩tʻE˥fəʔ˥kʻE˥,tæ˥mE˩θiəʔ˥zi˩lE˩ 俗语。运气来的时候,要拒绝也拒绝不了;要倒霉的时候,倒霉的事接连不断发生。

郓【ɦyən˩】

【郓城】ɦyən˩zən˩

恽【ɦyən˩】

晕【ɦyən˩】另见 yūn。

【晕车】ɦyən˩tsʻo˥ 坐车时头晕、呕吐。

【晕针】ɦyən˩tsən˥ 针刺后病人面色苍白,头晕目眩,心烦欲呕吐等。

【晕船】ɦyən˦zø˦ 坐船时头晕、呕吐。

酝【øyən˥˧】

【酝酿】øyən˥˧ȵiã˦ 造酒的发酵过程。喻做准备工作。

愠【øyən˥˧】

【愠怒】øyən˥˧nəu˨˧ 心里含着怨怒。

韵【ɦyən˨˧】

【韵目】ɦyən˦moʔ˧ 韵的分类目录。

【韵文】ɦyən˦vən˨˧

【韵白】ɦyən˦bɑʔ˧

【韵书】ɦyən˦sʮ˥

【韵头】ɦyən˦dɤ˨˧

【韵母】ɦyən˦mo˧˩˧

【韵尾】ɦyən˦vi˩˧

【韵味】ɦyən˦vi˩˧

【韵腹】ɦyən˦foʔ˥

蕴【øyən˥˧】

【蕴藏】øyən˥˧zɑ̃˦

熨【ɦyən˨˧】中州韵【ɦuE˨˧】

【熨斗】ɦyən˦tɤ˥

附：

匽【øi˥˧】【集韵】隐幰切。【说文】匿也。

【匽】øi˥˧或øi˧˩˧ 义见【掩】。

瀴【øin˥˧】【广韵】于孟切音樱瀙冷也。

【瀴气】øin˥tɕʻi˧˩˧ 寒冷的感觉。

【瀴脱】øin˥˧tʻəʔ˥ 熄灭。

【瀴下来】øin˥˧ɦo˨˧lE˨˧ 温度逐渐降下来。

【瀴当当】øin˥tɑ̃˥tɑ̃˧˩˧ 凉的感觉。

【瀴飕飕】øin˥sɤ˥sɤ˧˩˧ 凉飕飕。

Z

Z

zā

扎【ʦaʔ˥】中州韵【ʦʰaʔ˥】另见 zhā;zhá。

【扎足】ʦaʔ˥oʔʦ˥　形容做到十足的地步。多指面子、台型。

【扎肉】ʦaʔ˥ȵioʔ˧　去骨猪肉捆扎成圆柱形后烧制的卤菜。

【扎劲】ʦaʔ˥ʨən˦˥　有劲,来劲。

【扎制】ʦaʔ˥ʦɥ˦˥　形容器物结实。

【扎硬】ʦaʔ˥ŋã˦　(一)过硬。(二)形容有实力。

【扎趸】ʦaʔ˥tən˦˥　形容身体强壮结实。

【扎蹦】ʦaʔ˥poŋ˦˥　指数量、容量、重量等特别大。

【扎出来】ʦaʔ˥ʦʰəʔ˥lE˨˩　约出来,从其他单位将人挖出来。

【扎台型】ʦaʔ˥dE˦ɦin˨˩　挣面子。

【扎底针】tɑ̃ʔ˥ti˦˥ʦən˥　纳鞋底的针。

【扎底线】ʦaʔ˥ti˥˨siɪ˥˨　纳鞋底的线。

【扎面子】ʦaʔ˥miɪ˦ʦɿ˥˨　挣面子。

【扎钩头】ʦaʔ˥kʏ˥dʏ˨˩　(一)钩子。(二)"✓"的符号名。也作【扎钩】ʦaʔ˥kʏ˥。

【扎鞋底】ʦaʔ˥ɦɑ˦ti˥˨　缝纫鞋底。在布鞋底上面密密地缝,使它结实。

【扎鼻头】ʦaʔ˥bəʔ˧dʏ˨˩　钩状鼻。

【扎手缚脚】ʦaʔ˥sʏ˥˨voʔ˧ʨɑʔ˥　将人捆绑得严严实实。形容彻底制服。

【扎足台型】ʦaʔ˥ʦoʔ˥dE˦ɦin˨˩　挣足面子。

【扎足面子】ʦaʔ˥ʦoʔ˥miɪ˦ʦɿ˥˨　挣足面子。

【扎鼻头，扎进勿扎出】tsaʔ˥ bəʔ˧dʏ˨˧，tsaʔ˥tsin˦˩˨fəʔ˥ tsaʔ˥tsʻəʔ˥　指生有钩状鼻的人特别精明(贬义)。

匝【tsaʔ˥】

咂【tsaʔ˥】

【咂嘴】tsaʔ˥tsʮ˦˩˨

zá

杂【zaʔ˧】文读【zəʔ˧】

【杂文】zaʔ˧vən˨˧
【杂务】zaʔ˧vu˨˧
【杂交】zaʔ˧tɕiæ˥
【杂技】zaʔ˧dʑi˨˧
【杂志】zaʔ˧tsʮ˦˩˨
【杂货】zaʔ˧həu˦˩˨
【杂念】zaʔ˧ȵi˨˧
【杂质】zaʔ˧tsəʔ˥
【杂费】zaʔ˧fi˦˩˨
【杂音】zaʔ˧∅in˥
【杂树】zaʔ˧zʮ˨˧　(一)普通、低等的木材。(二)混杂多种的树木。
【杂种】zaʔ˧tsoŋ˦˩˨
【杂烩】zaʔ˧huE˦˩˨
【杂家】zaʔ˧tɕiɑ˥
【杂剧】zəʔ˧dʑəʔ˧
【杂配】zaʔ˧pE˦˩˨　非原装的，不是同一品牌零件装配起来。
【杂感】zəʔ˧kø˦˩˨
【杂牌军】zəʔ˧bɑ˨˧tɕyən˦˩˨　非正规的，非正牌的军队。
【杂七杂八】zaʔ˧tsʻiəʔ˥zaʔ˧poʔ˥
【杂不棱登】zəʔ˧pəʔ˥lən˨˧tən˦˩˨　杂七杂八。
【杂乱无章】zaʔ˧lø˨˧vu˨˧tsã˥
【杂垩百搭】zəʔ˧∅oʔ˥pɑʔ˥taʔ˥　(一)形容面部涂沫得很难看。(二)形容行为无赖。
【杂颌乱绊】zaʔ˦kəʔ˥lø˨˧bø˨˧　(一)形容说话噜嗦，没有中心。(二)形容杂乱、零碎。
【杂格咙咚】zəʔ˧kəʔ˥loŋ˨˧toŋ˦˩˨　形容杂乱、零碎。也说成【杂仔格咙咚】zəʔ˧tsɿ˦˩˨ kəʔ˥loŋ˧toŋ˦˩˨。

咱 文读【tsɑ˥】

【咱家】tsɑ˥tɕiɑ˦˩˨　苏州评弹

表演中多用于花脸角色的第一人称。

【咱勒吧】tsɑ˥lə˧pɑ˥ 形容打官话,颐指气使。

砸【tsaʔ˥】

【砸脱】tsaʔ˥t'ə˥ 砸掉。

zāi

灾【tsE˥】

【灾民】tsE˥min˩

【灾殃】tsE˥0iã˥

【灾害】tsE˥ɦE˩

【灾祸】tsE˥ɦəu˩

【灾情】tsE˥zin˩

哉【tsE˥】

栽【tsE˥】

【栽赃】tsE˥tsɑ̃˥

【栽培】tsE˥bE˩

【栽上百年桑,勿怕年成荒】tsE˥zɑ̃˩pɑʔ˥ɲiɪ˧sɑ̃˥,fə˥p'o˥ɲiɪ˧zən˩huɑ̃˥ 说明栽桑养蚕是项经济效益稳定的副业。

zǎi

载【tsE˥】另见 zài。

宰【tsE˥】

【宰相】tsE˥siɑ̃˥

【宰一刀】tsE˥0iəʔ˥tæ˥ 杀一刀。喻欺诈一次。

崽【tsE˥】

zài

再【tsE˥】

【再三】tsE˥sE˥

【再见】tsE˥tɕiɪ˥

【再生】tsE˥sən˥

【再次】tsE˥ts'ɿ˥

【再会】tsE˥ɦuE˩

【再则】tsE˥tsə˥

【再版】tsE˥pE˥

【再现】tsE˥ɦiɪ˩

【再者】tsE˥tsE˥

【再度】tsE˥dəu˩

【再说】tsE˥sə˥

【再造】tsE˥zæ˩

【再婚】tsE˥huən˨˦
【再嫁】tsE˥kɑ˦˨
【再醮】tsE˥tsE˦˨
【再生产】tsE˥sən˥ts'E˨˦
【再三再四】tsE˦˨sE˥tsE˦˨sɿ˦˨
一次又一次。
【再好勿有】tE˥hæ˨˦fəʔ˥hiY˨
再好没有。
【再好呒不】tE˥hæ˨˦ṃ˦pəʔ˥
义同【再好勿有】。
【再接再厉】tsE˦˨tsiəʔ˥tsE˦˨li˨

在 文读【zE˨】

【在下】zE˨ɕiɑ˨˦
【在于】zE˨ɦY˨
【在乎】zE˨ɦəu˨
【在世】zE˨sɥ˦˨
【在场】zE˨zã˦
【在刚】zE˦tɕiã˥ 刚才。
【在行】zE˨ɦã˦
【在先】zE˨sii˥
【在即】zE˨tsiəʔ˥
【在位】zE˨ɦuE˨
【在押】zE˨Øɑʔ˥
【在逃】zE˨dæ˦
【在案】zE˨Øø˦˨
【在座】zE˨zəu˨
【在望】zE˨vɑ̃˨
【在野】zE˨ɦiɑ˨
【在职】zE˨tsəʔ˥
【在握】zE˨Øoʔ˥
【在意】zE˨Øi˦˨
【在劫难逃】zE˦tɕəʔ˥nE˦dæ˦
【在所不惜】zE˨səu˨˦pəʔ˥siəʔ˥ 毫不怜惜。
【在家像龙,出门像虫】zE˦tɕiɑ˥ziã˨loŋ˦,ts'əʔ˥mən˦ziã˨zoŋ˦ 形容只敢在家中发狠,到外面十分胆小的欺软怕硬的品性。
【在劫不在数,在数最难逃】zE˨tɕəʔ˥pəʔ˥zE˨səu˦˨,zE˨səu˦˨tsE˨˦nE˦dæ˦ 在劫难逃。
【在家靠父母,出门靠朋友】zE˨tɕiɑ˥k'æ˦˨vu˦mo˥,ts'əʔ˥mən˦k'æ˦˨bã˦ɦiY˨ 俗语。在家中靠父母扶持,出门靠朋友帮忙。
【在他檐前过,不得不低头】zE˦t'ɑ˥ɦii˦zii˦kəu˦˨,pəʔ˥təʔ˥pəʔ˥ti˥dY˦ 喻受人管束,不敢不服从。
【在家从父,出嫁从夫,夫死从

子】zE˨tɕia˥zoŋ˨vu˦，tsʻə˥tɕia˦zoŋ˨fu˥，fu˥sɿ˩zoŋ˨tsɿ˩ 封建礼教中约束妇女的“三从”。

Z

载【tsE˦】另见 zǎi。

【载体】tsE˦tʻi˥
【载重】tsE˦zoŋ˨
【载歌载舞】tsE˦kəu˥tsE˦vu˨

zān

簪【tsø˥】

zǎn

拶【tsE˩】

【拶子】tsE˦tsɿ˥
【拶指】tsE˦tsʮ˥

攒【tsE˩】

趱【tsE˩】

【趱行】tsE˦ɦin˦ 快走，快行（路）。

zàn

暂【zE˨】

【暂且】zE˦tsʻi˩或zE˦tsʻi˩
【暂行】zE˦ɦin˨
【暂时】zE˦zʮ˨
【暂停】zE˦din˨
【暂缓】zE˦Øuø˩

錾【zE˨】

赞【tsE˦】

【赞叹】tsE˦tʻE˩
【赞成】tsE˦zən˦
【赞同】tsE˦doŋ˦
【赞许】tsE˦ɕy˥
【赞扬】tsE˦ɦiã˦
【赞助】tsE˦zəu˨
【赞美】tsE˦mE˦
【赞赏】tsE˦sã˥
【赞誉】tsE˦ɦy˦
【赞歌】tsE˦kəu˥
【赞不绝口】tsE˩pə˧ziə˧kʻy˩

瓒【tsE˦˨】中州韵【ZE˨˩】

zāng

赃【tsã˥】中州韵【tsã˥】

【赃物】tsã˥vəʔ˧

【赃证】tsã˥tsən˨˦

【赃官】tsã˥kuø˨˦

【赃款】tsã˥k'uø˨˦

脏【zã˥】中州韵【zã˥】

另见 zàng。

臧【tsã˥】中州韵【tsã˥】

zàng

脏【zã˨˩】中州韵【zã˨˩】

另见 zāng。

【脏腑】zã˧fu˨˦

奘【tsã˦˨】中州韵【tsã˦˨】

葬【tsã˦˨】中州韵【tsã˦˨】

【葬礼】tsã˦˨li˨˩

【葬身】tsã˦˨sən˥

【葬送】tsã˨˦soŋ˨˦

【葬脱】tsã˦˨t'əʔ˥ 埋葬掉。

藏【zã˨˩】中州韵【zã˨˩】

另见 cáng。

【藏青】zã˧tsin˥

【藏药】zã˧ɦiaʔ˧ 藏族传统医学所用的药品。

【藏族】zã˧zoʔ˧

【藏红花】zã˧ɦoŋ˧ɦo˥ 药材名。产于西藏的红花。

zāo

遭【tsæ˥】

【遭劫】tsæ˥tɕəʔ˥

【遭受】tsæ˥zY˨˩

【遭殃】tsæ˥0iã˥

【遭难】tsæ˥nE˨˩

【遭遇】tsæ˥ŋ̊y˨˩

糟【tsæ˥】

【糟兄】tsæ˥ɕioŋ˨˦ 指落拓不羁或行为猥琐、不大方的人。

Z

【糟坊】zæ˨˦fɑ̃˥ 酿酒的作坊。

【糟货】tsæ˥həu˥˨ 用酒糟腌制的食品的总称。

【糟鱼】tsæ˥ŋ˨˩ 用酒糟腌制的鱼(多用青鱼、鲤鱼)。

【糟蛋】tsæ˥dᴇ˨˩ 用酒糟腌制的蛋(多用鸭蛋)。

【糟粕】tsæ˥pʻəʔ˥

【糟脱】tsæ˥tʻəʔ˥ 作践掉。

【糟糠】tsæ˥kʻɑ̃˥˨

【糟蹋】tsæ˥tʻaʔ˥ (一)糟践。(二)侮辱蹂躏。简称"糟"。

【糟糠之妻不下堂】tsæ˥kʻɑ̃˥ tsʮ˥˨tsʻi˥pəʔ˥ɦiɑ˥˨dɑ̃˧ 封建时代不可休妻的一条规定:贫穷时共过患难的妻子,不能休弃。

záo

凿【zoʔ˧】

【凿】zoʔ˧ 击打。本字【敿】。

【凿子】zoʔ˧tsɿ˥˨

【凿闷】zoʔ˧mən˥ 被抢白,无言可答。

【凿冷拳】zoʔ˧lɑ̃˧ʥiø˧ (一)趁人不备时偷打。(二)趁人不备,冷言冷语暗算。

【凿着法】zoʔ˧zɑʔ˧fɑʔ˥ 碰巧可以,随机性大。

【凿声凿气】zoʔ˧sɑ̃˥zoʔ˧tɕʻi˥˨ 形容语气生硬。

zǎo

早【tsæ˥˨】

【早日】tsæ˦˨zəʔ˧

【早市】tsæ˦˨zɿ˨˩

【早产】tsæ˦˨tsʻᴇ˥˨

【早场】tsæ˦˨zɑ̃˨˩

【早年】tsæ˦˨ȵiɪ˨˩

【早死】tsæ˦˨si˥˨ 早早亡故。

【早先】tsæ˦˨siɪ˥

【早早】tsæ˦˨tsæ˥˨

【早饭】tsæ˦˨vᴇ˨˩

【早茶】tsæ˦˨zo˨˩

【早春】tsæ˦˨tsʻən˥

【早点】(1)tsæ˥˨tiɪ˥˨ 早些。(2)tsæ˦˨tiɪ˥ 早饭。

【早秋】tsæ˦˨tsʻʏ˥

【早退】tsæ˥˨tʻᴇ˥˨

【早浪】tsæ˥lɑ̃˨˩ 早上。

【早衰】tsæ˦˨sᴇ˥

【早晏】tsæ˥˩Øᴇ˥˩ 迟早。

【早婚】tsæ˦huən˥

【早期】tsæ˦ʥi˨˦

【早熟】tsæ˦zoʔ˧

【早稻】tsæ˦dæ˨˩˧

【早操】tsæ˦ts‘æ˥

【早点心】tsæ˦tiɪ˥sin˥˩ 早餐。

【早起头】tsæ˦tɕ‘i˥dY˨˩˧ 早先,从前。

【早晓得】tsæ˦ɕiæ˥təʔ˥ 如果早一点知道。

【早晨头】tsæ˥zən˨˩˧dY˨˩˧ 早晨。

【早点晏点】tsæ˥˩tiɪ˥˩Øᴇ˦tiɪ˥˩ 迟早。

【早养儿子早得福】tsæ˦hiã˨˩˧ȵi˨˦tsɿ˥˩tsæ˦təʔ˥foʔ˥ 早些生养孩子,可以早些享福。

【早起三朝当一工】tsæ˦tɕi˥˩sᴇ˥tsæ˥˩tɑ̃˦Øiəʔ˥koŋ˥ 形容勤快可以提高工效。

【早吃新鲜米,夜烧活柴树】tsæ˦tɕ‘əʔ˥sin˥siɪ˥mi˨˩˧,Øiɑ˥sæ˥huəʔ˧zɑ˨˦zʮ˨˩˧ 形容生活贫困。

【早立秋,凉飕飕;晏立秋,热吼吼】tsæ˦liəʔ˧ts‘Y˥,liã˨˦sY˥sY˥;Øᴇ˥liəʔ˧ts‘Y˥,ȵəʔ˧hY˥hY˥˩ 立秋时辰早,这个秋天会很凉快;反之,则炎热难熬。

【早吃生姜夜吃卜,郎中先生对你哭】tsæ˥tɕ‘əʔ˥sã˥tɕiã˥Øiɑ˥tɕ‘əʔ˥boʔ˧,lã˨˦tsoŋ˥siɪ˥sã˥˩tᴇ˦nᴇ˨˦k‘oʔ˥ 早晨吃些生姜,晚上吃些萝卜,有利健康。

枣【tsæ˥˩】

【枣子】tsæ˦tsɿ˥˩

【枣红】tsæ˦hoŋ˨˩˧

【枣泥】tsæ˦ȵi˨˩˧

蚤【tsæ˥˩】

澡【tsæ˥˩】

藻【tsæ˥˩】

zào

皂【zæ˨˩˧】

【皂白】zæ˨˦bɑʔ˧

【皂隶】zæ˨˩˧di˨˩˧ 旧时衙门里

的差役。

【皂荚】zæ˦tɕəʔ˥ （一）一种落叶乔木。（二）皂荚树的果实。形状长而扁，像豆荚。旧时用作洗涤品。

【皂靴】zæ˦ɕio˥或zæ˦ɕiY˥ 封建时代官员所穿的黑色布靴。

灶【tsæ˦】

【灶下】tsæ˥ɦo˩ 厨房。

【灶头】tsæ˥dY˩

【灶肚】tsæ˥dəu˩ 灶的中间部分。

【灶膛】tsæ˥dɑ̃˩

【灶下间】tsæ˥ɦo˩kE˥ 厨房。

【灶门洞】tsæ˥mən˩doŋ˩ 灶膛的入口处。

【灶头间】tsæ˥dY˩kE˥ 厨房。

【灶庇间】tsæ˥pi˥kE˥ 厨房。

【灶君菩萨】tsæ˥tɕyən˥bu˦saʔ˥ 义同【灶家菩萨】。也写作【灶陉菩萨】。

【灶家菩萨】tsæ˥ka˥bu˦saʔ˥ 迷信的人在锅灶附近供的神。认为他掌管着一家的祸福财气。

【灶家老爷】tsæ˥ka˥læ˩ɦia˩ （一）灶神。（二）常用来形容脏兮兮的脸。

【灶家老爷讨饭——装穷】tsæ˥ka˥læ˩ɦia˩t'æ˥vE˩——tsɑ̃˥dʑioŋ˦ 歇后语。假装贫穷。

【灶膛里格草把——烧坯】tsæ˥dɑ̃˩li˩kəʔ˥ts'æ˦po˥——sæ˥pE˥ 歇后语。烧火的材料。多作詈语。

【灶家老爷上天——有一说一】tsæ˥ka˥læ˦ɦia˩zɑ̃˩t'iI˥——ɦiY˩ʔiəʔ˥səʔ˥ʔiəʔ˥ 歇后语。实话实说。

【灶膛里装门闩——横勿好，竖勿好】tsæ˥dɑ̃˩li˩tsɑ̃˥mən˦sø˥——ɦuɑ̃˦fəʔ˥hæ˥，zʮ˩fəʔ˥hæ˥ 歇后语。反正都不好（含挑剔）。

皁【zæ˩】

造【zæ˨】

【造化】zæ˨ho˦˨
【造反】zæ˦fɛ˥
【造句】zæ˨tɕy˦˨
【造访】zæ˨fɑ̃˦˨
【造价】zæ˨kɑ˦˨
【造作】zæ˦tso˥
【造诣】zæ˨Øi˦˨
【造物】zæ˦və˧
【造型】zæ˦ɦin˨
【造谣】zæ˨ɦiæ˨
【造就】zæ˨zʏ˨
【造福】zæ˨fo˥
【造孽】zæ˨ŋ̊ə˧
【造谣言】zæ˦ɦiæ˦ɦii˨　造谣。
【造北寺塔】zæ˨po˥zɿ˦t'a˥　形容办难度高的事。
【造屋请着箍桶匠】zæ˦Øo˥ts'in˦˨zɑ˧kəu˥do˥˨ziɑ̃˨　指办某件事请了技术不对路的人。

噪【ts'æ˦】中州韵【sæ˦】

【噪声】ts'æ˥sən˦˨
【噪音】ts'æ˥Øin˦˨

燥【sæ˦】

【燥结】sæ˦tɕə˥　（粪便）干燥、硬结。

躁【ts'æ˦】

zé

则【tsə˥】

【则声】tsə˥sən˥
【则畹】tsə˥ɦuə˧　助词。放在句末表示肯定或祈使等语气。

责【tsə˥】中州韵【tʂə˥】

【责令】tsə˥lin˨
【责成】tsə˥zən˦
【责任】tsə˥zən˨
【责问】tsə˥vən˨
【责备】tsə˥bɛ˨
【责怪】tsə˥kuɑ˦
【责骂】tsə˥mo˨
【责罚】tsə˥va˧
【责难】tsə˥nɛ˦

【责任感】tsəʔ˥zən˧kø˨˦
【责无旁贷】tsəʔ˥vu˩bɑ̃˧dɛ˩

择【zəʔ˧】中州韵【ʑəʔ˧】
另见 zhái。

【择吉】zəʔ˧tɕəʔ˥
【择交】zəʔ˧tɕiæ˥
【择优】zəʔ˧øiʏ˥

咋【zɑ˩】

泽【zəʔ˧】中州韵【ʑəʔ˧】

【泽国】zəʔ˧kuəʔ˥

啧【tsəʔ˥】中州韵【tsəʔ˥】
帻【tsəʔ˥】中州韵【tsəʔ˥】

zè

仄【tsɑʔ˥】中州韵【tsəʔ˥】

【仄声】tsɑʔ˥sən˥

昃【tsɑʔ˥】中州韵【tsəʔ˥】

zéi

贼【zəʔ˧】

【贼子】zəʔ˧tsɿ˨˦
【贼心】zəʔ˧sin˥
【贼秃】zəʔ˧tʻoʔ˥　詈语。(一)坏和尚。(二)泛指坏人。
【贼相】zəʔ˧siã˨˦　神情鬼祟，不正派的面相。
【贼坯】zəʔ˧pʻɛ˨˦　(一)泛指坏人。(二)(那个)家伙。
【贼赃】zəʔ˧tsɑ̃˥
【贼眼】zəʔ˧ŋɛ˩
【贼伯伯】zəʔ˧pɑʔ˥pɑʔ˥　对窃贼的谑称。
【贼腔】zəʔ˧tɕʻiã˨˦　(一)丑陋的样子。(二)令人难堪。
【贼骨头】zəʔ˧kuəʔ˥dʏ˩　窃贼。
【贼铁嘴】zəʔ˧tʻiəʔ˥tsʮ˨˦　善于诡辩的嘴巴。
【贼勿空手】zəʔ˧fəʔ˥kʻoŋ˥sʏ˨˦　窃贼光顾，总要偷些东西去。
【贼皮贼骨】zəʔ˧bi˩zəʔ˧kuəʔ˥　不怕羞耻，受得起打的肉体(贬义)。

【贼皮獭脸】zəʔ˧bi˩˧tʻaʔ˥liɪ˩˧ 嬉皮笑脸。

【贼头贼脑】zəʔ˧dɤ˩˧zəʔ˧næ˩˧ 亦作【贼头狗脑】zəʔ˧dɤ˩˧kɤ˥˧næ˩˧。

【贼出关门】zəʔ˧tsʻəʔ˥kuE˥mən˧˦ 喻出了事故才采取防范措施。

【贼出贼样】zəʔ˧tsʻəʔ˥zəʔ˧ɦiã˩˧ 形容非常难看的举止。

【贼忒嘻嘻】zəʔ˧tʻəʔ˥ɕi˥˧ɕi˥˧ 嬉皮笑脸,扮鬼脸。

【贼形贼状】zəʔ˧ɦin˩˧zəʔ˧zɑ̃˩˧ 形容举动鬼鬼祟祟。

【贼性勿改】zəʔ˧sin˧˦fəʔ˥kE˥˧ 偷窃或指其他邪恶的本性不改。也说成【贼勿改性】zəʔ˧fəʔ˥kE˧˦sin˧˦。

【贼骨牵牵】zəʔ˧kuəʔ˥tɕʻiɪ˥tɕʻiɪ˥˧ 轻佻的举止。

【贼喊捉贼】zəʔ˧hE˥˧tsoʔ˥zəʔ˧

【贼咬一口烂见骨】zəʔ˧ŋæ˩˧ ∅iəʔ˥kʻɤ˥˧lE˩˧tɕiɪ˧˦kuəʔ˥ 喻被坏人诬陷,有口难辩。

【贼骨头拨狗咬——响勿落】zəʔ˧kuəʔ˥dɤ˩˧pəʔ˥kɤ˥˧ŋæ˩˧——ɕiã˧˦fəʔ˥loʔ˧ 歇后语。指气馁,无言以对。

【贼什梗防,佛什梗敬】zəʔ˧zəʔ˧gã˩˧bɑ̃˧˦,vəʔ˧zəʔ˧gɑ̃˩˧tɕən˧˦ 俗语。(对居心叵测的人)像提防窃贼一样小心谨慎,但表面恭顺得像敬佛一样。

zěn

怎 文读【tsən˥˧】【tsəʔ˥】

【怎么】tsən˥˧moʔ˧或tsəʔ˥moʔ˧ 用于文读。

【怎奈】tsən˥˧nE˩˧ 用于文读。

【怎样】tsən˥˧ɦiã˩˧ 用于文读。

【怎么样】tsən˥˧moʔ˧ɦiã˩˧或tsəʔ˥moʔ˧ɦiã˩˧ 用于文读。

zēng

曾【tsən˥】另见 céng。

【曾孙】tsən˥sən˥˧

【曾祖】tsən˥tsəu˥˩

增【tsən˥】

【增订】tsən˥tin˥˩
【增长】tsən˥tsã˥˩
【增加】tsən˥kɑ˥˩
【增刊】tsən˥k'ø˥˩
【增生】tsən˥sən˥˩
【增产】tsən˥ts'ᴇ˥˩
【增多】tsən˥təu˥˩
【增光】tsən˥kuɑ̃˥˩或tsən˥kuɑ̃˥
【增色】tsən˥səʔ˥
【增设】tsən˥səʔ˥
【增收】tsən˥sʏ˥˩
【增补】tsən˥pu˥˩
【增进】tsən˥tsin˥˩
【增删】tsən˥sᴇ˥˩
【增高】tsən˥kæ˥˩
【增损】tsən˥sən˥˩　增加和减去。
【增添】tsən˥t'iɪ˥˩
【增幅】tsən˥foʔ˥
【增强】tsən˥ʥiã˩
【增援】tsən˥ɦiø˩

憎【tsən˥】

【憎恨】tsən˥ɦən˩

zèng

赠【zən˩】

【赠言】zən˩ɦiɪ˩
【赠品】zən˦p'in˥
【赠送】zən˩soŋ˥˩
【赠阅】zən˦ɦʏəʔ˧
【赠嫁丫头】zən˦kɑ˥ʘo˥dʏ˩　作为陪嫁的女佣。

zhā

扎【tsɑʔ˥】另见 zhá；zá。

【扎牢】tsɑʔ˥læ˩　勾住。喻被留住。
【扎实】tsɑʔ˥zəʔ˧
【扎根】tsɑʔ˥kən˥
【扎扎实实】tsɑʔ˥tsɑʔ˥zəʔ˧zəʔ˧　扎实。

吒【tso˦】中州韵【tsɑ˥】

咋【tsa˥】

【咋啦婆】tsa˥la˥bu˩ 个性张扬，喜欢大声说话的女人。
【咋勒吧】tsa˥lə˧pa˥ 形容打官腔。

查【tso˥】文读【tsa˥】另见 chá。

揸【tso˥】中州韵【tsa˥】

【揸牌】tso˥ba˧ 抓牌。

喳【tsa˥】、【zo˩】另见 chā。

【喳】(1)tsa˥ 象声字。旧时下属在上司面前的应答声。(2)zo˩ 旧时仆役对主人的应诺声。

渣【tso˥】文读【tsa˥】

【渣滓】tso˥tsɿ˩
【渣麸麸】tso˥fu˥fu˩ 形容食品似渣而没有味道。
【渣潦潦】tso˥liæ˩liæ˩ 形容食品似渣、汤汁似水而没有味道。

楂【tso˥】文读【tsa˥】另见 chá。

zhá

扎【tsaʔ˥】另见 zā；zhā。

【扎扎叫】tsaʔ˥tsaʔ˥tɕiæ˩ 形容(脸色)凝重，严肃。

札【tsaʔ˥】

【札记】tsaʔ˥tɕi˩

轧【gaʔ˧】另见 gá；yà。

【轧牢】gaʔ˧læ˩ 被夹住。喻被截获。
【轧钢】gaʔ˧kã˥
【轧扁颗浪头】gaʔ˧pi˩k'əu˥lã˩dɤ˩ 喻两边不讨好。简称【轧偏头】gaʔ˧pi˩dɤ

˧。也说成【轧扁颗颅头】ga˞ʔ˧pi˥k'əu˥ləu˧dʏ˩。

闸【za˞ʔ˧】

【闸门】za˞ʔ˧mən˩

【闸杀】za˞ʔ˧sa˞ʔ˥ 被重物压死。

【闸牢】za˞ʔ˧læ˩ （一）阻住。（二）指被当场捉住。

【闸角】za˞ʔ˧ko˞ʔ˥ 指不规则的角凸现出来。

【闸差】za˞ʔ˧ts'ɑ˥ 抽检干活的状况。

【闸着】za˞ʔ˧za˞ʔ˧ 查到。

【闸煞】za˞ʔ˧sa˞ʔ˥ 阻住或压死。

【闸酱】za˞ʔ˧tsiã˥ 开玩笑。

【闸出来】za˞ʔ˧ts'ə˥lɛ˩ （一）凸现出来。（二）意外出现的。

【闸梅酱】za˞ʔ˧mɛ˧tsiã˥ 指责怪媒人。吴语中“媒”、“梅”同音。

【闸来闸去】za˞ʔ˧lɛ˩za˞ʔ˧tɕ'i˥ 形容飘忽不定地出现，凸现。

炸【tso˥】文读【tsɑ˥】另见 zhà。

【炸猪排】tso˥tsʮ˥bɑ˩ 食品。油炸猪的排骨肉。

铡【za˞ʔ˧】

【铡刀】za˞ʔ˧tæ˥

【铡草】za˞ʔ˧ts'æ˥ 用铡刀切草。

zhǎ

拃【k'o˥】

眨【tsa˞ʔ˥】

zhà

乍【za˞ʔ˧】【zo˩】文读【zɑ˩】

【乍生头里】za˞ʔ˧sã˥dʏ˩li˥ 突然。

【乍陌生生】za˞ʔ˧ma˞ʔ˧sã˥sã˥ 突然。

诈【tso˦˩˨】文读【tsɑ˦˩˨】

【诈人】tso˦˩˨ȵ̥ən˦或tso˥ȵ̥ən˩ 讹诈他人。
【诈死】tso˥si˥˩ （一）假装死亡。（二）喻耍赖。
【诈降】tso˥hã˩ 假装投降。
【诈骗】tso˥p'ii˥˩
【诈地皮】tso˥di˩bi˩ 躺在地上耍赖。

咤【ts'ɑ˦˩˨】

炸【tso˦˩˨】文读【tsɑ˦˩˨】另见 zhá。

【炸杀】tso˦˩˨saʔ˥ 炸死。
【炸药】tso˥hiɑʔ˧
【炸弹】tso˥dE˩

痄【tso˦˩˨】

【痄腮胀】tso˥sE˥tsã˦˩˨ 由腮腺炎病毒引起的急性传染病。

蚱【koʔ˥】文读【tsɑ˦˩˨】

【蚱蜢】koʔ˥mã˩ 像蝗虫。头尖,后肢特长,体绿色或枯黄色。是农业害虫。或写作【谷蜢】。

榨【tso˦˩˨】文读【tsɑ˦˩˨】

【榨取】tso˦˩˨ts'i˥˩
【榨菜】tso˥ts'E˥˩
【榨甘蔗露】tso˦˩˨kø˥tso˥˩ləu˩ 用压榨工具榨取甘蔗汁。

蜡【lɑʔ˧】另见 là。

zhāi

侧【tsəʔ˥】另见 cè。

斋【tsɑ˥】中州韵【tɕE˥】

【斋匾】tsɑ˥pii˥˩ 上面题着作为标记或表示赞扬文字的长方形木牌。
【斋僧】tsɑ˦˩˨sən˥ 供给僧、

尼饭食。

【斋月宫】tsɑ˥ŋəʔ˧koŋ˥˩ 八月半中秋祭月。

【斋星官】tsɑ˥sin˥kuø˥˩ 吴俗,男孩十六岁生日要点香烛祭祀其对应的星宿,以示成丁。

【斋勒眼睛门前】tsɑ˥ləʔ˧ŋE˨˧tsin˥mən˧˩ziI˧˩ 指人挡在眼前(含厌恶意)。

摘【tiəʔ˥】文读【tsaʔ˥】

【摘】tiəʔ˥ (一)采取。(二)用食指和拇指指甲掐或掐取。

【摘人】tiəʔ˥ŋ̊ən˨˧ 用食指和拇指指甲掐捩人肌肤。

【摘记】tsaʔ˥tɕi˥˩˧ 摘要记录。

【摘录】tsaʔ˥loʔ˧或tiəʔ˥loʔ˧

【摘要】tsaʔ˥Øiæ˥˩˧ 摘取要点。

zhái

宅【zɑʔ˧】

【宅门】zaʔ˧mən˧˩ 深宅大院的大门。

【宅第】zaʔ˧di˧˩

【宅基】zaʔ˧tɕi˥ 住宅的地基。

择【zəʔ˧】另见 zé。

翟【zaʔ˥】另见 dí。

zhǎi

窄【tsaʔ˥】

zhài

债【tsɑ˥˩˧】文读【tsE˥˩˧】

【债务】tsɑ˥˩˧vu˧˩

【债主】tsɑ˥˩˧tsʮ˥˩

寨【zE˧˩】

瘵【tsE˥˩˧】

zhān

占【tsø˥】另见 zhàn。

沾【tsø˥】

【沾光】tsø˥kuɑ̃˥

【沾染】tsø˥zø˩
【沾斤掂两】tsø˥tɕən˥tiəʔ˥liã˧˩ 指斤斤计较;无孔不入。
【沾沾自喜】tsø˥tsø˥zɿ˩ɕi˧˩

毡【tsø˥】

【毡帽】tsø˥mæ˩ 用毡呢制作的帽子。
【毡鞋】tsø˥ɦa˩ 用毡呢为面料制成的鞋子。

粘【ȵiɪ˧】另见 nián。

詹【tsø˥】

瞻【tsø˥】

【瞻仰】tsø˥ȵiã˧˩ 怀着敬意看。

zhǎn

斩【tsE˧˩】

【斩肉】tsE˥ȵioʔ˧ (一)把大块肉切成小块。(二)或称肉糜或剁肉糜。(三)买肉。
【斩首】tsE˧sY˧˩ 杀头。
【斩草不除根,逢春必葆青】tsE˧˩ts'æ˧˩Pəʔ˥zɥ˩kən˥,voŋ˩ts'ən˥Piəʔ˥Pæ˧˩ts'in˥ 喻除恶务尽,否则必有后患。

崭【tsE˧˩】

【崭货】tsE˧˩hən˧˩ (一)好的东西。(二)真的东西。
【崭崭齐齐】tsE˧tsE˥zi˩zi˩ 形容整齐。

盏【tsE˧˩】

展【tsø˧˩】

【展开】tsø˧k'E˥ (一)张开,铺开。(二)大规模地进行。
【展示】tsø˧zɿ˩ 清楚地摆出来,明显地表现出来。
【展望】tsø˥vã˩
【展销】tsø˧siæ˥
【展览】tsø˧lE˩ 陈列出来供人观看。

Z

辗【tsø˦˨】

【辗转】tsø˦tsø˦˨

zhàn

占【tsø˦】另见 zhān。

【占用】tsø˦ɦioŋ˨

【占有】tsø˦ɦiʏ˨

战【tsø˦】

【战场】tsø˥zɑ̃˨ 两军交战的地方，也用于比喻。

【战斗】tsø˦tʏ˥

【战地】tsø˦di˨ 两军交战的地区。

【战犯】tsø˦vE˨ 发动非正义战争或在战争中犯严重罪行的人。

【战国】tsø˦kuəʔ˥

【战壕】tsø˦ɦæ˨

【战局】tsø˦ʥioʔ˧

【战绩】tsø˦tsiəʔ˥

【战乱】tsø˦lø˧ 指战争时期的混乱状况。

【战马】tsø˦mo˧ 经过特殊训练，用于作战的马。

【战争】tsø˦tsən˥ 打仗。

【战士】tsø˦zɿ˨

【战术】tsø˦zəʔ˧

【战线】tsø˦sii˦˨

【战役】tsø˦ɦyəʔ˧

【战利品】tsø˦li˧pʰin˦˨ 作战时从敌方缴获的武器、装备等。

站【ZE˨】

【站头】ZE˧dʏ˨ 为乘客上下或货物装卸而设的停车的地方。

栈【ZE˨】

【栈房】ZE˧vɑ̃˧

【栈道】ZE˧dæ˨

绽【ZE˨】

【绽】ZE˨ 吴语中有豆荚中果实饱满的意思。

湛【ZE˨】

颤【tsø˥˩】另见 chàn。

蘸【tsE˥˧】

zhāng

张【tsã˥】中州韵【tʂã˥】

【张大】tsã˥dəu˩　分开或放开得很大。

【张开】tsã˥kʻE˥˩　使合拢的或紧缩的东西分开或放开。

【张扬】tsã˥ɦiã˩

【张怕】tsã˥pʻo˥˩　生怕。

【张榜】tsã˥pɑ̃˥˩

【张贴】tsã˥tʻiəʔ˥

【张调】tsã˥diæ˩　苏州评弹流派唱腔。张鉴庭所创。

【张望】tsã˥vɑ̃˩

【张张】tsã˥tsã˥˩　(一)从小孔或缝隙里看。(二)探望。

【张场面】tsã˥zã˨˧mil˩　撑场面。

【张先生】tsã˥siɪ˥sã˥˩　(一)姓张的先生。(二)探望业师(多指评弹)。

【张帐子】tsã˥tsã˥tsɿ˥˩　张挂蚊帐。

【张舍姆】tsã˥so˥˧m̩˩　看望慰问产妇。

【张晓得】tsã˥ɕiæ˥˧təʔ˥　谁知道(讥讽语)。也说成【张夹里晓得】tsã˥kaʔ˥li˩ɕiæ˥˧təʔ˥。

【张勒望】tsã˥ləʔ˧mɑ̃˩　频频张望(指等的人不来时)。

【张三李四】tsã˥sE˥li˩sɿ˥˩　泛指某人或某些人,普通人的代名词。

【张天师拨鬼迷】tsã˥tʻiɪ˥sɿ˥˩pəʔ˥tɕy˥˧mi˩　法术很大的张天师被鬼欺侮,喻表现失常。

【张大帝要吃冻狗肉】tsã˥dɑ˩ti˥˩øiæ˥˧tɕʻəʔ˥toŋ˥kY˥˩ȵioʔ˧　每逢农历二月初八,必有风雨,传说是因为是日为神灵张大帝生日,张大帝爱吃冻狗肉,其女风山和雪山祝寿时送来,故而天气骤冷,风雨交加。

【张公养鸟,越养越小】tsã˥koŋ˥ɦiã˩tiæ˥˩,ɦyəʔ˧ɦiã˩ɦyəʔ˧siæ˥˩　事越办越差。

【张天师拨娘拷——有法呒施处】tsã˥tʻiɪ˥sɿ˥˩pəʔ˥ȵiã˨˧

kʻæ˥——ɦiʏ˦fa ʔ˥ṃ˦sч˥ tsʻч˧˩ 歇后语。指因某种条件束缚,有了好的计划也无法实施。

章【tsã˥】

【章句】tsã˥tɕy˧˩
【章节】tsã˥tsiəʔ˥
【章法】tsã˥faʔ˥
【章程】tsã˥zən˨˩ 书面写定的组织规程或办事条例。

漳【tsɑ̃˥】文读【tsã˥】

獐【tsɑ̃˥】文读【tsã˥】

【獐头鼠目】tsɑ̃˥dʏ˨˩tsч˧˩moʔ˧
【獐猫鹿兔】tsɑ̃˥mæ˨˩loʔ˧tʻəu˧˩ 泛指野生小动物。

彰【tsã˥】

樟【tsɑ̃˥】文读【tsã˥】

【樟脑】tsɑ̃˥næ˨˩

蟑【tsɑ̃˥】文读【tsã˥】

【蟑螂】tsɑ̃˥lɑ̃˨˩
【蟑螂干】tsɑ̃˥lɑ̃˨˩kø˧˩ 形容人瘦。

zhǎng

长【tsã˧˩】中州韵【tʂã˧˩】另见 cháng。

【长子】tsã˦tsɿ˧˩ 大儿子。
【长成】tsã˦zən˨˩ 长大成人,成熟了。
【长孙】tsã˦sən˥ (一)长子的长子。(二)现在也指最大的孙子。
【长足】tsã˦tsoʔ˥ 长到最高点(不会再继续生长了)。
【长房】tsã˦vɑ̃˨˩ 家族中长子的一支。
【长进】tsã˧˩tsin˧˩ 学业或技能方面有进步。
【长相】tsã˧˩siã˧˩ 相貌。
【长者】tsã˦tsE˥ (一)年纪和辈分都高的人。(二)年高有德的人。
【长辈】tsã˧˩pE˧˩ 上一辈或

上一辈以上的人。

【长发头浪】tsã˨˧fa ˀ˥dY˩lɑ̃˩ 指发育期。

【长得俏来才是俏，打扮俏来惹人笑】tsã˥˩təˀ˥tsʻiæ˨˧lE˩zE˩z˥˩tsʻiæ˨˧，tã˥˩pE˥˩tsʻiæ˨˧lE˩zɑ˩ȵən˩siæ˨˧ 指天然美远胜靠修饰得来的美。

涨【tsã˥˩】中州韵【tʂã˥˩】另见 zhàng。

【涨价】tsã˥˩kɑ˥˩ 物价上涨。

【涨紧】tsã˥tɕən˥˩ 因膨涨而紧密。

【涨幅】tsã˨˧foˀ˥

【涨潮】tsã˥˩zæ˦ 潮水升高。

【涨紧痛】tsã˥tɕən˥tʻoŋ˥˩ （一）因炎症发胀而感到的疼痛。（二）肌肉被束缚而发生的疼痛。

掌【tsã˥˩】中州韵【tʂã˥˩】

【掌勺】tsã˥˩zoˀ˧ 主持烹调。

【掌故】tsã˨˧kəu˥

【掌舵】tsã˥˩dəu˩

【掌权】tsã˥˩dʑiø˦ 掌握大权。

【掌灯】tsã˥˩tən˥ （一）手里举着灯。（二）上灯，点灯。

【掌管】tsã˨˧kuø˥ 负责管理，主持。

【掌握】tsã˨˧Øo˥

【掌嘴】tsã˥˩tsɥ˥˩ 打嘴巴。

【掌上明珠】tsã˨˧zɑ̃˩min˦tsɥ˥ 喻爱女。

zhàng

丈【zã˩】中州韵【ʐã˩】

【丈夫】zã˦fu˥ （一）成年男子。（二）男女两人结婚后，男子是女子的丈夫。

【丈人】zã˦ȵən˩ 岳父。

【丈姆】zã˦m̩˩或zɑ˦m̩˩ 岳母。

【丈量】zã˦liã˩ 用步弓、皮尺等量土地面积或距离。

【丈姆娘】zã˦m̩˩ȵiã˩或zɑ˦m̩˩ȵiã˩ 岳母。

【丈姆看女婿，越看越有趣】zã˦m̩˩kʻø˨˧ȵy˩si˥˩，ɦyəˀ˧kʻø˨˧ɦyəˀ˧ɦiY˩tsʻi˥˩或zɑ˦m̩˩kʻø˨˧ȵy˩si˥˩，ɦyəˀ˧kʻø˨˧ɦy

Z

ə˧ɦiY˦ʦʻi˥˨ 俗语。指岳母总是喜欢女婿的。

【丈二格豆芽菜——老嫩】zã˧˩ ɲi˧˩kəʔ˥dY˦ŋɑ˦ʦʻE˦˩˨——læ˧˩nən˧˩ 歇后语。见过大世面的人，或经验十分丰富的人，却做作怕羞起来。

【丈二格和尚——摸勿着头路（颅）】zã˧˩ɲi˧˩kəʔ˥ɦəu˦zã˧˩——moʔ˧fəʔ˥zɑʔ˥dY˦ləu˧˩（ləu˧˩） 歇后语。指莫名其妙，不清楚发生了什么，找不到头绪。

仗 【zã˧˩】、【ʦã˦˩˨】中州韵【ɖʐã˧˩】、【tʂaʔ˦˩˨】

【仗】（1）zã˧˩ “依仗”的“仗”。（2）ʦɑ̃˦˩˨ 打仗的“仗”。

【仗义】zã˧˩ɦi˦ （一）主持正义。（二）讲义气。

【仗势欺人】zã˧˩sɥ˦˩˨ʨʻi˥zən˦ 依仗某种势力欺侮他人。

杖【zã˧˩】中州韵【ɖʐã˧˩】

【杖刑】zã˦ɦin˦ 用大杖打犯人的屁股。

帐【ʦã˦˩˨】中州韵【tʂã˦˩˨】

【帐子】ʦã˥ʦɿ˥˨ 用布、纱或绸子等做成的张挂在床上或屋子里的东西。

【帐扎勾】ʦã˥ʦɑʔ˥kY˥˨ 拢住帐门的勾子。

【帐竿竹】ʦã˥kø˥ʦoʔ˥ 支撑床帐的细竹竿。

账【ʦã˦˩˨】中州韵【tʂã˦˩˨】

【账本】ʦã˥pən˥˨ 账簿。

【账目】ʦã˥moʔ˧

【账户】ʦã˥ɦəu˧˩

【账号】ʦã˥ɦæ˧˩

【账台】ʦã˥dE˧˩ （一）记账用的桌子。（二）企业单位中办理现金、票据等出入的所在。

【账面】ʦã˥mi˧˩

【账房】ʦã˥vɑ̃˧˩

【账簿】ʦã˥bu˧˩

胀【ʦã˦˩˨】中州韵【tʂã˦˩˨】

【胀痛】ʦã˥tʻoŋ˥˨ 胀和痛的

不舒服感觉。

涨【tsã˧˩˧】中州韵【tʂã˧˩˧】另见 zhǎng。

【涨红】tsã˥hoŋ˩　因害羞、内疚、剧烈运动等原因使脸部充血。

障【tsã˧˩˧】文读【tʂã˧˩˧】

【障碍】tsã˧˩˧ŋɛ˧或tsã˧˩˧ɦɛ˧

幛【tsã˥】中州韵【tʂã˥】

嶂【tsã˧˩˧】中州韵【tʂã˧˩˧】

瘴【tsã˧˩˧】中州韵【tʂã˧˩˧】

【瘴气】tsã˥tɕi˥˩˥

zhāo

钊【tsæ˥】

招【tsæ˥】中州韵【tʂæ˥】

【招手】tsæ˥sʏ˥˩˥

【招风】tsæ˥foŋ˥˩˥

【招认】tsæ˥ȵən˩

【招引】tsæ˥hin˩

【招收】tsæ˥sʏ˥˩˥

【招生】tsæ˥sən˥˩˥

【招考】tsæ˥k'æ˥˩˥

【招兵】tsæ˥pin˥

【招标】tsæ˥piæ˥

【招供】tsæ˥koŋ˥˩˥

【招呼】tsæ˥həu˥˩˥

【招势】tsæ˥sɥ˥˩˥　势头，气势。

【招魂】tsæ˥huən˧

【招架】tsæ˥kɑ˥˩˥

【招徕】tsæ˥lɛ˩

【招领】tsæ˥lin˩

【招牌】tsæ˥bɑ˩

【招聘】tsæ˥p'in˥˩˥

【招摇】tsæ˥hiæ˩

【招降】tsæ˥hã˩

【招女婿】tsæ˥ȵy˩si˥˩˥　也叫【招亲】tsæ˥ts'in˥、【招赘】tsæ˥tsɛ˥˩˥。

【招势足】tsæ˥sɥ˥˩˥tso?˥　势头盛，气势大。

【招风耳朵】tsæ˥foŋ˥ȵi˩təu˥˩˥　不贴住头部而向外张开的耳朵。

Z

【招兵买马】tsæ˥pin˥mɑ˩˧mo˩˧

【招惹是非】tsæ˥zɑ˩˧zɿ˧fi˥ 惹是生非。

【招摇过市】tsæ˥ɦiæ˩˧kəu˥˨zɿ˦˩˨

【招摇撞骗】tsæ˥ɦiæ˩˧zɑ̃˩˧pʻi˥˨

【招女婿，勿是戏。一个来，两个去】tsæ˥ȵy˩˧si˦˩˨，fəʔ˥zɿ˩˧ɕi˥˨。Øiəʔ˥kəʔ˥lE˧，liɑ̃˧kəʔ˥tɕʻi˥˨ 指招女婿的，到后来女婿往往复姓归宗。

昭【tsæ˥】中州韵【tʂæ˥】

【昭雪】tsæ˥siəʔ˥ 洗刷（冤屈）。

着【tsɑʔ˥】中州韵【tsoʔ˥】

另见 zháo；zhe；zhuó。

【着棋】tsɑʔ˥dʑi˧ 下棋。

朝【tsæ˥】中州韵【tʂæ˥】

另见 cháo。

【朝夕】tsæ˥ziəʔ˧

【朝气】tsæ˥tɕʻi˦˩˨

【朝浪】tsæ˥˥lɑ̃˩˧ 早上，上午。

【朝晨】tsæ˥zən˩˧ 清晨。亦作【朝晨头】tsæ˥zən˩˧dʏ˩˧。

【朝霞】tsæ˥ɦiɑ˩˧

【朝三暮四】tsæ˥sE˥mo˩˧sɿ˥˨

【朝吃盐汤赛人参，夜吃盐汤赛砒霜】tsæ˥tɕʻəʔ˥ɦiɪ˧tʻɑ̃˥sE˥˨ȵən˧sən˥，Øiɑ˥˨tɕʻəʔ˥ɦiɪ˧tʻɑ̃˥sE˥˨pʻi˥sɑ̃˦˩˨ 指早晨吃盐汤对人体有益，晚上吃盐汤对人体有害。

【朝怕露水昼怕热，夜怕蚊子早点歇】tsæ˥pʻo˥˨ləu˧sʮ˦˩˨tsʏ˥pʻo˥˨ȵəʔ˧，Øiɑ˥pʻo˥˨mən˧tsɿ˦˩˨tsæ˦˩˨tiɪ˦˩˨ɕəʔ˥ 俗语。调侃懒惰。

嘲【zæ˩˧】中州韵【ʐæ˩˧】

另见 cháo。

zháo

着【zɑʔ˧】中州韵【zoʔ˧】

另见 zhāo；zhe；zhuó。

【着火】zɑʔ˧həu˦˩˨ 失火。

【着地】zɑʔ˧di˩ 接触地面。
【着邪】zɑʔ˧ziɑ˧ 入魔。
【着凉】zɑʔ˧liã˧ 受凉。
【着急】zɑʔ˧tɕəʔ˥
【着迷】zɑʔ˧mi˧ 入迷。
【着天飞】zɑʔ˧tʻi˥fi˩ 形容飞得很高。喻人整天不见人影儿,难以寻找。
【着前日】zɑʔ˧zi˧ȵəʔ˧ 前天的上一天。
【着格哉】zɑʔ˧kəʔ˥tsᴇ˩ (一)睡着了。(二)点燃了。(三)着了道,上了钩了。简称【着哉】zɑʔ˧tsᴇ˩。
【着骰子】zɑʔ˧dɤ˧tsɿ˩ 掷骰子。
【着神见鬼】zɑʔ˧zən˩tɕi˩tɕy˩ 形容大惊小怪。

zhǎo

爪【tsæ˩】文读【tsɑ˩】中州韵【tsɑ˩】

【爪牙】tsæ˧ɦiɑ˧或tsɑ˧ɦiɑ˧

找【tsæ˩】中州韵【tʂæ˩】

【找头】tsæ˧dɤ˧ 收到币值较大的货币,超过应收的数目,用货币退还。指退还的货币。
【找铜钿】tsæ˩doŋ˩di˩ 义同【找头】。

沼【tsæ˩】中州韵【tʂæ˩】

【沼气】tsæ˥tɕʻi˩
【沼泽】tsæ˥zəʔ˧ 水草茂密的泥泞地带。

zhào

召【zæ˩】中州韵【ʑæ˩】另见 shào。

【召见】zæ˧tɕi˩
【召开】zæ˧kʻᴇ˥ 召集人们开会。
【召租】zæ˧tsəu˥ 房屋招人租用。
【召集】zæ˧ziəʔ˧ 通知人们聚集起来。
【召魂】zæ˧ɦuən˧ 詈语。被人叫去、邀去。

兆【zæ˨˧】中州韵【ʑæ˨˧】

诏【tsæ˥˩˧】中州韵【tsæ˥˩˧】

【诏书】tsæ˥sʮ˥˩　皇帝颁发的命令。

赵【zæ˨˧】中州韵【ʑæ˨˧】

笊【tsɑ˥˩】中州韵【tsæ˥˩】

【笊篱】tsɑ˥˩li˧

棹【zæ˨˧】中州韵【ʑæ˨˧】

照【tsæ˥˩˧】中州韵【tsæ˥˩˧】

【照片】tsæ˥pʻi˨˧˨

【照仔】tsæ˥˩tsɿ˥˩　仿照着。

【照旧】tsæ˥˩ʥiʏ˨˧　跟原来一样。

【照抄】tsæ˥˩tsʻæ˥

【照会】tsæ˥ɦuᴇ˨˧　（一）旧时戏称脸。（二）车辆通行证，车牌。

【照讲】tsæ˥˩kɑ̃˥˩　按照原来的情况说出来。

【照应】tsæ˥ʔin˥˩　照顾，照料。

【照杯】tsæ˥˩pᴇ˥　干杯后侧过酒杯展示。

【照直】tsæ˥˩zəʔ˧

【照实】tsæ˥˩zəʔ˧　按照实情。

【照例】tsæ˥˩li˨˧或tsæ˥˩li˧　按照惯例。

【照说】tsæ˥˩səʔ˥　（一）按说。（二）依样画瓢地说。

【照面】tsæ˥mi˨˧

【照看】tsæ˥kʻø˥˩　照顾，看护。

【照样】(1)tsæ˥ɦiã˨˧　（一）和别人一样。（二）依旧。(2)tsæ˥˩ɦiã˨˧　按照提供的样式。

【照料】tsæ˥liæ˨˧　照顾料理。

【照理】tsæ˥˩li˨˧　按照道理。

【照顾】tsæ˥kəu˥˩

【照常】tsæ˥˩zã˨˧　和平常、以往一样。

【照牌】tsæ˥bɑ˨˧　商店的牌子。

【照算】tsæ˥˩sø˥˩　（一）按照

惯例计算。(二)按常情推算。

【照管】ʦæ˥kuø˥˩ 照料管理。

【照搬】ʦæ˧˦pø˥ 照样子搬用。

【照墙】ʦæ˥ziã˩˧ 照壁。

【照老例】ʦæ˧˦læ˦li˩˧ 按老规矩。

【照直说】ʦæ˧˦zəʔ˧səʔ˥ 义同【照讲】。

【照准仔】ʦæ˥ʦən˥˩ʦɿ˥˩ 对准了,对着。

【照牌头】ʦæ˧˦bɑ˦dY˦ (一)依仗某种力量。(二)指有十分把握。

【照道理】ʦæ˧˦dæ˦li˩˧ 按道理。

【照子过腔】ʦæ˥˩ʦɿ˥˩kəu˥˩ʨʻiã˥ 视觉差,容易错失该看到的东西。

【照式照样】ʦæ˥səʔ˥ʦæ˥ɦiã˩˧ 按照原来的式样,不作任何改动。

【照前忙后】ʦæ˥ziɪ˩˧mã˩˧ɦY˩˧ 形容为照料忙碌。

【照常办事】ʦæ˧˦zã˩˧bE˩˧zɿ˩˧ 照平常一样处理事务(含有矛盾只当没有的意思)。

【照黑而断】ʦæ˧˦həʔ˥ɦəl˧˩tø˧˦ 按照文本办理。

【照前勿顾后】ʦæ˥ziɪ˦fəʔ˥kəu˥ɦY˩˧ 顾了前面,顾不到后面。

罩【ʦæ˧˦】中州韵【tʂæ˧˦】

【罩子】ʦæ˥ʦɿ˥˩ 遮盖在物体外面的东西。

【罩衫】ʦæ˥sE˥˩ 罩衣。

【罩袖】ʦæ˥zY˩˧ 套袖。

【罩裤】ʦæ˥kəu˥˩ 罩在长裤子(棉毛裤、羊毛裤、棉裤、羽绒裤等)外面的单裤。

【罩篮】ʦæ˥lE˩˧ (一)指一般遮盖放在桌上的食品的罩子。(二)一种有盖的竹篮。

肇【zæ˩˧】中州韵【ʥæ˩˧】

【肇事】zæ˩˧zɿ˩˧ 引起事故,闹事。

罿【ʦæ˧˦】中州韵【tʂæ˧˦】

Z

zhē

折【tsəʔ˥】中州韵【tʂəʔ˥】

另见 shé;zhé。

遮【tso˥】中州韵【ʈʂE˥】

【遮丑】tso˥tsʻiʏ˦
【遮阳】tso˥ɦiã˩
【遮没】tso˥məʔ˧ 遮住。
【遮挡】tsoʔ˥tã˥
【遮羞】tso˥sʏ˥
【遮盖】tso˥kE˦
【遮脱】tso˥tʻəʔ˥ 遮掉。
【遮羞布】tso˥sʏ˥pu˥
【遮眼法】tso˥ŋE˩faʔ˥
【遮眼神】tso˥ŋE˩zən˩ 遮挡视线的神仙。多作视而不见的自嘲语。
【遮眼遮瞎】tso˥ŋE˩tso˥haʔ˥ 视而不见的自嘲语。
【遮遮世人眼】tsoʔ˥tsoʔ˥sʮ˥ȵən˩ŋE˩ 遮人耳目。

zhé

折【tsəʔ˥】中州韵【tʂəʔ˥】

另见 shé;zhē。

【折子】tsəʔ˥tsɿ˥ （一）折叠而成的纸质册子。（二）指银行存折。
【折旧】tsəʔ˥dʑiʏ˩ 补偿固定资产所损耗的价值。
【折尺】tsəʔ˥tsɑʔ˥ 可以折叠起来的木尺。
【折头】tsəʔ˥dʏ˧ 折扣。
【折合】tsəʔ˥ɦəʔ˧
【折价】tsəʔ˥kɑ˦ 把实物折合成钱。
【折扣】tsəʔ˥kʏ˦ 买卖货物时,照标价扣去若干成(一成为十分之一),余下的几成数叫作几折或几扣。
【折寿】tsəʔ˥zʏ˩ 减损寿命。
【折倒】tsəʔ˥tæ˥ 商品全部买下来。
【折皱】tsəʔ˥tsʏ˦ 皱纹。
【折衷】tsəʔ˥tsoŋ˥ 对不同意见进行调和。
【折扇】tsəʔ˥sø˦ 可以折叠的扇子。
【折席】tsəʔ˥ziəʔ˧ 指赠送酒席,用钱来替代。
【折叠】tsəʔ˥diəʔ˧ 把物体的一部分翻转,和另一部分紧挨在一起。
【折福】tsəʔ˥foʔ˥ 减损福分。

【折煞】ʦəʔ˥saʔ˥　迷信的人指行事过分会对自己不利，甚至危及生命。
【折算】ʦəʔ˥sø˧˩　折合，换算。
【折磨】ʦəʔ˥mo˦　使在肉体或精神上受折磨。
【折子戏】ʦəʔ˥ʦɿ˥˩ɕi˥˩　演出全本戏剧中的某一场或某一节。
【折子书】ʦəʔ˥ʦɿ˥˩sʮ˥˩　长篇或中篇评弹书目中的某一段，经整理成可以独立演出的段子。简称“折子”。

哲【ʦəʔ˥】中州韵【tʂəʔ˥】

【哲学】ʦəʔ˥ɦioʔ˦　关于世界观的学说。
【哲理】ʦəʔ˥li˨˩　关于宇宙和人生的原理。

辄【ʦəʔ˥】中州韵【tʂəʔ˥】

蛰【zəʔ˦】中州韵【ʐəʔ˦】

蜇【zəʔ˦】中州韵【ʐəʔ˦】

谪【ʦɑʔ˥】中州韵【tʂəʔ˥】

辙【ʦʻəʔ˥】中州韵【tʂʻəʔ˥】

zhě

者【ʦɤ˥˩】文读【ʦE˥˩】

赭【ʦo˥】

【赭石】ʦo˥zɑʔ˦　红褐色。

褶【ʦəʔ˥】中州韵【tʂəʔ˥】

【褶裥】ʦəʔ˥kE˧˩　褶子。

zhè

这　文读【ʦəʔ˥】中州韵【tʂəʔ˥】

柘【zɑʔ˦】文读【tʂE˧˩】

浙【ʦəʔ˥】中州韵【tʂəʔ˥】

【浙江】ʦəʔ˥kɑ̃˥　我国东南沿海的一个省。

蔗【tso˥˩˧】中州韵【tʂE˥˨˧】

嗻【zo˩˧】文读【tsɑ˥】

鹧【tso˥˨˧】中州韵【tʂE˥˨˧】

【鹧鸪】tso˥kəu˥˩˧

zhe

著【zɑʔ˧】另见 zhù。

着【zɑʔ˧】另见 zhāo；zháo；zhuó。

zhēn

贞【tsən˥】中州韵【tʂən˥】

【贞节】tsən˥tsiəʔ˥ （一）坚贞的节操。（二）封建礼教所提倡的女子不失身、不改嫁的道德。

【贞操】tsən˥tsæ˥˩˧ 贞节。

【贞烈】tsən˥liəʔ˧ 封建礼教中指妇女坚守贞操，宁死不屈。

针【tsən˥】中州韵【tʂən˥】

【针对】tsən˥tE˥˩˧ 对准。

【针头】tsən˥dY˩˧ 安装在注射器上的针状金属管。

【针灸】tsən˥tɕY˥˩˧ 中医的针法和灸法两种疗法。用针刺激穴位和用燃烧的艾绒熏烤穴位。

【针线】tsən˥siɪ˥˩˧ 针和线。缝纫用的工具和材料。

【针剂】tsən˥tsi˥˩˧ 注射用的药物。

【针脚】tsən˥tɕiɑʔ˥ （一）衣物上针线的痕迹。（二）缝纫时前后两针之间的距离。

【针箍】tsən˥kəu˥˩˧ 顶针。

【针黹】tsən˥tsʮ˥˩˧ 针线。

【针线篰】tsən˥siɪ˥piɪ˥˩˧ 存放针线的器具。呈扁圆型，用竹或藤编制而成。

【针线生活】tsən˥siɪ˥sã˥ɦuəʔ˧ 缝纫工作。

【针头线脑】tsən˥dY˩˧siɪ˥˨˧næ˩˧ 缝纫用的针线等物。

侦【tsən˥】中州韵【tʂən˥】

【侦察】tsən˥ts'aʔ˥

【侦破】tsən˥p'u˦ 侦查并破获。

【侦探】tsən˥t'ø˦

【侦缉】tsən˥ts'iəʔ˥ 侦查缉捕。

珍【tsən˥】中州韵【tʂən˥】

【珍本】tsən˥pən˥˩ 珍贵而不易获得的书籍。

【珍视】tsən˥zʮ˨˩ 珍惜重视。

【珍宝】tsən˥pæ˥˩ 珠玉宝石的总称。泛指有价值的东西。

【珍品】tsən˥pin˥˩ 珍贵的物品。

【珍贵】tsən˥kuE˦ 价值大，意义深刻。

【珍重】tsən˥zoŋ˨˩ （一）爱惜，珍爱。（二）保重。

【珍珠】tsən˥tsʮ˥˩ 蚌等软体动物的贝壳内产生的圆形颗粒。

【珍惜】tsən˥siəʔ˥ 珍重爱惜。

【珍稀】tsən˥ɕi˥˩ 珍贵而稀有。

【珍藏】tsən˥zɑ̃˨˩ （一）认为有价值而妥善地收藏。（二）指收藏的珍贵物品。

【珍珠米】tsən˥tsʮ˥mi˨˩ 玉米。

【珍珠宝贝】tsən˥tsʮ˥pæ˥˩pE˥˩ 泛指珠玉宝石。

帧【tsən˥】中州韵【tʂən˥】

胗【tsən˥】中州韵【tʂən˥】

【胗肝】tsən˥kø˥˩ 禽类的胃。

真【tsən˥】中州韵【tʂən˥】

【真心】tsən˥sin˥˩ 真实的心意。

【真正】tsən˥tsən˥˩ （一）确实。（二）实质和名义完全相符。

【真丝】tsən˥sɿ˥˩ 蚕丝。

【真注】tsən˥tsʮ˥˩ 事情的真

相或作为应对，必须要……

【真相】tsən˥siã˥˩ 事情的真实情况。

【真是】tsən˥zɿ˨˩ （一）是的。（二）如果真的是。

【真迹】tsən˥tsiəʔ˥ 出于书法家或画家本人之手的作品。

【真空】tsən˥koŋ˥˩ 没有空气或只有极少空气的状态。

【真格】tsən˥kəʔ˥ （一）真的。（二）的确，确实。（三）真挚的。

【真情】tsən˥zin˨˩ （一）真实的情况。（二）真诚的心情或感情。

【真理】tsən˥li˨˩ 真实的道理。

【真朝】tsən˥tsæ˥˩ 今天。

【真心气】tsən˥sin˥tɕʻi˥˩ 真的生气了。

【真心苦】tsən˥sin˥kʻəu˥˩ 真正的痛苦。

【真对真】tsən˥tɛ˥tsən˥˩ （一）认真；当真。（二）正正经经的，确确实实的。

【真当仔】tsən˥tã˥˩tsɿ˥˩ 真认为。简称【真当】tsən˥tã˥˩。

【真生活】tsən˥sã˥ɦuəʔ˧ （一）喻动真格的。（二）形容很吃重费力的事。

【真会得】tsən˥ɦuɛ˨˩təʔ˥ 当真会。

【真崭货】tsən˥tsɛ˥həu˥˩ （一）完全是真的好的东西。（二）喻最优秀的技术、技巧。

【真家伙】tsən˥tɕia˥həu˥˩ （一）真是麻烦。（二）义同【真生活】。

【真问真价】tsən˥mən˨˩tsən˥ka˥˩ 义同【真对真】。

【真勿真，假勿假】tsən˥fəʔ˥tsən˥，ka˦fəʔ˥ka˥˩ 又像是真，又像是假，弄不清真假。形容态度狡诈，不真诚。

【真金不怕火炼】tsən˥tɕən˥fəʔ˥pʻo˦həu˥˩li˨˩ （一）喻坚强或正直的人经得起考验。（二）喻真的东西经得起检验。

【真剑池，假虎丘】tsən˥tɕiɪ˥˩zɥ˨˩，ka˦həu˥tɕʻiʏ˥˩ 指虎丘山上“虎丘剑池”四个字，一般认为是唐朝书法家颜真卿所书。其实,“剑池”二字是真的,“虎丘”二字是后人补书的。

【真人面前勿说假话】tsən˥ ȵən˨mii˦zii˨fə˥sə˥ka˦ ɦo˧ 在正直的人或在能提供帮助的人的面前不说假话,保证句句都是真话。

【真病好医,心病难治】tsən˥ bin˨hæ˦θi˥,sin˥bin˨nɛ˦ zɿ˧ 指心病难以医治。

【真金不怕火,怕火不真金】tsən˥tɕən˥pə˥p'a˦həu˥, p'a˦həu˥pə˥tsən˥tɕən˥ 义同【真金不怕火炼】。

桢【tsən˥】中州韵【tʂən˥】

砧【tsən˥】中州韵【tʂən˥】

【砧墩】tsən˥tən˥ 切菜用的木墩子或木板。

【砧墩板】tsən˥tən˥pɛ˥ 切菜用的木板(多为家用)。

【砧墩师傅】tsən˥tən˥sɿ˥vu˨ 菜馆中切配冷盆的师傅。

祯【tsən˥】中州韵【tʂən˥】

斟【tsən˥】中州韵【tʂən˥】

【斟酌】tsən˦tsɑʔ˥

甄【tsən˥】中州韵【tʂən˥】

【甄别】tsən˥biəʔ˧ (一)审查辨别(优劣、真伪)。(二)考核鉴定(能力、品质)等。

榛【tsən˥】中州韵【tʂən˥】

【榛子】tsən˥tsɿ˥ 榛树的果实。

箴【tsən˥】中州韵【tʂən˥】

臻【tsən˥】中州韵【tʂən˥】

zhěn

诊【tsən˥】中州韵【tʂən˥】

【诊所】tsən˦səu˥ (一)个人开业的医生给病人治病的地方。(二)规模比医院小的医疗机构。

【诊断】tsən˥tø˦ 在检查病人的症状之后判定病人的病症及其发展情况。

枕【tsən˥˩】中州韵【tʂən˥˩】

【枕巾】tsən˦tɕən˥ 铺在枕头上面的毛巾一类用品。

【枕木】tsən˦moʔ˧ 横铺在铁路路基的道砟上，用来垫平和固定铁轨的方柱形木头。

【枕心】tsən˦sin˥ 枕头中间的囊状物。里面装有松软的材料。

【枕头】tsən˦dY˨˧ 躺着的时候，垫在头下使头略高的东西。

【枕套】tsən˦tæ˥˩ 又名【枕头套】tsən˦dY˧tæ˥˩ 套在枕心外面的套子。

【枕席】tsən˦ziəʔ˧ 又名【枕头席】tsən˦dY˨˧ziəʔ˧ 铺在枕头上的凉席。

【枕头风】tsən˦dY˧foŋ˥˩ 妻子或情人说三道四的话。

缜【tsən˥˩】中州韵【tʂən˥˩】

【缜子】tsən˦tsɿ˥˩ 琵琶、胡琴、三弦之类乐器绕弦和调音的装置。

疹【tsən˥˩】中州韵【tʂən˥˩】

zhèn

圳【tsən˥˩】中州韵【tʂən˥˩】

阵【zn˨˧】中州韵【ʐən˨˧】

【阵亡】zən˨˧vɑ̃˧ 战死。

【阵地】zən˧di˨˧ 军队为了进行战斗而占据的地方。

【阵势】zən˧sɥ˥˩ （一）军队作战的布置。（二）情势，场面。

【阵图】zən˧dəu˨˧ 古代作战队伍的行列或组合方式。

【阵容】zən˧ɦioŋ˨˧ （一）作战队伍的外貌。（二）竞技、演艺队伍所显示的力量。

【阵阵】zən˧zən˨˧ 一阵一阵。

【阵营】zən˦ɦin˩ 为了共同的利益和目标而联合起来进行斗争的集团。

【阵痛】zən˦tʻoŋ˧ （一）分娩时引起的一阵一阵的疼痛感觉。（二）喻新生事物产生过程中出现的暂时困难。

【阵脚】zən˦tɕiɑʔ˥ 阵图的最前方。现多用于比喻队伍情况。

【阵头风】zən˦dɤ˦foŋ˧ 阵雨前刮的风。

【阵头雨】zən˦dɤ˦ɦɤ˩ 指降雨时间较短，雨的强度变化很大，开始和停止都很突然的雨。有时伴有闪电和雷声。多发生在夏天。

鸩【zən˩】中州韵【ʑən˩】

【鸩毒】zən˩doʔ˧ 剧毒药的一种。

振【tsən˧】中州韵【tsən˧】

【振动】tsən˧doŋ˩ 物体通过一个中心位置，不断做往复运动。

【振兴】tsən˧ɕin˧ 大力发展，使兴盛起来。

【振作】tsən˧tsoʔ˥ 奋发，使精神旺盛、情绪高涨。

【振奋】tsən˧fən˥ 振作奋发。

【振振有词】tsən˧tsən˧ɦiɤ˩zɿ˦ 形容理由似乎很充分，说个不休。

朕【zən˩】中州韵【ʑən˩】

赈【tsən˧】中州韵【tsən˧】

【赈灾】tsən˧tsE˥ 赈济灾民。

震【tsən˧】中州韵【tsən˧】

【震中】tsən˧tsoŋ˥ 发生地震的中心部位。

【震动】tsən˧doŋ˩ （一）颤动，使颤动。（二）（重大的事情、消息等）使人心不平静。

【震荡】tsən˧dɑ̃˩ 震动，动荡。

【震惊】tsən˧tɕən˥ 大吃一惊。

【震感】ʦən˦˩˨kø˥˨　对地震产生的感觉。

【震撼】ʦən˦˩˨ɦø˧˩　震动，摇撼。

镇【ʦən˦˩˨】中州韵【ʈʂən˦˩˨】

【镇反】ʦən˦˩˨fE˥　镇压反革命。

【镇守】ʦən˦˩˨sY˥　指军队驻扎在军事上重要的地方防守。

【镇定】ʦən˥˨din˧˩　遇到紧急的情况不慌不乱。

【镇牢】ʦən˦˩˨læ˨˦　镇住。

【镇纸】ʦən˥˨ʦɿ˥˨　写字画画时压纸的东西。

【镇静】ʦən˦˩˨zin˨˦　（一）情绪稳定或平静。（二）使镇静。

zhēng

丁【ʦən˥】另见 dīng。

正【ʦən˥】中州韵【ʈʂən˥】另见 zhèng。

【正月】ʦən˥ŋəʔ˧

【正日】ʦən˥ȵəʔ˧　办婚丧、祝寿、生养等事举行仪式的一天。

【正月半】ʦən˥ŋəʔ˧pø˦˩˨　农历正月十五，元宵节，又称上元节。

【正月里想想可以得块田，到仔年底难过年】ʦən˥ŋəʔ˧li˧˩ siã˦˩˨siã˥˨k'əu˦˩˨Øi˥təʔ˥ k'uE˥˨dii˨˦，tæ˦˩˨ʦɿ˥˨ȵii˨˦ti˥˨ nE˨˦kəu˥˨ȵii˨˦　喻计划往往落空。

争【ʦã˥】文读【ʦən˥】中州韵【ʈʂən˥】

【争气】ʦã˥ʨ'i˦˩˨

【争夺】ʦən˥dəʔ˧　争着夺取。

【争光】ʦən˥kuã˥　争取光荣。

【争先】ʦən˥sii˥　争着赶到别人前头。

【争论】ʦən˥lən˧˩　各执己见，互相辩论。

【争吵】ʦã˥ʦ'æ˥˨　因意见不合而大声争辩。

【争取】ʦən˥ʦ'i˥˨　力求获得。

【争辩】tsən˥biɪ˩ 争论，辩论。

【争天夺地】tsã˥tʻiɪ˥də˞˧diɪ˩ 为了利益，争得不可开交。

【争风吃醋】tsən˥foŋ˥tɕʻə˞˥ tsʻəu˧ 指因追求同一异性而相互忌妒争斗。

【争勿转气】tsã˥fə˞˥tsø˧tɕʻi˧ 要争气，争不过来。

【争多嫌少】tsã˥təu˥ɦiɪ˩sæ˩ 患得患失，斤斤计较。

【争权夺利】tsən˥dʑiø˩də˞˧ liɪ˩ 争夺权柄和利益。

【争争吵吵】tsã˥tsã˥tsʻæ˩ tsʻæ˩ 争吵。

【争气勿争财】tsã˥tɕʻi˧fə˞˥ tsã˥zE˧ 争斗、争辩、争先等不是为了钱，而是为了争一口气。

征【tsən˥】中州韵【tʂən˥】

【征文】tsən˥vən˩ 报纸杂志为某一主题而公开征集诗文稿件。

【征战】tsən˧tsø˩ 出征作战。

【征途】tsən˧dəu˩ 远行的路途，行程。

【征收】tsən˧sʏ˥ 政府依法向个人或单位收取（公粮、税款）。

【征婚】tsən˧huən˥ 公开征求结婚对象。

【征服】tsən˧voʔ˧ 用武力使对方屈服。

【征订】tsən˥tin˩ 征求订购。

【征兵】tsən˧ʔpin˥ 政府召集公民服兵役。

怔【tsən˥】中州韵【tʂən˥】

另见 zhèng。

挣【tsən˥】中州韵【tʂən˥】

另见 zhěng。

【挣扎】tsən˥tsaʔ˥ 用力支撑。

峥【tsən˥】中州韵【tʂən˥】

【峥嵘】tsən˥ɦioŋ˩ 高峻。

狰【tsən˥】中州韵【tʂən˥】

【狰狞】tsən˥ȵən˩ 面目凶恶。

钲【ʦən˦】中州韵【tʂən˦】

症【ʦən˦】中州韵【tʂən˦】

另见 zhèng。

【症结】ʦən˦˥˧tɕəʔ˦　中医指腹腔内结块的病。喻事情弄坏或不能解决的关键。

睁【ʦã˦】文读【ʦən˦】中州韵【tʂən˦】

【睁开】ʦã˦kʻE˦˩˨　(眼睛)张开。

【睁开眼睛说瞎话】ʦã˦kE˦ ȵE˧ʦin˦˩˨səʔ˦haʔ˦ɦo˩˧　胡说八道。

【睁一只眼,闭一只眼】ʦã˦ ∅iəʔ˦ʦɑʔ˦ŋE˩˧,pi˦˥˧∅iəʔ˦ʦɑʔ˦ŋE˩˧　睁一眼,闭一眼。

【睁开眼睛吃老虫药】ʦã˦ kʻE˦ŋE˧˦ʦin˦tɕʻəʔ˦læ˧zoŋ˧ ɦiɑʔ˧　喻明知吃亏,也只得干。老虫,老鼠。

铮【ʦən˦】中州韵【tʂən˦】

另见 zhèng。

筝【ʦən˦】中州韵【tʂən˦】

蒸【ʦən˦】中州韵【tʂən˦】

【蒸气】ʦən˦tɕʻi˦˩˨　液体或固体加热后气化而变成的气体。多指水。

【蒸发】ʦən˦faʔ˦　液体转化成气体。

【蒸架】ʦən˦kɑ˦˩˨　竹条编成井字形,用来蒸食品的器具。

【蒸笼】ʦən˦loŋ˩˧　用竹篾、木片等制成蒸食物用的器具。

【蒸锅】ʦən˦kəu˦˩˨　蒸食物用的铝锅。

【蒸馏】ʦən˦lY˩˧　把液体混合物加热,使其中沸点较低的成分首先变成蒸气,再冷凝成液体,以与其他成分分离或除去所含杂质。

【蒸笼头】ʦən˦loŋ˩˧dY˩˧　容易出汗的脑袋。

zhěng

拯【tsən\】中州韵【tʂən\】

【拯救】tsən\tɕiY\ 救。

整【tsən\】中州韵【tʂən\】

【整风】tsənꜛfoŋ˥ 整顿作风。

【整个】tsənꜛkəʔ˥或tsənꜛkəu˥ 全部。

【整队】tsənꜛdᴇ˩ 整顿队伍。

【整足】tsənꜛtsoʔ˥ 东西做得地道，斤两不缺少。形容说话真实，诚实。

【整齐】tsənꜛzi˧ （一）有秩序，有条理，不凌乱。（二）外形规则、完整。（三）大小、长短相差不多。

【整地】tsən\di˩ 整顿土地。

【整改】tsənꜛkᴇ˥ 整顿并改革。

【整体】tsənꜛti\ 指整个集体或整个事物的全部。

【整形】tsən\ɦin˩ 通过外科手术使人体上先天的缺陷或后天的畸形恢复正常外形或生理机能。

【整备】tsən\bᴇ˩ 整顿配备。

【整洁】tsənꜛtɕəʔ˥ 整齐清洁。

【整修】tsənꜛsY˥ 整治修理。

【整容】tsənꜛɦioŋ˩ 修饰容貌。特指给有缺陷的面部施行手术，使变得美观。

【整顿】tsənꜛtən˥ 使紊乱的变为整齐，使不健全的健全起来。

【整理】tsənꜛli˩

【整数】tsən\səu\

【整整】tsənꜛtsən\

【整刀头】tsənꜛtæ˥dY˩ 整沓的。

【整套头】tsənꜛt‘æ˥dY˩ 全套的，整套的。

zhèng

正【tsən\】中州韵【tʂ‘ən\】另见 zhēng。

【正门】tsən˥mən˩ 整个建

筑物正面的主要的门。

【正义】tsən˥ɦi˨˩ （一）公正的，有利于人民的。（二）公正的、有利于人民的道理。

【正手】tsən˥sʏ˥˩ 右手（若左撇子应是左手）。

【正中】tsən˦tsoŋ˥ 中心点，正当中。

【正凶】tsən˥ɕioŋ˥˩ 凶杀案件中的主要凶手。

【正厅】tsən˥tʻin˥˩ （一）正中的大厅。（二）剧场中楼下正对舞台前面的部分。

【正气】tsən˥tɕʻi˥˩ （一）光明正大的作风或风气。（二）刚正的气节。（三）形容端正。

【正式】tsən˦səʔ˥ 合乎一般公认的标准的，合乎一定手续的。

【正好】tsən˥hæ˥˩ 恰好，正巧。

【正当】（1）tsən˦tɑ̃˥ 合理合法的。（2）tsən˥tɑ̃˥˩ 正在，正要（去）。

【正出】tsən˦tsʻəʔ˥ 旧时指大老婆生的孩子。

【正身】tsən˦sən˥ 指确是本人。

【正规】tsən˥kuE˥˩ 符合正式规定的或一般公认的标准的。

【正直】tsən˦zəʔ˧ 公正坦率。

【正宗】tsən˥tsoŋ˥˩ 正统的，真正的。

【正法】tsən˦faʔ˥ 执行死刑。

【正点】tsən˦tiɪ˥˩ 按规定时间启动或到达。

【正果】tsən˦kəu˥˩ 佛教把修行得道叫作“成正果”。

【正宫】tsən˥koŋ˥˩ 皇后居住的宫室。也指皇后。

【正经】tsən˥tɕən˥˩ （一）端庄正派。（二）正当的。（三）正式的，合乎一定标准的。

【正面】tsən˥miɪ˨˩ （一）人体前部那一面，建筑物临广场、临街、装饰比较讲究的一面；前进的方向。（二）片状物主要使用的一面或跟外界接触的一面。（三）好的、积极的一面。（四）事情、问题等直接显示的一面。（五）直接而不是背后。

【正派】ʦən˥pʻɑ˥˩ （品行、作风）规矩，严肃，光明。

【正品】ʦən˥pʻin˥˩ 质量符合规定标准的产品。

【正统】ʦən˥tʻoŋ˥˩ 指党派、学派等从创建以来一脉相传的嫡派。

【正音】ʦən˥˩Øin˥ 矫正语音。

【正职】ʦən˥ʦəʔ˥ （一）正的职位。（二）主要的职业。

【正梁】ʦən˥liã˩ 架在屋架或小墙上面最高的一根横木。

【正常】ʦən˧˥zã˧ 符合一般规律或情况。

【正确】ʦən˧˥tɕʻioʔ˥ 符合事实、道理或某种公认的标准。

【正楷】ʦən˥kʻɑ˥˩ 楷书。

【正路】ʦən˥ləu˩ 做人做事的正当途径。

【正方形】ʦən˥fã˥ɦin˩ 四边相等，四个角都是直角的四边形。

【正当年】ʦən˧˥tã˥ȵiɪ˩ 正在身强力壮的年龄。

【正人君子】ʦən˧˥zən˧tɕyən˥ʦɿ˥˩ 指品行端正的人。

【正正式式】ʦən˧˥ʦən˥səʔ˥səʔ˥ 合乎一般公认的标准的，合乎一定手续的。

【正正好好】ʦən˥ʦən˥hæ˥˩hæ˥˩ 正好，正巧。

证【ʦən˧˥】

【证人】ʦən˧˥ȵən˩ （一）法律上指除当事人外能对案件提供证据的非当事人。（二）对某种事情提供证明的人。

【证书】ʦən˧˥sɥ˥ 由机关、学校、团体等发的证明资格或权利等的文件。

【证件】ʦən˧˥ʥiɪ˩ 证明身份、经历等的文件。

【证词】ʦən˧˥zɿ˩ 对某个案件或某种事情提供证明的话。

【证明】ʦən˧˥min˩ （一）用可靠的材料来表明或断定人或事物的真实性。（二）证明书或证明信的略称。

【证实】ʦən˧˥zəʔ˧ 证明其确实。

【证据】ʦən˧˥tɕy˥ 能够证明

事物的真实性的有关事实或材料。

【证婚】tsən˦huən˥ 在结婚仪式上为结婚人做证明。

【证章】tsən˦tsã˥ 学校、机关、团体发给本单位人员证明身份的标志。多用金属制成,佩在胸前。

郑【zən˨】中州韵【ʐən˨】

【郑重】zən˨zoŋ˨ 严肃认真。

【郑重其事】zən˨zoŋ˨dʑi˨zɿ˨ 事情办得十分严肃认真。

怔【tsən˥】

诤【tsən˦】中州韵【tʂən˦】

【诤友】tsən˥hiʏ˨ 能直言规劝的朋友。

政【tsən˦】中州韵【tʂən˦】

【政务】tsən˦vu˨ 政治方面的事务或国家的管理工作。

【政权】tsən˦dʑiø˨ 政治上的统治权。

【政局】tsən˦dʑioʔ˧ 政治局势。

【政治】tsən˦zʮ˨ 经济的集中表现。政府、政党、社会团体和个人在内政及国际关系方面的活动。

【政审】tsən˦sən˦ 政治审查。

【政法】tsən˦faʔ˥ 政治和法律。

【政界】tsən˦tɕia˦ 政治界。

【政变】tsən˦pii˥ 统治集团内部一部分人采取军事或政治手段造成的国家政权的突然变更。

【政府】tsən˦fu˦ 国家行政机关。

【政客】tsən˦kʻɑʔ˥ 指从事政治投机、玩弄权术、谋取私利的人。

【政党】tsən˦tɑ̃˦ 代表某个阶级、阶层或集团并为实现其利益而进行斗争的政治组织。

【政敌】tsən˦diəʔ˧ 指政治

上跟自己处于敌对地位的人。

【政策】tsən˦tsʻɑʔ˥ 国家或政党为实现一定历史时期的路线而制定的行动准则。

挣【tsən˦】中州韵【tʂən˦】另见 zhēng。

症【tsən˦】中州韵【tʂən˥】另见 zhēng。

【症状】tsən˦zɑ̃˩ 有机体因发生疾病而表现出来的异常状态。

铮【tsən˥】中州韵【tʂən˥】另见 zhēng。

zhī

之【tsɥ˥】

【之】tsɥ˥ 苏州人用“之”时，多在方向词之前。如前、后、上、下、中、内、外。

【之乎者也】tsɥ˥həu˩tsE˥ɦi˩ 形容人说话写文章半文不白。

【之所以……是因为】tsɥ˥səu˦θi˥——zɿ˩θin˥ɦuE˩ “因为……所以”的倒装句。

支【tsɥ˥】

【支付】tsɥ˥fu˥ 付出。

【支出】tsɥ˥tsʻəʔ˥ 付出去（钱）。

【支取】tsɥ˥tsʻi˥ 领取。

【支持】tsɥ˥zɥ˩ 给以鼓励或赞助。

【支配】tsɥ˥pʻE˥ （一）安排。（二）对人或事物起引导和控制的作用。

【支部】tsɥ˥bu˩ （一）某些党派、团体的基层组织。（二）特指中国共产党的基层组织。

【支票】tsɥ˥pʻiæ˦ 向银行支取或划拨存款的票据。

【支援】tsɥ˥θuø˥ 支持和援助。

吱【tsɥ˥】另见 zī。

氏【tsɥ˥】另见 shì。

Z

只【tsɑʔ˥】中州韵【tʂəʔ˥】另见 zhǐ。

【只把】tsɑʔ˥po˦ 数量在一只左右。
【只身】tsɑʔ˥sən˥ 单独一个人。
【只只】tsɑʔ˥tsɑʔ˥ 每一只。

卮【tsɿ˥】中州韵【tsɿ˥】

汁【tsəʔ˥】中州韵【tʂəʔ˥】

【汁水】某种物质的液体或含有某种物质的液体。

芝【tsɿ˥】

【芝麻】tsɿ˥mo˩ （一）一年生草本植物，茎直立，下部为圆形，上部一般为四棱形，叶子上有毛，花白色，蒴果有棱，种子小而扁平，有黑、白、黄、褐等不同颜色。是重要的油料作物。（二）这种植物的种子，可以吃，也可以榨油。
【芝麻酱】tsɿ˥mo˥tsiã˨ 用芝麻制成的酱。有香味，用做调料。
【芝麻绿豆官】tsɿ˥mo˩loʔ˧dʏ˩kuø˨ 指职位低权力小的官（含讥讽意）。
【芝麻亦勿会突脱一粒】tsɿ˥mo˩ɦaʔ˧fəʔ˥ɵuɛ˦dəʔ˧tʻəʔ˥ɵiəʔ˥liəʔ˧ 形容为人极其吝啬。

枝【tsɿ˥】

【枝节】tsɿ˥tsiəʔ˥ （一）喻有关的但是次要的事情。（二）喻在解决一个问题的过程中发生的麻烦。
【枝叶】tsɿ˥ɦiəʔ˧ 枝子和叶子。也喻琐碎的情节或话语。

知【tsɿ˥】中州韵【tʂi˥】

【知了】tsɿ˥liæ˩
【知己】tsɿ˥tɕi˨
【知心】tsɿ˥sin˨
【知足】tsɿ˥tsoʔ˥
【知识】tsɿ˥səʔ˥
【知县】tsɿ˥ɦiø˩ 明清两代一县长官的名称。

【知府】tsʮ˥fu˥˩　明清两代称一府的长官。

【知青】tsʮ˥ts'in˥˩

【知音】tsʮ˥∅in˥˩

【知觉】tsʮ˥tɕioʔ˥

【知客】tsʮ˥k'ɑʔ˥　旧时帮助办喜事或丧事的人家招待宾客的人。

【知趣】tsʮ˥ts'i˥˩　知道进退，不惹人讨厌。

【知了壳】tsɿ˥liæ˥k'oʔ˥　蝉衣。

【知名度】tsʮ˥min˩dəu˩　人或事被社会、公众知道熟悉的程度。

【知客僧】tsʮ˥k'ɑʔ˥sən˥˩　寺院中主管接待宾客的和尚。

【知音客】tsʮ˥∅in˥k'ɑʔ˥　知心人。

【知书达理】tsʮ˥sʮ˥daʔ˧li˩　有知识，懂礼貌。指人有文化教养。

【知己知彼】tsʮ˥tɕi˥tsʮ˥pᴇ˥˩　对自己的情况和对方的情况都有透彻的了解。

【知足常乐】tsʮ˥tsoʔ˥zã˧loʔ˧

【知根知底】tsʮ˥kən˥tsʮ˥ti˥˩　知道根底和内情。

【知法犯法】tsʮ˥faʔ˥vᴇ˩faʔ˥　懂得某项法令、规章而故意违犯。

【知人知面不知心】tsʮ˥zən˦tsʮ˥mi˧˩pəʔ˥tsʮ˥sin˥　形容人心难测。

肢【tsʮ˥】

织【tsəʔ˥】中州韵【tʂəʔ˥】

【织女】tsəʔ˥ȵy˩　传说中的仙女。牛郎的妻子。

【织补】tsəʔ˥pu˥˩　用纱或线仿照布的方式把衣服上破的地方补好。

栀【tsɿ˥】中州韵【tsʮ】

【栀子花】tsɿ˥tsɿ˥ho˥˩　常绿灌木，高六七尺，叶子椭圆形，花白六瓣，芳香扑鼻，暑月开放。

【栀子花，茉莉花】tsɿ˥tsɿ˥ho˥˩，məʔ˧li˩ho˥˩　（一）讥刺语。讥人没话寻话，拣些鸡毛蒜皮的事作话题。（二）两种很香的花。

Z

祇【ʦɥ˥】

脂【ʦɥ˥】

【脂肪】ʦɥ˥fɑ̃˥˩˥ 动、植物所含的有机化合油。固体、半固体为脂，液体为油。

蜘【ʦɥ˥】中州韵【tʂi˥】

【蜘蛛】ʦɥ˥ʦɥ˥˩˥ 节肢动物，身体圆形或长圆形，分头胸和腹两部，有触须。肛门尖端的突起能分泌黏液，黏液在空气中凝成细丝，用来结网，捕食昆虫。

【蜘蛛丝】ʦɥ˥ʦɥ˥˩˥sɿ˥ 蜘蛛分泌的黏液在空气中凝成的细丝。

【蜘蛛网】ʦɥ˥ʦɥ˥˩˥mɑ̃˨˩ 蜘蛛用丝结的网。

zhí

执【ʦəʔ˥】中州韵【tʂəʔ˥】

【执】ʦəʔ˥ 固执的略称。也指毛发纠结。

【执行】ʦəʔ˥ɦin˨˧ 实施，实行。

【执法】ʦəʔ˥faʔ˥ 执行法令、法律。

【执事】ʦəʔ˥zɿ˨˩ 旧指仪仗。

【执政】ʦəʔ˥ʦən˦˩˧ 掌握政权。

【执教】ʦəʔ˥ʨiæ˦˩˧ 担任教学任务。

【执笔】ʦəʔ˥piəʔ˥ （一）用笔写。（二）动笔拟订集体名义的文稿。

【执著】ʦəʔ˥zɑʔ˧ 坚持不懈。

【执掌】ʦəʔ˥ʦɑ̃˦˩˧ 掌管，掌握。

【执意】ʦəʔ˥Øi˦˩˦ 坚持自己的意见。

【执照】ʦəʔ˥ʦæ˦˩˧ 由主管机关发给的准许做某项事情的凭证。

【执勤】ʦəʔ˥ʥən˨˧ 执行勤务。

【执迷不悟】ʦəʔ˥mi˨˧pəʔ˥ŋəu˨˩ 坚持错误而不觉悟。

直【zəʔ˧】中州韵【ʐəʔ˧】

【直立】zəʔ˧liəʔ˧ 笔直地站着

或竖着。

【直达】zəʔ˧daʔ˧ 不必在中途停顿而直接到达。

【直身】zəʔ˧sən˧˩ 旧时穿的大领长袍。

【直到】zəʔ˧tæ˦ 一直到。

【直觉】zəʔ˧tɕioʔ˥ 直接的感觉。

【直观】zəʔ˧kuø˧˩ 用感官直接接受的、直接观察的。

【直线】zəʔ˧si˦ 指直接的或没有曲折起伏的。

【直接】zəʔ˧tsiəʔ˥ 不经过中间事物的。

【直属】zəʔ˧zoʔ˧ 直接隶属。

【直爽】zəʔ˧sɑ̃˧˩ 心地坦白，言语、行动没有顾忌。

【直脚】zəʔ˧tɕiɑʔ˥ 跛子。

【直播】zəʔ˧pu˧˩ （一）不经过育苗，直接把种子播种到田里。（二）广播、电视不经过录音、录像而直接播送。

【直拔直】zəʔ˧baʔ˧zəʔ˧ （一）形容笔直。（二）形容说话不绕弯子。

【直性子】zəʔ˧sin˧˩tsɿ˧˩ （一）直性。（二）直性的人。

【直坦子】zəʔ˧tɛ˧˩tsɿ˧˩ 义同【直性子】。

【直挺挺】zəʔ˧tʻin˧˩tʻin˧˩ 形容僵直的样子。

【直忌忌】zəʔ˧dʑi˧dʑi˩ 形容僵直痴呆的样子。

【直僵僵】zəʔ˧tɕiã˥tɕiã˧˩ 形容僵直的样子。

【直个笼统】zəʔ˧kəʔ˥loŋ˩tʻoŋ˧˩ （一）形状没有曲线的。（二）形容说话不会婉转。

【直白生里】zəʔ˧bɑʔ˧sã˥li˩ 突然。也说成【直白生生】zəʔ˧bɑʔ˧sã˥sã˧˩。

【直出直进】zəʔ˧tsʻəʔ˥zəʔ˧tsin˦ 毫无阻拦或毫无顾忌地进去和出来。亦作【直进直出】zəʔ˧tsin˦zəʔ˧tsʻəʔ˥。

【直丝直绺】zəʔ˧sɿ˥zəʔ˧li˩ 正直，胸怀坦白。

【直言谈相】zəʔ˧ɦi˩dɛ˩siã˦ 直接把话说明白。

【直明直白】zəʔ˧min˩zəʔ˧bɑʔ˧ 明明白白、直直爽爽地（说出来）。

【直来直去】zəʔ˧lɛ˧zəʔ˧tɕʻi˦ 直爽地（谈话）。

【直咧直啪】zəʔ˧biəʔ˧zəʔ˧

bɑʔ˧ 明明白白、直直爽爽地（说出来）。

【直截了当】zəʔ˧ziəʔ˧liæ˦tã˥˩ （言语、行动等）简单爽快。

【直腰懒掼】zəʔ˧Øiæ˥lɛ˨˧guɛ˨˧ 失去姿态，手足懒洋洋的。

【直心直肚肠】zəʔ˧sin˥zəʔ˧dəu˨˧zã˨˧ 喻直性子或性情爽直的人。

侄【zəʔ˧】中州韵【ʑəʔ˧】

【侄孙】zəʔ˧sən˥ 弟兄的孙子。

【侄囡】zəʔ˧nø˨˧ 侄女。

【侄倪子】zəʔ˧ŋ̍i˨˧tsɿ˥˩ 侄子。

【侄女婿】zəʔ˧ŋ̍y˨˧si˥˩ 侄女的丈夫。

【侄囡唔】zəʔ˧nø˨˧ŋ̍˨˧ 侄女。亦称作“侄囡”。

【侄新妇】zəʔ˧sin˥vu˨˧ 侄子的妻子。

值【zəʔ˧】中州韵【ʑəʔ˧】

【值日】zəʔ˧zəʔ˧ 在轮到负责的那一天执行任务。

【值价】zəʔ˧tɕiɑ˦˧ （一）值钱。（二）形容人有担待，有骨气。

【值班】zəʔ˧pɛ˥ 在轮到规定的时间里担任工作。

【值得】zəʔ˧təʔ˥ （一）合算。（二）指这样去做会有结果。

【值二钿】zəʔ˧liã˨˧diɪ˨˧ 值些钱的。

【值日生】zəʔ˧zəʔ˧sã˥˩ 轮到做教室清洁工作的学生。

【值铜钿】zəʔ˧doŋ˦diɪ˨˧ （一）值钱。（二）有价值。

职【tsəʔ˥】中州韵【tʂəʔ˥】

【职工】tsəʔ˥koŋ˥职员和工人。

【职司】tsəʔ˥sɿ˥ 职务。

【职务】tsəʔ˥vu˨˧ 职位规定应该担任的工作。

【职业】tsəʔ˥ŋ̍əʔ˧ （一）个人在社会中所从事的主要工作。（二）专业的。

【职权】tsəʔ˥dʑiø˦ 职务范围内的权力。

【职守】tsəʔ˥sʏ˥˩ 工作岗位。

【职位】tsəʔ˥ɦuɛ˩ 执行一定职务的位置。

【职员】tsəʔ˥ɦiø˧ 担任行政或业务工作的人员。

【职责】tsəʔ˥tsəʔ˥ 职务和责任。

植【zəʔ˧】中州韵【ʑəʔ˧】

【植皮】zəʔ˧bi˧ 移植皮肤。

【植物人】zəʔ˧vəʔ˧ɲən˩ 指严重脑外伤、脑出血等引起的大脑皮层丧失活动能力，完全没有知觉的人。

殖【zəʔ˧】中州韵【ʑəʔ˧】

【殖民地】zəʔ˧min˩di˩ 指被资本主义国家剥夺了政治、经济的独立权力，并受它管辖的地区或国家。

zhǐ

止【tsɿ˥˩】

【止血】tsɿ˦ɕyəʔ˥ 止住流血。

【止泻】tsɿ˦sia˦ 止住腹泻。

【止步】tsɿ˦bu˩ 停止脚步。

【止咳】tsɿ˦k'əʔ˥ 止住咳嗽。

【止痒】tsɿ˦ɦiã˩ 止住瘙痒。

【止痛】tsɿ˦t'oŋ˦ 止住疼痛。

【止境】tsɿ˥˩tɕən˥˩ 尽头。

【止不过】tsɿ˥pəʔ˥kəu˥˩ 仅不过。也说成【止必过】tsɿ˥piəʔ˥kəu˥˩。

只(衹)【tsəʔ˥】中州韵【tsəʔ˥】【tsɿ˥˩】另见zhī；qí。

【只好】tsəʔ˥hæ˥或tsiəʔ˥hæ˥或tsəæ˦ 只能，不得不。

【只当】tsəʔ˥tã˥ 只认为。

【只有】tsəʔ˥ɦiɤ˩ （一）仅有。（二）只能够，别无选择。

【只怕】tsəʔ˥p'o˦ 生怕。

【只要】tsəʔ˥øiæ˦或tsiæ˦ 只须。

【只顾】tsəʔ˥kəu˥ 表示专一，不旁顾。

【只消】tsəʔ˥siæ˥ 也说成tsiəʔ˥siæ˥ 只需。

【只得】tsəʔ˥təʔ˥ 也说成tsiəʔ

˥təʔ˥ 只能，不得不。

【只管】(1)tsəʔ˥kuø˥˨ 也说成tsiəʔ˥kuø˥˨ 尽管。(2)tsəʔ˥kuø˥˨ （一）仅仅分管（部分工作）。（二）表示专一，不管其他。

【只不过】tsəʔ˥pəʔ˥kəu˥˨ 仅不过。

【只必过】tsəʔ˥piəʔ˥kəu˥˨ 义同【只不过】。

【只吃勿做】tsəʔ˥tɕʻəʔ˥fəʔ˥ tsəu˨˦ 指不工作。

【只当呒介事】tsəʔ˥tɑ̃˥m̩˦ ka˥zɿ˨˧ 只当没这回事。

【只拣绽格说】tsəʔ˥kE˥˨zE˨˧ kəʔ˥səʔ˥ 只选择好事儿说（把不好的都隐瞒起来），报喜不报忧。

【只认衣衫勿认人】tsəʔ˥ȵən˨˧ 0i˥sE˥fəʔ˥ȵən˨˧ȵən˦ 形容势利。

【只此一家，别无分出】tsəʔ˥ tsʻɿ˥0iəʔ˥tɕia˥，biəʔ˧vu˨˧ fən˥tsʻəʔ˥ 只有这一处店，别处并没有分号。

【只有自家，呒不别人】tsəʔ˥ ɦiY˨˧zɿ˦ka˥，m̩˦pəʔ˥bəʔ˧ ȵən˨˧ 形容极端自私。

【只有杀罪，呒不饿罪】tsəʔ˥ ɦiY˨˧saʔ˥zE˨˧，m̩˦pəʔ˥ŋəu˨˧ zE˨˧ 死刑是罪有应得，但不可用饥饿来虐囚。

【只知其一，不知其二】tsəʔ˥ tsɿ˥dʑi˨˧0iəʔ˥，pəʔ˥tsɿ˥dʑi˨˧ ɦəl˨˧ 指了解情况不全面。

【只勤勿俭，有针呒线】tsəʔ˥ dʑən˦fəʔ˥dʑiɪ˨˧，ɦiY˦tsən˥ m̩˦siɪ˨˦ 如果只是勤劳，而不俭朴，生活还是有问题的。

【只有懒人，呒不懒地】tsəʔ˥ ɦiY˨˧lE˦ȵən˦，m̩˦pəʔ˥lE˨˧di˨˧ 没有收成的原因是人懒。喻如果得不到回报，是因为人不去努力。

【只要人手多，牌楼搬过河】 tsəʔ˥0iæ˨˦ȵən˦sY˥˨təu˥，ba˦lY˨˧pø˥kəu˥˨ɦəu˦ 形容人多力量大。

【只晓得吃，勿晓得屁股出】 tsəʔ˥ɕiæ˨˦təʔ˥tɕʻəʔ˥，fəʔ˥ ɕiæ˨˦təʔ˥pʻi˥kəu˥˨tsʻəʔ˥ 形容一味贪吃，不懂得合理安排生活。

【只有千日做贼，呒不千日防贼】 tsəʔ˥ɦiY˨˧tsʻiɪ˥ȵəʔ˧tsəu˨˦zəʔ ˧，m̩˦pəʔ˥tsʻiɪ˥ȵəʔ˧bɑ̃˦zəʔ˧

喻防不胜防。

【只要心亮理直,勿要吃素念佛】tsəʔ˥θiæ˧˥sin˥liã˩li˩˧zəʔ˧,fəʔ˥θiæ˧˥tɕʻəʔ˥səu˧˥ȵii˩vəʔ˧ 指做人要加强自身修养,不必搞形式上的东西。

【只许州官放火,勿许百姓点灯】tsəʔ˥ɕy˥˩tsʏ˥kuø˥fã˧˥həu˥˩,fəʔ˥ɕy˥˩pɑʔ˥sin˧˥tii˥˩tən˥ 形容专制蛮横的统治者,为所欲为,不许人民有一点自由。也指胡作非为的人,不许别人有正当的权利。

【只听见楼梯响,勿看见人下来】tsəʔ˥tʻin˥tɕii˥˩lʏ˨˦ti˥ɕiã˥˩,fəʔ˥kʻø˥tɕii˥˩ȵən˨˦ɦo˨˦lE˩ 喻只有声势,没有实际行动。

【只要工夫深,铁尺磨成绣花针】tsəʔ˥θiæ˧˥koŋ˥fu˥sən˥,tʻiəʔ˥tsʻɑʔ˥mo˨˦zən˩sʏ˥ho˥tsən˥ 喻人只要有毅力,肯下功夫,就能把事情做成功。

【只有人人说人人,呒不人人说自身】tsəʔ˥ɦiʏ˩ȵən˨˦ȵən˩səʔ˥ȵən˨˦ȵən˩,ɱ˨˦pəʔ˥ȵən˨˦ȵən˩səʔ˥zɿ˨˦sən˥ 人往往只批评别人,不批评自己。

【只有一船摇两橹,呒不一女嫁二夫】tsəʔ˥ɦiʏ˩θiəʔ˥zø˨˦ɦiæ˨˦liã˩ləu˩,ɱ˨˦pəʔ˥θiəʔ˥ȵy˩tɕiɑ˧˥ɦəl˥˩fu˥ 俗语,指女子不可以同时嫁两位丈夫。

【只扫自家门前雪,别管他人瓦上霜】tsəʔ˥sæ˥˩zɿ˨˦tɕiɑ˥mən˨˦zii˩siəʔ˥,biəʔ˧kuø˥˩tʻɑ˥zən˩ɦuɑ˨˦zã˩sã˥ 俗语。只求独善其身,不要去问他人的是非。

【只图今世有饭吃,勿图下世有柴烧】tsəʔ˥dəu˩tɕən˥sɥ˥˩ɦiʏ˩vE˩tɕʻəʔ˥,fəʔ˥dəu˩ɦo˩sɥ˥˩ɦiʏ˩zɑ˨˦sæ˥ 俗语。只要求今生今世衣食周全、平安无事,对于下世虚无缥缈的事,并无企求。

【只看见和尚吃肉,勿看见和尚受戒】tsəʔ˥kʻø˥tɕii˥˩ɦəu˨˦zã˩tɕʻəʔ˥ȵioʔ˧,fəʔ˥kʻø˥tɕii˥˩ɦəu˨˦zã˩zʏ˩kɑ˧˥ 俗语。只看见别人享受或有过失,不看见别人付出的艰辛或取得的成绩。

【只看见活人受罪,𠲎看见死鬼戴枷】tsəʔ˥k'ø˥tɕiɪ˥˩ɦuəʔ˧ȵən˩˧zʏ˩˧zᴇ˩˧,fən˥k'ø˥tɕiɪ˥˩si˥˨tɕy˥˩tɑ˥˨kɑ˥ 俗语。世上只有活着的人吃苦受罪,并没有迷信的人所说的做鬼受刑那些荒诞不经的事。

旨【tsɥ˥˩】

【旨趣】tsɥ˥˩ts'i˥˩ 主要的目的和意图。

址【tsɥ˥˩】

芷【tsɥ˥˩】

纸【tsɿ˥˩】

【纸马】tsɿ˥˨mo˩˧ 迷信用品。印有神像供供奉和焚化用的纸片。

【纸头】tsɿ˥˨dʏ˩˧ 纸。

【纸出】tsɿ˥˨ts'əʔ˥ 纸媒儿。引火用的细纸卷。

【纸皮】tsɿ˥˨bi˩˧ 纸质的仿造皮。

【纸张】tsɿ˥˨tsã˥ 纸。

【纸板】tsɿ˥˨pᴇ˥˩ 较厚而粗糙的板状纸。

【纸紥】tsɿ˥˨tsaʔ˥ 迷信用品。用芦苇杆作架子,糊上彩色的纸制成各种器物,焚化给亡灵。

【纸筋】tsɿ˥˨tɕən˥ 一种建筑材料。泥灰中加入粗板纸、稻草等物,捣和后抹墙用。

【纸老虎】tsɿ˥˨læ˧həu˥˩ 纸做的老虎。喻外表强大凶狠而实际空虚无力的人或集团。

【纸板箱】tsɿ˥˨pᴇ˥siã˥˩ 用纸板制成的箱状盒子。一般用来包装商品。

【纸紥店】tsɿ˥˨tsaʔ˥tiɪ˥˩ 专门经营纸紥冥器的店铺。

【纸出媒头】tsɿ˥˨ts'əʔ˥mᴇ˩˧dʏ˩˧ 纸媒儿。引火用的细纸卷。

【纸头包勿没火】tsɿ˥˨dʏ˩˧pæ˥fəʔ˥məʔ˧həu˥˩ 俗语。喻真相终究遮掩不住,总会暴露出来。

【纸紥店里断浆——勿得(粘)了】tsɿ˥˨tsaʔ˥tiɪ˥li˩˧dø˩˧

ʦiã˥——fəʔ˥təʔ˥(təʔ˥) liæ˩ 歇后语。吴语中“得”和“粘”的土白谐音。意思是不得了。

祉【ʦɿ˥˧】

枳【ʦɿ˥˧】

【枳实】ʦɿ˦˧zəʔ˧ 枳树的果实。入中药,研磨取汁服下,帮助消化。

指【ʦɿ˥˧】

【指引】ʦɿ˥˧ɦin˩ 指点,引导。

【指正】ʦɿ˥˧ʦən˥˧ (一)指出错误,使之改正。(二)客套话。用于请人批评。

【指示】ʦɿ˥˧zɿ˩ 上级对下级或长辈对晚辈说明处理某个问题的原则和方法。

【指令】ʦɿ˥˧lin˩ 指示,命令。

【指导】ʦɿ˦˧dæ˩ 指示教导,指点引导。

【指纹】ʦɿ˦˧vən˩ 手指肚上皮肤的纹理。也指这种纹理留下来的痕迹。

【指针】ʦɿ˦˧ʦən˥ (一)指南针、钟表的面上磁针、指示时间的针。(二)喻辨别正确方向的依据。

【指定】ʦɿ˥˧din˩ 确定(做某件事的人、时间、地点等)。

【指使】ʦɿ˦˧sɿ˥ 出主意叫别人去做某事。

【指明】ʦɿ˦˧min˩ 明确指出。

【指责】ʦɿ˦˧ʦəʔ˥ 指摘,责备。

【指标】ʦɿ˦˧piæ˥ 计划中规定达到的目标。

【指点】ʦɿ˦˧tiɪ˥ 指出来使人知道;点明。

【指法】ʦɿ˦˧faʔ˥ 指演奏管弦乐器时用手指的技巧。

【指挥】ʦɿ˦˧huᴇ˥ (一)发令调度。(二)发令调度的人。(三)在乐队或合唱队前面指示如何演奏或演唱的人。

【指派】ʦɿ˥˧pʻɑ˥˧ 派遣(某人去做某项工作)。

【指教】ʦɿ˦˧ʨiæ˥ 指点教导。

【指控】ʦɿ˥˧kʻoŋ˥˧ 指责和控拆。

【指南针】tsʮ˦˨nø˦tsən˧˥ (一)利用磁针制成的指示方向的仪器。针的一头总是指着南方。(二)喻辨别正确发展方向的依据。

【指人节头】tsʮ˦˨ɳ̍ən˦tsiəʔ˥dʏ˨ 食指。

【指手画脚】tsʮ˦˨sʏ˥ɦuaʔ˧tɕiaʔ˥ 指轻率地指点、批评。

【指名道姓】tsʮ˦˨min˦dæ˨sin˦˨ 直接说出姓名。

【指点搠三】tsʮ˦˨tiɪ˥ts'oʔ˥sᴇ˧˥ 指责(贬义)。

【指指搠搠】tsʮ˦˨tsʮ˥ts'oʔ˥ts'oʔ˥ 义同【指点搠三】。

【指桑骂槐】tsʮ˦˨sã˥mo˨ɦuɑ˨ 喻表面上骂这个人,实际上骂另外一个人。

【指牢仔背心骂】tsʮ˦˨læ˦tsɿ˧˥pᴇ˥sin˥mo˨ 在背后指责、辱骂。

【指牢仔鼻头骂】tsʮ˦˨læ˦tsɿ˧˥bəʔ˧dʏ˨mo˨ 当面指责、辱骂。

咫【tsʮ˧˥】

【咫尺】tsʮ˦˨ts'ɑʔ˥ 喻距离很近。

【咫尺天涯】tsʮ˦˨ts'ɑʔ˥t'iɪ˥ ŋiɑ˧˥ 指距离虽然很近,但很难相见,就像在遥远的天涯一样。

趾【tsʮ˧˥】

【趾高气扬】tsʮ˦˨kæ˥tɕ'i˧˥ɦiã˨ 高高举步,神气十足。形容骄傲自满、得意忘形。

黹【tsʮ˧˥】

酯【tsʮ˧˥】

徵【tsɿ˧˥】中州韵【tsʮ˧˥】 另见 zhēng“征”。

zhì

至【tsʮ˦˨】

【至上】tsʮ˧˥zɑ̃˨ (地位、权力等)最高。

【至于】tsʮ˦˨ɦʏ˨ (一)表示达到某种程度。(二)表示另提一事。

【至少】ʦʮ˧˥sæ˥　表示最小的限度。

【至今】ʦʮ˧˥ʨən˥　直到现在。

【至交】ʦʮ˧˥ʨiæ˥　最好的朋友。

【至多】ʦʮ˧˥təu˥　最多。表示最大限度。

【至极】ʦʮ˧˥ʥəˀ˧　达到极点。

【至诚】ʦʮ˧˥zən˩　诚心诚意，诚恳。

【至亲】ʦʮ˧˥ʦʻin˥　关系最近的亲戚。

【至尊】ʦʮ˧˥ʦən˥　（一）最尊贵。（二）封建时代称皇帝。

【至不过】ʦʮ˥pəˀ˥kəu˥˩　至多不过。也说成【至必过】ʦʮ˥piəˀ˥kəu˥˩。

【至高无上】ʦʮ˧˥kæ˥vu˩zɑ̃˩　最高，没有更高的。

【至理名言】ʦʮ˧˥li˩min˩ɦi˩　最正确、最有价值的话。

志【ʦʮ˧˥】

【志气】ʦʮ˥ʨʻi˥˩　求上进的决心和勇气，要求做成某件事的气概。

【志愿】ʦʮ˧˥ȵiø˩　（一）志向与愿望。（二）自愿。

【志向】ʦʮ˧˥ɕiɑ̃˥˩　关于将来的意愿和决心。

【志趣】ʦʮ˥ʦʻi˥˩　行动或意志的趋向，志向和兴趣。

【志大才疏】ʦʮ˧˥dɑ˥˩zE˧səu˥　志向虽然大，可是能力不够。

【志同道合】ʦʮ˧˥doŋ˩dæ˩ɦəˀ˧　志向相同，意见相同。

豸【zʮ˩】中州韵【ʑi˩】

识【ʦʮ˥˩】中州韵【ʦʮ˥˩】

另见 shí。

帜【ʦɿ˥˩】中州韵【ʦʮ˥˩】

制【ʦʮ˧˥】

【制订】ʦʮ˥˩tin˥˩　创制拟订。

【制止】ʦʮ˧˥ʦʮ˥　强迫使停止，不允许继续。

【制伏】ʦʮ˧˥voˀ˧　用强力压制，使驯服。

Z

【制冷】ʦʮ˥˩lã˩　用人工方法取得低温。

【制图】ʦʮ˦dəu˧　把实物或想象的物体的形象、大小等在平面上按一定的比例描绘出来。

【制作】ʦʮ˦ʦoʔ˥　制造。

【制版】ʦʮ˥˩pE˥˩　制造各种印刷上用的版。

【制定】ʦʮ˥˩din˩　定出。

【制服】ʦʮ˦voʔ˧　（一）军人、机关工作者、学生等穿戴的有规定式样的服装。（二）用强力压制，使驯服。

【制剂】ʦʮ˥˩ʦi˥˩　生药或化学药品经过加工制成的药物。

【制度】ʦʮ˦dəu˩　（一）要求大家共同遵守的办事规程或行动准则。（二）在一定历史条件下形成的政治、经济、文化等方面的体系。

【制品】ʦʮ˦pin˥˩　制造成的物品。

【制胜】ʦʮ˦sən˦　取胜，战胜。

【制造】ʦʮ˦zæ˩　（一）用人工使原材料成为可供使用的物品。（二）人为地造成某种气氛或局面等。

质【ʦəʔ˥】中州韵【ʨəʔ˥】

【质对】ʦəʔ˥tE˦　对证，对质。

【质问】ʦəʔ˥vən˩　依据事实，问明是非；责问。

【质地】ʦəʔ˥di˩　（一）某种材料的结构的性质。（二）指人的品质或资质。

【质料】ʦəʔ˥liæ˩　产品所用的材料。

【质量】ʦəʔ˥liã˩　产品或工作的优劣程度。

炙【ʦəʔ˥】中州韵【ʨəʔ˥】

【炙一炙】ʦəʔ˥θiəʔ˥ʦəʔ˥　指烹调食品时加佐料，收紧卤汁。

治【zʮ˧】中州韵【ʑi˧】

【治水】zʮ˧sʮ˥˩

【治疗】zʮ˧liæ˩

【治安】zʮ˧θø˥

【治国】zʮ˧kuəʔ˥

【治丧】zʮ˧sã˥

【治标】zʮ˦pʻiæ˥ 就显露在外的毛病加以应急的处理。
【治本】zʮ˦pən˥˩
【治家】zʮ˦tɕia˥ 治理家庭。
【治理】zʮ˦li˩
【治病救人】zʮ˦bin˩tɕiɣ˦ zən˦ 喻针对某人的缺点、错误进行批评,帮助其改正。

栉【tsiəʔ˥】

峙【zʮ˩】中州韵【ʑi˩】另见shì。

桎【tsəʔ˥】中州韵【tsəʔ˥】

贽【zəʔ˧】中州韵【tsʮ˦】

挚【zəʔ˧】中州韵【tsʮ˦】

致【zʮ˥˩】

【致辞】zʮ˥˩zɿ˦
【致力】zʮ˥˩liəʔ˧ 把力量用在某个方面。
【致命】zʮ˥˩min˩
【致死】zʮ˥˩si˥˩
【致意】zʮ˥˩øi˦ 表示问候之意。
【致命伤】zʮ˥min˩sɑ̃˥˩ 致死的伤害处。喻失败的关键地方和弱点。

秩【zəʔ˧】中州韵【ʑəʔ˧】

【秩序】zəʔ˧zi˩ 有条理、不混乱的情况。

掷【zəʔ˧】中州韵【ʑəʔ˧】

鸷【tsəʔ˥】中州韵【tsəʔ˥】

【鸷鸟】zəʔ˧ȵiæ˦ 凶猛的鸟。

痔【zʮ˩】中州韵【ʑi˩】

【痔疮】zʮ˦tsʻɑ̃˥ 肛门或直肠末端的静脉由于郁血扩张而引成的突起的小结节。

窒【tsəʔ˥】中州韵【tsəʔ˥】

【窒息】tsəʔ˥siəʔ˥

Z

蛭【tsɥ˥˩】

智【tsɥ˥˩】

【智力】tsɥ˥liəʔ˧

【智谋】tsɥ˥mʏ˨˩　智慧和计谋。

【智商】tsɥ˥sã˥˩　智力商数。

【智慧】tsɥ˥ɦuɛ˨˩　辨析判断、发明创造的能力。

【智囊】tsɥ˥nã˨˩　喻计谋多的人。特指为别人划策的人。

【智多星】tsɥ˥təu˥sin˥˩　泛指计谋多的人。

痣【tsɿ˥˧】文读【tsɥ˥˧】中州韵【tʂɥ˥˧】

滞【zɥ˨˩】中州韵【ʑi˨˩】

【滞纳金】zɥ˨nəʔ˧tɕən˥　因逾期缴费而需额外交纳的钱。

【滞销货】zɥ˨siæ˥ɦəu˥˩　不易售出、销路不畅的货物。

骘【tsiəʔ˥】

置【tsɥ˥˧】

【置换】tsɥ˥ɦuø˨˩　替换。

【置身】tsɥ˥sən˥　把自己放在……，存身。

【置之不理】tsɥ˥tsɥ˥˩pəʔ˥li˨˩　放在一边不理不睬。

【置之度外】tsɥ˥tsɥ˥dəu˨˩ ŋɑ˨˩　不（把生死、利害等）放在心上。

雉【zɥ˨˩】中州韵【ʑi˨˩】

【雉尾】zɥ˨˩vi˨˩或读成Øɥ˥vi˨˩　野鸡毛。

稚【zɥ˨˩】中州韵【ʑi˨˩】

【稚气】zɥ˨tɕʰi˥˩　孩子气。

zhōng

中【tsoŋ】另见 zhòng。

【中人】tsoŋ˥ɲən˨˩　为双方介绍买卖、调解纠纷等并做见证的人。

【中门】tsoŋ˥mən˨˩　旧时大

户人家内宅与外宅之间的门户。

【中气】tsoŋ˥tɕʻi˥˩　戏曲演唱上指呼吸量。

【中手】tsoŋ˥sɤ˥˩　评弹三人合演,坐在中间者。

【中介】tsoŋ˥tɕiɑ˥˩

【中文】tsoŋ˥vən˨˩

【中心】tsoŋ˥sin˥˩　（一）中间的位置。（二）事物的主要部分。（三）在某一方面占重要地位的城市或地区。

【中止】tsoŋ˥tsɿ˥˩　中途停止。

【中耳】tsoŋ˥ɦəl˨˩　外耳和内耳之间。

【中立】tsoŋ˥liəʔ˧　处于两个对立的力量之间,不倾向于任何一方。

【中外】tsoŋ˥ŋɑ˨˩　中国和外国。

【中央】tsoŋ˥øiã˥˩

【中用】tsoŋ˥ɦioŋ˨˩　顶事,有用。

【中伏】tsoŋ˥voʔ˧　夏至后的第四个庚日。夏季三伏(最热的天气)中的第二伏。

【中华】tsoŋ˥ɦo˨˩　指中国。

【中年】tsoŋ˥ȵi˨˩　四五十岁的年纪。

【中农】tsoŋ˥noŋ˨˩

【中西】tsoŋ˥si˥˩　中国和西洋。

【中式】tsoŋ˥səʔ˥　中国式样。

【中兴】tsoŋ˥ɕən˥˩　由衰微而复兴。

【中旬】tsoŋ˥zin˨˩　每月十一日至二十日。

【中州】tsoŋ˥tsɤ˥˩　旧时指河南省一带。

【中层】tsoŋ˥zən˨˩

【中饭】tsoŋ˥vE˨˩　午饭。

【中级】tsoŋ˥tɕəʔ˥　中等级别。

【中听】tsoŋ˥tʻin˥˩　（说的话）听起来满意,能接受。

【中饱】tsoŋ˥pæ˥˩　经手钱财,以欺诈手段从中取利。

【中表】tsoŋ˥piæ˥˩

【中性】tsoŋ˥sin˥˩

【中学】tsoŋ˥ɦoʔ˧

【中医】tsoŋ˥øi˥˩　（一）中国医学。（二）用中国医学的理论和方法治病的医生。

【中转】tsoŋ˥tsø˥˩

【中保】ʦoŋ˥pæ˥˩ 中人。
【中觉】ʦoŋ˥kæ˥˩ 午觉。
【中坚】ʦoŋ˥ʨiɪ˥˩
【中和】ʦoŋ˥ɦəu˨˧˩
【中看】ʦoŋ˥kʻø˦˨ 看起来很好。
【中秋】ʦoŋ˥ʦʻʏ˥˩ 农历八月十五日。我国传统节日。
【中型】ʦoŋ˥ɦin˨˧˩
【中药】ʦoŋ˥ɦiɑʔ˧
【中档】ʦoŋ˥tɑ̃˥˩
【中浪】ʦoŋ˥lɑ̃˨˧˩ 中午。
【中致】ʦoŋ˥ʦɥ˥˩ 中等，适中的。
【中断】ʦoŋ˥dø˨˧˩ 中途停止或断绝。
【中堂】ʦoŋ˥dɑ̃˨˧˩ （一）悬挂在客厅正中的尺寸较大的字画。（二）明清两代内阁大学士的别称。
【中等】ʦoŋ˥tən˥˩ （一）中间等级的。（二）（身体）不高不矮。
【中锋】ʦoŋ˥foŋ˥˩
【中焦】ʦoŋ˥ʦiæ˥˩
【中落】ʦoŋ˥loʔ˧
【中装】ʦoŋ˥ʦɑ̃˥˩ 中式服装。
【中楷】ʦoŋ˥kʻɑ˥˩
【中路】ʦoŋ˥ləu˨˧˩
【中餐】ʦoŋ˥ʦʻø˥˩ （一）中国式饭菜。（二）午饭。
【中中叫】ʦoŋ˥ʦoŋ˥ʨiæ˥˩ 中等。
【中元节】ʦoŋ˥ȵiø˧ʦiəʔ˥ 指农历七月十五日，旧称鬼节，鬼生日。旧俗有烧衣包、祭祀亡故亲人等活动。
【中山装】ʦoŋ˥sᴇ˥ʦɑ̃˥˩ 一种服装。上身左右各有两个带盖子和扣子的口袋，下身是西式长裤。由孙中山提倡而得名。
【中耳炎】ʦoŋ˥ɦəl˥˩ɦiɪ˨˧˩ 外耳和内耳之间的部分发炎化脓。
【中致货】ʦoŋ˥ʦɥ˥˩həu˥˩ 中等货色。
【中不溜兜】ʦoŋ˥pəʔ˥lʏ˨˧˩tʏ˥˩ 中等的，中间状态的。
【中昼心里】ʦoŋ˥ʦʏ˥sin˥li˨˧˩ 中午时分。
【中街路格鬼——独拣善格欺】ʦoŋ˥kɑ˥ləu˨˧˩kəʔ˥ ʨy˥˩——doʔ˧kᴇ˥˩zø˨˧˩kəʔ˥ ʨʻi˥ 歇后语。指欺软怕硬。

忠【ʦoŋ˥】

【忠心】ʦoŋ˥sin˥˩　忠诚的心。
【忠义】ʦoŋ˥ɦi˨˩　忠诚，讲义气。
【忠于】ʦoŋ˥ɦY˨˩　忠诚地对待。
【忠贞】ʦoŋ˥ʦən˥˩　忠诚而坚定不移。
【忠臣】ʦoŋ˥zən˨˩　忠于君主的官吏。
【忠告】ʦoŋ˥kæ˥˩　诚恳地劝告。
【忠实】ʦoŋ˥zəʔ˧　（一）忠诚可靠。（二）真实。
【忠良】ʦoŋ˥liã˨˩　（一）忠诚正直。（二）忠诚正直的人。
【忠诚】ʦoŋ˥zən˨˩　对人对事都尽心尽力。
【忠厚】ʦoŋ˥ɦY˨˩　忠实厚道。
【忠言逆耳】ʦoŋ˥ɦii˨˩ȵəʔ˧ɦəl˥˩　诚恳劝告的话，往往让人听起来不舒服。

终【ʦoŋ˥】

【终于】ʦoŋ˥ɦY˨˩　副词。表示经过种种变化或等待之后出现的情况。
【终止】ʦoŋ˥ʦɿ˥˩　结束，停止。
【终生】ʦoŋ˥sən˥˩　一生，直到死去。
【终久】ʦoŋ˥ʨiY˥˩　毕竟，终归。即“终究”。
【终日】ʦoŋ˥zəʔ˧　从早到晚。
【终归】ʦoŋ˦kuE˥˩　毕竟，终究，总之。
【终场】ʦoŋ˥zã˨˩　（一）指（球赛）结束，或指（戏）演完。（二）旧时指分几场考试时考完最后的一场。
【终究】ʦoŋ˥ʨiY˥˩　归根到底。
【终身】ʦoŋ˥sən˥˩　一生的，一辈子的（多指切身的事）。
【终年】ʦoŋ˥ȵii˨˩　全年，一年到头。
【终点】ʦoŋ˥tii˥˩　（一）一段路程结束的地方。（二）特指径赛中终止的地点。
【终要】ʦoŋ˥ɵiæ˦　毕竟要；想来会要。

Z

柊【tsoŋ˥】

【柊叶】tsoŋ˥ɦiəʔ˧

盅【tsoŋ˥】

【盅子】tsoŋ˥tsɿ˥˩ 小酒盅。

钟【tsoŋ˥】

【钟头】tsoŋ˥dʏ˩ 小时。

【钟表】tsoŋ˥piæ˥˩ 钟和表的总称。

【钟点】tsoŋ˥tiɪ˥˩ 指某个一定的时间。

【钟馗】tsoŋ˥kuᴇ˥˩也读作tsoŋ˥dʑy˩ 传说中能打鬼的神。

【钟情】tsoŋ˥zin˩ 感情专注。

【钟浪向】tsoŋ˥lɑ̃˩ɕia˥˩ 时钟上面或时间以时钟计算。

【钟头勿准】tsoŋ˥dʏ˩fəʔ˥tsən˥˩ 指精神不正常。

【钟点勿准】tsoŋ˥tiɪ˥˩fəʔ˥tsən˥˩ 义同【钟头勿准】。

【钟表师傅】tsoŋ˥piæ˥sɿ˥vu˩ 钟表匠。

【钟勒寺里，声勒外头】tsoŋ˥ləʔ˧zɿ˧li˩,sən˥ləʔ˧ŋɑ˧dʏ˩ 俗语。内部的事情流传到外面。

衷【tsoŋ˥】

【衷心】tsoŋ˥sin˥˩ 出于内心的。

【衷肠】tsoŋ˥zɑ̃˩ 内心的话。

【衷情】tsoŋ˥zin˩ 内心的情感。

zhǒng

肿【tsoŋ˥˩】

【肿块】tsoŋ˥˩kuᴇ˥˩ 肌肉、皮肤或黏膜等组织由于发炎、郁血或充血而形成块状。

【肿胀】tsoŋ˥˩tsɑ̃˥˩ 肌肉、皮肤或黏膜等组织由于发炎、郁血或充血而体积增大。

【肿瘤】tsoŋ˥˩lʏ˧ 机体的某一部分组织细胞长期不正常增生所形成的新生物。

种【tsoŋ˦˨】另见 chóng；zhòng。

【种子】tsoŋ˦˥tsɿ˦˨ 显花植物所特有的器官，是由完成了受精过程的胚珠发育而成的。通常包括种皮、胚和胚乳三部分。

【种气】tsoŋ˦˨tɕʻi˦˨ 种的分类、特点。

【种鸡】tsoŋ˦˥tɕi˥˧ 配种用的公鸡或母鸡。

【种性】tsoŋ˦˨sin˦˨ 种的性质。

【种种】tsoŋ˦˥tsoŋ˦˨ 各种各样。

【种类】tsoŋ˦˨lɛ˨˩ 根据事物本身的性质或特点而分成的门类。

【种猪】tsoŋ˦˥tsʮ˥˧ 配种用的公猪，即猪郎。

【种族】tsoŋ˦˥zoʔ˧ 人种。

【种操】tsoŋ˦˥tsʻæ˥˧ 种的质量。

冢【tsoŋ˦˨】

踵【tsoŋ˦˨】

zhòng

中【tsoŋ˦˥】中州韵【tsoŋ˦˥】另见 zhōng。

【中风】tsoŋ˥˧foŋ˦˨ 患中风病。

【中式】tsoŋ˦˨səʔ˥˧ 科举时代考试合格。

【中伤】tsoŋ˥˧sã˦˨ 诬蔑别人，使受损害。

【中肯】tsoŋ˥˧kʻən˦˨ （言论）抓住要点，正中要害。

【中选】tsoŋ˦˨siɪ˦˨ 选举或选择时被选上。

【中标】tsoŋ˦˨piæ˥˧ 投标得中。

【中奖】tsoŋ˦˨tsiã˦˨ 奖券、有奖储蓄券等的号码跟抽签等所得号码相同，可以获奖。

【中举】tsoŋ˦˨tɕy˦˨ （科举考试）在乡试得中举人。

【中毒】tsoŋ˦˨doʔ˧ 由于毒物进入体内而发生组织破坏、生理机能障碍或死亡等现象。

【中暑】tsoŋ˥sʮ˥˩　患中暑病，即发痧。

【中意】tsoŋ˥θi˥˩　合意，满意，喜欢。

【中规中矩】tsoŋ˥˩kuE˥tsoŋ˥˩tɕy˥˩　恪守规范。

仲【zoŋ˨˩】中州韵【ʑoŋ˨˩】

【仲裁】zoŋ˨˦zE˨˩　争执双方同意的第三者对争执事项做出决定。

众【tsoŋ˦˩˨】中州韵【tsoŋ˦˩˨】

【众人】tsoŋ˥ȵən˨˩　大家，许多人。

【众生】tsoŋ˥sən˥˩　一切有生命的。有时专指人。

【众多】tsoŋ˦˩˨təu˥　很多。

【众怒】tsoŋ˦˩˨nəu˨˩　众人的愤怒。

【众牲】tsoŋ˥sã˥˩　（一）畜牲。（二）喻没有人性的人。

【众口难调】tsoŋ˥k'Y˥˩nE˨˦diæ˨˦　吃饭的人多，很难适合每个人的口味。喻不容易使所有的人都满意。

【众矢之的】tsoŋ˥sʮ˥tsʮ˥˩tiəʔ˥　喻大家攻击的对象。

【众目睽睽】tsoŋ˥moʔ˧k'uE˥k'uE˥˩　大家的眼睛都注视着。

【众志成城】tsoŋ˥˩tsʮ˥˩zən˨˦zən˨˦　大家同心协力，就像城墙一样牢固。喻大家团结一致，就能克服困难，取得成功。

【众所周知】tsoŋ˥˩səu˥˩tsY˥tsʮ˥˩　大家全都知道。

【众叛亲离】tsoŋ˥˩bø˨˩ts'in˥li˨˦　众人反叛，亲信背离。

【众人拾柴火焰高】tsoŋ˥ȵən˨˩ziəʔ˧zɑ˨˦həu˦˩˨ɦii˨˦kæ˥　喻人多好办事。

种【tsoŋ˦˩˨】另见 chóng；zhǒng。

【种田】tsoŋ˦˩˨dii˨˦　种地。

【种根】tsoŋ˦˩˨kən˥　喻讲故事或写文章的伏笔。

【种植】tsoŋ˦˩˨zəʔ˧　把植物的种子埋在土里，或把植物的幼苗栽到土里。

【种田人】tsoŋ˥diɪ˧ɳ̍ən˨ 农民。

【种牛痘】tsoŋ˧ɳ̍iY˨dY˨或tsoŋ˧ɦY˨dY˨ 种痘。把痘苗接种在人体上,使人体对天花产生自动免疫作用。

【种荷花】tsoŋ˧ɦəu˧ho˥ 谋人性命的一种方法。在人体上绑上重物,扔到水里淹死。

【种田勿垩,白晒一夏】tsoŋ˧diɪ˧fə˥ʔo˥,bɑʔ˧so˧ɵiə˥ɦo˨ 指种田必须施肥,否则会白费劳力。

重【zoŋ˨】另见 chóng。

【重力】zoŋ˧liə˧ 地心引力。

【重大】zoŋ˨dɑ˨ 大而重要。

【重办】zoŋ˨bE˨ 严厉地处罚。

【重心】zoŋ˧sin˥ (一)物体内各个点所受的重力产生合力,这个合力的作用点叫作这个物体的重心。(二)三角形三条中线相交于一点,这个点叫作三角形的重心。(三)事情的中心或主要部分。

【重头】zoŋ˧dY˨ (一)形容重要的。(二)较重的一端。(三)形容比较费力的(事)。

【重用】zoŋ˨ɦioŋ˨ (把某人)放在重要工作岗位上。

【重兵】zoŋ˧pin˥ 力量雄厚的军队。

【重创】zoŋ˨ts'ɑ̃˥ 使受到严重的损伤。

【重地】zoŋ˨di˨ 重要而需要严密防护的地方。

【重负】zoŋ˨vu˨ 沉重的负担。

【重犯】zoŋ˨vE˨ 犯有严重罪行的犯人。

【重利】zoŋ˨li˨ (一)很高的利息。(二)很高的利润。(三)看重利益。

【重任】zoŋ˨zən˨ 重大的责任,重要的任务。

【重托】zoŋ˧toʔ˥ 重大的委托。

【重孝】zoŋ˨hæ˧ 等级最重的孝服。

【重担】zoŋ˨tE˧ 沉重的担子,喻繁重的责任。

【重金】zoŋ˧tɕən˥ 巨额的钱。

Z

【重视】zoŋ˧˩zʮ˧˩ 认真对待，看重。

【重点】zoŋ˦tiɪ˥˩˧ （一）同类事物中重要的或主要的。（二）有重点地。

【重话】zoŋ˧˩ɦo˧˩ 分量过重、使人难堪的话。

【重青】zoŋ˦tsʻin˥ 面条上多放葱花。

【重奖】zoŋ˧˩tsiã˥˩˧ （一）巨额奖金额或贵重的奖品。（三）给予重奖。

【重炮】zoŋ˧˩pæ˨˧ 重型的大炮。

【重要】zoŋ˧˩Øiæ˨˧ 具有重大的意义、作用和影响的。

【重音】zoŋ˦Øin˥ （一）指一个词、词组或句子里重读的音。（二）乐曲中强度较大的音。

【重病】zoŋ˧˩bin˧˩ 很重的疾病。

【重量】zoŋ˧˩liã˧˩ 物体受到的重力的大小。

【重镇】zoŋ˧˩tsən˥˩˧ 军事上占重要地位的城镇，也泛指在其他方面占重要地位的城镇。

【重头戏】zoŋ˦dʏ˦ɕi˥˩˧ 指唱工和做工很重的戏。喻最重要的部分。

【重生活】zoŋ˦sã˥ɦuəʔ˧ （一）指较繁重的体力劳动。（二）指重要的工作。

【重感冒】zoŋ˦kø˥mæ˧˩ 很重的感冒疾病。

【重头生活】zoŋ˦dʏ˦sã˥ɦuəʔ˧ 义同【重生活】。

【重男轻女】zoŋ˦nø˦tɕʻən˥ȵy˧˩ 看重男性，轻视女性。

zhōu

舟【tsʏ˥】中州韵【tʂʏ˥】

【舟车】tsʏ˥tso˥˩˧ 船和车辆。借指旅途。

【舟船】tsʏ˥zø˧˩ 船。

州【tsʏ˥】中州韵【tʂʏ˥】

【州官】tsʏ˥kuø˥˩˧ 泛指旧时州级官员。

周【tsʏ˥】中州韵【tʂʏ˥】

【周边】tsʏ˥piɪ˥˩˧ 四周边上。

【周刊】ʦY˥k'ø˥˩˧ 每星期出版一次的刊物。

【周全】ʦY˥ziɪ˨˧ （一）周到，全面。（二）成全，帮助。

【周末】ʦY˥məʔ˧ 一星期的最后一天。

【周年】ʦY˥ȵiɪ˨˧ （一）整整一年。（二）人死后满一年。

【周岁】ʦY˥sE˥˩˧ 整一岁。

【周围】ʦY˥ɦuE˨˧ 环绕着中心的部分。

【周折】ʦY˥ʦəʔ˥ 指事情进行往返曲折。

【周身】ʦY˥sən˥˩˧ 浑身。

【周到】ʦY˥tæ˥˩˧ 面面都照顾到，不疏忽。

【周详】ʦY˥ziã˨˧ 周到而详细。

【周转】ʦY˥ʦø˥˩˧ 资金或经济收支的循环。

【周济】ʦY˥ʦi˥˩˧ 对贫困的人给予物质上的帮助。

【周调】ʦY˥diæ˨˧ 苏州评弹流派唱腔。周玉泉所创。

【周旋】ʦY˥ziɪ˨˧ （一）交际应酬，打交道。（二）与敌人较量，相机进退。

【周期】ʦY˥ʥi˨˧ （一）食物在运动变化的发展过程中，某些特征多次重复出现，其连续两次出现所经过的时间。（二）物体作往复运动，重复一次所经历的时间。

【周密】ʦY˥miəʔ˧ 周到而细密。

【周游】ʦY˥ɦiY˨˧ɦiY˨˧ 到各地游历。

【周云瑞调】ʦY˥ʏən˦zE˨˧diæ˨˧ 苏州评弹流派唱腔。周云瑞所创。

【周瑜打黄盖——一个愿打，一个愿挨】ʦY˥ɦY˨˧tã˥˩˧ɦuã˨˧kE˥˩˧——Øiəʔ˥kəʔ˥ȵiø˨˧tã˥˩˧，Øiəʔ˥kəʔ˥ȵiø˨˧ØE˥ 歇后语。指两厢情愿。

洲【ʦY˥】中州韵【tʂY˥】

诪【ʦY˥】中州韵【tʂY˥】

粥【ʦoʔ˥】

【粥隐汤】ʦoʔ˥Øin˦tã˥ 粥

汤。

【粥少僧多】tsoʔ˥sæ˥˩sən˥ təu˥　喻东西少而人多，不够分配。

【粥打扦子饭打印】tsoʔ˥tɑ̃˥˩ tsʻiɪ˥tsɿ˥˩vᴇ˩˧tɑ̃˥˩øin˥˩˧　在日常吃的粥和饭上暗做记号。形容刻薄吝啬。

zhóu

妯【dʑioʔ˧】中州韵【ʑoʔ˧】

轴【dʑioʔ˧】中州韵【ʑoʔ˧】

【轴子】dʑioʔ˧tsɿ˥˩　（一）安在字画的下面便于悬挂或卷起的悬杆儿。（二）经装裱下面有悬杆儿的书画。

【轴心】dʑioʔ˧sin˥　（一）轮轴。（二）喻中心、核心。

【轴承】dʑioʔ˧zən˩˧　机械中的主要部件之一。用于支持旋转并保持其正确位置。

zhǒu

肘【tsʏ˥˩】中州韵【tʂʏ˥˩】

帚【tsʏ˥˩】中州韵【tʂʏ˥˩】

zhòu

纣【zʏ˩˧】中州韵【ʐʏ˩˧】

【纣王】zʏ˨˦ɦuɑ̃˨˦　商纣王，商朝末代君主。

咒【tsʏ˥˩˧】中州韵【tʂʏ˥˩˧】

【咒骂】tsʏ˥˩˧mo˩˧　用恶毒的话骂。

㤘【tsʏ˥˩˧】中州韵【tʂʏ˥˩˧】

【㤘相】tsʏ˥siɑ̃˥˩　形容坏的样子或品性。

【㤘赤落】tsʏ˥tsʻəʔ˥loʔ˧　坏

的习性。

【㑇罗角】ʦY˥ləu˧kᴏʔ˥　习性、本性不好。

【㑇脾气】ʦY˥bi˩˧tɕʻi˥˩　坏脾气。

【㑇人闲话多，㑇戏锣鼓多】ʦY˥ɳ̊ən˩˧ɦE˧ɦo˩˧təu˥，ʦY˥ɕi˥˩ləu˧kəu˥˩təu˥　不正派的人或喜欢多嘴多舌的人，满口废话相当于蹩脚的戏班演戏，敲打的锣鼓特别多。

宙【zY˩˧】中州韵【ʐY˩˧】

绉【ʦY˦˩˨】中州韵【tʂY˦˩˨】

【绉纱】ʦY˥so˥˩　一种质地较坚牢的薄绸。用起收缩作用的捻合线做纬线织出皱纹。

【绉纱馄饨】ʦY˥so˥ɦuən˩˧dən˩˧　苏式小馄饨。皮薄似半透明状，有馅心处皮子似绉纱。

胄【zY˩˧】中州韵【ʐY˩˧】

昼【ʦY˦˩˨】中州韵【tʂY˦˩˨】

【昼浪】ʦY˥lɑ̃˩˧　中午。

【昼夜】ʦY˥∅iɑ˦˩˨　日夜。

皱【ʦY˦˩˨】中州韵【tʂY˦˩˨】

【皱纹】ʦY˥vən˩˧　物体表面上因收缩或揉弄而形成的一凸一凹的条纹。

【皱裥】ʦY˥kE˥˩　皱纹（指脸上）。

【皱眉头】ʦY˦˩˨mi˧dY˩˧　一种脸部表情。表示厌恶、沉思，或一筹莫展。

【皱皮搽搭】ʦY˥bi˩˧naʔ˧taʔ˥　皱巴巴。

【皱眉头哭拉脸】ʦY˥mi˧dY˩˧kʻᴏʔ˥lɑ˧li˩˧　形容要哭出来的样子。

骤【zY˩˧】

籀【zY˩˧】中州韵【ʐY˩˧】

zhū

朱【tsʮ˥】中州韵【tʂy˥】

【朱门】tsʮ˥mən˩ 红漆的大门。指旧时的富豪人家。

【朱文】tsʮ˥vən˩ 印章上的阳文。

【朱红】tsʮ˥hoŋ˩

【朱批】tsʮ˥p'i˨ 用朱笔批注。

【朱砂】tsʮ˥so˨ 一种炼汞的矿物。可用作颜料,也可入药。

【朱笔】tsʮ˥piəʔ˥ 蘸红颜色写字的毛笔。

【朱调】tsʮ˥diæ˩ 苏州评弹流派唱腔。朱介生所创。又称新俞调、蒋朱调。

【朱漆】tsʮ˥ts'iəʔ˥ 红漆。

【朱砂痣】tsʮ˥so˥tsʮ˨ 红色的痣。

【朱砂记】tsʮ˥so˥tɕi˨ 红色的皮肤胎记。

【朱耀祥调】tsʮ˥hiæ˩ziã˩diæ˩ 苏州评弹流派唱腔,也称朱调。朱耀祥所创。

【朱门酒肉臭】tsʮ˥mən˩tsʏ˨ȵioʔ˧ts'ʏ˨ 唐代杜甫诗中的名句。形容骄奢遥逸的生活。

侏【tsʮ˥】中州韵【tʂy˥】

诛【tsʮ˥】中州韵【tʂy˥】

【诛杀】tsʮ˥saʔ˥ 杀害。

茱【tsʮ˥】中州韵【tʂy˥】

珠【tsʮ˥】中州韵【tʂy˥】

【珠子】tsʮ˥tsʮ˨ (一)珍珠。(二)珠。

【珠花】tsʮ˥ho˨ 用珍珠穿出花样的首饰。

【珠宝】tsʮ˥pæ˨

【珠粉】tsʮ˥fən˨ 用珍珠磨成的粉末。

【珠翠】tsʮ˥ts'E˨ 珍珠和翡翠。泛指好首饰。

【珠算】tsʮ˥sø˨ 用算盘计算的方法。

【珠罗纱】tsʮ˥ləu˩so˨ 用来制作蚊帐的高级纱布。

【珠光宝气】tsʮ˥kuã˥pæ˨

tɕ'i˥˩

【珠联璧合】ʦɥ˥li˧˥˩piə̆˥hə̆˧

株【ʦɥ˥】中州韵【tʂy˥】

【株连】ʦɥ˥li˧˥˩　指一人有罪，牵连别人；连累。

诸【ʦɥ˥】中州韵【tʂy˥】

【诸多】ʦɥ˥təu˥˩　许多，好些个。

【诸位】ʦɥ˥ɦuE˨˩　敬词。总称所指的若干人。

【诸侯】ʦɥ˥ɦY˨˩　古代帝王统辖下的列国君王的统称。

【诸葛】ʦɥ˥kə̆˥　姓。

【诸如此类】ʦɥ˥zɥ˨˩ʦɿ˥lE˨˩　与此相似的种种事物。

【诸葛亮打瞌晲——勿算】ʦɥ˥kə̆˥liã˨˩tã˦k'ə̆˥ʦ'oŋ˦——fə̆˥sø˦　歇后语。指不算数，原先约定的推翻掉。

铢【ʦɥ˥】中州韵【tʂy˥】

猪【ʦɥ˥】中州韵【tʂy˥】

【猪血】ʦɥ˥ɕyə̆˥　猪的血。可食用。

【猪毛】ʦɥ˥mæ˨˩　猪的毛。

【猪皮】ʦɥ˥bi˧˥˩　猪的皮制成的皮革。

【猪行】ʦɥ˥ɦɑ̃˨˩　买卖生猪的商行。

【猪肝】ʦɥ˥kø˥˩　猪的肝脏。可食用。

【猪油】ʦɿ˥ɦiY˨˩或ʦɥ˥ɦiY˨˩　猪的油脂。

【猪食】ʦɥ˥zə̆˧　猪的饲料。往往形容质量差的菜肴。

【猪郎】ʦɥ˥lɑ̃˨˩　专供交配的公猪。

【猪猡】ʦɥ˥ləu˨˩或ʦɥ˥lo˨˩　（一）猪。（二）詈语。骂人是猪。

【猪厩】ʦɥ˥ʥø˨˩　（一）养猪的房屋。（二）猪窝。

【猪塮】ʦɥ˥ziɑ˨˩　猪的粪便。

【猪鬃】ʦɥ˥ʦoŋ˥˩　猪脖子上较长的毛。质硬而韧，可用来制刷子。

【猪头三】ʦɥ˥dY˨˩SE˥　詈

语。缩脚韵——牲。骂人不谙世务，不懂人情。

【猪头肉】tsɥ˥dY˩ȵioʔ˧　猪头去骨的肉。

【猪肝色】tsɥ˥kø˥səʔ˥　像猪肝那样的紫酱色。往往用于形容人在发急时，极为尴尬、极为窘迫的脸色。

【猪狗臭】tsɥ˥kY˥tsʻY˦　狐臭。

【猪尿泡】tsɥ˥sɥ˥pæ˥˩　猪的膀胱。

【猪猡猡】tsɥ˥ləu˩ləu˩或tsɥ˥lo˩lo˩　猪。

【猪窠灰】tsɥ˥kʻəu˥huE˥˩　垫猪窝的稻草灰、泥块与猪的粪便、尿的混合物。一种上好的肥料。

【猪脑子】tsɥ˥næ˧tsɿ˥˩　猪的大脑。可食用。形容人太愚笨或记性不好。

【猪婆肉】tsɥ˥bu˩ȵio˧　老母猪的肉，质量较差的猪肉。

【猪婆性】tsɥ˥bu˩sin˥˩　形容嗜睡。

【猪婆脸】tsɥ˥bu˩li˩　眼肿、头肥、嘴唇厚的那种脸型。

【猪头三牲】tsɥ˥dY˩sE˥sã˥˩　原指祭祀用的祭品。形容人不谙世务、不懂人情。

【猪头瞎眼】tsɥ˥dY˩haʔ˥ŋE˩　既像猪一样丑陋，又像瞎子一样不会观察。喻人丑陋无能。

【猪头猪脑】tsɥ˥dY˩tsɥ˥næ˩　形容不懂人情世故，自行其事的样子。

【猪狗不如】tsɥ˥kY˥˩pəʔ˥zɥ˧　比猪狗还差（多用于骂人，也形容生活极差）。

【猪狗众牲】tsɥ˥kY˥˩tsoŋ˥sã˥˩　泛指家畜。

【猪油年糕】tsɥ˥ɦY˩ȵi˩kæ˥˩　夹生猪油的一种甜年糕。苏州特产。

【猪猡脾气】tsɥ˥lo˩bi˩tɕʻi˥˩或tsɥ˥ləu˩bi˩tɕʻi˥˩　指易发作，而又能自行收场的坏脾气。

【猪头肉，三勿精】tsɥ˥dY˩ȵioʔ˧，sE˥fəʔ˥tsin˥˩　指都懂一点，但没有一样精通的。

【猪八戒倒打一钉耙】tsɥ˥poʔ˥ka˥˩tæ˥tã˥˩iəʔ˥tin˥bo˩　俗语。反咬一口的意思。

【猪困长肉，人困卖屋】tsɥ˥kʻuən˥˩tsã˥˩ȵioʔ˧，ȵən˧

kʻuən˥˩ma˩øoʔ˥　指人若懒惰，便会贫困。困，睡。

【猪八戒照镜子——里外勿是人】ʦɥ˥poʔ˥kɑ˥˩ʦæ˥˧ʨən˥ʦɿ˥˩——li˧˥ŋɑ˩fəʔ˥zɿ˩ɲən˧˥　歇后语。指两边不讨好。

【猪头肉勒镬里，臭味勒外头】ʦɥ˥dY˧˥ɲioʔ˧ləʔ˧ɦoʔ˧li˩，ʦʻY˥mi˨˩ləʔ˧ŋɑ˧˥dY˩　俗语。喻丑事难以遮掩。

【猪八戒吃人参果——食而不知其味】ʦɥ˥poʔ˥kɑ˥˩ʨʻəʔ˥ɲən˧˥sən˥kəu˥˩——zəʔ˧ɦə˨˩pəʔ˥ʦɥ˥ʥi˩vi˨˩　歇后语。（一）吃东西不懂得品味，吃后不知什么的滋味。（二）使用了珍贵的东西，却不知道其价值。

蛛【ʦɥ˥】中州韵【tʂy˥】

【蛛蛛】ʦɥ˥ʦɥ˥˩　蜘蛛。

zhú

术【zəʔ˧】中州韵【ʐəʔ˧】

另见 shú；shù。

竹【ʦoʔ˥】中州韵【tʂoʔ˥】

【竹马】ʦoʔ˥mo˩　儿童当马骑的竹竿。

【竹头】ʦoʔ˥dY˩　竹子。

【竹节】ʦoʔ˥ʦiəʔ˥　竹枝上的节。

【竹布】ʦoʔ˥pu˥˧　淡蓝色或白色的布纹致密的棉布。用来做夏季服装。

【竹衣】ʦoʔ˥øi˥　竹筒内侧上的膜，可用作笛膜。

【竹爿】ʦoʔ˥bE˧˥　竹片。

【竹叶】ʦoʔ˥ɦiəʔ˧　竹子的叶子。

【竹行】ʦoʔ˥ɦɑ̃˧˥　专卖竹子的商行。

【竹花】ʦoʔ˥ho˥　竹子的花。可入中药。

【竹杠】ʦoʔ˥kɑ̃˥˧　欺诈叫作敲竹杠。

【竹园】ʦoʔ˥ɦiø˧˥　种植竹子的园地。

【竹衫】ʦoʔ˥SE˥　用小段细竹枝串制的背心。

【竹竿】ʦoʔ˥kø˥　砍下来削

去枝叶的竹子。

【竹笋】ʦoʔ˥sən˥˩ 细长的笋。

【竹排】ʦoʔ˥bɑ˦ 竹筏。

【竹笛】ʦoʔ˥diəʔ˧ 用竹子制作的笛子。

【竹筒】ʦoʔ˥doŋ˨˧ 在粗毛竹子上截取的筒状段子。

【竹筱】ʦoʔ˥siæ˥ 竹枝上端连着叶子的细枝条。

【竹箬】ʦoʔ˥ȵɑʔ˧ 箬竹的叶子。

【竹榻】ʦoʔ˥tʻaʔ˥ 用竹子做的躺椅。

【竹箱】ʦoʔ˥siã˥ 用竹子做的箱子。

【竹篙】ʦoʔ˥kæ˥ 撑船用的粗长竹杆。

【竹器】ʦoʔ˥tɕʻi˦˨ 泛指竹制器具。

【竹雕】ʦoʔ˥tiæ˥ 在竹子上进行雕刻的艺术和竹雕艺术品。

【竹鞭】ʦoʔ˥piɪ˥ 竹子的鞭状根。

【竹叶青】ʦoʔ˥ɦiəʔ˧ʦʻin˥ (一)毒蛇的一种，身体绿色。(二)以汾酒原酒加入多种药材泡制的药酒。

【竹交椅】ʦoʔ˥kæ˥Øi˥˩ 用竹子做的带靠背、带扶手的小椅子。

【竹靠背】ʦoʔ˥kʻæ˥pE˥˩ 用竹子做的带靠背但没有扶手的小椅子。

【竹节运】ʦoʔ˥ʦiəʔ˥ɦʏən˨˧ 命运时好时坏，常常处于逆境。

【竹扦子】ʦoʔ˥ʦʻiɪ˥ʦɿ˥˩ (一)竹制棒针。(二)细长、头尖的竹棒。上刑罚用。

【竹帘头】ʦoʔ˥liɪ˦dʏ˨˧ 汉字偏旁之一。属竹部，笛、笙等字的上面部分。

【竹丝墙门】ʦoʔ˥sɿ˥ziã˦mən˨˧ 以竹丝镶嵌为装饰的大门。旧时有钱人家才能有这类门。

【竹枪篱笆】ʦoʔ˥ʦʻiã˥li˨˧po˥˩ 竹子编的篱笆。

【竹行河头】ʦoʔ˥ɦɑ̃˦ɦəu˨˧dʏ˨˧ 竹行摆放竹排的河边。

【竹篮打水——一场空】ʦoʔ˥lE˦tã˥˩sʮ˥˩——Øiəʔ˥zã˦kʻoŋ˥ 歇后语。空费精神

和力气，最后没有任何结果。

竺【ʦoʔ˥】中州韵【ʨoʔ˥】

烛【ʦoʔ˥】中州韵【ʨoʔ˥】

【烛光】ʦoʔ˥kuɑ̃˥　蜡烛点燃发出的光亮。

【烛泪】ʦoʔ˥luE˩　指蜡烛燃烧时淌下的蜡油。

逐【zoʔ˧】中州韵【ʥoʔ˧】

【逐个】zoʔ˧kəʔ˥　一个一个地。

【逐年】zoʔ˧ȵi˨˩　一年一年地。

【逐步】zoʔ˧bu˩　一步一步地。

【逐渐】zoʔ˧zi˨˩　渐渐。

【逐客令】zoʔ˧kɑʔ˥lin˩　指主人赶走不受欢迎的客人而发的话。

【逐字逐句】zoʔ˧zɿ˩zoʔ˧ʨy˨　挨次序一字一句地。

瘃【ʦoʔ˥】

躅【zoʔ˧】中州韵【ʥoʔ˧】

zhǔ

主【ʦɥ˨˩˦】中州韵【ʨy˨˩˦】

【主人】ʦɥ˨ȵən˩　（一）接待宾客的人。（二）雇用他人的人。（三）财物或权利的所有人。

【主刀】ʦɥ˨tæ˥　（医生）主持并亲自做手术。

【主力】ʦɥ˨liəʔ˧　主要力量。

【主义】ʦɥ˨˩˦∅i˨˩　（一）对客观世界、社会生活以及学术问题等所持有的系统的理论和主张。（二）思想作风。（三）一定的社会制度、经济体系。

【主办】ʦɥ˨bE˧˦　主持办理，主持举办。

【主队】ʦɥ˨˩˦dE˩　体育比赛中，和客队比赛的本单位或

Z

本地、本国的体育代表队。

【主见】tsʮ˥˩tɕiɪ˥˩ （对事情的）确定的意见。

【主场】tsʮ˥˨zã˨˧ 体育比赛中,主队所在地的场地。

【主次】tsʮ˥˩tsʻɿ˥˩ 主要的和次要的。

【主动】tsʮ˥˨doŋ˨˩ （一）不待外力推动而行动。（二）能够造成有利局面,使事情按照自己的意图进行。

【主犯】tsʮ˥˨vɛ˨˧ 在共同犯罪中起主要和组织作用的罪犯。

【主妇】tsʮ˥˨vu˨˧ 一家的女主人。

【主观】tsʮ˥˨kuø˥ （一）属于自我意识方面的。（二）不依据实际情况,单凭自己的偏见的。

【主机】tsʮ˥˨tɕi˥ 成套动力设备中起主要作用的机器。

【主考】tsʮ˥˨kæ˥ （一）主持考试。（二）主持考试的人。

【主权】tsʮ˥˨ʥiø˨˧ 一个国家在其领域内拥有的最高权力。

【主任】tsʮ˥˩zən˨˧ 职位名称。一个部门或机构的主要负责人。

【主攻】tsʮ˥˨koŋ˥ 集中主要兵力在主要方向上进攻。

【主角】tsʮ˥˨koʔ˥ 指戏剧、电影等艺术表演中的主要角色或主要演员。

【主使】tsʮ˥˨sɿ˥ 出主意,使别人去做坏事。

【主体】tsʮ˥˨tʻi˥˩ 事物的主要部分。

【主线】tsʮ˥˩siɪ˥˩ 指贯穿事物发展过程的主要线索。特指文艺作品故事情节发展的主要线索。

【主持】tsʮ˥˨zʮ˨˧ （一）负责掌握或处理。（二）主张,维护。

【主客】tsʮ˥˨kʻɑʔ˥ 顾客。

【主语】tsʮ˥˨ȵy˨˧ 谓语的陈述对象。

【主张】tsʮ˥˨tsã˥ 对于如何行动持有的见解。

【主要】tsʮ˥˩0iæ˥˩ 有关事物中最重要的、起决定作用的。

【主将】tsʮ˥˩tsiã˥˩ （一）主要的将领。（二）喻在某方面起主要作用的。

【主食】ʦɥ˦˨zəʔ˧　主要食物。

【主笔】ʦɥ˦˨piəʔ˥　指报刊编辑部中负责撰写评论的人。也指编辑部的负责人。

【主顾】ʦɥ˦˨kəu˥　顾客。

【主峰】ʦɥ˦˨foŋ˥　山脉的最高峰。

【主祭】ʦɥ˥˩ʦi˥˩　主持祭礼。

【主课】ʦɥ˥˩kəu˥˩　(一)学习的主要课程。(二)主持某课程的教学。

【主流】ʦɥ˦˨lʏ˧˨　(一)干流。(二)比喻事情发展的主要方面。

【主谋】ʦɥ˦˨mʏ˧˨　主要的谋划者。

【主脑】ʦɥ˦˨næ˧˨　首领。

【主席】ʦɥ˦˨ziəʔ˧　(一)主持会议的人。(二)某些国家、国家机关、党派或团体某一级组织的最高领导职位名称。

【主编】ʦɥ˦˨pii˥　(一)负编辑工作的主要责任。(二)编辑工作的重要负责人。

【主意】ʦɥ˥˩Øi˥˩　主见,办法。

【主管】ʦɥ˦˨kuø˥　(一)负主要管理责任。(二)主管的人员。

【主演】ʦɥ˦˨Øii˥˩　(一)扮演戏剧或电影中的主角。(二)指担任主演工作的人。

【主题】ʦɥ˦˨di˧˨　(一)文学、艺术作品中所表现的中心思想,作品思想内容的核心。(二)泛指谈话、文件等的主要内容。

【主婚人】ʦɥ˦˨huən˥ȵən˨˩　主持婚礼的人。

【主旋律】ʦɥ˦˨zi˧˨liəʔ˧　指多声部演唱或演奏的音乐中,一个声部所唱或所奏的主要曲调。

【主随客便】ʦɥ˥˩zᴇ˧˨kɑʔ˥bi˨˩　主人听从客人的要求。

拄【ʦɥ˥˩】中州韵【tʂy˥˩】

【拄拐】ʦɥ˦˨kuɑ˥　拐杖。

渚【ʦɥ˥˩】中州韵【tʂy˥˩】

煮【ʦɥ˥˩】中州韵【tʂy˥˩】

Z

属【zoʔ˧】中州韵【ʑoʔ˧】另见 shǔ。

嘱【tsoʔ˥】中州韵【tsoʔ˥】

瞩【tsoʔ˥】中州韵【tsoʔ˥】

zhù

苎【zʮ˩】中州韵【ʑy˩】另见 níng。

伫【zʮ˩】中州韵【ʑy˩】

助【zəu˩】

【助兴】zəu˩ɕin˦ 帮助增加兴致。

【助长】zəu˧tsã˥ 帮助增长（贬义）。

【助手】zəu˧sʏ˥ 不独立承担任务，只协助别人进行工作的人。

【助攻】zəu˧koŋ˥ 以部分兵力在次要方向上进攻。

【助词】zəu˧zɿ˩ 独立性最差、意义最不实在的一种特殊的虚词。

【助战】zəu˩tsø˦ （一）协助作战。（二）助威。

【助教】zəu˩tɕiæ˥ 高等学校中职别最低的教师。

【助理】zəu˧li˩ 协助主要负责人办事的人（多用于职位名称）。

【助跑】zəu˧bæ˩ 体育运动中的有些项目，如跳高、跳远、投掷标枪等，在跳、投等开始前先跑一段。这种动作叫助跑。

【助威】zəu˩ʊuᴇ˥ 帮助增加声势。

【助学金】zəu˧ɦioʔ˧tɕən˥ 发给学生的补助金。

【助纣为虐】zəu˧zʏ˩ɦuᴇ˩ȵiaʔ˧ 喻帮助坏人做坏事。

住【zʮ˩】中州韵【ʑy˩】

【住人】zʮ˩ȵən˧ 人居。

【住口】zʮ˩k'ʏ˥

【住户】zʮ˧ɦəu˩

【住手】zʮ˩sʏ˥

【住处】zʮ˨˧ʦʻʮ˥˩˧
【住地】zʮ˧˩di˧˩
【住宅】zʮ˨˧zɑʔ˧
【住址】zʮ˨˧ʦʮ˥˩˧
【住房】zʮ˨˧vɑ̃˧˩
【住所】zʮ˨˧səu˥˩˧
【住夜】zʮ˧˩Øiɑ˦˧˦　过夜。
【住持】zʮ˨˧zʮ˧˩
【住院】zʮ˨˧ɦiø˧˩
【住读】zʮ˨˧doʔ˧
【住家】zʮ˨˧kɑ˥
【住宿】zʮ˨˧soʔ˥
【住脱】zʮ˧˩təʔ˥　住掉。
【住勿脱】zʮ˨˧fəʔ˥tʻəʔ˥　（房子多）住不了。
【住进去】zʮ˧˩ʦin˥˩˧ʨʻi˥˩˧　搬进去居住。

纻【zʮ˧˩】中州韵【ʑy˧˩】

杼【ʦʻʮ˥˩˧】中州韵【ʦʻy˥˩˧】

贮【zʮ˧˩】中州韵【ʑy˧˩】

注【ʦʮ˦˧˦】中州韵【ʦy˥˩˧】

【注】ʦʮ˥˩˧　量词。用作账目，钱、房子等的量词。
【注册】ʦʮ˦˧˦ʦʻɑʔ˥　登记备案。
【注目】ʦʮ˦˧˦moʔ˧　把视线集中在一点上。
【注定】ʦʮ˥˩˧din˧˩　（某种客观规律或所谓命运）预先决定。
【注音】ʦʮ˦˧˦Øin˥　用符号表明文字的读音。
【注重】ʦʮ˦˧˦zoŋ˧˩　重视。
【注得】ʦʮ˦˧˦təʔ˥　命中注定。
【注销】ʦʮ˦˧˦siæ˥　取消登记过的事项。
【注释】ʦʮ˦˧˦səʔ˥　注解。
【注解】ʦʮ˥ʨiɑ˥　（一）用文字来解释字句。（二）解释字句的文字。
【注意】ʦʮ˥˩˧Øi˥˩˧　把意志放到某一方面。
【注煞】ʦʮ˦˧˦saʔ˥　命中注定。
【注勒浪】ʦʮ˦˧˦ləʔ˧lɑ̃˧˩　义同【注煞】。

驻【ʦʮ˦˧˦】中州韵【ʦy˥˩˧】

【驻扎】ʦʮ˦˧˦ʦaʔ˥　（军队）在某地住下。
【驻守】ʦʮ˦˧˦sʏ˥˩˧　驻扎防守。
【驻军】ʦʮ˦˧˦ʨyən˥　（一）军队在某地驻扎。（二）（在某地）驻扎的军队。

【驻防】tsʮ˧˦bɑ̃˨˦ 驻扎防守。

柱【zʮ˨˩】中州韵【ʑy˨˩】

【柱石】zʮ˨˦zoʔ˧ 柱子下面的基石。

【柱脚】zʮ˨˦tɕiɑʔ˥ 支撑房子的柱子下部。

炷【tsʮ˧˦】、【tsʮ˥˩】

祝【tsoʔ˥】中州韵【tʂoʔ˥】

【祝寿】tsoʔ˥zʏ˨˩ 在老年人过生日时向他祝贺。

【祝告】tsoʔ˥kæ˧˦ 祝祷，祷告。

【祝词】tsoʔ˥zɿ˨˦ （一）古代祭祀时祷告的话。（二）举行典礼或会议时表示良好愿望或庆贺的话。

【祝贺】tsoʔ˥ɦəu˨˦ 庆贺。

【祝酒】tsoʔ˥tsʏ˥˩ 向人敬酒，表示祝愿、祝福等。

【祝福】tsoʔ˥foʔ˥ 祝人平安、幸福。

【祝愿】tsoʔ˥ȵiø˨˩ 表示良好的愿望。

疰【tsʮ˧˦】

【疰】tsʮ˧˦ 吴语中有“讨厌”的意思。

【疰夏】tsʮ˧˦ɦo˨˩ （一）中医指夏季长期发烧的病。患者都为小儿。多由排汗机能发生障碍引起。症状是持续发烧、食欲不振、消瘦、口渴、多尿、皮肤干热、天气愈热体温愈高等。（二）夏季厌食、乏力等症状。

著【tsʮ˧˦】中州韵【tʂy˧˦】另见 zhe。

【著名】tsʮ˧˦min˨˦ 有名，名望很大。

【著作】tsʮ˧˦tsoʔ˥ （一）用文字表达意见、知识、思想、感情等。（二）著作的成品。

蛀【tsʮ˧˦】中州韵【tʂy˧˦】

【蛀虫】tsʮ˥zoŋ˨˩ （一）指咬

树干、衣服、书籍、谷粒等的小虫。(二)喻损公肥私的人。

【蛀空】ʦɥ˥kʻoŋ˥˩　蛀虫把东西咬出许多洞孔或咬出很大的空洞。

【蛀洞】ʦɥ˥doŋ˩　蛀虫蛀出的洞。

【蛀牙齿】ʦɥ˥ŋa˧ʦɿ˥˩　龋齿。

【蛀虫索落落】ʦɥ˥zoŋ˩soʔ˥loʔ˧loʔ˧　形容蛀得破敝不堪。

铸【ʦɥ˧˦】中州韵【tʂy˧˦】

【铸件】ʦɥ˧˦ʥiɪ˩　铸造的工件。

【铸造】ʦɥ˧˦zæ˩　把金属融化后倒入砂型或模子里,冷却凝固成为器物。

筑【ʦoʔ˥】中州韵【tʂoʔ˥】

【筑路】ʦoʔ˥ləu˩　修路。

【筑堤】ʦoʔ˥di˧　修建堤坝。

【筑工事】ʦoʔ˥koŋ˥zɿ˩　修建工事。

【筑长城】ʦoʔ˥zɑ̃˧zən˩　修建长城。

【筑筑齐】ʦoʔ˥ʦoʔ˥zi˧　把长型东西集束竖起来,在平面上敲打,使其一头对齐。

翥【ʦɥ˧˦】中州韵【tʂy˥˩】

zhuā

抓【ʦa˥】

【抓人】ʦa˥ȵən˧　(一)逮人,捉人。(二)吸引人。

【抓手】ʦa˥sɣ˥˩　(一)器物上手拿的地方。(二)畸形无用的手。也称有这种病手的人。

【抓巴】ʦa˥pa˥　(一)做事不利索、不熟练。(二)手足无措。

【抓牢】ʦa˥læ˩　抓住。

【抓抓】ʦa˥ʦa˥˩　随手抓取。

【抓紧】ʦa˥ʨən˥˩　紧紧地抓住。

【抓获】ʦa˥ɦuəʔ˧　逮住,捕获。

【抓破】ʦa˥pʻu˧˦　被手指甲

划破。

【抓巴眼】tsɑ˥pɑ˥ŋɛ˨˧　斗鸡眼。

【抓手抓脚】tsɑ˥sʏ˥˨tsɑ˥tɕiɑʔ˥　(一)做事不利索、不熟练。(二)手脚畸形无用。

【抓勒手里】tsɑ˥ləʔ˧sʏ˦˧li˨˧　形容控制在自己的手里。

【抓一把吹脱点灰拣拣】tsɑ˥ øiəʔ˥po˥˨tsʻɥ˥tʻəʔ˥tiɪ˥˨huᴇ˥ kᴇ˥˨kᴇ˥˨　形容可供选择的余地非常大。

挝【tsɑ˥】另见 wō。

zhuǎ

爪【tsæ˥˨】文读【tsɑ˥˨】

【爪爪】tsɑ˦˧tsɑ˥˨　动物用爪子挠挠。

zhuài

拽【ɦiəʔ˧】

【拽】ɦiəʔ˧　猛然用力拉。

【拽开】ɦiəʔ˧kᴇ˥　把折着的东西放开。

【拽挺】ɦiəʔ˧tʻin˥˨　把不太平整的床单、衣服、纸张等拉拉平整。

zhuān

专【tsø˥】

【专人】tsø˥ȵən˨˧

【专门】tsø˥mən˨˧　(一)特地。(二)老是。

【专长】tsø˥zã˨˧

【专车】tsø˥tsʻo˥˨

【专心】tsø˥sin˥˨

【专场】tsø˥zã˨˧

【专区】tsø˥tɕʻy˥˨

【专业】tsø˥ȵəʔ˧

【专用】tsø˥ɦioŋ˨˧

【专访】tsø˥fɑ̃˥˨

【专讲】tsø˥kɑ̃˥˨　老是(这样)。

【专机】tsø˥tɕi˥˨

【专利】tsø˥li˨˧

【专诚】tsø˥zən˨˧　特地(表示虔诚)。

【专科】tsø˥kʻəu˥˨

【专责】tsø˥tsəʔ˥

【专制】tsø˥tsɥ˥˨

【专家】tsø˥tɕiɑ˥˨

【专政】ʦø˥ʦən˥˩
【专案】ʦø˥øø˥˩
【专职】ʦø˥ʦəʔ˥
【专程】ʦø˥zən˩˧
【专横】ʦø˥ɦuã˩˧

砖【ʦø˥】

【砖瓦】ʦø˥ŋo˩˧　砖和瓦。
【砖头】ʦø˥dY˩˧　砖。
【砖坯】ʦø˥pʻE˥˩　砖的泥坯。
【砖窑】ʦø˥ɦiæ˩˧
【砖墙】ʦø˥ziã˩˧　砖砌的墙。
【砖雕】ʦø˥tiæ˥˩　在砖上雕刻的艺术,或这种艺术的作品。

颛【ʦø˥】

【颛脱】ʦø˥tʻəʔ˥　形容受迷惑,不能自拔。
【颛项项】ʦø˥ɕyəʔ˥ɕyəʔ˥　形容受到迷惑后,变得十分愚昧,不能自拔。
【颛形色状】ʦø˥ɦin˩˧səʔ˥zɑ̃˩˧　形容一味好色,不顾一切的样子。

zhuǎn

转【ʦø˥˨】另见 zhuàn。

【转】ʦø˥˩　(一)吴语中作回去的意思。(二)量词。次。
【转方】ʦø˥˨fɑ̃˥　复诊时,医生根据病人的病情,将原方略加增减后开出的方子。
【转车】ʦø˥˨ʦʻo˥
【转手】ʦø˥˨sY˥˩
【转化】ʦø˥˩ho˥˩
【转让】ʦø˥˨ɲ̊iã˩˧
【转世】ʦø˥˩sʮ˥˩
【转业】ʦø˥˨ɲ̊əʔ˧
【转正】ʦø˥˩ʦən˥˩
【转色】ʦø˥˩səʔ˥　因恐惧等原因改变脸色。
【转行】ʦø˥˨ɦɑ̃˨
【转机】ʦø˥˨ʨi˥
【转去】ʦø˥˨ʨʻi˥　(一)回去。(二)婉词。死。
【转交】ʦø˥˨ʨiæ˥
【转托】ʦø˥˨tʻoʔ˥
【转向】ʦø˥˩ɕiã˥˨
【转来】ʦø˥˦lE˩˧　回来。
【转告】ʦø˥˩kæ˥˩
【转折】ʦø˥˨ʦəʔ˥

【转运】tsø˥˨ɦyən˨˩ （一）运气好转。（二）把运来的东西再运到另外的地方去。
【转移】tsø˦ɦi˧
【转变】tsø˥˨pii˥˨
【转借】tsø˥˨tsia˥˨
【转卖】tsø˥˨ma˨˩
【转账】tsø˥˨tsã˥˨
【转院】tsø˦ɦiø˧
【转学】tsø˦ɦoʔ˧
【转弯】tsø˦θuE˥ （一）拐弯。（二）改变认识或想法。（三）后缀词。表示程度极高（多用于贬意词）。
【转调】tsø˥˨diæ˨˩
【转换】tsø˦ɦuø˨˩
【转道】tsø˥˨dæ˨˩
【转身】tsø˦sən˥ （一）转过身去。（二）喻时间很短。
【转嫁】tsø˥˨ka˥˨ （1）改嫁。（2）tsø˥˨tɕia˥˨ 把自己应承受的负担、损失、罪名等加在别人身上。
【转圜】tsø˥˨guE˧
【转篷】tsø˥˨boŋ˧ （一）调整篷帆的位置。（二）喻改变态度或想法。
【转念头】tsø˥˨ɳii˧dY˨˩ （一）动脑筋，想办法。（二）指有所企图。
【转担货】tsø˦tE˥həu˥˨ 小贩卖剩下最后的一点货物。通常指被人选剩下来较次的货。
【转嘴角】tsø˦tsɥ˥koʔ˥ 指街巷的拐弯处。
【转弯角子】tsø˦θuE˥koʔ˥ tsɿ˥˨ 义同【转嘴角】。
【转嘴角浪】tsø˦tsɥ˥koʔ˥lã˨˩ 义同【转嘴角】。

zhuàn

传【zø˨˩】另见 chuán。

【传记】zø˧tɕi˥˨

转【tsø˦】另见 zhuǎn。

【转台】tsø˥dE˨˩
【转转】tsø˦tsø˥ （一）旋转。（二）逛逛。
【转盘】tsø˥bø˨˩
【转椅】tsø˥θi˥˨ 能转动的椅子。

啭【ʦø˦˧】

赚【ZE˩˧】另见 zuàn。

【赚头】ZE˧dY˩˧　利润。
【赚钞票】ZE˧ʦʻæ˥pʻiæ˧˥　赚钱。
【赚铜钿】ZE˧doŋ˧di˩˧　赚钱。
【赚钿勿吃力，吃力勿赚钿】ZE˧di˩˧fəʔ˥ʨʻəʔ˥liəʔ˧，ʨʻəʔ˥liəʔ˧fəʔ˥ZE˩˧di˧　指会赚钱的人工作不太辛苦，而工作很辛苦的人往往赚不到钱。也指赚钱的行当，工作不见得辛苦；而不赚钱的行当，工作反倒辛苦。

撰【ʦø˧˥】【zø˩˧】中州韵【ZE˩˧】

【撰写】ʦø˦˧siɑ˧˥　写作。

篆【Zø˩˧】

【篆书】Zø˧sɥ˥　汉字字体。秦朝整理字体后规定的写法。
【篆体】Zø˧tʻi˧˥　篆书。
【篆字】Zø˧zɿ˩˧　篆体字。
【篆法】Zø˧faʔ˥　篆书的写法。
【篆刻】Zø˧kʻəʔ˥　写刻篆字。

馔【Zø˩˧】中州韵【ZE˩˧】

zhuāng

妆【ʦã˥】中州韵【ʈʂuã˥】

【妆台】ʦã˥dE˩˧　梳妆台。
【妆奁】ʦã˥li˩˧　（一）女子梳妆用的镜匣。（二）借指嫁妆。

庄【ʦã˥】中州韵【ʈʂuã˥】

【庄田】ʦã˥di˩˧　（一）皇室、官僚、寺院等雇人耕种或租给佃户的土地。（二）田地。
【庄园】ʦã˥ɦiø˩˧　封建主占有和经营的大片地产。
【庄严】ʦã˥ȵi˩˧　庄重而严肃。
【庄重】ʦã˥zoŋ˩˧　（言语、举

止)不随便,不轻浮。

【庄家】tsɑ̃˦kɑ˥˨　某些牌戏或赌博中每一局的主持人。

【庄稼】tsɑ̃˦kiɑ˥˨　地里长着的农作物。

【庄里人】tsɑ̃˦li˨˧ɲ̊ən˨˧　旧时迷信,关亡的巫婆身上藏有木刻的神像,名“庄里人”。

桩【tsɑ̃˦】中州韵【tʂuã˦】

【桩头】tsɑ̃˦dʏ˨˧　一端或全部埋在土中的柱形物。多用于做分界的标志。

【桩桩】tsɑ̃˦tsɑ̃˥˨　(一)一桩桩(事情)。(二)桩。

装【tsɑ̃˦】中州韵【tʂuã˦】

【装死】tsɑ̃˦si˥˨　(一)假装死亡。(二)形容装糊涂。(三)装出无力抵抗的样子。

【装洋】tsɑ̃˦ɦiã˧　装糊涂。

【装束】tsɑ̃˦soʔ˦　打扮。

【装点】tsɑ̃˦tiɪ˥˨　装饰点缀。

【装饰】tsɑ̃˦səʔ˦　在身体或物体的表面加些附属的东西,使美观。

【装备】tsɑ̃˦bɛ˨˧　(一)配备。(二)指配备的东西、技术力量等。

【装金】tsɑ̃˦tɕən˦　在神像表面装贴金箔。

【装扮】tsɑ̃˦pɛ˥˨　(一)打扮。(二)化装。(三)假装。

【装卸】tsɑ̃˦siɑ˥˨　装货和卸货。

【装修】tsɑ̃˦sʏ˥˨　在房屋工程上安装和装饰。

【装香】tsɑ̃˦ɕiã˦　烧香时上香。

【装腔】tsɑ̃˦tɕʰiã˦　装出某种情态。

【装潢】tsɑ̃˦ɦuɑ̃˨˧　(一)装饰物品使美观。(二)物品的装饰。

【装裹】tsɑ̃˦kəu˥˨　(一)给死人穿衣服。(二)死人入殓时穿的服装。

【装戆】tsɑ̃˦gɑ̃˨˧　装傻。

【装门面】tsɑ̃˦mən˧miɪ˨˧　喻为了表面好看而加以粉饰点缀。

【装牙齿】tsɑ̃˦ŋɑ˧tsɿ˥˨　安装假牙。

【装好人】tsɑ̃˦hæ˦˨ɲ̊ən˨˧　假

装好人。

【装死腔】tsɑ̃˥si˥tɕʰiɑ̃˩˥ （一）形容假装糊涂。（二）装出毫无抵抗能力的样子。

【装老实】tsɑ̃˥læ˧zə˧ 装出很老实的样子。

【装样子】tsɑ̃˥ɦiɑ̃˧tsɿ˩˥ 装模作样。

【装榫头】tsɑ̃˥sən˥˧dɤ˩ 捏造事实，故意陷害。

【装糊样】tsɑ̃˥ɦəu˧ɦiɑ̃˩ 装糊涂。

【装糊涂】tsɑ̃˥ɦəu˧dəu˩ 实际上很精明，而装作什么都不懂。

【装大好佬】tsɑ̃˥dəu˧hæ˥læ˩ 充好汉；显摆。

【装头装脚】tsɑ̃˥dɤ˩tsɑ̃˥tɕiɑʔ˥ （一）根据一个情节，装上许多别的情节，（构成剧本）。（二）根据一件事，捏造一些情节进去（用来陷害或哄骗人）。

【装洋吃相】tsɑ̃˥ɦiɑ̃˧tɕʰə˥siɑ̃˥˧ 故意装作外行的样子（骗人）。

【装神弄鬼】tsɑ̃˥zən˧loŋ˩tɕy˩˥ （一）装扮成鬼神（骗人）。（二）喻故弄玄虚（骗人）。

【装香点烛】tsɑ̃˥ɕiɑ̃˥tii˩˥tsoʔ˥ 装点香烛（祭神鬼、菩萨或死去的先人）。

【装腔作势】tsɑ̃˥tɕʰiɑ̃˥tsoʔ˥sɿ˥˧ 故意做出、装出某种情态。

【装聋作哑】tsɑ̃˥loŋ˩tsoʔ˥θo˩˥ 装做什么也没有听见，也因此不发表任何意见。

【装模作样】tsɑ̃˥mo˩tsoʔ˥ɦiɑ̃˩ 故意做作，装出某种样子给人看。

zhuǎng

奘【tsɑ̃˥˧】中州韵【tʂuɑ̃˥˧】

另见 zàng。

zhuàng

壮【tsɑ̃˥˧】中州韵【tʂuɑ̃˥˧】

【壮】tsɑ̃˥˧ 吴语中有胖的意思。

【壮大】tsɑ̃˥˧dɑ˩ （一）变得强大。（二）强壮粗大。

【壮士】tsɑ̃˦zɿ˩˧ 豪壮而勇敢的人。

【壮丁】tsɑ̃˦tin˥ 青壮年的男子。

【壮心】tsɑ̃˦sin˥ 壮志。

【壮观】tsɑ̃˦kuø˥ 雄伟的景象。

【壮年】tsɑ̃˦ȵi˩˧ 三四十岁的年纪。

【壮肉】tsɑ̃˥ȵoʔ˧ 肥肉。

【壮丽】tsɑ̃˦li˩˧

【壮志】tsɑ̃˦tsʮ˥˩

【壮胆】tsɑ̃˥˩tɛ˥˩

【壮举】tsɑ̃˦tɕy˥

【壮烈】tsɑ̃˦liəʔ˧

【壮勿过】tsɑ̃˦fəʔ˥kəu˥˩ 太胖。

【壮笃笃】tsɑ̃˥toʔ˥toʔ˥ 胖胖的。

【壮满满】tsɑ̃˥mø˩˧mø˩˧ 义同【壮笃笃】。

状【zɑ̃˩˧】中州韵【ʑuɑ̃˩˧】

【状子】zɑ̃˧tsɿ˥˩

【状元】zɑ̃˧ȵiø˩˧

【状况】zɑ̃˧huɑ̃˥˩

【状态】zɑ̃˩t'ɛ˥˩

【状纸】zɑ̃˧tsɿ˥˩

【状元台】zɑ̃˧ȵiø˧dɛ˩˧ 旧时苏州评弹书场设于书台前方的长台。

僮【tsɑ̃˥˩】中州韵【tsuɑ̃˥˩】另见 tóng。

撞【zɑ̃˩˧】中州韵【ʑuɑ̃˩˧】

【撞人】zɑ̃˩ȵən˧ （一）猛然碰上人体。（二）有意向人挑衅。

【撞头】zɑ̃˩dʏ˧ （一）饮酒过量或酒质量不好，饮后头痛的现象。（二）头受到撞击。

【撞针】zɑ̃˧tsən˥ 枪炮里撞出子弹或炮弹底火的机件。

【撞住】zɑ̃˧zʮ˩˧ （一）撞击受阻停止。（二）形容碰壁。（三）喻结束。

【撞钟】zɑ̃˧tsoŋ˥ 寺庙里撞击大钟。

【撞破】zɑ̃˩pu˦ 闯进去识破（秘密）。

【撞着】zɑ̃˩zaʔ˧ （一）撞到。（二）碰见。

【撞骗】zɑ̃˨pʻi˧˦ 到处找机会行骗。

【撞煞】zɑ̃˨saʔ˥ （一）撞死。（二）相撞僵持。

【撞撞】zɑ̃˨zɑ̃˨ （一）撞。（二）挑衅。（三）试着找机会。

【撞木钟】zɑ̃˧moʔ˧tsoŋ˥˨ 指碰运气。

【撞头拳】zɑ̃˧dʏ˧dʑiø˨ 激烈的争论、争吵。

【撞着法】zɑ̃˨zɑʔ˧faʔ˥ 不确定的，碰运气的。

【撞撞看】zɑ̃˨zɑ̃˨kø˥˨ 没有把握的情况下试试看。

幢【zɑ̃˨】中州韵【ʑuɑ̃˨】另见chuáng。

【幢上去】zɑ̃˨zɑ̃˨tɕʻi˥˨ 码起来，堆叠起来。

【幢起来】zɑ̃˨tɕʻi˥˨lE˨ 义同【幢上去】。

戆【gɑ̃˨】中州韵【gɑ̃˨】

【戆皮】gɑ̃˧bi˨ 占人些小便宜。

【戆徒】gɑ̃˨dəu˨ 傻瓜，智商低下者。

【戆直】gɑ̃˧zəʔ˧ 憨厚而刚直。

【戆坯】gɑ̃˧pʻE˥ 指戆直的人。

【戆欣欣】gɑ̃˧ɕin˥ɕin˥˨ 形容戆直的样子。

【戆进勿戆出】gɑ̃˨tsin˨fəʔ˥ gɑ̃˨tsʻəʔ˥ 虽然智商低下，但在涉及切身利益时却很精明。

【戆人自有戆福，泥菩萨住瓦屋】gɑ̃˧ȵən˨zɿ˥ɦiʏ˨gɑ̃˧foʔ˥，ȵi˧bu˧saʔ˥zɥ˨ŋo˧ʊoʔ˥ 指戆直并不吃亏。

zhuī

追【tsE˥】中州韵【tsuE˥】

【追认】tsE˥ȵən˨ 事后认可。

【追记】tsE˥tɕi˧˦ 事后的记录或记载，事后记上。

【追加】tsE˥kɑ˥˨ 在原定的数额以外再增加。

【追击】tsE˥tɕəʔ˥ 追赶着攻击。

【追究】ʦE˥ʨiY˥˩ 追问(根由),追查(原因、责任等)。

【追求】ʦE˥ʥiY˩˧ (一)用积极的行动来争取达到某种目的。(二)向异性求爱。

【追问】ʦE˥mən˩˧ 追根究底地问。

【追寻】ʦE˥zin˩˧ 跟踪寻找。

【追查】ʦE˥zo˩˧ 根据事故发生的经过进行调查。

【追捕】ʦE˥bu˩˧ 追赶捉拿。

【追根】ʦE˥kən˥ 追究根源。

【追赃】ʦE˥ʦɑ̃˥ 勒令罪犯缴出赃款、赃物。

【追随】ʦE˥zE˩˧ 跟随。

【追悼】ʦE˥dæ˩˧ 沉痛地怀念(死者)。

【追踪】ʦE˥ʦoŋ˥˩ 按踪迹或线索追寻。

【追转来】ʦE˥ʦø˥lE˩˧ 追回来。

【追出打进】ʦE˥ʦʻəʔ˥tã˥˩ ʦin˥˩ 追打纠缠。

【追老虎上山】ʦE˥læ˧həu˥˩ zɑ̃˩˧sE˥ 形容死盯住不放。

骓【ʦE˥】**中州韵**【ʦuE˥】

椎【zE˧】**文读**【ʦE˥】**中州韵**【ʣuE˧】

锥【ʦɿ˥】**文读**【ʦE˥】**中州韵**【ʦuE˥】

【锥牢】ʦɿ˥læ˩˧ 死顶住不放。

【锥钻】ʦɿ˥ʦø˥˩ 锥子。

【锥煞】ʦɿ˥saʔ˥ 义同【锥牢】。

zhuì

坠【zE˩˧】**中州韵**【ʣuE˩˧】

缀【ʦE˦˩˨】、【ʦəʔ˥】**中州韵**【ʦuE˦˩˨】

惴【ʦE˦˩˨】**中州韵**【ʦuE˦˩˨】

缒【zE˩˧】**中州韵**【ʣuE˩˧】

赘【tsɛ˧˦】中州韵【tʂuɛ˧˦】

【赘婿】tsɛ˧˦si˥ 入赘的女婿。

zhūn

屯【tsən˥】中州韵【tʂuən˥】另见 tún。

肫【tsən˥】中州韵【tʂuən˥】

【肫肝】tsən˥kø˨˩ 鸟类的胃。也写作【膝肝】。

谆【tsən˥】中州韵【tʂuən˥】

【谆谆】tsən˥tsən˥

zhǔn

准【tsən˨˩】中州韵【tʂən˨˩】

【准许】tsən˧˦ɕy˨˩

【准则】tsən˧˦tsəʔ˥

【准时】tsən˧˦zɿ˨˩

【准足】tsən˧˦tsoʔ˥ 分量准。多用来比喻说话、行事真实可信。

【准定】tsən˨˩din˨˩

【准其】tsən˧˦dʑi˧˦ 肯定,决定。

【准备】tsən˨˩bɛ˨˩

【准点】tsən˧˦tii˥

zhuō

拙【tsəʔ˥】中州韵【tʂəʔ˥】

【拙劣】tsəʔ˥liəʔ˦

【拙政园】tsəʔ˥tsən˧˦ɦiø˧˦ 苏州著名园林之一。建于明朝,曾为太平天国忠王李秀成府第中的花园。

捉【tsoʔ˥】

【捉人】tsoʔ˥ɳən˧˦ 抓人。

【捉刀】tsoʔ˥tæ˥

【捉奸】tsoʔ˥kɛ˥

【捉弄】tsoʔ˥loŋ˨˩

【捉牢】tsoʔ˥læ˧˦ 捉住。

【捉差】tsoʔ˥ts'ɑ˥ (一)临时

被官方召去应付差事。（二）无报酬地为有关部门、人员办事。

【捉鬼】tsoʔ˥tɕy˥˨ （一）形容鬼鬼祟祟。（二）不知搞什么名堂。

【捉拿】tsoʔ˥no˩˧

【捉鱼】tsoʔ˥ŋ̍˩˧ 捕鱼。

【捉摸】tsoʔ˥moʔ˧ 猜测，预料。

【捉漏】tsoʔ˥lY˧˩ 找寻和修补屋顶漏水的地方。

【捉牙虫】tsoʔ˥ŋɑ˩˧zoŋ˧˩ 旧时的行当。为蛀牙的人治牙病。

【捉死做】tsoʔ˥si˥˨tsəu˥˨ 用死办法处理。

【捉死蟹】tsoʔ˥si˦ha˥ 喻手到擒来很有把握。

【捉冷刺】tsoʔ˥lã˧˩tsʻɿ˥˨ 也说成tsoʔ˥lã˥˨tsʻɿ˥˨ 乘人不备而行动；突然袭击。

【捉兔子】tsoʔ˥tʻəu˥tsɿ˥˨ 饮酒后呕吐。

【捉盲盲】tsoʔ˥mã˩˧mã˧˩ 捉迷藏。

【捉呆头】tsoʔ˥ŋE˩˧dY˧˩ （一）以类似脑筋急转弯的方式向人提问题。（二）乘人思想没有准备，突然发问。

【捉狗结】tsoʔ˥kY˦tɕəʔ˥ 越拉越紧的活扣。

【捉空档】tsoʔ˥kʻoŋ˥tã˥˨ （一）趁空。（二）趁短暂的空缺。

【捉漏洞】tsoʔ˥lY˧˩doŋ˧˩ 根据陈述的情节，找出不合逻辑的地方。

【捉贼连夜拷】tsoʔ˥zəʔ˧li˩˧ ∅ia˥kæ˥ 俗语。喻迅速处理事情。也形容急性子办事。

【捉牢强盗连夜解】tsoʔ˥læ˩˧ dʑiã˩˧dæ˧˩li˧˩∅ia˦ka˦ 义同【捉贼连夜拷】。

【捉贼捉赃，捉奸捉双】tsoʔ˥zəʔ˧tsoʔ˥tsã˥，tsoʔ˥kE˥tsoʔ˥sã˥ 喻处理案子，必须有确凿的证据。

桌【tsoʔ˥】

【桌头】tsoʔ˥dY˩˧ 指整桌（酒席）。

【桌面】tsoʔ˥mi˧˩ （一）桌子的面儿。（二）喻公开、当面。

【桌围】ʦoʔ˥ɦuɛ˧˥ 悬挂在桌子前面用来遮挡的布片。

zhuó

灼【ʦaʔ˥】中州韵【ʦoʔ˥】

【灼伤】ʦaʔ˥sɑ̃˥ 烫伤。

茁【ʦəʔ˥】中州韵【tʂəʔ˥】

【茁壮】ʦəʔ˥ʦɑ̃˦˥ （年轻人、孩子、动植物）强壮，健壮。

卓【ʦoʔ˥】

【卓越】ʦoʔ˥ɦyəʔ˧ 非常优秀，超出一般。

斫【ʦoʔ˥】

【斫刀】ʦoʔ˥tæ˥ 柴刀。

【斫草】ʦoʔ˥ʦʻæ˥˩ 割草。

【斫麦】ʦoʔ˥mɑʔ˧ 割麦。

【斫柴】ʦoʔ˥zɑ˧˥ 打柴。

【斫狗屎】ʦoʔ˥kY˦˥sɿ˥˩ 拾粪。

【斫稻】ʦoʔ˥dæ˨˩ 割稻。

【斫脱点】ʦoʔ˥tʻəʔ˥diɪ˥˩ 割去一些。

【斫开茅柴好走路】ʦoʔ˥kʻɛ˥mæ˧˥zɑ˨˩hæ˥˩ʦY˥˩ləu˨˩ 俗语。指办某件事之前，先清除纠缠不清或阻碍行动的东西，使办事顺利。

【斫仔一世狗屎，打翻一只粪船】ʦoʔ˥ʦɿ˥˩Øiəʔ˥sɥ˦˥kY˦˥sɿ˥,tã˦˥fɛ˥Øiəʔ˥ʦɑʔ˥fən˥zø˨˩ 俗语。指历尽辛苦得来的成果，因为一个失误而毁于一旦。

【斫狗屎种田，穿新衣过年】ʦoʔ˥kY˦˥sɿ˥˩ʦoŋ˦˥diɪ˧,ʦʻø˥sin˥Øi˥kəu˥ȵiɪ˧ 指勤俭节约、精打细算过日子。

浊【zoʔ˧】

【浊酒】zoʔ˧ʦY˥˩ （一）呈悬浊液状的酒。（二）谦称自己请客的酒。

【浊音】zoʔ˧Øin˥

酌【ʦɑʔ˥】

【酌量】ʦɑʔ˥liã˨˩

【酌情】ʦɑʔ˥zin˩˧

涿(沰)【toʔ˥】文读【ʦʻoʔ˥】

【涿雨】toʔ˥ɦy˧˩　淋雨。

【涿湿】toʔ˥səʔ˥　淋湿。

【涿盅】toʔ˥ʦoŋ˥　慢慢地喝酒。

啄【zoʔ˧】

着【ʦɑʔ˥】、【zɑʔ˧】另见zhāo;zháo;zhe。

【着水】ʦɑʔ˥sɥ˥˩　洒上水。

【着旧】ʦɑʔ˥ʥiʏ˧˩　(衣物)穿旧了。

【着色】ʦɑʔ˥səʔ˥　涂上颜色。

【着乖】ʦɑʔ˥kuɑ˥　知趣。

【着相】ʦɑʔ˥siã˦　衣服穿上身后所显示出来的样子。

【着趣】ʦɑʔ˥ʦʻi˦　知趣。

【着腻】ʦɑʔ˥ȵi˧˩　勾芡。

【着水笑】ʦɑʔ˥sɥ˥˩siæ˦　挂着泪时笑,多指儿童,或指悲喜交集。

【着衣裳】ʦɑʔ˥θi˥zã˧˩　穿衣服。

【着衣镜】ʦɑʔ˥θi˥ʨən˥˩　家庭用的大镜子。用于照着穿衣服用。

【着裤子】ʦɑʔ˥kʻəu˥ʦɿ˥˩　穿裤子。

【着湿布衫】ʦɑʔ˥səʔ˥pu˥sᴇ˥˩　喻惹上难以摆脱的麻烦,或受到诬陷。

【着袜着鞋子】ʦɑʔ˥maʔ˧ʦɑʔ˥ɦɑ˩˧ʦɿ˥˩　穿袜穿鞋子。

【着力】zɑʔ˧liəʔ˧

【着手】zɑʔ˧sʏ˥˩

【着末】zɑʔ˧məʔ˧　最后。

【着肉】zɑʔ˧ȵioʔ˧　贴身。喻贴心。

【着杠】zɑʔ˧kã˥˩　得到,到手。

【着底】zɑʔ˧ti˥˩　缺德的。

【着陆】zɑʔ˧loʔ˧

【着实】zɑʔ˧zəʔ˧　(一)确实,实在。(二)(语言、动作)分量重,力量大。(三)稳妥。

【着重】zɑʔ˧zoŋ˧˩

【着眼】zɑʔ˧ŋɛ˨˩

【着落】zɑʔ˧loʔ˧ （一）下落。（二）可以依靠或指望的来源。

【着着】zɑʔ˧zɑʔ˧ 侥幸得到。

【着想】zɑʔ˧siã˥˩ （为某人或某事的利益）考虑。

【着底货】zɑʔ˧ti˥˩həu˥˩ 缺德的人。

【着生头里】zɑʔ˧sã˥dY˨˩li˨˩ 突然之间。

【着末收梢】zɑʔ˧məʔ˧sY˥sæ˥ 到最后；结果。

【着末完结】zɑʔ˧məʔ˧ɦuø˧tɕəʔ˥ 到最后；结果。

【着陌生生】zɑʔ˧mɑʔ˧sã˥sã˥˩ 义同【着生头里】。

【着着末末】zɑʔ˧zɑʔ˧məʔ˧məʔ˧ 最后面。

【着着里向】zɑʔ˧zɑʔ˧li˧ɕiã˥ 最里面。

【着末一将军】zɑʔ˧məʔ˧ʔiəʔ˥tsiã˥tɕyən˥˩ 最后一招。

琢【zoʔ˧】文读【tsɿ˥】另见 zuó。

跅【zoʔ˧】

擢【zoʔ˧】

濯【zoʔ˧】

镯【zoʔ˧】

【镯头】zoʔ˧dY˨˩ 镯子。戴在手腕或脚腕上的环形装饰品。

zī

吱【tsɥ˥】、【tsɿ˥】

【吱吱叫】tsɿ˥tsɿ˥tɕiæ˧˦ 象声词。肚子饿，形容胃里发出的声音。

【吱五舌六】tsɿ˥ŋ̍˨˩zəʔ˧loʔ˧ 吱吱吾吾，说话没有中心，乱扯。

【吱唔搭唔】tsɿ˥m̩˨˩taʔ˥m̩˨˩ （一）形容不知所云。（二）形容含糊其辞。

【吱哩吱哩】tsɿ˥li˨˩tsɿ˥li˨˩ （一）形容被火烧后的叫声。（二）肚子饿，形容胃里发出的声音。

孜【ʦɿ˥】

【孜孜】ʦɿ˥ʦɿ˥　勤勉。

咨【ʦɿ˥】

【咨询】ʦɿ˥sin˥˩

姿【ʦɿ˥】

【姿色】ʦɿ˥səʔ˥
【姿势】ʦʮ˥ʦʮ˥˩
【姿态】ʦɿ˥tE˥˩

兹【ʦɿ˥】另见 cí。

资【ʦɿ˥】

【资方】ʦɿ˥fɑ̃˥˩
【资本】ʦɿ˥pən˥˩
【资历】ʦɿ˥liəʔ˧
【资助】ʦɿ˥zəu˨˧
【资质】ʦɿ˥ʦəʔ˥
【资金】ʦɿ˥ʨən˥˩
【资格】ʦɿ˥kɑʔ˥
【资深】ʦɿ˥sən˥˩
【资源】ʦɿ˥ȵiø˨˧
【资字头】ʦɿ˥zɿ˨˧dʏ˨˧　指资本家或资产阶级成分。

淄【ʦɿ˥】

辎【ʦɿ˥】

粢【ʦɿ˥】另见 cī。

孳【ʦɿ˥】

【孳生】ʦɿ˥sən˥˩　繁殖。

滋【ʦɿ˥】

【滋】ʦɿ˥　指有钱。如:这家人家蛮(很)滋的。
【滋长】ʦɿ˥ʦã˥˩　生长,产生。
【滋水】ʦɿ˥sʮ˥˩　皮肤中渗出的无色的脓。
【滋补】ʦɿ˥pu˥˩
【滋味】ʦɿ˥mi˨˧
【滋润】ʦɿ˥zən˨˧
【滋膏】ʦɿ˥kæ˥˩
【滋出来】ʦɿ˥ʦʻəʔ˥lE˨˧　渗透出来。

Z

訾【ʦɿ˥˥】

锱【ʦɿ˥˥】

龇文读【ʦɿ˥˥】中州韵【ɦiE˧˦】

髭【ʦɿ˥˥】

zǐ

子【ʦɿ˥˧】

【子女】ʦɿ˧˦ȵy˨˩

【子午】ʦɿ˧˦Øəu˥ 为测量地球而假设的南北方向的线的名称。

【子孙】ʦɿ˧˦səu˥

【子鸡】ʦɿ˧˦ʨi˥ 童子鸡。

【子弟】ʦɿ˧˦di˨˩

【子弦】ʦɿ˧˦ɦiɪ˨˩ 较细的丝弦。做弦乐器中高音用弦。

【子夜】ʦɿ˧˦Øia˥˧

【子姜】ʦɿ˧˦ʨiã˥ 嫩姜。

【子宫】ʦɿ˧˦koŋ˥

【子时】ʦɿ˧˦zɥ˧˦

【子息】ʦɿ˧˦siəʔ˥

【子弹】ʦɿ˥˧dE˨˩

【子子头】ʦɿ˧˦ʦɿ˥˥dɤ˨˩ 小颗粒的东西。

【子孙钉】ʦɿ˧˦sən˥tin˥˧ 由孝子最后钉在棺材头上的大铁钉。

【子孙马桶】ʦɿ˧˦sən˥mo˥doŋ˨˩ 陪嫁的红漆马桶。也叫【子孙桶】ʦɿ˧˦sən˥doŋ˨˩。

【子孙满堂】ʦɿ˧˦sən˥mø˥dã˨˩ 指后代众多,氏族兴旺。

仔【ʦɿ˥˧】

【仔】ʦɿ˥˧ 动词的后缀词,或句末作语气助词。如普通话的"了"。

【仔细】ʦɿ˥˧si˥˧

【仔牙仔细】ʦɿ˧˦ŋɑ˧˦ʦɿ˥˧si˥˧ 特别仔细,仔仔细细。

【仔仔细细】ʦɿ˧˦tɿ˥siʔ˥˧si˥˧ 特别仔细。

姊【ʦɿ˥˧】

秭【ʦɿ˥˧】

耔【ʦɿ˥˩】

梓【ʦɿ˥˩】

滓【ʦɿ˥˩】

紫【ʦɿ˥˩】

【紫红】ʦɿ˥˧ɦoŋ˩˧
【紫砂】ʦɿ˥˧so˥
【紫菜】ʦɿ˥˩ʦ‘ᴇ˥˩
【紫毫】ʦɿ˥˧ɦæ˨˧
【紫貂】ʦɿ˥˧tiæ˥
【紫酱】ʦɿ˥˧ʦiã˥　比紫红深而色调较暗的颜色。
【紫铜】ʦɿ˥˧doŋ˩˧
【紫糖】ʦɿ˥˧dɑ̃˩˧
【紫檀】ʦɿ˥˧dᴇ˩˧
【紫藤】ʦɿ˥˧dən˩˧
【紫外线】ʦɿ˥˧ŋɑ˨˧siɪ˥˩
【紫血宫】ʦɿ˥˧ɕyəʔ˥koŋ˥˩　皮肤被重重挤压或击打，出现皮下血泡，色紫。
【紫河车】ʦɿ˥˧ɦəu˨˧ʦ‘o˥˩　人的胎盘的中药名。
【紫罗兰】ʦɿ˥˧lən˨˧lᴇ˩˧
【紫药水】ʦɿ˥˧ɦiɑʔ˧sɥ˥˩
【紫弯弯】ʦɿ˥˧Øuᴇ˥Øuᴇ˥˩　形容紫色。
【紫禁城】ʦɿ˥˧ʨən˥zən˩˧　北京故宫的旧称。

zì

自【zɿ˩˧】

【自大】zɿ˨˧dɑ˩˧
【自习】zɿ˨˧ziəʔ˧
【自卫】zɿ˨˧ɦuᴇ˩˧
【自从】zɿ˨˧zoŋ˩˧
【自白】zɿ˨˧bɑʔ˧
【自发】zɿ˨˧faʔ˥
【自古】zɿ˨˧kəu˥˩
【自立】zɿ˨˧liəʔ˧
【自由】zɿ˨˧ɦiʏ˨˧
【自主】zɿ˨˧ʦɥ˥˩
【自动】zɿ˨˧doŋ˩˧
【自尽】zɿ˨˧zin˩˧
【自杀】zɿ˨˧saʔ˥
【自如】zɿ˨˧zɥ˩˧
【自刎】zɿ˨˧vən˩˧
【自在】zɿ˨˧zᴇ˩˧
【自行】zɿ˨˧ɦin˨˧
【自私】zɿ˨˧sɿ˥
【自身】zɿ˨˧sən˥
【自拔】zɿ˨˧baʔ˧

【自居】zɿ˨˦ʨy˥

【自制】zɿ˨˦ʦɥ˥˧

【自治】zɿ˨˦zɥ˨˩

【自卑】zɿ˨˦pᴇ˥

【自便】zɿ˨˦bi˨˩˧

【自费】zɿ˨˦fi˥˧

【自封】zɿ˨˦foŋ˥

【自觉】zɿ˨˦ʨioʔ˥

【自首】zɿ˨˦sʏ˥˧

【自信】zɿ˨˦sin˥˧

【自重】zɿ˨˦zoŋ˨˩

【自爱】zɿ˨˦Øᴇ˥˧

【自称】zɿ˨˦ʦʻən˥

【自学】zɿ˨˦ɦoʔ˧

【自修】zɿ˨˦sʏ˥

【自家】zɿ˨˦kɑ˥ 自己。

【自得】zɿ˨˦təʔ˥

【自救】zɿ˨˦ʨiʏ˥˧

【自理】zɿ˨˦li˨˩˧

【自焚】zɿ˨˦vən˨˩

【自然】zɿ˨˦zø˨˩

【自尊】zɿ˨˦ʦən˥

【自满】zɿ˨˦mø˨˩

【自新】zɿ˨˦sin˥

【自愿】zɿ˨˦ɦiø˨˩

【自律】zɿ˨˦liəʔ˧

【自豪】zɿ˨˦ɦæ˨˩

【自燃】zɿ˨˦zø˨˩

【自鸣钟】zɿ˨˦min˨˦ʦoŋ˥˧

【自来火】zɿ˨˦lᴇ˨˦həu˥˧ 火柴。

【自来水】zɿ˨˦lᴇ˨˦sɥ˥˧ 从自来水管道中流出来的水。

【自顾自】zɿ˨˦kəu˥zɿ˨˩ 自管自,只顾着自己。

【自家人】zɿ˨˦kɑ˥ŋ̊ən (一)自己人。(二)形容关系亲密的人。

【自长彼短】zɿ˨˩zɑ̃˨˦pᴇ˥˧tø˥˧ 形容事情的前后详细经过。

【自以为是】zɿ˨˦Øi˥˧ɦuᴇ˨˩zɿ˨˩

【自伙淘里】zɿ˨˦həu˥dæ˨˩li˨˩˧ 指自己一伙人中间。

【自来水笔】zɿ˨˦lᴇ˨˦sɥ˥˧piəʔ˥ 钢笔的一种。有贮存墨水的装置。

【自顾不暇】zɿ˨˦kəu˥pəʔ˥ Øio˥

【自作自受】zɿ˨˦ʦoʔ˥zi˨˩zʏ˨˩

【自作聪明】zɿ˨˦ʦoʔ˥ʦʻoŋ˥ min˨˩

【自知之明】zɿ˨˦ʦɥ˥ʦɥ˥˧min˨˩

【自说自话】zɿ˨˦səʔ˥zɿ˨˦ɦo˨˩ (一)擅自行动。(二)自言自语(贬意)。

【自称为王】zɿ˨˦ʦʻən˥ɦuᴇ˨˩

ɦuã˦ 自认为了不起，没有人比得上。

【自得其乐】zɿ˦təʔ˥ʥi˩loʔ˦ 自己感到得意或舒适。

【自圆自说】zɿ˦ɦiø˦ʥi˩səʔ˥

【自有自便当】zɿ˦ɦiY˩zɿ˦bii˦tã˥˩ 俗语。常用的东西还是自备为好。

【自屎不觉臭】zɿ˦sɿ˥˩fəʔ˥koʔ˥tsʻY˦ 喻自己不觉得自己不好的东西有问题。

【自称大好佬】zɿ˦tsʻən˥dəu˦hæ˥læ˩ 自以为了不起。

【自家逼煞自家】zɿ˦kɑ˥piəʔ˥saʔ˥zɿ˦kɑ˥˩ 给自己出难以完成的难题。如自订任务订得太重。

【自扳砖头自压脚】zɿ˦pE˥tsø˥dY˩zɿ˩0ɑʔ˥tɕiɑʔ˥ 俗语。喻自己的所作所为害了自己。

【自家勿认得自家】zɿ˦kɑ˥fəʔ˥ȵən˩təʔ˥zɿ˦kɑ˥˩ 自己不认识自己。程度词。用于后缀，表示程度极高。

【自鸣钟断发条——浑身勿活络】zɿ˦min˦tsoŋ˥dø˩faʔ˥diæ˦——ɦuən˦sən˥fəʔ˥ɦuəʔ˧loʔ˦ 歇后语。指人一点也起劲不起来。

字【zɿ˩】

【字句】zɿ˦tɕY˥˩

【字号】zɿ˦ɦæ˩

【字体】zɿ˦tʻi˥˩

【字条】zɿ˦diæ˩

【字典】zɿ˦tii˥˩

【字画】zɿ˦ɦo˩

【字帖】zɿ˦tʻiəʔ˥

【字面】zɿ˦mii˩

【字眼】zɿ˦ŋE˩

【字纸篓】zɿ˦tsɿ˥lY˩

【字画对条】zɿ˦ɦo˦tE˥diæ˩ 指书法、国画等一类艺术品。

恣【tsʻɿ˥˩】中州韵【tsɿ˥】

【恣意妄为】tsʻɿ˥˩0i˥˩0uã˥˩ɦuE˩

眦【tsɿ˥˩】中州韵【zE˩】

渍【tsiəʔ˥】中州韵【tsʻ˥˧】

【渍作】tsiəʔ˥tsoʔ˥　（一）渍。（二）过分挑剔。

zōng

宗【tsoŋ˥】

【宗师】tsoŋ˥sɿ˧
【宗匠】tsoŋ˥ziã˩
【宗室】tsoŋ˥səʔ˥
【宗派】tsoŋ˥pʻɑ˧
【宗教】tsoŋ˥tɕiæ˧
【宗旨】tsoŋ˥tsɥ˧
【宗族】tsoŋ˥zoʔ˧

综【tsoŋ˥】

【综合】tsoŋ˥ɦəʔ˧

棕【tsoŋ˥】

【棕色】tsoŋ˥səʔ˥
【棕垫】tsoŋ˥diɪ˩　棕绷、棕纤维做的垫子。
【棕榈】tsoŋ˥li˩
【棕绳】tsoŋ˥zən˩　用棕榈树叶鞘的纤维制成的绳子。
【棕绷】tsoŋ˥pã˧
【棕绷床】tsoŋ˥pã˥zã˩　用棕绷做床屉子的床。
【棕绷架子】tsoŋ˥pã˥kɑ˧tsɿ˧　做棕绷的木框子。

骔【tsoŋ˥】

踪【tsoŋ˥】

【踪迹】tsoŋ˥tsiəʔ˥

鬃【tsoŋ˥】

zǒng

总【tsoŋ˧】

【总之】tsoŋ˦tsɥ˥
【总归】tsoŋ˦kuE˥或tsoŋ˥kuE˧
【总共】tsoŋ˦goŋ˧
【总机】tsoŋ˦tɕi˥
【总究】tsoŋ˦tɕiY˧　无论怎样总还是。
【总纲】tsoŋ˦kã˥
【总攻】tsoŋ˦koŋ˥

【总评】tsoŋ˥˧bin˨˦
【总体】tsoŋ˥˧t'i˥
【总和】tsoŋ˥˧ɦəu˨˦
【总账】tsoŋ˥tsã˥˩
【总结】tsoŋ˥˧tɕəʔ˥
【总统】tsoŋ˥˧t'oŋ˥
【总称】ts'oŋ˥˧ts'ən˥
【总理】tsoŋ˥˧li˨˩
【总督】tsoŋ˥˧toʔ˥
【总数】tsoŋ˥səu˥˩
【总算】tsoŋ˥sø˥˩
【总额】tsoŋ˥˧ŋaʔ˧
【总管】tsoŋ˥˧kuø˥
【总包括】tsoŋ˥˧pæ˥kuaʔ˥ 把各方面都包括进去了。
【总交待】tsoŋ˥˧kæ˥dᴇ˨˩ 总的讲,总之。
【总算账】tsoŋ˥˧sø˥tsã˥˩ 把全部账目一起计算一下。形容清算过失、错误或罪行。
【总而言之】tsoŋ˥˧ɦəl˨˩ɦii˨˦ tsɥ˥˩
【总把头钥匙】tsoŋ˥˧po˥dʏ˨˩ ɦiɑʔ˧zɿ˨˩ 串在一起的所有锁的钥匙。喻主要财产的控制权。

偬【tsoŋ˥˩】

zòng

纵【tsoŋ˥˧】

【纵】tsoŋ˥˧ 吴语中有跳的意思。
【纵火】tsoŋ˥ɦəu˥˩
【纵纵】tsoŋ˥˧tsoŋ˥˩ 跳跳。
【纵身】tsoŋ˥˧sən˥
【纵使】tsoŋ˥˧sɿ˥
【纵容】tsoŋ˥˧ɦioŋ˨˩
【纵深】tsoŋ˥˧sən˥
【纵横】tsoŋ˥ɦuã˨˩

粽【tsoŋ˥˧】

【粽箬】tsoŋ˥ȵiɑʔ˧ 做粽子用的箬竹的叶子。
【粽子】tsoŋ˥tsɿ˥˩
【粽子糖】tsoŋ˥tsɿ˥˩dã˨˩ 一种苏式糖果。形似三角形的粽子而小。

zōu

邹【tsʏ˥】

zǒu

走【tsʏ˥˩】

【走之】tsʏ˥˧tsʮ˥ 汉字偏旁之一。如“逍”、“遥”等字的左边连下边的部分。

【走马】tsʏ˥˧mo˨˩

【走火】tsʏ˥˩həu˥˩

【走气】tsʏ˥˩tɕʻi˥˧ （一）漏气，原本密闭的发生泄漏。（二）婉词。指失去童贞。

【走电】tsʏ˥˩di˨˩

【走失】tsʏ˥˧səʔ˥

【走动】tsʏ˥˧doŋ˨˧

【走访】tsʏ˥˧fɑ̃˥

【走向】tsʏ˥˧ɕiã˥

【走私】tsʏ˥˧sɿ˥

【走狗】tsʏ˥˧kʏ˥

【走味】tsʏ˥˩mi˨˩ 失去原有的滋味、气味。

【走油】tsʏ˥˩ɦiʏ˨˧ 含油物渗出油脂。

【走卒】tsʏ˥˧tsəʔ˥

【走钙】tsʏ˥˩kᴇ˥˩ 面粉制的食品变质。

【走神】tsʏ˥˩zən˨˧ 精神不集中，注意力分散。

【走调】tsʏ˥˩diæ˨˩ 演唱不合调子。

【走音】tsʏ˥˩∅in˥ 演唱或演奏乐器不合调子。

【走样】tsʏ˥˩ɦiã˨˩

【走读】tsʏ˥˧doʔ˧

【走脱】tsʏ˥˧tʻəʔ˥ （一）走掉。（二）婉词。死。（三）离开。

【走做】tsʏ˥˩tsəu˥˩ 每天定时来帮做部分家务的佣工。

【走廊】tsʏ˥˧lɑ̃˨˧

【走兽】tsʏ˥˧sʏ˥

【走路】tsʏ˥˩ləu˨˩ （一）在地上走。（二）婉词。寻找门路或走后门。（三）指离开、走开。（四）婉词。死。

【走漏】tsʏ˥˧lʏ˨˩

【走门路】tsʏ˥˩mən˨˧ləu˨˩ 为谋求利益，通过非正常途径托人帮助或疏通。

【走马灯】tsʏ˥˧mo˨˧tən˥˩

【走月亮】tsʏ˥˧ŋəʔ˧liã˨˩ 吴俗。中秋节晚上夜游赏月。

【走白埭】tsʏ˥˩baʔ˧da˨˩ 白走一趟。也说成【走白蚀埭】tsʏ˥˩baʔ˧zəʔ˧da˨˩。

【走后门】tsʏ˥˩ɦʏ˨˧mən˨˩

【走勿见】tsʏ˥˧fəʔ˥tɕi˥˩ 迷路。

【走钢丝】tsY˥˨kɑ̃˥sɿ˥˩

【走路口】tsY˥˨ləu˧kY˥˩　经常有人来去的通道。

【走马看花】tsY˥˨mo˧k'ø˥ho˥˩

【走马换将】tsY˥˨mo˧ɦuø˩tsiã˥˨

【走方郎中】tsY˥˨fɑ̃˥lɑ̃˧tsoŋ˥˩　游医。

【走投无路】tsY˥˨dY˧vu˩ləu˩　无路可走。喻处境极端困难,找不到出路。

【走南闯北】tsY˥˨nø˧ts'ɑ̃˥˩poʔ˥

【走冤枉路】tsY˥˩∅iø˥∅uɑ̃˥ləu˩　走了一段不该走的路。喻办事白费力。

【走路头浪】tsY˥˨ləu˧dY˩lɑ̃˩　经常有人往来的通道。

【走路缠错髈】tsY˥˩ləu˩zø˧ts'o˥p'ɑ̃˥˩　俗语。指总要占些便宜。

【走得着,谢谢脚】tsY˥˩təʔ˥zɑʔ˧,ziɑ˧ziɑ˧tɕiɑʔ˥　趣语。指碰巧赶上好事儿。

【走进庙门讲新妇,走出庙门讲豆腐】tsY˥˨tsin˥miæ˧mən˩kɑ̃˥˩sin˥vu˩,tsY˥˨ts'əʔ˥miæ˧mən˩kɑ̃˥˩dY˧vu˩　俗语。形容老年妇女喜欢唠叨琐事的习性。

zòu

奏【tsY˥˨】

【奏疏】tsY˥˨səu˥

【奏折】tsY˥˨tsəʔ˥

【奏乐】tsY˥˨ɦioʔ˧

【奏章】tsY˥˨tsã˥

揍文读【tsY˥˨】

zū

租【tsəu˥】

【租用】tsəu˥ɦioŋ˩

【租米】tsəu˥mi˩　旧时租用田地时抵作租金的粮米。

【租约】tsəu˥∅iaʔ˥

【租金】tsəu˥tɕəu˥˩

【租界】tsəu˥kɑ˥˩

【租借】tsəu˥tsiɑ˥˩

【租赁】tsəu˥lin˩　租用或出租。

【租田当自产】tsəu˥dii˩tɑ̃˥˨zɿ˧ts'E˥˩　喻把借来的东西

当作自己的东西(往往指不肯归还)。

zú

足【tsoʔ˥】

【足以】tsoʔ˥θi˥˩
【足月】tsoʔ˥ŋəʔ˧
【足见】tsoʔ˥tɕiɪ˥˧ 完全可以看出。
【足岁】tsoʔ˥sE˥˧
【足赤】tsoʔ˥tsʻəʔ˥
【足金】tsoʔ˥tɕən˥
【足神】tsoʔ˥zən˧˥ 提起精神,十分注意。多用【足足神】tsoʔ˥tsoʔ˥zən˧˥。
【足球】tsoʔ˥ʥiY˧˥
【足够】tsoʔ˥kY˥˧
【足囊】tsoʔ˥nɑ̃˨˩ 充足,足够。
【足足神】tsoʔ˥tsoʔ˥zən˧˥或【足仔神】tsoʔ˥tsɿ˥˩zən˧˥ 打足精神。
【足输赢】tsoʔ˥sɥ˥ɦin˨˩ 后缀词,用在动词、形容词后面表示程度很深,到极点。
【足足辣辣】tsoʔ˥tsoʔ˥laʔ˧laʔ˧ 十足。
【足不出户】tsoʔ˥ᵽəʔ˥tsəʔ˥ɦəu˨˩ 指从不出门闲逛。

卒【tsəʔ˥】

【卒子】tsəʔ˥tsɿ˥˩

族【zoʔ˧】

【族长】zoʔ˧tsɑ̃˥˩
【族门】zoʔ˧mən˨˩ 同一父系的家族或宗族。族门中的人员,如【族叔】zoʔ˧soʔ˥、【族兄】zoʔ˧ɕioŋ、【族妹】zoʔ˧mE˨˩等。
【族权】zoʔ˧ʥiø˨˩
【族里】zoʔ˧li˨˩ 父系的家族或宗族里。

镞【zoʔ˧】

zǔ

诅【tsəu˥˩】

【诅咒】tsəu˥˩tsY˥˩ 咒骂。

阻【tsəu˥˩】

【阻力】tsəu˥˧liəʔ˧

【阻止】tsəu˦˨tsʮ˥

【阻击】tsəu˦˨tɕiəʔ˥

【阻拦】tsəu˦˨lE˨˩

【阻挡】tsəu˦˨tã˥

【阻挠】tsəu˦˨næ˨˩

【阻隔】tsəu˦˨kɒʔ˥

【阻塞】tsəu˦˨səʔ˥

【阻碍】tsəu˥˨ŋE˨˩

组【tsəu˥˨】

【组合】tsəu˦˨fiəʔ˧

【组团】tsəu˦˨dø˧˩

【组织】tsəu˦˨tsəʔ˥

【组阁】tsəu˦˨koʔ˥

【组建】tsəu˦˨tɕiI˥˨

【组装】tsəu˦˨tsã˥

【组歌】tsəu˦˨kəu˥

【组稿】tsəu˥˨kæ˥˨

俎【tsəu˥˨】

祖【tsəu˥˨】

【祖上】tsəu˦˨lã˨˩

【祖业】tsəu˦˨ȵiəʔ˧

【祖先】tsəu˦˨siI˥

【祖传】tsəu˦˨zø˧˩　祖宗传下来的。

【祖师】tsəu˦˨sʅ˥

【祖坟】tsəu˦˨vən˧˩

【祖宗】tsəu˦˨tsoŋ˥

【祖国】tsəu˦˨kuəʔ˧

【祖居】tsəu˦˨tɕy˥

【祖辈】tsəu˦˨pE˥

【祖籍】tsəu˦˨ziəʔ˧

【祖宗亡人】tsəu˦˨tsoŋ˥mã˨˩ȵən˨˩　祖宗。

【祖宗三代】tsəu˦˨tsoŋ˥sE˥dE˨˩　泛指祖上。

【祖宗亡人要吃青团子】tsəu˦˨tsoŋ˥mã˨˩ȵən˨˩iæ˦˨tɕʻiəʔ˥tsʻin˥dø˧˩tsʅ˥˨　春季上坟祭祖，青团子是必用的食品。含祖宗保佑的意思。

zuān

钻【tsø˥】另见 zuàn。

【钻心】tsø˥sin˥˨

【钻研】tsø˥ȵiI˨˩

【钻营】tsø˥fiin˨˩

【钻探】tsø˥tʻø˥˨

【钻空子】tsø˥kʻoŋ˥tsʅ˥˨

【钻牛角尖】tsø˥ȵiY˧˩koʔ˥tsiI˥˨

【钻窦觅缝】ʦø˥dʏ˩miəʔ˧voŋ˩ 喻无孔不入地寻找机会。

躜【ʦø˥】中州韵【ʦE˥】

zuǎn

纂【ʦø˥˩】

zuàn

钻【ʦø˧˥】另见 zuān。

【钻石】ʦø˥zaʔ˧

【钻头】ʦø˥dʏ˩

【钻戒】ʦø˥ka˥˩

【钻床】ʦø˥zã˩

【钻机】ʦø˥ʨi˥˩

赚【ZE˩】另见 zhuàn。

zuǐ

咀【ʦɥ˥˩】中州韵【ʦuE˥˩】另见 jǔ。

嘴【ʦɥ˥˩】中州韵【ʦuE˥˩】

【嘴刁】ʦɥ˧˥tiæ˥ （一）挑食。（二）形容说话咬字声母不清。也说成【嘴巴刁】ʦɥ˧˥bo˥tiæ˥。

【嘴干】ʦɥ˧˥kø˥ 口渴。也说成【嘴巴干】ʦɥ˧˥bo˥kø˥。

【嘴巴】ʦɥ˧˥bo˥

【嘴丘】ʦɥ˧˥ʨ‘iʏ˥ 说话尖刻。也说成【嘴巴丘】ʦɥ˧˥bo˥ʨ‘iʏ˥。

【嘴老】ʦɥ˥˩læ˩ 能说会道，善于强词夺理。也说成【嘴巴老】ʦɥ˧˥bo˥læ˩。

【嘴尖】ʦɥ˧˥ʦiɪ˥也说成【嘴巴尖】ʦɥ˧˥boʔ˥ʦiɪ˥。

【嘴凶】ʦɥ˧˥ɕioŋ˥ 说话很厉害。也说成【嘴巴凶】ʦɥ˥bo˥ɕioŋ˥。

【嘴杂】ʦɥ˥˩zaʔ˧ 各种各样的说法。

【嘴巧】ʦɥ˥˩ʨ‘iæ˥˩ 形容善于辞令。

【嘴舌】ʦɥ˧˥zəʔ˧ 口舌（因说

话而引起的误会或纠纷)。

【嘴快】ʦʮ˥˩k'ua˥˨ 也说成【嘴巴快】ʦʮ˥˨po˥k'ua˥˨。

【嘴角】ʦʮ˥˨koʔ˥

【嘴臭】ʦʮ˥˩ʦ'ʏ˥˨ 也说成【嘴巴臭】ʦʮ˥˨po˥ʦ'ʏ˥˨ 说的话使人听着不舒服。

【嘴紧】ʦʮ˥˩ʨən˥˩ 说话谨慎,不乱说。也说成【嘴巴紧】ʦʮ˥˨po˥ʨən˥˩。

【嘴甜】ʦʮ˥˩diɪ˧ 也说成【嘴巴甜】ʦʮ˥˨po˥diɪ˧。

【嘴健】ʦʮ˥˩ʥiɪ˧˩ 嘴快,不该说的也说出去。也说成【嘴巴健】ʦʮ˥˨po˥ʥiɪ˧˩。

【嘴硬】ʦʮ˥˩ŋã˧˩

【嘴笨】ʦʮ˥˩bən˧˩

【嘴唇】ʦʮ˥˨zən˨˧

【嘴敞】ʦʮ˥˩t'ã˥˨ 口无遮拦。也说成【嘴巴敞】ʦʮ˥˨po˥ʦ'ã˥˨。

【嘴套】ʦʮ˥˩t'æ˥˩ 口罩。

【嘴馋】ʦʮ˥˩zE˨˧ 馋。也说成【嘴巴馋】ʦʮ˥˨po˥zE˨˧。

【嘴犟】ʦʮ˥˩ʥiã˧˩ 嘴硬。

【嘴唇皮】ʦʮ˥˨zən˨˧bi˧˩ 嘴唇。

【嘴唇膏】ʦʮ˥˨zən˨˧kæ˥˩ 口红。

【嘴白忙慌】ʦʮ˥˨baʔ˧mã˧˩huã˥˩ 心里惊慌,口不择言。

【嘴里开花】ʦʮ˥˨li˧˩k'E˥ho˥˩ 爆粗口。

【嘴浪功夫】ʦʮ˥˨lã˨˧koŋ˥fu˥˩ 说话的能力;辩才。

【嘴讲老大】ʦʮ˥˨kã˥læ˧˩da˧˩ 能说会道,但动手能力差。

【嘴花牙迷】ʦʮ˥ho˥ȵiã˥mi˧˩ 花言巧语。

【嘴角疔疮痒】ʦʮ˥˨koʔ˥tin˥ʦ'ã˥ɦiã˧˩ 詈语。指人乱说话。

【嘴甜心里苦】ʦʮ˥˩diɪ˧sin˥li˧˩k'əu˥˩ 嘴上说得开心,其实心里充满无奈和痛苦。

【嘴硬骨头酥】ʦʮ˥˩ŋã˧˩kuəʔ˥dʏ˨˧səu˥ 嘴上强硬,内心胆怯。

【嘴翘鼻头高】ʦʮ˥˩ʨ'iæ˥˨bəʔ˧dʏ˧˩kæ˥ 形容生气的嘴脸。

【嘴巴上挂油瓶】ʦʮ˥˨po˥lã˧˩ko˥˨ɦiʏ˨˧bin˧˩ 义同【嘴翘鼻头高】。

【嘴浪无毛,办事勿牢】ʦʮ˥˨

lɑ̃˩vu˩mæ˦,bᴇ˩zɿ˩fəʔ˥læ˦ 指年轻人办事能力差,容易出问题。也说成【嘴浪呒不毛,说话勿牢靠】tsʮ˧˦lɑ̃˩m̩˦pəʔ˥mæ˦,səʔ˥ɦo˩fəʔ˥læ˦kʻæ˥˩。

【嘴里嘀嗒,腰里窸唰】tsʮ˧˦li˩tiəʔ˥taʔ˥,øiæ˥˥li˩siəʔ˥saʔ˥ 形容口中零食不断。

【嘴里蜜糖,肚里砒霜】tsʮ˧˦li˩miəʔ˧dɑ̃˩,dəu˦li˩pʻi˥sɑ̃˥˩ 喻嘴上甜言蜜语,内心凶狠毒辣,耍两面派手法。

【嘴唇薄枵枵,说话呒多少】tsʮ˧˦zən˩boʔ˧ɕiæ˥ɕiæ˥˩,səʔ˥ɦo˩m̩˦təu˥sæ˥˩ 调侃语。指嘴唇薄的人健谈。

【嘴巴是铁,身体是锡,一碰要瘪】tsʮ˧˦po˥zɿ˩tʻiəʔ˥,sən˥tʻi˥˩zɿ˩siəʔ˥,øiəʔ˥bɑ̃˩øiæ˧˦piəʔ˥ 喻人外强中干。

【嘴里念佛声,腰里揣起廿两秤】tsʮ˧˦li˩ȵi˦vəʔ˧sən˥˩,øiæ˥˥li˩guᴇ˩tɕʻi˥˩ȵi˩liɑ̃˦tsʻən˧˦ 形容伪善。

【嘴里说出糖来,腰里拔出刀来】tsʮ˧˦li˩səʔ˥tsʻəʔ˥dɑ̃˦lᴇ˩,øiæ˥˥li˩baʔ˧tsʻəʔ˥tæ˥lᴇ˩ 形容口蜜腹剑式的伪善。

【嘴里吐出莲花来,只当多吃仔藕】tsʮ˧˦li˩təu˥˩tsʻəʔ˥li˦ho˥˥lᴇ˩,tsəʔ˥tɑ̃˧˦təu˥tɕʻəʔ˥tsɿ˥ŋʏ˩ 尽管花言巧语蛊惑,抱定宗旨不信。

zuì

最【tsᴇ˥˩】中州韵【tsuᴇ˧˦】

【最后】tsᴇ˧˦ɦʏ˩

【最近】tsᴇ˧˦ʥən˩

【最最】tsᴇ˧˦tsᴇ˥ 最(加强语气)。

罪【zᴇ˩】中州韵【zuᴇ˩】

【罪过】zᴇ˩kəu˥˩

【罪犯】zᴇ˦vᴇ˦

【罪名】zᴇ˦min˩

【罪行】zᴇ˦ɦin˩

【罪恶】zᴇ˦øoʔ˥

【罪证】zᴇ˩tsən˥˩

【罪责】zᴇ˦tsəʔ˥

【罪状】zᴇ˦zɑ̃˩

【罪魁】zᴇ˦kʻuᴇ˥

【罪孽】zᴇ˦ȵəʔ˧ 认为应受

Z

到报应的罪恶。

【罪过人】ZE˦kəu˥ȵ̍ən˩ 可怜,可怜的人。

【罪大恶极】ZE˩dɑ˩ʘoʔ˥ ʥəʔ˧

【罪有应得】ZE˩ɦiY˩ʘin˥təʔ˥

【罪孽深重】ZE˦ȵ̍əʔ˧sən˥ zoŋ˩ (一)应受到报应的巨大罪恶。(二)怨言。指没完没了的苦难。

槜【tsE˦】或【tsE˥】中州韵【tsuE˦】或【tsuE˥】

醉【tsE˦】中州韵【tsuE˦】

【醉心】tsE˦sin˥

【醉脱】tsE˦təʔ˥ 醉了。

【醉意】tsE˦ʘi˥

【醉蟹】tsE˥hɑ˥ 一种食品。小螃蟹泡在酒和其他佐料中制成。

【醉蟛蜞】tsE˥bã˩ʥi˩ 一种食品。蟛蜞泡在酒和其他佐料中制成。

【醉醺醺】tsE˥ɕyən˥ɕyən˥

【醉生梦死】tsE˦sən˥moŋ˩ sʅ˥

【醉翁之意不在酒】tsE˦ʘoŋ˥tsʮ˥ʘi˥pəʔ˥zE˩tsY˥

zūn

尊【tsən˥】中州韵【tsuən˥】

【尊长】tsən˥tsã˥

【尊严】tsən˥ȵ̍i˩

【尊重】tsən˥zoŋ˩

【尊称】tsən˥ts'ən˥

【尊敬】tsən˥ʨən˥

遵【tsən˥】中州韵【tsuən˥】

【遵守】tsən˥sY˥

【遵命】tsən˥min˩

【遵照】tsən˥tsæ˥

樽【tsən˥】中州韵【tsuən˥】

zǔn

撙【tsən˥】中州韵【tsuən˥】

zùn

揍【ʦən˥˧】

中州韵【ʦuən˥˧】

【揍】ʦən˥˧ 用手指挤。

【揍牢】ʦən˦˥læ˧˩ 用手指捏紧不放（多为拇指加食指）。喻把持不放。

【揍脓】ʦən˦˥noŋ˦ 用手指挤出皮肤里边的脓液。

【揍紧】ʦən˦˥ʨən˥˧ 攥紧不放。喻把持不放。

【揍一把】ʦən˥˧∅iəʔ˥po˥˧ 用食指和拇指在身体上捩一下（使疼痛）。

【揍牙膏】ʦən˥˧ŋɑ˦kæ˥ 挤牙膏。喻说话不爽快，经别人一步一步追问才一点儿一点儿说出来。

【揍出来】ʦən˦˥ʦʻəʔ˥lE˧˩ 用手指挤出来。形容迫于压力，把财物交出来。

zuō

作【ʦoʔ˥】另见 zuò。

【作坊】ʦoʔ˥fã˥

嘬【soʔ˥】

【嘬嘬】soʔ˥soʔ˥ 吮吸。

【嘬鼻涕】soʔ˥bəʔ˧tʻi˥˧ 鼻涕从鼻孔流出来时倒吸进去。

【嘬奶奶头】soʔ˥nɑ˧˩nɑ˦dY˧˩ 吮吸奶。

【嘬糖拳头】soʔ˥dã˦ʥiø˦dY˧˩ 婴儿吮吸自己的手。

zuó

昨【zoʔ˧】

【昨日】zoʔ˧ȵəʔ˧ 昨天。

琢【zoʔ˧】文读【ʦoʔ˥】

zuǒ

左【ʦi˥】文读【ʦəu˥˧】【ʦəu˦˥】

【左手】ʦi˥sY˥˧或ʦəu˥sY˥˧ （一）左边的手。（二）左撇子。

【左面】ʦi˥mi˧˩或ʦəu˥mi˧˩ 左边。

Z

【左右】tsəu˥ɦiʏ˩

【左凑】tsi˥tsʻʏ˨ 讨好；迁就。

【左右手】tsəu˥ɦiʏ˩sʏ˨

【左搬子】tsi˥pʻiəʔ˥tsɿ˨或tsəu˥piəʔ˥tsɿ˨ 习惯于主要用左手做事的人。

【左右开弓】tsəu˥ɦiʏ˩kʻᴇ˥koŋ˨ 喻两手轮流做同一动作，或左边一下右边一下做同一动作。也指同时做几项工作。

【左右逢源】tsəu˥ɦiʏ˩voŋ˩ȵiø˧ 喻做事情得心应手，不管怎样进行都很顺利。

【左手来，右手去】tsəu˥sʏ˨lᴇ˧，ɦiʏ˧sʏ˨tɕʻi˧ 指钱财一来很快就化去。

【左手勿相信右手】tsəu˥sʏ˨fəʔ˥siã˥sin˨ɦiʏ˧sʏ˨ 喻过于谨慎，不信任别人。

【左眼跳福，右眼跳财】tsəu˥ŋᴇ˩tʻiæ˧foʔ˥，ɦiʏ˧ŋᴇ˩tʻiæ˧zᴇ˧ 左眼跳，会有福气来临；右眼跳，预兆发财（迷信）。

佐【tsəu˨】、【tsəu˧】

撮【tsʻəʔ˥】

【撮药】tsʻəʔ˥ɦiɑʔ˧ 抓药。

zuò

作【tsʻoʔ˥】另见 zuō。

【作】tsʻo˥ （一）无理取闹。（二）折腾。

【作刁】tsoʔ˥tiæ˥ 有意刁难。

【作方】tsoʔ˥fɑ̃˥ 认准方向。喻按照规矩（进行）。

【作文】tsoʔ˥vən˧

【作为】tsoʔ˥ɦuᴇ˩

【作头】tsoʔ˥dʏ˧ 瓦工、木工等的承包者。

【作对】tsoʔ˥tᴇ˧

【作东】tsoʔ˥toŋ˥ 当东道主。

【作古】tsoʔ˥kəu˨

【作业】tsoʔ˥ȵəʔ˧

【作台】tsoʔ˥dᴇ˧

【作用】tsoʔ˥ɦioŋ˩ （一）对事物产生的影响、效果、效用。（二）用意。

【作场】tsoʔ˥zɑ̃˧ 手工业工

场。
【作成】tsoʔ˥zən˩˧ 成全(多指交易)。
【作伐】tsoʔ˥vã˧
【作价】tsoʔ˥kɑ˧˦
【作死】tsoʔ˥si˥˧ 找死,自讨苦吃。
【作兴】tsoʔ˥ɕin˥ (一)可能,也许。(二)应该。
【作冷】tsoʔ˥lã˩ (天气)酝酿寒潮。
【作时】tsoʔ˥zɥ˩˧ 可能。
【作乱】tsoʔ˥lø˩
【作弄】tsoʔ˥loŋ˩
【作法】tsoʔ˥faʔ˥
【作废】tsoʔ˥fi˧˦
【作怪】tsoʔ˥kuɑ˧˦
【作者】tsoʔ˥tsE˥
【作坯】tsoʔ˥p'E˥ (一)撒娇吵闹的人。(二)无事生非、吵吵闹闹的人。
【作家】tsoʔ˥tɕia˥
【作客】tsoʔ˥kɑʔ˥
【作品】tsoʔ˥p'in˥˧
【作战】tsoʔ˥tsø˧˦
【作脓】tsoʔ˥noŋ˩˧ 化脓。
【作案】tsoʔ˥∅ø˧˦
【作罢】tsoʔ˥bɑ˩
【作恶】tsoʔ˥∅oʔ˥
【作料】tsoʔ˥liæ˩˧ 佐料。
【作难】tsoʔ˥nE˩˧
【作息】tsoʔ˥siəʔ˥
【作准】tsoʔ˥tsən˥˧ (一)作数。(二)对准。
【作埧】tsoʔ˥Po˧˦ 原指河道筑堤拦水。借喻从中拦阻刁难。
【作梗】tsoʔ˥kã˥˧ 暗中刁难。
【作啥】tsoʔ˥sɑ˧˦ (一)做什么?(二)前缀词。为啥。
【作雪】tsoʔ˥siəʔ˥ 天酝酿下雪。
【作睏】tsoʔ˥k'ən˧˦ 婴儿睡眠前的哭闹。
【作揖】tsoʔ˥∅iəʔ˥
【作道】tsoʔ˥dæ˩ (一)可能,也许。(二)应该。
【作践】tsoʔ˥zi˩ 糟蹋。
【作裙】tsoʔ˥dʑyən˩˧ 劳动时穿的围裙。
【作数】tsoʔ˥səu˧˦
【作酸】tsoʔ˥sø˥ 胃有不良反应,常吐酸水。
【作弊】tsoʔ˥bi˩
【作孽】tsoʔ˥ŋ̊əʔ˧ (一)造孽。(二)可怜。

Z

【作方路】tsoʔ˥fɑ̃˥ləu˩　纵横非常简单明晰的道路。

【作死做】tsoʔ˥si˦təu˥˩　刻板办事。

【作兴到】tsoʔ˥ɕən˥tæ˥˩　可能,也许。

【作冷汛】tsoʔ˥lã˩sin˥˩　酝酿寒潮。

【作骨头】tsoʔ˥kuəʔ˥dY˩　撒娇;无理取闹。简称【作】tsoʔ˥。

【作天作地】tsoʔ˥t'iı˥tsoʔ˥di˩　无休无止的无理取闹。

【作天倒地】tsoʔ˥t'iı˥tæ˥˩di˩　义同【作天作地】。

【作威作福】tsoʔ˥θuᴇ˥tsoʔ˥foʔ˥

【作精倒怪】tsoʔ˥tsin˥tæ˥˩kuɑ˥˩　不断变换着花样的无理取闹。

【作煞仔娘吃爷的喜酒】tsoʔ˥saʔ˥tsɿ˥˩ȵiã˧tɕ'əʔ˥hiɑ˧kəʔ˥ɕi˦tsY˥˩　激愤语。申斥小辈无理取闹、居心叵测。

坐【zəu˩】

【坐化】zəu˩ho˥˩

【坐车】zəu˧ts'o˥　供婴儿坐的小车。

【坐吃】zəu˧tɕ'əʔ˥　没有工作,没有收入,靠积蓄过日子。

【坐庄】zəu˧tsɑ̃˥

【坐牢】(1)zəu˩læ˧　关在监牢里。(2)zəu˧læ˧　坐稳了。喻地位稳住了。

【坐位】zəu˩ɦuᴇ˩

【坐床】zəu˧zɑ̃˩　旧时结婚习俗。新人拜堂后到新房坐在床边,听任亲友祝贺嬉闹。

【坐实】zəu˩zəʔ˧　查实。

【坐视】zəu˩zʮ˩

【坐标】zəu˧piæ˥

【坐垫】zəu˧di˩

【坐相】zəu˩siã˥˩　坐的姿势、姿态。

【坐底】zəu˧ti˥　当然,一定是。

【坐班】zəu˧pᴇ˥

【坐起】zəu˧tɕ'i˥˩　家中可供休息的房间、厅堂。也写作"坐憩"。

【坐骑】zəu˧dʑi˩

【坐堂】zəu˩dɑ̃˧

【坐唱】zəu˩tsɑ̃˦　曲艺演出

的一种形式。演员坐着演唱。

【坐等】zəu˨˧tən˥˩ 坐着等候。

【坐落】zəu˨˧loʔ˧

【坐像】zəu˧˩ziã˧˩

【坐镇】zəu˧˩tsən˥˩

【坐臀】zəu˨˧dən˧˩ 猪的臀部的肉。

【坐床喜】zəu˨˧zɑ̃˨˧ɕi˥˩ 新娘子结婚后就怀孕。

【坐天下】zəu˧˩tiɪ˥ɦo˧˩

【坐江山】zəu˧˩kɑ̃˥sᴇ˥˩

【坐板疮】zəu˨˧pᴇ˥tsʻɑ̃˥˩ 臀部因长时间坐而生出的疮。

【坐监牢】zəu˨˧kᴇ˥læ˧˩ 坐牢。也说成【坐牢监】zəu˧˩læ˨˧kᴇ˥。

【坐臀生】zəu˨˧dən˨˧sã˥ 指孩子出生时，屁股先出母体。

【坐吃山空】zəu˨˧tɕʻəʔ˥sᴇ˥koŋ˥

【坐庄客人】zəu˨˧tsɑ̃˥kɑʔ˥ȵən˧˩ 指书场中天天到场听书的老顾客。

【坐收渔利】zəu˨˧sʏ˥ɦʏ˨˧li˧˩ 喻坐观争斗双方两败俱伤，趁机得到好处。

【坐享其成】zəu˨˧ɕiã˥˨dʑi˧˩zən˧˩

【坐山观虎斗】zəu˨˧sᴇ˥kuø˥həu˥˩tʏ˥˨ 静观别人争斗，伺机获得利益。

【坐勒一只板凳上】zəu˧˩ləʔ˧Øiəʔ˥tsɑʔ˥pᴇ˥˨tən˥lɑ̃˧˩ 比喻利益和立场一致。

【坐有坐相，立有立相】zəu˧˩ɦiʏ˧˩zəu˧˩siã˥˨，liəʔ˧ɦiʏ˧˩liəʔ˧siã˥˨ 坐和立都有良好的姿势。指人有教养和修养。

【坐呒坐相，立呒立相】zəu˧˩m̩˧˩zəu˧˩siã˥˨，liəʔ˧m̩˧˩liəʔ˧siã˥˨ 坐和立都没有好的姿势。指人缺乏教养和修养。

【坐要坐铟，立要立铟】zəu˧˩Øiæ˥˨zəu˨˧diɪ˨˧，liəʔ˧Øiæ˥˨liəʔ˧diɪ˧˩ 指出门在外，动辄要开支。

【坐得正，立得稳，哪怕和尚尼姑合板凳】zəu˧˩təʔ˥tsən˥˩，liəʔ˧təʔ˥Øuən˥˩，nɑ˥pʻo˥˨ɦəu˨˧zɑ̃˧˩ȵi˨˧kəu˥˩kəʔ˥pᴇ˥˨tən˥ 喻只要心地光明磊落，不怕别人说三道四。

【坐到爷格床沿浪末就有娘格门面板】zəu˧˩tæ˥˩ɦiɑ˨˧kəʔ˥

zɑ̃˨˦ɦiɪ˧lɑ̃˧˩məʔ˧zY˧˩ɦiY˧˩
ȵɑ̃˨˦kəʔ˥mən˨˦miɪ˨˦pE˥˩ 旧时语。指明摆着的事实，不能不承认。

Z

柞【tso˥】文读【tsɑ˥】

【柞蚕】tso˥zø˧˩

座【zəu˧˩】

【座子】zəu˨˦tsɿ˥˩ 底座。
【座位】zəu˧˩ɦuE˧˩
【座台】zəu˨˦dE˧˩ 供奉死者牌位等东西的桌子。
【座谈】zəu˨˦dE˨˦
【座舱】zəu˨˦tsʻɑ̃˥ 指客机上、航船上装载乘客的地方。
【座右铭】zəu˧˩ɦiY˨˦min˧˩
【座无虚席】zəu˧˩vu˧˩ɕy˥ziəʔ˧
【座舱客人】zəu˨˦tsʻɑ̃˥kʻɑʔ˥ȵən˧˩ 坐航船的旅客。

做【tsəu˦˩˨】

【做】tsəu˦˩˨ 吴语中有刁难的意思。
【做人】tsəu˦˩˨ȵən˨˦
【做七】tsəu˨˦tsʻiəʔ˥ 旧时人亡故后，亲属每七天要做一次佛事追荐。一般连续做五到七次。
【做厂】tsəu˦˩˨tsʻɑ̃˥˩ 到厂里工作。
【做大】tsəu˦˩˨dəu˧˩ （一）经营范围扩大或规模扩大。（二）做头。
【做小】tsəu˦˩˨siæ˦˩˨ 做妾。
【做工】（1）tsəu˦˩˨koŋ˥ 做工人的工作。（2）tsəu˥koŋ˥˩ 制作的质量。
【做手】tsəu˥sY˥˩ （一）工作很熟练的人。（二）做工的人。
【做头】（1）tsəu˦˩˨dY˨˦ 做领导。（2）tsəu˥dY˧˩ （一）与“有”或“无”连用，指做的兴趣。（二）与“有”连用，有做的时间很长、工作量很大的意思。
【做正】tsəu˥tsən˥˩ 按规矩办事。
【做功】tsəu˥koŋ˥˩ 扮演的功夫，演技。
【做伤】tsəu˥sɑ̃˥˩ 积劳成

疾。

【做会】(1)tsəu˥θuɛ˥˩　经过实践会做了。(2)tsəu˧˦ɦuɛ˨˩　组织标会或摇会。

【做主】tsəu˧˦tsʮ˥˩　作主。

【做戏】tsəu˥ɕi˧˦　(一)演戏。(二)喻做出某种样子骗取信任。

【做寿】tsəu˧˦zY˨˩

【做作】tsəu˥tsoʔ˥

【做足】(一)tsəu˧˦tsoʔ˥　做到上限。(二)tsəu˥tsoʔ˥　极度的装腔作势。

【做进】tsəu˥tsin˥˩　落入预先设置的圈套。

【做纸】tsəu˧˦tsɿ˥˩　立契约。

【做牢】tsəu˥læ˨˩　在某处工作得到认可,稳定下来。

【做完】tsəu˥ɦuø˨˩　(一)工作完成。(二)把工作材料做光了。

【做法】tsəu˧˦faʔ˥或tsəu˥faʔ˥

【做拨】tsəu˧˦pəʔ˥　做给。

【做畅】tsəu˥tsʻã˥˩　做得太多,做够了。

【做病】tsəu˧˦bin˨˩　酿成疾病。

【做亲】tsəu˧˦tsʻin˥

【做坯】tsəu˥pʻɛ˥˩　从事体力劳动的人(贬义)。

【做枯】tsəu˥kʻən˥˩　长期工作劳累,以致身体衰竭。

【做顺】tsəu˥zən˨˩　通过实践,已能顺利进行工作。

【做鬼】tsəu˧˦tɕy˥˩　搞鬼。

【做得】tsəu˧˦təʔ˥　(一)可以做。(二)前缀。做成。装得。

【做热】tsəu˥ȵəʔ˧　形容工作得法,业务兴旺。

【做梦】tsəu˧˦moŋ˨˩

【做脱】tsəu˧˦tʻə˥　(一)做完成。(二)杀掉。

【做着】tsəu˧˦zɑʔ˧　(一)获得。(二)工作后收获到的。(三)指陷入设计好的圈套。

【做到】(1)tsəu˥tæ˥˩　完成。(2)tsəu˧˦tæ˥˩　工作到(某时)。

【做媒】tsəu˧˦mɛ˦　当媒人,给人介绍婚姻。

【做牌】tsəu˧˦bɑ˦　(一)打牌时在牌上作弊。(二)打牌时把牌做成某种花样。

【做煞】tsəu˧˦saʔ˥　(一)超负荷劳作(贬义)。(二)把

Z

事情做得周密,无瑕可击。

【做窠】tsəu˦kəu˥ 做窝。

【做熟】tsəu˥zoʔ˧ 因长期做某项工作,对工作非常熟练。

【做人家】tsəu˥ȵ.ən˥ka˨ 持家节俭。

【做人难】tsəu˥ȵ.ən˨nE˧ 指处世待人接物有许多难点。

【做人情】tsəu˦ȵ.ən˧zin˨ 施恩惠与人,用以拉近关系。

【做小工】tsəu˥siæ˥koŋ˨ (一)做杂活工作。(二)打零工。

【做三朝】tsəu˦sE˥tsæ˨ 生孩子三天后置酒庆贺。

【做勿煞】tsəu˥fəʔ˥saʔ˥ 抱怨语。再累再重的活也能顶过去。

【做勿得】tsəu˥fəʔ˥təʔ˥ 不可以做。

【做手脚】tsəu˥sʏ˥tɕiaʔ˥ 背地里捣鬼,暗中作弊。

【做文章】tsəu˥vən˧tsã˥

【做开头】tsəu˥k‘E˥dʏ˧ (一)工作刚刚开始。(二)工作一经开始。

【做市面】tsəu˥zɿ˨mii˨ (一)展开工作。(二)借机张扬。

【做礼拜】tsəu˥li˨pa˨

【做好人】(1)tsəu˥hæ˥ȵ.ən˨ 牺牲别人的利益,来树立自己好人的形象。(2)tsəu˦hæ˦ȵ.əu˨ 做个正派人。

【做头颈】tsəu˦dʏ˧tɕən˥ 设圈套刁难人。

【做生日】tsəu˥sã˥ȵ.əʔ˧

【做生活】tsəu˥sã˥ɦuəʔ˧ 工作,做活儿。

【做生意】tsəu˥sã˥0i˨

【做头势】tsəu˥dʏ˧sʮ˨ 做活儿或工作,劳动的那份劲儿和趋势。

【做出来】tsəu˦ts‘əʔ˥lE˧ (一)做工获得的报酬和物品。(二)表现出来的。(三)把内心的想法,通过表情、手势等动作表现出来。

【做阴寿】tsəu˦0in˥zʏ˨ 替死去的人做生日。

【做对头】tsəu˦tE˥dʏ˨ 与人为难。

【做头发】tsəu˦dʏ˧faʔ˥ 烫头发并整理成一种式样。

【做过头】tsəu˦kəu˨dʏ˧

过分做作。

【做花头】tsəu˧˦ho˥dɤ˨˧ 暗中搞小动作，做手脚。

【做花样】tsəu˧˦ho˥ɦiã˨˧ (一)耍花样。(二)在物品上加上些装饰。

【做针线】tsəu˧˦tsən˥sii˥˧ 做缝纫、刺绣等活计。

【做服帖】tsəu˥voʔ˧t'iəʔ˥ 用武力或权谋、计谋等使人屈服。

【做服装】tsəu˧˦voʔ˧tsã˥˧ 制作服装(多指为某件事特地制作的)。

【做事体】tsəu˧˦zɿ˥˧t'i˥˧ 做事。

【做舍姆】tsəu˥so˥m̩˨˧ 坐月子。

【做学问】tsəu˧˦ɦoʔ˧vən˨˧ 钻研学问。

【做夜戏】tsəu˥Øia˥ɕi˥˧ 晚上演出戏剧。

【做客人】tsəu˧˦kɑʔ˥ȵən˨˧ 作客。

【做洋盘】tsəu˧˦ɦiã˧bø˨˧ 做冤大头。

【做恶人】tsəu˧˦Øoʔ˥ȵən˧ 出面得罪人。

【做难人】tsəu˧˦nɛ˧ȵən˧ 处于左右为难的尴尬境地的人。

【做样子】tsəu˧˦ɦiã˧tsɿ˥˧ (一)装样子。(二)制作可以依照的样板和图案。

【做圈套】tsəu˧˦tɕ'iø˥t'æ˥˧ 设计让人上当受骗。

【做鬼戏】(1)tsəu˧˦ʥy˧ɕi˥˧ (迷信)厌胜法。在一些地方放些纸人，用针钉着，写上别人的年庚八字，或在建筑物中放些不吉利的东西等，可以对别人不利。(2)tsəu˧˦tɕy˥˧ɕi˥˧ 演出以鬼魂为主角的戏曲。

【做得出】tsəu˧˦təʔ˥ts'əʔ˥ (一)表情、动作都能充分做出来。(二)冲破场面、场合氛围等，把一般人做不出的表情、动作，说不出的语言等做出来、说出来。

【做得过】tsəu˧˦təʔ˥kəu˥˧ 值得做。

【做冤家】tsəu˧˦Øiø˥kɑ˥˧ 结冤。

【做绷子】tsəu˧˦pã˥tsɿ˥˧ 刺绣。

【做道场】ʦəu˥dæ˨˧zɑ̃˨˩ 和尚、道士做法事。

【做媚眼】ʦəu˥mi˥ŋᴇ˨˩ 用眼神挑逗异性。也读作ʦəu˥mi˨˧ŋᴇ˨˩。

【做输赢】ʦəu˥˧sɥ˥ɦin˨˩ （用物品、金线等）赌博或赌东道。

【做煞快】ʦəu˥˧saʔ˥kʻuɑ˥˧ 做工或做活儿做得很厉害。

【做满月】ʦəu˥mø˨˧ŋəʔ˧ 婴儿出生满月，办酒席庆贺。吴俗，女孩满一月，男孩满两月。

【做瘫脱】ʦəu˥tʻᴇ˥tʻəʔ˥ （一）长期劳累过度，身体衰败。（二）喻不注重质量或信誉，牌子倒掉。

【做大头梦】ʦəu˥˧dəu˨˧dʏ˨˩moŋ˨˩ 喻幻想根本不能实现的事。

【做死做活】ʦəu˥si˥ʦəu˥ɦuəʔ˧ 拼命地工作或忙活。

【做张做智】ʦəu˥ʦɑ̃˥ʦəu˥˩ʦɥ˥˩ 装模作样。

【做鬼勿大】ʦəu˥ʨy˥fəʔ˥dəu˨˩ 形容人吝啬。

【做尽做绝】ʦəu˥zin˨˩ʦəu˥ziəʔ˧ （做人）做得毫无人性。（事情）做得很绝。

【做神做鬼】ʦəu˥zən˨˧ʦəu˥ʨy˥˩ 喻两面三刀。

【做贼心虚】ʦəu˥˧zəʔ˧sin˥ɕy˥

【做脱一顿】ʦəu˥˧tʻəʔ˥Øiəʔ˥tən˥˩ （一）打一顿。（二）吃一顿。

【做做吃吃】ʦəu˥˧ʦəu˥˧ʨʻəʔ˥ʨʻəʔ˥ 劳动报酬正好维持生活。

【做腔做势】ʦəu˥ʨiɑ̃˥ʦəu˥sɥ˥˩ 装腔作势。

【做精做人】ʦəu˥ʦin˥ʦəu˥zəʔ˧ 处理事情十分精细。

【做九勿做十】ʦəu˥ʨiʏ˥˩fəʔ˥ʦəu˥˧zəʔ˧ 吴俗。逢九做寿，逢十反而作一般生日。如四十九岁的时候做五十岁寿。

【做贼偷葱起】ʦəu˥˧zəʔ˧tʻʏ˥ʦʻoŋ˥ʨʻi˥˩ 做贼由小偷小摸开始。

【做一行，怨一行】ʦəu˥˧Øiəʔ˥ɦɑ̃˨˧，Øiø˥˧Øiəʔ˥ɦɑ̃˨˩ 每个行业都有各自的艰辛之处，人们容易抱怨自己所干的行业。

【做婊子立牌坊】tsəu˦˥piæ˦˥ tsɿ˥˧liəʔ˧ba˧˦fã˥ 喻做不道德的事还要假装正经。

【做仔皇帝想成仙】tsəu˦˥tsɿ˥˧ ɦuã˧˦ti˥˧siã˥˧zən˧˦siɪ˥ 喻贪欲无止境。

【做到罗里是罗里】tsəu˦˥tæ˥˧ lo˨˩li˨˩zɿ˥˧lo˨˩li˨˩ 做到什么地方就在什么地方打住，没有具体计划。

【做得乌龟变得狗】tsəu˦˥təʔ˥ Øəu˥tɕy˥˧piɪ˦˥təʔ˥kY˥˧ 形容卑躬屈膝，委曲求全，毫无骨气。

【做一日和尚撞一日钟】tsəu˦˥ Øiəʔ˥ȵəʔ˧ɦəu˧˦zã˨˩zã˨˩Øiəʔ˥ȵəʔ˧tsoŋ˥ 喻对事情消极应付、敷衍了事。

【做仔媒人，勿能包养儿子】tsəu˦˥tsɿ˥˧mE˧˦ȵən˨˩，fəʔ˥ nən˧˦pæ˥ɦiã˨˩ȵi˧˦tsɿ˥˧ 喻凡事不能有过分的要求。

【做官莫做小，做小最烦恼】tsəu˦˥kuø˥moʔ˧tsəu˦˥siæ˥˧，tsəu˦˥siæ˥˧tsE˥˧vE˧˦næ˨˩ 指官职越小，杂事越多，压力越大。

【做梦当皇帝——快活一歇是一歇】tsəu˦˥moŋ˨˩tã˥ɦuã˧˦ti˥˧——k'a˥ɦuəʔ˧Øiəʔ˥ɕəʔ˥ zɿ˨˩Øiəʔ˥ɕəʔ˥ 歇后语。指得过且过，只图眼前痛快，不作长远打算。

【做人难，难做人，人难做，做难人】tsəu˥ȵəu˧˦nE˧˦，nE˧˦ tsəu˥ȵən˧˦，ȵən˨˩nE˧˦ tsəu˦˥，tsəu˦˥nE˧˦ȵən˨˩ 调侃语。指处世艰难。

【做勒前头，吃勒后头，拿格零头】tsəu˦˥ləʔ˧zii˧˦dY˨˩，tɕ'əʔ˥ ləʔ˧ɦY˧˦dY˨˩，no˧˦kəʔ˥lin˧˦ dY˨˩ 指佣仆生活的辛酸。

【做仔三年清知县，亦有十万雪花银】tsəu˦˥tsɿ˥˧sE˥ȵii˨˩ ts'in˥tsɥ˥ɦiø˨˩，ɦaʔ˧ɦiY˨˩ zəʔ˧vE˨˩siəʔ˥hoȵən˨˩ 喻官场腐败，官员贪墨敛财。

【做一年，豁过年盘缠；做一世，豁老死盘缠】tsəu˦˥Øiəʔ˥ nii˧˦，huaʔ˥kəu˥ȵii˧˦bø˨˩ zø˨˩；tsəu˦˥Øiəʔ˥sɥ˦˥，huaʔ˥ læ˧˦si˥bø˧˦zø˨˩ 喻普通劳动者收入微薄。

【做天难做四月天，秧要日头蔴要雨，蚕要温和麦要寒】

ʦəu˦˨tʻiɪ˥nᴇ˨˦ʦəu˥˧sɿ˥˨ŋəʔ˧tʻiɪ˥，∅iã˥∅iæ˨˦ɳ̥əʔ˧dʏ˩mo˨˦∅iæ˨˦ɦʏ˩，zø˨˦∅iæ˥˧∅uən˥ɦəu˩mɑʔ˧∅iæ˥˧ɦø˨˦ 指农事对气候有不同的要求。喻很难有符合一切要求的办法。

附：

趱【zaʔ˧】《集韵》疾盍切音杂。

【趱差】zaʔ˧ʦʻɑ˥ 去抽检工作状况。

【趱一埭】zaʔ˧∅iəʔ˥dɑ˩ 临时去一趟。

附 录

一、声母练习

练 习

声母		例字	读音
双唇	p	斑驳标扁柏	pE˥poʔ˥piæ˥pi˥˧pɑʔ˥
	pʻ	劈破乒乓拍	pʻiəʔ˥pʻu˧˦pʻin˥pʻɑ̃˥pʻɑʔ˥
	b	平抱琵琶白	bin˧˦bæ˨˧bi˧˦bo˧˦bɑʔ˧
	m	磨面买米麦	mo˥mi˨˧mɑ˨˧mi˨˧mɑʔ˧
唇齿	f	丰富媛非法	foŋ˥fu˥˧fiæ˧˦fi˥faʔ˥
	v	万物无肥乏	vE˧˦vəʔ˧vu˨˧vi˨˧vaʔ˧
舌尖	t	多懂斗胆答	təu˥toŋ˥˧tY˥˧tE˥˧taʔ˥
	tʻ	拖坍通天塔	tʻəu˥tʻE˥tʻoŋ˥tʻiɪ˥tʻaʔ˥
	d	大谈同腾达	dɑ˧˦dE˨˧doŋ˧˦dən˧˦daʔ˧
	n	恼怒哪能纳	næ˨˧nəu˨˧nɑ˥nən˨˧naʔ˧
	l	狼吏滥捞掠	lɑ̃˧˦li˨˧lE˧˦ləu˥˧liɑʔ˧
	ʦ	酒浆醉中酌	ʦY˥˧ʦiɑ̃˧˦ʦE˧˦ʦoŋ˥ʦɑʔ˥
	ʦʻ	秋村翠千尺	ʦʻY˥ʦʻən˥ʦʻE˥˧ʦʻiɪ˥ʦʻɑʔ˥
	s	洒扫先水刹	sɑ˥˧sæ˥˧siɪ˥sɥ˥˧saʔ˥
	z	召匠凿柱石	zæ˧˦ziɑ̃˨˧zoʔ˧zɥ˨˧zɑʔ˧

续表

声母		例字	读音
舌面	tɕ	剑击金鸡脚	tɕiɪ˦˩˨tɕiəʔ˥tɕən˥tɕi˥tɕiɑʔ˥
	tɕʻ	牵犬巧弃却	tɕʻiɪ˥tɕʻiø˥˨tɕʻiæ˦˩˨tɕʻi˥˨tɕʻiɑʔ˥
	ɕ	凶险喜虚吓	ɕioŋ˥ɕiɪ˥˨ɕi˥˨ɕy˥ɕiaʔ˥
	dʑ	竞技求健杰	dʑən˩˧dʑi˧˩dʑiY˩˧dʑiɪ˧˩dʑəʔ˧
	ȵ	疑语原扭捏	ȵi˩˧ȵy˧˩ȵiø˩˧ȵiY˥˨ȵiaʔ˧
舌根	k	改革夠规格	kE˦˩˨kəʔ˥kY˦˩˨kuE˥kaʔ˥
	kʻ	慷慨可款客	kʻɑ̃˥kʻE˥˨kʻəu˥˨kʻuø˥kʻɑ̃˥
	g	狂戆咕搞轧	guɑ̃˩˧gɑ̃˧˩gəu˧˩gæ˧˩gaʔ˧
	ŋ	咬牙昂我额	ŋæ˧˩ŋɑ˩˧ŋɑ̃˧˩ŋəu˥ŋaʔ˧
喉	h	歪呼海好呷	huɑ˥həu˥hE˥˨hæ˥˨haʔ˥
	ɦ	现舀营养药	ɦiɪ˩˧ɦiæ˧˩ɦin˩˧ɦiɑ̃˧˩ɦiɑʔ˧
零	Ø	央翁温碗鸭	Øiɑ̃˥Øoŋ˥Øuən˥Øuø˥˨Øaʔ˥

以上例字读音含连读变调。

二、韵母练习

韵母	读字	读音
ɿ	自撕纸狮子	zɿ˩˧sɿ˥ʦɿ˦˩˨sɿ˥ʦɿ˥˨
ʮ	诗书知时注	sʮ˥sʮ˥ʦʮ˥zʮ˩˧ʦʮ˦˩˨
i	溪西鸡齐啼	tɕʻi˥si˥tɕi˥zi˩˧di˩˧
əu、u	粗布补破裤	ʦʻəu˥pu˥˨pu˥˨pu˥kʻəu˥˨
y	驱鱼去雨渠	tɕʻy˥ɦy˩˧tɕʻy˦˩˨ɦy˩˧dʑy˧˩
uɑ、iɑ、ɑ	夸他买野柴	kʻuɑ˥tʻɑ˥mɑ˧˩ɦiɑ˩˧zɑ˧˩
iæ、æ	敲灶小猫逃	kʻæ˥ʦæ˥siæ˦˩˨mæ˩˧dæ˩˧
uE、E	关山梅烂漫	kuE˥sE˥mE˩˧lE˧˩mE˧˩
o、io	马靴怕蛇爬	mo˩˧ɕio˥pʻo˦˩˨zo˩˧bo˩˧

续表

韵 母	读 字	读 音
ø、iø、uø	南岸观渊源	nø˨˦ŋø˧˩kuø˥∅iø˥ȵiø˧˩
iɪ	前线见艰险	ziɪ˨˦siɪ˥˨tɕiɪ˦˩˨tɕiɪ˥ɕiɪ˥˨
Y、iY	厚收旧愁休	ɦY˨˦sY˥dʑiY˧˩zY˨˦ɕiY˥
aʔ、iaʔ、uaʔ、yaʔ	法曰罚挖捏	faʔ˥ɦyaʔ˧vaʔ˧∅uaʔ˥ȵiaʔ˧
ɑʔ、iɑʔ	白石压着脚	bɑʔ˧zɑʔ˧∅ɑʔ˥zɑʔ˧tɕiɑʔ˥
əʔ、uəʔ、yəʔ	活泼实质噱	ɦuəʔ˧pʻəʔ˥zəʔ˧tsəʔ˥ɕyəʔ˥
iəʔ	踢雪立即跌	tʻiəʔ˥siəʔ˥liəʔ˧tsiəʔ˥tiəʔ˥
oʔ、ioʔ	曲俗束屋角	tɕʻioʔ˥zoʔ˧soʔ˥∅oʔ˥koʔ˥
əl	二儿饵尔耳	ɦəl˧˩ɦəl˨˦∅əl˥˨∅əl˥˨ɦəl˧˩
ã、iã、uã	良将横长枪	liã˨˦tsiã˥˨ɦuã˨˦zã˨˦tsʻiã˥
ɑ̃、iɑ̃、uɑ̃	光晃方腔档	kuɑ̃˥huɑ̃˦˩˨fɑ̃˥tɕʻiɑ̃˥tɑ̃˥˨
ən、yən、uən	混沌生层云	ɦuən˨˦dən˧˩sən˥zən˨˦ɦyən˨˦
in	新兵听命令	sin˥pin˥tʻin˥min˨˦lin˧˩
oŋ、ioŋ	洪峰永汹湧	ɦoŋ˨˦foŋ˥∅ioŋ˥˨ɕioŋ˥∅ioŋ˥˨

以上例字读音含连读变调。

三、声调练习

声 调	例 字	读 音
阳平˥	鸠呼诗丁方	tɕiY˥həu˥sɥ˥tin˥fɑ̃˥
阳平˨˦	球吴池庭房	dʑiY˨˦ɦəu˨˦zɥ˨˦din˨˦vɑ̃˨˦
阴上˥˨	九火水顶仿	tɕiY˥˨həu˥˨sɥ˥˨tin˥˨fɑ̃˥˨
阴去˦˩˨	救货试订放	tɕiY˦˩˨həu˦˩˨sɥ˦˩˨tin˦˩˨fɑ̃˦˩˨
阳去˧˩	旧祸竖定望	dʑiY˧˩ɦəu˧˩zɥ˧˩din˧˩vɑ̃˧˩
阴入ʔ˥	吉黑室得勿	tɕəʔ˥həʔ˥səʔ˥təʔ˥fəʔ˥
阳入ʔ˧	及合实特物	dʑəʔ˧ɦəʔ˧zəʔ˧dəʔ˧vəʔ˧

以下例字可以横读,也可以竖读。